Trois bonnes raisons de télécharger *Le Robert & Collins espagnol essentiel*

- **Traduction et prononciation des mots en un clic**
- **Consultation facile, rapide et intuitive :**
  hypertexte généralisé pour naviguer d'un mot à l'autre, suggestion de mots en cas de saisie erronée
- **Votre dictionnaire disponible même sans connexion Internet**

Comment télécharger votre dictionnaire sur PC ?

Rendez-vous sur **https://activation.lerobert.com/rc-maxiplus-espagnol**
et téléchargez ***Le Robert & Collins espagnol essentiel****,
votre dictionnaire numérique.

* Sous réserve d'être téléchargé avant le 31/12/2029 et uniquement depuis la page https://activation.lerobert.com/rc-maxiplus-espagnol.
L'application est compatible avec Windows 10/11. 300 Mo disponibles sur le disque dur.
Une connexion Internet est nécessaire pour télécharger et activer le logiciel. Il vous appartient de vous assurer, sans recours possible pour Le Robert, que les caractéristiques techniques de votre équipement sont conformes aux configurations requises pour télécharger et utiliser votre dictionnaire numérique *Le Robert & Collins espagnol essentiel*.
Vous êtes responsable de la sécurisation de votre équipement permettant l'accès à votre dictionnaire. Votre dictionnaire est destiné à un usage personnel. Une fois activé, le dictionnaire est installé sur votre ordinateur et consultable hors ligne.
En cas de problème, contactez notre service Relation clients à la rubrique AIDE sur www.lerobert.com.

espagnol
maxi

Le Robert QUIZ LANGUES, mon application pour réviser la conjugaison

Une application ludique et efficace, idéale pour maîtriser la conjugaison espagnole !

→ **Des packs de verbes de difficulté croissante**

→ **Un pack final pour tout réviser**

→ La possibilité d'ajouter des fiches aux favoris pour réviser plus tard

Pour y accéder :
rendez-vous sur les stores Google Play et App Store.
Recherchez et téléchargez l'application gratuite « Le Robert quiz langues ».

Télécharger dans l'App Store — DISPONIBLE SUR Google Play

minilienrobert.com/quiz-langues

580 phrases audio

→ **Pour s'entraîner et améliorer son accent**

→ Accessibles sur **https://activation.lerobert.com/audioespagnol**

le Robert & Collins

espagnol maxi

français-espagnol / espagnol-français

Published by Collins
An imprint of
HarperCollins Publishers
Westerhill Road
Bishopbriggs
Glasgow G64 2QT
Great Britain

Huitième édition/Octava edición 2024

ISBN : 978-0-00-863962-4

www.collinsdictionary.com

Dictionnaires Le Robert
92, avenue de France
75013 Paris, France

www.lerobert.com

ISBN Maxi+ 978-2-32101-995-4
ISBN Maxi 978-2-32101-994-7

Photocomposition/Fotocomposición
Davidson Publishing Solutions, Glasgow

Imprimé en Italie par/
Impreso en Italia por Legoprint

direction éditoriale/
dirección editorial

Helen Newstead

chef de projet/jefe de proyecto

Teresa Álvarez

collaborateurs/colaboradores

Lola Busuttil
Xavier Carulla
Sinda López
Maurane Prezelin

informatique éditoriale/
informática editorial

Agnieszka Urbanowicz

pour la maison d'édition/
para la editorial

Gerry Breslin
Kerry Ferguson

N° éditeur : 10294670/10294671 - Dépôt légal : Mai 2024
Imprimé en Italie en Avril 2024 par L.E.G.O. S.p. A., Lavis (TN)

Table des matières

Índice

Introduction

Vous désirez apprendre l'espagnol ou approfondir des connaissances déjà solides. Vous voulez vous exprimer dans la langue de Cervantès, lire ou rédiger des textes en espagnol ou converser avec des interlocuteurs de langue espagnole. Que vous soyez lycéen, étudiant, touriste, secrétaire ou chef d'entreprise, vous venez de choisir le compagnon de travail idéal pour vous exprimer et communiquer en espagnol, à l'oral comme à l'écrit. Résolument pratique et moderne, ce dictionnaire fait une large place au vocabulaire de tous les jours, aux domaines de l'actualité, des affaires, de la bureautique et du tourisme. Comme dans tous nos dictionnaires, nous avons mis l'accent sur la langue contemporaine et les expressions idiomatiques.

Mode d'emploi

Vous trouverez ci-après quelques explications sur la manière dont les informations sont présentées dans ce dictionnaire.

Les articles

Voici les différents éléments dont se compose une entrée ou un article type du dictionnaire :

Transcription phonétique

La prononciation de tous les mots figure, entre crochets, immédiatement après l'entrée qui est en caractères gras. Comme la plupart des dictionnaires modernes, nous avons opté pour le système dit « alphabet phonétique international ». Vous trouverez ci-après, aux pages xiv et xv, une liste complète des caractères utilisés.

Données grammaticales

Les mots appartiennent tous à une catégorie grammaticale donnée : substantif, verbe, adjectif, adverbe, pronom, article, conjonction, abréviation. Les substantifs peuvent être masculins ou féminins, singuliers ou pluriels. Les verbes peuvent être transitifs, intransitifs, pronominaux (ou réfléchis) ou encore impersonnels. La catégorie grammaticale des mots est indiquée en PETITES CAPITALES, immédiatement après le mot.

Souvent un mot se subdivise en plusieurs catégories grammaticales. Ainsi le français **creux** peut-il être un adjectif ou un nom masculin, et l'espagnol **conocido** un adjectif, « connu », ou un substantif, « connaissance ». De même le verbe **fumer** est parfois transitif (« fumer un cigare »), parfois intransitif (« défense de fumer »). Pour vous permettre de trouver plus rapidement le sens que vous cherchez, et pour aérer la présentation, nous avons séparé les différentes catégories grammaticales par un petit triangle rouge ▸.

Subdivisions sémantiques

La plupart des mots ont plus d'un sens ; ainsi, **bouchon** peut être un objet en liège servant à boucher une bouteille, ou un embouteillage. D'autres mots se traduisent différemment selon le contexte dans lequel ils sont employés. Par exemple, le verbe

ronfler se traduit en espagnol par « roncar » s'il s'agit d'une personne, mais par « zumbar » s'il s'agit d'un poêle ou d'un moteur. Pour vous permettre de choisir la bonne traduction dans tous les contextes, nous avons subdivisé les articles en catégories de sens : chaque catégorie est introduite par une « indication d'emploi » entre parenthèses et en *italique*. Pour les exemples qui précèdent, les articles se présenteront donc comme suit :

> **bouchon** [buʃɔ̃] NM (*en liège*) corcho; (*autre matière*) tapón *m*; (*embouteillage*) atasco; [...]
>
> **ronfler** [ʀɔ̃fle] VI (*personne*) roncar; (*moteur, poêle*) zumbar

De même, certains mots changent de sens lorsqu'ils sont employés dans un domaine spécifique, comme par exemple **charme** que nous employons tous les jours dans son acception d'« attrait », mais qui peut également désigner un arbre. Pour montrer à l'utilisateur quelle traduction choisir, nous avons donc ajouté, en *italique* et entre parenthèses, une indication de domaine, dans ce cas (*Botanique*), que nous avons abrégée pour gagner de la place en (*Bot*) :

> **charme** [ʃaʀm] NM encanto; (*Bot*) carpe *m*

Une liste complète des abréviations utilisées dans ce dictionnaire figure aux pages xii à xiii.

Traductions

La plupart des mots français se traduisent par un seul mot espagnol, et vice-versa, comme dans les exemples précédents. Parfois cependant, il arrive qu'il n'y ait pas d'équivalent exact dans la langue d'arrivée, auquel cas nous avons donné un équivalent approximatif, indiqué par le signe ≈. C'est le cas par exemple du mot composé **brevet (des collèges)**, dont l'équivalent espagnol est « Graduado Escolar » : il ne s'agit pas d'une traduction à proprement parler puisque les deux systèmes scolaires sont différents :

> **brevet** [bʀəvɛ] NM certificado; [...]
> **~ (des collèges)** ≈ Graduado Escolar

Parfois, il est même impossible de trouver un équivalent approximatif. C'est le cas par exemple pour les noms de plats régionaux, comme ce plat des Asturies :

> **fabada** NF *potage mijoté avec des haricots et du chorizo*

L'explication remplace ici une traduction (qui n'existe pas) ; pour plus de clarté, cette explication, ou glose, est donnée en *italique*.

Souvent aussi, on ne peut traduire isolément un mot ou une acception particulière d'un mot. La traduction espagnole de **malin**, par exemple, est « astuto », « pícaro » ; cependant **faire le malin** se traduit par « dárselas de listo ». Même une expression toute simple comme **machine à laver** nécessite une traduction séparée, en l'occurrence « lavadora » (et non « máquina de lavar »). C'est là que votre dictionnaire se révélera particulièrement utile et complet, car il contient un maximum de mots composés, de phrases et d'expressions idiomatiques.

Registre

En français, vous saurez instinctivement quand dire **j'en ai assez** et quand dire **j'en ai marre** ou **j'en ai ras le bol**. Mais lorsque vous essayez de comprendre quelqu'un qui s'exprime en espagnol, ou de vous exprimer vous-même en espagnol, il est très important de savoir ce qui est poli et ce qui l'est moins. Nous avons donc ajouté l'indication (*fam*) aux expressions de langue familière ; les expressions particulièrement grossières se voient dotées d'un point d'exclamation supplémentaire (*fam !*) (dans la langue de départ comme dans la langue d'arrivée), vous incitant à une prudence accrue.

Mots-clés

Vous constaterez que certains mots apparaissent sur fond rouge. Il s'agit de certains des mots les plus courants, comme **avoir** et **faire** ou leurs équivalents espagnols **tener** et **hacer**, que nous avons traités d'une manière plus approfondie parce que ce sont des éléments de base de la langue.

Notes culturelles

Les informations présentées sous forme de notices en-dessous de l'entrée expliquent certains aspects intéressants de la culture des pays de langue espagnole et française, comme la politique, l'éducation et les fêtes nationales.

Notes linguistiques

De nombreuses notes sur la langue espagnole ont été introduites pour compléter l'information donnée dans les entrées. Ces notes d'usage permettent d'éviter un certain nombre d'erreurs courantes en espagnol et d'expliquer plus en détail certaines différences entre les deux langues.

Introducción

Si quieres aprender francés o profundizar en los conocimientos ya adquiridos, si quieres ser capaz de explicarte en la lengua de Balzac, leer o estudiar textos franceses o conversar con personas de habla francesa, acabas de escoger el compañero de trabajo ideal para poder hacerlo, ya estés en el instituto o en la universidad, seas turista, administrativo/a o empresario/a. Este diccionario, totalmente práctico y al día, abarca gran parte del vocabulario cotidiano, del relacionado con el mundo de los negocios, de la actualidad, de la administración y del turismo.

Cómo usar el diccionario

Más abajo tienes las explicaciones necesarias para entender cómo está presentada la información en este diccionario.

Los artículos

Estos son los elementos que pueden componer una entrada o un artículo cualquiera del diccionario:

Transcripción fonética

Esta va inmediatamente después del lema (así denominamos a la palabra cabeza del artículo que aparece en **negrita**) y entre corchetes. Al igual que la mayor parte de los diccionarios actuales, hemos optado por el sistema denominado "alfabeto fonético internacional". En las páginas xiv y xv encontrarás una lista completa de los símbolos fonéticos utilizados.

Información gramatical

Todas las voces incluidas en el diccionario pertenecen a una determinada categoría gramatical: sustantivo, verbo, adjetivo, pronombre, artículo, conjunción, abreviatura. Los sustantivos pueden ser masculinos o femeninos, ir en singular o en plural. Los verbos pueden ser transitivos, intransitivos, pronominales (o reflexivos) y también impersonales. La categoría gramatical de cada voz aparece en VERSALITAS, inmediatamente después de la transcripción fonética.

A menudo una misma palabra puede funcionar con distintas categorías gramaticales. Por ejemplo **deber** puede ser verbo o sustantivo, el término francés **expert** puede ser sustantivo o adjetivo. Incluso un mismo verbo como **importer** a veces será transitivo y a veces intransitivo, dependiendo de su significado. Para que resulte más fácil encontrar la categoría gramatical buscada (en el caso de que haya varias dentro de un mismo artículo) y para que la presentación sea más clara, aquellas aparecen separadas por pequeños triángulos rojos ▸.

Acepciones

La mayor parte de las palabras tienen más de un sentido. Así por ejemplo **crucero** puede ser, entre otros, un tipo de barco o un tipo de viaje turístico, y según la acepción que busquemos la traducción varía: "croiseur" en el primer caso y "croisière" en el segundo. Otras palabras se traducen de forma distinta según el contexto: **crecer** puede ser "grandir", pero también "pousser" si estamos hablando del pelo, "s'agrandir" si de una ciudad, "grossir" si de un río, etc. Para que se pueda escoger la traducción más indicada para cada acepción o contexto hemos incorporado indicaciones de uso o significado, que aparecen entre paréntesis y en *cursiva*. Así figuran los anteriores ejemplos en el diccionario:

> **crucero** NM (*barco*) croiseur *m* ; (*viaje*) croisière *f*
>
> **crecer** VI grandir ; (*planta, pelo*) pousser ; (*ciudad*) s'agrandir ; (*río*) grossir ; [...]

De la misma forma, muchas voces tienen un sentido distinto según el contexto en el que se usen. Así por ejemplo, **giro** puede ser un movimiento, pero tiene un significado específico en gramática y finanzas. Con la incorporación de indicaciones de campo semántico (tales como *Comercio* en este caso), resulta más fácil saber cuál es la acepción que necesitamos. La mayoría de dichas acepciones aparecen abreviadas para ganar espacio:

> **giro** NM tour *m* ; (*Com*) virement *m* ; [...]

Puede verse la lista completa de las abreviaturas que hemos utilizado en las páginas xii y xiii.

Traducciones

La mayor parte de las palabras españolas tienen su traducción al francés y viceversa, como en los ejemplos que acabamos de ver. Sin embargo hay ocasiones en las que no hay un equivalente exacto en la lengua término, fundamentalmente por razones socioculturales. En este caso hemos dado una traducción aproximada (que suele ser en realidad un equivalente cultural) y lo indicamos con el signo ≈. Este es el caso de **département**, cuyo equivalente en español peninsular es "provincia", o de **sobresaliente**, que equivale a "mention très bien": no se trata de traducciones propiamente dichas, puesto que ambos sistemas administrativos y educativos son diferentes.

> **département** [depaʀtəmɑ̃] NM ≈ provincia
>
> **sobresaliente** ADJ excellent(e) ▶ NM (*Escol*) ≈ mention *f* « très bien »

A veces es imposible encontrar incluso un equivalente aproximado, como en el caso de los platos o tradiciones regionales, por lo que se hace necesario dar una explicación en lugar de la traducción. Así ocurre, por ejemplo, con:

novillada NF *course de jeunes taureaux*

Como puede verse, la explicación o glosa aparece en *cursiva*, para mayor claridad. Así mismo, a menudo no se puede traducir una palabra aislada, o una acepción determinada de una voz. La traducción al francés de **comer** es "manger", pero en la expresión **comerse el coco** la traducción será "se faire du mouron". De la misma forma, aunque **machine** se traduce normalmente por "máquina", **machine à laver** es en realidad "lavadora". Es en este tipo de situaciones en las que el diccionario te será más útil, pues es muy completo en compuestos nominales, frases y expresiones idiomáticas.

Niveles lingüísticos

En español, sabemos instintivamente cuándo usar **estoy muy cansando** y cuándo **estoy hecho polvo**. Sin embargo, a la hora de intentar comprender a alguien que está hablando en francés o bien de expresarnos nosotros mismos en esa lengua, adquiere una importancia especial saber si una palabra es coloquial o no. Así pues, hemos marcado las palabras o expresiones que no suelen utilizarse más que en una situación familiar con la indicación (*fam*) y aquellas con las que hay que tener especial cuidado (pues pueden sonar muy vulgares a los oídos de mucha gente) con la indicación (*fam!*).

Palabras clave

Algunas de las palabras más básicas en ambas lenguas requieren un tratamiento especial dentro del diccionario: verbos como **hacer** o **estar** en español, o **avoir** o **faire** en francés. Por ello, aparecen sobre fondo rojo, y se ha hecho un análisis más profundo de ellas, pues son elementos básicos de la lengua.

Información de tipo cultural

La información que aparece en la nota cultural explica diversos aspectos de la cultura en países de habla española y francesa, como la política, la educación, medios de comunicación y fiestas nacionales.

Notas lingüísticas

En el texto hay numerosas notas con información lingüística que complementan la información dada en las entradas. Con estas notas pretendemos avisar sobre posibles errores cometidos con frecuencia por el estudiante a la hora de hablar o escribir en francés o explicar más claramente diferencias entre ambas lenguas.

Abréviations | Abreviaturas

Abréviations		Abreviaturas
abréviation	ABR	abreviatura
adjectif	ADJ	adjetivo
administration	*Admin*	administración
adverbe	ADV	adverbio
agriculture	*Agr*	agricultura
quelqu'un	*algn*	alguien
Amérique latine	*Am*	América Latina
anatomie	*Anat*	anatomía
Andes	*And*	Andes
architecture	*Archit*	arquitectura
Argentine	*Arg*	Argentina
architecture	*Arq*	arquitectura
article	ART	artículo
astrologie	*Astrol*	astrología
astronomie	*Astron*	astronomía
automobile	*Auto*	automóvil
auxiliaire	AUX, *aux*	auxiliar
aviation	*Aviat*	aviación
biologie	*Biol, Bio*	biología
botanique	*Bot*	botánica
Amérique centrale	*CAm*	Centroamérica
Caraïbes	*Carib*	Caribe
Chili	*Chi*	Chile
chimie	*Chim*	química
cinéma	*Ciné*	cine
Colombie	*Col*	Colombia
commerce	*Comm, Com*	comercio
conjonction	CONJ	conjunción
construction	*Constr*	construcción
Argentine, Chili et Uruguay	*CSur*	Cono Sur
Cuba	*Cu*	Cuba
cuisine	*Culin*	cocina
défini	DÉF, DEF	definido
démonstratif	DÉM, DEMOS	demostrativo
déterminant	DÉT, DET	determinante
économie	*Écon, Econ*	economía
électricité, électronique	*Élec, Elec*	eletricidad, electrónica
Le Salvador	*ElS*	El Salvador
enseignement	*Escol*	escolar
Espagne	*Esp*	España
surtout	*esp*	especialmente
et cetera	*etc*	etcétera
euphémisme	*euf*	eufemismo
exclamation	EXCL	exclamación
féminin	F, *f*	femenino
familier	*fam*	lengua familiar
vulgaire	*fam!*	vulgar
chemins de fer	*Ferro*	ferrocarril
figuré	*fig*	figurado
philosophie	*Filos*	filosofía
finance	*Fin*	finanzas
physique	*Fís*	física
physiologie	*Fisiol*	fisiología
photographie	*Foto*	fotografía
en général, généralement	*gén, gen*	generalmente
géographie	*Géo, Geo*	geografía
géométrie	*Géom, Geom*	geometría
Guatemala	*Guat*	Guatemala
histoire	*Hist*	historia
humoristique	*hum*	humorístico
impersonnel	*impers*	impersonal
indéfini	INDÉF, INDEF	indefinido

indirect	*indir*	indirecto
industrie	*Indus*	industria
informatique	*Inform*	informática
interrogatif	INTERROG, *interrog*	interrogativo
invariable	INV, *inv*	invariable
ironique	*iron, irón*	irónico
juridique	*Jur*	jurídico
linguistique	*Ling*	lingüística
littérature	*Litt, Lit*	literatura
littéraire	*littér, liter*	literario
masculin	M, *m*	masculino
mathématiques	*Math, Mat*	matemáticas
masculin/féminin	M/F, *m/f*	masculino/femenino
médecine	*Méd, Med*	medicina
météorologie	*Météo*	meteorología
Mexique	*Mex, Méx*	México
militaire	*Mil*	militar
musique	*Mus, Mús*	música
nom	N	nombre
nautisme	*Naut, Náut*	náutica
Nicaragua	*Nic*	Nicaragua
numéral	NUM	numeral
Panama	*Pan*	Panamá
péjoratif	*péj, pey*	peyorativo
personnel	PERS	personal
philosophie	*Philos*	filosofía
photographie	*Photo*	fotografía
physique	*Phys*	física
physiologie	*Physiol*	fisiología
pluriel	PL, *pl*	plural
politique	*Pol*	política
possessif	POSS	posesivo
participe passé	*pp*	participio de pasado
préfixe	PRÉF, PREF	prefijo
préposition	PRÉP, PREP	preposición
pronom	PRON	pronombre
psychologie	*Psych, Psico*	psicología
quelque chose	*qch*	algo
quelqu'un	*qn*	alguien
chimie	*Quím*	química
chemins de fer	*Rail*	ferrocarril
religion	*Rel*	religión
relatif	REL	relativo
enseignement	*Scol*	escolar
singulier	*sg*	singular
subjonctif	*subj*	subjuntivo
suffixe	SUF	sufijo
sujet	*suj*	sujeto
superlatif	*superl*	superlativo
aussi	*tb*	también
tauromachie	*Taur*	tauromaquia
technique	*Tech, Tec*	técnica, tecnología
télécommunications	*Tél, Telec*	telecomunicaciones
typographie	*Tip*	tipografía
télévision	*TV*	televisión
typographie	*Typo*	tipografía
université	*Univ*	universidad
verbe	VB	verbo
Venezuela	*Ven*	Venezuela
verbe intransitif	VI	verbo intransitivo
verbe pronominal	VPR	verbo pronominal
verbe transitif	VT	verbo transitivo
zoologie	*Zool*	zoología
marque déposée	®	marca registrada
indique une équivalence culturelle	≈	indica un equivalente cultural

Transcription phonétique

Consonnes		Consonantes
poupée	p	papel
bombe	b	boda
	β	labor uva
tente thermal	t	tinto
dinde	d	dama
coq qui képi	k	casa que kilo
gag bague	g	goma
	ɣ	pagar
sale ce nation	s	quizás
zéro rose	z	
tache chat	ʃ	
gilet juge	ʒ	
tchao	tʃ	chiste
fer phare	f	fin
valve	v	
	θ	tenaz cena[1]
	ð	cuidad
lent salle	l	lejos
million	ʎ	talle[2]
rare rentrer	ʀ	
	r	caro quitar
	rr	garra
maman femme	m	madre
non nonne	n	naranja
agneau vigne	ɲ	niño
parking	ŋ	
hop!	h	
yaourt paille	j	yunta
	x	jugar

[1] se prononce parfois [s] [2] se prononce parfois [j] ou [ʒ]

Semi-consonnes		Semiconsonantes
	ja	viaje
pied	je	viene
	jo	radio
	ju	viuda
	wa	cuanto
nouer	we	sueño
oui	wi	ruido
	wo	cuota
huile lui	ɥ	

Transcripción fonética

Voyelles		Vocales
ici vie lyrique	i	pino
jouer été	e	me
lait jouet merci	ɛ	
plat amour	a	pata
bas pâte	ɑ	
le premier	ə	
beurre peur	œ	
peu deux	ø	
or homme	ɔ	
mot eau gauche	o	loco
genou roue	u	lunes
rue urne	y	

Diphtongues		Diptongos
	ai	baile
	au	auto
	ei	veinte
	eu	deuda
	oi	hoy

Voyelles nasales		Nasales
matin plein	ɛ̃	
brun	œ̃	
gens jambe dans	ɑ̃	
non pont pompe	ɔ̃	

Divers		Diversos
dans la transcription phonétique de l'espagnol : précède la syllabe accentuée	'	en la transcripción fonética del francés: indica que la h impide el enlace entre dos palabras sucesivas

Verbes espagnols

1 gerundio **2** imperativo **3** presente **4** pretérito **5** futuro **6** presente de subjuntivo **7** imperfecto de subjuntivo **8** participio pasado **9** imperfecto

acertar **2** acierta **3** acierto, aciertas, acierta, aciertan **6** acierte, aciertes, acierte, acierten

acordar **2** acuerda **3** acuerdo, acuerdas, acuerda, acuerdan **6** acuerde, acuerdes, acuerde, acuerden

advertir **1** advirtiendo **2** advierte **3** advierto, adviertes, advierte, advierten **4** advirtió, advirtieron **6** advierta, adviertas, advierta, advirtamos, advirtáis, adviertan **7** advirtiera *etc*

agradecer **3** agradezco **6** agradezca *etc*

andar **4** anduve, anduviste, anduvo, anduvimos, anduvisteis, anduvieron **7** anduviera *ou* anduviese *etc*

aparecer **3** aparezco **6** aparezca *etc*

aprobar **2** aprueba **3** apruebo, apruebas, aprueba, aprueban **6** apruebe, apruebes, apruebe, aprueben

atravesar **2** atraviesa **3** atravieso, atraviesas, atraviesa, atraviesan **6** atraviese, atravieses, atraviese, atraviesen

caber **3** quepo **4** cupe, cupiste, cupo, cupimos, cupisteis, cupieron **5** cabré *etc* **6** quepa *etc* **7** cupiera *etc*

caer **1** cayendo **3** caigo **4** cayó, cayeron **6** caiga *etc* **7** cayera *etc*

calentar **2** calienta **3** caliento, calientas, calienta, calientan **6** caliente, calientes, caliente, calienten

cerrar **2** cierra **3** cierro, cierras, cierra, cierran **6** cierre, cierres, cierre, cierren

COMER **1** comiendo **2** come, comed **3** como, comes, come, comemos, coméis, comen **4** comí, comiste, comió, comimos, comisteis, comieron **5** comeré, comerás, comerá, comeremos, comeréis, comerán **6** coma, comas, coma, comamos, comáis, coman **7** comiera, comieras, comiera, comiéramos, comierais, comieran **8** comido **9** comía, comías, comía, comíamos, comíais, comían

conocer **3** conozco **6** conozca *etc*

contar **2** cuenta **3** cuento, cuentas, cuenta, cuentan **6** cuente, cuentes, cuente, cuenten

costar **2** cuesta **3** cuesto, cuestas, cuesta, cuestan **6** cueste, cuestes, cueste, cuesten

dar **3** doy **4** di, diste, dio, dimos, disteis, dieron **7** diera *etc*

decir **2** di **3** digo **4** dije, dijiste, dijo, dijimos, dijisteis, dijeron **5** diré *etc* **6** diga *etc* **7** dijera *etc* **8** dicho

despertar **2** despierta **3** despierto, despiertas, despierta, despiertan **6** despierte, despiertes, despierte, despierten

divertir **1** divirtiendo **2** divierte **3** divierto, diviertes, divierte, divierten **4** divirtió, divirtieron **6** divierta, diviertas, divierta, divirtamos, divirtáis, diviertan **7** divirtiera *etc*

dormir **1** durmiendo **2** duerme **3** duermo, duermes, duerme, duermen **4** durmió, durmieron **6** duerma, duermas, duerma, durmamos, durmáis, duerman **7** durmiera *etc*

empezar **2** empieza, empiece, empecemos, empiecen **3** empiezo, empiezas, empieza, empiezan **4** empecé **6** empiece, empieces, empiece, empecemos, empecéis, empiecen

entender **2** entiende **3** entiendo, entiendes, entiende, entienden **6** entienda, entiendas, entienda, entiendan

ESTAR **2** está **3** estoy, estás, está, están **4** estuve, estuviste, estuvo, estuvimos, estuvisteis, estuvieron **6** esté, estés, esté, estén **7** estuviera *etc*

HABER **3** he, has, ha, hemos, habéis, han **4** hube, hubiste, hubo, hubimos, hubisteis, hubieron **5** habré *etc* **6** haya *etc* **7** hubiera *etc*

HABLAR **1** hablando **2** habla, hable, hablemos, hablad, hablen **3** hablo, hablas, habla, hablamos, habláis, hablan **4** hablé, hablaste, habló, hablamos, hablasteis, hablaron **5** hablaré, hablarás, hablará, hablaremos, hablaréis, hablarán **6** hable, hables, hable, hablemos, habléis, hablen **7** hablara *ou* hablase, hablaras *ou* hablases, habláramos *ou* hablásemos, hablarais *ou* hablaseis, hablaran *ou* hablasen **8** hablado **9** hablaba, hablabas, hablaba, hablábamos, hablabais, hablaban **10** hablaría, hablarías, hablaría, hablaríamos, hablaríais, hablarían

hacer **2** haz **3** hago **4** hice, hiciste, hizo, hicimos, hicisteis, hicieron **5** haré *etc* **6** haga *etc* **7** hiciera *etc* **8** hecho

instruir **1** instruyendo **2** instruye **3** instruyo, instruyes, instruye, instruyen **4** instruyó, instruyeron **6** instruya *etc* **7** instruyera *etc*

ir **1** yendo **2** ve **3** voy, vas, va, vamos, vais,

van **4** fui, fuiste, fue, fuimos, fuisteis, fueron **6** vaya, vayas, vaya, vayamos, vayáis, vayan **7** fuera *etc* **9** iba, ibas, iba, íbamos, ibais, iban
jugar **2** juega **3** juego, juegas, juega, juegan **4** jugué **6** juegue *etc*
leer **1** leyendo **4** leyó, leyeron **7** leyera *etc*
morir **1** muriendo **2** muere **3** muero, mueres, muere, mueren **4** murió, murieron **6** muera, mueras, muera, muramos, muráis, mueran **7** muriera *etc* **8** muerto
mostrar **2** muestra **3** muestro, muestras, muestra, muestran **6** muestre, muestres, muestre, muestren
mover **2** mueve **3** muevo, mueves, mueve, mueven **6** mueva, muevas, mueva, muevan
negar **2** niega **3** niego, niegas, niega, niegan **4** negué **6** niegue, niegues, niegue, neguemos, neguéis, nieguen
ofrecer **3** ofrezco **6** ofrezca *etc*
oír **1** oyendo **2** oye **3** oigo, oyes, oye, oyen **4** oyó, oyeron **6** oiga *etc* **7** oyera *etc*
oler **2** huele **3** huelo, hueles, huele, huelen **6** huela, huelas, huela, huelan
parecer **3** parezco **6** parezca *etc*
pedir **1** pidiendo **2** pide **3** pido, pides, pide, piden **4** pidió, pidieron **6** pida *etc* **7** pidiera *etc*
pensar **2** piensa **3** pienso, piensas, piensa, piensan **6** piense, pienses, piense, piensen
perder **2** pierde **3** pierdo, pierdes, pierde, pierden **6** pierda, pierdas, pierda, pierdan
poder **1** pudiendo **2** puede **3** puedo, puedes, puede, pueden **4** pude, pudiste, pudo, pudimos, pudisteis, pudieron **5** podré *etc* **6** pueda, puedas, pueda, puedan **7** pudiera *etc*
poner **2** pon **3** pongo **4** puse, pusiste, puso, pusimos, pusisteis, pusieron **5** pondré *etc* **6** ponga *etc* **7** pusiera *etc* **8** puesto
preferir **1** prefiriendo **2** prefiere **3** prefiero, prefieres, prefiere, prefieren **4** prefirió, prefirieron **6** prefiera, prefieras, prefiera, prefiramos, prefiráis, prefieran **7** prefiriera *etc*
querer **2** quiere **3** quiero, quieres, quiere, quieren **4** quise, quisiste, quiso, quisimos, quisisteis, quisieron **5** querré *etc* **6** quiera, quieras, quiera, quieran **7** quisiera *etc*
reír **2** ríe **3** río, ríes, ríe, ríen **4** reí, rieron **6** ría, rías, ría, riamos, riáis, rían **7** riera *etc*
repetir **1** repitiendo **2** repite **3** repito, repites, repite, repiten **4** repitió, repitieron **6** repita *etc* **7** repitiera *etc*
rogar **2** ruega **3** ruego, ruegas, ruega, ruegan **4** rogué **6** ruegue, ruegues, ruegue, roguemos, roguéis, rueguen
saber **3** sé **4** supe, supiste, supo, supimos, supisteis, supieron **5** sabré *etc* **6** sepa *etc* **7** supiera *etc*
salir **2** sal **3** salgo **5** saldré *etc* **6** salga *etc*
seguir **1** siguiendo **2** sigue **3** sigo, sigues, sigue, siguen **4** siguió, siguieron **6** siga *etc* **7** siguiera *etc*
sentar **2** sienta **3** siento, sientas, sienta, sientan **6** siente, sientes, siente, sienten
sentir **1** sintiendo **2** siente **3** siento, sientes, siente, sienten **4** sintió, sintieron **6** sienta, sientas, sienta, sintamos, sintáis, sientan **7** sintiera *etc*
SER **2** sé **3** soy, eres, es, somos, sois, son **4** fui, fuiste, fue, fuimos, fuisteis, fueron **6** sea *etc* **7** fuera *etc* **9** era, eras, era, éramos, erais, eran
servir **1** sirviendo **2** sirve **3** sirvo, sirves, sirve, sirven **4** sirvió, sirvieron **6** sirva *etc* **7** sirviera *etc*
soñar **2** sueña **3** sueño, sueñas, sueña, sueñan **6** sueñe, sueñes, sueñe, sueñen
tener **2** ten **3** tengo, tienes, tiene, tienen **4** tuve, tuviste, tuvo, tuvimos, tuvisteis, tuvieron **5** tendré *etc* **6** tenga *etc* **7** tuviera *etc*
traer **1** trayendo **3** traigo **4** traje, trajiste, trajo, trajimos, trajisteis, trajeron **6** traiga *etc* **7** trajera *etc*
valer **2** vale **3** valgo **5** valdré *etc* **6** valga *etc*
venir **2** ven **3** vengo, vienes, viene, vienen **4** vine, viniste, vino, vinimos, vinisteis, vinieron **5** vendré *etc* **6** venga *etc* **7** viniera *etc*
ver **3** veo **6** vea *etc* **8** visto **9** veía *etc*
vestir **1** vistiendo **2** viste **3** visto, vistes, viste, visten **4** vistió, vistieron **6** vista *etc* **7** vistiera *etc*
VIVIR **1** viviendo **2** vive, viva, vivamos, vivid, vivan **3** vivo, vives, vive, vivimos, vivís, viven **4** viví, viviste, vivió, vivimos, vivisteis, vivieron **5** viviré, vivirás, vivirá, viviremos, viviréis, vivirán **6** viva, vivas, viva, vivamos, viváis, vivan **7** viviera *ou* viviese, vivieras *ou* vivieses, viviera *ou* viviese, viviéramos *ou* viviésemos, vivierais *ou* vivieseis, vivieran *ou* viviesen **8** vivido **9** vivía, vivías, vivía, vivíamos, vivíais, vivían **10** viviría, vivirías, viviría, viviríamos, viviríais, vivirían
volcar **2** vuelca, vuelque, volquemos, vuelquen **3** vuelco, vuelcas, vuelca, vuelcan **4** volqué **6** vuelque, vuelques, vuelque, volquemos, volquéis, vuelquen
volver **2** vuelve **3** vuelvo, vuelves, vuelve, vuelven **6** vuelva, vuelvas, vuelva, vuelvan **8** vuelto

Los verbos franceses

1 Participe présent **2** Participe passé **3** Présent **4** Imparfait **5** Futur **6** Conditionnel **7** Subjonctif présent **8** Impératif

acquérir **1** acquérant **2** acquis **3** acquiers, acquérons, acquièrent **4** acquérais **5** acquerrai **7** acquière
ALLER **1** allant **2** allé **3** vais, vas, va, allons, allez, vont **4** allais **5** irai **6** irais **7** aille
asseoir **1** asseyant **2** assis **3** assieds, asseyons, asseyez, asseyent **4** asseyais **5** assiérai **7** asseye
atteindre **1** atteignant **2** atteint **3** atteins, atteignons **4** atteignais **7** atteigne
AVOIR **1** ayant **2** eu **3** ai, as, a, avons, avez, ont **4** avais **5** aurai **6** aurais **7** aie, aies, ait, ayons, ayez, aient
battre **1** battant **2** battu **3** bats, bat, battons **4** battais **7** batte
boire **1** buvant **2** bu **3** bois, buvons, boivent **4** buvais **7** boive
bouillir **1** bouillant **2** bouilli **3** bous, bouillons **4** bouillais **7** bouille
conclure **1** concluant **2** conclu **3** conclus, concluons **4** concluais **7** conclue
conduire **1** conduisant **2** conduit **3** conduis, conduisons **4** conduisais **7** conduise
connaître **1** connaissant **2** connu **3** connais, connaît, connaissons **4** connaissais **7** connaisse
coudre **1** cousant **2** cousu **3** couds, cousons, cousez, cousent **4** cousais **7** couse
courir **1** courant **2** couru **3** cours, courons **4** courais **5** courrai **7** coure
couvrir **1** couvrant **2** couvert **3** couvre, couvrons **4** couvrais **7** couvre
craindre **1** craignant **2** craint **3** crains, craignons **4** craignais **7** craigne
croire **1** croyant **2** cru **3** crois, croyons, croient **4** croyais **7** croie
croître **1** croissant **2** crû, crue, crus, crues **3** croîs, croissons **4** croissais **7** croisse
cueillir **1** cueillant **2** cueilli **3** cueille, cueillons **4** cueillais **5** cueillerai **7** cueille
devoir **1** devant **2** dû , due, dus, dues **3** dois, devons, doivent **4** devais **5** devrai **7** doive
dire **1** disant **2** dit **3** dis, disons, dites, disent **4** disais **7** dise
dormir **1** dormant **2** dormi **3** dors, dormons **4** dormais **7** dorme
écrire **1** écrivant **2** écrit **3** écris, écrivons **4** écrivais **7** écrive
ÊTRE **1** étant **2** été **3** suis, es, est, sommes, êtes, sont **4** étais **5** serai **6** serais **7** sois, sois, soit, soyons, soyez, soient
FAIRE **1** faisant **2** fait **3** fais, fais, fait, faisons, faites, font **4** faisais **5** ferai **6** ferais **7** fasse
falloir **2** fallu **3** faut **4** fallait **5** faudra **7** faille
FINIR **1** finissant **2** fini **3** finis, finis, finit, finissons, finissez, finissent **4** finissais **5** finirai **6** finirais **7** finisse
fuir **1** fuyant **2** fui **3** fuis, fuyons, fuient **4** fuyais **7** fuie, fuyions
joindre **1** joignant **2** joint **3** joins, joignons **4** joignais **7** joigne
lire **1** lisant **2** lu **3** lis, lisons **4** lisais **7** lise
luire **1** luisant **2** lui **3** luis, luisons **4** luisais **7** luise
maudire **1** maudissant **2** maudit **3** maudis, maudissons **4** maudissait **7** maudisse
mentir **1** mentant **2** menti **3** mens, mentons **4** mentais **7** mente
mettre **1** mettant **2** mis **3** mets, mettons **4** mettais **7** mette
mourir **1** mourant **2** mort **3** meurs, mourons, meurent **4** mourais **5** mourrai **7** meure
naître **1** naissant **2** né **3** nais, naît, naissons **4** naissais **7** naisse
offrir **1** offrant **2** offert **3** offre, offrons **4** offrais **7** offre
PARLER **1** parlant **2** parlé **3** parle, parles, parle, parlons, parlez, parlent **4** parlais, parlais, parlait, parlions, parliez, parlaient **5** parlerai, parleras, parlera, parlerons, parlerez, parleront **6** parlerais, parlerais, parlerait, parlerions, parleriez, parleraient **7** parle, parles, parle, parlions, parliez, parlent **8** parle, parlons, parlez
partir **1** partant **2** parti **3** pars, partons **4** partais **7** parte
plaire **1** plaisant **2** plu **3** plais, plaît, plaisons **4** plaisais **7** plaise
pleuvoir **1** pleuvant **2** plu **3** pleut, pleuvent **4** pleuvait **5** pleuvra **7** pleuve
pourvoir **1** pourvoyant **2** pourvu **3** pourvois, pourvoyons, pourvoient **4** pourvoyais **7** pourvoie
pouvoir **1** pouvant **2** pu **3** peux, peut, pouvons, peuvent **4** pouvais **5** pourrai **7** puisse
prendre **1** prenant **2** pris **3** prends, prenons, prennent **4** prenais **7** prenne
prévoir *como* **voir** **5** prévoirai
RECEVOIR **1** recevant **2** reçu **3** reçois, reçois, reçoit, recevons, recevez, reçoivent **4** recevais **5** recevrai **6** recevrais **7** reçoive

RENDRE **1** rendant **2** rendu **3** rends, rends, rend, rendons, rendez, rendent **4** rendais **5** rendrai **6** rendrais **7** rende
résoudre **1** résolvant **2** résolu **3** résous, résout, résolvons **4** résolvais **7** résolve
rire **1** riant **2** ri **3** ris, rions **4** riais **7** rie
savoir **1** sachant **2** su **3** sais, savons, savent **4** savais **5** saurai **7** sache **8** sache, sachons, sachez
servir **1** servant **2** servi **3** sers, servons **4** servais **7** serve
sortir **1** sortant **2** sorti **3** sors, sortons **4** sortais **7** sorte
souffrir **1** souffrant **2** souffert **3** souffre, souffrons **4** souffrais **7** souffre
suffire **1** suffisant **2** suffi **3** suffis, suffisons **4** suffisais **7** suffise
suivre **1** suivant **2** suivi **3** suis, suivons **4** suivais **7** suive
taire **1** taisant **2** tu **3** tais, taisons **4** taisais **7** taise
tenir **1** tenant **2** tenu **3** tiens, tenons, tiennent **4** tenais **5** tiendrai **7** tienne
vaincre **1** vainquant **2** vaincu **3** vaincs, vainc, vainquons **4** vainquais **7** vainque
valoir **1** valant **2** valu **3** vaux, vaut, valons **4** valais **5** vaudrai **6** vaudrais **7** vaille
venir **1** venant **2** venu **3** viens, venons, viennent **4** venais **5** viendrai **7** vienne
vivre **1** vivant **2** vécu **3** vis, vivons **4** vivais **7** vive
voir **1** voyant **2** vu **3** vois, voyons, voient **4** voyais **5** verrai **6** verrais **7** voie
vouloir **1** voulant **2** voulu **3** veux, veut, voulons, veulent **4** voulais **5** voudrai **7** veuille **8** veuillez

Les nombres		Los números
un(e)	1	un(o)(-a)
deux	2	dos
trois	3	tres
quatre	4	cuatro
cinq	5	cinco
six	6	seis
sept	7	siete
huit	8	ocho
neuf	9	nueve
dix	10	diez
onze	11	once
douze	12	doce
treize	13	trece
quatorze	14	catorce
quinze	15	quince
seize	16	dieciséis
dix-sept	17	diecisiete
dix-huit	18	dieciocho
dix-neuf	19	diecinueve
vingt	20	veinte
vingt et un(e)	21	veintiun(o)(-a)
vingt-deux	22	veintidós
trente	30	treinta
trente et un(e)	31	treinta y uno(-a)
trente-deux	32	treinta y dos
quarante	40	cuarenta
cinquante	50	cincuenta
soixante	60	sesenta
soixante-dix	70	setenta
soixante et onze	71	setenta y uno(-a)
soixante-douze	72	setenta y dos
quatre-vingts	80	ochenta
quatre-vingt-un(e)	81	ochenta y uno(-a)
quatre-vingt-dix	90	noventa
quatre-vingt-onze	91	noventa y uno(-a)
cent	100	cien(to)
cent un(e)	101	ciento un(o)(-a)
cent cinquante-six	156	ciento cincuenta y seis
deux cents	200	doscientos(-as)
trois cent un(e)	301	trescientos(-as) uno(-a)
cinq cents	500	quinientos(-as)
mille	1 000	mil
cinq mille	5 000	cinco mil
un million	1 000 000	un millón

Les nombres

premier (première), 1er (1ère)
deuxième, 2e, 2ème
troisième, 3e, 3ème
quatrième
cinquième
sixième
septième
huitième
neuvième
dixième
onzième
douzième
treizième
quatorzième
quinzième
seizième
dix-septième
dix-huitième
dix-neuvième
vingtième
vingt et unième
vingt-deuxième
trentième
centième
cent-unième
millième

Los números

primer(o)(-a), 1º (1ª)
segundo(-a), 2º (2ª)
tercer(o)(-a), 3º (3ª)
cuarto(-a)
quinto(-a)
sexto(-a)
séptimo(-a)
octavo(-a)
noveno(-a)
décimo(-a)
undécimo(-a)
duodécimo(-a)
decimotercero(-a)
decimocuarto(-a)
decimoquinto(-a)
decimosexto(-a)
decimoséptimo(-a)
decimoctavo(-a)
decimonoveno(-a)
vigésimo(-a)
vigesimoprimero(-a)
vigesimosegundo(-a)
trigésimo(-a)
centésimo(-a)
centésimo(-a) primero(-a)
milésimo(-a)

## L'heure	## La hora
quelle heure est-il ?	*¿qué hora es?*
il est ...	*es/son ...*
il est une heure	es la una
il est quatre heures	son las cuatro
il est midi	es mediodía/son las doce (de la mañana)
il est minuit	es la medianoche/son las doce de la noche
une heure (du matin)	la una (de la madrugada)
une heure cinq	la una y cinco
une heure dix	la una y diez
une heure et quart	la una y cuarto
une heure vingt-cinq	la una y veinticinco
une heure et demie, une heure trente	la una y media, la una y treinta
deux heures moins vingt-cinq	las dos menos veinticinco
deux heures moins vingt, une heure quarante	las dos menos veinte
deux heures moins le quart, une heure quarante-cinq	las dos menos cuarto
deux heures moins dix	las dos menos diez
deux heures (de l'après-midi)	las dos (de la tarde)
sept heures (du soir)	las siete (de la tarde)
à quelle heure ?	*¿a qué hora?*
à minuit	a medianoche
à sept heures	a las siete
à une heure	a la una
dans vingt minutes	dentro de veinte minutos
il y a dix minutes	hace diez minutos

## La date	## La fecha
aujourd'hui	hoy
demain	mañana
après-demain	pasado mañana
hier	ayer
avant-hier	antes de ayer, anteayer
la veille	la víspera
le lendemain	el día siguiente
le matin	por la mañana
l'après-midi/le soir	por la tarde
ce matin	esta mañana
cet après-midi/ce soir	esta tarde
hier matin	ayer por la mañana
hier après-midi/soir	ayer por la tarde

demain matin	mañana por la mañana
demain après-midi/soir	mañana por la tarde
dans la nuit de samedi à dimanche	en la noche del sábado al domingo
il viendra samedi	vendrá el sábado
le samedi	los sábados
tous les samedis	todos los sábados
samedi dernier	el sábado pasado
samedi prochain	el sábado que viene, el próximo sábado
samedi en huit	del sábado en ocho días
samedi en quinze	del sábado en quince días
du lundi au samedi	de lunes a sábado
tous les jours	todos los días
une fois par semaine	una vez a la semana
une fois par mois	una vez al mes
deux fois par semaine	dos veces a la semana
il y a une semaine *ou* huit jours	hace una semana *o* ocho días
il y a quinze jours	hace quince días
l'année dernière	el año pasado
dans deux jours	dentro de dos días
dans huit jours *ou* une semaine	dentro de ocho días *o* una semana
dans quinze jours	dentro de quince días
le mois prochain	el mes que viene, el próximo mes
l'année prochaine	el año que viene, el próximo año
quel jour sommes-nous ?	*¿a qué o a cuántos estamos?*
le 1er/24 octobre 2019	el 1/24 de octubre de 2019
je suis né le 22 octobre 1987	nací el 22 de octubre de 1987
Barcelone, le 24 octobre 2019 (*lettre*)	Barcelona, a 24 octubre de 2019 (*carta*)
en 2019	en 2019
mille neuf cent quatre-vingt-seize	mil novecientos noventa y seis
deux mille quinze	dos mil quince
44 av. J.-C.	44 a. de J.C.
14 apr. J.-C.	14 d. de J.C.
au XIXe (siècle)	en el (siglo) XIX
dans les années trente	en los años treinta
il était une fois ...	érase una vez ...

FRANÇAIS – ESPAGNOL

FRANCÉS – ESPAÑOL

Aa

A¹, a¹ [a] NM INV (*lettre*) A, a *f*; **A comme Anatole** ≈ A de Antonio; **de A à Z** de cabo a rabo; **prouver qch par A plus B** demostrar algo de manera concluyente

A² [a] ABR (= *ampère(s)*) A (= *amperio(s)*) ▸ SIGLE F (= *autoroute*) A *f* (= *autopista*)

a² [a] VB *voir* **avoir**

à [a]

(*à* + *le* = **au**, *à* + *les* = **aux**) PRÉP **1** (*endroit, situation*) en; **être à Paris/au Portugal** estar en París/en Portugal; **être à la maison/à l'école/au bureau** estar en casa/en el colegio/en la oficina; **être à la campagne** estar en el campo; **c'est à 10 km/à 20 minutes (d'ici)** está a 10 km/a 20 minutos (de aquí); **à la radio/télévision** en la radio/televisión

2 (*direction*) a; **aller à Paris/au Portugal** ir a París/a Portugal; **aller à la maison/à l'école/au bureau** ir a casa/al colegio/a la oficina; **aller à la campagne** ir al campo

3 (*temps*) a; **à trois heures/à minuit** a las tres/a medianoche; **à demain/lundi/la semaine prochaine!** ¡hasta mañana/el lunes/la semana que viene!; **au printemps/au mois de juin** en primavera/el mes de junio; **à cette époque-là** en aquella época; **nous nous verrons à Noël** nos veremos por Navidad; **visites de cinq heures à six heures** visitas de cinco a seis

4 (*attribution, appartenance*) de; **le livre est à lui/à nous/à Paul** el libro es suyo/nuestro/de Pablo; **un ami à moi** un amigo mío; **donner qch à qn** dar algo a algn

5 (*moyen*) : **se chauffer au gaz/à l'électricité** calentarse con gas/con electricidad; **à bicyclette** en bicicleta; **à pied** a pie; **à la main/machine** a mano/máquina; **pêcher à la ligne** pescar con caña

6 (*provenance*) de; **boire à la bouteille** beber de la botella; **prendre de l'eau à la fontaine** coger *ou* (*AM*) tomar agua de la fuente

7 (*caractérisation, manière*) : **l'homme aux yeux bleus/à la veste rouge** el hombre de ojos azules/de la chaqueta roja; **café au lait** café con leche; **à sa grande surprise** para su gran sorpresa; **à ce qu'il prétend** según pretende (él); **à l'européenne/la russe** a la europea/la rusa; **à nous trois nous n'avons pas su le faire** no hemos sabido hacerlo entre los tres

8 (*but, destination : de choses ou personnes*) : **tasse à café** taza de café; **« à vendre »** « se vende »; **à bien y réfléchir** pensándolo bien; **problèmes à régler** problemas *mpl* por solucionar

9 (*rapport, évaluation, distribution*) : **100 km/unités à l'heure** 100 km/unidades por hora; **payé au mois/à l'heure** pagado por mes/por hora; **cinq à six** cinco a seis; **ils sont arrivés à quatre** llegaron cuatro

AB [abe] ABR = **assez bien**

abaissement [abɛsmɑ̃] NM (*de température*) descenso; (*de l'âge de la retraite*) reducción *f*

abaisser [abese] VT bajar; (*fig*) rebajar ▪ **s'abaisser** VPR (*aussi fig*) rebajarse; **s'~ à faire/à qch** rebajarse a hacer/a algo

abandon [abɑ̃dɔ̃] NM abandono; **être à l'~** estar abandonado(-a); **laisser à l'~** dejar abandonado(-a); **dans un moment d'~** en un momento de abandono

abandonné, e [abɑ̃dɔne] ADJ abandonado(-a)

abandonner [abɑ̃dɔne] VT abandonar; **~ qch à qn** entregar algo a algn ▸ VI (*Sport*) abandonar; (*Inform*) salir ▪ **s'abandonner** VPR abandonarse; **s'~ à** abandonarse a

abaque [abak] NM ábaco

abasourdi, e [abazuʀdi] ADJ estupefacto(-a)

abasourdir [abazuʀdiʀ] VT dejar estupefacto(-a)

abat [aba] VB *voir* **abattre**

abâtardi, e [abɑtaʀdi] ADJ (*style, langue*) bastardeado(-a)

abat-jour [abaʒuʀ] (*pl* **~(s)**) NM pantalla

abats [aba] VB *voir* **abattre** ▸ NMPL (*Culin*) menudos *mpl*

abattage [abataʒ] NM (*du bois*) tala; (*d'un animal*) matanza; (*entrain*) brío

abattant [abatɑ̃] VB *voir* **abattre** ▸ NM (*d'un meuble*) tapa

abattement [abatmɑ̃] NM (*physique, moral*) abatimiento; (*déduction*) deducción *f*; **~ fiscal** deducción fiscal

abattis [abati] VB *voir* **abattre** ▸ NMPL menudos *mpl*

abattoir [abatwaʀ] NM matadero

abattre [abatʀ] VT (*arbre*) talar; (*mur, maison, avion*) derribar; (*tuer*) abatir; (*épuiser*) postrar;

(*déprimer*) desanimar; **~ du travail (*ou* de la besogne)** trabajar duro; **~ ses cartes** (*aussi fig*) enseñar las cartas ■ **s'abattre** VPR (*mât, malheur*) caerse; **s'~ sur** (*aussi fig*) caer sobre

abattu, e [abaty] PP *de* **abattre** ▸ ADJ (*déprimé*) abatido(-a); (*fatigué*) postrado(-a); **à bride abattue** como un rayo

abbatiale [abasjal] NF iglesia abacial

abbaye [abei] NF abadía

abbé [abe] NM (*d'une abbaye*) abad *m*; (*de paroisse*) cura *m*; **M. l'~** señor cura

abbesse [abɛs] NF abadesa

abc, ABC [ɑbese] NM abecé *m*

abcès [apsɛ] NM absceso

abdication [abdikasjɔ̃] NF abdicación *f*

abdiquer [abdike] VI abdicar ▸ VT (*pouvoir, dignité*) renunciar a

abdomen [abdɔmɛn] NM abdomen *m*

abdominal, e, -aux [abdɔminal, o] ADJ abdominal ■ **abdominaux** NMPL (*muscles, exercices*) abdominales *mpl*; **faire des abdominaux** hacer abdominales

abdos [abdo] (*fam*) NMPL (*muscles, exercices*) abdominales *mpl*; **faire des ~** hacer abdominales

abécédaire [ɑbesedɛʀ] NM abecedario

abeille [abɛj] NF abeja

aberrant, e [abeʀɑ̃, ɑ̃t] ADJ aberrante

aberration [abeʀasjɔ̃] NF aberración *f*

abêtir [abetiʀ] VT embrutecer ■ **s'abêtir** VPR embrutecerse

abêtissant, e [abetisɑ̃, ɑ̃t] ADJ embrutecedor(a)

abhorrer [abɔʀe] VT aborrecer

abîme [abim] NM (*aussi fig*) abismo

abîmé, e [abime] ADJ estropeado(-a); (*fig*) : **~ dans la prière** sumido en la oración

abîmer [abime] VT estropear ■ **s'abîmer** VPR estropearse; (*fig*) abismarse, sumirse; **s'~ les yeux** dañarse *ou* estropearse la vista

abject, e [abʒɛkt] ADJ abyecto(-a)

abjection [abʒɛksjɔ̃] NF abyección *f*

abjurer [abʒyʀe] VT abjurar

ablatif [ablatif] NM ablativo

ablation [ablasjɔ̃] NF ablación *f*

ablutions [ablysjɔ̃] NFPL : **faire ses ~** hacer sus abluciones

abnégation [abnegasjɔ̃] NF abnegación *f*

aboie [abwa] VB *voir* **aboyer**

aboiement [abwamɑ̃] NM ladrido

abois [abwa] NMPL : **être aux ~** estar acorralado(-a)

abolir [abɔliʀ] VT abolir

abolition [abɔlisjɔ̃] NF abolición *f*

abolitionniste [abɔlisjɔnist] ADJ, NMF abolicionista *mf*

abominable [abɔminabl] ADJ abominable

abomination [abɔminasjɔ̃] NF abominación *f*

abondamment [abɔ̃damɑ̃] ADV en abundancia

abondance [abɔ̃dɑ̃s] NF abundancia; **société d'~** sociedad *f* de consumo

abondant, e [abɔ̃dɑ̃, ɑ̃t] ADJ abundante

abonder [abɔ̃de] VI abundar; **~ en** abundar en; **~ dans le sens de qn** abundar en la opinión de algn

abonné, e [abɔne] ADJ (*à un journal*) suscrito(-a); (*au téléphone*) abonado(-a) ▸ NM/F suscriptor(-a), abonado(-a)

abonnement [abɔnmɑ̃] NM (*à un journal*) suscripción *f*; (*transports en commun, théâtre*) abono

abonner [abɔne] VT : **~ qn à** (*revue*) suscribir a algn a ■ **s'abonner** VPR : **s'~ à** (*revue, compte Twitter*) suscribirse a; (*téléphone*) abonarse a

abord [abɔʀ] NM : **être d'un ~ facile/difficile** ser de fácil/difícil acceso; **d'~** primero, en primer lugar; **tout d'~** antes de nada; **de prime ~, au premier ~** a primera vista ■ **abords** NMPL (*d'un lieu*) alrededores *mpl*

abordable [abɔʀdabl] ADJ (*personne*) accesible; (*prix, marchandise*) asequible

abordage [abɔʀdaʒ] NM abordaje *m*

aborder [abɔʀde] VI abordar ▸ VT (*aussi fig*) abordar; (*virage, vie*) tomar

aborigène [abɔʀiʒɛn] NMF aborigen *mf*

Abou Dhabi [abudabi] NM Abu Dabi

abouler [abule] (*fam*) VT (*payer*) aflojar (*fam*); **~ le fric** aflojar la mosca *ou* la pasta (*fam*) ▸ VI (*arriver, venir*) venirse (*fam*)

aboulique [abulik] ADJ abúlico(-a)

abouti, e [abuti] ADJ acabado(-a)

aboutir [abutiʀ] VI tener éxito; **~ à** (*lieu*) dar a; (*fig*) conducir a

aboutissants [abutisɑ̃] NMPL *voir* **tenant**

aboutissement [abutismɑ̃] NM logro

aboyer [abwaje] VI ladrar

abracadabrant, e [abʀakadabʀɑ̃, ɑ̃t] ADJ estrambótico(-a)

abrasif, -ive [abʀɑzif, iv] ADJ abrasivo(-a)

abrasion [abʀɑzjɔ̃] NF abrasión *f*

abrégé [abʀeʒe] NM resumen *m*; (*livre*) compendio; **en ~** en resumen

abréger [abʀeʒe] VT acortar

abreuver [abʀœve] VT abrevar; (*fig*) : **~ qn de** (*injures*) colmar a algn de ■ **s'abreuver** VPR (*animal*) abrevar; (*fam*) privar, mamar

abreuvoir [abʀœvwaʀ] NM abrevadero

abréviation [abʀevjasjɔ̃] NF abreviatura

abri [abʀi] NM refugio; **à l'~** (*des intempéries, financièrement*) a cubierto; (*de l'ennemi*) a salvo; **à l'~ de** (*fig : erreur*) al abrigo de

abribus [abʀibys] NM marquesina

abricot [abʀiko] NM albaricoque *m*, damasco (*Am*)

abricotier [abʀikɔtje] NM albaricoquero, damasco (*Am*)

abrité, e [abʀite] ADJ resguardado(-a)

abriter [abRite] VT (*lieu*) resguardar; (*personne*) albergar; (*recevoir, loger*) alojar ■ **s'abriter** VPR resguardarse; (*fig*) ampararse
abrogation [abRɔgasjɔ̃] NF abrogación *f*
abroger [abRɔʒe] VT abrogar
abrupt, e [abRypt] ADJ abrupto(-a); (*personne, ton*) rudo(-a)
abruti, e [abRyti] (*fam*) NM/F tonto(-a)
abrutir [abRytiR] VT (*abêtir*) embrutecer; (*étourdir*) aturdir ■ **s'abrutir** VPR (*s'abêtir*) atontarse; **rester à s'~ devant la télé** quedarse atontado(-a) delante de la tele; **s'~ de travail** matarse a trabajar
abrutissant, e [abRytisɑ̃, ɑ̃t] ADJ embrutecedor(a)
abscisse [apsis] NF abscisa
abscons, e [apskɔ̃, ɔ̃s] ADJ abstruso(-a)
absence [apsɑ̃s] NF ausencia; **en l'~ de** en ausencia de
absent, e [apsɑ̃, ɑ̃t] ADJ, NM/F ausente *mf*
absentéisme [apsɑ̃teism] NM absentismo
absenter [apsɑ̃te] : **s'absenter** VPR ausentarse
abside [apsid] NF ábside *m*
absinthe [apsɛ̃t] NF ajenjo
absolu, e [apsɔly] ADJ absoluto(-a) ▶ NM (*Philos*) : **l'~** el absoluto; **dans l'~** en abstracto
absolument [apsɔlymɑ̃] ADV (*oui*) sí, por supuesto; (*sans faute, à tout prix*) absolutamente; **~ pas** en absoluto
absolution [apsɔlysjɔ̃] NF absolución *f*
absolutisme [apsɔlytism] NM absolutismo
absolvais [apsɔlvɛ] VB *voir* **absoudre**
absolve *etc* [apsɔlv] VB *voir* **absoudre**
absorbant, e [apsɔRbɑ̃, ɑ̃t] ADJ absorbente
absorbé, e [apsɔRbe] ADJ absorto(-a)
absorber [apsɔRbe] VT absorber; (*manger, boire*) tomar ■ **s'absorber** VPR (*dans un travail, une activité*) : **s'~ dans** sumergirse en
absorption [apsɔRpsjɔ̃] NF absorción *f*
absoudre [apsudR] VT absolver
absous, -oute [apsu, ut] PP *de* **absoudre**
abstenir [apstəniR] : **s'abstenir** VPR abstenerse; **s'~ de faire** abstenerse de hacer
abstention [apstɑ̃sjɔ̃] NF abstención *f*
abstentionnisme [apstɑ̃sjɔnism] NM abstencionismo
abstentionniste [apstɑ̃sjɔnist] NMF abstencionista *mf*
abstenu, e [apstəny] PP *de* **abstenir**
abstiendrai *etc* [apstjɛ̃dRe] VB *voir* **abstenir**
abstiens *etc* [apstjɛ̃] VB *voir* **abstenir**
abstinence [apstinɑ̃s] NF abstinencia; **faire ~** hacer abstinencia
abstint [apstɛ̃] VB *voir* **abstenir**
abstraction [apstRaksjɔ̃] NF abstracción *f*; **faire ~ de** hacer caso omiso de; **~ faite de ...** dejando de lado ...
abstraire [apstRɛR] VT abstraer ■ **s'abstraire** VPR : **s'~ (de)** abstraerse (de)
abstrait, e [apstRɛ, ɛt] PP *de* **abstraire** ▶ ADJ abstracto(-a); **art ~** arte *m* abstracto ▶ NM : **dans l'~** en abstracto
abstrayais *etc* [apstRɛjɛ] VB *voir* **abstraire**
absurde [apsyRd] ADJ absurdo(-a) ▶ NM : **l'~** el absurdo; **raisonnement par l'~** razonamiento por reducción al absurdo
absurdité [apsyRdite] NF absurdidad *f*
Abu Dhabî [abudabi] NM = **Abou Dhabi**
abus [aby] NM abuso; **il y a de l'~** (*fam*) es un abuso; **~ de biens sociaux** abuso de bienes sociales; **~ de confiance** abuso de confianza; (*détournement de fonds*) desfalco; **~ de faiblesse** abuso de debilidad; **~ de pouvoir** abuso de poder; **~ sexuels** abusos sexuales
abuser [abyze] VI abusar; **~ de** abusar de; **~ de la patience de qn** abusar de la paciencia de algn ▶ VT engañar ■ **s'abuser** VPR equivocarse; **si je ne m'abuse** si no me equivoco
abusif, -ive [abyzif, iv] ADJ abusivo(-a)
abusivement [abyzivmɑ̃] ADV con abuso
abyssal, e, -aux [abisal, o] ADJ (*Géo : milieu, fosse*) abisal; (*fig : déficit, décalage*) abismal
abysse [abis] NM (*fonds marin*) abismo ■ **abysses** NMPL : **les abysses** el abismo, los abismos
AC ABR, SIGLE F (= *appellation contrôlée*) ≈ denominación *f* de origen
acabit [akabi] NM : **de cet/du même ~** de esta/de la misma calaña
acacia [akasja] NM acacia
académicien, ne [akademisjɛ̃, jɛn] NM/F académico(-a)
académie [akademi] NF academia; (*Art*) desnudo; (*Scol*) *circunscripción administrativa de la enseñanza en Francia*; **l'A~ (française)** la Academia Francesa; *ver nota*

> La **Académie française**, (a veces llamada *la Coupole*), fue fundada por el cardenal Richelieu en 1635 durante el reinado de Luis XIII. La forman cuarenta eruditos y escritores electos a los que se conoce como *les Quarante* o *les Immortels*. Una de las funciones de la Academia es regular la evolución de la lengua francesa y sus recomendaciones son con frecuencia objeto de encendido debate. Ha publicado varias ediciones de su conocido diccionario y concede diversos premios literarios.

académique [akademik] ADJ académico(-a); (*Univ*) universitario(-a)
Acadie [akadi] NF Acadia
acadien, ne [akadjɛ̃, jɛn] ADJ acadiense
acajou [akaʒu] NM caoba
acariâtre [akaRjɑtR] ADJ desabrido(-a)
acarien [akaRjɛ̃] NM ácaro *m*
accablant, e [akɑblɑ̃, ɑ̃t] ADJ (*témoignage,*

a

preuve) abrumador(a); (*chaleur, poids*) agobiante

accablé, e [akable] ADJ (*physiquement*) agobiado(-a), abrumado(-a); (*moralement*) abatido(-a); **avoir l'air ~** parecer agobiado

accablement [akɑbləmɑ̃] NM (*physiquement*) agobio; (*moralement*) abatimiento

accabler [akɑble] VT (*physiquement*) agobiar; (*moralement*) abatir; (*preuves, témoignage*) inculpar; **~ qn d'injures/de travail** colmar a algn de injurias/de trabajo; **accablé de dettes/soucis** cargado de deudas/preocupaciones; **accablé de chagrin** abrumado por la pena, afligido

accalmie [akalmi] NF (*aussi fig*) calma, tregua

accaparant, e [akapaʀɑ̃, ɑ̃t] ADJ acaparador(a)

accaparer [akapaʀe] VT acaparar

accéder [aksede] VT : **~ à** (*lieu*) tener acceso a; (*fig*) acceder a; (*indépendance*) lograr

accélérateur [akseleʀatœʀ] NM acelerador *m*

accélération [akseleʀasjɔ̃] NF aceleración *f*

accéléré [akseleʀe] NM (*Ciné*) : **en ~** a cámara rápida

accélérer [akseleʀe] VT, VI acelerar ■ **s'accélérer** VPR (*processus, rythme*) acelerarse

accent [aksɑ̃] NM acento; **aux accents de** (*musique*) a los acordes de; **mettre l'~ sur** (*fig*) hacer hincapié en; **~ aigu/circonflexe/grave** acento agudo/circunflejo/grave

accentuation [aksɑ̃tɥasjɔ̃] NF (*d'un mot*) acentuación *f*; (*de l'inflation*) agravación *f*

accentué, e [aksɑ̃tɥe] ADJ acentuado(-a)

accentuer [aksɑ̃tɥe] VT (*aussi fig*) acentuar ■ **s'accentuer** VPR acentuarse

acceptable [aksɛptabl] ADJ aceptable

acceptation [aksɛptasjɔ̃] NF aceptación *f*

accepter [aksɛpte] VT aceptar; (*admettre*) aceptar, admitir; **~ de faire** aceptar hacer; **~ que qn fasse** aceptar que algn haga; **~ que** admitir que; **accepteriez-vous que je m'en aille ?** ¿le importaría que me fuese?; **j'accepte !** ¡vale!; **je n'accepterai pas cela** eso no lo admitiré

acception [aksɛpsjɔ̃] NF acepción *f*; **dans toute l'~ du terme** en toda la acepción de la palabra

accès [aksɛ] NM acceso; **d'~ facile/malaisé** de fácil/difícil acceso; **l'~ aux quais est interdit** el acceso a los andenes está prohibido; **donner ~ à** dar acceso a; **avoir ~ auprès de qn** tener entrada con algn; **~ de colère** arrebato; **~ de fièvre** acceso de fiebre; **~ de toux** ataque *m* de tos ▶ NMPL (*routes, entrées*) accesos *mpl*

accessible [aksesibl] ADJ accesible; (*prix, objet*) asequible; **~ (à qn)** (*livre, sujet*) accesible (a algn); **être ~ à la pitié/à l'amour** ser capaz de compasión/de amor

accession [aksesjɔ̃] NF acceso; **~ à la propriété** acceso a la propiedad

accessit [aksesit] NM accésit *m*

accessoire [akseswaʀ] ADJ secundario(-a) ▶ NM accesorio

accessoirement [akseswaʀmɑ̃] ADV ocasionalmente

accessoiriste [akseswaʀist] NMF accesorista *mf*, attrezzista *mf*

accident [aksidɑ̃] NM accidente *m*; (*événement fortuit*) incidente *m*; **par ~** por accidente; **~ de la route/du travail** accidente de carretera/de trabajo; **~ de parcours** desliz *msg*; **accidents de terrain** accidentes *mpl* del terreno

accidenté, e [aksidɑ̃te] ADJ accidentado(-a); (*voiture*) accidentado(-a), siniestrado(-a) ▶ NM/F herido(-a); **un ~ de la route** un herido de la carretera

accidentel, le [aksidɑ̃tɛl] ADJ accidental; (*fortuit*) casual

accidentellement [aksidɑ̃tɛlmɑ̃] ADV accidentalmente; (*par hasard*) casualmente

accidenter [aksidɑ̃te] VT (*personne*) atropellar; (*véhicule*) colisionar con

accise [aksiz] NF sisa

acclamation [aklamasjɔ̃] NF : **par ~** por aclamación ■ **acclamations** NFPL vítores *mpl*

acclamer [aklame] VT aclamar

acclimatation [aklimatasjɔ̃] NF aclimatación *f*

acclimater [aklimate] VT aclimatar; (*personne*) acostumbrar ■ **s'acclimater** VPR aclimatarse

accointances [akwɛ̃tɑ̃s] NFPL : **avoir des ~ avec** tener relaciones con

accolade [akɔlad] NF abrazo; (*signe typographique*) llave *f*; **donner l'~ à qn** (*entre amis*) dar un abrazo a algn; (*dans une cérémonie*) dar el espaldarazo a algn

accoler [akɔle] VT juntar

accommodant, e [akɔmɔdɑ̃, ɑ̃t] ADJ condescendiente

accommodement [akɔmɔdmɑ̃] NM acomodo

accommoder [akɔmɔde] VT (*Culin*) aliñar; **~ qch à** adaptar algo a ▶ VI adaptar ■ **s'accommoder** VPR : **s'~ à** adaptarse a; **s'~ de** contentarse con

accompagnateur, -trice [akɔ̃paɲatœʀ, tʀis] NM/F acompañante *mf*

accompagnement [akɔ̃paɲmɑ̃] NM (*Mus*) acompañamiento; (*Culin*) aderezo; (*Mil*) escolta

accompagner [akɔ̃paɲe] VT acompañar; **vous permettez que je vous accompagne ?** ¿me permite que le acompañe? ■ **s'accompagner** VPR acompañarse; **s'~ de** ir acompañado(-a) de

accompli, e [akɔ̃pli] ADJ (*fait*) consumado(-a); (*devoir*) cumplido(-a)

accomplir [akɔ̃pliʀ] VT cumplir ■ **s'accomplir** VPR cumplirse

accomplissement [akɔ̃plismɑ̃] NM realización *f*

accord [akɔʀ] NM (*entente*) acuerdo; (*Ling*) concordancia; (*consentement, autorisation*) consentimiento; (*Mus*) acorde *m*; **mettre deux per-**

sonnes d'~ poner a dos personas de acuerdo; **se mettre d'~** ponerse de acuerdo; **être d'~ (avec qn)** estar de acuerdo (con algn); **être d'~ (pour faire/que)** estar de acuerdo (en hacer/en que); **d'~ !** ¡de acuerdo!; **d'un commun ~** de común acuerdo; **en ~ avec qn** de acuerdo con algn; **donner son ~** dar su consentimiento; **~ en genre et en nombre** concordancia en género y número; **~ parfait** (*Mus*) acorde perfecto

accord-cadre [akɔʀkadʀ] (*pl* **accords-cadres**) NM acuerdo marco *inv*

accordéon [akɔʀdeɔ̃] NM acordeón *m*; **en ~** en acordeón

accordéoniste [akɔʀdeɔnist] NMF acordeonista *mf*

accorder [akɔʀde] VT (*faveur, délai*) conceder; (*harmoniser*) conciliar; (*Mus*) afinar; (*Ling*) concordar; **~ de l'importance/de la valeur à qch** dar importancia/valor a algo; **je vous accorde que ...** le concedo que ... ■ **s'accorder** VPR (*être d'accord*) estar de acuerdo; (*se mettre d'accord*) ponerse de acuerdo; (*couleurs, caractères*) casar; (*Ling*) concordar; (*un moment de répit*) darse

accordeur, -euse [akɔʀdœʀ, øz] NM/F afinador(a)

accoster [akɔste] VT (*Naut*) acostar; (*personne*) abordar ▸ VI acostar

accotement [akɔtmɑ̃] NM arcén *m*; **~ stabilisé/non stabilisé** arcén pavimentado/no pavimentado

accoter [akɔte] VT : **~ qch contre/à** apoyar algo contra/en ■ **s'accoter** VPR : **s'~ contre/à** apoyarse contra/en

accouchement [akuʃmɑ̃] NM parto; **~ à terme/sans douleur** parto a término/sin dolor

accoucher [akuʃe] VI, VT dar a luz; **~ d'une fille** dar a luz una niña

accoucheur [akuʃœʀ] NM : **(médecin) ~** tocólogo

accoucheuse [akuʃøz] NF comadrona

accouder [akude] : **s'accouder** VPR : **s'~ à/contre/sur** acodarse en/sobre; **accoudé à la fenêtre** acodado en la ventana

accoudoir [akudwaʀ] NM brazo

accouplement [akupləmɑ̃] NM apareamiento; (*Tech*) acoplamiento

accoupler [akuple] VT (*moteurs*) conectar; (*bœufs*) uncir; (*animaux*) aparear ■ **s'accoupler** VPR aparearse

accourir [akuʀiʀ] VI precipitarse

accoutrement [akutʀəmɑ̃] (*péj*) NM atavío

accoutrer [akutʀe] (*péj*) VT ataviar ■ **s'accoutrer** VPR ataviarse

accoutumance [akutymɑ̃s] NF (*au climat*) adaptación *f*; (*drogue*) adicción *f*

accoutumé, e [akutyme] ADJ acostumbrado(-a); **être ~ à qch/à faire** estar acostumbrado(-a) a algo/a hacer; **comme à l'accoutumée** como de costumbre

accoutumer [akutyme] VT : **~ qn à qch/à faire** acostumbrar a algn a algo/a hacer ■ **s'accoutumer** VPR : **s'~ à qch/à faire** acostumbrarse a algo/a hacer

accréditer [akʀedite] VT (*personne*) acreditar; (*nouvelle*) dar crédito a; **~ qn (auprès de)** acreditar a algn (ante)

accro [akʀo] (*fam*) NMF yonqui *mf*

accroc [akʀo] NM (*déchirure*) desgarrón *m*; **sans accrocs** (*fig*) sin contratiempos; **faire un ~ à** (*vêtement*) hacer un desgarrón en; (*fig*) atentar contra

accrochage [akʀɔʃaʒ] NM (*d'un tableau*) colgamiento; (*d'une remorque*) enganche *m*; (*accident*) choque *m*; (*escarmouche*) escaramuza; (*dispute*) pelea

accroche-cœur [akʀɔʃkœʀ] (*pl* **accroche-cœurs**) NM caracol *m*

accrocher [akʀɔʃe] VT (*vêtement, tableau*) colgar; (*wagon, remorque*) enganchar; (*véhicule*) chocar con; (*déchirer : robe, pull*) rasgar; (*Mil*) entablar combate con; (*fig : regard, client*) atraer ▸ VI (*fermeture éclair*) engancharse; (*pourparlers*) atascarse; (*plaire : disque*) pegar (*fam*) ■ **s'accrocher** VPR (*se disputer*) pelearse; (*ne pas céder*) resistir; **s'~ à** (*rester pris à*) engancharse en; (*agripper*) agarrarse a; (*personne*) pegarse a; (*espoir, idée*) aferrarse a; **il faut s'~** (*fam*) hay que seguir

accrocheur, -euse [akʀɔʃœʀ, øz] ADJ (*vendeur*) tenaz; (*publicité, titre*) llamativo(-a)

accroire [akʀwaʀ] VT : **faire** *ou* **laisser ~ à qn qch/que** hacer creer a algn algo/que

accrois *etc* [akʀwa] VB *voir* **accroître**

accroissais *etc* [akʀwasɛ] VB *voir* **accroître**

accroissement [akʀwasmɑ̃] NM aumento

accroître [akʀwatʀ] VT acrecentar ■ **s'accroître** VPR acrecentarse

accroupi, e [akʀupi] ADJ en cuclillas

accroupir [akʀupiʀ] : **s'accroupir** VPR ponerse en cuclillas

accru, e [akʀy] PP *de* **accroître**

accu [aky] (*fam*) NM = **accumulateur**

accueil [akœj] NM acogida; (*endroit*) recepción *f*; **centre/comité d'~** centro/comité *m* de recepción

accueillant, e [akœjɑ̃, ɑ̃t] ADJ acogedor(a)

accueillir [akœjiʀ] VT (*recevoir, saluer*) acoger; (*loger*) alojar; (*fig*) recibir

acculer [akyle] VT : **~ qn à** *ou* **contre/dans** acorralar a algn contra/en; **~ qn à** (*faillite, suicide*) conducir a algn a

acculturation [akyltyʀasjɔ̃] NF aculturación *f*

accumulateur [akymylatœʀ] NM acumulador *m*

accumulation [akymylasjɔ̃] NF acumulación *f*; **une ~ de ...** un montón de ...; **chauffage/radiateur à ~** calefacción *f*/radiador *m* por acumulación

a

accumuler [akymyle] VT acumular ■ **s'accumuler** VPR acumularse

accusateur, -trice [akyzatœʀ, tʀis] ADJ, NM/F acusador(a)

accusatif [akyzatif] NM acusativo

accusation [akyzasjɔ̃] NF acusación *f*; **l'~** (*Jur*) la acusación; **mettre qn en ~** iniciar causa en contra de algn; **acte d'~** acta de acusación

accusé, e [akyze] ADJ, NM/F acusado(-a) ▶ NM : **~ de réception** acuse *m* de recibo

accuser [akyze] VT (*aussi fig*) acusar; (*fig : souligner*) acentuar; **~ qn de qch** acusar a algn de algo; **~ qch de qch** culpar a algo de algo; **~ réception de** acusar recibo de; **~ le coup** (*fig, fam*) acusar el golpe ■ **s'accuser** VPR (*s'accentuer*) acentuarse; **s'~ de qch/d'avoir fait qch** culparse de algo/de haber hecho algo

acerbe [asɛʀb] ADJ acerbo(-a)

acéré, e [aseʀe] ADJ acerado(-a); (*fig*) mordaz

acétate [asetat] NM acetato

acétique [asetik] ADJ : **acide ~** ácido acético

acétone [asetɔn] NF acetona

acétylène [asetilɛn] NM acetileno

achalandé, e [aʃalɑ̃de] ADJ : **bien/mal ~** bien/mal surtido(-a)

acharné, e [aʃaʀne] ADJ (*combat, lutte*) encarnizado(-a)

acharnement [aʃaʀnəmɑ̃] NM encarnizamiento

acharner [aʃaʀne] : **s'acharner** VPR : **s'~ contre/sur** ensañarse con; **s'~ à faire** empeñarse en hacer

achat [aʃa] NM compra; **faire l'~ de** comprar; **faire des achats** ir de compras

acheminement [aʃ(ə)minmɑ̃] NM envío

acheminer [aʃ(ə)mine] VT (*courrier, troupes, train*) enviar; **s'~ vers** (*aussi fig*) encaminarse hacia

acheter [aʃ(ə)te] VT comprar; **~ à crédit** comprar a crédito; **~ qch à qn** comprar algo a algn

acheteur, -euse [aʃ(ə)tœʀ, øz] NM/F comprador(a); **l'~ et le vendeur** el comprador y el vendedor

achevé, e [aʃ(ə)ve] ADJ : **d'un ridicule/comique ~** de un ridículo/cómico espantoso

achèvement [aʃɛvmɑ̃] NM finalización *f*

achever [aʃ(ə)ve] VT acabar, finalizar; (*blessé*) rematar; **~ de faire qch** (*aussi fig*) acabar de hacer algo ■ **s'achever** VPR acabarse

achoppement [aʃɔpmɑ̃] NM : **pierre d'~** traba

achopper [aʃɔpe] VI tropezar; **~ sur** (*problème*) tropezar con

acide [asid] ADJ ácido(-a); (*ton*) áspero(-a) ▶ NM ácido

acidifiant [asidifjɑ̃] NM acidificante *m*

acidifier [asidifje] VT acidificar ■ **s'acidifier** VPR acidificarse

acidité [asidite] NF acidez *f*

acidulé [asidyle] ADJ ácido(-a); **bonbons acidulés** caramelos *mpl* ácidos

acier [asje] NM acero; **~ inoxydable** acero inoxidable

aciérie [asjeʀi] NF acería

acné [akne] NF acné *f*; **~ juvénile** acné juvenil

acolyte [akɔlit] (*péj*) NM compinche *m*

acompte [akɔ̃t] NM (*arrhes*) señal *f*; (*sur somme due*) adelanto; (*sur salaire*) anticipo

acoquiner [akɔkine] : **s'acoquiner avec** VPR compincharse con

Açores [asɔʀ] NFPL : **les ~** las Azores

à-côté [akote] NM (*point accessoire*) cuestión *f* secundaria; (*argent : aussi pl*) dinero extra *inv*

à-coup [aku] (*pl* **à-coups**) NM (*du moteur*) sacudidas *fpl*; (*du commerce, de l'économie*) altibajos *mpl*; **sans à-coups** sin interrupción; **par à-coups** a tirones

acouphène [akufɛn] NM (*Méd*) acúfeno; **souffrir d'acouphènes** sufrir acúfenos

acoustique [akustik] NF acústica ▶ ADJ acústico(-a)

acquéreur [akeʀœʀ] NM comprador(a); **se porter ~ de qch** ofrecerse como comprador de algo; **se rendre ~ de qch** adquirir algo

acquérir [akeʀiʀ] VT adquirir; (*résultats*) obtener

acquiers *etc* [akjɛʀ] VB *voir* **acquérir**

acquiescement [akjɛsmɑ̃] NM consentimiento; **en signe d'~** en señal de conformidad

acquiescer [akjese] VI asentir; **~ (à qch)** consentir (en algo)

acquis, e [aki, iz] PP *de* **acquérir** ▶ NM (*savoir, expérience*) conocimientos *mpl* ■ **acquis** NMPL : **les ~ sociaux** los logros sociales ▶ ADJ adquirido(-a); (*résultats*) obtenido(-a); **tenir qch pour ~** (*comme allant de soi*) dar algo por sabido; (*comme décidé*) dar algo por hecho; **être ~ à** ser adicto(-a) a; **caractère ~** carácter *m* adquirido; **vitesse acquise** velocidad *f* adquirida

acquisition [akizisjɔ̃] NF (*action d'acquérir*) adquisición *f*; (*objet acquis*) compra; **faire l'~ de** comprar

acquit [aki] VB *voir* **acquérir** ▶ NM recibo; **pour ~** recibí *m*; **par ~ de conscience** para quedarse *etc* más tranquilo

acquittement [akitmɑ̃] NM (*d'un accusé*) absolución *f*; (*d'une dette*) pago, satisfacción *f*

acquitter [akite] VT (*accusé*) absolver; (*payer*) abonar, pagar ■ **s'acquitter de** VPR (*promesse, tâche*) cumplir con; (*dette*) satisfacer

âcre [ɑkʀ] ADJ acre

âcreté [ɑkʀəte] NF acritud *f*

acrimonie [akʀimɔni] NF acrimonia

acrimonieux, -euse [akʀimɔnjø, jøz] ADJ agrio(-a)

acrobate [akʀɔbat] NMF acróbata *mf*

acrobatie [akʀɔbasi] NF (*aussi fig*) acrobacia; **~ aérienne** acrobacia aérea

acrobatique [akʀɔbatik] ADJ acrobático(-a)

acronyme [akʀɔnim] NM acrónimo
Acropole [akʀɔpɔl] NF Acrópolis *fsg*
acrosport [akʀɔspɔʀ] NM gimnasia acrobática, acrosport *m*
acrostiche [akʀɔstiʃ] NM (*poème*) acróstico
acrylique [akʀilik] NM acrílico
acte [akt] NM (*Théâtre, action*) acto; (*document*) acta; **prendre ~ de** tomar nota de; **faire ~ de présence** hacer acto de presencia; **faire ~ de candidature** presentar una candidatura; **~ d'accusation** acta de acusación; **~ de baptême** fe *f* de bautismo; **~ de mariage/de naissance** partida de matrimonio/de nacimiento; **~ de vente** escritura ■ **actes** NMPL (*compte-rendu*) actas *fpl*
acteur, -trice [aktœʀ, tʀis] NM/F actor (actriz)
actif, -ive [aktif, iv] ADJ activo(-a); (*remède*) eficaz; **prendre une part active à qch** tomar parte activa en algo ▶ NM activo; **l'~ et le passif** el activo y el pasivo; **~ toxique** activo tóxico
action [aksjɔ̃] NF acción *f*; (*déploiement d'énergie*) actividad *f*; **une bonne/mauvaise ~** una buena/mala acción; **mettre en ~** poner en práctica; **passer à l'~** pasar a la acción; **un homme d'~** un hombre de acción; **sous l'~ de** bajo el efecto de; **un film d'~** una película de acción; **~ de grâce(s)** acción de gracias; **~ en diffamation** demanda por difamación
actionnaire [aksjɔnɛʀ] NMF accionista *mf*
actionnariat [aksjɔnaʀja] NM (*statut, actionnaires*) accionariado
actionner [aksjɔne] VT accionar
activation [aktivasjɔ̃] NF activación *f*
active [aktiv] ADJ *voir* **actif**
activement [aktivmɑ̃] ADV activamente
activer [aktive] VT activar ■ **s'activer** VPR (*se presser*) apresurarse; (*s'affairer*) trajinar
activisme [aktivism] NM activismo
activiste [aktivist] NMF activista *mf*
activité [aktivite] NF actividad *f*; **cesser toute ~** abandonar toda actividad; **en ~** (*fonctionnaire, militaire*) en activo; (*volcan, industrie*) en actividad; **activités subversives** actividades subversivas
actrice [aktʀis] NF *voir* **acteur**
actualisation [aktɥalizasjɔ̃] NF actualización *f*
actualiser [aktɥalize] VT actualizar
actualité [aktɥalite] NF actualidad *f*; **l'~ politique/sportive** la actualidad política/deportiva; **d'~** de actualidad ■ **actualités** NFPL : **les actualités** las noticias
actuariel, le [aktɥaʀjɛl] ADJ : **taux ~** interés *m* actuarial
actuel, le [aktɥɛl] ADJ actual; **à l'heure actuelle** hoy en día, en el momento actual
actuellement [aktɥɛlmɑ̃] ADV actualmente
acuité [akɥite] NF (*des sens*) agudeza; (*d'une crise, douleur*) intensidad *f*
acuponcteur, -trice [akypɔ̃ktœʀ, tʀis], **acupuncteur, -trice** [akypɔ̃ktœʀ, tʀis] NM/F acupuntor(a)
acuponcture [akypɔ̃ktyʀ], **acupuncture** [akypɔ̃ktyʀ] NF acupuntura
adage [adaʒ] NM adagio
adagio [ada(d)ʒjo] NM adagio
adaptable [adaptabl] ADJ adaptable
adaptateur, -trice [adaptatœʀ, tʀis] NM/F (*Théâtre*) adaptador(a) ▶ NM (*Élec*) adaptador *m*
adaptation [adaptasjɔ̃] NF adaptación *f*
adapter [adapte] VT : **~ à** adaptar a; **~ qch sur/dans/à** ajustar algo sobre/en/a ■ **s'adapter** VPR : **s'~ (à)** (*personne*) adaptarse (a); (*objet, prise etc*) ajustarse (a)
addenda [adɛ̃da] NM addenda *m*
addictologie [adiktɔlɔʒi] NF adictología
Addis-Ababa [adisababa], **Addis-Abeba** [adisabəba] N Addis Abeba
additif [aditif] NM aditivo; (*note, clause*) nota; **~ alimentaire** aditivo alimenticio
addition [adisjɔ̃] NF (*Math*) adición *f*; (*au restaurant*) cuenta; (*d'une clause*) inclusión *f*
additionnel, le [adisjɔnɛl] ADJ adicional
additionner [adisjɔne] VT sumar; **~ un vin d'eau** añadir agua al vino ■ **s'additionner** VPR sumarse
adduction [adyksjɔ̃] NF canalización *f*
adepte [adɛpt] NMF (*d'une religion*) adepto(-a); (*d'un sport*) partidario(-a)
adéquat, e [adekwa(t), at] ADJ adecuado(-a)
adéquation [adekwasjɔ̃] NF adecuación *f*
adhérence [adeʀɑ̃s] NF adherencia; **assurer une bonne ~** asegurar una buena adherencia
adhérent, e [adeʀɑ̃, ɑ̃t] ADJ adherente ▶ NM/F miembro *mf*
adhérer [adeʀe] VI adherirse ▶ VT : **~ à** (*coller*) adherir a; (*se rallier à*) adherirse a; (*devenir membre de*) afiliarse a; (*être membre de*) estar afiliado(-a) a
adhésif, -ive [adezif, iv] ADJ adhesivo(-a) ▶ NM adhesivo
adhésion [adezjɔ̃] NF (*à un club*) afiliación *f*; (*à une opinion*) adscripción *f*
ad hoc [adɔk] ADJ INV ad hoc *inv*
adieu [adjø] EXCL ¡adiós! ▶ NM adiós *msg*; **dire ~ à qn** decir adiós a algn; **dire ~ à qch** decir adiós a algo ■ **adieux** NMPL : **faire ses adieux à qn** despedirse de algn
adipeux, -euse [adipø, øz] ADJ adiposo(-a)
adiposité [adipozite] NF adiposidad *f*
adjacent, e [adʒasɑ̃, ɑ̃t] ADJ : **~ (à)** adyacente (a); **angles adjacents** ángulos *mpl* adyacentes
adjectif, -ive [adʒɛktif, iv] ADJ adjetivo(-a) ▶ NM adjetivo; **~ attribut/démonstratif/épithète** adjetivo atributo/demostrativo/epíteto; **~ numéral/possessif/qualificatif** adjetivo numeral/posesivo/calificativo

adjectival, e, -aux [adʒɛktival, o] ADJ adjetival
adjoignais *etc* [adʒwaɲɛ] VB *voir* **adjoindre**
adjoindre [adʒwɛ̃dʀ] VT : **~ qch à qch** agregar algo a algo; (*ajouter*) añadir algo a algo; **~ qn à** asociar a algn a; **s'~ un collaborateur** tomar un colaborador
adjoint, e [adʒwɛ̃, wɛ̃t] NM/F adjunto(-a); **~ au maire** teniente *mf* de alcalde ▶ ADJ adjunto(-a); **directeur ~** director(a) adjunto(-a)
adjonction [adʒɔ̃ksjɔ̃] NF añadido; **sans ~ de sucre/conservateur** sin azúcar/conservante
adjudant [adʒydɑ̃] NM brigada *m*
adjudant-chef [adʒydɑ̃ʃɛf] (*pl* **adjudants-chefs**) NM ≈ subteniente *m*
adjudicataire [adʒydikatɛʀ] NMF adjudicatario(-a)
adjudicateur, -trice [adʒydikatœʀ, tʀis] NM/F adjudicador(a)
adjudication [adʒydikasjɔ̃] NF adjudicación *f*
adjuger [adʒyʒe] VT adjudicar; **adjugé !** ¡adjudicado! ■ **s'adjuger** VPR adjudicarse
adjurer [adʒyʀe] VT : **~ qn de faire** implorar a algn que haga
adjuvant [adʒyvɑ̃] NM coadyuvante *m*
ad libitum [adlibitɔm] ADV ad libitum
admettre [admɛtʀ] VT admitir; (*candidat*) admitir, aprobar; **~ que** admitir que; **j'admets que** admito que; **je n'admets pas ce genre de conduite** no admito este tipo de comportamiento; **je n'admets pas que tu fasses cela** no admito que hagas esto; **admettons** admitamos; **admettons que …** admitamos que …
administrateur, -trice [administʀatœʀ, tʀis] NM/F administrador(a); **~ délégué(e)** consejero(-a) delegado(-a); **~ judiciaire** interventor(a)
administratif, -ive [administʀatif, iv] ADJ administrativo(-a)
administration [administʀasjɔ̃] NF administración *f*; **l'A~** la Administración
administrativement [administʀativmɑ̃] ADV administrativamente
administré, e [administʀe] NM/F : **ses administrés** sus administrados
administrer [administʀe] VT administrar
admirable [admiʀabl] ADJ admirable
admirablement [admiʀabləmɑ̃] ADV admirablemente
admirateur, -trice [admiʀatœʀ, tʀis] NM/F admirador(a)
admiratif, -ive [admiʀatif, iv] ADJ admirativo(-a)
admiration [admiʀasjɔ̃] NF admiración *f*; **être en ~ devant** estar boquiabierto(-a) ante
admirativement [admiʀativmɑ̃] ADV admirativamente, con admiración
admirer [admiʀe] VT admirar
admis, e [admi, iz] PP *de* **admettre**
admissibilité [admisibilite] NF admisibilidad *f*
admissible [admisibl] ADJ (*candidat*) admitido(-a); (*comportement : gén nég*) admisible
admission [admisjɔ̃] NF admisión *f*; **tuyau** *etc* **d'~** tubo *etc* de admisión; **demande d'~** solicitud *f* de admisión; **le service des admissions** el servicio de admisiones
admonester [admɔnɛste] VT amonestar
ADN [ɑdeɛn] SIGLE M (= *acide désoxyribonucléique*) ADN *m*
ado [ado] (*fam*) NMF adolescente *mf*
adolescence [adɔlesɑ̃s] NF adolescencia
adolescent, e [adɔlesɑ̃, ɑ̃t] NM/F adolescente *mf*
adonner [adɔne] : **s'adonner** VPR : **s'~ à** entregarse a
adopter [adɔpte] VT (*enfant, politique*) adoptar; (*projet de loi*) aprobar
adoptif, -ive [adɔptif, iv] ADJ adoptivo(-a)
adoption [adɔpsjɔ̃] NF (*d'un projet*) aprobación *f*; (*d'un enfant*) adopción *f*; **son pays/sa ville d'~** su país/su ciudad de adopción
adorable [adɔʀabl] ADJ adorable
adoration [adɔʀasjɔ̃] NF adoración *f*; **être en ~ devant** sentir adoración por
adorer [adɔʀe] VT adorar
adossé, e [adose] ADJ : **~ à** (*mur, contreforts : personne*) apoyado en *ou* contra; (*: maison*) adosado a
adosser [adose] VT : **~ qch à/contre** adosar algo a/contra; **être adossé à/contre** (*personne*) estar apoyado en *ou* contra; (*maison*) estar adosado a ■ **s'adosser** VPR : **s'~ à/contre** apoyarse en/contra
adouber [adube] VT (*Hist : vassal*) armar caballero a; (*nommer : successeur, ministre*) nombrar
adoucir [adusiʀ] VT (*aussi fig*) suavizar; (*avec du sucre*) endulzar; (*peine, douleur*) aliviar; (*eau*) descalcificar ■ **s'adoucir** VPR suavizarse
adoucissant [adusisɑ̃] NM (*pour le linge*) suavizante *m*
adoucissement [adusismɑ̃] NM mejoría
adoucisseur [adusisœʀ] NM : **~ (d'eau)** descalcificador *m* (de agua)
adr. ABR (= *adresse*) Dir. (= *dirección*)
adrénaline [adʀenalin] NF adrenalina
adresse [adʀɛs] NF (*habileté*) habilidad *f*; (*domicile*) dirección *f*; **à l'~ de** a la atención de; **partir sans laisser d'~** marchar sin dejar la dirección; **~ Web** dirección *f* de Internet
adresser [adʀese] VT (*expédier*) enviar; (*écrire l'adresse sur*) poner la dirección en; (*injure, compliments*) dirigir; **~ qn à un docteur/un bureau** enviar a algn a un médico/una oficina; **~ la parole à qn** dirigir la palabra a algn ■ **s'adresser** VPR : **s'~ à** dirigirse a; (*suj : livre, conseil*) estar dirigido(-a) a

Adriatique [adʀijatik] NF : **l'~, la mer ~** el (mar) Adriático
adroit, e [adʀwa, wat] ADJ hábil; (*rusé*) astuto(-a)
adroitement [adʀwatmɑ̃] ADV hábilmente; (*fig*) astutamente
ADSL [adeɛsɛl] SIGLE M (= *asymmetrical digital subscriber line*) ADSL *m ou f*
adulation [adylasjɔ̃] NF adulación *f*
aduler [adyle] VT adular
adulte [adylt] NMF adulto(-a); **film pour adultes** película para adultos; **formation des/pour adultes** formación *f* de/para adultos ▸ ADJ adulto(-a); (*attitude*) maduro(-a); **l'âge ~** la edad adulta
adultère [adyltɛʀ] ADJ adúltero(-a) ▸ NM adulterio
adultérin, e [adylteʀɛ̃, in] ADJ adulterino(-a)
advenir [advəniʀ] VI ocurrir; **qu'adviendra-t-il/qu'est-il advenu de ... ?** ¿qué ocurrirá?/¿qué ha ocurrido con ...?; **quoi qu'il advienne** pase lo que pase
adventice [advɑ̃tis] ADJ adventicio(-a)
adventiste [advɑ̃tist] NMF adventista *mf*
adverbe [advɛʀb] NM adverbio; **~ de manière** adverbio de modo
adverbial, e, -aux [advɛʀbjal, jo] ADJ adverbial
adversaire [advɛʀsɛʀ] NMF adversario(-a); **~ de qch** adversario(-a) de algo
adverse [advɛʀs] ADJ adverso(-a); **la partie ~** (*Jur*) la parte contraria
adversité [advɛʀsite] NF adversidad *f*
AELE [aəelə] SIGLE F (= *Association européenne de libre-échange*) EFTA
aérateur [aeʀatœʀ] NM ventilador *m*
aération [aeʀasjɔ̃] NF (*action d'aérer*) aeración *f*; (*circulation de l'air*) ventilación *f*; **bouche/conduit d'~** boca/conducto de ventilación
aéré, e [aeʀe] ADJ ventilado(-a); (*tissu*) vaporoso(-a); **centre ~** *centro de ocio infantil al aire libre*
aérer [aeʀe] VT (*pièce, literie*) ventilar; (*style*) aligerar ■ **s'aérer** VPR airearse, tomar el aire
aérien, ne [aeʀjɛ̃, jɛn] ADJ (*aussi fig*) aéreo(-a); **compagnie aérienne** compañía aérea; **ligne aérienne** línea aérea
aérobic [aeʀɔbik] NF aerobic *m inv*
aérobie [aeʀɔbi] ADJ aerobio(-a)
aéro-club [aeʀoklœb] (*pl* **aéro-clubs**) NM aeroclub *m*
aérodrome [aeʀodʀom] NM aeródromo
aérodynamique [aeʀodinamik] ADJ aerodinámico(-a) ▸ NF aerodinámica
aérofrein [aeʀofʀɛ̃] NM freno aerodinámico
aérogare [aeʀogaʀ] NF terminal *f*; (*en ville*) estación *f* terminal
aéroglisseur [aeʀoglisœʀ] NM aerodeslizador *m*
aérogramme [aeʀɔgʀam] NM carta por avión
aéromodélisme [aeʀomɔdelism] NM aeromodelismo
aéronaute [aeʀonot] NM aeronauta *mf*
aéronautique [aeʀonotik] ADJ aeronáutico(-a) ▸ NF aeronáutica
aéronaval, e [aeʀonaval] ADJ aeronaval ▸ NF : **l'Aéronavale** las Fuerzas aeronavales
aéronef [aeʀɔnɛf] NM aeronave *f*
aérophagie [aeʀɔfaʒi] NF aerofagia
aéroport [aeʀɔpɔʀ] NM aeropuerto; **~ d'embarquement** aeropuerto de embarque
aéroporté, e [aeʀopɔʀte] ADJ aerotransportado(-a)
aéroportuaire [aeʀopɔʀtɥɛʀ] ADJ del aeropuerto
aéropostal, e, -aux [aeʀopɔstal, o] ADJ aeropostal
aérosol [aeʀɔsɔl] NM aerosol *m*
aérospatial, e, -aux [aeʀospasjal, jo] ADJ aeroespacial
aérospatiale [aeʀɔspasjal] NF (*science*) ciencia aeroespacial; (*industrie*) industria aeroespacial
aérostat [aeʀɔsta] NM aerostato
aérotrain [aeʀotʀɛ̃] NM aerotren *m*
AF SIGLE FPL (= *allocations familiales*) voir **allocation**
affabilité [afabilite] NF afabilidad *f*
affable [afabl] ADJ afable
affabulateur, -trice [afabylatœʀ, tʀis] NM/F fabulador(a)
affabulation [afabylasjɔ̃] NF fábula
affabuler [afabyle] VI fabular
affacturage [afaktyʀaʒ] NM cobro de facturas
affadir [afadiʀ] VT (*plat*) volver soso(-a); (*texte, style*) quitar gracia a ■ **s'affadir** VPR (*plat*) volverse soso(-a); (*texte, style*) quedarse sin gracia
affaibli, e [afebli] ADJ debilitado(-a)
affaiblir [afebliʀ] VT debilitar ■ **s'affaiblir** VPR debilitarse
affaiblissement [afeblismɑ̃] NM debilitamiento
affaire [afɛʀ] NF (*problème, question*) asunto; (*criminelle, judiciaire*) caso; (*entreprise, magasin*) negocio, empresa; (*marché, transaction*) negocio; (*occasion intéressante*) ganga; **tirer qn/se tirer d'~** sacar a algn/salir de un apuro; **en faire son ~** encargarse de ello; **n'en fais pas une ~ !** ¡no hagas una montaña de eso!; **avoir ~ à qn/qch** (*comme adversaire*) tener que vérselas con algn/algo; (*comme contact*) estar en relación con algn/algo; **tu auras ~ à moi !** ¡te las verás conmigo!; **cela fera l'~** eso bastará; **c'est une ~ de goût/d'argent** es una cuestión de gusto/dinero; **c'est l'~ d'une minute/heure** es cosa de un minuto/una hora ■ **affaires** NFPL negocios *mpl*; (*objets, effets personnels*) cosas *fpl*; **ce sont mes/tes affaires** (*cela me/te concerne*) es asunto mío/tuyo; **occupe-toi de tes affaires !** ¡ocúpate de tus asuntos!; **les Affaires étrangères** Asuntos Exteriores; **toutes affaires cessantes** dejándolo todo

affairé, e [afeʀe] ADJ ocupado(-a)
affairer [afeʀe] : **s'affairer** VPR afanarse
affairisme [afeʀism] NM especulación *f*
affairiste [afeʀist] NMF especulador(a)
affaissé, e [afese] ADJ (*terrain, immeuble*) hundido(-a); (*épaules, seins*) caído(-a); (*traits*) flácido(-a)
affaissement [afɛsmɑ̃] NM (*de terrain, immeuble*) hundimiento; (*de traits*) flacidez *f*
affaisser [afese] : **s'affaisser** VPR (*terrain, immeuble*) hundirse; (*personne*) desplomarse
affalé, e [afale] ADJ : **~ dans un fauteuil** repantingado(-a) en un sillón; **~ sur un banc** repantingado(-a) sobre un banco
affaler [afale] : **s'affaler** VPR : **s'~ dans/sur** dejarse caer en/sobre
affamé, e [afame] ADJ hambriento(-a)
affamer [afame] VT hacer padecer hambre
affectation [afɛktasjɔ̃] NF (*de crédits, à un poste*) asignación *f*; (*prétention*) afectación *f*; (*feinte*) fingimiento
affecté, e [afɛkte] ADJ (*prétentieux*) afectado(-a); (*feint*) fingido(-a)
affecter [afɛkte] VT (*toucher, émouvoir*) afectar; (*feindre*) fingir; (*telle ou telle forme*) presentar; **~ qch/qn à** destinar algo/a algn a; **~ qch d'un coefficient/indice** asignar a algo un coeficiente/índice
affectif, -ive [afɛktif, iv] ADJ afectivo(-a)
affection [afɛksjɔ̃] NF afecto, cariño; (*Méd*) afectación *f*; **avoir de l'~ pour** tener cariño a; **prendre en ~** tomar cariño a
affectionner [afɛksjɔne] VT tener afecto a, tener cariño a
affectueusement [afɛktɥøzmɑ̃] ADV afectuosamente
affectueux, -euse [afɛktɥø, øz] ADJ afectuoso(-a)
afférent, e [afeʀɑ̃, ɑ̃t] ADJ : **~ à** inherente a
affermir [afɛʀmiʀ] VT (*sol*) afirmar; (*muscles*) fortalecer; (*peau*) dar firmeza a; (*position, pouvoir*) consolidar ■ **s'affermir** VPR (*muscles*) fortalecerse; (*peau*) adquirir firmeza; (*position, pouvoir*) consolidarse
affichage [afiʃaʒ] NM anuncio; (*électronique*) marcador *m*; **« ~ interdit »** « se prohibe fijar carteles »; **panneau/tableau d'~** panel *m*/tablón *m* de anuncios; **~ à cristaux liquides** marcador de cristales líquidos; **~ digital/numérique** marcador digital/numérico
affiche [afiʃ] NF cartel *m*, afiche *m* (AM); (*officielle*) anuncio; **être à l'~** estar en cartelera; **tenir l'~** mantenerse en cartelera
affiché, e [afiʃe] ADJ (*ambition, volonté, optimisme*) manifiesto(-a)
afficher [afiʃe] VT anunciar, mostrar; (*Inform*) visualizar; (*fig, péj*) hacer alarde de; **« défense d'~ »** « prohibido fijar carteles » ■ **s'afficher** VPR (*s'exhiber*) dejarse ver; (*Inform*) aparecer, visualizarse
affichette [afiʃɛt] NF cartel *m* pequeño
affilé, e [afile] ADJ afilado(-a)
affilée [afile] : **d'~** *adv* de un tirón
affiler [afile] VT afilar
affiliation [afiljasjɔ̃] NF afiliación *f*
affilié, e [afilje] ADJ : **être ~ à** estar afiliado(-a) a ▶ NM/F afiliado(-a)
affilier [afilje] : **s'affilier à** VPR afiliarse a
affinage [afinaʒ] NM (*de fromages*) maduración *f*; (*de métaux*) afino
affiner [afine] VT (*fromage*) madurar; (*métal*) afinar, purificar; (*analyse*) afinar; (*goût, esprit*) refinar ■ **s'affiner** VPR (*fromage*) madurar; (*manières*) refinarse
affinité [afinite] NF (*aussi fig*) afinidad *f*
affirmatif, -ive [afiʀmatif, iv] ADJ (*réponse*) afirmativo(-a); (*personne*) seguro(-a) de sí mismo(-a) ▶ NF : **répondre par l'affirmative** responder afirmativamente; **dans l'affirmative** en caso afirmativo
affirmation [afiʀmasjɔ̃] NF afirmación *f*
affirmativement [afiʀmativmɑ̃] ADV afirmativamente
affirmé, e [afiʀme] ADJ (*volonté*) expreso(-a), manifiesto(-a); (*personnalité*) acusado(-a)
affirmer [afiʀme] VT afirmar ■ **s'affirmer** VPR afirmarse
affleurer [aflœʀe] VI emerger
affliction [afliksjɔ̃] NF aflicción *f*
affligé, e [afliʒe] ADJ afligido(-a); **~ d'une maladie/tare** aquejado(-a) por una enfermedad/tara
affligeant, e [afliʒɑ̃, ɑ̃t] ADJ desolador(a)
affliger [afliʒe] VT (*accabler*) afectar; (*attrister*) afligir ■ **s'affliger** VPR : **s'~ de** afligirse por
affluence [aflyɑ̃s] NF afluencia; **heure/jour d'~** hora/día *m* de afluencia
affluent [aflyɑ̃] NM afluente *m*
affluer [aflye] VI afluir
afflux [afly] NM (*de gens, capitaux*) afluencia; (*de sang*) flujo
affolant, e [afɔlɑ̃, ɑ̃t] ADJ enloquecedor(a)
affolé, e [afɔle] ADJ enloquecido(-a)
affolement [afɔlmɑ̃] NM pánico
affoler [afɔle] VT asustar ■ **s'affoler** VPR asustarse
affranchi, e [afʀɑ̃ʃi] ADJ (*lettre*) franqueado(-a); (*esclave*) liberto(-a); **~ de qch** (*conventions, entraves, chaînes*) libre de algo, liberado de algo; **esprit ~** espíritu *m* libre
affranchir [afʀɑ̃ʃiʀ] VT (*lettre*) franquear; (*esclave*) libertar; (*d'une contrainte, menace*) liberar ■ **s'affranchir** VPR : **s'~ de** liberarse de
affranchissement [afʀɑ̃ʃismɑ̃] NM (*d'une lettre*) franqueo; (*d'un esclave*) liberación *f*; **tarifs d'~** tarifas *fpl* de franqueo; **~ insuffisant** franqueo insuficiente
affres [ɑfʀ] NFPL : **dans les ~ de** en las angustias de

affréter [afʀete] VT fletar
affreusement [afʀøzmɑ̃] ADV horriblemente
affreux, -euse [afʀø, øz] ADJ horrible
affriolant, e [afʀijɔlɑ̃, ɑ̃t] ADJ seductor(a)
affront [afʀɔ̃] NM afrenta
affrontement [afʀɔ̃tmɑ̃] NM enfrentamiento
affronter [afʀɔ̃te] VT (*adversaire*) afrontar, hacer frente a; (*tempête, critiques*) afrontar ■ **s'affronter** VPR confrontarse
affubler [afyble] (*péj*) VT : **~ qn de** (*accoutrement*) disfrazar a algn de; **~ qn du surnom de** poner a algn el mote de
affût [afy] NM (*de canon*) cureña; **à l'~ (de)** (*aussi fig*) al acecho (de)
affûter [afyte] VT afilar
afghan, e [afgɑ̃, an] ADJ afgano(-a)
Afghanistan [afganistɑ̃] NM Afganistán *m*
afin [afɛ̃] : **~ que** *conj* a fin de que; **~ de faire** a fin de hacer, con el fin de hacer
AFNOR [afnɔʀ] SIGLE F (= *Association française de normalisation*) ≈ Oficina Nacional de Normalización
a fortiori ADV a fortiori
AFP [aɛfpe] SIGLE F = **Agence France-Presse**
AFPA [afpa] SIGLE F = **Agence nationale pour la formation professionnelle des adultes**
africain, e [afʀikɛ̃, ɛn] ADJ africano(-a) ▶ NM/F : **Africain, e** africano(-a)
afrikaans [afʀikɑ̃s] ADJ INV, NM afrikaans *m inv*
afrikaner [afʀikanɛʀ], **Afrikander** [afʀikɑ̃dɛʀ] NMF afrikaner *mf*
Afrique [afʀik] NF África; **~ australe/du Nord/du Sud** África austral/del Norte/del Sur
afro [afʀo] ADJ : **coiffure ~** peinado afro
afro-américain, e [afʀoameʀikɛ̃, ɛn] (*pl* **afro-américains, -es**) ADJ afroamericano(-a)
AG [aʒe] SIGLE F = **assemblée générale**
agaçant, e [agasɑ̃, ɑ̃t] ADJ irritante, pesado(-a)
agacement [agasmɑ̃] NM irritación *f*
agacer [agase] VT irritar; (*aguicher*) provocar
agapes [agap] NFPL (*festin*) ágape *m*
agate [agat] NF ágata
agave [agav] NM agave *mf*, pita
AGE [aʒeə] SIGLE F = **assemblée générale extraordinaire**
âge [ɑʒ] NM edad *f*; **quel ~ as-tu ?** ¿qué edad tienes?; **une femme d'un certain ~** una mujer de cierta edad; **bien porter son ~** llevar bien los años; **prendre de l'~** envejecer; **limite/dispense d'~** límite *m*/dispensa de edad; **troisième ~** tercera edad; **avoir l'~ de raison** tener uso de razón; **l'~ ingrat** la edad del pavo; **~ légal/mental** edad legal/mental; **l'~ mûr** la edad madura
âgé, e [ɑʒe] ADJ de edad; **~ de 10 ans** de 10 años de edad; **les personnes âgées** los ancianos, la gente mayor
agence [aʒɑ̃s] NF agencia; (*succursale*) sucursal *f*; **~ immobilière/matrimoniale** agencia inmobiliaria/matrimonial; **~ de placement/de publicité/de voyages** oficina de empleo/de publicidad/de viajes
agencé, e [aʒɑ̃se] ADJ : **bien/mal ~** bien/mal dispuesto(-a)
agencement [aʒɑ̃smɑ̃] NM disposición *f*
agencer [aʒɑ̃se] VT (*éléments, appartement*) disponer; (*texte*) componer
agenda [aʒɛ̃da] NM agenda
agenouillé, e [aʒ(ə)nuje] ADJ arrodillado(-a)
agenouiller [aʒ(ə)nuje] : **s'agenouiller** VPR arrodillarse
agent, e [aʒɑ̃, ɑ̃t] NM/F (*Admin*) agente *mf*; **~ commercial(e)** agente comercial; **~ d'assurances/de change** agente de seguros/de cambio; **~ (de police)** policía *mf*, agente *mf* (*Am*); **~ immobilier(-ère)** agente inmobiliario(-a); **~ secret(-ète)** agente secreto(-a) ▶ NM (*élément, facteur*) agente *m*, factor *m*; **complément d'~** (*Ling*) complemento agente
agglo [aglo] NM = **aggloméré**
agglomérat [aglɔmeʀa] NM aglomerado
agglomération [aglɔmeʀasjɔ̃] NF aglomeración *f*; (*de huttes*) poblado; **l'~ parisienne** el área metropolitana de París
aggloméré [aglɔmeʀe] NM aglomerado
agglomérer [aglɔmeʀe] VT aglomerar ■ **s'agglomérer** VPR aglomerarse
agglutiner [aglytine] VT aglutinar ■ **s'agglutiner** VPR aglutinarse
aggravant, e [agʀavɑ̃, ɑ̃t] ADJ : **circonstance aggravante** circunstancia agravante
aggravation [agʀavasjɔ̃] NF agravamiento, empeoramiento
aggraver [agʀave] VT agravar, empeorar; (*Jur*) agravar; **~ son cas** agravar su caso ■ **s'aggraver** VPR agravarse
agile [aʒil] ADJ ágil
agilement [aʒilmɑ̃] ADV ágilmente
agilité [aʒilite] NF agilidad *f*
agio [aʒjo] NM agio
agios [aʒjo] NMPL gastos *mpl* bancarios
agir [aʒiʀ] VI actuar; (*avoir de l'effet*) hacer *ou* surtir efecto; **~ sur qch** (*sujet médicament, substance*) actuar sobre algo ■ **s'agir** VPR **il s'agit de** se trata de; **il s'agit de faire** se trata de hacer; **de quoi s'agit-il ?** ¿de qué se trata?; **s'agissant de** tratándose de
agissements [aʒismɑ̃] NMPL (*gén péj*) manejos *mpl*
agitateur, -trice [aʒitatœʀ, tʀis] NM/F agitador(a)
agitation [aʒitasjɔ̃] NF agitación *f*
agité, e [aʒite] ADJ (*personne*) inquieto(-a); (*vie, voyage*) agitado(-a); **une mer agitée** un mar agitado *ou* revuelto; **un sommeil ~** un sueño intranquilo

a

agiter [aʒite] VT agitar; *(question, problème)* discutir; *(personne)* inquietar; **« ~ avant l'emploi »** « agitar antes de usar » ■ **s'agiter** VPR *(aussi fig)* agitarse

agneau [aɲo] NM cordero

agnelet [aɲ(ə)lɛ] NM corderillo

agnostique [agnɔstik] ADJ, NMF agnóstico(-a)

agonie [agɔni] NF *(aussi fig)* agonía

agonir [agɔniʀ] VT : **~ qn d'injures** colmar a algn de injurias

agoniser [agɔnize] VI agonizar

agoraphobe [agɔʀafɔb] ADJ agorafóbico(-a)

agoraphobie [agɔʀafɔbi] NF agorafobia

agrafe [agʀaf] NF *(de bureau, Méd)* grapa; *(de vêtement)* corchete *m*

agrafer [agʀafe] VT *(des feuilles de papier)* grapar; *(vêtement)* abrochar

agrafeuse [agʀaføz] NF grapadora

agraire [agʀɛʀ] ADJ agrario(-a)

agrandir [agʀɑ̃diʀ] VT agrandar, ampliar; **(faire) ~ sa maison** (hacer) ampliar su casa ■ **s'agrandir** VPR agrandarse

agrandissement [agʀɑ̃dismɑ̃] NM ampliación *f*, ensanche *m*; *(Photo)* ampliación

agrandisseur [agʀɑ̃disœʀ] NM ampliadora

agréable [agʀeabl] ADJ agradable

agréablement [agʀeabləmɑ̃] ADV agradablemente

agréé, e [agʀee] ADJ autorizado(-a); **magasin/concessionnaire ~** establecimiento/concesionario autorizado

agréer [agʀee] VT acceder; **~ à** acceder a; **se faire ~** hacerse admitir; **veuillez ~ ...** le saluda ...

agrég [agʀɛg] *(fam)* NF = **agrégation**

agrégateur [agʀegatœʀ] NM *(Inform)* agregador *m* (de noticias)

agrégation [agʀegasjɔ̃] NF oposición *f*; *ver nota*

> La **agrégation**, que se conoce familiarmente como *agrég*, es un examen de oposición para profesores de enseñanza secundaria. El número de opositores siempre excede en mucho al número de plazas. La mayor parte del profesorado de las *classes préparatoires* y del profesorado universitario ha aprobado la **agrégation**.

agrégé, e [agʀeʒe] NM/F catedrático(-a)

agréger [agʀeʒe] : **s'agréger** VPR asociarse

agrément [agʀemɑ̃] NM *(accord)* consentimiento; *(attraits)* atractivo; *(plaisir)* agrado; **jardin d'~** jardín *m* de recreo; **voyage d'~** viaje *m* de placer

agrémenter [agʀemɑ̃te] VT amenizar; **~ qch de** embellecer algo con

agrès [agʀɛ] NMPL aparatos *mpl*

agresser [agʀese] VT agredir

agresseur, -euse [agʀesœʀ, øz] NM/F agresor(a)

agressif, -ive [agʀesif, iv] ADJ agresivo(-a); *(couleur, toilette)* provocador(a)

agression [agʀesjɔ̃] NF agresión *f*

agressivement [agʀesivmɑ̃] ADV agresivamente

agressivité [agʀesivite] NF agresividad *f*

agreste [agʀɛst] ADJ agreste

agricole [agʀikɔl] ADJ agrícola

agriculteur, -trice [agʀikyltœʀ, tʀis] NM/F agricultor(a)

agriculture [agʀikyltyʀ] NF agricultura

agripper [agʀipe] VT agarrar ■ **s'agripper** VPR : **s'~ à** agarrarse a, aferrarse a

agritourisme [agʀituʀism] NM agroturismo

agro-alimentaire [agʀoalimɑ̃tɛʀ] *(pl* **agro-alimentaires**) ADJ agroalimenticio(-a)

agrocarburant [agʀokaʀbyʀɑ̃] NM agrocarburante *m*, agrocombustible *m*

agro-industrie [agʀoɛ̃dystʀi] *(pl* **agro-industries**) NF agroindustria, industria agrícola; **les agro-industries** las agroindustrias, el sector agroindustrial

agronome [agʀɔnɔm] NMF agrónomo(-a)

agronomie [agʀɔnɔmi] NF agronomía

agronomique [agʀɔnɔmik] ADJ agronómico(-a)

agrumes [agʀym] NMPL cítricos *mpl*, agrios *mpl*

aguerri, e [ageʀi] ADJ aguerrido(-a), curtido(-a)

aguerrir [ageʀiʀ] VT curtir ■ **s'aguerrir** VPR : **s'~ (contre)** endurecerse (contra)

aguets [agɛ] : **aux ~** *adv* : **être aux ~** estar al acecho

aguichant, e [agiʃɑ̃, ɑ̃t] ADJ excitante

aguicher [agiʃe] VT excitar

aguicheur, -euse [agiʃœʀ, øz] ADJ incitador(a)

ah ['ɑ] EXCL ¡ah!; **ah bon ?** ¿ah sí?; **ah mais ... !** ¡ah pero ...!; **ah non !** ¡ni hablar!

ahuri, e [ayʀi] ADJ *(stupéfait)* estupefacto(-a); *(stupide)* atontado(-a)

ahurir [ayʀiʀ] VT asombrar

ahurissant, e [ayʀisɑ̃, ɑ̃t] ADJ sorprendente

ai [ɛ] VB *voir* **avoir**

aide [ɛd] NF ayuda; **à l'~ de** con (la) ayuda de; **à l'~ !** ¡socorro!; **appeler (qn) à l'~** pedir ayuda (a algn); **venir en ~ à qn** ayudar a algn; **il est venu à mon ~** vino en mi ayuda; **~ familiale** ayuda familiar; **~ judiciaire** ayuda judicial; **~ ménagère** ayuda doméstica; **~ sociale** *(assistance)* asistencia social ▶ NMF ayudante *mf*; **~ de camp** ayudante de campo; **~ de laboratoire** auxiliar *mf* de laboratorio; **~ technique** asistente *mf* técnico(-a)

aide-comptable [ɛdkɔ̃tabl(ə)] *(pl* **aides-comptables**) NMF auxiliar *mf* de contabilidad

aide-éducateur, -trice [ɛdedykatœʀ, tʀis]

(*pl* **aides-éducateurs, aides-éducatrices**) NM/F ayudante *mf* de clase
aide-électricien [ɛdeleltʀisjɛ̃] (*pl* **aides-électriciens**) NM auxiliar *mf* electricista
aide-mémoire [ɛdmemwaʀ] (*pl* **~(s)**) NM memorándum *m*
aider [ede] VT ayudar; **~ qn à faire qch** ayudar a algn a hacer algo; **~ à** (*faciliter, favoriser*) ayudar a ■ **s'aider de** VPR ayudarse de, servirse de
aide-soignant, e [ɛdswaɲɑ̃, ɑ̃t] (*pl* **aides-soignants, -es**) NM/F auxiliar *mf* de enfermería
aie *etc* [ɛ] VB *voir* **avoir**
aïe [aj] EXCL ¡ay!
aïeul, e [ajœl] (*pl* **aïeuls, aïeules**) NM/F abuelo(-a) ■ **aïeux** NMPL (*ancêtres*) antepasados *mpl*
aigle [ɛgl] NM águila
aiglefin [ɛgləfɛ̃] NM = **églefin**
aigre [ɛgʀ] ADJ (*aussi fig*) agrio(-a); **tourner à l'~** agriarse
aigre-doux, -douce [ɛgʀədu, dus] (*pl* **aigres-doux, -douces**) ADJ agridulce
aigrefin [ɛgʀəfɛ̃] NM estafador(a)
aigrelet, te [ɛgʀəlɛ, ɛt] ADJ (*goût, voix*) ligeramente agrio(-a); (*pomme etc*) ácido(-a); (*vin*) picado(-a)
aigrette [ɛgʀɛt] NF (*plume*) copete *m*
aigreur [ɛgʀœʀ] NF acidez *f*; (*d'un propos*) acritud *f*; **aigreurs d'estomac** acidez de estómago
aigri, e [egʀi] ADJ amargado(-a)
aigrir [egʀiʀ] VT agriar ■ **s'aigrir** VPR agriarse
aigu, ë [egy] ADJ (*voix, note, douleur*) agudo(-a); (*objet, arête*) afilado(-a)
aigue-marine [ɛgmaʀin] (*pl* **aigues-marines**) NF aguamarina
aiguillage [egɥijaʒ] NM agujas *fpl*; (*manœuvre*) cambio de agujas
aiguille [egɥij] NF aguja; (*montagne*) picacho; **~ à tricoter** aguja de tejer
aiguiller [egɥije] VT orientar; (*Rail*) cambiar las agujas de
aiguillette [egɥijɛt] NF (*Culin*) tajada
aiguilleur [egɥijœʀ] NM guardagujas *msg*; **~ du ciel** controlador *m* aéreo
aiguillon [egɥijɔ̃] NM (*d'abeille*) aguijón *m*; (*de la peur, du désir*) acicate *m*
aiguillonner [egɥijɔne] VT (*fig*) acuciar
aiguiser [egize] VT afilar; (*fig*) aguzar
aiguisoir [egizwaʀ] NM afilador *m*
aïkido [aikido] NM aikido
ail (*pl* **aulx**) [aj, o] NM ajo
aile [ɛl] NF ala; (*de voiture*) aleta; **battre de l'~** estar alicaído(-a); **voler de ses propres ailes** volar solo(-a); **~ libre** vuelo libre
ailé, e [ele] ADJ alado(-a)
aileron [ɛlʀɔ̃] NM (*de requin*) aleta; (*d'avion, de voiture*) alerón *m*
ailette [ɛlɛt] NF aleta
ailier, -ière [elje, jɛʀ] NM/F extremo *mf*; **~ droit(e)/gauche** extremo derecho/izquierdo
aille *etc* [aj] VB *voir* **aller**
aillé, e [aje] ADJ (*beurre, pain, sauce*) de ajo
ailleurs [ajœʀ] ADV en otra parte; **partout/nulle part ~** en cualquier/en ninguna otra parte; **d'~** además; **par ~** por otra parte
ailloli [ajɔli] NM alioli *m*
aimable [ɛmabl] ADJ amable; **vous êtes bien ~** es usted muy amable
aimablement [ɛmabləmɑ̃] ADV amablemente
aimant, e [ɛmɑ̃] ADJ amoroso(-a) ▸ NM imán *m*
aimanté, e [ɛmɑ̃te] ADJ imantado(-a)
aimanter [ɛmɑ̃te] VT imantar
aimer [eme] VT (*d'amour*) querer, amar; (*d'amitié, affection*) querer; (*chose, activité*) gustar; **bien ~ qn/qch, j'aime le cinéma/faire du sport** me gusta el cine/hacer deporte; **j'aime bien l'anglais** me gusta el inglés; **j'aime bien Pierre** me cae bien Pedro; **aimeriez-vous que je vous accompagne ?** ¿le gustaría que le acompañase?; **j'aimerais (bien) m'en aller** me gustaría (mucho) irme; **j'aimerais te demander si ...** quisiera preguntarte si ...; **j'aimerais que la porte soit fermée** me gustaría que la puerta estuviese cerrada; **tu aimerais que je fasse qch pour toi ?** ¿te gustaría que hiciese algo por ti?; **j'aime mieux** *ou* **autant vous dire que** prefiero decirle que; **j'aimerais autant** *ou* **mieux y aller maintenant** preferiría ir ahora; **j'aimerais avoir ton avis/opinion** me gustaría conocer tu opinión; **j'aime mieux Paul que Pierre** prefiero a Paul antes que a Pierre ■ **s'aimer** VPR amarse

> **Aimer** a plusieurs traductions en espagnol : pour exprimer l'amour pour quelqu'un, on emploie *amar* ou *querer*. Pour exprimer l'affection pour quelqu'un, on emploie *querer*. Pour exprimer un goût ou une préférence pour quelque chose, on emploie la construction avec *gustar* :
> **Je t'aime.** Te amo./Te quiero.
> **Elle aime beaucoup sa sœur.** Quiere mucho a su hermana.
> **Je n'aime pas parler en public.** No me gusta hablar en público.

aine [ɛn] NF ingle *f*
aîné, e [ene] ADJ mayor ▸ NM/F primogénito(-a); **il est mon ~ (de deux ans)** es (dos años) mayor que yo ■ **aînés** NMPL (*fig : anciens*) antepasados *mpl*
aînesse [ɛnɛs] NF : **droit d'~** primogenitura
ainsi [ɛ̃si] ADV (*de cette façon, ce faisant*) así; (*introduisant une question*) así que; **~ que** (*comme*) (así) como; (*et aussi*) así como; **pour ~ dire** por así decirlo; **~ donc** así pues; **~ soit-il** así sea; **et ~ de suite** y así sucesivamente
aïoli [ajɔli] NM = **ailloli**

air [ɛʀ] NM aire *m*; (*expression, attitude*) aspecto, aire; **dans l'~** (*atmosphère, ambiance*) en el aire; **tout mettre en l'~ dans une pièce** poner una habitación patas arriba; **regarder en l'~** mirar hacia arriba; **tirer en l'~** disparar al aire; **parole/menace en l'~** palabra/amenaza al aire; **prendre l'~** tomar el aire; **avoir l'~** parecer, verse (*AM*); **il a l'~ de manger/dormir/faire** parece que está comiendo/durmiendo/haciendo; **avoir l'~ d'un homme/clown** parecer un hombre/payaso; **prendre de grands airs (avec qn)** darse aires de grandeza (con algn); **avoir l'~ triste** parecer triste; **ils ont un ~ de famille** se dan un aire de familia; **courant d'~** corriente *f* de aire; **le grand ~** el aire libre; **mal de l'~** mareo; **tête en l'~** despistado(-a); **~ comprimé/conditionné/liquide** aire comprimido/acondicionado/líquido

airbag [ɛʀbag] NM airbag *m*

aire [ɛʀ] NF área; (*domaine, zone*) campo; (*nid*) aguilera; **~ d'atterrissage** pista de aterrizaje; **~ de jeu/de lancement** área de juego/de lanzamiento; **~ de stationnement** área de estacionamiento; (*d'autoroute*) área de descanso

airelle [ɛʀɛl] NF arándano

aisance [ɛzɑ̃s] NF (*facilité*) facilidad *f*; (*grâce, adresse*) desenvoltura; (*richesse*) bienestar *m*; (*Couture*) holgura; **être dans l'~** estar desahogado(-a)

aise [ɛz] NF (*confort*) comodidad *f*; (*financière*) desahogo; **soupirer/frémir d'~** suspirar/temblar de gozo; **être à l'~** estar a gusto; (*pas embarrassé*) estar a sus anchas; (*financièrement*) estar desahogado(-a); **se mettre à l'~** ponerse a gusto; **être mal à l'~** estar a disgusto; (*gêné*) estar molesto(-a); **mettre qn à l'~/mal à l'~** hacer que algn se sienta cómodo(-a)/incómodo(-a); **à votre ~** como usted guste; **en faire à son ~** hacer lo que a uno le plazca; **en prendre à son ~ avec qch** tomarse algo con calma ■ **aises** NFPL : **prendre ses aises** instalarse a sus anchas; **il aime ses aises** le gusta la comodidad ▶ ADJ : **être bien ~ de/que** estar encantado(-a) de/de que

aisé, e [eze] ADJ (*facile*) fácil; (*naturel*) desenvuelto(-a); (*assez riche*) acomodado(-a)

aisément [ezemɑ̃] ADV (*sans peine*) fácilmente; (*dans la richesse*) holgadamente

aisselle [ɛsɛl] NF axila

ait [ɛ] VB *voir* **avoir**

ajonc [aʒɔ̃] NM aulaga

ajouré, e [aʒuʀe] ADJ calado(-a)

ajournement [aʒuʀnəmɑ̃] NM aplazamiento

ajourner [aʒuʀne] VT (*débat, décision*) aplazar, postergar (*AM*); (*candidat*) suspender; (*conscrit*) reemplazar

ajout [aʒu] NM añadido

ajouter [aʒute] VT añadir, agregar (*surtout AM*); (*Inform*) juntar, añadir; **~ que** añadir que; **~ foi à** dar crédito a; **~ à** añadir a; **s'~ à** añadirse a

ajustage [aʒystaʒ] NM ajuste *m*

ajusté, e [aʒyste] ADJ : **bien ~** ajustado(-a)

ajustement [aʒystəmɑ̃] NM ajuste *m*

ajuster [aʒyste] VT (*Tech*) ajustar; (*vêtement*) adaptar; (*cravate*) anudar; (*viser*) apuntar; **~ qch à** adaptar algo a

ajusteur [aʒystœʀ] NM ajustador *m*

alaise [alɛz] NF = **alèse**

alambic [alɑ̃bik] NM alambique *m*

alambiqué, e [alɑ̃bike] ADJ alambicado(-a)

alangui, e [alɑ̃gi] ADJ lánguido(-a)

alanguir [alɑ̃giʀ] VT languidecer ■ **s'alanguir** VPR languidecer

alarmant, e [alaʀmɑ̃, ɑ̃t] ADJ alarmante

alarme [alaʀm] NF (*signal*) alarma; (*inquiétude*) inquietud *f*; **donner l'~** dar la alarma; **jeter l'~** sembrar la alarma; **à la première ~** al primer toque de alarma

alarmer [alaʀme] VT alarmar ■ **s'alarmer** VPR alarmarse

alarmiste [alaʀmist] ADJ alarmista

Alaska [alaska] NM Alaska

albanais, e [albanɛ, ɛz] ADJ albanés(-esa) ▶ NM (*Ling*) albanés *m* ▶ NM/F : **Albanais, e** albanés(-esa)

Albanie [albani] NF Albania

albâtre [albɑtʀ] NM alabastro

albatros [albatʀos] NM albatros *m*

albigeois, e [albiʒwa, waz] ADJ albigense

albinos [albinos] NMF albino(-a)

album [albɔm] NM álbum *m*; **~ à colorier/de timbres** álbum para colorear/de sellos

albumen [albymɛn] NM clara

albumine [albymin] NF albúmina; **avoir** *ou* **faire de l'~** tener albúmina

alcalin, e [alkalɛ̃, in] ADJ alcalino(-a)

alchimie [alʃimi] NF alquimia

alchimiste [alʃimist] NMF alquimista *mf*

alcool [alkɔl] NM : **l'~** el alcohol; **un ~** un aguardiente; **~ à 90°** alcohol de 90°; **~ à brûler** alcohol de quemar; **~ camphré** alcohol alcanforado; **~ de poire/de prune** aguardiente de pera/de ciruela

alcoolémie [alkɔlemi] NF : **taux d'~** tasa de alcoholemia

alcoolique [alkɔlik] ADJ, NMF alcohólico(-a)

alcoolisé, e [alkɔlize] ADJ alcoholizado(-a); **fortement/peu ~** muy/poco alcoholizado(-a)

alcoolisme [alkɔlism] NM alcoholismo

alcoolo [alkɔlo] (*fam*) ADJ, NMF alcohólico(-a)

alcootest® [alkɔtɛst] NM (*objet*) alcohómetro; (*épreuve*) prueba del alcohol; **faire subir l'~ à qn** hacer la prueba del alcohol a algn

alcopop [alkopɔp] NM alcopop *m*, *combinado de refresco y alcohol que se vende embotellado*

alcôve [alkov] NF alcoba

aléas [alea] NMPL riesgos *mpl*

aléatoire [aleatwaʀ] ADJ aleatorio(-a)

alémanique [alemanik] ADJ alemánico(-a)
alentour [alɑ̃tuʀ] ADV alrededor ■ **alentours** NMPL alrededores *mpl*; **aux alentours de** en los alrededores de
alerte [alɛʀt] ADJ vivo(-a) ▶ NF (*menace*) alerta; (*signal, inquiétude*) alarma; **donner l'~** dar la alerta; **à la première ~** al primer toque de alarma; **~ rouge** alerta roja
alerter [alɛʀte] VT alertar
alésage [alezaʒ] NM (*opération*) calibrado; (*diamètre intérieur*) calibre *m*
alèse [alɛz] NF funda impermeable
aléser [aleze] VT calibrar, fresar
alevin [alvɛ̃] NM alevín *m*
alevinage [alvinaʒ] NM repoblación *f* de los ríos y estanques
Alexandrie [alɛksɑ̃dʀi] N Alejandría
alexandrin [alɛksɑ̃dʀɛ̃] NM alejandrino
alezan, e [alzɑ̃, an] ADJ, NM/F alazán(-ana); **~ clair(e)** alazán(-ana) claro(-a)
algarade [algaʀad] NF altercado
algèbre [alʒɛbʀ] NF álgebra
algébrique [alʒebʀik] ADJ algebraico(-a)
Alger [alʒe] N Argel
Algérie [alʒeʀi] NF Argelia
algérien, ne [alʒeʀjɛ̃, jɛn] ADJ argelino(-a) ▶ NM/F : **Algérien, ne** argelino(-a)
algérois, e [alʒeʀwa, waz] NM/F argelino(-a) ▶ NM : **l'A~** la provincia de Argel
algorithme [algɔʀitm] NM algoritmo
algue [alg] NF alga; **algues vertes** algas verdes
alias [aljas] ADV alias
alibi [alibi] NM coartada
aliénation [aljenasjɔ̃] NF alienación *f*; **~ mentale** enajenación *f* mental
aliéné, e [aljene] NM/F enajenado(-a)
aliéner [aljene] VT alienar ■ **s'aliéner** VPR perder
aligné, e [aliɲe] ADJ alineado(-a); **pays non alignés** países *mpl* no alineados
alignement [aliɲ(ə)mɑ̃] NM alineación *f*; **à l'~** en fila
aligner [aliɲe] VT alinear; **~ qch sur** poner algo en línea con ■ **s'aligner** VPR alinearse; **s'~ (sur)** (*Pol*) estar alineado(-a) (con)
aliment [alimɑ̃] NM (*aussi fig*) alimento; **~ complet** alimento completo
alimentaire [alimɑ̃tɛʀ] ADJ alimenticio(-a); (*péj : besogne*) para poder comer; **produits** *ou* **denrées alimentaires** productos *mpl* alimenticios
alimentation [alimɑ̃tasjɔ̃] NF alimentación *f*; (*en eau, en électricité*) provisión *f*; **~ à feuille** alimentación de hojas; **~ de base** alimentación básica; **~ en continu** alimentación continua; **~ en papier** alimentación de papel; **~ générale** alimentación
alimenter [alimɑ̃te] VT alimentar; (*conversation*) sostener; (*en eau, électricité*) : **~ (en)** alimentar (con), abastecer (con) ■ **s'alimenter** VPR alimentarse
alinéa [alinea] NM párrafo; **« nouvel ~ »** « punto y aparte », « nuevo párrafo »
alité, e [alite] ADJ (*malade*) encamado(-a), en cama
aliter [alite] : **s'aliter** VPR encamarse, guardar cama; **infirme alité** enfermo encamado
alizé [alize] ADJ, NM : **(vent) ~** (viento) alisio
allaitement [alɛtmɑ̃] NM lactancia; **~ au biberon/maternel/mixte** lactancia con biberón/materna/mixta
allaiter [alete] VT (*femme*) dar el pecho a; (*animal*) amamantar
allant [alɑ̃] NM energía
alléchant, e [aleʃɑ̃, ɑ̃t] ADJ (*odeur*) atrayente; (*proposition*) tentador(a)
allécher [aleʃe] VT (*suj : proposition, odeur*) tentar
allée [ale] NF (*de jardin, parc*) paseo, sendero; (*en ville*) avenida ■ **allées** NFPL : **allées et venues** idas *fpl* y venidas *fpl*
allégation [a(l)legasjɔ̃] NF alegación *f*
allégé, e [aleʒe] ADJ (*yaourt etc*) bajo(-a) en grasas
allégeance [aleʒɑ̃s] NF juramento
allègement [alɛʒmɑ̃] NM (*des programmes scolaires, impôts*) reducción *f*
alléger [aleʒe] VT aligerar; (*programmes scolaires, impôts, souffrance*) reducir
allégorie [a(l)legɔʀi] NF alegoría
allégorique [a(l)legɔʀik] ADJ alegórico(-a)
allègre [a(l)lɛgʀ] ADJ (*vif*) resuelto(-a); (*joyeux*) alegre
allègrement [a(l)lɛgʀəmɑ̃] ADV (*aussi péj*) alegremente
allégresse [a(l)legʀɛs] NF alegría
allegretto [al(l)egʀɛ(t)to] NM, ADV allegretto
allegro [a(l)legʀo] NM, ADV allegro
alléguer [a(l)lege] VT alegar
Allemagne [almaɲ] NF Alemania; **l'~ de l'Est/de l'Ouest/fédérale** (*Hist*) Alemania del este/del oeste/federal
allemand, e [almɑ̃, ɑ̃d] ADJ alemán(-ana) ▶ NM/F : **Allemand, e** alemán(-ana); **A~ de l'Est/de l'Ouest** (*Hist*) alemán(-ana) del este/del oeste ▶ NM (*Ling*) alemán *m*

aller [ale]

▶ NM ida
▶ VI **1** ir; **aller à la chasse/pêche** ir a cazar/pescar, ir de caza/pesca; **aller au théâtre/au concert/au cinéma** ir al teatro/a conciertos/al cine; **aller à l'école** ir al colegio
2 (*état, santé*) andar, estar; **comment allez-vous ?** ¿qué tal está usted?; **comment ça va ?** ¿qué tal?; **ça va ? — oui, ça va/non, ça ne va pas** ¿qué tal? — bien/mal; **comment ça va**

les affaires ? ¿qué tal van las cosas?; **ça ne va pas très bien (au bureau)** las cosas no van muy bien (en la oficina); **ça va bien/mal** anda bien/mal; **ça va** (*approbation*) bien; **tout va bien** todo va bien; **il va bien/mal** está bien/mal; **il y va de leur vie** les va en ello la vida; **il n'y est pas allé par quatre chemins** (*fig*) no se anduvo con rodeos; **tu y vas un peu fort** exageras un poco; **aller à qn** (*suj : forme, pointure*) sentar *ou* quedar bien a algn; **cette robe te va très bien** este vestido te sienta *ou* queda muy bien; **cela me va** (*couleur, vêtement*) esto me sienta *ou* va bien; **aller avec** (*couleurs, style etc*) pegar con; **ça ne va pas sans difficultés** esto conlleva dificultades; **aller sur** (*âge*) acercarse a; **ça ira** (*comme ça*) está bien así; **se laisser aller** (*se négliger*) abandonarse, dejarse; **aller jusqu'à Paris/10 euros** (*limite*) llegar hasta París/10 euros; **ça va de soi** se cae por su propio peso; **ça va sans dire** ni qué decir tiene; **il va sans dire que ...** ni qué decir tiene que ...

3 (*fonction d'auxiliaire*) : **je vais me fâcher/le faire** voy a enfadarme/hacerlo; **aller chercher/voir qn** ir a buscar/a ver a algn; **je vais m'en occuper demain** voy a ocuparme de ello mañana

4 : **allons-y !** ¡vamos!; **allez !** ¡venga!; **allons donc !** ¡anda ya!; **aller mieux** ir mejor; **aller en empirant** ir empeorando; **allez, fais un effort** vamos, haz un esfuerzo; **allez, je m'en vais** bueno, me voy; **s'en aller** irse; **aller (simple)** ida; **aller (et) retour** viaje *m* de ida y vuelta

allergène [alɛʀʒɛn] NM alérgeno

allergie [alɛʀʒi] NF alergia

allergique [alɛʀʒik] ADJ (*aussi fig*) alérgico(-a); **~ à** alérgico(-a) a

allergologue [alɛʀgɔlɔg] NMF alergista *mf*, alergólogo(-a)

allez [ale] VB *voir* **aller**

alliage [aljaʒ] NM aleación *f*

alliance [aljɑ̃s] NF alianza; (*mariage*) matrimonio; **neveu par ~** sobrino político

allié, e [alje] ADJ, NM/F aliado(-a); **les Alliés** los Aliados; **parents et alliés** parientes *mpl* y allegados *mpl*

allier [alje] VT aliar; (*métaux*) alear; (*fig*) unir ▪ **s'allier** VPR aliarse; **s'~ à** aliarse con

alligator [aligatɔʀ] NM aligator *m*

allitération [a(l)liteʀasjɔ̃] NF aliteración *f*

allô [alo] EXCL dígame, aló (*Am*)

allocataire [alɔkatɛʀ] NMF beneficiario(-a)

allocation [alɔkasjɔ̃] NF subsidio, prestación *f*; **~ (de) chômage** subsidio de desempleo; **~ (de) logement/de maternité** prestación para alojamiento/por maternidad; **allocations familiales** ayuda *fsg* familiar

allocs [alɔk] (*fam*) NFPL (*allocations familiales*) ayuda *fsg* familiar

allocution [a(l)lɔkysjɔ̃] NF alocución *f*; **~ télévisée** alocución televisada

allongé, e [alɔ̃ʒe] ADJ (*long*) alargado(-a); (*étendu*) tumbado(-a); **être ~** (*étendu*) estar tumbado(-a); **café ~** café largo; **mine allongée** cara larga

allongement [alɔ̃ʒmɑ̃] NM (*de jours*) alargamiento; (*de durée de travail*) extensión *f*

allonger [alɔ̃ʒe] VT (*personne*) tumbar; (*objet, durée*) alargar; (*bras*) estirar; (*sauce*) extender; (*fam : coup, argent*) largar; **~ le pas** aligerar el paso ▪ **s'allonger** VPR (*personne*) tumbarse; (*jours*) alargarse; (*durée de travail*) extenderse

allouer [alwe] VT : **~ qch à** asignar algo a

allumage [alymaʒ] NM encendido

allume-cigare [alymsigaʀ] (*pl* **allume-cigares**) NM (*Auto*) encendedor *m* (*de coche*)

allume-gaz [alymgɑz] NM INV encendedor *m*

allumer [alyme] VT encender, prender (*Am*); **~ (la lumière *ou* l'électricité)** encender (la luz *ou* la electricidad); **~ la radio/la télévision** encender la radio/la televisión; **~ le/un feu** encender el/un fuego ▪ **s'allumer** VPR encenderse

allumette [alymɛt] NF cerilla, fósforo; **~ au fromage** empanadilla de queso

allumeur [alymœʀ] NM delco

allumeuse [alymøz] (*péj*) NF provocadora

allure [alyʀ] NF (*d'un véhicule*) velocidad *f*; (*d'un piéton*) paso; (*démarche, maintien*) presencia; (*aspect, air*) aspecto; **avoir de l'~** tener buena presencia; **à toute ~** a toda velocidad

allusion [a(l)lyzjɔ̃] NF (*référence*) referencia; (*sous-entendu*) alusión *f*; **faire ~ à** hacer referencia a; (*avec sous-entendu*) hacer alusión a

alluvions [a(l)lyvjɔ̃] NFPL aluvión *msg*

almanach [almana] NM almanaque *m*

aloès [alɔɛs] NM áloe *m*

aloi [alwa] NM : **de bon/mauvais ~** de buen/mal gusto

alors [alɔʀ]

▸ ADV (*à ce moment-là*) entonces; **il habitait alors à Paris** vivía entonces en París; **jusqu'alors** hasta entonces

▸ CONJ (*par conséquent*) entonces; **tu as fini ? alors je m'en vais** ¿has acabado? entonces, me voy; **et alors ?** (*pour en savoir plus*) ¿entonces?; (*indifférence*) ¿y qué?

▪ **alors que** CONJ 1 (*au moment où*) cuando; **il est arrivé alors que je partais** llegó cuando me iba

2 (*pendant que*) cuando, mientras; **alors qu'il était à Paris, il a visité ...** mientras estaba en París, visitó ...

3 (*tandis que, opposition*) mientras que; **alors que son frère travaillait dur, lui se reposait** mientras que su hermano trabajaba duro, él descansaba

alouette [alwɛt] NF alondra
alourdir [aluʀdiʀ] VT hacer pesado(-a); (*fig*) entorpecer ▪ **s'alourdir** VPR ponerse pesado(-a)
aloyau [alwajo] NM solomillo
alpaga [alpaga] NM alpaca
alpage [alpaʒ] NM pasto de montaña
Alpes [alp] NFPL : **les ~** los Alpes
alpestre [alpɛstʀ] ADJ alpino(-a)
alphabet [alfabɛ] NM alfabeto
alphabétique [alfabetik] ADJ alfabético(-a); **par ordre ~** por orden alfabético
alphabétisation [alfabetizasjɔ̃] NF alfabetización *f*
alphabétiser [alfabetize] VT alfabetizar
alphanumérique [alfanymeʀik] ADJ alfanumérico(-a)
alpin, e [alpɛ̃, in] ADJ alpino(-a); (*club*) de alpinismo
alpinisme [alpinism] NM alpinismo, andinismo (*AM*)
alpiniste [alpinist] NMF alpinista *mf*, andinista *mf* (*AM*)
Alsace [alzas] NF Alsacia
alsacien, ne [alzasjɛ̃, jɛn] ADJ alsaciano(-a) ▸ NM/F : **Alsacien, ne** alsaciano(-a)
altercation [altɛʀkasjɔ̃] NF altercado
alter ego [altɛʀego] NM alter ego *m*
altérer [alteʀe] VT (*falsifier*) falsificar; (*abîmer*) adulterar; (*Inform*) alterar; (*donner soif à*) dar sed a ▪ **s'altérer** VPR (*s'abîmer*) estropearse
altermondialisation [altɛʀmɔ̃djalizasjɔ̃] NF antiglobalización *f*
altermondialisme [altɛʀmɔ̃djalism] NM antiglobalización *f*
altermondialiste [altɛʀmɔ̃djalist] ADJ, NMF antiglobalizador(a)
alternance [altɛʀnɑ̃s] NF alternancia; **en ~** alternativamente; **formation en ~** formación *f* en alternancia
alternateur [altɛʀnatœʀ] NM alternador *m*
alternatif, -ive [altɛʀnatif, iv] ADJ alternativo(-a)
alternative [altɛʀnativ] NF alternativa
alternativement [altɛʀnativmɑ̃] ADV alternativamente
alterner [altɛʀne] VT (*choses*) alternar; (*cultures*) rotar; **~ avec qch** alternar con algo; **(faire) ~ qch avec qch** alternar algo con algo ▸ VI alternar
Altesse [altɛs] NF : **son ~ le ...** su Alteza el ...
altier, -ière [altje, jɛʀ] ADJ altivo(-a)
altimètre [altimɛtʀ] NM altímetro
altiport [altipɔʀ] NM altipuerto
altiste [altist] NMF viola *mf*
altitude [altityd] NF (*par rapport à la mer*) altitud *f*; (*par rapport au sol*) altura; **à 500 m d'~** a 500 m de altitud; **en ~** en las alturas; **perdre/prendre de l'~** perder/coger altura; **voler à haute/basse ~** volar alto/bajo
alto [alto] NM (*instrument à cordes*) viola; (*saxophone*) saxo alto ▸ NF (*chanteuse*) contralto *f*
altruisme [altʀɥism] NM altruismo
altruiste [altʀɥist] ADJ, NMF altruista *mf*
alu [aly] (*fam*) NM (*aluminium*) aluminio; **en ~** de aluminio
aluminium [alyminjɔm] NM aluminio; **en ~** de aluminio
alun [alœ̃] NM alumbre *m*
alunir [alyniʀ] VI alunizar
alunissage [alynisaʒ] NM alunizaje *m*
alvéole [alveɔl] NF OU M celdilla, alveolo
alvéolé, e [alveɔle] ADJ alveolado(-a)
amabilité [amabilite] NF amabilidad *f*; **il a eu l'~ de ...** ha tenido la amabilidad de ...
amadou [amadu] NM yesca
amadouer [amadwe] VT (*enjôler*) engatusar; (*adoucir*) ablandar
amaigri, e [amegʀi] ADJ (*visage, personne*) enflaquecido(-a)
amaigrir [amegʀiʀ] VT enflaquecer ▪ **s'amaigrir** VPR enflaquecerse
amaigrissant, e [amegʀisɑ̃, ɑ̃t] ADJ : **régime ~** régimen *m* de adelgazamiento
amalgame [amalgam] NM amalgama; **pratiquer l'~** practicar la amalgama
amalgamer [amalgame] VT amalgamar
amande [amɑ̃d] NF almendra; (*de noyau de fruit*) pepita; **en ~** (*yeux*) con forma de almendra, almendrado(-a)
amandier [amɑ̃dje] NM almendro
amanite [amanit] NF amanita
amant, e [amɑ̃, ɑ̃t] NM/F amante *mf*
amarre [amaʀ] NF amarra ▪ **amarres** NFPL amarras *fpl*
amarrer [amaʀe] VT (*Naut*) amarrar; (*gén*) amarrar, atar
amaryllis [amaʀilis] NF amarilis *f*
amas [amɑ] NM montón *m*
amasser [amɑse] VT amontonar ▪ **s'amasser** VPR amontonarse
amateur, -trice [amatœʀ, tʀis] NM/F aficionado(-a); **en ~** como aficionado(-a); **~ de musique/de sport** aficionado(-a) a la música/al deporte ▸ ADJ aficionado(-a); **musicien/sportif ~** músico/deportista aficionado; **le sport ~** el deporte amateur *ou* aficionado
amateurisme [amatœʀism] NM calidad *f* de aficionado; (*péj*) diletantismo
Amazone [amazon] NF : **l'~** el Amazonas
amazone [amazon] NF : **en ~** a la amazona
Amazonie [amazɔni] NF Amazonia
ambages [ɑ̃baʒ] : **sans ~** *adv* sin ambages
ambassade [ɑ̃basad] NF embajada; **en ~** (*mission*)

como embajada; **secrétaire/attaché(e) d'~** secretario(-a)/agregado(-a) de embajada

ambassadeur, -drice [ɑ̃basadœʀ, dʀis] NM/F (*Pol*, *fig*) embajador(a)

ambiance [ɑ̃bjɑ̃s] NF ambiente *m*; **il y a de l'~** hay animación

ambiant, e [ɑ̃bjɑ̃, jɑ̃t] ADJ ambiente

ambidextre [ɑ̃bidɛkstʀ] ADJ ambidiestro(-a)

ambigu, -uë [ɑ̃bigy] ADJ ambiguo(-a)

ambiguïté [ɑ̃bigɥite] NF ambigüedad *f*

ambitieux, -euse [ɑ̃bisjø, jøz] ADJ, NM/F ambicioso(-a)

ambition [ɑ̃bisjɔ̃] NF ambición *f*; **une ~** (*but, visée*) una aspiración

ambitionner [ɑ̃bisjɔne] VT ambicionar

ambivalence [ɑ̃bivalɑ̃s] NF ambivalencia

ambivalent, e [ɑ̃bivalɑ̃, ɑ̃t] ADJ ambivalente

amble [ɑ̃bl] NM : **aller l'~** amblar

ambre [ɑ̃bʀ] NM : **~ jaune/gris** ámbar *m* amarillo/gris

ambré, e [ɑ̃bʀe] ADJ (*couleur*) ambarino(-a); (*parfum*) con olor a ámbar

ambulance [ɑ̃bylɑ̃s] NF ambulancia

ambulancier, -ière [ɑ̃bylɑ̃sje, jɛʀ] NM/F conductor(a) de una ambulancia

ambulant, e [ɑ̃bylɑ̃, ɑ̃t] ADJ ambulante

âme [ɑm] NF alma; **village de 200 âmes** pueblo de 200 almas; **rendre l'~** entregar el alma; **joueur/tricheur dans l'~** jugador/tramposo empedernido; **bonne ~** (*aussi iron*) alma caritativa; **en mon ~ et conscience** en conciencia; **~ sœur** alma gemela

amélioration [ameljɔʀasjɔ̃] NF mejoría

améliorer [ameljɔʀe] VT mejorar ■ **s'améliorer** VPR mejorarse

aménagé, e [amenaʒe] ADJ (*ferme, local*) acondicionado(-a)

aménagement [amenaʒmɑ̃] NM (*de ferme, local*) acondicionamiento; (*de cuisine, rangements*) instalación *f*; **l'~ du territoire** *el fomento de los recursos de un país*; **aménagements fiscaux** desgravaciones *fpl* fiscales

aménager [amenaʒe] VT (*ferme, local*) acondicionar; (*cuisine, rangements*) habilitar

amende [amɑ̃d] NF multa; **mettre à l'~** reprender; **faire ~ honorable** retractarse

amendement [amɑ̃dmɑ̃] NM (*Jur*) enmienda

amender [amɑ̃de] VT (*loi*) enmendar; (*terre*) abonar ■ **s'amender** VPR enmendarse

amène [amɛn] ADJ : **peu ~** poco ameno(-a)

amener [am(ə)ne] VT llevar; (*occasionner*) provocar; (*baisser : voiles*) arriar; **~ qn à qch/à faire** llevar a algn a algo/a hacer ■ **s'amener** VPR (*fam*) venirse

amenuiser [amənɥize] : **s'amenuiser** VPR disminuir

amer, amère [amɛʀ] ADJ amargo(-a); (*personne*) amargado(-a)

amèrement [amɛʀmɑ̃] ADV amargamente

américain, e [amerikɛ̃, ɛn] ADJ americano(-a); **en vedette américaine** en segundo plano ▶NM (*Ling*) americano ▶NM/F : **Américain, e** americano(-a)

américaniser [amerikanize] VT americanizar

américanisme [amerikanism] NM americanismo

amérindien, ne [amerɛ̃djɛ̃, jɛn] ADJ amerindio(-a)

Amérique [amerik] NF América; **~ centrale/du Nord/du Sud/latine** América central/del Norte/del Sur/latina

Amerloque [amɛʀlɔk] (*péj*) NMF yanqui *mf*

amerrir [ameʀiʀ] VI amarar

amerrissage [ameʀisaʒ] NM amaraje *m*

amertume [amɛʀtym] NF amargura

améthyste [ametist] NF amatista

ameublement [amœbləmɑ̃] NM mobiliario; **articles d'~** muebles *mpl*; **tissu d'~** género de tapicería

ameublir [amœbliʀ] VT mullir

ameuter [amøte] VT (*badauds*) alborotar; (*peuple*) amotinar

ami, e [ami] NM/F amigo(-a); **un ~ des arts/des chiens** un amigo de las artes/de los perros; **petit ~/petite amie** novio/novia, pololo/polola (CHI *fam*); **ajouter à/supprimer de sa liste d'amis** (*réseaux sociaux*) añadir a/eliminar de la lista de amigos ▶ADJ amigo(-a); **être (très) ~ avec qn** ser (muy) amigo de algn; **être ~ de l'ordre/de la précision** ser amigo del orden/de la precisión; **famille amie** familia amiga; **pays/groupe ~** país *m*/grupo aliado

amiable [amjabl] ADJ amistoso(-a); **à l'~** amistosamente

amiante [amjɑ̃t] NM amianto

amibe [amib] NF ameba

amical, e, -aux [amikal, o] ADJ amistoso(-a)

amicale [amikal] NF círculo

amicalement [amikalmɑ̃] ADV amistosamente; (*formule épistolaire*) cordialmente

amidon [amidɔ̃] NM almidón *m*

amidonner [amidɔne] VT almidonar

amincir [amɛ̃siʀ] VT (*suj : vêtement*) hacer más delgado(-a); (*objet*) rebajar ■ **s'amincir** VPR (*objet*) disminuir; (*personne*) adelgazar

amincissant, e [amɛ̃sisɑ̃, ɑ̃t] ADJ adelgazante

aminé, e [amine] ADJ : **acide ~** ácido aminado

amiral, e, -aux [amiʀal, o] NM/F almirante *mf*

amirauté [amiʀote] NF almirantazgo

amitié [amitje] NF amistad *f*; **prendre en ~** tomar afecto a; **avoir de l'~ pour qn** sentir afecto por algn; **faire** *ou* **présenter ses amitiés à qn** dar *ou* enviar recuerdos a algn; **amitiés** (*formule épistolaire*) cordialmente

ammoniac [amɔnjak] NM : **(gaz) ~** amoníaco

ammoniaque [amɔnjak] NF amoníaco
amnésie [amnezi] NF amnesia
amnésique [amnezik] ADJ amnésico(-a)
amniocentèse [amnjosɛ̃tɛz] NF amniocentesis *f*
amnistie [amnisti] NF amnistía
amnistier [amnistje] VT amnistiar
amocher [amɔʃe] (*fam*) VT (*paysage, objet*) estropear; (*qn en le frappant*) desfigurar
amoindrir [amwɛ̃dʀiʀ] VT reducir
amollir [amɔliʀ] VT ablandar
amonceler [amɔ̃s(ə)le] VT (*objets*) amontonar; (*travail, fortune*) acumular ■ **s'amonceler** VPR amontonarse; (*fig*) acumularse
amoncellement [amɔ̃sɛlmɑ̃] NM montón *m*
amont [amɔ̃] ADV : **en ~** (*d'un cours d'eau*) río arriba; (*d'une pente*) arriba; (*d'un processus*) precedente; **en ~ de** más arriba de
amoral, e, -aux [amɔʀal, o] ADJ amoral
amorce [amɔʀs] NF (*sur un hameçon*) cebo; (*explosif*) fulminante *m*; (*tube*) pistón *m*; (*de pistolet d'enfant*) mixto; (*fig*) principio
amorcer [amɔʀse] VT (*hameçon, munition*) cebar; (*fig : négociations*) emprender; (*geste*) esbozar; (*virage*) coger
amorphe [amɔʀf] ADJ amorfo(-a)
amortir [amɔʀtiʀ] VT (*choc, bruit*) amortiguar; (*douleur*) atenuar; (*Comm*) amortizar; **~ un abonnement** amortizar un abono
amortissable [amɔʀtisabl] ADJ (*Comm*) amortizable
amortissement [amɔʀtismɑ̃] NM amortización *f*
amortisseur [amɔʀtisœʀ] NM amortiguador *m*
amour [amuʀ] NM (*sentiment, goût*) amor *m*; (*statuette*) amorcillo; **faire l'~** hacer el amor; **filer le parfait ~** vivir una historia de amor; **un ~ de** un encanto de; **l'~ libre** el amor libre; **~ platonique** amor platónico
amouracher [amuʀaʃe] : **s'amouracher** VPR (*péj*) : **s'~ de** encapricharse con
amourette [amuʀɛt] NF amorío
amoureusement [amuʀøzmɑ̃] ADV amorosamente
amoureux, -euse [amuʀø, øz] ADJ amoroso(-a); **être ~ de qch/qn** estar enamorado(-a) de algo/algn; **tomber ~ (de qn)** enamorarse (de algn) ▶ NM/F enamorado(-a); **un ~ des bêtes/de la nature** un enamorado de los animales/de la naturaleza ▶ NMPL enamorados *mpl*
amour-propre [amuʀpʀɔpʀ] (*pl* **amours-propres**) NM amor *m* propio
amovible [amɔvibl] ADJ amovible
ampère [ɑ̃pɛʀ] NM amperio
ampèremètre [ɑ̃pɛʀmɛtʀ] NM amperímetro
amphétamine [ɑ̃fetamin] NF anfetamina
amphi [ɑ̃fi] (*fam*) NM (*Scol*) = **amphithéâtre**
amphibie [ɑ̃fibi] ADJ anfibio(-a)
amphibien [ɑ̃fibjɛ̃] NM anfibio
amphithéâtre [ɑ̃fiteɑtʀ] NM anfiteatro
amphore [ɑ̃fɔʀ] NF ánfora
ample [ɑ̃pl] ADJ amplio(-a); (*ressources*) abundante
amplement [ɑ̃pləmɑ̃] ADV ampliamente; **~ suffisant** más que suficiente
ampleur [ɑ̃plœʀ] NF amplitud *f*; (*de vêtement*) anchura; **prendre de l'~** extenderse
ampli [ɑ̃pli] (*fam*) NM = **amplificateur**
amplificateur [ɑ̃plifikatœʀ] NM amplificador *m*
amplification [ɑ̃plifikasjɔ̃] NF amplificación *f*; (*d'image*) ampliación *f*
amplifier [ɑ̃plifje] VT amplificar; (*image*) ampliar ■ **s'amplifier** VPR amplificarse
ampliforme [ɑ̃plifɔʀm] ADJ (*soutien-gorge*) con relleno
amplitude [ɑ̃plityd] NF amplitud *f*; (*des températures*) variación *f*
ampoule [ɑ̃pul] NF (*Élec*) bombilla, foco (*Am*), bombillo (*Am*); (*de médicament, aux mains*) ampolla
ampoulé, e [ɑ̃pule] (*péj*) ADJ ampuloso(-a)
amputation [ɑ̃pytasjɔ̃] NF amputación *f*; (*crédits*) recorte *m*
amputer [ɑ̃pyte] VT amputar; (*fig*) recortar; **~ qn d'un bras/pied** amputar un brazo/pie a algn
Amsterdam [amstɛʀdam] N Amsterdam
amulette [amylɛt] NF amuleto
amusant, e [amyzɑ̃, ɑ̃t] ADJ divertido(-a)
amusé, e [amyze] ADJ divertido(-a)
amuse-gueule [amyzgœl] (*pl* **amuse-gueules**) NM tapa
amusement [amyzmɑ̃] NM diversión *f*
amuser [amyze] VT divertir; (*détourner l'attention de*) distraer ■ **s'amuser** VPR divertirse; **s'~ de qch** divertirse con algo; **s'~ de qn** burlarse de algn
amusette [amyzɛt] NF pasatiempo
amuseur, -euse [amyzœʀ, øz] NM/F bromista *mf*; (*péj*) bufón *m*
amygdale [amidal] NF amígdala; **opérer qn des amygdales** operar a algn de las amígdalas
amygdalite [amidalit] NF amigdalitis *f*
AN SIGLE F (= *Assemblée nationale*) voir **assemblée**
an [ɑ̃] NM año; **être âgé de** *ou* **avoir trois ans** tener tres años de edad; **en l'an 2007** en el año 2007; **le jour de l'an**, **le premier de l'an** el día de año nuevo; **le nouvel an** el año nuevo
anabolisant [anabɔlizɑ̃] NM anabolizante *m*
anachronique [anakʀɔnik] (*péj*) ADJ anacrónico(-a)
anachronisme [anakʀɔnism] NM (*aussi péj*) anacronismo

anaconda [anakɔ̃da] NM anaconda
anaérobie [anaeʀɔbi] ADJ anaerobio(-a)
anagramme [anagʀam] NF anagrama *m*
anal, e, -aux [anal, o] ADJ anal
analgésique [analʒezik] NM analgésico
anallergique [analɛʀʒik] ADJ antialérgico(-a)
analogie [analɔʒi] NF analogía
analogique [analɔʒik] ADJ analógico(-a)
analogiquement [analɔʒikmɑ̃] ADV analógicamente
analogue [analɔg] ADJ análogo(-a); **~ à** análogo(-a) a
analphabète [analfabɛt] ADJ, NMF analfabeto(-a)
analphabétisme [analfabetism] NM analfabetismo
analyse [analiz] NF análisis *m inv*; **faire l'~ de** hacer el análisis de; **une ~ approfondie** un análisis minucioso; **en dernière ~** en última instancia; **avoir l'esprit d'~** tener una mente analítica; **~ grammaticale/logique** análisis gramatical/lógico
analyser [analize] VT analizar
analyste [analist] NMF analista *mf*
analyste-programmeur, -euse [analist-pʀɔgʀamœʀ, øz] (*pl* **analystes-programmeurs, -euses**) NM/F analista-programador(a)
analytique [analitik] ADJ analítico(-a)
analytiquement [analitikmɑ̃] ADV analíticamente
ananas [anana(s)] NM piña, ananá(s) *m* (*AM*)
anarchie [anaʀʃi] NF anarquía
anarchique [anaʀʃik] ADJ anárquico(-a)
anarchisme [anaʀʃism] NM anarquismo
anarchiste [anaʀʃist] ADJ, NMF anarquista *mf*
anathème [anatɛm] NM : **jeter l'~ sur** anatemizar a
anatomie [anatɔmi] NF anatomía
anatomique [anatɔmik] ADJ anatómico(-a)
ancestral, e, -aux [ɑ̃sɛstʀal, o] ADJ ancestral
ancêtre [ɑ̃sɛtʀ] NMF (*parent*) antepasado(-a); **l'~ de** (*fig*) el precursor de ■ **ancêtres** NMPL (*aïeux*) antepasados *mpl*
anche [ɑ̃ʃ] NF lengüeta
anchois [ɑ̃ʃwa] NM (*poisson*) boquerón *m*; (*conservé dans du sel ou de l'huile*) anchoa
ancien, ne [ɑ̃sjɛ̃, jɛn] ADJ antiguo(-a), viejo(-a); (*de jadis, de l'antiquité*) antiguo(-a); (*précédent, ex-*) antiguo(-a), ex; **un ~ ministre** un antiguo ministro; **mon ancienne voiture** mi antiguo coche; **être plus ~ que qn** (*dans la hiérarchie*) tener más antigüedad que algn; (*par l'expérience*) tener más experiencia que algn; **~ combattant** ex combatiente; **~ élève** ex alumno(-a) ▸ NM : **l'~** (*l'immobilier*) vivienda antigua; (*mobilier*) antigüedades *fpl* ▸ NM/F anciano(-a)
anciennement [ɑ̃sjɛnmɑ̃] ADV antiguamente
ancienneté [ɑ̃sjɛnte] NF antigüedad *f*
ancrage [ɑ̃kʀaʒ] NM (*d'un câble*) fijación *f*; (*Naut*) fondeadero; (*Constr*) anclaje *m*
ancre [ɑ̃kʀ] NF ancla; **jeter/lever l'~** echar/levar anclas; **à l'~** anclado(-a)
ancrer [ɑ̃kʀe] VT (*câble*) fijar; (*idée*) afianzar, anclar ■ **s'ancrer** VPR (*Naut, fig*) anclarse
andalou, -ouse [ɑ̃dalu, uz] ADJ andaluz(a)
Andalousie [ɑ̃daluzi] NF Andalucía
andante [ɑ̃dɑ̃t] ADV andante ▸ NM andante *m*
Andes [ɑ̃d] NFPL : **les ~** los Andes
andin, e [ɑ̃dɛ̃, in] ADJ andino(-a)
Andorre [ɑ̃dɔʀ] NF Andorra
andouille [ɑ̃duj] NF *embutido a base de tripas de cerdo*; (*fam*) imbécil *mf*
andouiller [ɑ̃duje] NM cornamenta
andouillette [ɑ̃dujɛt] NF *especie de embutido*
androgyne [ɑ̃dʀɔʒin] ADJ, NMF andrógino(-a)
âne [ɑn] (*aussi péj*) NM burro
anéantir [aneɑ̃tiʀ] VT (*détruire*) aniquilar; (*accabler*) abatir
anéantissement [aneɑ̃tismɑ̃] NM (*destruction*) aniquilamiento; (*accablement*) abatimiento
anecdote [anɛkdɔt] NF anécdota
anecdotique [anɛkdɔtik] ADJ anecdótico(-a)
anémie [anemi] NF anemia
anémié, e [anemje] ADJ (*aussi fig*) anémico(-a)
anémique [anemik] ADJ anémico(-a)
anémone [anemɔn] NF anémona; **~ de mer** anémona de mar
ânerie [ɑnʀi] NF tontería
anéroïde [aneʀɔid] ADJ *voir* **baromètre**
ânesse [ɑnɛs] NF burra
anesthésiant, e [anɛstezjɑ̃, ɑ̃t] ADJ (*produit*) anestésico(-a) ▸ NM anestésico
anesthésie [anɛstezi] NF anestesia; **sous ~** bajo anestesia; **~ générale/locale** anestesia general/local
anesthésier [anɛstezje] VT anestesiar; (*fig*) adormecer
anesthésique [anɛstezik] ADJ (*produit*) anestésico(-a) ▸ NM anestésico
anesthésiste [anɛstezist] NMF anestesista *mf*
aneth [anɛt] NM eneldo
anévrisme [anevʀism] NM : **rupture d'~** rotura de aneurisma
anfractuosité [ɑ̃fʀaktɥozite] NF fisura
ange [ɑ̃ʒ] NM (*aussi fig*) ángel *m*; **être aux anges** estar en la gloria; **~ gardien** (*aussi fig*) ángel de la guarda
angélique [ɑ̃ʒelik] ADJ angelical ▸ NF angélica
angelot [ɑ̃ʒ(ə)lo] NM angelote *m*
angélus [ɑ̃ʒelys] NM ángelus *m*
angevin, e [ɑ̃ʒ(ə)vɛ̃, in] ADJ angevino(-a)

▶ NM/F : **Angevin, e** angevino(-a)
angine [ɑ̃ʒin] NF angina; **~ de poitrine** angina de pecho
angiome [ɑ̃ʒjom] NM angioma *m*
anglais, e [ɑ̃glɛ, ɛz] ADJ inglés(-esa); **filer à l'anglaise** tomar las de Villadiego, despedirse a la francesa; **à l'anglaise** (*Culin*) al vapor ▶ NM (*Ling*) inglés *m* ▶ NM/F : **Anglais, e** inglés(-esa); **les A~** los ingleses ■ **anglaises** NFPL (*cheveux*) tirabuzones *mpl*
angle [ɑ̃gl] NM (*coin*) esquina; (*Géom, fig*) ángulo; **~ aigu** ángulo agudo; **~ droit** ángulo recto; **~ mort/obtus** ángulo muerto/obtuso
Angleterre [ɑ̃glətɛʀ] NF Inglaterra
anglican, e [ɑ̃glikɑ̃, an] ADJ, NM/F anglicano(-a)
anglicanisme [ɑ̃glikanism] NM anglicanismo
anglicisme [ɑ̃glisism] NM anglicismo
angliciste [ɑ̃glisist] NMF anglicista *mf*
anglo... [ɑ̃glɔ] PRÉF anglo...
anglo-américain, e [ɑ̃gloameʀikɛ̃] (*pl* **anglo-américains, -es**) ADJ angloamericano(-a) ▶ NM (*Ling*) angloamericano
anglo-arabe [ɑ̃gloaʀab] (*pl* **anglo-arabes**) ADJ angloárabe
anglo-canadien, ne [ɑ̃glokanadjɛ̃, jɛn] (*pl* **anglo-canadiens, -nes**) ADJ anglocanadiense ▶ NM (*Ling*) anglocanadiense *m*
anglo-normand, e [ɑ̃glonɔʀmɑ̃, ɑ̃d] (*pl* **anglo-normands, -es**) ADJ anglonormando(-a); **les îles anglo-normandes** las islas anglonormandas
anglophile [ɑ̃glɔfil] ADJ, NMF anglófilo(-a)
anglophobe [ɑ̃glɔfɔb] ADJ, NMF anglófobo(-a)
anglophone [ɑ̃glɔfɔn] ADJ, NMF anglófono(-a)
anglo-saxon, ne [ɑ̃glosaksɔ̃, ɔn] (*pl* **anglo-saxons, -nes**) ADJ, NM/F anglosajón(-ona)
angoissant, e [ɑ̃gwasɑ̃, ɑ̃t] ADJ angustioso(-a)
angoisse [ɑ̃gwas] NF angustia; **avoir des angoisses** estar angustiado(-a)
angoissé, e [ɑ̃gwase] ADJ angustiado(-a)
angoisser [ɑ̃gwase] VT angustiar
Angola [ɑ̃gɔla] NM Angola
angolais, e [ɑ̃gɔlɛ, ɛz] ADJ, NM/F angoleño(-a)
angora [ɑ̃gɔʀa] ADJ angora ▶ NM angora *f*
anguille [ɑ̃gij] NF anguila; **il y a ~ sous roche** hay gato encerrado; **~ de mer** congrio
angulaire [ɑ̃gylɛʀ] ADJ angular
anguleux, -euse [ɑ̃gylø, øz] ADJ anguloso(-a)
anhydride [anidʀid] NM anhídrido
anicroche [anikʀɔʃ] NF inconveniente *m*
animal, e, -aux [animal, o] ADJ animal ▶ NM (*aussi fig*) animal *m*; **~ domestique/sauvage** animal doméstico/salvaje
animalerie [animalʀi] NF (*magasin*) tienda de animales
animalier [animalje] ADJ : **peintre ~** pintor(a) de animales
animalité [animalite] NF animalidad *f*
animateur, -trice [animatœʀ, tʀis] NM/F animador(a); (*de spectacle*) presentador(a)
animation [animasjɔ̃] NF animación *f* ■ **animations** NFPL (*activités*) animación *fsg*
animé, e [anime] ADJ (*rue, lieu*) animado(-a)
animer [anime] VT animar ■ **s'animer** VPR animarse
animisme [animism] NM animismo
animiste [animist] ADJ animista
animosité [animozite] NF animosidad *f*
anis [ani(s)] NM anís *m*
anisé, e [anize] ADJ anisado(-a)
anisette [anizɛt] NF anisete *m*
Ankara [ɑ̃kaʀa] N Ankara
ankyloser [ɑ̃kiloze] : **s'ankyloser** VPR anquilosarse
annales [anal] NFPL anales *mpl*
anneau, x [ano] NM (*de rideau*) anilla; (*de chaîne*) eslabón *m*; (*bague*) anillo ■ **anneaux** NMPL (*Sport*) anillas *fpl*; **exercices aux anneaux** ejercicios *mpl* de anillas
année [ane] NF año; **souhaiter la bonne ~ à qn** felicitar el año a algn; **tout au long de l'~** a lo largo del año; **d'une ~ à l'autre** de un año a otro; **d'~ en ~** de año en año; **l'~ scolaire** el curso escolar; **l'~ fiscale** el año fiscal
année-lumière [anelymjɛʀ] (*pl* **années-lumière**) NF año luz
annexe [anɛks] ADJ (*problème*) anexo(-a); (*document*) adjunto(-a); (*salle*) contiguo(-a) ▶ NF anexo
annexer [anɛkse] VT (*pays, biens*) anexionar; (*joindre*) : **~ qch à** adjuntar algo a ■ **s'annexer** VPR (*s'approprier*) anexionarse
annexion [anɛksjɔ̃] NF anexión *f*
annihiler [aniile] VT aniquilar
anniversaire [anivɛʀsɛʀ] ADJ : **jour ~** aniversario ▶ NM (*d'une personne*) cumpleaños *m inv*; (*d'un événement, bâtiment*) aniversario
annonce [anɔ̃s] NF anuncio; (*Cartes, avis*) aviso; **les petites annonces** anuncios *mpl* por palabras
annoncer [anɔ̃se] VT anunciar; (*Cartes*) cantar; **~ la couleur** (*fig*) poner las cartas boca arriba; **je vous annonce que** le anuncio que ■ **s'annoncer** VPR : **s'~ bien/difficile** presentarse bien/difícil
annonceur, -euse [anɔ̃sœʀ, øz] NM/F (*TV, Radio*) locutor(a); (*publicitaire*) anunciador(a)
annonciateur, -trice [anɔ̃sjatœʀ, tʀis] ADJ : **~ d'un événement** anunciador(a) de un acontecimiento
Annonciation [anɔ̃sjasjɔ̃] NF (*Rel*) Anunciación *f*
annotation [anɔtasjɔ̃] NF anotación *f*
annoter [anɔte] VT anotar

a

annuaire [anɥɛʀ] NM anuario; **~ électronique** anuario electrónico; **~ téléphonique** guía telefónica
annuel, le [anɥɛl] ADJ anual
annuellement [anɥɛlmɑ̃] ADV anualmente
annuité [anɥite] NF anualidad *f*
annulaire [anylɛʀ] NM anular *m*
annulation [anylasjɔ̃] NF anulación *f*
annuler [anyle] VT anular ■ **s'annuler** VPR anularse
anoblir [anɔbliʀ] VT (*aussi fig*) ennoblecer
anoblissement [anɔblismɑ̃] NM ennoblecimiento
anode [anɔd] NF ánodo
anodin, e [anɔdɛ̃, in] ADJ anodino(-a)
anomalie [anɔmali] NF anomalía
ânon [ɑnɔ̃] NM borriquillo
ânonner [anɔne] VI, VT balbucear
anonymat [anɔnima] NM anonimato; **garder l'~** mantener el anonimato
anonyme [anɔnim] ADJ (*aussi fig*) anónimo(-a)
anonymement [anɔnimmɑ̃] ADV anónimamente
anorak [anɔʀak] NM anorak *m*
anorexie [anɔʀɛksi] NF anorexia
anorexique [anɔʀɛksik] ADJ, NMF anoréxico(-a)
anormal, e, -aux [anɔʀmal, o] ADJ (*exceptionnel, inhabituel*) anormal; (*injuste*) injusto(-a); (*personne*) subnormal ▶ NM/F subnormal *mf*
anormalement [anɔʀmalmɑ̃] ADV anormalmente
anse [ɑ̃s] NF asa; (*Géo*) ensenada
antagonisme [ɑ̃tagɔnism] NM antagonismo
antagoniste [ɑ̃tagɔnist] ADJ antagonista ▶ NMF adversario(-a)
antalgique [ɑ̃talʒik] ADJ analgésico(-a), antiálgico(-a) ▶ NM analgésico
antan [ɑ̃tɑ̃] : **d'~** *adj* de antaño
antarctique [ɑ̃taʀktik] ADJ antártico(-a); **le cercle/l'océan ~** el círculo polar antártico/el océano Antártico ▶ NM : **l'A~** la Antártida
antécédent [ɑ̃tesedɑ̃] NM (*Ling*) antecedente *m* ■ **antécédents** NMPL (*Méd, affaire*) antecedentes *mpl*; **antécédents professionnels** informes *mpl* profesionales
antédiluvien, ne [ɑ̃tedilyvjɛ̃, jɛn] ADJ antediluviano(-a)
anténatal, e [ɑ̃tenatal] ADJ antenatal
antenne [ɑ̃tɛn] NF antena; (*poste avancé, succursale, agence*) unidad *f*; **à l'~** en antena; **passer à l'~** salir en la televisión; **avoir l'~** estar en conexión; **prendre l'~** salir en antena; **deux heures d'~** un espacio de dos horas; **hors ~** fuera de antena; **~ chirurgicale** (*Mil*) unidad *f* quirúrgica; **~ parabolique** antena parabólica
antenne-relais [ɑ̃tɛnʀəlɛ] (*pl* **antennes-relais**) NF antena repetidora
antépénultième [ɑ̃tepenyltjɛm] ADJ antepenúltimo(-a)
antérieur, e [ɑ̃teʀjœʀ] ADJ anterior; **~ à** anterior a; **passé/futur ~** pasado/futuro anterior
antérieurement [ɑ̃teʀjœʀmɑ̃] ADV anteriormente; **~ à** antes de
antériorité [ɑ̃teʀjɔʀite] NF anterioridad *f*
anthologie [ɑ̃tɔlɔʒi] NF antología
anthracite [ɑ̃tʀasit] NM antracita ▶ ADJ : **(gris) ~** (gris) antracita
anthropocentrisme [ɑ̃tʀɔpɔsɑ̃tʀism] NM antropocentrismo
anthropologie [ɑ̃tʀɔpɔlɔʒi] NF antropología
anthropologique [ɑ̃tʀɔpɔlɔʒik] ADJ antropológico(-a)
anthropologue [ɑ̃tʀɔpɔlɔg] NMF antropólogo(-a)
anthropométrie [ɑ̃tʀɔpɔmetʀi] NF antropometría
anthropométrique [ɑ̃tʀɔpɔmetʀik] ADJ : **fiche/signalement ~** ficha/descripción *f* antropométrica
anthropomorphisme [ɑ̃tʀɔpɔmɔʀfism] NM antropomorfismo
anthropophage [ɑ̃tʀɔpɔfaʒ] ADJ, NMF antropófago(-a)
anthropophagie [ɑ̃tʀɔpɔfaʒi] NF antropofagia
anti... [ɑ̃ti] PRÉF anti...
antiaérien, ne [ɑ̃tiaeʀjɛ̃, jɛn] ADJ antiaéreo(-a); **abri ~** refugio antiaéreo
antialcoolique [ɑ̃tialkɔlik] ADJ antialcohólico(-a); **ligue ~** liga antialcohólica
antiatomique [ɑ̃tiatɔmik] ADJ : **abri ~** refugio atómico
antibactérien, ne [ɑ̃tibakteʀjɛ̃, jɛn] ADJ (*gel, savon, lingettes*) antibacteriano(-a)
antibiotique [ɑ̃tibjɔtik] NM antibiótico ▶ ADJ antibiótico(-a)
antibrouillard [ɑ̃tibʀujaʀ] ADJ : **phare ~** faro antiniebla
antibruit [ɑ̃tibʀɥi] (*pl* **~(s)**) ADJ : **mur ~** muro antirruido
antibuée [ɑ̃tibɥe] ADJ INV : **dispositif ~** dispositivo antivaho
anticalcaire [ɑ̃tikalkɛʀ] ADJ INV anticalcáreo(-a), antical *inv*
anticancéreux, -euse [ɑ̃tikɑ̃seʀø, øz] ADJ anticancerígeno(-a); **centre ~** centro contra el cáncer
anticapitaliste [ɑ̃tikapitalist] ADJ anticapitalista
anticasseur [ɑ̃tikasœʀ] ADJ : **loi/mesure ~(s)** ley *f*/medida antidisturbios
antichambre [ɑ̃tiʃɑ̃bʀ] NF antecámara; **faire ~** esperar
antichar [ɑ̃tiʃaʀ] ADJ anticarro
antichoc [ɑ̃tiʃɔk] ADJ antichoque

anticipation [ɑ̃tisipasjɔ̃] NF anticipación *f*, previsión *f*; **par ~** (*Comm*) por adelantado; **livre/film d'~** libro/película de anticipación

anticipé, e [ɑ̃tisipe] ADJ (*règlement, paiement*) por adelantado; (*joie*) anticipado(-a); (*retraite*) anticipado(-a); **avec mes remerciements anticipés** agradeciéndole de antemano

anticiper [ɑ̃tisipe] VT (*événement, coup*) anticipar; (*en imaginant*) prever; (*paiement*) adelantar; **~ sur** anticiparse a ▸ VI : **n'anticipons pas** no nos adelantemos

anticlérical, e, -aux [ɑ̃tiklerikal, o] ADJ anticlerical

anticléricalisme [ɑ̃tiklerikalism] NM anticlericalismo

anticoagulant, e [ɑ̃tikɔagylɑ̃, ɑ̃t] ADJ anticoagulante ▸ NM anticoagulante *m*

anticolonialisme [ɑ̃tikɔlɔnjalism] NM anticolonialismo

anticonceptionnel, le [ɑ̃tikɔ̃sɛpsjɔnɛl] ADJ anticonceptivo(-a)

anticonformisme [ɑ̃tikɔ̃fɔrmism] NM anticonformismo

anticonformiste [ɑ̃tikɔ̃fɔrmist] ADJ, NMF anticonformista *mf*

anticonstitutionnel, le [ɑ̃tikɔ̃stitysjɔnɛl] ADJ anticonstitucional

anticorps [ɑ̃tikɔr] NM anticuerpo

anticyclone [ɑ̃tisiklon] NM anticiclón *m*

antidater [ɑ̃tidate] VT antedatar

antidémocratique [ɑ̃tidemɔkratik] ADJ antidemocrático(-a); (*peu démocratique*) antidemócrata

antidérapant, e [ɑ̃tiderapɑ̃, ɑ̃t] ADJ antideslizante

antidopage [ɑ̃tidɔpaʒ] ADJ antidoping

antidote [ɑ̃tidɔt] NM antídoto

antiémeute [ɑ̃tiemøt] ADJ antidisturbios *inv*

antienne [ɑ̃tjɛn] NF antífona; (*fig*) estribillo

antieuropéen, ne [ɑ̃tiørɔpeɛ̃, -ɛn] ADJ, NM/F antieuropeísta *mf*, antieuropeo(-a)

antigang [ɑ̃tigɑ̃g] ADJ : **brigade ~** brigada contra bandas

antigel [ɑ̃tiʒɛl] NM anticongelante *m*

antigène [ɑ̃tiʒɛn] NM antígeno

antigouvernemental, e, -aux [ɑ̃tiguvɛrnəmɑ̃tal, o] ADJ antigubernamental

antihéros [ɑ̃tiero] NM antihéroe *m*

antihistaminique [ɑ̃tiistaminik] NM antihistamínico

anti-inflammatoire [ɑ̃tiɛ̃flamatwar] (*pl* **anti-inflammatoires**) ADJ antiinflamatorio(-a) ▸ NM antiinflamatorio

anti-inflationniste [ɑ̃tiɛ̃flasjɔnist] (*pl* **anti-inflationnistes**) ADJ antiinflacionista

antillais, e [ɑ̃tijɛ, ɛz] ADJ antillano(-a) ▸ NM/F : **Antillais, e** antillano(-a)

Antilles [ɑ̃tij] NFPL : **les ~** las Antillas; **les grandes/petites ~** las grandes/pequeñas Antillas

antilope [ɑ̃tilɔp] NF antílope *m*

antimatière [ɑ̃timatjɛr] NF antimateria

antimilitarisme [ɑ̃timilitarism] NM antimilitarismo

antimilitariste [ɑ̃timilitarist] ADJ antimilitarista

antimissile [ɑ̃timisil] ADJ antimisil

antimite [ɑ̃timit] ADJ, NM antipolillas *m inv*

antimondialisation [ɑ̃timɔ̃djalizasjɔ̃] NF antiglobalización

antinomique [ɑ̃tinɔmik] ADJ antinómico(-a)

antioxydant [ɑ̃tiɔksidɑ̃] NM antioxidante *m*

antiparasite [ɑ̃tiparazit] ADJ (*Radio, TV*) antiparásitos; **dispositif ~** dispositivo antiparasitario

antipathie [ɑ̃tipati] NF antipatía

antipathique [ɑ̃tipatik] ADJ antipático(-a)

antipelliculaire [ɑ̃tipelikylɛr] ADJ anticaspa

antipersonnel [ɑ̃tipɛrsɔnɛl] ADJ INV (*mines*) antipersona, antipersonal

antiphrase [ɑ̃tifrɑz] NF : **par ~** por antífrasis

antipodes [ɑ̃tipɔd] NMPL : **les ~** las antípodas; **être aux ~ de** (*fig*) estar en las antípodas de

antipoison [ɑ̃tipwazɔ̃] ADJ : **centre ~** servicio de antídotos

antipoliomyélitique [ɑ̃tipɔljɔmjelitik] ADJ antipoliomielítico(-a)

antiquaire [ɑ̃tikɛr] NMF anticuario(-a)

antique [ɑ̃tik] ADJ (*gréco-romain, très vieux*) antiguo(-a); (*démodé*) anticuado(-a)

antiquité [ɑ̃tikite] NF (*objet ancien*) antigüedad *f*; (*péj*) antigualla; **l'A~** la Antigüedad; **magasin d'antiquités** tienda de antigüedades

antirabique [ɑ̃tirabik] ADJ antirrábico(-a)

antiracisme [ɑ̃tirasism] NM antirracismo

antiraciste [ɑ̃tirasist] ADJ, NMF antirracista

antireflet [ɑ̃tirəflɛ] ADJ : **verre ~** cristal *m* antirreflejo

antirépublicain, e [ɑ̃tirepyblikɛ̃, ɛn] ADJ antirrepublicano(-a)

antirides [ɑ̃tirid] ADJ antiarrugas

antirouille [ɑ̃tiruj] ADJ : **peinture/produit ~** pintura/producto antioxidante; **traitement ~** tratamiento antioxidante

antisémite [ɑ̃tisemit] ADJ, NMF antisemita *mf*

antisémitisme [ɑ̃tisemitism] NM antisemitismo

antiseptique [ɑ̃tisɛptik] ADJ antiséptico(-a) ▸ NM antiséptico

antisismique [ɑ̃tisismik] ADJ antisísmico(-a)

antisocial, e, -aux [ɑ̃tisɔsjal, jo] ADJ antisocial

antispasmodique [ɑ̃tispasmɔdik] ADJ antiespasmódico(-a)

antisportif, -ive [ɑ̃tispɔrtif, iv] ADJ antideportivo(-a)

antisystème [ɑ̃tisistɛm] ADJ INV antisistema *inv*
antitabac [ɑ̃titaba] ADJ INV antitabaco *inv*
antiterroriste [ɑ̃titeʀɔʀist] ADJ antiterrorista
antitétanique [ɑ̃titetanik] ADJ antitetánico(-a)
antithèse [ɑ̃titɛz] NF antítesis *f inv*
antitrust [ɑ̃titʀœst] ADJ antitrust
antituberculeux, -euse [ɑ̃titybɛʀkylø, øz] ADJ antituberculoso(-a)
antitussif, -ive [ɑ̃titysif, iv] ADJ antitusígeno(-a)
antivariolique [ɑ̃tivaʀjɔlik] ADJ antivariólico(-a)
antiviral, e, --aux [ɑ̃tiviʀal, -o] ADJ (*Méd*) antiviral
antivirus [antiviʀys] NM (*Inform*) antivirus *m inv*
antivol [ɑ̃tivɔl] ADJ : **(dispositif) ~** (dispositivo) antirrobo ▸ NM antirrobo
antonyme [ɑ̃tɔnim] NM antónimo
antre [ɑ̃tʀ] NM (*aussi fig*) antro
anus [anys] NM ano
anxiété [ɑ̃ksjete] NF ansiedad *f*
anxieusement [ɑ̃ksjøzmɑ̃] ADV ansiosamente
anxieux, -euse [ɑ̃ksjø, jøz] ADJ ansioso(-a); **être ~ de faire** estar ansioso(-a) por hacer
anxiogène [ɑ̃ksjɔʒɛn] ADJ (*situation, climat*) ansiógeno(-a)
anxiolytique [ɑ̃ksjɔlitik] NM ansiólitico
AOC SIGLE F (= *appellation d'origine contrôlée*) ≈ DO *f* (= *denominación de origen*); *voir aussi* **appellation**

> **AOC** es la certificación francesa que garantiza que vinos y otros productos agrícolas han sido elaborados en una zona geográfica determinada y de forma tradicional.

aorte [aɔʀt] NF aorta
août [u(t)] NM agosto; *voir aussi* **juillet**
aoûtien, ne [ausjɛ̃, jɛn] NM/F veraneante *mf* de agosto
AP SIGLE F (= *Assistance publique*) *voir* **assistance**
apaisant, e [apɛzɑ̃, ɑ̃t] ADJ apaciguador(a)
apaisement [apɛzmɑ̃] NM (*aussi Pol*) apaciguamiento ■ **apaisements** NMPL : **donner des apaisements à qn** tranquilizar a algn
apaiser [apeze] VT tranquilizar ■ **s'apaiser** VPR tranquilizarse
apanage [apanaʒ] NM : **être l'~ de** ser el privilegio de
aparté [apaʀte] NM aparte *m*; **en ~** (*dire*) confidencialmente
apartheid [apaʀtɛd] NM apartheid *m*
apathie [apati] NF apatía
apathique [apatik] ADJ apático(-a)
apatride [apatʀid] ADJ, NMF apátrida *mf*
APCE [apeceə] SIGLE F (= *Agence pour la création d'entreprises*) *agencia de ayuda a la creación de empresas*
apercevoir [apɛʀsəvwaʀ] VT (*voir*) distinguir; (*constater, percevoir*) percibir; **s'~ de/que** darse cuenta de/de que; **sans s'en ~** sin darse cuenta
aperçu [apɛʀsy] PP *de* **apercevoir** ▸ NM visión *f* de conjunto; (*gén pl : intuition*) idea
apéritif, -ive [apeʀitif, iv] ADJ aperitivo(-a) ▸ NM aperitivo; **prendre l'~** tomar el aperitivo
apéro [apeʀo] (*fam*) NM (*apéritif*) aperitivo; **prendre l'~** tomar el aperitivo
apesanteur [apəzɑ̃tœʀ] NF ingravidez *f*
à-peu-près [apøpʀɛ] (*péj*) NM INV aproximación *f*
apeuré, e [apœʀe] ADJ atemorizado(-a)
aphasie [afazi] NF afasia
aphone [afɔn] ADJ afónico(-a)
aphorisme [afɔʀism] NM aforismo
aphrodisiaque [afʀɔdizjak] ADJ afrodisíaco(-a) ▸ NM afrodisíaco
aphte [aft] NM afta
aphteux, -euse [aftø, øz] ADJ : **fièvre aphteuse** fiebre *f* aftosa
à-pic [apik] NM (*d'une falaise*) caída
apicole [apikɔl] ADJ apícola
apiculteur, -trice [apikyltœʀ, tʀis] NM/F apicultor(a)
apiculture [apikyltyʀ] NF apicultura
apitoiement [apitwamɑ̃] NM compasión *f*
apitoyer [apitwaje] VT apiadar; **~ qn sur qch** enternecer a algn con algo ■ **s'apitoyer** VPR apiadarse; **s'~ sur qn** apiadarse de algn; **s'~ sur le sort de qn** apiadarse de la suerte de algn
APL [apeɛl] SIGLE F (= *aide personnalisée au logement*) *ayuda personalizada para el acceso a la vivienda*
aplanir [aplaniʀ] VT (*surface*) aplanar; (*difficultés*) allanar
aplati, e [aplati] ADJ achatado(-a)
aplatir [aplatiʀ] VT aplastar ■ **s'aplatir** VPR aplastarse; (*fig*) tumbarse; (*fam : tomber*) caerse; (*péj : s'humilier*) rebajarse; **s'~ contre** (*fam*) aplastarse contra
aplomb [aplɔ̃] NM (*équilibre*) equilibrio; (*sang-froid, Constr*) aplomo; (*péj*) desfachatez *f*; **d'~** (*en équilibre*) derecho(-a); **remettre qch d'~** poner algo derecho; **remettre qn d'~** (*fig*) dejar a algn como nuevo; **(ne pas) se sentir d'~** (no) sentirse con fuerzas
APN SIGLE M (= *appareil photo(graphique) numérique*) cámara *f* digital
apnée [apne] NF apnea; **apnées du sommeil** apneas del sueño; **en ~** en apnea
apocalypse [apɔkalips] NF apocalipsis *m*
apocalyptique [apɔkaliptik] ADJ (*fig*) apocalíptico(-a)
apocryphe [apɔkʀif] ADJ apócrifo(-a)
apogée [apɔʒe] NM apogeo
apolitique [apɔlitik] ADJ apolítico(-a)

apologie [apɔlɔʒi] NF apología; (*Jur*) defensa
apoplexie [apɔplɛksi] NF apoplejía
a posteriori ADV a posteriori
apostolat [apɔstɔla] NM apostolado
apostolique [apɔstɔlik] ADJ apostólico(-a)
apostrophe [apɔstʀɔf] NF (*signe*) apóstrofe *m*; (*interpellation*) improperio
apostropher [apɔstʀɔfe] VT increpar
apothéose [apɔteoz] NF apoteosis *f*
apothicaire [apɔtikɛʀ] NM boticario(-a)
apôtre [apotʀ] NM apóstol *m*; **se faire l'~ de** (*fig*) ser el apóstol de
apparaître [apaʀɛtʀ] VI aparecer; (*avec attribut*) parecer; **il apparaît que** es evidente que; **il m'apparaît que** me parece que
apparat [apaʀa] NM : **tenue/dîner d'~** traje *m*/cena de etiqueta
appareil [apaʀɛj] NM aparato; **~ digestif/reproducteur** aparato digestivo/reproductor; **qui est à l'~ ?** ¿quién está al aparato?; **dans le plus simple ~** como Dios lo(-a) trajo al mundo; **~ numérique** cámara digital; **~ photographique, ~ photo** cámara de fotos; **~ productif** aparato productivo; **~ 24x36** *ou* **petit format** cámara de 24 por 36
appareillage [apaʀɛjaʒ] NM (*appareils, installation*) equipo; (*Naut*) partida
appareiller [apaʀeje] VI zarpar ▸ VT (*assortir*) emparejar; (*Méd*) poner una prótesis a
apparemment [apaʀamɑ̃] ADV aparentemente, dizque (*AM*)
apparence [apaʀɑ̃s] NF apariencia; **malgré les apparences** a pesar de las apariencias; **en ~** en apariencia
apparent, e [apaʀɑ̃, ɑ̃t] ADJ (*visible*) aparente; (*évident*) evidente; (*illusoire, superficiel*) ilusorio(-a); **coutures apparentes** costuras *fpl* visibles; **poutres apparentes** vigas *fpl* al descubierto
apparenté, e [apaʀɑ̃te] ADJ : **~ à** (*aussi fig*) emparentado(-a) con
apparenter [apaʀɑ̃te] : **s'apparenter** VPR : **s'~ à** parecerse a
apparier [apaʀje] VT emparejar
appariteur, -trice [apaʀitœʀ, tʀis] NM/F bedel(a)
apparition [apaʀisjɔ̃] NF aparición *f*; **faire une ~** aparecer brevemente; **faire son ~** hacer su aparición
appartement [apaʀtəmɑ̃] NM piso, departamento (*AM*)
appartenance [apaʀtənɑ̃s] NF : **~ à** pertenencia a
appartenir [apaʀtəniʀ] : **~ à** *vt* pertenecer a; **il lui appartient de** (*c'est son rôle*) le corresponde; **il ne m'appartient pas de (faire)** no me corresponde (hacer)
appartiendrai *etc* [apaʀtjɛ̃dʀe] VB *voir* **appartenir**
appartiens *etc* [apaʀtjɛ̃] VB *voir* **appartenir**
apparu, e [apaʀy] PP *de* **apparaître**
appas [apɑ] NMPL encantos *mpl*
appât [apɑ] NM (*aussi fig*) cebo
appâter [apɑte] VT (*canne à pêche, hameçon*) colocar el cebo a; (*gibier, poisson, fig*) atraer
appauvrir [apovʀiʀ] VT (*aussi fig*) empobrecer ■ **s'appauvrir** VPR empobrecerse
appauvrissement [apovʀismɑ̃] NM empobrecimiento
appeau [apo] NM reclamo
appel [apɛl] NM llamada, llamado (*AM*); (*attirance*) reclamo; (*nominal*) lista; (*Mil*) alistamiento a filas; (*Jur*) apelación *f*, llamado (*AM*); **faire ~ à** (*invoquer*) apelar a; (*avoir recours à*) recurrir a; (*nécessiter*) necesitar; **faire** *ou* **interjeter ~** (*Jur*) apelar; **faire l'~** pasar lista; **sans ~** (*fig*) sin apelación; **faire un ~ de phares** hacer señales con los faros; **indicatif d'~** señal *f* distintiva; **numéro d'~** número telefónico; **~ d'air** aspiración *f* de aire; **~ d'offres** llamada a licitación; **~ (téléphonique)** llamada (telefónica); **~ vidéo** videollamada
appelé [ap(ə)le] NM (*Mil*) recluta *m*
appeler [ap(ə)le] VT llamar; (*en faisant l'appel*) pasar lista; (*nommer : avec attribut ou complément*) nombrar; (*nécessiter*) requerir; **~ au secours** *ou* **à l'aide** pedir ayuda; (*en cas de danger*) pedir socorro *ou* auxilio; **~ qn à un poste/à des fonctions** destinar a algn a un puesto/a unas funciones; **être appelé à** (*fig*) ser llamado a; **~ qn à comparaître** (*Jur*) citar a algn; **en ~ à qn/qch** apelar a algn/algo; **~ police-secours** llamar al 091 ■ **s'appeler** VPR llamarse; **il s'appelle** se llama; **comment ça s'appelle ?** ¿cómo se llama esto?; **je m'appelle** me llamo; **ça s'appelle un(e) …** se llama un(a) …
appellation [apelasjɔ̃] NF (*d'un produit*) denominación *f*; **vin d'~ contrôlée** vino con denominación de origen; *voir aussi* **AOC**
appelle [apɛl] VB *voir* **appeler**
appendice [apɛ̃dis] NM apéndice *m*
appendicectomie [apɛ̃disɛktɔmi] NF apendicectomía
appendicite [apɛ̃disit] NF apendicitis *f*
appentis [apɑ̃ti] NM cobertizo
appert [apɛʀ] VB : **il ~ que** es evidente que
appesantir [apəzɑ̃tiʀ] : **s'appesantir** VPR hacerse más pesado; **s'~ sur** (*fig*) insistir en
appétissant, e [apetisɑ̃, ɑ̃t] ADJ apetitoso(-a)
appétit [apeti] NM apetito; **avoir un gros/petit ~** tener mucho/poco apetito; **couper l'~ de qn** quitar las ganas a algn; **bon ~ !** ¡buen provecho!
applaudimètre [aplodimɛtʀ] NM aplaudímetro
applaudir [aplodiʀ] VT, VI aplaudir; **~ à** (*décision, projet*) aprobar; **~ à tout rompre** aplaudir a rabiar

applaudissements [aplodismɑ̃] NMPL aplausos *mpl*
appli [apli] NF aplicación *f*
applicable [aplikabl] ADJ aplicable
applicateur [aplikatœʀ] NM aplicador *m*
application [aplikasjɔ̃] NF aplicación *f*; **mettre en ~** poner en aplicación; **avec ~** aplicadamente ▪ **applications** NFPL (*d'une théorie, méthode*) aplicación *fsg*
applique [aplik] NF aplique *m*
appliqué, e [aplike] ADJ aplicado(-a)
appliquer [aplike] VT aplicar ▪ **s'appliquer** VPR aplicarse; **s'~ à** aplicarse a; **s'~ à faire qch** esmerarse en hacer algo; **s'~ sur** (*coïncider avec*) encajar con; **il s'est (beaucoup) appliqué** se ha esmerado (mucho)
appoggiature [apɔ(d)ʒjatyʀ] NM apoyatura
appoint [apwɛ̃] NM (*fig*) ayuda; **avoir/faire l'~** (*en payant*) tener/dar suelto; **chauffage/lampe d'~** calefacción *f*/lámpara suplementaria
appointements [apwɛ̃tmɑ̃] NMPL honorarios *mpl*
appontage [apɔ̃taʒ] NM aterrizaje *m* en un portaaviones
appontement [apɔ̃tmɑ̃] NM muelle *m*
apponter [apɔ̃te] VI aterrizar en un portaaviones
apport [apɔʀ] NM aportación *f*
apporter [apɔʀte] VT (*fleurs, bonbons*) traer; (*soutien, preuve*) aportar; (*soulagement*) procurar; (*suj : remarque*) añadir

> Il faut faire la distinction en espagnol entre *llevar* (qui implique un mouvement d'éloignement) et *traer* (qui implique un mouvement de rapprochement) :
> **Qu'est-ce que j'apporte pour le pique-nique ? À manger ou à boire ? — Apporte du vin.** ¿Qué llevo para el picnic?, ¿Comida o bebida? — Trae vino.

apposer [apoze] VT aplicar
apposition [apozisjɔ̃] NF aposición *f*; **en ~** en aposición
appréciable [apʀesjabl] ADJ apreciable
appréciation [apʀesjasjɔ̃] NF apreciación *f* ▪ **appréciations** NFPL (*commentaire, avis*) observaciones *fpl*
apprécier [apʀesje] VT apreciar ▪ **s'apprécier** VPR (*monnaie*) apreciarse
appréhender [apʀeɑ̃de] VT (*craindre*) temer; (*aborder*) aprehender; (*suj : police*) detener; **~ que/de faire** temer que/hacer
appréhension [apʀeɑ̃sjɔ̃] NF aprehensión *f*
apprendre [apʀɑ̃dʀ] VT aprender; (*nouvelle, résultat*) enterarse de; **~ qch à qn** (*informer*) informar de algo a algn; (*enseigner*) enseñar algo a algn; **~ à faire qch** aprender a hacer algo; **~ à qn à faire qch** enseñar a algn a hacer algo; **tu me l'apprends !** ¡qué noticia!

> **Apprendre** ne se traduit par *aprender* que dans le sens de « s'initier à ». Dans le sens d'« enseigner », on emploiera toujours *enseñar* :
> **J'ai appris à nager l'été dernier.** Aprendí a nadar el verano pasado.
> **C'est lui qui m'a appris à nager.** Él me enseñó a nadar.

apprenti, e [apʀɑ̃ti] NM/F (*aussi fig*) aprendiz(a)
apprentissage [apʀɑ̃tisaʒ] NM aprendizaje *m*; **faire l'~ de qch** iniciarse en algo; **école** *ou* **centre d'~** escuela *ou* centro de aprendizaje
apprêt [apʀɛ] NM (*sur un cuir*) adobo; (*sur une étoffe, un papier*) apresto; (*sur un mur*) aparejo; **sans ~** (*fig*) sin artificio
apprêté, e [apʀete] ADJ (*fig*) amanerado(-a), rebuscado(-a)
apprêter [apʀete] VT (*voir nm*) adobar; aprestar ▪ **s'apprêter** VPR : **s'~ à qch/à faire qch** disponerse a algo/a hacer algo
appris, e [apʀi, iz] PP *de* **apprendre**
apprivoisé, e [apʀivwaze] ADJ domesticado(-a)
apprivoiser [apʀivwaze] VT domesticar
approbateur, -trice [apʀɔbatœʀ, tʀis] ADJ de aprobación
approbatif, -ive [apʀɔbatif, iv] ADJ aprobativo(-a)
approbation [apʀɔbasjɔ̃] NF (*autorisation*) aprobación *f*, conformidad *f*; (*jugement favorable*) aprobación, asentimiento; **digne d'~** digno de aprobación
approchant, e [apʀɔʃɑ̃, ɑ̃t] ADJ (*résultat, genre*) parecido(-a), semejante; **quelque chose d'~** algo parecido
approche [apʀɔʃ] NF (*d'une date*) proximidad *f*; (*arrivée*) acercamiento; (*d'un problème*) enfoque *m*; **à l'~ de** (*Noël, anniversaire*) al acercarse; **à l'~ du bateau/de l'ennemi** al acercarse el barco/el enemigo; **travaux d'~** (*fig*) trabajos *mpl* de zapa ▪ **approches** NFPL (*abords*) acceso *msg*, cercanías *fpl*
approché, e [apʀɔʃe] ADJ aproximativo(-a), aproximado(-a)
approcher [apʀɔʃe] VI acercarse, aproximarse ▸ VT (*vedette, artiste*) relacionarse con; (*rapprocher*) : **~ qch (de qch)** acercar algo (a algo); **~ de** (*but, moment*) acercarse a, estar más cerca de; (*nombre, quantité*) rozar ▪ **s'approcher de** VPR acercarse a; **approchez-vous** acérquese
approfondi, e [apʀɔfɔ̃di] ADJ ahondado(-a); (*connaissance, étude*) profundo(-a)
approfondir [apʀɔfɔ̃diʀ] VT (*sujet, question*) profundizar (en); **sans ~** sin profundizar
approfondissement [apʀɔfɔ̃dismɑ̃] NM (*de connaissances*) profundización *f*
appropriation [apʀɔpʀijasjɔ̃] NF apropiación *f*
approprié, e [apʀɔpʀije] ADJ apropiado(-a), adecuado(-a); **~ à** adecuado(-a) a, conforme a
approprier [apʀɔpʀije] VT adaptar ▪ **s'appro-**

prier VPR apropiarse de, adueñarse de

approuver [apʀuve] VT (*autoriser*) aprobar; (*être d'accord avec*) estar de acuerdo con; **je vous approuve entièrement** estoy completamente de acuerdo con usted; **je ne vous approuve pas** no estoy de acuerdo con usted; **lu et approuvé** leído y conforme

approvisionnement [apʀɔvizjɔnmɑ̃] NM (*d'une ville, d'un magasin*) abastecimiento; (*provisions*) provisiones *fpl*

approvisionner [apʀɔvizjɔne] VT (*magasin, personne*) abastecer, proveer; (*compte bancaire*) cubrir; **~ qn en** abastecer *ou* proveer a algn de; **s'~ dans un magasin/au marché** comprar en una tienda/en el mercado; **s'~ en** proveerse de

approximatif, -ive [apʀɔksimatif, iv] ADJ aproximativo(-a); (*idée*) aproximado(-a)

approximation [apʀɔksimasjɔ̃] NF aproximación *f*

approximativement [apʀɔksimativmɑ̃] ADV aproximadamente

appt ABR = **appartement**

appui [apɥi] NM apoyo; (*de fenêtre*) antepecho; (*d'escalier etc*) soporte *m*; (*soutien, aide*) apoyo, sostén *m*; **prendre ~ sur** apoyarse en; **point d'~** punto de apoyo; **à l'~ de** (*pour prouver*) en prueba de; **à l'~** como prueba

appuie [apɥi] VB *voir* **appuyer**

appuie-tête [apɥitɛt] (*pl* **appuie-têtes**) NM cabezal *m*

appuyé, e [apɥije] ADJ (*regard*) insistente; (*politesse, compliment*) excesivo(-a)

appuyer [apɥije] VT (*personne, demande*) apoyar, respaldar; **~ qch sur/contre/à** apoyar algo en/contra/en; **~ contre** (*mur, porte*) apoyar contra; **~ sur** (*bouton*) apretar; (*frein*) pisar; (*insister sur*) recalcar, insistir en; (*peser sur*) descansar sobre; **~ à droite** *ou* **sur sa droite** dirigirse a la derecha; **~ sur le champignon** (*fam*) apretar el acelerador; **s'~ sur** (*s'accouder à*) apoyarse contra; (*se baser sur*) basarse en; (*compter sur*) contar con; **s'~ sur qn** (*fig*) apoyarse en algn

âpre [ɑpʀ] ADJ (*goût, vin*) áspero(-a); (*voix*) áspero(-a), duro(-a); (*hiver, froid*) riguroso(-a); (*discussion*) duro(-a), violento(-a); (*lutte, bataille*) encarnizado(-a); **~ au gain** ávido(-a) de lucro

après [apʀɛ] PRÉP después de; **~ qu'il est parti/avoir fait** después de que se fuera/de haber hecho; **courir ~ qn** correr detrás de algn; **crier ~ qn** reñir a algn; **être toujours ~ qn** (*critiquer*) meterse con algn; **~ quoi** después, a continuación; **d'~ lui/moi** según él/yo; **~ coup** posteriormente; **~ tout** después de todo ▸ ADV después; **deux heures ~** dos horas después; **et (puis) ~ !** ¿y qué?

après-demain [apʀɛdmɛ̃] ADV pasado mañana

après-guerre [apʀɛgɛʀ] (*pl* **après-guerres**) NM posguerra; **d'~** de posguerra

après-midi [apʀɛmidi] (*pl* **~(s)**) NM OU F tarde *f*

après-rasage [apʀɛʀazaʒ] (*pl* **après-rasages**) NM : **lotion ~** loción *f* para después del afeitado

après-shampooing [apʀɛʃɑ̃pwɛ̃] (*pl* **après-shampooings**) NM acondicionador *m*

après-ski [apʀɛski] (*pl* **après-skis**) NM bota *f* « après-ski »

après-soleil [apʀɛsɔlɛj] ADJ INV after-sun *inv* ▸ NM after-sun *m inv*

après-vente [apʀɛvɑ̃t] (*pl* **~(s)**) ADJ posventa

âpreté [ɑpʀəte] NF aspereza; rigor *m*; dureza

a priori ADV a priori

apr. J.-C. [apʀɛʒise] ABR (= *après Jésus-Christ*) d. C.

à-propos [apʀɔpo] NM INV ocurrencia; **faire preuve d'~** mostrar ingenio; **avec ~** con oportunidad

apte [apt] ADJ : **~ à qch/à faire qch** apto(-a) para algo/para hacer algo; **~ (au service)** (*Mil*) apto (para el servicio)

aptitude [aptityd] NF aptitud *f*; **avoir des aptitudes pour** tener aptitudes para

apurer [apyʀe] VT (*Comm*) comprobar

aquabike [akwabajk] NM aquabike *m*

aquaculture [akwakyltyʀ] NF acuicultura

aquagym® [akwaʒim] NF aquagym *m*

aquaplanage [akwaplanaʒ] NM (*Auto*) acuaplaning *m*

aquaplane [akwaplan] NM acuaplano

aquaplaning [akwaplaniŋ] NM (*Auto*) = **aquaplanage**

aquarelle [akwaʀɛl] NF acuarela

aquarelliste [akwaʀelist] NMF acuarelista *mf*

aquarium [akwaʀjɔm] NM acuario

aquatique [akwatik] ADJ acuático(-a)

aqueduc [ak(ə)dyk] NM acueducto

aqueux, -euse [akø, øz] ADJ acuoso(-a)

aquilin [akilɛ̃] ADJ M : **nez ~** nariz *f* aguileña

Aquitaine [akitɛn] NF Aquitania

AR [aɛʀ] SIGLE M (*Aviat, Rail etc*) = **aller (et) retour**

arabe [aʀab] ADJ árabe ▸ NM (*Ling*) árabe *m* ▸ NMF : **Arabe** árabe *mf*

arabesque [aʀabɛsk] NF arabesco

Arabie [aʀabi] NF Arabia; **l'~ saoudite** Arabia Saudita

arable [aʀabl] ADJ arable

arachide [aʀaʃid] NF (*plante*) cacahuete *m*; (*graine*) cacahuete, maní *m*

Aragon [aʀagɔ̃] NM Aragón *m*

araignée [aʀeɲe] NF araña; **~ de mer** centollo

araser [aʀɑze] VT (*mur*) enrasar; (*menuiserie*) cepillar

aratoire [aʀatwaʀ] ADJ : **instrument ~** instrumento de labranza

arbalète [aʀbalɛt] NF ballesta

arbitrage [aʀbitʀaʒ] NM (*voir vb*) arbitraje *m*; moderación *f*

arbitraire [aʀbitʀɛʀ] ADJ arbitrario(-a)
arbitrairement [aʀbitʀɛʀmɑ̃] ADV arbitrariamente
arbitre [aʀbitʀ] NMF (*Sport, aussi fig*) árbitro(-a); (*Jur, Tennis, Cricket*) juez *mf*
arbitrer [aʀbitʀe] VT (*Sport*) arbitrar; (*fig*) moderar
arboré, e [aʀbɔʀe] ADJ arbolado(-a)
arborer [aʀbɔʀe] VT (*drapeau, enseigne*) izar, enarbolar; (*vêtement, chapeau*) lucir; (*attitude, sourire*) ostentar, mostrar
arborescence [aʀbɔʀesɑ̃s] NF arborescencia
arboricole [aʀbɔʀikɔl] ADJ arborícola
arboriculture [aʀbɔʀikyltyʀ] NF arboricultura; **~ fruitière** arboricultura frutal
arbre [aʀbʀ] NM árbol *m*; **~ à cames** árbol de levas; **~ de Noël** árbol de navidad; **~ de transmission** árbol de transmisión; **~ fruitier** árbol frutal; **~ généalogique** árbol genealógico
arbrisseau [aʀbʀiso] NM arbusto
arbuste [aʀbyst] NM arbusto
arc [aʀk] NM arco; **en ~ de cercle** en arco de círculo; **~ de triomphe** arco de triunfo
arcade [aʀkad] NF (*Archit*) arcada; **~ sourcilière** arco superciliar ■ **arcades** NFPL (*d'un pont*) arcadas *fpl*; (*d'une rue*) soportales *mpl*
arcanes [aʀkan] NMPL arcanos *mpl*
arc-boutant [aʀkbutɑ̃] (*pl* **arcs-boutants**) NM arbotante *m*
arc-bouter [aʀkbute]: **s'arc-bouter** VPR apoyarse, apuntalarse; **s'~ contre** apoyarse en, afianzarse en
arceau [aʀso] NM arco
arc-en-ciel [aʀkɑ̃sjɛl] (*pl* **arcs-en-ciel**) NM arco iris *m*
archaïque [aʀkaik] ADJ arcaico(-a)
archaïsme [aʀkaism] NM arcaismo
archange [aʀkɑ̃ʒ] NM arcángel *m*
arche [aʀʃ] NF arco; **~ de Noé** arca de Noe
archéologie [aʀkeɔlɔʒi] NF arqueología
archéologique [aʀkeɔlɔʒik] ADJ arqueológico(-a)
archéologue [aʀkeɔlɔg] NMF arqueólogo(-a)
archer [aʀʃe] NM arquero
archet [aʀʃɛ] NM arco
archétype [aʀketip] NM arquetipo
archevêché [aʀʃəveʃe] NM arzobispado
archevêque [aʀʃəvɛk] NM arzobispo
archi... [aʀʃi] PRÉF archi...
archibondé, e [aʀʃibɔ̃de] ADJ archirrepleto(-a)
archiduc [aʀʃidyk] NM archiduque *m*
archiduchesse [aʀʃidyʃɛs] NF archiduquesa
archipel [aʀʃipɛl] NM archipiélago
archisimple [aʀʃisɛ̃pl] ADJ sencillísimo(-a)
architecte [aʀʃitɛkt] NMF arquitecto(-a); (*fig: de la réussite*) artífice *mf*
architectural, e, -aux [aʀʃitɛktyʀal, o] ADJ arquitectural, arquitectónico(-a)
architecture [aʀʃitɛktyʀ] NF arquitectura; (*structure, agencement*) arquitectura, estructura
architrave [aʀʃitʀav] NF (*Archit*) arquitrabe *m*
archivage [aʀʃivaʒ] NM archivo (*acción*)
archiver [aʀʃive] VT archivar
archives [aʀʃiv] NFPL (*documents*) archivos *mpl*; (*local*) archivo *msg*
archiviste [aʀʃivist] NMF archivero(-a)
arçon [aʀsɔ̃] NM *voir* **cheval**
arctique [aʀktik] ADJ ártico(-a); **le cercle ~** el círculo polar ártico; **l'océan A~** el océano Ártico ▸ NM: **l'A~** el Ártico
ardemment [aʀdamɑ̃] ADV ardientemente
Ardennes [aʀdɛn] NFPL Ardenas *fpl*
ardent, e [aʀdɑ̃, ɑ̃t] ADJ ardiente; (*feu, soleil*) ardiente, abrasador(a); (*prière*) fervoroso(-a)
ardeur [aʀdœʀ] NF (*du soleil, feu*) ardor *m*, calor *m*; (*fig*) ardor, vehemencia; **~ au travail** entusiasmo con el que trabaja
ardoise [aʀdwaz] NF pizarra; **un toit en ~** un techo de pizarra; **avoir une ~** (*fig*) tener cuenta
ardu, e [aʀdy] ADJ arduo(-a); (*pente*) empinado(-a)
are [aʀ] NM área
arène [aʀɛn] NF arena; **l'~ politique/littéraire** la palestra política/literaria ■ **arènes** NFPL (*de corrida*) ruedo; (*bâtiment*) plaza *fsg* de toros
arête [aʀɛt] NF (*de poisson*) espina; (*d'une montagne*) cresta; (*d'un solide*) arista; (*d'une poutre, d'un toit*) cumbrera
argent [aʀʒɑ̃] NM (*métal, couleur*) plata; (*monnaie*) dinero; **en avoir pour son ~** lo comido por lo servido; **gagner beaucoup d'~** ganar mucho dinero; **changer de l'~** cambiar dinero; **~ comptant** dinero en efectivo; **~ de poche** dinero para gastos menudos; **~ liquide** dinero líquido
argenté, e [aʀʒɑ̃te] ADJ plateado(-a)
argenter [aʀʒɑ̃te] VT platear
argenterie [aʀʒɑ̃tʀi] NF plata
argentin, e [aʀʒɑ̃tɛ̃, in] ADJ argentino(-a) ▸ NM/F: **Argentin, e** argentino(-a)
Argentine [aʀʒɑ̃tin] NF Argentina
argentique [aʀʒɑ̃tik] ADJ (*appareil-photo*) analógico(-a), no digital
argile [aʀʒil] NF arcilla
argileux, -euse [aʀʒilø, øz] ADJ arcilloso(-a)
argot [aʀgo] NM argot *m*, jerga
argotique [aʀgɔtik] ADJ argótico(-a)
arguer [aʀgɥe]: **~ de** *vt* argüir, alegar; **~ que** argüir que
argument [aʀgymɑ̃] NM argumento
argumentaire [aʀgymɑ̃tɛʀ] NM lista de argumentos de venta; (*brochure*) folleto publicitario
argumentation [aʀgymɑ̃tasjɔ̃] NF argumentación *f*

argumenter [aʀgymɑ̃te] VI argumentar
argus [aʀgys] NM *(Auto) revista especializada en el mercado de los coches de ocasión*
arguties [aʀgysi] *(péj)* NFPL argucias *fpl*
aride [aʀid] ADJ *(sol, pays)* árido(-a); *(texte, sujet)* árido(-a)
aridité [aʀidite] NF *(voir adj)* aridez *f*; dureza
arien, ne [aʀjɛ̃, ɛn] ADJ arriano(-a)
aristocrate [aʀistɔkʀat] NMF aristócrata *mf*
aristocratie [aʀistɔkʀasi] NF aristocracia
aristocratique [aʀistɔkʀatik] ADJ aristocrático(-a)
arithmétique [aʀitmetik] ADJ aritmético(-a) ▸ NF aritmética
armada [aʀmada] NF armada
armagnac [aʀmaɲak] NM aguardiente *m* de Armagnac
armateur [aʀmatœʀ] NM armador *m*, naviero
armature [aʀmatyʀ] NF armazón *m*; *(Constr, fig)* armazón, estructura; *(Mus)* armadura
arme [aʀm] NF arma; **à armes égales** en igualdad de condiciones; **ville/peuple en armes** ciudad *f*/pueblo en armas; **passer par les armes** pasar por las armas; **prendre les armes** tomar las armas; **armes de destruction massive** armas de destrucción massiva; **~ à feu/blanche** arma de fuego/blanca ▪ **armes** NFPL *(blason)* armas *fpl*; *(profession)*: **les armes** las armas; **présenter les armes** presentar armas
armé, e [aʀme] ADJ armado(-a); **~ de** equipado(-a) con, armado(-a) con
armée [aʀme] NF ejército; *(fig)* nube *f*, ejército; **~ de l'air/de terre** ejército del aire/de tierra; **~ du Salut** ejército de Salvación
armement [aʀməmɑ̃] NM armamento; **course aux armements** carrera de armamentos; **armements nucléaires** armamentos *mpl* nucleares
Arménie [aʀmeni] NF Armenia
arménien, ne [aʀmenjɛ̃, jɛn] ADJ armenio(-a) ▸ NM *(Ling)* armenio ▸ NM/F : **Arménien, ne** armenio(-a)
armer [aʀme] VT armar; *(d'une pointe, d'un blindage)* proveer, equipar; *(de pouvoirs etc)* dotar; *(arme à feu, appareil photo)* montar; **~ qch de** armar algo con; **~ qn de** armar a algn con; **s'~ de** *(courage, patience)* armarse de; *(bâton, fusil)* armarse con
armistice [aʀmistis] NM armisticio; **l'A~** el armisticio
armoire [aʀmwaʀ] NF armario, closet *ou* clóset *(Am)*; *(penderie)* ropero; **~ à glace** *(fig)* mole *f*; **~ à pharmacie** botiquín *m*
armoiries [aʀmwaʀi] NFPL escudo *msg* de armas
armure [aʀmyʀ] NF armadura
armurerie [aʀmyʀʀi] NF *(fabrique)* fábrica de armas; *(magasin)* armería
armurier [aʀmyʀje] NM armero
ARN [aɛʀɛn] SIGLE M (= *acide ribonucléique*) ARN *m*
arnaque [aʀnak] *(fam)* NF : **de l'~** un timo
arnaquer [aʀnake] *(fam)* VT timar; **tu t'es fait ~** te han timado
arnaqueur, -euse [aʀnakœʀ, øz] *(fam)* NM/F timador(a)
arnica [aʀnika] NM : **(teinture d')~** (tintura de) árnica
arobase [aʀobaz] NF arroba
aromates [aʀɔmat] NMPL hierbas *fpl* aromáticas
aromathérapie [aʀɔmateʀapi] NF aromaterapia
aromatique [aʀɔmatik] ADJ aromático(-a)
aromatisé, e [aʀɔmatize] ADJ aromatizado(-a)
aromatiser [aʀɔmatize] VT aromatizar
arôme [aʀom] NM aroma *m*
arpège [aʀpɛʒ] NM arpegio
arpentage [aʀpɑ̃taʒ] NM agrimensura
arpenter [aʀpɑ̃te] VT recorrer a grandes pasos
arpenteur [aʀpɑ̃tœʀ] NM agrimensor(a)
arqué, e [aʀke] ADJ arqueado(-a)
arr., arrt ABR = **arrondissement**
arrachage [aʀaʃaʒ] NM : **~ des mauvaises herbes** arranque *m* de malas hierbas
arraché [aʀaʃe] NM *(haltérophilie)* arrancada; **obtenir à l'~** *(fig)* obtener con gran esfuerzo
arrachement [aʀaʃmɑ̃] NM *(affectif)* desgarramiento
arrache-pied [aʀaʃpje] ADV : **d'~** *(combattre)* a brazo partido; *(talonner)* sin desmayo
arracher [aʀaʃe] VT arrancar; *(clou, dent)* sacar, extraer; *(par explosion, accident)* desgarrar; *(fig)* sacar, arrancar; **~ qch à qn** arrebatar algo a algn; *(fig)* sonsacar algo a algn; **~ qn à** *(solitude, rêverie)* sacar a algn de, arrancar a algn de; *(famille)* arrancar a algn de ▪ **s'arracher** VPR *(personne, article très recherché)* rifarse; **s'~ de** desprenderse de; *(lieu)* alejarse de, separarse de
arraisonner [aʀɛzɔne] VT inspeccionar, registrar
arrangeant, e [aʀɑ̃ʒɑ̃, ɑ̃t] ADJ acomodaticio(-a)
arrangement [aʀɑ̃ʒmɑ̃] NM *(agencement)* arreglo, disposición *f*; *(compromis)* acuerdo; *(Mus)* arreglo
arranger [aʀɑ̃ʒe] VT *(appartement)* arreglar, disponer; *(voyage)* organizar; *(rendez-vous)* concertar; *(montre, voiture)* arreglar; *(problème, difficulté)* arreglar, solucionar; *(Mus)* adaptar; **cela m'arrange** eso me conviene; **si cela peut vous ~** si esto le puede servir ▪ **s'arranger** VPR *(se mettre d'accord)* ponerse de acuerdo; *(querelle, situation)* arreglarse; *(se débrouiller)* : **s'~ pour que** arreglárselas para que; **je vais m'~** voy a arreglarme; **ça va s'~** eso va a solucionarse; **s'~ pour faire** componérselas para hacer

arrangeur, -euse [aʀɑ̃ʒœʀ, øz] NM/F (*Mus*) arreglista *mf*

arrestation [aʀɛstasjɔ̃] NF detención *f*

arrêt [aʀɛ] NM (*de movimiento*) parada, detención *f*; (*de proceso, servicio*) interrupción *f*; (*Jur*) fallo; **être à l'~** estar parado(-a); **rester** *ou* **tomber en ~ devant ...** quedarse atónito(-a) ante ...; **sans ~** (*sans interruption*) sin parar; (*très fréquemment*) continuamente; **~ d'autobus** parada de autobús, paradero (*Am*); **~ de mort** sentencia de muerte; **~ de travail** (*grève*) huelga; (*congé*) baja; **~ facultatif** paro facultativo ■ **arrêts** NMPL (*Mil*) arresto *msg*

arrêté, e [aʀete] ADJ firme ▸ NM decreto; **~ municipal** decreto municipal

arrêter [aʀete] VT (*projet, maladie*) parar, interrumpir; (*voiture, personne*) detener, parar; (*compte*) liquidar; (*point*) sacar; (*date, choix*) fijar, decidir; (*suspect, criminel*) detener; **~ de faire (qch)** dejar de hacer (algo); **arrête de te plaindre** para de quejarte; **ne pas ~ de faire** no parar de hacer; **~ son choix sur** decidirse por ■ **s'arrêter** VPR pararse; (*pluie, bruit*) cesar; **s'~ sur** (*yeux*) fijarse en; **s'~ net** parar en seco

arrhes [aʀ] NFPL arras *fpl*, señal *f*; **verser des ~** pagar una señal

arrière [aʀjɛʀ] ADJ INV (*Auto*) trasero(-a); **siège ~** asiento trasero ▸ NM (*d'une voiture, maison*) parte *f* trasera; (*Sport*) defensa; **à l'~** detrás; **en ~** hacia atrás; **en ~ de** detrás de ■ **arrières** NMPL : **protéger ses arrières** (*fig*) proteger sus espaldas

arriéré, e [aʀjeʀe] (*péj*) ADJ retrasado(-a) ▸ NM (*d'argent*) atraso

arrière-boutique [aʀjɛʀbutik] (*pl* **arrière-boutiques**) NF trastienda

arrière-cour [aʀjɛʀkuʀ] (*pl* **arrière-cours**) NF traspatio

arrière-cuisine [aʀjɛʀkɥizin] (*pl* **arrière-cuisines**) NF trascocina

arrière-garde [aʀjɛʀgaʀd] (*pl* **arrière-gardes**) NF retaguardia

arrière-goût [aʀjɛʀgu] (*pl* **arrière-goûts**) NM regusto

arrière-grand-mère [aʀjɛʀgʀɑ̃mɛʀ] (*pl* **arrière-grands-mères**) NF bisabuela

arrière-grand-père [aʀjɛʀgʀɑ̃pɛʀ] (*pl* **arrière-grands-pères**) NM bisabuelo

arrière-grands-parents [aʀjɛʀgʀɑ̃paʀɑ̃] NMPL bisabuelos *mpl*

arrière-pays [aʀjɛʀpei] NM INV interior *m*, tierra adentro

arrière-pensée [aʀjɛʀpɑ̃se] (*pl* **arrière-pensées**) NF segunda intención *f*; (*réserves, doute*) reserva

arrière-petite-fille [aʀjɛʀpətitfij] (*pl* **arrière-petites-filles**) NF bisnieta

arrière-petit-fils [aʀjɛʀpətifis] (*pl* **arrière-petits-fils**) NM bisnieto

arrière-petits-enfants [aʀjɛʀpətizɑ̃fɑ̃] NMPL bisnietos *mpl*

arrière-plan [aʀjɛʀplɑ̃] (*pl* **arrière-plans**) NM segundo plano; **à l'~** en segundo plano

arrière-saison [aʀjɛʀsɛzɔ̃] (*pl* **arrière-saisons**) NF final *m* del otoño

arrière-salle [aʀjɛʀsal] (*pl* **arrière-salles**) NF sala posterior

arrière-train [aʀjɛʀtʀɛ̃] (*pl* **arrière-trains**) NM cuarto trasero

arrimer [aʀime] VT estibar

arrivage [aʀivaʒ] NM arribada

arrivant, e [aʀivɑ̃, ɑ̃t] NM/F recién llegado(-a)

arrivée [aʀive] NF (*de bateau*) arribada; (*concurrent, visites*) llegada, arribo (*surtout Am*); (*ligne d'arrivée*) línea de llegada; **à mon ~** a mi llegada; **courrier à l'~** correo en mano; **~ d'air/de gaz** entrada de aire/de gas

arriver [aʀive] VI (*événement, fait*) ocurrir, suceder; **~ à qch/faire qch** lograr algo/hacer algo; **j'arrive !** ¡ya voy!; **il arrive à Paris à 8 h** llega a París a las 8; **~ à destination** llegar a destino; **j'arrive de Strasbourg** llego de Estrasburgo; **il arrive que** ocurre que; **il lui arrive de faire** suele hacer; **je n'y arrive pas** no lo consigo; **~ à échéance** vencer; **en ~ à faire** llegar a hacer

arrivisme [aʀivism] NM arribismo

arriviste [aʀivist] ADJ, NMF arribista *mf*

arrogance [aʀɔgɑ̃s] NF arrogancia, prepotencia (*surtout Am*)

arrogant, e [aʀɔgɑ̃, ɑ̃t] ADJ arrogante, prepotente (*surtout Am*)

arroger [aʀɔʒe] : **s'arroger** VPR arrogarse; **s'~ le droit de ...** arrogarse el derecho de ...

arrondi, e [aʀɔ̃di] ADJ redondeado(-a) ▸ NM redondeo

arrondir [aʀɔ̃diʀ] VT redondear; **~ ses fins de mois** aumentar sus ingresos ■ **s'arrondir** VPR (*dos*) encorvarse; (*ventre*) engordar

arrondissement [aʀɔ̃dismɑ̃] NM distrito

> Un **arrondissement** municipal es una subdivisión administrativa de las ciudades de París, Lyon y Marsella (las cuales cuentan con 20, 9 y 16 **arrondissements** respectivamente). Cada uno de ellos tiene un consejo electo que, a su vez, elige un alcalde. No debe confundirse con el *arrondissement départemental*, que es una subdivisión de un departamento formada por varios cantones.

arrosage [aʀozaʒ] NM riego; **tuyau d'~** manguera

arroser [aʀoze] VT regar; (*fig*) mojar; (*Culin*) rociar; (*suj : fleuve, rivière*) bañar

arroseur [aʀozœʀ] NM (*tourniquet*) aspersor *m*

arroseuse [aʀozøz] NF camión *m* de riego

arrosoir [aʀozwaʀ] NM regadera

arsenal, -aux [aʀsənal, o] NM (*aussi fig*) arsenal *m*; (*Naut*) arsenal, astillero

arsenic [aʀsənik] NM arsénico

art [aʀ] NM arte *m*; (*expression artistique*) : **l'~** el arte; **avoir l'~ de faire** tener la habilidad de hacer; **les arts** las artes; **livre/critique d'~** libro/crítica de arte; **les arts et métiers** artes y oficios; **~ dramatique** arte dramático; **arts ménagers** artes domésticas; **arts plastiques** artes plásticas

art. ABR = **article**

artère [aʀtɛʀ] NF arteria

artériel, le [aʀteʀjɛl] ADJ arterial

artériosclérose [aʀteʀjoskleʀoz] NF arterioesclerosis *f*

arthrite [aʀtʀit] NF artritis *f*

arthropode [aʀtʀɔpɔd] NM artrópodo

arthroscopie [aʀtʀɔskɔpi] NF artroscopia

arthrose [aʀtʀoz] NF artrosis *f*

artichaut [aʀtiʃo] NM alcachofa

article [aʀtikl] NM artículo; **faire l'~** (*Comm, aussi fig*) hacer el artículo; **à l'~ de la mort** in articulo mortis, en el artículo de la muerte; **~ défini** artículo determinado; **~ de fond** (*Presse*) artículo de fondo; **~ indéfini** artículo indeterminado; **articles de bureau** artículos *mpl* de despacho; **articles de voyage** artículos de viaje

articulaire [aʀtikylɛʀ] ADJ articular

articulation [aʀtikylasjɔ̃] NF (*aussi fig*) articulación *f*

articulé, e [aʀtikyle] ADJ articulado(-a)

articuler [aʀtikyle] VT articular ■ **s'articuler** VPR : **s'~ (sur)** articularse (con); **s'~ autour de** (*fig*) articularse en torno a

artifice [aʀtifis] NM artificio

artificiel, le [aʀtifisjɛl] ADJ artificial; (*jambe*) ortopédico(-a); (*péj*) artificial, fingido(-a)

artificiellement [aʀtifisjɛlmɑ̃] ADV artificialmente

artificier [aʀtifisje] NM pirotécnico

artificieux, -euse [aʀtifisjø, jøz] ADJ artificioso(-a), falso(-a)

artillerie [aʀtijʀi] NF artillería

artilleur [aʀtijœʀ] NM artillero

artimon [aʀtimɔ̃] NM albero di mesana

artisan, e [aʀtizɑ̃, an] NM/F artesano(-a); (*fig*) artífice *mf*; **l'~ de la victoire/du malheur** el/la artífice de la victoria/de la desgracia

artisanal, e, -aux [aʀtizanal, o] ADJ artesanal

artisanalement [aʀtizanalmɑ̃] ADV artesanalmente

artisanat [aʀtizana] NM artesanía

artiste [aʀtist] ADJ artista ▶ NMF artista *mf*

artistique [aʀtistik] ADJ artístico(-a)

ARTT [aɛʀtete] NM (= *accord sur la réduction du temps de travail*) *acuerdo para la reducción de las horas de trabajo*

arum [aʀɔm] NM aro, yaro

aryen, ne [aʀjɛ̃, jɛn] ADJ ario(-a)

AS [aɛs] SIGLE F = **Association sportive**

as¹ [a] VB *voir* **avoir**

as² [ɑs] NM as *m*; **fagoté comme l'as de pique** hecho un fantoche

ascendance [asɑ̃dɑ̃s] NF ascendencia

ascendant, e [asɑ̃dɑ̃, ɑ̃t] ADJ ascendente ▶ NM ascendiente *m* ■ **ascendants** NMPL (*parents*) ascendientes *mpl*

ascenseur [asɑ̃sœʀ] NM ascensor *m*, elevador *m* (*Am*)

ascension [asɑ̃sjɔ̃] NF ascensión *f*; **l'A~** (*Rel*) la Ascensión; *ver nota*

> El día de **l'Ascension**, que suele caer en mayo, es festivo en Francia. Como se celebra en jueves, en muchas empresas se suele hacer puente.

ascète [asɛt] NMF asceta *mf*

ascétique [asetik] ADJ ascético(-a)

ascétisme [asetism] NM ascetismo

ascorbique [askɔʀbik] ADJ : **acide ~** ácido ascórbico

ASE [aɛsə] SIGLE F (= *Agence spatiale européenne*) ESA

asepsie [asɛpsi] NF asepsia

aseptique [asɛptik] ADJ aséptico(-a)

aseptisé, e [asɛptize] ADJ esterilizado(-a)

aseptiser [asɛptize] VT esterilizar

asexué, e [asɛksɥe] ADJ asexuado(-a)

ashkénaze [aʃkenɑz] ADJ asquenazí, askenazí ▶ NMF : **Ashkénaze** asquenazí *mf*, askenazí *mf*

Asiate [azjat] NMF (*péj*) asiático(-a)

asiatique [azjatik] ADJ asiático(-a) ▶ NMF : **Asiatique** asiático(-a)

Asie [azi] NF Asia

asile [azil] NM asilo; (*refuge, abri*) refugio; **droit d'~** derecho de asilo; **accorder l'~ politique à qn** conceder asilo político a algn; **chercher/trouver ~ quelque part** buscar/encontrar asilo en alguna parte

asocial, e, -aux [asɔsjal, jo] ADJ asocial

aspartame [aspartam] NM aspartamo

aspect [aspɛ] NM aspecto, apariencia; (*fig*) aspecto; **à l'~ de …** a la vista de …

asperge [aspɛʀʒ] NF espárrago

asperger [aspɛʀʒe] VT rociar

aspérité [aspeʀite] NF aspereza

aspersion [aspɛʀsjɔ̃] NF aspersión *f*

asphalte [asfalt] NM asfalto

asphalter [asfalte] VT asfaltar

asphyxiant, e [asfiksjɑ̃, jɑ̃t] ADJ asfixiante

asphyxie [asfiksi] NF (*aussi fig*) asfixia

asphyxier [asfiksje] VT asfixiar; **mourir asphyxié** morir asfixiado

aspic [aspik] NM (*Zool*) áspid *m*; (*Culin*) *fiambre o pescado etc con gelatina*

aspirant, e [aspiʀɑ̃, ɑ̃t] ADJ : **pompe aspirante** bomba aspirante ▶ NM (*Naut*) guardiamarina *m*

aspirateur [aspiʀatœʀ] NM aspiradora

aspiration [aspiʀasjɔ̃] NF aspiración *f*, absorción *f*; (*gén pl : ambitions*) aspiraciones *fpl*

aspirer [aspiʀe] VT aspirar; (*liquide*) absorber; **~ à qch** aspirar a algo; **~ à faire** aspirar a hacer

aspirine [aspiʀin] NF aspirina

assagir [asaʒiʀ] VT sosegar ■ **s'assagir** VPR sosegarse, aplacarse

assaillant, e [asajɑ̃, ɑ̃t] NM/F agresor(a), asaltante *mf*

assaillir [asajiʀ] VT atacar, asaltar; (*de questions, reproches*) asediar, acosar

assainir [aseniʀ] VT (*quartier, logement, aussi fig*) sanear; (*air, eau*) depurar

assainissement [asenismɑ̃] NM (*voir vb*) saneamiento; depuración *f*

assaisonnement [asɛzɔnmɑ̃] NM aliño; (*ingrédient*) condimento

assaisonner [asɛzɔne] VT aliñar, condimentar; **bien assaisonné** bien aliñado, bien condimentado

assassin [asasɛ̃] NM asesino(-a)

assassinat [asasina] NM asesinato

assassiner [asasine] VT asesinar

assaut [aso] NM asalto; (*fig*) embestida; **prendre d'~** tomar por asalto; **donner l'~ (à)** asaltar; **faire ~ de** rivalizar en

assèchement [asɛʃmɑ̃] NM desecación *f*

assécher [aseʃe] VT desecar

assemblage [asɑ̃blaʒ] NM (*action d'assembler*) ensamblaje *m*, montaje *m*; (*Menuiserie*) ensamblaje; **un ~ de** una mezcla de; **langage d'~** (*Inform*) lenguaje *m* de compilación

assemblée [asɑ̃ble] NF asamblea; **~ des fidèles** asamblea de los fieles; **l'A~ nationale** la Asamblea nacional; *ver nota*

> La **Assemblée nationale** es la cámara baja del parlamento francés (la cámara alta recibe el nombre de *Sénat*) y se reúne en el Palais Bourbon de París. Sus miembros, o *députés*, son elegidos cada cinco años.

assembler [asɑ̃ble] VT (*Tech, gén*) ensamblar, juntar; (*mots, idées*) ensamblar, unir; (*amasser*) reunir ■ **s'assembler** VPR congregarse

assembleur [asɑ̃blœʀ] NM (*Inform*) compilador *m*

assener, asséner [asene] VT : **~ un coup à qn** asestar un golpe a algn; **~ la vérité à qn** espetar la verdad a algn

assentiment [asɑ̃timɑ̃] NM asentimiento

asseoir [aswaʀ] VT sentar; (*autorité, réputation*) asentar; **faire ~ qn** hacer sentarse a algn; **~ qch sur** asentar algo sobre; (*appuyer*) fundar algo en, basar algo en ■ **s'asseoir** VPR sentarse

assermenté, e [asɛʀmɑ̃te] ADJ juramentado(-a)

assertion [asɛʀsjɔ̃] NF aserción *f*

asservir [asɛʀviʀ] VT esclavizar

asservissement [asɛʀvismɑ̃] NM (*action*) avasallamiento; (*état*) esclavitud *f*

assesseur [asesœʀ] NM asesor(a)

asseyais [asɛjɛ] VB *voir* **asseoir**

assez [ase] ADV (*suffisamment*) bastante; (*passablement*) suficientemente, bastante; **~!** ¡basta!; **~/pas ~ cuit** bastante/no muy hecho; **est-il ~ fort/rapide ?** ¿es bastante fuerte/rápido?; **il est passé ~ vite** pasó bastante rápido; **~ de pain** bastante pan; **~ de livres** bastantes libros; **vous en avez ~** tiene bastante; **en avoir ~ de qch** estar harto(-a) de algo; **~ ... pour ...** bastante ... para ...

> Dans le sens de « plutôt », **assez** se traduit par *bastante*. Dans le sens de « suffisamment », il se traduit par *suficiente* ou *bastante*. **Assez de** se traduit par *suficiente(s)* ou *bastante(s)*, sans *de* :
> **Elle est assez douée en dessin.** Está bastante dotada para el dibujo.
> **Il n'a pas assez de travail.** No tiene suficiente/bastante trabajo.
> **Il y a assez de verres pour tout le monde.** Hay suficientes vasos para todos.

assidu, e [asidy] ADJ asiduo(-a); (*zélé*) aplicado(-a); **~ auprès de qn** solícito(-a) con algn

assiduité [asidɥite] NF asiduidad *f* ■ **assiduités** NFPL (*attentions inlassables*) cortesías *fpl*

assidûment [asidymɑ̃] ADV asiduamente

assied *etc* [asje] VB *voir* **asseoir**

assiégé, e [asjeʒe] ADJ sitiado(-a)

assiéger [asjeʒe] VT sitiar; (*fig*) asediar

assiérai *etc* [asjeʀe] VB *voir* **asseoir**

assiette [asjɛt] NF plato; (*stabilité, équilibre*) equilibrio; **~ à dessert** plato de postre; **~ anglaise** plato de fiambres variados; **~ creuse** plato hondo; **~ de l'impôt** estimación *f* de la base imponible; **~ plate** plato llano

assiettée [asjete] NF plato

assignation [asiɲasjɔ̃] NF asignación *f*; (*Jur*) citación *f*; **~ à résidence** arresto domiciliario

assigner [asiɲe] VT asignar; (*valeur, importance*) atribuir; (*limites*) imponer, establecer; **~ un rôle à qn** asignar un papel a algn; **~ qn à résidence** imponer un arresto domiciliario a algn

assimilable [asimilabl] ADJ asimilable

assimilation [asimilasjɔ̃] NF asimilación *f*; (*d'immigrant*) integración *f*; (*identification*) equiparación *f*

assimilé, e [asimile] ADJ (*semblable*) similar, semejante ▶ NM asimilado(-a); **cadres et assimilés** ejecutivos y asimilados

assimiler [asimile] VT asimilar; (*immigrant*) integrar; (*identifier*) : **~ qch/qn à** equiparar algo/a algn con; **ils sont assimilés aux infirmiers** están equiparados con los enfermeros ■ **s'assimiler** VPR integrarse

assis, e [asi, iz] PP *de* **asseoir** ▶ ADJ sentado(-a); **~ en tailleur** sentado(-a) a la turca

assise [asiz] NF (*Constr*) hilada; (*Géo*) capa, lecho; (*fig*) base *f*, cimientos *mpl* ■ **assises** NFPL (*Jur*) sala *fsg* de lo criminal; (*congrès*) sesión *fsg*, congreso *msg*

assistanat [asistana] NM ayudantía

assistance [asistɑ̃s] NF (*public*) asistencia, público; (*aide*) asistencia; **porter/prêter ~ à qn** llevar/prestar ayuda a algn; **enfant de l'A~ (publique)** niño(-a) del hospicio; **A~ (publique)** hospicio; **~ technique** asistencia técnica

assistant, e [asistɑ̃, ɑ̃t] NM/F (*Scol*) lector(a); (*d'un professeur, cinéaste*) ayudante *mf*; **~ social(e)** asistente(-a) social ■ **assistants** NMPL (*auditeurs*) asistentes *mfpl*

assisté, e [asiste] ADJ (*Auto*) asistido(-a) ▶ NM/F (*péj*) parásito(-a)

assister [asiste] VT ayudar ▶ VI : **~ à** asistir a

associatif, -ive [asɔsjatif, iv] ADJ : **le mouvement ~** el movimiento asociativo

association [asɔsjasjɔ̃] NF asociación *f*; (*musicale, sportive*) grupo, asociación; **~ d'idées** asociación de ideas

associé, e [asɔsje] ADJ asociado(-a) ▶ NM/F socio(-a); (*Comm*) asociado(-a)

associer [asɔsje] VT asociar; **~ qn à** asociar a algn a; (*joie, triomphe*) hacer partícipe a algn de; **~ qch à** unir algo a ■ **s'associer** VPR asociarse; (*un collaborateur*) asociarse con; **s'~ à** (*couleurs*) combinar con; (*opinions, joie de qn*) hacerse partícipe de

assoie [aswa] VB *voir* **asseoir**

assoiffé, e [aswafe] ADJ sediento(-a); **~ de** (*fig*) sediento de

assoirai *etc* [asware] VB *voir* **asseoir**

assois *etc* [aswa] VB *voir* **asseoir**

assolement [asɔlmɑ̃] NM rotación *f* de cultivos

assombrir [asɔ̃bʀiʀ] VT oscurecer; (*fig*) ensombrecer ■ **s'assombrir** VPR (*ciel*) oscurecerse, ensombrecerse; (*fig*) ensombrecerse

assommant, e [asɔmɑ̃, ɑ̃t] ADJ (*ennuyeux, fatigant*) pesado(-a)

assommer [asɔme] VT (*tuer*) acogotar; (*étourdir*) dejar inconsciente de un golpe; (*étourdir, abrutir : médicament*) aturdir, atontar; (*fam : importuner*) fastidiar

Assomption [asɔ̃psjɔ̃] NF : **l'~** la Asunción

assorti, e [asɔʀti] ADJ (*en harmonie*) combinado(-a); **fromages assortis** quesos *mpl* surtidos; **~ à** a juego con; **~ de** (*conditions, conseils*) acompañado(-a) de; **bien/mal ~** bien/mal surtido(-a)

assortiment [asɔʀtimɑ̃] NM (*aussi Comm*) surtido; (*harmonie de couleurs, formes*) combinación *f*

assortir [asɔʀtiʀ] VT combinar; **~ qch à** combinar algo con; **~ qch de** acompañar algo con ■ **s'assortir** VPR hacer juego; **s'~ de** estar acompañado(-a) de *ou* por

assoupi, e [asupi] ADJ (*aussi fig*) adormecido(-a)

assoupir [asupiʀ] VPR : **s'~** adormecerse

assoupissement [asupismɑ̃] NM (*aussi fig*) adormecimiento

assouplir [asupliʀ] VT (*cuir*) ablandar; (*membres, corps, aussi fig*) flexibilizar; (*caractère*) suavizar ■ **s'assouplir** VPR (*cuir*) ablandarse; (*lois, réglementation*) hacerse más flexible; suavizarse

assouplissant [asuplisɑ̃] NM suavizante *m*

assouplissement [asuplismɑ̃] NM (*voir vt*) ablandamiento; suavización *f*; flexibilización *f*; **exercices d'~** ejercicios *mpl* de flexibilidad

assourdir [asuʀdiʀ] VT (*étouffer*) atenuar, amortiguar; (*suj : bruit*) ensordecer

assourdissant, e [asuʀdisɑ̃, ɑ̃t] ADJ ensordecedor(a)

assouvir [asuviʀ] VT saciar

assouvissement [asuvismɑ̃] NM satisfacción *f*

assoyais [aswajɛ] VB *voir* **asseoir**

assujetti, e [asyʒeti] ADJ sometido(-a); **~ (à)** sometido(-a) (a); **~ à l'impôt** sujeto(-a) a impuestos

assujettir [asyʒetiʀ] VT (*peuple, pays*) someter; (*fixer*) sujetar; **~ qn à** someter a algn a

assujettissement [asyʒetismɑ̃] NM sujeción *f*

assumer [asyme] VT asumir; (*poste, rôle*) desempeñar ■ **s'assumer** VPR asumirse

assurance [asyʀɑ̃s] NF (*certitude*) certeza; (*confiance en soi*) seguridad *f*; (*contrat, secteur commercial*) seguro; **prendre une ~ contre** hacer un seguro contra; **~ contre l'incendie/le vol** seguro contra incendios/robos; **société d'~** sociedad *f* de seguros; **compagnie d'assurances** compañía de seguros; **~ au tiers** seguro contra terceros; **~ maladie** seguro de enfermedad; **~ tous risques** seguro a todo riesgo; **assurances sociales** seguros *mpl* sociales

assurance-vie [asyʀɑ̃svi] (*pl* **assurances-vie**) NF seguro de vida

assurance-vol [asyʀɑ̃svɔl] (*pl* **assurances-vol**) NF seguro contra robo

assuré, e [asyʀe] ADJ : **~ de** seguro(-a) de; **être ~** (*assurance*) estar asegurado(-a) ▶ NM/F asegurado(-a); **~ social** asegurado(-a) social

assurément [asyʀemɑ̃] ADV seguramente

assurer [asyʀe] VT asegurar; (*succès, victoire*) asegurar, garantizar; **~ qch à qn** (*emploi, revenu*) garantizar algo a algn; (*fait etc*) asegurar algo a algn; **~ (à qn) que** asegurar (a algn) que; **je vous assure que non/si** le aseguro que no/sí; **~ qn de son amitié** garantizar a algn su amistad; **~ ses arrières** guardarse las espaldas ■ **s'assurer** VPR : **s'~ (contre)** asegurarse (contra); **s'~ de/que** asegurarse de/de que; **s'~**

sur la vie hacer un seguro de vida; **s'~ le concours/la collaboration de qn** asegurarse la ayuda/la colaboración de algn
assureur [asyʀœʀ] NM asegurador(a)
astérisque [asteʀisk] NM asterisco
astéroïde [asteʀɔid] NM asteroide *m*
asthénie [asteni] NF astenia
asthénique [astenik] ADJ asténico(-a)
asthmatique [asmatik] ADJ asmático(-a)
asthme [asm] NM asma
asticot [astiko] NM cresa
asticoter [astikɔte] VT fastidiar
astigmate [astigmat] ADJ, NMF astigmático(-a)
astiquer [astike] VT abrillantar
astrakan [astʀakɑ̃] NM astracán *m*
astral, e, -aux [astʀal, o] ADJ astral
astre [astʀ] NM astro
astreignant, e [astʀɛɲɑ̃, ɑ̃t] ADJ esclavizante
astreindre [astʀɛ̃dʀ] VT : **~ qn à qch/à faire** forzar a algn a algo/a hacer; **s'~ à** obligarse a, forzarse a
astreinte [astʀɛ̃t] NF disponibilidad *f*; **être d'~** estar en disponibilidad
astringent, e [astʀɛ̃ʒɑ̃, ɑ̃t] ADJ, NM astringente *m*
astrologie [astʀɔlɔʒi] NF astrología
astrologique [astʀɔlɔʒik] ADJ astrológico(-a)
astrologue [astʀɔlɔg] NMF astrólogo(-a)
astronaute [astʀonot] NMF astronauta *mf*
astronautique [astʀonotik] NF astronáutica
astronef [astʀɔnɛf] NM astronave *f*
astronome [astʀɔnɔm] NMF astrónomo(-a)
astronomie [astʀɔnɔmi] NF astronomía
astronomique [astʀɔnɔmik] ADJ astronómico(-a)
astrophysicien, ne [astʀofizisjɛ̃, jɛn] NM/F astrofísico(-a)
astrophysique [astʀofizik] NF astrofísica
astuce [astys] NF astucia; (*truc*) truco; (*plaisanterie*) picardía, broma
astucieusement [astysjøzmɑ̃] ADV ingeniosamente
astucieux, -euse [astysjø, jøz] ADJ ingenioso(-a)
Asturies [astyʀi] NFPL Asturias *fpl*
asymétrie [asimetʀi] NF asimetría
asymétrique [asimetʀik] ADJ asimétrico(-a)
asymptomatique [asɛ̃ptɔmatik] ADJ asintomático(-a)
AT ABR (= *Ancien Testament*) A.T.
atavique [atavik] ADJ atávico(-a)
atavisme [atavism] NM atavismo
ataxie [ataksi] NF ataxia
atelier [atəlje] NM taller *m*; (*de peintre*) estudio; **~ de musique/poterie** taller de música/cerámica
atermoiements [atɛʀmwamɑ̃] NMPL dilaciones *fpl*
atermoyer [atɛʀmwaje] VI andar con dilaciones
athée [ate] ADJ, NMF ateo(-a)
athéisme [ateism] NM ateísmo
Athènes [atɛn] N Atenas
athénien, ne [atenjɛ̃, jɛn] ADJ ateniense ▸ NM/F : **Athénien, ne** ateniense *mf*
athlète [atlɛt] NMF atleta *mf*
athlétique [atletik] ADJ atlético(-a)
athlétisme [atletism] NM atletismo; **tournoi d'~** torneo de atletismo; **faire de l'~** hacer atletismo
atlantique [atlɑ̃tik] ADJ atlántico(-a) ▸ NM : **l'(océan) A~** el (océano) Atlántico
atlantiste [atlɑ̃tist] ADJ, NMF atlantista *mf*
Atlas [atlɑs] NM : **l'~** el Atlas
atlas [atlɑs] NM atlas *m*
atmosphère [atmɔsfɛʀ] NF atmósfera; (*fig*) ambiente *m*
atmosphérique [atmɔsfeʀik] ADJ atmosférico(-a)
atoll [atɔl] NM atolón *m*
atome [atom] NM átomo
atomique [atɔmik] ADJ atómico(-a)
atomiser [atɔmize] VT (*vaporiser*) atomizar
atomiseur [atɔmizœʀ] NM atomizador *m*
atomiste [atɔmist] NMF atomista *mf*
atone [atɔn] ADJ (*personne*) indolente; (*regard*) inexpresivo(-a); (*Ling*) átono(-a)
atours [atuʀ] NMPL adornos *mpl*
atout [atu] NM (*aussi fig*) triunfo; **~ pique/trèfle** triunfo de picas/de trébol
âtre [ɑtʀ] NM hogar *m*
atroce [atʀɔs] ADJ atroz; (*très désagréable, pénible*) atroz, terrible
atrocement [atʀɔsmɑ̃] ADV (*cruellement*) atrozmente; (*excessivement*) terriblemente
atrocité [atʀɔsite] NF atrocidad *f*; (*gén pl : actes atroces*) atrocidades *fpl*; (: *calomnies*) barbaridades *fpl*
atrophie [atʀɔfi] NF atrofia
atrophier [atʀɔfje] : **s'atrophier** VPR atrofiarse
atropine [atʀɔpin] NF atropina
attabler [atable] : **s'attabler** VPR sentarse a la mesa; **s'~ à la terrasse** sentarse en la terraza
ATTAC SIGLE F (= *Association pour la taxation des transactions pour l'aide aux citoyens*) ATTAC *f* (= *Asociación por una tasa sobre las transacciones especulativas para ayuda a los ciudadanos*)
attachant, e [ataʃɑ̃, ɑ̃t] ADJ encantador(a)
attache [ataʃ] NF grapa; (*fig*) lazo; **à l'~** (*chien*) atado(-a) ■ **attaches** NFPL (*relations*) relaciones *fpl*
attaché, e [ataʃe] ADJ atado(-a); **être ~ à** (*aimer*) estar encariñado(-a) con ▸ NM, NF agregado(-a); **~ commercial/d'ambassade** agrega-

do(-a) comercial/de embajada; **~ de presse** agregado(-a) de prensa

attaché-case [ataʃekɛz] (*pl* **attachés-cases**) NM maletín *m*

attachement [ataʃmɑ̃] NM cariño, afecto

attacher [ataʃe] VT atar; (*bateau*) amarrar; (*étiquette à qch*) pegar, fijar; **~ qch à** atar algo a; **~ qn à** (*fig*) vincular a algn a; **~ du prix/de l'importance à** atribuir valor/importancia a; **~ son regard/ses yeux sur** fijar la mirada/los ojos en ▸ VI (*poêle*) pegar; (*riz, sucre*) pegarse ▪ **s'attacher** VPR abrocharse; **s'~ à** encariñarse con; **s'~ à faire qch** consagrarse a hacer algo

attaquant [atakɑ̃] NM (*Mil*) agresor *m*; (*Sport*) atacante *mf*

attaque [atak] NF ataque *m*; (*Sport*) ofensiva; **être/se sentir d'~** sentirse con fuerzas; **~ à main armée** ataque a mano armada

attaquer [atake] VT (*aussi fig*) atacar; (*entreprendre*) acometer; **~ qn en justice** entablar una acción judicial contra algn ▸ VI atacar ▪ **s'attaquer à** VPR enfrentarse con; (*épidémie, misère*) luchar contra

attardé, e [ataʀde] ADJ retrasado(-a); (*péj*) atrasado(-a), retrógrado(-a)

attarder [ataʀde] : **s'attarder** VPR (*sur qch, en chemin*) demorarse; (*chez qn*) entretenerse

atteignais *etc* [ateɲɛ] VB *voir* **atteindre**

atteindre [atɛ̃dʀ] VT alcanzar; (*cible, fig*) conseguir; (*blesser*) alcanzar, herir; (*émouvoir*) afectar

atteint, e [atɛ̃, ɛ̃t] PP *de* **atteindre** ▸ ADJ : **être ~ de** estar aquejado(-a) de

atteinte [atɛ̃t] NF (*à l'honneur, au prestige*) ofensa; (*gén pl : d'un mal*) ataque *m*; **hors d'~** (*aussi fig*) fuera del alcance; **porter ~ à** atentar contra

attelage [at(ə)laʒ] NM (*de remorque*) enganche *m*; (*chevaux*) tiro; (*bœufs*) yunta

atteler [at(ə)le] VT (*cheval, wagons*) enganchar; (*bœufs*) uncir; **s'~ à** (*fig*) consagrarse a

attelle [atɛl] NF tablilla

attenant, e [at(ə)nɑ̃, ɑ̃t] ADJ contiguo(-a), lindante; **~ à** contiguo a, lindante con

attendant [atɑ̃dɑ̃] : **en ~** *adv* (*dans l'intervalle*) entretanto, mientras tanto; (*quoi qu'il en soit*) de todos modos

attendre [atɑ̃dʀ] VT esperar; **~ un enfant** esperar un niño; **je n'attends plus rien (de la vie)** no espero nada más (de la vida); **~ qn de pied ferme** esperar a algn con pie firme; **~ de faire/d'être** esperar hacer/ser; **~ qch de qn** *ou* **qch** esperar algo de algn *ou* algo; **~ que** esperar que; **faire ~ qn** hacer esperar a algn; **j'attends vos excuses** espero sus disculpas; **se faire ~** hacerse esperar ▸ VI esperar; **attendez que je réfléchisse** espere a que reflexione ▪ **s'attendre** VPR : **s'~ à (ce que)** esperarse (que); **je ne m'y attendais pas** no me lo esperaba; **ce n'est pas ce à quoi je m'attendais** no es lo que yo me esperaba

attendri, e [atɑ̃dʀi] ADJ tierno(-a)

attendrir [atɑ̃dʀiʀ] VT (*personne*) enternecer; (*viande*) ablandar ▪ **s'attendrir** VPR : **s'~ (sur)** enternecerse (con)

attendrissant, e [atɑ̃dʀisɑ̃, ɑ̃t] ADJ enternecedor(a)

attendrissement [atɑ̃dʀismɑ̃] NM (*tendre*) ternura, enternecimiento; (*apitoyé*) enternecimiento

attendrisseur [atɑ̃dʀisœʀ] NM *máquina para ablandar la carne*

attendu, e [atɑ̃dy] PP *de* **attendre** ▸ ADJ esperado(-a); **tant ~** tan esperado(-a); **~ que** puesto que ▪ **attendus** NMPL (*Jur*) considerandos *mpl*

attentat [atɑ̃ta] NM atentado; **~ à la bombe/à la pudeur** atentado con bomba/contra el pudor; **~ suicide** atentado *m* suicida *inv*

attente [atɑ̃t] NF espera; (*espérance*) espera, expectativa; **contre toute ~** contra toda previsión

attenter [atɑ̃te] : **~ à** *vt* atentar contra; **~ à la vie de qn** atentar contra la vida de algn; **~ à ses jours** atentar contra su propia vida

attentif, -ive [atɑ̃tif, iv] ADJ (*auditeur, élève*) atento(-a); (*soins*) cuidadoso(-a); (*travail*) cuidadoso(-a), concienzudo(-a); **~ à** (*scrupuleux*) escrupuloso(-a) con; (*ses devoirs*) cuidadoso(-a) con

attention [atɑ̃sjɔ̃] NF atención *f*; **à l'~ de** (*pour*) a la atención de; **porter qch à l'~ de qn** presentar algo a la consideración de algn; **attirer l'~ de qn sur qch** llamar la atención de algn sobre algo; **faire ~ à** (*remarquer, noter*) prestar atención a; (*prendre garde à*) tener cuidado con; **faire ~ que/à ce que** tener cuidado que; **~ !** ¡cuidado!; **~, si vous ouvrez cette lettre** (*sanction*) ojo, si abre esta carta; **~, respectez les consignes de sécurité** atención, respeten las consignas de seguridad; **mériter ~** merecer atención ▪ **attentions** NFPL atenciones *fpl*

attentionné, e [atɑ̃sjɔne] ADJ atento(-a), solícito(-a)

attentisme [atɑ̃tism] NM política de espera

attentiste [atɑ̃tist] ADJ (*politique*) que practica la política de espera ▸ NMF partidario(-a) de la política de espera

attentivement [atɑ̃tivmɑ̃] ADV atentamente

atténuant, e [atenɥɑ̃, ɑ̃t] ADJ : **circonstances atténuantes** circunstancias *fpl* atenuantes

atténuer [atenɥe] VT atenuar; (*douleur*) aliviar ▪ **s'atténuer** VPR atenuarse

atterrant, e [ateʀɑ̃, ɑ̃t] ADJ aterrador(a)

atterrer [ateʀe] VT aterrar

atterrir [ateʀiʀ] VI aterrizar

atterrissage [ateʀisaʒ] NM aterrizaje *m*; **~ forcé/sans visibilité/sur le ventre** aterrizaje forzoso/sin visibilidad/de panza

attestation [atɛstasjɔ̃] NF certificado; **~ de paiement** comprobante *m* de pago

a

attesté, e [atɛste] ADJ (*mot, emploi*) documentado(-a)

attester [atɛste] VT (*vérité, fait*) testimoniar, atestiguar; (*suj : chose*) atestiguar; **~ que** atestiguar que

attiédir [atjediʀ] VT templar, entibiar; (*fig*) entibiar, enfriar

attifé, e [atife] (*fam*) ADJ emperifollado(-a)

attifer [atife] VT emperifollar

attique [atik] NM : **appartement en ~** ático

attirail [atiʀaj] NM (*de pêche*) aparejos *mpl*; (*photo, camping*) cosas *fpl*; (*péj*) bártulos *mpl*

attirance [atiʀɑ̃s] NF (*de qch*) atractivo; (*vers qch*) atracción *f*

attirant, e [atiʀɑ̃, ɑ̃t] ADJ atractivo(-a)

attirer [atiʀe] VT atraer; **~ qn dans un coin/vers soi** llevar a algn a un rincón/hacia sí; **~ l'attention de qn sur qch** llamar la atención de algn sobre algo; **~ des louanges à qn** granjear elogios a algn; **~ des ennuis à qn** acarrear problemas a algn; **s'~ des ennuis** acarrearse problemas

attiser [atize] VT atizar; (*fig*) avivar

attitré, e [atitʀe] ADJ titulado(-a)

attitude [atityd] NF (*comportement*) actitud *f*, conducta; (*position du corps*) postura; (*état d'esprit*) actitud, disposición *f*

attouchements [atuʃmɑ̃] NMPL toques *mpl*; (*sexuels*) caricias *fpl*

attractif, -ive [atʀaktif, iv] ADJ atractivo(-a)

attraction [atʀaksjɔ̃] NF atracción *f*; (*de cabaret, cirque*) atracción, número

attrait [atʀɛ] NM (*de l'argent, de la gloire*) atractivo, incentivo; (*d'un lieu, d'une personne*) atractivo; **éprouver de l'~ pour** sentirse atraído(-a) por ▪ **attraits** NMPL (*d'une femme*) encantos *mpl*

attrape [atʀap] NF *voir* **farce** ▸ PRÉF : **~...** engaña...

attrape-nigaud [atʀapnigo] (*pl* **attrape-nigauds**) NM engañabobos *m inv*

attraper [atʀape] VT (*saisir*) atrapar, coger, agarrar (AM); (*voleur, animal*) atrapar, agarrar; (*train, maladie, amende*) pillar; (*fam : réprimander*) reñir; (*duper*) engañar

attrayant, e [atʀɛjɑ̃, ɑ̃t] ADJ atrayente

attribuer [atʀibɥe] VT (*prix*) otorgar; (*rôle, tâche*) asignar; (*conséquence, fait, qualité*) atribuir; (*échec*) achacar; (*importance*) conceder, dar ▪ **s'attribuer** VPR atribuirse

attribut [atʀiby] NM atributo

attribution [atʀibysjɔ̃] NF atribución *f*; **complément d'~** complemento de atribución ▪ **attributions** NFPL (*Admin*) atribuciones *fpl*

attristant, e [atʀistɑ̃, ɑ̃t] ADJ entristecedor(a)

attrister [atʀiste] VT entristecer ▪ **s'attrister** VPR : **s'~ de qch** entristecerse por algo

attroupement [atʀupmɑ̃] NM aglomeración *f*

attrouper [atʀupe] : **s'attrouper** VPR aglomerarse, agolparse

atypique [atipik] ADJ (*Méd, fig*) atípico(-a)

au [o] *voir* **à**

aubade [obad] NF serenata, alborada

aubaine [obɛn] NF (*avantage inattendu*) suerte *f*; (*Comm*) ganga

aube [ob] NF alba, amanecer *m*; (*de communiant*) alba; **l'~ de** (*fig*) los albores de, el amanecer de; **à l'~** al alba, al amanecer

aubépine [obepin] NF espino

auberge [obɛʀʒ] NF posada, mesón *m*; **~ de jeunesse** albergue *m* de juventud

aubergine [obɛʀʒin] NF berenjena

aubergiste [obɛʀʒist] NMF mesonero(-a)

auburn [obœʀn] ADJ INV color caoba

aucun, e [okœ̃, yn] ADJ ningún(-una); **cela n'a ~ sens** eso no tiene ningún sentido, eso no tiene sentido alguno ▸ PRON ninguno(-a), nadie

aucunement [okynmɑ̃] ADV de ninguna manera

audace [odas] NF audacia; (*péj*) atrevimiento; **payer d'~** manifestar audacia; **il a eu l'~ de** tuvo el atrevimiento de; **vous ne manquez pas d'~ !** ¡no le falta atrevimiento!

audacieusement [odasjøzmɑ̃] ADV audazmente, con audacia

audacieux, -euse [odasjø, jøz] ADJ audaz

au-dedans [odədɑ̃] ADV dentro ▸ PRÉP : **~ de** dentro de

au-dehors [odəɔʀ] ADV fuera ▸ PRÉP : **~ de** fuera de

au-delà [od(ə)la] ADV más allá; **~ de** más allá de ▸ NM : **l'~** el más allá

au-dessous [odsu] PRÉP abajo, debajo; **~ de** (*dans l'espace*) debajo de; (*dignité, condition, somme*) por debajo de; **~ de tout** incalificable

au-dessus [odsy] ADV arriba, encima; **~ de** (*dans l'espace*) arriba de, encima de; (*limite, somme, loi*) por encima de

au-devant [od(ə)vɑ̃] : **~ de** *prép* al encuentro de; **aller ~ de** (*personne, danger*) ir al encuentro de; (*désirs de qn*) adelantarse a; (*ennuis, difficultés*) buscarse

audible [odibl] ADJ audible

audience [odjɑ̃s] NF (*attention*) atención *f*, interés *m*; (*auditeurs, lecteurs*) auditorio, público; (*entrevue, séance*) audiencia; **trouver ~ auprès de** encontrar buena acogida en; **~ télévisée** audiencia televisiva

audimat® [odimat] NM (*taux d'écoute*) (índice *m* de) audiencia

audio [odjo] ADJ INV (*fichier, enregistrement, matériel*) audio *inv*

audiodescription [odjodɛskʀipsjɔ̃] NF audiodescripción *f*

audioguide [odjogid] NM audioguía

audiométrie [odjometʀi] NF audiometría
audiovisuel, le [odjovizɥɛl] ADJ audiovisual ▸ NM (*techniques*) técnicas *fpl* audiovisuales; (*méthodes*) métodos *mpl* audiovisuales; **l'~** los medios audiovisuales
audit [odit] NM auditoría
auditeur, -trice [oditœʀ, tʀis] NM/F (*à la radio*) oyente *mf*; (*à une conférence*) asistente *mf*; **~ libre** oyente libre
auditif, -ive [oditif, iv] ADJ auditivo(-a); **appareil ~** aparato auditivo
audition [odisjɔ̃] NF audición *f*; (*Jur*) audiencia; (*Mus, Théâtre*) prueba, audición
auditionner [odisjɔne] VT hacer una audición ▸ VI dar una audición
auditoire [oditwaʀ] NM auditorio
auditorium [oditɔʀjɔm] NM auditorio, auditorium *m*
auge [oʒ] NF (*abreuvoir*) bebedero; (*mangeoire*) pesebre *m*
augmentation [ɔgmɑ̃tasjɔ̃] NF (*action, résultat*) aumento; (*prix*) subida; **~ (de salaire)** aumento (del salario)
augmenter [ɔgmɑ̃te] VT aumentar; (*prix*) subir; (*employé, salarié*) subir el sueldo a ▸ VI aumentar; **~ de poids/volume** aumentar de peso/volumen
augure [ogyʀ] NM agorero; (*Hist*) augur *m*; **de bon/mauvais ~** de buen/mal augurio
augurer [ogyʀe] VT : **~ qch de qch** augurar algo de algo; **cela augure bien de l'avenir** eso augura un buen futuro
auguste [ogyst] ADJ augusto(-a)
aujourd'hui [oʒuʀdɥi] ADV hoy; (*de nos jours*) hoy en día; **~ en huit/en quinze** de hoy en ocho días/en quince días; **à dater** *ou* **partir d'~** a partir de hoy
aulne [o(l)n] NM aliso
aumône [omon] NF limosna; **faire l'~ (à qn)** dar limosna (a algn); **faire l'~ de qch à qn** (*fig*) conceder la gracia de algo a algn
aumônerie [omonʀi] NF capellanía
aumônier [omonje] NM capellán *m*
aune [on] NF : **à l'~ de** según el rasero de
auparavant [opaʀavɑ̃] ADV antes
auprès [opʀɛ] : **~ de** *prép* al lado de, cerca de; (*du tribunal*) ante; (*en comparaison de*) comparado(-a) con; (*dans l'opinion de*) según
auquel [okɛl] PRÉP + PRON *voir* **lequel**
aura [ɔʀa] NF (*halo, atmosphère*) aura ▸ VB *voir* **avoir**
aurai *etc* [ɔʀe] VB *voir* **avoir**
auréole [ɔʀeɔl] NF (*de saint, fig*) aureola; (*tache*) marca
auréolé, e [ɔ(o)ʀeɔle] ADJ : **~ de gloire** rodeado(-a) de una aureola de gloria
auriculaire [ɔʀikylɛʀ] NM auricular *m*
aurifère [ɔʀifɛʀ] ADJ aurífero(-a)
aurons *etc* [ɔʀɔ̃] VB *voir* **avoir**
aurore [ɔʀɔʀ] NF aurora; **~ boréale** aurora boreal
auscultation [ɔskyltasjɔ̃] NF auscultación *f*
ausculter [ɔskylte] VT auscultar
auspices [ɔspis] NMPL : **sous les ~ de** bajo los auspicios de; **sous de bons/mauvais ~** con buenos/malos auspicios
aussi [osi] ADV también; (*de comparaison : avec adj, adv*) tan; (*si, tellement*) tan; **~ fort/rapidement que** tan fuerte/rápidamente como; **lui ~** él también; **~ bien que** (*de même que*) lo mismo que; **il l'a fait/va y aller — moi ~** lo hizo/va a ir — yo también; **je le pense ~** yo también lo pienso *ou* creo ▸ CONJ (*par conséquent*) por lo tanto
aussitôt [osito] ADV enseguida, inmediatamente; **~ que** tan pronto como; **~ fait** ni bien hecho; **~ envoyé** ni bien enviado
austère [ostɛʀ] ADJ austero(-a)
austérité [osteʀite] NF austeridad *f*; **plan/budget d'~** plan *m*/presupuesto de austeridad
austral, e [ɔstʀal] ADJ austral; **l'océan ~** el océano austral; **les terres australes** las tierras australes
Australie [ɔstʀali] NF Australia
australien, ne [ɔstʀaljɛ̃, jɛn] ADJ australiano(-a) ▸ NM/F : **Australien, ne** australiano(-a)
autant [otɑ̃] ADV (*tant, tellement*) tanto; (*comparatif*) : **~ (que)** tanto (como), tan (como); **~ (de)** tanto(-a), tantos(-as); **n'importe qui aurait pu en faire ~** cualquiera hubiera hecho lo mismo; **~ partir/ne rien dire** mejor marchar/no decir nada; **~ dire que ...** eso es tanto como decir que ...; **fort ~ que courageux** tan fuerte como valeroso; **il n'est pas découragé pour ~** no se ha desanimado por eso; **pour ~ que** en la medida en que; **d'~** (*à proportion*) otro tanto; **d'~ plus/moins/mieux (que)** tanto más/menos/mejor (cuanto que); **~ ... ~ ...** tanto ... tanto ...; **tout ~** tanto; **ce sont ~ d'erreurs/d'échecs** son otros tantos errores/fracasos; **y en a-t-il ~ (qu'avant) ?** ¿queda tanto (como antes)?; **il y a ~ de garçons que de filles** hay tantos niños como niñas
autarcie [otaʀsi] NF autarquía
autarcique [otaʀsik] ADJ autárquico(-a)
autel [otɛl] NM altar *m*
auteur, e [otœʀ] NM/F autor(a); **droit d'~** derecho de autor
auteur-compositeur [otœʀkɔ̃pozitœʀ] (*pl* **auteurs-compositeurs**) NM cantautor(a)
authenticité [otɑ̃tisite] NF autenticidad *f*
authentification [otɑ̃tifikasjɔ̃] NF autentificación *f*
authentifier [otɑ̃tifje] VT autentificar
authentique [otɑ̃tik] ADJ auténtico(-a); (*récit, histoire*) auténtico(-a), cierto(-a); (*réel, sincère*) auténtico(-a), verdadero(-a)
authentiquement [otɑ̃tikmɑ̃] ADV auténticamente

autisme [otism] NM autismo
autiste [otist] ADJ, NMF autista *mf*
auto [oto] NF coche *m*, carro (AM), auto (*surtout* AM); **autos tamponneuses** coches *mpl* de choque
auto... [oto] PRÉF auto...
autobiographie [otobjɔgʀafi] NF autobiografía
autobiographique [otobjɔgʀafik] ADJ autobiográfico(-a)
autobus [otobys] NM autobús *m*, camión *m* (MEX); **ligne d'~** línea de autobús
autocar [otokaʀ] NM autocar *m*
autocensure [otosɑ̃syʀ] NF autocensura
autochtone [otoktɔn] ADJ, NMF autóctono(-a)
autoclave [otoklav] ADJ autoclave
autocollant, e [otokɔlɑ̃, ɑ̃t] ADJ autoadhesivo(-a) ▸ NM autoadhesivo
autocouchette [otokuʃɛt] (*pl* **autocouchettes**), **auto-couchettes** [otokuʃɛt] (*pl* **autos-couchettes**) ADJ : **train ~** coche *m* cama
autocratie [otokʀasi] NF autocracia
autocratique [otokʀatik] ADJ autocrático(-a)
autocritique [otokʀitik] NF autocrítica
autocuiseur [otokɥizœʀ] NM olla a presión
autodafé [otodafe] NM auto de fe
autodéfense [otodefɑ̃s] NF autodefensa; **groupe d'~** grupo de autodefensa
autodérision [otodeʀizjɔ̃] NF autoburla, burla de uno(-a) mismo(-a)
autodestruction [otodɛstʀyksjɔ̃] NF autodestrucción *f*
autodétermination [otodetɛʀminasjɔ̃] NF autodeterminación *f*
autodidacte [otodidakt] NMF autodidacta *mf*
autodiscipline [otodisiplin] NF autodisciplina
autodrome [otodʀom] NM autódromo
auto-école [otoekɔl] (*pl* **auto-écoles**) NF autoescuela
autoentrepreneur, -euse [otoɑ̃tʀəpʀənœʀ, øz] NM/F autoemprendedor(a)
autofinancement [otofinɑ̃smɑ̃] NM autofinanciamiento
autogéré, e [otoʒeʀe] ADJ autogestionado(-a)
autogestion [otoʒɛstjɔ̃] NF autogestión *f*
autographe [ɔtɔgʀaf] NM autógrafo
autoguidé, e [otogide] ADJ autodirigido(-a)
auto-immun, e [otoi(m)mœ̃, yn] ADJ autoinmune
automate [ɔtɔmat] NM (*aussi fig*) autómata *m*
automatique [ɔtɔmatik] ADJ automático(-a); (*réflexe, geste*) automático(-a), mecánico(-a) ▸ NM (*pistolet*) automática
automatiquement [ɔtɔmatikmɑ̃] ADV automáticamente
automatisation [ɔtɔmatizasjɔ̃] NF automatización *f*
automatiser [ɔtɔmatize] VT automatizar
automatisme [ɔtɔmatism] NM automatismo
automédication [otomedikasjɔ̃] NF automedicación *f*
automitrailleuse [otomitʀɑjøz] NF autoametralladora
automnal, e, -aux [otɔnal, o] ADJ otoñal
automne [otɔn] NM otoño
automobile [otomɔbil] NF coche *m*, automóvil *m*; **l'~** la industria automovilística ▸ ADJ automóvil
automobiliste [otomɔbilist] NMF automovilista *mf*
automutilation [otomytilasjɔ̃] NF automutilación *f*
automutiler [otomytile] : **s'automutiler** VPR automutilarse
autonettoyant, e [otonetwajɑ̃, ɑ̃t] ADJ : **four ~** horno de autolimpieza
autonome [otonom] ADJ autónomo(-a)
autonomie [otonomi] NF autonomía; **~ de vol** autonomía de vuelo
autonomiste [otonomist] ADJ, NMF autonomista *mf*
autoportrait [otopɔʀtʀɛ] NM autorretrato
autoproclamé, e [otopʀɔklame] ADJ autoproclamado(-a); **le président ~** el autoproclamado presidente
autoproclamer [otopʀɔklame] : **s'autoproclamer** VPR autoproclamarse
autopsie [otɔpsi] NF autopsia
autopsier [otɔpsje] VT hacer la autopsia a
autoradio [otoʀadjo] NM autorradio
autorail [otoʀaj] NM autovía *m*
autorisation [ɔtɔʀizasjɔ̃] NF (*permission*) autorización *f*, permiso; (*papiers*) licencia, permiso; **donner à qn l'~ de** dar a algn la autorización para; **avoir l'~ de faire** tener permiso para hacer
autorisé, e [ɔtɔʀize] ADJ autorizado(-a); **~ (à faire)** autorizado(-a) (para hacer); **dans les milieux autorisés** en medios oficiales
autoriser [ɔtɔʀize] VT (*donner la permission*) autorizar, permitir; (*rendre possible*) permitir; **~ qn à faire** autorizar a algn a hacer ▪ **s'autoriser** VPR permitirse; **s'~ à faire** permitirse hacer
autoritaire [ɔtɔʀitɛʀ] ADJ autoritario(-a)
autoritairement [ɔtɔʀitɛʀmɑ̃] ADV autoritariamente
autoritarisme [ɔtɔʀitaʀism] NM autoritarismo
autorité [ɔtɔʀite] NF autoridad *f*; (*prestige, réputation*) autoridad, fama; **les autorités** las autoridades; **faire ~** ser una autoridad; **d'~** (*de façon impérative*) autoritariamente; (*sans réflexion*) directamente; **autorités administratives** autoridades administrativas

autoroute [otoʀut] NF autopista
autoroutier, -ière [otoʀutje, jɛʀ] ADJ *(réseau)* de autopista; *(trafic)* en las autopistas
autosatisfaction [otosatisfaksjɔ̃] NF autosatisfacción *f*
auto-stop [otostɔp] *(pl* **autos-stops***)* NM : **l'~** el autostop; **faire de l'~** hacer autostop; **prendre qn en ~** coger a algn en autostop
auto-stoppeur, -euse [otostɔpœʀ, øz] *(pl* **auto-stoppeurs, -euses***)* NM/F autostopista *mf*
autosuffisance [otosyfizɑ̃s] NF autosuficiencia
autosuffisant, e [otosyfizɑ̃, ɑ̃t] ADJ autosuficiente
autosuggestion [otosygʒɛstjɔ̃] NF autosugestión *f*
autour [otuʀ] ADV alrededor, en torno; **~ de** *(en cercle)* alrededor de, en torno de *ou* a; *(près de)* cerca de; *(environ, à peu près)* aproximadamente, alrededor de; **tout ~** por todas partes

autre [otʀ]

▶ ADJ **1** *(différent)* otro(-a); **je préférerais un autre verre** preferiría otro vaso
2 *(supplémentaire)* : **je voudrais un autre verre d'eau** querría otro vaso de agua
3 *(d'une paire, dans une dualité)* otro(-a); **autre chose** otra cosa; **penser à autre chose** pensar en otra cosa; **autre part** *(aller)* a otra parte; *(se trouver)* en otra parte; **d'autre part** *(en outre)* además; **d'une part ..., d'autre part ...** por una parte ..., por otra parte ...
▶ PRON : **un autre** otro; **nous autres** nosotros(-as); **vous autres** vosotros(-as); *(politesse)* ustedes; **d'autres** otros(-as); **les autres** los (las) otros(-as); *(autrui)* los demás; **l'un et l'autre** uno y otro; **se détester l'un l'autre/les uns les autres** detestarse uno a otro/unos a otros; **la difficulté est autre** la dificultad es otra; **d'une minute à l'autre** de un momento a otro; **entre autres** entre otros(-as); **j'en ai vu d'autres** *(indifférence)* estoy curado de espanto; **à d'autres !** ¡cuéntaselo a otro!; **ni l'un ni l'autre** ni uno ni otro; **donnez-m'en un autre** deme otro; **de temps à autre** de vez en cuando; **se sentir autre** sentirse otro; *voir aussi* **part** ; **temps** ; **un**

autrefois [otʀəfwa] ADV antaño, en otro tiempo
autrement [otʀəmɑ̃] ADV *(d'une manière différente)* de otro modo; *(sinon)* si no, de lo contrario; **je n'ai pas pu faire ~** no he podido hacer otra cosa; **~ dit** en otras palabras; *(c'est-à-dire)* es decir
Autriche [otʀiʃ] NF Austria
autrichien, ne [otʀiʃjɛ̃, jɛn] ADJ austríaco(-a) ▶ NM/F : **Autrichien, ne** austríaco(-a)
autruche [otʀyʃ] NF avestruz *m*; **faire l'~** meter la cabeza debajo del ala
autrui [otʀɥi] PRON el prójimo, los demás
auvent [ovɑ̃] NM *(de maison)* alero, tejadillo; *(de tente)* alero
auvergnat, e [ovɛʀɲa, at] ADJ auvernés(-esa)
Auvergne [ovɛʀɲ] NF Auvernia
aux [o] *voir* **à**
auxiliaire [ɔksiljɛʀ] ADJ auxiliar ▶ NMF auxiliar *mf*; *(aide, adjoint)* ayudante *mf*; *(Ling)* auxiliar *m*
auxquelles [okɛl] PRÉP + PRON *voir* **lequel**
auxquels [okɛl] PRÉP + PRON *voir* **lequel**
av. ABR (= *avenue*) Av., Avda. (= *Avenida*)
avachi, e [avaʃi] ADJ *(chaussure, vêtement)* deformado(-a); **~ sur qch** apoltronado(-a) sobre algo
avais *etc* [avɛ] VB *voir* **avoir**
aval [aval] NM visto bueno; **en ~** *(d'un cours d'eau)* río abajo; *(d'une pente)* más abajo; **en ~ de** más abajo de; *(fig)* después de
avalanche [avalɑ̃ʃ] NF *(aussi fig)* avalancha
avaler [avale] VT tragar; *(fig)* devorar; *(croire)* tragarse
avaliser [avalize] VT avalar
avance [avɑ̃s] NF avance *m*; *(d'argent)* adelanto, anticipo; *(opposé à retard)* adelanto; *(Inform)* : **~ (du) papier** avance del papel; **une ~ de 300 m/4 h** una ventaja de 300 m/4 h; **(être) en ~** *(sur l'heure fixée)* (estar) adelantado(-a); *(sur un programme)* (ir) adelantado(-a); **on n'est pas en ~ !** ¡no adelantamos nada!; **être en ~ sur qn** *(pendant une action)* ir delante de algn; *(résultat)* llegar antes que algn; **il est très en ~ pour son âge** está muy adelantado para su edad; **à l'~, par ~** de antemano; **d'~** por anticipado; **payer d'~** pagar por adelantado ■ **avances** NFPL *(ouvertures, aussi amoureuses)* proposiciones *fpl*
avancé, e [avɑ̃se] ADJ avanzado(-a); *(travail)* adelantado(-a); **d'un âge ~** de edad avanzada
avancée [avɑ̃se] NF *(progrès)* avance *m*; *(sur une construction)* saliente *m*
avancement [avɑ̃smɑ̃] NM *(professionnel)* ascenso; *(de travaux)* progreso
avancer [avɑ̃se] VI avanzar; *(travail, montre, réveil)* adelantar; *(être en saillie, surplomb)* avanzar, sobresalir; **j'avance (d'une heure)** estoy adelantado(-a) (una hora) ▶ VT adelantar; *(troupes)* hacer avanzar; *(hypothèse, idée)* proponer, sugerir ■ **s'avancer** VPR *(s'approcher)* adelantarse, acercarse; *(se hasarder)* aventurarse; *(être en saillie, surplomb)* sobresalir
avanies [avani] NFPL agravios *mpl*
avant [avɑ̃] PRÉP antes de; **~ qu'il (ne) parte/de faire** antes de que marche/de hacer; **en ~ de** *(en tête de, devant)* delante de; **~ tout** ante todo ▶ ADV : **en ~** *(marcher, regarder)* hacia adelante; **trop/plus ~** demasiado/más lejos ▶ ADJ INV : **siège ~** asiento delantero ▶ NM *(d'un véhicule, bâtiment)* delantera, frente *m*; *(Sport)* delantero; **à l'~** *(dans un véhicule)* en la delantera; **aller de l'~** marchar bien

a

avantage [avɑ̃taʒ] NM (*supériorité*) ventaja; (*intérêt, bénéfice*) ventaja, beneficio; **à l'~ de qn** en beneficio de algn; **être à son ~** estar favorecido(-a); **tirer ~ de** sacar provecho de; **vous auriez ~ à faire** sería mejor que hiciese; **avantages en nature** retribución *f* en especies; **avantages sociaux** beneficios *mpl* sociales

avantager [avɑ̃taʒe] VT favorecer

avantageusement [avɑ̃taʒøzmɑ̃] ADV : **remplacer ~ qch** ser una mejor alternativa a algo

avantageux, -euse [avɑ̃taʒø, øz] ADJ ventajoso(-a); (*portrait, coiffure*) favorecedor(a); **conditions avantageuses** condiciones *fpl* ventajosas

avant-bras [avɑ̃bʀa] NM INV antebrazo

avant-centre [avɑ̃sɑ̃tʀ] (*pl* **avant-centres**) NM delantero centro

avant-coureur [avɑ̃kuʀœʀ] (*pl* **avant-coureurs**) ADJ premonitorio(-a), anunciador(a); **signe ~** signo anunciador

avant-dernier, -ière [avɑ̃dɛʀnje, jɛʀ] (*pl* **avant-derniers, -ières**) ADJ, NM/F penúltimo(-a)

avant-garde [avɑ̃gaʀd] (*pl* **avant-gardes**) NF (*aussi fig*) vanguardia; **d'~** de vanguardia

avant-goût [avɑ̃gu] (*pl* **avant-goûts**) NM anticipo

avant-hier [avɑ̃tjɛʀ] ADV anteayer

avant-poste [avɑ̃pɔst] (*pl* **avant-postes**) NM puesto avanzado

avant-première [avɑ̃pʀəmjɛʀ] (*pl* **avant-premières**) NF preestreno; **en ~** antes de la presentación oficial

avant-projet [avɑ̃pʀɔʒɛ] (*pl* **avant-projets**) NM anteproyecto

avant-propos [avɑ̃pʀɔpo] NM INV prólogo, prefacio

avant-veille [avɑ̃vɛj] (*pl* **avant-veilles**) NF : **l'~** la antevíspera

avare [avaʀ] ADJ, NMF avaro(-a); **~ de compliments/caresses** parco(-a) en cumplidos/caricias

avarice [avaʀis] NF avaricia

avarie [avaʀi] NF (*Naut*) avería; **en cas d'~** en caso de avería

avarié, e [avaʀje] ADJ (*viande, fruits*) pasado(-a), estropeado(-a); (*navire*) averiado(-a)

avaries [avaʀi] NFPL averías *fpl*

avatar [avataʀ] NM avatar *m*; (*malheur*) avatar, vicisitud *f*

avec [avɛk] PRÉP con; (*contre : se battre*) con, contra; (*en plus de, en sus de*) además de; **~ habileté/lenteur** con habilidad/lentitud; **~ eux/ces maladies** (*en ce qui concerne*) con ellos/estas enfermedades; **~ ça** (*malgré ça*) a pesar de eso; **et ~ ça ?** ¿algo más?; **~ l'été les noyades se multiplient** en verano se ahoga mucha más gente; **~ cela que ...** además de que ...

avenant, e [av(ə)nɑ̃, ɑ̃t] ADJ afable, cordial ▸ NM (*assurance*) póliza adicional; **à l'~** por el estilo

avènement [avɛnmɑ̃] NM llegada; (*d'un roi*) llegada, advenimiento

avenir [avniʀ] NM : **l'~** el porvenir, el futuro; **l'~ du monde/de l'automobile** el porvenir del mundo/del automóvil; **à l'~** en el futuro; **sans ~** sin futuro; **c'est une idée sans ~** es una idea sin futuro; **métier/politicien d'~** trabajo/político con futuro

Avent [avɑ̃] NM : **l'~** Adviento

aventure [avɑ̃tyʀ] NF aventura; **partir à l'~** marchar a la aventura; **roman/film d'~** novela/película de aventuras

aventurer [avɑ̃tyʀe] VT aventurar, arriesgar; (*remarque, opinion*) aventurar ■ **s'aventurer** VPR aventurarse; **s'~ à faire qch** arriesgarse a hacer algo

aventureux, -euse [avɑ̃tyʀø, øz] ADJ (*personne*) aventurado(-a), arriesgado(-a); (*projet*) arriesgado(-a); (*vie*) azaroso(-a)

aventurier, -ière [avɑ̃tyʀje, jɛʀ] NM/F (*aussi péj*) aventurero(-a)

avenu, e [av(ə)ny] ADJ : **nul et non ~** nulo y sin efecto

avenue [avny] NF avenida

avéré, e [aveʀe] ADJ probado(-a); **il est ~ que** está probado que

avérer [aveʀe] : **s'avérer** VPR (*avec attribut*) : **s'~ faux/coûteux** revelarse falso/costoso

averse [avɛʀs] NF aguacero, chaparrón *m*; (*de pierres, flèches*) chaparrón, lluvia

aversion [avɛʀsjɔ̃] NF aversión *f*

averti, e [avɛʀti] ADJ entendido(-a)

avertir [avɛʀtiʀ] VT : **~ qn de qch/que** prevenir a algn de algo/de que; (*renseigner*) advertir a algn de algo/de que

avertissement [avɛʀtismɑ̃] NM advertencia; (*blâme*) amonestación *f*; (*d'un livre*) aviso

avertisseur [avɛʀtisœʀ] NM bocina; (*d'incendie*) alarma de incendio

aveu [avø] NM confesión *f*, declaración *f*; **passer aux aveux** confesar; **de l'~ de** según la opinión de

aveuglant, e [avœglɑ̃, ɑ̃t] ADJ deslumbrador(a)

aveugle [avœgl] ADJ, NMF (*aussi fig*) ciego(-a); **les aveugles** los ciegos; **mur ~** pared *f* ciega; **test en double ~** ensayo a doble ciego

aveuglement [avœgləmɑ̃] NM (*aussi fig*) ceguera, obcecación *f*

aveuglément [avœglemɑ̃] ADV ciegamente

aveugler [avœgle] VT cegar

aveuglette [avœglɛt] : **à l'~** *adv* a ciegas; (*fig*) al tuntún

avez [ave] VB *voir* **avoir**

aviaire [avjɛʀ] ADJ aviario(-a), aviar

aviateur, -trice [avjatœʀ, tʀis] NM/F aviador(a)

aviation [avjasjɔ̃] NF (*aussi Mil*) aviación *f*; **terrain d'~** campo de aviación; **~ de chasse** aviones *mpl* de caza

avicole [avikɔl] ADJ avícola

aviculteur, -trice [avikyltœʀ, tʀis] NM/F avicultor(a)

aviculture [avikyltyʀ] NF avicultura

avide [avid] ADJ ávido(-a); (*péj*) codicioso(-a); **~ d'honneurs/d'argent/de sang** ávido(-a) de honores/de dinero/de sangre; **~ de connaître/d'apprendre** ávido(-a) de conocer/de aprender

avidement [avidmɑ̃] ADV ávidamente

avidité [avidite] NF avidez *f*, ansia

avilir [aviliʀ] VT envilecer

avilissant, e [avilisɑ̃, ɑ̃t] ADJ envilecedor(a)

avilissement [avilismɑ̃] NM envilecimiento

aviné, e [avine] ADJ ebrio(-a)

avion [avjɔ̃] NM avión *m*; **par ~** por avión; **aller (quelque part) en ~** ir (a algún sitio) en avión; **~ à réaction** avión de *ou* a reacción; **~ de chasse/de ligne/supersonique** avión de caza/de línea/supersónico

avion-cargo [avjɔ̃kaʀgo] (*pl* **avions-cargos**) NM avión *m* de carga

avion-citerne [avjɔ̃sitɛʀn] (*pl* **avions-citernes**) NM avión *m* cisterna

aviron [aviʀɔ̃] NM remo; (*sport*) : **l'~** el remo

avis [avi] NM (*point de vue*) opinión *f*; (*conseil*) opinión, consejo; (*notification*) aviso; **à mon ~** en mi opinión; **j'aimerais avoir l'~ de Paul** me gustaría conocer la opinión de Paul; **je suis de votre ~** estoy de acuerdo con usted; **vous ne me ferez pas changer d'~** no me hará cambiar de opinión; **être d'~ que** ser del parecer que; **changer d'~** cambiar de opinión; **sauf ~ contraire** salvo aviso contrario; **sans ~ préalable** sin previo aviso; **jusqu'à nouvel ~** hasta nuevo aviso; **~ de crédit/débit** nota de crédito/débito; **~ de décès** esquela (mortuoria)

avisé, e [avize] ADJ sensato(-a); **être bien/mal ~ de faire** ser muy/poco sensato(-a) hacer

aviser [avize] VT (*informer*) avisar; (*voir*) divisar, advertir; **~ qn de qch/que** avisar a algn de algo/de que ▶ VI decidir ■ **s'aviser** VPR : **s'~ de qch/que** darse cuenta de algo/de que; (*s'aventurer à*) : **s'~ de faire qch** ocurrírsele hacer algo

aviver [avive] VT avivar

av. J.-C. [avɑ̃ʒise] ABR (= *avant Jésus-Christ*) a. C.

avocat, e [avɔka, at] NM/F (*aussi fig*) abogado(-a); **se faire l'~ du diable** ser el abogado del diablo; **l'~ de la défense/de la partie civile** el (la) abogado(-a) defensor(a)/de la acusación particular; **~ d'affaires** abogado(-a) de empresa; **~ général(e)** fiscal *mf* ▶ NM (*Bot, Culin*) aguacate *m*, palta (AND, CSUR)

avocat-conseil [avɔkakɔ̃sɛj] (*pl* **avocats-conseils**) NM abogado asesor

avocat-stagiaire [avɔkastaʒjɛʀ] (*pl* **avocats-stagiaires**) NM pasante *mf* (de abogado)

avoine [avwan] NF avena

avoir [avwaʀ]

▶ VT **1** (*posséder*) tener; **elle a deux enfants/une belle maison** tiene dos niños/una casa bonita; **il a les yeux gris** tiene los ojos grises; **vous avez du sel ?** ¿tiene sal?; **avoir du courage/de la patience** tener valor/paciencia; **avoir du goût** tener gusto; **avoir horreur de** tener horror a; **avoir rendez-vous** tener una cita

2 (*âge, dimensions*) tener; **il a trois ans** tiene tres años; **le mur a trois mètres de haut** la pared tiene tres metros de alto; *voir aussi* **faim** ; **peur** *etc*

3 (*fam : duper*) quedarse con; **on t'a bien eu !** ¡cómo nos hemos quedado contigo!

4 : **en avoir après** *ou* **contre qn** estar enojado(-a) con algn; **en avoir assez** estar harto; **j'en ai pour une demi-heure** tengo para media hora

5 (*obtenir : train, tickets*) coger, agarrar (AM)

▶ VB AUX **1** haber; **avoir mangé/dormi** haber comido/dormido; **hier, je n'ai pas mangé** ayer no comí

2 (*avoir + à + infinitif*) : **avoir à faire qch** tener que hacer algo; **vous n'avez qu'à lui demander** no tiene más que preguntarle; (*en colère*) pregúntele a él; **tu n'as pas à me poser de questions** no tienes porqué hacerme preguntas; **tu n'as pas à le savoir** no tienes porqué saberlo

▶ VB IMPERS **1** : **il y a** (+*sing, pl*) hay; **qu'y a-t-il ?** ¿qué ocurre?; **qu'est-ce qu'il y a ?** ¿qué pasa?; **il n'y a rien** no pasa nada; **qu'as-tu ?** ¿qué tienes?; **qu'est-ce que tu as ?** ¿qué te pasa?; **il doit y avoir une explication** tiene que haber una explicación; **il n'y a qu'à recommencer ...** no hay más que volver a empezar ...; **il ne peut y en avoir qu'un** no puede haber más que uno; **il n'y a pas de quoi** no hay de qué

2 (*temporel*) : **il y a 10 ans** hace 10 años; **il y a 10 ans/longtemps que je le sais** hace 10 años/mucho tiempo que lo sé; **il y a 10 ans qu'il est arrivé** hace 10 años que llegó

▶ NM haber *m*; **avoir fiscal** (*Fin*) crédito fiscal

avoisinant, e [avwazinɑ̃, ɑ̃t] ADJ cercano(-a)

avoisiner [avwazine] VT estar cerca de; (*fig : limite, nombre*) acercarse a; (: *l'indifférence, l'insolence*) rayar en

avons [avɔ̃] VB *voir* **avoir**

avorté, e [avɔʀte] ADJ (*fig*) fallido(-a)

avortement [avɔʀtəmɑ̃] NM aborto

avorter [avɔʀte] VI abortar; (*fig*) abortar, malograrse; **faire ~** abortar; **se faire ~** abortar

avorton [avɔʀtɔ̃] (*péj*) NM aborto, feto

avouable [avwabl] ADJ confesable

avoué, e [avwe] ADJ confesado(-a), reconocido(-a) ▶ NM procurador *m* judicial

avouer [avwe] VT confesar, declarar; (*admettre*) confesar, reconocer; **~ avoir fait/être/que** confesar haber hecho/ser/que; **~ que oui/non** confesar que sí/no ▶ VI confesar ▪ **s'avouer** VPR : **s'~ vaincu/incompétent** declararse vencido(-a)/incompetente
avril [avʀil] NM abril *m*; *voir aussi* **juillet**
axe [aks] NM eje *m*; (*fig*) orientación *f*; **dans l'~ de** en la línea de; **~ de symétrie** eje de simetría; **~ routier** carretera general
axer [akse] VT (*fig*) : **~ qch sur** centrar algo en
axial, e, -aux [aksjal, jo] ADJ axial
axiome [aksjom] NM axioma *m*
ayant [ɛjɑ̃] VB *voir* **avoir**
ayant droit (*pl* **ayants droit**) NM derechohabiente *mf*
ayatollah [ajatɔla] NM ayatolá *m*
ayons *etc* [ɛjɔ̃] VB *voir* **avoir**
azalée [azale] NF azalea
azimut [azimyt] NM acimut *m*; **tous azimuts** *adj*, *adv* (*fig*) en todas las direcciones
azote [azɔt] NM nitrógeno
azoté, e [azɔte] ADJ nitrogenado(-a)
aztèque [astɛk] ADJ azteca
azur [azyʀ] NM (*couleur*) azul *m*; (*ciel*) cielo
azyme [azim] ADJ : **pain ~** pan *m* ácimo

Bb

B[1], b [be] NM INV B, b *f*; **B comme Berthe** ≈ B de Barcelona

B[2] [be] ABR (= *bien*) B (= *bien*)

BA [bea] SIGLE F = **bonne action**

baba[1] [baba], **baba cool** [kul] (*fam*) ADJ INV, NMF jipi *mf*, hippie *mf*

baba[2] [baba] ADJ INV : **en être ~** (*fam*) quedarse pasmado(-a) ▸ NM : **~ au rhum** bizcocho de ron

B.A.-BA [beaba] NMSG abecé *m*; **le ~ de qch** el abecé de algo

babil [babil] NM balbuceo

babillage [babijaʒ] NM parloteo

babiller [babije] VI parlotear; (*bébé*) balbucear

babines [babin] NFPL morros *mpl*

babiole [babjɔl] NF chuchería; (*vétille*) bagatela

bâbord [bɑbɔʀ] NM : **à** *ou* **par ~** a babor

babouin [babwɛ̃] NM babuino

baby-foot [babifut] (*pl* **baby-foots**) NM futbolín *m*

Babylone [babilɔn] N Babilonia

babylonien, ne [babilɔnjɛ̃, jɛn] ADJ babilónico(-a)

baby-sitter [babisitœʀ] (*pl* **baby-sitters**) NMF canguro *mf*

baby-sitting [babisitiŋ] (*pl* **baby-sittings**) NM : **faire du ~** hacer de canguro

bac[1] [bak] NM (*bateau*) transbordador *m*; (*récipient*) cubeta; **~ à litière** caja de arena para gatos; **~ à glace** bandeja para el hielo; **~ à légumes** compartimento para las verduras

bac[2] [bak] (*fam*) NM = **baccalauréat**

baccalauréat [bakalɔʀea] NM *título de enseñanza secundaria*, ≈ selectividad *f*; *ver nota*

> En Francia el **baccalauréat** o *bac* es un título que se obtiene al terminar los estudios de enseñanza secundaria a la edad de dieciocho años y que permite el ingreso en la universidad. Se pueden escoger distintas combinaciones de asignaturas dentro de cada una de las tres modalidades principales: el general, el profesional y el tecnológico.

bâche [bɑʃ] NF toldo

bachelier, -ière [baʃəlje, jɛʀ] NM/F bachiller *mf*

bâcher [bɑʃe] VT entoldar

bachotage [baʃɔtaʒ] NM empolle *m*

bachoter [baʃɔte] (*fam*) VI empollar

bacille [basil] NM bacilo

bâcler [bɑkle] VT hacer de prisa y corriendo

bacon [bekɔn] NM bacon *m ou* beicon *m*

bactéricide [bakteʀisid] NM bactericida *m*

bactérie [bakteʀi] NF bacteria

bactérien, ne [bakteʀjɛ̃, jɛn] ADJ bacteriano(-a)

bactériologie [bakteʀjɔlɔʒi] NF bacteriología

bactériologique [bakteʀjɔlɔʒik] ADJ bacteriológico(-a)

bactériologiste [bakteʀjɔlɔʒist] NMF bacteriólogo(-a)

badaud, e [bado, od] NM/F curioso(-a), mirón(-ona)

baderne [badɛʀn] (*péj*) NF : **vieille ~** vejestorio

badge [badʒ] NM chapa

badger [badʒe] VI fichar (*en el trabajo*)

badigeon [badiʒɔ̃] NM (*peinture*) enlucido

badigeonner [badiʒɔne] VT enlucir, encalar; (*Méd*) untar

badin, e [badɛ̃, in] ADJ animado(-a)

badinage [badinaʒ] NM broma

badine [badin] NF bastoncillo

badiner [badine] VI bromear; **~/ne pas ~ avec qch** bromear/no bromear con algo

badminton [badmintɔn] NM bádminton *m*

BAFA [bafa] SIGLE M (= *Brevet d'aptitude aux fonctions d'animation*) *en Francia, diploma para ejercer de animador*

baffe [baf] (*fam*) NF bofetada, torta

baffle [bafl] NM baf(f)le *m*

bafouer [bafwe] VT mofarse de, escarnecer

bafouillage [bafujaʒ] NM farfulla

bafouiller [bafuje] VI, VT farfullar

bâfrer [bɑfʀe] (*fam*) VI engullir

bagage [bagaʒ] NM (*fig*) bagaje *m*; **un (seul) ~ à main** un (solo) bulto de mano; **~ littéraire** (*fig*) bagaje *m* literario ■ **bagages** NMPL equipaje *msg*; **bagages à main** equipaje de mano

bagagiste [bagaʒist] NMF mozo(-a) de equipajes

bagarre [bagaʀ] NF pelea; **il aime la ~** le gusta la pelea

bagarrer [bagaʀe] : **se bagarrer** VPR pelearse
bagarreur, -euse [bagaʀœʀ, øz] ADJ peleón(-ona); **il est ~** es un camorrista ▸ NM/F camorrista *mf*
bagatelle [bagatɛl] NF bagatela
Bagdad [bagdad] N Bagdad
bagnard [baɲaʀ] NM presidiario
bagne [baɲ] NM presidio; **c'est le ~** (*fig*) es como los trabajos forzados
bagnole [baɲɔl] (*fam*) NF coche *m*; (*vieille*) cacharro
bagout [bagu] NM labia; **avoir du ~** tener labia
bague [bag] NF anillo, sortija; (*d'identification*) anilla; **~ de fiançailles** anillo de compromiso; **~ de serrage** casquillo
baguenauder [bagnode] VI callejear
baguer [bage] VT (*oiseau*) anillar
baguette [bagɛt] NF (*bâton*) varilla; (*chinoise*) palillo; (*de chef d'orchestre*) batuta; (*pain*) barra; (*Constr*) junquillo; **mener qn à la ~** tratar a algn a la baqueta; **~ de sourcier** varilla de zahorí; **~ de tambour** palillo; **~ magique** varita mágica
Bahamas [baamas] NFPL : **les (îles) ~** las Bahamas
Bahreïn [baʀɛn] NM Bahrein *m*
bahut [bay] NM arcón *m*; (*fam : lycée*) insti *m*
bai, e [bɛ] ADJ bayo(-a)
baie [bɛ] NF bahía; (*fruit*) baya; **~ vitrée** ventanal *m*
baignade [bɛɲad] NF baño; **« ~ interdite »** « prohibido bañarse »
baigné, e [beɲe] ADJ : **~ de** (*lumière*) bañado(-a) de, inundado(-a) de; (*sang, sueur, larmes*) bañado(-a) en, anegado(-a) en
baigner [beɲe] VT bañar ▸ VI : **il baignait dans son sang** estaba bañado *ou* anegado en sangre; **~ dans la brume** estar rodeado(-a) de bruma; **« ça baigne ! »** (*fam*) « ¡todo marcha bien! » ▪ **se baigner** VPR bañarse
baigneur, -euse [bɛɲœʀ, øz] NM/F bañista *mf* ▸ NM (*poupée*) muñequilla
baignoire [bɛɲwaʀ] NF bañera, tina (AM); (*Théâtre*) palco de platea
bail [baj] (*pl* **baux**) NM (contrato de) arrendamiento; **donner** *ou* **prendre qch à ~** arrendar algo, alquilar algo; **~ commercial** traspaso
bâillement [bɑjmɑ̃] NM bostezo
bâiller [bɑje] VI bostezar; (*être ouvert*) estar entreabierto(-a), estar entornado(-a)
bailleur [bajœʀ] NM arrendador(a); **~ de fonds** socio capitalista
bâillon [bɑjɔ̃] NM mordaza
bâillonner [bɑjɔne] VT amordazar; (*fig*) amordazar, cohibir
bain [bɛ̃] NM baño; **se mettre dans le ~** (*fig*) meterse en el asunto; **prendre un ~** tomar un baño; **prendre un ~ de foule** meterse entre la multitud; **prendre un ~ de pieds** darse un baño de pies; **~ de bouche** elixir *m* (para enjuagarse la boca); **~ de siège** baño de asiento; **~ de soleil** baño de sol; **~ moussant** baño de espuma; **bains de mer** baños *mpl* de mar; **bains(-douches) municipaux** baños públicos
bain-marie [bɛ̃maʀi] (*pl* **bains-marie**) NM baño (de) María; **faire chauffer au ~** calentar al baño (de) María
baïonnette [bajɔnɛt] NF bayoneta; **douille/ampoule à ~** casquillo/bombilla de bayoneta
baisemain [bɛzmɛ̃] NM besamanos *m inv*
baiser [beze] NM beso ▸ VT besar; (*fam !*) tirarse a (*fam !*), coger (*fam ! :* AM)
baisse [bɛs] NF (*de température, des prix*) descenso, bajada; **la ~ des prix de l'essence** el abaratamiento de la gasolina, la bajada del precio de la gasolina; **la ~ de la TVA** la bajada del IVA; **« ~ sur la viande »** « abaratamiento de la carne »; **en ~** en baja; **à la ~** a la baja
baisser [bese] VT bajar ▸ VI (*niveau, température*) bajar, descender; (*jour, lumière*) disminuir; **sa vue baisse** está perdiendo vista; **ses facultés baissent** está perdiendo facultades ▪ **se baisser** VPR inclinarse, agacharse
baissier, -ière [besje, jɛʀ] ADJ (*Fin : marché, cycle, tendance*) bajista; **une spirale baissière** una espiral bajista
bajoues [baʒu] NFPL carrillos *mpl*; (*péj*) mofletes *mpl*
bakchich [bakʃiʃ] (*fam*) NM propina
bal [bal] NM baile *m*; **~ costumé** baile de disfraces; **~ masqué** baile de máscaras; **~ musette** *baile popular en el que el acordeón es el instrumento principal*
balade [balad] NF (*à pied*) paseo, vuelta; (*en voiture*) vuelta; **faire une ~** dar una vuelta
balader [balade] VT pasear ▪ **se balader** VPR pasear; **aller se ~** ir a pasear
baladeur [baladœʀ] NM : **~ MP3** reproductor *m* de MP3
baladeuse [baladøz] NF bombilla portátil
baladin [baladɛ̃] NM juglar *m*
baladodiffusion [baladodifyzjɔ̃] NF podcasting *m*
balafre [balɑfʀ] NF (*coupure, cicatrice*) tajo, chirlo; (*: avec un couteau*) cuchillada
balafrer [balɑfʀe] VT dar un tajo; (*avec un couteau*) acuchillar
balai [balɛ] NM escoba; (*Auto, Mus*) escobilla; **donner un coup de ~** dar un barrido
balai-brosse [balɛbʀɔs] (*pl* **balais-brosses**) NM cepillo
balance [balɑ̃s] NF balanza; (*Astrol*) : **B~** Libra; **être B~** ser Libra; **~ commerciale** balanza comercial; **~ des paiements** balanza de pagos; **~ romaine** romana
balancelle [balɑ̃sɛl] NF balancín *m*
balancer [balɑ̃se] VT balancear; (*fam : lancer*)

arrojar; (*renvoyer, jeter*) despedir; **~ qch à la poubelle** (*fam*) tirar algo a la basura ▶ VI (*hésiter*) oscilar ■ **se balancer** VPR balancearse, mecerse; (*branche*) mecerse; (*sur une balançoire*) columpiarse; **je m'en balance** (*fam*) me importa un pito

balancier [balɑ̃sje] NM (*de pendule*) péndulo; (*perche, montre*) balancín *m*

balançoire [balɑ̃swaʀ] NF (*suspendue*) columpio; (*sur pivot*) balancín *m*, subibaja *m*

balayage [balɛjaʒ] NM barrido; (*électronique*) exploración *f*

balayer [baleje] VT barrer; (*suj : radar, phares*) explorar

balayette [balɛjɛt] NF escobilla

balayeur, -euse [balɛjœʀ, øz] NM/F barrendero(-a)

balayeuse [balɛjøz] NF (*engin*) barredora

balayures [balejyʀ] NFPL barreduras *fpl*

balbutiement [balbysimɑ̃] NM balbuceo ■ **balbutiements** NMPL (*débuts*) balbuceos *mpl*

balbutier [balbysje] VI, VT balbucear

balcon [balkɔ̃] NM balcón *m*

balconnet [balkɔnɛ] NM sujetador *m* de media copa

baldaquin [baldakɛ̃] NM baldaquino

Bâle [bɑl] N Basilea

Baléares [baleɑʀ] NFPL : **les (îles) ~** las (islas) Baleares

baleine [balɛn] NF (*Zool, de parapluie*) ballena

baleinier [balenje] NM ballenero

baleinière [balɛnjɛʀ] NF ballenera

balisage [balizaʒ] NM balizaje *m*

balise [baliz] NF baliza

baliser [balize] VT balizar ▶ VI (*fam*) tener canguelo

balistique [balistik] ADJ balístico(-a) ▶ NF : **la ~** la balística

balivernes [balivɛʀn] NFPL pamplinas *fpl*

balkanique [balkanik] ADJ balcánico(-a)

Balkans [balkɑ̃] NMPL : **les ~** los Balcanes

ballade [balad] NF balada

ballant, e [balɑ̃, ɑ̃t] ADJ : **les bras ballants** los brazos colgando; **les jambes ballantes** las piernas colgando

ballast [balast] NM lastre *m*; (*Rail*) balasto

balle [bal] NF (*de fusil*) bala; (*de tennis, golf*) pelota; (*du blé*) cascarilla, cascabillo; (*paquet*) fardo; **~ perdue** bala perdida ■ **balles** NFPL (*fam : franc*) francos *mpl*

ballerine [bal(ə)ʀin] NF bailarina; (*chaussure*) zapatilla

ballet [balɛ] NM ballet *m*; **~ diplomatique** actividad *f* diplomática

ballon [balɔ̃] NM (*de sport*) balón *m*; (*aéronautique, jouet*) globo; (*de vin*) copa; **~ d'essai** (*aussi fig*) globo *m* sonda *inv*; **~ de football** balón de fútbol; **~ d'oxygène** globo de oxígeno

ballonné, e [balɔne] ADJ hinchado(-a); **se sentir ~** sentirse hinchado; **j'ai le ventre ~** tengo el vientre hinchado

ballonner [balɔne] VT hinchar

ballon-sonde [balɔ̃sɔ̃d] (*pl* **ballons-sondes**) NM globo *m* sonda *inv*

ballot [balo] NM fardo, bulto; (*péj*) ceporro

ballottage [balɔtaʒ] NM : **il y a ~** no hay un resultado mayoritario

ballotter [balɔte] VI bambolearse ▶ VT bambolear; **être ballotté entre ...** dudar entre ...

ballottine [balɔtin] NF : **~ de volaille** balotina de ave

ball-trap [baltʀap] (*pl* **ball-traps**) NM (*appareil*) proyector *m*; (*tir*) tiro al plato

balluchon [balyʃɔ̃] NM hatillo

balnéaire [balneɛʀ] ADJ (*station, centre*) de costa, costero(-a); (*tourisme*) de sol y playa, costero(-a)

balnéothérapie [balneoteʀapi] NF balneoterapia

balourd, e [baluʀ, uʀd] ADJ, NM/F palurdo(-a)

balourdise [baluʀdiz] NF torpeza

balsamique [balsamik] ADJ balsámico(-a); **vinaigre ~** vinagre *m* balsámico

balte [balt] ADJ báltico(-a) ▶ NMF : **Balte** báltico(-a)

baltique [baltik] ADJ báltico(-a) ▶ NF : **la (mer) B~** el (mar) Báltico

baluchon [balyʃɔ̃] NM = **balluchon**

balustrade [balystʀad] NF balaustrada

bambin [bɑ̃bɛ̃] NM niño(-a), chiquillo(-a)

bambou [bɑ̃bu] NM bambú *m*

ban [bɑ̃] NM : **ouvrir/fermer le ~** abrir/cerrar una ceremonia militar con un toque; **être/mettre au ~ de** estar/poner al margen de; **le ~ et l'arrière-~ de sa famille** todos los miembros de su familia ■ **bans** NMPL (*de mariage*) amonestaciones *fpl* matrimoniales

banal¹, e [banal] ADJ (*aussi péj*) banal

banal², e [banal] ADJ (*pl* **banaux**) : **four ~** (*Hist*) molino comunal

banalement [banalmɑ̃] ADV banalmente

banalisé, e [banalize] ADJ banalizado(-a); (*voiture de police*) camuflado(-a)

banaliser [banalize] VT banalizar

banalité [banalite] NF banalidad *f*; **dire des banalités** decir banalidades

banane [banan] NF plátano, banana (*surtout* AM)

bananeraie [bananʀɛ] NF platanar *m*

bananier [bananje] NM plátano; (*cargo*) barco bananero

banc [bɑ̃] NM banco; **~ d'essai** (*fig*) banco de prueba; **~ de sable** banco de arena; **~ des accusés/témoins** banquillo de los acusados/testigos; **~ de poissons** banco de peces

bancaire [bɑ̃kɛʀ] ADJ bancario(-a)

bancal, e [bɑ̃kal] ADJ cojo(-a); (*fig*) defectuoso(-a)

bandage [bɑ̃daʒ] NM vendaje *m*
bande [bɑ̃d] NF banda; (*de tissu*) faja; (*pour panser*) venda; (*motif, dessin*) banda, franja; **une ~ de ...** (*copains, voyous*) una pandilla de ...; **donner de la ~** (*Naut*) dar a la banda, escorar; **par la ~** (*fig*) indirectamente; **faire ~ à part** hacer rancho aparte; **~ de roulement** banda de rodadura; **~ de terre** faja de tierra; **~ dessinée** (*dans un journal*) tira cómica, historieta; *ver nota*; (*livre*) cómic *m*; **~ magnétique** cinta magnética; **~ perforée** banda perforada; **~ sonore** banda sonora; **~ Velpeau®** venda; **~ vidéo** cinta de vídeo

La **bande dessinée** o *BD* goza de gran popularidad en Francia tanto entre los niños como entre los adultos. Cada mes de enero se celebra en Angulema el Festival Internacional del Cómic.

bandé, e [bɑ̃de] ADJ : **les yeux bandés** los ojos vendados; **la main bandée** la mano vendada
bande-annonce [bɑ̃danɔ̃s] (*pl* **bandes-annonces**) NF tráiler *m*
bandeau [bɑ̃do] NM venda; (*autour du front*) cinta, venda, vincha (AND, CSUR)
bandelette [bɑ̃dlɛt] NF venda
bander [bɑ̃de] VT (*blessure*) vendar; (*muscle, arc*) tensar; **~ les yeux à qn** vendar los ojos a algn ▸ VI (*fam !*) empalmarse (*fam !*)
banderille [bɑ̃dʀij] NF banderilla
banderole [bɑ̃dʀɔl] NF banderola
bande-son [bɑ̃dsɔ̃] (*pl* **bandes-son**) NF banda sonora
bandit [bɑ̃di] NM bandido; (*fig*) estafador *m*
banditisme [bɑ̃ditism] NM bandidaje *m*
bandoulière [bɑ̃duljɛʀ] NF : **en ~** en bandolera
Bangkok [bɑ̃ŋkɔk] N Bangkok
Bangladesh [bɑ̃gladɛʃ] NM Bangladesh *m*
banjo [bɑ̃(d)ʒo] NM banjo
banlieue [bɑ̃ljø] NF suburbio; **quartier de ~** barrio suburbano; **lignes/trains de ~** líneas *fpl*/trenes *mpl* de cercanías
banlieusard, e [bɑ̃ljøzaʀ, aʀd] NM/F habitante *mf* de los suburbios
bannière [banjɛʀ] NF estandarte *m*
bannir [baniʀ] VT desterrar
banque [bɑ̃k] NF banco; (*activités*) banca; **~ d'affaires** banco de negocios; **~ alimentaire** banco de alimentos; **~ de dépôt** banco de depósito; **~ de données** (*Inform*) banco de datos; **~ d'émission** banca central; **~ en ligne** banco online; **~ des yeux/du sang** banco de ojos/de sangre
banqueroute [bɑ̃kʀut] NF bancarrota
banquet [bɑ̃kɛ] NM banquete *m*
banquette [bɑ̃kɛt] NF banqueta; (*d'auto*) asiento corrido
banquier, -ière [bɑ̃kje, jɛʀ] NM/F banquero(-a)
banquise [bɑ̃kiz] NF banco de hielo, banquisa
bantou, e [bɑ̃tu] ADJ bantú
baobab [baɔbab] NM (*Bot*) baobab *m*
baptême [batɛm] NM (*sacrement*) bautismo; (*cérémonie*) bautizo; **~ de l'air** bautismo del aire
baptiser [batize] VT bautizar
baptiste [batist] ADJ bautista
baquer [bake] (*fam*) : **se baquer** VPR bañarse
baquet [bakɛ] NM cubeta
bar [baʀ] NM bar *m*, cantina (*surtout* AM); (*comptoir*) barra, mostrador *m*; (*poisson*) lubina
baragouin [baʀagwɛ̃] NM jerigonza; (*à l'étranger*) chapurreo
baragouiner [baʀagwine] VI, VT chapurrear
baraque [baʀak] NF barraca; (*cabane, hutte*) caseta; (*fam*) casucha; **~ foraine** barraca de feria
baraqué, e [baʀake] (*fam*) ADJ cachas *inv*
baraquements [baʀakmɑ̃] NMPL campamento de barracas
baratin [baʀatɛ̃] (*fam*) NM (*pour vendre*) charlatanería; (*pour séduire*) camelo
baratiner [baʀatine] (*fam*) VT (*pour vendre*) charlatanear; (*pour séduire*) camelar
baratineur, -euse [baʀatinœʀ, øz] (*fam*) NM/F (*vendeur*) charlatán(-ana); (*séducteur*) camelista *mf*
baratte [baʀat] NF mantequera
barbant, e [baʀbɑ̃, ɑ̃t] (*fam*) ADJ pesado(-a)
barbare [baʀbaʀ] ADJ, NMF bárbaro(-a)
barbarie [baʀbaʀi] NF barbarie *f*
barbarisme [baʀbaʀism] NM barbarismo
barbe [baʀb] NF barba; **au nez et à la ~ de qn** en las barbas de algn; **quelle ~ !** (*fam*) ¡qué lata!; **~ à papa** algodón *m* de azúcar
barbecue [baʀbəkju] NM barbacoa, asado (AM)
barbelé [baʀbəle] NM alambre *m* de púas
barber [baʀbe] (*fam*) VT dar la lata a ▪ **se barber** VPR (*fam*) aburrirse
barbiche [baʀbiʃ] NF perilla
barbichette [baʀbiʃɛt] NF perilla
barbiturique [baʀbityʀik] NM barbitúrico
barboter [baʀbɔte] VI chapotear ▸ VT (*voler*) birlar, mangar
barboteuse [baʀbɔtøz] NF pelele *m*
barbouillé, e [baʀbuje] ADJ : **avoir l'estomac ~** tener el estómago revuelto
barbouiller [baʀbuje] VT (*couvrir, salir*) embadurnar; (*péj : mur, toile*) pintarrajear; (: *écrire, dessiner*) emborronar
barbu, e [baʀby] ADJ barbudo(-a)
barbue [baʀby] NF rodaballo menor
Barcelone [baʀsəlɔn] N Barcelona
barda [baʀda] (*fam*) NM bártulos *mpl*
barde [baʀd] NF albardilla ▸ NM (*poète*) bardo
bardé, e [baʀde] ADJ : **~ de médailles** abarrotado(-a) de medallas

bardeaux [bardo] NMPL ripias *fpl*
barder [barde] VI (*fam*) : **ça va ~** se va a armar la gorda ▸ VT enalbardar
barème [barɛm] NM (*des prix, des tarifs*) baremo, tabla; (*cotisations, notes*) baremo; **~ des salaires** tabla de salarios
barge [barʒ] NF pontón *m*
barguigner [bargiɲe] VI : **sans ~** sin vacilar
baril [bari(l)] NM barril *m*
barillet [barijɛ] NM (*de revolver*) tambor *m*
bariolé, e [barjɔle] ADJ abigarrado(-a)
barman [barman] NM barman *m inv*
baromètre [barɔmɛtr] NM (*aussi fig*) barómetro; **~ anéroïde** barómetro aneroide
baron, ne [barɔ̃, ɔn] NM/F barón(-onesa); (*fig*) magnate
baroque [barɔk] ADJ (*Art*) barroco(-a); (*fig*) estrambótico(-a)
baroud [barud] NM : **faire un ~ d'honneur** quemar el último cartucho
baroudeur [barudœr] (*fam*) NM pendenciero
barque [bark] NF barca
barquette [barkɛt] NF (*en aluminium*) envase *m*; (*en bois*) caja; (*tartelette*) tartaleta
barracuda [barakyda] NM barracuda
barrage [baraʒ] NM pantano, embalse *m*; (*sur route*) barrera; **~ de police** cordón *m* policial, retén *m* (*AM*)
barre [bar] NF barra; (*Naut*) timón *m*; (*écrite*) raya; **comparaître à la ~** comparecer ante el juez; **être à** *ou* **tenir la ~** llevar el timón; **~ à mine** barrena; **~ de mesure** (*Mus*) barra de compás; **~ d'outils** barra de herramientas; **~ fixe** (*Gymnastique*) barra fija; **barres parallèles** barras paralelas
barreau, x [baro] NM barrote *m*; (*Jur*) : **le ~** el foro, la abogacía
barrer [bare] VT (*route*) obstruir; (*mot*) tachar; (*chèque*) cruzar; (*Naut*) timonear; **~ le passage** *ou* **la route à qn** cerrar el paso a algn ■ **se barrer** VPR (*fam*) largarse, pirarse
barrette [barɛt] NF (*pour les cheveux*) pasador *m*; (*Rel*) birrete *m*; (*broche*) broche *m*
barreur [barœr] NM timonel *m*
barricade [barikad] NF barricada
barricader [barikade] VT (*rue*) levantar barricadas en; (*porte, fenêtre*) atrancar; **se ~ chez soi** (*fig*) encerrarse en su casa
barrière [barjɛr] NF (*aussi fig*) barrera; **~ de dégel** (*Admin, Auto*) *circulación de vehículos pesados prohibida a causa del deshielo*; **barrières douanières** barreras *fpl* aduaneras
barrique [barik] NF barrica, tonel *m*
barrir [barir] VI bramar
bar-tabac [bartaba] (*pl* **bars-tabacs**) NM bar *m* (*donde se venden tabaco y sellos*)
baryton [baritɔ̃] NM barítono
bas, basse [bɑ, bɑs] ADJ bajo(-a); (*vue*) corto(-a); (*action*) bajo(-a), vil; **la tête basse** cabizbajo; **avoir la vue basse** ser corto(-a) de vista; **au ~ mot** por lo menos, por lo bajo; **enfant en ~ âge** niño de corta edad; **~ morceaux** despojos *mpl* ▸ NM (*chaussette*) calcetín *m*; (*de femme*) media; (*partie inférieure*) : **le ~ de ...** la parte de abajo de ...; **un ~ de laine** ahorros *mpl*; **de ~ en haut** de abajo arriba; **des hauts et des ~** altibajos *mpl* ▸ ADV bajo; **plus ~** más bajo, más abajo; **parler plus ~** hablar más bajo; **en ~** abajo; **en ~ de** debajo de, en la parte baja de; **mettre ~** parir; **« à ~ la dictature/l'école ! »** « ¡abajo la dictadura/la escuela! »
basalte [bazalt] NM basalto
basané, e [bazane] ADJ curtido(-a); (*immigré*) moro(-a)
bas-côté [bakote] (*pl* **bas-côtés**) NM (*de route*) arcén *m*; (*d'église*) nave *f* lateral
bascule [baskyl] NF : **(jeu de) ~** subibaja *m*; **(balance à) ~** báscula; **fauteuil à ~** mecedora
basculer [baskyle] VI (*tomber*) volcar; (*benne*) bascular ▸ VT (*gén : faire basculer*) volcar
base [bɑz] NF base *f*; (*Pol*) : **la ~** la(s) base(s); **jeter les bases de** sentar las bases de; **à la ~ de** (*fig*) en el origen de; **sur la ~ de** (*fig*) tomando como base; **principe/produit de ~** principio/producto de base; **à ~ de café** a base de café; **~ de données** (*Inform*) base de datos; **~ de lancement** base de lanzamiento
base-ball [bɛzbol] (*pl* **base-balls**) NM béisbol *m*
baser [bɑze] VT : **~ qch sur** basar algo en; **se ~ sur** basarse en; **basé à/dans** (*Mil*) con base en
bas-fond [bɑfɔ̃] (*pl* **bas-fonds**) NM (*Naut*) bajío ■ **bas-fonds** NMPL (*fig*) bajos fondos *mpl*, hampa *fsg*
basilic [bazilik] NM albahaca
basilique [bazilik] NF basílica
basket [baskɛt] NM = **basket-ball**
basket-ball [baskɛtbol] (*pl* **basket-balls**) NM baloncesto
baskets [baskɛt] NFPL (*chaussures*) playeras *fpl*, zapatillas *fpl* de deporte
basketteur, -euse [basketœr, øz] NM/F baloncestista *mf*
basquaise [baskɛz] ADJ F vasca ▸ NF : **B~** vasca
basque [bask] ADJ, NMF vasco(-a); **le Pays ~** el País vasco ▸ NM (*Ling*) vasco, vascuence *m*
basques [bask] NFPL faldones *mpl*; **pendu aux ~ de qn** pegado a las faldas de algn
bas-relief [bɑrəljɛf] (*pl* **bas-reliefs**) NM bajorrelieve *m*
basse [bɑs] ADJ F *voir* **bas** ▸ NF bajo
basse-cour [bɑskur] (*pl* **basses-cours**) NF (*cour*) corral *m*; (*animaux*) aves *fpl* de corral
bassement [bɑsmɑ̃] ADV bajamente, vilmente
bassesse [bɑsɛs] NF bajeza
basset [bɑsɛ] NM basset *m*
bassin [basɛ̃] NM (*cuvette*) palangana, cubeta; (*pièce d'eau*) estanque *m*; (*de fontaine*) pila; (*Géo*)

b

cuenca; (*Anat*) pelvis *f*; (*portuaire*) dársena; **~ houiller** cuenca hullera

bassine [basin] NF balde *m*

bassiner [basine] VT (*plaie*) humedecer; (*lit*) calentar; (*fam*) dar el tostón a

bassiste [basist] NMF bajista *mf*, bajo

basson [basɔ̃] NM (*instrument*) fagot *m*; (*musicien*) fagotista *mf*, fagot *m*

bastide [bastid] NF (*maison*) quinta; (*ville*) bastida

bastingage [bastɛ̃gaʒ] NM borda

bastion [bastjɔ̃] NM bastión *m*; (*fig*) baluarte *m*

baston [bastɔ̃] (*fam !*) NM OU F bronca, pelotera (*fam*)

bastonner [bastɔne] (*fam*) : **se bastonner** VPR pegarse

bas-ventre [bɑvɑ̃tʀ] (*pl* **bas-ventres**) NM bajo-vientre *m*

bat [ba] VB *voir* **battre**

bât [bɑ] NM albarda

bataille [bataj] NF (*aussi fig*) batalla; **en ~** (*cheveux*) desgreñado(-a); **~ rangée** batalla campal

bataillon [batajɔ̃] NM batallón *m*

bâtard, e [bɑtaʀ, aʀd] ADJ (*solution*) espurio(-a); (*fig*) híbrido(-a); **chien ~** perro bastardo ▶ NM/F (*enfant*) bastardo(-a) ▶ NM (*boulangerie*) barra

batavia [batavja] NF *lechuga de hojas anchas y rizadas*

bateau, x [bato] NM barco; (*grand*) navío, buque *m*; (*abaissement du trottoir*) vado; **~ à moteur/de pêche** barco de motor/de pesca ▶ ADJ (*banal, rebattu*) típico(-a)

bateau-citerne [batositɛʀn] (*pl* **bateaux-citernes**) NM barco cisterna *inv*

bateau-mouche [batomuʃ] (*pl* **bateaux-mouches**) NM golondrina

bateau-pilote [batopilɔt] (*pl* **bateaux-pilotes**) NM barco piloto *inv*

bateleur, -euse [batlœʀ, øz] NM/F titiritero(-a), cómico(-a)

batelier, -ière [batəlje] NM/F barquero(-a)

bat-flanc [baflɑ̃] NM (*pour dormir*) mampara

bâti, e [bɑti] ADJ (*terrain*) edificado(-a); **bien ~** (*personne*) bien hecho(-a), fornido(-a) ▶ NM (*armature*) armazón *m*; (*Couture*) hilván *m*

batifoler [batifɔle] VI retozar

batik [batik] NM batik *m*

bâtiment [bɑtimɑ̃] NM edificio; (*Naut*) navío; **le ~** (*industrie*) la construcción

bâtir [bɑtiʀ] VT edificar, construir; (*fig*) edificar; (*Couture*) hilvanar; **fil à ~** (*Couture*) hilo de hilvanar

bâtisse [bɑtis] NF construcción *f*

bâtisseur, -euse [bɑtisœʀ, øz] NM/F constructor(a), fundador(a)

batiste [batist] NF batista

bâton [bɑtɔ̃] NM palo, vara; (*d'agent de police*) porra; **mettre des bâtons dans les roues à qn** poner trabas a algn; **à bâtons rompus** sin orden ni concierto; **~ de rouge (à lèvres)** barra (de labios); **~ de ski** bastón *m* de esquiar

bâtonnet [bɑtɔnɛ] NM palo pequeño

bâtonnier [bɑtɔnje] NM (*Jur*) decano del colegio de abogados

batraciens [batʀasjɛ̃] NMPL batracios *mpl*

bats [ba] VB *voir* **battre**

battage [bataʒ] NM propaganda exagerada

battant, e [batɑ̃, ɑ̃t] VB *voir* **battre** ▶ ADJ : **pluie battante** aguacero, lluvia recia; **tambour ~** (*fig*) con firmeza ▶ NM (*de cloche*) badajo; (*de volet, de porte*) hoja, batiente *m*; **porte à double ~** puerta de doble batiente ▶ NM, NF (*personne*) persona combativa

batte [bat] NF pala, bate *m*

battement [batmɑ̃] NM (*de cœur*) latido, palpitación *f*; (*intervalle*) intervalo; **10 minutes de ~** 10 minutos de intervalo; **~ de paupières** parpadeo

batterie [batʀi] NF (*aussi Mus*) batería; **~ de tests** batería de tests; **~ de cuisine** batería de cocina

batteur, -euse [batœʀ, øz] NM/F (*Mus*) batería *mf* ▶ NM (*appareil*) batidora ▶ NF (*machine agricole*) trilladora

battoir [batwaʀ] NM (*à linge, tapis*) pala, paleta

battre [batʀ] VT pegar; (*suj : pluie, vagues*) golpear, azotar; (*vaincre*) vencer, derrotar; (*œufs*) batir; (*blé*) trillar; (*tapis*) sacudir; (*cartes*) barajar; (*passer au peigne fin*) rastrear; **~ froid à qn** tratar a algn con frialdad; **~ la mesure** llevar el compás; **~ en brèche** batir en brecha; **~ son plein** estar en su apogeo; **~ pavillon espagnol** enarbolar bandera española; **~ la semelle** zapatear (para calentarse) ▶ VI (*cœur*) latir; (*volets*) golpear, batir; **~ en retraite** batirse en retirada; **~ de l'aile** (*fig*) estar alicaído(-a); **~ des ailes** aletear; **~ des mains** dar palmas ■ **se battre** VPR pelearse, luchar; (*fig*) esforzarse

battu, e [baty] PP *de* **battre**

battue [baty] NF batida

baud [bo] NM baudio

baudruche [bodʀyʃ] NF : **ballon de ~** globo de goma; (*fig*) botarate *m*

baume [bom] NM bálsamo; (*fig*) bálsamo, consuelo; **mettre du ~ au cœur (à qn)** servir de consuelo (a algn)

bauxite [boksit] NF bauxita

bavard, e [bavaʀ, aʀd] ADJ parlanchín(-ina)

bavardage [bavaʀdaʒ] NM charla

bavarder [bavaʀde] VI charlar, platicar (*MEX*); (*indiscrètement*) charlatanear, irse de la lengua

bavarois, e [bavaʀwa, waz] ADJ bávaro(-a) ▶ NM (*Culin*) crema bávara, bavarois *m*

bave [bav] NF baba

baver [bave] VI babear; (*encre, couleur*) chorrear;

en ~ (*fam*) pasar las de Caín, pasarlas negras
bavette [bavɛt] NF (*de bébé*) babero; (*de tablier, salopette*) peto
baveux, -euse [bavø, øz] ADJ baboso(-a); **omelette baveuse** tortilla babosa
Bavière [bavjɛʀ] NF : **la ~** Baviera
bavoir [bavwaʀ] NM babero
bavure [bavyʀ] NF rebaba, mancha; (*fig*) error *m*; **~ policière** atropello policial
bayadère [bajadɛʀ] ADJ bayadera
bayer [baje] VI : **~ aux corneilles** estar en Babia
bazar [bazaʀ] NM bazar *m*; (*fam*) leonera
bazarder [bazaʀde] (*fam*) VT liquidar
BCBG [besebeʒe] SIGLE ADJ = **bon chic bon genre**; **une fille ~** ≈ una chica bien vestida
BCG [beseʒe] SIGLE M (= *bacille Calmette-Guérin*) *vacuna de la tuberculosis*
bcp ABR = **beaucoup**
BD SIGLE F (= *bande dessinée*) *voir* **bande**; (= *base de données*) base *f* de datos
bd ABR (= *boulevard*) Blvr. (= *bulevar*)
b.d.c. ABR (= *bas de casse*) c.b. (= *caja baja*)
beach-volley [bitʃvɔlɛ] NM vóley-playa *m*
béant, e [beɑ̃, ɑ̃t] ADJ abierto(-a)
béarnais, e [bearnɛ, ɛz] ADJ bearnés(-esa) ▶ NM/F : **Béarnais, e** bearnés(-esa)
béat, e [bea, at] ADJ beato(-a); (*sourire etc*) plácido(-a)
béatitude [beatityd] NF beatitud *f*
beau, belle [bo, bɛl] (*devant nm commençant par voyelle ou h muet* **bel**) (*mpl* **beaux**, *fpl* **belles**) ADJ (*gén*) bonito(-a); (*plus formel*) hermoso(-a), bello(-a), lindo(-a) (*surtout* AM *fam*); (*personne*) guapo(-a); **il a ~ jeu de protester** *etc* le es fácil protestar *etc*; **un bel homme** un hombre guapo; **un ~ geste** un gesto noble; **un ~ salaire** un buen salario; **un ~ gâchis/rhume** (*iron*) un buen despilfarro/resfriado; **le ~ monde** la buena sociedad; **un ~ jour ...** un buen día ...; **~ parleur** hombre *m* de labia ▶ NM : **avoir le sens du ~** tener sentido estético; **le plus ~ c'est que ...** lo mejor es que ...; **« c'est du ~ ! »** « ¡qué bonito! »; **faire le ~** (*chien*) ponerse en dos patas ▶ ADV : **il fait ~** hace buen tiempo; **on a ~ essayer ...** por más que se intente ...; **de plus belle** más y mejor; **bel et bien** de verdad
beauceron, ne [bosʀɔ̃, ɔn] ADJ de la Beauce ▶ NM/F : **Beauceron, ne** nativo(-a) *ou* habitante *mf* de la Beauce
beaucoup [boku] ADV mucho; **il boit ~** bebe mucho; **il ne rit pas ~** no ríe mucho; **il est ~ plus grand** es mucho más grande; **il en a ~** tiene mucho(s)(-a(s)); **~ trop de** demasiado(s) (-a(s)); **(pas) ~ de** (no) mucho(s)(-a(s)); **~ d'étudiants/de touristes** muchos estudiantes/turistas; **~ de courage** mucho valor; **il n'a pas ~ d'argent** no tiene mucho dinero; **de ~** *adv* con mucho; **~ le savent** (*emploi nominal*) muchos lo saben
beau-fils [bofis] (*pl* **beaux-fils**) NM yerno; (*remariage*) hijastro
beau-frère [bofʀɛʀ] (*pl* **beaux-frères**) NM cuñado
beau-père [bopɛʀ] (*pl* **beaux-pères**) NM suegro; (*remariage*) padrastro
beauté [bote] NF belleza; **de toute ~** de gran belleza; **en ~** : **finir en ~** terminar brillantemente
beaux-arts [bozaʀ] NMPL bellas artes *fpl*
beaux-parents [boparɑ̃] NMPL suegros *mpl*
bébé [bebe] NM bebé *m*
bébé-éprouvette [bebeepʀuvɛt] (*pl* **bébés-éprouvette**) NM bebé-probeta *m*
bec [bɛk] NM pico; (*de plume*) punta; (*d'une clarinette etc*) boquilla; **clouer le ~ à qn** (*fam*) cerrar el pico a algn; **~ de gaz** farola; **~ verseur** pico
bécane [bekan] (*fam*) NF bici *f*
bécarre [bekaʀ] NM becuadro
bécasse [bekas] NF becada; (*fam*) tonta
bec-de-cane [bɛkdəkan] (*pl* **becs-de-cane**) NM picaporte *m*
bec-de-lièvre [bɛkdəljɛvʀ] (*pl* **becs-de-lièvre**) NM labio leporino
béchamel [beʃamɛl] NF : **(sauce) ~** (salsa) bechamel *f*
bêche [bɛʃ] NF pala
bêcher [beʃe] VT (*terre*) cavar
bêcheur, -euse [bɛʃœʀ, øz] (*fam*) ADJ criticón(-ona) ▶ NM/F criticón(-ona); (*snob*) engreído(-a)
bécoter [bekɔte] : **se bécoter** VPR besuquearse
becquée [beke] NF : **donner la ~ à** dar de comer a
becqueter [bɛkte] (*fam*) VI papear
bedaine [bədɛn] NF barriga
bédé [bede] (*fam*) NF (= *bande dessinée*) *voir* **bande**
bedeau, x [bədo] NM sacristán *m*
bedonnant, e [bədɔnɑ̃, ɑ̃t] ADJ barrigudo(-a)
bée [be] ADJ : **bouche ~** boquiabierto(-a)
beffroi [befʀwa] NM campanario
bégaiement [begɛmɑ̃] NM tartamudeo
bégayer [begeje] VI, VT tartamudear
bégonia [begɔnja] NM begonia
bègue [bɛg] NMF tartamudo(-a)
bégueule [begœl] ADJ mojigato(-a)
béguin [begɛ̃] NM : **avoir le ~ pour** estar encaprichado(-a) con
beige [bɛʒ] ADJ beige
beignet [bɛɲɛ] NM buñuelo
bel [bɛl] ADJ M *voir* **beau**
bêler [bele] VI balar
belette [bəlɛt] NF comadreja
belge [bɛlʒ] ADJ belga ▶ NMF : **Belge** belga *mf*; *ver nota*

La **fête nationale belge**, que se celebra el 21 de julio, conmemora la coronación de Leopoldo de Sajonia-Coburgo como Rey Leopoldo I, que tuvo lugar en 1831.

Belgique [bɛlʒik] NF Bélgica
Belgrade [bɛlgʀad] N Belgrado
bélier [belje] NM (*Zool*) carnero; (*engin*) ariete *m*; (*Astrol*) : **B~** Aries *m*; **être B~** ser Aries
Bélize [beliz] NM Belice *m*
bellâtre [bɛlɑtʀ] NM niño bonito
belle [bɛl] ADJ F *voir* **beau** ▶ NF (*Sport*) : **la ~** el desempate ■ **belles** NFPL : **en faire/dire de belles** hacerlas/decirlas buenas
belle-famille [bɛlfamij] (*pl* **belles-familles**) (*fam*) NF familia política
belle-fille [bɛlfij] (*pl* **belles-filles**) NF nuera; (*remariage*) hijastra
belle-mère [bɛlmɛʀ] (*pl* **belles-mères**) NF suegra; (*remariage*) madrastra
belle-sœur [bɛlsœʀ] (*pl* **belles-sœurs**) NF cuñada
belliciste [belisist] ADJ belicista
belligérant, e [beliʒeʀɑ̃, ɑ̃t] NM/F beligerante *mf*
belliqueux, -euse [belikø, øz] ADJ belicoso(-a)
belote [bəlɔt] NF ≈ tute *m*
belvédère [bɛlvedɛʀ] NM mirador *m*
bémol [bemɔl] NM bemol *m*
ben [bɛ̃] (*fam*) EXCL pues
bénédiction [benediksjɔ̃] NF bendición *f*
bénéfice [benefis] NM (*Comm*) beneficio; (*avantage*) beneficio, provecho; **au ~ de** a favor de
bénéficiaire [benefisjɛʀ] NM beneficiario(-a)
bénéficier [benefisje] VI : **~ de** (*jouir de, avoir, obtenir*) disfrutar de; (*tirer profit de*) beneficiarse de
bénéfique [benefik] ADJ benéfico(-a)
Bénélux [benelyks] NM Benelux *m*
benêt [bənɛ] ADJ, NM pánfilo(-a)
bénévolat [benevɔla] NM voluntariado
bénévole [benevɔl] ADJ (*personne*) benévolo(-a); (*aide*) voluntario(-a) ▶ NMF voluntario(-a)
bénévolement [benevɔlmɑ̃] ADV voluntariamente
Bengale [bɛ̃gal] NM Bengala; **le golfe du ~** el golfo de Bengala
bengali [bɛ̃gali] ADJ, NM bengalí *m*
Bénin [benɛ̃] NM Benin *m*
bénin, -igne [benɛ̃, iɲ] ADJ benigno(-a)
béninois, e [beninwa, waz] ADJ de Benin ▶ NM/F : **Béninois, e** nativo(-a) *ou* habitante *mf* de Benin
bénir [beniʀ] VT bendecir
bénit, e [beni, it] ADJ bendito(-a); **eau bénite** agua bendita
bénitier [benitje] NM pila de agua bendita
benjamin, e [bɛ̃ʒamɛ̃, in] NM/F benjamín(-ina); (*Sport*) alevín *mf*
benne [bɛn] NF (*de camion*) volquete *m*; (*de téléphérique*) cabina; **~ basculante** volquete
benzine [bɛ̃zin] NF bencina
béotien, ne [beɔsjɛ̃, jɛn] NM/F tosco(-a)
BEP [beøpe] SIGLE M (= *brevet d'études professionnelles*) *certificado de estudios profesionales*
béquille [bekij] NF muleta; (*de bicyclette*) soporte *m*
berbère [bɛʀbɛʀ] ADJ berberisco(-a) ▶ NM (*Ling*) bereber *m* ▶ NMF : **Berbère** bereber *mf*
bercail [bɛʀkaj] NM redil *m*
berceau, x [bɛʀso] NM (*aussi fig*) cuna
bercer [bɛʀse] VT acunar, mecer; (*suj : musique*) mecer; **~ qn de promesses** engañar a algn con promesas ■ **se bercer** VPR : **se ~ d'illusions** hacerse ilusiones
berceur, -euse [bɛʀsœʀ, øz] ADJ mecedor(a)
berceuse [bɛʀsøz] NF (*chanson*) canción *f* de cuna, nana
Bercy [bɛʀsi] N *sede del Ministerio de Economía y Finanzas francés*
béret [beʀɛ] NM : **~ (basque)** boina
bergamote [bɛʀgamɔt] NF bergamota
berge [bɛʀʒ] NF orilla; (*fam : an*) taco (*fam*)
berger, -ère [bɛʀʒe, ʒɛʀ] NM/F pastor(a) ▶ NM : **~ allemand** pastor *m* alemán
bergerie [bɛʀʒəʀi] NF aprisco
bergeronnette [bɛʀʒəʀɔnɛt] NF aguzanieves *f inv*
béribéri [beʀibeʀi] NM beriberi *m*
Berlin [bɛʀlɛ̃] N Berlín; **~ Est/Ouest** (*Hist*) Berlín este/oeste
berline [bɛʀlin] NF berlina
berlingot [bɛʀlɛ̃go] NM (*emballage*) envase *m* de cartón; (*bonbon*) *caramelo con forma de rombo*
berlinois, e [bɛʀlinwa, waz] ADJ berlinés(-esa)
berlue [bɛʀly] NF : **avoir la ~** ver visiones
bermuda [bɛʀmyda] NM bermudas *mpl ou fpl*
Bermudes [bɛʀmyd] NFPL : **les (îles) ~** las (islas) Bermudas
Berne [bɛʀn] NF Berna
berne [bɛʀn] NF : **en ~** a media asta; **mettre en ~** izar a media asta
berner [bɛʀne] VT estafar
bernois, e [bɛʀnwa, waz] ADJ bernés(-esa) ▶ NM/F : **Bernois, e** bernés(-esa)
berrichon, ne [bɛʀiʃɔ̃, ɔn] ADJ de Berry ▶ NM/F : **Berrichon, ne** nativo(-a) *ou* habitante *mf* de Berry
Berry [bɛʀi] NM Berry *m*
besace [bəzas] NF alforjas *fpl*
besogne [bəzɔɲ] NF tarea, faena
besogneux, -euse [bəzɔɲø, øz] ADJ tedioso(-a)
besoin [bəzwɛ̃] NM necesidad *f*; (*pauvreté*) : **le ~** la necesidad, la estrechez; **le ~ d'argent** la

necesidad de dinero; **être dans le ~** pasar necesidad; **il n'y a pas ~ de (faire)** no hay necesidad de (hacer); **avoir ~ de qch/de faire qch** tener necesidad de algo/de hacer algo; **au ~** si es menester; **les besoins (naturels)** las necesidades; **faire ses besoins** hacer sus necesidades; **pour les besoins de la cause** por exigencias del objetivo

bestial, e, -aux [bɛstjal, jo] ADJ bestial

bestiaux [bɛstjo] NMPL ganado, reses *fpl*

bestiole [bɛstjɔl] NF bicho

bêta [beta] (*Inform*) ADJ INV beta *inv*

bétail [betaj] NM ganado

bétaillère [betajɛʀ] NF remolque *m* para transportar ganado

bête [bɛt] NF (*gén*) animal *m*; (*insecte, bestiole*) bicho; **chercher la petite ~** buscarle tres pies al gato; **les bêtes** (*bétail*) el ganado; **~ de somme** bestia de carga; **~ noire** pesadilla, bestia negra; **bêtes sauvages** fieras *fpl*, animales *mpl* salvajes ▸ ADJ (*stupide*) tonto(-a), bobo(-a)

bêtement [bɛtmɑ̃] ADV tontamente; **tout ~** simplemente, sin rodeos

Bethléem [bɛtleɛm] N Belén

bêtifier [betifje] VI decir tonterías

bêtise [betiz] NF (*défaut d'intelligence*) estupidez *f*, tontería; (*action, remarque*) tontería; (*bonbon*) caramelo de menta; **faire/dire une ~** hacer/decir una tontería

bêtisier [betizje] NM antología de disparates

béton [betɔ̃] NM hormigón *m*; **en ~** (*fam : alibi, argument*) irrefutable, de peso; **~ armé/précontraint** hormigón armado/pretensado

bétonner [betɔne] VT construir con hormigón

bétonnière [betɔnjɛʀ] NF hormigonera

bette [bɛt] NF acelga

betterave [bɛtʀav] NF remolacha, betarraga (CHI); **~ fourragère/sucrière** remolacha forrajera/azucarera

beuglement [bøgləmɑ̃] NM mugido, bramido; (*personne, radio*) berridos *mpl*

beugler [bøgle] VI (*bovin*) mugir, bramar; (*personne, radio*) berrear ▸ VT (*péj : chanson*) berrear

Beur [bœʀ] NMF *joven árabe nacido en Francia de padres emigrantes*; *ver nota*

> **Beur** es el término que se utiliza para referirse a una persona nacida en Francia de padres emigrantes norteafricanos. La palabra proviene de un tipo de argot llamado *verlan*; su variante más coloquial *rebeu*, que a su vez es una forma en *verlan* de **Beur**, es muy común entre la juventud.

beurre [bœʀ] NM mantequilla, manteca (AM); **mettre du ~ dans les épinards** (*fig*) hacer el agosto; **~ de cacao** manteca de cacao; **~ noir** mantequilla requemada

beurré, e [bœʀe] ADJ (*avec du beurre*) con mantequilla; (*fam : ivre*) pedo (*fam*), trompa (*fam*)

beurrer [bœʀe] VT untar con mantequilla

beurrier [bœʀje] NM mantequera

beuverie [bøvʀi] NF sesión *f* de borrachos

bévue [bevy] NF patinazo

Beyrouth [beʀut] N Beirut

bi... [bi] PRÉF bi...

Biafra [bjafʀa] NM Biafra

biafrais, e [bjafʀɛ, ɛz] ADJ biafreño(-a) ▸ NM/F : **Biafrais, e** biafreño(-a)

biais [bjɛ] NM (*d'un tissu*) sesgo; (*bande de tissu*) bies *m*; (*moyen*) rodeo, vuelta; **en ~, de ~** (*obliquement*) al sesgo

biaiser [bjeze] VI andarse con rodeos

biathlon [biatlɔ̃] NM biatlón *m*

bibelot [biblo] NM chuchería

biberon [bibʀɔ̃] NM biberón *m*; **nourrir au ~** alimentar con biberón

bible [bibl] NF biblia

biblio... [biblijɔ] PRÉF biblio...

bibliobus [biblijobys] NM biblioteca ambulante, bibliobús *m*

bibliographie [biblijɔgʀafi] NF bibliografía

bibliophile [biblijɔfil] NMF bibliófilo(-a)

bibliothécaire [biblijɔtekɛʀ] NMF bibliotecario(-a)

bibliothèque [biblijɔtɛk] NF biblioteca; **~ municipale** biblioteca municipal

biblique [biblik] ADJ bíblico(-a)

bibliquement [biblikmɑ̃] ADV : **connaître qn ~** conocer a algn en el sentido bíblico

bic® [bik] NM boli *m*

bicarbonate [bikaʀbɔnat] NM : **~ (de soude)** bicarbonato (sódico)

bicentenaire [bisɑ̃t(ə)nɛʀ] NM bicentenario

biceps [bisɛps] NM bíceps *m inv*

biche [biʃ] NF cierva

bichonner [biʃɔne] VT acicalar; (*personne*) mimar

bicolore [bikɔlɔʀ] ADJ bicolor

bicoque [bikɔk] (*péj*) NF casucha

bicorne [bikɔʀn] NM bicornio

bicross [bikʀɔs] NM bicicross *m*

bicyclette [bisiklɛt] NF bicicleta

bidasse [bidas] (*fam*) NM recluta *m*

bide [bid] (*fam*) NM (*ventre*) panza; (*Théâtre*) fracaso

bidet [bidɛ] NM bidé *m*

bidoche [bidɔʃ] (*fam*) NF carne *f*

bidon [bidɔ̃] NM (*récipient*) bidón *m* ▸ ADJ INV (*fam*) amañado(-a)

bidonnant, e [bidɔnɑ̃, ɑ̃t] (*fam*) ADJ desternillante

bidonville [bidɔ̃vil] NM chabolas *fpl*

bidule [bidyl] NM trasto, chisme *m*

bielle [bjɛl] NF biela

biélorusse [bjelɔʀys] ADJ bieloruso(-a) ▶ NM (*Ling*) bieloruso ▶ NMF: **Biélorusse** bieloruso(-a)

Biélorussie [bjelɔʀysi] NF Bielorrusia

bien [bjɛ̃]

▶ NM 1 (*avantage, profit, moral*) bien *m*; **faire du bien à qn** hacer bien a algn; **faire le bien** hacer el bien; **dire du bien de qn/qch** hablar bien de algn/algo; **c'est pour son bien** es por su bien; **changer en bien** cambiar para bien; **mener à bien** llevar a buen término; **je te veux du bien** te quiero bien; **le bien public** el bien público
2 (*possession, patrimoine*) bien; **son bien le plus précieux** su bien más preciado; **avoir du bien** tener fortuna; **biens de consommation** bienes *mpl* de consumo
▶ ADV 1 (*de façon satisfaisante*) bien; **elle travaille/mange bien** trabaja/come bien; **vite fait, bien fait** pronto y bien; **croyant bien faire, je ...** creyendo hacer bien, yo ...
2 (*valeur intensive*) muy, mucho; **bien jeune** muy joven; **j'en ai bien assez** tengo más que suficiente; **bien mieux** mucho mejor; **bien souvent** muy a menudo; **c'est bien fait !** ¡te está bien empleado!; **j'espère bien y aller** sí espero poder ir; **je veux bien le faire** (*concession*) lo haré aunque me duela; **il faut bien le faire** hay que hacerlo; **il faut bien l'admettre** hay que admitirlo; **il y a bien deux ans** hace dos años largos; **Paul est bien venu, n'est-ce pas ?** Paul sí ha venido, ¿verdad?; **tu as eu bien raison de dire cela** hiciste muy bien en decir eso; **j'ai bien téléphoné** sí llamé por teléfono; **se donner bien du mal** molestarse mucho; **où peut-il bien être passé ?** ¿dónde se habrá metido?; **on verra bien** ya veremos
3 (*beaucoup*) : **bien du temps/des gens** mucho tiempo/mucha gente
▶ EXCL : **eh bien ?** bueno, ¿qué?
▶ ADJ INV 1 (*en bonne forme, à l'aise*) : **être/se sentir bien** estar/sentirse bien; **je ne me sens pas bien** no me siento bien; **on est bien dans ce fauteuil** se está bien en este sillón
2 (*joli, beau*) bien; **tu es bien dans cette robe** estás bien con este vestido; **elle est bien, cette femme** está bien esa mujer
3 (*satisfaisant, adéquat*) bien; **elle est bien, cette maison** está bien esta casa; **elle est bien, cette secrétaire** es buena esta secretaria; **c'est bien ?** ¿está bien?; **mais non, c'est très bien** que no, está muy bien; **c'est très bien (comme ça)** está muy bien (así)
4 (*juste, moral, respectable*) bien *inv*; **ce n'est pas bien de ...** no está bien ...; **des gens biens** gente bien
5 (*en bons termes*) : **être bien avec qn** estar a bien con algn; **si bien que** (*résultat*) de tal manera que; **tant bien que mal** así, así
6 : **bien que** *conj* aunque
7 : **bien sûr** *adv* desde luego

bien-aimé, e [bjɛ̃neme] (*pl* **~, -es**) ADJ, NM/F bienamado(-a)

bien-être [bjɛ̃nɛtʀ] NM INV bienestar *m*

bienfaisance [bjɛ̃fəzɑ̃s] NF beneficencia

bienfaisant, e [bjɛ̃fəzɑ̃, ɑ̃t] ADJ beneficioso(-a)

bienfait [bjɛ̃fɛ] NM favor *m*; (*de la science*) beneficio ■ **bienfaits** NMPL beneficios *mpl*

bienfaiteur, -trice [bjɛ̃fɛtœʀ, tʀis] NM/F bienhechor(a)

bien-fondé [bjɛ̃fɔ̃de] (*pl* **bien-fondés**) NM pertinencia; **reconnaître le ~ de** reconocer la pertinencia de

bien-fonds [bjɛ̃fɔ̃] (*pl* **biens-fonds**) NM bienes *mpl* raíces

bienheureux, -euse [bjɛ̃nœʀø, øz] ADJ bienaventurado(-a)

biennal, e, -aux [bjenal, o] ADJ bienal

bien-pensance [bjɛ̃pɑ̃sɑ̃s] (*pl* **bien-pensances**) NF buenismo

bien-pensant, e [bjɛ̃pɑ̃sɑ̃, ɑ̃t] (*pl* **bien-pensants, -es**) (*péj*) ADJ, NM/F biempensante *mf*

bienséance [bjɛ̃seɑ̃s] NF decoro, decencia ■ **bienséances** NFPL (*convenances*) conveniencias *fpl*

bienséant, e [bjɛ̃seɑ̃, ɑ̃t] ADJ decoroso(-a), decente

bientôt [bjɛ̃to] ADV pronto, luego; **à ~** hasta pronto

bienveillance [bjɛ̃vɛjɑ̃s] NF benevolencia

bienveillant, e [bjɛ̃vɛjɑ̃, ɑ̃t] ADJ benévolo(-a)

bienvenu, e [bjɛ̃vny] ADJ bienvenido(-a) ▶ NM/F : **être le ~/la bienvenue** ser bienvenido/bienvenida

bienvenue [bjɛ̃vny] NF : **souhaiter la ~ à** desear la bienvenida a; **~ à** bienvenido(-a) a

> À la différence de l'exclamation française **Bienvenue !**, l'équivalent en espagnol s'accorde en genre et en nombre en fonction de si l'on s'adresse à une ou plusieurs personnes, de sexe masculin ou féminin :
> **Mes chers amis, bienvenue !** Queridos amigos, ¡bienvenidos !

bière [bjɛʀ] NF cerveza; (*cercueil*) ataúd *m*; **~ blonde/brune** cerveza rubia/negra; **~ (à la) pression** cerveza de barril

biffer [bife] VT tachar, rayar

bifteck [biftɛk] NM bistec *m*, bisté *m*, bife *m* (ARG); **défendre son ~** (*fam*) mirar por lo suyo

bifurcation [bifyʀkasjɔ̃] NF bifurcación *f*; (*fig*) bifurcación, desvío

bifurquer [bifyʀke] VI (*route*) bifurcarse; (*véhicule, aussi fig*) desviarse

bigame [bigam] ADJ bígamo(-a)

bigamie [bigami] NF bigamia

bigarré, e [bigaʀe] ADJ (*bariolé*) abigarrado(-a); (*disparate*) heterogéneo(-a)

bigarreau, x [bigaʀo] NM cereza rosa
bigleux, -euse [biglø, øz] ADJ bizco(-a)
bigorneau, x [bigɔʀno] NM bígaro
bigot, e [bigo, ɔt] (*péj*) ADJ santurrón(-ona), beato(-a) ▶ NM/F beato(-a)
bigoterie [bigɔtʀi] NF beatería
bigoudi [bigudi] NM bigudí *m*
bigrement [bigʀəmɑ̃] (*fam*) ADV : **elle est ~ jolie** está la mar de guapa
bijou, x [biʒu] NM (*aussi fig*) joya, alhaja
bijouterie [biʒutʀi] NF (*bijoux*) joyas *fpl*; (*magasin*) joyería
bijoutier, -ière [biʒutje, jɛʀ] NM/F joyero(-a)
bikini [bikini] NM biquini *m*
bilan [bilɑ̃] NM balance *m*; **faire le ~ de** hacer el balance de; **déposer son ~** declararse en quiebra; **~ carbone** método utilizado para calcular las emisiones de gases de efecto invernadero; **~ de santé** chequeo
bilatéral, e, -aux [bilateʀal, o] ADJ bilateral
bilboquet [bilbɔkɛ] NM boliche *m*
bile [bil] NF bilis *f*; **se faire de la ~** (*fam*) hacerse mala sangre
biler [bile] (*fam*) : **se biler** VPR preocuparse
biliaire [biljɛʀ] ADJ biliar
bilieux, -euse [biljø, jøz] ADJ bilioso(-a); (*fig*) bilioso(-a), colérico(-a)
bilingue [bilɛ̃g] ADJ bilingüe
bilinguisme [bilɛ̃gɥism] NM bilingüismo
billard [bijaʀ] NM billar *m*; **c'est du ~** (*fam*) está tirado, es pan comido; **passer sur le ~** (*fam*) pasar por el quirófano; **~ électrique** billar automático
bille [bij] NF bola; (*du jeu de billes*) canica; **jouer aux billes** jugar a las canicas
billet [bijɛ] NM billete *m*; (*de cinéma*) entrada; (*courte lettre*) billete, esquela; **~ à ordre** pagaré *m*; **~ aller retour** billete de ida y vuelta; **~ d'avion** billete de avión; **~ de commerce** letra de cambio; **~ de faveur** pase *m* de favor; **~ de loterie** billete de lotería; **~ de train** billete de tren; **~ doux** carta de amor; **~ électronique** billete electrónico
billetterie [bijɛtʀi] NF emisión *f* y venta de billetes; (*distributeur*) taquilla; (*Banque*) cajero (automático)
billion [biljɔ̃] NM billón *m*
billot [bijo] NM tajo
bimbeloterie [bɛ̃blɔtʀi] NF comercio de baratijas
bimensuel, le [bimɑ̃sɥɛl] ADJ bimensual, quincenal
bimestriel, le [bimɛstʀijɛl] ADJ bimestral
bimoteur [bimɔtœʀ] ADJ bimotor
binaire [binɛʀ] ADJ binario(-a)
biner [bine] VT binar
binette [binɛt] NF azada
binoclard, e [binɔklaʀ, aʀd] (*fam*) ADJ, NM/F gafudo(-a)
binocle [binɔkl] NM quevedos *mpl* ■ **binocles** NMPL (*fam*) gafas *fpl*
binoculaire [binɔkylɛʀ] NF binoculares *mpl*
binôme [binom] NM binomio
bio [bjo] ADJ bio, biológico(-a)
bio... [bjɔ] PRÉF bio...
biocarburant [bjokaʀbyʀɑ̃] NM biocarburante *m*
biochimie [bjoʃimi] NF bioquímica
biochimique [bjoʃimik] ADJ bioquímico(-a)
biochimiste [bjoʃimist] NMF bioquímico(-a)
biocompatible [bjokɔ̃patibl] ADJ biocompatible
biodégradable [bjodegʀadabl] ADJ biodegradable
biodiesel [bjodjezɛl] NM biodiésel *m*
biodiversité [bjodivɛʀsite] NF biodiversidad *f*
bioéthique [bjoetik] NF bioética
biographe [bjɔgʀaf] NMF biógrafo(-a)
biographie [bjɔgʀafi] NF biografía
biographique [bjɔgʀafik] ADJ biográfico(-a)
biologie [bjɔlɔʒi] NF biología
biologique [bjɔlɔʒik] ADJ biológico(-a)
biologiste [bjɔlɔʒist] NMF biólogo(-a)
biomasse [bjomas] NF biomasa
biométrique [bjometʀik] ADJ biométrico(-a)
biopsie [bjɔpsi] NF biopsia
biosphère [bjɔsfɛʀ] NF biosfera
biotechnologie [bjotɛknɔlɔʒi] NF biotecnología; **les biotechnologies** las biotecnologías
bioterrorisme [bjotɛʀɔʀism] NM bioterrorismo
bioterroriste [bjotɛʀɔʀist] NMF bioterrorista *mf*
biotope [bjɔtɔp] NM biotopo
bipartisme [bipaʀtism] NM bipartidismo
bipartite [bipaʀtit] ADJ bipartidista
bipède [bipɛd] NM bípedo
biphasé [bifɑze] ADJ bifásico(-a)
biplace [biplas] ADJ, NM dos plazas
biplan [biplɑ̃] NM biplano
bipolaire [bipɔlɛʀ] ADJ bipolar
bique [bik] NF cabra; **vieille ~** (*péj*) bruja
biquet, te [bikɛ, ɛt] NM/F cabrito; **mon ~** pichoncito mío
biréacteur [biʀeaktœʀ] NM birreactor *m*
birman, e [biʀmɑ̃, an] ADJ birmano(-a) ▶ NM (*Ling*) birmano ▶ NM/F : **Birman, e** birmano(-a)
Birmanie [biʀmani] NF Birmania
bis, e [(adj) bi, biz, (adv, excl, nm) bis] ADJ pardo(-a) ▶ ADV : **12 ~** 12 bis ▶ EXCL ¡otra! ▶ NM bis *m*
bisaïeul, e [bizajœl] NM/F bisabuelo(-a)
bisannuel, le [bizanɥɛl] ADJ bienal

b

bisbille [bisbij] NF : **être en ~ avec qn** estar de pique con algn
Biscaye [biske] NF : **le golfe de ~** el golfo de Vizcaya
biscornu, e [biskɔʀny] ADJ deforme; (*bizarre, aussi péj*) estrafalario(-a)
biscotte [biskɔt] NF biscote *m*
biscuit [biskɥi] NM (*gâteau sec*) galleta; (*gâteau, porcelaine*) bizcocho; **~ à la cuiller** bizcocho
biscuiterie [biskɥitʀi] NF (*fabrication*) fábrica de galletas; (*commerce*) tienda de galletas
bise [biz] ADJ F *voir* **bis** ▶ NF (*baiser*) beso; (*vent*) cierzo
biseau, x [bizo] NM bisel *m*; **en ~** biselado(-a)
biseauter [bizote] VT biselar
bisexué, e [bisɛksɥe] ADJ bisexual
bisexuel, le [bisɛksɥɛl] ADJ bisexual
bismuth [bismyt] NM bismuto
bison [bizɔ̃] NM bisonte *m*
bisou [bizu] (*fam*) NM besito
Bisounours [bizunuʀs] NMPL: **on n'est pas chez les ~** *ou* **au pays des ~** (*fam*) no estamos *ou* no vivimos en el mundo de Yupi
bisque [bisk] NF : **~ d'écrevisses** *etc* sopa de cangrejos *etc*
bissectrice [bisɛktʀis] NF bisectriz *f*
bisser [bise] VT (*faire rejouer*) hacer repetir; (*rejouer*) repetir
bissextile [bisɛkstil] ADJ : **année ~** año bisiesto
bistouri [bistuʀi] NM bisturí *m*
bistre [bistʀ] ADJ (*couleur*) tostado(-a); (*peau, teint*) moreno(-a)
bistro, bistrot [bistʀo] NM bar *m*, café *m*, cantina (*surtout* AM)
bistronomie [bistʀonɔmi] NF *cocina creativa a precios asequibles que se inspira en los clásicos del bistró y se sirve en pequeños locales*
BIT SIGLE M (= *Bureau international du travail*) OIT *f* (= *Organización Internacional del Trabajo*)
bit [bit] NM bit *m*
bite [bit] (*fam !*) NF (*pénis*) polla (*fam !*), picha (*fam*)
biterrois, e [bitɛʀwa, waz] ADJ de Béziers ▶ NM/F : **Biterrois, e** nativo(-a) *ou* habitante *mf* de Béziers
bitte [bit] NF : **~ d'amarrage** bita; (*fam ! : pénis*) polla (*fam !*), picha (*fam*)
bitume [bitym] NM asfalto
bitumer [bityme] VT asfaltar
bivalent, e [bivalɑ̃, ɑ̃t] ADJ bivalente
bivouac [bivwak] NM vivac *m*, vivaque *m*
bivouaquer [bivwake] VI vivaquear, acampar
bizarre [bizaʀ] ADJ raro(-a)
bizarrement [bizaʀmɑ̃] ADV extrañamente
bizarrerie [bizaʀʀi] NF rareza
blackbouler [blakbule] VT derrotar
blafard, e [blafaʀ, aʀd] ADJ pálido(-a)
blague [blag] NF (*propos*) chiste *m*; (*farce*) broma; **« sans ~ ! »** (*fam*) « ¡no me digas! »; **~ à tabac** petaca
blaguer [blage] VI bromear ▶ VT embromar
blagueur, -euse [blagœʀ, øz] ADJ, NM/F bromista *mf*
blair [blɛʀ] (*fam*) NM napias *fpl*
blaireau, x [blɛʀo] NM (*Zool*) tejón *m*; (*brosse*) brocha de afeitar
blairer [bleʀe] (*fam*) VT : **je ne peux pas le ~** no lo trago
blâmable [blɑmabl] ADJ censurable
blâme [blɑm] NM (*jugement*) reprobación *f*; (*sanction*) sanción *f*
blâmer [blɑme] VT (*réprouver*) reprobar; (*réprimander*) sancionar; **~ qn pour qch** censurar a algn por algo
blanc, blanche [blɑ̃, blɑ̃ʃ] ADJ blanco(-a); **d'une voix blanche** con una voz opaca; **aux cheveux blancs** de pelo blanco ▶ NM/F blanco(-a) ▶ NM blanco; (*linge*) : **le ~** la ropa blanca; (*aussi* : **blanc d'œuf**) clara; (*aussi* : **blanc de poulet**) pechuga; **le ~ de l'œil** el blanco del ojo; **laisser en ~** dejar en blanco; **chèque en ~** cheque *m* en blanco; **à ~** *adv* (*chauffer*) al rojo vivo; (*tirer, charger*) con munición de fogueo; **saigner à ~** desangrar; **~ cassé** color *m* hueso
blanc-bec [blɑ̃bɛk] (*pl* **blancs-becs**) NM mocoso
blanchâtre [blɑ̃ʃɑtʀ] ADJ (*teint, lumière*) blanquecino(-a); (*péj*) blancuzco(-a)
blanche [blɑ̃ʃ] ADJ F *voir* **blanc** ▶ NF (*Mus*) blanca
blancheur [blɑ̃ʃœʀ] NF blancura
blanchiment [blɑ̃ʃimɑ̃] NM : **~ d'argent sale** blanqueo de dinero (negro)
blanchir [blɑ̃ʃiʀ] VT (*gén, argent, linge*) blanquear; (*Culin*) escaldar; (*disculper*) rehabilitar; **blanchi à la chaux** encalado ▶ VI blanquear; (*cheveux*) blanquear, encanecer
blanchissage [blɑ̃ʃisaʒ] NM lavado
blanchisserie [blɑ̃ʃisʀi] NF lavandería
blanchisseur, -euse [blɑ̃ʃisœʀ, øz] NM/F lavandero(-a)
blanc-seing [blɑ̃sɛ̃] (*pl* **blancs-seings**) NM firma en blanco
blanquette [blɑ̃kɛt] NF : **~ de veau** estofado de ternera
blasé, e [blɑze] ADJ hastiado(-a)
blaser [blɑze] VT hastiar
blason [blɑzɔ̃] NM blasón *m*
blasphématoire [blasfematwaʀ] ADJ blasfemo(-a)
blasphème [blasfɛm] NM blasfemia
blasphémer [blasfeme] VI blasfemar ▶ VT blasfemar contra
blatte [blat] NF cucaracha
blazer [blazɛʀ] NM blázer *m*
blé [ble] NM trigo; (*fam : argent*) pasta; **~ en herbe** trigo en ciernes; **~ noir** trigo sarraceno

bled [blɛd] NM (*péj*) poblacho; (*en Afrique du nord*) : **le ~** el interior
blême [blɛm] ADJ pálido(-a)
blêmir [blemiʀ] VI palidecer
blennorragie [blenɔʀaʒi] NF blenorragia
blessant, e [blesɑ̃, ɑ̃t] ADJ hiriente
blessé, e [blese] ADJ (*aussi fig*) herido(-a); **~ dans son orgueil** herido en su orgullo ▸ NM/F herido(-a); **un ~ grave** un herido grave
blesser [blese] VT herir ■ **se blesser** VPR herirse; **se ~ au pied** *etc* lastimarse el pie *etc*
blessure [blesyʀ] NF herida; (*fig*) herida, ofensa
blet, te [blɛ, blɛt] ADJ pasado(-a)
blette [blɛt] NF (*Bot*) = **bette**
bleu, e [blø] ADJ azul; (*bifteck*) poco hecho; **une peur bleue** un miedo cerval; **zone bleue** zona azul; **fromage ~** queso azul ▸ NM azul *m*; (*novice*) bisoño; (*contusion*) cardenal *m*; (*vêtement*) mono, overol *m* (*AM*); (*Culin*) : **au ~** *forma de cocer el pescado*; **~ (de lessive)** azulete *m*; **~ de méthylène** azul de metileno; **~ marine** azul marino; **~ nuit** azul oscuro; **~ roi** azulón *m*
bleuâtre [bløɑtʀ] ADJ azulado(-a)
bleuet [bløɛ] NM aciano
bleuir [bløiʀ] VT azular ▸ VI ponerse azul, azulear
bleuté, e [bløte] ADJ azulado(-a)
blindage [blɛ̃daʒ] NM blindaje *m*
blinde [blɛ̃d] NF: **ça coûte une ~** (*fam*) cuesta un pastón
blindé, e [blɛ̃de] ADJ blindado(-a); (*fig*) blindado(-a), inmunizado(-a) ▸ NM tanque *m*, carro de combate; **les blindés** los vehículos blindados
blinder [blɛ̃de] VT blindar; (*fig*) inmunizar
bling-bling [bliŋbliŋ] (*fam*) ADJ INV (*clinquant, voyant*) de oropel; (*design, ensemble, cadeau*) ostentoso(-a) ▸ NMSG bling bling *m*
blizzard [blizaʀ] NM ventisca
bloc [blɔk] NM bloque *m*; (*de papier à lettres*) bloc *m*; (*ensemble*) montón *m*; **serré à ~** apretado a fondo; **en ~** en bloque; **faire ~** aliarse; **~ opératoire** quirófano
blocage [blɔkaʒ] NM (*aussi Psych*) bloqueo
bloc-cuisine [blɔkkɥizin] (*pl* **blocs-cuisines**) NM módulo de cocina
bloc-cylindres [blɔksilɛ̃dʀ] (*pl* **blocs-cylindres**) NM bloque *m* de cilindros
bloc-évier [blɔkevje] (*pl* **blocs-éviers**) NM fregadero
bloc-moteur [blɔkmɔtœʀ] (*pl* **blocs-moteurs**) NM bloque *m* del motor
bloc-notes [blɔknɔt] (*pl* **blocs-notes**) NM bloc *m* de notas
blocus [blɔkys] NM bloqueo
blog, blogue [blɔg] NM (*Internet*) blog *m*; **~ vidéo** videoblog *m*
blogging [blɔgiŋ] NM (*Internet*) blogging *m*
blogosphère [blɔgɔsfɛʀ] NF (*Internet*) blogosfera
bloguer [blɔge] VI (*Internet*) bloguear
blond, e [blɔ̃, blɔ̃d] ADJ rubio(-a); (*sable, blés*) dorado(-a); **~ cendré** rubio ceniciento ▸ NM/F rubio(-a)
blondeur [blɔ̃dœʀ] NF color *m* rubio
blondinet, te [blɔ̃dinɛ, ɛt] NM/F rubito(-a)
blondir [blɔ̃diʀ] VI volverse rubio(-a)
bloquer [blɔke] VT bloquear; (*jours de congé*) agrupar; **~ les freins** frenar bruscamente ■ **se bloquer** VPR atascarse
blottir [blɔtiʀ] VT resguardar ■ **se blottir** VPR acurrucarse
blousant, e [bluzɑ̃, ɑ̃t] ADJ ablusado(-a)
blouse [bluz] NF bata
blouser [bluze] VI ablusar
blouson [bluzɔ̃] NM cazadora; **~ noir** (*fig*) gamberro
blue-jean [bludʒin] NM, **blue-jeans** [bludʒins] NM INV (*pl* **blue-jeans**) vaqueros *mpl*, blue-jean(s) *m(pl)* (*surtout AM*)
blues [bluz] NM blues *m inv*
bluet [blyɛ] NM = **bleuet**
bluff [blœf] NM farol *m*
bluffer [blœfe] VI ir de farol, tirarse un farol ▸ VT (*fam*) engañar
BNF [beɛnɛf] SIGLE F = **Bibliothèque nationale de France**
boa [bɔa] NM boa
bob [bɔb] NM = **bobsleigh**
bobard [bɔbaʀ] (*fam*) NM patraña
bobèche [bɔbɛʃ] NF arandela
bobine [bɔbin] NF (*de fil*) carrete *m*; (*de film*) carrete, rollo; (*Élec*) bobina; **~ (d'allumage)** bobina (de encendido); **~ de pellicule** carrete de película
bobo[1] [bobo] NM (*langage enfantin*) pupa
bobo[2] [bobo] NMF (*bourgeois-bohème*) pijoprogre (pijaprogre) (*fam*)
boboïsation [boboizasjɔ̃] NF (*d'un quartier, d'une ville*) aburguesamiento
boboïser [boboize] : **se boboïser** VPR (*quartier, ville*) aburguesarse
bobonne [bɔbɔn] (*fam, péj*) NF parienta (*fam*)
bobsleigh [bɔbslɛg] NM bobsleigh *m*
bocage [bɔkaʒ] NM (*Géo*) *prados cercados con setos o árboles*; (*bois*) boscaje *m*
bocal, -aux [bɔkal, o] NM tarro (de vidrio)
bock [bɔk] NM jarra (de cerveza)
body [bɔdi] NM body *m*; (*Sport*) malla
bœuf [bœf] NM buey *m*; (*Culin*) carne *f* de vaca
bof ! [bɔf] (*fam*) EXCL ¡bah!; **tu aimes ça ? - ~ ...** ¿te gusta? - pche...; **comment ça va ? - ~ ! pas terrible** ¿qué tal te va? - ¡bah!, voy tirando
Bogota [bɔgɔta] N Bogotá

bogue [bɔg] NF (*Bot*) erizo (*de castaña*) ▸ NM (*Inform*) fallo *ou* error *m* (de software), bug *m*

Bohême [bɔɛm] NF Bohemia

bohème [bɔɛm] ADJ bohemio(-a)

bohémien, ne [bɔemjɛ̃, jɛn] NM/F bohemio(-a)

boire [bwaʀ] VT beber, tomar (*AM*); (*s'imprégner de*) chupar; **~ un coup** echar un trago ▸ VI beber

bois [bwɑ] VB *voir* **boire** ▸ NM (*matière*) madera; (*forêt*) bosque *m*; **les ~** (*Mus*) la madera; (*Zool*) la cornamenta; **de ~, en ~** de madera; **poêle/cuisinière à ~** estufa/cocina de leña; **~ de chauffage** leña; **~ de lit** armazón *m* de la cama; **~ mort/vert** madera seca/verde

boisé, e [bwɑze] ADJ arbolado(-a); (*goût*) a madera

boiser [bwɑze] VT (*chambre*) enmaderar, revestir de madera; (*galerie de mine*) entibar; (*terrain*) cubrir de árboles

boiseries [bwazʀi] NFPL artesonado *msg*

boisson [bwasɔ̃] NF bebida; **pris de ~** (*ivre*) bebido; **boissons alcoolisées/gazeuses** bebidas *fpl* alcohólicas/gaseosas

boit [bwa] VB *voir* **boire**

boîte [bwat] NF caja; (*de fer*) lata; **il a quitté sa ~** (*fam : entreprise*) ha dejado el curro (*fam*); **aliments en ~** alimentos *mpl* en lata; **mettre qn en ~** (*fam*) tomar el pelo a algn; **~ à gants** guantera; **~ à musique** caja de música; **~ à ordures** cubo de basura; **~ aux lettres** buzón *m*; **~ crânienne** caja craneana; **~ d'allumettes** caja de cerillas; **~ de conserve** lata de conservas; **~ d'envoi** (*pour courriels*) bandeja *f* de salida; **~ (de nuit)** discoteca; **~ de petits pois/de sardines** lata de guisantes/de sardinas; **~ de réception** (*pour courriels*) bandeja *f* de entrada; **~ de vitesses** caja de cambios; **~ noire** caja negra; **~ postale** apartado de correos; **~ vocale** (*Tél*) buzón *m* de voz

boiter [bwate] VI (*aussi fig*) cojear, renguear (*AM*)

boiteux, -euse [bwatø, øz] ADJ (*aussi fig*) cojo(-a), rengo(-a) (*AM*)

boîtier [bwatje] NM (*d'appareil-photo*) cuerpo; **~ de montre** caja de reloj

boitiller [bwatije] VI cojear ligeramente

boive *etc* [bwav] VB *voir* **boire**

bol [bɔl] NM tazón *m*; (*contenu*) : **un ~ de café** un tazón de café; **un ~ d'air** una bocanada de aire; **en avoir ras le ~** (*fam*) estar hasta la coronilla; **un coup de ~** (*fam*) un golpe de suerte

bolée [bɔle] NF tazón *m*

boléro [bɔleʀo] NM torera

bolet [bɔlɛ] NM boleto

bolide [bɔlid] NM bólido; **comme un ~** como un bólido

Bolivie [bɔlivi] NF Bolivia

bolivien, ne [bɔlivjɛ̃, jɛn] ADJ boliviano(-a) ▸ NM/F : **Bolivien, ne** boliviano(-a)

bolognais, e [bɔlɔɲɛ, ɛz] ADJ boloñés(-esa)

boloss, bolosse, bolos [bɔlɔs] (*fam, pej*) NMF, ADJ pringado(-a) (*fam*)

bombance [bɔ̃bɑ̃s] NF : **faire ~** estar de francachela

bombardement [bɔ̃baʀdəmɑ̃] NM bombardeo

bombarder [bɔ̃baʀde] VT (*Mil*) bombardear; **~ qn de** bombardear a algn con, acosar a algn con; **~ qn directeur** *etc* nombrar a algn director *etc* de sopetón

bombardier [bɔ̃baʀdje] NM bombardero

bombe [bɔ̃b] NF bomba; (*atomiseur*) atomizador *m*; (*Équitation*) visera; **faire la ~** (*fam*) ir de juerga; **~ à retardement** bomba de efecto retardado; **~ atomique** bomba atómica

bombé, e [bɔ̃be] ADJ abombado(-a); (*mur*) pandeado(-a)

bomber [bɔ̃be] VI pandearse, curvarse ▸ VT (*couvrir de graffiti*) hacer pintadas en; **~ le torse** sacar el pecho

bon, bonne [bɔ̃, bɔn]

▸ ADJ **1** (*agréable, satisfaisant*) bueno(-a); (*avant un nom masculin*) buen; **un bon repas/restaurant** una buena comida/un buen restaurante; **vous êtes trop bon** es usted demasiado bueno; **avoir bon goût** tener buen gusto; **elle est bonne en maths** se le dan bien las matemáticas

2 (*bienveillant, charitable*) : **être bon (envers)** ser bueno(-a) (con)

3 (*correct*) correcto(-a); **le bon numéro** el número correcto; **le bon moment** el momento oportuno

4 (*souhaits*) : **bon anniversaire !** ¡feliz cumpleaños!; **bon voyage !** ¡buen viaje!; **bonne chance !** ¡(buena) suerte!; **bonne année !** ¡feliz año nuevo!; **bonne nuit !** ¡buenas noches!

5 (*approprié, apte*) : **bon à/pour** bueno(-a) para; **ces chaussures sont bonnes à jeter** estos zapatos están para tirarlos; **c'est bon à savoir** está bien saberlo; **bon à tirer** listo para imprimir

6 : **bon enfant** bonachón(-ona); **de bonne heure** temprano; **bon marché** barato(-a)

7 (*valeur intensive*) largo(-a); **ça m'a pris deux bonnes heures** me llevó dos horas largas

▸ NM **1** (*billet*) bono, vale *m*; **bon cadeau** vale regalo; **c'est un bon vivant** le gusta la buena vida; **bon à rien** inútil *mf*; **bon d'essence** vale de gasolina; **bon de caisse/du Trésor** bono de caja/del tesoro; **bon mot** ocurrencia; **bon sens** sentido común

2 : **avoir du bon** tener ventajas; **pour de bon** de verdad, en serio; **il y a du bon dans ce qu'il dit** lo que dice tiene sentido

▸ ADV : **il fait bon** hace bueno; **sentir bon** oler bien; **tenir bon** resistir; **à quoi bon ?** ¿para qué?; **juger bon de faire ...** juzgar oportuno hacer ...; **pour faire bon poids** para compen-

sar; **le bus/ton frère a bon dos** (*fig*) siempre es el autobús/tu hermano
▸ EXCL : **bon !** ¡bueno!; **ah bon ?** ¿ah, sí?; **bon, je reste** bueno, me quedo; *voir aussi* **bonne**

bonasse [bɔnas] ADJ buenazo(-a)
bonbon [bɔ̃bɔ̃] NM caramelo
bonbonne [bɔ̃bɔn] NF bombona, damajuana; **~ de gaz** bombona de gas
bonbonnière [bɔ̃bɔnjɛʀ] NF bombonera
bond [bɔ̃] NM (*saut*) salto; (*fig*) salto, avance *m*; **faire un ~** dar un salto; **d'un seul ~** de un salto; **~ en avant** (*fig*) salto hacia delante
bonde [bɔ̃d] NF (*d'évier*) tapón *m*; (*trou*) desagüe *m*; (*de tonneau*) piquera, canillero
bondé, e [bɔ̃de] ADJ abarrotado(-a)
bondieuserie [bɔ̃djøzʀi] (*péj*) NF baratija religiosa
bondir [bɔ̃diʀ] VI saltar, brincar; **~ de joie** (*fig*) saltar de alegría
bonheur [bɔnœʀ] NM felicidad *f*; **avoir le ~ de** tener el placer de; **porter ~ (à qn)** dar buena suerte (a algn); **au petit ~** a la buena de Dios; **par ~** por fortuna
bonhomie [bɔnɔmi] NF sencillez *f*
bonhomme [bɔnɔm] (*pl* **bonshommes**) NM hombre *m*; **un vieux ~** un viejo; **aller son ~ de chemin** ir paso a paso; **~ de neige** muñeco de nieve ▸ ADJ bonachón(-ona)
boni [bɔni] NM sobrante *m*, beneficio
bonification [bɔnifikasjɔ̃] NF bonificación *f*
bonifier [bɔnifje] VT bonificar ■ **se bonifier** VPR mejorar
boniment [bɔnimɑ̃] NM cameleo, charlatanería
bonjour [bɔ̃ʒuʀ] EXCL, NM buenos días *mpl*; **donner** *ou* **souhaiter le ~ à qn** dar los buenos días a algn; **~ Monsieur** buenos días, señor; **dire ~ à qn** saludar a algn
Bonn [bɔn] N Bonn
bonne [bɔn] ADJ F *voir* **bon** ▸ NF criada, mucama (CSur), recamarera (Mex)
bonne-maman [bɔnmamɑ̃] (*pl* **bonnes-mamans**) NF abuelita
bonnement [bɔnmɑ̃] ADV : **tout ~** lisa y llanamente
bonnet [bɔnɛ] NM gorro; (*de soutien-gorge*) copa; **~ d'âne** ≈ orejas *fpl* de burro; **~ de bain** gorro de baño
bonneterie [bɔnɛtʀi] NF tienda de artículos de punto
bon-papa [bɔ̃papa] (*pl* **bons-papas**) NM abuelito
bonshommes [bɔ̃zɔm] NMPL *de* **bonhomme**
bonsoir [bɔ̃swaʀ] EXCL, NM buenas tardes; (*plus tard*) buenas noches; *voir aussi* **bonjour**
bonté [bɔ̃te] NF bondad *f*; (*gén pl : attention, gentillesse*) bondad, amabilidad *f*; **avoir la ~ de ...** tener la bondad de ...

bonus [bɔnys] NM INV (*Assurance*) *descuento en la prima por poca siniestralidad*
bonze [bɔ̃z] NM bonzo
boomerang [bumʀɑ̃g] NM bumerang *m*
booster [buste] (*fam*) VT estimular; **~ les ventes** estimular las ventas
boots [buts] NMPL botas *fpl*
borborygme [bɔʀbɔʀigm] NM borborigmo
bord [bɔʀ] NM (*de table, verre, falaise*) borde *m*; (*de lac, route*) orilla, borde; (*de vêtement*) ribete *m*; (*de chapeau*) ala; (*Naut*) : **à ~** a bordo; **monter à ~** subir a bordo; **jeter par-dessus ~** arrojar por la borda; **le commandant/les hommes du ~** el comandante/los hombres de a bordo; **du même ~** (*fig*) de la misma opinión; **au ~ de la mer/de la route** a orillas del mar/de la carretera; **être au ~ des larmes** estar a punto de llorar; **être au ~ de la crise de nerfs** estar al borde de un ataque de nervios; **sur les bords** (*fam : fig*) un poco, ligeramente; **de tous bords** de todas clases; **le ~ du trottoir** el bordillo
bordages [bɔʀdaʒ] NMPL (*Naut*) borda, tablazón *m*
bordeaux [bɔʀdo] NM INV (*vin*) burdeos *m inv* ▸ ADJ INV (*couleur*) burdeos *inv*, rojo violáceo *inv*
bordée [bɔʀde] NF (*salve*) andanada; **tirer une ~** (*fig*) correrse una juerga; **une ~ d'injures** una sarta de injurias
bordel [bɔʀdɛl] (*fam*) NM burdel *m*; (*fig*) follón *m*; **mettre le ~** (*dans une chambre*) crear un desbarajuste; (*dans un lieu public*) montar un follón ▸ EXCL ¡joder! (*fam !*)
bordelais, e [bɔʀdəlɛ, ɛz] ADJ bordelés(-esa) ▸ NM/F : **Bordelais, e** bordelés(-esa)
bordélique [bɔʀdelik] (*fam*) ADJ desordenado(-a)
border [bɔʀde] VT (*être le long de*) orillar, bordear; (*personne, lit*) arropar; **~ qch de** (*garnir*) ribetear algo de
bordereau, x [bɔʀdəʀo] NM (*formulaire*) impreso; (*relevé*) lista; (*facture*) factura
bordure [bɔʀdyʀ] NF borde *m*; (*sur un vêtement*) ribete *m*; **en ~ de** a orillas de; **~ de trottoir** bordillo
boréal, e *ou* **aux** [bɔʀeal, o] ADJ boreal
borgne [bɔʀɲ] ADJ tuerto(-a); (*fenêtre*) tragaluz *m*; **hôtel ~** hotel *m* de mala fama
bornage [bɔʀnaʒ] NM deslinde *m*
borne [bɔʀn] NF (*pour délimiter, kilométrique*) mojón *m* ■ **bornes** NFPL (*fig*) límites *mpl*; **dépasser les bornes** pasarse de la raya; **sans ~(s)** sin límites
borné, e [bɔʀne] ADJ limitado(-a); (*personne*) corto(-a) (de luces)
Bornéo [bɔʀneo] NM Borneo
borner [bɔʀne] VT (*horizon, aussi fig*) limitar; (*terrain*) acotar; **se ~ à faire** limitarse a hacer
bosniaque [bɔznjak] ADJ bosnio(-a) ▸ NMF : **Bosniaque** bosnio(-a)

b

Bosnie-Herzégovine [bɔsniɛʀzegɔvin] NF Bosnia-Herzegovina
Bosphore [bɔsfɔʀ] NM Bósforo
bosquet [bɔskɛ] NM bosquecillo
bosse [bɔs] NF *(de terrain)* montículo; *(sur un objet)* protuberancia; *(enflure)* bulto; *(du bossu, du chameau)* joroba; **avoir la ~ des maths** *(fam)* ser un hacha en matemáticas; **rouler sa ~** *(fam)* ver mundo
bosseler [bɔsle] VT *(ouvrer)* repujar; *(abîmer)* abollar
bosser [bɔse] *(fam)* VT *(étudier)* empollar; *(travailler)* currar
bosseur, -euse [bɔsœʀ, øz] *(fam)* NM/F currante *mf*
bossu, e [bɔsy] ADJ, NM/F jorobado(-a)
bot [bo] ADJ M : **pied ~** pie *m* zopo
botanique [bɔtanik] NF botánica ▸ ADJ botánico(-a)
botaniste [bɔtanist] NMF botánico(-a)
Botswana [bɔtswana] NM Botswana
botte [bɔt] NF *(chaussure)* bota; *(de carottes)* manojo; *(Escrime)* estocada; **~ de paille** haz *m* de paja; **~ d'asperges/de radis** manojo de espárragos/rábanos; **bottes de caoutchouc** botas *fpl* de goma
botter [bɔte] VT *(chausser de bottes)* poner las botas a; *(ballon, balle)* patear; **ça me botte** *(fam)* eso me chifla ▸ VI *(Rugby)* patear
bottier [bɔtje] NM zapatero(-a) a la medida
bottillon [bɔtijɔ̃] NM botín *m*
bottin [bɔtɛ̃] NM guía telefónica
bottine [bɔtin] NF botina
botulisme [bɔtylism] NM botulismo
bouc [buk] NM *(animal)* macho cabrío; *(barbe)* perilla; **~ émissaire** chivo expiatorio
boucan [bukɑ̃] *(fam)* NM jaleo
bouche [buʃ] NF boca; **les bouches inutiles** los holgazanes; **une ~ à nourrir** una boca que mantener; **de ~ à oreille** confidencialmente; **pour la bonne ~** para el final; **faire du ~(-)à(-)~ à qn** hacer el boca a boca a algn; **faire venir l'eau à la ~** hacérsele a algn la boca agua; **« ~ cousue ! »** « ¡punto en boca! »; **~ d'aération** respiradero; **~ de chaleur** entrada de aire caliente; **~ d'égout** sumidero, alcantarilla; **~ de métro/d'incendie** boca de metro/de incendios
bouché, e [buʃe] ADJ *(flacon)* tapado(-a); *(tuyau, égout)* atascado(-a); *(cidre)* espumoso(-a); *(temps, ciel)* encapotado(-a); *(fig : secteur, avenir)* sin salida(-a); *(trompette)* con sordina; **avoir le nez ~** tener la nariz tapada; **t'es ~ ou quoi ?** *(fam)* ¿tú eres sordo o qué?
bouchée [buʃe] NF bocado; **ne faire qu'une ~ de qn** hacer picadillo a algn; **pour une ~ de pain** por una bicoca; **~ à la reine** *pastel de hojaldre de pollo*
boucher [buʃe] NM carnicero ▸ VT *(mettre un bouchon)* taponar; *(colmater)* rellenar; *(passage)* cerrar; *(porte)* obstruir ▪ **se boucher** VPR *(tuyau)* taponarse; **se ~ le nez** taparse la nariz
bouchère [buʃɛʀ] NF carnicera
boucherie [buʃʀi] NF *(aussi fig)* carnicería
bouche-trou [buʃtʀu] *(pl* **bouche-trous***)* NM comodín *m*
bouchon [buʃɔ̃] NM *(en liège)* corcho; *(autre matière)* tapón *m*; *(embouteillage)* atasco; *(Pêche)* flotador *m*; **~ doseur** tapón dosificador; **~ verseur** pico
bouchonner [buʃɔne] VT *(frotter)* restregar; *(fam : caresser)* acariciar ▸ VI : **ça commence à ~** se ha formado un atasco
bouchot [buʃo] NM vivero para mariscos
bouclage [buklaʒ] NM *(d'un quartier)* acordonamiento; *(d'un journal)* cierre *m*
boucle [bukl] NF *(de cheveux)* rizo; *(de ceinture)* hebilla; *(d'un fleuve)* meandro; *(Inform)* bucle *m*; **en ~** *(écouter, passer)* en continuo; **~ (de cheveux)** bucle; **boucles d'oreilles** pendientes *mpl*, aretes *mpl (surtout* AM*)*
bouclé, e [bukle] ADJ *(cheveux)* rizado(-a)
boucler [bukle] VT *(ceinture)* abrochar; *(valise, magasin, circuit)* cerrar; *(affaire)* concluir; *(budget)* equilibrar; *(fam : enfermer)* encerrar; *(: mettre en prison)* meter en chirona; *(quartier)* acordonar; **~ la boucle** *(Aviat, fig)* rizar el rizo; **arriver à ~ ses fins de mois** llegar a fin de mes ▸ VI : **faire ~** rizar
bouclette [buklɛt] NF tirabuzón *m*
bouclier [buklije] NM escudo; **~ fiscal** *disposición fiscal que limita la imposición máxima de los contribuyentes por muy altos que sean sus ingresos*
bouddha [buda] NM buda *m*
bouddhisme [budism] NM budismo
bouddhiste [budist] NMF budista *mf*
bouder [bude] VI enojarse ▸ VT *(suj : personne : cadeaux, chose)* poner mala cara a
bouderie [budʀi] NF enojo
boudeur, -euse [budœʀ, øz] ADJ enojadizo(-a)
boudin [budɛ̃] NM *(Culin)* morcilla; *(Tech)* pestaña; **~ blanc** morcilla blanca
boudiné, e [budine] ADJ *(doigt)* amorcillado(-a); **~ dans** *(vêtement)* embutido(-a) en
boudoir [budwaʀ] NM *(salon)* tocador *m*; *(biscuit)* soletilla
boue [bu] NF barro, fango; **boues industrielles** vertidos *mpl* industriales
bouée [bwe] NF *(balise)* boya; *(de baigneur)* flotador *m*; **~ (de sauvetage)** *(aussi fig)* salvavidas *m inv*
boueux, -euse [bwø, øz] ADJ fangoso(-a) ▸ NM basurero
bouffant, e [bufɑ̃, ɑ̃t] ADJ bufado(-a)
bouffarde [bufaʀd] *(fam)* NF pipa
bouffe [buf] *(fam)* NF *(repas)* comilona; *(nourriture)* papeo
bouffée [bufe] NF bocanada; **~ de chaleur** sofoco; **~ de fièvre** calenturón *m* breve; **~ de**

honte sofoco; **~ d'orgueil** arranque *m* de orgullo

bouffer [bufe] VI (*fam*) jalar; (*Couture*) abullonar ▸ VT (*fam*) jalar

bouffi, e [bufi] ADJ hinchado(-a)

bouffon, ne [bufɔ̃, ɔn] ADJ bufón(-ona) ▸ NM bufón *m*

bouge [buʒ] NM tugurio

bougeoir [buʒwaʀ] NM palmatoria

bougeotte [buʒɔt] (*fam*) NF : **avoir la ~** ser un culo inquieto *ou* un culo de mal asiento

bouger [buʒe] VI moverse; (*changer*) alterarse; (*agir*) agitarse ▸ VT mover ▪ **se bouger** VPR (*fam*) moverse, menearse

bougie [buʒi] NF vela; (*Auto*) bujía

bougon, ne [bugɔ̃, ɔn] ADJ gruñón(-ona)

bougonner [bugɔne] VI refunfuñar, gruñir

bougre [bugʀ] NM tipo; **ce ~ de ...** (*fam*) este bribón de ...

boui-boui [bwibwi] (*pl* **bouis-bouis**) (*fam*) NM cafetucho

bouillabaisse [bujabɛs] NF sopa de pescado

bouillant, e [bujɑ̃, ɑ̃t] ADJ hirviendo; (*fig*) ardiente; **~ de colère** *etc* lleno(-a) de cólera *etc*

bouille [buj] (*fam*) NF cara; (*sens négatif*) jeta

bouilleur [bujœʀ] NM : **~ de cru** cosechero destilador

bouillie [buji] NF gachas *fpl*; (*de bébé*) papilla; **en ~** (*fig*) en papilla

bouillir [bujiʀ] VI hervir; (*fig*) hervir, arder; **faire ~** hervir; **~ de colère/d'impatience/d'indignation** arder de ira/de impaciencia/de indignación

bouilloire [bujwaʀ] NF hervidor *m*

bouillon [bujɔ̃] NM (*Culin*) caldo; (*bulles, écume*) borbotón *m*, burbuja; **~ de culture** caldo de cultivo

bouillonnement [bujɔnmɑ̃] NM (*d'un liquide*) hervor *m*; (*des idées*) efervescencia

bouillonner [bujɔne] VI borbotear; (*fig*) arder

bouillotte [bujɔt] NF calentador *m*, bolsa de agua caliente

boulanger, -ère [bulɑ̃ʒe, ʒɛʀ] NM/F panadero(-a)

boulangerie [bulɑ̃ʒʀi] NF panadería

boulangerie-pâtisserie [bulɑ̃ʒʀipɑtisʀi] (*pl* **boulangeries-pâtisseries**) NF panadería-pastelería

boule [bul] NF bola; (*pour jouer*) bolo; **roulé en ~** hecho un ovillo; **se mettre en ~** cabrearse; **perdre la ~** (*fam*) perder la chaveta; **faire ~ de neige** (*nouvelle, information*) aumentar como una bola de nieve; **~ de gomme** gominola; **~ de neige** bola de nieve

bouleau, x [bulo] NM abedul *m*

bouledogue [buldɔg] NM buldog *m*

bouler [bule] VT : **envoyer ~ qn** mandar a algn a paseo

boulet [bulɛ] NM (*aussi* : **boulet de canon**) bala de cañón; (*de bagnard*) bola de hierro; (*charbon*) bola

boulette [bulɛt] NF (*petite boule*) bolita; (*fam : gaffe*) torpeza

boulevard [bulvaʀ] NM bulevar *m*

bouleversant, e [bulvɛʀsɑ̃, ɑ̃t] ADJ (*émouvant*) conmovedor(a)

bouleversé, e [bulvɛʀse] ADJ trastornado(-a), alterado(-a)

bouleversement [bulvɛʀsəmɑ̃] NM trastorno, alteración *f*

bouleverser [bulvɛʀse] VT (*papiers, objets*) revolver; (*changer, troubler*) trastornar; (*émouvoir*) emocionar

boulier [bulje] NM ábaco

boulimie [bulimi] NF bulimia

boulimique [bulimik] ADJ bulímico(-a)

bouliste [bulist] NMF jugador(a) de bolos

boulocher [bulɔʃe] VI formar bolas

boulodrome [bulodʀom] NM bolera

boulon [bulɔ̃] NM perno

boulonner [bulɔne] VT empernar

boulot, te [bulo, ɔt] (*fam*) ADJ rechoncho(-a) ▸ NM trabajo, curro

boum [bum] NM bum *m* ▸ NF fiesta

bouquet [bukɛ] NM (*de fleurs*) ramo, ramillete *m*; (*de persil*) manojo; (*parfum*) aroma *m*; **« c'est le ~ ! »** (*fig*) « ¡es el colmo! »; **~ garni** hierbas *fpl* finas

bouquetin [buk(ə)tɛ̃] NM cabra *f* montés *inv*

bouquin [bukɛ̃] (*fam*) NM libro

bouquiner [bukine] (*fam*) VI leer

bouquiniste [bukinist] NMF librero de viejo

bourbeux, -euse [buʀbø, øz] ADJ cenagoso(-a)

bourbier [buʀbje] NM cenagal *m*

bourde [buʀd] NF (*erreur*) fallo; (*gaffe*) metedura de pata

bourdon [buʀdɔ̃] NM abejorro; **avoir le ~** (*fam*) tener morriña

bourdonnement [buʀdɔnmɑ̃] NM zumbido; **avoir des bourdonnements d'oreilles** tener zumbidos en los oídos

bourdonner [buʀdɔne] VI zumbar

bourg [buʀ] NM burgo

bourgade [buʀgad] NF aldea

bourgeois, e [buʀʒwa, waz] ADJ (*souvent péj*) burgués(-esa); (*maison etc*) acomodado(-a) ▸ NM/F burgués(-esa)

bourgeoisie [buʀʒwazi] NF burguesía; **petite ~** pequeña burguesía

bourgeon [buʀʒɔ̃] NM brote *m*, yema

bourgeonner [buʀʒɔne] VI brotar

bourgmestre [buʀgmɛstʀ] NM burgomaestre *m*

Bourgogne [buʀgɔɲ] NF Borgoña ▸ NM : **bourgogne** (*vin*) vino de borgoña

bourguignon, ne [burgiɲɔ̃, ɔn] ADJ borgoñón(-ona); **(bœuf) ~** *guiso de buey al vino tinto* ▶ NM/F : **Bourguignon, ne** borgoñón(-ona)
bourlinguer [burlɛ̃ge] VI correr mundo
bourrade [burad] NF empellón *m*
bourrage [buraʒ] NM (*papier*) relleno; **~ de crâne** lavado de cerebro; (*Scol*) empolle *m*
bourrasque [burask] NF borrasca
bourratif, -ive [buratif, iv] ADJ pesado(-a)
bourre [bur] NF (*de coussin, matelas*) borra; **être à la ~** (*fam*) ir mal de tiempo
bourré, e [bure] ADJ (*fam*) trompa *inv*; **~ de** (*rempli*) cargado(-a) de
bourreau [buro] NM (*aussi fig*) verdugo; **~ de travail** fiera para el trabajo
bourreler [burle] VT : **être bourrelé de remords** estar torturado por los remordimientos
bourrelet [burlɛ] NM (*isolant*) burlete *m*; (*de peau*) papada
bourrer [bure] VT (*pipe*) cargar; (*valise, poêle*) rellenar; **~ de** (*de nourriture*) atiborrar de; **~ qn de coups** moler a golpes a algn; **~ le crâne à qn** calentar la cabeza a algn; (*endoctriner*) lavar el cerebro a algn
bourrichon [buriʃɔ̃] (*fam*) NM : **se monter le ~** hacerse ilusiones
bourricot [buriko] NM borriquillo
bourrique [burik] NF borrico
bourru, e [bury] ADJ rudo(-a)
bourse [burs] NF (*subvention*) beca; (*porte-monnaie*) bolsa; **la B~** la Bolsa; **sans ~ délier** sin soltar un céntimo; **B~ du travail** bolsa del trabajo ■ **bourses** NFPL (*Anat*) bolsas *fpl*
boursicoter [bursikɔte] VI jugar flojo a la Bolsa
boursier, -ière [bursje, jɛr] ADJ (*élève*) becario(-a); (*Comm*) bursátil ▶ NM/F becario(-a)
boursouflé, e [bursufle] ADJ (*visage*) abotargado(-a); (*style*) ampuloso(-a)
boursoufler [bursufle] VT hinchar ■ **se boursoufler** VPR (*visage*) abotargarse; (*peinture*) ampollarse
boursouflure [bursuflyr] NF (*du visage*) abotargamiento; (*de la peinture*) ampolla; (*du style*) ampulosidad *f*
bous [bu] VB *voir* **bouillir**
bousculade [buskylad] NF (*mouvements de foule*) aglomeración *f*; (*précipitation*) ajetreo, prisa
bousculer [buskyle] VT empujar; (*presser*) meter prisa a ■ **se bousculer** VPR empujarse; (*idées*) agolparse
bouse [buz] NF : **~ (de vache)** boñiga (de vaca)
bousiller [buzije] (*fam*) VT hacer polvo
boussole [busɔl] NF brújula
bout [bu] VB *voir* **bouillir** ▶ NM (*morceau*) trozo; (*extrémité*) punta; (*de table*) extremo; (*fin, rue*) final *m*; **au ~ de** (*après*) al cabo de, al final de; **au ~ du compte** a fin de cuentas; **être à ~** no poder más; **pousser qn à ~** poner a algn al límite; **venir à ~ de qch** terminar algo; **venir à ~ de qn** poder con algn; **~ à ~** uno tras otro; **à tout ~ de champ** a cada paso; **d'un ~ à l'autre, de ~ en ~** de cabo a rabo; **à ~ portant** a quemarropa; **un ~ de chou** (*enfant*) un angelito; **~ filtre** emboquillado
boutade [butad] NF ocurrencia
boute-en-train [butɑ̃trɛ̃] NM INV animador(a)
bouteille [butɛj] NF botella; (*de gaz*) bombona; **prendre de la ~** (*fam*) envejecer
boutique [butik] NF tienda; (*de mode, de grand couturier*) tienda, boutique *f*; **~ en ligne** tienda online
boutoir [butwar] NM : **coup de ~** golpe *m* violento; (*fig*) puñalada
bouton [butɔ̃] NM botón *m*; (*sur la peau*) grano; (*de porte*) pomo; **~ de manchette** gemelo; **~ d'or** (*Bot*) botón de oro
boutonnage [butɔnaʒ] NM abotonamiento
boutonner [butɔne] VT abotonar ■ **se boutonner** VPR abotonarse
boutonneux, -euse [butɔnø, øz] ADJ lleno(-a) de granos
boutonnière [butɔnjɛr] NF ojal *m*
bouton-poussoir [butɔ̃puswar] (*pl* **boutons-poussoirs**) NM pulsador *m*
bouton-pression [butɔ̃presjɔ̃] (*pl* **boutons-pressions**) NM automático
bouture [butyr] NF esqueje *m*; **faire des boutures** desquejar
bouvreuil [buvrœj] NM pardillo
bovidé [bɔvide] NM (*gén pl*) bóvido
bovin, e [bɔvɛ̃, in] ADJ (*aussi fig*) bovino(-a) ■ **bovins** NMPL ganado *msg* bovino
bowling [buliŋ] NM juego de bolos; (*salle*) bolera
box [bɔks] NM (*de garage*) plaza de garaje; (*de salle, dortoir*) compartimento; (*d'écurie*) box *m*; (*aussi* : **box-calf**) box-calf *f*; **le ~ des accusés** el banquillo de los acusados
box-calf [bɔkskalf] NM INV box-calf *f*
boxe [bɔks] NF boxeo, box *m* (*AM*)
boxer [bɔkse] VI boxear ▶ NM [bɔksɛr] (*chien*) bóxer *m*
boxeur, -euse [bɔksœr, øz] NM/F boxeador(a)
boyau, x [bwajo] NM (*corde de raquette*) cuerda de tripa; (*galerie*) pasadizo; (*pneu de bicyclette*) tubular *m* ■ **boyaux** NMPL (*viscères*) tripas *fpl*
boycottage [bɔjkɔtaʒ] NM boicoteo
boycotter [bɔjkɔte] VT boicotear
BP [bepe] SIGLE F (= *boîte postale*) Apdo. (= *Apartado de correos*), C.P. *f* (*AM*) (= *Casilla Postal*)
brabançon, ne [brabɑ̃sɔ̃, ɔn] ADJ brabanzón(-ona) ▶ NM/F : **Brabançon, ne** brabanzón(-ona)

bracelet [bʀaslɛ] NM pulsera
bracelet-montre [bʀaslɛmɔ̃tʀ] (*pl* **bracelets-montres**) NM reloj *m* de pulsera
braconnage [bʀakɔnaʒ] NM caza/pesca furtiva
braconner [bʀakɔne] VT cazar/pescar furtivamente
braconnier, -ière [bʀakɔnje, jɛʀ] NM/F cazador(a)/pescador(a) furtivo(-a)
brader [bʀade] VT vender a precio de saldo
braderie [bʀadʀi] NF (*marché*) mercadillo
braguette [bʀagɛt] NF bragueta
braillard, e [bʀajaʀ, aʀd] ADJ gritón(-ona), chillón(-ona)
braille [bʀaj] NM braille *m*
braillement [bʀajmɑ̃] NM grito, chillido
brailler [bʀaje] VI, VT gritar, chillar
braire [bʀɛʀ] VI rebuznar
braise [bʀɛz] NF brasas *fpl*
braiser [bʀeze] VT estofar; **bœuf braisé** carne *f* de vaca estofada
bramer [bʀame] VI bramar; (*fig*) lamentarse
brancard [bʀɑ̃kaʀ] NM (*civière*) camilla; (*bras, perche*) varal *m*
brancardier, -ière [bʀɑ̃kaʀdje, jɛʀ] NM/F camillero(-a)
branchages [bʀɑ̃ʃaʒ] NMPL ramajes *mpl*
branche [bʀɑ̃ʃ] NF rama; (*de lunettes*) patilla
branché, e [bʀɑ̃ʃe] (*fam*) ADJ (*personne*) a la última; (*boîte de nuit*) de moda; **un mec ~** un chico que va a la última
branchement [bʀɑ̃ʃmɑ̃] NM empalme *m*
brancher [bʀɑ̃ʃe] VT enchufar; (*téléphone*) conectar; **~ qch/qn sur** (*fig*) orientar algo/a algn hacia
branchies [bʀɑ̃ʃi] NFPL branquias *fpl*
brandade [bʀɑ̃dad] NF bacalao a la provenzal
brandebourgeois, e [bʀɑ̃dbuʀʒwa, waz] ADJ brandeburgués(-esa)
brandir [bʀɑ̃diʀ] VT (*arme*) blandir; (*document*) esgrimir
brandon [bʀɑ̃dɔ̃] NM tea
branlant, e [bʀɑ̃lɑ̃, ɑ̃t] ADJ oscilante
branle [bʀɑ̃l] NM : **mettre en ~** poner en movimiento; **donner le ~ à** poner en marcha
branle-bas [bʀɑ̃lbɑ] NM INV zafarrancho
branler [bʀɑ̃le] VI moverse ▸ VT : **~ la tête** menear la cabeza ▪ **se branler** VPR (*fam ! : se masturber*) pelársela (*fam !*), hacerse una paja (*fam !*)
braquage [bʀakaʒ] NM (*fam*) atraco (a mano armada); **rayon de ~** (*Auto*) ángulo de giro
braque [bʀak] NM perro perdiguero
braquer [bʀake] VI (*Auto*) girar ▸ VT (*regard*) clavar; (*fam : banque*) atracar a mano armada; **~ qn** enfurecer a algn; **~ qch sur qn** (*revolver*) apuntar a algn con algo ▪ **se braquer** VPR cerrarse en banda; **se ~ (contre)** rebelarse (contra)
bras [bʀɑ] NM brazo; **~ dessus ~ dessous** cogidos(-as) del brazo; **avoir le ~ long** tener mucha influencia; **à ~ raccourcis** a brazo partido; **à tour de ~** con toda la fuerza; **baisser les ~** tirar la toalla; **une partie de ~ de fer** (*fig*) una prueba de fuerza; **~ de levier/de mer** brazo de palanca/de mar; **~ droit** (*fig*) brazo derecho; **~ de fer** brazo de hierro ▸ NMPL (*travailleurs*) brazos *mpl*
brasero [bʀɑzeʀo] NM brasero
brasier [bʀɑzje] NM (*aussi fig*) hoguera
Brasilia [bʀazilja] N Brasilia
bras-le-corps [bʀalkɔʀ] ADV : **à ~** por la cintura
brassage [bʀasaʒ] NM (*de la bière*) elaboración *f*; (*fig*) mezcla
brassard [bʀasaʀ] NM brazalete *m*
brasse [bʀas] NF braza; **~ papillon** braza mariposa
brassée [bʀase] NF brazada
brasser [bʀase] VT (*bière*) fabricar; (*remuer*) mezclar; **~ de l'argent/des affaires** manejar dinero/negocios
brasserie [bʀasʀi] NF (*restaurant*) cervecería; (*usine*) fábrica de cerveza
brasseur [bʀasœʀ] NM (*de bière*) cervecero; **~ d'affaires** hombre *m* de negocios
brassière [bʀasjɛʀ] NF (*de bébé*) camisita; (*de sauvetage*) chaleco
bravache [bʀavaʃ] NMF fanfarrón(-ona)
bravade [bʀavad] NF : **par ~** por fanfarronería
brave [bʀav] ADJ valiente; (*bon, gentil*) bueno(-a); **c'est une ~ femme** es una buena mujer
bravement [bʀavmɑ̃] ADV valientemente; (*résolument*) decididamente
braver [bʀave] VT (*ordre*) desafiar; (*danger*) afrontar
bravo [bʀavo] EXCL, NM bravo
bravoure [bʀavuʀ] NF bravura
break [bʀɛk] NM (*Auto*) ranchera
brebis [bʀəbi] NF oveja; **~ galeuse** oveja negra
brèche [bʀɛʃ] NF brecha; **être sur la ~** (*fig*) estar en la brecha; **battre en ~** batir en brecha
bredouille [bʀəduj] ADJ : **revenir ~** volver con las manos vacías
bredouiller [bʀəduje] VI, VT farfullar
bref, brève [bʀɛf, bʀɛv] ADJ breve; **d'un ton ~** con un tono tajante; **à ~ délai** en breve plazo; **en ~** en resumen ▸ ADV total
brelan [bʀəlɑ̃] NM : **un ~** un trío; **un ~ d'as** un trío de ases
breloque [bʀəlɔk] NF dije *m*
brème [bʀɛm] NF brema
Brésil [bʀezil] NM Brasil *m*
brésilien, ne [bʀeziljɛ̃, jɛn] ADJ brasileño(-a) ▸ NM/F : **Brésilien, ne** brasileño(-a)

bressan, e [bRɛsɑ̃, an] ADJ de la Bresse ▸ NM/F : **Bressan, e** nativo(-a) *ou* habitante *mf* de la Bresse

Bretagne [bRətaɲ] NF Bretaña

bretelle [bRətɛl] NF (*de fusil*) correa; (*de vêtement*) tirante *m*; (*d'autoroute*) enlace *m*; **~ de contournement** carretera de circunvalación; **~ de raccordement** carretera *ou* vía de acceso ■ **bretelles** NFPL (*pour pantalons*) tirantes *mpl*, suspensores *mpl* (*AM*)

breton, ne [bRətɔ̃, ɔn] ADJ bretón(-ona) ▸ NM (*Ling*) bretón *m* ▸ NM/F : **Breton, ne** bretón(-ona)

breuvage [bRœvaʒ] NM brebaje *m*

brève [bRɛv] ADJ F *voir* **bref** ▸ NF (*nouvelle*) breve *f*; **(voyelle) ~** vocal *f* breve

brevet [bRəvɛ] NM certificado; **~ (d'invention)** patente *f*; **~ d'apprentissage** certificado de idoneidad; **~ (des collèges)** ≈ Graduado Escolar; **~ d'études du premier cycle** bachillerato elemental

breveté, e [bRəv(ə)te] ADJ (*invention*) patentado(-a); (*diplômé*) cualificado(-a)

breveter [bRəv(ə)te] VT patentar

bréviaire [bRevjɛR] NM breviario

briard, e [bRijaR, aRd] ADJ de Brie ▸ NM/F : **Briard, e** nativo(-a) *ou* habitante *mf* de Brie ▸ NM (*chien*) mastín *m*

bribe [bRib] NF : **bribes de conversation** fragmentos *mpl ou* retazos *mpl* de conversación

bribes [bRib] NFPL (*de conversation*) fragmentos *mpl*; **par ~** por retazos

bric [bRik] ADV : **un ameublement de ~ et de broc** muebles *mpl* de aquí y de allí

bric-à-brac [bRikabRak] NM INV baratillo

bricolage [bRikɔlaʒ] NM bricolaje *m*; (*péj*) chapuza

bricole [bRikɔl] NF (*babiole*) menudencia; (*chose insignifiante*) nadería; (*petit travail*) chapuza

bricoler [bRikɔle] VI hacer chapuzas; (*passe-temps*) hacer bricolaje ▸ VT (*réparer*) arreglar; (*mal réparer*) hacer una chapuza con; (*trafiquer*) amañar

bricoleur, -euse [bRikɔlœR, øz] NM/F mañoso(-a), manitas *mf inv* ▸ ADJ mañoso(-a)

bridage [bRidaʒ] NM (*Auto*) limitación *f* (*de la potencia o velocidad de un motor*)

bride [bRid] NF brida; (*d'un bonnet*) cinta; **à ~ abattue** a rienda suelta; **tenir en ~** sujetar; **lâcher la ~ à, laisser la ~ sur le cou à** dar rienda suelta a

bridé, e [bRide] ADJ : **yeux bridés** ojos *mpl* oblicuos

brider [bRide] VT (*réprimer*) sujetar; (*cheval*) embridar; (*Culin*) atar

bridge [bRidʒ] NM (*jeu*) bridge *m*; (*dentaire*) puente *m*

bridger [bRidʒe] VI jugar al bridge

brie [bRi] NM queso de Brie

briefer [bRife] VT poner al tanto, informar

brièvement [bRijɛvmɑ̃] ADV brevemente

brièveté [bRijɛvte] NF brevedad *f*

brigade [bRigad] NF (*gén*) cuadrilla; (*Police, Mil*) brigada

brigadier, -ière [bRigadje, jɛR] NM/F (*Mil*) cabo *mf*; (*Police*) jefe(-a)

brigadier-chef [bRigadjeʃɛf] (*pl* **brigadiers-chefs**) NM cabo *m* primera *inv*

brigand [bRigɑ̃] NM salteador *m*, bandolero

brigandage [bRigɑ̃daʒ] NM bandolerismo

briguer [bRige] VT (*poste*) pretender; (*suffrages*) solicitar

brillamment [bRijamɑ̃] ADV estupendamente

brillant, e [bRijɑ̃, ɑ̃t] ADJ brillante; (*luisant*) reluciente ▸ NM brillante *m*

briller [bRije] VI (*aussi fig*) brillar

brimade [bRimad] NF (*vexation*) incordio

brimbaler [bRɛ̃bale] VB = **bringuebaler**

brimer [bRime] VT incordiar

brin [bRɛ̃] NM hebra; **un ~ de** (*fig*) una pizca de; **un ~ mystérieux** *etc* (*fam*) un poquito misterioso *etc*; **~ d'herbe** brizna de hierba; **~ de muguet** ramita de muguete; **~ de paille** brizna de paja

brindille [bRɛ̃dij] NF ramita

bringue [bRɛ̃g] (*fam*) NF : **faire la ~** irse de juerga, ir de farra (*AM fam*)

bringuebaler [bRɛ̃g(ə)bale] VI bambolearse ▸ VT bambolear

brio [bRijo] NM brío; **avec ~** con brío

brioche [bRijɔʃ] NF bollo, queque *m* (*AM*); (*fam : ventre*) barriga

brioché, e [bRijɔʃe] ADJ *que tiene la consistencia o el sabor de un bollo*

brique [bRik] NF ladrillo ▸ ADJ INV (*couleur*) de color teja

briquer [bRike] (*fam*) VT frotar

briquet [bRikɛ] NM mechero, encendedor *m*

briqueterie [bRik(ə)tRi] NF fábrica de ladrillos

bris [bRi] NM : **~ de clôture** (*Jur*) allanamiento; **~ de glaces** (*Auto*) rotura de cristales

brisant [bRizɑ̃] NM (*rocher*) rompiente *m*; (*vague*) rompeolas *m inv*

brise [bRiz] NF brisa

brisé, e [bRize] ADJ quebrado(-a); **d'une voix brisée** con voz quebrada; **~ (de fatigue)** molido(-a); **pâte brisée** pasta quebrada

brisées [bRize] NFPL : **aller** *ou* **marcher sur les ~ de qn** pisar el terreno a algn; **suivre les ~ de qn** seguir las huellas de algn

brise-glace NM, **brise-glaces** NM INV [bRizglas] (*pl* **brise-glaces**) rompehielos *m inv*

brise-jet [bRizʒɛ] NM tubo amortiguador

brise-lames [bRizlam] NM INV rompeolas *m inv*

briser [bRize] VT (*casser*) romper; (*fig*) arruinar, destrozar; (*volonté*) quebrantar; (*grève*) romper; (*résistance*) vencer; (*personne*) destrozar; (*fati-*

guer) moler ■ **se briser** VPR romperse; (*fig*) venirse abajo
brise-tout [bRiztu] NM INV destrozón *m*
briseur, -euse [bRizœR, øz] NM/F : **~ de grève** esquirol *mf*
brise-vent [bRizvɑ̃] (*pl* **~(s)**) NM abrigaño
bristol [bRistɔl] NM (*carte de visite*) tarjeta de visita
britannique [bRitanik] ADJ británico(-a) ▸ NMF : **Britannique** británico(-a); **les Britanniques** los británicos
broc [bRo] NM jarra
brocante [bRɔkɑ̃t] NF (*marché*) baratillo; (*commerce*) chamarileo
brocanteur, -euse [bRɔkɑ̃tœR, øz] NM/F chamarilero(-a)
brocart [bRɔkaR] NM brocado
broche [bRɔʃ] NF (*bijou*) broche *m*; (*Culin*) espetón *m*; (*fiche*) clavija; (*Méd*) alambre *m*; **à la ~** (*Culin*) al asador
broché, e [bRɔʃe] ADJ (*livre*) en rústica; (*tissu*) brochado(-a), briscado(-a)
brochet [bRɔʃɛ] NM lucio
brochette [bRɔʃɛt] NF pincho, brocheta
brochure [bRɔʃyR] NF folleto
brocoli [bRɔkɔli] NM brécol *m*
brodequins [bRɔdkɛ̃] NMPL borceguíes *mpl*
broder [bRɔde] VT bordar ▸ VI : **~ (sur des faits/ une histoire)** adornar (hechos/una historia)
broderie [bRɔdRi] NF bordado
bromure [bRɔmyR] NM bromuro
broncher [bRɔ̃ʃe] VI : **sans ~** sin protestar
bronches [bRɔ̃ʃ] NFPL bronquios *mpl*
bronchite [bRɔ̃ʃit] NF bronquitis *f inv*
bronchodilatateur [bRɔ̃kodilatatœR] NM broncodilatador *m*
broncho-pneumonie [bRɔ̃kopnømɔni] (*pl* **broncho-pneumonies**) NF bronconeumonía
bronzage [bRɔ̃zaʒ] NM bronceado
bronze [bRɔ̃z] NM bronce *m*
bronzé, e [bRɔ̃ze] ADJ bronceado(-a)
bronzer [bRɔ̃ze] VT (*peau*) broncear; (*métal*) pavonar ▸ VI broncearse ■ **se bronzer** VPR broncearse
brosse [bRɔs] NF cepillo, escobilla (*AM*); **donner un coup de ~ à qch** cepillar algo; **coiffé en ~** peinado al cepillo; **~ à cheveux** cepillo para el pelo; **~ à dents/à habits** cepillo de dientes/de (la) ropa
brosser [bRɔse] VT (*nettoyer*) cepillar; (*fig*) bosquejar ■ **se brosser** VPR cepillarse; **se ~ les dents** cepillarse los dientes; **« tu peux te ~ ! »** (*fam*) « ¡espérate sentado! »
brou de noix [bRud(ə)nwa] NM (*pour bois*) nogalina; (*liqueur*) licor *m* de nuez
brouette [bRuɛt] NF carretilla
brouhaha [bRuaa] NM alboroto
brouillage [bRujaʒ] NM interferencia
brouillard [bRujaR] NM niebla; **être dans le ~** (*fig*) no enterarse
brouille [bRuj] NF desavenencia
brouillé, e [bRuje] ADJ : **il est ~ avec ses parents** está reñido con sus padres; (*teint*) alterado(-a)
brouiller [bRuje] VT mezclar; (*embrouiller*) embarullar, enredar; (*Radio*) interferir; (*rendre trouble, confus*) enturbiar; (*amis*) enemistar; **~ les pistes** (*fig*) borrar el rastro ■ **se brouiller** VPR (*ciel, temps*) cubrirse, nublarse; (*vue*) nublarse; (*détails*) confundirse; **se ~ (avec)** enfadarse (con)
brouillon, ne [bRujɔ̃, ɔn] ADJ desordenado(-a) ▸ NM (*écrit*) borrador *m*, copia en sucio; **cahier de ~** cuaderno para trabajos en sucio
broussailles [bRusɑj] NFPL maleza *fsg*
broussailleux, -euse [bRusɑjø, øz] ADJ (*sourcils*) enmarañado(-a); (*terrain*) cubierto(-a) de maleza
brousse [bRus] NF monte *m* bajo
brouter [bRute] VT pacer ▸ VI vibrar
broutille [bRutij] NF fruslería
broyer [bRwaje] VT triturar; **~ du noir** verlo todo negro
bru [bRy] NF nuera
brugnon [bRyɲɔ̃] NM griñón *m*
bruine [bRɥin] NF llovizna, garúa (*AM*)
bruiner [bRɥine] VI : **il bruine** llovizna
bruire [bRɥiR] VI (*eau*) murmurar; (*feuilles, étoffe*) crujir
bruissement [bRɥismɑ̃] NM (*eau*) murmullo; (*feuilles, étoffe*) crujido
bruit [bRɥi] NM ruido; (*rumeur*) rumor *m*; **pas/trop de ~** nada/demasiado ruido; **sans ~** sin ruido; **faire du ~** hacer ruido; **faire grand ~ de** hablar mucho de; **le ~ court que** corre el rumor de que...; **~ de fond** ruido de fondo
bruitage [bRɥitaʒ] NM efectos *mpl* sonoros
bruiter [bRɥite] VT (*film*) producir efectos sonoros para
bruiteur [bRɥitœR] NM especialista *mf* en efectos sonoros
brûlant, e [bRylɑ̃, ɑ̃t] ADJ ardiente; (*liquide*) hirviendo; (*fiévreux*) caliente; (*sujet*) candente
brûlé, e [bRyle] ADJ quemado(-a) ▸ NM : **odeur de ~** olor *m* a quemado; **les grands brûlés** los grandes quemados
brûle-pourpoint [bRylpuRpwɛ̃] ADV : **à ~** a quemarropa
brûler [bRyle] VT quemar; (*consumer, consommer*) consumir; (*suj : eau bouillante*) escaldar; (*enfiévrer*) arder; (*feu rouge*) saltarse; **~ les étapes** quemar etapas ▸ VI (*se consumer*) consumirse; (*feu*) arder; (*lampe, bougie*) lucir; (*être brûlant, ardent*) estar caliente; (*jeu*) : **tu brûles** caliente-caliente; **~ (d'impatience) de faire qch** consumirse (de impaciencia) por hacer algo

b

▪ **se brûler** VPR (*accidentellement*) quemarse; **se ~ la cervelle** pegarse un tiro

brûleur [bʀylœʀ] NM (*Tech*) quemador *m*

brûlot [bʀylo] NM (*Culin*) *aguardiente destilado con azúcar*

brûlure [bʀylyʀ] NF (*lésion*) quemadura; (*sensation*) ardor *m*; **brûlures d'estomac** ardores *mpl* de estómago

brume [bʀym] NF bruma

brumeux, -euse [bʀymø, øz] ADJ brumoso(-a); (*fig*) confuso(-a)

brumisateur [bʀymizatœʀ] NM vaporizador *m*

brun, e [bʀœ̃, bʀyn] ADJ moreno(-a) ▶ NM pardo

brunâtre [bʀynɑtʀ] ADJ parduzco(-a)

brunch [bʀœntʃ] NM desayuno-almuerzo

brune [bʀyn] NF anochecer *m*

Brunei [bʀunɛi] NM Brunei *m*

brunette [bʀynɛt] NF morena, morocha (*Am*), prieta (*Mex*)

brunir [bʀyniʀ] VI ponerse moreno ▶ VT tostar

brushing [bʀœʃiŋ] NM marcado; **faire un ~** lavar y marcar

brusque [bʀysk] ADJ (*soudain*) repentino(-a); (*rude*) brusco(-a)

brusquement [bʀyskəmɑ̃] ADV (*soudainement*) repentinamente

brusquer [bʀyske] VT (*personne*) apremiar; (*événements, affaire*) precipitar; **ne rien ~** no precipitarse

brusquerie [bʀyskəʀi] NF brusquedad *f*

brut, e [bʀyt] ADJ bruto(-a); (*diamant*) en bruto ▶ NM : **(champagne) ~** champán *m ou* cava *m* seco; **(pétrole) ~** crudo

brutal, e, -aux [bʀytal, o] ADJ brutal; (*franchise*) rudo(-a)

brutalement [bʀytalmɑ̃] ADV brutalmente

brutaliser [bʀytalize] VT maltratar

brutalité [bʀytalite] NF (*voir adj*) brutalidad *f*
▪ **brutalités** NFPL (*violences*) malos tratos *mpl*

brute [bʀyt] ADJ F *voir* **brut** ▶ NF bruto

Bruxelles [bʀysɛl] N Bruselas

bruxellois, e [bʀysɛlwa, waz] ADJ bruselense ▶ NM/F : **Bruxellois, e** bruselense *mf*

bruyamment [bʀɥijamɑ̃] ADV ruidosamente

bruyant, e [bʀɥijɑ̃, ɑ̃t] ADJ ruidoso(-a)

bruyère [bʀyjɛʀ] NF brezo

BT [bete] SIGLE M (= *brevet de technicien*) ≈ título de bachillerato técnico

BTA [betea] SIGLE M (= *brevet de technicien agricole*) ≈ título de bachillerato técnico agrícola

BTP [betepe] SIGLE MPL (= *bâtiment et travaux publics*) *sector de la construcción y obras públicas*

BTS [beteɛs] SIGLE M (= *brevet de technicien supérieur*) *diploma de enseñanza técnica*

BU [bey] SIGLE F = **bibliothèque universitaire**

bu, e [by] PP *de* **boire**

buanderie [bɥɑ̃dʀi] NF lavadero

Bucarest [bykaʀɛst] N Bucarest

buccal, e, -aux [bykal, o] ADJ : **par voie buccale** por vía oral

bûche [byʃ] NF leño; **prendre une ~** (*fam*) pegarse un batacazo; **~ de Noël** bizcocho de navidad

bûcher [byʃe] NM hoguera ▶ VI, VT (*fam*) empollar

bûcheron, ne [byʃʀɔ̃, ɔn] NM/F leñador(a)

bûchette [byʃɛt] NF astilla

bûcheur, -euse [byʃœʀ, øz] (*fam*) ADJ, NM/F empollón(-ona)

bucolique [bykɔlik] ADJ bucólico(-a)

Budapest [bydapɛst] N Budapest

budget [bydʒɛ] NM presupuesto

budgétaire [bydʒetɛʀ] ADJ presupuestario(-a)

budgéter [bydʒete], **budgétiser** [bydʒetize] VT presupuestar

buée [bɥe] NF vaho

Buenos Aires [bwenɔzɛʀ] N Buenos Aires

buffet [byfɛ] NM (*meuble*) aparador *m*; (*de réception*) buffet *m*; **~ (de gare)** cantina (de estación)

buffle [byfl] NM búfalo

buis [bɥi] NM boj *m*

buisson [bɥisɔ̃] NM matorral *m*

buissonnière [bɥisɔnjɛʀ] ADJ F : **faire l'école ~** hacer novillos

bulbe [bylb] NM bulbo

bulgare [bylgaʀ] ADJ búlgaro(-a) ▶ NM (*Ling*) búlgaro ▶ NMF : **Bulgare** búlgaro(-a)

Bulgarie [bylgaʀi] NF Bulgaria

bulldozer [buldozɛʀ] NM bul(l)dozer *m*

bulle [byl] ADJ, NM : **(papier) ~** papel *m* en estraza ▶ NF burbuja; (*de bande dessinée*) bocadillo; (*papale*) bula; **~ de savon** pompa de jabón

bulletin [byltɛ̃] NM boletín *m*; (*papier*) folleto; (*de bagages*) recibo; **~ d'informations** boletín informativo; **~ de naissance** partida de nacimiento; **~ de salaire** nómina; **~ de santé** parte médico; **~ (de vote)** papeleta; **~ météorologique** boletín *ou* parte *m* meteorológico; **~ réponse** bono de respuesta; **~ scolaire** notas *fpl*

buraliste [byʀalist] NMF (*de bureau de tabac*) estanquero(-a); (*de poste*) empleado(-a) de correos

bure [byʀ] NF sayal *m*

bureau, x [byʀo] NM (*meuble*) escritorio; (*pièce*) despacho; **~ de change/de poste** oficina de cambio/de correos; **~ d'embauche/de placement** oficina de empleo/de colocación; **~ de location** agencia de alquiler; **~ de tabac** estanco; **~ de vote** colegio electoral ▪ **bureaux** NMPL (*d'une entreprise*) oficinas *fpl*

bureaucrate [byʀokʀat] NM burócrata *mf*

bureaucratie [byʀokʀasi] NF burocracia

bureaucratique [byʀokʀatik] ADJ burocrático(-a)
bureautique [byʀotik] NF ofimática
burette [byʀɛt] NF (*de mécanicien*) aceitera; (*de chimiste*) bureta
burin [byʀɛ̃] NM escoplo; (*Art*) buril *m*
buriné, e [byʀine] ADJ (*visage*) marcado(-a), ajado(-a)
Burkina [byʀkina] NM Burkina Faso
burkinabé, e [byʀkinabe] ADJ burkinés(-esa) ▸ NMF : **Burkinabé, e** burkinés(-esa)
Burkina-Faso [byʀkinafaso] NM Burkina Faso
burlesque [byʀlɛsk] ADJ burlesco(-a)
burnous [byʀnu(s)] NM albornoz *m*
Burundi [buʀundi] NM Burundi *m*
bus [(vb) by, (nm) bys] VB *voir* **boire** ▸ NM autobús *m*, bus *m* (*surtout* AM), camión *m* (MEX); (*Inform*) bus *m*
busard [byzaʀ] NM dardabasí *m*
buse [byz] NF cernícalo, gallinazo (AM), zopilote *m* (CAM, MEX)
busqué, e [byske] ADJ : **nez ~** nariz *f* aguileña
buste [byst] NM busto; (*de femme*) pecho
bustier [bystje] NM (*soutien-gorge*) sujetador *m* con cuerpo
but [(vb) by, (nm) byt] VB *voir* **boire** ▸ NM (*cible*) meta; (*d'un voyage*) destino; (*d'une entreprise, d'une action*) objetivo; (*Football : limites*) portería, arco (AM); (*Sport : point*) gol *m*, tanto; **de ~ en blanc** de buenas a primeras; **avoir pour ~ de faire** tener como objetivo hacer; **dans le ~ de** con el propósito de; **gagner par trois buts à deux** ganar por tres tantos a dos
butane [bytan] NM butano; (*domestique*) gas *m* butano
buté, e [byte] ADJ terco(-a)
butée [byte] NF (*Tech*) tope *m*; (*Archit*) contrafuerte *m*
buter [byte] VI : **~ contre** *ou* **sur qch** tropezar con algo ▸ VT (*mur etc*) apuntalar; (*fam : personne*) cargarse a ■ **se buter** VPR obstinarse
buteur [bytœʀ] NM goleador *m*
butin [bytɛ̃] NM botín *m*
butiner [bytine] VT, VI libar
butor [bytɔʀ] NM (*fig*) bruto
butte [byt] NF (*éminence*) loma; **être en ~ à** estar expuesto(-a) a
buvable [byvabl] ADJ bebible; (*roman etc*) pasable
buvais *etc* [byvɛ] VB *voir* **boire**
buvard [byvaʀ] NM secante *m*
buvette [byvɛt] NF puesto de bebidas
buveur, -euse [byvœʀ, øz] NM/F (*péj*) borracho(-a); (*consommateur*) bebedor(a); **~ de cidre/de vin** bebedor(a) de sidra/de vino
buvons [byvɔ̃] VB *voir* **boire**
buzz [bœz] NM marketing *m* boca a boca
BVP [bevepe] SIGLE M (= *Bureau de vérification de la publicité*) *centro de control publicitario*
byzantin, e [bizɑ̃tɛ̃, in] ADJ bizantino(-a)
BZH ABR (= *Breizh*) Bretaña

b

Cc

C[1], c [se] NM INV C, c *f*; **C comme Célestin** ≈ C de Carmen

C[2] [se] ABR (= *Celsius*) C

c' [s] *voir* **ce**

CA SIGLE M (= *chiffre d'affaires*) *voir* **chiffre**; (= *conseil d'administration*) *voir* **conseil**

ça [sa] PRON (*proche*) esto; (*pour désigner*) eso; (*plus loin*) aquello; **ça m'étonne que** me sorprende que; **ça va ?** ¿qué tal?; (*d'accord ?*) ¿vale?; **ça alors !** (*désapprobation*) ¡pero bueno!; (*étonnement*) ¡anda!; **c'est ça** eso es; **ça fait une heure que j'attends** hace una hora que espero

çà [sa] ADV : **çà et là** aquí y allá

cabale [kabal] NF cábala

cabalistique [kabalistik] ADJ : **signe ~** signo cabalístico

caban [kabɑ̃] NM chaquetón *m*

cabane [kaban] NF cabaña; (*de skieurs, de montagne*) cabaña, refugio

cabanon [kabanɔ̃] NM cabañuela; (*en Provence*) casita de campo; (*remise*) cobertizo

cabaret [kabaʀɛ] NM cabaret *m*

cabas [kabɑ] NM cabás *m*, capazo

cabestan [kabɛstɑ̃] NM cabrestante *m*

cabillaud [kabijo] NM bacalao fresco

cabine [kabin] NF cabina; (*de bateau*) camarote *m*; (*de plage*) caseta; (*de piscine etc*) cabina, vestuario; **~ (d'ascenseur)** caja (de ascensor); **~ de douche** cabina de ducha; **~ d'essayage** probador *m*; **~ de projection** cabina de proyección; **~ spatiale** cabina de nave espacial; **~ (téléphonique)** cabina (telefónica), locutorio

cabinet [kabinɛ] NM (*aussi Pol*) gabinete *m*; (*de médecin*) gabinete, consulta; (*d'avocat, de notaire*) gabinete, despacho; (*clientèle*) clientela; **~ d'affaires** gestoría; **~ de toilette** cuarto de aseo; **~ de travail** gabinete de trabajo, despacho ■ **cabinets** NMPL (*W.C.*) servicios *mpl*

câble [kɑbl] NM cable *m*; (*télégramme*) cable, cablegrama *m*

câblé, e [kable] ADJ (*Tech*) cableado(-a); (*fam*) enterado(-a)

câbler [kɑble] VT (*nouvelle*) cablegrafiar; (*quartier : TV*) cablear

câblo-opérateur [kɑblooperatœʀ] (*pl* **câblo-opérateurs**) NM operador *m* de cable

cabossé, e [kabɔse] ADJ abollado(-a)

cabosser [kabɔse] VT abollar

cabot [kabo] (*péj*) NM chucho

cabotage [kabɔtaʒ] NM cabotaje *m*

caboteur [kabɔtœʀ] NM barco de cabotaje

cabotin, e [kabɔtɛ̃, in] (*péj*) NM/F (*personne maniérée*) comediante *mf*; (*acteur*) comicastro(-a)

cabotinage [kabɔtinaʒ] NM comedia

cabrer [kɑbʀe] VT encabritar ■ **se cabrer** VPR (*aussi fig*) encabritarse

cabri [kabʀi] NM cabrito

cabriole [kabʀijɔl] NF (*d'un enfant*) cabriola; (*d'un clown, gymnaste*) voltereta, cabriola

cabriolet [kabʀijɔlɛ] NM (*aussi* : **voiture cabriolet**) descapotable *m*

CAC [kak] SIGLE F = **Compagnie des agents de change**; **indice ~** ≈ índice *m* de valores

caca [kaka] NM caca; **faire ~** hacer caca; **~ d'oie** (*couleur*) de color verdoso

cacahuète [kakaɥɛt] NF cacahuete *m*, maní *m* (*AM*), cacahuate *m* (*AM*)

cacao [kakao] NM cacao

cachalot [kaʃalo] NM cachalote *m*

cache [kaʃ] NM (*pour texte, photo, diapositive*) ocultador *m*; (*pour protéger l'objectif*) tapa ▸ NF (*cachette*) escondite *m*; **~ d'armes** zulo de armas

caché, e [kaʃe] ADJ oculto(-a), escondido(-a)

cache-cache [kaʃkaʃ] NM INV : **jouer à ~** jugar al escondite

cache-col [kaʃkɔl] NM bufanda

cachemire [kaʃmiʀ] NM cachemira, cachemir *m*; **C~** Cachemira ▸ ADJ de cachemira

cache-nez [kaʃne] NM INV bufanda

cache-pot [kaʃpo] NM macetero

cache-prise [kaʃpʀiz] NM tapa protectora de enchufe

cacher [kaʃe] VT ocultar, esconder; **je ne vous cache pas que** no le oculto que; **~ qch à qn** ocultar algo a algn; **~ son jeu** ocultar sus intenciones ■ **se cacher** VPR esconderse, ocultarse; **il se cache d'elle pour fumer** fuma a escondidas de ella; **il ne s'en cache pas** no lo oculta

cache-sexe [kaʃsɛks] NM taparrabo

cachet [kaʃɛ] NM (*comprimé*) pastilla; (*sceau*) sello; (*rétribution*) caché *m*; (*caractère*) carácter *m*

cacheter [kaʃte] VT cerrar, sellar; **vin cacheté** vino en botellas lacradas
cachette [kaʃɛt] NF escondite *m*; **en ~** a escondidas
cachot [kaʃo] NM calabozo
cachotteries [kaʃɔtʀi] NFPL misterios; **faire des ~** andar con misterios
cachottier, -ière [kaʃɔtje, jɛʀ] ADJ misterioso(-a)
cachou [kaʃu] NM : **pastilles de ~** pastillas *fpl* Juanolas
cacophonie [kakɔfɔni] NF cacofonía
cacophonique [kakɔfɔnik] ADJ cacofónico(-a)
cactus [kaktys] NM INV cactus *m inv*
c.-à-d. ABR (= *c'est-à-dire*) es decir
cadastral, e, -aux [kadastʀal, o] ADJ catastral
cadastre [kadastʀ] NM catastro
cadavéreux, -euse [kadaveʀø, øz] ADJ (*teint*) cadavérico(-a)
cadavérique [kadaveʀik] ADJ cadavérico(-a)
cadavre [kadavʀ] NM cadáver *m*
caddie [kadi] NM (*au supermarché*) carrito
caddy [kadi] NM = **caddie**
cadeau, x [kado] NM regalo; **faire un ~ à qn** hacer un regalo a algn; **ne pas faire de ~ à qn** (*fig*) no ponérselo fácil a algn; **faire ~ de qch à qn** regalar algo a algn
cadenas [kadna] NM candado
cadenasser [kadnase] VT cerrar con candado
cadence [kadɑ̃s] NF cadencia; (*rythme*) compás *m*; (*de travail*) ritmo; **en ~** (*régulièrement*) rítmicamente; (*ensemble, en mesure*) al compás; **à la ~ de 10 par jour** a un ritmo de 10 diarios
cadencé, e [kadɑ̃se] ADJ cadencioso(-a), acompasado(-a); **au pas ~** a paso acompasado
cadet, te [kadɛ, ɛt] ADJ (*plus jeune*) menor; (*le plus jeune*) menor, más pequeño(-a) ▸ NM/F (*de la famille*) benjamín(-ina); **le ~/la cadette** el/la menor; **il est mon ~ (de deux ans)** (*rapports non familiaux*) él es (dos años) menor que yo; **les cadets** (*Sport*) los juveniles; **le ~ de mes soucis** lo que menos me preocupa
cadrage [kadʀaʒ] NM enfoque *m*, encuadre *m*
cadran [kadʀɑ̃] NM (*de pendule, montre*) esfera; (*du téléphone*) disco; **~ solaire** reloj *m* de sol
cadre [kadʀ] NM (*aussi Inform*) marco; (*de vélo*) cuadro; (*sur formulaire*) recuadro; (*limites*) límite *m*; **rayer qn des cadres** (*Mil, Admin*) dar de baja a algn; **dans le ~ de** (*fig*) en el marco de ▸ NMF (*responsable*) ejecutivo(-a), cuadro; **~ moyen/supérieur** cuadro medio/superior
cadré, e [kadʀe] ADJ (*Photo*) encuadrado(-a); (*Inform*) situado(-a); **~ à gauche/droite** situado a la izquierda/derecha
cadrer [kadʀe] VI : **~ avec qch** cuadrar con algo ▸ VT (*Photo*) encuadrar; (*Inform*) situar
cadreur, -euse [kadʀœʀ, øz] NM/F encuadrador(a)
caduc, -uque [kadyk] ADJ caduco(-a)
CAF [seaɛf] SIGLE F (= *Caisse d'allocations familiales*) *servicio de ayuda familiar* ▸ ABR (= *coût, assurance, fret*) c.s.f. (= *coste, seguro y flete*)
cafard [kafaʀ] NM cucaracha; **avoir le ~** (*fam*) estar depre
cafardeux, -euse [kafaʀdø, øz] ADJ triste
café [kafe] NM café *m*; **~ au lait** café con leche; **~ crème** café cortado; **~ en grains/en poudre** café en grano/molido; **~ liégeois** helado de café con nata; **~ noir** café solo ▸ ADJ café
café-concert [kafekɔ̃sɛʀ] (*pl* **cafés-concerts**) NM (*aussi* : **caf' conc'**) café *m* concierto
caféine [kafein] NF cafeína
café-tabac [kafetaba] (*pl* **cafés-tabacs**) NM café-estanco
cafétéria [kafeteʀja] NF cafetería
café-théâtre [kafeteatʀ] (*pl* **cafés-théâtres**) NM café *m* teatro
cafetier, -ière [kaftje, jɛʀ] NM/F cafetero(-a)
cafetière [kaftjɛʀ] NF cafetera
cafouillage [kafujaʒ] (*fam*) NM (*paroles confuses*) farfulla; (*actions confuses*) enredo
cafouiller [kafuje] VI (*dans ses paroles*) farfullar; (*dans ses actions*) no dar pie con bola; (*appareil, projet*) fallar
cage [kaʒ] NF jaula; **en ~** enjaulado(-a); **~ d'ascenseur** caja del ascensor; **~ (des buts)** portería; **~ d'escalier** caja de la escalera; **~ thoracique** caja torácica
cageot [kaʒo] NM caja
cagibi [kaʒibi] NM trastero
cagneux, -euse [kaɲø, øz] ADJ patizambo(-a), zambo(-a)
cagnotte [kaɲɔt] NF (*aussi fig*) hucha
cagoule [kagul] NF (*de moine*) capucha; (*de bandit*) pasamontañas *m inv*; (*ski etc*) gorro; (*d'enfant*) verdugo
cahier [kaje] NM (*de classe*) cuaderno, libreta; (*Typo*) cuadernillo, pliego; **~ d'exercices** cuaderno de ejercicios; **~ de brouillon** cuaderno de sucio; **~ de doléances** libro de quejas; **~ de revendications** pliego de reivindicaciones; **~ des charges** pliego de condiciones ▪ **cahiers** NMPL (*revue*) cuadernos *mpl*
cahin-caha [kaɛ̃kaa] ADV (*fig*) a trompicones
cahot [kao] NM traqueteo
cahoter [kaɔte] VI traquetear, dar sacudidas ▸ VT sacudir
cahoteux, -euse [kaɔtø, øz] ADJ lleno(-a) de baches
cahute [kayt] NF chabola, choza
caïd [kaid] NM cabecilla *m*
caillasse [kajas] NF guijarros *mpl*
caille [kaj] NF codorniz *f*
caillé, e [kaje] ADJ : **lait ~** leche *f* cuajada
caillebotis [kajbɔti] NM enrejado
cailler [kaje] VI (*lait*) cuajar; (*sang*) coagular;

(*fam : avoir froid*) tener pelete; (: *faire froid*) hacer pelete
caillot [kajo] NM coágulo
caillou, x [kaju] NM guijarro, piedra; **le C~** *denominación familiar de Grande Terre, la isla más grande del archipiélago de Nueva Caledonia*
caillouter [kajute] VT empedrar
caillouteux, -euse [kajutø, øz] ADJ pedregoso(-a)
cailloutis [kajuti] NM guijo, grava
caïman [kaimɑ̃] NM caimán *m*
Caire [kɛʀ] NM : **le ~** el Cairo
caisse [kɛs] NF caja; (*recettes*) caja, recaudación *f*; **faire sa ~** (*Comm*) hacer caja; **~ claire** tambor *m* pequeño; **~ d'épargne/de retraite** caja de ahorros/de jubilaciones; **~ enregistreuse** caja registradora; **~ noire** caja negra
caissier, -ière [kesje, jɛʀ] NM/F cajero(-a)
caisson [kɛsɔ̃] NM arcón *m*; (*de décompression*) campana
cajoler [kaʒɔle] VT mimar
cajoleries [kaʒɔlʀi] NFPL mimos *mpl*, arrumacos *mpl*
cajou [kaʒu] NM anacardo
cake [kɛk] NM plum-cake *m*
cal[1] [kal] NM callo
cal[2] ABR (= *calorie(s)*) cal. (= *caloría(s)*)
calamar [kalamaʀ] NM = **calmar**
calaminé, e [kalamine] ADJ (*Auto*) *cubierto de sustancia carbonosa*
calamité [kalamite] NF calamidad *f*
calandre [kalɑ̃dʀ] NF (*Auto*) rejilla del radiador, calandra; (*machine*) calandria
calanque [kalɑ̃k] NF cala
calcaire [kalkɛʀ] NM caliza ▸ADJ calcáreo(-a); (*Géo*) calcáreo(-a), calizo(-a)
calciné, e [kalsine] ADJ calcinado(-a)
calcium [kalsjɔm] NM calcio
calcul [kalkyl] NM (*aussi fig*) cálculo; **le ~** el cálculo; **d'après mes calculs** según mis cálculos; **~ biliaire** cálculo biliar; **~ différentiel/intégral/mental** cálculo diferencial/integral/mental; **~ rénal** (*Méd*) cálculo renal
calculateur [kalkylatœʀ] NM calculadora
calculatrice [kalkylatʀis] NF calculadora
calculé, e [kalkyle] ADJ : **risque ~** riesgo calculado
calculer [kalkyle] VT calcular; **~ qch de tête** calcular algo de memoria ▸VI calcular; (*péj : combiner*) maquinar
calculette [kalkylɛt] NF calculadora de bolsillo
cale [kal] NF (*de bateau*) bodega; (*en bois*) cuña; **~ de construction** grada; **~ de radoub** dique *m* de carena; **~ sèche** dique seco
calé, e [kale] ADJ (*fixé*) fijo(-a); (*voiture*) calado(-a); (*fam : personne*) empollado(-a); (: *problème*) difícil
calebasse [kalbɑs] NF calabaza
calèche [kalɛʃ] NF calesa
caleçon [kalsɔ̃] NM calzoncillos *mpl*
calembour [kalɑ̃buʀ] NM retruécano, calambur *m*
calendes [kalɑ̃d] NFPL : **renvoyer qch aux ~ grecques** dejar algo para el día del juicio final
calendrier [kalɑ̃dʀije] NM calendario; (*programme*) calendario, programa *m*
cale-pied [kalpje] NM rastral *m*
calepin [kalpɛ̃] NM bloc *m* de notas
caler [kale] VT (*fixer*) calzar, fijar; (*malade*) acomodar; (*avec une pile de livres etc*) arrellanar; **~ (son moteur/véhicule)** calar (el motor/vehículo) ▸VI (*fig : ne plus pouvoir continuer*) rendirse ■ **se caler** VPR : **se ~ dans un fauteuil** arrellanarse en un sillón
calfater [kalfate] VT calafatear
calfeutrage [kalføtʀaʒ] NM *acción de tapar con burletes*
calfeutrer [kalføtʀe] VT tapar con burletes ■ **se calfeutrer** VPR encerrarse en casa
calibre [kalibʀ] NM (*d'un fruit*) diámetro; (*d'une arme*) calibre *m*; (*fig*) calibre, envergadura
calibrer [kalibʀe] VT clasificar
calice [kalis] NM cáliz *m*; **boire le ~ jusqu'à la lie** apurar el cáliz hasta las heces
calicot [kaliko] NM calicó
calife [kalif] NM califa *m*
Californie [kalifɔʀni] NF California
californien, ne [kalifɔʀnjɛ̃, jɛn] ADJ californiano(-a) ▸NM/F : **Californien, ne** californiano(-a)
califourchon [kalifuʀʃɔ̃] : **à ~** *adv* a horcajadas; **à ~ sur** a horcajadas en *ou* sobre
câlin, e [kɑlɛ̃, in] ADJ mimoso(-a)
câliner [kɑline] VT mimar
câlineries [kɑlinʀi] NFPL mimos *mpl*
calisson [kalisɔ̃] NM pastelillo de turrón
calleux, -euse [kalø, øz] ADJ calloso(-a), encallecido(-a)
calligraphie [ka(l)ligʀafi] NF caligrafía
calligraphier [ka(l)ligʀafje] VT caligrafiar
callosité [kalozite] NF callosidad *f*
calmant, e [kalmɑ̃, ɑ̃t] ADJ, NM calmante *m*
calmar [kalmaʀ] NM calamar *m*
calme [kalm] ADJ tranquilo(-a); (*ville, mer, endroit*) tranquilo(-a), apacible ▸NM (*d'un lieu*) tranquilidad *f*; (*d'une personne*) tranquilidad, calma; **sans perdre son ~** sin perder la calma; **~ plat** (*Naut, aussi fig*) calma chicha
calmement [kalməmɑ̃] ADV tranquilamente
calmer [kalme] VT tranquilizar, calmar; (*douleur, colère*) calmar, sosegar ■ **se calmer** VPR calmarse; (*personne*) calmarse, tranquilizarse
calomniateur, -trice [kalɔmnjatœʀ, tʀis] NM/F calumniador(a)

calomnie [kalɔmni] NF calumnia
calomnier [kalɔmnje] VT calumniar
calomnieux, -euse [kalɔmnjø, jøz] ADJ calumnioso(-a)
calorie [kalɔʀi] NF caloría
calorifère [kalɔʀifɛʀ] NM estufa
calorifique [kalɔʀifik] ADJ calorífico(-a)
calorifuge [kalɔʀifyʒ] ADJ calorífugo(-a) ▸ NM aislante *m*
calot [kalo] NM gorra
calotte [kalɔt] NF (*coiffure*) birreta; (*gifle*) bofetada; **la ~** (*péj : clergé*) los curas, el clero; **~ glaciaire** casquete *m* glaciar
calque [kalk] NM (*aussi* : **papier calque**) calco, papel *m* de calco; (*dessin*) calco
calquer [kalke] VT (*aussi fig*) calcar
calvados [kalvados] NM calvados *m inv*
calvaire [kalvɛʀ] NM calvario
calvitie [kalvisi] NF calvicie *f*
camaïeu [kamajø] NM monocromía; **en ~** en diferentes tonalidades de un mismo color
camarade [kamaʀad] NMF compañero(-a); (*Pol*) camarada *mf*; **~ d'école/de jeu** compañero(-a) de escuela/de juegos
camaraderie [kamaʀadʀi] NF amistad *f*, camaradería
camarguais, e [kamaʀgɛ, ɛz] ADJ de Camarga ▸ NM/F : **Camarguais, e** nativo(-a) *ou* habitante *mf* de Camarga
Camargue [kamaʀg] NF Camarga
cambiste [kɑ̃bist] NM cambista *m*
Cambodge [kɑ̃bɔdʒ] NM Camboya
cambodgien, ne [kɑ̃bɔdʒjɛ̃, jɛn] ADJ camboyano(-a) ▸ NM/F : **Cambodgien, ne** camboyano(-a)
cambouis [kɑ̃bwi] NM grasa (sucia)
cambré, e [kɑ̃bʀe] ADJ : **avoir les reins cambrés, être ~** tener la espalda arqueada; **avoir le pied très ~** tener el pie muy combado *ou* arqueado
cambrer [kɑ̃bʀe] VT combar; **~ la taille** *ou* **les reins** arquear la espalda ■ **se cambrer** VPR arquearse
cambriolage [kɑ̃bʀijɔlaʒ] NM robo (con efracción)
cambrioler [kɑ̃bʀijɔle] VT robar (con efracción)
cambrioleur, -euse [kɑ̃bʀijɔlœʀ, øz] NM/F atracador(a), ladrón(-ona)
cambrure [kɑ̃bʀyʀ] NF (*du pied*) combadura, arqueo; (*de la route*) combadura, alabeo; **~ des reins** arqueo de la espalda
cambuse [kɑ̃byz] NF (*Naut*) pañol *m*; (*péj : chambre*) cuchitril *m*
came [kam] NF (*fam : drogue*) droga; **arbre à cames (en tête)** árbol *m* de levas (en cabeza)
camée [kame] NM camafeo
caméléon [kameleɔ̃] NM (*aussi fig*) camaleón *m*
camélia [kamelja] NM camelia
camelot [kamlo] NM vendedor *m* ambulante
camelote [kamlɔt] (*fam*) NF baratija
camembert [kamɑ̃bɛʀ] NM camembert *m*
caméra [kameʀa] NF cámara
caméraman [kameʀaman] NM cameraman *m*, operador *m*
Cameroun [kamʀun] NM Camerún *m*
camerounais, e [kamʀunɛ, ɛz] ADJ del Camerún ▸ NM/F : **Camerounais, e** nativo(-a) *ou* habitante *mf* del Camerún
caméscope [kameskɔp] NM cámara de vídeo
camion [kamjɔ̃] NM camión *m*; **~ de sable/cailloux** (*charge*) camión de arena/de grava
camion-citerne [kamjɔ̃sitɛʀn] (*pl* **camions-citernes**) NM camión *m* cisterna
camionnage [kamjɔnaʒ] NM : **frais/entreprise de ~** gastos *mpl*/empresa de camionaje
camionnette [kamjɔnɛt] NF camioneta
camionneur, -euse [kamjɔnœʀ, øz] NM/F (*chauffeur*) camionero(-a); (*entrepreneur*) transportista *mf*
camisole [kamizɔl] NF : **~ (de force)** camisa (de fuerza)
camomille [kamɔmij] NF manzanilla
camouflage [kamuflaʒ] NM camuflaje *m*
camoufler [kamufle] VT camuflar; (*fig*) camuflar, disimular
camouflet [kamuflɛ] (*fam*) NM desaire *m*, feo
camp [kɑ̃] NM (*militaire, d'expédition*) campo, campamento; (*réfugiés, prisonniers*) campamento; (*fig*) campo; **~ de concentration** campo de concentración; **~ de nudistes/de vacances** colonia nudista/de vacaciones
campagnard, e [kɑ̃paɲaʀ, aʀd] ADJ, NM/F campesino(-a)
campagne [kɑ̃paɲ] NF campo; (*Mil, Pol, Comm*) campaña; **en ~** (*Mil*) de campaña; **à la ~** en el campo; **faire ~ pour** hacer campaña por; **~ de publicité** campaña de publicidad; **~ électorale** campaña electoral
campanile [kɑ̃panil] NM campanario; (*séparé*) campanilo
campé, e [kɑ̃pe] ADJ : **bien ~** (*fig : personnage, tableau*) bien logrado(-a)
campement [kɑ̃pmɑ̃] NM campamento
camper [kɑ̃pe] VI acampar ▸ VT (*chapeau, casquette*) plantarse; (*personnage*) representar ■ **se camper** VPR : **se ~ devant qn/qch** plantarse delante de algn/algo
campeur, -euse [kɑ̃pœʀ, øz] NM/F campista *mf*
camphre [kɑ̃fʀ] NM alcanfor *m*
camphré, e [kɑ̃fʀe] ADJ alcanforado(-a)
camping [kɑ̃piŋ] NM camping *m*; **(terrain de) ~** (terreno de) camping; **faire du ~** hacer camping; **faire du ~ sauvage** hacer camping salvaje
camping-car [kɑ̃piŋkaʀ] (*pl* **camping-cars**) NM coche caravana *m*

C

camping-gaz® [kɑ̃piŋgaz] NM INV camping gas *m inv*
campus [kɑ̃pys] NM INV campus *m inv*
camus, e [kamy, yz] ADJ : **nez ~** nariz *f* chata
Canada [kanada] NM Canadá *m*
canadair® [kanadɛʀ] NM *avión apaga incendios*
canadien, ne [kanadjɛ̃, jɛn] ADJ canadiense ▶ NM/F : **Canadien, ne** canadiense *mf*
canadienne [kanadjɛn] NF (*veste*) cazadora
canaille [kanɑj] NF (*crapule*) canalla *mf* ▶ ADJ (*air, sourire*) picarón(-ona), pillín(-ina)
canal, -aux [kanal, o] NM canal *m*; (*Anat*) conducto; **par le ~ de** (*Admin*) por medio de; **~ de distribution** canal de distribución; **~ de Panama/de Suez** canal de Panamá/de Suez; **~ de télévision** canal de televisión
canalisation [kanalizasjɔ̃] NF (*tuyau*) canalización *f*, cañería; (*d'un cours d'eau*) canalización
canaliser [kanalize] VT canalizar; (*fig*) canalizar, encauzar
canapé [kanape] NM (*siège*) canapé *m*, sofá *m*; (*Culin*) canapé
canapé-lit [kanapeli] (*pl* **canapés-lits**) NM sofá-cama *m*
canaque [kanak] ADJ canaco(-a) ▶ NMF : **canaque** canaco(-a)
canard [kanaʀ] NM pato; (*fam : journal*) periódico
canari [kanaʀi] NM canario
Canaries [kanaʀi] NFPL : **les (îles) ~** las (islas) Canarias
cancaner [kɑ̃kane] VI chismorrear, cotillear; (*canard*) parpar
cancanier, -ière [kɑ̃kanje, jɛʀ] ADJ chismoso(-a), cotilla
cancans [kɑ̃kɑ̃] NMPL chismes *mpl*
cancer [kɑ̃sɛʀ] NM (*aussi fig*) cáncer *m*; (*Astrol*) : **C~** Cáncer *m*; **il a un ~** tiene un cáncer; **être C~** ser Cáncer
cancéreux, -euse [kɑ̃seʀø, øz] ADJ, NM/F canceroso(-a)
cancérigène [kɑ̃seʀiʒɛn] ADJ cancerígeno(-a)
cancérologue [kɑ̃seʀɔlɔg] NMF cancerólogo(-a)
cancre [kɑ̃kʀ] NM holgazán(ana)
cancrelat [kɑ̃kʀəla] NM cucaracha
candélabre [kɑ̃delɑbʀ] NM candelabro
candeur [kɑ̃dœʀ] NF candor *m*
candi [kɑ̃di] ADJ : **sucre ~** azúcar *m* cande
candidat, e [kɑ̃dida, at] NM/F (*examen, Pol*) candidato(-a); (*à un poste*) candidato(-a), aspirante *mf*; **être ~ à** ser candidato(-a) a
candidater [kɑ̃didate] VI presentar su candidatura
candidature [kɑ̃didatyʀ] NF candidatura; **poser sa ~** presentar su candidatura
candide [kɑ̃did] ADJ cándido(-a)
cane [kan] NF pata
caneton [kantɔ̃] NM patito
canette [kanɛt] NF (*de bière*) botellín *m*; (*de machine à coudre*) canilla
canevas [kanvɑ] NM (*Couture*) cañamazo; (*d'un texte, récit*) bosquejo
caniche [kaniʃ] NM caniche *m*
caniculaire [kanikylɛʀ] ADJ de canícula
canicule [kanikyl] NF canícula
canif [kanif] NM navaja
canin, e [kanɛ̃, in] ADJ canino(-a); **exposition canine** exposición *f* canina
canine [kanin] NF canino
caniveau [kanivo] NM cuneta
cannabis [kanabis] NM can(n)abis *m*
canne [kan] NF bastón *m*; **~ à pêche** caña de pescar; **~ à sucre** caña de azúcar
canné, e [kane] ADJ de rejilla
cannelé, e [kanle] ADJ acanalado(-a)
cannelle [kanɛl] NF canela
cannelure [kan(ə)lyʀ] NF acanaladura
canner [kane] VT poner asiento de rejilla a
cannibale [kanibal] ADJ, NMF caníbal *mf*
cannibalisme [kanibalism] NM canibalismo
canoë [kanɔe] NM canoa; **~ (kayak)** (*Sport*) piragüismo
canon [kanɔ̃] NM cañón *m*; (*Mus*) canon *m*; (*fam : de vin*) chato; **~ rayé** cañón rayado ▶ ADJ (*fam : très beau*) bueno(-a); (*: très bien*) genial; **droit ~** derecho canónico; **une fille ~** (*fam*) una tía buena
cañon [kaɲɔ̃] NM cañón *m*
canonique [kanɔnik] ADJ : **âge ~** edad *f* canónica
canoniser [kanɔnize] VT canonizar
canonnade [kanɔnad] NF cañoneo
canonnier [kanɔnje] NM artillero
canonnière [kanɔnjɛʀ] NF lancha cañonera
canopée [kanɔpe] NF dosel *m* arbóreo
canot [kano] NM (*bateau*) bote *m*, lancha; **~ de sauvetage** bote salvavidas; **~ pneumatique** bote neumático
canotage [kanɔtaʒ] NM pasear *m* en bote
canoter [kanɔte] VI pasear en bote
canotier [kanɔtje] NM canotié *m*
Canson® [kɑ̃sɔ̃] NM : **papier ~** papel *m* Canson
Cantal [kɑ̃tal] NM Cantal *m*
cantate [kɑ̃tat] NF cantata
cantatrice [kɑ̃tatʀis] NF cantante *f*
cantilène [kɑ̃tilɛn] NF cantilena
cantine [kɑ̃tin] NF (*réfectoire*) comedor *m*, cantina; (*malle*) baúl *m*; **manger à la ~** comer en comedor
cantique [kɑ̃tik] NM cántico
canton [kɑ̃tɔ̃] NM (*en France*) distrito; *ver nota*; (*en Suisse*) cantón *m*

En Francia un **canton** es una división administrativa de un *arrondissement*, que es a su vez una división de un *département*. Cada **canton** está representado por dos concejales en el *Conseil départemental*.

cantonade [kɑ̃tɔnad] : **à la ~** *adv* por los cuatro vientos

cantonais, e [kɑ̃tɔnɛ, ɛz] ADJ cantonés(-esa) ▶ NM (*Ling*) cantonés *m* ▶ NM/F : **Cantonais, e** cantonés(-esa)

cantonal, e, -aux [kɑ̃tɔnal, o] ADJ (*en Suisse*) cantonal; (*en France : élections*) por distritos

cantonnement [kɑ̃tɔnmɑ̃] NF (*Mil*) acantonamiento

cantonner [kɑ̃tɔne] VT (*Mil*) acantonar ■ **se cantonner** VPR : **se ~ à qch** limitarse a algo; **se ~ dans** (*maison, attitude*) encerrarse en; (*études*) aislarse en

cantonnier [kɑ̃tɔnje] NM peón *m* caminero

canular [kanylaʀ] NM inocentada

canule [kanyl] NF (*Méd*) cánula

CAO [seao] SIGLE F (= *conception assistée par ordinateur*) CAO *f* (= *concepción asistida por ordenador*)

caoutchouc [kautʃu] NM caucho; (*bande élastique*) goma; **en ~** de goma, de caucho; **~ mousse®** gomaespuma

caoutchouté, e [kautʃute] ADJ impermeabilizado(-a)

caoutchouteux, -euse [kautʃutø, øz] ADJ gomoso(-a), correoso(-a)

CAP [seape] SIGLE M (= *certificat d'aptitude professionnelle*) ≈ título de FP1

cap [kap] NM (*Géo*) cabo; **changer de ~** (*Naut*) cambiar de rumbo; **passer le ~ de** (*fig*) superar la barrera de; **mettre le ~ sur** poner rumbo a; **le C~** el Cabo; **le ~ de Bonne Espérance** el cabo de Buena Esperanza; **le ~ Horn** el cabo de Hornos

capable [kapabl] ADJ (*compétent*) competente; **~ de faire** capaz de hacer; **~ de dévouement/d'un effort** capaz de dedicación/de un esfuerzo; **il est ~ d'oublier** es capaz de olvidar; **spectacle/livre ~ d'intéresser** espectáculo/libro susceptible de interesar

capacité [kapasite] NF capacidad *f*; **~ à faire qch** capacidad de hacer algo; **~ (en droit)** capacitación *f* (en derecho) ■ **capacités** NFPL (*physiques, intellectuelles*) capacidades *fpl*

caparaçonner [kapaʀasɔne] VT (*fig*) cubrir a

cape [kap] NF capa; **rire sous ~** reír para sus adentros

capé [kape] ADJ (*Sport*) : **le joueur le plus ~** el jugador con más internacionalidades, el jugador que más veces ha sido internacional

capeline [kaplin] NF capelina

CAPES [kapes] SIGLE M (= *certificat d'aptitude au professorat de l'enseignement du second degré*) *título de profesor de enseñanza secundaria*

capésien, ne [kapesjɛ̃, jɛn] NM/F capesiano(-a)

CAPET [kapɛt] SIGLE M (= *certificat d'aptitude au professorat de l'enseignement technique*) *título de profesor de formación profesional*

capharnaüm [kafaʀnaɔm] NF leonera

capillaire [kapilɛʀ] ADJ capilar ▶ NM culantrillo

capillarité [kapilaʀite] NF capilaridad *f*

capilotade [kapilɔtad] : **en ~** *adv* en papilla

capitaine [kapitɛn] NMF capitán *mf*; **~ au long cours** capitán de altura

capitainerie [kapitɛnʀi] NF capitanía

capital, e, -aux [kapital, o] ADJ, NM (*aussi fig*) capital *m*; **les sept péchés capitaux** los siete pecados capitales; **exécution/peine capitale** ejecución *f*/pena capital; **~ confiance** (*Pol*) capital de confianza; **~ d'exploitation** capital de explotación; **~ social** capital social ■ **capitaux** NMPL (*fonds*) capitales *mpl*

capitale [kapital] NF (*ville*) capital *f*; (*lettre*) mayúscula

capitalisation [kapitalizasjɔ̃] NF (*aussi fig*) capitalización *f*

capitaliser [kapitalize] VT (*aussi fig*) capitalizar

capitalisme [kapitalism] NM capitalismo

capitaliste [kapitalist] ADJ, NMF capitalista *mf*

capital-risque [kapitalʀisk] (*pl* **capitaux-risques**) NM capital *m* (de) riesgo

capiteux, -euse [kapitø, øz] ADJ (*parfum, vin*) embriagador(a)

capitonnage [kapitɔnaʒ] NM acolchado

capitonné, e [kapitɔne] ADJ acolchado(-a)

capitonner [kapitɔne] VT acolchar

capitulation [kapitylasjɔ̃] NF capitulación *f*

capituler [kapityle] VI capitular

caporal, e, -aux [kapɔʀal, o] NM/F cabo *mf*

caporal-chef [kapɔʀalʃɛf] (*pl* **caporaux-chefs**) NM cabo primero

capot [kapo] NM capó ▶ ADJ INV (*Cartes*) : **être ~** quedarse zapatero(-a)

capote [kapɔt] NF (*de voiture*) capota; (*de soldat*) capote *m*; **~ (anglaise)** (*fam*) condón *m*

capoter [kapɔte] VI (*voiture*) volcar; (*négociations*) fracasar

câpre [kɑpʀ] NF alcaparra

caprice [kapʀis] NM capricho, antojo; (*toquade amoureuse*) capricho; **faire un ~** coger una rabieta; **faire des caprices** tener caprichos ■ **caprices** NMPL (*de la mode etc*) caprichos *mpl*

capricieux, -euse [kapʀisjø, jøz] ADJ (*aussi fig*) caprichoso(-a)

Capricorne [kapʀikɔʀn] NM (*Astrol*) Capricornio; **être ~** ser Capricornio

capsule [kapsyl] NF cápsula; (*de bouteille*) cápsula, chapa; **~ de café** cápsula de café

captage [kaptaʒ] NM captación *f*

capter [kapte] VT captar; (*fam : comprendre*) captar, entender

capteur [kaptœʀ] NM : **~ solaire** captador *m* solar
captieux, -euse [kapsjø, jøz] ADJ capcioso(-a)
captif, -ive [kaptif, iv] ADJ, NM/F cautivo(-a)
captivant, e [kaptivɑ̃, ɑ̃t] ADJ cautivador(-a)
captiver [kaptive] VT cautivar
captivité [kaptivite] NF cautiverio; **en ~** en cautiverio
capture [kaptyʀ] NF captura; **~ d'écran** (*Inform*) captura de pantalla
capturer [kaptyʀe] VT capturar, apresar
capuche [kapyʃ] NF capucha
capuchon [kapyʃɔ̃] NM (*de vêtement*) capucha, capuchón *m*; (*de stylo*) capuchón
capucin [kapysɛ̃] NM capuchino
capucine [kapysin] NF capuchina
capverdien, ne, cap-verdien, ne [kapvɛʀdjɛ̃, jɛn] ADJ caboverdiano(-a) ▸ NM (*Ling*) criollo caboverdiano ▸ NM/F : **Cap(-)verdien, e** caboverdiano(-a)
Cap-Vert [kapvɛʀ] NM : **le ~** Cabo Verde; **les îles du ~** las islas de Cabo Verde
caquelon [kaklɔ̃] NM *cacerola para la fondue*
caquet [kakɛ] NM : **rabattre le ~ à qn** bajar los humos a algn
caqueter [kakte] VI cacarear
car [kaʀ] NM autocar *m*; **~ de police/de reportage** furgoneta de policía/de reportaje ▸ CONJ pues, porque
carabine [kaʀabin] NF carabina; **~ à air comprimé** carabina de aire comprimido
carabiné, e [kaʀabine] ADJ endiablado(-a)
Caracas [kaʀakas] N Caracas
caraco [kaʀako] NM chambra
caracoler [kaʀakɔle] VI (*cheval*) caracolear; (*gambader*) cabriolar
caractère [kaʀaktɛʀ] NM (*humeur, tempérament*) carácter *m*; (*de choses*) naturaleza; (*cachet*) carácter, personalidad *f*; **avoir bon/mauvais ~** tener buen/mal carácter; **caractères/seconde** pulsaciones *fpl*/segundo; **en caractères gras** en negrita; **en petits caractères** en minúsculas; **en caractères d'imprimerie** en letras mayúsculas; **avoir du ~** tener carácter
caractériel, le [kaʀakteʀjɛl] ADJ, NM/F inadaptado(-a); **troubles caractériels** trastornos *mpl* de carácter
caractérisé, e [kaʀakteʀize] ADJ : **c'est une grippe caractérisée** es una gripe característica; **c'est de l'insubordination caractérisée** es una clara insubordinación
caractériser [kaʀakteʀize] VT caracterizar ■ **se caractériser par** VPR caracterizarse por
caractéristique [kaʀakteʀistik] ADJ característico(-a) ▸ NF característica
caractérologie [kaʀakteʀɔlɔʒi] NF caracterología
carafe [kaʀaf] NF (*pot*) jarra, garrafa; (*d'eau, de vin*) jarra
carafon [kaʀafɔ̃] NM *voir* **carafe**
caraïbe [kaʀaib] ADJ caribeño(-a) ■ **les Caraïbes** NFPL el Caribe; **la mer des Caraïbes** el mar (del) Caribe
carambolage [kaʀɑ̃bɔlaʒ] NM colisiones *fpl* en serie
caramel [kaʀamɛl] NM caramelo; (*bonbon*) caramelo blando ▸ ADJ INV caramelo *inv*
caraméliser [kaʀamelize] VT caramelizar
carapace [kaʀapas] NF (*d'animal, fig*) caparazón *m*; (*de crabe*) concha
carapater [kaʀapate] (*fam*) VI : **se ~** pirarse
carat [kaʀa] NM quilate *m*; **or à 18 carats** oro de 18 quilates; **pierre de 12 carats** piedra de 12 quilates
caravane [kaʀavan] NF caravana
caravanier [kaʀavanje] NM (*camping*) campista *mf* con caravana
caravaning [kaʀavaniŋ] NM (*camping*) camping *m* en caravana; (*terrain*) camping para caravanas
caravelle [kaʀavɛl] NF carabela
carbonate [kaʀbɔnat] NM : **~ de soude** carbonato de sosa
carbone [kaʀbɔn] NM carbono; (*aussi* : **papier carbone**) papel *m* carbón; (*document*) copia
carbonique [kaʀbɔnik] ADJ carbónico(-a); **gaz ~** gas *m* carbónico; **neige ~** nieve *f* carbónica
carbonisé, e [kaʀbɔnize] ADJ carbonizado(-a); **mourir ~** morir carbonizado(-a)
carboniser [kaʀbɔnize] VT carbonizar
carburant [kaʀbyʀɑ̃] NM carburante *m*
carburateur [kaʀbyʀatœʀ] NM carburador *m*
carburation [kaʀbyʀasjɔ̃] NF carburación *f*
carburer [kaʀbyʀe] VI : **bien/mal ~** carburar bien/mal
carcan [kaʀkɑ̃] NM (*fig*) yugo
carcasse [kaʀkas] NF (*d'un animal mort*) huesos *mpl*; (*de voiture*) carcasa
carcéral, e, -aux [kaʀseʀal, o] ADJ carcelario(-a)
carcinogène [kaʀsinɔʒɛn] ADJ carcinógeno(-a)
cardan [kaʀdɑ̃] NM cardán *m*
carder [kaʀde] VT cardar
cardiaque [kaʀdjak] ADJ, NMF cardíaco(-a); **être ~** estar cardíaco(-a)
cardigan [kaʀdigɑ̃] NM rebeca
cardinal, e, -aux [kaʀdinal, o] ADJ cardinal ▸ NM cardenal *m*
cardiologie [kaʀdjɔlɔʒi] NF cardiología
cardiologue [kaʀdjɔlɔg] NMF cardiólogo(-a)
cardio-vasculaire [kaʀdjovaskylɛʀ] (*pl* **cardio-vasculaires**) ADJ cardiovascular
cardon [kaʀdɔ̃] NM cardo
carême [kaʀɛm] NM : **le C~** Cuaresma
carénage [kaʀenaʒ] NM carenadura

carence [karɑ̃s] NF ineptitud *f*; (*manque*) carencia; (*fig*) insuficiencia; **~ vitaminique** carencia vitamínica
carène [karɛn] NF carena, obra viva
caréner [karene] VT carenar
caressant, e [karesɑ̃, ɑ̃t] ADJ (*enfant, animal*) cariñoso(-a); (*voix, regard*) tierno(-a)
caresse [karɛs] NF caricia
caresser [karese] VT (*aussi fig*) acariciar
cargaison [kargɛzɔ̃] NF carga, cargamento
cargo [kargo] NM carguero, buque *m* de carga; **~ mixte** carguero mixto
cari [kari] NM = **curry**
caricatural, e, -aux [karikatyral, o] ADJ caricaturesco(-a)
caricature [karikatyr] NF caricatura
caricaturer [karikatyre] VT caricaturizar
caricaturiste [karikatyrist] NMF caricaturista *mf*
carie [kari] NF caries *f inv*; **la ~ (dentaire)** la caries (dental)
carié, e [karje] ADJ : **dent cariée** diente *m* cariado
carillon [karijɔ̃] NM (*d'église*) carillón *m*; (*pendule*) reloj *m* de pared con carillón; **~ (électrique)** timbre *m*
carillonner [karijɔne] VI (*cloches*) repicar; (*à la porte*) dar timbrazos ▸ VT (*heure*) dar; (*nouvelle*) pregonar
caritatif, -ive [karitatif, iv] ADJ caritativo(-a)
carlingue [karlɛ̃g] NF carlinga
carmélite [karmelit] NF carmelita
carmin [karmɛ̃] ADJ INV carmín *inv*
carnage [karnaʒ] NM carnicería, matanza
carnassier, -ière [karnasje, jɛr] ADJ carnicero(-a) ▸ NM carnicero
carnation [karnasjɔ̃] NF encarnación *f*
carnaval [karnaval] NM carnaval *m*
carné, e [karne] ADJ a base de carne
carnet [karnɛ] NM libreta; (*de loterie etc*) taco; (*de timbres*) cuadernillo; **~ à souches** taco de matrices; **~ d'adresses** agenda de direcciones; **~ de chèques** talonario de cheques; **~ de commandes** talonario *ou* libreta de pedidos; **~ de notes** boletín *m* de notas
carnier [karnje] NM morral *m*
carnivore [karnivɔr] ADJ carnívoro(-a) ▸ NM carnívoro
carotide [karɔtid] NF carótida
carotte [karɔt] NF zanahoria
carpe [karp] NF carpa
carpette [karpɛt] NF alfombrilla
carquois [karkwa] NM carcaj *m*
carre [kar] NF (*de ski*) ángulo
carré, e [kare] ADJ cuadrado(-a); (*franc*) directo(-a); **mètre/kilomètre ~** metro/kilómetro cuadrado ▸ NM (*Géom*) cuadrado; (*de jardin*) cuadro; (*Naut*) cámara de oficiales; **le ~ (d'un nombre)** el cuadrado (de un número); **élever un nombre au ~** elevar un número al cuadrado; **~ d'agneau** brazuelo de cordero; **~ d'as/de rois** (*Cartes*) póker *m* de ases/de reyes; **~ de soie** pañuelo de seda
carreau, x [karo] NM (*par terre*) baldosa; (*au mur*) azulejo; (*de fenêtre*) cristal *m*; (*dessin*) cuadro; (*Cartes : couleur*) diamantes *mpl*; (*: carte*) diamante *m*; **papier/tissu à carreaux** papel *m*/tela de cuadros
carrefour [karfur] NM (*aussi fig*) encrucijada
carrelage [karlaʒ] NM (*sol*) embaldosado; (*mur*) alicatado
carreler [karle] VT (*sol*) embaldosar; (*mur*) alicatar
carrelet [karlɛ] NM (*filet*) red *f* cuadrada; (*poisson*) platija, acedía
carreleur [karlœr] NM embaldosador *m*, alicatador *m*
carrément [karemɑ̃] (*fam*) ADV (*franchement*) francamente; (*sans détours, sans hésiter*) directamente; (*nettement*) verdaderamente; **il l'a ~ mis à la porte** lo puso directamente de patitas en la calle
carrer [kare] : **se carrer** VPR : **se ~ dans un fauteuil** arrellanarse en un sillón
carrier [karje] NM : **(ouvrier) ~** cantero
carrière [karjɛr] NF (*de craie, sable*) cantera; (*métier*) carrera; **militaire de ~** militar *m* de carrera; **faire ~ dans** hacer carrera en
carriériste [karjerist] NMF arribista *mf*
carriole [karjɔl] NF (*charrette*) carreta; (*péj*) cacharro
carrossable [karɔsabl] ADJ transitable
carrosse [karɔs] NM carroza
carrosserie [karɔsri] NF carrocería; **atelier de ~** taller *m* de carrocería
carrossier [karɔsje] NM (*ouvrier*) carrocero; (*dessinateur*) diseñador *m* de carrocerías
carrousel [karuzɛl] NM (*aussi fig*) carrusel *m*
carrure [karyr] NF (*d'une personne*) anchura de espalda; (*d'un vêtement*) espalda; (*fig*) clase *f*; **de ~ athlétique** de complexión atlética
cartable [kartabl] NM cartera
carte [kart] NF (*Géo*) mapa *m*; (*au restaurant*) carta; (*Cartes*) carta, naipe *m*; (*de parti*) carné *m*; (*d'électeur*) tarjeta; (*d'abonnement*) abono; (*aussi* : **carte postale**) postal *f*; (*aussi* : **carte de visite**) tarjeta; **avoir/donner ~ blanche** tener/dar carta blanca; **jouer aux cartes** jugar a las cartas; **jouer cartes sur table** (*fig*) poner las cartas boca arriba; **tirer les cartes à qn** echar las cartas a algn; **à la ~** a la carta; **~ à puce** tarjeta inteligente; **~ bancaire/de crédit** tarjeta bancaria/de crédito; **C~ Bleue®** tarjeta de débito; **~ de séjour** permiso de residencia; **~ des vins** carta de vinos; **~ d'état-major** mapa de Estado Mayor; **~ d'identité** carnet de identidad, documento nacional de identidad,

C

cédula (de identidad) (*Am*); **~ grise** documentación *f* de un automóvil; **~ mémoire** (*d'appareil photo numérique*) tarjeta de memoria; **~ perforée** ficha perforada; **~ routière** mapa de carreteras; **~ SIM** tarjeta SIM; **~ téléphonique** tarjeta de teléfono; **~ vermeil** abono de transporte para jubilados; **~ verte** (*Auto*) carta verde; **~ vitale** (*Méd*) *tarjeta sanitaria*

El sistema sanitario nacional francés expide una **carte vitale** a todas las personas mayores de 16 años. Esta tarjeta inteligente está provista de una fotografía y un chip, y contiene todos los detalles del seguro médico del paciente en su interior. Los médicos y el resto de personal sanitario utilizan un lector de tarjetas para informar directamente de los gastos contraídos a las compañías de seguros de modo que el paciente pueda así ser reembolsado posteriormente.

cartel [kaʀtɛl] NM cartel *m*

carte-lettre [kaʀtəlɛtʀ] (*pl* **cartes-lettres**) NF aerograma *m*

carte-mère [kaʀtəmɛʀ] (*pl* **cartes-mères**) NF (*Inform*) placa madre

carter [kaʀtɛʀ] NM cárter *m*

carte-réponse [kaʀt(ə)ʀepɔ̃s] (*pl* **cartes-réponses**) NF cupón *m* de respuesta

cartésien, ne [kaʀtezjɛ̃, jɛn] ADJ cartesiano(-a)

carthaginois, e [kaʀtaʒinwa, waz] ADJ cartaginés(-esa)

cartilage [kaʀtilaʒ] NM cartílago

cartilagineux, -euse [kaʀtilaʒinø, øz] ADJ cartilaginoso(-a)

cartographe [kaʀtɔgʀaf] NM cartógrafo(-a)

cartographie [kaʀtɔgʀafi] NF cartografía

cartographier [kaʀtɔgʀafje] VT cartografiar

cartomancie [kaʀtɔmɑ̃si] NF cartomancia

cartomancien, ne [kaʀtɔmɑ̃sjɛ̃, jɛn] NM/F cartomántico(-a)

carton [kaʀtɔ̃] NM (*Art, matériau*) cartón *m*; (*boîte*) caja (de cartón); (*d'invitation*) tarjeta; **en ~** de cartón; **faire un ~** (*au tir*) tirar al blanco; (*suj : film*) arrasar; **~ à dessin** cartapacio

cartonnage [kaʀtɔnaʒ] NM embalaje *m* de cartón

cartonné, e [kaʀtɔne] ADJ de tapa dura

carton-pâte [kaʀtɔ̃pɑt] (*pl* **cartons-pâtes**) NM cartón piedra *m*; **de ~** (*fig*) de cartón piedra

cartouche [kaʀtuʃ] NF (*de fusil*) cartucho; (*de stylo*) cartucho, recambio; (*de cigarettes*) cartón *m*; (*de film, de ruban encreur*) carrete *m*

cartouchière [kaʀtuʃjɛʀ] NF (*ceinture*) cartuchera, canana; (*sac*) cartuchera

cas [kɑ] NM caso; **faire peu de ~/grand ~ de** hacer poco/mucho caso a; **le ~ échéant** llegado el caso; **en aucun ~** en ningún caso, bajo ningún concepto; **au ~ où** (+ *conditionnel*) en caso de que + *subj*, por si acaso + *indicatif*; **dans** *ou* **en ce ~** en ese caso; **en ~ de** en caso de; **en ~ de besoin** en caso de necesidad; **en ~ d'urgence** en caso de urgencia; **en tout ~** de todas maneras; **~ de conscience** caso de conciencia; **~ de force majeure** caso de fuerza mayor; **~ limite** caso extremo; **~ social** caso social

Casablanca [kazablɑ̃ka] N Casablanca

casanier, -ière [kazanje, jɛʀ] ADJ hogareño(-a)

casaque [kazak] NF casaca

cascade [kaskad] NF cascada; (*fig*) lluvia; (*Ciné*) escena de riesgo

cascadeur, -euse [kaskadœʀ, øz] NM/F (*Ciné*) doble *mf*

case [kɑz] NF casilla; (*hutte*) choza; (*pour le courrier*) casillero; **cochez la ~ correspondante** marque la casilla correspondiente

caséine [kazein] NF caseína

casemate [kazmat] NF casamata

caser [kɑze] VT (*aussi péj*) colocar ■ **se caser** VPR (*personne*) colocarse; (*péj*) conseguir casarse

caserne [kazɛʀn] NF cuartel *m*

casernement [kazɛʀnəmɑ̃] NM acuartelamiento

cash [kaʃ] ADV : **payer ~** pagar al contado

casier [kɑzje] NM casillero; (*à journaux*) revistero; (*de bureau*) fichero; (*à clé*) taquilla; (*Pêche*) nasa; **~ à bouteilles** botellero; **~ judiciaire** antecedentes *mpl* penales

casino [kazino] NM casino

casque [kask] NM casco; (*chez le coiffeur*) secador *m*; (*pour audition*) casco, auricular *m*; **les Casques bleus** los cascos azules

casquer [kaske] (*fam*) VI apoquinar, soltar la mosca

casquette [kaskɛt] NF gorra

cassable [kɑsabl] ADJ (*fragile*) quebradizo(-a)

cassant, e [kɑsɑ̃, ɑ̃t] ADJ quebradizo(-a); (*personne, voix*) áspero(-a)

cassate [kasat] NF : **(glace) ~** helado de tutti frutti

cassation [kɑsasjɔ̃] NF : **se pourvoir en ~** apelar al Tribunal Supremo; **recours en ~** recurso de casación; **cour de ~** tribunal supremo

casse [kɑs] NF : **mettre à la ~** dar *ou* vender como chatarra; (*dégâts*) : **il y a eu de la ~** hubo unos destrozos; **haut/bas de ~** (*Typo*) caja alta/baja

cassé, e [kɑse] ADJ (*voix*) cascado(-a); (*vieillard*) achacoso(-a); **blanc ~** color hueso *inv*

casse-cou [kɑsku] (*pl* **~(s)**) ADJ (*dangereux*) superpeligroso(-a); (*imprudent*) alocado(-a) ▶ NMF (*personne*) cabeza loca

casse-croûte [kɑskʀut] (*pl* **~(s)**) NM tentempié *m*

casse-noisette NM, **casse-noisettes** NM INV [kɑsnwazɛt] (*pl* **casse-noisettes**) cascanueces *m inv*

casse-noix [kɑsnwa] NM INV cascanueces *m inv*

casse-pied [kɑspje] (*pl* **casse-pieds**) (*fam*) ADJ, NMF pesado(-a)

casser [kɑse] VT (*verre*) romper; (*montre, moteur*) estropear; (*gradé*) cesar; (*Jur*) anular; **~ les prix** romper los precios; **à tout ~** (*extraordinaire*) fenomenal, formidable; (*fam : tout au plus*) a lo más ▸VI (*corde*) romperse ▪ **se casser** VPR romperse; (*fam*) largarse; (*être fragile*) romperse, quebrarse; **se ~ la jambe** romperse la pierna; **se ~ net** romperse de un golpe

casserole [kasʀɔl] NF cacerola, cazuela; **à la ~** a la cazuela

casse-tête [kɑstɛt] (*pl* **casse-têtes**) NM (*fig*) quebradero de cabeza; (*jeu*) rompecabezas *m inv*

cassette [kasɛt] NF (*bande magnétique*) cassette *f*, casete *f*; (*coffret*) joyero

casseur [kɑsœʀ] NM (*Pol*) provocador *m*

cassis [kasis] NM (*fruit*) grosella negra; (*liqueur*) licor *m* de grosella negra; (*de la route*) badén *m*

cassonade [kasɔnad] NF azúcar *m* moreno

cassoulet [kasulɛ] NM *guiso de alubias y carne típico del suroeste de Francia*

cassure [kɑsyʀ] NF rotura

castagnettes [kastaɲɛt] NFPL castañuelas *fpl*

caste [kast] NF casta

castillan, e [kastijɑ̃, an] ADJ castellano(-a) ▸NM (*Ling*) castellano ▸NM/F : **Castillan, e** castellano(-a)

Castille [kastij] NF Castilla

castor [kastɔʀ] NM castor *m*

castrer [kastʀe] VT (*animal mâle, homme*) castrar, capar; (*femelle*) castrar

cataclysme [kataklism] NM cataclismo

catacombes [katakɔ̃b] NFPL catacumbas *fpl*

catadioptre [katadjɔptʀ] NM = **cataphote**

catafalque [katafalk] NM catafalco

catalan, e [katalɑ̃, an] ADJ catalán(-ana) ▸NM (*Ling*) catalán *m* ▸NM/F : **Catalan, e** catalán(-ana)

catalepsie [katalɛpsi] NF catalepsia

Catalogne [katalɔɲ] NF Cataluña

catalogue [katalɔg] NM (*aussi fig*) catálogo

cataloguer [katalɔge] VT catalogar; **~ qn** (*péj*) tener fichado a algn

catalyse [kataliz] NF catálisis *f*

catalyser [katalize] VT catalizar

catalyseur [katalizœʀ] NM catalizador *m*

catalytique [katalitik] ADJ : **pot ~** catalizador *m*

catamaran [katamaʀɑ̃] NM catamarán *m*

cataphote [katafɔt] NM reflectante *m*, catadióptrico

cataplasme [kataplasm] NM cataplasma

catapulte [katapylt] NF catapulta

catapulter [katapylte] VT catapultar

cataracte [kataʀakt] NF catarata; **opérer qn de la ~** operar a algn de cataratas

catarrhe [kataʀ] NM catarro

catarrheux, -euse [kataʀø, øz] ADJ catarroso(-a)

catastrophe [katastʀɔf] NF catástrofe *f*; **atterrir en ~** aterrizar por emergencia; **partir en ~** salir a escape

catastrophé, e [katastʀɔfe] (*fam*) ADJ desalentado(-a)

catastrophique [katastʀɔfik] ADJ catastrófico(-a)

catch [katʃ] NM (*Sport*) lucha libre, catch *m*

catcheur, -euse [katʃœʀ, øz] NM/F luchador(a) de catch

catéchiser [kateʃize] VT catequizar; (*fig*) adoctrinar

catéchisme [kateʃism] NM catecismo

catéchumène [katekymɛn] NMF catecúmeno(-a)

catégorie [kategɔʀi] NF categoría; **de première/deuxième ~** de primera/segunda categoría

catégorique [kategɔʀik] ADJ categórico(-a)

catégoriquement [kategɔʀikmɑ̃] ADV tajantemente

catégoriser [kategɔʀize] VT categorizar

caténaire [katenɛʀ] NF catenaria

cathédrale [katedʀal] NF catedral *f*

cathéter [katetɛʀ] NM catéter *m*

cathode [katɔd] NF cátodo

cathodique [katɔdik] ADJ catódico(-a)

catholicisme [katɔlisism] NM catolicismo

catholique [katɔlik] ADJ, NMF católico(-a); **pas très ~** (*fig*) no muy católico(-a)

catimini [katimini] : **en ~** *adv* a escondidas

catogan [katɔgɑ̃] NM lazo para el pelo

cauchemar [koʃmaʀ] NM pesadilla

cauchemardesque [koʃmaʀdɛsk] ADJ de pesadilla

caudal, e, -aux [kodal, o] ADJ caudal; **la nageoire caudale** la aleta caudal

causal, e [kozal] (*pl* **-als** *ou* **-aux**) ADJ (*Ling*) causal

causalité [kozalite] NF causalidad *f*

causant, e [kozɑ̃, ɑ̃t] (*fam*) ADJ hablador(a)

cause [koz] NF causa; (*accident*) causa, motivo; (*Jur*) caso; (*intérêts*) causa; **faire ~ commune avec qn** hacer causa común con algn; **être ~ de** ser causa de; **à ~ de** debido a; (*par la faute de*) por culpa de; **pour ~ de** por causa de, por; **(et) pour ~** claro está; **être en ~** (*personne*) tener parte de culpa; (*qualité, intérêts*) estar en juego; **mettre en ~** culpar; **remettre en ~** poner en tela de juicio; **être hors de ~** quedar fuera de sospecha; **en tout état de ~** de todas formas

causer [koze] VT causar ▸VI charlar; (*jaser*) chismorrear

causerie [kozʀi] NF charla, plática (*MEX*)
causette [kozɛt] NF : **faire la ~ à qn** dar conversación a algn; **faire un brin de ~** darle a la lengua
caustique [kostik] ADJ (*aussi fig*) cáustico(-a)
cauteleux, -euse [kotlø, øz] ADJ (*personne, air*) taimado(-a)
cautère [kotɛʀ] NM : **c'est un ~ sur une jambe de bois** es la carabina de Ambrosio
cautériser [koteʀize] VT cauterizar
caution [kosjɔ̃] NF (*argent, Jur*) fianza; (*fig*) garantía, aval *m*; **payer la ~ de qn** pagar la fianza de algn; **se porter ~ pour qn** ser aval de algn; **libéré sous ~** libre bajo fianza; **sujet à ~** en tela de juicio
cautionnement [kosjɔnmɑ̃] NM (*contrat*) contrato de garantía; (*somme*) fianza
cautionner [kosjɔne] VT (*moralement*) responder por; (*financièrement*) ser aval de; (*fig*) apoyar
cavalcade [kavalkad] NF (*fig*) correteo
cavale [kaval] NF : **être en ~** ser un(a) fugado(-a)
cavalerie [kavalʀi] NF caballería
cavalier, -ière [kavalje, jɛʀ] ADJ brusco(-a); **allée** *ou* **piste cavalière** camino de herradura ▸ NM/F (*à cheval*) jinete *mf*; (*au bal*) pareja; **faire ~ seul** hacer rancho aparte ▸ NM (*Échecs*) caballo
cavalièrement [kavaljɛʀmɑ̃] ADV bruscamente
cave [kav] NF sótano; (*réserve de vins*) bodega; (*cabaret*) cabaret *m* ▸ ADJ : **yeux caves** ojos *mpl* hundidos; **joues caves** mejillas *fpl* chupadas
caveau, x [kavo] NM cripta
caverne [kavɛʀn] NF caverna
caverneux, -euse [kavɛʀnø, øz] ADJ : **voix caverneuse** voz *f* cavernosa
caviar [kavjaʀ] NM caviar *m*
caviste [kavist] NMF bodeguero(-a); (*dans un restaurant*) sumiller *mf*
cavité [kavite] NF cavidad *f*
Cayenne [kajɛn] N Cayena
CB [sibi] SIGLE F (= *citizens' band, canaux banalisés*) BC (= *Banda Ciudadana*); = **carte bancaire**
CC [sese] ABR (= *corps consulaire*) CC (= *Cuerpo Consular*); (= *compte courant*) c/c (= *cuenta corriente*)
CCI [sesei] SIGLE F (= *Chambre de commerce et d'industrie*) *voir* **chambre**; (= *Chambre de commerce international*) CCI *f* (= *Cámara de Comercio Internacional*)
CCP [sesepe] SIGLE M (= *compte chèque postal*) *voir* **compte**
CD [sede] SIGLE M (= *compact disc*) CD *m* (= *compact disc*); (= *corps diplomatique*) CD *m* (= *Cuerpo Diplomático*)
CDD [sedede] SIGLE M (= *contrat à durée déterminée*) contrato temporal
CDI [sedei] SIGLE M (= *centre de documentation et d'information*) biblioteca escolar; (= *contrat à durée indéterminée*) contrato indefinido
CDIsation, cédéisation [sedeizasjɔ̃] NF (*des contractuels etc*) *concesión de CDI o contratos indefinidos a trabajadores temporales*
CDIser, cédéiser [sedeize] VT (*contractuels*) hacer un contrato indefinido a
CD-Rom [sedeʀɔm] SIGLE M CD-Rom
CE [seə] SIGLE F (= *Communauté européenne*) CE *f* ▸ SIGLE M (= *comité d'entreprise*) *voir* **comité**; (= *cours élémentaire*) *voir* **cours**

ce, c', cette [sə, s, sɛt]

(*devant nm commençant par voyelle ou h aspiré* **cet**, *pl* **ces**)
▸ ADJ DÉM (*proche*) este (esta); (*intermédiaire*) ese (esa); (*plus loin*) aquel(la); **cette maison(-ci/là)** esta casa/esa *ou* aquella casa; **cette nuit** esta noche
▸ PRON **1** : **c'est** es; **c'est un peintre/ce sont des peintres** (*métier*) es un pintor/son pintores; (*en désignant*) es un pintor/son unos pintores; **c'est le facteur** es el cartero; **qui est-ce ?** ¿quién es?; **qu'est-ce ?** ¿sí?; **c'est toi qui le dis** lo dices tú; **c'est toi qui lui as parlé** eres tú quien le hablaste; **sur ce** tras esto; **c'est qu'il est lent/a faim** es que es lento/tiene hambre; **c'est petit/grand** es pequeño/grande
2 : **ce qui, ce que** lo que; (*chose qui*) : **il est bête, ce qui me chagrine** es tonto, lo cual me apena; **tout ce qui bouge** todo lo que se mueve; **tout ce que je sais** todo lo que sé; **ce dont j'ai parlé** eso de lo que hablé; **ce que c'est grand !** ¡qué grande es!; **veiller à ce que ...** procurar que ...; *voir aussi* **ci** ; **est-ce que** ; **n'est-ce pas** ; **c'est-à-dire**

CEA [seəa] SIGLE M (= *Commissariat à l'énergie atomique*) ≈ Consejo de Energía Nuclear
ceci [səsi] PRON esto
cécité [sesite] NF ceguera
cédéiser [sedeize] VT = **CDIser**
céder [sede] VT (*maison, droit*) ceder, traspasar ▸ VI ceder; **~ à** (*tentation etc*) ceder a; **~ à qn** (*se soumettre*) someterse a algn
cédérom [sedeʀɔm] NM cederrón *m*
CEDEX [sedɛks] SIGLE M (= *courrier d'entreprise à distribution exceptionnelle*) *correo especial para empresas*
cédille [sedij] NF cedilla
cédrat [sedʀa] NM cidro
cèdre [sɛdʀ] NM cedro
CEE [seəə] SIGLE F (= *Communauté économique européenne*) CEE *f* (= *Comunidad Económica Europea*)
CEI [seəi] SIGLE F (= *Communauté des États indépendants*) CEI *f* (= *Comunidad de los Estados Independientes*)
ceindre [sɛ̃dʀ] VT ceñir; **~ qch de qch** (*entourer*) ceñir algo con *ou* de algo

ceinture [sɛ̃tyʀ] NF cinturón *m*; (*taille*) cintura; (*d'un pantalon, d'une jupe*) cintura, cinturilla; **~ de sauvetage** cinturón salvavidas; **~ de sécurité** cinturón de seguridad; **~ (de sécurité) à enrouleur** cinturón (de seguridad) retráctil; **~ noire/verte** (*Judo*) cinturón negro/verde

ceinturer [sɛ̃tyʀe] VT (*saisir*) agarrar por la cintura a; (*entourer*) rodear

ceinturon [sɛ̃tyʀɔ̃] NM cinto, cinturón *m*

cela [s(ə)la] PRON eso; (*plus loin*) aquello; **~ m'étonne que** me extraña que; **quand ~?** ¿cuándo?

célébrant [selebʀɑ̃] NM (*Rel*) celebrante *m*

célébration [selebʀasjɔ̃] NF celebración *f*

célèbre [selɛbʀ] ADJ famoso(-a), célebre

célébrer [selebʀe] VT celebrar; (*louer*) celebrar, encomiar

célébrité [selebʀite] NF (*gloire, star*) celebridad *f*

céleri [sɛlʀi] NM : **~(-rave)** apio (nabo); **~ en branche** apio

célérité [seleʀite] NF celeridad *f*

céleste [selɛst] ADJ celeste

célibat [seliba] NM (*prêtre*) celibato; (*d'homme, de femme*) soltería

célibataire [selibatɛʀ] ADJ soltero(-a); **mère ~** madre *f* soltera ▸ NMF soltero(-a)

celle, celles [sɛl] PRON *voir* **celui**

cellier [selje] NM bodega

cellophane® [selɔfan] NF celofán *m*

cellulaire [selylɛʀ] ADJ celular; **voiture** *ou* **fourgon ~** coche *m ou* furgón *m* celular; **régime ~** régimen *m* celular

cellule [selyl] NF (*aussi fig*) célula; (*de prisonnier, moine*) celda; **~ (photo-électrique)** célula (fotoeléctrica); **~ souche** célula madre

cellulite [selylit] NF celulitis *f inv*

celluloïd® [selylɔid] NM celuloide *m*

cellulose [selyloz] NF celulosa

celte [sɛlt] ADJ celta

celtique [sɛltik] ADJ *voir* **celte**

celui, celle [səlɥi, sɛl] (*mpl* **ceux**, *fpl* **celles**) PRON : **~-ci** este/ese; **celle-ci** esta/esa; **~-là/celle-là** aquel/aquella; **ceux-ci/celles-ci** estos/estas; **ceux-là/celles-là** esos *ou* aquellos/esas *ou* aquellas; **~ de mon frère** el de mi hermano; **~ du salon/du dessous** el del salón/de abajo; **~ qui bouge** (*pour désigner*) el que se mueve; **~ que je vois** el que veo; **~ dont je parle** (*personne*) ese del que hablo; (*chose*) eso de lo que hablo; **~ qui veut** (*valeur indéfinie*) el que quiera

cénacle [senakl] NM cenáculo

cendre [sɑ̃dʀ] NF ceniza; **sous la ~** (*Culin*) en las cenizas ■ **cendres** NFPL (*volcaniques, d'un défunt*) cenizas *fpl*

cendré, e [sɑ̃dʀe] ADJ ceniciento(-a); **(piste) cendrée** pista de ceniza

cendrier [sɑ̃dʀije] NM cenicero

cène [sɛn] NF cena

censé, e [sɑ̃se] ADJ : **je suis ~ faire sept heures par jour** se supone que hago siete horas diarias

censément [sɑ̃semɑ̃] ADV aparentemente

censeur, e [sɑ̃sœʀ] NM/F (*du lycée*) subdirector(a); (*Pol, Presse, Ciné*) censor(a)

censure [sɑ̃syʀ] NF censura

censurer [sɑ̃syʀe] VT censurar

cent [sɑ̃] ADJ (*avant un nombre*) ciento; (*avant un substantif*) cien; **~ cinquante** ciento cincuenta; **~ euros** cien euros; **faire les ~ pas** ir y venir, ir de un lado para otro ▸ NM ciento; (*Math*) cien *m inv*; **pour ~** por ciento; **un ~ de** un centenar de

centaine [sɑ̃tɛn] NF centena; **une ~ (de)** un centenar (de); **plusieurs centaines (de)** varios centenares (de); **des centaines (de)** centenares (de)

centenaire [sɑ̃t(ə)nɛʀ] ADJ, NMF centenario(-a) ▸ NM (*anniversaire*) centenario

centième [sɑ̃tjɛm] ADJ, NMF centésimo(-a) ▸ NM (*fraction, de seconde*) centésima; *voir aussi* **cinquantième**

centigrade [sɑ̃tigʀad] NM centígrado

centigramme [sɑ̃tigʀam] NM centigramo

centilitre [sɑ̃tilitʀ] NM centilitro

centime [sɑ̃tim] NM céntimo; **~ d'euro** céntimo de euro

centimètre [sɑ̃timɛtʀ] NM centímetro; (*ruban*) cinta métrica

centrafricain, e [sɑ̃tʀafʀikɛ̃, ɛn] ADJ centroafricano(-a)

central, e, -aux [sɑ̃tʀal, o] ADJ (*aussi fig*) central ▸ NM : **~ (téléphonique)** central *f* (telefónica)

centrale [sɑ̃tʀal] NF (*prison*) central *f*; **~ d'achat** centro de compras; **~ électrique/nucléaire** central eléctrica/nuclear; **~ syndicale** central sindical

centralisation [sɑ̃tʀalizasjɔ̃] NF centralización *f*

centraliser [sɑ̃tʀalize] VT centralizar

centralisme [sɑ̃tʀalism] NM centralismo

centraméricain, e [sɑ̃tʀameʀikɛ̃, ɛn] ADJ centroamericano(-a)

centre [sɑ̃tʀ] NM centro; (*Football : joueur*) centrocampista; **le ~** (*Pol*) el centro; **~ aéré** *centro de ocio infantil al aire libre*; **~ commercial/culturel** centro comercial/cultural; **~ d'appels** centro de llamadas; **~ d'apprentissage** centro de formación profesional; **~ d'attraction** centro de atracción; **~ d'éducation surveillée** centro de enseñanza vigilada; **~ de détention** centro penitenciario; **~ de gravité** centro de gravedad; **~ de loisirs** centro de recreo; **~ de semi-liberté** centro de reclusión en régimen abierto; **~ de tri** centro de correos; **~ hospitalier/sportif** centro hospitalario/deportivo; **centres nerveux** (*Anat*) centros *mpl* nerviosos

centrer [sɑ̃tʀe] VT, VI centrar; **~ sur** (*débat*) centrar en
centre-ville [sɑ̃tʀəvil] (*pl* **centres-villes**) NM centro de la ciudad
centrifuge [sɑ̃tʀifyʒ] ADJ : **force ~** fuerza centrífuga
centrifuger [sɑ̃tʀifyʒe] VT centrifugar
centrifugeuse [sɑ̃tʀifyʒøz] NF centrifugadora
centripète [sɑ̃tʀipɛt] ADJ : **force ~** fuerza centrípeta
centrisme [sɑ̃tʀism] NM centrismo
centriste [sɑ̃tʀist] ADJ, NMF centrista *mf*
centuple [sɑ̃typl] NM : **le ~ de qch** el céntuplo de algo; **au ~** con creces
centupler [sɑ̃typle] VI, VT centuplicar
cep [sɛp] NM cepa
cépage [sepaʒ] NM cepa
cèpe [sɛp] NM boleto
cependant [s(ə)pɑ̃dɑ̃] CONJ sin embargo, no obstante
céramique [seʀamik] NF cerámica
céramiste [seʀamist] NMF ceramista *mf*
cerbère [sɛʀbɛʀ] (*péj*) NM cancerbero
cerceau, x [sɛʀso] NM aro
cercle [sɛʀkl] NM (*Géom*) círculo; (*objet circulaire*) círculo, aro; (*de jeu, bridge*) club *m*; **décrire un ~** describir un círculo; **~ d'amis** círculo de amigos; **~ de famille** entorno familiar; **~ vertueux** círculo virtuoso; **~ vicieux** círculo vicioso
cercler [sɛʀkle] VT : **lunettes cerclées d'or** gafas *fpl* con montura de oro
cercueil [sɛʀkœj] NM ataúd *m*, féretro
céréale [seʀeal] NF cereal *m* ■ **céréales** NFPL (*du petit déjeuner*) cereales *mpl*
céréalier, -ière [seʀealje, jɛʀ] ADJ cerealista
cérébral, e, -aux [seʀebʀal, o] ADJ cerebral; (*fig*) cerebral, analizador(a)
cérémonial [seʀemɔnjal] NM ceremonial *m*
cérémonie [seʀemɔni] NF ceremonia ■ **cérémonies** NFPL (*péj : façons, chichis*) formalidades *fpl*
cérémonieux, -euse [seʀemɔnjø, jøz] (*péj*) ADJ ceremonioso(-a)
cerf [sɛʀ] NM ciervo
cerfeuil [sɛʀfœj] NM perifollo
cerf-volant [sɛʀvɔlɑ̃] (*pl* **cerfs-volants**) NM cometa; **jouer au ~** jugar a la cometa
cerisaie [s(ə)ʀizɛ] NF cerezal *m*
cerise [s(ə)ʀiz] NF, ADJ INV cereza; **la ~ sur le gâteau** (*fig*) la guinda (del pastel)
cerisier [s(ə)ʀizje] NM cerezo
CERN [sɛʀn] SIGLE M (= *Conseil européen pour la recherche nucléaire*) CERN *m* (= *Consejo Europeo para la Investigación Nuclear*)
cerné, e [sɛʀne] ADJ (*ville, armée*) cercado(-a); (*yeux*) ojeroso(-a)
cerner [sɛʀne] VT (*armée, ville*) cercar; (*problème*) delimitar; (*être autour*) rodear
cernes [sɛʀn] NMPL (*des yeux*) ojeras *fpl*
certain, e [sɛʀtɛ̃, ɛn] ADJ (*indéniable*) cierto(-a), seguro(-a); (*personne*) : **~ (de/que)** seguro(-a) (de/de que), convencido(-a) (de/de que); (*plus ou moins défini*) : **un ~ Georges** un tal Georges; **un ~ courage** (*non négligeable*) mucho valor; **certains cas** algunos casos; **d'un ~ âge** de cierta edad; **un ~ temps** cierto tiempo; **sûr et ~** completamente seguro
certainement [sɛʀtɛnmɑ̃] ADV (*probablement*) probablemente; (*bien sûr*) sin duda, por supuesto
certains [sɛʀtɛ̃] PRON PL algunos
certes [sɛʀt] ADV (*bien sûr*) por supuesto; (*sans doute*) sin duda alguna; (*en réponse*) ciertamente
certificat [sɛʀtifika] NM certificado; **~ de fin d'études secondaires** *certificado de fin de estudios secundarios*; **~ médical/de vaccination** certificado médico/de vacunación
certifié, e [sɛʀtifje] ADJ : **professeur ~** profesor *m* diplomado; **copie certifiée conforme (à l'original)** copia compulsada
certifier [sɛʀtifje] VT asegurar; (*document, signature*) certificar; **~ à qn que** asegurar a algn que
certitude [sɛʀtityd] NF certeza
cérumen [seʀymɛn] NM cerumen *m*
cerveau, x [sɛʀvo] NM (*aussi fig*) cerebro
cervelas [sɛʀvəla] NM *salchicha corta y gruesa de carne y sesos*
cervelle [sɛʀvɛl] NF (*d'un animal*) cerebro; (*Culin*) sesos *mpl*; **se creuser la ~** romperse la cabeza, devanarse los sesos
cervical, e, -aux [sɛʀvikal, o] ADJ cervical
cervidés [sɛʀvide] NMPL cérvidos *mpl*
ces [se] ADJ DÉM *voir* **ce**
césarienne [sezaʀjɛn] NF cesárea
cessantes [sɛsɑ̃t] ADJ FPL : **toutes affaires ~** con prioridad
cessation [sesasjɔ̃] NF cese *m*; **~ de commerce** cese de comercio; **~ de paiements** suspensión *f* de pagos; **~ des hostilités** cese de hostilidades
cesse [sɛs] : **sans ~** *adv* sin parar; **n'avoir de ~ que** no descansar hasta que
cesser [sese] VT cesar ▸ VI parar, cesar; **~ de faire** dejar de hacer; **faire ~** (*bruit, scandale*) acabar con
cessez-le-feu [sesel(ə)fø] NM INV alto el fuego
cession [sesjɔ̃] NF cese *m*
c'est [sɛ] *voir* **ce**
c'est-à-dire [sɛtadiʀ] ADV es decir; **~ ?** (*demander de préciser*) ¿es decir?, ¿y?; **~ que** (*en conséquence*) es decir que, o sea que; (*manière d'excuse*) es decir que
cet [sɛt] ADJ DÉM *voir* **ce**

cétacé [setase] NM cetáceo
cette [sɛt] ADJ DÉM *voir* **ce**
ceux [sø] PRON *voir* **celui**
cévenol, e [sevnɔl] ADJ de Cévennes ▸ NM/F : **Cévenol, e** nativo(-a) *ou* habitante *mf* de Cévennes
cf. [seɛf] ABR (= *confer*) cfr. (= *confróntese*)
CFAO [seɛfao] SIGLE F = **conception et fabrication assistées par ordinateur**
CFC [seɛfse] SIGLE M (= *chlorofluorocarbone*) CFC *m* (= *clorofluorocarbono*)
CFF [seɛfɛf] (SUISSE) SIGLE M (= *Chemins de fer fédéraux*) ≈ RENFE *ou* Renfe *f* (= *Red Nacional de los Ferrocarriles Españoles*)
CFP [seɛfpe] SIGLE M (= *Centre de formation professionnelle*) ≈ centro de formación profesional para adultos
CFTC [seɛftese] SIGLE F (= *Confédération française des travailleurs chrétiens*) *sindicato obrero*
CGC [segese] SIGLE F (= *Confédération générale des cadres*) *sindicato de cuadros*
CGT [seʒete] SIGLE F (= *Confédération générale du travail*) *sindicato obrero*
CH ABR = **Confédération helvétique**
ch. ABR = **charge**; **chauffage**; **cherche**
chacal [ʃakal] NM chacal *m*
chacun, e [ʃakœ̃, yn] PRON cada uno(-a); (*indéfini*) todos(-as)
chagrin, e [ʃagʀɛ̃, in] ADJ triste, taciturno(-a) ▸ NM pena; **avoir du ~** sentir pena
chagriner [ʃagʀine] VT apenar; (*contrarier*) enojar
chahut [ʃay] NM jaleo; (*Scol*) alboroto
chahuter [ʃayte] VT incordiar ▸ VI alborotar
chahuteur, -euse [ʃaytœʀ, øz] NM/F alborotador(a)
chai [ʃɛ] NM bodega
chaîne [ʃɛn] NF cadena; (*TV*) cadena, canal *m*; **travail à la ~** trabajo en cadena; **réactions en ~** reacciones *fpl* en cadena; **faire la ~** hacer una cadena; **~ audio** equipo *ou* cadena audio; **~ de fabrication/de montage** cadena de fabricación/de montaje; **~ de montagnes** cadena de montañas, cordillera; **~ de solidarité** cadena de solidaridad; **~ hi-fi** equipo de alta fidelidad; **~ stéréo** equipo estéreo ▪ **chaînes** NFPL (*liens, asservissement*) lazos *mpl*; (*pour pneus*) cadenas *fpl*
chaînette [ʃɛnɛt] NF cadenita, esclava
chaînon [ʃɛnɔ̃] NM (*fig*) eslabón *m*; **le ~ manquant** el eslabón perdido
chair [ʃɛʀ] NF carne *f*; **la ~** (*Rel*) la carne; **avoir la ~ de poule** tener la carne *ou* piel de gallina; **être bien en ~** estar entrado(-a) en carnes; **en ~ et en os** de carne y hueso; **~ à saucisses** carne picada de cerdo ▸ ADJ INV : **(couleur) ~** (color) carne *inv*
chaire [ʃɛʀ] NF (*d'église*) púlpito; (*Univ*) cátedra
chaise [ʃɛz] NF silla; **~ de bébé** silla de bebé; **~ électrique** silla eléctrica; **~ longue** tumbona, hamaca
chaland [ʃalɑ̃] NM chalana, gabarra
châle [ʃɑl] NM chal *m*
chalet [ʃalɛ] NM chalet *m*, chalé *m*
chaleur [ʃalœʀ] NF (*aussi fig*) calor *m*; (*ardeur, emportement*) ardor *m*; **en ~** en celo
chaleureusement [ʃalœʀøzmɑ̃] ADV calurosamente
chaleureux, -euse [ʃalœʀø, øz] ADJ (*accueil, gens*) caluroso(-a)
challenge [ʃalɑ̃ʒ] NM (*Sport*) trofeo
challenger [ʃalɑ̃ʒɛʀ] NM (*Sport*) aspirante *mf*
chaloupe [ʃalup] NF (*de sauvetage*) bote *m* salvavidas
chalumeau, x [ʃalymo] NM soplete *m*
chalut [ʃaly] NM red *f*; **pêcher au ~** pescar con redes *ou* traínas
chalutier [ʃalytje] NM trainera; (*pêcheur*) pescador *m*
chamade [ʃamad] NF : **battre la ~** retumbar
chamailler [ʃamaje] (*fam*) : **se chamailler** VPR reñir
chamarré, e [ʃamaʀe] ADJ recargado(-a)
chambard [ʃɑ̃baʀ] (*fam*) NM jaleo, alboroto
chambardement [ʃɑ̃baʀdəmɑ̃] (*fam*) NM : **c'est le grand ~** es el gran desbarajuste
chambarder [ʃɑ̃baʀde] (*fam*) VT (*objets*) revolver; (*projets*) cambiar
chamboulé, e [ʃɑ̃bule] (*fam*) ADJ alterado(-a), trastocado(-a); **se trouver ~** trastocarse, verse alterado
chamboulement [ʃɑ̃bulmɑ̃] (*fam*) NM desbarajuste *m*, desorden *m*; (*bouleversement*) alteración *f*
chambouler [ʃɑ̃bule] (*fam*) VT (*objets*) revolver; (*projets*) alterar, trastocar
chambranle [ʃɑ̃bʀɑ̃l] NM chambrana, marco
chambre [ʃɑ̃bʀ] NF (*d'un logement*) habitación *f*, cuarto; (*Tech, Pol, Comm*) cámara; (*Jur*) sala; **faire ~ à part** dormir en habitaciones separadas; **stratège/alpiniste en ~** estratega *mf*/alpinista *mf* de tres al cuarto; **~ à air** cámara de aire; **~ à coucher** dormitorio; **~ à gaz** cámara de gas; **~ à un lit/deux lits** (*à l'hôtel*) habitación individual/doble; **~ d'accusation** sala de acusación; **~ d'agriculture** cámara agrícola; **~ d'amis** cuarto de invitados; **~ de combustion** cámara de combustión; **C~ de commerce et d'industrie** cámara de comercio y de industria; **C~ des députés** Cámara de los diputados; **~ des machines** sala de máquinas; **C~ des métiers** Cámara de oficios; **~ d'hôte** habitación de huéspedes; **~ forte** cámara acorazada; **~ froide** cámara frigorífica; **~ meublée** habitación amueblada; **~ noire** (*Photo*) cámara oscura; **~ pour une/deux personne(s)** habitación para una/dos persona(s)
chambrée [ʃɑ̃bʀe] NF dormitorio

C

chambrer [ʃɑ̃bʀe] VT (*vin*) poner a temperatura ambiente

chameau, x [ʃamo] NM camello

chamois [ʃamwa] NM gamuza ▸ ADJ INV : **(couleur) ~** (color) gamuza

champ [ʃɑ̃] NM (*aussi fig*) campo; **dans le ~** (*Photo*) en el campo visual; **prendre du ~** alejarse, tomar distancia; **laisser le ~ libre à qn** dejar el campo libre a algn; **~ d'action** campo de acción; **~ de bataille** campo de batalla; **~ de courses** hipódromo; **~ de manœuvre/de mines/de tir** campo de maniobras/de minas/de tiro; **~ d'honneur** campo de honor; **~ visuel** campo visual ▪ **les champs** NMPL (*la campagne*) el campo

Champagne [ʃɑ̃paɲ] NF Champaña

champagne [ʃɑ̃paɲ] NM champán *m*; **fine ~** coñac *m*

champenois, e [ʃɑ̃pənwa, waz] ADJ de Champaña ▸ NM/F : **Champenois, e** nativo(-a) *ou* habitante *mf* de Champaña

champêtre [ʃɑ̃pɛtʀ] ADJ campestre

champignon [ʃɑ̃piɲɔ̃] NM seta; (*Bot*) hongo; (*fam : accélérateur*) acelerador *m*; **~ de couche** *ou* **de Paris** champiñón; **~ vénéneux** seta venenosa

champion, ne [ʃɑ̃pjɔ̃, jɔn] ADJ campeón(-ona) ▸ NM/F (*Sport*) campeón(-ona); (*d'une cause*) paladín *m*; **~ du monde** campeón(-ona) del mundo

championnat [ʃɑ̃pjɔna] NM campeonato

chance [ʃɑ̃s] NF suerte *f*; (*occasion*) oportunidad *f*; **bonne ~ !** ¡buena suerte!; **avoir de la ~** tener suerte; **je n'ai pas de ~** no tengo suerte; **encore une ~ que tu viennes !** ¡qué suerte *ou* bien que vengas!; **donner sa ~ à qn** dar una oportunidad a algn ▪ **chances** NFPL (*probabilités*) posibilidades *fpl*; **il y a de fortes chances pour que Paul soit malade** es muy posible que Paul esté enfermo; **il a des chances de gagner** tiene probabilidades de ganar

chancelant, e [ʃɑ̃s(ə)lɑ̃, ɑ̃t] ADJ (*personne, pas*) tambaleante; (*santé*) delicado(-a)

chanceler [ʃɑ̃s(ə)le] VI tambalearse

chancelier [ʃɑ̃səlje] NM canciller *m*

chancellerie [ʃɑ̃sɛlʀi] NF cancillería

chanceux, -euse [ʃɑ̃sø, øz] ADJ afortunado(-a)

chancre [ʃɑ̃kʀ] NM chancro

chandail [ʃɑ̃daj] NM jersey *m*

Chandeleur [ʃɑ̃dlœʀ] NF : **la ~** la Candelaria

chandelier [ʃɑ̃dəlje] NM candelabro

chandelle [ʃɑ̃dɛl] NF vela; **faire une ~** (*Sport*) hacer un voleo; **monter en ~** (*Aviat*) elevarse verticalmente; **dîner aux chandelles** cenar a la luz de las velas; **tenir la ~** llevar el cesto, ir de carabina

change [ʃɑ̃ʒ] NM cambio; **opérations de ~** operaciones *fpl* de cambio; **le contrôle des changes** el control de cambio; **gagner/perdre au ~** ganar/perder en *ou* con el cambio; **donner le ~ à qn** (*fig*) dar gato por liebre a algn

changeant, e [ʃɑ̃ʒɑ̃, ɑ̃t] ADJ variable

changement [ʃɑ̃ʒmɑ̃] NM cambio; **~ climatique** cambio climático; **~ de vitesse** cambio de velocidades *ou* marchas

changer [ʃɑ̃ʒe] VT cambiar; **~ qn/qch de place** cambiar a algo/algn de lugar; **~ qch en** convertir algo en; **cela me change** esto es un cambio para mí; **~ de** cambiar de; **~ d'air** cambiar de aires; **~ de vêtements** cambiarse de ropa; **~ de place avec qn** cambiar de sitio con algn; **~ de vitesse** (*Auto*) cambiar de velocidad *ou* de marcha ▸ VI cambiar; **il faut ~ à Lyon** hay que cambiar en Lyon ▪ **se changer** VPR cambiarse

changeur [ʃɑ̃ʒœʀ] NM cambista *mf*; **~ automatique** máquina (automática) para (dar) cambio

chanoine [ʃanwan] NM canónigo

chanson [ʃɑ̃sɔ̃] NF canción *f*; **c'est toujours la même ~** (*fig*) siempre con la misma cantinela

chansonnette [ʃɑ̃sɔnɛt] NF cancioncilla

chansonnier [ʃɑ̃sɔnje] NM (*de cabaret*) tonadillero(-a); (*livre*) cancionero

chant [ʃɑ̃] NM canto; **posé de** *ou* **sur ~** (*Tech*) colocado de canto; **~ de Noël** villancico

chantage [ʃɑ̃taʒ] NM chantaje *m*; **faire du ~** chantajear *ou* hacer chantaje

chantant, e [ʃɑ̃tɑ̃, ɑ̃t] ADJ melodioso(-a)

chanter [ʃɑ̃te] VT cantar; (*louer*) alabar ▸ VI cantar; **~ juste** cantar sin desafinar; **~ faux** desafinar; **si cela lui chante** (*fam*) si le apetece; **faire ~ qn** chantajear *ou* hacer chantaje a algn

chanterelle [ʃɑ̃tʀɛl] NF cantarela

chanteur, -euse [ʃɑ̃tœʀ, øz] NM/F cantante *mf*; **~ de charme** cantante de melodías sentimentales

chantier [ʃɑ̃tje] NM obra; **être/mettre en ~** estar/poner en obras; **~ naval** astillero

chantilly [ʃɑ̃tiji] NF *voir* **crème**

chantonner [ʃɑ̃tɔne] VI, VT canturrear

chantre [ʃɑ̃tʀ] NM (*fig*) poeta cantor *m*

chanvre [ʃɑ̃vʀ] NM cáñamo

chaos [kao] NM caos *m inv*

chaotique [kaɔtik] ADJ caótico(-a)

chapardage [ʃapaʀdaʒ] NM sisa, hurto

chaparder [ʃapaʀde] VT sisar, hurtar

chapeau, x [ʃapo] NM sombrero; (*Presse*) entradilla; **~ !** *excl* ¡bravo!; **partir sur les chapeaux de roues** arrancar a toda velocidad; **~ melon** bombín *m*; **~ mou** sombrero flexible

chapeauter [ʃapote] VT (*Admin*) tener bajo su mando

chapelain [ʃaplɛ̃] NM capellán *m*

chapelet [ʃaplɛ] NM (*Rel, fig*) rosario; (*d'ail*) ristra; **dire son ~** rezar el rosario

chapelier, -ière [ʃapəlje, jɛʀ] NM/F sombrerero(-a)

chapelle [ʃapɛl] NF capilla; **~ ardente** capilla ardiente
chapellerie [ʃapɛlʀi] NF sombrerería
chapelure [ʃaplyʀ] NF pan rallado
chaperon [ʃapʀɔ̃] NM carabina
chaperonner [ʃapʀɔne] VT hacer de carabina, acompañar
chapiteau, x [ʃapito] NM (*Archit*) capitel *m*; (*de cirque*) carpa
chapitrage [ʃapitʀaʒ] NM división *f* en capítulos (*de un DVD*)
chapitre [ʃapitʀ] NM capítulo; (*sujet*) tema; (*Rel*) cabildo; **avoir voix au ~** tener voz y voto
chapitrer [ʃapitʀe] VT reprender, echar una bronca
chapon [ʃapɔ̃] NM capón *m*
chaque [ʃak] ADJ cada; **c'est deux euros ~** son dos euros cada uno(-a); **~ fois que** cada vez que
char [ʃaʀ] NM carro; (*Mil* : *aussi* : **char d'assaut**) carro de combate; (*de carnaval*) carroza
charabia [ʃaʀabja] (*péj*) NM galimatías *msg*
charade [ʃaʀad] NF charada
charbon [ʃaʀbɔ̃] NM carbón *m*; **~ de bois** carbón de leña
charbonnage [ʃaʀbɔnaʒ] NM : **Charbonnages de France** (*compagnie*) *explotaciones hulleras francesas*
charbonnier, -ière [ʃaʀbɔnje, jɛʀ] ADJ, NM/F carbonero(-a)
charcuterie [ʃaʀkytʀi] NF (*magasin*) charcutería; (*produits*) embutidos *mpl*
charcutier, -ière [ʃaʀkytje, jɛʀ] NM/F chacinero(-a)
chardon [ʃaʀdɔ̃] NM cardo
chardonneret [ʃaʀdɔnʀɛ] NM jilguero
charentais, e [ʃaʀɑ̃tɛ, ɛz] ADJ de Charente ▶ NM/F : **Charentais, e** nativo(-a) *ou* habitante *mf* de Charente
charentaise [ʃaʀɑ̃tɛz] NF (*pantoufle*) zapatilla
Charentes [ʃaʀɑ̃t] NFPL Charentes *mpl*
charge [ʃaʀʒ] NF carga; (*rôle*) misión *f*, responsabilidad *f*; (*Mil*) ataque *m*; (*travail*, *Jur*) cargo; **à la ~ de** a cargo de; **prise en ~ (par la Sécurité Sociale)** gastos cubiertos por la Seguridad Social; **à ~ de revanche** en desquite; **prendre en ~** hacerse cargo de; **revenir à la ~** volver a la carga; **~ utile** carga máxima; (*Comm*) carga rentable; **charges sociales** cargas sociales ■ **charges** NFPL (*du loyer*) facturas *fpl*; (*d'un commerçant*) gastos *mpl*
chargé, e [ʃaʀʒe] ADJ cargado(-a); (*journée*) ocupado(-a); (*estomac*) pesado(-a); **~ de** encargado(-a) de ▶ NM/F : **~ d'affaires** encargado(-a) de negocios; **~ de cours** (*Univ*) profesor(-a) adjunto(-a)
chargement [ʃaʀʒəmɑ̃] NM (*marchandises*) cargamento; (*action*) carga
charger [ʃaʀʒe] VT cargar; (*Jur*) declarar en contra de; (*un portrait, une description*) recargar; **~ qn de qch/faire qch** encargar a algn de algo/que haga algo ▶ VI cargar ■ **se charger** VPR : **se ~ de** encargarse de; **se ~ de faire qch** encargarse de hacer algo
chargeur [ʃaʀʒœʀ] NM cargador *m*; **~ de batterie** cargador de batería
chariot [ʃaʀjo] NM carretilla; (*à bagages, provisions*) carro; (*charrette*) carreta; (*de machine à écrire*) rodillo; **~ élévateur** carretilla elevadora
charisme [kaʀism] NM carisma *m*
charitable [ʃaʀitabl] ADJ caritativo(-a); (*gentil*) amable
charité [ʃaʀite] NF caridad *f*; (*aumône*) limosna; **faire la ~ à** dar limosna a; **fête/vente de ~** fiesta/venta benéfica
charivari [ʃaʀivaʀi] NM cencerrada, jaleo
charlatan [ʃaʀlatɑ̃] NM charlatán *m*
charlotte [ʃaʀlɔt] NF *tarta de frutas recubierta con bizcochos de azúcar*
charmant, e [ʃaʀmɑ̃, ɑ̃t] ADJ encantador(a)
charme [ʃaʀm] NM encanto; (*Bot*) carpe *m*; (*envoûtement*) encanto, hechizo; **c'est ce qui fait son ~** es lo que le da encanto; **faire du ~ (à qn)** coquetear (con algn); **aller** *ou* **se porter comme un ~** estar más sano que una manzana ■ **charmes** NMPL (*appas*) encanto *msg*
charmer [ʃaʀme] VT (*plaire*) fascinar; (*envoûter*) encantar, hechizar; **je suis charmé de** (*enchanté*) estoy encantado de
charmeur, -euse [ʃaʀmœʀ, øz] ADJ, NM/F seductor(a); **~ de serpents** encantador(a) de serpientes
charnel, le [ʃaʀnɛl] ADJ carnal
charnier [ʃaʀnje] NM osario
charnière [ʃaʀnjɛʀ] NF (*de porte*) bisagra, gozne *m*; (*fig* : *du siècle*) punto decisivo; (: *du texte*) punto de inflexión
charnu, e [ʃaʀny] ADJ carnoso(-a)
charogne [ʃaʀɔɲ] NF carroña; (*fam !*) ruin *m*
charolais, e [ʃaʀɔlɛ, ɛz] ADJ charolés(-esa) ▶ NM : **le C~** el Charolais ▶ NM/F : **Charolais, e** charolés(-esa)
charpente [ʃaʀpɑ̃t] NF (*d'un bâtiment*) armazón *m*; (*fig*) estructura; (*carrure*) estructura, constitución *f*
charpenté, e [ʃaʀpɑ̃te] ADJ : **bien** *ou* **solidement ~** (*personne*) de constitución fuerte; (*texte*) bien estructurado(-a)
charpenterie [ʃaʀpɑ̃tʀi] NF carpintería de armar
charpentier, -ière [ʃaʀpɑ̃tje, jɛʀ] NM/F carpintero(a) de armar
charpie [ʃaʀpi] NF : **en ~** hecho(-a) trizas *ou* picadillo
charretier [ʃaʀtje] NM carretero; **de ~** (*péj* : *langage etc*) de carretero
charrette [ʃaʀɛt] NF carreta
charrier [ʃaʀje] VT transportar; (*fleuve*) arrastrar ▶ VI (*fam*) pasarse de la raya

charroyer [ʃarwaje] VT acarrear
charrue [ʃary] NF arado
charte [ʃart] NF carta
charter [ʃartɛr] NM chárter *m*
chas [ʃɑ] NM ojo
chasse [ʃas] NF caza; (*aussi* : **chasse d'eau**) cisterna; **la ~ est ouverte/fermée** la veda está levantada/cerrada; **aller à la ~** ir de caza; **prendre en ~** perseguir, dar caza a; **donner la ~ à** (*fugitif*) dar caza a; **tirer la ~ (d'eau)** tirar de la cadena; **~ à courre** caza a caballo; **~ à l'homme** cacería humana; **~ aérienne** caza aérea; **~ gardée** (*aussi fig*) coto vedado; **~ sous-marine** caza submarina
châsse [ʃɑs] NF relicario
chassé-croisé [ʃasekrwaze] (*pl* **chassés-croisés**) NM (*Danse*) cruzado; (*fig*) cruce *m*
chasse-neige [ʃasnɛʒ] (*pl* **~(s)**) NM quitanieves *m inv*
chasser [ʃase] VT cazar; (*expulser*) echar; (*idée*) desechar; (*dissiper*) disipar ▶ VI cazar; (*Auto*) patinar, derrapar
chasseur, -euse [ʃasœr, øz] NM/F (*de gibier*) cazador(a); **~ de têtes** (*fig*) cazatalentos *m inv*; **~ d'images** cazador(a) de imágenes; **chasseurs alpins** (*Mil*) *cazadores de montaña del ejército francés* ▶ NM (*avion*) (avión de) caza *m*; (*domestique*) botones *m inv*
chassieux, -euse [ʃasjø, jøz] ADJ legañoso(-a)
châssis [ʃɑsi] NM (*de voiture*) chasis *m inv*; (*cadre* : *en bois, métal*) bastidor *m*; (*de jardin*) vivero
chaste [ʃast] ADJ casto(-a)
chasteté [ʃastəte] NF castidad *f*
chasuble [ʃazybl] NF casulla; **robe ~** casulla
chat¹ [ʃa] NM gato; **avoir un ~ dans la gorge** tener carraspera; **avoir d'autres chats à fouetter** tener cosas más importantes; **~ sauvage** gato montés
chat² [tʃat] NM (*Internet*) chat *m*
châtaigne [ʃɑtɛɲ] NF castaña
châtaignier [ʃɑteɲe] NM castaño
châtain [ʃɑtɛ̃] ADJ castaño(-a)
château, x [ʃɑto] NM castillo; **~ d'eau** arca de agua; **~ de sable** castillo de arena; **~ fort** fortaleza, alcázar *m*
châtelain, e [ʃɑt(ə)lɛ̃, ɛn] NM/F castellano(-a) ▶ NF (*ceinture*) *cadena con dijes*
châtié, e [ʃɑtje] ADJ (*langage, style*) pulido(-a)
châtier [ʃɑtje] VT castigar; (*langage, style*) pulir
chatière [ʃatjɛr] NF gatera
châtiment [ʃɑtimɑ̃] NM castigo; **~ corporel** castigo corporal
chatoiement [ʃatwamɑ̃] NM viso
chaton [ʃatɔ̃] NM (*Zool*) gatito; (*Bot*) candelilla; (*de bague*) engaste *m*
chatouillement [ʃatujmɑ̃] NM cosquilleo; (*chatouilles*) cosquillas *fpl*
chatouiller [ʃatuje] VT hacer cosquillas a; **~ l'odorat** abrir el olfato; **~ le palais** estimular el paladar; **ça chatouille !** ¡qué cosquillas!
chatouilleux, -euse [ʃatujø, øz] ADJ (*aussi fig*) cosquilloso(-a)
chatoyant, e [ʃatwajɑ̃, ɑ̃t] ADJ tornasolado(-a)
chatoyer [ʃatwaje] VI tornasolar
châtrer [ʃɑtre] VT (*aussi fig*) castrar, capar
chatte [ʃat] NF gata
chatter [tʃate] VI (*Internet*) chatear
chatterton [ʃatɛrtɔn] NM (*Élec*) cinta aislante
chaud, e [ʃo, ʃod] ADJ caliente; (*très chaud*) ardiente; (*vêtement*) abrigado(-a); (*couleur*) cálido(-a); (*félicitations*) ardiente, cálido(-a); (*discussion*) acalorado(-a); **il fait ~** hace calor; **tenir ~** abrigar; **ça me tient ~** eso me abriga; **ça me donne ~** eso me da calor ▶ NM calor *m*; **avoir ~** tener calor; **rester au ~** permanecer abrigado(-a); **tenir au ~** mantener caliente; **~ et froid** *nm* (*Méd*) enfriamiento ▶ ADV : **manger/boire ~** comer/beber caliente
chaudement [ʃodmɑ̃] ADV (*s'habiller*) con ropa de abrigo; (*féliciter, défendre etc*) ardientemente
chaudière [ʃodjɛr] NF caldera
chaudron [ʃodrɔ̃] NM caldero
chaudronnerie [ʃodrɔnri] NF calderería
chauffage [ʃofaʒ] NM calentamiento, calefacción *f*; (*appareils*) calefacción; **arrêter le ~** apagar la calefacción; **~ électrique** calefacción eléctrica; **~ au charbon/au gaz** calefacción de carbón/de gas; **~ central** calefacción central; **~ par le sol** calefacción por suelo
chauffagiste [ʃofaʒist] NM calefactor *m*
chauffant, e [ʃofɑ̃, ɑ̃t] ADJ : **couverture/plaque chauffante** manta/placa térmica
chauffard [ʃofar] (*péj*) NM loco(-a) del volante
chauffe-bain [ʃofbɛ̃] (*pl* **chauffe-bains**) NM = **chauffe-eau**
chauffe-biberon [ʃofbibrɔ̃] NM INV calientabiberones *m inv*
chauffe-eau [ʃofo] NM INV calentador *m* de agua
chauffe-plats [ʃofpla] NM INV calientaplatos *m inv*
chauffer [ʃofe] VT calentar ▶ VI calentar; (*suj* : *moteur*) calentarse ■ **se chauffer** VPR calentarse
chaufferie [ʃofri] NF sala de máquinas
chauffeur, -euse [ʃofœr, øz] NM/F chófer *mf*, chofer *mf* (*Am*); **voiture avec/sans ~** coche *m* con/sin conductor
chauffeuse [ʃoføz] NF *sillita para sentarse junto al fuego*
chauler [ʃole] VT (*mur*) encalar; (*terre*) abonar con cal
chaume [ʃom] NM (*du toit*) paja; (*tiges*) caña
chaumière [ʃomjɛr] NF choza
chaussée [ʃose] NF calzada; (*digue*) terraplén *m*

chausse-pied [ʃospje] (*pl* **chausse-pieds**) NM calzador *m*

chausser [ʃose] VT calzar; **~ du 38/42** calzar el 38/42; **~ grand** (*suj : soulier*) dar mucho número ■ **se chausser** VPR calzarse

chausse-trappe [ʃostʀap] (*pl* **chausse-trappes**) NF trampa para alimañas

chaussette [ʃosɛt] NF calcetín *m*, media (AM)

chausseur [ʃosœʀ] NM zapatero

chausson [ʃosɔ̃] NM zapatilla; (*de bébé*) patuco; **~ aux pommes** pastel *m* de manzana

chaussure [ʃosyʀ] NF zapato; **la ~** (*Comm*) el calzado; **chaussures basses** zapatos *mpl* bajos; **chaussures de ski** botas *fpl* de esquí; **chaussures montantes** botas

chaut [ʃo] VT : **peu me ~** poco me atañe

chauve [ʃov] ADJ calvo(-a)

chauve-souris [ʃovsuʀi] (*pl* **chauves-souris**) NF murciélago

chauvin, e [ʃovɛ̃, in] ADJ, NM/F chovinista *mf*

chauvinisme [ʃovinism] NM patriotería

chaux [ʃo] NF cal *f*; **blanchi à la ~** encalado

chavirer [ʃaviʀe] VI (*bateau*) zozobrar

chef [ʃɛf] NMF jefe(-a); **au premier ~** ante todo; **coupable au premier ~** culpable en el más alto grado; **de son propre ~** por su propia iniciativa; **général/commandant en ~** general *mf*/comandante *mf* en jefe; **~ d'accusation** base *f* de acusación; **~ d'atelier** jefe(-a) de taller; **~ d'entreprise** empresario(-a); **~ d'équipe** capataz(a), capataz *mf*; **~ d'État** jefe(-a) de Estado; **~ d'orchestre** director(a) de orquesta; **~ de bureau** jefe(-a) de oficina; **~ de clinique** director(a) de clínica; **~ de famille** cabeza de familia; **~ de file** (*de parti etc*) jefe(-a) de fila(s); **~ de gare** jefe(-a) de estación; **~ de rayon/de service** jefe(-a) de sección/de departamento

chef-d'œuvre [ʃɛdœvʀ] (*pl* **chefs-d'œuvre**) NM obra maestra

chef-lieu [ʃɛfljø] (*pl* **chefs-lieux**) NM cabeza de distrito

cheftaine [ʃɛftɛn] NF jefa de scouts

cheikh [ʃɛk] NM jeque *m*

chelou, e [ʃəlu] (*fam*) ADJ sospechoso(-a); **il est ~, ce mec, faut s'en méfier** ese tipo tiene un aspecto sospechoso, cuidado con él

chemin [ʃ(ə)mɛ̃] NM (*aussi fig*) camino; **en ~** por el camino; **~ faisant** de camino; **les chemins de fer** los ferrocarriles *mpl*; **~ de terre** camino de tierra

cheminée [ʃ(ə)mine] NF chimenea

cheminement [ʃ(ə)minmɑ̃] NM evolución *f*

cheminer [ʃ(ə)mine] VI caminar; (*fig*) evolucionar, progresar

cheminot [ʃ(ə)mino] NM ferroviario

chemise [ʃ(ə)miz] NF (*vêtement*) camisa; (*dossier*) carpeta; **~ de nuit** camisón *m*

chemiserie [ʃ(ə)mizʀi] NF camisería

chemisette [ʃ(ə)mizɛt] NF camiseta

chemisier [ʃ(ə)mizje] NM blusa

chenal, -aux [ʃənal, o] NM canal *m*

chenapan [ʃ(ə)napɑ̃] NM (*garnement*) pillín *m*; (*péj : vaurien*) granuja *m*

chêne [ʃɛn] NM roble *m*

chenet [ʃ(ə)nɛ] NM morillo

chenil [ʃ(ə)nil] NM perrera; (*élevage*) criadero de perros

chenille [ʃ(ə)nij] NF oruga; **véhicule à chenilles** coche *m* oruga

chenillette [ʃ(ə)nijɛt] NF automóvil *m* oruga

cheptel [ʃɛptɛl] NM ganado

chèque [ʃɛk] NM cheque *m*, talón *m*; **faire/toucher un ~** extender/cobrar un cheque; **par ~** con cheque; **~ au porteur** cheque al portador; **~ barré** cheque cruzado; **~ de voyage** cheque de viaje; **~ en blanc** cheque en blanco; **~ postal** cheque postal; **~ sans provision** cheque sin fondos

chèque-cadeau [ʃɛkkado] (*pl* **chèques-cadeaux**) NM cheque *m* regalo

chèque-repas [ʃɛkʀəpɑ] (*pl* **chèques-repas**) NM cheque *m* de comida

chèque-restaurant [ʃɛkʀɛstɔʀɑ̃] (*pl* **chèques-restaurant**) NM cheque *m* de comida

chéquier [ʃekje] NM talonario de cheques

cher, chère [ʃɛʀ] ADJ (*aimé*) querido(-a); (*coûteux*) caro(-a); **mon ~, ma chère** querido(-a) ▸ ADV : **coûter ~** costar caro; **cela coûte ~** esto cuesta caro; **payer ~** pagar mucho dinero

chercher [ʃɛʀʃe] VT buscar; **~ des ennuis** buscarse problemas; **~ la bagarre** buscar pelea; **aller ~** ir a buscar; **~ à faire** tratar de hacer

chercheur, -euse [ʃɛʀʃœʀ, øz] NM/F investigador(a); **~ d'or** buscador(a) de oro

chère [ʃɛʀ] NF : **la bonne ~** la buena mesa; *voir aussi* **cher**

chèrement [ʃɛʀmɑ̃] ADV cariñosamente

chéri, e [ʃeʀi] ADJ querido(-a); **(mon) ~** querido (mío)

chérir [ʃeʀiʀ] VT querer

cherté [ʃɛʀte] NF : **la ~ de la vie** la carestía de la vida

chérubin [ʃeʀybɛ̃] NM querubín *m*

chétif, -ive [ʃetif, iv] ADJ enclenque

cheval, -aux [ʃ(ə)val, o] NM caballo; **~ vapeur** caballo de vapor; **10 chevaux** 10 caballos; **faire du ~** practicar equitación; **à ~** a caballo; **à ~ sur** (*mur etc*) a horcajadas en *ou* sobre; (*périodes*) a caballo entre; **être à ~ sur** (*domaines*) emanar de; **être à ~ sur le règlement** ser muy estricto(-a) con el reglamento; **monter sur ses grands chevaux** subirse a la parra; **~ à bascule** caballito de balancín; **~ d'arçons** potro; **~ de bataille** (*fig*) caballo de batalla; **~ de course** caballo de carreras; **chevaux de bois** (*des manèges*) caballitos *mpl*; (*manège*) tiovivo; **chevaux de frise** alambradas *fpl*

C

chevaleresque [ʃ(ə)valʀɛsk] ADJ caballeresco(-a)

chevalerie [ʃ(ə)valʀi] NF caballería

chevalet [ʃ(ə)valɛ] NM caballete *m*

chevalier [ʃ(ə)valje] NM caballero; **~ servant** galán *m*

chevalière [ʃ(ə)valjɛʀ] NF (sortija de) sello

chevalin, e [ʃ(ə)valɛ̃, in] ADJ (*air, profil*) caballuno(-a); (*race*) caballar; **boucherie chevaline** carnicería de carne de caballo

cheval-vapeur [ʃəvalvapœʀ] (*pl* **chevaux-vapeur**) NM *voir* **cheval**

chevauchée [ʃ(ə)voʃe] NF cabalgada

chevauchement [ʃ(ə)voʃmɑ̃] NM coincidencia

chevaucher [ʃ(ə)voʃe] VI (*aussi* : **se chevaucher**) montar ▸ VT montar

chevaux [ʃəvo] NMPL *voir* **cheval**

chevelu, e [ʃəv(ə)ly] ADJ cabelludo(-a); (*péj*) melenudo(-a)

chevelure [ʃəv(ə)lyʀ] NF cabello

chevet [ʃ(ə)vɛ] NM presbiterio; **au ~ de qn** al lecho de algn; **lampe de ~** lámpara de noche; **livre de ~** libro que se lee antes de dormir; **table de ~** mesilla de noche

cheveu, x [ʃ(ə)vø] NM pelo, cabello ▪ **cheveux** NMPL (*chevelure*) pelo *msg*; **se faire couper les cheveux** cortarse el pelo; **avoir les cheveux courts/en brosse** tener el pelo corto/de punta; **tiré par les cheveux** (*histoire*) inverosímil; **cheveux d'ange** (*vermicelles*) cabello *msg* de ángel; (*décoration*) *pelusa plateada para árboles de Navidad*

cheville [ʃ(ə)vij] NF (*Anat*) tobillo; (*de bois*) clavija, tarugo; (*pour enfoncer une vis*) clavija; **être en ~ avec qn** tener relación con algn; **~ ouvrière** (*Auto*) clavija maestra; (*fig*) alma

chèvre [ʃɛvʀ] NF cabra; **ménager la ~ et le chou** saber nadar y guardar la ropa ▸ NM queso de cabra

chevreau, x [ʃəvʀo] NM (*Zool*) cabrito, chivo; (*peau*) cabritilla

chèvrefeuille [ʃɛvʀəfœj] NM madreselva

chevreuil [ʃəvʀœj] NM corzo

chevron [ʃəvʀɔ̃] NM (*poutre*) cabrio; (*galon*) galón *m*; (*motif*) espiga, espiguilla; **à chevrons** de espiguilla

chevronné, e [ʃəvʀɔne] ADJ veterano(-a)

chevrotant, e [ʃəvʀɔtɑ̃, ɑ̃t] ADJ trémulo(-a)

chevroter [ʃəvʀɔte] VI (*personne*) hablar con voz temblorosa; (*voix*) temblar

chevrotine [ʃəvʀɔtin] NF perdigón *m*

chewing-gum [ʃwiŋgɔm] (*pl* **chewing-gums**) NM chicle *m*

chez [ʃe] PRÉP (*à la demeure de*) en casa de; (*direction*) a casa de; (*auprès de, parmi*) entre; **~-moi/~-soi/~-toi** casa; **~ qn** en casa de algn; **~ moi** (*à la maison*) en mi casa; (*direction*) a mi casa; **~ Racine** en Racine; **~ ce poète** en este poeta; **~ les Français/les renards** entre los franceses/los zorros; **~ lui c'est un devoir** es un deber en él; **aller ~ le boulanger/le dentiste** ir a la panadería/al dentista; **il travaille ~ Renault** trabaja en la Renault

chf. cent. ABR (= *chauffage central*) cal. cen. (= *calefacción central*)

chiader [ʃjade] (*fam*) VT : **tu l'as chiadé, ton dessin** el dibujo te ha quedado hecho una virguería

chialer [ʃjale] (*fam*) VI lloriquear

chiant, e [ʃjɑ̃, ʃjɑ̃t] (*fam*) ADJ : **c'est ~ !** ¡qué paliza!; **t'es ~ !** ¡qué paliza eres!

chic [ʃik] ADJ (*élégant*) elegante; (*de la bonne société*) distinguido(-a); (*généreux*) amable; **faire qch de ~** ser generoso(-a) al hacer algo; **c'était ~ de sa part** ha sido muy amable de su parte ▸ NM (*élégance*) elegancia; **avoir le ~ pour** tener el don de; **~ !** ¡estupendo!

chicane [ʃikan] NF (*obstacle*) : **chicanes** obstáculos *mpl* en zigzag; (*querelle*) pleito

chicaner [ʃikane] VI : **~ sur** ser quisquilloso(-a) con

chiche[1] [ʃiʃ] ADJ tacaño(-a)

chiche[2] [ʃiʃ] EXCL (*en réponse à un défi*) ¡a que sí!; **tu n'es pas ~ de lui parler !** ¡a que no te atreves a hablarle!

chichement [ʃiʃmɑ̃] ADV miserablemente; (*mesquinement*) con tacañería

chichis [ʃiʃi] NMPL : **faire des ~** hacer cursilerías

chicorée [ʃikɔʀe] NF achicoria; **~ frisée** escarola

chicot [ʃiko] NM raigón *m*

chien [ʃjɛ̃] NM perro; (*de pistolet*) gatillo; **temps de ~** tiempo de perros; **vie de ~** vida perra; **en ~ de fusil** hecho(-a) un ovillo; **entre ~ et loup** entre dos luces; **~ d'aveugle** perro lazarillo; **~ de chasse/de garde** perro de caza/guardián; **~ de traîneau/de race** perro esquimal/de raza; **~ policier** perro policía

chiendent [ʃjɛ̃dɑ̃] NM grama

chien-loup [ʃjɛ̃lu] (*pl* **chiens-loups**) NM perro lobo

chienne [ʃjɛn] NF perra

chier [ʃje] (*fam !*) VI cagar (*fam !*); **faire ~ qn** (*importuner*) dar el coñazo a algn (*fam !*); (*causer des ennuis à*) joder a algn (*fam !*); **se faire ~** (*s'ennuyer*) amuermarse

chiffe [ʃif] NF : **il est mou comme une ~, c'est une ~ molle** (*fig*) es débil de carácter, no tiene personalidad

chiffon [ʃifɔ̃] NM trapo

chiffonné, e [ʃifɔne] ADJ (*visage*) cansado(-a)

chiffonner [ʃifɔne] VT arrugar; (*tracasser*) inquietar

chiffonnier [ʃifɔnje] NM trapero; (*meuble*) *mueble con cajones para guardar trapos, joyas etc*

chiffrable [ʃifʀabl] ADJ calculable

chiffre [ʃifʀ] NM cifra; (*montant, total*) total *m*; **en chiffres ronds** en números redondos; **écrire un nombre en chiffres** escribir un número en cifras; **chiffres arabes/ romains** números *mpl* arábigos/romanos; **~ d'affaires** cifra de negocios; **~ de ventes** cifra de ventas

chiffrer [ʃifʀe] VT (*dépense*) calcular; (*message*) cifrar ▸VI : **~ à** ascender a ■ **se chiffrer à** VPR ascender a

chignole [ʃiɲɔl] NF taladradora de mano

chignon [ʃiɲɔ̃] NM moño

chiite [ʃiit] ADJ chiíta

Chili [ʃili] NM Chile *m*

chilien, ne [ʃiljɛ̃, jɛn] ADJ chileno(-a) ▸NM/F : **Chilien, ne** chileno(-a)

chimère [ʃimɛʀ] NF quimera

chimérique [ʃimeʀik] ADJ quimérico(-a)

chimie [ʃimi] NF química

chimio [ʃimjo] NF *voir* **chimiothérapie**

chimiothérapie [ʃimjoteʀapi] NF quimioterapia

chimique [ʃimik] ADJ químico(-a); **produits chimiques** productos *mpl* químicos

chimiste [ʃimist] NMF químico(-a)

chimpanzé [ʃɛ̃pɑ̃ze] NM chimpancé *m*

chinchilla [ʃɛ̃ʃila] NM chinchilla

Chine [ʃin] NF China; **la République populaire de ~** la República Popular de China

chine [ʃin] NM papel *m* de China; (*porcelaine*) porcelana china ▸NF (*brocante*) chamarileo

chiné, e [ʃine] ADJ de varios colores

chiner [ʃine] VT teñir de varios colores ▸VI chamarilear

chinois, e [ʃinwa, waz] ADJ chino(-a) ▸NM (*Ling*) chino ▸NM/F : **Chinois, e** chino(-a)

chinoiserie, chinoiseries [ʃinwazʀi] (*péj*) NF (*gén pl*) tabarra

chiot [ʃjo] NM cachorro (de perro)

chiper [ʃipe] (*fam*) VT birlar, mangar

chipie [ʃipi] NF bruja

chipolata [ʃipɔlata] NF chipolata

chipoter [ʃipɔte] VI (*manger*) comiscar, picotear; (*ergoter*) discutir por nimiedades; (*marchander*) regatear

chips [ʃips] NFPL (*aussi* : **pommes chips**) patatas *fpl* fritas *ou* chips

chique [ʃik] NF mascada

chiquenaude [ʃiknod] NF papirotazo, papirotada

chiquer [ʃike] VI, VT mascar

chiromancie [kiʀɔmɑ̃si] NF quiromancia

chiromancien, ne [kiʀɔmɑ̃sjɛ̃, jɛn] NM/F quiromántico(-a)

chiropracteur [kiʀɔpʀaktœʀ] NM *voir* **chiropraticien**

chiropraticien, ne [kiʀɔpʀatisjɛ̃, jɛn] NM/F quiropráctico(-a)

chirurgical, e, -aux [ʃiʀyʀʒikal, o] ADJ quirúrgico(-a)

chirurgie [ʃiʀyʀʒi] NF cirugía; **~ esthétique** cirugía estética

chirurgien, ne [ʃiʀyʀʒjɛ̃, jɛn] NM/F cirujano(-a); **~ dentiste** dentista *mf*, odontólogo(-a)

chiure [ʃjyʀ] NF : **chiures de mouche** cagadas *fpl* de mosca

ch.-l. ABR = **chef-lieu**

chlore [klɔʀ] NM cloro

chloroforme [klɔʀɔfɔʀm] NM cloroformo

chlorophylle [klɔʀɔfil] NF clorofila

chlorure [klɔʀyʀ] NM cloruro

choc [ʃɔk] NM choque *m*; **de ~** de choque; **en état de ~** en estado de choque; **~ en retour** (*fig*) choque de rechazo; **~ nerveux** ataque *m* de nervios; **~ opératoire** choque operatorio ▸ADJ : **prix ~** precio de ganga

chocolat [ʃɔkɔla] NM chocolate *m*; (*bonbon*) bombón *m*; **~ à croquer** chocolate negro; **~ à cuire** chocolate a la taza; **~ au lait** chocolate con leche; **~ en poudre** chocolate en polvo

chocolaté, e [ʃɔkɔlate] ADJ con chocolate

chocolaterie [ʃɔkɔlatʀi] NF chocolatería

chocolatier, -ière [ʃɔkɔlatje, jɛʀ] NM/F chocolatero(-a)

chœur [kœʀ] NM coro; **en ~** a coro

choir [ʃwaʀ] VI : **laisser ~** abandonar

choisi, e [ʃwazi] ADJ (*de premier choix*) escogido(-a), selecto(-a); **textes choisis** (*d'anthologie*) textos *mpl* escogidos

choisir [ʃwaziʀ] VT escoger, elegir; (*candidat*) elegir; **~ de faire qch** elegir hacer algo

choix [ʃwa] NM elección *f*; (*assortiment*) selección *f*, surtido; **avoir le ~ de/entre** tener la opción de/entre; **de premier ~** (*Comm*) de primera calidad; **je n'avais pas le ~** no tenía opción; **de ~** escogido(-a), de calidad; **au ~** a escoger; **de mon/son ~** por mi/su gusto; **tu peux partir ou rester, tu as le ~** te vas o te quedas, tú eliges

choléra [kɔleʀa] NM cólera *m*

cholestérol [kɔlɛsteʀɔl] NM colesterol *m*

chômage [ʃomaʒ] NM paro, cesantía (AM); **mettre au ~** dejar en el paro; **être au ~** estar en paro; **~ partiel/structurel/technique** paro parcial/estructural/técnico

chômé, e [ʃome] ADJ : **jour ~** día *m* festivo

chômer [ʃome] VI (*travailleur, équipements*) estar en paro forzoso

chômeur, -euse [ʃomœʀ, øz] NM/F parado(-a)

chope [ʃɔp] NF jarra

choper [ʃɔpe] (*fam*) VT (*attraper* : *maladie*) pillar (*fam*); (*dérober*) mangar (*fam*)

choquant, e [ʃɔkɑ̃, ɑ̃t] ADJ chocante

choquer [ʃɔke] VT chocar; (*commotionner*) conmocionar

choral, e [kɔʀal] (*pl* **-als** *ou* **-aux**) ADJ coral ▸NM coral *m*

chorale [kɔʀal] NF coral *f*

C

chorégraphe [kɔʀegʀaf] NMF coreógrafo(-a)
chorégraphie [kɔʀegʀafi] NF coreografía
choriste [kɔʀist] NMF corista *mf*
chorus [kɔʀys] NM : **faire ~ (avec)** hacer coro (con)
chose [ʃoz] NF cosa; **dire bien des choses à qn** dar muchos recuerdos a algn; **faire bien les choses** hacer las cosas bien; **parler de choses et d'autres** hablar un poco de todo; **c'est peu de ~** es poca cosa ▸ NM (*fam* : *machin*) cosa ▪ **choses** NFPL (*situation*) cosas *fpl* ▸ ADJ INV : **être/se sentir tout ~** (*fam* : *bizarre*) estar/sentirse raro(-a); (*malade*) estar/sentirse mal
chou, x [ʃu] NM col *f*, berza; **mon petit ~** tesoro mío, amor mío, mi negro (AM); **faire ~ blanc** errar el tiro; **bout de ~** niñito(-a); **~ (à la crème)** pastelillo (de crema); **~ de Bruxelles** col de Bruselas ▸ ADJ INV mono(-a), encantador(a)
choucas [ʃuka] NM chova
chouchou, te [ʃuʃu, ut] (*fam*) NM/F preferido(-a)
chouchouter [ʃuʃute] (*fam*) VT mimar
choucroute [ʃukʀut] NF chucrut *m*
chouette [ʃwɛt] NF lechuza ▸ ADJ (*fam*) guay, estupendo(-a); **~ !** ¡qué guay!
chou-fleur [ʃuflœʀ] (*pl* **choux-fleurs**) NM coliflor *f*
chou-rave [ʃuʀav] (*pl* **choux-raves**) NM colinabo
chouraver [ʃuʀave] (*fam*) VT mangar (*fam*)
choyer [ʃwaje] VT mimar
CHR [seaʃɛʀ] SIGLE M (= *centre hospitalier régional*) *hospital regional*
chrétien, ne [kʀetjɛ̃, jɛn] ADJ, NM/F cristiano(-a)
chrétiennement [kʀetjɛnmɑ̃] ADV cristianamente
chrétienté [kʀetjɛ̃te] NF cristiandad *f*
Christ [kʀist] NM : **le ~** el Cristo; **un christ** (*crucifix, peinture*) un cristo; **Jésus ~** Jesucristo
christianiser [kʀistjanize] VT cristianizar
christianisme [kʀistjanism] NM cristianismo
chromatique [kʀɔmatik] ADJ cromático(-a)
chrome [kʀom] NM cromo
chromé, e [kʀome] ADJ cromado(-a)
chromosome [kʀomozom] NM cromosoma *m*
chronique [kʀɔnik] ADJ crónico(-a) ▸ NF crónica; **la ~ locale** la crónica local; **la ~ sportive/théâtrale** la crónica deportiva/teatral
chroniqueur [kʀɔnikœʀ] NM cronista *mf*
chrono [kʀɔnɔ] NM = **chronomètre**
chronologie [kʀɔnɔlɔʒi] NF cronología
chronologique [kʀɔnɔlɔʒik] ADJ cronológico(-a); **tableau ~** cuadro cronológico
chronologiquement [kʀɔnɔlɔʒikmɑ̃] ADV cronológicamente
chronomètre [kʀɔnɔmɛtʀ] NM cronómetro
chronométrer [kʀɔnɔmetʀe] VT cronometrar
chronométreur [kʀɔnɔmetʀœʀ] NM cronometrador *m*
chrysalide [kʀizalid] NF crisálida
chrysanthème [kʀizɑ̃tɛm] NM crisantemo
chtarbé, e [ʃtaʀbe] (*fam*) ADJ chalado(-a) (*fam*)
CHU [seaʃy] SIGLE M (= *centre hospitalo-universitaire*) *hospital universitario*
chuchotement [ʃyʃɔtmɑ̃] NM cuchicheo
chuchoter [ʃyʃɔte] VT, VI cuchichear
chuintement [ʃɥɛ̃tmɑ̃] NM sonido silbante
chuinter [ʃɥɛ̃te] VI silbar
chut [ʃyt] EXCL ¡chitón!
chute [ʃyt] NF (*aussi fig*) caída; (*de papier*) recorte *m*; (*de tissu*) retal *m*; **la ~ des cheveux** la caída del cabello; **faire une ~ (de 10 mètres)** caerse (10 metros); **~ (d'eau)** salto de agua; **~ de reins** rabadilla; **~ libre** caída libre; **chutes de neige** nevadas *fpl*
chuter [ʃyte] VI (*ventes, croissance, popularité*) caer; (*tomber par terre*) caer(se); **faire ~** (*gouvernement*) derrocar, derribar; (*équipe championne*) destronar; **faire ~ les cours** hacer caer los precios; **~ dans les sondages** caer en las encuestas
Chypre [ʃipʀ] N Chipre *f*
chypriote [ʃipʀiɔt] ADJ, NMF = **cypriote**
ci [si] ADV : **ce garçon/cet homme-ci** este chico/este hombre; **ces hommes/femmes-ci** estos hombres/estas mujeres; *voir aussi* **par** ; **comme** ; **ci-contre** *etc*
CIA [seia] SIGLE F CIA *f*
ciao [tʃao] (*fam*) EXCL ¡chao!
ci-après [siapʀɛ] ADV a continuación
cibiste [sibist] NM radioaficionado
cible [sibl] NF (*aussi fig*) blanco; **atteindre sa ~** (*sujet missile, tireur*) dar en el blanco; (*fig*) alcanzar su objetivo
cibler [sible] VT dirigirse a, poner la mira en
ciboire [sibwaʀ] NM copón *m*
ciboule [sibul] NF cebollino
ciboulette [sibulɛt] NF cebolleta
ciboulot [sibulo] (*fam*) NM chola
cicatrice [sikatʀis] NF cicatriz *f*
cicatriser [sikatʀize] VI, VT cicatrizar ▪ **se cicatriser** VPR cicatrizarse
ci-contre [sikɔ̃tʀ] ADV al lado
ci-dessous [sidəsu] ADV más abajo
ci-dessus [sidəsy] ADV arriba
ci-devant [sidəvɑ̃] NMF INV (*Hist*) noble *mf* (*nombre que recibían durante la revolución francesa*)
CIDJ [seideʒi] SIGLE M (= *Centre d'information et de documentation de la jeunesse*) Centro de Información y Documentación Juvenil
cidre [sidʀ] NM sidra
cidrerie [sidʀəʀi] NF sidrería

Cie ABR (= *compagnie*) Cía (= *compañía*)
ciel [sjɛl] (*pl* **ciels** *ou littér* **cieux**) NM cielo; **à ~ ouvert** a cielo abierto; **tomber du ~** (*arriver à l'improviste*) venir como caído del cielo; (*être stupéfait*) caer de las nubes; **~ !** ¡cielos!; **~ de lit** dosel *m* ▪ **cieux** NMPL (*Rel*) cielos *mpl*; **sous d'autres cieux** en otros lugares
cierge [sjɛʀʒ] NM cirio; **~ pascal** cirio pascual
cieux [sjø] NMPL *voir* **ciel**
cigale [sigal] NF cigarra
cigare [sigaʀ] NM cigarro, puro
cigarette [sigaʀɛt] NF cigarrillo; **~ (à) bout filtre** cigarrillo con filtro; **~ électronique** cigarrillo electrónico
ci-gît [siʒi] ADV + *vb* aquí yace
cigogne [sigɔɲ] NF cigüeña
ciguë [sigy] NF cicuta
ci-inclus, e [siɛ̃kly, yz] ADJ incluso(-a) ▸ ADV incluso
ci-joint, e [siʒwɛ̃, ɛ̃t] ADJ adjunto(-a) ▸ ADV adjunto; **veuillez trouver ~ ...** encontrará adjunto ...
cil [sil] NM pestaña
ciller [sije] VI pestañear, parpadear
cimaise [simɛz] NF gola, cimacio
cime [sim] NF cima
ciment [simɑ̃] NM cemento; **~ armé** cemento armado
cimenter [simɑ̃te] VT cimentar; (*fig*) cimentar, afirmar
cimenterie [simɑ̃tʀi] NF fábrica de cemento
cimetière [simtjɛʀ] NM cementerio, camposanto; **~ de voitures** cementerio de coches
cinéaste [sineast] NMF cineasta *mf*
ciné-club [sineklœb] (*pl* **ciné-clubs**) NM cineclub *m*
cinéma [sinema] NM cine *m*; **aller au ~** ir al cine; **~ d'animation** cine de animación
cinémascope® [sinemaskɔp] NM cinemascope® *m*
cinémathèque [sinematɛk] NF cinemateca
cinématographie [sinematɔgʀafi] NF cinematografía
cinématographique [sinematɔgʀafik] ADJ cinematográfico(-a)
cinéphile [sinefil] NMF cinéfilo(-a)
cinétique [sinetik] ADJ cinético(-a)
cingalais, e, cinghalais, e [sɛ̃galɛ, ɛz] ADJ cingalés(-esa) ▸ NM (*Ling*) cingalés *m* ▸ NM/F : **Cing(h)alais, e** cingalés(-esa)
cinglant, e [sɛ̃glɑ̃, ɑ̃t] ADJ (*froid, vent*) azotador(a); (*propos, ironie*) mordaz; (*échec*) estrepitoso(-a)
cinglé, e [sɛ̃gle] (*fam*) ADJ chiflado(-a)
cingler [sɛ̃gle] VT azotar; (*suj : insulte etc*) fustigar ▸ VI (*Naut*) : **~ vers** singlar hacia
cinq [sɛ̃k] ADJ INV, NM INV cinco *inv*; **avoir ~ ans** tener cinco años; **le ~ décembre** el cinco de diciembre; **à ~ heures** a las cinco; **nous sommes ~** somos cinco
cinquantaine [sɛ̃kɑ̃tɛn] NF : **une ~ (de)** una cincuentena (de); **avoir la ~** estar en la cincuentena
cinquante [sɛ̃kɑ̃t] ADJ INV, NM INV cincuenta *inv*; *voir aussi* **cinq**
cinquantenaire [sɛ̃kɑ̃tnɛʀ] ADJ cincuentenario(-a) ▸ NM (*anniversaire*) cincuentenario
cinquantième [sɛ̃kɑ̃tjɛm] ADJ, NMF quincuagésimo(-a); **son ~ anniversaire** su cincuenta cumpleaños ▸ NM (*partitif*) cincuentavo; **vous êtes le ~** Usted es el (número) cincuenta
cinquième [sɛ̃kjɛm] ADJ, NMF quinto(-a); **trois cinquièmes** tres quintos; **un ~ de la population** un quinto de la población ▸ NM quinto ▸ NF (*Auto*) quinta; (*Scol*) *segundo año de educación secundaria en el sistema francés*
cinquièmement [sɛ̃kjɛmmɑ̃] ADV en quinto lugar
cintre [sɛ̃tʀ] NM percha; **plein ~** (*Archit*) medio punto
cintré, e [sɛ̃tʀe] ADJ (*chemise*) entallado(-a); (*porte, fenêtre*) con cimbra
CIO [seio] SIGLE M (= *centre d'information et d'orientation*) centro de orientación profesional; (= *Comité international olympique*) COI *m* (= *Comité Olímpico Internacional*)
cirage [siʀaʒ] NM betún *m*
circoncire [siʀkɔ̃siʀ] VT circuncidar
circoncis [siʀkɔ̃si] ADJ M circunciso
circoncision [siʀkɔ̃sizjɔ̃] NF circuncisión *f*
circonférence [siʀkɔ̃feʀɑ̃s] NF circunferencia
circonflexe [siʀkɔ̃flɛks] ADJ : **accent ~** acento circunflejo
circonlocution [siʀkɔ̃lɔkysjɔ̃] NF (*gén pl*) circunloquio
circonscription [siʀkɔ̃skʀipsjɔ̃] NF : **~ électorale** circunscripción *f* electoral
circonscrire [siʀkɔ̃skʀiʀ] VT (*incendie*) circunscribir; (*propriété*) delimitar
circonspect, e [siʀkɔ̃spɛ(kt), ɛkt] ADJ circunspecto(-a)
circonspection [siʀkɔ̃spɛksjɔ̃] NF circunspección *f*
circonstance [siʀkɔ̃stɑ̃s] NF circunstancia; **œuvre/air/tête de ~** obra/aspecto/cara de circunstancias; **circonstances atténuantes** circunstancias *fpl* atenuantes
circonstancié, e [siʀkɔ̃stɑ̃sje] ADJ detallado(-a)
circonstanciel, le [siʀkɔ̃stɑ̃sjɛl] ADJ (*Ling*) circunstancial
circonvenir [siʀkɔ̃v(ə)niʀ] VT embaucar
circonvolutions [siʀkɔ̃vɔlysjɔ̃] NFPL circunvoluciones *fpl*
circuit [siʀkɥi] NM circuito; **~ automobile** cir-

C

cuito automovilístico; **~ de distribution** circuito de distribución; **~ fermé/intégré** circuito cerrado/integrado

circulaire [siʀkylɛʀ] ADJ, NF circular *f*

circulation [siʀkylasjɔ̃] NF circulación *f*; **bonne/mauvaise ~** (*du sang*) buena/mala circulación; **la ~** (*Auto*) la circulación, el tráfico; **il y a beaucoup de ~** hay mucho tráfico; **mettre en ~** poner en circulación

circulatoire [siʀkylatwaʀ] ADJ : **avoir des troubles circulatoires** tener problemas circulatorios

circuler [siʀkyle] VI circular; **faire ~** hacer circular

cire [siʀ] NF cera; **~ à cacheter** lacre *m*

ciré, e [siʀe] ADJ encerado(-a) ▸ NM impermeable *m*

cirer [siʀe] VT (*chaussures*) embetunar; (*parquet*) encerar

cireur, -euse [siʀœʀ, øz] NM/F limpiabotas *mf inv*

cireuse [siʀøz] NF (*appareil*) enceradora

cireux, -euse [siʀø, øz] ADJ (*teint*) ceroso(-a)

cirque [siʀk] NM circo; (*désordre*) desbarajuste *m*

cirrhose [siʀoz] NF : **~ du foie** cirrosis *f* (hepática)

cisaille [sizɑj] NF cizalla

cisailler [sizɑje] VT cizallar

cisailles [sizɑj] NFPL cizalla

ciseau, x [sizo] NM : **~ (à bois)** escoplo ■ **ciseaux** NMPL (*gén, de tailleur*) tijeras *fpl*; **saut en ciseaux** salto de tijeras

ciseler [siz(ə)le] VT cincelar

ciselure [siz(ə)lyʀ] NF cinceladura, cincelado

Cisjordanie [sisʒɔʀdani] NF Cisjordania

citadelle [sitadɛl] NF (*aussi fig*) ciudadela

citadin, e [sitadɛ̃, in] NM/F, ADJ ciudadano(-a)

citation [sitasjɔ̃] NF (*d'auteur*) cita; (*Jur*) citación *f*; (*Mil*) mención *f*

cité [site] NF ciudad *f*; **~ ouvrière** ciudad obrera; **~ universitaire** ciudad universitaria

cité-dortoir [sitedɔʀtwaʀ] (*pl* **cités-dortoirs**) NF ciudad *f* dormitorio

cité-jardin [siteʒaʀdɛ̃] (*pl* **cités-jardins**) NF ciudad *f* jardín

citer [site] VT citar; (*nommer*) citar, mencionar; **~ en exemple** (*personne*) poner como ejemplo; **je ne veux ~ personne** no quiero nombrar a nadie

citerne [sitɛʀn] NF cisterna

cithare [sitaʀ] NF cítara

citoyen, ne [sitwajɛ̃, jɛn] NM/F ciudadano(-a) ▸ ADJ (*mouvement, rencontre, projet*) ciudadano(-a)

citoyenneté [sitwajɛnte] NF ciudadanía; **éducation à la ~** educación *f* para la ciudadanía

citrique [sitʀik] ADJ : **acide ~** ácido cítrico

citron [sitʀɔ̃] NM limón *m*; **~ pressé** (*boisson*) limonada; **~ vert** lima

citronnade [sitʀɔnad] NF limonada

citronné, e [sitʀɔne] ADJ (*boisson*) con limón; (*eau de toilette*) al limón

citronnelle [sitʀɔnɛl] NF toronjil *m*

citronnier [sitʀɔnje] NM limonero

citrouille [sitʀuj] NF calabaza

cive [siv] NF cebolleta

civet [sivɛ] NM (*de lièvre, de chevreuil*) civet *m*; **~ de lièvre** civet de liebre

civette [sivɛt] NF (*Bot, Culin*) = **cive(s)**; (*Zool*) gato de algalia

civière [sivjɛʀ] NF camilla

civil, e [sivil] ADJ civil; (*poli*) cortés; **habillé en ~** vestido de paisano *ou* de civil; **mariage/enterrement ~** matrimonio/entierro civil ▸ NM civil *m*; **dans le ~** en la vida civil

civilement [sivilmɑ̃] ADV cortésmente; **se marier ~** casarse por lo civil

civilisation [sivilizasjɔ̃] NF civilización *f*

civilisé, e [sivilize] ADJ civilizado(-a)

civiliser [sivilize] VT civilizar

civilité [sivilite] NF cortesía; **présenter ses civilités** presentar sus respetos

civique [sivik] ADJ cívico(-a); **instruction ~** educación *f* cívica

civisme [sivism] NM civismo

cl ABR (= *centilitre(s)*) cl. (= *centilitro(s)*)

clafoutis [klafuti] NM pastel *m* de cerezas

claie [klɛ] NF (*de fruit, fromage*) enrejado, encañizado; (*crible*) rejilla de tamizar

clair, e [klɛʀ] ADJ (*aussi fig*) claro(-a); (*sauce, soupe*) flojo(-a); **pour être ~** para ser claro(-a); **bleu/rouge ~** azul/rojo claro; **par temps ~** en un día claro ▸ ADV : **voir ~** ver claro; **y voir ~** (*comprendre*) verlo claro; **tirer qch au ~** sacar algo en claro; **il ne voit plus très ~** ya no ve con mucha claridad; **mettre au ~** (*notes etc*) poner en limpio, pasar a limpio ▸ NM : **~ de lune** claro de luna; **le plus ~ de son temps/argent** la mayor parte de su tiempo/dinero; **en ~** (*TV : non crypté*) en abierto; (*c'est-à-dire*) claramente, es decir

claire [klɛʀ] NF : **(huître de) ~** ostra de criadero

clairement [klɛʀmɑ̃] ADV claramente

claire-voie [klɛʀvwa] (*pl* **claires-voies**) NF : **à ~** (*porte, fenêtre*) enrejado(-a); (*volets, caisse*) con aberturas

clairière [klɛʀjɛʀ] NF claro, calvero

clair-obscur [klɛʀɔpskyʀ] (*pl* **clairs-obscurs**) NM claroscuro

clairon [klɛʀɔ̃] NM clarín *m*

claironner [klɛʀɔne] VT (*fig*) pregonar, vocear

clairsemé, e [klɛʀsəme] ADJ (*cheveux, herbe*) ralo(-a), escaso(-a); (*maisons*) esparcido(-a)

clairvoyance [klɛʀvwajɑ̃s] NF clarividencia

clairvoyant, e [klɛʀvwajɑ̃, ɑ̃t] ADJ (*perspicace*)

clarividente; *(doué de vision)* vidente
clam [klam] NM *especie de almeja grande*
clamer [klame] VT clamar
clameur [klamœʀ] NF clamor *m*
clan [klɑ̃] NM clan *m*
clandestin, e [klɑ̃dɛstɛ̃, in] ADJ clandestino(-a); **passager ~** polizón *m*; **immigration clandestine** inmigración *f* clandestina
clandestinement [klɑ̃dɛstinmɑ̃] ADV clandestinamente
clandestinité [klɑ̃dɛstinite] NF : **dans la ~** en la clandestinidad; **entrer dans la ~** entrar en la clandestinidad
clapet [klapɛ] NM válvula
clapier [klapje] NM conejera, madriguera
clapotement [klapɔtmɑ̃] NM chapoteo
clapoter [klapɔte] VI chapotear
clapotis [klapɔti] NM chapoteo
claquage [klakaʒ] NM distensión *f*, tirón *m*
claque [klak] NF bofetada; **la ~** *(Théâtre)* la claque ▶ NM *(chapeau)* clac *m*
claqué, e [klake] *(fam)* ADJ *(épuisé)* reventado(-a), molido(-a)
claquement [klakmɑ̃] NM *(de porte)* portazo
claquemurer [klakmyʀe] : **se claquemurer** VPR encerrarse en casa
claquer [klake] VI *(coup de feu)* sonar; *(porte)* golpear; **elle claquait des dents** le castañeteaban los dientes; **~ des doigts** chasquear los dedos ▶ VT *(gifler)* abofetear; *(fam : épuiser)* reventar; **~ la porte** dar un portazo ■ **se claquer** VPR : **se ~ un muscle** distenderse un músculo
claquettes [klakɛt] NFPL claquetas *fpl*
clarification [klaʀifikasjɔ̃] NF *(fig)* aclaración *f*
clarifier [klaʀifje] VT *(fig)* aclarar
clarinette [klaʀinɛt] NF clarinete *m*
clarinettiste [klaʀinetist] NMF clarinetista *mf*
clarté [klaʀte] NF claridad *f*; **manquer de ~** ser confuso(-a)
clash [klaʃ] NM enfrentamiento, disputa
clasher [klaʃe] *(fam)* VT despotricar de; **il a clashé son ex-copine sur Twitter** ha despotricado de su ex novia en Twitter ▶ VI *(personnes)* enfrentarse, pelearse; *(fam)* armarse la gorda; **ça va ~** se va a armar la gorda
classe [klɑs] NF *(aussi fig)* clase *f*; *(local)* clase, aula; **un (soldat de) deuxième ~** un soldado raso; **1re/2e ~** 1a/2a clase; **de ~** *(de qualité)* de clase, de calidad; **faire la ~** dar clase; **aller en ~** ir a clase; **faire ses classes** *(Mil)* hacer la instrucción; **aller en ~ verte/de neige/de mer** ir al campo/a la nieve/a la playa con la escuela; **~ dirigeante** clase dirigente; **~ grammaticale** clase *ou* categoría gramatical; **~ ouvrière/sociale/touriste** clase obrera/social/turista; **classes préparatoires** *ver nota*

Las **classes préparatoires** o *classes prépas* consisten en dos años de estudios intensivos en los que los estudiantes se preparan para los exámenes de acceso a las *grandes écoles*. Estos cursos, que presentan gran dificultad, son una continuación del *baccalauréat* y se hacen normalmente en un *lycée*. Se considera que los institutos que imparten estas clases son más prestigiosos que el resto.

classement [klɑsmɑ̃] NM clasificación *f*; **premier au ~ général** primero en la clasificación general
classer [klɑse] VT clasificar; *(personne : péj)* encasillar; *(Jur)* archivar, cerrar; **se ~ premier/dernier** clasificarse el primero/el último
classeur [klɑsœʀ] NM *(cahier)* clasificador *m*; *(meuble)* archivador *m*; **~ (à anneaux)** carpeta (de anillas)
classification [klasifikasjɔ̃] NF clasificación *f*
classifier [klasifje] VT clasificar
classique [klasik] ADJ clásico(-a); *(habituel)* típico(-a); **études classiques** estudios *mpl* clásicos ▶ NM *(œuvre, auteur)* clásico
claudication [klodikasjɔ̃] NF claudicación *f*
clause [kloz] NF cláusula
claustrer [klostʀe] VT enclaustrar
claustrophobie [klostʀɔfɔbi] NF claustrofobia
clavecin [klav(ə)sɛ̃] NM clavicordio, clavecín *m*
claveciniste [klav(ə)sinist] NMF clavicordista *mf*
clavicule [klavikyl] NF clavícula
clavier [klavje] NM teclado
clé [kle] NF llave *f*; *(de boîte de conserves)* abrelatas *m inv*, abridor *m*; *(fig)* clave *f*; **mettre sous ~** poner bajo llave; **prendre la ~ des champs** tomar las de Villadiego; **roman à ~** *novela en la que personas reales aparecen como personajes de ficción*; **à la ~** *(à la fin)* al final; **prix clés en main** precio llave en mano; **~ à molette** *ou* **~ anglaise** llave inglesa; **~ d'ut/de fa/de sol** clave de do/de fa/de sol; **~ de contact** llave de contacto; **~ de voûte** piedra angular; **~ USB** memoria USB, llave USB ▶ ADJ : **problème/position ~** problema *m*/posición *f* clave
clef [kle] NF = **clé**
clématite [klematit] NF clemátide *f*
clémence [klemɑ̃s] NF clemencia
clément, e [klemɑ̃, ɑ̃t] ADJ *(temps)* suave; *(personne)* clemente
clémentine [klemɑ̃tin] NF clementina
cleptomane [klɛptɔman] NMF = **kleptomane**
clerc [klɛʀ] NM : **~ de notaire** *ou* **d'avoué** pasante *mf* de notario *ou* de abogado
clergé [klɛʀʒe] NM clero
clérical, e, -aux [kleʀikal, o] ADJ clerical
clic [klik] NM clic *m*; **en un ~** en un solo clic
cliché [kliʃe] NM cliché *m*; *(Ling)* tópico, cliché

client, e [klijɑ̃, klijɑ̃t] NM/F cliente(-a)
clientèle [klijɑ̃tɛl] NF clientela; **accorder/ retirer sa ~ à** hacerse/dejar de ser cliente(-a) de
cligner [kliɲe] VI : **~ des yeux** (*rapidement*) parpadear; (*fermer à demi*) entornar los ojos; **~ de l'œil** guiñar (el ojo)
clignotant, e [kliɲɔtɑ̃, ɑ̃t] ADJ intermitente ▸ NM (*Auto*) intermitente *m*, direccional *m* (*AM*); (*indice de danger*) señal *f* de peligro
clignoter [kliɲɔte] VI (*lumière*) parpadear; (*yeux*) parpadear, pestañear
climat [klima] NM clima *m*; (*fig*) clima, ambiente *m*
climatique [klimatik] ADJ climático(-a)
climatisation [klimatizasjɔ̃] NF climatización *f*
climatisé, e [klimatize] ADJ climatizado(-a)
climatiser [klimatize] VT climatizar
climatiseur [klimatizœʀ] NM climatizador *m*
clin d'œil [klɛ̃dœj] NM guiño; **en un ~** en un abrir y cerrar de ojos
clinique [klinik] ADJ clínico(-a) ▸ NF clínica
cliniquement [klinikmɑ̃] ADV clínicamente
clinquant, e [klɛ̃kɑ̃, ɑ̃t] ADJ chillón(-ona), de relumbrón
clip [klip] NM clip *m*
clique [klik] NF (*péj : bande*) pandilla; **prendre ses cliques et ses claques** (*fam*) liar el petate
cliquer [klike] VI (*Inform*) clicar; **~ deux fois** clicar dos veces
cliquet [klikɛ] NM trinquete *m*
cliqueter [klik(ə)te] VI tintinear; (*Auto*) picar
cliquetis [klik(ə)ti] NM tintineo
clitoris [klitɔʀis] NM clítoris *m inv*
clivage [klivaʒ] NM (*Géo*) crucero; (*fig*) divergencia, discrepancia
clivant, e [klivɑ̃, ɑ̃t] ADJ (*sujet, personnalité*) divisivo(-a)
cloaque [klɔak] NM cloaca
clochard, e [klɔʃaʀ, aʀd] NM/F mendigo(-a)
cloche [klɔʃ] NF (*d'église*) campana; (*fam : niais*) tonto(-a); (*: les clochards*) los mendigos; (*chapeau*) sombrero de campana; **se faire sonner les cloches** (*fam*) recibir un rapapolvo; **~ à fromage** quesera
cloche-pied [klɔʃpje] : **à ~** *adv* a la pata coja
clocher [klɔʃe] NM campanario; **de ~** (*péj*) de pueblo ▸ VI (*fam*) fallar, no andar bien
clocheton [klɔʃtɔ̃] NM pináculo
clochette [klɔʃɛt] NF campanilla; (*de vache*) esquila
clodo [klodo] (*fam*) NM = **clochard**
cloison [klwazɔ̃] NF tabique *m*; (*fig*) separación *f*, barrera; **~ étanche** (*fig*) compartimento estanco
cloisonner [klwazɔne] VT (*Tech*) tabicar; (*fig*) compartimentar
cloître [klwatʀ] NM claustro
cloîtrer [klwatʀe] VT : **se cloîtrer** (*aussi Rel*) enclaustrarse
clonage [klonaʒ] NM clonación *f*
clone [klon] NM clon *m*
cloner [klone] VT clonar
clope [klɔp] (*fam*) NM OU F pitillo, pito
clopin-clopant [klɔpɛ̃klɔpɑ̃] ADV cojeando, renqueando; (*fig*) renqueando
clopiner [klɔpine] VI cojear, renquear
cloporte [klɔpɔʀt] NM cochinilla
cloque [klɔk] NF ampolla
cloqué, e [klɔke] ADJ : **étoffe cloquée** tejido de cloqué
cloquer [klɔke] VI formar ampollas
clore [klɔʀ] VT (*séance, inscriptions*) cerrar, clausurar; **~ une session** (*Inform*) cerrar una sesión; **la séance est close** se cierra la sesión
clos, e [klo, kloz] ADJ (*fermé*) cerrado(-a) ▸ NM cercado
clôt [klo] VB *voir* **clore**
clôture [klotyʀ] NF (*barrière*) cercado, valla; (*des débats, d'un festival*) clausura; (*des portes*) cierre *m*; (*des inscriptions*) cierre del plazo; (*d'une manifestation*) cierre, final *m*
clôturer [klotyʀe] VT (*terrain*) cercar; (*festival, débats*) clausurar
clou [klu] NM clavo; (*Méd*) divieso; **le ~ du spectacle** (*fig*) la principal atracción del espectáculo; **~ de girofle** clavo de especia ■ **clous** NMPL (*passage clouté*) paso *msg* de peatones; **pneus à clous** neumáticos *mpl* para nieve *ou* montaña
clouer [klue] VT clavar; (*de surprise*) dejar clavado(-a); (*suj : coup, maladie*) inmovilizar
clouté, e [klute] ADJ claveteado(-a), tachonado(-a)
clown [klun] NM payaso, clown *m*; **faire le ~** hacer el payaso *ou* el tonto
clownerie [klunʀi] NF : **faire des clowneries** hacer payasadas
club [klœb] NM club *m*
CM SIGLE M (*Scol : = cours moyen*) *voir* **cours**
cm ABR (*= centimètre(s)*) cm. (*= centímetro(s)*)
CMU [seɛmy] NF (*= couverture maladie universelle*) *seguro de enfermedad para personas sin recursos económicos*
CNC [seɛnse] SIGLE M (*= Conseil national de la consommation*) *oficina nacional del consumidor*
CNDP [seɛndepe] SIGLE M = **Centre national de documentation pédagogique**
CNED [knɛd] SIGLE M (*= Centre national d'enseignement à distance*) UNED *f* (*= Universidad Nacional de Educación a Distancia*)
CNIL [knil] SIGLE F (*= Commission nationale de l'informatique et des libertés*) *Comisión Nacional de Libertades e Informática*
CNIT [knit] SIGLE M (*= Centre national des industries*

et des techniques) centro de exposiciones en Paris

CNRS [seɛnɛʀɛs] SIGLE M (= *Centre national de la recherche scientifique*) ≈ CSIC *m* (= *Consejo Superior de Investigaciones Científicas*)

c/o ABR (= *care of*) a/c (= *al cuidado de*)

coagulant [kɔagylɑ̃] NM coagulante *m*

coaguler [kɔagyle] VI (*aussi* : **se coaguler**) coagularse

coaliser [kɔalize] VI : **se ~** agruparse

coalition [kɔalisjɔ̃] NF coalición *f*

coasser [kɔase] VI croar

coauteur [kootœʀ] NM coautor *m*

coaxial, e, -aux [koaksjal, jo] ADJ coaxial

cobalt [kɔbalt] NM cobalto

cobaye [kɔbaj] NM (*aussi fig*) cobaya *m ou f*, conejillo de Indias

COBOL, cobol [kɔbɔl] NM COBOL *m*, lenguaje *m* común a los problemas de gestión

cobra [kɔbʀa] NM cobra

coca [kɔka] NF coca

cocagne [kɔkaɲ] NF : **pays de ~** Jauja; **mât de ~** cucaña

cocaïne [kɔkain] NF cocaína

cocarde [kɔkaʀd] NF escarapela

cocardier, -ière [kɔkaʀdje, jɛʀ] ADJ patriotero(-a)

cocasse [kɔkas] ADJ chistoso(-a)

coccinelle [kɔksinɛl] NF mariquita

coccyx [kɔksis] NM coxis *m*

coche [kɔʃ] NM : **manquer** *ou* **louper le ~** perder la oportunidad

cocher [kɔʃe] NM cochero ▸ VT marcar (*con una cruz*)

cochère [kɔʃɛʀ] ADJ F : **porte ~** puerta cochera

cochon, ne [kɔʃɔ̃, ɔn] NM cerdo(-a), chancho(-a) (AM); **~ d'Inde** conejillo de Indias, cobaya *m ou f*; **~ de lait** cochinillo, lechón *m* ▸ NM/F (*péj*) cerdo(-a) ▸ ADJ (*fam* : *livre, histoire, propos*) verde

cochonnaille [kɔʃɔnaj] (*péj*) NF charcutería

cochonnerie [kɔʃɔnʀi] (*fam*) NF porquería; (*grivoiserie*) cochinada

cochonnet [kɔʃɔnɛ] NM bolín *m*

cocker [kɔkɛʀ] NM cocker *m*

cocktail [kɔktɛl] NM cóctel *m*, highball *ou* jaibol *m* (AM), daiquiri *ou* daiquirí *m* (AM)

coco [koko] NM *voir* **noix**; (*fam*) tipo ▸ NF (*fam* : *cocaïne*) coca

cocon [kɔkɔ̃] NM capullo

cocorico [kɔkɔʀiko] EXCL ¡quiquiriquí! ▸ NM quiquiriquí *m*

cocotier [kɔkɔtje] NM cocotero

cocotte [kɔkɔt] NF olla, cacerola; **ma ~** (*fam*) guapa; **~ en papier** pajarita de papel; **~ minute®** olla a presión

cocu, e [kɔky] (*fam*) ADJ cornudo(-a) ▸ NM cornudo

cocufier [kɔkyfje] (*fam*) VT poner los cuernos a

codage [kɔdaʒ] NM codificación *f*

code [kɔd] NM código; (*conventions*) reglas *fpl*; **se mettre en ~(s)** (*Auto*) poner las luces de cruce; **éclairage** *ou* **phares ~(s)** luz *f* de cruce; **~ barres** código de barras; **~ civil** código civil; **~ de caractère** código de carácter; **~ de conduite** código de conducta; **~ de la route** código de la circulación; **~ machine** código máquina; **~ pénal** código penal; **~ postal** código postal; **~ secret** código secreto

code-barres [kɔdbaʀ] (*pl* **codes-barres**) NM código de barras

codéine [kɔdein] NF codeína

coder [kɔde] VT codificar

codétenu, e [kodet(ə)ny] NM/F compañero(-a) de cárcel

codicille [kɔdisil] NM codicilo

codifier [kɔdifje] VT codificar

codirecteur, -trice [kodiʀɛktœʀ, tʀis] NM/F codirector(a)

coéditeur, -trice [koeditœʀ, tʀis] NM/F co-editor(a); (*rédacteur*) corredactor(a)

coefficient [kɔefisjɑ̃] NM coeficiente *m*; **~ d'erreur** coeficiente de error

coéquipier, -ière [koekipje, jɛʀ] NM/F compañero(-a) de equipo

coercitif, -ive [kɔɛʀsitif, iv] ADJ (*mesures, moyens*) coercitivo(-a)

coercition [kɔɛʀsisjɔ̃] NF coerción *f*

cœur [kœʀ] NM corazón *m*; (*Cartes* : *couleur*) corazones *mpl*; (*carte*) corazón; **affaire de ~** asunto del corazón, asunto sentimental; **avoir bon/du ~** tener buen corazón; **avoir mal au ~** tener náuseas; **contre son ~** contra su pecho; **opérer qn à ~ ouvert** operar a algn a corazón abierto; **recevoir qn à ~ ouvert** recibir a algn con las manos llenas; **parler à ~ ouvert** hablar con el corazón en la mano; **de tout son ~** de todo corazón; **avoir le ~ gros** *ou* **serré** estar acongojado; **en avoir le ~ net** saber a qué atenerse; **avoir le ~ sur la main** ser muy generoso; **par ~** de memoria; **de bon ~** de corazón; **avoir à ~ de faire** empeñarse en hacer; **cela lui tient à ~** esto le apasiona; **prendre les choses à ~** tomar las cosas a pecho; **s'en donner à ~ joie** gozar; **être de tout ~ avec qn** estar de todo corazón con algn; **~ d'artichaut** corazón de alcachofa; **~ de la forêt** corazón del bosque; **~ de laitue** cogollo de lechuga; **~ de l'été** pleno verano; **~ du débat** (*fig*) centro del debate, meollo del debate

coexistence [kɔɛgzistɑ̃s] NF coexistencia; **~ pacifique** coexistencia pacífica

coexister [kɔɛgziste] VI coexistir

coffrage [kɔfʀaʒ] NM (*Constr*) encofrado

coffre [kɔfʀ] NM (*meuble*) arca; (*coffre-fort*) cofre *m*; (*d'auto*) maletero, baúl *m* (AM), maletera (AND, CSUR); **avoir du ~** (*fam*) tener mucho fuelle

coffre-fort [kɔfʀəfɔʀ] (*pl* **coffres-forts**) NM caja fuerte

C

coffrer [kɔfʀe] *(fam)* VT meter en chirona
coffret [kɔfʀɛ] NM cofrecito; **~ à bijoux** joyero
cogérant, e [koʒeʀɑ̃, ɑ̃t] NM/F cogerente *mf*
cogestion [koʒɛstjɔ̃] NF cogestión *f*
cogiter [kɔʒite] VI, VT cavilar
cognac [kɔɲak] NM coñac *m*
cognement [kɔɲmɑ̃] NM golpeteo
cogner [kɔɲe] VT, VI golpear; **~ sur/contre** golpear en/contra; **~ à la porte/fenêtre** golpear a la puerta/ventana ▪ **se cogner** VPR darse un golpe
cohabitation [kɔabitasjɔ̃] NF cohabitación *f*
cohabiter [kɔabite] VI cohabitar
cohérence [kɔeʀɑ̃s] NF coherencia
cohérent, e [kɔeʀɑ̃, ɑ̃t] ADJ coherente
cohésion [kɔezjɔ̃] NF cohesión *f*
cohorte [kɔɔʀt] NF cohorte *f*
cohue [kɔy] NF tropel *m*
coi, coite [kwa, kwat] ADJ : **rester ~** no decir esta boca es mía
coiffe [kwaf] NF cofia
coiffé, e [kwafe] ADJ : **bien/mal ~** bien/mal peinado(-a); **~ d'un béret/d'un chapeau** cubierto(-a) con una boina/un sombrero; **~ en arrière** peinado(-a) hacia atrás; **~ en brosse** peinado(-a) con el cepillo
coiffer [kwafe] VT peinar; *(colline, sommet)* coronar; *(Admin)* estar al frente de; *(dépasser)* ganar, sobrepasar; **~ qn d'un béret** cubrir la cabeza de algn con una boina; **~ qn sur le fil** *ou* **sur le poteau** adelantar a algn en los últimos metros ▪ **se coiffer** VPR peinarse; *(se couvrir)* tocarse
coiffeur, -euse [kwafœʀ, øz] NM/F peluquero(-a)
coiffeuse [kwaføz] NF *(table)* tocador *m*, coqueta
coiffure [kwafyʀ] NF *(cheveux)* peinado; *(chapeau)* tocado; **la ~** la peluquería
coin [kwɛ̃] NM *(gén, d'une table, d'une rue)* esquina; *(pour caler)* calzo; *(pour fendre le bois)* cuña; *(d'une pièce etc)* rincón *m*; *(poinçon)* troquel *m*; **l'épicerie du ~** el ultramarinos de la esquina; **dans le ~** por aquí; **au ~ du feu** al amor de la lumbre; **du ~ de l'œil** de reojo; **regard/sourire en ~** mirada/sonrisa de soslayo
coincé, e [kwɛ̃se] ADJ *(tiroir, pièce mobile)* atascado(-a); *(fig)* corto(-a)
coincer [kwɛ̃se] VT calzar; *(fam : par une question, une manœuvre)* pillar ▪ **se coincer** VPR atascarse
coïncidence [kɔɛ̃sidɑ̃s] NF coincidencia
coïncider [kɔɛ̃side] VI : **~ avec** coincidir con
coin-coin [kwɛ̃kwɛ̃] NM INV cuac cuac *m*
coing [kwɛ̃] NM membrillo; **pâte de ~** carne *f* de membrillo
coït [kɔit] NM coito
coite [kwat] ADJ F *voir* **coi**
coke¹ [kɔk] NM *(charbon)* cok *m*, coque *m*
coke² [kok] *(fam)* NF *(cocaïne)* coca
col¹ [kɔl] NM cuello; *(de montagne)* puerto; **~ de l'utérus** cuello del útero; **~ du fémur** cuello del fémur; **~ roulé** cuello vuelto
col² [kɔl] ABR (= *colonne*) col., col.ª (= *columna*)
coléoptère [kɔleɔptɛʀ] NM coleóptero
colère [kɔlɛʀ] NF ira, cólera, enojo *(surtout AM)*; **être en ~ (contre qn)** estar enfadado(-a) *ou* enojado(-a) *(surtout AM)* (con algn); **mettre qn en ~** hacer enfadar a algn, enojar a algn *(surtout AM)*; **se mettre en ~** enfadarse, enojarse *(surtout AM)*; **piquer une ~** *(fam)* ponerse hecho una furia
coléreux, -euse [kɔleʀø, øz] ADJ colérico(-a)
colérique [kɔleʀik] ADJ colérico(-a)
colibacille [kɔlibasil] NM colibacilo
colibacillose [kɔlibasiloz] NF colibacilosis *f*
colifichet [kɔlifiʃɛ] NM baratija, bagatela
colimaçon [kɔlimasɔ̃] NM caracol *m*; **escalier en ~** escalera de caracol
colin [kɔlɛ̃] NM merluza
colin-maillard [kɔlɛ̃majaʀ] *(pl* **colin-maillards**) NM gallina ciega
colique [kɔlik] NF cólico; *(fig)* tostón *m*; **~ néphrétique** cólico nefrítico
colis [kɔli] NM paquete *m*; **par ~ postal** por paquete postal
colistier [kolistje] NM *miembro de una misma candidatura*
colite [kɔlit] NF colitis *f inv*
collaborateur, -trice [kɔ(l)labɔʀatœʀ, tʀis] NM/F colaborador(a); *(Pol)* colaboracionista *mf*
collaboration [kɔ(l)labɔʀasjɔ̃] NF colaboración *f*; *(Hist)* colaboracionismo; **en ~ avec** en colaboración con
collaboratif, -ive [kɔlabɔʀatif, -iv] ADJ colaborativo(-a)
collaborer [kɔ(l)labɔʀe] VI *(aussi Hist)* colaborar; **~ à** colaborar en
collage [kɔlaʒ] NM collage *m*
collagène [kɔlaʒɛn] NM colágeno
collant, e [kɔlɑ̃, ɑ̃t] ADJ adherente; *(robe)* ajustado(-a); *(péj : personne)* pegajoso(-a) ▸ NM *(bas)* pantis *mpl*; *(de danseur)* malla
collatéral, e, -aux [kɔ(l)lateʀal, o] ADJ : **les collatéraux** los familiares colaterales
collation [kɔlasjɔ̃] NF colación *f*
colle [kɔl] NF *(à papier)* pegamento; *(à papiers peints)* cola; *(devinette)* pega; **avoir une ~** *(Scol)* quedarse castigado; **~ de bureau** goma de pegar; **~ forte** cola fuerte
collecte [kɔlɛkt] NF colecta; **faire une ~** hacer una colecta
collecter [kɔlɛkte] VT colectar
collecteur [kɔlɛktœʀ] NM *(égout)* colector *m*
collectif, -ive [kɔlɛktif, iv] ADJ colectivo(-a); **immeuble ~** edificio social ▸ NM colectivo; **~ budgétaire** ley *f* de presupuestos adicional

collection [kɔlɛksjɔ̃] NF colección *f*; (*Comm*) muestrario; **pièce de ~** pieza de colección; **faire (la) ~ de** coleccionar, hacer (una) colección de; **(toute) une ~ de** (*fig*) (toda) una colección de; **~ (de mode)** colección (de moda)
collectionner [kɔlɛksjɔne] VT coleccionar
collectionneur, -euse [kɔlɛksjɔnœʀ, øz] NM/F coleccionista *mf*
collectivement [kɔlɛktivmɑ̃] ADV colectivamente
collectiviser [kɔlɛktivize] VT colectivizar
collectivisme [kɔlɛktivism] NM colectivismo
collectivité [kɔlɛktivite] NF colectivo; **la ~** la colectividad; **collectivités locales** administraciones *fpl* locales
collège [kɔlɛʒ] NM colegio; *ver nota*; **~ d'enseignement secondaire** colegio de enseñanza media; **~ électoral** colegio electoral

El **collège** es un centro de educación secundaria para estudiantes de entre once y quince años. Los alumnos siguen un plan de estudios que consta de una serie de asignaturas comunes y varias optativas. Antes de que dejen el **collège**, los alumnos son evaluados mediante un examen con el que obtienen el denominado *diplôme national du brevet*, también conocido como *brevet des collèges*.

collégial, e, -aux [kɔleʒjal, jo] ADJ colegiado(-a)
collégien, ne [kɔleʒjɛ̃, jɛn] NM/F colegial *mf*
collègue [kɔ(l)lɛg] NMF colega *mf*
coller [kɔle] VT pegar; (*papier peint*) encolar; (*fam : mettre*) meter; (*par une devinette*) pillar; (*Scol : fam*) catear; **~ son front à la vitre** pegar la frente contra el cristal; **~ qch sur** pegar algo en ▸ VI (*être collant*) pegarse; (*adhérer*) pegar; **~ à** adherir a; (*fig*) cuadrar con
collerette [kɔlʀɛt] NF cuello de encaje; (*Tech*) collar
collet [kɔlɛ] NM lazo; **prendre qn au ~** (*cou*) agarrar a algn por el cuello; **~ monté** encopetado(-a)
colleter [kɔlte] VT coger por el cuello; **se ~ avec** agarrarse con
colleur, -euse [kɔlœʀ, øz] NM/F : **~ d'affiches** cartelero, pegador(a) de carteles
collier [kɔlje] NM collar *m*; (*Tech*) collar *m*, abrazadera; **~ (de barbe), barbe en ~** sotabarba; **~ de serrage** brida de apriete
collimateur [kɔlimatœʀ] NM : **être dans le ~** (*fig*) ser el punto de mira; **avoir qn/qch dans le ~** (*fig*) tener a algn/a algo en el punto de mira
colline [kɔlin] NF colina
collision [kɔlizjɔ̃] NF colisión *f*; (*fig*) choque *m*; **entrer en ~ (avec)** chocar (con)
colloque [kɔ(l)lɔk] NM coloquio
collusion [kɔlyzjɔ̃] NF colusión *f*
collutoire [kɔlytwaʀ] NM colutorio
collyre [kɔliʀ] NM colirio
colmater [kɔlmate] VT taponar
coloc [kɔlɔk] (*fam*) NMF compañero(-a) de piso
colocation [kɔlɔkasjɔ̃] NF : **être en ~** compartir piso
colombage [kɔlɔ̃baʒ] NM entramado
colombe [kɔlɔ̃b] NF paloma
Colombie [kɔlɔ̃bi] NF Colombia
colombien, ne [kɔlɔ̃bjɛ̃, jɛn] ADJ colombiano(-a) ▸ NM/F : **Colombien, ne** colombiano(-a)
colon [kɔlɔ̃] NM colono; (*enfant*) *niño de una colonia de vacaciones*
côlon [kolɔ̃] NM colon *m*
colonel [kɔlɔnɛl] NM coronel *m*
colonial, e, -aux [kɔlɔnjal, jo] ADJ colonial
colonialisme [kɔlɔnjalism] NM colonialismo
colonialiste [kɔlɔnjalist] ADJ, NMF colonialista
colonie [kɔlɔni] NF colonia; **~ (de vacances)** colonia (de vacaciones)
colonisation [kɔlɔnizasjɔ̃] NF colonización *f*
coloniser [kɔlɔnize] VT colonizar
colonnade [kɔlɔnad] NF columnata
colonne [kɔlɔn] NF columna; **se mettre en ~ par deux/quatre** formar columna de a dos/cuatro; **en ~ par deux** en columna de a dos; **~ de secours** columna de socorro; **~ (vertébrale)** columna vertebral
colophane [kɔlɔfan] NF colofonía
colorant, e [kɔlɔʀɑ̃, ɑ̃t] ADJ colorante ▸ NM colorante *m*
coloration [kɔlɔʀasjɔ̃] NF (*couleur*) color *m*; **se faire faire une ~** teñirse
coloré, e [kɔlɔʀe] ADJ (*style*) florido(-a)
colorer [kɔlɔʀe] VT colorear ▪ **se colorer** VPR (*ciel*) colorearse; (*joues*) sonrojarse; (*tomates, raisins*) coger color
coloriage [kɔlɔʀjaʒ] NM coloreado
colorier [kɔlɔʀje] VT colorear, pintar; **album à ~** álbum *m* de colorear
coloris [kɔlɔʀi] NM colorido
coloriste [kɔlɔʀist] NMF colorista *mf*
colossal, e, -aux [kɔlɔsal, o] ADJ colosal
colosse [kɔlɔs] NM coloso
colostrum [kɔlɔstʀɔm] NM calostro
colporter [kɔlpɔʀte] VT (*marchandises*) vender de forma ambulante; (*nouvelle*) propagar
colporteur, -euse [kɔlpɔʀtœʀ, øz] NM/F vendedor(a) ambulante
colt [kɔlt] NM colt *m*
coltiner [kɔltine] VT llevar a hombros ▪ **se coltiner** VPR cargar con
colza [kɔlza] NM colza
coma [kɔma] NM coma *m*; **être dans le ~** estar en coma
comateux, -euse [kɔmatø, øz] ADJ comatoso(-a)
combat [kɔ̃ba] VB *voir* **combattre** ▸ NM (*Mil*) combate *m*; (*fig*) lucha; **~ de boxe** combate de boxeo; **~ de rues** pelea callejera

combatif, -ive [kɔ̃batif, iv] ADJ combativo(-a)
combativité [kɔ̃bativite] NF combatividad *f*
combattant, e [kɔ̃batɑ̃, ɑ̃t] VB *voir* **combattre** ▶ ADJ combatiente ▶ NM combatiente *m*; (*d'une rixe*) contendiente *m*; **ancien ~** antiguo combatiente
combattre [kɔ̃batʀ] VT, VI combatir
combien [kɔ̃bjɛ̃] ADV (*interrogatif*) cuánto(-a); (*nombre*) cuántos(-as); (*exclamatif: comme, que*) cómo, qué; **~ de** cuántos(-as); **~ de temps** cuánto tiempo; **~ coûte/pèse ceci ?** ¿cuánto cuesta/pesa esto?; **vous mesurez ~ ?** ¿cuánto mide usted?; **ça fait ~ ?** ¿cuánto es?; **ça fait ~ en largeur ?** ¿cuánto mide de ancho?
combinaison [kɔ̃binɛzɔ̃] NF combinación *f*; (*astuce*) plan *m*; (*vêtement, Sport*) traje *m*; (*bleu de travail*) mono, overol *m* (*Am*)
combine [kɔ̃bin] NF truco, artimaña
combiné [kɔ̃bine] NM (*aussi*: **combiné téléphonique**) auricular *m*; (*Ski*) combinada; (*vêtement*) conjunto (de lencería); **~ nordique** combinada nórdica
combiner [kɔ̃bine] VT combinar; (*organiser*) organizar
comble [kɔ̃bl] ADJ abarrotado(-a); **faire salle ~** (*spectacle, chanteur*) llenar ▶ NM (*du bonheur, plaisir*) colmo; **de fond en ~** de arriba abajo; **pour ~ de malchance** para colmo de desgracia; **c'est le ~ !** ¡es el colmo! ■ **combles** NMPL (*Constr*) armazón *msg* del tejado; **sous les combles** en el desván
combler [kɔ̃ble] VT (*trou*) llenar; (*fig*) llenar, cubrir; (*satisfaire*) colmar; **~ qn de joie/d'honneurs** colmar a algn de alegría/de honores
combustible [kɔ̃bystibl] ADJ, NM combustible *m*
combustion [kɔ̃bystjɔ̃] NF combustión *f*
comédie [kɔmedi] NF comedia; **jouer la ~** (*fig*) hacer la comedia; **C~ française** *ver nota*; **~ musicale** comedia musical

> La **Comédie française**, fundada en 1680 por Luis XIV, es el teatro nacional de Francia. Financiada con fondos públicos, la compañía actúa principalmente en el Palais Royal de París y ofrece una mezcla de teatro clásico francés y de obras extranjeras y contemporáneas.

comédien, ne [kɔmedjɛ̃, jɛn] NM/F (*Théâtre, fig*) comediante(-a); (*comique*) cómico(-a)
comédon [kɔmedɔ̃] NM comedón *m*
comestible [kɔmɛstibl] ADJ comestible ■ **comestibles** NMPL comestibles *mpl*
comète [kɔmɛt] NF cometa *m*
comice [kɔmis] NM: **comices agricoles** círculos *mpl* de labradores
comique [kɔmik] ADJ cómico(-a) ▶ NMF cómico(-a); **le ~ de qch** lo gracioso de algo
comité [kɔmite] NM comité *m*; **petit ~** reunión *f* íntima; **~ d'entreprise** comité de empresa; **~ des fêtes** comité de las fiestas; **~ directeur** junta directiva
commandant, e [kɔmɑ̃dɑ̃, ɑ̃t] NM/F comandante *mf*; **~ (de bord)** comandante (de a bordo)
commande [kɔmɑ̃d] NF (*Comm*) pedido; (*Inform*) mando; **passer une ~ (de)** hacer un pedido (de); **sur ~** de encargo; **véhicule à double ~** vehículo de doble mando; **~ à distance** mando a distancia; **~ vocale** control *m* por la voz; **à ~ vocale** (*appareil, dispositif, four*) controlado(-a) por la voz ■ **commandes** NFPL (*d'un avion, d'un parti*) mandos *mpl*; **prendre les commandes** tomar los mandos; (*fig: d'un mouvement*) tomar las riendas
commandement [kɔmɑ̃dmɑ̃] NM (*d'une armée*) mando; (*ordre*) mandato; (*Rel*) mandamiento
commander [kɔmɑ̃de] VT (*Comm*) encargar, pedir; (*diriger, ordonner*) mandar; (*contrôler*) regular, controlar; (*imposer*) exigir; **~ à** (*Mil*) mandar a; (*fig*) dominar a; **~ à qn de faire qch** ordenar a algn que haga algo; **c'est moi qui commande ici !** ¡aquí mando yo!
commanditaire [kɔmɑ̃ditɛʀ] NM socio comanditario
commandite [kɔmɑ̃dit] NF: **(société en) ~** (sociedad *f* en) comandita
commanditer [kɔmɑ̃dite] VT comanditar
commando [kɔmɑ̃do] NM comando

comme [kɔm]

▶ PRÉP **1** (*comparaison*) como; **tout comme son père** igual que su padre; **fort comme un bœuf** fuerte como un toro; **il est petit comme tout** es muy pequeño; **il est rond comme une bille** (*fam*) está como una cuba; **comme c'est pas permis** (*fam*) como él (ella) solo(-a)
2 (*manière*): **comme ça** así; **comment ça va ? — comme ça** ¿qué tal? — así, así; **comme ci, comme ça** así, así; **faites comme cela** hágalo así; **on ne parle pas comme ça à ...** no se habla así a ...
3 (*en tant que*): **donner comme prix/heure** dar como precio/hora; **travailler comme secrétaire** trabajar de secretaria
▶ CONJ **1** (*ainsi que*) como; **elle écrit comme elle parle** escribe como habla; **comme on dit** como se dice; **comme si** como si; **comme quoi ...** (*disant que*) en el/la/los/las que dice *etc* que ...; (*d'où il s'ensuit que*) lo que demuestra que ...; **comme de juste** como es natural; **comme il faut** como es debido
2 (*au moment où, alors que*) cuando; **il est parti comme j'arrivais** se marchó cuando yo llegaba
3 (*parce que, puisque*) como; **comme il était en retard, ...** como se retrasaba, ...
▶ ADV (*exclamation*): **comme c'est bon/il est fort !** ¡qué bueno está!/¡qué fuerte es!

commémoratif, -ive [kɔmemɔʀatif, iv] ADJ conmemorativo(-a)

commémoration [kɔmemɔʀasjɔ̃] NF conmemoración *f*

commémorer [kɔmemɔʀe] VT conmemorar

commencement [kɔmɑ̃smɑ̃] NM comienzo; **au ~** al principio ■ **commencements** comienzos *mpl*

commencer [kɔmɑ̃se] VT, VI comenzar, empezar; (*être placé au début de*) iniciar; **~ à faire** comenzar *ou* empezar a hacer; **~ par qch** comenzar *ou* empezar por algo; **~ par faire qch** comenzar *ou* empezar por hacer algo

commensal, e, -aux [kɔmɑ̃sal, o] NM/F comensal *mf*

comment [kɔmɑ̃] ADV (*interrogatif*) cómo; **~ ?** ¿cómo?, ¿mande (usted)?; **~ !** (*affirmatif : de quelle façon*) ¡claro!; **et ~ !** ¡pero cómo!; **~ donc !** (*bien sûr*) ¡por supuesto!, ¡pues claro!; **~ aurais-tu fait ?** ¿cómo habrías hecho?; **~ tu t'y serais pris ?** ¿qué habrías hecho tú?; **~ faire ?** ¿cómo hacemos?; **~ se fait-il que ?** ¿cómo es que ...?; **~ est-ce que ça s'appelle ?** ¿cómo se llama eso?; **~ est-ce qu'on ... ?** ¿cómo se ...?; **le ~ et le pourquoi** el cómo y el por qué

commentaire [kɔmɑ̃tɛʀ] NM (*gén pl*) comentario; **~ (de texte)** comentario (de textos); **~ sur image** comentario con soporte gráfico

commentateur, -trice [kɔmɑ̃tatœʀ, tʀis] NM/F comentarista *mf*; **~ sportif(-ive)** comentarista deportivo(-a)

commenter [kɔmɑ̃te] VT comentar

commérages [kɔmeʀaʒ] NMPL chismes *mpl*

commerçant, e [kɔmɛʀsɑ̃, ɑ̃t] ADJ (*rue, ville*) comercial; (*personne*) comerciante ▶ NM/F comerciante *mf*

commerce [kɔmɛʀs] NM (*activité*) comercio, negocio; (*boutique*) comercio, tienda; (*fig : rapports*) trato; **le petit ~** el pequeño comercio; **faire ~ de** comerciar *ou* negociar en; (*fig : péj*) comerciar en; **chambre de ~** cámara de comercio; **livres de ~** libros de comercio; **vendu dans le ~** de venta en comercios; **vendu hors-~** de venta fuera de comercio; **~ en** *ou* **de gros** comercio al por mayor; **~ équitable** comercio justo; **~ extérieur** comercio exterior; **~ intérieur** comercio interior; **commerce de proximité** comercio de proximidad

commercer [kɔmɛʀse] VI : **~ avec** comerciar *ou* negociar con

commercial, e, -aux [kɔmɛʀsjal, jo] ADJ (*aussi péj*) comercial ▶ NM/F comercial *mf*; **les commerciaux** los comerciales

commerciale [kɔmɛʀsjal] NF (*véhicule*) furgoneta

commercialisable [kɔmɛʀsjalizabl] ADJ comercializable

commercialisation [kɔmɛʀsjalizasjɔ̃] NF comercialización *f*

commercialiser [kɔmɛʀsjalize] VT comercializar

commère [kɔmɛʀ] NF comadre *f*

commettant [kɔmetɑ̃] VB *voir* **commettre** ▶ NM (*Jur*) comitente *m*

commettre [kɔmɛtʀ] VT cometer; **avocat commis d'office** abogado (nombrado) de oficio ■ **se commettre** VPR comprometerse

commis [kɔmi] VB *voir* **commettre** ▶ NM empleado; **~ voyageur** viajante *m*

commisération [kɔmizeʀasjɔ̃] NF conmiseración *f*

commissaire [kɔmisɛʀ] NMF comisario(-a); **~ aux comptes** interventor(a) *ou* censor(a) de cuentas; **~ du bord** sobrecargo *mf*

commissaire-priseur [kɔmisɛʀpʀizœʀ] (*pl* **commissaires-priseurs**) NM perito tasador

commissariat [kɔmisaʀja] NM comisaría; (*Admin*) comisariado

commission [kɔmisjɔ̃] NF comisión *f*; (*message*) recado; (*course*) encargo, recado; **~ d'examen** comisión de examen, tribunal *m* ■ **commissions** NFPL (*achats*) compras *fpl*

commissionnaire [kɔmisjɔnɛʀ] NM (*livreur*) repartidor *m*; (*messager*) intermediario; (*Transport*) transportista *m*

commissure [kɔmisyʀ] NF : **la ~ des lèvres** la comisura de los labios

commode [kɔmɔd] ADJ cómodo(-a); (*air, personne*) amable; **pas ~** difícil ▶ NF cómoda

commodément [kɔmɔdemɑ̃] ADV cómodamente

commodité [kɔmɔdite] NF comodidad *f* ■ **commodités** NFPL comodidades *fpl*

commotion [komosjɔ̃] NF conmoción *f*; **~ (cérébrale)** conmoción (cerebral)

commotionné, e [kɔmosjɔne] ADJ conmocionado(-a)

commuer [kɔmɥe] VT conmutar

commun, e [kɔmœ̃, yn] ADJ común, colectivo(-a); **sans commune mesure** sin comparación; **bien ~** bien *m* común; **être ~ à** ser propio(-a) de; **peu ~** poco común; **d'un ~ accord** de común acuerdo ▶ NM : **cela sort du ~** eso sale de lo común; **le ~ des mortels** el común de las gentes; **en ~** en común ■ **communs** NMPL dependencias *fpl*

communal, e, -aux [kɔmynal, o] ADJ municipal

communard, e [kɔmynaʀ, aʀd] NM/F *partidario de la Comuna*

communautaire [kɔmynotɛʀ] ADJ comunitario(-a)

communauté [kɔmynote] NF comunidad *f*; (*Jur*) : **régime de la ~** régimen *m* de la comunidad

commune [kɔmyn] ADJ F *voir* **commun** ▶ NF municipio

communément [kɔmynemɑ̃] ADV común-

C

mente

communiant, e [kɔmynjɑ̃, jɑ̃t] NM/F comulgante *mf*; **premier ~** *niño que hace la Primera Comunión*

communicant, e [kɔmynikɑ̃, ɑ̃t] ADJ comunicante

communicatif, -ive [kɔmynikatif, iv] ADJ (*personne*) comunicativo(-a); (*rire*) contagioso(-a)

communication [kɔmynikasjɔ̃] NF comunicación *f*; **vous avez la ~** ya tiene la llamada; **donnez-moi la ~ avec** páseme la llamada con; **avoir la ~ (avec)** recibir la llamada (de); **mettre qn en ~ avec qn** (*en contact*) poner a algn en contacto con algn; (*au téléphone*) poner a algn en comunicación con; **travailler dans la ~** trabajar en una empresa de comunicación; **faire des études de ~** estudiar ciencias de la comunicación; **~ avec préavis** aviso de conferencia; **~ d'entreprise** comunicación de empresa; **~ interurbaine** llamada interurbana ■ **communications** NFPL (*routes, téléphone etc*) comunicaciones *fpl*

communier [kɔmynje] VI comulgar

communion [kɔmynjɔ̃] NF comunión *f*; **première ~** primera comunión; **~ solennelle** comunión solemne

communiqué [kɔmynike] NM comunicado; **~ de presse** comunicado de prensa

communiquer [kɔmynike] VT comunicar; (*demande, dossier*) presentar; (*maladie, chaleur*) transmitir; **~ avec** comunicar con ▶ VI comunicarse ■ **se communiquer à** VPR transmitirse a

communisme [kɔmynism] NM comunismo

communiste [kɔmynist] ADJ, NMF comunista *mf*

commutateur [kɔmytatœʀ] NM conmutador *m*

commutation [kɔmytasjɔ̃] NF (*Inform*) conmutación *f*; **~ de messages** conmutación de mensajes; **~ de paquets** conmutación de paquetes

Comores [kɔmɔʀ] NMPL : **les (îles) ~** las (islas) Comores

comorien, ne [kɔmɔʀɛ̃, jɛn] ADJ de Comores ▶ NM/F : **Comorien, ne** nativo(-a) *ou* habitante *mf* de Comores

compact, e [kɔ̃pakt] ADJ compacto(-a); (*foule*) denso(-a)

compagne [kɔ̃paɲ] NF compañera

compagnie [kɔ̃paɲi] NF compañía; **la ~ de qn** la compañía de algn; **homme/femme de ~** hombre *m*/mujer *f* de compañía; **tenir ~ à qn** hacer compañía a algn; **fausser ~ à qn** plantar a algn; **en ~ de** en compañía de; **Dupont et ~, Dupont et Cie** Dupont y compañía, Dupont y Cía; **~ aérienne** compañía aérea

compagnon, ne [kɔ̃paɲɔ̃, ɔn] NM (*conjoint, concubin*) compañero ▶ NM/F (*personne*) compañero(-a); (*ouvrier*) obrero

comparable [kɔ̃paʀabl] ADJ : **~ (à)** comparable (a)

comparaison [kɔ̃paʀɛzɔ̃] NF comparación *f*; **en ~ (de)** en comparación (con); **par ~ (à)** comparado(-a) (a); **sans ~** sin comparación

comparaître [kɔ̃paʀɛtʀ] VI : **~ (devant)** comparecer (ante)

comparatif, -ive [kɔ̃paʀatif, iv] ADJ comparativo(-a) ▶ NM (*Ling*) comparativo

comparativement [kɔ̃paʀativmɑ̃] ADV comparativamente; **~ à** en comparación con

comparé, e [kɔ̃paʀe] ADJ : **littérature/grammaire comparée** literatura/gramática comparada

comparer [kɔ̃paʀe] VT comparar; **~ qch/qn à** *ou* **et** comparar algo/algn a *ou* con

comparse [kɔ̃paʀs] (*péj*) NMF comparsa *mf*

compartiment [kɔ̃paʀtimɑ̃] NM (*de train*) compartim(i)ento; (*case*) casilla

compartimenté, e [kɔ̃paʀtimɑ̃te] ADJ con compartimientos; (*fig*) dividido(-a)

comparu [kɔ̃paʀy] PP *de* **comparaître**

comparution [kɔ̃paʀysjɔ̃] NF comparecencia

compas [kɔ̃pɑ] NM compás *m*

compassé, e [kɔ̃pɑse] ADJ afectado(-a)

compassion [kɔ̃pasjɔ̃] NF compasión *f*

compatibilité [kɔ̃patibilite] NF compatibilidad *f*

compatible [kɔ̃patibl] ADJ : **~ (avec)** compatible (con)

compatir [kɔ̃patiʀ] VI : **~ (à)** compadecerse (de)

compatissant, e [kɔ̃patisɑ̃, ɑ̃t] ADJ compasivo(-a)

compatriote [kɔ̃patʀijɔt] NMF compatriota *mf*

compensateur, -trice [kɔ̃pɑ̃satœʀ, tʀis] ADJ compensador(a)

compensation [kɔ̃pɑ̃sasjɔ̃] NF (*dédommagement*) compensación *f*; **en ~** en compensación

compensé, e [kɔ̃pɑ̃se] ADJ : **semelle compensée** plataforma

compenser [kɔ̃pɑ̃se] VT compensar

compère [kɔ̃pɛʀ] NM compinche *m*

compétence [kɔ̃petɑ̃s] NF (*aussi Jur*) competencia

compétent, e [kɔ̃petɑ̃, ɑ̃t] ADJ competente

compétitif, -ive [kɔ̃petitif, iv] ADJ (*Comm*) competitivo(-a)

compétition [kɔ̃petisjɔ̃] NF competencia; (*Sport*) competición *f*; **la ~** la competición; **être en ~ avec** estar en competencia con; **~ automobile** competición automovilística

compétitivité [kɔ̃petitivite] NF competitividad *f*

compilateur [kɔ̃pilatœʀ] NM compilador *m*

compiler [kɔ̃pile] VT compilar

complainte [kɔ̃plɛ̃t] NF endecha

complaire [kɔ̃plɛʀ] : **se complaire** VPR : **se ~ dans/parmi** disfrutar con/entre

complaisais [kɔ̃plɛzɛ] VB *voir* **complaire**

complaisamment [kɔ̃plɛzamɑ̃] ADV amablemente; (*péj*) con suficiencia

complaisance [kɔ̃plɛzɑ̃s] NF (*amabilité*) amabilidad *f*; (*péj*) suficiencia; **attestation de ~** certificado expedido con benevolencia; **pavillon de ~** pabellón *m* de conveniencia

complaisant, e [kɔ̃plɛzɑ̃, ɑ̃t] VB *voir* **complaire** ▶ ADJ (*aimable*) complaciente; (*péj*) suficiente

complaît [kɔ̃plɛ] VB *voir* **complaire**

complément [kɔ̃plemɑ̃] NM (*gén, aussi Ling*) complemento; (*reste*) resto; **~ (circonstanciel) de lieu** complemento (circunstancial) de lugar; **~ d'agent** complemento agente; **~ d'information** (*Admin*) suplemento (informativo); **~ (d'objet) direct/indirect** complemento directo/indirecto; **~ de nom** complemento del nombre

complémentaire [kɔ̃plemɑ̃tɛʀ] ADJ complementario(-a)

complet, -ète [kɔ̃plɛ, ɛt] ADJ completo(-a) ▶ NM (*aussi* : **complet-veston**) traje *m*; **au (grand) ~** al completo

complètement [kɔ̃plɛtmɑ̃] ADV completamente; (*étudier*) a fondo; **~ nu** completamente desnudo

compléter [kɔ̃plete] VT completar ■ **se compléter** VPR complementarse

complexe [kɔ̃plɛks] ADJ complejo(-a) ▶ NM complejo; **faire un ~** tener complejo; **~ d'infériorité** complejo de inferioridad; **~ industriel/portuaire/hospitalier** complejo industrial/portuario/hospitalario

complexé, e [kɔ̃plɛkse] ADJ acomplejado(-a)

complexité [kɔ̃plɛksite] NF complejidad *f*

complication [kɔ̃plikasjɔ̃] NF complicación *f* ■ **complications** NFPL (*Méd*) complicaciones *fpl*

complice [kɔ̃plis] NMF cómplice *mf*

complicité [kɔ̃plisite] NF complicidad *f*

compliment [kɔ̃plimɑ̃] NM cumplido ■ **compliments** NMPL (*félicitations*) enhorabuena *fsg*; **tous mes compliments !** ¡mi enhorabuena!

complimenter [kɔ̃plimɑ̃te] VT felicitar

compliqué, e [kɔ̃plike] ADJ complicado(-a)

compliquer [kɔ̃plike] VT complicar; **se ~ la vie** complicarse la vida ■ **se compliquer** VPR complicarse

complot [kɔ̃plo] NM complot *m*

comploter [kɔ̃plɔte] VI complotar ▶ VT tramar

complotiste [kɔ̃plotist] ADJ, NMF conspiranoico(-a)

complu [kɔ̃ply] PP *de* **complaire**

comportement [kɔ̃pɔʀtəmɑ̃] NM comportamiento

comporter [kɔ̃pɔʀte] VT constar de; (*impliquer*) conllevar ■ **se comporter** VPR comportarse

composant [kɔ̃pozɑ̃] NM componente *m*

composante [kɔ̃pozɑ̃t] NF componente *m*

composé, e [kɔ̃poze] ADJ compuesto(-a); (*visage, air*) de circunstancia; **~ de** compuesto(-a) por ▶ NM (*Chim*) compuesto; (*Ling*) nombre *m* compuesto

composer [kɔ̃poze] VT componer; **~ un numéro** marcar *ou* discar (*AM*) un número ▶ VI (*Scol*) redactar; (*transiger*) transigir ■ **se composer** VPR : **se ~ de** componerse de

composite [kɔ̃pozit] ADJ variado(-a)

compositeur, -trice [kɔ̃pozitœʀ, tʀis] NM/F (*Mus*) compositor(a); (*Typo*) cajista *mf*

composition [kɔ̃pozisjɔ̃] NF composición *f*; (*Scol : d'histoire, de math*) prueba; **de bonne ~** acomodadizo(-a); **~ française** redacción *f* de francés

compost [kɔ̃pɔst] NM compost *m*, abono

composter [kɔ̃pɔste] VT (*dater*) fechar; (*poinçonner*) picar, cancelar; (*déchets*) compostar

composteur [kɔ̃pɔstœʀ] NM (*timbre dateur*) sello de caracteres móviles; (*poinçon*) cuño

compote [kɔ̃pɔt] NF compota; **~ de pommes** compota de manzana

compotier [kɔ̃pɔtje] NM frutero

compréhensible [kɔ̃pʀeɑ̃sibl] ADJ comprensible

compréhensif, -ive [kɔ̃pʀeɑ̃sif, iv] ADJ comprensivo(-a)

compréhension [kɔ̃pʀeɑ̃sjɔ̃] NF comprensión *f*

comprendre [kɔ̃pʀɑ̃dʀ] VT (*se composer de, être muni de*) comprender, constar de; (*sens, problème*) comprender, entender; (*sympathiser avec*) comprender; (*point de vue*) entender; **se faire ~** hacerse entender; **je me fais ~ ?** ¿me explico?

compresse [kɔ̃pʀɛs] NF compresa

compresser [kɔ̃pʀese] VT (*Inform*) comprimir

compresseur [kɔ̃pʀesœʀ] ADJ M *voir* **rouleau** ▶ NM (*Tech*) compresor *m*

compressible [kɔ̃pʀesibl] ADJ (*Phys*) compresible; (*dépenses*) reducible

compression [kɔ̃pʀesjɔ̃] NF (*d'un gaz*) compresión *f*; (*d'un crédit, des effectifs*) reducción *f*

comprimé, e [kɔ̃pʀime] ADJ : **air ~** aire *m* comprimido ▶ NM comprimido, pastilla

comprimer [kɔ̃pʀime] VT (*substance, air*) comprimir; (*crédit, effectifs*) reducir; (*larmes, colère*) reprimir

compris, e [kɔ̃pʀi, iz] PP *de* **comprendre**; **~ ?** ¿entendido? ▶ ADJ (*inclus*) incluido(-a); **~ entre ...** (*situé*) situado(-a) entre ...; **livraison comprise/non comprise** entrega a domicilio incluida/no incluida; **y/non ~ la maison** inclusive la casa/sin incluir la casa; **service ~** servicio incluido; **20 euros tout ~** 20 euros con todo incluido

compromettant, e [kɔ̃pʀɔmetɑ̃, ɑ̃t] ADJ comprometedor(a)

compromettre [kɔ̃pʀɔmɛtʀ] VT comprometer

compromis [kɔ̃pʀɔmi] VB *voir* **compromettre** ▶ NM arreglo

compromission [kɔ̃pʀɔmisjɔ̃] NF compromiso

comptabiliser [kɔ̃tabilize] VT contabilizar

comptabilité [kɔ̃tabilite] NF contabilidad *f*; **~ en partie double** contabilidad por partida doble

comptable [kɔ̃tabl] NMF, ADJ contable *mf*, contador *m* (*AM*); **~ de** responsable de

comptant [kɔ̃tɑ̃] ADV : **payer/acheter ~** pagar/comprar al contado

compte [kɔ̃t] NM cuenta; **ouvrir un ~** abrir una cuenta; **rendre des comptes à qn** (*fig*) dar cuentas a algn; **faire le ~ de** hacer la cuenta de; **tout ~ fait, au bout du ~** después de todo; **à ce ~-là** (*dans ce cas*) en este caso; (*à ce train-là*) a este paso; **en fin de ~** (*fig*) a fin de cuentas; **à bon ~** a buen precio; **avoir son ~** (*fig : fam*) tener su merecido; **pour le ~ de qn** por cuenta de algn; **pour son propre ~** por su propia cuenta; **sur le ~ de qn** (*à son sujet*) acerca de algn; **travailler à son ~** trabajar por su cuenta; **mettre qch sur le ~ de qn** echar la culpa de algo a algn; **prendre qch à son ~** hacerse cargo de algo; **trouver son ~ à** sacar provecho a, tener interés en; **régler un ~** ajustar cuentas; **rendre ~ (à qn) de qch** dar cuenta de algo (a algn); **tenir ~ de qch/que** tener en cuenta algo/que; **~ tenu de** teniendo en cuenta, habida cuenta de; **il a fait cela sans avoir tenu ~ de ...** hizo eso sin haber tenido en cuenta ...; **~ à rebours** cuenta atrás; **~ chèque postal, ~ chèques postaux** cuenta de cheques postales; **~ chèques** cuenta corriente con cheques; **~ client** cuentas por cobrar; **~ courant** cuenta corriente; **~ de dépôt/d'exploitation** cuenta de depósito/de explotación; **~ fournisseur** cuentas por pagar; **~ rendu** informe *m*; (*de film, livre*) reseña ■ **comptes** NMPL (*comptabilité*) cuentas *fpl*

compte-goutte NM, **compte-gouttes** NM INV [kɔ̃tgut] (*pl* **compte-gouttes**) cuentagotas *m inv*; **au ~** (*fig*) con cuentagotas

compter [kɔ̃te] VT contar; (*facturer*) cobrar; (*comporter*) constar de; **~ réussir/revenir** esperar aprobar/volver; **sans ~ que** sin contar con que; **je compte bien que** espero que ▶ VI contar; (*être économe*) hacer números; **~ pour** (*valoir*) servir para, contar para; **~ parmi** figurar entre; **~ sur** contar con; **~ avec/sans qch/qn** contar con/sin algo/algn; **à ~ du 10 janvier** a partir del 10 de enero; **ça compte beaucoup pour moi** esto tiene mucha importancia para mí

compte-tours [kɔ̃ttuʀ] NM INV cuentarrevoluciones *m inv*

compteur [kɔ̃tœʀ] NM (*d'auto*) cuentakilómetros *m inv*; (*à gaz, électrique*) contador *m*; **~ de vitesse** velocímetro

comptine [kɔ̃tin] NF canción *f* infantil

comptoir [kɔ̃twaʀ] NM (*de magasin*) mostrador *m*; (*de café*) barra; (*ville coloniale*) factoría; **prendre un café au ~** tomar un café en la barra

compulser [kɔ̃pylse] VT compulsar

comte, comtesse [kɔ̃t, kɔ̃tɛs] NM/F conde (condesa)

con, ne [kɔ̃, kɔn] (*fam !*) ADJ, NM/F gilipollas *mf inv* (*fam !*)

concasser [kɔ̃kɑse] VT machacar

concave [kɔ̃kav] ADJ cóncavo(-a)

concéder [kɔ̃sede] VT (*défaite, point*) reconocer, admitir; (*avantage, droit*) conceder; **~ que** admitir que

concélébrer [kɔ̃selebʀe] VT concelebrar

concentration [kɔ̃sɑ̃tʀasjɔ̃] NF concentración *f*

concentrationnaire [kɔ̃sɑ̃tʀasjɔnɛʀ] ADJ de campo de concentración

concentré, e [kɔ̃sɑ̃tʀe] ADJ concentrado(-a) ▶ NM concentrado; **~ de tomate(s)** concentrado de tomate

concentrer [kɔ̃sɑ̃tʀe] VT concentrar ■ **se concentrer** VPR concentrarse

concentrique [kɔ̃sɑ̃tʀik] ADJ concéntrico(-a)

concept [kɔ̃sɛpt] NM concepto

concepteur [kɔ̃sɛptœʀ] NM diseñador *m*

conception [kɔ̃sɛpsjɔ̃] NF (*d'un projet, d'un enfant*) concepción *f*; (*d'une machine etc*) diseño

concernant [kɔ̃sɛʀnɑ̃] PRÉP (*se rapportant à*) referente a, relativo(-a) a; (*en ce qui concerne*) en lo concerniente a

concerner [kɔ̃sɛʀne] VT concernir a; **en ce qui me concerne** en lo que a mí respecta; **en ce qui concerne ceci** en lo que concierne a esto, en lo referente a esto

concert [kɔ̃sɛʀ] NM (*Mus*) concierto; (*fig*) coro; **de ~** de concierto

concertation [kɔ̃sɛʀtasjɔ̃] NF (*échange de vues*) concertación *f*; (*rencontre*) encuentro

concerter [kɔ̃sɛʀte] VT concertar ■ **se concerter** VPR ponerse de acuerdo, concertarse

concertiste [kɔ̃sɛʀtist] NMF concertista *mf*

concerto [kɔ̃sɛʀto] NM concierto

concession [kɔ̃sesjɔ̃] NF concesión *f*

concessionnaire [kɔ̃sesjɔnɛʀ] NMF concesionario(-a)

concevable [kɔ̃s(ə)vabl] ADJ concebible

concevoir [kɔ̃s(ə)vwaʀ] VT concebir; (*imaginer*) imaginar; (*machine*) diseñar; (*éprouver*) sentir; (*comprendre*) comprender; **appartement bien/mal conçu** piso bien/mal diseñado ■ **se concevoir** VPR (*être imaginable*) concebirse; (*être compréhensible*) : **ça se conçoit** se entiende

concierge [kɔ̃sjɛʀʒ] NMF portero(-a); (*d'hôtel*) conserje *m*

conciergerie [kɔ̃sjɛʀʒəʀi] NF portería

concile [kɔ̃sil] NM concilio

conciliable [kɔ̃siljabl] ADJ conciliable
conciliabules [kɔ̃siljabyl] NMPL conciliábulos *mpl*
conciliant, e [kɔ̃siljɑ̃, jɑ̃t] ADJ conciliador(a)
conciliateur, -trice [kɔ̃siljatœʀ, tʀis] NM/F conciliador(a)
conciliation [kɔ̃siljasjɔ̃] NF conciliación *f*
concilier [kɔ̃silje] VT conciliar; **se ~ qn/l'appui de qn** ganarse a algn/el apoyo de algn
concis, e [kɔ̃si, iz] ADJ conciso(-a)
concision [kɔ̃sizjɔ̃] NF concisión *f*
concitoyen, ne [kɔ̃sitwajɛ̃, jɛn] NM/F conciudadano(-a)
conclave [kɔ̃klav] NM cónclave *m*
concluant, e [kɔ̃klyɑ̃, ɑ̃t] VB *voir* **conclure** ▸ ADJ concluyente
conclure [kɔ̃klyʀ] VT (*accord, pacte*) concluir; (*terminer*) concluir, terminar; **~ qch de qch** deducir algo de algo; **~ à** (*Jur, gén*) : **~ au suicide** decidirse *ou* pronunciarse por un suicidio; **~ à l'acquittement** pronunciarse por la absolución, dictar la libre absolución; **~ un marché** cerrar un trato; **j'en conclus que** deduzco que
conclusion [kɔ̃klyzjɔ̃] NF conclusión *f*; **en ~** en conclusión ▪ **conclusions** NFPL (*Jur*) conclusiones *fpl*
concocter [kɔ̃kɔkte] VT tramar
conçois *etc* [kɔ̃swa] VB *voir* **concevoir**
conçoive *etc* [kɔ̃swav] VB *voir* **concevoir**
concombre [kɔ̃kɔ̃bʀ] NM pepino
concomitant, e [kɔ̃kɔmitɑ̃, ɑ̃t] ADJ concomitante
concordance [kɔ̃kɔʀdɑ̃s] NF concordancia; **la ~ des temps** la concordancia de los tiempos
concordant, e [kɔ̃kɔʀdɑ̃, ɑ̃t] ADJ concordante
concorde [kɔ̃kɔʀd] NF concordia
concorder [kɔ̃kɔʀde] VI concordar
concourir [kɔ̃kuʀiʀ] VI (*en sport*) competir; **~ à** contribuir a
concours [kɔ̃kuʀ] VB *voir* **concourir** ▸ NM concurso; (*Scol*) examen *m* eliminatorio; **recrutement par voie de ~** (*Admin*) incorporación *f* mediante oposición; (*Scol*) incorporación mediante examen eliminatorio; **apporter son ~ à** ayudar a; **~ de circonstances** cúmulo de circunstancias; **~ hippique** concurso hípico
concret, -ète [kɔ̃kʀɛ, ɛt] ADJ concreto(-a); **musique concrète** música concreta
concrètement [kɔ̃kʀɛtmɑ̃] ADV concretamente
concrétisation [kɔ̃kʀetizasjɔ̃] NF concreción *f*
concrétiser [kɔ̃kʀetize] VT concretar ▪ **se concrétiser** VPR concretarse
conçu, e [kɔ̃sy] PP *de* **concevoir**
concubin, e [kɔ̃kybɛ̃, in] NM/F (*Jur*) compañero(-a)
concubinage [kɔ̃kybinaʒ] NM concubinato
concubine [kɔ̃kybin] NF (*maîtresse*) concubina; *voir aussi* **concubin**
concupiscence [kɔ̃kypisɑ̃s] NF concupiscencia
concurremment [kɔ̃kyʀamɑ̃] ADV (*conjointement*) conjuntamente; (*en même temps*) simultáneamente
concurrence [kɔ̃kyʀɑ̃s] NF competencia; **en ~ avec** en competencia con; **jusqu'à ~ de** hasta un total de; **~ déloyale** competencia desleal
concurrencer [kɔ̃kyʀɑ̃se] VT hacer la competencia a
concurrent, e [kɔ̃kyʀɑ̃, ɑ̃t] ADJ (*société*) competidor(a); (*parti*) opositor(a) ▸ NM/F (*Sport, Écon*) competidor(a); (*Scol*) candidato(-a)
concurrentiel, le [kɔ̃kyʀɑ̃sjɛl] ADJ competitivo(-a)
conçus [kɔ̃sy] VB *voir* **concevoir**
condamnable [kɔ̃danabl] ADJ condenable
condamnation [kɔ̃danasjɔ̃] NF condena; **~ à mort** condena de muerte
condamné, e [kɔ̃dane] NM/F condenado(-a)
condamner [kɔ̃dane] VT condenar; (*malade*) desahuciar; (*fig*) invalidar; **~ qn à qch/à faire** (*obliger*) condenar a algn a algo/a hacer; **~ qn à deux ans de prison** condenar a algn a dos años de prisión; **~ qn à une amende** imponer una multa a algn
condensateur [kɔ̃dɑ̃satœʀ] NM condensador *m*
condensation [kɔ̃dɑ̃sasjɔ̃] NF condensación *f*
condensé, e [kɔ̃dɑ̃se] ADJ condensado(-a) ▸ NM extracto
condenser [kɔ̃dɑ̃se] VT (*texte*) resumir, condensar; (*gaz*) condensar ▪ **se condenser** VPR (*matière*) condensarse
condescendance [kɔ̃desɑ̃dɑ̃s] NF condescendencia
condescendant, e [kɔ̃desɑ̃dɑ̃, ɑ̃t] ADJ condescendiente
condescendre [kɔ̃desɑ̃dʀ] VI : **~ à qch/à faire qch** condescender a algo/a hacer algo
condiment [kɔ̃dimɑ̃] NM condimento
condisciple [kɔ̃disipl] NMF condiscípulo(-a)
condition [kɔ̃disjɔ̃] NF condición *f*; **sans ~** sin condiciones; **à/sous ~ de/que** a/con la condición de/de que; **en bonne ~** (*aliments, envoi*) en buenas condiciones; **mettre en ~** (*Sport*) entrenar; (*Psych*) condicionar ▪ **conditions** NFPL (*tarif, prix, circonstances*) condiciones *fpl*; **conditions atmosphériques** condiciones atmosféricas; **conditions de vie** condiciones de vida
conditionné, e [kɔ̃disjɔne] ADJ (*produit*) envasado(-a); **air ~** aire *m* acondicionado; **réflexe ~** reflejo condicionado
conditionnel, le [kɔ̃disjɔnɛl] ADJ condicional ▸ NM (*Ling*) condicional *m*
conditionnement [kɔ̃disjɔnmɑ̃] NM acondicionamiento; (*emballage*) embalaje *m*, envasado; (*fig*) condicionamiento

conditionner [kɔ̃disjɔne] VT (*aussi fig*) condicionar; (*produit*) envasar, acondicionar

condoléances [kɔ̃dɔleɑ̃s] NFPL pésame *m*

conducteur, -trice [kɔ̃dyktœʀ, tʀis] ADJ conductor(a) ▶ NM (*Élec*) conductor *m* ▶ NM/F conductor(a)

conduire [kɔ̃dɥiʀ] VT conducir; (*passager*) llevar; (*diriger*) dirigir; **~ vers/à** (*suj : route*) conducir a, llevar hacia/a; **~ à** (*suj : attitude, erreur*) llevar a; **~ qn quelque part** llevar a algn a algún sitio ■ **se conduire** VPR comportarse, portarse; **se ~ bien/mal** portarse bien/mal

conduit [kɔ̃dɥi] PP *de* **conduire** ▶ NM conducto

conduite [kɔ̃dɥit] NF (*en auto*) conducción *f*, manejo (AM); (*comportement*) conducta; (*d'eau, gaz*) conducto; **sous la ~ de** bajo la dirección de; **~ à gauche** conducción *f* por la izquierda; **~ forcée** tubería *ou* conducción *f* forzada; **~ intérieure** coche *m* cerrado, limusina

cône [kon] NM cono; **en forme de ~** en forma de cono; **~ d'avalanche** cono de avalancha; **~ de déjection** cono de deyección

confection [kɔ̃fɛksjɔ̃] NF confección *f*; **la ~** (*Couture*) la confección; **vêtement de ~** ropa de confección

confectionner [kɔ̃fɛksjɔne] VT confeccionar

confédération [kɔ̃fedeʀasjɔ̃] NF confederación *f*

conférence [kɔ̃feʀɑ̃s] NF conferencia; **~ au sommet** conferencia cumbre; **~ de presse** conferencia de prensa

conférencier, -ière [kɔ̃feʀɑ̃sje, jɛʀ] NM/F conferenciante *mf*

conférer [kɔ̃feʀe] VT : **~ à qn** (*titre, grade*) otorgar *ou* conferir a algn; **~ à qn/qch** (*attitude, aspect*) conferir a algn/algo

confesser [kɔ̃fese] VT confesar ■ **se confesser** VPR confesarse

confesseur [kɔ̃fesœʀ] NM confesor *m*

confession [kɔ̃fesjɔ̃] NF confesión *f*

confessionnal, -aux [kɔ̃fesjɔnal, o] NM confesionario

confessionnel, le [kɔ̃fesjɔnɛl] ADJ confesional

confetti [kɔ̃feti] NM confetis *mpl*

confiance [kɔ̃fjɑ̃s] NF confianza; **avoir ~ en** tener confianza en; **faire ~ à** confiar en; **en toute ~** con toda confianza; **mettre qn en ~** dar confianza a algn; **de ~** de confianza; **question/vote de ~** moción *f*/voto de confianza; **inspirer ~ à** inspirar confianza a; **digne de ~** digno de confianza; **~ en soi** confianza en sí mismo

confiant, e [kɔ̃fjɑ̃, jɑ̃t] ADJ confiado(-a)

confidence [kɔ̃fidɑ̃s] NF confidencia

confident, e [kɔ̃fidɑ̃, ɑ̃t] NM/F confidente *mf*

confidentiel, le [kɔ̃fidɑ̃sjɛl] ADJ confidencial

confidentiellement [kɔ̃fidɑ̃sjɛlmɑ̃] ADV confidencialmente

confier [kɔ̃fje] VT confiar; **~ qch à qn** (*en dépôt, garde*) confiar algo a algn; **se ~ à qn** confiarse a algn

configuration [kɔ̃figyʀasjɔ̃] NF configuración *f*

configurer [kɔ̃figyʀe] VT configurar

confiné, e [kɔ̃fine] ADJ (*air*) viciado(-a); (*chez soi*) recluido(-a)

confiner [kɔ̃fine] VT : **~ à** limitar con; (*toucher*) lindar con; **la maladie le confine chez lui** la enfermedad lo tiene recluido en casa ■ **se confiner dans** *ou* **à** VPR (*se restreindre*) encerrarse en; (*dans un lieu*) confinarse en, encerrarse en

confins [kɔ̃fɛ̃] NMPL : **aux ~ de** en los confines de

confire [kɔ̃fiʀ] VT (*au sucre*) confitar; (*au vinaigre*) encurtir

confirmation [kɔ̃fiʀmasjɔ̃] NF confirmación *f*

confirmé, e [kɔ̃fiʀme] ADJ (*expérimenté*) avanzado(-a)

confirmer [kɔ̃fiʀme] VT confirmar; **~ qn dans une croyance** reafirmar a algn en sus creencias; **~ qn dans ses fonctions** ratificar a algn en sus funciones; **~ qch à qn** confirmar algo a algn

confiscation [kɔ̃fiskasjɔ̃] NF confiscación *f*

confiserie [kɔ̃fizʀi] NF confitería ■ **confiseries** NFPL (*bonbons*) golosinas *fpl*

confiseur, -euse [kɔ̃fizœʀ, øz] NM/F confitero(-a)

confisquer [kɔ̃fiske] VT (*Jur*) confiscar; (*à un enfant*) quitar

confit, e [kɔ̃fi, it] ADJ : **fruits confits** frutas *fpl* confitadas; **~ d'oie** *nm* conserva de oca en su grasa

confiture [kɔ̃fityʀ] NF confitura, mermelada; **~ d'oranges** mermelada de naranja

conflagration [kɔ̃flagʀasjɔ̃] NF conflagración *f*

conflictuel, le [kɔ̃fliktɥɛl] ADJ conflictivo(-a)

conflit [kɔ̃fli] NM conflicto; (*fig*) choque *m*, conflicto; **~ armé** conflicto armado; **~ d'intérêts** conflicto de intereses

confluent [kɔ̃flyɑ̃] NM confluencia

confondre [kɔ̃fɔ̃dʀ] VT confundir; **~ qch/qn avec qch/qn d'autre** confundir algo/a algn con algo/con algn ■ **se confondre** VPR confundirse; **se ~ en excuses/remerciements** deshacerse en disculpas/agradecimientos

confondu, e [kɔ̃fɔ̃dy] PP *de* **confondre** ▶ ADJ (*stupéfait*) confuso(-a), perplejo(-a); **toutes catégories confondues** para todas las categorías

conformation [kɔ̃fɔʀmasjɔ̃] NF conformación *f*

conforme [kɔ̃fɔʀm] ADJ : **~ à** conforme a; **copie certifiée ~ (à l'original)** copia compulsada; **~ à la commande** según el pedido, conforme con el pedido

conformé, e [kɔ̃fɔʀme] ADJ : **bien ~** bien formado(-a)

conformément [kɔ̃fɔʀmemɑ̃] ADV : **~ à** conforme a, según
conformer [kɔ̃fɔʀme] VT : **~ qch à** adecuar algo a ■ **se conformer à** VPR adecuarse a, adaptarse a
conformisme [kɔ̃fɔʀmism] NM conformismo
conformiste [kɔ̃fɔʀmist] ADJ, NMF conformista *mf*
conformité [kɔ̃fɔʀmite] NF conformidad *f*; **en ~ avec** (*un modèle, une règle*) en conformidad con; (*idées*) de acuerdo con
confort [kɔ̃fɔʀ] NM confort *m*; **tout ~** con todas las comodidades
confortable [kɔ̃fɔʀtabl] ADJ confortable, cómodo(-a); (*avance*) holgado(-a)
confortablement [kɔ̃fɔʀtabləmɑ̃] ADV (*dans le confort*) cómodamente; (*dans la richesse*) holgadamente; (*dans une association*) generosamente
conforter [kɔ̃fɔʀte] VT confortar
confrère [kɔ̃fʀɛʀ] NM colega *m*
confrérie [kɔ̃fʀeʀi] NF cofradía
confrontation [kɔ̃fʀɔ̃tasjɔ̃] NF confrontación *f*; (*Jur*) careo
confronté, e [kɔ̃fʀɔ̃te] ADJ : **~ à** enfrentado(-a) a
confronter [kɔ̃fʀɔ̃te] VT confrontar; (*textes*) cotejar, confrontar; (*Jur*) confrontar, hacer un careo entre
confus, e [kɔ̃fy, yz] ADJ confuso(-a)
confusément [kɔ̃fyzemɑ̃] ADV (*distinguer*) confusamente; (*parler*) de forma ininteligible
confusion [kɔ̃fyzjɔ̃] NF confusión *f*; **~ des peines** confusión de las penas
congé [kɔ̃ʒe] NM (*vacances*) vacaciones *fpl*; (*arrêt de travail*) descanso; (*Mil*) permiso; (*avis de départ*) baja; **en ~** de vacaciones; (*en arrêt de travail*) de descanso; (*soldat*) de licencia; **semaine/jour de ~** semana/día *m* de vacaciones; **prendre ~ de qn** despedirse de algn; **donner son ~ à** despedir a; **~ de maladie** baja por enfermedad; **~ de maternité** baja maternal; **congés payés** vacaciones pagadas
congédier [kɔ̃ʒedje] VT despedir
congélateur [kɔ̃ʒelatœʀ] NM congelador *m*
congélation [kɔ̃ʒelasjɔ̃] NF congelación *f*
congeler [kɔ̃ʒ(ə)le] VT congelar ■ **se congeler** VPR congelarse
congénère [kɔ̃ʒenɛʀ] NMF congénere *mf*
congénital, e, -aux [kɔ̃ʒenital, o] ADJ congénito(-a)
congère [kɔ̃ʒɛʀ] NF montón *m* de nieve
congestion [kɔ̃ʒɛstjɔ̃] NF (*routière, postale*) congestión *f*; **~ cérébrale** derrame *m* cerebral; **~ pulmonaire** congestión pulmonar
congestionner [kɔ̃ʒɛstjɔne] VT congestionar
conglomérat [kɔ̃glɔmeʀa] NM conglomerado
Congo [kɔ̃go] NM : **le ~** (*pays, fleuve*) el Congo
congolais, e [kɔ̃gɔlɛ, ɛz] ADJ congolés(-esa) ▶ NM/F : **Congolais, e** congolés(-esa)
congratuler [kɔ̃gʀatyle] VT congratular
congre [kɔ̃gʀ] NM congrio
congrégation [kɔ̃gʀegasjɔ̃] NF congregación *f*
congrès [kɔ̃gʀɛ] NM congreso
congressiste [kɔ̃gʀesist] NMF congresista *mf*
congru, e [kɔ̃gʀy] ADJ : **portion congrue** porción *f* congrua
conifère [kɔnifɛʀ] NM conífera
conique [kɔnik] ADJ cónico(-a)
conjecture [kɔ̃ʒɛktyʀ] NF conjetura
conjecturer [kɔ̃ʒɛktyʀe] VT conjeturar ▶ VI hacer conjeturas
conjoint, e [kɔ̃ʒwɛ̃, wɛ̃t] ADJ conjunto(-a) ▶ NM/F (*époux*) cónyuge *mf*
conjointement [kɔ̃ʒwɛ̃tmɑ̃] ADV conjuntamente
conjonctif, -ive [kɔ̃ʒɔ̃ktif, iv] ADJ : **tissu ~** tejido conjuntivo
conjonction [kɔ̃ʒɔ̃ksjɔ̃] NF conjunción *f*
conjonctivite [kɔ̃ʒɔ̃ktivit] NF conjuntivitis *f inv*
conjoncture [kɔ̃ʒɔ̃ktyʀ] NF coyuntura; **la ~ économique** la coyuntura económica
conjoncturel, le [kɔ̃ʒɔ̃ktyʀɛl] ADJ coyuntural
conjugaison [kɔ̃ʒygɛzɔ̃] NF conjugación *f*
conjugal, e, -aux [kɔ̃ʒygal, o] ADJ conyugal
conjugué, e [kɔ̃ʒyge] ADJ conjugado(-a)
conjuguer [kɔ̃ʒyge] VT (*Ling*) conjugar; (*efforts*) conjugar, aunar
conjuration [kɔ̃ʒyʀasjɔ̃] NF conjuración *f*
conjuré, e [kɔ̃ʒyʀe] NM/F conjurado(-a)
conjurer [kɔ̃ʒyʀe] VT conjurar; **~ qn de faire qch** (*supplier*) rogar *ou* suplicar a algn que haga algo
connais [kɔnɛ] VB *voir* **connaître**
connaissais [kɔnɛsɛ] VB *voir* **connaître**
connaissance [kɔnɛsɑ̃s] NF (*savoir*) conocimiento; (*personne connue*) conocido(-a); (*conscience, perception*) conocimiento, sentido; **être sans ~** (*Méd*) estar sin conocimiento; **perdre/reprendre ~** perder/recobrar el conocimiento; **à ma/sa ~** por lo que sé/sabe; **faire ~ avec qn** *ou* **la ~ de qn** (*rencontrer*) conocer a algn; (*apprendre à connaître*) llegar a conocer a algn; **avoir ~ de** (*document, fait*) tener conocimiento de; **j'ai pris ~ de ...** ha llegado a mi conocimiento ...; **en ~ de cause** con conocimiento de causa; **de ~** conocido(-a) ■ **connaissances** NFPL (*savoir*) conocimientos *mpl*
connaissant [kɔnɛsɑ̃] VB *voir* **connaître**
connaissement [kɔnɛsmɑ̃] NM conocimiento
connaisseur, -euse [kɔnɛsœʀ, øz] NM/F conocedor(a), entendido(-a) ▶ ADJ de entendido(-a)

C

connaître [kɔnɛtʀ] VT conocer; (*adresse*) conocer, saber; **~ qn de nom/vue** conocer a algn de nombre/vista; **s'y ~ en qch** entender mucho de algo ■ **se connaître** VPR conocerse; (*se rencontrer*) conocerse, encontrarse; **ils se sont connus à Genève** se conocieron en Ginebra

connasse [kɔnas] (*fam !*) NF gilipollas *mf inv* (*fam !*)

connecté, e [kɔnɛkte] ADJ (*Inform*) conectado(-a), en línea; (*objets, montre*) conectado(-a)

connecter [kɔnɛkte] VT conectar ■ **se connecter** VPR : **se ~ à Internet** conectarse a Internet

connectique [kɔnɛktik] NF cableado *m*

connectivité [kɔnɛktivite] NF (*Inform*) conectividad *f*

connerie [kɔnʀi] (*fam !*) NF gilipollez *f*

connexe [kɔnɛks] ADJ conexo(-a)

connexion [kɔnɛksjɔ̃] NF conexión *f*

connivence [kɔnivɑ̃s] NF connivencia

connotation [kɔ(n)nɔtasjɔ̃] NF connotación *f*

connu, e [kɔny] PP *de* **connaître** ▸ ADJ conocido(-a)

conque [kɔ̃k] NF caracola

conquérant, e [kɔ̃keʀɑ̃, ɑ̃t] ADJ conquistador(a)

conquérir [kɔ̃keʀiʀ] VT (*en luttant*) conquistar; (*en séduisant*) conquistar, cautivar

conquerrai [kɔ̃kɛʀʀe] VB *voir* **conquérir**

conquête [kɔ̃kɛt] NF conquista

conquière *etc* [kɔ̃kjɛʀ] VB *voir* **conquérir**

conquiers *etc* [kɔ̃kjɛʀ] VB *voir* **conquérir**

conquis, e [kɔ̃ki, iz] PP *de* **conquérir**

consacré, e [kɔ̃sakʀe] ADJ consagrado(-a); **~ à** (*destiné à*) destinado(-a) a

consacrer [kɔ̃sakʀe] VT (*Rel*) : **~ qch (à)** consagrar algo (a); (*fig*) consagrar; **~ son temps/argent à faire** dedicar su tiempo/dinero a hacer; **~ qch à** (*employer*) dedicar algo a ■ **se consacrer** VPR : **se ~ à qch/à faire** dedicarse a algo/a hacer

consanguin, e [kɔ̃sɑ̃gɛ̃, in] ADJ : **frère ~** hermano consanguíneo; **mariage ~** matrimonio consanguíneo

consciemment [kɔ̃sjamɑ̃] ADV conscientemente

conscience [kɔ̃sjɑ̃s] NF conciencia; **avoir ~ de** ser consciente de; **prendre ~ de** (*situation, responsabilité*) tomar conciencia de; **avoir qch sur la ~** tener el peso de algo en la conciencia; **perdre/reprendre ~** perder/recuperar el conocimiento; **avoir bonne/mauvaise ~** tener buena/mala conciencia; **en (toute) ~** en conciencia; **~ professionnelle** conciencia profesional

consciencieux, -euse [kɔ̃sjɑ̃sjø, jøz] ADJ concienzudo(-a)

conscient, e [kɔ̃sjɑ̃, jɑ̃t] ADJ consciente; **~ de** consciente de

conscription [kɔ̃skʀipsjɔ̃] NF quinta, reclutamiento

conscrit [kɔ̃skʀi] NM recluta *m*

consécration [kɔ̃sekʀasjɔ̃] NF consagración *f*

consécutif, -ive [kɔ̃sekytif, iv] ADJ consecutivo(-a); **~ à** debido(-a) a

consécutivement [kɔ̃sekytivmɑ̃] ADV consecutivamente; **~ à** a consecuencia de

conseil [kɔ̃sɛj] NM consejo; **~ en recrutement** (*expert*) asesor *m* de contratación; **tenir ~** celebrar consejo; **je n'ai pas de ~ à recevoir de vous** no necesito recibir consejo de usted; **donner un ~/des conseils à qn** dar un consejo/consejos a algn; **demander ~ à qn** pedir consejo a algn; **prendre ~ (auprès de qn)** consultar (a algn); **~ d'administration** consejo de administración; **~ de classe/de discipline** (*Scol*) consejo escolar/disciplinario; **~ de guerre** consejo de guerra; **~ départemental** consejo departamental; *ver nota*; **~ de révision** junta de clasificación *ou* de revisión; **~ des ministres** consejo de ministros; **~ municipal** concejo, pleno municipal; **~ régional** consejo regional ▸ ADJ : **ingénieur(-)~** ingeniero consultor

> En Francia, el **Conseil départemental** se ocupa de las ayudas sociales, las infraestructuras de transportes, el turismo, el servicio de bomberos, ciertos aspectos de la cultura y la educación a nivel de cada *département*. Está compuesto de *conseillers généraux* elegidos por un período de seis años para representar su *canton*; para cada *canton*, se eligen dos *conseillers*, un hombre y una mujer.

conseiller[1] [kɔ̃seje] VT aconsejar a; **~ qch à qn** aconsejar algo a algn; **~ à qn de faire qch** aconsejar a algn hacer algo

> Pour traduire **conseiller de**, on n'emploie pas de préposition en espagnol :
> **Il m'a conseillé d'utiliser un dictionnaire.**
> Me aconsejó utilizar un diccionario.

conseiller[2]**, -ère** [kɔ̃seje, ɛʀ] NM/F consejero(-a); **~ d'orientation** (*Scol*) asesor(a) de orientación profesional; **~ matrimonial(e)** asesor(a) matrimonial; **~ municipal(e)** concejal(a)

consensuel, le [kɔ̃sɑ̃sɥɛl] ADJ consensuado(-a); (*Jur*) consensual

consensus [kɔ̃sɛ̃sys] NM consenso

consentement [kɔ̃sɑ̃tmɑ̃] NM consentimiento

consentir [kɔ̃sɑ̃tiʀ] VT : **~ (à qch/à faire)** consentir (en algo/en hacer); **~ qch à qn** consentir algo a algn

conséquence [kɔ̃sekɑ̃s] NF consecuencia; **en ~** (*donc*) en consecuencia, por consiguiente; (*de façon appropriée*) en consecuencia; **ne pas tirer à ~** no traer consecuencias; **sans ~** sin consecuencia; **lourd de ~** lleno de consecuencias ■ **conséquences** NFPL (*effet, répercussion*) consecuencias *fpl*

conséquent, e [kɔ̃sekɑ̃, ɑ̃t] ADJ (*personne, attitude*) consecuente; (*fam: important*) importante; **par ~** por consiguiente, por lo tanto

conservateur, -trice [kɔ̃sɛʀvatœʀ, tʀis] ADJ conservador(a) ▶ NM/F conservador(a) ▶ NM (*Biol, Chim: produit*) conservante *m*

conservation [kɔ̃sɛʀvasjɔ̃] NF conservación *f*

conservatisme [kɔ̃sɛʀvatism] NM conservadurismo

conservatoire [kɔ̃sɛʀvatwaʀ] NM (*de musique*) conservatorio; (*de comédiens*) escuela de arte dramático

conserve [kɔ̃sɛʀv] NF (*gén pl: aliments*) conserva; **en ~** en conserva; **de ~** (*ensemble*) juntos(-as); (*naviguer*) en conserva; **conserves de poisson** conservas de pescado

conservé, e [kɔ̃sɛʀve] ADJ: **bien ~** (*personne*) bien conservado(-a)

conserver [kɔ̃sɛʀve] VT conservar; (*habitude*) mantener, conservar; **« ~ au frais »** « conservar en frío » ■ **se conserver** VPR conservarse

conserverie [kɔ̃sɛʀvəʀi] NF fábrica de conservas, conservería

considérable [kɔ̃sideʀabl] ADJ considerable

considérablement [kɔ̃sideʀabləmɑ̃] ADV considerablemente

considération [kɔ̃sideʀasjɔ̃] NF consideración *f*; (*raison*) razonamiento, consideración; **prendre en ~** tomar en consideración; **cela mérite ~** eso merece ser considerado; **en ~ de** en consideración a ■ **considérations** NFPL (*remarques, réflexions*) consideraciones *fpl*

considéré, e [kɔ̃sideʀe] ADJ considerado(-a); **tout bien ~** considerándolo mejor

considérer [kɔ̃sideʀe] VT considerar; (*regarder*) examinar; **~ que** considerar que; **~ qch comme** considerar algo como

consigne [kɔ̃siɲ] NF (*ordre, instruction, de gare*) consigna; (*de bouteilles*) importe *m* (del envase); (*retenue*) castigo; (*Mil*) arresto; **~ automatique** consigna automática; **consignes de sécurité** consignas de seguridad

consigné, e [kɔ̃siɲe] ADJ: **~/non ~** retornable/no retornable

consigner [kɔ̃siɲe] VT (*note, pensée*) consignar, anotar; (*marchandises*) consignar; (*Mil*) arrestar; (*élève*) castigar; (*emballage*) cobrar el envase

consistance [kɔ̃sistɑ̃s] NF (*d'une substance*) consistencia; (*fig*) solidez *f*

consistant, e [kɔ̃sistɑ̃, ɑ̃t] ADJ consistente; (*argument*) consistente, de peso

consister [kɔ̃siste] VI: **~ en** *ou* **dans** consistir en; **~ à faire** consistir en hacer

consœur [kɔ̃sœʀ] NF colega

consolation [kɔ̃sɔlasjɔ̃] NF: **avoir la ~ de** tener el consuelo de; **lot/prix de ~** lote *m*/premio de consolación

console [kɔ̃sɔl] NF (*table*) consola; (*Constr*) ménsula; (*Inform*) tablero; (*d'enregistrement*) mesa de grabación; **~ de jeu** consola (de videojuegos); **~ de visualisation** consola de visualización; **~ graphique** mesa de trazador

consoler [kɔ̃sɔle] VT consolar; **se ~ (de qch)** consolarse (de algo)

consolider [kɔ̃sɔlide] VT (*aussi fig*) consolidar; (*meuble*) reforzar; **bilan consolidé** balance *m* consolidado

consommateur, -trice [kɔ̃sɔmatœʀ, tʀis] NM/F (*Écon*) consumidor(a); (*dans un café*) cliente *mf*

consommation [kɔ̃sɔmasjɔ̃] NF consumo; (*au café*) consumición *f*; **la ~** (*Écon*) el consumo; **de ~** (*biens*) de consumo; **~ aux 100 km** (*Auto*) consumo cada 100 km

consommé, e [kɔ̃sɔme] ADJ consumado(-a) ▶ NM consomé *m*

consommer [kɔ̃sɔme] VT consumir; (*mariage*) consumar ▶ VI (*dans un café*) consumir, tomar

consonance [kɔ̃sɔnɑ̃s] NF consonancia; **nom à ~ étrangère** nombre *m* que suena extranjero

consonne [kɔ̃sɔn] NF consonante *f*

consortium [kɔ̃sɔʀsjɔm] NM consorcio

consorts [kɔ̃sɔʀ] (*péj*) NMPL: **et ~** y secuaces

conspirateur, -trice [kɔ̃spiʀatœʀ, tʀis] NM/F conspirador(a)

conspiration [kɔ̃spiʀasjɔ̃] NF conspiración *f*

conspirationniste [kɔ̃spiʀasjɔnist] ADJ, NM/F conspiracionista *m/f*

conspirer [kɔ̃spiʀe] VI conspirar; **~ à** (*tendre à*) contribuir a; (*qch de négatif*) conspirar a

conspuer [kɔ̃spɥe] VT abuchear

constamment [kɔ̃stamɑ̃] ADV constantemente

constance [kɔ̃stɑ̃s] NF constancia

constant, e [kɔ̃stɑ̃, ɑ̃t] ADJ constante

constante [kɔ̃stɑ̃t] NF constante *f*

constat [kɔ̃sta] NM (*d'huissier*) acta; (*après un accident*) atestado; **faire un ~ démoralisant** llegar a una conclusión desmoralizante; **faire un ~ d'échec** reconocer su *etc* fracaso; **~ (à l'amiable)** (*Auto*) parte *m* amistoso

constatation [kɔ̃statasjɔ̃] NF (*d'un fait*) constatación *f*; (*remarque*) constatación, observación *f*

constater [kɔ̃state] VT (*remarquer*) advertir, observar; (*Admin, Jur*) testificar; (*dégâts*) constatar; **~ que** (*remarquer*) notar que; (*faire observer, dire*) advertir que

constellation [kɔ̃stelasjɔ̃] NF constelación *f*

constellé, e [kɔ̃stele] ADJ: **~ de** (*joyaux, lumières*) cuajado(-a) de; (*taches*) salpicado(-a) de

consternant, e [kɔ̃stɛʀnɑ̃, ɑ̃t] ADJ desolador(a)

consternation [kɔ̃stɛʀnasjɔ̃] NF consternación *f*

consterner [kɔ̃stɛʀne] VT consternar

constipation [kɔ̃stipasjɔ̃] NF estreñimiento

constipé, e [kɔ̃stipe] ADJ estreñido(-a); (*fig*) crispado(-a)

constiper [kɔ̃stipe] VT estreñir

constituant, e [kɔ̃stitɥɑ̃, ɑ̃t] ADJ constituyente; **assemblée constituante** asamblea constituyente

constitué, e [kɔ̃stitɥe] ADJ : **~ de** constituido(-a) por, integrado(-a) por; **bien/mal ~** bien/mal constituido(-a) *ou* formado(-a)

constituer [kɔ̃stitɥe] VT constituir; (*dossier*) elaborar; (*collection*) reunir; **se ~ partie civile** constituirse en parte civil; **se ~ prisonnier** entregarse a la justicia

constitution [kɔ̃stitysjɔ̃] NF constitución *f*; (*d'un dossier*) elaboración *f*; (*composition*) composición *f*

constitutionnel, le [kɔ̃stitysjɔnɛl] ADJ constitucional

constructeur [kɔ̃stRyktœR] NM constructor *m*; **~ automobile** fabricante *m* de coches

constructible [kɔ̃stRyktibl] ADJ edificable

constructif, -ive [kɔ̃stRyktif, iv] ADJ constructivo(-a)

construction [kɔ̃stRyksjɔ̃] NF construcción *f*

construire [kɔ̃stRɥiR] VT construir ■ **se construire** VPR : **ça s'est beaucoup construit dans la région** se edificó mucho en la región

consul [kɔ̃syl] NMF cónsul *mf*

consulaire [kɔ̃sylɛR] ADJ consular

consulat [kɔ̃syla] NM consulado

consultant, e [kɔ̃syltɑ̃, ɑ̃t] ADJ consultor(a)

consultatif, -ive [kɔ̃syltatif, iv] ADJ consultivo(-a)

consultation [kɔ̃syltasjɔ̃] NF consulta; **être en ~** (*délibération*) estar en deliberación; (*Méd*) estar pasando consulta; **aller à la ~** (*Méd*) ir a la consulta; **heures de ~** (*Méd*) horas *fpl* de consulta ■ **consultations** NFPL (*pourparlers*) deliberaciones *fpl*

consulter [kɔ̃sylte] VT consultar ▶ VI (*médecin*) examinar ■ **se consulter** VPR consultarse

consumer [kɔ̃syme] VT consumir ■ **se consumer** VPR consumirse; **se ~ de chagrin/douleur** consumirse de pena/dolor

consumérisme [kɔ̃symeRism] NM *protección de los intereses de los consumidores*

contact [kɔ̃takt] NM contacto; **au ~ de** al contacto con; **mettre/couper le ~** (*Auto*) encender *ou* poner/apagar *ou* quitar el contacto; **entrer en ~** (*fils, objets*) hacer contacto; **se mettre en ~ avec qn** ponerse en contacto con algn; **prendre ~ avec** ponerse en contacto con

contacter [kɔ̃takte] VT contactar con

contagieux, -euse [kɔ̃taʒjø, jøz] ADJ contagioso(-a)

contagion [kɔ̃taʒjɔ̃] NF contagio

container [kɔ̃tɛnɛR] NM contenedor *m*, container *m*

contamination [kɔ̃taminasjɔ̃] NF contaminación *f*

contaminer [kɔ̃tamine] VT contaminar

conte [kɔ̃t] NM cuento; **~ de fées** cuento de hadas

contemplatif, -ive [kɔ̃tɑ̃platif, iv] ADJ contemplativo(-a)

contemplation [kɔ̃tɑ̃plasjɔ̃] NF (*aussi Rel, Philos*) contemplación *f*; **être en ~ devant** estar ensimismado(-a) delante de

contempler [kɔ̃tɑ̃ple] VT contemplar

contemporain, e [kɔ̃tɑ̃pɔRɛ̃, ɛn] ADJ, NM/F contemporáneo(-a)

contenance [kɔ̃t(ə)nɑ̃s] NF (*d'un récipient*) capacidad *f*, cabida; (*attitude*) compostura, actitud *f*; **perdre ~** (*se mettre en colère*) perder los estribos; (*être embarrassé*) perder el aplomo; **se donner une ~** fingir serenidad, disimular; **faire bonne ~ devant** mostrar aplomo ante

conteneur [kɔ̃t(ə)nœR] NM contenedor *m*

conteneurisation [kɔ̃tnœRizasjɔ̃] NF contenerización *f*

contenir [kɔ̃t(ə)niR] VT (*aussi fig*) contener; (*local*) tener una capacidad de *ou* para ■ **se contenir** VPR contenerse

content, e [kɔ̃tɑ̃, ɑ̃t] ADJ contento(-a); **~ de qn/qch** contento(-a) con algn/algo; **~ de soi** contento(-a) de sí mismo(-a), satisfecho(-a) de sí mismo(-a); **je serais ~ que tu ...** me alegraría que tú ...

> Pour dire que l'on est content de quelque chose, on emploie le plus souvent la construction *alegrarse de* suivie du subjonctif :
> **Je suis content que tu sois venu.** Me alegro de que hayas venido.

contentement [kɔ̃tɑ̃tmɑ̃] NM satisfacción *f*

contenter [kɔ̃tɑ̃te] VT (*personne*) contentar; (*envie, caprice*) satisfacer ■ **se contenter de** VPR contentarse con

contentieux [kɔ̃tɑ̃sjø] NM (*litiges*) contencioso; **le ~** (*service*) lo contencioso

contenu, e [kɔ̃t(ə)ny] PP *de* **contenir** ▶ ADJ (*colère, sentiments*) contenido(-a) ▶ NM contenido; **les créateurs de contenus** (*Internet*) los creadores de contenido

conter [kɔ̃te] VT contar, relatar; **il m'en a conté de belles !** ¡lo que me ha contado!

contestable [kɔ̃tɛstabl] ADJ discutible

contestataire [kɔ̃tɛstatɛR] ADJ, NMF contestatario(-a)

contestation [kɔ̃tɛstasjɔ̃] NF (*d'un résultat*) cuestionamiento; (*discussion*) polémica; **la ~** (*Pol*) la oposición

conteste [kɔ̃tɛst] : **sans ~** *adv* sin discusión

contesté, e [kɔ̃tɛste] ADJ controvertido(-a)

contester [kɔ̃tɛste] VT discutir, cuestionar ▶ VI discutir

conteur, -euse [kɔ̃tœR, øz] NM/F (*écrivain*) cuentista *mf*; (*narrateur*) narrador(a)

contexte [kɔ̃tɛkst] NM (*aussi fig*) contexto
contiendrai *etc* [kɔ̃tjɛ̃dʀe] VB *voir* **contenir**
contiens *etc* [kɔ̃tjɛ̃] VB *voir* **contenir**
contigu, -uë [kɔ̃tigy] ADJ (*choses*) contiguo(-a); (*domaines*) afín; **~ à** contiguo(-a) a
continent [kɔ̃tinɑ̃] NM continente *m*
continental, e, -aux [kɔ̃tinɑ̃tal, o] ADJ continental
contingences [kɔ̃tɛ̃ʒɑ̃s] NFPL contingencias *fpl*; (*de la vie quotidienne*) hechos *mpl* intrascendentes
contingent [kɔ̃tɛ̃ʒɑ̃] NM (*Mil*) contingente *m*; (*Comm*) provisión *f*, abastecimiento ▶ ADJ (*sans importance*) intrascendente
contingenter [kɔ̃tɛ̃ʒɑ̃te] VT (*Comm*) contingentar, fijar un contingente sobre
contins *etc* [kɔ̃tɛ̃] VB *voir* **contenir**
continu, e [kɔ̃tiny] ADJ continuo(-a); **courant ~** corriente *f* continua
continuation [kɔ̃tinɥasjɔ̃] NF continuación *f*
continuel, e [kɔ̃tinɥɛl] ADJ (*qui se répète*) constante; (*continu : pluie etc*) continuo(-a)
continuellement [kɔ̃tinɥɛlmɑ̃] ADV continuamente
continuer [kɔ̃tinɥe] VT continuar; (*voyage, études etc*) continuar, proseguir; (*suj : allée, rue*) seguir a continuación de; **~ à** *ou* **de faire** seguir haciendo ▶ VI continuar; (*voyageur*) continuar, seguir; **vous continuez tout droit** siga todo derecho ■ **se continuer** VPR continuar
continuité [kɔ̃tinɥite] NF continuidad *f*
contondant, e [kɔ̃tɔ̃dɑ̃, ɑ̃t] ADJ : **arme contondante** arma contundente
contorsion [kɔ̃tɔʀsjɔ̃] NF (*gén pl*) contorsión *f*
contorsionner [kɔ̃tɔʀsjɔne] : **se contorsionner** VPR (*aussi péj*) contorsionarse
contorsionniste [kɔ̃tɔʀsjɔnist] NMF contorsionista *mf*
contour [kɔ̃tuʀ] NM (*d'un objet*) contorno; (*d'un visage*) perfil *m* ■ **contours** NMPL (*d'une rivière etc*) meandros *mpl*
contourner [kɔ̃tuʀne] VT (*aussi fig*) rodear, evitar
contraceptif, -ive [kɔ̃tʀasɛptif, iv] ADJ anticonceptivo(-a) ▶ NM anticonceptivo
contraception [kɔ̃tʀasɛpsjɔ̃] NF contracepción *f*
contracté, e [kɔ̃tʀakte] ADJ (*muscle*) contraído(-a); (*personne*) tenso(-a); **article ~** (*Ling*) artículo contracto
contracter [kɔ̃tʀakte] VT (*muscles, maladie, aussi fig*) contraer; (*assurance*) contratar ■ **se contracter** VPR (*métal, muscles*) contraerse; (*fig : personne*) crisparse
contraction [kɔ̃tʀaksjɔ̃] NF contracción *f* ■ **contractions** NFPL (*de l'accouchement*) contracciones *fpl*
contractuel, le [kɔ̃tʀaktɥɛl] ADJ contractual ▶ NM/F (*agent*) controlador(a) del estacionamiento; (*employé*) empleado(-a) eventual del estado
contradicteur, -trice [kɔ̃tʀadiktœʀ, tʀis] NM/F contradictor(a)
contradiction [kɔ̃tʀadiksjɔ̃] NF contradicción *f*; **en ~ avec** en contradicción con
contradictoire [kɔ̃tʀadiktwaʀ] ADJ contradictorio(-a); **débat ~** debate *m* contradictorio
contraignant, e [kɔ̃tʀɛɲɑ̃, ɑ̃t] VB *voir* **contraindre** ▶ ADJ apremiante
contraindre [kɔ̃tʀɛ̃dʀ] VT : **~ qn à qch/à faire qch** forzar a algn a algo/a hacer algo
contraint, e [kɔ̃tʀɛ̃, ɛ̃t] PP *de* **contraindre** ▶ ADJ (*air*) afectado(-a); (*geste, sourire, mine*) forzado(-a)
contrainte [kɔ̃tʀɛ̃t] NF coacción *f*; **sans ~** sin coacción
contraire [kɔ̃tʀɛʀ] ADJ contrario(-a), opuesto(-a); **~ à** contrario(-a) a, opuesto(-a) a; **au ~** al contrario ▶ NM contrario; **je ne peux pas dire le ~** no puedo decir lo contrario; **le ~ de** lo contrario de
contrairement [kɔ̃tʀɛʀmɑ̃] ADV : **~ à** contrariamente a; (*dans une comparaison*) al contrario de
contralto [kɔ̃tʀalto] NM contralto
contrariant, e [kɔ̃tʀaʀjɑ̃, jɑ̃t] ADJ : **être ~** (*personne*) llevar siempre la contraria; (*incident*) ser una contrariedad
contrarier [kɔ̃tʀaʀje] VT (*irriter*) contrariar; (*mouvement, action*) dificultar
contrariété [kɔ̃tʀaʀjete] NF contrariedad *f*
contraste [kɔ̃tʀast] NM contraste *m*
contraster [kɔ̃tʀaste] VI : **~ (avec)** contrastar (con)
contrat [kɔ̃tʀa] NM contrato; (*accord*) acuerdo; **~ de mariage/travail** contrato de matrimonio/trabajo
contravention [kɔ̃tʀavɑ̃sjɔ̃] NF (*infraction*) contravención *f*; (*amende*) multa; **dresser ~ à** poner una multa a
contre [kɔ̃tʀ] PRÉP contra; (*en échange*) por; **par ~** en cambio
contre-amiral [kɔ̃tʀamiʀal] (*pl* **contre-amiraux**) NM contra(a)lmirante *m*
contre-attaque [kɔ̃tʀatak] (*pl* **contre-attaques**) NF contraataque *m*
contre-attaquer [kɔ̃tʀatake] VI contraatacar
contrebalancer [kɔ̃tʀəbalɑ̃se] VT contrapesar; (*fig*) contrarrestar
contrebande [kɔ̃tʀəbɑ̃d] NF contrabando; **faire la ~ de** hacer contrabando de
contrebandier, -ière [kɔ̃tʀəbɑ̃dje, jɛʀ] NM/F contrabandista *mf*
contrebas [kɔ̃tʀəbɑ] : **en ~** *adv* más abajo
contrebasse [kɔ̃tʀəbɑs] NF contrabajo
contrebassiste [kɔ̃tʀəbɑsist] NMF contrabajo *mf*

C

contre-braquer [kɔ̃tʀəbʀake] VI virar en sentido contrario
contrecarrer [kɔ̃tʀəkaʀe] VT oponerse a
contrechamp [kɔ̃tʀəʃɑ̃] NM (*Ciné*) toma desde el ángulo opuesto
contrecœur [kɔ̃tʀəkœʀ] : **à ~** *adv* de mala gana, a regañadientes
contrecoup [kɔ̃tʀəku] NM rebote *m*; **par ~** de rebote
contre-courant [kɔ̃tʀəkuʀɑ̃] (*pl* **contre-courants**) NM contracorriente *f*; **à ~** (*Naut*) contra la corriente
contredire [kɔ̃tʀədiʀ] VT contradecir ■ **se contredire** VPR contradecirse
contredit, e [kɔ̃tʀədi] PP *de* **contredire** ▸ NM : **sans ~** indiscutiblemente
contrée [kɔ̃tʀe] NF comarca
contre-écrou [kɔ̃tʀekʀu] (*pl* **contre-écrous**) NM contratuerca
contre-enquête [kɔ̃tʀɑ̃kɛt] (*pl* **contre-enquêtes**) NF investigación *f* de comprobación
contre-espionnage [kɔ̃tʀɛspjɔnaʒ] (*pl* **contre-espionnages**) NM contraespionaje *m*
contre-exemple [kɔ̃tʀɛgzɑ̃pl(ə)] (*pl* **contre-exemples**) NM ejemplo contrario
contre-expertise [kɔ̃tʀɛkspɛʀtiz] (*pl* **contre-expertises**) NF peritaje *m* de comprobación
contrefaçon [kɔ̃tʀəfasɔ̃] NF falsificación *f*; **~ de brevet** falsificación de la patente
contrefaire [kɔ̃tʀəfɛʀ] VT (*document*) falsificar; (*personne, démarche*) imitar; (*sa voix, son écriture*) desfigurar
contrefait, e [kɔ̃tʀəfɛ, ɛt] PP *de* **contrefaire** ▸ ADJ (*difforme*) contrahecho(-a)
contrefasse *etc* [kɔ̃tʀəfas] VB *voir* **contrefaire**
contreferai *etc* [kɔ̃tʀəfəʀe] VB *voir* **contrefaire**
contre-filet [kɔ̃tʀəfilɛ] (*pl* **contre-filets**) NM solomillo
contreforts [kɔ̃tʀəfɔʀ] NMPL estribaciones *fpl*
contre-haut [kɔ̃tʀəo] : **en ~** *adv* más arriba; (*regarder*) de abajo arriba
contre-indication [kɔ̃tʀɛ̃dikasjɔ̃] (*pl* **contre-indications**) NF contraindicación *f*
contre-indiqué, e [kɔ̃tʀɛ̃dike] (*pl* **contre-indiqués, -es**) ADJ contraindicado(-a)
contre-indiquer [kɔ̃tʀɛ̃dike] VT contraindicar
contre-interrogatoire [kɔ̃tʀɛ̃teʀɔgatwaʀ] (*pl* **contre-interrogatoires**) NM segundo interrogatorio; (*au tribunal*) interrogatorio realizado por la parte adversa
contre-jour [kɔ̃tʀəʒuʀ] : **à ~** *adv* a contraluz
contremaître [kɔ̃tʀəmɛtʀ] NMF contramaestre *m*, capataz *mf*
contre-manifestant, e [kɔ̃tʀəmanifɛstɑ̃, ɑ̃t] (*pl* **contre-manifestants, -es**) NM/F contramanifestante *mf*
contre-manifestation [kɔ̃tʀəmanifɛstasjɔ̃] (*pl* **contre-manifestations**) NF contramanifestación *f*
contremarque [kɔ̃tʀəmaʀk] NF contraseña
contre-offensive [kɔ̃tʀɔfɑ̃siv] (*pl* **contre-offensives**) NF contraofensiva
contre-ordre [kɔ̃tʀɔʀdʀ] (*pl* **contre-ordres**) NM = **contrordre**
contrepartie [kɔ̃tʀəpaʀti] NF (*compensation*) contrapartida; **en ~** como contrapartida
contre-performance [kɔ̃tʀəpɛʀfɔʀmɑ̃s] (*pl* **contre-performances**) NF (*Sport*) actuación *f* desfavorable
contrepèterie [kɔ̃tʀəpetʀi] NF trastocamiento de letras (*como juego de palabras*)
contre-pied [kɔ̃tʀəpje] (*pl* **contre-pieds**) NM : **le ~ de ...** lo contrario de ...; **prendre le ~ de qn** llevar la contraria a algn; **prendre qn à ~** (*Sport*) despistar a algn
contreplaqué [kɔ̃tʀəplake] NM contrachapado
contre-plongée [kɔ̃tʀəplɔ̃ʒe] (*pl* **contre-plongées**) NF (*Ciné*) contrapicado
contrepoids [kɔ̃tʀəpwa] NM contrapeso; **faire ~** hacer contrapeso
contre-poil [kɔ̃tʀəpwal] : **à ~** *adv* (*aussi fig*) a contra pelo
contrepoint [kɔ̃tʀəpwɛ̃] NM contrapunto
contrepoison [kɔ̃tʀəpwazɔ̃] NM contraveneno, antídoto
contrer [kɔ̃tʀe] VT (*Sport*) parar; (*adversaire, gén*) oponerse a
contre-révolution [kɔ̃tʀəʀevɔlysjɔ̃] (*pl* **contre-révolutions**) NF contrarrevolución *f*
contre-révolutionnaire [kɔ̃tʀəʀevɔlysjɔnɛʀ] (*pl* **contre-révolutionnaires**) ADJ, NMF contrarrevolucionario(-a)
contresens [kɔ̃tʀəsɑ̃s] NM contrasentido; **à ~** en sentido contrario
contresigner [kɔ̃tʀəsiɲe] VT refrendar
contretemps [kɔ̃tʀətɑ̃] NM contratiempo; **à ~** (*Mus*) a contratiempo; (*fig*) a destiempo
contre-terrorisme [kɔ̃tʀəteʀɔʀism] (*pl* **contre-terrorismes**) NM contraterrorismo
contre-terroriste [kɔ̃tʀəteʀɔʀist(ə)] (*pl* **contre-terroristes**) NMF contraterrorista *mf*
contre-torpilleur [kɔ̃tʀətɔʀpijœʀ] (*pl* **contre-torpilleurs**) NM contratorpedo
contrevenant, e [kɔ̃tʀəv(ə)nɑ̃, ɑ̃t] VB *voir* **contrevenir** ▸ NM/F contraventor(a)
contrevenir [kɔ̃tʀəv(ə)niʀ] : **~ à** *vt* contravenir, transgredir
contre-voie [kɔ̃tʀəvwa] : **à ~** *adv* (*en sens inverse*) por la vía contraria; (*du mauvais côté*) por el lado contrario
contribuable [kɔ̃tʀibɥabl] NMF contribuyente *mf*
contribuer [kɔ̃tʀibɥe] : **~ à** *vt* contribuir a
contribution [kɔ̃tʀibysjɔ̃] NF contribución *f*;

mettre à ~ utilizar los servicios de; **contributions directes/indirectes** impuestos *mpl* directos/indirectos ■ **les contributions** NFPL (*Admin*) la oficina de recaudación

contrit, e [kɔ̃tʀi, it] ADJ contrito(-a)

contrôlable [kɔ̃tʀolabl] ADJ controlable

contrôle [kɔ̃tʀol] NM (*Scol, d'un véhicule, gén*) control *m*; (*vérification*) control, comprobación *f*; (*maîtrise : de soi*) control, dominio; **~ continu** (*Scol*) evaluación *f* continua; **~ d'identité** control de identidad; **~ des changes/des prix** control de cambios/de precios; **~ des naissances** control de natalidad; **~ judiciaire** control judicial

contrôler [kɔ̃tʀole] VT controlar; (*vérifier*) comprobar; (*maîtriser*) dominar, controlar; **~ ses émotions** controlar sus emociones ■ **se contrôler** VPR (*personne*) controlarse, dominarse

contrôleur, -euse [kɔ̃tʀolœʀ, øz] NM/F revisor(a), inspector(a) de boletos (*AM*); **~ aérien(ne)** controlador(a) aéreo(-a); **~ de la navigation aérienne** controlador(a) del tráfico aéreo; **~ des postes** inspector(a) de correos; **~ financier(-ière)** interventor(a)

contrordre [kɔ̃tʀɔʀdʀ] NM contraorden *f*; **sauf ~** salvo contraorden

controverse [kɔ̃tʀɔvɛʀs] NF controversia

controversé, e [kɔ̃tʀɔvɛʀse] ADJ controvertido(-a)

contumace [kɔ̃tymas] : **par ~** *adv* (*Jur*) en rebeldía

contusion [kɔ̃tyzjɔ̃] NF contusión *f*

contusionné, e [kɔ̃tyzjɔne] ADJ contusionado(-a)

conurbation [kɔnyʀbasjɔ̃] NF conurbación *f*

convaincant, e [kɔ̃vɛ̃kɑ̃, ɑ̃t] VB *voir* **convaincre** ▶ ADJ convincente

convaincre [kɔ̃vɛ̃kʀ] VT : **~ qn (de qch/de faire)** convencer a algn (de algo/para que haga); **~ qn de** (*Jur*) inculpar a algn de

convaincu, e [kɔ̃vɛ̃ky] PP *de* **convaincre** ▶ ADJ convencido(-a); **d'un ton ~** con un tono seguro *ou* convencido; **~ de** convencido(-a) de

convainquais [kɔ̃vɛ̃kɛ] VB *voir* **convaincre**

convalescence [kɔ̃valesɑ̃s] NF convalecencia; **maison de ~** casa de reposo

convalescent, e [kɔ̃valesɑ̃, ɑ̃t] ADJ, NM/F convaleciente *mf*

convecteur [kɔ̃vɛktœʀ] NM convector *m*

convenable [kɔ̃vnabl] ADJ (*personne, manières*) decente, correcto(-a); (*moment, endroit*) adecuado(-a); (*salaire, travail*) aceptable

convenablement [kɔ̃vnabləmɑ̃] ADV (*placé, choisi*) adecuadamente; (*s'habiller, s'exprimer*) correctamente; **il est ~ payé/logé** tiene un sueldo/alojamiento aceptable

convenance [kɔ̃vnɑ̃s] NF : **à ma/votre ~** a mi/su conveniencia; **pour convenances personnelles** por motivos personales ■ **convenances** NFPL (*bienséance*) conveniencias *fpl*

convenir [kɔ̃vniʀ] VI convenir; **~ à** (*être approprié à*) ser apropiado(-a) para; (*être utile à*) venir bien a; (*arranger, plaire à*) convenir a; **il convient de** es conveniente; **~ de** (*admettre*) admitir, reconocer; (*fixer*) convenir, acordar; **~ que** (*admettre*) admitir que; **~ de faire qch** acordar hacer algo; **il a été convenu que/de faire ...** se ha acordado que/hacer ...; **comme convenu** como estaba acordado

convention [kɔ̃vɑ̃sjɔ̃] NF (*accord*) convenio; (*Art, Théâtre*) reglas *fpl*; (*Pol*) convención *f*; **de ~** convencional; (*péj*) de cumplido; **~ collective** convenio colectivo ■ **conventions** NFPL (*règles, convenances*) convenciones *fpl*

conventionnalisme [kɔ̃vɑ̃sjɔnalism(ə)] NM convencionalismo

conventionné, e [kɔ̃vɑ̃sjɔne] ADJ (*clinique*) concertado(-a); (*médecin, pharmacie*) *que tiene un acuerdo con la Seguridad Social*

conventionnel, le [kɔ̃vɑ̃sjɔnɛl] ADJ convencional

conventionnellement [kɔ̃vɑ̃sjɔnɛlmɑ̃] ADV convencionalmente

conventuel, le [kɔ̃vɑ̃tɥɛl] ADJ conventual

convenu, e [kɔ̃vny] PP *de* **convenir** ▶ ADJ (*heure*) acordado(-a)

convergence [kɔ̃vɛʀʒɑ̃s] NF convergencia

convergent, e [kɔ̃vɛʀʒɑ̃, ɑ̃t] ADJ convergente

converger [kɔ̃vɛʀʒe] VI converger, convergir; **~ vers** *ou* **sur** converger *ou* convergir hacia *ou* en

conversation [kɔ̃vɛʀsasjɔ̃] NF conversación *f*; **avoir de la ~** tener conversación

converser [kɔ̃vɛʀse] VI conversar

conversion [kɔ̃vɛʀsjɔ̃] NF conversión *f*; (*Ski*) viraje *m*

convertible [kɔ̃vɛʀtibl] ADJ (*Écon*) canjeable ▶ NM (*aussi* : **canapé convertible**) sofá cama *m*

convertir [kɔ̃vɛʀtiʀ] VT : **~ qn (à)** convertir a algn (a); **~ qch en** convertir algo en ■ **se convertir (à)** VPR convertirse (a)

convertisseur [kɔ̃vɛʀtisœʀ] NM (*Élec*) transformador *m*

convexe [kɔ̃vɛks] ADJ convexo(-a)

conviction [kɔ̃viksjɔ̃] NF convicción *f*; **sans ~** sin convicción

conviendrai *etc* [kɔ̃vjɛ̃dʀe] VB *voir* **convenir**

convienne *etc* [kɔ̃vjɛn] VB *voir* **convenir**

conviens *etc* [kɔ̃vjɛ̃] VB *voir* **convenir**

convier [kɔ̃vje] VT : **~ qn à** invitar a algn a

convint [kɔ̃vɛ̃] VB *voir* **convenir**

convive [kɔ̃viv] NMF convidado(-a)

convivial, e, -aux [kɔ̃vivjal, jo] ADJ sociable; (*Inform*) fácil de usar

convocation [kɔ̃vɔkasjɔ̃] NF convocatoria

convoi [kɔ̃vwa] NM convoy *m*; **~ (funèbre)** cortejo (fúnebre)

convoité, e [kɔ̃vwate] PP *de* **convoiter** ▶ ADJ

C

codiciado(-a)

convoiter [kɔ̃vwate] VT codiciar

convoitise [kɔ̃vwatiz] NF codicia; (*sexuelle*) concupiscencia

convoler [kɔ̃vɔle] VI : **~ en justes noces** pasar por la vicaría

convoquer [kɔ̃vɔke] VT (*assemblée, candidat*) convocar; (*subordonné, témoin*) convocar, citar; (*patient*) citar; **~ qn (à)** convocar a algn (a)

convoyer [kɔ̃vwaje] VT escoltar

convoyeur [kɔ̃vwajœʀ] NM (*Naut*) buque *m* de escolta; (*bande de transport*) cinta transportadora; **~ de fonds** guarda jurado

convulsé, e [kɔ̃vylse] ADJ convulso(-a)

convulsif, -ive [kɔ̃vylsif, iv] ADJ convulsivo(-a)

convulsions [kɔ̃vylsjɔ̃] NFPL (*Méd*) convulsiones *fpl*

cookie [kuki] NM (*Inform*) cookie *f*

coopérant, e [kɔɔpeʀɑ̃, ɑ̃t] NM/F cooperante *mf*

coopératif, -ive [kɔɔpeʀatif, iv] ADJ cooperativo(-a)

coopération [kɔɔpeʀasjɔ̃] NF cooperación *f*; **la C~ militaire/technique** la cooperación militar/técnica

coopérative [kɔɔpeʀativ] NF cooperativa

coopérer [kɔɔpeʀe] VI : **~ (à)** cooperar (en)

coordination [kɔɔʀdinasjɔ̃] NF coordinación *f*

coordonnateur, -trice [kɔɔʀdɔnatœʀ, tʀis] NM/F coordinador(a)

coordonné, e [kɔɔʀdɔne] ADJ coordinado(-a) ▪ **coordonnés** NMPL (*vêtements*) coordinados *mpl*

coordonnée [kɔɔʀdɔne] NF (*Ling*) oración *f* coordinada ▪ **coordonnées** NFPL (*Math, gén*) coordenadas *fpl*; (*détails personnels*) complementos *mpl*

coordonner [kɔɔʀdɔne] VT coordinar

copain, copine [kɔpɛ̃, kɔpin] (*fam*) NM/F (*ami*) amigo(-a), colega *mf*; (*de classe, de régiment*) compañero(-a); **petit(e) ~** novio(-a) ▸ ADJ : **être ~ avec** ser amigo(-a) de

copeau, x [kɔpo] NM viruta

Copenhague [kɔpənag] N Copenhague

copie [kɔpi] NF copia; (*feuille d'examen*) hoja de examen; (*devoir*) examen *m*; (*Journalisme*) ejemplar *m*; **~ certifiée conforme** copia compulsada; **~ d'écran** (*Inform*) captura de pantalla; **~ papier** copia impresa

copier [kɔpje] VT copiar; **~ coller** (*Inform*) copiar y pegar ▸ VI (*tricher*) copiar; **~ sur** copiar a

copier-coller [kɔpjekɔle] NM INV copipega ▸ VT copipegar

copieur [kɔpjœʀ] NM copiadora

copieusement [kɔpjøzmɑ̃] ADV abundantemente, copiosamente

copieux, -euse [kɔpjø, jøz] ADJ (*repas*) copioso(-a), abundante; (*portion, notes, exemples*) abundante

copilote [kopilɔt] NM copiloto

copinage [kɔpinaʒ] (*péj*) NM amiguismo

copinaute [kɔpinot] (*fam*) NM/F ciberamigo(-a)

copine [kɔpin] NF *voir* **copain**

copiste [kɔpist] NMF copista *mf*

coproduction [kopʀɔdyksjɔ̃] NF coproducción *f*

copropriétaire [kopʀɔpʀijetɛʀ] NMF copropietario(-a)

copropriété [kopʀɔpʀijete] NF copropiedad *f*; **acheter un appartement en ~** comprar un apartamento en copropiedad

copulation [kɔpylasjɔ̃] NF cópula

copuler [kɔpyle] VI copular

copyright [kɔpiʀajt] NM copyright *m*

coq [kɔk] NM gallo; **~ au vin** gallo al vino; **~ de bruyère** urogallo; **le ~ du village** (*fig, péj*) el Don Juan del pueblo ▸ ADJ INV : **poids ~** (*Boxe*) peso gallo

coq-à-l'âne [kɔkalɑn] NM INV : **passer du ~** saltar de una cosa a otra

coque [kɔk] NF (*de noix*) cáscara; (*de bateau, d'avion*) casco; (*mollusque*) berberecho; **à la ~** (*Culin*) pasado por agua

coquelet [kɔklɛ] NM gallo joven

coquelicot [kɔkliko] NM amapola

coqueluche [kɔklyʃ] NF (*Méd*) tos *f* ferina; **être la ~ de** (*fig*) ser el (la) preferido(-a) de

coquet, te [kɔkɛ, ɛt] ADJ (*qui veut plaire*) coqueto(-a); (*bien habillé*) elegante; (*robe, appartement*) coquetón(-ona); (*salaire*) considerable; (*somme*) bonito(-a)

coquetier [kɔk(ə)tje] NM huevera

coquettement [kɔkɛtmɑ̃] ADV (*sourire, regarder*) con coquetería; (*s'habiller, meubler*) con gusto

coquetterie [kɔkɛtʀi] NF coquetería

coquillage [kɔkijaʒ] NM (*mollusque*) marisco; (*coquille*) concha

coquille [kɔkij] NF (*de mollusque*) concha; (*de noix, d'œuf*) cáscara; (*Typo*) errata; **~ de noix** (*Naut*) barquita; **~ d'œuf** *adj inv* (*couleur*) blanquecino(-a); **~ St Jacques** vieira

coquillettes [kɔkijɛt] NFPL conchas *fpl* pequeñas (de pasta)

coquin, e [kɔkɛ̃, in] ADJ (*enfant, sourire, regard*) pícaro(-a); (*histoire*) picarón(-ona) ▸ NM/F pícaro(-a)

cor [kɔʀ] NM (*Mus*) trompa; (*au pied*) callo; **réclamer à ~ et à cri** reclamar a grito pelado; **~ anglais** corno inglés; **~ de chasse** cuerno de caza

corail, -aux [kɔʀaj, o] NM coral *m*

Coran [kɔʀɑ̃] NM : **le ~** el Corán

coraux [kɔʀo] NPL *de* **corail**

corbeau, x [kɔʀbo] NM cuervo

corbeille [kɔʀbɛj] NF cesta; (*Inform*) papelera

de reciclaje; (*Théâtre*) piso principal; **la ~** (*à la Bourse*) el corro; **~ à ouvrage** costurero; **~ à pain** cesta del pan; **~ à papiers** cesto de los papeles; **~ de mariage** regalos *mpl* de boda

corbillard [kɔʀbijaʀ] NM coche *m* fúnebre

cordage [kɔʀdaʒ] NM cordaje *m*, jarcia ■ **cordages** NMPL (*de voilure*) jarcias *fpl*

corde [kɔʀd] NF (*gén*) cuerda; (*de violon, raquette*) cuerda; **la ~** (*trame de tissu*) la trama; (*Athlétisme, Auto*) cuerda; **les cordes** (*Boxe*) las cuerdas; **la ~ sensible** la vena sensible; **les (instruments à) cordes** los instrumentos de cuerda; **tapis/semelles de ~** alfombra/suelas *fpl* de esparto; **tenir la ~** (*Athlétisme, Auto*) llevar la cuerda; **tomber des cordes** llover a cántaros; **tirer sur la ~** tirar de la cuerda; **usé jusqu'à la ~** raído; **~ à linge** tendedero; **~ à nœuds** cuerda de nudos; **~ à sauter** comba; **~ lisse/raide** cuerda lisa/floja; **cordes vocales** cuerdas *fpl* vocales

cordeau, x [kɔʀdo] NM cordel *m*; **tracé au ~** trazado a cordel

cordée [kɔʀde] NF cordada

cordelette [kɔʀdəlɛt] NF cuerdecilla

cordelière [kɔʀdəljɛʀ] NF cordón *m*

cordial, e, -aux [kɔʀdjal, jo] ADJ, NM cordial *m*

cordialement [kɔʀdjalmɑ̃] ADV cordialmente

cordialité [kɔʀdjalite] NF cordialidad *f*

cordillère [kɔʀdijɛʀ] NF : **la ~ des Andes** la cordillera de los Andes

cordon [kɔʀdɔ̃] NM cordón *m*; **~ littoral** cordón litoral; **~ ombilical** cordón umbilical; **~ sanitaire/de police** cordón sanitario/policial

cordon-bleu [kɔʀdɔ̃blø] (*pl* **cordons-bleus**) NM gran cocinero(-a)

cordonnerie [kɔʀdɔnʀi] NF zapatería

cordonnet [kɔʀdɔnɛ] NM cordoncillo

cordonnier, -ière [kɔʀdɔnje, ijɛʀ] NM/F zapatero(-a)

Cordoue [kɔʀdu] N Córdoba

Corée [kɔʀe] NF Corea; **la ~ du Sud/du Nord** Corea del Sur/del Norte; **la République (démocratique populaire) de ~** la República (democrática popular) de Corea

coréen, ne [kɔʀeɛ̃, ɛn] ADJ coreano(-a) ▶ NM (*Ling*) coreano ▶ NM/F : **Coréen, ne** coreano(-a)

coreligionnaire [kɔʀ(ə)liʒjɔnɛʀ] NMF correligionario(-a)

coriace [kɔʀjas] ADJ correoso(-a)

coriandre [kɔʀjɑ̃dʀ] NF cilantro

cormoran [kɔʀmɔʀɑ̃] NM cormorán *m*

cornac [kɔʀnak] NM cornaca *m*

corne [kɔʀn] NF cuerno; **~ d'abondance** cuerno de la abundancia; **~ de brume** sirena de bruma

cornée [kɔʀne] NF córnea

corneille [kɔʀnɛj] NF corneja

cornélien, ne [kɔʀneljɛ̃, jɛn] ADJ corneliano(-a)

cornemuse [kɔʀnəmyz] NF cornamusa, gaita; **joueur de ~** gaitero

corner [(n) kɔʀnɛʀ, (vb) kɔʀne] NM (*Football*) córner *m*, saque *m* de banda ▶ VT (*pages*) doblar la esquina de ▶ VI (*klaxonner*) tocar la bocina

cornet [kɔʀnɛ] NM (*de frites, glace*) cucurucho; **~ à piston** cornetín *m*

cornette [kɔʀnɛt] NF toca, cofia

corniaud [kɔʀnjo] NM (*chien*) perro de cruce; (*péj*) gilipollas *m inv* (*fam !*)

corniche [kɔʀniʃ] NF (*d'armoire*) cornisa; (*route*) carretera de cornisa

cornichon [kɔʀniʃɔ̃] NM pepinillo

cornue [kɔʀny] NF retorta

corollaire [kɔʀɔlɛʀ] NM corolario

corolle [kɔʀɔl] NF corola

coron [kɔʀɔ̃] NM (*maison*) casa de mineros; (*quartier*) barrio minero

coronaire [kɔʀɔnɛʀ] ADJ coronario(-a)

corporation [kɔʀpɔʀasjɔ̃] NF (*d'artisans*) gremio

corporel, le [kɔʀpɔʀɛl] ADJ corporal; **soins corporels** cuidados *mpl* corporales

corps [kɔʀ] NM (*aussi fig*) cuerpo; **à son ~ défendant** a pesar suyo; **à ~ perdu** en cuerpo y alma; **le ~ diplomatique** el cuerpo diplomático; **perdu ~ et biens** (*Naut*) perdido con toda su carga; **prendre ~** tomar cuerpo; **faire ~ avec** formar cuerpo con, confundirse con; **~ et âme** cuerpo y alma; **~ à ~** *nm, adv* cuerpo a cuerpo; **~ constitués** (*Pol*) instituciones *fpl*; **~ consulaire/législatif** cuerpo consular/legal; **~ de ballet/de garde** cuerpo de ballet/de guardia; **~ du délit** (*Jur*) cuerpo del delito; **~ électoral** censo electoral; **~ enseignant** cuerpo docente; **~ étranger** (*Méd, Biol*) cuerpo extraño; **~ expéditionnaire/d'armée** cuerpo expedicionario/de ejército; **~ médical** clase *f* médica

corpulence [kɔʀpylɑ̃s] NF corpulencia; **de forte ~** de gran complexión

corpulent, e [kɔʀpylɑ̃, ɑ̃t] ADJ corpulento(-a)

corpus [kɔʀpys] NM corpus *m inv*

corpusculaire [kɔʀpyskylɛʀ] ADJ corpuscular

correct, e [kɔʀɛkt] ADJ (*exact, bienséant*) correcto(-a); (*passable*) correcto(-a), aceptable

correctement [kɔʀɛktəmɑ̃] ADV correctamente

correcteur, -trice [kɔʀɛktœʀ, tʀis] NM/F (*d'examen*) examinador(a); (*Typo*) corrector(a)

correctif, -ive [kɔʀɛktif, iv] ADJ correctivo(-a) ▶ NM (*mise au point*) correctivo

correction [kɔʀɛksjɔ̃] NF corrección *f*; (*idée, trajectoire*) modificación *f*; (*coups*) paliza, golpiza (Am); **~ (des épreuves)** corrección (de pruebas); **~ sur écran** corrección en pantalla

correctionnel, le [kɔʀɛksjɔnɛl] ADJ : **tribunal ~** tribunal *m* correccional

corrélation [kɔʀelasjɔ̃] NF correlación *f*

correspondance [kɔʀɛspɔ̃dɑ̃s] NF correspondencia; (*de train, d'avion*) empalme *m*; **ce train**

assure la ~ avec l'avion de 10 heures este tren enlaza con el vuelo de las 10; **cours par ~** curso por correspondencia; **vente par ~** venta por correo

correspondancier, -ière [kɔʀɛspɔ̃dɑ̃sje, jɛʀ] NM/F corresponsal *mf*

correspondant, e [kɔʀɛspɔ̃dɑ̃, ɑ̃t] ADJ correspondiente ▸NM/F corresponsal *mf*; (*au téléphone*) interlocutor(a)

correspondre [kɔʀɛspɔ̃dʀ] VI corresponder; (*chambres*) corresponderse; **~ à** corresponder a; (*se rapporter à*) corresponderse con; **~ avec qn** cartearse con algn

Corrèze [kɔʀɛz] NF Corrèze *f*

corrida [kɔʀida] NF corrida

corridor [kɔʀidɔʀ] NM pasillo

corrigé [kɔʀiʒe] NM (*Scol*) solución *f*

corriger [kɔʀiʒe] VT (*aussi Méd*) corregir; (*idée, trajectoire*) rectificar; (*punir*) castigar; **~ qn de qch** (*défaut*) corregir (algo) a algn; **il l'a corrigé** le dio una paliza; **se ~ de** corregirse de

corroborer [kɔʀɔbɔʀe] VT corroborar

corroder [kɔʀɔde] VT corroer

corrompre [kɔʀɔ̃pʀ] VT corromper

corrompu, e [kɔʀɔ̃py] ADJ corrompido(-a)

corrosif, -ive [kɔʀozif, iv] ADJ corrosivo(-a)

corrosion [kɔʀozjɔ̃] NF corrosión *f*

corruption [kɔʀypsjɔ̃] NF corrupción *f*

corsage [kɔʀsaʒ] NM (*d'une robe*) cuerpo; (*chemisier*) blusa

corsaire [kɔʀsɛʀ] NM corsario

corse [kɔʀs] ADJ corso(-a) ▸NF : **C~** Córcega ▸NMF : **Corse** corso(-a)

corsé, e [kɔʀse] ADJ (*café etc*) fuerte; (*problème*) arduo(-a); (*histoire*) escabroso(-a)

corselet [kɔʀsəlɛ] NM (*vêtement*) corpiño; (*Zool*) coselete *m*

corser [kɔʀse] VT (*difficulté*) incrementar; (*histoire, intrigue, récit*) complicar, dar interés a; (*sauce*) salpimentar

corset [kɔʀsɛ] NM corsé *m*; (*d'une robe*) corpiño; **~ orthopédique** corsé ortopédico

corso [kɔʀso] NM : **~ fleuri** desfile *m* de carrozas de flores

cortège [kɔʀtɛʒ] NM (*funèbre*) comitiva; (*de manifestants*) desfile *m*

corticostéroïde [kɔʀtikosteʀɔid] NM corticosterona

cortisone [kɔʀtizɔn] NF cortisona

corvée [kɔʀve] NF (*aussi Mil*) faena

cosaque [kɔzak] NM cosaco

cosignataire [kosiɲatɛʀ] ADJ, NMF cofirmante *mf*

cosinus [kɔsinys] NM coseno

cosmétique [kɔsmetik] NM (*pour les cheveux*) fijador *m*; (*produit de beauté*) cosmético ▸ADJ cosmético(-a)

cosmétologie [kɔsmetɔlɔʒi] NF cosmética

cosmique [kɔsmik] ADJ cósmico(-a)

cosmonaute [kɔsmɔnot] NMF cosmonauta *mf*

cosmopolite [kɔsmɔpɔlit] ADJ cosmopolita

cosmos [kɔsmos] NM cosmos *m*

cosse [kɔs] NF (*Bot*) vaina; (*Élec*) guardacabos *m inv*

cossu, e [kɔsy] ADJ señorial

Costa Rica [kɔstaʀika] NM Costa Rica

costaricien, ne [kɔstaʀisjɛ̃, jɛn] ADJ costarricense, costarriqueño(-a) ▸NM/F : **Costaricien, ne** costarricense *mf*, costarriqueño(-a)

costaud, e [kɔsto, od] ADJ robusto(-a)

costume [kɔstym] NM traje *m*; (*de théâtre*) vestuario

costumé, e [kɔstyme] ADJ disfrazado(-a)

costumer [kɔstyme] VT vestir ▪ **se costumer** VPR disfrazarse; (*acteur*) vestirse; **se ~ en qn/qch** disfrazarse de algn/algo

costumier, -ière [kɔstymje, jɛʀ] NM/F (*fabricant*) sastre(-a); (*loueur*) dueño(-a) de una tienda de trajes de alquiler; (*Théâtre*) guardarropa *mf*

cotangente [kotɑ̃ʒɑ̃t] NF cotangente *f*

cotation [kɔtasjɔ̃] NF cotización *f*

cote [kɔt] NF (*d'une valeur boursière*) cotización *f*; (*d'une voiture, d'un timbre*) valoración *f*; (*d'un cheval*) clasificación *f*; (*d'un candidat etc*) popularidad *f*; (*mesure*) cota; (*de classement, d'un document*) signatura; **avoir la ~** (*fam*) estar muy cotizado(-a); **inscrit à la ~** registrado; **~ d'alerte** nivel *m* de alarma; **~ de popularité** cota de popularidad; **~ mal taillée** (*fig*) cuenta aproximada

coté, e [kɔte] ADJ : **être ~ en Bourse** cotizarse en Bolsa; **être bien/mal ~** estar bien/mal considerado(-a)

côte [kot] NF (*rivage*) costa; (*pente*) cuesta; (*Anat, Boucherie*) costilla; (*d'un tricot, tissu*) canalé *m*; **point de côtes** (*Tricot*) punto de canalé; **~ à ~** uno al lado de otro; **la C~ (d'Azur)** la Costa Azul; **la C~ d'Ivoire** Costa de Marfil

côté [kote] NM (*Géom, gén*) lado; (*du corps*) costado; (*feuille*) cara; (*de la rivière*) orilla; **de 10 m de ~** de 10 m. de lado; **des deux côtés de la route/frontière** en ambos lados de la carretera/frontera; **de tous (les) côtés** por todos lados, por todas partes; **de quel ~ est-il parti ?** ¿en qué dirección salió?; **de ce/de l'autre ~** de este/del otro lado; **d'un ~ ... d'un autre ~** por una parte ... por otra; **du ~ de** (*direction*) en dirección a, de camino a; (*proximité*) cerca de, por; **il habite du ~ de Lyon** vive cerca de Lyon; **de ~** (*marcher*) de lado; (*être, se tenir*) a un lado; **laisser de ~** dejar de lado; **mettre de ~** poner a un lado; **sur le ~ de** por el lado de; **de chaque ~ (de)** a cada lado (de), a ambos lados (de); **du ~ gauche** por la izquierda; **de mon ~** por mi parte; **regarder de ~** mirar de soslayo; **à ~** al lado; **à ~ de** al lado de; **tirer à ~ (de la cible, des**

buts) (*manquer*) errar el tiro; **être aux côtés de** estar al/del lado de
coteau [kɔto] NM colina
côtelé, e [kot(ə)le] ADJ de canalé; **pantalons en velours ~** pantalones *mpl* de pana
côtelette [kotlɛt] NF chuleta
coter [kɔte] VT cotizar
coterie [kɔtʀi] NF clan *m*
côtier, -ière [kotje, jɛʀ] ADJ costero(-a)
cotillons [kɔtijɔ̃] NMPL objetos *mpl* de fiesta
cotisation [kɔtizasjɔ̃] NF (*à un club, syndicat*) cuota; (*pour une pension, sécurité sociale*) cotización *f*
cotiser [kɔtize] VI (*à une assurance etc*) : **~ (à)** cotizar; (*à une association*) pagar la cuota (de) ■ **se cotiser** VPR pagar a escote
coton [kɔtɔ̃] NM algodón *m*; **drap/robe de ~** sábana/vestido de algodón; **c'est ~ !** (*fam : ardu, complexe*) ¡no es moco de pavo!; **~ hydrophile** algodón hidrófilo
cotonnade [kɔtɔnad] NF cotonada
Coton-Tige® [kɔtɔ̃tiʒ] (*pl* **Cotons-Tiges**) NM bastoncillo
côtoyer [kotwaje] VT (*rencontrer*) codearse con; (*précipice, rivière*) bordear; (*fig*) rayar en
cotte [kɔt] NF : **~ de mailles** cota de mallas
cou [ku] NM cuello
couac [kwak] (*fam*) NM gallo
couard, e [kwaʀ, kwaʀd] ADJ cobarde
couchage [kuʃaʒ] NM ropa de cama; **~ pour six personnes** cama para seis personas
couchant [kuʃɑ̃] ADJ : **soleil ~** sol *m* poniente
couche [kuʃ] NF (*de bébé*) pañal *m*; (*gén, Géologie*) capa; **couches sociales** capas *fpl* sociales ■ **couches** NFPL (*Méd*) parto *msg*; **elle est morte en couches** murió en el parto
couché, e [kuʃe] ADJ tumbado(-a), tendido(-a); (*au lit*) acostado(-a); **~ sur l'herbe** tumbado(-a) sobre la hierba
couche-culotte [kuʃkylɔt] (*pl* **couches-culottes**) NF pañal braguita *m*
coucher [kuʃe] NM (*du soleil*) puesta; **~ de soleil** puesta de sol; **à prendre avant le ~** (*Méd*) tomar antes de acostarse ▶ VT (*mettre au lit*) acostar; (*étendre*) tumbar, tender; (*loger*) alojar; (*idées*) anotar ▶ VI dormir; (*fam*) : **~ avec qn** acostarse con algn ■ **se coucher** VPR (*pour dormir*) acostarse; (*pour se reposer*) tumbarse, acostarse; (*se pencher*) inclinarse; (*soleil*) ponerse
couchette [kuʃɛt] NF litera
coucheur [kuʃœʀ] NM : **mauvais ~** individuo de malas pulgas
couci-couça [kusikusa] (*fam*) ADV así así
coucou [kuku] NM cuclillo ▶ EXCL ¡hola!
coude [kud] NM codo; (*de la route*) recodo; **~ à ~** codo a codo
coudée [kude] NF : **avoir les coudées franches** tener campo libre, tener carta blanca
cou-de-pied [kudpje] (*pl* **cous-de-pied**) NM empeine *m*
coudoyer [kudwaje] VT (*frôler*) rozar al pasar; (*fig*) codearse
coudre [kudʀ] VT, VI coser
couenne [kwan] NF tocino
couette [kwɛt] NF (*édredon*) edredón *m* ■ **couettes** NFPL (*cheveux*) coletas *fpl*
couffin [kufɛ̃] NM (*de bébé*) moisés *m*
couilles [kuj] (*fam !*) NFPL cojones *mpl* (*fam !*)
couillu, e [kujy] (*fam*) ADJ (*courageux : personne*) con un par de huevos (*fam !*); **c'est ~ ce que tu as fait !** ¡hay que tener un par de huevos para hacer lo que has hecho! (*fam !*)
couiner [kwine] VI chillar
coulage [kulaʒ] NM (*Comm*) pérdida
coulant, e [kulɑ̃, ɑ̃t] ADJ (*indulgent*) tolerante; (*fromage etc*) derretido(-a); (*style*) fluido(-a)
coulée [kule] NF (*de métal*) colada; **~ de lave** río de lava; **~ de boue** corriente *f* de barro
couler [kule] VI (*fleuve*) fluir; (*liquide*) correr; (*stylo*) perder tinta; (*robinet*) gotear; (*bateau*) hundirse; **avoir le nez qui coule** moquear; **~ de source** caer por su peso; **~ à pic** irse a pique; **faire ~ un bain** preparar un baño; **laisser ~** dejar correr ▶ VT colar; (*bateau*) hundir; (*entreprise*) hundir, arruinar; **~ une vie heureuse** llevar una vida feliz; **~ une bielle** (*Auto*) fundir una biela ■ **se couler** VPR (*se glisser*) : **se ~ dans** (*interstice, ouverture*) colarse en; (*fig*) : **se ~ dans le moule** fundirse en la masa; **se ~ dans le moule de qch** amoldarse a algo
couleur [kulœʀ] NF (*aussi fig*) color *m*; (*Cartes*) palo; **de ~** de color; **sous ~ de faire** con el pretexto de hacer; **film/télévision en couleurs** película/televisión *f* en color ■ **couleurs** NFPL (*du teint, dans un tableau*) colores *mpl*, colorido; (*Mil*) bandera
couleuvre [kulœvʀ] NF culebra
coulissant, e [kulisɑ̃, ɑ̃t] ADJ corredizo(-a)
coulisse [kulis] NF (*Tech*) ranura; **porte à ~** puerta de corredera ■ **coulisses** NFPL (*Théâtre*) bastidores *mpl*; **dans les coulisses** (*fig*) entre bastidores
coulisser [kulise] VI deslizarse
couloir [kulwaʀ] NM pasillo; (*Sport, route*) calle *f*; (*ravin*) garganta; **~ aérien** pasillo aéreo; **~ d'avalanche** corredor *m* de aludes; **~ de navigation** ruta de navegación
coulpe [kulp] NF : **battre sa ~** llorar con lágrimas de sangre
coup [ku] NM golpe *m*; (*avec arme à feu*) disparo; (*frappé par une horloge*) campanada; (*fam : fois*) vez *f*; (*Échecs*) jugada; **à coups de hache** a hachazos; **à coups de marteau** a martillazos; **être sur un ~** (*fam*) tener un asuntillo entre manos; **en ~ de vent** como un rayo; **donner un ~ de corne à qn** dar una cornada a algn; **donner** *ou* **passer un ~ de balai (dans)** dar un

barrido (a), pasar la escoba (por); **boire un ~** (*fam*) echar un trago; **à tous les coups** todas las veces; **à tous les coups il a oublié** seguro que se le ha olvidado; **être dans le/hors du ~** estar/no estar en el ajo; **il a raté son ~** le falló la jugada; **du ~** así que; **pour le ~** por una vez; **d'un seul ~** (*subitement*) de repente; (*à la fois*) de un solo golpe; **du premier ~** al primer intento; **faire un ~ bas à qn** dar un golpe bajo a algn; **du même ~** al mismo tiempo; **à ~ sûr ...** seguro que ...; **après ~** después; **~ sur ~** uno(-a) tras otro(-a); **sur le ~** en el acto; **sous le ~ de** (*surprise etc*) afectado(-a) por; **tomber sous le ~ de la loi** (*Jur*) caer bajo el peso de la ley; **~ d'éclat** proeza; **~ d'envoi** (*Sport*) saque *m* de centro; (*fig*) pistoletazo de salida; **~ d'essai** ensayo; **~ d'État** golpe de estado; **~ d'œil** vistazo, ojeada; **~ de chance** golpe de suerte; **~ de chapeau** sombrerazo; **~ de coude** codazo; **~ de couteau** cuchillada; **~ de crayon** trazo; **~ de feu** disparo; **~ de fil** (*fam*) llamada; **~ de filet** redada; **~ de foudre** flechazo; **~ de fouet** latigazo; **~ de frein** (*Auto*) frenazo; **~ de fusil** clavada; **~ de genou** rodillazo; **~ de grâce** golpe de suerte; **~ de main** : **donner un ~ de main à qn** echar una mano a algn; **~ de maître** acción *f* magistral; **~ de pied** patada; **~ de pinceau** pincelada; **~ de poing** puñetazo; **~ de soleil** insolación *f*; **~ de sonnette** timbrazo; **~ de téléphone** telefonazo, llamado (*Am*); **~ de tête** (*fig*) cabezonada; **~ de théâtre** (*fig*) hecho imprevisto; **~ de tonnerre** trueno; **~ de vent** ráfaga de viento; **~ du lapin** golpe en la nuca; **~ dur** golpe duro; **~ fourré** mala jugada; **~ franc** golpe franco; **~ sec** golpe seco

coupable [kupabl] ADJ, NMF culpable *mf*

coupant, e [kupɑ̃, ɑ̃t] ADJ cortante

coupe [kup] NF corte *f*; (*verre, Sport*) copa; (*à fruits*) frutero; **vue en ~** corte transversal; **être sous la ~ de** estar bajo la férula de; **faire des coupes sombres dans** hacer un recorte drástico en

coupé, e [kupe] ADJ cortado(-a); (*vêtement*) : **bien/mal ~** bien/mal cortado(-a) ▸ NM (*Auto*) cupé *m*

coupe-circuit [kupsiʀkɥi] NM INV cortacircuitos *m inv*

coupe-faim [kupfɛ̃] (*pl* **~(s)**) NM (*anorexigène*) supresor *m* del apetito

coupe-feu [kupfø] NM cortafuego

coupe-gorge [kupgɔʀʒ] NM sitio peligroso

coupelle [kupɛl] NF copela

coupe-ongles [kupɔ̃gl] NM INV cortaúñas *m inv*

coupe-papier [kuppapje] NM INV cortapapeles *m inv*

couper [kupe] VT cortar; (*retrancher*) suprimir; (*eau, courant*) cortar, quitar; (*appétit, fièvre*) quitar; (*vin, liquide*) aguar; (*Tennis etc*) volear; **se faire ~ les cheveux** cortarse el pelo; **~ l'appétit à qn** quitar el apetito a algn; **~ la parole à qn** quitar la palabra a algn, interrumpir a algn; **~ les vivres à qn** suprimir los subsidios a algn; **~ le contact** *ou* **l'allumage** (*Auto*) quitar el contacto *ou* el encendido; **~ les ponts (avec qn)** cortar el contacto (con algn) ▸ VI cortar; (*prendre un raccourci*) atajar; (*Cartes*) cortar; (: *avec l'atout*) cortar triunfo ▪ **se couper** VPR cortarse; (*en témoignant etc*) contradecirse

couper-coller [kupekɔle] NM INV copipega *m*

couperet [kupʀɛ] NM machete *m*

couperosé, e [kupʀoze] ADJ congestionado(-a)

couple [kupl] NM pareja; **~ de torsion** par *m* de torsión

> Le terme espagnol de *pareja* peut désigner un couple ou seulement l'un des membres d'un couple :
> **Mes voisins sont un couple de Français.** Mis vecinos son una pareja de franceses.
> **Mon compagnon est architecte.** Mi pareja es arquitecto.

coupler [kuple] VT acoplar

couplet [kuplɛ] NM (*Mus*) copla, estrofa; (*péj*) cantilena

coupleur [kuplœʀ] NM : **~ acoustique** acoplador *m* acústico

coupole [kupɔl] NF cúpula; **la C~** la Academia Francesa; *voir aussi* **académie**

coupon [kupɔ̃] NM (*ticket*) cupón *m*, bono; (*tissu : rouleau*) pieza; (: *reste*) retal *m*

coupon-réponse [kupɔ̃ʀepɔ̃s] (*pl* **coupons-réponses**) NM cupón *m* de respuesta

coupure [kupyʀ] NF corte *m*; (*billet de banque*) billete *m*; (*de presse*) recorte *m*; **~ de courant/d'eau** corte de corriente/de agua

cour [kuʀ] NF (*de ferme*) corral *m*; (*de jardin, immeuble*) patio; (*Jur*) tribunal *m*; (*royale*) corte *f*; **faire la ~ à qn** hacer la corte a algn; **~ d'appel** tribunal de apelación; **~ d'assises** sala de lo criminal; **~ de cassation** ≈ tribunal supremo; **~ de récréation** patio; **~ des comptes** (*Admin*) tribunal de cuentas; **~ martiale** consejo de guerra

courage [kuʀaʒ] NM valor *m*; (*ardeur, énergie*) coraje *m*; **un peu de ~** ánimo; **bon ~ !** ¡ánimo!

courageusement [kuʀaʒøzmɑ̃] ADV valientemente

courageux, -euse [kuʀaʒø, øz] ADJ valiente, valeroso(-a)

couramment [kuʀamɑ̃] ADV (*souvent*) frecuentemente; (*parler*) con soltura

courant, e [kuʀɑ̃, ɑ̃t] ADJ (*fréquent*) corriente, común; (*gén, Comm*) corriente; (*en cours*) en curso; **« anglais ~ »** « inglés fluido » ▸ NM (*aussi fig*) corriente *f*; **être au ~ (de)** estar al corriente (de); **mettre qn au ~ (de)** poner a algn al corriente (de); **se tenir au ~ (de)** mantenerse al corriente (de); **dans le ~ de** durante; **~ octobre** a lo largo de octubre; **le 10 ~** el 10 del corriente; **~ d'air** corriente de aire; **~ électrique** corriente eléctrica

courbature [kuRbatyR] NF agotamiento ■ **courbatures** (*Sport*) agujetas *fpl*

courbaturé, e [kuRbatyRe] ADJ derrengado(-a); (*Sport*) : **je suis tout ~** tengo agujetas por todas partes

courbe [kuRb] ADJ curvo(-a) ▶ NF curva; **~ de niveau** curva de nivel

courber [kuRbe] VT doblar; **~ la tête** inclinar la cabeza ■ **se courber** VPR (*branche etc*) doblarse; (*personne*) inclinarse

courbette [kuRbɛt] NF corveta, reverencia

coure [kuR] VB *voir* **courir**

coureur, -euse [kuRœR, øz] NM/F corredor(a); **~ automobile** corredor automovilístico; **~ cycliste** ciclista *mf* ▶ ADJ M, NM (*péj*) mujeriego ▶ ADJ F, NF (*péj*) pendón *m*

courge [kuRʒ] NF calabaza

courgette [kuRʒɛt] NF calabacín *m*

courir [kuRiR] VI (*aussi fig*) correr; **le bruit court que …** corre la voz de que …; **par les temps qui courent** en los tiempos que corren, en estos tiempos; **~ après qn** correr detrás de algn; (*péj*) andar detrás de algn; **laisser ~ qch/qn** dejar en paz algo/a algn; **faire ~ qn** llevar a algn al retortero; **tu peux (toujours) ~ !** ¡espera sentado! ▶ VT (*Sport*) disputar; (*danger, risque*) correr; **~ les cafés/bals** frecuentar los cafés/bailes; **~ les magasins** ir de compras, ir de tiendas

couronne [kuRɔn] NF (*aussi fig*) corona; **~ (funéraire** *ou* **mortuaire)** corona (mortuoria)

couronnement [kuRɔnmɑ̃] NM coronación *f*

couronner [kuRɔne] VT (*roi*) coronar; (*lauréat, livre, ouvrage*) galardonar; (*carrière, efforts*) coronar

courons *etc* [kuRɔ̃] VB *voir* **courir**

courrai *etc* [kuRe] VB *voir* **courir**

courre [kuR] VB *voir* **chasse**

courriel [kuRjɛl] NM mail *m*, email *m*, correo electrónico; **envoyer qch par ~** enviar algo por mail *ou* email *ou* correo electrónico

courrier [kuRje] NM correo; (*rubrique*) prensa; **qualité ~** calidad *f* de correspondencia; **long/moyen ~** (*Aviat*) avión *m* de distancias largas/medias; **~ du cœur** prensa del corazón; **~ électronique** correo electrónico

courroie [kuRwa] NF correa; **~ de transmission/de ventilateur** correa de transmisión/del ventilador

courrons *etc* [kuRɔ̃] VB *voir* **courir**

courroucé, e [kuRuse] ADJ encolerizado(-a)

cours [kuR] VB *voir* **courir** ▶ NM clase *f*; (*série de leçons*) clases *fpl*, curso; (*établissement*) academia; (*des événements, d'une rivière*) curso; (*avenue*) avenida, paseo; (*Comm*) valor *m*, precio; (*Bourse*) cotización *f*; (*des matières premières*) valor; (*déroulement*) transcurso; **donner libre ~ à** dar rienda suelta a; **avoir ~** (*monnaie*) estar en circulación; (*fig*) estilarse; (*Scol*) tener clase; **en ~** (*année*) en curso; (*travaux*) en curso, pendiente; **en ~ de route** en el camino; **au ~ de** durante, en el transcurso de; **le ~ du change** el cambio; **~ d'eau** río; **~ du soir** (*Scol*) clase nocturna; **~ élémentaire** (*Scol*) *ciclo inicial de educación primaria en el sistema francés*; **~ moyen** (*Scol*) *ciclo medio de educación primaria en el sistema francés*; **~ préparatoire** (*Scol*) *año preparatorio de educación primaria en el sistema francés*

course [kuRs] NF (*gén, d'un taxi, du soleil*) carrera; (*d'un projectile*) trayectoria; (*d'une pièce mécanique*) recorrido; (*excursion en montagne*) marcha, excursión *f*; (*autocar*) recorrido; (*petite mission*) recado; **à bout de ~** reventado(-a); **~ à pied/automobile** carrera a pie/automovilística; **~ de côte** (*Auto*) carrera de ascensión; **~ d'obstacles/de vitesse/par étapes** carrera de obstáculos/de velocidad/por etapas ■ **courses** NFPL (*achats*) compras *fpl*; (*Hippisme*) carreras *fpl* (hípicas); **faire les** *ou* **ses courses** ir de compras; **jouer aux courses** apostar en las carreras; **courses de chevaux** carreras de caballos

coursier, -ière [kuRsje, jɛR] NM/F recadero(-a)

coursive [kuRsiv] NF (*Naut*) pasillo

court, e [kuR, kuRt] ADJ (*temps*) corto(-a), breve; (*en longueur, distance*) corto(-a); (*en hauteur*) bajo(-a); **ça fait ~** es un poco escaso; **avoir le souffle ~** quedarse en seguida sin aliento; **tirer à la courte paille** echar pajas; **faire la courte échelle à qn** aupar a algn; **~ métrage** (*Ciné*) cortometraje *m* ▶ ADV corto; **tourner ~** acabarse de golpe; **couper ~ à …** acabar con …; **pour faire ~** para abreviar ▶ NM (*de tennis*) pista, cancha; **à ~ de** escaso de; **prendre qn de ~** pillar a algn de imprevisto

courtage [kuRtaʒ] NM (*Comm*) corretaje *m*

court-bouillon [kuRbujɔ̃] (*pl* **courts-bouillons**) NM caldo de pescado

court-circuit [kuRsiRkɥi] (*pl* **courts-circuits**) NM cortocircuito

court-circuiter [kuRsiRkɥite] VT (*fig*) saltarse

courtier, -ière [kuRtje, jɛR] NM/F corredor(a)

courtisan [kuRtizɑ̃] NM cortesano; (*fig*) adulador *m*

courtisane [kuRtizan] NF cortesana

courtiser [kuRtize] VT cortejar

courtois, e [kuRtwa, waz] ADJ cortés

courtoisement [kuRtwazmɑ̃] ADV cortésmente

courtoisie [kuRtwazi] NF cortesía

couru, e [kuRy] PP *de* **courir** ▶ ADJ (*spectacle*) concurrido(-a); **c'est ~ (d'avance) !** (*fam*) ¡está claro!

cousais *etc* [kuzɛ] VB *voir* **coudre**

couscous [kuskus] NM cuscús *m*, alcuzcuz *m*

cousin, e [kuzɛ̃, in] NM/F primo(-a); **~ germain(e)** primo(-a) hermano(-a) *ou* carnal; **~ issu de germain(e)** primo(-a) segundo(-a) ▶ NM (*Zool*) típula

cousons [kuzɔ̃] VB *voir* **coudre**

coussin [kusɛ̃] NM cojín *m*; (*Tech*) almohadilla; **~ d'air** (*Tech*) almohadilla neumática

C

cousu, e [kuzy] PP *de* **coudre** ▸ADJ : **~ d'or** forrado(-a) de dinero

coût [ku] NM (*d'un travail, objet*) coste *m*, precio; **le ~ de la vie** el coste de la vida

coûtant [kutɑ̃] ADJ M : **au prix ~** a precio de coste

couteau, x [kuto] NM cuchillo; (*mollusque*) navaja; **~ à cran d'arrêt** navaja de resorte; **~ à pain/de cuisine** cuchillo del pan/de cocina; **~ de poche** navaja de bolsillo

couteau-scie [kutosi] (*pl* **couteaux-scies**) NM cuchillo de sierra

coutelier, -ière [kutəlje, jɛʀ] NM/F cuchillero(-a)

coutellerie [kutɛlʀi] NF cuchillería

coûter [kute] VT (*aussi fig*) costar ▸VI : **~ à qn** costarle a algn; **~ cher** costar caro; **ça va lui ~ cher** (*fig*) va a pagarlo caro; **combien ça coûte ?** ¿cuánto cuesta?, ¿cuánto vale?; **coûte que coûte** a toda costa

coûteusement [kutøzmɑ̃] ADV a alto precio

coûteux, -euse [kutø, øz] ADJ costoso(-a); (*fig*) sacrificado(-a)

coutume [kutym] NF costumbre *f*; (*Jur*) : **la ~** el derecho consuetudinario; **de ~** de costumbre, de ordinario

coutumier, -ière [kutymje, jɛʀ] ADJ habitual; **être ~ de** (*péj*) : **elle est coutumière du fait** es habitual en ella

couture [kutyʀ] NF costura

couturier, -ière [kutyʀje, jɛʀ] NM/F costurero(a) ▸NM modisto(a) *mf*

couvade [kuvad] NF síndrome *m* de la covada, embarazo simpatético

couvée [kuve] NF (*de poussins*) pollada

couvent [kuvɑ̃] NM convento

couver [kuve] VT (*œufs, maladie*) incubar; (*personne*) mimar; **~ qch/qn des yeux** no quitar los ojos de algo/de algn; (*convoiter*) comerse con los ojos algo/a algn ▸VI (*feu*) mantenerse; (*révolte*) incubarse, prepararse

couvercle [kuvɛʀkl] NM tapa

couvert, e [kuvɛʀ, ɛʀt] PP *de* **couvrir** ▸ADJ (*ciel, coiffé d'un chapeau*) cubierto(-a); (*protégé*) protegido(-a), resguardado(-a); **~ de** cubierto(-a) por; **bien ~** bien abrigado(-a) ▸NM cubierto; **mettre le ~** poner la mesa; **à ~** a cubierto, a resguardo; **sous (le) ~ de** bajo la apariencia de ▪ **couverts** NMPL (*cuiller, couteau, fourchette*) cubiertos *mpl*; **service de 12 couverts en argent** juego de 12 cubiertos de plata

couverture [kuvɛʀtyʀ] NF (*de lit*) manta, frazada (AM), cobija (AM); (*de bâtiment*) cubierta; (*de livre, cahier*) forro; (*d'un espion*) máscara; (*Assurance, Presse*) cobertura; **de ~** (*lettre etc*) de garantía; **~ chauffante** manta térmica

couveuse [kuvøz] NF incubadora

couvre [kuvʀ] VB *voir* **couvrir**

couvre-chef [kuvʀəʃɛf] (*pl* **couvre-chefs**) NM sombrero

couvre-feu [kuvʀəfø] (*pl* **couvre-feux**) NM toque *m* de queda

couvre-lit [kuvʀəli] (*pl* **couvre-lits**) NM colcha

couvre-pieds [kuvʀəpje] NM INV cubrepiés *m inv*

couvreur [kuvʀœʀ] NM techador *m*

couvrir [kuvʀiʀ] VT cubrir; (*supérieur hiérarchique*) proteger; (*voix, pas*) cubrir, tapar; (*erreur*) ocultar; (*distance*) recorrer; (*Zool*) cubrir; (*d'ornements, d'éloges*) : **~ qch/qn de** cubrir a algo/algn de ▪ **se couvrir** VPR cubrirse; **se ~ de** (*fleurs, boutons*) llenarse de

cover-girl [kɔvœʀgœʀl] (*pl* **cover-girls**) NF modelo *f*

covoiturage [kovwatyʀaʒ] NM uso de vehículos compartidos; **le meilleur site de ~** la mejor web para compartir vehículo

cow-boy [kobɔj] (*pl* **cow-boys**) NM vaquero

coyote [kɔjɔt] NM coyote *m*

CP SIGLE M (= *cours préparatoire*) *voir* **cours**

CPAM [sepeaɛm] SIGLE F (= *Caisse primaire d'assurance maladie*) *organismo local de la Seguridad Social*

CQFD [sekyɛfde] ABR (= *ce qu'il fallait démontrer*) QED

crabe [kʀɑb] NM cangrejo (de mar)

crachat [kʀaʃa] NM escupitajo

craché, e [kʀaʃe] ADJ : **son père tout ~** el retrato vivo de su padre

cracher [kʀaʃe] VI, VT escupir; (*lave, injures*) escupir, arrojar; **~ du sang** escupir sangre

crachin [kʀaʃɛ̃] NM llovizna, garúa (AM)

crachiner [kʀaʃine] VI lloviznar

crachoir [kʀaʃwaʀ] NM escupidera

crachotement [kʀaʃɔtmɑ̃] NM escupitajo, parásitos *mpl*

crachoter [kʀaʃɔte] VI tener parásitos

crack [kʀak] NM (*intellectuel*) hacha, as *m*; (*sportif*) as; (*poulain*) potro favorito

Cracovie [kʀakɔvi] N Cracovia

cradingue [kʀadɛ̃g] (*fam*) ADJ guarro(-a)

craie [kʀɛ] NF (*substance*) greda; (*morceau*) tiza, gis *m* (MEX)

craignais [kʀɛɲɛ] VB *voir* **craindre**

craindre [kʀɛ̃dʀ] VT temer; (*être sensible à*) no tolerar; **je crains que vous (ne) fassiez erreur** (me) temo que se equivoca; **~ de/que** temer/temer que; **crains-tu de ... ?** ¿temes ...?

crainte [kʀɛ̃t] NF temor *m*; **soyez sans ~** no tema nada; **(de) ~ de/que** por temor a/a que

craintif, -ive [kʀɛ̃tif, iv] ADJ temeroso(-a)

craintivement [kʀɛ̃tivmɑ̃] ADV temerosamente

cramer [kʀame] (*fam*) VI chamuscarse

cramoisi, e [kʀamwazi] ADJ carmesí

crampe [kʀɑ̃p] NF calambre *m*; **~ d'estomac** cólico de estómago

crampon [kʀɑ̃pɔ̃] NM (*de semelle*) taco; (*Alpi-*

nisme) crampón *m*; **raccrocher les crampons** (*fig*) colgar las botas
cramponner [kʀɑ̃pɔne] : **se cramponner (à)** VPR agarrarse (a)
cran [kʀɑ̃] NM (*entaille, trou*) muesca; (*de courroie*) ojete *m*; (*courage*) agallas *fpl*; **être à ~** estar que se lo llevan los demonios; **~ d'arrêt** muelle *m*; **~ de sûreté** seguro
crâne [kʀɑn] NM cráneo
crânement [kʀɑnmɑ̃] ADV con orgullo
crâner [kʀɑne] (*fam*) VI farolear, fanfarronear
crânien, ne [kʀɑnjɛ̃, jɛn] ADJ craneal, craneano(-a)
crapaud [kʀapo] NM sapo
crapule [kʀapyl] NF depravado(-a)
crapuleux, -euse [kʀapylø, øz] ADJ : **crime ~** crimen *m* depravado
craquelure [kʀaklyʀ] NF desconchón *m*
craquement [kʀakmɑ̃] NM crujido
craquer [kʀake] VI (*bois, plancher*) crujir; (*fil, branche*) romperse; (*couture*) estallar; (*s'effondrer*) derrumbarse; **je craque** (*fam*) me vuelvo loco(-a); **~ pour qch** (*fam*) sucumbir al encanto de algo ▸ VT : **~ une allumette** frotar una cerilla
crash [kʀaʃ] (*pl* **crashs** *ou* **crashes**) NM accidente *m* aéreo; **~ boursier** crac *m* bursátil
crasher [kʀaʃe] : **se crasher** VPR (*avion*) estrellarse; (*fam*) emborracharse, pillar una turca (*fam*)
crasse [kʀas] NF mugre *f* ▸ ADJ (*ignorance*) craso(-a)
crasseux, -euse [kʀasø, øz] ADJ mugriento(-a), mugroso(-a) (*AM*)
crassier [kʀasje] NM escorial *m*
cratère [kʀatɛʀ] NM cráter *m*
cravache [kʀavaʃ] NF fusta
cravacher [kʀavaʃe] VT azotar con la fusta
cravate [kʀavat] NF corbata
cravater [kʀavate] VT poner la corbata a; (*fig*) tirarse al cuello de
crawl [kʀol] NM crol *m*
crawlé, e [kʀole] ADJ : **dos ~** crol *m* de espaldas
crayeux, -euse [kʀɛjø, øz] ADJ gredoso(-a); (*fig*) pálido(-a)
crayon [kʀɛjɔ̃] NM lápiz *m*; (*de rouge à lèvres etc*) perfilador *m*, lápiz; **écrire au ~** escribir con lápiz; **~ à bille** bolígrafo; **~ de couleur** lápiz de color; **~ optique** lápiz óptico
crayon-feutre [kʀɛjɔ̃føtʀ] (*pl* **crayons-feutres**) NM rotulador *m*
crayonnage [kʀɛjɔnaʒ] NM bosquejo
crayonner [kʀɛjɔne] VT bosquejar
CRDP [seɛʀdepe] SIGLE M = **Centre régional de documentation pédagogique**
créance [kʀeɑ̃s] NF (*Comm*) crédito; **donner ~ à qch** dar crédito a algo
créancier, -ière [kʀeɑ̃sje, jɛʀ] NM/F acreedor(a)
créateur, -trice [kʀeatœʀ, tʀis] ADJ creador(a) ▸ NM/F (*gén*) creador(a); (*de mode etc*) diseñador(a); **le C~** (*Rel*) el Creador
créatif, -ive [kʀeatif, iv] ADJ (*personne*) creativo(-a)
création [kʀeasjɔ̃] NF creación *f*; (*nouvelle robe, voiture etc*) creación, diseño
créativité [kʀeativite] NF creatividad *f*
créature [kʀeatyʀ] NF criatura
crécelle [kʀesɛl] NF carraca
crèche [kʀɛʃ] NF (*de Noël*) nacimiento, belén *m*; (*garderie*) guardería
crédence [kʀedɑ̃s] NF aparador *m*
crédibilité [kʀedibilite] NF credibilidad *f*
crédible [kʀedibl] ADJ creíble
crédit [kʀedi] NM (*confiance, autorité, Écon*) crédito; (*d'un compte bancaire*) crédito, haber *m*; **payer/acheter à ~** pagar/comprar a plazos; **faire ~ à qn** tener confianza en algn ■ **crédits** NMPL fondos *mpl*
crédit-bail [kʀedibɑj] (*pl* **crédits-bails**) NM arrendamiento financiero, leasing *m*
créditer [kʀedite] VT : **~ un compte (de)** abonar en cuenta
créditeur, -trice [kʀeditœʀ, tʀis] ADJ, NM/F acreedor(-a)
credo [kʀedo] NM credo
crédule [kʀedyl] ADJ crédulo(-a)
crédulité [kʀedylite] NF credulidad *f*
créer [kʀee] VT crear; (*spectacle*) montar; (*rôle*) crear
crémaillère [kʀemajɛʀ] NF cremallera; **direction à ~** (*Auto*) dirección *f* de cremallera; **pendre la ~** festejar el estreno de una casa
crémation [kʀemasjɔ̃] NF cremación *f*
crématoire [kʀematwaʀ] ADJ : **four ~** horno crematorio
crématorium [kʀematɔʀjɔm] NM crematorio
crème [kʀɛm] NF crema; (*du lait*) nata, crema; (*Pharmacie*) crema, pomada; **un (café) ~** un café con leche; **~ à raser** crema de afeitar; **~ Chantilly** nata Chantilly; **~ fouettée** nata batida; **~ glacée** helado ▸ ADJ INV crema
crémerie [kʀɛmʀi] NF lechería
crémeux, -euse [kʀemø, øz] ADJ cremoso(-a)
crémier, -ière [kʀemje, jɛʀ] NM/F lechero(-a)
créneau, x [kʀeno] NM (*de fortification*) almena; (*fig*) hueco; (*Comm*) segmento de mercado; **faire un ~** (*Auto*) aparcar hacia atrás
créole [kʀeɔl] ADJ criollo(-a) ▸ NM (*Ling*) criollo ▸ NMF : **Créole** criollo(-a)
créosote [kʀeɔzɔt] NF creosota
crêpe [kʀɛp] NF crêpe *f*, panqueque *m* (*AM*) ▸ NM (*tissu*) crespón *m*; (*de deuil*) crespón, gasa negra; **semelle (de) ~** suela de crepé; **~ de Chine** crespón de China
crêpé, e [kʀepe] ADJ encrespado(-a)
crêperie [kʀɛpʀi] NF crepería

crépi [krepi] NM enlucido
crépir [krepiR] VT enlucir
crépitement [krepitmɑ̃] NM (*du feu*) chasquido; (*d'une mitrailleuse*) tableteo
crépiter [krepite] VI crepitar; (*mitrailleuse*) tabletear
crépon [krepɔ̃] NM crespón *m*; **papier ~** papel *m* crespón
crépu, e [krepy] ADJ crespo(-a)
crépuscule [krepyskyl] NM crepúsculo
crescendo [kreʃɛndo] NM, ADV (*Mus*) crescendo; (*fig*) : **aller ~** ir en crescendo
cresson [kresɔ̃] NM berro
Crète [kRɛt] NF Creta
crête [kRɛt] NF cresta; (*montagne*) cumbre *f*, cresta
crétin, e [kretɛ̃, in] NM/F (*aussi péj*) cretino(-a)
crétois, e [kretwa, waz] ADJ cretense ▶ NM/F : **Crétois, e** cretense *mf*
cretonne [kRətɔn] NF cretona
Creuse [kRøz] NF : **la ~** la Creuse
creuser [kRøze] VT cavar; (*bois*) vaciar; (*problème, idée*) profundizar en; **ça creuse** (*fam*) eso abre el apetito; **se ~ la cervelle** *ou* **la tête** romperse la cabeza
creuset [kRøzɛ] NM crisol *m*
creusois, e [kRøzwa, waz] ADJ de la Creuse ▶ NM/F : **Creusois, e** nativo(-a) *ou* habitante *mf* de la Creuse
creux, creuse [kRø, kRøz] ADJ hueco(-a); **heures creuses** (*transports*) horas *fpl* de menos tráfico; (*travail*) horas muertas; (*pour électricité, téléphone*) horas de tarifa baja; **mois/jours ~** meses *mpl*/días *mpl* muertos ▶ NM hueco; (*fig*) vacío; **le ~ de l'estomac** la boca del estómago
crevaison [kRəvɛzɔ̃] NF pinchazo
crevant, e [kRəvɑ̃, ɑ̃t] ADJ agotador(a); (*amusant*) para desternillarse de risa
crevasse [kRəvas] NF grieta
crevé, e [kRəve] ADJ (*pneu*) pinchado(-a); (*fam*) : **je suis ~** estoy reventado(-a)
crève-cœur [kRɛvkœR] NM pesadumbre *f*
crever [kRəve] VT estallar, explotar; **~ l'écran** barrer; **cela lui a crevé un œil** esto le dejó tuerto; **~ l'abcès** (*fig*) cortar por lo sano ▶ VI (*pneu, automobiliste*) pinchar; (*abcès, outre*) reventar; (*nuage*) descargar; (*fam : mourir*) palmarla; **~ d'envie/de peur** morirse de ganas/de miedo; **~ de faim/de soif/de froid** morirse de hambre/de sed/de frío
crevette [kRəvɛt] NF : **~ rose** gamba; **~ grise** quisquilla, camarón *m*
cri [kRi] NM grito; **à grands cris** a grito pelado; **cris d'enthousiasme** gritos *mpl* de entusiasmo; **c'est le dernier ~** es el último grito; **cris de protestation** gritos de protesta
criant, e [kRijɑ̃, kRijɑ̃t] ADJ (*injustice*) escandaloso(-a)
criard, e [kRijaR, kRijaRd] ADJ (*couleur*) chillón(-ona)
crible [kRibl] NM criba; **passer qch au ~** cribar algo; (*fig*) mirar algo con lupa
criblé, e [kRible] ADJ : **~ de** acribillado(-a) de
cric [kRik] NM (*Auto*) gato
cricket [kRikɛt] NM cricket *m*
criée [kRije] NF : **(vente à la) ~** (venta en) pública subasta
crier [kRije] VI gritar; (*grincer*) chirriar; **~ au secours** pedir socorro; **~ au scandale** poner el grito en el cielo; **~ au meurtre** clamar contra el asesinato ▶ VT (*ordre*) dar a gritos; (*injure*) lanzar; **sans ~ gare** sin avisar; **~ famine** quejarse de hambre; **~ grâce** pedir merced
crieur [kRijœR] NM : **~ de journaux** vendedor *m* de periódicos
crime [kRim] NM crimen *m*; **le ~ organisé** el crimen organizado
Crimée [kRime] NF Crimea
criminalité [kRiminalite] NF criminalidad *f*
criminel, le [kRiminɛl] ADJ (*acte*) criminal; (*poursuites, droit*) penal; (*fig*) abominable ▶ NM/F criminal *mf*; **~ de guerre** criminal de guerra
criminologie [kRiminɔlɔʒi] NF criminología
criminologue [kRiminɔlɔg] NMF criminologista *mf*
crin [kRɛ̃] NM crin *f*; (*comme fibre*) crin, cerda; **à tous crins, à tout ~** de tomo y lomo
crinière [kRinjɛR] NF (*de cheval*) crines *fpl*; (*de lion*) melena
crique [kRik] NF cala
criquet [kRikɛ] NM langosta
crise [kRiz] NF crisis *f inv*; **~ cardiaque** ataque *m* cardíaco; **~ de foie** cólico biliar; **~ de la foi** crisis de (la) fe; **~ de nerfs** ataque de nervios, crisis nerviosa
crispant, e [kRispɑ̃, ɑ̃t] ADJ irritante
crispation [kRispasjɔ̃] NF crispación *f*
crispé, e [kRispe] ADJ crispado(-a)
crisper [kRispe] VT crispar ■ **se crisper** VPR crisparse
crissement [kRismɑ̃] NM (*des pneus*) rechinamiento
crisser [kRise] VI crujir; (*pneu*) rechinar
cristal, -aux [kRistal, o] NM cristal *m*; (*neige*) cristal, copo; **~ de plomb** vidrio de plomo, cristal de plomo; **~ de roche** cristal de roca ■ **cristaux** NMPL (*objets de verre*) cristalería *fsg*; **cristaux de soude** sosa *fsg* en polvo
cristallin, e [kRistalɛ̃, in] ADJ cristalino(-a) ▶ NM (*Anat*) cristalino
cristalliser [kRistalize] VI, VT (*aussi* : **se cristalliser**) cristalizar
critère [kRitɛR] NM criterio
critérium [kRiteRjɔm] NM (*Sport*) prueba de clasificación

critiquable [kʀitikabl] ADJ discutible
critique [kʀitik] ADJ crítico(-a) ▶NF (*aussi article*) crítica; **la ~** (*activité, personnes*) la crítica ▶NMF (*personne*) crítico(-a)
critiquer [kʀitike] VT criticar
croasser [kʀɔase] VI graznar
croate [kʀɔat] ADJ croata ▶NM (*Ling*) croata *m* ▶NMF : **Croate** croata *mf*
Croatie [kʀɔasi] NF Croacia
croc [kʀo] NM (*dent*) colmillo; (*de boucher*) gancho
croc-en-jambe [kʀɔkɑ̃ʒɑ̃b] (*pl* **crocs-en-jambe**) NM : **faire un ~ à qn** poner *ou* echar una zancadilla a algn
croche [kʀɔʃ] NF corchea; **double ~** semicorchea; **triple ~** fusa
croche-pied [kʀɔʃpje] (*pl* **croche-pieds**) NM = **croc-en-jambe**
crochet [kʀɔʃɛ] NM gancho; (*tige, clef*) ganzúa; (*détour*) desvío, rodeo; (*Tricot*) ganchillo; (*Boxe*) : **~ du gauche** gancho de izquierda ■ **crochets** NMPL (*Typo*) corchetes *mpl*; **vivre aux crochets de qn** vivir a expensas de algn
crocheter [kʀɔʃte] VT (*serrure*) abrir con una ganzúa
crochu, e [kʀɔʃy] ADJ corvo(-a); (*mains, doigts*) ganchudo(-a)
crocodile [kʀɔkɔdil] NM cocodrilo
crocus [kʀɔkys] NM croco
croire [kʀwaʀ] VT creer; **~ qn honnête** creer en la honestidad de algn; **se ~ fort** considerarse fuerte; **~ que** creer que; **j'aurais cru que si** hubiera creído que sí; **je n'aurais pas cru cela (de lui)** nunca lo hubiera pensado (de él); **vous croyez ?** ¿lo cree usted?, ¿lo piensa usted?; **vous ne croyez pas ?** ¿no lo cree así?; **~ à** *ou* **en** creer en; **~ (en Dieu)** creer (en Dios)
croîs [kʀwa] VB *voir* **croître**
croisade [kʀwazad] NF cruzada
croisé, e [kʀwaze] ADJ cruzado(-a) ▶NM (*guerrier*) cruzado
croisée [kʀwaze] NF ventana; **à la ~ des chemins** en el cruce de (los) caminos; **~ d'ogives** bóveda de crucería
croisement [kʀwazmɑ̃] NM (*carrefour, Biol*) cruce *m*
croiser [kʀwaze] VT cruzar; (*personne, voiture*) cruzarse con, encontrar; **~ les jambes/les bras** cruzar las piernas/los brazos ▶VI navegar ■ **se croiser** VPR cruzarse; **se ~ les bras** (*fig*) cruzarse de brazos
croiseur [kʀwazœʀ] NM crucero
croisière [kʀwazjɛʀ] NF crucero; **vitesse de ~** velocidad *f* de crucero
croisillon [kʀwazijɔ̃] NM : **motif/fenêtre à croisillons** enrejado
croissais [kʀwasɛ] VB *voir* **croître**
croissance [kʀwasɑ̃s] NF crecimiento; **troubles de la/maladie de ~** trastornos *mpl*/enfermedad *f* del crecimiento; **~ économique** crecimiento económico
croissant, e [kʀwasɑ̃, ɑ̃t] VB *voir* **croître** ▶ADJ creciente ▶NM (*pâtisserie*) croissant *m*; (*motif*) media luna; **~ de lune** media luna
croître [kʀwatʀ] VI crecer
croix [kʀwa] NF cruz *f*; **la C~-Rouge** la Cruz Roja; **en ~** *adj* en cruz; *adv* en forma de cruz, en cruz
croquant, e [kʀɔkɑ̃, ɑ̃t] ADJ crujiente ▶NM (*péj*) campesino
croque-madame [kʀɔkmadam] NM INV *sandwich de jamón, queso (tostado) con un huevo frito encima*
croque-mitaine [kʀɔkmitɛn] (*pl* **croque-mitaines**) NM coco
croque-monsieur [kʀɔkməsjø] NM INV *sandwich de jamón y queso (tostado)*
croque-mort [kʀɔkmɔʀ] (*pl* **croque-morts**) (*péj*) NM enterrador *m*
croquer [kʀɔke] VT (*manger, fruit*) comer; (*dessiner*) bosquejar; **chocolat à ~** chocolate *m* negro; **~ la vie à belles dents** (*fig*) vivir la vida a tope; **être à ~** (*fig : enfant, personne*) estar para comérselo(-a); (*: vêtement, objet*) ser monísimo(-a) ▶VI crujir
croquet [kʀɔkɛ] NM croquet *m*
croquette [kʀɔkɛt] NF croqueta
croquis [kʀɔki] NM croquis *m inv*, boceto; (*description*) bosquejo
cross [kʀɔs], **cross-country** [kʀɔskuntʀi] (*pl* **~-countries**) NM (*Sport*) cross *m*; (*course*) carrera campo a través *ou* a campo traviesa
crosse [kʀɔs] NF (*d'arme à feu*) culata; (*d'évêque*) báculo; (*de hockey*) palo
crotale [kʀɔtal] NM crótalo
crotte [kʀɔt] NF caca; **~ !** (*fam*) ¡córcholis!, ¡concho!
crotté, e [kʀɔte] ADJ (*sale*) embarrado(-a)
crottin [kʀɔtɛ̃] NM : **~ (de cheval)** excremento (de caballo); (*petit fromage de chèvre*) *quesito redondo de cabra*
croulant, e [kʀulɑ̃, ɑ̃t] (*fam*) NM/F vejestorio(-a)
crouler [kʀule] VI (*s'effondrer*) derrumbarse; (*être délabré*) venirse abajo, hundirse; **~ sous (le poids de) qch** hundirse bajo (el peso de) algo
croupe [kʀup] NF grupa; **en ~** a la grupa
croupi, e [kʀupi] ADJ estancado(-a)
croupier [kʀupje] NM crupier *m*
croupières [kʀupjɛʀ] NFPL : **tailler des ~ à** (*faire concurrence à*) competir; (*Écon, Comm*) robar mercado a
croupion [kʀupjɔ̃] NM rabadilla
croupir [kʀupiʀ] VI (*eau*) estancarse; (*personne*) pudrirse
CROUS [kʀus] SIGLE M (= *Centre régional des œuvres universitaires et scolaires*) *organización estudiantil*

croustade [kRustad] NF empanada de paté
croustillant, e [kRustijɑ̃, ɑ̃t] ADJ crujiente; (*histoire*) picante
croustiller [kRustije] VI crujir
croûte [kRut] NF (*du fromage, pain*) corteza; (*de vol-au-vent*) hojaldre *m*; (*de glace*) capa; (*Méd*) costra, postilla; (*de tartre, peinture*) costra; (*péj : peinture*) mamarracho; **en ~** (*Culin*) en costra; **~ au fromage/aux champignons** rebanada de pan tostado con queso/con champiñones; **~ de pain** (*morceau*) mendrugo; **~ terrestre** corteza terrestre
croûton [kRutɔ̃] NM (*Culin*) picatoste *m*; (*extrémité : du pain*) cuscurro
croyable [kRwajabl] ADJ creíble
croyais [kRwajɛ] VB *voir* **croire**
croyance [kRwajɑ̃s] NF creencia
croyant, e [kRwajɑ̃, ɑ̃t] VB *voir* **croire** ▶ ADJ (*Rel*) : **être/ne pas être ~** ser/no ser creyente ▶ NM/F (*Rel*) creyente *mf*
Crozet [kRɔzɛ] N : **les îles ~** las islas Crozet
CRS [seɛRɛs] (= *Compagnie républicaine de sécurité*) ▶ SIGLE FPL (*corps de la police*) brigada antidisturbios ▶ SIGLE MF (*policier*) (agente *mf*) antidisturbios *mf inv*
cru, e [kRy] PP *de* **croire** ▶ ADJ (*non cuit*) crudo(-a); (*lumière, couleur*) fuerte, vivo(-a); (*description, langage*) crudo(-a) ▶ NM (*vignoble*) viñedo; (*vin*) caldo; **monter à ~** (*cheval*) montar a pelo; **de son (propre) ~** (*fig*) de su (propia) cosecha; **du ~** de la región
crû, e [kRy] PP *de* **croître**
cruauté [kRyote] NF crueldad *f*
cruche [kRyʃ] NF cántaro
crucial, e, -aux [kRysjal, jo] ADJ crucial
crucifier [kRysifje] VT crucificar
crucifix [kRysifi] NM crucifijo
crucifixion [kRysifiksjɔ̃] NF crucifixión *f*
cruciforme [kRysifɔRm] ADJ cruciforme
cruciverbiste [kRysivɛRbist] NMF aficionado(-a) a los crucigramas
crudité [kRydite] NF (*d'un éclairage, d'une couleur*) viveza ▪ **crudités** NFPL (*Culin*) verduras *fpl* y hortalizas crudas
crue [kRy] PP *de* **croire** ; **croître** ▶ ADJ F *voir* **cru** ▶ NF crecida; **en ~** con crecida
cruel, le [kRyɛl] ADJ (*personne, sort*) cruel; (*froid*) despiadado(-a)
cruellement [kRyɛlmɑ̃] ADV cruelmente
crûment [kRymɑ̃] ADV crudamente
crus *etc* [kRy] VB *voir* **croire**
crûs *etc* [kRy] VB *voir* **croître**
crustacés [kRystase] NMPL crustáceos *mpl*
cryptage [kRiptaʒ] NM codificación *f*
crypte [kRipt] NF cripta
crypté, e [kRipte] ADJ codificado(-a)
crypter [kRipte] VT codificar
cryptogramme [kRiptogRam] NM código de seguridad (*de tarjeta bancaria*)
CSA [seɛsa] SIGLE M = **Conseil supérieur de l'audiovisuel**
CSG [seɛsʒe] SIGLE F (= *contribution sociale généralisée*) *contribución suplementaria para ayudar al desfavorecido*
CSM [seɛsɛm] SIGLE M (= *Conseil supérieur de la magistrature*) CSM *m*
Cuba [kyba] NF OU M Cuba
cubage [kybaʒ] NM volumen *m*
cubain, e [kybɛ̃, ɛn] ADJ cubano(-a) ▶ NM/F : **Cubain, e** cubano(-a)
cube [kyb] NM cubo; (*Math*) : **2 au ~ = 8** 2 al cubo = 8; **gros ~** cubo grande; **mètre ~** metro cúbico; **élever au ~** (*Math*) elevar al cubo
cubique [kybik] ADJ cúbico(-a)
cubisme [kybism] NM cubismo
cubiste [kybist] NMF cubista *mf*
cubitus [kybitys] NM cúbito
cueillette [kœjɛt] NF recolección *f*; (*récolte*) cosecha; **la ~ des fraises** la recolección *ou* recogida de la fresa
cueillir [kœjiR] VT recoger; (*fam : attraper*) pillar
cuiller [kɥijɛR] NF cuchara; **~ à café** cucharilla; **~ à soupe** cuchara sopera
cuillère [kɥijɛR] NF = **cuiller**
cuillerée [kɥijRe] NF cucharada; **~ à soupe/café** cucharada sopera/cucharadita
cuir [kɥiR] NM cuero
cuirasse [kɥiRas] NF coraza
cuirassé [kɥiRase] NM acorazado
cuire [kɥiR] VT (*aliments, poterie*) cocer; (*au four*) asar ▶ VI cocerse; (*picoter*) escocer
cuisant, e [kɥizɑ̃, ɑ̃t] VB *voir* **cuire** ▶ ADJ (*douleur*) punzante; (*souvenir, échec*) doloroso(-a)
cuisine [kɥizin] NF cocina; **faire la ~** preparar la comida; **la ~ française/espagnole** la cocina francesa/española
cuisiné, e [kɥizine] ADJ : **plat ~** plato cocinado
cuisiner [kɥizine] VT cocinar; (*fam*) acribillar a preguntas a ▶ VI cocinar
cuisinette [kɥizinɛt] NF cocina pequeña
cuisinier, -ière [kɥizinje, jɛR] NM/F cocinero(-a)
cuisinière [kɥizinjɛR] NF (*poêle*) cocina
cuissardes [kɥisaRd] NFPL botas *fpl*
cuisse [kɥis] NF (*Anat*) muslo; (*de poulet*) muslo; (*de mouton*) pierna
cuisson [kɥisɔ̃] NF cocción *f*
cuissot [kɥiso] NM pernil *m*
cuistre [kɥistR] NM sabihondo(-a)
cuit, e [kɥi, kɥit] PP *de* **cuire** ▶ ADJ cocido(-a); (*viande*) hecho(-a); **bien ~** bien hecho *ou* pasado; **trop ~** demasiado hecho *ou* pasado; **pas assez ~** no muy hecho *ou* pasado; **~ à point** hecho en su punto

cuite [kɥit] *(fam)* NF moña, cogorza
cuiter [kɥite] *(fam)* : **se cuiter** VPR emborracharse, pillar una turca *(fam)*
cuivre [kɥivʀ] NM cobre *m*; **les cuivres** *(Mus)* los cobres; **~ jaune** latón *m*; **~ (rouge)** cobre (rojizo)
cuivré, e [kɥivʀe] ADJ cobrizo(-a)
cul [ky] NM *(fam ! : derrière)* culo *(fam !)*; **~ de bouteille** culo de botella
culasse [kylas] NF culata
culbute [kylbyt] NF *(en jouant)* voltereta; *(accidentelle)* batacazo; **faire la ~** *(fig)* dar el pelotazo
culbuter [kylbyte] VI darse un batacazo
culbuteur [kylbytœʀ] NM *(Auto)* balancín *m*
cul-de-jatte [kydʒat] *(pl* **culs-de-jatte***)* NM lisiado sin piernas
cul-de-sac [kydsak] *(pl* **culs-de-sac***)* NM callejón *m* sin salida
culinaire [kylinɛʀ] ADJ culinario(-a)
culminant [kylminɑ̃] ADJ : **point ~** punto culminante
culminer [kylmine] VI : **~ (à)** culminar (en)
culot [kylo] NM *(d'ampoule)* casquillo; *(fam : effronterie)* cara, desfachatez *f*; **il a du ~** tiene cara
culotte [kylɔt] NF *(pantalon)* pantalón *m* corto; *(d'homme)* calzoncillos *mpl*, calzones *mpl* (AM); *(de femme)* : **(petite) ~** bragas *fpl*, calzones *mpl* (AM); **~ de cheval** pantalón de montar; *(chez les femmes)* celulitis *f inv*
culotté, e [kylɔte] ADJ *(pipe)* curado(-a); *(cuir)* usado(-a); *(effronté)* descarado(-a)
culpabiliser [kylpabilize] VT : **~ qn** culpabilizar a algn
culpabilité [kylpabilite] NF culpabilidad *f*
culte [kylt] NM culto; *(en apposition)* de culto; **un film ~** una película de culto
cultivable [kyltivabl] ADJ cultivable
cultivateur, -trice [kyltivatœʀ, tʀis] NM/F cultivador(a)
cultivé, e [kyltive] ADJ *(terre)* cultivado(-a); *(personne)* culto(-a)
cultiver [kyltive] VT cultivar ■ **se cultiver** VPR cultivarse
culture [kyltyʀ] NF *(de plantes)* cultivo; *(connaissances)* cultura; **~ physique** cultura física ■ **cultures** NFPL cultivos *mpl*; **champs de cultures** campos *mpl* de cultivo
culturel, le [kyltyʀɛl] ADJ cultural
culturisme [kyltyʀism] NM culturismo
culturiste [kyltyʀist] NMF culturista *mf*
cumin [kymɛ̃] NM comino
cumul [kymyl] NM cúmulo, acumulación *f*; **~ de peines** acumulación de penas
cumulable [kymylabl] ADJ acumulable
cumuler [kymyle] VT acumular
cupide [kypid] ADJ codicioso(-a)
cupidité [kypidite] NF codicia
curable [kyʀabl] ADJ curable
Curaçao [kyʀaso] N Curasao, Curaçao
curaçao [kyʀaso] NM curasao
curare [kyʀaʀ] NM curare *m*
curatif, -ive [kyʀatif, iv] ADJ curativo(-a)
cure [kyʀ] NF *(Méd)* cura; *(Rel : fonction)* curato; *(: maison)* casa del cura; **faire une ~ de fruits** hacer una cura de frutas; **n'avoir ~ de** traerle a uno sin cuidado; **faire une ~ thermale** hacer una cura de aguas termales; **~ d'amaigrissement** régimen *m* de adelgazamiento; **~ de repos** cura de reposo; **~ de sommeil** cura de sueño
curé [kyʀe] NM cura *m*, párroco; **M. le ~** el Señor cura
cure-dent [kyʀdɑ̃] *(pl* **cure-dents***)* NM palillo, mondadientes *m inv*
curée [kyʀe] NF *(fig)* forcejeo
cure-ongles [kyʀɔ̃gl] NM INV limpiaúñas *m inv*
cure-pipe [kyʀpip] *(pl* **cure-pipes***)* NM limpiapipas *m inv*
curer [kyʀe] VT limpiar ■ **se curer** VPR : **se ~ les dents** limpiarse los dientes con un palillo
curetage [kyʀtaʒ] NM *(Méd)* raspado, legrado
curieusement [kyʀjøzmɑ̃] ADV curiosamente
curieux, -euse [kyʀjø, jøz] ADJ curioso(-a) ▶ NMPL curiosos *mpl*, mirones *mpl*
curiosité [kyʀjozite] NF curiosidad *f*; *(objet, site)* singularidad *f*
curiste [kyʀist] NMF agüista *mf*
curriculum vitae [kyʀikylɔmvite] *(pl* **curriculum(s)-vitae***)* NM curriculum vitae *m*
curry [kyʀi] NM curry *m*; **poulet au ~** pollo al curry
curseur [kyʀsœʀ] NM cursor *m*
cursif, -ive [kyʀsif, iv] ADJ : **écriture cursive** escritura cursiva
cursus [kyʀsys] NM carrera
curviligne [kyʀviliɲ] ADJ curvilíneo(-a)
cutané, e [kytane] ADJ cutáneo(-a)
cuti-réaction [kytiʀeaksjɔ̃] *(pl* **cuti-réactions***)* NF reacción *f* cutánea
cuve [kyv] NF cuba; *(à mazout etc)* depósito, tanque *m*
cuvée [kyve] NF cuba, cosecha
cuvette [kyvɛt] NF *(récipient)* palangana; *(du lavabo)* pila; *(des w-c)* taza; *(Géo)* hondonada
CV [seve] SIGLE M (= *cheval vapeur*) C.V. (= *caballos de vapor*); (= *curriculum vitae*) CV (= *currículum vítae*)
cyanure [sjanyʀ] NM cianuro
cyberattaque [sibɛʀatak] NF ciberataque *m*
cybercafé [sibɛʀkafe] NM cibercafé *m*
cyberculture [sibɛʀkyltyʀ] NF cybercultura
cyberespace [sibɛʀɛspas] NM ciberespacio
cyberespionnage [sibɛʀɛspjɔnaʒ] NM ciberespionaje *m*

cyberfraude [sibɛʀfʀod] NF ciberfraude *m*
cyberharcèlement [sibɛʀaʀsɛlmɑ̃] NM ciberacoso
cyberintimidation [sibɛʀɛ̃timidasjɔ̃] NF ciberintimidación *f*
cybernaute [sibɛʀnot] NMF internauta *mf*
cybernétique [sibɛʀnetik] NF cibernética
cybersécurité [sibɛʀsekyʀite] NF ciberseguridad *f*
cyclable [siklabl] ADJ : **piste ~** pista para ciclistas
cyclamen [siklamɛn] NM ciclamen *m*
cycle [sikl] NM (*vélo*) velocípedo; (*naturel, biologique*) ciclo; **1er ~** (*Scol*) ≈ segunda etapa de educación primaria; **2e ~** ≈ educación secundaria
cyclique [siklik] ADJ cíclico(-a)
cyclisme [siklism] NM ciclismo
cycliste [siklist] NMF ciclista *mf* ▶ ADJ : **coureur ~** corredor *m* ciclista
cyclo-cross [siklokʀɔs] NM INV (*Sport*) ciclocross *m*; (*épreuve*) carrera de ciclocross
cyclomoteur [siklomɔtœʀ] NM ciclomotor *m*
cyclomotoriste [siklomɔtɔʀist] NMF ciclomotorista *mf*
cyclone [siklon] NM ciclón *m*
cyclotourisme [siklotuʀism(ə)] NM cicloturismo
cygne [siɲ] NM cisne *m*
cylindre [silɛ̃dʀ] NM cilindro; **moteur à quatre cylindres en ligne** motor *m* de cuatro cilindros en línea
cylindrée [silɛ̃dʀe] NF cilindrada; **une (voiture de) grosse ~** un coche de gran cilindrada
cylindrique [silɛ̃dʀik] ADJ cilíndrico(-a)
cymbale [sɛ̃bal] NF platillo
cynique [sinik] ADJ cínico(-a)
cyniquement [sinikmɑ̃] ADV cínicamente
cynisme [sinism] NM cinismo
cyprès [sipʀɛ] NM ciprés *m*
cypriote [sipʀijɔt] ADJ chipriota ▶ NMF : **Cypriote** chipriota *mf*
cyrillique [siʀilik] ADJ cirílico(-a)
cystite [sistit] NF cistitis *f inv*
cytise [sitiz] NM cítiso, codeso
cytologie [sitɔlɔʒi] NF citología

Dd

D, d [de] NM INV (*lettre*) D, d *f*; **D comme Désiré** ≈ D de Dinamarca

d' [d] PRÉP *voir* **de**

D1 NF (*ligue 1 : = première division*) primera (división *f*)

D2 NF (*ligue 2 : = deuxième division*) segunda (división *f*)

DAB [dab] SIGLE M (= *distributeur automatique de billets*) cajero automático

Dacca [dakə] N Dacca

dactylographier [daktilɔgʀafje] VT mecanografiar

dada [dada] NM tema *m* de siempre

dadais [dadɛ] NM bobo

dague [dag] NF daga

dahlia [dalja] NM dalia

daigner [deɲe] VT dignarse

daim [dɛ̃] NM (*Zool*) gamo; (*peau*) ante *m*; (*imitation*) piel *f* vuelta

dais [dɛ] NM dosel *m*

Dakar [dakaʀ] N Dakar

dallage [dalaʒ] NM enlosado

dalle [dal] NF losa

daller [dale] VT enlosar

dalmatien [dalmasjɛ̃] NM dálmata *mf*

daltonien, ne [daltɔnjɛ̃, jɛn] ADJ, NM/F daltónico(-a)

daltonisme [daltɔnism] NM daltonismo

dam [dɑ̃] NM : **au grand ~ de** con gran perjuicio de

damas [dama(s)] NM damasco

damassé, e [damase] ADJ adamascado(-a)

dame [dam] NF señora; (*femme du monde*) dama; (*Cartes, Échecs*) reina; **les (toilettes des) dames** los servicios de señoras; **~ de charité** dama de la caridad; **~ de compagnie** señora de compañía ■ **dames** FPL (*jeu*) damas *fpl*

dame-jeanne [damʒan] (*pl* **dames-jeannes**) NF damajuana

damer [dame] VT apisonar; **~ le pion à qn** ganar la partida a algn

damier [damje] NM (*échiquier*) damero; **en ~** (*dessin*) de cuadros

damner [dane] VT condenar ■ **se damner** VPR condenarse; **être à se ~** estar de muerte; **belle à se ~** guapa a rabiar

dancing [dɑ̃siŋ] NM sala de baile

dandinement [dɑ̃dinmɑ̃] NM contoneo

dandiner [dɑ̃dine] : **se dandiner** VPR bambolearse; (*en marchant*) contonearse

dandy [dɑ̃di] NM dandi *m*

Danemark [danmaʀk] NM Dinamarca

danger [dɑ̃ʒe] NM peligro; **être/mettre en ~** estar/poner en peligro; **être en ~ de mort** estar en peligro de muerte; **être hors de ~** estar fuera de peligro

dangereusement [dɑ̃ʒʀøzmɑ̃] ADV (*blessé, malade*) gravemente; (*vivre*) peligrosamente

dangereux, -euse [dɑ̃ʒʀø, øz] ADJ peligroso(-a)

danois, e [danwa, waz] ADJ danés(-esa) ▸ NM (*Ling, chien*) danés *msg* ▸ NM/F : **Danois, e** danés(-esa)

dans [dɑ̃]

PRÉP **1** (*position*) en; **dans le tiroir/le salon** en el cajón/el salón; **marcher dans la ville** andar por la ciudad; **je l'ai lu dans un journal** lo leí en un periódico; **monter dans une voiture/le bus** subir a un coche/al autobús; **dans la rue** en la calle; **être dans les premiers** ser de los primeros

2 (*direction*) a; **elle a couru dans le salon** corrió al salón

3 (*provenance*) de; **je l'ai pris dans le tiroir/salon** lo saqué del cajón/salón; **boire dans un verre** beber en un vaso

4 (*temps*) dentro de; **dans deux mois** dentro de dos meses; **dans quelques instants** dentro de unos momentos; **dans quelques jours** dentro de unos días; **il part dans quinze jours** se marcha dentro de quince días; **je serai là dans la matinée** estaré allí por la mañana

5 (*approximation*) alrededor de; **dans les 20 euros/quatre mois** alrededor de 20 euros/cuatro meses

6 (*intention*) con; **dans le but de faire qch** con objeto de hacer algo

dansant, e [dɑ̃sɑ̃, ɑ̃t] ADJ : **soirée dansante** velada con baile; (*bal*) bailable *m*

danse [dɑ̃s] NF danza; **une ~** un baile; **~ du ventre** danza del vientre; **~ moderne** danza moderna

danser [dɑ̃se] VT, VI bailar, danzar

danseur, -euse [dɑ̃sœʀ, øz] NM/F (*gen, de ballet*) bailarín(-ina); (*cavalier*) pareja; **en danseuse** (*cyclisme*) de pie sobre los pedales; **~ de claquettes** bailarín(-ina) de claqué; **~ de flamenco** bailaor (a)

On emploie *bailarín(-ina)* pour désigner un danseur en général, mais *bailador(a)* pour un danseur de danse populaire de type andalou, et *bailaor(a)* pour un danseur de flamenco.

DAO [deao] SIGLE M (= *dessin assisté par ordinateur*) DAO *m* (= *diseño asistido por ordenador*)

dard [daʀ] NM aguijón *m*

darder [daʀde] VT lanzar

dare-dare [daʀdaʀ] ADV volando

Dar-es-Salaam, Dar-es-Salam [daʀɛsalam] N Dar es Salam

darne [daʀn] NF rodaja

darse [daʀs] NF dársena

dartre [daʀtʀ] NF (*Méd*) descamación *f*

datation [datasjɔ̃] NF datación *f*

date [dat] NF (*jour*) fecha; **de longue ~** (*ami*) viejo(-a); (*anticipé, planifié*) desde hace mucho tiempo; **de fraîche ~** reciente; (*arrivé, élu*) recientemente; **premier/dernier en ~** más antiguo/reciente; **prendre ~ (avec qn)** fijar fecha (con algn); **faire ~** hacer época; **~ limite** fecha límite; **~ limite de vente** fecha de caducidad; **~ de naissance** fecha de nacimiento

dater [date] VT fechar ▸ VI estar anticuado(-a); **~ de** (*remonter à*) datar de; **à ~ de** a partir de

dateur [datœʀ] NM (*timbre*) fechador *m*; (*de montre*) calendario

datif [datif] NM dativo

datte [dat] NF dátil *m*

dattier [datje] NM datilera

daube [dob] NF : **bœuf en ~** (carne *f* de) vaca estofada

dauber [dobe] (*fam*) VI (*puer*) apestar

dauphin, e [dofɛ̃, dofin] NM (*cétacé*) delfín *m* ▸ NM/F (*Hist, fig*) delfín(-ina)

Dauphiné [dofine] NM Delfinado

dauphinois, e [dofinwa, waz] ADJ de Delfinado

daurade [dɔʀad] NF besugo

davantage [davɑ̃taʒ] ADV más; (*plus longtemps*) más tiempo; **~ de** más; **~ que** más que

DCA [desea] SIGLE F (= *défense contre avions*) *defensa antiaérea*

DDASS [dɑs] SIGLE F (= *Direction départementale de l'action sanitaire et sociale*) *delegación provincial de sanidad y seguridad social*

DDT [dedete] SIGLE M (= *dichloro-diphénol-trichloréthane*) DDT *m* (= *diclorodifeniltricloroetano*)

de, d' [də, d]

(*de + le* = **du**, *de + les* = **des**)
▸ PRÉP **1** (*appartenance*) de; **le toit de la maison** el tejado de la casa; **la voiture d'Élisabeth/de mes parents** el coche de Elisabeth/de mis padres
2 (*moyen*) con; **suivre des yeux** seguir con la mirada; **nier de la tête** negar con la cabeza; **estimé de ses collègues** estimado por sus colegas
3 (*provenance*) de; **il vient de Londres** viene de Londres; **elle est sortie du cinéma** salió del cine
4 (*caractérisation, mesure*) : **un mur de brique** un muro de ladrillo; **un verre d'eau** un vaso de agua; **un billet de 100 €** un billete de 100 euros; **une pièce de 2 m de large** *ou* **large de 2 m** una habitación de 2 m de ancho; **un bébé de 10 mois** un bebé de 10 meses; **12 mois de crédit/travail** 12 meses de crédito/trabajo; **augmenter** *etc* **de 10 €** aumentar *etc* 10 euros; **trois jours de libres** tres días libres; **de nos jours** en nuestros días; **être payé 10 € de l'heure** cobrar 10 € por hora
5 (*rapport*) : **de 14 à 18** de 14 a 18; **de Madrid à Paris** de Madrid a París; **voyager de pays en pays** viajar de país en país
6 (*cause*) de; **mourir de faim** morir(se) de hambre; **rouge de colère** rojo(-a) de ira
7 (*vb + de + infinitif*) : **je vous prie de venir** le ruego que venga; **il m'a dit de rester** me dijo que me quedara
8 : **cet imbécile de Pierre** el tonto de Pierre
▸ ART : **du vin/de l'eau/des pommes** vino/agua/manzanas; **des enfants sont venus** vinieron unos niños; **pendant des mois** durante meses; **il mange de tout** come de todo; **y a-t-il du vin ?** ¿hay vino?; **il n'a pas de chance/d'enfants** no tiene suerte/niños

dé [de] NM dado; (*aussi* : **dé à coudre**) dedal *m*; (*Culin*) : **couper en dés** cortar en dados ■ **dés** NMPL (*jeu*) dados *mpl*; **un coup de dés** una tirada de dados

DEA [deəɑ] SIGLE M (= *diplôme d'études approfondies*) *diploma de pos(t)grado*

dealer [dilœʀ] NM camello(-a)

déambulateur [deɑ̃bylatœʀ] NM andador *m*

déambuler [deɑ̃byle] VI deambular

débâcle [debɑkl] NF (*dégel*) deshielo; (*armée*) desbandada

déballage [debalaʒ] NM desembalaje *m*; (*fig*) revoltijo

déballer [debale] VT desembalar; (*fam : savoir, connaissance*) desembuchar

débandade [debɑ̃dad] NF desbandada

débander [debɑ̃de] VT desvendar

débaptiser [debatize] VT (*rue*) cambiar el nombre de

débarbouillage [debaʀbujaʒ] NM aseo

débarbouiller [debaʀbuje] VT lavar la cara a ■ **se débarbouiller** VPR lavarse la cara

débarcadère [debaʀkadɛʀ] NM desembarcadero

débardeur, -euse [debaʀdœʀ, øz] NM/F (*forestier*) transportista *mf* de madera ▶ NM (*maillot*) camiseta de tirantes; (*docker*) estibador *m*

débarquement [debaʀkəmɑ̃] NM desembarco

débarquer [debaʀke] VT desembarcar ▶ VI desembarcar; (*fam*) plantarse

débarras [debaʀɑ] NM trastero; (*placard*) armario trastero; **« bon ~ ! »** « ¡adiós, muy buenas! »

débarrasser [debaʀɑse] VT despejar; **~ la table** quitar la mesa; **~ qn de qch** (*vêtements*) recogerle algo a algn; (*paquets*) ayudar a algn con algo; **~ qch de** despejar algo de ▶ VI quitar la mesa ■ **se débarrasser** VPR : **se ~ de** desembarazarse de; (*vêtement*) quitarse; (*habitude*) librarse de

débat [deba] NM debate *m* ■ **débats** NMPL (*Pol*) debate *msg*

débattre [debatʀ] VT (*question, prix*) debatir, discutir ■ **se débattre** VPR debatirse

débauchage [deboʃaʒ] NM (*de personnel*) despido

débauche [deboʃ] NF (*libertinage*) vicio; (*profusion*) derroche *m*; **une ~ de** (*fig*) un derroche de

débauché, e [deboʃe] ADJ, NM/F vicioso(-a)

débaucher [deboʃe] VT (*licencier*) despedir; (*entraîner*) corromper; (*inciter à la grève*) instigar

débile [debil] ADJ débil; (*fam : idiot*) imbécil ▶ NMF : **~ mental** retrasado(-a) mental

débilitant, e [debilitɑ̃, ɑ̃t] ADJ (*climat*) agotador(a); (*atmosphère*) desmoralizador(a)

débilité [debilite] NF debilidad *f*; (*fam*) estupidez *f*; **~ mentale** debilidad mental

débiner [debine] VT (*dénigrer*) despellejar ■ **se débiner** VPR (*fam*) pirarse (*fam*), pirárselas (*fam*)

débit [debi] NM (*d'un robinet*) presión *f*; (*d'un fleuve, rivière*) caudal *m*; (*élocution*) cadencia; (*d'un magasin*) ventas *fpl*; (*du trafic*) fluidez *f*; (*bancaire*) débito; **avoir un ~ de 10 euros** tener un débito de 10 euros; **gros/faible ~** mucha/poca presión; **haut ~** (*Internet*) de banda ancha; **~ de boissons** establecimiento de bebidas; **~ de données** (*Inform*) velocidad *f* de datos; **~ de tabac** estanco

débiter [debite] VT (*compte*) cargar (en cuenta); (*liquide, gaz*) suministrar; (*bois, viande*) cortar; (*vendre*) despachar; (*péj : discours*) soltar

débiteur, -trice [debitœʀ, tʀis] ADJ, NM/F deudor(a)

déblai [deblɛ] NM desmonte *m*

déblaiement [deblɛmɑ̃] NM desmonte *m*; **travaux de ~** trabajos *mpl* de desmonte

déblatérer [deblateʀe] VI : **~ contre** despotricar contra

déblayage [deblɛjaʒ] NM despejo, despeje *m*

déblayer [debleje] VT despejar

déblocage [deblɔkaʒ] NM desbloqueo

débloquer [deblɔke] VT desbloquear; (*crédits*) descongelar ▶ VI (*fam*) disparatar

débobiner [debɔbine] VT desbobinar

déboires [debwaʀ] NMPL sinsabores *mpl*; **avoir/essuyer des ~** tener/recibir sinsabores

déboisement [debwazmɑ̃] NM desmonte *m*

déboiser [debwaze] VT desmontar ■ **se déboiser** VPR deforestarse

déboîter [debwate] VI (*Auto*) salirse de la fila ■ **se déboîter** VPR dislocarse

débonnaire [debɔnɛʀ] ADJ bonachón(-ona)

débordant, e [debɔʀdɑ̃, ɑ̃t] ADJ desbordante

débordé, e [debɔʀde] ADJ : **être ~** estar desbordado(-a)

d

débordement [debɔʀdəmɑ̃] NM (*rivière*) desbordamiento; (*eau, lait*) derramamiento; (*Mil, Sport*) adelantamiento; **~ d'enthousiasme/de vitalité** exceso de entusiasmo/de vitalidad

déborder [debɔʀde] VI (*rivière*) desbordarse; (*eau, lait*) derramarse; (*dépasser*) : **~ (de) qch** rebosar de algo; **~ de joie/zèle** (*fig*) rebosar de alegría/fervor ▶ VT (*Mil, Sport*) adelantar

débouché [debuʃe] NM (*gén pl : pour vendre un produit*) mercado; (*perspectives d'emploi*) salida; **au ~ de la vallée** a la salida del valle

déboucher [debuʃe] VT (*évier, tuyau*) desatascar; (*bouteille*) descorchar ▶ VI desembocar; **~ sur** desembocar en; (*fig*) conducir a; **~ de** salir de

débouler [debule] VI caer rodando ▶ VT : **~ l'escalier** rodar escaleras abajo

déboulonner [debulɔne] VT desmontar; (*renvoyer*) despedir; (*détruire le prestige de*) desacreditar

débours [debuʀ] NMPL desembolso *m*

débourser [debuʀse] VT desembolsar

déboussoler [debusɔle] VT despistar

debout [d(ə)bu] ADV (*personne, chose*) de pie; (*levé, éveillé*) levantado(-a); **être encore ~** (*fig*) estar todavía en pie; **mettre qch/qn ~** poner algo/a algn de pie; **se mettre ~** ponerse de pie; **se tenir ~** mantenerse en pie; **« ~ ! »** « ¡de pie! »; (*du lit*) « ¡arriba! »; **cette histoire/ça ne tient pas ~** esta historia/eso no se tiene en pie

débouter [debute] VT (*Jur*) : **~ qn de sa demande** desestimar la demanda de algn

déboutonner [debutɔne] VT desabrochar, desabotonar ■ **se déboutonner** VPR desabrocharse, desabotonarse; (*fig*) desahogarse

débraillé, e [debʀɑje] ADJ (*tenue*) desaliñado(-a); (*manières*) descuidado(-a)

débrancher [debʀɑ̃ʃe] VT (*appareil électrique*) desenchufar; (*téléphone*) desconectar

débrayage [debʀɛjaʒ] NM (*Auto : aussi action*) desembrague *m*; (*grève*) paro

débrayer [debʀeje] VI (*Auto*) desembragar; (*cesser le travail*) hacer paro

débridé, e [debʀide] ADJ desenfrenado(-a)

débrider [debʀide] VT (*cheval*) desembridar; (*volaille*) quitar los hilos a; **sans ~** de un tirón

débriefer [debʀife] VT poner al corriente, informar

débris [debʀi] NM trozo ▶ NMPL restos *mpl*

débrouillard, e [debʀujaʀ, aʀd] ADJ avispado(-a)
débrouillardise [debʀujaʀdiz] NF ingenio
débrouiller [debʀuje] VT (*affaire, cas*) desembrollar; (*écheveau*) desenredar ■ **se débrouiller** VPR arreglárselas
débroussailler [debʀusɑje] VT desbrozar
débroussailleuse [debʀusɑjøz] NF desbrozadora
débusquer [debyske] VT desemboscar
début [deby] NM comienzo, principio; **un bon/mauvais ~** un buen/mal comienzo; **au ~** al principio; **dès le ~** desde el principio ■ **débuts** NMPL (*Ciné, Sport etc*) debut *msg*; (*carrière*) comienzos *mpl*; **faire ses débuts** debutar
débutant, e [debytɑ̃, ɑ̃t] NM/F, ADJ principiante *mf*
débuter [debyte] VI comenzar; (*personne*) debutar
deçà [dəsa] PRÉP : **en ~ de** de este lado de; **être en ~ de** (*vérité, réalité*) no alcanzar ▸ ADV : **en ~** de este lado
décacheter [dekaʃ(ə)te] VT desellar, abrir
décade [dekad] NF década
décadence [dekadɑ̃s] NF decadencia
décadent, e [dekadɑ̃, ɑ̃t] ADJ decadente
décaféiné, e [dekafeine] ADJ descafeinado(-a)
décalage [dekalaʒ] NM desfase *m*; (*écart*) separación *f*; (*désaccord*) desacuerdo; **un ~** (*de position*) un desplazamiento; (*temporel*) una diferencia; (*fig*) un desfase; **le ~ entre …** el desfase entre …; **~ horaire** diferencia de horario
décalaminer [dekalamine] VT descalaminar
décalcifiant, e [dekalsifjɑ̃, ɑ̃t] ADJ descalcificador(a)
décalcification [dekalsifikasjɔ̃] NF descalcificación *f*
décalcifier [dekalsifje] VT descalcificar ■ **se décalcifier** VPR descalcificarse
décalcomanie [dekalkɔmani] NF calcomanía
décalé, e [dekale] ADJ (*style, humour*) poco convencional
décaler [dekale] VT (*changer de position*) desplazar; (*dans le temps : retarder*) aplazar; (: *avancer*) adelantar; **~ de 10 cm** desplazar 10 cm; **~ de deux heures la réunion** (*retarder*) aplazar dos horas la reunión; (*avancer*) adelantar dos horas la reunión ■ **se décaler** VPR (*personne*) correrse, desplazarse; **se ~ d'une place** moverse un sitio, desplazarse un sitio
décalitre [dekalitʀ] NM decalitro
décalogue [dekalɔg] NM decálogo
décalque [dekalk] NM calco
décalquer [dekalke] VT calcar
décamètre [dekamɛtʀ] NM decámetro
décamper [dekɑ̃pe] VI largarse, rajarse (AM)
décan [dekɑ̃] NM decanato
décanter [dekɑ̃te] VT clarificar ■ **se décanter** VPR clarificarse; (*fig*) aclararse
décapage [dekapaʒ] NM decapado
décapant [dekapɑ̃] ADJ corrosivo(-a) ▸ NM decapante *m*
décaper [dekape] VT decapar
décapiter [dekapite] VT (*par accident*) decapitar; (*arbres etc*) descabezar; (*une organisation*) decapitar, eliminar la cúpula de
décapotable [dekapɔtabl] ADJ descapotable
décapoter [dekapɔte] VT descapotar
décapsuler [dekapsyle] VT abrir
décapsuleur [dekapsylœʀ] NM abrebotellas *m inv*
décarcasser [dekaʀkase] : **se décarcasser** VPR partirse el pecho
décathlon [dekatlɔ̃] NM decatlón *m*
décati, e [dekati] ADJ (*tissu*) deslustrado(-a); (*personne*) ajado(-a)
décatir [dekatiʀ] : **se décatir** VPR ajarse
décédé, e [desede] ADJ fallecido(-a); **~ le 10 janvier** fallecido(-a) el 10 de enero
décéder [desede] VI fallecer
décelable [des(ə)labl] ADJ detectable
déceler [des(ə)le] VT detectar; (*révéler*) revelar
décélération [deseleʀasjɔ̃] NF desaceleración *f*
décélérer [deseleʀe] VI desacelerar
décembre [desɑ̃bʀ] NM diciembre *m*; *voir aussi* **juillet**
décemment [desamɑ̃] ADV decentemente
décence [desɑ̃s] NF decencia
décennal, e, -aux [desenal, o] ADJ decenal
décennie [deseni] NF decenio
décent, e [desɑ̃, ɑ̃t] ADJ decente
décentralisation [desɑ̃tʀalizasjɔ̃] NF descentralización *f*
décentraliser [desɑ̃tʀalize] VT descentralizar
décentrer [desɑ̃tʀe] VT descentrar ■ **se décentrer** VPR descentrarse
déception [desɛpsjɔ̃] NF decepción *f*
décerner [desɛʀne] VT (*prix*) otorgar; (*compliment*) presentar
décès [desɛ] NM fallecimiento; **acte de ~** partida de defunción
décevant, e [des(ə)vɑ̃, ɑ̃t] ADJ decepcionante
décevoir [des(ə)vwaʀ] VT decepcionar; (*espérances, confiance*) defraudar
déchaîné, e [deʃene] ADJ (*mer*) encrespado(-a); (*personne, foule, passions*) desenfrenado(-a); (*opinion publique*) encolerizado(-a)
déchaînement [deʃɛnmɑ̃] NM (*passions, colère*) desencadenamiento
déchaîner [deʃene] VT desencadenar ■ **se déchaîner** VPR (*tempête*) desencadenarse; (*mer, passions, colère*) desatarse; (*se mettre en colère*) encolerizarse; **se ~ contre qn** enfurecerse contra algn

déchanter [deʃɑ̃te] VI desengañarse
décharge [deʃaʀʒ] NF (*dépôt d'ordures*) vertedero; (*Jur*) descargo; (*salve, électrique*) descarga; **à la ~ de** en descargo de
déchargement [deʃaʀʒəmɑ̃] NM descargo
décharger [deʃaʀʒe] VT descargar; **~ qn de** dispensar a algn de; **~ sa colère (sur)** (*fig*) descargar su cólera (en); **~ sa conscience** (*fig*) descargar la conciencia; **se ~ dans** (*se déverser*) derramarse en; **se ~ d'une affaire sur qn** delegar un asunto en algn
décharné, e [deʃaʀne] ADJ descarnado(-a), demacrado(-a); (*arbre etc*) seco(-a)
déchaussé, e [deʃose] ADJ (*dent*) descarnado(-a)
déchausser [deʃose] VT descalzar; (*skis*) quitar ■ **se déchausser** VPR (*personne*) descalzarse; (*dent*) descarnarse
dèche [dɛʃ] (*fam*) NF : **être dans la ~** no tener un duro (*fam*)
déchéance [deʃeɑ̃s] NF decadencia; **~ de nationalité** privación *f* de nacionalidad
déchet [deʃɛ] NM desecho; (*perte*) pérdida ■ **déchets** NMPL (*ordures*) restos *mpl*, residuos *mpl*; **déchets radioactifs** residuos radiactivos; **déchets verts** residuos vegetales
déchétarien, ne [deʃetaʀjɛ̃, jɛn] NM/F frigano(-a)
déchiffrage [deʃifʀaʒ] NM descifrado, ejecución *f* por primera vez
déchiffrement [deʃifʀəmɑ̃] NM desciframiento, descifre *m*
déchiffrer [deʃifʀe] VT descifrar; (*partition*) leer, descifrar
déchiqueté, e [deʃik(ə)te] ADJ despedazado(-a)
déchiqueter [deʃik(ə)te] VT despedazar
déchirant, e [deʃiʀɑ̃, ɑ̃t] ADJ desgarrador(a)
déchiré, e [deʃiʀe] ADJ roto(-a); (*muscle*) desgarrado(-a); (*fig*) destrozado(-a)
déchirement [deʃiʀmɑ̃] NM desgarrón *m*; (*chagrin*) desgarramiento; (*gén pl : conflit*) conflictividad *f*
déchirer [deʃiʀe] VT (*vêtement, livre*) desgarrar; (*mettre en morceaux*) rasgar; (*pour ouvrir*) rasgar; (*arracher*) arrancar; (*fig*) destrozar ■ **se déchirer** VPR desgarrarse; (*fig*) destrozarse; **se ~ un muscle/tendon** desgarrarse un músculo/tendón
déchirure [deʃiʀyʀ] NF desgarrón *m*; **~ musculaire** desgarrón muscular
déchoir [deʃwaʀ] VI (*personne*) venir a menos; **~ de** perder
déchu, e [deʃy] PP *de* **déchoir** ▶ ADJ venido(-a) a menos
décibel [desibɛl] NM decibelio, decibel *m*
décidé, e [deside] ADJ decidido(-a); **c'est ~** está decidido; **être ~ à faire** estar resuelto(-a) a hacer
décidément [desidemɑ̃] ADV decididamente
décider [deside] VT : **~ qch** decidir algo; **~ que** decidir que; **~ qn (à faire qch)** animar a algn (a hacer algo); **~ de faire** decidir hacer; **~ de qch** decidir algo ■ **se décider** VPR (*personne*) decidirse; (*problème, affaire*) resolverse; **se ~ à faire qch** decidirse a hacer algo; **se ~ pour qch** decidirse por algo; **« décide-toi ! »** « ¡decídete! »
décideur [desidœʀ] NM apoderado
décilitre [desilitʀ] NM decilitro
décimal, e, -aux [desimal, o] ADJ decimal
décimale [desimal] NF decimal *m*
décimaliser [desimalize] VT reducir al sistema decimal
décimer [desime] VT diezmar
décimètre [desimɛtʀ] NM decímetro; **double ~** doble decímetro
décisif, -ive [desizif, iv] ADJ decisivo(-a)
décision [desizjɔ̃] NF decisión *f*; (*Admin, Jur*) resolución *f*; **prendre la ~ de faire** tomar la decisión de hacer; **emporter** *ou* **faire la ~** zanjar la cuestión; **~ de justice** resolución judicial
déclamation [deklamasjɔ̃] NF declamación *f*; (*péj*) perorata
déclamatoire [deklamatwaʀ] ADJ declamatorio(-a)
déclamer [deklame] VT declamar; (*péj*) perorar
déclarable [deklaʀabl] ADJ declarable
déclaration [deklaʀasjɔ̃] NF declaración *f*; **~ (d'amour)** declaración (de amor); **~ (de changement de domicile)** certificado (de cambio de domicilio); **~ de décès** certificación *f* de fallecimiento; **~ de guerre** declaración de guerra; **~ d'impôts** declaración de la renta; **~ de naissance** partida de nacimiento; **~ de perte** denuncia de pérdida; **~ de revenus** declaración de la renta; **~ de sinistre** declaración de siniestro; **~ de vol** denuncia de robo
déclaré, e [deklaʀe] ADJ declarado(-a)
déclarer [deklaʀe] VT declarar; (*vol : à la police*) denunciar; (*décès, naissance*) certificar; **~ que** declarar que; **~ qch/qn inutile** *etc* declarar algo/a algn inútil *etc*; **~ la guerre** declarar la guerra ■ **se déclarer** VPR declararse; **se ~ favorable/prêt à** declararse favorable/dispuesto a
déclassé, e [deklɑse] ADJ desclasado(-a); (*matériel*) anticuado(-a)
déclassement [deklɑsmɑ̃] NM (*Rail etc*) cambio de clase
déclasser [deklɑse] VT (*sportif, cheval*) descalificar; (*hôtel*) rebajar de categoría; (*déranger*) desordenar
déclenchant, e [deklɑ̃ʃɑ̃, ɑ̃t] ADJ (*facteur*) desencadenante
déclenchement [deklɑ̃ʃmɑ̃] NM detonante *m*; (*d'un mécanisme etc*) puesta en marcha
déclencher [deklɑ̃ʃe] VT activar; (*attaque*)

d

lanzar; (*grève*) poner en marcha; (*fig*) provocar ■ **se déclencher** VPR desencadenarse
déclencheur [deklɑ̃ʃœʀ] NM disparador *m*
déclic [deklik] NM (*mécanisme*) trinquete *m*; (*bruit*) chasquido
déclin [deklɛ̃] NM decadencia
déclinable [deklinabl] ADJ (*modèle*) : **~ en qch** disponible en algo; **~ à l'infini** que permite infinitas combinaciones
déclinaison [deklinɛzɔ̃] NF (*Ling*) declinación *f*
décliner [dekline] VI (*empire, acteur*) decaer; (*jour, soleil, santé*) declinar ▶ VT (*Ling*) declinar; (*identité*) dar a conocer ■ **se décliner** VPR (*Ling*) declinarse
déclivité [deklivite] NF declive *m*; **en ~** en declive
décloisonner [deklwazɔne] VT (*fig*) descompartimentalizar
déclouer [deklue] VT desclavar
décocher [dekɔʃe] VT arrojar; (*regard*) lanzar
décoction [dekɔksjɔ̃] NF decocción *f*
décodage [dekɔdaʒ] NM descodificación *f*
décoder [dekɔde] VT descodificar
décodeur [dekɔdœʀ] NM (*TV*) descodificador *m*
décoiffant, e [dekwafɑ̃, ɑ̃t] ADJ (*fig*) alucinante
décoiffé, e [dekwafe] ADJ : **elle est toute décoiffée** está completamente despeinada
décoiffer [dekwafe] VT despeinar ■ **se décoiffer** VPR despeinarse
décoincer [dekwɛ̃se] VT (*objet*) desbloquear; (*fig : fam : personne*) relajar ■ **se décoincer** VPR (*objet*) desbloquearse; (*fig : fam : personne*) relajarse
déçois *etc* [deswa] VB *voir* **décevoir**
déçoive *etc* [deswav] VB *voir* **décevoir**
décolérer [dekɔleʀe] VI : **il ne décolère pas** sigue enfadado
décollage [dekɔlaʒ] NM despegue *m*, decolaje *m* (*AM*); (*fig : de la croissance, des ventes*) despegue *m*
décollé, e [dekɔle] ADJ : **oreilles décollées** orejas *fpl* de soplillo
décollement [dekɔlmɑ̃] NM : **~ de la rétine** desprendimiento de retina
décoller [dekɔle] VT, VI despegar, decolar (*AM*); (*fig : croissance, ventes*) despegar ■ **se décoller** VPR despegarse
décolletage [dekɔltaʒ] NM (*Tech*) torneado
décolleté, e [dekɔlte] ADJ escotado(-a) ▶ NM escote *m*
décolleter [dekɔlte] VT (*vêtement*) escotar; (*Tech*) desmochar
décolonisation [dekɔlɔnizasjɔ̃] NF descolonización *f*
décoloniser [dekɔlɔnize] VT descolonizar
décolorant, e [dekɔlɔʀɑ̃, ɑ̃t] ADJ, NM decolorante *m*
décoloration [dekɔlɔʀasjɔ̃] NF decoloración *f*; **se faire faire une ~** (*chez le coiffeur*) decolorarse (el pelo)
décoloré, e [dekɔlɔʀe] ADJ (*vêtement, cheveux*) decolorado(-a); (*: avec l'âge*) descolorido(-a)
décolorer [dekɔlɔʀe] VT decolorar; (*suj : âge, lumière*) descolorar ■ **se décolorer** VPR descolorarse
décombres [dekɔ̃bʀ] NMPL escombros *mpl*
décommander [dekɔmɑ̃de] VT (*marchandise*) anular; (*réception*) cancelar; **il faut ~ les invités** tenemos que avisar a los invitados de que no vengan ■ **se décommander** VPR (*invité*) excusarse
décomplexé, e [dekɔ̃plɛkse] ADJ desacomplejado(-a)
décomposable [dekɔ̃pozabl] ADJ descomponible
décomposé, e [dekɔ̃poze] ADJ descompuesto(-a)
décomposer [dekɔ̃poze] VT descomponer ■ **se décomposer** VPR descomponerse
décomposition [dekɔ̃pozisjɔ̃] NF descomposición *f*; **en ~** en descomposición
décompresser [dekɔ̃pʀese] VT distenderse
décompresseur [dekɔ̃pʀesœʀ] NM descompresor *m*
décompression [dekɔ̃pʀesjɔ̃] NF descompresión *f*
décomprimer [dekɔ̃pʀime] VT descomprimir
décompte [dekɔ̃t] NM descuento; (*facture détaillée*) desglose *m*
décompter [dekɔ̃te] VT descontar
déconcentration [dekɔ̃sɑ̃tʀasjɔ̃] NF (*d'une entreprise, d'une administration*) descentralización *f*; **~ des pouvoirs** descentralización de poderes
déconcentré, e [dekɔ̃sɑ̃tʀe] ADJ desconcentrado(-a)
déconcentrer [dekɔ̃sɑ̃tʀe] VT (*Admin*) descentralizar ■ **se déconcentrer** VPR desconcentrarse
déconcertant, e [dekɔ̃sɛʀtɑ̃, ɑ̃t] ADJ desconcertante
déconcerter [dekɔ̃sɛʀte] VT desconcertar
déconditionner [dekɔ̃disjɔne] VT desintoxicar
déconfit, e [dekɔ̃fi, it] ADJ decepcionado(-a)
déconfiture [dekɔ̃fityʀ] NF derrota; (*morale*) decepción *f*; (*financière*) quiebra
décongélation [dekɔ̃ʒelasjɔ̃] NF descongelación *f*
décongelé, e [dekɔ̃ʒle] ADJ descongelado(-a)
décongeler [dekɔ̃ʒ(ə)le] VT descongelar
décongestionner [dekɔ̃ʒɛstjɔne] VT (*Méd, circulation*) descongestionar
déconnecté, e [dekɔnɛkte] ADJ desconectado(-a); (*fig*) : **~ de la réalité** *ou* **des réalités** desconectado(-a) de la realidad
déconnecter [dekɔnɛkte] VT (*aussi fig*) desconectar

déconner [dekɔne] (*fam*) VI (*en parlant*) decir chorradas (*fam*); (*faire des bêtises*) hacer pijadas (*fam*); **sans ~** en serio

déconnexion [dekɔnɛksjɔ̃] NF desconexión *f*; **droit à la ~** derecho a la desconexión

déconseillé, e [dekɔ̃seje] ADJ desaconsejable; **c'est ~** no es aconsejable, es desaconsejable

déconseiller [dekɔ̃seje] VT : **~ qch (à qn)** desaconsejar algo (a algn); **~ à qn de faire** desaconsejar a algn hacer

déconsidérer [dekɔ̃sideʀe] VT desacreditar

déconsigner [dekɔ̃siɲe] VT (*valise*) retirar de la consigna; (*bouteille*) devolver el dinero del/el casco de

décontamination [dekɔ̃taminasjɔ̃] NF descontaminación *f*

décontaminer [dekɔ̃tamine] VT descontaminar

décontenancé, e [dekɔ̃tnɑ̃se] ADJ desconcertado(-a)

décontenancer [dekɔ̃t(ə)nɑ̃se] VT desconcertar

décontracté, e [dekɔ̃tʀakte] ADJ (*personne*) relajado(-a); (*ambiance*) distendido(-a)

décontracter [dekɔ̃tʀakte] VT relajar ▪ **se décontracter** VPR (*personne*) relajarse

décontraction [dekɔ̃tʀaksjɔ̃] NF relajación *f*

déconventionnement [dekɔ̃vɑ̃sjɔnmɑ̃] NM (*de médecins*) *suspensión del acuerdo con la Seguridad Social motivada por una infracción*; (*de logements sociaux*) *pérdida de la subvención pública*

déconventionner [dekɔ̃vɑ̃sjɔne] VT (*médecins : pour faute*) *suspender el acuerdo con la Seguridad Social de*

déconvenue [dekɔ̃v(ə)ny] NF decepción *f*

décor [dekɔʀ] NM (*d'un palais etc*) decoración *f*; (*paysage*) panorama *m*; (*gén pl : Théâtre, Ciné*) decorado; **changement de ~** (*fig*) cambio de situación; **entrer dans le ~** (*fig*) salirse de la carretera; **en ~ naturel** (*Ciné*) en exteriores

décorateur, -trice [dekɔʀatœʀ, tʀis] NM/F decorador(a); (*Ciné*) escenógrafo(-a)

décoratif, -ive [dekɔʀatif, iv] ADJ decorativo(-a); **arts décoratifs** artes *fpl* decorativas

décoration [dekɔʀasjɔ̃] NF decoración *f*; (*médaille*) condecoración *f*

décorer [dekɔʀe] VT decorar; (*médailler*) condecorar

décortiqué, e [dekɔʀtike] ADJ pelado(-a)

décortiquer [dekɔʀtike] VT (*riz*) descascarillar; (*amandes, crevettes*) pelar; (*fig*) desmenuzar

décorum [dekɔʀɔm] NM protocolo

décote [dekɔt] NF exoneración *f*

découcher [dekuʃe] VI dormir fuera de casa

découdre [dekudʀ] VT descoser; **en ~** (*fig*) pelearse ▪ **se découdre** VPR descoserse

découler [dekule] VI : **~ de** derivarse de

découpage [dekupaʒ] NM recorte *m*; (*de viande*) corte *m*; (*gén pl : image*) recortable *m*; **~ électoral** establecimiento de las circunscripciones electorales

découpe [dekup] NF (*de viande*) corte *m*; (*Tech : découpage : de pièces, documents*) recorte *m*; (*forme*) corte *m*

découper [dekupe] VT recortar; (*fig*) fragmentar; **se ~ sur** (*le ciel, fond*) perfilarse en

découplé, e [dekuple] ADJ : **bien ~** bien plantado(-a)

découpure [dekupyʀ] NF : **découpures** recortes *mpl*; (*d'une côte, arête*) sinuosidades *fpl*

décourageant, e [dekuʀaʒɑ̃, ɑ̃t] ADJ desalentador(a)

découragement [dekuʀaʒmɑ̃] NM desánimo, desaliento

décourager [dekuʀaʒe] VT desanimar, desalentar; **~ qn de faire/de qch** desalentar *ou* desanimar a algn de hacer/de algo ▪ **se décourager** VPR desanimarse

décousu, e [dekuzy] PP *de* **découdre** ▶ ADJ descosido(-a); (*fig*) deshilvanado(-a)

découvert, e [dekuvɛʀ, ɛʀt] PP *de* **découvrir** ▶ ADJ (*tête*) descubierto(-a); (*lieu*) pelado(-a); **à visage ~** a cara descubierta ▶ NM (*bancaire*) descubierto; **à ~** (*Mil*) al descubierto; (*ouvertement*) abiertamente; (*compte*) en descubierto

découverte [dekuvɛʀt(ə)] NF descubrimiento; **aller à la ~ (de)** ir en busca (de)

découvrir [dekuvʀiʀ] VT descubrir; (*casserole*) destapar; (*apercevoir*) divisar; (*voiture*) descapotar; **~ que** descubrir que ▶ VI (*mer*) descubrirse ▪ **se découvrir** VPR (*ôter le chapeau*) descubrirse; (*se déshabiller*) desvestirse; (*au lit*) destaparse; (*ciel*) despejarse; **se ~ des talents de** descubrir que se tiene talento para

décrassage [dekʀasaʒ] NM limpieza a fondo; (*Sport*) recuperación *f*; **une séance de ~** una sesión de recuperación

décrasser [dekʀase] VT limpiar a fondo

décrêper [dekʀepe] VT alisar

décrépi, e [dekʀepi] ADJ desconchado(-a)

décrépit, e [dekʀepi, it] ADJ decrépito(-a)

décrépitude [dekʀepityd] NF decrepitud *f*

decrescendo [dekʀeʃɛndo] NM (*Mus*) decrescendo; **aller ~** (*fig*) ir decreciendo

décret [dekʀɛ] NM decreto

décréter [dekʀete] VT decretar; **~ que** decretar que

décret-loi [dekʀɛlwa] (*pl* **décrets-lois**) NM decreto-ley *m*

décrié, e [dekʀije] ADJ desprestigiado(-a)

décrire [dekʀiʀ] VT describir

décrisper [dekʀispe] VT (*relations, atmosphère*) distender; (*personne*) relajar ▪ **se décrisper** VPR (*relations, atmosphère*) distenderse; (*personne, visage*) relajarse

décrochage [dekʀɔʃaʒ] NM (*d'un tableau, rideau*) descolgado; (*Scol : d'élève*) abandono; (*Écon : de Bourse, marché, salaires*) caída; **~ scolaire** abandono escolar

décrochement [dekʀɔʃmɑ̃] NM desenganche *m*; (*d'un mur etc*) retranqueo

décrocher [dekʀɔʃe] VT descolgar; (*contrat, poste*) conseguir ▶VI (*pour répondre au téléphone*) descolgar; (*abandonner*) retirarse; (*Scol*) abandonar los estudios; (*perdre sa concentration*) desconectar ■ **se décrocher** VPR (*tableau, rideau*) descolgarse

décrois *etc* [dekʀwa] VB *voir* **décroître**

décroisé, e [dekʀwaze] ADJ (*Football : tir, tête*) al palo corto; (*Tennis : revers, coup droit, smash*) a contrapié

décroiser [dekʀwɑze] VT descruzar

décroissance [dekʀwasɑ̃s] NF decrecimiento

décroissant, e [dekʀwasɑ̃, ɑ̃t] VB *voir* **décroître** ▶ADJ decreciente; **par ordre ~** por orden decreciente

décroître [dekʀwɑtʀ] VI decrecer

décrotter [dekʀɔte] VT limpiar; **se ~ le nez** limpiarse la nariz

décru [dekʀy] PP *de* **décroître**

décrue [dekʀy] NF decrecida

décryptage [dekʀiptaʒ] NM desciframiento; (*Inform*) descodificación *f*; **le ~ du génome humain** el desciframiento del genoma humano

décrypter [dekʀipte] VT descifrar; (*Inform*) descodificar

déçu, e [desy] PP *de* **décevoir** ▶ADJ (*personne*) decepcionado(-a); (*espoir*) frustrado(-a)

déculotter [dekylɔte] VT : **~ qn** quitar los pantalones *ou* los calzoncillos a algn ■ **se déculotter** VPR quitarse los pantalones *ou* los calzoncillos

déculpabiliser [dekylpabilize] VT librar del sentimiento de culpa a ■ **se déculpabiliser** VPR librarse del sentimiento de culpa

décuple [dekypl] NM : **le ~ de** el décuplo de; **au ~** diez veces más

décupler [dekyple] VT decuplicar ▶VI decuplicarse

déçut *etc* [desy] VB *voir* **décevoir**

dédaignable [dedɛɲabl] ADJ : **pas ~** nada despreciable

dédaigner [dedeɲe] VT desdeñar; **~ de faire** desdeñar hacer

dédaigneusement [dedɛɲøzmɑ̃] ADV desdeñosamente

dédaigneux, -euse [dedɛɲø, øz] ADJ desdeñoso(-a)

dédain [dedɛ̃] NM desdén *m*

dédale [dedal] NM dédalo

dedans [dədɑ̃] ADV dentro, adentro (*surtout* AM) ▶NM interior *m*; **là-~** ahí dentro; **au ~** (por) dentro; **en ~** por dentro

dédiaboliser [dedjabɔlize] VT (*parti, image*) desdemonizar

dédicace [dedikas] NF dedicatoria

dédicacer [dedikase] VT dedicar

dédié, e [dedje] ADJ : **ordinateur ~** ordenador *m* dedicado *ou* especializado

dédier [dedje] VT : **~ à** (*livre*) dedicar a; (*efforts*) consagrar a ■ **se dédier** VPR (*se consacrer*) : **se ~ à qn/qch** dedicarse a algn/algo, consagrarse a algn/algo

dédire [dediʀ] : **se dédire** VPR desdecirse

dédit [dedi] PP *de* **dédire** ▶NM indemnización *f*; (*Comm*) retracto

dédommagement [dedɔmaʒmɑ̃] NM (*indemnité*) indemnización *f*

dédommager [dedɔmaʒe] VT : **~ qn (de)** indemnizar a algn (por); (*remercier*) recompensar a algn (por)

dédouaner [dedwane] VT aduanar ■ **se dédouaner** VPR restaurar su buen nombre; **se ~ de qch** (*responsabilités, accusation*) inhibirse de algo

dédoublement [dedubləmɑ̃] NM desdoblamiento; (*d'un train*) servicio complementario; **~ de la personnalité** (*Psych*) desdoblamiento de la personalidad

dédoubler [deduble] VT desdoblar; (*couverture etc*) desplegar; **~ un train/les trains** poner un tren/trenes complementario(s) ■ **se dédoubler** VPR (*Psych*) desdoblarse

dédramatiser [dedʀamatize] VT (*situation, événement*) desdramatizar

déductible [dedyktibl] ADJ deducible

déduction [dedyksjɔ̃] NF (*d'argent*) descuento; (*raisonnement*) deducción *f*

déduire [dedɥiʀ] VT : **~ qch (de)** deducir algo (de)

déesse [deɛs] NF diosa

défaillance [defajɑ̃s] NF desfallecimiento; (*technique*) fallo; (*morale*) debilidad *f*; **~ cardiaque** fallo cardíaco

défaillant, e [defajɑ̃, ɑ̃t] ADJ (*mémoire*) que falla; (*personne*) desfalleciente; (*témoin*) contumaz

défaillir [defajiʀ] VI desfallecer; (*mémoire etc*) fallar

défaire [defɛʀ] VT (*installation, échafaudage*) desmontar; (*paquet etc*) abrir; (*nœud*) desatar; (*vêtement*) descoser; (*déranger*) deshacer; (*cheveux*) despeinar; **~ ses bagages** deshacer las maletas; **~ le lit** (*pour changer les draps*) deshacer la cama; (*pour se coucher*) abrir la cama ■ **se défaire** VPR (*cheveux, nœud*) deshacerse; **se ~ de** deshacerse de

défait, e [defɛ, ɛt] PP *de* **défaire** ▶ADJ deshecho(-a); (*nœud*) desatado(-a); (*visage*) descompuesto(-a)

défaite [defɛt] NF (*aussi Mil*) derrota

défaites [defɛt] VB *voir* **défaire**

défaitisme [defetism] NM derrotismo

défaitiste [defetist] ADJ, NMF derrotista *mf*

défalcation [defalkasjɔ̃] NF desfalco

défalquer [defalke] VT desfalcar

défasse [defas] VB *voir* **défaire**

défausser [defose] VT rectificar ■ **se défausser** VPR (*Cartes*) descartarse

défaut [defo] NM defecto; (*d'étoffe, métal*) falla; (*Inform*) fallo; **~ de** (*manque, carence*) falto de; **~ de la cuirasse** (*fig*) punto débil; **en ~** en falta; **faire ~** faltar; **à ~** al menos; **à ~ de** a falta de; **par ~** (*Jur*) en rebeldía; (*Inform*) por defecto

défaveur [defavœʀ] NF descrédito

défavorable [defavɔʀabl] ADJ desfavorable

défavorablement [defavɔʀabləmɑ̃] ADV desfavorablemente

défavoriser [defavɔʀize] VT desfavorecer

défécation [defekasjɔ̃] NF defecación *f*

défectif, -ive [defɛktif, iv] ADJ : **verbe ~** verbo defectivo

défection [defɛksjɔ̃] NF defección *f*; **faire ~** desertar

défectueux, -euse [defɛktɥø, øz] ADJ defectuoso(-a)

défectuosité [defɛktɥozite] NF imperfección *f*; (*défaut*) defecto

défendable [defɑ̃dabl] ADJ defendible

défendeur, -eresse [defɑ̃dœʀ, dʀɛs] NM/F (*Jur*) demandado(-a)

défendre [defɑ̃dʀ] VT defender; (*interdire*) prohibir; **~ à qn qch/de faire** prohibir a algn algo/hacer; **il est défendu de cracher** está prohibido escupir; **c'est défendu** está prohibido ■ **se défendre** VPR defenderse; (*se justifier*) justificarse; **il se défend** (*fig*) va defendiéndose; **ça se défend** (*fig*) esto se sostiene; **se ~ de/contre** (*se protéger*) protegerse de/contra; **se ~ de** (*se garder de*) evitar; (*nier*) negar; **se ~ de vouloir** no tener la intención de

défendu, e [defɑ̃dy] ADJ *voir* **défendre**

défenestrer [defənɛstʀe] VT defenestrar ■ **se défenestrer** VPR tirarse por la ventana

défense [defɑ̃s] NF defensa; **ministre de la ~** ministro de defensa; **la ~ nationale** la defensa nacional; **la ~ contre avions** la defensa aérea; **« ~ de fumer/cracher »** « prohibido fumar/escupir »; **prendre la ~ de qn** defender a algn; **~ des consommateurs** defensa de los consumidores

défenseur [defɑ̃sœʀ] NM defensor(a)

défensif, -ive [defɑ̃sif, iv] ADJ defensivo(-a) ▸ NF : **être sur la défensive** estar a la defensiva

déféquer [defeke] VI defecar

déferai [defʀe] VB *voir* **défaire**

déférence [defeʀɑ̃s] NF deferencia; **par ~ pour** por deferencia a

déférent, e [defeʀɑ̃, ɑ̃t] ADJ deferente

déférer [defeʀe] VT (*Jur*) deferir; **~ à** deferir a; **~ qn à la justice** hacer comparecer a algn ante la justicia

déferlant, e [defɛʀlɑ̃, ɑ̃t] ADJ : **vague déferlante** ola que se rompe

déferlement [defɛʀləmɑ̃] NM (*vagues*) rompimiento; (*foule*) oleada

déferler [defɛʀle] VI (*vagues*) romper; (*foule*) desplegarse

défi [defi] NM desafío, reto; **mettre qn au ~ de faire qch** desafiar *ou* retar a algn a hacer algo; **relever un ~** aceptar un desafío

défiance [defjɑ̃s] NF desconfianza

déficeler [defis(ə)le] VT desatar

déficience [defisjɑ̃s] NF deficiencia

déficient, e [defisjɑ̃, jɑ̃t] ADJ deficiente

déficit [defisit] NM (*Comm*) déficit *m*; (*Psych etc*) deficiencia; **être en ~** tener déficit; **~ budgétaire** déficit presupuestario

déficitaire [defisitɛʀ] ADJ deficitario(-a)

défier [defje] VT desafiar; **~ qn de faire qch** desafiar a algn a hacer algo; **~ qn à** desafiar a algn a; **~ toute comparaison/concurrence** excluir toda comparación/competencia ■ **se défier de** VPR desconfiar de

défigurer [defigyʀe] VT desfigurar

défilé [defile] NM (*Géo*) desfiladero; (*soldats, manifestants*) desfile *m*; **un ~ de** (*voitures, visiteurs*) un desfile de

défiler [defile] VI desfilar; **faire ~** (*bande, film*) proyectar; (*Inform*) hacer un scroll; **faire ~ vers le bas/le haut** hacer scroll hacia abajo/arriba, deslizar hacia abajo/arriba ■ **se défiler** VPR escaquearse

défini, e [defini] ADJ definido(-a)

définir [definiʀ] VT definir

définissable [definisabl] ADJ definible

définitif, -ive [definitif, iv] ADJ definitivo(-a)

définition [definisjɔ̃] NF definición *f*

définitive [definitiv] NF : **en ~** en definitiva

définitivement [definitivmɑ̃] ADV definitivamente

défiscaliser [defiskalize] VT eximir de impuestos

déflagration [deflagʀasjɔ̃] NF deflagración *f*

déflation [deflasjɔ̃] NF (*Écon*) deflación *f*

déflationniste [deflasjɔnist] ADJ deflacionista

déflecteur [deflɛktœʀ] NM (*Auto*) deflector *m*

déflorer [deflɔʀe] VT desflorar

défoncé, e [defɔ̃se] ADJ hundido(-a); (*sous l'effet d'une drogue*) colgado(-a) (*fam*)

défoncer [defɔ̃se] VT hundir; (*caisse*) desfondar ■ **se défoncer** VPR (*fam : se donner à fond*) desmadrarse; (*se droguer*) colocarse (*fam*)

défont [defɔ̃] VB *voir* **défaire**

déforestation [defɔʀɛstasjɔ̃] NF deforestación *f*

déformant, e [defɔʀmɑ̃, ɑ̃t] ADJ : **glace** *ou* **miroir ~(e)** cristal *m ou* espejo deformante

déformation [defɔʀmasjɔ̃] NF deformación *f*; **~ professionnelle** deformación profesional

déformer [defɔʀme] VT deformar ■ **se déformer** VPR deformarse

défoulement [defulmɑ̃] NM (*gén*) desahogo; (*Psych*) liberación *f*

défouler [defule] : **se défouler** VPR (*gén*) desahogarse; (*Psych*) liberarse

défraîchi, e [defʀeʃi] ADJ (*peinture*) deslucido(-a); (*article à vendre*) pasado(-a)

défraîchir [defʀeʃiʀ] : **se défraîchir** VPR deslucirse

défrayer [defʀeje] VT : **~ qn (de)** resarcir a algn (de); **~ la chronique** (*fig*) saltar a los titulares

défrichement [defʀiʃmɑ̃] NM desbrozo

défricher [defʀiʃe] VT desbrozar

défriser [defʀize] VT (*cheveux*) desrizar; (*fig*) fastidiar

défroisser [defʀwase] VT desarrugar

défroque [defʀɔk] NF harapo

défroqué [defʀɔke] NM exclaustrado

défroquer [defʀɔke] VT exclaustrar ▶ VI colgar los hábitos

défunt, e [defœ̃, œ̃t] ADJ : **son ~ père** su difunto padre ▶ NM/F difunto(-a)

dégagé, e [degaʒe] ADJ (*ciel, vue*) despejado(-a); (*ton, air*) desenvuelto(-a)

dégagement [degaʒmɑ̃] NM despejo; (*espace libre*) espacio despejado; (*couloir*) pasillo; (*Football*) saque *m*; (*Mil*) levantamiento del cerco; **voie de ~** vía muerta; **itinéraire de ~** carretera de circunvalación

dégager [degaʒe] VT liberar; (*exhaler*) desprender; (*désencombrer*) despejar; (*idée, aspect*) extraer; (*crédits*) desbloquear; **~ qn de** liberar a algn de; **dégagé des obligations militaires** exento de las obligaciones militares ■ **se dégager** VPR (*odeur*) desprenderse; (*passage, ciel*) despejarse; **se ~ de** liberarse de

dégaine [degɛn] NF facha

dégainer [degene] VT (*revolver*) desenfundar; (*épée*) desenvainar

dégarni, e [degaʀni] ADJ : **il a le crâne ~** se está quedando calvo; **il a les tempes dégarnies** cada vez tiene más entradas

dégarnir [degaʀniʀ] VT vaciar ■ **se dégarnir** VPR vaciarse; (*tempes, crâne*) despoblarse

dégâts [degɑ] NMPL : **faire des ~** causar daños

dégauchir [degoʃiʀ] VT (*Tech*) desalabear

dégazage [degɑzaʒ] NM desgasificación *f*

dégazer [degɑze] VT desgasificar

dégel [deʒɛl] NM deshielo; (*des prix etc*) descongelación *f*

dégeler [deʒ(ə)le] VT (*fig*) descongelar; **~ l'atmosphère** romper el hielo ▶ VI deshelarse ■ **se dégeler** VPR (*atmosphère, relations*) animarse

dégénéré, e [deʒeneʀe] ADJ, NM/F degenerado(-a)

dégénérer [deʒeneʀe] VI degenerar; **~ en** degenerar en

dégénérescence [deʒeneʀesɑ̃s] NF degeneración *f*

dégingandé, e [deʒɛ̃gɑ̃de] ADJ desgarbado(-a)

dégivrage [deʒivʀaʒ] NM (*frigo*) descongelación *f*; (*vitres*) deshielo

dégivrer [deʒivʀe] VT (*frigo*) descongelar; (*vitres*) deshelar

dégivreur [deʒivʀœʀ] NM descongelador *m*

déglinguer [deglɛ̃ge] VT descuajaringar

déglutir [deglytiʀ] VI deglutir

déglutition [deglytisjɔ̃] NF deglución *f*

dégonflé, e [degɔ̃fle] ADJ (*pneu*) desinflado(-a), deshinchado(-a) ▶ NM/F (*fam*) rajado(-a)

dégonfler [degɔ̃fle] VT desinflar, deshinchar ▶ VI deshincharse ■ **se dégonfler** VPR (*fam*) rajarse (*fam*)

dégorger [degɔʀʒe] VI (*Culin*) : **faire ~ les concombres/escargots** dejar que suelten el agua los pepinos/caracoles; (*rivière*) : **~ dans** desembocar en ▶ VT desaguar ■ **se dégorger** VPR desembocar

dégoter [degɔte] VT encontrar

dégouliner [deguline] VI chorrear; **~ de** chorrear

dégoupiller [degupije] VT (*grenade*) quitar el pasador a

dégourdi, e [deguʀdi] ADJ espabilado(-a)

dégourdir [deguʀdiʀ] VT (*sortir de l'engourdissement*) desentumecer; (*faire tiédir*) templar; (*personne*) despabilar, espabilar ■ **se dégourdir** VPR : **se ~ les jambes** estirar las piernas

dégoût [degu] NM asco; (*aversion*) repugnancia

dégoûtant, e [degutɑ̃, ɑ̃t] ADJ asqueroso(-a); **c'est ~ !** (*injuste*) ¡no hay derecho!

dégoûté, e [degute] ADJ asqueado(-a); (*fig*) melindroso(-a); **~ de** asqueado(-a) de

dégoûter [degute] VT asquear; **~ qn de faire qch** (*aussi fig*) quitarle a algn las ganas de hacer algo; **se ~ de** (*se lasser de*) hartarse de

dégoutter [degute] VI gotear; **~ de** gotear de

dégradant, e [degʀadɑ̃, ɑ̃t] ADJ degradante

dégradation [degʀadasjɔ̃] NF degradación *f*; (*gén pl : dégâts*) deterioro

dégradé, e [degʀade] ADJ (*couleur, teinte*) en gradación; (*cheveux*) en capas ▶ NM gradación *f*

dégrader [degʀade] VT (*Mil, fig*) degradar; (*abîmer*) deteriorar ■ **se dégrader** VPR deteriorarse; (*roche*) erosionarse; (*Phys*) degradarse

dégrafer [degʀafe] VT desabrochar

dégraissage [degʀɛsaʒ] NM desengrase *m*; (*Écon*) reducción *f* de plantilla

dégraissant [degʀɛsɑ̃] NM desengrasante *m*

dégraisser [degʀese] VT (*soupe*) desengrasar; (*vêtement*) quitar las manchas de grasa de; (*Écon*) reducir la plantilla de

degré [dəgʀe] NM grado; (*escalier*) peldaño; (*niveau, taux*) punto; **brûlure/équation au 1er/2ème ~** quemadura/ecuación *f* de 1er/2o grado; **le premier ~** (*Scol*) el primer grado; **alcool à 90 degrés** alcohol *m* de 90 grados; **vin**

de 10 degrés vino de 10 grados; **par ~(s)** gradualmente

dégressif, -ive [degʀesif, iv] ADJ decreciente; **tarif ~** tarifa decreciente

dégrèvement [degʀɛvmɑ̃] NM desgravación *f*

dégrever [degʀəve] VT desgravar

dégriffé, e [degʀife] ADJ (*vêtement*) *rebajado por no llevar la etiqueta del diseñador*

dégringolade [degʀɛ̃gɔlad] NF caída

dégringoler [degʀɛ̃gɔle] VI caer rodando; (*prix, Bourse*) hundirse ▸ VT (*escalier*) bajar corriendo

dégriser [degʀize] VT desembriagar

dégrossir [degʀosiʀ] VT (*bois, personne*) desbastar; (*ébaucher*) bosquejar

dégroupage [degʀupaʒ] NM (*Internet*) desagregación *f*

dégroupé, e [degʀupe] ADJ (*Internet*) desagregado(-a)

déguenillé, e [deg(ə)nije] ADJ harapiento(-a)

déguerpir [degɛʀpiʀ] VI largarse

dégueulasse [degœlas] (*fam*) ADJ asqueroso(-a)

dégueuler [degœle] (*fam*) VI echar las tripas

déguisé, e [degize] ADJ disfrazado(-a); **~ en** disfrazado(-a) de

déguisement [degizmɑ̃] NM disfraz *m*

déguiser [degize] VT disfrazar ■ **se déguiser** VPR disfrazarse; **se ~ en** disfrazarse de

dégustation [degystasjɔ̃] NF degustación *f*; (*vin*) cata

déguster [degyste] VT degustar; (*vin*) catar; (*fig*) saborear ▸ VI (*fam*) pasarlas moradas (*fam*)

déhancher [deɑ̃ʃe] : **se déhancher** VPR contonearse

dehors [dəɔʀ] ADV fuera, afuera (*surtout* AM); **mettre** *ou* **jeter ~** echar fuera; **au ~** (por) fuera; (*en apparence*) por fuera; **au ~ de** fuera de; **de ~** desde afuera; **en ~** (*vers l'extérieur*) hacia afuera; **en ~ de** (*hormis*) fuera de ▸ NM exterior *m* ▸ NMPL (*apparences*) apariencias *fpl*

déifier [deifje] VT deificar

déiste [deist] ADJ deista

déjà [deʒa] ADV ya; **quel nom, ~ ?** (*interrogatif*) entonces, ¿qué nombre?; **c'est ~ pas mal** (*intensif*) no está nada mal; **as-tu ~ été en France ?** ¿ya has estado en Francia?; **c'est ~ quelque chose** ya es algo

déjanté, e [deʒɑ̃te] (*fam*) ADJ (*personne, spectacle*) extravagante

déjanter [deʒɑ̃te] : **se déjanter** VPR (*pneu*) salirse de la llanta

déjà-vu [deʒavy] NM INV : **c'est du ~** no es nada nuevo

déjeuner [deʒœne] VI (*matin*) desayunar; (*à midi*) almorzar, comer ▸ NM (*petit déjeuner*) desayuno; (*à midi*) almuerzo, comida; **~ d'affaires** comida de negocios

déjouer [deʒwe] VT (*personne, attention*) burlar; (*complot*) hacer fracasar

déjuger [deʒyʒe] : **se déjuger** VPR retractarse

delà [dəla] PRÉP, ADV : **par-~** (*plus loin que*) más allá de; (*de l'autre côté de*) al otro lado de; **au-~ (de)** más allá (de)

délabré, e [delɑbʀe] ADJ deteriorado(-a)

délabrement [delɑbʀəmɑ̃] NM deterioro

délabrer [delɑbʀe] : **se délabrer** VPR deteriorarse

délacer [delase] VT desatar

délai [delɛ] NM plazo; (*sursis*) prórroga; **sans ~** sin demora; **à bref ~** en breve plazo; **dans les délais** dentro de los plazos; **un ~ de 30 jours** un plazo de 30 días; **compter un ~ de livraison de 10 jours** contar un plazo de entrega de 10 días; **~ de livraison** plazo de entrega

délaissé, e [delese] ADJ abandonado(-a)

délaisser [delese] VT abandonar

délassant, e [delɑsɑ̃, ɑ̃t] ADJ relajante

délassement [delɑsmɑ̃] NM recreo

délasser [delɑse] VT (*membres*) descansar; (*personne*) recrear ■ **se délasser** VPR recrearse

délateur, -trice [delatœʀ, tʀis] NM/F delator(a)

délation [delasjɔ̃] NF delación *f*

délavé, e [delave] ADJ descolorido(-a)

délayage [delɛjaʒ] NM desleimiento, dilución *f*

délayer [deleje] VT diluir; (*discours, devoir*) alargar

delco® [dɛlko] NM (*Auto*) delco

délectation [delɛktasjɔ̃] NF deleite *m*

délecter [delɛkte] : **se délecter** VPR : **se ~ de** deleitarse con

délégation [delegasjɔ̃] NF delegación *f*; **~ de pouvoir** (*document*) poder *m*

délégué, e [delege] ADJ delegado(-a); **ministre ~ à** ministro(-a) delegado(-a) de ▸ NM/F delegado(-a); (*syndical*) enlace *mf*; **~ médical(e)** delegado(-a) médico(-a)

déléguer [delege] VT delegar

délestage [delɛstaʒ] NM deslastre *m*; **itinéraire de ~** desviación *f*

délester [delɛste] VT deslastrar; **~ une route** descongestionar una carretera

délétère [deletɛʀ] ADJ deletéreo(-a); (*fig : climat*) nocivo(-a), pernicioso(-a)

Delhi [dɛli] N Delhi

délibérant, e [delibeʀɑ̃, ɑ̃t] ADJ : **assemblée délibérante** asamblea deliberativa

délibératif, -ive [delibeʀatif, iv] ADJ : **avoir voix délibérative** tener voz deliberativa

délibération [delibeʀasjɔ̃] NF deliberación *f* ■ **délibérations** NFPL (*décisions*) deliberaciones *fpl*

délibéré, e [delibeʀe] ADJ deliberado(-a); (*déterminé*) resuelto(-a); **de propos ~** adrede

délibérément [delibeʀemɑ̃] ADV deliberadamente; (*résolument*) resueltamente

délibérer [delibeʀe] VI deliberar; **~ de** (*décider*) deliberar sobre

délicat, e [delika, at] ADJ delicado(-a); (*attentionné*) atento(-a); **procédés peu délicats** procedimientos *mpl* poco limpios

délicatement [delikatmɑ̃] ADV delicadamente; (*subtilement*) con delicadeza

délicatesse [delikatɛs] NF delicadeza; (*gén pl : attentions*) atenciones *fpl*

délice [delis] NM delicia ■ **délices** NFPL (*plaisirs*) placeres *mpl*

délicieusement [delisjøzmɑ̃] ADV deliciosamente

délicieux, -euse [delisjø, jøz] ADJ (*goût, femme*) delicioso(-a); (*sensation*) placentero(-a); (*robe*) precioso(-a)

délictueux, -euse [deliktɥø, øz] ADJ delictivo(-a)

délié, e [delje] ADJ (*mince*) delgado(-a); (*doigts etc*) ágil ▶ NM : **les déliés** los trazos finos

délier [delje] VT desatar; **~ qn d'un serment/vœu** liberar a algn de su juramento/promesa

délimitation [delimitasjɔ̃] NF delimitación *f* ■ **délimitations** NFPL (*d'un terrain*) deslinde *msg*

délimiter [delimite] VT delimitar

délinquance [delɛ̃kɑ̃s] NF delincuencia; **~ juvénile** delincuencia juvenil

délinquant, e [delɛ̃kɑ̃, ɑ̃t] ADJ, NM/F delincuente *mf*

déliquescence [delikesɑ̃s] NF : **en ~** en decadencia

déliquescent, e [delikesɑ̃, ɑ̃t] ADJ decadente

délirant, e [deliʀɑ̃, ɑ̃t] ADJ (*Méd, imagination*) delirante; (*fam : déraisonnable*) loco(-a)

délire [deliʀ] NM (*fièvre, fig*) delirio; (*folie*) locura

délirer [deliʀe] VI delirar

delirium tremens [deliʀjɔmtʀemɛ̃s] NM delirium *m* tremens

délit [deli] NM (*Jur, gén*) delito; **commettre un ~** cometer un delito; **~ de droit commun** delito común; **~ de fuite** delito de fuga; **~ de presse** delito de prensa; **~ politique** delito político

délivrance [delivʀɑ̃s] NF liberación *f*; (*sentiment*) alivio

délivrer [delivʀe] VT (*prisonnier*) liberar; (*passeport, certificat*) expedir; **~ qn de** (*ennemis, responsabilité*) liberar a algn de; (*maladie*) curar a algn de ■ **se délivrer** VPR : **se ~ de** liberarse de

délocalisation [delɔkalizasjɔ̃] NF (*de société*) traslado; (*d'emplois*) reubicación *f*

délocaliser [delɔkalize] VT (*société*) trasladar; (*emplois*) reubicar

déloger [delɔʒe] VT (*locataire, ennemi*) desalojar; (*objet coincé*) desenganchar

déloyal, e, -aux [delwajal, o] ADJ desleal; **concurrence déloyale** (*Comm*) competencia desleal

delta [dɛlta] NM (*Géo*) delta *m*

deltaplane® [dɛltaplan] NM ala delta

déluge [delyʒ] NM diluvio; **~ de** (*grand nombre*) avalancha de

déluré, e [delyʀe] ADJ avispado(-a); (*péj*) descarado(-a)

démagnétiser [demaɲetize] VT desmagnetizar

démagogie [demagɔʒi] NF demagogia

démagogique [demagɔʒik] ADJ demagógico(-a)

démagogue [demagɔg] ADJ, NMF demagogo(-a)

démaillé, e [demaje] ADJ (*bas*) desmallado(-a)

démailloter [demajɔte] VT (*enfant*) quitar los pañales a

demain [d(ə)mɛ̃] ADV mañana; **~ matin/soir** mañana por la mañana/tarde; **~ midi** mañana a mediodía; **à ~** hasta mañana

demande [d(ə)mɑ̃d] NF petición *f*; (*Admin, formulaire*) instancia, solicitud *f*; **la ~** (*Écon*) la demanda; **à la ~ générale** a petición general; **faire sa ~ (en mariage)** pedir la mano; **« demandes d'emploi »** « demandas *fpl* de empleo »; **~ de naturalisation/poste** solicitud de nacionalidad/empleo; **~ d'emploi** solicitud de empleo

demandé, e [d(ə)mɑ̃de] ADJ : **très ~** muy solicitado(-a)

demander [d(ə)mɑ̃de] VT pedir; (*question*) preguntar; (*autorisation*) solicitar; (*médecin, plombier, infirmier*) necesitar; (*de l'habileté, du courage, aussi Jur*) requerir; (*personnel*) precisar; **~ de la ponctualité** *etc* **de qn** (*suj : personne*) exigir puntualidad *etc* a algn; **~ qch à qn** preguntar algo a algn; **~ l'heure/son chemin** preguntar la hora/el camino; **~ la main de qn** (*fig*) pedir la mano de algn; **~ des nouvelles de qn** pedir noticias de algn; **~ pardon à qn** pedir perdón a algn; **~ à** *ou* **de voir/faire** solicitar ver/hacer; **cela demande de la patience/beaucoup de temps** eso requiere paciencia/mucho tiempo; **~ à qn de faire** pedir a algn que haga; **~ que** pedir *ou* solicitar que; **il a demandé 300 € par mois** pidió 300 euros al mes; **ils demandent deux secrétaires et un ingénieur** solicitan dos secretarias y un ingeniero; **~ la parole** pedir la palabra; **~ la permission de** pedir permiso para; **on vous demande au téléphone** le llaman por teléfono; **je n'en demandais pas davantage** no necesitaba más; **je me demande comment tu as pu ...** me pregunto cómo has podido ...; **je me le demande** me lo pregunto; **je me demande vraiment pourquoi** es que no entiendo por qué; **se ~ si/pourquoi** *etc* preguntarse si/por qué *etc*; **il ne demande que ça/qu'à faire ...** (*iro*) justo lo que quería/lo que quería hacer ...; **je ne demande pas mieux que ...** no deseo otra cosa más que ...

> Ne confondez pas *preguntar* (dans le sens d'« interroger ») et *pedir* (dans le sens de « réclamer ») :
> **Elle m'a demandé si je connaissais cet acteur.** Me preguntó si conocía a ese actor.
> **Elle m'a demandé son numéro de téléphone.** Me pidió su número de teléfono.

demandeur, -euse [dəmɑ̃dœʀ, øz] NM/F : **~ d'emploi** demandante *mf* de empleo

démangeaison [demɑ̃ʒɛzɔ̃] NF picor *m*

démanger [demɑ̃ʒe] VI picar; **la main me démange** pegaría a alguien; **l'envie** *ou* **ça le démange de faire ...** (*fig*) tiene muchas ganas de hacer ...

démantèlement [demɑ̃tɛlmɑ̃] NM desmantelamiento

démanteler [demɑ̃t(ə)le] VT desmantelar

démaquillant, e [demakijɑ̃, ɑ̃t] ADJ desmaquillador(a) ▶ NM desmaquillador *m*

démaquiller [demakije] VT desmaquillar ■ **se démaquiller** VPR desmaquillarse

démarcage [demaʀkaʒ] NM = **démarquage**

démarcation [demaʀkasjɔ̃] NF demarcación *f*; (*fig*) frontera; **ligne de ~** línea de demarcación

démarchage [demaʀʃaʒ] NM (*Comm*) venta domiciliaria

démarche [demaʀʃ] NF (*allure*) paso; (*intervention*) trámite *m*; (*intellectuelle etc*) proceso; (*requête, tractation*) gestión *f*; **faire** *ou* **entreprendre des démarches (auprès de qn)** hacer *ou* iniciar gestiones (ante algn)

démarcheur, -euse [demaʀʃœʀ, øz] NM/F (*Comm*) vendedor(a) a domicilio; (*Pol etc*) gestor(a)

démarquage [demaʀkaʒ] NM (*Sport*) desmarque *m*

démarque [demaʀk] NF (*Comm*) saldo, rebaja

démarqué, e [demaʀke] ADJ (*Football*) desmarcado(-a); **prix démarqués** (*Comm*) precios *mpl* rebajados

démarquer [demaʀke] VT (*prix*) rebajar, saldar; (*Sport*) desmarcar ■ **se démarquer** VPR (*Sport*) desmarcarse

démarrage [demaʀaʒ] NM (*d'une voiture, d'une machine*) arranque *m*; (*fig*) arranque, comienzo; (*Sport*) arrancada; **~ en côte** arranque en pendiente

démarrer [demaʀe] VI arrancar; (*coureur*) acelerar; (*travaux, affaire*) ponerse en marcha ▶ VT (*voiture*) arrancar; (*travail*) poner en marcha

démarreur [demaʀœʀ] NM (*Auto*) arranque *m* (*dispositivo*)

démasquer [demaske] VT desenmascarar ■ **se démasquer** VPR (*fig*) desenmascararse

démâter [demɑte] VT desarbolar ▶ VI desarbolarse

démêlant, e [demɛlɑ̃, ɑ̃t] ADJ : **crème démêlante** *ou* **baume ~** crema suavizante

démêler [demele] VT (*fil, cheveux*) desenredar; (*problèmes*) desembrollar

démêlés [demele] NMPL diferencias *fpl*; **avoir des ~ avec la justice** tener problemas con la justicia

démembrement [demɑ̃bʀəmɑ̃] NM desmembramiento

démembrer [demɑ̃bʀe] VT (*fig*) desmembrar

déménagement [demenaʒmɑ̃] NM mudanza; **entreprise/camion de ~** empresa/camión *m* de mudanzas

déménager [demenaʒe] VT mudar ▶ VI mudarse

déménageur, -euse [demenaʒœʀ, øz] NM/F encargado(-a) de mudanzas; (*entrepreneur*) empresario(-a) de mudanzas

démence [demɑ̃s] NF (*Méd*) demencia; (*extravagance*) locura; **~ sénile** demencia senil

démener [dem(ə)ne] : **se démener** VPR agitarse; (*fig*) bregar

dément[1], e [demɑ̃, ɑ̃t] VB *voir* **démentir**

dément[2], e [demɑ̃, ɑ̃t] ADJ (*fou*) demente; (*fam*) loco(-a)

démenti [demɑ̃ti] NM desmentido

démentiel, le [demɑ̃sjɛl] ADJ demencial

démentir [demɑ̃tiʀ] VT desmentir; **ne pas se ~** no cesar

démerder [demɛʀde] (*fam !*) : **se démerder** VPR arreglárselas; **démerde-toi tout seul !** ¡búscate la vida!

démériter [demeʀite] VI : **~ (auprès de qn)** desmerecer (ante algn)

démesure [dem(ə)zyʀ] NF desmesura

démesuré, e [dem(ə)zyʀe] ADJ desmesurado(-a)

démesurément [dem(ə)zyʀemɑ̃] ADV desmesuradamente

démettre [demɛtʀ] VT : **~ qn de** destituir a algn de ■ **se démettre** VPR (*épaule etc*) dislocarse; (*démissionner*) dimitir; **se ~ de ses fonctions** dimitir de sus funciones

demeurant [d(ə)mœʀɑ̃] : **au ~** *adv* por lo demás, después de todo

demeure [d(ə)mœʀ] NF residencia; **dernière ~** (*fig*) tumba; **mettre qn en ~ de faire ...** intimar a algn a hacer ...; **à ~** de forma permanente

demeuré, e [d(ə)mœʀe] ADJ, NM/F retrasado(-a)

demeurer [d(ə)mœʀe] VI (*habiter*) residir, vivir; (*séjourner*) permanecer; (*rester*) quedar, permanecer; **en ~ là** quedarse así

demi, e [dəmi] ADJ medio(-a); **~-rempli** medio lleno; **trois bouteilles et demie** tres botellas y media; **il est deux heures/midi et demie** son las dos/doce y media; **à ~** a medias; (*presque : sourd, idiot*) medio(-a); (: *fini, corrigé*) a medio ▶ NM (*bière*) caña; (*Football*) medio; **~ de mêlée/d'ouverture** (*Rugby*) medio de melé/de apertura ▶ NF : **à la demie** (*heure*) a la media

demi... [dəmi] PRÉF *voir* **demi**
demi-bas [dəmibɑ] NM INV (*chaussette*) medias *fpl* de media pierna
demi-bouteille [dəmibutɛj] (*pl* **demi-bouteilles**) NF media botella
demi-cercle [dəmisɛʀkl] (*pl* **demi-cercles**) NM semicírculo; **en ~** *adj, adv* en semicírculo
demi-douzaine [dəmiduzɛn] (*pl* **demi-douzaines**) NF media docena
demi-finale [dəmifinal] (*pl* **demi-finales**) NF semifinal *f*
demi-finaliste [dəmifinalist] (*pl* **demi-finalistes**) NMF semifinalista *mf*
demi-fond [dəmifɔ̃] NM mediofondo
demi-frère [dəmifʀɛʀ] (*pl* **demi-frères**) NM medio hermano, hermanastro
demi-gros [dəmigʀo] NM INV *comercio intermedio entre el por mayor y el por menor*
demi-heure [dəmijœʀ] (*pl* **demi-heures**) NF media hora
demi-jour [dəmiʒuʀ] (*pl* **~(s)**) NM media luz
demi-journée [dəmiʒuʀne] (*pl* **demi-journées**) NF media jornada
démilitariser [demilitaʀize] VT desmilitarizar
demi-litre [dəmilitʀ] (*pl* **demi-litres**) NM medio litro
demi-livre [dəmilivʀ] (*pl* **demi-livres**) NF media libra
demi-longueur [dəmilɔ̃gœʀ] (*pl* **demi-longueurs**) NF medio cuerpo
demi-lune [dəmilyn] : **en ~** *adj inv* en media luna *inv*
demi-mal [dəmimal] (*pl* **demi-maux**) NM : **il n'y a que ~** el daño es poco
demi-mesure [dəmimzyʀ] (*pl* **demi-mesures**) NF medida insuficiente
demi-mot [dəmimo] : **à ~** *adv* (*se comprendre*) sin necesidad de palabras
déminer [demine] VT levantar las minas
démineur [deminœʀ] NM *técnico que levanta las minas*
demi-pension [dəmipɑ̃sjɔ̃] (*pl* **demi-pensions**) NF media pensión *f*; **être en ~** estar de media pensión
demi-pensionnaire [dəmipɑ̃sjɔnɛʀ] (*pl* **demi-pensionnaires**) NMF (*lycée*) mediopensionista *mf*
demi-place [dəmiplas] (*pl* **demi-places**) NF medio billete *m*
démis, e [demi, iz] PP *de* **démettre** ▸ ADJ (*épaule etc*) dislocado(-a)
demi-saison [dəmisɛzɔ̃] (*pl* **demi-saisons**) NF : **vêtements de ~** ropa de entretiempo
demi-sel [dəmisɛl] ADJ INV semisalado(-a)
demi-sœur [dəmisœʀ] (*pl* **demi-sœurs**) NF media hermana, hermanastra
demi-sommeil [dəmisɔmɛj] (*pl* **demi-sommeils**) NM somnolencia
demi-soupir [dəmisupiʀ] (*pl* **demi-soupirs**) NM (*Mus*) silencio de corchea
démission [demisjɔ̃] NF dimisión *f*; **donner sa ~** presentar la dimisión
démissionnaire [demisjɔnɛʀ] ADJ, NMF demisionario(-a)
démissionner [demisjɔne] VI dimitir
demi-tarif [dəmitaʀif] (*pl* **demi-tarifs**) NM media tarifa; **voyager à ~** viajar con media tarifa
demi-teinte [d(ə)mitɛ̃t] (*pl* **demi-teintes**) NF : **en ~** (*bilan, rentrée*) con luces y sombras
demi-ton [dəmitɔ̃] (*pl* **demi-tons**) NM (*Mus*) semitono
demi-tour [dəmituʀ] (*pl* **demi-tours**) NM media vuelta; **faire un ~** dar media vuelta; **faire ~** dar la vuelta
démobilisation [demɔbilizasjɔ̃] NF desmovilización *f*
démobiliser [demɔbilize] VT (*Mil*) desmovilizar
démocrate [demɔkʀat] ADJ, NMF demócrata *mf*
démocrate-chrétien, ne [demɔkʀatkʀetjɛ̃, jɛn] (*pl* **démocrates-chrétiens, -nes**) ADJ, NM/F democristiano(-a)
démocratie [demɔkʀasi] NF democracia; **~ libérale/populaire** democracia liberal/popular
démocratique [demɔkʀatik] ADJ democrático(-a); (*sport, moyen de transport etc*) popular
démocratiquement [demɔkʀatikmɑ̃] ADV democráticamente
démocratisation [demɔkʀatizasjɔ̃] NF democratización *f*
démocratiser [demɔkʀatize] VT democratizar ▪ **se démocratiser** VPR democratizarse
démodé, e [demɔde] ADJ pasado(-a) de moda
démoder [demɔde] : **se démoder** VPR pasarse de moda
démographe [demɔgʀaf] NMF demógrafo(-a)
démographie [demɔgʀafi] NF demografía
démographique [demɔgʀafik] ADJ demográfico(-a); **poussée ~** alza demográfica
demoiselle [d(ə)mwazɛl] NF señorita; **~ d'honneur** dama de honor
démolir [demɔliʀ] VT (*bâtiment*) demoler; (*théorie, système*) echar abajo; (*personne*) arruinar
démolisseur [demɔlisœʀ] NM (*ouvrier*) obrero demoledor
démolition [demɔlisjɔ̃] NF demolición *f*; **entreprise de ~** empresa de demolición
démon [demɔ̃] NM demonio; **le ~ du jeu** el demonio del juego; **le D~** el demonio
démonétiser [demɔnetize] VT desmonetizar
démoniaque [demɔnjak] ADJ demoníaco(-a)
démonstrateur, -trice [demɔ̃stʀatœʀ, tʀis] NM/F (*dans un magasin, à domicile*) demostrador(a)
démonstratif, -ive [demɔ̃stʀatif, iv] ADJ

(*affectueux*) expresivo(-a); (*Ling*) demostrativo(-a) ▶ NM demostrativo
démonstration [demɔ̃stʀasjɔ̃] NF demostración *f*; (*aérienne, navale*) exhibición *f*
démontable [demɔ̃tabl] ADJ desmontable
démontage [demɔ̃taʒ] NM desmonte *m*
démonté, e [demɔ̃te] ADJ encrespado(-a)
démonte-pneu [demɔ̃t(ə)pnø] (*pl* **démonte-pneus**) NM desmontable *m*
démonter [demɔ̃te] VT desmontar; (*discours, théorie*) desmoronar; (*personne*) desconcertar ■ **se démonter** VPR desconcertarse
démontrable [demɔ̃tʀabl] ADJ demostrable
démontrer [demɔ̃tʀe] VT demostrar; (*des talents, du courage*) mostrar
démoralisant, e [demɔʀalizɑ̃, ɑ̃t] ADJ desmoralizante
démoralisateur, -trice [demɔʀalizatœʀ, tʀis] ADJ desmoralizador(a)
démoraliser [demɔʀalize] VT desmoralizar ■ **se démoraliser** VPR desmoralizarse
démordre [demɔʀdʀ] VI : **ne pas ~ de** no ceder en
démotiver [demɔtive] VT desmotivar ■ **se démotiver** VPR desmotivarse
démoulage [demulaʒ] NM extracción *f* del molde
démouler [demule] VT (*gâteau*) extraer del molde
démultiplicateur, -trice [demyltiplikatœʀ, tʀis] ADJ decelerador(a)
démultiplication [demyltiplikasjɔ̃] NF desmultiplicación *f*
démuni, e [demyni] ADJ (*population*) necesitado(-a), desfavorecido(-a); **~ de** desprovisto(-a) de; **les plus démunis** los más necesitados, los más desfavorecidos
démunir [demyniʀ] VT desproveer; **se ~ de** desprenderse de
démuseler [demyzle] VT quitar el bozal a
démystifier [demistifje] VT desengañar
démythifier [demitifje] VT desmitificar
dénatalité [denatalite] NF disminución *f* de la natalidad
dénationalisation [denasjɔnalizasjɔ̃] NF desnacionalización *f*
dénationaliser [denasjɔnalize] VT desnacionalizar
dénaturé, e [denatyʀe] ADJ desnaturalizado(-a)
dénaturer [denatyʀe] VT (*goût*) desnaturalizar; (*pensée, fait*) desvirtuar
dénégations [denegasjɔ̃] NFPL negativas *fpl*
déneigement [denɛʒmɑ̃] NM retirada de la nieve
déneiger [deneʒe] VT quitar la nieve de
dengue [dɛ̃g] NF dengue *m*
déni [deni] NM : **~ (de justice)** denegación *f* (de justicia)
déniaiser [denjeze] VT : **~ qn** espabilar a algn
dénicher [deniʃe] VT encontrar
dénicotinisé, e [denikɔtinize] ADJ : **cigarette dénicotinisée** cigarrillo bajo en nicotina
denier [dənje] NM (*monnaie*) denario; (*de bas*) denier *m*; **de ses (propres) deniers** de su (propio) bolsillo; **~ du culte** ofrenda para el culto; **deniers publics** erario *msg* público
dénier [denje] VT negar; **~ qch à qn** denegar algo a algn
dénigrement [denigʀəmɑ̃] NM denigración *f*; **campagne de ~** campaña de denigración
dénigrer [denigʀe] VT denigrar
dénivelé, e [denivle] ADJ desnivelado(-a) ▶ NM desnivel *m*
déniveler [deniv(ə)le] VT desnivelar
dénivellation [denivelasjɔ̃] NF desnivel *m*
dénivellement [denivɛlmɑ̃] NM = **dénivellation**
dénombrer [denɔ̃bʀe] VT (*compter*) contar; (*énumérer*) enumerar
dénominateur [denɔminatœʀ] NM (*Math*) denominador *m*; **~ commun** común denominador
dénomination [denɔminasjɔ̃] NF (*nom*) denominación *f*
dénommé, e [denɔme] ADJ : **le ~ Dupont** el tal *ou* llamado Dupont
dénommer [denɔme] VT denominar
dénoncer [denɔ̃se] VT denunciar ■ **se dénoncer** VPR denunciarse
dénonciateur, -trice [denɔ̃sjatœʀ, tʀis] NM/F denunciante *mf*
dénonciation [denɔ̃sjasjɔ̃] NF denuncia
dénoter [denɔte] VT denotar
dénouement [denumɑ̃] NM desenlace *m*
dénouer [denwe] VT desatar; (*intrigue, affaire*) aclarar
dénoyauter [denwajote] VT deshuesar, despepitar; **appareil à ~** deshuesadora
dénoyauteur [denwajotœʀ] NM deshuesadora
denrée [dɑ̃ʀe] NF producto; **denrées alimentaires** productos *mpl* alimenticios
dense [dɑ̃s] ADJ denso(-a)
densité [dɑ̃site] NF densidad *f*
dent [dɑ̃] NF diente *m*; **avoir une ~ contre qn** tener manía a algn; **avoir les dents longues** (*fig*) ser muy ambicioso(-a); **se mettre quelque chose sous la ~** tener algo que llevarse a la boca; **être sur les dents** estar en guardia; **faire ses dents** salirle los dientes; **à belles dents** con ganas; **en dents de scie** (*fig*) con altibajos; **ne pas desserrer les dents** no despegar los labios; **~ de lait** diente de leche; **~ de sagesse** muela del juicio
dentaire [dɑ̃tɛʀ] ADJ dental; **cabinet ~** clínica dental; **école ~** escuela de odontología
denté, e [dɑ̃te] ADJ : **roue dentée** rueda dentada
dentelé, e [dɑ̃t(ə)le] ADJ dentado(-a)

d

dentelle [dɑ̃tɛl] NF encaje *m*; **ne pas faire dans la ~** (*fam*) no andarse con miramientos

dentelure [dɑ̃t(ə)lyʀ] NF (*gén pl*) perfil *m* dentado

dentier [dɑ̃tje] NM dentadura

dentifrice [dɑ̃tifʀis] ADJ : **pâte/eau ~** pasta/agua dentífrica ▶ NM dentífrico

dentiste [dɑ̃tist] NMF dentista *mf*

dentition [dɑ̃tisjɔ̃] NF (*dents*) dentadura; (*formation*) dentición *f*

dénucléariser [denykleaʀize] VT desnuclearizar

dénudé, e [denyde] ADJ pelado(-a)

dénuder [denyde] VT (*corps*) desnudar; (*sol*) pelar; (*fil électrique*) quitar la funda a ■ **se dénuder** VPR desnudarse

dénué, e [denɥe] ADJ : **~ de** desprovisto(-a) de; (*intérêt*) falto(-a) de

dénuement [denymɑ̃] NM indigencia

dénutrition [denytʀisjɔ̃] NF desnutrición *f*

déodorant [deɔdɔʀɑ̃] NM desodorante *m*

déontologie [deɔ̃tɔlɔʒi] NF deontología

déontologique [deɔ̃tɔlɔʒik] ADJ deontológico(-a)

dép. ABR = **département** ; **départ**

dépannage [depanaʒ] NM reparación *f*; **service de ~** (*Auto*) servicio de reparaciones; **camion de ~** (*Auto*) camión *m* grúa *inv*

dépanner [depane] VT reparar; (*fig*) sacar de apuros

dépanneur [depanœʀ] NM (*Auto*) mecánico; (*TV*) técnico

dépanneuse [depanøz] NF grúa

dépareillé, e [depaʀeje] ADJ (*collection, service*) descabalado(-a); (*gant, volume, objet*) desparejado(-a)

déparer [depaʀe] VT afear

départ [depaʀ] NM partida, marcha; (*d'un employé*) despido; (*Sport, sur un horaire : du train*) salida; **à son ~** a su marcha; **au ~** al principio; **courrier au ~** correo saliente; **consulter le tableau des départs** consultar el panel de salidas

départager [depaʀtaʒe] VT desempatar

département [depaʀtəmɑ̃] NM ≈ provincia; *ver nota*; (*de ministère*) ministerio; (*d'université*) departamento; (*de magasin*) sección *f*; **~ d'outre-mer** provincia de ultramar

Francia se halla dividida en 101 unidades administrativas denominadas **départements**. Al frente de estas divisiones de la administración local se encuentra el *préfet*, nombrado por el gobierno, y su administración corre a cargo de un *Conseil départemental* electo. Los **départements** por lo general deben su nombre a algún accidente geográfico importante, como un río o una cordillera; véase también *DOM-TOM*, *DOM-COM*.

départemental, e, -aux [depaʀtəmɑ̃tal, o] ADJ (*Admin*) ≈ provincial

départementaliser [depaʀtəmɑ̃talize] VT descentralizar

départir [depaʀtiʀ] : **se départir de** VPR abandonar

dépassé, e [depɑse] ADJ pasado(-a) de moda; (*fig*) desbordado(-a)

dépassement [depɑsmɑ̃] NM rebasamiento; (*Auto*) adelantamiento; (*Psych*) superación *f*

dépasser [depɑse] VT (*véhicule, concurrent*) adelantar; (*endroit*) dejar atrás; (*somme, limite fixée, prévisions*) rebasar; (*fig*) superar; (*être en saillie sur*) sobresalir de; **cela me dépasse** esto no me cabe en la cabeza ▶ VI (*Auto*) adelantarse; (*ourlet, jupon*) sobresalir; **être dépassé** estar desbordado ■ **se dépasser** VPR (*se surpasser*) superarse

dépassionner [depasjɔne] VT moderar

dépaver [depave] VT levantar el pavimento de

dépaysé, e [depeize] ADJ extrañado(-a)

dépaysement [depeizmɑ̃] NM extrañamiento

dépayser [depeize] VT (*désorienter*) extrañar; (*changer agréablement*) cambiar de aires

dépecer [depəse] VT descuartizar

dépêche [depɛʃ] NF despacho; **~ (télégraphique)** despacho (telegráfico)

dépêcher [depeʃe] VT despachar ■ **se dépêcher** VPR darse prisa, apresurarse, apurarse (AM); **se ~ de faire qch** darse prisa *ou* apurarse (AM) en hacer algo

dépeindre [depɛ̃dʀ] VT describir

dépénalisation [depenalizasjɔ̃] NF despenalización *f*

dépendance [depɑ̃dɑ̃s] NF dependencia; (*Méd*) adicción *f*

dépendant, e [depɑ̃dɑ̃, ɑ̃t] VB *voir* **dépendre** ▶ ADJ dependiente

dépendre [depɑ̃dʀ] VI descolgar; **~ de** depender de; **ça dépend** depende

dépens [depɑ̃] NMPL : **aux ~ de** a expensas de

dépense [depɑ̃s] NF gasto; (*comptabilité*) desembolso; (*fig*) consumo; **une ~ de 100 euros** un gasto de 100 euros; **pousser qn à la ~** incitar a algn al consumo; **dépenses de fonctionnement** gastos *mpl* de funcionamiento; **~ de temps** consumo *ou* gasto de tiempo; **dépenses d'investissement** gastos de inversión; **~ physique** consumo *ou* gasto físico; **dépenses publiques** gastos públicos

dépenser [depɑ̃se] VT gastar; (*fig*) consumir ■ **se dépenser** VPR fatigarse

dépensier, -ière [depɑ̃sje, jɛʀ] ADJ : **il est ~** es un derrochador

déperdition [depɛʀdisjɔ̃] NF pérdida

dépérir [depeʀiʀ] VI (*personne, animal*) debilitarse; (*plante*) marchitarse

dépersonnaliser [depɛʀsɔnalize] VT despersonalizar

dépêtrer [depetʀe] : **se dépêtrer de** VPR librarse de
dépeuplé, e [depœple] ADJ despoblado(-a)
dépeuplement [depœpləmɑ̃] NM despoblamiento
dépeupler [depœple] VT despoblar ■ **se dépeupler** VPR despoblarse
déphasage [defɑzaʒ] NM (*fig*) desfase *m*
déphasé, e [defɑze] ADJ desfasado(-a)
déphaser [defɑze] VT (*fig*) desfasar
dépiauter [depjote] VT (*lapin*) despellejar; (*fruit*) pelar; (*bonbon*) pelar, abrir; (*fig : revue, site*) desmenuzar
dépilation [depilasjɔ̃] NF depilación *f*
dépilatoire [depilatwaʀ] ADJ depilatorio(-a)
dépistage [depistaʒ] NM (*Méd*) reconocimiento; **~ du sida** prueba del sida
dépister [depiste] VT (*Méd*) detectar; (*voleur*) descubrir el rastro de; (*semer, déjouer*) despistar
dépit [depi] NM despecho; **en ~ de** a pesar de; **en ~ du bon sens** sin sentido común
dépité, e [depite] ADJ contrariado(-a)
dépiter [depite] VT contrariar
déplacé, e [deplase] ADJ fuera de lugar *inv*; **personne déplacée** persona desplazada
déplacement [deplasmɑ̃] NM traslado; (*voyage*) viaje *m*; **en ~** de viaje; **~ d'air** corriente *f* de aire; **~ de vertèbre** vértebra dislocada
déplacer [deplase] VT mover; (*employé*) trasladar; (*conversation, sujet*) cambiar ■ **se déplacer** VPR (*objet, personne*) moverse; (*voyager*) desplazarse, viajar; (*vertèbre etc*) desplazarse; **se ~ en voiture/avion** desplazarse en coche/avión
déplafonnement [deplafɔnmɑ̃] NM (*de cotisations, allocations*) supresión *f* del tope máximo
déplafonner [deplafɔne] VT (*cotisations, allocations*) suprimir el tope máximo de
déplaire [deplɛʀ] VI desagradar; **~ à qn** desagradar a algn; **ceci me déplaît** esto me desagrada; **il cherche à nous ~** intenta molestarnos ■ **se déplaire** VPR hallarse a disgusto
déplaisant, e [deplɛzɑ̃, ɑ̃t] VB *voir* **déplaire** ▶ ADJ desagradable
déplaisir [deplezir] NM disgusto
déplaît [deplɛ] VB *voir* **déplaire**
dépliant [deplijɑ̃] NM folleto
déplier [deplije] VT desplegar ■ **se déplier** VPR desplegarse
déplisser [deplise] VT quitar los pliegues a
déploiement [deplwamɑ̃] NM despliegue *m*
déplomber [deplɔ̃be] VT (*caisse, compteur*) quitar el precinto a; (*Inform*) romper el precinto de
déplorable [deplɔʀabl] ADJ deplorable; (*blâmable*) lamentable
déplorer [deplɔʀe] VT deplorar
déployer [deplwaje] VT desplegar ■ **se déployer** VPR desplegarse
déplu [deply] PP *de* **déplaire**
déplumé, e [deplyme] ADJ (*oiseau*) desplumado(-a); (*fam : personne, crâne*) pelón(-ona) (*fam*)
déplumer [deplyme] : **se déplumer** VPR (*fam : perdre ses cheveux*) quedarse calvo(-a); (*oiseau, poule*) desplumarse; (*arbre, plante*) perder las hojas
dépointer [depwɛ̃te] VI desapuntar
dépoli, e [depɔli] ADJ : **verre ~** vidrio esmerilado
dépolitiser [depɔlitize] VT despolitizar
dépopulation [depɔpylasjɔ̃] NF despoblamiento
déportation [depɔʀtasjɔ̃] NF deportación *f*
déporté, e [depɔʀte] NM/F (*Pol : 1939–1945*) deportado(-a)
déporter [depɔʀte] VT (*Pol*) deportar; (*voiture*) desviar ■ **se déporter** VPR (*voiture*) desviarse
déposant, e [depozɑ̃, ɑ̃t] NM/F (*épargnant*) depositante *mf*
dépose [depoz] NF desmonte *m*
déposé, e [depoze] ADJ depositado(-a); (*marque*) registrado(-a)
déposer [depoze] VT poner, dejar; (*à la banque*) ingresar; (*caution*) prestar; (*serrure, moteur*) desmontar; (*rideau*) descolgar; (*roi*) deponer; (*Admin, Jur*) presentar; **~ son bilan** (*Comm*) declararse en quiebra; **~ de l'argent** ingresar dinero ▶ VI (*vin etc*) sedimentar; (*Jur*) : **~ (contre)** declarar (contra) ■ **se déposer** VPR depositarse
dépositaire [depozitɛʀ] NMF (*d'un secret*) confidente *mf*; (*Comm*) concesionario(-a); **~ agréé** concesionario autorizado
déposition [depozisjɔ̃] NF (*Jur*) deposición *f*
déposséder [depɔsede] VT desposeer
dépôt [depo] NM (*d'argent*) ingreso; (*de sable*) sedimento; (*de poussière*) acumulación *f*; (*de candidature*) presentación *f*; (*entrepôt*) depósito; (*gare*) cochera; (*prison*) cárcel *f* transitoria; **~ bancaire** depósito bancario; **~ de bilan** declaración *f* de suspensión de pagos; **~ d'ordures** basurero, vertedero; **~ légal** depósito legal
dépoter [depɔte] VT transplantar
dépotoir [depɔtwaʀ] NM vertedero
dépouille [depuj] NF (*d'animal*) piel *f*; **~ (mortelle)** (*humaine*) despojos *mpl*
dépouillé, e [depuje] ADJ (*style*) sobrio(-a); **~ de** despojado(-a) de
dépouillement [depujmɑ̃] NM (*de scrutin*) escrutinio
dépouiller [depuje] VT (*animal*) desollar; (*personne*) despojar; (*résultats, documents*) analizar; **~ qch/qn de** despojar algo/a algn de; **~ le scrutin** hacer el escrutinio
dépourvu, e [depuʀvy] ADJ : **~ de** desprovisto(-a) de; **au ~ : prendre qn au ~** coger a algn desprevenido(-a)
dépoussiérer [depusjeʀe] VT quitar el polvo de

dépravation [depʀavasjɔ̃] NF depravación *f*
dépravé, e [depʀave] ADJ depravado(-a)
dépraver [depʀave] VT depravar
dépréciation [depʀesjasjɔ̃] NF (*d'un bien*) depreciación *f*
déprécier [depʀesje] VT (*personne*) menospreciar; (*chose*) depreciar ■ **se déprécier** VPR depreciarse
déprédations [depʀedasjɔ̃] NFPL (*dégâts*) daños *mpl*; (*Mil*) depredaciones *fpl*
dépressif, -ive [depʀesif, iv] ADJ depresivo(-a)
dépression [depʀesjɔ̃] NF depresión *f*; **~ (nerveuse)** depresión (nerviosa)
déprimant, e [depʀimɑ̃, ɑ̃t] ADJ deprimente
déprime [depʀim] (*fam*) NF depre *f*
déprimé, e [depʀime] ADJ deprimido(-a)
déprimer [depʀime] VT deprimir
déprogrammer [depʀɔgʀame] VT suspender
dépt ABR = **département**
dépuceler [depys(ə)le] (*fam*) VT desvirgar
depuis [dəpɥi] PRÉP desde; **~ qu'il m'a dit ça** desde que me dijo eso; **~ combien de temps?** ¿cuánto tiempo hace?; **il habite Paris ~ cinq ans** vive en París desde hace cinco años, lleva cinco años viviendo en París; **~ quand le connaissez-vous?** ¿desde cuándo lo conoce usted?; **je le connais ~ neuf ans** lo conozco desde hace nueve años; **~ quand?** (*excl*) ¿desde cuándo?; **il a plu ~ Metz** ha estado lloviendo desde Metz; **elle a téléphoné ~ Valence** llamó por teléfono desde Valencia; **~ les plus petits jusqu'aux plus grands** desde los más pequeños hasta los más grandes; **~ lors** desde entonces; **~ que** desde que ▸ ADV (*temps*) desde entonces; **je ne lui ai pas parlé ~** no he vuelto a hablar con él *ou* ella

La traduction la plus courante de **depuis** est rendue à l'aide de la construction *desde hace* ou à l'aide du verbe *llevar* (+ gérondif) :
Je travaille dans cette entreprise depuis deux ans. Trabajo en esta empresa desde hace dos años./Llevo dos años (trabajando) en esta empresa.

⚠ No debe traducirse por *después*, que en francés corresponde a **après**.

dépuratif, -ive [depyʀatif, iv] ADJ depurativo(-a)
députation [depytasjɔ̃] NF (*groupe*) delegación *f*; (*fonction*) diputación *f*
député, e [depyte] NM/F (*Pol*) diputado(-a)
députer [depyte] VT delegar; **~ qn auprès de** enviar a algn como delegado de
déraciné, e [deʀasine] ADJ desarraigado(-a)
déracinement [deʀasinmɑ̃] NM desarraigo
déraciner [deʀasine] VT desarraigar
déradicaliser [deʀadikalize] VT desradicalizar
déraillement [deʀɑjmɑ̃] NM descarrilamiento
dérailler [deʀɑje] VI (*train*) descarrilar; (*fam*) desvariar; **faire ~** hacer descarrilar
dérailleur [deʀɑjœʀ] NM cambio de velocidades
déraison [deʀɛzɔ̃] NF desatino
déraisonnable [deʀɛzɔnabl] ADJ desatinado(-a)
déraisonner [deʀɛzɔne] VI desatinar, disparatar
dérangeant, e [deʀɑ̃ʒɑ̃, ɑ̃t] ADJ (*question, scène*) inquietante
dérangement [deʀɑ̃ʒmɑ̃] NM molestia; **en ~** averiado(-a)
déranger [deʀɑ̃ʒe] VT desordenar; (*personne*) molestar; **est-ce que cela vous dérange si ...?** ¿le molesta si ...?; **ça te dérangerait de faire ...?** ¿te importaría hacer ...?; **excusez-moi de vous ~** perdone que le moleste ■ **se déranger** VPR molestarse; (*changer de place*) cambiar de sitio; **ne vous dérangez pas** no se moleste
dérapage [deʀapaʒ] NM patinazo, derrape *m*; (*des prix*) descontrol *m*; (*fig : verbal*) salida de tono; **~ contrôlé** (*Auto*) derrape controlado
déraper [deʀape] VI (*voiture*) derrapar, patinar; (*personne, couteau*) resbalar; (*déficit*) descontrolarse
dératé, e [deʀate] NM/F : **courir comme un ~** correr como un desesperado
dératiser [deʀatize] VT desratizar
derby [dɛʀbi] NM (*sportif*) derby *m*
déréglé, e [deʀegle] ADJ (*mécanisme*) estropeado(-a); (*estomac*) revuelto(-a); (*mœurs, vie*) desordenado(-a)
dérèglement [deʀɛgləmɑ̃] NM (*mécanisme*) desarreglo; (*estomac*) indisposición *f*; (*mœurs, vie*) desorden *m*
déréglementation [deʀɛgləmɑ̃tasjɔ̃] NF desregulación *f*
déréglementer [deʀɛgləmɑ̃te] VT desregular
dérégler [deʀegle] VT (*mécanisme*) estropear; (*estomac*) indisponer; (*mœurs, vie*) desordenar ■ **se dérégler** VPR (*mécanisme*) estropearse; (*estomac*) indisponerse; (*mœurs, vie*) descarriarse
dérégulation [deʀegylasjɔ̃] NF desregulación *f*
déréguler [deʀegyle] VT desregular
déremboursement [deʀɑ̃buʀs(ə)mɑ̃] NM (*de médicaments*) *supresión del reembolso de un medicamento por parte de la Seguridad Social francesa*
dérider [deʀide] VT alegrar ■ **se dérider** VPR sonreír
dérision [deʀizjɔ̃] NF burla; **par ~** en broma; **tourner en ~** burlarse de
dérisoire [deʀizwaʀ] ADJ irrisorio(-a)
dérivatif [deʀivatif] NM distracción *f*
dérivation [deʀivasjɔ̃] NF (*d'un cours d'eau*) desviación *f*; (*Ling*) derivación *f*
dérive [deʀiv] NF (*Naut*) orza de quilla; **aller à**

la ~ (*Naut, fig*) ir a la deriva; **~ des continents** (*Géologie*) deriva de los continentes

dérivé, e [deʀive] ADJ derivado(-a) ▸ NM derivado

dérivée [deʀive] NF (*Math*) derivada

dériver [deʀive] VT (*Math, Élec*) derivar; (*cours d'eau etc*) desviar ▸ VI (*bateau, avion*) desviarse; **~ de** (*Ling*) derivar de; (*Chim, gén*) derivarse de

dériveur [deʀivœʀ] NM (*Naut*) balandro

dermatite [dɛʀmatit] NF dermatitis *f inv*

dermato [dɛʀmato] (*fam*) NMF = **dermatologue**

dermatologie [dɛʀmatɔlɔʒi] NF dermatología

dermatologue [dɛʀmatɔlɔg] NMF dermatólogo(-a)

dermatose [dɛʀmatoz] NF dermatosis *f inv*

dermite [dɛʀmit] NF = **dermatite**

dernier, -ière [dɛʀnje, jɛʀ] ADJ último(-a); **lundi/le mois ~** el lunes/el mes pasado; **du ~ chic** de última moda; **le ~ cri** (*Mode*) el último grito; **les derniers honneurs** los últimos honores; **rendre le ~ soupir** exhalar el último suspiro; **en ~ ressort** en última instancia; **avoir le ~ mot** tener la última palabra ▸ NM/F último(-a); **ce ~/cette dernière** este último/esta última ▸ NM (*étage*) último piso; **en ~** al final, por último

dernièrement [dɛʀnjɛʀmɑ̃] ADV últimamente

dernier-né, dernière-née [dɛʀnjene, dɛʀnjɛʀne] (*pl* **derniers-nés**, **dernières-nées**) NM/F (*enfant*) último(-a) hijo(-a); (*voiture*) último modelo

dérobade [deʀɔbad] NF escapatoria

dérobé, e [deʀɔbe] ADJ (*porte, escalier*) falso(-a); **à la dérobée** a hurtadillas

dérober [deʀɔbe] VT hurtar; **~ qch à (la vue de) qn** ocultar algo a (a la vista de) algn ■ **se dérober** VPR escabullirse; **se ~ sous** (*s'effondrer*) hundirse bajo; **se ~ à** eludir

dérogation [deʀɔgasjɔ̃] NF derogación *f*

déroger [deʀɔʒe] VI : **~ à** faltar a; (*Jur*) infringir

dérouiller [deʀuje] VT : **se ~ les jambes** estirar las piernas

déroulant, e [deʀulɑ̃, ɑ̃t] ADJ (*menu*) desplegable

déroulement [deʀulmɑ̃] NM desenrollamiento; (*d'une opération*) desarrollo; **le ~ des faits** el desarrollo de los hechos

dérouler [deʀule] VT (*ficelle, papier*) desenrollar ■ **se dérouler** VPR (*avoir lieu*) desarrollarse

déroutant, e [deʀutɑ̃, ɑ̃t] ADJ desconcertante

déroute [deʀut] NF desbandada; (*d'une entreprise, d'un parti*) hundimiento; **mettre en ~** poner en desbandada; **en ~** en desbandada

dérouter [deʀute] VT (*avion, train*) desviar; (*fig*) despistar

derrick [deʀik] NM torre *f* de perforación

derrière [dɛʀjɛʀ] PRÉP detrás de; (*fig*) tras, más allá de ▸ ADV detrás, atrás ▸ NM (*d'une maison*) trasera; (*postérieur*) trasero; **les pattes/roues de ~** las patas/ruedas traseras; **par ~** por detrás

derviche [dɛʀviʃ] NM derviche *m*

DES [deəɛs] SIGLE M (= *diplôme d'études supérieures*) *diploma de pos(t)grado*

des [de] *voir* **de**

dès [dɛ] PRÉP desde; **~ que** tan pronto como; **~ à présent** desde ahora; **~ réception** en cuanto se reciba; **~ son retour** en cuanto vuelva; **~ lors** desde entonces; (*en conséquence*) por lo tanto; **~ lors que** en cuanto; (*puisque, étant donné que*) ya que

désabusé, e [dezabyze] ADJ desengañado(-a)

désaccord [dezakɔʀ] NM desacuerdo; (*contraste*) discordancia; **en ~ avec** en desacuerdo con

désaccordé, e [dezakɔʀde] ADJ desafinado(-a)

désacraliser [desakʀalize] VT desacralizar

désaffecté, e [dezafɛkte] ADJ en desuso

désaffection [dezafɛksjɔ̃] NF : **~ pour** desafecto por

désagréable [dezagʀeabl] ADJ desagradable

désagréablement [dezagʀeabləmɑ̃] ADV desagradablemente

désagrégation [dezagʀegasjɔ̃] NF disgregación *f*

désagréger [dezagʀeʒe] : **se désagréger** VPR disgregarse

désagrément [dezagʀemɑ̃] NM desagrado

désaltérant, e [dezalteʀɑ̃, ɑ̃t] ADJ refrescante

désaltérer [dezalteʀe] VT quitar la sed a ▸ VI refrescar; **ça désaltère** esto refresca ■ **se désaltérer** VPR beber

désamorcer [dezamɔʀse] VT (*bombe*) desactivar; (*fig*) neutralizar

désappointé, e [dezapwɛ̃te] ADJ decepcionado(-a)

désappointement [dezapwɛ̃tmɑ̃] NM decepción *f*

désappointer [dezapwɛ̃te] VT decepcionar

désapprobateur, -trice [dezapʀɔbatœʀ, tʀis] ADJ desaprobatorio(-a)

désapprobation [dezapʀɔbasjɔ̃] NF desaprobación *f*

désapprouver [dezapʀuve] VT desaprobar

désarçonner [dezaʀsɔne] VT desarzonar; (*fig*) desconcertar

désargenté, e [dezaʀʒɑ̃te] ADJ sin un duro (*fam*)

désarmant, e [dezaʀmɑ̃, ɑ̃t] ADJ conmovedor(a)

désarmé, e [dezaʀme] ADJ (*fig*) conmovido(-a)

désarmement [dezaʀməmɑ̃] NM desarme *m*

désarmer [dezaʀme] VT (*aussi fig*) desarmar; (*fusil*) descargar; (: *mettre le cran de sûreté*) desmontar ▸ VI (*pays*) desarmarse; (*haine*) cesar; (*personne*) rendirse

d

désarroi [dezaʀwa] NM desasosiego
désarticulé, e [dezaʀtikyle] ADJ desarticulado(-a)
désarticuler [dezaʀtikyle] : **se désarticuler** VPR desarticularse
désassorti, e [dezasɔʀti] ADJ (*incomplet*) desemparejado(-a); (*magasin, marchand*) desprovisto(-a); (*mal assorti*) desavenido(-a)
désastre [dezastʀ] NM desastre *m*
désastreux, -euse [dezastʀø, øz] ADJ desastroso(-a)
désavantage [dezavɑ̃taʒ] NM (*handicap*) inferioridad *f*; (*inconvénient*) desventaja
désavantager [dezavɑ̃taʒe] VT desfavorecer
désavantageux, -euse [dezavɑ̃taʒø, øz] ADJ desventajoso(-a)
désaveu [dezavø] NM desaprobación *f*
désavouer [dezavwe] VT desaprobar
désaxé, e [dezakse] ADJ, NM/F (*fig*) desequilibrado(-a)
désaxer [dezakse] VT (*roue*) descentrar; (*personne*) desequilibrar
desceller [desele] VT (*pierre*) arrancar
descendance [desɑ̃dɑ̃s] NF descendencia
descendant, e [desɑ̃dɑ̃, ɑ̃t] VB *voir* **descendre** ▸ ADJ *voir* **marée** ▸ NM/F descendiente *mf*
descendeur, -euse [desɑ̃dœʀ, øz] NM/F (*cycliste, skieur*) especialista *mf* en descensos
descendre [desɑ̃dʀ] VT bajar; (*fam : abattre*) cargarse (*fam*); (*fam : boire*) pimplarse (*fam*); **~ la rue/rivière** ir calle/río abajo ▸ VI bajar, descender; (*passager*) bajar(se); (*avion, chemin, marée*) bajar; (*nuit*) caer; **~ à pied/en voiture** bajar a pie/en coche; **~ de** (*famille*) descender de; **~ du train/d'un arbre/de cheval** bajar(se) del tren/de un árbol/del caballo; **~ à l'hôtel** alojarse en un hotel; **~ dans l'estime de qn** bajar en la estima de algn; **~ dans la rue** (*manifester*) salir a la calle; **~ dans le Midi** bajar al Sur de Francia; **~ en ville** ir al centro
descente [desɑ̃t] NF bajada, descenso; (*route*) pendiente *f*; (*Ski*) descenso; **au milieu de la ~** en medio de la bajada; **~ de lit** alfombra de cama; **~ (de police)** redada (de la policía), allanamiento (*AM*)
descriptif, -ive [dɛskʀiptif, iv] ADJ descriptivo(-a); **linguistique/mathématique descriptive** lingüística/matemática descriptiva ▸ NM descripción *f*
description [dɛskʀipsjɔ̃] NF descripción *f*
désembourber [dezɑ̃buʀbe] VT desatollar
désembuer [dezɑ̃bɥe] VT desempañar
désemparé, e [dezɑ̃paʀe] ADJ desamparado(-a); (*bateau, avion*) averiado(-a)
désemparer [dezɑ̃paʀe] VI : **sans ~** sin parar
désemplir [dezɑ̃pliʀ] VI : **ne pas ~** (*fig*) estar siempre lleno(-a)
désenchanté, e [dezɑ̃ʃɑ̃te] ADJ desencantado(-a)
désenchantement [dezɑ̃ʃɑ̃tmɑ̃] NM desencanto
désenclaver [dezɑ̃klave] VT acabar con el aislamiento de
désencombrer [dezɑ̃kɔ̃bʀe] VT despejar
désenfler [dezɑ̃fle] VI deshincharse
désengagement [dezɑ̃gaʒmɑ̃] NM (*Pol*) ruptura del compromiso
désensabler [dezɑ̃sɑble] VT desencallar
désensibiliser [desɑ̃sibilize] VT insensibilizar
désenvenimer [dezɑ̃vnime] VT (*plaie*) desinfectar; (*fig*) suavizar
désépaissir [dezepesiʀ] VT desmontar
déséquilibre [dezekilibʀ] NM desequilibrio; **en ~** desequilibrado(-a)
déséquilibré, e [dezekilibʀe] NM/F (*Psych*) desequilibrado(-a)
déséquilibrer [dezekilibʀe] VT desequilibrar
désert, e [dezɛʀ, ɛʀt] ADJ desierto(-a) ▸ NM desierto
déserter [dezɛʀte] VI (*Mil*) desertar ▸ VT (*salle*) abandonar; (*école*) dejar desierto(-a)
déserteur, -euse [dezɛʀtœʀ, øz] NM/F desertor(a)
désertion [dezɛʀsjɔ̃] NF deserción *f*
désertique [dezɛʀtik] ADJ desértico(-a)
désescalade [dezɛskalad] NF (*Mil*) reducción *f* del dispositivo militar; (*sociale*) descenso de tensión
désespérant, e [dezɛspeʀɑ̃, ɑ̃t] ADJ desesperante
désespéré, e [dezɛspeʀe] ADJ, NM/F desesperado(-a); **état ~** (*Méd*) estado desesperado
désespérément [dezɛspeʀemɑ̃] ADV desesperadamente; (*avec acharnement*) encarnizadamente
désespérer [dezɛspeʀe] VI desesperar; **~ de qn/qch** perder la esperanza en algn/algo; **~ de (pouvoir) faire qch** desesperar de (poder) hacer algo ■ **se désespérer** VPR desesperarse
désespoir [dezɛspwaʀ] NM desesperación *f*, desesperanza; **être** *ou* **faire le ~ de qn** ser la desesperación de algn; **en ~ de cause** como último recurso
déshabillé, e [dezabije] ADJ desvestido(-a) ▸ NM salto de cama
déshabiller [dezabije] VT desvestir ■ **se déshabiller** VPR desnudarse, desvestirse (*surtout AM*)
déshabituer [dezabitɥe] : **se déshabituer** VPR : **se ~ de** desacostumbrarse de
désherbant [dezɛʀbɑ̃] NM herbicida *m*
désherber [dezɛʀbe] VT desherbar
déshérité, e [dezeʀite] ADJ desheredado(-a) ▸ NM/F (*gén pl : pauvre*) desheredado(-a)
déshériter [dezeʀite] VT desheredar
déshonneur [dezɔnœʀ] NM deshonor *m*

déshonorant, e [dezɔnɔʀɑ̃, ɑ̃t] ADJ deshonroso(-a)
déshonorer [dezɔnɔʀe] VT deshonrar (a) ■ **se déshonorer** VPR deshonrarse
déshumaniser [dezymanize] VT deshumanizar
déshydratation [dezidʀatasjɔ̃] NF deshidratación *f*
déshydraté, e [dezidʀate] ADJ deshidratado(-a)
déshydrater [dezidʀate] VT deshidratar
desiderata [dezideʀata] NMPL desiderata *fsg*
design [dizajn] NM diseño ▸ ADJ de diseño
désignation [deziɲasjɔ̃] NF (*à un poste*) nombramiento; (*signe, mot*) designación *f*
designer [dizajnœʀ] NMF diseñador(a)
désigner [deziɲe] VT (*montrer*) enseñar; (*dénommer*) designar; (*représentant*) nombrar
désillusion [dezi(l)lyzjɔ̃] NF desilusión *f*
désillusionner [dezi(l)lyzjɔne] VT desilusionar
désincarné, e [dezɛ̃kaʀne] ADJ desencarnado(-a)
désinence [dezinɑ̃s] NF (*Ling*) desinencia
désinfectant, e [dezɛ̃fɛktɑ̃, ɑ̃t] ADJ desinfectante ▸ NM desinfectante *m*
désinfecter [dezɛ̃fɛkte] VT desinfectar
désinfection [dezɛ̃fɛksjɔ̃] NF desinfección *f*
désinformation [dezɛ̃fɔʀmasjɔ̃] NF desinformación *f*
désinscrire [dezɛ̃skʀiʀ] : **se désinscrire** VPR darse de baja
désinstaller [dezɛ̃stale] VT (*application, programme*) desinstalar
désintégration [dezɛ̃tegʀasjɔ̃] NF desintegración *f*
désintégrer [dezɛ̃tegʀe] VT desintegrar ■ **se désintégrer** VPR desintegrarse
désintéressé, e [dezɛ̃teʀese] ADJ desinteresado(-a)
désintéressement [dezɛ̃teʀɛsmɑ̃] NM desinterés *msg*
désintéresser [dezɛ̃teʀese] : **se désintéresser** VPR : **se ~ (de qn/qch)** desinteresarse (por algn/algo), perder el interés (por algn/algo)
désintérêt [dezɛ̃teʀɛ] NM desinterés *msg*
désintoxication [dezɛ̃tɔksikasjɔ̃] NF desintoxicación *f*; **faire une cure de ~** hacer una cura de desintoxicación
désintoxiquer [dezɛ̃tɔksike] VT desintoxicar ■ **se désintoxiquer** VPR desintoxicarse
désinvolte [dezɛ̃vɔlt] ADJ desenvuelto(-a)
désinvolture [dezɛ̃vɔltyʀ] NF desparpajo, desenvoltura
désir [deziʀ] NM deseo; **exprimer le ~ de** (*politesse*) expresar el deseo de
désirable [deziʀabl] ADJ (*femme*) deseable
désirer [deziʀe] VT desear; **je désire ...** (*formule de politesse*) desearía ...; **~ que** desear que; **il désire que tu l'aides** desea que le ayudes; **~ faire qch** desear hacer algo; **ça laisse à ~** deja mucho que desear
désireux, -euse [deziʀø, øz] ADJ : **~ de** deseoso(-a) de
désistement [dezistəmɑ̃] NM desistimiento; (*Pol*) abandono
désister [deziste] : **se désister** VPR renunciar; **se ~ en faveur de** renunciar en favor de
désobéir [dezɔbeiʀ] VI : **~ (à qn/qch)** desobedecer (a algn/algo)
désobéissance [dezɔbeisɑ̃s] NF desobediencia; **~ civile** desobediencia civil
désobéissant, e [dezɔbeisɑ̃, ɑ̃t] ADJ desobediente
désobligeant, e [dezɔbliʒɑ̃, ɑ̃t] ADJ desagradable
désobliger [dezɔbliʒe] VT disgustar
désodorisant, e [dezɔdɔʀizɑ̃, ɑ̃t] ADJ desodorante ▸ NM desodorante *m*; (*d'appartement*) ambientador *m*
désodorisé, e [dezɔdɔʀize] ADJ inodoro(-a)
désodoriser [dezɔdɔʀize] VT desodorizar
désœuvré, e [dezœvʀe] ADJ, NM/F desocupado(-a), ocioso(-a)
désœuvrement [dezœvʀəmɑ̃] NM desocupación *f*, ocio
désolant, e [dezɔlɑ̃, ɑ̃t] ADJ (*affligeant*) desolador(a); **« c'est ~ ! »** « ¡es lamentable! »
désolation [dezɔlasjɔ̃] NF desolación *f*; **scène/paysage de ~** escena desolada/paisaje *m* desolado
désolé, e [dezɔle] ADJ desolado(-a); **je suis ~, il n'y en a plus** lo siento, ya no hay más
désoler [dezɔle] VT entristecer ■ **se désoler** VPR entristecerse
désolidariser [desɔlidaʀize] : **se désolidariser** VPR : **se ~ de** *ou* **d'avec** desolidarizarse de
désopilant, e [dezɔpilɑ̃, ɑ̃t] ADJ hilarante
désordonné, e [dezɔʀdɔne] ADJ desordenado(-a)
désordre [dezɔʀdʀ] NM desorden *m*; **en ~** en desorden; **dans le ~** (*tiercé*) sin dar el orden ■ **désordres** NMPL (*Pol*) disturbios *mpl*
désorganisation [dezɔʀganizasjɔ̃] NF desorganización *f*
désorganisé, e [dezɔʀganize] ADJ desorganizado(-a)
désorganiser [dezɔʀganize] VT desorganizar
désorienté, e [dezɔʀjɑ̃te] ADJ desorientado(-a)
désorienter [dezɔʀjɑ̃te] VT desorientar
désormais [dezɔʀmɛ] ADV (de ahora) en adelante
désosser [dezɔse] VT (*viande*) deshuesar; **côtelette désossée** costilla deshuesada
désoxyder [dezɔkside] VT desoxidar
despote [dɛspɔt] NM déspota *mf*

d

despotique [dɛspɔtik] ADJ despótico(-a)
despotisme [dɛspɔtism] NM despotismo
desquamer [dɛskwame] : **se desquamer** VPR descamarse
desquelles [dekɛl] PRÉP + PRON *voir* **lequel**
desquels [dekɛl] PRÉP + PRON *voir* **lequel**
DESS [deəɛsɛs] SIGLE M (= *diplôme d'études supérieures spécialisées*) *diploma de pos(t)grado*
dessaisir [desezir] VT : **~ un tribunal d'une affaire** declarar a un tribunal incompetente sobre un caso ■ **se dessaisir** VPR : **se ~ de** desprenderse de
dessaler [desale] VT desalar; (*fig, fam*) : **~ qn** espabilar a algn ▶ VI (*voilier*) capotar
desséché, e [deseʃe] ADJ seco(-a)
dessèchement [desɛʃmɑ̃] NM (*de la peau*) deshidratación *f*
dessécher [deseʃe] VT desecar; (*cœur*) endurecer ■ **se dessécher** VPR secarse; (*peau, lèvres*) secarse, resecarse
dessein [desɛ̃] NM intención *f*, propósito; **dans le ~ de** con la intención de, con el propósito de; **à ~** a propósito
desseller [desele] VT desensillar
desserrer [desere] VT aflojar; (*poings*) abrir; (*objets alignés*) espaciar; (*crédit*) reabrir; **ne pas ~ les dents** no despegar los labios ■ **se desserrer** VPR (*aussi fig*) aflojarse; (*fig*) : **l'étau se desserre** el cerco se abre
dessert [desɛr] VB *voir* **desservir** ▶ NM (*moment du repas*) postres *mpl*; (*mets*) postre *m*
desserte [desɛrt] NF (*table*) mesa de servicio; **le bus assure la ~ du village** el autobús cubre el servicio de comunicación del pueblo; **chemin** *ou* **voie de ~** camino vecinal
desservir [desɛrvir] VT (*suj : moyen de transport*) cubrir el servicio de; (: *voie de communication*) comunicar con; (: *vicaire : paroisse*) atender; (*personne*) perjudicar a; **~ la table** quitar la mesa
dessiccation [desikasjɔ̃] NF desecación *f*
dessiller [desije] VT (*fig*) : **~ les yeux à qn** abrir los ojos a algn
dessin [desɛ̃] NM dibujo; **~ animé** dibujos *mpl* animados; **~ humoristique** dibujo humorístico, viñeta; **~ industriel** diseño industrial
dessinateur, -trice [desinatœr, tris] NM/F dibujante *mf*; **~ de mode** diseñador(a) de moda; **~ industriel(le)** diseñador(a) industrial
dessiner [desine] VT dibujar; (*concevoir*) diseñar; (*suj : robe : taille*) resaltar ■ **se dessiner** VPR perfilarse
dessoûler [desule] VT quitar la borrachera a ▶ VI pasársele a algn la borrachera
dessous [d(ə)su] ADV debajo, abajo; **en ~** (*sous*) debajo; (*plus bas*) por debajo; (*fig : en catimini*) a hurtadillas; **de ~** de abajo; **de ~ le lit** debajo de la cama ▶ NM parte *f* inferior; (*de voiture*) bajos *mpl*; (*étage inférieur*) : **les voisins/l'appartement du ~** los vecinos/el piso de abajo; **avoir le ~** tener *ou* llevar la peor parte ■ **dessous** NMPL (*fig*) secretos *mpl*; (*sous-vêtements*) ropa interior *fsg*; *voir aussi* **au-dessous** ; **par-dessous**
dessous-de-bouteille [dəsudbutɛj] NM INV posavasos *m inv*
dessous-de-plat [dəsudpla] NM INV salvamanteles *m inv*
dessous-de-table [dəsudtabl] NM INV (dinero de) soborno
dessus [d(ə)sy] ADV encima, arriba; **c'est écrit ~** está ahí; **bras ~ bras dessous** cogidos(-as) del brazo; **sens ~ dessous** patas arriba; **en ~** encima, arriba; **de ~** de arriba, de encima ▶ NM parte *f* superior; (*étage supérieur*) : **les voisins/l'appartement du ~** los vecinos/el piso de arriba; **avoir/prendre le ~** ir ganando; **reprendre le ~** recobrarse; *voir aussi* **au-dessus** ; **par-dessus**
dessus-de-lit [dəsydli] NM INV colcha
déstabilisation [destabilizasjɔ̃] NF desestabilización *f*
déstabiliser [destabilize] VT desestabilizar
destin [dɛstɛ̃] NM destino
destinataire [dɛstinatɛr] NMF destinatario(-a); **aux risques et périls du ~** a cuenta y riesgo del destinatario
destination [dɛstinasjɔ̃] NF destino; (*usage*) función *f*; **à ~ de** con destino a
destiné, e [dɛstine] ADJ : **être ~ à** (*personne*) estar destinado(-a) a; (*outil, objet*) servir para; **des mesures destinées à** medidas destinadas a
destinée [dɛstine] NF destino
destiner [dɛstine] VT : **~ qn à** destinar a algn a/para; **~ qch à** destinar algo a; **~ qch à qn** destinar a algn para algo; **se ~ à l'enseignement** pensar dedicarse a la enseñanza
destituer [dɛstitɥe] VT destituir; **~ qn de ses fonctions** destituir a algn de su cargo
destitution [dɛstitysjɔ̃] NF destitución *f*
déstresser [destrɛse] (*fam*) VI relajarse
destroyer [dɛstrwaje] NM destructor *m*
destructeur, -trice [dɛstryktœr, tris] ADJ destructor(a)
destructif, -ive [dɛstryktif, iv] ADJ destructivo(-a)
destruction [dɛstryksjɔ̃] NF destrucción *f*
déstructuré, e [destryktyre] ADJ : **vêtements déstructurés** ropa desestructurada
déstructurer [destryktyre] VT desestructurar
désuet, -ète [dezɥɛ, ɛt] ADJ (*technologies, règlement*) desusado(-a); (*démodé*) anticuado(-a)
désuétude [desɥetyd] NF : **tomber en ~** caer en desuso
désuni, e [dezyni] ADJ desunido(-a)
désunion [dezynjɔ̃] NF desunión *f*
désunir [dezynir] VT desunir ■ **se désunir** VPR (*athlète*) perder el ritmo

détachable [detaʃabl] ADJ separable; (*capuche*) de quita y pon
détachant [detaʃɑ̃] NM quitamanchas *m inv*
détaché, e [detaʃe] ADJ (*air, ton*) indiferente
détachement [detaʃmɑ̃] NM (*action*) desprendimiento; (*désintéressement*) desapego; (*Mil*) destacamento; **être en ~** tener un destino temporal
détacher [detaʃe] VT (*ôter*) desprender; (*délier*) desatar, soltar; (*Mil*) destacar; (*vêtement*) limpiar; **~ qn (auprès de** *ou* **à)** (*Admin*) enviar a algn (a) ■ **se détacher** VPR (*Sport*) descolgarse; (*prisonnier etc*) desatarse; (*tomber, se défaire*) desprenderse; **se ~ (de qn/qch)** (*se désintéresser*) perder interés (por algn/algo); **se ~ sur** (*se dessiner*) destacarse en
détail [detaj] NM detalle *m*; **le ~** (*Comm*) la venta al por menor; **prix de ~** precio al por menor; **au ~** (*Comm*) al por menor; (*individuellement*) por unidades; **faire/donner le ~ de** detallar; (*compte, facture*) desglosar; **en ~** en detalle
détaillant, e [detajɑ̃, ɑ̃t] NM/F minorista *mf*
détaillé, e [detaje] ADJ detallado(-a)
détailler [detaje] VT detallar; (*personne*) examinar
détaler [detale] VI salir corriendo
détartrage [detaʀtʀaʒ] NM desincrustación *f*, eliminación *f* de la cal; (*de dents*) limpieza bucal
détartrant [detaʀtʀɑ̃] NM antical *m*
détartrer [detaʀtʀe] VT (*radiateur*) desincrustar, eliminar la cal de; (*dents*) limpiar el sarro de
détaxe [detaks] NF (*réduction*) descuento; (*suppression*) exoneración *f* de impuestos; (*remboursement*) devolución *f* de impuestos
détaxé, e [detakse] ADJ (*produits*) libre *ou* exento(-a) de impuestos
détaxer [detakse] VT (*réduire*) desgravar; (*supprimer*) exonerar impuestos de
détecter [detɛkte] VT detectar
détecteur [detɛktœʀ] NM (*Tech*) detector *m*; **~ de fatigue** (*de véhicule*) detector de fatiga; **~ de fumée** detector de humo; **~ de mensonges** detector de mentiras; **~ (de mines)** detector (de minas)
détection [detɛksjɔ̃] NF detección *f*
détective [detɛktiv] NMF (*en Grande Bretagne : policier*) inspector(a); **~ privé(e)** detective *mf* privado(-a)
déteindre [detɛ̃dʀ] VI desteñir; (*suj : soleil*) decolorar; **~ sur** teñir; (*influencer*) influir sobre
déteint, e [detɛ̃, ɛ̃t] PP *de* **déteindre**
dételer [det(ə)le] VT desenganchar ▸ VI pararse
détendeur [detɑ̃dœʀ] NM (*de bouteille à gaz*) descompresor *m*
détendre [detɑ̃dʀ] VT (*fil, corde*) aflojar; (*atmosphère, relations*) relajar; (*lessive, linge*) recoger; (*gaz*) descomprimir ■ **se détendre** VPR (*personne*) relajarse; (*ressort*) aflojarse; (*se reposer*) descansar
détendu, e [detɑ̃dy] ADJ (*personne, atmosphère*) distendido(-a), relajado(-a)
détenir [det(ə)niʀ] VT poseer; (*otage*) retener; (*prisonnier*) tener preso a; (*record*) ostentar; **~ le pouvoir** (*Pol*) ostentar el poder
détente [detɑ̃t] NF distensión *f*, relajación *f*; (*politique, sociale*) distensión; (*loisirs*) esparcimiento, descanso; (*d'une arme*) disparador *m*, gatillo; (*d'un athlète qui saute*) resorte *m*
détenteur, -trice [detɑ̃tœʀ, tʀis] NM/F (*d'un record*) poseedor(a); (*d'un prix*) ganador(a); **le ~ du pouvoir** el que ostenta el poder
détention [detɑ̃sjɔ̃] NF posesión *f*; (*d'un otage*) retención *f*; (*d'un prisonnier*) encarcelamiento; **la ~ du pouvoir par ...** el hecho de que el poder fuera ostentado por ...; **~ préventive** *ou* **provisoire** prisión *f* preventiva
détenu, e [det(ə)ny] PP *de* **détenir** ▸ NM/F (*prisonnier*) preso(-a)
détergent [detɛʀʒɑ̃] NM detergente *m*
détérioration [deteʀjɔʀasjɔ̃] NF deterioro
détériorer [deteʀjɔʀe] VT deteriorar ■ **se détériorer** VPR deteriorarse
déterminant, e [detɛʀminɑ̃, ɑ̃t] ADJ determinante; **un facteur ~** un factor determinante ▸ NM (*Ling*) determinante *m*
détermination [detɛʀminasjɔ̃] NF determinación *f*
déterminé, e [detɛʀmine] ADJ (*personne, air*) decidido(-a); (*but, intentions*) claro(-a); (*fixé : quantité, periode*) determinado(-a); **être ~ à faire qch** estar decidido(-a) a hacer algo
déterminer [detɛʀmine] VT (*date, quantité*) determinar; **~ qn à faire qch** decidir a algn a hacer algo; **se ~ à faire qch** determinarse a hacer algo
déterminisme [detɛʀminism] NM determinismo
déterministe [detɛʀminist] ADJ, NMF determinista *mf*
déterré, e [deteʀe] NM/F : **avoir une mine de ~** tener cara de muerto(-a)
déterrer [deteʀe] VT desenterrar
détersif, -ive [detɛʀsif, iv] ADJ detersivo(-a), detergente ▸ NM detergente *m*
détestable [detɛstabl] ADJ detestable
détester [detɛste] VT (*haïr*) detestar, odiar; (*sens affaibli*) detestar; **elle déteste les épinards** detesta las espinacas
détiendrai *etc* [detjɛ̃dʀe] VB *voir* **détenir**
détiens *etc* [detjɛ̃] VB *voir* **détenir**
détonant, e [detɔnɑ̃, ɑ̃t] ADJ : **mélange ~** mezcla explosiva
détonateur [detɔnatœʀ] NM detonador *m*
détonation [detɔnasjɔ̃] NF detonación *f*
détoner [detɔne] VI detonar
détonner [detɔne] VI (*Mus, aussi fig*) desentonar

d

détortiller [detɔʀtije] VT destorcer

détour [detuʀ] NM rodeo; (*tournant, courbe*) curva, recodo; (*subterfuge*) subterfugio; **au ~ du chemin** a la vuelta del camino; **sans ~** (*parler*) sin rodeos

détourné, e [detuʀne] ADJ (*sentier, chemin*) indirecto(-a); (*moyen*) dudoso(-a)

détournement [detuʀnəmɑ̃] NM desvío; **~ d'avion** secuestro aéreo; **~ de fonds** malversación *f* de fondos; **~ de mineur** corrupción *f* de menores

détourner [detuʀne] VT desviar; (*avion : par la force*) secuestrar; (*yeux*) apartar; (*tête*) volver; (*de l'argent*) malversar; **~ la conversation/l'attention (de qn)** desviar la conversación/la atención (de algn); **~ qn de son devoir/travail** apartar a algn de su deber/trabajo ■ **se détourner** VPR (*tourner la tête*) apartar la cara

détracteur, -trice [detʀaktœʀ, tʀis] NM/F detractor(a)

détraqué, e [detʀake] ADJ fastidiado(-a) ▸ NM/F majara *mf*

détraquer [detʀake] VT fastidiar, cargarse; (*santé, estomac*) estropear ■ **se détraquer** VPR : **ma montre s'est détraquée** se me ha fastidiado el reloj

détrempe [detʀɑ̃p] NF (*Art*) temple *m*

détrempé, e [detʀɑ̃pe] ADJ (*sol*) empapado(-a)

détremper [detʀɑ̃pe] VT (*peinture*) desleír

détresse [detʀɛs] NF angustia; (*misère*) desamparo; **en ~** en peligro; **appel/signal de ~** llamada/señal *f* de socorro; **~ respiratoire** insuficiencia respiratoria

détriment [detʀimɑ̃] NM : **au ~ de** en detrimento de; **à mon/son ~** en mi/su perjuicio

détritus [detʀity(s)] NMPL detritus *msg*

détroit [detʀwa] NM estrecho; **le ~ de Be(h)ring/de Gibraltar/de Magellan/du Bosphore** el estrecho de Bering/de Gibraltar/de Magallanes/del Bósforo

détromper [detʀɔ̃pe] VT desengañar ■ **se détromper** VPR desengañarse

détrôner [detʀone] VT destronar

détrousser [detʀuse] VT atracar

détruire [detʀɥiʀ] VT destruir; (*population*) acabar con; (*hypothèse*) echar abajo; (*espoir*) romper; (*santé*) perjudicar

détruit, e [detʀɥi, it] PP *de* **détruire**

dette [dɛt] NF deuda; **~ de l'État** *ou* **publique** deuda pública

DEUG [døg] SIGLE M (= *diplôme d'études universitaires générales*) *título universitario que se obtenía tras los dos primeros años de estudio en Francia*

deuil [dœj] NM luto; **porter le ~** llevar luto; **être en/prendre le ~** estar/ponerse de luto

DEUST [døst] SIGLE M (= *diplôme d'études universitaires scientifiques et techniques*) *diplomatura*

deutérium [døteʀjɔm] NM deuterio

deux [dø] ADJ INV, NM INV dos *m inv*; **les ~** los (las) dos, ambos(-as); **les ~ mains** las dos manos; **tous les ~ jours/mois** cada dos días/meses; **à ~ pas** a dos pasos; **~ points** (*ponctuation*) dos puntos *mpl*; *voir aussi* **cinq**

deuxième [døzjɛm] ADJ, NMF segundo(-a); **~ classe** segunda clase *f*; *voir aussi* **cinquième**

deuxièmement [døzjɛmmɑ̃] ADV en segundo lugar

deux-pièces [døpjɛs] NM INV (*maillot de bain*) biquini *m*; (*appartement*) apartamento de dos habitaciones

deux-roues [døʀu] NM INV vehículo de dos ruedas

deux-temps [døtɑ̃] ADJ INV (*moteur*) de dos tiempos ▸ NM INV (*moteur*) motor *m* de dos tiempos

devais [dəvɛ] VB *voir* **devoir**

dévaler [devale] VT (*escalier*) bajar corriendo; **~ la piste** lanzarse pista abajo

dévaliser [devalize] VT desvalijar

dévalorisant, e [devalɔʀizɑ̃, ɑ̃t] ADJ que desvaloriza

dévalorisation [devalɔʀizasjɔ̃] NF desvalorización *f*

dévaloriser [devalɔʀize] VT desvalorizar ■ **se dévaloriser** VPR desvalorizarse

dévaluation [devalɥasjɔ̃] NF devaluación *f*

dévaluer [devalɥe] VT devaluar ■ **se dévaluer** VPR devaluarse

devancer [d(ə)vɑ̃se] VT adelantar; (*arriver avant, aussi fig*) adelantarse a; **~ l'appel** (*Mil*) alistarse como voluntario

devancier, -ière [d(ə)vɑ̃sje, jɛʀ] NM/F antecesor(a)

devant [d(ə)vɑ̃] VB *voir* **devoir** ▸ ADV delante, adelante ▸ PRÉP (*en face de*) delante de, frente a; (*passer, être*) delante de; (*en présence de*) ante; (*face à*) ante, delante de; (*étant donné*) ante ▸ NM (*de maison*) fachada; (*de vêtement, voiture*) delantera; **prendre les devants** adelantarse; **de ~** delantero(-a); **par ~** por delante

devanture [d(ə)vɑ̃tyʀ] NF (*étalage, vitrine*) escaparate *m*, vidriera (*Am*)

dévastateur, -trice [devastatœʀ, tʀis] ADJ devastador(a)

dévastation [devastasjɔ̃] NF devastación *f*

dévasté, e [devaste] ADJ devastado(-a)

dévaster [devaste] VT devastar

déveine [devɛn] (*fam*) NF mala suerte *f*

développement [dev(ə)lɔpmɑ̃] NM desarrollo; (*photo*) revelado; (*exposé*) exposición *f*; (*Géom*) proyección *f*; (*gén pl*) evolución *f*; **~ durable** desarrollo sostenible ■ **développements** NMPL desarrollos *mpl*; **les derniers/les récents développements en matière de** los últimos/los recientes desarrollos en materia de

développer [dev(ə)lɔpe] VT desarrollar; (*Photo*) revelar; (*Géom*) proyectar ■ **se développer** VPR desarrollarse; (*affaire*) evolucionar

développeur, -euse [dev(ə)lɔpœʀ, øz] NM/F (*Inform*) desarrollador(a)

devenir [dəv(ə)niʀ] VI volverse; **~ fou** volverse loco; **~ vieux/grand** hacerse viejo/mayor; **~ médecin** hacerse médico; **que sont-ils devenus ?** ¿qué ha sido de ellos? ▸NM : **le ~ de qch** el futuro de algo

devenu [dəvny] PP *de* **devenir**

dévergondé, e [devɛʀgɔ̃de] ADJ desvergonzado(-a)

dévergonder [devɛʀgɔ̃de] : **se dévergonder** VPR espabilarse

déverrouiller [deveʀuje] VT abrir el cerrojo de

devers [dəvɛʀ] ADV : **par-~ soi** para sí, en su poder

déverser [devɛʀse] VT verter, derramar; (*injures, colère*) descargar; **se ~ dans** verterse en

déversoir [devɛʀswaʀ] NM vertedero

dévêtir [devetiʀ] VT desvestir ■ **se dévêtir** VPR desvestirse

devez [dəve] VB *voir* **devoir**

déviation [devjasjɔ̃] NF desviación *f*; (*Auto*) desvío; **~ de la colonne (vertébrale)** desviación de la columna vertebral

déviationnisme [devjasjɔnism] NM desviacionismo

déviationniste [devjasjɔnist] NMF desviacionista *mf*

dévider [devide] VT devanar

dévidoir [devidwaʀ] NM devanadera

deviendrai *etc* [dəvjɛ̃dʀe] VB *voir* **devenir**

devienne *etc* [dəvjɛn] VB *voir* **devenir**

deviens *etc* [dəvjɛ̃] VB *voir* **devenir**

dévier [devje] VT desviar ▸VI desviarse

devin [dəvɛ̃] NM adivino

deviner [d(ə)vine] VT adivinar; (*apercevoir*) atisbar

devinette [d(ə)vinɛt] NF adivinanza

devint *etc* [dəvɛ̃] VB *voir* **devenir**

devis [d(ə)vi] NM presupuesto; **~ descriptif/estimatif** presupuesto detallado/aproximado

dévisager [devizaʒe] VT mirar de arriba abajo

devise [dəviz] NF (*formule*) lema *m*, divisa; (*Écon*) divisa

deviser [dəvize] VI platicar

dévisser [devise] VT desatornillar ■ **se dévisser** VPR desatornillarse

de visu [devizy] ADV en persona

dévitaliser [devitalize] VT (*dent*) matar el nervio de

dévoiler [devwale] VT (*statue*) descubrir; (*secret*) desvelar, revelar ■ **se dévoiler** VPR (*secret*) desvelarse, revelarse

devoir [d(ə)vwaʀ] NM deber *m*; (*Scol*) deberes *mpl*; **se faire un ~ de faire** creerse en la obligación de hacer; **se mettre en ~ de faire qch** empezar a hacer algo; **faire ses devoirs** hacer los deberes; **derniers devoirs** honras *fpl* fúnebres; **~ sur table** examen (escrito); **devoirs de vacances** deberes *mpl* de vacaciones ▸VT deber; **il doit le faire** (*obligation*) debe hacerlo, tiene que hacerlo; **il doit partir demain** (*intention*) se va mañana; **il doit être tard** (*probabilité*) debe (de) ser tarde; **cela devait arriver** (*fatalité*) tenía que ocurrir (un día); **je devrais faire** tendría que hacer; **tu n'aurais pas dû** no deberías haberlo hecho; (*politesse*) no tendrías que haberlo hecho; **je lui dois beaucoup** le debo mucho ■ **se devoir** VPR deberse; **comme il se doit** (*comme il faut*) como debe ser

dévolu, e [devɔly] ADJ (*temps, part*) destinado(-a), atribuido(-a) ▸NM : **jeter son ~ sur** poner sus miras en

devons [dəvɔ̃] VB *voir* **devoir**

dévorant, e [devɔʀɑ̃, ɑ̃t] ADJ (*faim*) voraz; (*feu, passion*) devastador(a)

dévorer [devɔʀe] VT devorar; **~ qch/qn des yeux** *ou* **du regard** devorar algo/a algn con la mirada

dévot, e [devo, ɔt] ADJ, NM/F devoto(-a); **un faux ~** un mojigato

dévotion [devosjɔ̃] NF devoción *f*; **être à la ~ de qn** estar dedicado(-a) a algn; **avoir une ~ pour qn** querer a algn con devoción

dévoué, e [devwe] ADJ servicial

dévouement [devumɑ̃] NM dedicación *f*

dévouer [devwe] : **se dévouer** VPR : **se ~ (pour)** sacrificarse (por); **se ~ à** dedicarse a

dévoyé, e [devwaje] ADJ descarriado(-a) ▸NM/F descarriado(-a)

dévoyer [devwaje] VT descarriar; **~ l'opinion publique** engañar a la opinión pública ■ **se dévoyer** VPR descarriarse

devrai [dəvʀe] VB *voir* **devoir**

dextérité [dɛksteʀite] NF destreza

dextrose [dɛkstʀoz] NM dextrosa

dézipper [dezipe] VT (*Inform*) descomprimir

DG [deʒe] SIGLE M (= *directeur général*) *voir* **directeur**

DGE [deʒeə] SIGLE F (= *dotation globale d'équipement*) *contribución del Estado al presupuesto municipal*

DGSE [deʒeɛsə] SIGLE F (= *Direction générale de la sécurité extérieure*) *servicio de inteligencia francés*

dia [dja] ABR = **diapositive**

diabète [djabɛt] NM (*Méd*) diabetes *f inv*

diabétique [djabetik] ADJ, NMF diabético(-a)

diable [djɑbl] NM diablo; (*chariot à deux roues*) carretilla; **petit ~** (*enfant*) diablillo; **pauvre ~** pobre diablo; **une musique du ~** una música infernal; **il fait une chaleur du ~** hace un calor infernal; **avoir le ~ au corps** tener el diablo en el cuerpo; **habiter/être situé au ~** vivir/estar en el quinto infierno

diablement [djɑbləmɑ̃] ADV endiabladamente

diableries [djabləʀi] NFPL *(d'enfant)* diabluras *fpl*, travesuras *fpl*
diablesse [djablɛs] NF *(petite fille)* diablillo
diablotin [djablɔtɛ̃] NM diablillo; *(pétard)* petardo
diabolique [djabɔlik] ADJ diabólico(-a)
diaboliser [djabɔlize] VT demonizar
diabolo [djabɔlo] NM *(jeu)* diábolo; *(boisson)* *mezcla de gaseosa y almíbar*; **~ menthe** menta con gas
diacre [djakʀ] NM diácono
diadème [djadɛm] NM diadema
diagnostic [djagnɔstik] NM diagnóstico
diagnostiquer [djagnɔstike] VT diagnosticar
diagonal, e, -aux [djagɔnal, o] ADJ diagonal
diagonale [djagɔnal] NF diagonal *f*; **en ~** en diagonal; *(fig)* : **lire en ~** leer por encima
diagramme [djagʀam] NM diagrama *m*
dialecte [djalɛkt] NM dialecto
dialectique [djalɛktik] ADJ dialéctico(-a)
dialogue [djalɔg] NM diálogo; **cesser/reprendre le ~** interrumpir/reanudar el diálogo; **~ de sourds** diálogo de besugos
dialoguer [djalɔge] VI dialogar
dialoguiste [djalɔgist] NMF dialoguista *mf*
dialyse [djaliz] NF diálisis *f inv*
diamant [djamɑ̃] NM diamante *m*
diamantaire [djamɑ̃tɛʀ] NM diamantista *mf*
diamantifère [djamɑ̃tifɛʀ] ADJ diamantífero(-a)
diamétralement [djametʀalmɑ̃] ADV diametralmente; **~ opposés** totalmente opuestos
diamètre [djamɛtʀ] NM diámetro
diapason [djapazɔ̃] NM diapasón *m*; **être/se mettre au ~ (de)** *(fig)* estar/ponerse al nivel (de)
diaphane [djafan] ADJ diáfano(-a)
diaphragme [djafʀagm] NM diafragma *m*
diapo [djapo] NF diapositiva
diaporama [djapɔʀama] NM montaje *m* audiovisual
diapositive [djapozitiv] NF diapositiva
diapré, e [djapʀe] ADJ tornasolado(-a)
diarrhée [djaʀe] NF diarrea
diaspora [djaspɔʀa] NF diáspora
diatribe [djatʀib] NF diatriba
dichotomie [dikɔtɔmi] NF dicotomía
dico [diko] *(fam)* NM diccionario
dictaphone® [diktafɔn] NM dictáfono
dictateur [diktatœʀ] NM dictador *m*
dictatorial, e, -aux [diktatɔʀjal, jo] ADJ dictatorial
dictature [diktatyʀ] NF dictadura
dictée [dikte] NF dictado; **prendre sous ~** tomar al dictado
dicter [dikte] VT *(aussi fig)* dictar
diction [diksjɔ̃] NF dicción *f*; **cours de ~** curso de dicción
dictionnaire [diksjɔnɛʀ] NM diccionario; **~ bilingue** diccionario bilingüe; **~ encyclopédique/de langue** diccionario enciclopédico/de la lengua
dicton [diktɔ̃] NM refrán *m*, dicho
didacticiel [didaktisjɛl] NM programa *m* educativo
didactique [didaktik] ADJ didáctico(-a)
dièse [djɛz] NM almohadilla; *(Mus)* sostenido; **appuyez sur la touche ~** pulse (la tecla) almohadilla
diesel [djezɛl] NM diesel *m*; **un (véhicule/moteur) ~** un (vehículo/motor) diesel
diète [djɛt] NF dieta; **être à la ~** estar a dieta
diététicien, ne [djetetisjɛ̃, jɛn] NM/F dietista *mf*
diététique [djetetik] ADJ dietético(-a); **magasin ~** tienda de dietética ▸ NF dietética
dieu, x [djø] NM *(aussi fig)* dios *msg*; **D~** Dios; **le bon D~** Dios; **mon D~ !** ¡Dios mío!
diffamant, e [difamɑ̃, ɑ̃t] ADJ difamatorio(-a)
diffamateur, -trice [difamatœʀ, tʀis] ADJ, NM/F difamador(a)
diffamation [difamasjɔ̃] NF difamación *f*; **attaquer qn en ~** atacar a algn por difamación
diffamatoire [difamatwaʀ] ADJ difamatorio(-a)
diffamer [difame] VT difamar
différé, e [difeʀe] ADJ *(Inform)* : **traitement ~** procesamiento por lotes; **crédit ~** crédito con carencia ▸ NM (TV) : **en ~** en diferido
différemment [difeʀamɑ̃] ADV de forma diferente
différence [difeʀɑ̃s] NF diferencia; **à la ~ de** a diferencia de
différenciation [difeʀɑ̃sjasjɔ̃] NF diferenciación *f*
différencier [difeʀɑ̃sje] VT diferenciar ■ **se différencier** VPR : **se ~ (de)** diferenciarse (de)
différend [difeʀɑ̃] NM discrepancia
différent, e [difeʀɑ̃, ɑ̃t] ADJ : **~ (de)** distinto(-a) (de), diferente (de); **différents objets/personnages** varios objetos/personajes; **à différentes reprises** en varias ocasiones; **pour différentes raisons** por distintas razones
différentiel, le [difeʀɑ̃sjɛl] ADJ diferencial ▸ NM diferencial *m*
différer [difeʀe] VT diferir, postergar (AM) ▸ VI : **~ (de)** diferir (de)
difficile [difisil] ADJ difícil; **faire le** *ou* **la ~** hacer remilgos
difficilement [difisilmɑ̃] ADV difícilmente; **~ compréhensible/lisible** difícil de comprender/leer
difficulté [difikylte] NF dificultad *f*; **faire des difficultés (pour)** poner dificultades (para); **en ~** en apuros; **avoir de la ~ à faire qch** tener dificultad en hacer algo; **avoir des difficultés pour faire qch** tener dificultades para hacer

algo; **rencontrer des difficultés** tropezar con dificultades
difforme [difɔʀm] ADJ deforme
difformité [difɔʀmite] NF deformidad *f*
diffracter [difʀakte] VT difractar
diffus, e [dify, yz] ADJ difuso(-a)
diffuser [difyze] VT emitir; (*nouvelle, idée*) difundir; (*Comm*) distribuir
diffuseur [difyzœʀ] NM emisor *m*; (*de chaleur*) difusor *m*; (*Comm*) distribuidor *m*
diffusion [difyzjɔ̃] NF emisión *f*; (*de journaux*) distribución *f*; **journal/magazine à grande ~** periódico/revista de gran difusión
digérer [diʒeʀe] VT (*aussi fig*) digerir
digeste [diʒɛst] ADJ digestible
digestible [diʒɛstibl] ADJ digestible
digestif, -ive [diʒɛstif, iv] ADJ digestivo(-a) ▶ NM licor *m*
digestion [diʒɛstjɔ̃] NF digestión *f*; **bonne/mauvaise ~** buena/mala digestión
Digicode® [diʒikɔd] NM *sistema de acceso a los edificios basado en un código numérico*
digit [didʒit] NM dígito; **~ binaire** dígito binario
digital, e, -aux [diʒital, o] ADJ digital; (*empreintes*) dactilar
digitale [diʒital] NF (*Bot*) digital *f*, dedalera
digitaline [diʒitalin] NF digitalina
digne [diɲ] ADJ (*respectable*) digno(-a); **~ d'intérêt/d'admiration** digno(-a) de interés/de admiración; **~ de foi** digno(-a) de fe; **~ de qn/qch** digno(-a) de algn/algo
dignement [diɲ(ə)mɑ̃] ADV (*dans la dignité*) dignamente; (*comme il se doit*) debidamente, como corresponde
dignitaire [diɲitɛʀ] NM dignatario
dignité [diɲite] NF dignidad *f*
digresser [digʀese] VI divagar
digression [digʀesjɔ̃] NF digresión *f*
digue [dig] NF dique *m*; (*pour protéger la côte*) rompeolas *m inv*
dijonnais, e [diʒɔnɛ, ɛz] ADJ de Dijon ▶ NM/F : **Dijonnais, e** nativo(-a) *ou* habitante *mf* de Dijon
diktat [diktat] NM imposición *f*
dilapidation [dilapidasjɔ̃] NF dilapidación *f*
dilapider [dilapide] VT dilapidar
dilatation [dilatasjɔ̃] NF dilatación *f*
dilater [dilate] VT dilatar ■ **se dilater** VPR dilatarse
dilatoire [dilatwaʀ] ADJ dilatorio(-a)
dilemme [dilɛm] NM dilema *m*
dilettante [diletɑ̃t] NMF diletante *mf*, aficionado(-a); **en ~** como aficionado(-a)
dilettantisme [diletɑ̃tism] NM diletantismo
diligence [diliʒɑ̃s] NF diligencia; **faire ~** apresurarse
diligent, e [diliʒɑ̃, ɑ̃t] ADJ diligente
diluant [dilɥɑ̃] NM disolvente *m*
diluer [dilɥe] VT diluir; (*péj : discours etc*) meter paja en
dilution [dilysjɔ̃] NF dilución *f*
diluvien, ne [dilyvjɛ̃, jɛn] ADJ : **pluie diluvienne** lluvia torrencial
dimanche [dimɑ̃ʃ] NM domingo; **le ~ des Rameaux/de Pâques** el domingo de Ramos/de Pascua; *voir aussi* **lundi**
dîme [dim] NF diezmo
dimension [dimɑ̃sjɔ̃] NF dimensión *f* ■ **dimensions** FPL (*cotes, coordonnées*) dimensiones *fpl*
diminué, e [diminɥe] ADJ (*personne*) disminuido(-a)
diminuer [diminɥe] VT disminuir; (*dénigrer*) desacreditar; (*tricot*) menguar ▶ VI disminuir
diminutif [diminytif] NM (*Ling*) diminutivo; (*surnom*) diminutivo cariñoso
diminution [diminysjɔ̃] NF disminución *f*; (*morale*) descrédito; (*tricot*) menguado
dînatoire [dinatwaʀ] ADJ : **goûter ~** merienda y cena
dinde [dɛ̃d] NF pava
dindon [dɛ̃dɔ̃] NM pavo
dindonneau [dɛ̃dɔno] NM pavipollo, pavezno
dîner [dine] NM cena, comida (*AM*); **~ de famille/d'affaires** cena familiar/de negocios ▶ VI cenar
dînette [dinɛt] NF : **jouer à la ~** jugar a los cacharritos; **~ de poupée** cacharritos *mpl*
dîneur, -euse [dinœʀ, øz] NM/F comensal *mf*
dinghy [dingi] NM bote *m* neumático de salvamento
dingue [dɛ̃g] (*fam*) ADJ chalado(-a) (*fam*)
dinosaure [dinɔzɔʀ] NM dinosaurio
diocèse [djɔsɛz] NM diócesis *f inv*
diode [djɔd] NF diodo
dioxine [diɔksin] NF dioxina
dioxyde [diɔksid] NM dioxido
diphasé, e [difaze] ADJ (*Élec*) difásico(-a)
diphtérie [difteʀi] NF difteria
diphtongue [diftɔ̃g] NF diptongo
diplodocus [diplɔdɔkys] NM diplodocus *m inv*
diplomate [diplɔmat] ADJ diplomático(-a) ▶ NMF diplomático(-a) ▶ NM (*Culin*) *bizcocho (con licor, frutas confitadas y crema)*
diplomatie [diplɔmasi] NF diplomacia
diplomatique [diplɔmatik] ADJ diplomático(-a)
diplomatiquement [diplɔmatikmɑ̃] ADV diplomáticamente
diplôme [diplom] NM diploma *m*, título; (*examen*) examen *m* de diplomatura; **avoir des diplômes** tener títulos; **un ~ d'ingénieur** un título de ingeniero
diplômé, e [diplome] ADJ, NM/F titulado(-a), diplomado(-a)

diptère [diptɛʀ] NM diptero
diptyque [diptik] NM díptico
dire [diʀ] NM : **au ~ de** al decir de, en la opinión de ■ **dires** NMPL opiniones *fpl* ▶ VT decir; (*suj : horloge etc*) decir, marcar; (*ordre, invitation*) : **~ à qn qu'il fasse** *ou* **de faire qch** decir a algn que haga algo; (*objecter*) : **n'avoir rien à ~ (à)** no tener nada que decir (a); (*signifier*) : **vouloir ~ que** querer decir que; (*plaire*) : **cela me/lui dit de faire** me/le apetece hacer; (*penser*) : **que dites-vous de ... ?** ¿qué opina usted de ...?; **ça ne me dit rien** no me apetece; (*rappeler qch*) no me suena; **à vrai ~** a decir verdad; **pour ainsi ~** por decirlo así; **cela va sans ~** ni qué decir tiene; **dis donc !/dites donc !** (*pour attirer attention*) ¡oye!/¡oiga!; (*au fait*) ¡a propósito!; (*agressif*) ¡oye!/¡oiga Vd!; **et ~ que ...** y pensar que ...; **ceci** *ou* **cela dit** a pesar de todo; (*à ces mots*) dicho esto; **c'est dit, voilà qui est dit** está dicho; **il n'y a pas à ~** realmente; **c'est ~ si** muestra hasta qué punto; **c'est beaucoup/peu ~** es mucho/poco decir; **c'est toi qui le dis** lo dices tú; **je ne vous le fais pas ~** estoy muy de acuerdo; **je te l'avais dit** te lo había dicho; **je ne peux pas ~ le contraire** no puedo decir lo contrario; **tu peux le ~, à qui le dis-tu** y que lo digas; **~ quelque chose/ce qu'on pense** decir algo/lo que uno piensa; **~ la vérité/l'heure** decir la verdad/la hora; **dis pardon** pide perdón; **dis merci** da las gracias; **on dit que** dicen que; **comme on dit** como se dice; **on dirait que** parece que; **on dirait du vin** *etc* parece vino *etc* ■ **se dire** VPR decirse; (*se prétendre*) : **se ~ malade** *etc* pretenderse enfermo(-a) *etc*; **ça se dit ... en anglais** se dice ... en inglés; **cela ne se dit pas comme ça** no se dice así; **se ~ au revoir** decirse adiós
direct, e [diʀɛkt] ADJ directo(-a); **train/bus ~** tren *m*/autobús *msg* directo ▶ NM (*train, Boxe*) directo; **en ~** en directo; **~ du gauche/du droit** directo con la izquierda/derecha
directement [diʀɛktəmɑ̃] ADV directamente
directeur, -trice [diʀɛktœʀ, tʀis] ADJ (*principe, fil*) rector(a); **comité ~** comité *m* directivo ▶ NM/F director(a); **~ général(e)/commercial(e)/du personnel** director(a) general/comercial/de personal; **~ de thèse** director(a) de tesis
direction [diʀɛksjɔ̃] NF dirección *f*; **sous la ~ de** bajo la dirección de; **en ~ de** en dirección a; **« toutes directions »** (*Auto*) « todas las direcciones »
directionnel, le [diʀɛksjɔnɛl] ADJ direccional
directive [diʀɛktiv] NF (*gén pl*) directriz *f*
directoire [diʀɛktwaʀ] NM directorio
directorial, e, -aux [diʀɛktɔʀjal, jo] ADJ de director
directrice [diʀɛktʀis] ADJ, NF *voir* **directeur**
dirent [diʀ] VB *voir* **dire**
dirigeable [diʀiʒabl] ADJ dirigible ▶ NM : **(ballon) ~** (globo) dirigible *m*
dirigeant, e [diʀiʒɑ̃, ɑ̃t] ADJ, NM/F dirigente *mf*
diriger [diʀiʒe] VT dirigir; **~ sur** (*regard*) dirigir hacia; **~ son arme sur qn** apuntar a algn con un arma; **~ contre** (*critiques, plaisanteries*) dirigir contra ■ **se diriger** VPR dirigirse; **se ~ vers** *ou* **sur** dirigirse hacia
dirigisme [diʀiʒism] NM (*Écon*) dirigismo
dirigiste [diʀiʒist] ADJ dirigista
dirlo [diʀlo] (*fam*) NMF dire *mf* (*fam*)
dis [di] VB *voir* **dire**
disais [dizɛ] VB *voir* **dire**
discal, e, -aux [diskal, o] ADJ : **hernie discale** hernia discal
discernable [disɛʀnabl] ADJ detectable
discernement [disɛʀnəmɑ̃] NM discernimiento
discerner [disɛʀne] VT (*apercevoir*) divisar; (*motif, cause*) discernir
disciple [disipl] NMF (*Rel, aussi fig*) discípulo(-a)
disciplinaire [disiplinɛʀ] ADJ disciplinario(-a); **bataillon ~** (*Mil*) batallón *m* disciplinario
discipline [disiplin] NF disciplina
discipliné, e [disipline] ADJ disciplinado(-a)
discipliner [disipline] VT disciplinar; (*cheveux*) mantener
disco [disko] ADJ INV disco *inv* ▶ NM música disco
discobole [diskɔbɔl] NM discóbolo
discographie [diskɔgʀafi] NF discografía
discontinu, e [diskɔ̃tiny] ADJ discontinuo(-a)
discontinuer [diskɔ̃tinɥe] VI : **sans ~** sin interrupción
disconvenir [diskɔ̃v(ə)niʀ] VI : **ne pas ~ de qch/que** no negar algo/que
discordance [diskɔʀdɑ̃s] NF discordancia
discordant, e [diskɔʀdɑ̃, ɑ̃t] ADJ discordante
discorde [diskɔʀd] NF discordia
discothèque [diskɔtɛk] NF discoteca
discourais [diskuʀɛ] VB *voir* **discourir**
discourir [diskuʀiʀ] VI disertar
discours [diskuʀ] VB *voir* **discourir** ▶ NM discurso; **le ~** (*Ling*) el enunciado; **~ direct/indirect** discurso directo/indirecto ▶ NMPL (*bavardages*) palabrería *fsg*
discourtois, e [diskuʀtwa, waz] ADJ descortés
discrédit [diskʀedi] NM : **jeter le ~ sur** desacreditar
discréditer [diskʀedite] VT desacreditar ■ **se discréditer** VPR : **se ~ aux yeux de** *ou* **auprès de qn** desacreditarse a los ojos de algn
discret, -ète [diskʀɛ, ɛt] ADJ discreto(-a); **un endroit ~** un lugar tranquilo
discrètement [diskʀɛtmɑ̃] ADV discretamente
discrétion [diskʀesjɔ̃] NF discreción *f*; **à ~** (*boisson etc*) a discreción; **à la ~ de qn** según la voluntad de algn

discrétionnaire [diskʀesjɔnɛʀ] ADJ discrecional
discrimination [diskʀiminasjɔ̃] NF discriminación *f*; **sans ~** sin discriminación
discriminatoire [diskʀiminatwaʀ] ADJ discriminatorio(-a)
disculper [diskylpe] VT (*Jur*) absolver ■ **se disculper** VPR disculparse
discussion [diskysjɔ̃] NF discusión *f* ■ **discussions** NFPL negociaciones *fpl*
discutable [diskytabl] ADJ discutible
discutailler [diskytɑje] VI discutir por nimiedades
discuté, e [diskyte] ADJ controvertido(-a)
discuter [diskyte] VT (*débattre*) debatir; (*contester*) discutir; **~ le prix** discutir el precio ▶ VI (*parler*) hablar; **~ de qch** hablar de algo ■ **se discuter** VPR (*exprime le doute*) ser discutible; **ça se discute** es discutible

⚠ El uso más frecuente de *discutir* en español corresponde en francés a **se disputer**.

dise [diz] VB *voir* **dire**
disert, e [dizɛʀ, ɛʀt] ADJ elocuente
disette [dizɛt] NF hambruna
diseur, -euse [dizœʀ, øz] NM/F recitador(a); **diseuse de bonne aventure** echadora de buenaventura
disgrâce [disgʀɑs] NF desgracia; **être en ~** estar en desgracia
disgracié, e [disgʀasje] ADJ caído(-a) en desgracia
disgracieux, -euse [disgʀasjø, jøz] ADJ desagradable
disjoindre [disʒwɛ̃dʀ] VT desunir ■ **se disjoindre** VPR separarse
disjoint, e [disʒwɛ̃, wɛ̃t] PP *de* **disjoindre** ▶ ADJ separado(-a), desunido(-a)
disjoncter [disʒɔ̃kte] VI (*Élec*) desconectarse; (*fam : personne*) írsele la olla (*fam*); **tu disjonctes ou quoi ?** ¿se te va la olla o qué?
disjoncteur [disʒɔ̃ktœʀ] NM (*Élec*) disyuntor *m*
dislocation [dislɔkasjɔ̃] NF (*d'une articulation*) dislocación *f*; (*d'une empire*) desmembramiento
disloquer [dislɔke] VT (*membre*) dislocar; (*chaise*) desencajar; (*manifestation, cortège*) disolver ■ **se disloquer** VPR (*manifestation, cortège*) disolverse; (*parti*) desmembrarse, disgregarse; (*empire*) desmembrarse; **se ~ l'épaule** dislocarse el hombro
disons [dizɔ̃] VB *voir* **dire**
disparaître [disparɛtʀ] VI desaparecer; **faire ~ qch/qn** hacer desaparecer algo/a algn
disparate [disparat] ADJ discordante
disparité [disparite] NF disparidad *f*
disparition [disparisjɔ̃] NF desaparición *f*
disparu, e [dispary] PP *de* **disparaître** ▶ ADJ : **être porté ~** ser dado por desaparecido ▶ NM/F (*dont on a perdu la trace*) desaparecido(-a); (*défunt*) fallecido(-a)
dispendieux, -euse [dispɑ̃djø, jøz] ADJ dispendioso(-a)
dispensaire [dispɑ̃sɛʀ] NM dispensario
dispense [dispɑ̃s] NF dispensa; **~ d'âge** dispensa de edad
dispenser [dispɑ̃se] VT (*soins etc*) prestar; (*exempter*) : **~ qn de qch/faire qch** dispensar a algn de algo/hacer algo; **se ~ de qch/faire qch** librarse de algo/hacer algo; **se faire ~ de qch** lograr eximirse de algo
dispersant [dispɛʀsɑ̃] NM dispersante *m*
dispersé, e [dispɛʀse] ADJ disperso(-a)
disperser [dispɛʀse] VT dispersar; (*efforts*) dividir ■ **se disperser** VPR (*foule*) dispersarse; (*fig*) dividirse
dispersion [dispɛʀsjɔ̃] NF dispersión *f*; (*fig*) división *f*
disponibilité [disponibilite] NF disponibilidad *f*; (*Admin*) : **être/se mettre en ~** estar/ponerse en excedencia; **en fonction de vos/leurs disponibilités** en función de su disponibilidad (horaria) ■ **disponibilités** NFPL (*Comm*) fondos *mpl* disponibles
disponible [disponibl] ADJ disponible
dispos [dispo] ADJ M : **(frais et) ~** fresco(-a)
disposé, e [dispoze] ADJ dispuesto(-a); **bien/mal ~** de buen/mal humor; **être bien/mal ~ envers qn** tener buena/mala disposición hacia algn; **~ à** dispuesto(-a) a; **pièces bien/mal disposées** habitaciones *fpl* bien/mal distribuidas
disposer [dispoze] VT (*objets*) disponer; (*préparer, inciter*) : **~ qn à qch/faire qch** predisponer a algn para algo/hacer algo ▶ VI : **vous pouvez ~** puede retirarse; **~ de** disponer de ■ **se disposer** VPR : **se ~ à faire qch** disponerse a hacer algo
dispositif [dispozitif] NM dispositivo; (*d'un texte de loi*) parte *f* resolutiva; **~ de sûreté** dispositivo de seguridad
disposition [dispozisjɔ̃] NF disposición *f*; (*arrangement*) distribución *f*, disposición *f*; **à la ~ de qn** a disposición de algn ■ **dispositions** NFPL (*aptitudes*) disposición *fsg*; (*préparatifs*) preparativos *mpl*; **(être) dans de bonnes dispositions** (estar) en buenas condiciones; **prendre ses dispositions pour qch/pour faire qch** tomar medidas para algo/para hacer algo
disproportion [dispʀɔpɔʀsjɔ̃] NF desproporción *f*
disproportionné, e [dispʀɔpɔʀsjɔne] ADJ desproporcionado(-a)
dispute [dispyt] NF riña, disputa
disputer [dispyte] VT (*match, épreuve*) disputar; **~ qch à qn** disputar algo a algn ■ **se disputer** VPR (*réciproque*) reñir, discutir; (*match, épreuve*) disputarse; **se ~ avec qn** pelearse con algn; **ils se disputent sans cesse** se están peleando todo el rato

d

disquaire [diskɛʀ] NMF vendedor(-a) de discos
disqualification [diskalifikasjɔ̃] NF descalificación *f*
disqualifier [diskalifje] VT descalificar ■ **se disqualifier** VPR descalificarse
disque [disk] NM disco; **le lancement du ~** el lanzamiento de disco; **l'industrie du ~** la industria discográfica; **~ compact** disco compacto; **~ d'embrayage** (*Auto*) disco de embrague; **~ de stationnement** disco de estacionamiento; **~ dur** (*Inform*) disco duro; **~ laser** disco láser; **~ système** sistema *m* de disco
disquette [diskɛt] NF (*Inform*) diskette *m*
dissection [disɛksjɔ̃] NF disección *f*
dissemblable [disɑ̃blabl] ADJ desemejante
dissemblance [disɑ̃blɑ̃s] NF desemejanza
dissémination [diseminasjɔ̃] NF diseminación *f*
disséminer [disemine] VT diseminar ■ **se disséminer** VPR diseminarse
dissension [disɑ̃sjɔ̃] NF (*gén pl : familiales*) desavenencias *fpl*; (*politiques*) disensiones *fpl*
disséquer [diseke] VT disecar; (*fig*) analizar minuciosamente
dissertation [disɛʀtasjɔ̃] NF (*Scol*) redacción *f*
disserter [disɛʀte] VI disertar; (*gén, Scol*) redactar; **~ sur** disertar sobre
dissidence [disidɑ̃s] NF disidencia
dissident, e [disidɑ̃, ɑ̃t] ADJ, NM/F disidente *mf*
dissimilitude [disimilityd] NF disimilitud *f*
dissimulateur, -trice [disimylatœʀ, tʀis] ADJ, NM/F disimulador(a)
dissimulation [disimylasjɔ̃] NF disimulación *f*, ocultación *f*; (*duplicité*) disimulo; **~ de bénéfices/revenus** ocultación de beneficios/rentas
dissimulé, e [disimyle] ADJ hipócrita
dissimuler [disimyle] VT disimular, ocultar ■ **se dissimuler** VPR cubrirse; (*être masqué, caché*) ocultarse
dissipation [disipasjɔ̃] NF disipación *f*; (*indiscipline*) distracción *f*
dissipé, e [disipe] ADJ (*indiscipliné*) distraído(-a)
dissiper [disipe] VT disipar; (*fortune*) derrochar ■ **se dissiper** VPR disiparse; (*élève*) distraerse
dissociable [disɔsjabl] ADJ disociable
dissocier [disɔsje] VT disociar ■ **se dissocier** VPR (*éléments, groupe*) desunirse; **se ~ de** (*point de vue*) disociarse de; (*groupe*) separarse de
dissolu, e [disɔly] ADJ disoluto(-a)
dissolution [disɔlysjɔ̃] NF (*aussi Pol, Jur*) disolución *f*
dissolvant, e [disɔlvɑ̃, ɑ̃t] VB *voir* **dissoudre** ▶ NM (*Chim*) disolvente *m*
dissonant, e [disɔnɑ̃, ɑ̃t] ADJ disonante
dissoudre [disudʀ] VT (*substance, parlement*) disolver ■ **se dissoudre** VPR disolverse
dissous [disu] PP *de* **dissoudre**
dissuader [disɥade] VT : **~ qn de faire qch/de qch** disuadir a algn de hacer algo/de algo
dissuasif, -ive [disɥazif, iv] ADJ disuasivo(-a)
dissuasion [disɥazjɔ̃] NF disuasión *f*; **force de ~** fuerza de disuasión
dissymétrie [disimetʀi] NF disimetría
dissymétrique [disimetʀik] ADJ disimétrico(-a)
distance [distɑ̃s] NF distancia; (*de temps*) diferencia; **à ~** a distancia; **avec la ~** con el tiempo; **(situé) à ~** (*Inform*) (situado) a distancia; **tenir qn à ~** tener a algn a raya; **se tenir à ~** mantenerse a distancia; **une ~ de 10 km** una distancia de 10 km; **à 10 km de ~** a 10 km de distancia; **à deux ans de ~** con dos años de diferencia; **prendre ses distances** tomar las distancias; **garder ses distances** guardar las distancias; **tenir la ~** resistir el recorrido; **~ de sécurité** (*Auto*) distancia de seguridad; **~ focale** (*Photo*) distancia focal
distancer [distɑ̃se] VT (*concurrent*) distanciarse de; **se laisser ~** quedarse atrás
distanciation [distɑ̃sjasjɔ̃] NF distanciamiento
distanciel, le [distɑ̃sjɛl] ADJ (*formation, enseignement*) a distancia
distancier [distɑ̃sje] : **se distancier** VPR distanciarse
distant, e [distɑ̃, ɑ̃t] ADJ (*aussi fig*) distante; **être ~ de 5 km** distar 5 km
distendre [distɑ̃dʀ] VT distender, aflojar ■ **se distendre** VPR (*aussi fig*) distenderse
distillation [distilasjɔ̃] NF destilación *f*
distillé, e [distile] ADJ : **eau distillée** agua destilada
distiller [distile] VT (*aussi fig*) destilar
distillerie [distilʀi] NF destilería
distinct, e [distɛ̃(kt), ɛ̃kt] ADJ distinto(-a); (*net*) claro(-a)
distinctement [distɛ̃ktəmɑ̃] ADV (*voir*) con nitidez; (*parler*) con claridad
distinctif, -ive [distɛ̃ktif, iv] ADJ distintivo(-a)
distinction [distɛ̃ksjɔ̃] NF distinción *f*; **sans ~** sin distinción
distingué, e [distɛ̃ge] ADJ distinguido(-a)
distinguer [distɛ̃ge] VT distinguir; **~ qch/qn de** (*suj : caractéristique, trait*) distinguir algo/a algn de ■ **se distinguer** VPR : **se ~ (de)** distinguirse (de)
distinguo [distɛ̃go] NM distingo
distorsion [distɔʀsjɔ̃] NF (*fig*) distorsión *f*
distraction [distʀaksjɔ̃] NF distracción *f*
distraire [distʀɛʀ] VT distraer; (*amuser*) distraer, entretener; (*somme d'argent*) distraer; **~ qn de qch** distraer a algn de algo; **~ l'attention** distraer la atención ▶ VI distraer ■ **se distraire** VPR distraerse
distrait, e [distʀɛ, ɛt] PP *de* **distraire** ▶ ADJ distraído(-a)

distraitement [distʀɛtmɑ̃] ADV distraídamente

distrayant, e [distʀɛjɑ̃, ɑ̃t] VB *voir* **distraire** ▸ ADJ distraído(-a), entretenido(-a)

distribuer [distʀibɥe] VT repartir; (*hum : gifles, coups*) propinar; (*rôles*) repartir; (*Cartes*) dar; (*Comm*) distribuir

distributeur, -trice [distʀibytœʀ, tʀis] NM/F (*Comm*) distribuidor(a) ▸ NM (*Auto*) delco; (*aussi :* **distributeur automatique**) máquina expendedora; **~ automatique de billets** (*Banque*) cajero automático

distribution [distʀibysjɔ̃] NF reparto; (*livres, ordonnance, répartition*) distribución *f*; **circuits de ~** circuitos *mpl* de distribución; **~ des prix** reparto de premios

district [distʀikt] NM distrito

dit, e [di, it] PP *de* **dire**; **X, ~ Pierrot** X, llamado Pierrot ▸ ADJ : **le jour ~** el día fijado

dites [dit] VB *voir* **dire**

dithyrambique [ditiʀɑ̃bik] ADJ elogioso(-a)

diurétique [djyʀetik] ADJ diurético(-a) ▸ NM diurético

diurne [djyʀn] ADJ diurno(-a)

divagations [divagasjɔ̃] NFPL divagaciones *fpl*

divaguer [divage] VI divagar; (*malade*) delirar

divan [divɑ̃] NM sofá *m*

divan-lit [divɑ̃li] (*pl* **divans-lits**) NM sofá cama *m*

divergence [divɛʀʒɑ̃s] NF (*gén pl : d'opinion*) discrepancia; (*Géom, Optique*) divergencia

divergent, e [divɛʀʒɑ̃, ɑ̃t] ADJ (*lignes*) divergente; (*opinions, interprétations*) discrepante

diverger [divɛʀʒe] VI (*personnes, idées*) discrepar; (*rayons, lignes*) divergir

divers, e [divɛʀ, ɛʀs] ADJ (*varié*) diverso(-a), vario(-a); (*différent*) variado(-a); (*plusieurs*) varios(-as), diversos(-as); **« ~ »** « varios »; **frais ~** gastos *mpl* varios; **un fait ~** un suceso; **~ et variés/diverses et variées** surtidos y variados/surtidas y variadas

diversement [divɛʀsəmɑ̃] ADV de forma diversa, desigualmente; **être ~ accueilli** despertar reacciones diversas

diversification [divɛʀsifikasjɔ̃] NF diversificación *f*

diversifier [divɛʀsifje] VT diversificar ▪ **se diversifier** VPR diversificarse

diversion [divɛʀsjɔ̃] NF (*dérivatif*) distracción *f*; (*Mil etc*) diversión *f*

diversité [divɛʀsite] NF diversidad *f*

divertir [divɛʀtiʀ] VT divertir ▪ **se divertir** VPR divertirse

divertissant, e [divɛʀtisɑ̃, ɑ̃t] ADJ entretenido(-a)

divertissement [divɛʀtismɑ̃] NM diversión *f*; (*Mus*) divertimento

dividende [dividɑ̃d] NM (*Math, Comm*) dividendo

divin, e [divɛ̃, in] ADJ (*aussi fig*) divino(-a)

divinateur, -trice [divinatœʀ, tʀis] ADJ adivinador(-a)

divination [divinasjɔ̃] NF adivinación *f*

divinatoire [divinatwaʀ] ADJ adivinatorio(-a); **baguette ~** varilla de zahorí

divinement [divinmɑ̃] ADV divinamente

divinisation [divinizasjɔ̃] NF divinización *f*

diviniser [divinize] VT divinizar

divinité [divinite] NF divinidad *f*

divisé, e [divize] ADJ (*opinions*) dividido(-a)

diviser [divize] VT dividir; **~ par** dividir por; **~ un nombre par un autre** dividir un número entre otro ▪ **se diviser** VPR : **se ~ en** dividirse en

diviseur [divizœʀ] NM (*Math*) divisor *m*

divisible [divizibl] ADJ divisible

division [divizjɔ̃] NF división *f*; **1ère/2ème ~** (*Sport*) 1a/2a división; **~ du travail** (*Écon*) división del trabajo

divisionnaire [divizjɔnɛʀ] ADJ : **commissaire ~** inspector(a) de división

divorce [divɔʀs] NM (*aussi fig*) divorcio

divorcé, e [divɔʀse] ADJ, NM/F divorciado(-a)

divorcer [divɔʀse] VI divorciarse; **~ de** *ou* **d'avec qn** divorciarse de algn

divulgation [divylgasjɔ̃] NF divulgación *f*

divulguer [divylge] VT divulgar

dix [dis] ADJ INV, NM INV diez *m inv*; *voir aussi* **cinq**

dix-huit [dizɥit] ADJ INV, NM INV dieciocho *m inv*; *voir aussi* **cinq**

dix-huitième [dizɥitjɛm] (*pl* **dix-huitièmes**) ADJ, NMF decimoctavo(-a) ▸ NM (*partitif*) dieciochoavo; *voir aussi* **cinquantième**

dixième [dizjɛm] ADJ, NMF décimo(-a) ▸ NM décimo; *voir aussi* **cinquième**

dixièmement [dizjɛmmɑ̃] ADV en décimo lugar

dix-neuf [diznœf] ADJ INV, NM INV diecinueve *m inv*; *voir aussi* **cinq**

dix-neuvième [diznœvjɛm] (*pl* **dix-neuvièmes**) ADJ, NMF decimonoveno(-a) ▸ NM (*partitif*) diecinueveavo; *voir aussi* **cinquantième**

dix-sept [disɛt] ADJ INV, NM INV diecisiete *m inv*; *voir aussi* **cinq**

dix-septième [disɛtjɛm] (*pl* **dix-septièmes**) ADJ, NMF decimoséptimo(-a) ▸ NM (*partitif*) diecisieteavo; *voir aussi* **cinquantième**

dizaine [dizɛn] NF (*unité*) decena; **une ~ de …** unos(-as) diez …; **dire une ~ de chapelet** rezar una decena del rosario

Djakarta [dʒakaʀta] N Yakarta

Djibouti [dʒibuti] N Yibuti

djihad [dʒi(j)ad] NF yihad *f*

djihadiste [dʒi(j)adist] ADJ, NMF yihadista *mf*

dm ABR (= *décimètre(s)*) dm.

do [do] NM INV (*Mus*) do

doberman [dɔbɛʀman] NM dóberman *m*

d

docile [dɔsil] ADJ dócil
docilement [dɔsilmɑ̃] ADV dócilmente
docilité [dɔsilite] NF docilidad *f*
dock [dɔk] NM dique *m*; (*hangar, bâtiment*) depósito, almacén *m*; (*Inform*) dock *m*; **~ flottant** dique flotante
docker [dɔkɛʀ] NM estibador *m*
docte [dɔkt] (*péj*) ADJ docto(-a)
docteur, e [dɔktœʀ] NM/F (*médecin*) médico(-a), doctor(a); (*d'Université*) doctor(a); **~ en médecine** doctor(a) en medicina
doctoral, e, -aux [dɔktɔʀal, o] ADJ doctoral
doctorat [dɔktɔʀa] NM (*aussi* : **doctorat d'État**) doctorado
doctoresse [dɔktɔʀɛs] NF médica, doctora
doctrinaire [dɔktʀinɛʀ] ADJ doctrinal; (*péj* : *ton, personne*) sentencioso(-a)
doctrinal, e, -aux [dɔktʀinal, o] ADJ doctrinal
doctrine [dɔktʀin] NF doctrina
document [dɔkymɑ̃] NM documento
documentaire [dɔkymɑ̃tɛʀ] ADJ documental ▶ NM documental *m*
documentaliste [dɔkymɑ̃talist] NMF documentalista *mf*
documentation [dɔkymɑ̃tasjɔ̃] NF documentación *f*
documenté, e [dɔkymɑ̃te] ADJ documentado(-a)
documenter [dɔkymɑ̃te] VT documentar ▪ **se documenter** VPR documentarse
dodelinement [dɔd(ə)linmɑ̃] NM cabezada
dodeliner [dɔd(ə)line] VI : **~ de la tête** cabecear, dar cabezadas
dodo [dɔdo] NM : **aller faire ~** ir a la camita
dodu, e [dɔdy] ADJ rollizo(-a)
dogmatique [dɔgmatik] ADJ dogmático(-a)
dogmatiquement [dɔgmatikmɑ̃] ADV dogmáticamente
dogmatisme [dɔgmatism] NM dogmatismo
dogme [dɔgm] NM dogma *m*
dogue [dɔg] NM (perro) dogo
doigt [dwa] NM dedo; **être à deux doigts de** estar a dos dedos de; **un ~ de** (*fig* : *whisky*) un dedo de; **le petit ~** el (dedo) meñique; **au ~ et à l'œil** (*obéir*) puntualmente; **compter sur ses doigts** contar con los dedos de la *ou* una mano; **lever le ~** (*Scol*) levantar la mano; **montrer du ~** señalar con el dedo; **connaître qch sur le bout des doigts** saber algo al dedillo; **mettre le ~ sur la plaie** poner el dedo en la llaga; **les doigts dans le nez** (*fam* : *très facilement*) con la gorra; **~ de pied** dedo del pie
doigté [dwate] NM (*Mus*) digitación *f*; (*fig*) tiento
doigtier [dwatje] NM dedil *m*
dois *etc* [dwa] VB *voir* **devoir**
doit *etc* [dwa] VB *voir* **devoir**
doive *etc* [dwav] VB *voir* **devoir**
doléances [dɔleɑ̃s] NFPL quejas *fpl*
dolent, e [dɔlɑ̃, ɑ̃t] ADJ penoso(-a)
dollar [dɔlaʀ] NM dólar *m*
dolmen [dɔlmɛn] NM dolmen *m*
DOM [dɔm] SIGLE M OU MPL (= *département(s) d'outre-mer*) *provincias de ultramar*
domaine [dɔmɛn] NM (*aussi fig*) dominio; (*Jur*) : **tomber dans le ~ public** pasar al dominio público; **dans tous les domaines** en todos los órdenes
domanial, e, -aux [dɔmanjal, jo] ADJ público(-a)
dôme [dom] NM cúpula
domestication [dɔmɛstikasjɔ̃] NF (*animaux*) domesticación *f*; (*peuple*) sometimiento; (*vent, marées*) aprovechamiento
domesticité [dɔmɛstisite] NF domesticidad *f*
domestique [dɔmɛstik] ADJ doméstico(-a) ▶ NMF sirviente(-a), criado(-a)
domestiquer [dɔmɛstike] VT (*animal*) domesticar; (*peuple*) someter; (*vent, marées*) aprovechar
domicile [dɔmisil] NM domicilio; **à ~** a domicilio; **élire ~ à** fijar el domicilio en; **sans ~ fixe** sin domicilio fijo; **~ conjugal/légal** domicilio conyugal/legal
domiciliation [dɔmisiljasjɔ̃] NF domiciliación *f*
domicilié, e [dɔmisilje] ADJ : **être ~ à** estar domiciliado(-a) en
dominant, e [dɔminɑ̃, ɑ̃t] ADJ dominante
dominante [dɔminɑ̃t] NF (*trait*) rasgo dominante; (*couleur*) color *m* dominante
dominateur, -trice [dɔminatœʀ, tʀis] ADJ dominante
domination [dɔminasjɔ̃] NF dominación *f*; (*influence*) dominio
dominer [dɔmine] VT dominar; (*passions*) dominar, controlar; (*surpasser*) sobrepasar a ▶ VI dominar; (*être le plus nombreux*) predominar ▪ **se dominer** VPR dominarse, controlarse
dominicain, e [dɔminikɛ̃, ɛn] ADJ (*Géo*) dominicano(-a); (*Rel*) dominico(-a) ▶ NM/F : **Dominicain, e** (*Géo*) dominicano(-a); (*Rel*) dominico(-a)
dominical, e, -aux [dɔminikal, o] ADJ dominical
Dominique [dɔminik] NF Dominica
domino [dɔmino] NM dominó *m* ▪ **dominos** NMPL (*jeu*) dominó *msg*; **jouer aux dominos** jugar al dominó
dommage [dɔmaʒ] NM daño, perjuicio; **quel ~ !** ¡qué pena!; **c'est ~ de faire/que …** es una lástima *ou* pena hacer/que … ▪ **dommages** NMPL (*dégâts, pertes*) daños *mpl*, pérdidas *fpl*; **dommages corporels** daños físicos; **dommages et intérêts** daños y perjuicios; **dommages matériels** daños materiales

L'expression **c'est dommage de ...** se traduit par *es una pena* (ou *lástima*) sans préposition, et **c'est dommage que** + *subjonctif* par *es una pena* (ou *lástima*) *que* + *subjonctif* :
C'est dommage de le jeter. Es una pena tirarlo.
C'est dommage que tu ne l'aies pas vue. Es una lástima que no la hayas visto.

dommageable [dɔmaʒabl] ADJ perjudicial; **~ pour qch/qn** perjudicial para algo/algn

dommages-intérêts [dɔmaʒ(əz)ɛ̃teʀɛ] NMPL daños y perjuicios *mpl*

domotique [dɔmɔtik] NF domótica

dompter [dɔ̃(p)te] VT domar; (*passions*) dominar

dompteur, -euse [dɔ̃(p)tœʀ, øz] NM/F domador(a)

DOM-TOM [dɔmtɔm], **DOM-COM** [dɔmkɔm] SIGLE M OU MPL (= *département(s) et territoire(s)/ collectivités d'outre-mer) provincias y territorios franceses de ultramar*; *ver nota*

Francia tiene cinco *départements d'outre-mer* o **DOM**: Guadalupe, Martinica, Reunión, Mayotte y la Guayana francesa. Su forma de gobierno es similar a la de los *départements* de la Francia metropolitana y sus habitantes tienen ciudadanía francesa. En lo que se refiere a la administración, también son *régions* y por eso se les conoce también como **ROM** (*Régions d'outre-mer*) o **DROM** (*Départements et régions d'outre-mer*). En cuanto a lo que antiguamente se conocía como *Territoires d'outre-mer* (**TOM**), son ahora llamados *Collectivités d'outre-mer* (**COM**). Cada uno tiene un estatuto diferente. El término **DOM-TOM** se sigue usando con frecuencia para referirse a los **DOM-COM**.

don [dɔ̃] NM (*charité*) donativo; (*aptitude*) don *m*; **faire ~ de** donar; **avoir des dons pour** tener don *ou* tener gracia para; **~ d'organes** donación *f* de órganos; **~ en argent** donativo en metálico

donateur, -trice [dɔnatœʀ, tʀis] NM/F donante *mf*

donation [dɔnasjɔ̃] NF donación *f*

donc [dɔ̃k] CONJ (*en conséquence*) por tanto; (*après une digression*) así pues; **voilà ~ la solution** (*intensif*) aquí está la solución; **je disais ~ que** como decía; **c'est ~ que** así que; **c'est ~ que j'avais raison** entonces yo tenía razón; **venez ~ dîner à la maison** venid por favor a cenar a casa; **faites ~ !** ¡adelante!; **« allons ~ ! »** « ¡no me digas! », « ¡anda, vamos! »

dongle [dɔ̃gl] NM pincho

donjon [dɔ̃ʒɔ̃] NM torreón *m*

don Juan [dɔ̃ʒɥɑ̃] NM (*séducteur*) don Juan *m*

donnant, e [dɔnɑ̃, ɑ̃t] ADJ : **~, ~** a toma y daca

donne [dɔn] NF (*Cartes*) reparto; (*fig*) : **une nouvelle ~** un nuevo escenario; **changer la ~** cambiar el escenario; **il y a mauvaise** *ou* **fausse ~** (las cartas) están mal dadas

donné, e [dɔne] ADJ (*convenu*) : **prix/jour ~** precio/día *m* determinado; **c'est ~** es tirado, está regalado; **étant ~ que ...** puesto *ou* dado que ...

donnée [dɔne] NF dato

donner [dɔne] VT dar; (*offrir*) regalar; (*maladie*) pegar; (*film, spectacle*) echar, poner; **~ qch à qn** dar algo a algn; **~ l'heure à qn** decir la hora a algn; **~ le ton** (*fig*) marcar la tónica ▶ VI : **~ à penser/entendre que ...** parecer indicar que ...; **~ sur** (*fenêtre, chambre*) dar a; **~ dans** (*piège etc*) caer en; **faire ~ l'infanterie** hacer cargar a la infantería ■ **se donner** VPR : **se ~ à fond** entregarse a fondo; **se ~ du mal** *ou* **de la peine (pour faire qch)** afanarse (por hacer algo); **s'en ~ (à cœur joie)** (*fam*) pasarlo bomba (*fam*)

donneur, -euse [dɔnœʀ, øz] NM/F (*Méd*) donante *mf*; (*Cartes*) repartidor(a); **~ de sang** donante de sangre; **~ d'ordre** ordenante *mf*

dont [dɔ̃]

PRON RELATIF **1** (*complément d'un nom sujet*) cuyo(-a), cuyos(-as); **une méthode dont je ne connais pas les résultats** un método cuyos resultados desconozco; **c'est le chien dont le maître habite en face** es el perro cuyo dueño vive enfrente
2 (*complément de verbe ou adjectif*) : **le voyage dont je t'ai parlé** el viaje del que te hablé; **le pays dont il est originaire** el país del que es originario; **la façon dont il l'a fait** la forma en que lo hizo
3 (*parmi lesquel(le)s*) : **deux livres, dont l'un est gros** dos libros, uno de los cuales es gordo; **il y avait plusieurs personnes, dont Gabrielle** había varias personas, entre ellas Gabriela; **dix blessés, dont deux grièvement** diez heridos, dos de ellos de gravedad

donzelle [dɔ̃zɛl] (*péj*) NF mocita

dopage [dɔpaʒ] NM doping *m*

dopant, e [dɔpɑ̃, ɑ̃t] ADJ dopante ▶ NM dopante *m*

doper [dɔpe] VT dopar; (*fig : croissance, investissements*) estimular ■ **se doper** VPR doparse

doping [dɔpiŋ] NM doping *m*

dorade [dɔʀad] NF = **daurade**

doré, e [dɔʀe] ADJ dorado(-a)

dorénavant [dɔʀenavɑ̃] ADV en adelante, en lo sucesivo

dorer [dɔʀe] VT dorar; **~ la pilule à qn** dorar la píldora a algn ▶ VI (*Culin : poulet*) : **(faire) ~** dorar; (*gâteau*) bañar en yema ■ **se dorer** VPR : **se ~ au soleil** tostarse al sol

dorloter [dɔʀlɔte] VT mimar; **se faire ~** dejarse mimar

dormant, e [dɔʀmɑ̃, ɑ̃t] ADJ : **eau dormante** agua estancada ▶ NM (*de porte*) durmiente *m*

dorme [dɔʀm] VB *voir* **dormir**

d

dormeur, -euse [dɔʀmœʀ, øz] NM/F durmiente *mf*; **je suis un grand ~** me gusta mucho dormir

dormir [dɔʀmiʀ] VI (*aussi fig*) dormir; (*être endormi*) dormir, estar dormido(-a); **il dort bien/mal** duerme bien/mal; **ne fais pas de bruit, il dort** no hagas ruido, está durmiendo; **~ à poings fermés** dormir a pierna suelta

dorsal, e, -aux [dɔʀsal, o] ADJ dorsal

dortoir [dɔʀtwaʀ] NM dormitorio; **cité ~** ciudad *f* dormitorio

dorure [dɔʀyʀ] NF dorado

doryphore [dɔʀifɔʀ] NM (*Zool*) dorífora, escarabajo de la patata

dos [do] NM espalda; (*d'un animal, d'un livre*) lomo; (*d'un chèque etc*) dorso; (*de la main*) dorso; **voir au ~** véase al dorso; **robe décolletée dans le ~** vestido escotado de espalda; **de ~** de espaldas; **~ à ~** de espaldas uno a otro; **sur le ~** (*s'allonger*) boca arriba; **à ~ de** (*chameau*) a lomo de; **elle a bon ~, ta mère !** ¡qué fácil es echarle la culpa a tu madre!; **se mettre qn à ~** enemistarse con algn

dosage [dozaʒ] NM dosificación *f*

dos-d'âne [dodɑn] NM INV badén *m*; **pont en ~** puente *m* en escarpe

dose [doz] NF dosis *f inv*; **forcer la ~** (*fig*) exagerar

doser [doze] VT (*aussi fig*) dosificar

doseur [dozœʀ] NM dosificador *m*; **bouchon ~** tapón *m* dosificador

dossard [dosaʀ] NM dorsal *m*

dossier [dosje] NM expediente *m*; (*chemise, enveloppe, Inform*) carpeta; (*de chaise*) respaldo; (*Presse*) dossier *m*; **le ~ social/monétaire** (*fig*) la cuestión social/monetaria; **~ suspendu** expediente archivado

dot [dɔt] NF dote *f*

dotation [dɔtasjɔ̃] NF dotación *f*

doté, e [dɔte] ADJ : **~ de** dotado(-a) de

doter [dɔte] VT (*équiper*) : **~ qch/qn de** dotar algo/a algn de

douairière [dwɛʀjɛʀ] NF señora anciana

douane [dwan] NF aduana; (*taxes*) arancel *m*; **passer la ~** pasar la aduana; **en ~** en la aduana

douanier, -ière [dwanje, jɛʀ] ADJ, NM/F aduanero(-a)

doublage [dublaʒ] NM (*film*) doblaje *m*

double [dubl] ADJ doble; **à ~ sens** con doble sentido; **à ~ tranchant** de doble filo; **faire ~ emploi** sobrar; **à doubles commandes** de doble mando; **en ~** por duplicado; **~ carburateur** doble carburador *m*; **~ toit** (*tente*) doble techo; **~ vue** doble vista ▶ ADV : **voir ~** ver doble ▶ NM (*autre exemplaire*) copia; (*sosie*) doble; **le ~ (de)** el doble (de); **~ messieurs/mixte** (*Tennis*) dobles *mpl* masculinos/mixtos

doublé, e [duble] ADJ (*lettre*) doble; (*voyelle*) geminado(-a); (*vêtement*) forrado(-a); (*film*) doblado(-a); **~ de** forrado(-a) de; (*fig*) además de

double-clic [dubləklik] (*pl* **doubles-clics**) NM doble clic *m*

double-cliquer [dubl(ə)klike] VI (*Inform*) hacer doble clic

doublement [dubləmɑ̃] NM duplicación *f* ▶ ADV doblemente

doubler [duble] VT duplicar; (*vêtement, chaussures*) forrar; (*voiture etc*) adelantar; (*film*) doblar; (*acteur*) doblar a; (*Scol*) : **~ (la classe)** repetir (curso); **~ un cap** (*Naut*) doblar un cabo; (*fig*) pasar una etapa ▶ VI duplicarse ■ **se doubler** VPR : **se ~ de** (*fig*) complicarse con

doublure [dublyʀ] NF (*de vêtement*) forro; (*acteur*) doble *m*

douce [dus] ADJ *voir* **doux**

douceâtre [dusɑtʀ] ADJ dulzón(-ona)

doucement [dusmɑ̃] ADV (*délicatement*) con cuidado; (*à voix basse*) bajo; (*lentement*) despacio; (*graduellement*) poco a poco

doucereux, -euse [dus(ə)ʀø, øz] (*péj*) ADJ empalagoso(-a)

douceur [dusœʀ] NF suavidad *f*; (*d'une personne, saveur etc*) dulzura; (*de gestes*) delicadeza; **en ~** con suavidad ■ **douceurs** NFPL golosinas *fpl*

douche [duʃ] NF ducha; **prendre une ~** ducharse; **~ froide** (*fig*) jarro de agua fría ■ **douches** NFPL (*salle*) duchas *fpl*

doucher [duʃe] VT : **~ qn** duchar a algn; (*fig*) echar un jarro de agua fría a algn ■ **se doucher** VPR ducharse

doudou [dudu] (*fam*) NM *peluche, mantita o pedazo de tela preferido de un bebé, que le reconforta y con el que suele dormir*

doudoune [dudun] NF anorak *m*

doué, e [dwe] ADJ dotado(-a); **~ de** (*possédant*) dotado(-a) de; **être ~ pour** tener facilidad para

douille [duj] NF (*Élec*) casquillo; (*de projectile*) casquete *m*

douillet, te [dujɛ, ɛt] ADJ (*personne*) delicado(-a); (*lit*) mullido(-a); (*maison*) confortable

douleur [dulœʀ] NF dolor *m*; **ressentir des douleurs** sentir dolores; **il a eu la ~ de perdre son père** tuvo la desgracia de perder a su padre

douloureux, -euse [duluʀø, øz] ADJ doloroso(-a); (*membre*) dolido(-a)

doute [dut] NM duda; **sans ~** seguramente; **sans nul** *ou* **aucun ~** sin ninguna duda; **hors de ~** fuera de duda; **nul ~ que** no hay ninguna duda de que; **mettre en ~** poner en duda; **mettre en ~ que** dudar que

douter [dute] VT dudar; **~ de** dudar de; **~ que** dudar que; **j'en doute** lo dudo; **se ~ de qch/que** sospechar algo/que; **je m'en doutais** me lo figuraba; **ne ~ de rien** estar muy seguro(-a)

douteux, -euse [dutø, øz] ADJ dudoso(-a); (*discutable*) discutible; (*péj*) de aspecto dudoso

douve [duv] NF (*de château*) foso; (*de tonneau, du foie*) duela

doux, douce [du, dus] ADJ suave; (*personne, saveur, eau*) dulce; (*gestes*) delicado(-a); (*climat*) templado(-a); **en douce** (*partir etc*) a la chita callando; **tout ~** despacio

douzaine [duzɛn] NF docena; **une ~ (de)** (*environ douze*) una docena (de)

douze [duz] ADJ INV, NM INV doce *m inv*; *voir aussi* **cinq**

douzième [duzjɛm] ADJ, NMF duodécimo(-a) ▶ NM duodécimo; *voir aussi* **cinquième**

doyen, ne [dwajɛ̃, jɛn] NM/F (*en âge*) mayor *mf*; (*de faculté*) decano(-a); **le ~ de …** (*en ancienneté*) el más antiguo de …

DPLG [depeɛlʒe] ABR (= *diplômé par le gouvernement*) *con un título especial del Estado*

Dr ABR (= *docteur*) Dr(a). (= *doctor(a)*)

dr. ABR (= *droit*) der.; (= *droite*) dcha.

draconien, ne [dʀakɔnjɛ̃, jɛn] ADJ draconiano(-a); (*mesure*) drástico(-a)

dragée [dʀaʒe] NF peladilla; (*Méd*) gragea

dragéifié, e [dʀaʒeifje] ADJ : **comprimé ~** gragea

dragon [dʀagɔ̃] NM dragón *m*

drague [dʀag] NF (*filet*) red *f* barredera; (*bateau*) draga

draguer [dʀage] VT (*rivière*) dragar; (*fam : filles*) ligar con (*fam*) ▶ VI (*fam*) ligar (*fam*)

dragueur [dʀagœʀ] NM dragaminas *m inv*; **quel ~ !** (*péj : séducteur*) ¡menudo ligón!

drain [dʀɛ̃] NM (*Méd*) cánula

drainage [dʀɛnaʒ] NM drenaje *m*; (*des capitaux*) atracción *f*

drainer [dʀene] VT drenar; (*visiteurs, capitaux*) atraer

dramatique [dʀamatik] ADJ dramático(-a) ▶ NF (*TV*) teledrama *m*

dramatiquement [dʀamatikmɑ̃] ADV dramáticamente

dramatisation [dʀamatizasjɔ̃] NF dramatización *f*

dramatiser [dʀamatize] VT (*exagérer*) dramatizar

dramaturge [dʀamatyʀʒ] NMF dramaturgo(-a)

drame [dʀam] NM drama *m*; **le ~ de l'alcoolisme** el drama del alcoholismo; **~ familial** drama familiar

drap [dʀa] NM sábana; (*tissu*) paño; **être dans de beaux draps** (*fam*) estar apañado(-a) (*fam*); **~ de dessous/de dessus** (sábana) bajera/encimera; **~ de plage** toalla de playa

drapé [dʀape] NM (*d'un vêtement*) pliegues *mpl*

drapeau, x [dʀapo] NM bandera; **sous les drapeaux** en filas; **le ~ blanc** la bandera blanca

draper [dʀape] VT (*personne, statue*) vestir; (*robe, jupe*) colocar los pliegues de

draperies [dʀapʀi] NFPL colgaduras *fpl*

drap-housse [dʀaus] (*pl* **draps-housses**) NM sábana ajustable

drapier [dʀapje] NM pañero(-a)

drastique [dʀastik] ADJ drástico(-a)

drépanocytose [dʀepanositoz] NF drepanocitosis *f*

dressage [dʀesaʒ] NM (*d'un animal domestique*) entrenamiento; (*d'un animal de cirque*) amaestramiento

dresser [dʀese] VT levantar; (*liste*) redactar; (*animal domestique*) entrenar; (*animal de cirque*) amaestrar; **~ l'oreille** aguzar el oído; **~ la table** poner la mesa; **~ qn contre qn d'autre** indisponer a algn con otra persona; **~ un procès-verbal** *ou* **une contravention à qn** levantar acta a algn ■ **se dresser** VPR (*église, falaise*) erguirse; (*obstacle*) presentarse; (*avec grandeur, menace*) erguirse

d

dresseur, -euse [dʀesœʀ, øz] NM/F domador(a)

dressoir [dʀeswaʀ] NM trinchero

dribble [dʀibl] NM (*Sport*) dribling *m*

dribbler [dʀible] VT, VI driblar

dribbleur [dʀiblœʀ] NM jugador(a) que dribla a menudo

drille [dʀij] NM : **joyeux ~** persona jovial

drogue [dʀɔg] NF droga; **~ douce/dure** droga blanda/dura

drogué, e [dʀɔge] NM/F drogadicto(-a)

droguer [dʀɔge] VT drogar ■ **se droguer** VPR drogarse

droguerie [dʀɔgʀi] NF droguería

droguiste [dʀɔgist] NMF droguero(-a)

droit, e [dʀwa, at] ADJ derecho(-a), recto(-a); (*opposé à gauche*) derecho(-a); (*fig*) recto(-a) ▶ ADV derecho; **~ au but** *ou* **au fait** al grano; **~ au cœur** al corazón ▶ NM derecho; (*Boxe*) : **direct/crochet du ~** directo/gancho de derecha; (*lois, matière*) : **le ~** el derecho; **avoir ~ à** tener derecho a; **être en ~ de** tener el derecho de; **faire ~ à** hacer justicia a; **à bon ~** con razón; **avoir ~ de cité (dans)** (*fig*) tener derecho de entrada (en); **avoir le ~ de** tener el derecho de; **être dans son ~** estar en su derecho; **de quel ~ ?** ¿con qué derecho?; **à qui de ~** a quien corresponda; **~ coutumier** derecho consuetudinario; **~ de regard** derecho de control; **~ de réponse/de visite/de vote** derecho de réplica/de visita/al voto ■ **droits** NMPL (*taxes*) derechos *mpl*; **droits d'auteur** derechos de autor; **droits de douane** aranceles *mpl*, derechos arancelarios *ou* de aduana; **droits d'inscription** matrícula

droite [dʀwat] NF (*direction*) derecha; (*Math*) recta; (*Pol*) : **la ~** la derecha; **à ~ (de)** a la derecha (de); **de ~** (*Pol*) de derechas

droit-fil [dʀwafil] (*pl* **droits-fils**) NM sentido de los hilos; (*fig*) orientación *f*; **jupe ~** falda cortada en el sentido de los hilos

droitier, -ière [dʀwatje, jɛʀ] ADJ, NM/F diestro(-a)

droiture [dʀwatyʀ] NF (*morale*) rectitud *f*

drôle [dʀol] ADJ gracioso(-a); (*bizarre*) raro(-a); **un ~ de ...** un ... muy raro
drôlement [dʀolmɑ̃] ADV tremendamente; **il fait ~ froid** hace un frío que pela (*fam*)
drôlerie [dʀolʀi] NF gracia
dromadaire [dʀɔmadɛʀ] NM dromedario
drone [dʀon] NM (*Aviat*) dron *m*
dru, e [dʀy] ADJ (*cheveux*) tupido(-a); (*pluie*) recio(-a) ▸ ADV (*pousser*) tupido; **la pluie tombait ~** llovía a cántaros
drugstore [dʀœgstɔʀ] NM drugstore *m*
druide [dʀɥid] NM druida *m*
DST [deɛste] SIGLE F (= *Direction de la surveillance du territoire*) *dirección de la seguridad del Estado*
du [dy] DÉT + *dét*, PRÉP *voir* **de**
dû, due [dy] PP *de* **devoir** ▸ ADJ (*somme*) debido(-a); **dû à** debido a ▸ NM : **le dû** lo debido; **réclamer son dû** reclamar el pago de la deuda
dualisme [dɥalism] NM dualismo
dubitatif, -ive [dybitatif, iv] ADJ dubitativo(-a)
Dublin [dyblɛ̃] N Dublín
duc [dyk] NM duque *m*
duché [dyʃe] NM ducado
duchesse [dyʃɛs] NF duquesa
duel [dɥɛl] NM duelo; (*oratoire*) enfrentamiento; (*économique*) guerra
duettiste [dɥetist] NMF duetista *mf*
duffel-coat (*pl* **duffel-coats**), **duffle-coat** (*pl* **duffle-coats**) [dœfœlkot] NM trenca
dûment [dymɑ̃] ADV debidamente
dumping [dœmpiŋ] NM dumping *m*, abaratamiento
dune [dyn] NF duna
Dunkerque [dœ̃kɛʀk] N Dunkerque
duo [dɥo] NM (*Mus*) dúo; (*couple*) pareja
duodénal, e, -aux [dɥɔdenal, o] ADJ duodenal
dupe [dyp] NF engañado(-a) ▸ ADJ : **(ne pas) être ~ de** (no) dejarse engañar por
duper [dype] VT engañar
duperie [dypʀi] NF engaño
duplex [dyplɛks] NM (*appartement*) dúplex *m*; **émission en ~** doble emisión *f*
duplicata [dyplikata] NM duplicado
duplicateur [dyplikatœʀ] NM multicopista *m*
duplicité [dyplisite] NF duplicidad *f*
duquel [dykɛl] PRÉP + PRON *voir* **lequel**
dur, e [dyʀ] ADJ duro(-a); (*lumière*) fuerte; (*fam*) almidonado(-a); **mener la vie dure à qn** dar mala vida a algn; **~ d'oreille** duro(-a) de oído ▸ NM : **en ~** (*construction*) de fábrica ▸ ADV (*travailler*) duro; (*taper*) fuerte ▸ NF : **à la dure** en condiciones penosas
durabilité [dyʀabilite] NF durabilidad *f*
durable [dyʀabl] ADJ duradero(-a)
durablement [dyʀabləmɑ̃] ADV duraderamente
duralumin [dyʀalymɛ̃] NM duraluminio
durant [dyʀɑ̃] PRÉP durante; **~ des mois, des mois ~** durante meses enteros
durcir [dyʀsiʀ] VT, VI endurecer ■ **se durcir** VPR endurecerse
durcissement [dyʀsismɑ̃] NM endurecimiento
durée [dyʀe] NF duración *f*; **de courte/longue ~** breve/prolongado(-a); **pile de longue ~** pila de larga duración; **pour une ~ illimitée** por un periodo ilimitado
durement [dyʀmɑ̃] ADV (*très*) fuertemente; (*traiter*) severamente, duramente; **~ touché par la crise** duramente afectado(-a) por la crisis
durent [dyʀ] VB *voir* **devoir**
durer [dyʀe] VI durar
dureté [dyʀte] NF dureza; (*de la lumière*) fuerza
durillon [dyʀijɔ̃] NM callosidad *f*
durit® [dyʀit] NF durita
DUT [deyte] SIGLE M (= *diplôme universitaire de technologie*) *diplomatura en ingeniería técnica*
dut *etc* [dy] VB *voir* **devoir**
duvet [dyvɛ] NM plumón *m*; (*sac de couchage*) saco de dormir (de plumón)
duveteux, -euse [dyv(ə)tø, øz] ADJ suave
DVD [devede] SIGLE M (= *Digital Versatile Disc*) DVD *m*
DVD-Rom [devedeʀɔm] NM INV DVD-Rom *m*
dynamique [dinamik] ADJ dinámico(-a)
dynamiser [dinamize] VT dinamizar, agilizar
dynamisme [dinamism] NM dinamismo
dynamite [dinamit] NF dinamita
dynamiter [dinamite] VT dinamitar
dynamo [dinamo] NF dinamo *f* (*m en AM*)
dynastie [dinasti] NF dinastía
dysenterie [disɑ̃tʀi] NF disentería
dysfonctionnement [disfɔ̃ksjɔnmɑ̃] NM disfunción *f*
dyslexie [dislɛksi] NF dislexia
dyslexique [dislɛksik] ADJ disléxico(-a)
dyspepsie [dispɛpsi] NF dispepsia

Ee

E¹, e [ə] NM INV (*lettre*) E, e *f*; **E comme Eugène** ≈ E de España

E² [ə] ABR (= *Est*) E

EAO [əao] SIGLE M (= *enseignement assisté par ordinateur*) EAO *f* (= *enseñanza asistida por ordenador*)

EAU ABR (= *Émirats arabes unis*) EAU *mpl* (= *Emiratos Árabes Unidos*)

eau, x [o] NF agua; **sans ~** (*whisky etc*) solo; **prendre l'~** (*chaussure, vêtements*) calarse; **tomber à l'~** (*fig*) fracasar; **à l'~ de rose** rosa; **~ bénite** agua bendita; **~ courante/douce/salée** agua corriente/dulce/salada; **~ de Cologne/de toilette** agua de Colonia/de olor; **~ de javel** lejía; **~ de pluie** agua de lluvia; **~ distillée/minérale/oxygénée** agua destilada/mineral/oxigenada; **~ du robinet** agua del grifo; **~ plate/gazeuse** agua sin gas/con gas ■ **eaux** NFPL (*thermales*) aguas *fpl*; **prendre les eaux** tomar las aguas; **eaux territoriales** aguas jurisdiccionales; **eaux usées** aguas *fpl* residuales

> Bien que *agua* soit un nom féminin, il est précédé au singulier de l'article masculin, comme tous les noms féminins commençant par *a* ou *ha* accentué (ou *á* ou *há*) : **L'eau est glaciale !** ¡El agua está helada! **J'ai une faim de loup.** Tengo un hambre canina.

eau-de-vie [odvi] (*pl* **eaux-de-vie**) NF aguardiente *m*

eau-forte [ofɔʀt] (*pl* **eaux-fortes**) NF aguafuerte *f*

ébahi, e [ebai] ADJ atónito(-a)

ébahir [ebaiʀ] VT dejar atónito(-a)

ébats [eba] VB *voir* **ébattre** ▸ NMPL retozos *mpl*

ébattre [ebatʀ] : **s'ébattre** VPR retozar

ébauche [eboʃ] NF esbozo, boceto

ébaucher [eboʃe] VT esbozar, bosquejar; **~ un sourire/geste** esbozar una sonrisa/un gesto ■ **s'ébaucher** VPR esbozarse

ébène [ebɛn] NF ébano

ébéniste [ebenist] NM ebanista *mf*

ébénisterie [ebenist(ə)ʀi] NF (*métier*) ebanistería; (*bâti*) armazón *m*

éberlué, e [ebɛʀlɥe] ADJ boquiabierto(-a)

éblouir [ebluiʀ] VT (*aussi fig*) deslumbrar; (*aveugler*) cegar

éblouissant, e [ebluisɑ̃, ɑ̃t] ADJ (*aussi fig*) deslumbrante

éblouissement [ebluismɑ̃] NM deslumbramiento; (*faiblesse*) vahído

ébonite [ebɔnit] NF ebonita

éborgner [ebɔʀɲe] VT : **~ qn** dejar tuerto(-a) a algn

éboueur, -euse [ebwœʀ, øz] NM/F basurero(-a)

ébouillanter [ebujɑ̃te] VT escaldar ■ **s'ébouillanter** VPR escaldarse

éboulement [ebulmɑ̃] NM derrumbamiento; (*amas*) escombros *mpl*

ébouler [ebule] : **s'ébouler** VPR derrumbarse

éboulis [ebuli] NM desprendimiento

ébouriffant, e [ebuʀifɑ̃, ɑ̃t] (*fam*) ADJ alucinante (*fam*), asombroso(-a)

ébouriffé, e [ebuʀife] ADJ desgreñado(-a)

ébouriffer [ebuʀife] VT desgreñar

ébranlement [ebʀɑ̃lmɑ̃] NM estremecimiento

ébranler [ebʀɑ̃le] VT (*vitres, immeuble*) estremecer; (*poteau, mur*) mover; (*résolution, personne*) hacer vacilar; (*régime*) desestabilizar; (*santé*) debilitar ■ **s'ébranler** VPR (*train*) ponerse en movimiento

ébrécher [ebʀeʃe] VT (*assiette*) lascar; (*lame*) mellar

ébriété [ebʀijete] NF : **en état d'~** en estado de embriaguez

ébrouer [ebʀue] : **s'ébrouer** VPR (*cheval*) resoplar; (*s'agiter*) sacudirse

ébruiter [ebʀɥite] VT divulgar ■ **s'ébruiter** VPR divulgarse

ébullition [ebylisjɔ̃] NF ebullición *f*; **en ~** en ebullición; (*fig*) en efervescencia

écaille [ekaj] NF (*de poisson*) escama; (*de coquillage*) concha; (*matière*) concha, carey *m*; **en ~** (*lunettes*) de pasta; (*peigne*) de concha; (*de peinture*) desconchón *m*

écaillé, e [ekaje] ADJ desconchado(-a)

écailler [ekaje] VT (*poisson*) escamar; (*huître*) abrir; (*aussi* : **faire s'écailler**) desconchar ■ **s'écailler** VPR (*peinture*) desconcharse

écaler [ekale] VT (*œuf dur*) pelar

écarlate [ekaʀlat] ADJ escarlata

écarquiller [ekaʀkije] VT : **~ les yeux** abrir desmesuradamente los ojos

écart [ekaʀ] NM (*de prix etc*) diferencia; (*dans l'espace*) separación *f*, diferencia; (*de temps*) lapso; (*mouvement*) desviación *f*, desvío; **l'~ entre les pays riches et les pays pauvres** la brecha entre los países ricos y los países pobres; **l'~ entre les deux concurrents** la diferencia entre los dos participantes; **à l'~** (*éloigné*) alejado(-a), apartado(-a); (*fig*) aislado(-a); **faire le grand ~** hacer el spagat; **~ de conduite** desviación *f* de conducta; **~ de langage** grosería

écarté, e [ekaʀte] ADJ (*bras, jambes*) abierto(-a); (*endroit*) apartado(-a)

écarteler [ekaʀtəle] VT (*aussi fig*) descuartizar

écartement [ekaʀtəmɑ̃] NM (*distance, intervalle*) separación *f*; (*des rails*) ancho

écarter [ekaʀte] VT (*éloigner*) alejar; (*personnes*) separar; (*ouvrir*) abrir; (*Cartes, candidat, possibilité*) descartar; **~ les jambes/les bras** abrir las piernas/los brazos ■ **s'écarter** VPR (*parois, jambes*) abrirse; (*personne*) alejarse; **s'~ de** alejarse de; (*fig*) desviarse de

ecchymose [ekimoz] NF equimosis *f inv*

ecclésiastique [eklezjastik] ADJ eclesiástico(-a) ▶ NM eclesiástico

écervelé, e [esɛʀvəle] ADJ atolondrado(-a)

ECG [əseʒe] SIGLE M (= *électrocardiogramme*) ECG *m* (= *electrocardiograma*)

échafaud [eʃafo] NM cadalso

échafaudage [eʃafodaʒ] NM (*Constr*) andamiaje *m*; (*amas*) montón *m*

échafauder [eʃafode] VT (*fig : plan*) trazar

échalas [eʃala] NM rodrigón *m*; (*personne*) espárrago

échalote [eʃalɔt] NF chalote *m*, chalota

échancré, e [eʃɑ̃kʀe] ADJ (*robe, corsage*) escotado(-a); (*côte*) recortado(-a)

échancrer [eʃɑ̃kʀe] VT escotar

échancrure [eʃɑ̃kʀyʀ] NF (*de robe*) escote *m*; (*de côte, arête rocheuse*) escotadura

échange [eʃɑ̃ʒ] NM intercambio; **en ~ (de)** a cambio (de); **échanges commerciaux/culturels** intercambios *mpl* comerciales/culturales; **échanges de lettres/de politesses** intercambio *msg* de cartas/de cumplidos; **~ de vues** cambio de impresiones

échangeable [eʃɑ̃ʒabl] ADJ intercambiable

échanger [eʃɑ̃ʒe] VT intercambiar; **~ qch (contre)** (*troquer*) canjear algo (por); **~ qch avec qn** intercambiar algo con algn

échangeur [eʃɑ̃ʒœʀ] NM cruce *m* (a diferentes niveles)

échangisme [eʃɑ̃ʒism] NM intercambio de parejas, swinging *m*

échangiste [eʃɑ̃ʒist] ADJ (*club*) liberal, de intercambio de parejas ▶ NMF swinger *mf*, *persona que practica el intercambio de parejas*

échantillon [eʃɑ̃tijɔ̃] NM (*aussi fig*) muestra

échantillonnage [eʃɑ̃tijɔnaʒ] NM (*aussi Inform*) muestreo; (*collection*) muestrario

échantillonner [eʃɑ̃tijɔne] VT (*Comm*) escoger muestras de; (*Inform*) muestrear; (*Mus*) samplear

échappatoire [eʃapatwaʀ] NF escapatoria

échappée [eʃape] NF (*vue*) punto de vista, vista; (*Cyclisme*) escapada

échappement [eʃapmɑ̃] NM escape *m*; **~ libre** escape libre

échapper [eʃape] : **~ à** *vt* escapar de; (*punition, péril*) librarse de; **~ à qn** escapársele a algn; **l'~ belle** escapar por los pelos ▶ VI : **~ des mains de qn** escaparse de las manos de algn; **laisser ~** dejar escapar ■ **s'échapper** VPR escaparse

écharde [eʃaʀd] NF astilla

écharpe [eʃaʀp] NF (*cache-nez*) bufanda; (*de maire*) banda; **avoir un bras en ~** tener un brazo en cabestrillo; **prendre en ~** (*dans une collision*) coger de refilón

écharper [eʃaʀpe] VT despedazar; (*fig*) linchar

échasse [eʃas] NF zanco

échassier [eʃasje] NM (ave *f*) zancuda

échaudé, e [eʃode] ADJ (*fig*) escarmentado(-a)

échauder [eʃode] VT : **se faire ~** recibir un palmetazo

échauffement [eʃofmɑ̃] NM (*de moteur*) recalentamiento; (*Sport*) calentamiento

échauffer [eʃofe] VT (*métal, moteur*) recalentar; (*corps, personne*) calentar; (*exciter*) irritar ■ **s'échauffer** VPR (*Sport*) calentarse; (*dans la discussion*) acalorarse; **les esprits s'échauffent** los ánimos se caldean

échauffourée [eʃofuʀe] NF escaramuza

échéance [eʃeɑ̃s] NF (*date*) vencimiento; (*somme due*) deuda; (*d'engagements, promesses*) plazo; **à brève/longue ~** *adj, adv* a corto/largo plazo

échéancier [eʃeɑ̃sje] NM registro de vencimientos

échéant [eʃeɑ̃] : **le cas ~** *adv* llegado el caso

échec [eʃɛk] NM fracaso; (*Échecs*) jaque *m*; **~ et mat/au roi** jaque mate/al rey; **mettre en ~** hacer fracasar; **tenir en ~** tener en jaque; **faire ~ à** fracasar ■ **échecs** NMPL (*jeu*) ajedrez *msg*

échelle [eʃɛl] NF (*de bois*) escalera de mano; (*fig*) escala; **à l'~ de** a escala de; **sur une grande/petite ~** en gran/pequeña escala; **faire la courte ~ à qn** aupar a algn; **~ de corde** escala de cuerda

échelon [eʃ(ə)lɔ̃] NM (*d'échelle*) escalón *m*; (*Admin*) escalafón *m*; (*Sport*) categoría

échelonnement [eʃ(ə)lɔnmɑ̃] NM escalonamiento

échelonner [eʃ(ə)lɔne] VT escalonar; **paiements échelonnés** pagos escalonados ■ **s'échelonner** VPR (*être compris*) : **s'~ entre X et Y** oscilar entre X e Y; **s'~ de X à Y** ir de X a Y

écheveau, x [eʃ(ə)vo] NM madeja

échevelé, e [eʃəv(ə)le] ADJ desgreñado(-a); (*fig*) alocado(-a)

échine [eʃin] NF espinazo; **~ de porc** lomo de cerdo; **courber l'~** (*fig*) bajar *ou* doblar la cerviz

échiner [eʃine] : **s'échiner** VPR deslomarse

échiquier [eʃikje] NM tablero

écho [eko] NM (*aussi fig*) eco; (*potins*) cotilleo; **rester sans ~** (*suggestion*) no tener eco; **se faire l'~ de** hacerse eco de ■ **échos** NMPL (*Presse*) gacetilla *fsg*

échographie [ekogʀafi] NF ecografía

échoir [eʃwaʀ] VI vencer; **~ à** corresponder a

échoppe [eʃɔp] NF tenderete *m*

échouer [eʃwe] VI (*tentative*) fracasar; (*candidat*) suspender; (*bateau*) encallar; (*débris*) llegar; (*aboutir : personne*) ir a parar ▶ VT (*bateau*) embarrancar ■ **s'échouer** VPR embarrancarse

échu, e [eʃy] PP *de* **échoir**

échut [eʃy] VB *voir* **échoir**

éclabousser [eklabuse] VT salpicar; (*fig*) mancillar

éclaboussure [eklabusyʀ] NF salpicadura; (*fig*) repercusión *f*

éclair [eklɛʀ] NM (*d'orage*) relámpago; (*de flash*) disparo; (*de génie, d'intelligence*) chispa ▶ ADJ INV (*voyage etc*) relámpago *inv*

éclairage [eklɛʀaʒ] NM iluminación *f*; (*Ciné, lumière*) luz *f*; (*fig*) punto de vista; **~ indirect** iluminación indirecta

éclairagiste [eklɛʀaʒist] NMF técnico(-a) en iluminación

éclairant, e [eklɛʀɑ̃, ɑ̃t] ADJ (*loupe*) luminoso(-a); **fusée éclairante** bengala

éclaircie [eklɛʀsi] NF escampada

éclaircir [eklɛʀsiʀ] VT (*aussi fig*) aclarar; (*sauce*) aguar ■ **s'éclaircir** VPR (*ciel*) despejarse; (*cheveux*) caerse; (*situation*) aclararse; **s'~ la voix** aclararse la voz

éclaircissement [eklɛʀsismɑ̃] NM (*d'une couleur*) aclarado; (*gén pl : explication*) aclaración *f*

éclairé, e [ekleʀe] ADJ (*esprit*) ilustrado(-a); (*amateur*) experto(-a)

éclairer [ekleʀe] VT (*suj : lampe, lumière*) iluminar; (*avec une lampe de poche*) alumbrar; (*instruire*) instruir; (*rendre compréhensible*) aclarar ▶ VI : **~ bien/mal** iluminar bien/mal ■ **s'éclairer** VPR (*phare, rue*) iluminarse; (*situation*) aclararse; **s'~ à la bougie/l'électricité** alumbrarse con velas/electricidad

éclaireur, -euse [eklɛʀœʀ, øz] NM (*Mil*) explorador *m*; **partir en ~** adelantarse ▶ NM/F (*scout*) explorador(a)

éclat [ekla] NM (*de bombe, verre*) fragmento; (*du soleil, d'une couleur*) brillo; (*d'une cérémonie*) brillantez *f*; **faire un ~** (*scandale*) montar un número; **action d'~** hazaña; **voler en éclats** volar en pedazos; **des éclats de verre** cristales *mpl*; **~ de rire** carcajada; **éclats de voix** subidas *fpl* de tono

éclatant, e [eklatɑ̃, ɑ̃t] ADJ (*couleur*) brillante; (*lumière*) resplandeciente; (*voix, son*) vibrante; (*évident*) incuestionable; (*succès*) clamoroso(-a); (*revanche*) sensacional

éclatement [eklatmɑ̃] NM estallido *m*; (*de groupe, parti*) fragmentación *f*

éclater [eklate] VI (*aussi fig*) estallar; (*groupe, parti*) fragmentarse; **~ de rire** estallar de risa; **~ en sanglots** romper a llorar ■ **s'éclater** VPR (*fam*) pasarlo bomba (*fam*)

éclectique [eklɛktik] ADJ ecléctico(-a)

éclectisme [eklɛktism] NM eclecticismo

éclipse [eklips] NF (*aussi fig*) eclipse *m*

éclipser [eklipse] VT eclipsar ■ **s'éclipser** VPR eclipsarse

e

éclopé, e [eklɔpe] ADJ cojo(-a)

éclore [eklɔʀ] VI (*œuf, fleur*) abrirse; (*talent*) surgir

éclosion [eklozjɔ̃] NF eclosión *f*

écluse [eklyz] NF esclusa

écluser [eklyze] (*fam*) VT soplar (*fam*), pimplar (*fam*) ▶ VI privar (*fam*)

éclusier, -ière [eklyzje, jɛʀ] NM/F esclusero(-a)

écobuage [ekɔbyaʒ] NM artiga, roza

écocertification [ekosɛʀtifikasjɔ̃] NF ecoetiquetado, etiquetado ecológico

écœurant, e [ekœʀɑ̃, ɑ̃t] ADJ asqueroso(-a)

écœurement [ekœʀmɑ̃] NM asco

écœurer [ekœʀe] VT (*suj : gâteau, goût*) dar asco a; (*personne, attitude*) desagradar; (*démoraliser*) destrozar

école [ekɔl] NF escuela; **aller à l'~** ir a la escuela; **faire ~** formar escuela; **les Grandes Écoles** las Grandes Escuelas; **~ de danse/de dessin/de musique/de secrétariat** escuela de baile/de dibujo/de música/de secretariado; **~ hôtelière** escuela de hostelería; **~ maternelle** parvulario; *ver nota*; **~ normale (d'instituteurs)** escuela normal (de maestros); **~ normale supérieure** escuela normal superior; **~ élémentaire**, **~ primaire** escuela primaria; **~ privée/publique/secondaire** escuela privada/pública/secundaria

> En Francia la escuela infantil, la **école maternelle**, está subvencionada por el Estado y, pese a no ser obligatoria, la mayoría de los niños de entre dos y seis años acuden a ella. La educación obligatoria comienza con la educación primaria, la *école primaire*, que va desde los seis hasta los diez u once años.

écolier, -ière [ekɔlje, jɛʀ] NM/F escolar *mf*

écolo [ekɔlo] (*fam*) NMF verde *mf*

écologie [ekɔlɔʒi] NF ecología

écologique [ekɔlɔʒik] ADJ ecológico(-a)

écologiste [ekɔlɔʒist] NMF ecologista *mf*

écomusée [ekomyze] NM ecomuseo

éconduire [ekɔ̃dɥiʀ] VT (*congédier*) despedir
économat [ekɔnɔma] NM economato
économe [ekɔnɔm] ADJ ahorrador(a) ▶ NMF (*de lycée etc*) ecónomo(-a)
économétrie [ekɔnɔmetʀi] NF econometría
économie [ekɔnɔmi] NF economía; (*vertu*) ahorro; (*plan, arrangement d'ensemble*) organización *f*; **une ~ de temps/d'argent** un ahorro de tiempo/de dinero; **~ collaborative** economía colaborativa; **~ dirigée** economía planificada ■ **économies** NFPL ahorros *mpl*
économique [ekɔnɔmik] ADJ económico(-a)
économiquement [ekɔnɔmikmɑ̃] ADV económicamente; **les ~ faibles** los económicamente débiles
économiser [ekɔnɔmize] VT ahorrar, economizar ▶ VI ahorrar dinero
économiseur [ekɔnɔmizœʀ] NM (*Inform*) : **~ d'écran** protector *m* de pantalla
économiste [ekɔnɔmist] NMF economista *mf*
écoper [ekɔpe] VT achicar ▶ VI achicar; (*fig*) pagar el pato; **~ (de)** (*recevoir*) ganarse
écorce [ekɔʀs] NF corteza; (*de fruit*) piel *f*, cáscara
écorcer [ekɔʀse] VT descortezar
écorché [ekɔʀʃe] NM (*Tech*) figura anatómica desollada; **~ vif** (*fig*) despellejado vivo
écorcher [ekɔʀʃe] VT (*animal*) desollar; (*égratigner*) arañar; (*une langue*) lastimar; **s'~ le genou** *etc* arañarse la rodilla *etc*
écorchure [ekɔʀʃyʀ] NF arañazo
écoresponsable [ekɔʀɛspɔ̃sabl] ADJ ecorresponsable
écorner [ekɔʀne] VT (*taureau*) descornar; (*livre*) doblar las puntas de la página de
écossais, e [ekɔsɛ, ɛz] ADJ escocés(-esa) ▶ NM (*Ling*) escocés *m*; (*tissu*) tela escocesa ▶ NM/F : **Écossais, e** escocés(-esa)
Écosse [ekɔs] NF Escocia
écosser [ekɔse] VT desgranar
écosystème [ekosistɛm] NM ecosistema *m*
écot [eko] NM : **payer son ~** pagar a escote
écotaxe [ekɔtaks] NF ecotasa
écotourisme [ekotuʀism] NM ecoturismo
écoulement [ekulmɑ̃] NM (*d'un liquide*) canalización *f*; (*faux billets*) circulación *f*; (*stock*) liquidación *f*
écouler [ekule] VT (*stock*) liquidar; (*faux billets*) hacer circular ■ **s'écouler** VPR (*rivière, eau*) fluir; (*foule*) dispersarse; (*jours, temps*) transcurrir
écourter [ekuʀte] VT acortar
écoute [ekut] NF (*Radio, TV*) : **temps/heure d'~** tiempo/hora de audición; (*Naut*) escota; **heure de grande ~** hora de gran audiencia; **bonne/mauvaise ~** buena/mala audición; **prendre l'~** sintonizar; **être/rester à l'~ (de)** estar/seguir a la escucha (de); **écoutes téléphoniques** escuchas *fpl* telefónicas
écouter [ekute] VT escuchar; (*fig*) hacer caso de *ou* a, escuchar a ▶ VI escuchar ■ **s'écouter** VPR (*s'apitoyer*) hacerse caso; **si je m'écoutais** si por mí fuera; **s'~ parler** escucharse hablar
écouteur [ekutœʀ] NM (*téléphone*) auricular *m* ■ **écouteurs** NMPL (Radio) auriculares *mpl*
écoutille [ekutij] NF escotilla
écouvillon [ekuvijɔ̃] NM escobillón *m*
écrabouiller [ekʀabuje] (*fam*) VT espachurrar (*fam*)
écran [ekʀɑ̃] NM pantalla; **porter à l'~** llevar a la pantalla; **faire ~** hacer pantalla; **le petit ~** la pequeña pantalla; **~ de fumée** pantalla de humo; **~ plat** pantalla plata; **~ tactile** pantalla táctil
écrasant, e [ekʀazɑ̃, ɑ̃t] ADJ (*responsabilité, travail*) agobiante; (*supériorité, avance*) abrumador(a), aplastante
écraser [ekʀaze] VT (*broyer*) aplastar; (*suj : voiture, train*) atropellar; (*ennemi, équipe adverse*) aplastar; (*Inform*) sobreescribir; (*suj : travail, impôts*) abrumar; (*: responsabilités*) agobiar; (*dominer, humilier*) humillar; **écrase(-toi) !** (*fam*) ¡cierra el pico!; **se faire ~** ser atropellado(-a); **s'~ (au sol)** (*avion*) estrellarse (contra el suelo); **s'~ contre/sur** (*suj : voiture, objet*) estrellarse contra/en
écrémage [ekʀemaʒ] NM (*du lait*) desnatado; (*fig*) criba *f*
écrémé, e [ekʀeme] ADJ (*lait*) desnatado(-a)
écrémer [ekʀeme] VT (*lait*) desnatar; (*fig*) hacer una criba de, escoger lo mejor de
écrevisse [ekʀəvis] NF cangrejo de río
écrier [ekʀije] : **s'écrier** VPR exclamar
écrin [ekʀɛ̃] NM joyero
écrire [ekʀiʀ] VT, VI escribir; **~ à qn (que)** escribir a algn (que) ■ **s'écrire** VPR (*réciproque*) escribirse; (*mot*) : **ça s'écrit comment ?** ¿cómo se escribe eso?
écrit, e [ekʀi, it] PP *de* **écrire** ▶ ADJ : **bien/mal ~** bien/mal escrito(-a) ▶ NM escrito; **par ~** por escrito
écriteau, x [ekʀito] NM letrero
écritoire [ekʀitwaʀ] NF escritorio
écriture [ekʀityʀ] NF escritura; (*style*) estilo; **l'É~ (sainte)** la (sagrada) Escriture ■ **écritures** NFPL (*Comm*) escrituras *fpl*; **les Écritures** las Escrituras
écrivaillon, ne [ekʀivajɔ̃, ɔn] NM/F escritorzuelo(-a)
écrivain, e [ekʀivɛ̃, ɛn] NM/F escritor(a)
écrivais [ekʀivɛ] VB *voir* **écrire**
écrou [ekʀu] NM tuerca
écrouer [ekʀue] VT encarcelar
écroulé, e [ekʀule] ADJ (*de fatigue*) derrumbado(-a); **~ (de rire)** muerto(-a) (de risa)
écroulement [ekʀulmɑ̃] NM (*d'un mur*) derrumbamiento; (*d'un animal etc*) desplome *m*
écrouler [ekʀule] : **s'écrouler** VPR (*mur*)

derrumbarse; (*personne, animal*) desplomarse; (*projet etc*) venirse abajo
écru [ekʀy] ADJ crudo(-a)
écueil [ekœj] NM (*aussi fig*) escollo
écuelle [ekɥɛl] NF escudilla
éculé, e [ekyle] ADJ (*chaussure*) destaconado(-a); (*péj : plaisanterie*) trasnochado(-a)
écume [ekym] NF espuma; **~ de mer** espuma de mar
écumer [ekyme] VT (*Culin*) espumar; (*région, bibliothèque*) recorrer ▸ VI (*mer*) hacer espuma; (*fig*) echar chispas por la boca
écumoire [ekymwaʀ] NF espumadera
écureuil [ekyʀœj] NM ardilla
écurie [ekyʀi] NF cuadra; (*de course automobile*) escudería; (*de course hippique*) caballeriza
écusson [ekysɔ̃] NM insignia
écuyer, -ère [ekɥije, jɛʀ] NM/F jinete *mf*
eczéma [ɛgzema] NM eczema *m*
éd. ABR (= *édition*) ed. (= *edición*)
édam [edam] NM edam *m*
edelweiss [edɛlvajs] NM INV edelweiss *m inv*
Éden [edɛn] NM Édén *m*
édenté, e [edɑ̃te] ADJ desdentado(-a)
EDF [ədeɛf] SIGLE F = **Électricité de France**
édicter [edikte] VT decretar
édifiant, e [edifjɑ̃, jɑ̃t] ADJ edificante
édification [edifikasjɔ̃] NF edificación *f*
édifice [edifis] NM (*bâtiment*) edificio; (*fig*) estructura
édifier [edifje] VT (*bâtiment*) edificar; (*plan, théorie*) construir; (*Rel : personne*) edificar; (: *iro*) informar
édiles [edil] NMPL (*Admin*) ediles *mpl*, concejales *mpl*; (*hum*) ediles
Édimbourg [edɛ̃buʀ] N Edimburgo
édit [edi] NM edicto
éditer [edite] VT editar
éditeur, -trice [editœʀ, tʀis] NM/F editor(a)
édition [edisjɔ̃] NF edición *f*; (*Presse : exemplaires d'un journal*) tirada; **~ sur écran** (*Inform*) edición en pantalla; **l'~** (*industrie du livre*) la edición
édito [edito] (*fam*) NM = **éditorial**
éditorial, -aux [editɔʀjal, jo] NM editorial *f*
éditorialiste [editɔʀjalist] NMF editorialista *mf*
édredon [edʀədɔ̃] NM edredón *m*
éducateur, -trice [edykatœʀ, tʀis] ADJ educativo(-a) ▸ NM/F educador(a); **~ spécialisé(e)** educador(a) especializado(-a)
éducatif, -ive [edykatif, iv] ADJ educativo(-a)
éducation [edykasjɔ̃] NF educación *f*; **bonne/mauvaise ~** buena/mala educación; **sans ~** (*mal élevé*) sin educación; **l'É~ nationale** (*Admin*) ≈ la educación pública; **~ permanente** educación permanente; **~ physique** educación física
édulcorant [edylkɔʀɑ̃] NM edulcorante *m*
édulcorer [edylkɔʀe] VT (*aussi fig*) edulcorar
éduquer [edyke] VT educar; **bien/mal éduqué** bien/mal educado
EEG [eeʒe] SIGLE M (= *électroencéphalogramme*) EEG *m* (= *electroencefalograma*)
effaçable [efasabl] ADJ (*feutre, CD*) borrable
effacé, e [efase] ADJ (*menton*) hundido(-a); (*fig : personne, caractère, vie*) discreto(-a)
effacer [efase] VT (*aussi fig*) borrar ■ **s'effacer** VPR borrarse; (*pour laisser passer*) apartarse
effaceur [efasœʀ] NM borrador *m* de tinta, borratinta *m*
effarant, e [efaʀɑ̃, ɑ̃t] ADJ espantoso(-a)
effaré, e [efaʀe] ADJ espantado(-a)
effarement [efaʀmɑ̃] NM espanto
effarer [efaʀe] VT espantar
effarouchement [efaʀuʃmɑ̃] NM espantada
effaroucher [efaʀuʃe] VT (*animal*) espantar; (*personne*) asustar
effectif, -ive [efɛktif, iv] ADJ efectivo(-a) ▸ NM (*Mil, Comm : gén pl*) efectivos *mpl*; (*d'une classe*) alumnado
effectivement [efɛktivmɑ̃] ADV efectivamente; (*réellement*) realmente
effectuer [efɛktɥe] VT efectuar; (*mouvement*) realizar ■ **s'effectuer** VPR efectuarse; (*mouvement*) producirse
efféminé, e [efemine] ADJ afeminado(-a)
effervescence [efɛʀvesɑ̃s] NF (*fig*) : **en ~** en efervescencia
effervescent, e [efɛʀvesɑ̃, ɑ̃t] ADJ (*aussi fig*) efervescente
effet [efɛ] NM efecto; **avec ~ rétroactif** con efecto retroactivo; **faire de l'~** (*médicament, menace*) hacer efecto; (*nouvelle, décor*) causar efecto; **sous l'~ de** bajo el efecto de; **donner de l'~ à une balle** dar efecto a una pelota; **à cet ~** con este fin; **en ~** en efecto; **~ (de commerce)** efecto (comercial); **~ de couleur/de lumière/de style** efecto de color/de luz/de estilo; **effets de voix** efectos *mpl* de voz; **effets spéciaux** efectos especiales ■ **effets** NMPL (*vêtements etc*) efectos *mpl*, enseres *mpl*; **effets personnels** efectos personales
effeuiller [efœje] VT deshojar
efficace [efikas] ADJ eficaz
efficacement [efikasmɑ̃] ADV eficazmente, con eficacia
efficacité [efikasite] NF eficacia
effigie [efiʒi] NF efigie *f*; **brûler qn en ~** quemar la efigie de algn
effilé, e [efile] ADJ afilado(-a); (*doigt*) delgado(-a); (*pointe*) aguzado(-a); (*carrosserie*) refinado(-a)
effiler [efile] VT (*cheveux*) atusar; (*tissu*) deshilachar
effilocher [efilɔʃe] : **s'effilocher** VPR deshilacharse

e

efflanqué, e [eflɑ̃ke] ADJ flaco(-a)
effleurement [eflœʀmɑ̃] NM : **touche à ~** tecla sensible al tacto
effleurer [eflœʀe] VT (*avec la main, le corps*) rozar; (*fig : sujet, idée*) tocar; **~ qn** (*suj : pensée*) pasar por la cabeza de algn
effluves [eflyv] NMPL efluvios *mpl*
effondré, e [efɔ̃dʀe] ADJ (*par un malheur*) abatido(-a)
effondrement [efɔ̃dʀəmɑ̃] NM (*d'un mur*) desmoronamiento; (*des prix, du marché*) hundimiento; (*d'un coureur*) desplome *m*; (*moral*) decaimiento
effondrer [efɔ̃dʀe] : **s'effondrer** VPR (*mur, bâtiment*) desmoronarse; (*prix, marché*) hundirse; (*blessé, coureur*) desplomarse; (*craquer moralement*) hundirse
efforcer [efɔʀse] : **s'efforcer de** VPR esforzarse por; **s'~ de faire** esforzarse por hacer
effort [efɔʀ] NM esfuerzo; **faire un ~** hacer un esfuerzo; **faire tous ses efforts** hacer todos los esfuerzos posibles; **faire l'~ de ...** hacer el esfuerzo de ...; **sans ~** *adj, adv* sin esfuerzo; **~ de mémoire/de volonté** esfuerzo de memoria/de voluntad
effraction [efʀaksjɔ̃] NF efracción *f*; **vol avec** *ou* **par ~** robo con efracción; **s'introduire par ~ dans** entrar mediante efracción en
effrangé, e [efʀɑ̃ʒe] ADJ con flecos; (*effiloché*) deshilachado(-a)
effrayant, e [efʀɛjɑ̃, ɑ̃t] ADJ horroroso(-a), espantoso(-a)
effrayé, e [efʀeje] ADJ asustado(-a)
effrayer [efʀeje] VT asustar ▪ **s'effrayer (de)** VPR asustarse (de)
effréné, e [efʀene] ADJ desenfrenado(-a)
effritement [efʀitmɑ̃] NM desmoronamiento
effriter [efʀite] : **s'effriter** VPR desmoronarse
effroi [efʀwa] NM pavor *m*
effronté, e [efʀɔ̃te] ADJ descarado(-a)
effrontément [efʀɔ̃temɑ̃] ADV (*mentir*) descaradamente
effronterie [efʀɔ̃tʀi] NF descaro
effroyable [efʀwajabl] ADJ espantoso(-a)
effroyablement [efʀwajabləmɑ̃] ADV horriblemente
effusion [efyzjɔ̃] NF (*gén pl*) efusión *f*; **sans ~ de sang** sin derramamiento de sangre
égailler [egaje] : **s'égailler** VPR dispersarse
égal, e, -aux [egal, o] ADJ (*gén*) igual; (*terrain, surface*) liso(-a); (*vitesse, rythme*) regular; **être ~ à** ser igual a; **ça lui/nous est ~** le/nos da igual; **c'est ~** es igual ▸ NM/F igual *mf*; **sans ~** sin igual; **à l'~ de** (*comme*) al igual que; **d'~ à ~** de igual a igual
également [egalmɑ̃] ADV (*partager etc*) en partes iguales; (*en outre, aussi*) igualmente
égaler [egale] VT igualar; **trois plus trois égalent six** tres más tres igual a seis
égalisateur, -trice [egalizatœʀ, tʀis] ADJ (*Sport*) : **but ~** tanto del empate
égalisation [egalizasjɔ̃] NF (*Sport*) empate *m*
égaliser [egalize] VT igualar ▸ VI (*Sport*) empatar
égalitaire [egalitɛʀ] ADJ igualitario(-a)
égalitarisme [egalitaʀism] NM igualitarismo
égalitariste [egalitaʀist] ADJ igualitarista
égalité [egalite] NF igualdad *f*; **être à ~ (de points)** estar empatados(-as) (en tantos); **~ d'humeur** serenidad *f*; **~ de droits** igualdad de derechos
égard [egaʀ] NM consideración *f*; **à cet ~/certains égards/tous égards** a este respecto/en ciertos aspectos/por todos los conceptos; **eu ~ à** teniendo en cuenta; **par/sans ~ pour** por/sin consideración para; **à l'~ de** con respecto a ▪ **égards** NMPL (*marques de respect*) atenciones *fpl*
égaré, e [egaʀe] ADJ (*personne, animal*) perdido(-a); (*air, regard*) extraviado(-a)
égarement [egaʀmɑ̃] NM (*d'esprit*) extravío; (*gén pl : débauche*) desliz *m*; **dans un moment d'~** en un momento de extravío
égarer [egaʀe] VT (*perdre*) perder; (*personne*) echar a perder ▪ **s'égarer** VPR (*aussi fig*) perderse; (*objet*) extraviarse
égayer [egeje] VT (*personne : divertir*) distraer; (*récit, endroit*) alegrar
Égée [eʒe] ADJ : **la mer ~** el (mar) Egeo
égéen, ne [eʒeɛ̃, ɛn] ADJ del Egeo
égérie [eʒeʀi] NF : **l'~ de qn/qch** la inspiración de algn/algo
égide [eʒid] NF : **sous l'~ de** bajo la égida de
églantier [eglɑ̃tje] NM escaramujo
églantine [eglɑ̃tin] NF zarzarrosa
églefin [egləfɛ̃] NM abadejo
église [egliz] NF iglesia; **aller à l'~** (*être pratiquant*) ir a la iglesia; **l'É~ catholique** la Iglesia católica; **l'É~ presbytérienne** la Iglesia presbiteriana
ego [ego] NM ego
égocentrique [egosɑ̃tʀik] ADJ egocéntrico(-a)
égocentrisme [egosɑ̃tʀism] NM egocentrismo
égoïne [egɔin] NF serrucho
égoïsme [egɔism] NM egoísmo
égoïste [egɔist] ADJ, NMF egoísta *mf*
égoïstement [egɔistəmɑ̃] ADV egoístamente
égorger [egɔʀʒe] VT degollar
égosiller [egozije] : **s'égosiller** VPR desgañitarse
égotisme [egɔtism] NM egotismo
égout [egu] NM alcantarilla; **le tout(-)à(-)l'~** la red de saneamiento *ou* evacuación; **eaux d'~** aguas *fpl* residuales
égoutier [egutje] NM pocero

égoutter [egute] VT escurrir ▶ VI gotear ■ **s'égoutter** VPR escurrirse; (*eau*) gotear

égouttoir [egutwaR] NM escurridero

égratigner [egRatiɲe] VT rasguñar; (*fig*) burlarse de ■ **s'égratigner** VPR rasguñarse

égratignure [egRatiɲyR] NF rasguño

égrener [egRəne] VT desgranar; **~ une grappe/des raisins** desgranar un racimo/las uvas ■ **s'égrener** VPR desgranarse; (*se disperser*) diseminarse

égrillard, e [egRijaR, aRd] ADJ verde

Égypte [eʒipt] NF Egipto

égyptien, ne [eʒipsjɛ̃, jɛn] ADJ egipcio(-a) ▶ NM/F : **Égyptien, ne** egipcio(-a)

égyptologie [eʒiptɔlɔʒi] NF egiptología

égyptologue [eʒiptɔlɔg] NMF egiptólogo(-a)

eh [e] EXCL eh; **eh bien !** (*surprise*) ¡pero bueno!; **eh bien ?** (*attente, doute*) ¿y bien?; **eh bien** (*donc*) entonces

éhonté, e [eɔ̃te] ADJ desvergonzado(-a)

éjaculation [eʒakylasjɔ̃] NF eyaculación *f*; **~ précoce** eyaculación precoz

éjaculer [eʒakyle] VI eyacular

éjectable [eʒɛktabl] ADJ : **siège ~** asiento eyectable

éjecter [eʒɛkte] VT (*Tech*) eyectar; (*fam*) echar

éjection [eʒɛksjɔ̃] NF (*Tech*) eyección *f*; (*fam*) echamiento

élaboration [elabɔRasjɔ̃] NF elaboración *f*

élaboré, e [elabɔRe] ADJ elaborado(-a)

élaborer [elabɔRe] VT elaborar

élagage [elagaʒ] NM (*des arbres*) poda

élaguer [elage] VT (*aussi fig*) podar

élagueur, -euse [elagœR, øz] NM/F (*personne*) podador(a)

élagueuse [elagøz] NF (*machine*) podadora

élan [elɑ̃] NM (*Zool*) alce *m*; (*mouvement, lancée*) impulso; (*fig*) arrebato; **perdre son ~** perder impulso; **prendre de l'~** tomar carrerilla; **prendre son ~** tomar impulso

élancé, e [elɑ̃se] ADJ esbelto(-a)

élancement [elɑ̃smɑ̃] NM (*gén pl : douleur*) punzada

élancer [elɑ̃se] : **s'élancer** VPR lanzarse; (*arbre, clocher*) alzarse

élargir [elaRʒiR] VT (*porte, route*) ensanchar; (*vêtement*) sacar a; (*fig : groupe, débat*) ampliar; (*Jur*) liberar ■ **s'élargir** VPR ensancharse

élargissement [elaRʒismɑ̃] NM ensanchamiento; (*d'un groupe*) ampliación *f*; (*Jur*) puesta en libertad

élasticité [elastisite] NF elasticidad *f*; **~ de l'offre/de la demande** elasticidad de la oferta/de la demanda

élastique [elastik] ADJ elástico(-a); (*Phys*) flexible; (*fig : parfois péj*) contemporizador(a) ▶ NM (*de bureau*) elástico, goma; (*pour la couture*) goma

élastomère [elastɔmɛR] NM goma

eldorado [ɛldɔRado] NM Eldorado

électeur, -trice [elɛktœR, tRis] NM/F elector(a)

électif, -ive [elɛktif, iv] ADJ (*président, charge*) electivo(-a); (*Méd*) localizado(-a)

élection [elɛksjɔ̃] NF elección *f*; **sa terre/patrie d'~** su tierra/patria de elección; **~ partielle** elección parcial; **~ présidentielle** elecciones presidenciales ■ **élections** NFPL (*Pol*) elecciones *fpl*; **élections législatives** elecciones legislativas; *ver nota*

> En Francia se celebran **élections législatives** cada cinco años con el fin de elegir a los *députés* de la *Assemblée nationale*. También cada cinco años, se elige al presidente de la República en la **élection présidentielle**. La votación, que siempre tiene lugar un domingo, es por sufragio universal y se realiza en dos vueltas. En las **élections municipales** que se celebran cada seis años, se eligen a los *conseillers municipaux*, que a su vez eligen al alcalde y a los tenientes de alcalde.

électoral, e, -aux [elɛktɔRal, o] ADJ electoral

électoralisme [elɛktɔRalism] NM electoralismo

électorat [elɛktɔRa] NM electorado

électricien, ne [elɛktRisjɛ̃, jɛn] NM/F electricista *mf*

électricité [elɛktRisite] NF electricidad *f*; (*fig*) tensión *f*; **avoir l'~** tener corriente eléctrica; **fonctionner à l'~** funcionar con electricidad; **allumer/éteindre l'~** encender/apagar la luz; **~ statique** electricidad estática

électrification [elɛktRifikasjɔ̃] NF electrificación *f*

électrifier [elɛktRifje] VT electrificar

électrique [elɛktRik] ADJ eléctrico(-a); (*fig*) tenso(-a)

électriser [elɛktRize] VT (*aussi fig*) electrizar

électro... [elɛktRɔ] PRÉF electro...

électro-aimant [elɛktRoɛmɑ̃] (*pl* **électro-aimants**) NM electroimán *m*

électrocardiogramme [elɛktRokaRdjɔgRam] NM electrocardiograma *m*

électrocardiographe [elɛktRokaRdjɔgRaf] NM electrocardiógrafo

électrochoc [elɛktRoʃɔk] NM electrochoque *m*

électrocuter [elɛktRɔkyte] VT electrocutar

électrocution [elɛktRɔkysjɔ̃] NF electrocución *f*

électrode [elɛktRɔd] NF electrodo

électroencéphalogramme [elɛktRoɑ̃sefalɔgRam] NM electroencefalograma *m*

électrogène [elɛktRɔʒɛn] ADJ *voir* **groupe**

électroluminescence [elɛktRolyminesɑ̃s] NF electroluminiscencia

électroluminescent, e [elɛktʀolyminesɑ̃, ɑ̃t] ADJ electroluminiscente
électrolyse [elɛktʀɔliz] NF electrólisis *f inv*
électromagnétique [elɛktʀomaɲetik] ADJ electromagnético(-a)
électroménager [elɛktʀomenaʒe] ADJ : **appareils électroménagers** aparatos *mpl* electrodomésticos; **l'~** (*secteur commercial*) el sector de los electrodomésticos
électron [elɛktʀɔ̃] NM electrón *m*; **l'~ libre (de)** (*fig*) el electrón libre (de)
électronicien, ne [elɛktʀɔnisjɛ̃, jɛn] NM/F electrónico(-a)
électronique [elɛktʀɔnik] ADJ electrónico(-a) ▶ NF electrónica
électronucléaire [elɛktʀonykleɛʀ] ADJ electronuclear ▶ NM : **l'~** lo electronuclear
électrophone [elɛktʀɔfɔn] NM tocadiscos *m inv*
électrostatique [elɛktʀostatik] ADJ electro(e)stático(-a) ▶ NF electro(e)stática
électrothérapie [elɛktʀoteʀapi] NF electroterapia
élégamment [elegamɑ̃] ADV elegantemente
élégance [elegɑ̃s] NF elegancia
élégant, e [elegɑ̃, ɑ̃t] ADJ (*aussi fig*) elegante
élégiaque [eleʒjak] ADJ elegíaco(-a)
élégie [eleʒi] NF elegía
élément [elemɑ̃] NM elemento ■ **éléments** NMPL (*eau, air etc*) elementos *mpl*; (*rudiments*) rudimentos *mpl*
élémentaire [elemɑ̃tɛʀ] ADJ elemental
éléphant [elefɑ̃] NM elefante *m*; **~ de mer** elefante marino
éléphanteau, x [elefɑ̃to] NM elefantillo
éléphantesque [elefɑ̃tɛsk] ADJ enorme
élevage [el(ə)vaʒ] NM (*de bétail, de volaille*) cría; (*activité, secteur économique*) ganadería; (*vin*) crianza
élévateur [elevatœʀ] NM elevador *m*
élévation [elevasjɔ̃] NF elevación *f*; (*de la température*) ascenso; (*Géom, Rel*) elevación
élevé, e [el(ə)ve] ADJ (*aussi fig*) elevado(-a); **bien/mal ~** bien/mal educado(-a)
élève [elɛv] NMF alumno(-a); **~ infirmière** aspirante *f* a enfermera
élever [el(ə)ve] VT (*enfant*) educar, criar; (*animaux, vin*) criar; (*hausser*) subir; (*monument, âme, esprit*) elevar; **~ une protestation/critique** elevar una protesta/crítica; **~ la voix/le ton** levantar la voz/el tono; **~ qn au rang/grade de** ascender *ou* elevar a algn al rango/grado de; **~ un nombre au carré/cube** elevar un número al cuadrado/cubo ■ **s'élever** VPR (*avion, alpiniste*) ascender; (*clocher, montagne*) alzarse; (*protestations*) levantar; (*cri*) oírse; (*niveau*) subir; (*température*) ascender; (*survenir: difficultés*) surgir; **s'~ contre qch** rebelarse contra algo; **s'~ à** (*frais, dégâts*) elevarse a
éleveur, -euse [el(ə)vœʀ, øz] NM/F (*de bétail*) ganadero(-a)
elfe [ɛlf] NM elfo
élidé, e [elide] ADJ : **article/pronom ~** artículo/pronombre *m* elidido
élider [elide] : **s'élider** VPR elidirse
éligibilité [eliʒibilite] NF elegibilidad *f*
éligible [eliʒibl] ADJ elegible
élimé, e [elime] ADJ raído(-a)
élimer [elime] : **s'élimer** VPR : **cette veste s'élime aux coudes** a esta chaqueta se le están rayendo los codos
élimination [eliminasjɔ̃] NF eliminación *f*
éliminatoire [eliminatwaʀ] ADJ eliminatorio(-a) ▶ NF eliminatoria
éliminer [elimine] VT eliminar
élire [eliʀ] VT (*Pol etc*) elegir; **~ domicile à ...** domiciliarse en ...
élisabéthain, e [elizabetɛ̃, ɛn] ADJ isabelino(-a)
élision [elizjɔ̃] NF elisión *f*
élite [elit] NF élite *f*; **les élites** las élites; **tireur d'~** tirador *m* de primera; **chercheur d'~** investigador *m* de categoría
élitisme [elitism] NM elitismo
élitiste [elitist] ADJ elitista
élixir [eliksiʀ] NM elixir *m*
elle [ɛl] PRON ella; **Marie est-~ rentrée ?** ¿ha vuelto María?; **c'est à ~** es suyo(-a), es de ella; **ce livre est à ~** ese libro es suyo; **avec ~** (*réfléchi*) consigo
elle-même [ɛlmɛm] PRON ella misma; (*avec préposition*) sí misma ■ **elles-mêmes** PRON PL ellas mismas; (*après préposition*) sí mismas
ellipse [elips] NF elipsis *f inv*
elliptique [eliptik] ADJ elíptico(-a)
élocution [elɔkysjɔ̃] NF elocución *f*; **défaut d'~** defecto de dicción
éloge [elɔʒ] NM (*compliment : gén pl*) elogio; (*discours*) panegírico; **faire l'~ de qn/qch** hacer el elogio de algn/algo; **ne pas tarir d'éloges sur qn/qch** no escatimar elogios a algn/algo; **~ funèbre** oración *f* fúnebre
élogieusement [elɔʒjøzmɑ̃] ADV elogiosamente
élogieux, -euse [elɔʒjø, jøz] ADJ elogioso(-a)
éloigné, e [elwaɲe] ADJ (*gén*) alejado(-a); (*date, échéance, parent*) lejano(-a)
éloignement [elwaɲmɑ̃] NM (*action d'éloigner*) alejamiento; (*distance : aussi fig*) lejanía
éloigner [elwaɲe] VT (*échéance, but*) retrasar; (*soupçons, danger*) ahuyentar; **~ qch (de)** alejar algo (de); **~ qn (de)** distanciar a algn (de) ■ **s'éloigner** VPR alejarse; (*fig*) distanciarse; **s'~ de** alejarse de; (*fig : sujet, but*) salirse de
élongation [elɔ̃gasjɔ̃] NF elongación *f*
éloquence [elɔkɑ̃s] NF elocuencia
éloquent, e [elɔkɑ̃, ɑ̃t] ADJ elocuente

élu, e [ely] PP *de* **élire** ▸ NM/F (*Pol*) elegido(-a), electo(-a); (*Rel*) elegido(-a); **l'~ de son cœur** su amado(-a); **les élus locaux** los cargos electos locales

élucider [elyside] VT dilucidar

élucubrations [elykybʀasjɔ̃] NFPL elucubraciones *fpl*

éluder [elyde] VT eludir

élus [ely] VB *voir* **élire**

élusif, -ive [elyzif, iv] ADJ elusivo(-a)

Élysée [elize] NM : **l'~, le palais de l'~** el Elíseo, el palacio del Elíseo; *ver nota*; **les Champs-Élysées** los Campos Elíseos

El **palais de l'Élysée**, que está situado en el centro mismo de París, a muy poca distancia de los Campos Elíseos, es la residencia oficial del presidente francés. Fue construido en el siglo XVIII, y ha sido la residencia presidencial desde 1874. Se usa con frecuencia una versión reducida de su nombre, **l'Élysée**, para referirse a la presidencia.

émacié, e [emasje] ADJ demacrado(-a)

émail, -aux [emaj, o] NM esmalte *m*

e-mail [imɛl] (*pl* **e-mails**) NM mail *m*, email *m*; **envoyer qch par ~** enviar algo por (e)mail

émaillé, e [emaje] ADJ esmaltado(-a); **~ de** (*parsemé*) plagado(-a) de

émailler [emaje] VT esmaltar; **~ de** (*parsemer*) plagar de

émanation [emanasjɔ̃] NF (*gén pl*) emanación *f*; **être l'~ de** (*provenir de*) emanar de

émancipation [emɑ̃sipasjɔ̃] NF emancipación *f*

émancipé, e [emɑ̃sipe] ADJ emancipado(-a)

émanciper [emɑ̃sipe] VT (*Jur*) emancipar; (*gén : aussi moralement*) liberar ■ **s'émanciper** VPR (*fig*) liberarse

émaner [emane] : **~ de** *vt* emanar de

émarger [emaʀʒe] VT marginar; **~ de 100 € à un budget** cobrar 100 euros de un presupuesto

émasculer [emaskyle] VT emascular; (*fig*) mutilar

emballage [ɑ̃balaʒ] NM embalaje *m*; (*d'un cadeau*) envoltura; **~ perdu** embalaje no retornable

emballant, e [ɑ̃balɑ̃, ɑ̃t] (*fam*) ADJ : **ce n'est pas très ~** (*film, livre*) no es nada del otro mundo; (*proposition*) no es muy entusiasmante

emballer [ɑ̃bale] VT (*marchandise, moteur*) embalar; (*cadeau*) envolver; (*fig : personne*) encantar; **j'ai été emballé par le spectacle** el espectáculo me ha encantado ■ **s'emballer** VPR (*moteur, personne*) embalarse; (*cheval*) desbocarse; **ne t'emballe pas !** ¡no te embales!

emballeur, -euse [ɑ̃balœʀ, øz] NM/F embalador(a)

embarcadère [ɑ̃baʀkadɛʀ] NM embarcadero

embarcation [ɑ̃baʀkasjɔ̃] NF embarcación *f*

embardée [ɑ̃baʀde] NF bandazo; **faire une ~** dar un bandazo

embargo [ɑ̃baʀgo] NM embargo; **mettre l'~ sur** embargar

embarqué, e [ɑ̃baʀke] ADJ (*électronique, équipement*) embebido(-a), empotrado(-a)

embarquement [ɑ̃baʀkəmɑ̃] NM embarque *m*; **« ~ immédiat porte nº 5 »** « embarque inmediato puerta nº 5 »

embarquer [ɑ̃baʀke] VT embarcar; (*fam : voler*) mangar; (: *arrêter*) trincar ▸ VI embarcar ■ **s'embarquer** VPR embarcarse; **s'~ dans** (*affaire, aventure*) embarcarse en

embarras [ɑ̃baʀa] NM aprieto, apuro; (*obstacle*) estorbo; (*ennui*) problema *m*; **être dans l'~** (*être ennuyé*) estar apurado(-a); (*gêne financière*) estar en apuros; **plonger qn dans l'~** poner a algn en un aprieto *ou* un apuro; **~ gastrique** molestia intestinal

embarrassant, e [ɑ̃baʀasɑ̃, ɑ̃t] ADJ molesto(-a)

embarrassé, e [ɑ̃baʀase] ADJ (*encombré*) atestado(-a); (*air, sourire*) incómodo(-a); (*personne*) turbado(-a), apurado(-a); (*explications*) confuso(-a)

embarrasser [ɑ̃baʀase] VT (*encombrer*) estorbar; (*gêner*) molestar; (*troubler*) turbar ■ **s'embarrasser de** VPR (*paquets*) cargarse de; **ne pas s'~ de** (*scrupules, précautions*) no andarse con

embauche [ɑ̃boʃ] NF contratación *f*; (*travail*) trabajo; **bureau d'~** oficina de contratación

embaucher [ɑ̃boʃe] VT contratar ■ **s'embaucher** VPR : **s'~ comme** inscribirse como

embauchoir [ɑ̃boʃwaʀ] NM horma

embaumement [ɑ̃bommɑ̃] NM embalsamamiento

embaumer [ɑ̃bome] VT embalsamar; **~ la lavande/l'encaustique** oler a lavanda/a cera ▸ VI oler muy bien

embellie [ɑ̃beli] NF (*aussi fig*) calma

embellir [ɑ̃beliʀ] VT (*aussi fig*) embellecer ▸ VI estar cada vez más bonito(-a)

embellissement [ɑ̃belismɑ̃] NM (*décoration etc*) adorno; (*d'une ville, d'une maison*) arreglo

emberlificoter [ɑ̃bɛʀlifikɔte] (*fam*) : **s'emberlificoter** VPR enredarse, liarse

embêtant, e [ɑ̃bɛtɑ̃, ɑ̃t] (*fam*) ADJ molesto(-a), embromado(-a) (AM, *fam*)

embêté, e [ɑ̃bete] ADJ incómodo(-a), contrariado(-a)

embêtement [ɑ̃bɛtmɑ̃] (*fam*) NM (*gén pl*) problema *m*

embêter [ɑ̃bete] (*fam*) VT (*importuner*) molestar, embromar (AM, *fam*); (*ennuyer*) aburrir; (*contrarier*) fastidiar ■ **s'embêter** VPR aburrirse; (*iro*) : **il ne s'embête pas !** ¡no se aburre!

emblée [ɑ̃ble] : **d'~** *adv* de golpe

emblématique [ɑ̃blematik] ADJ emblemático(-a)

emblème [ɑ̃blɛm] NM (*aussi fig*) emblema *m*

embobiner [ɑ̃bɔbine] VT encanillar; **~ qn** (*fam : enjôler*) embaucar a algn
emboîtable [ɑ̃bwatabl] ADJ encajable
emboîtement [ɑ̃bwatmɑ̃] NM encaje *m*
emboîter [ɑ̃bwate] VT encajar; **~ le pas à qn** (*aussi fig*) seguir los pasos de algn ■ **s'emboîter** VPR : **s'~ dans** encajarse en; **s'~ (l'un dans l'autre)** encajarse (uno en otro)
embolie [ɑ̃bɔli] NF embolia
embonpoint [ɑ̃bɔ̃pwɛ̃] NM gordura; **prendre de l'~** engordar
embouché, e [ɑ̃buʃe] ADJ : **mal ~** mal hablado(-a)
embouchure [ɑ̃buʃyʀ] NF (*Géo*) desembocadura; (*Mus*) embocadura
embourber [ɑ̃buʀbe] : **s'embourber** VPR atascarse; **s'~ dans** (*fig*) atrancarse en
embourgeoiser [ɑ̃buʀʒwaze] : **s'embourgeoiser** VPR aburguesarse
embout [ɑ̃bu] NM contera
embouteillage [ɑ̃butɛjaʒ] NM embotellado; (*fig*) embotellamiento
embouteiller [ɑ̃buteje] VT embotellar
emboutir [ɑ̃butiʀ] VT (*Tech*) forjar; (*entrer en collision avec*) chocar contra
embranchement [ɑ̃bʀɑ̃ʃmɑ̃] NM (*routier*) bifurcación *f*; (*Science*) tipo, filo
embrancher [ɑ̃bʀɑ̃ʃe] VT empalmar; **~ qch sur** empalmar algo con
embrasement [ɑ̃bʀazmɑ̃] NM (*fig*) escalada de la violencia
embraser [ɑ̃bʀaze] : **s'embraser** VPR abrasarse; (*fig*) encenderse
embrassade [ɑ̃bʀasad] NF (*gén pl*) abrazo
embrasse [ɑ̃bʀas] NF alzapaño
embrasser [ɑ̃bʀase] VT (*étreindre*) abrazar; (*donner un baiser*) besar; (*sujet, période*) abarcar; **~ une carrière/un métier** abrazar una carrera/un oficio; **~ du regard** abarcar con la mirada ■ **s'embrasser** VPR besarse
embrasure [ɑ̃bʀazyʀ] NF vano; **dans l'~ de la porte** en el vano de la puerta
embrayage [ɑ̃bʀɛjaʒ] NM embrague *m*
embrayer [ɑ̃bʀeje] VI embragar ▶ VT (*affaire*) emprender; **~ sur qch** empalmar con algo
embrigadement [ɑ̃bʀigadmɑ̃] NM reclutamiento; (*fig : péj*) captación *f*
embrigader [ɑ̃bʀigade] VT reclutar; (*fig : péj*) liar
embringuer [ɑ̃bʀɛ̃ge] (*fam*) VT liar (*fam*), enredar; **~ qn dans qch** liar a algn en algo, enredar a algn en algo; **se laisser ~ dans qch** dejarse liar en algo ■ **s'embringuer** VPR : **s'~ dans qch** enredarse en algo
embrocher [ɑ̃bʀɔʃe] VT ensartar; (*fig*) atravesar (con espada)
embrouillamini [ɑ̃bʀujamini] (*fam*) NM barahúnda
embrouille [ɑ̃bʀuj] (*fam*) NF (*tromperie*) chanchullo (*fam*)
embrouillé, e [ɑ̃bʀuje] ADJ embrollado(-a)
embrouiller [ɑ̃bʀuje] VT (*aussi fig*) enredar; (*personne*) liar (*fam*) ■ **s'embrouiller** VPR enredarse
embroussaillé, e [ɑ̃bʀusaje] ADJ (*terrain*) lleno(-a) de maleza; (*cheveux*) enmarañado(-a)
embrumé, e [ɑ̃bʀyme] ADJ (*paysage, horizon*) nublado(-a); (*cerveau, esprit*) aturdido(-a)
embruns [ɑ̃bʀœ̃] NMPL rociones *mpl*
embryologie [ɑ̃bʀijɔlɔʒi] NF embriología
embryon [ɑ̃bʀijɔ̃] NM (*aussi fig*) embrión *m*
embryonnaire [ɑ̃bʀijɔnɛʀ] ADJ (*aussi fig*) embrionario(-a)
embûches [ɑ̃byʃ] NFPL obstáculos *mpl*
embué, e [ɑ̃bɥe] ADJ empañado(-a); **yeux embués de larmes** ojos *mpl* empañados por las lágrimas
embuscade [ɑ̃byskad] NF emboscada; **tendre une ~ à qn** tender una emboscada a algn
embusqué [ɑ̃byske] (*péj*) NM enchufado
embusquer [ɑ̃byske] VT emboscar ■ **s'embusquer** VPR emboscarse; (*péj*) enchufarse
éméché, e [emeʃe] ADJ achispado(-a)
émeraude [em(ə)ʀod] NF, ADJ INV esmeralda
émergence [emɛʀʒɑ̃s] NF emergencia
émergent, e [emɛʀʒɑ̃, ɑ̃t] ADJ emergente
émerger [emɛʀʒe] VI emerger; (*fig*) surgir
émeri [em(ə)ʀi] NM : **toile ~** lija de esmeril
émérite [emeʀit] ADJ emérito(-a)
émerveillement [emɛʀvɛjmɑ̃] NM maravilla
émerveiller [emɛʀveje] VT maravillar ■ **s'émerveiller** VPR : **s'~ (de qch)** maravillarse (de algo)
émet [emɛ] VB *voir* **émettre**
émétique [emetik] NM emético(-a)
émetteur, -trice [emetœʀ, tʀis] ADJ emisor(a) ▶ NM emisor *m*
émetteur-récepteur [emetœʀʀesɛptœʀ] (*pl* **émetteurs-récepteurs**) NM emisor-receptor *m*
émettre [emɛtʀ] VT, VI emitir; **~ sur ondes courtes** emitir en onda corta
émeus *etc* [emø] VB *voir* **émouvoir**
émeute [emøt] NF motín *m*
émeutier, -ière [emøtje, jɛʀ] NM/F amotinado(-a)
émeuve [emœv] VB *voir* **émouvoir**
émietter [emjete] VT (*pain*) desmigajar; (*terre*) deshacer; (*fig*) dividir ■ **s'émietter** VPR (*terre*) desmenuzarse; (*pain*) desmigajarse
émigrant, e [emigʀɑ̃, ɑ̃t] NM/F emigrante *mf*
émigration [emigʀasjɔ̃] NF emigración *f*
émigré, e [emigʀe] NM/F emigrado(-a)
émigrer [emigʀe] VI emigrar
émincé [emɛ̃se] NM : **~ de veau** *plato de rodajas muy finas de carne de ternera*
émincer [emɛ̃se] VT (*viande*) trinchar; (*oignons etc*) cortar en rodajas finas

éminemment [eminamã] ADV eminentemente

éminence [eminãs] NF eminencia; (*colline*) elevación *f*; **Son/Votre É~** Su/Vuestra Eminencia; **~ grise** eminencia gris

éminent, e [eminã, ãt] ADJ eminente

émir [emiʀ] NM emir *m*

émirat [emiʀa] NM emirato; **les Émirats arabes unis** los Emiratos Árabes Unidos

émis [emi] PP *de* **émettre**

émissaire [emisɛʀ] NM emisario

émission [emisjɔ̃] NF emisión *f*

émit [emi] VB *voir* **émettre**

emmagasinage [ãmagazinaʒ] NM almacenamiento

emmagasiner [ãmagazine] VT almacenar

emmailloter [ãmajɔte] VT poner pañales a

emmanchure [ãmãʃyʀ] NF sisa

emmêlement [ãmɛlmã] NM enmarañamiento

emmêler [ãmele] VT (*aussi fig*) enmarañar ▪ **s'emmêler** VPR enmarañarse

emménagement [ãmenaʒmã] NM mudanza

emménager [ãmenaʒe] VI mudarse; **~ dans** instalarse en

emmener [ãm(ə)ne] VT llevar; (*comme otage, capture, avec soi*) llevarse; **~ qn au cinéma/restaurant** llevar a algn al cine/restaurante

emmental, emmenthal [emɛ̃tal] NM emmental *m*

emmerdement [ãmɛʀdəmã] (*fam*) NM (*plus souvent au pluriel : ennui*) problema *m*, marrón *m* (*fam*)

emmerder [ãmɛʀde] (*fam !*) VT dar el coñazo a (*fam !*), fregar (*AM fam !*) ▪ **s'emmerder** VPR aburrirse la hostia (*fam !*); **je t'emmerde !** ¡que te den! (*fam !*)

emmitoufler [ãmitufle] VT arropar ▪ **s'emmitoufler** VPR arroparse

emmurer [ãmyʀe] VT (*dans un cachot*) encerrar; (*accidentellement*) emparedar

émoi [emwa] NM emoción *f*; (*trouble*) inquietud *f*; **en ~** excitado(-a); **créer l'~** causar conmoción

émollient, e [emɔljã, jãt] ADJ emoliente

émoluments [emɔlymã] NMPL emolumentos *mpl*

émonder [emɔ̃de] VT (*arbre*) podar; (*amande etc*) mondar

émoticone [emɔticon] NM emoticono

émotif, -ive [emɔtif, iv] ADJ (*troubles etc*) emocional; (*personne*) emotivo(-a)

émotion [emosjɔ̃] NF emoción *f*; **avoir des émotions** (*fig*) tener sobresaltos; **donner des émotions à** dar sobresaltos a; **sans ~** sin emoción

émotionnant, e [emosjɔnã, ãt] ADJ emocionante

émotionnel, le [emosjɔnɛl] ADJ emocional

émotionner [emosjɔne] VT emocionar

émoulu, e [emuly] ADJ : **frais ~ de** recién salido(-a) de

émoussé, e [emuse] ADJ desafilado(-a)

émousser [emuse] VT (*couteau, lame*) desafilar; (*fig*) debilitar

émoustiller [emustije] VT alegrar

émouvant, e [emuvã, ãt] ADJ conmovedor(a)

émouvoir [emuvwaʀ] VT (*attendrir*) conmover; (*troubler*) turbar ▪ **s'émouvoir** VPR (*s'attendrir*) conmoverse; (*se troubler*) turbarse; **s'~ de qch** conmoverse por algo

e

empailler [ãpɑje] VT disecar

empailleur, -euse [ãpɑjœʀ, øz] NM/F disecador(a)

empaler [ãpale] VT empalar ▪ **s'empaler** VPR : **s'~ sur** empalarse en

empaquetage [ãpaktaʒ] NM empaquetado

empaqueter [ãpakte] VT empaquetar

emparer [ãpaʀe] : **s'emparer de** VPR apoderarse de; (*Mil*) adueñarse de; **s'~ du pouvoir** hacerse con el poder

empâter [ãpɑte] : **s'empâter** VPR engordar

empathie [ãpati] NF (*Psych*) empatía

empattement [ãpatmã] NM (*Auto*) batalla; (*Typo*) grueso

empêché, e [ãpeʃe] ADJ ocupado(-a)

empêchement [ãpɛʃmã] NM impedimento

empêcher [ãpeʃe] VT impedir; **~ qn de faire qch** impedir a algn que haga algo; **~ que qch (n')arrive/que qn (ne) fasse** impedir que algo pase/que algn haga; **il n'empêche que** eso no quita que; **je ne peux pas m'~ de penser** no puedo dejar de pensar; **il n'a pas pu s'~ de rire** no pudo evitar reírse

empêcheur [ãpɛʃœʀ] NM : **~ de danser** *ou* **tourner en rond** aguafiestas *mf inv*

empeigne [ãpɛɲ] NF empeine *m*

empennage [ãpenaʒ] NM (*Aviat*) estabilizador *m*

empereur [ãpʀœʀ] NM emperador *m*

empesé, e [ãpəze] ADJ (*fig*) afectado(-a)

empeser [ãpəze] VT almidonar

empester [ãpɛste] VT, VI apestar; **~ le tabac/le vin** apestar a tabaco/a vino

empêtrer [ãpetʀe] : **s'empêtrer** VPR (*aussi fig*) enredarse; **s'~ dans ses explications** enredarse en sus explicaciones

emphase [ãfɑz] NF énfasis *msg*; **avec ~** con énfasis

emphatique [ãfatik] ADJ enfático(-a)

empiècement [ãpjɛsmã] NM (*Couture*) canesú *m*

empierrer [ãpjeʀe] VT empedrar

empiéter [ãpjete] : **~ sur** *vt* (*aussi fig*) invadir

empiffrer [ãpifʀe] : **s'empiffrer** VPR (*péj*) atiborrarse; **s'~ de qch** atiborrarse de algo

empiler [ɑ̃pile] VT apilar ■ **s'empiler** VPR amontonarse

empire [ɑ̃piʀ] NM imperio; (*fig*) dominio; **style E~** estilo imperio; **sous l'~ de** bajo los efectos de

empirer [ɑ̃piʀe] VI empeorar

empirique [ɑ̃piʀik] ADJ empírico(-a)

empirisme [ɑ̃piʀism] NM empirismo

emplacement [ɑ̃plasmɑ̃] NM emplazamiento; **sur l'~ de** en el emplazamiento de

emplâtre [ɑ̃plɑtʀ] NM cataplasma

emplette [ɑ̃plɛt] NF : **faire des emplettes** ir de tiendas; **faire l'~ de** adquirir

emplir [ɑ̃pliʀ] VT llenar ■ **s'emplir (de)** VPR llenarse (de)

emploi [ɑ̃plwa] NM empleo; **l'~** (*Comm, Écon*) el empleo; **d'~ facile/délicat** de uso fácil/delicado; **offre/demande d'~** oferta/demanda de empleo; **le plein ~** pleno empleo; **~ du temps** horario

emploie [ɑ̃plwa] VB *voir* **employer**

employé, e [ɑ̃plwaje] NM/F empleado(-a); **~ de banque** empleado(-a) de banco; **~ de bureau** oficinista *mf*; **~ de maison** criado(-a)

employer [ɑ̃plwaje] VT emplear; **~ la force/les grands moyens** emplear fuerza/fuerzas mayores ■ **s'employer** VPR : **s'~ à qch/à faire** esforzarse por algo/por hacer

employeur, -euse [ɑ̃plwajœʀ, øz] NM/F empleador(a)

empocher [ɑ̃pɔʃe] VT embolsar

empoignade [ɑ̃pwaɲad] NF altercado

empoigne [ɑ̃pwaɲ] NF : **foire d'~** batalla campal

empoigner [ɑ̃pwaɲe] VT empuñar ■ **s'empoigner** VPR (*fig*) ir a las manos

empois [ɑ̃pwa] NM engrudo

empoisonné, e [ɑ̃pwazɔne] ADJ (*volontairement*) envenenado(-a); (*fig*) : **un cadeau ~** un regalo envenenado

empoisonnement [ɑ̃pwazɔnmɑ̃] NM (*volontairement*) envenenamiento; (*accidentellement*) intoxicación *f*

empoisonner [ɑ̃pwazɔne] VT (*volontairement*) envenenar; (*accidentellement, empester*) intoxicar; (*fam : embêter*) : **~ qn** fastidiar a algn; **~ l'atmosphère** (*fig*) cargar la atmósfera; **il nous empoisonne l'existence** nos amarga la existencia ■ **s'empoisonner** VPR (*volontairement*) envenenarse; (*accidentellement*) intoxicarse

empoissonner [ɑ̃pwasɔne] VT poblar de peces

emporté, e [ɑ̃pɔʀte] ADJ arrebatado(-a)

emportement [ɑ̃pɔʀtəmɑ̃] NM enfurecimiento

emporte-pièce [ɑ̃pɔʀtəpjɛs] (*pl* **emporte-pièces**) NM (*Tech*) sacabocados *m inv*; **à l'~** (*fig : péj : déclarations, jugement*) de trazo grueso

emporter [ɑ̃pɔʀte] VT llevar; (*en dérobant, enlevant*) arrebatar; (*suj : courant, vent, avalanche*) arrastrar; (*suj : enthousiasme, colère*) arrebatar; (*gagner, Mil*) lograr; **la maladie qui l'a emporté** la enfermedad que se lo ha llevado; **l'~** ganar; **l'~ sur** desbancar a; **boissons/plats chauds à ~** bebidas *fpl*/comidas *fpl* calientes para llevar ■ **s'emporter** VPR enfurecerse

empoté, e [ɑ̃pɔte] ADJ torpe, zoquete

empourpré, e [ɑ̃puʀpʀe] ADJ enrojecido(-a)

empreint, e [ɑ̃pʀɛ̃, ɛ̃t] ADJ : **~ de** impregnado(-a) de

empreinte [ɑ̃pʀɛ̃t] NF (*aussi fig*) huella; **~ carbone** huella de carbono; **empreintes (digitales)** huellas *fpl* (dactilares); **~ écologique** huella ecológica

empressé, e [ɑ̃pʀese] ADJ solícito(-a)

empressement [ɑ̃pʀɛsmɑ̃] NM (*sollicitude*) solicitud *f*; (*hâte*) prisa

empresser [ɑ̃pʀese] : **s'empresser** VPR apresurarse; **s'~ auprès de qn** mostrarse solícito(-a) con algn; **s'~ de faire** apresurarse a hacer

emprise [ɑ̃pʀiz] NF influencia; **sous l'~ de** bajo la influencia de

emprisonnement [ɑ̃pʀizɔnmɑ̃] NM encarcelamiento; **une peine d'~ de trois à cinq ans** una pena de prisión de tres a cinco años

emprisonner [ɑ̃pʀizɔne] VT encarcelar; (*fig*) encerrar

emprunt [ɑ̃pʀœ̃] NM (*gén, Fin*) préstamo; (*littéraire*) imitación *f*; **nom d'~** (p)seudónimo; **~ d'État** empréstito de Estado; **~ public à 5%** empréstito público al 5%; **« palabres » est un ~ à l'espagnol « palabra »** « palabres » es un préstamo del español « palabra »

emprunté, e [ɑ̃pʀœ̃te] ADJ (*fig*) forzado(-a)

emprunter [ɑ̃pʀœ̃te] VT (*gén, Fin*) pedir *ou* tomar prestado; (*route, itinéraire*) seguir; (*style, manière*) imitar; **~ de l'argent** pedir dinero prestado, pedir un préstamo; **~ qch à qn** tomar prestado algo de algn

> Pour traduire le verbe **emprunter** en espagnol, on a recours au verbe *prestar* (**prêter**). On parle ainsi de *pedir prestado* (« demander en prêt ») ou *tomar prestado* (« prendre en prêt ») :
> **Je lui ai emprunté son appareil photo.** Le pedí prestada su cámara.
> **Il m'a emprunté ma voiture.** Me ha tomado prestado el coche.

emprunteur, -euse [ɑ̃pʀœ̃tœʀ, øz] NM/F prestatario(-a)

empuantir [ɑ̃pɥɑ̃tiʀ] VT infestar

ému, e [emy] PP *de* **émouvoir** ▸ ADJ (*de joie, gratitude*) emocionado(-a); (*d'attendrissement*) conmovido(-a)

émulation [emylasjɔ̃] NF emulación *f*

émule [emyl] NMF (*aussi péj*) émulo(-a)

émulsion [emylsjɔ̃] NF emulsión *f*

émut [emy] VB *voir* **émouvoir**

en [ɑ̃]

▸ PRÉP 1 (*endroit, pays*) en; (*direction*) a; **habiter en France/en ville** vivir en Francia/en la ciudad; **aller en France/en ville** ir a Francia/a la ciudad
2 (*temps*) en; **en trois jours/20 ans** en tres días/20 años; **en été/juin** en verano/junio
3 (*moyen*) en; **en avion/taxi** en avión/taxi
4 (*composition*) de; **c'est en verre/bois** es de cristal/madera; **un collier en argent** un collar de plata
5 (*description, état*) : **une femme en rouge** una mujer de rojo; **peindre qch en rouge** pintar algo de rojo; **en T/étoile** en forma de T/en estrella; **en chemise/chaussettes** en camisa/calcetines; **en soldat** de soldado; **en civil** de civil *ou* paisano; **en deuil** de luto; **cassé en plusieurs morceaux** roto en varios pedazos; **en réparation** en reparación; **partir en vacances** marcharse de vacaciones; **le même en plus grand** el mismo en tamaño más grande; **en bon diplomate, il n'a rien dit** como buen diplomático, no dijo nada; **expert/licencié en ...** experto/licenciado en ...; **fort en maths** fuerte en matemáticas; **être en bonne santé** estar bien de salud; **en deux volumes/une pièce** en dos volúmenes/una pieza; *voir aussi* **tant**; **croire** *etc*
6 (*en tant que*) : **en bon chrétien** como buen cristiano; **je te parle en ami** te hablo como amigo
7 (*avec gérondif*) : **en travaillant/dormant** al trabajar/dormir, trabajando/durmiendo; **en apprenant la nouvelle/sortant, ...** al saber la noticia/al salir, ...; **sortir en courant** salir corriendo
▸ PRON 1 (*indéfini*) : **j'en ai ...** tengo ...; **en as-tu ?** ¿tienes?; **en veux-tu ?** ¿quieres?; **je n'en veux pas** no quiero; **j'en ai deux** tengo dos; **j'en ai assez** (*fig*) tengo bastante; (*j'en ai marre*) estoy harto de eso; **combien y en a-t-il ?** ¿cuántos hay?; **où en étais-je ?** ¿dónde estaba?; **j'en viens à penser que ...** eso me lleva a pensar que ...; **il en va ainsi** *ou* **de même pour toi !** ¡y tú igual!
2 (*provenance*) de allí; **j'en viens/sors** vengo/salgo (de allí)
3 (*cause*) : **il en est malade/perd le sommeil** está enfermo/pierde el sueño (por ello); (*: instrument, agent*) : **il en est aimé** es estimado (por ello)
4 (*complément de nom, d'adjectif, de verbe*) : **j'en connais les dangers/défauts** conozco los peligros/defectos de eso; **j'en suis fier** estoy orgulloso de ello; **j'en ai besoin** lo necesito

ENA [ena] SIGLE F (= *École nationale d'administration*) *universidad de élite para altos cargos de la Administración*

énarque [enaʀk] NMF *diplomado por la ENA (École nationale d'administration)*

encablure [ɑ̃kablyʀ] NF (*Naut*) cable *m*

encadrement [ɑ̃kadʀəmɑ̃] NM (*de porte*) marco; **l'~ des loyers** el control del precio del alquiler; **~ du crédit** control *m* del crédito

encadrer [ɑ̃kadʀe] VT (*tableau, image*) enmarcar; (*entourer*) rodear; (*personnel*) dirigir; (*soldats*) tener a su mando; (*crédit*) controlar

encadreur [ɑ̃kadʀœʀ] NM montador *m* de marcos

encaisse [ɑ̃kɛs] NF : **~ or/métallique** respaldo de oro/de metal

encaissé, e [ɑ̃kese] ADJ encajonado(-a)

encaisser [ɑ̃kese] VT (*chèque, argent*) cobrar; (*coup, défaite*) encajar

encaisseur [ɑ̃kɛsœʀ] NM cobrador *m*

encan [ɑ̃kɑ̃] : **à l'~** *adv* en subasta

encanailler [ɑ̃kanaje] : **s'encanailler** VPR corromperse

encart [ɑ̃kaʀ] NM encarte *m*; **~ publicitaire** volante *m* publicitario

encarter [ɑ̃kaʀte] VT insertar

en-cas [ɑ̃ka] NM INV tentempié *m*

encastrable [ɑ̃kastʀabl] ADJ (*four*) empotrable

encastré [ɑ̃kastʀe] ADJ empotrado(-a)

encastrer [ɑ̃kastʀe] VT : **~ qch dans** (*mur*) empotrar algo en; (*boîtier*) encastrar algo en ▪ **s'encastrer** VPR : **s'~ dans** embutirse en; (*boîtier*) encastrarse en

encaustique [ɑ̃kostik] NF cera

encaustiquer [ɑ̃kostike] VT encerar

enceinte [ɑ̃sɛ̃t] ADJ F : **~ de six mois** encinta *ou* embarazada de seis meses ▸ NF (*mur*) muralla; (*espace*) recinto; **~ (acoustique)** bafle *m*

encens [ɑ̃sɑ̃] NM incienso

encenser [ɑ̃sɑ̃se] VT incensar; (*fig*) adular

encensoir [ɑ̃sɑ̃swaʀ] NM incensario

encéphalogramme [ɑ̃sefalɔgʀam] NM encefalograma *m*

encercler [ɑ̃sɛʀkle] VT cercar

enchaîné [ɑ̃ʃene] NM (*Ciné*) encadenado

enchaînement [ɑ̃ʃɛnmɑ̃] NM encadenamiento

enchaîner [ɑ̃ʃene] VT encadenar ▸ VI proseguir

enchanté, e [ɑ̃ʃɑ̃te] ADJ encantado(-a); **~ de faire votre connaissance** encantado(-a) de conocerle

enchantement [ɑ̃ʃɑ̃tmɑ̃] NM encantamiento; **comme par ~** como por arte de magia

enchanter [ɑ̃ʃɑ̃te] VT encantar

enchanteur, -eresse [ɑ̃ʃɑ̃tœʀ, tʀɛs] ADJ encantador(-a)

enchâsser [ɑ̃ʃase] VT (*diamant*) engarzar; **~ qch dans** encastrar algo en

enchère [ɑ̃ʃɛʀ] NF oferta; **faire une ~ pour** hacer una oferta por, pujar por; **mettre aux enchères** sacar a subasta; **vendre qch aux enchères** subastar algo; **les enchères montent**

las ofertas suben; **faire monter les enchères** (*fig*) hacer subir las ofertas

enchérir [ɑ̃ʃeʀiʀ] VI : **~ sur qn** (*aussi fig*) sobrepujar a algn

enchevêtré, e [ɑ̃ʃ(ə)vetʀe] ADJ enredado(-a)

enchevêtrement [ɑ̃ʃ(ə)vɛtʀəmɑ̃] NM lío

enchevêtrer [ɑ̃ʃ(ə)vetʀe] VT enredar ■ **s'enchevêtrer** VPR enredarse

enclave [ɑ̃klav] NF enclave *m*

enclaver [ɑ̃klave] VT encerrar

enclencher [ɑ̃klɑ̃ʃe] VT (*mécanisme*) enganchar; (*affaire*) iniciar ■ **s'enclencher** VPR ponerse en marcha

enclin, e [ɑ̃klɛ̃, in] ADJ : **~ à qch/à faire** propenso(-a) a algo/a hacer

enclore [ɑ̃klɔʀ] VT cercar

enclos [ɑ̃klo] NM cercado

enclume [ɑ̃klym] NF yunque *m*

encoche [ɑ̃kɔʃ] NF muesca

encoder [ɑ̃kɔde] VT codificar

encodeur [ɑ̃kɔdœʀ] NM codificador *m*

encoignure [ɑ̃kɔɲyʀ] NF rincón *m*

encoller [ɑ̃kɔle] VT encolar

encolure [ɑ̃kɔlyʀ] NF (*mesure*) (medida del) cuello; (*col, cou*) cuello

encombrant, e [ɑ̃kɔ̃bʀɑ̃, ɑ̃t] ADJ voluminoso(-a)

encombre [ɑ̃kɔ̃bʀ] : **sans ~** *adv* sin dificultad

encombré, e [ɑ̃kɔ̃bʀe] ADJ (*pièce, passage*) abarrotado(-a); (*lignes téléphoniques, marché*) saturado(-a)

encombrement [ɑ̃kɔ̃bʀəmɑ̃] NM (*d'un lieu*) obstrucción *f*; (*de circulation*) embotellamiento; (*des lignes téléphoniques*) saturación *f*; (*d'un objet*) volumen *m*

encombrer [ɑ̃kɔ̃bʀe] VT (*couloir, rue*) obstruir; (*mémoire, marché*) abarrotar; (*personne*) estorbar; **~ le passage** obstruir el paso ■ **s'encombrer** VPR : **s'~ de** (*bagages etc*) cargarse de *ou* con

encontre [ɑ̃kɔ̃tʀ] : **à l'~ de** *prép* (*contre*) en contra de, contra; (*contraire à*) en contra de

encorbellement [ɑ̃kɔʀbɛlmɑ̃] NM (*Archit*) saledizo; **fenêtre en ~** ventana en saliente

encorder [ɑ̃kɔʀde] : **s'encorder** VPR encordarse

encore [ɑ̃kɔʀ]

ADV **1** (*continuation*) todavía; **il travaille encore** trabaja todavía; **pas encore** todavía no
2 (*de nouveau*) : **elle m'a encore demandé de l'argent** me ha vuelto a pedir dinero; **encore !** (*insatisfaction*) ¡otra vez!; **encore un effort** un esfuerzo más; **j'irai encore demain** iré también mañana; **encore une fois** una vez más; **encore deux jours** dos días más
3 (*intensif*) : **encore plus fort/mieux** aún más fuerte/mejor; **hier encore** todavía ayer; **non seulement ..., mais encore** no solo ... sino también
4 (*restriction*) al menos; **encore pourrais-je le faire, si j'avais de l'argent** si al menos tuviera dinero, podría hacerlo; **si encore** si por lo menos; **(et puis) quoi encore ?** ¿y qué más?; **encore que** *conj* aunque

encourageant, e [ɑ̃kuʀaʒɑ̃, ɑ̃t] ADJ alentador(a)

encouragement [ɑ̃kuʀaʒmɑ̃] NM (*récompense*) estímulo; (*acte, parole*) ánimos *mpl*

encourager [ɑ̃kuʀaʒe] VT (*personne*) animar; (*activité, tendance*) fomentar; **~ qn à faire qch** animar a algn para que haga algo

encourir [ɑ̃kuʀiʀ] VT exponerse a

encrasser [ɑ̃kʀase] VT ensuciar ■ **s'encrasser** VPR (*tuyau, filtre*) atascarse; (*bougies d'allumage*) cubrirse de grasa

encre [ɑ̃kʀ] NF tinta; **~ de Chine** tinta china; **~ indélébile** tinta indeleble; **~ sympathique** tinta simpática *ou* invisible

encrer [ɑ̃kʀe] VT entintar

encreur [ɑ̃kʀœʀ] ADJ M : **rouleau ~** rodillo entintador

encrier [ɑ̃kʀije] NM tintero

encroûter [ɑ̃kʀute] : **s'encroûter** VPR (*fig*) embrutecerse

encyclique [ɑ̃siklik] NF encíclica

encyclopédie [ɑ̃siklɔpedi] NF enciclopedia

encyclopédique [ɑ̃siklɔpedik] ADJ enciclopédico(-a)

endémique [ɑ̃demik] ADJ (*aussi fig*) endémico(-a)

endetté, e [ɑ̃dete] ADJ endeudado(-a); **très ~ envers qn** (*fig*) muy endeudado(-a) con algn

endettement [ɑ̃dɛtmɑ̃] NM endeudamiento

endetter [ɑ̃dete] VT endeudar ■ **s'endetter** VPR endeudarse

endeuiller [ɑ̃dœje] VT enlutar; **manifestation endeuillée par ...** manifestación *f* marcada por ...

endiablé, e [ɑ̃djɑble] ADJ (*allure, rythme*) endiablado(-a); (*enfant*) revoltoso(-a)

endiguer [ɑ̃dige] VT encauzar; (*fig*) refrenar

endimanché, e [ɑ̃dimɑ̃ʃe] ADJ endomingado(-a); **avoir l'air ~** parecer incómodo(-a) con la ropa

endimancher [ɑ̃dimɑ̃ʃe] : **s'endimancher** VPR endomingarse, vestirse de domingo

endive [ɑ̃div] NF endibia

endocrine [ɑ̃dɔkʀin] ADJ F : **glande ~** glándula endocrina

endoctrinement [ɑ̃dɔktʀinmɑ̃] NM adoctrinamiento

endoctriner [ɑ̃dɔktʀine] VT adoctrinar

endolori, e [ɑ̃dɔlɔʀi] ADJ dolorido(-a)

endommager [ɑ̃dɔmaʒe] VT dañar

endormant, e [ɑ̃dɔʀmɑ̃, ɑ̃t] ADJ adormecedor(a)

endormi, e [ɑ̃dɔʀmi] PP *de* **endormir** ▸ ADJ dormido(-a); (*indolent, lent*) lento(-a)

endormir [ɑ̃dɔʀmiʀ] VT adormecer, dormir; (*soupçons*) engañar; (*ennemi*) burlar; (*ennuyer*) adormecer; (*Méd*) anestesiar ▪ **s'endormir** VPR (*aussi fig*) dormirse

endoscope [ɑ̃dɔskɔp] NM endoscopio

endoscopie [ɑ̃dɔskɔpi] NF endoscopia

endosser [ɑ̃dose] VT (*responsabilité*) asumir; (*chèque*) endosar; (*uniforme*) ponerse

endroit [ɑ̃dʀwa] NM lugar *m*, sitio; (*opposé à l'envers*) derecho; **à l'~** (*vêtement*) al derecho; **à l'~ de** (*à l'égard de*) con respecto a; **les gens de l'~** la gente del lugar; **par endroits** en algunos sitios; **à cet ~** en ese sitio

enduire [ɑ̃dɥiʀ] VT : **~ qch de** recubrir algo con *ou* de ▪ **s'enduire** VPR untarse

enduit, e [ɑ̃dɥi, it] PP *de* **enduire** ▸ NM argamasa

endurance [ɑ̃dyʀɑ̃s] NF resistencia

endurant, e [ɑ̃dyʀɑ̃, ɑ̃t] ADJ resistente

endurci, e [ɑ̃dyʀsi] ADJ : **buveur/célibataire ~** borracho/solterón *m* empedernido

endurcir [ɑ̃dyʀsiʀ] VT endurecer ▪ **s'endurcir** VPR endurecerse

endurer [ɑ̃dyʀe] VT aguantar

énergétique [enɛʀʒetik] ADJ energético(-a)

énergie [enɛʀʒi] NF (*aussi fig*) energía

énergique [enɛʀʒik] ADJ enérgico(-a)

énergiquement [enɛʀʒikmɑ̃] ADV enérgicamente

énergisant, e [enɛʀʒizɑ̃, ɑ̃t] ADJ energético(-a)

énergumène [enɛʀgymɛn] NM energúmeno

énervant, e [enɛʀvɑ̃, ɑ̃t] ADJ irritante

énervé, e [enɛʀve] ADJ nervioso(-a); (*agacé*) irritado(-a)

énervement [enɛʀvəmɑ̃] NM nerviosismo

énerver [enɛʀve] VT poner nervioso(-a), enervar ▪ **s'énerver** VPR ponerse nervioso(-a), enervarse

enfance [ɑ̃fɑ̃s] NF (*âge*) niñez *f*; (*fig*) principio; (*enfants*) infancia; **c'est l'~ de l'art** está tirado; **petite ~** primera infancia; **souvenir/ami d'~** recuerdo/amigo de infancia; **retomber en ~** volver a la niñez

enfant [ɑ̃fɑ̃] NMF (*garçon, fillette : aussi fig*) niño(-a); (*fils, fille : aussi fig*) hijo(-a); **petit ~** nene(-a); **bon ~** bonachón(-ona); **~ adoptif** hijo(-a) adoptivo(-a); **~ de chœur** (*Rel, fig*) monaguillo; **~ naturel(le)/unique** hijo(-a) natural/único(-a); **~ prodige** niño(-a) prodigio

enfanter [ɑ̃fɑ̃te] VI dar a luz, parir ▸ VT (*œuvre*) dar a luz

enfantillage [ɑ̃fɑ̃tijaʒ] (*péj*) NM chiquillada

enfantin, e [ɑ̃fɑ̃tɛ̃, in] ADJ infantil

enfer [ɑ̃fɛʀ] NM infierno; **allure/bruit d'~** ritmo/ruido infernal

enfermer [ɑ̃fɛʀme] VT (*à clé etc*) encerrar ▪ **s'enfermer** VPR encerrarse; **s'~ à clé** cerrarse con llave; **s'~ dans la solitude/le mutisme** encerrarse en la soledad/el mutismo

enferrer [ɑ̃fere] : **s'enferrer** VPR : **s'~ dans** enredarse con

enfiévré [ɑ̃fjevʀe] ADJ (*fig*) enardecido(-a)

enfilade [ɑ̃filad] NF : **une ~ de ruelles/de maisons** una hilera de calles/de casas; **en ~** en fila; **prendre des rues en ~** enfilar las calles

enfiler [ɑ̃file] VT (*perles*) ensartar; (*aiguille*) enhebrar; (*rue, couloir*) enfilar; **~ qch** (*vêtement*) ponerse algo; **~ qch dans** (*insérer*) meter algo en ▪ **s'enfiler** VPR : **s'~ dans** (*entrer dans*) enfilar

enfin [ɑ̃fɛ̃] ADV (*pour finir*) finalmente; (*en dernier lieu, pour conclure*) por último; (*de restriction, résignation*) en fin; (*eh bien !*) ¡por fin!

enflammé, e [ɑ̃flame] ADJ (*torche, allumette*) encendido(-a); (*Méd*) inflamado(-a); (*nature, discours*) entusiasta

enflammer [ɑ̃flame] VT (*aussi fig*) inflamar ▪ **s'enflammer** VPR inflamarse

enflé, e [ɑ̃fle] (*aussi péj*) ADJ hinchado(-a)

enfler [ɑ̃fle] VI (*Méd*) inflamar, hincharse

enflure [ɑ̃flyʀ] NF inflamación *f*

enfoncé, e [ɑ̃fɔ̃se] ADJ hundido(-a); **yeux enfoncés (dans les orbites)** ojos *mpl* hundidos (en las órbitas)

enfoncement [ɑ̃fɔ̃smɑ̃] NM (*recoin*) hueco

enfoncer [ɑ̃fɔ̃se] VT (*clou*) clavar; (*forcer, défoncer, faire pénétrer*) hundir; (*lignes ennemies*) derrotar; (*fam : surpasser*) derribar; **~ un chapeau sur la tête** calarse un sombrero en la cabeza; **~ qn dans la dette** hundir a algn en deudas ▸ VI (*dans la vase etc*) hundirse ▪ **s'enfoncer** VPR hundirse; **s'~ dans** hundirse en; (*forêt, ville*) adentrarse en; (*mensonge*) sumirse en; (*erreur*) andar en

enfouir [ɑ̃fwiʀ] VT (*dans le sol*) enterrar; (*dans un tiroir, une poche*) meter en el fondo ▪ **s'enfouir** VPR : **s'~ dans/sous** refugiarse en/ocultarse bajo

enfourcher [ɑ̃fuʀʃe] VT montar a horcajadas; **~ son dada** (*fig*) comenzar con su tema

enfourner [ɑ̃fuʀne] VT poner al horno, meter en el horno; **~ qch dans** meter algo en ▪ **s'enfourner** VPR : **s'~ dans** meterse en

enfreignais [ɑ̃fʀeɲɛ] VB *voir* **enfreindre**

enfreindre [ɑ̃fʀɛ̃dʀ] VT infringir

enfuir [ɑ̃fɥiʀ] : **s'enfuir** VPR huir

enfumé, e [ɑ̃fyme] ADJ lleno(-a) de humo

enfumer [ɑ̃fyme] VT ahumar

enfuyais [ɑ̃fɥijɛ] VB *voir* **enfuir**

engagé, e [ɑ̃gaʒe] ADJ (*littérature, politique*) comprometido(-a) ▸ NM (*Mil*) voluntario

engageant, e [ɑ̃gaʒɑ̃, ɑ̃t] ADJ atractivo(-a)

engagement [ɑ̃gaʒmɑ̃] NM compromiso; (*contrat professionnel*) contrato; (*combat*) intervención *f*; (*recrutement*) alistamiento voluntario; (*Sport*) saque *m* de centro; **prendre l'~ de faire** comprometerse a hacer; **sans ~** (*Comm*) sin compromiso

engager [ɑ̃gaʒe] VT (*embaucher*) contratar; (*débat*) iniciar; (*négociations*) entablar; (*lier*) comprometer; (*impliquer, entraîner*) implicar; (*argent*) colocar; (*faire intervenir*) hacer intervenir; **10 chevaux sont engagés dans cette course** 10 caballos toman parte en esta carrera; **~ qn à faire/à qch** incitar a algn a hacer/a algo; **~ qch dans** (*faire pénétrer*) meter algo en ■ **s'engager** VPR (*s'embaucher*) incorporarse; (*Mil*) alistarse; (*politiquement, promettre*) comprometerse; (*négociations*) entablarse; **s'~ à faire qch** comprometerse a hacer algo; **s'~ dans** (*rue, passage*) enfilar; (*voie, carrière, discussion*) meterse en

engazonner [ɑ̃gazɔne] VT cubrir de césped

engeance [ɑ̃ʒɑ̃s] NF (*péj*) gentuza

engelures [ɑ̃ʒlyʀ] NFPL sabañones *mpl*

engendrer [ɑ̃ʒɑ̃dʀe] VT engendrar

engin [ɑ̃ʒɛ̃] NM máquina; (*péj*) artefacto; (*missile*) proyectil *m*; **~ blindé** vehículo blindado; **~ de terrassement** excavadora; **~ explosif** artefacto explosivo; **engins (spéciaux)** misiles *mpl*

englober [ɑ̃glɔbe] VT englobar

engloutir [ɑ̃glutiʀ] VT (*aussi fig*) tragar ■ **s'engloutir** VPR hundirse

englué, e [ɑ̃glye] ADJ enviscado(-a)

engoncé, e [ɑ̃gɔ̃se] ADJ : **~ dans** embutido(-a) en

engorgement [ɑ̃gɔʀʒəmɑ̃] NM atasco; (*Méd*) hinchazón *f*

engorger [ɑ̃gɔʀʒe] VT (*tuyau, rue*) atascar; (*marché*) saturar ■ **s'engorger** VPR atascarse

engouement [ɑ̃gumɑ̃] NM apasionamiento

engouffrer [ɑ̃gufʀe] VT engullir ■ **s'engouffrer** VPR : **s'~ dans** (*suj : vent, eau*) penetrar en; (*: personnes*) precipitarse en

engourdi, e [ɑ̃guʀdi] ADJ entumecido(-a)

engourdir [ɑ̃guʀdiʀ] VT (*membres*) entumecer; (*esprit*) abotargar ■ **s'engourdir** VPR entumecerse; abotargarse

engourdissement [ɑ̃guʀdismɑ̃] NM (*des membres*) entumecimiento; (*de l'esprit*) abotargamiento

engrais [ɑ̃gʀɛ] NM abono; **~ chimique/minéral/naturel** abono químico/mineral/natural; **~ organique/vert** abono orgánico/verde

engraisser [ɑ̃gʀese] VT (*animal*) cebar; (*terre*) abonar ▸ VI (*péj : personne*) forrarse

engranger [ɑ̃gʀɑ̃ʒe] VT (*foin*) entrojar; (*fig*) almacenar

engrenage [ɑ̃gʀənaʒ] NM (*aussi fig*) engranaje *m*

engueulade [ɑ̃gœlad] (*fam*) NF bronca

engueuler [ɑ̃gœle] (*fam*) VT : **~ qn** echar una bronca a algn (*fam*); **se faire ~** llevarse una bronca ■ **s'engueuler** VPR tener una bronca

enguirlander [ɑ̃giʀlɑ̃de] (*fam*) VT echar un rapapolvo a (*fam*)

enhardir [ɑ̃aʀdiʀ] VT animar ■ **s'enhardir** VPR envalentonarse

énième [ɛnjɛm] ADJ *voir* **nième**

énigmatique [enigmatik] ADJ enigmático(-a)

énigmatiquement [enigmatikmɑ̃] ADV enigmáticamente

énigme [enigm] NF enigma *m*

enivrant, e [ɑ̃nivʀɑ̃, ɑ̃t] ADJ embriagador(a)

enivrer [ɑ̃nivʀe] VT (*aussi fig*) embriagar, emborrachar ■ **s'enivrer** VPR (*en buvant*) emborracharse, embriagarse; **s'~ de** (*fig*) embriagarse de, emborracharse de

enjambée [ɑ̃ʒɑ̃be] NF zancada; **d'une ~** de una zancada

enjambement [ɑ̃ʒɑ̃bmɑ̃] NM (*en poésie*) encabalgamiento

enjamber [ɑ̃ʒɑ̃be] VT franquear

enjeu, x [ɑ̃ʒø] NM apuesta; (*d'une élection, d'un match*) lo que está en juego

enjoindre [ɑ̃ʒwɛ̃dʀ] VT : **~ qn de faire** ordenar a algn que haga

enjôler [ɑ̃ʒole] VT engatusar

enjôleur, -euse [ɑ̃ʒolœʀ, øz] ADJ zalamero(-a)

enjolivement [ɑ̃ʒɔlivmɑ̃] NM adorno

enjoliver [ɑ̃ʒɔlive] VT (*aussi fig*) adornar

enjoliveur [ɑ̃ʒɔlivœʀ] NM (*Auto*) embellecedor *m*

enjoué, e [ɑ̃ʒwe] ADJ alegre

enlacer [ɑ̃lase] VT (*étreindre*) abrazar; (*suj : corde, liane*) enredarse alrededor de

enlaidir [ɑ̃ledir] VT afear ▸ VI afearse

enlevé, e [ɑ̃l(ə)ve] ADJ (*Mus*) ejecutado(-a) brillantemente

enlèvement [ɑ̃lɛvmɑ̃] NM (*rapt*) rapto; **l'~ des ordures ménagères** la recogida de basuras

enlever [ɑ̃l(ə)ve] VT quitar; (*ordures, meubles à déménager*) recoger; (*kidnapper*) raptar; (*prix, victoire*) conseguir; (*Mil*) tomar; **~ qch à qn** (*possessions, espoir*) quitar algo a algn; **la maladie qui nous l'a enlevé** (*euphémisme*) la enfermedad que nos lo ha llevado ■ **s'enlever** VPR (*tache*) quitarse

enlisement [ɑ̃lizmɑ̃] NM hundimiento; (*fig : de négociations, conflit*) estancamiento

enliser [ɑ̃lize] : **s'enliser** VPR hundirse; (*fig : négociations, conflit*) estancarse

enluminure [ɑ̃lyminyʀ] NF iluminación *f*

enneigé, e [ɑ̃neʒe] ADJ (*pente, col*) nevado(-a); (*maison*) cubierto(-a) de nieve

enneigement [ɑ̃nɛʒmɑ̃] NM cantidad *f* de nieve; **bulletin d'~** estado de la nieve

ennemi, e [ɛnmi] ADJ, NM/F enemigo(-a); **être ~ de** (*tendance, activité*) ser enemigo(-a) de ▸ NM (*Mil, gén*) enemigo

ennoblir [ɑ̃nɔbliʀ] VT ennoblecer

ennui [ɑ̃nɥi] NM (*lassitude*) aburrimiento; (*diffi-*

culté) problema *m*; **avoir/s'attirer des ennuis** tener/buscarse problemas

ennuie [ɑ̃nɥi] VB *voir* **ennuyer**

ennuyé, e [ɑ̃nɥije] ADJ (*préoccupé, contrarié*) contrariado(-a)

ennuyer [ɑ̃nɥije] VT (*importuner, gêner*) molestar; (*contrarier*) fastidiar; (*lasser*) aburrir; **si cela ne vous ennuie pas** si no le molesta ■ **s'ennuyer** VPR (*se lasser*) aburrirse; **s'~ de qch/qn** (*regretter*) echar de menos algo/a algn

ennuyeux, -euse [ɑ̃nɥijø, øz] ADJ (*lassant*) aburrido(-a); (*contrariant*) molesto(-a)

énoncé [enɔ̃se] NM enunciado

énoncer [enɔ̃se] VT enunciar; (*conditions*) formular

énonciation [enɔ̃sjasjɔ̃] NF enunciación *f*

enorgueillir [ɑ̃nɔʀgœjiʀ] : **s'enorgueillir de** VPR enorgullecerse de

énorme [enɔʀm] ADJ enorme

énormément [enɔʀmemɑ̃] ADV (*avec vb*) muchísimo; **~ de neige/gens** muchísima nieve/gente

énormité [enɔʀmite] NF barbaridad *f*; (*d'une faute etc*) enormidad *f*

enquérir [ɑ̃keʀiʀ] : **s'enquérir de** VPR preguntar por

enquête [ɑ̃kɛt] NF (*judiciaire, administrative, de police*) investigación *f*; (*de journaliste, sondage*) encuesta

enquêter [ɑ̃kete] VI (*gén, police*) investigar; (*journaliste, sondage*) hacer una encuesta; **~ sur** investigar sobre

enquêteur, -euse, -trice [ɑ̃kɛtœʀ, øz, tʀis] NM/F investigador(a)

enquière *etc* [ɑ̃kjɛʀ] VB *voir* **enquérir**

enquiers *etc* [ɑ̃kje] VB *voir* **enquérir**

enquiquiner [ɑ̃kikine] VT chinchar (*fam*)

enquiquineur, -euse [ɑ̃kikinœʀ, øz] (*fam*) NM/F plasta *mf* (*fam*), pesado(-a)

enquis [ɑ̃ki] PP *de* **enquérir**

enraciné, e [ɑ̃ʀasine] ADJ arraigado(-a)

enragé, e [ɑ̃ʀaʒe] ADJ (*chien*) rabioso(-a); (*personne*) furioso(-a); (*passionné*) apasionado(-a); **~ de** fanático(-a) de

enrageant, e [ɑ̃ʀaʒɑ̃] ADJ irritante

enrager [ɑ̃ʀaʒe] VI : **il enrage de ne pas pouvoir ...** le da rabia no poder ...; **faire ~ qn** hacer rabiar a algn

enrayer [ɑ̃ʀeje] VT (*maladie*) cortar; (*processus*) interrumpir ■ **s'enrayer** VPR (*arme à feu*) encasquillarse

enrégimenter [ɑ̃ʀeʒimɑ̃te] (*péj*) VT incorporar a

enregistrement [ɑ̃ʀ(ə)ʒistʀəmɑ̃] NM (*d'un disque*) grabación *f*; (*d'un fichier, d'une plainte*) registro; **~ des bagages** facturación *f*; **~ magnétique** grabación magnética

enregistrer [ɑ̃ʀ(ə)ʒistʀe] VT (*Mus*) grabar; (*Inform*) archivar; (*Admin, Comm, fig*) registrar; (*bagages : aussi* : **faire enregistrer**) facturar

enregistreur, -euse [ɑ̃ʀ(ə)ʒistʀœʀ, øz] ADJ registrador(a) ▶ NM aparato registrador; **~ de vol** registrador *m* de vuelo

enrhumé, e [ɑ̃ʀyme] ADJ : **il est ~** está acatarrado *ou* constipado *ou* resfriado

enrhumer [ɑ̃ʀyme] : **s'enrhumer** VPR acatarrarse, constiparse, resfriarse

enrichi, e [ɑ̃ʀiʃi] ADJ enriquecido(-a)

enrichir [ɑ̃ʀiʃiʀ] VT enriquecer ■ **s'enrichir** VPR enriquecerse

enrichissant, e [ɑ̃ʀiʃisɑ̃, ɑ̃t] ADJ (*expérience*) enriquecedor(a)

enrichissement [ɑ̃ʀiʃismɑ̃] NM enriquecimiento

enrobé, e [ɑ̃ʀɔbe] ADJ (*comprimé*) recubierto(-a)

enrober [ɑ̃ʀɔbe] VT : **~ qch de** envolver algo con, cubrir algo con; (*fig*) disfrazar algo con

enrôlement [ɑ̃ʀolmɑ̃] NM alistamiento, reclutamiento

enrôler [ɑ̃ʀole] VT reclutar; (*Mil*) alistar ■ **s'enrôler** VPR : **s'~ (dans)** enrolarse (en), alistarse (en)

enroué, e [ɑ̃ʀwe] ADJ ronco(-a)

enrouer [ɑ̃ʀwe] : **s'enrouer** VPR enronquecer

enrouler [ɑ̃ʀule] VT enrollar; **~ qch autour de** enrollar algo alrededor de ■ **s'enrouler** VPR enrollarse

enrouleur, -euse [ɑ̃ʀulœʀ, øz] ADJ enrollador(a) ▶ NM *voir* **ceinture**

enrubanné, e [ɑ̃ʀybane] ADJ adornado(-a) con cintas

ENS [əɛnɛs] SIGLE F (= *École normale supérieure*) *voir* **école**

ensablement [ɑ̃sabləmɑ̃] NM (*de port, canal*) enarenado; (*d'embarcation*) encallamiento

ensabler [ɑ̃sable] VT (*port, canal*) enarenar; (*embarcation*) encallar ■ **s'ensabler** VPR (*voir vt*) enarenarse, encallarse

ensacher [ɑ̃saʃe] VT ensacar

ensanglanté, e [ɑ̃sɑ̃glɑ̃te] ADJ ensangrentado(-a)

enseignant, e [ɑ̃sɛɲɑ̃, ɑ̃t] ADJ, NM/F docente *mf*

enseigne [ɑ̃sɛɲ] NF rótulo; **à telle ~ que ...** la prueba es que ...; **être logé à la même ~** (*fig*) estar en el mismo caso; **~ lumineuse** rótulo luminoso ▶ NMF : **~ de vaisseau** alférez *mf* de navío

enseignement [ɑ̃sɛɲ(ə)mɑ̃] NM enseñanza; **~ primaire/secondaire** enseñanza primaria/secundaria; **~ privé/public** enseñanza privada/pública; **~ supérieur** enseñanza superior; **~ technique** enseñanza técnica

enseigner [ɑ̃seɲe] VT (*suj : professeur*) enseñar, dar clase de; (: *choses*) enseñar; **~ qch à qn** enseñar algo a algn; **~ à qn que** enseñar a algn que ▶ VI (*être professeur*) enseñar

e

ensemble [ɑ̃sɑ̃bl] ADV (*l'un avec l'autre*) juntos(-as); (*en même temps*) juntos(-as); **aller ~** (*être assorti*) combinarse ▸ NM conjunto; **l'~ du/de la** la totalidad del/de la; **impression/idée d'~** impresión *f*/idea de conjunto; **dans l'~** (*en gros*) en conjunto; **dans son ~** (*en gros, au total*) en su conjunto; **~ instrumental/vocal** conjunto *ou* grupo instrumental/vocal

ensemblier [ɑ̃sɑ̃blije] NM decorador(a)

ensemencement [ɑ̃s(ə)mɑ̃smɑ̃] NM siembra

ensemencer [ɑ̃s(ə)mɑ̃se] VT sembrar

enserrer [ɑ̃seʀe] VT (*cou, taille*) ceñir; (*village, champ*) rodear

ensevelir [ɑ̃səv(ə)liʀ] VT sepultar

ensilage [ɑ̃silaʒ] NM ensilaje *m*

ensoleillé, e [ɑ̃sɔleje] ADJ soleado(-a)

ensoleillement [ɑ̃sɔlɛjmɑ̃] NM : **journées d'~** días *mpl* soleados

ensommeillé, e [ɑ̃sɔmeje] ADJ adormilado(-a)

ensorcelant, e [ɑ̃sɔʀsəlɑ̃, ɑ̃t] ADJ (*fig : regard, sourire*) encantador(a), cautivador(a)

ensorceler [ɑ̃sɔʀsəle] VT hechizar; (*fig*) cautivar

ensuite [ɑ̃sɥit] ADV (*dans une succession : après*) a continuación; (*plus tard*) después; **~ de quoi** después de lo cual

ensuivre [ɑ̃sɥivʀ] : **s'ensuivre** VPR resultar; **il s'ensuit que …** de lo que resulta que …; **et tout ce qui s'ensuit** y toda la pesca (*fam*)

ENT [əɛnte] SIGLE M (= *espace numérique de travail*) EVA *m* (= *entorno virtual de aprendizaje*)

entaché, e [ɑ̃taʃe] ADJ : **~ de nullité** con vicio de nulidad

entacher [ɑ̃taʃe] VT manchar

entaille [ɑ̃taj] NF (*encoche*) muesca; (*blessure*) cortada; **se faire une ~** hacerse una cortada

entailler [ɑ̃taje] VT cortar; **s'~ le doigt** *etc* cortarse el dedo *etc*

entamer [ɑ̃tame] VT (*pain, bouteille*) empezar; (*hostilités, pourparlers*) iniciar; (*réputation, confiance*) mermar; (*bonne humeur*) hacer perder

entartrer [ɑ̃taʀtʀe] : **s'entartrer** VPR cubrirse de sarro; (*dents*) tener sarro

entassement [ɑ̃tɑsmɑ̃] NM amontonamiento

entasser [ɑ̃tɑse] VT (*objets*) amontonar; (*personnes*) hacinar ■ **s'entasser** VPR (*objets*) amontonarse; (*personnes*) hacinarse; **s'~ dans** hacinarse en, amontonarse en

entendant, e [ɑ̃tɑ̃dɑ̃, ɑ̃t] NM/F oyente *mf*

entendement [ɑ̃tɑ̃dmɑ̃] NM entendimiento

entendeur [ɑ̃tɑ̃dœʀ] NM : **à bon ~, salut !** a buen entendedor, pocas palabras bastan

entendre [ɑ̃tɑ̃dʀ] VT oír; (*vouloir dire*) querer decir; (*littér : comprendre*) entender; **j'ai entendu dire que** he oído que; **~ être obéi/que** (*vouloir*) pretender ser obedecido/que; **~ parler de** oír hablar de; **~ raison** entrar en razón; **laisser ~ que** dar a entender que; **qu'est-ce qu'il ne faut pas ~ !** ¡lo que hay que oír!; **j'ai mal entendu** no he comprendido; **je suis heureux de vous l'~ dire** es un placer oírselo decir; **je vous entends très mal** le oigo muy mal ■ **s'entendre** VPR (*sympathiser*) entenderse; (*se mettre d'accord*) ponerse de acuerdo; **s'~ à qch/à faire qch** ser competente para algo/para hacer algo; **je m'entends** sé lo que (me) digo; **ils s'entendent bien** se entienden bien; **entendons-nous** expliquémonos; **(cela) s'entend** por supuesto, naturalmente; **ça s'entend !** (*c'est audible*) ¡se oye!

> ⚠ No debe traducirse normalmente por *entender*, que en francés suele corresponder a **comprendre**.

entendu, e [ɑ̃tɑ̃dy] PP *de* **entendre** ▸ ADJ (*affaire*) concluido(-a); (*air*) entendido(-a); **étant ~ que** dando por supuesto que; **(c'est) ~ !** ¡de acuerdo!, ¡entendido!; **c'est ~** (*concession*) entendido; **bien ~ !** ¡por supuesto!

entente [ɑ̃tɑ̃t] NF (*entre amis, pays*) entendimiento; (*accord, traité*) acuerdo; **à double ~** de doble sentido

entériner [ɑ̃teʀine] VT ratificar

entérite [ɑ̃teʀit] NF enteritis *f inv*

enterrement [ɑ̃tɛʀmɑ̃] NM entierro

enterrer [ɑ̃teʀe] VT enterrar; (*suj : avalanche etc*) sepultar; (*dispute, projet*) echar tierra sobre

entêtant, e [ɑ̃tɛtɑ̃, ɑ̃t] ADJ (*odeur, atmosphère*) mareante

entêté, e [ɑ̃tete] ADJ obstinado(-a), cabezota (*fam*)

en-tête [ɑ̃tɛt] (*pl* **en-têtes**) NM membrete *m*; **enveloppe/papier à ~** sobre *m*/papel *m* con membrete

entêtement [ɑ̃tɛtmɑ̃] NM cabezonería

entêter [ɑ̃tete] : **s'entêter** VPR obstinarse, empeñarse; **s'~ (à faire)** empeñarse (en hacer)

enthousiasmant, e [ɑ̃tuzjasmɑ̃, ɑ̃t] ADJ apasionante

enthousiasme [ɑ̃tuzjasm] NM entusiasmo; **avec ~** con entusiasmo

enthousiasmé, e [ɑ̃tuzjasme] ADJ entusiasmado(-a)

enthousiasmer [ɑ̃tuzjasme] VT entusiasmar ■ **s'enthousiasmer** VPR : **s'~ (pour qch)** entusiasmarse (con algo)

enthousiaste [ɑ̃tuzjast] ADJ, NMF entusiasta *mf*

enticher [ɑ̃tiʃe] : **s'enticher de** VPR encapricharse con *ou* por

entier, -ière [ɑ̃tje, jɛʀ] ADJ entero(-a); (*en totalité*) entero(-a), completo(-a); (*personne, caractère*) íntegro(-a); **en ~** por completo; **se donner tout ~ à qch** entregarse enteramente a algo; **lait ~** leche *f* entera; **nombre ~** número entero ▸ NM (*Math*) entero

entièrement [ɑ̃tjɛʀmɑ̃] ADV enteramente

entité [ɑ̃tite] NF entidad *f*

entomologie [ɑ̃tɔmɔlɔʒi] NF entomología
entomologique [ɑ̃tɔmɔlɔʒik] ADJ entomológico(-a)
entomologiste [ɑ̃tɔmɔlɔʒist] NMF entomólogo(-a)
entonner [ɑ̃tɔne] VT entonar
entonnoir [ɑ̃tɔnwaʀ] NM (*ustensile*) embudo; (*trou*) hoyo
entorse [ɑ̃tɔʀs] NF esguince *m*; **~ à la loi/au règlement** infracción *f* de la ley/del reglamento; **se faire une ~ à la cheville/au poignet** hacerse un esguince en el tobillo/en la muñeca
entortiller [ɑ̃tɔʀtije] VT: **~ qch dans/avec** envolver algo en/con; **~ qch autour de** enrollar algo alrededor de; **~ qn** (*fam*) liar a algn ■ **s'entortiller** VPR: **s'~ dans** (*draps*) enroscarse en; (*fig*) enredarse en
entourage [ɑ̃tuʀaʒ] NM (*personnes proches*) allegados *mpl*; (*ce qui enclôt*) cerco
entouré, e [ɑ̃tuʀe] ADJ (*recherché, admiré*) agasajado(-a); **~ de** rodeado(-a) de
entourer [ɑ̃tuʀe] VT (*par une clôture*) cercar; (*Mil, gén*) sitiar; (*faire cercle autour de*) rodear; (*apporter son soutien à*) atender; **~ qch de** rodear algo con; **~ qn de soins/prévenances** prodigar a algn cuidados/atenciones ■ **s'entourer de** VPR (*collaborateurs*) rodearse de; **s'~ de mystère/de luxe/de précautions** rodearse de misterio/de lujo/de precauciones
entourloupe [ɑ̃tuʀlup], **entourloupette** [ɑ̃tuʀlupɛt] NF mala pasada, jugarreta (*fam*)
entournures [ɑ̃tuʀnyʀ] NFPL: **être gêné aux ~** estar apretado de hombros; (*moralement*) estar a disgusto; (*financièrement*) andar escaso de dinero
entracte [ɑ̃tʀakt] NM entreacto
entraide [ɑ̃tʀɛd] NF ayuda mutua
entraider [ɑ̃tʀede]: **s'entraider** VPR ayudarse mutuamente
entrailles [ɑ̃tʀaj] NFPL (*aussi fig*) entrañas *fpl*
entrain [ɑ̃tʀɛ̃] NM brío; **avec ~** con brío; **faire qch sans ~** hacer algo con desgana
entraînant, e [ɑ̃tʀɛnɑ̃, ɑ̃t] ADJ (*musique, air*) animado(-a)
entraînement [ɑ̃tʀɛnmɑ̃] NM entrenamiento; **~ à chaîne/galet** tracción *f* a cadena/rodillo; **manquer d'~** estar desentrenado(-a); **~ par ergots/friction** (*Inform*) arrastre *m* por tracción/fricción
entraîner [ɑ̃tʀene] VT (*tirer*) arrastrar; (*charrier*) acarrear; (*moteur, poulie*) accionar; (*emmener*) llevarse; (*joueurs, soldats*) guiar; (*Sport*) entrenar; (*influencer*) influenciar; (*impliquer, causer*) ocasionar; **~ qn à/à faire qch** (*inciter*) arrastrar a algn a/a hacer algo; **des blessures pouvant ~ la mort** heridas que pueden provocar la muerte ■ **s'entraîner** VPR (*Sport*) entrenarse; **s'~ à qch/à faire qch** (*s'exercer*) ejercitarse en algo/en hacer algo
entraîneur, -euse [ɑ̃tʀɛnœʀ, øz] NM/F (*Sport*) entrenador(a); (*Hippisme*) picador(a)
entraîneuse [ɑ̃tʀɛnøz] NF (*de bar*) cabaretera, gancho
entrapercevoir [ɑ̃tʀapɛʀsəvwaʀ] VT ver de pasada
entrave [ɑ̃tʀav] NF obstáculo; **~ à la concurrence** obstaculización *f* de la competencia
entraver [ɑ̃tʀave] VT obstaculizar
entre [ɑ̃tʀ] PRÉP entre; **l'un d'~ eux/nous** uno de ellos/nosotros; **le meilleur d'~ eux/nous** el mejor de ellos/nosotros; **ils préfèrent rester ~ eux** prefieren permanecer entre ellos; **~ autres (choses)** entre otras (cosas); **~ nous, ...** entre nosotros, ...; **ils se battent ~ eux** se pelean entre sí; **~ ces deux solutions, il n'y a guère de différence** entre estas dos soluciones no hay mucha diferencia
entrebâillé, e [ɑ̃tʀəbɑje] ADJ entreabierto(-a)
entrebâillement [ɑ̃tʀəbɑjmɑ̃] NM: **dans l'~ (de la porte)** en el resquicio (de la puerta)
entrebâiller [ɑ̃tʀəbɑje] VT entreabrir
entrechat [ɑ̃tʀəʃa] NM trenzado
entrechoquer [ɑ̃tʀəʃɔke]: **s'entrechoquer** VPR entrechocar
entrecôte [ɑ̃tʀəkot] NF entrecot *m*
entrecoupé, e [ɑ̃tʀəkupe] ADJ entrecortado(-a)
entrecouper [ɑ̃tʀəkupe] VT: **~ qch de** interrumpir algo por ■ **s'entrecouper** VPR (*traits, lignes*) entrecruzarse
entrecroiser [ɑ̃tʀəkʀwaze] VT entrecruzar ■ **s'entrecroiser** VPR entrecruzarse
entrée [ɑ̃tʀe] NF entrada; **erreur d'~** error *m* de principio; **faire son ~** (*aussi fig*) hacer su entrada; **d'~** de entrada; **~ de service/des artistes** entrada de servicio/de artistas; **~ en matière** comienzo; **~ en scène** salida a escena; **~ en vigueur** entrada en vigor; **« ~ interdite »** « prohibida la entrada »; **« ~ libre »** « entrada libre » ■ **entrées** NFPL: **avoir ses entrées chez/auprès de** tener libre acceso a/fácil contacto con
entrefaites [ɑ̃tʀəfɛt]: **sur ces ~** *adv* en ese momento
entrefilet [ɑ̃tʀəfilɛ] NM noticia breve
entregent [ɑ̃tʀəʒɑ̃] NM: **avoir de l'~** tener don de gentes
entrejambe [ɑ̃tʀəʒɑ̃b] NM (*Couture*) cruz *f*
entrelacement [ɑ̃tʀəlasmɑ̃] NM: **un ~ de ...** un entrelazado de ...
entrelacer [ɑ̃tʀəlase] VT entrelazar ■ **s'entrelacer** VPR entrelazarse
entrelacs [ɑ̃tʀəlɑ] NM entrelazado
entrelarder [ɑ̃tʀəlaʀde] VT (*viande*) mechar; **entrelardé de** (*fig*) salpicado de
entremêler [ɑ̃tʀəmele] VT entremezclar; **~ qch de** entremezclar algo con
entremets [ɑ̃tʀəmɛ] NM postre *m*
entremetteur, -euse [ɑ̃tʀəmɛtœʀ, øz] NM/F intermediario(-a); (*péj*) alcahuete(-a)

e

entremettre [ɑ̃tʀəmɛtʀ] : **s'entremettre** VPR mediar; *(péj)* entrometerse

entremise [ɑ̃tʀəmiz] NF mediación *f*; **par l'~ de** por mediación de

entrepont [ɑ̃tʀəpɔ̃] NM entrecubierta; **dans l'~** en la entrecubierta

entreposer [ɑ̃tʀəpoze] VT almacenar

entrepôt [ɑ̃tʀəpo] NM almacén *m*, galpón *m* (CSUR); **~ frigorifique** almacén frigorífico

entreprenant, e [ɑ̃tʀəpʀənɑ̃, ɑ̃t] VB *voir* **entreprendre** ▶ ADJ emprendedor(a); *(trop galant)* atrevido(-a)

entreprendre [ɑ̃tʀəpʀɑ̃dʀ] VT emprender; **~ qn sur un sujet** abordar a algn con un tema; **~ de faire qch** decidir hacer algo

entrepreneur, euse [ɑ̃tʀəpʀənœʀ, øz] NM/F empresario(-a); **~ de pompes funèbres** empresario(-a) de pompas fúnebres; **~ en bâtiment** contratista *mf* de obras

entrepreneuriat [ɑ̃tʀəpʀənœʀja], **entreprenariat** [ɑ̃tʀəpʀənaʀja] NM empresariado

entreprise [ɑ̃tʀəpʀiz] NF empresa; **~ agricole/de travaux publics** empresa agraria/de obras públicas

entrer [ɑ̃tʀe] VI entrar; **(faire) ~ qch dans** *(objet)* meter algo en; **~ dans** entrar en; *(entrer en collision avec)* chocar con; *(vues, craintes de qn)* compartir; **~ au couvent/à l'hôpital** ingresar en el convento/en el hospital; **~ en fureur** enfurecerse; **~ en ébullition** entrar en ebullición; **~ en scène** salir a escena; **~ dans le système** *(Inform)* entrar en el sistema; **laisser ~ qch/qn** *(lumière, air)* dejar pasar algo/a algn; **faire ~** hacer pasar; *(marchandises)* introducir ▶ VT *(marchandises : aussi :* **faire entrer***)* introducir; *(Inform)* meter, introducir

entresol [ɑ̃tʀəsɔl] NM entresuelo

entre-temps [ɑ̃tʀətɑ̃] ADV entretanto

entretenir [ɑ̃tʀət(ə)niʀ] VT mantener; **~ qn (de qch)** conversar con algn (sobre algo); **~ de bonnes relations (avec)** mantener buenas relaciones (con) ■ **s'entretenir** VPR : **s'~ (de qch)** conversar (sobre algo)

entretenu, e [ɑ̃tʀət(ə)ny] PP *de* **entretenir** ▶ ADJ : **femme entretenue** querida; **bien/mal ~** *(maison)* bien/mal cuidado(-a)

entretien [ɑ̃tʀətjɛ̃] NM *(d'une maison, d'une famille, d'un service)* mantenimiento; *(discussion)* conversación *f*; *(audience)* entrevista; **frais d'~** gastos *mpl* de mantenimiento; **~ d'embauche** entrevista de trabajo ■ **entretiens** NMPL *(pourparlers)* conversaciones *fpl*

entretiendrai [ɑ̃tʀətjɛ̃dʀe], **entretiens** [ɑ̃tʀətjɛ̃] VB *voir* **entretenir**

entretuer [ɑ̃tʀətɥe] : **s'entretuer** VPR matarse

entreverrai [ɑ̃tʀ(ə)veʀe], **entrevit** [ɑ̃tʀ(ə)vi] VB *voir* **entrevoir**

entrevoir [ɑ̃tʀəvwaʀ] VT entrever; *(solution, problème)* vislumbrar

entrevu, e [ɑ̃tʀəvy] PP *de* **entrevoir** ▶ NF entrevista

entrouvert, e [ɑ̃tʀuvɛʀ, ɛʀt] PP *de* **entrouvrir** ▶ ADJ entreabierto(-a)

entrouvrir [ɑ̃tʀuvʀiʀ] VT entreabrir ■ **s'entrouvrir** VPR entreabrirse

entuber [ɑ̃tybe] *(fam)* VT timar; **se faire ~** ser timado(-a); **tu t'es fait ~ !** ¡te han timado!

énucléer [enyklee] VT enuclear

énumération [enymeʀasjɔ̃] NF enumeración *f*

énumérer [enymeʀe] VT enumerar

énurésie [enyʀezi] NF enuresis *f inv*

énurétique [enyʀetik] ADJ enurético(-a)

envahir [ɑ̃vaiʀ] VT invadir

envahissant, e [ɑ̃vaisɑ̃, ɑ̃t] ADJ *(péj : personne)* avasallador(a)

envahissement [ɑ̃vaismɑ̃] NM invasión *f*

envahisseur [ɑ̃vaisœʀ] NM invasor *m*

envasement [ɑ̃vazmɑ̃] NM encenagamiento

envaser [ɑ̃vaze] : **s'envaser** VPR encenagarse; *(bateau)* encallarse

enveloppe [ɑ̃v(ə)lɔp] NF sobre *m*; *(revêtement, gaine)* revestimiento; **mettre sous ~** poner en un sobre; **~ à fenêtre** sobre de ventana; **~ autocollante** sobre autoadhesivo; **~ budgétaire** dotación *f* presupuestaria

enveloppé, e [ɑ̃vlɔpe] ADJ *(grassouillet)* metido(-a) en carnes, rellenito(-a)

envelopper [ɑ̃v(ə)lɔpe] VT *(aussi fig)* envolver ■ **s'envelopper** VPR : **s'~ dans un châle/une couverture** envolverse en un chal/una manta

envenimer [ɑ̃v(ə)nime] VT envenenar ■ **s'envenimer** VPR *(relations)* envenenarse; *(plaie)* infectarse

envergure [ɑ̃vɛʀgyʀ] NF envergadura; *(d'une personne)* valía; **d'~** *(travaux, opération)* de envergadura

enverrai *etc* [ɑ̃veʀe] VB *voir* **envoyer**

envers [ɑ̃vɛʀ] PRÉP hacia; **~ et contre tous** *ou* **tout** contra viento y marea; **ses sentiments ~ elle** sus sentimientos hacia ella ▶ NM : **l'~** *(d'une feuille)* el dorso; *(d'un vêtement)* el revés; *(d'un problème)* la otra cara; **à l'~** al revés

enviable [ɑ̃vjabl] ADJ envidiable; **peu ~** poco envidiable

envie [ɑ̃vi] NF envidia; *(sur la peau)* antojo; *(autour des ongles)* padrastro; **avoir ~ de qch/de faire qch** tener ganas de algo/de hacer algo; **avoir ~ que** tener ganas de que; **donner à qn l'~ de qch/de faire qch** dar a algn ganas de algo/de hacer algo; **ça lui fait ~** le da envidia

> Pour exprimer qu'on a envie de quelque chose, l'expression la plus courante est *tener ganas de*, ou, dans le sens d'« être tenté par » quelque chose, la construction avec *apetecer* :
> **J'ai envie d'être en vacances.** Tengo ganas de estar de vacaciones.
> **Est-ce que tu as envie d'aller à la plage ?** ¿Te apetece ir a la playa?

envier [ɑ̃vje] VT envidiar; **~ qch à qn** envidiar

algo a algn; **n'avoir rien à ~ à** no tener nada que envidiarle a

envieux, -euse [ɑ̃vjø, jøz] ADJ, NM/F envidioso(-a)

environ [ɑ̃viʀɔ̃] ADV aproximadamente; **3 h/2 km ~** 3 h/2 km aproximadamente; **~ 3 h/2 km** alrededor de 3 h/2 km

environnant, e [ɑ̃viʀɔnɑ̃, ɑ̃t] ADJ cercano(-a); **milieu ~** entorno; **la campagne environnante** los campos circundantes

environnement [ɑ̃viʀɔnmɑ̃] NM (*nature*) medio ambiente; (*milieu*) entorno; **la protection de l'~** la protección del medio ambiente; **un ~ stable/sain/agréable** un entorno estable/sano/agradable; **~ de travail** ambiente *m* de trabajo

environnemental, e, -aux [ɑ̃viʀɔnmɑ̃tal, o] ADJ medioambiental

environnementaliste [ɑ̃viʀɔnmɑ̃talist] NMF ecologista *mf*

environner [ɑ̃viʀɔne] VT rodear

environs [ɑ̃viʀɔ̃] NMPL alrededores *mpl*; **aux ~ de** en los alrededores de; (*fig* : *temps, somme*) alrededor de

envisageable [ɑ̃vizaʒabl] ADJ posible

envisager [ɑ̃vizaʒe] VT considerar; (*avoir en vue*) prever; **~ de faire** tener planeado hacer

envoi [ɑ̃vwa] NM envío; (*paquet, colis*) paquete *m*; **~ contre remboursement** (*Comm*) envío contra reembolso

envoie [ɑ̃vwa] VB *voir* **envoyer**

envol [ɑ̃vɔl] NM (*d'un oiseau*) vuelo; (*d'un avion*) despegue *m*; **prendre son ~** (*oiseau*) levantar el vuelo; (*fig*) tomar vuelo

envolée [ɑ̃vɔle] NF (*des cours*) subida vertiginosa

envoler [ɑ̃vɔle] : **s'envoler** VPR (*oiseau*) echarse a volar; (*avion*) despegar; (*papier, feuille*) volarse; (*espoir, illusion*) esfumarse

envoûtant, e [ɑ̃vutɑ̃, ɑ̃t] ADJ hechizador(a)

envoûtement [ɑ̃vutmɑ̃] NM hechizo

envoûter [ɑ̃vute] VT hechizar

envoyé, e [ɑ̃vwaje] NM/F (*Pol*) enviado(-a); **~ spécial(e)** enviado(-a) especial; **~ permanent(e)** corresponsal *mf* permanente ▸ ADJ : **bien ~** (*fam* : *remarque*) atinado(-a)

envoyer [ɑ̃vwaje] VT enviar; (*projectile, ballon*) lanzar; **~ une gifle à qn** (*fam*) soltar una bofetada a algn; **~ une critique à qn** lanzar una crítica a algn; **~ les couleurs** izar la bandera nacional; **~ chercher qch/qn** mandar a buscar algo/a algn; **~ par le fond** (*bateau*) hundir; **~ un SMS à qn** enviar un SMS a algn; **~ promener** *ou* **paître qn** (*fam*) enviar a algn a paseo (*fam*) ■ **s'envoyer** VPR (*fam* : *repas etc*) zamparse

envoyeur, -euse [ɑ̃vwajœʀ, øz] NM/F remitente *mf*

enzyme [ɑ̃zim] NM OU F enzima

éolien, ne [eɔljɛ̃, jɛn] ADJ eólico(-a); **énergie éolienne** energía eólica ▸ NF turbina eólica ▸ NM energía eólica; **l'~ terrestre/maritime** la energía eólica terrestre/marina *ou* marítima

épagneul, e [epaɲœl] NM/F podenco(-a)

épais, se [epɛ, ɛs] ADJ (*tissu, mur*) grueso(-a); (*liquide, brouillard*) espeso(-a); (*foule*) denso(-a); (*forêt*) tupido(-a); (*péj* : *esprit*) corto(-a)

épaisseur [epɛsœʀ] NF espesor *m*, grosor *m*

épaissir [epesiʀ] VT espesar ▸ VI (*suj* : *sauce*) espesar; (*partie du corps etc*) engordar ■ **s'épaissir** VPR (*sauce, brouillard*) espesarse; **le mystère s'épaissit** el misterio se oscurece

épaississant [epesisɑ̃] NM espesante *m*

épaississement [epesismɑ̃] NM (*du brouillard*) espesamiento; (*de la peau*) engrosamiento; (*de la taille*) engordamiento

épanchement [epɑ̃ʃmɑ̃] NM (*fig* : *du cœur*) desahogo; **~ de synovie** derrame *m* sinovial ■ **épanchements** NMPL (*fig*) desahogos *mpl*

épancher [epɑ̃ʃe] VT desahogar ■ **s'épancher** VPR desahogarse; (*liquide*) derramarse

épandage [epɑ̃daʒ] NM (*d'engrais*) abono

épanoui, e [epanwi] ADJ (*éclos, ouvert, sourire*) abierto(-a); (*visage*) radiante; (*corps, formes*) desarrollado(-a)

épanouir [epanwiʀ] : **s'épanouir** VPR (*fleur*) abrirse; (*visage*) iluminarse; (*fig*) florecer

épanouissement [epanwismɑ̃] NM (*d'une fleur*) abertura; (*d'un visage*) iluminación *f*; (*fig*) florecimiento

épargnant, e [epaʀɲɑ̃, ɑ̃t] NM/F ahorrador(a)

épargne [epaʀɲ] NF ahorro; **l'~-logement** el ahorro-vivienda

épargner [epaʀɲe] VT ahorrar; (*ennemi*) perdonar la vida a; (*récolte, région*) no afectar a; **~ qch à qn** ahorrarle algo a algn ▸ VI ahorrar

éparpillement [epaʀpijmɑ̃] NM (*de papiers*) esparcimiento; (*des efforts*) dispersión *f*

éparpiller [epaʀpije] VT esparcir; (*pour répartir*) diseminar; (*fig* : *efforts*) dispersar ■ **s'éparpiller** VPR esparcirse; (*fig* : *étudiant, chercheur etc*) dispersarse los esfuerzos

épars, e [epaʀ, aʀs] ADJ (*maisons*) disperso(-a); (*cheveux*) despeinado(-a)

épatant, e [epatɑ̃, ɑ̃t] (*fam*) ADJ estupendo(-a)

épaté, e [epate] ADJ : **nez ~** nariz *f* chata

épater [epate] (*fam*) VT impresionar

épaule [epol] NF (*Anat*) hombro; (*Culin*) espaldilla

épaulé [epole] NM (*Sport*) levantada

épaulé-jeté [epoleʒ(ə)te] (*pl* **épaulés-jetés**) NM (*Sport*) levantada y tierra

épaulement [epolmɑ̃] NM (*Mil, mur*) parapeto; (*Géo*) escarpa

épauler [epole] VT (*aider*) apoyar; (*arme*) apoyar en el hombro; (*viser*) apuntar

épaulette [epolɛt] NF (*Mil*) charretera; (*bretelle*) tirante *m*; (*rembourrage*) hombrera

épave [epav] NF pecio; (*fig : personne*) desecho
épeautre [epotʀ] NM espelta, escanda
épée [epe] NF espada
épeler [ep(ə)le] VT deletrear; **comment s'épelle ce mot ?** ¿cómo se deletrea esa palabra?
épépiner [epepine] VT despepitar
éperdu, e [epɛʀdy] ADJ (*personne, regard*) desquiciado(-a); (*sentiment*) imperioso(-a); (*fuite*) enloquecido(-a)
éperdument [epɛʀdymɑ̃] ADV desesperadamente; (*aimer*) perdidamente; **~ amoureux** perdidamente enamorado; **je m'en fiche ~** me da exactamente igual
éperlan [epɛʀlɑ̃] NM eperlano
éperon [epʀɔ̃] NM (*de botte*) espuela; (*Géo, de navire*) espolón *m*
éperonner [epʀɔne] VT (*cheval, fig*) espolear; (*navire*) embestir con el espolón
épervier [epɛʀvje] NM (*Zool*) gavilán *m*; (*Pêche*) esparavel *m*
éphèbe [efɛb] NM efebo
éphémère [efemɛʀ] ADJ efímero(-a)
éphéméride [efemeʀid] NF efeméride *f*
épi [epi] NM (*de blé*) espiga; (*dans les cheveux*) remolino; **en ~** (*stationnement, se garer*) en batería
épice [epis] NF especia
épicé, e [epise] ADJ (*aussi fig*) picante
épicéa [episea] NM abeto del Norte
épicentre [episɑ̃tʀ] NM epicentro
épicer [epise] VT condimentar; (*fig*) salpimentar
épicerie [episʀi] NF (*magasin*) tienda de ultramarinos, boliche *m* (AM); (*produits*) comestibles *mpl*; **~ fine** ultramarinos *mpl* finos
épicier, -ière [episje, jɛʀ] NM/F tendero(-a)
épicurien, ne [epikyʀjɛ̃, jɛn] ADJ epicúreo(-a)
épicurisme [epikyʀism] NM epicureísmo
épidémie [epidemi] NF epidemia
épidémiologie [epidemjɔlɔʒi] NF epidemiología
épidémiologique [epidemjɔlɔʒik] ADJ epidemiológico(-a)
épidémiologiste [epidemjɔlɔʒist] NMF epidemiólogo(-a)
épidémique [epidemik] ADJ epidémico(-a)
épiderme [epidɛʀm] NM epidermis *f inv*
épidermique [epidɛʀmik] ADJ (*Méd*) epidérmico(-a); (*fig*) superficial
épier [epje] VT (*personne*) espiar; (*arrivée, occasion*) estar pendiente de
épieu, x [epjø] NM venablo
épigramme [epigʀam] NF epigrama
épigraphe [epigʀaf] NF epígrafe *m*
épilation [epilasjɔ̃] NF depilación *f*
épilatoire [epilatwaʀ] ADJ depilatorio(-a)
épilepsie [epilɛpsi] NF epilepsia
épileptique [epilɛptik] ADJ, NMF epiléptico(-a)
épiler [epile] VT depilar; **s'~ les jambes/les sourcils** depilarse las piernas/las cejas; **se faire ~** (ir a) depilarse; **crème à ~** crema depilatoria; **pince à ~** pinzas *fpl* de depilar
épilogue [epilɔg] NM (*Théâtre*) epílogo; (*fig : dénouement*) desenlace *m*
épiloguer [epilɔge] VI : **~ (sur)** comentar (sobre)
épinard [epinaʀ] NM (*Bot*) espinaca ■ **épinards** NMPL (*Culin*) espinacas *fpl*
épine [epin] NF espina; **~ dorsale** espina dorsal
épinette [epinɛt] NF (*petit clavecin*) espineta
épineux, -euse [epinø, øz] ADJ (*aussi fig*) espinoso(-a)
épine-vinette [epinvinɛt] (*pl* **épines-vinettes**) NF (*Bot*) agracejo
épinglage [epɛ̃glaʒ] NM sujeción *f* con alfileres
épingle [epɛ̃gl] NF alfiler *m*; **tirer son ~ du jeu** salir del apuro; **tiré à quatre épingles** de punta en blanco; **monter qch en ~** poner algo de manifiesto; **virage en ~ à cheveux** curva muy cerrada; **~ à chapeau** alfiler de sombrero; **~ à cheveux** horquilla; **~ de cravate** alfiler de corbata; **~ à nourrice** *ou* **de sûreté** imperdible *m*
épingler [epɛ̃gle] VT sujetar con alfileres; (*sur un mur*) clavar con alfileres; **~ qn** (*fam*) pillar a algn
épinière [epinjɛʀ] ADJ F *voir* **moelle**
épinoche [epinɔʃ] NF espinoso
Épiphanie [epifani] NF epifanía
épiphénomène [epifenɔmɛn] NM epifenómeno
épique [epik] ADJ épico(-a); (*fig : extraordinaire, aussi hum*) memorable
épiscopal, e, -aux [episkɔpal, o] ADJ episcopal
épiscopat [episkɔpa] NM episcopado
épisiotomie [epizjɔtɔmi] NF episiotomía
épisode [epizɔd] NM episodio; **film en trois épisodes** película en tres episodios
épisodique [epizɔdik] ADJ episódico(-a)
épisodiquement [epizɔdikmɑ̃] ADV episódicamente
épissure [episyʀ] NF empalme *m*
épistémologie [epistemɔlɔʒi] NF epistemología
épistémologique [epistemɔlɔʒik] ADJ epistemológico(-a)
épistolaire [epistɔlɛʀ] ADJ epistolar; **être en relations épistolaires avec qn** cartearse con algn
épitaphe [epitaf] NF epitafio
épithète [epitɛt] NF (*Ling*) epíteto; (*nom,*

surnom) apodo ▸ ADJ : **adjectif ~** adjetivo epíteto

épître [epitʀ] NF epístola

épizootie [epizɔɔti] NF epizootia

éploré, e [eplɔʀe] ADJ desconsolado(-a); (*carta*) desesperado(-a)

épluchage [eplyʃaʒ] NM (*de légumes*) peladura; (*de dossier*) examen *m* minucioso

épluche-légume NM, **épluche-légumes** NM INV [eplyʃlegym] (*pl* **épluche-légumes**) pelador *m*, mondador *m*

éplucher [eplyʃe] VT (*fruit, légumes*) pelar; (*fig : texte*) examinar minuciosamente

éplucheur [eplyʃœʀ] NM peladora

épluchures [eplyʃyʀ] NFPL mondas *fpl*

épointer [epwɛ̃te] VT despuntar

éponge [epɔ̃ʒ] NF esponja; **passer l'~** (*fig*) hacer borrón y cuenta nueva; **passer l'~ sur** correr un tupido velo sobre; **jeter l'~** (*fig*) tirar la toalla; **~ métallique** estropajo metálico ▸ ADJ : **tissu ~** tela de felpa

éponger [epɔ̃ʒe] VT (*liquide, aussi fig*) enjugar; (*surface*) pasar una esponja por; **s'~ le front** enjugarse la frente; **~ ses dettes** enjugar sus deudas

éponyme [epɔnim] ADJ epónimo(-a)

épopée [epɔpe] NF epopeya

époque [epɔk] NF época; **d'~** (*meubles*) de época; **à cette ~** (*dans l'histoire*) en aquella/esa época; (*les mois/années qui précèdent*) entonces; **à l'~ de/où** en la época de/en que; **faire ~** hacer época

épouiller [epuje] VT despiojar

époumoner [epumɔne] : **s'époumoner** VPR desgañitarse

épouse [epuz] NF *voir* **époux**

épouser [epuze] VT casarse con; (*vues, idées*) adherirse a; (*forme, mouvement*) adaptarse a

époussetage [epustaʒ] NM limpieza del polvo

épousseter [epuste] VT limpiar el polvo de

époustouflant, e [epustuflɑ̃, ɑ̃t] (*fam*) ADJ pasmante

époustoufler [epustufle] (*fam*) VT dejar pasmado(-a) (*fam*)

épouvantable [epuvɑ̃tabl] ADJ horroroso(-a), espantoso(-a)

épouvantablement [epuvɑ̃tabləmɑ̃] ADV tremendamente

épouvantail [epuvɑ̃taj] NM (*aussi fig*) espantapájaros *m inv*

épouvante [epuvɑ̃t] NF espanto; **film/livre d'~** película/novela de terror

épouvanter [epuvɑ̃te] VT (*terrifier*) horrorizar; (*sens affaibli*) espantar

époux, épouse [epu, uz] NM/F esposo(-a) ▸ NMPL : **les ~** los esposos

éprendre [epʀɑ̃dʀ] : **s'éprendre de** VPR enamorarse de

épreuve [epʀœv] NF prueba; (*Scol*) examen *m*; **à l'~ des balles/du feu** a prueba de balas/de fuego; **à toute ~** a toda prueba; **mettre à l'~** poner a prueba; **~ de force** (*fig*) prueba de fuerza; **~ de sélection** (prueba) eliminatoria

épris, e [epʀi, iz] VB *voir* **éprendre** ▸ ADJ : **~ de** enamorado(-a) de

éprouvant, e [epʀuvɑ̃, ɑ̃t] ADJ agotador(a)

éprouvé, e [epʀuve] ADJ probado(-a); **un homme ~** (*par les malheurs*) un hombre a quien la vida ha puesto a prueba

éprouver [epʀuve] VT (*fatigue, douleur*) sufrir, padecer; (*sentiment*) sentir; (*difficultés*) encontrar; (*personne*) afectar; (*machine*) probar; (*mettre à l'épreuve*) poner a prueba

e

éprouvette [epʀuvɛt] NF probeta; **bébé ~** bebé *m* probeta

EPS [əpeɛs] SIGLE F (= *éducation physique et sportive*) educación *f* física

épuisant, e [epɥizɑ̃, ɑ̃t] ADJ agotador(a)

épuisé, e [epɥize] ADJ agotado(-a)

épuisement [epɥizmɑ̃] NM agotamiento; **jusqu'à ~ des stocks** hasta que se agoten los stocks

épuiser [epɥize] VT agotar ■ **s'épuiser** VPR agotarse

épuisette [epɥizɛt] NF (*Pêche*) salabre *m*

épuration [epyʀasjɔ̃] NF depuración *f*

épure [epyʀ] NF alzado

épurer [epyʀe] VT (*aussi fig*) depurar

équarrir [ekaʀiʀ] VT (*pierre, poutre*) escuadrar; (*animal*) descuartizar

équarrissage [ekaʀisaʒ] NM (*de pierre, poutre*) corte *m* a escuadra; (*d'animal*) descuartizamiento

équateur [ekwatœʀ] NM ecuador *m*; **É~** Ecuador *m*; **la république de l'É~** la república de Ecuador

équation [ekwasjɔ̃] NF ecuación *f*; **mettre en ~** convertir en ecuación; **~ du premier/second degré** ecuación de primer/segundo grado

équatorial, e, -aux [ekwatɔʀjal, jo] ADJ ecuatorial

équatorien, ne [ekwatɔʀjɛ̃, jɛn] ADJ ecuatoriano(-a) ▸ NM/F : **Équatorien, ne** ecuatoriano(-a)

équerre [ekɛʀ] NF (*pour dessiner, mesurer*) escuadra; (*pour fixer*) angular *m*; **à l'~, en ~, d'~** a *ou* en escuadra; **les jambes en ~** las piernas en ángulo recto; **double ~** doble escuadra

équestre [ekɛstʀ] ADJ ecuestre; **statue ~** estatua ecuestre

équeuter [ekøte] VT quitar el rabillo a

équidé [ekide] NM équido

équidistance [ekɥidistɑ̃s] NF : **à ~ (de)** equidistante (de)

équidistant, e [ekɥidistɑ̃, ɑ̃t] ADJ equidistante; **~ de** equidistante de

équilatéral, e, -aux [ekɥilateʀal, o] ADJ equilátero(-a)

équilibrage [ekilibʀaʒ] NM : **~ des roues** equilibrado de las ruedas

équilibre [ekilibʀ] NM equilibrio; **être/mettre en ~** estar/poner en equilibrio; **avoir le sens de l'~** tener sentido del equilibrio; **garder/perdre l'~** guardar/perder el equilibrio; **en ~ instable** en equilibrio inestable; **~ budgétaire** equilibrio presupuestario

équilibré, e [ekilibʀe] ADJ equilibrado(-a)

équilibrer [ekilibʀe] VT equilibrar ■ **s'équilibrer** VPR equilibrarse

équilibriste [ekilibʀist] NMF equilibrista *mf*

équinoxe [ekinɔks] NM equinoccio; **~ d'automne/de printemps** equinoccio de otoño/de primavera

équipage [ekipaʒ] NM (*de bateau, d'avion*) tripulación *f*; (*Sport, Auto*) equipo; (*d'un roi*) séquito; **en grand ~** con gran cortejo

équipe [ekip] NF (*de joueurs*) equipo; (*de travailleurs*) cuadrilla; (*bande : parfois péj*) panda (*fam*); **travailler par équipes** trabajar por equipos; **travailler en ~** trabajar en equipo; **faire ~ avec** formar equipo con; **~ de chercheurs/de sauveteurs/de secours** equipo de investigadores/de salvamento/de socorro

équipé, e [ekipe] ADJ equipado(-a)

équipée [ekipe] NF escapada

équipement [ekipmɑ̃] NM equipo; (*d'une cuisine*) instalación *f*; **biens/dépenses d'~** bienes *mpl*/gastos *mpl* de equipo; **équipements sportifs/collectifs** instalaciones *fpl* deportivas/colectivas; **(le ministère de) l'É~** (*Admin*) ≈ MOPT *m* (*Ministerio de Obras Públicas y Transportes*)

équiper [ekipe] VT equipar; (*région*) dotar; **~ qch/qn de** equipar algo/a algn con ■ **s'équiper** VPR equiparse

équipier, -ière [ekipje, jɛʀ] NM/F compañero(-a) de equipo

équitable [ekitabl] ADJ equitativo(-a); **commerce ~** comercio justo

équitablement [ekitabləmɑ̃] ADV equitativamente

équitation [ekitasjɔ̃] NF equitación *f*; **faire de l'~** practicar la equitación

équité [ekite] NF equidad *f*

équivaille [ekivaj] VB *voir* **équivaloir**

équivalence [ekivalɑ̃s] NF equivalencia; (*de diplômes*) convalidación *f*

équivalent, e [ekivalɑ̃, ɑ̃t] ADJ equivalente ▶ NM : **l'~ de qch** el equivalente de algo

équivaloir [ekivalwaʀ] : **~ à** *vt* equivaler a

équivaut [ekivo] VB *voir* **équivaloir**

équivoque [ekivɔk] ADJ equívoco(-a) ▶ NF equívoco

érable [eʀabl] NM arce *m*

éradication [eʀadikasjɔ̃] NF erradicación *f*

éradiquer [eʀadike] VT erradicar

érafler [eʀɑfle] VT arañar ■ **s'érafler** VPR : **s'~ (la main/les jambes)** arañarse (la mano/las piernas)

éraflure [eʀɑflyʀ] NF rasguño, arañazo

éraillé, e [eʀɑje] ADJ (*voix*) cascado(-a)

ère [ɛʀ] NF era; **en l'an 1050 de notre ~** en el año 1050 de nuestra era; **~ chrétienne : l'~ chrétienne** la era cristiana

érectile [eʀɛktil] ADJ eréctil

érection [eʀɛksjɔ̃] NF erección *f*

éreintant, e [eʀɛ̃tɑ̃, ɑ̃t] NM agotador(a)

éreinté, e [eʀɛ̃te] ADJ agotado(-a)

éreintement [eʀɛ̃tmɑ̃] NM derrengamiento

éreinter [eʀɛ̃te] VT (*épuiser*) agotar; (*fig : œuvre, auteur*) poner por los suelos ■ **s'éreinter** VPR : **s'~ (à faire qch/à qch)** volcarse (haciendo algo/con algo)

ergonomie [ɛʀgɔnɔmi] NF ergonomía

ergonomique [ɛʀgɔnɔmik] ADJ ergonómico(-a)

ergonomiste [ɛʀgɔnɔmist] NMF ergonomista *mf*

ergot [ɛʀgo] NM (*de coq*) espolón *m*; (*Tech*) saliente *m*; **~ du seigle** cornezuelo

ergoter [ɛʀgɔte] VI discutir

ergoteur, -euse [ɛʀgɔtœʀ, øz] NM/F discutidor(a)

ergothérapeute [ɛʀgoteʀapøt] NMF ergoterapeuta *mf*

ergothérapie [ɛʀgɔteʀapi] NF ergoterapia

ériger [eʀiʒe] VT erigir; **~ qch en principe/loi** elevar algo a principio/ley ■ **s'ériger** VPR : **s'~ en juge/critique de …** erigirse en juez/crítico de …

ermitage [ɛʀmitaʒ] NM ermita; (*retraite isolée*) retiro

ermite [ɛʀmit] NM ermitaño

éroder [eʀɔde] VT erosionar; (*suj : acide*) corroer

érogène [eʀɔʒɛn] ADJ erógeno(-a)

érosion [eʀozjɔ̃] NF erosión *f*; (*par acide*) corrosión *f*

érotique [eʀɔtik] ADJ erótico(-a)

érotiser [eʀɔtize] VT erotizar

érotisme [eʀɔtism] NM erotismo

érotomane [eʀɔtɔman] NMF erotómano(-a)

errance [eʀɑ̃s] NF vagabundeo

errant, e [eʀɑ̃, ɑ̃t] ADJ : **chien ~** perro vagabundo

errata [eʀata] NM OU NMPL (*liste*) fe *f* de erratas

erratum [eʀatɔm] (*pl* **errata**) NM errata

errements [ɛʀmɑ̃] NMPL hábitos *mpl*

errer [eʀe] VI vagar

erreur [eʀœʀ] NF error *m*; (*de jeunesse*) desliz *m*; **tomber/être dans l'~** (*état*) incurrir/estar en el error; **induire qn en ~** inducir a algn a error; **par ~** por error; **faire ~** equivocarse; **~ d'écriture/d'impression** error de escritura/de imprenta; **~ de calcul** error de cálculo; **~ de date** equivocación *f* de fecha; **~ de jugement** error de juicio; **~ judiciaire/tactique** error judicial/táctico

erroné, e [eʀɔne] ADJ erróneo(-a)
ersatz [ɛʀzats] NM sucedáneo
éructer [eʀykte] VI eructar ▸ VT (*fig : injures*) proferir
érudit, e [eʀydi, it] ADJ, NM/F erudito(-a)
érudition [eʀydisjɔ̃] NF erudición *f*
éruptif, -ive [eʀyptif, iv] ADJ eruptivo(-a)
éruption [eʀypsjɔ̃] NF (*aussi Méd*) erupción *f*; (*de joie, colère*) arrebato; **en ~** (*volcan*) en erupción; **~ volcanique** erupción volcánica
érythème [eʀitɛm] NM eritema *m*; **~ fessier** eritema del pañal
es [ɛ] VB *voir* **être**
ès [ɛs] PRÉP : **licencié ès lettres/sciences** licenciado en letras/ciencias; **docteur ès lettres** doctor(a) en letras
ESB NF (= *encéphalopathie spongiforme bovine*) EEB *f* (= *encefalopatía espongiforme bovina*)
esbroufe [ɛsbʀuf] NF : **faire de l'~** chulear
escabeau, x [ɛskabo] NM (*tabouret*) escabel *m*; (*échelle*) escalera de tijera
escadre [ɛskɑdʀ] NF escuadra
escadrille [ɛskadʀij] NF escuadrilla
escadron [ɛskadʀɔ̃] NM escuadrón *m*
escalade [ɛskalad] NF escalada; **l'~ de la guerre/violence** la escalada de la guerra/violencia; **~ artificielle/libre** escalada artificial/libre
escalader [ɛskalade] VT escalar
escalator [ɛskalatɔʀ] NM escalera mecánica
escale [ɛskal] NF escala; **faire ~ (à)** hacer escala (en); **vol sans ~** vuelo sin escala; **~ technique** escala técnica
escalier [ɛskalje] NM escalera; **dans l'~** *ou* **les escaliers** en la escalera *ou* las escaleras; **descendre l'~** *ou* **les escaliers** bajar la escalera *ou* las escaleras; **~ à vis** *ou* **en colimaçon** escalera de caracol; **~ de secours/de service** escalera de socorro/de servicio; **~ roulant** *ou* **mécanique** escalera mecánica
escalope [ɛskalɔp] NF escalope *m*
escamotable [ɛskamɔtabl] ADJ (*train d'atterrissage, antenne*) replegable; (*table, lit*) plegable
escamoter [ɛskamɔte] VT escamotear; (*train d'atterrissage*) replegar; (*mots*) saltarse
escampette [ɛskɑ̃pɛt] NF *voir* **poudre**
escapade [ɛskapad] NF escapada
escarbille [ɛskaʀbij] NF carbonilla
escarcelle [ɛskaʀsɛl] NF : **faire tomber dans l'~** hacer caer en la bolsa
escargot [ɛskaʀgo] NM caracol *m*
escarmouche [ɛskaʀmuʃ] NF escaramuza
escarpé, e [ɛskaʀpe] ADJ escarpado(-a)
escarpement [ɛskaʀpəmɑ̃] NM escarpadura
escarpin [ɛskaʀpɛ̃] NM escarpín *m*
escarpolette [ɛskaʀpɔlɛt] NF columpio
escarre [ɛskaʀ] NF escara
Escaut [ɛsko] NM : **l'~** el Escalda
eschatologique [ɛskatɔlɔʒik] ADJ escatológico(-a)
escient [esjɑ̃] NM : **à bon ~** juiciosamente
esclaffer [ɛsklafe] : **s'esclaffer** VPR reírse a carcajadas
esclandre [ɛsklɑ̃dʀ] NM escándalo; **faire un ~** armar un escándalo
esclavage [ɛsklavaʒ] NM esclavitud *f*
esclavagiste [ɛsklavaʒist] ADJ, NMF esclavista *mf*
esclave [ɛsklav] NMF esclavo(-a); **être ~ de qn/qch** ser esclavo(-a) de algn/algo
escogriffe [ɛskɔgʀif] (*péj*) NM espingarda
escomptable [ɛskɔ̃tabl] ADJ descontable
escompte [ɛskɔ̃t] NM descuento
escompter [ɛskɔ̃te] VT (*Comm*) descontar; (*espérer*) contar con
escorte [ɛskɔʀt] NF escolta; **faire ~ à** escoltar a
escorter [ɛskɔʀte] VT escoltar (a)
escorteur [ɛskɔʀtœʀ] NM barco escolta
escouade [ɛskwad] NF (*Mil*) escuadra; (*groupe de personnes*) cuadrilla
escrime [ɛskʀim] NF esgrima; **faire de l'~** practicar la esgrima
escrimer [ɛskʀime] : **s'escrimer** VPR : **s'~ à faire qch** empeñarse en hacer algo
escrimeur, -euse [ɛskʀimœʀ, øz] NM/F esgrimidor(a)
escroc [ɛskʀo] NM estafador(a)
escroquer [ɛskʀɔke] VT : **~ qn (de qch)** timar a algn (con algo); **~ qch (à qn)** estafar algo (a algn)
escroquerie [ɛskʀɔkʀi] NF estafa
esgourdes [ɛzguʀd] (*fam*) NFPL orejas *fpl*
ésotérique [ezɔteʀik] ADJ esotérico(-a)
ésotérisme [ezɔteʀism] NM esoterismo
espace [ɛspas] NM espacio; **manquer d'~** faltarle a algn espacio; **~ publicitaire/vital** espacio publicitario/vital
espacé, e [ɛspase] ADJ espaciado(-a)
espacement [ɛspasmɑ̃] NM espaciamiento; **~ proportionnel** distancia proporcional
espacer [ɛspase] VT espaciar ■ **s'espacer** VPR espaciarse
espadon [ɛspadɔ̃] NM pez *m* espada *inv*, emperador *m*
espadrille [ɛspadʀij] NF alpargata
Espagne [ɛspaɲ] NF España
espagnol, e [ɛspaɲɔl] ADJ español(a) ▸ NM (*Ling*) español *m*, castellano (*surtout AM*) ▸ NM/F : **Espagnol, e** español(a)
espagnolette [ɛspaɲɔlɛt] NF falleba; **fermé à l'~** cerrado(-a) con falleba
espalier [ɛspalje] NM (*arbre fruitier*) espaldera; **culture en espaliers** cultivo en emparrado
espèce [ɛspɛs] NF especie *f*; **une ~ de** una espe-

cie de; **~ de maladroit/de brute !** ¡pedazo de *ou* so inútil/bruto! (*fam*); **de toute ~** de toda clase; **l'~ humaine** la especie humana; **cas d'~** caso especial ■ **espèces** NFPL (*Comm*) metálico; (*Rel*) especies *fpl*; (*sorte, genre*) clases *fpl*; **payer en espèces** pagar en metálico

espérance [ɛspeʀɑ̃s] NF esperanza; **contre toute ~** contra toda esperanza; **~ de vie** esperanza de vida

espérantiste [ɛspeʀɑ̃tist] ADJ, NMF esperantista *mf*

espéranto [ɛspeʀɑ̃to] NM esperanto

espérer [ɛspeʀe] VT esperar; **~ que/faire** esperar que/hacer; **je n'en espérais pas tant** no esperaba tanto ▶ VI confiar; **j'espère bien** eso espero; **~ en qn/qch** confiar en algn/algo

espiègle [ɛspjɛgl] ADJ travieso(-a)

espièglerie [ɛspjɛgləʀi] NF travesura

espion, ne [ɛspjɔ̃, jɔn] NM/F espía *mf* ▶ ADJ : **bateau/avion ~** barco/avión *m* espía

espionnage [ɛspjɔnaʒ] NM espionaje *m*; **film/roman d'~** película/novela de espionaje; **~ industriel** espionaje industrial

espionner [ɛspjɔne] VT espiar

esplanade [ɛsplanad] NF explanada

espoir [ɛspwaʀ] NM esperanza; **l'~ de qch/de faire qch** la esperanza de algo/de hacer algo; **avoir bon ~ que** tener muchas esperanzas de que; **garder l'~ que** conservar la esperanza de que; **dans l'~ de/que** con la esperanza de/de que; **reprendre ~** recuperar la esperanza; **un ~ de la boxe/du ski** una promesa del boxeo/del esquí; **c'est sans ~** no tiene esperanza

esprit [ɛspʀi] NM espíritu *m*; **l'~ de parti/de clan** espíritu de partido/de clan; **paresse/vivacité d'~** pereza/vivacidad mental; **l'~ d'une loi/réforme** el espíritu de una ley/reforma; **l'~ d'équipe/de compétition/d'entreprise** espíritu de equipo/de competencia/de empresa; **dans mon ~** en mi opinión; **faire de l'~** hacerse el gracioso; **reprendre ses esprits** recuperar el sentido; **perdre l'~** perder la razón; **avoir bon/mauvais ~** tener buenas/malas intenciones; **avoir l'~ à faire qch** estar con ánimos para hacer algo; **avoir l'~ critique** tener sentido crítico; **esprits chagrins** espíritus *mpl* sombríos; **~ de contradiction** espíritu de contradicción; **~ de corps** sentido de solidaridad; **~ de famille** espíritu de familia; **l'~ malin** el espíritu del mal

esquif [ɛskif] NM esquife *m*

esquille [ɛskij] NF (*fragment d'os*) esquirla

esquimau, de, x [ɛskimo, od] ADJ esquimal; **chien ~** perro esquimal ▶ NM (*Ling*) esquimal *m*; (*glace*) pingüino ▶ NM/F : **Esquimau, de** esquimal *mf*

esquinter [ɛskɛ̃te] (*fam*) VT hacer polvo (*fam*) ■ **s'esquinter** VPR (*fam*) : **s'~ à faire qch** empeñarse haciendo algo

esquisse [ɛskis] NF esbozo; (*de changement*) amago; **l'~ d'un sourire** el esbozo de una sonrisa

esquisser [ɛskise] VT esbozar; **~ un geste/un sourire** esbozar un gesto/una sonrisa ■ **s'esquisser** VPR esbozarse

esquive [ɛskiv] NF finta

esquiver [ɛskive] VT esquivar ■ **s'esquiver** VPR esquivarse

essai [esɛ] NM (*d'une voiture, d'un vêtement*) prueba; (*tentative, aussi Sport*) intento; (*Rugby, Litt*) ensayo; **à l'~** a prueba; **~ gratuit** prueba gratuita ■ **essais** NMPL (*Sport*) pruebas *fpl*

essaim [esɛ̃] NM enjambre *m*; **~ d'enfants** (*fig*) enjambre de niños

essaimer [eseme] VI (*abeilles*) enjambrar; (*fig*) extenderse

essayage [esɛjaʒ] NM prueba; **salon** *ou* **cabine d'~** probador *m*

essayer [eseje] VT probar; **~ de faire qch** intentar hacer algo, tratar de hacer algo ▶ VI intentar; **essayez un peu !** ¡inténtalo! ■ **s'essayer** VPR : **s'~ à faire qch/à qch** intentar hacer algo/algo

essayeur, -euse [esɛjœʀ, øz] NM/F *maniquí que se prueba el traje delante del cliente*

essayiste [esejist] NMF ensayista *mf*

ESSEC [esɛk] SIGLE F (= *École supérieure des sciences économiques et sociales*) *universidad de élite de ciencias económicas y empresariales*

essence [esɑ̃s] NF (*carburant*) gasolina, nafta (Arg), bencina (Chi); (*d'une plante, fig*) esencia; (*espèce : d'arbre*) especie *f*; **par ~** (*par définition*) por esencia; **prendre** *ou* **faire de l'~** echar gasolina, repostar; **~ de café** extracto de café; **~ de citron/lavande/térébenthine** esencia de limón/lavanda/trementina

essentiel, le [esɑ̃sjɛl] ADJ esencial; **être ~ à** ser esencial para ▶ NM : **l'~ d'un discours/d'une œuvre** la mayor parte de un discurso/de una obra; **emporter/acheter l'~** llevar/comprar lo esencial; **c'est l'~** es lo esencial; **l'~ de** la mayor parte de

essentiellement [esɑ̃sjɛlmɑ̃] ADV esencialmente; (*absolument*) principalmente

esseulé, e [esœle] ADJ solo(-a), desamparado(-a)

essieu, x [esjø] NM eje *m*

essor [esɔʀ] NM (*de l'économie etc*) auge *m*; **prendre son ~** (*oiseau*) tomar el vuelo

essorage [esɔʀaʒ] NM escurrido; (*à la machine*) centrifugado

essorer [esɔʀe] VT escurrir; (*à la machine*) centrifugar

essoreuse [esɔʀøz] NF (*à rouleaux*) escurridor *m*; (*à tambour*) secadora

essoufflé, e [esufle] ADJ sofocado(-a), sin aliento

essoufflement [esufləmɑ̃] NM (*de personne*) sofoco; (*de croissance, économie*) debilitamiento

essouffler [esufle] VT dejar sin aliento ■ **s'essouffler** VPR sofocarse; (*fig: écrivain, cinéaste*) perder la inspiración; (*croissance, économie*) debilitarse
essuie [esɥi] VB *voir* **essuyer**
essuie-glace [esɥiglas] (*pl* **essuie-glaces**) NM limpiaparabrisas *m inv*
essuie-main [esɥimɛ̃] (*pl* **essuie-mains**) NM toalla de manos
essuierai *etc* [esyiʀe] VB *voir* **essuyer**
essuie-tout [esyitu] NM INV rollo de papel (de cocina)
essuyage [esɥijaʒ] NM (*chose mouillée*) secado; (*meuble*) limpieza
essuyer [esɥije] VT secar; (*épousseter*) limpiar; (*fig: défaite, tempête*) soportar; **~ la vaisselle** secar los platos ■ **s'essuyer** VPR secarse
est[1] [ɛ] VB *voir* **être**
est[2] [ɛst] NM este *m*; **à l'~** (*situation*) al este; (*direction*) hacia el este; **à l'~ de** al este de; **les pays de l'E~** los países del Este ▶ ADJ INV este *inv*
estafette [ɛstafɛt] NF (*Mil*) mensajero
estafilade [ɛstafilad] NF cuchillada, tajo
estaminet [ɛstaminɛ] NM cafetín *m*
estampe [ɛstɑ̃p] NF (*image*) estampa, lámina
estamper [ɛstɑ̃pe] VT (*monnaies etc*) acuñar, estampar; (*fam*) timar
estampille [ɛstɑ̃pij] NF sello
est-ce que [ɛskə] ADV: **~ c'est cher/c'était bon ?** ¿es caro?/¿estaba bueno?; **quand est-ce qu'il part ?** ¿cuándo se marcha?; **où est-ce qu'il va ?** ¿dónde va?; **qui est-ce qui le connaît/a fait ça ?** ¿quién le conoce/ha hecho esto?
este [ɛst] ADJ estonio(-a) ▶ NMF: **Este** estonio(-a)
esthète [ɛstɛt] NMF esteta *mf*
esthéticien, ne [ɛstetisjɛ̃, jɛn] NM/F (*Art, Philos*) esteta *mf*
esthéticienne [ɛstetisjɛn] NF (*d'institut de beauté*) esteticista
esthétique [ɛstetik] ADJ estético(-a) ▶ NF estética; **~ industrielle** diseño industrial
esthétiquement [ɛstetikmɑ̃] ADV estéticamente
estimable [ɛstimabl] ADJ estimable
estimatif, -ive [ɛstimatif, iv] ADJ estimativo(-a)
estimation [ɛstimasjɔ̃] NF valoración *f*; **d'après mes estimations** según mis cálculos
estime [ɛstim] NF estima; **avoir de l'~ pour qn** tener estima a algn
estimer [ɛstime] VT (*personne, qualité*) estimar, apreciar; (*expertiser: bijou etc*) valorar; (*évaluer: prix, distance*) calcular; **~ que/être ...** (*penser*) estimar que/ser ..., considerar que/ser ...; **s'~ satisfait/heureux** sentirse satisfecho/feliz; **j'estime le temps nécessaire à trois jours** calculo que necesitaremos unos tres días
estival, e, -aux [ɛstival, o] ADJ estival; **station estivale** estación *f* estival
estivant, e [ɛstivɑ̃, ɑ̃t] NM/F veraneante *mf*
estoc [ɛstɔk] NM: **frapper d'~ et de taille** dar tajos y estocadas
estocade [ɛstɔkad] NF: **donner l'~ à** dar la estocada a
estomac [ɛstɔma] NM estómago; **j'ai mal à l'~** me duele el estómago
estomaqué, e [ɛstɔmake] (*fam*) ADJ pasmado(-a) (*fam*), patidifuso(-a) (*fam*)
estomaquer [ɛstɔmake] (*fam*) VT pasmar, dejar patidifuso(-a) (*fam*)
estompe [ɛstɔ̃p] NF esfumino
estompé, e [ɛstɔ̃pe] ADJ difuminado(-a)
estomper [ɛstɔ̃pe] VT (*Art, Photo*) difuminar; (*suj: brume etc*) desdibujar; (*fig: souvenir, sentiment*) esfumar ■ **s'estomper** VPR (*bruit, souvenirs*) atenuarse; (*couleurs, forme*) difuminarse
Estonie [ɛstɔni] NF Estonia
estonien, ne [ɛstɔnjɛ̃, jɛn] ADJ estonio(-a) ▶ NM (*Ling*) estonio ▶ NM/F: **Estonien, ne** estonio(-a)
estourbir [ɛstuʀbiʀ] (*fam*) VT (*assommer*) noquear
estrade [ɛstʀad] NF estrado
estragon [ɛstʀagɔ̃] NM estragón *m*
Estrémadure [ɛstʀemadyʀ] NF Extremadura
estropié, e [ɛstʀɔpje] NM/F lisiado(-a), tullido(-a)
estropier [ɛstʀɔpje] VT lisiar, tullir; (*fig: mot*) alterar
estuaire [ɛstɥɛʀ] NM estuario
estudiantin, e [ɛstydjɑ̃tɛ̃, in] ADJ estudiantil
esturgeon [ɛstyʀʒɔ̃] NM esturión *m*
et [e] CONJ y; **et aussi/lui** y también/él; **et puis ?** ¿y qué?; **et alors** *ou* **(puis) après ?** (*qu'importe !*) ¿y qué?; (*ensuite*) ¿y entonces?
ét. ABR = **étage**
ETA [ətea] SIGLE M (= *Euskadi Ta Askatasuna*) ETA *f*
étable [etabl] NF establo
établi, e [etabli] ADJ (*en place, solide*) establecido(-a); (*vérité*) confirmado(-a); **l'ordre ~** el orden establecido ▶ NM banco
établir [etabliʀ] VT establecer; (*papiers d'identité*) hacer; (*facture*) hacer, realizar; (*liste, programme*) establecer, fijar; (*installer: entreprise, camp*) establecer, instalar; (*personne: aider à s'établir*) colocar; (*relations, liens d'amitié*) entablar, establecer; **~ un record** establecer un récord ■ **s'établir** VPR establecerse; (*colonie*) asentarse; **s'~ (à son compte)** establecerse (por su cuenta)
établissement [etablismɑ̃] NM establecimiento; (*papiers d'identité*) realización *f*; **~ commercial/industriel** establecimiento comercial/industrial; **~ de crédit** entidad *f* de crédito; **~ hospitalier/public** establecimiento

hospitalario/público; **~ scolaire** establecimiento escolar

étage [etaʒ] NM (*d'immeuble*) piso, planta; (*de fusée*) cuerpo; (*de culture, végétation*) capa, estrato; **habiter à l'~/ au deuxième ~** vivir en el piso de arriba/ en el segundo piso; **maison à deux étages** casa de dos pisos *ou* plantas; **de bas ~** (*fig*) de clase baja; (*médiocre*) de baja estofa

étagement [etaʒmɑ̃] NM escalonamiento

étager [etaʒe] VT (*aussi fig*) escalonar ■ **s'étager** VPR escalonarse

étagère [etaʒɛʀ] NF estante *m*

étai [etɛ] NM puntal *m*

étain [etɛ̃] NM estaño; **pot en ~** vasija de estaño

étais *etc* [etɛ] VB *voir* **être**

étal [etal] NM (*de marché*) puesto

étalage [etalaʒ] NM (*de richesses, connaissances*) ostentación *f*; (*vitrine de magasin*) escaparate *m*; (*marchandises*) surtido; **faire ~ de** hacer alarde de, hacer ostentación de

étalagiste [etalaʒist] NMF escaparatista *mf*

étale [etal] ADJ quieto(-a)

étalement [etalmɑ̃] NM (*voir vt*) extensión *f*; exposición *f*; ostentación *f*; (*échelonnement*) escalonamiento

étaler [etale] VT (*carte, nappe*) extender, desplegar; (*beurre, nappe*) extender; (*paiements, dates*) escalonar; (*marchandises*) exponer; (*richesses, connaissances*) ostentar ■ **s'étaler** VPR (*liquide*) desparramarse; (*luxe etc*) ser ostensible; (*fam : tomber*) caer a lo largo; **s'~ sur** (*suj : travaux, paiements*) repartirse en

étalon [etalɔ̃] NM (*mesure*) patrón *m*; (*cheval*) semental *m*; **l'~-or** el patrón oro

étalonnage [etalɔnaʒ] NM calibración *f*

étalonner [etalɔne] VT calibrar

étamer [etame] VT estañar

étameur [etamœʀ] NM estañador *m*

étamine [etamin] NF (*de fleur*) estambre *m*; (*tissu*) estameña

étanche [etɑ̃ʃ] ADJ (*montre*) sumergible; (*cloison*) estanco(-a); **~ à l'air** hermético(-a)

étanchéité [etɑ̃ʃeite] NF impermeabilidad *f*

étancher [etɑ̃ʃe] VT (*liquide*) estancar; (*sang*) restañar; **~ sa soif** apagar la sed

étançon [etɑ̃sɔ̃] NM puntal *m*

étançonner [etɑ̃sɔne] VT apuntalar

étang [etɑ̃] NM estanque *m*

étant [etɑ̃] VB *voir* **être** ; **donné**

étape [etap] NF etapa; **faire ~ à** hacer una etapa en; **brûler les étapes** quemar etapas

état [eta] NM estado; (*liste, inventaire*) registro; **être boucher de son ~** (*condition professionnelle*) ser carnicero de oficio; **l'É~** el Estado; **en bon/ mauvais ~** en buen/mal estado; **être en ~ (de marche)** funcionar; **remettre en ~** volver a poner en condiciones, arreglar; **hors d'~** fuera de uso, inservible; **être en ~/hors d'~ de faire qch** estar/no estar en condiciones de hacer algo; **en tout ~ de cause** en todo caso, de todos modos; **être dans tous ses états** estar fuera de sí; **faire ~ de** hacer valer; **être en ~ d'arrestation** (*Jur*) quedar arrestado(-a), estar detenido(-a); **en ~ de grâce** (*Rel, fig*) en estado de gracia; **en ~ d'ivresse** en estado de embriaguez; **~ civil** (*Admin*) estado civil; **~ d'urgence/ de guerre/de siège** estado de excepción/de guerra/de sitio; **~ d'alerte** estado de alerta; **~ d'esprit** mentalidad *f*; **~ de choses** estado de cosas; **~ de santé** estado de salud; **~ de veille** estado de vigilia; **~ des lieux** estado del inmueble; **états de service** (*Mil, Admin*) hoja *fsg* de servicios; **les États du Golfe** los Estados del Golfo

étatique [etatik] ADJ estatal

étatisation [etatizasjɔ̃] NF nacionalización *f*

étatiser [etatize] VT nacionalizar

étatisme [etatism] NM estatismo

étatiste [etatist] ADJ partidario(-a) del estatismo

état-major [etamaʒɔʀ] (*pl* **états-majors**) NM (*Mil*) estado mayor; (*de parti, d'entreprise*) plana mayor

État-providence [etapʀɔvidɑ̃s] (*pl* **États-providence**) NM Estado de bienestar

États-Unis [etazyni] NMPL : **les ~** los Estados Unidos

étau, x [eto] NM (*Tech*) torno; **être pris dans un ~** (*fig*) estar acorralado

étayer [eteje] VT (*construction, fig*) apuntalar

etc. [ɛtsetеʀa] ABR (= *et c(a)etera*) etc.

et caetera, et cetera [ɛtsetеʀa] ADV etcétera

été [ete] PP *de* **être** ▸ NM verano; **en ~** en verano

éteignais [etɛɲɛ] VB *voir* **éteindre**

éteignoir [etɛɲwaʀ] NM (*objet*) apagavelas *m inv*; (*personne*) aguafiestas *mf inv*

éteindre [etɛ̃dʀ] VT apagar; (*incendie*) extinguir, apagar; (*Jur : dette*) extinguir ■ **s'éteindre** VPR (*aussi fig*) apagarse

éteint, e [etɛ̃, ɛ̃t] PP *de* **éteindre** ▸ ADJ apagado(-a); **tous feux éteints** (*rouler*) con las luces apagadas

étendard [etɑ̃daʀ] NM estandarte *m*

étendoir [etɑ̃dwaʀ] NM (*fil ou séchoir à linge*) tendedero

étendre [etɑ̃dʀ] VT extender; (*carte, tapis*) extender, desplegar; (*lessive, linge*) tender, colgar; (*blessé, malade*) tender; (*vin, sauce*) diluir, rebajar; (*fig : agrandir*) extender, ampliar; (*fam*) tumbar; (*Scol*) catear ■ **s'étendre** VPR extenderse; **s'~ (sur)** (*personne*) tenderse (sobre *ou* en); (*fig : sujet, problème*) extenderse (en); **s'~ jusqu'à** extenderse hasta

étendu, e [etɑ̃dy] ADJ (*terrain*) extenso(-a); (*connaissances, pouvoirs*) amplio(-a)

étendue [etɑ̃dy] NF extensión *f*; (*des connaissances*) amplitud *f*; (*importance*) alcance *m*; **une ~ d'eau** una extensión de agua

éternel, le [etɛʀnɛl] ADJ eterno(-a); (*habituel*) inseparable; **les neiges éternelles** las nieves eternas *ou* perpetuas
éternellement [etɛʀnɛlmɑ̃] ADV eternamente
éterniser [etɛʀnize]: **s'éterniser** VPR eternizarse
éternité [etɛʀnite] NF eternidad *f*; **il y a** *ou* **ça fait une ~ que** hace una eternidad que; **de toute ~** de tiempo inmemorial
éternuement [etɛʀnymɑ̃] NM estornudo
éternuer [etɛʀnɥe] VI estornudar
êtes [ɛt(z)] VB *voir* **être**
étêter [etete] VT descabezar
éthanol [etanɔl] NM etanol *m*
éther [etɛʀ] NM éter *m*
éthéré, e [eteʀe] ADJ etéreo(-a)
Éthiopie [etjɔpi] NF Etiopía
éthiopien, ne [etjɔpjɛ̃, jɛn] ADJ etíope ▸NM/F: **Éthiopien, ne** etíope *mf*
éthique [etik] ADJ ético(-a) ▸NF ética
ethnicité [ɛtnisite] NF etnicidad *f*
ethnie [ɛtni] NF etnia
ethnique [ɛtnik] ADJ étnico(-a)
ethnocentrique [ɛtnɔsɑ̃tʀik] ADJ etnocéntrico(-a)
ethnocentrisme [ɛtnosɑ̃tʀism] NM etnocentrismo
ethnographe [ɛtnɔgʀaf] NMF etnógrafo(-a)
ethnographie [ɛtnɔgʀafi] NF etnografía
ethnographique [ɛtnɔgʀafik] ADJ etnográfico(-a)
ethnologie [ɛtnɔlɔʒi] NF etnología
ethnologique [ɛtnɔlɔʒik] ADJ etnológico(-a)
ethnologue [ɛtnɔlɔg] NMF etnólogo(-a)
éthologie [etɔlɔʒi] NF etología
éthylique [etilik] ADJ etílico(-a); **alcool ~** alcohol *m* etílico
éthylisme [etilism] NM etilismo
éthylomètre [etilɔmɛtʀ] NM alcoholímetro
éthylotest [etilɔtest] NM test *m* de alcoholemia
étiage [etjaʒ] NM estiaje *m*
étiez [etjɛ] VB *voir* **être**
étincelant, e [etɛ̃s(ə)lɑ̃, ɑ̃t] ADJ resplandeciente
étinceler [etɛ̃s(ə)le] VI resplandecer
étincelle [etɛ̃sɛl] NF chispa, fulgor *m*; (*fig*) destello, chispa
étiolement [etjɔlmɑ̃] NM (*d'une plante*) marchitamiento
étioler [etjɔle]: **s'étioler** VPR (*fleur*) marchitarse; (*enfant, esprit*) languidecer, marchitarse
étique [etik] ADJ enteco(-a), flaco(-a)
étiquetage [etik(ə)taʒ] NM etiquetado
étiqueter [etik(ə)te] VT (*aussi fig*) etiquetar
étiqueteuse [etiktøz] NF (*machine*) etiquetadora
étiquette [etikɛt] NF (*aussi fig*) etiqueta; **l'~** (*protocole*) la etiqueta; **sans ~** (*Pol*) sin etiqueta
étirement [etiʀmɑ̃] NM estiramiento; **faire des étirements** hacer estiramientos
étirer [etiʀe] VT estirar; **~ ses bras/jambes** estirar los brazos/las piernas ▪ **s'étirer** VPR estirarse; (*convoi, route*): **s'~ sur plusieurs kilomètres** extenderse por varios kilómetros
étoffe [etɔf] NF tejido, tela; **avoir l'~ d'un chef** (*fig*) tener madera de jefe; **avoir de l'~** (*fig*) tener personalidad
étoffer [etɔfe] VT (*discours, récit*) dar cuerpo a ▪ **s'étoffer** VPR (*personne*) desarrollarse
étoile [etwal] NF estrella; (*signe*) asterisco; **la bonne/mauvaise ~ de qn** la buena/mala estrella de algn; **à la belle ~** al sereno, al aire libre; **~ de mer** estrella de mar; **~ filante** estrella fugaz; **~ polaire** estrella polar ▸ADJ: **danseur/danseuse ~** primer bailarín/primera bailarina
étoilé, e [etwale] ADJ estrellado(-a)
étoiler [etwale] VT (*parsemer*) sembrar de estrellas; (*fêler*) resquebrajar
étole [etɔl] NF estola
étonnamment [etɔnamɑ̃] ADV asombrosamente
étonnant, e [etɔnɑ̃, ɑ̃t] ADJ (*surprenant*) asombroso(-a), sorprendente; (*valeur intensive*) sorprendente
étonné, e [etɔne] ADJ asombrado(-a)
étonnement [etɔnmɑ̃] NM asombro, estupefacción *f*; **à mon grand ~ ...** con gran asombro mío ...
étonner [etɔne] VT asombrar, sorprender; **cela m'étonnerait (que)** me sorprendería (que) ▪ **s'étonner** VPR: **s'~ que/de** asombrarse de que/de
étouffant, e [etufɑ̃, ɑ̃t] ADJ (*ambiance*) asfixiante
étouffé, e [etufe] ADJ ahogado(-a)
étouffée [etufe]: **à l'~** *adv* (*Culin*) estofado(-a)
étouffement [etufmɑ̃] NM ahogo
étouffer [etufe] VT (*personne*) ahogar; (*bruit*) acallar; (*nouvelle, scandale*) ocultar, tapar ▸VI (*aussi fig*) ahogarse; (*avoir trop chaud*) asarse, achicharrarse; **ouvre la fenêtre, on étouffe ici!** ¡abre la ventana, que aquí se asa uno! ▪ **s'étouffer** VPR (*en mangeant*) atragantarse
étouffoir [etufwaʀ] NM (*Mus*) apagador *m*
étoupe [etup] NF estopa
étourderie [etuʀdəʀi] NF descuido; **faute d'~** despiste *m*
étourdi, e [etuʀdi] ADJ aturdido(-a), distraído(-a)
étourdiment [etuʀdimɑ̃] ADV con descuido
étourdir [etuʀdiʀ] VT (*assommer*) aturdir, atontar; (*griser*) aturdir
étourdissant, e [etuʀdisɑ̃, ɑ̃t] ADJ impresionante
étourdissement [etuʀdismɑ̃] NM aturdimiento

e

étourneau, x [eturno] NM estornino

étrange [etʀɑ̃ʒ] ADJ extraño(-a), raro(-a)

étrangement [etʀɑ̃ʒmɑ̃] ADV (*bizarrement*) de forma extraña; (*étonnamment*) sorprendentemente

étranger, -ère [etʀɑ̃ʒe, ɛʀ] ADJ (*d'un autre pays*) extranjero(-a); (*pas de la famille*) extraño(-a); (*non familier*) extraño(-a), desconocido(-a); **~ à** ajeno(-a) a ▶ NM/F (*d'un autre pays*) extranjero(-a); (*inconnu*) extraño(-a) ▶ NM : **l'~** el extranjero; **à l'~** (*partir, voyager*) al extranjero; (*habiter*) en el extranjero; **de l'~** del extranjero

étrangeté [etʀɑ̃ʒte] NF extrañeza, rareza

étranglé, e [etʀɑ̃gle] ADJ : **d'une voix étranglée** con una voz sofocada

étranglement [etʀɑ̃gləmɑ̃] NM (*action*) estrangulación *f*; (*d'une route, vallée, canalisation*) estrechamiento

étrangler [etʀɑ̃gle] VT (*intentionnellement*) estrangular; (*accidentellement*) ahogar; (*fig : presse, libertés*) ahogar, asfixiar ■ **s'étrangler** VPR (*en mangeant etc*) atragantarse; (*se resserrer : tuyau, rue*) estrecharse

étrave [etʀav] NF roda

être [ɛtʀ]

▶ VB + *attribut*, VI **1** (*qualité essentielle, permanente, profession*) ser; **il est fort/intelligent** es fuerte/inteligente; **être journaliste** ser periodista

2 (*état temporaire, position, + adj/pp*) estar; **comme tu es belle !** ¡qué guapa estás!; **être marié** estar casado; **il est à Paris/au salon** está en París/en el salón; **je ne serai pas ici demain** no estaré aquí mañana; **ça y est !** ¡ya está!

3 : **être à** (*appartenir*) ser de; **le livre est à Paul** el libro es de Pablo; **c'est à moi/eux** es mío(-a)/suyo(-a) *ou* de ellos

4 : **être de** (*provenance, origine, appartenance*) ser de; **il est de Paris** es de París; **être de Genève/de la même famille** ser de Ginebra/de la misma familia; **il est des nôtres** es de los nuestros

5 (*date*) : **nous sommes le six juin** estamos a seis de junio

▶ VB AUX **1** haber; **être arrivé/allé** haber llegado/ido; **il est parti** (él) se ha marchado; **il est parti hier** (*verbe au passé simple quand la période dans laquelle se situe l'action est révolue*) se marchó ayer

2 (*forme passive*) ser; **être fait par** ser hecho por; **il a été promu** ha sido ascendido

3 (*+ à : obligation*) : **c'est à faire/réparer** está por hacer/reparar; **c'est à essayer** está por ensayar; **il est à espérer/souhaiter que** es de esperar/desear que

▶ VB IMPERS **1** : **il est** (*+ adjectif*) es; **il est impossible de le faire** es imposible hacerlo; **il serait facile de/souhaitable que** sería fácil/deseable que

2 (*heure, date*) : **il est 10 heures** son las 10

3 (*emphatique*) : **c'est moi** soy yo; **c'est à lui de le faire/de décider** tiene que hacerlo/decidirlo él

▶ NM ser *m*; **être humain** ser humano

étreindre [etʀɛ̃dʀ] VT (*pour s'accrocher, retenir*) agarrarse a; (*amoureusement, amicalement*) abrazar; (*suj : douleur, peur*) oprimir ■ **s'étreindre** VPR (*personnes*) abrazarse

étreinte [etʀɛ̃t] NF (*amicale, amoureuse*) abrazo; (*pour s'accrocher, retenir : aussi de lutteurs*) apretón *m*; **resserrer son ~ autour de** (*fig*) cerrar el cerco en torno a

étrenner [etʀene] VT estrenar

étrennes [etʀɛn] NFPL (*cadeaux*) regalos *mpl*; (*gratifications*) aguinaldo *msg*

étrier [etʀije] NM estribo

étrille [etʀij] NF (*brosse*) almohaza

étriller [etʀije] VT (*cheval*) almohazar; (*fam : battre*) zurrar

étriper [etʀipe] VT destripar; **~ qn** (*fam*) rajar a algn

étriqué, e [etʀike] ADJ (*aussi fig*) estrecho(-a)

étroit, e [etʀwa, wat] ADJ (*gén, fig*) estrecho(-a); **à l'~** con estrechez; **~ d'esprit** de miras estrechas

étroitement [etʀwatmɑ̃] ADV estrechamente; (*rigoureusement*) estrictamente

étroitesse [etʀwatɛs] NF estrechez *f*; **~ d'esprit** estrechez de miras

étron [etʀɔ̃] NM mojón *m*, zurullo (*fam*)

étrusque [etʀysk] ADJ etrusco(-a)

étude [etyd] NF estudio; (*de notaire*) bufete *m*; (*Scol : salle de travail*) sala de estudio; **être à l'~** (*projet etc*) estar en estudio; **faire une ~ de cas** ver un caso práctico; **~ de faisabilité/de marché** estudio de factibilidad/de mercado ■ **études** NFPL (*Scol*) estudios *mpl*; **faire des études de droit/médecine** cursar estudios de *ou* estudiar derecho/medicina; **études secondaires/supérieures** estudios secundarios/superiores

étudiant, e [etydjɑ̃, jɑ̃t] NM/F (*Univ*) estudiante *mf*, universitario(-a) ▶ ADJ estudiante

étudié, e [etydje] ADJ estudiado(-a)

étudier [etydje] VT, VI estudiar

étui [etɥi] NM (*à lunettes*) funda, estuche *m*; (*à cigarettes*) estuche

étuve [etyv] NF baño turco; (*appareil*) estufa

étuvée [etyve] : **à l'~** *adv* (*Culin*) estofado(-a)

étymologie [etimɔlɔʒi] NF etimología

étymologique [etimɔlɔʒik] ADJ etimológico(-a)

EU, EUA SIGLE MPL (= *États-Unis (d'Amérique)*) EE. UU. (= *Estados Unidos*)

eu, eue [y] PP *de* **avoir**

eucalyptus [økaliptys] NM eucalipto

Eucharistie [økaʀisti] NF Eucaristía

eucharistique [økaʀistik] ADJ eucarístico(-a)

euclidien, ne [øklidjɛ̃, jɛn] ADJ : **géométrie euclidienne** geometría euclidiana
eugénique [øʒenik] ADJ eugenésico(-a)
eugénisme [øʒenism] NM eugenesia
euh [ø] EXCL ee
eunuque [ønyk] NM eunuco
euphémique [øfemik] ADJ eufemístico(-a)
euphémisme [øfemism] NM eufemismo
euphonie [øfɔni] NF eufonía
euphorbe [øfɔʀb] NF euforbio
euphorie [øfɔʀi] NF euforia
euphorique [øfɔʀik] ADJ eufórico(-a)
euphorisant, e [øfɔʀizɑ̃, ɑ̃t] ADJ (*atmosphère*) que provoca euforia; (*médicament*) estimulante
eurafricain, e [øʀafʀikɛ̃, ɛn] ADJ euroafricano(-a)
eurasiatique [øʀazjatik] ADJ euroasiático(-a)
Eurasie [øʀazi] NF Eurasia
eurasien, ne [øʀazjɛ̃, jɛn] ADJ euroasiático(-a) ▸ NM/F : **Eurasien, ne** euroasiático(-a)
EURATOM [øʀatɔm] SIGLE F Euratom *f*
eurent [yʀ] VB *voir* **avoir**
euro [øʀo] NM (*monnaie*) euro *m*
euro... [øʀo] PRÉF euro...
eurocrate [øʀɔkʀat] (*péj*) NMF eurócrata *mf*
eurodevise [øʀɔdəviz] NF eurodivisa
eurodollar [øʀodɔlaʀ] NM eurodólar *m*
Euroland [øʀolɑ̃d] NM zona (del) euro
euromonnaie [øʀomɔnɛ] NF euromoneda
Europe [øʀɔp] NF Europa; **l'~ centrale** la Europa central; **l'~ verte** la Europa verde
européanisation [øʀɔpeanizasjɔ̃] NF europeización *f*
européaniser [øʀɔpeanize] VT europeizar ■ **s'européaniser** VPR europeizarse
européen, ne [øʀɔpeɛ̃, ɛn] ADJ europeo(-a) ▸ NM/F : **Européen, ne** europeo(-a)
europhile [øʀofil] ADJ, NMF europeísta *mf*
europhobe [øʀofɔb] ADJ, NMF eurófobo(-a)
eurosceptique [øʀosɛptik] NMF euroescéptico(-a)
Eurovision [øʀɔvizjɔ̃] NF Eurovisión *f*; **(émission) en ~** (emisión *f*) vía Eurovisión
eus *etc* [y] VB *voir* **avoir**
euthanasie [øtanazi] NF eutanasia
euthanasier [øtanazje] VT (*animal*) sacrificar; (*personne*) practicar la eutanasia a
eux [ø] PRON ellos; **~, ils ont fait ...** ellos han hecho ...
eux-mêmes [ømɛm] PRON ellos mismos; (*avec préposition*) sí mismos
évacuation [evakɥasjɔ̃] NF evacuación *f*
évacué, e [evakɥe] ADJ evacuado(-a)
évacuer [evakɥe] VT evacuar
évadé, e [evade] ADJ, NM/F evadido(-a)
évader [evade] : **s'évader** VPR (*aussi fig*) evadirse
évaluation [evalɥasjɔ̃] NF evaluación *f*
évaluer [evalɥe] VT evaluar, calcular
évanescent, e [evanesɑ̃, ɑ̃t] ADJ evanescente
évangélique [evɑ̃ʒelik] ADJ evangélico(-a)
évangélisateur, -trice [evɑ̃ʒelizatœʀ, tʀis] ADJ evangelizador(a) ▸ NM evangelizador *m*
évangélisation [evɑ̃ʒelizasjɔ̃] NF evangelización *f*
évangéliser [evɑ̃ʒelize] VT evangelizar
évangéliste [evɑ̃ʒelist] NM evangelista *m*
évangile [evɑ̃ʒil] NM evangelio; (*texte de la Bible*) : **É~** Evangelio; **ce n'est pas l'É~** (*fig*) esto no es la Biblia
évanoui, e [evanwi] ADJ desvanecido(-a); **tomber ~** caer desvanecido(-a)
évanouir [evanwiʀ] : **s'évanouir** VPR desmayarse, desvanecerse; (*fig*) desvanecerse, desaparecer
évanouissement [evanwismɑ̃] NM (*Méd*) desmayo, desvanecimiento
évaporation [evapɔʀasjɔ̃] NF evaporación *f*
évaporé, e [evapɔʀe] (*péj*) ADJ (*personne*) alocado(-a), atolondrado(-a)
évaporer [evapɔʀe] : **s'évaporer** VPR evaporarse
évasé, e [evɑze] ADJ acampanado(-a)
évaser [evɑze] VT (*tuyau*) ensanchar; (*jupe, pantalon*) acampanar ■ **s'évaser** VPR ensancharse
évasif, -ive [evazif, iv] ADJ evasivo(-a)
évasion [evazjɔ̃] NF (*aussi fig*) evasión *f*; **littérature d'~** literatura de evasión; **~ des capitaux** evasión de capitales; **~ fiscale** evasión fiscal
évasivement [evazivmɑ̃] ADV evasivamente
évêché [eveʃe] NM obispado
éveil [evɛj] NM despertar *m*; **être en ~** estar sobre aviso; **mettre qn en ~, donner l'~ à qn** poner sobre aviso *ou* avisar a algn; **activités d'~** actividades *fpl* de aprendizaje
éveillé, e [eveje] ADJ despierto(-a)
éveiller [eveje] VT despertar ■ **s'éveiller** VPR (*aussi fig*) despertarse
évènement, événement [evɛnmɑ̃] NM acontecimiento, suceso ■ **évènements** NMPL (*Pol etc : situation générale*) acontecimientos *mpl*
évènementiel, événementiel [evɛnmɑ̃sjɛl] NM sector *m* de los eventos
éventail [evɑ̃taj] NM abanico; **en ~** en abanico
éventaire [evɑ̃tɛʀ] NM escaparate *m*
éventé, e [evɑ̃te] ADJ alterado(-a); (*secret*) descubierto(-a)
éventer [evɑ̃te] VT (*secret, complot*) descubrir ■ **s'éventer** VPR (*vin, parfum*) alterarse; (*avec un éventail*) abanicarse
éventrer [evɑ̃tʀe] VT (*animal, personne*) destripar; (*sac, matelas etc*) reventar
éventualité [evɑ̃tɥalite] NF eventualidad *f*; **dans l'~ de** en la eventualidad de; **parer à toute ~** prevenir contra toda eventualidad

e

éventuel, le [evɑ̃tɥɛl] ADJ eventual
éventuellement [evɑ̃tɥɛlmɑ̃] ADV eventualmente
évêque [evɛk] NM obispo
Everest [ɛv(ə)ʀɛst] NM : **l'~, le mont ~** el (monte) Everest
évertuer [evɛʀtɥe] : **s'évertuer** VPR : **s'~ à faire** afanarse por *ou* en hacer
éviction [eviksjɔ̃] NF exclusión *f*; (*de locataire*) expulsión *f*
évidemment [evidamɑ̃] ADV evidentemente; **~ !** ¡claro!
évidence [evidɑ̃s] NF evidencia; **se rendre à/nier l'~** rendirse ante/negar la evidencia; **à l'~** sin duda alguna; **de toute ~** a todas luces, evidentemente; **en ~** en evidencia; **mettre en ~** (*problème, détail*) poner de manifiesto
évident, e [evidɑ̃, ɑ̃t] ADJ evidente; **ce n'est pas ~** (*cela pose des problèmes*) no es nada fácil; (*pas sûr*) no está claro
évider [evide] VT ahuecar
évier [evje] NM fregadero
évincer [evɛ̃se] VT excluir
éviscérer [eviseʀe] VT eviscerar
évitable [evitabl] ADJ evitable
évitement [evitmɑ̃] NM : **place d'~** (*Auto*) apartadero
éviter [evite] VT evitar; (*fig : problème, question*) evitar, eludir; (*importun, raseur : fuir*) rehuir, evitar; (*coup, projectile, obstacle*) esquivar; **~ de faire/que qch ne se passe** evitar hacer/que algo suceda; **~ qch à qn** evitar algo a algn
évocateur, -trice [evɔkatœʀ, tʀis] ADJ evocador(a)
évocation [evɔkasjɔ̃] NF evocación *f*
évolué, e [evɔlɥe] ADJ desarrollado(-a); (*personne*) moderno(-a)
évoluer [evɔlɥe] VI evolucionar
évolutif, -ive [evɔlytif, iv] ADJ evolutivo(-a)
évolution [evɔlysjɔ̃] NF evolución *f* ■ **évolutions** NFPL evoluciones *fpl*
évolutionnisme [evɔlysjɔnism] NM evolucionismo
évolutionniste [evɔlysjɔnist] ADJ, NMF evolucionista *mf*
évoquer [evɔke] VT evocar
ex. ABR (= *exemple*) ej (= *ejemplo*)
ex- [ɛks] PRÉF : **~ministre/président** ex-ministro/-presidente; **son ~mari/femme** su ex-marido/-mujer
exacerbé, e [ɛgzasɛʀbe] ADJ exacerbado(-a)
exacerber [ɛgzasɛʀbe] VT exacerbar
exact, e [ɛgza(kt), ɛgzakt] ADJ (*précis*) exacto(-a); (*personne : ponctuel*) puntual; **l'heure exacte** la hora exacta; **c'est ~** exacto
exactement [ɛgzaktəmɑ̃] ADV exactamente
exaction [ɛgzaksjɔ̃] NF exacción *f*
exactitude [ɛgzaktityd] NF exactitud *f*
ex aequo [ɛgzeko] ADV iguales ▸ ADJ INV : **ils sont ~** han quedado iguales
exagération [ɛgzaʒeʀasjɔ̃] NF exageración *f*
exagéré, e [ɛgzaʒeʀe] ADJ exagerado(-a)
exagérément [ɛgzaʒeʀemɑ̃] ADV exageradamente
exagérer [ɛgzaʒeʀe] VT exagerar ▸ VI (*abuser*) abusar; (*déformer les faits, la vérité*) exagerar; **encore en retard, tu exagères !** ¡otra vez tarde, te estás pasando!; **sans ~** sin exagerar; **il ne faut pas ~** no hay que exagerar ■ **s'exagérer** VPR sobreestimar; **s'~ qch** sobreestimar algo
exaltant, e [ɛgzaltɑ̃, ɑ̃t] ADJ exaltador(a)
exaltation [ɛgzaltasjɔ̃] NF exaltación *f*
exalté, e [ɛgzalte] ADJ, NM/F (*aussi péj*) exaltado(-a)
exalter [ɛgzalte] VT exaltar ■ **s'exalter** VPR exaltarse
examen [ɛgzamɛ̃] NM examen *m*; **à l'~** en examen; **mettre en ~** (*Jur*) inculpar; **~ médical** examen *ou* reconocimiento médico; **~ blanc** prueba preliminar; **~ de conscience** examen de conciencia; **~ de la vue** examen de la vista; **~ final/d'entrée** examen final/de ingreso
examinateur, -trice [ɛgzaminatœʀ, tʀis] NM/F examinador(a)
examiner [ɛgzamine] VT examinar
exaspérant, e [ɛgzaspeʀɑ̃, ɑ̃t] ADJ exasperante
exaspération [ɛgzaspeʀasjɔ̃] NF exasperación *f*
exaspéré, e [ɛgzaspeʀe] ADJ exasperado(-a)
exaspérer [ɛgzaspeʀe] VT exasperar
exaucer [ɛgzose] VT (*vœu*) conceder; **~ qn** satisfacer a algn
ex cathedra [ɛkskatedʀa] ADV, ADJ ex cátedra
excavateur [ɛkskavatœʀ] NM excavadora
excavation [ɛkskavasjɔ̃] NF excavación *f*
excavatrice [ɛkskavatʀis] NF = **excavateur**
excédé, e [ɛksede] ADJ (*agacé*) exasperado(-a); **~ de fatigue** agotado(-a); **~ de travail** saturado(-a) de trabajo
excédent [ɛksedɑ̃] NM excedente *m*; **en ~** en excedente; **payer 60 € d'~** pagar 60 euros en exceso; **~ commercial** excedente comercial; **~ de bagages** exceso de equipaje
excédentaire [ɛksedɑ̃tɛʀ] ADJ excedente, sobrante
excéder [ɛksede] VT (*dépasser*) exceder, sobrepasar; (*agacer*) exasperar
excellence [ɛkselɑ̃s] NF excelencia; **son E~** su Excelencia; **par ~** por excelencia
excellent, e [ɛkselɑ̃, ɑ̃t] ADJ excelente
exceller [ɛksele] VI : **~ (en *ou* dans)** destacar (en), sobresalir (en)
excentré, e [ɛksɑ̃tʀe] ADJ periférico(-a)
excentricité [ɛksɑ̃tʀisite] NF excentricidad *f*

excentrique [ɛksɑ̃tʀik] ADJ excéntrico(-a)
excentriquement [ɛksɑ̃tʀikmɑ̃] ADV excéntricamente
excepté, e [ɛksɛpte] ADJ : **les élèves exceptés/dictionnaires exceptés** excepto los alumnos/los diccionarios ▶ PRÉP : **~ les élèves** salvo los alumnos; **~ si/quand ...** salvo si/cuando ...; **~ que** salvo que
excepter [ɛksɛpte] VT exceptuar
exception [ɛksɛpsjɔ̃] NF excepción *f*; **faire ~** ser una excepción; **faire une ~** (*dérogation*) hacer una excepción; **sans ~** sin excepción; **à l'~ de** con excepción de; **mesure/loi d'~** medida/ley *f* de excepción
exceptionnel, le [ɛksɛpsjɔnɛl] ADJ excepcional
exceptionnellement [ɛksɛpsjɔnɛlmɑ̃] ADV excepcionalmente
excès [ɛksɛ] NM exceso; **à l'~** (*méticuleux, généreux*) en exceso; **tomber dans l'~ inverse** pasar de un extremo al otro; **avec/sans ~** con/sin exceso; **~ de langage** lenguaje *m* abusivo; **~ de pouvoir/de zèle** exceso de poder/de celo; **~ de vitesse** exceso de velocidad ▶ NMPL (*abus*) excesos *mpl*
excessif, -ive [ɛksesif, iv] ADJ excesivo(-a)
excessivement [ɛksesivmɑ̃] ADV excesivamente
excipient [ɛksipjɑ̃] NM excipiente *m*
exciser [ɛksize] VT (*Méd*) extirpar
excision [ɛksizjɔ̃] NF excisión *f*
excitant [ɛksitɑ̃] ADJ, NM excitante *m*
excitation [ɛksitasjɔ̃] NF excitación *f*
excité, e [ɛksite] ADJ excitado(-a)
exciter [ɛksite] VT excitar; **~ qn à** (*la révolte, au combat*) incitar a algn a ■ **s'exciter** VPR excitarse
exclamatif, -ive [ɛksklamatif, iv] ADJ exclamativo(-a)
exclamation [ɛksklamasjɔ̃] NF exclamación *f*
exclamer [ɛksklame] : **s'exclamer** VPR exclamar; **« zut », s'exclama-t-il** « caramba », exclamó
exclu, e [ɛkskly] PP *de* **exclure** ▶ ADJ : **il est/n'est pas ~ que** cabe/no cabe la posibilidad de que; **ce n'est pas ~** cabe esa posibilidad ■ **les exclus** NMPL los excluidos *mpl*
exclure [ɛksklyʀ] VT excluir; (*d'une salle, d'un parti*) expulsar, excluir
exclusif, -ive [ɛksklyzif, iv] ADJ exclusivo(-a); **avec la mission exclusive/dans le but ~ de** con la misión exclusiva/con la finalidad exclusiva de
exclusion [ɛksklyzjɔ̃] NF expulsión *f*, exclusión *f*; **à l'~ de** con exclusión de; **la lutte contre l'~** la lucha contra la exclusión social
exclusivement [ɛksklyzivmɑ̃] ADV (*s'intéresser*) exclusivamente; (*jouir d'un droit*) en exclusiva; (*gén Comm : non inclus*) exclusive
exclusivité [ɛksklyzivite] NF exclusividad *f*; **en ~** en exclusiva; **film passant en ~** película en exclusiva
excommunication [ɛkskɔmynikasjɔ̃] NF excomunión *f*
excommunier [ɛkskɔmynje] VT excomulgar
excréments [ɛkskʀemɑ̃] NMPL excrementos *mpl*
excréter [ɛkskʀete] VT excretar
excrétion [ɛkskʀesjɔ̃] NF excreción *f*
excroissance [ɛkskʀwasɑ̃s] NF excrecencia
excursion [ɛkskyʀsjɔ̃] NF excursión *f*; **faire une ~** hacer una *ou* ir de excursión
excursionniste [ɛkskyʀsjɔnist] NMF excursionista *mf*
excusable [ɛkskyzabl] ADJ excusable
excuse [ɛkskyz] NF excusa; **mot d'~** (*Scol*) justificante *m* ■ **excuses** NFPL (*expression de regret*) disculpas *fpl*; **faire des excuses** disculparse, excusarse; **faire/présenter ses excuses** pedir disculpas; **lettre d'excuses** carta de disculpa
excuser [ɛkskyze] VT excusar, disculpar; **~ qn de qch** (*dispenser*) dispensar a algn de algo; **« excusez-moi »** (*en passant devant qn*) « discúlpeme »; (*pour attirer l'attention*) « perdón »; **se faire ~** excusarse ■ **s'excuser** VPR (*par politesse*) disculparse, excusarse; **s'~ (de)** disculparse (de), excusarse (por)
exécrable [ɛgzekʀabl] ADJ execrable
exécrer [ɛgzekʀe] VT execrar
exécutable [ɛgzekytabl] ADJ, NM (*Inform*) ejecutable *m*
exécutant, e [ɛgzekytɑ̃, ɑ̃t] NM/F ejecutante *mf*
exécuter [ɛgzekyte] VT (*Inform, Mus, prisonnier*) ejecutar; (*opération, mouvement*) efectuar, realizar ■ **s'exécuter** VPR cumplir
exécuteur, -trice [ɛgzekytœʀ, tʀis] NM/F (*Jur*) ejecutor(a) ▶ NM (*bourreau*) verdugo
exécutif, -ive [ɛgzekytif, iv] ADJ ejecutivo(-a) ▶ NM : **l'~** (*Pol*) el ejecutivo
exécution [ɛgzekysjɔ̃] NF ejecución *f*; **mettre à ~** llevar a cabo; **~ capitale** ejecución capital
exécutoire [ɛgzekytwaʀ] ADJ ejecutorio(-a)
exégèse [ɛgzeʒɛz] NF exégesis *f*
exégète [ɛgzeʒɛt] NM exégeta *m*
exemplaire [ɛgzɑ̃plɛʀ] ADJ ejemplar ▶ NM ejemplar *m*; **en deux/trois exemplaires** por duplicado/triplicado
exemplairement [ɛgzɑ̃plɛʀmɑ̃] ADV ejemplarmente
exemplarité [ɛgzɑ̃plaʀite] NF ejemplaridad *f*
exemple [ɛgzɑ̃pl] NM ejemplo; **par ~** por ejemplo; (*valeur intensive*) ¡no es posible!; **sans ~** (*bêtise, gourmandise*) sin igual; **donner l'~** dar ejemplo; **prendre ~ sur qn** tomar ejemplo de algn; **suivre l'~ de qn** seguir el ejemplo de algn; **à l'~ de** a ejemplo de; **servir d'~ (à qn)** servir de ejemplo (a algn); **pour l'~** (*punir*) para

e

que sirva *etc* de escarmiento *ou* de ejemplo

exempt, e [ɛgzɑ̃, ɑ̃(p)t] ADJ : **~ de** exento(-a) de; **~ de taxes** exento(-a) de tasas

exempter [ɛgzɑ̃(p)te] VT : **~ qn de** eximir a algn de

exemption [ɛgzɑ̃psjɔ̃] NF exención *f*

exercé, e [ɛgzɛʀse] ADJ ejercitado(-a)

exercer [ɛgzɛʀse] VT ejercer; (*former : personne*) acostumbrar; (*animal*) adiestrar; (*faculté, partie du corps*) ejercitar ▸ VI (*médecin*) ejercer ▪ **s'exercer** VPR (*sportif*) entrenarse; (*musicien*) practicar; **s'~ (sur/contre)** (*pression, poussée*) ejercerse (sobre/contra); **s'~ à faire qch** ejercitarse en hacer algo

exercice [ɛgzɛʀsis] NM ejercicio; **à l'~** (*Mil*) de maniobras; **en ~** (*Admin*) en ejercicio, en activo; **dans l'~ de ses fonctions** en ejercicio de sus funciones; **exercices d'assouplissement** ejercicios *mpl* de flexibilidad

exergue [ɛgzɛʀg] NM : **mettre en ~** poner de relieve; **porter en ~** llevar inscrito(-a)

exfoliant, e [ɛksfɔljɑ̃, jɑ̃t] ADJ exfoliante ▸ NM exfoliante *m*

exfoliation [ɛksfɔljasjɔ̃] NF exfoliación *f*

exfolier [ɛksfɔlje] VT exfoliar

exhalaison [ɛgzalɛzɔ̃] NF exhalación *f*

exhaler [ɛgzale] VT exhalar ▪ **s'exhaler** VPR desprenderse

exhausser [ɛgzose] VT (*construction*) levantar

exhausteur [ɛgzostœʀ] NM bomba (*para extraer líquidos*)

exhaustif, -ive [ɛgzostif, iv] ADJ exhaustivo(-a)

exhaustivement [ɛgzostivmɑ̃] ADV exhaustivamente

exhiber [ɛgzibe] VT exhibir ▪ **s'exhiber** VPR exhibirse

exhibition [ɛgzibisjɔ̃] NF (*présentation, étalage*) exhibición *f*; (*Sport*) partido de exhibición

exhibitionnisme [ɛgzibisjɔnism] NM exhibicionismo

exhibitionniste [ɛgzibisjɔnist] NMF exhibicionista *mf*

exhortation [ɛgzɔʀtasjɔ̃] NF exhortación *f*

exhorter [ɛgzɔʀte] VT : **~ qn à faire qch** exhortar a algn a hacer algo

exhumation [ɛgzymasjɔ̃] NF (*de corps*) exhumación *f*

exhumer [ɛgzyme] VT (*un corps*) exhumar

exigeant, e [ɛgziʒɑ̃, ɑ̃t] ADJ exigente

exigence [ɛgziʒɑ̃s] NF exigencia

exiger [ɛgziʒe] VT exigir

exigible [ɛgziʒibl] ADJ exigible

exigu, -uë [ɛgzigy] ADJ exiguo(-a)

exiguïté [ɛgzigɥite] NF exigüidad *f*

exil [ɛgzil] NM exilio; **en ~** en el exilio; **~ fiscal** exilio fiscal

exilé, e [ɛgzile] NM/F exiliado(-a); **~ fiscal** exiliado(-a) fiscal

exiler [ɛgzile] VT exiliar ▪ **s'exiler** VPR exiliarse

existant, e [ɛgzistɑ̃, ɑ̃t] ADJ (*tarif*) vigente; (*bâtiment*) existente

existence [ɛgzistɑ̃s] NF existencia; **moyens d'~** medios *mpl* de existencia, medios de vida

existentialisme [ɛgzistɑ̃sjalism] NM existencialismo

existentialiste [ɛgzistɑ̃sjalist] ADJ, NMF existencialista *mf*

existentiel, le [ɛgzistɑ̃sjɛl] ADJ existencial

exister [ɛgziste] VI existir; **il existe une solution/des solutions** existe una solución/existen soluciones

exocet [ɛgzɔsɛ] NM (*poisson*) pez *m* volador; (*missile*) misil *m* Exocet®

exode [ɛgzɔd] NM éxodo; **~ rural** éxodo rural

exogamie [ɛgzɔgami] NF exogamia

exonération [ɛgzɔneʀasjɔ̃] NF exoneración *f*

exonéré, e [ɛgzɔneʀe] ADJ : **~ de TVA** exento(-a) de IVA

exonérer [ɛgzɔneʀe] VT : **~ qn/qch de** eximir a algn/a algo de

exoplanète [ɛgzoplanɛt] NF exoplaneta *m*

exorbitant, e [ɛgzɔʀbitɑ̃, ɑ̃t] ADJ exorbitante

exorbité, e [ɛgzɔʀbite] ADJ : **yeux exorbités** ojos *mpl* desorbitados

exorciser [ɛgzɔʀsize] VT exorcizar

exorcisme [ɛgzɔʀsism] NM exorcismo

exorciste [ɛgzɔʀsist] NMF exorcista *mf*

exorde [ɛgzɔʀd] NM exordio

exotique [ɛgzɔtik] ADJ exótico(-a)

exotisme [ɛgzɔtism] NM exotismo

exp. ABR (= *expéditeur*) Rte. (= *remite, remitente*)

expansif, -ive [ɛkspɑ̃sif, iv] ADJ expansivo(-a), comunicativo(-a)

expansion [ɛkspɑ̃sjɔ̃] NF expansión *f*

expansionnisme [ɛkspɑ̃sjɔnism] NM expansionismo

expansionniste [ɛkspɑ̃sjɔnist] ADJ expansionista

expansivité [ɛkspɑ̃sivite] NF carácter *m* expansivo

expatrié, e [ɛkspatʀije] NM/F expatriado(-a)

expatrier [ɛkspatʀije] VT (*argent*) llevar al extranjero ▪ **s'expatrier** VPR expatriarse

expectative [ɛkspɛktativ] NF : **être dans l'~** estar a la expectativa

expectorant, e [ɛkspɛktɔʀɑ̃, ɑ̃t] ADJ : **sirop ~** jarabe *m* expectorante

expectorer [ɛkspɛktɔʀe] VI expectorar

expédient [ɛkspedjɑ̃] NM (*parfois péj*) recurso; **vivre d'expédients** vivir del cuento

expédier [ɛkspedje] VT (*lettre*) expedir; (*troupes, renfort*) enviar; (*péj : faire rapidement*) despachar; **~ par la poste** expedir por correo; **~ par bateau** enviar por barco

expéditeur, -trice [ɛkspeditœʀ, tʀis] NM/F remitente *mf*

expéditif, -ive [ɛkspeditif, iv] ADJ expeditivo(-a)

expédition [ɛkspedisjɔ̃] NF (*d'une lettre*) envío; (*Mil, scientifique*) expedición *f*; **~ punitive** expedición de castigo

expéditionnaire [ɛkspedisjɔnɛʀ] ADJ : **corps ~** cuerpo expedicionario

expérience [ɛkspeʀjɑ̃s] NF experiencia; **une ~** (*scientifique*) un experimento; **avoir de l'~** tener experiencia; **avoir l'~ de** tener experiencia en; **faire l'~ de qch** experimentar algo; **~ de chimie** experimento de química

expérimental, e, -aux [ɛkspeʀimɑ̃tal, o] ADJ experimental

expérimentalement [ɛkspeʀimɑ̃talmɑ̃] ADV experimentalmente

expérimentation [ɛkspeʀimɑ̃tasjɔ̃] NF experimentación *f*

expérimenté, e [ɛkspeʀimɑ̃te] ADJ experimentado(-a)

expérimenter [ɛkspeʀimɑ̃te] VT experimentar

expert, e [ɛkspɛʀ, ɛʀt] ADJ : **~ en** experto(-a) en ▸ NM/F experto(-a), perito(-a); **~ en assurances** perito(-a) de seguros

expert-comptable, experte-comptable [ɛkspɛʀkɔ̃tabl, ɛkspɛʀtkɔ̃tabl] (*pl* **expert(e)s-comptables**) NM/F perito(-a) contable

expertise [ɛkspɛʀtiz] NF peritaje *m*; (*Jur*) prueba pericial

expertiser [ɛkspɛʀtize] VT valorar pericialmente, hacer un peritaje de

expiation [ɛkspjasjɔ̃] NF expiación *f*

expiatoire [ɛkspjatwaʀ] ADJ expiatorio(-a)

expier [ɛkspje] VT expiar

expiration [ɛkspiʀasjɔ̃] NF expiración *f*

expirer [ɛkspiʀe] VI (*passeport, bail*) vencer, expirar; (*respirer*) espirar; (*littér : mourir*) expirar

explétif, -ive [ɛkspletif, iv] ADJ (*Ling*) expletivo(-a)

explicable [ɛksplikabl] ADJ : **pas ~** (*erreur, geste*) incomprensible, inexplicable

explicatif, -ive [ɛksplikatif, iv] ADJ explicativo(-a)

explication [ɛksplikasjɔ̃] NF explicación *f*; (*discussion*) discusión *f*; **~ de texte** (*Scol*) comentario de texto

explicite [ɛksplisit] ADJ explícito(-a)

explicitement [ɛksplisitmɑ̃] ADV explícitamente

expliciter [ɛksplisite] VT explicitar

expliquer [ɛksplike] VT explicar; **~ (à qn) comment/que** explicar (a algn) cómo/que ■ **s'expliquer** VPR explicarse; (*discuter*) discutir; (*se disputer*) pelearse; **je ne m'explique pas son retard/absence** (*comprendre*) no me explico su retraso/ausencia; **son erreur s'explique** su error tiene una explicación

exploit [ɛksplwa] NM hazaña

exploitable [ɛksplwatabl] ADJ explotable

exploitant [ɛksplwatɑ̃] NM (*Agr*) agricultor(a), labrador(a); **les petits exploitants** (*Agr*) los pequeños agricultores

exploitation [ɛksplwatasjɔ̃] NF explotación *f*; **~ agricole** explotación agrícola

exploiter [ɛksplwate] VT explotar; (*tirer parti de : faiblesse de qn*) aprovecharse de

exploiteur, -euse [ɛksplwatœʀ, øz] (*péj*) NM/F explotador(a)

explorateur, -trice [ɛksplɔʀatœʀ, tʀis] NM/F explorador(a)

exploration [ɛksplɔʀasjɔ̃] NF exploración *f*

explorer [ɛksplɔʀe] VT (*pays, grotte, problème*) explorar

exploser [ɛksploze] VI (*bombe*) explotar, estallar; (*joie, colère*) estallar; **faire ~** hacer estallar ▸ VT (*fam : adversaire*) dar un repaso a, dar un baño a; (*: budget, forfait téléphonique*) fundir; **ce n'est pas qu'ils les ont dominés : ils les ont explosés** no es que los dominaran, es que les dieron un baño; **je vais raccrocher sinon je vais ~ mon forfait** cuelgo que si no me voy a fundir el saldo

explosif, -ive [ɛksplozif, iv] ADJ explosivo(-a) ▸ NM explosivo

explosion [ɛksplozjɔ̃] NF explosión *f*; **~ démographique** explosión demográfica

expo [ɛkspo] (*fam*) NF exposición *f*

exponentiel, le [ɛkspɔnɑ̃sjɛl] ADJ exponencial

export [ɛkspɔʀ] NM exportación *f*

exportable [ɛkspɔʀtabl] ADJ (*aussi Inform*) exportable

exportateur, -trice [ɛkspɔʀtatœʀ, tʀis] ADJ, NM/F exportador(a)

exportation [ɛkspɔʀtasjɔ̃] NF (*aussi Inform*) exportación *f*

exporter [ɛkspɔʀte] VT (*aussi fig*) exportar

exposant, e [ɛkspozɑ̃, ɑ̃t] NM/F (*personne*) expositor(a) ▸ NM (*Math*) exponente *m*

exposé, e [ɛkspoze] ADJ (*orienté*) orientado(-a); **~ à l'est/au sud** orientado(-a) al este/al sur; **bien ~** bien orientado(-a); **très ~** (*personne*) muy expuesto(-a) ▸ NM (*écrit*) informe *m*; (*oral*) charla; (*Scol*) exposición *f*

exposer [ɛkspoze] VT exponer; (*orienter : maison*) orientar; **~ sa vie** (*mettre en danger*) exponer su vida; **~ qn/qch à** exponer a algn/algo a ■ **s'exposer à** VPR exponerse a

exposition [ɛkspozisjɔ̃] NF exposición *f*; **temps d'~** (*Photo*) tiempo de exposición

exprès¹, expresse [ɛkspʀɛs] ADJ expreso(-a) ▸ ADJ INV : **lettre/colis ~** carta/paquete *m* urgente; **envoyer qch en ~** enviar algo urgente

exprès² [ɛkspʀɛ] ADV (*délibérément*) a propósito, adrede; (*spécialement*) expresamente; **faire ~ de faire qch** hacer algo deliberadamente; **il l'a**

fait/ne l'a pas fait ~ lo hizo/no lo hizo adrede *ou* a propósito

express [ɛkspʀɛs] ADJ, NM : **(café) ~** (café) exprés *m*; **(train) ~** (tren) expreso

expressément [ɛkspʀesemɑ̃] ADV expresamente

expressif, -ive [ɛkspʀesif, iv] ADJ expresivo(-a)

expression [ɛkspʀesjɔ̃] NF expresión *f*; **réduit à sa plus simple ~** reducido a su mínima expresión; **liberté/moyens d'~** libertad *f*/ medios *mpl* de expresión; **~ toute faite** frase *f* hecha

expressionnisme [ɛkspʀesjɔnism] NM expresionismo

expressivité [ɛkspʀesivite] NF expresividad *f*

exprimer [ɛkspʀime] VT (*sentiment, idée*) expresar; (*littér* : *jus, liquide*) exprimir ■ **s'exprimer** VPR expresarse; **bien s'~** expresarse bien; **s'~ en français** expresarse en francés

> ⚠ No debe traducirse normalmente por *exprimir*, que en francés suele corresponder a **presser**.

expropriation [ɛkspʀɔpʀijasjɔ̃] NF expropiación *f*; **frapper d'~** declarar como expropiado(-a)

exproprier [ɛkspʀɔpʀije] VT expropiar

expulser [ɛkspylse] VT expulsar; (*locataire*) echar

expulsion [ɛkspylsjɔ̃] NF expulsión *f*

expurger [ɛkspyʀʒe] VT expurgar

exquis, e [ɛkski, iz] ADJ (*personne, élégance, parfum*) exquisito(-a); (*temps*) delicioso(-a)

exsangue [ɛksɑ̃g] ADJ exangüe

exsuder [ɛksyde] VT exudar

extase [ɛkstɑz] NF éxtasis *msg*; **être en ~** estar en éxtasis

extasier [ɛkstɑzje] : **s'extasier** VPR : **s'~ sur** extasiarse ante

extatique [ɛkstatik] ADJ extático(-a)

extenseur [ɛkstɑ̃sœʀ] NM extensor *m*

extensible [ɛkstɑ̃sibl] ADJ extensible

extensif, -ive [ɛkstɑ̃sif, iv] ADJ extensivo(-a)

extension [ɛkstɑ̃sjɔ̃] NF extensión *f*; (*fig* : *développement*) expansión *f*; **en ~** (*Méd*) en extensión

exténuant, e [ɛkstenɥɑ̃, ɑ̃t] ADJ extenuante

exténuer [ɛkstenɥe] VT extenuar

extérieur, e [ɛksteʀjœʀ] ADJ exterior; (*pressions, calme*) externo(-a) ▸ NM exterior *m*; **contacts avec l'~** contactos *mpl* con el exterior; **à l'~** (*dehors*) fuera, afuera (*AM*); (*à l'étranger*) en el exterior; (*Sport*) por el exterior

extérieurement [ɛksteʀjœʀmɑ̃] ADV exteriormente

extérioriser [ɛksteʀjɔʀize] VT exteriorizar

exterminateur, -trice [ɛkstɛʀminatœʀ, tʀis] ADJ exterminador(a)

extermination [ɛkstɛʀminasjɔ̃] NF exterminación *f*

exterminer [ɛkstɛʀmine] VT exterminar

externaliser [ɛkstɛʀnalize] VT (*services, missions*) externalizar

externat [ɛkstɛʀna] NM externado

externe [ɛkstɛʀn] ADJ externo(-a) ▸ NMF externo(-a); (*étudiant en médecine*) alumno(-a) en prácticas

extincteur [ɛkstɛ̃ktœʀ] NM extintor *m*

extinction [ɛkstɛ̃ksjɔ̃] NF extinción *f*; **~ de voix** afonía

extirper [ɛkstiʀpe] VT extirpar

extorquer [ɛkstɔʀke] VT : **~ qch à qn** sacar algo a algn

extorsion [ɛkstɔʀsjɔ̃] NF : **~ de fonds** extorsión *f* de fondos

extra [ɛkstʀa] ADJ, PRÉF extra ▸ NM extra *m*; (*employé*) eventual *mf*

extracommunautaire [ɛkstʀakɔmynotɛʀ] ADJ extracomunitario(-a)

extraconjugal, e, -aux [ɛkstʀakɔ̃ʒygal, o] ADJ extraconyugal

extracteur [ɛkstʀaktœʀ] NM (*d'air, de chaleur*) extractor *m*

extraction [ɛkstʀaksjɔ̃] NF extracción *f*

extrader [ɛkstʀade] VT extraditar

extradition [ɛkstʀadisjɔ̃] NF extradición *f*

extra-fin, e [ɛkstʀafɛ̃, fin] (*pl* **extra-fins, -es**) ADJ extra fino(-a)

extra-fort, e [ɛkstʀafɔʀ, fɔʀt] (*pl* **extra-forts, -es**) ADJ extra fuerte

extraire [ɛkstʀɛʀ] VT extraer; **~ qch de** extraer algo de

extrait, e [ɛkstʀɛ, ɛt] PP *de* **extraire** ▸ NM extracto; (*de film, livre*) pasaje *m*; **~ de naissance** partida de nacimiento

extra-lucide [ɛkstʀalysid] (*pl* **extra-lucides**) ADJ : **voyante ~** vidente *f*

extraordinaire [ɛkstʀaɔʀdinɛʀ] ADJ extraordinario(-a); **si par ~ ...** en el caso poco probable de que ...; **mission/envoyé ~** misión *f*/enviado especial; **ambassadeur ~** embajador *m* especial *ou* extraordinario; **assemblée ~** asamblea extraordinaria

extraordinairement [ɛkstʀaɔʀdinɛʀmɑ̃] ADV extraordinariamente

extrapoler [ɛkstʀapɔle] VT extrapolar

extra-sensoriel, le [ɛkstʀasɑ̃sɔʀjɛl] (*pl* **extra-sensoriels, -les**) ADJ extrasensorial

extra-terrestre [ɛkstʀatɛʀɛstʀ(ə)] (*pl* **extra-terrestres**) NMF extraterrestre *mf*

extra-utérin, e [ɛkstʀayteʀɛ̃, in] (*pl* **extra-utérins, -es**) ADJ extrauterino(-a)

extravagance [ɛkstʀavagɑ̃s] NF extravagancia

extravagant, e [ɛkstʀavagɑ̃, ɑ̃t] ADJ extravagante

extraverti, e [ɛkstʀavɛʀti] ADJ extravertido(-a), extrovertido(-a)

extrayais *etc* [ɛkstʀejɛ] VB *voir* **extraire**

extrême [ɛkstʀɛm] ADJ extremo(-a); **d'une ~ simplicité/brutalité** (*intensif*) de una extrema simplicidad/brutalidad ▶ NM : **les extrêmes** los extremos *mpl*; **d'un ~ à l'autre** de un extremo a(l) otro; **à l'~** al extremo, en sumo grado; **à l'~ rigueur** en extremo rigor

extrêmement [ɛkstʀɛmmɑ̃] ADV extremadamente

extrême-onction [ɛkstʀɛmɔ̃ksjɔ̃] (*pl* **extrême-onctions**) NF (*Rel*) extremaunción *f*

Extrême-Orient [ɛkstʀɛmɔʀjɑ̃] NM Extremo Oriente *m*

extrême-oriental, e, -aux [ɛkstʀɛmɔʀjɑ̃tal, o] (*pl* **extrême-orientaux, -orientales**) ADJ extremoriental

extrémisme [ɛkstʀemism] NM extremismo

extrémiste [ɛkstʀemist] ADJ, NMF extremista *mf*

extrémité [ɛkstʀemite] NF extremo; (*d'un doigt, couteau*) punta; (*geste désespéré*) extremos *mpl*; **à la dernière ~** en las últimas ■ **extrémités** NFPL (*pieds et mains*) extremidades *fpl*

extroverti, e [ɛkstʀɔvɛʀti] ADJ = **extraverti**

extrusion [ɛkstʀyzjɔ̃] NF (*Tech*) extrusión *f*

exubérance [ɛgzybeʀɑ̃s] NF exuberancia

exubérant, e [ɛgzybeʀɑ̃, ɑ̃t] ADJ exuberante

exulter [ɛgzylte] VI exultar

exutoire [ɛgzytwaʀ] NM derivativo

ex-voto [ɛksvɔto] NM INV exvoto

eye-liner [ajlajnœʀ] (*pl* **eye-liners**) NM lápiz *m* de ojos

e

Ff

F[1], f [ɛf] NM INV F, f *f*; **F comme François** ≈ F de Francia

F[2] [ɛf] ABR = **Fahrenheit** ▸ NM (*appartement*) : **un F2/F3** un piso de 2/3 habitaciones

fa [fɑ] NM INV fa *m*

fable [fɑbl] NF fábula; (*mensonge*) cuento

fabricant [fabrikɑ̃] NM fabricante *mf*

fabrication [fabrikasjɔ̃] NF fabricación *f*

fabrique [fabrik] NF fábrica

fabriquer [fabrike] VT fabricar; (*forger*) acuñar; **~ en série** fabricar en serie; **qu'est-ce qu'il fabrique ?** (*fam*) ¿qué está tramando?

fabulateur, -trice [fabylatœr, tris] NM/F fabulador(a)

fabulation [fabylasjɔ̃] NF fabulación *f*

fabuleusement [fabyløzmɑ̃] ADV fabulosamente

fabuleux, -euse [fabylø, øz] ADJ fabuloso(-a)

fac [fak] (*pl* **facs**) (*fam*) SIGLE F (= *faculté*) facu *f* (*fam*)

façade [fasad] NF (*aussi fig*) fachada; **de ~** (*superficiel*) de fachada

face [fas] NF (*visage*) cara, rostro; (*côté*) cara; **perdre la ~** caer en descrédito; **sauver la ~** salvar las apariencias; **regarder qn en ~** mirar a algn a la cara; **la maison/le trottoir d'en ~** la casa/la acera de enfrente; **il habite en ~** vive enfrente; **en ~ de** enfrente de; **de ~** de frente; **~ à** *prép* frente a, ante; **faire ~ à qn/qch** hacer frente *ou* cara a algn/algo; **faire ~ à la demande** (*Comm*) hacer frente a la demanda; **~ à ~** *adv* frente a frente, cara a cara ▸ ADJ : **le côté ~** cara

face-à-face [fasafas] NM INV (*rencontre*) confrontación *f*; (*discussion, débat*) (debate *m*) cara a cara *m*; (*Sport : duel*) uno contra uno *m*, cara a cara *m*

facéties [fasesi] NFPL broma *fsg*

facétieux, -euse [fasesjø, jøz] ADJ bromista

facette [fasɛt] NF (*aussi fig*) faceta; **à facettes** con muchas facetas

fâché, e [fɑʃe] ADJ enfadado(-a); (*désolé, contrarié*) contrariado(-a); **être ~ avec qn** (*brouillé*) estar enfadado(-a) con algn

fâcher [fɑʃe] VT enfadar ■ **se fâcher** VPR : **se ~ (contre** *ou* **avec qn)** enfadarse (con algn)

fâcherie [fɑʃri] NF enfado

fâcheusement [fɑʃøzmɑ̃] ADV desagradablemente; **avoir ~ tendance à** tener la mala costumbre de

fâcheux, -euse [fɑʃø, øz] ADJ (*événement, affaire*) lamentable; (*contretemps, initiative*) fastidioso(-a)

facho [faʃo] (*fam*) ADJ, NMF = **fasciste**

facial, e, -aux [fasjal, jo] ADJ facial

faciès [fasjɛs] NM facciones *fpl*; **contrôle (d'identité) au faciès** *control de identidad debido a la apariencia física*

facile [fasil] ADJ (*aussi péj*) fácil; **~ à faire** fácil de hacer; **c'est ~ de critiquer** es fácil criticar; **personne ~ à tromper** persona fácil de engañar

facilement [fasilmɑ̃] ADV con facilidad, fácilmente; (*au moins*) por lo menos; **se fâcher/se tromper ~** enfadarse/equivocarse con facilidad

facilité [fasilite] NF facilidad *f*; **il a la ~ de rencontrer des gens** tiene facilidad para encontrar gente ■ **facilités** NFPL (*possibilités*) facilidades *fpl*; **facilités de crédit/paiement** facilidades de crédito/pago

faciliter [fasilite] VT facilitar

façon [fasɔ̃] NF modo, manera; (*d'une robe, veste*) hechura; **de quelle ~ l'a-t-il fait/construit ?** ¿cómo lo ha hecho/construido?; **sans ~** *adv* simplemente; *adj* (*personne, déjeuner*) sencillo(-a); **d'une autre ~** de otra manera; **en aucune ~** de ningún modo; **de ~ agréable/agressive** *etc* de manera agradable/agresiva *etc*; **de ~ à faire/à ce que** de modo que haga/de modo que; **de (telle) ~ que** de tal forma que; **de toute ~** de todos modos; **~ de parler** manera de hablar; **travail à ~** trabajo a destajo; **châle ~ cachemire** chal *m* imitación cachemir ■ **façons** NFPL (*péj*) modales *mpl*; **faire des façons** (*péj : être affecté*) ser remilgado(-a); (*: faire des histoires*) venir con historias

faconde [fakɔ̃d] NF (*souvent péj*) verborrea

façonnage [fasɔnaʒ] NM (*fabrication*) fabricación *f*; (*travail*) trabajo

façonner [fasɔne] VT (*fabriquer*) fabricar, hacer; (*travailler*) trabajar, dar forma a; (*fig : personne, caractère*) moldear

fac-similé [faksimile] (*pl* **fac-similés**) NM facsímil *m*

facteur, -trice [faktœr, tris] NM/F cartero(-a); (*d'instruments*) fabricante *mf*; **~ d'orgues** fabricante de órganos; **~ de pianos** fabricante de pianos ▶ NM (*Math, fig*) factor *m*; **le ~ humain** el factor humano; **~ rhésus** factor Rh

factice [faktis] ADJ falso(-a)

faction [faksjɔ̃] NF (*groupe*) facción *f*; (*Mil, gén*) guardia; (*dans une entreprise*) turno; **en ~** de guardia

factoriel, le [faktɔʀjɛl] ADJ factorial

factotum [faktɔtɔm] NM factótum *m*

factuel, le [faktɥɛl] ADJ factual

facturation [faktyʀasjɔ̃] NF facturación *f*

facture [faktyʀ] NF factura; (*façon de faire*) ejecución *f*, factura

facturer [faktyʀe] VT facturar

facturette [faktyʀɛt] NF comprobante *m* (*de pago con tarjeta de crédito*)

facturier, -ière [faktyʀje, jɛʀ] NM/F facturador(a)

facultatif, -ive [fakyltatif, iv] ADJ (*enseignement, matière*) facultativo(-a)

faculté [fakylte] NF facultad *f* ■ **facultés** NFPL (*moyens intellectuels*) facultades *fpl*

fada [fada] (*fam* : FRANCE SUD) ADJ, NMF chiflado(-a) (*fam*)

fadaises [fadɛz] NFPL sandeces *fpl*

fade [fad] ADJ soso(-a); (*fig*) insulso(-a)

fadette [fadɛt] NF factura detallada

fadeur [fadœʀ] NF sosería; (*fig*) insulsez *f*

fading [fadiŋ] NM fading *m*

fagot [fago] NM haz *m*, gavilla

fagoté, e [fagɔte] (*fam*) ADJ : **tu es drôlement ~** estás hecho(-a) una facha

Fahrenheit [faʀɛnajt] ADJ, NM Fahrenheit *m*

FAI [ɛfai] SIGLE M (= *fournisseur d'accès à Internet*) PSI *m* (= *proveedor de servicios de Internet*)

faiblard, e [fɛblaʀ, aʀd] ADJ (*personne*) debilucho(-a); (*son, lumière*) débil; (*péj : raisonnement, argument*) flojo(-a)

faible [fɛbl] ADJ débil; (*intellectuellement*) flojo(-a); (*protestations, résistance*) escaso(-a); (*rendement, revenus*) bajo(-a); **le point ~ de qn/qch** el punto flaco de algn/algo; **~ d'esprit** débil *mf* mental ▶ NM : **avoir un ~ pour qn/qch** tener debilidad por algn/algo

faiblement [fɛbləmɑ̃] ADV (*mollement*) sin convicción; (*éclairer etc*) débilmente

faiblesse [fɛblɛs] NF debilidad *f*; (*défaillance*) desmayo; (*lacune*) punto flaco; (*défaut*) defecto, debilidad

faiblir [fɛbliʀ] VI debilitarse; (*vent*) amainar; (*résistance, intérêt*) decaer

faïence [fajɑ̃s] NF loza

faignant, e [fɛɲɑ̃, ɑ̃t] NM/F, ADJ = **fainéant**

faille [faj] VB *voir* **falloir** ▶ NF (*Géo*) falla; (*fig : d'une théorie*) fallo

failli, e [faji] ADJ, NM/F quebrado(-a)

faillible [fajibl] ADJ falible

faillir [fajiʀ] VI : **j'ai failli tomber/lui dire** estuve a punto de caer/decirle; **~ à une promesse/un engagement** faltar a una promesa/un compromiso

> Pour exprimer qu'on est sur le point de faire ou qu'on a failli faire quelque chose, on emploie *estar a punto de* ou la construction avec *casi* :
> **J'ai failli tout annuler.** Estuve a punto de anularlo todo.
> **Elle a failli tomber du lit.** Casi se cae de la cama.

faillite [fajit] NF (*échec*) fracaso; **être en/faire ~** estar en/hacer quiebra

f

faim [fɛ̃] NF hambre *f*; **la ~ dans le monde** el hambre en el mundo; **avoir ~** tener hambre; **je suis resté sur ma ~** (*fig*) me ha sabido a poco

fainéant, e [fɛneɑ̃, ɑ̃t] ADJ, NM/F holgazán(-ana), flojo(-a) (AM)

fainéanter [fɛneɑ̃te] VI holgazanear

fainéantise [fɛneɑ̃tiz] NF holgazanería

faire [fɛʀ]

▶ VT **1** (*fabriquer, être l'auteur de*) hacer; **faire du vin/une offre/un film** hacer vino/una oferta/una película; **faire du bruit/des taches/des dégâts** hacer ruido/manchas/destrozos; **fait à la main/la machine** hecho a mano/máquina

2 (*effectuer : travail, opération*) hacer; **que faites-vous ?** ¿qué hace?; (*quel métier etc*) ¿a qué se dedica (usted)?; **faire la lessive** hacer la colada; **faire la cuisine/le ménage/les courses** hacer la cocina/la limpieza/la compra; **faire les magasins/l'Europe** ir de tiendas/por Europa

3 (*étudier, pratiquer*) : **faire du droit/du français** hacer derecho/francés; **faire du sport/rugby** hacer deporte/rugby; **faire du cheval** montar a caballo; **faire du ski/du vélo** ir a esquiar/en bicicleta; **faire du violon/piano** tocar el violín/piano

4 (*simuler*) : **faire l'ignorant/l'innocent** hacerse el ignorante/el inocente

5 (*transformer, avoir un effet sur*) : **faire de qn un frustré/avocat** hacer de algn un frustrado/abogado; **ça ne me fait rien** *ou* **ni chaud ni froid** no me importa nada; **ça ne fait rien** no importa; **je n'ai que faire de tes conseils** no me hacen falta tus consejos

6 (*calculs, prix, mesures*) : **deux et deux font quatre** dos y dos son cuatro; **neuf divisé par trois fait trois** nueve entre tres es tres; **ça fait 10 m/15 euros** son 10 m/15 euros; **je vous le fais 10 euros** (*j'en demande 10 euros*) se lo dejo en 10 euros; *voir aussi* **mal** ; **entrer** ; **sortir**

7 : **qu'a-t-il fait de sa valise/de sa sœur ?** ¿qué ha hecho con su maleta/con su hermana?; **que faire ?** ¿qué voy *etc* a hacer?; **tu fais bien de me le dire** haces bien en decírmelo

8 : **ne faire que** : **il ne fait que critiquer** no hace más que criticar
9 (*dire*) decir; **« vraiment ? » fit-il** « ¿de verdad? » dijo
10 (*maladie*) tener; **faire du diabète/de la tension/de la fièvre** tener diabetes/tensión/fiebre
11 (*remplaçant un autre verbe*) hacer; **je viens de le faire** acabo de hacerlo; **je peux le voir ? — faites !** ¿puedo verlo? — ¡desde luego!
▶ VI **1** (*agir, s'y prendre*) hacer; **il faut faire vite** hay que darse prisa; **comment a-t-il fait ?** ¿cómo ha hecho?; **faites comme chez vous** está en su casa
2 (*paraître*) : **tu fais jeune dans ce costume** este traje te hace joven; **ça fait bien** queda bien
▶ VB IMPERS **1** : **il fait beau** hace bueno; *voir aussi* **jour** ; **froid** *etc*
2 (*temps écoulé, durée*) : **ça fait cinq ans/heures qu'il est parti** hace cinco años/horas que se fue; **ça fait deux ans/heures qu'il y est** hace dos años/horas que está allí
▶ VB SEMI-AUX : **faire** + *infinitif* hacer + *infinitif*; **faire tomber/bouger qch** hacer caer/mover algo; **cela fait dormir** esto hace dormir; **faire réparer qch** llevar algo a arreglar; **que veux-tu me faire croire/comprendre ?** ¿qué quieres hacerme creer/comprender?; **il m'a fait ouvrir la porte** me hizo abrir la puerta; **il m'a fait traverser la rue** me ayudó a cruzar la calle
■ **se faire** VPR **1** (*vin, fromage*) hacerse
2 : **cela se fait beaucoup** eso se hace mucho; **cela ne se fait pas** eso no se hace
3 : **se faire** (+ *nom ou pron*) : **se faire une jupe** hacerse una falda; **se faire des amis** hacer amigos; **se faire du souci** inquietarse; **il ne s'en fait pas** no se preocupa; **se faire des illusions** hacerse ilusiones; **se faire beaucoup d'argent** hacer mucho dinero
4 : **se faire** + *adj* (*devenir*) : **se faire vieux** hacerse viejo; (*délibérément*) : **se faire beau** ponerse guapo
5 : **se faire à** (*s'habituer*) acostumbrarse a; **je n'arrive pas à me faire à la nourriture/au climat** no acabo de acostumbrarme a la comida/al clima
6 : **se faire** + *infinitif* : **se faire opérer/examiner les yeux** operarse/examinarse la vista; **se faire couper les cheveux** cortarse el pelo; **il va se faire tuer/punir** le van a matar/castigar; **il s'est fait aider par qn** le ha ayudado algn; **se faire faire un vêtement** hacerse un vestido; **se faire ouvrir (la porte)** hacerse abrir (la puerta); **je me suis fait expliquer le texte par Anne** Anne me explicó el texto
7 (*impersonnel*) : **comment se fait-il que ... ?** ¿cómo es que ...?; **il peut se faire que ...** puede ocurrir que ...

faire-part [fɛʀpaʀ] NM INV : **~ de mariage** participación *f* de boda; **~ de décès** esquela de defunción

fair-play [fɛʀplɛ] ADJ INV : **il n'est pas très ~** no juega muy limpio

fais [fɛ] VB *voir* **faire**

faisabilité [fəzabilite] NF factibilidad *f*

faisable [fəzabl] ADJ factible

faisais [fəzɛ] VB *voir* **faire**

faisan, e [fəzɑ̃, an] NM/F faisán(-ana)

faisandé, e [fəzɑ̃de] ADJ (*aussi fig, péj*) manido(-a)

faisceau, x [fɛso] NM haz *m*; (*de branches etc*) haz, gavilla; (*fig*) : **un ~ de preuves** un cúmulo de pruebas

faiseur, -euse [fəzœʀ, øz] NM/F : **~ d'embarras** (*péj*) intrigante *mf*

faisons [fəzɔ̃] VB *voir* **faire**

faisselle [fɛsɛl] NF escurridor *m*

fait[1] [fɛ] VB *voir* **faire** ▶ NM hecho; **le ~ que ...** el hecho de que ...; **le ~ de manger/travailler** el hecho de comer/trabajar; **être le ~ de** ser cosa de, ser obra de; **être au ~ de** estar al corriente de; **au ~** a propósito; **aller droit au ~** ir al grano; **en venir au ~** pasar a los hechos; **mettre qn au ~** poner a algn al corriente; **de ~** *adj* (*opposé à : de droit*) de hecho; *adv* (*en fait*) en realidad; **du ~ que** por el hecho de que; **du ~ de** a causa de; **de ce ~** por esto; **en ~** de hecho; **en ~ de repas/vacances** a guisa de comida/vacaciones; **c'est un ~** es un hecho, es verdad; **le ~ est que ...** el caso es que ...; **prendre ~ et cause pour qn** tomar partido por algn; **prendre qn sur le ~** coger a algn con las manos en la masa; **hauts faits** hazañas *fpl*; **dire à qn son ~** decir a algn cuatro cosas; **les faits et gestes de qn** todos los movimientos de algn; **~ accompli** hecho consumado; **~ d'armes** hecho de armas; **~ divers** suceso

fait[2]**, e** [fɛt] PP *de* **faire** ▶ ADJ hecho(-a); (*fromage*) maduro(-a); (*yeux*) maquillado(-a); (*ongles*) pintado(-a); **un homme ~** un hombre hecho; **c'en est ~ de lui** es su fin; **c'en est ~ de notre tranquillité** se acabó la tranquilidad; **tout(e) ~(e)** (*préparé à l'avance*) ya listo(-a), ya preparado(-a); **idée toute faite** idea común; **c'est bien ~ pour lui !** ¡le está bien empleado!; **être ~ pour** (*conçu pour*) estar pensado(-a) para; (*naturellement doué pour*) estar dotado(-a) para

faîte [fɛt] NM (*d'un arbre*) copa; (*du toit*) caballete *m*; **au ~ de la gloire/des honneurs** (*fig*) en la cima de la gloria/de los honores

faites [fɛt] VB *voir* **faire**

faîtière [fɛtjɛʀ] NF (*de tente*) cumbrera

faitout [fɛtu] NM cacerola

fakir [fakiʀ] NM faquir *m*

falaise [falɛz] NF acantilado

falbalas [falbala] NMPL faralaes *mpl*; (*grande toilette*) vestido *msg* de tiros largos

fallacieux, -euse [fa(l)lasjø, jøz] ADJ falaz

falloir [falwaʀ] VB IMPERS (*besoin*) : **il va ~ 10 euros** se necesitarán 10 euros; **il doit ~ du temps pour ...** se necesitará tiempo para ...; **il faut**

(+ *infinitif* : *obligation*) hay que + *infinitif*; **il faut faire les lits** hay que hacer las camas; **il faut qu'il ait oublié/qu'il soit malade** (*hypothèse*) debe haberse olvidado/estar enfermo; **il faut que tu arrives à ce moment !** (*fatalité*) ¡sólo nos faltaba que llegaras ahora!; **il me faut/faudrait 100 €/de l'aide** necesito/necesitaría 100 euros/ayuda; **il vous faut tourner à gauche après l'église** tiene que girar a la izquierda después de la iglesia; **nous avons ce qu'il (nous) faut** tenemos lo necesario; **il faut que je fasse les lits** tengo que hacer las camas; **il a fallu que je parte** tuve que irme; **il faudrait qu'elle rentre** convendría que volviese; **il faut toujours qu'il s'en mêle** está siempre entrometiéndose; **comme il faut** *adj, adv* (*bien, convenable*) como Dios manda; **s'en ~ : il s'en faut/s'en est fallu de cinq minutes/10 € (pour que ...)** faltan/faltaron cinco minutos/10 euros (para que ...); **il t'en faut peu !** ¡con poco te conformas!; **il ne fallait pas** (*pour remercier*) no era necesario; **faut le faire !** (*surprise*) ¡hay que ver!; **il faudrait que ...** convendría que ...; **il s'en faut de beaucoup que ...** mucho falta para que ...; **il s'en est fallu de peu que ...** faltó poco para que ...; **tant s'en faut !** ¡ni mucho menos!; **... ou peu s'en faut** ... o poco falta

fallu [faly] PP *de* **falloir**

falot, e [falo, ɔt] ADJ (*personne*) insignificante ▸ NM (*lanterne*) farol *m*

falsification [falsifikasjɔ̃] NF falsificación *f*

falsifier [falsifje] VT falsificar

famé, e [fame] ADJ : **mal ~** de mala fama

famélique [famelik] ADJ famélico(-a)

fameux, -euse [famø, øz] ADJ (*illustre*) famoso(-a), ilustre; (*bon*) excelente; (*parfois péj* : *de référence*) famoso(-a); **~ problème** (*intensif*) menudo problema; **ce n'est pas ~** no es maravilloso

familial, e, -aux [familjal, jo] ADJ familiar

familiale [familjal] NF (*Auto*) coche *m* familiar

familiariser [familjaʀize] VT : **~ qn avec** familizarizar a algn con ▪ **se familiariser** VPR : **se ~ avec** familiarizarse con

familiarité [familjaʀite] NF familiaridad *f*; **~ avec** (*connaissance*) conocimiento de ▪ **familiarités** NFPL familiaridades *fpl*, confianzas *fpl*

familier, -ière [familje, jɛʀ] ADJ (*connu*) familiar; (*rapports*) de confianza; (*Ling*) familiar, coloquial; **tu es un peu trop ~ avec lui** (*cavalier, impertinent*) te tomas demasiadas confianzas con él ▸ NM asiduo(-a)

familièrement [familjɛʀmɑ̃] ADV (*simplement, sans recherche*) llanamente; (*cavalièrement*) con familiaridades

famille [famij] NF familia; **il a de la ~ à Paris** tiene familia en París; **de ~** (*secrets*) de familia; (*dîner, fête*) en familia; **~ monoparentale/homoparentale** familia monoparental/homoparental

famine [famin] NF hambruna

fan [fan] NMF fan *mf* ▸ NF : **~ zone** zona de aficionados

fana [fana] (*fam*) ADJ, NMF fanático(-a); **c'est une ~ de football** es una fanática del fútbol

fanal, -aux [fanal, o] NM fanal *m*; (*lanterne à main*) linterna

fanatique [fanatik] ADJ, NMF fanático(-a); **~ de rugby/de voile** (*sens affaibli*) fanático(-a) del rugby/de la vela

fanatiquement [fanatikmɑ̃] ADV fanáticamente

fanatiser [fanatize] VT fanatizar

fanatisme [fanatism] NM fanatismo

fane [fan] NF mata; **des fanes de radis** hojas de rábano

fané, e [fane] ADJ (*fleur, beauté*) marchito(-a)

faner [fane] VI (*fleur*) marchitarse ▪ **se faner** VPR (*fleur*) marchitarse; (*couleur, tissu*) deslucirse

faneuse [fanøz] NF (*Tech*) henificadora

fanfare [fɑ̃faʀ] NF fanfarria, charanga; (*musique*) fanfarria; **en ~** con gran estruendo

fanfaron, ne [fɑ̃faʀɔ̃, ɔn] NM/F fanfarrón(-ona)

fanfaronnades [fɑ̃faʀɔnad] NFPL fanfarronadas *fpl*

fanfaronner [fɑ̃faʀɔne] VI fanfarronear

fanfreluches [fɑ̃fʀəlyʃ] NFPL perendengues *mpl*

fange [fɑ̃ʒ] NF fango; (*fig*) abyección *f*

fanion [fanjɔ̃] NM banderín *m*

fanon [fanɔ̃] NM (*de baleine*) barba; (*repli de peau*) papada

fantaisie [fɑ̃tezi] NF fantasía; (*caprice*) antojo; **œuvre de ~** obra de imaginación; **agir selon sa ~** hacer lo que le place ▸ ADJ : **bijou/pain ~** joya/pan *m* de fantasía

fantaisiste [fɑ̃tezist] ADJ (*hypothèses, estimations*) fantasioso(-a); (*péj*) caprichoso(-a) ▸ NMF (*de music-hall*) artista *mf* de variedades

fantasmagorique [fɑ̃tasmagɔʀik] ADJ fantasmagórico(-a)

fantasmatique [fɑ̃tasmatik] ADJ fantasmal

fantasme [fɑ̃tasm] NM fantasma *m*

fantasmer [fɑ̃tasme] VI ensoñar, fantasear

fantasque [fɑ̃task] ADJ peregrino(-a)

fantassin [fɑ̃tasɛ̃] NM infante *m*, soldado de infantería

fantastique [fɑ̃tastik] ADJ fantástico(-a); **littérature/cinéma ~** literatura fantástica/cine *m* fantástico

fantoche [fɑ̃tɔʃ] (*péj*) NM fantoche *m*

fantomatique [fɑ̃tomatik] ADJ fantasmal

fantôme [fɑ̃tom] NM fantasma *m*; **gouvernement ~** gobierno en la sombra

FAO [ɛfao] SIGLE F (= *Food and Agricultural Organization*) FAO *f*

faon [fɑ̃] NM cervatillo

FAQ SIGLE F (= *foire aux questions*) preguntas frecuentes

far [faʀ] NM (*aussi* : **far breton**) *especie de flan original de la Bretaña francesa*

faramineux, -euse [faʀaminø, øz] (*fam*) ADJ (*bêtise*) pasmoso(-a) (*fam*); (*quantité*) descomunal

farandole [faʀɑ̃dɔl] NF farándula

farce [faʀs] NF (*Culin*) relleno; (*Théâtre*) farsa; **faire une ~ à qn** gastar una broma a algn; **magasin de farces et attrapes** tienda de objetos de broma; **farces et attrapes** bromas *fpl* y engaños

farceur, -euse [faʀsœʀ, øz] NM/F bromista *mf*; (*péj*) payaso(-a)

farci, e [faʀsi] ADJ relleno(-a)

farcir [faʀsiʀ] VT (*Culin*) rellenar; **~ qch de** (*fig*) atiborrar algo con ■ **se farcir** VPR (*fam*) : **je me suis farci la vaisselle** me tragué todo el fregado (*fam*)

fard [faʀ] NM maquillaje *m*; **~ à joues** colorete *m*; **~ à paupières** sombra de ojos

fardeau, x [faʀdo] NM (*aussi fig*) carga

farder [faʀde] VT maquillar; (*vérité*) disfrazar ■ **se farder** VPR maquillarse

farfadet [faʀfadɛ] NM duende *m*

farfelu, e [faʀfəly] ADJ estrambótico(-a)

farfouiller [faʀfuje] (*fam*) VI revolver

fariboles [faʀibɔl] NFPL pamplinas *fpl*

farine [faʀin] NF harina; **~ de blé/de maïs** harina de trigo/de maíz; **~ lactée** harina lacteada; **farines animales** harinas animales

fariner [faʀine] VT enharinar

farineux, -euse [faʀinø, øz] ADJ harinoso(-a) ▸ NMPL harinosos *mpl*

farniente [faʀnjɛnte] NM ocio

farouche [faʀuʃ] ADJ (*animal*) salvaje; (*personne*) arisco(-a); (*volonté, détermination*) férreo(-a); **peu ~** (*péj*) fácil

farouchement [faʀuʃmɑ̃] ADV enérgicamente

fart [faʀt] NM (*Ski*) cera

fartage [faʀtaʒ] NM enceramiento

farter [faʀte] VT (*skis*) encerar

fascicule [fasikyl] NM fascículo

fascinant, e [fasinɑ̃, ɑ̃t] ADJ fascinante

fascination [fasinasjɔ̃] NF (*fig*) fascinación *f*

fasciner [fasine] VT fascinar

fascisant, e [faʃizɑ̃, ɑ̃t] ADJ de tendencia fascista

fascisme [faʃism] NM fascismo

fasciste [faʃist] ADJ, NMF fascista *mf*

fasse *etc* [fas] VB *voir* **faire**

faste [fast] NM fasto ▸ ADJ : **c'est un jour ~** es un día fasto

fastidieux, -euse [fastidjø, jøz] ADJ fastidioso(-a)

fastoche [fastɔʃ] ADJ (*fam*) chupado(-a) (*fam*), tirado(-a) (*fam*)

fastueux, -euse [fastɥø, øz] ADJ fastuoso(-a)

fat [fa(t)] ADJ M fatuo(-a)

fatal, e [fatal] ADJ (*coup, erreur*) mortal; (*inévitable*) inevitable

fatalement [fatalmɑ̃] ADV fatalmente

fatalisme [fatalism] NM fatalismo

fataliste [fatalist] ADJ fatalista

fatalité [fatalite] NF fatalidad *f*

fatidique [fatidik] ADJ fatídico(-a)

fatigant, e [fatigɑ̃, ɑ̃t] ADJ fatigante; (*agaçant*) pesado(-a)

fatigue [fatig] NF fatiga, cansancio; (*d'un matériau*) deterioro; **les fatigues du voyage** el cansancio del viaje

fatigué, e [fatige] ADJ cansado(-a), fatigado(-a); (*estomac, foie*) cansado(-a)

> Ne confondez pas *estar cansado* (**être fatigué**) et *ser cansado* (**être fatigant**) :
> **Je suis très fatigué ces derniers temps.** Últimamente estoy muy cansado.
> **Ce voyage a été fatigant.** Este viaje ha sido cansado.

fatiguer [fatige] VT (*personne, membres*) cansar, fatigar; (*moteur etc*) forzar; (*importuner*) cansar ▸ VI (*moteur*) forzarse ■ **se fatiguer** VPR cansarse, fatigarse; **se ~ de** (*fig*) cansarse de; **se ~ à faire qch** molestarse en hacer algo

fatras [fatʀɑ] NM revoltijo

fatuité [fatɥite] NF fatuidad *f*

faubourg [fobuʀ] NM suburbio

faubourien, ne [fobuʀjɛ̃, jɛn] ADJ (*accent*) ordinario(-a)

fauche [foʃ] NF (*de pré, d'herbe*) siega; (*fam : vol*) robo, choriceo (*fam*)

fauché, e [foʃe] (*fam*) ADJ pelado(-a)

faucher [foʃe] VT (*pré, herbe : aussi fig*) segar; (*fam : voler*) birlar (*fam*)

faucheur, -euse [foʃœʀ, øz] NM/F segador(a)

faucheuse [foʃøz] NF (*machine*) segadora

faucheux [foʃø] NM segador *m*

faucille [fosij] NF hoz *f*

faucon [fokɔ̃] NM halcón *m*

fauconnerie [fokɔnʀi] NF (*dressage*) cetrería; (*chasse*) cetrería, halconería

faudra [fodʀa] VB *voir* **falloir**

faufil [fofil] NM hilván *m*

faufilage [fofilaʒ] NM hilvanado

faufiler [fofile] VT hilvanar ■ **se faufiler** VPR : **se ~ dans/parmi/entre** deslizarse en/entre

faune [fon] NF (*fig, péj*) fauna; **~ marine** fauna marina ▸ NM fauno

faussaire [fosɛʀ] NMF falseador(a)

fausse [fos] ADJ *voir* **faux**[2]

faussement [fosmɑ̃] ADV (*accuser*) en falso; (*croire*) engañosamente

fausser [fose] VT (*serrure, objet*) torcer; (*résultat,* *données*) falsear; **~ compagnie à qn** dejar plantado(-a) a algn

fausset [fosɛ] NM : **voix de ~** voz *f* de falsete

fausseté [foste] NF falsedad *f*

faut [fo] VB *voir* **falloir**

faute [fot] NF (*de calcul*) error *m*; (*Sport, d'orthographe*) falta; (*Rel*) culpa; **par la ~ de** por culpa de; **c'est de sa/ma ~** es culpa suya/mía; **être en ~** hacer mal; (*être responsable*) tener la culpa; **prendre qn en ~** pillar a algn; **~ de** por falta de; **~ de mieux ...** a falta de algo mejor ...; **sans ~** (*à coup sûr*) sin falta; **~ d'inattention/d'orthographe** falta de atención/de ortografía; **~ de frappe** error de máquina; **~ de goût** falta de gusto; **~ professionnelle** error profesional

fauter [fote] VI (*commettre une faute*) cometer una falta de ortografía; (*vieilli : femme, fille*) tener un desliz

fauteuil [fotœj] NM sillón *m*; **~ à bascule** mecedora; **~ club** *sillón amplio de cuero*; **~ d'orchestre** (*Théâtre*) butaca de patio; **~ roulant** sillón de ruedas

fauteur [fotœʀ] NM : **~ de troubles** promotor *m* *ou* instigador *m* de disturbios

fautif, -ive [fotif, iv] ADJ (*incorrect*) erróneo(-a); (*responsable*) culpable ▶ NM/F culpable *mf*

fauve [fov] NM fiera; (*peintre*) fauvista *mf* ▶ ADJ (*couleur*) rojizo(-a)

fauvette [fovɛt] NF curruca

fauvisme [fovism] NM fauvismo

faux¹ [fo] NF (*Agr*) guadaña

faux², fausse [fo, fos] ADJ falso(-a); (*inexact*) erróneo(-a); (*rire, personne*) falso(-a), hipócrita; (*barbe, dent*) postizo(-a); (*Mus*) desafinado(-a); (*opposé à bon, correct : numéro*) confundido(-a); **faire fausse route** ir por mal camino; **faire ~ bond à qn** fallarle a algn; **fausse alerte** falsa alarma; **fausse clé** llave *f* falsa; **fausse couche** aborto natural *ou* espontáneo; **fausse joie** chasco; **fausse note** (*Mus, fig*) nota discordante; **~ ami** (*Ling*) falso amigo; **~ col** cuello postizo; **~ départ** (*Sport, fig*) salida falsa; **~ frais** *nmpl* gastos *mpl* menudos; **~ frère** (*fig : péj*) traidor *m*; **~ mouvement** movimiento en falso; **~ nez** nariz *f* postiza; **~ nom** nombre *m* falso; **~ pas** (*aussi fig*) paso en falso; **~ témoignage** (*délit*) falso testimonio ▶ ADV : **jouer/chanter ~** tocar/cantar desafinadamente ▶ NM (*peinture, billet*) falsificación *f*; **distinguer le vrai du ~** distinguir lo verdadero de lo falso

faux-filet [fofilɛ] (*pl* **faux-filets**) NM solomillo bajo

faux-fuyant [fofɥijɑ̃] (*pl* **faux-fuyants**) NM pretexto, evasiva

faux-monnayeur [fomɔnɛjœʀ] (*pl* **faux-monnayeurs**) NM falsificador(a) de moneda

faux-semblant [fosɑ̃blɑ̃] (*pl* **faux-semblants**) NM engaño

faux-sens [fosɑ̃s] NM INV interpretación *f* errónea

faveur [favœʀ] NF favor *m*; **avoir la ~ de qn** gozar del favor de algn; **régime/traitement de ~** régimen *m*/tratamiento preferencial; **à la ~ de** (*la nuit, une erreur*) aprovechando; **en ~ de qn/qch** en favor de algn/algo ■ **faveurs** NFPL favores *mpl*

favorable [favɔʀabl] ADJ favorable; **~ à qn/qch** favorable a algn/algo

favorablement [favɔʀabləmɑ̃] ADV favorablemente

favori, te [favɔʀi, it] ADJ favorito(-a) ▶ NM/F (*Sport*) favorito(-a) ■ **favoris** NMPL (*barbe*) patillas *fpl*

favoriser [favɔʀize] VT favorecer

favorite [favɔʀit] NF favorita

favoritisme [favɔʀitism] (*péj*) NM favoritismo

f

fax [faks] NM fax *m*

faxer [fakse] VT enviar por fax

fayot [fajo] (*fam*) NM (*personne*) pelota *mf* (*fam*)

fayoter [fajɔte] (*fam*) VI hacer la pelota (*fam*)

FBI [ɛfbiaj] SIGLE M (= *Federal Bureau of Investigation*) FBI *m*

FC [ɛfse] SIGLE M (= *Football Club*) FC (= *Fútbol Club*), C.F. (= *Club de Fútbol*)

fébrifuge [febʀifyʒ] NM antitérmico

fébrile [febʀil] ADJ febril; **capitaux fébriles** (*Écon*) dinero *msg* caliente

fébrilement [febʀilmɑ̃] ADV febrilmente

fécal, e, -aux [fekal, o] ADJ *voir* **matière**

fécond, e [fekɔ̃, ɔ̃d] ADJ (*aussi fig*) fértil, fecundo(-a)

fécondation [fekɔ̃dasjɔ̃] NF fecundación *f*; **~ in vitro** fecundación in vitro

féconder [fekɔ̃de] VT fecundar

fécondité [fekɔ̃dite] NF fecundidad *f*

fécule [fekyl] NF fécula; **~ de pomme de terre** fécula de patata

féculents [fekylɑ̃] NMPL féculas *fpl*

FED [ɛfəde] SIGLE M (= *Fonds européen de développement*) FED *m* (= *Fondo Europeo de Desarollo*)

fédéral, e, -aux [fedeʀal, o] ADJ federal

fédéralisme [fedeʀalism] NM federalismo

fédéraliste [fedeʀalist] ADJ federalista

fédérateur, -trice [fedeʀatœʀ, tʀis] ADJ (*mouvement, événement*) unificador(a)

fédération [fedeʀasjɔ̃] NF federación *f*; **la F~ française de football** la Federación Francesa de Fútbol

fédérer [fedeʀe] VT (*États*) federar; (*secteur, membres d'une profession*) aglutinar, unificar ■ **se fédérer** VPR federarse

fée [fe] NF hada

feeling [filiŋ] (*fam*) NM (*intuition*) intuición *f*, olfato; **il marche au ~** hace lo que le dicta el corazón

féerie [fe(e)ʀi] NF mundo de hadas

féerique [fe(e)ʀik] ADJ (*histoire*) fantástico(-a); (*paysage, vision*) mágico(-a)

feignant, e [fɛɲɑ̃, ɑ̃t] NM/F, ADJ = **fainéant**
feindre [fɛ̃dʀ] VT, VI fingir; **~ de faire** fingir hacer
feint, e [fɛ̃, fɛ̃t] PP *de* **feindre** ▸ ADJ fingido(-a)
feinte [fɛ̃t] NF finta
feinter [fɛ̃te] VI (*Sport*) fintar
fêlé, e [fele] ADJ (*verre*) resquebrajado(-a); astillado(-a); (*fam*) chiflado(-a) (*fam*)
fêler [fele] VT (*verre, assiette*) resquebrajar; (*os*) astillar ▪ **se fêler** VPR (*verre, assiette*) resquebrajarse; astillarse; **se ~ le tibia/le coccyx** hacerse una fisura en la tibia/en el coxis
félicitations [felisitasjɔ̃] NFPL felicidades *fpl*
félicité [felisite] NF felicidad *f*
féliciter [felisite] VT felicitar; **~ qn (de qch/d'avoir fait qch)** felicitar a algn (por algo/por haber hecho algo) ▪ **se féliciter** VPR : **se ~ de qch/d'avoir fait qch** alegrarse de algo/de haber hecho algo
félidé [felide] NM félido
félin, e [felɛ̃, in] ADJ felino(-a) ▸ NM felino
fellaga, fellagha [fɛlaga] NM fellagha *m*
fellation [felasjɔ̃] NF felación *f*
félon, ne [felɔ̃, ɔn] ADJ traidor(a)
félonie [felɔni] NF felonía
felouque [fəluk] NF falucho
fêlure [felyʀ] NF resquebrajadura; (*d'un os*) fisura
femelle [fəmɛl] NF hembra ▸ ADJ : **souris/perroquet ~** ratón *m*/loro hembra; **prise/tuyau ~** (*Élec, Tech*) enchufe *m*/tubo hembra
féminin, e [feminɛ̃, in] ADJ femenino(-a) ▸ NM (*Ling*) femenino
féminisation [feminizasjɔ̃] NF (*de marché du travail, profession, noms de métier*) feminización *f*
féminiser [feminize] VT (*rendre efféminé*) afeminar; (*marché du travail, profession, noms de métier*) feminizar ▪ **se féminiser** VPR feminizarse
féminisme [feminism] NM feminismo
féministe [feminist] ADJ, NMF feminista *mf*
féminité [feminite] NF feminidad *f*
femme [fam] NF mujer *f*; **être très ~** ser muy femenina; **devenir ~** hacerse mujer; **jeune ~** mujer joven; **~ au foyer** ama de casa; **~ célibataire/mariée** mujer soltera/casada; **~ d'affaires/d'intérieur** mujer de negocios/de su casa; **~ de chambre** doncella; **~ de ménage** asistenta; **~ de tête/du monde** mujer de carácter/de mundo; **~ fatale** mujer fatal
femmelette [famlɛt] (*fam*) NF nenaza (*fam*)
fémoral, e, -aux [femɔʀal, o] ADJ femoral
fémur [femyʀ] NM fémur *m*
FEN [fɛn] SIGLE F (= *Fédération de l'éducation nationale*) *sindicato del profesorado estatal*
fenaison [fənɛzɔ̃] NF siega del heno
fendillé, e [fɑ̃dije] ADJ agrietado(-a)
fendiller [fɑ̃dije] : **se fendiller** VPR agrietarse
fendre [fɑ̃dʀ] VT hender; (*suj : gel, séisme etc*) resquebrajar; (*foule, flots*) abrirse paso entre; **~ l'air** surcar el aire ▪ **se fendre** VPR henderse
fendu, e [fɑ̃dy] ADJ resquebrajado(-a); (*crâne, lèvre*) partido(-a); (*jupe*) abierto(-a)
fenêtre [f(ə)nɛtʀ] NF ventana; **regarder par la ~** mirar por la ventana; **~ à guillotine** ventana de guillotina; **~ de lancement** (*Espace*) ventana de lanzamiento
fennec [fenɛk] NM zorro del Sáhara
fenouil [fənuj] NM hinojo
fente [fɑ̃t] NF (*fissure*) grieta, hendidura; (*de boîte à lettres*) ranura; (*dans un vêtement*) abertura
féodal, e, -aux [feɔdal, o] ADJ feudal
féodalisme [feɔdalism] NM feudalismo
féodalité [feɔdalite] NF feudalidad *f*
fer [fɛʀ] NM hierro; **objet de** *ou* **en ~** objeto de hierro; **santé/main de ~** salud *f*/mano de hierro; **au ~ rouge** con el hierro al rojo; **~ à cheval** herradura; **en ~ à cheval** (*fig*) en herradura; **~ à friser** plancha de rizar; **~ à repasser** plancha; **~ à souder** soldador *m*; **~ à vapeur** plancha de vapor; **~ de lance** (*Mil, fig*) punta de lanza; **~ forgé** hierro forjado ▪ **fers** NMPL (*Méd : forceps*) fórceps *m inv*; **mettre aux fers** encadenar
ferai *etc* [fəʀe] VB *voir* **faire**
fer-blanc [fɛʀblɑ̃] (*pl* **fers-blancs**) NM hojalata
ferblanterie [fɛʀblɑ̃tʀi] NF (*métier*) hojalatería; (*produit*) objetos *mpl* de hojalata
ferblantier [fɛʀblɑ̃tje] NM hojalatero
férié, e [feʀje] ADJ : **jour ~** día *m* festivo
ferions *etc* [fəʀjɔ̃] VB *voir* **faire**
férir [feʀiʀ] : **sans coup ~** *adv* sin la menor dificultad
fermage [fɛʀmaʒ] NM arrendamiento rústico
ferme¹ [fɛʀm] ADJ firme; (*chair*) prieto(-a); **~ désir/intention de faire** firme deseo/intención *f* de hacer ▸ ADV : **travailler ~** trabajar mucho; **discuter ~** discutir enérgicamente; **tenir ~** mantenerse firme
ferme² [fɛʀm] NF granja; **~ éolienne** parque *m* eólico
fermé, e [fɛʀme] ADJ (*aussi fig*) cerrado(-a); (*gaz, eau*) cortado(-a); (*personne, visage*) huraño(-a); **~ pour travaux** cerrado(-a) por obras
fermement [fɛʀməmɑ̃] ADV firmemente, con firmeza; **~ décidé à faire/opposé à** firmemente decidido a hacer/opuesto a
ferment [fɛʀmɑ̃] NM fermento
fermentation [fɛʀmɑ̃tasjɔ̃] NF fermentación *f*
fermenter [fɛʀmɑ̃te] VI (*aussi fig*) fermentar
fermer [fɛʀme] VT cerrar; (*rideaux*) correr; (*eau, électricité, route*) cortar; (*lumière, radio, télévision*) apagar; **~ à clé** cerrar con llave; **~ au verrou** cerrar con cerrojo; **~ les yeux (sur qch)** (*fig*) hacer la vista gorda (sobre algo) ▸ VI cerrar ▪ **se fermer** VPR cerrarse

fermeté [fɛʀməte] NF firmeza; (*des muscles*) dureza; **avec ~** con firmeza
fermette [fɛʀmɛt] NF pequeña granja
fermeture [fɛʀmətyʀ] NF cierre *m*; (*dispositif*) cerradura; **jour/heure de ~** día *m*/hora de cierre; **~ à glissière** cierre de cremallera; **~ éclair®** cierre relámpago
fermier, -ière [fɛʀmje, jɛʀ] ADJ : **beurre/cidre ~** mantequilla/sidra de granja ▶ NM/F granjero(-a)
fermoir [fɛʀmwaʀ] NM cierre *m*
féroce [feʀɔs] ADJ (*aussi fig*) feroz
férocement [feʀɔsmɑ̃] ADV ferozmente
férocité [feʀɔsite] NF ferocidad *f*
ferons [fəʀɔ̃] VB *voir* **faire**
ferrage [feʀaʒ] NM (*d'un cheval*) herraje *m*
ferraille [feʀɑj] NF chatarra; **mettre à la ~** tirar a la chatarra; **bruit de ~** ruido de chatarra
ferrailler [feʀɑje] VI batirse a sable *ou* a espada; (*faire du bruit*) rechinar
ferrailleur [feʀɑjœʀ] NM chatarrero
ferrant [fɛʀɑ̃] ADJ M *voir* **maréchal**
ferré, e [feʀe] ADJ guarnecido(-a) con hierro, ferrado(-a); **~ en** *ou* **sur** (*fam*) fuerte en
ferrer [feʀe] VT (*cheval*) herrar; (*chaussure, canne*) guarnecer con hierro, ferrar; (*poisson*) enganchar con el anzuelo
ferreux, -euse [feʀø, øz] ADJ ferroso(-a)
ferronnerie [feʀɔnʀi] NF ferrería; **~ d'art** artesanía de hierro forjado
ferronnier [feʀɔnje] NM (*ouvrier*) herrero; (*commerçant*) vendedor *m* de objetos de forja
ferroviaire [feʀɔvjɛʀ] ADJ ferroviario(-a)
ferrugineux, -euse [feʀyʒinø, øz] ADJ ferruginoso(-a)
ferrure [feʀyʀ] NF (*objet*) herraje *m*
ferry [fɛʀe] (*pl* **ferries**), **ferry-boat** [fɛʀebot] (*pl* **~-boats**) NM ferry *m*, transbordador *m*
fertile [fɛʀtil] ADJ (*aussi fig*) fértil; **~ en événements/incidents** rico(-a) en acontecimientos/incidentes
fertilisant [fɛʀtilizɑ̃] NM fertilizante *m*
fertilisation [fɛʀtilizasjɔ̃] NF fertilización *f*
fertiliser [fɛʀtilize] VT (*terre*) fertilizar
fertilité [fɛʀtilite] NF fertilidad *f*
féru, e [feʀy] ADJ : **~ de** apasionado(-a) de
férule [feʀyl] NF : **être sous la ~ de qn** estar bajo la férula de algn
fervent, e [fɛʀvɑ̃, ɑ̃t] ADJ ferviente
ferveur [fɛʀvœʀ] NF fervor *m*
fesse [fɛs] NF nalga; **les fesses** las nalgas
fessée [fese] NF azote *m*, nalgada; **donner une ~ à** dar un azote a, dar una nalgada a
fesser [fese] VT dar una azotaina a
fessier [fesje] (*fam*) NM trasero
festif, -ive [fɛstif, iv] ADJ festivo(-a)
festin [fɛstɛ̃] NM festín *m*
festival [fɛstival] NM festival *m*
festivalier [fɛstivalje] NM asiduo(-a) de los festivales
festivités [fɛstivite] NFPL fiestas *fpl*
feston [fɛstɔ̃] NM festón *m*
festoyer [fɛstwaje] VI festejar
fêtard, e [fɛtaʀ, aʀd] (*fam*) NM/F juerguista *mf*
fête [fɛt] NF fiesta; (*kermesse*) romería; (*d'une personne*) santo; **faire la ~** estar de juerga *ou* de farra (*Am*); **faire ~ à qn** festejar a algn; **se faire une ~ de** estar deseando; **jour de ~** día *m* de fiesta; **les fêtes (de fin d'année)** las fiestas (de fin de año); **salle/comité des fêtes** sala/comité *m* de fiestas; **la ~ des Mères/des Pères** el día de la madre/del padre; **~ nationale** fiesta nacional; **~ de charité** fiesta de caridad; **~ de la musique** fiesta de la música; *ver nota*; **~ foraine** feria; **~ mobile** fiesta móvil

La **fête de la musique** es un festival de música que se ha venido celebrando anualmente en Francia desde 1981. Tiene lugar el 21 de junio, y ese día en toda Francia se puede asistir gratuitamente a las actuaciones de músicos, tanto aficionados como profesionales, en parques, calles y plazas.

Fête-Dieu [fɛtdjø] (*pl* **Fêtes-Dieu**) NF : **la ~** el Corpus Christi
fêter [fete] VT (*personne, événement, anniversaire*) festejar
fétiche [fetiʃ] NM fetiche *m*; **animal/objet ~** animal *m*/objeto amuleto
fétichisme [fetiʃism] NM fetichismo
fétichiste [fetiʃist] ADJ, NMF fetichista
fétide [fetid] ADJ (*odeur*) fétido(-a)
fétu [fety] NM : **~ de paille** brizna de paja
feu¹ [fø] ADJ : **~ le roi/Mme Dupont** el difunto rey/la difunta Sra. Dupont; **~ son père** su difunto padre
feu², x [fø] NM fuego; (*signal lumineux*) luz *f*; (*fig*) fuego, ardor *m*; (*sensation de brûlure*) escozor *m*; **au ~ !** ¡fuego!; **à ~ doux/vif** a poco fuego/fuego vivo; **à petit ~** (*aussi fig*) a fuego lento; **faire ~** abrir fuego; **ne pas faire long ~** (*fig*) no durar mucho; **commander le ~** (*Mil*) dirigir el combate; **tué au ~** (*Mil*) muerto en combate; **mettre à ~** (*fusée*) encender; **~ nourri/roulant** (*Mil*) fuego intenso/graneado; **en ~** ardiendo, quemando; **être tout ~ tout flamme (pour)** estar entusiasmadísimo(-a) (con); **avoir le ~ sacré** tener el fuego sagrado; **prendre ~** (*maison*) incendiarse; (*vêtements, rideaux*) prender fuego; **mettre le ~ à** meterle fuego a; **faire du ~** hacer fuego; **avez-vous du ~ ?** ¿tiene fuego?; **donner le ~ vert à qch/qn** (*fig*) dar luz verde a algo/a algn; **leur amour fut un ~ de paille** su amor fue efímero; **~ arrière** (*Auto*) luz *f* trasera, piloto trasero; **~ d'artifice** fuegos *mpl* de artificio; (*spectacle*) fuegos artificiales; **~ de camp/de cheminée** fuego de campamento/de

chimenea; **~ de joie** fogata; **~ orange/rouge/vert** (*Auto*) disco ámbar/rojo/verde ■ **feux** NMPL (*éclat, lumière*) destello *msg*; (*Auto : de circulation*) semáforo *msg*; **tous feux éteints** con las luces apagadas; **être pris entre deux feux** (*fig*) estar entre la espada y la pared; **s'arrêter aux feux** *ou* **au ~ rouge** pararse en el semáforo *ou* con el disco rojo; **feux de brouillard/de croisement/de position/de stationnement** (*Auto*) luces *fpl* de niebla/de cruce/de posición/de estacionamiento; **feux de route** (*Auto*) luces largas *ou* de carretera

feuillage [fœjaʒ] NM follaje *m*

feuillaison [fœjɛzɔ̃] NF foliación *f*

feuille [fœj] NF hoja; (*plaque : de carton*) lámina; **rendre ~ blanche** (*Scol*) entregar el examen en blanco; **~ de chou** (*fam, péj*) periodicucho; **~ de déplacement** (*Mil*) parte *m* de desplazamiento; **~ de maladie** informe *m* médico; **~ de métal** lámina de metal; **~ (de papier)** hoja (de papel); **~ de paye** *ou* **paie** nómina; **~ de présence** parte de asistencia; **~ de route** hoja de ruta; **~ de température** gráfico de temperatura; **~ de vigne** hoja de parra; **~ d'impôts** declaración *f* de impuestos; **~ d'or** lámina de oro; **~ morte** hoja seca; **~ volante** hoja suelta

feuillet [fœjɛ] NM pliego, página

feuilletage [fœjtaʒ] NM (*aspect feuilleté*) hojaldrado

feuilleté, e [fœjte] ADJ (*Culin*) hojaldrado(-a); (*verre*) laminado(-a) ▸ NM (*gâteau*) hojaldre *m*

feuilleter [fœjte] VT (*livre*) hojear

feuilleton [fœjtɔ̃] NM (*aussi TV, Radio*) serial *m*

feuillette [fœjɛt] VB *voir* **feuilleter**

feuillu, e [fœjy] ADJ frondoso(-a) ▸ NM árbol *m* frondoso

feulement [følmɑ̃] NM bufido

feutre [føtʀ] NM fieltro; (*chapeau*) sombrero de fieltro; (*stylo*) rotulador *m*

feutré, e [føtʀe] ADJ (*tissu*) afelpado(-a); (*pas, voix, atmosphère*) amortiguado(-a)

feutrer [føtʀe] VT afelpar; (*bruits*) amortiguar ▸ VI apelmazarse ■ **se feutrer** VPR apelmazarse

feutrine [føtʀin] NF paño

fève [fɛv] NF haba; (*dans la galette des Rois*) sorpresa

février [fevʀije] NM febrero; *voir aussi* **juillet**

fez [fɛz] NM fez *m*

FFF SIGLE F = **Fédération française de football**

fi [fi] EXCL : **faire fi de** hacer caso omiso de

fiabilité [fjabilite] NF fiabilidad *f*

fiable [fjabl] ADJ fiable

fiacre [fjakʀ] NM coche *m* de punto

fiançailles [fjɑ̃saj] NFPL noviazgo

fiancé, e [fjɑ̃se] NM/F novio(-a) ▸ ADJ : **être ~ (à)** estar prometido(-a) (con)

fiancer [fjɑ̃se] : **se fiancer** VPR : **se ~ (avec)** prometerse (con)

fiasco [fjasko] NM fiasco

fiasque [fjask] NF garrafa

fibranne [fibʀan] NF fibrana

fibre [fibʀ] NF fibra; (*de bois*) veta; (*fig*) vena; **avoir la ~ paternelle/militaire/patriotique** tener la vena paternal/militar/patriótica; **~ de verre/optique** fibra de vidrio/óptica

fibreux, -euse [fibʀø, øz] ADJ fibroso(-a)

fibrillation [fibʀijasjɔ̃] NF fibrilación *f*

fibrociment [fibʀosimɑ̃] NM fibrocemento

fibrome [fibʀom] NM fibroma *m*

fibroscopie [fibʀɔskɔpi] NF fibroscopia

fibule [fibyl] NF fíbula (*broche*)

ficelage [fis(ə)laʒ] NM atadura; (*liens*) ligadura

ficelé, e [fisle] (*fam*) ADJ : **bien/mal ~** (*habillé*) bien/mal arreglado(-a); (*conçu*) bien/mal estructurado(-a)

ficeler [fis(ə)le] VT atar

ficelle [fisɛl] NF cordón; (*pain*) violín *m*; **les ficelles du métier** (*fig*) los secretos del oficio; **tirer les ficelles** (*fig*) mover los hilos; **tirer sur la ~** (*fig*) pasarse

fichage [fiʃaʒ] NM fichaje *m*

fiche [fiʃ] NF ficha; (*formulaire*) ficha, impreso; (*Élec*) enchufe *m*; **~ de paye** nómina; **~ signalétique** (*Police*) ficha; **~ technique** ficha técnica

ficher [fiʃe] VT (*pour un fichier*) anotar en fichas; (*suj : police, personne*) fichar; **~ qch dans** clavar algo en; **il ne fiche rien** (*fam*) no da golpe (*fam*); **fiche-le dans un coin** (*fam*) ponlo en un rincón; **~ qn à la porte** (*fam*) poner a algn de patitas en la calle (*fam*); **cela me fiche la trouille** (*fam*) eso me da miedo; **fiche-moi la paix** (*fam*) déjame en paz; **fiche(-moi) le camp** (*fam*) lárgate (*fam*) ■ **se ficher** VPR : **se ~ dans** (*s'enfoncer*) clavarse en, hundirse en; **se ~ de qch** (*fam*) pasar de algo (*fam*); **se ~ de qn** (*fam*) tomar el pelo a algn

fichier [fiʃje] NM fichero; (*à cartes*) archivador *m*, fichero; **~ actif** *ou* **en cours d'utilisation** (*Inform*) fichero activo *ou* en uso; **~ joint** (*Inform*) archivo *m* adjunto; **~ d'adresses** fichero de direcciones

fichtre [fiʃtʀ] EXCL (*vieilli, hum*) ¡atiza! (*fam*)

fichtrement [fiʃtʀəmɑ̃] (*fam, vieilli*) ADV : **c'est ~ bon** está súper bueno; **je n'en sais ~ rien** no tengo ni la menor idea

fichu, e [fiʃy] PP *de* **ficher** ▸ ADJ (*fam : fini, inutilisable*) estropeado(-a); **être/n'être pas ~ de** (*fam*) ser/no ser capaz de; **être mal ~** (*fam : personne*) estar fastidiado(-a); (*: chose*) estar mal hecho(-a); **être bien ~** (*fam : avenant*) estar bueno(-a); **~ temps/caractère** tiempo/carácter *m* pajolero ▸ NM (*foulard*) pañoleta

fictif, -ive [fiktif, iv] ADJ (*emploi*) ficticio(-a); (*promesse, nom*) falso(-a)

fiction [fiksjɔ̃] NF ficción *f*

fictivement [fiktivmɑ̃] ADV ficticiamente

fidèle [fidɛl] ADJ fiel; (*loyal*) fiel, leal; **~ à** fiel a

▶ NMF (*Rel*, *fig*) devoto(-a); **les fidèles** (*Rel*) los fieles
fidèlement [fidɛlmɑ̃] ADV fielmente
fidélisation [fidelizasjɔ̃] NF (*de clientèle*) fidelización *f*
fidéliser [fidelise] VT (*clientèle*) fidelizar
fidélité [fidelite] NF fidelidad *f*; **~ conjugale** fidelidad conyugal
Fidji [fidʒi] NFPL : **(les îles) ~** (las islas) Fiji
fiduciaire [fidysjɛʀ] ADJ fiduciario(-a)
fief [fjɛf] NM feudo
fieffé, e [fjefe] ADJ empedernido(-a)
fiel [fjɛl] NM hiel *f*; (*fig*) hiel, amargura
fiente [fjɑ̃t] NF excremento
fier[1] [fje] : **se fier à** VPR fiarse de
fier[2]**, fière** [fjɛʀ] ADJ orgulloso(-a); **~ de qch/qn** orgulloso(-a) de algo/algn; **avoir fière allure** tener muy buen aspecto
fièrement [fjɛʀmɑ̃] ADV (*dignement*) con orgullo
fierté [fjɛʀte] NF orgullo; **blessé dans sa ~** herido en su orgullo
fièvre [fjɛvʀ] NF (*aussi fig*) fiebre *f*; **avoir de la ~/39 de ~** tener fiebre/39 de fiebre; **~ jaune/typhoïde** fiebre amarilla/tifoidea
fiévreusement [fjevʀøzmɑ̃] ADV (*fig*) febrilmente
fiévreux, -euse [fjevʀø, øz] ADJ febril
FIFA [fifa] SIGLE F (= *Fédération internationale de football association*) FIFA *f* (= *Federación Internacional de Fútbol Asociado*)
fifre [fifʀ] NM pífano
figé, e [fiʒe] PP *de* **figer** ▶ ADJ (*Ling*) fijo(-a); (*sourire*) helado(-a), petrificado(-a); (*sauce*) cuajado(-a); (*société*) anquilosado(-a); **~ sur place** (*personne*) petrificado(-a)
figer [fiʒe] VT (*sang*) coagular; (*huile, sauce*) cuajar; (*institutions, société*) entorpecer; (*personne*) petrificar ■ **se figer** VPR (*sang*) coagularse; (*huile, sauce*) cuajarse; (*institutions*) anquilosarse; (*personne, sourire*) petrificarse
fignoler [fiɲɔle] VT dar el último toque a
figue [fig] NF higo; **~ de Barbarie** higo chumbo
figuier [figje] NM higuera
figurant, e [figyʀɑ̃, ɑ̃t] NM/F (*aussi péj*) figurante *mf*; (*Théâtre*) figurante, comparsa *mf*; (*Ciné*) figurante, extra *m*
figuratif, -ive [figyʀatif, iv] ADJ (*art*) figurativo(-a)
figuration [figyʀasjɔ̃] NF : **la ~** (*les figurants : Théâtre*) los figurantes, la comparsa; (*Ciné*) los figurantes, los extras
figure [figyʀ] NF figura; (*visage*) cara; (*illustration, dessin*) figura, ilustración *f*; (*aspect*) aspecto; **se casser la ~** (*fam*) partirse la cara; **faire ~ de** (*avoir l'air de*) aparentar ser; (*passer pour*) quedar como; **faire bonne ~** poner buena cara; **faire triste ~** estar cabizbajo(-a); **prendre ~** tomar cuerpo; **~ de rhétorique/de style** figura retórica/estilística
figuré, e [figyʀe] ADJ figurado(-a)
figurer [figyʀe] VI figurar ▶ VT representar, figurar ■ **se figurer** VPR : **se ~ qch/que** imaginarse algo/que; **figurez-vous que ...** figúrese que ...
figurine [figyʀin] NF figurita
fil [fil] NM hilo; (*du téléphone*) cable *m*; (*tranchant*) filo; **au ~ des heures/des années** a lo largo *ou* con el correr de las horas/de los años; **le ~ d'une histoire/de ses pensées** el hilo de una historia/de sus pensamientos; **au ~ de l'eau** a favor de la corriente; **de ~ en aiguille** de una cosa a otra; **ne tenir qu'à un ~** estar pendiente de un hilo; **donner du ~ à retordre à qn** dar mucha guerra a algn; **donner/recevoir un coup de ~** dar/recibir un telefonazo; **~ à coudre** hilo de coser; **~ à pêche** sedal *m*; **~ à plomb** plomada; **~ à souder** hilo de estaño; **~ de fer** alambre *m*; **~ de fer barbelé** alambre de espino; **~ électrique** cable eléctrico
filage [filaʒ] NM hilado
filaire [filɛʀ] ADJ (*téléphone, micro*) alámbrico(-a)
filament [filamɑ̃] NM (*Élec*) filamento; (*de liquide etc*) hilo
filandreux, -euse [filɑ̃dʀø, øz] ADJ fibroso(-a)
filant, e [filɑ̃, ɑ̃t] ADJ : **étoile filante** estrella fugaz
filasse [filas] ADJ INV : **les cheveux (couleur) ~** el pelo rubio de estopa
filature [filatyʀ] NF (*fabrique*) hilandería; (*policière*) vigilancia; **prendre qn en ~** seguirle los pasos a algn
fildeferiste, fil-de-fériste [fildəfeʀist] NMF funámbulo(-a)
file [fil] NF (*de voitures*) fila; (*de clients*) cola; **prendre la ~ de droite** (*Auto*) coger el carril de la derecha; **se mettre en ~** (*Auto*) ponerse en fila; **stationner en double ~** (*Auto*) aparcar en doble fila; **à la ~** (*d'affilée*) seguidos(-as); (*l'un derrière l'autre*) en fila; **en ~ indienne** en fila india; **~ d'attente** cola
filer [file] VT hilar; (*verre*) soplar; (*dérouler*) soltar; (*note*) modular; (*prendre en filature*) seguir los pasos a; **~ un mauvais coton** estar de capa caída; **~ qch à qn** (*fam : donner*) dar algo a algn ▶ VI (*bas, maille*) correrse, hacerse una carrera; (*liquide, pâte*) fluir; (*aller vite*) pasar volando; (*fam : partir*) largarse (*fam*); **~ à l'anglaise** despedirse a la francesa; **~ doux** ser dócil
filet [filɛ] NM red *f*; (*à cheveux*) redecilla; (*de poisson*) filete *m*; (*viande*) solomillo; (*d'eau, sang*) hilo; **~ à bagages** portequipajes *m inv*; **~ à provisions** bolsa de malla
filetage [filtaʒ] NM roscado, rosca
fileter [filte] VT filetear, roscar
filial, e, -aux [filjal, jo] ADJ filial
filiale [filjal] NF filial *f*, sucursal *f*

f

filiation [filjasjɔ̃] NF *(aussi fig)* filiación *f*

filière [filjɛʀ] NF escalafón *m*; **suivre la ~** seguir el escalafón; **la ~ bois/viande/automobile** *(Indus)* el sector de la madera/de la carne/del automóvil

filiforme [filifɔʀm] ADJ filiforme

filigrane [filigʀan] NM filigrana; **en ~** *(fig)* sutilmente

filin [filɛ̃] NM *(Naut)* beta

fille [fij] NF chica; *(opposé à fils)* hija; *(vieilli : opposé à femme mariée)* soltera; *(péj)* mujerzuela; **petite ~** niña; **une jeune ~** una chica joven; **vieille ~** solterona; **~ de joie** prostituta; **~ de salle** *(d'un restaurant)* camarera; *(d'un hôpital)* auxiliar *f*

fille-mère [fijmɛʀ] *(pl* **filles-mères***)* *(péj)* NF madre *f* soltera

fillette [fijɛt] NF chiquilla

filleul, e [fijœl] NM/F ahijado(-a)

film [film] NM película; *(couche)* capa; **~ alimentaire** film *m* transparente; **~ d'animation** película de animación; **~ muet/parlant** película muda/sonora; **~ policier** película policíaca

filmer [filme] VT filmar

filmique [filmik] ADJ fílmico(-a)

filmographie [filmɔgʀafi] NF filmografía

filon [filɔ̃] NM *(aussi fig)* filón *m*

filou [filu] NM *(escroc)* timador *m*

fils [fis] NM hijo; **le F~ (de Dieu)** *(Rel)* el Hijo (de Dios); **~ à papa** *(péj)* niño de papá; **~ de famille** niño bien

filtrage [filtʀaʒ] NM *(d'un liquide)* filtrado; *(de visiteurs, nouvelles)* control *m*

filtrant, e [filtʀɑ̃, ɑ̃t] ADJ filtrante

filtre [filtʀ] NM *(aussi Inform)* filtro; **« ~ ou sans ~ ? »** « ¿con filtro o sin filtro? »; **café/cafetière ~** café *m*/cafetera de filtro; **~ à air/à huile/à particules** filtro de aire/de aceite/de partículas; **~ à café** filtro para el café

filtrer [filtʀe] VT filtrar; *(candidats, nouvelles)* hacer una criba de ▶ VI filtrarse; *(nouvelle, rumeurs)* filtrarse

fin¹ [fɛ̃] NF final *m*; *(d'un projet, d'un rêve : aussi mort)* final, fin *m*; **à la ~ mai/juin** a finales de mayo/junio; **en ~ de journée** al final del día; **prendre ~** terminar, acabar; **mener à bonne ~** llevar a buen término; **toucher à sa ~** llegar a su fin; **mettre ~ à qch** poner fin a algo; **mettre ~ à ses jours** poner fin a sus días; **à la ~** finalmente; **sans ~** sin fin, interminable; *(sans cesse)* sin cesar; **à cette ~** para *ou* con este fin; **~ de non-recevoir** *(Jur, Admin)* desestimación *f* de demanda; **~ de section** *(de ligne d'autobus)* final de zona ▪ **fins** NFPL *(desseins)* fines *mpl*; **à toutes fins utiles** por si es *etc* de utilidad; **parvenir à ses fins** lograr su objetivo

fin², e [fɛ̃, fin] ADJ fino(-a); *(taille)* delgado(-a); *(effilé)* afilado(-a); *(subtil)* agudo(-a); **c'est ~ !** *(iro)* ¡qué gracioso!; **avoir la vue fine/l'ouïe fine** tener vista aguda/buen oído; **le ~ fond de ...** lo más recóndito de ...; **le ~ mot de ...** el quid de ...; **la fine fleur de ...** la flor y nata de ...; **or ~** oro puro; **linge ~** lencería fina *ou* selecta; **vin ~** vino selecto; **être un ~ gourmet** tener un paladar muy fino; **être ~ tireur** ser un muy buen tirador; **vouloir jouer au plus ~ (avec qn)** querer dárselas de listo (con algn); **fines herbes** hierbas *fpl* aromáticas; **fine mouche** *(fig)* lince *m* ▶ ADV fino; **~ prêt/soûl** completamente listo/borracho

final, e [final] *(pl* **-als** *ou* **-aux***)* ADJ *(aussi Philos)* final; **cause finale** causa final ▶ NM *(Mus)* final *m*

finale [final] NF *(Sport)* final *f*; **quart/8èmes/16èmes de ~** cuartos/octavos/dieciseisavos de final

finalement [finalmɑ̃] ADV finalmente; *(après tout)* al final, después de todo

finalisation [finalizasjɔ̃] NF *(de vente, projet)* ultimación *f*

finaliser [finalize] VT *(vente, projet)* ultimar

finaliste [finalist] NMF finalista *mf*

finalité [finalite] NF finalidad *f*

finance [finɑ̃s] NF finanzas *fpl*; **moyennant ~** con dinero; **la ~ internationale** las finanzas internacionales ▪ **finances** NFPL *(d'un club, pays)* fondos *mpl*; *(activités et problèmes financiers)* finanzas

financement [finɑ̃smɑ̃] NM financiación *f*; **~ participatif** financiación colectiva, micromecenazgo

financer [finɑ̃se] VT financiar

financiariser [finɑ̃sjaʀize] VT financiarizar

financier, -ière [finɑ̃sje, jɛʀ] ADJ financiero(-a) ▶ NM/F financiero(-a) ▶ NF *(compagnie)* (compañía) financiera ▶ NM *(gâteau)* *pastelillo de almendras*

financièrement [finɑ̃sjɛʀmɑ̃] ADV financieramente

finasser [finase] *(péj)* VI trapacear

finaud, e [fino, od] ADJ ladino(-a)

fine [fin] ADJ F *voir* **fin²** ▶ NF aguardiente *m* fino

finement [finmɑ̃] ADV finamente

finesse [finɛs] NF finura; delgadez *f*; afilamiento; *(d'esprit)* agudeza; **une réponse/écriture/analyse pleine de ~** una respuesta/un estilo/un análisis lleno(-a) de agudeza; **~ de goût** refinamiento ▪ **finesses** NFPL *(subtilités)* sutilezas *fpl*

fini, e [fini] ADJ terminado(-a), acabado(-a); *(persona)* acabado(-a); *(Math : ensemble, espace)* finito(-a); **bien/mal ~** *(travail, vêtement)* bien/mal terminado(-a), bien/mal rematado(-a); **un égoïste ~** *(valeur intensive)* un egoísta consumado; **un nombre ~ de** un número finito de ▶ NM *(d'un objet)* acabado; **un ~ mat/brillant** un acabado mate/brillante

finir [finiʀ] VT acabar, terminar; *(être placé en fin de : période, livre)* finalizar; **~ de faire qch** *(termi-*

ner) acabar de hacer algo; (*cesser*) dejar de hacer algo; **il a fini son travail** acabó su trabajo; **il n'a pas encore fini de parler** no ha acabado todavía de hablar; **il finit de manger** está acabando de comer ▸ VI terminarse, acabarse; **~ quelque part** terminar en algún sitio; **~ par qch/par faire qch** (*gén*) acabar con algo/haciendo *ou* por hacer algo; **il finit par m'agacer** acaba molestándome; **~ en pointe/tragédie** acabar en punta/tragedia; **en ~ (avec qn/qch)** acabar (con algn/algo); **à n'en plus ~** interminable; **cela/il va mal ~** eso/él acabará mal; **c'est bientôt fini ?** ¿terminas o no?

finish [finiʃ] NM (*Sport*) sprint *m* final

finissage [finisaʒ] NM acabado, remate *m*

finisseur, -euse [finisœʀ, øz] NM/F (*Sport*) *corredor que termina en buena posición*

finition [finisjɔ̃] NF último retoque *m*; (*fini*) acabado

finlandais, e [fɛ̃lɑ̃dɛ, ɛz] ADJ finlandés(-esa) ▸ NM (*Ling*) finlandés ▸ NM/F : **Finlandais, e** finlandés(-esa)

Finlande [fɛ̃lɑ̃d] NF Finlandia

finnois, e [finwa, waz] ADJ finlandés(-esa) ▸ NM (*Ling*) finlandés *m* ▸ NM/F : **Finnois, e** finlandés(-esa)

fiole [fjɔl] NF frasco; **se payer la ~ de qn** (*fam*) tomar el pelo a algn

fiord [fjɔʀ(d)] NM *voir* **fjord**

fioriture [fjɔʀityʀ] NF floritura; **sans ~(s)** sin florituras

fioul [fjul] NM fuel oil *m*

firent [fiʀ] VB *voir* **faire**

firmament [fiʀmamɑ̃] NM firmamento

firme [fiʀm] NF firma

fis [fi] VB *voir* **faire**

fisc [fisk] NM : **le ~** el fisco

fiscal, e, -aux [fiskal, o] ADJ fiscal; **l'année fiscale** el año fiscal; **charges fiscales** cargas fiscales

fiscaliser [fiskalize] VT fiscalizar, gravar

fiscaliste [fiskalist] NMF especialista *mf* en derecho fiscal

fiscalité [fiskalite] NF fiscalidad *f*; **~ directe/indirecte** fiscalidad directa/indirecta

fissa [fisa] ADV (*fam*) de prisa

fissible [fisibl] ADJ fisible

fission [fisjɔ̃] NF fisión *f*

fissure [fisyʀ] NF (*aussi fig*) fisura

fissurer [fisyʀe] : **se fissurer** VPR agrietarse

fiston [fistɔ̃] (*fam*) NM hijito

fistule [fistyl] NF fístula

fit [fi] VB *voir* **faire**

FIV SIGLE F (= *fécondation in vitro*) FIV *f* (= *fecundación in vitro*)

fixage [fiksaʒ] NM (*Photo*) fijado

fixateur [fiksatœʀ] NM fijador *m*

fixatif [fiksatif] NM fijador *m*

fixation [fiksasjɔ̃] NF fijación *f*; **faire une ~ sur qn/qch** tener una fijación con algn/algo ■ **fixations** NFPL (*Ski*) fijaciones

fixe [fiks] ADJ fijo(-a); **à date/heure ~** en fecha/hora fijada; **menu à prix ~** menú *m* de precio fijo ▸ NM (*salaire de base*) sueldo base

fixé, e [fikse] ADJ : **être ~ (sur)** saber a qué atenerse (respecto a); **à l'heure fixée** en la hora fijada; **au jour ~** en el día fijado

fixement [fiksəmɑ̃] ADV (*regarder*) fijamente

fixer [fikse] VT fijar; (*personne*) estabilizar; (*poser son regard sur*) fijar la mirada en; **~ qch à/sur** sujetar algo a/en, fijar algo a/en; **~ son regard/son attention sur** fijar su mirada/su atención en; **~ son choix sur qch** elegir algo ■ **se fixer** VPR : **se ~ quelque part** establecerse en algún sitio; **se ~ sur** (*suj : regard, attention*) fijarse en

fixité [fiksite] NF (*d'un regard*) fijeza

fjord [fjɔʀ(d)] NM fiordo

flacon [flakɔ̃] NM frasco

flagada [flagada] (*fam*) ADJ molido(-a) (*fam*)

flagellation [flaʒelasjɔ̃] NF flagelación *f*

flageller [flaʒele] VT flagelar

flageolant, e [flaʒɔlɑ̃, ɑ̃t] ADJ tembloroso(-a)

flageoler [flaʒɔle] VI (*jambes*) flaquear, temblar

flageolet [flaʒɔlɛ] NM (*Mus*) chirimía ■ **flageolets** NMPL (*Culin*) frijoles *mpl*

flagornerie [flagɔʀnəʀi] NF adulación *f*

flagorneur, -euse [flagɔʀnœʀ, øz] NM/F adulador(a)

flagrant, e [flagʀɑ̃, ɑ̃t] ADJ flagrante; **prendre qn en ~ délit** coger a algn en flagrante delito

flair [flɛʀ] NM olfato; **avoir du ~** (*fig*) tener olfato

flairer [fleʀe] VT olfatear; (*fig*) olerse

flamand, e [flamɑ̃, ɑ̃d] ADJ flamenco(-a) ▸ NM (*Ling*) flamenco ▸ NM/F : **Flamand, e** flamenco(-a); **les Flamands** los flamencos

flamant [flamɑ̃] NM (*Zool*) flamenco; **~ rose** flamenco rosa

flambant [flɑ̃bɑ̃] ADV : **~ neuf** nuevo flamante

flambé, e [flɑ̃be] ADJ (*Culin : bananes, crêpe*) flameado(-a)

flambeau, x [flɑ̃bo] NM antorcha; **se passer le ~** pasarse la antorcha

flambée [flɑ̃be] NF llamarada; **~ de violence** (*fig*) ola de violencia; **~ des prix** disparo de los precios

flamber [flɑ̃be] VI llamear; (*maison*) arder ▸ VT (*poulet*) chamuscar; (*Culin*) flamear; (*fam : dépenser*) pulirse (*fam*)

flambeur, -euse [flɑ̃bœʀ, øz] (*fam*) NM/F persona rumbosa

flamboyant, e [flɑ̃bwajɑ̃, ɑ̃t] ADJ (*yeux, couleur*) resplandeciente; (*gothique*) flamígero(-a)

flamboyer [flɑ̃bwaje] VI (*aussi fig*) resplandecer

flamenco [flamɛnko] NM flamenco

f

flamingant, e [flamɛ̃gɑ̃, ɑ̃t] ADJ (*Géo*) flamenco(-a) ▶ NM/F : **Flamingant, e** nacionalista *mf* flamenco(-a)

flamme [flɑm] NF llama; (*fig*) pasión *f*; **en flammes** en llamas

flammèche [flamɛʃ] NF pavesa

flammerole [flamʀɔl] NF fuego fatuo

flan [flɑ̃] NM flan *m*; **en rester comme deux ronds de ~** (*fam*) quedarse patidifuso(-a) (*fam*)

flanc [flɑ̃] NM (*Anat*) costado; (*d'une armée*) flanco; (*montagne*) ladera; **à ~ de montagne/colline** en la ladera de la montaña/colina; **tirer au ~** (*fam*) escurrir el bulto (*fam*); **prêter le ~ à** (*fig*) dar pie a

flancher [flɑ̃ʃe] VI flaquear

Flandre [flɑ̃dʀ] NF : **les Flandres** Flandes *msg*

flanelle [flanɛl] NF franela

flâner [flɑne] VI callejear, deambular

flânerie [flɑnʀi] NF callejeo

flâneur, -euse [flɑnœʀ, øz] ADJ, NM/F callejero(-a)

flanquer [flɑ̃ke] VT flanquear; **~ qch sur/dans** (*fam : mettre*) tirar algo a/en; **~ par terre** (*fam*) arrojar al suelo; **~ à la porte** (*fam*) echar a la calle; **~ la frousse à qn** (*fam*) meter miedo a algn; **être flanqué de** (*suj : personne*) estar escoltado por

flapi, e [flapi] ADJ reventado(-a)

flaque [flak] NF charco; **une ~ d'eau/d'huile** un charco de agua/de aceite

flash [flaʃ] (*pl* **flashes**) NM (*Photo : dispositif*) flash *m*; (: *lumière*) flash, destello; **au ~** con el flash; **~ d'information** flash informativo; **~ publicitaire** flash publicitario

flash-back [flaʃbak] NM INV flash-back *m*

flasque [flask] ADJ flá(c)cido(-a) ▶ NF frasco

flatter [flate] VT (*personne*) halagar, adular; (*suj : honneurs, amitié*) halagar; (*animal*) acariciar ■ **se flatter** VPR : **se ~ de qch/de pouvoir faire qch** vanagloriarse de algo/de poder hacer algo

flatterie [flatʀi] NF : **la ~** adulación *f*; **une ~** un halago

flatteur, -euse [flatœʀ, øz] ADJ (*photo, profil*) halagüeño(-a); (*éloges*) halagador(a) ▶ NM/F (*personne*) adulador(a)

flatulence [flatylɑ̃s] NF flatulencia

flatuosité [flatɥozite] NF flato

fléau, x [fleo] NM (*calamité*) plaga, calamidad *f*; (*de balance*) fiel *m*; (*Agr*) mayal *m*

fléchage [fleʃaʒ] NM señalización *f*

flèche [flɛʃ] NF flecha; (*de clocher*) aguja; (*de grue*) aguilón *m*; (*critique*) dardo; **monter en ~** (*fig*) subir como una flecha; **partir en ~** (*fig*) marcharse como una flecha

flécher [fleʃe] VT señalizar

fléchette [fleʃɛt] NF dardo ■ **fléchettes** NFPL (*jeu*) dardos *mpl*; **jouer aux fléchettes** jugar a los dardos

fléchir [fleʃiʀ] VT (*genoux*) flexionar, doblar; (*détermination de qn*) doblegar ▶ VI (*poutre*) combarse; (*fig*) ceder, claudicar; (*prix*) bajar

fléchissement [fleʃismɑ̃] NM (*voir vt, vi*) flexión *f*; doblegamiento; combadura; (*de l'économie*) empeoramiento; (*des prix, des cours*) disminución *f*

flegmatique [flɛgmatik] ADJ flemático(-a)

flegme [flɛgm] NM flema

flemmard, e [flemaʀ, aʀd] (*fam*) ADJ, NM/F gandul(a)

flemmarder [flemaʀde] (*fam*) VI gandulear (*fam*)

flemme [flɛm] (*fam*) NF : **j'ai la ~ de faire ...** me da una pereza hacer ...

flétan [fletɑ̃] NM halibut *m*

flétri, e [fletʀi] ADJ (*feuilles, fleur*) marchito(-a); (*fruit*) pasado(-a); (*peau, visage*) ajado(-a)

flétrir [fletʀiʀ] VT (*feuilles, fleur*) marchitar; (*fruit*) secar; (*peau, visage*) ajar; **~ la mémoire de qn** (*fig*) mancillar la memoria de algn ■ **se flétrir** VPR (*feuilles, fleur*) marchitarse; (*fruit*) pasarse; (*peau, visage*) ajarse

flétrissement [fletʀismɑ̃] NM (*de feuilles, fleur*) marchitamiento; (*de la peau, du visage*) ajamiento

fleur [flœʀ] NF flor *f*; **être en ~** estar en flor; **tissu/papier/assiette à fleurs** tejido/papel *m*/plato de flores; **être ~ bleue** ser sentimental; **à ~ de terre/peau** a flor de tierra/piel; **faire une ~ à qn** hacer un favor a algn; **~ de lis** flor de lis

fleurer [flœʀe] VT : **~ la lavande/l'odeur des foins** oler a lavanda/heno

fleuret [flœʀɛ] NM (*arme, discipline*) florete *m*

fleurette [flœʀɛt] NF : **conter ~ à qn** lanzar piropos a algn

fleurettiste [flœʀɛtist] NMF floretista *mf*

fleuri, e [flœʀi] ADJ (*aussi fig*) florido(-a); (*papier, tissu*) floreado(-a); (*péj : teint, nez*) colorado(-a)

fleurir [flœʀiʀ] VI (*aussi fig*) florecer ▶ VT (*tombe*) poner flores en

fleuriste [flœʀist] NMF florista *mf*

fleuron [flœʀɔ̃] NM (*fig*) florón *m*

fleuve [flœv] NM río; **~ de sang/boue** (*fig*) río de sangre/barro; **discours-~** discurso interminable; **roman-~** novelón *m*

flexibiliser [flɛksibilize] VT (*salaires, horaires de travail*) flexibilizar

flexibilité [flɛksibilite] NF flexibilidad *f*

flexible [flɛksibl] ADJ (*aussi fig*) flexible

flexion [flɛksjɔ̃] NF flexión *f*

flibustier [flibystje] NM (*pirate*) filibustero

flic [flik] (*fam*) NM poli *m* (*fam*)

flicage [flikaʒ] (*fam, péj*) NM vigilancia policial

flicaille [flikɑj] NF (*fam, péj*) madera (*fam*), poli *f* (*fam*)

flingue [flɛ̃g] (*fam*) NM pistola

flinguer [flɛ̃ge] VT (*fam : tirer sur*) pegar un tiro

a, disparar; (*détruire* : *moteur*) cargarse (*fam*); **il s'est fait ~** le han disparado

flippant, e [flipɑ̃, ɑ̃t] ADJ (*fam* : *angoissant*) angustiante, angustioso(-a); (*déprimant*) deprimente

flipper[1] [flipœʀ] NM flíper *m*

flipper[2] [flipe] (*fam*) VI (*angoisser*) angustiarse; (*déprimer*) deprimirse

fliquer [flike] (*fam, péj*) VT (*personnel*) vigilar

flirt [flœʀt] NM flirteo; (*personne*) flirt *m*

flirter [flœʀte] VI flirtear; **~ avec** (*fig*) flirtear con

FLNKS [ɛfɛlɛnkaɛs] SIGLE M (= *Front de libération nationale kanak et socialiste*) *Frente de liberación nacional de Nueva Caledonia*

flocon [flɔkɔ̃] NM copo; (*de laine etc* : *boulette*) pelotilla; **flocons d'avoine** copos *mpl* de avena

floconneux, -euse [flɔkɔnø, øz] ADJ (*nuages*) de algodón; (*laine*) esponjoso(-a)

flonflons [flɔ̃flɔ̃] NMPL tachín tachán *m*

flood [flød] ADJ : **lampe ~** (*Photo*) foco

flop [flɔp] NM (*échec*) fracaso; **faire un ~** ser un fracaso, fracasar

flopée [flɔpe] NF : **une ~ de** un montón de

floraison [flɔʀɛzɔ̃] NF floración *f*

floral, e, -aux [flɔʀal, o] ADJ floral

floralies [flɔʀali] NFPL exposición *f* de flores

flore [flɔʀ] NF flora; **~ bactérienne/microbienne** flora bacteriana/microbiana

Florence [flɔʀɑ̃s] N Florencia

florentin, e [flɔʀɑ̃tɛ̃, in] ADJ florentino(-a) ▸ NM/F : **Florentin, e** florentino(-a)

floriculture [flɔʀikyltyʀ] NF floricultura

florifère [flɔʀifɛʀ] ADJ florífero(-a)

florilège [flɔʀilɛʒ] NM florilegio

florissant, e [flɔʀisɑ̃, ɑ̃t] ADJ (*entreprise, commerce*) floreciente; (*santé, mine*) rebosante

flot [flo] NM (*fig*) torrente *m*; **mettre/être à ~** (*aussi fig*) sacar/estar a flote ▪ **flots** NMPL (*de la mer*) olas *fpl*, mar *fsg*; **à flots** a raudales

flottage [flɔtaʒ] NM (*du bois*) transporte *m* fluvial

flottaison [flɔtɛzɔ̃] NF : **ligne de ~** línea de flotación

flottant, e [flɔtɑ̃, ɑ̃t] ADJ (*maison, parquet, Math*) flotante; (*vêtement*) de vuelo, ancho(-a); (*non fixe*) fluctuante

flotte [flɔt] NF (*bateaux*) flota; (*fam* : *eau*) agua; (: *pluie*) lluvia

flottement [flɔtmɑ̃] NM (*fig*) vacilación *f*; (*Écon*) fluctuación *f*

flotter [flɔte] VI flotar; (*drapeau, cheveux*) ondear; (*vêtements*) volar; (*Écon*) fluctuar ▸ VB IMPERS (*fam*) : **il flotte** llueve ▸ VT (*bois* : *aussi* : **faire flotter**) transportar mediante corriente fluvial

flotteur [flɔtœʀ] NM (*d'hydravion etc*) flotador *m*; (*de canne à pêche*) boya

flottille [flɔtij] NF flotilla

flou, e [flu] ADJ borroso(-a); (*idée*) vago(-a) ▸ NM : **être dans le ~** estar en el aire; **~ artistique** (*Photo*) flou *m*; (*fig*) ambigüedad *f*

flouer [flue] VT timar

flouze [fluz] NM (*fam*) pasta (*fam*), guita (*fam*)

fluctuant, e [flyktɥɑ̃, ɑ̃t] ADJ fluctuante; (*opinions*) voluble

fluctuation [flyktɥasjɔ̃] NF fluctuación *f*

fluctuer [flyktɥe] VI fluctuar

fluet, te [flyɛ, ɛt] ADJ (*personne*) endeble; (*voix*) débil

fluide [flɥid] ADJ fluido(-a) ▸ NM fluido; (*force invisible*) efluvio

fluidifier [flɥidifje] VT fluidificar ▪ **se fluidifier** VPR (*sang*) fluidificarse; (*circulation*) hacerse más fluido(-a); (*échanges*) agilizarse

fluidité [flɥidite] NF fluidez *f*

fluor [flyɔʀ] NM flúor *m*

fluoration [flyɔʀasjɔ̃] NF fluoración *f*

fluoré, e [flyɔʀe] ADJ fluorado(-a)

fluorescence [flyɔʀesɑ̃s] NF fluorescencia

fluorescent, e [flyɔʀesɑ̃, ɑ̃t] ADJ fluorescente

flûte [flyt] NF flauta; (*verre*) copa de flauta; (*pain*) *barra pequeña de pan*; **petite ~** flautín *m*; **~ !** ¡caramba!; **~ à bec/traversière** flauta dulce/travesera; **~ de Pan** zampoña

flûté, e [flyte] ADJ (*voix*) aflautado(-a)

flûtiste [flytist] NMF flautista *mf*

fluvial, e, -aux [flyvjal, jo] ADJ fluvial

flux [fly] NM (*aussi fig*) flujo; **le ~ et le reflux** el flujo y el reflujo

fluxion [flyksjɔ̃] NF : **~ de poitrine** pulmonía

FM [ɛfɛm] SIGLE F (= *fréquence modulée*) FM *f* (= *frecuencia modulada*)

FMI [ɛfɛmi] SIGLE M (= *Fonds monétaire international*) FMI *m* (= *Fondo monetario internacional*)

FN [ɛfɛn] SIGLE M (= *Front national*) *partido de extrema derecha*

FNAC [fnak] SIGLE F (= *Fédération nationale des achats des cadres*) *cadena de tiendas de libros y música*

FNSEA [ɛfɛnɛsəa] SIGLE F (= *Fédération nationale des syndicats d'exploitants agricoles*) *sindicato de agricultores y ganaderos*

FO [ɛfo] SIGLE F (= *Force ouvrière*) *sindicato*

foc [fɔk] NM foque *m*

focal, e, -aux [fɔkal, o] ADJ focal

focale [fɔkal] NF distancia focal

focaliser [fɔkalize] VT (*fig*) focalizar

foehn [føn] NM (viento) foehn *m*

fœtal, e, -aux [fetal, o] ADJ fetal

fœtus [fetys] NM feto

foi [fwa] NF fe *f*; **sous la ~ du serment** bajo juramento; **avoir ~ en** tener fe en; **ajouter ~ à** dar crédito a; **digne de ~** fidedigno(-a); **faire ~** acreditar, testificar; **le cachet de la poste faisant ~** dará fe el matasellos de correos; **sur la ~**

de en base a; **bonne/mauvaise ~** buena/mala fe; **être de bonne/mauvaise ~** actuar con buena/mala fe; **ma ~ !** ¡lo juro!

foie [fwa] NM hígado; **crise de ~** empacho; **~ gras** foie-gras *m inv*

foin [fwɛ̃] NM heno; **faire les foins** segar el heno; **faire du ~** (*fig* : *fam*) armar jaleo

foire [fwaʀ] NF feria; (*fam*) bulla (*fam*); **faire la ~** (*fig* : *fam*) irse de juerga *ou* de farra (*Am*); **~ aux questions** (*Internet*) preguntas frecuentes; **~ exposition** feria de muestras

foirer [fwaʀe] VI (*fam* : *échouer*) irse al garete (*fam*); **faire ~ qch** echar algo a perder, fastidiar (*fam*) algo

foireux, -euse [fwaʀø, øz] (*fam*) ADJ (*voué à l'échec*) chungo(-a) (*fam*); **il a toujours des idées foireuses** siempre tiene ideas de bombero (*fam*); (*mauvais*) lamentable; **un coup ~** una jugarreta (*fam*)

fois [fwa] NF : **une/deux ~** una vez/dos veces; **2 ~ 2** 2 por 2; **deux/quatre ~ plus grand (que)** dos/cuatro veces mayor (que); **encore une ~** una vez más; **cette ~** esta vez; **la ~ suivante/précédente** la próxima vez/vez anterior; **une ~ pour toutes** de una vez por todas; **une ~ que c'est fait** una vez que esté hecho; **une ~ qu'il prend une décision, il ne ...** (*quand*) una vez que toma una decisión, no ...; **une ~ couché, il s'endort tout de suite** (*dès que*) en cuanto se acuesta, se duerme; **à la ~** (*ensemble*) a la vez; **à la ~ grand et beau** grande y a la vez bonito; **des ~** a veces; **chaque ~ que** cada vez que; **si des ~ ...** (*fam*) si por casualidad ...; **« non mais, des ~ ! »** (*fam*) « ¡ya vale! », « ¡ya está bien! »; **il était une ~ ...** érase una vez ...

foison [fwazɔ̃] NF : **une ~ de** una profusión de; **à ~** en profusión

foisonnant, e [fwazɔnɑ̃, ɑ̃t] ADJ abundante

foisonnement [fwazɔnmɑ̃] NM abundancia, acopio

foisonner [fwazɔne] VI abundar; **~ en** *ou* **de** rebosar de

fol [fɔl] ADJ *voir* **fou**

folâtre [fɔlɑtʀ] ADJ juguetón(-ona)

folâtrer [fɔlɑtʀe] VI juguetear

foldingue [fɔldɛ̃g] (*fam*) ADJ chalado(-a) (*fam*)

folichon, ne [fɔliʃɔ̃, ɔn] (*fam*) ADJ : **ça n'a rien de ~** no es para echarse a reir

folie [fɔli] NF locura; **la ~ des grandeurs** el delirio de grandeza; **faire des folies** hacer locuras, gastar a lo loco

folk [fɔlk] NM folk *m* ▶ ADJ folk *inv*

folklore [fɔlklɔʀ] NM folklore *m*

folklorique [fɔlklɔʀik] ADJ folklórico(-a), folclórico(-a); (*péj*) estrambótico(-a)

folle [fɔl] ADJ F, NF *voir* **fou**

follement [fɔlmɑ̃] ADV (*amoureux*) locamente; (*drôle, intéressant*) tremendamente; **avoir ~ envie de faire qch** tener unas ganas tremendas de hacer algo

follet [fɔlɛ] ADJ M : **feu ~** fuego fatuo

fomentateur, -trice [fɔmɑ̃tatœʀ, tʀis] NM/F instigador(a)

fomenter [fɔmɑ̃te] VT instigar

foncé, e [fɔ̃se] ADJ oscuro(-a); **bleu/rouge ~** azul/rojo oscuro

foncer [fɔ̃se] VT oscurecer ▶ VI oscurecerse; (*fam* : *aller vite*) ir volando; **~ sur** (*fam*) arremeter contra

fonceur, -euse [fɔ̃sœʀ, øz] (*fam*) NM/F emprendedor(a)

foncier, -ière [fɔ̃sje, jɛʀ] ADJ (*honnêteté etc*) innato(-a); (*Comm* : *impôt*) territorial; **propriétaire ~** dueño de tierras; (*grande superficie*) terrateniente *m*

foncièrement [fɔ̃sjɛʀmɑ̃] ADV profundamente; (*absolument*) totalmente

fonction [fɔ̃ksjɔ̃] NF función *f*; (*poste*) cargo; **voiture/maison de ~** coche *m*/casa de empresa; **être ~ de** depender de; **en ~ de** dependiendo de; **faire ~ de** (*suj* : *personne*) hacer las veces de; (: *chose*) servir para; **entrer en/reprendre ses fonctions** tomar posesión de/reincorporarse a su cargo; **la ~ publique** la función pública ■ **fonctions** NFPL (*activité, pouvoirs*) competencias *fpl*; (*corporelles, biologiques*) funciones *fpl*

fonctionnaire [fɔ̃ksjɔnɛʀ] NMF funcionario(-a)

fonctionnaliser [fɔ̃ksjɔnalize] VT : **~ qch** hacer algo funcional

fonctionnalité [fɔ̃ksjɔnalite] NF (*aussi Inform*) funcionalidad *f*

fonctionnariat [fɔ̃ksjɔnaʀja] NM funcionariado

fonctionnariser [fɔ̃ksjɔnaʀize] VT (*personne*) hacer *ou* convertir en funcionario; (*entreprise etc*) convertir en público(-a)

fonctionnel, le [fɔ̃ksjɔnɛl] ADJ funcional

fonctionnellement [fɔ̃ksjɔnɛlmɑ̃] ADV funcionalmente

fonctionnement [fɔ̃ksjɔnmɑ̃] NM funcionamiento

fonctionner [fɔ̃ksjɔne] VI funcionar; **faire ~** poner en funcionamiento

fond [fɔ̃] NM fondo; **un ~ de verre/bouteille** el resto del vaso/de la botella; **donnez m'en seulement un ~** póngame solo un dedo; **le ~** (*Sport*) el fondo; **course/épreuve de ~** carrera/prueba de fondo; **au ~ de** (*récipient*) en el fondo de; (*salle*) al fondo de; **aller au ~ des choses/du problème** ir al fondo de las cosas/del problema; **le ~ de sa pensée** el fondo de su pensamiento; **sans ~** sin fondo; **toucher le ~** (*aussi fig*) tocar fondo; **envoyer par le ~** echar a pique; **à ~** a fondo; (*soutenir*) a capa y espada; **à ~ (de train)** (*fam*) a todo correr, a toda marcha; **dans le ~, au ~** en resumidas cuentas; **de ~ en comble** de arriba a abajo; **~ de teint** maquillaje *m* de fondo; **~ sonore** fondo sonoro

fondamental, e, -aux [fɔ̃damɑ̃tal, o] ADJ fundamental

fondamentalement [fɔ̃damɑ̃talmɑ̃] ADV fundamentalmente

fondamentalisme [fɔ̃damɑ̃talism] NM fundamentalismo

fondamentaliste [fɔ̃damɑ̃talist] ADJ, NMF fundamentalista *mf*

fondant, e [fɔ̃dɑ̃, ɑ̃t] ADJ : **gâteau ~** fondant *m*; **la neige/glace fondante** la nieve/el hielo que se derrite ▶ NM (*bonbon*) caramelo relleno; **~ au chocolat** fondant de chocolate

fondateur, -trice [fɔ̃datœʀ, tʀis] NM/F fundador(a); **groupe/membre ~** grupo/miembro fundador

fondation [fɔ̃dasjɔ̃] NF fundación *f*; **travaux de ~** (*Constr*) trabajos *mpl* de cimentación ■ **fondations** NFPL (*d'une maison*) cimientos *mpl*

fondé, e [fɔ̃de] ADJ fundado(-a); **bien/mal ~** bien/mal fundado(-a); **être ~ à croire** *etc* estar facultado(-a) *ou* autorizado(-a) para creer *etc* ▶ NM/F : **~ de pouvoir** apoderado(-a)

fondement [fɔ̃dmɑ̃] NM : **sans ~** sin fundamento ■ **fondements** NMPL (*d'un édifice*) cimientos *mpl*; (*de la société, d'une théorie*) cimientos, base *fsg*

fonder [fɔ̃de] VT fundar; **~ qch sur** (*fig*) basar algo en; **se ~ sur qch** basarse en algo; **~ un foyer** fundar un hogar; **~ tous ses espoirs sur qn/qch** fundar todas sus esperanzas en algn/algo

fonderie [fɔ̃dʀi] NF fundición *f*

fondeur, -euse [fɔ̃dœʀ, øz] NM/F (*skieur*) fondista *mf* ▶ NM : **(ouvrier) ~** fundidor *m*

fondre [fɔ̃dʀ] VT (*neige, glace*) fundir, derretir; (*métal*) fundir; (*dans l'eau : sucre*) disolver; (*mélanger*) mezclar ▶ VI fundirse, derretirse; (*métal*) fundirse; (*dans l'eau*) disolverse; (*argent, courage*) esfumarse; **faire ~** derretir; (*sucre*) disolver; **~ comme neige au soleil** (*argent, avance*) esfumarse; **~ en larmes** deshacerse en lágrimas; **~ sur** (*se précipiter*) abatirse sobre ■ **se fondre** VPR confundirse

fondrière [fɔ̃dʀijɛʀ] NF bache *m*, hoyo

fonds [fɔ̃] NM (*aussi fig*) fondo; **le F~ monétaire international** el Fondo Monetario Internacional; **~ (de commerce)** fondo de comercio; **~ de roulement** fondo de operaciones ▶ NMPL (*argent*) fondos *mpl*; **être en ~** tener fondos *ou* dinero; **à ~ perdus** a fondo perdido; **mise de ~** inversión *f* de capital; **~ publics** fondos públicos

fondu, e [fɔ̃dy] ADJ (*beurre*) derretido(-a); (*neige*) fundido(-a), derretido(-a); (*métal*) fundido(-a) ▶ NM (*Ciné*) fundido; **~ enchaîné** fundido encadenado

fondue [fɔ̃dy] NF : **~ (savoyarde)/bourguignonne** fondue *f* (saboyana)/burguiñona

fongicide [fɔ̃ʒisid] NM fungicida *m*

font [fɔ̃] VB *voir* **faire**

fontaine [fɔ̃tɛn] NF fuente *f*

fontanelle [fɔ̃tanɛl] NF fontanela

fonte [fɔ̃t] NF (*de la neige*) deshielo; (*d'un métal*) fundición *f*; (*métal*) hierro fundido *ou* colado; **en ~ émaillée** de hierro esmaltado; **la ~ des neiges** el deshielo

fonts baptismaux [fɔ̃batismo] NMPL pila *fsg* bautismal

foot [fut] (*fam*) NM fútbol *m*; **jouer au ~** jugar al fútbol

football [futbol] NM fútbol *m*; **~ américain/australien/gaélique** fútbol americano/australiano/gaélico

footballeur, -euse [futbolœʀ, øz] NM/F futbolista *mf*

footeux, -euse [futø, øz] (*fam*) NM/F apasionado(-a) del fútbol

footing [futiŋ] NM : **faire du ~** hacer footing

for [fɔʀ] NM : **dans** *ou* **en mon/son ~ intérieur** en mi/su fuero interno

forage [fɔʀaʒ] NM perforación *f*; **~ pétrolier** perforación petrolera

forain, e [fɔʀɛ̃, ɛn] ADJ ferial ▶ NM/F (*marchand*) feriante *mf*; (*bateleur*) saltimbamqui *m*, titiritero(-a)

forban [fɔʀbɑ̃] NM pirata *m*; (*escroc*) bandido

forçat [fɔʀsa] NM forzado; **travailler comme un ~** trabajar como un esclavo *ou* un condenado

force [fɔʀs] NF fuerza; (*d'une armée*) potencia; (*intellectuelle, morale*) fortaleza; **avoir de la ~** tener fuerza; **être à bout de forces** estar agotado(-a); **à la ~ du poignet** (*fig*) a pulso; **à ~ de critiques/de le critiquer/de faire** a fuerza de críticas/de criticarlo/de hacer; **arriver en ~** llegar en gran número; **de ~** (*prendre, enlever*) a la fuerza; **par la ~** por fuerza; **à toute ~** (*absolument*) a toda costa; **cas de ~ majeure** caso de fuerza mayor; **faire ~ de rames** remar con todas las fuerzas; **être de ~ à faire qch** ser capaz de hacer algo; **dans la ~ de l'âge** en la madurez; **de première ~** de primera; **par la ~ des choses** debido a las circunstancias; **par la ~ de l'habitude** por la fuerza de la costumbre; **la ~** (*Élec*) la energía; **la ~ publique** la fuerza pública; **c'est une ~ de la nature** (*personne*) es un sansón; **~ d'âme** ánimo, valor *m*; **~ de caractère** fuerza de carácter; **~ centrifuge/d'inertie** fuerza centrífuga/de la inercia; **~ de dissuasion** *ou* **de frappe** fuerza de disuasión ■ **forces** NFPL (*Mil, physiques*) fuerzas *fpl*; **d'importantes forces de police** importantes efectivos de la policía; **ménager ses/reprendre des forces** ahorrar/recuperar fuerzas; **c'est au-dessus de mes/ses forces** supera mis/sus fuerzas; **de toutes mes/ses forces** con todas mis/sus fuerzas; **les forces armées** las fuerzas armadas; **les forces de l'ordre** las fuerzas del orden; **forces d'intervention** fuerzas de intervención

forcé, e [fɔʀse] ADJ (*rire, attitude*) forzado(-a);

f

(*bain, atterrissage*) forzoso(-a); (*comparaison*) rebuscado(-a); **c'est ~ !** ¡es lógico!, ¡es inevitable!

forcément [fɔʀsemɑ̃] ADV (*obligatoirement*) forzosamente; (*bien sûr*) como es lógico; **pas ~** no necesariamente; **il n'est pas ~ bête** no es que sea tonto

forcené, e [fɔʀsəne] ADJ encarnizado(-a) ▶ NM/F furioso(-a)

forceps [fɔʀsɛps] NM fórceps *m inv*; **au(x) ~** (*fig*) con fórceps

forcer [fɔʀse] VT forzar; (*Agr*) impulsar el crecimiento de; **~ la main à qn** apretarle los tornillos a algn; **~ la dose** cargar la mano; **~ l'allure** aligerar; **~ la décision** determinar la decisión; **~ le destin** ir contra el destino; **~ l'attention** llamar la atención; **~ le respect** imponer el respeto; **~ la consigne** desacatar las órdenes; **~ qn à qch/à faire qch** forzar a algn a algo/a hacer algo ▶ VI esforzarse ■ **se forcer** VPR : **se ~ à qch/faire qch** forzarse a algo/a hacer algo

forcing [fɔʀsiŋ] NM : **faire le ~** redoblar el ataque

forcir [fɔʀsiʀ] VI (*grossir*) engordar; (*vent*) arreciar

forclore [fɔʀklɔʀ] VT (*Jur*) privar de un derecho por prescripción

forclos, e [fɔʀklo] ADJ (*Jur*) prescrito(-a)

forclusion [fɔʀklyzjɔ̃] NF (*Jur*) prescripción *f*

forer [fɔʀe] VT (*objet, rocher*) perforar, horadar; (*puits*) perforar

forestier, -ière [fɔʀɛstje, jɛʀ] ADJ forestal

foret [fɔʀɛ] NM broca

forêt [fɔʀɛ] NF bosque *m*; **Office national des forêts** ≈ ICONA (*Instituto para la conservación de la naturaleza*); **~ vierge** selva virgen

foreuse [fɔʀøz] NF perforadora

forfait [fɔʀfɛ] NM (*Comm*) ajuste *m*; (*crime*) crimen *m*; (*de téléphone portable*) tarifa; **déclarer ~** (*Sport*) retirarse; **gagner par ~** ganar por incomparecencia; **travailler à ~** trabajar a destajo; **vendre/acheter à ~** vender/comprar a tanto alzado

forfaitaire [fɔʀfɛtɛʀ] ADJ concertado(-a)

forfait-vacances [fɔʀfɛvakɑ̃s] (*pl* **forfaits-vacances**) NM paquete *m* turístico

forfanterie [fɔʀfɑ̃tʀi] NF (*caractère*) fanfarronería; (*parole, acte*) fanfarronada

forge [fɔʀʒ] NF forja; (*usine*) herrería

forgé, e [fɔʀʒe] ADJ : **~ de toutes pièces** inventado(-a) de cabo a rabo

forger [fɔʀʒe] VT (*aussi fig*) forjar; (*prétexte, alibi*) urdir; (*histoire, plan*) urdir, inventar

forgeron, ne [fɔʀʒəʀɔ̃, ɔn] NM/F herrero(-a)

formaliser [fɔʀmalize] : **se formaliser** VPR molestarse; **se ~ de qch** molestarse por algo

formalisme [fɔʀmalism] NM formalismo

formaliste [fɔʀmalist] ADJ formalista

formalité [fɔʀmalite] NF requisito, trámite *m*; **simple ~** mera formalidad *f*

format [fɔʀma] NM formato; **petit ~** de tamaño pequeño

formatage [fɔʀmataʒ] NM formateado

formater [fɔʀmate] VT formatear; (*esprits, élèves*) moldear; **non formaté** sin formatear

formateur, -trice [fɔʀmatœʀ, tʀis] ADJ formador(a) ▶ NM/F educador(a)

formation [fɔʀmasjɔ̃] NF formación *f*; (*apprentissage*) educación *f*; **en ~** (*Mil, Aviat*) en formación; **la ~ permanente/continue** la formación permanente/continua; **la ~ professionnelle/des adultes** la formación profesional/de adultos

forme [fɔʀm] NF forma; (*type*) tipo; **en ~ de poire** con forma de pera; **sous ~ de** en forma de; **être en (bonne/pleine) ~** estar en (buena/plena) forma; **avoir la ~** estar en forma; **en bonne et due ~** con todos los requisitos; **sans autre ~ de procès** (*fig*) sin más ni más; **pour la ~** para guardar las apariencias; **prendre ~** tomar cuerpo ■ **formes** NFPL (*manières, silhouette*) formas *fpl*; **y mettre les formes** guardar las formas

formé, e [fɔʀme] ADJ (*adolescente*) desarrollado(-a); (*goût, jugement*) educado(-a)

formel, le [fɔʀmɛl] ADJ (*preuve, décision*) categórico(-a); (*logique*) formal; (*extérieur*) formalista

formellement [fɔʀmɛlmɑ̃] ADV formalmente; (*interdit*) terminantemente

former [fɔʀme] VT formar; (*projet, idée*) concebir; (*caractère*) formar, desarrollar; (*goût, jugement*) educar; (*lettre etc*) componer ■ **se former** VPR formarse

formica® [fɔʀmika] NM formica®

formidable [fɔʀmidabl] ADJ (*excellent*) estupendo(-a); (*important*) increíble

formidablement [fɔʀmidabləmɑ̃] ADV formidablemente

formol [fɔʀmɔl] NM formol *m*

formosan, e [fɔʀmozɑ̃, an] ADJ formoseño(-a)

Formose [fɔʀmoz] N Formosa

formulaire [fɔʀmylɛʀ] NM impreso; **remplir un ~** rellenar un impreso

formulation [fɔʀmylasjɔ̃] NF formulación *f*

formule [fɔʀmyl] NF fórmula; (*de vacances, crédit*) sistema *m*; **selon la ~ consacrée** según la expresión consagrada; **~ de politesse** fórmula de cortesía; (*en fin de lettre*) fórmula epistolar

formuler [fɔʀmyle] VT formular

fornication [fɔʀnikasjɔ̃] NF fornicación *f*

forniquer [fɔʀnike] VI fornicar

forsythia [fɔʀsisja] NM forsythia

fort, e [fɔʀ, fɔʀt] ADJ (*aussi fig*) fuerte; (*élevé*) alto(-a); (*gros*) grueso(-a); (*quantité*) importante; (*soleil*) intenso(-a); **être ~ (en)** (*doué*) ser bueno(-a) (en); **c'est un peu ~ !** ¡ya es demasiado!, ¡se pasa!; **à plus forte raison** con mayor motivo; **se faire ~ de faire** comprometerse a hacer; **~ comme un Turc** fuerte como un toro; **forte tête** rebelde *mf* ▶ ADV (*frapper, serrer, sonner*) con fuerza; (*parler*) alto; (*beaucoup*) mucho; (*très*) muy; **~ bien/peu** muy bien/poco; **vous aurez ~ à faire pour le convaincre** le costará trabajo convencerle ▶ NM (*édifice, fig*) fuerte *m*; **au plus ~ de** en lo más álgido de; **les forts et les faibles** (*personnes*) los fuertes y los débiles

forte [fɔʀte] NM forte *m*

fortement [fɔʀtəmɑ̃] ADV (*désirer, espérer*) ansiosamente; (*conseiller*) encarecidamente; (*s'intéresser*) vivamente

forteresse [fɔʀtəʀɛs] NF fortaleza

fortiche [fɔʀtiʃ] ADJ (*fam*) : **être ~ (en qch)** estar hecho(-a) un hacha (*fam*) (en algo)

fortifiant, e [fɔʀtifjɑ̃, jɑ̃t] ADJ fortificante ▶ NM reconstituyente *m*

fortifications [fɔʀtifikasjɔ̃] NFPL fortificaciones *fpl*

fortifier [fɔʀtifje] VT (*corps*) fortalecer; (*Mil*) fortificar ■ **se fortifier** VPR fortalecerse

fortin [fɔʀtɛ̃] NM fortín *m*

fortiori [fɔʀsjɔʀi] : **à ~** *adv* a fortiori

fortuit, e [fɔʀtɥi, it] ADJ fortuito(-a)

fortuitement [fɔʀtɥitmɑ̃] ADV fortuitamente

fortune [fɔʀtyn] NF fortuna; **des fortunes diverses** (*sort*) diversas suertes; **faire ~** hacer fortuna; **de ~** improvisado(-a); **bonne/mauvaise ~** buena/mala fortuna; **faire contre mauvaise ~ bon cœur** poner al mal tiempo buena cara

fortuné, e [fɔʀtyne] ADJ afortunado(-a)

forum [fɔʀɔm] NM foro; (*débat*) debate *m*; **participer à un ~ de discussion** participar en un foro de discusión; **~ de discussion** (*Internet*) foro de discusión

fosse [fos] NF fosa; **~ à purin** depósito de aguas de estiércol; **~ aux lions/aux ours** foso de los leones/de los osos; **~ commune** fosa común; **~ d'orchestre** foso; **~ septique** fosa séptica; **fosses nasales** fosas *fpl* nasales

fossé [fose] NM zanja; (*fig*) abismo

fossette [fosɛt] NF hoyuelo

fossile [fosil] NM fósil *m* ▶ ADJ : **animal/coquillage ~** animal *m*/concha fósil

fossilisé, e [fo(ɔ)zilize] ADJ fosilizado(-a)

fossoyeur, -euse [foswajœʀ, øz] NM/F sepulturero(-a)

fou, folle [fu, fɔl] (*devant nm commençant par voyelle ou h muet* **fol**) ADJ loco(-a); (*regard*) extraviado(-a); (*fam : extrême*) inmenso(-a); **~ à lier** loco(-a) de atar; **~ furieux/folle furieuse** loco(-a) agresivo(-a); **être ~ de** estar loco(-a) por; **~ de chagrin** trastornado(-a) por el dolor; **~ de colère/joie** loco(-a) de ira/alegría; **avoir le ~ rire** tener un ataque de risa; **ça prend un temps ~** (*fam*) esto lleva mucho tiempo; **il a eu un succès ~** (*fam*) tuvo un éxito loco; **herbe folle** hierbajo ▶ NM/F loco(-a); **faire le ~** hacer el tonto *ou* el indio ▶ NM (*d'un roi*) bufón *m*; (*Échecs*) alfil *m*; **~ de Bassan** alcatraz *m*

foucade [fukad] NF capricho

foudre [fudʀ] NF rayo ■ **foudres** NFPL (*colère*) iras *fpl*; **s'attirer les foudres de qn** ganarse las iras de algn

foudroyant, e [fudʀwajɑ̃, ɑ̃t] ADJ fulminante

foudroyer [fudʀwaje] VT fulminar; **~ qn du regard** fulminar a algn con la mirada

fouet [fwɛ] NM látigo, fuete (*AM*), rebenque (*AM*); (*Culin*) batidor *m*; **de plein ~** (*heurter*) de frente

fouettement [fwɛtmɑ̃] NM : **le ~ de la pluie** el batir de la lluvia

fouetter [fwete] VT dar latigazos a; (*Culin, pluie, vagues etc*) batir

f

foufou, fofolle [fufu, fɔfɔl] ADJ locuelo(-a)

fougasse [fugas] NF (*galette*) ≈ hogaza

fougère [fuʒɛʀ] NF helecho

fougue [fug] NF fogosidad *f*

fougueusement [fugøzmɑ̃] ADV fogosamente

fougueux, -euse [fugø, øz] ADJ fogoso(-a)

fouille [fuj] NF (*voir vt*) cacheo; registro ■ **fouilles** NFPL (*archéologiques*) excavaciones *fpl*

fouillé, e [fuje] ADJ exhaustivo(-a)

fouiller [fuje] VT (*suspect*) cachear; (*local, quartier*) registrar; (*creuser*) excavar; (*approfondir*) ahondar en ▶ VI (*archéologue*) hacer excavaciones; **~ dans/parmi** hurgar en/entre

fouillis [fuji] NM revoltijo

fouine [fwin] NF garduña, fuina

fouiner [fwine] (*fam, péj*) VI husmear

fouineur, -euse [fwinœʀ, øz] (*péj*) ADJ escudriñador(a)

fouir [fwiʀ] VT escarbar

fouisseur, -euse [fwisœʀ, øz] ADJ escarbador(a)

foulage [fulaʒ] NM (*du raisin*) pisa

foulante [fulɑ̃t] ADJ F : **pompe ~** bomba impelente

foulard [fulaʀ] NM pañuelo, fular *m*; **~ islamique** pañuelo islámico

foule [ful] NF : **la ~** la muchedumbre, la multitud; **une ~ énorme/émue** una muchedumbre inmensa/emocionada; **une ~ de** una multitud de; **les foules** las masas; **venir en ~** llegar en masa

foulée [fule] NF (*Sport*) zancada; **dans la ~ de** inmediatamente después de

fouler [fule] VT (*écraser*) prensar; (*raisin*) pisar; **~ aux pieds** (*fig*) pasar por encima de; **~ le sol de son pays** pisar el suelo de su país ■ **se fouler** VPR (*fam*) herniarse; **se ~ la cheville/le bras** torcerse el tobillo/el brazo

foultitude [fultityd] NF : **une ~ de qch** (*hum*) un montón de algo, un mogollón (*fam*) de algo

foulure [fulyʀ] NF esguince *m*

four [fuʀ] NM horno; (*échec*) fiasco; **allant au ~** resistente al horno

fourbe [fuʀb] ADJ falso(-a)

fourberie [fuʀbəʀi] NF falsedad *f*

fourbi [fuʀbi] (*fam*) NM (*choses*) bártulos *mpl*; (*désordre*) desbarajuste *m*

fourbir [fuʀbiʀ] VT (*polir*) bruñir; **~ ses armes** (*fig*) preparar las armas

fourbu, e [fuʀby] ADJ (*animal*) extenuado(-a); (*personne*) rendido(-a)

fourche [fuʀʃ] NF horca; (*de bicyclette, de moto*) horquilla; (*d'une route*) bifurcación *f*

fourcher [fuʀʃe] VI : **ma langue a fourché** se me trabó la lengua

fourchette [fuʀʃɛt] NF tenedor *m*; (*Statistique*) horquilla; **~ à dessert** tenedor de postre; **~ de prix** horquilla de precios

fourchu, e [fuʀʃy] ADJ (*langue*) bífido(-a); (*cheveu*) abierto(-a) en las puntas; (*arbre*) bifurcado(-a)

fourgon [fuʀgɔ̃] NM furgón *m*; **~ mortuaire** funeraria

fourgonnette [fuʀgɔnɛt] NF furgoneta

fourguer [fuʀge] (*fam*) VT (*vendre*) vender, endosar

fourme [fuʀm] NF *queso de leche de vaca que se elabora en el centro de Francia*

fourmi [fuʀmi] NF hormiga; **avoir des fourmis dans les jambes/mains** (*fig*) tener un hormigueo en las piernas/manos

fourmilier [fuʀmilje] NM (*mammifère*) oso hormiguero

fourmilière [fuʀmiljɛʀ] NF (*aussi fig*) hormiguero

fourmillement [fuʀmijmɑ̃] NM (*démangeaison*) hormigueo; (*grouillement*) enjambre *m*

fourmiller [fuʀmije] VI (*gens*) hormiguear; **~ de** (*lieu*) estar plagado(-a) de

fournaise [fuʀnɛz] NF (*aussi fig*) gran horno

fourneau, x [fuʀno] NM horno

fournée [fuʀne] NF (*aussi fig*) hornada

fourni, e [fuʀni] ADJ (*barbe, cheveux*) tupido(-a), poblado(-a); **bien/mal ~ (en)** bien/mal equipado(-a) (en)

fournil [fuʀni] NM amasadero

fourniment [fuʀnimɑ̃] (*fam*) NM equipo

fournir [fuʀniʀ] VT proporcionar; (*effort*) realizar; (*chose*) dar, proporcionar; **~ qch à qn** proporcionar algo a algn; **~ qn en** abastecer a algn de ■ **se fournir** VPR : **se ~ chez** abastecerse en

fournisseur, -euse [fuʀnisœʀ, øz] NM/F proveedor(a); **~ d'accès à Internet** proveedor *m* de acceso a Internet

fourniture [fuʀnityʀ] NF abastecimiento, suministro ■ **fournitures** NFPL material *msg*; **fournitures de bureau** artículos *mpl* de escritorio; **fournitures scolaires** material escolar

fourrage [fuʀaʒ] NM forraje *m*

fourrager[1] [fuʀaʒe] VI : **~ dans/parmi** revolver en/entre

fourrager[2]**, -ère** [fuʀaʒe, ɛʀ] ADJ forrajero(-a)

fourragère [fuʀaʒɛʀ] NF (*Mil*) forrajera

fourré, e [fuʀe] ADJ (*bonbon*) relleno(-a); (*manteau, bottes*) forrado(-a) ▶ NM maleza

fourreau, x [fuʀo] NM (*d'épée*) vaina; (*de parapluie*) funda; **robe/jupe ~** vestido/falda de tubo

fourrer [fuʀe] (*fam*) VT : **~ qch dans** meter algo en ■ **se fourrer** VPR : **se ~ dans/sous** meterse en/bajo

fourre-tout [fuʀtu] NM INV bolsa de viaje; (*local, meuble*) trastero; (*fig*) cajón *m* de sastre

fourreur [fuʀœʀ] NM peletero

fourrière [fuʀjɛʀ] NF (*pour chiens*) perrera; (*voitures*) depósito de coches; **ma voiture a été mise en** *ou* **à la ~** se me ha llevado el coche la grúa

fourrure [fuʀyʀ] NF piel *f*; **manteau/col de ~** abrigo/cuello de piel

fourvoyer [fuʀvwaje] : **se fourvoyer** VPR (*aussi fig*) extraviarse, perderse; **se ~ dans** perderse en

foutaise [futɛz] (*fam*) NF tontería, chorrada (*fam*); **c'est de la ~** no son más que tonterías

foutoir [futwaʀ] NM (*fam*) leonera (*fam*); **c'est le ~ ici !** ¡esto parece una leonera!

foutraque [futʀak] ADJ (*fam*) estrafalario(-a)

foutre [futʀ] (*fam !*) VT : **je m'en fous** me importa un pito (*fam !*); **qu'est-ce que tu fous ?** ¿qué coño haces? (*fam !*); **j'en ai rien à ~** me importa un pito (*fam !*)

foutrement [futʀəmɑ̃] ADV (*fam*) : **j'en sais ~ rien** no tengo ni puñetera idea (*fam*); **~ bien écrit** súper bien escrito

foutu, e [futy] (*fam !*) ADJ : **c'est ~** no hay nada que hacer; **être bien ~** estar bueno(-a)

foyer [fwaje] NM hogar *m*; (*fig*) foco; (*Théâtre*) vestíbulo; (*d'étudiants etc*) residencia; (*salon*) salón *m*; **lunettes à double ~** gafas *fpl ou* anteojos *mpl* (*AM*) bifocales

FPA [ɛfpea] SIGLE F (= *formation professionnelle pour adultes*) *educación para adultos*

frac [fʀak] NM frac *m*

fracas [fʀaka] NM estruendo

fracassant, e [fʀakasɑ̃, ɑ̃t] ADJ (*fig*) estrepitoso(-a)

fracasser [fʀakase] VT destrozar ■ **se fracasser** VPR : **se ~ contre** *ou* **sur** estrellarse contra; **se ~ la tête/le bras** romperse la cabeza/el brazo

fraction [fʀaksjɔ̃] NF fracción *f*; (*Math*) fracción, quebrado; **une ~ de seconde** una fracción de segundo

fractionnaire [fʀaksjɔnɛʀ] ADJ fraccionario(-a)

fractionnement [fʀaksjɔnmɑ̃] NM fraccionamiento

fractionner [fʀaksjɔne] VT fraccionar ■ **se fractionner** VPR fraccionarse
fracturation [fʀaktyʀasjɔ̃] NF : **~ hydraulique** fracturación hidráulica
fracture [fʀaktyʀ] NF (*Méd, fig*) fractura; **~ de la jambe/du crâne** fractura de pierna/de cráneo; **~ numérique** fractura digital, brecha digital; **~ ouverte** fractura abierta; **~ sociale** fractura social
fracturer [fʀaktyʀe] VT (*coffre, serrure*) forzar; (*os, membre*) fracturar; **se ~ la jambe/le crâne** fracturarse la pierna/el cráneo
fragile [fʀaʒil] ADJ (*aussi fig*) frágil; (*santé, personne*) delicado(-a)
fragilisation [fʀaʒilizasjɔ̃] NF (*aussi fig*) debilitamiento
fragiliser [fʀaʒilize] VT (*aussi fig*) debilitar
fragilité [fʀaʒilite] NF fragilidad *f*
fragment [fʀagmɑ̃] NM (*d'un objet*) fragmento, trozo; (*d'un discours*) fragmento
fragmentaire [fʀagmɑ̃tɛʀ] ADJ fragmentario(-a)
fragmentation [fʀagmɑ̃tasjɔ̃] NF fragmentación *f*; **bombes à ~** bombas *fpl* de fragmentación
fragmenter [fʀagmɑ̃te] VT fragmentar ■ **se fragmenter** VPR fragmentarse
frai [fʀɛ] NM (*ponte*) desove *m*; (*œufs*) huevas *fpl*, ovas *fpl*
fraîche [fʀɛʃ] ADJ *voir* **frais**
fraîchement [fʀɛʃmɑ̃] ADV (*sans enthousiasme*) fríamente; (*récemment*) recientemente
fraîcheur [fʀɛʃœʀ] NF (*voir frais*) frescor *m*, frescura; lozanía; (*fig*) frialdad *f*
fraîchir [fʀeʃiʀ] VI (*température, vent*) refrescar
frais, fraîche [fʀɛ, fʀɛʃ] ADJ fresco(-a); (*teint*) lozano(-a); (*accueil*) frío(-a); **le voilà ~ !** (*iro*) ¡va listo!, ¡está arreglado!; **des troupes fraîches** tropas *fpl* de refresco; **~ et dispos** preparado y listo; **à boire/servir ~** beber/servir frío; **légumes/fruits ~** verduras *fpl*/frutas *fpl* frescas ▶ ADV : **~ débarqué de sa province** recién llegado de su provincia; **il fait ~** hace *ou* está fresco ▶ NM : **mettre au ~** poner en el frigorífico; **prendre le ~** tomar el fresco ▶ NMPL (*Comm, dépenses*) gastos *mpl*; **faire des ~** hacer gasto; **à grands/peu de ~** con mucho/poco gasto; **faire les ~ de** (*fig*) pagar la factura de; **faire les ~ de la conversation** ser el centro de la conversación; **rentrer dans ses ~** recuperar su dinero; **tous ~ payés** con todos los gastos pagados; **en être pour ses ~** (*aussi fig*) haber perdido el tiempo; **~ d'entretien** gastos de mantenimiento; **~ de déplacement/logement** gastos de desplazamiento/alojamiento; **~ de scolarité** gastos de matrícula; **~ fixes/variables** gastos fijos/variables; **~ généraux** gastos generales
fraise [fʀɛz] NF (*fruit*) fresa, frutilla (AM); (*outil*) fresa; (*de dentiste*) torno, fresa; **~ des bois** fresa silvestre
fraiser [fʀeze] VT (*Tech*) fresar; (*Culin*) amasar
fraiseur, -euse [fʀɛzœʀ, øz] NM/F (*ouvrier*) fresador(a)
fraiseuse [fʀɛzøz] NF (*machine*) fresadora
fraisier [fʀezje] NM (*plante*) fresa; (*gâteau*) pastel *m* de fresa
framboise [fʀɑ̃bwaz] NF frambuesa
framboisier [fʀɑ̃bwazje] NM frambueso
franc, franche [fʀɑ̃, fʀɑ̃ʃ] ADJ franco(-a); (*refus, couleur*) claro(-a); (*coupure*) limpio(-a); (*intensif*) auténtico(-a); **~ de port** porte pagado ▶ ADV : **à parler ~** francamente ▶ NM (*monnaie*) franco; **~ suisse** franco suizo
français, e [fʀɑ̃sɛ, ɛz] ADJ francés(-esa) ▶ NM (*Ling*) francés *m* ▶ NM/F : **Français, e** francés(-esa); **les F~** los franceses
franc-comtois, e [fʀɑ̃kɔ̃twa, waz] (*pl* **francs-comtois, -comtoises**) ADJ del Franco Condado ▶ NM/F nativo(-a) *ou* habitante *mf* del Franco Condado
France [fʀɑ̃s] NF Francia; **~ 2, ~ 3** *canales públicos de televisión*
franche [fʀɑ̃ʃ] ADJ F *voir* **franc**
Franche-Comté [fʀɑ̃ʃkɔ̃te] NF Franco Condado
franchement [fʀɑ̃ʃmɑ̃] ADV francamente; (*tout à fait*) realmente; (*excl*) ¡pero bueno!
franchir [fʀɑ̃ʃiʀ] VT (*obstacle*) salvar; (*seuil*) franquear; **~ un cap** alcanzar un hito
franchisage [fʀɑ̃ʃizaʒ] NM (*Comm*) concesión *f* de licencia
franchise [fʀɑ̃ʃiz] NF franqueza; (*douanière, Assurance*) franquicia; (*Comm*) licencia; **en toute ~** con toda franqueza; **~ de bagages** franquicia de equipaje
franchisé, e [fʀɑ̃ʃize] ADJ, NM/F franquiciado(-a)
franchissable [fʀɑ̃ʃisabl] ADJ (*obstacle*) salvable
franchissement [fʀɑ̃ʃismɑ̃] NM (*d'obstacle*) superación *f*; (*de rivière, frontière*) paso
franchouillard, e [fʀɑ̃ʃujaʀ, aʀd] (*péj*) ADJ franchute (*péj*)
francilien, ne [fʀɑ̃siljɛ̃, jɛn] ADJ de la región de Île-de-France
francisation [fʀɑ̃sizasjɔ̃] NF afrancesamiento
franciscain, e [fʀɑ̃siskɛ̃, ɛn] ADJ franciscano(-a)
franciser [fʀɑ̃size] VT afrancesar
franc-jeu [fʀɑ̃ʒø] (*pl* **francs-jeux**) NM : **jouer ~** jugar limpio
franc-maçon, ne [fʀɑ̃masɔ̃, ɔn] (*mpl* **francs-maçons**, *fpl* **franc-maçonnes**) NM/F francmasón(-ona)
franc-maçonnerie [fʀɑ̃masɔnʀi] (*pl* **franc-maçonneries**) NF francmasonería
franco [fʀɑ̃ko] ADV (*Comm*) : **~ (de port)** porte pagado; (*fam*) : **y aller ~** lanzarse
franco... [fʀɑ̃ko] PRÉF franco...
franco-canadien [fʀɑ̃kokanadjɛ̃] (*pl* **franco-**

f

canadiens) NM (*Ling*) francocanadiense *m*
francophile [fʀɑ̃kɔfil] ADJ, NMF francófilo(-a)
francophobe [fʀɑ̃kɔfɔb] ADJ, NMF francófobo(-a)
francophone [fʀɑ̃kɔfɔn] ADJ, NMF francófono(-a)
francophonie [fʀɑ̃kɔfɔni] NF francofonía
franco-québécois [fʀɑ̃kokebekwa] NM INV (*Ling*) francés *m* del Quebec
franc-parler [fʀɑ̃paʀle] (*pl* **francs-parlers**) NM : **il a son ~** llama a las cosas por su nombre, no tiene pelos en la lengua
franc-tireur, -euse [fʀɑ̃tiʀœʀ, øz] (*mpl* **francs-tireurs**, *fpl* **francs-tireuses**) NM (*aussi fig*) francotirador(a)
frange [fʀɑ̃ʒ] NF fleco, franja; (*de cheveux*) flequillo; (*fig*) franja
frangé, e [fʀɑ̃ʒe] ADJ con flecos
frangin, e [fʀɑ̃ʒɛ̃, in] (*fam*) NM, NF hermano(-a)
frangipane [fʀɑ̃ʒipan] NF crema almendrada
frangipanier [fʀɑ̃ʒipanje] NM franchipán *m*, frangipani *m*
franglais [fʀɑ̃glɛ] NM *francés plagado de anglicismos*
franquette [fʀɑ̃kɛt] : **à la bonne ~** *adv* a la buena de Dios, a la pata la llana
franquisme [fʀɑ̃kism] NM franquismo
franquiste [fʀɑ̃kist] ADJ, NMF franquista *mf*
frappant, e [fʀapɑ̃, ɑ̃t] ADJ sorprendente
frappe [fʀap] NF (*d'une dactylo, pianiste*) tecleo; (*d'une machine à écrire*) impresión *f*; (*boxe*) pegada; (*football*) disparo, chut *m*; (*péj : voyou*) golfo
frappé, e [fʀape] ADJ (*vin, café*) helado(-a); **~ de** *ou* **par qch** impresionado(-a) por algo; **~ de stupeur** estupefacto(-a)
frapper [fʀape] VT golpear; (*fig*) impresionar; (*malheur, impôt*) afectar; (*monnaie*) acuñar; **~ un grand coup** (*fig*) dar el golpe ▸ VI (*en arrivant chez qn*) llamar; **~ à la porte** llamar a la puerta; **~ dans ses mains** golpear con las manos; **~ du poing sur** dar un puñetazo en ■ **se frapper** VPR (*s'inquiéter, s'étonner*) impresionarse
frasques [fʀask] NFPL calaveradas *fpl*; **faire des ~** hacer calaveradas
fraternel, le [fʀatɛʀnɛl] ADJ fraterno(-a), fraternal
fraternellement [fʀatɛʀnɛlmɑ̃] ADV fraternalmente
fraternisation [fʀatɛʀnizasjɔ̃] NF fraternización *f*
fraterniser [fʀatɛʀnize] VI fraternizar
fraternité [fʀatɛʀnite] NF fraternidad *f*
fratricide [fʀatʀisid] ADJ fraticida
fratrie [fʀatʀi] NF fratría
fraude [fʀod] NF fraude *m*; **passer qch en ~** pasar algo fraudulentamente; **~ électorale/fiscale** fraude electoral/fiscal
frauder [fʀode] VI cometer un fraude ▸ VT defraudar; **~ le fisc** defraudar al fisco
fraudeur, -euse [fʀodœʀ, øz] NM/F defraudador(a)
frauduleusement [fʀodyløzmɑ̃] ADV fraudulentamente
frauduleux, -euse [fʀodylø, øz] ADJ fraudulento(-a)
frayer [fʀeje] VT abrir; **se ~ un passage/chemin dans** abrirse paso/camino en ▸ VI desovar; **~ avec qn** tratarse con algn
frayeur [fʀɛjœʀ] NF pavor *m*
fredaines [fʀədɛn] NFPL calaveradas *fpl*
fredonner [fʀədɔne] VT tararear
freesia [fʀezja] NM freesia
freezer [fʀizœʀ] NM congelador *m*
frégate [fʀegat] NF fragata
frein [fʀɛ̃] NM freno; **mettre un ~ à** (*fig*) poner freno a; **sans ~** sin freno; **freins à disques** frenos *mpl* de disco; **~ à main** freno de mano; **freins à tambours** frenos de tambor; **~ moteur** freno motor
freinage [fʀɛnaʒ] NM frenado; **le ~ de** (*fig*) el receso de; **distance de ~** distancia de frenado; **traces de ~** marcas *fpl* de frenazo
freiner [fʀene] VI, VT frenar
frelaté, e [fʀəlate] ADJ adulterado(-a); (*fig*) corrompido(-a)
frêle [fʀɛl] ADJ endeble
frelon [fʀəlɔ̃] NM abejón *m*
freluquet [fʀəlykɛ] (*péj*) NM engreído
frémir [fʀemiʀ] VI estremecerse; (*eau*) empezar a hervir; (*feuille*) temblar; **~ d'impatience/de colère** temblar de impaciencia/de ira
frémissement [fʀemismɑ̃] NM estremecimiento; (*agitation*) excitación *f*
frêne [fʀɛn] NM fresno
frénésie [fʀenezi] NF frenesí *m*; (*ardeur, violence*) enardecimiento
frénétique [fʀenetik] ADJ frenético(-a)
frénétiquement [fʀenetikmɑ̃] ADV (*travailler*) frenéticamente; (*applaudir*) con frenesí
fréquemment [fʀekamɑ̃] ADV frecuentemente, seguido (*AM*)
fréquence [fʀekɑ̃s] NF frecuencia; **haute/basse ~** (*Radio*) alta/baja frecuencia
fréquent, e [fʀekɑ̃, ɑ̃t] ADJ frecuente
fréquentable [fʀekɑ̃tabl] ADJ : **il est peu ~** es poco recomendable
fréquentation [fʀekɑ̃tasjɔ̃] NF frecuentación *f* ■ **fréquentations** NFPL (*relations*) : **de bonnes fréquentations** buenas relaciones; **mauvaises fréquentations** malas compañías
fréquenté, e [fʀekɑ̃te] ADJ : **très ~** muy concurrido(-a); **mal ~** de mala fama
fréquenter [fʀekɑ̃te] VT frecuentar; (*personne*) tratar, frecuentar; (*courtiser*) salir con ■ **se fréquenter** VPR tratarse, frecuentarse
frère [fʀɛʀ] NM hermano; (*Rel*) hermano, fraile *m*; **partis/pays frères** partidos *mpl*/países *mpl* hermanos

frérot [fʀeʀo] NM *(fam)* hermanito *(fam)*
fresque [fʀɛsk] NF fresco; *(Litt)* retrato
fret [fʀɛ(t)] NM flete *m*
fréter [fʀete] VT fletar
frétillant, e [fʀetijɑ̃, ɑ̃t] ADJ *(poisson)* coleante; **la queue frétillante** moviendo la cola
frétiller [fʀetije] VI colear; *(de joie etc)* bullir; **~ de la queue** mover la cola
fretin [fʀətɛ̃] NM : **le menu ~** la morralla
freudien, ne [fʀødjɛ̃, jɛn] ADJ freudiano(-a)
freux [fʀø] NM grajo
friable [fʀijabl] ADJ desmenuzable
friand, e [fʀijɑ̃, fʀijɑ̃d] ADJ : **~ de** entusiasta de ▶ NM *(Culin)* empanadilla; (: *sucré*) empanadilla dulce
friandise [fʀijɑ̃diz] NF golosina
fric [fʀik] *(fam)* NM pasta *(fam)*
fricassée [fʀikase] NF fricasé *m*, guiso
fricative [fʀikativ] NF *(Ling)* fricativa
fric-frac [fʀikfʀak] *(fam)* NM INV robo con fractura
friche [fʀiʃ] NF baldío; **en ~** *(champ)* baldío(-a); *(fig)* inculto(-a); **~ industrielle** solar *m* industrial abandonado
fricoter [fʀikɔte] *(fam)* VI : **~ avec qn** acostarse con alguien
friction [fʀiksjɔ̃] NF fricción *f*; *(chez le coiffeur)* masaje *m*; *(Tech)* rozamiento; *(fig)* fricciones *fpl*
frictionner [fʀiksjɔne] VT friccionar
frigidaire® [fʀiʒidɛʀ] NM nevera, frigorífico
frigide [fʀiʒid] ADJ frígido(-a)
frigidité [fʀiʒidite] NF frigidez *f*
frigo [fʀigo] *(fam)* NM nevera
frigorifié, e [fʀigɔʀifje] ADJ *(fam : fig)* helado(-a)
frigorifier [fʀigɔʀifje] VT meter en el frigorífico; *(fig, fam)* helar, dejar helado(-a)
frigorifique [fʀigɔʀifik] ADJ frigorífico(-a)
frileusement [fʀiløzmɑ̃] ADV con frío
frileux, -euse [fʀilø, øz] ADJ friolero(-a); *(fig)* encogido(-a)
frilosité [fʀilozite] NF *(manque d'audace)* : **la ~ du ministère en matière de sexualité** la pacatería del ministerio en materia de sexualidad; **la ~ des entreprises face au multimédia** la timidez de las empresas frente a los multimedia
frimas [fʀimɑ] NMPL rocío
frime [fʀim] *(fam)* NF : **c'est de la ~** es puro rollo *(fam)*; **pour la ~** para chulear
frimer [fʀime] *(fam)* VI chulear
frimeur, -euse [fʀimœʀ, øz] *(fam)* NM/F chulo(-a)
frimousse [fʀimus] *(fam)* NF carita
fringale [fʀɛ̃gal] NF pájara; **avoir la ~** tener la pájara
fringant, e [fʀɛ̃gɑ̃, ɑ̃t] ADJ *(personne)* airoso(-a)
fringuer [fʀɛ̃ge] *(fam)* VT vestir ■ **se fringuer** VPR vestirse
fringues [fʀɛ̃g] *(fam)* NFPL trapos *mpl* *(fam)*
fripé, e [fʀipe] ADJ arrugado(-a)
friperie [fʀipʀi] NF *(commerce)* ropavejería, prendería; *(vêtements)* ropa usada
fripes [fʀip] NFPL ropa usada
fripier, -ière [fʀipje, jɛʀ] NM/F ropavejero(-a)
fripon, ne [fʀipɔ̃, ɔn] ADJ, NM/F pillo(-a)
fripouille [fʀipuj] *(péj)* NF golfo
friqué, e [fʀike] *(fam)* ADJ rico(-a); **il faut être ~ pour ...** hay que estar forrado para ...
frire [fʀiʀ] VT *(aussi :* **faire frire**) freír ▶ VI freírse
frise [fʀiz] NF friso
frisé, e [fʀize] ADJ rizado(-a); **(chicorée) frisée** (achicoria) rizada
friser [fʀize] VT rizar; **se faire ~** rizarse el pelo ▶ VI ser rizado(-a)
frisette [fʀizɛt] NF rizo
frisotter [fʀizɔte] VI encresparse
frisquet [fʀiskɛ] *(fam)* ADJ M : **il fait ~** hace fresquito
frisson [fʀisɔ̃] NM escalofrío, estremecimiento; *(littér)* estremecimiento, temblor *m*; **avoir des frissons** tener escalofríos
frissonnant, e [fʀisɔnɑ̃, ɑ̃t] ADJ tembloroso(-a)
frissonnement [fʀisɔnmɑ̃] NM escalofrío, estremecimiento; *(littér)* estremecimiento, temblor *m*
frissonner [fʀisɔne] VI estremecerse, tener escalofríos; *(littér)* estremecerse, temblar
frit, e [fʀi, fʀit] PP *de* **frire** ▶ ADJ frito(-a); **pommes frites** patatas *fpl ou* papas *fpl* *(AM)* fritas
frite [fʀit] NF patata *ou* papa *(AM)* frita
friterie [fʀitʀi] NF freiduría
friteuse [fʀitøz] NF freidora; **~ électrique** freidora eléctrica
friture [fʀityʀ] NF fritura; *(Radio)* interferencias *fpl*; **~ (de poissons)** fritura (de pescado)
frivole [fʀivɔl] ADJ frívolo(-a)
frivolité [fʀivɔlite] NF frivolidad *f*
froc [fʀɔk] NM *(Rel)* hábito; *(fam)* pantalón *m*
froid, e [fʀwa, fʀwad] ADJ *(aussi fig)* frío(-a); **manger/boire ~** comer/beber frío ▶ NM : **le ~** el frío; *(industrie)* la industria del frío; **il fait ~** hace frío; **avoir/prendre ~** tener/coger frío; **il y a un ~ entre eux** hay tirantez entre ellos; **à ~** en frío; **les grands froids** los grandes fríos; **jeter un ~** *(fig)* provocar el asombro; **être en ~ avec qn** estar enfadado(-a) con algn; **battre ~ à qn** tratar con frialdad a algn
froidement [fʀwadmɑ̃] ADV fríamente; **~ assassiné** asesinado a sangre fría
froideur [fʀwadœʀ] NF frialdad *f*
froissé, e [fʀwase] ADJ *(tissu, vêtement)* arrugado(-a)
froisser [fʀwase] VT *(tissu, vêtement)* arrugar; *(fig)* ofender ■ **se froisser** VPR *(tissu, vêtement)*

f

arrugarse; (*fig*) mosquearse; **se ~ un muscle** distendérsele a algn un músculo

frôlement [fʀolmɑ̃] NM roce *m*

frôler [fʀole] VT (*aussi fig*) rozar

fromage [fʀɔmaʒ] NM queso; **~ blanc** queso fresco, requesón *m*; **~ de tête** queso de cerdo

fromager, -ère [fʀɔmaʒe, ɛʀ] ADJ, NM/F quesero(-a)

fromagerie [fʀɔmaʒʀi] NF quesera; (*boutique*) quesería

froment [fʀɔmɑ̃] NM trigo candeal

fronce [fʀɔ̃s] NF frunce *m*

froncé, e [fʀɔ̃se] ADJ fruncido(-a)

froncement [fʀɔ̃smɑ̃] NM : **il nous arrêta d'un ~ de sourcils** al fruncir el ceño nos detuvo

froncer [fʀɔ̃se] VT fruncir; **~ les sourcils** fruncir el ceño

frondaisons [fʀɔ̃dɛzɔ̃] NFPL fronda *fsg*

fronde [fʀɔ̃d] NF (*arme*) honda; (*lance-pierre*) tirachinas *m inv*; (*opposition*) revuelta; **esprit de ~** (*fig*) espíritu *m* de revuelta

frondeur, -euse [fʀɔ̃dœʀ, øz] ADJ crítico(-a)

front [fʀɔ̃] NM (*Anat*) frente *f*; (*Mil, Météo, fig*) frente *m*; **le F~ de libération/lutte pour** el frente de liberación/lucha por; **aller au/être sur le ~** (*Mil*) ir al/estar en el frente; **avoir le ~ de faire qch** tener la cara de hacer algo; **de ~** de frente; (*rouler*) al lado; (*simultanément*) al mismo tiempo; **faire ~ à** hacer frente a; **~ de mer** paseo marítimo

frontal, e, -aux [fʀɔ̃tal, o] ADJ frontal

frontalier, -ière [fʀɔ̃talje, jɛʀ] ADJ fronterizo(-a) ▸ NM/F : **(travailleurs) frontaliers** (trabajadores *mpl*) fronterizos *mpl*

frontière [fʀɔ̃tjɛʀ] NF (*aussi fig*) frontera; **poste ~** puesto fronterizo; **ville ~** ciudad *f* fronteriza; **à la ~** en la frontera

frontispice [fʀɔ̃tispis] NM frontispicio

frontiste [fʀɔ̃tist] ADJ (*électorat*) *del Front National francés* ▸ NMF *partidario del Front National francés*

fronton [fʀɔ̃tɔ̃] NM frontón *m*

frottement [fʀɔtmɑ̃] NM frotamiento; (*bruit*) roce *m* ■ **frottements** NMPL (*fig : difficultés*) roces *mpl*

frotter [fʀɔte] VI frotar ▸ VT frotar; (*pour nettoyer*) frotar, estregar; (*avec une brosse*) cepillar; (*allumette*) encender ■ **se frotter** VPR : **se ~ à qn/qch** (*fig*) acercarse a algn/algo; **se ~ les mains** (*fig*) frotarse las manos

frottis [fʀɔti] NM (*Méd*) citología

frottoir [fʀɔtwaʀ] NM rascador *m*

frou-frou [fʀufʀu] (*pl* **frous-frous**) NM frufrú *m*

froufroutant, e [fʀufʀutɑ̃, ɑ̃t] ADJ que hace frufrú

froussard, e [fʀusaʀ, aʀd] ADJ, NM/F miedica *mf* (*fam*)

frousse [fʀus] (*fam*) NF miedo; **avoir la ~** tener miedo

fructifier [fʀyktifje] VI fructificar; **faire ~** rentabilizar

fructose [fʀyktoz] NM fructosa

fructueux, -euse [fʀyktɥø, øz] ADJ fructuoso(-a)

frugal, e, -aux [fʀygal, o] ADJ frugal

frugalement [fʀygalmɑ̃] ADV frugalmente

frugalité [fʀygalite] NF frugalidad *f*

fruit [fʀɥi] NM (*d'arbre, plante*) fruta; (*résultat*) fruto; **ne pas être le ~ du hasard** no ser casualidad ■ **fruits** NMPL (*fig*) frutos *mpl*; **porter ses fruits** dar sus frutos; **fruits de mer** mariscos *mpl*; **fruits de saison** fruta del tiempo; **fruits secs** frutos secos

fruité, e [fʀɥite] ADJ (*vin, goût*) afrutado(-a)

fruiterie [fʀɥitʀi] NF frutería

fruitier, -ière [fʀɥitje, jɛʀ] ADJ : **arbre ~** árbol *m* frutal ▸ NM/F frutero(-a)

frusques [fʀysk] NFPL (*péj*) trapos *mpl* (*fam*), pingos *mpl* (*fam*); **de vieilles ~** unos trapos viejos

fruste [fʀyst] ADJ tosco(-a)

frustrant, e [fʀystʀɑ̃, ɑ̃t] ADJ frustrante

frustration [fʀystʀasjɔ̃] NF frustración *f*

frustré, e [fʀystʀe] ADJ frustrado(-a)

frustrer [fʀystʀe] VT frustrar; **~ qn de qch** privar a algn de algo

FS ABR (= *franc suisse*) franco suizo

fuchsia [fyʃja] NM fucsia

fuel [fjul] (*pl* **fuels**) NM fuel(-oil) *m*

fugace [fygas] ADJ fugaz

fugitif, -ive [fyʒitif, iv] ADJ (*lueur*) efímero(-a); (*prisonnier, esclave*) fugitivo(-a) ▸ NM/F fugitivo(-a)

fugue [fyg] NF (*aussi Mus*) fuga; **faire une ~** fugarse

fuguer [fyge] VI fugarse

fugueur, -euse [fygœʀ, øz] ADJ *con tendencia recurrente a fugarse* ▸ NM/F *persona con tendencia recurrente a fugarse*

fuir [fɥiʀ] VT huir ▸ VI huir; (*gaz, eau*) escaparse; (*robinet*) gotear; **~ devant l'ennemi** huir ante el enemigo

fuite [fɥit] NF huida; (*des capitaux etc*) fuga; (*d'eau*) escape *m*; (*divulgation*) filtración *f*; **être en ~** ser un(a) prófugo(-a); **mettre en ~** ahuyentar; **prendre la ~** escapar, huir

fuiter [fɥite] VI filtrarse, divulgarse

fulgurant, e [fylgyʀɑ̃, ɑ̃t] ADJ fulgurante

fulminant, e [fylminɑ̃, ɑ̃t] ADJ fulminante; **~ de colère** montado(-a) en cólera

fulminer [fylmine] VI : **~ (contre)** despotricar (contra)

fumant, e [fymɑ̃, ɑ̃t] ADJ humeante; **un coup ~** (*fam*) un golpe sensacional

fumé, e [fyme] ADJ ahumado(-a)

fume-cigarette [fymsigaʀɛt] (*pl* **fume-cigarettes**) NM boquilla

fumée [fyme] NF humo; **partir en ~** (*fig*) volverse agua de borrajas

fumer [fyme] VI echar humo; (*personne*) fumar ▸ VT (*cigarette, pipe*) fumar; (*jambon, poisson*) ahumar; (*terre, champ*) abonar
fumerie [fymʀi] NF : **~ d'opium** fumadero de opio
fumerolles [fymʀɔl] NFPL fumarolas *fpl*
fûmes [fym] VB *voir* **être**
fumet [fymɛ] NM olor *m*
fumette [fymɛt] (*fam*) NF (*fait de fumer de la drogue*) fumeteo
fumeur, -euse [fymœʀ, øz] NM/F fumador(a); **compartiment (pour) fumeurs/non-fumeurs** compartimento de fumadores/no fumadores
fumeux, -euse [fymø, øz] (*péj*) ADJ borroso(-a), confuso(-a)
fumier [fymje] NM estiércol *m*
fumigation [fymigasjɔ̃] NF (*Méd*) inhalación *f*
fumigène [fymiʒɛn] ADJ fumigador(a)
fumiste [fymist] NM (*ramoneur*) deshollinador *m* ▸ NMF (*péj*) gandul(a)
fumisterie [fymistəʀi] (*péj*) NF gandulería
fumoir [fymwaʀ] NM fumadero
funambule [fynɑ̃byl] NM funámbulo
funboard [fœnbɔʀd] NM funboard *m*
funboarder [fœnbɔʀdeʀ] NMF, **funboardeur, -euse** [fœnbɔʀdœʀ, øz] NM/F *persona que practica el funboard*
funèbre [fynɛbʀ] ADJ (*aussi fig*) fúnebre
funérailles [fyneʀɑj] NFPL funeral *msg*
funéraire [fyneʀɛʀ] ADJ funerario(-a)
funérarium [fyneʀaʀjɔm] NM tanatorio
funeste [fynɛst] ADJ funesto(-a)
funiculaire [fynikylɛʀ] NM funicular *m*
funky [fœnki] ADJ funky
FUNU [fyny] SIGLE F = **Force d'urgence des Nations unies**
fur [fyʀ] : **au ~ et à mesure** *adv* poco a poco; **au ~ et à mesure que** a medida que, conforme; **au ~ et à mesure de leur progression** a medida que avanzan, conforme avanzan
furax [fyʀaks] (*fam*) ADJ INV hecho(-a) una fiera
furent [fyʀ] VB *voir* **être**
furet [fyʀɛ] NM (*Zool*) hurón *m*
fureter [fyʀ(ə)te] (*péj*) VI husmear, fisgonear
fureteur [fyʀ(ə)tœʀ] NM (*Internet* : CANADA) navegador *m*
fureur [fyʀœʀ] NF furia, cólera; **faire ~** estar en boga, hacer furor
furibard, e [fyʀibaʀ, aʀd] (*fam*) ADJ furioso(-a)
furibond, e [fyʀibɔ̃, ɔ̃d] ADJ furibundo(-a)
furie [fyʀi] NF furia; **en ~** (*aussi fig*) desencadenado(-a)
furieusement [fyʀjøzmɑ̃] ADV furiosamente
furieux, -euse [fyʀjø, jøz] ADJ furioso(-a); (*combat, tempête*) violento(-a); **être ~ contre qn** estar furioso(-a) con algn
furoncle [fyʀɔ̃kl] NM forúnculo
furtif, -ive [fyʀtif, iv] ADJ furtivo(-a)
furtivement [fyʀtivmɑ̃] ADV furtivamente
fus [fy] VB *voir* **être**
fusain [fyzɛ̃] NM (*Bot*) bonetero; (*Art*) carboncillo
fuseau, x [fyzo] NM (*pantalon*) fuso; (*pour filer*) huso; **en ~** (*jambes*) estilizado(-a); (*colonne*) ensanchado(-a) en el centro; **~ horaire** huso horario
fusée [fyze] NF cohete *m*; (*de feu d'artifice*) volador *m*; **~ éclairante** bengala
fuselage [fyz(ə)laʒ] NM fuselaje *m*
fuselé, e [fyz(ə)le] ADJ (*jambes*) estilizado(-a); (*doigts*) bien formado(-a)
fuser [fyze] VI (*rires*) resonar; (*questions*) llover
fusible [fyzibl] NM fusible *m*
fusil [fyzi] NM (*de guerre, à canon rayé*) fusil *m*; (*de chasse, à canon lisse*) escopeta; **~ à deux coups** escopeta de dos cañones; **~ sous-marin** fusil submarino
fusilier [fyzilje] NM fusilero; **~ marin** soldado de infantería de marina
fusillade [fyzijad] NF (*bruit*) tiroteo; (*combat*) descarga de fusilería
fusiller [fyzije] VT fusilar; **~ qn du regard** fulminar a algn con la mirada
fusil-mitrailleur [fyzimitʀɑjœʀ] (*pl* **fusils-mitrailleurs**) NM fusil *m* ametrallador
fusion [fyzjɔ̃] NF (*aussi fig*) fusión *f*; **(entrer) en ~** (entrar) en fusión
fusionner [fyzjɔne] VI fusionarse
fustiger [fystiʒe] VT fustigar
fut [fy] VB *voir* **être**
fût [fy] VB *voir* **être** ▸ NM (*tonneau*) tonel *m*, barril *m*; (*de canon*) caña; (*d'arbre*) tronco; (*de colonne*) fuste *m*
futaie [fytɛ] NF plantación *f* de árboles
futé, e [fyte] ADJ ladino(-a)
fûtes [fyt] VB *voir* **être**
futile [fytil] ADJ fútil
futilement [fytilmɑ̃] ADV fútilmente
futilité [fytilite] NF futilidad *f*; (*chose futile*) bagatela
futur, e [fytyʀ] ADJ futuro(-a); **son ~ époux** su futuro marido; **un ~ artiste** un futuro artista ▸ NM (*aussi Ling*) futuro; **le ~ de qch/qn** el futuro de algo/algn; **au ~** (*Ling*) en futuro; **~ antérieur** futuro perfecto
futurisme [fytyʀism] NM futurismo
futuriste [fytyʀist] ADJ futurista
futurologie [fytyʀɔlɔʒi] NF futurología
fuyant, e [fɥijɑ̃, ɑ̃t] VB *voir* **fuir** ▸ ADJ (*regard, personne*) huidizo(-a); (*lignes etc*) de fuga; **perspective fuyante** (*Art*) perspectiva de fuga
fuyard, e [fɥijaʀ, aʀd] NM/F fugitivo(-a)
fuyons [fɥijɔ̃] VB *voir* **fuir**

f

G g

G, g[1] [ʒe] NM INV G, g *f*; **G comme Gaston** ≈ G de Gerardo

g[2] ABR (= *gramme(s)*) gr.; (= *gauche*) izda.

gabardine [gabaʀdin] NF gabardina

gabarit [gabaʀi] NM (*Tech*) plantilla; (*fig: dimension, taille*) talla; (: *valeur*) nivel *m*; **du même ~** (*fig*) del mismo estilo

gabegie [gabʒi] (*péj*) NF desbarajuste *m*

Gabon [gabɔ̃] NM Gabón *m*

gabonais, e [gabɔnɛ, ɛz] ADJ gabonés(-esa) ▸ NM/F: **Gabonais, e** gabonés(-esa)

gâcher [gɑʃe] VT (*nourriture, argent, vie*) malgastar; (*occasion*) perder; (*plâtre, mortier*) amasar; **~ le métier** (*fig*) reventar precios

gâchette [gaʃɛt] NF gatillo

gâchis [gɑʃi] NM (*désordre*) lío; (*gaspillage*) despilfarro

gadget [gadʒɛt] NM artilugio

gadgétiser [gadʒetize] VT llenar de artilugios

gadin [gadɛ̃] (*fam*) NM: **prendre un ~** caerse, darse un trompazo

gadoue [gadu] NF fango

gaélique [gaelik] ADJ gaélico(-a) ▸ NM (*Ling*) gaélico

gaffe [gaf] NF (*instrument*) bichero; (*fam: erreur*) metedura de pata (*fam*); **faire ~** (*fam*) tener cuidado

gaffer [gafe] VI meter la pata (*fam*)

gaffeur, -euse [gafœʀ, øz] NM/F metepatas *mf inv* (*fam*)

gag [gag] NM gag *m*

gaga [gaga] (*fam*) ADJ chocho(-a)

gage [gaʒ] NM (*dans un jeu, comme garantie*) prenda; (*fig: de fidélité*) prueba; **mettre en ~** empeñar; **laisser en ~** dejar en prenda ■ **gages** NMPL (*salaire*) sueldo

gager [gaʒe] VT: **~ que** apostar que

gageure [gaʒyʀ] NF: **c'est une ~** es una empresa imposible

gagnable [gaɲabl] ADJ ganable

gagnant, e [gaɲɑ̃, ɑ̃t] ADJ: **billet/numéro ~** billete *m*/número premiado ▸ ADV: **jouer ~** (*aux courses*) jugar a ganador ▸ NM/F (*aux courses*) acertante *mf*; (*à la loterie*) ganador(a); (*dans un concours*) vencedor(a)

gagne-pain [gaɲpɛ̃] NM INV medio de vida

gagne-petit [gaɲpəti] (*péj*) NM INV empleaducho(-a) de poca monta

gagner [gaɲe] VT ganar; (*suj: maladie, feu*) extenderse a; (: *sommeil, faim, fatigue*) apoderarse de; (*envahir*) invadir; **~ qn/l'amitié de qn** (*se concilier*) granjearse a algn/la amistad de algn; **~ du temps/de la place** ganar tiempo/espacio; **~ sa vie** ganarse la vida; **~ du terrain** (*aussi fig*) ganar terreno; **~ qn de vitesse** (*aussi fig*) adelantarse a algn ▸ VI (*être vainqueur*) ganar; **~ à faire qch** convenirle a algn hacer algo; **il y gagne** sale ganando; **~ en élégance/rapidité** ganar en elegancia/rapidez

gagneur, -euse [gaɲœʀ, øz] NM/F ganador(a)

gai, e [ge] ADJ alegre

gaiement [gemɑ̃] ADV alegremente; (*de bon cœur*) con entusiasmo

gaieté [gete] NF alegría; **de ~ de cœur** de buena gana

gaillard, e [gajaʀ, aʀd] ADJ (*robuste*) vigoroso(-a); (*grivois*) verde ▸ NM/F: **c'est un ~** es un roble

gaillardement [gajaʀdəmɑ̃] ADV alegremente

gain [gɛ̃] NM (*bénéfice*) ganancia; (*revenu*) ingreso; (*avantage*) ventaja; (*lucre*) beneficio; **~ de temps/place** ahorro de tiempo/espacio; **avoir** *ou* **obtenir ~ de cause** (*Jur*) obtener una sentencia favorable; (*fig*) salirse con la suya; **quel ~ en as-tu tiré?** (*avantage*) ¿qué has ganado con eso?

gaine [gɛn] NF (*de couteau*) funda; (*de sabre*) vaina; (*sous-vêtement*) faja

gaine-culotte [gɛnkylɔt] (*pl* **gaines-culottes**) NF faja braga

gainer [gene] VT enfundar

gala [gala] NM gala; **soirée de ~** fiesta de gala

galamment [galamɑ̃] ADV galantemente

galant, e [galɑ̃, ɑ̃t] ADJ galante; (*entreprenant*) galanteador(a); **en galante compagnie** (*homme*) en gentil compañía; (*femme*) en galante compañía

galanterie [galɑ̃tʀi] NF galantería

galantine [galɑ̃tin] NF galantina

Galapagos [galapagɔs] NFPL: **les (îles) ~** las (islas) Galápagos

galaxie [galaksi] NF galaxia

galbe [galb] NM curva
galbé, e [galbe] ADJ *(jambes)* torneado(-a); *(corps)* curvilíneo(-a)
gale [gal] NF sarna
galéjade [galeʒad] NF cuento chino
galère [galɛʀ] NF galera; *(fam)* fastidio
galérer [galeʀe] *(fam)* VI currar *(fam)*
galerie [galʀi] NF galería; *(Théâtre)* palco; *(de voiture)* baca; *(fig : spectateurs)* público, galería; **~ de peinture** galería de arte; **~ marchande** centro comercial, galería comercial
galérien [galeʀjɛ̃] NM galeote *m*
galeriste [galʀist] NMF galerista *mf*
galet [galɛ] NM guijarro; *(Tech)* arandela ■ **galets** NMPL guijarros *mpl*
galette [galɛt] NF *(gâteau)* roscón *m*; *(crêpe)* crepe *f*, panqueque *m* *(Am)*; **~ des Rois** ≈ roscón de Reyes; *ver nota*

⚠ No debe traducirse por *galleta*, que en francés corresponde a **biscuit**.

La fête des Rois se celebra el 6 de enero. Es costumbre comer en esta ocasión la **galette des Rois**, una torta de hojaldre rellena de crema de almendras en el que se esconde una sorpresa (*la fève*). Quien encuentra la sorpresa se convierte en rey o reina y se pone una corona de papel.

galeux, -euse [galø, øz] ADJ : **un chien ~** un perro sarnoso
Galice [galis], **Galicie** [galisi] NF Galicia
galiléen, ne [galileɛ̃, ɛn] ADJ galileo(-a)
galimatias [galimatja] *(péj)* NM galimatías *m inv*
galion [galjɔ̃] NM galeón *m*
galipette [galipɛt] NF voltereta; **faire des galipettes** dar volteretas; *(fig)* darse un revolcón
Galles [gal] NFPL : **le pays de ~** el país de Gales
gallicisme [ga(l)lisism] NM galicismo
gallinacé [galinase] NM gallinácea
gallois, e [galwa, waz] ADJ galés(-esa) ▸ NM *(Ling)* galés *m* ▸ NM/F : **Gallois, e** galés(-esa)
gallo-romain, e [ga(l)lоʀɔmɛ̃, ɛn] *(pl* **gallo-romains, -es***)* ADJ galorromano(-a)
galoche [galɔʃ] NF zueco
galocher [galɔʃe] *(fam)* VT dar un morreo a *(fam)*, morrear *(fam)*
galon [galɔ̃] NM galón *m*; **prendre du ~** *(Mil, fig)* subir en el escalafón
galop [galo] NM galope *m*; **au ~** al galope; **~ d'essai** *(fig)* temporada de prueba
galopade [galɔpad] NF *(fig)* carrera
galopant, e [galɔpɑ̃, ɑ̃t] ADJ : **inflation/démographie galopante** inflación *f*/demografía galopante
galoper [galɔpe] VI galopar; *(fig)* ir a galope
galopin [galɔpɛ̃] *(péj)* NM pillo
galurin [galyʀɛ̃] *(fam)* NM sombrero
galvaniser [galvanize] VT galvanizar; *(fig)* galvanizar, enardecer
galvaudé, e [galvode] ADJ trillado(-a)
galvauder [galvode] VT perjudicar
gambade [gɑ̃bad] NF : **faire des gambades** dar brincos
gambader [gɑ̃bade] VI brincar
gamberger [gɑ̃bɛʀʒe] *(fam)* VT maquinar ▸ VI *(réfléchir)* cavilar
gambette [gɑ̃bɛt] *(fam)* NF pierna, pata *(fam)*
Gambie [gɑ̃bi] NF *(fleuve, pays)* Gambia
gambiller [gɑ̃bije] *(fam)* VI *(danser)* bailotear
gamelle [gamɛl] NF escudilla; **ramasser une ~** *(fam)* caerse, darse un trompazo
gamète [gamɛt] NM gameto
gamin, e [gamɛ̃, in] NM/F chiquillo(-a), chamaco(-a) *(CAm, Mex)*, pibe(-a) *(Arg)*, cabro(-a) *(And, Chi)* ▸ ADJ de chiquillo *ou* chamaco *ou* pibe *ou* cabro
gaminerie [gaminʀi] NF chiquillada
gamme [gam] NF *(Mus)* escala; *(fig)* gama
gammée [game] ADJ F : **croix ~** cruz *f* gamada
ganache [ganaʃ] NF *(crème) crema a base de chocolate fundido y nata*
Gand [gɑ̃] N Gante
gang [gɑ̃g] NM banda
ganglion [gɑ̃glijɔ̃] NM ganglio
gangrène [gɑ̃gʀɛn] NF gangrena; *(fig)* gangrena, corrupción *f*
gangrener [gɑ̃gʀəne] VT gangrenar; *(fig)* gangrenar, corromper ■ **se gangrener** VPR gangrenarse
gangreneux, -euse [gɑ̃gʀənø, øz] ADJ gangrenoso(-a)
gangster [gɑ̃gstɛʀ] NM gánster *m*
gangstérisme [gɑ̃gsteʀism] NM gansterismo
gangue [gɑ̃g] NF ganga
ganse [gɑ̃s] NF trencilla
gant [gɑ̃] NM guante *m*; **prendre des gants** *(fig)* actuar con miramiento; **relever le ~** *(fig)* recoger el guante; **~ de toilette** manopla de baño; **gants de boxe/de caoutchouc/de crin** guantes *mpl* de boxeo/de goma/de crin
ganté, e [gɑ̃te] ADJ : **~ de blanc** con guantes blancos
ganterie [gɑ̃tʀi] NF guantería
garage [gaʀaʒ] NM garaje *m*; **~ à vélos** garaje de bicicletas
garagiste [gaʀaʒist] NMF *(propriétaire)* dueño(-a) de un garaje; *(mécanicien)* mecánico(-a)
garance [gaʀɑ̃s] ADJ INV grancé *inv*
garant, e [gaʀɑ̃, ɑ̃t] NM/F *(Jur, Pol)* garante *mf*, fiador(a); **se porter ~ de qch/de qn** salir fiador(a) de algo/de algn ▸ NM garantía
garantie [gaʀɑ̃ti] NF garantía; **(bon de) ~** (bono de) garantía; **~ de bonne exécution** garantía de funcionamiento

garantir [gaʀɑ̃tiʀ] VT garantizar; (*attester*) asegurar; **~ de qch** proteger contra *ou* de algo; **je vous garantis que ...** le garantizo que ...; **garanti deux ans** garantizado por dos años

garce [gaʀs] (*péj*) NF zorra

garçon [gaʀsɔ̃] NM niño; (*fils*) hijo; (*célibataire*) soltero; (*jeune homme*) chico; **petit ~** niño; **jeune ~** muchacho; **vieux ~** solterón *m*; **cette petite est un vrai ~ manqué** esta niña tenía que haber nacido chico; **~ boucher/coiffeur** aprendiz *m* de carnicero/de peluquero; **~ d'écurie** mozo de cuadra; **~ de bureau** ordenanza *m*; **~ de café** camarero; **~ de courses** recadero; **~ manqué** medio chico

garçonnet [gaʀsɔnɛ] NM chiquillo

garçonnière [gaʀsɔnjɛʀ] NF piso de soltero

garde [gaʀd(ə)] NMF guardia *mf*; (*d'un domaine*) guarda *mf*; **~ champêtre** guarda rural; **~ d'enfants** niñero(-a), canguro *mf*; **~ d'honneur** guardia de honor; **~ des Sceaux** ≈ ministro(-a) de Justicia; **~ du corps** guardaespaldas *mf inv*; **~ forestier(-ière)** guarda forestal; **~ mobile** policía *f* antidisturbios ▸ NF guardia *f*; (*d'une arme blanche*) guarnición *f*, empuñadura; (*Typo*) guarda; **de ~** *adj, adv* de guardia; **mettre en ~** poner en guardia; **mise en ~** advertencia; **prendre ~ (à)** tener cuidado (con); **être sur ses gardes** estar en guardia; **monter la ~** montar guardia; **avoir la ~ des enfants** tener la custodia de los hijos; **jusqu'à la ~** (*enfoncer*) hasta la empuñadura; **~ à vue** (*Jur*) detención *f* provisional; **~ descendante** guardia saliente; **~ montante** guardia entrante

garde-à-vous [gaʀdavu] NM INV : **être/se mettre au ~** estar/ponerse firmes; **~ !** ¡atentos!, ¡firmes!

garde-barrière [gaʀdəbaʀjɛʀ] (*pl* **gardes-barrière(s)**) NMF guardabarrera *mf*

garde-boue [gaʀdəbu] (*pl* **~(s)**) NM guardabarros *m inv*

garde-chasse [gaʀdəʃas] (*pl* **gardes-chasse(s)**) NMF guarda *mf* de caza

garde-côte [gaʀdəkot] (*pl* **garde-côtes**) NMF guardacostas *mf inv*

garde-feu [gaʀdəfø] (*pl* **garde-feux**) NM pantalla

garde-fou [gaʀdəfu] (*pl* **garde-fous**) NM barandilla

garde-malade [gaʀdəmalad] (*pl* **gardes-malade(s)**) NMF enfermero(-a)

garde-manger [gaʀdmɑ̃ʒe] (*pl* **garde-mangers**) NM fresquera

garde-meuble [gaʀdəmœbl] (*pl* **garde-meubles**) NM guardamuebles *m inv*

gardénal [gaʀdenal] NM fenobarbital *m*, fenobarbitona

gardénia [gaʀdenja] NM gardenia

garde-pêche [gaʀdəpɛʃ] (*pl* **garde-pêches**) NM (*personne*) guarda *m* de pesca; (*navire*) guardapesca *m*

garder [gaʀde] VT (*conserver : personne*) mantener; (*: sur soi : vêtement, chapeau*) quedarse con; (*: attitude*) conservar; (*surveiller : enfants*) cuidar; (*: prisonnier, lieu*) vigilar; **~ le lit** guardar cama; **~ la chambre** permanecer en la habitación; **~ la ligne** cuidar la línea; **~ le silence** guardar silencio; **~ à vue** (*Jur*) detener provisionalmente; **pêche/chasse gardée** coto de pesca/caza ▪ **se garder** VPR (*aliment*) conservarse; **se ~ de faire qch** abstenerse de hacer algo

garderie [gaʀdəʀi] NF guardería

garde-robe [gaʀdəʀɔb] (*pl* **garde-robes**) NF (*meuble*) ropero; (*vêtements*) guardarropa *m*

gardeur, -euse [gaʀdœʀ, øz] NM/F guarda(-esa); **~ de chèvres** cabrero(-a); **~ de vaches** vaquero(-a)

gardian [gaʀdjɑ̃] NM vaquero

gardien, ne [gaʀdjɛ̃, jɛn] NM/F (*garde*) vigilante *mf*; (*de prison*) oficial *mf*; (*de domaine, réserve, cimetière*) guarda *mf*; (*de musée*) guarda, vigilante; (*de phare*) farero(-a); (*fig : garant*) garante *mf*; (*d'immeuble*) portero(-a); **~ de but** portero(-a), arquero(-a) (*surtout* AM); **~ de la paix** agente *mf* del orden público; **~ de nuit** vigilante de noche

gardiennage [gaʀdjenaʒ] NM (*emploi*) vigilancia; (*service de surveillance*) servicio de vigilancia

gardon [gaʀdɔ̃] NM gobio

gare [gaʀ] NF estación *f*; **~ de triage** apartadero; **~ maritime** estación marítima; **~ routière** estación de autobuses; (*camions*) estacionamiento de camiones ▸ EXCL : **~ à ...** cuidado con ...; **~ à ne pas ...** ten cuidado de no ...; **~ à toi** cuidado con lo que haces; **sans crier ~** sin avisar

garenne [gaʀɛn] NF *voir* **lapin**

garer [gaʀe] VT aparcar ▪ **se garer** VPR (*véhicule, personne*) aparcar; (*pour laisser passer*) apartarse

gargantuesque [gaʀgɑ̃tɥɛsk] ADJ gargantuesco(-a)

gargariser [gaʀgaʀize] : **se gargariser** VPR hacer gárgaras; **se ~ de** (*fig*) relamerse de

gargarisme [gaʀgaʀism] NM gargarismo

gargote [gaʀgɔt] NF (*restaurant*) casa de comidas; (*péj*) restaurante *m* baratucho

gargouille [gaʀguj] NF gárgola

gargouillement [gaʀgujmɑ̃] NM = **gargouillis**

gargouiller [gaʀguje] VI (*eau*) gargotear; **mon estomac gargouille** me suenan las tripas

gargouillis [gaʀguji] NM (*gén pl*) ruido de tripas

garnement [gaʀnəmɑ̃] NM tunante *m*

garni, e [gaʀni] ADJ (*plat*) con guarnición ▸ NM (*appartement*) piso amueblado

garnir [gaʀniʀ] VT (*décorer*) decorar; (*remplir*) llenar; (*recouvrir*) cubrir; (*approvisionner*) proveer; (*table, pièce*) adornar; (*protéger*) revestir; (*Culin*) guarnecer ▪ **se garnir** VPR (*pièce, salle*) llenarse

garnison [gaʀnizɔ̃] NF guarnición *f*

garnissage [garnisaʒ] NM (*bourre*) relleno
garniture [garnityr] NF (*Culin : légumes*) guarnición *f*; (: *persil etc*) aderezo; (: *farce*) relleno; (*décoration*) adorno; (*protection*) revestimiento; **~ de cheminée** juego de chimenea; **~ de frein** (*Auto*) forro de freno; **~ périodique** compresa
Garonne [garɔn] NF : **la ~** la Garona
garrigue [garig] NF monte *m* bajo
garrot [garo] NM torniquete *m*
garrotter [garɔte] VT (*fig*) amordazar
gars [gɑ] (*fam*) NM (*garçon*) chico; (*homme*) tío (*fam*)
Gascogne [gaskɔɲ] NF Gasconia
gascon, ne [gaskɔ̃, ɔn] ADJ (*Géo*) gascón(-ona) ▸ NM (*hâbleur*) fanfarrón *m* ▸ NM/F : **Gascon, ne** gascón(-ona)
gas-oil [gazwal] (*pl* **gas-oils**) NM gas-oil *m*
gaspillage [gaspijaʒ] NM derroche *m*
gaspiller [gaspije] VT derrochar, malgastar
gaspilleur, -euse [gaspijœr, øz] ADJ derrochador(a)
gastéropode [gasterɔpɔd] NM gasterópodo
gastrique [gastrik] ADJ gástrico(-a)
gastrite [gastrit] NF gastritis *f inv*
gastro-entérite [gastroɑ̃terit] (*pl* **gastro-entérites**) NF gastroenteritis *f inv*
gastroentérologue [gastroɑ̃terɔlɔg] NMF gastroenterólogo(-a)
gastro-intestinal, e, -aux [gastroɛ̃tɛstinal, o] (*pl* **gastro-intestinaux, -intestinales**) ADJ gastrointestinal
gastronome [gastrɔnɔm] NMF gastrónomo(-a)
gastronomie [gastrɔnɔmi] NF gastronomía
gastronomique [gastrɔnɔmik] ADJ : **menu ~** menú *m* gastronómico
gâté, e [gɑte] ADJ (*fruit*) estropeado(-a); (*enfant*) mimado(-a), malcriado(-a)
gâteau, x [gɑto] NM pastel *m*, tarta; **~ d'anniversaire** pastel de cumpleaños; **~ de riz** pastel de arroz; **~ sec** galleta ▸ ADJ (*fam*) : **papa-/maman-~** padrazo (*fam*)/madraza (*fam*)

⚠ No debe traducirse por *gato*, que en francés corresponde a **chat**.

gâter [gɑte] VT (*personne*) mimar, malcriar; (*plaisir, vacances*) estropear ■ **se gâter** VPR (*dent, fruit*) picarse; (*temps, situation*) empeorar
gâterie [gɑtri] NF chuchería
gâteux, -euse [gɑtø, øz] ADJ chocho(-a)
gâtisme [gɑtism] NM chochez *f*
gauche [goʃ] ADJ izquierda; (*personne, style*) torpe ▸ NM (*Boxe*) : **direct du ~** directo de izquierda ▸ NF izquierda; **à ~** a la izquierda; **à (la) ~ de** a la izquierda de; **de ~** (*Pol*) de izquierdas
gauchement [goʃmɑ̃] ADV torpemente
gaucher, -ère [goʃe, ɛr] ADJ, NM/F zurdo(-a)
gaucherie [goʃri] NF torpeza
gauchir [goʃir] VT (*planche, objet*) torcer; (*fig*) deformar
gauchisant, e [goʃizɑ̃, ɑ̃t] ADJ simpatizante de la izquierda
gauchisme [goʃism] NM política de izquierdas
gauchiste [goʃist] ADJ, NMF izquierdista *mf*
gaudriole [godrijɔl] NF (*choses de l'amour*) ñacañaca *m* (*fam*); **il ne pense qu'à la ~** no piensa más que en el sexo
gaufre [gofr] NF (*pâtisserie*) gofre *m*; (*de cire*) panal *m*
gaufrer [gofre] VT gofrar
gaufrette [gofrɛt] NF barquillo
gaufrier [gofrije] NM barquillero (eléctrico)
Gaule [gol] NF Galia
gaule [gol] NF (*perche*) vara; (*canne à pêche*) caña
gauler [gole] VT varear
gaullisme [golism] NM gaullismo
gaulliste [golist] ADJ, NMF gaullista *mf*
gaulois, e [golwa, waz] ADJ galo(-a); (*grivois*) picante ▸ NM/F : **Gaulois, e** galo(-a)
gauloiserie [golwazri] NF chiste *m* verde
gausser [gose] : **se gausser de** VPR mofarse de
gavage [gavaʒ] NM (*d'animaux*) cebadura
gaver [gave] VT (*un animal*) cebar; **~ de** (*fig*) atiborrar de ■ **se gaver** VPR : **se ~ de** atiborrarse de
gay [gɛ] (*fam*) ADJ, NM gay *m*
gaz [gɑz] NM INV gas *m*; **avoir des ~** tener gases; **mettre les ~** (*Auto*) pisar el acelerador; **chambre/masque à ~** cámara/máscara de gas; **~ à effet de serre** gas de efecto invernadero; **~ butane** gas butano; **~ carbonique** gas carbónico; **~ de schiste** gas de esquisto; **~ de ville** gas ciudad; **~ en bouteilles** gas en bombonas; **~ hilarant/lacrymogène** gas hilarante/lacrimógeno; **~ naturel/propane** gas natural/propano
gazage [gɑzaʒ] NM gaseado
gaze [gɑz] NF gasa
gazéifié, e [gazeifje] ADJ : **eau/boisson gazéifiée** agua/bebida gasificada
gazelle [gazɛl] NF gacela
gazer [gɑze] VT gasear ▸ VI (*fam*) ir bien; (: *projet*) marchar, pitar (*fam*)
gazette [gazɛt] NF gaceta
gazeux, -euse [gɑzø, øz] ADJ gaseoso(-a); **eau/boisson gazeuse** agua/bebida con gas
gazinière [gɑzinjɛr] NF cocina de gas
gazoduc [gɑzodyk] NM gasoducto, gaseoducto
gazole [gazɔl] NM = **gas-oil**
gazomètre [gɑzɔmɛtr] NM gasómetro
gazon [gɑzɔ̃] NM césped *m*; **motte de ~** cepellón *m*
gazonné, e [gɑzɔne] ADJ cubierto(-a) de césped, encespedado(-a)

g

gazonner [gazɔne] VT encespedar
gazouillement [gazujmɑ̃] NM gorjeo
gazouiller [gazuje] VI gorjear
gazouillis [gazuji] NMPL gorjeo
GDF [ʒedeɛf] SIGLE M = **Gaz de France**
geai [ʒɛ] NM arrendajo
géant, e [ʒeɑ̃, ɑ̃t] ADJ gigante ▶ NM/F gigante(-a)
gecko [ʒeko] NM geco
gégène [ʒeʒɛn] NF (*torture*) tortura con electrochoque
geignard, e [ʒɛɲaʀ, aʀd] ADJ (*fam : personne*) quejica (*fam*); (*voix, ton*) quejoso(-a)
geignement [ʒɛɲmɑ̃] NM gemido
geindre [ʒɛ̃dʀ] VI gemir; (*fam : se lamenter*) quejarse
gel [ʒɛl] NM (*temps*) helada; (*de l'eau*) hielo; (*cosmétique*) gel *m*; (*fig*) congelación *f*; **le ~ des prix** la congelación de los precios; **~ douche** gel de ducha
gélatine [ʒelatin] NF gelatina
gélatineux, -euse [ʒelatinø, øz] ADJ gelatinoso(-a)
gelé, e [ʒ(ə)le] ADJ helado(-a); (*Écon*) congelado(-a)
gelée [ʒ(ə)le] NF (*Culin*) gelatina; (*Météo*) helada; **viande en ~** carne *f* en gelatina; **~ blanche** escarcha; **~ royale** jalea real
geler [ʒ(ə)le] VT (*sol, liquide*) helar; (*Écon, aliment*) congelar ▶ VI (*sol, personne*) helarse ▶ VB IMPERS helar; **il gèle** hiela
gélifiant [ʒelifjɑ̃] NM gelificante *m*
gélule [ʒelyl] NF gragea
gelure [ʒ(ə)lyʀ] NF congelación *f*
Gémeaux [ʒemo] NMPL (*Astrol*) : **les ~** Géminis *mpl*; **être ~** ser Géminis
gémir [ʒemiʀ] VI gemir
gémissant, e [ʒemisɑ̃, ɑ̃t] ADJ quejumbroso(-a)
gémissement [ʒemismɑ̃] NM gemido
gemme [ʒɛm] NF gema; *voir aussi* **sel**
gémonies [ʒemɔni] NFPL : **vouer qn aux ~** cubrir de oprobio a algn
gênant, e [ʒɛnɑ̃, ɑ̃t] ADJ molesto(-a)
gencive [ʒɑ̃siv] NF encía
gendarme [ʒɑ̃daʀm] NMF gendarme *mf*, ≈ guardia *mf* civil
gendarmer [ʒɑ̃daʀme] : **se gendarmer** VPR encolerizarse
gendarmerie [ʒɑ̃daʀməʀi] NF ≈ Guardia Civil; (*caserne, bureaux*) ≈ cuartel *m* de la Guardia Civil
gendre [ʒɑ̃dʀ] NM yerno
gène [ʒɛn] NM gen *m*; **~ dominant/récessif** gen dominante/recesivo
gêne [ʒɛn] NF (*à respirer, bouger*) molestia; (*dérangement*) malestar *m*; (*manque d'argent*) aprieto; (*embarras, confusion*) incomodidad *f*; **sans ~** descarado(-a); **« veuillez nous excuser de la ~ occasionnée »** « les rogamos disculpen las molestias ocasionadas »
gêné, e [ʒene] ADJ embarazoso(-a); (*dépourvu d'argent*) apurado(-a); **tu n'es pas ~ !** ¡qué fresco eres!
généalogie [ʒenealɔʒi] NF genealogía
généalogique [ʒenealɔʒik] ADJ genealógico(-a)
généalogiste [ʒenealɔʒist] NMF genealogista *mf*
gêner [ʒene] VT (*incommoder*) molestar; (*encombrer*) estorbar; (*déranger*) trastornar; **~ qn** (*embarrasser*) violentar a algn ■ **se gêner** VPR molestarse; **je vais me ~ !** (*fam, iron*) ¡no pienso cortarme!; **ne vous gênez pas !** (*fam, iron*) ¡no se corte!
général, e, -aux [ʒeneʀal, o] ADJ, NM general *m*; **en ~** en general; **à la satisfaction générale** con la satisfacción unánime; **à la demande générale** a petición general; **assemblée/grève générale** asamblea/huelga general; **culture/médecine générale** cultura/medicina general ▶ NF : **(répétition) générale** ensayo general
généralement [ʒeneʀalmɑ̃] ADV (*communément*) al nivel general; (*habituellement*) generalmente; **~ parlant** en términos generales
généralisable [ʒeneʀalizabl] ADJ generalizable
généralisation [ʒeneʀalizasjɔ̃] NF generalización *f*
généralisé, e [ʒeneʀalize] ADJ generalizado(-a)
généraliser [ʒeneʀalize] VT, VI generalizar ■ **se généraliser** VPR generalizarse
généraliste [ʒeneʀalist] NMF (médico(-a)) generalista *mf*
généralité [ʒeneʀalite] NF, ■ **généralités** NFPL (*banalités, introduction*) generalidades *fpl*
générateur, -trice [ʒeneʀatœʀ, tʀis] ADJ : **~ de** creador(a) de ▶ NM (*Tech, Inform*) generador *m*
génération [ʒeneʀasjɔ̃] NF generación *f*
génératrice [ʒeneʀatʀis] NF generador *m*
générer [ʒeneʀe] VT generar
généreusement [ʒeneʀøzmɑ̃] ADV generosamente; (*avec abondance*) en abundancia
généreux, -euse [ʒeneʀø, øz] ADJ generoso(-a)
générique [ʒeneʀik] ADJ genérico(-a); **médicaments génériques** medicamentos genéricos ▶ NM (*Ciné, TV*) créditos *mpl*, títulos *mpl* de crédito, ficha técnica
générosité [ʒeneʀozite] NF generosidad *f*
genèse [ʒənɛz] NF génesis *f*
genêt [ʒ(ə)nɛ] NM retama
généticien, ne [ʒenetisjɛ̃, jɛn] NM/F genetista *mf*
génétique [ʒenetik] ADJ genético(-a) ▶ NF genética

génétiquement [ʒenetikmɑ̃] ADV genéticamente; **~ modifié** genéticamente modificado(-a)
gêneur, -euse [ʒɛnœʀ, øz] NM/F (*qui gêne*) estorbo; (*importun*) importuno(-a)
Genève [ʒ(ə)nɛv] N Ginebra
genevois, e [ʒən(ə)vwa, waz] ADJ ginebrino(-a) ▸ NM/F : **Genevois, e** ginebrino(-a)
genévrier [ʒənevʀije] NM enebro
génial, e, -aux [ʒenjal, jo] (*aussi fam*) ADJ genial
génie [ʒeni] NM genio; **le ~** (*Mil*) el cuerpo de ingenieros; **de ~** genial; **bon/mauvais ~** espíritu *m* favorable/maligno; **avoir du ~** ser un genio; **~ civil** cuerpo de ingeniería civil
genièvre [ʒənjɛvʀ] NM (*Bot, Culin*) enebro; (*boisson*) ginebra; **grain de ~** enebrina
génique [ʒenik] ADJ génico(-a)
génisse [ʒenis] NF ternera; **foie de ~** hígado de ternera
génital, e, -aux [ʒenital, o] ADJ genital
géniteur, -trice [ʒenitœʀ, tʀis] NM/F (*hum*) progenitor(a), viejo(-a) (*fam*)
génitif [ʒenitif] NM genitivo
génocide [ʒenɔsid] NM genocidio
génois, e [ʒenwa, waz] ADJ genovés(-esa) ▸ NM/F : **Génois, e** genovés(-esa) ▸ NF (*gâteau*) bizcocho
génome [ʒenom] NM genoma *m*
génomique [ʒenomik] NF (*Biol*) genómica
génotype [ʒenotip] (*Biol*) NM genotipo
genou, x [ʒ(ə)nu] NM rodilla; **à genoux** de rodillas; **se mettre à genoux** ponerse de rodillas; **prendre qn sur ses genoux** poner a algn encima de sus rodillas
genouillère [ʒ(ə)nujɛʀ] NF rodillera
genre [ʒɑ̃ʀ] NM género; (*allure*) estilo; **se donner un ~** darse tono; **avoir bon/mauvais ~** (*allure*) tener buena/mala pinta; (*éducation*) tener buenos/malos modales; **études de** *ou* **sur le ~** estudios de género; **s'accorder en ~ et en nombre** (*Ling*) concordar en género y número
gens [ʒɑ̃] NMPL gente *f*; **de braves ~** buena gente; **de vieilles ~** ancianos; **les ~ d'Église** el clero; **les ~ du monde** la gente mundana; **jeunes ~** jóvenes *mpl*; **~ de maison** servidumbre *f*
gentiane [ʒɑ̃sjan] NF genciana; (*boisson*) aperitivo de genciana
gentil, le [ʒɑ̃ti, ij] ADJ (*aimable*) amable; (*enfant*) bueno(-a); (*endroit etc*) agradable; (*intensif*) encantador(a); **un ~ garçon** un niño bueno; **c'est très ~ à vous** es muy amable de su parte
gentilhomme [ʒɑ̃tijɔm] (*pl* **gentilshommes** [ʒɑ̃tizɔm]) NM (*noble*) gentilhombre *m*
gentilhommière [ʒɑ̃tijɔmjɛʀ] NF casa solariega
gentillesse [ʒɑ̃tijɛs] NF (*voir adj*) amabilidad *f*; bondad *f*
gentillet, te [ʒɑ̃tijɛ, ɛt] ADJ agradable
gentiment [ʒɑ̃timɑ̃] ADV amablemente
gentleman [dʒɑ̃tləmɛn] NM (*homme courtois*) caballero
génuflexion [ʒenyflɛksjɔ̃] NF genuflexión *f*
géodésie [ʒeɔdezi] NF geodesia
géodésique [ʒeɔdezik] ADJ geodésico(-a)
géographe [ʒeɔgʀaf] NMF geógrafo(-a)
géographie [ʒeɔgʀafi] NF geografía
géographique [ʒeɔgʀafik] ADJ geográfico(-a)
geôlier [ʒolje] NM carcelero
géolocalisation [ʒeolokalizasjɔ̃] NF geolocalización *f*
géolocaliser [ʒeolokalize] VT geolocalizar
géologie [ʒeɔlɔʒi] NF geología
géologique [ʒeɔlɔʒik] ADJ geológico(-a)
géologiquement [ʒeɔlɔʒikmɑ̃] ADV geológicamente
géologue [ʒeɔlɔg] NMF geólogo(-a)
géomancie [ʒeɔmɑ̃si] NF geomancia
géomètre [ʒeɔmɛtʀ] NMF : **(arpenteur-)~** agrimensor(a)
géométrie [ʒeɔmetʀi] NF geometría; **à ~ variable** (*Aviat, fig*) de geometría variable
géométrique [ʒeɔmetʀik] ADJ geométrico(-a)
géomorphologie [ʒeomɔʀfɔlɔʒi] NF geomorfología
géophysicien, ne [ʒeofizisjɛ̃, jɛn] NM/F geofísico(-a)
géophysique [ʒeofizik] NF geofísica
géopolitique [ʒeopɔlitik] NF geopolítica
Géorgie [ʒeɔʀʒi] NF Georgia; **~ du Sud** Georgias *fpl* del Sur
géorgien, ne [ʒeɔʀʒjɛ̃, jɛn] ADJ georgiano(-a) ▸ NM/F : **Géorgien, ne** georgiano(-a)
géostationnaire [ʒeostasjɔnɛʀ] ADJ geoestacionario(-a)
géothermie [ʒeotɛʀmi] NF geotermia
géothermique [ʒeotɛʀmik] ADJ : **énergie ~** energía geotérmica
gérable [ʒeʀabl] ADJ (*situation, projet*) manejable, controlable
gérance [ʒeʀɑ̃s] NF gerencia; **mettre en ~** poner en gestión; **prendre en ~** gestionar
géranium [ʒeʀanjɔm] NM geranio
gérant, e [ʒeʀɑ̃, ɑ̃t] NM/F gerente *mf*; **~ d'immeuble** administrador(a) de fincas
gerbe [ʒɛʀb] NF (*de fleurs*) ramo; (*de blé*) gavilla; (*d'eau*) chorro; (*de particules*) haz *m*; (*d'étincelles*) lluvia
gerber [ʒɛʀbe] VI (*fam : vomir*) potar (*fam*), echar la pota (*fam*)
gercé, e [ʒɛʀse] ADJ agrietado(-a)
gercer [ʒɛʀse] VI agrietar ■ **se gercer** VPR agrietarse
gerçure [ʒɛʀsyʀ] NF grieta

g

gérer [ʒeʀe] VT administrar; (*situation, projet*) manejar, controlar
gerfaut [ʒɛʀfo] NM gerifalte *m* (*halcón*)
gériatrie [ʒeʀjatʀi] NF geriatría
gériatrique [ʒeʀjatʀik] ADJ geriátrico(-a)
germain, e [ʒɛʀmɛ̃, ɛn] ADJ *voir* **cousin**
germanique [ʒɛʀmanik] ADJ germánico(-a)
germaniste [ʒɛʀmanist] NMF germanista *mf*
germanophone [ʒɛʀmanɔfɔn] ADJ, NMF germanohablante *mf*
germanopratin, e [ʒɛʀmanɔpʀatɛ̃, in] ADJ del barrio parisino de Saint-Germain-des-Prés
germe [ʒɛʀm] NM germen *m*; (*pousse*) brote *m*; **~ de blé** germen de trigo
germer [ʒɛʀme] VI germinar
gérondif [ʒeʀɔ̃dif] NM gerundio
gérontocratie [ʒeʀɔ̃tɔkʀasi] NF gerontocracia
gérontologie [ʒeʀɔ̃tɔlɔʒi] NF gerontología
gérontologue [ʒeʀɔ̃tɔlɔg] NMF gerontólogo(-a)
GES [ʒeəɛs] SIGLE MPL (= *gaz à effet de serre*) GEI *mpl* (= *gases de efecto invernadero*)
gésier [ʒezje] NM molleja
gésir [ʒeziʀ] VI yacer; *voir* **ci-gît**
gestation [ʒɛstasjɔ̃] NF gestación *f*
geste [ʒɛst] NM gesto; **s'exprimer par gestes** expresarse mediante gestos; **faire un ~ de refus** hacer un ademán de desaprobación; **il fit un ~ de la main pour m'appeler** me llamó con la mano; **ne faites pas un ~** no haga ni el menor gesto
gesticuler [ʒɛstikyle] VI gesticular
gestion [ʒɛstjɔ̃] NF gestión *f*; **la ~ différenciée des espaces verts** la gestión diferenciada de las zonas verdes; **~ de fichier(s)** (*Inform*) gestión de fichero(s)
gestionnaire [ʒɛstjɔnɛʀ] NMF gestor(-a)
gestuelle [ʒɛstɥɛl] NF gestualidad *f*
geyser [ʒɛzɛʀ] NM géiser *m*
Ghana [gana] NM Ghana
ghetto [geto] NM gueto
ghettoïsation [getoizasjɔ̃] NF conversión *f* en gueto, guetización *f*
ghettoïser [getoize] VT convertir en gueto
gibbon [ʒibɔ̃] NM gibón *m*
gibecière [ʒib(ə)sjɛʀ] NF (*de chasseur*) morral *m*; (*sac en bandoulière*) bandolera
gibelotte [ʒiblɔt] NF estofado de conejo
gibet [ʒibɛ] NM horca
gibier [ʒibje] NM caza; (*fig*) presa
giboulée [ʒibule] NF chaparrón *m*
giboyeux, -euse [ʒibwajø, øz] ADJ rico(-a) en caza
Gibraltar [ʒibʀaltaʀ] NM Gibraltar *m*
gibus [ʒibys] NM clac *m*
giclée [ʒikle] NF chorro
gicler [ʒikle] VI brotar
gicleur [ʒiklœʀ] NM (*Auto*) surtidor *m* (de parabrisas)
GIE [ʒeiə] SIGLE M (= *groupement d'intérêt économique*) *voir* **groupement**
gifle [ʒifl] NF bofetada
gifler [ʒifle] VT abofetear
gigantesque [ʒigɑ̃tɛsk] ADJ gigantesco(-a)
gigantisme [ʒigɑ̃tism] NM gigantismo
gigaoctet [ʒigaɔktɛ] NM gigabyte *m*
GIGN [ʒeiʒeɛn] SIGLE M (= *Groupe d'intervention de la gendarmerie nationale*) ≈ GEO *mpl* (= *Grupo Especial de Operaciones*)
gigogne [ʒigɔɲ] ADJ : **lits/tables gigognes** camas *fpl*/mesas *fpl* nido; **poupées gigognes** muñecas *fpl* encajables
gigolo [ʒigɔlo] NM gigolo
gigot [ʒigo] NM (*Culin*) : **~ (d'agneau)** pierna de cordero
gigoter [ʒigɔte] VI patalear
gigue [ʒig] NF (*fam*) : **une grande ~** una jirafa (*fam*), una espingarda (*fam*)
gilet [ʒilɛ] NM (*de costume*) chaleco; (*tricot*) chaqueta (de punto); (*sous-vêtement*) camiseta; **~ de sauvetage** chaleco salvavidas; **~ de sécurité** chaleco reflectante; **~ pare-balles** chaleco antibalas
gin [dʒin] NM ginebra
gingembre [ʒɛ̃ʒɑ̃bʀ] NM jenjibre *m*
gingivite [ʒɛ̃ʒivit] NF gingivitis *f inv*
girafe [ʒiʀaf] NF jirafa
giratoire [ʒiʀatwaʀ] ADJ : **sens ~** sentido giratorio
girofle [ʒiʀɔfl] NF : **clou de ~** clavo
giroflée [ʒiʀɔfle] NF alhelí *m*
girolle [ʒiʀɔl] NF rebozuelo
giron [ʒiʀɔ̃] NM (*genoux*) regazo; (*fig*) seno
Gironde [ʒiʀɔ̃d] NF Gironda *m*
gironde [ʒiʀɔ̃d] ADJ F (*fam : bien faite*) bien plantada (*fam*); (*bien en chair*) rellenita (*fam*)
girouette [ʒiʀwɛt] NF veleta
gisait *etc* [ʒizɛ] VB *voir* **gésir**
gisant [ʒizɑ̃] NM estatua yacente
gisement [ʒizmɑ̃] NM yacimiento
gît [ʒiz] VB *voir* **gésir**
gitan, e [ʒitɑ̃, an] NM/F gitano(-a)
gîte [ʒit] NM (*maison*) morada; (*du lièvre*) cama; **le ~ et le couvert** techo y comida; **~ rural** casa de turismo rural
gîter [ʒite] VI dar de banda
givrage [ʒivʀaʒ] NM formación *f* de hielo
givrant, e [ʒivʀɑ̃, ɑ̃t] ADJ : **brouillard ~** helada
givre [ʒivʀ] NM escarcha
givré, e [ʒivʀe] ADJ : **citron/orange ~(e)** limón *m* escarchado/naranja escarchada; (*fam*) tronado(-a) (*fam*)
glabre [glabʀ] ADJ lampiño(-a)

glaçage [glasaʒ] NM glaseado
glace [glas] NF hielo; (*crème glacée*) helado; (*verre*) cristal *m*; (*miroir*) espejo; (*de voiture*) ventanilla; **de ~** (*fig*) frío(-a); **il est resté de ~** ni se inmutó; **rompre la ~** (*fig*) romper el hielo ■ **glaces** NFPL (*Géo*) hielos *mpl*
glacé, e [glase] ADJ helado(-a); (*fig*) frío(-a)
glacer [glase] VT (*lac, eau*) helar; (*refroidir*) enfriar; (*Culin, papier, tissu*) glasear; **~ qn** (*fig*) dejar helado(-a) a algn
glaciaire [glasjɛʀ] ADJ glaciar
glacial, e [glasjal] ADJ glacial
glaciation [glasjasjɔ̃] NF (*période*) glaciación *f*
glacier [glasje] NM (*Géo*) glaciar *m*; (*marchand*) heladero; **~ suspendu** glaciar suspendido
glacière [glasjɛʀ] NF nevera
glaçon [glasɔ̃] NM témpano; (*pour boisson*) cubito de hielo
gladiateur [gladjatœʀ] NM gladiador *m*
glaïeul [glajœl] NM gladiolo
glaire [glɛʀ] NM flema
glaise [glɛz] NF greda
glaive [glɛv] NM espada
glamour [glamuʀ] NM glamour *m* ▸ ADJ glamuroso(-a)
gland [glɑ̃] NM (*de chêne*) bellota; (*décoration*) borla; (*Anat*) glande *m*
glande [glɑ̃d] NF glándula
glander [glɑ̃de] (*fam*) VI holgazanear, rascarse la barriga (*fam*)
glandeur, -euse [glɑ̃dœʀ, øz] (*fam*) NM/F zángano(-a) (*fam*)
glandouiller [glɑ̃duje] VI (*fam*) holgazanear, rascarse la barriga (*fam*)
glaner [glane] VI (*Agr*) espigar ▸ VT (*fig*) recoger
glapir [glapiʀ] VI gañir
glapissement [glapismɑ̃] NM gañido
glas [glɑ] NM doble *m*, toque *m* de difuntos; **sonner le ~** doblar, tocar a muerto; **sonner le ~ de qch** (*fig*) acabar con algo
glaucome [glokom] NM glaucoma *m*
glauque [glok] ADJ glauco(-a); (*fig*) triste
glissade [glisad] NF (*par jeu*) deslizamiento; (*chute*) resbalón *m*; **faire des glissades** deslizarse
glissant, e [glisɑ̃, ɑ̃t] ADJ resbaladizo(-a); **sur un terrain ~** (*fig*) en terreno resbaladizo
glisse [glis] NF : **sports de ~** *deportes de deslizamiento*
glissement [glismɑ̃] NM (*aussi fig*) deslizamiento; **~ de terrain** corrimiento de tierra
glisser [glise] VI resbalar; (*patineur, fig*) deslizarse; **~ sur** (*détail, fait*) pasar por alto ▸ VT (*introduire : erreur, citation*) deslizar; (*mot, conseil*) decir discretamente; **~ qch sous/dans** meter algo bajo/en ■ **se glisser** VPR (*erreur*) deslizarse; **se ~ dans/entre** deslizarse *ou* escurrirse en/entre
glisser-déposer [glisedepoze] NM INV operación *f* de arrastrar y soltar ▸ VT arrastrar y soltar
glissière [glisjɛʀ] NF corredera; **à ~** (*porte, fenêtre*) de corredera; **~ de sécurité** valla de seguridad
glissoire [gliswaʀ] NF resbaladero
global, e, -aux [glɔbal, o] ADJ global
globalement [glɔbalmɑ̃] ADV globalmente
globalisation [glɔbalizasjɔ̃] NF globalización *f*
globalité [glɔbalite] NF globalidad *f*; **dans sa ~** en su globalidad
globe [glɔb] NM globo; (*d'une pendule*) fanal *m*; (*d'un objet*) campana de cristal; **sous ~** (*fig*) en una urna; **~ oculaire/terrestre** globo ocular/terrestre
globe-trotter [glɔbtʀɔtœʀ] (*pl* **globe-trotters**) NM trotamundos *m inv*
globulaire [glɔbylɛʀ] ADJ : **numération ~** recuento globular
globule [glɔbyl] NM glóbulo
globuleux, -euse [glɔbylø, øz] ADJ : **yeux ~** ojos *mpl* saltones
gloire [glwaʀ] NF gloria; (*mérite*) mérito; **une ~ de la musique cubaine** una gloria de la música cubana
glorieux, -euse [glɔʀjø, jøz] ADJ glorioso(-a)
glorifier [glɔʀifje] VT glorificar ■ **se glorifier de** VPR vanagloriarse de
gloriole [glɔʀjɔl] NF vanagloria
glose [gloz] NF glosa
gloser [gloze] VI : **~ sur qch** departir sobre algo
glossaire [glɔsɛʀ] NM glosario
glotte [glɔt] NF glotis *f inv*
glouglouter [gluglute] VI hacer gluglú
gloussement [glusmɑ̃] NM cloqueo; (*rire*) risa ahogada
glousser [gluse] VI cloquear; (*rire*) reír ahogadamente
glouton, ne [glutɔ̃, ɔn] ADJ glotón(-ona)
gloutonnerie [glutɔnʀi] NF glotonería
glu [gly] NF liga
gluant, e [glyɑ̃, ɑ̃t] ADJ pegajoso(-a)
glucide [glysid] NM glúcido
glucose [glykoz] NM glucosa
glutamate [glytamat] NM : **~ de sodium** glutamato de sodio, glutamato monosódico
gluten [glytɛn] NM gluten *m*
glycémie [glisemi] NF glucemia
glycérine [gliseʀin] NF glicerina
glycine [glisin] NF glicina
GMT [ʒeɛmte] ABR (= *Greenwich Mean Time*) *hora media de Greenwich*
gnangnan [ɲɑ̃ɲɑ̃] (*fam*) ADJ quejica
GNL [ʒeɛnɛl] SIGLE M = **gaz naturel liquéfié**
gnognote, gnognotte [ɲɔɲɔt] (*fam*) NF : **c'est de la ~** no vale nada, es de chicha y nabo

g

(*fam*); **c'est pas de la ~** no es moco de pavo (*fam*)
gnôle [ɲol] (*fam*) NF aguardiente *m*
gnome [gnom] NM gnomo
gnon [ɲɔ̃] (*fam*) NM porrazo (*fam*)
gnou [gnu] NM ñu *m*
GO [ʒeo] SIGLE FPL (= *grandes ondes*) OL (= *ondas largas*) ▸ SIGLE M (= *gentil organisateur*) *animador turístico del Club Mediterráneo*
go [go] : **tout de go** *adv* de sopetón
goal [gol] NM portero, guardameta *m*
gobelet [gɔblɛ] NM cubilete *m*
gober [gɔbe] VT tragarse entero(-a); (*fig*) tragar
goberger [gɔbɛʀʒe] (*fam*) : **se goberger** VPR darse la vida padre (*fam*)
Gobi [gɔbi] N : **désert de ~** desierto de Gobi
godasse [gɔdas] (*fam*) NF zapato
godet [gɔdɛ] NM (*verre*) vaso de chupito; (*récipient*) pocillo; (*Couture*) pliegue *m*
godiche [gɔdiʃ] (*fam*) ADJ, NMF (*maladroit*) patoso(-a) (*fam*); (*niais*) lelo(-a)
godille [gɔdij] NF (*Navigation*) espadilla; (*Ski*) wedeln *m*, *técnica de descenso en esquí que consiste en dar giros cortos con los esquís paralelos*
godiller [gɔdije] VI (*Naut*) cinglar; (*Ski*) virar en cuña
godillot [gɔdijo] (*fam*) NM (*gros soulier*) zapatón *m*
goéland [gɔelɑ̃] NM gaviota
goélette [gɔelɛt] NF goleta
goémon [gɔemɔ̃] NM *tipo de fuco*
gogo [gɔgo] (*péj*) NM primo; **à ~** en cantidad
goguenard, e [gɔg(ə)naʀ, aʀd] ADJ guasón(-ona)
goguette [gɔgɛt] NF : **en ~** achispado(-a)
goinfre [gwɛ̃fʀ] ADJ, NMF tragón(-ona)
goinfrer [gwɛ̃fʀe] : **se goinfrer** VPR atiborrarse, atracarse; **se ~ de qch** atiborrarse de algo
goinfrerie [gwɛ̃fʀəʀi] NF glotonería
goitre [gwatʀ] NM bocio
golf [gɔlf] NM golf *m*; **~ miniature** minigolf *m*
golfe [gɔlf] NM golfo; **~ d'Aden/de Gascogne/du Lion** golfo de Adén/de Vizcaya/de León; **~ Persique** golfo Pérsico
golfeur, -euse [gɔlfœʀ, øz] NM/F jugador(a) de golf
gominé, e [gɔmine] ADJ engominado(-a)
gommage [gɔmaʒ] NM peeling *m*
gomme [gɔm] NF (*à effacer*) goma (de borrar); (*résine*) resina; **boule de ~** gominola
gommé, e [gɔme] ADJ : **papier ~** papel *m* engomado
gommer [gɔme] VT (*aussi fig*) borrar; (*enduire de gomme*) engomar; (*détails etc*) atenuar
gond [gɔ̃] NM gozne *m*; **sortir de ses gonds** (*fig*) salirse de sus casillas
gondole [gɔ̃dɔl] NF góndola; (*pour l'étalage*) estantería
gondoler [gɔ̃dɔle] VI abombarse ▪ **se gondoler** VPR abombarse; (*fam*) desternillarse de risa
gondolier [gɔ̃dɔlje] NM gondolero
gonflable [gɔ̃flabl] ADJ hinchable
gonflage [gɔ̃flaʒ] NM hinchado
gonflant, e [gɔ̃flɑ̃, ɑ̃t] ADJ (*fam : personne*) pelmazo(-a) (*fam*); (*: chose*) pesado(-a) (*fam*); **j'ai trouvé ça ~** ha sido un rollo (*fam*)
gonflé, e [gɔ̃fle] ADJ hinchado(-a); **être ~** (*fam*) tener jeta (*fam*)
gonflement [gɔ̃fləmɑ̃] NM hinchamiento
gonfler [gɔ̃fle] VT hinchar; (*fam*) hartar, cargar (*fam*) ▸ VI hincharse; (*Culin, pâte*) inflarse
gonflette [gɔ̃flɛt] NF (*péj*) : **faire de la ~** hacer culturismo
gonfleur [gɔ̃flœʀ] NM bomba de aire
gong [gɔ̃(g)] NM (*Mus*) gong *m*; (*Boxe*) campana
gonzesse [gɔ̃zɛs] (*fam*) NF tía (*fam !*)
googler [gugle] VT googlear
goret [gɔʀɛ] NM lechón *m*
gorge [gɔʀʒ] NF garganta; (*poitrine*) pecho; (*Géo*) garganta, desfiladero; (*rainure*) ranura; **avoir mal à la ~** tener dolor de garganta; **avoir la ~ serrée** tener un nudo en la garganta
gorgé, e [gɔʀʒe] ADJ : **~ de** ahíto(-a) de; (*eau*) empapado(-a) de
gorgée [gɔʀʒe] NF trago; **boire à petites/grandes gorgées** beber a pequeños/grandes tragos
gorger [gɔʀʒe] : **se gorger** VPR : **se ~ de** (*personne*) atiborrarse de; (*terre*) empaparse de
gorgone [gɔʀgɔn] NF (*Mythologie, Art*) gorgona
gorille [gɔʀij] (*aussi fam*) NM gorila
gosier [gozje] NM garganta
gosse [gɔs] (*fam*) NMF chiquillo(-a), chamaco(-a) (*CAm, Mex*), pibe(-a) (*Arg*), cabro(-a) (*And, Chi*)
gotha [gɔta] NM (*élite*) élite *f*
gothique [gɔtik] ADJ gótico(-a); **~ flamboyant** gótico flamígero
gouache [gwaʃ] NF aguada
gouaille [gwɑj] NF guasa
goudron [gudʀɔ̃] NM alquitrán *m*
goudronner [gudʀɔne] VT alquitranar
gouffre [gufʀ] NM sima, precipicio; (*fig*) abismo
gougère [guʒɛʀ] NF *pastelillo de queso*
goujat [guʒa] NM patán *m*
goujaterie [guʒatʀi] NF patanería
goujon [guʒɔ̃] NM gobio
goulée [gule] NF (*bouchée*) bocado; (*gorgée*) trago
goulet [gulɛ] NM boca
gouleyant, e [gulɛjɑ̃, ɑ̃t] ADJ (*vin*) suave
goulot [gulo] NM cuello; **boire au ~** beber a morro
goulu, e [guly] ADJ glotón(-ona)

goulûment [gulymɑ̃] ADV glotonamente, como un(a) glotón(-ona)

goupille [gupij] NF (*Tech*) pasador *m*

goupiller [gupije] VT (*Tech*) sujetar (con pasador) ■ **se goupiller** VPR (*fam*) : **ça s'est bien/mal goupillé** toda ha ido *ou* salido bien/mal

goupillon [gupijɔ̃] NM (*Rel*) hisopo; (*brosse*) escobilla; **le ~** (*fig*) la Iglesia

gourd, e [guʀ, guʀd] ADJ entumecido(-a)

gourde [guʀd] NF (*récipient*) cantimplora; (*fam*) zoquete *mf* (*fam*)

gourdin [guʀdɛ̃] NM porra

gourer [guʀe] (*fam*) : **se gourer** VPR equivocarse

gourmand, e [guʀmɑ̃, ɑ̃d] ADJ goloso(-a)

gourmandise [guʀmɑ̃diz] NF gula; (*bonbon*) golosina

gourmet [guʀmɛ] NM gastrónomo(-a)

gourmette [guʀmɛt] NF pulsera (con el nombre)

gourou [guʀu] NM gurú *m*

gousse [gus] NF vaina; **~ d'ail** diente *m* de ajo

gousset [gusɛ] NM bolsillo

goût [gu] NM gusto, sabor *m*; (*fig*) gusto; **le bon ~** el buen gusto; **de bon/mauvais ~** de buen/mal gusto; **avoir du/manquer de ~** tener/no tener gusto; **avoir bon/mauvais ~** (*aliment*) saber bien/mal; (*personne*) tener mucho/poco gusto; **avoir du ~ pour** tener inclinación por; **prendre ~ à** aficionarse a ■ **goûts** NMPL : **chacun ses goûts** cado uno tiene sus gustos

goûter [gute] VT (*essayer* : *aussi* : **goûter à**) probar; (*apprécier*) apreciar; **~ de qch** probar algo ▶ VI merendar ▶ NM merienda; **~ d'anniversaire/d'enfants** merienda de cumpleaños/de niños

goutte [gut] NF gota; (*alcool*) aguardiente *m*; **~ à ~** gota a gota ■ **gouttes** NFPL (*Méd*) gotas *fpl*

goutte-à-goutte [gutagut] NM INV bomba de perfusión; **alimenter au ~** alimentar gota a gota

gouttelette [gut(ə)lɛt] NF gotita

goutter [gute] VI gotear

gouttière [gutjɛʀ] NF canalón *m*

gouvernail [guvɛʀnaj] NM timón *m*

gouvernance [guvɛʀnɑ̃s] NF gobernanza

gouvernant, e [guvɛʀnɑ̃, ɑ̃t] ADJ gobernante

gouvernante [guvɛʀnɑ̃t] NF institutriz *f*

gouverne [guvɛʀn] NF : **pour sa ~** para su gobierno

gouvernement [guvɛʀnəmɑ̃] NM gobierno; **membre du ~** miembro del gobierno

gouvernemental, e, -aux [guvɛʀnəmɑ̃tal, o] ADJ gubernamental

gouverner [guvɛʀne] VT gobernar; (*fig* : *émotions*) dominar

gouverneur [guvɛʀnœʀ] NM gobernador *m*

goyave [gɔjav] NF guayaba

GPA [ʒepea] SIGLE F (= *gestation pour autrui*) gestación *f* subrogada

GPL [ʒepeɛl] SIGLE M (= *gaz de pétrole liquéfié*) GLP *m* (= *gas licuado de petróleo*)

graal [gʀal] NM (*Rel*) (santo) grial *m*; (*fig*) piedra filosofal; **le ~ de la finance d'entreprise, c'est la croissance à deux chiffres du bénéfice opérationnel** la piedra filosofal de las finanzas corporativas es el crecimiento de dos dígitos del beneficio operativo

grabataire [gʀabatɛʀ] ADJ encamado(-a)

grabuge [gʀabyʒ] (*fam*) NM bronca

grâce [gʀɑs] NF gracia; (*faveur*) favor *m*; (*Jur*) indulto; **de bonne/mauvaise ~** de buena/mala gana; **faire ~ à qn de qch** perdonar algo a algn; **rendre ~(s) à** dar las gracias a; **demander ~** pedir perdón; **droit de/recours en ~** (*Jur*) derecho de/recurso de indulto; **~ à** gracias a ■ **grâces** NFPL (*Rel*) gracias *fpl*; **être dans les bonnes grâces de qn** gozar del favor de algn

gracier [gʀasje] VT indultar

gracieusement [gʀasjøzmɑ̃] ADV (*aimablement*) amablemente; (*gratuitement*) gratuitamente; (*avec grâce*) con gracia

gracieux, -euse [gʀasjø, jøz] ADJ elegante; (*charmant, élégant*) encantador(a); (*aimable*) amable; **à titre ~** con carácter gratuito; **concours ~** colaboración *f* desinteresada

gracile [gʀasil] ADJ grácil

gradation [gʀadasjɔ̃] NF gradación *f*

grade [gʀad] NM grado; **monter en ~** ascender de grado

gradé, e [gʀade] NM/F suboficial *mf*

gradin [gʀadɛ̃] NM grada ■ **gradins** NMPL (*de stade*) gradas *fpl*; **en gradins** en gradas

graduation [gʀadɥasjɔ̃] NF graduación *f*

gradué, e [gʀadɥe] ADJ graduado(-a); (*exercices*) progresivo(-a)

graduel, le [gʀadɥɛl] ADJ gradual

graduellement [gʀadɥɛlmɑ̃] ADV gradualmente

graduer [gʀadɥe] VT graduar; (*effort*) dosificar

graff [gʀaf] NM grafiti *m*

graffeur, -euse [gʀafœʀ, øz] NM/F grafitero(-a)

graffiti [gʀafiti] (*pl* **~(s)**) NM grafiti *m*

grailler [gʀɑje] VI (*fam* : *manger*) papear (*fam*), jalar (*fam*); (*corneille*) graznar ▶ VT (*fam* : *manger*) papear (*fam*), jalar (*fam*)

grain [gʀɛ̃] NM grano; (*de chapelet*) cuenta; (*averse*) aguacero; **un ~ de** (*fig*) una pizca de; **mettre son ~ de sel** (*fam*) meter la nariz; **~ de beauté** lunar *m*; **~ de café/de poivre** grano de café/de pimienta; **~ de poussière** mota de polvo; **~ de raisin** uva; **~ de sable** (*fig*) minucia

graine [gʀɛn] NF semilla; **mauvaise ~** (*fig*) mala hierba; **une ~ de voyou** un macarra en ciernes

graineterie [gʀɛntʀi] NF tienda de semillas

grainetier, -ière [gʀɛntje, jɛʀ] NM/F comerciante *mf* de semillas

g

graissage [gʀɛsaʒ] NM engrase *m*
graisse [gʀɛs] NF grasa
graisser [gʀese] VT engrasar; (*tacher*) manchar de grasa
graisseux, -euse [gʀɛsø, øz] ADJ grasiento(-a); (*Anat*) adiposo(-a)
graminée [gʀamine] NF (*Bot*) gramínea
grammaire [gʀa(m)mɛʀ] NF gramática
grammatical, e, -aux [gʀamatikal, o] ADJ gramatical
gramme [gʀam] NM gramo
grand, e [gʀɑ̃, gʀɑ̃d] ADJ grande; (*avant le nom*) gran; (*haut*) alto(-a); (*corde, voyage, période*) largo(-a); **de ~ matin** de madrugada; **un ~ homme/artiste** un gran hombre/artista; **un homme ~ et fort** un hombre alto y fuerte; **avoir ~ besoin de** tener mucha necesidad de; **il est ~ temps de** ya es hora de; **son ~ frère** su hermano mayor; **il est assez ~ pour** ya es bastante mayor para, ya tiene años para; **au ~ air** al aire libre; **au ~ jour** (*fig*) en pleno día, en plena luz; **faire le ~ écart** hacer el spagat; (*fig : Pol*) hacer malabarismos; **en ~** en grande; **faire les choses en ~** hacer las cosas a lo grande; **~ blessé/brûlé** herido/quemado grave; **~ écart** spagat *m*; **~ ensemble** gran barriada; **~ livre** (*Comm*) libro mayor; **~ magasin** grandes almacenes *mpl*; **~ malade/mutilé** enfermo/mutilado grave; **~ public** gran público; **grande personne** persona mayor; **grande surface** hipermercado; **grandes écoles** *universidades de élite francesas*; *ver nota*; **grandes lignes** líneas *fpl* principales; **grandes vacances** vacaciones *fpl* de verano ▶ ADV : **~ ouvert** abierto de par en par; **voir ~** pensar a otro nivel

> Las **grandes écoles** son centros de estudios superiores muy prestigiosos que preparan a los alumnos para el ejercicio de profesiones específicas. Solo los que han finalizado los dos años de *classes préparatoires* que siguen al *baccalauréat* pueden presentarse al examen selectivo de acceso a las mismas. Las **grandes écoles** tienen una fuerte identidad corporativa y de ellas se alimenta en gran medida la élite intelectual, administrativa y política francesa.

grand-angle [gʀɑ̃tɑ̃gl] (*pl* **grands-angles**) NM gran angular *m*
grand-angulaire [gʀɑ̃tɑ̃gylɛʀ] (*pl* **grands-angulaires**) NM (objetivo) gran angular *m*
grand-chose [gʀɑ̃ʃoz] NMF INV : **pas ~** poca cosa
Grande-Bretagne [gʀɑ̃dbʀətaɲ] NF Gran Bretaña
grandement [gʀɑ̃dmɑ̃] ADV (*tout à fait*) completamente; (*largement*) ampliamente; (*généreusement*) generosamente
grandeur [gʀɑ̃dœʀ] NF tamaño; (*mesure, quantité, aussi fig*) magnitud *f*; (*gloire, puissance*) grandeza; **~ nature** tamaño natural
grand-guignolesque [gʀɑ̃giɲɔlɛsk] (*pl* **grand-guignolesques**) ADJ teatral, histriónico(-a)
grandiloquence [gʀɑ̃dilɔkɑ̃s] NF grandilocuencia
grandiloquent, e [gʀɑ̃dilɔkɑ̃, ɑ̃t] ADJ grandilocuente
grandiose [gʀɑ̃djoz] ADJ grandioso(-a)
grandir [gʀɑ̃diʀ] VI (*enfant, arbre*) crecer; (*bruit, hostilité*) aumentar ▶ VT : **~ qn** (*suj : vêtement, chaussure*) hacer más alto(-a) a algn; (*fig*) ennoblecer a algn
grandissant, e [gʀɑ̃disɑ̃, ɑ̃t] ADJ creciente
grand-mère [gʀɑ̃mɛʀ] (*pl* **grands-mères**) NF abuela
grand-messe [gʀɑ̃mɛs] (*pl* **grands-messes**) NF misa mayor
grand-oncle [gʀɑ̃tɔ̃kl(ə)] (*pl* **grands-oncles**) NM tío abuelo
grand-peine [gʀɑ̃pɛn] : **à ~** *adv* a duras penas
grand-père [gʀɑ̃pɛʀ] (*pl* **grands-pères**) NM abuelo
grand-route [gʀɑ̃ʀut] (*pl* **grand-routes**) NF carretera general
grand-rue [gʀɑ̃ʀy] (*pl* **grand-rues**) NF calle *f* mayor
grands-parents [gʀɑ̃paʀɑ̃] NMPL abuelos *mpl*
grand-tante [gʀɑ̃tɑ̃t] (*pl* **grands-tantes**) NF tía abuela
grand-voile [gʀɑ̃vwal] (*pl* **grands-voiles**) NF vela mayor
grange [gʀɑ̃ʒ] NF granero
granit [gʀanit] NM granito
granite [gʀanit] NM = **granit**
granité [gʀanite] NM granizado
granitique [gʀanitik] ADJ granítico(-a)
granulaire [gʀanylɛʀ] ADJ (*Science*) granular
granule [gʀanyl] NM pastilla (pequeña)
granulé [gʀanyle] NM granulado
granuleux, -euse [gʀanylø, øz] ADJ granuloso(-a)
graphe [gʀaf] NM grafo
graphème [gʀafɛm] NM grafema *m*
graphie [gʀafi] NF grafía
graphique [gʀafik] ADJ gráfico(-a) ▶ NM gráfico
graphisme [gʀafism] NM grafismo
graphiste [gʀafist] NM grafista *mf*
graphite [gʀafit] NM grafito
graphologie [gʀafɔlɔʒi] NF grafología
graphologique [gʀafɔlɔʒik] ADJ grafológico(-a)
graphologue [gʀafɔlɔg] NMF grafólogo(-a)
grappe [gʀap] NF (*Bot*) racimo; (*fig*) piña; **~ de raisin** racimo de uvas
grappiller [gʀapije] VT (*fig*) recolectar
grappin [gʀapɛ̃] NM (*Tech*) gancho; **mettre le ~ sur** (*fig*) echar el guante a

gras, se [gʀɑ, gʀɑs] ADJ (*viande, soupe, cheveux*) graso(-a); (*personne*) gordo(-a); (*surface*) grasiento(-a); (*terre*) viscoso(-a); (*toux*) flemático(-a); (*rire, plaisanterie*) grosero(-a); (*crayon*) blando(-a); (*Typo*) en negrita; **faire la grasse matinée** levantarse tarde; **en caractères ~** en negrita ▸ NM (*Culin*) grasa

gras-double [gʀɑdubl] (*pl* **gras-doubles**) NM callos *mpl*

grassement [gʀɑsmɑ̃] ADV : **~ payé** largamente pagado; (*rire*) groseramente

grassouillet, te [gʀɑsujɛ, ɛt] ADJ regordete

gratifiant, e [gʀatifjɑ̃, jɑ̃t] ADJ gratificante

gratification [gʀatifikasjɔ̃] NF gratificación *f*

gratifier [gʀatifje] VT : **~ qn de** gratificar a algn con; (*sourire etc*) honrar a algn con

gratin [gʀatɛ̃] NM gratín *m*; **au ~** gratinado(-a); **tout le ~ parisien** (*fig*) la flor y nata parisina

gratiné, e [gʀatine] ADJ gratinado(-a); (*fam*) espantoso(-a)

gratinée [gʀatine] NF sopa gratinada

gratiner [gʀatine] VI gratinar; **faire ~ qch** gratinar algo

gratis [gʀatis] ADV, ADJ gratis

gratitude [gʀatityd] NF gratitud *f*

gratouiller [gʀatuje] (*fam*) VT picar

gratte-ciel [gʀatsjɛl] (*pl* **~(s)**) NM rascacielos *m inv*

grattement [gʀatmɑ̃] NM ruido (*al arañar o al raspar*)

gratte-papier [gʀatpapje] (*péj*) NM INV chupatintas *m inv*

gratter [gʀate] VT (*frotter*) raspar; (*enlever*) quitar, borrar; (*bras, bouton*) rascar ▪ **se gratter** VPR rascarse

grattoir [gʀatwaʀ] NM raspador *m*

grattouiller [gʀatuje] (*fam*) VT picar

gratuit, e [gʀatɥi, ɥit] ADJ (*aussi fig*) gratuito(-a)

gratuité [gʀatɥite] NF gratuidad *f*

gratuitement [gʀatɥitmɑ̃] ADV gratuitamente

gravable [gʀavabl] ADJ (*CD, DVD*) escribible

gravats [gʀavɑ] NMPL escombros *mpl*

grave [gʀav] ADJ grave; (*sujet, problème*) grave, serio(-a); **ce n'est pas ~ !** ¡no importa!; **blessé ~** herido grave ▸ NM (*Mus*) grave *m*

graveleux, -euse [gʀav(ə)lø, øz] ADJ (*terre*) guijoso(-a); (*fruit*) granuloso(-a); (*chanson, propos*) escabroso(-a)

gravement [gʀavmɑ̃] ADV gravemente

graver [gʀave] VT (*aussi CD, DVD*) grabar; **~ qch dans son esprit/sa mémoire** (*fig*) grabar algo en su alma/su memoria

graveur [gʀavœʀ] NM grabadora; **~ de CD/DVD** grabadora de CD/DVD

gravier [gʀavje] NM grava

gravillons [gʀavijɔ̃] NMPL gravilla

gravir [gʀaviʀ] VT subir

gravissime [gʀavisim] ADJ gravísimo(-a)

gravitation [gʀavitasjɔ̃] NF gravitación *f*

gravité [gʀavite] NF (*aussi Phys*) gravedad *f*

graviter [gʀavite] VI (*aussi fig*) : **~ autour de** gravitar alrededor de

gravure [gʀavyʀ] NF grabado *m*

gré [gʀe] NM : **à son ~** a su gusto; **au ~ de** a merced de; **contre le ~ de qn** contra la voluntad de algn; **de son plein ~** por su propia voluntad; **de ~ ou de force** por las buenas o por las malas; **de bon ~** con mucho gusto; **il faut le faire bon ~ mal ~** hay que hacerlo, queramos o no; **de ~ à ~** (*Comm*) de común acuerdo; **savoir ~ à qn de qch** estar agradecido(-a) a algn por algo

grec, grecque [gʀɛk] ADJ griego(-a) ▸ NM (*Ling*) griego ▸ NM/F : **Grec, Grecque** griego(-a)

g

Grèce [gʀɛs] NF Grecia

gredin, e [gʀədɛ̃, in] NM/F granuja *mf*

gréement [gʀemɑ̃] NM aparejo

greffe [gʀɛf] NF (*Agr*) injerto; (*Méd*) tra(n)splante *m*; **~ du rein** tra(n)splante de riñón ▸ NM (*Jur*) archivo

greffer [gʀefe] VT (*tissu*) injertar; (*organe*) transplantar ▪ **se greffer** VPR : **se ~ sur qch** incorporarse a algo

greffier, -ière [gʀefje, jɛʀ] NM/F escribano forense

greffon [gʀefɔ̃] NM (*Bot : partie greffée*) injerto; (*Méd : tissu*) injerto; (*: fragment*) trasplante *m*

grégaire [gʀegɛʀ] ADJ gregario(-a)

grège [gʀɛʒ] ADJ : **soie ~** seda cruda

grégorien, ne [gʀegɔʀjɛ̃, jɛn] ADJ gregoriano(-a)

grêle [gʀɛl] ADJ flaco(-a) ▸ NF granizo

grêlé, e [gʀele] ADJ picado(-a) de viruela

grêler [gʀele] VB IMPERS : **il grêle** graniza

grêlon [gʀɛlɔ̃] NM granizo

grelot [gʀəlo] NM cascabel *m*

grelottant, e [gʀəlɔtɑ̃, ɑ̃t] ADJ tiritando

grelotter [gʀəlɔte] VI tiritar

Grenade [gʀənad] NF (*ville, île*) Granada

grenade [gʀənad] NF (*fruit, arme*) granada; **~ lacrymogène** bomba lacrimógena

grenadier [gʀənadje] NM (*Mil*) granadero; (*Bot*) granado

grenadine [gʀənadin] NF granadina

grenat [gʀəna] ADJ INV granate

grenier [gʀənje] NM (*de maison*) desván *m*, altillo (*Am*), entretecho (*Am*); (*de ferme*) granero

grenouille [gʀənuj] NF rana

grenouillère [gʀənujɛʀ] NF pelele *m*

grenu, e [gʀəny] ADJ granoso(-a)

grès [gʀɛ] NM (*roche*) arenisca; (*poterie*) gres *msg*

grésil [gʀezil] NM granizo menudo

grésillement [gʀezijmɑ̃] NM chirrido

grésiller [gʀezije] VI (*Culin*) chisporrotear; (*Radio*) chirriar

gressin [gʀesɛ̃] NM colín *m* (*de pan*)

grève [gʀɛv] NF huelga; (*plage*) playa; **se mettre en/faire ~** declararse en/hacer huelga; **~ bouchon** huelga parcial; **~ de la faim** huelga de hambre; **~ de solidarité** huelga de solidaridad; **~ du zèle** huelga de celo; **~ perlée/sauvage** huelga intermitente/salvaje; **~ sur le tas** huelga de brazos caídos; **~ surprise/tournante** huelga sorpresa/escalonada

grever [gʀəve] VT gravar; **grevé d'impôts/d'hypothèques** gravado con impuestos/con hipotecas

gréviste [gʀevist] NMF huelguista *mf*

gribouillage [gʀibujaʒ] NM garabato

gribouiller [gʀibuje] VT, VI garabatear

gribouillis [gʀibuji] NM garabato

grief [gʀijɛf] NM queja; **faire ~ à qn de qch** reprochar algo a algn

grièvement [gʀijɛvmɑ̃] ADV gravemente; **~ blessé** herido de gravedad

griffe [gʀif] NF garra; (*fig : d'un couturier, parfumeur*) marca

griffé, e [gʀife] ADJ (*fig*) de marca

griffer [gʀife] VT arañar

griffon [gʀifɔ̃] NM grifón *m*

griffonnage [gʀifɔnaʒ] NM garabato

griffonner [gʀifɔne] VT, VI garabatear

griffure [gʀifyʀ] NF arañazo

grignotage [gʀiɲɔtaʒ] NM picoteo

grignoter [gʀiɲɔte] VT roer; (*manger peu*) mordisquear; (*manger en dehors des repas*) picar, picotear; (*argent, temps*) consumir; **il lui a grignoté quelques secondes** (*Sport*) consiguió arrancarle unos segundos ▸ VI (*manger peu*) mordisquear; (*manger en dehors des repas*) picar, picotear

grigri [gʀigʀi] NM amuleto, grisgrís *m*

gril [gʀil] NM parrilla

grillade [gʀijad] NF carne *f* a la parrilla, asado (*AM*)

grillage [gʀijaʒ] NM (*treillis*) reja; (*clôture*) alambrada

grillager [gʀijaʒe] VT enrejar, alambrar

grille [gʀij] NF reja; (*fig*) red *f*; **~ (des programmes)** (*Radio, TV*) parrilla (de programación); **~ des salaires** cuadro de salarios

grille-pain [gʀijpɛ̃] (*pl* **~(s)**) NM tostador *m* de pan

griller [gʀije] VT (*pain, café : aussi :* **faire griller**) tostar; (*viande*) asar; (*ampoule, résistance*) fundir; (*feu rouge*) saltar ▸ VI (*brûler*) asarse

grillon [gʀijɔ̃] NM grillo

grimaçant, e [gʀimasɑ̃, ɑ̃t] ADJ gesticulante

grimace [gʀimas] NF gesto; (*pour rire*) mueca; **faire des grimaces** hacer muecas

grimacer [gʀimase] VI : **~ de** hacer gestos de

grimacier, -ière [gʀimasje, jɛʀ] ADJ que hace muecas

grimer [gʀime] VT maquillar

grimoire [gʀimwaʀ] NM (*de sorcellerie*) libro de magia; (*ouvrage illisible*) galimatías *m inv*

grimpant, e [gʀɛ̃pɑ̃, ɑ̃t] ADJ : **plante grimpante** planta trepadora

grimper [gʀɛ̃pe] VT trepar a *ou* por ▸ VI empinarse; (*prix, nombre*) subir; (*Sport*) escalar; **~ à/sur** trepar a/por ▸ NM : **le ~** (*Sport*) la cuerda

grimpeur, -euse [gʀɛ̃pœʀ, øz] NM/F escalador(a)

grinçant, e [gʀɛ̃sɑ̃, ɑ̃t] ADJ (*fig*) mordaz

grincement [gʀɛ̃smɑ̃] NM chirrido; crujido; **~ de dents** (*fig*) rechinar *m* de dientes

grincer [gʀɛ̃se] VI (*porte, roue*) chirriar; (*plancher*) crujir; **~ des dents** rechinar los dientes

grincheux, -euse [gʀɛ̃ʃø, øz] ADJ cascarrabias

gringalet [gʀɛ̃galɛ] NM mequetrefe *m* (*fam*)

gringue [gʀɛ̃g] (*fam*) NM : **faire du ~ à qn** tirar los tejos a algn (*fam*)

griotte [gʀijɔt] NF guinda

grippal, e, -aux [gʀipal, o] ADJ griposo(-a)

grippe [gʀip] NF gripe *f*; **avoir la ~** tener gripe; **prendre qn/qch en ~** (*fig*) coger manía a algn/algo; **~ aviaire** gripe aviar; **~ porcine** gripe porcina

grippé, e [gʀipe] ADJ : **être ~** estar griposo(-a); (*moteur*) estar gripado(-a)

gripper [gʀipe] VT gripar ▸ VI griparse

grippe-sou [gʀipsu] (*pl* **grippe-sous**) NMF tacaño(-a)

gris, e [gʀi, gʀiz] ADJ gris *inv*; (*ivre*) alegre; **il fait ~** está nublado; **faire grise mine (à qn)** poner mala cara (a algn) ▸ NM gris *msg*; **~ perle** gris perla

grisaille [gʀizɑj] NF gris *msg*

grisant, e [gʀizɑ̃, ɑ̃t] ADJ embriagador(a)

grisâtre [gʀizɑtʀ] ADJ grisáceo(-a); (*ciel, jour*) gris

grisé [gʀize] ADJ (*Inform : cadre, bandeau*) con fondo gris ▸ NM sombreado

griser [gʀize] VT (*fig*) embriagar ■ **se griser** VPR : **se ~ de** (*fig*) embriagarse de

griserie [gʀizʀi] NF embriaguez *f*

grisonnant, e [gʀizɔnɑ̃, ɑ̃t] ADJ entrecano(-a)

grisonner [gʀizɔne] VI encanecer

Grisons [gʀizɔ̃] NMPL : **les ~** los Grisones

grisou [gʀizu] NM grisú *m*

gris-vert [gʀivɛʀ] ADJ INV gris verdoso(-a)

grive [gʀiv] NF tordo

grivois, e [gʀivwa, waz] ADJ atrevido(-a)

grivoiserie [gʀivwazʀi] NF atrevimiento

Groenland [gʀɔɛnlɑ̃d] NM Groenlandia

grog [gʀɔg] NM ponche *m*

groggy [gʀɔgi] ADJ grogui

grogne [gʀɔɲ] (*fam*) NF descontento

grognement [gʀɔɲmɑ̃] NM gruñido

grogner [gʀɔɲe] VI gruñir; (*personne*) gruñir, refunfuñar

grognon, ne [gʀɔɲɔ̃, ɔn] ADJ gruñón(-ona)
groin [gʀwɛ̃] NM hocico
grolle [gʀɔl] (*fam*) NF (*chaussure*) zapato
grommeler [gʀɔm(ə)le] VI mascullar
grondement [gʀɔ̃dmɑ̃] NM (*de tonnerre*) tronido
gronder [gʀɔ̃de] VI (*canon, tonnerre*) retumbar; (*animal*) gruñir; (*fig*) amenazar con estallar ▸ VT regañar
grondin [gʀɔ̃dɛ̃] NM rubio (*pez*)
groom [gʀum] NM botones *m inv*
gros, se [gʀo, gʀos] ADJ (*personne*) gordo(-a); (*paquet, problème, fortune*) gran, grande; (*travaux, dégâts*) importante; (*commerçant*) acaudalado(-a); (*orage, bruit*) fuerte; (*trait, fil*) grueso(-a); **par ~ temps** con temporal; **par grosse mer** con mar gruesa; **en ~ plan** en primer plano; **~ porteur** (*Aviat*) avión *m* de gran capacidad; **grosse caisse** (*Mus*) bombo; **~ sel** sal *f* gorda; **~ titre** (*Presse*) titular *m*; **~ intestin** intestino grueso; **~ lot** premio gordo; **~ mot** palabrota; **~ œuvre** (*Constr*) obra bruta; **~ plan** (*Photo*) primer plano ▸ ADV : **risquer/gagner ~** arriesgar/ganar mucho; **écrire ~** escribir grueso; **en avoir ~ sur le cœur** estar con el corazón muy triste ▸ NM (*Comm*) : **le ~** el por mayor; **en ~** en líneas generales; **prix de/vente en ~** precio/venta al por mayor; **le ~ de** (*troupe, fortune*) el grueso de
groseille [gʀozɛj] NF grosella; **~ à maquereau** grosella espinosa; **~ (blanche)/(rouge)** grosella (blanca)/(roja)
groseillier [gʀozeje] NM grosellero
grosse [gʀos] ADJ *voir* **gros** ▸ NF (*Comm*) gruesa
grossesse [gʀosɛs] NF embarazo; **~ nerveuse** falso embarazo
grosseur [gʀosœʀ] NF (*d'une personne*) gordura; (*d'un paquet*) tamaño; (*d'un trait*) grosor *m*; (*tumeur*) bulto
grossier, -ière [gʀosje, jɛʀ] ADJ (*vulgaire*) grosero(-a); (*laine*) basto(-a); (*travail, finition*) tosco(-a); (*erreur*) burdo(-a), craso(-a)
grossièrement [gʀosjɛʀmɑ̃] ADV groseramente; toscamente; (*en gros, à peu près*) aproximadamente; **il s'est ~ trompé** ha cometido un craso error
grossièreté [gʀosjɛʀte] NF grosería
grossir [gʀosiʀ] VI engordar; (*fig*) aumentar; (*rivière, eaux*) crecer ▸ VT (*suj : vêtement*) : **~ qn** hacer gordo(-a) a algn; (*nombre, importance*) aumentar; (*histoire, erreur*) exagerar
grossissant, e [gʀosisɑ̃, ɑ̃t] ADJ de aumento
grossissement [gʀosismɑ̃] NM aumento
grossiste [gʀosist] NMF (*Comm*) mayorista *mf*
grosso modo [gʀosomɔdo] ADV grosso modo
grotesque [gʀɔtɛsk] ADJ grotesco(-a)
grotte [gʀɔt] NF gruta, cueva
grouiller [gʀuje] VI (*foule*) bullir; (*fourmis*) pulular; **~ de** estar atestado(-a) de ■ **se grouiller** VPR (*fam*) espabilar
groupe [gʀup] NM grupo; **médecine/thérapie de ~** medicina/terapia de grupo; **~ de parole** grupo de apoyo; **~ de pression** grupo de presión; **~ électrogène** grupo electrógeno; **~ sanguin/scolaire** grupo sanguíneo/escolar
groupement [gʀupmɑ̃] NM agrupación *f*; **~ d'intérêt économique** agrupación con intereses económicos
grouper [gʀupe] VT agrupar ■ **se grouper** VPR agruparse
groupie [gʀupi] NF groupie *f*
groupuscule [gʀupyskyl] (*péj*) NM grupúsculo
gruau [gʀyo] NM : **pain de ~** pan *m* candeal
grue [gʀy] NF grúa; (*Zool*) grulla; **faire le pied de ~** (*fam*) estar de plantón (*fam*)
gruger [gʀyʒe] VT timar
grumeaux [gʀymo] NMPL grumos *mpl*
grumeleux, -euse [gʀym(ə)lø, øz] ADJ (*sauce*) grumoso(-a); (*peau*) granuloso(-a)
grutier [gʀytje] NM conductor *m ou* operador *m* de grúa
gruyère [gʀyjɛʀ] NM gruyère *m*
Guadeloupe [gwadlup] NF Guadalupe *f*
guadeloupéen, ne [gwadlupeɛ̃, ɛn] ADJ guadalupeño(-a) ▸ NM/F : **Guadeloupéen, ne** guadalupeño(-a)
guano [gwano] NM guano
Guatemala [gwatemala] NM Guatemala
guatémaltèque [gwatemaltɛk] ADJ guatemalteco(-a) ▸ NMF : **Guatémaltèque** guatemalteco(-a)
gué [ge] NM vado; **passer à ~** vadear
guenilles [gənij] NFPL harapos *mpl*
guenon [gənɔ̃] NF mona
guépard [gepaʀ] NM guepardo
guêpe [gɛp] NF avispa
guêpier [gepje] NM (*fig*) avispero
guêpière [gɛpjɛʀ] NF faja
guère [gɛʀ] ADV (*avec adjectif, adverbe*) : **ne … ~** poco; (*avec verbe*) poco, apenas; **tu n'es ~ raisonnable** eres poco razonable; **il ne la connaît ~** apenas la conoce; **il n'y a ~ de** apenas hay; **il n'y a ~ que toi qui puisse le faire** apenas hay otro que puede hacerlo más que tú
guéri, e [geʀi] ADJ curado(-a); **être ~ de** (*fig*) estar curado(-a) de
guéridon [geʀidɔ̃] NM velador *m*
guérilla [geʀija] NF guerrilla
guérillero [geʀijeʀo] NM guerrillero(-a)
guérir [geʀiʀ] VT curar; **~ qn de** curar a algn de ▸ VI (*personne*) curarse; (*plaie*) curarse, sanar; **~ de** (*Méd, fig*) curar de
guérison [geʀizɔ̃] NF curación *f*
guérissable [geʀisabl] ADJ curable
guérisseur, -euse [geʀisœʀ, øz] NM/F curandero(-a)
guérite [geʀit] NF garita

g

Guernesey [gɛʀn(ə)zɛ] NF Guernesey *m*

guerre [gɛʀ] NF guerra; **~ atomique/de tranchées/d'usure** guerra atómica/de trincheras/de desgaste; **en ~** en guerra; **faire la ~ à** hacer la guerra a; **de ~ lasse** (*fig*) cansado(-a) de luchar; **de bonne ~** legítimo(-a); **~ civile** guerra civil; **~ de religion** guerra de religión; **~ froide/mondiale** guerra fría/mundial; **~ sainte** guerra santa; **~ totale** guerra total

guerrier, -ière [gɛʀje, jɛʀ] ADJ, NM/F guerrero(-a)

guerroyer [gɛʀwaje] VI guerrear

guet [gɛ] NM : **faire le ~** estar al acecho

guet-apens [gɛtapɑ̃] (*pl* **guets-apens**) NM emboscada

guêtre [gɛtʀ(ə)] NF polaina

guetter [gete] VT (*pour épier, surprendre*) acechar; (*attendre*) aguardar

guetteur [getœʀ] NM centinela *m*

gueulante [gœlɑ̃t] NF (*fam*) : **pousser une ~ (contre)** montar un pollo (a) (*fam*)

gueulard, e [gœlaʀ, aʀd] (*fam*) ADJ (*personne*) vocinglero(-a); (*criard : musique*) chillón(-ona) ▸ NM/F vocinglero(-a)

gueule [gœl] NF (*d'animal*) hocico; (*du canon, tunnel*) boca; (*fam : visage*) jeta (*fam*); (*: bouche*) pico (*fam*); **ta ~ !** (*fam*) ¡cierra el pico! (*fam*); **~ de bois** (*fam*) resaca

gueule-de-loup [gœldəlu] (*pl* **gueules-de-loup**) NF (boca de) dragón *m*

gueuler [gœle] (*fam*) VI chillar

gueuleton [gœltɔ̃] (*fam*) NM comilona (*fam*)

gueux [gø] NM mendigo; (*coquin*) bribón *m*

gugusse [gygys] (*fam*) NM payaso (*fam*)

gui [gi] NM muérdago

guibolle, guibole [gibɔl] (*fam*) NF (*jambe*) pierna, pata (*fam*)

guichet [giʃɛ] NM (*d'un bureau, d'une banque*) ventanilla; (*d'une porte*) portillo; **les guichets** (*à la gare, au théâtre*) la taquilla, la boletería (AM); **jouer à guichets fermés** actuar con todas las entradas vendidas

guichetier, -ière [giʃ(ə)tje, jɛʀ] NM/F taquillero(-a)

guide [gid] NMF guía *mf* ▸ NM (*livre*) guía *f* ▸ NF guía ■ **guides** NFPL (*d'un cheval*) riendas *fpl*

guider [gide] VT guiar

guidon [gidɔ̃] NM manillar *m*

guigne [giɲ] NF : **avoir la ~** tener la negra

guigner [giɲe] VT (*convoiter*) codiciar; (*regarder à la dérobée*) mirar de reojo

guignol [giɲɔl] NM guiñol *m*; (*fig*) payaso

guili-guili [giligili] (*fam*) NM INV cosquillas *fpl*; **faire des ~ à qn** hacer cosquillas a algn

guillemets [gijmɛ] NMPL : **entre ~** entre comillas

guilleret, te [gijʀɛ, ɛt] ADJ vivaracho(-a)

guillotine [gijɔtin] NF guillotina

guillotiner [gijɔtine] VT guillotinar

guimauve [gimov] NF (*Bot*) malvavisco; (*sucrerie*) nube *f*; (*fig*) ñoñez *f*

guimbarde [gɛ̃baʀd] NF (*vieille voiture*) cacharro (*fam*); (*instrument de musique*) birimbao

guincher [gɛ̃ʃe] VI (*fam*) bailar, mover el esqueleto (*fam*)

guindé, e [gɛ̃de] ADJ estirado(-a)

Guinée [gine] NF : **la (République de) ~** la (República de) Guinea; **la ~ équatoriale** la Guinea Ecuatorial

Guinée-Bissau [ginebiso] NF Guinea-Bissau

guinéen, ne [gineɛ̃, ɛn] ADJ guineano(-a) ▸ NM/F : **Guinéen, ne** guineano(-a)

guingois [gɛ̃gwa] : **de ~** *adv* de través

guinguette [gɛ̃gɛt] NF merendero

guirlande [giʀlɑ̃d] NF guirnalda; **~ de Noël/lumineuse** guirnalda de Navidad/de luces

guise [giz] NF : **à votre ~** como guste; **en ~ de** (*en manière de, comme*) a guisa de; (*à la place de*) en lugar de

guitare [gitaʀ] NF guitarra; **~ sèche** guitarra española

guitariste [gitaʀist] NMF guitarrista *mf*

gustatif, -ive [gystatif, iv] ADJ gustativo(-a); *voir* **papille**

guttural, e, -aux [gytyʀal, o] ADJ gutural

guyanais, e [gɥijanɛ, ɛz] ADJ guayanés(-esa) ▸ NM/F : **Guyanais, e** guayanés(-esa)

Guyane [gɥijan] NF Guayana; **la ~ française** la Guayana francesa

gymkhana [ʒimkana] NM gymkana; **~ motocycliste** gymkana de motos

gymnase [ʒimnɑz] NM gimnasio

gymnaste [ʒimnast] NMF gimnasta *mf*

gymnastique [ʒimnastik] NF gimnasia; **~ corrective/rythmique** gimnasia correctiva/rítmica

gymnique [ʒimnik] ADJ gímnico(-a)

gynéco [ʒineko] NMF (*aussi :* **gynécologue**) ginecólogo(-a)

gynécologie [ʒinekɔlɔʒi] NF ginecología

gynécologique [ʒinekɔlɔʒik] ADJ ginecológico(-a)

gynécologue [ʒinekɔlɔg] NMF ginecólogo(-a)

gypse [ʒips] NM yeso

gyrocompas [ʒiʀokɔ̃pɑ] NM girocompás *msg*

gyrophare [ʒiʀofaʀ] NM (*sur une voiture*) faro giratorio

Hh

H¹, h [aʃ] NM INV *(lettre)* H, h *f*; **bombe H** bomba H; **à l'heure H** a la hora H; **H comme Henri** ≈ H de Historia

H² [aʃ] ABR (= *hydrogène*) H (= *hidrógeno*)

ha ABR (= *hectare(s)*) ha. (= *hectárea(s)*)

hab. ABR = **habitant**

habile [abil] ADJ hábil

habilement [abilmɑ̃] ADV hábilmente

habileté [abilte] NF habilidad *f*

habilité, e [abilite] ADJ : **~ à faire** habilitado(-a) para hacer

habiliter [abilite] VT habilitar

habillage [abijaʒ] NM (el) vestir *m*; *(d'un objet)* revestimiento

habillé, e [abije] ADJ vestido(-a); *(robe, costume)* elegante; **~ de** *(Tech)* revestido(-a) de, forrado(-a) con

habillement [abijmɑ̃] NM ropa; *(profession)* confección *f*

habiller [abije] VT vestir; *(objet)* revestir, forrar ■ **s'habiller** VPR vestirse; *(mettre des vêtements chic)* vestir bien, ir bien vestido(-a); **s'~ de/en** vestirse de; **s'~ chez/à** vestirse en

habilleuse [abijøz] NF *(Ciné, Théâtre)* encargada del vestuario

habit [abi] NM traje *m*; **prendre l'~** *(Rel)* tomar hábito; **~ (de soirée)** traje de etiqueta ■ **habits** NMPL *(vêtements)* ropa

habitabilité [abitabilite] NF *(de logement)* habitabilidad *f*; *(de voiture)* capacidad *f*

habitable [abitabl] ADJ habitable

habitacle [abitakl] NM *(de voiture)* interior *m*; *(de fusée etc)* cabina

habitant, e [abitɑ̃, ɑ̃t] NM/F habitante *mf*; *(d'une maison)* ocupante *mf*; *(d'un immeuble)* vecino(-a); **loger chez l'~** alojarse con gente de la zona

habitat [abita] NM hábitat *m*

habitation [abitasjɔ̃] NF *(bâtiment)* vivienda; *(domicile)* domicilio; *(fait de résider)* habitación *f*; **habitations à loyer modéré** *viviendas oficiales de bajo alquiler*

> ⚠ No debe traducirse normalmente por *habitación*, cuya acepción más frecuente corresponde en francés a **pièce** y si se destina principalmente para dormir, a **chambre**.

habité, e [abite] ADJ habitado(-a)

habiter [abite] VT vivir en; *(suj : sentiment, envie)* anidar en ▸ VI : **~ à** *ou* **dans** vivir en; **~ chez** *ou* **avec qn** vivir en casa de *ou* con algn; **~ rue Montmartre** vivir en la calle Montmartre

habitude [abityd] NF costumbre *f*; **avoir l'~ de faire/qch** tener la costumbre de hacer/algo; *(expérience)* estar acostumbrado(-a) a hacer/algo; **avoir l'~ des enfants** estar acostumbrado(-a) a los niños; **prendre l'~ de faire qch** acostumbrarse a hacer algo; **perdre une ~** perder una costumbre; **d'~** normalmente; **comme d'~** como de costumbre; **par ~** por hábito *ou* costumbre

habitué, e [abitɥe] ADJ : **être ~ à** estar acostumbrado(-a) a ▸ NM/F *(d'une maison)* amigo(-a); *(client : d'un café, d'un lieu)* parroquiano(-a)

habituel, le [abitɥɛl] ADJ habitual; **à l'endroit ~** en el sitio habitual

habituellement [abitɥɛlmɑ̃] ADV habitualmente; *(presque toujours)* generalmente

habituer [abitɥe] VT : **~ qn à qch/faire** acostumbrar a algn a algo/hacer ■ **s'habituer à** VPR acostumbrarse a; **s'~ à faire** acostumbrarse a hacer

hâbleur, -euse ['ɑblœʀ, øz] ADJ fanfarrón(-ona)

hache ['aʃ] NF hacha

haché, e ['aʃe] ADJ *(Culin)* picado(-a); *(mot, style)* entrecortado(-a); **viande hachée** carne *f* picada, picadillo

hache-légumes ['aʃlegym] NM INV picadora de legumbres

hacher ['aʃe] VT *(viande, persil)* picar; *(entrecouper)* cortar; **~ menu** hacer picadillo

hachette ['aʃɛt] NF hachuela

hache-viande ['aʃvjɑ̃d] NM picadora; *(couteau)* cuchilla de carnicero

hachis ['aʃi] NM picadillo; **~ de viande** picadillo de carne; **~ parmentier** *pastel de carne picada de vaca y puré de patatas*

hachisch ['aʃiʃ] NM *voir* **haschisch**

hachoir ['aʃwaʀ] NM *(instrument)* cuchilla de carnicero; *(appareil)* picadora; *(planche)* tabla de picar

hachurer ['aʃyʀe] VT *(Art)* plumear

hachures ['aʃyʀ] NFPL (*Art*) plumeado *msg*

hagard, e ['agaʀ, aʀd] ADJ enloquecido(-a)

hagiographie [aʒjɔgʀafi] NF hagiografía

haie ['ɛ] NF seto; (*Sport*) valla; (*fig* : *rang*) hilera; **110 m/400 m haies** 110 m/400 m vallas; **~ d'honneur** hilera de honor

haillons ['ɑjɔ̃] NMPL harapos *mpl*, andrajos *mpl*; **en ~** harapiento(-a), andrajoso(-a)

haine ['ɛn] NF odio

haineux, -euse ['ɛnø, øz] ADJ : **regard ~** mirada de odio

haïr ['aiʀ] VT odiar ■ **se haïr** VPR odiarse

hais ['ɛ] VB *voir* **haïr**

haïs ['ai] VB *voir* **haïr**

haïssable ['aisabl] ADJ aborrecible

Haïti [aiti] N Haití *m*

haïtien, ne [aisjɛ̃, ɛn] ADJ haitiano(-a) ▸ NM/F : **Haïtien, ne** haitiano(-a)

halage ['alaʒ] NM : **chemin de ~** camino de sirga

hâle ['ɑl] NM bronceado

hâlé, e ['ɑle] ADJ bronceado(-a)

haleine [alɛn] NF aliento; **perdre ~** perder el aliento *ou* la respiración; **à perdre ~** hasta perder el aliento; **avoir mauvaise ~** tener mal aliento; **reprendre ~** recobrar el aliento; **hors d'~** sin aliento; **tenir en ~** tener en vilo; **de longue ~** de mucho esfuerzo

haler ['ale] VT (*câble*) halar; (*remorquer*) sirgar

haletant, e ['al(ə)tɑ̃, ɑ̃t] ADJ (*personne, animal*) jadeante; (*match, rencontre*) apasionante

haleter ['alte] VI jadear

hall ['ol] NM vestíbulo

hallali [alali] NM toque *m* de acoso

halle ['al] NF mercado ■ **halles** NFPL (*marché principal*) mercado central

hallebarde ['albaʀd] NF alabarda; **il pleut des hallebardes** llueve a cántaros

hallucinant, e [alysinɑ̃, ɑ̃t] ADJ alucinante

hallucination [alysinasjɔ̃] NF alucinación *f*; **~ collective** alucinación colectiva

hallucinatoire [alysinatwaʀ] ADJ alucinador(a)

halluciné, e [alysine] NM/F alucinado(-a); (*fou*) loco(-a)

halluciner [a(l)lysine] (*fam*) VI alucinar (*fam*); **j'hallucine !** ¡alucino!; **~ sur qch** alucinar con algo

hallucinogène [a(l)lysinɔʒɛn] ADJ alucinógeno(-a) ▸ NM alucinógeno

halo ['alo] NM halo

halogène [alɔʒɛn] NM : **lampe (à) ~** lámpara halógena

halte ['alt] NF alto; (*escale*) parada; (*Rail*) apeadero; (*excl*) ¡alto!; **faire ~** hacer un alto, pararse

halte-garderie ['altgaʀdəʀi] (*pl* **haltes-garderies**) NF guardería

haltère [altɛʀ] NM pesa ■ **haltères** NMPL : **faire des haltères** hacer pesas

haltérophile [alteʀɔfil] NMF halterófilo(-a)

haltérophilie [alteʀɔfili] NF halterofilia

hamac ['amak] NM hamaca

hamburger ['ɑ̃buʀgœʀ] NM hamburguesa

hameau, x ['amo] NM aldea

hameçon [amsɔ̃] NM anzuelo

hameçonnage [amsɔnaʒ] NM (*Internet*) phishing *m*

hampe ['ɑ̃p] NF asta

hamster ['amstɛʀ] NM hámster *m*

hanche ['ɑ̃ʃ] NF cadera

hand ['ɑ̃d] (*fam*) NM balonmano

handball ['ɑ̃dbal] (*pl* **handballs**) NM balonmano

handballeur, -euse ['ɑ̃dbalœʀ, øz] NM/F jugador(a) de balonmano

handicap ['ɑ̃dikap] NM (*Méd*) discapacidad *f*; (*fig, Sport*) handicap *m*

handicapé, e ['ɑ̃dikape] ADJ, NM/F discapacitado(-a); **réservé aux handicapés** reservado para personas discapacitadas; **~ mental** discapacitado(-a) psíquico(-a); **~ moteur** discapacitado(-a) motor; **~ physique** discapacitado(-a) físico(-a)

handicaper ['ɑ̃dikape] VT ser una desventaja para; (*Sport*) handicapar

handisport ['ɑ̃dispɔʀ] ADJ paralímpico(-a); **jeux olympiques handisports** juegos *mpl* paralímpicos

hangar ['ɑ̃gaʀ] NM cobertizo, galpón *m* (CSur); (*Aviat*) hangar *m*

hanneton ['antɔ̃] NM abejorro

hanté, e ['ɑ̃te] ADJ (*maison, château*) encantado(-a)

hanter ['ɑ̃te] VT (*suj* : *fantôme*) aparecer en; (*suj* : *idée, souvenir*) obsesionar, atormentar

hantise ['ɑ̃tiz] NF fobia; **avoir la ~ de faire qch** tener fobia a hacer algo

happer ['ape] VT (*avec la bouche*) atrapar; (*suj* : *train, voiture*) atropellar

harangue ['aʀɑ̃g] NF arenga

haranguer ['aʀɑ̃ge] VT arengar; (*sermonner*) sermonear

haras ['aʀɑ] NM acaballadero

harassant, e ['aʀasɑ̃, ɑ̃t] ADJ abrumador(a)

harassé, e ['aʀase] ADJ abrumado(-a); **être ~ de** (*travail etc*) estar abrumado(-a) de

harcèlement ['aʀsɛlmɑ̃] NM (*Chasse, fig*) acoso; (*Mil*) hostigamiento; **~ moral** acoso moral, mobbing *m*; **~ sexuel** acoso sexual

harceler ['aʀsəle] VT (*Chasse, fig*) acosar; (*Mil*) hostigar; **~ de questions** acosar a preguntas

harceleur, -euse ['aʀsəlœʀ, -øz] NM/F acosador(a)

hardes ['aʀd] (*péj*) NFPL trapos *mpl* (*fam*)

hardi, e ['aʀdi] ADJ audaz; (*décolleté*) atrevido(-a)

hardiesse ['aʀdjɛs] NF audacia; (*péj : effronterie*) atrevimiento ■ **hardiesses** NFPL (*actions, paroles*) libertades *fpl*

hardiment ['aʀdimɑ̃] ADV audazmente

harem ['aʀɛm] NM harén *m*

hareng ['aʀɑ̃] NM arenque *m*; **~ saur** arenque ahumado

hargne ['aʀɲ] NF saña

hargneusement ['aʀɲøzmɑ̃] ADV con saña

hargneux, -euse ['aʀɲø, øz] ADJ arisco(-a), hosco(-a); (*critiques*) acerbo(-a)

haricot ['aʀiko] NM (*Bot*) judía; **~ blanc/rouge** alubia blanca/pinta; **~ vert** judía verde

harissa [aʀisa] NF harissa, *condimento a base de guindilla*

harki ['aʀki] NM *argelino alistado en el ejército francés durante la guerra de la independencia de Argelia*

harmonica [aʀmɔnika] NM armónica

harmonie [aʀmɔni] NF armonía

harmonieusement [aʀmɔnjøzmɑ̃] ADV armoniosamente

harmonieux, -euse [aʀmɔnjø, jøz] ADJ armonioso(-a)

harmonique [aʀmɔnik] NM (*Mus*) armónico

harmoniser [aʀmɔnize] VT armonizar ■ **s'harmoniser** VPR armonizar

harmonium [aʀmɔnjɔm] NM armonio

harnaché, e ['aʀnaʃe] ADJ (*fig*) ataviado(-a)

harnachement ['aʀnaʃmɑ̃] NM (*habillement*) atavío; (*équipement*) arneses *mpl*

harnacher ['aʀnaʃe] VT enjaezar

harnais ['aʀnɛ] NM arreos *mpl*

haro ['aʀo] NM : **crier ~ sur qn/qch** gritar indignado(-a) contra algn/algo

harpe ['aʀp] NF arpa

harpie ['aʀpi] NF arpía

harpiste ['aʀpist] NMF arpista *mf*

harpon ['aʀpɔ̃] NM arpón *m*

harponner ['aʀpɔne] VT arponear; (*fam*) enganchar (*fam*)

hasard ['azaʀ] NM azar *m*; **un ~** una casualidad; (*chance*) una suerte; **au ~** al azar; (*à l'aveuglette*) a ciegas; **par ~** por casualidad; **comme par ~** como de casualidad; **à tout ~** por si acaso

hasarder ['azaʀde] VT (*mot*) aventurar; (*fortune*) arriesgar ■ **se hasarder** VPR : **se ~ à faire** aventurarse a hacer

hasardeux, -euse ['azaʀdø, øz] ADJ (*entreprise*) arriesgado(-a); (*hypothèse*) aventurado(-a)

hasch ['aʃ] NM (*fam*) chocolate *m* (*fam*), costo (*fam*)

haschisch ['aʃiʃ] NM hachís *m*

hassidique [asidik] ADJ hasídico(-a), jasídico(-a)

hâte ['ɑt] NF prisa; **à la ~** de prisa; **en ~** rápidamente; **avoir ~ de** tener prisa por

hâter ['ɑte] VT apresurar ■ **se hâter** VPR apresurarse; **se ~ de** apresurarse a

hâtif, -ive ['ɑtif, iv] ADJ precipitado(-a); (*fruit, légume*) temprano(-a)

hâtivement ['ɑtivmɑ̃] ADV apresuradamente

hauban ['obɑ̃] NM (*Naut*) obenque *m*

hausse ['os] NF alza; (*de la température*) subida, aumento; **à la ~** al alza; **en ~** (*prix*) en alza; (*température*) en aumento

haussement ['osmɑ̃] NM : **~ d'épaules** encogimiento de hombros; **avec un ~ de sourcils** arqueando las cejas

hausser ['ose] VT subir; **~ les épaules** encogerse de hombros; **~ les sourcils** arquear las cejas ■ **se hausser** VPR : **se ~ sur la pointe des pieds** ponerse de puntillas

haussier, -ière ['osje, jɛʀ] ADJ (*Fin : marché, scénario*) alcista

haut, e ['o, 'ot] ADJ alto(-a); (*température, pression*) elevado(-a), alto(-a); **~ de 2 m/5 étages** de 2 m/5 pisos de altura; **en haute montagne** en alta montaña; **en ~ lieu** en las altas esferas; **à haute voix, tout ~** en voz alta; **~ en couleur** (*personnage, scène*) pintoresco(-a); **un personnage ~ en couleur** un personaje pintoresco; **plus ~** más alto; (*dans un texte*) más arriba; **~ débit** (*Inform*) alta velocidad *f*; **haute coiffure/couture** alta peluquería/costura; **haute fidélité** (*Élec*) alta fidelidad *f*; **haute finance** altas finanzas *fpl*; **haute trahison** alta traición *f* ▸ ADV : **être/monter/lever ~** estar/subir/levantar en alto; **tomber de ~** caer desde lo alto; (*fig*) quedarse de una pieza; **dire qch bien ~** decir algo bien fuerte; **prendre qch de ~** tomar algo con desdén; **traiter qn de ~** tratar con altanería a algn; **en ~** arriba; **en ~ de** (*être situé*) por encima de; (*aller, monter*) a lo alto de; **« ~ les mains ! »** « ¡arriba las manos! » ▸ NM alto; (*d'un arbre*) copa; (*d'une montagne*) cumbre *f*; **de 3 m de ~** de 3 m de alto *ou* altura; **des hauts et des bas** altibajos *mpl*; **du ~ de** desde lo alto de; **de ~ en bas** (*regarder*) de arriba abajo; (*frapper*) por todas partes

hautain, e ['otɛ̃, ɛn] ADJ altanero(-a)

hautbois ['obwɑ] NM oboe *m*

hautboïste ['obɔist] NMF oboe *mf*

haut-commissaire ['okɔmisɛʀ] (*pl* **hauts-commissaires**) NMF alto(-a) comisario(-a)

haut-commissariat ['okɔmisaʀja] (*pl* **hauts-commissariats**) NM alto comisionado

haut-de-forme ['odfɔʀm] (*pl* **hauts-de-forme**) NM sombrero de copa

haute-contre ['otkɔ̃tʀ] (*pl* **hautes-contre**) NMF (*Mus*) contralto

hautement ['otmɑ̃] ADV sumamente

hauteur ['otœʀ] NF altura; (*noblesse*) grandeza; (*arrogance*) altanería, altivez *f*; **à ~ de** a la altura de; **à ~ des yeux** a la altura de los ojos; **à la ~ de** al nivel de; **à la ~** (*fig*) a la altura

h

Haute-Volta ['otvɔlta] NF Alto Volta
haut-fond ['ofɔ̃] (*pl* **hauts-fonds**) NM bajío
haut-fourneau ['ofuʀno] (*pl* **hauts-fourneaux**) NM alto horno
haut-le-cœur ['olkœʀ] NM INV náusea
haut-le-corps ['olkɔʀ] NM INV sobresalto
haut-parleur ['opaʀlœʀ] (*pl* **haut-parleurs**) NM altavoz *m*
hauturier, -ière ['otyʀje, jɛʀ] ADJ (*Naut*): **pêche hauturière** pesca de altura
havanais, e ['avanɛ, ɛz] ADJ habano(-a) ▶ NM/F: **Havanais, e** habano(-a)
Havane ['avan] NF: **la ~** La Habana
havane ['avan] NM (*cigare*) habano
hâve ['ɑv] ADJ macilento(-a)
havrais, e ['ɑvʀɛ, ɛz] ADJ de Le Havre ▶ NM/F: **Havrais, e** nativo(-a) *ou* habitante *mf* de Le Havre
havre ['ɑvʀ] NM refugio
havresac ['ɑvʀəsak] NM mochila
Hawaï, Hawaii [awai] N Hawai; **les îles ~** las islas Hawai
hawaïen, ne [awajɛ̃, ɛn] ADJ hawaiano(-a) ▶ NM (*Ling*) hawaiano ▶ NM/F: **Hawaïen, ne** hawaiano(-a)
Haye ['ɛ] N: **la ~** La Haya
hayon ['ɛjɔ̃] NM (*Auto*) portón *m* trasero
HCR SIGLE M (= *Haut-Commissariat des Nations unies pour les réfugiés*) ACNUR (= *Alto Comisionado de las Naciones Unidas para los Refugiados*)
hé ['e] EXCL ¡eh!
hebdo [ɛbdo] (*fam*) NM semanario
hebdomadaire [ɛbdɔmadɛʀ] ADJ semanal ▶ NM semanario
hébergement [ebɛʀʒəmɑ̃] NM alojamiento, hospedaje *m*
héberger [ebɛʀʒe] VT alojar, hospedar; (*réfugiés*) alojar
hébergeur [ebɛʀʒœʀ] NM (*Internet*) servidor *m*
hébété, e [ebete] ADJ atontado(-a)
hébétude [ebetyd] NF entorpecimiento
hébraïque [ebʀaik] ADJ hebraico(-a)
hébreu, x [ebʀø] ADJ hebreo(-a) ▶ NM hebreo
HEC ['aʃese] SIGLE FPL (= *École des hautes études commerciales*) *escuela de élite de comercio*
hécatombe [ekatɔ̃b] NF hecatombe *f*
hectare [ɛktaʀ] NM hectárea
hecto... [ɛkto] PRÉF hecto...
hectolitre [ɛktɔlitʀ] NM hectolitro
hectomètre [ɛktomɛtʀ] NM hectómetro
hédonisme [edɔnism] NM hedonismo
hédoniste [edɔnist] ADJ, NMF hedonista *mf*
hégémonie [eʒemɔni] NF hegemonía
hégémonique [eʒemɔnik] ADJ hegemónico(-a)
hein ['ɛ̃] EXCL (*comment ?*) ¿eh?; **tu m'approuves, ~ ?** ¿estás de acuerdo, eh?; **Paul est venu, ~ ?** Pablo vino, ¿no?; **j'ai eu tort, ~ ?** me equivoqué, ¿no?; **que fais-tu, ~ ?** ¿qué haces, eh?
hélas ['elɑs] EXCL ¡ay! ▶ ADV desgraciadamente
héler ['ele] VT llamar; **~ un taxi** llamar un taxi
hélice [elis] NF hélice *f*; **escalier en ~** escalera de caracol
hélicoïdal, e, -aux [elikɔidal, o] ADJ helicoidal
hélicoptère [elikɔptɛʀ] NM helicóptero
hélio [eljɔ], **héliogravure** [eljɔgʀavyʀ] NF heliograbado
héliomarin, e [eljɔmaʀɛ̃, in] ADJ: **centre ~** sanatorio marítimo
héliotrope [eljɔtʀɔp] NM heliotropo
héliport [elipɔʀ] NM helipuerto
héliporté, e [elipɔʀte] ADJ helitransportado(-a)
hélitreuillage [elitʀœjaʒ] NM izado a un helicóptero
hélitreuiller [elitʀœje] VT izar a un helicóptero
hélium [eljɔm] NM helio
hellébore [e(ɛl)lebɔʀ] NM (*Bot*) eléboro
hellène [elɛn] ADJ heleno(-a)
hellénique [elenik] ADJ helénico(-a)
hellénisant, e [elenizɑ̃, ɑ̃t] ADJ helenista
helléniste [elenist] NMF helenista *mf*
Helsinki [ɛlzinki] N Helsinki
helvète [ɛlvɛt] ADJ helvecio(-a) ▶ NMF: **Helvète** helvecio(-a)
Helvétie [ɛlvesi] NF Helvecia
helvétique [ɛlvetik] ADJ helvético(-a)
hématite [ematit] NF (*pierre*) hematites *f inv*
hématologie [ematɔlɔʒi] NF hematología
hématome [ematom] NM hematoma *m*
hémicycle [emisikl] NM hemiciclo; (*Pol*): **l'~** el hemiciclo
hémiplégie [emipleʒi] NF hemiplejía
hémiplégique [emipleʒik] ADJ, NMF hemipléjico(-a)
hémisphère [emisfɛʀ] NM: **~ nord/sud** hemisferio norte/sur
hémisphérique [emisfeʀik] ADJ hemisférico(-a)
hémistiche [emistiʃ] NM (*moitié de vers*) hemistiquio; (*césure*) cesura
hémodialyse [emodjaliz] NF hemodiálisis *f inv*
hémoglobine [emɔglɔbin] NF hemoglobina
hémophile [emɔfil] ADJ hemofílico(-a)
hémophilie [emɔfili] NF hemofilia
hémorragie [emɔʀaʒi] NF hemorragia; **~ cérébrale/interne/nasale** hemorragia cerebral/interna/nasal
hémorragique [emɔʀaʒik] ADJ hemorrágico(-a)
hémorroïdes [emɔʀɔid] NFPL almorranas *fpl*, hemorroides *fpl*

hémostatique [emɔstatik] ADJ hemostático(-a)
henné ['ene] NM alheña
hennir ['eniʀ] VI relinchar
hennissement ['enismɑ̃] NM relincho
hep ['ɛp] EXCL ¡eh!
hépatique [epatik] ADJ hepático(-a)
hépatite [epatit] NF hepatitis *f inv*
heptathlon [ɛptatlɔ̃] NM heptatlón *m*
héraldique [eʀaldik] NF heráldica
herbacé, e [ɛʀbase] ADJ herbáceo(-a); **plantes herbacées** plantas *fpl* herbáceas
herbage [ɛʀbaʒ] NM herbaje *m*
herbe [ɛʀb] NF hierba; **en ~** en cierne; **de l'~** hierba; **touffe/brin d'~** mata/brizna de hierba
herbeux, -euse [ɛʀbø, øz] ADJ herboso(-a)
herbicide [ɛʀbisid] NM herbicida *m*
herbier [ɛʀbje] NM herbario
herbivore [ɛʀbivɔʀ] NM herbívoro
herboriser [ɛʀbɔʀize] VI herborizar
herboriste [ɛʀbɔʀist] NMF herbolario(-a)
herboristerie [ɛʀbɔʀistʀi] NF (*magasin*) herbolario, herboristería; (*commerce*) comercio de plantas medicinales
hercule [ɛʀkyl] NM (*forain*) hércules *m*, hombre *m* forzudo
herculéen, ne [ɛʀkyleɛ̃, ɛn] ADJ hercúleo(-a)
hère ['ɛʀ] NM : **pauvre ~** pobre diablo
héréditaire [eʀeditɛʀ] ADJ hereditario(-a)
hérédité [eʀedite] NF herencia
hérésie [eʀezi] NF herejía
hérétique [eʀetik] NMF herético(-a)
hérissé, e ['eʀise] ADJ erizado(-a); **~ de** erizado(-a) de
hérisser ['eʀise] VT : **~ qn** (*fig*) poner los pelos de punta a algn ■ **se hérisser** VPR erizarse
hérisson ['eʀisɔ̃] NM erizo
héritage [eʀitaʒ] NM herencia; (*legs*) testamento; **faire un (petit) ~** recibir una (pequeña) herencia
hériter [eʀite] VT, VI heredar; **~ qch (de qn)** heredar algo (de algn); **~ de qn** heredar de algn; **il a hérité deux millions de son oncle** heredó dos millones de su tío
héritier, -ière [eʀitje, jɛʀ] NM/F heredero(-a)
hermaphrodite [ɛʀmafʀɔdit] ADJ, NM hermafrodita *mf*
hermétique [ɛʀmetik] ADJ (*récipient*) hermético(-a); (*étanche*) impermeable; (*fig*) : **~ à** impermeable a
hermétiquement [ɛʀmetikmɑ̃] ADV herméticamente
hermine [ɛʀmin] NF armiño
herniaire ['ɛʀnjɛʀ] ADJ (*sac*) herniario(-a); **bandage ~** braguero
hernie ['ɛʀni] NF hernia; **~ discale** hernia discal
héroïne [eʀɔin] NF (*femme, drogue*) heroína
héroïnomane [eʀɔinɔman] NMF heroinómano(-a)
héroïque [eʀɔik] ADJ heroico(-a)
héroïquement [eʀɔikmɑ̃] ADV heroicamente
héroïsme [eʀɔism] NM heroísmo
héron ['eʀɔ̃] NM garza
héros ['eʀo] NM héroe *m*
herpès [ɛʀpɛs] NM herpes *m inv*
herse ['ɛʀs] NF grada
hertz [ɛʀts] NM hercio, hertz *m*
hertzien, ne [ɛʀtsjɛ̃, ɛn] ADJ hertziano(-a)
hésitant, e [ezitɑ̃, ɑ̃t] ADJ vacilante, indeciso(-a)
hésitation [ezitasjɔ̃] NF indecisión *f*, vacilación *f*
hésiter [ezite] VI : **~ (à faire)** vacilar *ou* dudar (en hacer); **je le dis sans ~** lo digo sin vacilar *ou* dudar; **~ sur qch** vacilar *ou* dudar sobre algo; **~ entre** dudar entre
hétéro [etero] ADJ = **hétérosexuel**
hétéroclite [eteʀɔklit] ADJ heteróclito(-a)
hétérogène [eteʀɔʒɛn] ADJ heterogéneo(-a)
hétérogénéité [eteʀɔʒeneite] NF heterogeneidad *f*
hétérosexualité [eteʀosɛksɥalite] NF heterosexualidad *f*
hétérosexuel, le [eteʀɔsɛksɥɛl] ADJ heterosexual
hétérozygote [eteʀozigɔt] ADJ heterocigótico(-a)
hêtre ['ɛtʀ] NM haya
heure [œʀ] NF hora; (*Scol*) clase *f*; **c'est l'~** es la hora; **quelle ~ est-il ?** ¿qué hora es?; **pourriez-vous me donner l'~, s'il vous plaît ?** ¿me puede decir la hora, por favor?; **deux heures (du matin)** las dos (de la mañana); **à la bonne ~** (*parfois iron*) ¡me alegro!; **être à l'~** ser puntual; (*montre*) estar en hora; **mettre à l'~** poner en hora; **100 km à l'~** 100 km por hora; **à toute ~** a todas horas; **24 heures sur 24** las 24 horas, 24 horas al día; **à l'~ qu'il est** a esta hora; (*fig*) a estas horas *ou* alturas; **une ~ d'arrêt** una hora de parada; **sur l'~** inmediatamente; **pour l'~** por ahora; **d'~ en ~** cada hora; (*d'une heure à l'autre*) de hora en hora; **d'une ~ à l'autre** dentro de nada; **de bonne ~** de madrugada; **le bus passe à l'~** el autobús pasa a la hora en punto; **deux heures de marche/travail** dos horas de marcha/trabajo; **à l'~ actuelle** a estas horas, actualmente; **~ de pointe** hora punta; **~ locale/d'été** hora local/de verano; **heures supplémentaires/de bureau** horas *fpl* extraordinarias/de oficina
heureusement [œʀøzmɑ̃] ADV afortunadamente; **~ que …** menos mal que …
heureux, -euse [œʀø, øz] ADJ feliz; (*chanceux*) afortunado(-a); **être ~ de qch/faire** alegrarse de algo/hacer; **être ~ que** alegrarle a algn que;

h

s'estimer ~ que/de qch darse por contento(-a) de que/de algo; **encore ~ que ...** y menos mal que ...

heurt ['œʀ] NM choque *m* ■ **heurts** NMPL (*fig : bagarre*) choques *mpl*; (*désaccord*) desavenencias *fpl*

heurté, e ['œʀte] ADJ contrastado(-a); (*couleurs*) chocante

heurter ['œʀte] VT (*mur, porte*) chocar con *ou* contra; (*personne*) tropezar con; (*fig : personne, sentiment*) chocar (con); **~ qn de front** enfrentarse a algn ■ **se heurter** VPR chocar (con); (*voitures, personnes*) chocar; (*couleurs, tons*) contrastar; **se ~ à** (*fig*) enfrentarse a

heurtoir ['œʀtwaʀ] NM aldaba

hévéa [evea] NM jebe *m*

hexadécimal, e, -aux [egzadesimal, o] ADJ hexadecimal

hexagonal, e, -aux [ɛgzagɔnal, o] ADJ hexagonal; (*souvent péj : français*) franchute (*fam*)

hexagone [ɛgzagɔn] NM hexágono; (*la France*) Francia

HF ['aʃɛf] ABR (= *haute fréquence*) *alta frecuencia*

hiatal, e, -aux ['jatal, o] ADJ : **hernie hiatale** hernia de hiato

hiatus ['jatys] NM hiato

hibernation [ibɛʀnasjɔ̃] NF hibernación *f*; (*fig*) inactividad *f*

hiberner [ibɛʀne] VI hibernar

hibiscus [ibiskys] NM majagua, hibisco

hibou, x ['ibu] NM búho

hic ['ik] (*fam*) NM pega

hideusement ['idøzmɑ̃] ADV horrendamente

hideux, -euse ['idø, øz] ADJ horrendo(-a)

hier [jɛʀ] ADV ayer; **~ matin/soir/midi** ayer por la mañana/por la tarde/al mediodía; **toute la journée/la matinée d'~** todo el día/toda la mañana de ayer

hiérarchie ['jeʀaʀʃi] NF jerarquía

hiérarchique ['jeʀaʀʃik] ADJ jerárquico(-a)

hiérarchiquement ['jeʀaʀʃikmɑ̃] ADV jerárquicamente

hiérarchisation ['jeʀaʀʃizasjɔ̃] NF jerarquización *f*

hiérarchiser ['jeʀaʀʃize] VT jerarquizar

hiérarque ['jeʀaʀk] NM (*de parti, organisme*) jerarca *mf*

hiéroglyphe ['jeʀɔglif] NM jeroglífico

hiéroglyphique ['jeʀɔglifik] ADJ jeroglífico(-a)

hi-fi ['ifi] NF INV hi-fi *m*

hilarant, e [ilaʀɑ̃, ɑ̃t] ADJ graciosísimo(-a)

hilare [ilaʀ] ADJ jovial

hilarité [ilaʀite] NF hilaridad *f*

Himalaya [imalaja] N Himalaya *m*

hindou, e [ɛ̃du] ADJ hindú ▶ NM/F : **Hindou, e** hindú *mf*

hindouisme [ɛ̃duism] NM hinduismo

hippie ['ipi] ADJ, NMF hippy *mf*

hippique [ipik] ADJ hípico(-a)

hippisme [ipism] NM hipismo

hippocampe [ipɔkɑ̃p] NM (*Zool, Anat*) hipocampo

hippodrome [ipɔdʀom] NM hipódromo

hippophagique [ipɔfaʒik] ADJ : **boucherie ~** carnicería de carne de caballo

hippopotame [ipɔpɔtam] NM hipopótamo

hirondelle [iʀɔ̃dɛl] NF golondrina

hirsute [iʀsyt] ADJ (*barbe*) hirsuto(-a); (*tête*) desgreñado(-a)

hispanique [ispanik] ADJ hispánico(-a)

hispanisant, e [ispanizɑ̃, ɑ̃t] ADJ hispanista

hispaniste [ispanist] NMF hispanista *mf*

hispano-américain, e [ispanoameʀikɛ̃, ɛn] (*pl* **hispano-américains, -es**) ADJ hispanoamericano(-a) ▶ NM/F : **Hispano-américain, e** hispanoamericano(-a)

hispano-arabe [ispanɔaʀab] (*pl* **hispano-arabes**) ADJ hispanoárabe

hispanophone [ispanɔfɔn] ADJ, NMF hispanohablante *mf*

hisser ['ise] VT izar ■ **se hisser** VPR : **se ~ sur** levantarse sobre

histoire [istwaʀ] NF historia; (*chichis : gén pl*) lío; **l'~ de France** la historia de Francia; **l'~ sainte** la historia sagrada; **une ~ de** (*fig*) una cuestión de; **une ~ drôle** un chiste ■ **histoires** NFPL (*ennuis*) problemas *mpl*; **faire des histoires** crear problemas

histologie [istɔlɔʒi] NF histología

historien, ne [istɔʀjɛ̃, ɛn] NM/F historiador(a)

historiographe [istɔʀjɔgʀaf] NM historiografía

historique [istɔʀik] ADJ histórico(-a) ▶ NM : **faire l'~ de** hacer la crónica de

historiquement [istɔʀikmɑ̃] ADV históricamente

hitlérien, ne [itlеʀjɛ̃, jɛn] ADJ hitleriano(-a)

hit-parade ['itpaʀad] (*pl* **hit-parades**) NM lista de éxitos

hittite ['itit] ADJ hitita

hiver [ivɛʀ] NM invierno; **en ~** en invierno

hivernal, e, -aux [ivɛʀnal, o] ADJ invernal

hivernant, e [ivɛʀnɑ̃, ɑ̃t] NM/F invernante *mf*

hiverner [ivɛʀne] VI invernar

HLM ['aʃɛlɛm] SIGLE M OU F (= *habitation à loyer modéré*) *vivienda protegida de bajo alquiler*

hobby ['ɔbi] NM hobby *m*

hobereau ['ɔbʀo] (*péj*) NM señor *m*

hochement ['ɔʃmɑ̃] NM : **~ de tête** cabeceo

hocher ['ɔʃe] VT : **~ la tête** cabecear; (*signe négatif ou dubitatif*) menear la cabeza

hochet ['ɔʃɛ] NM sonajero

hockey ['ɔkɛ] NM : **~ (sur glace/gazon)** hockey *m* (sobre hielo/hierba)
hockeyeur, -euse ['ɔkɛjœʀ, øz] NM/F jugador(a) de hockey
holà ['ɔla, hɔla] NM : **mettre le ~ à qch** poner fin a algo
holding ['ɔldiŋ] NM holding *m*
hold-up ['ɔldœp] NM INV atraco a mano armada
holistique [ɔlistik] ADJ holístico(-a)
hollandais, e ['ɔlɑ̃dɛ, ɛz] ADJ holandés(-esa) ▶ NM (*Ling*) holandés *msg* ▶ NM/F : **Hollandais, e** holandés(-esa); **les H~** los holandeses
Hollande ['ɔlɑ̃d] NF Holanda ▶ NM : **hollande** (*fromage*) queso de Holanda
hollywoodien, ne ['ɔliwudjɛ̃, jɛn] ADJ hollywoodiense
holocauste [ɔlɔkost] NM holocausto
hologramme [ɔlɔgʀam] NM holograma *m*
homard ['ɔmaʀ] NM bogavante *m*
homélie [ɔmeli] NF homilía
homéopathe [ɔmeɔpat] NMF homeópata *mf*
homéopathie [ɔmeɔpati] NF homeopatía
homéopathique [ɔmeɔpatik] ADJ homeopático(-a)
homérique [ɔmeʀik] ADJ homérico(-a)
homicide [ɔmisid] NM homicidio; **~ involontaire** homicidio involuntario
hominidé [ɔminide] NM homínido
hommage [ɔmaʒ] NM homenaje *m*; **rendre ~ à** rendir homenaje a; **en ~ de** en prueba de; **faire ~ de qch à qn** obsequiar algo a algn ■ **hommages** NMPL (*civilités*) : **présenter ses hommages** presentar sus respetos
homme [ɔm] NM hombre *m*; (*individu de sexe masculin*) hombre, varón *m*; **l'~ de la rue** el hombre de la calle; **~ à tout faire** hombre para todo; **~ d'affaires** hombre de negocios; **~ d'Église** eclesiástico; **~ d'État** estadista *m*; **~ de loi** abogado; **~ de main** matón *m*; **~ de paille** hombre de paja; **~ des cavernes** hombre de las cavernas
homme-grenouille [ɔmgʀənuj] (*pl* **hommes-grenouilles**) NM hombre *m* rana *inv*
homme-orchestre [ɔmɔʀkɛstʀ] (*pl* **hommes-orchestres**) NM hombre *m* orquesta *inv*
homme-sandwich [ɔmsɑ̃dwitʃ] (*pl* **hommes-sandwichs**) NM hombre *m* anuncio *inv*
homo [omo] (*fam*) ADJ, NMF homosexual *mf*, gay *m*
homogène [ɔmɔʒɛn] ADJ homogéneo(-a)
homogénéisé, e [ɔmɔʒeneize] ADJ : **lait ~** leche *f* homogeneizada
homogénéité [ɔmɔʒeneite] NF homogeneidad *f*
homographe [ɔmɔgʀaf] NM homógrafo
homologation [ɔmɔlɔgasjɔ̃] NF homologación *f*
homologue [ɔmɔlɔg] NMF homólogo(-a)
homologué, e [ɔmɔlɔge] ADJ homologado(-a)
homologuer [ɔmɔlɔge] VT homologar
homonyme [ɔmɔnim] NM (*Ling*) homónimo; (*d'une personne*) tocayo(-a)
homoparental, e, -aux [ɔmɔpaʀɑ̃tal, o] ADJ (*famille, foyer*) homoparental
homoparentalité [ɔmɔpaʀɑ̃talite] NF homoparentalidad *f*
homophobe [ɔmɔfɔb] ADJ, NMF homófobo(-a)
homophobie [ɔmɔfɔbi] NF homofobia
homophone [ɔmɔfɔn] NM homófono
homosexualité [ɔmɔsɛksɥalite] NF homosexualidad *f*
homosexuel, le [ɔmɔsɛksɥɛl] ADJ homosexual ▶ NM/F homosexual *mf*
homozygote [omozigɔt] ADJ homocigótico(-a)
Honduras ['ɔ̃dyʀas] NM Honduras *f*
hondurien, ne ['ɔ̃dyʀjɛ̃, ɛn] ADJ hondureño(-a) ▶ NM/F : **Hondurien, ne** hondureño(-a)
Hong-Kong ['ɔ̃gkɔ̃g] N Hong-Kong
hongre ['ɔ̃gʀ] ADJ castrado(-a) ▶ NM caballo castrado
Hongrie ['ɔ̃gʀi] NF Hungría
hongrois, e ['ɔ̃gʀwa, waz] ADJ húngaro(-a) ▶ NM (*Ling*) húngaro ▶ NM/F : **Hongrois, e** húngaro(-a)
honnête [ɔnɛt] ADJ (*intègre*) honrado(-a), honesto(-a); (*juste, satisfaisant*) justo(-a), razonable
honnêtement [ɔnɛtmɑ̃] ADV honestamente; (*équitablement*) justamente
honnêteté [ɔnɛtte] NF honestidad *f*
honneur [ɔnœʀ] NM honor *m*; (*faveur*) honra; (*mérite*) : **l'~ lui revient** es mérito suyo; **à qui ai-je l'~ ?** ¿con quién tengo el honor de hablar?; **cela me/te fait ~** esto me/te honra; **« j'ai l'~ de … »** « tengo el honor de … »; **en l'~ de** (*personne*) en honor de; (*événement*) en celebración de; **faire ~ à** (*engagements*) cumplir con; (*famille, professeur*) hacer honor a; (*repas*) hacer los honores a; **être à l'~** (*personne*) ser admirado(-a); (*vêtement*) estar de moda; **être en ~** gozar de consideración; **membre d'~** miembro de honor; **table d'~** mesa de honor
Honolulu [ɔnɔlyly] N Honolulú
honorable [ɔnɔʀabl] ADJ honorable; (*suffisant*) satisfactorio(-a)
honorablement [ɔnɔʀabləmɑ̃] ADV honrosamente; (*suffisamment bien*) satisfactoriamente
honoraire [ɔnɔʀɛʀ] ADJ honorario(-a); **professeur ~** profesor(a) honorario(-a) ■ **honoraires** NMPL honorarios *mpl*
honorer [ɔnɔʀe] VT honrar; (*estimer*) respetar; (*Comm : chèque, dette*) pagar; **~ qn de** honrar a algn con ■ **s'honorer de** VPR honrarse de
honorifique [ɔnɔʀifik] ADJ honorífico(-a)
honte ['ɔ̃t] NF vergüenza; **avoir ~ de** tener vergüenza de; **faire ~ à qn** avergonzar a algn

h

honteusement ['ɔ̃tøzmɑ̃] ADV vergonzosamente

honteux, -euse ['ɔ̃tø, øz] ADJ avergonzado(-a); (*conduite, acte*) vergonzoso(-a)

hop ['ɔp] EXCL (*vas-y !*) : **« allez ~ ! »** « ¡venga! »; (*et voilà*) : **et ~ !** ¡y ya está!

hôpital, -aux [ɔpital, o] NM hospital *m*

hoquet ['ɔkɛ] NM hipo; **avoir le ~** tener hipo

hoqueter ['ɔkte] VI tener hipo

horaire [ɔʀɛʀ] ADJ por hora ▸NM horario; **~ mobile/à la carte** horario móvil/libre; **~ souple** *ou* **flexible** horario flexible ■ **horaires** NMPL (*conditions, heures de travail*) horario *msg*

horde ['ɔʀd] NF horda

horizon [ɔʀizɔ̃] NM horizonte *m*; **sur l'~** en el horizonte ■ **horizons** NMPL (*fig*) horizontes *mpl*

horizontal, e, -aux [ɔʀizɔ̃tal, o] ADJ horizontal ▸NF : **à l'horizontale** en horizontal

horizontalement [ɔʀizɔ̃talmɑ̃] ADV horizontalmente

horloge [ɔʀlɔʒ] NF reloj *m*; **~ normande** *modalidad de reloj de pie*; **~ parlante** reloj parlante *ou* telefónico

horloger, -ère [ɔʀlɔʒe, ɛʀ] NM/F relojero(-a)

horlogerie [ɔʀlɔʒʀi] NF relojería; **pièces d'~** piezas *fpl* de relojería

hormis ['ɔʀmi] PRÉP excepto

hormonal, e, -aux [ɔʀmɔnal, o] ADJ hormonal

hormone [ɔʀmɔn] NF hormona

horodaté, e [ɔʀɔdate] ADJ (*ticket*) con la fecha y la hora; (*stationnement*) con registro de la fecha y hora

horodateur, -trice [ɔʀɔdatœʀ, tʀis] ADJ (*appareil*) expendedor(a) ▸NM parquímetro

horoscope [ɔʀɔskɔp] NM horóscopo

horreur [ɔʀœʀ] NF horror *m*; **l'~ d'une action/d'une scène** lo horroroso de una acción/de una escena; **quelle ~ !** ¡qué horror!; **avoir ~ de qch** sentir horror por algo; **cela me fait ~** eso me horroriza

horrible [ɔʀibl] ADJ horrible, horrendo(-a); (*laid*) horroroso(-a)

horriblement [ɔʀibləmɑ̃] ADV horriblemente; (*extrêmement*) terriblemente

horrifiant, e [ɔʀifjɑ̃, ɑ̃t] ADJ horripilante, horroroso(-a)

horrifier [ɔʀifje] VT horrorizar

horrifique [ɔʀifik] ADJ horroroso(-a)

horripilant, e [ɔʀipilɑ̃, ɑ̃t] ADJ horripilante, exasperante

horripiler [ɔʀipile] VT horripilar, exasperar

hors ['ɔʀ] PRÉP salvo; **~ de** fuera de; **~ de propos** fuera de lugar; **être ~ de soi** estar fuera de sí; **~ série** fuera de serie; **~ ligne** (*Internet*) sin conexión; **~ pair** fuera de serie; **~ service/d'usage** fuera de servicio/de uso

hors-bord ['ɔʀbɔʀ] (*pl* **~(s)**) NM fuera borda *m inv*

hors-concours ['ɔʀkɔ̃kuʀ] ADJ INV fuera de concurso

hors-d'œuvre ['ɔʀdœvʀ] NM INV entremés *m*

hors-jeu ['ɔʀʒø] (*pl* **~x**) NM fuera *m* de juego

hors-la-loi ['ɔʀlalwa] NM INV forajido

hors-piste ['ɔʀpist] (*pl* **~s**) NM (*Ski*) ski *m* fuera de pista

hors-taxe [ɔʀtaks] ADJ libre de impuestos

hors-texte ['ɔʀtɛkst] (*pl* **~s**) NM lámina fuera de texto

hortensia [ɔʀtɑ̃sja] NM hortensia

horticole [ɔʀtikɔl] ADJ hortícola

horticulteur, -trice [ɔʀtikyltœʀ, tʀis] NM/F horticultor(a)

horticulture [ɔʀtikyltyʀ] NF horticultura

hospice [ɔspis] NM (*de vieillards*) asilo; (*asile*) hospicio

hospitalier, -ière [ɔspitalje, jɛʀ] ADJ hospitalario(-a)

hospitalisation [ɔspitalizasjɔ̃] NF hospitalización *f*

hospitaliser [ɔspitalize] VT hospitalizar

hospitalité [ɔspitalite] NF hospitalidad *f*; **offrir l'~ à qn** dar hospitalidad a algn

hostie [ɔsti] NF (*Rel*) hostia

hostile [ɔstil] ADJ hostil; **~ à** contrario(-a) a

hostilité [ɔstilite] NF hostilidad *f* ■ **hostilités** NFPL (*Mil*) hostilidades *fpl*

hosto [ɔsto] (*fam*) NM hospital *m*

hôte [ot] NM (*maître de maison*) anfitrión *m*; **~ payant** huésped de pago ▸NMF (*invité*) huésped *mf*; (*client*) cliente *mf*; (*fig : occupant*) ocupante *mf*

hôtel [otɛl] NM hotel *m*; **aller à l'~** ir a un hotel; **~ de ville** ayuntamiento; **~ (particulier)** palacete *m*

hôtelier, -ière [otəlje, jɛʀ] ADJ, NM/F hotelero(-a)

hôtellerie [otɛlʀi] NF (*profession*) hostelería; (*auberge*) hostal *m*

hôtesse [otɛs] NF (*maîtresse de maison*) anfitriona; (*dans une agence, une foire*) azafata, recepcionista; **~ (de l'air)** azafata (de aviación), aeromoza (AM); **~ (d'accueil)** azafata (de recepción)

hotte ['ɔt] NF (*panier*) cuévano; (*de cheminée*) campana; **~ aspirante** (*de cuisinière*) campana extractora

houblon ['ublɔ̃] NM lúpulo

houe ['u] NF azada

houille ['uj] NF hulla; **~ blanche** hulla blanca

houiller, -ère ['uje, ɛʀ] ADJ hullero(-a)

houillère ['ujɛʀ] NF mina de hulla

houle ['ul] NF marejada

houlette ['ulɛt] NF : **sous la ~ de** bajo la dirección de

houleux, -euse ['ulø, øz] ADJ (*mer*) encrespado(-a); (*discussion*) agitado(-a)
houppe ['up] NF (*cheveux*) tupé *m*; (*pour la poudre*) borla, pompón *m*
houppelande ['uplɑ̃d] NF hopalanda
houppette ['upɛt] NF (*pour la poudre*) borla, pompón *m*; (*cheveux*) mechón *m*
hourra ['uʀa] NM hurra *m* ▸ EXCL ¡hurra!
houspiller ['uspije] VT reprender
housse ['us] NF funda
houx ['u] NM acebo
HS [aʃɛs] ABR (= *hors service*) *voir* **hors**
H.T. ['aʃtɛ] ABR = **hors-taxe**
hublot ['yblo] NM portilla
huche ['yʃ] NF : **~ à pain** artesa
huées ['ɥe] NFPL abucheo
huer ['ɥe] VT abuchear ▸ VI graznar; **il s'est fait ~** ha sido abucheado
huguenot, e ['yg(ə)no, ɔt] NM/F hugonote(-a)
huile [ɥil] NF aceite *m*; (*Art*) óleo; (*fam*) pez *m* gordo (*fam*); **mer d'~** balsa de aceite; **faire tache d'~** (*fig*) extenderse como cosa buena; **~ d'arachide/de table** aceite de cacahuete/de mesa; **~ de ricin/de foie de morue** aceite de ricino/de hígado de bacalao; **~ détergente** (*Auto*) aceite detergente; **~ essentielle** aceite esencial; **~ solaire** aceite bronceador
huiler [ɥile] VT aceitar
huilerie [ɥilʀi] NF fábrica de aceite
huileux, -euse [ɥilø, øz] ADJ aceitoso(-a)
huilier [ɥilje] NM vinagreras *fpl*
huis [ɥi] NM : **à ~ clos** a puerta cerrada
huissier, -ière [ɥisje, jɛʀ] NM/F ordenanza *mf*; (*Jur*) ujier *mf*
huit ['ɥi(t)] ADJ INV, NM INV ocho *m inv*; **samedi en ~** el sábado en ocho días; **dans ~ jours** dentro de ocho días; *voir aussi* **cinq**
huitaine ['ɥitɛn] NF : **une ~ de** unos ocho; **une ~ de jours** unos ocho días; **sous ~** (*Jur, Admin*) en ocho días
huitante ['ɥitɑ̃t] NUM (SUISSE) ochenta
huitième ['ɥitjɛm] ADJ, NMF octavo(-a) ▸ NM (*partitif*) octavo; *voir aussi* **cinquième**
huître [ɥitʀ] NF ostra
hululement ['ylylmɑ̃] NM ululato
hululer ['ylyle] VI ulular
humain, e [ymɛ̃, ɛn] ADJ humano(-a) ▸ NM humano
humainement [ymɛnmɑ̃] ADV humanamente
humanisation [ymanizasjɔ̃] NF humanización *f*
humaniser [ymanize] VT humanizar
humanisme [ymanism] NM humanismo
humaniste [ymanist] NMF humanista *mf*
humanitaire [ymanitɛʀ] ADJ humanitario(-a)
humanitarisme [ymanitaʀism] NM humanitarismo
humanité [ymanite] NF humanidad *f*
humanoïde [ymanɔid] NMF humanoide *mf*
humble [œ̃bl] ADJ humilde
humblement [œ̃bləmɑ̃] ADV humildemente
humecter [ymɛkte] VT humedecer ■ **s'humecter** VPR : **s'~ les lèvres** humedecerse los labios
humer ['yme] VT oler
humérus [ymeʀys] NM húmero
humeur [ymœʀ] NF (*momentanée*) humor *m*; (*tempérament*) carácter *m*; (*irritation*) mal humor; **de bonne/mauvaise ~** de buen/mal humor; **cela m'a mis de mauvaise/bonne ~** eso me puso de mal/buen humor; **je suis de mauvaise/bonne ~** estoy de mal/buen humor; **être d'~ à faire qch** estar de humor para hacer algo
humide [ymid] ADJ húmedo(-a)
humidificateur [ymidifikatœʀ] NM humectador *m*, humedecedor *m*
humidifier [ymidifje] VT humedecer
humidité [ymidite] NF humedad *f*; **traces d'~** rastros *mpl* de humedad
humiliant, e [ymiljɑ̃, ɑ̃t] ADJ humillante
humiliation [ymiljasjɔ̃] NF humillación *f*
humilier [ymilje] VT humillar ■ **s'humilier** VPR : **s'~ devant qn** humillarse delante de algn
humilité [ymilite] NF humildad *f*
humoriste [ymɔʀist] NMF humorista *mf*
humoristique [ymɔʀistik] ADJ humorístico(-a)
humour [ymuʀ] NM humor *m*; **il a un ~ particulier** tiene un humor muy particular; **avoir de l'~** tener sentido del humor; **~ noir** humor negro
humus [ymys] NM humus *msg*
huppé, e ['ype] ADJ (*personne*) encopetado(-a); (*oiseau*) moñudo(-a)
hurlement ['yʀləmɑ̃] NM aullido, alarido
hurler ['yʀle] VI (*animal*) aullar; (*personne*) dar alaridos; (*de peur*) chillar; (*fig : vent etc*) ulular; (: *couleurs etc*) chocar; **~ à la mort** aullar a la muerte
hurluberlu [yʀlybɛʀly] (*péj*) NM chiflado (*fam*)
husky ['œski] NM husky *m*
hutte ['yt] NF choza
hybridation [ibʀidasjɔ̃] NF (*Bot, Zool, Biol*) hibridación *f*
hybride [ibʀid] ADJ híbrido(-a) ▸ NM híbrido
hydratant, e [idʀatɑ̃, ɑ̃t] ADJ hidratante
hydratation [idʀatasjɔ̃] NF hidratación *f*
hydrate [idʀat] NM : **hydrates de carbone** hidratos *mpl* de carbono
hydrater [idʀate] VT hidratar ■ **s'hydrater** VPR hidratarse
hydraulique [idʀolik] ADJ hidráulico(-a)
hydravion [idʀavjɔ̃] NM hidroavión *m*
hydro... [idʀɔ] PRÉF hidro...

h

hydrocarbure [idʀɔkaʀbyʀ] NM hidrocarburo
hydrocéphale [idʀosefal] ADJ hidrocéfalo(-a)
hydrocution [idʀɔkysjɔ̃] NF hidrocución *f*
hydroélectricité [idʀoelɛktʀisite] NF hidroelectricidad *f*
hydro-électrique [idʀɔelɛktʀik] (*pl* **hydro-électriques**) ADJ hidroeléctrico(-a)
hydrogène [idʀɔʒɛn] NM hidrógeno
hydrogéné, e [idʀɔʒene] ADJ hidrogenado(-a)
hydroglisseur [idʀɔglisœʀ] NM hidroplano
hydrographie [idʀɔgʀafi] NF hidrografía
hydrographique [idʀɔgʀafik] ADJ hidrográfico(-a)
hydrolyse [idʀɔliz] NF hidrólisis *f inv*
hydromassage [idʀomasaʒ] NM hidromasaje *m*
hydrophile [idʀɔfil] ADJ *voir* **coton**
hydroponique [idʀopɔnik] ADJ : **culture ~** cultivo hidropónico
hyène [jɛn] NF hiena
hygiaphone® [iʒjafɔn] NM *mampara perforada de una taquilla que permite hablar a la vez que protege de los gérmenes*
hygiène [iʒjɛn] NF higiene *f*; **~ corporelle/intime** higiene corporal/íntima
hygiénique [iʒenik] ADJ higiénico(-a)
hygromètre [igʀɔmɛtʀ] NM higrómetro
hyménoptère [imenɔptɛʀ] NM himenóptero
hymne [imn] NM himno; **~ national** himno nacional
hyper... [ipɛʀ] PRÉF hiper...
hyperactif, -ive [ipɛʀaktif, iv] ADJ hiperactivo(-a)
hyperactivité [ipɛʀaktivite] NF hiperactividad *f*
hyperappel [ipɛʀapɛl] NM (*Inform*) hypercall *f*
hyperbole [ipɛʀbɔl] NF (*figure de style*) hipérbole *f*; (*Math*) hipérbola
hyperinflation [ipɛʀɛ̃flasjɔ̃] NF hiperinflación *f*
hyperlien [ipɛʀljɛ̃] NM hipervínculo
hypermarché [ipɛʀmaʀʃe] NM hipermercado
hypermétrope [ipɛʀmetʀɔp] ADJ hipermétrope
hypernerveux, -euse [ipɛʀnɛʀvø, øz] ADJ hipernervioso(-a)
hyperréalisme [ipɛʀʀealism] NM hiperrealismo
hyperréaliste [ipɛʀʀealist] ADJ, NMF hiperrealista *mf*
hypersensibilité [ipɛʀsɑ̃sibilite] NF hipersensibilidad *f*
hypersensible [ipɛʀsɑ̃sibl] ADJ hipersensible
hypertendu, e [ipɛʀtɑ̃dy] ADJ hipertenso(-a)
hypertension [ipɛʀtɑ̃sjɔ̃] NF hipertensión *f*
hypertexte [ipɛʀtɛkst] NM hipertexto; **lien ~** hipervínculo *m*, hiperenlace *m*
hypertrophie [ipɛʀtʀɔfi] NF hipertrofia
hypertrophié, e [ipɛʀtʀɔfje] ADJ hipertrofiado(-a)
hypnose [ipnoz] NF hipnosis *fsg*
hypnothérapie [ipnɔteʀapi] NF hipnoterapia
hypnotique [ipnɔtik] ADJ hipnótico(-a)
hypnotiser [ipnɔtize] VT hipnotizar
hypnotiseur [ipnɔtizœʀ] NM hipnotizador(a)
hypnotisme [ipnɔtism] NM hipnotismo
hypoallergénique [ipoalɛʀʒik] ADJ hipoalergénico(-a)
hypocalorique [ipokalɔʀik] ADJ hipocalórico(-a)
hypocondriaque [ipɔkɔ̃dʀijak] ADJ hipocondríaco(-a)
hypocrisie [ipɔkʀizi] NF hipocresía
hypocrite [ipɔkʀit] ADJ, NMF hipócrita *mf*
hypocritement [ipɔkʀitmɑ̃] ADV hipócritamente
hypodermique [ipɔdɛʀmik] ADJ hipodérmico(-a)
hypoglycémie [ipoglisemi] NF hipoglucemia
hypokhâgne [ipɔkaɲ] NF *primer curso de preparación a la oposición para entrar en la sección de letras de la École normale supérieure*
hypotendu, e [ipotɑ̃dy] ADJ hipotenso(-a)
hypotension [ipotɑ̃sjɔ̃] NF hipotensión *f*
hypoténuse [ipɔtenyz] NF hipotenusa
hypothécaire [ipɔtekɛʀ] ADJ hipotecario(-a); **garantie/prêt ~** garantía hipotecaria/préstamo hipotecario
hypothèque [ipɔtɛk] NF hipoteca
hypothéquer [ipɔteke] VT hipotecar; **~ l'avenir** hipotecar el porvenir
hypothermie [ipɔtɛʀmi] NF hipotermia
hypothèse [ipɔtɛz] NF hipótesis *f inv*; **dans l'~ où ...** en la hipótesis de que ...
hypothétique [ipɔtetik] ADJ hipotético(-a)
hypothétiquement [ipɔtetikmɑ̃] ADV hipotéticamente
hystérectomie [isteʀɛktɔmi] NF histerectomía
hystérie [isteʀi] NF histeria, histerismo; **~ collective** histeria colectiva
hystérique [isteʀik] ADJ histérico(-a)
Hz ABR (= Hertz) Hz (= *hertzio*)

Ii

I, i [i] NM INV I, i *f*; **I comme Irma** ≈ I de Isabel
IAC [iase] SIGLE F (= *insémination artificielle entre conjoints*) inseminación *f* artificial entre cónyuges
IAD [iade] SIGLE F (= *insémination artificielle par donneur extérieur*) inseminación *f* artificial por donante anónimo
ibère [ibɛʀ] ADJ ibero(-a) ▸ NMF : **Ibère** ibero(-a)
ibérique [ibeʀik] ADJ : **la péninsule ~** la península ibérica
ibis [ibis] NM ibis *m*
iceberg [ajsbɛʀg] NM iceberg *m*
ici [isi] ADV aquí; **jusqu'~** hasta aquí; (*temporel*) hasta ahora; **d'~ là** para entonces; (*en attendant*) mientras tanto; **d'~ peu** dentro de poco
icône [ikon] NF (*aussi Inform*) icono
iconoclaste [ikɔnɔklast] NMF iconoclasta *mf*
iconographie [ikɔnɔgʀafi] NF iconografía
iconographique [ikɔnɔgʀafik] ADJ iconográfico(-a)
idéal, e, -aux [ideal, o] ADJ ideal ▸ NM (*modèle, type parfait*) ideal *m*; (*système de valeurs*) ideales *mpl*; **l'~ serait de/que** lo ideal sería/sería que
idéalement [idealmɑ̃] ADV idealmente
idéalisation [idealizasjɔ̃] NF idealización *f*
idéaliser [idealize] VT idealizar
idéalisme [idealism] NM idealismo
idéaliste [idealist] ADJ, NMF idealista *mf*
idée [ide] NF idea; **mon ~, c'est que ...** mi opinión es que ...; **je n'en ai pas la moindre ~** no tengo la menor idea; **à l'~ de/que** con la idea de/de que; **avoir ~ que, avoir dans l'~ que** tener la impresión de que; **il a dans l'~ que ...** (*il est convaincu que*) se le ha metido en la cabeza que ...; **agir/vivre à son ~** actuar/vivir de acuerdo con sus propias ideas; **venir à l'~ de qn** ocurrírsele a algn; **~ fixe** idea fija ■ **idées** NFPL (*opinions, conceptions*) ideas *fpl*; **se faire des idées** hacerse ilusiones; **en voilà des idées !** ¡menuda idea!, ¡vaya ocurrencia!; **avoir les idées larges** tener una mentalidad abierta; **idées noires** pensamientos *mpl* negros; **idées reçues** ideas preconcebidas
idée-force [idefɔʀs] (*pl* **idées-force(s)**) NF idea fuerza; **l'~ à la base de qch** la idea fuerza origen de algo
identifiable [idɑ̃tifjabl] ADJ identificable
identifiant [idɑ̃tifjɑ̃] NM (*Inform*) nombre *m* de usuario
identification [idɑ̃tifikasjɔ̃] NF identificación *f*
identifier [idɑ̃tifje] VT identificar; **~ qch/qn à** identificar algo/a algn con ■ **s'identifier** VPR : **s'~ avec** *ou* **à qch/qn** identificarse con algo/algn
identique [idɑ̃tik] ADJ idéntico(-a); **~ à** idéntico(-a) a
identitaire [idɑ̃titɛʀ] ADJ identitario(-a), de identidad; **une crise ~** una crisis de identidad; **une quête ~** una búsqueda de la identidad
identité [idɑ̃tite] NF (*de vues, goûts*) semejanza; (*d'une personne*) identidad *f*; **~ judiciaire** identidad judicial
idéogramme [ideɔgʀam] NM ideograma *m*
idéologie [ideɔlɔʒi] NF ideología
idéologique [ideɔlɔʒik] ADJ ideológico(-a)
idéologue [ideɔlɔg] NMF ideólogo(-a)
idiomatique [idjɔmatik] ADJ : **expression ~** expresión *f* idiomática
idiome [idjom] NM idioma *m*
idiot, e [idjo, idjɔt] ADJ (*Méd*) retrasado(-a); (*péj : personne*) idiota, estúpido(-a); (*film, réflexion*) estúpido(-a) ▸ NM/F idiota *mf*; **l'~ du village** el tonto del pueblo
idiotie [idjɔsi] NF retraso mental; idiotez *f*; (*propos, remarque inepte*) estupidez *f*, idiotez
idiotisme [idjɔtism] NM modismo, idiotismo
idoine [idwan] ADJ idóneo(-a)
idolâtrer [idɔlatʀe] VT idolatrar
idolâtrie [idɔlatʀi] NF idolatría
idole [idɔl] NF (*aussi fig*) ídolo
idylle [idil] NF idilio
idyllique [idilik] ADJ idílico(-a)
if [if] NM (*Bot*) tejo
IFOP [ifɔp] SIGLE M (= *Institut français d'opinion publique*) *empresa de sondeos de opinión*
igloo [iglu] NM iglú *m*
IGN [iʒeɛn] SIGLE M (= *Institut géographique national*) ≈ IGN *m* (= *Instituto Geográfico Nacional*)
ignare [iɲaʀ] ADJ, NMF ignorante *mf*
ignifuge [iɲifyʒ] ADJ ignífugo(-a) ▸ NM agente *m* ignífugo
ignifugé, e [iɲifyʒe] ADJ ignífugo(-a)

ignifuger [iɲifyʒe] VT ignifugar
ignoble [iɲɔbl] ADJ (*individu, procédé*) ruin, innoble; (*taudis, nourriture*) asqueroso(-a)
ignoblement [iɲɔbləmɑ̃] ADV ruinmente, innoblemente
ignominie [iɲɔmini] NF (*déshonneur, honte, acte ignoble*) ignominia; (*conduite*) ruindad *f*
ignominieux, -euse [iɲɔminjø, jøz] ADJ ignominioso(-a)
ignorance [iɲɔʀɑ̃s] NF (*d'un événement*) desconocimiento; (*manque d'instruction*) ignorancia; **tenir qn dans l'~ de** tener algn en la ignorancia de; **être dans l'~ de** desconocer
ignorant, e [iɲɔʀɑ̃, ɑ̃t] ADJ, NM/F ignorante *mf*; **~ en** (*une matière quelconque*) ignorante en; **faire l'~** hacerse el tonto
ignoré, e [iɲɔʀe] ADJ ignorado(-a)
ignorer [iɲɔʀe] VT (*loi, faits*) ignorar; (*personne, demande*) no hacer caso a, ignorar a; (*être sans expérience de : plaisir, guerre*) desconocer; **j'ignore comment/si** no sé cómo/si; **~ que** ignorar que, desconocer que; **je n'ignore pas que …** soy consciente de que …; **je l'ignore** lo ignoro
IGPN [iʒepeɛn] SIGLE F (= *Inspection générale de la police nationale*) *inspección general de la policía nacional*
IGS [iʒeɛs] SIGLE F (= *Inspection générale des services*) *inspección general de los servicios de inteligencia*
iguane [igwan] NM iguana
il [il] PRON él; **ils** ellos; **il fait froid** hace frío; **il est midi** es mediodía; **Pierre est-il arrivé ?** ¿ha llegado Pedro?; *voir aussi* **avoir**
île [il] NF isla; **les îles** (*les Antilles*) las Antillas; **l'~ de Beauté** Córcega; **l'~ Maurice** la isla Mauricio; **les îles anglo-normandes/Britanniques** las islas del Canal/Británicas; **les (îles) Baléares/Canaries** las (islas) Baleares/Canarias; **les (îles) Marquises** las (islas) Marquesas
iliaque [iljak] ADJ : **os/artère ~** hueso ilíaco/arteria ilíaca
îlien, ne [iljɛ̃, iljɛn] ADJ, NM, NF isleño(-a)
illégal, e, -aux [i(l)legal, o] ADJ ilegal
illégalement [i(l)legalmɑ̃] ADV ilegalmente
illégalité [i(l)legalite] NF ilegalidad *f*; **être dans l'~** estar en la ilegalidad
illégitime [i(l)leʒitim] ADJ (*enfant*) ilegítimo(-a); (*craintes*) injustificado(-a)
illégitimement [i(l)leʒitimmɑ̃] ADV ilegítimamente
illégitimité [i(l)leʒitimite] NF ilegitimidad *f*; **gouverner dans l'~** gobernar en la ilegitimidad
illettré, e [i(l)letʀe] ADJ (*analphabète*) iletrado(-a), analfabeto(-a) ▸ NM/F analfabeto(-a)
illettrisme [i(l)letʀism] NM analfabetismo funcional
illicite [i(l)lisit] ADJ ilícito(-a)
illicitement [i(l)lisitmɑ̃] ADV ilícitamente
illico [i(l)liko] (*fam*) ADV : **~ (presto)** ahora mismo, desde ya (ARG), al tiro (CHI), luego luego (MEX)
illimité, e [i(l)limite] ADJ ilimitado(-a); (*confiance*) infinito(-a); (*congé, durée*) indefinido(-a)
illisible [i(l)lizibl] ADJ (*indéchiffrable*) ilegible; (*roman*) intragable, insoportable
illisiblement [i(l)liziblәmɑ̃] ADV ilegiblemente
illogique [i(l)lɔʒik] ADJ ilógico(-a)
illogisme [i(l)lɔʒism] NM incongruencia
illumination [i(l)lyminasjɔ̃] NF iluminación *f* ■ **illuminations** NFPL (*lumières*) luces *fpl*
illuminé, e [i(l)lymine] ADJ iluminado(-a) ▸ NM/F (*fig : péj*) visionario(-a)
illuminer [i(l)lymine] VT iluminar ■ **s'illuminer** VPR iluminarse
illusion [i(l)lyzjɔ̃] NF ilusión *f*; **se faire des illusions** hacerse ilusiones; **faire ~** dar el pego; **~ d'optique** ilusión óptica
illusionner [i(l)lyzjɔne] VT (*éblouir, tromper*) ilusionar ■ **s'illusionner** VPR : **s'~ (sur qn/qch)** ilusionarse (con algn/algo)
illusionnisme [i(l)lyzjɔnism] NM ilusionismo
illusionniste [i(l)lyzjɔnist] NMF ilusionista *mf*
illusoire [i(l)lyzwaʀ] ADJ ilusorio(-a)
illusoirement [i(l)lyzwaʀmɑ̃] ADV ilusoriamente
illustrateur, -trice [i(l)lystʀatœʀ, tʀis] NM/F ilustrador(a)
illustratif, -ive [i(l)lystʀatif, iv] ADJ ilustrativo(-a)
illustration [i(l)lystʀasjɔ̃] NF ilustración *f*
illustre [i(l)lystʀ] ADJ ilustre
illustré, e [i(l)lystʀe] ADJ ilustrado(-a) ▸ NM (*périodique*) revista ilustrada; (*pour enfants*) tebeo
illustrer [i(l)lystʀe] VT ilustrar; (*de notes, commentaires*) glosar ■ **s'illustrer** VPR (*personne*) distinguirse
îlot [ilo] NM (*petite île*) islote *m*; (*bloc de maisons*) manzana; **un ~ de verdure** una isla verde
îlotage [ilɔtaʒ] NM *vigilancia policial de barrio*
îlotier, -ière [ilɔtje, jɛʀ] NM/F *agente de policía de barrio*
ils [il] PRON *voir* **il**
image [imaʒ] NF imagen *f*; (*tableau, représentation*) imagen, representación *f*; **~ de** imagen de; **à l'~ de** (*comme*) como en el caso de; **~ de marque** (*d'un produit, d'une entreprise*) imagen de marca; (*d'une personne*) reputación *f*; **~ d'Épinal** cromo; (*présentation simpliste*) imagen estereotipada; **~ pieuse** imagen piadosa
imagé, e [imaʒe] ADJ rico(-a) en imágenes
imagerie [imaʒʀi] NF (*Tech*) imagen *f*; **centre**

d'~ médicale centro de imagen médica

imaginable [imaʒinabl] ADJ imaginable; **difficilement ~** difícil de imaginar

imaginaire [imaʒinɛʀ] ADJ imaginario(-a); **nombre ~** número imaginario

imaginatif, -ive [imaʒinatif, iv] ADJ imaginativo(-a)

imagination [imaʒinasjɔ̃] NF imaginación *f*; (*chimère, invention*) imaginaciones *fpl*

imaginer [imaʒine] VT imaginar; (*inventer*) idear; **~ que** suponer que; **j'imagine qu'il a voulu plaisanter** me figuro que habrá querido bromear; **que vas-tu ~ là ?** ¡qué ocurrencias tienes! ■ **s'imaginer** VPR (*scène*) imaginarse; **s'~ que** imaginarse que; **s'~ à 60 ans/en vacances** imaginarse a los 60 años/en vacaciones; **il s'imagine pouvoir faire ...** se imagina que va a poder hacer ...; **ne t'imagine pas que** no te imagines que

imam [imam] NM imam *m*

imbattable [ɛ̃batabl] ADJ imbatible

imbécile [ɛ̃besil] ADJ, NMF imbécil *mf*

imbécillité [ɛ̃besilite] NF (*Méd*) retraso mental, imbecilidad *f*; (*action, propos*) imbecilidad; (*film, livre*) estupidez *f*

imberbe [ɛ̃bɛʀb] ADJ imberbe

imbibé, e [ɛ̃bibe] ADJ : **~ de** (*liquide*) empapado(-a) de

imbiber [ɛ̃bibe] VT empapar; **~ qch de** empapar algo con ■ **s'imbiber de** VPR impregnarse de

imbitable, imbittable [ɛ̃bitabl] (*fam*) ADJ (*incompréhensible*) incomprensible

imbriqué, e [ɛ̃bʀike] ADJ imbricado(-a); (*plaques*) superpuesto(-a)

imbriquer [ɛ̃bʀike] VT (*cubes*) encajar; (*plaques*) superponer ■ **s'imbriquer** VPR (*problèmes, affaires*) relacionarse; (*plaques*) superponerse

imbroglio [ɛ̃bʀɔljo] NM embrollo; (*Théâtre*) enredo

imbu, e [ɛ̃by] ADJ : **~ de** imbuido(-a) de; **~ de sa personne** muy pagado(-a) de sí mismo(-a)

imbuvable [ɛ̃byvabl] ADJ imbebible; (*personne*) inaguantable

imitable [imitabl] ADJ imitable; **facilement ~** fácil de imitar

imitateur, -trice [imitatœʀ, tʀis] NM/F imitador(a)

imitation [imitasjɔ̃] NF imitación *f*; **un sac ~ cuir** un bolso imitación cuero *ou* de cuero imitación; **c'est en ~ cuir** es de cuero de imitación; **à l'~ de** a imitación de

imiter [imite] VT imitar; (*ressembler à*) imitar a; **il se leva et je l'imitai** se levantó y yo le imité

immaculé, e [imakyle] ADJ inmaculado(-a); **l'Immaculée Conception** la Inmaculada Concepción

immanent, e [imanɑ̃, ɑ̃t] ADJ inmanente

immangeable [ɛ̃mɑ̃ʒabl] ADJ incomible

immanquable [ɛ̃mɑ̃kabl] ADJ : **c'est ~** (*cible, but*) es imposible fallar; **c'était ~ !** (*succès etc*) ¡era inevitable!

immanquablement [ɛ̃mɑ̃kabləmɑ̃] ADV irremediablemente

immatériel, le [imateʀjɛl] ADJ inmaterial

immatriculation [imatʀikylasjɔ̃] NF matrícula; (*á l'université*) inscripción *f*

immatriculer [imatʀikyle] VT matricular; (*à la Sécurité sociale*) inscribir; **se faire ~** matricularse, inscribirse; **une voiture immatriculée à Paris** un coche con matrícula de París

immature [imatyʀ] ADJ inmaduro(-a)

immaturité [imatyʀite] NF inmadurez *f*

immédiat, e [imedja, jat] ADJ inmediato(-a); **dans le voisinage ~ de** en las inmediaciones de ▶ NM : **dans l'~** por ahora

immédiatement [imedjatmɑ̃] ADV inmediatamente

immémorial, e, -aux [i(m)memɔʀjal, jo] ADJ inmemorial

immense [i(m)mɑ̃s] ADJ inmenso(-a)

immensément [i(m)mɑ̃semɑ̃] ADV inmensamente

immensité [i(m)mɑ̃site] NF inmensidad *f*

immergé, e [imɛʀʒe] ADJ sumergido(-a); (*rocher*) inmerso(-a)

immerger [imɛʀʒe] VT sumergir ■ **s'immerger** VPR (*sous-marin*) sumergirse

immérité, e [imeʀite] ADJ inmerecido(-a)

immersion [imɛʀsjɔ̃] NF inmersión *f*

immettable [ɛ̃metabl] ADJ imponible

immeuble [imœbl] NM (*bâtiment*) edificio; **~ de rapport** edificio de renta; **~ locatif** edificio de alquiler ▶ ADJ (*Jur : bien*) inmueble

immigrant, e [imigʀɑ̃, ɑ̃t] NM/F inmigrante *mf*

immigration [imigʀasjɔ̃] NF inmigración *f*

immigré, e [imigʀe] NM/F inmigrado(-a)

immigrer [imigʀe] VI inmigrar

imminence [iminɑ̃s] NF inminencia

imminent, e [iminɑ̃, ɑ̃t] ADJ inminente

immiscer [imise] : **s'immiscer** VPR inmiscuirse

immixtion [imiksjɔ̃] NF intromisión *f*

immobile [imɔbil] ADJ inmóvil; (*pièce de machine*) fijo(-a); (*dogmes, institutions*) inamovible; **rester/se tenir ~** quedar/quedarse inmóvil

immobilier, -ière [imɔbilje, jɛʀ] ADJ inmobiliario(-a) ▶ NM : **l'~** (*Comm*) el sector inmobiliario; (*Jur*) los bienes inmuebles; *voir aussi* **promoteur ; société**

immobilisation [imɔbilizasjɔ̃] NF inmovilización *f*; (*de la circulation*) detención *f* ■ **immobilisations** NFPL (*Comm*) inmovilizaciones *fpl*

immobiliser [imɔbilize] VT inmovilizar; (*file, circulation*) detener; (*véhicule : stopper*) detener,

parar ▪ **s'immobiliser** VPR (*personne*) inmovilizarse; (*machine, véhicule*) pararse
immobilisme [imɔbilism] NM inmovilismo
immobilité [imɔbilite] NF inmovilidad *f*
immodéré, e [imɔdeʀe] ADJ inmoderado(-a)
immodérément [imɔdeʀemɑ̃] ADV inmoderadamente
immolation [imɔlasjɔ̃] NF inmolación *f*; **~ par le feu** inmolación con fuego
immoler [imɔle] VT (*Rel*) inmolar ▪ **s'immoler** VPR inmolarse; **s'~ par le feu** inmolarse con fuego
immonde [imɔ̃d] ADJ inmundo(-a)
immondices [imɔ̃dis] NFPL basura *fsg*
immoral, e, -aux [imɔʀal, o] ADJ inmoral
immoralement [imɔʀalmɑ̃] ADV inmoralmente
immoralisme [imɔʀalism] NM inmoralismo
immoralité [imɔʀalite] NF inmoralidad *f*
immortaliser [imɔʀtalize] VT inmortalizar
immortalité [imɔʀtalite] NF inmortalidad *f*
immortel, le [imɔʀtɛl] ADJ inmortal
immortelle [imɔʀtɛl] NF (*Bot*) siempreviva
immuable [imɥabl] ADJ (*bonheur, vérité, loi*) inmutable, inalterable; (*routine, paysage*) invariable; (*sourire, coutume*) inmutable; **~ dans ses convictions** de convicciones inamovibles
immuablement [imɥabləmɑ̃] ADV inmutablemente
immunisation [imynizasjɔ̃] NF inmunización *f*
immunisé, e [imynize] ADJ : **~ contre** inmunizado(-a) contra
immuniser [imynize] VT (*Méd, fig*) inmunizar
immunitaire [imynitɛʀ] ADJ inmunitario(-a)
immunité [imynite] NF inmunidad *f*; **~ diplomatique/parlementaire** inmunidad diplomática/parlamentaria
immunodéficience [imynodefisjɑ̃s] NF inmunodeficiencia
immunodéprimé, e [imynodepʀime] ADJ, NM/F inmunodeprimido(-a)
immunologie [imynɔlɔʒi] NF inmunología
immunosuppresseur [imynosypʀesœʀ] ADJ inmunodepresor(a) ▶ NM inmunodepresor *m*
immutabilité [imytabilite] NF inmutabilidad *f*
impact [ɛ̃pakt] NM impacto; (*d'une personne*) influencia
impacter [ɛ̃pakte] VT tener impacto en, impactar en
impair, e [ɛ̃pɛʀ] ADJ impar; **numéros impairs** números *mpl* impares ▶ NM (*gaffe*) torpeza
impalpable [ɛ̃palpabl] ADJ impalpable
imparable [ɛ̃paʀabl] ADJ imparable
impardonnable [ɛ̃paʀdɔnabl] ADJ imperdonable; **vous êtes ~ d'avoir fait cela** no tiene perdón por haber hecho esto
imparfait, e [ɛ̃paʀfɛ, ɛt] ADJ (*guérison, connaissance*) incompleto(-a); (*imitation, œuvre*) deficiente ▶ NM (*Ling*) (pretérito) imperfecto
imparfaitement [ɛ̃paʀfɛtmɑ̃] ADV de manera incompleta; deficientemente
impartial, e, -aux [ɛ̃paʀsjal, jo] ADJ imparcial
impartialement [ɛ̃paʀsjalmɑ̃] ADV imparcialmente
impartialité [ɛ̃paʀsjalite] NF imparcialidad *f*
impartir [ɛ̃paʀtiʀ] VT : **~ qch à qn** impartir algo a algn; (*Jur : délai*) otorgar; **dans les délais impartis** en los plazos asignados
impasse [ɛ̃pɑs] NF (*aussi fig*) callejón *m* sin salida; **faire une ~** (*Scol*) preparar solo una parte del temario; **être dans l'~** (*négociations*) estar en un punto muerto; **~ budgétaire** descubierto presupuestario
impassibilité [ɛ̃pasibilite] NF impasibilidad *f*
impassible [ɛ̃pasibl] ADJ impasible
impassiblement [ɛ̃pasibləmɑ̃] ADV impasiblemente
impatiemment [ɛ̃pasjamɑ̃] ADV impacientemente
impatience [ɛ̃pasjɑ̃s] NF impaciencia; **avec ~** con impaciencia; **mouvement/signe d'~** movimiento/signo de impaciencia
impatient, e [ɛ̃pasjɑ̃, jɑ̃t] ADJ impaciente; **~ de faire qch** impaciente por hacer algo
impatienter [ɛ̃pasjɑ̃te] VT impacientar ▪ **s'impatienter** VPR impacientarse; **s'~ de/contre** impacientarse por/contra
impavide [ɛ̃pavid] ADJ impávido(-a)
impayable [ɛ̃pɛjabl] ADJ (*drôle, amusant*) graciosísimo(-a)
impayé, e [ɛ̃peje] ADJ impagado(-a) ▪ **impayés** NMPL (*Comm*) impagados *mpl*
impeccable [ɛ̃pekabl] ADJ impecable; (*employé*) impecable, intachable; (*fam*) genial (*fam*)
impeccablement [ɛ̃pekabləmɑ̃] ADV impecablemente
impénétrable [ɛ̃penetʀabl] ADJ impenetrable
impénitent, e [ɛ̃penitɑ̃, ɑ̃t] ADJ impenitente
impensable [ɛ̃pɑ̃sabl] ADJ (*inconcevable*) impensable; (*incroyable*) increíble
imper [ɛ̃pɛʀ] (*fam*) NM impermeable *m*
impératif, -ive [ɛ̃peʀatif, iv] ADJ imperioso(-a); (*Jur*) preceptivo(-a) ▶ NM (*Ling*) : **l'~** el imperativo ▪ **impératifs** NMPL (*d'une charge, fonction, de la mode*) imperativos *mpl*
impérativement [ɛ̃peʀativmɑ̃] ADV imperiosamente
impératrice [ɛ̃peʀatʀis] NF emperatriz *f*
imperceptible [ɛ̃pɛʀsɛptibl] ADJ imperceptible
imperceptiblement [ɛ̃pɛʀsɛptibləmɑ̃] ADV imperceptiblemente

imperdable [ɛ̃pɛʀdabl] ADJ que no se puede perder
imperfectible [ɛ̃pɛʀfɛktibl] ADJ imperfectible
imperfection [ɛ̃pɛʀfɛksjɔ̃] NF imperfección *f*; (*d'un travail*) fallo
impérial, e, -aux [ɛ̃peʀjal, jo] ADJ imperial
impériale [ɛ̃peʀjal] NF (*d'un autobus*) imperial *f*; **autobus à ~** autobús *m* con imperial
impérialisme [ɛ̃peʀjalism] NM imperialismo
impérialiste [ɛ̃peʀjalist] ADJ imperialista
impérieusement [ɛ̃peʀjøzmɑ̃] ADV : **avoir ~ besoin de qch** tener necesidad imperiosa de algo
impérieux, -euse [ɛ̃peʀjø, jøz] ADJ (*air, ton*) imperioso(-a); (*pressant*) imperioso(-a), urgente
impérissable [ɛ̃peʀisabl] ADJ imperecedero(-a)
imperméabilisation [ɛ̃pɛʀmeabilizasjɔ̃] NF impermeabilización *f*
imperméabiliser [ɛ̃pɛʀmeabilize] VT impermeabilizar
imperméabilité [ɛ̃pɛʀmeabilite] NF impermeabilidad *f*
imperméable [ɛ̃pɛʀmeabl] ADJ impermeable; **~ à l'air** impermeable al aire; **~ à** (*fig : personne*) inaccesible a ▶ NM impermeable *m*
impersonnel, le [ɛ̃pɛʀsɔnɛl] ADJ impersonal
impertinemment [ɛ̃pɛʀtinamɑ̃] ADV impertinentemente
impertinence [ɛ̃pɛʀtinɑ̃s] NF impertinencia
impertinent, e [ɛ̃pɛʀtinɑ̃, ɑ̃t] ADJ impertinente
imperturbable [ɛ̃pɛʀtyʀbabl] ADJ (*personne*) imperturbable; (*sang-froid, sérieux*) impasible; **rester ~** quedar impasible
imperturbablement [ɛ̃pɛʀtyʀbabləmɑ̃] ADV imperturbablemente
impétigo [ɛ̃petigo] NM impétigo
impétrant, e [ɛ̃petʀɑ̃, ɑ̃t] NM/F (*Admin*) interesado(-a); (*prétendant*) candidato(-a)
impétueux, -euse [ɛ̃petɥø, øz] ADJ impetuoso(-a)
impétuosité [ɛ̃petɥozite] NF impetuosidad *f*
impie [ɛ̃pi] ADJ impío(-a)
impiété [ɛ̃pjete] NF impiedad *f*
impitoyable [ɛ̃pitwajabl] ADJ despiadado(-a)
impitoyablement [ɛ̃pitwajabləmɑ̃] ADV despiadadamente
implacable [ɛ̃plakabl] ADJ implacable
implacablement [ɛ̃plakabləmɑ̃] ADV implacablemente
implant [ɛ̃plɑ̃] NM (*Méd*) implante *m*
implantation [ɛ̃plɑ̃tasjɔ̃] NF (*voir vt*) implantación *f*; instalación *f*; establecimiento
implanter [ɛ̃plɑ̃te] VT (*Méd, usage, mode, industrie*) implantar; (*usine*) instalar; (*immigrants*) establecer; (*idée*) inculcar; **un préjugé solidement implanté** un prejuicio muy arraigado
■ **s'implanter** VPR (*voir vt*) : **s'~ dans** implantarse en; instalarse en; establecerse en
implémenter [ɛ̃plemɑ̃te] VT (*Inform*) implementar
implication [ɛ̃plikasjɔ̃] NF implicación *f*
■ **implications** NFPL (*conséquences, répercussions*) implicaciones *fpl*
implicite [ɛ̃plisit] ADJ implícito(-a)
implicitement [ɛ̃plisitmɑ̃] ADV implícitamente
impliquer [ɛ̃plike] VT (*supposer, entraîner*) implicar, suponer; (*Math*) implicar; **~ qch/que** implicar algo/que; **~ qn (dans)** implicar a algn (en)
implorant, e [ɛ̃plɔʀɑ̃, ɑ̃t] ADJ implorante
implorer [ɛ̃plɔʀe] VT implorar
imploser [ɛ̃ploze] VI implosionar
implosion [ɛ̃plozjɔ̃] NF implosión *f*
impoli, e [ɛ̃pɔli] ADJ descortés
impoliment [ɛ̃pɔlimɑ̃] ADJ descortésmente
impolitesse [ɛ̃pɔlitɛs] NF descortesía
impondérable [ɛ̃pɔ̃deʀabl] ADJ imponderable
■ **impondérables** NMPL (*facteurs*) imponderables *mpl*; (*événements*) acontecimientos *mpl* imprevisibles
impopulaire [ɛ̃pɔpylɛʀ] ADJ impopular
impopularité [ɛ̃pɔpylaʀite] NF impopularidad *f*
importable [ɛ̃pɔʀtabl] ADJ (*Comm*) importable; (*vêtement*) imponible
importance [ɛ̃pɔʀtɑ̃s] NF importancia; **avoir de l'~** tener importancia; **sans ~** sin importancia; **quelle ~ ?** ¿qué más da?; **d'~** de importancia
important, e [ɛ̃pɔʀtɑ̃, ɑ̃t] ADJ importante; (*gamme de produits*) extenso(-a); (*péj : airs, ton*) de importancia; **c'est ~ à savoir** es importante saberlo ▶ NM : **l'~ (est de/que)** lo importante (es/es que)
importateur, -trice [ɛ̃pɔʀtatœʀ, tʀis] ADJ, NM/F importador(a); **pays ~ de blé** país *m* importador de trigo
importation [ɛ̃pɔʀtasjɔ̃] NF (*de marchandises, fig*) importación *f*; (*d'animaux, plantes, maladies*) introducción *f*
importer [ɛ̃pɔʀte] VT (*Comm*) importar; (*maladies, plantes*) importar, introducir ▶ VI (*être important*) importar; **~ à qn** importar a algn; **peu m'importe !** (*je n'ai pas de préférence*) ¡me da igual!; (*je m'en moque !*) ¡a mí qué me importa!; **peu importe !** ¡qué importa!; **peu importe que** poco importa que; **peu importe le prix, nous paierons** no importa el precio, pagaremos; **il importe de le faire/que nous le fassions** es importante hacerlo/que lo hagamos; *voir aussi* **n'importe**
import-export [ɛ̃pɔʀɛkspɔʀ] (*pl* **imports-exports**) NM importación-exportación *f*
importun, e [ɛ̃pɔʀtœ̃, yn] ADJ (*curiosité, pré-*

sence) importuno(-a); (*visite, personne*) inoportuno(-a) ▶ NM/F inoportuno(-a)

importuner [ɛ̃pɔʀtyne] VT importunar; (*suj : insecte, bruit*) molestar

imposable [ɛ̃pozabl] ADJ imponible

imposant, e [ɛ̃pozɑ̃, ɑ̃t] ADJ imponente

imposé, e [ɛ̃poze] ADJ (*marchandises*) gravado(-a); (*Gymnastique etc : figure*) obligatorio(-a); **être ~** (*personne*) pagar contribuciones

imposer [ɛ̃poze] VT (*taxer*) gravar; (*faire accepter par force*) imponer; **~ qch à qn** imponer algo a algn; **~ les mains** (*Rel*) imponer las manos; **en ~ à qn** impresionar a algn; **en ~** (*personne, présence*) imponer ■ **s'imposer** VPR imponerse; (*montrer sa prééminence*) destacar; (*être importun*) molestar; **ça s'impose !** ¡es de rigor!

imposition [ɛ̃pozisjɔ̃] NF (*taxation*) contribución *f*; **l'~ des mains** (*Rel*) la imposición de las manos

impossibilité [ɛ̃pɔsibilite] NF (*chose impossible*) : **c'est pour elle une ~** es algo imposible para ella; **je suis dans l'~ de le faire** me es imposible hacerlo

impossible [ɛ̃pɔsibl] ADJ (*irréalisable, improbable*) imposible; (*enfant*) insoportable, inaguantable; (*absurde, extravagant*) increíble; **~ à faire** imposible de hacer; **il est ~ que** es imposible que; **il m'est ~ de le faire** me resulta imposible hacerlo; **si, par ~, je ne venais pas ...** si no viniera, lo cual es imposible ... ▶ NM : **l'~** lo imposible; **faire l'~** hacer lo imposible

imposteur, -euse [ɛ̃pɔstœʀ, øz] NM/F impostor(a)

imposture [ɛ̃pɔstyʀ] NF impostura

impôt [ɛ̃po] NM (*taxe*) impuesto; **~ direct/foncier/indirect** impuesto directo/sobre la propiedad/indirecto; **~ sur la fortune** impuesto sobre el patrimonio; **~ sur le chiffre d'affaires/le revenu** impuesto sobre el capital/la renta; **~ sur le revenu des personnes physiques** impuesto sobre la renta de las personas físicas; **~ sur les plus-values** impuesto sobre las plusvalías; **~ sur les sociétés** impuesto de sociedades ■ **impôts** NMPL (*contributions*) impuestos *mpl*; **impôts locaux** impuestos municipales

impotence [ɛ̃pɔtɑ̃s] NF invalidez *f*

impotent, e [ɛ̃pɔtɑ̃, ɑ̃t] ADJ (*personne*) impedido(-a), inválido(-a); (*jambe, bras*) paralítico(-a)

impraticable [ɛ̃pʀatikabl] ADJ (*projet, idée*) impracticable; (*piste, chemin, sentier*) intransitable, impracticable

imprécation [ɛ̃pʀekasjɔ̃] NF imprecación *f*

imprécis, e [ɛ̃pʀesi, iz] ADJ (*contours, renseignement*) impreciso(-a); (*souvenir*) impreciso(-a), borroso(-a); (*tir*) sin precisión

imprécision [ɛ̃pʀesizjɔ̃] NF imprecisión *f*

imprégnation [ɛ̃pʀeɲasjɔ̃] NF (*de fluide*) impregnación *f*

imprégner [ɛ̃pʀeɲe] VT : **~ (de)** impregnar (con *ou* de); (*de lumière*) bañar (de); (*suj : amertume, ironie etc*) cargar (de) ■ **s'imprégner de** VPR impregnarse de; (*de lumière*) bañarse de; (*idée, culture*) imbuirse de, empaparse de

imprenable [ɛ̃pʀənabl] ADJ (*forteresse, citadelle*) inexpugnable; **vue ~** vista panorámica asegurada

imprésario [ɛ̃pʀesaʀjo] NM (*d'un artiste*) empresario

imprescriptible [ɛ̃pʀɛskʀiptibl] ADJ (*Jur*) imprescriptible

impression [ɛ̃pʀesjɔ̃] NF (*sentiment, sensation : d'étouffement etc*) sensación *f*; (*Photo, d'un ouvrage*) impresión *f*; (*d'un tissu, papier peint*) imprimación *f*; (*dessin, motif*) imprimación, estampación *f*; **faire bonne/mauvaise ~** causar buena/mala impresión; **faire/produire une vive ~** (*émotion*) causar/producir una viva impresión; **donner l'~ d'être ...** dar la impresión de ser ...; **donner une ~ de/l'~ que** dar una impresión de/la impresión de que; **avoir l'~ de/que** tener la impresión de/de que; **faire ~** (*orateur, déclaration*) impresionar; **impressions de voyage** impresiones *fpl* de viaje

impressionnable [ɛ̃pʀesjɔnabl] ADJ (*enfant, nature*) impresionable; (*Photo*) sensible

impressionnant, e [ɛ̃pʀesjɔnɑ̃, ɑ̃t] ADJ impresionante

impressionner [ɛ̃pʀesjɔne] VT impresionar

impressionnisme [ɛ̃pʀesjɔnism] NM impresionismo

impressionniste [ɛ̃pʀesjɔnist] NMF impresionista *mf*

imprévisible [ɛ̃pʀevizibl] ADJ imprevisible

imprévoyance [ɛ̃pʀevwajɑ̃s] NF imprevisión *f*

imprévoyant, e [ɛ̃pʀevwajɑ̃, ɑ̃t] ADJ poco previsor(a)

imprévu, e [ɛ̃pʀevy] ADJ imprevisto(-a) ▶ NM : **l'~** lo imprevisto; **en cas d'~** en caso de imprevisto; **sauf ~** salvo imprevisto

imprimable [ɛ̃pʀimabl] ADJ imprimible

imprimante [ɛ̃pʀimɑ̃t] NF (*Inform*) impresora; **~ (à) laser** impresora láser; **~ (ligne par) ligne** impresora de líneas; **~ matricielle** impresora matricial; **~ thermique** impresora térmica

imprimé, e [ɛ̃pʀime] ADJ (*motif, tissu*) estampado(-a); (*livre, ouvrage*) impreso(-a) ▶ NM impreso; (*tissu*) estampado; (*dans une bibliothèque*) libro (impreso); **un ~ à fleurs/pois** un estampado de flores/lunares

imprimer [ɛ̃pʀime] VT imprimir; (*tissu*) estampar; (*visa, cachet*) sellar; (*mouvement, vitesse*) comunicar, transmitir; (*direction*) imprimir, comunicar

imprimerie [ɛ̃pʀimʀi] NF (*atelier*) imprenta; (*technique*) tipografía

imprimeur, -euse [ɛ̃pʀimœʀ, øz] NM/F impresor(a); (*ouvrier*) tipógrafo(-a)

imprimeur-éditeur [ɛ̃pʀimœʀeditœʀ] (*pl* **imprimeurs-éditeurs**) NM impresor *m* editor
imprimeur-libraire [ɛ̃pʀimœʀlibʀɛʀ] (*pl* **imprimeurs-libraires**) NM impresor *m* librero
improbable [ɛ̃pʀɔbabl] ADJ improbable
improductif, -ive [ɛ̃pʀɔdyktif, iv] ADJ improductivo(-a)
impromptu, e [ɛ̃pʀɔ̃pty] ADJ improvisado(-a)
imprononçable [ɛ̃pʀɔnɔ̃sabl] ADJ impronunciable
impropre [ɛ̃pʀɔpʀ] ADJ impropio(-a); (*incorrect*) incorrecto(-a); **~ à** no apto(-a) para; **~ à la consommation** (*aliments, produits*) no apto(-a) para el consumo
improprement [ɛ̃pʀɔpʀəmɑ̃] ADV impropiamente
impropriété [ɛ̃pʀɔpʀijete] NF impropiedad *f*; **~ (de langage)** incorrección *f* (lingüística)
improvisation [ɛ̃pʀɔvizasjɔ̃] NF improvisación *f*
improvisé, e [ɛ̃pʀɔvize] ADJ improvisado(-a); **avec des moyens improvisés** con medios improvisados
improviser [ɛ̃pʀɔvize] VT, VI improvisar; **~ qn cuisinier** improvisar a algn como *ou* de cocinero ■ **s'improviser** VPR improvisarse; **s'~ cuisinier** improvisarse como *ou* de cocinero
improviste [ɛ̃pʀɔvist] : **à l'~** *adv* de improviso
imprudemment [ɛ̃pʀydamɑ̃] ADV imprudentemente
imprudence [ɛ̃pʀydɑ̃s] NF imprudencia
imprudent, e [ɛ̃pʀydɑ̃, ɑ̃t] ADJ, NM/F imprudente *mf*
impubère [ɛ̃pybɛʀ] ADJ impúber
impubliable [ɛ̃pyblijabl] ADJ impublicable
impudemment [ɛ̃pydamɑ̃] ADV descaradamente
impudence [ɛ̃pydɑ̃s] NF descaro
impudent, e [ɛ̃pydɑ̃, ɑ̃t] ADJ descarado(-a)
impudeur [ɛ̃pydœʀ] NF impudor *m*
impudique [ɛ̃pydik] ADJ impúdico(-a)
impudiquement [ɛ̃pydikmɑ̃] ADV impúdicamente
impuissance [ɛ̃pɥisɑ̃s] NF impotencia, inutilidad *f*
impuissant, e [ɛ̃pɥisɑ̃, ɑ̃t] ADJ impotente; (*effort*) inútil, vano(-a); **~ à faire qch** incapaz de hacer algo ▸ NM impotente *m*
impulsif, -ive [ɛ̃pylsif, iv] ADJ impulsivo(-a)
impulsion [ɛ̃pylsjɔ̃] NF impulso; **~ donnée aux affaires/au commerce** impulso dado a los negocios/al comercio; **sous l'~ de leurs chefs …** impulsados por sus jefes …
impulsivement [ɛ̃pylsivmɑ̃] ADV impulsivamente
impulsivité [ɛ̃pylsivite] NF impulsividad *f*
impunément [ɛ̃pynemɑ̃] ADV impunemente
impuni, e [ɛ̃pyni] ADJ impune
impunité [ɛ̃pynite] NF impunidad *f*; **en toute ~** con toda impunidad
impur, e [ɛ̃pyʀ] ADJ (*aussi fig*) impuro(-a)
impureté [ɛ̃pyʀte] NF impureza
imputable [ɛ̃pytabl] ADJ : **~ à** imputable a; **~ sur** (*Comm*) imputable a
imputation [ɛ̃pytasjɔ̃] NF imputación *f*
imputer [ɛ̃pyte] VT : **~ qch à** *ou* **sur** imputar algo a
imputrescible [ɛ̃pytʀesibl] ADJ imputrescible
in [in] ADJ INV (*à la mode*) in *inv*
INA [ina] SIGLE M (= *Institut national de l'audiovisuel*) *archivo nacional de radio y televisión*
inabordable [inabɔʀdabl] ADJ (*lieu*) inaccesible; (*cher, exorbitant*) prohibitivo(-a)
inaccentué, e [inaksɑ̃tɥe] ADJ átono(-a)
inacceptable [inaksɛptabl] ADJ inaceptable
inaccessible [inaksesibl] ADJ (*endroit*) inaccesible; (*obscur*) incomprensible; (*personne*) inaccesible, inabordable; (*objectif*) inalcanzable; **~ à** (*insensible à* : *suj* : *personne*) insensible a
inaccoutumé, e [inakutyme] ADJ desacostumbrado(-a)
inachevé, e [inaʃ(ə)ve] ADJ inacabado(-a)
inactif, -ive [inaktif, iv] ADJ inactivo(-a); (*machine, population*) inactivo(-a), parado(-a); (*inefficace*) ineficaz
inaction [inaksjɔ̃] NF inacción *f*
inactivité [inaktivite] NF (*Admin*) : **(être/se faire mettre) en ~** (estar/quedar) en suspensión de servicios
inadaptation [inadaptasjɔ̃] NF (*Psych*) inadaptación *f*
inadapté, e [inadapte] ADJ, NM/F inadaptado(-a)
inadéquat, e [inadekwa(t), kwat] ADJ inadecuado(-a)
inadéquation [inadekwasjɔ̃] NF inadecuación *f*
inadmissible [inadmisibl] ADJ inadmisible
inadvertance [inadvɛʀtɑ̃s] : **par ~** *adv* por inadvertencia, por descuido
inaliénable [inaljenabl] ADJ inalienable
inaltérable [inalteʀabl] ADJ (*aussi fig*) inalterable; **couleur ~ (au lavage/à la lumière)** color *m* inalterable (al lavado/a la luz); **~ à l'air/à la chaleur** inalterable al aire/al calor
inamovibilité [inamɔvibilite] NF inamovilidad *f*
inamovible [inamɔvibl] ADJ (*magistrat, sénateur*) inamovible; (*fixe* : *plaque, panneau*) fijo(-a)
inanimé, e [inanime] ADJ inanimado(-a); **tomber ~** caer exánime
inanité [inanite] NF (*d'un espoir, d'une illusion*) inutilidad *f*; (*d'une conversation*) futilidad *f*
inanition [inanisjɔ̃] NF : **tomber/mourir d'~** caer/morir de inanición
inaperçu, e [inapɛʀsy] ADJ : **passer ~** pasar desapercibido(-a)

i

inappétence [inapetɑ̃s] NF inapetencia; *(fig)* inapetencia, desgana
inapplicable [inaplikabl] ADJ inaplicable
inapplication [inaplikasjɔ̃] NF desaplicación *f*, falta de aplicación
inappliqué, e [inaplike] ADJ *(inattentif)* desaplicado(-a); *(pas mis en pratique)* inaplicado(-a)
inappréciable [inapʀesjabl] ADJ *(avantage, bonheur)* inapreciable; *(aide, service)* inapreciable, inestimable
inapproprié, e [inapʀɔpʀije] ADJ inapropiado(-a)
inapte [inapt] ADJ *(Mil)* no apto(-a), incapacitado(-a); **~ à qch/faire qch** incapaz para *ou* de algo/hacer algo
inaptitude [inaptityd] NF ineptitud *f*
inarticulé, e [inaʀtikyle] ADJ inarticulado(-a)
inassimilable [inasimilabl] ADJ inasimilable
inassouvi, e [inasuvi] ADJ insatisfecho(-a)
inattaquable [inatakabl] ADJ *(Mil)* inatacable; *(texte)* incuestionable; *(argument, preuve)* irrebatible; *(réputation, personne)* irreprochable
inattendu, e [inatɑ̃dy] ADJ inesperado(-a); *(insoupçonné)* insospechado(-a) ▸ NM : **l'~** lo inesperado
inattentif, -ive [inatɑ̃tif, iv] ADJ *(lecteur, élève)* desatento(-a); **~ à** *(dangers, détails matériels)* despreocupado(-a) de
inattention [inatɑ̃sjɔ̃] NF desatención *f*, despreocupación *f*; **par ~** por descuido; **faute** *ou* **erreur d'~** despiste *m*; **une minute d'~** un momento de despiste
inaudible [inodibl] ADJ inaudible
inaugural, e, -aux [inogyʀal, o] ADJ inaugural; **discours ~** discurso inaugural
inauguration [inogyʀasjɔ̃] NF *(d'un musée, d'une route)* inauguración *f*; *(d'une plaque, statue)* descubrimiento; **discours/cérémonie d'~** discurso/ceremonia de inauguración
inaugurer [inogyʀe] VT inaugurar; *(statue)* descubrir; *(politique)* inaugurar, estrenar
inauthenticité [inotɑ̃tisite] NF falta de autenticidad
inavouable [inavwabl] ADJ inconfesable
inavoué, e [inavwe] ADJ inconfesado(-a)
INC [iɛnse] SIGLE M (= *Institut national de la consommation*) ≈ INC *m* (= *Instituto nacional de consumo*)
inca [ɛ̃ka] ADJ inca ▸ NMF : **Inca** inca *mf*
incalculable [ɛ̃kalkylabl] ADJ incalculable; **un nombre ~ de** un número incalculable de
incandescence [ɛ̃kɑ̃desɑ̃s] NF incandescencia; **en ~** incandescente; **porter qch à ~** poner algo incandescente; **lampe/manchon à ~** lámpara/camisa incandescente
incandescent [ɛ̃kɑ̃desɑ̃] ADJ candente, incandescente; *(gaz)* incandescente
incantation [ɛ̃kɑ̃tasjɔ̃] NF conjuro
incantatoire [ɛ̃kɑ̃tatwaʀ] ADJ de conjuro
incapable [ɛ̃kapabl] ADJ incapaz; **~ de faire qch** incapaz de hacer algo; *(pour des raisons physiques)* incapacitado(-a) para hacer algo; **je suis ~ d'y aller** *(dans l'impossibilité)* no puedo ir
incapacité [ɛ̃kapasite] NF *(incompétence)* incapacidad *f*; *(Jur)* inhabilitación *f*; **je suis dans l'~ de vous aider** *(impossibilité)* me resulta imposible ayudarle; **~ de travail** incapacidad laboral; **~ électorale** inhabilitación electoral; **~ partielle/permanente/totale** incapacidad parcial/definitiva/total
incarcération [ɛ̃kaʀseʀasjɔ̃] NF encarcelamiento
incarcérer [ɛ̃kaʀseʀe] VT encarcelar
incarnat, e [ɛ̃kaʀna, at] ADJ encarnado(-a)
incarnation [ɛ̃kaʀnasjɔ̃] NF encarnación *f*
incarné, e [ɛ̃kaʀne] ADJ encarnado(-a); **ongle ~** uña encarnada
incarner [ɛ̃kaʀne] VT encarnar ■ **s'incarner** VPR *(Rel)* encarnarse
incartade [ɛ̃kaʀtad] NF *(écart de conduite)* incorrección *f*; *(Équitation)* espantada
incassable [ɛ̃kɑsabl] ADJ irrompible
incendiaire [ɛ̃sɑ̃djɛʀ] ADJ, NMF incendiario(-a)
incendie [ɛ̃sɑ̃di] NM incendio; **~ criminel/de forêt** incendio doloso/forestal
incendier [ɛ̃sɑ̃dje] VT incendiar; *(accabler de reproches)* vapulear; *(visage, pommette)* enrojecer
incertain, e [ɛ̃sɛʀtɛ̃, ɛn] ADJ incierto(-a); *(éventuel, douteux)* inseguro(-a), incierto(-a); *(temps)* inestable; *(indécis, imprécis)* indefinido(-a); *(personne)* indeciso(-a); *(pas, démarche)* inseguro(-a)
incertitude [ɛ̃sɛʀtityd] NF *(d'un résultat, d'un fait)* incertidumbre *f*; *(d'une personne)* indecisión *f*; **être dans l'~ (quant à qch)** estar sumido(-a) en la incertidumbre (respecto a algo) ■ **incertitudes** NFPL *(hésitations)* vacilaciones *fpl*; *(impondérables)* eventualidades *fpl*
incessamment [ɛ̃sesamɑ̃] ADV inmediatamente
incessant, e [ɛ̃sesɑ̃, ɑ̃t] ADJ incesante
incessible [ɛ̃sesibl] ADJ *(Jur)* intransferible
inceste [ɛ̃sɛst] NM incesto
incestueux, -euse [ɛ̃sɛstɥø, øz] ADJ incestuoso(-a)
inchangé, e [ɛ̃ʃɑ̃ʒe] ADJ invariable
inchantable [ɛ̃ʃɑ̃tabl] ADJ incantable
inchauffable [ɛ̃ʃofabl] ADJ imposible de calentar
incidemment [ɛ̃sidamɑ̃] ADV incidentalmente
incidence [ɛ̃sidɑ̃s] NF incidencia, repercusión *f*; *(Phys)* incidencia
incident, e [ɛ̃sidɑ̃, ɑ̃t] ADJ *(Jur : accessoire)* incidental; **proposition incidente** *(Ling)* inciso ▸ NM incidente *m*; **~ de frontière** incidente fronterizo; **~ de parcours** *(fig)* pequeño contra-

tiempo; **~ diplomatique** incidente diplomático; **~ technique** fallo técnico
incinérateur [ɛ̃sineʀatœʀ] NM incinerador *m*
incinération [ɛ̃sineʀasjɔ̃] NF incineración *f*
incinérer [ɛ̃sineʀe] VT incinerar
incise [ɛ̃siz] NF (*Ling*) inciso
inciser [ɛ̃size] VT hacer una incisión en
incisif, -ive [ɛ̃sizif, iv] ADJ incisivo(-a), mordaz
incision [ɛ̃sizjɔ̃] NF incisión *f*
incisive [ɛ̃siziv] NF incisivo
incitatif, -ive [ɛ̃sitatif, iv] ADJ (*mécanisme, politique*) incentivador(a)
incitation [ɛ̃sitasjɔ̃] NF (*encouragement*) incitación *f*
inciter [ɛ̃site] VT : **~ qn à (faire) qch** incitar a algn a (hacer) algo
incivil, e [ɛ̃sivil] ADJ incivil
incivilité [ɛ̃sivilite] NF falta de civismo ■ **incivilités** NFPL actos *mpl* incívicos
inclassable [ɛ̃klɑsabl] ADJ inclasificable
inclinable [ɛ̃klinabl] ADJ reclinable; **siège (à dossier) ~** asiento reclinable
inclinaison [ɛ̃klinɛzɔ̃] NF inclinación *f*; (*d'une route*) pendiente *f*
inclination [ɛ̃klinasjɔ̃] NF inclinación *f*; **montrer de l'~ pour les sciences** mostrar inclinación hacia *ou* por las ciencias; **~ de (la) tête** inclinación de (la) cabeza; **~ (du buste)** inclinación
incliné, e [ɛ̃kline] ADJ (*plan, tête*) inclinado(-a)
incliner [ɛ̃kline] VT inclinar; **~ la tête** (*pour saluer*) inclinar la cabeza ■ **s'incliner** VPR (*personne, toit*) inclinarse; (*chemin, pente*) bajar, descender; **s'~ (devant qn/qch)** (*rendre hommage à*) inclinarse (ante algn/algo); (*s'avouer battu*) doblegarse (ante algn/algo); **s'~ (devant qch)** (*céder*) ceder (ante algo)
inclure [ɛ̃klyʀ] VT incluir; (*joindre à un envoi*) adjuntar
inclus, e [ɛ̃kly, yz] PP *de* **inclure** ▶ ADJ (*joint à un envoi*) adjunto(-a); (*compris* : *frais*) incluido(-a); **~ dans** (*Math* : *ensemble*) incluido(-a) en; **jusqu'au troisième chapitre ~** hasta el tercer capítulo inclusive; **jusqu'au 10 mars ~** hasta el 10 de marzo inclusive
inclusion [ɛ̃klyzjɔ̃] NF inclusión *f*
inclusivement [ɛ̃klyzivmɑ̃] ADV inclusive, inclusivamente
inclut [ɛ̃kly] VB *voir* **inclure**
incoercible [ɛ̃kɔɛʀsibl] ADJ (*rire, sentiment*) irrefrenable, incontenible
incognito [ɛ̃kɔɲito] ADV de incógnito ▶ NM : **garder l'~** mantener el incógnito
incohérence [ɛ̃kɔeʀɑ̃s] NF incoherencia
incohérent, e [ɛ̃kɔeʀɑ̃, ɑ̃t] ADJ incoherente
incollable [ɛ̃kɔlabl] ADJ (*riz*) que no se pega; **il est ~** (*fam*) no hay quien lo pille
incolore [ɛ̃kɔlɔʀ] ADJ incoloro(-a); (*style*) insulso(-a)
incomber [ɛ̃kɔ̃be] : **~ à qn** *vt* (*suj* : *devoirs, responsabilités*) incumbir a algn; (: *frais, travail*) corresponder a algn
incombustible [ɛ̃kɔ̃bystibl] ADJ incombustible
incommensurable [ɛ̃kɔmɑ̃syʀabl] ADJ inconmensurable
incommodant, e [ɛ̃kɔmɔdɑ̃, ɑ̃t] ADJ incómodo(-a), molesto(-a)
incommode [ɛ̃kɔmɔd] ADJ incómodo(-a)
incommodément [ɛ̃kɔmɔdemɑ̃] ADV incómodamente
incommoder [ɛ̃kɔmɔde] VT : **~ qn** incomodar a algn
incommodité [ɛ̃kɔmɔdite] NF incomodidad *f*
incommunicabilité [ɛ̃kɔmynikabilite] NF (*entre personnes*) incomunicabilidad *f*
incommunicable [ɛ̃kɔmynikabl] ADJ (*droits, privilèges*) intransferible; (*pensée*) incomunicable
incomparable [ɛ̃kɔ̃paʀabl] ADJ (*dissemblable*) no comparable; (*inégalable*) incomparable
incomparablement [ɛ̃kɔ̃paʀabləmɑ̃] ADV incomparablemente
incompatibilité [ɛ̃kɔ̃patibilite] NF incompatibilidad *f*; **~ d'humeur** incompatibilidad de caracteres
incompatible [ɛ̃kɔ̃patibl] ADJ incompatible; **~ avec** incompatible con
incompétence [ɛ̃kɔ̃petɑ̃s] NF incompetencia
incompétent, e [ɛ̃kɔ̃petɑ̃, ɑ̃t] ADJ incompetente
incomplet, -ète [ɛ̃kɔ̃plɛ, ɛt] ADJ incompleto(-a)
incomplètement [ɛ̃kɔ̃plɛtmɑ̃] ADV no completamente
incompréhensible [ɛ̃kɔ̃pʀeɑ̃sibl] ADJ incomprensible
incompréhensif, -ive [ɛ̃kɔ̃pʀeɑ̃sif, iv] ADJ (*intransigeant*) incomprensivo(-a), intransigente; (*peu coopératif*) poco comprensivo(-a)
incompréhension [ɛ̃kɔ̃pʀeɑ̃sjɔ̃] NF incomprensión *f*
incompressible [ɛ̃kɔ̃pʀesibl] ADJ (*Phys*) incompresible; (*Jur, fig* : *peine*) irreducible
incompris, e [ɛ̃kɔ̃pʀi, iz] ADJ incomprendido(-a)
inconcevable [ɛ̃kɔ̃s(ə)vabl] ADJ inconcebible; (*extravagant*) increíble
inconciliable [ɛ̃kɔ̃siljabl] ADJ inconciliable; **~ avec qch** inconciliable con algo
inconditionnel, le [ɛ̃kɔ̃disjɔnɛl] ADJ, NM/F incondicional *mf*
inconditionnellement [ɛ̃kɔ̃disjɔnɛlmɑ̃] ADV incondicionalmente
inconduite [ɛ̃kɔ̃dɥit] NF mala conducta
inconfort [ɛ̃kɔ̃fɔʀ] NM incomodidad *f*
inconfortable [ɛ̃kɔ̃fɔʀtabl] ADJ (*aussi fig*) incómodo(-a)

i

inconfortablement [ɛ̃kɔ̃fɔʀtabləmɑ̃] ADV incómodamente
incongru, e [ɛ̃kɔ̃gʀy] ADJ (*attitude, remarque*) improcedente; (*visite*) intempestivo(-a), inoportuno(-a)
incongruité [ɛ̃kɔ̃gʀyite] NF improcedencia, inoportunidad *f*; (*parole, action incongrue*) salida de tono
inconnu, e [ɛ̃kɔny] ADJ desconocido(-a); (*joie, sensation*) desconocido(-a), extraño(-a) ▸ NM/F desconocido(-a); (*étranger, tiers*) extraño(-a) ▸ NM : **l'~** lo desconocido
inconnue [ɛ̃kɔny] NF (*Math, fig*) incógnita
inconsciemment [ɛ̃kɔ̃sjamɑ̃] ADV inconscientemente
inconscience [ɛ̃kɔ̃sjɑ̃s] NF inconsciencia
inconscient, e [ɛ̃kɔ̃sjɑ̃, jɑ̃t] ADJ inconsciente; **~ de** (*événement extérieur*) ajeno(-a) a; **il est ~ de …** no es consciente de … ▸ NM (*Psych*) : **l'~** el inconsciente ▸ NM/F inconsciente *mf*
inconséquence [ɛ̃kɔ̃sekɑ̃s] NF inconsecuencia
inconséquent, e [ɛ̃kɔ̃sekɑ̃, ɑ̃t] ADJ inconsecuente
inconsidéré, e [ɛ̃kɔ̃sideʀe] ADJ desconsiderado(-a)
inconsidérément [ɛ̃kɔ̃sideʀemɑ̃] ADV desconsideradamente
inconsistance [ɛ̃kɔ̃sistɑ̃s] NF inconsistencia
inconsistant, e [ɛ̃kɔ̃sistɑ̃, ɑ̃t] ADJ inconsistente
inconsolable [ɛ̃kɔ̃sɔlabl] ADJ inconsolable
inconstance [ɛ̃kɔ̃stɑ̃s] NF inconstancia
inconstant, e [ɛ̃kɔ̃stɑ̃, ɑ̃t] ADJ inconstante
inconstitutionnel, le [ɛ̃kɔ̃stitysjɔnɛl] ADJ inconstitucional
inconstitutionnellement [ɛ̃kɔ̃stitysjɔnɛlmɑ̃] ADV inconstitucionalmente
inconstructible [ɛ̃kɔ̃stʀyktibl] ADJ no edificable
incontestable [ɛ̃kɔ̃tɛstabl] ADJ indiscutible
incontestablement [ɛ̃kɔ̃tɛstabləmɑ̃] ADV indiscutiblemente
incontesté, e [ɛ̃kɔ̃tɛste] ADJ indiscutido(-a), indiscutible
incontinence [ɛ̃kɔ̃tinɑ̃s] NF (*Méd*) incontinencia
incontinent, e [ɛ̃kɔ̃tinɑ̃, ɑ̃t] ADJ (*Méd*) incontinente ▸ ADV (*tout de suite*) al instante, en el acto
incontournable [ɛ̃kɔ̃tuʀnabl] ADJ imprescindible; (*problème, rendez-vous*) ineludible
incontrôlable [ɛ̃kɔ̃tʀolabl] ADJ (*enfant, situation*) incontrolable; (*invérifiable*) no comprobable
incontrôlé, e [ɛ̃kɔ̃tʀole] ADJ incontrolado(-a)
inconvenance [ɛ̃kɔ̃v(ə)nɑ̃s] NF inconveniencia
inconvenant, e [ɛ̃kɔ̃v(ə)nɑ̃, ɑ̃t] ADJ (*malséant, déplacé*) inconveniente; (*indécent*) incorrecto(-a)
inconvénient [ɛ̃kɔ̃venjɑ̃] NM inconveniente *m*; (*d'un remède, changement*) inconveniente; **y a-t-il un ~ à …?** ¿hay algún inconveniente en …?; **si vous n'y voyez pas d'~** (*obstacle, objection*) si no tiene inconveniente
inconvertible [ɛ̃kɔ̃vɛʀtibl] ADJ inconvertible
incorporation [ɛ̃kɔʀpɔʀasjɔ̃] NF (*Mil*) incorporación *f*
incorporé, e [ɛ̃kɔʀpɔʀe] ADJ incorporado(-a)
incorporel, le [ɛ̃kɔʀpɔʀɛl] ADJ (*Jur*) : **biens incorporels** bienes *mpl* incorporales
incorporer [ɛ̃kɔʀpɔʀe] VT incorporar; **~ (à)** (*mélanger*) incorporar (a); **~ (dans)** (*insérer*) insertar (en); **~ qn dans** (*Mil : affecter*) destinar a algn a
incorrect, e [ɛ̃kɔʀɛkt] ADJ incorrecto(-a)
incorrectement [ɛ̃kɔʀɛktəmɑ̃] ADV incorrectamente
incorrection [ɛ̃kɔʀɛksjɔ̃] NF incorrección *f*
incorrigible [ɛ̃kɔʀiʒibl] ADJ incorregible
incorruptible [ɛ̃kɔʀyptibl] ADJ incorruptible
incrédibilité [ɛ̃kʀedibilite] NF incredibilidad *f*
incrédule [ɛ̃kʀedyl] ADJ (*Rel*) descreído(-a); (*personne, moue*) incrédulo(-a), escéptico(-a)
incrédulité [ɛ̃kʀedylite] NF incredulidad *f*; **avec ~** con incredulidad
increvable [ɛ̃kʀəvabl] ADJ (*ballon, pneu*) a prueba de pinchazos; (*fam : personne*) infatigable, incansable
incriminé, e [ɛ̃kʀimine] ADJ (*article, livre*) incriminado(-a)
incriminer [ɛ̃kʀimine] VT incriminar; (*mettre en doute*) dudar de, sospechar de
incrochetable [ɛ̃kʀɔʃ(ə)tabl] ADJ (*serrure*) inviolable
incroyable [ɛ̃kʀwajabl] ADJ increíble
incroyablement [ɛ̃kʀwajabləmɑ̃] ADV increíblemente
incroyant, e [ɛ̃kʀwajɑ̃, ɑ̃t] NM/F (*Rel*) descreído(-a)
incrustation [ɛ̃kʀystasjɔ̃] NF (*technique, ornement*) incrustación *f*; (*dans un récipient, radiateur*) sarro
incruster [ɛ̃kʀyste] VT incrustar; **~ qch dans** (*Art*) incrustar algo en; **~ un bijou de diamants** incrustar diamantes en una joya; **incrusté de** (*pierres précieuses*) incrustado de ■ **s'incruster** VPR incrustarse; (*invité*) instalarse, aposentarse; (*radiateur, conduite*) cubrirse de sarro; **s'~ dans** incrustarse en
incubateur [ɛ̃kybatœʀ] NM incubadora; **~ d'entreprises** vivero de empresas
incubation [ɛ̃kybasjɔ̃] NF (*aussi fig*) incubación *f*; **période d'~** (*Méd*) período de incubación
inculpation [ɛ̃kylpasjɔ̃] NF inculpación *f*, acusación *f*; (*chef d'accusation*) base *f* de acusación; **sous l'~ de** bajo la acusación de

inculpé, e [ɛ̃kylpe] NM/F inculpado(-a), acusado(-a)
inculper [ɛ̃kylpe] VT (*Jur*) : **~ (de)** inculpar (de)
inculquer [ɛ̃kylke] VT : **~ qch à qn** inculcar algo a *ou* en algn
inculte [ɛ̃kylt] ADJ (*terres*) inculto(-a), yermo(-a); (*personne*) inculto(-a); (*cheveux, barbe*) descuidado(-a)
incultivable [ɛ̃kyltivabl] ADJ incultivable
inculture [ɛ̃kyltyʀ] NF incultura
incunable [ɛ̃kynabl] NM incunable *m*
incurable [ɛ̃kyʀabl] ADJ (*maladie, malade*) incurable; (*sottise, ignorance*) irremediable
incurie [ɛ̃kyʀi] NF incuria
incursion [ɛ̃kyʀsjɔ̃] NF (*attaque, invasion, fig*) incursión *f*
incurvé, e [ɛ̃kyʀve] ADJ curvo(-a)
incurver [ɛ̃kyʀve] VT curvar ▪ **s'incurver** VPR curvarse
Inde [ɛ̃d] NF India
indéboulonnable [ɛ̃debulɔnabl] ADJ inamovible
indécelable [ɛ̃des(ə)labl] ADJ imperceptible
indécemment [ɛ̃desamɑ̃] ADV indecentemente
indécence [ɛ̃desɑ̃s] NF indecencia, falta de decoro
indécent, e [ɛ̃desɑ̃, ɑ̃t] ADJ indecente, indecoroso(-a); (*inconvenant, déplacé*) desconsiderado(-a)
indéchiffrable [ɛ̃deʃifʀabl] ADJ indescifrable; (*pensée, personnage*) inescrutable
indéchirable [ɛ̃deʃiʀabl] ADJ irrompible
indécis, e [ɛ̃desi, iz] ADJ (*personne*) indeciso(-a); (*paix, victoire*) dudoso(-a); (*temps*) dudoso(-a), inestable; (*contours, formes*) impreciso(-a), vago(-a)
indécision [ɛ̃desizjɔ̃] NF indecisión *f*
indéclinable [ɛ̃deklinabl] ADJ (*Ling*) indeclinable
indécomposable [ɛ̃dekɔ̃pozabl] ADJ no descomponible; **un tout ~** (*fig*) un todo indivisible
indécrottable [ɛ̃dekʀɔtabl] (*fam*) ADJ incorregible
indéfectible [ɛ̃defɛktibl] ADJ indefectible
indéfendable [ɛ̃defɑ̃dabl] ADJ indefendible
indéfini, e [ɛ̃defini] ADJ indefinido(-a); (*nombre*) ilimitado(-a); (*Ling : article*) indeterminado(-a)
indéfiniment [ɛ̃definimɑ̃] ADV indefinidamente
indéfinissable [ɛ̃definisabl] ADJ indefinible
indéformable [ɛ̃defɔʀmabl] ADJ indeformable
indélébile [ɛ̃delebil] ADJ indeleble; (*fig*) imborrable
indélicat, e [ɛ̃delika, at] ADJ (*grossier*) falto(-a) de delicadeza; (*malhonnête*) deshonesto(-a)
indélicatesse [ɛ̃delikatɛs] NF falta de delicadeza, indelicadeza; (*malhonnêteté*) deshonestidad *f*
indémaillable [ɛ̃demɑjabl] ADJ indesmallable
indemne [ɛ̃dɛmn] ADJ indemne
indemnisable [ɛ̃dɛmnizabl] ADJ indemnizable
indemnisation [ɛ̃dɛmnizasjɔ̃] NF indemnización *f*
indemniser [ɛ̃dɛmnize] VT indemnizar; **~ qn de qch** indemnizar a algn por algo; **se faire ~** cobrar una indemnización
indemnité [ɛ̃dɛmnite] NF (*dédommagement*) indemnización *f*; (*allocation*) subsidio; **~ de licenciement** indemnización por despido; **~ de logement** subsidio de vivienda; **~ journalière de chômage** subsidio de paro; **~ parlementaire** dietas *fpl* parlamentarias
indémodable [ɛ̃demɔdabl] ADJ que no pasa de moda
indémontable [ɛ̃demɔ̃tabl] ADJ indesmontable
indéniable [ɛ̃denjabl] ADJ innegable
indéniablement [ɛ̃denjabləmɑ̃] ADV innegablemente
indépendamment [ɛ̃depɑ̃damɑ̃] ADV independientemente; **~ de** (*en faisant abstraction de*) independientemente de; (*par surcroît, en plus*) además de
indépendance [ɛ̃depɑ̃dɑ̃s] NF independencia; **~ matérielle** independencia económica
indépendant, e [ɛ̃depɑ̃dɑ̃, ɑ̃t] ADJ independiente; **~ de** independiente de; **travailleur ~** trabajador autónomo; **chambre indépendante** habitación *f* independiente
indépendantisme [ɛ̃depɑ̃dɑ̃tism] NM independentismo
indépendantiste [ɛ̃depɑ̃dɑ̃tist] ADJ, NMF independentista *mf*
indéracinable [ɛ̃deʀasinabl] ADJ (*fig*) que no se puede desarraigar
indéréglable [ɛ̃deʀeglabl] ADJ que no se puede desarreglar
indescriptible [ɛ̃dɛskʀiptibl] ADJ indescriptible
indésirable [ɛ̃deziʀabl] ADJ indeseable
indestructible [ɛ̃dɛstʀyktibl] ADJ indestructible; (*marque, impression*) imborrable
indétectable [ɛ̃detɛktabl] ADJ indetectable
indéterminable [ɛ̃detɛʀminabl] ADJ indeterminable
indétermination [ɛ̃detɛʀminasjɔ̃] NF indeterminación *f*
indéterminé, e [ɛ̃detɛʀmine] ADJ indeterminado(-a); (*texte, sens*) impreciso(-a)
index [ɛ̃dɛks] NM (*doigt, liste*) índice *m*; **mettre qch/qn à l'~** poner algo/a algn en la lista negra
indexation [ɛ̃dɛksasjɔ̃] NF ajuste *m*
indexé, e [ɛ̃dɛkse] ADJ (*Écon*) : **~ (sur)** ajustado(-a) (de acuerdo a *ou* según)

indexer [ɛ̃dɛkse] VT (*Écon*) : **~ (sur)** ajustar (de acuerdo a *ou* según)

indic [ɛ̃dik] NMF (*fam : informateur*) chivato(-a) (*fam*), soplón(-ona) (*fam*)

indicateur, -trice [ɛ̃dikatœʀ, tʀis] NM/F (*de la police*) confidente *mf* ▸ NM (*Écon*) indicador *m*; **~ de changement de direction** (*Auto*) indicador *m* de cambio de dirección; **~ de niveau** indicador de nivel; **~ de pression** manómetro; **~ des chemins de fer** horario de trenes; **~ de vitesse** velocímetro; **~ immobilier** (*livre, brochure*) guía inmobiliaria ▸ ADJ : **panneau ~** panel *m* informativo; **poteau ~** indicador, señal *f* de orientación

indicatif [ɛ̃dikatif] NM (*Ling*) indicativo; (*Radio*) sintonía; (*téléphonique*) prefijo; **~ d'appel** (*Radio*) signo convencional ▸ ADJ : **à titre ~** a título informativo

indication [ɛ̃dikasjɔ̃] NF indicación *f*; **~ d'origine** (*Comm*) indicación de origen *ou* de procedencia ■ **indications** NFPL (*d'un médicament*) indicaciones *fpl*; (*directives*) indicaciones *fpl*, instrucciones *fpl*

indice [ɛ̃dis] NM indicio; (*Police*) indicio, pista; (*Écon, Science, Tech, Admin*) índice *m*; **~ de la production industrielle** índice de producción industrial; **~ de réfraction/des prix** índice de refracción/de precios; **~ de traitement** (*Admin*) escala de sueldos; **~ d'octane** (*d'un carburant*) índice de octano; **~ du coût de la vie** índice de coste de la vida; **~ inférieur** (*Inform*) índice inferior

indicible [ɛ̃disibl] ADJ (*joie, charme*) inefable; (*peine*) indecible

indien, ne [ɛ̃djɛ̃, jɛn] ADJ indio(-a); **l'océan I~** el Océano Indico ▸ NM/F : **Indien, ne** (*d'Amérique, d'Inde*) indio(-a)

indifféremment [ɛ̃difeʀamɑ̃] ADV indiferentemente, indistintamente

indifférence [ɛ̃difeʀɑ̃s] NF indiferencia

indifférencié, e [ɛ̃difeʀɑ̃sje] ADJ indiferenciado(-a)

indifférent, e [ɛ̃difeʀɑ̃, ɑ̃t] ADJ indiferente; **~ à qn/qch** indiferente a algn/algo; **parler de choses indifférentes** hablar de cosas sin importancia; **ça m'est ~ (que ...)** me es indiferente (que ...)

indifférer [ɛ̃difeʀe] VT : **cela m'indiffère** eso me deja indiferente

indigence [ɛ̃diʒɑ̃s] NF : **être/vivre dans l'~** estar/vivir en la indigencia

indigène [ɛ̃diʒɛn] ADJ, NMF indígena *mf*, criollo(-a) (*AM*)

indigent, e [ɛ̃diʒɑ̃, ɑ̃t] ADJ (*personne*) indigente; (*fig*) pobre

indigeste [ɛ̃diʒɛst] ADJ indigesto(-a); (*fig*) pesado(-a)

indigestion [ɛ̃diʒɛstjɔ̃] NF indigestión *f*; **avoir une ~** tener una indigestión

indignation [ɛ̃diɲasjɔ̃] NF indignación *f*; **~ générale/publique** indignación general/pública

indigne [ɛ̃diɲ] ADJ indigno(-a); **~ de** indigno(-a) de

indigné, e [ɛ̃diɲe] ADJ indignado(-a)

indignement [ɛ̃diɲmɑ̃] ADV sin dignidad

indigner [ɛ̃diɲe] VT indignar ■ **s'indigner** VPR : **s'~ (de qch/contre qn)** (*se fâcher*) indignarse (por *ou* con algo/contra *ou* con algn)

indignité [ɛ̃diɲite] NF indignidad *f*

indigo [ɛ̃digo] NM añil *m*, índigo

indiqué, e [ɛ̃dike] ADJ (*date, lieu*) indicado(-a), acordado(-a); (*adéquat*) indicado(-a), adecuado(-a); **ce n'est pas très ~** no es muy adecuado; **remède/traitement ~** (*prescrit*) remedio/tratamiento adecuado

indiquer [ɛ̃dike] VT indicar; (*heure, solution*) indicar, informar; (*déterminer*) señalar, fijar; **~ qch/qn du doigt/du regard** (*désigner*) indicar *ou* señalar algo/a algn con el dedo/con la mirada; **à l'heure indiquée** a la hora acordada; **pourriez-vous m'~ les toilettes/l'heure ?** ¿puede indicarme dónde están los servicios/decirme la hora?

indirect, e [ɛ̃diʀɛkt] ADJ indirecto(-a)

indirectement [ɛ̃diʀɛktəmɑ̃] ADV indirectamente

indiscernable [ɛ̃disɛʀnabl] ADJ (*identique*) indiscernible; (*nuance*) inapreciable

indiscipline [ɛ̃disiplin] NF indisciplina

indiscipliné, e [ɛ̃disipline] ADJ (*écolier, troupes*) indisciplinado(-a); (*cheveux etc*) rebelde

indiscret, -ète [ɛ̃diskʀɛ, ɛt] ADJ indiscreto(-a)

indiscrétion [ɛ̃diskʀesjɔ̃] NF indiscreción *f*; **sans ~, ...** si no es indiscreción, ...

indiscutable [ɛ̃diskytabl] ADJ indiscutible

indiscutablement [ɛ̃diskytabləmɑ̃] ADV indiscutiblemente

indiscuté, e [ɛ̃diskyte] ADJ indiscutible

indispensable [ɛ̃dispɑ̃sabl] ADJ (*garanties, précautions, condition*) indispensable; (*objet, connaissances, personne*) imprescindible; **~ à qn/pour faire qch** imprescindible *ou* indispensable a algn/para hacer algo

indisponibilité [ɛ̃dispɔnibilite] NF indisponibilidad *f*

indisponible [ɛ̃dispɔnibl] ADJ indisponible, no disponible

indisposé, e [ɛ̃dispoze] ADJ indispuesto(-a)

indisposer [ɛ̃dispoze] VT (*incommoder*) indisponer; (*déplaire à, désobliger*) incomodar, disgustar

indisposition [ɛ̃dispozisjɔ̃] NF indisposición *f*

indissociable [ɛ̃disɔsjabl] ADJ indisociable

indissoluble [ɛ̃disɔlybl] ADJ indisoluble

indissolublement [ɛ̃disɔlybləmɑ̃] ADV indisolublemente

indistinct, e [ɛ̃distɛ̃(kt), ɛ̃kt] ADJ (*objet*) indistinto(-a); (*voix, bruits, souvenirs*) confuso(-a)

indistinctement [ɛ̃distɛ̃ktəmɑ̃] ADV indistintamente; **tous les Français ~** todos los franceses sin distinción
individu [ɛ̃dividy] NM individuo
individualiser [ɛ̃dividɥalize] VT individualizar ■ **s'individualiser** VPR individualizarse
individualisme [ɛ̃dividɥalism] NM individualismo
individualiste [ɛ̃dividɥalist] ADJ, NMF individualista *mf*
individualité [ɛ̃dividɥalite] NF individualidad *f*
individuel, le [ɛ̃dividɥɛl] ADJ individual; **chambre/maison individuelle** habitación *f*/casa individual; **propriété individuelle** propiedad *f* particular ▶NM/F (*athlète*) independiente *mf*
individuellement [ɛ̃dividɥɛlmɑ̃] ADV individualmente
indivis, e [ɛ̃divi, iz] ADJ (*Jur*) indiviso(-a); (*cohéritiers, propriétaires*) por indiviso
indivisible [ɛ̃divizibl] ADJ indivisible
Indochine [ɛ̃dɔʃin] NF Indochina
indochinois, e [ɛ̃dɔʃinwa, waz] ADJ indochino(-a) ▶NM/F : **Indochinois, e** indochino(-a)
indocile [ɛ̃dɔsil] ADJ indisciplinado(-a)
indo-européen, ne [ɛ̃doøʀɔpeɛ̃, ɛn] (*pl* **indo-européens, -nes**) ADJ indoeuropeo(-a) ▶NM (*Ling*) indoeuropeo
indolence [ɛ̃dɔlɑ̃s] NF indolencia
indolent, e [ɛ̃dɔlɑ̃, ɑ̃t] ADJ indolente
indolore [ɛ̃dɔlɔʀ] ADJ indoloro(-a)
indomptable [ɛ̃dɔ̃(p)tabl] ADJ (*fauve, fig*) indomable
indompté, e [ɛ̃dɔ̃(p)te] ADJ indómito(-a)
Indonésie [ɛ̃dɔnezi] NF Indonesia
indonésien, ne [ɛ̃dɔnezjɛ̃, jɛn] ADJ indonesio(-a) ▶NM/F : **Indonésien, ne** indonesio(-a)
indu, e [ɛ̃dy] ADJ : **à des heures indues** (*travailler*) tarde; (*rentrer*) a horas imprudentes
indubitable [ɛ̃dybitabl] ADJ indudable; **il est ~ que** es indudable que
indubitablement [ɛ̃dybitabləmɑ̃] ADV indudablemente
induction [ɛ̃dyksjɔ̃] NF inducción *f*
induire [ɛ̃dɥiʀ] VT : **~ qch de** deducir algo de; **~ qn en erreur** inducir a algn a error
indulgence [ɛ̃dylʒɑ̃s] NF indulgencia; **avec ~** con indulgencia
indulgent, e [ɛ̃dylʒɑ̃, ɑ̃t] ADJ indulgente
indûment [ɛ̃dymɑ̃] ADV indebidamente
industrialisation [ɛ̃dystʀijalizasjɔ̃] NF industrialización *f*
industrialisé, e [ɛ̃dystʀijalize] ADJ industrializado(-a)
industrialiser [ɛ̃dystʀijalize] VT industrializar ■ **s'industrialiser** VPR industrializarse
industrie [ɛ̃dystʀi] NF industria; **petite/moyenne/grande ~** pequeña/mediana/gran industria; **~ automobile** industria automovilística; **~ du livre/du spectacle** industria del libro/del espectáculo; **~ légère/lourde/textile** industria ligera/pesada/textil
industriel, le [ɛ̃dystʀijɛl] ADJ, NM/F industrial *mf*
industriellement [ɛ̃dystʀijɛlmɑ̃] ADV industrialmente
industrieux, -euse [ɛ̃dystʀijø, jøz] ADJ industrioso(-a)
inébranlable [inebʀɑ̃labl] ADJ inquebrantable; (*personne, certitude*) firme
inédit, e [inedi, it] ADJ inédito(-a)
ineffable [inefabl] ADJ inefable
ineffaçable [inefasabl] ADJ (*fig*) imborrable
inefficace [inefikas] ADJ ineficaz; (*machine, employé*) ineficiente
inefficacité [inefikasite] NF ineficacia; (*d'une machine, d'un employé*) ineficiencia
inégal, e, -aux [inegal, o] ADJ (*part, partage*) desigual; (*rythme, pouls, écrivain*) irregular; (*humeur*) variable
inégalable [inegalabl] ADJ inigualable
inégalé, e [inegale] ADJ inigualado(-a)
inégalement [inegalmɑ̃] ADV desigualmente; (*différemment*) diferentemente
inégalitaire [inegalitɛʀ] ADJ no igualitario(-a)
inégalité [inegalite] NF desigualdad *f*; **l'~ du partage des richesses** la desigualdad en la distribución de la riqueza ■ **inégalités** NFPL (*dans une œuvre*) desigualdades *fpl*; **inégalités d'humeur** variaciones *fpl* de humor; **inégalités de terrain** desigualdades del terreno; **inégalités économiques/sociales** desigualdades económicas/sociales
inélégance [inelegɑ̃s] NF (*de manières*) falta de finura; (*d'une personne*) falta de elegancia; (*d'un procédé*) falta de claridad
inélégant, e [inelegɑ̃, ɑ̃t] ADJ (*manières, geste*) poco fino(-a); (*personne, allure*) poco elegante; (*procédés*) poco claro(-a)
inéligibilité [ineliʒibilite] NF inelegibilidad *f*
inéligible [ineliʒibl] ADJ inelegible
inéluctable [inelyktabl] ADJ inevitable, ineluctable
inéluctablement [inelyktabləmɑ̃] ADV inevitablemente
inemployable [inɑ̃plwajabl] ADJ inservible
inemployé, e [inɑ̃plwaje] ADJ desaprovechado(-a)
inénarrable [inenaʀabl] ADJ graciosísimo(-a)
inepte [inɛpt] ADJ necio(-a)
ineptie [inɛpsi] NF necedad *f*; (*idée, œuvre*) desatino
inépuisable [inepɥizabl] ADJ inagotable; **il est ~ sur** es inagotable en

i

inéquitable [inekitabl] ADJ desigual
inerte [inɛʀt] ADJ inerte; (*apathique*) pasivo(-a)
inertie [inɛʀsi] NF inercia
inespéré, e [inɛspeʀe] ADJ inesperado(-a)
inesthétique [inɛstetik] ADJ antiestético(-a)
inestimable [inɛstimabl] ADJ inestimable
inévitable [inevitabl] ADJ inevitable; (*effet*) consabido(-a), inevitable; (*hum : rituel*) consabido(-a)
inévitablement [inevitabləmɑ̃] ADV inevitablemente
inexact, e [inɛgza(kt), akt] ADJ inexacto(-a); (*traduction etc*) incorrecto(-a); (*non ponctuel*) impuntual
inexactement [inɛgzaktəmɑ̃] ADV incorrectamente
inexactitude [inɛgzaktityd] NF inexactitud *f*; (*d'une traduction*) incorrección *f*; (*d'une personne*) impuntualidad *f*; (*erreur*) error *m*
inexcusable [inɛkskyzabl] ADJ inexcusable
inexécutable [inɛgzekytabl] ADJ inejecutable
inexistant, e [inɛgzistɑ̃, ɑ̃t] ADJ inexistente
inexistence [inɛgzistɑ̃s] NF inexistencia
inexorable [inɛgzɔʀabl] ADJ (*personne*) : **~ (à)** implacable (ante); (*arrêt, loi*) inflexible; (*fatalité*) inevitable
inexorablement [inɛgzɔʀabləmɑ̃] ADV inevitablemente
inexpérience [inɛkspeʀjɑ̃s] NF inexperiencia
inexpérimenté, e [inɛkspeʀimɑ̃te] ADJ (*naïf*) ingenuo(-a); (*sans expérience : conducteur*) con poca experiencia; (*arme, procédé*) no probado(-a)
inexplicable [inɛksplikabl] ADJ inexplicable
inexplicablement [inɛksplikabləmɑ̃] ADV inexplicablemente
inexpliqué, e [inɛksplike] ADJ inexplicado(-a)
inexploitable [inɛksplwatabl] ADJ inexplotable; (*données etc*) inutilizable
inexploité, e [inɛksplwate] ADJ inexplotado(-a)
inexploré, e [inɛksplɔʀe] ADJ inexplorado(-a)
inexpressif, -ive [inɛkspʀesif, iv] ADJ inexpresivo(-a)
inexpressivité [inɛkspʀesivite] NF inexpresividad *f*
inexprimable [inɛkspʀimabl] ADJ (*pensée*) inexpresable; (*haine, douceur*) indecible
inexprimé, e [inɛkspʀime] ADJ inexpresado(-a)
inexpugnable [inɛkspygnabl] ADJ inexpugnable
inextensible [inɛkstɑ̃sibl] ADJ (*tissu*) que no da de sí
in extenso [inɛkstɛ̃so] ADV íntegramente ▶ ADJ íntegro(-a)
inextinguible [inɛkstɛ̃gibl] ADJ (*soif*) insaciable; (*rire*) interminable
in extremis [inɛkstʀemis] ADV, ADJ in extremis
inextricable [inɛkstʀikabl] ADJ inextricable; (*complications*) serio(-a); (*affaire*) enrevesado(-a); (*dédale, labyrinthe*) intrincado(-a)
inextricablement [inɛkstʀikabləmɑ̃] ADV inextricablemente
infaillibilité [ɛ̃fajibilite] NF infalibilidad *f*
infaillible [ɛ̃fajibl] ADJ infalible
infailliblement [ɛ̃fajibləmɑ̃] ADV infaliblemente
infaisable [ɛ̃fəzabl] ADJ imposible de hacer
infalsifiable [ɛ̃falsifjabl] ADJ infalsificable
infamant, e [ɛ̃famɑ̃, ɑ̃t] ADJ infamante
infâme [ɛ̃fam] ADJ (*personne, complaisance etc*) detestable; (*trahison, action*) infame; (*malpropre*) inmundo(-a)
infamie [ɛ̃fami] NF infamia
infanterie [ɛ̃fɑ̃tʀi] NF infantería
infanticide [ɛ̃fɑ̃tisid] ADJ infanticida ▶ NMF infanticida *mf* ▶ NM infanticidio
infantile [ɛ̃fɑ̃til] ADJ (*aussi pej*) infantil
infantilisation [ɛ̃fɑ̃tilizasjɔ̃] NF infantilización *f*
infantiliser [ɛ̃fɑ̃tilize] VT infantilizar
infantilisme [ɛ̃fɑ̃tilism] NM infantilismo
infarctus [ɛ̃faʀktys] NM : **~ (du myocarde)** infarto (de miocardio)
infatigable [ɛ̃fatigabl] ADJ infatigable, incansable
infatigablement [ɛ̃fatigabləmɑ̃] ADV infatigablemente, incansablemente
infatué, e [ɛ̃fatɥe] ADJ engreído(-a); **être ~ de son importance** estar creído(-a) de su importancia
infécond, e [ɛ̃fekɔ̃, ɔ̃d] ADJ infecundo(-a)
infect, e [ɛ̃fɛkt] ADJ pestilente; (*goût*) asqueroso(-a); (*temps*) horroroso(-a); (*personne*) odioso(-a)
infecter [ɛ̃fɛkte] VT (*atmosphère, eau*) contaminar; (*personne*) contagiar; (*plaie*) infectar ■ **s'infecter** VPR infectarse
infectieux, -euse [ɛ̃fɛksjø, jøz] ADJ infeccioso(-a)
infection [ɛ̃fɛksjɔ̃] NF (*Méd*) infección *f*; (*puanteur*) pestilencia
inféodé, e [ɛ̃feɔde] ADJ : **être ~ à** estar sometido(-a) a
inféoder [ɛ̃feɔde] : **s'inféoder à** VPR someterse a
inférer [ɛ̃feʀe] VT : **~ qch de** inferir algo de
inférieur, e [ɛ̃feʀjœʀ] ADJ inferior; (*classes sociales, intelligence*) bajo(-a); **~ à** inferior a ▶ NM/F inferior *mf*
infériorité [ɛ̃feʀjɔʀite] NF inferioridad *f*; **~ numérique** inferioridad numérica
infernal, e, -aux [ɛ̃fɛʀnal, o] ADJ infernal; (*satanique*) diabólico(-a); **tu es ~ !** (*enfant*) ¡estás hecho un diablillo!

infester [ɛ̃fɛste] VT infestar; **infesté de moustiques/de cafards** infestado de mosquitos/de cucarachas
infichu, e [ɛ̃fiʃy] (*fam*) ADJ : **être ~ de faire qch** ser incapaz de hacer algo
infidèle [ɛ̃fidɛl] ADJ infiel; (*narrateur, récit*) inexacto(-a)
infidélité [ɛ̃fidelite] NF infidelidad *f*; (*d'un récit*) inexactitud *f*
infiltration [ɛ̃filtʀasjɔ̃] NF infiltración *f*
infiltrer [ɛ̃filtʀe] : **s'infiltrer** VPR : **s'~ dans** infiltrarse en; (*vent, lumière*) colarse en
infime [ɛ̃fim] ADJ ínfimo(-a)
infini, e [ɛ̃fini] ADJ infinito(-a); (*discussions*) interminable ▶ NM : **l'~** (*Math, Photo*) el infinito; **à l'~** (*Math*) al infinito; (*discourir*) interminablemente; (*agrandir, varier*) ampliamente
infiniment [ɛ̃finimɑ̃] ADV infinitamente
infinité [ɛ̃finite] NF : **une ~ de** una infinidad de
infinitésimal, e, -aux [ɛ̃finitezimal, o] ADJ infinitesimal
infinitif, -ive [ɛ̃finitif, iv] NM (*Ling*) infinitivo ▶ ADJ (*mode, proposition*) infinitivo(-a)
infirme [ɛ̃fiʀm] ADJ, NMF inválido(-a); **~ moteur(-trice)** deficiente *mf* físico(-a)
infirmer [ɛ̃fiʀme] VT (*preuve, témoignage*) quitar valor a; (*jugement*) invalidar
infirmerie [ɛ̃fiʀməʀi] NF enfermería
infirmier, -ière [ɛ̃fiʀmje, jɛʀ] NM/F enfermero(-a); **infirmière chef** enfermera jefe; **infirmière diplômée** diplomada en enfermería; **infirmière visiteuse** enfermera a domicilio ▶ ADJ : **élève ~(-ière)** alumno(-a) de enfermería
infirmité [ɛ̃fiʀmite] NF invalidez *f*
inflammable [ɛ̃flamabl] ADJ inflamable
inflammation [ɛ̃flamasjɔ̃] NF inflamación *f*
inflammatoire [ɛ̃flamatwaʀ] ADJ inflamatorio(-a)
inflation [ɛ̃flasjɔ̃] NF inflación *f*; **~ galopante** inflación galopante
inflationniste [ɛ̃flasjɔnist] ADJ inflacionista
infléchir [ɛ̃fleʃiʀ] VT (*politique*) reorientar ■ **s'infléchir** VPR (*poutre*) doblarse, curvarse
infléchissement [ɛ̃fleʃismɑ̃] NM (*fig*) reorientación *f*; (*d'une poutre*) curvatura
inflexibilité [ɛ̃flɛksibilite] NF inflexibilidad *f*
inflexible [ɛ̃flɛksibl] ADJ inflexible
inflexion [ɛ̃flɛksjɔ̃] NF inflexión *f*; **~ de la tête** inclinación *f* de cabeza
infliger [ɛ̃fliʒe] VT (*défaite, châtiment*) infligir; **il m'infligea un affront** me agravió
influençable [ɛ̃flyɑ̃sabl] ADJ influenciable
influence [ɛ̃flyɑ̃s] NF influencia; (*Pol*) predominio; **sous l'~ de qch** bajo la influencia de algo
influencer [ɛ̃flyɑ̃se] VT influir
influenceur [ɛ̃flyɑ̃sœʀ] NM influenciador(a)
influent, e [ɛ̃flyɑ̃, ɑ̃t] ADJ influyente
influer [ɛ̃flye] : **~ sur** *vt* (*fig*) influir en
influx [ɛ̃fly] NM : **~ magnétique/nerveux** flujo magnético/nervioso
info [ɛ̃fo] NF (*renseignement*) información *f*; (*Radio, TV : nouvelle*) noticia; **une ~ de dernière minute** una noticia de última hora ■ **infos** NFPL (*Radio, TV*) noticias *fpl*; **tu as écouté les infos ?** ¿has oído las noticias?
infobulle [ɛ̃fobyl] NF (*Inform*) ventana de ayuda
infographie® [ɛ̃fogʀafi] NF infografía
infographiste [ɛ̃fogʀafist] NMF infografista *mf*
infondé, e [ɛ̃fɔ̃de] ADJ infundado(-a)
informateur, -trice [ɛ̃fɔʀmatœʀ, tʀis] NM/F informador(a)
informaticien, ne [ɛ̃fɔʀmatisjɛ̃, jɛn] NM/F informático(-a)
informatif, -ive [ɛ̃fɔʀmatif, iv] ADJ informativo(-a)
information [ɛ̃fɔʀmasjɔ̃] NF información *f*; **voyage d'~** viaje *m* de investigación; **~ politique/sportive** (*TV etc*) información política/deportiva; **journal d'~** diario informativo ■ **informations** NFPL (*Radio*) noticias *fpl*
informatique [ɛ̃fɔʀmatik] NF informática
informatisation [ɛ̃fɔʀmatizasjɔ̃] NF informatización *f*
informatiser [ɛ̃fɔʀmatize] VT informatizar
informe [ɛ̃fɔʀm] ADJ informe; (*vêtement*) deforme; (*essai, projet*) esbozado(-a)
informé [ɛ̃fɔʀme] NM : **jusqu'à plus ample ~** hasta mayor información
informel, le [ɛ̃fɔʀmɛl] ADJ informal
informer [ɛ̃fɔʀme] VT : **~ qn (de)** informar a algn (de) ▶ VI (*Jur*) : **~ contre qn/sur qch** informar contra algn/ sobre algo ■ **s'informer** VPR : **s'~ (sur)** informarse (sobre)
informulé, e [ɛ̃fɔʀmyle] ADJ no expresado(-a)
infortune [ɛ̃fɔʀtyn] NF infortunio
infortuné, e [ɛ̃fɔʀtyne] ADJ desafortunado(-a)
infos [ɛ̃fo] NFPL = **informations**
infoutu, e [ɛ̃futy] (*fam*) ADJ : **être ~ de faire qch** ser incapaz de hacer algo
infraction [ɛ̃fʀaksjɔ̃] NF infracción *f*; **être en ~** haber cometido una infracción
infranchissable [ɛ̃fʀɑ̃ʃisabl] ADJ infranqueable; (*fig*) insalvable
infrarouge [ɛ̃fʀaʀuʒ] ADJ infrarrojo(-a) ▶ NM infrarrojo
infrason [ɛ̃fʀasɔ̃] NM infrasonido
infrastructure [ɛ̃fʀastʀyktyʀ] NF infraestructura; **~ touristique/hôtelière/routière** infraestructura turística/hotelera/viaria ■ **infrastructures** NFPL (*d'un pays*) infraestructuras *fpl*
infréquentable [ɛ̃fʀekɑ̃tabl] ADJ (*gens*) poco recomendable

infroissable [ɛ̃fʀwasabl] ADJ que no se arruga
infructueux, -euse [ɛ̃fʀyktɥø, øz] ADJ infructuoso(-a)
infus, e [ɛ̃fy, yz] ADJ : **avoir la science infuse** tener ciencia infusa
infuser [ɛ̃fyze] VT (*aussi* : **faire infuser**) dejar reposar
infusion [ɛ̃fyzjɔ̃] NF infusión *f*
ingambe [ɛ̃gɑ̃b] ADJ ágil
ingénier [ɛ̃ʒenje] : **s'ingénier** VPR : **s'~ à faire qch** ingeniárselas para hacer algo
ingénierie [ɛ̃ʒeniʀi] NF ingeniería; **~ génétique** ingeniería genética
ingénieur, e [ɛ̃ʒenjœʀ] NM/F ingeniero(-a); **~ agronome/du son** ingeniero(-a) agrónomo(-a)/de sonido; **~ chimiste/des mines** ingeniero(-a) químico(-a)/de minas
ingénieur-conseil [ɛ̃ʒenjœʀkɔ̃sɛj] (*pl* **ingénieurs-conseils**) NM ingeniero consultor
ingénieusement [ɛ̃ʒenjøzmɑ̃] ADV ingeniosamente
ingénieux, -euse [ɛ̃ʒenjø, jøz] ADJ ingenioso(-a)
ingéniosité [ɛ̃ʒenjozite] NF ingeniosidad *f*
ingénu, e [ɛ̃ʒeny] ADJ ingenuo(-a)
ingénue [ɛ̃ʒeny] NF (*Théâtre*) : **jouer les ingénues** actuar de ingenua
ingénuité [ɛ̃ʒenɥite] NF ingenuidad *f*
ingénument [ɛ̃ʒenymɑ̃] ADV ingenuamente
ingérable [ɛ̃ʒeʀabl] ADJ (*situation, crise*) incontrolable
ingérence [ɛ̃ʒeʀɑ̃s] NF ingerencia
ingérer [ɛ̃ʒeʀe] : **s'ingérer** VPR : **s'~ dans** interferir en
ingestion [ɛ̃ʒɛstjɔ̃] NF ingestión *f*
ingouvernable [ɛ̃guvɛʀnabl] ADJ ingobernable
ingrat, e [ɛ̃gʀa, at] ADJ (*personne, travail*) ingrato(-a); (*sol*) estéril; (*visage*) poco agraciado(-a); **~ envers** ingrato(-a) con ▸ NM/F ingrato(-a)
ingratitude [ɛ̃gʀatityd] NF ingratitud *f*
ingrédient [ɛ̃gʀedjɑ̃] NM ingrediente *m*
inguérissable [ɛ̃geʀisabl] ADJ incurable
inguinal, e, -aux [ɛ̃gɥinal, o] ADJ inguinal
ingurgiter [ɛ̃gyʀʒite] VT tragar; (*avec voracité*) engullir; (*connaissances*) empollar (*fam*)
inhabile [inabil] ADJ torpe; (*fig*) incompetente
inhabitable [inabitabl] ADJ inhabitable
inhabité, e [inabite] ADJ (*régions*) despoblado(-a); (*maison*) deshabitado(-a)
inhabituel, le [inabitɥɛl] ADJ inhabitual
inhalateur [inalatœʀ] NM inhalador *m*; **~ d'oxygène** inhalador de oxígeno
inhalation [inalasjɔ̃] NF inhalación *f*; **faire une** *ou* **des ~(s)** (*Méd*) hacer inhalaciones
inhaler [inale] VT inhalar
inhérent, e [ineʀɑ̃, ɑ̃t] ADJ : **~ à** inherente a
inhibé, e [inibe] ADJ inhibido(-a)
inhiber [inibe] VT inhibir
inhibiteur [inibitœʀ] NM (*substance chimique*) inhibidor *m*
inhibition [inibisjɔ̃] NF inhibición *f*
inhospitalier, -ière [inɔspitalje, jɛʀ] ADJ inhospitalario(-a)
inhumain, e [inymɛ̃, ɛn] ADJ (*barbare*) inhumano(-a); (*cri etc*) atroz
inhumation [inymasjɔ̃] NF inhumación *f*
inhumer [inyme] VT inhumar
inimaginable [inimaʒinabl] ADJ inimaginable
inimitable [inimitabl] ADJ inimitable
inimitié [inimitje] NF enemistad *f*
ininflammable [inɛ̃flamabl] ADJ ininflamable
inintelligent, e [inɛ̃teliʒɑ̃, ɑ̃t] ADJ poco inteligente
inintelligible [inɛ̃teliʒibl] ADJ ininteligible
inintelligiblement [inɛ̃teliʒibləmɑ̃] ADV ininteligiblemente
inintéressant, e [inɛ̃teʀesɑ̃, ɑ̃t] ADJ poco interesante
ininterrompu, e [inɛ̃teʀɔ̃py] ADJ ininterrumpido(-a); (*flot, vacarme*) continuo(-a)
inique [inik] ADJ inicuo(-a)
iniquité [inikite] NF iniquidad *f*
initial, e, -aux [inisjal, jo] ADJ, NF inicial ■ **initiales** NFPL iniciales *fpl*
initialement [inisjalmɑ̃] ADV inicialmente
initialisation [inisjalisasjɔ̃] NF (*Inform*) inicialización *f*
initialiser [inisjalize] VT (*Inform*) inicializar
initiateur, -trice [inisjatœʀ, tʀis] NM/F precursor(-a)
initiation [inisjasjɔ̃] NF iniciación *f*
initiatique [inisjatik] ADJ iniciático(-a)
initiative [inisjativ] NF (*aussi Pol*) iniciativa; **avoir de l'~** tener iniciativa; **esprit d'~** (espíritu *m* de) iniciativa; **à** *ou* **sur l'~ de qn** a iniciativa de algn; **de sa propre ~** por propia iniciativa
initié, e [inisje] ADJ, NM/F iniciado(-a)
initier [inisje] VT iniciar; **~ qn à** iniciar a algn en ■ **s'initier** VPR : **s'~ à** iniciarse en
injectable [ɛ̃ʒɛktabl] ADJ inyectable
injecté, e [ɛ̃ʒɛkte] ADJ : **yeux injectés de sang** ojos *mpl* ensangrentados
injecter [ɛ̃ʒɛkte] VT inyectar
injection [ɛ̃ʒɛksjɔ̃] NF inyección *f*; **~ intraveineuse/sous-cutanée** inyección intravenosa/subcutánea; **à ~** (*moteur, système*) de inyección
injoignable [ɛ̃ʒwaɲabl] ADJ ilocalizable; **il est ~** está ilocalizable
injonction [ɛ̃ʒɔ̃ksjɔ̃] NF orden *f*; **~ de payer** mandamiento de pago

injouable [ɛ̃ʒwabl] ADJ (*pièce*) irrepresentable; (*musique*) inejecutable

injure [ɛ̃ʒyʀ] NF insulto

injurier [ɛ̃ʒyʀje] VT insultar

injurieux, -euse [ɛ̃ʒyʀjø, jøz] ADJ injurioso(-a)

injuste [ɛ̃ʒyst] ADJ injusto(-a); **~ (avec** *ou* **envers qn)** injusto(-a) (con algn)

injustement [ɛ̃ʒystəmɑ̃] ADV injustamente

injustice [ɛ̃ʒystis] NF injusticia; **haïr/abhorrer l'~** odiar/aborrecer la injusticia

injustifiable [ɛ̃ʒystifjabl] ADJ injustificable

injustifié, e [ɛ̃ʒystifje] ADJ injustificado(-a)

inlassable [ɛ̃lɑsabl] ADJ incansable, infatigable

inlassablement [ɛ̃lɑsabləmɑ̃] ADV incansablemente, infatigablemente

inné, e [i(n)ne] ADJ innato(-a)

innocemment [inɔsamɑ̃] ADV inocentemente

innocence [inɔsɑ̃s] NF inocencia

innocent, e [inɔsɑ̃, ɑ̃t] ADJ inocente; (*crédule, naïf*) inocente, ingenuo(-a); (*jeu, plaisir*) inofensivo(-a) ▸ NM/F inocente *mf*; **faire l'~** hacerse el inocente

innocenter [inɔsɑ̃te] VT disculpar

innocuité [inɔkɥite] NF inocuidad *f*

innombrable [i(n)nɔ̃bʀabl] ADJ innumerable

innommable [i(n)nɔmabl] ADJ (*ordures*) inmundo(-a); (*conduite, action*) repulsivo(-a)

innovant, e [inɔvɑ̃, ɑ̃t] ADJ innovador(a)

innovateur, -trice [inɔvatœʀ, tʀis] ADJ innovador(a)

innovation [inɔvasjɔ̃] NF innovación *f*

innover [inɔve] VT, VI innovar; **~ en art/en matière d'art** innovar en arte/en temas de arte

inobservable [inɔpsɛʀvabl] ADJ inobservable

inobservance [inɔpsɛʀvɑ̃s] NF inobservancia

inobservation [inɔpsɛʀvasjɔ̃] NF (*Jur*) incumplimiento

inoccupé, e [inɔkype] ADJ desocupado(-a)

inoculation [inɔkylasjɔ̃] NF (*volontaire*) inoculación *f*; (*accidentelle*) contagio; (*fig : d'idées nocives*) inculcación *f*

inoculer [inɔkyle] VT (*volontairement*) inocular; (*accidentellement*) contagiar; (*fig : idées nocives*) inculcar

inodore [inɔdɔʀ] ADJ inodoro(-a)

inoffensif, -ive [inɔfɑ̃sif, iv] ADJ inofensivo(-a)

inondable [inɔ̃dabl] ADJ inundable

inondation [inɔ̃dasjɔ̃] NF inundación *f*; (*afflux massif*) invasión *f*

inondé, e [inɔ̃de] ADJ (*terres, zone*) inundado(-a); **population inondée** población *f* damnificada por las inundaciones

inonder [inɔ̃de] VT (*aussi fig*) inundar; **~ de** inundar de

inopérable [inɔpeʀabl] ADJ inoperable

inopérant, e [inɔpeʀɑ̃, ɑ̃t] ADJ inoperante

inopiné, e [inɔpine] ADJ imprevisto(-a); (*mort*) repentino(-a)

inopinément [inɔpinemɑ̃] ADV de improviso

inopportun, e [inɔpɔʀtœ̃, yn] ADJ inoportuno(-a)

inopportunément [inɔpɔʀtynemɑ̃] ADV inoportunamente

inorganisation [inɔʀganizasjɔ̃] NF desorganización *f*

inorganisé, e [inɔʀganize] ADJ desorganizado(-a)

inoubliable [inublijabl] ADJ inolvidable

inouï, e [inwi] ADJ inaudito(-a)

inox [inɔks] ADJ de acero inoxidable ▸ NM ABR acero inoxidable

inoxydable [inɔksidabl] ADJ inoxidable; (*couteaux etc*) de acero inoxidable ▸ NM acero inoxidable

inqualifiable [ɛ̃kalifjabl] ADJ incalificable

inquiet, -ète [ɛ̃kjɛ, ɛ̃kjɛt] ADJ inquieto(-a); **~ de qch/au sujet de qn** inquieto(-a) *ou* preocupado(-a) por algo/algn ▸ NM/F inquieto(-a)

inquiétant, e [ɛ̃kjetɑ̃, ɑ̃t] ADJ inquietante, preocupante

inquiéter [ɛ̃kjete] VT inquietar, preocupar; (*suj : police*) molestar ■ **s'inquiéter** VPR inquietarse, preocuparse; **s'~ de** preocuparse por

inquiétude [ɛ̃kjetyd] NF inquietud *f*, preocupación *f*; **causer de l'~** causar inquietud *ou* preocupación

inquisiteur, -trice [ɛ̃kizitœʀ, tʀis] ADJ inquisidor(a)

inquisition [ɛ̃kizisjɔ̃] NF inquisición *f*

INRA [inʀa] SIGLE M = **Institut national de la recherche agronomique**

inracontable [ɛ̃ʀakɔ̃tabl] ADJ inenarrable, indescriptible

inrayable [ɛ̃ʀɛjabl] ADJ (*CD, DVD*) resistente a los arañazos

insaisissable [ɛ̃sezisabl] ADJ (*ennemi*) incapturable; (*nuance*) imperceptible; (*bien*) inembargable

insalubre [ɛ̃salybʀ] ADJ insalubre

insalubrité [ɛ̃salybʀite] NF insalubridad *f*

insanité [ɛ̃sanite] NF insensatez *f*

insatiable [ɛ̃sasjabl] ADJ insaciable

insatisfaction [ɛ̃satisfaksjɔ̃] NF insatisfacción *f*

insatisfait, e [ɛ̃satisfɛ, ɛt] ADJ insatisfecho(-a)

inscriptible [ɛ̃skʀiptibl] ADJ (*CD, DVD*) grabable

inscription [ɛ̃skʀipsjɔ̃] NF inscripción *f*; (*indication*) inscripción, letrero; (*à une institution*) inscripción, matrícula

inscrire [ɛ̃skʀiʀ] VT escribir, inscribir; (*renseignement*) anotar; (*à un budget*) hacer asiento de; (*nom : sur une liste etc*) anotar, apuntar; **~ qn à** matricular *ou* apuntar a algn a ▪ **s'inscrire** VPR (*pour une excursion etc*) apuntarse, inscribirse; **s'~ (à)** (*un club, parti*) apuntarse (a), matricularse (en); (*l'université, un examen*) matricularse (en); **s'~ dans** (*suj : projet*) insertarse en; **s'~ en faux contre qch** desmentir algo

inscrit, e [ɛ̃skʀi, it] PP *de* **inscrire** ▶ ADJ (*étudiant*) matriculado(-a); (*électeur*) censado(-a)

insécable [ɛ̃sekabl] ADJ : **espace ~** espacio indivisible

insecte [ɛ̃sɛkt] NM insecto

insecticide [ɛ̃sɛktisid] ADJ insecticida ▶ NM insecticida *m*

insectivore [ɛ̃sɛktivɔʀ] ADJ insectívoro(-a) ▶ NM insectívoro

insécurité [ɛ̃sekyʀite] NF inseguridad *f*; **vivre dans l'~** vivir en la inseguridad

INSEE [inse] SIGLE M (= *Institut national de la statistique et des études économiques*) ≈ INE *m* (= *Instituto Nacional de Estadística*)

insémination [ɛ̃seminasjɔ̃] NF inseminación *f*; **~ artificielle** inseminación artificial

insensé, e [ɛ̃sɑ̃se] ADJ insensato(-a)

insensibiliser [ɛ̃sɑ̃sibilize] VT insensibilizar; **~ à qch** insensibilizar contra algo

insensibilité [ɛ̃sɑ̃sibilite] NF insensibilidad *f*

insensible [ɛ̃sɑ̃sibl] ADJ insensible; (*pouls, mouvement*) imperceptible; **~ aux compliments/à la chaleur** insensible a los halagos/al calor

insensiblement [ɛ̃sɑ̃sibləmɑ̃] ADV imperceptiblemente

inséparable [ɛ̃separabl] ADJ inseparable ▪ **inséparables** NMPL (*oiseaux*) periquitos *mpl*

insérer [ɛ̃seʀe] VT insertar; (*exemples*) introducir ▪ **s'insérer** VPR : **s'~ dans** insertarse *ou* incluirse en

INSERM [insɛʀm] SIGLE M (= *Institut national de la santé et de la recherche médicale*) *instituto nacional de investigación médica*

insert [ɛ̃sɛʀ] NM inserto

insertion [ɛ̃sɛʀsjɔ̃] NF inserción *f*

insidieusement [ɛ̃sidjøzmɑ̃] ADV insidiosamente

insidieux, -euse [ɛ̃sidjø, jøz] ADJ insidioso(-a); (*odeur*) penetrante

insigne [ɛ̃siɲ] NM insignia ▶ ADJ insigne; (*service*) notable

insignifiance [ɛ̃siɲifjɑ̃s] NF insignificancia

insignifiant, e [ɛ̃siɲifjɑ̃, jɑ̃t] ADJ insignificante; (*paroles, visage, livre*) insustancial

insinuant, e [ɛ̃sinɥɑ̃, ɑ̃t] ADJ insinuante

insinuation [ɛ̃sinɥasjɔ̃] NF insinuación *f*, indirecta; **procéder par ~** proceder con insinuaciones

insinuer [ɛ̃sinɥe] VT insinuar ▪ **s'insinuer** VPR : **s'~ dans** (*odeur, humidité*) filtrarse en; (*personne*) colarse en

insipide [ɛ̃sipid] ADJ insípido(-a), insulso(-a); (*film etc*) insulso(-a); (*personne*) soso(-a)

insistance [ɛ̃sistɑ̃s] NF insistencia

insistant, e [ɛ̃sistɑ̃, ɑ̃t] ADJ insistente

insister [ɛ̃siste] VI insistir; **~ sur** insistir en; **~ pour (faire) qch** insistir en (hacer) algo

insociable [ɛ̃sɔsjabl] ADJ insociable

insolation [ɛ̃sɔlasjɔ̃] NF insolación *f*

insolence [ɛ̃sɔlɑ̃s] NF insolencia, descaro; **avec ~** con insolencia *ou* descaro

insolent, e [ɛ̃sɔlɑ̃, ɑ̃t] ADJ insolente, descarado(-a); (*indécent*) injurioso(-a) ▶ NM/F insolente *mf*, descarado(-a)

insolite [ɛ̃sɔlit] ADJ insólito(-a)

insoluble [ɛ̃sɔlybl] ADJ (*problème*) sin solución; **~ (dans)** insoluble (en)

insolvabilité [ɛ̃sɔlvabilite] NF insolvencia

insolvable [ɛ̃sɔlvabl] ADJ insolvente

insomniaque [ɛ̃sɔmnjak] ADJ insomne

insomnie [ɛ̃sɔmni] NF insomnio; **avoir des insomnies** tener insomnio

insondable [ɛ̃sɔ̃dabl] ADJ (*fig*) insondable; (*maladresse etc*) tremendo(-a)

insonore [ɛ̃sɔnɔʀ] ADJ insonoro(-a)

insonorisation [ɛ̃sɔnɔʀizasjɔ̃] NF insonorización *f*

insonoriser [ɛ̃sɔnɔʀize] VT insonorizar

insouciance [ɛ̃susjɑ̃s] NF despreocupación *f*; (*imprévoyance*) dejadez *f*

insouciant, e [ɛ̃susjɑ̃, jɑ̃t] ADJ despreocupado(-a); (*imprévoyant*) dejado(-a)

insoumis, e [ɛ̃sumi, iz] ADJ insumiso(-a); (*contrée, tribu*) sublevado(-a); (*soldat*) desertor(a) ▶ NM (*soldat*) desertor(a)

insoumission [ɛ̃sumisjɔ̃] NF insumisión *f*; (*Mil*) deserción *f*

insoupçonnable [ɛ̃supsɔnabl] ADJ insospechable

insoupçonné, e [ɛ̃supsɔne] ADJ insospechado(-a)

insoutenable [ɛ̃sut(ə)nabl] ADJ (*argument, opinion*) insostenible; (*lumière, chaleur, spectacle*) insoportable; (*effort*) insufrible

inspecter [ɛ̃spɛkte] VT inspeccionar; (*personne*) dar un repaso a; (*maison*) revisar

inspecteur, -trice [ɛ̃spɛktœʀ, tʀis] NM/F inspector(a); **~ d'Académie** *inspector en una de las circunscripciones administrativas en las que se divide la enseñanza en Francia*; **~ (de police)** inspector(a) (de policía); **~ des Finances** *ou* **des impôts** inspector(a) de hacienda; **~ (de l'enseignement) primaire** ≈ inspector(a) de educación primaria

inspection [ɛ̃spɛksjɔ̃] NF inspección *f*; **~ des Finances/du Travail** inspección de Hacienda/de trabajo

inspirateur, -trice [ɛ̃spiʀatœʀ, tʀis] NM/F inspirador(a); (*instigateur*) instigador(a)

inspiration [ɛ̃spiʀasjɔ̃] NF inspiración *f*; (*conseil*) sugerencia; **sous l'~ de qn** bajo la inspiración de algn; **d'~ orientale** de inspiración oriental

inspiré, e [ɛ̃spiʀe] ADJ : **être bien/mal ~ de faire qch** tener la buena/mala idea de hacer algo

inspirer [ɛ̃spiʀe] VT inspirar; (*intentions*) sugerir; **ça ne m'inspire pas beaucoup/vraiment pas** eso no me dice mucho/nada; **~ qch à qn** sugerir algo a algn; (*crainte, horreur*) inspirar algo a algn ▶ VI inspirar ■ **s'inspirer** VPR : **s'~ de qch** inspirarse en algo

instabilité [ɛ̃stabilite] NF inestabilidad *f*; (*d'une personne, population*) nomadismo

instable [ɛ̃stabl] ADJ inestable

installateur [ɛ̃stalatœʀ] NM instalador *m*

installation [ɛ̃stalasjɔ̃] NF instalación *f*; (*dans un lieu précis*) colocación *f*; (*chez qn*) alojamiento; (*sur un siège*) acomodo; **une ~ provisoire** *ou* **de fortune** un alojamiento provisional; **l'~ électrique** la instalación eléctrica ■ **installations** NFPL (*équipement*) : **installations portuaires** instalaciones *fpl* portuarias; **installations industrielles** instalaciones industriales

installé, e [ɛ̃stale] ADJ : **bien/mal ~** (*maison, cuisine etc*) bien/mal instalado(-a); (*personne*) bien/mal acomodado(-a) *ou* instalado(-a)

installer [ɛ̃stale] VT instalar; (*asseoir, coucher*) acomodar; (*dans un lieu déterminé*) colocar; (*appartement*) acondicionar; (*fonctionnaire, magistrat*) dar posesión a; **~ une chambre dans le grenier** construir una habitación en el ático ■ **s'installer** VPR instalarse; (*à un emplacement*) acomodarse; (*maladie, grève*) arraigarse; **s'~ à l'hôtel/chez qn** alojarse en el hotel/en casa de algn

installeur [ɛ̃stalœʀ] NM (*Inform*) instalador *m*

instamment [ɛ̃stamɑ̃] ADV insistentemente

instance [ɛ̃stɑ̃s] NF (*Jur*) instancia; **affaire en ~** asunto pendiente; **courrier en ~** correo pendiente; **être en ~ de divorce** estar en trámites de divorcio; **train en ~ de départ** tren *m* a punto de salir; **en première ~** en primera instancia ■ **instances** NFPL (*prières*) insistencia *fsg*; **les instances internationales** los organismos internacionales

instant, e [ɛ̃stɑ̃, ɑ̃t] ADJ (*prière etc*) apremiante ▶ NM instante *m*; **sans perdre un ~** sin perder un instante; **en** *ou* **dans un ~** en un instante; **à l'~ : je l'ai vu à l'~** lo he visto hace nada; **à l'~ (même) où** en el (mismo) momento en que; **à chaque** *ou* **tout ~** a cada instante; **pour l'~** por el momento; **par instants** por momentos; **de tous les instants** constante; **dès l'~ où** *ou* **que …** desde el momento en que *ou* en cuanto …; **d'un ~ à l'autre** de un momento a otro, en cualquier momento

instantané, e [ɛ̃stɑ̃tane] ADJ instantáneo(-a) ▶ NM (*Photo*) instantánea

instantanément [ɛ̃stɑ̃tanemɑ̃] ADV instantáneamente

instar [ɛ̃staʀ] : **à l'~ de** *prép* a semejanza de

instauration [ɛ̃stɔʀasjɔ̃] NF instauración *f*

instaurer [ɛ̃stɔʀe] VT instaurar ■ **s'instaurer** VPR instaurarse

instigateur, -trice [ɛ̃stigatœʀ, tʀis] NM/F instigador(a)

instigation [ɛ̃stigasjɔ̃] NF : **à l'~ de** bajo la influencia de

instillation [ɛ̃stilasjɔ̃] NF instilación *f*

instiller [ɛ̃stile] VT instilar

instinct [ɛ̃stɛ̃] NM instinto; **avoir l'~ des affaires/du commerce** tener instinto para los negocios/el comercio; **d'~** por instinto; **~ grégaire/de conservation** instinto gregario/de conservación

instinctif, -ive [ɛ̃stɛ̃ktif, iv] ADJ instintivo(-a); (*personne*) impulsivo(-a)

instinctivement [ɛ̃stɛ̃ktivmɑ̃] ADV instintivamente

instit [ɛ̃stit] (*fam*) NMF profe *mf* (*fam*)

instituer [ɛ̃stitɥe] VT establecer; (*un organisme*) fundar; (*évêque*) designar; (*héritier*) nombrar ■ **s'instituer** VPR (*relations*) establecerse; **s'~ défenseur d'une cause** erigirse en defensor(a) de una causa

institut [ɛ̃stity] NM instituto; **l'I~ de France** *institución que agrupa las cinco academias en Francia*, ≈ Real Academia Española; **~ de beauté** instituto de belleza; **~ médico-légal** instituto médico legal; **I~ universitaire de technologie (IUT)** ≈ Escuela Politécnica

instituteur, -trice [ɛ̃stitytœʀ, tʀis] NM/F maestro(-a) (de escuela), profesor(a) de primaria

institution [ɛ̃stitysjɔ̃] NF institución *f*; (*régime*) régimen *m*; (*collège*) colegio privado ■ **institutions** NFPL (*structures politiques et sociales*) instituciones *fpl*

institutionnaliser [ɛ̃stitysjɔnalize] VT institucionalizar

institutionnel, le [ɛ̃stitysjɔnɛl] ADJ institucional

instructeur, -trice [ɛ̃stʀyktœʀ, tʀis] ADJ (*Mil*) : **officier ~** oficial *mf* instructor(a); (*Jur*) : **juge ~** juez *mf* de instrucción ▶ NM/F instructor(a)

instructif, -ive [ɛ̃stʀyktif, iv] ADJ instructivo(-a)

instruction [ɛ̃stʀyksjɔ̃] NF (*enseignement*) enseñanza; (*savoir*) cultura; (*Jur, Inform*) instrucción *f*; **~ publique/primaire** enseñanza pública/de educación primaria; **~ ministérielle/préfectorale** circular *f* ministerial/de la Prefectura; **~ civique** formación *f* cívica; **~ religieuse** formación religiosa ■ **instructions** NFPL (*directives, mode d'emploi*) instrucciones *fpl*

instruire [ɛ̃stʀɥiʀ] VT (*élèves*) enseñar; (*Mil, Jur*)

instruir; **~ qn de qch** informar a algn de algo ■ **s'instruire** VPR instruirse; **s'~ de qch auprès de qn** informarse sobre algo por algn
instruit, e [ɛ̃stʀɥi, it] PP *de* **instruire** ▶ ADJ instruido(-a), culto(-a)
instrument [ɛ̃stʀymɑ̃] NM (*aussi Mus*) instrumento; **~ à cordes/à percussion/à vent/de musique** instrumento de cuerda/de percusión/de viento/musical; **~ de mesure/de travail** instrumento de medición/de trabajo
instrumental, e, -aux [ɛ̃stʀymɑ̃tal, o] ADJ : **musique instrumentale** música instrumental
instrumentation [ɛ̃stʀymɑ̃tasjɔ̃] NF instrumentación *f*
instrumentiste [ɛ̃stʀymɑ̃tist] NMF instrumentista *mf*
insu [ɛ̃sy] NM : **à l'~ de qn** a espaldas de algn; **à son ~** a sus espaldas
insubmersible [ɛ̃sybmɛʀsibl] ADJ insumergible
insubordination [ɛ̃sybɔʀdinasjɔ̃] NF (*d'un élève*) indisciplina; (*Mil*) insubordinación *f*
insubordonné, e [ɛ̃sybɔʀdɔne] ADJ (*élève*) indisciplinado(-a); (*soldat*) insubordinado(-a)
insuccès [ɛ̃syksɛ] NM fracaso; (*à un examen*) suspenso
insuffisamment [ɛ̃syfizamɑ̃] ADV insuficientemente
insuffisance [ɛ̃syfizɑ̃s] NF insuficiencia; **~ cardiaque/hépatique** insuficiencia cardíaca/hepática ■ **insuffisances** NFPL (*déficiences, lacunes*) insuficiencias *fpl*
insuffisant, e [ɛ̃syfizɑ̃, ɑ̃t] ADJ insuficiente; (*dimensions*) reducido(-a); **~ en maths** insuficiente en matemáticas
insuffler [ɛ̃syfle] VT (*Méd*) : **~ qch (dans)** insuflar algo (en); **~ qch à qn** transmitir algo a algn
insulaire [ɛ̃sylɛʀ] ADJ insular; (*attitude*) cerrado(-a)
insularité [ɛ̃sylaʀite] NF insularidad *f*
insuline [ɛ̃sylin] NF insulina
insulinodépendant, e [ɛ̃sylinɔdepɑ̃dɑ̃, ɑ̃t] ADJ (*diabète, personne*) insulinodependiente
insultant, e [ɛ̃syltɑ̃, ɑ̃t] ADJ insultante
insulte [ɛ̃sylt] NF insulto
insulter [ɛ̃sylte] VT insultar
insupportable [ɛ̃sypɔʀtabl] ADJ insoportable
insupporter [ɛ̃sypɔʀte] VT : **il m'insupporte** no lo soporto
insurgé, e [ɛ̃syʀʒe] ADJ, NM/F sublevado(-a), insurrecto(-a)
insurger [ɛ̃syʀʒe] : **s'insurger** VPR (*aussi fig*) sublevarse
insurmontable [ɛ̃syʀmɔ̃tabl] ADJ insuperable; (*angoisse, aversion*) invencible
insurpassable [ɛ̃syʀpasabl] ADJ insuperable
insurrection [ɛ̃syʀɛksjɔ̃] NF insurrección *f*, sublevación *f*
insurrectionnel, le [ɛ̃syʀɛksjɔnɛl] ADJ (*mouvement*) insurreccional; (*gouvernement*) insurrecto(-a)
intact, e [ɛ̃takt] ADJ intacto(-a); (*réputation*) íntegro(-a)
intangible [ɛ̃tɑ̃ʒibl] ADJ intangible, intocable
intarissable [ɛ̃taʀisabl] ADJ inagotable; **il est ~ sur ...** es inagotable cuando habla de ...
intégral, e, -aux [ɛ̃tegʀal, o] ADJ total; (*édition*) completo(-a); **nu ~** desnudo integral
intégrale [ɛ̃tegʀal] NF (*Math*) integral *f*; (*œuvres complètes*) obra completa
intégralement [ɛ̃tegʀalmɑ̃] ADV totalmente, completamente
intégralité [ɛ̃tegʀalite] NF totalidad *f*; **dans son ~** en su totalidad
intégrant, e [ɛ̃tegʀɑ̃, ɑ̃t] ADJ : **faire partie intégrante de qch** formar parte integrante de algo
intégration [ɛ̃tegʀasjɔ̃] NF integración *f*
intégrationniste [ɛ̃tegʀasjɔnist] ADJ integracionista
intègre [ɛ̃tɛgʀ] ADJ íntegro(-a)
intégré, e [ɛ̃tegʀe] ADJ : **circuit ~** circuito integrado; **être ~** estar integrado(-a)
intégrer [ɛ̃tegʀe] VT (*personnes*) integrar; (*théories, paragraphe*) incorporar; (*Univ*) ingresar en ■ **s'intégrer** VPR : **s'~ à** *ou* **dans qch** integrarse en algo
intégrisme [ɛ̃tegʀism] NM integrismo
intégriste [ɛ̃tegʀist] ADJ, NMF integrista *mf*
intégrité [ɛ̃tegʀite] NF integridad *f*; (*totalité*) totalidad *f*
intellect [ɛ̃telɛkt] NM intelecto
intellectualiser [ɛ̃telɛktɥalize] VT intelectualizar
intellectualisme [ɛ̃telɛktɥalism] NM intelectualismo
intellectuel, le [ɛ̃telɛktɥɛl] ADJ, NM/F intelectual *mf*
intellectuellement [ɛ̃telɛktɥɛlmɑ̃] ADV intelectualmente
intelligemment [ɛ̃teliʒamɑ̃] ADV inteligentemente
intelligence [ɛ̃teliʒɑ̃s] NF inteligencia; (*compréhension*) comprensión *f*; **regard/sourire d'~** mirada/sonrisa de complicidad; **vivre en bonne/mauvaise ~ avec qn** llevarse bien/mal con algn; **être d'~** estar de común acuerdo; **~ artificielle** inteligencia artificial ■ **intelligences** NFPL (*fig*) cómplices *mpl*; **avoir des intelligences dans la place** (*Mil*) tener contactos en el sitio
intelligent, e [ɛ̃teliʒɑ̃, ɑ̃t] ADJ inteligente
intelligentsia [ɛ̃teliʒɛnsja] NF inteligencia
intelligible [ɛ̃teliʒibl] ADJ (*proposition etc*) inteli-

gible; **parler de façon peu ~** hablar de forma poco clara

intello [ɛ̃telo] *(fam)* ADJ, NMF intelectual *mf*

intempérance [ɛ̃tɑ̃peʀɑ̃s] NF intemperancia

intempérant, e [ɛ̃tɑ̃peʀɑ̃, ɑ̃t] ADJ intemperante, inmoderado(-a); *(gourmand, sensuel)* inmoderado(-a); **faire un usage ~ de l'alcool** hacer uso abusivo del alcohol

intempéries [ɛ̃tɑ̃peʀi] NFPL inclemencias *fpl* del tiempo; **se protéger des ~** protegerse de las inclemencias del tiempo

intempestif, -ive [ɛ̃tɑ̃pɛstif, iv] ADJ intempestivo(-a)

intemporel, le [ɛ̃tɑ̃pɔʀɛl] ADJ intemporal

intenable [ɛ̃t(ə)nabl] ADJ inaguantable, insoportable; *(position)* indefendible; *(enfant)* inaguantable

intendance [ɛ̃tɑ̃dɑ̃s] NF dirección *f*; *(Mil)* intendencia; *(Pol)* administración *f*

intendant, e [ɛ̃tɑ̃dɑ̃, ɑ̃t] NM/F *(Mil)* intendente *m*; *(Scol)* administrador(a)

intense [ɛ̃tɑ̃s] ADJ intenso(-a)

intensément [ɛ̃tɑ̃semɑ̃] ADV intensamente

intensif, -ive [ɛ̃tɑ̃sif, iv] ADJ intensivo(-a); **cours ~** curso intensivo; **culture intensive** cultivo intensivo

intensification [ɛ̃tɑ̃sifikasjɔ̃] NF intensificación *f*

intensifier [ɛ̃tɑ̃sifje] VT intensificar ■ **s'intensifier** VPR intensificarse

intensité [ɛ̃tɑ̃site] NF intensidad *f*; *(d'une expression)* fuerza

intensivement [ɛ̃tɑ̃sivmɑ̃] ADV intensamente

intenter [ɛ̃tɑ̃te] VT : **~ un procès/une action contre** *ou* **à qn** entablar proceso/una acción contra algn

intention [ɛ̃tɑ̃sjɔ̃] NF intención *f*; *(but, objectif)* intención *f*, propósito; **contrecarrer les intentions de qn** oponerse a las intenciones de algn; **avec** *ou* **dans l'~ de nuire** con la premeditación de dañar; **avoir l'~ de faire qch** tener la intención de hacer algo; **à l'~ de qn** para algn; *(prière, messe)* por algn; *(fête)* en honor de algn; *(film, ouvrage)* dedicado(-a) a algn; **à cette ~** con este propósito; **sans ~ de** sin intención de; **faire qch sans mauvaise ~** hacer algo sin mala intención; **agir dans une bonne ~** actuar con buena intención

intentionné, e [ɛ̃tɑ̃sjɔne] ADJ : **être bien/mal ~** tener buena/mala intención

intentionnel, le [ɛ̃tɑ̃sjɔnɛl] ADJ intencionado(-a); *(Jur)* premeditado(-a)

intentionnellement [ɛ̃tɑ̃sjɔnɛlmɑ̃] ADV intencionadamente

interactif, -ive [ɛ̃tɛʀaktif, iv] ADJ interactivo(-a)

interaction [ɛ̃tɛʀaksjɔ̃] NF interacción *f*

interactivité [ɛ̃tɛʀaktivite] NF interactividad *f*

interagir [ɛ̃tɛʀaʒiʀ] VI : **~ avec** interactuar con

interbancaire [ɛ̃tɛʀbɑ̃kɛʀ] ADJ interbancario(-a)

intercalaire [ɛ̃tɛʀkalɛʀ] ADJ intercalar ▸ NM separador *m*

intercaler [ɛ̃tɛʀkale] VT : **~ (dans)** introducir (en) ■ **s'intercaler** VPR : **s'~ entre** interponerse (entre)

intercéder [ɛ̃tɛʀsede] VI : **~ (en faveur de qn)** interceder (en favor de algn)

intercepter [ɛ̃tɛʀsɛpte] VT interceptar; *(lumière etc)* impedir el paso de

intercepteur [ɛ̃tɛʀsɛptœʀ] NM *(Aviat)* interceptador *m*

interception [ɛ̃tɛʀsɛpsjɔ̃] NF intercepción *f*; **avion d'~** interceptador *m*

intercession [ɛ̃tɛʀsesjɔ̃] NF intercesión *f*

interchangeabilité [ɛ̃tɛʀʃɑ̃ʒabilite] NF intercambiabilidad *f*

interchangeable [ɛ̃tɛʀʃɑ̃ʒabl] ADJ intercambiable

interclasse [ɛ̃tɛʀklɑs] NM descanso

interclubs [ɛ̃tɛʀklœb] ADJ entre clubes *inv*

intercommunal, e, -aux [ɛ̃tɛʀkɔmynal, o] ADJ intermunicipal

intercommunautaire [ɛ̃tɛʀkɔmynotɛʀ] ADJ intercomunitario(-a)

interconnecté, e [ɛ̃tɛʀkɔnɛkte] ADJ *(Inform)* interconectado(-a)

interconnexion [ɛ̃tɛʀkɔnɛksjɔ̃] NF *(Inform)* interconexión *f*

intercontinental, e, -aux [ɛ̃tɛʀkɔ̃tinɑ̃tal, o] ADJ intercontinental

intercostal, e, -aux [ɛ̃tɛʀkɔstal, o] ADJ intercostal

interdépartemental, e, -aux [ɛ̃tɛʀdepaʀtəmɑ̃tal, o] ADJ interdepartamental

interdépendance [ɛ̃tɛʀdepɑ̃dɑ̃s] NF interdependencia

interdépendant, e [ɛ̃tɛʀdepɑ̃dɑ̃, ɑ̃t] ADJ interdependiente

interdiction [ɛ̃tɛʀdiksjɔ̃] NF interdicción *f*, prohibición *f*; **~ de fumer** prohibido *ou* se prohibe fumar; **~ de séjour** prohibición de residencia

interdire [ɛ̃tɛʀdiʀ] VT prohibir; *(Admin, Rel : personne)* inhabilitar; **~ qch à qn** prohibir algo a algn; **~ à qn de faire qch** prohibir a algn hacer algo; *(suj : chose)* impedir que algn haga algo ■ **s'interdire** VPR : **s'~ qch** privarse de algo; **il s'interdit d'y penser** se niega a pensar en ello

interdisciplinaire [ɛ̃tɛʀdisiplinɛʀ] ADJ interdisciplinar

interdit, e [ɛ̃tɛʀdi, it] PP *de* **interdire** ▸ ADJ *(accès, écrivain, livre)* prohibido(-a); *(stupéfait)* estupefacto(-a); *(prêtre)* inhabilitado(-a), incapacitado(-a); **film ~ aux moins de 18/13 ans** película prohibida a los menores de 18/13 años; **sens/stationnement ~** dirección *f*/estaciona-

i

miento prohibido(-a); **être ~ bancaire** *ou* **~ de chéquier** *tener prohibido emitir cheques por haberlos emitido anteriormente sin fondos*; **~ de séjour** condenado(-a) a prohibición de residencia ▶ NM prohibición *f*; **prononcer l'~ contre qn** vetar a algn

intéressant, e [ɛ̃teʀesɑ̃, ɑ̃t] ADJ interesante; **faire l'~** hacerse el interesante

intéressé, e [ɛ̃teʀese] ADJ interesado(-a) ▶ NM/F: **l'intéressé, e** el (la) interesado(-a)

intéressement [ɛ̃teʀɛsmɑ̃] NM (*aux bénéfices*) participación *f*

intéresser [ɛ̃teʀese] VT (*élèves*) interesar; (*Admin* : *suj* : *mesure, loi*) concernir; (*Comm* : *aux bénéfices*) dar participación en; **ce film m'a beaucoup intéressé** he encontrado muy interesante esta película; **ça n'intéresse personne** eso no interesa a nadie; **~ qn dans une affaire** hacer partícipe a algn en un negocio; **~ qn à qch** interesar a algn en algo ■ **s'intéresser** VPR : **s'~ à qn/à ce que fait qn/qch** interesarse por algn/por lo que hace algn/algo; **s'~ à un sport** interesarse por un deporte

intérêt [ɛ̃teʀɛ] NM interés *msg*; (*avantage, originalité*) : **l'~ de ...** lo interesante de ...; **agir par ~** actuar por interés; **éveiller l'~ de qn** despertar el interés de algn; **porter de l'~ à qn** interesarse por algn; **il a ~ à acheter cette voiture** le interesa comprar ese coche; **tu aurais ~ à te taire !** ¡más te vale callarte!; **il y a ~ à ...** interesa ...; **~ composé** interés compuesto ■ **intérêts** NMPL intereses *mpl*; **les intérêts de la dette** los intereses de la deuda; **avoir des intérêts dans une société** tener intereses en una compañía

interface [ɛ̃tɛʀfas] NF (*Inform*) interfaz *m*

interférence [ɛ̃tɛʀfeʀɑ̃s] NF interferencia

interférer [ɛ̃tɛʀfeʀe] VI (*Phys*) interferir; (*fig*) : **~ (avec)** interferir (en)

interféron [ɛ̃tɛʀfeʀɔ̃] NM interferón *m*

intergalactique [ɛ̃tɛʀgalaktik] ADJ intergaláctico(-a)

intergouvernemental, e, -aux [ɛ̃tɛʀguvɛʀnəmɑ̃tal, o] ADJ intergubernamental

intérieur, e [ɛ̃teʀjœʀ] ADJ interior ▶ NM interior *m*; **un ~ bourgeois/confortable** una decoración burguesa/confortable; **à l'~ (de)** en el interior *ou* dentro *ou* adentro (*surtout* AM) (de); (*fig*) dentro (de); **en ~** (*Ciné*) en interiores; **ministère de l'I~** ministerio del Interior; **vêtement/veste/chaussures d'~** prenda/chaqueta/zapatos *mpl* de estar en casa

intérieurement [ɛ̃teʀjœʀmɑ̃] ADV por dentro

intérim [ɛ̃teʀim] NM interinidad *f*; (*travail*) trabajo temporal; **assurer l'~ (de qn)** hacer la interinidad (de algn); **par ~** *adj* interino(-a); *adv* de interino; **travailler en ~** trabajar a través de una empresa de trabajo temporal

intérimaire [ɛ̃teʀimɛʀ] ADJ interino(-a); **personnel ~** personal *m* interino ▶ NMF trabajador(a) de una empresa de trabajo temporal

intérioriser [ɛ̃teʀjɔʀize] VT interiorizar

interjection [ɛ̃tɛʀʒɛksjɔ̃] NF interjección *f*

interjeter [ɛ̃tɛʀʒəte] VT (*appel*) interponer

interligne [ɛ̃tɛʀliɲ] NM línea; (*Mus*) espacio; **simple/double ~** un/doble espacio

interlocuteur, -trice [ɛ̃tɛʀlɔkytœʀ, tʀis] NM/F interlocutor(a); **~ valable** (*Pol*) interlocutor válido

interlope [ɛ̃tɛʀlɔp] ADJ fraudulento(-a); (*milieu, bar*) sospechoso(-a)

interloquer [ɛ̃tɛʀlɔke] VT desconcertar

interlude [ɛ̃tɛʀlyd] NM interludio

intermède [ɛ̃tɛʀmɛd] NM intermedio; **~ chanté/dansé** intermedio con canto/con baile

intermédiaire [ɛ̃tɛʀmedjɛʀ] ADJ intermedio(-a) ▶ NMF intermediario(-a); **par l'~ de** por mediación de ■ **intermédiaires** NMPL (*Comm*) intermediarios *mpl*

interminable [ɛ̃tɛʀminabl] ADJ interminable

interminablement [ɛ̃tɛʀminabləmɑ̃] ADV interminablemente

interministériel, le [ɛ̃tɛʀministeʀjɛl] ADJ : **comité ~** comité *m* interministerial

intermittence [ɛ̃tɛʀmitɑ̃s] NF : **par ~** (*travailler*) con intermitencias; (*entendre qch*) a intervalos

intermittent, e [ɛ̃tɛʀmitɑ̃, ɑ̃t] ADJ intermitente; (*source, fontaine*) irregular; (*efforts*) discontinuo(-a) ▶ NM/F : **les intermittents du spectacle** *los trabajadores intermitentes del sector del espectáculo*

internat [ɛ̃tɛʀna] NM internado; (*Méd* : *fonction*) interno; (: *concours*) ≈ MIR

international, e, -aux [ɛ̃tɛʀnasjɔnal, o] ADJ internacional ▶ NM/F (*Sport*) jugador(a) internacional

internationalisation [ɛ̃tɛʀnasjɔnalizasjɔ̃] NF internacionalización *f*

internationaliser [ɛ̃tɛʀnasjɔnalize] VT internacionalizar

internationalisme [ɛ̃tɛʀnasjɔnalism] NM internacionalismo

internaute [ɛ̃tɛʀnot] NMF internauta *mf*

interne [ɛ̃tɛʀn] ADJ interno(-a) ▶ NMF (*élève*) interno(-a); (*Méd*) médico(-a) interno(-a)

internement [ɛ̃tɛʀnəmɑ̃] NM (*Méd*) internamiento; (*Pol*) reclusión *f*

interner [ɛ̃tɛʀne] VT (*réfugiés, soldats*) recluir; (*Méd*) internar

Internet [ɛ̃tɛʀnɛt] NM Internet *m*

interparlementaire [ɛ̃tɛʀpaʀləmɑ̃tɛʀ] ADJ interparlamentario(-a)

interpellation [ɛ̃tɛʀpelasjɔ̃] NF interpelación *f*; (*par la police*) detención *f*

interpeller [ɛ̃tɛʀpəle] VT interpelar; (*police*) detener ■ **s'interpeller** VPR (*s'apostropher*) interpelarse

interphone [ɛ̃tɛʀfɔn] NM interfono; (*d'un appartement*) portero automático

interplanétaire [ɛ̃tɛʀplanetɛʀ] ADJ interplanetario(-a)
INTERPOL [ɛ̃tɛʀpɔl] SIGLE M INTERPOL *f*
interpoler [ɛ̃tɛʀpɔle] VT interpolar
interposer [ɛ̃tɛʀpoze] VT interponer; **par personnes interposées** por un intermediario ■ **s'interposer** VPR interponerse
interprétariat [ɛ̃tɛʀpʀetaʀja] NM, **interprétation** [ɛ̃tɛʀpʀetasjɔ̃] NF interpretación *f*
interprète [ɛ̃tɛʀpʀɛt] NMF intérprete *mf*; **être l'~ de qn/de qch** ser el portavoz de algn/de algo
interpréter [ɛ̃tɛʀpʀete] VT interpretar
interprofessionnel, le [ɛ̃tɛʀpʀɔfesjɔnɛl] ADJ interprofesional
interrègne [ɛ̃tɛʀʀɛɲ] NM interregno
interrogateur, -trice [ɛ̃teʀɔgatœʀ, tʀis] ADJ interrogante ▸NM/F (*Scol*) examinador(a)
interrogatif, -ive [ɛ̃teʀɔgatif, iv] ADJ interrogativo(-a)
interrogation [ɛ̃teʀɔgasjɔ̃] NF interrogación *f*; **~ écrite/orale** (*Scol*) control *m* escrito/oral; **~ directe/indirecte** (*Ling*) interrogación directa/indirecta
interrogatoire [ɛ̃teʀɔgatwaʀ] NM interrogatorio
interrogé, e [ɛ̃teʀɔʒe] ADJ encuestado(-a); **55% des personnes interrogées** el 55% de personas encuestadas
interroger [ɛ̃teʀɔʒe] VT interrogar; (*données*) consultar; (*candidat*) examinar; **~ qn (sur qch)** preguntar a algn (por algo); **~ qn du regard** preguntar a algn con la mirada ■ **s'interroger** VPR preguntarse
interrompre [ɛ̃teʀɔ̃pʀ] VT interrumpir; (*circuit électrique, communications*) cortar ■ **s'interrompre** VPR interrumpirse
interrupteur [ɛ̃teʀyptœʀ] NM interruptor *m*; **~ à bascule** interruptor basculante
interruption [ɛ̃teʀypsjɔ̃] NF interrupción *f*; **sans ~** sin interrupción; **~ volontaire de grossesse** interrupción voluntaria del embarazo
interscolaire [ɛ̃tɛʀskɔlɛʀ] ADJ interescolar
intersection [ɛ̃tɛʀsɛksjɔ̃] NF intersección *f*
intersidéral, e, -aux [ɛ̃tɛʀsideʀal, o] ADJ intersideral
interstice [ɛ̃tɛʀstis] NM intersticio
intersyndical, e, -aux [ɛ̃tɛʀsɛ̃dikal, o] ADJ intersindical
intertitre [ɛ̃tɛʀtitʀ] NM leyenda
interurbain, e [ɛ̃tɛʀyʀbɛ̃, ɛn] ADJ interurbano(-a) ▸NM : **l'~** el servicio telefónico interurbano
intervalle [ɛ̃tɛʀval] NM intervalo; **à deux mois d'~** con dos meses de intervalo; **à intervalles rapprochés** con mucha frecuencia; **par intervalles** a ratos; **dans l'~** mientras tanto
intervenant, e [ɛ̃tɛʀvənɑ̃, ɑ̃t] VB *voir* **intervenir** ▸NM/F interventor(a)
intervenir [ɛ̃tɛʀvəniʀ] VI (*survenir*) ocurrir, tener lugar; (*circonstances, volonté etc*) influir; **~ dans** intervenir en; **~ (pour faire qch)** intervenir (para hacer algo); **~ auprès de qn/en faveur de qn** interceder ante algn/en favor de algn; **la police a dû ~** la policía tuvo que intervenir; **les médecins ont dû ~** los médicos tuvieron que intervenir
intervention [ɛ̃tɛʀvɑ̃sjɔ̃] NF intervención *f*; **~ chirurgicale** intervención quirúrgica; **prix d'~** precio de intervención; **~ armée** intervención armada
interventionnisme [ɛ̃tɛʀvɑ̃sjɔnism] NM intervencionismo
interventionniste [ɛ̃tɛʀvɑ̃sjɔnist] ADJ intervencionista
intervenu [ɛ̃tɛʀv(ə)ny] PP *de* **intervenir**
intervertir [ɛ̃tɛʀvɛʀtiʀ] VT invertir; **~ les rôles** invertir los papeles
interviendrai [ɛ̃tɛʀvjɛ̃dʀe], **interviens** [ɛ̃tɛʀvjɛ̃] VB *voir* **intervenir**
interview [ɛ̃tɛʀvju] NF interviú *f*, entrevista
interviewer [(*vb*) ɛ̃tɛʀvjuve, (*n*) ɛ̃tɛʀvjuvœʀ] VT entrevistar a ▸NM entrevistador(a)
intervins [ɛ̃tɛʀvɛ̃] VB *voir* **intervenir**
intestat [ɛ̃tɛsta] ADJ (*Jur*) : **décéder ~** morir sin testar
intestin, e [ɛ̃tɛstɛ̃, in] NM intestino; **~ grêle** intestino delgado ▸ADJ : **querelles/luttes intestines** querellas *fpl*/luchas *fpl* internas
intestinal, e, -aux [ɛ̃tɛstinal, o] ADJ intestinal; **occlusion/perforation intestinale** oclusión *f*/perforación *f* intestinal
intifada [intifada] NF intifada
intime [ɛ̃tim] ADJ íntimo(-a); (*convictions*) profundo(-a) ▸NMF íntimo(-a)
intimement [ɛ̃timmɑ̃] ADV (*persuadé etc*) profundamente; (*liés etc*) íntimamente
intimer [ɛ̃time] VT (*Jur : citer*) citar; (: *signifier légalement*) notificar; **~ à qn l'ordre de faire** ordenar a algn hacer
intimidant, e [ɛ̃timidɑ̃, ɑ̃t] ADJ intimidante
intimidation [ɛ̃timidasjɔ̃] NF : **manœuvres d'~** intimidación *f*
intimider [ɛ̃timide] VT intimidar
intimiste [ɛ̃timist] ADJ intimista
intimité [ɛ̃timite] NF intimidad *f*; **dans l'~** en la intimidad; (*sans formalités*) informalmente
intitulé [ɛ̃tityle] NM (*d'une loi, d'un jugement*) epígrafe *m*; (*d'un ouvrage, chapitre*) título
intituler [ɛ̃tityle] VT : **comment a-t-il intitulé son livre ?** ¿cómo tituló su libro? ■ **s'intituler** VPR (*ouvrage*) titularse; (*personne*) llamarse, denominarse
intolérable [ɛ̃tɔleʀabl] ADJ (*chaleur*) insoportable; (*inadmissible*) intolerable
intolérance [ɛ̃tɔleʀɑ̃s] NF intolerancia; **~ à** (*Méd*) intolerancia a
intolérant, e [ɛ̃tɔleʀɑ̃, ɑ̃t] ADJ intolerante

intonation [ɛ̃tɔnasjɔ̃] NF entonación *f*
intouchable [ɛ̃tuʃabl] ADJ (*fig*) intocable; (*Rel*) inviolable
intox [ɛ̃tɔks] (*fam*) NF intoxicación *f* informativa
intoxication [ɛ̃tɔksikasjɔ̃] NF intoxicación *f*; (*fig*) contaminación *f*; **~ alimentaire** intoxicación alimenticia
intoxiqué, e [ɛ̃tɔksike] ADJ, NM/F intoxicado(-a)
intoxiquer [ɛ̃tɔksike] VT intoxicar; (*fig*) contaminar ▪ **s'intoxiquer** VPR intoxicarse
intradermique [ɛ̃tʀadɛʀmik] ADJ intradérmico(-a)
intraduisible [ɛ̃tʀadɥizibl] ADJ (*aussi fig*) intraducible
intraitable [ɛ̃tʀɛtabl] ADJ despiadado(-a); **~ (sur)** intransigente (en); **demeurer ~** permanecer inflexible
intramusculaire [ɛ̃tʀamyskylɛʀ] ADJ, NF : **(injection) ~** (inyección *f*) intramuscular *f*
intranet [ɛ̃tʀanɛt] NM Intranet *f*
intransigeance [ɛ̃tʀɑ̃ziʒɑ̃s] NF intransigencia
intransigeant, e [ɛ̃tʀɑ̃ziʒɑ̃, ɑ̃t] ADJ intransigente; (*morale, passion*) firme
intransitif, -ive [ɛ̃tʀɑ̃zitif, iv] ADJ intransitivo(-a)
intransportable [ɛ̃tʀɑ̃spɔʀtabl] ADJ (*blessé*) que no se puede trasladar; (*objet*) que no se puede transportar
intrant [ɛ̃tʀɑ̃] NM (*Écon, Agr*) insumo
intraveineuse [ɛ̃tʀavɛnøz] NF intravenosa
intraveineux, -euse [ɛ̃tʀavɛnø, øz] ADJ, NF : **(injection) intraveineuse** (inyección *f*) intravenosa
intrépide [ɛ̃tʀepid] ADJ intrépido(-a)
intrépidité [ɛ̃tʀepidite] NF intrepidez *f*
intrigant, e [ɛ̃tʀigɑ̃, ɑ̃t] ADJ intrigante
intrigue [ɛ̃tʀig] NF intriga
intrigué, e [ɛ̃tʀige] ADJ (*personne, air*) intrigado(-a); **~ par** intrigado(-a) por
intriguer [ɛ̃tʀige] VI, VT intrigar
intrinsèque [ɛ̃tʀɛ̃sɛk] ADJ intrínseco(-a)
intrinsèquement [ɛ̃tʀɛ̃sɛkmɑ̃] ADV intrínsecamente
intro [ɛ̃tʀo] (*fam*) NF (*de texte, chanson*) introducción *f*
introductif, -ive [ɛ̃tʀɔdyktif, iv] ADJ introductorio(-a)
introduction [ɛ̃tʀɔdyksjɔ̃] NF introducción *f*; (*de mots*) incorporación *f*; **chapitre d'~** capítulo introductorio; **lettre/mot d'~** carta/nota de presentación; **~ en Bourse** salida a Bolsa
introduire [ɛ̃tʀɔdɥiʀ] VT introducir; (*personne : présenter*) presentar; (*faire entrer*) hacer pasar; (*mots*) incorporar; **~ qn auprès de qn** conducir a algn ante algn; **~ qn dans un club** introducir a algn en un club; **~ une correction au clavier** teclear una corrección ▪ **s'introduire** VPR introducirse; **s'~ dans** introducirse en
introduit, e [ɛ̃tʀɔdɥi, it] PP *de* **introduire** ▸ ADJ : **bien ~** (*personne*) bien relacionado(-a)
intronisation [ɛ̃tʀɔnizasjɔ̃] NF entronización *f*
introniser [ɛ̃tʀɔnize] VT entronizar
introspectif, -ive [ɛ̃tʀɔspɛktif, iv] ADJ introspectivo(-a)
introspection [ɛ̃tʀɔspɛksjɔ̃] NF introspección *f*
introuvable [ɛ̃tʀuvabl] ADJ (*personne*) ilocalizable; (*Comm : rare : édition, livre*) imposible de encontrar; **ma montre est ~** no encuentro mi reloj por ningún sitio
introverti, e [ɛ̃tʀɔvɛʀti] NM/F introvertido(-a)
intrus, e [ɛ̃tʀy, yz] NM/F intruso(-a)
intrusion [ɛ̃tʀyzjɔ̃] NF intrusión *f*; (*ingérence*) intromisión *f*
intubation [ɛ̃tybasjɔ̃] NF (*Méd*) intubación *f*
intuber [ɛ̃tybe] VT (*Méd*) intubar
intuitif, -ive [ɛ̃tɥitif, iv] ADJ intuitivo(-a)
intuition [ɛ̃tɥisjɔ̃] NF intuición *f*; **avoir une ~** tener un presentimiento; **avoir l'~ de qch** tener la intuición de algo; **avoir de l'~** tener intuición
intuitivement [ɛ̃tɥitivmɑ̃] ADV intuitivamente
inuit [inɥit] ADJ INV inuit *inv* ▸ NM (*Ling*) inuit *m* ▸ NMF : **Inuit** inuit *mf*
inusable [inyzabl] ADJ duradero(-a)
inusité, e [inyzite] ADJ (*Ling*) poco frecuente
inutile [inytil] ADJ inútil; (*superflu*) innecesario(-a)
inutilement [inytilmɑ̃] ADV inútilmente
inutilisable [inytilizabl] ADJ inutilizable
inutilisé, e [inytilize] ADJ inutilizado(-a)
inutilité [inytilite] NF inutilidad *f*
invaincu, e [ɛ̃vɛ̃ky] ADJ invicto(-a)
invalide [ɛ̃valid] ADJ, NMF inválido(-a); **~ de guerre** inválido(-a) de guerra; **~ du travail** inválido(-a) laboral
invalider [ɛ̃valide] VT invalidar, anular
invalidité [ɛ̃validite] NF invalidez *f*
invariable [ɛ̃vaʀjabl] ADJ invariable
invariablement [ɛ̃vaʀjabləmɑ̃] ADV invariablemente
invasif, -ive [ɛ̃vazif, iv] ADJ (*traitement, cancer*) invasivo(-a)
invasion [ɛ̃vazjɔ̃] NF (*aussi fig*) invasión *f*; (*de sauterelles, rats*) plaga, invasión
invective [ɛ̃vɛktiv] NF increpación *f*
invectiver [ɛ̃vɛktive] VT increpar ▸ VI : **~ (contre qch/qn)** lanzar increpaciones (contra algo/algn)

invendable [ɛ̃vɑ̃dabl] ADJ invendible
invendu, e [ɛ̃vɑ̃dy] ADJ invendido(-a)
invendus [ɛ̃vɑ̃d] NMPL invendidos *mpl*
inventaire [ɛ̃vɑ̃tɛʀ] NM (*aussi fig*) inventario; **faire un ~** (*Comm, Jur, gén*) hacer un inventario; **faire** *ou* **procéder à l'~** hacer inventario
inventer [ɛ̃vɑ̃te] VT inventar; (*moyen*) idear
inventeur, -trice [ɛ̃vɑ̃tœʀ, tʀis] NM/F inventor(a)
inventif, -ive [ɛ̃vɑ̃tif, iv] ADJ inventivo(-a)
invention [ɛ̃vɑ̃sjɔ̃] NF invención *f*; (*objet inventé, expédient*) invento; (*fable, mensonge*) ficción *f*, invención; **manquer d'~** no tener imaginación
inventivité [ɛ̃vɑ̃tivite] NF inventiva
inventorier [ɛ̃vɑ̃tɔʀje] VT inventariar
invérifiable [ɛ̃veʀifjabl] ADJ incomprobable
inverse [ɛ̃vɛʀs] ADJ (*ordre*) inverso(-a); (*sens*) inverso(-a), contrario(-a); **en proportion ~** en proporción inversa; **dans l'ordre ~** en orden inverso; **en** *ou* **dans le sens ~** en sentido contrario; **dans le sens ~ des aiguilles d'une montre** en sentido contrario a las agujas del reloj ▸ NM : **l'~** lo contrario; **à l'~** al contrario
inversement [ɛ̃vɛʀsəmɑ̃] ADV inversamente; **~ proportionnel à** inversamente propocional a
inverser [ɛ̃vɛʀse] VT invertir
inversion [ɛ̃vɛʀsjɔ̃] NF inversión *f*
invertébré, e [ɛ̃vɛʀtebʀe] ADJ invertebrado(-a) ▸ NM invertebrado
inverti, e [ɛ̃vɛʀti] NM/F invertido(-a)
investigation [ɛ̃vɛstigasjɔ̃] NF investigación *f*
investir [ɛ̃vɛstiʀ] VT (*argent, capital*) invertir; (*personne*) investir; (*Mil*) cercar, sitiar; **~ qn de** (*d'une fonction, d'un pouvoir*) investir a algn con ▸ VI invertir ■ **s'investir** VPR : **s'~ (dans)** (*s'impliquer*) implicarse (en)
investissement [ɛ̃vɛstismɑ̃] NM inversión *f*
investisseur [ɛ̃vɛstisœʀ] NM inversor(a)
investiture [ɛ̃vɛstityʀ] NF investidura
invétéré, e [ɛ̃veteʀe] ADJ inveterado(-a); (*bavard, buveur*) empedernido(-a)
invincibilité [ɛ̃vɛ̃sibilite] NF invencibilidad *f*
invincible [ɛ̃vɛ̃sibl] ADJ (*ennemi, armée, obstacle*) invencible; (*argument*) irrebatible; (*charme*) irresistible
inviolabilité [ɛ̃vjɔlabilite] NF : **~ parlementaire** inviolabilidad *f* parlamentaria
inviolable [ɛ̃vjɔlabl] ADJ inviolable
inviolé, e [ɛ̃vjɔle] ADJ (*tombe, nature, région*) inviolado(-a)
invisibilité [ɛ̃vizibilite] NF invisibilidad *f*
invisible [ɛ̃vizibl] ADJ invisible
invitation [ɛ̃vitasjɔ̃] NF invitación *f*; **à/sur l'~ de qn** por/a invitación de algn; **carte/lettre d'~** tarjeta/carta de invitación
invite [ɛ̃vit] NF envite *m*, incitación *f*
invité, e [ɛ̃vite] NM/F invitado(-a)
inviter [ɛ̃vite] VT invitar; **~ qn à faire qch** invitar a algn a hacer algo; **~ à qch** (*à la méfiance*) incitar a algo; (*à la promenade, méditation*) invitar a algo
invivable [ɛ̃vivabl] ADJ insoportable
invocation [ɛ̃vɔkasjɔ̃] NF (*prière*) invocación *f*
involontaire [ɛ̃vɔlɔ̃tɛʀ] ADJ involuntario(-a)
involontairement [ɛ̃vɔlɔ̃tɛʀmɑ̃] ADV involuntariamente
invoquer [ɛ̃vɔke] VT invocar; (*excuse, argument*) invocar, alegar; (*loi, texte*) apelar; (*jeunesse, ignorance*) alegar; **~ la clémence/le secours de qn** implorar la clemencia/la ayuda de algn
invraisemblable [ɛ̃vʀɛsɑ̃blabl] ADJ (*histoire*) inverosímil; (*aplomb, toupet*) increíble
invraisemblance [ɛ̃vʀɛsɑ̃blɑ̃s] NF inverosimilitud *f*
invulnérabilité [ɛ̃vylneʀabilite] NF invulnerabilidad *f*
invulnérable [ɛ̃vylneʀabl] ADJ invulnerable; **~ à** invulnerable a
iode [jɔd] NM yodo
iodé, e [jɔde] ADJ yodado(-a)
ion [jɔ̃] NM ión *m*
ionique [jɔnik] ADJ (*Archit*) jónico(-a); (*Science*) iónico(-a)
ionisant, e [jɔnizɑ̃, ɑ̃t] ADJ ionizante
ionisation [jɔnizasjɔ̃] NF ionización *f*
iota [jɔta] NM : **sans changer un ~** sin cambiar un ápice
iPod® [aɪpɔd, ipɔd] NM iPod® *m*
irai *etc* [iʀe] VB *voir* **aller**
Irak [iʀak] NM Irak *m*
irakien, ne [iʀakjɛ̃, jɛn] ADJ iraquí ▸ NM/F : **Irakien, ne** iraquí *mf*
Iran [iʀɑ̃] NM Irán *m*
iranien, ne [iʀanjɛ̃, jɛn] ADJ iraní ▸ NM/F : **Iranien, ne** iraní *mf*
Iraq [iʀak] NM = **Irak**
iraquien, ne [iʀakjɛ̃, jɛn] ADJ, NM/F = **irakien**
irascible [iʀasibl] ADJ irascible
iridescent, e [iʀidesɑ̃, ɑ̃t] ADJ iridescente
irions *etc* [iʀjɔ̃] VB *voir* **aller**
iris [iʀis] NM (*Bot*) lirio; (*Anat*) iris *m inv*
irisé, e [iʀize] ADJ irisado(-a)
irlandais, e [iʀlɑ̃dɛ, ɛz] ADJ irlandés(-esa) ▸ NM/F : **Irlandais, e** irlandés(-esa); **les I~** los irlandeses
Irlande [iʀlɑ̃d] NF Irlanda; **la mer d'~** el mar de Irlanda; **~ du Nord/Sud** Irlanda del Norte/Sur
IRM [iɛʀɛm] SIGLE F (= *imagerie par résonance magnétique*) IRM *f* (= *imagen por resonancia magnética*)
ironie [iʀɔni] NF ironía; **~ du sort** ironía del destino
ironique [iʀɔnik] ADJ irónico(-a)

i

ironiquement [iʀɔnikmɑ̃] ADV irónicamente
ironiser [iʀɔnize] VI ironizar
irons *etc* [iʀɔ̃] VB *voir* **aller**
IRPP [iɛʀpepe] SIGLE M (= *impôt sur le revenu des personnes physiques*) ≈ IRPF *m* (= *Impuesto sobre la Renta de las Personas Físicas*)
irradiation [iʀadjasjɔ̃] NF irradiación *f*
irradier [iʀadje] VI irradiar ▸VT irradiar, difundir
irraisonné, e [iʀɛzɔne] ADJ irrazonable
irrationnel, le [iʀasjɔnɛl] ADJ irracional
irrattrapable [iʀatʀapabl] ADJ (*retard*) irrecuperable; (*bévue*) insubsanable
irréalisable [iʀealizabl] ADJ irrealizable
irréalisme [iʀealism] NM falta de realismo
irréaliste [iʀealist] ADJ irrealista
irréalité [iʀealite] NF irrealidad *f*
irrecevable [iʀəs(ə)vabl] ADJ inadmisible
irréconciliable [iʀekɔ̃siljabl] ADJ irreconciliable
irrécouvrable [iʀekuvʀabl] ADJ incobrable, irrecuperable
irrécupérable [iʀekypeʀabl] ADJ irrecuperable
irrécusable [iʀekyzabl] ADJ (*Jur*) irrecusable
irréductible [iʀedyktibl] ADJ irreductible; (*volonté*) férreo(-a)
irréductiblement [iʀedyktibləmɑ̃] ADV irreductiblemente
irréel, le [iʀeɛl] ADJ irreal; (*Ling*): **(mode) ~** (modo) condicional *m ou* hipotético
irréfléchi, e [iʀefleʃi] ADJ irreflexivo(-a)
irréfutable [iʀefytabl] ADJ irrefutable
irréfutablement [iʀefytabləmɑ̃] ADV irrefutablemente
irrégularité [iʀegylaʀite] NF irregularidad *f* ■ **irrégularités** NFPL irregularidades *fpl*; (*inégalité*) desigualdades *fpl*
irrégulier, -ière [iʀegylje, jɛʀ] ADJ irregular; (*développement, accélération*) irregular, desigual; (*peu honnête*) deshonesto(-a)
irrégulièrement [iʀegyljɛʀmɑ̃] ADV irregularmente
irrémédiable [iʀemedjabl] ADJ irremediable
irrémédiablement [iʀemedjabləmɑ̃] ADV irremediablemente
irremplaçable [iʀɑ̃plasabl] ADJ irremplazable; (*personne*) irremplazable, insustituible
irréparable [iʀepaʀabl] ADJ (*aussi fig*) irreparable
irrépréhensible [iʀepʀeɑ̃sibl] ADJ irreprensible
irrépressible [iʀepʀesibl] ADJ irreprimible
irréprochable [iʀepʀɔʃabl] ADJ (*personne, vie*) irreprochable, intachable; (*tenue, toilette*) intachable
irrésistible [iʀezistibl] ADJ irresistible; (*concluant: logique*) contundente; (*qui fait rire*) graciosísimo(-a)
irrésistiblement [iʀezistibləmɑ̃] ADV irresistiblemente
irrésolu, e [iʀezɔly] ADJ irresoluto(-a)
irrésolution [iʀezɔlysjɔ̃] NF irresolución *f*
irrespectueux, -euse [iʀɛspɛktɥø, øz] ADJ irrespetuoso(-a)
irrespirable [iʀɛspiʀabl] ADJ (*aussi fig*) irrespirable
irresponsabilité [iʀɛspɔ̃sabilite] NF irresponsabilidad *f*
irresponsable [iʀɛspɔ̃sabl] ADJ, NMF irresponsable *mf*
irrévérence [iʀeveʀɑ̃s] NF irreverencia
irrévérencieux, -euse [iʀeveʀɑ̃sjø, jøz] ADJ irreverente
irréversible [iʀevɛʀsibl] ADJ irreversible
irréversiblement [iʀevɛʀsibləmɑ̃] ADV irreversiblemente
irrévocable [iʀevɔkabl] ADJ irrevocable
irrévocablement [iʀevɔkabləmɑ̃] ADV irrevocablemente
irrigation [iʀigasjɔ̃] NF irrigación *f*
irriguer [iʀige] VT irrigar
irritabilité [iʀitabilite] NF irritabilidad *f*
irritable [iʀitabl] ADJ irritable
irritant, e [iʀitɑ̃, ɑ̃t] ADJ irritante
irritation [iʀitasjɔ̃] NF (*colère*) irritación *f*, enfado; (*inflammation*) irritación
irrité, e [iʀite] ADJ irritado(-a)
irriter [iʀite] VT irritar ■ **s'irriter** VPR irritarse; **s'~ contre qn/de qch** irritarse con algn/por algo
irruption [iʀypsjɔ̃] NF irrupción *f*; **faire ~ dans un endroit/chez qn** irrumpir en un lugar/en casa de algn
isard [izaʀ] NM gamuza
ISBN [iɛsbeɛn] SIGLE M (= *International Standard Book Number*) ISBN *m* (= *Número Internacional Uniforme para los Libros*)
ISF [iɛsɛf] SIGLE M = **impôt de solidarité sur la fortune**
Islam [islam] NM: **l'~** el Islam
islamique [islamik] ADJ islámico(-a)
islamisme [islamism] NM islamismo
islamiste [islamist] ADJ, NMF islamista *mf*
islamophobie NF islamofobia
islandais, e [islɑ̃dɛ, ɛz] ADJ islandés(-esa) ▸NM (*Ling*) islandés *m* ▸NM/F: **Islandais, e** islandés(-esa)
Islande [islɑ̃d] NF Islandia
isocèle [izɔsɛl] ADJ isósceles *inv*
isolant, e [izɔlɑ̃, ɑ̃t] ADJ, NM aislante *m*
isolateur [izɔlatœʀ] NM aislador *m*
isolation [izɔlasjɔ̃] NF: **~ acoustique/thermique** aislamiento acústico/térmico
isolationnisme [izɔlasjɔnism] NM aislacionismo

isolationniste [izɔlasjɔnist] ADJ, NMF aislacionista *mf*
isolé, e [izɔle] ADJ (*aussi fig*) aislado(-a); (*éloigné*) apartado(-a)
isolement [izɔlmɑ̃] NM aislamiento
isolément [izɔlemɑ̃] ADV aisladamente
isoler [izɔle] VT (*aussi fig*) aislar ▪ **s'isoler** VPR aislarse
isoloir [izɔlwaʀ] NM cabina electoral
isorel® [izɔʀɛl] NM aglomerado
isotherme [izɔtɛʀm] ADJ isotermo
isotope [izɔtɔp] NM isótopo
Israël [isʀaɛl] NM Israel *m*
israélien, ne [isʀaeljɛ̃, jɛn] ADJ israelí ▸ NM/F : **Israélien, ne** israelí *mf*
israélite [isʀaelit] ADJ (*Rel*) israelita ▸ NMF : **Israélite** israelita *mf*
issu, e [isy] ADJ : **~ de** descendiente de; (*fig*) resultante de
issue [isy] NF salida; (*solution*) salida, solución *f*; **à l'~ de** al concluir; **chemin/rue sans ~** camino/calle *f* sin salida; **~ de secours** salida de socorro
Istamboul [istɑ̃bul], **Istanbul** [istɑ̃bul] N Estambul
isthme [ism] NM istmo
Italie [itali] NF Italia
italien, ne [italjɛ̃, jɛn] ADJ italiano(-a) ▸ NM (*Ling*) italiano ▸ NM/F : **Italien, ne** italiano(-a)
italique [italik] NM : **(mettre un mot) en ~(s)** (poner una palabra) en cursiva
item [itɛm] NM ítem *m*
itératif, -ive [iteʀatif, iv] ADJ iterativo(-a), reiterado(-a)
itinéraire [itineʀɛʀ] NM itinerario
itinérance [itineʀɑ̃s] NF (*Tél*) itinerancia *f*
itinérant, e [itineʀɑ̃, ɑ̃t] ADJ itinerante
itou [itu] (*fam*) ADV también; **tu vas bien ? — oui ! — moi ~ !** ¡todo bien? — ¡sí! — ¡yo también!; **le sol est crade, les murs ~** el suelo es cutre y las paredes también
IUT [iyte] SIGLE M (= *Institut universitaire de technologie*) *voir* **institut**
IVG [iveʒe] SIGLE F (= *interruption volontaire de grossesse*) IVE *f* (= *interrupción voluntaria del embarazo*)
ivoire [ivwaʀ] NM marfil *m*
ivoirien, ne [ivwaʀjɛ̃, jɛn] ADJ marfileño(-a) ▸ NM/F : **Ivoirien, ne** marfileño(-a)
ivraie [ivʀɛ] NF : **séparer le bon grain de l'~** (*fig*) separar el grano de la cizaña
ivre [ivʀ] ADJ (*saoul*) ebrio(-a), beodo(-a); **~ de colère/de bonheur** ebrio(-a) de ira/de felicidad; **~ mort** borracho perdido
ivresse [ivʀɛs] NF embriaguez *f*
ivrogne [ivʀɔɲ] NMF borracho(-a)
ivrognerie [ivʀɔɲʀi] NF alcoholismo

Jj

J, j [ʒi] NM INV (*lettre*) J, j *f*; **jour J** ≈ día *m* D; **J comme Joseph** J de José

j' [ʒ] PRON *voir* **je**

jabot [ʒabo] NM (*Zool*) buche *m*; (*de vêtement*) chorrera

jacasser [ʒakase] VI cotorrear, parlotear

jacasseries [ʒakasʀi] NFPL parloteo *sg*, cotorreo *sg*

jachère [ʒaʃɛʀ] NF : **(être) en ~** (estar) en barbecho

jacinthe [ʒasɛ̃t] NF jacinto; **~ des bois** jacinto silvestre

jack [(d)ʒak] NM jack *m*

jackpot [(d)ʒakpɔt] NM (*dans une machine à sous*) jackpot *m*, premio gordo; **~ roulant** jackpot *m*; **il a touché le ~** (*fig*) le ha tocado la lotería

jacquard [ʒakaʀ] ADJ INV jacquard *inv*

jacquerie [ʒakʀi] NF motín *m*

jacuzzi® [ʒakyzi] NM jacuzzi® *m*

jade [ʒad] NM jade *m*

jadis [ʒɑdis] ADV antaño

jaguar [ʒagwaʀ] NM jaguar *m*

jaillir [ʒajiʀ] VI (*liquide*) brotar; (*fig*) surgir

jaillissement [ʒajismɑ̃] NM (*voir vb*) brote *m*; surgimiento

jais [ʒɛ] NM azabache *m*; **(d'un noir) de ~** (negro) azabache

jalon [ʒalɔ̃] NM (*aussi fig*) jalón *m*, hito; **poser des jalons** (*fig*) preparar el terreno

jalonner [ʒalɔne] VT (*aussi fig*) jalonar; **jalonné de** jalonado de

jalousement [ʒaluzmɑ̃] ADV celosamente

jalouser [ʒaluze] VT envidiar

jalousie [ʒaluzi] NF celos *mpl*; (*store*) celosía

jaloux, -se [ʒalu, uz] ADJ (*envieux*) envidioso(-a); (*possessif*) celoso(-a); **être ~ de qn/qch** estar celoso(-a) de algn/algo, tener envidia de algn/algo

jamaïcain, e, jamaïquain, e [ʒamaikɛ̃, ɛn] ADJ jamaicano(-a) ▸ NM/F : **Jamaïcain, e** jamaicano(-a)

Jamaïque [ʒamaik] NF Jamaica

jamais [ʒamɛ] ADV nunca, jamás; (*sans négation*) alguna vez; **~ de la vie !** ¡nunca jamás!; **ne ... ~** no ... nunca; **si ~ ...** si alguna vez ...; **à (tout) ~** para siempre

jambage [ʒɑ̃baʒ] NM (*de lettre*) trazo; (*de porte etc*) jamba

jambe [ʒɑ̃b] NF (*Anat*) pierna; (*d'un cheval*) pata; (*d'un pantalon*) pernil *m*; **à toutes jambes** a toda velocidad

jambières [ʒɑ̃bjɛʀ] NFPL polainas *fpl*; (*Sport*) espinilleras *fpl*

jambon [ʒɑ̃bɔ̃] NM jamón *m*; **~ cru** ≈ jamón serrano; **~ fumé** jamón ahumado

jambonneau, x [ʒɑ̃bɔno] NM lacón *m*

jante [ʒɑ̃t] NF llanta

janvier [ʒɑ̃vje] NM enero; *voir aussi* **juillet**

Japon [ʒapɔ̃] NM Japón *m*

japonais, e [ʒapɔnɛ, ɛz] ADJ japonés(-esa) ▸ NM (*Ling*) japonés *m* ▸ NM/F : **Japonais, e** japonés(-esa)

japonaiserie [ʒapɔnɛzʀi] NF objeto de arte japonés

japonisant, e [ʒapɔnizɑ̃, ɑ̃t] ADJ japonizante, de inspiración japonesa

jappement [ʒapmɑ̃] NM gañido

japper [ʒape] VI gañir

jaquette [ʒakɛt] NF (*de femme*) chaqueta; (*d'homme*) chaqué *m*; (*d'un livre*) sobrecubierta

jardin [ʒaʀdɛ̃] NM jardín *m*; **~ botanique** jardín botánico; **~ d'acclimatation** zoo de especies exóticas; **~ d'enfants** jardín de infancia; **~ japonais** jardín japonés; **~ potager** huerto; **~ public** parque *m* público; **jardins suspendus** jardines *mpl* colgantes

jardinage [ʒaʀdinaʒ] NM jardinería

jardiner [ʒaʀdine] VI cuidar el jardín

jardinerie [ʒaʀdinʀi] NF centro de jardinería

jardinet [ʒaʀdinɛ] NM jardincillo

jardinier, -ière [ʒaʀdinje, jɛʀ] NM/F jardinero(-a); **~ paysagiste** jardinero(-a) artístico(-a)

jardinière [ʒaʀdinjɛʀ] NF (*de fenêtre*) jardinera; **~ d'enfants** educadora infantil; **~ (de légumes)** (*Culin*) menestra

jargon [ʒaʀgɔ̃] NM jerga

jarre [ʒaʀ] NF tinaja

jarret [ʒaʀɛ] NM (*Anat*) corva; (*Culin*) morcillo

jarretelle [ʒaʀtɛl] NF liga

jarretière [ʒaʀtjɛʀ] NF liga

jars [ʒaʀ] NM ganso

jaser [ʒɑze] VI charlar; (*indiscrètement*) cotorrear;

(*médire*) cotillear

jasmin [ʒasmɛ̃] NM jazmín *m*

jaspe [ʒasp] NM jaspe *m*

jatte [ʒat] NF cuenco

jauge [ʒoʒ] NF (*capacité*) capacidad *f*; (*d'un navire*) arqueo; (*instrument*) aspilla, varilla graduada; **~ (de niveau) d'huile** indicador *m* (del nivel) de aceite

jauger [ʒoʒe] VT (*mesurer*) calibrar; (*fig*) juzgar ▸ VI (*Naut*) : **~ six mètres/3000 tonneaux** tener seis metros de calado/una capacidad de 3000 toneladas

jaunâtre [ʒonɑtʀ] ADJ amarillento(-a)

jaune [ʒon] ADJ amarillo(-a) ▸ NM amarillo; (*aussi* : **jaune d'œuf**) yema ▸ NMF (*briseur de grève*) esquirol(a) ▸ ADV : **rire ~** reír falsamente

jaunir [ʒoniʀ] VT amarillear ▸ VI amarillear(se)

jaunisse [ʒonis] NF ictericia

Java [ʒava] NF Java

java [ʒava] (*fam*) NF : **faire la ~** estar de juerga

javanais, e [ʒavanɛ, ɛz] ADJ javanés(-esa) ▸ NM (*Ling*) javanés *m*; (*type d'argot*) *argot convencional consistente en intercalar las sílabas « va » o « av » en las palabras* ▸ NM/F : **Javanais, e** javanés(-esa)

Javel, javel [ʒavɛl] (*fam*) NF lejía; **utiliser de la ~** usar lejía; *voir aussi* **eau**

javelliser [ʒavelize] VT desinfectar con lejía

javelot [ʒavlo] NM jabalina

jazz [dʒɑz] NM jazz *m*

jazzy [dʒɑzi] ADJ INV jazzístico(-a)

J.-C. [ʒise] ABR = **Jésus-Christ**

JDC [ʒidese] SIGLE F (= *journée défense et citoyenneté*) *jornada sobre defensa y ciudadanía*

> Desde la abolición del servicio militar obligatorio, todos los franceses (hombres y mujeres) de entre 16 y 25 años participan en una jornada sobre defensa y ciudadanía (o **JDC**, en sus siglas en francés), en la que se les informa sobre los principios y la organización de la defensa en Francia, los derechos y deberes de los ciudadanos y las oportunidades de carrera en el ejército y el voluntariado. La **JDC** incluye unos tests de conocimiento de la lengua francesa. El certificado obtenido tras este día es un requisito imprescindible para presentarse a oposiciones, al examen del carnet de conducir o para acceder a la universidad.

je [ʒə], **j'** [ʒ] PRON yo; **je sais** lo sé; **j'insisterai** insistiré

jean [dʒin] NM (*Textile*) tela vaquera; (*pantalon*) vaqueros *mpl*, blue-jean(s) *m(pl)* (*surtout* AM)

jeannette [ʒanɛt] NF (*planchette*) tabla pequeña para planchar; (*Scoutisme*) niña scout

jeep [(d)ʒip] NF jeep *m*

jérémiades [ʒeʀemjad] NFPL jeremiada *sg*, lloriqueos *mpl*

jerrycan [(d)ʒeʀikan] NM bidón *m* (de reserva)

Jersey [ʒɛʀzɛ] NF Jersey *m*

jersey [ʒɛʀzɛ] NM jersey *m*; **point de ~** (*Tricot*) punto de jersey

Jérusalem [ʒeʀyzalɛm] N Jerusalén

jésuite [ʒezɥit] NM jesuita *m*

Jésus-Christ [ʒezykʀi] N Jesucristo; **600 avant/après ~** *ou* **J.-C.** en el año 600 antes/después de Jesucristo *ou* J.C.

jet¹ [dʒɛt] NM (*avion*) jet *m*, avión *m* a reacción

jet² [ʒɛ] NM (*lancer*) lanzamiento; (*distance*) tiro; (*jaillissement, tuyau*) chorro; **premier ~** (*fig*) bosquejo, esbozo; **arroser au ~** regar a chorro; **d'un (seul) ~** de un tirón, de una sola vez; **du premier ~** a la primera; **~ d'eau** chorro de agua; (*fontaine*) surtidor *m*

jetable [ʒ(ə)tabl] ADJ desechable

jeté [ʒ(ə)te] NM : **~ de lit** colcha; **~ de table** tapete *m*

jetée [ʒəte] NF (*digue*) escollera; (*Aviat*) muelle *m* de embarque

jeter [ʒ(ə)te] VT (*lancer*) tirar, botar (AM); (*se défaire de*) tirar; (*passerelle, pont*) construir, tender; (*bases, fondations*) establecer, sentar; (*regard*) echar; (*cri, insultes*) lanzar; (*lumière, son*) dar; **~ qch à la poubelle** tirar algo a la basura; **~ l'ancre** echar el ancla; **~ un coup d'œil (à)** echar un vistazo (a); **~ qch à qn** lanzar algo a algn; **~ les bras en avant/la tête en arrière** echar los brazos hacia adelante/la cabeza hacia atrás; **~ le trouble/l'effroi parmi ...** sembrar la confusión/el miedo entre ...; **~ un sort à qn** echar una maldición a algn; **~ qn dehors** echar a algn fuera; **~ qn en prison** meter a algn en la cárcel; **~ l'éponge** (*fig*) tirar la toalla; **~ des fleurs à qn** (*fig*) echar flores a algn; **~ la pierre à qn** (*accuser, blâmer*) echar la culpa a algn ■ **se jeter** VPR : **se ~ contre/dans/sur** arrojarse contra/en/sobre; **se ~ dans** (*suj : fleuve*) desembocar en; **se ~ par la fenêtre** tirarse por la ventana; **se ~ à l'eau** (*fig*) lanzarse a hacer algo

jeton [ʒ(ə)tɔ̃] NM ficha; **avoir les jetons** (*fam*) tener canguelo (*fam*); **jetons de présence** dieta *fsg ou* prima *fsg* de asistencia

jette *etc* [ʒɛt] VB *voir* **jeter**

jeu, x [ʒø] NM juego; (*interprétation*) actuación *f*, interpretación *f*; (*Mus*) interpretación; (*Tech*) juego, holgura; (*défaut de serrage*) holgura; **par ~** por juego; **d'entrée de ~** desde el principio; **cacher son ~** ocultar las intenciones; **c'est le ~** *ou* **la règle du ~** es el juego, son las reglas del juego; **c'est un ~ d'enfant** (*fig*) es un juego de niños; **il a beau ~ de dire ça** le resulta fácil decir eso; **être/remettre en ~** (*Football*) estar/poner en juego; **être en ~** (*fig*) estar en juego; **entrer/mettre en ~** (*fig*) entrar/poner en juego; **entrer dans le ~/le ~ de qn** (*fig*) entrar en el juego/en el juego de algn; **se piquer** *ou* **se prendre au ~** cegarse por el juego; **jouer gros ~** jugar fuerte, arriesgar mucho; **~ de boules**

j

(*activité*) juego de bolos; (*endroit*) bolera; **~ de cartes** juego de naipes; (*paquet*) baraja; **~ de clés/d'aiguilles** (*série*) juego de llaves/de agujas; **~ de construction** juego de construcción, mecano; **~ d'échecs** ajedrez *m*; **~ d'écritures** traspaso de cuenta a cuenta; **~ de hasard/de mots** juego de azar/de palabras; **~ de l'oie** juego de la oca; **~ d'orgue(s)** registros *mpl*; **~ de massacre** (*à la foire, fig*) pim pam pum *m*; **~ de patience/de société** juego de paciencia/de mesa; **~ de physionomie** expresión *f*; **jeux de lumière** juego de luces; **Jeux olympiques** Juegos *mpl* Olímpicos

jeu-concours [jøkɔ̃kuʀ] (*pl* **jeux-concours**) NM juego concurso

jeudi [ʒødi] NM jueves *m inv*; **~ saint** jueves santo; *voir aussi* **lundi**

jeun [ʒœ̃] : **à ~** *adv* en ayunas

jeune [ʒœn] ADJ joven; (*récent*) joven, reciente; **~ fille** muchacha, chica; **~ homme** muchacho, chico; **~ loup** (*Écon, Pol*) joven cachorro; **~ premier** galán *m*; **jeunes gens** jóvenes *mpl*; **jeunes mariés** recién casados *mpl* ▶ NMF joven; **les jeunes** los jóvenes ▶ ADV : **faire ~** rejuvenecer; **s'habiller ~** vestirse juvenil

jeûne [ʒøn] NM ayuno

jeûner [ʒøne] VI ayunar

jeunesse [ʒœnɛs] NF juventud *f*

jeunisme [ʒœnism] NM culto a la juventud

jeunot, te [ʒœno, ɔt] (*fam*) ADJ jovencito(-a) ▶ NM jovencito(-a), pipiolo(-a) (*fam*)

jf SIGLE F (= *jeune fille*) *voir* **jeune**

jh SIGLE M (= *jeune homme*) *voir* **jeune**

jiu-jitsu [ʒjyʒitsy] NM jiu-jitsu *m*

JO [ʒio] SIGLE M (= *Journal officiel*) ≈ BOE *m* (= *Boletín Oficial del Estado*) ▶ SIGLE MPL (= *Jeux olympiques*) JJ. OO. (= *Juegos Olímpicos*)

joaillerie [ʒɔajʀi] NF joyería

joaillier, -ière [ʒɔaje, jɛʀ] NM/F joyero(-a)

job [dʒɔb] (*fam*) NM trabajo; **~ d'été/d'étudiant** trabajo de verano/de estudiante

jobard, e [ʒɔbaʀ, aʀd] (*péj*) ADJ pánfilo(-a)

jockey [ʒɔkɛ] NM jockey *m*

joggeur, -euse [dʒɔgœʀ, øz] NM/F corredor(a) de footing

jogging [dʒɔgiŋ] NM : **faire du ~** hacer footing

joie [ʒwa] NF (*bonheur intense*) alegría, gozo; (*vif plaisir*) alegría ■ **joies** NFPL (*agrément*) alegrías *fpl*; (*iron : ennuis*) encantos *mpl*

joignable [ʒwaɲabl] ADJ localizable; **être ~** estar localizable

joignais [ʒwaɲɛ] VB *voir* **joindre**

joindre [ʒwɛ̃dʀ] VT juntar, unir; (*qch à qch*) juntar; **~ qch à** (*ajouter*) adjuntar algo a; **~ un fichier à un mail** (*Inform*) adjuntar un archivo a un correo; **~ qn** (*réussir à contacter*) dar con algn, localizar a algn; **~ les mains/talons** juntar las manos/los talones; **~ les deux bouts** (*fig*) llegar a final de mes ▶ VI (*se toucher*) encajar ■ **se joindre** VPR (*mains etc*) unirse; **se ~ à** (*un groupe*) unirse a; (*se mêler, participer*) sumarse a

joint, e [ʒwɛ̃, ɛ̃t] PP *de* **joindre** ▶ ADJ junto(-a); **sauter à pieds joints** saltar con los pies juntos; **~ à** (*un paquet, une lettre*) adjunto(-a) a; **pièce jointe** (*de lettre*) pieza adjunta; (*de mail*) archivo adjunto ▶ NM (*articulation, assemblage*) junta, empalme *m*; (*ligne, en ciment*) junta; (*de cannabis : fam*) porro; **chercher/trouver le ~** (*fig*) buscar/encontrar la solución; **~ de cardan/de culasse** junta de cardán/de culata; **~ de robinet** junta de grifo; **~ universel** junta universal

jointure [ʒwɛ̃tyʀ] NF (*Anat*) articulación *f*; (*Tech*) empalme *m*, junta

jojo [ʒoʒo] (*fam*) ADJ : **pas ~** (*pas gai*) serio(-a); (*pas joli*) feo(-a) ▶ NM : **un affreux ~** un niño insoportable

jojoba [ʒɔʒɔba] NM jojoba

joker [(d)ʒɔkɛʀ] NM (*Cartes, Inform*) comodín *m*

joli, e [ʒɔli] ADJ bonito(-a), lindo(-a) (*AM*); **une jolie somme/situation** una buena suma/un buen puesto; **c'est du ~ !** (*iron*) ¡muy bonito!; **c'est un ~ gâchis** (*iron*) ¡menudo lío!; **c'est bien ~ mais ...** está muy bien pero ...

joliment [ʒɔlimɑ̃] ADV muy bien; (*fam : très*) muy

jonc [ʒɔ̃] NM (*Bot*) junco; (*bague, bracelet*) anillo

joncher [ʒɔ̃ʃe] VT (*répandre*) cubrir; (*sol, surface*) estar esparcido(-a) por; **jonché de** cubierto de

jonction [ʒɔ̃ksjɔ̃] NF (*action*) unión *f*; **(point de) ~** (*de routes*) empalme *m*, enlace *m*; (*de fleuves*) confluencia; **opérer une ~** (*Mil etc*) reunirse

jongler [ʒɔ̃gle] VI hacer juegos malabares; **~ avec** (*fig*) hacer malabarismos con

jongleur, -euse [ʒɔ̃glœʀ, øz] NM/F malabarista *mf*

jonque [ʒɔ̃k] NF junco

jonquille [ʒɔ̃kij] NF junquillo

Jordanie [ʒɔʀdani] NF Jordania

jordanien, ne [ʒɔʀdanjɛ̃, jɛn] ADJ jordano(-a) ▶ NM/F : **Jordanien, ne** jordano(-a)

jouabilité [ʒuabilite] NF (*de logiciel de jeux*) jugabilidad *f*

jouable [ʒwabl] ADJ (*pièce de théâtre*) representable; (*fig*) : **il faut voir si c'est ~** hay que ver si es posible

joual [ʒwal] NM *variante dialectal popular del francés que se habla en Canadá*

joue [ʒu] NF mejilla; **mettre en ~** apuntar

jouer [ʒwe] VT jugar; (*pièce de théâtre*) representar; (*film, rôle*) interpretar; (*simuler*) fingir; (*morceau de musique*) ejecutar, tocar; **~ un tour à qn** jugar una mala pasada a algn; **~ la comédie** (*fig*) hacer teatro ▶ VI jugar; (*Mus*) tocar; (*Ciné, Théâtre*) actuar; (*aux cartes, à la roulette*) jugar a; (*bois, porte*) combarse; (*clé, pièce*) tener juego *ou* holgura; **~ sur** (*miser*) jugar con; **~ de** (*instrument*) tocar; (*fig*) : **~ du couteau** manejar el cuchillo; **~ des coudes** abrirse paso con los codos; **~ à** (*jeu, sport*) jugar a; **~ au héros** dárselas de héroe; **~ avec** (*sa santé etc*) jugar con; **~ à la baisse/à la hausse** (*Bourse*) jugar a la baja/al alza; **~ serré** actuar con tiento; **~ de malchance** *ou* **malheur** tener mala suerte; **~ sur les mots** tergiversar las palabras; **à toi/nous de ~** te toca a ti/nos toca a nosotros; **~ aux courses** jugar a las carreras ■ **se jouer** VPR : **se ~ de** (*difficultés*) pasar por alto; **se ~ de qn** (*tromper*) engañar a algn

jouet [ʒwɛ] NM juguete *m*; **être le ~ de** (*fig*) ser el juguete de

joueur, -euse [ʒwœʀ, øz] NM/F jugador(a); **joeur de flûte** tocador(a) de flauta, flautista *mf*; **être beau/mauvais ~** (*fig*) ser un buen/mal perdedor ▸ ADJ juguetón(-ona)

joufflu, e [ʒufly] ADJ mofletudo(-a)

joug [ʒu] NM yugo; **sous le ~ de** (*fig*) bajo el yugo de

jouir [ʒwiʀ] VI gozar; **~ de** (*avoir*) gozar de; (*savourer*) disfrutar de

jouissance [ʒwisɑ̃s] NF goce *m*; **la ~ de qch** (*Jur*) el usufructo de algo

jouisseur, -euse [ʒwisœʀ, øz] NM/F vividor(a)

jouissif, -ive [ʒwisif, iv] ADJ (*fam : génial*) genial (*fam*); **c'était ~ !** ¡fue una gozada! (*fam*)

joujou, x [ʒuʒu] (*fam*) NM juguete *m*

joule [ʒul] NM julio (*unidad de medida*)

jour [ʒuʀ] NM día *m*; (*clarté*) luz *f*; (*ouverture*) hueco, vano; (*Couture*) calado; **sous un ~ favorable/nouveau** (*fig*) bajo un aspecto más favorable/nuevo; **de ~** de día; **tous les jours** todos los días, a diario; **d'un ~ à l'autre** de un día a otro; **du ~ au lendemain** de la noche a la mañana; **au ~ le ~, de ~ en ~** día a día; **il fait ~** es de día; **en plein ~** en pleno día; **au ~** a la luz del día; **au petit ~** de madrugada, al amanecer; **au grand ~** (*fig*) a todas luces, de forma evidente; **mettre au ~** (*découvrir*) sacar a la luz; **être/mettre à ~** estar/poner al día; **mise à ~** puesta al día; **donner le ~ à** dar a luz a; **voir le ~** salir a la luz; **se faire ~** (*fig*) abrirse camino, triunfar; **de nos jours** hoy en día; **couler des jours heureux** llevar una vida feliz; **~ férié** día festivo; **~ ouvrable** día laborable

Jourdain [ʒuʀdɛ̃] NM Jordán *m*

journal, -aux [ʒuʀnal, o] NM periódico; (*personnel*) diario; **le J~ officiel (de la République française)** el Boletín oficial (de la República Francesa), ≈ el Boletín oficial del Estado; **tenir un ~** escribir un diario; **~ de bord** diario de a bordo; **~ intime** diario íntimo; **~ parlé** diario hablado; **~ télévisé** diario televisado, telediario

journalier, -ière [ʒuʀnalje, jɛʀ] ADJ diario(-a) ▸ NM/F jornalero(-a)

journalisme [ʒuʀnalism] NM periodismo

journaliste [ʒuʀnalist] NMF periodista *mf*

journalistique [ʒuʀnalistik] ADJ periodístico(-a)

journée [ʒuʀne] NF día *m*; (*travail d'une journée*) jornada; **toute la ~** todo el día; **la ~ continue** la jornada continua

journellement [ʒuʀnɛlmɑ̃] ADV diariamente

joute [ʒut] NF justa

jouvence [ʒuvɑ̃s] NF : **bain de ~** baño de juventud

jouxter [ʒukste] VT lindar con

jovial, e, -aux [ʒɔvjal, jo] ADJ jovial

jovialité [ʒɔvjalite] NF jovialidad *f*

joyau, x [ʒwajo] NM (*aussi fig*) joya

joyeusement [ʒwajøzmɑ̃] ADV con alegría

joyeuseté [ʒwajøzte] NF (*iron*) : **... et autres joyeusetés** ... y otras lindezas

joyeux, -euse [ʒwajø, øz] ADJ alegre; **~ Noël !** ¡feliz Navidad!; **~ anniversaire !** ¡feliz cumpleaños!; **d'humeur joyeuse** alegre

joystick [dʒɔjstik] NM joystick *m*

JT SIGLE M (= *journal télévisé*) *voir* **journal**

jubilation [ʒybilasjɔ̃] NF júbilo, regocijo

jubilatoire [ʒybilatwaʀ] ADJ hilarante

jubilé [ʒybile] NM quincuagésimo *ou* cincuenta aniversario

jubiler [ʒybile] VI regocijarse

juché, e [ʒyʃe] ADJ : **être ~ sur qch** estar encaramado(-a) sobre algo

jucher [ʒyʃe] VT : **~ qch/qn sur** poner algo/a algn sobre ▸ VI (*oiseau*) : **~ sur** morar en ■ **se jucher** VPR : **se ~ sur** posarse en *ou* sobre

judaïque [ʒydaik] ADJ judaico(-a)

judaïsme [ʒydaism] NM judaísmo

judaïté [ʒydaite] NF = **judéité**

judas [ʒyda] NM mirilla

Judée [ʒyde] NF Judea

judéité [ʒydeite] NF condición *f* de judío, judeidad *f*

judéo... [ʒydeɔ] PRÉF judeo...

judéo-allemand, e [ʒydeɔalmɑ̃, ɑ̃d] (*pl* **judéo-allemands, -es**) ADJ, NM/F judeoalemán(-ana)

judéo-chrétien, ne [ʒydeokʀetjɛ̃, ɛn] (*pl* **judéo-chrétiens, -nes**) ADJ judeocristiano(-a)

judiciaire [ʒydisjɛʀ] ADJ judicial

judicieusement [ʒydisjøzmɑ̃] ADV juiciosamente, sensatamente

judicieux, -euse [ʒydisjø, jøz] ADJ juicioso(-a), sensato(-a)

judo [ʒydo] NM judo

judoka [ʒydɔka] NMF judoka *mf*, yudoka *mf*

juge [ʒyʒ] NMF juez *mf*; **être bon/mauvais ~** (*fig*) ser un buen/mal árbitro; **~ d'instruction/de paix** juez de instrucción/de paz; **~ de touche** (*Football*) juez de línea; **~ des enfants** juez de menores

jugé [ʒyʒe] : **au ~** *adv* a bulto; (*fig*) a bulto, a ojo

jugement [ʒyʒmɑ̃] NM (*Jur*) sentencia; (*gén*) juicio; **~ de valeur** juicio de valor

jugeote [ʒyʒɔt] (*fam*) NF sentido común

j

juger [ʒyʒe] VT juzgar; (*Jur*) juzgar, sentenciar; **~ qch satisfaisant** considerar algo satisfactorio; **~ bon de faire …** juzgar oportuno hacer …; **~ que** estimar que; **~ de qch** juzgar algo; **jugez de ma surprise** imagine mi sorpresa ▶ NM : **au ~** a bulto
jugulaire [ʒygylɛʀ] ADJ yugular ▶ NF (*Anat*) yugular *f*; (*Mil*) barboquejo
juguler [ʒygyle] VT atajar
juif, -ive [ʒɥif, ʒɥiv] ADJ judío(-a) ▶ NM/F : **Juif, ive** judío(-a)
juillet [ʒɥijɛ] NM julio; **le premier ~** el uno de julio; **le deux/onze ~** el dos/once de julio; **début/fin ~** a primeros/finales de julio; **le 14 ~** el 14 de julio (*la fiesta nacional francesa*); *ver nota*

En Francia, **le 14 juillet** es la fiesta nacional con la que se conmemora la toma de la Bastilla durante la Revolución Francesa. Se celebra con desfiles, música, baile y fuegos artificiales. En París tiene lugar un desfile militar por los *Champs-Élysées* que presencia el presidente de la República.

juin [ʒɥɛ̃] NM junio; *voir aussi* **juillet**
jules [ʒyl] (*fam*) NM (*petit ami*) novio; (*mari*) marido
julienne [ʒyljɛn] NF (*Culin*) juliana
jumeau, -elle, x [ʒymo, ɛl] ADJ, NM/F gemelo(-a); **maisons jumelles** casas *fpl* gemelas
jumelage [ʒym(ə)laʒ] NM (*de villes*) hermanamiento
jumeler [ʒym(ə)le] VT (*Tech*) acoplar; (*villes*) hermanar; **roues jumelées** ruedas *fpl* gemelas; **billets de loterie jumelés** décimos *mpl* de lotería dobles; **pari jumelé** apuesta doble
jumelle [ʒymɛl] VB *voir* **jumeler** ▶ ADJ, NF *voir* **jumeau** ■ **jumelles** NFPL (*instrument*) gemelos *mpl*, prismáticos *mpl*
jument [ʒymɑ̃] NF yegua
jungle [ʒœ̃gl] NF jungla, selva; (*fig*) jungla
junior [ʒynjɔʀ] ADJ (*mode, style*) juvenil; (*Sport*) júnior, juvenil ▶ NMF (*Sport*) júnior *mf*
junte [ʒœ̃t] NF junta
jupe [ʒyp] NF falda, pollera (*Am*)
jupe-culotte [ʒypkylɔt] (*pl* **jupes-culottes**) NF falda *f* pantalón *inv*
jupette [ʒypɛt] NF falda corta
jupon [ʒypɔ̃] NM enaguas *fpl*
Jura [ʒyʀa] NM Jura *m*
jurassien, ne [ʒyʀasjɛ̃, jɛn] ADJ del Jura
juré [ʒyʀe] NM jurado ▶ ADJ : **ennemi ~** enemigo jurado
jurer [ʒyʀe] VT jurar; **~ de faire/que** jurar hacer/que ▶ VI jurar; **~ (avec)** (*couleurs*) chocar (con), desentonar (con); **~ de qch** jurar algo, responder de algo; **ils ne jurent que par lui** creen a ciegas en él; **je vous jure !** ¡se lo juro!
juridiction [ʒyʀidiksjɔ̃] NF jurisdicción *f*
juridictionnel, le [ʒyʀidiksjɔnɛl] ADJ jurisdiccional
juridique [ʒyʀidik] ADJ jurídico(-a)
juridiquement [ʒyʀidikmɑ̃] ADV jurídicamente
jurisconsulte [ʒyʀiskɔ̃sylt] NM jurisconsulto
jurisprudence [ʒyʀispʀydɑ̃s] NF jurisprudencia; **faire ~** sentar jurisprudencia
juriste [ʒyʀist] NMF jurista *mf*
juron [ʒyʀɔ̃] NM juramento
jury [ʒyʀi] NM (*Jur*) jurado; (*Scol*) tribunal *m*; **~ d'examen** tribunal
jus [ʒy] NM zumo, jugo (*Am*); (*de viande*) jugo; (*fam : courant*) corriente *f* (eléctrica); (*: café*) café *m*; **~ de fruits** zumo de frutas; **~ d'orange/de pommes/de raisin/de tomates** zumo de naranja/de manzana/de uvas/de tomate
jusant [ʒyzɑ̃] NM reflujo
jusqu'au-boutiste [ʒyskobutist] (*pl* **jusqu'au-boutistes**) ADJ, NMF extremista *mf*
jusque [ʒysk] : **jusqu'à** *prép* hasta; **jusqu'au matin/soir** hasta la mañana/la tarde; **jusqu'à ce que** hasta que; **jusqu'à présent** *ou* **maintenant** hasta ahora; **~ sur/dans** hasta arriba de/en; (*y compris*) hasta, incluso; **~ vers** hasta cerca de; **~-là** (*temps*) hasta entonces; (*espace*) hasta ahí; **jusqu'ici** (*temps*) hasta ahora; (*espace*) hasta aquí; **jusqu'où** hasta dónde
justaucorps [ʒystokɔʀ] NM malla
juste [ʒyst] ADJ justo(-a); (*étroit*) ajustado(-a); (*insuffisant*) escaso(-a); **le ~ milieu** el término medio; **à ~ titre** con razón ▶ ADV (*avec exactitude, précision*) con precisión; (*étroitement*) apretado; (*chanter*) afinado; (*seulement*) solamente, nomás (*Am*); **~ assez** justo lo que se necesita; **~ au-dessus** justo encima; **pouvoir tout ~ faire qch** poder solo hacer algo; **au ~** exactamente; **combien y en a-t-il au ~ ?** ¿cuánto hay exactamente?; **comme de ~** como es lógico
justement [ʒystəmɑ̃] ADV justamente; **c'est ~ ce qu'il fallait faire** es precisamente lo que había que hacer
justesse [ʒystɛs] NF (*exactitude, précision*) precisión *f*, exactitud *f*; (*d'une remarque*) propiedad *f*; (*d'une opinion*) rectitud *f*; **de ~** por poco
justice [ʒystis] NF justicia; **rendre la ~** administrar justicia; **traduire en ~** citar ante la justicia, hacer comparecer ante la justicia; **obtenir ~** lograr justicia; **rendre ~ à qn** hacer justicia a algn; **se faire ~** (*se venger*) tomarse la justicia por su mano; (*se suicider*) suicidarse
justiciable [ʒystisjabl] ADJ : **~ de** (*Jur*) sometido(-a) a la jurisdicción de; (*fig*) propio(-a) de
justicier, -ière [ʒystisje, jɛʀ] NM/F justiciero(-a)
justifiable [ʒystifjabl] ADJ justificable
justificatif, -ive [ʒystifikatif, iv] ADJ justificativo(-a) ▶ NM justificante *m*; **~ de domicile** justificante de domicilio
justification [ʒystifikasjɔ̃] NF justificación *f*

justifié, e [ʒystifje] ADJ justificado(-a); **non ~** injustificado(-a)

justifier [ʒystifje] [illegible] justificar; **~ de** probar; **justifié à droite/gauche** justificado a la derecha/izquierda ▸ [illegible] VPR justificarse

jute [ʒyt] NM [illegible]

juteux, -euse [ʒytø, øz] ADJ jugoso(-a); (*fam*) jugoso(-a), sustancioso(-a)

juvénile [ʒyvenil] ADJ juvenil

juxtaposer [ʒykstapoze] VT yuxtaponer

juxtaposition [ʒykstapozisjɔ̃] NF yuxtaposición *f*

Kk

K, k [ka] NM INV (*lettre*) K, k *f*; **K comme Kléber** ≈ K de kilo ▸ ABR (= *kilooctet(s)*) K (= *kilobyte(s)*)

Kaboul, Kabul [kabul] N Kabul

kabyle [kabil] ADJ cabileño(-a) ▸ NM (*Ling*) lengua de Cabilia ▸ NMF : **Kabyle** cabileño(-a)

Kabylie [kabili] NF Cabilia

kafkaïen, ne [kafkajɛ̃, jɛn] ADJ (*fig*) kafkiano(-a)

kaki [kaki] ADJ INV caqui ▸ NM (*fruit*) caqui *m*

kaléidoscope [kaleidɔskɔp] NM caleidoscopio

Kampala [kɑ̃pala] N Kampala

kanak, e [kanak] ADJ canaco(-a) ▸ NM/F : **Kanak, e** canaco(-a)

kangourou [kɑ̃guʀu] NM canguro

kaolin [kaɔlɛ̃] NM caolín *m*

kapok [kapɔk] NM miraguano

karaoké [kaʀaɔke] NM karaoke *m*

karaté [kaʀate] NM karate *m*

karité [kaʀite] NM karité *m*; **beurre de ~** manteca de karité

kart [kaʀt] NM kart *m*

karting [kaʀtiŋ] NM karting *m*

kascher [kaʃɛʀ] ADJ INV *de acuerdo con las normas dietéticas de la ley hebraica*

kayac, kayak [kajak] NM kayak *m*

Kenya [kenja] NM Kenia

kenyan, e [kenjɑ̃, an] ADJ keniano(-a) ▸ NM/F : **Kenyan, e** keniano(-a)

képi [kepi] NM quepis *m*

kératine [keʀatin] NF queratina

Kerguelen [kɛʀgelɛn] ADJ, N : **les (îles) ~** las islas Kerguelen

kermesse [kɛʀmɛs] NF fiesta benéfica

kérosène [keʀozɛn] NM queroseno

ketchup [kɛtʃœp] NM ketchup *m*

kg ABR (= *kilogramme(s)*) kg (= *kilogramo(s)*)

KGB [kaʒebe] SIGLE M KGB *m*

khâgne [kaɲ] NF *segundo curso de preparación a la oposición para entrar en la sección de letras de la École normale supérieure*

khmer, -ère [kmɛʀ] ADJ jemer ▸ NM (*Ling*) jemer *m* ▸ NM/F : **Khmer, -ère** jemer *mf*

khôl [kol] NM khol *m*

kibboutz [kibuts] NM kibbutz *m*

kidnapper [kidnape] VT secues

kidnappeur, -euse [kidnapœ secuestrador(a)

kidnapping [kidnapiŋ] NM secues

kiffer [kife] (*fam !*) VT molar (*fam*); **je l**
photo me mola esta foto (*fam*); **je la l**
cette fille esta tía me mola mogollón (*f*
pasarlo bomba (*fam*), pasarlo teta (*fam*)
kiffé un max nos lo pasamos teta (*fam*)

kif-kif [kifkif] (*fam*) ADJ INV : **c'est ~** da lo mi

Kilimandjaro [kilimɑ̃dʒaʀo] NM Kilimanj

kilo [kilo] NM kilo

kilogramme [kilɔgʀam] NM kilogramo

kilométrage [kilɔmetʀaʒ] NM kilometraje *m*; **faible ~** poco kilometraje, pocos kilómetros

kilomètre [kilɔmɛtʀ] NM kilómetro; **kilomètres (à l')heure** kilómetros por hora

kilométrique [kilɔmetʀik] ADJ kilométrico(-a); **compteur ~** cuentakilómetros *msg*

kilooctet [kiloɔktɛ] NM kilobyte *m*

kilowatt [kilowat] NM kilovatio

kilt [kilt] NM (*traditionnel*) kilt *m*; (*de femme*) falda de tartán

kimono [kimɔno] NM quimono

kiné [kine] (*fam*) NMF (*kinésithérapeute*) fisio *mf* (*fam*)

kinésithérapeute [kineziteʀapøt] NMF fisioterapeuta *mf*

kinésithérapie [kineziteʀapi] NF fisioterapia

kiosque [kjɔsk] NM (*de jardin*) templete *m*; (*à journaux*) kiosco, quiosco; (*de fleuriste*) puesto; (*Tél etc*) torreta

kippa [kipa] NF kipa

kir [kiʀ] NM kir *m* (*vino blanco con licor de casis*)

kirsch [kiʀʃ] NM aguardiente *m* de cerezas

kit [kit] NM kit; **en ~** en kit, para montar; **~ piéton** *ou* **mains libres** manos libres *fsg*

kitchenette [kitʃənɛt] NF cocina pequeña

kitsch [kitʃ] ADJ INV, NM kitsch *m*

kiwi [kiwi] NM (*fruit, oiseau*) kiwi *m*

klaxon [klaksɔn] NM bocina, claxon *m*

klaxonner [klaksɔne] VI tocar la bocina *ou* el claxon

kleptomane [klɛptɔman] NMF cleptómano(-a)

km ABR (= *kilomètre(s)*) km (= *kilómetro(s)*)

km/h ABR (= *kilomètres/heure*) km/h (= *kilómetros por hora*)

knock-out [nɔkaut] NM INV (*Boxe*) knock-out *m*

Ko ABR (*Inform* : = *kilooctet*) K

K.-O. [kao] ADJ INV K.O.

koala [kɔala] NM koala *m*

kolkhoze [kɔlkoz] NM koljós *msg*

kosovar [kɔsɔvaʀ] ADJ kosovar ▶ NMF : **Kosovar** kosovar *mf*

Kosovo [kɔsɔvo] NM Kosovo

Koweït [kɔwɛt] NM Kuwait *m*

koweïtien, ne [kɔwɛtjɛ̃, jɛn] ADJ kuwaití ▶ NM/F : **Koweïtien, ne** kuwaití *mf*

krach [kʀak] NM quiebra, crac *m*

kraft [kʀaft] NM papel *m* de embalaje

Kremlin [kʀɛmlɛ̃] NM Kremlin *m*

Kuala Lumpur [kwalalumpuʀ] N Kuala Lumpur

kumquat [kɔmkwat] NM kumquat *m*

kurde [kyʀd] ADJ kurdo(-a), curdo(-a) ▶ NM (*Ling*) kurdo, curdo ▶ NMF : **Kurde** kurdo(-a), curdo(-a)

Kurdistan [kyʀdistɑ̃] NM Kurdistán *m*

kW ABR (= *kilowatt(s)*) kW (= *kilovatio(s)*)

k-way® [kawɛ] NM INV chubasquero

kW/h ABR (= *kilowattheure(s)*) kW/h (= *kilovatio(s)-hora*)

kyrielle [kiʀjɛl] NF : **une ~ de ...** una retahíla de ...

kyste [kist] NM quiste *m*

Ll

L, l¹ [ɛl] NM INV L, l *f*; **L comme Louis** ≈ L de león
l² ABR (= *litre(s)*) l (= *litro(s)*)
l' [l] *voir* **le**
la [la] NM INV (*Mus*) la *m inv* ▸ ART, PRON *voir* **le**
là [la] ADV (*plus loin*) ahí, allí; (*ici*) aquí; (*dans le temps*) entonces; **est-ce que Catherine est là ?** ¿está Catherine?; **elle n'est pas là** no está; **c'est là que** ahí *ou* allí es donde; (*ici*) aquí es donde; **là où** allí donde; **de là** (*fig*) de ahí; **par là** (*fig*) con eso; **que veux-tu dire par là ?** ¿qué quieres decir con eso?; **tout est là** todo está ahí; (*fig*) ahí está el fondo de la cuestión
là-bas [labɑ] ADV allí
label [labɛl] NM etiqueta, sello; **~ de qualité** sello de calidad
labelliser [labelize] VT (*certifier, approuver*) dar el sello de calidad a; **être labellisé** tener el sello de calidad; **La Bergerie, studio labellisé Gîtes de France** La Bergerie, estudio con el sello de calidad de Gîtes de France
labeur [labœʀ] NM labor *f*
labial, e, -aux [labjal, o] ADJ (*Anat, Ling*) labial; **baume ~** bálsamo para los labios
labo [labo] (*fam*) NM = **laboratoire**
laborantin, e [labɔʀɑ̃tɛ̃, in] NM/F técnico(-a) de laboratorio
laboratoire [labɔʀatwaʀ] NM laboratorio; **~ d'analyses/de langues** laboratorio de análisis/de idiomas
laborieusement [labɔʀjøzmɑ̃] ADV con mucho trabajo
laborieux, -euse [labɔʀjø, jøz] ADJ laborioso(-a); (*vie*) sacrificado(-a); **classes laborieuses** clases *fpl* trabajadoras
labour [labuʀ] NM labor *f*, labranza; **cheval/bœuf de ~** caballo/buey *m* de labranza ■ **labours** NMPL (*champs*) labrantíos *mpl*
labourable [labuʀabl] ADJ laborable
labourage [labuʀaʒ] NM labranza
labourer [labuʀe] VT (*aussi fig*) labrar
laboureur [labuʀœʀ] NM labrador *m*
labrador [labʀadɔʀ] NM (*chien*) perro labrador; (*Géo*) : **le L~** el Labrador
labyrinthe [labiʀɛ̃t] NM laberinto
lac [lak] NM lago; **les Grands Lacs** los Grandes Lagos; **le ~ Léman** el lago Lemán; *voir aussi* **lacs**
lacer [lase] VT atar
lacération [laseʀasjɔ̃] NF (*de vêtement*) rasgado; (*Méd*) laceración *f*
lacérer [laseʀe] VT (*vêtement*) rasgar; (*Méd*) lacerar
lacet [lasɛ] NM (*de chaussure*) cordón *m*; (*de route*) curva cerrada; (*piège*) lazo; **chaussures à lacets** zapatos de cordones
lâche [lɑʃ] ADJ (*poltron*) cobarde; (*procédé etc*) ruin, vil; (*desserré, pas tendu*) flojo(-a); (*morale, mœurs*) relajado(-a) ▸ NMF cobarde *mf*
lâchement [lɑʃmɑ̃] ADV cobardemente; (*par bassesse*) vilmente
lâcher [lɑʃe] NM (*de ballons, d'oiseaux*) lanzamiento ▸ VT (*aussi fig*) soltar; (*Sport : distancer*) despegarse de; (*fam : abandonner*) dejar colgado(-a); **~ prise** (*fig*) soltarse ▸ VI soltar ■ **se lâcher** VPR (*fam : se décrisper*) soltarse
lâcheté [lɑʃte] NF cobardía *f*; (*bassesse*) ruindad *f*, vileza
lacis [lasi] NM (*de ruelles*) laberinto
laconique [lakɔnik] ADJ lacónico(-a)
laconiquement [lakɔnikmɑ̃] ADV lacónicamente
lacrymal, e, -aux [lakʀimal, o] ADJ lacrimal
lacrymogène [lakʀimɔʒɛn] ADJ lacrimógeno(-a)
lacs [lɑ] NM lazo
lactation [laktasjɔ̃] NF lactancia
lacté, e [lakte] ADJ lácteo(-a)
lactique [laktik] ADJ : **acide/ferment ~** ácido/fermento láctico
lactose [laktoz] NM lactosa
lactosérum [laktoseʀɔm] NM (*petit-lait*) lactosuero
lacune [lakyn] NF laguna
lacustre [lakystʀ] ADJ lacustre
lad [lad] NM mozo de cuadra
là-dedans [ladədɑ̃] ADV ahí dentro; (*fig*) en eso
là-dehors [ladəɔʀ] ADV allí afuera
là-derrière [ladɛʀjɛʀ] ADV allí detrás; (*fig*) detrás de eso
là-dessous [ladsu] ADV ahí debajo; (*fig*) detrás de eso
là-dessus [ladsy] ADV ahí encima; (*fig*) luego; (*à ce sujet*) al respecto

là-devant [ladvɑ̃] ADV allí delante
ladite [ladit] ADJ *voir* **ledit**
ladre [lɑdʀ] ADJ avariento(-a)
lagon [lagɔ̃] NM laguna (salada)
lagopède [lagɔpɛd] NM lagópodo; **~ des Alpes** lagópodo alpino
Lagos [lagɔs] N Lagos
lagune [lagyn] NF laguna
là-haut [lao] ADV allí arriba
laïc [laik] ADJ, NM = **laïque**
laïcisation [laisizasjɔ̃] NF laicización *f*
laïciser [laisize] VT laicizar
laïcité [laisite] NF laicidad *f*
laid, e [lɛ, lɛd] (*aussi fig*) ADJ feo(-a)
laideron [lɛdʀɔ̃] NM adefesio
laideur [lɛdœʀ] NF fealdad *f*; (*fig*) vileza
laie [lɛ] NF jabalina
lainage [lɛnaʒ] NM (*vêtement*) jersey *m ou* chaqueta de lana; (*étoffe*) tejido de lana
laine [lɛn] NF lana; **pure ~** pura lana; **~ à tricoter** lana para tejer; **~ de verre** lana de vidrio; **~ peignée/vierge** lana cardada/virgen
laineux, -euse [lɛnø, øz] ADJ lanoso(-a); (*cheveux*) lanudo(-a)
lainier, -ière [lɛnje, jɛʀ] ADJ lanero(-a)
laïque [laik] ADJ, NMF laico(-a)
laisse [lɛs] NF (*de chien*) correa; **tenir en ~** tener atado(-a); (*fig*) manejar a su antojo
laissé-pour-compte, laissée-pour-compte [lesepuʀkɔ̃t] (*pl* **laissés-pour-compte, laissées-pour-compte**) ADJ (*Comm*) no vendido(-a); (: *refusé*) devuelto(-a) ▸ NM/F (*fig*) : **les laissés-pour-compte de la reprise économique** los que la recuperación económica ha dejado atrás
laisser [lese] VT dejar; **~ qch quelque part** dejar algo en algún sitio; **se ~ exploiter** dejarse explotar; **se ~ aller** abandonarse; **laisse-toi faire** déjate hacer; **rien ne laisse penser que ...** nada permite pensar que ...; **cela ne laisse pas de surprendre** esto no deja de sorprender; **~ qn tranquille** dejar a algn en paz
laisser-aller [leseale] NM INV dejadez *f*; (*péj : absence de soin*) desaliño
laisser-faire [lesefɛʀ] NM INV no intervencionismo
laissez-passer [lesepɑse] NM INV salvoconducto
lait [lɛ] NM leche *f*; **frère/sœur de ~** hermano/hermana de leche; **~ concentré/condensé** leche concentrada/condensada; **~ de beauté** leche de belleza; **~ de chèvre/de vache** leche de cabra/de vaca; **~ démaquillant** leche desmaquillante; **~ écrémé/entier/en poudre** leche descremada/entera/en polvo; **~ maternel** leche materna
laitage [lɛtaʒ] NM producto lácteo
laiterie [lɛtʀi] NF lechería
laiteux, -euse [lɛtø, øz] ADJ lechoso(-a)
laitier, -ière [letje, jɛʀ] ADJ (*produit, industrie*) lácteo(-a); **vache laitière** vaca lechera
laiton [lɛtɔ̃] NM latón *m*
laitue [lety] NF lechuga
laïus [lajys] (*fam, péj*) NM perorata
lama [lama] NM llama
lamantin [lamɑ̃tɛ̃] NM manatí *m*
lamaserie [lamazʀi] NF lamasería
lambda [lɑ̃bda] NM (*lettre grecque*) lambda ▸ ADJ INV (*fam : moyen*) medio(-a)
lambeau, x [lɑ̃bo] NM jirón *m*; **en lambeaux** hecho(-a) jirones
lambin, e [lɑ̃bɛ̃, in] (*péj*) ADJ holgazán(-ana)
lambiner [lɑ̃bine] (*péj*) VI entretenerse
lambris [lɑ̃bʀi] NM molduras *fpl*
lambrissé, e [lɑ̃bʀise] ADJ con molduras
lame [lam] NF (*de couteau*) hoja; (*de parquet*) lámina; (*vague*) ola; **~ de fond** mar *m* de fondo; **~ de rasoir** cuchilla de afeitar
lamé, e [lame] ADJ laminado(-a) ▸ NM lamé *m*
lamelle [lamɛl] NF laminilla; **couper en lamelles** cortar en láminas
lamellé-collé [lamelekɔle] (*pl* **lamellés-collés**) NM madera laminada encolada
lamellibranche [lamelibʀɑ̃ʃ] NM lamelibranquio
lamentable [lamɑ̃tabl] ADJ lamentable
lamentablement [lamɑ̃tabləmɑ̃] ADV lamentablemente
lamentation [lamɑ̃tasjɔ̃] NF lamentación *f*; (*récrimination*) queja
lamenter [lamɑ̃te] : **se lamenter** VPR : **se ~ (sur)** quejarse (de)
lamifié, e [lamifje] ADJ laminado(-a) ▸ NM laminado
laminage [laminaʒ] NM laminación *f*
laminer [lamine] VT laminar; (*écraser*) aplastar
lamineur [laminœʀ] NM laminador *m*
laminoir [laminwaʀ] NM laminador *m*; **passer au ~** (*fig*) sudar tinta
lampadaire [lɑ̃padɛʀ] NM lámpara de pie; (*dans la rue*) farola
lampe [lɑ̃p] NF lámpara; (*de radio*) válvula; **~ à alcool** lámpara de alcohol; **~ à arc** arco voltaico; **~ à bronzer** lámpara (de rayos) UVA; **~ de chevet/halogène** lámpara de mesa/halógena; **~ à pétrole** lámpara de petróleo, quinqué *m*; **~ à souder** soplete *m*; **~ de poche** linterna; **~ témoin** piloto
lampée [lɑ̃pe] (*fam*) NF trago, lingotazo (*fam*)
lampe-tempête [lɑ̃ptɑ̃pɛt] (*pl* **lampes-tempêtes**) NF *lámpara de gas a prueba de viento*
lampion [lɑ̃pjɔ̃] NM farolillo
lampiste [lɑ̃pist] NM lampista *m*; (*fig*) burro de carga

lamproie [lɑ̃pʀwa] NF lamprea
lance [lɑ̃s] NF lanza; **~ à eau** manguera; **~ d'incendie/d'arrosage** manguera de incendios/de riego
lancée [lɑ̃se] NF: **être/continuer sur sa ~** aprovechar el impulso inicial
lance-flammes [lɑ̃sflam] NM INV lanzallamas *m inv*
lance-fusées [lɑ̃sfyze] NM INV lanzacohetes *m inv*
lance-grenades [lɑ̃sgʀənad] NM INV lanzagranadas *m inv*
lancement [lɑ̃smɑ̃] NM lanzamiento; (*d'un bateau*) botadura; **offre de ~** oferta de lanzamiento
lance-missiles [lɑ̃smisil] NM INV lanzamisiles *m inv*
lance-pierre [lɑ̃spjɛʀ] (*pl* **lance-pierres**) NM tirachinas *m inv*
lancer [lɑ̃se] NM lanzamiento; **~ du poids/du javelot/du marteau** lanzamiento de peso/de jabalina/de martillo ▸ VT lanzar; (*bateau*) botar; (*mandat d'arrêt*) dictar; (*emprunt*) emitir; (*moteur*) poner en marcha; **~ qch à qn** lanzar algo a algn; (*de façon agressive*) arrojar algo a algn; **~ un appel** lanzar un llamamiento; **~ qn sur un sujet** mencionar un tema a algn ■ **se lancer** VPR lanzarse; **se ~ sur** *ou* **contre** lanzarse sobre *ou* contra; **se ~ dans** lanzarse en
lance-roquettes [lɑ̃sʀɔkɛt] NM INV lanzacohetes *m inv*
lance-torpilles [lɑ̃stɔʀpij] NM INV lanzatorpedos *m inv*
lanceur, -euse [lɑ̃sœʀ, øz] NM/F lanzador(a); **~ d'alerte** denunciante *m/f* ▸ NM (*Espace*) lanzador *m*
lancinant, e [lɑ̃sinɑ̃, ɑ̃t] ADJ obsesivo(-a); (*douleur*) punzante
lanciner [lɑ̃sine] VI (*douleur*) punzar; (*fig*) obsesionar, atormentar
landais, e [lɑ̃dɛ, ɛz] ADJ, NM/F landés(-esa)
landau [lɑ̃do] NM coche *m ou* carro de niño
lande [lɑ̃d] NF landa
Landes [lɑ̃d] NFPL: **les ~** las Landas
langage [lɑ̃gaʒ] NM lenguaje *m*; **~ d'assemblage/de programmation** (*Inform*) lenguaje ensamblador/de programación; **~ évolué** (*Inform*) lenguaje evolucionado *ou* de última generación; **~ machine** (*Inform*) lenguaje máquina
lange [lɑ̃ʒ] NM pañal *m* ■ **langes** NMPL (*d'un bébé*) mantillas *fpl*
langer [lɑ̃ʒe] VT envolver en mantillas; **table à ~** cambiador *m*
langoureusement [lɑ̃guʀøzmɑ̃] ADV lánguidamente
langoureux, -euse [lɑ̃guʀø, øz] ADJ lánguido(-a)
langouste [lɑ̃gust] NF langosta
langoustine [lɑ̃gustin] NF cigala
langue [lɑ̃g] NF (*Anat, Géo*) lengua; (*Ling*) lengua, idioma *m*; **tirer la ~ (à)** sacar la lengua (a); **donner sa ~ au chat** rendirse; **de ~ française** de lengua francesa; **~ de bois** *lenguaje engañoso de los políticos*; **~ de terre** franja de tierra; **~ maternelle** lengua materna; **~ verte** germanía, argot *m*; **~ vivante** lengua viva; **langues étrangères** lenguas *fpl* extranjeras

> **Langue** ne se traduit pas toujours par *lengua*. Pour désigner un système d'expression, on emploie souvent *idioma*, et pour désigner une façon de s'exprimer, *lenguaje* :
> **la langue orale et la langue écrite** la lengua oral y la lengua escrita
> **Il parle trois langues.** Habla tres idiomas.
> **la langue juridique** el lenguaje jurídico

langue-de-chat [lɑ̃gdəʃa] (*pl* **langues-de-chat**) NF lengua de gato
Languedoc [lɑ̃gdɔk] NM Languedoc *m*
languedocien, ne [lɑ̃gdɔsjɛ̃, jɛn] ADJ languedociano(-a) ▸ NM/F: **Languedocien, ne** languedociano(-a)
languette [lɑ̃gɛt] NF lengüeta
langueur [lɑ̃gœʀ] NF languidez *f*
languide [lɑ̃gid] ADJ lánguido(-a)
languir [lɑ̃giʀ] VI languidecer; **faire ~ qn** hacer esperar a algn ■ **se languir** VPR languidecer
languissant, e [lɑ̃gisɑ̃, ɑ̃t] ADJ lánguido(-a)
lanière [lanjɛʀ] NF (*de fouet*) tralla; (*de valise, bretelle*) correa; **en lanières** (*Culin : couper, découper*) en tiras
lanoline [lanɔlin] NF lanolina
lanterne [lɑ̃tɛʀn] NF linterna; (*de voiture*) luz *f* de población; **prendre des vessies pour des lanternes** confundir la velocidad con el tocino; **éclairer la ~ de qn** ilustrar a algn; **~ rouge** (*fig*) farolillo rojo; **~ vénitienne** farolillo veneciano
lanterneau, x [lɑ̃tɛʀno] NM lucernario
lanterner [lɑ̃tɛʀne] VI holgazanear; **faire ~ qn** hacer esperar a algn
Laos [laɔs] NM Laos *m*
laotien, ne [laɔsjɛ̃, jɛn] ADJ laosiano(-a) ▸ NM/F: **Laotien, ne** laosiano(-a)
lapalissade [lapalisad] NF perogrullada
laparotomie [lapaʀɔtɔmi] NF laparotomía
La Paz [lapaz] N La Paz
laper [lape] VT beber a lengüetadas
lapereau, x [lapʀo] NM gazapo
lapidaire [lapidɛʀ] ADJ (*style, discours*) lapidario(-a); **musée ~** museo de lápidas
lapidation [lapidasjɔ̃] NF (*pour tuer*) lapidación *f*; (*pour attaquer*) apedreamiento
lapider [lapide] VT (*tuer*) lapidar; (*attaquer*) apedrear
lapin [lapɛ̃] NM conejo; **coup du ~** golpe *m* en la

nuca; **poser un ~ à qn** (*fam*) dar un plantón a algn (*fam*); **~ de garenne** conejo de monte

lapis [lapis], **lapis-lazuli** [lapislazyli] NM INV lapislázuli *m*

lapon, ne [lapɔ̃, ɔn] ADJ lapón(-ona) ▶ NM (*Ling*) lapón *m* ▶ NM/F : **Lapon, ne** lapón(-ona)

Laponie [lapɔni] NF Laponia

laps [laps] NM : **~ de temps** lapso

lapsus [lapsys] NM lapsus *m inv*

laquais [lakɛ] NM lacayo

laque [lak] NM OU F laca

laqué, e [lake] ADJ lacado(-a)

laquelle [lakɛl] PRON *voir* **lequel**

larbin [laʀbɛ̃] (*péj*) NM criado(-a)

larcin [laʀsɛ̃] NM ratería

lard [laʀ] NM (*graisse*) tocino; (*bacon*) bacón *m*

larder [laʀde] VT mechar

lardon [laʀdɔ̃] NM (*Culin*) torrezno; (*fam : enfant*) chiquillo(-a)

largage [laʀgaʒ] NM lanzamiento

large [laʀʒ] ADJ ancho(-a); (*généreux*) espléndido(-a); **~ d'esprit** de mentalidad abierta, amplio(-a) de miras ▶ ADV : **calculer ~** calcular por lo alto; **voir ~** ver con amplitud; **ne pas en mener ~** temblarle las rodillas a algn ▶ NM : **5 mètres de ~** cinco metros de ancho; **le ~** alta mar; **au ~ de** a la altura de

⚠ No debe traducirse por *largo*, que en francés corresponde a **long**.

largement [laʀʒəmɑ̃] ADV ampliamente; (*au minimum*) al menos; (*de loin*) indudablemente; (*sans compter*) generosamente; **il a ~ le temps** tiene tiempo de sobra; **il a ~ de quoi vivre** tiene más que suficiente para vivir

largesse [laʀʒɛs] NF esplendidez *f*, largueza ■ **largesses** NFPL (*dons*) regalos *mpl* espléndidos

largeur [laʀʒœʀ] NF anchura; (*impression visuelle, fig*) amplitud *f*; **~ d'esprit** amplitud de miras

larguer [laʀge] VT lanzar; (*fam*) dejar; **~ les amarres** (*Naut, fig*) soltar amarras; **elle s'est fait ~ par son copain** su novio la ha dejado

larigot [laʀigo] (*fam*) NM : **à tire-~** *adv* hasta reventar

larme [laʀm] NF lágrima; **une ~ de** (*fig*) una gota de; **en larmes** llorando; **pleurer à chaudes larmes** llorar a lágrima viva

larmoyant, e [laʀmwajɑ̃, ɑ̃t] ADJ lloroso(-a)

larmoyer [laʀmwaje] VI (*yeux*) lagrimear; (*se plaindre*) lloriquear

larron [laʀɔ̃] NM ladrón *m*

larvaire [laʀvɛʀ] ADJ (*Biol*) larvario(-a); **à l'état ~** en estado larvario

larve [laʀv] NF (*aussi fig*) larva

larvé, e [laʀve] ADJ larvado(-a)

laryngite [laʀɛ̃ʒit] NF laringitis *f inv*

laryngologiste [laʀɛ̃gɔlɔʒist] NMF laringólogo(-a)

larynx [laʀɛ̃ks] NM laringe *f*

las, lasse [lɑ, lɑs] ADJ fatigado(-a); **~ de qch/qn/de faire qch** cansado(-a) *ou* harto(-a) de algo/algn/de hacer algo

lasagne [lazaɲ] NF lasaña

lascar [laskaʀ] (*fam*) NM bribón *m*; (*malin*) pícaro

lascif, -ive [lasif, iv] ADJ lascivo(-a)

lascivement [lasivmɑ̃] ADV lascivamente

lascivité [lasivite] NF lascivia

laser [lazɛʀ] NM : **(rayon) ~** (rayo) láser *m*; **chaîne** *ou* **platine ~** cadena *ou* pletina láser; **disque ~** disco láser

lassant, e [lɑsɑ̃, ɑ̃t] ADJ monótono(-a)

lasse [lɑs] ADJ F *voir* **las**

lasser [lɑse] VT (*ennuyer*) cansar; (*décourager*) agotar ■ **se lasser de** VPR cansarse de

lassitude [lɑsityd] NF cansancio

lasso [laso] NM lazo; **prendre au ~** coger a lazo

latent, e [latɑ̃, ɑ̃t] ADJ latente

latéral, e, -aux [lateʀal, o] ADJ lateral

latéralement [lateʀalmɑ̃] ADV lateralmente; (*arriver, souffler*) de lado

latérite [lateʀit] NF laterita

latex [latɛks] NM INV látex *m inv*

latin, e [latɛ̃, in] ADJ latino(-a) ▶ NM (*Ling*) latín *m*; **j'y perds mon ~** no me aclaro ▶ NM/F : **Latin, e** latino(-a)

latiniste [latinist] NMF latinista *mf*; (*étudiant*) estudiante *mf* de latín

latino-américain, e [latinoameʀikɛ̃, ɛn] (*pl* **latino-américains, -es**) ADJ latinoamericano(-a)

latitude [latityd] NF latitud *f*; **avoir la ~ de faire** (*fig*) tener la libertad de hacer; **avoir toute ~ pour (faire qch)** tener toda la libertad para (hacer algo); **à 48 degrés de ~ nord** a 48 grados latitud norte; **sous toutes les latitudes** (*fig*) en todas las latitudes

latrines [latʀin] NFPL letrinas *fpl*

latte [lat] NF listón *m*

lattis [lati] NM enrejado de listones

laudanum [lodanɔm] NM láudano

laudatif, -ive [lodatif, iv] ADJ laudatorio(-a)

lauréat, e [lɔʀea, at] NM/F galardonado(-a)

laurier [lɔʀje] NM laurel *m* ■ **lauriers** NMPL (*fig*) laureles *mpl*; **s'endormir sur ses lauriers** dormirse en los laureles

laurier-rose [lɔʀjeʀoz] (*pl* **lauriers-roses**) NM adelfa

laurier-tin [lɔʀjetɛ̃] (*pl* **lauriers-tins**) NM viburno

lavable [lavabl] ADJ lavable

lavabo [lavabo] NM lavabo ■ **lavabos** NMPL (*toilettes*) servicios *mpl*

lavage [lavaʒ] NM lavado; **~ d'estomac/d'intestin** lavado de estómago/de intestino; **~ de cerveau** lavado de cerebro

lavallière [lavaljɛʀ] NF chalina
lavande [lavɑ̃d] NF lavanda
lavandière [lavɑ̃djɛʀ] NF lavandera
lave [lav] NF lava
lave-glace [lavglas] (*pl* **lave-glaces**) NM lavaparabrisas *m inv*
lave-linge [lavlɛ̃ʒ] (*pl* **~(s)**) NM lavadora
lavement [lavmɑ̃] NM (*Méd*) lavativa
laver [lave] VT lavar; (*baigner*) bañar; (*accusation, affront*) limpiar; **~ la vaisselle** fregar los platos; **~ le linge** lavar la ropa; **~ qn d'une accusation** alejar una acusación que recae sobre algn; **~ qn de tous soupçons** limpiar a algn de toda sospecha ■ **se laver** VPR lavarse; **se ~ les dents/les mains** lavarse los dientes/las manos; **se ~ les mains de qch** (*fig*) lavarse las manos de algo
laverie [lavʀi] NF : **~ (automatique)** lavandería
lavette [lavɛt] NF estropajo; (*brosse*) cepillo; (*fig, péj*) calzonazos *m inv*
laveur, -euse [lavœʀ, øz] NM/F (*de carreaux*) lavacristales *m inv*; (*de voitures*) lavacoches *mf inv*
lave-vaisselle [lavvɛsɛl] (*pl* **~(s)**) NM lavaplatos *m inv*
lavis [lavi] NM aguada
lavoir [lavwaʀ] NM lavadero; (*bac*) tina
laxatif, -ive [laksatif, iv] ADJ, NM laxante *m*
laxisme [laksism] NM laxismo
laxiste [laksist] ADJ laxo(-a), flojo(-a)
layette [lɛjɛt] NF canastilla
layon [lɛjɔ̃] NM sendero
lazaret [lazaʀɛ] NM lazareto
lazzi [la(d)zi] NM burlas *fpl*

le, la [lə, la]

(*devant nm commençant par voyelle ou h aspiré* **l'**, *pl* **les**)
▸ ART DÉF **1** (*masculin*) el; (*féminin*) la; (*pluriel*) los (las); **la pomme/l'arbre** la manzana/el árbol; **les étudiants/femmes** los estudiantes/las mujeres
2 (*indiquant la possession*) : **avoir les yeux gris/le nez rouge** tener los ojos grises/la nariz roja
3 (*temps*) : **travailler le matin/le soir** trabajar por la mañana/la tarde; **le jeudi** (*d'habitude*) los jueves; (*ce jeudi-là*) el jueves; **le lundi je vais toujours au cinéma** los lunes voy siempre al cine
4 (*distribution, évaluation*) el (la); **10 euros le mètre/la douzaine** 10 euros el metro/la docena; **le tiers/quart de** el tercio/cuarto de
▸ PRON **1** (*masculin*) lo; (*féminin*) la; (*pluriel*) los (las); **je le/la/les vois** lo/la/los/las veo
2 (*remplaçant une phrase*) : **je ne le savais pas** no lo sabía; **il était riche et ne l'est plus** era rico y ya no lo es

lé [le] NM ancho
leader [lidœʀ] NM líder *mf*
leadership [lidœʀʃip] NM liderazgo
leasing [liziŋ] NM leasing *m*; **acheter en ~** comprar con leasing
lèche [lɛʃ] NF (*fam*) : **faire de la ~ à qn** hacer la pelota a algn (*fam*)
lèche-botte [lɛʃbɔt] (*pl* **lèche-bottes**) NM pelota *mf* (*fam*), pelotillero(-a) (*fam*)
lèchefrite [lɛʃfʀit] NF grasera
lécher [leʃe] VT lamer; (*finir, polir*) pulir; **~ les bottes de qn** (*fam*) hacer la pelota a algn (*fam*); **~ les vitrines** mirar los escaparates ■ **se lécher** VPR : **se ~ qch** chuparse algo; **se ~ les babines** relamerse de gusto
lèche-vitrine [lɛʃvitʀin] (*pl* **lèche-vitrines**) NM : **faire du lèche-vitrines** mirar escaparates
lécithine [lesitin] NF lecitina; **~ de soja** lecitina de soja
leçon [ləsɔ̃] NF clase *f*; (*fig*) lección *f*; **une ~ de courage/d'humilité** una lección de coraje *ou* valentía/de humildad; **donner une (bonne) ~ à qn** dar una (buena) lección a algn; **faire la ~** dar la lección; **faire la ~ à** (*fig*) leer la cartilla a; **~ de choses** clase práctica; **leçons de conduite** clases de conducir; **leçons particulières** clases particulares
lecteur, -trice [lɛktœʀ, tʀis] NM/F lector(a) ▸ NM (*appareil*) reproductor *m*, lector *m*; **~ de CD/de DVD** reproductor de CD/de DVD; **~ MP3** reproductor de MP3
lectorat [lɛktɔʀa] NM lectorado
lecture [lɛktyʀ] NF lectura; **en première/seconde ~** (*d'une loi*) en primera/segunda lectura
LED [lɛd] SIGLE F (= *light emitting diode*) LED *m*
ledit, ladite [lədi, ladit] (*pl* **lesdits, lesdites**) ADJ susodicho(-a)
légal, e, -aux [legal, o] ADJ legal
légalement [legalmɑ̃] ADV legalmente
légalisation [legalizasjɔ̃] NF legalización *f*
légaliser [legalize] VT legalizar
légaliste [legalist] ADJ (*personne, approche*) legalista
légalité [legalite] NF legalidad *f*; **être dans/sortir de la ~** estar dentro de/salirse de la ley
légat [lega] NM (*Rel*) legado
légataire [legatɛʀ] NMF : **~ universel** legatario(-a) universal
légation [legasjɔ̃] NF legación *f*
légendaire [leʒɑ̃dɛʀ] ADJ legendario(-a); (*fig*) ilustre
légende [leʒɑ̃d] NF leyenda; (*d'une photo*) pie *m*
légender [leʒɑ̃de] VT poner el pie a
léger, -ère [leʒe, ɛʀ] ADJ ligero(-a); (*erreur, retard*) leve; (*peu sérieux, personne*) superficial; (*volage*) frívolo(-a); **blessé ~** herido leve; **à la légère** a la ligera; **de mœurs légères** ligero(-a) de cascos

légèrement [leʒɛʀmɑ̃] ADV ligeramente, suavemente; (*parler, agir*) superficialmente; **~ plus grand** ligeramente mayor; **~ en retard** con un ligero *ou* pequeño retraso

légèreté [leʒɛʀte] NF ligereza; (*d'une personne*) superficialidad *f*

légiférer [leʒifeʀe] VI legislar

légion [leʒjɔ̃] NF (*Mil*) legión *f*; **être ~** ser legión; **L~ d'honneur** legión de honor; *ver nota*; **L~ étrangère** legión extranjera

> Creada por Napoleón en 1802 para premiar los servicios prestados a la nación, la **Légion d'honneur** es una prestigiosa orden encabezada por el presidente de la República, el *grand maître*.

légionellose [leʒjɔneloz] NF legionela, legionelosis *f inv*

légionnaire [leʒjɔnɛʀ] NM legionario

législateur [leʒislatœʀ] NM legislador *m*

législatif, -ive [leʒislatif, iv] ADJ legislativo(-a) ■ **législatives** NFPL elecciones *fpl* legislativas

législation [leʒislasjɔ̃] NF legislación *f*

législature [leʒislatyʀ] NF legislatura

légiste [leʒist] ADJ : **médecin ~** médico forense

légitimation [leʒitimasjɔ̃] NF (*Jur*) legitimación *f*

légitime [leʒitim] ADJ legítimo(-a); **en (état de) ~ défense** (*Jur*) en (estado de) legítima defensa

légitimement [leʒitimmɑ̃] ADV legítimamente

légitimer [leʒitime] VT (*enfant*) legitimar; (*justifier*) justificar

légitimité [leʒitimite] NF legitimidad *f*

legs [lɛg] NM (*Jur, fig*) legado

léguer [lege] VT (*aussi fig*) legar

légume [legym] NM verdura; (*fam, fig : personne*) vegetal *m*; **légumes secs** legumbres *fpl*; **légumes verts** verduras

> ⚠ Escrito tal cual, no debe traducirse por *legumbre*, que en francés corresponde a **légume sec**.

légumier [legymje] NM (*plat*) fuente *f* para verduras

légumineuses [legyminøz] NFPL leguminosas *fpl*

leitmotiv [lejtmɔtiv] NM leitmotiv *m*

Léman [lemɑ̃] NM *voir* **lac**

lémurien [lemyʀjɛ̃] NM lémur *m*

lendemain [lɑ̃dmɛ̃] NM : **le ~** el día siguiente; **le ~ matin/soir** el día siguiente por la mañana/por la noche; **le ~ de** el día después de; **au ~ de** inmediatamente después de; **penser au ~** pensar en el mañana; **sans ~** sin futuro, sin porvenir; **de beaux lendemains** días *mpl* felices; **des lendemains qui chantent** un futuro feliz

lénifiant, e [lenifjɑ̃, jɑ̃t] ADJ (*propos*) consolador(a); (*climat*) suave

léninisme [leninism] NM leninismo

léniniste [leninist] ADJ, NMF leninista *mf*

lent, e [lɑ̃, lɑ̃t] ADJ lento(-a)

lente [lɑ̃t] NF liendre *f*

lentement [lɑ̃tmɑ̃] ADV lentamente

lenteur [lɑ̃tœʀ] NF lentitud *f* ■ **lenteurs** NFPL (*actions, décisions lentes*) lentitud *fsg*

lentille [lɑ̃tij] NF (*Optique*) lente *f*; (*Bot, Culin*) lenteja; **~ d'eau** (*Bot*) lenteja de agua; **lentilles de contact** lentillas *fpl*

léonin, e [leɔnɛ̃, in] ADJ (*fig*) leonino(-a)

léopard [leɔpaʀ] NM leopardo; **tenue ~** (*Mil*) ropa de camuflaje

LEP [lɛp] SIGLE M (= *livret d'épargne populaire*) *libreta de ahorros para personas con pocos ingresos*

lépidoptère [lepidɔptɛʀ] NM lepidóptero

lèpre [lɛpʀ] NF lepra

lépreux, -euse [lepʀø, øz] NM/F leproso(-a) ▸ ADJ (*fig*) desconchado(-a)

léproserie [lepʀozʀi] NF leprosería

lequel, laquelle [ləkɛl, lakɛl] (*mpl* **lesquels**, *fpl* **lesquelles**) (*à + lequel* = **auquel**, *de + lequel* = **duquel** *etc*) PRON (*interrogatif*) cuál; (*relatif*) el/la cual, que; (*: après préposition*) el/la cual, el que/la que; **laquelle des chambres est la sienne ?** ¿cuál de las habitaciones es la suya?; **le bateau sur ~ nous étions** el barco en el que estábamos; **le monsieur auquel j'ai parlé** el señor al que hablé; **l'entreprise avec laquelle il doit travailler** la empresa con la que tiene que trabajar; **un homme sur la compétence duquel on ne peut compter** un hombre con cuya competencia no se puede contar ▸ ADJ : **auquel cas** en cuyo caso; **il prit un livre, ~ livre …** cogió un libro, el cual …

les [le] ART, PRON *voir* **le**

lesbienne [lɛsbjɛn] NF lesbiana

lesdits, lesdites [ledi, ledit] ADJ *voir* **ledit**

lèse-majesté [lɛzmaʒɛste] (*pl* **~(s)**) N : **crime de ~** crimen *m* de lesa majestad

léser [leze] VT perjudicar; (*Méd*) lesionar

lésiner [lezine] VI : **~ (sur)** escatimar (en)

lésion [lezjɔ̃] NF lesión *f*; **lésions cérébrales** lesiones *fpl* cerebrales

Lesotho [lezɔto] NM Lesoto

lesquels, lesquelles [lekɛl] PRON *voir* **lequel**

lessivable [lesivabl] ADJ lavable

lessivage [lesivaʒ] NM colada, lavado

lessive [lesiv] NF detergente *m*; (*linge*) colada; (*opération*) lavado; **faire la ~** hacer la colada

lessivé, e [lesive] (*fam*) ADJ hecho(-a) polvo (*fam*)

lessiver [lesive] VT lavar

lessiveuse [lesivøz] NF *especie de caldera donde se lava la ropa*

lessiviel, le [lesivjɛl] ADJ de limpieza

lest [lɛst] NM lastre *m*; **jeter** *ou* **lâcher du ~** (*fig*) soltar lastre

leste [lɛst] ADJ (*personne*) ágil, ligero(-a); (*propos*) atrevido(-a)

lestement [lɛstəmɑ̃] ADV ágilmente

lester [lɛste] VT lastrar

letchi [lɛtʃi] NM = **litchi**

léthargie [letaʀʒi] NF letargo; **sortir de sa ~** salir de su letargo

léthargique [letaʀʒik] ADJ (*Méd*) letárgico(-a); (*gén*) amodorrado(-a)

letton, ne [letɔ̃, ɔn] ADJ letón(-ona) ▸ NM (*Ling*) letón *m* ▸ NM/F : **Letton, ne** letón(-ona)

Lettonie [lɛtɔni] NF Letonia

lettre [lɛtʀ] NF (*écrit*) carta; (*symbole*) letra; **à la ~** (*fig*) al pie de la letra; **par ~** por carta; **en lettres majuscules** *ou* **capitales** en letras mayúsculas; **écrit en toutes lettres** escrito con todas las letras; **~ anonyme/piégée** carta anónima/bomba; **~ de change/de crédit** letra de cambio/de crédito; **~ morte** : **rester ~ morte** quedarse en papel mojado; **~ ouverte** (*Pol, de journal*) carta abierta; **lettres de noblesse** cartas *fpl* de nobleza ■ **lettres** NFPL (*Art, Scol*) letras *fpl*

lettré, e [letʀe] ADJ (*personne*) letrado(-a)

lettre-transfert [lɛtʀətʀɑ̃sfɛʀ] (*pl* **lettres-transferts**) NF calcomanías *fpl* de letras

lettrine [letʀin] NF (letra) capitular *f*

leu [lø] NM *voir* **queue**

leucémie [løsemi] NF leucemia

leucémique [løsemik] ADJ leucémico(-a)

leucocyte [løkɔsit] NM leucocito

leur [lœʀ] ADJ POSS su; **~ maison** su casa; **leurs amis** sus amigos; **à ~ avis** en su opinión; **à ~ approche** al acercarse ellos; **à ~ vue** al verles ▸ PRON (*objet indirect*) les; (*: après un autre pronom à la troisième personne*) se; **je le ~ ai donné** se lo di; **je ~ ai dit la vérité** les dije la verdad ▸ PRON POSS : **le/la ~** el/la suyo(-a); **les leurs** los/las suyos(-as)

leurre [lœʀ] NM (*Pêche*) cebo; (*fig*) engaño, señuelo

leurrer [lœʀe] VT dar ilusiones ■ **se leurrer** VPR engañarse

leurs [lœʀ] ADJ POSS sus; *voir* **leur**

levage [ləvaʒ] NM (*de charge*) elevación *f*; **appareil de ~** aparato elevador

levain [ləvɛ̃] NM masa madre; **pain au ~** pan de masa madre; **sans ~** sin levadura

levant, e [ləvɑ̃, ɑ̃t] ADJ : **soleil ~** sol *m* naciente; **au soleil ~** al sol naciente ▸ NM : **le ~** el levante

levé, e [ləve] ADJ : **être ~** estar levantado(-a); **à mains levées** (*vote*) a mano alzada; **au pied ~** de forma improvisada ▸ NM : **~ de terrain** levantamiento de terreno

levée [ləve] NF (*Postes*) recogida; (*Cartes*) baza; **~ d'écrou** liberación *f*; **~ de boucliers** (*fig*) levantamiento de protestas; **~ de terre** terraplén *m*; **~ de troupes** reclutamiento; **~ du corps** levantamiento del cadáver; **~ en masse** (*Mil*) reclutamiento en masa

lever [l(ə)ve] NM : **au ~** al levantarse; **~ du rideau** subida del telón; **~ de rideau** (*pièce*) pieza preliminar; **~ de soleil/du jour** amanecer *m* ▸ VT levantar; (*vitre*) subir; (*difficulté*) superar; (*impôts*) recaudar; (*armée*) reclutar; (*Chasse*) ahuyentar; (*fam : fille*) enrollarse con (*fam*) ▸ VI (*Culin*) levantarse; (*semis, graine*) brotar ■ **se lever** VPR levantarse; (*soleil*) salir

lève-tard [lɛvtaʀ] NMF INV remolón(-ona)

lève-tôt [lɛvto] NMF INV madrugador(a)

levier [ləvje] NM palanca; (*fig*) incentivo; **faire ~ sur** hacer palanca en; **~ de changement de vitesse/de commande** palanca de cambios/de mando

lévitation [levitasjɔ̃] NF levitación *f*

léviter [levite] VI levitar

levraut [ləvʀo] NM lebrato

lèvre [lɛvʀ] NF labio; (*d'une plaie*) labio, borde *m*; **du bout des lèvres** (*manger*) con desgana; (*rire, parler, répondre*) con la boca pequeña; **petites/grandes lèvres** (*Anat*) labios menores/mayores

lévrier [levʀije] NM galgo

levure [l(ə)vyʀ] NF : **~ de boulanger/chimique** levadura de pan/química; **~ de bière** levadura de cerveza

lexical, e, -aux [lɛksikal, o] ADJ léxico(-a)

lexicographe [lɛksikɔgʀaf] NMF lexicógrafo(-a)

lexicographie [lɛksikɔgʀafi] NF lexicografía

lexicologie [lɛksikɔlɔʒi] NF lexicología

lexicologue [lɛksikɔlɔg] NMF lexicólogo(-a)

lexique [lɛksik] NM léxico

lézard [lezaʀ] NM lagarto

lézarde [lezaʀd] NF grieta

lézardé, e [lezaʀde] ADJ agrietado(-a)

lézarder [lezaʀde] : **se lézarder** VPR (*mur*) agrietarse; (*personne*) ponerse al sol como los lagartos

LGBT SIGLE ADJ (= *lesbiennes, gays, bisexuels et transgenres*) LGBT (= *lesbianas, gais, bisexuales y transexuales*)

liaison [ljɛzɔ̃] NF (*rapport*) relación *f*; (*Rail, Aviat, Phonétique*) enlace *m*; (*relation amoureuse*) relaciones *fpl*; (*Culin*) trabazón *f*; **entrer/être en ~ avec** entrar/estar en comunicación con; **avoir une ~ avec qn** tener una relación con algn; **~ (de transmission de données)** (*Inform*) enlace (de transmisión de datos); **~ radio/téléphonique** contacto radiofónico/telefónico

liane [ljan] NF liana

liant, e [ljɑ̃, ljɑ̃t] ADJ sociable

liasse [ljas] NF fajo

Liban [libɑ̃] NM Líbano

libanais, e [libanɛ, ɛz] ADJ libanés(-esa) ▸ NM/F : **Libanais, e** libanés(-esa)

libations [libasjɔ̃] NFPL (*fig*) libaciones *fpl*
libelle [libɛl] NM libelo
libellé [libele] NM redacción *f*
libeller [libele] VT (*lettre, rapport*) redactar; (*chèque*) : **~ (au nom de)** extender (a la orden de)
libellule [libelyl] NF libélula
libéral, e, -aux [libeʀal, o] ADJ, NM/F liberal *mf*; **les professions libérales** las profesiones liberales
libéralement [libeʀalmɑ̃] ADV liberalmente
libéralisation [libeʀalizasjɔ̃] NF liberalización *f*; **~ du commerce** liberalización del comercio
libéraliser [libeʀalize] VT liberalizar
libéralisme [libeʀalism] NM liberalismo
libéralité [libeʀalite] NF liberalidad *f*; (*cadeau*) dádiva
libérateur, -trice [libeʀatœʀ, tʀis] ADJ, NM/F libertador(a)
libération [libeʀasjɔ̃] NF (*voir vt*) liberación *f*; puesta en libertad; licencia; **la L~** (*1945*) la liberación (*de Francia al final de la segunda guerra mundial*); **~ conditionnelle** puesta en libertad condicional
libéré, e [libeʀe] ADJ liberado(-a); (*de prison*) puesto(-a) en libertad; **~ de** (*libre de*) liberado(-a) de; **être ~ sous caution/sur parole** ser puesto(-a) en libertad bajo fianza/bajo palabra
libérer [libeʀe] VT liberar; (*de prison*) poner en libertad; (*soldat*) licenciar; (*cran d'arrêt, levier*) soltar; (*Écon*) liberalizar; **~ qn de** liberar a algn de ■ **se libérer** VPR (*pour un rendez-vous*) escaparse
Libéria [libeʀja] NM Liberia
libérien, ne [libeʀjɛ̃, jɛn] ADJ liberiano(-a) ▶ NM/F : **Libérien, ne** liberiano(-a)
libéro [libeʀo] NM (*Football*) líbero
libertaire [libɛʀtɛʀ] ADJ libertario(-a)
liberté [libɛʀte] NF libertad *f*; (*loisir*) tiempo libre; **mettre/être en ~** poner/estar en libertad; **en ~ provisoire/surveillée/conditionnelle** en libertad provisional/vigilada/condicional; **jours/heures de ~** días *mpl*/horas *fpl* libres; **~ d'action** libertad de acción; **~ d'association/de la presse/syndicale** libertad de asociación/de prensa/sindical; **~ d'esprit/de conscience** libertad de juicio/de conciencia; **~ d'opinion/de culte/de réunion** libertad de opinión/de culto/de reunión ■ **libertés** NFPL (*privautés*) libertades *fpl*; **libertés individuelles** libertades individuales; **libertés publiques** libertades públicas
liberticide [libɛʀtisid] ADJ liberticida
libertin, e [libɛʀtɛ̃, in] ADJ libertino(-a)
libertinage [libɛʀtinaʒ] NM libertinaje *m*
libidineux, -euse [libidinø, øz] ADJ libidinoso(-a)
libido [libido] NF líbido *f*
libraire [libʀɛʀ] NMF librero(-a)
libraire-éditeur [libʀɛʀeditœʀ] (*pl* **libraires-éditeurs**) NM librero editor
librairie [libʀeʀi] NF librería
librairie-papeterie [libʀeʀipapetʀi] (*pl* **librairies-papeteries**) NF librería papelería
libre [libʀ] ADJ libre; (*propos, manières*) atrevido(-a); (*ligne téléphonique*) desocupado(-a); (*Scol*) privado(-a); **de ~** (*place*) libre; **~ de qch/de faire** libre de algo/de hacer; **avoir le champ ~** tener el campo libre; **en vente ~** de venta libre; **~ arbitre** libre albedrío; **~ concurrence/entreprise** libre competencia/empresa
libre-échange [libʀeʃɑ̃ʒ] (*pl* **libres-échanges**) NM librecambio
librement [libʀəmɑ̃] ADV libremente, con libertad; **il se conduit un peu ~** se toma demasiadas confianzas
libre-penseur, -euse [libʀəpɑ̃sœʀ, øz] (*pl* **libres-penseurs, -euses**) NM/F librepensador(a)
libre-service [libʀəsɛʀvis] (*pl* **libres-services**) NM autoservicio
librettiste [libʀetist] NM libretista *mf*
Libye [libi] NF Libia
libyen, ne [libjɛ̃, ɛn] ADJ libio(-a) ▶ NM/F : **Libyen, ne** libio(-a)
lice [lis] NF : **entrer en ~** entrar en liza
licence [lisɑ̃s] NF licencia; (*des mœurs*) libertinaje *m*; (*diplôme*) *título universitario que se obtiene tras tres años de estudios*

> La **licence générale** es el primer ciclo de tres años universitarios. El segundo y tercer curso están más especializados que el primero y a lo largo de la carrera existe, como mínimo, un periodo de prácticas. La **licence professionnelle** consiste en un año de formación de ámbito profesional. Va dirigida a estudiantes que ya tienen un título universitario técnico o que han cursado los dos primeros años de una **licence générale**. Para poder acceder a esta formación se realiza un proceso selectivo y las plazas suelen tener mucha demanda.

licencié, e [lisɑ̃sje] NM/F (*Sport*) poseedor(a) de licencia; **~ ès lettres/en droit** (*diplômé*) ≈ licenciado(-a) en letras/en derecho; **être ~** (*perdre son emploi*) ser despedido(-a)
licenciement [lisɑ̃simɑ̃] NM despido; **~ économique** despido objetivo por causas económicas
licencier [lisɑ̃sje] VT despedir
licencieux, -euse [lisɑ̃sjø, jøz] ADJ licencioso(-a)
lichen [likɛn] NM liquen *m*
licite [lisit] ADJ lícito(-a)
licorne [likɔʀn] NF unicornio
licou [liku] NM cabestro

l

lie [li] NF heces *fpl*

lié, e [lje] ADJ : **être très ~ avec qn** tener mucha confianza con algn; **être ~ par** (*serment, promesse*) estar comprometido(-a) por; **avoir partie liée (avec qn)** actuar de común acuerdo (con algn)

Liechtenstein [liʃtɛnʃtajn] NM Liechtenstein *m*

lie-de-vin [lidvɛ̃] ADJ INV de color vino

liège [ljɛʒ] NM corcho

liégeois, e [ljeʒwa, waz] ADJ de Lieja; **café/chocolat ~** helado de café/chocolate con nata ▶ NM/F : **Liégeois, e** nativo(-a) *ou* habitante *mf* de Lieja

lien [ljɛ̃] NM atadura; (*analogie*) vinculación *f*; (*rapport affectif, culturel*) vínculo; **établir un ~ entre (une chose et une autre)** establecer un vínculo (entre una cosa y otra), relacionar (una cosa con otra); **le ~ social** la cohesión social; **liens de famille** lazos *mpl* familiares; **~ de parenté** lazo de parentesco

lier [lje] VT (*attacher*) atar; (*joindre*) unir, ligar; (*fig*) unir; (*moralement*) vincular; (*sauce*) ligar; **~ qch à** (*attacher*) atar algo a; (*associer*) relacionar algo con; **~ amitié (avec)** trabar amistad (con); **~ connaissance (avec)** entablar relación (con), trabar conocimiento (con); **~ conversation (avec)** entablar conversación (con) ▪ **se lier** VPR : **se ~ (avec qn)** relacionarse (con algn)

lierre [ljɛʀ] NM hiedra

liesse [ljɛs] NF : **être en ~** estar alborozado(-a)

lieu, x [ljø] NM (*position*) lugar *m*, sitio; (*endroit*) lugar; **en ~ sûr** en lugar seguro; **en haut ~** en altas esferas; **en premier/dernier ~** en primer/último lugar; **avoir ~** tener lugar, suceder; **avoir ~ de** (*se demander, s'inquiéter*) tener razones *ou* motivos para; **il n'y a pas ~ de s'inquiéter** no hay por qué preocuparse; **tenir ~ de** hacer las veces de, fungir de (AM); **donner ~ à** dar lugar a; **au ~ de** en lugar de, en vez de; **au ~ qu'il y aille** en vez de ir él; **~ commun** lugar común; **~ de départ** punto de partida; **~ de naissance/rendez-vous/travail** lugar de nacimiento/encuentro/trabajo; **~ géométrique** punto geométrico; **~ public** lugar público ▪ **lieux** NMPL lugar; **arriver/être sur les lieux** (*d'un accident, d'une manifestation*) llegar al/estar en el lugar; **vider** *ou* **quitter les lieux** (*habitation, salle*) desalojar el lugar

lieu-dit [ljødi] (*pl* **lieux-dits**) NM aldea

lieue [ljø] NF legua

lieutenant, e [ljøt(ə)nɑ̃, ɑ̃t] NM/F teniente *mf*; **~ de vaisseau** teniente de navío

lieutenant-colonel [ljøtnɑ̃kɔlɔnɛl] (*pl* **lieutenants-colonels**) NM teniente coronel *m*

lièvre [ljɛvʀ] NM liebre *f*; **lever un ~** (*fig*) levantar la liebre

liftier, -ière [liftje, jɛʀ] NM/F ascensorista *mf*

lifting [liftiŋ] NM lifting *m*

ligament [ligamɑ̃] NM ligamento

ligature [ligatyʀ] NF (*Méd*) ligadura; **~ des trompes** ligadura de trompas

ligaturer [ligatyʀe] VT (*Méd*) ligar

ligne [liɲ] NF línea; **en ~** (*Inform*) en línea; **en ~ droite** en línea recta; **« à la ~ »** « aparte »; **entrer en ~ de compte** entrar en cuenta; **garder la ~** guardar la línea; **~ de départ/d'arrivée** línea de salida/de llegada; **~ d'horizon** línea del horizonte; **~ de but/de touche** línea de meta/de banda; **~ de conduite** línea de conducta; **~ de flottaison/de mire** línea de flotación/de mira; **~ directrice** línea directriz; **~ fixe** (*Tél*) línea fija; **~ médiane** línea media; **~ ouverte : émission à ~ ouverte** emisión *f* en línea abierta

ligné, e [liɲe] ADJ : **papier ~** papel *m* rayado

lignée [liɲe] NF (*race, famille*) linaje *m*; (*postérité*) descendencia

ligneux, -euse [liɲø, øz] ADJ leñoso(-a)

lignite [liɲit] NM lignito

ligoter [ligɔte] VT (*bras, personne*) amarrar; (*fig*) atar

ligue [lig] NF (*association*) liga, asociación *f*; (*Sport*) liga; **~ arabe** (*Pol*) liga árabe

liguer [lige] : **se liguer** VPR aliarse; **se ~ contre** aliarse contra

lilas [lilɑ] NM lila

lillois, e [lilwa, waz] ADJ de Lille ▶ NM/F : **Lillois, e** nativo(-a) *ou* habitante *mf* de Lille

Lima [lima] N Lima

limace [limas] NF babosa

limaille [limɑj] NF : **~ de fer** limaduras *fpl* de hierro

limande [limɑ̃d] NF limanda

limande-sole [limɑ̃dsol] (*pl* **limandes-soles**) NF falsa limanda

limbes [lɛ̃b] NMPL : **être dans les ~** (*fig*) estar en el limbo

lime [lim] NF lima; **~ à ongles** lima de uñas

limer [lime] VT limar

limier [limje] NM sabueso

liminaire [liminɛʀ] ADJ preliminar

limitatif, -ive [limitatif, iv] ADJ limitativo(-a)

limitation [limitasjɔ̃] NF limitación *f*; **sans ~ de temps** sin límite de tiempo; **~ de vitesse** limitación de velocidad; **~ des armements/des naissances** reducción *f* de armamento/de nacimientos

limite [limit] NF (*aussi fig*) límite *m*; (*de terrain*) límite, linde *m ou f*; **dans la ~ de** dentro de; **à la ~** (*au pire*) como mucho; **sans limites** sin límites; **vitesse/charge ~** velocidad *f*/carga límite; **cas ~** caso límite; **date ~ de vente/consommation** fecha límite de venta/consumo; **prix ~** precio límite; **~ d'âge** límite de edad

limiter [limite] VT : **~ qch (à)** (*restreindre*) limitar algo (a) ▪ **se limiter** VPR : **se ~ (à qch/à faire)** limitarse (a algo/a hacer); (*chose*) reducirse a

limitrophe [limitʀɔf] ADJ limítrofe; **~ de** limítrofe con
limogeage [limɔʒaʒ] NM destitución *f*
limoger [limɔʒe] VT destituir
limon [limɔ̃] NM limo
limonade [limɔnad] NF gaseosa

⚠ No debe traducirse por *limonada*, que en francés corresponde a **citronnade**.

limonadier, -ière [limɔnadje, jɛʀ] NM/F (*commerçant*) vendedor(a) de refrescos; (*fabricant de limonade*) fabricante *mf* de refrescos
limoneux, -euse [limɔnø, øz] ADJ limoso(-a)
limousin, e [limuzɛ̃, in] ADJ lemosín(-ina) ▸ NM (*région*) Lemosín *m* ▸ NM/F : **Limousin, e** lemosín(-ina)
limousine [limuzin] NF limusina
limpide [lɛ̃pid] ADJ límpido(-a); (*fig*) meridiano(-a), diáfano(-a)
lin [lɛ̃] NM lino
linceul [lɛ̃sœl] NM mortaja
linéaire [lineɛʀ] ADJ (*aussi fig*) lineal ▸ NM : **~ (de vente)** espacio de venta
linge [lɛ̃ʒ] NM (*vêtements*) ropa; (*serviettes etc*) ropa blanca; (*pièce de tissu*) lienzo; (*aussi* : **linge de corps**) ropa interior; (*lessive*) colada; **~ sale** ropa sucia
lingère [lɛ̃ʒɛʀ] NF ropera
lingerie [lɛ̃ʒʀi] NF lencería
lingette [lɛ̃ʒɛt] NF toallita (húmeda)
lingot [lɛ̃go] NM lingote *m*
linguiste [lɛ̃gɥist] NMF lingüista *mf*
linguistique [lɛ̃gɥistik] ADJ lingüístico(-a) ▸ NF lingüística
lino [linɔ], **linoléum** [linɔleɔm] NM linóleo
linotte [linɔt] NF : **tête de ~** cabeza de chorlito
linteau [lɛ̃to] NM dintel *m*
lion, ne [ljɔ̃, ljɔn] NM/F león (leona); (*Astrol*) : **le L~** Leo; **être L~** ser Leo; **~ de mer** león (leona) marino(-a)
lionceau, x [ljɔ̃so] NM cachorro de león
liposuccion [liposy(k)sjɔ̃] NF liposucción *f*
lippu, e [lipy] ADJ bezudo(-a)
liquéfier [likefje] VT licuar ■ **se liquéfier** VPR (*gaz*) licuarse; (*fig*) derrumbarse
liqueur [likœʀ] NF licor *m*
liquidateur, -trice [likidatœʀ, tʀis] NM/F (*Jur*) liquidador(a); **~ judiciaire** liquidador(a) judicial
liquidation [likidasjɔ̃] NF liquidación *f*; (*règlement*) liquidación, pago; (*meurtre*) asesinato; **~ judiciaire** liquidación judicial
liquide [likid] ADJ líquido(-a); **air ~** aire *m* líquido ▸ NM líquido; **en ~** (*Comm*) en efectivo
liquider [likide] VT liquidar
liquidités [likidite] NFPL (*Comm*) liquidez *fsg*, disponibilidades *fpl*
liquoreux, -euse [likɔʀø, øz] ADJ licoroso(-a)
lire [liʀ] NF (*Hist* : *monnaie*) lira ▸ VT, VI (*aussi fig*) leer; **~ qch à qn** leer algo a algn
lis [lis] VB *voir* **lire** ▸ NM = **lys**
lisais [lizɛ] VB *voir* **lire**
Lisbonne [lisbɔn] N Lisboa
lise [liz] VB *voir* **lire**
liseré [lizʀe] NM (*ruban*) ribete *m*; (*bande*) cenefa
liseron [lizʀɔ̃] NM enredadera
liseuse [lizøz] NF (*Inform*) lector *m* electrónico
lisible [lizibl] ADJ legible; (*fig* : *politique, projet, offre*) transparente; **ce livre n'est pas ~** no merece la pena leer este libro
lisiblement [lizibləmɑ̃] ADV de forma legible
lisière [lizjɛʀ] NF (*de forêt, bois*) lindero, linde *m ou f*; (*de tissu*) orillo
lisons [lizɔ̃] VB *voir* **lire**
lisse [lis] ADJ liso(-a)
lisser [lise] VT alisar
lisseur [li:sœʀ] NM alisadores *mpl*
listage [listaʒ] NM (*Inform*) listado
liste [list] NF lista; **faire la ~ de** hacer la lista de; **~ civile** *presupuesto de la casa real o del jefe del Estado*; **~ d'attente** lista de espera; **~ de mariage** lista de boda; **~ électorale/noire** lista electoral/negra
lister [liste] VT hacer una lista de, listar
listing [listiŋ] NM (*Inform*) listado; **qualité ~** calidad *f* de listado
lit [li] NM cama; (*de rivière*) lecho; **faire son ~** hacerse la cama; **aller/se mettre au ~** ir a/meterse en la cama; **prendre le ~** (*malade etc*) guardar cama; **d'un premier ~** (*Jur*) del primer matrimonio; **~ d'enfant** cuna; **~ de camp** cama de campaña; **~ simple/double** cama sencilla/de matrimonio
litanie [litani] NF (*fig*) letanía
lit-cage [likaʒ] (*pl* **lits-cages**) NM cama plegable
litchi [litʃi] NM lichi *m*
literie [litʀi] NF *colchón y ropa de cama*
litho [litɔ], **lithographie** [litɔgʀafi] NF litografía
lithographier [litɔgʀafje] VT litografiar
litière [litjɛʀ] NF cama de paja; **~ pour chat** arena para gatos
litige [litiʒ] NM litigio; **en ~** en litigio
litigieux, -euse [litiʒjø, jøz] ADJ litigioso(-a)
litote [litɔt] NF lítote *f*
litre [litʀ] NM litro; **~ de vin/bière** litro de vino/cerveza
littéraire [liteʀɛʀ] ADJ literario(-a)
littéral, e, -aux [liteʀal, o] ADJ literal
littéralement [liteʀalmɑ̃] ADV literalmente
littérature [liteʀatyʀ] NF literatura
littoral, e, -aux [litɔʀal, o] ADJ, NM litoral *m*
Lituanie [litɥani] NF Lituania

lituanien, ne [litɥanjɛ̃, jɛn] ADJ lituano(-a) ▸ NM (*Ling*) lituano ▸ NM/F : **Lituanien, ne** lituano(-a)
liturgie [lityʀʒi] NF liturgia
liturgique [lityʀʒik] ADJ litúrgico(-a)
livide [livid] ADJ lívido(-a)
living [liviŋ] NM living *m*
living-room [liviŋʀum] (*pl* **living-rooms**) NM = **living**
livrable [livʀabl] ADJ (*Comm*) a entregar
livraison [livʀɛzɔ̃] NF entrega; (*de plusieurs marchandises*) reparto; **~ à domicile** entrega *ou* reparto a domicilio
livre [livʀ] NM libro; **traduire qch à ~ ouvert** traducir algo de corrido; **~ blanc** libro blanco; **~ d'or** libro de oro; **~ de bord** diario de navegación; **~ de chevet/de comptes** libro de cabecera/de cuentas; **~ de cuisine** libro de cocina; **~ de messe** libro de misa, misal *m*; **~ de poche** libro de bolsillo; **~ électronique** *ou* **numérique** libro electrónico ▸ NF (*poids, monnaie*) libra
livré, e [livʀe] ADJ : **~ à** (*soumis à*) sometido(-a) a; **~ à soi-même** abandonado a sí mismo
livrée [livʀe] NF librea
livrer [livʀe] VT (*marchandises, otage, complice*) entregar; (*plusieurs colis etc*) repartir; (*client*) hacer una entrega a; (*secret, information*) revelar; **~ bataille** librar una batalla ■ **se livrer à** VPR entregarse a; (*se confier à*) confiarse a; (*s'abandonner à*) darse a, entregarse a; (*enquête*) llevar a cabo
livresque [livʀɛsk] (*péj*) ADJ libresco(-a)
livret [livʀɛ] NM (*petit livre*) librito; (*d'opéra*) libreto; **~ de caisse d'épargne** libreta de ahorros; **~ de famille** libro de familia; **~ scolaire** libro escolar
livreur, -euse [livʀœʀ, øz] NM/F repartidor(a)
lob [lɔb] NM lob *m*
lobby [lɔbi] (*pl* **lobbys** *ou* **lobbies**) NM lobby *m*
lobe [lɔb] NM : **~ de l'oreille** lóbulo de la oreja
lobé, e [lɔbe] ADJ lobulado(-a)
lober [lɔbe] VT (*balle*) dar una volea a; (*adversaire, gardien de but*) volear (por alto)
local, e, -aux [lɔkal, o] ADJ local ▸ NM local *m* ■ **locaux** NMPL (*d'une compagnie*) locales *mpl*
localement [lɔkalmɑ̃] ADV localmente
localisé, e [lɔkalize] ADJ localizado(-a)
localiser [lɔkalize] VT (*dans l'espace*) localizar; (*dans le temps*) situar
localité [lɔkalite] NF localidad *f*
locataire [lɔkatɛʀ] NMF inquilino(-a)
locatif, -ive [lɔkatif, iv] ADJ (*charges*) a cargo del inquilino; (*valeur*) del alquiler; (*immeuble*) de alquiler
location [lɔkasjɔ̃] NF alquiler *m*; (*par le propriétaire*) arriendo, alquiler; **« ~ de voitures »** « alquiler de coches »; **~ de vacances** piso *ou* casa de alquiler para las vacaciones
location-vente [lɔkasjɔ̃vɑ̃t] (*pl* **locations-ventes**) NF alquiler *m* con opción a compra
lock-out [lɔkaut] NM INV lock-out *m*
lock-outer [lɔkaute] VT (*atelier, usine*) cerrar; (*employés*) despedir
locomoteur, -trice [lɔkɔmɔtœʀ, tʀis] ADJ locomotor(a)
locomotion [lɔkɔmosjɔ̃] NF locomoción *f*; **moyen de ~** medio de locomoción
locomotive [lɔkɔmɔtiv] NF (*aussi fig*) locomotora
locomotrice [lɔkɔmɔtʀis] NF locomotora
locuteur, -trice [lɔkytœʀ, tʀis] NM/F (*Ling*) hablante *mf*; **~ natif(-ive)** hablante nativo(-a)
locution [lɔkysjɔ̃] NF (*Ling*) locución *f*
loden [lɔdɛn] NM (*Textile*) loden *m*; (*manteau*) abrigo loden
lof [lɔf] NM (*Naut*) barlovento; **aller au ~** ir a barlovento; **virer ~ pour ~** virar en redondo con viento en popa
lofer [lɔfe] VI orzar
logarithme [lɔgaʀitm] NM logaritmo
loge [lɔʒ] NF (*d'artiste*) camerino; (*de spectateurs*) palco; (*de concierge*) portería, conserjería; (*de franc-maçon*) logia
logeable [lɔʒabl] ADJ habitable
logement [lɔʒmɑ̃] NM alojamiento; (*maison, appartement*) vivienda; **le ~** (*Pol, Admin*) la vivienda; **chercher un ~** buscar una vivienda; **construire des logements bon marché** construir viviendas baratas; **crise du ~** crisis *fsg* de la vivienda; **~ de fonction** alojamiento de servicio
loger [lɔʒe] VT alojar; (*suj : hôtel, école*) alojar, albergar ▸ VI vivir ■ **se loger** VPR : **trouver à se ~** encontrar dónde alojarse *ou* vivir; **se ~ dans** (*suj : balle, flèche*) alojarse en
logeur, -euse [lɔʒœʀ, øz] NM/F casero(-a)
loggia [lɔdʒja] NF loggia
logiciel, le [lɔʒisjɛl] (*Inform*) NM software *m*, programa *m* (informático) ▸ ADJ (*solution, suite, système*) de software
logicien, ne [lɔʒisjɛ̃, jɛn] NM/F lógico(-a)
logique [lɔʒik] ADJ lógico(-a); **c'est ~** es lógico ▸ NF lógica; **la ~ de qch** la lógica de algo
logiquement [lɔʒikmɑ̃] ADV lógicamente; (*raisonner etc*) con lógica; (*normalement*) normalmente
logis [lɔʒi] NM casa
logisticien, ne [lɔʒistisjɛ̃, jɛn] ADJ, NM/F lógico-matemático(-a)
logistique [lɔʒistik] NF logística ▸ ADJ (*moyens*) logístico(-a); **flotte ~** (*Mil*) flota logística; **soutien ~** (*Mil*) apoyo logístico
logotype [lɔgɔtip], **logo** [lɔgo] NM (*Comm*) logotipo
loi [lwa] NF ley *f*; **livre/tables de la ~** (*Rel*) libro/tablas *fpl* de la ley; **les lois de la mode** (*fig*) las

leyes de la moda; **avoir force de ~** tener fuerza de ley; **faire la ~** dictar la ley; **la ~ de la jungle/du plus fort** la ley de la jungla/del más fuerte; **proposition/projet de ~** propuesta/proyecto de ley; **~ d'orientation** ≈ Ley de Autonomía Universitaria

loi-cadre [lwakadʀ(ə)] (*pl* **lois-cadres**) NF (*Pol*) ley *f* marco *inv*

loin [lwɛ̃] ADV lejos; **~ de** lejos de; **pas ~ de 100 euros** no mucho menos de 100 euros; **au ~** a lo lejos; **de ~** de lejos; (*de beaucoup*) con mucho; **il revient de ~** (*fig*) ha vuelto a nacer; **de ~ en ~** de vez en cuando; **aussi ~ que je puisse me rappeler ...** que yo recuerde ...; **~ de là** ni mucho menos

lointain, e [lwɛ̃tɛ̃, ɛn] ADJ (*aussi fig*) lejano(-a) ▸ NM : **dans le ~** en la lejanía

loi-programme [lwapʀɔgʀam] (*pl* **lois-programmes**) NF (*Pol*) ley *f* marco *inv*

loir [lwaʀ] NM lirón *m*; **dormir comme un ~** dormir como un lirón

Loire [lwaʀ] NF : **la ~** el Loira

loisible [lwazibl] ADJ : **il vous est ~ de ...** le está permitido ...

loisir [lwaziʀ] NM : **heures de ~** horas *fpl* de ocio; **prendre/avoir le ~ de faire qch** tomarse/tener tiempo para hacer algo; **(tout) à ~** con (toda) tranquilidad; (*autant qu'on le désire*) todo lo que se quiera, tanto como se quiera ■ **loisirs** NMPL tiempo *msg* libre; (*activités*) diversiones *fpl*

lombaire [lɔ̃bɛʀ] ADJ lumbar

lombalgie [lɔ̃balʒi] NF lumbalgia

londonien, ne [lɔ̃dɔnjɛ̃, jɛn] ADJ londinense ▸ NM/F : **Londonien, ne** londinense *mf*

Londres [lɔ̃dʀ] N Londres

long, longue [lɔ̃, lɔ̃g] ADJ largo(-a); **faire/ne pas faire ~ feu** durar mucho/poco; **au ~ cours** (*Naut*) de altura; **de longue date** de antiguo; **longue durée** larga duración; **de longue haleine** arduo(-a); **être ~ à faire** ser lento(-a) para hacer ▸ ADV : **en dire/savoir ~** decir/saber mucho ▸ NM : **de cinq mètres de ~** de cinco metros de largo; **en ~** a lo largo; **(tout) le ~ de** (*rue, bord*) a lo largo de; **tout au ~ de** (*année, vie*) a lo largo de; **de ~ en large** de un lado a otro; **en ~ et en large** (*fig*) a fondo

longanimité [lɔ̃ganimite] NF longanimidad *f*, paciencia

long-courrier [lɔ̃kuʀje] (*pl* **long-courriers**) NM (*Aviat*) avión *m* de larga distancia

longe [lɔ̃ʒ] NF cabestro, correa; (*Culin*) lomo

longer [lɔ̃ʒe] VT bordear, costear; (*suj* : *mur, route*) bordear

longévité [lɔ̃ʒevite] NF longevidad *f*

longiligne [lɔ̃ʒiliɲ] ADJ longilíneo(-a)

longitude [lɔ̃ʒityd] NF longitud *f*; **à 45 degrés de ~ nord** a 45 grados longitud norte

longitudinal, e, -aux [lɔ̃ʒitydinal, o] ADJ longitudinal

longtemps [lɔ̃tɑ̃] ADV mucho tiempo; **avant ~** dentro de poco; **pour/pendant ~** para/durante mucho tiempo; **je n'en ai pas pour ~** no voy a tardar mucho (tiempo); **mettre ~ à faire qch** costarle mucho tiempo a algn *ou* algo hacer algo; **ça ne va pas durer ~** eso no va a durar mucho; **elle/il en a pour ~ (à le faire)** le va a llevar un buen rato (hacerlo); **il y a/n'y a pas ~ que je travaille** hace/no hace mucho que trabajo; **il y a ~ que je n'ai pas travaillé** llevo mucho tiempo sin trabajar

longue [lɔ̃g] ADJ F *voir* **long** ▸ NF : **à la ~** a la larga

longuement [lɔ̃gmɑ̃] ADV mucho tiempo, largamente; (*en détail*) detenidamente

longueur [lɔ̃gœʀ] NF longitud *f*; **une ~ (de piscine)** un largo (de piscina); **sur une ~ de 10 km** en una distancia de 10 km; **en ~** a lo largo; **tirer en ~** alargarse demasiado; **à ~ de journée** durante todo el día; **d'une ~** (*Sport*) por un largo, por un cuerpo; **~ d'onde** longitud de onda ■ **longueurs** NFPL : **il y a des longueurs dans ce film** (*fig*) hay momentos lentos en esta película

longue-vue [lɔ̃gvy] (*pl* **longues-vues**) NF catalejo

look [luk] (*fam*) NM look *m*; **un ~ d'enfer** un look genial; **un ~ plus jeune** un look más juvenil

looping [lupiŋ] NM (*Aviat*) looping *m*; **faire des loopings** hacer looping, hacer rizos

lopin [lɔpɛ̃] NM : **~ de terre** parcela de tierra

loquace [lɔkas] ADJ locuaz

loque [lɔk] NF (*personne*) ruina ■ **loques** NFPL (*habits*) harapos *mpl*, andrajos *mpl*; **être/tomber en loques** estar hecho(-a)/hacerse harapos

loquet [lɔkɛ] NM picaporte *m*

lorgner [lɔʀɲe] VT (*regarder*) mirar de reojo; (*convoiter*) tener echado el ojo a, codiciar; **~ sur qch** tener echado el ojo a algo

lorgnette [lɔʀɲɛt] NF anteojo

lorgnon [lɔʀɲɔ̃] NM (*face-à-main*) impertinentes *mpl*; (*pince-nez*) quevedos *mpl*

loriot [lɔʀjo] NM oropéndola

lorrain, e [lɔʀɛ̃, ɛn] ADJ lorenés(-esa) ▸ NM/F : **Lorrain, e** lorenés(-esa); *voir aussi* **quiche**

Lorraine [lɔʀɛn] NF Lorena

lors [lɔʀ] : **~ de** *prép* durante; **~ même que** aun cuando

lorsque [lɔʀsk] CONJ cuando

losange [lɔzɑ̃ʒ] NM rombo; **en ~** en forma de rombo, romboidal

lot [lo] NM lote *m*; (*de loterie*) premio; (*destin*) suerte *f*; **~ de consolation** premio de consolación

loterie [lɔtʀi] NF (*tombola*) lotería, rifa; (*fig*) lotería; **L~ nationale** Lotería nacional

loti, e [lɔti] ADJ : **être bien/mal ~** tener (buena)/mala suerte

lotion [losjɔ̃] NF loción *f*; **~ après rasage** loción

l

para después del afeitado; **~ capillaire** loción capilar

lotir [lɔtiʀ] VT parcelar

lotissement [lɔtismɑ̃] NM (*de maisons, d'immeubles*) urbanización *f*; (*parcelle*) parcelación *f*

lotisseur, -euse [lɔtisœʀ, øz] NM/F responsable *mf* de la parcelación

loto [lɔto] NM lotería; **le L~** (*jeu de hasard*) la loto; *ver nota*

> **Le Loto** es un sorteo nacional de lotería que distribuye grandes sumas de dinero. Se escogen 5 números de entre 49 y uno más del 1 al 10. Cuantos más números acertados, mayor es el premio. El sorteo se televisa tres veces a la semana.

lotte [lɔt] NF (*de mer*) rape *m*

louable [lwabl] ADJ (*action, personne*) loable; **~ à l'année** con contrato de alquiler anual

louage [lwaʒ] NM (*à louer*) arrendamiento; **voiture de ~** coche *m* de alquiler

louange [lwɑ̃ʒ] NF : **à la ~ de qn/de qch** en elogio de algn/de algo ■ **louanges** NFPL (*compliments*) elogios *mpl*, alabanzas *fpl*

loubard [lubaʀ] NM macarra *m*

louche [luʃ] ADJ sospechoso(-a) ▶ NF cucharón *m*

loucher [luʃe] VI bizquear; **~ sur qch** (*fig*) írsele los ojos tras de algo

louer [lwe] VT alquilar; (*réserver*) reservar; (*faire l'éloge de*) elogiar; (*Rel : Dieu*) alabar a; **« à ~ »** « se alquila »; **se ~ de qch/d'avoir fait qch** felicitarse por algo/por haber hecho algo

loueur, -euse [lwœʀ, øz] NM/F arrendador(a)

loufoque [lufɔk] (*fam*) ADJ estrafalario(-a)

loukoum [lukum] NM *dulce oriental*

loulou [lulu] NM : **~ de Poméranie** lulú *m*

loup [lu] NM lobo; (*poisson*) róbalo, lubina; (*masque*) antifaz *m*; **jeune ~** (joven) cachorro; **~ de mer** (*marin*) lobo de mar

loupe [lup] NF (*Optique*) lupa; **à la ~** (*fig*) con lupa; **~ de noyer** (*Menuiserie*) nudo de nogal

louper [lupe] (*fam*) VT (*train etc*) perder; (*examen*) catear (*fam*)

lourd, e [luʀ, luʀd] ADJ (*aussi fig*) pesado(-a); (*chaleur, temps*) bochornoso(-a); (*responsabilité, impôts*) importante; (*parfum, vin*) fuerte; **~ de** (*conséquences, menaces*) lleno(-a) de; **artillerie/industrie lourde** artillería/industria pesada ▶ ADV : **peser ~** pesar mucho

lourdaud, e [luʀdo, od] (*péj*) ADJ torpe, tosco(-a); (*au moral*) zafio(-a)

lourdement [luʀdəmɑ̃] ADV (*insister, appuyer*) excesivamente; **marcher/tomber ~** andar con paso pesado/caer como un plomo; **se tromper ~** equivocarse burdamente

lourdeur [luʀdœʀ] NF pesadez *f*; **lourdeurs d'estomac** pesadez *fsg* de estómago

loustic [lustik] NM (*farceur*) chistoso(-a); (*fam, péj*) tío

loutre [lutʀ] NF nutria

louve [luv] NF loba

louveteau, x [luv(ə)to] NM (*Zool*) lobezno; (*scout*) joven scout *m*

louvoyer [luvwaje] VI (*Naut*) bordear; (*fig*) andar con rodeos

lover [lɔve] : **se lover** VPR (*serpent*) enroscarse, enrollarse

loyal, e, -aux [lwajal, o] ADJ leal; (*fair-play*) legal

loyalement [lwajalmɑ̃] ADV legalmente

loyalisme [lwajalism] NM lealtad *f*

loyauté [lwajote] NF lealtad *f*; **~ envers qn** lealtad a algn

loyer [lwaje] NM alquiler *m*; **~ de l'argent** interés *msg*

LP [ɛlpe] SIGLE M (= *lycée professionnel*) *centro de formación profesional*

LSD [ɛlɛsde] SIGLE M (= *Lyserg Säure Diäthylamid*) LSD *m* (= *Dietilamida del Ácido Lisérgico*)

lu, e [ly] PP *de* **lire**

lubie [lybi] NF capricho, antojo

lubricité [lybʀisite] NF lubricidad *f*

lubrifiant [lybʀifjɑ̃] NM lubrificante *m*

lubrifier [lybʀifje] VT lubrificar

lubrique [lybʀik] ADJ lúbrico(-a)

lucarne [lykaʀn] NF tragaluz *m*; **la petite ~** (*la télévision*) la pequeña pantalla

lucide [lysid] ADJ lúcido(-a)

lucidité [lysidite] NF lucidez *f*

luciole [lysjɔl] NF luciérnaga

lucratif, -ive [lykʀatif, iv] ADJ lucrativo(-a); **à but non ~** sin ánimo de lucro

ludique [lydik] ADJ lúdico(-a)

ludothèque [lydɔtɛk] NF ludoteca

luette [lɥɛt] NF campanilla

lueur [lɥœʀ] NF (*des étoiles, de la lune, d'une lampe*) resplandor *m*, fulgor *m*; (*fig : de désir, colère*) brillo, destello; (*: d'espoir*) rayo; (*: de raison, d'intelligence*) chispa

luge [lyʒ] NF (*objet*) trineo; (*discipline*) luge *m*; **faire de la ~** deslizarse en trineo

lugeur, -euse [lyʒœʀ, øz] NM/F patinador(a) de trineo

lugubre [lygybʀ] ADJ lúgubre; (*lumière, temps*) lóbrego(-a)

lui[1] [lɥi] PRON (*objet indirect*) le; (*après un autre pronom à la troisième personne*) se; (*sujet, objet direct : aussi forme emphatique*) él; **je ~ ai donné de l'argent** le di dinero; **je le ~ donne** se lo doy; **elle est riche, ~ est pauvre** ella es rica, él es pobre; **~, il est à Paris** él está en París; **c'est ~ qui l'a fait** lo hizo él; **je la connais mieux que ~** la conozco mejor que él; **à ~** (*possessif*) suyo(-a), de él; **cette voiture est à ~** ese coche es suyo

lui[2] [lɥi] PP *de* **luire**

lui-même [lɥimɛm] PRON él mismo; (*avec préposition*) sí mismo; **il a agi de ~** obró por sí mismo

luire [lɥiʀ] VI brillar, relucir

luisant, e [lɥizɑ̃, ɑ̃t] VB *voir* **luire** ▶ADJ reluciente, brillante

lumbago [lɔ̃bago] NM lumbago

lumière [lymjɛʀ] NF luz *f*; (*éclaircissement*) iluminación *f*, luz; (*personne*) lumbrera; **à la ~ de** (*aussi fig*) a la luz de; **à la ~ électrique** con luz eléctrica; **faire de la ~** encender la luz; **faire (toute) la ~ sur** (*fig*) esclarecer, aclarar; **mettre qch en ~** (*fig*) poner algo en claro, sacar algo a la luz; **~ du jour/du soleil** luz del día/del sol ■ **lumières** NFPL (*d'une personne*) luces *fpl*

luminaire [lyminɛʀ] NM luminaria

luminescent, e [lyminesɑ̃, ɑ̃t] ADJ luminescente

lumineux, -euse [lyminø, øz] ADJ (*aussi fig*) luminoso(-a); (*éclairé*) iluminado(-a)

luminosité [lyminozite] NF luminosidad *f*

lump [lœ̃p] NM : **œufs de ~** huevas *fpl* de lumbo

lunaire [lynɛʀ] ADJ lunar

lunatique [lynatik] ADJ lunático(-a)

lunch [lœntʃ] NM (*réception*) lunch *m*

lundi [lœ̃di] NM lunes *m inv*; **on est ~** estamos a lunes; **le ~ 20 août** el lunes 20 de agosto; **il est venu ~** llegó el lunes; **le(s) ~(s)** (*chaque lundi*) el (los) lunes; **« à ~ »** « hasta el lunes »; **~ de Pâques** lunes de Pascua; **~ de Pentecôte** lunes de Pentecostés

lune [lyn] NF luna; **pleine/nouvelle ~** luna llena/nueva; **être dans la ~** estar en la luna; **~ de miel** luna de miel

luné, e [lyne] ADJ : **bien/mal ~** de buen/mal humor

lunette [lynɛt] NF : **lunettes** *nfpl* gafas *fpl*, anteojos *mpl* (AM); **~ arrière** (*Auto*) luneta (trasera); **~ d'approche** catalejo; **lunettes de plongée** gafas de bucear; **lunettes noires/de soleil** gafas negras/de sol

lurent [lyʀ] VB *voir* **lire**

lurette [lyʀɛt] NF : **il y a belle ~** hace siglos

luron, ne [lyʀɔ̃, ɔn] NM/F barbián(-ana); **joyeux** *ou* **gai ~** jaranero, juerguista

lus [ly] VB *voir* **lire**

lustre [lystʀ] NM araña; (*éclat*) brillo

lustrer [lystʀe] VT lustrar; (*vêtement*) gastar

lut [ly] VB *voir* **lire**

luth [lyt] NM laúd *m*

luthier, -ière [lytje, jɛʀ] NM/F fabricante *mf* de instrumentos de cuerda

lutin [lytɛ̃] NM duende *m*

lutrin [lytʀɛ̃] NM atril *m*

lutte [lyt] NF lucha; **de haute ~** en reñida lucha; **~ des classes** lucha de clases; **~ libre** (*Sport*) lucha libre

lutter [lyte] VI luchar; (*Sport*) luchar, combatir; **~ pour/contre qn/qch** luchar por/contra algn/algo

lutteur, -euse [lytœʀ, øz] NM/F (*aussi fig*) luchador(a)

luxation [lyksasjɔ̃] NF luxación *f*

luxe [lyks] NM lujo; **de ~** de lujo; **un ~ de** (*fig*) un lujo de; **l'industrie du ~** la industria del lujo

Luxembourg [lyksɑ̃buʀ] NM Luxemburgo

luxembourgeois, e [lyksɑ̃buʀʒwa, waz] ADJ luxemburgués(-esa) ▶NM/F : **Luxembourgeois, e** luxemburgués(-esa)

luxer [lykse] VT : **se ~ l'épaule/le genou** luxarse el hombro/la rodilla

luxueusement [lyksɥøzmɑ̃] ADV lujosamente

luxueux, -euse [lyksɥø, øz] ADJ lujoso(-a)

luxure [lyksyʀ] NF lujuria

luxuriant, e [lyksyʀjɑ̃, jɑ̃t] ADJ exuberante, lujuriante

luzerne [lyzɛʀn] NF alfalfa

lycée [lise] NM instituto, liceo (AM); *ver nota*; **~ professionnel** ≈ centro de formación profesional; **~ technique** instituto técnico

> Los estudiantes franceses pasan los tres últimos años de educación secundaria en un **lycée**, que es donde se examinan del *baccalauréat* antes de dejar los estudios o comenzar los estudios universitarios. Hay varios tipos de **lycée**, entre ellos los *lycées d'enseignement général et technologique*, que ofrecen cursos generales y técnicos, y los *lycées professionnels*, que ofrecen cursos que preparan directamente para una profesión. Algunos **lycées**, especialmente aquellos que cubren una zona territorial muy extensa o los que imparten cursos especializados, ofrecen a los alumnos la posibilidad de quedarse internos.

lycéen, ne [liseɛ̃, ɛn] NM/F alumno(-a) de instituto

lymphatique [lɛ̃fatik] ADJ (*aussi fig*) linfático(-a)

lymphe [lɛ̃f] NF linfa

lyncher [lɛ̃ʃe] VT linchar

lynx [lɛ̃ks] NM lince *m*

Lyon [ljɔ̃] N Lyon

lyonnais, e [ljɔnɛ, ɛz] ADJ lionés(-esa); **à la lyonnaise** (*Culin*) al estilo de Lyon ▶NM/F : **Lyonnais, e** lionés(-esa)

lyophilisé, e [ljɔfilize] ADJ liofilizado(-a)

lyre [liʀ] NF lira

lyrique [liʀik] ADJ lírico(-a); **artiste ~** artista lírico(-a); **théâtre ~** teatro lírico; **comédie ~** comedia lírica

lyrisme [liʀism] NM lirismo

lys [lis] NM (*Bot*) lirio; (*emblème*) lis *m*

Mm

M¹, m¹ [ɛm] NM INV M, m *f*; **M comme Marcel** ≈ M de Madrid
M² ABR (= *Monsieur*) Sr. (= *Señor*)
m² ABR (= *mètre(s)*) m (= *metro(s)*)
m' [m] PRON *voir* **me**
ma [ma] *voir* **mon**
maboul, e [mabul] (*fam*) ADJ chiflado(-a) (*fam*)
macabre [makɑbʀ] ADJ macabro(-a)
macadam [makadam] NM macadán *m*
Macao [makao] N Macao
macaque [makak] NM (*singe*) macaco
macareux [makaʀø] NM frailecillo
macaron [makaʀɔ̃] NM (*gâteau*) mostachón *m*; (*insigne*) insignia; (*natte*) rodete *m*
macaroni [makaʀɔni] NMPL macarrones *mpl*; **~ au fromage/au gratin** macarrones al queso/gratinados
macchabée [makabe] NM (*fam*) fiambre *m* (*fam*), cadáver *m*
macédoine [masedwan] NF: **~ de fruits** macedonia de frutas; **~ de légumes** menestra (*sin carne*)
macérer [maseʀe] VI, VT macerar
mâche [mɑʃ] NF (*salade*) canónigos *mpl*
mâchefer [mɑʃfɛʀ] NM cagafierro
mâcher [mɑʃe] VT masticar; **ne pas ~ ses mots** no tener pelos en la lengua; **~ le travail à qn** (*fig*) darle a algn el trabajo mascado
machette [maʃɛt] NF machete *m*
machiavélique [makjavelik] ADJ maquiavélico(-a)
machiavélisme [makjavelism] NM maquiavelismo
machin [maʃɛ̃] (*fam*) NM chisme *m* (*fam*); (*personne*): **M~** fulano
machinal, e, -aux [maʃinal, o] ADJ maquinal
machinalement [maʃinalmɑ̃] ADV maquinalmente
machination [maʃinasjɔ̃] NF maquinación *f*
machine [maʃin] NF máquina; (*d'un navire, aussi fig*) maquinaria; (*fam: personne*): **M~** fulana; **faire ~ arrière** dar marcha atrás; **~ à coudre/à tricoter** máquina de coser/de tricotar; **~ à laver** lavadora; **~ à sous** máquina tragaperras *inv*; **~ à vapeur** máquina a *ou* de vapor
machine-outil [maʃinuti] (*pl* **machines-outils**) NF máquina herramienta
machinerie [maʃinʀi] NF maquinaria; (*d'un navire*) sala de máquinas
machinisme [maʃinism] NM maquinismo
machiniste [maʃinist] NM (*Théâtre*) tramoyista *mf*; (*de bus, métro*) conductor(a)
machisme [ma(t)ʃism] NM machismo
machiste [ma(t)ʃist] ADJ, NMF machista *mf*
macho [matʃo] (*fam*) NM machista *m* ▶ ADJ machista
mâchoire [mɑʃwaʀ] NF mandíbula; (*Tech*) mordaza; **~ de frein** zapata
mâchonner [mɑʃɔne] VT mordisquear
mâchouiller [mɑʃuje] (*fam*) VT mascar
mâcon [mɑkɔ̃] NM vino de Macón
maçon, ne [masɔ̃, ɔn] NM/F albañil *mf*
maçonner [masɔne] VT (*revêtir*) revestir; (*boucher*) taponar
maçonnerie [masɔnʀi] NF albañilería; (*murs*) muros *mpl*
maçonnique [masɔnik] ADJ masónico(-a)
macramé [makʀame] NM macramé *m*
macro [makʀo] NF (*Inform*) macro *f*
macrobiotique [makʀɔbjɔtik] ADJ macrobiótico(-a)
macrocéphale [makʀosefal] ADJ macrocéfalo(-a)
macrocosme [makʀɔkɔsm] NM macrocosmos *msg*
macroéconomie [makʀoekɔnɔmi] NF macroeconomía
macrophotographie [makʀofɔtɔgʀafi] NF macrofotografía
macroscopique [makʀɔskɔpik] ADJ macroscópico(-a)
maculer [makyle] VT manchar; (*Typo: feuille*) macular; **maculé de** (*sang, boue*) manchado de
Madagascar [madagaskaʀ] NF Madagascar *m*
madame [madam] (*pl* **mesdames**) NF (*titre*) señora, doña; **M~ X** la señora X; **occupez-vous de M~** atienda a la señora; **bonjour ~** buenos días señora; **~!** (*pour appeler*) ¡(oiga) señora!; **M~,** (*sur lettre*) Señora:; **Chère M~,** Estimada señora:; **M~ la Directrice** (la) señora directora; **Mesdames** Señoras

madeleine [madlɛn] NF (*gâteau*) magdalena
mademoiselle [madmwazɛl] (*pl* **mesdemoiselles**) NF Señorita; *voir aussi* **madame**
madère [madɛʀ] NM madeira *m*
madone [madɔn] NF madona
madré, e [mɑdʀe] ADJ astuto(-a)
Madrid [madʀid] N Madrid
madrier [madʀije] NM madero
madrigal, -aux [madʀigal, o] NM madrigal *m*
madrilène [madʀilɛn] ADJ madrileño(-a) ▸ NMF : **Madrilène** madrileño(-a)
maestria [maɛstʀija] NF maestría
maestro [maɛstʀo] NM maestro
mafia, maffia [mafja] NF mafia
mafieux, -euse [mafjø, øz] ADJ, NM/F mafioso(-a)
magasin [magazɛ̃] NM tienda; (*entrepôt*) almacén *m*; (*d'une arme*) recámara; (*Photo*) carga; **en ~** (*Comm*) en almacén; **faire les magasins** ir de tiendas; **~ d'alimentation** tienda de ultramarinos; **~ de déstockage** outlet *m*, tienda outlet
magasinier, -ière [magazinje, jɛʀ] NM/F mozo(-a) de almacén
magazine [magazin] NM revista; (*radiodiffusé, télévisé*) magazine *m*, magacín *m*
mage [maʒ] NM : **les Rois Mages** los Reyes Magos
magenta [maʒɛ̃ta] NM magenta *m*
Maghreb [magʀɛb] NM Magreb *m*
maghrébin, e [magʀebɛ̃, in] ADJ magrebí ▸ NM/F : **Maghrébin, e** magrebí *mf*
magicien, ne [maʒisjɛ̃, jɛn] NM/F mago(-a)
magie [maʒi] NF magia; **~ noire** magia negra
magique [maʒik] ADJ mágico(-a)
magistral, -aux [maʒistʀal, o] ADJ magistral; **cours ~** clase *f* teórica
magistralement [maʒistʀalmɑ̃] ADV magistralmente
magistrat, e [maʒistʀa, at] NM/F magistrado(-a)
magistrature [maʒistʀatyʀ] NF magistratura; **~ assise** jueces *mpl*; **~ debout** fiscales *mpl*
magma [magma] NM magma *m*; (*fig*) embrollo
magnanerie [maɲanʀi] NF criadero de gusanos de seda
magnanime [maɲanim] ADJ magnánimo(-a)
magnanimité [maɲanimite] NF magnanimidad *f*
magnat [magna] NM magnate *m*; **~ de la presse** magnate de la prensa
magner [maɲe] : **se magner** VPR (*fam*) espabilar; **magne-toi, on est en retard !** ¡espabila, que llegamos tarde!
magnésie [maɲezi] NF magnesia
magnésium [maɲezjɔm] NM magnesio
magnétique [maɲetik] ADJ magnético(-a)
magnétiser [maɲetize] VT magnetizar
magnétiseur, -euse [maɲetizœʀ, øz] NM/F magnetizador(a)
magnétisme [maɲetism] NM magnetismo
magnéto [maɲeto] NF (*Élec*) magneto; (*à cassettes*) cassette *m*
magnétocassette [maɲetokasɛt] NM cassette *m*
magnétophone [maɲetɔfɔn] NM magnetófono; **~ (à cassettes)** cassette *m*
magnétoscope [maɲetɔskɔp] NM magnetoscopio
magnificence [maɲifisɑ̃s] NF magnificencia
magnifier [maɲifje] VT magnificar
magnifique [maɲifik] ADJ magnífico(-a)
magnifiquement [maɲifikmɑ̃] ADV magníficamente
magnitude [maɲityd] NF (*de séisme*) magnitud *f*; **un séisme de ~ 4 sur l'échelle de Richter** un seísmo de magnitud 4 en la escala de Richter
magnolia [maɲɔlja] NM magnolia
magnum [magnɔm] NM *botella de dos litros*
magot [mago] NM pasta (*fam*); (*économies*) hucha
magouille [maguj] (*fam*) NF chanchullo (*fam*)
magouiller [maguje] (*fam*) VT maquinar, tramar ▸ VI hacer chanchullos (*fam*)
magret [magʀɛ] NM : **~ de canard** magret *m* de pato
mahométan, e [maɔmetɑ̃, an] ADJ mahometano(-a)
mai [mɛ] NM mayo; *ver nota*; *voir aussi* **juillet**

Le premier mai, día internacional de los trabajadores, es costumbre en Francia llevar puestas e intercambiar ramitas de lirio de los valles. **Le 8 mai** es una fiesta oficial en Francia en la que se conmemora la rendición del ejército alemán ante Eisenhower el 7 de mayo de 1945. En la mayoría de las poblaciones hay desfiles de veteranos de guerra. La agitación social que tuvo lugar en mayo y junio de 1968, con manifestaciones estudiantiles, huelgas y disturbios, se conoce genéricamente como *les événements de* **mai 68**. El gobierno de De Gaulle resistió la presión, aunque se vio abocado a realizar reformas educativas y a avanzar hacia la descentralización.

maigre [mɛgʀ] ADJ (*après nom : personne, animal*) delgado(-a), flaco(-a); (*: viande, fromage*) magro(-a); (*fig : avant nom : repas, salaire, profit*) escaso(-a); (*: résultat*) mediocre; **jours maigres** días *mpl* de vigilia ▸ ADV : **faire ~** comer de vigilia
maigrelet, te [mɛgʀəlɛ, ɛt] ADJ delgaducho(-a)
maigreur [mɛgʀœʀ] NF delgadez *f*, flaqueza; (*de la végétation*) escasez *f*

m

maigrichon, ne [megʀiʃɔ̃, ɔn] (*fam*) ADJ delgaducho(-a) (*fam*)

maigrir [megʀiʀ] VI adelgazar ▶ VT (*suj : vêtement*) : **~ qn** hacer parecer más delgado(-a) a algn

mail [mɛl] NM e-mail *m*, correo electrónico; **~ groupé** grupo de correo

mailing [meliŋ] NM mailing *m*

maille [maj] NF (*d'une chaîne*) eslabón *m*; (*d'un filet*) malla; (*d'un tricot*) punto; **avoir ~ à partir avec qn** andar en dimes y diretes con algn; **~ à l'endroit/à l'envers** punto del derecho/del revés

maillechort [majʃɔʀ] NM alpaca

maillet [majɛ] NM (*outil*) mazo; (*de croquet*) palo

maillon [majɔ̃] NM (*d'une chaîne*) eslabón *m*

maillot [majo] NM malla; (*de sportif*) camiseta; **~ (de corps)** camiseta; **~ de bain** traje *m* de baño, bañador *m*; **~ deux pièces** biquini *m*; **~ jaune** (*Cyclisme*) jersey *m* amarillo, maillot *m* amarillo

main [mɛ̃] NF mano *f*; **la ~ dans la ~** cogidos(-as) de la mano; **à une ~** con una mano; **à deux mains** con las dos manos; **à la ~** a mano; **se donner la ~** darse la mano; **donner** *ou* **tendre la ~ à qn** dar *ou* tender la mano a algn; **se serrer la ~** estrecharse la mano; **serrer la ~ à qn** estrechar la mano a algn; **demander la ~ d'une femme** pedir la mano de una mujer; **sous la ~** a mano; **haut les mains** arriba las manos; **à ~ levée** (*Art*) a pulso; **à mains levées** (*voter*) a mano alzada; **attaque à ~ armée** ataque *m* a mano armada; **à ~ droite/gauche** a mano derecha/izquierda; **de première ~** de primera mano; **de ~ de maître** con mano maestra; **à remettre en mains propres** a entregar en mano; **faire ~ basse sur qch** apoderarse de algo; **mettre la dernière ~ à qch** dar el último toque a algo; **mettre la ~ à la pâte** poner manos a la obra; **avoir qch/qn bien en ~** conocer algo/a algn bien; **prendre qch en ~** (*fig*) hacerse cargo de algo; **avoir la ~** (*Cartes*) ser mano; **céder/passer la ~** (*Cartes*) ceder/pasar la mano; **forcer la ~ à qn** obligar a algn; **s'en laver les mains** (*fig*) lavarse las manos; **se faire la ~** entrenarse; **perdre la ~** estar desentrenado(-a); **en un tour de ~** (*fig*) en un periquete; **~ courante** pasamanos *m inv*

mainate [mɛnat] NM *estornino de Malasia*

main-d'œuvre [mɛ̃dœvʀ] (*pl* **mains-d'œuvre**) NF mano *f* de obra

main-forte [mɛ̃fɔʀt] NF : **prêter ~ à qn** echar una mano a algn

mainmise [mɛ̃miz] NF confiscación *f*; (*fig*) : **avoir la ~ sur** tener control sobre

mains libres [mɛ̃libʀ] ADJ INV (*téléphone, kit*) manos libres

maint, e [mɛ̃, mɛ̃t] ADJ varios(-as); **à maintes reprises** en repetidas ocasiones

maintenance [mɛ̃t(ə)nɑ̃s] NF mantenimiento

maintenant [mɛ̃t(ə)nɑ̃] ADV ahora; (*ceci dit*) ahora bien; **~ que** ahora que

maintenir [mɛ̃t(ə)niʀ] VT mantener; (*personne, foule, animal*) contener ■ **se maintenir** VPR mantenerse; (*préjugé*) conservarse

maintien [mɛ̃tjɛ̃] NM mantenimiento; (*allure*) compostura; **cours de ~** curso de buenas maneras; **~ de l'ordre** mantenimiento del orden

maintiendrai *etc* [mɛ̃tjɛ̃dʀe] VB *voir* **maintenir**

maintiens [mɛ̃tjɛ̃] VB *voir* **maintenir**

maire [mɛʀ] NMF alcalde(sa), intendente(-a) (CSUR), regente *mf* (MEX)

mairie [meʀi] NF ayuntamiento

mais [mɛ] CONJ pero; **~ non !** ¡que no!; **~ enfin !** ¡pero bueno!; **~ encore** sino que

maïs [mais] NM maíz *m*

maison [mɛzɔ̃] NF casa; (*famille*) : **fils/ami de la ~** niño/amigo de la casa; **à la ~** en casa; (*direction*) a casa; **~ centrale/mère** casa central/matriz; **~ close** *ou* **de passe** casa de citas; **~ d'arrêt** prisión *f*; **~ de campagne** casa de campo; **~ de la culture** casa de la cultura; **~ de repos** casa de reposo; **~ de correction** correccional *m*; **~ de retraite** asilo de ancianos; **~ de santé** centro de salud; **~ des jeunes** casa de la juventud; *ver nota* ▶ ADJ INV (*Culin*) casero(-a); (*dans un restaurant, fig*) de la casa; (*syndicat*) propio(-a); (*fam : bagarre etc*) bárbaro(-a)

> Las **maisons des jeunes et de la culture** o **MJC**, parcialmente subvencionadas por el Estado, son centros juveniles que organizan una amplia gama de actividades deportivas y culturales y además llevan a cabo una labor social.

Maison-Blanche [mɛzɔ̃blɑ̃ʃ] NF : **la ~** la Casa Blanca

maisonnée [mɛzɔne] NF familia

maisonnette [mɛzɔnɛt] NF casita

maître¹, -esse [mɛtʀ, ɛs] NM/F (*Scol*) maestro(-a); (*du chien*) dueño(-a); **le ~ des lieux** el dueño del lugar; **rester ~ de soi-même** dominarse a sí mismo; **~ d'école** maestro(-a) de primaria *o* de escuela; **~ de maison** amo(-a) *ou* dueño(-a) de la casa ▶ ADJ maestro(-a); (*Cartes*) principal; **une maîtresse femme** toda una mujer; **carte maîtresse** (*fig*) as *m* en la manga; *voir aussi* **maîtresse**

maître² [mɛtʀ] NMF (*peintre etc*) maestro(-a); **être ~ de** dominar; **passer ~ dans l'art de** llegar a dominar el arte de; **se rendre ~ de** (*pays, ville*) adueñarse de; (*situation, incendie*) dominar; **maison de ~** casa señorial; **voiture de ~** coche *m* con chófer; **~ à penser** maestro(-a); **~ auxiliaire** (*Scol*) profesor(a) adjunto(-a); **~ chanteur(-euse)** chantajista *mf*; **~ d'armes** maestro(-a) de armas; **~ de chapelle** maestro(-a) de capilla; **~ de conférences** (*Univ*) profesor(a); **~ d'hôtel** (*dans un restaurant*) jefe(-a) de comedor, maître *mf*; **~ nageur(-euse)** monitor(a) de natación; (*qui porte secours*) socorrista *mf*; **~ d'œuvre** (*Constr*) contratista *mf*; **~ d'ouvrage** (*Constr*) maestro(a) de obras; **~ queux** jefe(-a) de cocina ▶ NM (*Jur*) maestro; **M~** *título que se da en Francia a abogados, procuradores y notarios*

maître-assistant, e [mɛtʀasistɑ̃, ɑ̃t] (*pl* **maîtres-assistants, -es**) NM/F (*Univ*) profesor(a) adjunto(-a)

maître-autel [mɛtʀotɛl] (*pl* **maîtres-autels**) NM altar *m* mayor

maîtresse [mɛtʀɛs] NF (*amante*) amante *f*; *voir aussi* **maître**[1]

maîtrise [metʀiz] NF (*aussi* : **maîtrise de soi**) dominio de sí mismo; (*calme*) serenidad *f*; (*habileté, virtuosité*) maestría; (*suprématie*) dominio; (*diplôme*) ≈ licenciatura; (*contremaîtres et chefs d'équipe*) capataces *mpl*

maîtriser [metʀize] VT dominar ■ **se maîtriser** VPR dominarse

maïzena® [maizena] NF maicena, maizena®

majesté [maʒeste] NF : **~ royale/impériale** majestad *f* real/imperial; (*titre*) : **Sa/Votre M~** Su/Vuestra Majestad

majestueusement [maʒɛstɥøzmɑ̃] ADV majestuosamente

majestueux, -euse [maʒɛstɥø, øz] ADJ (*fleuve, édifice*) majestuoso(-a)

majeur, e [maʒœʀ] ADJ mayor; (*Jur* : *personne*) mayor de edad; (*préoccupation*) principal; **en majeure partie** en su mayor parte; **la majeure partie de** la mayor parte de ▶ NM/F (*Jur*) mayor *mf* de edad ▶ NM (*doigt*) (dedo) corazón *m*

major [maʒɔʀ] NM (*Mil*) ≈ subteniente *m*; **~ de la promotion** (*Scol*) primero de la promoción

majoration [maʒɔʀasjɔ̃] NF recargo

majordome [maʒɔʀdɔm] NM mayordomo

majorer [maʒɔʀe] VT recargar

majorette [maʒɔʀɛt] NF majorette *f*

majoritaire [maʒɔʀitɛʀ] ADJ mayoritario(-a); **système/scrutin ~** sistema *m*/escrutinio mayoritario

majorité [maʒɔʀite] NF mayoría; (*Jur*) mayoría de edad; **en ~** en su mayoría; **avoir la ~** tener la mayoría; **la ~ silencieuse** la mayoría silenciosa; **~ absolue/relative** mayoría absoluta/relativa; **~ civile** mayoría de edad (*para el ejercicio de los derechos civiles*); **~ électorale** *mayoría de edad para votar*; **~ pénale** mayoría de edad

Majorque [maʒɔʀk] NF Mallorca

majorquin, e [maʒɔʀkɛ̃, in] ADJ mallorquín(-ina) ▶ NM/F : **Majorquin, e** mallorquín(-ina)

majuscule [maʒyskyl] ADJ, NF : **(lettre) ~** (letra) mayúscula

mal, maux [mal, mo] NM (*tort, épreuve, malheur*) desgracia; (*douleur physique*) dolor *m*; (*maladie*) mal *m*; (*difficulté*) dificultad *f*; (*souffrance morale*) sufrimiento; (*péché*) : **le ~** el mal; **dire du ~ de qn** hablar mal de algn; **ne vouloir de ~ à personne** no querer hacer daño a nadie; **il n'a rien fait de ~** no ha hecho nada malo; **penser du ~ de qn** pensar mal de algn; **ne voir aucun ~ à** no ver ningún mal en; **sans penser** *ou* **songer à ~** sin mala intención; **faire du ~ à qn** hacer daño a algn; **il n'y a pas de ~** no pasa nada; **se donner du ~ pour faire qch** esforzarse para hacer algo; **prendre ~** ponerse enfermo(-a); **ça fait ~** duele; **j'ai ~ (ici)** me duele (aquí); **j'ai ~ au dos** me duele la espalda; **avoir ~ à la tête/aux dents** tener dolor de cabeza/de muelas; **avoir ~ au cœur** tener náuseas; **se faire ~** hacerse daño; **se faire ~ au pied** hacerse daño en el pie; **j'ai du ~ à le faire** me cuesta hacerlo; **avoir le ~ de l'air** marearse (en los aviones); **avoir le ~ du pays** tener morriña; **~ de la route/de mer** mareo; **~ de ventre** dolor de barriga ▶ ADV mal; **se sentir/se trouver ~** sentirse/encontrarse mal; **être ~ avec qn** andar de malas con algn; **il comprend ~** no entiende bien; **il a ~ compris** ha entendido mal; **~ tourner** ir mal; **craignant ~ faire** temiendo hacer mal ▶ ADJ INV : **c'est ~ (de faire)** está mal (hacer); **être ~** (*mal installé*) estar incómodo(-a); **~ en point** en mal estado

malabar [malabaʀ] NM grandullón *m*

malachite [malaʃit] NF malaquita

malade [malad] ADJ enfermo(-a); (*poitrine, jambe*) malo(-a); **tomber ~** caer enfermo(-a); **être ~ du cœur** estar enfermo(-a) del corazón ▶ NMF enfermo(-a); **grand(e) ~** enfermo(-a) grave; **~ mental(e)** enfermo(-a) mental

maladie [maladi] NF enfermedad *f*; **être rongé par la ~** estar consumido por la enfermedad; **~ bleue** cianosis *f inv*; **~ de peau** enfermedad de la piel

maladif, -ive [maladif, iv] ADJ enfermizo(-a)

maladresse [maladʀɛs] NF torpeza

maladroit, e [maladʀwa, wat] ADJ torpe

maladroitement [maladʀwatmɑ̃] ADV torpemente

mal-aimé, e [maleme] (*pl* **mal-aimés, -es**) NM/F malquerido(-a)

malais, e [malɛ, ɛz] ADJ malayo(-a) ▶ NM (*Ling*) malayo ▶ NM/F : **Malais, e** malayo(-a)

malaise [malɛz] NM malestar *m*; **avoir un ~** marearse; **~ cardiaque** malestar cardíaco

malaisé, e [maleze] ADJ difícil

Malaisie [malɛzi] NF Malasia

malappris, e [malapʀi, iz] NM/F maleducado(-a)

malaria [malaʀja] NF malaria

malavisé, e [malavize] ADJ desacertado(-a)

Malawi [malawi] NM Malawi *m*

malaxer [malakse] VT amasar; (*mêler*) mezclar

malaxeur [malaksœʀ] NM (*Tech*) hormigonera

Malaysia [malɛzja] NF Malasia

malbouffe [malbuf] (*fam*) NF : **la ~** la comida basura

m

malchance [malʃɑ̃s] NF mala suerte *f*; (*mésaventure*) desgracia; **par ~** por desgracia; **quelle ~ !** ¡qué mala suerte!
malchanceux, -euse [malʃɑ̃sø, øz] ADJ desafortunado(-a)
malcommode [malkɔmɔd] ADJ incómodo(-a)
Maldives [maldiv] NFPL : **les (îles) ~** las (islas) Maldivas
maldonne [maldɔn] NF (*Cartes*) *cartas mal dadas*; **il y a ~** (*fig*) aquí hay un error
mâle [mɑl] NM macho ▶ ADJ macho; (*viril*) varonil, viril; **prise ~** (*Élec*) clavija; **souris ~** ratón *m* macho
malédiction [malediksjɔ̃] NF maldición *f*; (*fatalité, malchance*) desgracia
maléfice [malefis] NM maleficio
maléfique [malefik] ADJ maléfico(-a)
malencontreusement [malɑ̃kɔ̃tʀøzmɑ̃] ADV desgraciadamente
malencontreux, -euse [malɑ̃kɔ̃tʀø, øz] ADJ desgraciado(-a)
malentendant, e [malɑ̃tɑ̃dɑ̃, ɑ̃t] NM/F : **les malentendants** las personas con defectos de audición
malentendu [malɑ̃tɑ̃dy] NM malentendido
malfaçon [malfasɔ̃] NF defecto
malfaisant, e [malfəzɑ̃, ɑ̃t] ADJ (*bête*) dañino(-a); (*être*) malo(-a); (*idées, influence*) nocivo(-a)
malfaiteur, -trice [malfɛtœʀ, tʀis] NM/F malhechor(a)
malfamé, e [malfame] ADJ de mala fama
malformation [malfɔʀmasjɔ̃] NF malformación *f*
malfrat [malfʀa] NM malhechor *m*
malgache [malgaʃ] ADJ malgache ▶ NM (*Ling*) malgache *m* ▶ NMF : **Malgache** malgache *mf*
malgré [malgʀe] PRÉP (*contre le gré de*) contra la voluntad de; (*en dépit de*) a pesar de; **~ moi/lui** a pesar mío/suyo; **~ tout** a pesar de todo
malhabile [malabil] ADJ torpe
malheur [malœʀ] NM desgracia; (*ennui*) problema *m*; **par ~** por desgracia; **quel ~ !** ¡qué desgracia!; **faire un ~** (*fam : un éclat*) explotar; (*: avoir du succès*) arrasar (*fam*)
malheureusement [maløʀøzmɑ̃] ADV desgraciadamente
malheureux, -euse [maløʀø, øz] ADJ (*triste : personne*) infeliz, desdichado(-a); (*existence, accident*) desgraciado(-a), desdichado(-a); (*malchanceux : candidat*) derrotado(-a); (*: tentative*) fracasado(-a); (*insignifiant*) miserable; **la malheureuse femme/victime** la desdichada mujer/víctima; **avoir la main malheureuse** (*au jeu*) tener poca fortuna; (*tout casser*) ser un manazas ▶ NM/F desgraciado(-a); **les ~** los desamparados
malhonnête [malɔnɛt] ADJ deshonesto(-a)
malhonnêtement [malɔnɛtmɑ̃] ADV sin honradez
malhonnêteté [malɔnɛtte] NF falta de honradez
Mali [mali] NM Mali *m*
malice [malis] NF malicia; (*méchanceté*) : **par ~** por maldad; **sans ~** sin malicia
malicieusement [malisjøzmɑ̃] ADV maliciosamente
malicieux, -euse [malisjø, jøz] ADJ malicioso(-a)
malien, ne [maljɛ̃, ɛn] ADJ maliense, malí ▶ NM/F : **Malien, ne** maliense *mf*, malí *mf*
malignité [maliɲite] NF malicia; (*Méd*) malignidad *f*
malin, -igne [malɛ̃, maliɲ] ADJ (*rusé : f gén* **maline**) astuto(-a); (*malicieux : sourire*) pícaro(-a); (*Méd*) maligno(-a); **faire le ~** dárselas de listo; **éprouver un ~ plaisir à** regodearse con; **c'est ~ !** (*iron*) ¡qué listo!
malingre [malɛ̃gʀ] ADJ enteco(-a)
malintentionné, e [malɛ̃tɑ̃sjɔne] ADJ malintencionado(-a)
malle [mal] NF baúl *m*; **~ arrière** (*Auto*) maletero
malléabilité [maleabilite] NF maleabilidad *f*
malléable [maleabl] ADJ maleable
malle-poste [malpɔst] (*pl* **malles-poste**) NF coche *m* correo
mallette [malɛt] NF maletín *m*; (*coffret*) cofre *m*; **~ de voyage** maletín de viaje
malmener [malməne] VT maltratar; (*fig : adversaire*) dejar maltrecho(-a)
malnutrition [malnytʀisjɔ̃] NF desnutrición *f*
malodorant, e [malɔdɔʀɑ̃, ɑ̃t] ADJ maloliente
malotru, e [malɔtʀy] NM/F grosero(-a)
malouin, e [malwɛ̃, in] ADJ de Saint-Malo ▶ NM/F : **Malouin, e** nativo(-a) *ou* habitante *mf* de Saint-Malo
Malouines [malwin] NFPL : **les (îles) ~** las (islas) Malvinas
malpoli, e [malpɔli] NM/F maleducado(-a)
malpropre [malpʀɔpʀ] ADJ sucio(-a); (*travail*) mal hecho(-a); (*histoire, plaisanterie*) grosero(-a); (*malhonnête*) inmoral
malpropreté [malpʀɔpʀəte] NF suciedad *f*
malsain, e [malsɛ̃, ɛn] ADJ malsano(-a)
malséant, e [malseɑ̃, ɑ̃t] ADJ inoportuno(-a)
malsonnant, e [malsɔnɑ̃, ɑ̃t] ADJ malsonante
malt [malt] NM malta; **whisky pur ~** whisky *m* de malta
maltais, e [maltɛ, ɛz] ADJ maltés(-esa) ▶ NM (*Ling*) maltés *m* ▶ NM/F : **Maltais, e** maltés(-esa)
Malte [malt] NF Malta
malté, e [malte] ADJ malteado(-a)
maltraitance [maltʀɛtɑ̃s] NF maltrato
maltraiter [maltʀete] VT maltratar; (*critiquer, éreinter*) vapulear

malus [malys] NM (*Assurance*) recargo
malveillance [malvɛjɑ̃s] NF mala voluntad *f*; (*intention de nuire*) mala intención *f*; (*Jur*) malevolencia
malveillant, e [malvɛjɑ̃, ɑ̃t] ADJ malintencionado(-a)
malvenu, e [malvəny] ADJ : **être ~ de/à faire qch** no tener derecho a hacer algo
malversation [malvɛʀsasjɔ̃] NF malversación *f*
mal-vivre [malvivʀ] NM INV malestar *m*
malvoyant, e [malvwajɑ̃, ɑ̃t] NM/F persona con visión parcial
maman [mamɑ̃] NF mamá
mamelle [mamɛl] NF teta
mamelon [mam(ə)lɔ̃] NM (*Anat*) pezón *m*; (*petite colline*) montecillo
mamie [mami] (*fam*) NF abuelita, nana (*fam*)
mammaire [mamɛʀ] ADJ mamario(-a)
mammectomie [mamɛktɔmi] NF mastectomía
mammifère [mamifɛʀ] NM mamífero
mammographie [mamɔgʀafi] NF mamografía
mammoplastie [mamɔplasti] NF mamoplastia
mammouth [mamut] NM mamut *m*
mamours [mamuʀ] (*fam*) NMPL carantoñas *fpl*; **se faire des ~** hacerse carantoñas
management [manadʒmɛnt] NM (*techniques de gestion*) dirección *f* y gestión *f* de empresas, management *m*
manager [manadʒɛʀ] NMF director(a); (*Comm*) gerente *mf*; (*Sport*) mánager *mf*
managérial, e, -aux [manaʒeʀjal, o] ADJ directivo(-a), de gestión
manant [manɑ̃] NM (*vilain*) villano
manceau, -elle [mɑ̃so, ɛl] ADJ de Le Mans ▸ NM/F : **Manceau, -elle** nativo(-a) *ou* habitante *mf* de Le Mans
manche [mɑ̃ʃ] NF manga; (*Géo*) : **la M~** el Canal *m* de la Mancha; **à manches courtes/longues** (*vêtement*) de manga corta/larga; **faire la ~** pedir limosna; **~ à air** *nf* (*Aviat*, *Inform*) manga de aire ▸ NM mango; (*de violon, guitare*) mástil *m*; **se débrouiller comme un ~** (*fam*) hacer las cosas con los pies; **~ à balai** *nm* palo de escoba; (*Aviat*) palanca de mando; (*Inform*) palanca
manchette [mɑ̃ʃɛt] NF (*de chemise*) puño; (*coup*) *golpe dado con el antebrazo*; (*Presse*) cabecera, titular *m*; **faire la ~ des journaux** saltar a los titulares
manchon [mɑ̃ʃɔ̃] NM manguito; **~ (à incandescence)** camisa (incandescente)
manchot, e [mɑ̃ʃo, ɔt] ADJ manco(-a) ▸ NM (*Zool*) pingüino
mandale [mɑ̃dal] NF (*fam*) torta (*fam*), sopapo (*fam*)
mandarin [mɑ̃daʀɛ̃] NM (*Ling, Hist, ponte*) mandarín *m*
mandarine [mɑ̃daʀin] NF mandarina
mandarinier [mɑ̃daʀinje] NM mandarino
mandat [mɑ̃da] NM (*postal*) giro; (*d'un député, président*) mandato; (*procuration*) poder *m*; (*Police*) orden *f*; **toucher un ~** cobrar un giro; **~ d'amener** orden de comparecencia; **~ d'arrêt** orden de arresto; **~ de dépôt** orden de prisión; **~ de police** orden de registro
mandataire [mɑ̃datɛʀ] NMF mandatario(-a)
mandat-carte [mɑ̃dakaʀt] (*pl* **mandats-cartes**) NM giro postal (*en forma de postal*)
mandater [mɑ̃date] VT (*personne*) encargar; **~ un paiement** extender un libramiento
mandat-lettre [mɑ̃dalɛtʀ] (*pl* **mandats-lettres**) NM giro postal (*en forma de carta*)
mandat-poste [mɑ̃dapɔst] (*pl* **mandats-postes**) NM giro postal
mandature [mɑ̃datyʀ] NF mandato
mandchou, e [mɑ̃tʃu] ADJ manchú ▸ NM (*Ling*) manchú *m* ▸ NM/F : **Mandchou, e** manchú *mf*
Mandchourie [mɑ̃tʃuʀi] NF Manchuria
mander [mɑ̃de] VT ordenar
mandibule [mɑ̃dibyl] NF mandíbula
mandoline [mɑ̃dɔlin] NF mandolina
manège [manɛʒ] NM (*école d'équitation*) picadero; (*à la foire*) tiovivo; (*fig : manœuvre*) maniobra; **faire un tour de ~** dar una vuelta en tiovivo; **~ de chevaux de bois** caballitos *mpl*
manette [manɛt] NF palanca; **~ de jeu** palanca de juego
manganèse [mɑ̃ganɛz] NM manganeso
mangeable [mɑ̃ʒabl] ADJ (*comestible*) comestible; (*juste bon à manger*) comible
mangeaille [mɑ̃ʒaj] (*péj*) NF bazofia
mangeoire [mɑ̃ʒwaʀ] NF pesebre *m*
manger [mɑ̃ʒe] VT comer; (*ronger : suj : rouille etc*) carcomer; (*consommer*) gastar; (*capital*) despilfarrar ▸ VI comer
mange-tout [mɑ̃ʒtu] NM INV (*Bot*) tirabeque *m*; **haricot ~** judía verde
mangeur, -euse [mɑ̃ʒœʀ, øz] NM/F comedor(a)
mangouste [mɑ̃gust] NF mangosta
mangrove [mɑ̃gʀɔv] NF manglar *m*
mangue [mɑ̃g] NF mango
maniabilité [manjabilite] NF manejabilidad *f*
maniable [manjabl] ADJ manejable; (*fig : personne*) manipulable
maniaque [manjak] ADJ maniático(-a) ▸ NMF (*obsédé, fou*) maníaco(-a); (*pointilleux*) maniático(-a)
manichéen, ne [manikeɛ̃, ɛn] ADJ maniqueo(-a)
manie [mani] NF manía
maniement [manimɑ̃] NM manejo; **~ d'armes** (*Mil*) manejo de armas

m

manier [manje] VT manejar

manière [manjɛʀ] NF manera; (*genre, style*) estilo; **de ~ à** con objeto de; **de telle ~ que** de tal manera que; **de cette ~** de esta manera; **d'une ~ générale** en general; **de toute ~** de todas maneras; **d'une certaine ~** en cierto sentido; **à la ~ de (qn)** a la manera de (algn); **employer la ~ forte** emplear la fuerza; **complément/adverbe de ~** complemento/adverbio de modo ■ **manières** NFPL (*attitude*) modales *mpl*; (*chichis*) melindres *mpl*; **manquer de manières** carecer de educación; **faire des manières** andar con remilgos; **sans manières** sin ceremonias

maniéré, e [manjeʀe] ADJ amanerado(-a)

manif [manif] (*fam*) NF mani *f* (*fam*), manifa (*fam*)

manifestant, e [manifɛstɑ̃, ɑ̃t] NM/F manifestante *mf*

manifestation [manifɛstasjɔ̃] NF manifestación *f*; (*fête, réunion etc*) acto

manifeste [manifɛst] ADJ manifiesto(-a) ▶ NM manifiesto

manifestement [manifɛstəmɑ̃] ADV manifiestamente

manifester [manifɛste] VT manifestar ▶ VI (*Pol*) manifestarse ■ **se manifester** VPR manifestarse; (*témoin*) presentarse

manigance [manigɑ̃s] NF artimaña

manigancer [manigɑ̃se] VT tramar

Manille [manij] N Manila

manioc [manjɔk] NM mandioca

manip [manip] (*fam*) NF (*Inform*) operación *f*; **faire une fausse ~** cometer un error de manejo

manipulateur, -trice [manipylatœʀ, tʀis] NM/F (*aussi péj*) manipulador(a); (*prestidigitateur*) ilusionista *mf*

manipulation [manipylasjɔ̃] NF manipulación *f*; **~ génétique** manipulación genética

manipuler [manipyle] VT manipular

manique [manik] NF (*pour saisir les plats chauds*) manopla

manitou [manitu] NM (*chez les Indiens d'Amérique*) manitú *m*; (*fam : chef*) : **grand ~** mandamás *mf* (*fam*), pez *m* gordo (*fam*)

manivelle [manivɛl] NF manivela

manne [man] NF maná *m*

mannequin [mankɛ̃] NM (*Couture*) maniquí *m*; **taille ~** talla maniquí ▶ NMF (*Mode*) modelo *mf*

manœuvrabilité [manœvʀabilite] NF maniobrabilidad *f*

manœuvrable [manœvʀabl] ADJ maniobrable

manœuvre [manœvʀ] NF maniobra; **fausse ~** maniobra falsa ▶ NM peón *m* (de obra)

manœuvrer [manœvʀe] VT (*aussi fig*) manejar ▶ VI maniobrar

manoir [manwaʀ] NM casa solariega

manomètre [manɔmɛtʀ] NM manómetro

manouche [manuʃ] NMF gitano(-a)

manquant, e [mɑ̃kɑ̃, ɑ̃t] ADJ : **la/les page(s) manquante(s)** la(s) página(s) que falta(n)

manque [mɑ̃k] NM falta; **par ~ de** por falta de; **être en ~** tener el síndrome de abstinencia; **~ à gagner** lucro cesante ■ **manques** NMPL (*lacunes*) lagunas *fpl*

manqué, e [mɑ̃ke] ADJ fracasado(-a), fallido(-a); *voir aussi* **garçon**

manquement [mɑ̃kmɑ̃] NM : **~ à** infracción *f* de

manquer [mɑ̃ke] VI faltar; (*échouer*) fallar, fracasar; **l'argent qui leur manque** el dinero que les falta; **la voix lui a manqué** le falló la voz; **~ à qch** faltar a algo; **~ à qn** : **il/cela me manque** le/lo echo de menos; **~ de** carecer de; **nous manquons de feutres** se nos han agotado los rotuladores, no nos quedan rotuladores; **ne pas ~ de faire** : **il n'a pas manqué de le dire** no dejó de decirlo; **je n'y manquerai pas** no dejaré de hacerlo; **~ (de) faire** : **il a manqué (de) se tuer** por poco se mata ▶ VT (*coup, objectif*) fallar; (*cours, réunion*) faltar a; (*occasion*) perder; **j'ai manqué la photo** no me ha salido bien la foto; **ne pas ~ qn** vérselas con algn ▶ VB IMPERS : **il (nous) manque encore 1/10 euros** (nos) falta todavía 1 euro/(nos) faltan todavía 10 euros; **il manque des pages** faltan páginas; **il ne manquerait plus que …** faltaría solo que …

> En espagnol, pour dire que quelqu'un ou quelque chose nous manque, on emploie l'expression *echar de menos* dans laquelle c'est la personne qui ressent le manque qui est sujet de la phrase, la construction étant inversée par rapport au français :
> **Ma famille me manque.** Echo de menos a mi familia.

mansarde [mɑ̃saʀd] NF buhardilla

mansardé, e [mɑ̃saʀde] ADJ abuhardillado(-a)

mansuétude [mɑ̃sɥetyd] NF mansedumbre *f*

mante [mɑ̃t] NF : **~ religieuse** santateresa, mantis *f inv* religiosa

manteau, x [mɑ̃to] NM abrigo; (*de cheminée*) campana; **sous le ~** (*vendre*) bajo cuerda

mantille [mɑ̃tij] NF mantilla

manucure [manykyʀ] NF manicura

manucuré, e [manykyʀe] ADJ (*mains, ongles, personne*) manicurado(-a)

manuel, le [manɥɛl] ADJ manual; **travailleur ~** trabajador *m* manual ▶ NM/F : **je suis un ~** lo mío es trabajar con las manos ▶ NM (*livre*) manual *m*

manuellement [manɥɛlmɑ̃] ADV manualmente

manufacture [manyfaktyʀ] NF manufactura

manufacturé, e [manyfaktyʀe] ADJ manufacturado(-a)

manufacturier, -ière [manyfaktyʀje, jɛʀ] NM/F fabricante *mf*

manuscrit, e [manyskʀi, it] ADJ manuscrito(-a) ▶ NM manuscrito

manutention [manytɑ̃sjɔ̃] NF manipulación *f*

manutentionnaire [manytɑ̃sjɔnɛʀ] NMF manipulador(a)

manutentionner [manytɑ̃sjɔne] VT manipular

maoïste [maɔist] ADJ, NMF maoísta *mf*

maori, e [maɔʀi] ADJ maorí *inv* ▶ NM (*Ling*) maorí *m* ▶ NM/F : **Maori, e** maorí *mf*

maous, se [maus] (*fam*) ADJ grandote (*fam*), enorme

mappemonde [mapmɔ̃d] NF mapamundi *m*

maquereau, x [makʀo] NM (*Zool*) caballa; (*fam : proxénète*) chulo

maquerelle [makʀɛl] (*fam*) NF patrona de casa de citas

maquette [makɛt] NF maqueta; (*d'une page illustrée, affiche*) boceto

maquettiste [maketist] NMF maquetista *mf*; **~ publicitaire** maquetista publicitario(-a)

maquignon [makiɲɔ̃] NM chalán *m*

maquillage [makijaʒ] NM maquillaje *m*

maquiller [makije] VT (*aussi fig*) maquillar; (*passeport*) falsificar ■ **se maquiller** VPR maquillarse

maquilleur, -euse [makijœʀ, øz] NM/F maquillador(a)

maquis [maki] NM (*Géo*) monte *m* bajo; (*fig*) embrollo; (*Mil*) maquis *m inv*

maquisard, e [makizaʀ, aʀd] NM/F maquis *mf inv*

marabout [maʀabu] NM marabú *m*

maraîchage [maʀɛʃaʒ] NM cultivos *mpl* de huerta

maraîcher, -ère [maʀeʃe, ɛʀ] ADJ : **cultures maraîchères** cultivos *mpl* de huerta ▶ NM/F hortelano(-a)

marais [maʀɛ] NM pantano; **~ salant** salina

marasme [maʀasm] NM marasmo

marathon [maʀatɔ̃] NM maratón *m*

marathonien, ne [maʀatɔnjɛ̃, jɛn] NM/F maratoniano(-a)

marâtre [maʀɑtʀ] NF madrastra

maraude [maʀod] NF (*vol*) ratería; (*vagabondage*) merodeo; **en ~** de ronda; (*taxi*) en busca de clientes

maraudeur, -euse [maʀodœʀ, øz] NM/F ratero(-a)

marbre [maʀbʀ] NM mármol *m*; (*Typo*) platina; **rester de ~** quedarse de piedra

marbré, e [maʀbʀe] ADJ (*matériau*) jaspeado(-a); (*peau*) amoratado(-a); **un gâteau ~** un pastel de mármol ▶ NM (*gâteau*) pastel *m* de mármol

marbrer [maʀbʀe] VT (*matériau*) jaspear; (*peau*) amoratar

marbrerie [maʀbʀəʀi] NF marmolería

marbrier [maʀbʀije] NM marmolista *m*

marbrière [maʀbʀijɛʀ] NF cantera de mármol

marbrures [maʀbʀyʀ] NFPL moraduras *fpl*

marc [maʀ] NM (*de raisin, pommes, aussi alcool*) orujo; **~ de café** poso de café

marcassin [maʀkasɛ̃] NM jabato

marchand, e [maʀʃɑ̃, ɑ̃d] NM/F comerciante *mf*; (*au marché*) vendedor(a); **~ au détail/en gros** vendedor(a) minorista/mayorista; **~ de biens** corredor(a) de fincas; **~ de canons** (*péj*) traficante *mf* de armas; **~ de charbon** carbonero(-a); **~ de couleurs** droguero(-a); **~ de cycles** vendedor(a) de bicicletas; **~ de fruits** frutero(-a); **~ de journaux** vendedor(a) de periódicos; **~ de légumes** verdulero(-a); **~ de poisson** pescadero(-a); **~ de sable** (*fig*) *genio fabuloso que duerme a los niños*; **~ de tableaux** marchante *mf*; **~ de tapis** vendedor(a) de alfombras; **~ de vins** vinatero(-a); **~ des quatre saisons** vendedor(a) ambulante de frutas y verduras ▶ ADJ : **prix ~** precio de coste; **valeur marchande** valor *m* comercial; **qualité marchande** calidad *f* corriente

marchandage [maʀʃɑ̃daʒ] NM regateo; (*péj : électoral*) negociaciones *fpl*

marchander [maʀʃɑ̃de] VT, VI regatear

marchandisage [maʀʃɑ̃dizaʒ] NM merchandising *m*, promoción *f* comercial

marchandise [maʀʃɑ̃diz] NF mercancía

marchant, e [maʀʃɑ̃, ɑ̃t] ADJ : **aile marchante** (*d'un parti*) ala activa

marche [maʀʃ] NF marcha; (*d'escalier*) escalón *m*; (*allure, démarche*) paso; (*du temps, progrès*) curso; **ouvrir/fermer la ~** abrir/cerrar la marcha; **à une heure de ~** a una hora de camino; **dans le sens de la ~** (*Rail*) en el sentido de la marcha; **monter/prendre en ~** subir/coger en marcha; **mettre en ~** poner en marcha; **remettre qch en ~** arreglar algo; **se mettre en ~** ponerse en marcha; **~ arrière** (*Auto*) marcha atrás; **faire ~ arrière** (*Auto, aussi fig*) dar marcha atrás; **~ à suivre** pasos *mpl* a seguir; (*sur notice*) método

marché [maʀʃe] NM mercado; (*accord, affaire*) trato; **par-dessus le ~** por añadidura; **faire son ~** ir a la compra; **mettre à qn le ~ en main** obligar a algn a tomar una decisión; **~ à terme/au comptant** (*Bourse*) operación *f* a plazo/al contado; **~ aux fleurs** mercado de flores; **~ aux puces** rastro, mercadillo; **M~ commun** Mercado Común; **~ du travail** mercado de trabajo; **~ noir** mercado negro

marchepied [maʀʃəpje] NM (*Rail*) estribo; (*fig*) trampolín *m*

marcher [maʀʃe] VI andar; (*se promener*) caminar; (*Mil, affaires*) marchar; (*fonctionner*) funcionar; (*fam : croire naïvement*) tragar; **d'accord, je marche** (*fam*) bueno, me parece bien; **~ sur**

caminar por; (*mettre le pied sur*) pisar; (*Mil*) avanzar hacia; **~ dans** (*herbe, neige*) caminar por; (*flaque*) meterse en; **faire ~ qn** (*pour rire*) tomar el pelo a algn; (*pour tromper*) engañar a algn

marcheur, -euse [maʀʃœʀ, øz] NM/F andarín(-ina)

marcotte [maʀkɔt] NF acodo

marcotter [maʀkɔte] VT acodar

mardi [maʀdi] NM martes *m inv*; **M~ gras** martes de Carnaval; *voir aussi* **lundi**

mare [maʀ] NF charco; **~ de sang** charco de sangre

marécage [maʀekaʒ] NM ciénaga

marécageux, -euse [maʀekaʒø, øz] ADJ cenagoso(-a)

maréchal, e, -aux [maʀeʃal, o] NM/F mariscal *mf*; **~ des logis** sargento *mf*

maréchal-ferrant [maʀeʃalfɛʀɑ̃] (*pl* **maréchaux-ferrants**) NM herrador *m*

maréchaussée [maʀeʃose] NF (*hum*) gendarmería

marée [maʀe] NF marea; (*poissons*) pescado fresco; **contre vents et marées** (*fig*) contra viento y marea; **~ basse/haute** marea baja/alta; **~ d'équinoxe** marea de equinoccio; **~ humaine** marea humana; **~ montante/descendante** flujo/reflujo; **~ noire** marea negra

marelle [maʀɛl] NF rayuela

marémotrice [maʀemɔtʀis] ADJ F : **usine/énergie ~** fábrica/energía maremotriz

mareyeur, -euse [maʀɛjœʀ, øz] NM/F marisquero(-a)

margarine [maʀgaʀin] NF margarina

marge [maʀʒ] NF margen *m*; **en ~ (de)** al margen (de); **~ bénéficiaire** (*Comm*) margen de beneficios; **~ de fluctuation** (*Comm*) banda de fluctuación; **~ d'erreur/de sécurité** margen de error/de seguridad

margelle [maʀʒɛl] NF brocal *m*

margeur [maʀʒœʀ] NM marginador *m*

marginal, e, -aux [maʀʒinal, o] ADJ marginal ▶ NM/F persona marginal

marginalisation [maʀʒinalizasjɔ̃] NF marginación *f*

marginaliser [maʀʒinalize] VT marginar

marginalité [maʀʒinalite] NF marginalidad *f*

marguerite [maʀgəʀit] NF margarita

marguillier [maʀgije] NM *mayordomo de una parroquia*

mari [maʀi] NM marido

mariage [maʀjaʒ] NM matrimonio; (*noce*) boda; (*fig : de mots, couleurs*) combinación *f*; **~ blanc** matrimonio de conveniencia (*para obtener la residencia o la nacionalidad*); **~ civil/religieux** matrimonio civil/religioso; **~ d'amour/d'intérêt/de raison** matrimonio por amor/por interés/de conveniencia

> El matrimonio entre personas del mismo sexo y la adopción son legales en Francia desde 2013, a pesar de que la aprobación de la llamada **Loi sur le mariage pour tous** dio lugar a enormes protestas por todo el país.

marié, e [maʀje] ADJ casado(-a) ▶ NM/F novio(-a); **les mariés** los novios; **les jeunes mariés** los recién casados; **vive la mariée !** ¡viva la novia!

marier [maʀje] VT casar; (*fig : couleur*) combinar ■ **se marier** VPR : **se ~ (avec)** casarse (con); (*fig*) casar (con)

marijuana [maʀiʒwana] NF marihuana, marijuana

marin, e [maʀɛ̃, in] ADJ marino(-a); (*carte, lunette*) náutico(-a); **avoir le pied ~** saber mantener el equilibrio a bordo de un barco; (*ne pas avoir le mal de mer*) no marearse en los barcos ▶ NM marino; (*matelot*) marinero

marina [maʀina] NF puerto deportivo

marinade [maʀinad] NF escabeche *m*

marine [maʀin] ADJ F *voir* **marin** ▶ NF (*aussi Art*) marina; **~ à voiles** marina de vela; **~ marchande/de guerre** marina mercante/de guerra ▶ ADJ INV azul marino ▶ NM (*Mil*) marine *m*, soldado de infantería de marina; (*couleur*) azul marino

mariner [maʀine] VT, VI escabechar; **faire ~ qn** (*fam*) tener a algn plantado(-a) (*fam*)

marinier [maʀinje] NM marinero

marinière [maʀinjɛʀ] NF blusa marinera ▶ ADJ INV : **moules ~** mejillones *mpl* a la marinera

marionnette [maʀjɔnɛt] NF (*aussi péj*) marioneta ■ **marionnettes** NFPL (*spectacle*) marionetas *fpl*

marionnettiste [maʀjɔnetist] NMF marionetista *mf*

marital, e, -aux [maʀital, o] ADJ : **autorisation maritale** autorización *f* marital

maritalement [maʀitalmɑ̃] ADV maritalmente

maritime [maʀitim] ADJ marítimo(-a)

marjolaine [maʀʒɔlɛn] NF mejorana

mark [maʀk] NM (*monnaie*) marco

marketing [maʀketiŋ] NM (*Comm*) marketing *m*, márquetin *m*, mercadotecnia

marmaille [maʀmɑj] (*péj*) NF pandilla

marmelade [maʀməlad] NF mermelada; **en ~** (*fig*) hecho(-a) migas; **~ d'oranges** mermelada de naranja

marmite [maʀmit] NF (*récipient*) marmita; (*contenu*) cocido; **faire bouillir la ~** (*fig*) ganarse el pan

marmiton [maʀmitɔ̃] NM pinche *m*, marmitón *m*

marmonner [maʀmɔne] VT mascullar

marmot [maʀmo] (*fam*) NM renacuajo

marmotte [marmɔt] NF marmota
marmotter [marmɔte] VT mascullar
marne [marn] NF marga
Maroc [marɔk] NM Marruecos *msg*
marocain, e [marɔkɛ̃, ɛn] ADJ marroquí ▸ NM/F : **Marocain, e** marroquí *mf*
maronite [marɔnit] ADJ, NMF maronita *mf*
maroquin [marɔkɛ̃] NM (*peau*) tafilete *m*; (*fig*) cartera de ministro
maroquinerie [marɔkinri] NF marroquinería
maroquinier [marɔkinje] NM marroquinero(-a)
marotte [marɔt] NF manía
marquage [markaʒ] NM marcado
marquant, e [markɑ̃, ɑ̃t] ADJ destacado(-a); (*personnalité*) especial
marque [mark] NF marca; (*d'une fonction, d'un grade*) distintivo; **à vos marques !** (*Sport*) ¡preparados!; **de ~** *adj* (*Comm : produit*) de marca; (*fig*) destacado(-a); **~ d'affection** muestra de afecto; **~ de fabrique** marca de fábrica; **~ déposée** marca registrada; **~ du pluriel** (*Ling*) terminación *f* de plural
marqué, e [marke] ADJ marcado(-a); (*visage*) envejecido(-a); (*taille*) acentuado(-a); **il n'y a rien de ~** no hay nada anotado; **~ à gauche/à droite** (*personnalité, discours*) de izquierdas/de derechas, izquierdista/derechista
marquer [marke] VT marcar; (*inscrire*) anotar; (*frontières*) señalar; (*suj : chose : laisser une trace sur*) dejar una marca en; (*endommager*) afectar; (*fig : impressionner*) impresionar; (*assentiment, refus*) manifestar; **~ qch de/par** señalar algo con; **~ qn de son influence** influir en algn; **~ qch de son empreinte** dejar su impronta en algo; **~ un temps d'arrêt** hacer una pausa; **~ le pas** (*fig*) marcar el paso; **~ d'une pierre blanche** señalar con una piedra blanca; **~ les points** apuntar los tantos ▸ VI dejar marca; (*Sport*) marcar
marqueté, e [markəte] ADJ taraceado(-a)
marqueterie [markɛtri] NF marquetería
marqueur, -euse [markœr, øz] NM/F (*Sport*) goleador(a) ▸ NM rotulador *m*
marquis, e [marki, iz] NM/F marqués(-esa)
marquise [markiz] NF (*auvent*) marquesina
Marquises [markiz] NFPL : **les (îles) ~** las (islas) Marquesas
marraine [marɛn] NF madrina
Marrakech [marakɛʃ] N Marrakech
marrant, e [marɑ̃, ɑ̃t] (*fam*) ADJ divertido(-a); **ce n'est pas ~** no tiene gracia
marre [mar] (*fam*) ADV : **en avoir ~ (de)** estar harto(-a) (de)
marrer [mare] (*fam*) : **se marrer** VPR reírse
marron [marɔ̃] NM (*aussi fam*) castaña; **~ d'Inde** castaña de Indias; **marrons glacés** castañas *fpl* confitadas ▸ ADJ INV (*couleur*) marrón *inv* ▸ ADJ (*péj : avocat, médecin*) corrupto(-a)
marronnier [marɔnje] NM castaño de Indias
Mars [mars] NM OU F Marte *m*
mars [mars] NM marzo; *voir aussi* **juillet**
marseillais, e [marsɛjɛ, ɛz] ADJ marsellés(-esa) ▸ NM/F : **Marseillais, e** marsellés(-esa); *ver nota*

> La **Marseillaise** es el himno nacional francés desde 1879. La letra del *Chant de guerre de l'armée du Rhin*, título original de la canción, fue escrita en 1792 por el capitán del ejército Rouget de Lisle, basándose en una melodía anónima. Adoptada más tarde como marcha militar por el batallón de Marsella, terminó conociéndose como la Marsellesa.

Marseille [marsɛj] N Marsella
marsouin [marswɛ̃] NM marsopa
marsupial, e, -aux [marsypjal, jo] ADJ, NM marsupial *m* ▪ **marsupiaux** NMPL marsupiales *mpl*
marteau [marto] NM martillo; (*de porte*) aldaba; **~ pneumatique** martillo neumático
marteau-pilon [martopilɔ̃] (*pl* **marteaux-pilons**) NM martillo pilón
marteau-piqueur [martopikœr] (*pl* **marteaux-piqueurs**) NM martillo neumático
martel [martɛl] NM : **se mettre ~ en tête** quemarse la sangre
martèlement [martɛlmɑ̃] NM martilleo
marteler [martəle] VT martillear; (*mots, phrases*) recalcar
martial, e, -aux [marsjal, jo] ADJ marcial; **arts martiaux** artes *fpl* marciales; **cour martiale** consejo de guerra; **loi martiale** ley *f* marcial
martien, ne [marsjɛ̃, jɛn] ADJ marciano(-a)
martinet [martinɛ] NM (*fouet*) disciplinas *fpl*; (*Zool*) vencejo
martingale [martɛ̃gal] NF (*Couture*) trabilla; (*Jeu*) martingala
martiniquais, e [martinikɛ, ɛz] ADJ martiniqués(-esa) ▸ NM/F : **Martiniquais, e** martiniqués(-esa)
Martinique [martinik] NF Martinica
martin-pêcheur [martɛ̃pɛʃœr] (*pl* **martins-pêcheurs**) NM martín *m* pescador
martre [martr] NF marta; **~ zibeline** marta cibelina
martyr, e [martir] NM/F mártir *mf* ▸ ADJ mártir; **enfants martyrs** niños *mpl* mártires
martyre [martir] NM (*aussi fig*) martirio; **souffrir le ~** pasar un martirio
martyriser [martirize] VT martirizar
marxisme [marksism] NM marxismo
marxiste [marksist] ADJ, NMF marxista *mf*
mas [mɑ(s)] NM masía

m

mascara [maskaʀa] NM rímel *m*
mascarade [maskaʀad] NF mascarada
mascotte [maskɔt] NF mascota
masculin, e [maskylɛ̃, in] ADJ masculino(-a) ▸ NM masculino
masculinité [maskylinite] NF masculinidad *f*
maso [mazo] (*fam*) ADJ, NMF (*masochiste*) masoca *mf* (*fam*)
masochisme [mazɔʃism] NM masoquismo
masochiste [mazɔʃist] ADJ, NMF masoquista *mf*
masque [mask] NM (*aussi fig*) máscara; (*d'escrime, de soudeur*) careta; (*Méd*) mascarilla; **~ à gaz** máscara de gas, careta antigás *inv*; **~ à oxygène** máscara de oxígeno; **~ de beauté** mascarilla de belleza; **~ de plongée** gafas *fpl* de bucear
masqué, e [maske] ADJ enmascarado(-a); **bal ~** baile *m* de disfraces
masquer [maske] VT ocultar; (*goût, odeur*) disimular
massacrant, e [masakʀɑ̃, ɑ̃t] ADJ : **être d'une humeur massacrante** estar de un humor insoportable
massacre [masakʀ] NM masacre *f*; **jeu de ~** (*à la foire*) pim pam pum *m*; (*fig*) destrozo
massacrer [masakʀe] VT masacrar; (*fig*) destrozar
massage [masaʒ] NM masaje *m*; **~ cardiaque** masaje cardíaco
masse [mas] NF masa; (*de cailloux, documents*) montón *m*; (*d'un édifice, navire*) mole *f*; (*maillet*) maza; **la ~** (*péj : peuple*) la masa; **les masses laborieuses/paysannes** las masas trabajadoras/campesinas; **la grande ~ des ...** la gran masa de ...; **une ~ de, des masses de** (*fam*) un montón de, montones de; **en ~** en masa; **~ monétaire/salariale** masa monetaria/salarial
massepain [maspɛ̃] NM mazapán *m*
masser [mase] VT concentrar; (*personne, jambe*) dar masaje a ■ **se masser** VPR (*se regrouper*) concentrarse
masseur, -euse [masœʀ, øz] NM/F masajista *mf* ▸ NM (*appareil*) vibrador *m*
massicot [masiko] NM (*Typo*) guillotina
massicotier, -ière [masikɔtje, jɛʀ] NM/F (*Typo*) guillotinista *mf*
massif, -ive [masif, iv] ADJ (*porte, silhouette, or*) macizo(-a); (*dose*) masivo(-a) ▸ NM macizo
massivement [masivmɑ̃] ADV masivamente
mass media [masmedja] NMPL mass media *mpl*, medios *mpl* de comunicación
massue [masy] NF maza; **argument ~** argumento contundente
mastectomie [mastɛktɔmi] NF mastectomía
master [mastɛʀ] NM (*Univ*) máster *m*
mastère [mastɛʀ] NM máster *m*
mastic [mastik] NM masilla
masticage [mastikaʒ] NM enmasillado
mastication [mastikasjɔ̃] NF masticación *f*
mastiquer [mastike] VT masticar; (*fente, vitre*) enmasillar
mastoc [mastɔk] (*fam*) ADJ : **c'est un type/édifice ~** ese tío/ese edificio es un mazacote *ou* una mole
mastodonte [mastɔdɔ̃t] NM mastodonte *m*
masturbation [mastyʀbasjɔ̃] NF masturbación *f*
masturber [mastyʀbe] VT : **se ~** masturbarse
m'as-tu-vu [matyvy] NMF INV presumido(-a)
masure [mɑzyʀ] NF chabola
mat, e [mat] ADJ mate *inv*; (*son*) sordo(-a); **être ~** (*Échecs*) ser mate
mât [mɑ] NM (*Naut*) mástil *m*; (*poteau*) poste *m*
matamore [matamɔʀ] NM matamoros *m inv*
match [matʃ] NM partido; **~ aller/retour** partido de ida/de vuelta; **~ nul** empate *m*; **faire ~ nul** empatar
matelas [mat(ə)lɑ] NM colchón *m*; **~ à ressorts** colchón de muelles; **~ pneumatique** colchón de aire
matelassé, e [mat(ə)lase] ADJ acolchado(-a)
matelasser [mat(ə)lase] VT acolchar
matelassier, -ière [mat(ə)lasje, jɛʀ] NM/F colchonero(-a)
matelot [mat(ə)lo] NM marinero
mater [mate] VT (*personne*) someter; (*révolte*) dominar; (*fam*) controlar
matérialisation [mateʀjalizasjɔ̃] NF materialización *f*
matérialiser [mateʀjalize] VT materializar ■ **se matérialiser** VPR materializarse
matérialisme [mateʀjalism] NM materialismo
matérialiste [mateʀjalist] ADJ, NMF materialista *mf*
matériau [mateʀjo] NM material *m* ■ **matériaux** NMPL (*documents*) material *msg*; **matériaux de construction** materiales *mpl* de construcción
matériel, le [mateʀjɛl] ADJ material; **il n'a pas le temps ~ de le faire** no tiene tiempo material para hacerlo; **panne matérielle** (*Inform*) fallo de hardware ▸ NM material *m*; (*de camping*) equipo; (*de pêche*) aparejos *mpl*; (*Inform*) soporte *m* físico; **~ d'exploitation** (*Comm*) material de explotación; **~ informatique** hardware *m*; **~ roulant** (*Rail*) material móvil
matériellement [mateʀjɛlmɑ̃] ADV materialmente; **c'est ~ impossible** es materialmente imposible
maternel, le [matɛʀnɛl] ADJ (*amour*) maternal; (*grand-père, grand-mère*) materno(-a)
maternelle [matɛʀnɛl] NF (*aussi* : **école maternelle**) escuela infantil
materner [matɛʀne] VT maternizar

maternisé, e [matɛʀnize] ADJ : **lait ~** leche *f* maternizada
maternité [matɛʀnite] NF maternidad *f*
math [mat] NFPL = **maths**
mathématicien, ne [matematisjɛ̃, jɛn] NM/F matemático(-a)
mathématique [matematik] ADJ matemático(-a) ■ **mathématiques** NFPL matemáticas *fpl*
matheux, -euse [matø, øz] (*fam*) NM/F matemático(-a)
maths [mat] (*fam*) NFPL matemáticas *fpl*, mates *fpl* (*fam*)
matière [matjɛʀ] NF (*Phys*) materia; (*Comm, Tech*) material *m*; (*d'un livre etc*) tema *m*; (*Scol*) asignatura; **en ~ de** en materia de; (*en ce qui concerne*) en cuanto a; **donner ~ à** dar motivo de; **~ grise** materia gris; **~ plastique** plástico; **matières fécales** heces *fpl*; **matières grasses** grasas *fpl*; **matières premières** materias primas
MATIF [matif] SIGLE M (= *Marché à terme international de France*) *organismo que regula las operaciones a término en la Bolsa*
Matignon [matiɲɔ̃] N *residencia del primer ministro francés; ver nota*

L'hôtel Matignon es el despacho y residencia del primer ministro francés en París. Por extensión, el término **Matignon** se emplea frecuentemente para designar al Primer Ministro o a su equipo.

matin [matɛ̃] NM mañana; **le ~** por la mañana; **dimanche ~** el domingo por la mañana; **jusqu'au ~** hasta la mañana; **le lendemain ~** a la mañana siguiente; **hier/demain ~** ayer/mañana por la mañana; **du ~ au soir** de sol a sol; **une heure du ~** la una de la mañana *ou* de la madrugada; **à demain ~ !** ¡hasta mañana por la mañana!; **un beau ~** un día de estos; **de grand** *ou* **bon ~** de madrugada; **tous les dimanches matins** todos los domingos por la mañana
matinal, e, -aux [matinal, o] ADJ (*toilette, gymnastique*) matutino(-a), matinal; (*de bonne heure*) tempranero(-a); **être ~** (*personne*) ser madrugador(a)
mâtiné, e [mɑtine] ADJ cruzado(-a)
matinée [matine] NF mañana; (*réunion*) sesión *f* de la tarde; (*spectacle*) función *f* de tarde, vermú *m* (AM); **en ~** por la tarde
matois, e [matwa, waz] ADJ astuto(-a)
matos [matos] (*fam*) NM material *m*, equipamiento
matou [matu] (*fam*) NM gato
matraquage [matʀakaʒ] NM aporreamiento; **~ publicitaire** bombardeo publicitario
matraque [matʀak] NF (*de malfaiteur*) cachiporra; (*de policier*) porra
matraquer [matʀake] VT aporrear; (*fig : touristes etc*) clavar (*fam*); (*: disque*) poner una y otra vez
matriarcal, e, -aux [matʀijaʀkal, o] ADJ matriarcal
matrice [matʀis] NF (*Anat, Math*) matriz *f*; (*Tech*) molde *m*
matricule [matʀikyl] NF matrícula ▸ NM (*Mil*) número de registro; (*Admin*) registro
matrimonial, e, -aux [matʀimɔnjal, jo] ADJ matrimonial
matrone [matʀɔn] NF matrona
mature [matyʀ] ADJ maduro(-a)
mâture [mɑtyʀ] NF (*Naut*) arboladura
maturité [matyʀite] NF (*d'une personne*) madurez *f*; (*d'un fruit*) sazón *f*
maudire [modiʀ] VT maldecir
maudit, e [modi, it] ADJ maldito(-a)
maugréer [mogʀee] VI refunfuñar
mauresque [mɔʀɛsk] ADJ moro(-a); (*Art*) árabe
Maurice [mɔʀis] NF : **(l'île) ~** (isla) Mauricio
mauricien, ne [mɔʀisjɛ̃, jɛn] ADJ de (isla) Mauricio ▸ NM/F : **Mauricien, ne** nativo(-a) *ou* habitante *mf* de (isla) Mauricio
Mauritanie [mɔʀitani] NF Mauritania
mauritanien, ne [mɔʀitanjɛ̃, jɛn] ADJ mauritano(-a) ▸ NM/F : **Mauritanien, ne** mauritano(-a)
mausolée [mozɔle] NM mausoleo
maussade [mosad] ADJ (*personne*) malhumorado(-a); (*ciel, temps*) desapacible; **(être) d'humeur ~** (estar) de mal humor
mauvais, e [mɔvɛ, ɛz] ADJ malo(-a); (*placé avant le nom*) mal; (*rire*) perverso(-a); **la mer est mauvaise** el mar está agitado; **~ coucheur** persona con malas pulgas; **~ coup** (*fig*) golpe *m*; **~ garçon** delincuente *m*; **~ joueur** mal jugador *m*; **~ pas** mal paso; **~ payeur** moroso; **~ plaisant** gracioso; **~ traitements** malos tratos *mpl*; **mauvaise herbe** mala hierba; **mauvaise langue** lengua viperina; **mauvaise passe** aprieto; (*période*) mala racha; **mauvaise tête** terco(-a) ▸ NM : **le ~** lo malo ▸ ADV : **il fait ~** hace malo; **sentir ~** oler mal
mauve [mov] NM malva ▸ ADJ malva *inv*
mauviette [movjɛt] (*péj*) NF alfeñique *mf*
maux [mo] NMPL *voir* **mal**
max. [mɑks] ABR (= *maximum*) max. (= *máximo*)
maxillaire [maksilɛʀ] NM maxilar *m*; **~ inférieur** maxilar inferior; **de puissants maxillaires** unos maxilares poderosos
maximal, e, -aux [maksimal, o] ADJ máximo(-a)
maxime [maksim] NF máxima
maximiser [maksimize] VT maximizar
maximum [maksimɔm] ADJ máximo(-a) ▸ NM máximo; **le ~ de chances** el máximo de posibilidades; **atteindre un/son ~** alcanzar

un/su máximo; **au ~** (*adv : le plus possible*) al máximo; (*tout au plus*) como máximo

mayonnaise [majɔnɛz] NF mayonesa

Mayotte [majɔt] NF isla Mayotte

mazout [mazut] NM fuel-oil *m*, fuel *m*; **chaudière/poêle à ~** caldera/estufa de fuel-oil *ou* fuel

mazouté, e [maʒute] ADJ lleno(-a) de petróleo

MDM [ɛmdeɛm] SIGLE MPL = **Médecins du monde**

MDR [ɛmdeɛʀ] SIGLE ADJ (= *mort de rire*) MSLGR (= *me se saltan las lágrimas de risa*)

Me ABR (JUR) = **maître²**

me [mə], **m'** [m] PRON me; **il m'a donné un livre** me ha dado un libro

mea-culpa [meakylpa] NM INV : **faire son ~** entonar el mea culpa

méandres [meɑ̃dʀ] NMPL meandros *mpl*; (*de la politique, pensée*) subterfugios *mpl*

mec [mɛk] (*fam*) NM tío (*fam*); (*petit ami*) novio; (*mari*) marido

mécanicien, ne [mekanisjɛ̃, jɛn] NM/F mecánico(-a); (*Rail*) maquinista *mf*; **~ de bord** *ou* **navigant** (*Aviat*) mecánico(-a) de vuelo

mécanicien-dentiste, mécanicienne-dentiste [mekanisjɛ̃dɑ̃tist, mekanisjɛn-] (*pl* **mécaniciens-dentistes, mécaniciennes-dentistes**) NM/F mecánico(-a) dentista

mécanique [mekanik] ADJ mecánico(-a); **ennui ~** problema *m* mecánico ▸ NF mecánica; (*mécanisme*) mecanismo; **s'y connaître en ~** saber de mecánica; **gripper la ~** (*fig*) atascar la maquinaria; **~ hydraulique/ondulatoire** mecánica hidráulica/ondulatoria

mécaniquement [mekanikmɑ̃] ADV mecánicamente

mécanisation [mekanizasjɔ̃] NF mecanización *f*

mécaniser [mekanize] VT mecanizar

mécanisme [mekanism] NM mecanismo

mécano [mekano] (*fam*) NM mecánico

mécanographe [mekanɔgʀaf] NMF mecanógrafo(-a)

mécanographie [mekanɔgʀafi] NF mecanografía

mécanographique [mekanɔgʀafik] ADJ mecanográfico(-a)

mécénat [mesena] NM mecenazgo

mécène [mesɛn] NMF mecenas *mf inv*

méchamment [meʃamɑ̃] ADV cruelmente

méchanceté [meʃɑ̃ste] NF maldad *f*, malicia

méchant, e [meʃɑ̃, ɑ̃t] ADJ (*personne*) malvado(-a); (*sourire*) malicioso(-a); (*enfant*) travieso(-a), revoltoso(-a); (*animal*) malo(-a); (*avant le nom : affaire, humeur*) mal; (*: intensif*) malísimo(-a); **« attention, chien ~ »** « cuidado con el perro »

mèche [mɛʃ] NF (*de bougie*) mecha; (*de fouet*) tralla; (*de cheveux : coupés*) mechón *m*; (*d'une autre couleur*) mecha; **se faire faire des mèches** (*chez le coiffeur*) hacerse mechas; **vendre la ~** irse de la lengua; **être de ~ avec qn** estar conchabado(-a) con algn

méchoui [meʃwi] NM cordero asado

mécompte [mekɔ̃t] NM (*erreur de calcul*) error *m* de cálculo; (*désillusion*) desengaño

méconnais [mekɔnɛ] VB *voir* **méconnaître**

méconnaissable [mekɔnɛsabl] ADJ irreconocible

méconnaissais [mekɔnɛsɛ] VB *voir* **méconnaître**

méconnaissance [mekɔnɛsɑ̃s] NF desconocimiento

méconnaître [mekɔnɛtʀ] VT (*ignorer*) desconocer; (*méjuger*) infravalorar

méconnu, e [mekɔny] PP *de* **méconnaître** ▸ ADJ (*génie*) desconocido(-a)

mécontent, e [mekɔ̃tɑ̃, ɑ̃t] ADJ : **~ (de)** descontento(-a) (con); (*contrarié*) disgustado(-a) (con) ▸ NM/F descontento(-a)

mécontentement [mekɔ̃tɑ̃tmɑ̃] NM descontento

mécontenter [mekɔ̃tɑ̃te] VT disgustar

Mecque [mɛk] NF : **la ~** la Meca

mécréant, e [mekʀeɑ̃, ɑ̃t] ADJ (*peuple*) infiel; (*personne*) descreído(-a)

médaille [medaj] NF medalla

médaillé, e [medaje] NM/F medallista *mf*; **~ d'or/d'argent/de bronze** medalla de oro/de plata/de bronce

médaillon [medajɔ̃] NM medallón *m*; **en ~** *adj* (*carte*) en el medallón

médecin [med(ə)sɛ̃] NMF médico(-a); **~ de famille/du bord** médico(-a) de familia/de a bordo; **~ généraliste/légiste/traitant** médico(-a) general/forense/de cabecera

médecine [med(ə)sin] NF medicina; **~ du travail/générale/infantile** medicina laboral/general/infantil; **~ légale/préventive** medicina legal/preventiva

MEDEF, Medef [medɛf] SIGLE M (= *Mouvement des entreprises de France*) *confederación francesa de empresarios*, ≈ CEOE (= *confederación española de organizaciones empresariales*)

média [medja] NM medio (de comunicación); **un ~ d'information** un medio de información; **les médias** los medios (de comunicación), los media *mpl*; **les médias sociaux** los medios sociales, las redes sociales

médian, e [medjɑ̃, jan] ADJ mediano(-a)

médiateur, -trice [medjatœʀ, tʀis] NM/F mediador(a) ▸ NM juez *m* árbitro

médiathèque [medjatɛk] NF mediateca

médiation [medjasjɔ̃] NF mediación *f*

médiatique [medjatik] ADJ mediático(-a)

médiatisation [medjatizasjɔ̃] NF mediatización *f*

médiatisé, e [medjatize] ADJ mediatizado(-a)

médiatiser [medjatize] VT mediatizar
médiator [medjatɔʀ] NM púa
médical, e, -aux [medikal, o] ADJ médico(-a)
médicalement [medikalmɑ̃] ADV médicamente
médicalisation [medikalizasjɔ̃] NF medicalización *f*
médicament [medikamɑ̃] NM medicamento; **~ générique** medicamento genérico
médicamenteux, -euse [medikamɑ̃tø, øz] ADJ medicamentoso(-a)
médication [medikasjɔ̃] NF medicación *f*
médicinal, e, -aux [medisinal, o] ADJ medicinal
médico-légal, e, -aux [medikɔlegal, o] ADJ médico-forense
médico-social, e, -aux [medikɔsɔsjal, o] ADJ médico-social
médiéval, e, -aux [medjeval, o] ADJ medieval
médiocre [medjɔkʀ] ADJ mediocre
médiocrité [medjɔkʀite] NF mediocridad *f*
médire [mediʀ] : **~ de** *vt* hablar mal de
médisance [medizɑ̃s] NF maledicencia
médisant, e [medizɑ̃, ɑ̃t] VB *voir* **médire** ▶ ADJ maldiciente
médit [medi] PP *de* **médire**
méditatif, -ive [meditatif, iv] ADJ meditativo(-a)
méditation [meditasjɔ̃] NF meditación *f*; **se livrer à de longues méditations** entregarse a largas meditaciones; **entrer en ~** empezar a meditar
méditer [medite] VT meditar; (*préparer*) planear; **~ de faire qch** planear hacer algo ▶ VI (*réfléchir*) meditar; **~ sur qch** meditar sobre algo
Méditerranée [mediteʀane] NF : **la (mer) ~** el (mar) Mediterráneo
méditerranéen, ne [mediteʀaneɛ̃, ɛn] ADJ mediterráneo(-a) ▶ NM/F : **Méditerranéen, ne** mediterráneo(-a)
médium [medjɔm] NMF médium *mf*
médius [medjys] NM (dedo) medio, (dedo) corazón *m*
méduse [medyz] NF medusa
méduser [medyze] VT asombrar, dejar estupefacto(-a)
meeting [mitiŋ] NM mitin *m*; **~ aérien** exhibición *f* aérea
méfait [mefɛ] NM (*faute*) fechoría ■ **méfaits** NMPL (*ravages*) daños *mpl*
méfiance [mefjɑ̃s] NF desconfianza, recelo
méfiant, e [mefjɑ̃, jɑ̃t] ADJ desconfiado(-a), receloso(-a)
méfier [mefje] : **se méfier** VPR desconfiar; **se ~ de** desconfiar de; (*faire attention*) tener cuidado con
mégabit [megabit] NM (*Inform*) megabit *m*
mégadonnées [megadɔne] NFPL (*Inform*) macrodatos *mpl*
mégahertz [megaɛʀts] NM megahercio
mégalo [megalo] (*fam*) ADJ, NMF megalómano(-a)
mégalomane [megalɔman] ADJ, NMF megalómano(-a)
mégalomanie [megalɔmani] NF megalomanía
mégalopole [megalɔpɔl] NF megalópolis *f inv*
mégaoctet [megaɔktɛ] NM megabyte *m*
mégarde [megaʀd] NF : **par ~** por descuido; (*par erreur*) por equivocación
mégatonne [megatɔn] NF megatón *m*
mégawatt [megawat] NM megavatio
mégère [meʒɛʀ] (*péj*) NF arpía, bruja
mégot [mego] NM colilla
mégoter [megɔte] (*fam*) VI racanear (*fam*); **~ sur** escatimar
meilleur, e [mɛjœʀ] ADJ mejor; **~ marché** más barato ▶ ADV mejor ▶ NMF : **le ~** el mejor; **la meilleure** la mejor; **le ~ des deux** el mejor de los dos ▶ NF : **c'est la meilleure !** ¡es el colmo!
méjuger [meʒyʒe] VT juzgar mal
mél [mɛl] NM mail *m*, email *m*, correo electrónico
mélancolie [melɑ̃kɔli] NF melancolía
mélancolique [melɑ̃kɔlik] ADJ melancólico(-a)
mélanésien, ne [melanezjɛ̃, jɛn] ADJ melanesio(-a) ▶ NM (*Ling*) melanesio *m* ▶ NM/F : **Mélanésien, ne** melanesio(-a)
mélange [melɑ̃ʒ] NM mezcla; **sans ~** (*pur*) sin mezcla; (*parfait*) perfecto(-a); **une joie/un bonheur sans ~** una alegría/una felicidad absoluta
mélangé, e [melɑ̃ʒe] ADJ (*laine*) con mezcla; (*fig : sentiments*) confuso(-a)
mélanger [melɑ̃ʒe] VT mezclar; (*mettre en désordre*) mezclar, desordenar; (*confondre*) : **vous mélangez tout !** ¡usted lo mezcla *ou* confunde todo!; **les cartes ne sont pas bien mélangées** las cartas no están bien mezcladas ■ **se mélanger** VPR mezclarse
mélangeur [melɑ̃ʒœʀ] NM (*machine*) mezcladora; (*robinet*) grifo mezclador; **~ de ciment** hormigonera
mélanine [melanin] NF melanina
mélanome [melanom] NM melanoma *m*
mélasse [melas] NF melaza
mêlée [mele] NF (*bataille*) pelea, contienda; (*fig*) conflicto, lucha; (*Rugby*) melé *f*; **entrer dans la ~** (*fig*) inmiscuirse; **~ générale** tangana
mêler [mele] VT mezclar; (*thèmes*) reunir, juntar; (*brouiller*) enredar, revolver; **~ qn à une affaire** implicar a algn en un asunto ■ **se mêler** VPR mezclarse con; **se ~ à** mezclarse con; **se ~ de** entrometerse en; **mêle-toi de tes affaires !** ¡métete en tus asuntos!
méli-mélo [melimelo] NM INV (*désordre*) desba-

m

rajuste *m*, caos *m inv*; (*Culin*) ensalada mixta

mélo [melo] NM = **mélodrame** ▶ ADJ = **mélodramatique**

mélodie [melɔdi] NF melodía

mélodieux, -euse [melɔdjø, jøz] ADJ melodioso(-a)

mélodique [melɔdik] ADJ melódico(-a)

mélodramatique [melɔdʀamatik] ADJ melodramático(-a)

mélodrame [melɔdʀam] NM melodrama *m*

mélomane [melɔman] NMF melómano(-a)

melon [m(ə)lɔ̃] NM melón *m*; (*aussi* : **chapeau melon**) sombrero hongo; **~ d'eau** sandía

mélopée [melɔpe] NF melopea

membrane [mɑ̃bʀan] NF membrana

membre [mɑ̃bʀ] NM (*Anat*) miembro; **~ de phrase** (*Ling*) constituyente *m* de la frase; **membres inférieurs** miembros inferiores; **~ (viril)** miembro (viril) ▶ NMF (*personne, groupe*) miembro; **être ~ de** ser miembro de ▶ ADJ : **les pays membres** los países miembros

mémé [meme] (*fam*) NF abuelita; (*vieille femme*) viejecita

même [mɛm]

▶ ADJ **1** (*avant le nom*) mismo(-a); **en même temps** al mismo tiempo; **ils ont les mêmes goûts** tienen los mismos gustos; **la même chose** lo mismo

2 (*après le nom : renforcement*) mismo(-a); **il est la loyauté même** es la lealtad misma; **ce sont ses paroles mêmes** son sus mismas palabras

▶ PRON : **le (la) même** el (la) mismo(-a)

▶ ADV **1** (*renforcement*) : **il n'a même pas pleuré** ni siquiera lloró; **même lui l'a dit** incluso él lo dijo; **ici même** aquí mismo

2 : **à même** : **à même la bouteille** de la botella misma; **à même la peau** junto a la piel; **être à même de faire** estar en condiciones de hacer

3 : **de même** : **faire de même** hacer lo mismo; **lui de même** también él; **de même que** lo mismo que; **il en va de même pour** lo mismo va para

4 : **même si** *conj* aunque + *subj*

mémento [memɛ̃to] NM (*agenda*) agenda; (*ouvrage*) compendio

mémère [memɛʀ] NF (*fam, péj* : *femme âgée*) vejestorio (*fam, péj*); (*grosse femme*) gorda (*péj*)

mémoire [memwaʀ] NF memoria; (*souvenir*) recuerdo; **avoir la ~ des visages/chiffres** tener memoria para las caras/los números; **n'avoir aucune ~** no tener nada de memoria; **avoir de la ~** tener memoria; **à la ~ de** en memoria de, en recuerdo de; **pour ~** a título de información; **de ~ d'homme** desde tiempo inmemorial; **de ~** (*adv*) de memoria; **mettre en ~** (*Inform*) guardar en memoria; **~ morte/vive** memoria ROM/RAM; **~ non volatile** *ou* **rémanente** memoria no volátil ▶ NM (*Univ*) tesina; (*Admin, Jur*) memoria ■ **mémoires** NMPL memorias *fpl*

mémorable [memɔʀabl] ADJ memorable

mémorandum [memɔʀɑ̃dɔm] NM memorándum *m*; (*note*) nota

mémorial, -aux [memɔʀjal, jo] NM memorial *m*

mémorialiste [memɔʀjalist] NMF memorialista *mf*

mémorisable [memɔʀizabl] ADJ : **facilement ~** fácil de memorizar

mémoriser [memɔʀize] VT memorizar; (*Inform*) almacenar

menaçant, e [mənasɑ̃, ɑ̃t] ADJ amenazador(a)

menace [mənas] NF amenaza; **~ en l'air** amenaza vana

menacer [mənase] VT amenazar; **~ qn de qch/de faire qch** amenazar a algn con algo/con hacer algo

ménage [menaʒ] NM quehaceres *mpl* domésticos, limpieza; (*couple*) pareja; (*Admin, famille*) hogar *m*; **faire le ~** hacer la limpieza; **faire des ménages** trabajar de asistenta; **monter son ~** poner la casa; **se mettre en ~ (avec)** irse a vivir en pareja (con); **heureux en ~** feliz con su pareja; **faire bon ~ avec qn** hacer buenas migas con algn; **~ à trois** triángulo amoroso; **~ de poupée** juego de batería de cocina de muñeca

ménagement [menaʒmɑ̃] NM deferencia ■ **ménagements** NMPL (*égards*) miramientos *mpl*; **sans ~(s)** sin miramientos

ménager¹ [menaʒe] VT (*personne, animal*) tratar con consideración; (*monture*) no fatigar; (*ressources*) administrar; (*vêtements*) tener cuidado con; (*entretien*) organizar; (*ouverture*) practicar; **~ qch à qn** tener algo guardado para algn; **~ ses forces** administrar sus fuerzas ■ **se ménager** VPR cuidarse; **se ~ qch** procurarse algo

ménager², -ère [menaʒe, ɛʀ] ADJ doméstico(-a); (*enseignement*) del hogar; (*eaux*) residual

ménagère [menaʒɛʀ] NF ama de casa; (*service de couverts*) estuche *m* de cubertería

ménagerie [menaʒʀi] NF (*lieu*) jaulas *fpl* de fieras; (*animaux*) fieras *fpl*

mendiant, e [mɑ̃djɑ̃, jɑ̃t] NM/F mendigo(-a), pordiosero(-a) ▶ NM *postre de almendras, higos, avellanas y uvas*

mendicité [mɑ̃disite] NF (*Admin*) : **être arrêté pour ~** quedar detenido por mendicidad

mendier [mɑ̃dje] VT, VI mendigar

menées [məne] NFPL manejos *mpl*, tejemanejes *mpl*

mener [m(ə)ne] VT dirigir; (*enquête, vie, affaire*) llevar; **~ à/dans/chez** (*emmener*) llevar a/en/a casa de; **~ qch à bonne fin/à terme/à bien** llevar algo a buen fin/a término/a buen término; **~ à rien/à tout** llevar *ou* conducir a nada/a todas partes ▶ VI : **~ (à la marque)**

(*Sport*) estar a la cabeza, ir en cabeza

meneur, -euse [mənœʀ, øz] NM/F dirigente *mf*; (*de grève, révolte*) cabecilla *mf*; **~ d'hommes** líder *mf* innato(-a); **~ de jeu** (*Radio, TV*) animador(a); (*Sport*) director(a) del juego

menhir [meniʀ] NM menhir *m*

méninges [menɛ̃ʒ] NFPL (*Anat*) meninges *fpl*; (*fam*) : **se creuser les ~** estrujarse las meninges, devanarse los sesos

méningite [menɛ̃ʒit] NF meningitis *f inv*

ménisque [menisk] NM menisco

ménopause [menopoz] NF menopausia

ménopausée [menopoze] ADJ F menopáusica

menotte [mənɔt] NF (*langage enfantin*) manita ■ **menottes** NFPL esposas *fpl*; **passer les menottes à qn** poner las esposas a algn

menotter [mənɔte] VT esposar

mens [mɑ̃] VB *voir* **mentir**

mensonge [mɑ̃sɔ̃ʒ] NM mentira

mensonger, -ère [mɑ̃sɔ̃ʒe, ɛʀ] ADJ falso(-a)

menstruation [mɑ̃stʀyasjɔ̃] NF menstruación *f*

menstruel, le [mɑ̃stʀyɛl] ADJ menstrual

mensualisation [mɑ̃sɥalizasjɔ̃] NF mensualización *f*; **les paiements par ~** los pagos mensualizados

mensualiser [mɑ̃sɥalize] VT (*salaire*) pagar mensualmente

mensualité [mɑ̃sɥalite] NF mensualidad *f*

mensuel, le [mɑ̃sɥɛl] ADJ mensual ▸ NM/F asalariado(-a) pagado(-a) mensualmente ▸ NM (*Presse*) publicación *f* mensual

mensuellement [mɑ̃sɥɛlmɑ̃] ADV mensualmente

mensurations [mɑ̃syʀasjɔ̃] NFPL medidas *fpl*

mentais [mɑ̃tɛ] VB *voir* **mentir**

mental, e, -aux [mɑ̃tal, o] ADJ mental ▸ NM mentalidad *f*; **un ~ d'acier/de guerrier/à toute épreuve** una mentalidad de acero/de guerrero/a prueba de bomba

mentalement [mɑ̃talmɑ̃] ADV mentalmente

mentalité [mɑ̃talite] NF mentalidad *f*; **quelle ~ !** ¡qué mentalidad!

menteur, -euse [mɑ̃tœʀ, øz] NM/F mentiroso(-a), embustero(-a)

menthe [mɑ̃t] NF menta; **~ (à l'eau)** *refresco de jarabe de menta*

menthol [mɑ̃tɔl] NM mentol *m*

mentholé, e [mɑ̃tɔle] ADJ mentolado(-a)

mention [mɑ̃sjɔ̃] NF mención *f*; (*Scol, Univ*) : **~ passable/assez bien/bien/très bien** aprobado/bien/notable/sobresaliente; **faire ~ de** hacer mención de; **« rayer la ~ inutile »** (*Admin*) « tache lo que no proceda »

mentionner [mɑ̃sjɔne] VT mencionar

mentir [mɑ̃tiʀ] VI mentir; **~ à qn** mentir a algn

menton [mɑ̃tɔ̃] NM (*Anat*) mentón *m*, barbilla; **double/triple ~** papada

mentonnière [mɑ̃tɔnjɛʀ] NF barboquejo

menu, e [məny] ADJ menudo(-a); (*voix*) débil; (*frais*) módico(-a); **menue monnaie** dinero suelto ▸ ADV : **hacher ~** picar menudo ▸ NM menú *m*; **par le ~** (*raconter*) con todo detalle; **~ déroulant** menú desplegable

menuet [mənɥɛ] NM minué *m*

menuiserie [mənɥizʀi] NF carpintería; **plafond en ~** artesonado

menuisier [mənɥizje] NM carpintero (*de muebles*)

méprendre [mepʀɑ̃dʀ] : **se méprendre** VPR equivocarse, confundirse; **se ~ sur** confundirse en, equivocarse en; **à s'y ~** hasta el punto de confundirse

mépris, e [mepʀi, iz] PP *de* **méprendre** ▸ NM desprecio, menosprecio; **au ~ de** a despecho de

méprisable [mepʀizabl] ADJ despreciable

méprisant, e [mepʀizɑ̃, ɑ̃t] ADJ despreciativo(-a)

méprise [mepʀiz] NF equivocación *f*

mépriser [mepʀize] VT despreciar, menospreciar

mer [mɛʀ] NF mar *m*; (*fig : vaste étendue*) : **~ de sable/de feu** mar de arena/de fuego; **en ~** en el mar; **prendre la ~** hacerse a la mar; **en haute/pleine ~** en alta mar; **la ~ Adriatique** el mar Adriático; **la ~ Baltique** el mar Báltico; **la ~ Caspienne** el mar Caspio; **la ~ de Corail** el mar del Coral; **la ~ des Antilles** *ou* **des Caraïbes** el mar de las Antillas *ou* del Caribe; **la ~ des Sargasses** el mar de los Sargazos; **la ~ du Nord** el mar del Norte; **la ~ Égée** el mar Egeo; **~ fermée** mar interior; **la ~ Ionienne** el mar Jónico; **la ~ Morte** el mar Muerto; **la ~ Noire** el mar Negro; **la ~ Rouge** el mar Rojo; **la ~ Tyrrhénienne** el mar Tirreno; **les mers du sud** los mares del sur

mercantile [mɛʀkɑ̃til] (*péj*) ADJ mercantil

mercantilisme [mɛʀkɑ̃tilism] NM mercantilismo

mercenaire [mɛʀsənɛʀ] NMF mercenario(-a)

mercerie [mɛʀsəʀi] NF mercería

merci [mɛʀsi] EXCL gracias; **~ beaucoup** muchas gracias; **~ de/pour** gracias por; **non, ~** no, gracias ▸ NM : **dire ~ à qn** dar las gracias a algn ▸ NF merced *f*; **à la ~ de qn/qch** a merced de algn/algo; **sans ~** despiadado(-a)

mercier, -ière [mɛʀsje, jɛʀ] NM/F mercero(-a)

mercredi [mɛʀkʀədi] NM miércoles *m inv*; **~ des cendres** miércoles de Ceniza; *voir aussi* **lundi**

mercure [mɛʀkyʀ] NM mercurio

merde [mɛʀd] (*fam !*) NF mierda (*fam !*) ▸ EXCL ¡mierda! (*fam !*); (*surprise, impatience*) ¡joder! (*fam !*), ¡coño! (*fam !*)

merder [mɛʀde] VI (*fam ! : personne*) cagarla (*fam !*)

merdeux, -euse [mɛʀdø, øz] (*fam !*) NM/F gilipollas *mf inv* (*fam !*)

m

merdier [mɛʀdje] NM *(fam !)* follón *m (fam)*
merdique [mɛʀdik] ADJ *(fam !)* de mierda *(fam !)*
mère [mɛʀ] NF madre *f*; *(fam)* tía *(fam)*; **~ adoptive/porteuse** madre adoptiva/de alquiler; **~ célibataire/de famille** madre soltera/de familia ▶ ADJ *(idée)* central; *(langue)* madre; **maison ~** empresa matriz
merguez [mɛʀgɛz] NF merguez *f*, *salchicha de cordero picante*
méridien [meʀidjɛ̃] NM meridiano
méridional, e, -aux [meʀidjɔnal, o] ADJ meridional; *(du midi de la France)* del Sur de Francia ▶ NM/F nativo(-a) *ou* habitante *mf* del Sur de Francia
meringue [məʀɛ̃g] NF merengue *m*
mérinos [meʀinos] NM merino
merisier [məʀizje] NM cerezo silvestre; *(bois)* cerezo
méritant, e [meʀitɑ̃, ɑ̃t] ADJ meritorio(-a)
mérite [meʀit] NM mérito; *(valeur)* mérito, valor *m*; **le ~ lui revient** el mérito es suyo; **je n'ai pas de ~ à le faire** no tengo mérito al hacer eso
mériter [meʀite] VT merecer, ameritar *(Am)*; **~ de réussir** merecer aprobar; **il mérite qu'on fasse ...** merece que se haga ...
méritocratie [meʀitɔkʀasi] NF meritocracia
méritoire [meʀitwaʀ] ADJ meritorio(-a)
merlan [mɛʀlɑ̃] NM merlán *m*, liba
merle [mɛʀl] NM mirlo
merlu [mɛʀly] NM merluza
merluche [mɛʀlyʃ] NF merluza
mérou [meʀu] NM mero
merveille [mɛʀvɛj] NF maravilla; **faire ~/des merveilles** hacer maravillas; **à ~** a las mil maravillas; **les sept merveilles du monde** las siete maravillas del mundo
merveilleusement [mɛʀvɛjøzmɑ̃] ADV maravillosamente; **~ bien** maravillosamente bien
merveilleux, -euse [mɛʀvɛjø, øz] ADJ maravilloso(-a)
mes [me] *voir* **mon**
mésalliance [mezaljɑ̃s] NF mal casamiento
mésallier [mezalje] : **se mésallier** VPR malcasarse
mésange [mezɑ̃ʒ] NF herrerillo; **~ bleue** alionín *m*
mésaventure [mezavɑ̃tyʀ] NF infortunio
mesdames [medam] NFPL *voir* **madame**
mesdemoiselles [medmwazɛl] NFPL *voir* **mademoiselle**
mésentente [mezɑ̃tɑ̃t] NF desacuerdo
mésestimer [mezɛstime] VT menospreciar
mesquin, e [mɛskɛ̃, in] ADJ : **esprit ~/personne mesquine** espíritu ruin/persona mezquina
mesquinerie [mɛskinʀi] NF mezquindad *f*
mess [mɛs] NM comedor *m* de oficiales *ou* sub-oficiales
message [mesaʒ] NM mensaje *m*; **~ d'erreur** *(Inform)* mensaje de error; **~ publicitaire** anuncio publicitario; **~ SMS** SMS *m*, mensaje de texto; **~ téléphoné** aviso telefónico
messager, -ère [mesaʒe, ɛʀ] NM/F mensajero(-a)
messagerie [mesaʒʀi] NF mensajería; **~ instantanée** mensajería *f* instantánea; **~ vocale** *(Tél)* buzón *m* de voz; **~ (électronique)** mensajería (electrónica); **~ rose** línea erótica; **messageries aériennes/maritimes** servicio aéreo/marítimo de mensajería; **messageries de presse** (agencias *fpl*) distribuidoras *fpl* de prensa
messe [mɛs] NF misa; **aller à la ~** ir a misa; **faire des messes basses** *(fig, péj)* andar con secretos; **~ basse/chantée/noire** misa rezada/cantada/negra; **~ de minuit** misa del gallo
messie [mesi] NM : **Le M~** el Mesías
messieurs [mesjø] NMPL *voir* **monsieur**
mesurable [məzyʀabl] ADJ medible, mensurable; **difficilement ~** difícil de medir
mesure [m(ə)zyʀ] NF *(dimension, étalon)* medida; *(évaluation)* medición *f*; *(Mus)* compás *msg*; *(modération, retenue)* mesura, comedimiento; **prendre des mesures** tomar medidas; **sur ~** a la medida; **à la ~ de** a la medida de; **dans la ~ de/où** en la medida de/en que; **dans une certaine ~** en cierta medida; **à ~ que** a medida que; **en ~** *(Mus)* al compás; **être en ~ de** estar en condiciones de; **dépasser la ~** *(fig)* pasarse de la raya; **unité/système de ~** unidad *f*/sistema *m* de medida
mesuré, e [məzyʀe] ADJ *(ton, effort)* mesurado(-a); *(personne)* comedido(-a)
mesurer [məzyʀe] VT *(aussi fig)* medir; *(limiter : argent, temps)* escatimar; **~ qch à** evaluar algo según; **il mesure 1 m 80** mide 1 m 80 ■ **se mesurer** VPR : **se ~ avec/à qn** medirse con algn
met [mɛ] VB *voir* **mettre**
métabolisme [metabɔlism] NM metabolismo
métairie [meteʀi] NF finca en aparcería
métal, -aux [metal, o] NM metal *m*
métalangage [metalɑ̃gaʒ] NM metalenguaje *m*
métallique [metalik] ADJ metálico(-a)
métallisé, e [metalize] ADJ metalizado(-a)
métallo [metalo] *(fam)* NM *(ouvrier métallurgiste)* metalúrgico
métallurgie [metalyʀʒi] NF metalurgia
métallurgique [metalyʀʒik] ADJ metalúrgico(-a)
métallurgiste [metalyʀʒist] NM *(ouvrier)* metalúrgico; *(industriel)* industrial *m* metalúrgico
métamorphose [metamɔʀfoz] NF metamorfosis *f inv*

métamorphoser [metamɔʀfoze] VT metamorfosear ■ **se métamorphoser** VPR metamorfosearse; **se ~ en qch** metamorfosearse en algo
métaphore [metafɔʀ] NF metáfora
métaphorique [metafɔʀik] ADJ metafórico(-a)
métaphoriquement [metafɔʀikmɑ̃] ADV metafóricamente
métaphysique [metafizik] NF metafísica ▸ ADJ metafísico(-a)
métapsychique [metapsiʃik] ADJ metasíquico(-a), metapsíquico(-a)
métastase [metastɑz] NF (*Méd*) metástasis *f inv*; (*fig*) : **les métastases de la haine** la metástasis del odio
métatarse [metataʀs] NM metatarso
métayer, -ère [meteje, jɛʀ] NM/F aparcero(-a)
métempsycose [metɑ̃psikoz] NF metempsicosis *f inv*
météo [meteo] NF (*bulletin*) tiempo; (*service*) servicio meteorológico
météore [meteɔʀ] NM meteoro
météorique [meteɔʀik] ADJ (*aussi fig*) meteórico(-a)
météorite [meteɔʀit] NM OU F meteorito
météorologie [meteɔʀɔlɔʒi] NF meteorología; (*service*) instituto nacional de meteorología
météorologique [meteɔʀɔlɔʒik] ADJ meteorológico(-a)
météorologiste [meteɔʀɔlɔʒist] NMF meteorólogo(-a)
météorologue [meteɔʀɔlɔg] NMF meteorólogo(-a)
métèque [metɛk] (*péj*) NM extranjero; (*maghrébin*) moro
méthane [metan] NM metano
méthanier [metanje] NM metanero
méthode [metɔd] NF método
méthodique [metɔdik] ADJ metódico(-a)
méthodiquement [metɔdikmɑ̃] ADV metódicamente
méthodiste [metɔdist] ADJ, NMF (*Rel*) metodista *mf*
méthodologie [metɔdɔlɔʒi] NF metodología
méthodologique [metɔdɔlɔʒik] ADJ metodológico(-a)
méthylène [metilɛn] NM : **bleu de ~** azul *m* de metileno
méticuleusement [metikyløzmɑ̃] ADV meticulosamente
méticuleux, -euse [metikylø, øz] ADJ meticuloso(-a)
métier [metje] NM oficio; (*technique, expérience*) práctica; (*aussi* : **métier à tisser**) telar *m*; **le ~ de roi** (*fonction, rôle*) la función de rey; **avoir du ~** tener oficio; **être du ~** ser del oficio
métis, se [metis] ADJ, NM/F mestizo(-a), cholo(-a) (*And*)
métissage [metisaʒ] NM mestizaje *m*; **le ~ de la société** el mestizaje de la sociedad
métisser [metise] VT mestizar
métonymie [metɔnimi] NF metonimia; **par ~** por metonimia
métrage [metʀaʒ] NM medición *f* en metros; (*longueur de tissu*) medida en metros; (*Ciné*) metraje *m*; **long/moyen/court ~** (*Ciné*) largometraje *m*/mediometraje *m*/cortometraje *m*
mètre [mɛtʀ] NM metro; **un 100/800 mètres** (*Sport*) los 100/800 metros; **~ carré/cube** metro cuadrado/cúbico
métrer [metʀe] VT medir por metros
métreur, -euse [metʀœʀ, øz] NM/F : **~ vérificateur(-trice)** agrimensor(a); (*de travaux*) aparejador(a)
métrique [metʀik] ADJ : **système ~** sistema métrico ▸ NF métrica
métro [metʀo] NM metro, subterráneo (*Am*)
métronome [metʀɔnɔm] NM metrónomo
métropole [metʀɔpɔl] NF metrópoli *f*, metrópolis *f inv*
métropolitain, e [metʀɔpɔlitɛ̃, ɛn] ADJ metropolitano(-a)
mets [mɛ] VB *voir* **mettre** ▸ NM plato
mettable [metabl] ADJ : **ce manteau n'est plus ~** ya no me *etc* puedo *etc* poner este abrigo
metteur, -euse [metœʀ, øz] NM/F : **~ en scène** (*Théâtre*) director(a) escénico(-a); (*Ciné*) director(a)

mettre [mɛtʀ]

VT **1** poner; **mettre en bouteille(s)** embotellar; **mettre en sac(s)** poner en sacos; **mettre en pages** compaginar; **mettre qch en terre** enterrar algo; **mettre en examen** detener (*para ser interrogado*); **mettre à la poste** echar al correo; **mettre qn debout/assis** levantar/sentar a algn
2 (*vêtements* : *revêtir*) poner; (: *soi-même*) ponerse; **mets ton gilet** ponte el chaleco
3 (*faire fonctionner* : *chauffage, réveil*) poner; (: *lumière*) dar; (*installer* : *gaz, eau*) poner; **faire mettre le gaz/l'électricité** poner gas/electricidad; **mettre en marche** poner en marcha
4 (*consacrer*) : **mettre du temps/deux heures à faire qch** tardar tiempo/dos horas en hacer algo
5 (*écrire*) poner; **qu'est-ce que tu as mis sur la carte ?** ¿qué has puesto en la postal?; **mettre au pluriel** poner en plural
6 (*supposer*) : **mettons que ...** pongamos que ...
7 : **y mettre du sien** poner de su parte
■ **se mettre** VPR : **vous pouvez vous mettre là** puede ponerse allí; **où ça se met ?** ¿dónde se pone eso?; **se mettre au lit** meterse en la

m

cama; **se mettre qn à dos** ganarse la enemistad de algn; **se mettre de l'encre sur les doigts** mancharse los dedos de tinta; **se mettre bien/mal avec qn** ponerse a bien/mal con algn; **se mettre en maillot de bain** ponerse en bañador; **n'avoir rien à se mettre** no tener nada que ponerse; **se mettre à faire qch** ponerse a hacer algo; **se mettre au piano** (*s'asseoir*) sentarse al piano; (*apprendre*) estudiar piano; **se mettre au travail/à l'étude** ponerse a trabajar/a estudiar; **se mettre au régime** ponerse a régimen; **allons, il faut s'y mettre !** ¡venga, vamos a ponernos a trabajar!

meublant, e [mœblɑ̃, ɑ̃t] ADJ decorativo(-a)
meuble [mœbl] NM mueble *m*; (*ameublement, mobilier*) mobiliario ▸ ADJ mueble; **biens meubles** (*Jur*) bienes *mpl* muebles
meublé, e [mœble] ADJ amueblado(-a) ▸ NM (*pièce*) habitación *f* amueblada; (*appartement*) piso amueblado
meubler [mœble] VT amueblar; (*fig*) llenar ■ **se meubler** VPR amueblar la casa
meuf [mœf] NF (*fam*) tía (*fam*)
meuglement [møgləmɑ̃] NM mugido
meugler [møgle] VI mugir
meule [møl] NF muela; (*Agr*) almiar *m*; (*de fromage*) rueda grande de queso
meunerie [mønʀi] NF (*industrie*) molinería; (*métier*) oficio de molinero
meunier, -ière [mønje, jɛʀ] NM/F molinero(-a) ▸ ADJ : **sole meunière** (*Culin*) lenguado a la molinera
meurs *etc* [mœʀ] VB *voir* **mourir**
meurtre [mœʀtʀ] NM asesinato
meurtrier, -ière [mœʀtʀije, ijɛʀ] NM/F asesino(-a) ▸ ADJ mortal; (*arme, instinct*) asesino(-a)
meurtrière [mœʀtʀijɛʀ] NF tronera
meurtrir [mœʀtʀiʀ] VT magullar; (*fig*) herir
meurtrissure [mœʀtʀisyʀ] NF magulladura; (*d'un fruit, légume*) machacadura; (*fig*) herida, llaga
meus *etc* [mœ] VB *voir* **mouvoir**
Meuse [mœz] NF : **la ~** el Mosa
meute [møt] NF jauría
meuve [mœv] VB *voir* **mouvoir**
mévente [mevɑ̃t] NF mala venta
mexicain, e [mɛksikɛ̃, ɛn] ADJ mexicano(-a) ▸ NM/F : **Mexicain, e** mexicano(-a)
Mexico [mɛksiko] N (Ciudad de) México
Mexique [mɛksik] NM (*pays*) México
mezzanine [mɛdzanin] NF *parte superior de un dúplex*
Mgr ABR (= *Monseigneur*) Mons. (= *Monseñor*)
mi [mi] NM INV (*Mus*) mi *m*
mi- [mi] PRÉF medio; **à la ~janvier** a mediados de enero; **~bureau, ~chambre** mitad oficina, mitad dormitorio; **à ~jambes/corps** a media pierna/medio cuerpo; **à ~hauteur/pente** a media altura/pendiente
miam-miam [mjammjam] (*fam*) EXCL ¡ñam ñam! (*fam*)
miaou [mjau] NM miau *m*
miasmes [mjasm] NMPL miasmas *mpl*
miaulement [mjolmɑ̃] NM maullido
miauler [mjole] VI maullar
mi-bas [mibɑ] NM INV minimedias *fpl*, medias *fpl* de rodilla
mica [mika] NM mica
mi-carême [mikaʀɛm] (*pl* **mi-carêmes**) NF : **la ~** *jueves de la tercera semana de Cuaresma*
miche [miʃ] NF hogaza
mi-chemin [miʃmɛ̃] : **à ~** *adv* (*aussi fig*) a medio camino
mi-clos, e [miklo, kloz] (*pl* **~**, **-es**) ADJ entornado(-a)
micmac [mikmak] (*péj*) NM chanchullo
mi-côte [mikot] : **à ~** *adv* en la mitad de la cuesta
mi-course [mikuʀs] : **à ~** *adv* a mitad de la carrera
micro [mikʀo] NM micrófono, micro
microbe [mikʀɔb] NM microbio
microbien, ne [mikʀɔbjɛ̃, jɛn] ADJ microbiano(-a)
microbiologie [mikʀobjɔlɔʒi] NF microbiología
microchirurgie [mikʀoʃiʀyʀʒi] NF microcirugía
microclimat [mikʀoklima] NM microclima *m*
microcosme [mikʀɔkɔsm] NM microcosmos *m inv*
micro-cravate [mikʀokʀavat] (*pl* **micros-cravates**) NM *pequeño micrófono oculto en la solapa*
microéconomie [mikʀoekɔnɔmi] NF microeconomía
microédition [mikʀoedisjɔ̃] NF microedición *f*
microélectronique [mikʀoelɛktʀɔnik] NF microelectrónica
microfiche [mikʀofiʃ] NF microficha
microfilm [mikʀofilm] NM microfilm(e) *m*
micro-onde [mikʀoɔ̃d] (*pl* **micro-ondes**) NF : **four à micro-ondes** horno microondas ▸ NM : **un ~(s)** un microondas
micro-ordinateur [mikʀoɔʀdinatœʀ] (*pl* **micro-ordinateurs**) NM microordenador *m*
micro-organisme [mikʀoɔʀganism] (*pl* **micro-organismes**) NM microorganismo
microphone [mikʀɔfɔn] NM micrófono
microplaquette [mikʀoplakɛt] NF microplaqueta
microprocesseur [mikʀopʀɔsesœʀ] NM microprocesador *m*
microprogrammation [mikʀopʀogʀamasjɔ̃] NF (*Inform*) microprogramación *f*

microscope [mikʀɔskɔp] NM microscopio; **examiner au ~** examinar en el microscopio; **~ électronique** microscopio electrónico

microscopique [mikʀɔskɔpik] ADJ microscópico(-a); *(opération)* con microscopio

microsillon [mikʀosijɔ̃] NM microsurco

MIDEM [midɛm] SIGLE M (= *Marché international du disque et de l'édition musicale) feria internacional del disco*

midi [midi] NM mediodía *m*; *(sud)* sur *m*, mediodía; **le M~ (de la France)** el sur de Francia; **à ~** a mediodía; **tous les midis** todos los días a las doce; **le repas de ~** la comida de mediodía, el almuerzo; **en plein ~** en pleno día

midinette [midinɛt] *(péj)* NF niña mona

mie [mi] NF miga

miel [mjɛl] NM miel *f*; **être tout ~** *(fig)* ser muy meloso(-a)

mielleux, -euse [mjelø, øz] *(péj)* ADJ meloso(-a)

mien, ne [mjɛ̃, mjɛn] ADJ mío(-a) ▸ PRON : **le ~, la mienne** el mío, la mía; **les miens** *(aussi ma famille)* los míos

miette [mjɛt] NF *(aussi fig)* migaja; **en miettes** hecho añicos; **une ~ de** una pizca de

mieux [mjø]

▸ ADV 1 *(d'une meilleure façon)* : **mieux (que)** mejor (que); **elle travaille/mange mieux** trabaja/come mejor; **elle va mieux** va mejor; **j'aime mieux le cinéma** me gusta más el cine; **j'attendais mieux de vous** esperaba algo más de usted; **qui mieux est** y lo que es mejor; **crier à qui mieux mieux** gritar a cual más; **de mieux en mieux** cada vez mejor
2 *(de la meilleure façon)* mejor; **ce que je sais le mieux** lo que mejor sé; **les livres les mieux faits** los libros mejor hechos
▸ ADJ 1 *(en meilleure forme)* mejor; **se sentir mieux** encontrarse mejor
2 *(plus satisfaisant)* mejor; **c'est mieux ainsi** es mejor así; **c'est le mieux des deux** es el mejor de los dos; **le (la) mieux, les mieux** el (la) mejor, los (las) mejores; **demandez-lui, c'est le mieux** pregúntele, es lo mejor; **il est mieux sans moustache** está mejor sin bigote; **il est mieux que son frère** es mejor que su hermano
3 : **au mieux** en el mejor de los casos; **être au mieux avec** llevarse muy bien con; **tout est pour le mieux** todo va de maravilla
▸ NM 1 *(amélioration)* mejoría; **faute de mieux** a falta de algo mejor
2 : **faire de son mieux** hacer cuanto se pueda; **du mieux qu'il peut** lo mejor que puede

mieux-être [mjøzɛtʀ] NM INV mayor bienestar *m*

mièvre [mjɛvʀ] ADJ cursi

mièvrerie [mjɛvʀəʀi] NF cursilería

mignon, ne [miɲɔ̃, ɔn] ADJ mono(-a); *(aimable)* majo(-a)

migraine [migʀɛn] NF jaqueca

migrant, e [migʀɑ̃, ɑ̃t] ADJ, NM/F emigrante *mf*

migrateur, -trice [migʀatœʀ, tʀis] ADJ migratorio(-a)

migration [migʀasjɔ̃] NF migración *f*

migratoire [migʀatwaʀ] ADJ migratorio(-a)

migrer [migʀe] VI emigrar

mijaurée [miʒɔʀe] NF remilgada

mijoter [miʒɔte] VT *(plat)* cocer a fuego lento; *(: préparer avec soin)* hacer (con mimo); *(fam : affaire)* tramar; **qu'est-ce qu'il mijote ?** ¿qué estará tramando? ▸ VI cocer a fuego lento; *(personne : attendre)* esperar largo tiempo

mil [mil] NM mil

Milan [milɑ̃] N Milán

milan [milɑ̃] NM *(oiseau)* milano; **~ royal** milano real

milanais, e [milanɛ, ɛz] ADJ milanés(-esa) ▸ NM/F : **Milanais, e** milanés(-esa)

mildiou [mildju] NM mildiu *m*, mildeu *m*

mile [majl] NM milla

milice [milis] NF milicia

milicien, ne [milisjɛ̃] NM/F miliciano(-a)

milieu, x [miljø] NM medio; *(social, familial)* medio, entorno; **au ~ de** en medio de; *(fig)* entre; **au beau** *ou* **en plein ~ (de)** justo en medio *ou* mitad (de); **le ~** *(pègre)* el hampa; **le juste ~** el término medio; **~ de terrain** *(Football : zone)* centro del campo; *nm/f (joueur)* centrocampista *mf*

militaire [militɛʀ] NMF militar *mf* ▸ ADJ militar; **marine/aviation ~** marina/aviación *f* militar; **service ~** servicio militar

militairement [militɛʀmɑ̃] ADV militarmente

militant, e [militɑ̃, ɑ̃t] ADJ, NM/F militante *mf*

militantisme [militɑ̃tism] NM militancia

militarisation [militaʀizasjɔ̃] NF militarización *f*

militarisé, e [militaʀize] ADJ militarizado(-a)

militariser [militaʀize] VT militarizar

militarisme [militaʀism] *(péj)* NM militarismo

militer [milite] VI militar; **~ pour/contre** militar a favor de/en contra de

milk-shake [milkʃɛk] *(pl* **milk-shakes**) NM batido de leche

mille [mil] ADJ INV mil; **page ~** página mil ▸ NM INV mil *m*; **mettre dans le ~** *(fig)* dar en el blanco ▸ NM : **~ marin** milla marina

millefeuille [milfœj] NM milhojas *m inv*

millénaire [milenɛʀ] NM milenio ▸ ADJ milenario(-a)

millénarisme [milenaʀism] NM milenarismo

mille-patte NM, **mille-pattes** NM INV [milpat] *(pl* **mille-pattes**) ciempiés *m inv*

millepertuis [milpɛʀtɥi] NM *(Bot)* hipérico

m

millésime [milezim] NM *(d'une médaille)* fecha; *(d'un vin)* año, cosecha
millésimé, e [milezime] ADJ con el año de la cosecha
millet [mijɛ] NM mijo
milliard [miljaʀ] NM mil millones *mpl*, millardo
milliardaire [miljaʀdɛʀ] ADJ, NMF multimillonario(-a)
millième [miljɛm] ADJ milésimo(-a) ▸ NMF milésimo(-a); **~ de seconde** milésima de segundo
millier [milje] NM millar *m*; **un ~ (de)** un millar (de); **par milliers** por miles, a millares
milligramme [miligʀam] NM miligramo
millilitre [mililitʀ] NM mililitro
millimètre [milimɛtʀ] NM milímetro
millimétré, e [milimetʀe] ADJ : **papier ~** papel *m* milimetrado
millimétrique [milimetʀik] ADJ milimétrico(-a); **d'une précision ~** de una precisión milimétrica
million [miljɔ̃] NM millón *m*; **deux millions de** dos millones de; **toucher cinq millions** ganar cinco millones
millionième [miljɔnjɛm] ADJ, NMF millonésimo(-a)
millionnaire [miljɔnɛʀ] ADJ, NMF millonario(-a)
mi-lourd [miluʀ] *(pl* **mi-lourds***)* ADJ, NM *(Sport)* peso medio
mime [mim] NMF mimo *mf* ▸ NM *(art)* mimo
mimer [mime] VT mimar; *(singer)* imitar
mimétisme [mimetism] NM mimetismo
mimi [mimi] ADJ *(fam : mignon)* mono(-a) *(fam)* ▸ NM *(langage enfantin : baiser)* besito *(fam)*
mimique [mimik] NF mímica
mimosa [mimoza] NM mimosa
mi-moyen [mimwajɛ̃] *(pl* **mi-moyens***)* ADJ, NM *(Sport)* peso welter
MIN [min] SIGLE M (= *marché d'intérêt national*) *mercado mayorista de frutos, verduras y productos del campo*
min. ABR (= *minute(s)*) min. (= *minuto(s)*)
minable [minabl] ADJ *(misérable)* miserable; *(très mauvais)* pésimo(-a)
minaret [minaʀɛ] NM minarete *m*, alminar *m*
minauder [minode] VI hacer melindres *ou* remilgos
minauderies [minodʀi] NFPL melindres *mpl*, remilgos *mpl*
mince [mɛ̃s] ADJ delgado(-a); *(étoffe, filet d'eau)* fino(-a); *(fig)* escaso(-a) ▸ EXCL : **~ alors !** ¡caramba!
minceur [mɛ̃sœʀ] NF delgadez *f*
mincir [mɛ̃siʀ] VI adelgazar
mine [min] NF *(aussi fig)* mina; *(physionomie)* cara, aspecto; **les Mines** *(Admin)* Dirección *f* de Minas; **avoir bonne/mauvaise ~** tener buena/mala cara; **tu as bonne ~ !** *(iron : aspect)* ¡vaya pinta que tienes!; (: *action*) ¡has hecho el ridículo!; **faire grise ~** poner mala cara; **faire ~ de faire qch** simular hacer algo; **ne pas payer de ~** tener mala pinta; **~ de rien** como quien no quiere la cosa, como si nada; **~ à ciel ouvert/de charbon** mina a cielo abierto/de carbón
miner [mine] VT minar
minerai [minʀɛ] NM mineral *m*
minéral, e, -aux [mineʀal, o] ADJ, NM mineral *m*
minéralisé, e [mineʀalize] ADJ mineral
minéralogie [mineʀalɔʒi] NF mineralogía
minéralogique [mineʀalɔʒik] ADJ mineralógico(-a); **plaque ~** matrícula; **numéro ~** número de matrícula
minet, te [minɛ, ɛt] NM/F gatito(-a), minino(-a); *(péj)* chuleta *mf*
mineur, e [minœʀ] ADJ *(souci)* secundario(-a); *(poète, personne)* menor ▸ NM/F *(Jur)* menor *mf* (de edad) ▸ NM *(travailleur)* minero; *(Mil)* minador *m*; **~ de fond** minero de interior
miniature [minjatyʀ] ADJ, NF miniatura; **en ~** en miniatura
miniaturisation [minjatyʀizasjɔ̃] NF miniaturización *f*
miniaturiser [minjatyʀize] VT miniaturizar
miniaturiste [minjatyʀist] NMF miniaturista *mf*
minibus [minibys] NM microbús *msg*
mini-cassette [minikasɛt] *(pl* **mini-cassettes***)* NF cassette *f*
minichaîne [miniʃɛn] NF minicadena
minier, -ière [minje, jɛʀ] ADJ minero(-a)
minigolf [minigɔlf] NM minigolf *m*
mini-jupe [miniʒyp] *(pl* **mini-jupes***)* NF minifalda
minimal, e, -aux [minimal, o] ADJ mínimo(-a)
minimalisme [minimalism] NM minimalismo
minimaliste [minimalist] ADJ minimalista
minime [minim] ADJ mínimo(-a) ▸ NMF *(Sport)* alevín *mf*
minimessage [minimesaʒ] NM SMS *m*, mensaje *m* de texto
minimiser [minimize] VT minimizar
minimum [minimɔm] ADJ mínimo(-a) ▸ NM *(pl* **minimums** *ou* **minima***)* mínimo; **un ~ de** un mínimo de; **au ~** como mínimo; **~ vital** *(salaire)* salario mínimo; *(niveau de vie)* mínimos *mpl* vitales; **minima sociaux** prestaciones *fpl* sociales no contributivas
mini-ordinateur [miniɔʀdinatœʀ] *(pl* **mini-ordinateurs***)* NM miniordenador *m*
ministère [ministɛʀ] NM ministerio; **~ public** *(Jur)* ministerio público
ministériel, le [ministeʀjɛl] ADJ ministerial; *(partisan)* gubernamental

ministrable [ministʀabl] ADJ ministrable
ministre [ministʀ] NMF ministro(-a); **~ d'État** ministro(-a) de Estado
minium [minjɔm] NM minio
minois [minwa] NM carita
minorer [minɔʀe] VT (*minimiser*) minimizar; (*prix*) reducir; (*sous-évaluer*) infravalorar
minoritaire [minɔʀitɛʀ] ADJ minoritario(-a)
minorité [minɔʀite] NF minoría; (*d'une personne*) minoría de edad; **la/une ~ de** la/una minoría de; **être en ~** estar en minoría; **mettre en ~** (*Pol*) poner en minoría
Minorque [minɔʀk] NF Menorca
minorquin, e [minɔʀkɛ̃, in] ADJ menorquín(-ina) ▸ NM/F: **Minorquin, e** menorquín(-ina)
minoterie [minɔtʀi] NF fábrica de harina
minotier [minɔtje] NM fabricante *m* de harina
minou [minu] NM (*langage enfantin*: *chat*) minino (*fam*)
minuit [minɥi] NM medianoche *f*
minus [minys] (*fam*) NMF (*péj*) inútil *mf*
minuscule [minyskyl] ADJ (*aussi lettre*) minúsculo(-a) ▸ NF (*lettre*) minúscula
minutage [minytaʒ] NM cronometraje *m*
minute [minyt] NF minuto; (*Jur*) minuta; **d'une ~ à l'autre** de un momento a otro; **à la ~** en seguida; **entrecôte/steak ~** entrecot(e) *m*/bisté *m* al minuto ▸ EXCL ¡un momento!
minuter [minyte] VT cronometrar
minuterie [minytʀi] NF programador *m*; (*d'escalier d'immeuble*) interruptor *m* (de la luz)
minuteur [minytœʀ] NM reloj *m*
minutie [minysi] NF minucia; **avec ~** minuciosamente
minutieusement [minysjøzmɑ̃] ADV minuciosamente
minutieux, -euse [minysjø, øz] ADJ minucioso(-a)
mioche [mjɔʃ] (*fam*) NMF crío(-a), chiquillo(-a)
mirabelle [miʀabɛl] NF ciruela mirabel; (*eau de vie*) aguardiente *m* de ciruela mirabel
miracle [miʀɑkl] NM milagro; **par ~** de milagro; **faire/accomplir des miracles** hacer milagros
miraculé, e [miʀakyle] ADJ curado(-a) milagrosamente
miraculeux, -euse [miʀakylø, øz] ADJ milagroso(-a)
mirador [miʀadɔʀ] NM (*Mil*) torre *f* de observación
mirage [miʀaʒ] NM espejismo
mire [miʀ] NF (*d'un fusil*) mira; (TV) carta de ajuste; **point/ligne de ~** punto/línea de mira
mirent [miʀ] VB *voir* **mettre**
mirer [miʀe] VT (*œufs*) mirar al trasluz ■ **se mirer** VPR: **se ~ dans** (*suj*: *personne*) contemplarse en; (: *chose*) reflejarse en
mirettes [miʀɛt] (*fam*) NFPL (*yeux*) ojos *mpl*; **en prendre plein les ~** quedar maravillado(-a)
mirifique [miʀifik] ADJ mirífico(-a)
mirobolant, e [miʀɔbɔlɑ̃, ɑ̃t] ADJ extraordinario(-a)
miroir [miʀwaʀ] NM espejo; (*fig*) espejo, reflejo
miroiter [miʀwate] VI espejear, relucir; **faire ~ qch à qn** seducir a algn con algo
miroiterie [miʀwatʀi] NF (*usine*) taller *m* de espejos; (*magasin*) tienda de espejos
mis, e [mi, miz] PP *de* **mettre** ▸ ADJ puesto(-a); **bien/mal ~** bien/mal vestido(-a)
misaine [mizɛn] NF: **mât de ~** palo de trinquete
misanthrope [mizɑ̃tʀɔp] ADJ, NMF misántropo(-a)
mise [miz] NF (*argent*) apuesta; (*tenue*) porte *m*; **être de ~** ser de recibo; **~ à feu** encendido; **~ à jour** puesta al día; (*Inform*) actualización *f*; **~ à mort** matanza; **~ à pied** despido; **~ à prix** tasación *f*; **~ au point** (*Photo*) enfoque *m*; (*fig*) aclaración *f*; **~ de fonds** inversión *f* de capital; **~ en bouteilles** embotellado; **~ en plis** marcado; **~ en scène** (*Théâtre, Ciné*) dirección *f*; (*Théâtre*: *matérielle*) puesta en escena; **~ en service** puesta en servicio; **~ sur pied** organización *f*
miser [mize] VT apostar; **~ sur** apostar a; (*fig*) contar con
misérable [mizeʀabl] ADJ miserable; (*insignifiant*) insignificante; (*honteux*) vergonzoso(-a) ▸ NMF miserable *mf*
misère [mizɛʀ] NF miseria; **être dans la ~** estar en la miseria; **salaire de ~** salario de miseria; **~ noire** triste miseria ■ **misères** NFPL (*malheurs, peines*) desgracias *fpl*; (*ennuis*) dificultades *fpl*; **faire des misères à qn** hacer rabiar a algn
miséreux, -euse [mizeʀø, øz] ADJ, NM/F pordiosero(-a)
miséricorde [mizeʀikɔʀd] NF misericordia
miséricordieux, -euse [mizeʀikɔʀdjø, jøz] ADJ misericordioso(-a)
misogyne [mizɔʒin] ADJ, NMF misógino(-a)
misogynie [mizɔʒini] NF misoginia
missel [misɛl] NM misal *m*
missile [misil] NM misil *m*; **~ autoguidé/balistique/stratégique** misil teledirigido/balístico/estratégico; **~ de croisière** misil de crucero
mission [misjɔ̃] NF misión *f*; (*fonction, vocation*) función *f*; **partir en ~** (*Admin, Pol*) ir a realizar una misión; **~ de reconnaissance** (*Mil*) misión de reconocimiento
missionnaire [misjɔnɛʀ] NMF misionero(-a)
missive [misiv] NF misiva
mistral [mistʀal] NM mistral *m*
mit [mi] VB *voir* **mettre**
mitaine [mitɛn] NF mitón *m*; (CANADA: *moufle*) manopla

mitard [mitaʀ] *(fam)* NM calabozo
mite [mit] NF polilla
mité, e [mite] ADJ apolillado(-a)
mi-temps [mitɑ̃] NF INV *(Sport : période)* tiempo; *(: pause)* descanso; **à ~** *adv* media jornada; *adj* de media jornada
miteux, -euse [mitø, øz] ADJ mísero(-a)
mitigé, e [mitiʒe] ADJ moderado(-a); **(recevoir) un accueil ~** (recibir) una tibia acogida
mitochondrie [mitɔkɔ̃dʀi] NF mitocondria
mitonner [mitɔne] VT elaborar cuidadosamente
mitoyen, ne [mitwajɛ̃, jɛn] ADJ medianero(-a); **maisons mitoyennes** casas *fpl* adosadas
mitraillage [mitʀɑjaʒ] NM ametrallamiento; *(fig)* bombardeo, acribillamiento
mitraille [mitʀɑj] NF metralla
mitrailler [mitʀɑje] VT ametrallar; *(fig)* bombardear, acribillar; **~ qn de** *(fig)* acribillar a algn a, bombardear a algn con *ou* a
mitraillette [mitʀɑjɛt] NF metralleta
mitrailleur [mitʀɑjœʀ] NM soldado ametrallador ▶ ADJ : **fusil ~** fusil *m* ametrallador
mitrailleuse [mitʀɑjøz] NF ametralladora
mitre [mitʀ] NF mitra
mitron [mitʀɔ̃] NM mozo de panadero *ou* pastelero
mi-voix [mivwa] : **à ~** *adv* a media voz
mix [miks] NM mix *m*
mixage [miksaʒ] NM *(Ciné)* mezcla *f* de sonido
mixer, mixeur [miksœʀ] NM *(Culin)* batidora
mixité [miksite] NF carácter *m* mixto; **~ sociale** mestizaje *m* social
mixte [mikst] ADJ mixto(-a); **à usage ~** para uso mixto; **cuisinière ~** cocina mixta
mixture [mikstyʀ] NF mixtura; *(péj)* mejunje *m*
MJC [ɛmʒise] SIGLE F (= *Maison des jeunes et de la culture*) Casa de Cultura; *voir aussi* **maison**
ml ABR (= *millilitre(s)*) ml (= *mililitro(s)*)
MLF [ɛmɛlɛf] SIGLE M (= *Mouvement de libération de la femme*) *Movimiento de liberación de la mujer*
Mlle (*pl* **Mlles**) ABR (= *Mademoiselle*) Srta. (= *Señorita*)
MM ABR (= *Messieurs*) ≈ Srs. (= *Señores*); *voir aussi* **monsieur**
mm ABR (= *millimètre(s)*) mm (= *milímetro(s)*)
Mme (*pl* **Mmes**) ABR (= *Madame*) ≈ Sra. (= *Señora*)
MMS SIGLE M (= *Multimedia Messaging Service*) MMS *m*
mn ABR (= *minute(s)*) m (= *minuto(s)*)
mnémotechnique [mnemotɛknik] ADJ (m)nemotécnico(-a)
MNS SIGLE MF (= *maître nageur/nageuse sauveteur/sauveteuse*) socorrista *mf*
Mo ABR (= *mégaoctet(s)*) MB (= *megabyte(s)*)
mobile [mɔbil] ADJ móvil, movible; *(pièce, feuillet)* suelto(-a); *(population, main-d'œuvre)* móvil; *(reflets)* cambiante; *(regard)* vivo(-a), vivaz ▶ NM *(téléphone)* móvil *m*, celular *m* *(AM)*; *(Art, d'un meurtre)* móvil *m*
mobilier, -ière [mɔbilje, jɛʀ] ADJ mobiliario(-a); **valeurs mobilières** *(Fin)* valores *mpl* mobiliarios; **vente/saisie mobilière** *(Jur)* venta/embargo de mobiliario ▶ NM mobiliario
mobilisable [mɔbilizabl] ADJ movilizable
mobilisateur, -trice [mɔbilizatœʀ, tʀis] ADJ *(projet, thème)* que moviliza
mobilisation [mɔbilizasjɔ̃] NF movilización *f*; **~ générale** movilización general
mobiliser [mɔbilize] VT movilizar
mobilité [mɔbilite] NF movilidad *f*; **~ sociale** movilidad social
mobylette® [mɔbilɛt] NF motocicleta
mocassin [mɔkasɛ̃] NM mocasín *m*
moche [mɔʃ] *(fam)* ADJ feo(-a)
mocheté [mɔʃte] NF *(laideur)* fealdad *f*; *(chose laide)* engendro, birria; *(fam : femme)* adefesio *(fam)*
modalité [mɔdalite] NF modalidad *f* ■ **modalités** NFPL *(Jur)* modalidades *fpl*; **modalités de paiement** modalidades de pago
mode [mɔd] NF moda; **à la ~** de moda; **travailler dans la ~** trabajar en la confección ▶ NM modo; *(Inform)* modo, modalidad *f*; **~ d'emploi** instrucciones *fpl* de uso; **~ de paiement** forma de pago; **~ de production/d'exploitation** modo de producción/de explotación; **~ de vie** modo de vida; **~ dialogué** *(Inform)* modalidad conversacional
modelage [mɔd(ə)laʒ] NM modelado
modelé [mɔd(ə)le] NM modelado
modèle [mɔdɛl] NM modelo; **un ~ de fidélité/générosité** un modelo de fidelidad/generosidad; **~ en carton/métal** modelo en cartón/metal; **~ courant/de série** *(Comm)* modelo corriente/de serie; **~ déposé** *(Comm)* modelo patentado *ou* registrado; **~ réduit** modelo reducido ▶ ADJ modélico(-a); *(cuisine)* modelo *inv*; *(ferme)* piloto *inv*
modeler [mɔd(ə)le] VT modelar; *(suj : vêtement, érosion)* moldear; **~ qch sur** *ou* **d'après** moldear algo según ■ **se modeler** VPR : **se ~ sur** amoldarse a
modélisation [mɔdelizasjɔ̃] NF *(Math)* modelización *f*
modélisme [mɔdelism] NM modelismo
modéliste [mɔdelist] NMF *(Couture)* diseñador(a); *(de modèles réduits)* modelista *mf*
modem [mɔdɛm] NM *(Inform)* modem *m*, módem *m*
modérateur, -trice [mɔdeʀatœʀ, tʀis] ADJ, NM/F moderador(a)
modération [mɔdeʀasjɔ̃] NF moderación *f*; **à consommer avec ~** consumir con moderación; **~ de peine** reducción *f* de la pena

modéré, e [mɔdeʀe] ADJ, NM/F moderado(-a)
modérément [mɔdeʀemɑ̃] ADV moderadamente
modérer [mɔdeʀe] VT moderar ■ **se modérer** VPR moderarse
moderne [mɔdɛʀn] ADJ moderno(-a); **enseignement ~** enseñanza moderna ▶ NM (*Art*) arte *m* moderno; **le ~** (*ameublement*) lo moderno
modernisation [mɔdɛʀnizasjɔ̃] NF modernización *f*
moderniser [mɔdɛʀnize] VT modernizar ■ **se moderniser** VPR modernizarse
modernisme [mɔdɛʀnism] NM modernismo
moderniste [mɔdɛʀnist] ADJ, NMF modernista *mf*
modernité [mɔdɛʀnite] NF modernidad *f*
modeste [mɔdɛst] ADJ modesto(-a)
modestement [mɔdɛstəmɑ̃] ADV modestamente
modestie [mɔdɛsti] NF modestia; **fausse ~** falsa modestia
modicité [mɔdisite] NF modicidad *f*
modifiable [mɔdifjabl] ADJ modificable
modification [mɔdifikasjɔ̃] NF modificación *f*
modifier [mɔdifje] VT modificar ■ **se modifier** VPR modificarse
modique [mɔdik] ADJ módico(-a)
modiste [mɔdist] NF sombrerera
modulable [mɔdylabl] ADJ (*mobilier, canapé*) modular; (*prêt*) flexible
modulaire [mɔdylɛʀ] ADJ modular
modularité [mɔdylaʀite] NF (*de logiciel, bâtiment, mobilier*) modularidad *f*
modulation [mɔdylasjɔ̃] NF modulación *f*; **~ de fréquence** frecuencia modulada
module [mɔdyl] NM módulo; **~ lunaire** módulo lunar
moduler [mɔdyle] VT (*air*) entonar; (*son*) modular; (*offre, effets*) adaptar; **~ qch en fonction de** adaptar algo en función de
moelle [mwal] NF médula; **jusqu'à la ~** (*fig*) hasta la médula; **~ épinière** médula espinal
moelleux, -euse [mwalø, øz] ADJ (*étoffe*) esponjoso(-a); (*siège*) mullido(-a); (*vin, chocolat*) suave; (*voix, son*) aterciopelado(-a)
moellon [mwalɔ̃] NM morrillo
mœurs [mœʀ(s)] NFPL costumbres *fpl*; **~ simples/bohèmes** costumbres sencillas/bohemias; **femme de mauvaises ~** mujer *f* de la vida; **passer dans les ~** entrar en las costumbres; **contraire aux bonnes ~** contrario a las buenas costumbres
mohair [mɔɛʀ] NM muaré *m*, mohair *m*
moi [mwa] PRON (**m'** *avant en et y : sujet*) yo; (*objet direct/indirect*) me; **c'est ~** soy yo; **c'est ~ qui l'ai fait** lo hice yo; **c'est ~ que vous avez appelé ?** ¿me ha llamado a mí?; **apporte-le-~** tráemelo; **donnez-m'en un peu** deme un poco; **à ~** (*possessif*) mío (mía), míos (mías); **ce livre est à ~** ese libro es mío; **avec ~** conmigo; **des poèmes de ~** poemas míos; **sans ~** sin mí; **~, je ...** (*emphatique*) yo, ...; **plus grand que ~** más grande que yo ▶ NM (*Psych*) yo
moignon [mwaɲɔ̃] NM muñón *m*
moi-même [mwamɛm] PRON yo mismo(-a)
moindre [mwɛ̃dʀ] ADJ menor; **le/la ~** el/la menor; **les moindres** los/las menores; **c'est la ~ des politesses** es lo menos que se puede decir *ou* hacer; **c'est la ~ des choses** es lo mínimo
moindrement [mwɛ̃dʀəmɑ̃] ADV menormente; **pas le ~** de ningún modo, en absoluto
moine [mwan] NM monje *m*, fraile *m*
moineau, x [mwano] NM gorrión *m*

moins [mwɛ̃]

▶ ADV **1** (*comparatif*) : **moins (que)** menos (que); **il a trois ans de moins que moi** tiene tres años menos que yo; **moins intelligent que** menos inteligente que; **moins je travaille, mieux je me porte** cuanto menos trabajo, mejor me encuentro
2 (*superlatif*) : **le moins** el (lo) menos; **c'est ce que j'aime le moins** es lo que menos me gusta; **le moins doué** el menos dotado; **pas le moins du monde** en lo más mínimo; **au moins, du moins** al menos, por lo menos
3 : **moins de** (*quantité, nombre*) menos; **moins de sable/d'eau** menos arena/agua; **moins de livres/de gens** menos libros/gente; **moins de deux ans/10 euros** menos de dos años/10 euros; **moins de midi** antes de mediodía
4 : **de/en moins** : **10 euros/trois jours de moins** 10 euros/tres días menos; **trois livres en moins** tres libros menos; **de l'argent en moins** menos dinero; **le soleil en moins** sin el sol; **de moins en moins** cada vez menos; **en moins de deux** en un santiamén
5 : **à moins de/que** *conj* a menos que, a no ser que; **à moins de faire ...** a no ser que se haga ...; **à moins que tu ne fasses** a menos que hagas; **à moins d'un accident** a no ser por un accidente
▶ PRÉP : **quatre moins deux** cuatro menos dos; **il est moins cinq** son menos cinco; **il fait moins cinq** hay cinco grados bajo cero

moins-value [mwɛ̃valy] (*pl* **moins-values**) NF minusvalía
moire [mwaʀ] NF moaré *m*
moiré, e [mwaʀe] ADJ tornasolado(-a)
mois [mwa] NM mes *msg*; (*salaire, somme due*) mensualidad *f*; **treizième ~** paga extra
moïse [mɔiz] NM moisés *m*, cuna
moisi, e [mwazi] ADJ enmohecido(-a) ▶ NM moho; **odeur/goût de ~** olor *m*/gusto a moho
moisir [mwaziʀ] VI enmohecerse; (*fig*) criar

m

moho; **~ en prison** pudrirse en la cárcel ▸ VT enmohecer

moisissure [mwazisyʀ] NF moho

moisson [mwasɔ̃] NF siega; **faire ~ de souvenirs/renseignements** (*fig*) hacer acopio de recuerdos/informaciones

moissonner [mwasɔne] VT segar; (*fig*) recolectar

moissonneur, -euse [mwasɔnœʀ, øz] NM/F segador(a)

moissonneuse [mwasɔnøz] NF (*machine*) segadora

moissonneuse-batteuse [mwasɔnøzbatøz] (*pl* **moissonneuses-batteuses**) NF (segadora) trilladora

moissonneuse-lieuse [mwasɔnøzlijøz] (*pl* **moissonneuses-lieuses**) NF (segadora) agavilladora

moite [mwat] ADJ (*air*) húmedo(-a); (*peau*) sudoroso(-a); **avoir les mains moites** tener las manos sudorosas; **il fait une chaleur ~** hace bochorno

moiteur [mwatœʀ] NF (*de l'air*) humedad *f*; (*de la peau*) sudor *m*

moitié [mwatje] NF mitad *f*; **sa ~** (*épouse*) su media naranja; **la ~** la mitad; **la ~ du temps/des gens** la mitad del tiempo/de la gente; **à la ~ de** a mitad de; **~ moins grand** la mitad de grande; **~ plus long** la mitad más largo; **à ~** a medias; **à ~ prix** a mitad de precio; **de ~** en la mitad; **~ ~** mitad y mitad

L'expression **à moitié** suivie d'un adjectif se traduit par *medio*, qui ne s'accorde pas : **Elle est à moitié sourde.** Está medio sorda.

moka [mɔka] NM moka *m*; (*gâteau*) tarta de moka

mol [mɔl] ADJ *voir* **mou**

molaire [mɔlɛʀ] NF molar *m*

môle [mol] NM malecón *m*; (*quai*) muelle *m*

moléculaire [mɔlekylɛʀ] ADJ molecular

molécule [mɔlekyl] NF molécula

moleskine [mɔlɛskin] NF molesquín *m*

molester [mɔlɛste] VT maltratar

molette [mɔlɛt] NF (*de mise au point, de briquet*) rueda dentada

mollard [mɔlaʀ] NM (*fam !*) lapo (*fam*), pollo (*fam*)

mollasse [mɔlas] ADJ (*péj : personne*) desganado(-a); (*: chose*) blandengue

mollasson, ne [mɔlasɔ̃, ɔn] (*fam*) ADJ, NM/F blandengue *mf* (*fam*)

molle [mɔl] ADJ F *voir* **mou**

mollement [mɔlmɑ̃] ADV débilmente; (*péj*) desganadamente

mollesse [mɔlɛs] NF blandura; (*fig : d'une personne*) insulsez *f*

mollet [mɔlɛ] NM pantorrilla ▸ ADJ M : **œuf ~** huevo pasado por agua

molletière [mɔltjɛʀ] ADJ F polaina; **bande ~** *venda de paño haciendo de media polaina*

molleton [mɔltɔ̃] NM (*Textile*) muletón *m*

molletonné, e [mɔltɔne] ADJ forrado(-a) de muletón

mollir [mɔliʀ] VI flaquear; (*Naut : vent*) amainar

mollo [mɔlo] ADV (*fam*) : **y aller ~** ir despacito (*fam*), ir tranqui (*fam*); **vas-y ~ !** ¡despacito!

mollusque [mɔlysk] NM (*Zool*) molusco; (*fig : personne*) blandengue *mf*

molosse [mɔlɔs] NM moloso

môme [mom] (*fam*) NMF chiquillo(-a); (*fille*) chavala (*fam*)

moment [mɔmɑ̃] NM momento; **les grands moments de l'histoire** los grandes momentos de la historia; **~ de gêne/de bonheur** momento de apuro/de felicidad; **profiter du ~** aprovechar el momento; **ce n'est pas le ~** no es el mejor momento; **à un certain ~** en cierto momento; **à un ~ donné** en un momento dado; **à quel ~ ?** ¿en qué momento?; **au même ~** en el mismo momento; **pour un bon ~** un buen rato; **en avoir pour un bon ~** tener para rato; **pour le ~** por el momento; **au ~ de** en el momento de; **au ~ où** en el momento en que; **à tout ~** a cada momento *ou* rato; (*continuellement*) constantemente; **en ce ~** en este momento; (*aujourd'hui*) en los momentos actuales; **sur le ~** al principio; **par moments** por momentos; **d'un ~ à l'autre** de un momento a otro; **du ~ où** *ou* **que** (*dès lors que*) puesto que; (*à condition que*) siempre que; **n'avoir pas un ~ à soi** no tener ni un momento libre para sí; **derniers moments** últimos momentos *mpl*

momentané, e [mɔmɑ̃tane] ADJ momentáneo(-a)

momentanément [mɔmɑ̃tanemɑ̃] ADV momentáneamente

momie [mɔmi] NF momia

momifier [mɔmifje] VT momificar

mon, ma [mɔ̃, ma] (*pl* **mes**) ADJ POSS mi; (*pl*) mis

monacal, e, -aux [mɔnakal, o] ADJ : **vie monacale** vida monacal

Monaco [mɔnako] NM : **(la principauté de) ~** (el principado de) Mónaco

monarchie [mɔnaʀʃi] NF monarquía; **~ absolue/parlementaire** monarquía absoluta/parlamentaria

monarchique [mɔnaʀʃik] ADJ monárquico(-a)

monarchisme [mɔnaʀʃism] NM monarquismo

monarchiste [mɔnaʀʃist] ADJ, NMF monárquico(-a)

monarque [mɔnaʀk] NM monarca *m*

monastère [mɔnastɛʀ] NM monasterio

monastique [mɔnastik] ADJ monástico(-a)

monceau, x [mɔ̃so] NM montón *m*
mondain, e [mɔ̃dɛ̃, ɛn] ADJ mundano(-a); **carnet ~** agenda ▸ NM/F hombre *m* mundano/ mujer *f* mundana
mondaine [mɔ̃dɛn] NF : **la M~, la police ~** la brigada antidroga
mondanités [mɔ̃danite] NFPL formulismos *mpl* mundanos; (*Presse*) crónica *fsg* social, ecos *mpl* de sociedad
monde [mɔ̃d] NM mundo; **le ~ capitaliste/ végétal/du spectacle** el mundo capitalista/ vegetal/del espectáculo; **être/ne pas être du même ~** ser/no ser del mismo mundo; **il y a du ~** (*beaucoup de gens*) hay mucha gente; (*quelques personnes*) hay gente; **y a-t-il du ~ dans le salon ?** ¿hay gente en el salón?; **beaucoup/ peu de ~** mucha/poca gente; **meilleur du ~** mejor del mundo; **mettre au ~** dar a luz; **l'autre ~** el otro mundo; **tout le ~** todo el mundo; **pas le moins du ~** de ninguna manera; **se faire un ~ de qch** hacerse un mundo de algo; **tour du ~** vuelta al mundo; **homme/femme du ~** hombre *m*/mujer *f* de mundo
mondial, e, -aux [mɔ̃djal, jo] ADJ mundial
mondialement [mɔ̃djalmɑ̃] ADV mundialmente
mondialisation [mɔ̃djalizasjɔ̃] NF mundialización *f*, globalización *f*
mondialiser [mɔ̃djalize] : **se mondialiser** VPR mundializarse, globalizarse
mondialiste [mɔ̃djalist] ADJ universalista
mondovision [mɔ̃dɔvizjɔ̃] NF mundovisión *f*
monégasque [mɔnegask] ADJ monegasco(-a) ▸ NMF : **Monégasque** monegasco(-a)
monétaire [mɔnetɛʀ] ADJ monetario(-a)
monétarisme [mɔnetaʀism] NM monetarismo
monétariste [mɔnetaʀist] ADJ, NMF monetarista *mf*
monétique [mɔnetik] NF informatización *f* de la banca
monétisation [mɔnetizasjɔ̃] NF monetización *f*
monétiser [mɔnetize] VT monetizar
mongol, e [mɔ̃gɔl] ADJ mongol(a) ▸ NM (*Ling*) mongol *m* ▸ NM/F : **Mongol, e** mongol(a)
Mongolie [mɔ̃gɔli] NF Mongolia
mongolien, ne [mɔ̃gɔljɛ̃, jɛn] ADJ, NM/F mongólico(-a)
mongolisme [mɔ̃gɔlism] NM mongolismo
moniteur, -trice [mɔnitœʀ, tʀis] NM/F monitor(a); **~ d'auto-école** profesor(a) de auto-escuela ▸ NM (*Inform*) monitor *m*; **~ cardiaque** (*Méd*) monitor cardíaco *ou* de electrocardiografía
monitorat [mɔnitɔʀa] NM (*formation*) formación *f* del monitor; (*fonction*) función *f* del monitor
monnaie [mɔnɛ] NF moneda; **avoir de la ~** (*petites pièces*) tener cambio; **avoir/faire la ~ de 10 euros** tener cambio de/cambiar 10 euros; **donner/faire à qn la ~ de 10 euros** dar el cambio de/cambiar 10 euros a algn; **rendre à qn la ~ (sur 10 euros)** darle la vuelta a algn (de 10 euros); **rendre à qn la ~ de sa pièce** (*fig*) pagar a algn con la misma moneda; **servir de ~ d'échange** servir de moneda de cambio; **payer en ~ de singe** pagar con promesas vanas; **c'est ~ courante** es moneda corriente; **~ légale** moneda legal
monnayable [mɔnɛjabl] ADJ vendible
monnayer [mɔneje] VT convertir en dinero; (*talent*) sacar partido de
monnayeur [mɔnɛjœʀ] NM *voir* **faux-monnayeur**
mono [mɔno] NMF (= *moniteur, -trice*) monitor(a)
monochrome [mɔnokʀom] ADJ monocromo(-a)
monocle [mɔnɔkl] NM monóculo
monocoque [mɔnɔkɔk] ADJ : **voiture ~** coche *m* monocasco ▸ NM velero monocasco
monocorde [mɔnɔkɔʀd] ADJ monocorde
monoculture [mɔnokyltyʀ] NF monocultivo
monogame [mɔnɔgam] ADJ monógamo(-a)
monogamie [mɔnɔgami] NF monogamia
monogramme [mɔnɔgʀam] NM monograma *m*
monographie [mɔnɔgʀafi] NF monografía
monokini [mɔnɔkini] NM monokini *m*
monolingue [mɔnɔlɛ̃g] ADJ monolingüe
monolithe [mɔnɔlit] NM monolito
monolithique [mɔnɔlitik] ADJ monolítico(-a)
monolithisme [mɔnɔlitism] NM monolitismo
monologue [mɔnɔlɔg] NM monólogo; **~ intérieur** monólogo interior
monologuer [mɔnɔlɔge] VI monologar
monôme [mɔnom] NM (*Math*) monomio; (*file d'étudiants*) manifestación *f* de estudiantes
mononucléose [mɔnonykleoz] NF (*Méd*) : **~ infectieuse** mononucleosis *m inv* infecciosa
monoparental, e, -aux [mɔnopaʀɑ̃tal, o] ADJ monoparental
monophasé, e [mɔnɔfaze] ADJ monofásico(-a)
monophonie [mɔnɔfɔni] NF monofonía
monoplace [mɔnoplas] ADJ, NM OU F monoplaza *m*
monoplan [mɔnoplɑ̃] NM monoplano
monopole [mɔnɔpɔl] NM monopolio
monopolisation [mɔnɔpɔlizasjɔ̃] NF monopolización *f*
monopoliser [mɔnɔpɔlize] VT monopolizar
monopolistique [mɔnɔpɔlistik] ADJ monopolístico(-a)
monorail [mɔnɔʀaj] NM monorraíl *m*

monoski [mɔnoski] NM monoesquí *m*; **faire du ~** hacer monoesquí
monospace [mɔnɔspas] NM monovolumen *m*
monosyllabe [mɔnosi(l)lab] NM monosílabo
monosyllabique [mɔnosi(l)labik] ADJ monosilábico(-a)
monothéisme [mɔnɔteism] NM monoteísmo
monothéiste [mɔnɔteist] ADJ monoteísta
monotone, e [mɔnɔtɔn] ADJ monótono(-a)
monotonie [mɔnɔtɔni] NF monotonía
monoxyde [mɔnɔksid] NM monóxido; **~ de carbone** monóxido de carbono
monseigneur [mɔ̃sɛɲœʀ] NM (*archevêque, évêque*) Su Ilustrísima *m*; (*cardinal*) Su Eminencia; **M~ Thomas** Monseñor Tomás
monsieur [məsjø] (*pl* **messieurs**) NM (*titre*) señor, don; **occupez-vous de M~** atienda al señor; **bonjour ~** buenos días señor; **~ !** (*pour appeler*) ¡(oiga) señor!; **M~,** (*sur lettre*) Señor:; **Cher M~,** Estimado señor:; **un/le ~** un/el señor; *voir aussi* **madame**
monstre [mɔ̃stʀ] NM monstruo; **~ sacré** (*Théâtre, Ciné*) monstruo sagrado ▶ ADJ (*fam : succès, erreur*) brutal, bestial (*fam*); **un travail ~** un mogollón de trabajo
monstrueux, -euse [mɔ̃stʀyø, øz] ADJ monstruoso(-a)
monstruosité [mɔ̃stʀyozite] NF monstruosidad *f*
mont [mɔ̃] NM monte *m*; **par monts et par vaux** de la Ceca a la Meca; **le ~ de Vénus** el monte de Venus; **le M~ Blanc** el Mont Blanc
montage [mɔ̃taʒ] NM montaje *m*; **~ sonore** montaje sonoro
montagnard, e [mɔ̃taɲaʀ, aʀd] ADJ, NM/F montañés(-esa)
montagne [mɔ̃taɲ] NF montaña; (*fig*) : **une ~ de** una montaña de; **la haute ~** la alta montaña; **la moyenne ~** la montaña media; **les montagnes Rocheuses** las Montañas Rocosas; **montagnes russes** montaña *fsg* rusa
montagneux, -euse [mɔ̃taɲø, øz] ADJ montañoso(-a)
montalbanais, e [mɔ̃talbanɛ, ɛz] ADJ de Montauban ▶ NM/F : **Montalbanais, e** nativo(-a) *ou* habitante *mf* de Montauban
montant, e [mɔ̃tɑ̃, ɑ̃t] ADJ ascendente; (*chemin*) ascendente, cuesta arriba; (*robe, corsage, col*) cerrado(-a) ▶ NM (*somme*) importe *m*; (*d'une fenêtre*) jamba; (*d'un lit, d'une échelle*) larguero
mont-de-piété [mɔ̃dpjete] (*pl* **monts-de-piété**) NM monte *m* de piedad
monte [mɔ̃t] NF monta
monté, e [mɔ̃te] ADJ : **être ~ contre qn** estar enfurecido(-a) con algn; **~ en** (*fourni*) provisto(-a) de; **~ sur** montado(-a) en
monte-charge [mɔ̃tʃaʀʒ] (*pl* **monte-charges**) NM montacargas *m inv*
montée [mɔ̃te] NF subida; (*côte*) cuesta; **au milieu de la ~** en medio de la cuesta *ou* de la subida
Monténégro [mɔ̃tenegʀo] NM Montenegro
monte-plats [mɔ̃tpla] NM INV montaplatos *m inv*
monter [mɔ̃te] VI subir; (*Cartes*) echar una carta de más valor; (*à cheval*) : **~ bien/mal** montar bien/mal; **~ dans un train/avion/taxi** subir a un tren/avión/taxi; **~ sur/à un arbre/une échelle** subir a un árbol/una escalera; **~ à cheval/bicyclette** montar a caballo/en bicicleta; **~ à pied/en voiture** subir a pie/en coche; **~ à bord** subir a bordo; **~ à la tête de qn** subírsele a la cabeza de algn; **~ sur les planches** subir a un escenario; **~ en grade** ascender; **~ à l'assaut** lanzarse al asalto ▶ VT (*escalier, valise*) subir; (*tente, échafaudage, machine*) armar, montar; (*entreprise, pièce de théâtre*) montar; **~ son ménage** montar la casa; **~ son trousseau** preparar el ajuar; **~ la tête à qn** calentarle la cabeza a algn; **~ qch en épingle** cargar las tintas con algo; **~ la garde** montar la guardia ▪ **se monter** VPR proveerse
monteur, -euse [mɔ̃tœʀ, øz] NM/F montador(a)
montgolfière [mɔ̃gɔlfjɛʀ] NF globo (aerostático)
monticule [mɔ̃tikyl] NM montículo
montmartrois, e [mɔ̃maʀtʀwa, waz] ADJ de Montmartre ▶ NM/F : **Montmartrois, e** nativo(-a) *ou* habitante *mf* de Montmartre
montre [mɔ̃tʀ] NF reloj *m*; **~ en main** reloj en mano; **contre la ~** contra reloj; **faire ~ de** hacer alarde de; (*faire preuve de*) dar muestras de; **~ de plongée** reloj sumergible
Montréal [mɔ̃ʀeal] N Montreal
montréalais, e [mɔ̃ʀealɛ, ɛz] ADJ de Montreal ▶ NM/F : **Montréalais, e** nativo(-a) *ou* habitante *mf* de Montreal
montre-bracelet [mɔ̃tʀəbʀaslɛ] (*pl* **montres-bracelets**) NF reloj *m* de pulsera
montrer [mɔ̃tʀe] VT mostrar, enseñar; (*suj : panneau*) señalar; (*: vêtement*) descubrir; **~ qch à qn** mostrar algo a algn; **~ qch du doigt** señalar algo con el dedo; **~ à qn qu'il a tort** demostrar a algn que está equivocado; **~ à qn son affection/amitié** demostrar su afecto/amistad a algn ▪ **se montrer** VPR mostrarse; **se ~ habile/à la hauteur/intelligent** mostrarse hábil/a la altura/inteligente
montreur, -euse [mɔ̃tʀœʀ, øz] NM/F : **~ d'ours** amaestrador(a) de osos; **~ de marionnettes** titiritero(-a)
monture [mɔ̃tyʀ] NF (*bête*) montura
monument [mɔnymɑ̃] NM monumento; **~ aux morts** monumento a los caídos
monumental, e, -aux [mɔnymɑ̃tal, o] ADJ monumental
mooc [muk] NM (= *massive online open course*) CEMA *m* (= *curso en línea masivo y abierto*)

moquer [mɔke] : **se moquer de** VPR (*personne*) burlarse de; (*chose*) importarle a algn muy poco

moquerie [mɔkʀi] NF burla

moquette [mɔkɛt] NF moqueta

moqueur, -euse [mɔkœʀ, øz] ADJ burlón(-ona)

moraine [mɔʀɛn] NF morrena

moral, e, -aux [mɔʀal, o] ADJ moral; **sur le plan ~** moralmente ▸ NM moral *f*; **au ~** moralmente; **avoir le ~ à zéro** tener la moral por los suelos

morale [mɔʀal] NF moral *f*; (*d'une fable, d'une histoire*) moraleja; **faire la ~ à qn** echarle un sermón a algn

moralement [mɔʀalmɑ̃] ADV moralmente

moralisateur, -trice [mɔʀalizatœʀ, tʀis] ADJ, NM/F moralizador(a)

moraliser [mɔʀalize] VT sermonear

moraliste [mɔʀalist] NMF moralista *mf* ▸ ADJ moralizador(a)

moralité [mɔʀalite] NF moralidad *f*; (*conclusion*) moraleja

moratoire [mɔʀatwaʀ] ADJ M : **intérêts moratoires** (*Fin*) intereses *mpl* de demora

morbide [mɔʀbid] ADJ mórbido(-a)

morbidité [mɔʀbidite] NF (*Méd*) morbilidad *f*; **taux de ~** tasa de morbilidad

morceau, x [mɔʀso] NM trozo, pedazo; (*Mus, œuvre littéraire*) fragmento; (*Culin : de viande*) trozo, tajada; **couper en/déchirer en morceaux** cortar en/rasgar en trozos; **mettre en morceaux** hacer pedazos

morceler [mɔʀsəle] VT parcelar

morcellement [mɔʀsɛlmɑ̃] NM parcelación *f*

mordant, e [mɔʀdɑ̃, ɑ̃t] ADJ (*ironie*) mordaz; (*froid*) cortante ▸ NM (*dynamisme*) ímpetu *m*, bríos *mpl*; (*Chim*) mordiente *m*; (*d'un article*) mordacidad *f*

mordicus [mɔʀdikys] (*fam*) ADV : **affirmer/soutenir qch ~** afirmar/sostener algo erre que erre

mordiller [mɔʀdije] VT mordisquear

mordoré, e [mɔʀdɔʀe] ADJ doradillo(-a)

mordre [mɔʀdʀ] VT morder; (*suj : insecte*) picar; (*suj : ancre, vis*) penetrar en ▸ VI (*poisson*) picar; **~ dans** morder en; **~ sur** (*fig*) sobrepasar; **~ à qch** cogerle gusto a algo; **~ à l'hameçon** (*aussi fig*) morder el anzuelo

mordu, e [mɔʀdy] PP *de* **mordre** ▸ ADJ (*amoureux*) loco(-a) ▸ NM/F : **un ~ de voile/de jazz** un loco de la vela/del jazz

morfal, e [mɔʀfal] NM/F (*fam*) tragón(-ona) (*fam*)

morfler [mɔʀfle] VI (*fam*) comerse el marrón (*fam*)

morfondre [mɔʀfɔ̃dʀ] : **se morfondre** VPR aburrirse esperando

morgue [mɔʀg] NF (*arrogance*) altivez *f*; (*endroit*) depósito de cadáveres

moribond, e [mɔʀibɔ̃, ɔ̃d] ADJ moribundo(-a)

morille [mɔʀij] NF colmenilla

mormon, e [mɔʀmɔ̃, ɔn] ADJ, NM/F mormón(-ona)

morne [mɔʀn] ADJ (*personne, regard*) apagado(-a); (*temps*) desapacible; (*vie, conversation*) monótono(-a)

morose [mɔʀoz] ADJ (*personne*) taciturno(-a); (*Écon*) moroso(-a)

morosité [mɔʀozite] NF (*de personne*) taciturnidad *f*; (*Écon*) morosidad *f*

morphine [mɔʀfin] NF morfina

morphinomane [mɔʀfinɔman] NMF morfinómano(-a)

morphologie [mɔʀfɔlɔʒi] NF morfología

morphologique [mɔʀfɔlɔʒik] ADJ morfológico(-a)

mors [mɔʀ] NM bocado

morse [mɔʀs] NM (*Zool*) morsa; (*langage*) morse *m*

morsure [mɔʀsyʀ] NF picadura; (*plaie*) mordedura

mort, e [mɔʀ, mɔʀt] PP *de* **mourir** ▸ ADJ muerto(-a); **~ ou vif** vivo o muerto; **~ de peur/fatigue** muerto(-a) de miedo/cansancio ▸ NM/F muerto(-a); **il y a eu plusieurs morts** hubo varios muertos; **morts et blessés** muertos y heridos; **faire le ~** hacer el muerto; (*fig*) callarse como un muerto ▸ NF muerte *f*; (*fig*) fin *m*; **de ~** de muerte; **à ~** (*blessé*) de muerte; **à la ~ de qn** a la muerte de algn; **à la vie, à la ~** de por vida; **se donner la ~** darse muerte; **~ clinique** muerte clínica ▸ NM (*Cartes*) muerto

mortadelle [mɔʀtadɛl] NF mortadela

mortaise [mɔʀtɛz] NF muesca

mortalité [mɔʀtalite] NF mortalidad *f*; **~ infantile** mortalidad infantil

mort-aux-rats [mɔʀoʀa] NF INV matarratas *m inv*

mortel, le [mɔʀtɛl] ADJ, NM/F mortal *mf*

mortellement [mɔʀtɛlmɑ̃] ADV (*aussi fig*) mortalmente; (*pâle etc*) extremadamente

morte-saison [mɔʀtəsɛzɔ̃] (*pl* **mortes-saisons**) NF (*Écon*) temporada baja

mortier [mɔʀtje] NM (*Tech*) mortero, argamasa; (*canon*) mortero

mortifier [mɔʀtifje] VT mortificar

mort-né, e [mɔʀne] (*pl* **mort-nés, -es**) ADJ nacido(-a) muerto(-a); (*fig*) fracasado(-a)

mortuaire [mɔʀtɥɛʀ] ADJ : **cérémonie ~** ceremonia fúnebre; **chapelle ~** capilla ardiente; **avis mortuaires** esquelas *fpl*; **couronne ~** corona mortuoria; **domicile ~** domicilio del difunto; **drap ~** mortaja

morue [mɔʀy] NF bacalao

morvandeau, -elle [mɔʀvɑ̃do, ɛl] ADJ de

m

Morván ▸ NM/F : **Morvandeau, -elle** nativo(-a) *ou* habitante *mf* de Morván
morve [mɔʀv] NF moco
morveux, -euse [mɔʀvø, øz] (*fam*) ADJ mocoso(-a)
mosaïque [mɔzaik] NF mosaico; (*fig*) : **une ~ de** un mosaico de; **parquet ~** parquet *m* mosaico
mosan, e [mɔzɑ̃, ɑ̃n] ADJ del Mosa
Moscou [mɔsku] N Moscú
moscovite [mɔskɔvit] ADJ moscovita ▸ NMF : **Moscovite** moscovita *mf*
mosellan, e [mɔzɛlɑ̃, an] ADJ de Mosela ▸ NM/F : **Mosellan, e** nativo(-a) *ou* habitante *mf* de Mosela
mosquée [mɔske] NF mezquita
mot [mo] NM palabra; **mettre/écrire/recevoir un ~** (*message*) poner/escribir/recibir unas líneas; **le ~ de la fin** la conclusión; **~ à ~** *adj, adv* palabra por palabra; *nm* traducción *f* literal; **bon ~** ocurrencia, gracia; **sur/à ces mots** después de/con estas palabras; **en un ~** en una palabra; **~ pour ~** palabra por palabra; **à mots couverts** con medias palabras; **avoir le dernier ~** tener la última palabra; **prendre qn au ~** coger *ou* tomar la palabra a algn; **se donner le ~** ponerse de acuerdo; **avoir son ~ à dire** tener algo que decir; **avoir des mots avec qn** tener unas palabras con algn; **~ d'ordre** contraseña; **~ de passe** contraseña, santo y seña; **mots croisés** crucigrama *msg*
motard, e [mɔtaʀ, aʀd] NM/F motociclista *mf*; (*de la police*) motorista *mf*
mot-dièse [modjɛz] (*pl* **mots-dièse**) NM (*Inform : Twitter*) hashtag *m*
motel [mɔtɛl] NM motel *m*
moteur, -trice [mɔtœʀ, tʀis] ADJ (*Anat*) motor(a); (*Tech*) motor (motriz); (*Auto*) : **à quatre roues motrices** con cuatro ruedas motrices ▸ NM motor *m*; (*mobile*) causa; **à ~** a motor; **~ à deux/à quatre temps** motor de dos/de cuatro tiempos; **~ à explosion/à réaction** motor de explosión/de reacción; **~ de recherche** buscador *m*; **~ thermique** motor térmico
moteur-fusée [mɔtœʀfyze] (*pl* **moteurs-fusées**) NM motor *m* cohete
motif [mɔtif] NM motivo; **sans ~** sin motivo; **un ~ à fleurs** un motivo de flores ■ **motifs** NMPL (*Jur*) alegato *msg*
motion [mosjɔ̃] NF moción *f*; **~ de censure** moción de censura
motivant, e [mɔtivɑ̃, ɑ̃t] ADJ motivador(a)
motivation [mɔtivasjɔ̃] NF motivación *f*
motivé, e [mɔtive] ADJ motivado(-a)
motiver [mɔtive] VT motivar
moto [moto] NF moto *f*; **~ de trial** moto de trial; **~ verte** motocross *m*
moto-cross [motokʀɔs] NM INV motocross *m*
motoculteur [mɔtɔkyltœʀ] NM motocultor *m*, motocultivador *m*
motocyclette [mɔtɔsiklɛt] NF motocicleta
motocyclisme [mɔtɔsiklism] NM motociclismo
motocycliste [mɔtɔsiklist] NMF motociclista *mf*
motoneige [motonɛʒ] NF motonieve *f*
motorisé, e [mɔtɔʀize] ADJ motorizado(-a)
motoriser [mɔtɔʀize] VT motorizar
motrice [mɔtʀis] NF (*Rail*) locomotora ▸ ADJ F *voir* **moteur**
motricité [mɔtʀisite] NF motricidad *f*
motte [mɔt] NF : **~ de beurre** pella de mantequilla; **~ de gazon** montón *m* de césped; **~ de terre** terrón *m*
motus [mɔtys] EXCL : **~ (et bouche cousue) !** ¡chitón (y boca cerrada)!
mou, molle [mu, mɔl] (*devant nm commençant par voyelle ou h muet* **mol**) ADJ blando(-a); (*péj : visage*) insulso(-a); (*: résistance*) débil; **j'ai les jambes molles** me flaquean las piernas ▸ NM (*abats*) bofe *m*; **avoir du ~** estar flojo(-a); **donner du ~** aflojar
moucharabieh [muʃaʀabje] NM celosía
mouchard, e [muʃaʀ, aʀd] NM/F delator(a); (*péj : Scol, Police*) chivato(-a) (*fam*) ▸ NM (*appareil*) alarma
moucharder [muʃaʀde] VI (*fam*) chivarse (*fam*)
mouche [muʃ] NF mosca; (*Escrime*) zapatilla; (*de taffetas*) lunar *m* postizo; (*sur une cible*) diana; **prendre la ~** picarse; **faire ~** dar en el blanco; **~ tsé-tsé** mosca tse-tsé
moucher [muʃe] VT (*enfant*) sonar; (*chandelle, lampe*) despabilar; (*fig*) dar una lección a ■ **se moucher** VPR sonarse
moucheron [muʃʀɔ̃] NM mosca pequeña
moucheté, e [muʃ(ə)te] ADJ moteado(-a); (*Escrime*) con zapatilla
mouchoir [muʃwaʀ] NM pañuelo; **~ en papier** pañuelo de papel
moudre [mudʀ] VT moler
moue [mu] NF mueca; **faire la ~** poner mala cara
mouette [mwɛt] NF gaviota
moufette, mouffette [mufɛt] NF mofeta
moufle [mufl] NF manopla; (*Tech*) aparejo
mouflet, -ette [muflɛ, ɛt] (*fam*) NM/F chiquillo(-a)
mouflon [muflɔ̃] NM muflón *m*
moufter [mufte] (*fam*) VI : **ne pas ~** no rechistar; **sans ~** (*accepter, obéir*) sin rechistar
mouillage [mujaʒ] NM fondeadero
mouillé, e [muje] ADJ mojado(-a)
mouiller [muje] VT mojar; (*Culin*) añadir agua a; (*diluer*) aguar; (*Naut*) fondear; **~ l'ancre** fondear, echar el ancla ▸ VI (*Naut*) fondear ■ **se mouiller** VPR (*aussi fam*) mojarse
mouillette [mujɛt] NF rebanada fina de pan
mouise [mwiz] (*fam*) NF : **être dans la ~** estar

en un apuro; (*financièrement*) estar sin blanca; **c'est la ~ !** ¡menuda faena! (*fam*)

moulage [mulaʒ] NM moldeado, vaciado

moulais [mulɛ] VB *voir* **moudre**

moulant, e [mulɑ̃, ɑ̃t] ADJ ceñido(-a)

moule [mul] VB *voir* **moudre** ▸ NF mejillón *m* ▸ NM molde *m*; (*modèle plein*) modelo; **~ à gâteaux** molde para pasteles; **~ à gaufre/à tarte** molde para barquillos/para tartas

moulent [mul] VB *voir* **moudre** ; **mouler**

mouler [mule] VT moldear, vaciar; (*lettre*) escribir cuidadosamente; (*suj : vêtement*) ceñir, ajustar; **~ qch sur** (*fig*) adaptar algo a

moulin [mulɛ̃] NM molino; (*fam : moteur*) motor *m*; **~ à café/à poivre** molinillo de café/de pimienta; **~ à eau/à vent** molino de agua/de viento; **~ à légumes** pasapurés *m inv*; **~ à paroles** cotorra; **~ à prières** cilindro de oraciones

mouliner [muline] VT (*légumes*) pasar por el pasapurés

moulinet [mulinɛ] NM (*d'un treuil*) torniquete *m*; (*d'une canne à pêche*) carrete *m*; **faire des moulinets avec un bâton/les bras** hacer molinetes con un palo/los brazos

moulinette® [mulinɛt] NF pequeño pasapurés *m inv*

moulons [mulɔ̃] VB *voir* **moudre**

moulu, e [muly] PP *de* **moudre** ▸ ADJ molido(-a)

moulure [mulyʀ] NF moldura

moumoute [mumut] (*fam*) NF (*perruque*) peluca

mourant, e [muʀɑ̃, ɑ̃t] VB *voir* **mourir** ▸ ADJ moribundo(-a); (*son*) mortecino(-a); (*regard*) lánguido(-a) ▸ NM/F moribundo(-a)

mourir [muʀiʀ] VI morir(se); (*civilisation*) desaparecer; (*flamme*) apagarse; **~ de faim/de froid/d'ennui** morir(se) de hambre/de frío/de aburrimiento; **~ de rire/de vieillesse** morirse de risa/de viejo; **~ assassiné** morir asesinado; **~ d'envie de faire** morirse de ganas de hacer; **à ~ : s'ennuyer à ~** morirse de aburrimiento

mouroir [muʀwaʀ] NM (*péj*) moridero

mouron [muʀɔ̃] NM : **se faire du ~** (*fam*) preocuparse, comerse el coco (*fam*)

mousquetaire [muskətɛʀ] NM mosquetero

mousqueton [muskətɔ̃] NM mosquetón *m*

moussant, e [musɑ̃, ɑ̃t] ADJ : **bain ~** baño de espuma

mousse [mus] NF (*Bot*) musgo; (*écume*) espuma; (*Culin*) mousse *f*; (*matériau*) gomaespuma; **bain ~** baño de espuma; **bas ~** media de espuma; **balle ~** pelota de esponja; **~ à raser** espuma de afeitar; **~ carbonique** espuma de gas carbónico; **~ de foie gras** mousse de foie gras; **~ de nylon** espuma de nylon; (*tissu*) tejido en espuma de nylon ▸ NM grumete *m*

mousseline [muslin] NF (*Textile*) muselina; **pommes ~** (*Culin*) puré *m* de patatas

mousser [muse] VI espumar, hacer espuma

mousseron [musʀɔ̃] NM seta de San Jorge

mousseux, -euse [musø, øz] ADJ (*chocolat*) espumoso(-a) ▸ NM : **(vin) ~** (vino) espumoso

mousson [musɔ̃] NF monzón *m*

moussu, e [musy] ADJ musgoso(-a)

moustache [mustaʃ] NF bigote *m* ■ **moustaches** NFPL (*d'animal*) bigotes *mpl*

moustachu, e [mustaʃy] ADJ bigotudo(-a)

moustiquaire [mustikɛʀ] NF mosquitero

moustique [mustik] NM mosquito; **~ tigre** mosquito tigre

moût [mu] NM (*de vin, de bière*) mosto

moutarde [mutaʀd] NF mostaza; **~ extra-forte** mostaza extra fuerte ▸ ADJ INV mostaza *inv*

moutardier [mutaʀdje] NM mostacera, mostacero

mouton [mutɔ̃] NM (*Zool*) carnero; (*peau*) piel *f* de carnero; (*fourrure*) mutón *m*; (*Culin, péj : personne*) cordero ■ **moutons** NMPL (*fig : nuages*) nubecillas *fpl*; (*poussière*) pelusa *fsg*

mouture [mutyʀ] NF molienda; (*péj : reprise*) refrito

mouvance [muvɑ̃s] NF órbita, esfera de influencia

mouvant, e [muvɑ̃, ɑ̃t] ADJ movedizo(-a)

mouvement [muvmɑ̃] NM movimiento; (*geste*) gesto; (*d'une phrase*) expresividad *f*; (*d'un terrain, sol*) accidentes *mpl*; (*de montre*) mecanismo; **en ~** en movimiento; **mettre qch en ~** poner algo en funcionamiento; **le ~ perpétuel** el movimiento continuo; **~ révolutionnaire/syndical** movimiento revolucionario/sindical; **~ de colère/d'humeur** arrebato de cólera/de mal humor; **~ d'opinion** cambio de opinión

mouvementé, e [muvmɑ̃te] ADJ accidentado(-a); (*récit*) animado(-a); (*agité*) agitado(-a)

mouvoir [muvwaʀ] VT mover; (*machine*) accionar; (*fig : personne*) animar ■ **se mouvoir** VPR moverse

moyen, ne [mwajɛ̃, jɛn] ADJ medio(-a); (*élève, résultat*) regular; **M~ Âge** Edad *f* Media; **~ terme** término medio; **moyenne entreprise** (*Comm*) mediana empresa ▸ NM medio; **au ~ de** por medio de; **par quel ~ ?** ¿de qué manera?, ¿cómo?; **y a-t-il ~ de ... ?** ¿hay modo de ...?; **~ d'expression** forma de expresión; **~ de locomotion/de transport** medio de locomoción/de transporte ■ **moyens** NMPL (*capacités*) medios *mpl*; **avec les moyens du bord** (*fig*) con todos los medios disponibles; **par tous les moyens** por todos los medios; **employer les grands moyens** emplear medios más persuasivos; **par ses propres moyens** por sus propios medios

moyenâgeux, -euse [mwajɛnɑʒø, øz] ADJ medieval; (*péj : conditions*) digno(-a) de la Edad Media; (*: pratiques*) vetusto(-a), arcaico(-a)

moyen-courrier [mwajɛ̃kuʀje] (*pl* **moyen-courriers**) NM avión *m* de transporte de distancias medias

m

moyennant [mwajɛnɑ̃] PRÉP (*somme d'argent: contre une acquisition*) al precio de; (: *contre un service*) a cambio de; **~ quoi** mediante lo cual

moyenne [mwajɛn] NF media, promedio; (*Math, Statistique*) media; (*Scol*) nota media; (*Auto*) promedio; **en ~** por término medio; **faire la ~** hacer la media; **~ d'âge** edad *f* media

moyennement [mwajɛnmɑ̃] ADV medianamente; (*faire qch*) regularmente

Moyen-Orient [mwajɛnɔʀjɑ̃] NM Medio Oriente *m*

moyeu, x [mwajø] NM cubo

mozambicain, e [mɔzɑ̃bikɛ̃, ɛn] ADJ mozambiqueño(-a) ▶ NM/F: **Mozambicain, e** mozambiqueño(-a)

Mozambique [mɔzɑ̃bik] NM Mozambique *m*

MRAP [mʀap] SIGLE M (= *Mouvement contre le racisme et pour l'amitié entre les peuples*) *organización antirracista*

ms ABR = **manuscrit**

MSF [ɛmɛsɛf] SIGLE MPL (= *Médecins sans frontières*) Médicos Sin Fronteras

MST [ɛmɛste] SIGLE F (= *maladie sexuellement transmissible*) ETS *f* (= *enfermedad de transmisión sexual*)

mû, mue [my] PP *de* **mouvoir**

mucosité [mykozite] NF mucosidad *f*

mucoviscidose [mykovisidoz] NF mucoviscidosis *f inv*

mucus [mykys] NM mucosidad *f*, mucus *m inv*

mue [my] PP *de* **mouvoir** ▶ NF muda

muer [mɥe] VI mudar; (*jeune garçon*): **il mue** está mudando la voz ■ **se muer** VPR: **se ~ en** convertirse en

muet, te [mɥɛ, mɥɛt] ADJ mudo(-a); (*protestation, joie, douleur*) silencioso(-a); **~ d'admiration/d'étonnement** mudo(-a) de admiración/de extrañeza ▶ NM/F mudo(-a) ▶ NM: **le ~** (*Ciné*) el cine mudo

mufle [myfl] NM hocico; (*goujat*) patán *m* ▶ ADJ patán

muflerie [myflәʀi] NF patanería, zafiedad *f*

mugir [myʒiʀ] VI mugir; (*sirène*) sonar

mugissement [myʒismɑ̃] NM mugido

muguet [mygɛ] NM muguete *m*, lirio del valle; (*Méd*) muguete

mulâtre, -tresse [mylɑtʀ, -tʀɛs] NM/F mulato(-a)

mule [myl] NF mula ■ **mules** NFPL (*pantoufles*) chinelas *fpl*

mulet [mylɛ] NM mulo; (*poisson*) mújol *m*

muletier, -ière [myl(ә)tje, jɛʀ] ADJ: **sentier/chemin ~** sendero/camino de mulas

mulot [mylo] NM ratón *m* campesino

multicarte [myltikaʀt] ADJ: **VRP ~** representante *mf* de varias marcas

multicolore [myltikɔlɔʀ] ADJ multicolor

multicoque [myltikɔk] ADJ de varios cascos ▶ NM velero de varios cascos

multiculturel, le [myltikyltyʀɛl] ADJ multicultural

multidisciplinaire [myltidisiplinɛʀ] ADJ: **enseignement ~** enseñanza multidisciplinar

multiforme [myltifɔʀm] ADJ multiforme

multilatéral, e, -aux [myltilateʀal, o] ADJ multilateral

multimédia [myltimedja] ADJ (*produits, encyclopédie*) multimedia *inv* ▶ NM: **le ~** la tecnología multimedia *inv*

multimilliardaire [myltimiljaʀdɛʀ] ADJ, NMF multibillonario(-a)

multimillionnaire [myltimiljɔnɛʀ] ADJ, NMF multimillonario(-a)

multinational, e, -aux [myltinasjɔnal, o] ADJ: **firme/entreprise multinationale** firma/empresa multinacional

multinationale [myltinasjɔnal] NF multinacional *f*

multiple [myltipl] ADJ múltiple ▶ NM múltiplo

multiplex [myltiplɛks] NM múltiplex *m*

multiplicateur [myltiplikatœʀ] NM multiplicador *m*

multiplication [myltiplikasjɔ̃] NF multiplicación *f*

multiplicité [myltiplisite] NF multiplicidad *f*

multiplier [myltiplije] VT multiplicar ■ **se multiplier** VPR multiplicarse

multiprogrammation [myltipʀɔgʀamasjɔ̃] NF multiprogramación *f*

multipropriété [myltipʀɔpʀijete] NF multipropiedad *f*

multirécidiviste [myltiʀesidivist] ADJ, NMF multireincidente *mf*

multirisque [myltiʀisk] ADJ: **assurance ~** seguro a todo riesgo

multitâche [myltitɑʃ] ADJ INV (*aussi Inform*) multitarea *inv*

multitraitement [myltitʀɛtmɑ̃] NM (*Inform*) multiprocesamiento

multitude [myltityd] NF multitud *f*; **une ~ de** (una) multitud de

municipal, e, -aux [mynisipal, o] ADJ municipal

municipalité [mynisipalite] NF municipalidad *f*, ayuntamiento; (*commune*) municipio

munificence [mynifisɑ̃s] NF munificencia

munir [myniʀ] VT: **~ qn de** proveer a algn de; **~ qch de** dotar algo de ■ **se munir** VPR: **se ~ de** proveerse de

munitions [mynisjɔ̃] NFPL municiones *fpl*

muqueuse [mykøz] NF mucosa

mur [myʀ] NM muro; (*cloison*) pared *f*; (*de terre*) tapia; (*de rondins*) cercado; (*Inform: aussi*: **mur payant**) barrera de pago; **faire le ~** salir sin permiso; **~ pare-feu** (*Internet*) muro cortafuegos; **~ d'incompréhension/de haine** muro de

incomprensión/de odio; **~ du son** barrera del sonido
mûr, e [myʀ] ADJ maduro(-a); (*fig*) a punto
muraille [myʀɑj] NF muralla
mural, e, -aux [myʀal, o] ADJ mural; (*plante*) trepador(a) ▶ NM mural *m*
Murcie [myʀsi] N Murcia
mûre [myʀ] NF (*du mûrier*) mora; (*de la ronce*) zarzamora
mûrement [myʀmɑ̃] ADV : **ayant ~ réfléchi** habiéndolo pensado a fondo
murène [myʀɛn] NF morena
murer [myʀe] VT amurallar; (*porte, issue*) tapiar; (*personne*) emparedar ■ **se murer** VPR : **se ~ dans le silence** encerrarse en el silencio
muret [myʀɛ] NM muro bajo
mûrier [myʀje] NM morera
mûrir [myʀiʀ] VT, VI madurar
murmure [myʀmyʀ] NM murmullo; **~ d'approbation/d'admiration/de protestation** murmullo de aprobación/de admiración/de protesta ■ **murmures** NMPL (*plaintes*) murmullo *msg*, protesta *fsg*
murmurer [myʀmyʀe] VI murmurar; **~ que** murmurar que
mus *etc* [my] VB *voir* **mouvoir**
musaraigne [myzaʀɛɲ] NF musaraña
musarder [myzaʀde] VI entretenerse con tonterías; (*en marchant*) callejear
musc [mysk] NM almizcle *m*; (*parfum*) perfume *m* de almizcle
muscade [myskad] NF (*aussi* : **noix de muscade**) nuez *f* moscada
muscat [myska] NM uva moscatel; (*vin*) moscatel *m*
muscle [myskl] NM músculo
musclé, e [myskle] ADJ musculoso(-a); (*fig* : *politique, régime*) duro(-a)
muscler [myskle] VT desarrollar los músculos de
musculaire [myskylɛʀ] ADJ muscular
musculation [myskylasjɔ̃] NF : **travail/exercice de ~** trabajo/ejercicio de musculación
musculature [myskylatyʀ] NF musculatura
muse [myz] NF musa
museau, x [myzo] NM hocico
musée [myze] NM museo
museler [myz(ə)le] VT poner un bozal a; (*opposition, presse*) amordazar
muselière [myzəljɛʀ] NF bozal *m*
musette [myzɛt] NF morral *m* ▶ ADJ : **bal ~** *baile popular en el que el acordeón es el instrumento principal*; **orchestre/valse ~** orquesta/vals *msg* popular
muséum [myzeɔm] NM museo
musical, e, -aux [myzikal, o] ADJ musical
musicalement [myzikalmɑ̃] ADV musicalmente
musicalité [myzikalite] NF musicalidad *f*
music-hall [myzikol] (*pl* **music-halls**) NM music-hall *m*
musicien, ne [myzisjɛ̃, jɛn] ADJ, NM/F músico(-a)
musicologie [myzikɔlɔʒi] NF musicología
musique [myzik] NF música; (*d'un vers, d'une phrase*) musicalidad *f*; **faire de la ~** componer música; (*jouer d'un instrument*) tocar música; **~ de chambre/de fond** música de cámara/de fondo; **~ militaire/de film** música militar/de banda sonora
musqué, e [myske] ADJ almizclado(-a)
must [mœst] (*fam*) NM : **le ~** el no va más
musulman, e [myzylmɑ̃, an] ADJ, NM/F musulmán(-ana)
mutant, e [mytɑ̃, ɑ̃t] NM/F mutante *mf*
mutation [mytasjɔ̃] NF (*Admin*) traslado; (*Biol*) mutación *f*
muter [myte] VT (*Admin*) trasladar
mutilation [mytilasjɔ̃] NF mutilación *f*
mutilé, e [mytile] NM/F mutilado(-a); **grand(e) ~** gravemente mutilado(-a); **~ du travail/de guerre** mutilado(-a) laboral/de guerra
mutiler [mytile] VT mutilar; (*endroit*) deteriorar, degradar
mutin, e [mytɛ̃, in] ADJ (*enfant*) travieso(-a); (*air, ton*) pícaro(-a) ▶ NM/F (*Mil*) amotinado(-a)
mutiner [mytine] : **se mutiner** VPR amotinarse
mutinerie [mytinʀi] NF motín *m*
mutisme [mytism] NM mutismo
mutualiste [mytɥalist] ADJ mutualista
mutualité [mytɥalite] NF mutualidad *f*
mutuel, le [mytɥɛl] ADJ mutuo(-a); (*établissement*) mutualista
mutuelle [mytɥɛl] NF mutualidad *f*, mutua
mutuellement [mytɥɛlmɑ̃] ADV mutuamente
mycose [mikoz] NF micosis *f inv*
mygale [migal] NF migala
myocarde [mjɔkaʀd] NM *voir* **infarctus**
myopathe [mjɔpat] ADJ, NMF (*atteint de myopathie*) enfermo(-a) de miopatía; (*atteint de myopathie primitive progressive*) enfermo(-a) de distrofia muscular progresiva, enfermo(-a) de miopatía primitiva progresiva
myopathie [mjɔpati] NF miopatía; (*aussi* : **myopathie primitive progressive**) distrofia muscular progresiva, miopatía primitiva progresiva
myope [mjɔp] ADJ, NMF miope *mf*
myopie [mjɔpi] NF miopía
myosotis [mjɔzɔtis] NM nomeolvides *m inv*
myriade [miʀjad] NF miríada
myrtille [miʀtij] NF arándano
mystère [mistɛʀ] NM misterio; **~ de la Tri-**

m

nité/de la foi (*Rel*) misterio de la Santísima Trinidad/de la fe

mystérieusement [misteʀjøzmɑ̃] ADV misteriosamente

mystérieux, -euse [misteʀjø, øz] ADJ misterioso(-a)

mysticisme [mistisism] NM misticismo

mystificateur, -trice [mistifikatœʀ, tʀis] NM/F charlatán(-ana)

mystification [mistifikasjɔ̃] NF mistificación *f*; (*mythe*) mito

mystifier [mistifje] VT mistificar; (*tromper*) engañar

mystique [mistik] ADJ, NMF místico(-a)

mythe [mit] NM mito; **le ~ de la galanterie française** el mito de la galantería francesa

mythifier [mitifje] VT mitificar

mythique [mitik] ADJ mítico(-a)

mythologie [mitɔlɔʒi] NF mitología

mythologique [mitɔlɔʒik] ADJ mitológico(-a)

mythomane [mitɔman] ADJ, NMF mitómano(-a)

mythomanie [mitɔmani] NF mitomanía

mytiliculture [mitilikyltyʀ] NF mitilicultura, cultivo de mejillones

Nn

N¹, n [ɛn] NM INV N, n *f*; **N comme Nicolas** ≈ N de Narciso
N² ABR (= *nord*) N
n' [n] ADV *voir* **ne**
nabot [nabo] (*péj*) NM retaco
nacelle [nasɛl] NF barquilla
nacre [nakʀ] NF nácar *m*
nacré, e [nakʀe] ADJ nacarado(-a)
nage [naʒ] NF natación *f*; (*style*) estilo; **traverser/s'éloigner à la ~** atravesar/alejarse a nado; **en ~** bañado(-a) en sudor; **100 m ~ libre** 100m libres; **~ indienne** natación *f* de costado; **~ libre** estilo libre; **~ papillon** estilo mariposa
nageoire [naʒwaʀ] NF aleta
nager [naʒe] VI nadar; (*fig*) estar pez; **~ dans des vêtements** flotar en la ropa; **~ dans le bonheur** rebosar de alegría
nageur, -euse [naʒœʀ, øz] NM/F nadador(a)
naguère [nagɛʀ] ADV antes
naïade [najad] NF náyade *f*
naïf, -ïve [naif, naiv] ADJ ingenuo(-a); (*air*) inocente
nain, e [nɛ̃, nɛn] ADJ enano(-a); **caniche/lapin ~** caniche *m*/conejo enano ▶ NM/F enano(-a)
nais *etc* [nɛ] VB *voir* **naître**
naissais *etc* [nɛsɛ] VB *voir* **naître**
naissance [nɛsɑ̃s] NF nacimiento; **donner ~ à** (*enfant*) dar a luz a; (*fig*) originar; **prendre ~** nacer; **aveugle/Français de ~** ciego/francés de nacimiento; **à la ~ des cheveux** en la raíz del cabello; **lieu de ~** lugar de nacimiento
naissant, e [nɛsɑ̃, ɑ̃t] ADJ (*calvitie, barbe*) incipiente; (*tumeur*) en fase inicial; (*amitié, jalousie*) naciente, nuevo(-a); **le jour ~** el amanecer
naît [nɛ] VB *voir* **naître**
naître [nɛtʀ] VI nacer; (*résulter*) : **~ (de)** nacer (de); **il est né en 1990** nació en 1990; **il naît plus de filles que de garçons** nacen más niñas que niños; **faire ~** (*fig*) originar
naïve [naiv] ADJ *voir* **naïf**
naïvement [naivmɑ̃] ADV ingenuamente
naïveté [naivte] NF ingenuidad *f*
Namibie [namibi] NF Namibia
nana [nana] (*fam*) NF chica
nancéien, ne [nɑ̃sejɛ̃, ɛn] ADJ de Nancy ▶ NM/F : **Nancéien, ne** nativo(-a) *ou* habitante *mf* de Nancy
nanisme [nanism] NM enanismo
nanoparticule [nanopaʀtikyl] NF nanopartícula
nanosciences [nanosjɑ̃s] NFPL nanociencias *fpl*
nanotechnologies [nanotɛknɔlɔʒi] NFPL nanotecnologías *fpl*
nantais, e [nɑ̃tɛ, ɛz] ADJ nantés(-esa) ▶ NM/F : **Nantais, e** nantés(-esa)
Nantes [nɑ̃t] N Nantes
nantir [nɑ̃tiʀ] VT : **~ qn de** proveer a algn de
nantis [nɑ̃ti] (*péj*) NMPL : **les ~** los pudientes
napalm [napalm] NM napalm *m*
naphtaline [naftalin] NF : **boules de ~** bolas *fpl* de naftalina
Naples [napl] N Nápoles
napolitain, e [napɔlitɛ̃, ɛn] ADJ napolitano(-a); **tranche napolitaine** (*glace*) helado (al corte) de tres sabores ▶ NM/F : **Napolitain, e** napolitano(-a)
nappage [napaʒ] NM (*Culin*) capa, baño
nappe [nap] NF mantel *m*; (*fig*) : **~ d'eau** capa de agua; **~ de brouillard** capa de niebla; **~ de gaz/mazout** capa de gas/fuel-oil
napper [nape] VT (*Culin*) : **~ qch de** cubrir algo con
napperon [napʀɔ̃] NM tapete *m*; **~ individuel** mantel *m* individual
naquit *etc* [naki] VB *voir* **naître**
narcisse [naʀsis] NM narciso
narcissique [naʀsisik] ADJ narcisista
narcissisme [naʀsisism] NM narcisismo
narcodollars [naʀkodɔlaʀ] NMPL narcodólares *mpl*
narcolepsie [naʀkɔlɛpsi] NF narcolepsia
narcotique [naʀkɔtik] ADJ narcótico(-a) ▶ NM narcótico
narcotrafic [naʀkotʀafik] NM narcotráfico
narcotrafiquant [naʀkotʀafikɑ̃] NM narcotraficante *mf*
narguer [naʀge] VT provocar
narine [naʀin] NF ventana (de la nariz)
narquois, e [naʀkwa, waz] ADJ burlón(-ona)
narrateur, -trice [naʀatœʀ, tʀis] NM/F narrador(a)

narratif, -ive [naʀatif, iv] ADJ narrativo(-a)
narration [naʀasjɔ̃] NF narración *f*
narrer [naʀe] VT narrar
narval [naʀval] NM narval *m*
NASA [naza] SIGLE F (= *National Aeronautics and Space Administration*) NASA *f*
nasal, e, -aux [nazal, o] ADJ nasal
nase [nɑz] ADJ (*fam* : *irrécupérable*) hecho(-a) polvo (*fam*); (*nul*) lamentable; (*épuisé*) reventado(-a) (*fam*), muerto(-a) (*fam*)
naseau, x [nazo] NM nariz *f*
nasillard, e [nazijaʀ, aʀd] ADJ gangoso(-a)
nasiller [nazije] VI (*personne*) ganguear; (*microphone etc*) nasalizar
nasse [nɑs] NF nasa
natal, e [natal] ADJ natal
nataliste [natalist] ADJ natalista
natalité [natalite] NF natalidad *f*
natation [natasjɔ̃] NF natación *f*; **faire de la ~** hacer natación, nadar
natif, -ive [natif, iv] ADJ nativo(-a); (*inné*) natural; (*originaire*) : **~ de** natural de ▶ NM/F **~ numérique** nativo(-a) digital
nation [nasjɔ̃] NF nación *f*; **les Nations Unies** las Naciones Unidas
national, e, -aux [nasjɔnal, o] ADJ nacional; **obsèques nationales** exequias *fpl* nacionales ■ **nationaux** NMPL nacionales *mpl*
nationale [nasjɔnal] NF : **(route) ~** (carretera) nacional *f*
nationalisation [nasjɔnalizasjɔ̃] NF nacionalización *f*
nationaliser [nasjɔnalize] VT nacionalizar
nationalisme [nasjɔnalism] NM nacionalismo
nationaliste [nasjɔnalist] NMF nacionalista *mf*
nationalité [nasjɔnalite] NF nacionalidad *f*; **il est de ~ française** es de nacionalidad francesa
nativité [nativite] NF (*tableau, sculpture*) natividad *f*
natte [nat] NF (*tapis*) estera; (*de cheveux*) trenza
natter [nate] VT trenzar
naturalisation [natyʀalizasjɔ̃] NF naturalización *f*
naturalisé, e [natyʀalize] ADJ naturalizado(-a)
naturaliser [natyʀalize] VT naturalizar
naturalisme [natyʀalism] NM naturalismo
naturaliste [natyʀalist] NMF (*savant*) naturalista *mf*; (*taxidermiste*) taxidermista *mf*
nature [natyʀ] NF naturaleza; (*tempérament*) temperamento; **payer en ~** pagar en especie; **peint d'après ~** pintado del natural; **~ morte** naturaleza muerta, bodegón *m*; **être de ~ à faire qch** (*propre à*) ser adecuado(-a) para hacer algo; **il n'est pas de ~ à accepter** está claro que no va a aceptar ▶ ADJ (*aussi Culin*) natural; (*café*) solo
naturel, le [natyʀɛl] ADJ natural ▶ NM (*caractère*) natural *m*; (*aisance*) naturalidad *f*; **au ~** (*Culin*) al natural
naturellement [natyʀɛlmɑ̃] ADV naturalmente
naturisme [natyʀism] NM naturismo
naturiste [natyʀist] ADJ, NMF naturista *mf*
naufrage [nofʀaʒ] NM naufragio; (*fig*) ruina; **faire ~** naufragar
naufragé, e [nofʀaʒe] ADJ, NM/F náufrago(-a)
nauséabond, e [nozeabɔ̃, ɔ̃d] ADJ nauseabundo(-a)
nausée [noze] NF náusea, asco; **avoir la ~** *ou* **des nausées** tener náuseas
nauséeux, -euse [noseø, øz] ADJ que tiene náuseas; **état ~** estado nauseoso
nautique [notik] ADJ náutico(-a); **sports nautiques** deportes náuticos
nautisme [notism] NM náutica
naval, e [naval] ADJ naval
navarin [navaʀɛ̃] NM *guiso de cordero con verduras*
navarrais, e [navaʀɛ, ɛz] ADJ navarro(-a) ▶ NM/F : **Navarrais, e** navarro(-a)
Navarre [navaʀ] NF Navarra
navet [navɛ] NM nabo; (*péj* : *film*) tostón *m*
navette [navɛt] NF lanzadera; (*en car etc*) recorrido; **faire la ~ (entre)** ir y venir (entre); **la ~ pour l'aéroport** el tren de enlace para el aeropuerto; **~ spatiale** nave *f* espacial
navigabilité [navigabilite] NF navegabilidad *f*
navigable [navigabl] ADJ navegable
navigant, e [navigɑ̃, ɑ̃t] ADJ de vuelo ▶ NM/F miembro de la tripulación
navigateur, -trice [navigatœʀ, tʀis] NM/F navegante *mf* ▶ NM (*Internet*) navegador *m*
navigation [navigasjɔ̃] NF navegación *f*; **compagnie de ~** compañía de navegación
naviguer [navige] VI navegar
navire [naviʀ] NM buque *m*; **~ marchand/de guerre** buque mercante/de guerra
navire-citerne [naviʀsitɛʀn] (*pl* **navires-citernes**) NM buque *m* cisterna
navrant, e [navʀɑ̃, ɑ̃t] ADJ (*affligeant*) lastimoso(-a); (*consternant*) penoso(-a)
navré, e [navʀe] ADJ afligido(-a); **il lui a répondu d'un air ~** le respondió con tristeza; **je suis ~** lo siento muchísimo, lo siento en el alma; **je suis ~ d'être arrivé si tard** siento mucho haber llegado tan tarde; **je suis ~ que** (+ *subjonctif*) siento muchísimo que; **il était ~ de ce qu'il voyait** le dolía en el alma lo que veía
navrer [navʀe] VT afligir
nazaréen, ne [nazaʀeɛ̃, ɛn] ADJ nazareno(-a)
Nazareth [nazaʀɛt] N Nazaret
naze [nɑz] ADJ = **nase**
nazi, e [nazi] ADJ, NM/F nazi *mf*
nazisme [nazism] NM nazismo

N.B. [ɛnbe] ABR (= *nota bene*) N.B. (= *nota bene*)
ND ABR (= *Notre-Dame*) Ntra. Sra. (= *Nuestra Señora*)
NDLR [ɛndeɛlɛʀ] SIGLE F (= *note de la rédaction*) N. de la R. (= *nota de la redacción*)
NDT [ɛndete] SIGLE F (= *note du traducteur*) N. del T. (= *nota del traductor*)
ne [n(ə)], **n'** [n] ADV no; (*explétif*) *non traduit*; **je ne le veux pas** no lo quiero; **il n'a pas osé** no se ha atrevido; **je crains qu'il ne vienne** temo que venga; **je ne veux que ton bonheur** solo quiero tu felicidad; *voir* **pas²**; **plus**; **jamais**
né, e [ne] PP *de* **naître**; **né(e) en 1990** nacido(-a) en 1990; **née Dupont** de soltera Dupont; **bien né(e)** de buena cuna; **né(e) de ... et de ...** (*sur acte de naissance etc*) hijo(-a) de ... y de ...; **né(e) d'une mère française** hijo(-a) de madre francesa ▸ ADJ : **un comédien né** un comediante nato
néanmoins [neɑ̃mwɛ̃] ADV no obstante
néant [neɑ̃] NM nada; **réduire à ~** reducir a la nada; (*espoir*) quitar
nébuleuse [nebyløz] NF nebulosa
nébuleux, -euse [nebylø, øz] ADJ (*aussi fig*) nebuloso(-a)
nébuliser [nebylize] VT vaporizar
nébulosité [nebylozite] NF nebulosidad *f*; **~ variable** nebulosidad variable
nécessaire [nesesɛʀ] ADJ necesario(-a); **est-il ~ que je m'en aille ?** ¿es preciso que me vaya?; **il est ~ de ...** es necesario ... ▸ NM : **faire le ~** hacer lo necesario; **n'emporter que le strict ~** llevar solo lo estrictamente necesario; **~ de couture** costurero; **~ de toilette/de voyage** neceser *m* de aseo/de viaje
nécessairement [nesesɛʀmɑ̃] ADV necesariamente
nécessité [nesesite] NF necesidad *f*; **se trouver dans la ~ de faire qch** encontrarse en la necesidad de hacer algo; **par ~** por necesidad
nécessiter [nesesite] VT necesitar
nécessiteux, -euse [nesesitø, øz] ADJ necesitado(-a) ▸ NMPL : **les nécessiteux** los necesitados
nec plus ultra [nɛkplysyltʀa] NM : **le ~ de** el no va más de
nécrologie [nekʀɔlɔʒi] NF necrología; (*notice biographique*) nota necrológica
nécrologique [nekʀɔlɔʒik] ADJ : **article ~** nota necrológica; **rubrique ~** sección *f* necrológica
nécromancie [nekʀɔmɑ̃si] NF nigromancia
nécromancien, ne [nekʀɔmɑ̃sjɛ̃, jɛn] NM/F nigromante *mf*
nécropole [nekʀɔpɔl] NF necrópolis *f inv*
nécrose [nekʀoz] NF necrosis *f inv*
nécrosé, e [nekʀoze] ADJ necrosado(-a)
nectar [nɛktaʀ] NM néctar *m*
nectarine [nɛktaʀin] NF nectarina
néerlandais, e [neɛʀlɑ̃dɛ, ɛz] ADJ neerlandés(-esa) ▸ NM (*Ling*) neerlandés *m* ▸ NM/F : **Néerlandais, e** neerlandés(-esa)
nef [nɛf] NF nave *f*
néfaste [nefast] ADJ nefasto(-a)
négatif, -ive [negatif, iv] ADJ negativo(-a) ▸ NM (*Photo*) negativo
négation [negasjɔ̃] NF negación *f*
négationnisme [negasjɔnism] NM negacionismo
négationniste [negasjɔnist] ADJ, NMF negacionista *mf*
négative [negativ] NF : **répondre par la ~** contestar con una negativa
négativement [negativmɑ̃] ADV : **répondre ~** contestar negativamente
négligé, e [negliʒe] ADJ descuidado(-a) ▸ NM salto de cama
négligeable [negliʒabl] ADJ despreciable; **non ~** no *ou* nada despreciable
négligemment [negliʒamɑ̃] ADV descuidadamente; (*avec indifférence*) con indiferencia
négligence [negliʒɑ̃s] NF descuido; (*faute, erreur*) negligencia
négligent, e [negliʒɑ̃, ɑ̃t] ADJ (*personne*) descuidado(-a); (*geste, attitude*) negligente
négliger [negliʒe] VT descuidar; (*avis, précautions*) ignorar, no hacer caso de; **~ de faire qch** olvidarse de hacer algo ■ **se négliger** VPR descuidarse
négoce [negɔs] NM negocio
négociable [negɔsjabl] ADJ negociable; **« prix non ~ »** « precio no negociable »
négociant, e [negɔsjɑ̃, jɑ̃t] NM/F negociante *mf*
négociateur, -trice [negɔsjatœʀ, tʀis] NM/F negociador(a)
négociation [negɔsjasjɔ̃] NF negociación *f*; **négociations collectives** negociaciones *fpl* colectivas
négocier [negɔsje] VT negociar; (*virage, obstacle*) sortear ▸ VI (*Pol*) negociar
nègre [nɛgʀ] (*péj*) NM (*aussi écrivain*) negro ▸ ADJ negro(-a)
négresse [negʀɛs] (*péj*) NF negra
négrier [negʀije] NM (*fig*) negrero
négroïde [negʀɔid] ADJ negroide
neige [nɛʒ] NF nieve *f*; **battre les œufs en ~** batir los huevos a punto de nieve; **~ carbonique** nieve carbónica; **~ fondue** aguanieve *f*; **~ poudreuse** nieve fresca
neiger [neʒe] VB IMPERS nevar
neigeux, -euse [nɛʒø, øz] ADJ nevado(-a)
nématode [nematɔd] NM nematodo
nénuphar [nenyfaʀ] NM nenúfar *m*
néo-calédonien, ne [neokaledɔnjɛ̃, jɛn] (*pl* **néo-calédoniens, -nes**) ADJ neocaledonio(-a) ▸ NM/F : **Néo-calédonien, ne** neocaledonio(-a)
néocapitalisme [neokapitalism] NM neocapitalismo

n

néoclassique [neoklasik] ADJ neoclásico(-a)
néocolonialisme [neokɔlɔnjalism] NM neocolonialismo
néocolonialiste [neokɔlɔnjalist] ADJ neocolonialista
néolithique [neɔlitik] ADJ neolítico(-a) ▶ NM neolítico
néologisme [neɔlɔʒism] NM neologismo
néon [neɔ̃] NM neón *m*
néonatal, e [neonatal] ADJ neonatal
néonazi, e [neonazi] ADJ, NM/F neonazi *mf*
néophyte [neɔfit] NMF neófito(-a)
néo-zélandais, e [neozelɑ̃dɛ, ɛz] (*pl* **~**, **-es**) ADJ neozelandés(-esa) ▶ NM/F : **Néo-zélandais, e** neozelandés(-esa)
Népal [nepal] NM Nepal *m*
népalais, e [nepalɛ, ɛz] ADJ nepalí ▶ NM (*Ling*) nepalí *m* ▶ NM/F : **Népalais, e** nepalí *mf*
néphrétique [nefʀetik] ADJ nefrítico(-a)
néphrite [nefʀit] NF nefritis *f inv*
népotisme [nepɔtism] NM nepotismo
nerf [nɛʀ] NM nervio ■ **nerfs** NMPL nervios *mpl*; **être** *ou* **vivre sur les nerfs** estar *ou* vivir en tensión; **être à bout de nerfs** estar al borde de un ataque de nervios; **passer ses nerfs sur qn** pagarlas con algn
nerveusement [nɛʀvøzmɑ̃] ADV con nerviosismo
nerveux, -euse [nɛʀvø, øz] ADJ nervioso(-a); (*tendineux*) con nervios; **une voiture nerveuse** un coche que tiene buena aceleración
nervosité [nɛʀvozite] NF nerviosismo; (*passagère*) alteración *f*
nervure [nɛʀvyʀ] NF nervadura
n'est-ce pas [nɛspɑ] ADV ¿verdad?; **c'est bon, ~ ?** está bueno, ¿verdad?; **il a peur, ~ ?** tiene miedo, ¿verdad?; **~ que c'est bon ?** ¿verdad que está bueno?; **lui, ~, il peut se le permettre** él puede permitírselo, ¿no es así?
Net [nɛt] (*fam*) NM : **le ~** Internet *m ou f*, la Red; **surfer sur le ~** navegar por Internet
net, nette [nɛt] ADJ (*évident, sans équivoque*) evidente; (*distinct, propre*) limpio(-a); (*photo, film*) nítido(-a); (*Comm*) neto(-a); **faire place nette** despejar; **~ d'impôt** libre de impuestos ▶ ADV (*refuser*) rotundamente; **s'arrêter ~** pararse en seco; **la lame a cassé ~** la hoja se rompió de un golpe ▶ NM : **mettre au ~** poner en limpio
netiquette [nɛtikɛt] NF netiqueta *f*
nettement [nɛtmɑ̃] ADV claramente; **~ mieux/meilleur** mucho mejor
netteté [nɛtte] NF (*voir adj*) limpieza; nitidez *f*
nettoie *etc* [nɛtwa] VB *voir* **nettoyer**
nettoiement [netwamɑ̃] NM limpieza; **service du ~** servicio de limpieza
nettoierai *etc* [nɛtwaʀe] VB *voir* **nettoyer**
nettoyage [netwajaʒ] NM limpieza; **~ à sec** limpieza en seco
nettoyant [netwajɑ̃] NM producto de limpieza
nettoyer [netwaje] VT limpiar
neuf¹ [nœf] ADJ INV, NM INV nueve *m inv*; *voir aussi* **cinq**
neuf², neuve [nœf, nœv] ADJ nuevo(-a); **quoi de ~ ?** ¿qué hay de nuevo? ▶ NM : **remettre à ~** dejar como nuevo; **repeindre à ~** pintar de nuevo; **n'acheter que du ~** comprar solo cosas nuevas
neurasthénie [nøʀasteni] NF neurastenia
neurasthénique [nøʀastenik] ADJ neurasténico(-a)
neurobiologie [nøʀobjɔlɔʒi] NF neurobiología
neurochirurgie [nøʀoʃiʀyʀʒi] NF neurocirugía
neurochirurgien, ne [nøʀoʃiʀyʀʒjɛ̃, jɛn] NM/F neurocirujano(-a)
neuroleptique [nøʀɔlɛptik] ADJ neuroléptico(-a)
neurologie [nøʀɔlɔʒi] NF neurología
neurologique [nøʀɔlɔʒik] ADJ neurológico(-a)
neurologue [nøʀɔlɔg] NMF neurólogo(-a)
neurone [nøʀɔn] NM neurona
neuropsychiatre [nøʀopsikjatʀ] NMF neuropsiquiatra *mf*
neuropsychiatrie [nøʀopsikjatʀi] NF neuropsiquiatría
neurosciences [nøʀosjɑ̃s] NFPL neurociencias *fpl*
neutralisation [nøtʀalizasjɔ̃] NF neutralización *f*
neutraliser [nøtʀalize] VT neutralizar
neutralisme [nøtʀalism] NM neutralismo
neutraliste [nøtʀalist] ADJ neutralista
neutralité [nøtʀalite] NF neutralidad *f*
neutre [nøtʀ] ADJ neutro(-a); (*Pol*) neutral ▶ NM neutro
neutrino [nøtʀino] NM neutrino
neutron [nøtʀɔ̃] NM neutrón *m*
neuve [nœv] ADJ F *voir* **neuf²**
neuvième [nœvjɛm] ADJ, NMF noveno(-a) ▶ NM (*partitif*) noveno; *voir aussi* **cinquième**
névé [neve] NM nevero
neveu, x [n(ə)vø] NM sobrino
névralgie [nevʀalʒi] NF neuralgia
névralgique [nevʀalʒik] ADJ neurálgico(-a); **centre ~** centro neurálgico
névrite [nevʀit] NF neuritis *f inv*
névrose [nevʀoz] NF neurosis *f inv*
névrosé, e [nevʀoze] ADJ, NM/F neurótico(-a)
névrotique [nevʀɔtik] ADJ neurótico(-a)
New York [njujɔʀk] N Nueva York
new-yorkais, e [njujɔʀkɛ, ɛz] (*pl* **~**, **-es**) ADJ neoyorquino(-a) ▶ NM/F : **New-Yorkais, e** neoyorquino(-a)
nez [ne] NM nariz *f*; (*d'avion etc*) morro; **rire au ~**

de qn reírse en las barbas *ou* narices de algn; **avoir du ~** tener olfato; **avoir le ~ fin** tener buen olfato; **~ à ~ avec** cara a cara con; **à vue de ~** a ojo de buen cubero

NF SIGLE F = **norme française**

ni [ni] CONJ ni; **ni l'un ni l'autre ne sont ...** ni uno ni otro son ...; **il n'a rien vu ni entendu** no ha visto ni oído nada

Niagara [njagaʀa] NM : **les chutes du ~** las cataratas del Niágara

niais, e [njɛ, njɛz] ADJ bobo(-a)

niaiserie [njɛzʀi] NF necedad *f*; *(futilité)* banalidad *f*

Nicaragua [nikaʀagwa] NM Nicaragua

nicaraguayen, ne [nikaʀagwajɛ̃, jɛn] ADJ nicaragüense ▶ NM/F : **Nicaraguayen, ne** nicaragüense *mf*

Nice [nis] N Niza

niche [niʃ] NF *(du chien)* caseta, perrera; *(de mur)* hornacina, nicho; *(farce)* diablura

nichée [niʃe] NF *(d'oiseaux)* nidada; *(de chiens etc)* camada

nicher [niʃe] VI anidar ■ **se nicher** VPR *(se cacher : enfant)* esconderse; *(se blottir)* acurrucarse; **se ~ dans** *(oiseau)* anidar en

nichon [niʃɔ̃] *(fam)* NM teta

nickel [nikɛl] NM níquel *m* ▶ ADJ *(fam)* impecable

niçois, e [niswa, waz] ADJ nizardo(-a), de Niza ▶ NM/F : **Niçois, e** nizardo(-a), nativo(-a) *ou* habitante *mf* de Niza

nicotine [nikɔtin] NF nicotina

nid [ni] NM nido; **~ de poule** bache *m*

nid-d'abeilles [nidabɛj] *(pl* **nids-d'abeilles***)* NM nido de abeja

nièce [njɛs] NF sobrina

nième [enjɛm] ADJ : **la ~ fois** la enésima vez

nier [nje] VT negar; **~ l'évidence** negar la evidencia

nigaud, e [nigo, od] NM/F memo(-a)

Niger [niʒɛʀ] NM *(pays, fleuve)* Níger *m*

Nigéria [niʒeʀja] N Nigeria

nigérian, e [niʒeʀjɑ̃, an] ADJ nigeriano(-a) ▶ NM/F : **Nigérian, e** nigeriano(-a)

nigérien, ne [niʒeʀjɛ̃, jɛn] ADJ nigerio(-a) ▶ NM/F : **Nigérien, ne** nigerio(-a)

night-club [najtklœb] *(pl* **night-clubs***)* NM discoteca

nihilisme [niilism] NM nihilismo

nihiliste [niilist] ADJ nihilista

Nil [nil] NM : **le ~** el Nilo

n'importe [nɛ̃pɔʀt] ADV : **~ !** ¡no tiene importancia!; **~ qui** cualquiera; **~ quoi** cualquier cosa; **~ où** a *ou* en cualquier sitio; **~ quoi !** *(fam)* ¡pamplinas! *(fam)*; **~ lequel/laquelle d'entre nous** cualquiera de nosotros(-as); **~ quel/quelle** cualquier/cualquiera; **à ~ quel prix** a cualquier precio; **~ quand** en cualquier momento; **~ comment, il part ce soir** se va esta noche, sea como sea; **~ comment** *(sans soin)* de cualquier manera

nippes [nip] NFPL ropa *fsg* vieja

nippon, e [nipɔ̃, ɔn] ADJ nipón(-ona) ▶ NM/F : **Nippon, e** nipón(-ona)

nique [nik] NF : **faire la ~ à** burlarse de

niquer [nike] VT *(fam ! : arnaquer)* tangar *(fam)*; *(baiser)* follar(se) *(fam !)*, tirarse *(fam !)*; **il s'est fait ~** lo han tangado, se la han pegado

nitouche [nituʃ] *(péj)* NF : **une sainte ~** una mosquita muerta

nitrate [nitʀat] NM nitrato

nitrique [nitʀik] ADJ : **acide ~** ácido nitroso

nitroglycérine [nitʀogliseʀin] NF nitroglicerina

niveau, x [nivo] NM nivel *m*; **au ~ de** a nivel de; *(à côté de)* a la altura de; *(fig)* en cuanto a; **de ~ (avec)** a nivel (con); **le ~ de la mer** el nivel del mar; **~ à bulle** nivel de aire; **~ d'eau** nivel de agua; **~ de vie** nivel de vida; **~ social** nivel social

niveler [niv(ə)le] VT nivelar

niveleuse [niv(ə)løz] NF niveladora

nivellement [nivɛlmɑ̃] NM nivelación *f*

nivernais, e [nivɛʀnɛ, ɛz] ADJ de Nevers ▶ NM/F : **Nivernais, e** nativo(-a) *ou* habitante *mf* de Nevers

nº ABR (= *numéro*) nº (= *número*)

nobiliaire [nɔbiljɛʀ] ADJ *voir* **particule**

noble [nɔbl] ADJ, NMF noble *mf*

noblement [nɔbləmɑ̃] ADV noblemente, con nobleza

noblesse [nɔblɛs] NF nobleza

noce [nɔs] NF boda; **il l'a épousée en secondes noces** se ha casado con ella en segundas nupcias; **faire la ~** *(fam)* ir de juerga; **noces d'argent/d'or/de diamant** bodas de plata/de oro/de diamante

noceur [nɔsœʀ] NM juerguista *m*

nocif, -ive [nɔsif, iv] ADJ nocivo(-a)

nocivité [nɔsivite] NF nocividad *f*

noctambule [nɔktɑ̃byl] NMF noctámbulo(-a)

nocturne [nɔktyʀn] ADJ nocturno(-a) ▶ NF *(Sport)* nocturno; *(d'un magasin)* : **« ~ le mercredi »** « abrimos hasta tarde el miércoles »

nodule [nɔdyl] NM nódulo

Noël [nɔɛl] NM Navidad *f*

nœud [nø] NM nudo; *(ruban)* lazo; *(fig : liens)* vínculo; **~ coulant** nudo corredizo; **~ gordien** nudo gordiano; **~ papillon** pajarita

noie *etc* [nwa] VB *voir* **noyer**

noir, e [nwaʀ] ADJ negro(-a); *(obscur, sombre)* oscuro(-a); *(roman)* policíaco(-a); *(travail)* sumergido(-a); **il fait ~** está oscuro ▶ NM/F : **Noir, e** *(personne)* negro(-a) ▶ NM negro; **dans le ~** en la oscuridad; **au ~** ilegalmente

noirâtre [nwaʀɑtʀ] ADJ negruzco(-a)

noirceur [nwaʀsœʀ] NF negrura

n

noircir [nwaʀsiʀ] VI ennegrecer ▸ VT ensombrecer; (*réputation*) manchar; (*personne*) difamar; **~ le tableau** (*fig*) pintarlo todo negro

noire [nwaʀ] NF (*Mus*) negra

noise [nwaz] NF: **chercher ~ à** buscar las cosquillas a

noisetier [nwaz(ə)tje] NM avellano

noisette [nwazɛt] NF avellana; (*Culin*: *de beurre*) nuececilla ▸ ADJ (*yeux*) color avellana

noix [nwa] NF nuez *f*; (*Culin*): **une ~ de beurre** una nuez de mantequilla; **à la ~** (*fam*) de tres al cuarto; **~ de cajou** anacardo; **~ de coco** (nuez de) coco; **~ de muscade** nuez moscada; **~ de veau** (*Culin*) babilla de ternera

nom [nɔ̃] NM nombre *m*; (*de famille*) apellido; **connaître qn de ~** conocer a algn de nombre; **au ~ de** en nombre de; **~ de Dieu!** (*fam!*) ¡maldito sea!; **~ d'une pipe** *ou* **d'un chien!** (*fam*) ¡caramba!; **~ commun/propre** nombre común/propio; **~ composé** (*Ling*) nombre compuesto; **~ d'emprunt** apodo; **~ de famille** apellido; **~ de fichier** nombre de fichero; **~ de jeune fille** apellido de soltera; **~ d'utilisateur** nombre de usuario; **~ déposé** nombre registrado

nomade [nɔmad] ADJ, NMF nómada *mf*

nomadisme [nɔmadism] NM (*mode de vie*) nomadismo; (*mode de travail*) trabajo móvil

nombre [nɔ̃bʀ] NM número; **venir en ~** venir muchos(-as); **depuis ~ d'années** desde hace muchos años; **ils sont au ~ de trois** son tres; **au ~ de mes amis** entre mis amigos; **sans ~** innumerable; **(bon) ~ de** numerosos(-as); **~ entier/premier** número entero/primo

> ⚠ No debe traducirse por *nombre*, que en francés corresponde a **nom**.

nombreux, -euse [nɔ̃bʀø, øz] ADJ (*avec nom pl*) numerosos(-as); **la foule nombreuse** la gran muchedumbre; **un public ~** mucho público; **peu ~** poco numeroso(-a); **de ~ cas** numerosos casos

nombril [nɔ̃bʀi(l)] NM ombligo

nombrilisme [nɔ̃bʀilism] NM egocentrismo

nombriliste [nɔ̃bʀilist] ADJ egocéntrico(-a)

nomenclature [nɔmɑ̃klatyʀ] NF nomenclatura

nominal, e, -aux [nɔminal, o] ADJ nominal

nominatif, -ive [nɔminatif, iv] ADJ nominativo(-a); **carte nominative** carnet *m* nominativo; **liste nominative** lista nominativa; **titre ~** título nominativo ▸ NM nominativo

nomination [nɔminasjɔ̃] NF nombramiento

nommément [nɔmemɑ̃] ADV por su nombre

nommer [nɔme] VT nombrar; (*baptiser*) llamar; **un nommé Leduc** un tal Leduc ■ **se nommer** VPR (*se présenter*) presentarse; **il se nomme Jean** se llama Jean

nomophobe [nɔmɔfɔb] ADJ, NM/F nomofóbico(-a)

non [nɔ̃] ADV no; **Paul est venu, ~?** ha venido Paul, ¿verdad *ou* no?; **répondre** *ou* **dire que ~** responder *ou* decir que no; **~ (pas) que ...** no porque ...; **~ plus**: **moi ~ plus** yo tampoco; **je préférerais que ~** preferiría que no; **il se trouve que ~** resulta que no; **mais ~, ce n'est pas mal** que no, que no está mal; **~ mais ...!** ¡pero bueno ...!; **~ mais des fois!** ¡qué te *etc* has *etc* creído!; **~ loin** no muy lejos; **~ seulement** no solo; **~ sans** no sin antes

non- [nɔ̃] PRÉF no; **non alcoolisé** sin alcohol

nonagénaire [nɔnaʒenɛʀ] ADJ, NMF nonagenario(-a)

non-agression [nɔnagʀesjɔ̃] NF: **pacte de ~** pacto de no agresión

non-aligné, e [nɔnaliɲe] ADJ no alineado(-a)

non-alignement [nɔnaliɲmɑ̃] NM no alineación *f*

nonante [nɔnɑ̃t] ADJ, NM (BELGIQUE, SUISSE) noventa *m inv*

non-assistance [nɔnasistɑ̃s] NF: **~ à personne en danger** falta de asistencia a una persona en peligro

nonce [nɔ̃s] NM nuncio

nonchalamment [nɔ̃ʃalamɑ̃] ADV indolentemente

nonchalance [nɔ̃ʃalɑ̃s] NF indolencia

nonchalant, e [nɔ̃ʃalɑ̃, ɑ̃t] ADJ indolente

non-conformisme [nɔ̃kɔ̃fɔʀmism(ə)] NM no conformismo

non-conformiste [nɔ̃kɔ̃fɔʀmist] (*pl* **non-conformistes**) ADJ, NMF inconformista *mf*

non-conformité [nɔ̃kɔ̃fɔʀmite] NF disconformidad *f*

non-croyant, e [nɔ̃kʀwajɑ̃, ɑ̃t] (*pl* **non-croyants, -es**) NM/F no creyente *mf*

non-directif, -ive [nɔ̃diʀɛktif, iv] (*pl* **non-directifs, -ives**) ADJ no directivo(-a)

non-engagé, e [nɔnɑ̃gaʒe] (*pl* **non-engagés, -ées**) ADJ no comprometido(-a)

non-engagement [nɔnɑ̃gaʒmɑ̃] NM neutralidad *f*

non-fumeur, -euse [nɔ̃fymœʀ, øz] (*pl* **non-fumeurs, -euses**) NM/F no fumador(a)

non-ingérence [nɔnɛ̃ʒeʀɑ̃s] NF no ingerencia

non-initié, e [nɔ̃ninisje] (*pl* **non-initiés, -es**) ADJ no iniciado(-a)

non-inscrit, e [nɔnɛ̃skʀi, it] (*pl* **non-inscrits, -es**) NM/F (*Pol*) independiente *mf*

non-intervention [nɔnɛ̃tɛʀvɑ̃sjɔ̃] NF no intervención *f*

non-lieu [nɔ̃ljø] (*pl* **non-lieux**) NM: **il y a eu ~** hubo sobreseimiento

nonne [nɔn] NF monja

nonobstant [nɔnɔpstɑ̃] PRÉP no obstante

non-paiement [nɔ̃pɛmɑ̃] (*pl* **non-paiements**) NM impago

non-prolifération [nɔ̃pʀɔlifeʀasjɔ̃] NF no proliferación *f*

non-résident [nɔ̃residɑ̃] (*pl* **non-résidents**) NM no residente *mf*
non-retour [nɔ̃Rətur] NM INV : **point de ~** punto límite
non-sens [nɔ̃sɑ̃s] NM INV disparate *m*
non-spécialiste [nɔ̃spesjalist] (*pl* **non-spécialistes**) NMF profano(-a)
non-stop [nɔnstɔp] ADJ INV sin parada ▸ ADV sin parar
non-syndiqué, e [nɔ̃sɛ̃dike] (*pl* **non-syndiqués, -es**) NM/F persona no sindicada
non-violence [nɔ̃vjɔlɑ̃s] NF no violencia
non-violent, e [nɔ̃vjɔlɑ̃, ɑ̃t] (*pl* **non-violents, -es**) ADJ, NM/F no violento(-a)
nord [nɔR] NM norte *m*; (*région*) : **le N~** el Norte; **au ~** (*situation*) al norte; (*direction*) hacia el norte; **au ~ de** al norte de; **perdre le ~** perder el norte; *voir* **pôle** ▸ ADJ INV norte
nord-africain, e [nɔRafRikɛ̃, ɛn] (*pl* **nord-africains, -es**) ADJ norteafricano(-a) ▸ NM/F : **Nord-Africain, e** norteafricano(-a)
nord-américain, e [nɔRameRikɛ̃, ɛn] (*pl* **nord-américains, -es**) ADJ norteamericano(-a) ▸ NM/F : **Nord-Américain, e** norteamericano(-a)
nord-coréen, ne [nɔRkɔReɛ̃, ɛn] (*pl* **nord-coréens, -nes**) ADJ norcoreano(-a) ▸ NM/F : **Nord-Coréen, ne** norcoreano(-a)
nord-est [nɔRɛst] NM INV nordeste *m*
nordique [nɔRdik] ADJ nórdico(-a)
nord-ouest [nɔRwɛst] NM INV noroeste *m*
nord-vietnamien, ne [nɔRvjɛtnamjɛ̃, ɛn] (*pl* **nord-vietnamiens, -nes**) ADJ norvietnamita ▸ NM/F : **Nord-Vietnamien, ne** norvietnamita *mf*
noria [nɔRja] NF noria
normal, e, -aux [nɔRmal, o] ADJ normal
normale [nɔrmal] NF : **la ~** la media; **par rapport à la ~** con respecto a la media; **les normales saisonnières** (*Météo*) las medias estacionales; **N~ Sup** *prestigioso centro de enseñanza superior especializado en humanidades*
normalement [nɔRmalmɑ̃] ADV normalmente
normalien, ne [nɔRmaljɛ̃, jɛn] NM/F normalista *mf*, *alumno o ex alumno de Normale Sup*
normalisation [nɔRmalizasjɔ̃] NF normalización *f*
normalisé, e [nɔRmalize] ADJ normalizado(-a)
normaliser [nɔRmalize] VT normalizar
normalité [nɔRmalite] NF normalidad *f*
normand, e [nɔRmɑ̃, ɑ̃d] ADJ normando(-a) ▸ NM/F : **Normand, e** normando(-a)
Normandie [nɔRmɑ̃di] NF Normandía
normatif, -ive [nɔRmatif, iv] ADJ normativo(-a)
norme [nɔRm] NF norma
Norvège [nɔRvɛʒ] NF Noruega
norvégien, ne [nɔRveʒjɛ̃, jɛn] ADJ noruego(-a) ▸ NM (*Ling*) noruego ▸ NM/F : **Norvégien, ne** noruego(-a)
nos [no] ADJ POSS *voir* **notre**
nosocomial, e, -aux [nozɔkɔmjal, jo] ADJ (*Méd*) nosocomial
nostalgie [nɔstalʒi] NF nostalgia
nostalgique [nɔstalʒik] ADJ nostálgico(-a)
notable [nɔtabl] ADJ, NM notable *m*
notablement [nɔtabləmɑ̃] ADV notablemente
notaire [nɔtɛR] NMF notario(-a)
notamment [nɔtamɑ̃] ADV particularmente, especialmente
notariat [nɔtaRja] NM notaría
notarié [nɔtaRje] ADJ M : **acte ~** acta *m* notarial
notation [nɔtasjɔ̃] NF (*Scol*) calificación *f*; (*numérique, musicale*) notación *f*; (*lettres*) anotación *f*; (*art*) reproducción *f*
note [nɔt] NF nota; (*facture*) cuenta; (*annotation*) nota, apunte *m*; **prendre des notes** tomar notas *ou* apuntes; **prendre ~ de** tomar nota de; **forcer la ~** pasarse de la raya; **une ~ de tristesse/de gaieté** una nota de tristeza/de alegría; **~ de service** nota de servicio
noté, e [nɔte] ADJ : **être bien/mal ~** (*employé etc*) estar bien/mal valorado(-a)
noter [nɔte] VT (*écrire*) anotar, apuntar; (*remarquer*) señalar, notar; (*Scol*) calificar; (*Admin*) evaluar; **notez bien que ...** fíjense bien que ...
notice [nɔtis] NF nota; (*brochure*) : **~ explicative** folleto explicativo
notification [nɔtifikasjɔ̃] NF notificación *f*
notifier [nɔtifje] VT : **~ qch à qn** notificar algo a algn
notion [nosjɔ̃] NF noción *f* ▪ **notions** NFPL nociones *fpl*
notoire [nɔtwaR] ADJ notorio(-a); **le fait est ~** el hecho es notorio
notoirement [nɔtwaRmɑ̃] ADV notoriamente
notoriété [nɔtɔRjete] NF notoriedad *f*; **c'est de ~ publique** es público y notorio
notre [nɔtR] (*pl* **nos**) ADJ POSS nuestro(-a)
nôtre [notR] ADJ nuestro(-a) ▸ PRON : **le ~** el *ou* lo nuestro; **la ~** la nuestra; **les nôtres** los (las) nuestros(-as); **soyez des nôtres** únase a nosotros
nouba [nuba] (*fam*) NF : **faire la ~** estar de juerga
noué, e [nwe] ADJ : **avoir la gorge nouée** tener un nudo en la garganta; **avoir l'estomac ~** tener un nudo en el estómago
nouer [nwe] VT anudar, atar; (*fig : amitié*) trabar; (*alliance*) formar; **~ une conversation** entablar conversación ▪ **se nouer** VPR : **c'est là où l'intrigue se noue** es ahí donde se urde la intriga
noueux, -euse [nwø, øz] ADJ nudoso(-a); (*main*) huesudo(-a); (*vieillard*) enjuto(-a)
nougat [nuga] NM *tipo de turrón*
nougatine [nugatin] NF (*Culin*) *especie de turrón de caramelo muy fino con nueces y avellanas*

nouille [nuj] NF (*fam*) lelo(-a) ■ **nouilles** NFPL pasta *fsg*

nounou [nunu] NF nodriza

nounours [nunuʀs] NM osito de peluche

nourri, e [nuʀi] ADJ denso(-a)

nourrice [nuʀis] NF nodriza; **mettre en ~** dar a criar

nourricier, -ière [nuʀisje, jɛʀ] ADJ nutricio(-a)

nourrir [nuʀiʀ] VT alimentar; (*fig* : *espoir*) mantener; (*haine*) guardar; **logé, nourri** alojamiento y comida; **bien/mal nourri** bien/mal alimentado(-a); **~ au sein** amamantar ■ **se nourrir** VPR : **se ~ de légumes** alimentarse de verduras; **se ~ de rêves** vivir de fantasías

nourrissant, e [nuʀisɑ̃, ɑ̃t] ADJ alimenticio(-a), nutritivo(-a)

nourrisson [nuʀisɔ̃] NM niño de pecho

nourriture [nuʀityʀ] NF alimento, comida; (*fig*) alimento

nous [nu] PRON nosotros(-as); (*objet direct, indirect*) nos; **c'est ~ qui l'avons fait** lo hicimos nosotros; **~ les Marseillais** nosotros los marselleses; **il ~ le dit** nos lo dice; **il ~ en a parlé** nos habló de eso; **à ~** (*possession*) nuestro(-a), nuestros(-as); **ce livre est à ~** ese libro es nuestro; **avec/sans ~** con/sin nosotros; **un poème de ~** un poema nuestro; **plus riche que ~** más rico que nosotros

nous-mêmes [numɛm] PRON nosotros(-as) mismos(-as)

nouveau, nouvelle, -aux [nuvo, nuvɛl, o] (*devant nm commençant par voyelle ou h muet* **nouvel**) ADJ nuevo(-a); (*original*) novedoso(-a); **Nouvel An** año nuevo; **nouveaux mariés** recién casados; **~ riche** *adj* nuevo(-a) rico(-a); **nouvelle vague** (*gén*) nueva ola; (*Ciné*) nouvelle vague *f*; **~ venu** recién llegado; **nouvelle venue** recién llegada ▶ NM/F nuevo(-a) ▶ NM : **il y a du ~** hay novedades; **de** *ou* **à ~** de nuevo, otra vez

nouveau-né, e [nuvone] (*pl* **nouveau-nés, -es**) ADJ, NM/F recién nacido(-a)

nouveauté [nuvote] NF (*aussi Comm*) novedad *f*

nouvel [nuvɛl] ADJ M *voir* **nouveau**

nouvelle [nuvɛl] ADJ F *voir* **nouveau** ▶ NF noticia; (*Litt*) novela corta ■ **nouvelles** NFPL noticias *fpl*; **je suis sans nouvelles de lui** no tengo noticias de él

Nouvelle-Calédonie [nuvɛlkaledɔni] NF Nueva Caledonia

Nouvelle-Guinée [nuvɛlgine] NF Nueva Guinea

nouvellement [nuvɛlmɑ̃] ADV (*arrivé etc*) recién

Nouvelle-Orléans [nuvɛlɔʀleɑ̃] N : **La ~** Nueva Orleans

Nouvelle-Zélande [nuvɛlzelɑ̃d] NF Nueva Zelanda, Nueva Zelandia (*Am*)

nouvelliste [nuvelist] NMF autor(a) de novelas cortas

novateur, -trice [nɔvatœʀ, tʀis] ADJ, NM/F innovador(a)

novembre [nɔvɑ̃bʀ] NM noviembre *m*; *ver nota*; *voir aussi* **juillet**

> En Francia, el **11 novembre** es un día festivo en que se conmemora la firma del armisticio que puso punto final a la Primera Guerra Mundial a la vez que se rinde homenaje a todos los soldados franceses muertos por Francia.

novice [nɔvis] ADJ novato(-a) ▶ NMF (*Rel*) novicio(-a)

noviciat [nɔvisja] NM noviciado

noyade [nwajad] NF ahogamiento

noyau, x [nwajo] NM núcleo; (*de fruit*) hueso

noyautage [nwajotaʒ] NM infiltración *f*

noyauter [nwajote] VT infiltrar

noyé, e [nwaje] NM/F ahogado(-a) ▶ ADJ (*fig*) desbordado(-a)

noyer [nwaje] NM nogal *m* ▶ VT ahogar; (*fig* : *submerger*) sumergir; (*délayer*) desleír; **~ son chagrin** ahogar su pena; **~ son moteur** (*Auto*) inundar el motor; **~ le poisson** dar largas al asunto ■ **se noyer** VPR ahogarse; **se ~ dans** (*fig*) perderse en

NT ABR (= *Nouveau Testament*) NT (= *Nuevo Testamento*)

NTIC [ɛnteise] SIGLE FPL (= *nouvelles technologies de l'information et de la communication*) NTIC *fpl* (= *nuevas tecnologías de la información y la comunicación*)

nu, e [ny] ADJ desnudo(-a); **(les) pieds nus** descalzo(-a); **(la) tête nue** con la cabeza descubierta; **à mains nues** solo con las manos, con las manos desnudas; **se mettre nu** desnudarse ▶ NM (*Art*) desnudo; **le nu intégral** desnudo integral; **mettre à nu** desnudar

nuage [nɥaʒ] NM nube *f*; (*Inform*) : **le ~** la nube; **sans nuages** (*fig* : *bonheur*) completo(-a); **être dans les nuages** estar en las nubes; **un ~ de lait** una gota de leche

nuageux, -euse [nɥaʒø, øz] ADJ nuboso(-a), nublado(-a)

nuance [nɥɑ̃s] NF matiz *m*; **il y a une ~ (entre ...)** hay una leve diferencia (entre ...); **une ~ de tristesse** un algo de tristeza

nuancé, e [nɥɑ̃se] ADJ matizado(-a)

nuancer [nɥɑ̃se] VT matizar

nuancier [nɥɑ̃sje] NM carta de colores

nubile [nybil] ADJ núbil

nucléaire [nykleɛʀ] ADJ nuclear ▶ NM : **le ~** (*secteur*) la industria nuclear; (*énergie*) la energía nuclear

nudisme [nydism] NM nudismo

nudiste [nydist] NMF nudista *mf*

nudité [nydite] NF desnudez *f*

nuée [nɥe] NF : **une ~ de** una nube de
nues [ny] NFPL : **tomber des ~** caerse de las nubes; **porter qn aux ~** poner a algn por las nubes
nuire [nɥiʀ] VI perjudicar; **~ à qn/qch** ser perjudicial para algn/algo
nuisance [nɥizɑ̃s] NF molestia ■ **nuisances** NFPL perjuicios *mpl*; **nuisances sonores** molestias *fpl* sonoras
nuisette [nɥizɛt] NF picardías *m inv*
nuisible [nɥizibl] ADJ perjudicial; (*animal*) dañino(-a) ▸ NM animal *m* dañino
nuisis *etc* [nɥizi] VB *voir* **nuire**
nuit [nɥi] NF noche *f*; **cinq nuits de suite** cinco noches seguidas; **payer sa ~** pagar la noche; **il fait ~** es de noche; **cette ~** esta noche; **de ~** por la noche; **depuis la ~ des temps** desde la noche de los tiempos; **~ blanche** noche en blanco *ou* en vela; **~ de noces** noche de bodas; **~ de Noël** Nochebuena
nuitamment [nɥitamɑ̃] ADV por la noche
nuitée [nɥite] NF pernoctación *f*
nul, nulle [nyl] ADJ (*aucun*) ninguno(-a); (*minime, non valable, péj*) nulo(-a); **résultat ~, match ~** (*Sport*) empate *m*; **nulle part** en ningún sitio; (*aller*) a ningún sitio ▸ PRON nadie
nullement [nylmɑ̃] ADV de ningún modo
nullité [nylite] NF nulidad *f*
numéraire [nymeʀɛʀ] NM numerario
numéral, e, -aux [nymeʀal, o] ADJ numeral
numérateur [nymeʀatœʀ] NM numerador *m*
numération [nymeʀasjɔ̃] NF : **~ décimale/binaire** numeración *f* decimal/binaria
numérique [nymeʀik] ADJ numérico(-a); (*Inform*) digital
numériquement [nymeʀikmɑ̃] ADV numéricamente
numérisation [nymeʀizasjɔ̃] NF (*Inform*) digitalización *f*
numériser [nymeʀize] VT (*Inform*) digitalizar
numéro [nymeʀo] NM número; **un (drôle de) ~** (*fig*) un elemento gracioso; **faire** *ou* **composer un ~** marcar un número; **~ de téléphone** número de teléfono; **~ d'identification personnel** número personal de identificación; **~ d'immatriculation** *ou* **minéralogique** número de matrícula; **~ vert** número verde
numérologie [nymeʀɔlɔʒi] NF numerología
numérotation [nymeʀɔtasjɔ̃] NF numeración *f*
numéroter [nymeʀɔte] VT numerar
numerus clausus [nymeʀys klozys] NM INV numerus *msg* clausus
numismate [nymismat] NMF numismático(-a)
numismatique [nymismatik] NF numismática
nunuche [nynyʃ] (*fam*) ADJ pavo(-a) (*fam*), simplón(-ona) ▸ NF pava (*fam*)
nu-pied [nypje] (*pl* **nu-pieds**) NM sandalia
nu-pieds [nypje] ADJ INV descalzo(-a)
nuptial, e, -aux [nypsjal, jo] ADJ nupcial
nuptialité [nypsjalite] NF nupcialidad *f*; **taux de ~** índice *m* de matrimonios
nuque [nyk] NF nuca
nu-tête [nytɛt] ADJ INV cabeza descubierta
nutriment [nytʀimɑ̃] NM nutriente *m*
nutritif, -ive [nytʀitif, iv] ADJ nutritivo(-a)
nutrition [nytʀisjɔ̃] NF nutrición *f*
nutritionnel, le [nytʀisjɔnɛl] ADJ nutritivo(-a)
nutritionniste [nytʀisjɔnist] NMF especialista *mf* en nutrición
nylon [nilɔ̃] NM nylon *m*
nymphe [nɛ̃f] NF (*Mythologie*) ninfa
nymphéa [nɛ̃fea] NM nenúfar *m*
nymphette [nɛ̃fɛt] NF (*jeune fille*) lolita
nymphomane [nɛ̃fɔman] ADJ F, NF ninfómana
nymphomanie [nɛ̃fɔmani] NF ninfomanía

Oo

O¹, o [o] NM INV (*lettre*) O, o *f*; **O comme Oscar** ≈ O de Oviedo
O² ABR (= *ouest*) O (= *Oeste*)
oasis [ɔazis] NF OU M oasis *m inv*
obédience [ɔbedjɑ̃s] NF : **d'~ communiste** de convicción comunista
obéir [ɔbeiʀ] VI obedecer; **~ à** obedecer a; (*loi*) acatar; (*suj : moteur, véhicule*) responder a
obéissance [ɔbeisɑ̃s] NF obediencia
obéissant, e [ɔbeisɑ̃, ɑ̃t] ADJ obediente
obélisque [ɔbelisk] NM obelisco
obèse [ɔbɛz] ADJ obeso(-a)
obésité [ɔbezite] NF obesidad *f*
objecter [ɔbʒɛkte] VT (*prétexter*) pretextar; **~ qch à** objetar algo a; **~ (à qn) que** objetar (a algn) que
objecteur [ɔbʒɛktœʀ] NM : **~ de conscience** objetor *m* de conciencia
objectif, -ive [ɔbʒɛktif, iv] ADJ objetivo(-a) ▶ NM (*but, Photo*) objetivo; **~ à focale variable** objetivo de distancia focal variable; **~ grand angulaire** objetivo gran angular
objection [ɔbʒɛksjɔ̃] NF objeción *f*; **~ de conscience** objeción de conciencia
objectivement [ɔbʒɛktivmɑ̃] ADV objetivamente
objectivité [ɔbʒɛktivite] NF objetividad *f*
objet [ɔbʒɛ] NM objeto; (*but*) objetivo; (*sujet*) tema *m*; **être** *ou* **faire l'~ de** ser objeto de; **sans ~** sin objeto; **(bureau des) objets trouvés** (oficina de) objetos perdidos; **~ d'art** objeto de arte; **objets de toilette** artículos *mpl* de tocador; **objets personnels** objetos personales
obligataire [ɔbligatɛʀ] ADJ obligacionista
obligation [ɔbligasjɔ̃] NF obligación *f*; (*devoir*) compromiso; **sans ~ d'achat/de votre part** sin compromiso de compra/por su parte; **être dans l'~ de faire qch** estar obligado(-a) a hacer algo; **avoir l'~ de faire qch** tener la obligación de hacer algo; **obligations familiales** obligaciones *fpl* familiares; **obligations militaires** obligaciones militares; **obligations mondaines** compromisos *mpl* sociales
obligatoire [ɔbligatwaʀ] ADJ obligatorio(-a)
obligatoirement [ɔbligatwaʀmɑ̃] ADV (*nécessairement*) obligatoriamente; (*fatalement*) a la fuerza
obligé, e [ɔbliʒe] ADJ obligado(-a); **être très ~ à qn** estar muy agradecido(-a) a algn; **je suis ~ de le faire** estoy obligado a hacerlo
obligeamment [ɔbliʒamɑ̃] ADV atentamente
obligeance [ɔbliʒɑ̃s] NF : **avoir l'~ de** tener la bondad de
obligeant, e [ɔbliʒɑ̃, ɑ̃t] ADJ (*personne*) complaciente; (*offre*) amable
obliger [ɔbliʒe] VT obligar; (*aider, rendre service à*) : **votre offre m'oblige beaucoup** le agradezco mucho que se haya ofrecido
oblique [ɔblik] ADJ oblicuo(-a); **regard ~** mirada torcida; **en ~** en diagonal
obliquement [ɔblikmɑ̃] ADV en posición oblicua
obliquer [ɔblike] VI : **~ vers** torcer a
oblitération [ɔbliteʀasjɔ̃] NF (*Postes*) matado; (*Méd*) obliteración *f*
oblitérer [ɔbliteʀe] VT (*Postes*) matar; (*Méd*) obliterar
oblong, -ongue [ɔblɔ̃, ɔ̃g] ADJ oblongo(-a)
obnubiler [ɔbnybile] VT obsesionar
obole [ɔbɔl] NF óbolo
obscène [ɔpsɛn] ADJ obsceno(-a)
obscénité [ɔpsenite] NF obscenidad *f*
obscur, e [ɔpskyʀ] ADJ oscuro(-a); (*exposé*) confuso(-a); (*vague*) ligero(-a); (*inconnu*) desconocido(-a)
obscurantisme [ɔpskyʀɑ̃tism] NM oscurantismo
obscurcir [ɔpskyʀsiʀ] VT oscurecer; (*rendre peu intelligible*) confundir ■ **s'obscurcir** VPR (*ciel, jour*) oscurecerse
obscurément [ɔpskyʀemɑ̃] ADV confusamente
obscurité [ɔpskyʀite] NF oscuridad *f*; **dans l'~** en la oscuridad
obsédant, e [ɔpsedɑ̃, ɑ̃t] ADJ obsesionante
obsédé, e [ɔpsede] NM/F : **un(e) ~ de** un (una) obseso(-a) de; **un ~ sexuel** un obseso sexual
obséder [ɔpsede] VT obsesionar; **être obsédé par** estar obsesionado por
obsèques [ɔpsɛk] NFPL exequias *fpl*
obséquieux, -euse [ɔpsekjø, jøz] ADJ empalagoso(-a)
observable [ɔpsɛʀvabl] ADJ observable

observance [ɔpsɛʀvɑ̃s] NF observancia
observateur, -trice [ɔpsɛʀvatœʀ, tʀis] ADJ, NM/F observador(a)
observation [ɔpsɛʀvasjɔ̃] NF observación *f*; (*d'un règlement*) cumplimiento; **faire une ~ à qn** (*reproche*) criticarle a algn; **en ~** (*Méd*) en observación; **avoir l'esprit d'~** tener un espíritu observador
observatoire [ɔpsɛʀvatwaʀ] NM observatorio; (*lieu élevé*) puesto de observación
observer [ɔpsɛʀve] VT observar; (*remarquer*) notar; **je vous ferai ~ que ...** permítame decirle que ... ■ **s'observer** VPR controlarse
obsession [ɔpsesjɔ̃] NF obsesión *f*; **avoir l'~ de** estar obsesionado(-a) por
obsessionnel [ɔpsesjɔnɛl] ADJ obsesivo(-a)
obsidienne [ɔpsidjɛn] NF obsidiana
obsolescence [ɔpsɔlesɑ̃s] NF obsolescencia; **l'~ programmée** la obsolescencia programada
obsolescent, e [ɔpsɔlesɑ̃, ɑ̃t] ADJ obsoleto(-a)
obsolète [ɔpsɔlɛt] ADJ obsoleto(-a)
obstacle [ɔpstakl] NM obstáculo; **faire ~ à** obstaculizar
obstétricien, ne [ɔpstetʀisjɛ̃, jɛn] NM/F tocólogo(-a)
obstétrique [ɔpstetʀik] NF obstetricia
obstination [ɔpstinasjɔ̃] NF obstinación *f*
obstiné, e [ɔpstine] ADJ (*caractère*) obstinado(-a); (*effort*) tenaz
obstinément [ɔpstinemɑ̃] ADV obstinadamente
obstiner [ɔpstine] : **s'obstiner** VPR obstinarse; **s'~ à faire qch** empeñarse en hacer algo; **s'~ sur qch** obcecarse con algo
obstruction [ɔpstʀyksjɔ̃] NF obstrucción *f*; **faire de l'~** (*fig*) bloquear
obstructionnisme [ɔpstʀyksjɔnism] NM (*Pol*) obstruccionismo
obstruer [ɔpstʀye] VT obstruir ■ **s'obstruer** VPR obstruirse
obtempérer [ɔptɑ̃peʀe] VI obedecer; **~ à** (*Jur*, *Admin*) acatar; (*gén*) obedecer a
obtenir [ɔptəniʀ] VT conseguir, obtener; (*diplôme*) obtener; **~ de pouvoir faire qch** conseguir poder hacer algo; **~ qch à qn** conseguir algo a algn; **~ de qn qu'il fasse** conseguir que algn haga; **ils ont obtenu satisfaction** se ha accedido a sus demandas
obtention [ɔptɑ̃sjɔ̃] NF obtención *f*
obtenu [ɔpt(ə)ny] PP *de* **obtenir**
obtiendrai *etc* [ɔptjɛ̃dʀe] VB *voir* **obtenir**
obtiens *etc* [ɔptjɛ̃] VB *voir* **obtenir**
obtint *etc* [ɔptɛ̃] VB *voir* **obtenir**
obturateur [ɔptyʀatœʀ] NM (*Photo*) obturador *m*; **~ à rideau** obturador de cortina
obturation [ɔptyʀasjɔ̃] NF obturación *f*; **vitesse d'~** (*Photo*) velocidad *f* de obturación; **~ (dentaire)** empaste *m* (dental)
obturer [ɔptyʀe] VT obturar; (*dent*) empastar
obtus, e [ɔpty, yz] ADJ (*fig*) obtuso(-a), lerdo(-a)
obus [ɔby] NM obús *msg*
obvier [ɔbvje] : **~ à** *vt* obviar
OC SIGLE FPL (= *ondes courtes*) OC *fsg* (= *onda corta*)
occase [ɔkɑz] NF (*fam* : *occasion*) chollo (*fam*), ganga
occasion [ɔkazjɔ̃] NF ocasión *f*, oportunidad *f*, chance *m ou f* (AM); (*acquisition avantageuse*) ganga; (*circonstance*) ocasión; **à plusieurs occasions** en varias ocasiones; **à cette/la première ~** en esta/la primera ocasión; **avoir l'~ de faire** tener la oportunidad *ou* la ocasión de hacer; **être l'~ de** ser el momento para; **à l'~** si llega el caso; (*un jour*) en alguna ocasión; **à l'~ de** con motivo de; **d'~** de segunda mano, de ocasión
occasionnel, le [ɔkazjɔnɛl] ADJ (*fortuit*) ocasional; (*non régulier*) eventual
occasionnellement [ɔkazjɔnɛlmɑ̃] ADV ocasionalmente
occasionner [ɔkazjɔne] VT ocasionar, causar; **~ qch à qn** causar algo a algn
occident [ɔksidɑ̃] NM (*Géo*) occidente *m*; (*Pol*) : **l'O~** Occidente
occidental, e, -aux [ɔksidɑ̃tal, o] ADJ, NM/F occidental *mf*
occidentaliser [ɔksidɑ̃talize] VT occidentalizar
occiput [ɔksipyt] NM occipucio
occire [ɔksiʀ] (*vieilli ou hum*) VT matar
occitan, e [ɔksitɑ̃, an] ADJ occitano(-a) ▶ NM (*Ling*) occitano
occlusion [ɔklyzjɔ̃] NF : **~ intestinale** oclusión *f* intestinal
occulte [ɔkylt] ADJ oculto(-a)
occulter [ɔkylte] VT (*fig*) ocultar
occultisme [ɔkyltism] NM ocultismo
occupant, e [ɔkypɑ̃, ɑ̃t] ADJ de ocupación ▶ NM/F ocupante *mf*
occupation [ɔkypasjɔ̃] NF ocupación *f*; **l'O~** (1941–44) la Ocupación
occupé, e [ɔkype] ADJ ocupado(-a); **c'est** *ou* **ça sonne ~** (*ligne téléphonique*) está comunicando; **j'ai l'esprit ~** estoy preocupado(-a)
occuper [ɔkype] VT ocupar; (*surface, période*) cubrir; (*main-d'œuvre, personnel*) emplear; **ça occupe trop de place** ocupa demasiado sitio ■ **s'occuper** VPR ocuparse; **s'~ de** (*être responsable de*) encargarse de; (*clients*) ocuparse de; (*s'intéresser à*) dedicarse a
occurrence [ɔkyʀɑ̃s] NF : **en l'~** en este caso
OCDE [ɔsedeə] SIGLE F (= *Organisation de coopération et de développement économique*) OCDE *f* (= *Organización para la Cooperación y el Desarrollo Económico*)
océan [ɔseɑ̃] NM océano; **~ Atlantique** océano Atlántico; **~ Indien** océano Índico; **~ Pacifique** océano Pacífico

O

Océanie [ɔseani] NF Oceanía
océanique [ɔseanik] ADJ oceánico(-a)
océanographe [ɔseanɔgʀaf] NMF oceanógrafo(-a)
océanographie [ɔseanɔgʀafi] NF oceanografía
océanographique [ɔseanɔgʀafik] ADJ oceanográfico(-a)
océanologie [ɔseanɔlɔʒi] NF oceanología
ocelot [ɔs(ə)lo] NM ocelote *m*
ocre [ɔkʀ] ADJ INV ocre *inv*
octane [ɔktan] NM octano
octante [ɔktɑ̃t] ADJ, NM (*Belgique, Suisse*) ochenta *m*
octave [ɔktav] NF octava
octet [ɔktɛ] NM (*Inform*) byte *m*, octeto
octobre [ɔktɔbʀ] NM octubre *m*; *voir aussi* **juillet**
octogénaire [ɔktɔʒenɛʀ] ADJ, NMF octogenario(-a)
octogonal, e, -aux [ɔktɔgɔnal, o] ADJ octogonal
octogone [ɔktɔgɔn] NM octágono, octógono
octroi [ɔktʀwa] NM concesión *f*
octroyer [ɔktʀwaje] VT : **~ qch à qn** (*droit, faveur*) otorgar algo a algn; (*répit*) conceder algo a algn ■ **s'octroyer** VPR (*vacances*) concederse
oculaire [ɔkylɛʀ] ADJ ocular ▶ NM ocular *m*
oculiste [ɔkylist] NMF oculista *mf*
ode [ɔd] NF oda
odeur [ɔdœʀ] NF olor *m*; **mauvaise ~** mal olor
odieusement [ɔdjøzmɑ̃] ADV abominablemente
odieux, -euse [ɔdjø, jøz] ADJ odioso(-a)
odontologie [ɔdɔ̃tɔlɔʒi] NF odontología
odorant, e [ɔdɔʀɑ̃, ɑ̃t] ADJ oloroso(-a)
odorat [ɔdɔʀa] NM olfato; **avoir l'~ fin** tener un olfato muy fino
odoriférant, e [ɔdɔʀifeʀɑ̃, ɑ̃t] ADJ aromático(-a)
odyssée [ɔdise] NF odisea
OEA [ɔəa] SIGLE F (= *Organisation des États américains*) OEA *f* (= *Organización de Estados Americanos*)
œcuménique [ekymenik] ADJ ecuménico(-a)
œcuménisme [ekymenism] NM ecumenismo
œdème [edɛm] NM edema *m*
œil [œj] (*pl* **yeux**) NM ojo; **avoir un ~ au beurre noir** *ou* **poché** tener un ojo a la funerala; **à l'~** (*fam*) por la cara (*fam*); **à l'~ nu** a simple vista; **avoir l'~** estar ojo avizor; **avoir l'~ sur qn** no quitar ojo a algn; **faire de l'~ à qn** guiñar el ojo a algn; **voir qch d'un bon/mauvais ~** ver algo con buenos/malos ojos; **à l'~ vif** de mirada expresiva; **tenir qn à ~** no quitar los ojos de encima a algn; **ne pas pouvoir fermer l'~** no pegar ojo; **~ pour ~, dent pour dent** ojo por ojo, diente por diente; **à mes/ses yeux** para mí/él; **de ses propres yeux** con sus propios ojos; **fermer les yeux (sur)** (*fig*) hacer la vista gorda (a); **les yeux fermés** a ciegas; **pour ses beaux yeux** (*fig*) por su cara bonita; **~ de verre** ojo de cristal
œil-de-bœuf [œjdəbœf] (*pl* **œils-de-bœuf**) NM claraboya
œillade [œjad] NF : **lancer une ~ à qn** mirar seductoramente a algn
œillères [œjɛʀ] NFPL anteojeras *fpl*; **avoir des ~** (*fig : péj*) ser de miras muy estrechas
œillet [œjɛ] NM (*Bot*) clavel *m*; (*trou, bordure rigide*) ojete *m*
œnologue [enɔlɔg] NMF enólogo(-a)
œsophage [ezɔfaʒ] NM esófago
œstrogène [ɛstʀɔʒɛn] ADJ estrógeno(-a)
œuf [œf] NM huevo, blanquillo (*Mex*); **étouffer qch dans l'~** cortar algo de raíz; **~ à la coque/au plat/dur** huevo pasado por agua/frito/duro; **~ à repriser** huevo de zurzir; **~ de Pâques** huevo de Pascua; **~ mollet** huevo pasado por agua; **~ poché** huevo escalfado; **œufs brouillés** huevos *mpl* revueltos
œuvre [œvʀ] NF trabajo; (*art*) obra; (*organisation charitable*) obra benéfica; **être/se mettre à l'~** estar/ponerse manos a la obra; **mettre en ~** poner en práctica; **~ d'art** obra de arte ▶ NM (*d'un artiste*) obra; (*Constr*) : **le gros ~** el armazón ■ **œuvres** NFPL (*Rel*) obras *fpl*; **bonnes œuvres, œuvres de bienfaisance** obras de caridad
œuvrer [œvʀe] VI : **~ pour** trabajar para
offensant, e [ɔfɑ̃sɑ̃, ɑ̃t] ADJ hiriente
offense [ɔfɑ̃s] NF ofensa, agravio; (*Rel*) ofensa
offenser [ɔfɑ̃se] VT ofender; (*bon sens, bon goût, principes*) ir contra ■ **s'offenser** VPR : **s'~ de qch** ofenderse por algo
offensif, -ive [ɔfɑ̃sif, iv] ADJ ofensivo(-a)
offensive [ɔfɑ̃siv] NF (*Mil*) ofensiva; (*du froid, de l'hiver*) vuelta; **passer à l'~** pasar a la ofensiva
offert, e [ɔfɛʀ, ɛʀt] PP *de* **offrir**
offertoire [ɔfɛʀtwaʀ] NM ofertorio
office [ɔfis] NM (*charge*) cargo; (*bureau, agence*) oficina; (*messe*) oficio; **faire ~ de** hacer las veces de; **d'~** automáticamente; **bons offices** (*Pol*) buenos oficios *mpl*; **~ du** *ou* **de tourisme** oficina de turismo ▶ NM OU F (*pièce*) antecocina
officialisation [ɔfisjalizasjɔ̃] NF oficialización *f*
officialiser [ɔfisjalize] VT oficializar
officiel, le [ɔfisjɛl] ADJ oficial ▶ NM/F autoridad *f* (*persona*); (*Sport*) organizador(a)
officiellement [ɔfisjɛlmɑ̃] ADV oficialmente
officier [ɔfisje] NM oficial *mf*; **~ de l'état-civil** teniente *m* (alcalde); **~ de police** oficial de policía; **~ ministériel** funcionario(-a) ministerial ▶ VI (*Rel*) oficiar
officieusement [ɔfisjøzmɑ̃] ADV oficiosamente
officieux, -euse [ɔfisjø, jøz] ADJ oficioso(-a)
officinal, e, -aux [ɔfisinal, o] ADJ oficinal

officine [ɔfisin] NF (*de pharmacie*) laboratorio; (*Admin : pharmacie*) farmacia; (*gén péj : bureau*) oficina
offrais [ɔfʀɛ] VB *voir* **offrir**
offrande [ɔfʀɑ̃d] NF donativo; (*Rel*) ofrenda
offrant [ɔfʀɑ̃] NM : **vendre/adjuger au plus ~** vender/adjudicar al mejor postor
offre [ɔfʀ] VB *voir* **offrir** ▸ NF oferta; (*Admin : soumission*) licitación *f*; **« offres d'emploi »** « ofertas *fpl* de empleo »; **~ publique d'achat** oferta pública de compra; **offres de service** ofertas de servicio
offrir [ɔfʀiʀ] VT regalar; (*proposer*) ofrecer; (*Comm*) ofertar; (*présenter*) presentar; **~ (à qn) de faire qch** proponer (a algn) hacer algo; **~ à boire à qn** ofrecer de beber a algn; **~ ses services à qn** ofrecer sus servicios a algn; **~ le bras à qn** ofrecer el brazo a algn ■ **s'offrir** VPR (*se présenter*) presentarse; (*vacances*) tomarse; (*voiture*) regalarse; **s'~ comme guide/en otage** ofrecerse como guía/como rehén; **s'~ aux regards** exponerse a las miradas; **s'~ à faire qch** ofrecerse para hacer algo
offset [ɔfsɛt] NM offset *m*
offusquer [ɔfyske] VT disgustar ■ **s'offusquer** VPR : **s'~ de qch** disgustarse por algo
ogive [ɔʒiv] NF ojiva; **voûte/arc en ~** bóveda/arco ojival; **~ nucléaire** cabeza nuclear
OGM [oʒeɛm] SIGLE M (= *organisme génétiquement modifié*) OMG *m* (= *organismo modificado genéticamente*)
ogre [ɔgʀ] NM ogro
oh [o] EXCL (*admiration*) ¡oh!; **oh là là !** (*se plaindre*) ¡vaya!; **pousser des oh ! et des ah !** lanzar exclamaciones
oie [wa] NF oca; **~ blanche** (*fig, péj*) pava
oignon [ɔɲɔ̃] NM cebolla; (*de tulipe etc*) bulbo; (*Méd*) juanete *m*; **ce ne sont pas tes oignons** (*fam*) no es asunto tuyo; **petits oignons** cebolletas *fpl*
oindre [wɛ̃dʀ] VT ungir
oiseau, x [wazo] NM ave *f*, pájaro; **~ de nuit** ave nocturna; **~ de proie** ave de rapiña
oiseau-lyre [wazoliʀ] (*pl* **oiseaux-lyres**) NM ave *f* lira
oiseau-mouche [wazomuʃ] (*pl* **oiseaux-mouches**) NM pájaro mosca
oiseleur [waz(ə)lœʀ] NM pajarero
oiselier, -ière [wazəlje, jɛʀ] NM/F pajarero(-a)
oisellerie [wazɛlʀi] NF pajarería
oiseux, -euse [wazø, øz] ADJ vano(-a)
oisif, -ive [wazif, iv] ADJ ocioso(-a) ▸ NM/F (*péj*) holgazán(-ana)
oisillon [wazijɔ̃] NM pajarillo
oisiveté [wazivte] NF ociosidad *f*
OIT [ɔite] SIGLE F (= *Organisation internationale du travail*) OIT *f* (= *Organización Internacional del Trabajo*)
OK [oke, okɛ] (*fam*) EXCL vale
OL SIGLE FPL (= *ondes longues*) OL *fsg* (= *onda larga*)
ola [ɔla] NF (*Sport*) ola
oléagineux, -euse [ɔleaʒinø, øz] ADJ oleaginoso(-a); (*liquide*) aceitoso(-a)
oléiculteur, -trice [ɔleikyltœʀ, tʀis] NM/F oleicultor(a)
oléiculture [ɔleikyltyʀ] NF oleicultura
oléoduc [ɔleɔdyk] NM oleoducto
olfactif, -ive [ɔlfaktif, iv] ADJ olfativo(-a)
olibrius [ɔlibʀijys] NM excéntrico
oligarchie [ɔligaʀʃi] NF oligarquía
oligo-élément [ɔligoelemɑ̃] (*pl* **oligo-éléments**) NM oligoelemento
oligopole [ɔligɔpɔl] NM oligopolio
olivâtre [ɔlivɑtʀ] ADJ aceitunado(-a)
olive [ɔliv] NF aceituna, oliva; (*type d'interrupteur*) oliveta ▸ ADJ INV verde oliva *inv*
oliveraie [ɔlivʀɛ] NF olivar *m*
olivette [ɔlivɛt] NF (*variété de tomate*) tomate *m* de pera
olivier [ɔlivje] NM olivo
olographe [ɔlɔgʀaf] ADJ : **testament ~** testamento ológrafo
OLP [ɔɛlpe] SIGLE F (= *Organisation de libération de la Palestine*) OLP *f* (= *Organización para la Liberación de Palestina*)
olympiade [ɔlɛ̃pjad] NF olimpiada; **les olympiades** las olimpiadas
olympien, ne [ɔlɛ̃pjɛ̃, jɛn] ADJ olímpico(-a)
olympique [ɔlɛ̃pik] ADJ olímpico(-a); **piscine ~** piscina olímpica
OM SIGLE FPL (= *ondes moyennes*) OM *fsg* (= *onda media*)
Oman [ɔman] N : **le sultanat d'~** el sultanato de Omán
ombilical, e, -aux [ɔ̃bilikal, o] ADJ umbilical
ombrage [ɔ̃bʀaʒ] NM (*feuillage*) follaje *m*; (*ombre*) sombra; (*fig*) : **prendre ~ de qch** molestarse por algo; **faire** *ou* **porter ~ à qn** (*fig*) hacer sombra a algn
ombragé, e [ɔ̃bʀaʒe] ADJ (*coin*) con sombra; (*colline*) umbrío(-a); (*avenue*) : **être ~** tener sombra
ombrageux, -euse [ɔ̃bʀaʒø, øz] ADJ (*cheval*) espantadizo(-a); (*caractère, personne*) susceptible
ombre [ɔ̃bʀ] NF sombra; **il n'y a pas l'~ d'un doute** no hay la menor sombra de duda; **à l'~** (*aussi fam*) a la sombra; **à l'~ de** a la sombra de; (*fig*) al amparo de; **donner/faire de l'~** dar/hacer sombra; **dans l'~** en la sombra; **vivre dans l'~** (*fig*) vivir en la sombra; **laisser qch dans l'~** (*fig*) dejar algo en la sombra; **~ à paupières** sombra de ojos; **~ portée** sombra proyectada; **ombres chinoises** sombras *fpl* chinescas
ombrelle [ɔ̃bʀɛl] NF sombrilla
ombrer [ɔ̃bʀe] VT sombrear

O

OMC SIGLE F (= *Organisation mondiale du commerce*) OMC *f* (= *Organización Mundial del Comercio*)

omelette [ɔmlɛt] NF tortilla; **~ au fromage/aux herbes** tortilla de queso/a las hierbas; **~ baveuse/flambée** tortilla poco hecha/flambeada; **~ norvégienne** suflé *m ou* soufflé *m* helado

omerta [ɔmɛʀta] NF ley *f* del silencio; **briser l'~** romper la ley del silencio

omettre [ɔmɛtʀ] VT omitir; **~ de faire qch** omitir hacer algo

omis [ɔmi] PP *de* **omettre**

omission [ɔmisjɔ̃] NF omisión *f*

omni... [ɔmni] PRÉF omni...

omnibus [ɔmnibys] NM ómnibus *m inv*

omnidirectionnel, le [ɔmnidiʀɛksjɔnɛl] ADJ omnidireccional

omnidisciplinaire [ɔmnidisiplinɛʀ] ADJ omnidisciplinar

omnipotent, e [ɔmnipɔtɑ̃, ɑ̃t] ADJ omnipotente

omnipraticien, ne [ɔmnipʀatisjɛ̃, jɛn] NM/F (*Méd*) médico de cabecera

omniprésent, e [ɔmnipʀezɑ̃, ɑ̃t] ADJ omnipresente

omniscient, e [ɔmnisjɑ̃, jɑ̃t] ADJ omnisciente

omnisports [ɔmnispɔʀ] ADJ INV polideportivo(-a)

omnium [ɔmnjɔm] NM omnium *m*

omnivore [ɔmnivɔʀ] ADJ omnívoro(-a)

omoplate [ɔmɔplat] NF omóplato, omoplato

OMS [ɔɛmɛs] SIGLE F (= *Organisation mondiale de la santé*) OMS *f* (= *Organización Mundial de la Salud*)

on [ɔ̃]

PRON **1** (*indéterminé*) : **on peut le faire ainsi** se puede hacer así
2 (*quelqu'un*) : **on frappe à la porte** llaman a la puerta; **on les a attaqués** les atacaron; **on vous demande au téléphone** le llaman por teléfono
3 (*nous*) nosotros(-as); **on va y aller demain** vamos a ir (allí) mañana
4 (*les gens*) : **autrefois, on croyait ...** antes, se creía ...; **on dit que ...** dicen que ..., se dice que ...
5 : **on ne peut plus : il est on ne peut plus stupide** no puede ser más estúpido

onagre [ɔnagʀ] NF (*plante*) onagra; **huile d'~** aceite *m* de onagra

once [ɔ̃s] NF : **une ~ de** una pizca de

oncle [ɔ̃kl] NM tío

oncologue [ɔ̃kɔlɔg] NMF oncólogo(-a)

onction [ɔ̃ksjɔ̃] NF *voir* **extrême-onction**

onctueux, -euse [ɔ̃ktɥø, øz] ADJ cremoso(-a)

onde [ɔ̃d] NF onda; **sur l'~** (*eau*) en el agua; **sur les ondes** en antena; **mettre en ondes** difundir por radio; **grandes/petites ondes** onda *fsg* larga/media; **~ de choc** onda expansiva; **~ porteuse** onda hertziana; **ondes courtes** onda *fsg* corta; **ondes moyennes** onda *fsg* media; **ondes sonores** ondas *fpl* acústicas

ondée [ɔ̃de] NF chaparrón *m*

on-dit [ɔ̃di] NM INV rumor *m*

ondoyer [ɔ̃dwaje] VI ondular

ondulant, e [ɔ̃dylɑ̃, ɑ̃t] ADJ (*ligne*) ondulante; (*démarche*) cimbreante

ondulation [ɔ̃dylasjɔ̃] NF ondulación *f*; **~ du sol** ondulación del terreno

ondulatoire [ɔ̃dylatwaʀ] ADJ ondulatorio(-a); **la mécanique ~** la mecánica ondulatoria

ondulé, e [ɔ̃dyle] ADJ ondulado(-a)

onduler [ɔ̃dyle] VI ondular; (*route*) serpentear

onéreux, -euse [ɔneʀø, øz] ADJ oneroso(-a); **à titre ~** (*Jur*) a título oneroso

ONG [ɔɛnʒe] SIGLE F (= *organisation non gouvernementale*) ONG *f* (= *organización no gubernamental*)

ongle [ɔ̃gl] NM uña; **manger ses ongles** comerse las uñas; **se ronger les ongles** morderse las uñas; **se faire les ongles** arreglarse las uñas

onglet [ɔ̃glɛ] NM (*rainure*) muesca; (*dans livre etc*) uñero; (*viande*) solomillo

onguent [ɔ̃gɑ̃] NM ungüento

onirique [ɔniʀik] ADJ onírico(-a)

onirisme [ɔniʀism] NM onirismo

onomatopée [ɔnɔmatɔpe] NF onomatopeya

ont [ɔ̃] VB *voir* **avoir**

ontarien, ne [ɔ̃taʀjɛ̃, jɛn] ADJ de Ontario

ONU [ɔny] SIGLE F (= *Organisation des Nations unies*) ONU *f* (= *Organización de las Naciones Unidas*)

onusien, ne [ɔnyzjɛ̃, jɛn] ADJ de la ONU

onyx [ɔniks] NM ónice *m*, ónix *m*

onze ['ɔ̃z] ADJ INV, NM INV once *m inv* ▶ NM (*Football*) : **le ~ tricolore** *la selección francesa de fútbol*; *voir aussi* **cinq**

onzième ['ɔ̃zjɛm] ADJ, NMF undécimo(-a) ▶ NM (*partitif*) onceavo; *voir aussi* **cinquième**

op [ɔp] ABR = **opération**

OPA [ɔpea] SIGLE F (= *offre publique d'achat*) OPA *f* (= *oferta pública de adquisición*); **~ hostile** OPA hostil

opacifier [ɔpasifje] VT volver opaco(-a)

opacité [ɔpasite] NF opacidad *f*

opale [ɔpal] NF ópalo

opalescent, e [ɔpalesɑ̃, ɑ̃t] ADJ opalescente

opalin, e [ɔpalɛ̃, in] ADJ opalino(-a)

opaline [ɔpalin] NF opalina

opaque [ɔpak] ADJ opaco(-a); (*brouillard*) denso(-a); (*nuit*) oscuro(-a); (*fig*) : **des pratiques opaques** prácticas opacas; **~ à** opaco(-a) a

OPE [ɔpeə] SIGLE F = **offre publique d'échange**

OPEP [ɔpɛp] SIGLE F (= *Organisation des pays exportateurs de pétrole*) OPEP *f* (= *Organización de Países Exportadores de Petróleo*)

opéra [ɔpeʀa] NM ópera
opérable [ɔpeʀabl] ADJ operable
opéra-comique [ɔpeʀakɔmik] (*pl* **opéras-comiques**) NM ópera cómica
opérant, e [ɔpeʀɑ̃, ɑ̃t] ADJ operativo(-a)
opérateur, -trice [ɔpeʀatœʀ, tʀis] NM/F operador(a); **les opérateurs de téléphonie mobile** los operadores de telefonía móvil; **~ de prise de vues** operador(a) de cámara
opération [ɔpeʀasjɔ̃] NF operación *f*; **salle d'~** quirófano; **table d'~** mesa de operaciones; **~ à cœur ouvert** operación a corazón abierto; **~ de sauvetage** maniobra de salvamento; **~ publicitaire** campaña publicitaria
opérationnel, le [ɔpeʀasjɔnɛl] ADJ en funcionamiento; (*Mil*) operacional; **recherche opérationnelle** (*Écon*) investigación *f* operativa
opératoire [ɔpeʀatwaʀ] ADJ operatorio(-a); (*choc*) postoperatorio(-a); **bloc ~** quirófano
opéré, e [ɔpeʀe] ADJ, NM/F operado(-a); **grand ~** operado de gravedad
opérer [ɔpeʀe] VT operar; (*faire, exécuter*) realizar; **~ qn des amygdales/du cœur** operar a algn de las anginas/del corazón ▶ VI (*agir*) hacer efecto; (*Méd*) operar ■ **s'opérer** VPR realizarse; **se faire ~** operarse
opérette [ɔpeʀɛt] NF opereta
ophtalmique [ɔftalmik] ADJ oftálmico(-a)
ophtalmo [ɔftalmo] (*fam*) NMF oftalmólogo(-a)
ophtalmologie [ɔftalmɔlɔʒi] NF oftalmología
ophtalmologique [ɔftalmɔlɔʒik] ADJ oftalmológico(-a)
ophtalmologue [ɔftalmɔlɔg] NMF oftalmólogo(-a)
opiacé, e [ɔpjase] ADJ opiáceo(-a)
opiner [ɔpine] VI : **~ de la tête** asentir con la cabeza; **~ à** asentir a
opiniâtre [ɔpinjɑtʀ] ADJ empecinado(-a); (*résistance*) tenaz
opiniâtreté [ɔpinjɑtʀəte] NF tenacidad *f*; (*caractère*) empecinamiento
opinion [ɔpinjɔ̃] NF opinión *f*; (*point de vue*) posición *f*; **avoir (une) bonne/mauvaise ~ de** tener buena/mala opinión de; **l'~ américaine/ouvrière** la posición americana/obrera; **l'~ (publique)** la opinión pública ■ **opinions** NFPL convicciones *fpl*, ideas *fpl*
opiomane [ɔpjɔman] NMF opiómano(-a)
opium [ɔpjɔm] NM opio
opportun, e [ɔpɔʀtœ̃, yn] ADJ oportuno(-a); **en temps ~** en el momento oportuno
opportunément [ɔpɔʀtynemɑ̃] ADV oportunamente
opportunisme [ɔpɔʀtynism] NM oportunismo
opportuniste [ɔpɔʀtynist] ADJ, NMF oportunista *mf*
opportunité [ɔpɔʀtynite] NF oportunidad *f*
opposant, e [ɔpozɑ̃, ɑ̃t] ADJ opositor(a) ▶ NM/F opositor(a) ■ **opposants** NMPL opositores *mpl*
opposé, e [ɔpoze] ADJ opuesto(-a); **être ~ à** ser opuesto(-a) a ▶ NM : **l'~** (*contraire*) lo opuesto; **il est tout l'~ de son frère** es todo lo contrario de su hermano; **à l'~** (*direction*) en dirección contraria; (*fig*) al contrario; **à l'~ de** al otro lado de; (*fig*) totalmente opuesto(-a) a; (*contrairement à*) al contrario de
opposer [ɔpoze] VT (*résistance*) oponer; (*suj : conflit*) dividir; (*meubles, objets*) colocar enfrente; (*personnes etc*) enfrentar; (*couleurs*) contrastar; (*rapprocher, comparer*) contrastar; **~ qch à** (*comme obstacle, défense*) interponer algo en; (*comme objection*) objetar algo contra; (*en contraste*) poner algo frente a ■ **s'opposer** VPR oponerse; **s'~ à** oponerse a; (*tenir tête*) enfrentarse a; **sa religion s'y oppose** su religión se lo impide; **s'~ à ce que qn fasse** oponerse a que algn haga
opposition [ɔpozisjɔ̃] NF oposición *f*; (*entre deux personnes etc*) enfrentamiento; (*contraste*) contraste *m*; **par ~** por oposición; **par ~ à** a diferencia de; **entrer en ~ avec qn** entrar en conflicto con algn; **être en ~ avec** estar en contra de; **faire ~ à un chèque** bloquear un cheque
oppressant, e [ɔpʀesɑ̃, ɑ̃t] ADJ agobiante
oppresser [ɔpʀese] VT oprimir; (*suj : chaleur*) agobiar; **se sentir oppressé** sentirse oprimido
oppresseur [ɔpʀesœʀ] NM opresor(a)
oppressif, -ive [ɔpʀesif, iv] ADJ opresivo(-a)
oppression [ɔpʀesjɔ̃] NF opresión *f*; (*physique*) agobio
opprimé, e [ɔpʀime] ADJ oprimido(-a)
opprimer [ɔpʀime] VT oprimir; (*la liberté etc*) reprimir
opprobre [ɔpʀɔbʀ] NM oprobio
opter [ɔpte] VI : **~ pour/entre** optar por/entre
opticien, ne [ɔptisjɛ̃, jɛn] NM/F óptico(-a)
optimal, e, -aux [ɔptimal, o] ADJ óptimo(-a)
optimisation [ɔptimizasjɔ̃] NF optimización *f*
optimiser [ɔptimize] VT optimizar
optimisme [ɔptimism] NM optimismo
optimiste [ɔptimist] ADJ, NMF optimista *mf*
optimum [ɔptimɔm] NM óptimo ▶ ADJ óptimo(-a)
option [ɔpsjɔ̃] NF (*aussi Comm, Auto, Jur*) opción *f*; (*Scol*) optativa; **matière/texte à ~** (*Scol*) asignatura optativa/texto optativo; **prendre une ~ sur** (*Jur*) tomar opción por; **~ par défaut** (*Inform*) opción por defecto
optionnel, le [ɔpsjɔnɛl] ADJ (*matière, branche*) optativo(-a); (*Auto etc*) opcional
optique [ɔptik] ADJ óptico(-a) ▶ NF óptica; (*fig*) enfoque *m*; **dans l'~ de faire qch** con el fin de hacer algo

O

opulence [ɔpylɑ̃s] NF opulencia
opulent, e [ɔpylɑ̃, ɑ̃t] ADJ opulento(-a); (*formes, poitrine*) exuberante
opuscule [ɔpyskyl] NM opúsculo
or [ɔʀ] NM oro; **d'or** (*fig*) de oro; **en or** (*aussi fig*) de oro; **un mari/enfant en or** un marido/hijo de oro; **une affaire en or** un negocio magnífico; (*objet*) una ganga; **plaqué or** chapado en oro; **or blanc/jaune** oro blanco/amarillo; **or noir** oro negro ▸ CONJ ahora bien
oracle [ɔʀɑkl] NM oráculo; (*personne*) profeta *m*
orage [ɔʀaʒ] NM (*aussi fig*) tormenta
orageux, -euse [ɔʀaʒø, øz] ADJ (*aussi fig*) tormentoso(-a); (*chaleur*) bochornoso(-a)
oraison [ɔʀɛzɔ̃] NF oración *f*; **~ funèbre** oración fúnebre
oral, e, -aux [ɔʀal, o] ADJ oral; **par voie orale** (*Méd*) por vía oral ▸ NM (*Scol*) oral *m*
oralement [ɔʀalmɑ̃] ADV oralmente
oralité [ɔʀalite] NF oralidad *f*
orange [ɔʀɑ̃ʒ] NF naranja; **~ amère** naranja amarga; **~ pressée** zumo de naranja natural; **~ sanguine** naranja sanguina *ou* agria ▸ ADJ INV naranja *inv* ▸ NM (*couleur*) naranja *m*
orangé, e [ɔʀɑ̃ʒe] ADJ anaranjado(-a), naranja *inv*
orangeade [ɔʀɑ̃ʒad] NF naranjada
oranger [ɔʀɑ̃ʒe] NM naranjo
orangeraie [ɔʀɑ̃ʒʀɛ] NF naranjal *m*
orangerie [ɔʀɑ̃ʒʀi] NF invernadero de naranjos
orang-outan (*pl* **orangs-outans**), **orang-outang** (*pl* **orangs-outangs**) [ɔʀɑ̃utɑ̃] NM orangután *m*
orateur, -trice [ɔʀatœʀ, tʀis] NM/F orador(a)
oratoire [ɔʀatwaʀ] NM oratorio ▸ ADJ oratorio(-a)
oratorio [ɔʀatɔʀjo] NM oratorio
orbital, e, -aux [ɔʀbital, o] ADJ orbital; **station orbitale** estación *f* orbital
orbite [ɔʀbit] NF (*Anat, Phys*) órbita; **placer/mettre un satellite sur** *ou* **en ~** poner/situar un satélite en órbita; **dans l'~ de** (*fig*) en la órbita de; **mettre sur ~** (*fig*) poner en órbita
orbiter [ɔʀbite] VI : **~ autour** orbitar alrededor de
orchestral, e, -aux [ɔʀkɛstʀal, o] ADJ orquestal
orchestrateur, -trice [ɔʀkɛstʀatœʀ, tʀis] NM/F orquestador(a)
orchestration [ɔʀkɛstʀasjɔ̃] NF orquestación *f*; (*adaptation*) orquestación, adaptación *f*
orchestre [ɔʀkɛstʀ] NM orquesta; (*de jazz, danse*) orquesta, grupo; (*Théâtre, Ciné : places*) patio de butacas; (*: spectateurs*) platea
orchestrer [ɔʀkɛstʀe] VT orquestar; (*fig*) orquestar, organizar
orchidée [ɔʀkide] NF orquídea
ordi [ɔʀdi] (*fam*) NM ordenata *m* (*fam*)
ordinaire [ɔʀdinɛʀ] ADJ ordinario(-a); (*coutumier, de tous les jours*) corriente ▸ NM : **l'~** lo corriente; **intelligence au-dessus de l'~** inteligencia por debajo de lo normal; **d'~** por lo general, corrientemente; **à l'~** de costumbre; **sortir de l'~** salirse de lo corriente ▸ NF (*essence*) normal *f*
ordinairement [ɔʀdinɛʀmɑ̃] ADV corrientemente
ordinal, e, -aux [ɔʀdinal, o] ADJ : **adjectif/nombre ~** adjetivo/número ordinal
ordinateur [ɔʀdinatœʀ] NM ordenador *m*, computadora *f* (*surtout* AM); **~ individuel** *ou* **personnel** ordenador *ou* computadora personal; **~ portable** ordenador *ou* computadora portátil
ordination [ɔʀdinasjɔ̃] NF ordenación *f*
ordonnance [ɔʀdɔnɑ̃s] NF (*Méd*) receta; (*groupement*) disposición *f*; (*décret*) mandamiento judicial, mandato; (*Mil*) ordenanza, reglamento; **d'~** (*arme*) reglamentario(-a); **officier d'~** ayudante *m* de campo; **~ de non-lieu** (*Jur*) auto de sobreseimiento
ordonnancement [ɔʀdɔnɑ̃smɑ̃] NM (*agencement*) disposición *f*; (*Tech : de production, tâches*) planificación *f*; (*Inform : de paquets*) ordenamiento
ordonnancer [ɔʀdɔnɑ̃se] VT (*agencer*) disponer; (*Tech : production, tâches*) planificar; (*Inform : paquets*) ordenar
ordonnateur, -trice [ɔʀdɔnatœʀ, tʀis] NM/F (*d'une cérémonie, fête*) ordenador(a), maestro(-a) de ceremonias; **~ des pompes funèbres** director *m* de pompas fúnebres
ordonné, e [ɔʀdɔne] ADJ ordenado(-a)
ordonnée [ɔʀdɔne] NF (*Math*) ordenada
ordonner [ɔʀdɔne] VT ordenar, arreglar; (*Rel, Math*) ordenar; **~ à qn de faire** ordenar *ou* mandar a algn que haga; **~ le huis clos** (*Jur*) ordenar que la audiencia sea a puerta cerrada; **~ de** (*+ infinitif*) ordenar (*+ subjuntivo*) ■ **s'ordonner** VPR ordenarse
ordre [ɔʀdʀ] NM orden *m*; (*directive, Rel*) orden *f*; (*association professionnelle*) colegio; **mettre en ~** poner en orden; **avoir de l'~** tener orden, ser ordenado(-a); **procéder par ~** proceder ordenadamente *ou* por orden; **par ~ d'entrée en scène** por orden de aparición; **mettre bon ~ à** poner orden en; **rentrer dans l'~** volver a la normalidad; **je n'ai pas d'~ à recevoir de vous** usted no tiene que darme ninguna orden; **être aux ordres de qn/sous les ordres de qn** estar a las órdenes de algn; **jusqu'à nouvel ~** hasta nuevo aviso; **rappeler qn à l'~** llamar a algn al orden; **donner (à qn) l'~ de** dar (a algn) la orden de; **payer à l'~ de** (*Comm*) pagar a la orden de; **dans le même ~/un autre ~ d'idées** en el mismo orden/en otro orden de cosas; **d'~ pratique** de orden *ou* tipo práctico; **de premier/second ~** de primer/segundo orden; **à l'~ du jour** (*fig*) al orden del día; **~ de grandeur** orden de tamaño; **~ de grève** convocatoria de huelga; **~ de mission** (*Mil*) orden de misión; **~ de route** orden de destino; **~ du jour** orden

del día; **~ public** orden público ■ **ordres** NMPL (*Rel*) : **être/entrer dans les ordres** pertenecer/ entrar en las órdenes

ordure [ɔʀdyʀ] NF basura; (*propos*) grosería, indecencia ■ **ordures** NFPL basura *fsg*; **ordures ménagères** basura

ordurier, -ière [ɔʀdyʀje, jɛʀ] ADJ grosero(-a), indecente

orée [ɔʀe] NF : **à l'~ de** (*bois*) en la linde de

oreille [ɔʀɛj] NF oreja; (*ouïe*) oído; **avoir de l'~** tener oído; **avoir l'~ fine** tener buen oído; **l'~ basse** con las orejas gachas; **se faire tirer l'~** hacerse de rogar; **parler/dire qch à l'~ de qn** hablar/decir algo al oído de algn

oreiller [ɔʀeje] NM almohada

oreillette [ɔʀɛjɛt] NF (*Anat*) aurícula; (*vêtement*) orejera

oreillons [ɔʀɛjɔ̃] NMPL paperas *fpl*

ores [ɔʀ] : **d'~ et déjà** *adv* desde ahora, de aquí en adelante

orfèvre [ɔʀfɛvʀ] NMF orfebre *mf*; **être ~ en la matière** (*fig*) ser ducho(-a) en la materia

orfèvrerie [ɔʀfɛvʀəʀi] NF orfebrería

orfraie [ɔʀfʀɛ] NM quebrantahuesos *m inv*; **pousser des cris d'~** gritar como un(a) descosido(-a)

organe [ɔʀgan] NM órgano; (*véhicule, instrument*) vehículo; (*voix*) voz *f*; (*représentant*) órgano, portavoz *m*; **organes de transmission** (*Tech*) órganos de transmisión

organigramme [ɔʀganigʀam] NM organigrama *m*

organique [ɔʀganik] ADJ orgánico(-a)

organisateur, -trice [ɔʀganizatœʀ, tʀis] NM/F organizador(a)

organisateur-conseil [ɔrganizatœʀkɔ̃sɛj] (*pl* **organisateurs-conseils**) NM (*Comm*) organizador *m* asesor

organisation [ɔʀganizasjɔ̃] NF organización *f*; **O~ des Nations unies** Organización de las Naciones Unidas; **O~ du traité de l'Atlantique Nord** Organización del tratado del Atlántico Norte; **O~ mondiale de la santé** Organización mundial de la salud; **~ scientifique du travail** organización científica del trabajo

organisationnel, le [ɔʀganizasjɔnɛl] ADJ organizativo(-a)

organisé, e [ɔʀganize] ADJ organizado(-a)

organiser [ɔʀganize] VT organizar; (*mettre sur pied*) organizar, preparar ■ **s'organiser** VPR (*personne*) organizarse; (*choses*) arreglarse, ordenarse

organisme [ɔʀganism] NM organismo; (*association*) organismo, organización *f*

organiste [ɔʀganist] NMF organista *mf*

orgasme [ɔʀgasm] NM orgasmo

orge [ɔʀʒ] NF cebada

orgeat [ɔʀʒa] NM : **sirop d'~** ≈ horchata

orgelet [ɔʀʒəlɛ] NM orzuelo

orgie [ɔʀʒi] NF orgía; **une ~ de** (*surabondance*) una orgía de

orgue [ɔʀg] NM (*Mus*) órgano; **~ de Barbarie** organillo; **~ électrique** *ou* **électronique** órgano electrónico ■ **orgues** NFPL (*Géo*) basaltos *mpl* prismáticos

orgueil [ɔʀgœj] NM orgullo, soberbia; **l'~ de** el orgullo de

orgueilleux, -euse [ɔʀgøjø, øz] ADJ orgulloso(-a)

orient [ɔʀjɑ̃] NM oriente *m*; **l'~** (el) Oriente

orientable [ɔʀjɑ̃tabl] ADJ orientable

oriental, e, -aux [ɔʀjɑ̃tal, o] ADJ, NM/F oriental *mf*

orientation [ɔʀjɑ̃tasjɔ̃] NF orientación *f*; **avoir le sens de l'~** tener sentido de la orientación; **~ professionnelle** orientación profesional

orienté, e [ɔʀjɑ̃te] ADJ (*article, journal*) orientado(-a); **bien/mal ~** (*appartement*) bien/mal orientado(-a); **~ au sud** orientado(-a) al sur

orienter [ɔʀjɑ̃te] VT (*situer*) orientar, situar; (*placer : pièce mobile*) colocar, poner; (*tourner*) dirigir; (*voyageur*) orientar, dirigir ■ **s'orienter** VPR orientarse; **s'~ vers** (*recherches*) orientarse *ou* dirigirse hacia

orienteur, -euse [ɔʀjɑ̃tœʀ, øz] NM/F (*Scol*) orientador(a)

orifice [ɔʀifis] NM orificio

oriflamme [ɔʀiflɑm] NF oriflama

origan [ɔʀigɑ̃] NM orégano

originaire [ɔʀiʒinɛʀ] ADJ originario(-a); **être ~ de** ser originario(-a) *ou* natural de

original, e, -aux [ɔʀiʒinal, o] ADJ original; (*bizarre, curieux*) original, extravagante ▶ NM/F (*excentrique*) excéntrico(-a), extravagante *mf*; (*fantaisiste*) extravagante ▶ NM (*document*) original *m*

originalité [ɔʀiʒinalite] NF originalidad *f*; (*d'un nouveau modèle*) originalidad, singularidad *f*; (*excentricité*) extravagancia

origine [ɔʀiʒin] NF origen *m*; (*d'une idée*) origen, procedencia; **d'~** (*nationalité*) de origen, natural de; (*pneus etc*) de origen; (*bureau postal*) de procedencia; **dès l'~** desde el principio; **à l'~ (de)** al principio (de); **avoir son ~ dans qch** tener su origen en algo ■ **origines** NFPL (*d'une personne*) orígenes *mpl*; (*commencements*) : **les origines de la vie** los orígenes de la vida

originel, le [ɔʀiʒinɛl] ADJ original

originellement [ɔʀiʒinɛlmɑ̃] ADV (*à l'origine*) originariamente; (*dès l'origine*) desde el principio

oripeaux [ɔʀipo] NMPL oropeles *mpl*

ORL [ɔɛʀɛl] SIGLE F (= *oto-rhino-laryngologie*) otorrinolaringología ▶ SIGLE MF (= *oto-rhino-laryngologiste*) otorrinolaringólogo(-a)

orme [ɔʀm] NM olmo

O

orné, e [ɔʀne] ADJ adornado(-a); **~ de** adornado(-a) con
ornement [ɔʀnəmɑ̃] NM adorno; (*garniture*) ornamento; (*fig*) ornato, ornamento ■ **ornements** NMPL : **ornements sacerdotaux** ornamentos *mpl* sacerdotales
ornemental, e, -aux [ɔʀnəmɑ̃tal, o] ADJ ornamental
ornementer [ɔʀnəmɑ̃te] VT ornamentar, adornar
orner [ɔʀne] VT adornar; **~ qch de** adornar algo con
ornière [ɔʀnjɛʀ] NF carril *m*; (*fig*) atolladero; **sortir de l'~** (*fig*) salir del atolladero
ornithologie [ɔʀnitɔlɔʒi] NF ornitología
ornithologique [ɔʀnitɔlɔʒik] NF ornitológico(-a)
ornithologue [ɔʀnitɔlɔg] NMF ornitólogo(-a)
orphelin, e [ɔʀfəlɛ̃, in] ADJ, NM/F huérfano(-a); **~ de mère/de père** huérfano(-a) de madre/de padre
orphelinat [ɔʀfəlina] NM orfanato
ORSEC [ɔʀsɛk] SIGLE F = **Organisation des secours; le plan ~** *plan de emergencia nacional*
ORSECRAD [ɔʀsɛkʀad] SIGLE M (= *ORSEC en cas d'accident nucléaire*) *plan de emergencia nacional en caso de accidente nuclear*
orteil [ɔʀtɛj] NM dedo del pie; **gros ~** dedo gordo del pie
orthodontiste [ɔʀtɔdɔ̃tist] NMF ortodoncista *mf*
orthodoxe [ɔʀtɔdɔks] ADJ ortodoxo(-a)
orthodoxie [ɔʀtɔdɔksi] NF ortodoxia
orthogonal, e, -aux [ɔʀtɔgɔnal, o] ADJ ortogonal
orthographe [ɔʀtɔgʀaf] NF ortografía
orthographier [ɔʀtɔgʀafje] VT ortografiar; **mal orthographié** mal ortografiado
orthopédie [ɔʀtɔpedi] NF ortopedia
orthopédique [ɔʀtɔpedik] ADJ ortopédico(-a)
orthopédiste [ɔʀtɔpedist] NMF ortopedista *mf*, ortopeda *mf*
orthophonie [ɔʀtɔfɔni] NF ortofonía, logopedia
orthophoniste [ɔʀtɔfɔnist] NMF ortofonista *mf*, logopeda *mf*
ortie [ɔʀti] NF ortiga
os [ɔs] NM hueso; (*problème* : *fam*) problema *m*; **os à moelle** hueso de cañada; **os de seiche** jibión *m*
oscar [ɔskaʀ] NM óscar *m*; **~ de la chanson/de la publicité** óscar de la canción/de la publicidad
oscillation [ɔsilasjɔ̃] NF oscilación *f* ■ **oscillations** NFPL (*fluctuation*) oscilaciones *fpl*
osciller [ɔsile] VI oscilar; (*au vent etc*) oscilar, balancearse; **~ entre** (*hésiter*) vacilar *ou* dudar entre
osé, e [oze] ADJ (*tentative*) osado(-a); (*plaisanterie*) atrevido(-a)
oseille [ozɛj] NF (*Bot*) acedera; (*fam* : *argent*) pasta (*fam*), parné *m* (*fam*)
oser [oze] VT osar, atreverse a; **~ faire qch** atreverse a hacer algo ▸ VI atreverse; **je n'ose pas** no me atrevo
osier [ozje] NM mimbre *m*; **d'~, en ~** de mimbre
Oslo [ɔslo] N Oslo
osmose [ɔsmoz] NF ósmosis *fsg*
ossature [ɔsatyʀ] NF (*squelette*) esqueleto, osamenta; (*du visage*) esqueleto; (*Archit*) armazón *f*; (*d'une société*) esqueleto, estructura; (*d'un discours*) estructura
osselet [ɔslɛ] NM (*Anat*) huesecillo; **jouer aux osselets** jugar a las tabas
ossements [ɔsmɑ̃] NMPL osamenta *fsg*, huesos *mpl*
osseux, -euse [ɔsø, øz] ADJ óseo(-a); (*charpente, carapace*) de hueso, huesoso(-a); (*main, visage*) huesudo(-a)
ossifier [ɔsifje] : **s'ossifier** VPR osificarse
ossuaire [ɔsɥɛʀ] NM osario
Ostende [ɔstɑ̃d] N Ostende
ostensible [ɔstɑ̃sibl] ADJ ostensible
ostensiblement [ɔstɑ̃sibləmɑ̃] ADV ostensiblemente
ostensoir [ɔstɑ̃swaʀ] NM custodia
ostentation [ɔstɑ̃tasjɔ̃] NF ostentación *f*; **faire ~ de qch** hacer ostentación de algo
ostentatoire [ɔstɑ̃tatwaʀ] ADJ ostentoso(-a)
ostraciser [ɔstʀasize] VT condenar al ostracismo
ostracisme [ɔstʀasism] NM ostracismo; **frapper qch/qn d'~** castigar algo/a algn al ostracismo
ostréicole [ɔstʀeikɔl] ADJ ostrícola
ostréiculteur, -trice [ɔstʀeikyltœʀ, tʀis] NM/F ostricultor(a)
ostréiculture [ɔstʀeikyltyʀ] NF ostricultura
otage [ɔtaʒ] NM rehén *m*; **prendre qn en ~** tomar *ou* coger a algn como rehén
OTAN [ɔtɑ̃] SIGLE F (= *Organisation du traité de l'Atlantique Nord*) OTAN *f* (= *Organización del Tratado del Atlántico Norte*)
otarie [ɔtaʀi] NF león *m* marino, otaria
ôter [ote] VT quitar; (*soustraire*) quitar, restar; **~ qch de** quitar algo de; **~ qch à qn** quitar algo a algn; **6 ôté de 10 égale 4** 10 menos 6 igual a 4
otite [ɔtit] NF otitis *f inv*
oto-rhino [ɔtɔʀino] (*pl* **oto-rhinos**) NMF otorrinolaringólogo(-a)
oto-rhino-laryngologie [ɔtɔʀinolaʀɛ̃gɔlɔʒi] NF otorrinolaringología
oto-rhino-laryngologiste [ɔtɔʀinolaʀɛ̃gɔlɔʒist(ə)] (*pl* **oto-rhino-laryngologistes**) NMF otorrinolaringólogo(-a)
ottomane [ɔtɔman] NF otomana

ou [u] CONJ o, u; **l'un ou l'autre** uno u otro, el uno o el otro; **ou ... ou** o ... o; **ou bien** o bien

où [u]

▶ PRON RELATIF 1 (*lieu*) donde, en que; **la chambre où il était** la habitación en que *ou* donde estaba; **le village d'où je viens** el pueblo de donde vengo; **les villes par où il est passé** las ciudades por donde pasó
2 (*direction*) adonde; **la ville où je me rends** la ciudad adonde me dirijo
3 (*temps, état*) (en) que; **le jour où il est parti** el día (en) que se marchó; **au prix où c'est** al precio que está
▶ ADV 1 (*interrogatif*) ¿dónde?; **où est-il ?** ¿dónde está?; **par où ?** ¿por dónde?; **d'où vient que ... ?** ¿cómo es que ...?
2 (*direction*) (a)dónde; **où va-t-il ?** ¿(a)dónde va?
3 (*relatif*) donde; **je sais où il est** sé donde está; **où que l'on aille** vayamos donde vayamos, dondequiera que vayamos

ouah ['wa] EXCL (*de chien*) ¡guau!; (*fam : admiratif*) ¡guau! (*fam*)
ouais ['wɛ] EXCL sí, ya
ouate ['wat] NF (*bourre*) algodón *m*, guata; (*coton*) : **tampon d'~** tapón *m* de algodón; **~ hydrophile/de cellulose** algodón hidrófilo/de celulosa
ouaté, e ['wate] ADJ (*doublé*) enguatado(-a); (*atmosphère*) acogedor(a); (*bruit*) amortiguado(-a)
ouater ['wate] VT enguatar
ouatine [watin] NF forro algodonado
oubli [ubli] NM olvido; **le droit à l'~** (*Internet*) el derecho al olvido; **l'~** (*absence de souvenirs*) el olvido; **tomber dans l'~** caer en el olvido
oublier [ublije] VT olvidar; (*ne pas mettre*) olvidar, omitir; (*famille*) descuidar; (*responsabilités*) descuidar, olvidar; **~ que/de faire qch** olvidar que/hacer algo; **~ l'heure** olvidar la hora ■ **s'oublier** VPR olvidarse; (*euph*) orinarse, mearse
oubliettes [ublijɛt] NFPL mazmorra *fsg*; **(jeter) aux ~** (*fig*) (dejar) en el olvido
oublieux, -euse [ublijø, ijøz] ADJ olvidadizo(-a); **être ~ de** olvidarse fácilmente de
oued [wɛd] NM *corriente de agua en el desierto*
ouest [wɛst] NM oeste *m*; **l'O~** (*région, Pol*) el Oeste; **à l'~ (de)** al oeste (de); **vent d'~** viento del oeste ▶ ADJ INV oeste
ouf ['uf] EXCL ¡uf!
Ouganda [ugɑ̃da] NM Uganda
ougandais, e [ugɑ̃dɛ, ɛz] ADJ ugandés(-esa) ▶ NM/F : **Ougandais, e** ugandés(-esa)
oui ['wi] ADV sí; **répondre ~** responder que sí; **mais ~, bien sûr** pues claro que sí, naturalmente; **je suis sûr que ~** estoy seguro que sí; **je pense que ~** creo que sí; **pour un ~ ou pour un non** por un quítame allá esas pajas
ouï-dire ['widiʀ] NM INV : **par ~** de oídas
ouïe [wi] NF oído ■ **ouïes** NFPL (*de poisson*) agallas *fpl*; (*d'un violon*) eses *fpl*
ouïr [wiʀ] VT : **avoir ouï dire que** haber oído el rumor de que
ouistiti ['wistiti] NM tití *m*
oukase [ukaz] NM (*Hist*) ucase *m*; (*fig : décision arbitraire*) imposición *f*
ouléma [ulema] NM = **uléma**
ouragan [uʀagɑ̃] NM huracán *m*
Oural [uʀal] N : **l'~** (*fleuve*) el Ural; (*aussi* : **les monts Oural**) los (montes) Urales
ourdir [uʀdiʀ] VT urdir, tramar
ourdou [uʀdu] NM urdu *m*
ourlé, e [uʀle] ADJ (*couture*) con dobladillo; (*oreille*) replegado(-a)
ourler [uʀle] VT dobladillar
ourlet [uʀlɛ] NM (*Couture*) dobladillo; (*de l'oreille*) repliegue *m*; **faire un ~ à** hacer un dobladillo a; **faux ~** (*Couture*) falso dobladillo
ours [uʀs] NM oso; (*homme insociable*) oso, cardo; **~ blanc/brun** oso blanco/pardo; **~ en peluche** oso de peluche; **~ mal léché** oso, hurón *m*; **~ marin** oso marino
ourse [uʀs] NF osa; **la Grande/Petite O~** (*Astron*) la Osa Mayor/Menor
oursin [uʀsɛ̃] NM erizo de mar
ourson [uʀsɔ̃] NM osezno(-a)
ouste [ust] EXCL ¡fuera!, ¡largo de aquí!
outil [uti] NM herramienta; **~ de travail** herramienta de trabajo
outillage [utijaʒ] NM herramienta, maquinaria; (*d'atelier*) herramienta
outiller [utije] VT equipar de herramienta *ou* de maquinaria
outrage [utʀaʒ] NM ultraje *m*; **faire subir les derniers outrages à** (*femme*) someter a los peores ultrajes a; **~ à la pudeur** (*Jur*) ultraje al pudor; **~ à magistrat** (*Jur*) ultraje *ou* injurias *fpl* a un magistrado; **~ aux bonnes mœurs** (*Jur*) ultraje a las buenas costumbres
outragé, e [utʀaʒe] ADJ ultrajado(-a)
outrageant, e [utʀaʒɑ̃, ɑ̃t] ADJ ultrajante
outrager [utʀaʒe] VT ultrajar; **~ les bonnes mœurs/le bon sens** (*fig*) atentar contra las buenas costumbres/el buen sentido
outrageusement [utʀaʒøzmɑ̃] ADV ultrajosamente
outrance [utʀɑ̃s] NF exageración *f*, exceso; **à ~** a ultranza
outrancier, -ière [utʀɑ̃sje, jɛʀ] ADJ exagerado(-a)
outre [utʀ] NF odre *m* ▶ PRÉP además de; **~ que** además de que; **~ mesure** sin medida, desmesuradamente ▶ ADV : **passer ~ (à)** hacer caso omiso (a); **en ~** además, por añadidura
outré, e [utʀe] ADJ (*flatterie*) exagerado(-a); (*indigné*) indignado(-a)

O

outre-Atlantique [utʀatlɑ̃tik] ADV al otro lado del Atlántico

outrecuidance [utʀəkɥidɑ̃s] NF (*fatuité*) presunción *f*, vanidad *f*; (*audace*) desfachatez *f*

outrecuidant, e [utʀəkɥidɑ̃, ɑ̃t] ADJ presuntuoso(-a), petulante

outre-Manche [utʀəmɑ̃ʃ] ADV al otro lado del Canal de la Mancha, en Inglaterra; **d'~** del otro lado del Canal de la Mancha, de Inglaterra

outremer [utʀəmɛʀ] ADJ : **bleu/ciel ~** azul/cielo de ultramar

outre-mer [utʀəmɛʀ] ADV ultramar; **d'~** de ultramar, ultramarino(-a)

outrepasser [utʀəpɑse] VT sobrepasar, extralimitarse en

outrer [utʀe] VT exagerar; (*indigner*) indignar

outre-Rhin [utʀəʀɛ̃] ADV al otro lado del Rin, en Alemania; **d'~** del otro lado del Rin, de Alemania

outsider [autsajdœʀ] NM : **c'est un ~** (*cheval, personne*) no es el favorito

ouvert, e [uvɛʀ, ɛʀt] PP *de* **ouvrir** ▶ ADJ (*aussi fig*) abierto(-a); (*accueillant : milieu*) abierto(-a), acogedor(-a), hospitalario(-a); **à bras ouverts** con los brazos abiertos; **à cœur ~** (*fig*) con el corazón en la mano; **à livre ~** como un libro abierto; (*traduire*) de corrido

ouvertement [uvɛʀtəmɑ̃] ADV (*agir, dire*) abiertamente

ouverture [uvɛʀtyʀ] NF apertura; (*orifice, Mus*) obertura; **l'~** (*Pol*) la apertura; **~ (du diaphragme)** (*Photo*) abertura (del diafragma); **heures/jours d'~** (*Comm*) horas *fpl*/días *mpl* de apertura; **~ d'esprit** apertura de ideas, amplitud *f* de ideas ■ **ouvertures** NFPL (*offres*) propuestas *fpl*

ouvrable [uvʀabl] ADJ : **jour ~** día *m* laborable; **heures ouvrables** horas *fpl* laborables

ouvrage [uvʀaʒ] NM obra; (*Mil*) *elemento autónomo de una línea fortificada*; **panier** *ou* **corbeille à ~** cesta de costura; **~ à l'aiguille** labor *f* de aguja; **~ d'art** (*Génie Civil*) obra de ingeniería

ouvragé, e [uvʀaʒe] ADJ labrado(-a), bordado(-a)

ouvrant, e [uvʀɑ̃, ɑ̃t] VB *voir* **ouvrir** ▶ ADJ : **toit ~** (*Auto*) techo corredizo *ou* solar

ouvré, e [uvʀe] ADJ (*Tech*) labrado(-a); (*Admin*) : **jour ~** día *m* laborable

ouvre-boîte [uvʀəbwat] (*pl* **ouvre-boîtes**) NM abrelatas *m inv*

ouvre-bouteille [uvʀəbutɛj] (*pl* **ouvre-bouteilles**) NM abrebotellas *m inv*

ouvreuse [uvʀøz] NF acomodadora

ouvrier, -ière [uvʀije, ijɛʀ] NM/F obrero(-a); **~ agricole** trabajador(a) agrario(-a); **~ qualifié(e)** obrero(-a) calificado(-a); **~ spécialisé(e)** obrero(-a) especialista ▶ NF (*Zool*) obrera ▶ ADJ obrero(-a); (*conflits*) laboral; (*revendications*) obrero(-a); **classe ouvrière** clase *f* obrera

ouvrir [uvʀiʀ] VT abrir; (*fonder*) abrir, fundar; (*commencer*) abrir, empezar; **~ l'œil** (*fig*) abrir los ojos, enterarse; **~ l'appétit à qn** abrir el apetito a algn; **~ des horizons/perspectives** abrir horizontes/perspectivas; **~ l'esprit** ampliar *ou* abrir las ideas; **~ une session** (*Inform*) abrir una sesión ▶ VI abrir; (*commencer*) empezar; **~ à cœur/trèfle** (*Cartes*) abrir *ou* salir con corazones/trébol; **~ sur** comenzar con ■ **s'ouvrir** VPR abrirse; **s'~ à** abrirse a; **s'~ à qn** confiarse a algn; **s'~ sur** comenzar con; **s'~ les veines** abrirse las venas

ovaire [ɔvɛʀ] NM ovario

ovale [ɔval] ADJ oval, ovalado(-a)

ovation [ɔvasjɔ̃] NF ovación *f*

ovationner [ɔvasjɔne] VT ovacionar

ovin, e [ɔvɛ̃, in] ADJ ovino(-a) ■ **ovins** NMPL (*Zool*) ovinos *mpl*

OVNI [ɔvni] SIGLE M (= *objet volant non identifié*) OVNI *m* (= *objeto volante no identificado*)

ovoïde [ɔvɔid] ADJ ovoide

ovulation [ɔvylasjɔ̃] NF ovulación *f*

ovule [ɔvyl] NM óvulo

oxydable [ɔksidabl] ADJ oxidable

oxyde [ɔksid] NM óxido; **~ de carbone** óxido de carbono

oxyder [ɔkside] : **s'oxyder** VPR oxidarse

oxygène [ɔksiʒɛn] NM oxígeno

oxygéné, e [ɔksiʒene] ADJ : **cheveux oxygénés** cabellos *mpl* oxigenados; **eau oxygénée** agua oxigenada

oxyure [ɔksjyʀ] NM oxiuro, lombriz *f*

ozone [ozon] NM ozono

Pp

P, p¹ [pe] NM INV (*lettre*) P, p *f*; **P comme Pierre** ≈ P de París

p² ABR (= *page*) p. (= *página*)

PAC [pak] SIGLE F (= *politique agricole commune*) PAC *f* (= *Política Agraria Común*)

PACA [paka] SIGLE F (= *Provence-Alpes-Côte d'Azur*) Provence-Alpes-Côte d'Azur (*región administrativa del sudeste de Francia*)

pacage [pakaʒ] NM pasto

pacemaker [pɛsmɛkœʀ] NM marcapasos *m inv*

pachyderme [paʃidɛʀm] NM paquidermo

pacificateur, -trice [pasifikatœʀ, tʀis] ADJ pacificador(a)

pacification [pasifikasjɔ̃] NF pacificación *f*

pacifier [pasifje] VT pacificar

pacifique [pasifik] ADJ pacífico(-a) ▸ NM : **le P~, l'océan P~** el (Océano) Pacífico

pacifiquement [pasifikmɑ̃] ADV pacíficamente

pacifisme [pasifism] NM pacifismo

pacifiste [pasifist] NMF pacifista *mf*

pack [pak] NM pack *m*

pacotille [pakɔtij] (*péj*) NF pacotilla; **de ~** de pacotilla

PACS [paks] SIGLE M (= *pacte civil de solidarité*) *en Francia, contrato de pareja de hecho*

> El **PACS** es un contrato firmado por dos personas solteras mayores de 18 años, que les permite registrar legalmente su relación y entrar en una asociación civil. Las partes pueden ser un hombre y una mujer o dos personas del mismo sexo. El contrato conlleva la obligación de cuidar el uno del otro y proporcionarse apoyo financiero. Aunque entraña derechos similares a los de las parejas casadas, resulta menos ventajoso en ciertos aspectos, como por ejemplo en lo que se refiere a la herencia.

pacsé, e [pakse] ADJ : **être ~** estar registrado(-a) como pareja de hecho ▸ NM/F *persona que ha contraído un contrato de pareja de hecho*

pacser [pakse] : **se pacser** VPR registrarse como pareja de hecho

pacte [pakt] NM pacto; **~ d'alliance/de non-agression** pacto de alianza/de no agresión; **~ civil de solidarité** *en Francia, contrato de pareja de hecho*

pactiser [paktize] VI : **~ avec** pactar con; **~ avec le crime** transigir con el crimen; **~ avec sa conscience** acallar la conciencia

pactole [paktɔl] NM mina (*fig*)

paddock [padɔk] NM paddock *m*

Padoue [padu] N Padua

PAF [paf] SIGLE F (= *Police de l'air et des frontières*) *policía fronteriza*; (= *paysage audiovisuel français*) *panorama audiovisual francés*

pagaie [pagɛ] NF zagual *m*

pagaille [pagaj] NF (*désordre*) follón *m*, desbarajuste *m*; **en ~** (*en grande quantité*) a porrillo; (*en désordre*) a barullo

paganisme [paganism] NM paganismo

pagayer [pageje] VI remar con zagual

page [paʒ] NF página; (*passage : d'un roman*) pasaje *m*; **mettre en pages** compaginar; **mise en ~** compaginación *f*; **être à la ~** (*fig*) estar al día; **~ blanche** página en blanco; **~ d'accueil** (*Internet*) página de inicio; **~ de garde** guarda; **~ Web** página web ▸ NM paje *m*

page-écran [paʒekʀɑ̃] (*pl* **pages-écrans**) NF (*Inform*) pantalla

pagination [paʒinasjɔ̃] NF paginación *f*

paginer [paʒine] VT paginar

pagne [paɲ] NM taparrabo

pagode [pagɔd] NF pagoda

paie [pɛ] NF paga

paiement [pɛmɑ̃] NM pago

païen, ne [pajɛ̃, pajɛn] ADJ, NM/F pagano(-a)

paillage [pɑjaʒ] NM (*Agr, Horticulture*) acolchado, mulch *m*

paillard, e [pajaʀ, aʀd] ADJ picante, subido(-a) de tono

paillasse [pajas] NF (*matelas*) jergón *m*; (*d'un évier*) escurridero

paillasson [pajasɔ̃] NM felpudo

paille [pɑj] NF paja; **être sur la ~** (*être ruiné*) estar a dos velas; **~ de fer** estropajo metálico

paillé, e [pɑje] ADJ de enea

pailleté, e [pɑj(ə)te] ADJ de *ou* con lentejuelas

paillette [pɑjɛt] NF lámina ▪ **paillettes** NFPL (*décoratives*) lentejuelas *fpl*; **lessive en paillettes** detergente *m* en escamas

paillis [pɑji] NM = **paillage**

pain [pɛ̃] NM pan *m*; (*Culin : de poisson, légumes*)

pastel *m*; **petit ~** panecillo; **ça ne mange pas de ~** no cuesta nada; **~ complet** pan integral; **~ d'épice(s)** alfajor *m*; **~ de campagne/de seigle** pan de pueblo/de centeno; **~ de cire** librillo de cera; **~ de mie** pan de molde; **~ de sucre** pan de azúcar; **~ fantaisie/viennois** pan de lujo/de Viena; **~ grillé** pan tostado; **~ perdu** torrija

pair, e [pɛʀ] ADJ par ▶ NM par *m*; **aller** *ou* **marcher de ~ (avec)** correr *ou* ir parejo(-a) (con); **au ~** (*Fin*) a la par; **valeur au ~** valor *m* a la par; **jeune fille au ~** chica au pair ■ **pairs** NMPL pares *mpl*; **ses pairs** sus pares, los miembros de su grupo

paire [pɛʀ] NF par *m*; **une ~ de lunettes/tenailles** un par de gafas/tenazas; **les deux font la ~** son tal para cual

pais [pɛ] VB *voir* **paître**

paisible [pezibl] ADJ apacible; (*ville, lac*) tranquilo(-a)

paisiblement [pezibləmɑ̃] ADV apaciblemente

paître [pɛtʀ] VI pacer

paix [pɛ] NF paz *f*; (*fig* : *tranquillité*) paz, sosiego; **faire la ~ avec** hacer las paces con; **vivre en ~ avec** vivir en paz con; **avoir la ~** tener paz

Pakistan [pakistɑ̃] NM Paquistán *m*

pakistanais, e [pakistanɛ, ɛz] ADJ paquistaní ▶ NM/F : **Pakistanais, e** paquistaní *mf*

palabrer [palabʀe] VI charlotear

palabres [palabʀ] NFPL OU NMPL palabrería *fsg*

palace [palas] NM hotel *m* de gran lujo

palais [palɛ] NM palacio; (*Anat*) paladar *m*; **le P~ Bourbon** El Palacio Borbón (*sede de la asamblea nacional*); **le P~ de Justice** Palacio de Justicia, la audiencia nacional; **le P~ de l'Élysée** El Palacio del Elíseo (*residencia oficial del Presidente de la República francesa*); **~ des expositions** palacio de exposiciones

palan [palɑ̃] NM aparejo

pale [pal] NF (*d'hélice, de rame*) pala; (*de roue*) álabe *m*, paleta

pâle [pɑl] ADJ pálido(-a); **une ~ imitation** (*fig*) una pálida imitación; **~ de colère/d'indignation** pálido(-a) de rabia/de indignación; **bleu/vert ~** azul/verde pálido

palefrenier [palfʀənje] NM palafrenero

paléontologie [paleɔ̃tɔlɔʒi] NF paleontología

paléontologue [paleɔ̃tɔlɔg], **paléontologiste** [paleɔ̃tɔlɔʒist] NMF paleontólogo(-a)

Palerme [palɛʀm] N Palermo

Palestine [palɛstin] NF Palestina

palestinien, ne [palɛstinjɛ̃, jɛn] ADJ palestino(-a) ▶ NM/F : **Palestinien, ne** palestino(-a)

palet [palɛ] NM tejo; (*hockey*) pastilla

paletot [palto] NM gabán *m*

palette [palɛt] NF paleta; (*plateau de chargement*) plataforma; **~ riche/pauvre/brillante** (*ensemble de couleurs*) paleta rica/pobre/brillante

palétuvier [paletyvje] NM mangle *m*

pâleur [pɑlœʀ] NF palidez *f*

palier [palje] NM (*d'escalier*) rellano; (*d'une machine*) cojinete *m*; (*d'un graphique*) nivel *m*; (*phase stable*) nivel estable; **en ~** a altura constante; **par paliers** (*progresser*) gradualmente

palière [paljɛʀ] ADJ F : **porte ~** puerta de rellano

pâlir [pɑliʀ] VI (*personne*) palidecer; (*couleur*) decolorar; **faire ~ qn** hacer palidecer a algn

palissade [palisad] NF empalizada

palissandre [palisɑ̃dʀ] NM palisandro

palliatif, -ive [paljatif, iv] ADJ paliativo(-a) ▶ NM paliativo

pallier [palje] VT paliar

palmarès [palmaʀɛs] NM palmarés *m inv*

palme [palm] NF palma; (*de plongeur*) aleta; **palmes académiques** *galardón al mérito académico*

palmé, e [palme] ADJ palmeado(-a)

palmeraie [palməʀɛ] NF palmeral *m*

palmier [palmje] NM palmera

palmipède [palmipɛd] NM palmípedo

palois, e [palwa, waz] ADJ de Pau ▶ NM/F : **Palois, e** nativo(-a) *ou* habitante *mf* de Pau

palombe [palɔ̃b] NF paloma torcaz

pâlot, e [pɑlo, ɔt] ADJ paliducho(-a)

palourde [paluʀd] NF almeja

palpable [palpabl] ADJ palpable

palper [palpe] VT palpar; (*fam* : *argent, somme*) embolsarse

palpitant, e [palpitɑ̃, ɑ̃t] ADJ palpitante

palpitation [palpitasjɔ̃] NF : **avoir des palpitations** tener palpitaciones

palpiter [palpite] VI palpitar

paludisme [palydism] NM paludismo

palustre [palystʀ] ADJ (*coquillage*) palustre; (*fièvre*) palúdico(-a)

pâmer [pɑme] : **se pâmer** VPR desfallecer; **se ~ d'amour/d'admiration** desfallecer de amor/de admiración; **se ~ devant** (*fig*) desmayarse ante

pâmoison [pɑmwazɔ̃] NF : **elle est tombée en ~** le dio un pasmo *ou* un soponcio

pampa [pɑ̃pa] NF pampa

pamphlet [pɑ̃flɛ] NM panfleto

pamphlétaire [pɑ̃fletɛʀ] NMF panfletista *mf*

pamplemousse [pɑ̃pləmus] NM pomelo

pan [pɑ̃] NM (*d'un manteau, rideau*) faldón *m*; (*côté*) cara; (*d'affiche etc*) lado; **~ de chemise** pañal *m*; **~ de mur** lienzo de pared ▶ EXCL ¡pum!

panacée [panase] NF panacea

panachage [panaʃaʒ] NM (*de couleurs*) mezcla; (*Pol*) combinación *f*

panache [panaʃ] NM (*de fumée*) nube *f*; (*de plumes*) penacho; **avoir du/aimer le ~** (*fig*) tener caballerosidad/gustarle a algn la caballerosidad

panaché, e [panaʃe] ADJ (*feuille, plante*) variegado(-a); **œillet ~** clavel *m* matizado; **glace**

panachée helado de varios gustos; **salade panachée** ensalada mixta; **bière panachée** cerveza con gaseosa ▸ NM (*bière*) clara, cerveza con gaseosa

panais [panɛ] NM chirivía, pastinaca

Panama [panama] NM Panamá *m*

panaméen, ne [panameɛ̃, ɛn] ADJ panameño(-a) ▸ NM/F : **Panaméen, ne** panameño(-a)

panaris [panaʀi] NM panadizo

pancarte [pɑ̃kaʀt] NF (*affiche, écriteau*) cartel *m*; (*dans un défilé*) pancarta

pancréas [pɑ̃kʀeɑs] NM páncreas *m inv*

panda [pɑ̃da] NM panda *m*

pandémie [pɑ̃demi] NF pandemia *f*

pané, e [pane] ADJ empanado(-a)

panégyrique [paneʒiʀik] NM : **faire le ~ de qn** hacer un panegírico de algn

panier [panje] NM cesta; (*à diapositives*) carro; **le ~ de la ménagère** la cesta de la compra; **mettre au ~** tirar a la basura; **~ à provisions** cesta de la compra; **~ à salade** (*Culin*) escurridor *m*; (*Police*) coche *m* celular; **~ de crabes** (*fig*) nido de víboras; **~ percé** (*fig*) manirroto(-a)

panier-repas [panjeʀ(ə)pɑ] (*pl* **paniers-repas**) NM almuerzo frío (para llevar)

panification [panifikasjɔ̃] NF panificación *f*

panifier [panifje] VT panificar

panique [panik] NF pánico ▸ ADJ : **peur ~** miedo cerval; **terreur ~** terror *f* pánico

paniquer [panike] VT aterrorizar ▸ VI aterrorizarse, espantarse

panne [pan] NF (*d'un mécanisme, moteur*) avería; (*Théâtre*) papel *m* de poca importancia; **mettre en ~** (*Naut*) ponerse al pairo, pairar; **être/tomber en ~** tener una avería, descomponerse/estar descompuesto (*surtout* Mex); **tomber en ~ d'essence** *ou* **sèche** quedarse sin gasolina; **~ d'électricité** *ou* **de courant** corte *m* eléctrico, apagón *m*

panneau, x [pano] NM (*écriteau*) letrero; (*de boiserie, de tapisserie*) panel *m*; (*Archit*) tablero; (*Couture*) paño; **tomber dans le ~** caer en la trampa; **~ d'affichage** tablón *m* de anuncios; **~ de signalisation** señal *f* de tráfico; **~ électoral** panel electoral; **~ indicateur** panel indicador; **~ publicitaire** valla publicitaria

panonceau [panɔ̃so] NM (*de médecin etc*) placa; (*de magasin*) rótulo

panoplie [panɔpli] NF (*d'armes*) panoplia; (*fig*) arsenal *m*; **~ de pompier/d'infirmière** disfraz *m* de bombero/de enfermera

panorama [panɔʀama] NM panorama *m*

panoramique [panɔʀamik] ADJ panorámico(-a) ▸ NM (*Ciné, TV*) panorámica

panse [pɑ̃s] NF panza

pansement [pɑ̃smɑ̃] NM venda, apósito; (*aussi* : **pansement adhésif**) tirita®, curita (*Am*)

panser [pɑ̃se] VT (*appliquer un pansement*) vendar; (*guérir*) curar; (*cheval*) almohazar

pantacourt [pɑ̃takuʀ] NM pantalones *mpl* pirata *inv*

pantalon [pɑ̃talɔ̃] NM pantalón *m*, pantalones *mpl*; **~ de golf/de pyjama** pantalón de golf/de pijama; **~ de ski** pantalón de esquí

pantalonnade [pɑ̃talɔnad] NF bufonada

pantelant, e [pɑ̃t(ə)lɑ̃, ɑ̃t] ADJ jadeante

panthère [pɑ̃tɛʀ] NF pantera; (*fourrure*) piel *f* de pantera

pantin [pɑ̃tɛ̃] NM (*marionnette*) pelele *m*, monigote *m*; (*péj* : *personne*) pelele

pantois [pɑ̃twa] ADJ M : **rester ~** quedarse atónito(-a) *ou* patidifuso(-a)

pantomime [pɑ̃tɔmim] NF (*aussi fig*) pantomima

pantouflard, e [pɑ̃tuflaʀ, aʀd] (*péj*) ADJ casero(-a)

pantoufle [pɑ̃tufl] NF zapatilla

panure [panyʀ] NF pan *m* rallado

PAO [peao] SIGLE F (= *publication assistée par ordinateur*) edición *f* asistida por ordenador, autoedición *f*

paon [pɑ̃] NM pavo real

papa [papa] NM papá *m*

papauté [papote] NF (*dignité, fonction*) papado; (*gouvernement ecclésiastique*) pontificado

papaye [papaj] NF papaya

pape [pap] NM papa *m*

paperasse [papʀas] (*péj*) NF (*administrative*) papeleo, papeles *mpl*; **des paperasses** *ou* **de la ~** papelotes *mpl*

paperasserie [papʀasʀi] (*péj*) NF papelorio; (*administrative*) papeleo

papeterie [papɛtʀi] NF (*fabrication du papier*) industria papelera; (*usine*) papelera; (*magasin*) papelería; (*articles*) artículos *mpl* de papelería

papetier, -ière [pap(ə)tje, jɛʀ] NM/F papelero(-a)

papetier-libraire [paptjelibʀɛʀ] (*pl* **papetiers-libraires**) NM papelero-librero

papi [papi] (*fam*) NM abuelito

papier [papje] NM papel *m*; (*article*) artículo; (*écrit officiel*) documento; **sur le ~** (*théoriquement*) en teoría; **jeter une phrase sur le ~** poner una frase sobre el papel; **noircir du ~** emborronar papel; **~ à dessin** papel de dibujo; **~ à lettres** papel de cartas; **~ à pliage accordéon** papel plisado de acordeón; **~ alu** (*fam*) papel de plata; **~ bible/pelure** papel biblia/cebolla; **~ bulle** papel *ou* plástico de burbujas; **~ buvard** papel carbón; **~ calque** papel de calcar; **~ carbone** papel carbón; **~ collant** papel de goma; **~ couché/glacé** papel cuché/glaseado; **~ cul** (*fam !*) papel de váter; **~ (d')aluminium** papel de aluminio; **~ d'Arménie** papel de Armenia; **~ d'emballage** papel de envolver; **~ de brouillon** papel de borrador; **~ de soie/de tournesol** papel de seda/de tornasol; **~ de verre** papel de lija; **~ en continu** papel conti-

P

nuo; **~ gommé/thermique** papel engomado/térmico; **~ hygiénique** papel higiénico; **~ journal** papel de periódico; **~ kraft/mâché** papel kraft/maché; **~ machine** papel de máquina de escribir; **~ peint** papel pintado ■ **papiers** NMPL (*aussi* : **papiers d'identité**) documentación *f*, papeles *mpl*

papier-filtre [papjefiltʀ] (*pl* **papiers-filtres**) NM papel *m* de filtro

papier-monnaie [papjemɔnɛ] (*pl* **papiers-monnaies**) NM papel *m* moneda

papille [papij] NF : **papilles gustatives** papilas *fpl* gustativas

papillon [papijɔ̃] NM mariposa; (*contravention* : *fam*) multa; (*écrou*) tuerca de mariposa; **~ de nuit** mariposa nocturna

papillonner [papijɔne] VI (*virevolter*) mariposear, revolotear; (*fig*) mariposear

papillote [papijɔt] NF papillote *m*

papilloter [papijɔte] VI parpadear

papotage [papɔtaʒ] NM parloteo

papoter [papɔte] VI parlotear

papou, e [papu] ADJ papú ▸ NM/F : **Papou, e** papú *mf*

Papouasie-Nouvelle-Guinée [papwazinuvɛlgine] NF Papúa-Nueva Guinea

paprika [papʀika] NM paprika *m*

papyrus [papiʀys] NM papiro

Pâque [pɑk] NF : **la ~** la Pascua; *voir aussi* **Pâques**

paquebot [pak(ə)bo] NM paquebote *m*

pâquerette [pɑkʀɛt] NF margarita

Pâques [pɑk] NFPL (*fête*) Pascua *fsg*; **faire ses ~** comulgar por Pascua Florida ▸ NM (*période*) Semana Santa; **l'île de ~** la isla de Pascua

paquet [pakɛ] NM paquete *m*; (*de linge, vêtements*) bulto; (*tas*) : **un ~ de** un manojo de; **mettre le ~** (*fam*) poner toda la carne en el asador; **~ de mer** golpe *m* de mar; **~ fiscal** paquete fiscal ■ **paquets** NMPL (*bagages*) bultos *mpl*

paquetage [pak(ə)taʒ] NM (*Mil*) impedimenta

paquet-cadeau [pakɛkado] (*pl* **paquets-cadeaux**) NM paquete *m* regalo *inv*

par [paʀ]

PRÉP **1** (*agent, cause*) por; **par amour** por amor; **peint par un grand artiste** pintado por un gran artista

2 (*lieu, direction*) por; **passer par Lyon/la côte** pasar por Lyon/la costa; **par la fenêtre** (*jeter, regarder*) por la ventana; **par le haut/bas** por arriba/abajo; **par ici** por aquí; **par où ?** ¿por dónde?; **par là** por allí; **par-ci, par-là** aquí y allá; **être/jeter par terre** estar en el/tirar al suelo

3 (*fréquence, distribution*) por; **trois fois par semaine** tres veces por *ou* a la semana; **trois par jour/par personne** tres al día/por persona; **par centaines** a cientos, a centenares; **deux par deux** (*marcher, entrer*) de dos en dos

4 (*moyen*) por; **par la poste** por correo

5 (*manière*) : **prendre par la main** coger *ou* agarrar de la mano; **prendre par la poignée** coger *ou* agarrar por el asa; **finir** *etc* **par** terminar *etc* por; **le film se termine par une scène d'amour** la película termina con una escena de amor; **Pau commence par la lettre « p »** Pau empieza por « p »

para [paʀa] (*fam*) NM (*parachutiste*) paraca *m* (*fam*)

parabole [paʀabɔl] NF parábola

parabolique [paʀabɔlik] ADJ parabólico(-a)

parachever [paʀaʃ(ə)ve] VT rematar, ultimar

parachutage [paʀaʃytaʒ] NM lanzamiento en paracaídas

parachute [paʀaʃyt] NM paracaídas *m inv*; **~ ventral** paracaídas de delantal

parachuter [paʀaʃyte] VT lanzar en paracaídas; (*fig* : *fam*) nombrar de improviso

parachutisme [paʀaʃytism] NM paracaidismo

parachutiste [paʀaʃytist] NMF paracaidista *mf*; (*soldat*) paracaidista *m*

parade [paʀad] NF (*Mil*) desfile *m*; (*de cirque, bateleurs*) cabalgata; (*Escrime, Boxe*) parada; **trouver la ~** hallar la contrapartida; **faire ~ de qch** hacer ostentación de algo; **de ~** (*habit, épée*) de gala; (*superficiel*) superficial; **~ nuptiale** parada nupcial

parader [paʀade] VI darse postín, pavonearse

paradis [paʀadi] NM paraíso; **~ fiscal** paraíso fiscal; **~ terrestre** paraíso terrenal

paradisiaque [paʀadizjak] ADJ paradisiaco(-a), paradisíaco(-a)

paradoxal, e, -aux [paʀadɔksal, o] ADJ paradójico(-a)

paradoxalement [paʀadɔksalmɑ̃] ADV paradójicamente

paradoxe [paʀadɔks] NM paradoja

parafe [paʀaf] NM = **paraphe**

parafer [paʀafe] VT = **parapher**

paraffine [paʀafin] NF parafina

paraffiné, e [paʀafine] ADJ : **papier ~** papel *m* parafinado

parafoudre [paʀafudʀ] NM pararrayos *m inv*

parages [paʀaʒ] NMPL (*Naut*) aguas *fpl*; **dans les ~ (de)** en los alrededores (de)

paragraphe [paʀagʀaf] NM párrafo

paragrêle [paʀagʀɛl] ADJ : **canon ~** paragranizo

Paraguay [paʀagwɛ] NM Paraguay *m*

paraguayen, ne [paʀagwajɛ̃, ɛn] ADJ paraguayo(-a) ▸ NM/F : **Paraguayen, ne** paraguayo(-a)

paraître [paʀɛtʀ] VI (*sembler*) parecer; (*apparaître*) aparecer; (*Presse, Édition*) publicarse; (*se montrer, venir*) mostrarse; (*un certain âge*) aparentar, representar; **il paraît que** parece que; **il paraît absurde de/préférable que** parece absurdo/preferible que; **il me paraît que** me parece que; **aimer/vouloir ~** gustarle a algn/querer aparentar; **laisser ~ qch** dejar ver algo; **~ en justice** comparecer ante la justicia; **~ en scène/en public/à l'écran** aparecer en escena/en público/en la pantalla; **il ne paraît pas son âge** no representa su edad

parallèle [paralɛl] ADJ paralelo(-a) ▸ NM paralelo; **faire un ~ entre** establecer un paralelo entre; **en ~** en paralelo; **mettre en ~** (*choses opposées*) confrontar; (*choses semblables*) cotejar ▸ NF (*ligne*) paralela

parallèlement [paralɛlmɑ̃] ADV paralelamente

parallélépipède [paralelepipɛd] NM paralelepípedo

parallélisme [paralelism] NM paralelismo; (*des roues*) alineación *f*

parallélogramme [paralelɔgram] NM paralelogramo

paralympique [paralɛ̃pik] ADJ paralímpico(-a); **Jeux paralympiques** Juegos Paralímpicos

paralyser [paralize] VT paralizar

paralysie [paralizi] NF parálisis *f inv*

paralytique [paralitik] ADJ, NMF paralítico(-a)

paramédical, e, -aux [paramedikal, o] ADJ: **personnel ~** personal *m* paramédico

paramétrage [parametraʒ] NM (*Inform*) parametrización *f*

paramètre [paramɛtr] NM parámetro

paramétrer [parametre] VT (*Inform*) parametrizar

paramilitaire [paramilitɛr] ADJ paramilitar

paranoïa [paranɔja] NF paranoia

paranoïaque [paranɔjak] ADJ, NMF paranoico(-a)

paranormal, e, -aux [paranɔrmal, o] ADJ paranormal

parapet [parapɛ] NM parapeto

parapharmacie [parafarmasi] NF parafarmacia; **vendu en ~** de venta en parafarmacias

paraphe [paraf] NM rúbrica

parapher [parafe] VT rubricar

paraphrase [parafrɑz] NF paráfrasis *f inv*

paraphraser [parafrɑze] VT parafrasear

paraplégie [parapleʒi] NF paraplejia, paraplejía

paraplégique [parapleʒik] ADJ, NMF parapléjico(-a)

parapluie [paraplɥi] NM paraguas *m inv*; **~ à manche télescopique** paraguas con mango telescópico; **~ atomique/nucléaire** paraguas atómico/nuclear; **~ pliant** paraguas plegable

parapsychique [parapsiʃik] ADJ parapsicológico(-a)

parapsychologie [parapsikɔlɔʒi] NF parapsicología

parapublic, -ique [parapyblik] ADJ parapúblico(-a)

parascolaire [paraskɔlɛr] ADJ extraescolar

parasitaire [parazitɛr] ADJ parasitario(-a)

parasite [parazit] NM parásito ▸ ADJ parásito(-a) ■ **parasites** NMPL (*Tél*) parásitos *mpl*

parasitisme [parazitism] NM parasitismo

parasol [parasɔl] NM sombrilla, quitasol M

paratonnerre [paratɔnɛr] NM pararrayos *m inv*

paravent [paravɑ̃] NM (*meuble*) biombo; (*fig*) tapadera

parc [park] NM parque *m*; (*pour le bétail*) aprisco; (*de stationnement*) aparcamiento; **~ à huîtres** criadero de ostras; **~ automobile** (*d'un pays*) parque automovilístico; (*d'une société*) parque móvil; **~ d'attractions** parque de atracciones; **~ éolien** parque *m* eólico; **~ national/naturel** parque nacional/natural; **~ de stationnement** aparcamiento; **~ zoologique** parque zoológico

parcelle [parsɛl] NF (*de terrain*) parcela; (*d'or, de vérité*) partícula

parce que [pars(ə)kə] CONJ porque

parchemin [parʃəmɛ̃] NM pergamino

parcheminé, e [parʃəmine] ADJ apergaminado(-a)

parcimonie [parsimɔni] NF parsimonia; **avec ~** con parsimonia

parcimonieux, -euse [parsimɔnjø, jøz] ADJ parsimonioso(-a)

parcmètre [parkmɛtr], **parcomètre** [parkɔmɛtr] NM parquímetro

parcotrain [parkɔtrɛ̃] NM aparcamiento (*en estación de trenes*)

parcourir [parkurir] VT recorrer; (*journal, article*) echar un vistazo a; **~ qch des yeux** *ou* **du regard** recorrer algo con la vista

parcours [parkur] VB *voir* **parcourir** ▸ NM (*trajet, itinéraire*) trayecto; (*Sport*) recorrido; **sur le ~** en el trayecto; **~ du combattant** (*Mil*) pista americana; (*fig*) odisea

parcouru [parkury] PP *de* **parcourir**

par-delà [pardəla] PRÉP más allá de

par-dessous [pard(ə)su] PRÉP por debajo de ▸ ADV por debajo

pardessus [pardəsy] NM abrigo

par-dessus [pard(ə)sy] PRÉP por encima de; **~ le marché** para colmo; **~ tout** por encima de todo ▸ ADV por encima

par-devant [pard(ə)vɑ̃] PRÉP ante; **~ notaire** ante notario ▸ ADV por delante

pardon [pardɔ̃] NM perdón *m*; **demander ~ à qn (de ...)** pedir perdón a algn (por ...); **je vous demande ~** le pido perdón; (*contradiction*) discúlpeme ▸ EXCL ¡perdón!; (*se reprendre*) ¡disculpe!

pardonnable [pardɔnabl] ADJ perdonable

pardonner [pardɔne] VT perdonar; **~ qch à qn** perdonar algo a algn; **~ à qn** perdonar a algn; **qui ne pardonne pas** (*maladie, erreur*) que no perdona

paré, e [pare] ADJ adornado(-a); (*protégé*) protegido(-a)

P

pare-balles [paʀbal] ADJ INV antibalas *inv*
pare-boue [paʀbu] (*pl* **~(s)**) NM guardabarro
pare-brise [paʀbʀiz] (*pl* **pare-brises**) NM parabrisas *m inv*
pare-choc NM (*pl* **pare-chocs**), **pare-chocs** NM INV [paʀʃɔk] parachoques *m inv*
pare-étincelles [paʀetɛ̃sɛl] NM INV parachispas *m inv*
pare-feu [paʀfø] (*pl* **pare-feux**) NM (*aussi Inform*) cortafuego, cortafuegos *m inv* ▶ ADJ INV : **portes ~** puertas *fpl* cortafuego *inv*
pareil, le [paʀɛj] ADJ igual; (*semblable*) semejante; **j'en veux un ~** quiero uno igual; **un courage ~** un valor semejante; **rien de ~** nada semejante *ou* parecido; **en ~ cas** en un caso semejante; **~ à** igual a ▶ ADV : **habillés ~** vestidos igual; **faire ~** hacer lo mismo ▶ NMF : **ne pas avoir son ~ (pour faire qch)** no haber otro(-a) igual (para hacer algo); **sans ~** sin igual ▶ NM : **c'est du ~ au même** es lo mismo ▶ NF : **rendre la pareille à qn** pagar a algn con la misma moneda
pareillement [paʀɛjmɑ̃] ADV (*semblablement, également*) de la misma manera; (*aussi*) igualmente
parement [paʀmɑ̃] NM paramento; (*d'un col, d'une manche*) ribete *m*; **~ d'autel** (Rel) mantel *m*
parent, e [paʀɑ̃, ɑ̃t] ADJ : **être ~ de qn** ser pariente de algn ▶ NM/F pariente(-a) ■ **parents** NMPL (*père et mère*) padres *mpl*; (*famille, proches*) parientes *mpl*; **parents adoptifs** padres adoptivos; **parents en ligne directe** parientes por línea directa; **parents par alliance** parientes políticos
parental, e, -aux [paʀɑ̃tal, o] ADJ : **autorité parentale** autoridad *f* de los padres
parentalité [paʀɑ̃talite] NF parentalidad *f*
parenté [paʀɑ̃te] NF (*rapport, lien*) parentesco; (*personnes*) parentela; (*ressemblance, affinité*) afinidad *f*; (*entre caractères*) similitud *f*; **une ~ entre** un parentesco entre
parenthèse [paʀɑ̃tɛz] NF paréntesis *m inv*; **ouvrir/fermer la ~** abrir/cerrar el paréntesis; **entre parenthèses** (*aussi fig*) entre paréntesis; **mettre entre parenthèses** (*fig*) dejar de lado
parer [paʀe] VT (*décorer, orner*) adornar; (*suj : bijou, ruban*) embellecer; (*Culin*) aderezar; (*éviter*) parar; **~ à** (*danger*) precaverse de *ou* contra; (*inconvénient*) protegerse de; **~ à toute éventualité** estar prevenido(-a) contra cualquier eventualidad; **~ au plus pressé** atender lo más urgente; **~ le coup** (*fig*) parar el golpe ■ **se parer** VPR : **se ~ de** (*qualité, titre*) hacer alarde de
pare-soleil [paʀsɔlɛj] NM INV quitasol *m*
paresse [paʀɛs] NF pereza, holgazanería
paresser [paʀese] VI holgazanear
paresseusement [paʀesøzmɑ̃] ADV perezosamente
paresseux, -euse [paʀesø, øz] ADJ perezoso(-a), flojo(-a) (*Am*); (*démarche, attitude*) indolente; (*estomac*) atónico(-a) ▶ NM/F perezoso(-a), flojo(-a) (*Am*) ▶ NM (*Zool*) perezoso
parfaire [paʀfɛʀ] VT perfeccionar
parfait, e [paʀfɛ, ɛt] PP *de* **parfaire** ▶ ADJ perfecto(-a) ▶ NM (*Ling*) pretérito perfecto; (*Culin*) helado ▶ EXCL ¡perfecto!, ¡muy bien!
parfaitement [paʀfɛtmɑ̃] ADV perfectamente; **cela lui est ~ égal** le da completamente igual ▶ EXCL ¡seguro!, ¡desde luego!
parfaites [paʀfɛt] VB *voir* **parfaire**
parfasse [paʀfas] VB *voir* **parfaire**
parferai [paʀfʀe] VB *voir* **parfaire**
parfois [paʀfwa] ADV a veces
parfum [paʀfœ̃] NM perfume *m*; (*d'un tabac, d'un vin*) aroma *m*; (*d'une glace, d'un yaourt*) sabor *m*
parfumé, e [paʀfyme] ADJ perfumado(-a); **~ au café** aromatizado(-a) con café, con sabor a café
parfumer [paʀfyme] VT perfumar; (*crème, gâteau*) aromatizar ■ **se parfumer** VPR perfumarse
parfumerie [paʀfymʀi] NF perfumería; **rayon ~** sección *f* de perfumería
parfumeur, -euse [paʀfymœʀ, øz] NM/F (*fabricant*) perfumista *mf*; (*qui tient une parfumerie*) perfumero(-a)
pari [paʀi] NM apuesta; **P~ Mutuel Urbain** *apuestas mutuas en las carreras de caballos*
paria [paʀja] NM paria *m*
parier [paʀje] VT apostar; **j'aurais parié que si/non** hubiera apostado que sí/no; **il y a fort à ~ que** hay muchas posibilidades de que
parieur [paʀjœʀ] NM apostante *mf*
Paris [paʀi] N París
parisien, ne [paʀizjɛ̃, jɛn] ADJ (*personne, vie*) parisino(-a); (*Géo, Admin*) parisiense ▶ NM/F : **Parisien, ne** parisiense *mf*, parisino(-a)
paritaire [paʀitɛʀ] ADJ : **commission ~** comité *m* paritario
parité [paʀite] NF paridad *f*; **~ de change** paridad monetaria
parjure [paʀʒyʀ] NM (*faux serment*) perjurio ▶ NMF (*personne*) perjuro(-a)
parjurer [paʀʒyʀe] : **se parjurer** VPR perjurar
parka [paʀka] NM OU F parka
parking [paʀkiŋ] NM aparcamiento
parlant, e [paʀlɑ̃, ɑ̃t] ADJ (*portrait, image*) vivo(-a), elocuente; (*comparaison, preuve*) concluyente; (*Ciné*) sonoro(-a) ▶ ADV : **généralement/humainement ~** en términos generales/a nivel humano; **techniquement ~** técnicamente hablando
parlé, e [paʀle] ADJ : **langue parlée** lengua hablada
parlement [paʀləmɑ̃] NM parlamento
parlementaire [paʀləmɑ̃tɛʀ] ADJ parlamentario(-a) ▶ NMF (*député*) parlamentario(-a); (*négociateur*) delegado(-a)
parlementarisme [paʀləmɑ̃taʀism] NM parlamentarismo

parlementer [paʀləmɑ̃te] (*aussi fam*) VI parlamentar

parler [paʀle] NM habla ▸ VI hablar; (*malfaiteur, complice*) hablar, confesar; **~ de qch/qn** hablar de algo/algn; **~ (à qn) de** hablar (a algn) de; **~ de faire qch** hablar de hacer algo; **~ pour qn** (*intercéder, plaider*) hablar en favor de algn; **~ en français** hablar en francés; **~ en dormant** hablar en sueños; **~ du nez** hablar gangoso; **~ par gestes** hablar por señas; **~ en l'air** hablar a la ligera; **sans ~ de** sin hablar de; **tu parles !** ¡ya ves!; **les faits parlent d'eux-mêmes** los hechos hablan por sí mismos; **n'en parlons plus** no se hable más ▸ VT hablar; **~ le français** hablar francés; **~ affaires/politique** hablar de negocios/de política ▪ **se parler** VPR : **on vient de se ~ au téléphone** acabamos de hablar por teléfono; **ils ne se parlent plus** ya no se hablan

parleur [paʀlœʀ] NM : **beau ~** pico de oro

parloir [paʀlwaʀ] NM locutorio; (*d'un hôpital, d'une prison*) sala de visitas

parlote [paʀlɔt] (*fam*) NF parleta (*fam*), cháchara

parme [paʀm(ə)] ADJ malva *inv*

parmesan [paʀməzɑ̃] NM parmesano

parmi [paʀmi] PRÉP entre

parodie [paʀɔdi] NF parodia

parodier [paʀɔdje] VT (*œuvre, auteur*) parodiar; (*imiter*) remedar

paroi [paʀwa] NF pared *f*; **~ rocheuse** pared rocosa

paroisse [paʀwas] NF parroquia

paroissial, e, -aux [paʀwasjal, jo] ADJ parroquial

paroissien, ne [paʀwasjɛ̃, jɛn] NM/F feligrés(-esa)

parole [paʀɔl] NF palabra; **la bonne ~** la palabra de Dios; **tenir ~** cumplir con su palabra; **n'avoir qu'une ~** no tener más que una palabra; **avoir/prendre la ~** tener/tomar la palabra; **demander/obtenir la ~** pedir/conseguir la palabra; **donner la ~ à qn** conceder la palabra a algn; **perdre la ~** (*fig*) perder la palabra; **sur ~ : croire qn sur ~** confiar en la palabra de algn; **libéré sur ~** puesto en libertad bajo palabra; **temps de ~** tiempo asignado para hablar; **histoire sans paroles** historieta muda; **ma ~ !** (*surprise*) ¡pero bueno!, ¡por Dios!; **~ d'honneur** palabra de honor ▪ **paroles** NFPL (*d'une chanson*) letra *fsg*

parolier, -ière [paʀɔlje, jɛʀ] NM/F (*Mus*) autor(a) de la letra, letrista *mf*; (*Opéra*) libretista *mf*

paroxysme [paʀɔksism] NM paroxismo

parpaing [paʀpɛ̃] NM perpiaño

parquer [paʀke] VT (*bestiaux, prisonniers*) encerrar; (*soldats, vivres*) meter; (*voiture*) aparcar

parquet [paʀkɛ] NM (*plancher*) parqué *m*; **le ~** (*Jur*) el tribunal de justicia

parqueter [paʀkəte] VT entarimar

parrain [paʀɛ̃] NM padrino

parrainage [paʀɛnaʒ] NM padrinazgo; (*patronage*) patrocinio

parrainer [paʀene] VT apadrinar; (*suj : entreprise*) patrocinar

parricide [paʀisid] NM (*meurtre*) parricidio ▸ NMF (*personne*) parricida *mf*

pars [paʀ] VB *voir* **partir**

parsemer [paʀsəme] VT cubrir; **~ qch de** sembrar algo de

part [paʀ] VB *voir* **partir** ▸ NF parte *f*; (*de gâteau, fromage*) trozo, pedazo; (*titre*) acción *f*; **prendre ~ à** (*débat*) tomar parte en; (*soucis, douleur*) compartir; **faire ~ de qch à qn** comunicar algo a algn; **pour ma ~** por mi parte; **à ~ entière** de pleno derecho; **de la ~ de** de parte de; **c'est de la ~ de qui ?** (*au téléphone*) ¿de parte de quién?; **de toute(s) ~(s)** de todas partes; **de ~ et d'autre** a *ou* en ambos lados; **de ~ en ~** de parte a parte; **d'une ~ ... d'autre ~** por una parte ... por otra; **nulle/autre/quelque ~** en ninguna/en otra/en alguna parte; **à ~** aparte; **à ~ cela** aparte de eso, excepto eso; **pour une large/bonne ~** en una larga/buena medida; **prendre qch en bonne/mauvaise ~** tomar algo en buen/mal sentido; **faire la ~ des choses** tener en cuenta las circunstancias, sopesar los pros y los contras; **faire la ~ du feu** (*fig*) cortar por lo sano; **faire la ~ trop belle à qn** darle todo en bandeja a algn

part. ABR = **particulier**

partage [paʀtaʒ] NM reparto; **en ~ : donner/recevoir qch en ~** dar/recibir algo en herencia; **sans ~** (*régner*) sin compartir el poder

partagé, e [paʀtaʒe] ADJ (*opinions, torts*) compartido(-a); (*amour*) correspondido(-a); **être ~ entre** estar dividido(-a) entre; **être ~ sur** estar dividido(-a) en *ou* sobre

partager [paʀtaʒe] VT repartir; **~ un gâteau en quatre/une ville en deux** dividir un pastel en cuatro/una ciudad en dos; **~ qch avec qn** compartir algo con algn; **~ la joie de qn/la responsabilité d'un acte** compartir la alegría de algn/la responsabilidad de un acto ▪ **se partager** VPR repartirse

partance [paʀtɑ̃s] NF : **en ~ (pour)** a punto de salir (para)

partant, e [paʀtɑ̃, ɑ̃t] VB *voir* **partir** ▸ ADJ : **être ~ pour qch** (*d'accord pour*) estar dispuesto(-a) a algo ▸ NM (*Sport*) competidor(a), participante *mf*; (*Hippisme*) participante

partenaire [paʀtənɛʀ] NMF compañero(-a); (*sexuel, de danse*) pareja *f*; (*Écon, Pol*) socio(-a); **partenaires sociaux** agentes *mpl* sociales

parterre [paʀtɛʀ] NM (*de fleurs*) parterre *m*, arriate *m*; (*Théâtre*) patio de butacas

parti [paʀti] NM (*Pol*) partido; (*décision*) decisión *f*; (*personne à marier*) : **un beau/riche ~** un buen partido; **tirer ~ de** sacar partido de; **prendre le ~ de faire qch** tomar la decisión de hacer algo; **prendre le ~ de qn** ponerse a favor de algn; **prendre ~ (pour/contre qn)** tomar partido

P

(por/contra algn); **prendre son ~ de qch** resignarse a algo; **~ pris** prejuicio

partial, e, -aux [paʀsjal, jo] ADJ parcial

partialement [paʀsjalmɑ̃] ADV parcialmente

partialité [paʀsjalite] NF parcialidad *f*

participant, e [paʀtisipɑ̃, ɑ̃t] NM/F participante *mf*; (*à un concours*) concursante *mf*; (*d'une société*) miembro, accionista *mf*

participation [paʀtisipasjɔ̃] NF participación *f*; **la ~ aux frais** la contribución a los gastos; **la ~ aux bénéfices** la participación en los beneficios; **la ~ ouvrière** la participación obrera; **« avec la ~ de »** « con la participación de »

participe [paʀtisip] NM participio; **~ passé/présent** participio de perfecto/de presente

participer [paʀtisipe] : **~ à** *vt* participar en; (*chagrin*) compartir; **~ de** *vt* (*tenir de la nature de*) participar de

particulariser [paʀtikylaʀize] VT : **se ~** singularizarse

particularisme [paʀtikylaʀism] NM particularismo

particularité [paʀtikylaʀite] NF particularidad *f*

particule [paʀtikyl] NF partícula; **~ (nobiliaire)** partícula (*que indica la nobleza en un apellido*); **particules fines** partículas finas

particulier, -ière [paʀtikylje, jɛʀ] ADJ particular; (*intérêt, style*) propio(-a); (*entretien, conversation*) privado(-a); (*spécifique*) propio(-a), individual; **avec un soin ~** con un cuidado especial; **avec une attention particulière** con una atención especial; **~ à** propio(-a) de; **en ~** (*précisément*) en concreto; (*en privé*) en privado; (*surtout*) especialmente ▶ NM (*individu*) particular *m*; **« ~ vend ... »** (*Comm*) « particular vende ... »

particulièrement [paʀtikyljɛʀmɑ̃] ADV (*notamment*) principalmente; (*spécialement*) especialmente

partie [paʀti] NF parte *f*; (*profession, spécialité*) rama; (*de cartes, tennis, fig*) partida; **~ de campagne/de pêche** salida al campo/de pesca; **en ~** en parte; **faire ~ de qch** formar parte de algo; **prendre qn à ~** habérselas con algn; (*malmener*) meterse con algn; **en grande/majeure ~** en gran/la mayor parte; **ce n'est que ~ remise** es solo cosa diferida, otra vez será; **avoir ~ liée avec qn** estar aliado(-a) con algn; **la ~ adverse** (*Jur, fig*) la parte contraria; **~ civile** (*Jur*) parte civil; **~ publique** (*Jur*) ministerio público

> Ne confondez pas *parte* (**partie**, dans le sens de « portion »), *partido* (**parti**, **match**) et *partida* (**partie**, dans le sens de « temps de jeu ») :
> **la première partie du spectacle** la primera parte del espectáculo
> **On se refait une partie ?** ¿Echamos otra partida?
> **le parti au pouvoir** el partido en el poder

partiel, le [paʀsjɛl] ADJ, NM parcial *m*

partiellement [paʀsjɛlmɑ̃] ADV parcialmente

partir [paʀtiʀ] VI (*gén*) partir; (*train, bus*) salir; (*s'éloigner*) marcharse; (*pétard, fusil*) dispararse; (*bouchon*) saltar; (*cris*) surgir; (*se détacher*) desprenderse; (*tache*) desaparecer; (*affaire, moteur*) arrancar; **~ de** (*lieu*) salir de; (*suj : personne, route*) partir de; (*date*) comenzar en; (*suj : abonnement*) comenzar a partir de; (*suj : proposition*) nacer de, manar de; **~ pour/à** (*lieu, pays*) salir para/hacia; **~ de rien** comenzar de la nada; **à ~ de** a partir de

partisan, e [paʀtizɑ̃, an] NM/F seguidor(a), partidario(-a) ▶ ADJ partidario(-a); **être ~ de qch/de faire qch** ser partidario(-a) de algo/de hacer algo

partitif, -ive [paʀtitif, iv] ADJ partitivo(-a)

partition [paʀtisjɔ̃] NF (*Mus*) partitura

partout [paʀtu] ADV por todas partes; **~ où il allait** por dondequiera que iba; **de ~** de todas partes; **trente/quarante ~** (*Tennis*) iguales *mpl* a treinta/a cuarenta, empate *m* a treinta/a cuarenta

paru, e [paʀy] PP *de* **paraître**

parure [paʀyʀ] NF adorno; (*de table, sous-vêtements*) juego; **~ de diamants** juego de diamantes

parus [paʀy] VB *voir* **paraître**

parution [paʀysjɔ̃] NF (*de livre*) publicación *f*

parvenir [paʀvəniʀ] : **~ à** *vt* llegar a, arribar a (AM); **~ à ses fins/à la fortune/à un âge avancé** alcanzar sus fines/la fortuna/una edad avanzada; **~ à faire qch** (*réussir*) conseguir hacer algo; **faire ~ qch à qn** hacer llegar algo a algn

parvenu, e [paʀvəny] PP *de* **parvenir** ▶ NM/F (*péj*) advenedizo(-a)

parviendrai *etc* [paʀvjɛ̃dʀe] VB *voir* **parvenir**

parviens *etc* [paʀvjɛ̃] VB *voir* **parvenir**

parvis [paʀvi] NM atrio

pas[1] [pa] NM paso; **~ à ~** paso a paso; **de ce ~** al momento; **marcher à grands ~** andar dando zancadas; **mettre qn au ~** meter a algn en vereda; **rouler au ~** (*Auto*) ir a paso lento; **au ~ de gymnastique/de course** a paso ligero/a la carrera; **à ~ de loup** con paso sigiloso; **faire les cent ~** ir y venir, ir de un lado para otro; **faire les premiers ~** dar los primeros pasos; **retourner** *ou* **revenir sur ses ~** volver sobre sus pasos; **se tirer d'un mauvais ~** salir del atolladero; **sur le ~ de la porte** en el umbral (de la puerta); **le ~ de Calais** (*détroit*) el paso *ou* estrecho de Calais; **~ de porte** (*Comm*) entrada

pas[2] [pɑ]

ADV **1** (*avec ne, non*) : **ne ... pas** no; **je ne vais pas à l'école** no voy a la escuela; **je ne mange pas de pain** no como pan; **il ne ment pas** no miente; **ils n'ont pas de voiture/d'enfants** no tienen coche/niños; **il m'a dit de ne pas le faire** me ha dicho que no lo haga; **non pas**

que ... no es que ...; **je n'en sais pas plus** no sé más; **il n'y avait pas plus de 200 personnes** no había más de 200 personas; **je ne reviendrai pas de sitôt** tardaré en volver; **ça ne me plaît pas du tout** no me gusta nada; **ils sont quatre et non pas trois** son cuatro y no tres
2 (*sans ne*) : **pas moi** yo no; **une pomme pas mûre** una manzana que no está madura; **pas plus tard qu'hier** ayer mismo
3 (*renforçant l'opposition*) : **elle travaille, (mais) lui pas** *ou* **pas lui** ella trabaja, (pero) él no; **ceci est à vous ou pas ?** ¿eso es suyo o no?
4 (*dans des réponses négatives*) : **pas de sucre, merci !** ¡sin azúcar, gracias!; **je suis très content — moi pas** *ou* **pas moi** yo estoy muy contento — yo no; **pas du tout** (*réponse*) en absoluto; **pas encore** todavía no
5 : **pas mal** *adv* : **ce n'est pas mal** no está mal; **ça va ? — pas mal** ¿qué tal? — bien; **pas mal de** (*beaucoup de*) : **ils ont pas mal d'argent** no andan mal de dinero, tienen bastante dinero

pascal, e, -aux [paskal, o] ADJ pascual

Pas-de-Calais [padkalɛ] NM Pas-de-Calais *m*

passable [pasabl] ADJ pasable; (*Scol*) suficiente

passablement [pasabləmɑ̃] ADV (*pas trop mal*) pasablemente; (*beaucoup*) un tanto

passade [pasad] NF aventura

passage [pasaʒ] NM paso; (*traversée*) travesía; (*extrait*) pasaje *m*; **sur le ~ du cortège** en el recorrido del cortejo; **« laissez/n'obstruez pas le ~ »** « dejen/no impidan el paso »; **de ~** (*touristes*) de paso; (*amants*) de paso, de un día; **au ~** (*en passant*) al paso, de paso; **~ à niveau** paso a nivel; **~ à tabac** paliza; **~ à vide** (*fig*) mal momento; **~ clouté** paso de peatones; **~ interdit** prohibido el paso; **~ protégé/souterrain** paso protegido/subterráneo

passager, -ère [pasaʒe, ɛʀ] ADJ pasajero(-a); (*rue*) concurrido(-a); **~ clandestin(e)** polizón *mf* ▶ NM/F pasajero(-a)

passagèrement [pasaʒɛʀmɑ̃] ADV pasajeramente

passant, e [pasɑ̃, ɑ̃t] ADJ transitado(-a); **bande passante** (*Inform, Phys*) ancho de banda ▶ NM/F transeúnte *mf* ▶ NM (*d'une ceinture, courroie*) trabilla; *voir aussi* **passer**

passation [pasasjɔ̃] NF (*d'un acte*) otorgamiento, escritura; **~ des pouvoirs** traspaso de poderes

passe [pas] NF pase *m*; (*chenal*) pase, pasaje *m*; **être en ~ de faire** estar a punto de hacer; **être dans une bonne/mauvaise ~** (*fig*) tener buena/mala racha; **~ d'armes** (*fig*) intercambio de réplicas ▶ NM (*passe-partout*) llave *f* maestra; (*de cambrioleur*) ganzúa

passé, e [pase] ADJ pasado(-a); (*couleur, tapisserie*) pasado(-a), descolorido(-a); **dimanche ~** el domingo pasado; **les vacances passées** las vacaciones pasadas; **il est midi ~** ya es pasado mediodía *ou* mediodía pasado; **~ de mode** pasado(-a) de moda ▶ PRÉP : **~ 10 heures/sept ans/ce poids** después de las 10/de siete años/a partir de ese peso ▶ NM pasado; (*Ling*) pretérito; **par le ~** hace tiempo, en otro tiempo; **~ simple** pretérito indefinido, pretérito perfecto simple; **~ composé** pretérito perfecto

passe-droit [pasdʀwa] (*pl* **passe-droits**) NM enchufe *m*

passéiste [paseist] ADJ chapado(-a) a la antigua

passementerie [pasmɑ̃tʀi] NF pasamanería

passe-montagne [pasmɔ̃taɲ] (*pl* **passe-montagnes**) NM pasamontañas *m inv*

passe-partout [paspaʀtu] NM INV llave *f* maestra ▶ ADJ INV : **tenue/phrase ~** vestimenta/frase *f* válida para todo momento

passe-passe [paspas] NM INV : **tour de ~** (*de prestidigitateur*) juego de manos; (*fig*) trampa

passe-plat [paspla] (*pl* **passe-plats**) NM ventanilla (para servir)

passeport [paspɔʀ] NM pasaporte *m*

passer [pase] VI pasar; (*air*) correr; (*liquide, café*) filtrarse, colarse; (*couleur, papier*) decolorarse; **~ par** pasar por; **~ chez qn** (*ami etc*) pasar por la casa de algn; **~ sur** (*fig*) pasar por alto; **~ dans les mœurs/la langue** pasar a las costumbres/a la lengua; **~ avant qch/qn** (*être plus important que*) estar antes de algo/de algn; **~ devant/derrière qn/qch** pasar delante/detrás de algn/algo; **~ devant** (*accusé*) comparecer ante; (*projet de loi*) ser presentado(-a) a; **laisser ~** dejar pasar; **~ dans la classe supérieure** pasar al curso superior; **~ à la radio/télévision** salir en la radio/televisión; **~ à l'action** pasar a la acción; **~ aux aveux** decidirse a confesar; **~ inaperçu** pasar desapercibido; **~ outre (à qch)** hacer caso omiso (de algo); **~ pour riche/un imbécile/avoir fait qch** pasar por rico/un imbécil/haber hecho algo; **~ à table** sentarse a la mesa; **~ au salon/à côté** pasar al salón/a la habitación del lado; **~ à l'étranger/à l'opposition/à l'ennemi** pasarse al extranjero/a la oposición/al enemigo; **ne faire que ~** pasar solamente; **passe encore de** todavía pase que; **en passant** : **dire/remarquer qch en passant** decir/señalar algo de pasada; **venir voir qn/faire en passant** venir a ver a algn/hacer de paso; **faire ~ à qn le goût/l'envie de qch** quitarle a algn el gusto/las ganas de algo; **faire ~ qch/qn pour** hacer pasar algo/a algn por; **(faire) ~ qch dans/par** meter algo en/por; **passons** pasemos de eso; **ce film passe au cinéma/à la télé** ponen esa película en el cine/en la tele ▶ VT pasar; (*obstacle*) pasar, superar; (*doubler*) adelantar, pasar; (*frontière, rivière*) cruzar; (*examen*) hacer; (*réplique, plaisanterie*) dejar pasar; (*film, émission, disque*) poner; (*vêtement*) ponerse; (*café*) filtrar; **~ qch (à qn)** (*faute, bêtise*) pasar por alto algo (a algn), aguantar algo (a algn); **~ qch à qn** (*grippe*) pasar algo a algn; **~ directeur/président** ascender a director/a presidente; **~ la** *ou* **en seconde/troisième** (*Auto*) meter *ou* poner (la) segunda/ter-

P

cera; **~ une radio/la visite médicale** hacerse una radiografía/un reconocimiento; **~ son chemin** pasar de largo; **je passe mon tour** paso; **~ qch en fraude** pasar algo de contrabando; **~ la tête/la main par la portière** sacar la cabeza/la mano por la ventanilla; **~ l'aspirateur** pasar la aspiradora; **je vous passe M Roux** (*au téléphone*) le pongo *ou* comunico (*AM*) con el Sr. Roux; (*je lui passe l'appareil*) le paso a *ou* con el Sr. Roux; **~ la parole à qn** cederle la palabra a algn; **~ qn par les armes** pasar a algn por las armas; **~ commande** hacer un pedido; **~ un marché/accord** concertar un negocio/acuerdo ■ **se passer** VPR (*scène, action*) transcurrir; (*s'écouler*) pasar; (*arriver*) : **que s'est-il passé ?** ¿qué ha pasado?; **se ~ les mains sous l'eau** lavarse las manos; **se ~ de l'eau sur le visage** echarse agua por la cara; **cela se passe de commentaires** habla por sí solo; **se ~ de qch** (*s'en priver*) pasarse sin algo

passereau, x [pasRo] NM pájaro

passerelle [pasRɛl] NF pasarela; **~ (de commandement)** puente *m* (de mando)

passe-temps [pastɑ̃] NM INV pasatiempo

passette [pasɛt] NF colador *m*

passeur, -euse [pasœR, øz] NM/F (*fig*) pasador(a)

passible [pasibl] ADJ : **~ de** merecedor(a) de

passif, -ive [pasif, iv] ADJ pasivo(-a) ▸ NM (*Ling*) pasiva; (*Comm*) pasivo

passion [pasjɔ̃] NF pasión *f*; **avoir la ~ de** tener pasión por; **la ~ du jeu/de l'argent** la pasión por el juego/por el dinero; **fruit de la ~** fruta de la pasión

passionnant, e [pasjɔnɑ̃, ɑ̃t] ADJ apasionante

passionné, e [pasjɔne] ADJ apasionado(-a); **être ~ de** ser un(a) apasionado(-a) de ▸ NM/F : **~ de** entusiasta *mf ou* apasionado(-a) de

passionnel, le [pasjɔnɛl] ADJ pasional

passionnément [pasjɔnemɑ̃] ADV apasionadamente

passionner [pasjɔne] VT apasionar ■ **se passionner** VPR : **se ~ pour qch** apasionarse por algo

passivement [pasivmɑ̃] ADV pasivamente

passivité [pasivite] NF pasividad *f*

passoire [paswaR] NF colador *m*; (*à légumes*) pasapurés *m inv*

pastel [pastɛl] NM pintura al pastel ▸ ADJ INV pastel

pastèque [pastɛk] NF sandía

pasteur [pastœR] NM pastor *m*

pasteurisation [pastœRizasjɔ̃] NF pasteurización *f*

pasteurisé, e [pastœRize] ADJ pasteurizado(-a)

pasteuriser [pastœRize] VT pasteurizar

pastiche [pastiʃ] NM pastiche *m*, imitación *f*

pasticher [pastiʃe] VT imitar

pastille [pastij] NF pastilla; **pastilles pour la toux** pastillas de la tos

pastis [pastis] NM anís *msg*

pastoral, e, -aux [pastɔRal, o] ADJ pastoril

patagon, ne [patagɔ̃, ɔn] ADJ patagón(-ona) ▸ NM/F : **Patagon, e** patagón(-ona)

Patagonie [patagɔni] NF Patagonia

patate [patat] NF patata, papa (*AM*); **~ douce** batata, camote *m* (*AM*)

pataud, e [pato, od] ADJ palurdo(-a)

patauger [patoʒe] VI (*pour s'amuser*) chapotear; (*avec effort*) atascarse; **~ dans** (*en marchant*) tropezar en; (*exposé, explications*) encasquillarse en, atascarse en

patch [patʃ] NM parche *m*

patchouli [patʃuli] NM pachulí *m*

patchwork [patʃwœRk] NM (*Couture*) patchwork *m*

pâte [pɑt] NF pasta; (*à base de farine*) masa; (*à frire*) albardilla; **fromage à ~ dure/molle** queso seco/cremoso; **~ à choux** crema de petisús; **~ à modeler** plastilina; **~ à papier** pasta de papel; **~ brisée** pasta quebrada; **~ d'amandes** pasta de almendra; **~ de fruits** fruta escarchada; **~ feuilletée** masa de hojaldre ■ **pâtes** NFPL (*macaroni etc*) pasta *fsg*

pâté [pɑte] NM (*Culin*) paté *m*; (*tache d'encre*) borrón *m*; **~ de foie** paté de hígado; **~ de maisons** manzana (de casas); **~ de sable** flan *m* de arena; **~ en croûte** paté empanado

pâtée [pɑte] NF cebo

patelin [patlɛ̃] (*fam*) NM pueblecito

patente [patɑ̃t] NF patente *f*

patenté, e [patɑ̃te] ADJ (*Comm*) patentado(-a); (*attitré*) profesional

patère [patɛR] NF percha

paternalisme [patɛRnalism] NM paternalismo

paternaliste [patɛRnalist] ADJ paternalista

paternel, le [patɛRnɛl] ADJ paterno(-a)

paternité [patɛRnite] NF paternidad *f*; **revendiquer la ~ de qch** reivindicar la paternidad de algo

pâteux, -euse [pɑtø, øz] ADJ pastoso(-a); **avoir la bouche/langue pâteuse** tener la boca/lengua pastosa

pathétique [patetik] ADJ patético(-a)

pathologie [patɔlɔʒi] NF patología

pathologique [patɔlɔʒik] ADJ patológico(-a)

patibulaire [patibylɛR] ADJ patibulario(-a)

patiemment [pasjamɑ̃] ADV pacientemente

patience [pasjɑ̃s] NF paciencia; (*Cartes*) solitario; **être à bout de ~** estar a punto de perder la paciencia; **perdre ~** perder la paciencia; **prendre ~** tomárselo con calma

patient, e [pasjɑ̃, jɑ̃t] ADJ, NM/F paciente *mf*

patienter [pasjɑ̃te] VI esperar

patin [patɛ̃] NM patín *m*; **~ (de frein)** (*Tech*)

zapata; **patins (à glace)** patines *mpl* (de cuchilla); **patins à roulettes** patines de ruedas
patinage [patinaʒ] NM patinaje *m*; **~ artistique/de vitesse** patinaje artístico/de velocidad
patine [patin] NF pátina
patiner [patine] VI patinar ■ **se patiner** VPR cubrirse de pátina
patineur, -euse [patinœʀ, øz] NM/F patinador(a)
patinoire [patinwaʀ] NF pista de patinaje
patio [pasjo] NM patio
pâtir [pɑtiʀ] : **~ de** *vt* padecer de
pâtisserie [pɑtisʀi] NF pastelería; (*à la maison*) repostería ■ **pâtisseries** NFPL (*gâteaux*) pasteles *mpl*
pâtissier, -ière [pɑtisje, jɛʀ] NM/F pastelero(-a)
pâtisson [pɑtisɔ̃] NM calabaza
patois [patwa] NM dialecto
patraque [patʀak] (*fam*) ADJ pachucho(-a) (*fam*)
patriarche [patʀijaʀʃ] NM patriarca *m*
patrie [patʀi] NF patria
patrimoine [patʀimwan] NM patrimonio; **~ génétique** herencia genética
patriote [patʀijɔt] ADJ, NMF patriota *mf*
patriotique [patʀijɔtik] ADJ patriótico(-a)
patriotisme [patʀijɔtism] NM patriotismo
patron, ne [patʀɔ̃, ɔn] NM/F (*chef*) jefe(-a), patrón(-ona); (*propriétaire*) dueño(-a); (*Méd*) médico(-a) jefe; (*Rel*) patrono(-a); **patrons et employés** patrones *mpl* y empleados; **~ de thèse** director(a) de tesis ▸ NM (*Couture*) patrón *m*
patronage [patʀɔnaʒ] NM patrocinio, tutela; (*organisation, club*) patronato; **sous le ~ de** bajo el patrocinio de
patronal, e, -aux [patʀɔnal, o] ADJ patronal
patronat [patʀɔna] NM empresariado
patronner [patʀɔne] VT (*personne, entreprise*) patrocinar; (*candidature*) apoyar
patronnesse [patʀɔnɛs] ADJ F : **dame ~** patrocinadora
patronyme [patʀɔnim] NM patronímico
patronymique [patʀɔnimik] ADJ : **nom ~** nombre *m* patronímico
patrouille [patʀuj] NF patrulla; **~ de chasse** (*Aviat*) escuadrilla de caza; **~ de reconnaissance** patrulla de reconocimiento
patrouiller [patʀuje] VI patrullar
patrouilleur [patʀujœʀ] NM patrullero
patte [pat] NF (*d'animal*) pata; (*fam : de personne : jambe*) pata; (*: main*) mano *f*; (*languette de cuir, d'étoffe*) lengüeta; (*de poche*) solapa; **pattes** (*favoris*) patillas *fpl*; **à pattes d'éléphant** (*pantalon*) de pata de elefante; **(se mettre) à quatre pattes** (ponerse) a cuatro patas; **en avoir plein les pattes** (*fam*) estar reventado(-a) (*fam*); **pattes de mouche** (*fig*) letra *fsg* de pulga; **pattes d'oie** (*rides*) patas *fpl* de gallo
pattemouille [patmuj] NF sabanilla de planchar
pâturage [pɑtyʀaʒ] NM pasto
pâture [pɑtyʀ] NF (*aliment*) pasto; (*fig*) alimento, comidilla
paume [pom] NF palma (de la mano)
paumé, e [pome] (*fam*) ADJ perdido(-a)
paumer [pome] VT (*fam*) perder ■ **se paumer** VPR perderse
paupérisation [popeʀizasjɔ̃] NF pauperización *f*
paupérisme [popeʀism] NM pauperismo
paupière [popjɛʀ] NF párpado
paupiette [popjɛt] NF : **paupiettes de veau** pulpetas *fpl* de ternera
pause [poz] NF (*arrêt, halte*) parada; (*en parlant*) pausa; (*Mus*) silencio
pause-café [pozkafe] (*pl* **pauses-café**) NF descanso para el café
pause-repas [pozʀəpa] (*pl* **pauses-repas**) NF descanso para comer
pauvre [povʀ] ADJ pobre; **~ en calcium** pobre en calcio ▸ NMF pobre *mf* ■ **pauvres** NMPL : **les pauvres** los pobres
pauvrement [povʀəmɑ̃] ADV pobremente
pauvreté [povʀəte] NF pobreza
pavage [pavaʒ] NM pavimentado; (*revêtement*) pavimento
pavaner [pavane] : **se pavaner** VPR pavonearse
pavé, e [pave] ADJ pavimentado(-a) ▸ NM (*bloc de pierre*) adoquín *m*; (*pavage, pavement*) pavimento; (*de viande*) trozo grueso; (*fam : article, livre*) tocho; **être sur le ~** estar en la calle; **battre le ~** callejear; **~ numérique** (*Inform*) teclado numérico; **~ publicitaire** panel *m* publicitario
paver [pave] VT pavimentar
pavillon [pavijɔ̃] NM pabellón *m*; (*maisonnette, villa*) casa, chalet *m*; **~ de complaisance** pabellón de conveniencia
pavoiser [pavwaze] VT (*édifice*) engalanar; (*navire*) empavesar ▸ VI poner colgaduras; (*fam : fig*) echar las campanas al vuelo
pavot [pavo] NM amapola; (*pavot somnifère*) adormidera
payable [pɛjabl] ADJ pagadero(-a)
payant, e [pɛjɑ̃, ɑ̃t] ADJ (*hôte, spectateur*) que paga; (*entreprise, coup*) rentable; **c'est ~** hay que pagar; **c'est un spectacle ~** es un espectáculo en el que hay que pagar
paye [pɛj] NF paga; **ça fait une ~ (qu'on ne s'est pas vus)** (*fam*) hace un siglo (que no nos hemos visto)
payement [pɛjmɑ̃] NM pago
payer [peje] VT pagar; **il me l'a fait ~ 10 €** me ha

P

cobrado 10 euros; **~ qn de** (*ses efforts, peines*) recompensar a algn por; **~ qch à qn** pagar algo a algn; **ils nous ont payé le voyage** nos han pagado el viaje; **~ par chèque/en espèces** pagar con cheque/en metálico; **~ cher qch** pagar caro algo; **il l'a payé cher** le ha costado caro; **~ d'audace** dar prueba de audacia ▶ VI (*métier*) dar dinero; (*effort, tactique*) dar fruto; **~ de sa personne** darse por entero; **cela ne paie pas de mine** eso tiene mal aspecto, eso no tiene buena cara ■ **se payer** VPR : **se ~ qch** comprarse algo; **se ~ de mots** contentarse con palabras; **se ~ la tête de qn** burlarse de algn, tomar el pelo a algn; (*duper*) tomar el pelo a algn

payeur, -euse [pɛjœʀ, øz] ADJ, NM/F pagador(a)

pays [pei] NM país *msg*; (*région*) región *f*; (*village*) pueblo; **du ~** del país; **le ~ de Galles** el país de Gales

paysage [peizaʒ] NM paisaje *m*

paysager, -ère [peizaʒe, ɛʀ] ADJ (*jardin, parc*) paisajístico(-a)

paysagiste [peizaʒist] NMF (*peintre*) paisajista *mf*; (*jardinier, architecte*) diseñador(a) de jardines

paysan, ne [peizɑ̃, an] NM/F campesino(-a); (*aussi péj*) pueblerino(-a), paleto(-a) ▶ ADJ rústico(-a)

paysannat [peizana] NM gente *f* del campo

Pays-Bas [peiba] NMPL : **les ~** los Países Bajos

PC [pese] SIGLE M (= *Parti communiste*) *partido comunista*; (= *Personal Computer*) OP (= *ordenador personal*)

pcc ABR (= *pour copie conforme*) para compulsar

PDG [pedeʒe] SIGLE MF (= *président-directeur général*) presidente(-a) y director(a) general

p.-ê. ABR = **peut-être**

PEA [peəa] SIGLE M (= *plan d'épargne en actions*) *en Francia, plan de ahorro que invierte el dinero en títulos de renta variable*

péage [peaʒ] NM peaje *m*; (*endroit*) paso de peaje; **autoroute/pont à ~** carretera/puente *m* de peaje

peau, x [po] NF piel *f*; (*de la peinture*) película; (*du lait*) nata; **une ~** (*morceau de peau*) un pellejo; **gants de ~** guantes *mpl* de piel; **être bien/mal dans sa ~** encontrarse/no encontrarse bien consigo mismo; **se mettre dans la ~ de qn** ponerse en el pellejo de algn; **faire ~ neuve** reinventarse; **~ de chamois** gamuza; **~ d'orange** (*aussi fig*) piel de naranja

peaufiner [pofine] VT pulir

Peau-Rouge [poʀuʒ] (*pl* **Peaux-Rouges**) NMF piel *mf* roja

peccadille [pekadij] NF pecadillo

péché [peʃe] NM pecado; **le ~ originel** el pecado original; **~ mignon** punto flaco, debilidad *f*

pêche [pɛʃ] NF (*activité*) pesca; (*endroit*) coto de pesca; (*fruit*) melocotón *m*, durazno (*AM*); **aller à la ~** ir de pesca; **avoir la ~** (*fam*) estar en buena forma; **~ à la ligne** pesca con caña; **~ sous-marine** pesca submarina

pêche-abricot [pɛʃabʀiko] (*pl* **pêches-abricots**) NF melocotón *m* romano

pécher [peʃe] VI pecar; **~ contre la bienséance/les bonnes mœurs** pecar contra la decencia/las buenas costumbres; **~ par excès de** (*confiance, optimisme, précaution*) pecar de exceso de; **~ par manque de** (*expérience, réalisme, réactivité*) pecar de falta de

pêcher [peʃe] NM melocotonero ▶ VI ir de pesca; **~ au chalut** pescar con red ▶ VT pescar; (*chercher*) sacar

pécheur, -eresse [peʃœʀ, -ʀɛs] NM/F pecador(a)

pêcheur, -euse [pɛʃœʀ, øz] NM/F pescador(a); **~ de perles** pescador(a) de perlas

pectine [pɛktin] NF (*Culin*) pectina *f*

pectoral, e, -aux [pɛktɔʀal, o] ADJ pectoral ■ **pectoraux** NMPL (*Anat*) pectorales *mpl*

pécule [pekyl] NM (*économies*) peculio; (*d'un détenu, militaire*) sueldo

pécuniaire [pekynjɛʀ] ADJ pecuniario(-a)

pécuniairement [pekynjɛʀmɑ̃] ADV pecuniariamente

pédagogie [pedagɔʒi] NF pedagogía

pédagogique [pedagɔʒik] ADJ pedagógico(-a); **formation ~** formación *f* pedagógica

pédagogue [pedagɔg] NMF pedagogo(-a)

pédale [pedal] NF pedal *m*; **mettre la ~ douce** (*fam*) bajar el ritmo

pédaler [pedale] VI pedalear

pédalier [pedalje] NM plato

pédalo [pedalo] NM barca a pedal

pédant, e [pedɑ̃, ɑ̃t] (*péj*) ADJ, NM/F pedante *mf*

pédantisme [pedɑ̃tism] NM pedantería

pédéraste [pedeʀast] NM pederasta *m*

pédérastie [pedeʀasti] NF pederastia

pédestre [pedɛstʀ] ADJ : **randonnée ~** excursión *f* a pie; **tourisme ~** turismo pedestre

pédiatre [pedjatʀ] NMF pediatra *mf*

pédiatrie [pedjatʀi] NF pediatría

pédicure [pedikyʀ] NMF pedicuro(-a)

pedigree [pedigʀe] NM pedigrí *m*

peeling [piliŋ] NM exfoliación *f*

pègre [pɛgʀ] NF hampa

peignais *etc* [peɲɛ] VB *voir* **peindre**

peigne [pɛɲ] VB *voir* **peindre** ; **peigner** ▶ NM peine *m*

peigné, e [peɲe] ADJ cardado(-a); **laine peignée** lana cardada

peignée [peɲe] (*fam*) NF (*coups*) paliza, tunda (*fam*); **flanquer une ~ à qn** dar una paliza a algn; **se faire mettre une ~** recibir una paliza

peigner [peɲe] VT peinar; (*laine*) cardar ■ **se peigner** VPR peinarse

peignez *etc* [peɲe] VB *voir* **peindre**

peignis *etc* [peɲi] VB *voir* **peindre**
peignoir [pɛɲwaʀ] NM (*chez le coiffeur*) peinador *m*; (*de bain, de sportif*) albornoz *m*; (*déshabillé*) salto de cama; **~ de bain** *ou* **de plage** albornoz
peignons [pɛɲɔ̃] VB *voir* **peindre**
peinard, e [pɛnaʀ, aʀd] (*fam*) ADJ (*personne*) pancho(-a), tranquilo(-a); (*emploi, vie*) regalado(-a); **on est ~ ici** aquí se está la mar de tranquilo
peindre [pɛ̃dʀ] VT pintar
peine [pɛn] NF pena; (*effort, difficulté*) trabajo; (*Jur*) condena; **faire de la ~ à qn** dar pena a algn; **prendre la ~ de faire** tomarse la molestia de hacer; **se donner de la ~** esforzarse; **ce n'est pas la ~ de faire/que vous fassiez** no vale la pena hacer/que haga; **avoir de la ~ à faire** costarle trabajo a algn hacer; **donnez-vous/veuillez vous donner la ~ d'entrer** sírvase usted entrar; **pour la ~** en compensación; **c'est ~ perdue** es perder el tiempo; **à ~** apenas, recién (AM); **à ~ était-elle sortie qu'il se mit à pleuvoir** apenas salió se puso a llover; **c'est à ~ si ...** apenas si ...; **sous ~ d'être puni** so pena de ser castigado; **défense d'afficher sous ~ d'amende** prohibido fijar carteles bajo multa; **~ capitale** *ou* **de mort** pena capital *ou* de muerte
peiner [pene] VI cansarse ▸VT apenar
peint, e [pɛ̃, pɛ̃t] PP *de* **peindre**
peintre [pɛ̃tʀ] NMF pintor(a); **~ en bâtiment** pintor(a) de brocha gorda
peinture [pɛ̃tyʀ] NF pintura; **ne pas pouvoir voir qn en ~** (*fam*) no poder ver a algn ni en pintura (*fam*); **« ~ fraîche »** « recién pintado »; **~ brillante/mate** pintura brillante/mate; **~ laquée** laca
peinturluré, e [pɛ̃tyʀlyʀe] ADJ pintarrajeado(-a)
péjoratif, -ive [peʒɔʀatif, iv] ADJ peyorativo(-a), despectivo(-a)
Pékin [pekɛ̃] N Pekín
pékinois, e [pekinwa, waz] ADJ pekinés(-esa) ▸NM (*chien, Ling*) pekinés *msg* ▸NM/F: **Pékinois, e** pekinés(-esa)
PEL [peəɛl] SIGLE M (= *plan d'épargne logement*) plan *m* de ahorro vivienda
pelade [pəlad] NF (*Méd*) alopecia
pelage [pəlaʒ] NM pelaje *m*
pelé, e [pəle] ADJ (*chien*) esquilado(-a); (*terrain*) segado(-a) ▸NM/F: **trois pelés et un tondu** cuatro gatos
pêle-mêle [pɛlmɛl] ADV en desorden
peler [pəle] VT pelar ▸VI pelarse; (*fam: avoir froid*) pelarse de frío, congelarse
pèlerin [pɛlʀɛ̃] NM peregrino
pèlerinage [pɛlʀinaʒ] NM peregrinación *f*; (*lieu*) centro de peregrinación
pèlerine [pɛlʀin] NF capa
pélican [pelikɑ̃] NM pelícano
pelisse [pəlis] NF pelliza
pelle [pɛl] NF pala; **~ à gâteau** *ou* **à tarte** paleta; **~ mécanique** excavadora
pelletée [pɛlte] NF pala
pelleter [pɛlte] VT palear
pelleteuse [pɛltøz] NF excavadora
pelletier [pɛltje] NM peletero(-a)
pellicule [pelikyl] NF (*couche fine*) película; (*Photo*) rollo, carrete *m*; (*Ciné*) cinta ■ **pellicules** NFPL (*Méd*) caspa *fsg*
Péloponnèse [pelɔpɔnɛz] NM Peloponeso
pelote [p(ə)lɔt] NF (*de fil, laine*) ovillo; (*d'épingles, d'aiguilles*) acerico; (*balle, jeu*): **~ (basque)** pelota (vasca)
peloter [p(ə)lɔte] (*fam*) VT achuchar (*fam*) ■ **se peloter** VPR darse *ou* pegarse el lote (*fam*), achucharse (*fam*)
peloton [p(ə)lɔtɔ̃] NM pelotón *m*; **~ d'exécution** pelotón de ejecución
pelotonner [p(ə)lɔtɔne]: **se pelotonner** VPR acurrucarse
pelouse [p(ə)luz] NF césped *m*; (*Courses*) pista
peluche [p(ə)lyʃ] NF (*flocon de poussière, poil*) pelusa; **animal en ~** muñeco de peluche
pelucher [p(ə)lyʃe] VI: **ce pull peluche** a este jersey le están saliendo pelotas
pelucheux, -euse [p(ə)lyʃø, øz] ADJ: **une étoffe pelucheuse** una tela a la que le salen pelotas
pelure [p(ə)lyʀ] NF piel *f*; **~ d'oignon** capa; (*couleur*) violáceo
pénal, e, -aux [penal, o] ADJ penal
pénalement [penalmɑ̃] ADV penalmente
pénalisation [penalizasjɔ̃] NF (*Sport*) sanción *f*
pénaliser [penalize] VT penalizar
pénaliste [penalist] NMF penalista *mf*
pénalité [penalite] NF penalidad *f*; (*Sport*) sanción *f*
penalty [penalti] (*pl* **penalties**) NM (*Sport*) penalty *m*
pénard, e [penaʀ, aʀd] ADJ *voir* **peinard**
pénates [penat] NMPL (*demeure*): **regagner ses ~** volver a casa
penaud, e [pəno, od] ADJ corrido(-a)
penchant [pɑ̃ʃɑ̃] NM inclinación *f*; **avoir un ~ pour qch** tener una inclinación hacia algo
penché, e [pɑ̃ʃe] ADJ (*écriture*) inclinado(-a)
pencher [pɑ̃ʃe] VI inclinarse; **~ pour** (*fig*) inclinarse por ▸VT inclinar ■ **se pencher** VPR inclinarse; (*se baisser*) agacharse; **se ~ sur** inclinarse sobre; (*fig*) examinar; **se ~ au dehors** asomarse
pendable [pɑ̃dabl] ADJ: **c'est un cas ~ !** ¡merece que se le castigue!; **tour ~** mala pasada
pendaison [pɑ̃dɛzɔ̃] NF ahorcamiento
pendant, e [pɑ̃dɑ̃, ɑ̃t] ADJ (*jambes, langue etc*) colgante; (*Admin, Jur*) pendiente ▸NM: **être le ~ de** ser el compañero de; (*fig*) ser equiparable

P

con; **faire ~ à** hacer pareja con; **pendants d'oreilles** pendientes *mpl* ▸ PRÉP durante; **~ que** mientras

pendeloque [pɑ̃d(ə)lɔk] NF colgante *m*; (*ornement de lustre*) cristal *m*

pendentif [pɑ̃dɑ̃tif] NM colgante *m*

penderie [pɑ̃dʀi] NF ropero

pendiller [pɑ̃dije] VI colgar

pendre [pɑ̃dʀ] VT colgar; (*personne*) ahorcar; **~ qch à** colgar algo de ▸ VI colgar; **~ à** colgar de ■ **se pendre** VPR (*se suicider*) ahorcarse; **se ~ à** colgarse de

pendu, e [pɑ̃dy] PP *de* **pendre** ▸ NM/F ahorcado(-a)

pendulaire [pɑ̃dylɛʀ] ADJ pendular

pendule [pɑ̃dyl] NF (*horloge*) reloj *m* péndulo; **remettre les pendules à l'heure** (*fig*) poner las cosas en su sitio ▸ NM péndulo

pendulette [pɑ̃dylɛt] NF relojito

pêne [pɛn] NM pestillo

pénétrant, e [penetʀɑ̃, ɑ̃t] ADJ penetrante; (*esprit, personne*) agudo(-a)

pénétrante [penetʀɑ̃t] NF *autopista que llega hasta el centro de una ciudad*

pénétration [penetʀasjɔ̃] NF penetración *f*; (*perspicacité*) agudeza; (*Mil*) : **force de ~** fuerza de penetración

pénétré, e [penetʀe] ADJ (*air, ton*) importante; **être ~ de** (*sentiment, conviction*) estar lleno(-a) de; **être ~ de soi-même/son importance** estar convencido(-a) de sí mismo/su importancia

pénétrer [penetʀe] VI penetrar; **~ dans/à l'intérieur de** penetrar en/en el interior de; (*suj : air, eau*) entrar en ▸ VT entrar; (*suj : projectile, mystère, secret*) penetrar ■ **se pénétrer** VPR : **se ~ de qch** llenarse de algo

pénible [penibl] ADJ penoso(-a); **il m'est ~ de ...** me resulta penoso ...

péniblement [penibləmɑ̃] ADV penosamente; (*tout juste*) a duras penas

péniche [peniʃ] NF chalana; (*Mil*) : **~ de débarquement** lanchón *m* de desembarco

pénicilline [penisilin] NF penicilina

péninsulaire [penɛ̃sylɛʀ] ADJ peninsular

péninsule [penɛ̃syl] NF península

pénis [penis] NM pene *m*

pénitence [penitɑ̃s] NF penitencia; **être/mettre en ~** (*enfant*) estar castigado(-a)/castigar; **faire ~** hacer penitencia

pénitencier [penitɑ̃sje] NM (*prison*) penitenciaría

pénitent, e [penitɑ̃, ɑ̃t] NM/F (*Rel*) penitente *mf*

pénitentiaire [penitɑ̃sjɛʀ] ADJ penitenciario(-a)

pénombre [penɔ̃bʀ] NF penumbra

pensable [pɑ̃sabl] ADJ : **ce n'est pas ~** esto es impensable *ou* inimaginable

pensant, e [pɑ̃sɑ̃, ɑ̃t] ADJ : **bien ~** de bien

pense-bête [pɑ̃sbɛt] (*pl* **pense-bêtes**) NM nota

pensée [pɑ̃se] NF (*aussi Bot*) pensamiento; (*maxime, sentence*) aforismo; (*démarche*) : **~ claire/obscure/organisée** ideas *fpl* claras/oscuras/organizadas; **en** *ou* **par la ~** con el pensamiento; **se représenter qch par la** *ou* **en ~** imaginarse algo con el pensamiento

penser [pɑ̃se] VI pensar; (*avoir une opinion*) : **je ne pense pas comme vous** no pienso como usted; **~ à** pensar en; **~ (à) faire qch** pensar (en) hacer algo; **faire ~ à** hacer pensar en, recordar; **n'y pensons plus** (*pour excuser, pardonner*) olvidémoslo; **sans ~ à mal** sin mala intención ▸ VT pensar; (*concevoir : problème, machine*) pensar, idear; **~ que** pensar que, creer que; **~ du bien/du mal de qn/qch** pensar bien/mal de algn/algo; **qu'en pensez-vous ?** ¿qué opina usted?; **je le pense aussi** yo también lo creo; **je ne le pense pas** no lo creo; **j'aurais pensé que si/non** habría creído que sí/no; **je pense que oui/non** creo que sí/no; **vous n'y pensez pas !** ¡ni lo sueñe!

penseur [pɑ̃sœʀ] NM pensador(a); **libre ~** librepensador(a)

pensif, -ive [pɑ̃sif, iv] ADJ pensativo(-a)

pension [pɑ̃sjɔ̃] NF (*allocation, prix du logement, hôtel*) pensión; (*école*) internado; **prendre ~ chez qn/dans un hôtel** alojarse en casa de algn/en un hotel; **prendre qn en ~** coger a algn en pensión; **mettre en ~** (*enfant*) meter interno(-a); **~ alimentaire** (*d'étudiant*) pensión alimenticia; (*de divorcée*) pensión; **~ complète** pensión completa; **~ d'invalidité** subsidio de invalidez; **~ de famille** casa de huéspedes; **~ de guerre** pensión de mutilado; **~ de retraite** pensión de jubilación

pensionnaire [pɑ̃sjɔnɛʀ] NMF (*d'un hôtel*) huésped *m*; (*d'école*) interno(-a)

pensionnat [pɑ̃sjɔna] NM pensionado; (*élèves*) internado

pensionné, e [pɑ̃sjɔne] ADJ pensionado(-a) ▸ NM/F pensionista *mf*

pensivement [pɑ̃sivmɑ̃] ADV pensativamente

pensum [pɛ̃sɔm] NM (*Scol*) tarea; (*fig*) castigo *m*

pentagone [pɛ̃tagɔn] NM pentágono; **le P~** (*Pol*) el Pentágono

pentathlon [pɛ̃tatlɔ̃] NM pentatlón *m*

pente [pɑ̃t] NF pendiente *f*; (*descente*) cuesta; **en ~** en pendiente, en cuesta

Pentecôte [pɑ̃tkot] NF : **la ~** Pentecostés *msg*; **lundi de ~** lunes *m inv* de Pentecostés

pénurie [penyʀi] NF penuria, escasez *f*; **~ de main-d'œuvre** escasez de mano de obra

people [pipɔl] ADJ OU ADJ INV (*presse*) del corazón; (*événement*) vip; **les magazines ~** las revistas del corazón ▸ NMF celebridad *f*, famoso(-a)

PEP [pɛp] SIGLE M (= *plan d'épargne populaire*) *en Francia, plan de ahorro popular*

pépé [pepe] (*fam*) NM abuelo

pépée [pepe] NF (*fam : femme*) chati *f* (*fam*), churri *f* (*fam*)

pépère [pepɛʀ] *(fam)* ADJ tranquilo(-a), bonachón(-ona) ▸ NM abuelo
pépier [pepje] VI piar
pépin [pepɛ̃] NM *(Bot)* pepita; *(fam : ennui)* lío; *(fam : parapluie)* paraguas *m inv*
pépinière [pepinjɛʀ] NF vivero; *(fig)* cantera
pépiniériste [pepinjeʀist] NMF encargado(-a) de vivero
pépite [pepit] NF pepita
péplum [peplɔm] NM *(film)* péplum *m*
péquenaud, e [pɛkno, od] *(fam, péj)* NM/F paleto(-a), palurdo(-a)
PER [peəɛʀ] SIGLE M *(= plan d'épargne retraite) plan de pensiones*
perçant, e [pɛʀsɑ̃, ɑ̃t] ADJ *(vue, regard, yeux)* perspicaz; *(cri, voix)* agudo(-a)
percée [pɛʀse] NF paso; *(Comm, fig)* avance *m*; *(Sport)* entrada; **tenter une ~** *(Mil)* intentar abrir una brecha
perce-neige [pɛʀsənɛʒ] *(pl* **~(s)**) NM OU F *(Bot)* narciso de las nieves
perce-oreille [pɛʀsɔʀɛj] *(pl* **perce-oreilles**) NM forfícula
percepteur, -trice [pɛʀsɛptœʀ, tʀis] NM/F *(Admin)* recaudador(a) de impuestos
perceptible [pɛʀsɛptibl] ADJ perceptible
perception [pɛʀsɛpsjɔ̃] NF percepción *f*; *(d'impôts etc)* recaudación *f*; *(bureau)* oficina de recaudación
percer [pɛʀse] VT *(métal)* perforar; *(trou, coffre-fort)* abrir; *(pneu)* pinchar; *(abcès)* reventar; *(obscurité)* atravesar; *(mystère, énigme)* penetrar; *(oreilles, tympan)* traspasar ▸ VI *(aube, dent)* salir; *(artiste)* abrirse camino
perceuse [pɛʀsøz] NF taladradora, perforadora; **~ à percussion** taladradora de percusión
percevable [pɛʀsəvabl] ADJ recaudable
percevoir [pɛʀsəvwaʀ] VT percibir; *(taxe, impôt)* recaudar
perche [pɛʀʃ] NF *(pièce de bois, métal)* vara; *(Sport)* pértiga; *(TV, Radio, Ciné)* jirafa (del micrófono); *(Zool)* perca; **tendre la ~ à qn** echar un cable a algn; **~ à selfie** palo selfie, paloselfi *m*
percher [pɛʀʃe] VT : **~ qch sur** colocar algo sobre ▪ **se percher** VPR *(oiseau)* encaramarse
perchiste [pɛʀʃist] NMF *(Sport)* saltador(a) de pértiga; *(TV, Radio, Ciné)* jirafista *mf*
perchoir [pɛʀʃwaʀ] NM percha; **le ~** *(Pol) puesto de presidente de la Asamblea nacional francesa*
perclus, e [pɛʀkly, yz] ADJ : **~ de** *(rhumatismes)* lleno(-a) de
perçois *etc* [pɛʀswa] VB *voir* **percevoir**
percolateur [pɛʀkɔlatœʀ] NM percolador *m*, máquina de café
perçu, e [pɛʀsy] PP *de* **percevoir**
percussion [pɛʀkysjɔ̃] NF percusión *f*; **à ~** *(instruments, perceuse)* de percusión
percussionniste [pɛʀkysjɔnist] NMF percusionista *mf*
percutant, e [pɛʀkytɑ̃, ɑ̃t] ADJ *(article, discours)* contundente; **obus ~** obús *msg* de percusión
percuter [pɛʀkyte] VT percutir; *(suj : véhicule)* chocar ▸ VI *(fam : comprendre, réagir)* coscarse; **~ contre** chocar contra
percuteur [pɛʀkytœʀ] NM percutor *m*
perdant, e [pɛʀdɑ̃, ɑ̃t] NM/F perdedor(a) ▸ ADJ *(numéro)* no agraciado(-a)
perdition [pɛʀdisjɔ̃] NF *(morale)* perdición *f*; **en ~** *(Naut)* en peligro de naufragio; **lieu de ~** lugar *m* de perdición
perdre [pɛʀdʀ] VT perder; **il ne perd rien pour attendre** ese se va a enterar ▸ VI perder ▪ **se perdre** VPR perderse
perdreau, x [pɛʀdʀo] NM perdigón *m*
perdrix [pɛʀdʀi] NF perdiz *f*
perdu, e [pɛʀdy] PP *de* **perdre** ▸ ADJ perdido(-a); *(malade, blessé)* : **il est ~** está desahuciado; **à vos moments perdus** en sus ratos libres
père [pɛʀ] NM padre *m*; **de ~ en fils** de padre a hijo; **~ de famille** padre de familia; **mon ~** *(Rel)* padre; **le ~ Noël** Papá *m* Noel ▪ **pères** NMPL padres *mpl*
pérégrinations [peʀegʀinasjɔ̃] NFPL peregrinaciones *fpl*
péremption [peʀɑ̃psjɔ̃] NF : **date de ~** fecha de caducidad
péremptoire [peʀɑ̃ptwaʀ] ADJ perentorio(-a); *(ton)* tajante
pérenne [peʀɛn] ADJ *(développement, emploi)* perenne
pérenniser [peʀenize] VT *(rendre pérenne)* garantizar la continuidad de; **~ les services publics** garantizar la continuidad de los servicios públicos
pérennité [peʀenite] NF perennidad *f*
péréquation [peʀekwasjɔ̃] NF *(des salaires)* distribución *f* equitativa; *(des prix, impôts)* reparto equitativo
perfectible [pɛʀfɛktibl] ADJ perfectible
perfection [pɛʀfɛksjɔ̃] NF perfección *f*; **à la ~** a la perfección
perfectionné, e [pɛʀfɛksjɔne] ADJ perfeccionado(-a)
perfectionnement [pɛʀfɛksjɔnmɑ̃] NM perfeccionamiento
perfectionner [pɛʀfɛksjɔne] VT perfeccionar ▪ **se perfectionner** VPR *(dans un sport, une matière)* mejorar; **je me suis perfectionné en anglais** he perfeccionado mi inglés
perfectionniste [pɛʀfɛksjɔnist] NMF perfeccionista *mf*
perfide [pɛʀfid] ADJ pérfido(-a)
perfidie [pɛʀfidi] NF perfidia
perforant, e [pɛʀfɔʀɑ̃, ɑ̃t] ADJ perforante
perforateur [pɛʀfɔʀatœʀ] NM taladro
perforation [pɛʀfɔʀasjɔ̃] NF perforación *f*; **~ intestinale** perforación intestinal

P

perforatrice [pɛʀfɔʀatʀis] NF perforadora, taladradora
perforé, e [pɛʀfɔʀe] ADJ perforado(-a)
perforer [pɛʀfɔʀe] VT perforar
perforeuse [pɛʀfɔʀøz] NF perforadora
performance [pɛʀfɔʀmɑ̃s] NF (*d'un cheval, athlète*) marca; (*exploit, succès*) récord *m* ■ **performances** NFPL (*d'une machine, d'un véhicule*) prestaciones *fpl*
performant, e [pɛʀfɔʀmɑ̃, ɑ̃t] ADJ (*Écon*) competitivo(-a); (*Tech*) en buen rendimiento
perfusion [pɛʀfyzjɔ̃] NF perfusión *f*; **être sous ~** tener puesto el gotero
péricliter [peʀiklite] VI decaer
péridurale [peʀidyʀal] NF epidural *f*
périgourdin, e [peʀiguʀdɛ̃, in] ADJ del Perigord ▶NM/F : **Périgourdin, e** nativo(-a) *ou* habitante *mf* de Perigord
péri-informatique [peʀiɛ̃fɔʀmatik] (*pl* **péri-informatiques**) NF (*composants*) periféricos *mpl*
péril [peʀil] NM peligro; **au ~ de sa vie** con riesgo de su vida; **à ses risques et périls** por su cuenta y riesgo
périlleux, -euse [peʀijø, øz] ADJ peligroso(-a)
périmé, e [peʀime] ADJ (*passeport, billet*) caducado(-a); (*conception, idéologie*) caduco(-a)
périmètre [peʀimɛtʀ] NM perímetro; (*zone*) superficie *f*; **~ de sécurité** perímetro de seguridad
périnatal, e, -aux [peʀinatal, o] ADJ perinatal
période [peʀjɔd] NF periodo, período; **~ de l'ovulation/d'incubation** periodo *ou* período de ovulación/de incubación
périodique [peʀjɔdik] ADJ periódico(-a); **serviette ~** compresa ▶NM periódico
périodiquement [peʀjɔdikmɑ̃] ADV periódicamente
péripéties [peʀipesi] NFPL peripecias *fpl*
périphérie [peʀifeʀi] NF periferia
périphérique [peʀifeʀik] ADJ periférico(-a); (*Auto*) : **(boulevard) ~** (carretera *ou* ronda de) circunvalación *f* ▶NM (*Inform*) periférico
périphrase [peʀifʀɑz] NF perífrasis *f inv*
périple [peʀipl] NM viaje *m*
périr [peʀiʀ] VI perecer
périscolaire [peʀiskɔlɛʀ] ADJ extraescolar
périscope [peʀiskɔp] NM periscopio
périssable [peʀisabl] ADJ perecedero(-a)
péristyle [peʀistil] NM peristilo
péritélévision [peʀitelevizjɔ̃] NF *aparatos que pueden conectarse a un televisor*
péritonite [peʀitɔnit] NF peritonitis *f inv*
périurbain, e [peʀiyʀbɛ̃, ɛn] ADJ periférico(-a)
perle [pɛʀl] NF (*aussi personne, chose*) perla; (*de verre etc*) cuenta; (*de rosée, sang, sueur*) gota; (*erreur*) gazapo
perlé, e [pɛʀle] ADJ (*dents, travail*) de perlas; (*rire*) delicado(-a); (*orge*) perlado(-a); **grève perlée** semihuelga
perler [pɛʀle] VI : **la sueur perlait sur son front** tenía la frente cubierta de gotas de sudor
perlier, -ière [pɛʀlje, jɛʀ] ADJ perlero(-a)
permanence [pɛʀmanɑ̃s] NF (*aussi Scol*) permanencia; (*local*) guardia; **assurer une ~** (*service public, bureaux*) estar abierto(-a); **être de ~** estar de guardia; **en ~** permanentemente
permanent, e [pɛʀmanɑ̃, ɑ̃t] ADJ permanente; (*spectacle*) continuo(-a) ▶NM/F (*d'un syndicat*) representante *mf*; (*d'un parti*) miembro *mf* permanente
permanente [pɛʀmanɑ̃t] NF permanente *f*
perméable [pɛʀmeabl] ADJ permeable; **~ à** (*fig*) influenciable por
permettre [pɛʀmɛtʀ] VT permitir; **rien ne permet de penser que ...** nada permite pensar que ...; **~ à qn de faire qch** permitir a algn hacer algo; **permettez !** ¡perdone! ■ **se permettre** VPR : **se ~ (de faire) qch** permitirse (hacer) algo
permis, e [pɛʀmi, iz] PP *de* **permettre** ▶NM permiso; **~ d'inhumer** permiso de inhumación; **~ de chasse/pêche** licencia de caza/pesca; **~ de conduire** carnet *m* de conducir; **~ de construire** licencia de construcción; **~ de séjour/de travail** permiso de residencia/de trabajo; **~ poids lourds** carnet de primera
permissif, -ive [pɛʀmisif, iv] ADJ permisivo(-a)
permission [pɛʀmisjɔ̃] NF permiso; **en ~** (*Mil*) de permiso; **avoir la ~ de faire qch** tener permiso para hacer algo
permissionnaire [pɛʀmisjɔnɛʀ] NM militar *m* de permiso
permutable [pɛʀmytabl] ADJ permutable
permutation [pɛʀmytasjɔ̃] NF permuta
permuter [pɛʀmyte] VT, VI permutar
pernicieux, -euse [pɛʀnisjø, jøz] ADJ pernicioso(-a)
péroné [peʀɔne] NM peroné *m*
pérorer [peʀɔʀe] VI perorar
Pérou [peʀu] NM Perú *m*
perpendiculaire [pɛʀpɑ̃dikylɛʀ] ADJ perpendicular; **~ à** perpendicular a ▶NF perpendicular *f*
perpendiculairement [pɛʀpɑ̃dikylɛʀmɑ̃] ADV perpendicularmente
perpète [pɛʀpɛt] (*fam*) NF (*loin*) : **à ~** en el quinto pino (*fam*); (*longtemps*) indefinidamente
perpétrer [pɛʀpetʀe] VT perpetrar
perpétuel, le [pɛʀpetɥɛl] ADJ perpetuo(-a); (*Admin*) vitalicio(-a); (*jérémiades*) continuo(-a)
perpétuellement [pɛʀpetɥɛlmɑ̃] ADV perpetuamente; (*fréquemment*) continuamente
perpétuer [pɛʀpetɥe] VT perpetuar ■ **se perpétuer** VPR perpetuarse
perpétuité [pɛʀpetɥite] NF : **à ~** a perpetui-

dad; **être condamné à ~** estar condenado a cadena perpetua

perplexe [pɛʀplɛks] ADJ perplejo(-a)

perplexité [pɛʀplɛksite] NF perplejidad *f*

perquisition [pɛʀkizisjɔ̃] NF registro

perquisitionner [pɛʀkizisjɔne] VI registrar

perron [peʀɔ̃] NM escalinata

perroquet [peʀɔkɛ] NM loro

perruche [peʀyʃ] NF cotorra

perruque [peʀyk] NF peluca

persan, e [pɛʀsɑ̃, an] ADJ persa ▶ NM (*Ling*) persa *m* ▶ NM/F : **Persan, e** persa *mf*

Perse [pɛʀs] NMF (*personne*) persa *mf*; (*pays*) Persia

perse [pɛʀs] ADJ persa ▶ NM (*Ling*) persa *m*

persécuter [pɛʀsekyte] VT perseguir

persécution [pɛʀsekysjɔ̃] NF persecución *f*

persévérance [pɛʀseveʀɑ̃s] NF perseverancia

persévérant, e [pɛʀseveʀɑ̃, ɑ̃t] ADJ perseverante

persévérer [pɛʀseveʀe] VI perseverar; **~ à croire que** obstinarse en creer que; **~ dans qch** perseverar en algo

persienne [pɛʀsjɛn] NF persiana

persiflage [pɛʀsiflaʒ] NM chanzas *fpl*

persifleur, -euse [pɛʀsiflœʀ, øz] ADJ socarrón(-ona)

persil [pɛʀsi] NM perejil *m*

persillé, e [pɛʀsije] ADJ aderezado(-a) con perejil; (*fromage*) azul; (*viande*) mechado(-a)

Persique [pɛʀsik] ADJ : **le golfe ~** el Golfo pérsico

persistance [pɛʀsistɑ̃s] NF persistencia

persistant, e [pɛʀsistɑ̃, ɑ̃t] ADJ persistente; (*feuilles, feuillage*) perenne; **arbre à feuillage ~** árbol de hoja perenne

persister [pɛʀsiste] VI persistir; **~ dans qch** persistir en algo; **~ à faire qch** empeñarse en hacer algo

personnage [pɛʀsɔnaʒ] NM personaje *m*

personnaliser [pɛʀsɔnalize] VT (*voiture, peine*) dar un tinte personal a; (*impôt etc*) individualizar

personnalité [pɛʀsɔnalite] NF personalidad *f*

personne [pɛʀsɔn] NF persona; (*Ling*) : **première/troisième ~** primera/tercera persona; **10 euros par ~** 10 euros por persona; **en ~** en persona; **~ à charge** (*Jur*) persona a su cargo; **~ âgée** persona mayor; **~ civile/morale** (*Jur*) persona civil/moral ▶ PRON nadie; **il n'y a ~** no hay nadie

personnel, le [pɛʀsɔnɛl] ADJ personal; (*égoïste*) individualista; (*taxe, contribution*) individual; **il a des idées très personnelles sur le sujet** tiene sus propias ideas sobre el tema ▶ NM (*domestiques*) servidumbre *f*; (*employés*) plantilla; **service du ~** servicio de personal

personnellement [pɛʀsɔnɛlmɑ̃] ADV personalmente

personnification [pɛʀsɔnifikasjɔ̃] NF personificación *f*

personnifier [pɛʀsɔnifje] VT personificar; **c'est l'honnêteté personnifiée** es la honradez personificada

perspective [pɛʀspɛktiv] NF perspectiva; **en ~** en perspectiva ■ **perspectives** NFPL (*d'avenir*) perspectivas *fpl* (de futuro)

perspicace [pɛʀspikas] ADJ perspicaz

perspicacité [pɛʀspikasite] NF perspicacia

persuader [pɛʀsɥade] VT : **~ qn (de qch/de faire qch)** persuadir a algn (de algo/de hacer algo); **j'en suis persuadé** estoy convencido

persuasif, -ive [pɛʀsɥazif, iv] ADJ persuasivo(-a)

persuasion [pɛʀsɥazjɔ̃] NF persuasión *f*

perte [pɛʀt] NF pérdida; (*ruine morale*) perdición *f*; **vendre à ~** hacer dumping; **à ~ de vue** hasta perderse de vista; (*discourir, raisonner*) hasta nunca acabar; **en pure ~** sin ganancia alguna; **courir à sa ~** buscarse la ruina; **être en ~ de vitesse** (*fig*) estar de capa caída; **avec ~ et fracas** sin contemplaciones; **~ de chaleur/d'énergie** pérdida de calor/de energía; **~ sèche** pérdida total ■ **pertes** NFPL (*personnes tuées*) bajas *fpl*; (*Comm*) déficit *msg*; **pertes blanches** flujo *msg* vaginal

pertinemment [pɛʀtinamɑ̃] ADV oportunamente; (*savoir*) a ciencia cierta

pertinence [pɛʀtinɑ̃s] NF pertinencia

pertinent, e [pɛʀtinɑ̃, ɑ̃t] ADJ pertinente

perturbateur, -trice [pɛʀtyʀbatœʀ, tʀis] ADJ, NM/F perturbador(a)

perturbation [pɛʀtyʀbasjɔ̃] NF perturbación *f*; **~ atmosphérique** perturbación atmosférica

perturber [pɛʀtyʀbe] VT perturbar

péruvien, ne [peʀyvjɛ̃, jɛn] ADJ peruano(-a) ▶ NM/F : **Péruvien, ne** peruano(-a)

pervenche [pɛʀvɑ̃ʃ] NF (*Bot*) vincapervinca ▶ ADJ : **bleu ~** azul intenso

pervers, e [pɛʀvɛʀ, ɛʀs] ADJ perverso(-a); **effet ~** efecto perverso ▶ NM/F perverso(-a)

perversion [pɛʀvɛʀsjɔ̃] NF perversión *f*

perversité [pɛʀvɛʀsite] NF perversidad *f*

perverti, e [pɛʀvɛʀti] NM/F pervertido(-a)

pervertir [pɛʀvɛʀtiʀ] VT pervertir; (*altérer, dénaturer*) desnaturalizar

pesage [pəzaʒ] NM peso

pesamment [pəzamɑ̃] ADV pesadamente

pesant, e [pəzɑ̃, ɑ̃t] ADJ pesado(-a) ▶ NM : **valoir son ~ de** valer su peso en

pesanteur [pəzɑ̃tœʀ] NF gravedad *f*

pèse-bébé [pɛzbebe] (*pl* **pèse-bébés**) NM pesabebés *m inv*

pesée [pəze] NF pesada; (*Boxe*) peso; (*pression*) presión *f*

pèse-lettre [pɛzlɛtʀ] (*pl* **pèse-lettres**) NM pesacartas *m inv*

pèse-personne [pɛzpɛʀsɔn] (*pl* **pèse-personnes**) NM báscula

peser [pəze] VT pesar; *(considérer, comparer)* ponderar ▶ VI pesar; *(fig)* tener peso; **~ cent kilos/peu** pesar cien kilos/poco; **~ sur** *(levier, bouton)* apretar sobre; *(fig)* abrumar; *(suj : aliment, fardeau, impôt)* pesar; *(influencer : décision)* influir en; **~ à qn** molestar a algn

pessaire [pesɛʀ] NM pesario

pessimisme [pesimism] NM pesimismo

pessimiste [pesimist] ADJ, NMF pesimista *mf*

peste [pɛst] NF *(Méd)* peste *f*; *(enfant, personne)* : **quelle ~ !** ¡es peor que la peste!

pester [pɛste] VI : **~ contre qn/qch** echar pestes contra algn/algo

pesticide [pɛstisid] NM pesticida *m*

pestiféré [pɛstifeʀe] NMF apestado(-a)

pestilentiel, le [pɛstilɑ̃sjɛl] ADJ pestilente

pet [pɛ] *(fam)* NM pedo

pétale [petal] NM pétalo

pétanque [petɑ̃k] NF petanca

pétaradant, e [petaʀadɑ̃, ɑ̃t] ADJ petardeante

pétarade [petaʀad] NF traca

pétarader [petaʀade] VI petardear

pétard [petaʀ] NM *(feu d'artifice)* petardo, cohete *m*; *(de cotillon)* petardo; *(fam)* : **en ~** *(cheveux)* desgreñado(-a); *(personne : en colère)* cabreado(-a) *(fam)*

pétasse [petas] NF *(fam ! : femme)* zorra *(fam !)*, puta *(fam !)*

pétaudière [petodjɛʀ] NF olla de grillos

pet-de-nonne [pɛdnɔn] *(pl* **pets-de-nonne***)* NM suspiro de monja

pète [pɛt] *(fam)* NM *(coup, choc)* torta *(fam)*, viaje *m (fam)*; **prendre un ~** llevarse un golpe; **avoir un ~ au casque** estar mal de la cabeza, estar como una cabra

pété, e [pete] *(fam)* ADJ *(cassé : objet)* escacharrado(-a) *(fam)*; *(ivre : personne)* pedo *(fam)*

péter [pete] *(fam)* VI *(sauter)* estallar; *(casser)* romperse; *(personne)* tirarse pedos *ou* un pedo ▶ VT *(casser)* escacharrar; **~ une durite** *(s'emporter)* ponerse como un energúmeno ■ **se péter** VPR *(bras, jambe)* romperse; **se ~ la gueule** *(fam : tomber)* pegársela *(fam)*, caerse

pète-sec [pɛtsɛk] ADJ INV mandón(-ona)

pétillant, e [petijɑ̃, ɑ̃t] ADJ *(eau)* con gas; *(vin)* espumoso(-a); *(regard)* chispeante

pétiller [petije] VI *(flamme, bois)* chisporrotear; *(joie, yeux)* chispear; *(mousse, champagne)* burbujear; *(fig)* : **~ d'intelligence** chispear de ingenio

petit, e [p(ə)ti, it] ADJ pequeño(-a), chico(-a) *(surtout* AM*)*; *(personne, cri)* bajo(-a); *(mince)* fino(-a); *(court)* corto(-a); **en ~** en pequeño; **~(e) ami(e)** novio(-a); **~ déjeuner** desayuno; **~ doigt** dedo meñique; **~ écran** pequeña pantalla; **~ four** pastelillo; **~ pain** panecillo; **petite monnaie** calderilla; **petite vérole** viruela; **petits pois** guisantes *mpl*, arvejas *fpl* (AM), chícharos *mpl* (MEX); **les petites annonces** anuncios *mpl* por palabras; **petites gens** gente *fsg* humilde ▶ NM/F *(petit enfant)* pequeño(-a); **mon ~** mi niño; **ma petite** mi niña; **pauvre ~** pobre crío(-a) ▶ NM *(d'un animal)* cachorro(-a) ■ **petits** NMPL : **la classe des petits** la clase de párvulos; **faire des petits** *(animal)* tener cachorros; **pour petits et grands** para pequeños y mayores; **les tout-petits** los pequeñitos ▶ ADV : **~ à ~** poco a poco

petit-beurre [p(ə)tibœʀ] *(pl* **petits-beurre***)* NM galleta de mantequilla

petit-bourgeois, petite-bourgeoise [p(ə)ti(t)buʀʒwa(z)] *(pl* **petits-bourgeois, petites-bourgeoises***)* ADJ, NM/F *(péj)* pequeño(-a) burgués(-esa)

petite-fille [p(ə)titfij] *(pl* **petites-filles***)* NF nieta

petitement [pətitmɑ̃] ADV *(fig)* con estrechez; **être logé ~** vivir en una casa pequeña

petitesse [p(ə)titɛs] NF pequeñez *f*; *(d'une existence)* mediocridad *f*; *(mesquinerie)* bajeza

petit-fils [p(ə)tifis] *(pl* **petits-fils***)* NM nieto

pétition [petisjɔ̃] NF petición *f*; **faire signer une ~** recoger firmas

pétitionnaire [petisjɔnɛʀ] NMF peticionario(-a)

pétitionner [petisjɔne] VI solicitar, hacer una petición

petit-lait [p(ə)tilɛ] *(pl* **petits-laits***)* NM suero

petit-nègre [p(ə)tinɛgʀ] *(péj)* NM : **parler ~** ≈ hablar como los indios

petits-enfants [p(ə)tizɑ̃fɑ̃] NMPL nietos *mpl*

petit-suisse [p(ə)tisɥis] *(pl* **petits-suisses***)* NM petit-suisse *m*

pétoche [petɔʃ] *(fam)* NF : **avoir la ~** tener canguelo *(fam)*

pétoire [petwaʀ] *(fam)* NF *(fusil)* escopeta

peton [pətɔ̃] NM *(fam : pied)* piececito *(fam)*

pétoncle [petɔ̃kl] NM zamburiña

pétri, e [petʀi] ADJ : **~ d'orgueil** lleno(-a) de orgullo

pétrifier [petʀifje] VT petrificar; *(fig)* dejar de piedra

pétrin [petʀɛ̃] NM artesa; *(fam : fig)* : **être dans le ~** estar en un apuro

pétrir [petʀiʀ] VT *(pâte)* amasar; *(argile, cire)* moldear; *(palper fortement)* manosear

pétrissage [petʀisaʒ] NM amasado

pétrochimie [petʀoʃimi] NF petroquímica

pétrochimique [petʀoʃimik] ADJ petroquímico(-a)

pétrochimiste [petʀoʃimist] NMF petroquímico(-a)

pétrodollar [petʀodɔlaʀ] NM petrodólar *m*

pétrole [petʀɔl] NM petróleo; **lampe à ~** lámpara de petróleo; **~ lampant** petróleo lampante

pétrolette [petʀɔlɛt] *(fam)* NF *(cyclomoteur)* ciclomotor *m*

pétrolier, -ière [petʀɔlje, jɛʀ] ADJ petrolero(-a) ▶ NM petrolero; *(technicien)* técnico de petróleo

pétrolifère [petʀɔlifɛʀ] ADJ petrolífero(-a)
pétulant, e [petylɑ̃, ɑ̃t] ADJ impetuoso(-a)
pétunia [petynja] NM petunia

peu [pø]

▸ ADV **1** poco; **il boit peu** bebe poco; **il est peu bavard** es poco hablador; **elle est un peu grande** es un poco grande; **peu avant/après** poco antes/después; **depuis peu** desde hace poco
2 (*modifiant nom*) : **peu de** poco(-a), pocos(-as); (*quantité*) : **il a peu d'espoir** tiene pocas esperanzas; **il y a peu d'arbres** hay pocos árboles; **avoir peu de pain** tener poco pan; **pour peu de temps** por poco tiempo; **c'est (si) peu de chose** es (muy) poca cosa
3 : **peu à peu** poco a poco; **à peu près** *adv* más o menos; **à peu près 10 kg/10 euros** unos 10 kg/10 euros, como 10 kg/10 euros (*Am*); **à peu de frais** con poco gasto
▸ NM **1** : **le peu de gens qui** los pocos que; **le peu de sable qui** la poca arena que; **le peu de courage qui nous restait** el poco valor que nos quedaba
2 : **un peu** un poco; **un petit peu** un poquito; **un peu d'espoir** cierta esperanza; **essayez un peu !** ¡mire a ver!; **un peu plus/moins de** un poco más/menos de; **un peu plus et il ratait son train** un poco más y pierde el tren; **pour peu qu'il travaille, il réussira** a poco que trabaje, aprobará
▸ PRON : **peu le savent** pocos(-as) lo saben; **avant** *ou* **sous peu** dentro de poco; **de peu** : **il a gagné de peu** ganó por poco; **il s'en est fallu de peu (qu'il ne le blesse)** faltó muy poco (para que lo hiriese); **éviter qch de peu** evitar algo por poco; **il est de peu mon cadet** es un poco más pequeño que yo

peuplade [pœplad] NF comunidad *f*
peuple [pœpl] NM pueblo; **le ~** el pueblo; **il y a du ~** (*fam*) hay un montón de gente
peuplé, e [pœple] ADJ poblado(-a); **très/peu ~** muy/poco poblado(-a)
peuplement [pœpləmɑ̃] NM (*de pays, territoire*) poblamiento; **de ~** : **la zone de ~ kurde** la zona de población kurda; **colonie de ~** colonia de poblamiento
peupler [pœple] VT poblar ■ **se peupler** VPR (*aussi fig*) poblarse
peuplier [pøplije] NM álamo
peur [pœʀ] NF miedo; **avoir ~ (de qn/qch/de faire qch)** tener miedo (de *ou* a algn/algo/de hacer algo); **avoir ~ que** temer que; **prendre ~** asustarse; **la ~ de qn/qch/faire qch** el temor de algn/algo/hacer algo; **faire ~ à qn** asustar a algn; **de ~ de/que** por miedo a/a que
peureux, -euse [pøʀø, øz] ADJ (*personne*) miedoso(-a); (*regard*) atemorizado(-a)
peut [pø] VB *voir* **pouvoir**
peut-être [pøtɛtʀ] ADV quizá(s), a lo mejor; **~ bien (qu'il fera/est)** puede (que haga/sea); **~ que** quizá(s), a lo mejor; **~ fera-t-il beau dimanche** quizás haga bueno el domingo, a lo mejor hace bueno el domingo
peuvent [pœv] VB *voir* **pouvoir**
peux *etc* [pø] VB *voir* **pouvoir**
p. ex. ABR (= *par exemple*) p. ej. (= *por ejemplo*)
pèze [pɛz] NM (*fam : argent*) parné *m* (*fam*), guita (*fam*)
phacochère [fakɔʃɛʀ] NM facóquero, facocero
phagocyter [fagɔsite] VT (*Biol, fig*) fagocitar
phalange [falɑ̃ʒ] NF falange *f*
phallique [falik] ADJ fálico(-a)
phallocrate [falɔkʀat] NM falócrata *m*
phallocratie [falɔkʀasi] NF falocracia
phallus [falys] NM falo
pharaon [faʀaɔ̃] NM faraón *m*
pharaonique [faʀaɔnik] ADJ (*Hist, fig*) faraónico(-a); **un projet ~** un proyecto faraónico
phare [faʀ] NM faro; **se mettre en phares, mettre ses phares** poner la luz larga; **phares de recul** faros de marcha atrás ▸ ADJ : **produit ~** producto estrella
pharmaceutique [faʀmasøtik] ADJ farmacéutico(-a)
pharmacie [faʀmasi] NF farmacia; (*produits, armoire*) botiquín *m*
pharmacien, ne [faʀmasjɛ̃, jɛn] NM/F farmacéutico(-a)
pharmacodépendance [faʀmakodepɑ̃dɑ̃s] NF farmacodependencia
pharmacologie [faʀmakɔlɔʒi] NF farmacología
pharmacopée [faʀmakɔpe] NF farmacopea
pharyngite [faʀɛ̃ʒit] NF faringitis *f inv*
pharynx [faʀɛ̃ks] NM faringe *f*
phase [fɑz] NF fase *f*; **entrer dans une nouvelle ~** entrar en una nueva fase
phénoménal, e, -aux [fenɔmenal, o] ADJ fenomenal
phénomène [fenɔmɛn] NM fenómeno; (*personne*) bicho raro; (*monstre*) monstruo
phénoménologie [fenɔmenɔlɔʒi] NF fenomenología
phéromone [feʀɔmɔn] NF feromona
philanthrope [filɑ̃tʀɔp] NMF filántropo
philanthropie [filɑ̃tʀɔpi] NF filantropía
philanthropique [filɑ̃tʀɔpik] ADJ filantrópico(-a)
philatélie [filateli] NF filatelia
philatélique [filatelik] ADJ filatélico(-a)
philatéliste [filatelist] NMF filatelista *mf*
philharmonique [filaʀmɔnik] ADJ filarmónico(-a)
philippin, e [filipɛ̃, in] ADJ filipino(-a) ▸ NM/F : **Philippin, e** filipino(-a)
Philippines [filipin] NFPL : **les ~** las Filipinas

philistin [filistɛ̃] NM filisteo(-a)
philo [filo] (*fam*) NF (= *abr de philosophie*) filosofía
philologie [filɔlɔʒi] NF filología
philosophale [filɔsɔfal] ADJ F : **la pierre ~** la piedra filosofal
philosophe [filɔzɔf] ADJ, NMF filósofo(-a)
philosopher [filɔzɔfe] VI filosofar
philosophie [filɔzɔfi] NF filosofía; **(prendre les choses) avec ~** (tomar las cosas) con filosofía
philosophique [filɔzɔfik] ADJ filosófico(-a)
philosophiquement [filɔzɔfikmɑ̃] ADV con filosofía
philtre [filtʀ] NM filtro
phlébite [flebit] NF flebitis *f inv*
phlébologue [flebɔlɔg] NMF especialista *mf* en flebología
phobie [fɔbi] NF fobia
phocéen, ne [fɔseɛ̃, ɛn] ADJ (*marseillais*) marsellés(-esa); **la cité phocéenne** (la ciudad de) Marsella
phonétique [fɔnetik] ADJ fonético(-a) ▸NF fonética
phonétiquement [fɔnetikmɑ̃] ADV fonéticamente
phonique [fɔnik] ADJ (*isolation, protection*) acústico(-a)
phonographe [fɔnɔgʀaf] NM fonógrafo
phoque [fɔk] NM foca; (*fourrure*) piel *f* de foca
phosphate [fɔsfat] NM fosfato
phosphaté, e [fɔsfate] ADJ fosfatado(-a)
phosphore [fɔsfɔʀ] NM fósforo
phosphoré, e [fɔsfɔʀe] ADJ fosforado(-a)
phosphorescent, e [fɔsfɔʀesɑ̃, ɑ̃t] ADJ fosforescente
phosphorique [fɔsfɔʀik] ADJ : **acide ~** ácido fosfórico
photo [fɔto] NF (= *abr de photographie*) foto *f*; **il aime la ~** le gusta la fotografía; **faire de la ~** hacer fotografía; **être mieux en ~ qu'au naturel** salir mejor en foto que al natural; **prendre (qn) en ~** hacer una foto (a algn); **~ d'identité** foto de carnet; **~ en couleurs** foto en color ▸ADJ (= *abr de photographique*): **appareil/pellicule ~** máquina/carrete *m* de fotos
photo... [fɔto] PRÉF foto...
photocomposition [fɔtokɔ̃pozisjɔ̃] NF fotocomposición *f*
photocopie [fɔtɔkɔpi] NF fotocopia
photocopier [fɔtɔkɔpje] VT fotocopiar
photocopieur [fɔtɔkɔpjœʀ] NM fotocopiadora
photocopieuse [fɔtɔkɔpjøz] NF fotocopiadora
photoélectrique [fɔtɔelɛktʀik] ADJ fotoeléctrico(-a)
photo-finish [fɔtofiniʃ] (*pl* **photos-finish**) NF (*appareil*) cámara de foto-finish; (*photo*) foto-finish *f*
photogénique [fɔtɔʒenik] ADJ fotogénico(-a)
photographe [fɔtɔgʀaf] NMF fotógrafo(-a)
photographie [fɔtɔgʀafi] NF fotografía
photographier [fɔtɔgʀafje] VT fotografiar
photographique [fɔtɔgʀafik] ADJ fotográfico(-a)
photogravure [fɔtɔgʀavyʀ] NF fotograbado
photomaton® [fɔtɔmatɔ̃] NM fotomatón *m*
photomontage [fɔtomɔ̃taʒ] NM fotomontaje *m*
photon [fɔtɔ̃] NM fotón *m*
photophone [fɔtofɔn] NM (*portable avec appareil photo*) teléfono con cámara fotográfica
photophore [fɔtofɔʀ] NM (*pour bougie*) portavelas *m inv*
photoreportage [fɔtɔʀəpɔʀtaʒ] NM (*journalisme*) fotoperiodismo; (*reportage*) reportaje *m* fotográfico
photoreporter [fɔtɔʀəpɔʀtɛʀ] NMF fotoperiodista *mf*
photo-robot [fɔtɔʀɔbo] (*pl* **photos-robots**) NF foto-robot *f*
photosensible [fɔtosɑ̃sibl] ADJ fotosensible
photostat [fɔtɔsta] NM fotostato
photosynthèse [fɔtosɛ̃tɛz] NF fotosíntesis *f inv*
photothérapie [fɔtoteʀapi] NF fototerapia
photovoltaïque [fɔtovɔltaik] ADJ fotovoltaico(-a)
phrase [fʀɑz] NF (*Ling, propos*) frase *f* ■ **phrases** NFPL (*péj*) palabras *fpl*
phrasé [fʀɑze] NM fraseo
phraséologie [fʀazeɔlɔʒi] NF fraseología
phraseur, -euse [fʀɑzœʀ, øz] NM/F palabrero(-a)
phréatique [fʀeatik] ADJ freático(-a)
phrygien, ne [fʀiʒjɛ̃, jɛn] ADJ : **bonnet ~** gorro frigio
phtisie [ftizi] NF tisis *f inv*
phylloxéra [filɔkseʀa] NM filoxera
physicien, ne [fizisjɛ̃, jɛn] NM/F físico(-a)
physiologie [fizjɔlɔʒi] NF fisiología
physiologique [fizjɔlɔʒik] ADJ fisiológico(-a)
physiologiquement [fizjɔlɔʒikmɑ̃] ADV fisiológicamente
physiologiste [fizjɔlɔʒist] NMF fisiólogo(-a)
physionomie [fizjɔnɔmi] NF fisionomía
physionomiste [fizjɔnɔmist] ADJ fisonomista
physiothérapeute [fizjoteʀapøt] NMF fisioterapeuta *mf*
physiothérapie [fizjoteʀapi] NF fisioterapia
physique [fizik] ADJ físico(-a) ▸NM físico; **au ~** (*physiquement*) físicamente ▸NF física
physiquement [fizikmɑ̃] ADV físicamente
phytoplancton [fitoplɑ̃ktɔ̃] NM fitoplancton *m*
phytothérapie [fitoteʀapi] NF fitoterapia

piaffer [pjafe] VI (*cheval*) piafar; (*personne*) patear
piaillement [pjɑjmɑ̃] NM piada
piailler [pjɑje] VI (*oiseau*) piar; (*personne*) chillar
pianiste [pjanist] NMF pianista *mf*
piano [pjano] NM piano; **~ à queue** piano de cola; **~ mécanique** organillo
pianoter [pjanɔte] VI tocar el piano, teclear; (*tapoter*) tamborilear
piaule [pjol] (*fam*) NF cuarto
piauler [pjole] VI (*oiseau*) piar; (*enfant*) chillar
PIB [peibe] SIGLE M (= *produit intérieur brut*) PIB *m* (= *producto interior bruto*)
pic [pik] NM pico; (*Zool*) pájaro carpintero; **à ~** escarpado(-a); **arriver/tomber à ~** venir/caer de perilla; **couler à ~** (*bateau*) irse a pique; **~ à glace** pico
picard, e [pikaʀ, aʀd] ADJ picardo(-a) ▸NM/F: **Picard, e** picardo(-a)
Picardie [pikaʀdi] NF Picardía
picaresque [pikaʀɛsk] ADJ picaresco(-a)
piccolo [pikɔlo] NM flautín *m*
pichenette [piʃnɛt] NF papirotazo
pichet [piʃɛ] NM jarro
pickpocket [pikpɔkɛt] NMF carterista *mf*, ratero(-a)
pick-up [pikœp] NM (*tourne-disque*) pick-up *m*, fonocaptor *m*
picoler [pikɔle] VI (*fam*) beber, empinar el codo (*fam*); **~ dur** *ou* **sec** beber como un cosaco; **on a pas mal picolé hier soir** anoche bebimos bastante ▸VT beber; **on avait picolé du vin** habíamos bebido vino
picorer [pikɔʀe] VT picotear
picot [piko] NM rueda de espiga; **entraînement par roue à picots** avance *m* por rueda de espigas
picotement [pikɔtmɑ̃] NM picor *m*
picoter [pikɔte] VT picotear ▸VI picar
pictogramme [piktɔgʀam] NM pictograma *m*
pictural, e, -aux [piktyʀal, o] ADJ pictórico(-a)
pie [pi] NF (*Zool*) urraca; (*fig* : *femme*) cotorra ▸ADJ INV : **cheval ~** caballo pío
pièce [pjɛs] NF pieza; (*d'un logement*) habitación *f*; (*Théâtre*) obra; (*de monnaie*) moneda; (*Couture*) parche *m*; (*document*) documento; (*de bétail*) cabeza; **mettre en pièces** hacer pedazos; **en pièces** roto(-a) en pedazos; **deux euros ~** dos euros la unidad; **vendre à la ~** vender por unidades; **travailler/payer à la ~** trabajar/pagar a destajo; **créer/inventer de toutes pièces** crear/inventar completamente; **maillot une ~** bañador *m*; **un deux-pièces cuisine** apartamento con dos habitaciones y cocina; **un trois-pièces** (*costume*) un tres piezas *m inv*; (*appartement*) un apartamento con tres habitaciones; **tout d'une ~** de una pieza; (*personne* : *franc*) categórico(-a); (: *sans souplesse*) rígido(-a); **pièces justificatives** comprobante *msg*; **~ à conviction** prueba de convicción; **~ d'eau** estanque *m*; **~ de rechange** pieza de recambio; **~ de résistance** (*plat*) plato fuerte; **~ d'identité** documento de identidad; **~ jointe** (*Inform*) archivo adjunto; **~ montée** tarta nupcial; **pièces détachées** piezas *fpl* de repuesto; **en pièces détachées** (*à monter*) desmontado(-a), desarmado(-a)
piécette [pjesɛt] NF monedita
pied [pje] NM pie *m*; (*Zool, d'un meuble, d'une échelle*) pata; (*d'une falaise*) base *f*; **pieds nus** *adj* descalzo(-a); **à ~** a pie; **à ~ sec** a pie enjuto; **à ~ d'œuvre** al pie del cañón; **au ~ de la lettre** al pie de la letra; **au ~ levé** de repente; **de ~ en cap** de los pies a la cabeza; **en ~** (*portrait, photo*) de cuerpo entero; **avoir ~** hacer pie; **avoir le ~ marin** saber mantener el equilibrio a bordo de un barco; **perdre ~** (*fig*) perder pie; **sur ~** (*Agr*) antes de recoger; (*rétabli*) restablecido(-a); **être sur ~ dès cinq heures** estar en pie desde las cinco; **mettre sur ~** (*entreprise*) poner en pie; **mettre qn à ~** suspender a algn de sus funciones; **sur le ~ de guerre** en pie de guerra; **sur un ~ d'égalité** sobre una base de igualdad; **faire du ~ à qn** dar con el pie a algn; **mettre les pieds quelque part** poner los pies en algún sitio; **faire des pieds et des mains** revolver Roma con Santiago; **mettre qn au ~ du mur** poner a algn entre la espada y la pared; **quel ~ !** (*fam*) ¡qué guay! (*fam*); **c'est le ~ !** (*fam*) ¡es fenomenal!; **se lever du bon ~** levantarse con buen pie; **il s'est levé du ~ gauche** se ha levantado con el pie izquierdo; **~ de nez** palmo de narices; **~ de lit** pata de la cama; **~ de salade** planta de ensalada; **~ de vigne** cepa
pied-à-terre [pjetatɛʀ] NM INV apeadero
pied-bot [pjebo] (*pl* **pieds-bots**) NM *persona con el pie deforme*
pied-de-biche [pjedbiʃ] (*pl* **pieds-de-biche**) NM palanca; (*Couture*) prensatelas *m inv*
pied-de-poule [pjedpul] ADJ pata de gallo
piédestal, -aux [pjedɛstal, o] NM pedestal *m*
pied-noir [pjenwaʀ] (*pl* **pieds-noirs**) NMF *francés nacido en Argelia*
piège [pjɛʒ] NM trampa; **prendre au ~** coger en la trampa; **tomber dans le ~** caer en la trampa
piéger [pjeʒe] VT (*animal*) coger en la trampa; (*voiture, lettre*) colocar un explosivo en; (*personne*) hacer caer en una trampa; **lettre/voiture piégée** carta/coche *m* bomba *inv*
piégeux, -euse [pieʒø, øz] ADJ : **un parcours ~** un recorrido lleno de trampas; **un match ~** un partido trampa
piercing [piʀsiŋ] NM piercing *m*
pierraille [pjeʀɑj] NF grava
pierre [pjɛʀ] NF piedra; **poser la première ~** poner la primera piedra; **mur de pierres sèches** muro de piedras secas; **faire d'une ~ deux coups** matar dos pájaros de un tiro; **~ à briquet** piedra de mechero; **~ de taille/de touche** piedra tallada/de toque; **~ fine/ponce** piedra fina/pómez; **~ tombale** lápida

P

pierreries [pjɛʀʀi] NFPL pedrería *fsg*
pierreux, -euse [pjeʀø, øz] ADJ pedregoso(-a)
piété [pjete] NF piedad *f*
piétinement [pjetinmɑ̃] NM pataleo
piétiner [pjetine] VI patalear; (*marquer le pas*) marcar el paso; (*fig*) estancarse, atascarse ▶ VT (*aussi fig*) pisotear
piéton, ne [pjetɔ̃, ɔn] NM/F peatón *mf* ▶ ADJ peatonal
piétonnier, -ière [pjetɔnje, jɛʀ] ADJ peatonal
piètre [pjɛtʀ] ADJ pobre
pieu, x [pjø] NM estaca; (*fam* : *lit*) catre *m* (*fam*)
pieusement [pjøzmɑ̃] ADV (*avec piété*) con piedad; (*avec respect*) con esmero
pieuvre [pjœvʀ] NF pulpo
pieux, -euse [pjø, pjøz] ADJ piadoso(-a); **de ~ mensonges** mentiras piadosas
pif [pif] (*fam*) NM napias *fpl* (*fam*); **au ~ : choisir** *etc* **au ~** elegir *etc* a tontas y a locas
piffer [pife] (*fam*) VT : **je ne peux pas le ~** no puedo tragarlo (*fam*)
pifomètre [pifɔmɛtʀ] (*fam*) NM olfato; **choisir** *etc* **au ~** elegir *etc* a tontas y a locas
pige [piʒ] NF sueldo pagado por líneas
pigeon [piʒɔ̃] NM paloma; (*fam* : *victime d'une escroquerie*) primo; **~ voyageur** paloma mensajera
pigeonnant, e [piʒɔnɑ̃, ɑ̃t] ADJ (*poitrine*) realzado(-a)
pigeonneau, x [piʒɔno] NM pichón *m*
pigeonner [piʒɔne] (*fam*) VT (*duper*) : **~ qn** engañar a algn como a un chino (*fam*)
pigeonnier [piʒɔnje] NM palomar *m*
piger [piʒe] (*fam*) VT, VI pillar (*fam*)
pigiste [piʒist] NMF (*typographe*) tipógrafo(-a) que trabaja a destajo; (*journaliste*) periodista *mf* que trabaja por líneas
pigment [pigmɑ̃] NM pigmento
pigmentation [pigmɑ̃tasjɔ̃] NF pigmentación *f*
pignon [piɲɔ̃] NM piñón *m*; (*d'un mur*) aguilón *m*; **avoir ~ sur rue** (*fig*) estar bien establecido(-a)
pile [pil] NF pila; (*pilier*) pilar *m*; **~ ou face ?** ¿cara o cruz?; **jouer à ~ ou face** jugar a cara o cruz; **une ~ de livres** una pila de libros; **~ alcaline/électrique** pila alcalina/eléctrica ▶ ADJ : **le côté ~** cruz *f* ▶ ADV (*net, brusquement*) en seco; (*à temps, à point nommé*) justo a tiempo; **à deux heures ~** a las dos en punto
piler [pile] VT machacar ▶ VI (*fam* : *freiner*) frenar en seco
pileux, -euse [pilø, øz] ADJ : **système ~** pelo
pilier [pilje] NM (*colonne, support, Rugby*) pilar *m*; (*personne*) apoyo; **~ de bar** asiduo de un bar
pillage [pijaʒ] NM pillaje *m*, saqueo
pillard, e [pijaʀ, aʀd] NM/F saqueador(a)
piller [pije] VT saquear
pilleur, -euse [pijœʀ, øz] NM/F saqueador(a)
pilon [pilɔ̃] NM (*instrument*) maza; (*de volaille*) muslo; **mettre un livre au ~** destruir la edición de un libro
pilonnage [pilɔnaʒ] NM (*bombardement*) bombardeo; (*de livre*) destrucción *f*; **~ médiatique** bombardeo mediático
pilonner [pilɔne] VT bombardear
pilori [pilɔʀi] NM : **mettre** *ou* **clouer qn au ~** poner a algn en la picota
pilotage [pilɔtaʒ] NM pilotaje *m*; **~ automatique** pilotaje automático; **~ sans visibilité** vuelo sin visibilidad
pilote [pilɔt] NMF piloto *mf*; **~ d'essai/de chasse/de course/de ligne** piloto de pruebas/de caza/de carreras/civil ▶ ADJ : **appartement-~** piso piloto
piloter [pilɔte] VT pilotar; (*automobile*) conducir; **~ qn** (*fig*) guiar a algn; **piloté par menu** (*Inform*) guiado por menú
pilotis [pilɔti] NM pilote *m*; **maison sur ~** casa sobre pilotes
pilule [pilyl] NF píldora; **prendre la ~** tomar la píldora
pimbêche [pɛ̃bɛʃ] (*péj*) NF marisabidilla
piment [pimɑ̃] NM (*aussi* : **piment doux**) pimiento, ají *m* (*AM*); (*aussi* : **piment rouge**) guindilla; (*fig*) sal y pimienta
pimenté, e [pimɑ̃te] ADJ picante
pimenter [pimɑ̃te] VT (*plat*) sazonar con guindilla; (*fig*) dar sal y pimienta a
pimpant, e [pɛ̃pɑ̃, ɑ̃t] ADJ flamante
pin [pɛ̃] NM pino; **~ maritime/parasol** pino marítimo/piñonero
pinacle [pinakl] NM : **porter qn au ~** (*fig*) poner a algn por las nubes
pinailler [pinɑje] (*fam*) VI ser quisquilloso(-a); **~ sur qch** ser quisquilloso(-a) con algo
pinailleur, euse [pinɑjœʀ, øz] ADJ, NM/F quisquilloso(-a)
pinard [pinaʀ] (*fam*) NM vino
pince [pɛ̃s] NF pinza; (*outil*) pinzas *fpl*; **~ à épiler** pinza de depilar; **~ à linge** pinza de la ropa; **~ à sucre** tenacillas *fpl* para el azúcar; **~ universelle** alicates *mpl*; **pinces de cycliste** pinzas para bicicleta
pincé, e [pɛ̃se] ADJ (*air*) forzado(-a); (*nez, bouche*) fino(-a)
pinceau, x [pɛ̃so] NM pincel *m*
pincée [pɛ̃se] NF : **une ~ de sel/poivre** una pizca de sal/pimienta
pincement [pɛ̃smɑ̃] NM : **avoir un ~ au cœur** tener el corazón encogido
pince-monseigneur [pɛ̃smɔ̃sɛɲœʀ] (*pl* **pinces-monseigneur**) NF ganzúa
pince-nez [pɛ̃sne] NM INV quevedos *mpl*
pincer [pɛ̃se] VT (*personne*) pellizcar; (*Mus* : *cordes*) puntear; (*suj* : *vêtement* : *aussi Couture*) entallar; (*fam* : *malfaiteur*) pescar (*fam*); **se ~ le doigt** pillarse el dedo; **se ~ le nez** taparse la nariz

pince-sans-rire [pɛ̃sɑ̃ʀiʀ] NMF INV *persona chistosa que conserva el semblante serio*
pincettes [pɛ̃sɛt] NFPL pinzas *fpl*; (*pour le feu*) tenazas *fpl*
pinçon [pɛ̃sɔ̃] NM pellizco
pinède [pinɛd] NF pinar *m*
pingouin [pɛ̃gwɛ̃] NM pingüino
ping-pong [piŋpɔ̃g] (*pl* **ping-pongs**) NM ping-pong *m*
pingre [pɛ̃gʀ] ADJ rácano(-a)
pingrerie [pɛ̃gʀəʀi] NF racanería
pinson [pɛ̃sɔ̃] NM pinzón *m*
pintade [pɛ̃tad] NF pintada
pinte [pɛ̃t] NF pinta
pin up [pinœp] NF INV chica de calendario; (*fig*) tía buena (*fam*)
pioche [pjɔʃ] NF pico; (*Cartes*) mazo
piocher [pjɔʃe] VT (*terre*) cavar; (*fam*) empollar (*fam*) ▶ VI (*Cartes*) robar; **~ dans** (*une réserve*) hurgar en
piolet [pjɔlɛ] NM piolet *m*
pion, ne [pjɔ̃, ɔn] NM (*Échecs*) peón *m*; (*Dames*) ficha ▶ NM/F (*Scol, fam*) vigilante *mf*
pioncer [pjɔ̃se] VI (*fam : dormir*) sobar (*fam*)
pionnier, -ière [pjɔnje, jɛʀ] NM/F pionero(-a); (*fig*) precursor(a)
pipe [pip] NF pipa; **fumer la ~** fumar en pipa; **~ de bruyère** pipa (de raíz) de brezo
pipeau, x [pipo] NM caramillo
pipe-line [piplin] (*pl* **pipe-lines**) NM oleoducto
piper [pipe] VT (*dé*) hacer trampas con; (*carte*) hacer fullerías con; **sans ~ mot** (*fam*) sin decir ni pío; **les dés sont pipés** (*fig*) aquí hay tongo (*fam*)
pipette [pipɛt] NF pipeta
pipi [pipi] (*fam*) NM : **faire ~** hacer pis
pipole [pipɔl] ADJ OU ADJ INV (*presse*) rosa, del corazón; (*événement*) vip; **la presse ~** la prensa rosa, la prensa del corazón; **les magazines pipoles** *ou* **~** las revistas del corazón ▶ NMF celebridad *f*, famoso(-a)
piquant, e [pikɑ̃, ɑ̃t] ADJ punzante; (*saveur*) picante; (*description, style*) penetrante; (*caustique*) mordaz ▶ NM (*épine*) espina; (*de hérisson*) púa; (*fig*) : **le ~** lo picante
pique [pik] NF pica; (*parole blessante*) : **envoyer** *ou* **lancer des piques à qn** tirar *ou* lanzar indirectas a algn ▶ NM (*Cartes*) picas *fpl*, ≈ espadas *fpl*
piqué, e [pike] ADJ (*Couture*) pespunteado(-a); (*livre, glace*) manchado(-a); (*Mus, vin*) picado(-a); (*fam : personne*) tocado(-a) ▶ NM (*Textile*) piqué *m*; (*Aviat*) picado
pique-assiette [pikasjɛt] (*péj*) NMF gorrón(-ona)
pique-fleur [pikflœʀ] (*pl* **pique-fleurs**) NM *zócalo para sujetar flores*
pique-nique [piknik] (*pl* **pique-niques**) NM picnic *m*
pique-niquer [piknike] VI ir de picnic
pique-niqueur, -euse [piknikœʀ, øz] (*pl* **pique-niqueurs, -euses**) NM/F excursionista *mf*
pique-olives [pikɔliv] NM INV palillo
piquer [pike] VT picar; (*percer, aussi Méd*) pinchar; (*animal : tuer*) sacrificar; (*suj : vers*) apolillar; (*Couture*) pespuntear; (*fam : surprendre, attraper, arrêter*) pillar (*fam*); (*: voler*) birlar (*fam*); (*: planter*) : **~ qch dans** clavar algo en; (*: fixer*) : **~ qch à/sur** colocar algo en; **~ une tête** tirarse en el agua; **~ un cent mètres/un sprint** echar a correr; **~ une crise** (*fam*) coger una rabieta; **~ au vif** (*fig*) herir en carne viva ▶ VI (*oiseau, avion*) bajar en picado; (*saveur*) picar; **~ sur** bajar en picado sobre; **~ du nez** caerse de narices; (*dormir*) dar una cabezada ■ **se piquer** VPR (*avec une aiguille*) pincharse; **se ~ de faire** alardear de hacer
piquet [pikɛ] NM estaca; **mettre un élève au ~** castigar a un alumno contra la pared; **~ de grève** piquete *m* de huelga; **~ d'incendie** cuerpo permanente de bomberos
piqueté, e [pikte] ADJ : **~ de** picado(-a) de
piquette [pikɛt] (*fam*) NF vino peleón (*fam*)
piqûre [pikyʀ] NF (*d'insecte*) picadura; (*Méd*) inyección *f*; (*Couture*) pespunte *m*; (*tache*) mancha; **faire une ~ à qn** poner una inyección a algn
piranha [piʀana] NM piraña
piratage [piʀataʒ] NM (*aussi Inform*) piratería
pirate [piʀat] NM (*aussi fig*) pirata *mf*; (*Inform*) pirata *mf* informático(-a), hacker *m*; **~ de l'air** pirata del aire ▶ ADJ : **émetteur ~** emisora pirata
pirater [piʀate] VT (*aussi Inform*) piratear
piraterie [piʀatʀi] NF (*aussi Inform*) piratería
pire [piʀ] ADJ (*comparatif*) peor; (*superlatif*) : **le (la) ~** el/lo (la) peor ▶ NM : **le ~ (de)** lo peor (de); **au ~** en el peor de los casos
pirogue [piʀɔg] NF piragua
pirouette [piʀwɛt] NF (*demi-tour*) pirueta; (*Danse*) vuelta; (*fig*) : **répondre par une ~** salirse por peteneras
pis [pi] NM (*de vache*) ubre *f*; (*pire*) : **le ~** lo peor ▶ ADJ, ADV peor; **on aurait pu faire ~** podría haber sido peor; **de mal en ~** de mal en peor; **qui ~ est** y lo que es peor; **au ~ aller** en el peor de los casos
pis-aller [pizale] NM INV solución *f* menos mala
piscicole [pisikɔl] ADJ piscícola
pisciculteur, -trice [pisikyltœʀ, tʀis] NM/F piscicultor(a)
pisciculture [pisikyltyʀ] NF piscicultura
piscine [pisin] NF piscina; **~ couverte/en plein air/olympique** piscina cubierta/al aire libre/olímpica
pissaladière [pisaladjɛʀ] NF *torta de masa de pan rellena de cebolla, anchoas y olivas negras propia de la región de Niza*

P

pisse [pis] NF (*fam !*) pis *m* (*fam*)
pissenlit [pisɑ̃li] NM cardillo
pisser [pise] (*fam*) VI mear (*fam*)
pissotière [pisɔtjɛʀ] (*fam*) NF meadero (*fam*)
pistache [pistaʃ] NF pistacho
pistard [pistaʀ] NM (*Cyclisme*) corredor(a) de pista
piste [pist] NF pista, rastro; (*sentier*) camino; (*d'un magnétophone*) banda; **être sur la ~ de qn** estar tras la pista de algn; **~ cavalière** camino de herradura; **~ cyclable** carril-bici *m*; **~ sonore** banda sonora
pister [piste] VT seguir el rastro de
pisteur, -euse [pistœʀ, øz] NM/F *encargado(a) de mantener y vigilar las pistas de esquí*
pistil [pistil] NM pistilo
pistolet [pistɔlɛ] NM pistola; **~ à air comprimé/à bouchon/à eau** pistola de aire comprimido/con tapón/de agua
pistolet-mitrailleur [pistɔlɛmitʀajœʀ] (*pl* **pistolets-mitrailleurs**) NM pistola ametralladora
piston [pistɔ̃] NM (*Tech*) pistón *m*; (*fam, fig*) enchufe *m* (*fam*); (*Mus*) : **cornet/trombone à pistons** corneta/trombón *m* de pistones
pistonner [pistɔne] (*fam*) VT enchufar (*fam*)
pistou [pistu] NM pesto
pitance [pitɑ̃s] (*péj*) NF pitanza
piteusement [pitøzmɑ̃] ADV cabizbajo
piteux, -euse [pitø, øz] ADJ (*résultat*) deplorable; (*air*) lastimoso(-a); **en ~ état** en estado lamentable
pitié [pitje] NF piedad *f*; **sans ~** sin piedad; **faire ~** dar pena *ou* lástima; **par ~, ...** por piedad, ...; **il me fait ~** me da lástima; **avoir ~ de qn** compadecerse de algn
piton [pitɔ̃] NM (*clou*) armella; **~ rocheux** pico rocoso
pitoyable [pitwajabl] ADJ lamentable; (*réponse, acteur*) penoso(-a)
pitoyablement [pitwajabləmɑ̃] ADV lamentablemente
pitre [pitʀ] NM (*fig*) payaso
pitrerie [pitʀəʀi] NF payasada
pittoresque [pitɔʀɛsk] ADJ pintoresco(-a)
pivert [pivɛʀ] NM pájaro carpintero, picamaderos *m inv*
pivoine [pivwan] NF (*Bot*) peonía
pivot [pivo] NM (*axe*) pivote *m*; (*fig*) eje *m*; **dent sur ~** soporte *m* dental
pivotant, e [pivɔtɑ̃, ɑ̃t] ADJ giratorio(-a)
pivoter [pivɔte] VI girar; **~ sur ses talons** dar media vuelta
pixel [piksɛl] NM píxel *m*
pixéliser [pikselize] VT (*Inform*) pixelar
pixellisation [piksɛlizasjɔ̃] NF pixelación *f*, pixelado
pixelliser [piksɛlize] = **pixéliser**
pizza [pidza] NF pizza
PJ [peʒi] SIGLE F (= *police judiciaire*) *voir* **police**; (= *pièce jointe*) documento adjunto
PL [peɛl] SIGLE M (= *poids lourd*) *voir* **poids**
pl. ABR = **place**
placage [plakaʒ] NM chapeado
placard [plakaʀ] NM (*armoire*) armario (empotrado); (*affiche*) anuncio; (*Typo*) prueba; **mettre qn au ~** (*fig*) arrinconar a algn; **mettre qch au ~** (*fig*) dejar algo de lado, guardar algo en el cajón; **~ publicitaire** anuncio publicitario
placarder [plakaʀde] VT fijar; (*mur*) fijar carteles en
place [plas] NF plaza; (*emplacement*) lugar *m*; (*espace libre*) sitio; (*siège*) asiento; (*prix : au cinéma etc*) entrada; (: *dans un bus*) billete *m*; (*situation : d'une personne*) situación *f*; (*Univ, emploi*) puesto; **en ~** en su sitio; **de ~ en ~** de un sitio a otro; **sur ~** en el sitio; (*sur les lieux*) : **faire une enquête/se rendre sur ~** hacer una encuesta/presentarse in situ; **faire de la ~** hacer sitio; **faire ~ à qch** dar paso a algo; **prendre ~** tomar asiento; **ça prend de la ~** ocupa sitio; **à votre** *etc* **~ ...** en su *etc* lugar ...; **remettre qn à sa ~** poner a algn en su sitio; **ne pas rester** *ou* **tenir en ~** no estarse quieto(-a); **à la ~** (*en échange*) en su lugar; **à la ~ de** en lugar de; **une quatre places** (*Auto*) un cuatro plazas *m inv*; **il y a 20 places assises/debout** hay 20 plazas de asiento/de pie; **~ d'honneur** lugar de honor; **~ forte** plaza fuerte; **places arrière/avant** asientos *mpl* traseros/delanteros
placé, e [plase] ADJ (*Hippisme*) clasificado(-a); **haut ~** (*fig*) bien situado(-a); **être bien/mal ~** (*objet*) estar bien/mal colocado(-a); (*spectateur*) estar bien/mal situado(-a); (*concurrent*) tener buena/mala posición; **être bien/mal ~ pour** estar en una buena/mala posición para
placebo [plasebo] NM placebo
placement [plasmɑ̃] NM (*emploi*) colocación *f*; (*Fin*) inversión *f*; **agence/bureau de ~** oficina de empleo
placenta [plasɛ̃ta] NM placenta
placer [plase] VT (*convive, spectateur*) acomodar; (*chose*) colocar; (*élève, employé*) dar empleo a; (*marchandises, valeurs*) vender; (*capital*) invertir; **~ qn chez qn/sous les ordres de qn** colocar a algn en casa de algn/bajo las órdenes de algn; **~ qn dans un emploi de** colocar a algn de ■ **se placer** VPR (*Courses*) clasificarse; **se ~ au premier rang/devant qch** (*chose, pays*) encontrarse en primera fila/delante de algo
placide [plasid] ADJ plácido(-a)
placidement [plasidmɑ̃] ADV plácidamente
placidité [plasidite] NF placidez *f*
placier, -ière [plasje, jɛʀ] NM/F corredor(a), agente *mf*
plafond [plafɔ̃] NM techo; (*Aviat*) altura máxima; (*fig*) tope *m*
plafonnement [plafɔnmɑ̃] NM (*limite imposée*) :

un ~ des aides una limitación de las ayudas; **instaurer un ~ de** establecer un tope a

plafonner [plafɔne] VI (*salaire*) llegar a un máximo; (*Aviat*) volar a la altura máxima ▶ VT (*pièce*) techar

plafonnier [plafɔnje] NM plafón *m*; (*Auto*) luz *f* interna

plage [plaʒ] NF playa; (*station*) balneario; (*de disque*) pista; (*fig*) : **~ horaire** intervalo horario; (*fig*) : **~ musicale** espacio *ou* programa *m* musical; (*fig*) : **~ de prix** horquilla de precios; **~ arrière** (*Auto*) bandeja

plagiaire [plaʒjɛʀ] NMF plagiario(-a)

plagiat [plaʒja] NM plagio

plagier [plaʒje] VT plagiar

plagiste [plaʒist] NMF *administrador(a) de una playa privada*

plaid [plɛd] NM manta de viaje

plaidant, e [plɛdɑ̃, ɑ̃t] ADJ litigante

plaider [plede] VI (*avocat*) pleitear; (*plaignant*) litigar; **~ pour** *ou* **en faveur de qn** (*fig*) declarar a favor de algn ▶ VT (*cause*) defender; **~ l'irresponsabilité/la légitime défense** alegar irresponsabilidad/legítima defensa; **~ coupable/non coupable** declararse culpable/inocente

plaider-coupable [pledekupabl] (*pl* **plaider-coupables**) NM *procedimiento judicial mediante el cual un acusado se declara culpable a cambio de una pena menor*

plaideur, -euse [plɛdœʀ, øz] NM/F litigante *mf*

plaidoirie [plɛdwaʀi] NF alegato

plaidoyer [plɛdwaje] NM (*Jur, fig*) alegato

plaie [plɛ] NF llaga; (*fléau*) plaga; **quelle ~ ce type !** (*fam*) ¡qué tío más insoportable! (*fam*)

plaignant, e [plɛɲɑ̃, ɑ̃t] VB *voir* **plaindre** ▶ ADJ, NM/F demandante *mf*

plaindre [plɛ̃dʀ] VT compadecer ■ **se plaindre** VPR quejarse; **se ~ que** quejarse de que

plaine [plɛn] NF llanura

plain-pied [plɛ̃pje] : **de ~** *adv* al mismo nivel; (*fig*) sin dificultad; **de ~ avec** al mismo nivel que ▶ ADJ (*maison*) de una planta

plaint, e [plɛ̃, plɛ̃t] PP *de* **plaindre**

plainte [plɛ̃t] NF queja; (*gémissement*) lamento; (*Jur*) : **porter ~** poner una denuncia

plaintif, -ive [plɛ̃tif, iv] ADJ quejumbroso(-a)

plaire [plɛʀ] VI gustar; **~ à** : **cela me plaît** eso me gusta; **essayer de ~ à qn** tratar de agradar a algn; **elle plaît aux hommes** gusta a los hombres; **ce qu'il vous plaira** lo que usted quiera; **s'il te/vous plaît** por favor ■ **se plaire** VPR (*quelque part*) estar a gusto; **se ~ à** complacerse en

plaisamment [plɛzamɑ̃] ADV agradablemente

plaisance [plɛzɑ̃s] NF (*aussi* : **navigation de plaisance**) navegación *f* de recreo

plaisancier, -ière [plɛzɑ̃sje, jɛʀ] NM/F aficionado(-a) (a la navegación)

plaisant, e [plɛzɑ̃, ɑ̃t] ADJ agradable; (*personne*) grato(-a); (*histoire, anecdote*) divertido(-a)

plaisanter [plɛzɑ̃te] VI bromear; **pour ~** en broma; **on ne plaisante pas avec cela** con eso no se bromea; **tu plaisantes !** ¡no hablas en serio!

plaisanterie [plɛzɑ̃tʀi] NF broma

plaisantin [plɛzɑ̃tɛ̃] NM bromista *mf*; (*fumiste*) guasón *m*

plaise *etc* [plɛz] VB *voir* **plaire**

plaisir [pleziʀ] NM placer *m*; **les plaisirs** los placeres; **boire/manger avec ~** beber/comer con ganas; **faire ~ à qn** complacer a algn; (*suj : cadeau, nouvelle*) agradar a algn; **prendre ~ à qch/à faire qch** complacerse en algo/en hacer algo; **j'ai le ~ de ...** tengo el gusto de ...; **M et Mme X ont le ~ de vous faire part de ...** el señor y la señora X se complacen en hacerles partícipes de ...; **se faire un ~ de faire qch** tener mucho gusto en hacer algo; **faites-moi le ~ de ...** hágame usted el favor de ...; **à ~** a placer; (*sans raison*) sin motivo; **au ~ (de vous revoir)** hasta la próxima; **pour le ~** por gusto; **chaque âge a ses plaisirs** cada edad tiene su encanto

plaît [plɛ] VB *voir* **plaire**

plan, e [plɑ̃, plan] ADJ plano(-a) ▶ NM plano; (*projet, Écon*) plan *m*; **au premier/second ~** en primer/segundo plano; **sur tous les plans** en todos los aspectos; **laisser/rester en ~** dejar/quedar en suspenso; **sur le même ~** al mismo nivel; **de premier/second ~** (*personnage*) de primera/segunda plana; **sur le ~ sexuel** en el terreno de la sexualidad; **~ d'action** plan de acción; **~ d'eau** estanque *m*; **~ d'épargne logement** plan de ahorro vivienda; **~ de cuisson** rejilla de cocina; **~ de sustentation** plano de sustentación; **~ de travail** encimera; **~ de vol** plan de vuelo; **~ directeur** (*Mil*) plano de campaña; (*Écon*) plan rector

> Ne confondez pas *plan* et *plano*. Le plan d'une ville ou d'une construction se traduit par *plano*. Le mot espagnol *plan* est notamment employé pour parler de projets :
> **Je cherche un plan de la vieille ville.** Busco un plano del casco antiguo.
> **Tu as quelque chose de prévu samedi ?** ¿Tienes planes para este sábado?

planche [plɑ̃ʃ] NF tabla; (*de dessins*) lámina; (*de salades etc*) hilera; (*d'un plongeoir*) tablón *m*; **en planches** de tablas; **faire la ~** (*dans l'eau*) hacer el muerto; **avoir du pain sur la ~** tener tela que cortar; **~ à découper** tabla de cortar; **~ à dessin** tablero de dibujo; **~ à pain** tabla; **~ à repasser** tabla de planchar; **~ à roulettes** monopatín *m*; **~ à voile** (*objet*) tabla de windsurfing; (*Sport*) windsurfing *m*; **~ de salut** (*fig*) tabla de salvación; **~ de surf** tabla de surf ■ **planches** NFPL (*Théâtre*) : **les planches** las tablas

plancher [plɑ̃ʃe] NM suelo; (*d'une maison*) piso; (*fig*) tope *m*; **~ des salaires/cotisations** tope

P

salarial/de las cotizaciones ▸ VI : ~ **sur** tener un examen de; (*travailler*) trabajar en *ou* sobre

planchiste [plɑ̃ʃist] NMF windsurfista *mf*

plancton [plɑ̃ktɔ̃] NM plancton *m*

planer [plane] VI (*oiseau*) cernerse; (*avion*) planear; (*odeur*) flotar; (*fam*) estar ciego(-a) (*fam*); ~ **sur** cernerse sobre

planétaire [planetɛʀ] ADJ planetario(-a)

planétarium [planetaʀjɔm] NM planetarium *m*

planète [planɛt] NF planeta *m*

planeur [planœʀ] NM planeador *m*

planification [planifikasjɔ̃] NF planificación *f*

planifier [planifje] VT planificar

planisphère [planisfɛʀ] NM planisferio

planning [planiŋ] NM programación *f*; ~ **familial** planificación *f* familiar

planque [plɑ̃k] (*fam*) NF (*emploi peu fatigant*) momio (*fam*); (*cachette*) escondrijo

planquer [plɑ̃ke] (*fam*) VT esconder ■ **se planquer** VPR esconderse

plant [plɑ̃] NM planta joven, plantón *m*

plantage [plɑ̃taʒ] NM (*d'ordinateur*) bloqueo

plantaire [plɑ̃tɛʀ] ADJ *voir* **voûte**

plantation [plɑ̃tasjɔ̃] NF plantación *f*

plante [plɑ̃t] NF planta; (*Anat*) : ~ **du pied** planta del pie; ~ **d'appartement** planta de interior; ~ **verte** planta (de interior)

planter [plɑ̃te] VT plantar; (*pieu*) clavar; (*drapeau*) plantar; (*tente*) montar; (*fam : mettre*) plantar (*fam*); (: *abandonner*) : ~ **là** dejar plantado(-a); ~ **de/en vignes** plantar de/con viñas; **planté d'arbres** (*terrain, avenue*) plantado de árboles; ~ **le décor** (*fig*) describir la situación ▸ VI (*fam : ordinateur*) bloquearse ■ **se planter** VPR (*fam : se tromper*) equivocarse, meter la pata (*fam*); **se ~ devant qn/qch** plantarse delante de algn/algo

planteur [plɑ̃tœʀ] NM plantador(a)

plantigrade [plɑ̃tigʀad] ADJ plantígrado(-a) ▸ NM plantígrado

planton [plɑ̃tɔ̃] NM plantón *m*

plantureux, -euse [plɑ̃tyʀø, øz] ADJ (*repas*) copioso(-a); (*femme, poitrine*) exuberante

plaquage [plakaʒ] NM (*Rugby*) placaje *m*

plaque [plak] NF placa; (*d'ardoise, de verre*) hoja; ~ **chauffante** placa calientaplatos; ~ **de beurre** barra de mantequilla; ~ **de chocolat** tableta de chocolate; ~ **de cuisson** placa de cocina; ~ **de four** placa de horno; ~ **de police** placa (de identidad); ~ **de propreté** placa protectora; ~ **d'identité** placa (de identidad); ~ **d'immatriculation** (placa de) matrícula; ~ **minéralogique** placa mineralógica; ~ **sensible** (*Photo*) placa sensible; ~ **tournante** (*fig*) centro

plaqué, e [plake] NM (*métal*) : ~ **or/argent** chapado en oro/plata; (*bois*) : ~ **acajou** enchapado en caoba ▸ ADJ : ~ **or/argent** chapado(-a) en oro/plata

plaquer [plake] VT (*bijou*) chapar; (*bois*) enchapar; (*Rugby*) hacer un placaje a; (*fam : laisser tomber*) dejar; (*aplatir*) : ~ **qch sur/contre** aplastar algo sobre/contra; ~ **qn contre** sujetar a algn con fuerza contra ■ **se plaquer** VPR : **se ~ contre** pegarse a

plaquette [plakɛt] NF (*de chocolat, pilules*) tableta; (*beurre*) barra; (*livre*) folleto; **plaquettes de frein** (*Auto*) pastillas de freno

plasma [plasma] NM plasma *m*

plastic [plastik] NM goma dos *f*

plasticien, ne [plastisjɛ̃, jɛn] NM/F (*artiste*) artista plástico(-a) ▸ ADJ plástico(-a)

plastifié, e [plastifje] ADJ plastificado(-a)

plastifier [plastifje] VT plastificar

plastiquage [plastikaʒ] NM explosión *f* con goma dos

plastique [plastik] ADJ plástico(-a); **chirurgie ~** cirugía plástica; **les arts plastiques** las artes plásticas ▸ NM plástico; **bouteille en ~** botella de plástico ▸ NF plástica

plastiquer [plastike] VT volar con goma dos

plastiqueur [plastikœʀ] NM autor *m* de una explosión con goma dos

plastron [plastʀɔ̃] NM pechera

plastronner [plastʀɔne] (*péj*) VI gallear

plasturgie [plastyʀʒi] NF plasturgia

plat, e [pla, at] ADJ llano(-a); (*chapeau, bateau*) chato(-a); (*ventre, poitrine*) plano(-a); (*cheveux*) lacio(-a); (*vin*) insípido(-a); (*banal*) anodino(-a); **à ~** (*adverbe*) horizontalmente; (*adjectif : pneu*) desinflado(-a); (*batterie*) descargado(-a); (*personne*) rendido(-a); **à ~ ventre** boca abajo; **talons plats** zapatos *mpl* planos; **eau plate** agua sin gas ▸ NM (*Culin : mets*) plato; (: *récipient*) fuente *f*; (*partie plate*) : **le ~ de la main** la palma de la mano; (*d'une route*) : **rouler sur du ~** conducir en lo llano; **~ cuisiné** plato precocinado; **~ de résistance** plato fuerte; **~ du jour** plato del día; **plats préparés** platos preparados

> ⚠ Referido a un recipiente, no debe traducirse por *plato*, que en francés corresponde a **assiette**.

platane [platan] NM plátano (*árbol*)

plateau, x [plato] NM bandeja; (*d'une table*) superficie *f*; (*d'une balance, de tourne-disque*) plato; (*Géo*) meseta; (*d'un graphique*) nivel *m*; (*Ciné, TV*) plató; **~ de fromages** tabla de quesos

plateau-repas [platoʀəpɑ] (*pl* **plateaux-repas**) NM bandeja de comida (*servida en trenes y aviones*)

plate-bande [platbɑ̃d] (*pl* **plates-bandes**) NF arriate *m*; **marcher sur les plates-bandes de qn** (*fig*) meterse en el terreno de algn

platée [plate] NF fuente *f*, plato

plateforme [platfɔʀm] NF plataforma; **~ de forage/pétrolière** plataforma de perforación/petrolera

platine [platin] NM platino ▸ NF platina; **~ cassette/laser/disque** platina de casete/láser/de tocadiscos ▸ ADJ INV: **cheveux/blond ~** cabello/rubio platino *inv*
platitude [platityd] NF simpleza
platonique [platɔnik] ADJ platónico(-a)
plâtras [plɑtʀɑ] NM cascote *m*
plâtre [plɑtʀ] NM yeso; (*Méd, statue*) escayola; **avoir un bras dans le ~** tener un brazo escayolado ▪ **plâtres** NMPL (*revêtements*) revestimientos *mpl* de escayola
plâtrer [plɑtʀe] VT (*mur*) enyesar; (*Méd*) escayolar
plâtrier [plɑtʀije] NM yesero
plausibilité [plozibilite] NF plausibilidad *f*
plausible [plozibl] ADJ plausible
play-back [plɛbak] NM INV play-back *m*
play-boy [plɛbɔj] (*pl* **play-boys**) NM play-boy *m*
plébiscite [plebisit] NM plebiscito
plébisciter [plebisite] VT (*approuver*) dar el visto bueno a; (*élire*) elegir
plectre [plɛktʀ] NM plectro
pléiade [plejad] NF (*groupe*) pléyade *f*; **toute une ~ de** toda una pléyade de
plein, e [plɛ̃, plɛn] ADJ lleno(-a); (*journée*) ocupado(-a); (*porte, roue*) macizo(-a); (*joues, formes*) relleno(-a); (*mer*) alto(-a); (*chienne, jument*) preñada; **avoir les mains pleines** tener las manos llenas; **à pleines mains** a manos llenas; **à ~ régime** al máximo; **à ~ temps, à temps ~** a tiempo completo; **en ~ air** al aire libre; **jeux de ~ air** juegos de aire libre; **en ~ vent/soleil** a pleno viento/sol; **en pleine mer** en alta mar; **en pleine rue** en medio de la calle; **en ~ milieu** en medio; **en ~ jour/pleine nuit** en pleno día/plena noche; **en pleine croissance** en pleno crecimiento; **en avoir ~ le dos** (*fam*) estar hasta la coronilla (*fam*); **à ~, en ~** de lleno; **pleins pouvoirs** plenos poderes *mpl* ▸ PRÉP: **avoir de l'argent ~ les poches** tener los bolsillos llenos de dinero ▸ NM: **faire le ~ (d'essence)** llenar el depósito (de gasolina); **faire le ~ de spectateurs/voix** llenar la sala/conseguir la mayoría de los votos; **en ~ sur** de lleno sobre; **les pleins** (*écriture*) el trazo grueso
pleinement [plɛnmɑ̃] ADV enteramente
plein-emploi [plɛnɑ̃plwa] NM pleno empleo
plénière [plenjɛʀ] ADJ F: **assemblée/réunion ~** asamblea/reunión *f* plenaria
plénipotentiaire [plenipɔtɑ̃sjɛʀ] NMF plenipotenciario(-a)
plénitude [plenityd] NF plenitud *f*
pléthore [pletɔʀ] NF plétora
pléthorique [pletɔʀik] ADJ (*classes*) repleto(-a); (*documentation*) abundante
pleurer [plœʀe] VI llorar; **~ sur** llorar por; **~ de rire** llorar de risa ▸ VT llorar
pleurésie [plœʀezi] NF pleuresía
pleureuse [plœʀøz] NF plañidera
pleurnichard, e [plœʀniʃaʀ, aʀd] ADJ (*personne, ton*) llorón(-ona)
pleurnicher [plœʀniʃe] VI lloriquear
pleurote [plœʀɔt] NM (*Bot*) pleuroto
pleurs [plœʀ] NMPL: **en ~** deshecho(-a) en lágrimas
pleut [plø] VB *voir* **pleuvoir**
pleutre [pløtʀ] ADJ cobarde
pleuvait *etc* [pløvɛ] VB *voir* **pleuvoir**
pleuviner [pløvine] VB IMPERS lloviznar
pleuvoir [pløvwaʀ] VB IMPERS: **il pleut** llueve; **il pleut des cordes** *ou* **à verse/à torrents** llueve a cántaros/torrencialmente ▸ VI (*fig*) llover
pleuvra *etc* [pløvʀa] VB *voir* **pleuvoir**
plèvre [plɛvʀ] NF pleura
plexiglas® [plɛksiglɑs] NM plexiglás® *msg*
pli [pli] NM pliegue *m*; (*d'un drapé, rideau*) doblez *f*; (*d'une jupe*) tabla; (*d'un pantalon*) raya; (*aussi*: **faux pli**) arruga; (*ride*) arruga; (*enveloppe*) sobre *m*; (*Admin*) carta; (*Cartes*) baza; **prendre le ~ de faire qch** adquirir el hábito de hacer algo; **ça ne va pas faire un ~** no cabe duda; **~ d'aisance** tabla
pliable [plijabl] ADJ plegable
pliage [plijaʒ] NM plegado; (*Art*) papiroflexia
pliant, e [plijɑ̃, plijɑ̃t] ADJ plegable ▸ NM silla de tijera
plier [plije] VT (*nappe*) doblar; (*tente*) plegar; (*pour ranger*) recoger; (*genou, bras*) flexionar; **~ bagage** (*fig*) tomar las de Villadiego ▸ VI curvarse; (*personne*) ceder; **~ sous le poids de qch** doblarse *ou* ceder bajo el peso de algo ▪ **se plier** VPR: **se ~ à** doblegarse a
plinthe [plɛ̃t] NF zócalo
plissé, e [plise] ADJ (*jupe*) plisado(-a); (*peau*) arrugado(-a); (*Géo*) plegado(-a) ▸ NM (*Couture*) plisado
plissement [plismɑ̃] NM (*Géo*) plegamiento
plisser [plise] VT arrugar; (*jupe*) hacerle tablas a, plisar ▪ **se plisser** VPR arrugarse
pliure [plijyʀ] NF (*du bras, genou*) flexión *f*; (*d'un ourlet*) doblez *f*
plomb [plɔ̃] NM plomo; (*d'une cartouche*) perdigón *m*; (*sceau*) precinto; (*Élec*) fusible *m*; **sommeil de ~** sueño pesado; **soleil de ~** sol abrasador
plombage [plɔ̃baʒ] NM empaste *m*
plombémie [plɔ̃bemi] NF plombemia
plomber [plɔ̃be] VT (*dent*) empastar; (*canne, ligne*) poner el plomo en; (*Inform, colis etc*) precintar; (*fam: compromettre: finances, comptes, relations*) lastrar; **~ l'ambiance** aguar la fiesta
plomberie [plɔ̃bʀi] NF fontanería, plomería (AM); (*installation*) cañería
plombier, -ière [plɔ̃bje, jɛʀ] NM/F fontanero(-a), plomero(-a) (AM), gasfíter *mf* (CHI), gasfitero(-a) (CHI)

P

plonge [plɔ̃ʒ] (*fam*) NF : **faire la ~** fregar los platos

plongeant, e [plɔ̃ʒɑ̃, ɑ̃t] ADJ (*vue*) desde arriba; (*tir*) oblicuo(-a); (*décolleté*) pronunciado(-a)

plongée [plɔ̃ʒe] NF inmersión *f*; (*Sport : sans bouteilles*) buceo; (*Ciné, TV*) plano tomado desde arriba, plano picado; **~ (sous-marine)** submarinismo; **sous-marin en ~** submarino sumergido

plongeoir [plɔ̃ʒwaʀ] NM trampolín *m*

plongeon [plɔ̃ʒɔ̃] NM zambullida; (*Football*) estirada

plonger [plɔ̃ʒe] VI (*personne*) zambullirse; (*sous-marin*) sumergirse; (*oiseau, avion*) lanzarse en picado; (*Football*) hacer una estirada; (*personne*) : **~ dans un sommeil profond** sumirse en un sueño profundo; ▸VT sumergir; (*arme, racine*) clavar; **~ qn dans l'obscurité** sumir a algn en la oscuridad: **~ qn dans l'embarras/le découragement** sumir a algn en la confusión/el desánimo ■ **se plonger** VPR : **se ~ dans** sumergirse en; (*travail, études*) sumirse en

plongeur, -euse [plɔ̃ʒœʀ, øz] NM/F buceador(a); (*avec bouteilles*) submarinista *mf*; (*de restaurant*) lavaplatos *mf inv*

plot [plo] NM (*Élec*) transmisor *m* eléctrico

plouc [pluk] (*fam, péj*) NMF paleto(-a)

ploutocratie [plutɔkʀasi] NF plutocracia

ploutocratique [plutɔkʀatik] ADJ plutocrático(-a)

ployer [plwaje] VT : **~ les genoux** doblar las rodillas ▸VI curvarse; **~ sous le joug** (*fig*) ceder bajo el yugo

plu [ply] PP *de* **plaire** ; **pleuvoir**

pluie [plɥi] NF lluvia; **une ~ de** (*fig*) una lluvia de; **retomber en ~** caer en forma de lluvia; **sous la ~** bajo la lluvia

plumage [plymaʒ] NM plumaje *m*

plume [plym] NF pluma; **dessin à la ~** dibujo en plumilla

plumeau, x [plymo] NM plumero

plumer [plyme] VT (*aussi fig*) desplumar

plumet [plymɛ] NM penacho

plumier [plymje] NM plumero

plupart [plypaʀ] NF : **la ~** la mayor parte; **la ~ du temps** la mayoría de las veces; **dans la ~ des cas** en la mayoría de los casos; **pour la ~** en su mayoría

pluralisme [plyʀalism] NM pluralismo

pluraliste [plyʀalist] ADJ pluralista

pluralité [plyʀalite] NF pluralidad *f*

pluriannuel, le [plyʀianɥɛl] ADJ plurianual

pluridisciplinaire [plyʀidisiplinɛʀ] ADJ pluridisciplinar

pluriel, le [plyʀjɛl] NM plural *m*; **au ~** en plural ▸ADJ (*gauche, société*) plural

pluriethnique [plyʀiɛtnik] ADJ pluriétnico(-a)

plus [ply]

▸ADV **1** (*forme négative*) : **ne ... plus** ya no; **je n'ai plus d'argent** ya no tengo dinero; **il ne travaille plus** ya no trabaja
2 [ply(s), (*+ voyelle*) plyz, (*en position finale*) plys] (*comparatif*) más; **plus intelligent (que)** más inteligente (que); **plus d'intelligence/de possibilités (que)** más inteligencia/posibilidades (que); (*superlatif*) : **le plus** el más; **c'est lui qui travaille le plus** es él quien más trabaja; **le plus grand** el más grande; **(tout) au plus** a lo sumo, a lo más
3 [ply(s), (*+ voyelle*) plyz](*davantage*) más; **il travaille plus (que)** trabaja más (que); **plus il travaille, plus il est heureux** cuanto más trabaja, más feliz es; **il était plus de minuit** era más de medianoche; **plus de trois heures/quatre kilos** más de tres horas/cuatro kilos; **trois heures/kilos de plus que** tres horas/kilos más que; **il a trois ans de plus que moi** tiene tres años más que yo; **de plus** (*en supplément*) de más; (*en outre*) además; **de plus en plus** cada vez más; **plus de pain** más pan; **sans plus** sin más; **trois kilos en plus** tres kilos de más; **en plus de cela ...** además de eso ...; **d'autant plus que** tanto más cuando, más aún cuando; **qui plus est** y lo que es más; **plus ou moins** más o menos; **ni plus ni moins** ni más ni menos
▸PRÉP [plys] : **4 plus 2** 4 más 2

plusieurs [plyzjœʀ] ADJ, PRON varios(-as); **ils sont ~** son varios

plus-que-parfait [plyskəpaʀfɛ] (*pl* **plus-que-parfaits**) NM (*Ling*) pluscuamperfecto

plus-value [plyvaly] (*pl* **plus-values**) NF (*Écon*) plusvalía; (*bénéfice*) beneficio; (*budgétaire*) excedente *m*

plut [ply] VB *voir* **plaire** ; **pleuvoir**

plutonium [plytɔnjɔm] NM plutonio

plutôt [plyto] ADV más bien; **je ferais ~ cela** haría más bien eso; **fais ~ comme ça** haz mejor así; **~ que (de) faire qch** en lugar de hacer algo; **~ grand/rouge** más bien grande/rojo

pluvial, e, -aux [plyvjal, jo] ADJ pluvial

pluvieux, -euse [plyvjø, jøz] ADJ lluvioso(-a)

pluviométrie [plyvjɔmetʀi] NF pluviometría

pluviosité [plyvjozite] NF pluviosidad *f*

PM [peɛm] SIGLE F (= *Police militaire*) ≈ PM *f* (= *Policía Militar*)

PMA [peɛma] SIGLE F (= *procréation médicalement assistée*) reproducción *f* asistida

PME [peɛmə] SIGLE F INV (= *petite et moyenne entreprise*) ≈ PYME *f*, ≈ pyme *f* (= *pequeña y mediana empresa*); **une ~ française** una PYME *ou* pyme francesa; **les ~ espagnoles** las pymes *ou* las PYMES españolas

PMI [peɛmi] SIGLE FPL = **petites et moyennes industries** ▸SIGLE F (= *protection maternelle et infantile*) *voir* **protection**

PMU [peɛmy] SIGLE M (= *Pari Mutuel Urbain*) *voir* **pari**; *ver nota*

PMU, siglas de *Pari Mutuel Urbain*, es una red de ventanillas de apuestas regulada por el gobierno que se encuentran en los bares que muestran el signo **PMU**. Para apostar se compran boletos con un precio fijo y se hacen predicciones sobre quiénes van a ganar u ocupar las primeras posiciones en las carreras de caballos. La apuesta tradicional es el *tiercé*, que es una triple apuesta, aunque hay otras apuestas múltiples, como *quinté* etc, que se están haciendo cada vez más populares.

PNB [peɛnbe] SIGLE M (= *produit national brut*) PNB *m* (= *producto nacional bruto*)

pneu, x [pnø] NM neumático, llanta (*AM*); (*message*) misiva tubular

pneumatique [pnømatik] NM neumático ▸ ADJ de aire comprimido; (*canot*) hinchable

pneumonie [pnømɔni] NF neumonía

pneumopathie [pnømopati] NF neumopatía

PO SIGLE FPL (= *petites ondes*) OM *f* (= *onda media*)

poche [pɔʃ] NF bolsillo; (*des marsupiaux*) bolsa; **de ~** de bolsillo; **en être** *ou* **y être de sa ~** pagarlo de su bolsillo; **c'est dans la ~** es cosa hecha; **connaître qch comme sa ~** (*ville, quartier*) conocer algo como la palma de la mano ▸ NM libro de bolsillo

poché, e [pɔʃe] ADJ : **œuf ~** huevo escalfado; **œil ~** ojo a la funerala

pocher [pɔʃe] VT escalfar; (*Peinture*) bosquejar ▸ VI (*vêtement*) hacer forma

poche-revolver [pɔʃRəvɔlvɛR] (*pl* **poches-revolver**) NF bolsillo de atrás

pochette [pɔʃɛt] NF (*de timbres*) sobre *m*; (*d'aiguilles etc*) estuche *m*; (*sac : de femme*) bolso de mano; (*: d'homme*) bolso; (*sur veste*) pañuelo; **~ d'allumettes** canterilla de cerillas; **~ de disque** funda de discos; **~ surprise** sobre sorpresa

pochoir [pɔʃwaR] NM plantilla

podcast [pɔdkast] NM podcast *m*

podcaster [pɔdkaste] VI podcastear

podium [pɔdjɔm] NM podio

podologue [pɔdɔlɔg] NMF podólogo(-a)

poêle [pwal] NM estufa ▸ NF : **~ (à frire)** sartén *f ou* (*AM*) *m*

poêlée [pwale] NF (*Culin*) : **~ de petits légumes** verduritas *fpl* salteadas

poêler [pwale] VT saltear

poêlon [pwalɔ̃] NM cazo

poème [pɔɛm] NM poema *m*

poésie [pɔezi] NF poesía

poète [pɔɛt] NMF, ADJ poeta *mf*

poétesse [pɔetɛs] NF poetisa

poétique [pɔetik] ADJ poético(-a)

poétiquement [pɔetikmɑ̃] ADV poéticamente

poétiser [pɔetize] VT poetizar

pognon [pɔɲɔ̃] (*fam*) NM pasta (*fam*)

poids [pwɑ] NM peso; (*pour peser*) pesa; **vendre qch au ~** vender algo al peso; **prendre/perdre du ~** coger/perder peso; **faire le ~** (*fig*) dar la talla; **argument de ~** argumento de peso; **~ et haltères** *nmpl* pesas y halterofilia; **~ lourd** peso pesado; (*camion*) vehículo pesado; **~ mort** (*Tech*) peso muerto; (*fig : péj*) lastre *m*; **~ mouche/plume/coq/moyen** (*Boxe*) peso mosca/pluma/gallo/medio; **~ utile** carga

poignant, e [pwaɲɑ̃, ɑ̃t] ADJ conmovedor(a)

poignard [pwaɲaR] NM puñal *m*; **un coup de ~ dans le dos** (*fig*) una puñalada trapera

poignarder [pwaɲaRde] VT apuñalar

poigne [pwaɲ] NF fuerza; (*main, poing*) mano *f*; (*fig*) firmeza; **à ~** (*homme, femme*) con firmeza

poignée [pwaɲe] NF puñado; (*de couvercle, valise*) asa; (*tiroir*) tirador *m*; (*porte*) picaporte *m*; (*de cuisine*) manopla *f*; **~ de main** apretón *m* de manos

poignet [pwaɲɛ] NM muñeca; (*d'une chemise*) puño

poil [pwal] NM pelo; (*de pinceau, brosse*) cerda; **à ~** (*fam : tout nu*) en pelota(s); **au ~** (*fam*) genial; **de tout ~** de toda calaña; **être de bon/mauvais ~** (*fam*) estar de buenas/malas; **~ à gratter** picapica

poilant, e [pwalɑ̃, ɑ̃t] (*fam*) ADJ tronchante (*fam*)

poilu, e [pwaly] ADJ peludo(-a)

poinçon [pwɛ̃sɔ̃] NM punzón *m*; (*marque*) contraste *m*

poinçonner [pwɛ̃sɔne] VT (*billet, ticket*) picar; (*marchandise, bijou*) contrastar

poinçonneuse [pwɛ̃sɔnøz] NF perforadora

poindre [pwɛ̃dR] VI (*fleur*) brotar; (*aube, jour*) despuntar

poing [pwɛ̃] NM puño; **dormir à poings fermés** dormir a pierna suelta

point [pwɛ̃] VB *voir* **poindre** ▸ NM punto; (*Couture, tapisserie*) puntada; **à ~ nommé** en el momento oportuno; **au ~ de vue scientifique** desde el punto de vista científico; **faire le ~** (*Naut*) determinar la posición; (*fig*) recapitular; **faire le ~ sur** analizar la situación de; **en tout ~** de todo punto; **sur le ~ de faire qch** a punto de hacer algo; **au ~ que** hasta el punto que; **mettre au ~** poner a punto; (*appareil de photo*) enfocar; (*affaire*) precisar; **à ~** (*Culin*) en su punto; **~ chaud** (*Mil, Pol*) punto álgido; **~ com** puntocom *m*; **~ culminant** punto culminante; **~ d'eau** punto de agua; **~ d'exclamation/d'interrogation** signo de exclamación/de interrogación; **~ de chaînette/de croix/de tige** punto de cadeneta/de cruz/de tallo; **~ de chute** (*fig*) lugar *m* de parada; **~ de côté** punzada en el costado; **~ de départ/d'arrivée** punto de partida/de llegada; **~ de jersey/mousse** (*Tricot*) punto liso *ou* de jersey/

P

de malla; **~ de non-retour** punto sin retorno; **~ de repère** punto de referencia; **~ de vente** punto de venta; **~ de vue** (*paysage*) vista; (*fig*) punto de vista; **~ faible** punto débil; **~ mort** punto muerto; **~ noir** punto negro; **points cardinaux** puntos cardinales; **points de suspension** puntos *mpl* suspensivos ▶ ADV (*littér, vieilli*) = **pas**[2]; **~ du tout** de ningún modo

pointage [pwɛ̃taʒ] NM punteo; (*des ouvriers etc*) fichado

pointe [pwɛ̃t] NF punta; (*d'un clocher*) remate *m*; (*fig*) : **une ~ d'ail/d'accent** una pizca de ajo/de acento; **être à la ~ de qch** estar en la vanguardia de algo; **faire** *ou* **pousser une ~ jusqu'à ...** llegar hasta ...; **sur la ~ des pieds** de puntillas; **en ~** *adv, adj* en punta; **de ~** (*industries*) de vanguardia; (*vitesse*) punta *inv*; **heures/jours de ~** horas *fpl*/días *mpl* punta; **faire du 180 en ~** (*Auto*) llevar une velocidad tope de 180; **faire des pointes** (*Danse*) bailar de puntillas; **~ d'asperge** punta de espárrago; **~ de courant** sobretensión *f*; **~ de vitesse** escapada ■ **pointes** NFPL (*Danse*) zapatillas *fpl* de puntas

pointer [pwɛ̃te] VT puntear; (*employés, ouvriers*) fichar; (*canon, doigt*) apuntar; **~ les oreilles** aguzar las orejas ▶ VI (*employé, ouvrier*) fichar; (*pousses*) brotar; (*jour*) despuntar ■ **se pointer** VPR (*fam : arriver, apparaître*) presentarse, aparecer

pointeur, -euse [pwɛ̃tœʀ, øz] NM/F (*personne*) listero; (: *Pétanque*) apuntador(a) ▶ NM (*Inform*) cursor *m*

pointeuse [pwɛ̃tøz] NF perforadora

pointillé [pwɛ̃tije] NM línea de puntos; (*Art*) punteado; **en ~** en punteado

pointilleux, -euse [pwɛ̃tijø, øz] ADJ puntilloso(-a)

pointu, e [pwɛ̃ty] ADJ puntiagudo(-a); (*son, voix, fig*) agudo(-a)

pointure [pwɛ̃tyʀ] NF número; (*fig : personnalité*) pez *m* gordo; (*calibre*) : **il est d'une autre ~** no tiene punto de comparación

point-virgule [pwɛ̃viʀgyl] (*pl* **points-virgules**) NM punto y coma *m*

poire [pwaʀ] NF pera; (*fam, péj*) memo(-a); **~ à injections** jeringa de inyecciones; **~ électrique/à lavement** pera eléctrica/de lavativa

poireau, x [pwaʀo] NM puerro

poireauter [pwaʀote] (*fam*) VI esperar

poirier [pwaʀje] NM peral *m*; **faire le ~** hacer el pino

pois [pwɑ] NM guisante *m*; (*sur une étoffe*) lunar *m*; **à ~** de lunares; **~ cassés** guisantes *mpl* secos; **~ chiche** garbanzo; **~ de senteur** guisante de olor

poison [pwazɔ̃] NM veneno

poisse [pwas] NF mala pata *f* (*fam*)

poisser [pwase] VT embadurnar

poisseux, -euse [pwasø, øz] ADJ pegajoso(-a)

poisson [pwasɔ̃] NM pez *m*; (*Culin*) pescado; (*Astrol*) : **Poissons** Piscis *msg*; **être Poissons** ser Piscis; **prendre du ~** pescar; **« ~ d'avril ! »** « ¡inocente! »; **~ d'avril** inocentada; *ver nota*; **~ volant/rouge** pez volador/rojo

> En Francia, el 1 de abril es el equivalente al día de los Santos Inocentes en España. La broma o inocentada típica de ese día es pegar en la espalda de alguien un pez de papel, el **poisson d'avril**, sin ser visto. Los medios de comunicación contribuyen con sus propios **poissons d'avril** difundiendo noticias falsas y disparatadas.

poisson-chat [pwasɔ̃ʃa] (*pl* **poissons-chats**) NM siluro

poissonnerie [pwasɔnʀi] NF pescadería

poissonneux, -euse [pwasɔnø, øz] ADJ rico(-a) en peces

poissonnier, -ière [pwasɔnje, jɛʀ] NM/F pescadero(-a)

poissonnière [pwasɔnjɛʀ] NF besuguera

poisson-scie [pwasɔ̃si] (*pl* **poissons-scies**) NM pez *m* sierra

poitevin, e [pwat(ə)vɛ̃, in] ADJ (*région*) del Poitou; (*ville*) de Poitiers ▶ NM/F : **Poitevin, e** nativo(-a) *ou* habitante *mf* del Poitou *ou* de Poitiers

poitrail [pwatʀaj] NM pecho

poitrine [pwatʀin] NF pecho

poivre [pwavʀ] NM pimienta; **~ et sel** *adj inv* (*cheveux*) entrecano(-a); **~ blanc/gris** pimienta blanca/negra; **~ de Cayenne** cayena; **~ moulu/en grains** pimienta molida/en grano; **~ vert** pimienta verde

> Ne confondez pas *el pimiento* (**le poivron**) et *la pimienta* (**le poivre**).

poivré, e [pwavʀe] ADJ picante

poivrer [pwavʀe] VT sazonar con pimienta

poivrier [pwavʀije] NM (*Bot, ustensile*) pimentero

poivrière [pwavʀijɛʀ] NF (*ustensile*) pimentero

poivron [pwavʀɔ̃] NM pimiento morrón; **~ rouge/vert** pimiento rojo/verde

poivrot, e [pwavʀo, ɔt] (*fam*) NM/F (*ivrogne*) borracho(-a)

poix [pwɑ] NF pez *f*

poker [pɔkɛʀ] NM : **le ~** el póker; **partie de ~** (*fig*) partida de póker; **~ d'as** póker de dados

polaire [pɔlɛʀ] ADJ polar ▶ NF (*vêtement*) forro polar

polar [pɔlaʀ] (*fam*) NM novela policial *ou* policíaca

polarisation [pɔlaʀizasjɔ̃] NF polarización *f*

polariser [pɔlaʀize] VT polarizar; **être polarisé sur** (*personne*) estar volcado en, estar absorbido por

pôle [pol] NM (*Géo, Élec*) polo; **~ d'attraction** polo de atracción; **~ de développement** (*Écon*) polo de desarrollo; **P~ Emploi** oficina de empleo; **le ~ Nord/Sud** el Polo Norte/Sur

polémique [pɔlemik] ADJ polémico(-a) ▶NF polémica

polémiquer [pɔlemike] VI polemizar

polémiste [pɔlemist] NMF polemista *mf*

poli, e [pɔli] ADJ (*personne*) educado(-a); (*surface*) liso(-a)

police [pɔlis] NF : **la ~** la policía; (*discipline*) : **assurer la ~ de** *ou* **dans** mantener el orden en; (*Assurance*) : **~ d'assurance** póliza de seguros; **être dans la ~** estar en la policía; **peine de simple ~** pena leve; **~ de caractère** (*Typo, Inform*) tipo de letra; **~ des mœurs** *policía encargada del control de la prostitución*; **~ judiciaire** policía judicial; **~ secours** servicio urgente de policía; **~ secrète** policía secreta

policé, e [pɔlise] ADJ civilizado(-a)

polichinelle [pɔliʃinɛl] NM polichinela *m*; **secret de ~** secreto a voces

policier, -ière [pɔlisje, jɛʀ] ADJ policial, policiaco(-a), policíaco(-a) ▶NM/F policía *mf*, agente *mf* (AM) ▶NM (*roman*) novela policiaca *ou* policíaca; (*film*) película policiaca *ou* policíaca

policlinique [pɔliklinik] NF policlínica

poliment [pɔlimɑ̃] ADV educadamente

polio [pɔljɔ] (*fam*) NF polio *f inv* (*fam*)

poliomyélite [pɔljɔmjelit] NF poliomielitis *f inv*

poliomyélitique [pɔljɔmjelitik] NMF poliomielítico(-a)

polir [pɔliʀ] VT pulir

polisson, ne [pɔlisɔ̃, ɔn] ADJ (*enfant*) pillo(-a); (*allusion, chanson*) pícaro(-a), atrevido(-a)

politesse [pɔlitɛs] NF cortesía; (*civilité*) : **la ~** la urbanidad; **devoir/rendre une ~ à qn** deber/devolver un cumplido a algn ■ **politesses** NFPL (*actes*) cumplidos *mpl*

politicard [pɔlitikaʀ] (*péj*) NM politicastro

politicien, ne [pɔlitisjɛ̃, jɛn] NM/F político(-a); (*péj*) politicastro(-a) ▶ADJ político(-a)

politique [pɔlitik] ADJ, NMF político(-a) ▶NF política; **~ étrangère/intérieure** política exterior/interior

politique-fiction [pɔlitikfiksjɔ̃] (*pl* **politiques-fictions**) NF ficción *f* política

politiquement [pɔlitikmɑ̃] ADV políticamente; (*avec habilité*) diplomáticamente

politisation [pɔlitizasjɔ̃] NF politización *f*

politiser [pɔlitize] VT politizar; **~ qn** politizar a algn ■ **se politiser** VPR politizarse

politologue [pɔlitɔlɔg] NMF politólogo(-a)

pollen [pɔlɛn] NM polen *m*

polluant, e [pɔlɥɑ̃, ɑ̃t] ADJ contaminante; **produit ~** producto contaminante

polluer [pɔlɥe] VT contaminar; **air pollué/eaux polluées** aire *m* contaminado/aguas *fpl* contaminadas

pollueur, -euse [pɔlɥœʀ, øz] NM/F contaminador(a)

pollution [pɔlysjɔ̃] NF polución *f*, contaminación *f*

polo [pɔlo] NM polo

Pologne [pɔlɔɲ] NF Polonia

polonais, e [pɔlɔnɛ, ɛz] ADJ polaco(-a) ▶NM (*Ling*) polaco ▶NM/F : **Polonais, e** polaco(-a)

poltron, ne [pɔltʀɔ̃, ɔn] ADJ cobarde

poly... [pɔli] PRÉF poli...

polyamide [pɔliamid] NM poliamida

polyarthrite [pɔliaʀtʀit] NF poliartritis *f inv*

polychrome [pɔlikʀom] ADJ polícromo(-a)

polyclinique [pɔliklinik] NF = **policlinique**

polycopie [pɔlikɔpi] NF (*procédé*) multicopista

polycopié, e [pɔlikɔpje] ADJ multicopiado(-a) ▶NM copia (sacada por multicopia)

polycopier [pɔlikɔpje] VT multicopiar

polyculture [pɔlikyltyʀ] NF policultivo

polyester [pɔliɛstɛʀ] NM poliéster *m*

polyéthylène [pɔlietilɛn] NM polietileno

polygame [pɔligam] ADJ polígamo(-a)

polygamie [pɔligami] NF poligamia

polyglotte [pɔliglɔt] ADJ polígloto(-a)

polygone [pɔligɔn] NM polígono

polymère [pɔlimɛʀ] NM polímero

polymorphe [pɔlimɔʀf] ADJ polimorfo(-a)

Polynésie [pɔlinezi] NF Polinesia; **la ~ française** la Polinesia francesa

polynésien, ne [pɔlinezjɛ̃, jɛn] ADJ polinesio(-a) ▶NM/F : **Polynésien, ne** polinesio(-a)

polynôme [pɔlinom] NM polinomio

polype [pɔlip] NM pólipo

polyphonie [pɔlifɔni] NF polifonía

polyphonique [pɔlifɔnik] ADJ polifónico(-a)

polysémie [pɔlisemi] NF polisemia

polysémique [pɔlisemik] ADJ polisémico(-a)

polystyrène [pɔlistiʀɛn] NM poliestireno

polytechnicien, ne [pɔlitɛknisjɛ̃, jɛn] NM/F *alumno o antiguo alumno de la Escuela Politécnica francesa*

polyuréthane [pɔliyʀetan] NM poliuretano

polyvalent, e [pɔlivalɑ̃, ɑ̃t] ADJ polivalente ▶NM tasador *m* de impuestos

pomélo [pɔmelo] NM pomelo

pommade [pɔmad] NF pomada

pomme [pɔm] NF manzana; (*boule décorative*) pomo; **tomber dans les pommes** (*fam*) darle a algn un patatús (*fam*); **~ d'Adam** nuez *f* de Adán; **~ d'arrosoir/de douche** alcachofa; **~ de pin** piña; **~ de terre** patata, papa (AM); **pommes allumettes/vapeur** patatas paja/al vapor; **pommes noisettes** bocaditos *mpl* de patata

pommé, e [pɔme] ADJ repolludo(-a)

pommeau, x [pɔmo] NM (*boule*) pomo; (*d'une selle*) perilla

P

pommelé, e [pɔm(ə)le] ADJ : **cheval ~** caballo tordo
pommer [pɔme] VI repollarse
pommette [pɔmɛt] NF pómulo
pommier [pɔmje] NM manzano
pompage [pɔ̃paʒ] NM bombeo
pompe [pɔ̃p] NF (*appareil*) bomba; (*faste*) pompa; **en grande ~** con gran pompa; **~ à eau** bomba de agua; **~ (à essence)** surtidor *m* (de gasolina); **~ à huile** bomba de aceite; **~ à incendie** bomba de incendios; **~ à vélo** *ou* **de bicyclette** bomba de bicicleta; **pompes funèbres** pompas *fpl* fúnebres
pompéien, ne [pɔ̃pejɛ̃, jɛn] ADJ pompeyano(-a)
pomper [pɔ̃pe] VT bombear; (*aspirer*) chupar; (*absorber*) absorber ▶ VI bombear
pompeusement [pɔ̃pøzmɑ̃] ADV pomposamente
pompeux, -euse [pɔ̃pø, øz] (*péj*) ADJ pomposo(-a)
pompier¹ [pɔ̃pje] NM bombero(-a)
pompier², -ière [pɔ̃pje, jɛr] ADJ (*style*) pomposo(-a)
pompiste [pɔ̃pist] NMF encargado(-a) de una gasolinera
pompon [pɔ̃pɔ̃] NM borla
pomponner [pɔ̃pɔne] VT engalanar ■ **se pomponner** VPR (*fam*) emperifollarse (*fam*)
ponçage [pɔ̃saʒ] NM pulimento, pulido
ponce [pɔ̃s] NF : **pierre ~** piedra pómez
poncer [pɔ̃se] VT pulimentar, pulir
ponceuse [pɔ̃søz] NF pulidora
poncif [pɔ̃sif] NM (*banalité*) trivialidad *f*
ponction [pɔ̃ksjɔ̃] NF (*d'argent*) deducción *f*; **~ lombaire** (*Méd*) punción *f* lumbar
ponctionner [pɔ̃ksjɔne] VT (*Méd*) puncionar
ponctualité [pɔ̃ktɥalite] NF puntualidad *f*
ponctuation [pɔ̃ktɥasjɔ̃] NF puntuación *f*
ponctuel, le [pɔ̃ktɥɛl] ADJ puntual
ponctuellement [pɔ̃ktɥɛlmɑ̃] ADV puntualmente
ponctuer [pɔ̃ktɥe] VT puntuar; (*Mus*) marcar las pausas en; **~ une phrase de commentaires** intercalar comentarios en una frase
pondération [pɔ̃derasjɔ̃] NF ponderación *f*
pondéré, e [pɔ̃dere] ADJ ponderado(-a)
pondérer [pɔ̃dere] VT ponderar
pondeuse [pɔdɔ̃z] NF ponedora
pondre [pɔ̃dr] VT (*œufs*) poner; (*fig* : *fam*) parir ▶ VI poner
poney [pɔnɛ] NM póney *m*, poni *m*
pongiste [pɔ̃ʒist] NMF jugador(a) de ping-pong
pont [pɔ̃] NM (*aussi Auto*) puente *m*; (*Naut*) cubierta; **faire le ~** hacer puente; **faire un ~ d'or à qn** tender un puente de plata a algn; **~ à péage** puente de peaje; **~ aérien** puente aéreo; **~ basculant** puente basculante; **~ d'envol** (*sur un porte-avions*) cubierta de despegue; **~ élévateur** puente elevador; **~ roulant** puente grúa; **~ suspendu/tournant** puente colgante/giratorio; **Ponts et Chaussées** (*Univ*) Caminos, Canales y Puertos
pontage [pɔ̃taʒ] NM baipás *m*, bypass *m*; **~ aortocoronarien/coronarien** baipás *ou* bypass aortocoronario/coronario
ponte [pɔ̃t] NF puesta ▶ NM (*fam*) mandamás *mf inv* (*fam*)
pontife [pɔ̃tif] NM pontífice *m*
pontifiant, e [pɔ̃tifjɑ̃, jɑ̃t] ADJ sentencioso(-a)
pontificat [pɔ̃tifika] NM (*papauté, durée*) pontificado
pontifier [pɔ̃tifje] VI pontificar
pont-levis [pɔ̃lvi] (*pl* **ponts-levis**) NM puente *m* levadizo
ponton [pɔ̃tɔ̃] NM pontón *m*
pop [pɔp] ADJ INV pop *inv* ▶ NF : **la ~** la música pop
pop-corn [pɔpkɔrn] (*pl* **pop-corns**) NM palomitas *fpl* (de maíz)
popeline [pɔplin] NF papelina
populace [pɔpylas] (*péj*) NF populacho
populaire [pɔpylɛr] ADJ popular
populariser [pɔpylarize] VT popularizar
popularité [pɔpylarite] NF popularidad *f*
population [pɔpylasjɔ̃] NF población *f*; **~ active/agricole** población activa/agrícola; **~ civile** población civil; **~ ouvrière** población obrera
populeux, -euse [pɔpylø, øz] ADJ populoso(-a)
populisme [pɔpylism] NM populismo
populiste [pɔpylist] ADJ populista
porc [pɔr] NM (*Zool*) cerdo, chancho (*Am*); (*Culin*) (carne *f* de) cerdo; (*peau*) cuero de cerdo
porcelaine [pɔrsəlɛn] NF porcelana
porcelet [pɔrsəlɛ] NM lechón *m*, tostón *m*
porc-épic [pɔrkepik] (*pl* **porcs-épics**) NM puerco espín
porche [pɔrʃ] NM porche *m*
porcher, -ère [pɔrʃe, ɛr] NM/F porquero(-a)
porcherie [pɔrʃəri] NF porqueriza, pocilga; (*fig*) pocilga
porcin, e [pɔrsɛ̃, in] ADJ porcino(-a)
pore [pɔr] NM poro
poreux, -euse [pɔrø, øz] ADJ poroso(-a)
porno [pɔrno] ADJ (= *pornographique*) porno *inv* ▶ NM película porno
pornographie [pɔrnɔgrafi] NF pornografía
pornographique [pɔrnɔgrafik] ADJ pornográfico(-a)
porosité [pɔrozite] NF porosidad *f*
port [pɔr] NM porte *m*; (*Naut*) puerto; **arriver à bon ~** llegar a buen puerto; **le ~ de l'uniforme est interdit dans ...** está prohibido llevar el uniforme en ...; **~ d'armes** (*Jur*) tenencia de armas; **~ d'attache** (*Naut*) puerto de amarre;

(*fig*) refugio; **~ de commerce/de pêche** puerto comercial/pesquero; **~ d'escale** puerto de escala; **~ de tête** porte de cabeza; **~ dû/payé** (*Comm*) porte debido/pagado; **~ franc** puerto franco; **~ pétrolier** puerto petrolero

portable [pɔʀtabl] ADJ (*vêtement*) ponible; (*ordinateur*) portátil; (*téléphone*) móvil, celular (AM) ▸ NM (*téléphone*) móvil *m*, celular *m* (AM); (*ordinateur*) portátil *m*

portail [pɔʀtaj] NM (*gén, Internet*) portal *m*; (*d'une cathédrale*) pórtico

portant, e [pɔʀtɑ̃, ɑ̃t] ADJ sustentador(a); (*roues*) de apoyo; **être bien/mal ~** (*personne*) tener buena/mala salud

portatif, -ive [pɔʀtatif, iv] ADJ portátil

porte [pɔʀt] NF puerta; **mettre qn à la ~** poner a algn en la calle; **prendre la ~** coger la puerta; **à ma/sa ~** a la puerta de mi/su casa; **faire du ~ à ~** (*Comm*) vender de puerta en puerta, vender a domicilio; **journée portes ouvertes** jornada de puertas abiertas; **~ d'embarquement** (*Aviat*) puerta de embarque; **~ d'entrée** puerta de entrada; **~ de secours** salida de emergencia; **~ de service** puerta de servicio

porté, e [pɔʀte] ADJ : **être ~ à faire qch** estar dispuesto(-a) a hacer algo; **être ~ sur qch** darle a algo

porte-à-faux [pɔʀtafo] NM INV : **en ~** en falso; (*fig*) en vilo

porte-aiguilles [pɔʀtegɥij] (*pl* **~**) NM alfiletero

porte-avion NM, **porte-avions** NM INV [pɔʀtavjɔ̃] (*pl* **porte-avions**) portaaviones *m inv*

porte-bagage NM, **porte-bagages** NM INV [pɔʀtbagaʒ] (*pl* **porte-bagages**) portaequipajes *m inv*

porte-bébé [pɔʀtbebe] (*pl* **porte-bébés**) NM portabebés *m inv*

porte-bonheur [pɔʀtbɔnœʀ] (*pl* **~(s)**) NM amuleto

porte-bouteilles [pɔʀtbutɛj] NM INV portabotellas *m inv*; (*à casiers*) botellero

porte-cartes [pɔʀtəkaʀt] NM INV (*de cartes d'identité*) cartera de bolsillo; (*de cartes géographiques*) portaplanos *m inv*

porte-cigarette NM, **porte-cigarettes** NM INV [pɔʀtsigaʀɛt] (*pl* **porte-cigarettes**) pitillera

porte-clé NM, **porte-clés** NM INV [pɔʀtəkle] (*pl* **porte-clés**) llavero

porte-conteneurs [pɔʀtəkɔ̃t(ə)nœʀ] NM INV porta-contenedores *m inv*

porte-couteau [pɔʀtkuto] (*pl* **porte-couteaux**) NM salvamantel *m* para cuchillos

porte-crayon [pɔʀtkʀɛjɔ̃] (*pl* **porte-crayons**) NM portalápiz *m*

porte-document NM, **porte-documents** NM INV [pɔʀt(ə)dɔkymɑ̃] (*pl* **porte-documents**) cartera de mano, portafolio *ou* portafolios *msg* (AM)

porte-drapeau [pɔʀt(ə)dʀapo] (*pl* **porte-drapeaux**) NMF abanderado(-a)

portée [pɔʀte] NF alcance *m*; (*d'une chienne, chatte*) camada; (*Mus*) pentagrama *m*; **à (la) ~ (de)** al alcance (de); **hors de ~ (de)** fuera del alcance (de); **à ~ de (la) main** al alcance de la mano; **à ~ de voix** a poca distancia; **à la ~ de toutes les bourses** al alcance de todos los bolsillos; **ce n'est pas à sa ~** eso no está a su alcance

portefaix [pɔʀtəfɛ] NM INV porteador *m*

porte-fenêtre [pɔʀt(ə)fənɛtʀ] (*pl* **portes-fenêtres**) NF puerta vidriera

portefeuille [pɔʀtəfœj] NM cartera; (*Pol*) cartera (ministerial); (*Fin : d'actions*) cartera (de valores); **faire un lit en ~** hacer la petaca

porte-jarretelle NM, **porte-jarretelles** NM INV [pɔʀtʒaʀtɛl] (*pl* **porte-jarretelles**) liguero

porte-jupe [pɔʀtəʒyp] (*pl* **porte-jupes**) NM percha para faldas

portemanteau, x [pɔʀt(ə)mɑ̃to] NM perchero

porte-mine [pɔʀtəmin] (*pl* **porte-mines**) NM portaminas *m inv*

portemonnaie [pɔʀtmɔnɛ] NM monedero

porte-parapluie [pɔʀtpaʀaplɥi] (*pl* **porte-parapluies**) NM paragüero

porte-parole [pɔʀt(ə)paʀɔl] (*pl* **~(s)**) NMF portavoz *mf*, vocero(-a) (AM)

porte-plume [pɔʀtəplym] NM INV portaplumas *m inv*

porter [pɔʀte] VT llevar; (*fig : poids d'une affaire*) soportar; (: *responsabilité*) cargar con; (*suj : jambes*) sostener; (: *arbre*) dar, producir; **~ secours/assistance à qn** prestar socorro/asistencia a algn; **elle portait le nom de sa mère** llevaba el nombre de su madre; **~ bonheur à qn** traer buena suerte a algn; **~ son âge** representar su edad; **~ un toast** brindar; **~ de l'argent au crédit d'un compte** ingresar dinero en una cuenta; **~ une somme sur un registre** asentar una cantidad en un registro; **~ atteinte à (l'honneur/la réputation de qn)** atentar contra (el honor/la reputación de algn); **se faire ~ malade** declararse enfermo(-a); **~ un jugement sur qn/qch** emitir un juicio sobre algn/algo; **~ un livre/récit à l'écran** llevar un libro/relato a la pantalla; **~ qn au pouvoir** conducir a algn al poder; **~ la main à son chapeau/une cuillère à sa bouche** llevarse la mano al sombrero/una cuchara a la boca; **~ son attention/regard/effort sur** fijar su atención/mirada/esfuerzo sobre; **~ un fait à la connaissance de qn** llevar un hecho al conocimiento de algn; **~ à croire** llevar a pensar ▸ VI llegar; (*fig*) surtir efecto; **~ sur** (*suj : conférence*) tratar de; (: *édifice*) apoyarse sobre; (: *accent*) caer en; (: *bras, tête*) dar contra ■ **se porter** VPR : **se ~ bien/mal** encontrarse bien/mal; (*aller*) : **se ~ vers** dirigirse hacia; **se ~ garant** avalar; **se ~ partie civile** constituirse parte civil; **se ~ candidat à la députation** presentarse como candidato a la diputación

porte-savon [pɔʀtsavɔ̃] (*pl* **porte-savons**) NM jabonera

P

porte-serviette NM, **porte-serviettes** NM INV [pɔʀtsɛʀvjɛt] (*pl* **porte-serviettes**) toallero

porteur, -euse [pɔʀtœʀ, øz] NM/F (*de messages*) mensajero(-a); (*Méd*) portador(a); **gros ~** (*avion*) avión *m* de gran capacidad; **au ~** (*billet, chèque*) al portador; **les petits porteurs** (*Fin*) los pequeños accionistas ▶ NM/F (*de bagages*) mozo(-a) de equipaje ▶ NM (*Comm : d'un chèque*) portador *m*; (*Fin : d'une action*) tenedor *m* ▶ ADJ : **être ~ de** ser portador(a) de

porte-voix [pɔʀtəvwa] NM INV megáfono

portier, -ière [pɔʀtje, jɛʀ] NM/F portero(-a) ▶ NF (*de voiture, train*) puerta

portillon [pɔʀtijɔ̃] NM portillo

portion [pɔʀsjɔ̃] NF (*part*) ración *f*; (*partie*) parte *f*

portique [pɔʀtik] NM (*Archit*) pórtico; (*Gymnastique*) barra sueca; (*Rail*) grúa pórtico; **~ de sécurité** (*dans un aéroport*) pórtico de seguridad; **~ électronique** pórtico electrónico

porto [pɔʀto] NM oporto

portoricain, e [pɔʀtɔʀikɛ̃, ɛn] ADJ portorriqueño(-a) ▶ NM/F : **Portoricain, e** portorriqueño(-a)

Porto Rico [pɔʀtɔʀiko] NF Puerto Rico

portrait [pɔʀtʀɛ] NM retrato; **c'est tout le ~ de sa mère** (*fig*) es el vivo retrato de su madre

portraitiste [pɔʀtʀetist] NMF retratista *mf*

portrait-robot [pɔʀtʀɛʀɔbo] (*pl* **portraits-robots**) NM retrato robot

portuaire [pɔʀtɥɛʀ] ADJ portuario(-a)

portugais, e [pɔʀtygɛ, ɛz] ADJ portugués(-esa) ▶ NM (*Ling*) portugués *m* ▶ NM/F : **Portugais, e** portugués(-esa)

Portugal [pɔʀtygal] NM Portugal *m*

POS [peoɛs] SIGLE M (= *plan d'occupation des sols*) *plan de ocupación del suelo*

pose [poz] NF (*de moquette*) instalación *f*; (*de rideau, papier peint*) colocación *f*; (*position*) postura; (*affectation*) pose *f*; **(temps de) ~** (*Photo*) (tiempo de) exposición *f*

posé, e [poze] ADJ comedido(-a)

posément [pozemɑ̃] ADV pausadamente

posemètre [pozmɛtʀ] NM (*Photo*) fotómetro

poser [poze] VT poner; (*moquette, carrelage*) instalar; (*rideaux, papier peint*) colocar; (*question*) hacer; (*principe*) establecer; (*problème*) plantear; (*personne : mettre en valeur*) dar notoriedad a; (*déposer*) : **~ qch (sur)** dejar algo (sobre); **~ son** *ou* **un regard sur qn/qch** poner sus ojos sobre *ou* en algn/algo; **~ sa candidature** (*à un emploi*) presentarse; (*Pol*) presentar su candidatura ▶ VI (*modèle*) posar ■ **se poser** VPR (*oiseau, avion*) posarse; (*question*) plantearse; **se ~ en** erigirse en

poseur, -euse [pozœʀ, øz] NM/F (*péj*) engreído(-a); **~ de carrelages/de parquets** instalador(a) de pavimento/de parqué

positif, -ive [pozitif, iv] ADJ positivo(-a); (*Philos*) positivista

position [pozisjɔ̃] NF posición *f*; (*posture*) postura; (*métier*) cargo; (*d'un compte en banque*) situación *f*; **être dans une ~ difficile/délicate** estar en una situación difícil/delicada; **prendre ~** (*prendre parti*) posicionarse

positionnement [pozisjɔnmɑ̃] NM (*mise en place*) colocación *f*; (*localisation*) localización *f*; (*Comm : de produit*) posicionamiento; (*prise de parti*) posicionamiento

positionner [pozisjɔne] VT (*mettre en place*) colocar; (*localiser*) localizar; (*Comm : produit*) posicionar ■ **se positionner** VPR (*se placer*) colocarse; (*entreprise, produit*) posicionarse; (*prendre parti*) posicionarse

positivement [pozitivmɑ̃] ADV positivamente

positiver [pozitive] VI ser positivo(-a)

posologie [pozɔlɔʒi] NF posología

possédant, e [pɔsedɑ̃, ɑ̃t] ADJ pudiente ▶ NM/F : **les possédants** los pudientes *mpl*

possédé, e [pɔsede] NM/F poseído(-a)

posséder [pɔsede] VT poseer; (*qualité*) estar dotado(-a) de; (*métier, langue*) dominar, conocer a fondo; (*suj : jalousie, colère*) dominar; (*fam : duper*) engañar

possesseur [pɔsesœʀ] NM poseedor(a)

possessif, -ive [pɔsesif, iv] ADJ posesivo(-a) ▶ NM (*Ling*) posesivo

possession [pɔsesjɔ̃] NF posesión *f*; **être/entrer en ~ de qch** estar/entrar en posesión de algo; **en sa/ma ~** en su/mi posesión; **prendre ~ de qch** tomar posesión de algo; **être en ~ de toutes ses facultés** tener pleno dominio de sus facultades

possessivité [pɔsesivite] NF posesividad *f*

possibilité [pɔsibilite] NF posibilidad *f*; **avoir la ~ de faire qch** tener la posibilidad de hacer algo ■ **possibilités** NFPL (*moyens*) medios *mpl*; (*potentiel*) posibilidades *fpl*

possible [pɔsibl] ADJ posible; (*projet*) realizable; **il est ~ que** es posible que; **autant que ~** en la medida de lo posible; **si (c'est) ~** si es posible; **(ce n'est) pas ~ !** ¡no puede ser!; **comme c'est pas ~** (*fam*) a más no poder; **le plus/moins de livres ~** el mayor/menor número de libros posible; **le plus/moins d'eau ~** la mayor/menor cantidad de agua posible; **aussitôt** *ou* **dès que ~** en cuanto sea posible ▶ NM : **faire (tout) son ~** hacer (todo) lo (que sea) posible; **gentil au ~** amable al máximo

post [pɔst] NM (*Internet*) post *m*, artículo *m*

postal, e, -aux [pɔstal, o] ADJ postal; **sac ~** correspondencia

postdater [pɔstdate] VT posfechar

postdoctoral, e, -aux [pɔstdɔktɔʀal, o] ADJ postdoctoral

postdoctorant, e [pɔstdɔktɔʀɑ̃, ɑ̃t] NM/F postdoctorando(-a)

poste [pɔst] NF (*service*) correo; (*administration*) correos *mpl*; (*bureau*) oficina de correos; **mettre**

à la ~ echar al correo; **~ restante** lista de correos ▶ NM (*Mil*) puesto; (*charge*) cargo; (*de radio, télévision*) aparato; (*Tél*) extensión *f*; (*de budget*) partida, asiento; **~ de commandement** (*Mil etc*) puesto de mando; **~ de contrôle** puesto de control; **~ de douane** puesto aduanero; **~ de nuit** (*Indus*) turno de noche; **~ d'essence** punto de repuesto; **~ d'incendie** boca de incendio; **~ de péage** puesto de peaje; **~ de pilotage** puesto de pilotaje; **~ (de police)** puesto (de policía); **~ de secours** puesto de socorro; **~ de travail** puesto de trabajo; **~ émetteur** (*Radio*) emisora ■ **postes** NFPL : **agent/employé des postes** agente *mf*/ empleado de correos

poster[1] [pɔste] VT (*lettre*) echar al correo; (*personne*) apostar; (*sur Internet*) colgar, publicar ■ **se poster** VPR apostarse

poster[2] [pɔstɛʀ] NM póster *m*

postérieur, e [pɔsteʀjœʀ] ADJ posterior ▶ NM (*fam*) trasero

postérieurement [pɔsteʀjœʀmɑ̃] ADV posteriormente; **~ à** con posterioridad a

posteriori [pɔsteʀjɔʀi] : **a ~** *adv* a posteriori

postérité [pɔsteʀite] NF posteridad *f*; **passer à la ~** pasar a la posteridad

postface [pɔstfas] NF advertencia final de un libro

posthume [pɔstym] ADJ póstumo(-a); **à titre ~** a título póstumo

postiche [pɔstiʃ] ADJ postizo(-a) ▶ NM postizo

postier, -ière [pɔstje, jɛʀ] NM/F empleado(-a) de correos

postillon [pɔstijɔ̃] NM partícula de saliva

postillonner [pɔstijɔne] VI echar saliva al hablar

postmoderne [pɔstmɔdɛʀn] ADJ posmoderno(-a)

postmodernisme [pɔstmɔdɛʀnism] NM posmodernismo

postnatal, e [pɔstnatal] ADJ posnatal

postopératoire [pɔstɔpeʀatwaʀ] ADJ postoperatorio(-a)

postproduction [pɔstpʀɔdyksjɔ̃] NF postproducción *f*

postscolaire [pɔstskɔlɛʀ] ADJ postescolar

post-scriptum [pɔstskʀiptɔm] NM INV pos(t)data

postsynchronisation [pɔstsɛ̃kʀɔnizasjɔ̃] NF postsincronización *f*

postsynchroniser [pɔstsɛ̃kʀɔnize] VT postsincronizar

postulant, e [pɔstylɑ̃, ɑ̃t] NM/F (*candidat*) solicitante *mf*; (*Rel*) postulante(-a)

postulat [pɔstyla] NM postulado

postuler [pɔstyle] VT solicitar ▶ VI **~ à** *ou* **pour** solicitar

posture [pɔstyʀ] NF postura; **être en bonne/ mauvaise ~** (*fig*) estar en buena/mala situación

pot [po] NM (*récipient*) cacharro; (*en métal*) bote *m*; (*fam : chance*) : **avoir du ~** tener potra (*fam*); **boire** *ou* **prendre un ~** (*fam*) tomar una copa; **découvrir le ~ aux roses** descubrir el pastel; **~ à tabac** tabaquera; **~ d'échappement** (*Auto*) tubo de escape; **~ (de chambre)** orinal *m*; **~ de fleurs** tiesto, maceta

potable [pɔtabl] ADJ potable; (*travail*) aceptable; (*fig*) pasable

potache [pɔtaʃ] NM colegial *m*

potage [pɔtaʒ] NM sopa

potager, -ère [pɔtaʒe, ɛʀ] ADJ hortícola; **(jardin) ~** huerto

potasse [pɔtas] NF potasa

potasser [pɔtase] (*fam*) VT empollar (*fam*)

potassium [pɔtasjɔm] NM potasio

pot-au-feu [pɔtofø] (*pl* **pot(s)-au-feu**) NM cocido; (*viande*) carne *f* para el cocido ▶ ADJ INV (*fam*) casero(-a)

pot-de-vin [podvɛ̃] (*pl* **pots-de-vin**) NM soborno

pote [pɔt] (*fam*) NM colega *m* (*fam*), compadre *m* (*AM*) (*fam*), manito (*MEX*) (*fam*)

poteau, x [pɔto] NM poste *m*; **~ de départ/d'arrivée** línea de salida/meta; **~ (d'exécution)** paredón *m*; **~ indicateur** poste indicador; **~ télégraphique** poste telegráfico; **poteaux (de but)** postes (de portería)

potée [pɔte] NF pote *m*

potelé, e [pɔt(ə)le] ADJ rollizo(-a)

potence [pɔtɑ̃s] NF horca; **en ~** en escuadra

potentat [pɔtɑ̃ta] NM potentado

potentiel, le [pɔtɑ̃sjɛl] ADJ, NM potencial *m*

potentiellement [pɔtɑ̃sjɛlmɑ̃] ADV potencialmente

potentiomètre [pɔtɑ̃sjɔmɛtʀ] NM (*Élec*) potenciómetro

poterie [pɔtʀi] NF (*fabrication*) alfarería; (*objet*) objeto de barro, cerámica

potiche [pɔtiʃ] NF jarrón *m* de porcelana; (*fig*) figura decorativa, florero; **jouer les potiches** hacer de florero

potier, -ière [pɔtje, jɛʀ] NM/F alfarero(-a)

potins [pɔtɛ̃] NMPL chismes *mpl*

potion [posjɔ̃] NF poción *f*

potiron [pɔtiʀɔ̃] NM calabaza

pot-pourri [popuʀi] (*pl* **pots-pourris**) NM popurrí *m*

pou, x [pu] NM piojo

pouah [pwa] EXCL ¡puf!

poubelle [pubɛl] NF (*d'une maison*) cubo *ou* bote *m* (*AM*) de la basura; (*d'un immeuble, dans la rue*) contenedor *m*; (*publique*) papelera; (*fig*) vertedero; **jeter** *ou* **mettre qch à la ~** tirar algo a la basura

pouce [pus] NM pulgar *m*; **se tourner** *ou* **se rouler les pouces** (*fig*) estar mano sobre mano; **manger sur le ~** comer de pie y deprisa

P

poudre [pudʀ] NF polvo; (*fard*) polvos *mpl*; (*explosif*) pólvora; **en ~ : café/savon/lait en ~** café *m* molido/detergente *m*/leche *f* en polvo; **~ à canon** pólvora de cañón; **~ à éternuer** polvos de estornudar; **~ à priser** polvo de rapé; **~ à récurer** polvos de blanqueo; **~ de riz** polvos de arroz

poudrer [pudʀe] VT empolvar ■ **se poudrer** VPR empolvarse

poudreuse [pudʀøz] NF nieve *f* en polvo

poudreux, -euse [pudʀø, øz] ADJ (*route*) polvoriento(-a); (*neige*) en polvo

poudrier [pudʀije] NM polvera

poudrière [pudʀijɛʀ] NF (*aussi fig*) polvorín *m*

pouf [puf] NM puf *m*

pouffer [pufe] VI : **~ (de rire)** partirse de risa

pouffiasse [pufjas] (*fam !*) NF golfa

pouilleux, -euse [pujø, øz] ADJ piojoso(-a); (*fig*) sórdido(-a)

poujadisme [puʒadism] NM (*Hist*) poujadismo, *movimiento político de derechas surgido en Francia en 1953 que defendía los intereses de los pequeños comerciantes*; (*péj*) *actitud corporativista y reaccionaria*

poujadiste [puʒadist] NMF (*Hist*) poujadista *mf*, *partidario del movimiento político de derechas surgido en Francia en 1953 que defendía los intereses de los pequeños comerciantes*; (*péj*) *persona con una actitud corporativista y reaccionaria* ▸ ADJ (*Hist*) poujadista; (*péj*) corporativista y reaccionario(-a)

poulailler [pulaje] NM (*aussi Théâtre*) gallinero

poulain [pulɛ̃] NM potro; (*fig*) pupilo

poularde [pulaʀd] NF polla

poule [pul] NF gallina; (*Sport*) liga; (*Rugby*) *grupo de equipos que se enfrentan en la primera fase de un campeonato*; (*fam : fille de mœurs légères*) golfa; (*: maîtresse*) amante *f*; **~ d'eau** polla de agua; **~ mouillée** cobarde *mf*, gallina *mf*; **~ pondeuse** gallina ponedora

poulet [pulɛ] NM pollo; (*fam*) poli *m* (*fam*)

poulette [pulɛt] NF (*Zool*) polla

pouliche [puliʃ] NF potranca

poulie [puli] NF polea

poulpe [pulp] NM pulpo

pouls [pu] NM pulso; **prendre le ~ de qn** tomar el pulso a algn

poumon [pumɔ̃] NM pulmón *m*; **~ artificiel/d'acier** pulmón artificial/de acero

poupe [pup] NF (*Naut*) popa; **avoir le vent en ~** (*fig*) ir viento en popa

poupée [pupe] NF muñeca; **jouer à la ~** jugar a las muñecas; **de ~ : jardin/maison de ~** jardín *m*/casa de muñecas

poupin, e [pupɛ̃, in] ADJ regordete y sonrosado(-a)

poupon [pupɔ̃] NM nene *m*

pouponner [pupɔne] VI cuidar un bebé

pouponnière [pupɔnjɛʀ] NF guardería

pour [puʀ]

▸ PRÉP **1** (*destination, temps*) : **elle est partie pour Paris** se ha ido a París; **le train pour Séville** el tren para *ou* a Sevilla; **j'en ai pour une heure** tengo para una hora; **il faut le faire pour après les vacances** hay que hacerlo para después de las vacaciones; **pour toujours** para siempre

2 (*au prix de, en échange de*) por; **il l'a acheté pour 5 €** lo compró por 5 euros; **donnez-moi pour 30 € d'essence** deme 30 euros de gasolina; **je te l'échange pour ta montre** te lo cambio por tu reloj

3 (*en vue de, intention, en faveur de*) : **pour le plaisir** por gusto; **pour ton anniversaire** para tu cumpleaños; **je le fais pour toi** lo hago para ti; **pastilles pour la toux** pastillas *fpl* para la tos; **pour que** para que; **pour faire** para hacer; **pour quoi faire ?** ¿para qué?; **je suis pour la démocratie** estoy por la democracia

4 (*à cause de*) : **fermé pour (cause de) travaux** cerrado por obras; **c'est pour cela que je le fais** por eso lo hago; **être pour beaucoup dans qch** influir mucho en algo; **ce n'est pas pour dire, mais ...** (*fam*) no es por nada pero ...; **pour avoir fait** por haber hecho; **je l'ai fait pour toi** lo hice por ti

5 (*à la place de*) : **il a parlé pour moi** habló por mí

6 (*rapport, comparaison*) : **mot pour mot** palabra por palabra; **ça fait un an jour pour jour** hoy hace justamente un año; **10 pour cent** diez por ciento; **pour un Français, il parle bien suédois** para ser francés, habla bien el sueco; **pour riche qu'il soit** por rico que sea

7 (*comme*) : **la femme qu'il a eue pour mère** la mujer que tuvo por madre

8 (*point de vue*) : **pour moi, il a tort** para mí que se equivoca; **pour ce qui est de ...** por lo que se refiere a ...; **pour autant que je sache** que yo sepa

▸ NM : **le pour et le contre** los pros y los contras

pourboire [puʀbwaʀ] NM propina

pourcentage [puʀsɑ̃taʒ] NM porcentaje *m*; **travailler au ~** trabajar a comisión

pourchasser [puʀʃase] VT perseguir

pourfendeur [puʀfɑ̃dœʀ] NM opositor(a)

pourfendre [puʀfɑ̃dʀ] VT combatir

pourlécher [puʀleʃe] : **se pourlécher** VPR relamerse

pourparlers [puʀpaʀle] NMPL negociaciones *fpl*; **être en ~ avec** estar en tratos con

pourpre [puʀpʀ] ADJ púrpura INV

pourquoi [puʀkwa] ADV, CONJ por qué; **~ se taire/faire cela ?** ¿por qué *ou* para qué callarse/hacer eso?; **~ ne pas faire ... ?** ¿por qué no hacer ...?; **~ pas ?** ¿por qué no?; **je voudrais savoir/ne comprends pas ~ ...** quisiera saber/no entiendo por qué ...; **dire/expliquer ~**

decir/explicar por qué; **c'est ~ …** por eso …; **~ dis-tu cela ?** ¿por qué dices eso? ▶ NM : **le ~ (de)** el porqué (de)

> Ne confondez pas *por qué* (**pourquoi**) et *porque* (**parce que**) :
> **Pourquoi tu ne m'as pas appelé ? – Parce que je n'avais pas ton numéro.** ¿Por qué no me llamaste? – Porque no tenía tu teléfono.
> *Porqué*, écrit en un mot, est un substantif qui est donc toujours précédé de l'article :
> **Je ne comprends pas les raisons de sa réaction.** No entiendo el porqué de su reacción.

pourrai *etc* [puʀe] VB *voir* **pouvoir**

pourri, e [puʀi] ADJ podrido(-a); *(roche, câble)* fragmentado(-a); *(temps, climat)* horrible; *(fig)* corrompido(-a) ▶ NM : **sentir le ~** oler a podrido

pourriel [puʀjɛl] NM *(Internet)* correo *m* basura *inv*

pourrir [puʀiʀ] VI pudrirse; *(cadavre)* descomponerse; *(fig : situation)* degradarse ▶ VT pudrir; *(fig : personne)* corromper; *(enfant)* echar a perder

pourrissement [puʀismɑ̃] NM pudrición *f*, putrefacción *f*

pourriture [puʀityʀ] NF podredumbre *f*

pourrons *etc* [puʀɔ̃] VB *voir* **pouvoir**

poursuis [puʀsɥi] VB *voir* **poursuivre**

poursuite [puʀsɥit] NF persecución *f*; *(fig : de la fortune)* búsqueda; **(course) ~** *(Cyclisme)* persecución ■ **poursuites** NFPL *(Jur)* diligencias *fpl*

poursuivant, e [puʀsɥivɑ̃, ɑ̃t] VB *voir* **poursuivre** ▶ NM/F perseguidor(a); *(Jur)* demandante *mf*

poursuivre [puʀsɥivʀ] VT perseguir; *(mauvais payeur)* acosar, perseguir; *(femme)* pretender a; *(obséder)* obsesionar, perseguir; *(fortune, gloire)* perseguir, buscar; *(continuer : voyage, études)* proseguir; **~ qn en justice** demandar a *ou* querellarse contra algn; **~ qn au pénal/au civil** querellarse contra algn por vía penal/por vía civil ▶ VI proseguir ■ **se poursuivre** VPR seguirse

pourtant [puʀtɑ̃] ADV sin embargo; **et/mais ~** y/pero sin embargo; **c'est ~ facile** sin embargo es fácil

> ⚠ No debe traducirse por *por lo tanto*, que en francés corresponde a **par conséquent**.

pourtour [puʀtuʀ] NM *(d'un quadrilatère)* perímetro; *(d'un lieu)* contorno

pourvoi [puʀvwa] NM : **~ en cassation/en révision** *(Jur)* recurso de casación/de revisión; **~ en grâce** petición *f* de indulto

pourvoir [puʀvwaʀ] VT *(Comm)* : **~ qn en** proveer a algn de, suministrar a algn; **~ qn de qch** *(recommandation, emploi)* proporcionar algo a algn; *(qualités)* dotar a algn de algo; **~ qch de** equipar algo con ▶ VI : **~ à** ocuparse de; *(emploi)* atender a ■ **se pourvoir** VPR *(Jur)* : **se ~ en cassation** *etc* interponer un recurso de casación *etc*

pourvoyeur, -euse [puʀvwajœʀ, øz] NM/F proveedor(a), abastecedor(a); **~ de fonds** proveedor(a) de fondos

pourvu, e [puʀvy] PP *de* **pourvoir** ▶ ADJ : **~ de** provisto(-a) de ▶ CONJ : **~ que** *(à condition que)* con tal que; **~ qu'il soit là !** *(espérons que)* ¡ojalá esté!

pousse [pus] NF brote *m*; *(bourgeon)* botón *m*, yema; **jeune ~** *(Internet : entreprise)* empresa emergente, start-up *f*; **pousses de bambou** brotes *mpl* de bambú

poussé, e [puse] ADJ *(approfondi)* exhaustivo(-a); *(moteur)* forzado(-a)

pousse-café [puskafe] NM licor *m*

poussée [puse] NF *(pression, attaque)* empuje *m*; *(coup)* empujón *m*; *(Méd)* acceso; *(fig : des prix)* aumento; *(: révolutionnaire)* ola; *(: d'un parti politique)* crecimiento

pousse-pousse [puspus] NM INV carro de culí

pousser [puse] VT empujar; *(cri)* lanzar, pegar; *(élève)* hacer trabajar, estimular; *(études)* seguir, continuar; *(moteur, voiture)* forzar; *(acculer)* : **~ qn à qch/à faire qch** arrastrar *ou* empujar a algn a algo/a algn a hacer algo; **~ qn à bout** sacar a algn de sus casillas; **il a poussé la gentillesse jusqu'à …** ha extremado su amabilidad hasta … ▶ VI crecer; *(aller)* : **~ jusqu'à un endroit/plus loin** seguir hasta un lugar/hasta más lejos; **faire ~** *(plante)* sembrar, plantar ■ **se pousser** VPR echarse a un lado

poussette [pusɛt] NF cochecito de niño; *(des courses)* carro (de la compra)

poussette-canne [pusɛtkan] *(pl* **poussettes-cannes***)* NF cochecito plegable

poussier [pusje] NM carbonilla

poussière [pusjɛʀ] NF *(la poussière)* polvo; *(une poussière)* mota; **et des poussières** *(fig)* y pico; **~ de charbon** carbonilla

poussiéreux, -euse [pusjeʀø, øz] ADJ polvoriento(-a)

poussif, -ive [pusif, iv] ADJ asmático(-a); *(moteur)* que se ahoga

poussin [pusɛ̃] NM pollito

poussoir [puswaʀ] NM botón *m*

poutre [putʀ] NF viga; **poutres apparentes** vigas *fpl* vistas

poutrelle [putʀɛl] NF vigueta

pouvoir [puvwaʀ] NM *(aussi Jur)* poder *m*; *(dirigeants : Pol)* : **le ~** el poder; **les pouvoirs publics** los poderes públicos; **~ absorbant** poder de absorción; **~ calorifique** poder calorífico; **~ d'achat** poder adquisitivo ▶ VT, VB SEMI-AUX poder; **je ne peux pas le réparer** no puedo arreglarlo; **vous pouvez aller au cinéma** podéis ir al cine; **déçu de ne pas ~ le faire** decepcionado por no poder hacerlo; **tu ne peux pas savoir !** ¡no puedes imaginarte!; **je n'en peux plus** no puedo más; **je me porte on ne peut mieux** me encuentro perfectamente; **je ne peux pas dire le contraire** no puedo decir

P

lo contrario; **j'ai fait tout ce que j'ai pu** hice todo lo que pude; **qu'est-ce que je pouvais bien faire ?** ¿qué iba a *ou* podía hacer yo?; **tu peux le dire !** ¡ya lo creo!; **il aurait pu le dire !** ¡podría haberlo dicho!; **il a pu avoir un accident** pudo haber un accidente ▶ VB IMPERS : **il peut arriver que ...** puede suceder que ...; **il pourrait pleuvoir** puede que llueva ■ **se pouvoir** VB IMPERS : **il se peut que** puede ser que

pp. ABR (= *pages*) págs., pp. (= *páginas*)

p.p.c.m. [pepeseɛm] SIGLE M (= *plus petit commun multiple*) m.c.m. (= *mínimo común múltiplo*)

PQ¹ [peky] (*fam*) SIGLE M (= *papier cul*) papel *m* de váter

PQ² [peky] SIGLE F (CANADA : = *province de Québec*) provincia *f* de Quebec

pragmatique [pʀagmatik] ADJ pragmático(-a)

pragmatisme [pʀagmatism] NM pragmatismo

Prague [pʀag] N Praga

prairie [pʀeʀi] NF pradera

praline [pʀalin] NF (*bonbon*) almendra garapiñada; (*au chocolat*) bombón *m*

praliné, e [pʀaline] ADJ (*amande, feuilleté*) garrapiñado(-a); (*chocolat, crème*) crocanti *inv*

praticable [pʀatikabl] ADJ (*chemin*) transitable; (*projet*) practicable, factible

praticien, ne [pʀatisjɛ̃, jɛn] NM/F practicante *mf*

pratiquant, e [pʀatikɑ̃, ɑ̃t] ADJ practicante

pratique [pʀatik] NF práctica; (*coutume*) usos *mpl*; (*conduite*) actuación *f*, prácticas *fpl*; **dans la ~** en la práctica; **mettre en ~** poner en práctica, llevar a la práctica ▶ ADJ práctico(-a), positivo(-a); (*personne*) práctico(-a); (*instrument*) práctico(-a), útil; (*horaire*) adaptado(-a), adecuado(-a)

pratiquement [pʀatikmɑ̃] ADV (*dans la pratique*) de una manera práctica; (*à peu près*) prácticamente

pratiquer [pʀatike] VT practicar; (*méthode, théorie*) poner en práctica; (*métier*) ejercer; (*intervention*) efectuar, realizar; (*abri*) instalar ▶ VI (*Rel*) practicar

pré [pʀe] NM prado

préado [pʀeado] (*fam*) NMF preadolescente *mf*

préadolescent, e [pʀeadɔlesɑ̃, ɑ̃t] ADJ, NM/F preadolescente *mf*

préalable [pʀealabl] ADJ previo(-a); **sans avis ~** sin previo aviso; **condition ~ (de)** condición previa (a) ▶ NM : **au ~** de antemano

préalablement [pʀealabləmɑ̃] ADV previamente

Préalpes [pʀealp] NFPL : **les ~** los Prealpes *mpl*

préalpin, e [pʀealpɛ̃, in] ADJ prealpino(-a)

préambule [pʀeɑ̃byl] NM preámbulo; (*fig*) preludio; **sans ~** sin preámbulos

préau, x [pʀeo] NM (*d'une cour d'école*) patio cubierto; (*d'un hôpital, d'une prison*) patio; (*d'un monastère*) claustro

préavis [pʀeavi] NM : **~ (de licenciement)** notificación *f* (de despido); **communication avec ~** (*Tél*) llamada con aviso; **~ de congé** aviso de desahucio

prébende [pʀebɑ̃d] NF prebenda

précaire [pʀekɛʀ] ADJ precario(-a); (*bonheur*) incierto(-a) ▶ NMF trabajador(a) precario(-a)

précarisation [pʀekaʀizasjɔ̃] NF precarización *f*

précarisé [pʀekaʀize] ADJ precarizado(-a)

précarité [pʀekaʀite] NF precariedad *f*; **la ~ de l'emploi** la precariedad laboral

précaution [pʀekosjɔ̃] NF precaución *f*; **avec/sans ~** con/sin precaución; **le principe de ~** el principio de precaución; **par ~** por precaución; **pour plus de ~** para mayor garantía; **prendre des précautions/ses précautions** tomar precauciones/sus precauciones; **précautions oratoires** retórica *fsg* cuidadosa

précautionneusement [pʀekosjɔnøzmɑ̃] ADV precavidamente, con precaución

précautionneux, -euse [pʀekosjɔnø, øz] ADJ precavido(-a), cauto(-a)

précédemment [pʀesedamɑ̃] ADV anteriormente

précédent, e [pʀesedɑ̃, ɑ̃t] ADJ precedente, anterior; **le jour ~** el día antes ▶ NM precedente *m*; **sans ~** sin precedentes

précéder [pʀesede] VT preceder; **elle m'a précédé de quelques minutes** llegó unos minutos antes que yo

précepte [pʀesɛpt] NM precepto; (*Rel*) mandamiento

précepteur, -trice [pʀesɛptœʀ, tʀis] NM/F preceptor(a), maestro(-a)

préchauffage [pʀeʃofaʒ] NM precalentamiento

préchauffer [pʀeʃofe] VT precalentar

prêcher [pʀeʃe] VT (*Rel*) predicar; (*conseiller*) aconsejar; **~ l'Évangile** predicar el Evangelio; **~ un converti** convencer a un(-a) convencido(-a) ▶ VI predicar; (*fig*) sermonear; **~ dans le désert** predicar en el desierto

prêcheur, -euse [pʀɛʃœʀ, øz] ADJ predicador(a) ▶ NM/F (*Rel*) predicador(a); (*fig*) sermoneador(a)

précieusement [pʀesjøzmɑ̃] ADV (*avec soin*) cuidadosamente; (*avec préciosité*) amaneradamente

précieux, -euse [pʀesjø, jøz] ADJ precioso(-a); (*temps, qualités*) valioso(-a), importante; (*ami, conseils*) valioso(-a); (*littérature, style*) preciosista

préciosité [pʀesjozite] NF preciosismo

précipice [pʀesipis] NM precipicio; (*fig*) abismo, perdición *f*; **au bord du ~** (*fig*) al borde del abismo *ou* de la perdición

précipitamment [pʀesipitamɑ̃] ADV precipitadamente

précipitation [pʀesipitasjɔ̃] NF (*hâte*) precipitación *f*; (*Chim*) precipitado ■ **précipitations** NFPL (*Météo*) : **précipitations (atmosphériques)** precipitaciones *fpl*

précipité, e [pʀesipite] ADJ (*respiration*) jadeante; (*pas*) apresurado(-a); (*démarche, entreprise*) precipitado(-a)

précipiter [pʀesipite] VT (*faire tomber*) arrojar, tirar; (*pas*) apresurar; (*événements*) precipitar ■ **se précipiter** VPR (*respiration*) acelerarse; (*événements*) precipitarse; **se ~ sur/vers** lanzarse sobre/hacia; **se ~ au devant de qn** abalanzarse hacia algn

précis, e [pʀesi, iz] ADJ preciso(-a); (*vocabulaire*) conciso(-a), preciso(-a); (*bruit, point*) preciso(-a), determinado(-a); (*dessin, esprit*) seguro(-a), preciso(-a); (*heure*) preciso(-a), exacto(-a); (*tir, mesures*) exacto(-a) ▶ NM compendio

précisément [pʀesizemɑ̃] ADV (*avec précision*) de manera precisa; (*dans une réponse*) exactamente; (*dans négation*) precisamente; (*justement*) justamente

préciser [pʀesize] VT precisar ■ **se préciser** VPR precisarse, concretarse

précision [pʀesizjɔ̃] NF precisión *f*; (*détail*) exactitud *f* ■ **précisions** NFPL (*plus amples détails*) precisiones *fpl*

précoce [pʀekɔs] ADJ precoz

précocité [pʀekɔsite] NF precocidad *f*

préconçu, e [pʀekɔ̃sy] (*péj*) ADJ preconcebido(-a)

préconiser [pʀekɔnize] VT preconizar

précontraint, e [pʀekɔ̃tʀɛ̃, ɛ̃t] ADJ (*béton*) pretensado(-a)

précuit, e [pʀekɥi, it] ADJ precocido(-a)

précurseur [pʀekyʀsœʀ] ADJ M, NM precursor(-a)

prédateur [pʀedatœʀ] NM (*aussi fig*) depredador *m*

prédation [pʀedasjɔ̃] NF (*aussi fig*) depredación *f*

prédécesseur, e [pʀedesesœʀ] NM/F predecesor(a) ■ **prédécesseurs** NMPL (*ancêtres, précurseurs*) predecesores *mpl*

prédécoupé, e [pʀedekupe] ADJ precortado(-a)

prédestiné, e [pʀedɛstine] ADJ predestinado(-a); **être ~ à** estar predestinado(-a) a; **au nom ~** reveladoramente llamado(-a)

prédestiner [pʀedɛstine] VT predestinar

prédicateur [pʀedikatœʀ] NM predicador *m*

prédiction [pʀediksjɔ̃] NF predicción *f*

prédilection [pʀedilɛksjɔ̃] NF : **avoir une ~ pour qn/qch** tener predilección por algn/algo; **de ~** favorito(-a), preferido(-a)

prédire [pʀediʀ] VT (*événement improbable*) predecir, vaticinar; (*événement probable*) augurar; **~ l'avenir** predecir el futuro

prédisposer [pʀedispoze] VT : **~ qn à qch/à faire qch** predisponer a algn a algo/a hacer algo

prédisposition [pʀedispozisjɔ̃] NF predisposición *f*

prédit [pʀedi] PP *de* **prédire**

prédominance [pʀedɔminɑ̃s] NF predominio

prédominant, e [pʀedɔminɑ̃, ɑ̃t] ADJ predominante

prédominer [pʀedɔmine] VI predominar

pré-électoral, e, -aux [pʀeelɛktɔʀal, o] ADJ preelectoral

pré-emballé, e [pʀeɑ̃bale] ADJ preembalado(-a)

prééminence [pʀeeminɑ̃s] NF preeminencia, supremacía

prééminent, e [pʀeeminɑ̃, ɑ̃t] ADJ preeminente

préempter [pʀeɑ̃pte] VT (*Jur*) ejercer un derecho preferencial de compra; (*fig : s'approprier*) apropiarse de

préemption [pʀeɑ̃psjɔ̃] NF : **droit de ~** (*Jur*) derecho preferencial de compra

pré-encollé, e [pʀeɑ̃kɔle] ADJ preengomado(-a)

préétabli, e [pʀeetabli] ADJ preestablecido(-a)

préexistant, e [pʀeɛgzistɑ̃, ɑ̃t] ADJ preexistente

préfabrication [pʀefabʀikasjɔ̃] NF prefabricación *f*

préfabriqué, e [pʀefabʀike] ADJ prefabricado(-a); (*péj : sourire*) estudiado(-a), premeditado(-a) ▶ NM prefabricado

préface [pʀefas] NF prefacio; (*fig*) preliminar *m*

préfacer [pʀefase] VT prologar

préfectoral, e, -aux [pʀefɛktɔʀal, o] ADJ gubernativo(-a); **par mesure préfectorale** por orden gubernativa

préfecture [pʀefɛktyʀ] NF prefectura, ≈ gobierno civil; *ver nota*; (*ville*) capital *f* de departamento; **~ de police** dirección *f* general de policía

P

La **préfecture** es la oficina central del *département*. El *préfet*, que es un alto cargo del funcionariado designado por el gobierno, se encarga de poner en práctica la política gubernamental y mantener la ley y el orden. Las diferentes regiones francesas, cada una de ellas formada por una serie de *départements*, cuentan también con un *préfet de région*.

préférable [pʀefeʀabl] ADJ preferible; **il est ~ de faire qch** es preferible hacer algo; **être ~ à** ser preferible a

préféré, e [pʀefeʀe] ADJ preferido(-a) ▶ NM/F favorito(-a)

préférence [pʀefeʀɑ̃s] NF preferencia; **de ~** preferentemente; **de ~ à/par ~ à** antes que/en lugar de; **avoir une ~ pour qn/qch** tener predilección por algn/algo; **n'avoir pas de ~** no tener predilección; **donner la ~ à qn** dar preferencia a algn; **par ordre de ~** por orden de preferencia; **obtenir la ~ (sur qn)** pasar delante (de algn)

préférentiel, le [pʀeferɑ̃sjɛl] ADJ preferente

préférer [pʀefeʀe] VT : **~ qch/qn (à)** preferir algo/a algn (a); **~ faire qch** preferir hacer algo; **je préférerais du thé** preferiría té

préfet, -ète [pʀefɛ, ɛt] NM/F prefecto(-a), ≈ gobernador(a) civil; **~ de police** director(a) general de policía

préfigurer [pʀefigyʀe] VT predecir, prefigurar

préfixe [pʀefiks] NM prefijo

préhension [pʀeɑ̃sjɔ̃] NF prensión *f*

préhistoire [pʀeistwaʀ] NF prehistoria

préhistorique [pʀeistɔʀik] ADJ prehistórico(-a)

préinscription [pʀeɛ̃skʀipsjɔ̃] NF preinscripción *f*

préinstallé, e [pʀeɛ̃stale] ADJ (*logiciel, appli*) preinstalado(-a)

préjudice [pʀeʒydis] NM perjuicio; **porter ~ à qch/à qn** perjudicar algo/a algn; **au ~ de qn/de qch** en perjuicio de algn/de algo

préjudiciable [pʀeʒydisjabl] ADJ : **~ à** perjudicial para

préjugé [pʀeʒyʒe] NM prejuicio; **avoir un ~ contre qn/qch** tener prejuicios contra algn/algo; **bénéficier d'un ~ favorable** beneficiarse de un prejuicio favorable

préjuger [pʀeʒyʒe] VT prejuzgar

prélasser [pʀelɑse] : **se prélasser** VPR arrellanarse

prélat [pʀela] NM prelado

prélavage [pʀelavaʒ] NM prelavado

prélèvement [pʀelɛvmɑ̃] NM extracción *f*, toma; **faire un ~ de sang** hacer una extracción de sangre; **~ à la source** (*Admin : des impôts*) retención *f* a cuenta; **prélèvements obligatoires** (*des impôts*) exacciones *fpl* obligatorias

prélever [pʀel(ə)ve] VT (*échantillon*) tomar, sacar; (*organe*) extraer; **~ (sur)** (*retirer*) sacar (de); (*déduire*) descontar (de), deducir (de)

préliminaire [pʀeliminɛʀ] ADJ preliminar ▪ **préliminaires** NMPL preliminares *mpl*

prélude [pʀelyd] NM preludio

préluder [pʀelyde] : **~ à** *vt* preludiar

prématuré, e [pʀematyʀe] ADJ prematuro(-a); (*retraite, nouvelle*) anticipado(-a) ▸ NM/F prematuro(-a)

prématurément [pʀematyʀemɑ̃] ADV prematuramente

prématurité [pʀematyʀite] NF prematuridad *f*

préméditation [pʀemeditasjɔ̃] NF : **avec ~** *adj* premeditado(-a); *adv* premeditadamente

préméditer [pʀemedite] VT premeditar

prémices [pʀemis] NFPL (*commencement, début*) primicias *fpl*

premier, -ière [pʀəmje, jɛʀ] ADJ primero(-a); (*avant un nom masculin*) primer; (*après le nom : cause, principe*) primordial; (*: objectif*) principal; **~ âge** infancia, primera edad *f*; **P~ ministre** primer(-a) ministro(-a); **au ~ abord** en un primer momento; **au** *ou* **du ~ coup** al instante; **de ~ ordre** de primer orden; **à la première occasion** en la primera ocasión; **de première qualité** de primera calidad; **de ~ choix** de primera; **de première importance** de capital importancia; **de première nécessité** de primera necesidad; **le ~ venu** el primero que venga; **première classe** primera clase *f*; **première communion** primera comunión *f*; **enfant du ~ lit** hijo de un primer matrimonio; **en ~ lieu** en primer lugar ▸ ADJ M (*Math*) primo ▸ NM/F primero(-a) ▸ NM (*premier étage*) primero; **jeune ~** joven *m* promesa; (*Ciné*) galán *m*; **le ~ de l'an** el primero de año, el día de Año Nuevo ▸ NF (*vitesse*) primera; (*Scol*) *sexto año de educación secundaria en el sistema francés*; (*Théâtre, Ciné*) estreno

premièrement [pʀəmjɛʀmɑ̃] ADV primeramente; (*en premier lieu*) en primer lugar; (*introduisant une objection*) primero

premier-né, première-née [pʀəmjene, pʀəmjɛʀne] (*pl* **premiers-nés, premières-nées**) NM/F primogénito(-a)

prémisse [pʀemis] NF premisa

prémolaire [pʀemɔlɛʀ] NF premolar *m*

prémonition [pʀemɔnisjɔ̃] NF premonición *f*

prémonitoire [pʀemɔnitwaʀ] ADJ premonitorio(-a)

prémunir [pʀemyniʀ] : **se prémunir** VPR : **se ~ contre qch** prevenirse contra algo

prenant, e [pʀənɑ̃, ɑ̃t] VB *voir* **prendre** ▸ ADJ (*film, livre*) cautivador(a); (*activité*) acaparador(a)

prénatal, e [pʀenatal] ADJ prenatal

prendre [pʀɑ̃dʀ] VT coger, agarrar (AM); (*aller chercher*) recoger; (*emporter avec soi*) llevar; (*poisson*) pescar; (*place*) ocupar; (*Cartes*) levantar; (*Échecs, aliment*) comer; (*boisson*) beber; (*médicament, notes, mesures*) tomar; (*bain, douche*) darse; (*moyen de transport, route*) tomar, coger; (*essence*) echar; (*commande*) tomar nota de; (*passager, personnel, élève*) coger, tomar (AM); (*exemple*) poner; (*photographie*) sacar; (*renseignements, ordres*) recibir; (*avis*) pedir; (*engagement, critique*) aceptar; (*attitude*) adoptar; (*du poids*) ganar; (*de la valeur*) adquirir, ganar; (*vacances, repos*) tomar(se); (*coûter : temps*) requerir, llevar; (*: efforts, argent*) requerir; (*prélever : pourcentage, argent, cotisation*) quedarse con; (*traiter : enfant*) tratar; (*: problème*) tratar, llevar; **~ qn par la main** coger a algn de la mano; **~ qn dans ses bras** abrazar a algn; **~ au piège** coger *ou* pillar en la trampa; **~ la relève** relevar, tomar el relevo; **~ la défense de qn** salir en defensa de algn, defender a algn; **~ des risques** arriesgarse; **~ l'air** tomar el aire; **~ son temps** tomarse el tiempo necesario, no precipitarse; **~ le deuil** ponerse de luto; **~ feu** prender fuego; **~ l'eau** entrarle agua a; **~ de l'âge** envejecer; **~ sa retraite** jubilarse; **~ la parole** tomar la palabra; **~ la fuite** emprender la huida; **~ la porte** coger *ou* agarrar la puerta; **~ sa source** (*rivière*) nacer; **~ congé de qn** despedirse de algn; **~ un virage** tomar una curva; **~ le lit** guardar cama; **~ le voile** (*Rel*) tomar los hábitos, profesar; **~ qn comme** *ou* **pour** coger *ou* tomar a algn como *ou* de; **~ sur soi** responsabilizarse de; **~ sur soi de faire qch** responsabilizarse de hacer algo; **~ du plaisir à qch** cogerle *ou* tomarle gusto a algo; **~ de l'intérêt à qch** tomar interés por algo; **~ qch au sérieux** tomar(se) algo en serio; **~ qn en faute** coger *ou* pillar a algn in fraganti; **~ qn en sympathie/horreur** coger *ou* agarrar simpatía/odio a algn; **~ qn pour qn/qch** tomar a algn por algn/algo; **~ qch pour prétexte** tomar algo como pretexto; **~ qn à témoin** poner a algn por testigo; **à tout ~** bien mirado; **~ (un) rendez-vous avec qn** concertar una entrevista con algn ▸VI (*pâte, peinture*) espesar; (*ciment*) fraguar; (*semis, vaccin*) agarrar; (*plaisanterie*) encajar; (*mensonge*) ser creído(-a); (*feu, incendie*) comenzar; (*bois, allumette*) prender; **~ à gauche** coger *ou* tomar a la izquierda ■ **se prendre** VPR : **s'en ~ à** emprenderla con; **se ~ pour** creerse; **se ~ d'amitié pour qn** hacer amistad con algn; **se ~ d'affection pour qn** cobrar afecto a algn; **s'y ~ bien/mal** hacerlo bien/mal; **il faudra s'y ~ à l'avance** habrá que hacerlo con antelación; **s'y ~ à deux fois** intentarlo dos veces; **se ~ par le cou/la taille** agarrarse del cuello/de la cintura; **se ~ par la main** (*gén*) agarrarse de la mano; (*fig*) armarse de valor; **se ~ les doigts** pillarse los dedos

preneur, -euse [pʀənœʀ, øz] NM/F : **je suis ~** estoy dispuesto a comprar; **trouver ~** encontrar comprador(a)

preniez *etc* [pʀənjɛ] VB *voir* **prendre**

prenne *etc* [pʀɛn] VB *voir* **prendre**

prénom [pʀenɔ̃] NM nombre *m* (de pila)

prénommer [pʀenɔme] : **se prénommer** VPR llamarse

prénuptial, e, -aux [pʀenypsjal, o] ADJ prenupcial

préoccupant, e [pʀeɔkypɑ̃, ɑ̃t] ADJ preocupante

préoccupation [pʀeɔkypasjɔ̃] NF preocupación *f*

préoccupé, e [pʀeɔkype] ADJ preocupado(-a); **~ de qch** preocupado(-a) por algo

préoccuper [pʀeɔkype] VT (*personne*) preocupar, inquietar ■ **se préoccuper** VPR : **se ~ de qch/de faire qch** preocuparse por algo/de hacer algo

préparateur, -trice [pʀepaʀatœʀ, tʀis] NM/F auxiliar *mf*, ayudante(-a)

préparatifs [pʀepaʀatif] NMPL preparativos *mpl*

préparation [pʀepaʀasjɔ̃] NF preparación *f*; (*Chim*) preparado

préparatoire [pʀepaʀatwaʀ] ADJ preparatorio(-a)

préparer [pʀepaʀe] VT preparar; **~ qn à** (*nouvelle etc*) preparar a algn para ■ **se préparer** VPR prepararse; **se ~ à qch/à faire qch** prepararse para algo/para hacer algo

prépayé, e [pʀepeje] ADJ de prepago; **carte téléphonique prépayée** tarjeta telefónica de prepago

prépondérance [pʀepɔ̃deʀɑ̃s] NF preponderancia

prépondérant, e [pʀepɔ̃deʀɑ̃, ɑ̃t] ADJ preponderante

préposé, e [pʀepoze] ADJ : **~ (à qch)** encargado(-a) (de algo) ▸NM/F encargado(-a); (*Admin* : *facteur*) cartero *mf*; **~ des douanes** agente *mf* de aduanas

préposer [pʀepoze] VT : **~ qn à qch** encargar a algn de algo

préposition [pʀepozisjɔ̃] NF preposición *f*

préquel NM, **préquelle** NF [pʀekɛl] precuela *f*

prérentrée [pʀeʀɑ̃tʀe] NF *día en el que los profesores preparan el inicio del curso*

préretraite [pʀeʀ(ə)tʀɛt] NF prejubilación *f*

prérogative [pʀeʀɔgativ] NF prerrogativa

près [pʀɛ] ADV cerca; **~ de** (*lieu*) cerca de; (*la retraite*) próximo a; (*mourir*) a punto de; (*temps, quantité*) alrededor de; **de ~** de cerca; **à 5 m/5 kg ~** 5 m/5 kg más o menos; **à cela ~ que** salvo que, excepto que; **je ne suis pas ~ de lui pardonner/d'oublier** estoy lejos de perdonarle/de olvidar; **on n'est pas à un jour ~** un día más o menos da igual

présage [pʀezaʒ] NM presagio; **un mauvais ~ (pour qn/qch)** un mal presagio (para algn/algo)

présager [pʀezaʒe] VT presagiar; **cela ne présage rien de bon** eso no presagia nada bueno

pré-salé [pʀesale] (*pl* **prés-salés**) NM cordero presalado, *cordero que pasta en aguas cubiertas por el mar parte del día*

presbyte [pʀɛsbit] ADJ présbita

presbytère [pʀɛsbitɛʀ] NM casa parroquial

presbytérien, ne [pʀɛsbiteʀjɛ̃, jɛn] ADJ presbiteriano(-a)

presbytie [pʀɛsbisi] NF presbicia, vista cansada

prescience [pʀesjɑ̃s] NF presciencia, adivinación *f*

préscolaire [pʀeskɔlɛʀ] ADJ preescolar

prescripteur, -trice [pʀɛskʀiptœʀ, tʀis] ADJ (*rôle, pouvoir, médecin*) prescriptor(a) ▸NM/F médico(-a) prescriptor(a)

prescriptible [pʀɛskʀiptibl] ADJ (*Jur*) prescriptible

prescription [pʀɛskʀipsjɔ̃] NF (*Jur* : *d'un délit, d'un crime*) prescripción *f*; (*instruction*) disposición *f*; (*d'un médicament* : *action*) prescripción *f*; (*ordonnance*) receta; **délai de ~** (*Jur*) plazo de prescripción

prescrire [pʀɛskʀiʀ] VT (*médicament*) recetar; (*Jur*) dictar; (*ordonner*) prescribir; (*suj* : *circonstances*) recomendar ■ **se prescrire** VPR (*Jur*) prescribir, anularse

P

prescrit, e [pʀɛskʀi, it] PP *de* **prescrire** ▸ ADJ (*Jur*) prescrito(-a)

préséance [pʀeseɑ̃s] NF preeminencia, precedencia

présélection [pʀeselɛksjɔ̃] NF preselección *f*

présélectionner [pʀeselɛksjɔne] VT preseleccionar

présence [pʀezɑ̃s] NF presencia; (*au bureau*) presencia, asistencia; **en ~ de** (*personne*) en presencia de; (*incidents etc*) en medio de; **en ~** presentes; **sentir une ~** sentir una presencia; **faire acte de ~** hacer acto de presencia; **~ d'esprit** presencia de ánimo

présent, e [pʀezɑ̃, ɑ̃t] ADJ presente; **« ~ ! »** « ¡presente! »; **la présente lettre/loi** (*Admin, Comm*) la presente carta/ley ▸ NM presente *m*; **à ~** en la actualidad, ahora; **dès à/jusqu'à ~** desde/hasta ahora; **à ~ que** ahora que ■ **présents** NMPL (*personnes*) : **les présents** los presentes

présentable [pʀezɑ̃tabl] ADJ presentable

présentateur, trice [pʀezɑ̃tatœʀ, tʀis] NM/F (*TV*) presentador(a); (*Radio*) locutor(a)

présentation [pʀezɑ̃tasjɔ̃] NF presentación *f*; **faire les présentations** hacer las presentaciones

présente [pʀezɑ̃t] NF (*Comm*) : **la ~** la presente

présenter [pʀezɑ̃te] VT presentar; (*billet, pièce d'identité*) enseñar; (*spectacle*) ofrecer; (*thèse*) defender; (*note*) entregar; (*matière : à un examen*) hacer, exponer; (*condoléances, félicitations, remerciements*) dar; **~ qch à qn** enseñar *ou* mostrar algo a algn; (*plat*) presentar algo a algn ▸ VI : **~ mal/bien** tener buena/mala presencia ■ **se présenter** VPR presentarse; (*solution, doute*) surgir; **se ~ bien/mal** (*affaire*) presentarse bien/mal; **se ~ à l'esprit** venir a la cabeza

présentoir [pʀezɑ̃twaʀ] NM (*étagère*) expositor *m*; (*vitrine*) vitrina; (*étal*) mesa (de puesto)

préservatif [pʀezɛʀvatif] NM preservativo

préservation [pʀezɛʀvasjɔ̃] NF preservación *f*

préserver [pʀezɛʀve] VT : **~ qch/qn de** preservar *ou* proteger algo/a algn de

présidence [pʀezidɑ̃s] NF presidencia; **~ de la République** presidencia de la República

président, e [pʀezidɑ̃, ɑ̃t] NM/F presidente(-a); **~ du jury** (*Jur*) presidente(-a) del jurado; **~ de la République** presidente(-a) de la República; **~-directeur(-trice) général(e)** presidente(-a) y director(a) general

> El **président de la République** es el jefe del Estado francés, elegido para un mandato de cinco años por sufragio universal directo. Él nombra al Primer Ministro y, por recomendación de este último, a los miembros del gobierno francés. Preside el *Conseil des ministres*, promulga leyes y es el comandante en jefe de las fuerzas armadas francesas. Tiene el poder de disolver la *Assemblée nationale* y, en caso de emergencia, puede ejercer poderes especiales.

présidentiable [pʀezidɑ̃sjabl] ADJ, NMF presidenciable *mf*

présidentiel, le [pʀezidɑ̃sjɛl] ADJ (*système*) presidencialista; (*élection*) presidencial ■ **présidentielles** NFPL (*élections*) elecciones *fpl* presidenciales

présider [pʀezide] VT presidir; **~ à qch** presidir algo

présomption [pʀezɔ̃psjɔ̃] NF presunción *f*; **~ d'innocence** presunción de inocencia

présomptueux, -euse [pʀezɔ̃ptɥø, øz] ADJ presuntuoso(-a)

presque [pʀɛsk] ADV casi; **~ toujours/autant** casi siempre/tanto; **~ tous/rien** casi todos/nada; **il n'a ~ pas d'argent** casi no tiene dinero, apenas tiene dinero; **il n'y avait ~ personne** no había casi nadie; **la voiture s'est ~ arrêtée** el coche casi se para, por poco se para el coche; **il n'y avait personne, ou ~** no había nadie, o casi nadie; **on pourrait ~ dire que** casi podría decirse que; **~ à chaque pas** casi a cada paso; **la ~ totalité (de)** la casi totalidad (de)

presqu'île [pʀɛskil] NF península

pressage [pʀesaʒ] NM prensado

pressant, e [pʀesɑ̃, ɑ̃t] ADJ apremiante; (*personne*) atosigante; (*besoin*) acuciante; **se faire ~** volverse atosigante

presse [pʀɛs] NF prensa; **mettre un ouvrage sous ~** meter una obra en prensa; **avoir bonne/mauvaise ~** (*fig*) tener buena/mala prensa; **~ d'information/d'opinion** prensa de información/de opinión; **~ du cœur** prensa del corazón; **~ féminine** prensa femenina

pressé, e [pʀese] ADJ (*personne*) apresurado(-a), apurado(-a) (*AM*); **être ~ (de faire qch)** tener prisa (por hacer algo); **orange pressée** zumo de naranja ▸ NM : **aller/courir au plus ~** acudir/atender a lo más urgente

presse-agrume NM, **presse-agrumes** NM INV [pʀɛsagʀym] (*pl* **presse-agrumes**) exprimidor *m*

presse-citron [pʀɛssitʀɔ̃] (*pl* **presse-citrons**) NM exprimelimones *m inv*, exprimidor *m*

presse-fruit [pʀɛsfʀɥi] (*pl* **presse-fruits**) NM exprimidor *m*

pressentiment [pʀesɑ̃timɑ̃] NM presentimiento

pressentir [pʀesɑ̃tiʀ] VT presentir; (*prendre contact avec, sonder*) sondear

presse-papier NM, **presse-papiers** NM INV [pʀɛspapje] (*pl* **presse-papiers**) pisapapeles *m inv*

presse-purée [pʀɛspyʀe] NM INV pasapurés *m inv*

presser [pʀese] VT (*fruit*) exprimir; (*éponge*) escurrir; (*interrupteur, bouton*) pulsar; (*brusquer*) acosar; **~ le pas** *ou* **l'allure** aligerar (el paso); **~ qn de faire qch** (*inciter*) inducir *ou* presionar a algn a hacer algo; **~ qn de questions** acosar a algn a preguntas; **~ ses débiteurs** apremiar a sus deudores; **~ qn entre** *ou* **dans ses bras** estrechar a algn entre *ou* en sus brazos ▶ VI (*être urgent*) urgir, correr prisa; **le temps presse** el tiempo apremia; **rien ne presse** no hay prisa ■ **se presser** VPR (*se hâter*) darse prisa, apurarse (*Am*); (*se grouper*) apiñarse; **se ~ contre qn** apretujarse contra algn

pressing [pʀesiŋ] NM (*repassage*) planchado; (*magasin*) tintorería

pression [pʀesjɔ̃] NF presión *f*; (*bouton*) automático; **faire ~ sur qn/qch** ejercer presión sobre algn/algo; **sous ~** a presión; (*fig*) presionado(-a); **~ artérielle** tensión *f* arterial; **~ atmosphérique** presión atmosférica

pressoir [pʀeswaʀ] NM prensa

pressurer [pʀesyʀe] VT (*fig : exploiter*) estrujar, explotar; (*: extorquer l'argent de*) sacar dinero a

pressurisation [pʀesyʀizasjɔ̃] NF presurización *f*

pressurisé, e [pʀesyʀize] ADJ presurizado(-a)

prestance [pʀɛstɑ̃s] NF prestancia

prestataire [pʀɛstatɛʀ] NMF beneficiario(-a); **~ de services** (*Comm*) prestador *m* de servicios

prestation [pʀɛstasjɔ̃] NF (*allocation*) prestación *f*, ayuda; (*d'une assurance*) prestación, indemnización *f*; (*d'une entreprise*) contribución *f*; (*d'un joueur, artiste, homme politique*) actuación *f*; **~ de serment** jura; **~ de service** prestación de servicios; **prestations familiales** prestaciones *fpl* familiares

preste [pʀɛst] ADJ presto(-a)

prestement [pʀɛstəmɑ̃] ADV con presteza

prestidigitateur, -trice [pʀɛstidiʒitatœʀ, tʀis] NM/F prestidigitador(a)

prestidigitation [pʀɛstidiʒitasjɔ̃] NF prestidigitación *f*

prestige [pʀɛstiʒ] NM prestigio

prestigieux, -euse [pʀɛstiʒjø, jøz] ADJ prestigioso(-a)

présumer [pʀezyme] VT : **~ que** presumir que; **~ de qn/qch** sobreestimar algn/a algo; **présumé coupable/innocent** presunto culpable/inocente

présupposé [pʀesypoze] NM presunción *f*

présupposer [pʀesypoze] VT asumir; **~ que** presumir que, asumir que

présupposition [pʀesypozisjɔ̃] NF presunción *f*

présure [pʀezyʀ] NF cuajo

prêt, e [pʀɛ, pʀɛt] ADJ listo(-a); (*cérémonie, repas*) listo(-a), preparado(-a); **~ à faire qch** (*préparé à*) listo(-a) para hacer algo; (*disposé à*) dispuesto(-a) a hacer algo; **~ à toute éventualité** preparado(-a) para lo que venga; **~ à tout** dispuesto(-a) a todo; **à vos marques, prêts ? partez !** ¡preparados, listos, ya! ▶ NM préstamo; **~ sur gages** préstamo bajo fianza

prêt-à-porter [pʀɛtapɔʀte] (*pl* **prêts-à-porter**) NM prêt-à-porter *m*

prétendant [pʀetɑ̃dɑ̃] NM (*à un trône*) aspirante *m*; (*d'une femme*) pretendiente *m*

prétendre [pʀetɑ̃dʀ] VT (*avoir la ferme intention de*) pretender; (*affirmer*) : **~ que** mantener que; **~ à** aspirar a

prétendu, e [pʀetɑ̃dy] ADJ supuesto(-a)

prétendument [pʀetɑ̃dymɑ̃] ADV al parecer

prête-nom [pʀɛtnɔ̃] (*pl* **prête-noms**) NM (*Comm etc*) testaferro

prétentieux, -euse [pʀetɑ̃sjø, jøz] ADJ presuntuoso(-a); (*maison, villa*) pretencioso(-a)

prétention [pʀetɑ̃sjɔ̃] NF pretensión *f*; **sans ~** sin pretensiones

prêter [pʀete] VT (*livres, argent*) : **~ qch (à)** prestar algo (a); (*propos etc*) : **~ à qn** achacar a algn; **~ à : ~ aux commentaires/à équivoque/à rire** prestarse a comentarios/a equívoco/a risa; **~ assistance à** prestar socorro a; **~ attention/serment** prestar atención/juramento; **~ l'oreille** aguzar el oído; **~ sur gages** prestar bajo fianza; **~ de l'importance à** prestar importancia a ▶ VI (*tissu, cuir*) dar de sí ■ **se prêter** VPR (*tissu, cuir*) dar de sí; **se ~ à qch** prestarse a algo

prêteur, -euse [pʀɛtœʀ, øz] ADJ prestador(a) ▶ NM prestamista *m*; **~ sur gages** prestamista

prétexte [pʀetɛkst] NM pretexto; **sous aucun ~** bajo ningún pretexto; **sous ~ de** con el pretexto de

prétexter [pʀetɛkste] VT poner el pretexto de; **~ que** poner el pretexto de que

prétoire [pʀetwaʀ] NM sala de audiencias

prêtre [pʀɛtʀ] NM sacerdote *m*

prêtre-ouvrier [pʀɛtʀuvʀije] (*pl* **prêtres-ouvriers**) NM cura *m* obrero

prêtrise [pʀetʀiz] NF sacerdocio

preuve [pʀœv] NF prueba; **jusqu'à ~ du contraire** hasta que se demuestre lo contrario; **faire ~ de** dar pruebas de; **faire ses preuves** dar prueba de sus aptitudes; **~ matérielle** (*Jur*) prueba material; **~ par neuf** prueba del nueve

prévaloir [pʀevalwaʀ] VI prevalecer ■ **se prévaloir** VPR : **se ~ de qch** contar con la ventaja de algo; (*tirer vanité de*) enorgullecerse de algo

prévarication [pʀevaʀikasjɔ̃] NF prevaricación *f*

prévaut [pʀevo] VB *voir* **prévaloir**

prévenance [pʀev(ə)nɑ̃s] NF solicitud *f*, amabilidad *f* ■ **prévenances** NFPL atenciones *fpl*; **avoir toutes les prévenances à l'égard de qn** deshacerse en atenciones con algn

prévenant, e [pʀev(ə)nɑ̃, ɑ̃t] ADJ atento(-a)

prévenir [pʀev(ə)niʀ] VT prevenir; (*besoins, etc*) anticiparse a; **~ qn (de qch)** (*avertir*) prevenir a algn (de algo); **~ qn contre** (*influencer*) predisponer a algn contra

préventif, -ive [pʀevɑ̃tif, iv] ADJ preventivo(-a); **détention/prison/arrestation préventive** detención *f* preventiva/prisión *f* preventiva/arresto preventivo

P

prévention [prevɑ̃sjɔ̃] NF prevención *f*; **~ routière** seguridad *f* vial

préventivement [prevɑ̃tivmɑ̃] ADV preventivamente; **être traité ~** recibir un tratamiento preventivo

prévenu, e [prev(ə)ny] PP *de* **prévenir** ▶ NM/F preso(-a) ▶ ADJ : **être ~ contre qn** estar prevenido(-a) contra algn; **j'ai été ~ en votre faveur** me han dado buenas referencias sobre usted

prévisible [previzibl] ADJ previsible

prévision [previzjɔ̃] NF previsión *f*; **en ~ de l'orage** en caso de que haya tormenta; **prévisions météorologiques** previsión meteorológica

prévisionnel, le [previzjɔnɛl] ADJ provisional

prévoir [prevwar] VT prever; **prévu pour quatre personnes** con cabida para cuatro personas; **prévu pour 10 h** previsto para las 10

prévoyance [prevwajɑ̃s] NF previsión *f*; **société/caisse de ~** sociedad *f*/caja de previsión

prévoyant, e [prevwajɑ̃, ɑ̃t] VB *voir* **prévoir** ▶ ADJ prevenido(-a), precavido(-a)

prévu, e [prevy] PP *de* **prévoir**

prier [prije] VI rezar ▶ VT rogar; (*Rel*) rezar; (*demander avec fermeté*) mandar; **~ qn à dîner** invitar a algn a cenar; **se faire ~** hacerse rogar; **je vous en prie** (*allez-y*) pase por favor; (*de rien*) de nada

prière [prijɛr] NF oración *f*; (*demande*) ruego; **dire une/des/sa ~(s)** rezar una/algunas/su oración (sus oraciones); **« ~ de faire/ne pas faire ... »** « se ruega hacer/no hacer ... »

primaire [primɛr] ADJ primario(-a); (*péj*) primitivo(-a); (: *explication*) superficial ▶ NM (*Scol* : *aussi* : **enseignement primaire**): **le ~** ≈ primera etapa de la educación primaria ■ **primaires** FPL (*élections*) primarias *fpl*

primauté [primote] NF primacía

prime [prim] NF (*bonification, Assurance, Bourse*) prima; (*subside*) ayuda; (*Comm* : *cadeau*) bonificación *f*; **~ de risque/de transport** prima de riesgo/gastos *mpl* de transporte ▶ ADJ : **de ~ abord** de entrada

primer [prime] VT (*récompenser*) premiar; **~ sur qch** primar sobre algo ▶ VI primar

primerose [primroz] NF malvarrosa

primesautier, -ière [primsotje, jɛr] ADJ vivaracho(-a)

primeur [primœr] NF : **avoir la ~ de** tener las primicias de ■ **primeurs** NFPL (*fruits, légumes*) frutos *mpl* tempranos; **marchand de primeurs** frutería

primevère [primvɛr] NF primavera

primipare [primipar] NF primípara, primeriza

primitif, -ive [primitif, iv] ADJ primitivo(-a); (*texte etc*) antiguo(-a) ▶ NM/F primitivo(-a)

primo [primo] ADV primero

primordial, e, -aux [primɔrdjal, jo] ADJ primordial

prince [prɛ̃s] NM príncipe *m*; **~ charmant** príncipe azul; **~ de Galles** (*Textile*) príncipe de Gales; **~ héritier** príncipe heredero

princesse [prɛ̃sɛs] NF princesa

princier, -ière [prɛ̃sje, jɛr] ADJ principesco(-a)

princièrement [prɛ̃sjɛrmɑ̃] ADV : **il nous a reçus ~** nos recibió como reyes

principal, e, -aux [prɛ̃sipal, o] ADJ principal ▶ NM/F (*Scol*) director(a) ▶ NM (*Fin*) principal *m*; **le ~** (*l'essentiel*) lo principal

principalement [prɛ̃sipalmɑ̃] ADV principalmente

principauté [prɛ̃sipote] NF : **la ~ de Monaco/du Liechtenstein** el principado de Mónaco/de Liechtenstein

principe [prɛ̃sip] NM principio; **partir du ~ que** partir del principio de que; **pour le ~** por principios; **de/en/par ~** de/en/por principio ■ **principes** NMPL (*moraux etc*) principios *mpl*

printanier, -ière [prɛ̃tanje, jɛr] ADJ primaveral

printemps [prɛ̃tɑ̃] NM primavera

priori [prijɔri] : **a ~** *adv* a priori

prioritaire [prijɔritɛr] ADJ prioritario(-a)

prioritairement [prijɔritɛrmɑ̃] ADV prioritariamente

priorité [prijɔrite] NF prioridad *f*; **en ~** con prioridad; **~ à droite** prioridad a la derecha

pris, e [pri, priz] PP *de* **prendre** ▶ ADJ (*place, journée*) ocupado(-a); (*crème, glace*) en su punto; (*ciment*) fraguado(-a); **avoir le nez ~/la gorge prise** (*Méd*) tener la nariz/la garganta irritada; **être ~ de peur/de fatigue** entrarle a algn miedo/cansancio

prise [priz] NF (*d'une ville*) toma; (*de judo, catch*) llave *f*; (*Pêche, Chasse*) presa; (*Élec*) conexión *f*; (*fiche*) enchufe *m*; **ne pas avoir de/avoir ~** no tener/tener donde agarrarse; **avoir ~ sur qn** tener influencia sobre algn; **en ~** (*Auto*) en directa; **être aux prises avec qn** enfrentarse con algn; **lâcher ~** soltarse; **donner ~ à** (*fig*) dar pie a; **~ d'eau** toma de agua; **~ d'otages** captura de rehenes; **~ de contact** toma de contacto; **~ de courant** conexión; **~ de sang** toma de sangre; **~ de son** toma de sonido; **~ de tabac** toma de rapé; **~ de terre** toma de tierra; **~ de vue** (*Photo*) toma, foto *f*; **~ de vue(s)** toma de planos; **~ en charge** (*par un taxi*) bajada de bandera; (*par la sécurité sociale*) cobertura; **~ multiple** ladrón *m*; **~ péritel** euroconector *m*

prisé, e [prize] ADJ : **très ~** muy apreciado(-a)

priser [prize] VT (*tabac*) inhalar; (*estimer*) apreciar

prisme [prism] NM prisma *m*

prison [prizɔ̃] NF cárcel *f*, prisión *f*; (*Mil*) prisión militar; (*fig*) cárcel; **faire de/risquer la ~** estar en/correr el riesgo de ir a la cárcel; **être condamné à cinq ans de ~** ser condenado a cinco años de cárcel

prisonnier, -ière [prizɔnje, jɛr] NM/F preso(-a); (*soldat, otage*) prisionero(-a); **faire qn ~** hacer prisionero(-a) a algn ▶ ADJ preso(-a)
prit [pri] VB *voir* **prendre**
privatif, -ive [privatif, iv] ADJ privativo(-a); (*jardin*) privado(-a)
privations [privasjɔ̃] NFPL privaciones *fpl*
privatisation [privatizasjɔ̃] NF privatización *f*
privatiser [privatize] VT privatizar
privautés [privote] NFPL familiaridades *fpl*
privé, e [prive] ADJ privado(-a); **~ de** privado(-a) de; **en ~** en privado ▶ NM : **dans le ~** (*Écon*) en el sector privado; (*Scol*) en la privada
priver [prive] VT privar ■ **se priver** VPR : **(ne pas) se ~ (de)** (no) privarse (de)
privilège [privilɛʒ] NM privilegio
privilégié, e [privileʒje] ADJ privilegiado(-a)
privilégier [privileʒje] VT dar preferencia a, privilegiar
prix [pri] NM precio; (*récompense*) premio; **grand ~ automobile** gran premio automovilístico; **mettre à ~** sacar a la venta; **au ~ fort** al precio más alto; **acheter qch à ~ d'or** comprar algo a precio de oro; **hors de ~** carísimo(-a); **à aucun ~** por nada del mundo; **à tout ~** cueste lo que cueste; **~ conseillé** precio de venta al público, PVP *m*; **~ d'achat/de revient/de vente** precio de compra/de coste/de venta
pro [pro] ABR = **professionnel**
proactif, -ive [prɔaktif, iv] ADJ proactivo(-a)
probabilité [prɔbabilite] NF probabilidad *f*; **selon toute ~** según todas las probabilidades ■ **probabilités** NFPL (*Math*, *Écon*) probabilidades *fpl*
probable [prɔbabl] ADJ probable
probablement [prɔbabləmɑ̃] ADV probablemente
probant, e [prɔbɑ̃, ɑ̃t] ADJ convincente
probatoire [prɔbatwar] ADJ (*examen, test*) de prueba
probité [prɔbite] NF honestidad *f*
problématique [prɔblematik] ADJ problemático(-a) ▶ NF problemática
problème [prɔblɛm] NM problema *m*
procédé [prɔsede] NM proceso; (*comportement*) proceder *m*
procéder [prɔsede] VI proceder; **~ à** (*Jur*) proceder a, pasar a
procédure [prɔsedyr] NF procedimiento; (*Jur*) : **~ civile/pénale** enjuiciamiento civil/penal
procédurier, -ière [prɔsedyrje, jɛr] ADJ (*personne*) litigioso(-a); **avoir l'esprit ~** tener un temperamento litigioso ▶ NM/F (*spécialiste*) experto(-a) en procedimiento; (*péj*) picapleitos *mf inv*, pleitista *mf*
procès [prɔsɛ] NM (*Jur*) juicio; (*: poursuites*) proceso; **être en ~ avec qn** estar en pleito con algn; **faire le ~ de qch/qn** (*fig*) criticar algo/a algn; **sans autre forme de ~** sin más ni más
processeur [prɔsesœr] NM procesador *m*
procession [prɔsesjɔ̃] NF procesión *f*
processus [prɔsesys] NM proceso
procès-verbal [prɔsɛvɛrbal] (*pl* **procès-verbaux**) NM (*constat*) atestado; (*aussi* : **PV**) multa; (*d'une réunion*) acta
prochain, e [prɔʃɛ̃, ɛn] ADJ próximo(-a); **la prochaine fois** la próxima vez; **la semaine prochaine** la semana que viene; **à la prochaine !** (*fam*) ¡hasta otra!; **un jour ~** cualquier día ▶ NM prójimo
prochainement [prɔʃɛnmɑ̃] ADV pronto; (*au cinéma*) próximamente
proche [prɔʃ] ADJ (*ami*) cercano(-a), próximo(-a); **être ~ (de)** estar cerca (de); **de ~ en ~** progresivamente ■ **proches** NMPL (*parents*) familiares *mpl*; (*amis*) : **l'un de ses proches** una de sus amistades
Proche-Orient [prɔʃɔrjɑ̃] NM Oriente *m* Próximo, Cercano Oriente
proclamation [prɔklamasjɔ̃] NF proclamación *f*
proclamer [prɔklame] VT (*la république, son innocence*) proclamar; (*résultat d'un examen*) publicar
procréation [prɔkreasjɔ̃] NF procreación *f*; **~ (médicalement) assistée** reproducción *f* asistida
procréer [prɔkree] VT procrear
procuration [prɔkyrasjɔ̃] NF poder *m*; **donner ~ à qn** hacer un poder a algn; **voter/acheter par ~** votar/comprar por poder
procurer [prɔkyre] VT (*fournir*) proporcionar; (*causer*) dar ■ **se procurer** VPR conseguir
procureur, e [prɔkyrœr] NM/F : **~ (de la République)** ≈ fiscal *mf*; **~ général(e)** ≈ fiscal del tribunal supremo
prodigalité [prɔdigalite] NF prodigalidad *f* ■ **prodigalités** NFPL (*dépenses*) gastos *mpl*
prodige [prɔdiʒ] NM prodigio; **un ~ d'ingéniosité** un prodigio de ingenio; **un/une enfant ~** un niño/una niña prodigio
prodigieusement [prɔdiʒjøzmɑ̃] ADV tremendamente
prodigieux, -euse [prɔdiʒjø, jøz] ADJ prodigioso(-a)
prodigue [prɔdig] ADJ pródigo(-a); **fils ~** hijo pródigo
prodiguer [prɔdige] VT prodigar
producteur, -trice [prɔdyktœr, tris] ADJ, NM/F productor(a); **société productrice** productora
productif, -ive [prɔdyktif, iv] ADJ productivo(-a); (*personnel*) eficiente
production [prɔdyksjɔ̃] NF producción *f*
productiviste [prɔdyktivist] ADJ productivista
productivité [prɔdyktivite] NF productividad *f*

P

produire [pʀɔdɥiʀ] VT producir; (*Admin, Jur : documents, témoins*) presentar ▶ VI producir ■ **se produire** VPR producirse; (*acteur*) actuar

produit, e [pʀɔdɥi, it] PP *de* **produire** ▶ NM producto; **~ d'entretien** producto de limpieza; **~ des ventes** producto de la venta; **~ national brut** producto nacional bruto; **~ net** beneficio neto; **~ pour la vaisselle** lavavajillas *m inv*; **produits agricoles** productos *mpl* agrícolas; **produits alimentaires** productos alimenticios; **produits de beauté** productos de belleza

proéminence [pʀɔeminɑ̃s] NF prominencia

proéminent, e [pʀɔeminɑ̃, ɑ̃t] ADJ prominente

prof [pʀɔf] NMF profe *mf*

profanation [pʀɔfanasjɔ̃] NF profanación *f*

profane [pʀɔfan] ADJ, NMF profano(-a)

profaner [pʀɔfane] VT profanar

proférer [pʀɔfeʀe] VT proferir

professer [pʀɔfese] VT profesar; (*enseigner*) enseñar

professeur [pʀɔfesœʀ] NMF (*nf aussi* **professeure**) profesor(a); (*titulaire d'une chaire*) catedrático(-a); **~ (de faculté)** profesor(a) (de universidad)

profession [pʀɔfesjɔ̃] NF profesión *f*; **faire ~ de** hacer profesión de; **de ~ : ballerine de ~** bailarina de profesión; **« sans ~ »** « sin profesión »; (*mère ou père au foyer*) « sus labores »

professionnaliser [pʀɔfesjɔnalize] VT profesionalizar ■ **se professionnaliser** VPR profesionalizarse

professionnalisme [pʀɔfesjɔnalism] NM profesionalidad *f*

professionnel, le [pʀɔfesjɔnɛl] ADJ profesional ▶ NM/F profesional *mf*; (*ouvrier qualifié*) obrero(-a) cualificado(-a)

professoral, e, -aux [pʀɔfesɔʀal, o] ADJ (*péj*) pedante; **le corps ~** el profesorado

professorat [pʀɔfesɔʀa] NM : **le ~** el profesorado

profil [pʀɔfil] NM perfil *m*; (*d'une voiture*) línea; (*section*) sección *f*; **de ~** de perfil; **~ des ventes** perfil de ventas; **~ psychologique** perfil psicológico

profilé, e [pʀɔfile] ADJ perfilado(-a); (*aile etc*) estilizado(-a)

profiler [pʀɔfile] VT (*Tech*) estilizar ■ **se profiler** VPR perfilarse

profit [pʀɔfi] NM (*avantage*) provecho; (*Comm, Fin*) beneficio; **au ~ de qn/qch** en beneficio de algn/algo; **mettre à ~ qch** sacar partido de algo; **tirer** *ou* **retirer ~ de qch** sacar provecho de algo; **pertes et profits** (*Comm*) pérdidas *fpl* y beneficios

profitabilité [pʀɔfitabilite] NF rentabilidad *f*

profitable [pʀɔfitabl] ADJ provechoso(-a)

profiter [pʀɔfite] : **~ de** *vt* aprovecharse de; (*lecture*) sacar provecho de; (*occasion*) aprovechar; **~ de ce que ...** aprovecharse de que ...; **~ à qch/à qn** beneficiar algo/a algn

profiteur, -euse [pʀɔfitœʀ, øz] (*péj*) NM/F aprovechado(-a)

profond, e [pʀɔfɔ̃, ɔ̃d] ADJ profundo(-a); (*trou, eaux*) hondo(-a); **au plus ~ de** desde lo más hondo *ou* profundo de; **la France profonde** la Francia profunda

profondément [pʀɔfɔ̃demɑ̃] ADV profundamente; **~ endormi** profundamente dormido

profondeur [pʀɔfɔ̃dœʀ] NF profundidad *f*; **en ~** en profundidad; **~ de champ** (*Photo*) profundidad de campo

profusément [pʀɔfyzemɑ̃] ADV profusamente; **la salle était ~ éclairée** la sala tenía luz abundante

profusion [pʀɔfyzjɔ̃] NF profusión *f*; **une ~ de cadeaux** regalos en abundancia; **à ~** en abundancia

progéniture [pʀɔʒenityʀ] NF prole *f*

progiciel [pʀɔʒisjɛl] NM (*Inform*) paquete *m* de programas; **~ d'application** paquete de programas de aplicaciones

progouvernemental, e, -aux [pʀɔguvɛʀnəmɑ̃tal, o] ADJ progubernamental

programmable [pʀɔgʀamabl] ADJ programable

programmateur, -trice [pʀɔgʀamatœʀ, tʀis] NM/F (*Ciné, Radio, TV*) programador(a) ▶ NM (*de machine à laver*) programador *m*

programmation [pʀɔgʀamasjɔ̃] NF programación *f*

programme [pʀɔgʀam] NM programa *m*; **au ~ de ce soir** (*TV*) en la programación de esta noche

programmé, e [pʀɔgʀame] ADJ programado(-a)

programmer [pʀɔgʀame] VT programar

programmeur, -euse [pʀɔgʀamœʀ, øz] NM/F (*Inform*) programador(a)

progrès [pʀɔgʀɛ] NM progreso, avance *m*; (*gén pl : d'un incendie, d'une épidémie etc*) avance *m*; **faire des/être en ~** hacer progresos

progresser [pʀɔgʀese] VI (*mal etc*) avanzar; (*élève, recherche*) progresar

progressif, -ive [pʀɔgʀesif, iv] ADJ progresivo(-a)

progression [pʀɔgʀesjɔ̃] NF (*d'un mal etc*) avance *m*; (*Math*) progresión *f*

progressiste [pʀɔgʀesist] ADJ progresista

progressivement [pʀɔgʀesivmɑ̃] ADV progresivamente

prohibé, e [pʀɔibe] ADJ prohibido(-a)

prohiber [pʀɔibe] VT prohibir

prohibitif, -ive [pʀɔibitif, iv] ADJ prohibitivo(-a)

prohibition [pʀɔibisjɔ̃] NF prohibición *f*

proie [pʀwa] NF presa; (*fig*) víctima; **être la ~ de** ser presa de; **être en ~ à** ser presa de

projecteur [pʀɔʒɛktœʀ] NM (*de théâtre, cirque*) foco; (*de films, photos*) proyector *m*
projectile [pʀɔʒɛktil] NM proyectil *m*
projection [pʀɔʒɛksjɔ̃] NF proyección *f*; **les projections du camion** lo que el camión lanzó al pasar
projectionniste [pʀɔʒɛksjɔnist] NMF operador(a)
projet [pʀɔʒɛ] NM proyecto; **faire des projets** hacer planes; **~ de loi** proyecto de ley
projeter [pʀɔʒ(ə)te] VT proyectar; (*jeter*) lanzar; (*envisager*) planear
prolétaire [pʀɔletɛʀ] NMF proletario(-a)
prolétariat [pʀɔletaʀja] NM proletariado
prolétarien, ne [pʀɔletaʀjɛ̃, jɛn] ADJ proletario(-a)
prolifération [pʀɔlifeʀasjɔ̃] NF proliferación *f*
proliférer [pʀɔlifeʀe] VI proliferar
prolifique [pʀɔlifik] ADJ prolífico(-a)
prolixe [pʀɔliks] ADJ prolijo(-a)
prolo [pʀolo] (*fam*) NMF (= *abr de prolétaire*) proleta *mf* (*fam*)
prologue [pʀɔlɔg] NM prólogo
prolongateur [pʀɔlɔ̃gatœʀ] NM (*Élec*) alargador *m*
prolongation [pʀɔlɔ̃gasjɔ̃] NF prolongación *f*; (*Football, délai*) prórroga; **jouer les prolongations** (*Football*) jugar la prórroga
prolongé, e [pʀɔlɔ̃ʒe] ADJ prolongado(-a)
prolongement [pʀɔlɔ̃ʒmɑ̃] NM prolongación *f*; **être dans le ~ de** ser una prolongación de ■ **prolongements** NMPL (*fig*) repercusiones *fpl*
prolonger [pʀɔlɔ̃ʒe] VT prolongar; (*délai*) prorrogar ■ **se prolonger** VPR prolongarse
promenade [pʀɔm(ə)nad] NF paseo; **faire une ~** dar un paseo; **partir en ~** salir de paseo; **~ à pied/à vélo/en voiture** paseo andando/en bici/en coche
promener [pʀɔm(ə)ne] VT dar un paseo a; (*fig : qch*) llevar consigo; (*doigts, main*) recorrer ■ **se promener** VPR pasearse; **se ~ sur** (*fig*) recorrer; **son regard se promena sur …** recorrió con la mirada …
promeneur, -euse [pʀɔm(ə)nœʀ, øz] NM/F paseante *mf*
promenoir [pʀɔm(ə)nwaʀ] NM patio
promesse [pʀɔmɛs] NF promesa; **~ d'achat/de vente** compromiso de compra/de venta
prometteur, -euse [pʀɔmetœʀ, øz] ADJ prometedor(a)
promettre [pʀɔmɛtʀ] VT, VI prometer; **~ à qn de faire qch** prometer a algn hacer algo ■ **se promettre** VPR : **se ~ de faire qch** prometerse hacer algo
promeus [pʀɔmø] VB *voir* **promouvoir**
promis, e [pʀɔmi, iz] PP *de* **promettre** ▸ ADJ : **être ~ à qch** estar destinado(-a) a algo
promiscuité [pʀɔmiskɥite] NF promiscuidad *f*
promit [pʀɔmi] VB *voir* **promettre**
promo [pʀɔmo] (*fam*) NF (*Scol : promotion*) promoción *f*; **~ 95** la promoción del 95
promontoire [pʀɔmɔ̃twaʀ] NM promontorio
promoteur, -trice [pʀɔmɔtœʀ, tʀis] NM/F promotor(a); **~ immobilier(-ière)** promotor(a) inmobiliario(-a)
promotion [pʀɔmosjɔ̃] NF promoción *f*; (*avancement*) ascenso; **article en ~** artículo en oferta; **~ des ventes** promoción de ventas
promotionnel, le [pʀɔmosjɔnɛl] ADJ (*article*) en oferta; (*vente*) de promoción
promouvoir [pʀɔmuvwaʀ] VT (*à un grade, poste*) ascender a; (*recherche etc*) promover; (*Comm : produit*) promocionar
prompt, e [pʀɔ̃(pt), pʀɔ̃(p)t] ADJ rápido(-a); **~ à qch/à faire qch** dado(-a) a algo/a hacer algo
promptement [pʀɔ̃ptəmɑ̃] ADV rápidamente
prompteur [pʀɔ̃ptœʀ] NM (*TV*) autocue *m*
promptitude [pʀɔ̃(p)tityd] NF rapidez *f*
promu, e [pʀɔmy] PP *de* **promouvoir** ▸ ADJ ascendido(-a)
promulgation [pʀɔmylgasjɔ̃] NF promulgación *f*
promulguer [pʀɔmylge] VT promulgar
prôner [pʀone] VT (*louer*) ensalzar; (*préconiser*) preconizar
pronom [pʀɔnɔ̃] NM pronombre *m*
pronominal, e, -aux [pʀɔnɔminal, o] ADJ, NM : **(verbe) ~** (verbo) pronominal *m*
prononçable [pʀɔnɔ̃sabl] ADJ pronunciable; **difficilement ~** difícil de pronunciar
prononcé, e [pʀɔnɔ̃se] ADJ pronunciado(-a)
prononcer [pʀɔnɔ̃se] VT pronunciar; (*souhait, vœu*) formular ■ **se prononcer** VPR pronunciarse; **se ~ sur qch** pronunciarse sobre algo; **ça se prononce comment ?** ¿cómo se pronuncia?
prononciation [pʀɔnɔ̃sjasjɔ̃] NF pronunciación *f*
pronostic [pʀɔnɔstik] NM pronóstico
pronostiquer [pʀɔnɔstike] VT pronosticar
pronostiqueur, -euse [pʀɔnɔstikœʀ, øz] NM/F pronosticador(a)
propagande [pʀɔpagɑ̃d] NF propaganda; **faire de la ~ pour qch** hacer propaganda de algo
propagandiste [pʀɔpagɑ̃dist] NMF propagandista *mf*
propagation [pʀɔpagasjɔ̃] NF propagación *f*
propager [pʀɔpaʒe] VT propagar ■ **se propager** VPR propagarse; (*espèce*) multiplicarse
propane [pʀɔpan] NM propano
propension [pʀɔpɑ̃sjɔ̃] NF propensión *f*
prophète, prophétesse [pʀɔfɛt, pʀɔfetɛs] NM/F profeta (profetisa)
prophétie [pʀɔfesi] NF (*d'un prophète*) profecía; (*d'une cartomancienne*) predicción *f*

P

prophétique [pʀɔfetik] ADJ profético(-a)
prophétiser [pʀɔfetize] VT profetizar; (*fig*) predecir
prophylactique [pʀɔfilaktik] ADJ profiláctico(-a)
prophylaxie [pʀɔfilaksi] NF profilaxis *f inv*
propice [pʀɔpis] ADJ propicio(-a)
proportion [pʀɔpɔʀsjɔ̃] NF proporción *f*; (*relation, pourcentage*) relación *f*; **à ~ de** en proporción directa a; **en ~ de** (*selon*) en proporción a; (*en comparaison de*) en comparación a; **hors de ~** desproporcionado(-a); **toute(s) ~(s) gardée(s)** manteniendo las proporciones
proportionnalité [pʀɔpɔʀsjɔnalite] NF proporcionalidad *f*
proportionné, e [pʀɔpɔʀsjɔne] ADJ : **bien ~** bien proporcionado(-a); **~ à** proporcionado(-a) con
proportionnel, le [pʀɔpɔʀsjɔnɛl] ADJ proporcional
proportionnelle [pʀɔpɔʀsjɔnɛl] NF sistema *m* electoral proporcional
proportionnellement [pʀɔpɔʀsjɔnɛlmɑ̃] ADV proporcionalmente
proportionner [pʀɔpɔʀsjɔne] VT proporcionar
propos [pʀɔpo] NM (*paroles*) palabras *fpl*; (*intention*) propósito; **à ~ de** a propósito de; **à tout ~** a cada momento; **à ce ~** a ese respecto; **à ~** a propósito; **hors de ~, mal à ~** fuera de lugar
proposer [pʀɔpoze] VT proponer; (*loi, motion*) presentar ■ **se proposer** VPR ofrecerse; **se ~ pour faire qch** ofrecerse para hacer algo; **se ~ de faire qch** proponerse hacer algo
proposition [pʀɔpozisjɔ̃] NF propuesta; (*offre*) oferta; (*Ling*) oración *f*; **sur la ~ de** a propuesta de; **~ de loi** propuesta de ley; **~ principale** (*Ling*) oración *f* principal
propre [pʀɔpʀ] ADJ limpio(-a); (*net*) pulcro(-a); (*fig : honnête*) intachable; (*intensif possessif, sens*) propio(-a); **~ à** (*particulier*) propio(-a) de; (*convenable*) apropiado(-a) para ▶ NM : **le ~ de** lo propio de; **mettre** *ou* **recopier au ~** pasar a limpio; **avoir qch/appartenir à qn en ~** tener algo/pertenecer a algn en propiedad ▶ NMF : **~ à rien** (*péj*) inútil *mf*
proprement [pʀɔpʀəmɑ̃] ADV (*manger etc*) correctamente; (*rangé, habillé*) con esmero; (*avec décence*) honradamente; **à ~ parler** a decir verdad; **le village ~ dit** el pueblo propiamente dicho
propret, te [pʀɔpʀɛ, ɛt] ADJ aseado(-a)
propreté [pʀɔpʀəte] NF limpieza; (*d'une personne : pour s'habiller etc*) pulcritud *f*
propriétaire [pʀɔpʀijetɛʀ] NMF propietario(-a); (*d'un chien etc*) dueño(-a); (*pour le locataire*) casero(-a); **~ (immobilier)** propietario(-a); **~ récoltant(e)** (*viticulteur*) cosechero(-a); **~ terrien(ne)** terrateniente *mf*
propriété [pʀɔpʀijete] NF propiedad *f*; (*villa, terres*) casa de campo; (*exploitations agricoles*) granja; **~ intellectuelle/industrielle** propiedad intelectual/industrial
proprio [pʀɔpʀijo] (*fam*) NMF (*propriétaire*) propietario(-a)
propulser [pʀɔpylse] VT (*missile, engin*) propulsar; (*projeter*) lanzar
propulseur [pʀɔpylsœʀ] ADJ M propulsor(a) ▶ NM propulsor *m*; **~ d'appoint** propulsor auxiliar; **~ à hélice** propulsor de hélice
propulsion [pʀɔpylsjɔ̃] NF propulsión *f*
prorata [pʀɔʀata] NM : **au ~ de** a prorrata de
prorogation [pʀɔʀɔgasjɔ̃] NF prórroga; (*d'une assemblée*) aplazamiento
proroger [pʀɔʀɔʒe] VT prorrogar; (*assemblée*) aplazar
prosaïque [pʀozaik] ADJ prosaico(-a)
prosaïquement [pʀozaikmɑ̃] ADV prosaicamente
proscription [pʀɔskʀipsjɔ̃] NF proscripción *f*
proscrire [pʀɔskʀiʀ] VT proscribir
prose [pʀoz] NF prosa
prosélyte [pʀɔzelit] NMF prosélito
prosélytisme [pʀɔzelitism] NM proselitismo
prospecter [pʀɔspɛkte] VT prospectar; (*Comm*) estudiar el mercado de
prospecteur, -trice [pʀɔspɛktœʀ, tʀis] NM/F prospector(a)
prospecteur-placier [pʀɔspɛktœʀplasje] (*pl* **prospecteurs-placiers**) NM agente *m* de empleo
prospectif, -ive [pʀɔspɛktif, iv] ADJ prospectivo(-a)
prospection [pʀɔspɛksjɔ̃] NF prospección *f*; (*Comm*) estudio de mercado
prospectus [pʀɔspɛktys] NM prospecto
prospère [pʀɔspɛʀ] ADJ próspero(-a)
prospérer [pʀɔspeʀe] VI prosperar
prospérité [pʀɔspeʀite] NF prosperidad *f*
prostate [pʀɔstat] NF próstata
prosterner [pʀɔstɛʀne] : **se prosterner** VPR prosternarse
prostitué, e [pʀɔstitɥe] NM/F prostituto(-a)
prostituer [pʀɔstitɥe] : **se prostituer** VPR prostituirse
prostitution [pʀɔstitysjɔ̃] NF prostitución *f*
prostré, e [pʀɔstʀe] ADJ postrado(-a)
protagoniste [pʀɔtagɔnist] NMF protagonista *mf*
protecteur, -trice [pʀɔtɛktœʀ, tʀis] ADJ protector(a); (*péj : air, ton*) paternalista ▶ NM/F protector(a); **~ des arts** mecenas *m*
protection [pʀɔtɛksjɔ̃] NF protección *f*; **écran/enveloppe de ~** pantalla protectora/sobre *m* protector; **~ civile/judiciaire** protección civil/judicial; **~ maternelle et infantile** protección materna y de la infancia; **~ sociale** protección social

protectionnisme [pʀɔtɛksjɔnism] NM proteccionismo
protectionniste [pʀɔtɛksjɔnist] ADJ proteccionista
protectorat [pʀɔtɛktɔʀa] NM protectorado; **sous ~ français** bajo protectorado francés
protégé, e [pʀɔteʒe] NM/F protegido(-a)
protège-cahier [pʀɔtɛʒkaje] (*pl* **protège-cahiers**) NM forro de cuaderno
protège-dents [pʀɔtɛʒdɑ̃] NM INV (*Boxe*) protector *m* dental
protéger [pʀɔteʒe] VT proteger; (*moralement*) amparar; (*carrière*) apoyar; (*Écon*) patrocinar; **se ~ de/contre qch** protegerse de/contra algo
protège-slip [pʀɔtɛʒslip] (*pl* **protège-slips**) NM protege-slip *m*, salva-slip *m*
protéine [pʀɔtein] NF proteína
protestant, e [pʀɔtɛstɑ̃, ɑ̃t] ADJ, NM/F protestante *mf*
protestantisme [pʀɔtɛstɑ̃tism] NM protestantismo
protestataire [pʀɔtɛstatɛʀ] NMF protestatario(-a)
protestation [pʀɔtɛstasjɔ̃] NF protesta
protester [pʀɔtɛste] VI protestar
prothèse [pʀɔtɛz] NF prótesis *f inv*; **~ dentaire** prótesis dental
protocolaire [pʀɔtɔkɔlɛʀ] ADJ protocolario(-a); (*questions, règles*) de protocolo
protocole [pʀɔtɔkɔl] NM protocolo; (*procès-verbal*) acta de protocolo; **chef du ~** jefe *m* de protocolo; **~ d'accord** proposición *f* de acuerdo; **~ opératoire** (*Méd*) parte *m* médico
proton [pʀɔtɔ̃] NM protón *m*
prototype [pʀɔtɔtip] NM prototipo
protubérance [pʀɔtybeʀɑ̃s] NF protuberancia
protubérant, e [pʀɔtybeʀɑ̃, ɑ̃t] ADJ protuberante
proue [pʀu] NF proa
prouesse [pʀuɛs] NF proeza
prouvable [pʀuvabl] ADJ demostrable, probable
prouvé [pʀuve] ADJ demostrado(-a); **scientifiquement ~** científicamente demostrado; **c'est ~** está demostrado
prouver [pʀuve] VT probar; (*montrer*) demostrar
provenance [pʀɔv(ə)nɑ̃s] NF procedencia; (*d'un mot, d'une coutume*) origen *m*; **en ~ de** procedente de
provençal, e, -aux [pʀɔvɑ̃sal, o] ADJ provenzal ▸ NM (*Ling*) provenzal *m* ▸ NM/F : **Provençal, e, -aux** provenzal *mf*
Provence [pʀɔvɑ̃s] NF Provenza
provenir [pʀɔv(ə)niʀ] VI : **~ de** proceder de; (*tirer son origine de*) provenir de; (*résulter de*) derivarse de
proverbe [pʀɔvɛʀb] NM proverbio
proverbial, e, -aux [pʀɔvɛʀbjal, jo] ADJ proverbial
providence [pʀɔvidɑ̃s] NF providencia; **la P~** la Providencia
providentiel, le [pʀɔvidɑ̃sjɛl] ADJ providencial
province [pʀɔvɛ̃s] NF provincia
provincial, e, -aux [pʀɔvɛ̃sjal, jo] ADJ, NM/F provincial *mf*; (*péj*) provinciano(-a)
proviseur [pʀɔvizœʀ] NMF (*nf aussi* **proviseure**) director(a) de instituto
provision [pʀɔvizjɔ̃] NF provisión *f*; (*acompte, avance*) anticipo; (*Comm*) provisión de fondos; **faire ~ de qch** abastecerse de algo ▪ **provisions** NFPL (*vivres*) provisiones *fpl*; **placard** *ou* **armoire à provisions** despensa
provisionnel, le [pʀɔvizjɔnɛl] ADJ *voir* **tiers provisionnel**
provisoire [pʀɔvizwaʀ] ADJ provisional, provisorio(-a) (*Am*); (*personne*) interino(-a); **mise en liberté ~** puesta en libertad provisional
provisoirement [pʀɔvizwaʀmɑ̃] ADV provisionalmente
provocant, e [pʀɔvɔkɑ̃, ɑ̃t] ADJ (*agressif*) provocante; (*excitant*) provocativo(-a)
provocateur, -trice [pʀɔvɔkatœʀ, tʀis] NM/F provocador(a)
provocation [pʀɔvɔkasjɔ̃] NF provocación *f*
provoquer [pʀɔvɔke] VT provocar; (*curiosité*) despertar
proxénète [pʀɔksenɛt] NMF proxeneta *mf*
proxénétisme [pʀɔksenetism] NM proxenetismo
proximité [pʀɔksimite] NF (*dans l'espace*) cercanía; (*dans le temps*) proximidad *f*; **à ~ (de)** cerca (de)
prude [pʀyd] ADJ mojigato(-a)
prudemment [pʀydamɑ̃] ADV con prudencia
prudence [pʀydɑ̃s] NF prudencia; **avec ~** con prudencia; **par (mesure de) ~** como medida de precaución
prudent, e [pʀydɑ̃, ɑ̃t] ADJ prudente; (*sage, conseillé*) sensato(-a); **ce n'est pas ~** no es sensato; **soyez ~ !** ¡tenga cuidado!
prune [pʀyn] NF ciruela
pruneau, x [pʀyno] NM ciruela pasa
prunelle [pʀynɛl] NF (*Anat*) pupila; (*Bot*) endrina; (*eau de vie*) licor *m* de endrina
prunier [pʀynje] NM ciruelo
prurit [pʀyʀit] NM (*Méd*) prurito
Prusse [pʀys] NF Prusia
PS [peɛs] SIGLE M (= *Parti socialiste*) *partido socialista francés*; (= *post-scriptum*) PD (= *postdata*)
P.-S. [peɛs] SIGLE M (= *post-scriptum*) PD (= *postdata*)
psalmodier [psalmɔdje] VT salmodiar
psaume [psom] NM salmo
pseudonyme [psødɔnim] NM seudónimo; (*de comédien*) nombre *m* artístico
psoriasis [psɔʀjazis] NM psoriasis *f inv*

P

psy [psi] *(fam)* NMF *(psychologue)* (p)sicólogo(-a); *(psychiatre)* (p)siquiatra *mf*
psychanalyse [psikanaliz] NF (p)sicoanálisis *m inv*
psychanalyser [psikanalize] VT (p)sicoanalizar; **se faire ~** hacerse un (p)sicoanálisis
psychanalyste [psikanalist] NMF (p)sicoanalista *mf*
psychanalytique [psikanalitik] ADJ (p)sicoanalítico(-a)
psyché [psiʃe] NF psique *f*
psychédélique [psikedelik] ADJ (p)sicodélico(-a)
psychiatre [psikjatʀ] NMF (p)siquiatra *mf*
psychiatrie [psikjatʀi] NF (p)siquiatría
psychiatrique [psikjatʀik] ADJ (p)siquiátrico(-a)
psychique [psiʃik] ADJ (p)síquico(-a)
psychisme [psiʃism] NM (p)siquismo
psychologie [psikɔlɔʒi] NF (p)sicología
psychologique [psikɔlɔʒik] ADJ (p)sicológico(-a)
psychologiquement [psikɔlɔʒikmɑ̃] ADV (p)sicológicamente
psychologue [psikɔlɔg] NMF (p)sicólogo(-a); **être ~** *(fig)* ser (p)sicólogo(-a)
psychomoteur, -trice [psikomɔtœʀ, tʀis] ADJ (p)sicomotor(a)
psychopathe [psikɔpat] NMF (p)sicópata *mf*
psychopédagogie [psikopedagɔʒi] NF (p)sicopedagogía
psychose [psikoz] NF (p)sicosis *f inv*
psychosomatique [psikosɔmatik] ADJ (p)sicosomático(-a)
psychothérapie [psikoteʀapi] NF (p)sicoterapia
psychotique [psikɔtik] ADJ (p)sicótico(-a)
Pte ABR = **porte**
pu [py] PP *de* **pouvoir**
puant, e [pɥɑ̃, pɥɑ̃t] ADJ *(nauséabond)* apestoso(-a); *(prétentieux)* pretencioso(-a)
puanteur [pɥɑ̃tœʀ] NF pestilencia
pub [pyb] *(fam)* NF *(publicité)* publicidad *f*
pubalgie [pybalʒi] NF pubalgia
pubère [pybɛʀ] ADJ púber
puberté [pybɛʀte] NF pubertad *f*
pubis [pybis] NM pubis *m inv*
publiable [pyblijabl] ADJ publicable
public, -ique [pyblik] ADJ público(-a) ▶ NM público; **en ~** en público; **interdit au ~** prohibido al público; **le grand ~** el público en general
publication [pyblikasjɔ̃] NF publicación *f*; **directeur de ~** director *m* de publicaciones
publiciste [pyblisist] NMF publicista *mf*
publicitaire [pyblisitɛʀ] ADJ publicitario(-a); **rédacteur/dessinateur ~** redactor *m*/dibujante *m* publicitario ▶ NMF publicista *mf*
publicité [pyblisite] NF publicidad *f*; **une ~** un anuncio; **faire trop de ~ autour de qch/qn** dar demasiada publicidad a algo/algn
publier [pyblije] VT publicar
publipostage [pyblipɔstaʒ] NM *(courrier)* propaganda comercial; *(Internet)* envío masivo de correo
publique [pyblik] ADJ F *voir* **public**
publiquement [pyblikmɑ̃] ADV en público
puce [pys] NF pulga; *(Inform)* chip *m*; **marché aux puces** mercadillo; **mettre la ~ à l'oreille de qn** intrigar a algn, poner la mosca detrás de la oreja a algn
puceau, x [pyso] ADJ, NM virgen *m*
pucelle [pysɛl] ADJ, NF virgen *f*
puceron [pys(ə)ʀɔ̃] NM pulgón *m*
pudding [pudiŋ] NM *(à base de pain rassis)* pudin *m*, pudín *m*; *(plum-pudding) pudin elaborado con huevos, grasa de vaca y pasas típico de Navidad*
pudeur [pydœʀ] NF pudor *m*
pudibond, e [pydibɔ̃, ɔ̃d] ADJ pudoroso(-a)
pudique [pydik] ADJ *(chaste)* pudoroso(-a); *(discret)* recatado(-a)
pudiquement [pydikmɑ̃] ADV pudorosamente
puer [pɥe] *(péj)* VI apestar ▶ VT apestar a
puériculteur, -trice [pɥeʀikyltœʀ, tʀis] NM/F puericultor(a)
puériculture [pɥeʀikyltyʀ] NF puericultura
puéril, e [pɥeʀil] ADJ pueril
puérilement [pɥeʀilmɑ̃] ADV puerilmente
puérilité [pɥeʀilite] NF puerilidad *f*
pugilat [pyʒila] NM pugilato
pugnace [pygnas] ADJ pugnaz
pugnacité [pygnasite] NF pugnacidad *f*
puis [pɥi] VB *voir* **pouvoir** ▶ ADV *(ensuite)* después, luego; *(dans une énumération)* luego; *(en outre)* : **et ~** y además, y encima; **et ~ après !** ¡y qué!; **et ~ quoi encore ?** ¡y qué más!
puisard [pɥizaʀ] NM sumidero
puiser [pɥize] VT : **~ (dans)** sacar (de)
puisque [pɥisk] CONJ ya que, como; **~ je te le dis !** *(valeur intensive)* ¡que te lo digo yo!
puissamment [pɥisamɑ̃] ADV poderosamente
puissance [pɥisɑ̃s] NF potencia; *(pouvoir)* poder *m*; **deux (à la) ~ cinq** *(Math)* dos (elevado) a la quinta; **les puissances occultes** los poderes ocultos
puissant, e [pɥisɑ̃, ɑ̃t] ADJ poderoso(-a); *(homme, voix)* fuerte; *(raisonnement)* consistente; *(moteur)* potente; *(éclairage, drogue, vent)* fuerte
puisse *etc* [pɥis] VB *voir* **pouvoir**
puits [pɥi] NM pozo; **~ artésien/de mine** pozo artesano/minero; **~ de science** *(fig)* pozo de sabiduría
pull [pyl], **pull-over** [pylɔvɛʀ] *(pl* **~-overs***)* NM jersey *m*

j'étais ... un día en que yo estaba ...; **le livre que tu lis** el libro que lees
2 (*interrogatif*) : **que fais-tu ?, qu'est-ce que tu fais ?** ¿qué haces?; **que préfères-tu, celui-ci ou celui-là ?** ¿cuál prefieres, este o ese?; **que fait-il dans la vie ?** ¿a qué se dedica?; **qu'est-ce que c'est ?** ¿qué es?; **que faire ?** ¿qué se puede hacer?; *voir aussi* **aussi ; autant** *etc*

Québec [kebɛk] NM Quebec *m*
québécisme [kebesism] NM *palabra propia del francés de Quebec*
québécois, e [kebekwa, waz] ADJ quebequés(-esa) ▸ NM/F : **Québécois, e** quebequés(-esa)

quel, quelle [kɛl]

▸ ADJ **1** (*interrogatif : avant un nom*) qué; (*avant un verbe : personne*) quién; (*: chose*) cuál; **sur quel auteur va-t-il parler ?** ¿sobre qué autor va a hablar?; **quels acteurs préférez-vous ?** ¿(a) qué actores prefiere?; **quel est cet homme ?** ¿quién es este hombre?; **quel livre veux-tu ?** ¿qué libro quieres?; **quel est son nom ?** ¿cuál es su nombre?
2 (*exclamatif*) : **quelle surprise/coïncidence !** ¡qué sorpresa/coincidencia!; **quel dommage qu'il soit parti !** ¡qué pena que se haya marchado!
3 : **quel que soit** (*personne*) sea quien sea, quienquiera que sea; (*chose*) sea cual sea, cualquiera que sea; **quel que soit le coupable** sea quien sea el culpable; **quel que soit votre avis** sea cual sea su opinión
▸ PRON INTERROG : **de tous ces enfants, quel est le plus intelligent ?** de todos esos niños, ¿cuál es el más inteligente?

quelconque [kɛlkɔ̃k] ADJ cualquier(a); (*sans valeur*) mediocre; **pour une raison ~** por cualquier razón

quelque [kɛlk]

▸ ADJ **1** (*suivi du singulier*) algún(-una); (*suivi du pluriel*) algunos(-as); **cela fait quelque temps que je ne l'ai (pas) vu** hace algún tiempo que no lo he visto; **il a dit quelques mots de remerciement** dijo algunas palabras de agradecimiento; **les quelques enfants qui ...** los pocos niños que ...; **il habite à quelque distance d'ici** vive a cierta distancia de aquí; **a-t-il quelques amis ?** ¿tiene amigos?; **20 kilos et quelque(s)** 20 kilos y pico
2 : **quelque ... que : quelque livre qu'il choisisse** cualquier libro que elija; **quelque temps qu'il fasse** haga el tiempo que haga
3 : **quelque chose** *pron* algo; **quelque chose d'autre** otra cosa; **y être pour quelque chose** tener algo que ver; **ça m'a fait quelque chose !** ¡sentí una cosa!; **puis-je faire quelque chose pour vous ?** ¿puedo hacer algo por usted?; **c'est déjà quelque chose** algo es algo; **quelque part** (*position*) en alguna parte; (*direction*) a alguna parte; **en quelque sorte** (*pour ainsi dire*) en cierto modo
▸ ADV **1** (*environ, à peu près*) : **une route de quelque 100 km** una carretera de unos 100 km
2 : **quelque peu** algo; **il est quelque peu vulgaire** es algo vulgar

quelquefois [kɛlkəfwa] ADV a veces
quelques-uns, -unes [kɛlkəzœ̃, yn] PRON algunos(-as); **~ des lecteurs** unos cuantos lectores
quelqu'un, e [kɛlkœ̃, yn] PRON alguien; (*entre plusieurs*) alguno(-a); **~ d'autre** otro(-a); **être ~** (*de valeur*) ser alguien
quémander [kemɑ̃de] VT mendigar
qu'en-dira-t-on [kɑ̃diʀatɔ̃] NM INV : **le ~** el qué dirán
quenelle [kənɛl] NF croqueta
quenotte [kənɔt] (*fam*) NF diente *m* (*de niño*)
quenouille [kənuj] NF rueca
querelle [kəʀɛl] NF pelea; **chercher ~ à qn** buscar pelea con algn
quereller [kəʀele] : **se quereller** VPR pelearse
querelleur, -euse [kəʀelœʀ, øz] ADJ pendenciero(-a)
quérir [keʀiʀ] VT buscar; **aller ~** ir a buscar
qu'est-ce que [kɛskə] *voir* **que**
qu'est-ce qui [kɛski] *voir* **qui**
question [kɛstjɔ̃] NF (*gén*) pregunta; (*problème*) cuestión *f*, problema *m*; **il a été ~ de** se trató de; **il est ~ de les emprisonner** se trata de encarcelarlos; **c'est une ~ de temps/d'habitude** es cuestión de tiempo/de costumbre; **de quoi est-il ~ ?** ¿de qué se trata?; **il n'en est pas ~** ni hablar, ni mucho menos; **en ~** en cuestión; **hors de ~** fuera de lugar; **je ne me suis jamais posé la ~** nunca me he planteado el problema; **(re)mettre en ~** poner en tela de juicio; **poser la ~ de confiance** (*Pol*) pedir un voto de confianza; **~ d'actualité** (*Presse*) tema *m* de actualidad; **~ piège** pregunta capciosa; **questions économiques/sociales** cuestiones económicas/sociales; **~ subsidiaire** cuestión subsidiaria
questionnaire [kɛstjɔnɛʀ] NM cuestionario
questionnement [kɛstjɔnmɑ̃] NM (*réflexion*) reflexión *f*
questionner [kɛstjɔne] VT preguntar; **~ qn sur qch** preguntar a algn acerca de algo
quête [kɛt] NF (*collecte*) colecta; (*recherche*) búsqueda; **faire la ~** (*à l'église*) pasar la bandeja; (*artiste*) pasar la gorra; **se mettre en ~ de qch** ir en busca de algo
quêter [kete] VI pedir ▸ VT buscar
quetsche [kwɛtʃ] NF ciruela damascena
queue [kø] NF cola; (*de lettre, note*) rabo; (*d'une casserole*) asa; (*d'une poêle*) mango; (*d'un fruit,*

d'une feuille) rabillo; (*cheveux*) coleta; (*Billard*) taco; **en ~ (de train)** en cola; **faire la ~** hacer cola; **se mettre à la ~** ponerse a la cola; **histoire sans ~ ni tête** historia sin pies ni cabeza; **à la ~ leu leu** uno tras otro; (*fig*) en fila india; **faire une ~ de poisson à qn** (*Auto*) ponerse bruscamente delante de algn al adelantar; **finir en ~ de poisson** (*projets*) terminar en agua de borrajas; **~ de cheval** cola de caballo

queue-de-pie [kødpi] (*pl* **queues-de-pie**) NF chaqué *m*

queux [kø] ADJ M *voir* **maître**[1]

qui [ki]

PRON **1** (*interrogatif*) quién; (: *pluriel*) quiénes; (: *objet*) : **qui (est-ce que) j'emmène ?** ¿a quién llevo?; **je ne sais pas qui c'est** no sé quién es; **à qui est ce sac ?** ¿de quién es este bolso?; **à qui parlais-tu ?** ¿con quién hablabas?
2 (*relatif*) que; (: *après prép*) quien, el (la) que; (: *pluriel*) quienes, los (las) que; **l'ami de qui je vous ai parlé** el amigo de quien *ou* del que le hablé; **la personne avec qui je l'ai vu** la persona con quien lo vi
3 (*sans antécédent*) : **amenez qui vous voulez** traiga a quien quiera; **qui que ce soit** quienquiera que sea

quiche [kiʃ] NF : **~ lorraine** quiche *m* lorena

quiconque [kikɔ̃k] PRON quienquiera que; (*n'importe qui*) cualquiera

quidam [k(ɥ)idam] NM (*hum*) tipo

quiétude [kjetyd] NF (*d'un lieu*) quietud *f*; (*d'une personne*) tranquilidad *f*, sosiego; **en toute ~** con toda tranquilidad

quignon [kiɲɔ̃] NM cantero, cuscurro

quille [kij] NF bolo; (*d'un bateau*) quilla; (*Mil* : *fam*) licencia; **(jeu de) quilles** juego de bolos

quincaillerie [kɛ̃kajʀi] NF (*ustensiles, métier*) quincallería; (*magasin*) ferretería

quincaillier, -ière [kɛ̃kaje, jɛʀ] NM/F ferretero(-a)

quinconce [kɛ̃kɔ̃s] NM : **en ~** al tresbolillo

quinine [kinin] NF quinina

quinqua [kɛ̃ka] (*fam*) NMF = **quinquagénaire**

quinquagénaire [kɛ̃kaʒenɛʀ] NMF (*de cinquante ans*) quincuagenario(-a); (*de cinquante à soixante ans*) cincuentón(-ona); **les quinquagénaires** los mayores de cincuenta años

quinquennal, e, -aux [kɛ̃kenal, o] ADJ quinquenal

quinquennat [kɛ̃kena] NM *quinquenio (del Presidente de la República)*

quinquina [kɛ̃kina] NM (*Bot*) quina

quintal, -aux [kɛ̃tal, o] NM quintal *m*

quinte [kɛ̃t] NF : **~ (de toux)** ataque *m* de tos

quinté [kɛ̃te] NM (*Courses*) *en Francia, apuesta sobre el orden de llegada de los cinco primeros caballos de una carrera*

quintessence [kɛ̃tesɑ̃s] NF quintaesencia

quintette [k(ɥ)ɛ̃tɛt] NM quinteto

quintuple [kɛ̃typl] ADJ quíntuplo ▶ NM : **le ~ de** el quíntuplo de

quintupler [kɛ̃typle] VT quintuplicar ▶ VI quintuplicarse

quintuplés, -ées [kɛ̃typle] NMPL/NFPL quintillizos(-as)

quinzaine [kɛ̃zɛn] NF quincena; **une ~ (de jours)** una quincena (de días)

quinze [kɛ̃z] ADJ INV, NM INV quince *m inv*; **demain en ~** desde mañana en quince días; **lundi en ~** desde lunes en quince días; **dans ~ jours** dentro de quince días; **le ~ de France** (*Rugby*) el equipo internacional francés de rugby; *voir aussi* **cinq**

quinzième [kɛ̃zjɛm] ADJ, NMF decimoquinto(-a) ▶ NM (*partitif*) quinceavo; *voir aussi* **cinquantième**

quiproquo [kipʀɔko] NM malentendido; (*Théâtre*) quid pro quo *m*

Quito [kito] N Quito

quittance [kitɑ̃s] NF (*reçu*) recibo; (*facture*) recibo, factura

quitte [kit] ADJ : **être ~ envers qn** estar en paz con algn; **être ~ de** haberse librado de; **en être ~ à bon compte** escaparse por los pelos; **~ à être renvoyé** aunque me echen; **je resterai ~ à attendre pendant trois heures** me quedaré aunque tenga que esperar tres horas; **~ ou double** doble o nada; (*fig*) : **c'est du ~ ou double** es el todo por el todo

quitter [kite] VT dejar; (*fig* : *espoir, illusion*) perder; (*vêtement*) quitarse; **~ la route** (*véhicule*) salir de la carretera; **ne quittez pas** (*au téléphone*) no se retire; **ne pas ~ qn d'une semelle** pisarle los talones a algn ■ **se quitter** VPR (*couples, interlocuteurs*) separarse

⚠ No debe traducirse por *quitar*, que en francés corresponde a **enlever**.

quitus [kitys] NM finiquito

qui-vive [kiviv] NM INV : **être sur le ~** estar alerta

quoi [kwa]

▶ PRON INTERROG **1** (*interrogation directe*) qué; **quoi de plus beau que ... ?** ¿hay algo más hermoso que ...?; **quoi de neuf ?** ¿qué hay de nuevo?; **quoi encore ?** ¿y ahora, qué?; **et puis quoi encore !** ¡y qué más!; **quoi ?** (*qu'est-ce que tu dis ?*) ¿qué?
2 (*interrogation directe avec prép*) qué; **à quoi penses-tu ?** ¿en qué piensas?; **de quoi parlez-vous ?** ¿de qué habláis?; **en quoi puis-je vous aider ?** ¿en qué puedo ayudarle?; **à quoi bon ?** ¿para qué?
3 (*interrogation indirecte*) qué; **dis-moi à quoi ça sert** dime para qué sirve; **je ne sais pas à quoi il pense** no sé en qué piensa
▶ PRON RELATIF **1** que; **ce à quoi tu penses** lo que piensas; **de quoi écrire** algo para escri-

bir; **il n'a pas de quoi se l'acheter** no tiene con qué comprarlo; **il y a de quoi être fier** es para estar orgulloso; **merci — il n'y a pas de quoi** gracias — no hay de qué
2 (*locutions*) : **après quoi** después de lo cual; **sur quoi** sobre qué; **sans quoi, faute de quoi** si no; **comme quoi** (*déduction*) así que; **un message comme quoi il est arrivé** un mensaje en el que dice que ha llegado
3 : **quoi qu'il arrive** pase lo que pase; **quoi qu'il en soit** sea lo que sea; **quoi qu'elle fasse** haga lo que haga; **si vous avez besoin de quoi que ce soit** si necesita cualquier cosa
▸ EXCL qué

quoique [kwak(ɑ)] CONJ aunque

quolibet [kɔlibɛ] NM pulla, chanza

quorum [k(w)ɔʀɔm] NM quórum *m*

quota [k(w)ɔta] NM cuota

quote-part [kɔtpaʀ] (*pl* **quotes-parts**) NF cuota

quotidien, ne [kɔtidjɛ̃, jɛn] ADJ cotidiano(-a) ▸ NM (*journal*) diario; (*vie quotidienne*) vida diaria; **les grands quotidiens** los grandes diarios

quotidiennement [kɔtidjɛnmɑ̃] ADV diariamente

quotient [kɔsjɑ̃] NM (*Math*) cociente *m*; **~ intellectuel** coeficiente *m* intelectual

quotité [kɔtite] NF (*Fin*) cuota

pulluler [pylyle] VI pulular; (*fig*) abundar
pulmonaire [pylmɔnɛʀ] ADJ pulmonar
pulpe [pylp] NF pulpa
pulpeux, -euse [pylpø, øz] ADJ (*bouche*) carnoso(-a); (*femme*) escultural
pulsation [pylsasjɔ̃] NF (*Méd*) pulsación *f*; **pulsations (du cœur)** (*rythme cardiaque*) ritmo cardíaco; (*battements*) latidos *mpl*
pulsé [pylse] ADJ M : **chauffage à air ~** calefacción *f* por ventilación
pulser [pylse] VT (*air*) impulsar ▸ VI (*fam : être puissant*) ser cañero(-a), ser una caña
pulsion [pylsjɔ̃] NF pulsión *f*; **pulsions sexuelles** pulsiones *fpl* sexuales
pulvérisateur [pylveʀizatœʀ] NM pulverizador *m*
pulvérisation [pylveʀizasjɔ̃] NF pulverización *f*
pulvériser [pylveʀize] VT pulverizar; (*fig : adversaire*) machacar
puma [pyma] NM puma *m*
punaise [pynɛz] NF (*Zool*) chinche *f*; (*clou*) chincheta
punaiser [pyneze] VT clavar con chinchetas
punch[1] [pɔ̃ʃ] NM (*boisson*) ponche *m*
punch[2] [pœnʃ] NM (*Boxe*) puñetazo; (*fig*) vitalidad *f*
punching-ball [pœnʃiŋbol] (*pl* **punching-balls**) NM punching-ball *m*
punir [pyniʀ] VT castigar; (*faute, infraction*) sancionar; (*crime*) condenar; **~ qn de qch** castigar a algn por algo
punitif, -ive [pynitif, iv] ADJ : **expédition punitive** expedición *f* de castigo
punition [pynisjɔ̃] NF castigo
punk [pœ̃k] (*pl* **~(s)**) ADJ, NMF punk *mf* ▸ NM (*musique*) punk *m*
pupille [pypij] NF (*Anat*) pupila ▸ NMF (*enfant*) pupilo(-a); **~ de l'État** hospiciano(-a); **~ de la Nation** huérfano(-a) de guerra
pupitre [pypitʀ] NM (*Scol*) pupitre *m*; (*Rel, Mus*) atril *m*; (*Inform*) consola; **~ de commande** consola de mandos
pur, e [pyʀ] ADJ puro(-a); (*intentions*) bueno(-a); **~ et simple** mero(-a); **en pure perte** en balde; **pure laine** pura lana ▸ NM/F duro(-a)
purée [pyʀe] NF puré *m*; **~ de pois** (*fig*) niebla muy espesa; **~ de tomates** tomate *m* triturado
purement [pyʀmɑ̃] ADV puramente
pureté [pyʀte] NF pureza
purgatif [pyʀgatif] NM purgante *m*
purgatoire [pyʀgatwaʀ] NM purgatorio
purge [pyʀʒ] NF (*Pol, Méd*) purga
purger [pyʀʒe] VT purgar; (*vidanger*) limpiar
purification [pyʀifikasjɔ̃] NF : **~ de l'eau** depuración *f* del agua; **~ ethnique** limpieza étnica
purifier [pyʀifje] VT purificar
purin [pyʀɛ̃] NM aguas *fpl* de estiércol
puriste [pyʀist] NMF purista *mf*
puritain, e [pyʀitɛ̃, ɛn] ADJ, NM/F puritano(-a)
puritanisme [pyʀitanism] NM puritanismo
pur-sang [pyʀsɑ̃] (*pl* **pur(s)-sang(s)**) NM pura sangre *m*
purulent, e [pyʀylɑ̃, ɑ̃t] ADJ purulento(-a)
pus [py] VB *voir* **pouvoir** ▸ NM pus *m*
pusillanime [pyzi(l)lanim] ADJ pusilánime
pustule [pystyl] NF pústula
putain [pytɛ̃] (*fam !*) NF puta (*fam !*); **~ !** ¡joder! (*fam !*); **ce/cette ~ de ...** este(-a) puto(-a) ...
pute [pyt] NF (*fam !*) puta (*fam !*)
putois [pytwa] NM turón *m*; **crier comme un ~** gritar como un loco
putréfaction [pytʀefaksjɔ̃] NF putrefacción *f*
putréfier [pytʀefje] VT pudrir ▪ **se putréfier** VPR pudrirse
putrescible [pytʀesibl] ADJ putrescible
putride [pytʀid] ADJ putrefacto(-a)
putsch [putʃ] NM golpe *m* de estado
puzzle [pœzl] NM rompecabezas *m inv*
PV [peve] SIGLE M (= *procès-verbal*) multa
PVC [pevese] SIGLE M (= *polychlorure de vinyle*) policloruro de vinilo
pygmée [pigme] NM pigmeo(-a)
pyjama [piʒama] NM pijama *m*, piyama *m ou f* (AM)
pylône [pilon] NM (*d'un pont*) pilar *m*; (*mât, poteau*) poste *m*
pyramide [piʀamid] NF pirámide *f*; **~ humaine** pirámide humana
pyrénéen, ne [piʀeneɛ̃, ɛn] ADJ pirenaico(-a) ▸ NM/F : **Pyrénéen, ne** pirenaico(-a)
Pyrénées [piʀene] NFPL : **les ~** los Pirineos
pyrex® [piʀɛks] NM pírex® *m*
pyrogravure [piʀogʀavyʀ] NF pirograbado
pyrolyse [piʀɔliz] NF pirolisis *f inv*
pyromane [piʀɔman] NMF pirómano(-a)
pyrotechnique [piʀɔtɛknik] ADJ pirotécnico(-a)
python [pitɔ̃] NM pitón *m*

Qq

Q, q[1] [ky] NM INV (*lettre*) Q, q *f*; **Q comme Quintal** ≈ Q de Querido

q[2] [ky] ABR = **quintal**

Qatar [kataʀ] NM Quatar *m*

QCM [kyseɛm] SIGLE M (= *questionnaire à choix multiples*) cuestionario de opción múltiple

QG [kyʒe] SIGLE M (= *quartier général*) cuartel *m* general

QHS [kyaʃɛs] SIGLE M (= *quartier de haute sécurité*) zona de máxima seguridad

QI [kyi] SIGLE M (= *quotient intellectuel*) C.I. *m* (= *coeficiente intelectual*)

qqch. ABR = **quelque chose**

qqn ABR = **quelqu'un**

quad [kwad] NM quad *m*

quadra [k(w)adʀa] (*fam*) NMF = **quadragénaire**

quadragénaire [k(w)adʀaʒenɛʀ] NMF (*de quarante ans*) cuadragenario(-a); (*de quarante à cinquante ans*) cuarentón(-ona); **les quadragénaires** los mayores de cuarenta años

quadrangulaire [k(w)adʀɑ̃gylɛʀ] ADJ cuadrangular

quadrature [k(w)adʀatyʀ] NF: **c'est la ~ du cercle** es la cuadratura del círculo

quadrichromie [k(w)adʀikʀɔmi] NF tetracromía

quadrilatère [k(w)adʀilatɛʀ] NM (*Géom, Mil*) cuadrilátero; (*terrain*) cuadrado

quadrillage [kadʀijaʒ] NM división *f*; (*ensemble des lignes etc*) cuadrícula

quadrille [kadʀij] NM cuadrilla

quadrillé, e [kadʀije] ADJ cuadriculado(-a)

quadriller [kadʀije] VT (*papier, page etc*) cuadricular; (*ville, région etc*) controlar totalmente

quadrimoteur [kadʀimɔtœʀ] ADJ, NM cuatrimotor *m*

quadripartite [kwadʀipaʀtit] ADJ cuadripartita

quadriphonie [k(w)adʀifɔni] NF tetrafonía

quadriréacteur [k(w)adʀiʀeaktœʀ] NM cuatrirreactor *m*

quadrupède [k(w)adʀypɛd] ADJ, NM cuadrúpedo(-a)

quadruple [k(w)adʀypl] ADJ cuádruple ▸ NM: **le ~ de** el cuádruplo de

quadrupler [k(w)adʀyple] VT cuadruplicar ▸ VI cuadruplicarse

quadruplés, -ées [k(w)adʀyple] NMPL/NFPL cuatrillizos(-as)

quai [ke] NM (*d'un port*) muelle *m*; (*d'une gare*) andén *m*; (*d'un cours d'eau, canal*) orilla; **être à ~** (*navire*) estar atracado; (*train*) estar en el andén; **le Q~ d'Orsay** *Ministerio de Asuntos Exteriores*; **le Q~ des Orfèvres** *la sede de la Policía Judicial*

qualificatif, -ive [kalifikatif, iv] ADJ (*Ling*) calificativo(-a) ▸ NM calificativo

qualification [kalifikasjɔ̃] NF calificación *f*; (*désignation*) designación *f*, nombramiento; (*aptitude*) capacitación *f*, cualificación *f*; (*Sport*) clasificación *f*; **~ professionnelle** cualificación *f* profesional

qualifié, e [kalifje] ADJ (*apte*) cualificado(-a), capacitado(-a); (*Sport*) clasificado(-a); **être ~ pour** estar cualificado(-a) *ou* capacitado(-a) para

qualifier [kalifje] VT calificar; **~ qch/qn de** calificar algo/a algn de ■ **se qualifier** VPR (*Sport*) clasificarse

qualitatif, -ive [kalitatif, iv] ADJ cualitativo(-a)

qualitativement [kalitativmɑ̃] ADV cualitativamente

qualité [kalite] NF calidad *f*; (*valeur, aptitude*) cualidad *f*; **en ~ de** en calidad de; **ès qualités** como tal; **avoir ~ pour** tener autoridad para; **de ~** *adj* de calidad; **rapport ~-prix** relación *f* calidad-precio

quand [kɑ̃] CONJ cuando; (*chaque fois que*) cada vez que; (*alors que*) cuando, mientras; **~ je serai riche, j'aurai une belle maison** cuando sea rico, tendré una casa bonita; **~ même** (*cependant, pourtant*) sin embargo; (*tout de même*): **tu exagères ~ même** desde luego te pasas; **~ bien même** aun cuando, así + *subj* (*AM*) ▸ ADV: **~ arrivera-t-il ?** ¿cuándo llegará?

quant [kɑ̃]: **~ à** *prép* en cuanto a; (*au sujet de*): **il n'a rien dit ~ à ses projets** no dijo nada sobre sus planes; **~ à moi, ...** en cuanto a mí ..., por lo que se refiere a mí ...

quant-à-soi [kɑ̃taswa] NM INV: **rester sur son ~** quedarse a la espera

quantième [kɑ̃tjɛm] NM fecha

quantifiable [kɑ̃tifjabl] ADJ cuantificable

quantifier [kɑ̃tifje] VT cuantificar

Rr

R, r [ɛʀ] NM INV (*lettre*) R, r *f*; **R comme Raoul** R de Raúl

rab [ʀab] (*fam*) NM : **est-ce-qu'il y a du ~?** ¿queda algo?

rabâcher [ʀabɑʃe] VT repetir

rabais [ʀabɛ] NM rebaja; **au ~** rebajado

rabaisser [ʀabese] VT (*prétentions, autorité*) bajar, reducir; (*influence*) disminuir; (*personne, mérites*) rebajar

rabane [ʀaban] NF tejido de rafia

Rabat [ʀaba] N Rabat

rabat [ʀaba] VB *voir* **rabattre** ▸ NM solapa

rabat-joie [ʀabaʒwa] (*pl* **~(s)**) NMF aguafiestas *mf inv*

rabattable [ʀabatabl] ADJ (*banquette, siège*) abatible

rabatteur, -euse [ʀabatœʀ, øz] NM/F (*de gibier*) ojeador *m*; (*péj*) gancho

rabattre [ʀabatʀ] VT (*couvercle, siège*) bajar; (*fam*) volver; (*couture*) dobladillar; (*balle*) rechazar; (*gibier*) ojear; (*somme d'un prix*) rebajar; (*orgueil, prétentions*) bajar; (*Tricot*) cerrar ■ **se rabattre** VPR bajarse; **se ~ devant qn** (*véhicule, coureur*) colocarse delante de algn; **se ~ sur** conformarse con

rabattu, e [ʀabaty] PP *de* **rabattre** ▸ ADJ vuelto(-a)

rabbin [ʀabɛ̃] NM rabino

rabiot [ʀabjo] (*fam*) NM = **rab**

rabique [ʀabik] ADJ rábico(-a)

râble [ʀɑbl] NM lomo

râblé, e [ʀɑble] ADJ (*animal*) recio(-a); (*personne*) fornido(-a)

rabot [ʀabo] NM cepillo

raboter [ʀabɔte] VT cepillar

raboteux, -euse [ʀabɔtø, øz] ADJ áspero(-a)

rabougri, e [ʀabugʀi] ADJ (*végétal*) mustio(-a); (*personne*) canijo(-a)

rabrouer [ʀabʀue] VT acoger ásperamente

racaille [ʀakɑj] (*péj*) NF chusma

raccommodage [ʀakɔmɔdaʒ] NM remiendo

raccommoder [ʀakɔmɔde] VT (*vêtement, linge*) remendar; (*chaussette*) zurcir; (*fam*) reconciliar ■ **se raccommoder** VPR : **se ~ avec** (*fam*) reconciliarse con

raccompagner [ʀakɔ̃paɲe] VT acompañar

raccord [ʀakɔʀ] NM (*Tech*) racor *m*, empalme *m*; (*Ciné*) ajuste *m*; **~ de maçonnerie/de peinture** retoque *m* de albañilería/de pintura

raccordement [ʀakɔʀdəmɑ̃] NM empalme *m*

raccorder [ʀakɔʀde] VT (*tuyaux, fils électriques*) empalmar; (*bâtiments, routes*) reparar; (*suj : pont, passerelle*) enlazar; **~ qn au réseau du téléphone** conectar a algn a la red telefónica ■ **se raccorder à** VPR empalmarse con; (*fig*) relacionarse con

raccourci [ʀakuʀsi] NM atajo; (*fig*) resumen *m*; **en ~** en síntesis; **~ clavier** (*Inform*) atajo de teclado

raccourcir [ʀakuʀsiʀ] VT acortar ▸ VI (*vêtement*) encoger; (*jours*) acortarse

raccourcissement [ʀakuʀsismɑ̃] NM (*de durée, longueur*) acortamiento; (*de délai*) reducción *f*

raccroc [ʀakʀo] : **par ~** *adv* de chiripa

raccrocher [ʀakʀɔʃe] VT (*tableau, vêtement*) volver a colgar; (*récepteur*) colgar; (*fig*) recuperar ▸ VI (*Tél*) colgar; **ne raccrochez pas** (*Tél*) no cuelgue ■ **se raccrocher à** VPR (*branche*) agarrarse a; (*fig*) aferrarse a

race [ʀas] NF raza; (*ascendance, origine*) casta; (*espèce*) calaña; **de ~** de raza

racé, e [ʀase] ADJ (*animal*) de raza; (*personne*) distinguido(-a)

rachat [ʀaʃa] NM (*de qch*) compra; (*de qn*) redención *f*

racheter [ʀaʃ(ə)te] VT volver a comprar; (*part, firme, aussi d'occasion*) comprar; (*pension, rente*) liquidar; (*Rel*) redimir; (*mauvaise conduite, oubli, défaut*) compensar; **~ du lait/des œufs** comprar más leche/huevos ■ **se racheter** VPR (*Rel*) redimirse; (*gén*) rehabilitarse

rachidien, ne [ʀaʃidjɛ̃, jɛn] ADJ raquídeo(-a)

rachitique [ʀaʃitik] ADJ raquítico(-a)

rachitisme [ʀaʃitism] NM raquitismo

racial, e, -aux [ʀasjal, jo] ADJ racial

racine [ʀasin] NF (*aussi fig*) raíz *f*; **~ carrée/cubique** raíz cuadrada/cúbica; **prendre ~** (*fig : s'attacher*) arraigar; (*: s'établir*) echar raíces

racisme [ʀasism] NM racismo

raciste [ʀasist] ADJ, NMF racista *mf*

racket [ʀakɛt] NM extorsión *f*, chantaje *m*

racketter [ʀakete] VT extorsionar, chantajear

racketteur [Rakɛtœʀ] NM extorsionista *mf*, chantajista *mf*
raclée [Rɑkle] (*fam*) NF paliza, golpiza (*AM*)
raclement [Rɑkləmɑ̃] NM carraspeo
racler [Rɑkle] VT (*os, casserole*) raspar; (*tache, boue*) frotar; (*suj : chose : frotter contre*) rascar; **se ~ la gorge** carraspear
raclette [Rɑklɛt] NF (*Culin*) *plato suizo a base de queso fundido y patatas*
racloir [Rɑklwaʀ] NM raspador *m*
racolage [Rakɔlaʒ] NM enganche *m*
racoler [Rakɔle] (*péj*) VT (*attirer, attraper*) enganchar; **elle racole dans cette rue** (*prostituée*) caza clientes en esta calle
racoleur, -euse [Rakɔlœʀ, øz] (*péj*) ADJ de reclamo ▶ NM (*de clients etc*) gancho
racoleuse [Rakɔløz] NF fulana
racontars [Rakɔ̃taʀ] NMPL habladurías *fpl*
raconter [Rakɔ̃te] VT : **~ (à qn)** contar (a algn)
racorni, e [Rakɔʀni] ADJ endurecido(-a)
racornir [Rakɔʀniʀ] VT endurecer
radar [Radaʀ] NM (*aussi Auto*) radar *m*
rade [Rad] NF rada; **en ~ de Toulon** en la rada de Toulon; **laisser/rester en ~** (*fig*) dejar/quedarse plantado(-a)
radeau, x [Rado] NM balsa; **~ de sauvetage** balsa salvavidas
radial, e, -aux [Radjal, jo] ADJ radial; **pneu à carcasse radiale** neumático de cubierta radial
radiant, e [Radjɑ̃, jɑ̃t] ADJ radiante
radiateur [Radjatœʀ] NM radiador *m*; **~ à gaz** radiador de gas; **~ électrique** radiador eléctrico
radiation [Radjasjɔ̃] NF (*Phys*) radiación *f*; (*d'une profession*) expulsión *f*; (*d'une liste*) exclusión *f*
radical, e, -aux [Radikal, o] ADJ radical; (*moyen, remède*) infalible ▶ NM radical *m*
radicalement [Radikalmɑ̃] ADV radicalmente
radicalisation [Radikalizasjɔ̃] NF radicalización *f*
radicaliser [Radikalize] VT radicalizar ■ **se radicaliser** VPR radicalizarse
radicalisme [Radikalism] NM radicalismo
radier [Radje] VT (*d'une profession*) expulsar; (*d'une liste*) excluir; **être radié du barreau** (*avocat*) ser expulsado de la abogacía
radiesthésie [Radjɛstezi] NF radiestesia
radiesthésiste [Radjɛstezist] NMF radiestesista *mf*
radieux, -euse [Radjø, øz] ADJ (*aussi fig*) radiante
radin, e [Radɛ̃, in] (*fam*) ADJ tacaño(-a), rácano(-a) (*fam*)
radinerie [RadinRi] NF (*fam*) tacañería, racanería (*fam*)
radio [Radjo] NF radio *f* (*m en AM*); (*radioscopie*) radioscopia; (*radiographie*) radiografía; **à la ~** en la radio; **avoir la ~** tener radio; **passer à la ~** (*personne*) salir por la radio; (*programme*) poner por la radio; **passer une ~** hacerse una radiografía; **~ libre** radio libre ▶ NM (*personne*) radiotelegrafista *mf ou* radiotelefonista *mf*
radio... [Radjo] PRÉF radio...
radioactif, -ive [Radjoaktif, iv] ADJ radioactivo(-a)
radioactivité [Radjoaktivite] NF radioactividad *f*
radioamateur [Radjoamatœʀ] NM radioaficionado(-a)
radiobalise [Radjobaliz] NF radiobaliza
radiocassette [Radjokasɛt] NF radiocasete *m*
radiodiffuser [Radjodifyze] VT radiodifundir
radiodiffusion [Radjodifyzjɔ̃] NF radiodifusión *f*; **programmes/chaînes de ~** programas *fpl*/cadenas *fpl* de radiodifusión
radioélectrique [Radjoelɛktʀik] ADJ radioeléctrico(-a)
radiographie [RadjɔgRafi] NF radiografía
radiographier [RadjɔgRafje] VT radiografiar; **se faire ~** hacerse una radiografía
radioguidage [Radjogidaʒ] NM (*Naut, Aviat*) radioguía *f*; (*Auto*) información *f* del tráfico
radioguider [Radjɔgide] VT dirigir por radio
radiologie [Radjɔlɔʒi] NF radiología
radiologique [Radjɔlɔʒik] ADJ radiológico(-a)
radiologue [Radjɔlɔg] NMF radiólogo(-a)
radiophare [Radjofaʀ] NM radiofaro
radiophonique [Radjɔfɔnik] ADJ : **programme/jeu ~** programa *m*/juego radiofónico; **émission ~** emisión *f* radiofónica
radioreportage [Radjoʀ(ə)pɔʀtaʒ] NM reportaje *m* radiofónico
radio-réveil [Radjoʀevɛj] (*pl* **radios-réveils**) NM radio-despertador *m*
radioscopie [Radjɔskɔpi] NF radioscopia
radio-taxi [Radjotaksi] (*pl* **radio-taxis**) NM radiotaxi *m*
radiotéléphone [Radjotelefɔn] NM radioteléfono
radiotélescope [Radjotelɛskɔp] NM radiotelescopio
radiotélévisé, e [Radjotelevize] ADJ radiotelevisado(-a)
radiothérapie [RadjoteRapi] NF radioterapia
radis [Radi] NM rábano; **~ noir** rábano picante
radium [Radjɔm] NM radio (*metal*)
radius [Radjys] NM radio (*hueso*)
radoter [Radɔte] VI chochear
radoub [Radu] NM : **bassin** *ou* **cale de ~** carenero *ou* dique *m* de carena
radouber [Radube] VT carenar
radoucir [RadusiR] VT mejorar ■ **se radoucir** VPR (*température, temps*) suavizarse; (*se calmer*) calmarse

radoucissement [Radusismɑ̃] NM mejoría

rafale [Rafal] NF ráfaga; **souffler en rafales** soplar viento racheado; **tir en ~** disparo a ráfaga; **~ de mitrailleuse** ráfaga de ametralladora

raffermir [RafɛRmiR] VT (*tissus, muscle*) fortalecer; (*fig*) afianzar ■ **se raffermir** VPR (*voir vt*) fortalecerse; afianzarse

raffermissement [RafɛRmismɑ̃] NM (*fig*) fortalecimiento

raffinage [Rafinaʒ] NM refinación *f*

raffiné, e [Rafine] ADJ refinado(-a)

raffinement [Rafinmɑ̃] NM refinamiento

raffiner [Rafine] VT refinar

raffinerie [RafinRi] NF refinería

raffoler [Rafɔle] : **~ de** *vt indir* volverse loco(-a) por

raffut [Rafy] (*fam*) NM follón *m*

rafiot [Rafjo] NM barquillo; (*péj*) barcucho *m*

rafistolage [Rafistɔlaʒ] (*fam*) NM remiendo

rafistoler [Rafistɔle] (*fam*) VT remendar

rafle [Rɑfl] NF redada, allanamiento (*surtout* AM)

rafler [Rɑfle] (*fam*) VT arrasar; **~ la mise** (*fig*) llevarse el gato al agua

rafraîchir [RafReʃiR] VT refrescar; (*atmosphère, température*) enfriar; (*fig*) renovar; **~ la mémoire** *ou* **les idées à qn** refrescarle a algn la memoria *ou* las ideas ▸ VI : **mettre une boisson à ~** poner una bebida a enfriar ■ **se rafraîchir** VPR refrescarse

rafraîchissant, e [RafReʃisɑ̃, ɑ̃t] ADJ refrescante

rafraîchissement [RafReʃismɑ̃] NM (*de la température*) enfriamiento; (*boisson*) refresco ■ **rafraîchissements** NMPL (*boissons*) refrescos *mpl*

ragaillardir [RagajaRdiR] (*fam*) VT revigorizar

rage [Raʒ] NF rabia; **faire ~** (*tempête*) bramar; **l'incendie faisait ~** el incendio se propagaba con todo vigor; **~ de dents** tremendo dolor *m* de muelas

rageant, e [Raʒɑ̃, ɑ̃t] ADJ exasperante; **c'est ~ !** ¡qué rabia!

rager [Raʒe] VI rabiar; **faire ~ qn** hacer rabiar a algn

rageur, -euse [RaʒœR, øz] ADJ rabioso(-a)

rageusement [Raʒøzmɑ̃] ADV con rabia

raglan [Raglɑ̃] ADJ INV raglán *inv* ▸ NM raglán *m*

ragot [Rago] (*fam*) NM chisme *m*

ragoût [Ragu] NM guiso

ragoûtant, e [Ragutɑ̃, ɑ̃t] ADJ : **peu ~** poco apetitoso(-a)

raï [Raj] NM rai *m*, *género musical popular moderno originario de Argelia*

raid [Rɛd] NM raid *m*; (*attaque aérienne*) raid aéreo; (*Sport*) carrera de resistencia, raid; **~ à skis** raid con esquís; **~ automobile** raid automovilístico

raide [Rɛd] ADJ (*cheveux*) liso(-a); (*ankylosé*) entumecido(-a); (*peu souple : câble, personne*) tenso(-a); (*escarpé*) empinado(-a); (*étoffe etc*) tieso(-a); (*fam : surprenant*) inaudito(-a); (*: sans argent*) pelado(-a); (*: alcool, spectacle, paroles*) fuerte ▸ ADV : **le sentier monte ~** el camino sube muy empinado; **tomber ~ mort** quedarse en el sitio

raideur [RɛdœR] NF rigidez *f*; (*d'un câble*) tirantez *f*; (*des cheveux*) lisura; (*d'une côte*) pendiente *f*; (*des membres*) entumecimiento; **avec ~** (*marcher, danser*) con envaramiento

raidillon [Rɛdijɔ̃] NM repecho

raidir [RediR] VT (*muscles, membres*) contraer; (*câble, fil de fer*) tensar ■ **se raidir** VPR (*personne, muscles*) contraerse; (*câble*) ponerse tenso(-a); (*se crisper*) ponerse tieso(-a); (*intransigeant*) mantenerse firme; **la discipline s'est raidie** la disciplina se ha vuelto severa

raidissement [Rɛdismɑ̃] NM (*fig*) endurecimiento

raie [Rɛ] NF (*gen, Zool*) raya

raifort [RɛfɔR] NM rábano picante

rail [Rɑj] NM (*barre d'acier*) riel *m*; **le ~** el ferrocarril; **les rails** (*la voie ferrée*) las vías *fpl*; **par ~** por ferrocarril

railler [Rɑje] VT burlarse de

raillerie [RɑjRi] NF burla

railleur, -euse [RɑjœR, øz] ADJ burlón(-ona)

rail-route [RajRut] (*pl* **rails-routes**) NM *técnica de transporte de mercancías por vía férrea y por carretera*

rainurage [RenyRaʒ] NM dibujo del neumático

rainure [RenyR] NF ranura

raisin [Rɛzɛ̃] NM uva; **~ blanc/noir** uva blanca/negra; **~ muscat** uva moscatel; **raisins secs** (uvas) pasas

raison [Rɛzɔ̃] NF razón *f*; **avoir ~** tener razón; **donner ~ à qn** dar la razón a algn; **avoir ~ de qn/qch** vencer a algn/algo; **se faire une ~** conformarse; **perdre/recouvrer la ~** perder/recobrar el juicio; **ramener qn à la ~** hacer entrar en razón a algn; **demander ~ à qn de** (*affront etc*) pedir satisfacción a algn por; **entendre ~** atenerse a razones; **plus que de ~** más de lo debido; **~ de plus** razón de más; **à plus forte ~** con mayor motivo; **en ~ de** (*à cause de*) a causa de; **à ~ de** a razón de; **sans ~** sin razón; **pour la simple ~ que** por la sencilla razón de que; **pour quelle ~ dit-il ceci ?** ¿por qué razón dice esto?; **il y a plusieurs raisons à cela** existen varias razones para esto; **~ d'État** razón de estado; **~ d'être** razón de ser; **~ sociale** razón social

raisonnable [Rɛzɔnabl] ADJ razonable; (*doué de raison*) racional

raisonnablement [Rɛzɔnabləmɑ̃] ADV razonablemente

raisonné, e [Rɛzɔne] ADJ razonado(-a); **agriculture raisonnée** agricultura racional

raisonnement [Rɛzɔnmɑ̃] NM raciocinio;

r

(*argumentation*) razonamiento ■ **raisonnements** NMPL objeciones *fpl*

raisonner [ʀɛzɔne] VI razonar ▸ VT (*personne*) hacer entrar en razón a ■ **se raisonner** VPR reflexionar

raisonneur, -euse [ʀɛzɔnœʀ, øz] (*péj*) ADJ porfiador(a)

rajeunir [ʀaʒœniʀ] VT rejuvenecer; (*attribuer un âge moins avancé à*) hacer más joven a; (*fig*) remozar ▸ VI (*personne*) rejuvenecer; (*entreprise, quartier*) renovarse

rajeunissement [ʀaʒœnismɑ̃] NM rejuvenecimiento; **le ~ des effectifs** el rejuvenecimiento de los efectivos

rajout [ʀaʒu] NM añadidura

rajouter [ʀaʒute] VT (*commentaire*) añadir; **~ que ...** añadir que ...; **en ~** cargar las tintas; **~ du sel/un œuf** añadir sal/un huevo

rajustement [ʀaʒystəmɑ̃] NM reajuste *m*

rajuster [ʀaʒyste] VT (*cravate, coiffure*) retocar; (*salaires, prix*) reajustar ■ **se rajuster** VPR (*arranger ses vêtements*) retocarse

râle [ʀɑl] NM estertor *m*; **~ d'agonie** estertor de agonía

ralenti [ʀalɑ̃ti] NM : **au ~** (*aussi fig*) a ralentí; (*Ciné*) a cámara lenta; **tourner au ~** (*Auto*) rodar a ralentí

ralentir [ʀalɑ̃tiʀ] VT (*marche, allure*) aminorar; (*production, expansion*) ralentizar, desacelerar ▸ VI (*véhicule, coureur*) disminuir la velocidad ■ **se ralentir** VPR (*processus, effort etc*) verse reducido

ralentissement [ʀalɑ̃tismɑ̃] NM disminución *f* de la velocidad; (*de l'économie*) ralentización *f*, desaceleración *f*

ralentisseur [ʀalɑ̃tisœʀ] NM limitador *m* de velocidad

râler [ʀɑle] VI producir estertores; (*fam : protester*) quejarse

râleur, -euse [ʀɑlœʀ, øz] (*fam*) NM/F, ADJ quejica *mf* (*fam*); **être ~** ser un(a) quejica

ralliement [ʀalimɑ̃] NM (*rassemblement*) reunión *f*; (*à une cause/opinion*) adhesión *f*; **point/signe de ~** punto/señal de reunión

rallier [ʀalje] VT (*rassembler*) reunir; (*rejoindre*) incorporarse a; (*gagner à sa cause*) captar ■ **se rallier à** VPR (*avis, opinion*) adherirse a

rallonge [ʀalɔ̃ʒ] NF (*de table*) larguero; (*supplément*) incremento; (*Élec*) alargador *m*; (*fig, Écon*) ampliación *f*

rallongement [ʀalɔ̃ʒmɑ̃] NM alargamiento

rallonger [ʀalɔ̃ʒe] VT alargar ▸ VI alargarse

rallumer [ʀalyme] VT volver a encender; (*fig*) reavivar ■ **se rallumer** VPR (*feu*) avivarse

rallye [ʀali] NM rally *m*

RAM [ʀam] SIGLE F (= *Random Access Memory*) RAM *f* (= *random access memory*)

ramadan [ʀamadɑ̃] NM ramadán *m*; **faire le ~** hacer *ou* cumplir el ramadán

ramages [ʀamaʒ] NMPL (*dessin d'une draperie, tapisserie*) estampado (de rama); (*chants d'oiseaux*) gorjeo *msg*

ramassage [ʀamɑsaʒ] NM recogida; **~ scolaire** transporte *m* escolar

ramassé, e [ʀamɑse] ADJ (*trapu*) rechoncho(-a); (*concis*) conciso(-a)

ramasse-miettes [ʀamɑsmjɛt] NM INV recogemigas *m inv*

ramasse-monnaie [ʀamɑsmɔnɛ] NM INV recogemonedas *m inv*

ramasser [ʀamɑse] VT recoger; (*fam : arrêter*) pescar ■ **se ramasser** VPR (*se pelotonner*) encogerse

ramasseur, -euse [ʀamɑsœʀ, øz] NM/F : **~ de balles** recogepelotas *mf inv*

ramassis [ʀamɑsi] (*péj*) NM revoltijo

rambarde [ʀɑ̃baʀd] NF barandilla

rame [ʀam] NF (*aviron*) remo; (*de métro*) tren *m*; (*de papier*) resma; **faire force de rames** remar con fuerza; **à la ~** (*traversée*) a remo; **~ de haricots** *ramo que sirve para que se enrosquen las judías*

rameau, x [ʀamo] NM (*aussi fig*) rama; **les Rameaux** Domingo de Ramos

ramener [ʀam(ə)ne] VT volver a traer; (*reconduire*) llevar; (*rapporter, revenir avec*) traer consigo; (*rendre*) devolver; (*faire revenir*) hacer volver; (*rétablir*) restablecer; **~ qch sur** (*couverture, visière*) echar algo hacia; **~ qch à** (*faire revenir*) devolver algo a; (*Math, réduire*) reducir algo a; **~ qn à la vie** volver a algn a la vida ■ **se ramener** VPR (*fam*) llegar; **se ~ à** reducirse a

ramequin [ʀamkɛ̃] NM *recipiente pequeño para usar en el horno*

ramer [ʀame] VI remar

rameur, -euse [ʀamœʀ, øz] NM/F remero(-a)

rameuter [ʀamøte] VT amotinar

ramier [ʀamje] NM : **(pigeon) ~** paloma torcaz

ramification [ʀamifikasjɔ̃] NF ramificación *f*; **aux ramifications internationales** (*réseau*) con ramificaciones internacionales

ramifié, e [ʀamifje] ADJ ramificado(-a); **un réseau d'agences fortement ~** una red de agencias muy ramificada

ramifier [ʀamifje] : **se ramifier** VPR ramificar

ramolli, e [ʀamɔli] ADJ reblandecido(-a)

ramollir [ʀamɔliʀ] VT ablandar, reblandecer; (*fig : détermination*) debilitar; (*: croissance*) desacelerarse ■ **se ramollir** VPR ablandarse, reblandecerse

ramollissement [ʀamɔlismɑ̃] NM reblandecimiento; (*fig : de détermination*) debilitamiento; (*: croissance*) desaceleración *f*

ramonage [ʀamɔnaʒ] NM deshollinamiento

ramoner [ʀamɔne] VT deshollinar

ramoneur [ʀamɔnœʀ] NM deshollinador *m*

rampe [ʀɑ̃p] NF (*d'escalier*) barandilla; (*dans un garage*) rampa; (*d'un terrain, d'une route*) declive *m*; (*Théâtre*) : **la ~** candilejas *fpl*; **passer la ~**

llegar al público; **~ de lancement** plataforma de lanzamiento

ramper [ʀɑ̃pe] VI (*animal*) reptar; (*plante, personne, aussi péj*) arrastrarse

rancard [ʀɑ̃kaʀ] (*fam*) NM (*rendez-vous*) cita; (*renseignement*) soplo

rancarder [ʀɑ̃kaʀde] (*fam*) VT informar, poner al corriente

rancart [ʀɑ̃kaʀ] (*fam*) NM : **mettre au ~** (*objet, projet*) arrinconar; (*personne*) arrumbar

rance [ʀɑ̃s] ADJ rancio(-a)

rancir [ʀɑ̃siʀ] VI ponerse rancio(-a)

rancœur [ʀɑ̃kœʀ] NF rencor *m*

rançon [ʀɑ̃sɔ̃] NF rescate *m*; **la ~ du succès** *etc* (*fig*) el precio del éxito *etc*

rançonner [ʀɑ̃sɔne] VT despojar

rancune [ʀɑ̃kyn] NF rencor *m*; **garder ~ à qn (de qch)** guardar rencor a algn (por algo); **sans ~ !** ¡olvidémoslo!

rancunier, -ière [ʀɑ̃kynje, jɛʀ] ADJ rencoroso(-a)

randonnée [ʀɑ̃dɔne] NF (*excursion*) excursión *f*; (*à pied*) caminata; (*activité*) senderismo; **ski de ~** esquí *m* de travesía; **~ pédestre** senderismo

randonneur, -euse [ʀɑ̃dɔnœʀ, øz] NM/F excursionista *mf*

rang [ʀɑ̃] NM (*rangée*) fila; (*d'un cortège, groupe de soldats*) hilera; (*de perles, de tricot*) vuelta; (*grade*) grado; (*condition sociale*) rango; (*position dans un classement*) posición *f*; **au premier/dernier ~** en el primer/último puesto; (*rangée de sièges*) en primera/última fila; **rentrer dans le ~** volverse más comedido; **au ~ de** en la categoría de; **avoir ~ de** tener rango de; **se mettre en rangs/sur un ~** ponerse en filas/en una fila; **sur trois rangs** en tres filas; **se mettre en rangs par quatre** ponerse en fila de cuatro ■ **rangs** NMPL (*Mil*) filas *fpl*; **se mettre sur les rangs** (*fig*) ponerse entre los candidatos

rangé, e [ʀɑ̃ʒe] ADJ ordenado(-a); (*vie*) asentado(-a), reposado(-a)

rangée [ʀɑ̃ʒe] NF fila

rangement [ʀɑ̃ʒmɑ̃] NM colocación *f*, ordenación *f*; **faire des rangements** hacer orden

ranger [ʀɑ̃ʒe] VT ordenar; (*voiture dans la rue*) aparcar; (*en cercle etc*) disponer; **~ qch/qn parmi** (*fig*) situar algo/algn entre ■ **se ranger** VPR (*se placer/disposer*) colocarse; (*véhicule, conducteur*) hacerse a un lado; (: *s'arrêter*) parar; (*piéton*) apartarse; (*s'assagir*) sosegarse; **se ~ à** ponerse del lado de

ranimer [ʀanime] VT (*personne, courage*) reanimar; (*réconforter, attiser*) avivar; (*colère, douleur*) despertar

rap [ʀap] NM rap *m*

rapace [ʀapas] NM rapaz *f*; **~ diurne/nocturne** rapaz diurna/nocturna ▸ ADJ (*péj*) rapaz

rapacité [ʀapasite] NF rapacidad *f*

rapatrié, e [ʀapatʀije] NM/F repatriado(-a)

rapatriement [ʀapatʀimɑ̃] NM repatriación *f*

rapatrier [ʀapatʀije] VT repatriar; (*capitaux*) recuperar

râpe [ʀɑp] NF (*Culin*) rallador *m*; (*à bois*) escofina

râpé, e [ʀɑpe] ADJ (*élimé*) raído(-a); (*Culin*) rallado(-a) ▸ NM queso rallado

râper [ʀɑpe] VT (*Culin*) rallar; (*gratter, râcler*) raspar

rapetisser [ʀap(ə)tise] VI encoger ▸ VT (*suj : distance*) empequeñecer; **~ qch** (*planche, vêtement*) acortar algo

râpeux, -euse [ʀɑpø, øz] ADJ áspero(-a)

raphia [ʀafja] NM rafia

rapide [ʀapid] ADJ rápido(-a) ▸ NM rápido

rapidement [ʀapidmɑ̃] ADV rápidamente

rapidité [ʀapidite] NF rapidez *f*

rapiécer [ʀapjese] VT remendar

rapine [ʀapin] NF (*vol*) rapiña; **vivre de rapines** vivir de rapiñas, ladronear

rappel [ʀapɛl] NM (*Mil, d'un exilé, d'un ambassadeur*) llamamiento; (*Méd*) vacuna de refuerzo; (*Théâtre etc*) llamada a escena; (*de salaire*) atrasos *mpl*; (*d'une aventure, d'un nom, d'un titre*) recuerdo; (*de limitation de vitesse*) *señal recordatoria de limitación de velocidad*; (*Tech*) retroceso; (*Naut*) *hecho de colgarse la tripulación al exterior de un velero para equilibrarlo*; (*Alpinisme : aussi :* **rappel de corde**) descenso con cuerda, rappel *m*; **~ à l'ordre** llamada al orden

rappeler [ʀap(ə)le] VT (*retéléphoner à*) volver a llamar; (*pour faire revenir*) llamar nuevamente; (*ambassadeur*) retirar; (*acteur*) llamar a escena; (*Mil*) llamar a filas; (*suj : événement, affaires*) recordar; **~ qn à la vie** volver a algn a la vida; **~ qn à la décence** llamar a algn a la decencia; **~ qch à qn** (*faire se souvenir*) recordar algo a algn; (*évoquer, faire penser à*) traer algo a la memoria de algn; **ça rappelle la Provence** eso me recuerda a Provenza; **~ à qn de faire qch** recordarle a algn hacer algo ■ **se rappeler** VPR acordarse de; **se ~ que ...** acordarse de que ...

rappelle [ʀapɛl] VB *voir* **rappeler**

rappeur, -euse [ʀapœʀ, øz] NM/F rapero(-a)

rappliquer [ʀaplike] (*fam*) VI dejarse caer

rapport [ʀapɔʀ] NM (*compte rendu*) informe *m*; (*d'expert*) dictamen *m*; (*profit*) rendimiento; (*lien, analogie*) relación *f*; (*proportion*) razón *f*; **avoir ~ à** tener relación con; **être en ~ avec** estar relacionado(-a) con; **être/se mettre en ~ avec qn** estar/ponerse en contacto con algn; **par ~ à** (*comparé à*) en comparación con; (*à propos de*) respecto a; **sous le ~ de** desde el punto de vista de; **sous tous (les) rapports** desde cualquier punto de vista; **~ qualité-prix** relación calidad-precio ■ **rapports** NMPL (*entre personnes, groupes, pays*) relaciones *fpl*; **rapports (sexuels)** relaciones *fpl* (sexuales)

rapporté, e [ʀapɔʀte] ADJ : **pièce rapportée** (*Couture*) pegadura, remiendo

rapporter [ʀapɔʀte] VT (*remettre à sa place, rendre*)

r

devolver; (*apporter de nouveau*) volver a traer; (*revenir avec, ramener*) traer; (*Couture*) añadir; (*suj : investissement, entreprise*) rendir; (: *activité*) producir; (*relater*) referir; (*Jur*) revocar; **~ qch à** (*rendre*) devolver algo a; (*relater*) relatar algo a; (*fig*) atribuir algo a ▸ VI (*investissement, propriété*) rentar; (*activité*) dar beneficio; (*péj : moucharder*) chivarse ■ **se rapporter à** VPR relacionarse con; **s'en ~ à qn/au jugement de qn** fiarse de algn/de la opinión de algn

rapporteur, -euse [RapɔRtœR, øz] NM/F (*d'un procès, d'une commission*) ponente *mf*; (*péj*) chivato(-a) ▸ NM (*Géom*) transportador *m*

rapproché, e [Rapʀɔʃe] ADJ (*proche*) cercano(-a); **rapprochés** (*détonations, événements*) seguidos(-as)

rapprochement [Rapʀɔʃmɑ̃] NM (*réconciliation*) acercamiento; (*analogie, rapport*) cotejo

rapprocher [Rapʀɔʃe] VT (*faire paraître plus proche*) acercar; (*deux objets*) juntar, arrimar; (*réunions, visites*) aumentar el número de; (*réunir*) unir; (*associer, comparer*) cotejar; **~ qch (de)** (*chaise d'une table*) arrimar algo (a) ■ **se rapprocher** VPR acercarse; **se ~ de** (*lieu, personne*) acercarse a, aproximarse a; (*présenter une analogie avec*) asemejarse a

rapt [Rapt] NM rapto

raquette [Rakɛt] NF raqueta; (*de ping-pong*) pala

rare [RɑR] ADJ raro(-a); (*sentiment*) extraño(-a); (*main-d'œuvre, denrées*) escaso(-a); (*beaux jours*) raro(-a), poco(-a); (*cheveux, herbe*) ralo(-a); **il est ~ que** es raro que; **se faire ~** escasear; (*personne*) dejarse ver poco

raréfaction [RaRefaksjɔ̃] NF rarefacción *f*; (*de l'air*) enrarecimiento

raréfier [RaRefje] : **se raréfier** VPR rarificarse; (*air*) enrarecerse

rarement [RɑRmɑ̃] ADV raramente

rareté [RɑRte] NF (*voir adj*) rareza; escasez *f*

rarissime [RaRisim] ADJ rarísimo(-a)

RAS [ɛRaɛs] ABR (= *rien à signaler*) sin novedad

ras, e [Rɑ, Rɑz] ADJ (*tête, cheveux*) rapado(-a); (*poil*) corto(-a); (*herbe, mesure, cuillère*) raso(-a); **à ~ bords** colmado(-a); **au ~ de** a(l) ras de; **en avoir ~ le bol** (*fam*) estar hasta el moño; **~ du cou** (*pull, robe*) (de) cuello redondo; **faire table rase** hacer tabla rasa; **en rase campagne** en pleno campo ▸ ADV (*couper*) al rape

rasade [Rɑzad] NF vaso lleno

rasant, e [Razɑ̃, ɑ̃t] ADJ rasante

rascasse [Raskas] NF rescaza

rasé, e [Rɑze] ADJ : **~ de frais** recién afeitado(-a); **~ de près** bien afeitado(-a)

rase-mottes [Rɑzmɔt] NM INV : **vol en ~** vuelo rasante; **faire du ~** volar a ras de suelo

raser [Rɑze] VT (*cheveux*) rapar; (*barbe, personne*) afeitar; (*fam : ennuyer*) aburrir; (*quartier*) derribar; (*frôler*) rozar ■ **se raser** VPR afeitarse; (*fam*) aburrirse

rasoir [RɑzwaR] NM navaja de afeitar; **~ électrique** maquinilla eléctrica; **~ mécanique** *ou* **de sûreté** maquinilla de afeitar

rassasié, e [Rasazje] ADJ (*personne, curiosité, désir*) saciado(-a) ▸ PP *de* **rassasier**

rassasier [Rasazje] VT saciar ■ **se rassasier** VPR saciarse; **se ~ de qch** deleitarse con algo

rassemblement [Rasɑ̃bləmɑ̃] NM reunión *f*; (*Pol*) concentración *f*; (*Mil*) formación *f*

rassembler [Rasɑ̃ble] VT (*réunir*) reunir; (*regrouper*) agrupar; (*accumuler, amasser*) acumular; **~ ses idées** poner en orden sus ideas; **~ son courage** armarse de valor ■ **se rassembler** VPR reunirse

rasseoir [RaswaR] : **se rasseoir** VPR volver a sentarse

rasséréné, e [RaseRene] ADJ (*personne, climat*) sereno(-a)

rasséréner [RaseRene] : **se rasséréner** VPR sosegarse

rassir [RasiR] VI endurecerse

rassis, e [Rasi, iz] ADJ duro(-a)

rassurant, e [RasyRɑ̃, ɑ̃t] ADJ tranquilizador(a)

rassuré, e [RasyRe] ADJ : **ne pas être très ~** no estar muy tranquilo(-a)

rassurer [RasyRe] VT tranquilizar ■ **se rassurer** VPR tranquilizarse; **rassure-toi** tranquilízate

rat [Ra] NM rata; (*danseuse*) joven bailarina; **~ musqué** ratón *m* almizclero

ratage [Rataʒ] NM fracaso

ratatiné, e [Ratatine] ADJ (*vieillard*) apergaminado(-a); (*pomme*) arrugado(-a)

ratatiner [Ratatine] VT marchitar ■ **se ratatiner** VPR arrugarse; (*vieillard*) apergaminarse

ratatouille [Ratatuj] NF (*Culin*) pisto

rate [Rat] NF (*Anat*) bazo

raté, e [Rate] ADJ (*tentative, opération*) frustrado(-a); (*vacances, spectacle*) malogrado(-a) ▸ NM/F fracasado(-a) ▸ NM (*de moteur*) detonación *f*; (*d'arme à feu*) fallo

râteau, x [Rɑto] NM rastrillo

râtelier [Rɑtəlje] NM (*pour bétail*) comedero; (*fam : dentier*) dentadura

rater [Rate] VI (*coup de feu*) fallar; (*échouer*) fracasar ▸ VT (*cible, balle, train*) perder; (*occasion etc*) dejar escapar; (*démonstration, plat*) estropear; (*examen*) suspender; **~ son coup** fallar

raticide [Ratisid] NM raticida *m*

ratification [Ratifikasjɔ̃] NF ratificación *f*

ratifier [Ratifje] VT ratificar

ratio [Rasjo] NM ratio

ration [Rasjɔ̃] NF (*aussi fig*) ración *f*; **~ alimentaire** ración alimenticia

rationalisation [Rasjɔnalizasjɔ̃] NF racionalización *f*

rationaliser [Rasjɔnalize] VT racionalizar

rationalité [rasjɔnalite] NF racionalidad *f*
rationnel, le [rasjɔnɛl] ADJ racional
rationnellement [rasjɔnɛlmɑ̃] ADV racionalmente
rationnement [rasjɔnmɑ̃] NM racionamiento; **carte/ticket de ~** cartilla/billete *m* de racionamiento
rationner [rasjɔne] VT racionar; (*personne*) someter a racionamiento ■ **se rationner** VPR racionarse
ratisser [ratise] VT rastrillar; (*suj : armée, police*) peinar; **~ large** (*fig*) llamar a todas las puertas
raton [ratɔ̃] NM : **~ laveur** mapache *m*
RATP [ɛratepe] SIGLE F (= *Régie autonome des transports parisiens*) *administración de transportes parisinos*
rattachement [rataʃmɑ̃] NM (*de territoire*) anexión *f*; (*d'employé, personnel*) : **la loi prévoit le ~ des pompiers bénévoles au département** la ley prevé que los bomberos voluntarios pasarán a depender del departamento
rattacher [rataʃe] VT atar de nuevo; (*territoire*) anexionar; (*employé, personnel*) hacer depender; **~ qch/qn à** vincular algo/a algn con ■ **se rattacher** VPR : **se ~ à** (*avoir un lien avec*) estar relacionado(-a) con
rattrapage [ratrapaʒ] NM recuperación *f*
rattraper [ratrape] VT (*fugitif, animal échappé*) volver a coger; (*retenir, empêcher de tomber*) coger; (*atteindre, rejoindre*) alcanzar; (*imprudence, erreur*) reparar, subsanar; **~ son retard/le temps perdu** recuperar el retraso/el tiempo perdido ■ **se rattraper** VPR (*compenser une perte de temps*) ponerse al día; (*regagner ce qu'on a perdu*) recuperarse; (*se dédommager d'une privation*) explayarse; (*réparer une gaffe etc*) justificarse; (*éviter une erreur, bévue*) enmendarse; **se ~ (à)** (*se raccrocher*) agarrarse (a *ou* de)
rature [ratyr] NF tachadura
raturer [ratyre] VT tachar
rauque [rok] ADJ ronco(-a)
ravagé, e [ravaʒe] ADJ devastado(-a); (*par la maladie, le temps*) demacrado(-a); (*par le chagrin*) descompuesto(-a)
ravager [ravaʒe] VT devastar; (*maladie, chagrin etc*) causar estragos en
ravages [ravaʒ] NMPL (*aussi fig*) estragos *mpl*; **faire des ~** hacer estragos
ravageur, -euse [ravaʒœr, øz] ADJ devastador(a); (*fig : humour*) mordaz, punzante; (*: sourire*) cautivador(a)
ravalement [ravalmɑ̃] NM enlucido
ravaler [ravale] VT (*mur, façade*) enlucir; (*abaisser, déprécier*) rebajar; (*avaler de nouveau*) volver a tragar; **~ sa colère/son dégoût** contener su cólera/su asco
ravaudage [ravodaʒ] NM zurcido
ravauder [ravode] VT zurcir
rave[1] [rav] NF (*Bot*) naba
rave[2] [rɛv] NF (*Mus*) rave *f*
raveur, -euse [rɛvœr, øz] NM/F raver *mf*
ravi, e [ravi] ADJ encantado(-a); **être ~ de/que ...** estar encantado(-a) de/de que ...
ravier [ravje] NM bandejita
ravigote [ravigɔt] ADJ : **sauce ~** *salsa vinagreta con huevos picados y chalote*
ravigoter [ravigɔte] (*fam*) VT reanimar
ravin [ravɛ̃] NM hondonada
ravine [ravin] NF torrentera
raviner [ravine] VT formar surcos en
ravioli [ravjɔli] NMPL ravioles *mpl*
ravir [ravir] VT (*enchanter*) encantar; **~ qch à qn** arrebatar algo a algn; **à ~** de maravilla; **chanter à ~** cantar que es un primor
raviser [ravize] : **se raviser** VPR cambiar de opinión
ravissant, e [ravisɑ̃, ɑ̃t] ADJ encantador(a)
ravissement [ravismɑ̃] NM encanto
ravisseur, -euse [ravisœr, øz] NM/F secuestrador(a)
ravitaillement [ravitajmɑ̃] NM abastecimiento; (*provisions*) aprovisionamiento; **aller au ~** ir a hacer la compra; **~ en vol** abastecimiento en vuelo
ravitailler [ravitaje] VT abastecer; (*véhicule*) echar gasolina a ■ **se ravitailler** VPR abastecerse
raviver [ravive] VT avivar; (*flamme, douleur*) reavivar
ravoir [ravwar] VT recobrar
rayé, e [reje] ADJ (*à rayures*) a *ou* de rayas; (*éraflé*) rayado(-a)
rayer [reje] VT rayar; (*d'une liste*) tachar
rayon [rɛjɔ̃] NM rayo; (*Géom, d'une roue*) radio; (*étagère*) estante *m*; (*de grand magasin*) departamento, sección *f*; (*fig : domaine*) asunto; (*d'une ruche*) panal *m*; **~ d'action** radio de acción; **~ de braquage** (*Auto*) radio de giro; **~ de soleil** rayo de sol; **~ laser/vert** rayo láser/verde; **rayons cosmiques/infrarouges/ultraviolets** rayos cósmicos/infrarrojos/ultravioletas; **rayons X** rayos X; **dans un ~ de ...** en un radio de ... ■ **rayons** NMPL (*radiothérapie*) rayos *mpl*
rayonnage [rɛjɔnaʒ] NM estantería
rayonnant, e [rɛjɔnɑ̃, ɑ̃t] ADJ radiante; **~ de** (*joie, santé*) rebosante de
rayonne [rɛjɔn] NF rayón *m*
rayonnement [rɛjɔnmɑ̃] NM (*solaire*) radiación *f*; (*fig*) influencia; (*d'une doctrine*) difusión *f*
rayonner [rɛjɔne] VI irradiar; (*fig*) ejercer su influencia; (*avenues, axes*) divergir; (*touristes : excursionner*) recorrer
rayure [rejyr] NF (*motif*) raya; (*éraflure*) rayado; (*rainure, d'un fusil*) estría; **à rayures** a *ou* de rayas
raz-de-marée [radmare] NM INV maremoto; (*fig*) conmoción *f*
razzia [ra(d)zja] NF razzia

R-D [ɛʀde] SIGLE F (= *recherche-développement*) I-D *f* (= *Investigación y Desarrollo*)
RDB [ɛʀdebe] SIGLE M (= *revenu disponible brut*) ingreso total
rdc ABR = **rez-de-chaussée**
ré [ʀe] NM INV (*Mus*) re *m*
réabonnement [ʀeabɔnmɑ̃] NM renovación *f* de abono
réabonner [ʀeabɔne] VT : **~ qn à** suscribir de nuevo a algn a; **se ~ (à)** volver a abonarse *ou* suscribirse (a)
réac [ʀeak] (*fam*) NMF = **réactionnaire**
réacteur [ʀeaktœʀ] NM reactor *m*; **~ nucléaire** reactor nuclear
réactif [ʀeaktif] NM reactivo
réaction [ʀeaksjɔ̃] NF reacción *f*; **par ~** por reacción; **avion/moteur à ~** avión *m*/motor *m* de reacción; **~ en chaîne** reacción en cadena
réactionnaire [ʀeaksjɔnɛʀ] ADJ reaccionario(-a)
réactiver [ʀeaktive] VT (*controverse*) reavivar; (*marché, adresse électronique*) reactivar; (*machine*) volver a poner en marcha
réactivité [ʀeaktivite] NF (*Phys, Chim*) reactividad *f*; (*capacité à réagir*) capacidad *f* de reacción
réactualiser [ʀeaktɥalize] VT reactualizar
réadaptation [ʀeadaptasjɔ̃] NF readaptación *f*
réadapter [ʀeadapte] VT readaptar ■ **se réadapter** VPR readaptarse
réaffirmation [ʀeafiʀmasjɔ̃] NF reafirmación *f*
réaffirmer [ʀeafiʀme] VT reafirmar
réagir [ʀeaʒiʀ] VI reaccionar; **~ à** reaccionar ante; **~ contre** reaccionar contra; **~ sur** repercutir sobre
réajuster [ʀeaʒyste] VT = **rajuster**
réalisable [ʀealizabl] ADJ realizable
réalisateur, -trice [ʀealizatœʀ, tʀis] NM/F realizador(a)
réalisation [ʀealizasjɔ̃] NF realización *f*
réaliser [ʀealize] VT realizar; (*rêve, souhait*) cumplir; (*exploit*) llevar a cabo; (*comprendre, se rendre compte de*) darse cuenta de; **~ que** darse cuenta de que ■ **se réaliser** VPR (*projet, prévision*) realizarse
réalisme [ʀealism] NM realismo
réaliste [ʀealist] ADJ, NMF realista *mf*
réalité [ʀealite] NF realidad *f*; **en ~** en realidad; **dans la ~** en la realidad; **~ augmentée** realidad aumentada
reality show [ʀealitiʃo] NM reality (show) *m*
réaménager [ʀeamenaʒe] VT (*lieu*) reacondicionar; (*horaires, calendrier*) reorganizar; (*règlement, texte*) reelaborar
réanimation [ʀeanimasjɔ̃] NF reanimación *f*; **service de ~** servicio de reanimación
réanimer [ʀeanime] VT reanimar
réapparaître [ʀeapaʀɛtʀ] VI reaparecer
réapparition [ʀeapaʀisjɔ̃] NF reaparición *f*
réappropriation [ʀeapʀɔpʀijasjɔ̃] NF (*d'un objet, immeuble, espace*) reapropriación *f*; (*fig : de patrimoine, mémoire*) recuperación *f*
réapprovisionner [ʀeapʀɔvizjɔne] VT reabastecer ■ **se réapprovisionner** VPR reabastecerse
réarmement [ʀeaʀməmɑ̃] NM rearme *m*
réarmer [ʀeaʀme] VT (*arme*) recargar; (*bateau*) rearmar ▸ VI (*état*) rearmar
réassortiment [ʀeasɔʀtimɑ̃] NM nuevo surtido
réassortir [ʀeasɔʀtiʀ] VT volver a surtir
réassurance [ʀeasyʀɑ̃s] NF reaseguro
réassurer [ʀeasyʀe] VT reasegurar
réassureur [ʀeasyʀœʀ] NM reasegurador *m*
rebaptiser [ʀ(ə)batize] VT rebautizar
rébarbatif, -ive [ʀebaʀbatif, iv] ADJ (*mine*) repelente; (*travail*) fastidioso(-a); (*style*) árido(-a)
rebattre [ʀ(ə)batʀ] VT : **~ les oreilles à qn de qch** calentarle a algn los cascos con algo
rebattu, e [ʀ(ə)baty] PP *de* **rebattre** ▸ ADJ trillado(-a)
rebelle [ʀəbɛl] ADJ, NMF rebelde *mf*; **~ à** (*la patrie*) rebelado(-a) contra; (*fermé à qch, contre qch*) negado(-a) para
rebeller [ʀ(ə)bele] : **se rebeller** VPR rebelarse; **se ~ contre** rebelarse contra
rébellion [ʀebeljɔ̃] NF rebelión *f*; (*ensemble des rebelles*) rebeldes *mpl*
rebiffer [ʀ(ə)bife] : **se rebiffer** VPR : **se ~ contre** plantarle cara a
reboisement [ʀ(ə)bwazmɑ̃] NM repoblación *f* forestal
reboiser [ʀ(ə)bwaze] VT repoblar con árboles
rebond [ʀ(ə)bɔ̃] NM rebote *m*
rebondi, e [ʀ(ə)bɔ̃di] ADJ (*ventre*) panzudo(-a); (*joues*) relleno(-a)
rebondir [ʀ(ə)bɔ̃diʀ] VI rebotar; (*fig*) reanudarse
rebondissements [ʀəbɔ̃dismɑ̃] NMPL reanudación *f*
rebonjour [ʀəbɔ̃ʒuʀ] EXCL ¡hola otra vez!
rebord [ʀ(ə)bɔʀ] NM (*d'une table etc*) reborde *m*; (*d'un fossé*) borde *m*
reboucher [ʀ(ə)buʃe] VT volver a tapar
rebours [ʀ(ə)buʀ] : **à ~** *adv* (*brosser*) a contrapelo; (*comprendre*) al revés; (*tourner : pages*) a la inversa; **compte à ~** cuenta *f* atrás; **compter à ~** contar hacia atrás
rebouteux, -euse [ʀəbutø, øz] (*fam*) NM/F ensalmador(a)
reboutonner [ʀ(ə)butɔne] VT volver a abotonar
rebrousse-poil [ʀəbʀuspwal] : **à ~** *adv* a contrapelo; **prendre qn à ~** (*fig*) sacar a algn de quicio

rebrousser [R(ə)bRuse] VT (*cheveux, poils*) levantar hacia atrás; **~ chemin** dar marcha atrás
rebuffade [R(ə)byfad] NF desaire *m*
rébus [Rebys] NM (*aussi fig*) jeroglífico
rebut [Rəby] NM : **mettre/jeter qch au ~** desechar algo
rebutant, e [R(ə)bytɑ̃, ɑ̃t] ADJ (*démarche*) repelente; (*travail*) engorroso(-a)
rebuter [R(ə)byte] VT (*suj : travail, matière*) repeler; (: *attitude, manières*) disgustar
recadrage [R(ə)kadRaʒ] NM (*Photo, Ciné, fig*) reenfoque *m*
recalcifier [R(ə)kalsifje] VT recalcificar
récalcitrant, e [RekalsitRɑ̃, ɑ̃t] ADJ (*cheval*) indómito(-a); (*caractère, personne*) recalcitrante
recaler [R(ə)kale] VT suspender
recapitaliser [Rəkapitalize] VT (*entreprise*) recapitalizar
récapitulatif, -ive [Rekapitylatif, iv] ADJ recapitulativo(-a)
récapituler [Rekapityle] VT recapitular
recel [Rəsɛl] NM encubrimiento
receler [R(ə)səle] VT (*produit d'un vol*) ocultar; (*malfaiteur, déserteur*) encubrir; (*fig*) encerrar
receleur, -euse [R(ə)səlœR, øz] NM/F encubridor(a)
récemment [Resamɑ̃] ADV recientemente, recién (*AM*)
recensement [R(ə)sɑ̃smɑ̃] NM (*de la population*) censo; (*des ressources, possibilités*) inventario, recuento
recenser [R(ə)sɑ̃se] VT (*population*) censar; (*inventorier*) hacer el recuento *ou* el inventario de; (*dénombrer*) computar
récent, e [Resɑ̃, ɑ̃t] ADJ reciente
recentrer [R(ə)sɑ̃tRe] VT mover hacia el centro
récépissé [Resepise] NM recibo
réceptacle [Resɛptakl] NM receptáculo
récepteur, -trice [ResɛptœR, tRis] ADJ receptor(a) ▸ NM (*de téléphone*) auricular *m*; **~ de papier** (*Inform*) introductor *m* de hoja; **~ radio** receptor *m*
réceptif, -ive [Resɛptif, iv] ADJ : **~ (à)** receptivo(-a) (a)
réception [Resɛpsjɔ̃] NF recepción *f*; (*accueil*) acogida *f*; (*pièces*) salas *fpl* de recepción; (*Sport*) caída; **jour/heures de ~** día *m*/horas *fpl* de recepción
réceptionnaire [ResɛpsjɔnɛR] NMF receptor(a)
réceptionner [Resɛpsjɔne] VT recibir
réceptionniste [Resɛpsjɔnist] NMF recepcionista *mf*
réceptivité [Resɛptivite] NF receptividad *f*
récessif, -ive [Resesif, iv] ADJ recesivo(-a)
récession [Resesjɔ̃] NF recesión *f*
recette [R(ə)sɛt] NF (*Culin, fig*) receta; (*Comm*) ingreso; (*Admin : bureau des impôts*) oficina de recaudación; **faire ~** (*spectacle, exposition*) ser taquillero(-a); **~ postale** ingresos *mpl* postales ■ **recettes** NFPL (*Comm : rentrées d'argent*) entradas *fpl*
recevabilité [R(ə)səvabilite] NF (*Jur : de plainte*) admisibilidad *f*
recevable [R(ə)səvabl] ADJ (*Jur : plainte*) admisible; (*argument*) aceptable, admisible
receveur, -euse [R(ə)səvœR, øz] NM/F (*des finances*) recaudador(a); (*des postes*) administrador(a); (*d'autobus*) cobrador(a); (*Méd*) receptor(a); **~ universel** (*Méd*) receptor(a) universal
recevoir [R(ə)səvwaR] VT recibir; (*prime, salaire*) cobrar; (*visiteurs, ambassadeur*) acoger; (*candidat, plainte*) admitir; **il m'a reçu à deux heures** me recibió a las dos; **~ qn à dîner** recibir a algn a cenar; **être reçu** (*à un examen*) aprobar; **être bien/mal reçu** ser bien/mal recibido ▸ VI (*donner des réceptions, audiences etc*) recibir visitas; **il reçoit de 8 à 10** sus horas de visita son de 8 a 10; (*docteur, dentiste*) pasa consulta de 8 a 10 ■ **se recevoir** VPR (*athlète*) caer
rechange [R(ə)ʃɑ̃ʒ] : **de ~** *adj* (*pièces, roue*) de repuesto; (*fig*) de recambio; **des vêtements de ~** ropa para cambiarse, muda
rechaper [R(ə)ʃape] VT recauchutar
réchapper [Reʃape] : **~ de** *ou* **à** *vt* (*maladie*) librarse de; (*accident*) salvarse de; **va-t-il en ~ ?** ¿saldrá de ésta?
recharge [R(ə)ʃaRʒ] NF recambio
rechargeable [R(ə)ʃaRʒabl] ADJ recargable
recharger [R(ə)ʃaRʒe] VT (*camion*) volver a cargar; (*fusil, batterie*) recargar; (*appareil photo, briquet, stylo*) cargar
réchaud [Reʃo] NM (*portable*) hornillo; (*chauffe-plat*) calientaplatos *m inv*
réchauffé [Reʃofe] NM (*nourriture*) recalentado(-a); (*fig*) muy visto(-a)
réchauffement [Reʃofmɑ̃] NM : **~ climatique** calentamiento global
réchauffer [Reʃofe] VT (*plat*) recalentar; (*mains, doigts, personne*) calentar ■ **se réchauffer** VPR calentarse; (*température*) subir
rêche [Rɛʃ] ADJ áspero(-a)
recherche [R(ə)ʃɛRʃ] NF (*action*) búsqueda; (*raffinement*) afectación *f*; (*scientifique etc*) investigación *f*; **être/se mettre à la ~ de** estar investigando/ponerse a la búsqueda de ■ **recherches** NFPL (*de la police*) indagaciones *fpl*; (*scientifiques*) investigaciones *fpl*
recherché, e [R(ə)ʃɛRʃe] ADJ (*rare*) codiciado(-a); (*entouré*) solicitado(-a); (*style, allure*) rebuscado(-a)
rechercher [R(ə)ʃɛRʃe] VT buscar; (*objet égaré, lettre*) rebuscar; (*cause d'un phénomène, nouveau procédé*) investigar; (*la perfection, le bonheur etc*) perseguir; **« ~ et remplacer »** (*Inform*) « buscar y sustituir »
rechigner [R(ə)ʃiɲe] VI refunfuñar; **~ à qch/à**

r

faire qch poner mala cara a algo/por hacer algo

rechute [R(ə)ʃyt] NF recaída; **faire** *ou* **avoir une ~** (*Méd*) recaer *ou* tener una recaída

rechuter [R(ə)ʃyte] VI recaer

récidive [Residiv] NF (*Jur*) reincidencia; (*fig*) reiteración *f*; (*Méd*) recidiva

récidiver [Residive] VI reincidir; (*fig*) reiterar; (*Méd : malade*) recaer; (*: maladie*) reproducirse

récidiviste [Residivist] NMF reincidente *mf*

récif [Resif] NM arrecife *m*

récipiendaire [Resipjɑ̃dɛR] NM (*de diplôme, titre*) recién titulado(-a)

récipient [Resipjɑ̃] NM recipiente *m*

réciprocité [ResipRɔsite] NF reciprocidad *f*

réciproque [ResipRɔk] ADJ (*mutuel*) recíproco(-a); (*partagé : confiance, amitié*) mutuo(-a) ▶ NF : **la ~** (*l'inverse*) la inversa

réciproquement [ResipRɔkmɑ̃] ADV recíprocamente; **et ~** y vice versa

récit [Resi] NM relato

récital [Resital] NM recital *m*

récitant, e [Resitɑ̃, ɑ̃t] NM/F narrador(a)

récitation [Resitasjɔ̃] NF recitación *f*

réciter [Resite] VT recitar

réclamation [Reklɑmasjɔ̃] NF reclamación *f*; **service des réclamations** servicio de reclamaciones

réclame [Reklɑm] NF : **la ~** la publicidad; **une ~** (*annonce, prospectus*) un anuncio; **faire de la ~ (pour qch/qn)** hacer publicidad (de algo/algn); **article en ~** artículo de oferta

réclamer [Reklɑme] VT (*aide, nourriture*) pedir; (*exiger*) reclamar; (*nécessiter*) requerir ▶ VI (*protester*) reclamar ■ **se réclamer** VPR : **se ~ de qn** (*se recommander de*) apelar a algn

reclassement [R(ə)klɑsmɑ̃] NM nueva clasificación *f*; rehabilitación *f*; readaptación *f*

reclasser [R(ə)klɑse] VT (*fiches, dossiers*) volver a clasificar; (*fonctionnaire*) rehabilitar; (*ouvrier licencié*) readaptar

reclus, e [Rəkly, yz] NM/F recluso(-a)

réclusion [Reklyzjɔ̃] NF reclusión *f*; **~ à perpétuité** cadena perpetua

recoiffer [R(ə)kwafe] VT volver a peinar ■ **se recoiffer** VPR volverse a peinar

recoin [Rəkwɛ̃] NM (*aussi fig*) rincón *m*

reçois *etc* [Rəswa] VB *voir* **recevoir**

reçoive *etc* [Rəswav] VB *voir* **recevoir**

recoller [R(ə)kɔle] VT volver a pegar

récoltant, e [Rekɔltɑ̃, ɑ̃t] NM/F cosechero(-a) ▶ ADJ *voir* **propriétaire**

récolte [Rekɔlt] NF cosecha; (*fig*) acopio

récolter [Rekɔlte] VT cosechar; (*fam : ennuis, coups*) ganarse, cobrar

recommandable [R(ə)kɔmɑ̃dabl] ADJ recomendable; **peu ~** poco recomendable

recommandation [R(ə)kɔmɑ̃dasjɔ̃] NF recomendación *f*; **lettre de ~** carta de recomendación

recommandé, e [R(ə)kɔmɑ̃de] ADJ recomendado(-a) ▶ NM (*Postes*) : **en ~** certificado(-a)

recommander [R(ə)kɔmɑ̃de] VT recomendar; (*Postes*) certificar; **~ qch à qn** recomendar algo a algn; **~ à qn de faire ...** recomendar a algn hacer ...; **~ qn auprès de qn/à qn** recomendar algn a algn; **il est recommandé de faire** se recomienda hacer; **se ~ à qn** encomendarse a algn; **se ~ de qn** apoyarse en algn

recommencer [R(ə)kɔmɑ̃se] VT (*reprendre*) seguir con; (*refaire*) repetir; (*erreur*) reincidir; **~ à faire** volver a hacer ▶ VI volver a empezar; (*récidiver*) volver a las andadas; **ne recommence pas !** ¡no empieces!

récompense [Rekɔ̃pɑ̃s] NF recompensa; **recevoir qch en ~** recibir algo como recompensa

récompenser [Rekɔ̃pɑ̃se] VT recompensar; **~ qn de** *ou* **pour qch** recompensar a algn por algo

recompter [R(ə)kɔ̃te] VT, VI recontar

réconciliation [Rekɔ̃siljasjɔ̃] NF reconciliación *f*

réconcilier [Rekɔ̃silje] VT reconciliar; **~ qn avec qn** reconciliar a algn con algn; **~ qn avec qch** reconciliar a algn con algo ■ **se réconcilier** VPR reconciliarse; **se ~ avec** reconciliarse con

reconductible [R(ə)kɔ̃dyktibl] ADJ reconducible

reconduction [R(ə)kɔ̃dyksjɔ̃] NF (*Jur, Pol*) reconducción *f*

reconduire [R(ə)kɔ̃dɥiR] VT (*à la porte*) acompañar hasta la salida; (*à son domicile*) acompañar; (*Jur, Pol*) reconducir

réconfort [Rekɔ̃fɔR] NM consuelo

réconfortant, e [Rekɔ̃fɔRtɑ̃, ɑ̃t] ADJ reconfortante

réconforter [Rekɔ̃fɔRte] VT (*aussi fig*) reconfortar

reconnais *etc* [R(ə)kɔne] VB *voir* **reconnaître**

reconnaissable [R(ə)kɔnɛsabl] ADJ reconocible

reconnaissais *etc* [R(ə)kɔnɛse] VB *voir* **reconnaître**

reconnaissance [R(ə)kɔnɛsɑ̃s] NF reconocimiento; (*gratitude*) agradecimiento; **en ~** (*Mil*) de reconocimiento; **~ de dette** reconocimiento de deuda

reconnaissant, e [R(ə)kɔnɛsɑ̃, ɑ̃t] VB *voir* **reconnaître** ▶ ADJ agradecido(-a); **je vous serais ~ de bien vouloir ...** le estaría muy agradecido si quisiera ...

reconnaître [R(ə)kɔnɛtR] VT reconocer; (*distinguer*) distinguir; **~ que** reconocer que; **~ qch/qn à** reconocer algo/a algn por; **~ à qn : je lui reconnais certaines qualités/une grande franchise** le reconozco ciertas cualidades/una gran franqueza; **se ~ quelque part** (*s'y retrouver*) orientarse en un lugar

reconnu, e [R(ə)kɔny] PP *de* **reconnaître** ▶ ADJ indiscutible

reconquérir [R(ə)kɔ̃keRiR] VT (*sa dignité etc*) recobrar; (*fig*) reconquistar
reconquête [R(ə)kɔ̃kɛt] NF reconquista
reconsidérer [R(ə)kɔ̃sideRe] VT reconsiderar
reconstituant, e [R(ə)kɔ̃stitɥɑ̃, ɑ̃t] ADJ, NM reconstituyente *m*
reconstituer [R(ə)kɔ̃stitɥe] VT reconstituir; (*fresque, vase brisé*) recomponer; (*fortune, patrimoine*) rehacer
reconstitution [R(ə)kɔ̃stitysjɔ̃] NF reconstitución *f*; (*de crime etc*) reconstrucción *f*
reconstruction [R(ə)kɔ̃stRyksjɔ̃] NF reconstrucción *f*
reconstruire [R(ə)kɔ̃stRɥiR] VT (*aussi fig*) reconstruir
recontacter [R(ə)kɔ̃takte] VT : **~ qn** volver contactar con algn
reconversion [R(ə)kɔ̃vɛRsjɔ̃] NF (*économique, technique*) reconversión *f*; (*du personnel*) reciclaje *m*
reconvertir [R(ə)kɔ̃vɛRtiR] VT reconvertir; **se ~ dans** reconvertirse en
recopier [R(ə)kɔpje] VT (*transcrire*) volver a copiar; (*mettre au propre*) poner en limpio
record [R(ə)kɔR] ADJ, NM récord *m*; **battre tous les records** (*fig*) batir todos los récords; **en un temps/à une vitesse ~** en un tiempo/a una velocidad récord; **~ du monde** récord del mundo
recoucher [R(ə)kuʃe] VT (*enfant*) volver a acostar ■ **se recoucher** VPR volverse a acostar
recoudre [R(ə)kudR] VT volver a coser
recoupement [R(ə)kupmɑ̃] NM : **par ~** atando cabos; **faire un ~/des recoupements** verificar un hecho/hechos
recouper [R(ə)kupe] VT (*tranche*) volver a cortar; (*vêtement*) retocar ▸ VI (*Cartes*) volver a cortar ■ **se recouper** VPR (*témoignages*) coincidir
recourais *etc* [RəkuRɛ] VB *voir* **recourir**
recourbé, e [R(ə)kuRbe] ADJ (*nez, tige de métal*) encorvado(-a); (*bec*) corvo(-a)
recourber [R(ə)kuRbe] VT (*branche, tige de métal*) doblar
recourir [R(ə)kuRiR] VI (*courir de nouveau*) correr de nuevo; (*refaire une course*) volver a correr; **~ à** recurrir a
recours [R(ə)kuR] VB *voir* **recourir** ▸ NM : **le ~ à la ruse/violence** el recurso a la astucia/violencia; **avoir ~ à** recurrir a; **en dernier ~** como último recurso; **c'est sans ~** no tiene remedio; **~ en grâce** petición *f* de indulto
recouru, e [RəkuRy] PP *de* **recourir**
recousu, e [Rəkuzy] PP *de* **recoudre**
recouvert, e [RəkuvɛR, ɛRt] PP *de* **recouvrir** ▸ ADJ : **~ de** recubierto(-a) de
recouvrable [R(ə)kuvRabl] ADJ (*somme*) recuperable
recouvrais *etc* [RəkuvRɛ] VB *voir* **recouvrer**; **recouvrir**
recouvrement [R(ə)kuvRəmɑ̃] NM (*des impôts*) recaudación *f*
recouvrer [R(ə)kuvRe] VT (*la vue, santé, raison*) recobrar; (*impôts, créance*) recaudar
recouvrir [R(ə)kuvRiR] VT (*récipient*) cubrir, recubrir; (*livre*) forrar; (*masquer*) encubrir; (*embrasser*) abarcar ■ **se recouvrir** VPR (*idées, concepts*) superponerse
recracher [R(ə)kRaʃe] VT escupir ▸ VI volver a escupir
récréatif, -ive [RekReatif, iv] ADJ recreativo(-a)
récréation [RekReasjɔ̃] NF recreo
recréditer [R(ə)kRedite] VT (*compte, carte*) recargar
recréer [R(ə)kRee] VT (*ville*) volver a crear; (*scène etc*) recrear
récrier [RekRije] : **se récrier** VPR exclamar
récriminations [RekRiminasjɔ̃] NFPL recriminaciones *fpl*
récriminer [RekRimine] VI : **~ contre qn/qch** recriminar a algn/algo
recroquevillé, e [R(ə)kRɔk(ə)vije] ADJ (*feuilles*) marchito(-a); (*personne*) acurrucado(-a)
recroqueviller [R(ə)kRɔk(ə)vije] : **se recroqueviller** VPR (*feuilles*) marchitarse; (*personne*) acurrucarse
recru, e [RəkRy] ADJ : **~ de fatigue** reventado(-a) de cansancio
recrudescence [R(ə)kRydesɑ̃s] NF recrudecimiento
recrue [RəkRy] NF (*Mil*) recluta *mf*; (*gén*) neófito(-a)
recrutement [R(ə)kRytmɑ̃] NM (*Mil, de clients, adeptes*) reclutamiento; (*de personnel*) contratación *f*
recruter [R(ə)kRyte] VT (*Mil, clients, adeptes*) reclutar; (*personnel*) contratar
recruteur, -euse [R(ə)kRytœR, øz] NM/F reclutador(a), técnico(-a) en selección de personal; (*Sport*) ojeador(a)
rectal, e, -aux [Rɛktal, o] ADJ : **par voie rectale** por vía rectal
rectangle [Rɛktɑ̃gl] NM rectángulo; **~ blanc** (*TV*) ≈ rombo
rectangulaire [Rɛktɑ̃gylɛR] ADJ rectangular
recteur [Rɛktœr] NM rector *m*
rectificatif, -ive [Rɛktifikatif, iv] ADJ rectificativo(-a) ▸ NM rectificativo
rectification [Rɛktifikasjɔ̃] NF rectificación *f*
rectifier [Rɛktifje] VT (*tracé*) enderezar; (*calcul*) rectificar; (*erreur*) corregir
rectiligne [Rɛktiliɲ] ADJ rectilíneo(-a)
rectitude [Rɛktityd] NF rectitud *f*
recto [Rɛkto] NM anverso
rectorat [RɛktɔRa] NM rectorado
rectum [Rɛktɔm] NM recto
reçu, e [R(ə)sy] PP *de* **recevoir** ▸ ADJ (*admis, consacré*) admitido(-a) ▸ NM (*récépissé*) recibo

r

recueil [ʀəkœj] NM selección *f*
recueillement [ʀ(ə)kœjmɑ̃] NM recogimiento
recueilli, e [ʀ(ə)kœji] ADJ recogido(-a)
recueillir [ʀ(ə)kœjiʀ] VT recoger; (*matériaux, voix, suffrages*) conseguir; (*fonds*) conseguir, recolectar; (*renseignements, dépositions*) reunir; (*réfugiés*) acoger ■ **se recueillir** VPR recogerse
recuire [ʀ(ə)kɥiʀ] VI : **faire ~** volver a cocer
recul [ʀ(ə)kyl] NM retroceso; **avoir un mouvement de ~** hacer un movimiento de retroceso; **prendre du ~** retroceder; (*fig*) considerar con detenimiento; **avec le ~** con perspectiva
reculade [ʀ(ə)kylad] (*péj*) NF retirada
reculé, e [ʀ(ə)kyle] ADJ (*isolé*) apartado(-a); (*lointain*) lejano(-a)
reculer [ʀ(ə)kyle] VI (*aussi fig*) retroceder; (*véhicule, conducteur*) dar marcha atrás; (*se dérober, hésiter*) echarse atrás; **~ devant** (*danger, difficulté*) echarse atrás ante; **~ pour mieux sauter** retrasar el asunto ▶ VT (*meuble, véhicule*) retirar; (*mur, frontières*) alejar; (*fig : possibilités, limites*) ampliar; (*: date, livraison, décision*) aplazar, postergar (*Am*)
reculons [ʀ(ə)kylɔ̃] : **à ~** *adv* hacia atrás
récupérable [ʀekypeʀabl] ADJ recuperable
récupérateur, -trice [ʀekypeʀatœʀ, tʀis] NM/F recuperador(a) ▶ ADJ (*Football*) : **milieu ~** centrocampista recuperador
récupération [ʀekypeʀasjɔ̃] NF recuperación *f*
récupérer [ʀekypeʀe] VT recuperar; (*forces*) recobrar ▶ VI (*après un effort etc*) recuperarse
récurer [ʀekyʀe] VT fregar; **poudre à ~** detergente *m* de fregar
récurrence [ʀekyʀɑ̃s] NF recurrencia
récurrent, e [ʀekyʀɑ̃, ɑ̃t] ADJ recurrente
reçus [ʀəsy] VB *voir* **recevoir**
récusable [ʀekyzabl] ADJ recusable
récusation [ʀekyzasjɔ̃] NF (*Jur*) recusación *f*; (*d'argument, témoignage*) rechazo
récuser [ʀekyze] VT (*Jur*) recusar; (*argument, témoignage*) rechazar ■ **se récuser** VPR declararse incompetente
reçut [ʀəsy] VB *voir* **recevoir**
recyclable [ʀ(ə)siklabl] ADJ reciclable
recyclage [ʀ(ə)siklaʒ] NM reciclaje *m*; **cours de ~** curso de reciclaje
recycler [ʀ(ə)sikle] VT reciclar; (*Scol*) adaptar; (*employés*) reciclar, reconvertir ■ **se recycler** VPR reciclarse
rédacteur, -trice [ʀedaktœʀ, tʀis] NM/F redactor(a); **~ en chef** redactor(a) jefe; **~ publicitaire** redactor(a) publicitario(a)
rédaction [ʀedaksjɔ̃] NF redacción *f*
rédactionnel, le [ʀedaksjɔnɛl] ADJ (*Presse : équipe*) de redacción; (*: ligne*) editorial; **d'excellentes capacités rédactionnelles** excelentes capacidades de redacción; **contenu ~** contenido editorial
reddition [ʀedisjɔ̃] NF rendición *f*
redécoller [ʀ(ə)dekɔle] VI (*avion*) volver a despegar; (*fig : ventes, croissance*) reactivarse
redécouvrir [ʀ(ə)dekuvʀiʀ] VT redescubrir
redéfinir [ʀ(ə)definiʀ] VT redefinir, volver a definir
redéfinition [ʀ(ə)definisjɔ̃] NF redefinición *f*
redemander [ʀədmɑ̃de] VT (*renseignement*) volver a preguntar; **~ de** (*nourriture*) volver a pedir; **~ qch** (*objet prêté*) pedir la devolución de algo
redémarrage [ʀ(ə)demaʀaʒ] NM (*de machine*) arranque *m*; (*fig : de l'industrie, activité*) reactivación *f*; (*Inform*) reinicio
redémarrer [ʀ(ə)demaʀe] VI (*véhicule*) volver a arrancar; (*fig : industrie etc*) reactivarse ▶ VT (*Inform*) reiniciar
rédemption [ʀedɑ̃psjɔ̃] NF redención *f*
redéploiement [ʀ(ə)deplwamɑ̃] NM reorganización *f*
redescendre [ʀ(ə)desɑ̃dʀ] VI volver a bajar ▶ VT bajar
redessiner [ʀ(ə)desine] VT (*paysage, jardin*) rediseñar; (*frontière*) volver a trazar
redevable [ʀ(ə)dəvabl] ADJ : **être ~ de qch à qn** (*aussi fig*) deber algo a algn
redevance [ʀ(ə)dəvɑ̃s] NF canon *m*
redevenir [ʀ(ə)dəv(ə)niʀ] VI volver a ser
rédhibitoire [ʀedibitwaʀ] ADJ : **vice ~** vicio redhibitorio
rediffuser [ʀ(ə)difyze] VT difundir de nuevo
rediffusion [ʀ(ə)difyzjɔ̃] NF nueva difusión *f*
rédiger [ʀediʒe] VT redactar
redire [ʀ(ə)diʀ] VT repetir; **avoir/trouver qch à ~** (*critiquer*) tener/encontrar algo que criticar
redistribuer [ʀ(ə)distʀibɥe] VT redistribuir
redistribution [ʀ(ə)distʀibysjɔ̃] NF redistribución *f*; **~ des cartes** nuevo reparto de cartas; (*fig*) cambio de escenario
redite [ʀ(ə)dit] NF repetición *f*
redondance [ʀ(ə)dɔ̃dɑ̃s] NF redundancia
redondant, e [ʀədɔ̃dɑ, ɑ̃t] ADJ redundante
redonner [ʀ(ə)dɔne] VT (*restituer*) restituir; (*repasser*) volver a dar; (*du courage, des forces*) devolver
redorer [ʀ(ə)dɔʀe] VT redorar; **~ son blason** (*fig*) recuperar el prestigio de antaño
redoublant, e [ʀ(ə)dublɑ̃, ɑ̃t] NM/F (*Scol*) repetidor(a)
redoublé, e [ʀəduble] ADJ : **frapper à coups redoublés** golpear con violencia
redoublement [ʀ(ə)dubləmɑ̃] NM (*Scol*) repetición *f* de curso; (*de lettre*) repetición *f*; (*intensification*) redoble *m*, incremento; **il me fallut un ~ d'effort pour ...** tuve que redoblar mis esfuerzos para ...; **avec un ~ d'attention** con redoblada atención
redoubler [ʀ(ə)duble] VT (*classe*) repetir; (*lettre*)

duplicar ▸ VI (*Scol*) repetir; (*tempête, violence*) arreciar; **~ de** (*amabilité, efforts*) redoblar; **le vent redouble de violence** el viento arrecia con violencia

redoutable [R(ə)dutabl] ADJ temible

redouter [R(ə)dute] VT temer; **~ que** temer que; **je redoute de faire sa connaissance** temo conocerlo

redoux [Rədu] NM mejoría

redressement [R(ə)dRɛsmɑ̃] NM (*de l'économie etc*) restablecimiento; **maison de ~** reformatorio; **~ fiscal** recuperación *f* fiscal

redresser [R(ə)dRese] VT enderezar; (*situation, économie*) restablecer; **~ (les roues)** enderezarse ■ **se redresser** VPR (*objet penché*) enderezarse; (*personne*) erguirse; (*se tenir très droit*) ponerse derecho; (*fig : pays, situation*) restablecerse

redresseur [R(ə)dResœR] NM : **~ de torts** desfacedor *m* de entuertos

réducteur, -trice [Redyktœr, tRis] ADJ reductor(a)

réduction [Redyksjɔ̃] NF reducción *f*; (*rabais, remise*) rebaja; **en ~** (*en plus petit*) reducido(-a)

réduire [RedɥiR] VT reducir; (*jus, sauce*) consumir; **~ qn au silence/à l'inaction/à la misère** reducir a algn al silencio/a la inactividad/a la miseria; **~ qch à** (*fig*) reducir algo a; **~ qch en** transformar algo en; **en être réduit à** no tener otro remedio que ■ **se réduire à** VPR reducirse a; **se ~ en** (*se transformer en*) convertirse en

réduit, e [Redɥi, it] PP *de* **réduire** ▸ ADJ reducido(-a) ▸ NM cuchitril *m*

redynamiser [R(ə)dinamize] VT (*économie, secteur, tourisme*) redinamizar

rééchelonnement [Reeʃ(ə)lɔnmɑ̃] NM (*de dette*) reescalonamiento

rééchelonner [Reeʃ(ə)lɔne] VT (*dette*) reescalonar

rééditer [Reedite] VT reeditar

réédition [Reedisjɔ̃] NF reedición *f*

rééducation [Reedykasjɔ̃] NF rehabilitación *f*; **centre de ~** centro de rehabilitación; **~ de la parole** logopedia

rééduquer [Reedyke] VT rehabilitar

réel, le [Reɛl] ADJ real; (*intensif : avant le nom*) verdadero(-a) ▸ NM : **le ~** lo real

réélection [Reelɛksjɔ̃] NF reelección *f*

rééligible [Reeliʒibl] ADJ reelegible

réélire [ReeliR] VT reelegir

réellement [Reɛlmɑ̃] ADV realmente

réembaucher [Reɑ̃boʃe] VT (*reprendre, réintégrer*) readmitir ▸ VI volver a contratar

réémetteur [Reemetœr] NM (*Tél*) repetidor *m*

réemploi [Reɑ̃plwa] NM (*de personnel*) readmisión *f*

réemployer [Reɑ̃plwaje] VT (*méthode, produit*) volver a emplear; (*argent*) reinvertir; (*personnel*) readmitir

rééquilibrer [Reekilibre] VT reequilibrar

réescompte [Reɛskɔ̃t] NM redescuento

réessayer [Reeseje] VT volver a probar

réévaluation [Reevalɥasjɔ̃] NF reevaluación *f*

réévaluer [Reevalɥe] VT reevaluar

réexamen [Reɛgzamɛ̃] NM (*de dossier*) reexamen *m*; (*de demande, décision*) reconsideración *f*

réexaminer [Reɛgzamine] VT (*dossier*) reexaminar; (*demande, décision*) reconsiderar

réexpédier [Reɛkspedje] VT (*à l'envoyeur*) devolver; (*au destinataire*) remitir

réexportation [Reɛkspɔrtasjɔ̃] NF reexportación *f*

réexporter [Reɛkspɔrte] VT reexportar

réf. ABR (= *référence(s)*) ref.

refaire [R(ə)fɛR] VT hacer de nuevo; (*recommencer, faire tout autrement*) rehacer; (*réparer, restaurer*) restaurar; **être refait** (*fam*) ser engañado *ou* timado; **il faut ~ les peintures** tenemos que repintar ■ **se refaire** VPR (*en santé, argent etc*) reponerse; **se ~ une santé** mejorarse, recuperarse; **se ~ à qch** acostumbrarse de nuevo a algo

refasse [Rəfas] VB *voir* **refaire**

réfection [Refɛksjɔ̃] NF reparación *f*; **en ~** en obras

réfectoire [Refɛktwar] NM refectorio, comedor *m*

referai *etc* [R(ə)fRe] VB *voir* **refaire**

référé [Refere] NM (*procédure*) procedimiento de urgencia; (*décision*) sentencia

référence [Referɑ̃s] NF referencia; **faire ~ à** hacer referencia a; **ouvrage de ~** manual *m* de consulta; **ce n'est pas une ~** (*fig*) menuda referencia ■ **références** NFPL (*garanties, recommandations*) referencias *fpl*; **références exigées** con informes

référencement [Referɑ̃smɑ̃] NM (*de texte, sources, site internet*) referenciamiento

référencer [Referɑ̃se] VT (*texte, sources, site internet*) referenciar

référendum [Referɛ̃dɔm] NM referéndum *m*

référer [Refere] VT : **en ~ à qn** remitir a algn ■ **se référer** VPR : **se ~ à** remitirse a; (*se rapporter à*) referirse a

refermer [R(ə)fɛRme] VT volver a cerrar ■ **se refermer** VPR cerrarse

refiler [R(ə)file] (*fam*) VT : **~ qch à qn** encajar algo a algn

refit [Rəfi] VB *voir* **refaire**

réfléchi, e [Refleʃi] ADJ reflexivo(-a); (*action, décision*) pensado(-a)

réfléchir [RefleʃiR] VT reflejar; **~ à** *ou* **sur** reflexionar acerca de ▸ VI reflexionar; **c'est tout réfléchi** está todo pensado

réflecteur [Reflɛktœr] NM reflector *m*

reflet [R(ə)flɛ] NM reflejo ■ **reflets** NMPL (*du soleil, des cheveux*) reflejos *mpl*; (*d'une étoffe, d'un métal*) destellos *mpl*

r

refléter [R(ə)flete] VT reflejar ▪ **se refléter** VPR reflejarse
refleurir [R(ə)flœRiR] VI (*aussi fig*) reflorecer
reflex, réflex [Reflɛks] ADJ INV (*Photo*) réflex *inv*
réflexe [Reflɛks] NM reflejo; **avoir de bons réflexes** tener buenos reflejos; **~ conditionné** reflejo condicionado ▸ ADJ : **acte/mouvement ~** acto/movimiento reflejo
réflexion [Reflɛksjɔ̃] NF reflexión *f*; (*remarque désobligeante*) reproche *m*; **sans ~** sin pensar; **après ~, ~ faite, à la ~** pensándolo bien; **cela demande ~** eso exige reflexión; **délai de ~** tiempo para reflexionar; **groupe de ~** gabinete *m* de estrategia ▪ **réflexions** NFPL (*méditations*) reflexiones *fpl*
réflexologie [Reflɛksɔlɔʒi] NF reflexología
refluer [R(ə)flye] VI (*eaux*) refluir; (*foule, manifestants*) retroceder
reflux [Rəfly] NM (*de la mer*) reflujo; (*fig*) retroceso
refondation [R(ə)fɔ̃dasjɔ̃] NF refundación *f*
refondre [R(ə)fɔ̃dR] VT refundir
refont [R(ə)fɔ̃] VB *voir* **refaire**
refonte [R(ə)fɔ̃t] NF (*de texte*) refundición *f*
reformater [R(ə)fɔRmate] VT recomponer
réformateur, -trice [RefɔRmatœR, tRis] ADJ, NM/F reformador(a)
Réformation [RefɔRmasjɔ̃] NF : **la ~** la Reforma
réforme [RefɔRm] NF reforma; (*Mil*) baja; **la R~** (*Rel*) la Reforma; **conseil de ~** (*Mil*) tribunal *m* médico
réformé, e [RefɔRme] ADJ (*Rel*) reformado(-a) ▸ NM/F (*Rel*) protestante *mf* ▸ NM (*Mil*) *persona declarada inútil para el servicio*
reformer [R(ə)fɔRme] VT : **~ les rangs** (*Mil*) volver a formar las filas ▪ **se reformer** VPR volver a formar
réformer [RefɔRme] VT reformar; (*recrue*) declarar inútil; (*soldat*) dar de baja
réformisme [RefɔRmism] NM reformismo
réformiste [RefɔRmist] ADJ, NMF reformista *mf*
reformuler [R(ə)fɔRmyle] VT reformular, volver a formular
refoulé, e [R(ə)fule] ADJ reprimido(-a)
refoulement [R(ə)fulmɑ̃] NM represión *f*
refouler [R(ə)fule] VT (*envahisseurs*) rechazar; (*liquide*) impeler; (*fig : larmes*) contener; (*Psych, colère*) reprimir
réfractaire [RefRaktɛR] ADJ refractario(-a); (*rebelle*) rebelde; (*prêtre*) refractario; **être ~ à** ser refractario(-a) a
réfracter [RefRakte] VT refractar
réfraction [RefRaksjɔ̃] NF refracción *f*
refrain [R(ə)fRɛ̃] NM estribillo; (*air*) canción *f*; (*leitmotiv*) cantinela
refréner [RəfRene], **réfréner** [RefRene] VT refrenar
réfrigérant, e [RefRiʒeRɑ̃, ɑ̃t] ADJ refrigerante
réfrigérateur [RefRiʒeRatœR] NM frigorífico, nevera, heladera (*Am*), refrigeradora (*Am*)
réfrigération [RefRiʒeRasjɔ̃] NF refrigeración *f*
réfrigéré, e [RefRiʒeRe] ADJ refrigerado(-a)
réfrigérer [RefRiʒeRe] VT refrigerar; **je suis réfrigéré** (*fam*) estoy congelado; **cette nouvelle l'a réfrigéré** (*fig*) esta noticia lo dejó helado
refroidir [R(ə)fRwadiR] VT enfriar ▸ VI (*plat, moteur*) enfriar ▪ **se refroidir** VPR (*personne*) enfriarse, coger frío; (*temps*) refrescar; (*fig*) enfriarse
refroidissement [R(ə)fRwadismɑ̃] NM enfriamiento
refuge [R(ə)fyʒ] NM refugio; (*pour piétons*) abrigo; **chercher/trouver ~ auprès de qn** buscar/encontrar refugio en algn; **demander ~ à qn** pedir asilo a algn
réfugié, e [Refyʒje] ADJ, NM/F refugiado(-a)
réfugier [Refyʒje] : **se réfugier** VPR refugiarse
refus [R(ə)fy] NM rechazo; **ce n'est pas de ~** (*fam*) se agradece
refuser [R(ə)fyze] VT (*ne pas accorder*) denegar; (*ne pas accepter*) rechazar; (*candidat*) suspender; **~ que/de faire** negarse a que/a hacer; **~ qch à qn** negar algo a algn; **~ du monde** cerrar las puertas a la gente ▸ VI (*cheval*) rehusar ▪ **se refuser** VPR : **se ~ à qch/faire qch** negarse a algo/hacer algo; **se ~ à qn** no entregarse a algn; **il ne se refuse rien** no se priva de nada
réfutable [Refytabl] ADJ refutable
réfuter [Refyte] VT refutar
regagner [R(ə)gaɲe] VT (*argent*) volver a ganar; (*affection, amitié*) recuperar; (*lieu, place*) regresar a; **~ le temps perdu** recuperar el tiempo perdido; **~ du terrain** recuperar terreno
regain [Rəgɛ̃] NM (*herbe*) renadío; **un ~ de** un rebrote de
régal [Regal] NM (*mets, fig*) delicia; (*plaisir*) regalo; **c'est un (vrai) ~** es una (verdadera) delicia; **un ~ pour les yeux** un regalo para la vista
régalade [Regalad] ADV : **à la ~** a chorro
régaler [Regale] VT : **~ qn** obsequiar a algn; **~ qn de** obsequiar a algn con ▪ **se régaler** VPR (*faire un bon repas*) regalarse; (*fig*) disfrutar
régalien, ne [Regaljɛ̃, jɛn] ADJ de regalía
regard [R(ə)gaR] NM mirada; **parcourir/menacer du ~** recorrer/amenazar con la mirada; **au ~ de** (*loi, morale*) a la luz de; **en ~** (*en face, vis à vis*) en frente; **en ~ de** en comparación con
regardant, e [R(ə)gaRdɑ̃, ɑ̃t] ADJ (*économe*) ahorrativo(-a); (*péj*) tacaño(-a); **très/peu ~ sur** (*qualité, propreté*) muy/poco mirado(-a) con
regarder [R(ə)gaRde] VT mirar; (*situation, avenir*) ver; (*concerner*) concernir; **~ la télévision** ver *ou* mirar la televisión; **~ qn/qch comme** (*juger*) considerar a algn/algo como; **cela te**

regarde? ¿a ti qué te importa?; **cela me regarde** eso me atañe, eso es cosa mía ▸VI ver, mirar; **~ (qch) dans le dictionnaire/l'annuaire** mirar (algo) en el diccionario/en la guía telefónica; **~ par la fenêtre** mirar por la ventana; **~ à** (*dépense*) reparar en; (*qualité, détails*) mirar; **~ (vers)** mirar (hacia); **ne pas ~ à la dépense** no mirar por el dinero ■ **se regarder** VPR : **se ~ dans les yeux** mirarse a los ojos; **se ~ en chiens de faïence** (*sans aménité et sans dire un mot*) mirarse con recelo

régate [Regat] NF regata

régénérant, e [Reʒenerɑ̃, ɑ̃t] ADJ (*lait, crème*) regenerador(a), revitalizante

régénérateur, -trice [ReʒeneRatœR, tRis] ADJ regenerador(a)

régénérer [ReʒeneRe] VT regenerar ■ **se régénérer** VPR regenerarse

régent [Reʒɑ̃] NM regente *m*

régenter [Reʒɑ̃te] VT (*gén*) regentar; (*personne*) dar órdenes a

régie [Reʒi] NF (*Admin*) administración *f* (*del estado o de una institución pública*); (*Comm, Indus*) corporación *f* pública; (*Ciné, Théâtre*) departamento de producción; (*Radio, TV*) sala de control

regimber [R(ə)ʒɛ̃be] VI respingar

régime [Reʒim] NM (*pouvoir, diète*) régimen *m*; (*fig : allure*) paso; (*de bananes, dattes*) racimo; **se mettre au/suivre un ~** ponerse a/estar a régimen; **~ sans sel** régimen sin sal; **à bas/haut ~** (*Auto*) a pocas/muchas revoluciones; **à plein ~** a toda velocidad; **~ matrimonial** régimen matrimonial

régiment [Reʒimɑ̃] NM regimiento; **un ~ de** (*fig : fam*) un regimiento de; **un copain de ~** un compañero de la mili

région [Reʒjɔ̃] NF región *f*; **la ~ parisienne** la región de Paris

régional, e, -aux [Reʒjɔnal, o] ADJ regional

régionalisation [Reʒjɔnalizasjɔ̃] NF regionalización *f*

régionalisme [Reʒjɔnalism] NM regionalismo

régir [ReʒiR] VT regir

régisseur, -euse [ReʒisœR, øz] NM/F (*d'un domaine, d'une propriété*) administrador(a); (*Théâtre, Ciné*) regidor(a)

registre [Rəʒistr] NM registro; **~ de comptabilité** libro de cuentas; **~ de l'état civil** registro civil

réglable [Reglabl] ADJ (*siège, flamme etc*) regulable

réglage [Reglaʒ] NM ajuste *m*, regulación *f*; (*d'un moteur*) reglaje *m*

règle [Rɛgl] NF regla; **avoir pour ~ de ...** tener por norma ...; **en ~** (*papiers d'identité*) en regla; **être/se mettre en ~** estar/ponerse en regla; **être la ~** ser la norma; **être de ~** ser (la) norma; **en ~ générale** por regla general; **dans** *ou* **selon les règles** en *ou* según las normas; **~ à calcul** regla de cálculo; **~ de trois** regla de tres ■ **règles** NFPL (*Physiol*) reglas *fpl*

réglé, e [Regle] ADJ (*affaire*) zanjado(-a); (*vie, personne*) ordenado(-a); (*papier*) rayado(-a); (*arrangé*) arreglado(-a); (*femme*) : **bien réglée** de período regular

règlement [Rɛgləmɑ̃] NM (*règles*) reglamento; (*paiement*) pago; (*d'un conflit, d'une affaire*) arreglo, solución *f*; **~ à la commande** pago al hacer el pedido; **~ en espèces/par chèque** pago en metálico/por cheque; **~ de compte(s)** ajuste *m* de cuentas; **~ intérieur** reglamento de régimen interno; **~ judiciaire** pago de costas

réglementaire [Rɛgləmɑ̃tɛR] ADJ reglamentario(-a)

réglementation [Rɛgləmɑ̃tasjɔ̃] NF reglamentación *f*

réglementer [Rɛgləmɑ̃te] VT reglamentar

régler [Regle] VT (*mécanisme, machine*) ajustar; (*moteur, thermostat*) regular; (*modalités*) determinar; (*emploi du temps etc*) organizar; (*question, problème*) arreglar; (*facture, fournisseur*) pagar; (*papier*) rayar; **~ qch sur** acoplar algo a, adaptar algo a; **~ son compte à qn** ajustarle la cuenta a algn; **~ un compte avec qn** ajustar las cuentas con algn ■ **se régler** VPR (*mécanisme, machine*) ajustarse; (*moteur, thermostat*) regularse

réglisse [Reglis] NF OU M regaliz *m*; **pâte/bâton de ~** pasta/barra de regaliz

règne [Rɛɲ] NM reinado; (*fig*) reino; **le ~ végétal/animal** el reino vegetal/animal

régner [Reɲe] VI (*aussi fig*) reinar

regonfler [R(ə)gɔ̃fle] VT inflar de nuevo

regorger [R(ə)gɔRʒe] VI : **~ de** rebosar de

régresser [RegRese] VI (*phénomène*) disminuir; (*enfant, malade*) ir a peor

régressif, -ive [RegResif, iv] ADJ regresivo(-a)

régression [RegResjɔ̃] NF disminución *f*, regresión *f*; **être en ~** estar en regresión

regret [R(ə)gRɛ] NM (*nostalgie*) nostalgia; (*d'un acte commis*) arrepentimiento; (*d'un projet non réalisé*) pesar *m*; **à ~** *ou* **avec ~** con pesar; **à mon grand ~** con mi mayor pesar; **être au ~ de devoir/ne pas pouvoir faire ...** lamentar mucho tener que/no poder hacer ...; **j'ai le ~ de vous informer que ...** siento comunicarle que ...

regrettable [R(ə)gRetabl] ADJ lamentable; **il est ~ que** es lamentable que

regretter [R(ə)gRete] VT lamentar; (*jeunesse, personne, passé*) echar de menos; **~ d'avoir fait** lamentar haber hecho; **~ de** sentir; **~ que** lamentar que; **je regrette** lo siento; **non, je regrette** no, lo siento

regroupement [R(ə)gRupmɑ̃] NM reagrupación *f*

regrouper [R(ə)gRupe] VT reagrupar; (*contenir*) reunir ■ **se regrouper** VPR reagruparse

régularisation [RegylaRizasjɔ̃] NF regularización *f*; **en voie de ~** en vía de arreglo

r

régulariser [ʀegylaʀize] VT (*fonctionnement, trafic*) regular; (*passeport, papiers*) regularizar; **~ sa situation** regularizar su situación

régularité [ʀegylaʀite] NF regularidad *f*

régulateur, -trice [ʀegylatœʀ, tʀis] ADJ regulador(a) ▶ NM : **~ de vitesse/de température** regulador *m* de velocidad/de temperatura

régulation [ʀegylasjɔ̃] NF regulación *f*; **~ des naissances** control *m* de la natalidad

réguler [ʀegyle] VT regular

régulier, -ière [ʀegylje, jɛʀ] ADJ regular; (*employé*) puntual; (*fam : correct, loyal*) formal; **clergé ~** (*Rel*) clero regular; **armées/troupes régulières** (*Mil*) ejércitos *mpl*/tropas *fpl* regulares

régulièrement [ʀegyljɛʀmɑ̃] ADV con regularidad; (*légalement, normalement*) regularmente; (*normalement*) normalmente

régurgiter [ʀegyʀʒite] VT regurgitar

réhabiliter [ʀeabilite] VT rehabilitar ■ **se réhabiliter** VPR rehabilitarse

réhabituer [ʀeabitɥe] VT : **se ~ à qch/faire qch** volver a acostumbrarse a algo/a hacer algo

rehausser [ʀəose] VT (*mur, plafond*) levantar; (*fig*) realzar

réhydrater [ʀeidʀate] VT rehidratar

réimporter [ʀeɛ̃pɔʀte] VT reimportar

réimpression [ʀeɛ̃pʀesjɔ̃] NF reimpresión *f*

réimprimer [ʀeɛ̃pʀime] VT reimprimir

Reims [ʀɛ̃s] N Reims

rein [ʀɛ̃] NM riñón *m*; **~ artificiel** riñón artificial ■ **reins** NMPL (*Anat : dos, muscles du dos*) riñones *mpl*; **avoir mal aux reins** tener dolor de riñones

réincarnation [ʀeɛ̃kaʀnasjɔ̃] NF reencarnación *f*

réincarner [ʀeɛ̃kaʀne] : **se réincarner** VPR reencarnarse

reine [ʀɛn] NF reina; **~ mère** reina madre

reine-claude [ʀɛnklod] (*pl* **reines-claudes**) NF ciruela claudia

reinette [ʀɛnɛt] NF manzana reineta

réinitialisation [ʀeinisjalizasjɔ̃] NF (*Inform*) reinicialización *f*

réinitialiser [ʀeinisjalize] VT (*Inform*) reiniciar

réinjecter [ʀeɛ̃ʒɛkte] VT (*Méd, fig*) reinyectar

réinscriptible [ʀeɛ̃skʀiptibl] ADJ (*CD, DVD*) reescribible

réinscription [ʀeɛ̃skʀipsjɔ̃] NF reinscripción *f*

réinscrire [ʀeɛ̃skʀiʀ] VT inscribir de nuevo ■ **se réinscrire** VPR reinscribirse, volver a inscribirse; (*sur une liste*) volver a apuntarse; **se ~ à l'université** reinscribirse en la universidad

réinsérer [ʀeɛ̃seʀe] VT reinsertar

réinsertion [ʀeɛ̃sɛʀsjɔ̃] NF reinserción *f*

réinstallation [ʀeɛ̃stalasjɔ̃] NF reinstalación *f*; (*de réfugiés*) reasentamiento

réinstaller [ʀeɛ̃stale] VT reinstalar; (*réfugiés*) reasentar; **~ qn dans** (*un lieu, poste*) reponer a algn en ■ **se réinstaller** VPR (*dans un fauteuil*) volverse a acomodar; (*dans une maison*) reinstalarse

réintégration [ʀeɛ̃tegʀasjɔ̃] NF (*de salarié, fonctionnaire*) reintegración *f*

réintégrer [ʀeɛ̃tegʀe] VT (*lieu*) volver a; (*salarié, fonctionnaire*) reintegrar

réintroduction [ʀeɛ̃tʀɔdyksjɔ̃] NF reintroducción *f*

réintroduire [ʀeɛ̃tʀɔdɥiʀ] VT reintroducir

réinventer [ʀeɛ̃vɑ̃te] VT reinventar

réitérer [ʀeiteʀe] VT reiterar

rejaillir [ʀ(ə)ʒajiʀ] VI (*liquide*) salpicar; **~ sur** salpicar en; (*fig*) repercutir sobre

rejet [ʀəʒɛ] NM rechazo; (*Poésie*) encabalgamiento *m*; (*Bot*) retoño; **phénomène de ~** (*Méd*) fenómeno de rechazo ■ **rejets** NMPL vertidos *mpl*; **rejets industriels/polluants** vertidos industriales/contaminantes

rejeter [ʀəʒ(ə)te] VT rechazar; (*renvoyer*) lanzar de nuevo; (*aliments*) rechazar, vomitar; (*déverser*) vertir; **~ un mot à la fin d'une phrase** dejar una palabra al final de la frase; **~ la tête/les épaules en arrière** echar la cabeza/los hombros hacia atrás; **~ la responsabilité de qch sur qn** echar la responsabilidad de algo sobre algn ■ **se rejeter** VPR : **se ~ en arrière** echarse hacia atrás

rejeton [ʀəʒ(ə)tɔ̃] (*fam*) NM (*enfant*) retoño

rejoindre [ʀ(ə)ʒwɛ̃dʀ] VT (*famille, régiment*) reunirse con; (*lieu*) retornar a; (*concurrent*) alcanzar; (*suj : route etc*) llegar a; **je te rejoins au café** te veo en el café ■ **se rejoindre** VPR (*personnes*) reunirse; (*routes*) juntarse; (*fig : observations, arguments*) asemejarse

réjoui, e [ʀeʒwi] ADJ regocijado(-a)

réjouir [ʀeʒwiʀ] VT alegrar ■ **se réjouir** VPR regocijarse, alegrarse; **se ~ de qch/de faire qch** alegrarse de algo/de hacer algo; **se ~ que** alegrarse de que

réjouissances [ʀeʒwisɑ̃s] NFPL (*joie collective*) regocijos *mpl*; (*fête*) festejos *mpl*

réjouissant, e [ʀeʒwisɑ̃, ɑ̃t] ADJ alentador(a)

relâche [ʀəlɑʃ] NF : **faire ~** (*navire*) hacer escala; (*Ciné*) no haber función; **jour de ~** día *m* de descanso; **sans ~** sin descanso

relâché, e [ʀ(ə)lɑʃe] ADJ relajado(-a)

relâchement [ʀ(ə)lɑʃmɑ̃] NM relajación *f*

relâcher [ʀ(ə)lɑʃe] VT (*étreinte, cordes*) aflojar; (*animal, prisonnier*) soltar; (*discipline*) relajar ▶ VI (*Naut*) hacer escala ■ **se relâcher** VPR (*cordes*) aflojarse; (*discipline*) relajarse; (*élève*) aflojar

relais [ʀ(ə)lɛ] NM : **(course de) ~** (carrera de) relevos *mpl*; (*Radio, TV*) repetidor *m*; **satellite de ~** satélite *m* repetidor; **servir de ~** (*intermédiaire*) servir de relevo; **équipe de ~** equipo de relevo; **travail par ~** trabajo por turnos; **prendre le ~ (de qn)** tomar el relevo (de algn);

~ de poste (*pour diligences*) posta *f*; **~ routier** restaurante *m* de carretera

relance [Rəlɑ̃s] NF reactivación *m*

relancer [R(ə)lɑ̃se] VT (*balle*) lanzar de nuevo; (*moteur*) poner en marcha de nuevo; (*fig : économie, agriculture*) reactivar; **~ qn : tu devrais le ~ si tu veux obtenir ce poste** tendrías que insistirle si quieres obtener ese trabajo

relater [R(ə)late] VT relatar

relatif, -ive [R(ə)latif, iv] ADJ relativo(-a); **~ à** relativo(-a) a

relation [R(ə)lasjɔ̃] NF (*rapport*) relación *f*; (*récit*) relato; **être/entrer en ~(s) avec** estar/entrar en relación *ou* relaciones on; **mettre qn en ~(s) avec** poner a algn en relación con ■ **relations** NFPL relaciones *fpl*; **avoir des relations** tener relaciones; **avoir** *ou* **entretenir des relations avec** tener *ou* mantener relaciones con; **relations internationales** relaciones internacionales; **relations publiques** relaciones públicas; **relations sexuelles** relaciones sexuales

relationnel, le [R(ə)lasjɔnɛl] ADJ relacional

relativement [R(ə)lativmɑ̃] ADV relativamente; **~ à** en relación con

relativiser [Rəlativize] VT relativizar

relativité [R(ə)lativite] NF relatividad *f*

relax [Rəlaks] ADJ INV (*soirée, personne*) relajado(-a); **(fauteuil-)~** *nm* sillón *m* de relax

relaxant, e [R(ə)laksɑ̃, ɑ̃t] ADJ relajante

relaxation [R(ə)laksasjɔ̃] NF relajación *f*

relaxe [Rəlaks] ADJ = **relax** ▶ NF (*Jur*) puesta en libertad

relaxer [Rəlakse] VT (*détendre*) relajar; (*Jur*) poner en libertad ■ **se relaxer** VPR relajarse

relayer [R(ə)leje] VT (*collaborateur, coureur*) relevar; (*Radio, TV*) retransmitir ■ **se relayer** VPR (*dans une activité, course*) relevarse

relecture [R(ə)lɛktyR] NF segunda lectura

relégation [R(ə)legasjɔ̃] NF (*Sport*) relegación *f*

reléguer [R(ə)lege] VT relegar; **~ au second plan** relegar a un segundo plano; **se sentir relégué** sentirse relegado

relent [Rəlɑ̃] NM (*gén pl*) hedor *m*; **ça a des relents de racisme** eso huele a racismo

relevé, e [Rəl(ə)ve] ADJ (*bord de chapeau*) alzado(-a); (*manches*) arremangado(-a); (*virage*) peraltado(-a); (*conversation, style*) elevado(-a); (*sauce, plat*) picante ▶ NM (*liste*) relación *f*; (*de cotes*) alzado; (*facture*) extracto; (*d'un compteur*) lectura; **~ de compte** extracto de cuenta; **~ d'identité bancaire** número de cuenta

relève [Rəlɛv] NF relevo; **prendre la ~** (*aussi fig*) tomar el relevo

relèvement [R(ə)lɛvmɑ̃] NM (*d'un taux, niveau*) subida

relever [Rəl(ə)ve] VT levantar; (*niveau de vie, salaire*) aumentar; (*col*) subir; (*style, conversation*) animar; (*plat, sauce*) sazonar; (*sentinelle, équipe*) relevar; (*fautes, points*) señalar; (*traces, anomalies*) constatar; (*remarque*) contestar a; (*défi*) hacer frente a; (*noter*) tomar nota de, anotar; (*compteur*) leer; (*copies*) recoger; (*Tricot*) coger; **~ qn de** (*fonctions*) eximir a algn de; (*Rel : vœux*) liberar a algn de; **~ la tête** levantar la cabeza; (*fig*) levantar cabeza ▶ VI (*jupe, bord*) levantar, arremangar; **~ de** (*maladie*) salir de; (*être du ressort de, du domaine de*) ser de la competencia de; (*Admin*) depender de ■ **se relever** VPR levantarse; **se ~ (de)** (*fig*) recuperarse (de)

relief [Rəljɛf] NM relieve *m*; (*de pneu*) dibujo; **en ~** en relieve; **mettre en ~** (*fig*) poner de relieve; **donner du ~ à** (*fig*) dar relieve a ■ **reliefs** NMPL (*restes*) restos *mpl*

relier [Rəlje] VT (*routes, bâtiments*) unir; (*fig : idées etc*) relacionar; (*livre*) encuadernar; **~ qch à** unir algo con; **livre relié cuir** libro encuadernado en piel

relieur, -euse [RəljœR, jøz] NM/F encuadernador(a)

religieusement [R(ə)liʒjøzmɑ̃] ADV religiosamente; (*enterré, mariés*) por la iglesia

religieux, -euse [R(ə)liʒjø, jøz] ADJ religioso(-a) ▶ NM religioso ▶ NF religiosa; (*gâteau*) pastelillo de crema

religion [R(ə)liʒjɔ̃] NF religión *f*; (*piété, dévotion*) fe *f*; **entrer en ~** hacer los votos

reliquaire [RəlikɛR] NM relicario

reliquat [Rəlika] NM (*d'une somme*) resto; (*Jur : de succession*) saldo

relique [Rəlik] NF reliquia

relire [R(ə)liR] VT releer ■ **se relire** VPR releerse

reliure [RəljyR] NF encuadernación *f*

reloger [R(ə)lɔʒe] VT realojar

relooker [Rəluke] VT : **~ qn/qch** cambiar el look a algn/la imagen de algo

relooking [R(ə)lukiŋ] (*fam*) NM (*de personne*) cambio de look; (*de produit, entreprise*) cambio de imagen

relu, e [Rəly] PP *de* **relire**

reluire [R(ə)lɥiR] VI relucir

reluisant, e [R(ə)lɥizɑ̃, ɑ̃t] VB *voir* **reluire** ▶ ADJ (*fig*) : **peu ~** poco(-a) satisfactorio(-a)

reluquer [R(ə)lyke] (*fam*) VT echarle el ojo a

remâcher [R(ə)mɑʃe] VT rumiar

remailler [R(ə)mɑje] VT remallar

remake [Rimɛk] NM (*Ciné*) remake *m*

remaniement [R(ə)manimɑ̃] NM : **~ ministériel** reorganización *f* ministerial

remanier [R(ə)manje] VT (*roman, pièce*) modificar; (*ministère*) reorganizar

remariage [R(ə)maRjaʒ] NM nuevo matrimonio

remarier [R(ə)maRje] : **se remarier** VPR volver a casarse

remarquable [R(ə)maRkabl] ADJ notable

remarquablement [R(ə)maRkabləmɑ̃] ADV extraordinariamente

r

remarque [R(ə)mark] NF comentario
remarquer [R(ə)marke] VT notar; **se faire ~** (*péj*) hacerse notar; **faire ~ (à qn) que** hacer notar (a algn) que; **faire ~ qch (à qn)** hacer notar algo (a algn); **~ que** (*dire*) observar que; **remarquez que ...** observe que ... ■ **se remarquer** VPR notarse
remastériser [R(ə)masterize] VT remasterizar
remballer [Rɑ̃bale] VT volver a embalar
rembarrer [Rɑ̃baRe] VT : **~ qn** (*repousser*) echar una bronca a algn; (*remettre à sa place*) poner a algn en su sitio
remblai [Rɑ̃blɛ] NM terraplén *m*; **travaux de ~** terraplenado
remblayer [Rɑ̃bleje] VT rellenar
rembobiner [Rɑ̃bɔbine] VT (*pellicule*) devanar; (*cassette*) rebobinar
rembourrage [Rɑ̃buRaʒ] NM relleno
rembourré, e [Rɑ̃buRe] ADJ relleno(-a)
rembourrer [Rɑ̃buRe] VT rellenar
remboursable [Rɑ̃buRsabl] ADJ reembolsable
remboursement [Rɑ̃buRsəmɑ̃] NM reembolso; **envoi contre ~** envío contra reembolso
rembourser [Rɑ̃buRse] VT reembolsar
rembrunir [Rɑ̃bRyniR] : **se rembrunir** VPR entristecerse
remède [R(ə)mɛd] NM (*médicament, traitement, fig*) remedio; **trouver un ~ à** encontrar un remedio para *ou* contra; **un ~ à la crise** un remedio contra la crisis
remédier [R(ə)medje] : **~ à** *vt* remediar
remembrement [R(ə)mɑ̃bRəmɑ̃] NM (*Agr*) concentración *f* parcelaria
remémorer [R(ə)memɔRe] : **se remémorer** VPR acordarse de
remerciements [R(ə)mɛRsimɑ̃] NMPL gracias *fpl*; **(avec) tous mes ~** (con) todo mi agradecimiento
remercier [R(ə)mɛRsje] VT (*donateur, bienfaiteur*) dar las gracias a; (*congédier : employé*) despedir; **~ qn de qch** agradecerle algo a algn; **je vous remercie d'être venu** le agradezco que haya venido; **non, je vous remercie** no, muchas gracias
remettre [R(ə)mɛtR] VT (*vêtement*) volver a ponerse; (*rétablir : courant, eau*) volver a dar; (*ajourner, reporter*) : **~ qch (à)** aplazar algo (hasta *ou* para); **~ qn** (*fam*) recordar a algn; **~ qch à qn** (*paquet, argent, récompense*) entregar algo a algn; **~ qch quelque part** colocar de nuevo algo en algún sitio; **~ du sel/un sucre** añadir sal/un azucarillo; **~ qch en place** colocar algo en su sitio; **~ une pendule à l'heure** poner un reloj en hora; **~ un moteur/une machine en marche** poner un motor/una máquina en marcha; **~ en état** reparar; **~ en ordre/en usage** volver a poner en orden/al uso; **~ en cause** *ou* **question** poner en tela de juicio; **~ sa démission** presentar su dimisión; **~ qch à plus tard** dejar algo para más tarde; **~ qch à neuf** dejar algo como nuevo; **~ qn à sa place** (*fig*) poner a algn en su sitio ■ **se remettre** VPR (*malade*) reponerse; **se ~ de** (*maladie, chagrin*) recuperarse de; **s'en ~ à** remitirse a; **se ~ à faire/qch** ponerse de nuevo a hacer/algo
réminiscence [Reminisɑ̃s] NF reminiscencia
remis, e [Rəmi, iz] PP *de* **remettre**
remise [R(ə)miz] NF (*d'un colis, d'une récompense*) entrega; (*rabais, réduction*) descuento; (*lieu, local*) trastero, galpón *m* (CSur); **~ à neuf** renovación *f*; **~ de fonds** remesa de fondos; **~ de peine** remisión *f* de pena; **~ en cause** replanteamiento; **~ en jeu** (*Football*) saque *m*; **~ en marche/en ordre** puesta en marcha/en orden; **~ en question** replanteamiento
remiser [R(ə)mize] VT guardar
rémission [Remisjɔ̃] NF (*dans une maladie*) remisión *f*, mejoría; **sans ~** *adj* irremediable; *adv* sin parar
remobiliser [R(ə)mɔbilize] VT volver a movilizar; **~ les troupes** (*fig*) reagrupar las tropas
remodeler [R(ə)mɔd(ə)le] VT (*Chirurgie*) remodelar; (*fig : remanier*) reestructurar
rémois, e [Remwa, waz] ADJ de Reims ▶ NM/F : **Rémois, e** nativo(a) *ou* habitante *mf* de Reims
remontant [R(ə)mɔ̃tɑ̃] NM estimulante
remontée [R(ə)mɔ̃te] NF (*des eaux, de la fièvre*) subida; **remontées mécaniques** remontes *mpl* mecánicos
remonte-pente [R(ə)mɔ̃tpɑ̃t] (*pl* **remonte-pentes**) NM remonte *m*
remonter [R(ə)mɔ̃te] VI volver a subir; (*sur un cheval*) volver a montar; (*dans une voiture*) volver a montarse; (*jupe*) subir; **~ en voiture** volver a montarse en coche; **~ à** (*dater de*) remontarse a ▶ VT volver a subir; (*hausser*) subir; (*fig : personne*) animar; (*moteur, meuble, mécanisme*) montar de nuevo; (*garde-robe, collection*) reponer; (*montre*) dar cuerda; **~ le moral à qn** levantar la moral a algn
remontoir [R(ə)mɔ̃twaR] NM cuerda
remontrance [R(ə)mɔ̃tRɑ̃s] NF (*gén pl*) amonestación *f*
remontrer [R(ə)mɔ̃tRe] VT : **~ qch (à qn)** (*montrer de nouveau*) volver a enseñar algo (a algn); **en ~ à qn** (*fig*) dar lecciones a algn
remords [R(ə)mɔR] NM remordimiento; **avoir des ~** tener remordimientos
remorque [R(ə)mɔRk] NF remolque *m*; **prendre en ~** llevar en remolque; **être en ~** ir remolcado(-a); **être à la ~** (*fig*) estar a remolque
remorquer [R(ə)mɔRke] VT remolcar
remorqueur [R(ə)mɔRkœR] NM remolcador *m*
rémoulade [Remulad] NF salsa remoulade
rémouleur [RemulœR] NM afilador *m*
remous [Rəmu] NM remolino ▶ NMPL (*fig*) alboroto *msg*
rempailler [Rɑ̃paje] VT poner un asiento de rejilla a

rempailleur, -euse [ʀɑ̃pɑjœʀ, øz] NM/F sillero(-a)
rempart [ʀɑ̃paʀ] NM (*de ville fortifiée*) muralla; (*de château fort*) bastión *m*; (*fig*) baluarte *m* ■ **remparts** NMPL murallas *fpl*
rempiler [ʀɑ̃pile] VT amontonar ▶ VI (*Mil : fam*) reengancharse
remplaçant, e [ʀɑ̃plasɑ̃, ɑ̃t] NM/F sustituto(-a); (*Théâtre*) suplente *mf*
remplacement [ʀɑ̃plasmɑ̃] NM sustitución *f*; **assurer le ~ de qn** sustituir a algn; **faire des remplacements** hacer sustituciones
remplacer [ʀɑ̃plase] VT (*mettre qn/qch à la place de*) sustituir; (*ami, époux etc*) cambiar de; (*temporairement*) reemplazar; (*pneu, ampoule*) cambiar; (*tenir lieu de*) sustituir (a); **~ qch par qch d'autre/qn par qn d'autre** cambiar una cosa por otra/a algn por otro(-a)
rempli, e [ʀɑ̃pli] ADJ (*journée*) cargado(-a); (*forme, visage*) relleno(-a); **~ de** lleno(-a) de
remplir [ʀɑ̃pliʀ] VT llenar; (*questionnaire*) rellenar; (*obligations, conditions, rôle*) cumplir (con); **~ qch de** llenar algo de; **~ qn de** (*joie, admiration*) llenar a algn de ■ **se remplir** VPR llenarse
remplissage [ʀɑ̃plisaʒ] (*péj*) NM (*fig*) paja
rempocher [ʀɑ̃pɔʃe] VT embolsarse
remporter [ʀɑ̃pɔʀte] VT (*livre, marchandise*) llevarse; (*fig : victoire, succès*) lograr
rempoter [ʀɑ̃pɔte] VT cambiar de tiesto
remuant, e [ʀəmɥɑ̃, ɑ̃t] ADJ (*enfant etc*) revoltoso(-a)
remue-ménage [ʀ(ə)mymenaʒ] (*pl* **~(s)**) NM zafarrancho
remuer [ʀəmɥe] VT (*partie du corps*) mover; (*café, salade, sauce*) remover; (*émouvoir*) conmover ▶ VI moverse ■ **se remuer** VPR (*aussi fam*) moverse; (*fig*) desvivirse
rémunérateur, -trice [ʀemyneʀatœʀ, tʀis] ADJ remunerador(a)
rémunération [ʀemyneʀasjɔ̃] NF remuneración *f*
rémunérer [ʀemyneʀe] VT remunerar
renâcler [ʀ(ə)nɑkle] VI (*animal*) resoplar; (*fig*) refunfuñar
renaissance [ʀ(ə)nɛsɑ̃s] NF renacimiento; **la R~** el Renacimiento
renaître [ʀ(ə)nɛtʀ] VI renacer; **~ à la vie** renacer a la vida
rénal, e, -aux [ʀenal, o] ADJ renal
renard [ʀ(ə)naʀ] NM zorro
renardeau [ʀ(ə)nardo] NM zorrillo
rencard, rencart [ʀɑ̃kaʀ] NM = **rancard**
renchérir [ʀɑ̃ʃeʀiʀ] VI encarecerse; **~ (sur)** ir más allá (de)
renchérissement [ʀɑ̃ʃeʀismɑ̃] NM encarecimiento
rencontre [ʀɑ̃kɔ̃tʀ] NF encuentro; (*de cours d'eau*) confluencia; (*véhicules*) choque *m*; (*idées*) coincidencia; **faire la ~ de qn** conocer a algn; **aller à la ~ de qn** ir al encuentro de algn; **amis/amours de ~** amigos/amores de paso
rencontrer [ʀɑ̃kɔ̃tʀe] VT encontrar (a); (*Sport : équipe*) enfrentarse con; (*mot, opposition*) encontrar; (*regard, yeux*) encontrarse con ■ **se rencontrer** VPR (*fleuves*) confluir; (*personnes, regards*) encontrarse
rendement [ʀɑ̃dmɑ̃] NM rendimiento; (*d'une culture*) producto; **à plein ~** a pleno rendimiento
rendez-vous [ʀɑ̃devu] NM INV cita; **recevoir sur ~** recibir previa cita; **donner ~ à qn** dar una cita a algn; **fixer un ~ à qn** fijar una cita con algn; **avoir ~ (avec qn)** tener una cita (con algn); **prendre ~ (avec qn)** pedir cita (con algn); **prendre ~ chez le médecin** pedir hora con el médico; **~ orbital** acoplamiento de satélites; **~ spatial** cita en el espacio

> Un **rendez-vous** se traduit *cita*, sauf lorsqu'il s'agit d'un rendez-vous chez le coiffeur ou le médecin, auquel cas on parle de *hora*. Pour un rendez-vous amical, on emploie le plus souvent le verbe *quedar*, qu'on pourrait également traduire par « retrouver » :
> **On a/s'est donné rendez-vous devant le cinéma.** Hemos quedado delante del cine.

rendormir [ʀɑ̃dɔʀmiʀ] : **se rendormir** VPR dormirse de nuevo
rendre [ʀɑ̃dʀ] VT devolver; (*honneurs*) rendir; (*sons*) producir; (*pensée, tournure*) traducir, expresar; (*Jur : verdict*) fallar; (*: jugement, arrêt*) dictar; **~ qn célèbre/qch possible** hacer a algn célebre/algo posible; **~ la vue/l'espoir/la santé à qn** devolver la vista/la esperanza/la salud a algn; **~ la liberté** devolver la libertad; **~ la monnaie** dar el cambio ▶ VI (*suj : terre, pêche etc*) ser productivo(-a) ■ **se rendre** VPR rendirse; **se ~ quelque part** irse a algún sitio; **se ~ compte de qch** darse cuenta de algo; **se ~ à** (*arguments etc*) rendirse a; **se ~ malade** ponerse enfermo(-a); **se ~ à l'évidence** rendirse a la evidencia
rendu, e [ʀɑ̃dy] PP *de* **rendre**
renégat, e [ʀənega, at] NM/F renegado(-a)
renégocier [ʀənegɔsje] VT, VI renegociar
rênes [ʀɛn] NFPL riendas
renfermé, e [ʀɑ̃fɛʀme] ADJ (*fig*) reservado(-a) ▶ NM : **sentir le ~** oler a cerrado
renfermer [ʀɑ̃fɛʀme] VT contener; **se ~ (sur soi-même)** encerrarse (en sí mismo)
renfiler [ʀɑ̃file] VT (*collier etc*) ensartar de nuevo; (*pull*) volver a ponerse
renflé, e [ʀɑ̃fle] ADJ hinchado(-a)
renflement [ʀɑ̃fləmɑ̃] NM abultamiento
renflouement [ʀɑ̃flumɑ̃] NM (*aussi fig*) reflotamiento
renflouer [ʀɑ̃flue] VT (*bateau*) reflotar; (*fig*) sacar a flote

renfoncement [ʀɑ̃fɔ̃smɑ̃] NM fortalecimiento

renforcer [ʀɑ̃fɔʀse] VT reforzar; *(soupçons)* aumentar; **~ qn dans ses opinions** confirmar a algn en sus opiniones

renfort [ʀɑ̃fɔʀ] NM : **à grand ~ de** con gran acompañamiento de; **en ~** de refuerzo ■ **renforts** NMPL *(Mil, gén)* refuerzo *msg*

renfrogné, e [ʀɑ̃fʀɔɲe] ADJ sombrío(-a)

renfrogner [ʀɑ̃fʀɔɲe] : **se renfrogner** VPR ensombrecerse

rengager [ʀɑ̃gaʒe] VT contratar de nuevo ■ **se rengager** VPR *(Mil)* reengancharse

rengaine [ʀɑ̃gɛn] *(péj)* NF cantinela

rengainer [ʀɑ̃gene] VT *(revolver)* volver a guardar; *(épée)* volver a envainar; **~ son compliment** *(fam)* callarse el piropo; **~ son discours** *(fam)* callarse

rengorger [ʀɑ̃gɔʀʒe] : **se rengorger** VPR pavonearse

renier [ʀənje] VT renegar de

renifler [ʀ(ə)nifle] VI resoplar ▶ VT aspirar

rennais, e [ʀɛnɛ, ɛz] ADJ de Rennes ▶ NM/F : **Rennais, e** nativo(-a) *ou* habitante *mf* de Rennes

renne [ʀɛn] NM reno

renom [ʀənɔ̃] NM renombre *m*; **vin de grand ~** vino de gran fama

renommé, e [ʀ(ə)nɔme] ADJ renombrado(-a), famoso(-a)

renommée [ʀ(ə)nɔme] NF fama; **la ~** el renombre

renoncement [ʀ(ə)nɔ̃smɑ̃] NM renuncia

renoncer [ʀ(ə)nɔ̃se] : **~ à** *vt indir* renunciar a; *(opinion, croyance)* renegar de; **~ à faire qch** renunciar a hacer algo; **j'y renonce** renuncio

renouer [ʀənwe] VT *(cravate, lacets)* atar de nuevo; *(fig)* reanudar; **~ avec** volver a; **~ avec qn** reconciliarse con algn

renouveau, x [ʀ(ə)nuvo] NM : **~ de succès** rebrote *m* de éxito; **le ~ printanier** el renacer de la primavera

renouvelable [ʀ(ə)nuv(ə)labl] ADJ *(contrat, bail, énergie)* renovable; *(expérience)* repetible

renouveler [ʀ(ə)nuv(ə)le] VT renovar; *(eau d'une piscine, pansement)* cambiar; *(demande, remerciements)* reiterar; *(exploit, méfait)* repetir ■ **se renouveler** VPR *(incident)* repetirse; *(cellules etc)* reproducirse; *(artiste, écrivain)* renovarse

renouvellement [ʀ(ə)nuvɛlmɑ̃] NM renovación *f*; *(pansement)* cambio; *(demande)* reiteración *f*; *(exploit, incident)* repetición *f*; *(cellules etc)* reproducción *f*

rénovation [ʀenɔvasjɔ̃] NF renovación *f*

rénover [ʀenɔve] VT *(immeuble, enseignement)* renovar; *(meuble)* restaurar; *(quartier)* remozar

renseignement [ʀɑ̃sɛɲmɑ̃] NM información *f*; **prendre des renseignements sur** pedir referencia sobre; **(guichet des) renseignements** (ventanilla de) información; **(service des) renseignements** *(Tél)* (servicio de) información; **service/agent de renseignements** *(Mil)* servicio/agente *m* de información; **les renseignements généraux** *servicio de información secreta del Estado francés*

renseigner [ʀɑ̃seɲe] VT *(suj : expérience)* mostrar; *(: document)* informar; **~ qn (sur)** informar a algn (sobre) ■ **se renseigner** VPR informarse

rentabiliser [ʀɑ̃tabilize] VT rentabilizar

rentabilité [ʀɑ̃tabilite] NF rentabilidad *f*; **seuil de ~** mínimo de rentabilidad

rentable [ʀɑ̃tabl] ADJ rentable

rente [ʀɑ̃t] NF renta; **~ viagère** renta vitalicia

rentier, -ière [ʀɑ̃tje, jɛʀ] NM/F rentista *mf*

rentrée [ʀɑ̃tʀe] NF : **~ (d'argent)** ingreso; **la ~ (des classes)** el comienzo (del curso); *ver nota*; **la ~ (parlementaire)** ≈ la reapertura (de las Cortes); **réussir/faire sa ~** *(artiste, acteur)* tener éxito en/hacer su reaparición

> **La rentrée (des classes)** en septiembre marca un hito importante en el calendario anual francés. Supone la vuelta al colegio para profesores y alumnos y la reanudación de la vida política y social tras el largo descanso estival. **La rentrée littéraire** marca el inicio de la temporada de nuevas publicaciones, ya que los escritores de renombre suelen lanzar sus obras entre los meses de septiembre y octubre.

rentrer [ʀɑ̃tʀe] VI entrar; *(entrer de nouveau)* volver a entrar; *(revenir chez soi)* volver a casa; *(revenu, argent)* ingresar; **~ dans** *(famille, patrie)* volver a; *(arbre, mur)* chocar contra; *(catégorie etc)* entrar en; **~ dans l'ordre** volver al orden; **~ dans ses frais** cubrir sus gastos ▶ VT meter; *(foins)* recoger; *(griffes)* guardar; *(fig : larmes, colère etc)* tragarse; **~ le ventre** *(effacer)* meter la tripa

renverrai *etc* [ʀɑ̃vɛʀe] VB *voir* **renvoyer**

renversant, e [ʀɑ̃vɛʀsɑ̃, ɑ̃t] ADJ asombroso(-a)

renverse [ʀɑ̃vɛʀs] : **à la ~** *adv (tomber)* de espaldas

renversé, e [ʀɑ̃vɛʀse] ADJ *(écriture)* inclinado(-a); *(image)* invertido(-a); *(stupéfait)* atónito(-a)

renversement [ʀɑ̃vɛʀsəmɑ̃] NM *(d'un régime, des traditions)* caída; **~ de la situation** cambio de la situación

renverser [ʀɑ̃vɛʀse] VT *(chaise, verre)* dejar caer; *(piéton)* atropellar; *(liquide)* derramar; *(retourner)* poner boca abajo; *(ordre des mots etc)* invertir; *(gouvernement etc)* derrochar; *(stupéfier)* asombrar; **~ la tête/le corps en arrière** echar la cabeza/el cuerpo hacia atrás; **~ la vapeur** dar marcha atrás ■ **se renverser** VPR *(pile d'objets, récipient)* caerse; *(véhicule)* volcarse; *(liquide)* derramarse

renvoi [ʀɑ̃vwa] NM reenvío, devolución *f*; *(d'un élève)* expulsión *f*; *(d'un employé)* despido; *(référence)* llamada, nota; *(éructation)* eructo

renvoyer [Rɑ̃vwaje] VT devolver; (*élève*) expulsar; (*domestique, employé*) despedir; (*lumière*) reflejar; **~ qn quelque part** volver a enviar a algn a algún sitio; **~ qch (à)** (*ajourner, différer*) aplazar algo (para); **~ qch à qn** devolver algo a algn; **~ qn à** (*référer*) remitir a algn a
réorganisation [ReɔRganizasjɔ̃] NF reorganización *f*
réorganiser [ReɔRganize] VT reorganizar
réorienter [ReɔRjɑ̃te] VT cambiar la orientación de
réouverture [ReuvɛRtyR] NF reapertura
repaire [R(ə)pɛR] NM (*aussi fig*) guarida
repaître [Rəpɛtʀ] VT (*yeux, esprit*) alimentar ▪ **se repaître de** VPR alimentarse de
répandre [Repɑ̃dʀ] VT derramar; (*gravillons, sable etc*) echar; (*lumière, chaleur, odeur*) despedir; (*nouvelle, usage*) propagar; (*terreur, joie*) sembrar ▪ **se répandre** VPR (*liquide*) derramarse; (*odeur, fumée*) propagarse; (*foule*) desparramarse; (*épidémie, mode*) difundirse; **se ~ en** (*injures, compliments*) deshacerse en
répandu, e [Repɑ̃dy] PP *de* **répandre** ▸ ADJ (*courant*) extendido(-a); **papiers répandus par terre/sur un bureau** papeles esparcidos por el suelo/sobre la mesa
réparable [ReparabI] ADJ reparable; (*perte etc*) remediable
reparaître [R(ə)parɛtʀ] VI (*livre*) reeditarse; (*journal*) reaparecer
réparateur, -trice [ReparatœR, tRis] NM/F reparador(a)
réparation [Reparasjɔ̃] NF arreglo; **en ~** en reparación; **demander à qn ~ de** (*offense etc*) demandar a algn la reparación de ▪ **réparations** NFPL reparaciones *fpl*
réparer [Repare] VT arreglar; (*déchirure, avarie, aussi fig*) reparar
reparler [R(ə)parle] VI : **~ de qn/qch** volver a hablar de algn/algo; **~ à qn** volver a hablar con algn
repars [Rəpar] VB *voir* **repartir**
répartie, repartie [Reparti] NF réplica; **avoir de la ~** tener respuesta para todo
repartir [RepartiR] VI (*retourner*) regresar; (*partir de nouveau*) volver a marcharse; (*affaire*) comenzar de nuevo; **~ à zéro** recomenzar de cero
répartir [RepartiR] VT repartir; **~ sur** repartir en; **~ en** dividir en ▪ **se répartir** VPR (*travail, rôles*) repartirse
répartiteur, -trice [RepartitœR, tRis] NM/F (*distributeur*) repartidor(a) ▸ NM (*Auto, Tél*) repartidor *m*; (*Méd*) distribuidor *m*
répartition [Repartisjɔ̃] NF reparto
reparution [R(ə)parysjɔ̃] NF (*de livre*) reedición *f*; (*de journal*) reaparición *f*
repas [R(ə)pɑ] NM comida; **à l'heure des ~** a la hora de comer
repassable [R(ə)pasabl] ADJ (*vêtement*) planchable; **non ~** no planchable
repassage [R(ə)pɑsaʒ] NM planchado
repasser [R(ə)pɑse] VI (*passer de nouveau*) volver a pasar ▸ VT (*vêtement, tissu*) planchar; (*examen, film*) repetir; (*leçon, rôle*) repasar; **~ qch à qn** (*plat, pain*) volver a pasar algo a algn
repasseuse [R(ə)pɑsøz] NF plancha mecánica
repayer [R(ə)peje] VT volver a pagar
repêchage [R(ə)pɛʃaʒ] NM (*Scol*) : **question de ~** pregunta de repesca
repêcher [R(ə)peʃe] VT (*noyé*) sacar del agua; (*fam : candidat*) repescar
repeindre [R(ə)pɛ̃dʀ] VT (*à nouveau*) volver a pintar; (*à neuf*) pintar
repenser [R(ə)pɑ̃se] VI (*par hasard*) acordarse ▸ VT (*considérer à nouveau*) replantearse
repentance [R(ə)pɑ̃tɑ̃s] NF arrepentimiento; **faire acte de ~** hacer acto de contrición
repentant, e [R(ə)pɑ̃tɑ̃, ɑ̃t] ADJ, NM/F arrepentido(-a)
repenti, e [R(ə)pɑ̃ti] ADJ, NM/F arrepentido(-a)
repentir [Rəpɑ̃tiR] NM arrepentimiento ▪ **se repentir** VPR arrepentirse; **se ~ de qch/d'avoir fait qch** arrepentirse de algo/de haber hecho algo
repérable [R(ə)perabl] ADJ localizable; (*changement, signe*) reconocible; **être ~ à qch** ser reconocible gracias a, ser identificable gracias a
repérage [R(ə)peraʒ] NM localización *f*; (*Ciné*) localización *f* de exteriores
répercussions [RepɛRkysjɔ̃] NFPL (*fig*) repercusiones *fpl*
répercuter [RepɛRkyte] VT repercutir; (*consignes, charges etc*) transmitir ▪ **se répercuter** VPR repercutir; **se ~ sur** (*fig*) repercutir en
repère [R(ə)pɛR] NM referencia; (*Tech*) marca; (*monument etc*) lugar *m* de referencia; **point de ~** punto de referencia
repérer [R(ə)pere] VT localizar; (*erreur*) ver, detectar; **se faire ~** hacerse notar ▪ **se repérer** VPR orientarse
répertoire [RepɛRtwaR] NM repertorio; (*carnet*) agenda; (*Inform, de carnet*) directorio; (*indicateur*) índice *m*
répertorier [RepɛRtɔRje] VT catalogar
répéter [Repete] VT repetir; (*nouvelle, secret*) volver a contar; (*leçon, rôle*) repasar; (*Théâtre*) ensayar; **je te répète que ...** te repito que ... ▸ VI (*Théâtre etc*) ensayar ▪ **se répéter** VPR repetirse
répéteur [RepetœR] NM (*Tél*) repetidor *m*
répétitif, -ive [Repetitif, iv] ADJ repetitivo(-a)
répétition [Repetisjɔ̃] NF repetición *f*; (*Théâtre*) ensayo; **armes à ~** armas de repetición; **~ générale** (*Théâtre*) ensayo general ▪ **répétitions** NFPL clases *fpl* particulares
répétitivité [Repetitivite] NF repetitividad *f*
repeuplement [R(ə)pœpləmɑ̃] NM (*de village,*

r

région, rivière) repoblación *f*; (*de forêt*) reforestación *f*

repeupler [R(ə)pœple] VT (*village, région, rivière*) repoblar; (*forêt*) reforestar

repiquage [R(ə)pikaʒ] NM (*plants*) trasplante *m*; (*enregistrement*) grabación *f*

repiquer [R(ə)pike] VT (*plants*) trasplantar; (*enregistrement*) grabar

répit [Repi] NM descanso; (*fig*) respiro; **sans ~** sin tregua

replacer [R(ə)plase] VT reponer

replanter [R(ə)plɑ̃te] VT (*plantes*) replantar; (*forêt*) repoblar

replat [Rəpla] NM rellano

replâtrer [R(ə)platRe] VT (*mur*) revocar; (*fig*) chapucear

replet, -ète [Rəplɛ, ɛt] ADJ rollizo(-a)

repli [Rəpli] NM repliegue *m*; **~ de terrain** ondulación *f* del terreno ■ **replis** NMPL pliegues *mpl*

replier [R(ə)plije] VT doblar ■ **se replier** VPR replegarse; **se ~ sur soi-même** ensimismarse

réplique [Replik] NF réplica; **donner la ~ à** contestar a; **sans ~** tajante

répliquer [Replike] VT contestar; (*avec impertinence*) replicar; **~ à** (*critique, personne*) rebatir (a); **~ que ...** contestar que ...

replonger [R(ə)plɔ̃ʒe] VT : **~ qch dans** sumergir de nuevo algo en ■ **se replonger** VPR : **se ~ dans** sumergirse de nuevo en

répondant, e [Repɔ̃dɑ̃, ɑ̃t] NM/F fiador(a)

répondeur [Repɔ̃dœR] NM (*Tél*) contestador *m* (automático)

répondre [Repɔ̃dR] VI contestar, responder; (*freins, mécanisme*) responder; **~ à** responder *ou* contestar a; (*affection*) corresponder a; (*salut, provocation, description*) responder a; **~ que** responder que; **~ de** responder de

réponse [Repɔ̃s] NF respuesta; **avec ~ payée** (*Postes*) a cobro revertido; **avoir ~ à tout** tener respuesta para todo; **en ~ à** en respuesta a; **carte-~** carta de respuesta; **bulletin-~** cupón *m* de concurso

report [RəpɔR] NM aplazamiento

reportage [R(ə)pɔRtaʒ] NM reportaje *m*

reporter[1] [R(ə)pɔRtɛR] NMF reportero(-a)

reporter[2] [Rəpɔrte] VT (*total, notes*) : **~ qch sur** pasar algo a; (*ajourner, renvoyer*) : **~ qch (à)** aplazar algo (hasta) ■ **se reporter à** VPR (*époque*) remontarse a; (*document, texte*) remitirse a

repos [R(ə)po] NM descanso; (*après maladie*) reposo; (*fig*) sosiego; (*Mil*) : **~ !** ¡descansen!; **en ~** en reposo; **au ~** en reposo; (*soldat*) en descanso; **de tout ~** tranquilo(-a); **ne pas être de tout ~** (*fig*) no ser un camino de rosas

reposant, e [R(ə)pozɑ̃, ɑ̃t] ADJ descansado(-a)

repose [R(ə)poz] NF (*de moteur, appareil*) cambio

reposé, e [R(ə)poze] ADJ (*teint, visage*) fresco(-a); **à tête reposée** con calma

repose-pied [R(ə)pozpje] NM reposapiés *msg*

reposer [R(ə)poze] VT (*verre, livre*) volver a poner; (*rideaux, carreaux*) volver a colocar; (*question, problème*) replantear; (*délasser*) descansar ▸ VI (*liquide, pâte*) reposar; (*personne*) : **ici repose ...** aquí descansa ...; **~ sur** (*suj : bâtiment*) descansar sobre; (*fig : affirmation*) basarse en ■ **se reposer** VPR descansar; **se ~ sur qn** apoyarse en algn

repositionnement [R(ə)pɔzisjɔnmɑ̃] NM (*stratégique, commercial*) reposicionamiento

repositionner [R(ə)pɔzisjɔne] : **se repositionner** VPR volver a posicionarse

repoussant, e [R(ə)pusɑ̃, ɑ̃t] ADJ repulsivo(-a)

repoussé, e [R(ə)puse] ADJ (*cuir*) repujado(a)

repousser [R(ə)puse] VI volver a crecer ▸ VT rechazar; (*rendez-vous, entrevue*) aplazar; (*répugner*) repeler

répréhensible [RepReɑ̃sibl] ADJ reprensible

reprendre [R(ə)pRɑ̃dR] VT (*prisonnier*) volver a coger; (*Mil : ville*) volver a tomar; (*objet posé etc*) recoger; (*objet prêté, donné*) recuperar; (*se resservir de*) volver a tomar; (*racheter*) comprar; (*travail, promenade, études*) reanudar; (*explication, histoire*) volver a; (*emprunter : argument, idée*) tomar; (*article etc*) rehacer; (*jupe, pantalon*) arreglar; (*émission, pièce*) repetir; (*personne*) corregir; **je viendrai te ~ à quatre heures** (*chercher*) pasaré a recogerte a las cuatro; **~ courage/des forces** recobrar valor/fuerzas; **~ ses habitudes/sa liberté** recuperar sus costumbres/su libertad; **~ la route** volver a ponerse en marcha; **~ connaissance** recobrar el conocimiento; **~ haleine** *ou* **son souffle** recobrar el aliento; **~ la parole** retomar la palabra ▸ VI (*cours, classes*) reanudarse; (*froid, pluie etc*) volver, llegar de nuevo; (*affaires, industrie*) reactivarse; **je reprends** (*poursuivre*) prosigo; **reprit-il** (*dire*) contestó ■ **se reprendre** VPR (*se corriger*) corregirse; (*se ressaisir*) reponerse; **s'y ~ à deux fois** tener que intentarlo dos veces

repreneur [R(ə)pRənœR] NM rescatador(-a)

reprenne *etc* [RəpRɛn] VB *voir* **reprendre**

représailles [R(ə)pRezaj] NFPL represalias *fpl*

représentant, e [R(ə)pRezɑ̃tɑ̃, ɑ̃t] NM/F representante *mf*

représentatif, -ive [R(ə)pRezɑ̃tatif, iv] ADJ representativo(-a)

représentation [R(ə)pRezɑ̃tasjɔ̃] NF representación *f*; **faire de la ~** (*Comm*) trabajar como representante; **frais de ~** (*d'un diplomate*) gastos *mpl* de representación

représenter [R(ə)pRezɑ̃te] VT representar ■ **se représenter** VPR (*occasion*) volver a presentarse; (*s'imaginer, se figurer*) figurarse; **se ~ à** (*examen, élections*) volver a presentarse a

répressif, -ive [RepResif, iv] ADJ represivo(-a)

répression [RepResjɔ̃] NF represión *f*; **mesures de ~** medidas *fpl* represivas

réprimande [RepRimɑ̃d] NF reprimenda

réprimander [ʀepʀimɑ̃de] VT reprender
réprimer [ʀepʀime] VT reprimir
repris, e [ʀ(ə)pʀi, iz] PP *de* **reprendre** ▶ NM/F : **~ de justice** reincidente *mf*
reprise [ʀ(ə)pʀiz] NF (*entreprise*) compra; (*article*) reestructuración *f*; (*jupe, pantalon*) arreglo; (*recommencement*) reanudación *f*; (*Théâtre, TV, Ciné*) reposición *f*; (*Boxe*) asalto; (*Auto*) reprise *m*; (*Comm*) compra; (*de location*) traspaso; (*raccommodage*) zurcido; **la ~ des hostilités** la reanudación de las hostilidades; **à plusieurs reprises** repetidas veces
repriser [ʀ(ə)pʀize] VT zurcir; **aiguille/coton à ~** aguja/hilo de zurcir
réprobateur, -trice [ʀepʀɔbatœʀ, tʀis] ADJ reprobatorio(-a)
réprobation [ʀepʀɔbasjɔ̃] NF reprobación *f*
reproche [ʀ(ə)pʀɔʃ] NM reproche *m*; **ton/air de ~** tono/aire *m* de reproche; **faire des reproches à qn** hacer reproches a algn; **faire ~ à qn de qch** reprochar algo a algn; **sans ~(s)** sin reproche
reprocher [ʀ(ə)pʀɔʃe] VT : **~ qch à (qn)** reprochar algo a (algn); **se ~ qch/d'avoir fait qch** reprocharse algo/haber hecho algo
reproducteur, -trice [ʀ(ə)pʀɔdyktœʀ, tʀis] ADJ reproductor(a)
reproductif, -ive [ʀ(ə)pʀɔdyktif, iv] ADJ reproductivo(-a)
reproduction [ʀ(ə)pʀɔdyksjɔ̃] NF (*aussi Biol*) reproducción *f*; **droits de ~** derechos *mpl* de reproducción; **« ~ interdite »** « prohibida su reproducción »
reproduire [ʀ(ə)pʀɔdɥiʀ] VT reproducir ■ **se reproduire** VPR (*Biol, fig*) reproducirse
reprographie [ʀ(ə)pʀɔgʀafi] NF reprografía
réprouvé, e [ʀepʀuve] NM/F réprobo(-a)
réprouver [ʀepʀuve] VT reprobar
reptation [ʀɛptasjɔ̃] NF reptar *m*
reptile [ʀɛptil] NM reptil *m*
repu, e [ʀəpy] PP *de* **repaître** ▶ ADJ harto(-a)
républicain, e [ʀepyblikɛ̃, ɛn] ADJ, NM/F republicano(-a)
république [ʀepyblik] NF república; **R~ Centrafricaine** República Centroafricana; **R~ de Corée** República de Corea; **R~ d'Irlande** República de Irlanda; **R~ dominicaine** República Dominicana; **R~ populaire de Chine** República popular de China; **R~ populaire démocratique de Corée** República popular democrática de Corea
répudiation [ʀepydjasjɔ̃] NF (*de femme*) repudio; (*d'opinion, doctrine*) renuncia
répudier [ʀepydje] VT repudiar; (*opinion, doctrine*) renunciar
répugnance [ʀepyɲɑ̃s] NF repugnancia; **j'ai** *ou* **j'éprouve de la ~ à le faire** me da repugnancia hacerlo
répugnant, e [ʀepyɲɑ̃, ɑ̃t] ADJ repugnante
répugner [ʀepyɲe] VT repugnar; **je répugne à le faire** me repugna hacerlo
répulsion [ʀepylsjɔ̃] NF repulsión *f*
réputation [ʀepytasjɔ̃] NF reputación *f*; (*d'une maison*) fama; **avoir la ~ d'être ...** tener fama de ser ...; **connaître qn/qch de ~** conocer a algn/algo por la fama; **de ~ mondiale** de fama mundial
réputé, e [ʀepyte] ADJ famoso(-a); **être ~ pour** ser famoso(-a) por
requérir [ʀəkeʀiʀ] VT requerir; (*demander au nom de la loi*) demandar, requerir; (*Jur : peine*) pedir
requête [ʀəkɛt] NF (*prière*) petición *f*; (*Jur*) demanda, requerimiento
requiem [ʀekɥijɛm] NM réquiem *m*
requiers *etc* [ʀəkjɛʀ] VB *voir* **requérir**
requin [ʀəkɛ̃] NM tiburón *m*; (*fam : fig*) buitre *m*
requinquer [ʀ(ə)kɛ̃ke] VT entonar
requis, e [ʀəki, iz] PP *de* **requérir** ▶ ADJ (*conditions, âge*) requerido(-a)
réquisition [ʀekizisjɔ̃] NF requisa
réquisitionner [ʀekizisjɔne] VT requisar
réquisitoire [ʀekizitwaʀ] NM (*Jur*) requisitoria; (*fig*) : **~ contre** acusación *f* contra
RER [ɛʀøɛʀ] SIGLE M (= *Réseau express régional*) *red de trenes rápidos de París y de la periferia*; (*train*) *uno de esos trenes*
rescapé, e [ʀɛskape] NM/F superviviente *mf*
rescousse [ʀɛskus] NF : **aller/venir à la ~ de** ir/venir en socorro de; **appeler qn à la ~** pedir la ayuda de algn
réseau, x [ʀezo] NM red *f*; **mettre en ~** (*ordinateurs, ressources*) conectar en red; **~ social** red *f* social
réseautage [ʀezotaʒ] NM establecimiento de contactos, creación *f* de redes de contactos
réséda [ʀezeda] NM reseda
réservation [ʀezɛʀvasjɔ̃] NF reserva
réserve [ʀezɛʀv] NF reserva; (*d'un magasin*) depósito; (*de pêche, chasse*) coto; **la ~** (*Mil*) la reserva; **officier de ~** oficial en la reserva; **sous ~ de** a reserva de; **sans ~** sin reservas; **avoir/mettre/tenir qch en ~** tener/poner/guardar algo en reserva; **de ~** de reserva; **~ naturelle** reserva natural ■ **réserves** NFPL reservas *fpl*; **sous toutes réserves** con muchas reservas
réservé, e [ʀezɛʀve] ADJ reservado(-a); (*chasse, pêche*) vedado(-a); **~ à/pour** reservado(-a) a/para
réserver [ʀezɛʀve] VT reservar; (*réponse, assentiment etc*) reservarse; **~ qch pour/à** (*mettre de côté, garder*) reservar algo para/a; **~ qch à qn** reservar algo a algn; **se ~ qch** reservarse algo; **se ~ de faire qch** reservarse el hacer algo; **se ~ le droit de faire qch** reservarse el derecho de hacer algo
réserviste [ʀezɛʀvist] NM reservista *m*
réservoir [ʀezɛʀvwaʀ] NM depósito

résidence [Rezidɑ̃s] NF (*habitation luxueuse*) residencia; (*groupe d'immeubles*) conjunto residencial; **(en) ~ surveillée** (*Jur*) (en) arresto domiciliario; **~ principale/secondaire** residencia principal/secundaria; **~ universitaire** residencia universitaria
résident, e [Rezidɑ̃, ɑ̃t] NM/F residente *mf* ▸ ADJ (*Inform*) residente
résidentiel, le [Rezidɑ̃sjɛl] ADJ residencial
résider [Rezide] VI : **~ à/dans/en** residir en; **~ dans/en** (*fig*) radicar en
résidu [Rezidy] NM (*Chim, Phys*) residuo; (*péj*) deshecho
résiduel, le [Rezidɥɛl] ADJ residual
résignation [Reziɲasjɔ̃] NF resignación *f*
résigné, e [Reziɲe] ADJ resignado(-a)
résigner [Reziɲe] VT resignar ■ **se résigner** VPR resignarse; **se ~ à qch/faire qch** resignarse a algo/hacer algo
résiliable [Reziljabl] ADJ rescindible
résiliation [Reziljasjɔ̃] NF rescisión *f*
résilier [Rezilje] VT rescindir
résille [Rezij] NF redecilla
résine [Rezin] NF resina
résiné, e [Rezine] ADJ : **vin ~** vino resinoso
résineux, -euse [Rezinø, øz] ADJ resinoso(-a) ▸ NM (*Bot*) conífera
résistance [Rezistɑ̃s] NF resistencia; **la R~** (*Pol*) la Resistencia
résistant, e [Rezistɑ̃, ɑ̃t] ADJ resistente ▸ NM/F militante *mf* de la Resistencia
résister [Reziste] VI resistir; **~ à** resistir a; (*personne*) oponerse a
résolu, e [Rezɔly] PP *de* **résoudre** ▸ ADJ decidido(-a); **être ~ à qch/faire qch** estar decidido(-a) a algo/hacer algo
résolument [Rezɔlymɑ̃] ADV decididamente
résolution [Rezɔlysjɔ̃] NF resolución *f*; (*fermeté*) decisión *f*; (*Inform*) definición *f*; **prendre la ~ de** tomar la resolución de; **bonnes résolutions** determinaciones *fpl*
résolvais *etc* [Rezɔlvɛ] VB *voir* **résoudre**
résolve *etc* [Resɔlv] VB *voir* **résoudre**
résonance [Rezɔnɑ̃s] NF resonancia
résonner [Rezɔne] VI resonar; **~ de** resonar con
résorber [RezɔRbe] : **se résorber** VPR (*Méd*) reabsorberse; (*déficit, chômage*) reducirse
résorption [RezɔRpsjɔ̃] NF (*Méd*) reabsorbción *f*; (*de déficit, chômage*) reducción *f*
résoudre [RezudR] VT resolver; **~ qn à faire qch** inducir a que algn haga algo; **~ de faire qch** decidir hacer algo; **se ~ à qch/faire qch** decidirse por algo/a *ou* por hacer algo
respect [Rɛspɛ] NM respeto; **tenir qn en ~** mantener a algn a distancia; (*fig*) tener a algn a raya ■ **respects** NMPL : **présenter ses respects à qn** presentar sus respetos a algn
respectabilité [Rɛspɛktabilite] NF respetabilidad *f*
respectable [Rɛspɛktabl] ADJ respetable; (*quantité*) considerable
respecter [Rɛspɛkte] VT respetar; **faire ~** hacer respetar; **le lexicographe qui se respecte** (*fig*) el lexicógrafo que se precie
respectif, -ive [Rɛspɛktif, iv] ADJ respectivo(-a)
respectivement [Rɛspɛktivmɑ̃] ADV respectivamente
respectueusement [Rɛspɛktɥøzmɑ̃] ADV respetuosamente
respectueux, -euse [Rɛspɛktɥø, øz] ADJ respetuoso(-a); **à une distance respectueuse** a una distancia respetuosa; **~ de** respetuoso(-a) con
respirable [Rɛspirabl] ADJ : **pas ~** irrespirable
respiration [RɛspiRasjɔ̃] NF respiración *f*; **retenir sa ~** contener su respiración; **~ artificielle** respiración artificial
respiratoire [RɛspiRatwaR] ADJ respiratorio(-a)
respirer [Rɛspire] VI respirar ▸ VT (*odeur, parfum, grand air*) aspirar; (*santé, calme, paix*) respirar
resplendir [Rɛsplɑ̃diR] VI resplandecer; **~ de** resplandecer de
resplendissant, e [Rɛsplɑ̃disɑ̃, ɑ̃t] ADJ resplandeciente
responsabiliser [Rɛspɔ̃sabilize] VT responsabilizar
responsabilité [Rɛspɔ̃sabilite] NF responsabilidad *f*; **accepter/refuser la ~ de** aceptar/declinar la responsabilidad de; **prendre ses responsabilités** asumir su responsabilidad; **décliner toute ~** declinar cualquier responsabilidad; **~ civile/collective/morale/pénale** responsabilidad civil/colectiva/moral/penal
responsable [Rɛspɔ̃sabl] ADJ, NMF responsable *mf*
resquiller [Rɛskije] VI (*au cinéma, au stade*) colarse; (*dans le train*) viajar de gorra
resquilleur, -euse [RɛskijœR, øz] NM/F gorrón(-ona)
ressac [Rəsak] NM resaca
ressaisir [R(ə)seziR] : **se ressaisir** VPR (*se maîtriser*) serenarse; (*équipe sportive, concurrent*) recuperarse
ressasser [R(ə)sase] VT rumiar; (*histoires, critiques*) repetir
ressemblance [R(ə)sɑ̃blɑ̃s] NF semejanza; (*Art*) parecido; (*analogie, trait commun*) similitud *f*
ressemblant, e [R(ə)sɑ̃blɑ̃, ɑ̃t] ADJ parecido(-a)
ressembler [R(ə)sɑ̃ble] : **~ à** *vt* parecerse a ■ **se ressembler** VPR parecerse
ressemeler [R(ə)səm(ə)le] VT echar nuevas suelas
ressens *etc* [R(ə)sɑ̃] VB *voir* **ressentir**

ressentiment [R(ə)sɑ̃timɑ̃] NM resentimiento

ressentir [R(ə)sɑ̃tiR] VT sentir; **se ~ de** resentirse de

resserre [RəsɛR] NF trastero

resserrement [R(ə)sɛRmɑ̃] NM estrechamiento

resserrer [R(ə)seRe] VT apretar; (*liens d'amitié*) estrechar ■ **se resserrer** VPR (*route, vallée*) estrecharse; (*liens, nœuds*) apretarse; **se ~ (autour de)** (*fig*) acercarse (a)

ressers *etc* [R(ə)sɛR] VB *voir* **resservir**

resservir [R(ə)sɛRviR] VT : **~ qn (d'un plat)** volver a servir a algn (un plato); **~ de qch (à qn)** volver a servir algo (a algn) ▸ VI (*être réutilisé*) servir de nuevo ■ **se resservir** VPR : **se ~ de** (*plat*) volver a servirse

ressort [RəsɔR] VB *voir* **ressortir** ▸ NM muelle *m*; **avoir du/manquer de ~** tener/carecer de dinamismo; **en dernier ~** en última instancia; **être du ~ de** ser de la competencia de

ressortir [RəsɔRtiR] VI (*sortir à nouveau*) salir de nuevo; (*projectile etc*) salir; (*couleur, broderie, détail*) resaltar; **il ressort de ceci que ...** resulta de eso que ...; **~ à** (*Admin, Jur*) ser de la jurisdicción de; **faire ~ qch** (*fig*) hacer resaltar algo ▸ VT sacar de nuevo

ressortissant, e [R(ə)sɔRtisɑ̃, ɑ̃t] NM/F súbdito(-a)

ressouder [R(ə)sude] VT volver a soldar

ressource [R(ə)suRs] NF (*expédient, recours*) recurso; **leur seule ~ était de ...** su único recurso era ... ■ **ressources** NFPL recursos *mpl*; **ressources d'énergie** recursos energéticos

ressourcer [R(ə)suRse] : **se ressourcer** VPR (*se régénérer*) recuperarse, cargar las baterías

ressurgir [R(ə)syRʒiR] VI = **resurgir**

ressusciter [Resysite] VT (*personne*) resucitar; (*art, mode*) resurgir ▸ VI (*Christ, aussi fig*) resucitar

restant, e [Rɛstɑ̃, ɑ̃t] ADJ restante ▸ NM (*d'une somme, quantité*) : **le ~ (de)** el resto (de); **un ~ de** unas sobras de; (*vestige*) un resto de

restaurant [Rɛstɔʀɑ̃] NM restaurante *m*; **manger au ~** comer en un restaurante; **~ d'entreprise/universitaire** comedor *m* de una empresa/universitario

restaurateur, -trice [RɛstɔRatœR, tRis] NM/F restaurador(a)

restauration [RɛstɔRasjɔ̃] NF restauración *f*; **~ rapide** comida rápida

restaurer [RɛstɔRe] VT restaurar ■ **se restaurer** VPR comer

restauroute [RɛstoRut] NM = **restoroute**

reste [Rɛst] NM resto; (*Math*) residuo; **utiliser un ~ de poulet/soupe/tissu** utilizar un resto de pollo/sopa/tejido; **faites ceci, je me charge du ~** haced esto, del resto me encargo yo; **pour le ~, quant au ~** por lo demás, en cuanto a lo demás; **le ~ du temps/des gens** el resto del tiempo/de la gente; **avoir du temps/de l'argent de ~** tener tiempo/dinero de sobra; **et tout le ~** y todo lo demás; **ne voulant pas être** *ou* **demeurer en ~** no queriendo ser menos; **partir sans attendre** *ou* **demander son ~** (*fig*) marcharse sin esperar respuesta; **du ~, au ~** (*au surplus, d'ailleurs*) además ■ **restes** NMPL (*Culin*) sobras *fpl*; (*d'une cité, dépouille mortelle*) restos *mpl*

rester [Rɛste] VI (*dans un lieu*) quedarse; (*dans un état, une position*) quedar; (*être encore là, subsister*) permanecer; (*durer*) persistir; **en ~ à** (*stade, menaces*) quedarse en; **restons-en là** dejémoslo aquí; **~ immobile/assis/habillé** quedarse inmóvil/sentado/vestido; **~ sur sa faim/une impression** quedarse con las ganas/una impresión; **y ~** (*fam*) : **il a failli y ~** por poco estira la pata ▸ VB IMPERS : **il me reste du pain** me queda pan; **il (me) reste deux œufs** (me) quedan dos huevos; **il (me) reste 10 minutes** (me) quedan 10 minutos; **(il) reste à savoir/établir si ...** queda por saber/establecer si ...; **il reste que ..., il n'en reste pas moins que ...** sin embargo ..., con todo y con eso ...; **voilà tout ce qui (me) reste** esto es todo lo que (me) queda; **ce qui (me) reste à faire** lo que (me) falta por hacer

> ⚠ No debe traducirse por *restar*, que en francés corresponde a **soustraire**.

restituer [Rɛstitɥe] VT (*texte, inscription*) reconstruir; (*Tech : énergie, son*) reproducir; **~ qch (à qn)** (*objet, somme*) restituir algo (a algn)

restitution [Rɛstitysjɔ̃] NF restitución *f*

restoroute [RɛstoRut] NM restaurante *m* de carretera

restreindre [RɛstRɛ̃dR] VT restringir ■ **se restreindre** VPR restringirse

restreint, e [RɛstRɛ̃, ɛ̃t] PP *de* **restreindre** ▸ ADJ limitado(-a)

restrictif, -ive [RɛstRiktif, iv] ADJ restrictivo(-a)

restriction [RɛstRiksjɔ̃] NF restricción *f*; **sans ~** sin reservas ■ **restrictions** NFPL (*rationnement*) restricciones *fpl*; **faire des restrictions** (*critiquer*) tener reservas; (*mentales*) hacer restricción mental

restructuration [RəstRyktyRasjɔ̃] NF reestructuración *f*

restructurer [RəstRyktyRe] VT reestructurar

résultante [Rezyltɑ̃t] NF consecuencia

résultat [Rezylta] NM resultado ■ **résultats** NMPL resultados *mpl*; **exiger/obtenir des résultats** exigir/obtener resultados; **résultats sportifs** resultados deportivos

résulter [Rezylte] VI : **~ de** resultar de; **il résulte de ceci que ...** de ello resulta que ...

résumé [Rezyme] NM resumen *m*; (*ouvrage succinct*) compendio *m*; **faire le ~ de** hacer el resumen de; **en ~** en resumen

résumer [Rezyme] VT resumir ■ **se résumer** VPR (*personne*) sintetizar; **se ~ à** (*se réduire à*) resumirse a

résurgence [ʀezyʀʒɑ̃s] NF resurgimiento
resurgir [ʀ(ə)syʀʒiʀ] VI resurgir
résurrection [ʀezyʀɛksjɔ̃] NF (*Rel*) resurrección *f*; (*fig*) reaparición *f*
rétablir [ʀetabliʀ] VT restablecer; **~ qn** restablecer a algn; **~ qn dans son emploi/ses droits** (*Admin*) restablecer a algn en su empleo/en sus derechos ■ **se rétablir** VPR restablecerse; (*Gymnastique*) : **se ~ (sur)** elevarse (sobre)
rétablissement [ʀetablismɑ̃] NM restablecimiento; **faire un ~** (*Gymnastique etc*) hacer una elevación
rétamer [ʀetame] VT estañar de nuevo ■ **se rétamer** VPR (*fam* : *tomber*) pegarse una torta (*fam*)
rétameur [ʀetamœʀ] NM estañador *m*
retaper [ʀ(ə)tape] (*fam*) VT arreglar; (*redactylographier*) pasar de nuevo a máquina, mecanografiar de nuevo
retard [ʀ(ə)taʀ] NM retraso; **arriver en ~** llegar con retraso; **être en ~** (*personne*) llegar tarde; (*train*) traer retraso; (*dans paiement, travail*) retrasarse; (*pays*) estar retrasado(-a); **être en ~ (de deux heures)** retrasarse (dos horas); **avoir un ~ de deux heures/deux km** (*Sport*) llevar un retraso de dos horas/dos km; **rattraper son ~** recuperarse de un retraso; **avoir du ~** estar retrasado(-a); (*sur un programme*) estar atrasado(-a); **prendre du ~** (*train, avion*) retrasarse; (*montre*) atrasarse; **sans ~** sin retraso; **~ à l'allumage** (*Auto*) retardo en la chispa; **~ scolaire** retraso escolar
retardataire [ʀ(ə)taʀdatɛʀ] ADJ (*enfant*) retrasado(-a); (*idées*) atrasado(-a) ▸ NMF rezagado(-a)
retardé, e [ʀ(ə)taʀde] ADJ, NM/F retrasado(-a)
retardement [ʀ(ə)taʀdəmɑ̃] : **à ~** *adj* de efecto retardado; (*aussi Photo, mécanisme*) de mecanismo retardado; **bombe à ~** (*aussi fig*) bomba de relojería
retarder [ʀ(ə)taʀde] VT (*montre*) atrasar; (*travail, études*) retrasar; **~ qn (d'une heure)** retrasar a algn (una hora) ▸ VI (*horloge, montre*) atrasar; (: *d'habitude*) estar atrasado(-a); (*fig* : *personne*) no estar al tanto; **je retarde (d'une heure)** mi reloj va una hora atrasado
retendre [ʀ(ə)tɑ̃dʀ] VT tensar de nuevo
retenir [ʀət(ə)niʀ] VT retener; (*objet qui glisse*) agarrar; (*objet suspendu*) sujetar; (*odeur, chaleur, lumière etc*) conservar; (*colère, larmes*) contener; (*chanson, date*) recordar; (*suggestion, proposition*) aceptar; (*place, chambre*) reservar; (*Math*) llevarse; **~ qn (de faire)** impedir a algn (hacer); **je pose trois et je retiens deux** pongo tres y me llevo dos; **~ un rire/sourire** contener la risa/sonrisa; **~ son souffle** *ou* **haleine** contener su respiración *ou* aliento; **il m'a retenu à dîner** me ha hecho quedarme a cenar ■ **se retenir** VPR (*euphémisme*) aguantarse; (*se raccrocher*) : **se ~ (à)** agarrarse (a); **se ~ (de faire qch)** contenerse (de hacer algo)
rétention [ʀetɑ̃sjɔ̃] NF : **~ d'urine** retención *f* de orina
retentir [ʀ(ə)tɑ̃tiʀ] VI resonar; (*fig*) repercutir; **~ de** retumbar con; **~ sur** (*fig*) repercutir sobre
retentissant, e [ʀ(ə)tɑ̃tisɑ̃, ɑ̃t] ADJ (*voix, choc*) ruidoso(-a); (*succès etc*) clamoroso(-a)
retentissement [ʀ(ə)tɑ̃tismɑ̃] NM (*gén pl*) repercusión *f*; (*éclat*) resonancia
retenu, e [ʀət(ə)ny] PP *de* **retenir** ▸ ADJ (*place, propos*) reservado(-a); (*personne* : *empêché*) retenido(-a)
retenue [ʀət(ə)ny] NF (*somme prélevée*) deducción *f*; (*Math*) lo que se lleva; (*Scol*) castigo; (*modération*) moderación *f*; (*réserve*) reserva; (*Auto*) cola
réticence [ʀetisɑ̃s] NF reticencia; **sans ~** sin reticencia
réticent, e [ʀetisɑ̃, ɑ̃t] ADJ reticente
retiendrai [ʀətjɛ̃dʀe] VB *voir* **retenir**
retiens [ʀətjɛ̃] VB *voir* **retenir**
rétif, -ive [ʀetif, iv] ADJ inquieto(-a); (*fig*) reacio(-a)
rétine [ʀetin] NF retina
retint [ʀətɛ̃] VB *voir* **retenir**
retiré, e [ʀ(ə)tiʀe] ADJ (*personne, vie*) solitario(-a); (*quartier*) alejado(-a)
retirer [ʀ(ə)tiʀe] VT retirar; (*vêtement, lunettes*) quitarse; **~ un bénéfice/des avantages de** sacar beneficio de/ventajas de; **~ qch à qn** quitarle algo a algn; **~ qch/qn de** sacar algo/a algn de ■ **se retirer** VPR retirarse
retombées [ʀətɔ̃be] NFPL (*radioactives*) lluvias *fpl*; (*d'un événement*) repercusiones *fpl*; (*d'une invention*) efectos *mpl*
retomber [ʀ(ə)tɔ̃be] VI caer; (*tomber de nouveau*) caer de nuevo; **~ malade/dans l'erreur** volver a caer enfermo/en el error; **~ sur qn** recaer sobre algn
retoquer [ʀ(ə)tɔke] VT rechazar; **se faire ~** (*à un examen*) suspender
retordre [ʀ(ə)tɔʀdʀ] VT : **donner du fil à ~ à qn** dar que hacer a algn
rétorquer [ʀetɔʀke] VT : **~ (à qn) que** replicar (a algn) que
retors, e [ʀətɔʀ, ɔʀs] ADJ astuto(-a)
rétorsion [ʀetɔʀsjɔ̃] NF : **mesures de ~** represalias *fpl*
retouche [ʀ(ə)tuʃ] NF retoque *m*; **faire une ~** *ou* **des retouches à** dar un retoque *ou* unos retoques a
retoucher [ʀ(ə)tuʃe] VT retocar
retour [ʀ(ə)tuʀ] NM vuelta; (*d'un lieu, vers un lieu*) regreso; **au ~** a la vuelta; **pendant le ~** durante el regreso; **à mon/ton ~** a mi/tu regreso; **au ~ de** a la vuelta de; **être de ~ (de)** estar de vuelta (de); **de ~ à Lyons** de vuelta en Lyons; **de ~ chez moi** de vuelta en casa; **« de ~ dans 10 minutes »** « vuelvo en 10 minutos »; **en ~** en cambio; **par ~ du courrier** a vuelta de correo; **un juste ~ des choses** un castigo merecido; **un**

de ces jours, il y aura un ~ de manivelle un día se le virará la tortilla; **match ~** partido de vuelta; **~ à l'envoyeur** (*Postes*) devuelto a su procedencia; **~ (automatique) à la ligne** (*Inform*) salto de línea automático; **~ aux sources** (*fig*) vuelta a las raíces; **~ de bâton** contragolpe *m*; **~ de chariot** vuelta de carretilla; **~ de flamme** retorno de llama; (*fig*) contragolpe *m*; **~ en arrière** (*Ciné, Litt, fig*) vuelta atrás; (*mesure*) paso atrás; **~ offensif** vuelta ofensiva

retournement [R(ə)tuRnəmɑ̃] NM cambio; **~ de la situation** cambio de la situación

retourner [R(ə)tuRne] VT (*dans l'autre sens*) dar la vuelta a, voltear (*Am*); (*caisse*) poner boca abajo; (*arme*) volver; (*renvoyer, restituer, argument*) devolver; (*sac, vêtement*) volver del revés; (*terre, sol, foin, émouvoir*) revolver; **~ sa veste** (*fig : fam*) cambiar de chaqueta ▸ VI volver; (*aller de nouveau*) : **~ quelque part/vers/chez** volver de nuevo a algún sitio/hacia/a casa de; **~ à** volver a; **~ en arrière** *ou* **sur ses pas** volver atrás *ou* sobre sus pasos; **~ aux sources** volver a las raíces; **savoir de quoi il retourne** saber de qué se trata ■ **se retourner** VPR volverse, voltearse (*Am*); (*voiture*) dar vuelta de campana; (*tourner la tête*) volverse; **s'en ~** regresar; **se ~ contre qn/qch** (*fig*) volverse contra algn/algo

retracer [R(ə)tRase] VT recordar

rétractable [RetRaktabl] ADJ (*poignée, toit*) retráctil

rétracter [RetRakte] VT (*affirmation, promesse*) retractar; (*antenne etc*) retraer ■ **se rétracter** VPR retractarse; (*revenir sur ses promesses*) desdecirse; (*antenne etc*) retraerse

retraduire [R(ə)tRadɥiR] VT traducir de nuevo

retrait [R(ə)tRɛ] NM retiro; **en ~** apartado(-a); **écrire en ~** escribir dejando un margen; **~ du permis (de conduire)** retirada de carnet (de conducir)

retraite [R(ə)tRɛt] NF retiro; (*d'une armée*) retirada; (*d'un employé, fonctionnaire*) jubilación *f*; **être à la ~** estar jubilado(-a); **mettre à la ~** jubilar (a); **prendre sa ~** jubilarse; **~ anticipée** jubilación anticipada; **~ aux flambeaux** desfile *m* con antorchas

retraité, e [R(ə)tRete] ADJ retirado(-a), jubilado(-a) ▸ NM/F jubilado(-a)

retraitement [R(ə)tRɛtmɑ̃] NM (*de déchets radioactifs*) reciclaje *m*

retraiter [R(ə)tRete] VT reciclar

retranchement [R(ə)tRɑ̃ʃmɑ̃] NM (*fortification*) fortificación *f*; **poursuivre qn dans ses derniers retranchements** (*fig*) acorralar a algn

retrancher [R(ə)tRɑ̃ʃe] VT suprimir; **~ qch de** (*nombre, somme*) sustraer algo de; **se ~ derrière/dans** (*Mil*) parapetarse detrás de/en; (*fig*) refugiarse en

retranscription [R(ə)tRɑ̃skRipsjɔ̃] NF nueva transcripción

retranscrire [R(ə)tRɑ̃skRiR] VT transcribir de nuevo

retransmettre [R(ə)tRɑ̃smɛtR] VT retransmitir

retransmission [R(ə)tRɑ̃smisjɔ̃] NF retransmisión *f*

retravailler [R(ə)tRavaje] VI, VT trabajar de nuevo

retraverser [R(ə)tRavɛRse] VT volver a atravesar

rétréci, e [RetResi] ADJ estrechado(-a)

rétrécir [RetResiR] VT, VI (*vêtement*) encoger ■ **se rétrécir** VPR estrecharse

rétrécissement [RetResismɑ̃] NM estrechamiento

retremper [R(ə)tRɑ̃pe] VT : **se ~ dans** (*fig*) meterse de nuevo en

rétribuer [RetRibɥe] VT retribuir

rétribution [RetRibysjɔ̃] NF retribución *f*

rétro [RetRo] ADJ : **mode/style ~** moda/estilo retro *inv* ▸ NM (*fam*) = **rétroviseur**

rétroactif, -ive [RetRoaktif, iv] ADJ retroactivo(-a)

rétroactivement [RetRoaktivmɑ̃] ADV retroactivamente

rétroactivité [RetRoaktivite] NF retroactividad *f*

rétrocéder [RetRosede] VT hacer retrocesión de

rétrocession [RetRosesjɔ̃] NF retrocesión *f*

rétroéclairage [RetRoeklɛRaʒ] NM (*Tech*) retroiluminación *f*

rétroéclairé, e [RetRoeklɛRe] ADJ (*écran*) retroiluminado(-a)

rétrofusée [RetRofyze] NF retrocohete *m*

rétrogradation [RetRɔgRadasjɔ̃] NF (*Mil, Admin*) degradación *f*; (*Sport*) pérdida de categoría (*por motivos extradeportivos*)

rétrograde [RetRɔgRad] (*péj*) ADJ retrógrado(-a)

rétrograder [RetRɔgRade] VI (*Auto*) reducir velocidad; (*cheval, coureur*) atrasarse ▸ VT (*Mil, Admin*) degradar

rétroprojecteur [RetRopRɔʒɛktœR] NM retroproyector *m*

rétrospectif, -ive [RetRɔspɛktif, iv] ADJ retrospectivo(-a)

rétrospective [RetRɔspɛktiv] NF retrospectiva

rétrospectivement [RetRɔspɛktivmɑ̃] ADV retrospectivamente

retroussé, e [R(ə)tRuse] ADJ : **nez ~** nariz respingona

retrousser [R(ə)tRuse] VT (*pantalon etc*) arremangar; (*nez*) arrugar; (*lèvres*) fruncir ■ **se retrousser** VPR : **se ~ les manches** (*fig*) arremangarse

retrouvailles [R(ə)tRuvaj] NFPL reencuentro

retrouver [R(ə)tRuve] VT encontrar; (*sommeil, calme, santé*) recobrar; (*expression, style*) reconocer; (*rejoindre*) encontrarse con ■ **se retrouver**

r

VPR encontrarse; (*s'orienter*) orientarse; **se ~ dans** (*calculs, dossiers, désordre*) desenvolverse en; **s'y ~** (*rentrer dans ses frais*) salir ganando

rétroviral, e, -aux [RetRoviRal, o] ADJ retroviral

rétrovirus [RetRoviRys] NM retrovirus *m inv*

rétroviseur [RetRɔvizœR] NM retrovisor *m*

retweeter [rətwite] VT (*Inform : Twitter*) retuitear, retwittear

réunifier [Reynifje] VT reunificar

Réunion [Reynjɔ̃] NF : **la ~, l'île de la ~** la (isla de la) Reunión

réunion [Reynjɔ̃] NF reunión *f*; (*séance, congrès*) encuentro; **~ électorale** mitin *m* electoral; **~ sportive** tertulia deportiva

réunionite [Reynjɔnit] (*fam*) NF reunionitis *f inv* (*fam*)

réunionnais, e [Reynjɔnɛ, ɛz] ADJ de la Reunión ▸ NM/F : **Réunionnais, e** nativo(-a) *ou* habitante *mf* de la Reunión

réunir [ReyniR] VT reunir; (*rapprocher*) juntar; (*rattacher*) unir; **~ qch à** sumar algo a ■ **se réunir** VPR reunirse; (*s'allier*) unirse; (*chemins, cours d'eau etc*) juntarse

réussi, e [Reysi] ADJ (*robe, photographie*) logrado(-a); (*réception*) exitoso(-a)

réussir [ReysiR] VI (*tentative, projet*) ser un éxito, salir bien; (*plante, culture*) darse bien; (*personne*) tener éxito, triunfar; (: *à un examen*) aprobar; **~ à faire qch** lograr *ou* conseguir hacer algo; **~ à qn** (*aliment*) sentar bien a algn; **le travail/le mariage lui réussit** el trabajo/el matrimonio le sienta bien ▸ VT (*examen*) aprobar; **j'ai réussi mon examen** he aprobado el examen; **j'ai réussi du premier coup les profiteroles** los profiteroles me han salido bien a la primera

> Pour traduire **réussir à**, on emploie *lograr* ou *conseguir*, sans préposition :
> **J'ai réussi à tout terminer.** He conseguido terminarlo todo.
> **J'ai finalement réussi à la joindre.** Al final he logrado localizarla.

réussite [Reysit] NF éxito; (*Cartes*) solitario; **une ~ insolente** un éxito inaudito; **taux de ~** (*au baccalauréat, à un examen*) porcentaje de aprobados

réutilisable [Reytilizabl] ADJ reutilizable

réutilisation [Reytilizasjɔ̃] NF reutilización *f*

réutiliser [Reytilize] VT reutilizar

revaloir [R(ə)valwaR] VT : **je vous revaudrai cela** se lo pagaré con la misma moneda

revalorisation [R(ə)valɔRizasjɔ̃] NF revalorización *f*

revaloriser [R(ə)valɔRize] VT revalorizar; (*salaires, pensions*) elevar

revanchard, e [R(ə)vɑ̃ʃaR, aRd] ADJ revanchista

revanche [R(ə)vɑ̃ʃ] NF revancha; **prendre sa ~ (sur)** tomar la revancha (contra); **en ~** en cambio; (*en compensation*) en compensación

rêvasser [Rɛvase] VI soñar despierto

rêve [Rɛv] NM sueño; **paysage/silence de ~** paisaje/silencio de ensueño; **la voiture/maison de ses rêves** el coche/la casa de sus sueños; **~ éveillé** ensueño

rêvé, e [Reve] ADJ soñado(-a)

revêche [Rəvɛʃ] ADJ hosco(-a)

réveil [Revɛj] NM despertar *m*; (*pendule*) despertador *m*; **au ~, je ...** al despertarme, ...; **sonner le ~** (*Mil*) tocar a diana

réveille-matin [Revɛjmatɛ̃] NM INV despertador *m*

réveiller [Reveje] VT despertar ■ **se réveiller** VPR despertarse; (*fig : se secouer*) espabilarse

réveillon [Revɛjɔ̃] NM cena de Nochebuena; (*de la Saint-Sylvestre*) cena de Nochevieja; (*dîner, soirée*) cotillón *m*

réveillonner [Revɛjɔne] VI *celebrar la cena de Nochebuena o Nochevieja*

révélateur, -trice [RevelatœR, tRis] ADJ revelador(a) ▸ NM (*Photo*) revelador *m*

révélation [Revelasjɔ̃] NF revelación *f*

révéler [Revele] VT revelar; **~ qn/qch** dar algn/algo a conocer ■ **se révéler** VPR revelarse; **se ~ facile/faux** resultar fácil/falso; **se ~ cruel** mostrarse cruel; **se ~ un allié sûr** resultar ser un aliado seguro

revenant, e [R(ə)vənɑ̃, ɑ̃t] NM/F fantasma *m*

revendeur, -euse [R(ə)vɑ̃dœR, øz] NM/F revendedor(a)

revendicatif, -ive [R(ə)vɑ̃dikatif, iv] ADJ reivindicativo(-a)

revendication [R(ə)vɑ̃dikasjɔ̃] NF reivindicación *f*; (*gén pl : Pol etc*) reivindicaciones *fpl*; **journée de ~** (*Pol*) día de reivindicación

revendiquer [R(ə)vɑ̃dike] VT reivindicar; (*responsabilité*) asumir ▸ VI (*Pol*) reivindicar

revendre [R(ə)vɑ̃dR] VT revender; **à ~** de sobra; **avoir du talent/de l'énergie à ~** tener talento/energía para dar y tomar

revenir [Rəv(ə)niR] VI (*venir de nouveau*) venir de nuevo; (*rentrer*) regresar, volver; (*saison, mode, calme*) volver; **faire ~ de la viande/des légumes** rehogar la carne/las verduras; **~ cher/à 20 euros (à qn)** resultar caro/a 20 euros (a algn); **~ à** (*études, conversation, projet*) volver a; (*équivaloir à*) venir a ser; **~ à qn** (*rumeur, nouvelle*) llegar a los oídos de algn; (*part, honneur, responsabilité*) corresponder a algn; (*souvenir, nom*) venirle a algn *ou* a la mente; **~ de** (*fig*) salir de; **~ sur** (*question*) volver sobre; (*promesse*) retractarse de; **~ à la charge** volver a la carga; **~ à soi** volver en sí; **n'en pas ~ : je n'en reviens pas** no vuelvo de mi asombro; **~ sur ses pas** dar marcha atrás; **cela revient au même** eso viene a ser lo mismo; **cela revient à dire que** lo que es lo mismo que decir que; **je reviens de loin** (*fig*) me escapé de una buena

revente [R(ə)vɑ̃t] NF reventa

revenu, e [Rəv(ə)ny] PP *de* **revenir** ▸ NM renta; (*d'une terre*) rendimiento ■ **revenus** NMPL (*rémunération*) ingresos *mpl*

rêver [Reve] VI soñar; **~ de** *ou* **à** soñar con ▸ VT soñar con; **~ que** soñar que

réverbération [RevɛRbeRasjɔ̃] NF reverberación *f*

réverbère [RevɛRbɛR] NM farola

réverbérer [RevɛRbeRe] VT reverberar

reverdir [R(ə)vɛRdiR] VI reverdecer

révérence [RevеRɑ̃s] NF reverencia

révérencieux, -euse [RevеRɑ̃sjø, jøz] ADJ reverente

révérend, e [RevеRɑ̃, ɑ̃d] ADJ (*Rel*) : **le ~ père Pascal** el reverendo padre Pascal

révérer [Revere] VT reverenciar

rêverie [RɛvRi] NF ensoñación *f*, ensueño

reverrai *etc* [RəvɛRe] VB *voir* **revoir**

revers [R(ə)vɛR] NM revés *m*; (*d'une feuille*) envés *m*; (*de la main*) dorso; (*d'une pièce, médaille*) reverso; **d'un ~ de main** de un revés; **le ~ de la médaille** (*fig*) el lado malo; **prendre à ~** (*Mil*) coger por la espalda; **~ de fortune** revés de fortuna

reverser [R(ə)vɛRse] VT : **~ sur** volver a ingresar en; **~ (dans)** volver a verter (en)

réversibilité [RevɛRsibilite] NF reversibilidad *f*

réversible [RevɛRsibl] ADJ reversible *inv*

revêtement [R(ə)vɛtmɑ̃] NM revestimiento; (*d'une chaussée*) firme *m*; (*d'un tuyau etc*) capa

revêtir [R(ə)vetiR] VT revestir; (*vêtement*) ponerse; **~ qn de** vestir a algn con; **~ qch de** revestir algo de; (*signature, visa*) estampar algo con

rêveur, -euse [RɛvœR, øz] ADJ soñador(a) ▸ NM/F soñador(a); (*péj* : *utopiste*) quijote *m*

rêveusement [Rɛvøzmɑ̃] ADV distraídamente

reviendrai *etc* [Rəvjɛ̃dRe] VB *voir* **revenir**

revienne *etc* [Rəvjɛn] VB *voir* **revenir**

revient [Rəvjɛ̃] VB *voir* **revenir** ▸ NM : **prix de ~** (*Comm*) precio de coste

revigorant, e [R(ə)vigɔRɑ̃, ɑ̃t] ADJ vigorizante

revigorer [R(ə)vigɔRe] VT vigorizar

revint [Rəvɛ̃] VB *voir* **revenir**

revirement [R(ə)viRmɑ̃] NM (*d'une personne*) cambio de opinión; (*d'une situation, de l'opinion*) cambio brusco

revis [Rəvi] VB *voir* **revoir**

révisable [Revizabl] ADJ revisable

réviser [Revize] VT revisar; (*Scol, comptes*) repasar

révision [Revizjɔ̃] NF revisión *f*; **conseil de ~** (*Mil*) junta de clasificación y revisión; **faire ses révisions** (*Scol*) repasar; **la ~ des 10 000 km** (*Auto*) la revisión de los 10.000 km

révisionnisme [Revizjɔnism] NM revisionismo

révisionniste [Revizjɔnist] NMF revisionista *mf*

revisiter [R(ə)vizite] VT (*œuvre, auteur*) revisitar

revisser [R(ə)vise] VT atornillar de nuevo

revit [Rəvi] VB *voir* **revoir**

revitalisant, e [R(ə)vitalizɑ̃, ɑ̃t] ADJ revitalizante ▸ NM revitalizante *m*

revitalisation [R(ə)vitalizasjɔ̃] NF revitalización *f*

revitaliser [R(ə)vitalize] VT revitalizar

revivifier [R(ə)vivifje] VT revivificar

revivre [R(ə)vivR] VI recuperar fuerzas; (*traditions, coutumes*) recuperarse; **faire ~** (*mode, institution, usage*) resucitar; (*personnage, époque*) hacer revivir ▸ VT revivir

révocable [Revɔkabl] ADJ revocable *inv*

révocation [Revɔkasjɔ̃] NF revocación *f*

revoir [R(ə)vwaR] VT volver a ver; (*par la mémoire*) recordar; (*texte, édition*) revisar; (*matière, programme*) repasar ▸ NM : **au ~** adiós *msg*; **au ~ Monsieur/Madame** adiós señor/señora; **dire au ~ à qn** decir adiós a algn ■ **se revoir** VPR (*amis*) volverse a ver

révoltant, e [Revɔltɑ̃, ɑ̃t] ADJ indignante

révolte [Revɔlt] NF rebelión *f*; (*indignation*) indignación *f*

révolter [Revɔlte] VT indignar ■ **se révolter** VPR : **se ~ (contre)** rebelarse (contra); (*s'indigner*) indignarse (con)

révolu, e [Revɔly] ADJ (*de jadis*) pasado(-a); (*fini* : *période, époque*) terminado(-a); (*Admin* : *complété*) : **âgé de 18 ans révolus** con 18 años cumplidos; **après trois ans révolus** después de pasados tres años

révolution [Revɔlysjɔ̃] NF revolución *f*; **être en ~** (*pays etc*) estar en revolución; **la ~ industrielle** la revolución industrial; **la R~ française** la Revolución Francesa

révolutionnaire [RevɔlysjɔnɛR] ADJ, NMF revolucionario(-a)

révolutionner [Revɔlysjɔne] VT revolucionar; (*fig*) alborotar

revolver [RevɔlvɛR] NM pistola; (*à barillet*) revólver *m*

révoquer [Revɔke] VT revocar; (*fonctionnaire*) destituir

revoyais *etc* [Rəvwaje] VB *voir* **revoir**

revu, e [Rəvy] PP *de* **revoir**

revue [R(ə)vy] NF revista; **passer en ~** (*Mil*) pasar revista (a); (*fig* : *problèmes, possibilités*) estudiar; **~ de presse** revista de prensa

révulsé, e [Revylse] ADJ (*yeux*) en blanco; (*visage*) demudado(-a)

rez-de-chaussée [Red(ə)ʃose] NM INV planta baja

rez-de-jardin [Red(ə)ʒaRdɛ̃] NM INV planta de jardín

RF [ɛRɛf] SIGLE F = **République française**

RFO SIGLE F (= *Réseau France outre-mer*) *radiotelevisión de los territorios de ultramar franceses*

RG [ɛʀʒe] SIGLE MPL (= *renseignements généraux*) servicio de información secreta del Estado francés

rhabiller [ʀabije] VT volver a vestir ■ **se rhabiller** VPR volver a vestirse

rhapsodie [ʀapsɔdi] NF rapsodia

rhéostat [ʀeɔsta] NM reostato

rhésus [ʀezys] ADJ rhesus *inv* ▶ NM rhesus *msg*; **~ négatif/positif** RH negativo/positivo

rhétorique [ʀetɔʀik] NF retórica; (*péj*) palabrería ▶ ADJ retórico(-a)

Rhin [ʀɛ̃] NM : **le ~** el Rin

rhinite [ʀinit] NF rinitis *f inv*

rhinocéros [ʀinɔseʀɔs] NM (*Zool*) rinoceronte *m*

rhinopharyngite [ʀinofaʀɛ̃ʒit] NF rinofaringitis *f inv*

rhodanien, ne [ʀɔdanjɛ̃, jɛn] ADJ rodaniano(-a)

rhododendron [ʀɔdɔdɛ̃dʀɔ̃] NM rododendro

Rhône [ʀon] NM : **le ~** el Ródano

rhubarbe [ʀybaʀb] NF ruibarbo

rhum [ʀɔm] NM ron *m*

rhumatisant, e [ʀymatizɑ̃, ɑ̃t] NM/F reumático(-a)

rhumatismal, e, -aux [ʀymatismal, o] ADJ reumático(-a)

rhumatisme [ʀymatism] NM reumatismo, reúma; **avoir des rhumatismes** tener reúma

rhumatologie [ʀymatɔlɔʒi] NF reumatología

rhumatologue [ʀymatɔlɔg] NMF reumatólogo(-a)

rhume [ʀym] NM catarro; **~ de cerveau** catarro de nariz; **le ~ des foins** la fiebre del heno

rhumerie [ʀɔmʀi] NF destilería de ron

ri [ʀi] PP *de* **rire**

riant, e [ʀ(i)jɑ̃, ʀ(i)jɑ̃t] VB *voir* **rire** ▶ ADJ (*visage, yeux*) risueño(-a); (*campagne, paysage*) alegre

RIB [ʀib] SIGLE M = **relevé d'identité bancaire**

ribambelle [ʀibɑ̃bɛl] NF : **une ~ d'enfants/de chats** una manada de niños/de gatos

ricain, e [ʀikɛ̃, ɛn] (*fam*) ADJ yanqui

ricanement [ʀikanmɑ̃] NM (*méchant*) risa burlona; (*bête*) risa tonta; (*de gêne*) risa de vergüenza

ricaner [ʀikane] VI (*avec méchanceté*) reírse burlonamente; (*bêtement*) reírse con risa tonta; (*avec gêne*) reírse con sofocación

riche [ʀiʃ] ADJ (*aussi fig*) rico(-a); **~ en/de** rico(-a) en/de ■ **riches** NMPL : **les riches** los ricos

richement [ʀiʃmɑ̃] ADV con riqueza

richesse [ʀiʃɛs] NF riqueza; **la ~ en vitamines d'un aliment** la riqueza vitamínica de un alimento ■ **richesses** NFPL riquezas *fpl*

richissime [ʀiʃisim] ADJ riquísimo(-a)

ricin [ʀisɛ̃] NM : **huile de ~** aceite *m* de ricino

ricocher [ʀikɔʃe] VI rebotar; **faire ~** (*pierre*) hacer rebotar

ricochet [ʀikɔʃɛ] NM rebote *m*; **faire ~** rebotar; (*fig*) tener repercusión; **faire des ricochets** hacer cabrillas; **par ~** de rebote

rictus [ʀiktys] NM rictus *msg*

ride [ʀid] NF arruga; (*sur l'eau, le sable*) onda

ridé, e [ʀide] ADJ arrugado(-a)

rideau, x [ʀido] NM cortina; (*Théâtre*) telón *m*; (*d'arbres etc*) hilera; **tirer/ouvrir les rideaux** correr/descorrer las cortinas; **~ de fer** cierre *m* metálico; (*Hist*) telón de acero

ridelle [ʀidɛl] NF adral *m*

rider [ʀide] VT arrugar; (*eau, sable etc*) ondear ■ **se rider** VPR arrugarse

ridicule [ʀidikyl] ADJ ridículo(-a) ▶ NM ridículo; **se couvrir de ~** hacer el ridículo; **tourner qn en ~** poner a algn en ridículo

ridiculement [ʀidikylmɑ̃] ADV ridículamente

ridiculiser [ʀidikylize] VT ridiculizar ■ **se ridiculiser** VPR ridiculizarse

ridule [ʀidyl] NF (*euph*) arruguita

rie [ʀi] VB *voir* **rire**

rien [ʀjɛ̃] PRON : **(ne) ... ~** (no) ... nada; **qu'est-ce que vous avez ? — ~** ¿qué le pasa? — nada; **il n'a ~ dit/fait** no dijo/hizo nada; **il n'a ~** (*n'est pas blessé*) no tiene nada; **de ~ !** ¡de nada!; **n'avoir peur de ~** no tener miedo de nada; **a-t-il jamais ~ fait pour nous ?** ¿ha hecho alguna vez algo por nosotros?; **~ d'intéressant** nada interesante; **~ d'autre** nada más; **~ du tout** nada en absoluto; **~ que** nada más que; **~ que pour lui faire plaisir** nada más que por agradarle; **~ que la vérité** nada más que la verdad; **~ que cela** nada más que eso ▶ NM : **un petit ~** (*cadeau*) un detalle (de nada); **des riens** naderías *fpl*; **un ~ de** una pizca de; **en un ~ de temps** en nada de tiempo

rieur, -euse [ʀ(i)jœʀ, ʀ(i)jøz] ADJ reidor(a); (*yeux, expression*) risueño(-a)

rigide [ʀiʒid] ADJ rígido(-a)

rigidifier [ʀiʒidifje] VT (*matériau*) rigidizar; (*péj : système, organisation*) hacer más rígido(-a), anquilosar; (*rendre plus strict : règlement*) hacer más estricto(-a) ■ **se rigidifier** VPR (*matériau*) rigidizarse

rigidité [ʀiʒidite] NF rigidez *f*; **~ cadavérique** (*Méd*) rigor *m* mortis

rigolade [ʀigɔlad] NF broma; **c'est de la ~** (*ce n'est pas sérieux*) es una broma; (*c'est facile*) es una tontería

rigolard, e [ʀigɔlaʀ, aʀd] (*fam*) ADJ (*personne*) risueño(-a); (*air, ton*) jocoso(-a)

rigole [ʀigɔl] NF desagüe *m*; (*filet d'eau*) reguero

rigoler [ʀigɔle] (*fam*) VI reírse; (*s'amuser*) pasarlo bien; (*ne pas parler sérieusement, plaisanter*) estar de broma

rigolo, -ote [ʀigɔlo, ɔt] (*fam*) ADJ gracioso(-a); (*curieux, étrange*) raro(-a) ▶ NM/F gracioso(-a); (*péj : fumiste*) cantamañanas *m inv*

rigorisme [ʀigɔʀism] NM rigorismo

rigoriste [rigɔrist] ADJ rigorista
rigoureusement [riguʀøzmɑ̃] ADV rigurosamente; **~ vrai/interdit** totalmente cierto/prohibido
rigoureux, -euse [riguʀø, øz] ADJ riguroso(-a); (*morale*) rígido(-a); (*interdiction*) total
rigueur [rigœʀ] NF rigor *m*; (*de la morale*) rigidez *f*; (*d'une interdiction*) rigurosidad *f*; **de ~** de rigor; **être de ~** ser de rigor; **à la ~** en último extremo; **tenir ~ à qn de qch** guardar rencor a algn por algo
riions [rijɔ̃] VB *voir* **rire**
rillettes [rijɛt] NFPL *especie de paté de cerdo u oca*
rime [rim] NF rima; **n'avoir ni ~ ni raison** no tener pies ni cabeza
rimer [rime] VI rimar; **~ avec** rimar con; **ne ~ à rien** no tener sentido
rimmel [rimɛl] NM rímel *m*
rinçage [rɛ̃saʒ] NM aclarado; **liquide de ~** (*pour lave-vaisselle*) líquido de enjuague
rince-doigts [rɛ̃sdwa] NM INV lavafrutas *m inv*
rincer [rɛ̃se] VT enjuagar; (*linge*) aclarar; **se ~ la bouche** (*chez le dentiste etc*) enjuagarse la boca
ring [riŋ] NM ring *m*; **monter sur le ~** dedicarse al boxeo
ringard, e [rɛ̃gaʀ, aʀd] (*fam, péj*) ADJ (*démodé*) rancio(-a); (*de mauvais goût*) hortera
ringardisation [rɛ̃gaʀdizasjɔ̃] NF **être en voie de ~** se estar quedando anticuado
ringardise [rɛ̃gaʀdiz] NF ranciedad *f*
Rio de Janeiro [riodʒanɛʀo] N Río de Janeiro
rions [riɔ̃] VB *voir* **rire**
ripaille [ripɑj] (*fam*) NF : **faire ~** darse una francachela, darse una comilona
riper [ripe] VI (*glisser*) resbalar; (*déraper*) patinar
ripoliné, e [ripɔline] ADJ lacado(-a)
ripoliner [ripɔline] VT (*peindre*) lacar; (*remettre à neuf*) remozar
riposte [ripɔst] NF réplica; **~ graduée** respuesta gradual
riposter [ripɔste] VI replicar; **~ à** responder a ▸ VT : **~ que** responder que
ripper [ripe] VT (CD, DVD) ripear
rire [riʀ] NM risa ▸ VI reír; (*se divertir*) reírse; (*plaisanter*) bromear; **tu veux ~ !** (*désapprobation*) ¡estás de broma!; **~ aux éclats/aux larmes** reírse a carcajadas/hasta llorar; **~ jaune** reírse sin ganas; **~ sous cape** reírse para sus adentros; **~ au nez de qn** reírse en las narices de algn; **pour ~** en broma ■ **se rire** VPR : **se ~ de** reírse de
ris [ri] VB *voir* **rire** ▸ NM : **~ de veau** molleja
risée [rize] NF : **être la ~ de** ser el hazmerreír de
risette [rizɛt] NF : **faire ~ (à)** (*suj : bébé*) hacer una sonrisita (a)
risible [rizibl] ADJ risible
risque [risk] NM riesgo; **aimer le ~** amar el riesgo; **l'attrait du ~** la emoción del riesgo; **prendre un ~/des risques** correr un riesgo/riesgos; **à ses risques et périls** por su cuenta y riesgo; **au ~ de** a riesgo de; **~ d'incendie** riesgo de incendio
risqué, e [riske] ADJ arriesgado(-a)
risquer [riske] VT arriesgar; (*allusion, comparaison, question*) aventurar; (*Mil, gén*) arriesgarse a; **tu risques qu'on te renvoie** te arriesgas a que te despidan; **ça ne risque rien** no hay riesgo alguno; **il risque de se tuer** puede matarse; **il a risqué de se tuer** por poco se mata; **ce qui risque de se produire** lo que puede producirse; **il ne risque pas de recommencer** no hay peligro de que vuelva a empezar; **se ~ dans** aventurarse en; **se ~ à qch/faire qch** arriesgarse a algo/hacer algo; **~ le tout pour le tout** arriesgar el todo por el todo
risque-tout [riskətu] NMF INV temerario(-a)
rissoler [risɔle] VI, VT : **(faire) ~ de la viande/des légumes** dorar la carne/las verduras
ristourne [ristuʀn] NF rebaja, descuento
rit [ri] VB *voir* **rire**
rite [rit] NM rito; (*fig*) ritual *m*; **rites d'initiation** ritos iniciáticos
ritournelle [rituʀnɛl] NF (*fig*) cantinela; **c'est toujours la même ~** (*fam*) siempre la misma cantinela
rituel, le [ritɥɛl] ADJ ritual ▸ NM ritual *m*
rituellement [ritɥɛlmɑ̃] ADV ritualmente
rivage [rivaʒ] NM (*côte, littoral*) costa; (*grève, plage*) orilla
rival, e, -aux [rival, o] ADJ rival ▸ NM/F (*adversaire*) rival *mf*; **sans ~** sin rival
rivaliser [rivalize] VI : **~ avec** rivalizar con; **~ d'élégance/de générosité avec qn** rivalizar en elegancia/en generosidad con algn
rivalité [rivalite] NF rivalidad *f*
rive [riv] NF orilla
river [rive] VT (*clou, pointe*) remachar; (*plaques de métal*) clavar; **être rivé sur** (*fig*) estar clavado en; **être rivé à son travail/sur place** estar atado a su trabajo/a su puesto
riverain, e [riv(ə)ʀɛ̃, ɛn] ADJ, NM/F (*d'une rivière*) ribereño(-a); (*d'une route*) vecino(-a)
rivet [rivɛ] NM remache *m*
riveter [riv(ə)te] VT remachar
rivière [rivjɛʀ] NF río; **~ de diamants** collar *m* de diamantes
rixe [riks] NF pelea
Riyadh [rijad] N Riyadh
riz [ri] NM arroz *m*; **~ au lait** arroz con leche
rizicole [rizikɔl] ADJ (*région*) arrocero(-a); **production ~** producción *f* de arroz
riziculture [rizikyltyʀ] NF cultivo del arroz
rizière [rizjɛʀ] NF arrozal *m*
RN [ɛʀɛn] SIGLE F (= *route nationale*) N. (= *carretera nacional*)
robe [rɔb] NF vestido; (*de juge, d'avocat*) toga;

r

(*d'ecclésiastique*) hábito; (*d'un animal*) pelo; **~ de baptême** traje *m* de bautismo; **~ de chambre** bata; **~ de grossesse** vestido premamá; **~ de mariée** vestido de novia; **~ de soirée** traje *m* de noche
robinet [ʀɔbinɛ] NM grifo, canilla (AM); **~ du gaz** llave *f* del gas; **~ mélangeur** grifo mezclador
robinetterie [ʀɔbinɛtʀi] NF grifería
roboratif, -ive [ʀɔbɔʀatif, iv] ADJ fortificante
robot [ʀɔbo] NM robot *m*; **~ de cuisine** robot de cocina
robotique [ʀɔbɔtik] NF robótica
robotiser [ʀɔbɔtize] VT (*personne, travailleur*) convertir en autómata, robotizar; (*monde, vie*) automatizar
robuste [ʀɔbyst] ADJ robusto(-a); (*moteur, voiture*) resistente
robustesse [ʀɔbystɛs] NF robustez *f*
roc [ʀɔk] NM roca
rocade [ʀɔkad] NF (*Auto*) circunvalación *f*
rocaille [ʀɔkaj] NF rocalla ▶ ADJ : **style ~** estilo rococó
rocailleux, -euse [ʀɔkajø, øz] ADJ pedregoso(-a); (*style, voix*) áspero(-a)
rocambolesque [ʀɔkɑ̃bɔlɛsk] ADJ rocambolesco(-a)
roche [ʀɔʃ] NF roca; **une ~** un peñasco; **roches éruptives/calcaires** rocas volcánicas/calizas
rocher [ʀɔʃe] NM peñasco; (*matière*) roca
rochet [ʀɔʃɛ] NM : **roue à ~** rueda de trinquete
rocheux, -euse [ʀɔʃø, øz] ADJ rocoso(-a); **les (montagnes) Rocheuses** (*Géo*) las (montañas) Rocosas
rock [ʀɔk], **rock and roll** [ʀɔkɛnʀɔl] NM rock (and roll) *m*
rocker [ʀɔkœʀ] NM, **rockeur, -euse** [ʀɔkœʀ, øz] NM/F rockero(-a)
rocking-chair [ʀɔkiŋ(t)ʃɛʀ] (*pl* **rocking-chairs**) NM mecedora
rococo [ʀɔkɔko] ADJ, NM rococó
rodage [ʀɔdaʒ] NM (*voiture*) rodaje *m*; (*spectacle*) perfeccionamiento; **en ~** (*Auto*) en rodaje
rodé, e [ʀɔde] ADJ (*spectacle*) perfeccionado(-a); **~ à qch** (*personne*) experimentado(-a) en algo
rodéo [ʀɔdeo] NM rodeo
roder [ʀɔde] VT (*moteur, voiture*) rodar; (*spectacle, service*) perfeccionar
rôder [ʀode] VI rondar; (*péj*) vagabundear
rôdeur, -euse [ʀodœʀ, øz] NM/F vagabundo(-a)
rodomontades [ʀɔdɔmɔ̃tad] NFPL fanfarronadas *fpl*
rogatoire [ʀɔgatwaʀ] ADJ : **commission ~** comisión *f* rogatoria
rogne [ʀɔɲ] (*fam*) NF : **être en ~** estar rabiando; **mettre en ~** hacer rabiar; **se mettre en ~** cogerse un berrinche
rogner [ʀɔɲe] VT recortar; (*prix etc*) rebajar ▶ VI : **~ sur** (*dépenses etc*) recortar
rognons [ʀɔɲɔ̃] NMPL riñones *mpl*
rognures [ʀɔɲyʀ] NFPL recortes *mpl*
rogue [ʀɔg] ADJ altanero(-a)
roi [ʀwa] NM rey *m*; **le jour** *ou* **la fête des Rois** el día de Reyes; **les Rois** los Reyes; **les Rois mages** los Reyes magos
roitelet [ʀwat(ə)lɛ] NM (*Zool, péj*) reyezuelo
rôle [ʀol] NM (*Ciné, Théâtre, aussi fig*) papel *m*; (*fonction*) función *f*; **jouer un ~ important dans ...** desempeñar un papel importante en ...
rollers [ʀɔlœʀ] NMPL patines en línea
rollmops [ʀɔlmɔps] NM *arenque adobado enrollado en un pepinillo*
ROM [ʀɔm] SIGLE F (= *Read Only Memory*) ROM *f* (= *memoria de solo lectura*)
rom [ʀɔm] ADJ (*populations*) gitano(-a) ▶ NM/F: **Rom** gitano(-a)
romain, e [ʀɔmɛ̃, ɛn] ADJ romano(-a) ▶ NM/F : **Romain, e** romano(-a)
romaine [ʀɔmɛn] NF lechuga romana
roman, e [ʀɔmɑ̃, an] ADJ románico(-a) ▶ NM novela; **~ d'espionnage** novela de espionaje; **~ noir/policier** novela negra/policíaca
romance [ʀɔmɑ̃s] NF romanza
romancer [ʀɔmɑ̃se] VT novelar
romanche [ʀɔmɑ̃ʃ] ADJ retorromano(-a) ▶ NM retorromano
romancier, -ière [ʀɔmɑ̃sje, jɛʀ] NM/F novelista *mf*
romand, e [ʀɔmɑ̃, ɑ̃d] ADJ de lengua francesa ▶ NM/F : **Romand, e** suizo(-a) de lengua francesa
romanesque [ʀɔmanɛsk] ADJ (*Litt*) novelesco(-a)
roman-feuilleton [ʀɔmɑ̃fœjtɔ̃] (*pl* **romans-feuilletons**) NM folletín *m*
roman-fleuve [ʀɔmɑ̃flœv] (*pl* **romans-fleuves**) NM novelón *m*
romanichel, le [ʀɔmaniʃɛl] NM/F gitano(-a)
roman-photo [ʀɔmɑ̃fɔto] (*pl* **romans-photos**) NM fotonovela
romantique [ʀɔmɑ̃tik] ADJ romántico(-a)
romantisme [ʀɔmɑ̃tism] NM romanticismo
romarin [ʀɔmaʀɛ̃] NM romero
rombière [ʀɔ̃bjɛʀ] (*péj*) NF vejestoria
Rome [ʀɔm] N Roma
rompre [ʀɔ̃pʀ] VT romper; **applaudir à tout ~** aplaudir a rabiar; **~ la glace** (*fig*) romper el hielo; **rompez !** (*Mil*) ¡rompan filas! ▶ VI (*fiancés*) romper; **~ avec** romper con ■ **se rompre** VPR romperse; **se ~ les os** *ou* **le cou** romperse los huesos *ou* la crisma
rompu, e [ʀɔ̃py] PP *de* **rompre** ▶ ADJ : **~ à** avezado(-a) en
romsteck [ʀɔmstɛk] NM chuleta de lomo

ronce [Rɔ̃s] NF zarza; (*Menuiserie*) : **~ de noyer** veta de nogal ■ **ronces** NFPL (*branches*) zarzas *fpl*
ronchon [Rɔ̃ʃɔ̃] (*fam*) ADJ gruñón(-ona)
ronchonner [Rɔ̃ʃɔne] (*fam*) VI refunfuñar
rond, e [Rɔ̃, Rɔ̃d] ADJ redondo(-a); (*fam : ivre*) alegre; (*sincère, décidé*) : **être ~ en affaires** ser serio(-a) en los negocios; **pour faire un compte ~** para redondear la cuenta; **avoir le dos ~** ser cargado(-a) de hombros ▶ NM redondo; **je n'ai plus un ~** (*fam : sou*) no me queda ni una perra; **en ~** (*s'asseoir, danser*) en corro; **faire des ronds de jambe** hacer zalamerías; **~ de serviette** servilletero ▶ ADV : **tourner ~** (*moteur*) marchar bien; **ça ne tourne pas ~** (*fig*) eso no marcha bien
rond-de-cuir [Rɔ̃dkɥiR] (*pl* **ronds-de-cuir**) (*péj*) NM chupatintas *m inv*
ronde [Rɔ̃d] NF ronda; (*danse*) corro; (*Mus : note*) redonda; **à 10 km à la ~** a 10 km a la redonda; **passer qch à la ~** pasar algo en corro
rondelet, te [Rɔ̃dlɛ, ɛt] ADJ regordete(-a); (*fig : somme*) suculento(-a)
rondelle [Rɔ̃dɛl] NF (*Tech*) arandela; (*tranche*) loncha
rondement [Rɔ̃dmɑ̃] ADV (*promptement*) rápidamente; (*franchement*) sin rodeos
rondeur [Rɔ̃dœR] NF redondez *f*; (*bonhomie*) sencillez *f* ■ **rondeurs** NFPL (*d'un corps, d'une femme*) redondeces *fpl*
rondin [Rɔ̃dɛ̃] NM tronco
rondouillard, e [Rɔ̃dujaR, aRd] (*fam*) ADJ rechoncho(-a), regordete
rond-point [Rɔ̃pwɛ̃] (*pl* **ronds-points**) NM rotonda
ronéoter [Rɔneɔte], **ronéotyper** [Rɔneɔtipe] VT mimeografiar
ronflant, e [Rɔ̃flɑ̃, ɑ̃t] (*péj*) ADJ rimbombante
ronflement [Rɔ̃fləmɑ̃] NM (*d'une personne*) ronquido; (*d'un moteur*) zumbido
ronfler [Rɔ̃fle] VI (*personne*) roncar; (*moteur, poêle*) zumbar
ronger [Rɔ̃ʒe] VT (*suj : souris, chien etc*) roer; (*: vers*) carcomer; (*: insectes*) ficar; (*: rouille*) corroer; (*fig : suj : mal, pensée*) carcomer, atormentar; **~ son frein** morder el freno; **se ~ d'inquiétude/de souci** reconcomerse de inquietud/de preocupación; **se ~ les ongles** comerse las uñas; **se ~ les sangs** quemarse la sangre
rongeur [Rɔ̃ʒœR] NM roedor *m*
ronronnement [Rɔ̃Rɔnmɑ̃] NM ronroneo
ronronner [Rɔ̃Rɔne] VI ronronear
roque [Rɔk] NM (*Échecs*) enroque *m*
roquefort [Rɔkfɔr] NM roquefort *m*
roquer [Rɔke] VI (*Échecs*) enrocar
roquet [Rɔkɛ] NM gozque *m*
roquette [Rɔkɛt] NF (*Mil*) misil *m*; **~ antichar** misil antitanque *inv*
rosace [Rozas] NF rosetón *m*
rosaire [RozɛR] NM rosario
rosbif [Rɔsbif] NM rosbif *m*
rose [Roz] NF rosa; (*vitrail*) rosetón *m*; **~ des sables/des vents** *nf* rosa de las arenas/de los vientos ▶ ADJ rosa *inv*; **~ bonbon** (*couleur*) rosa caramelo ▶ NM (*couleur*) rosa *m*
rosé, e [Roze] ADJ rosado(-a) ▶ NM (*vin*) rosado
roseau, x [Rozo] NM caña
rosée [Roze] ADJ F *voir* **rosé** ▶ NF rocío; **une goutte de ~** una gota de rocío
roseraie [RozRɛ] NF rosaleda
rosette [Rozɛt] NF : **~ de la Légion d'honneur** insignia de la Legión de honor
rosier [Rozje] NM rosal *m*
rosir [RoziR] VI ponerse sonrosado(-a)
rosse [Rɔs] NF (*péj*) rocín *m* ▶ ADJ (*méchant*) mordaz; (*exigeant*) duro(-a)
rosser [Rɔse] (*fam*) VT dar una paliza
rossignol [Rɔsiɲɔl] NM (*Zool*) ruiseñor *m*; (*crochet*) ganzúa
rot [Ro] NM eructo
rotatif, -ive [Rɔtatif, iv] ADJ rotativo(-a)
rotation [Rɔtasjɔ̃] NF rotación *f*; (*fig*) movimiento; (*renouvellement*) renovación *f*; **par ~** por rotación; **~ des cultures** alternancia de cultivos; **rotations des stocks** (*Comm*) renovación de existencia
rotative [Rɔtativ] NF (*Imprimerie*) rotativa
rotatoire [RɔtatwaR] ADJ : **mouvement ~** movimiento rotatorio
roter [Rɔte] (*fam*) VI eructar
rôti [Roti] NM carne *f* de asar; (*cuit*) asado de carne
rotin [Rɔtɛ̃] NM mimbre *m ou f*; **fauteuil en ~** sillón *m* de mimbre
rôtir [RotiR] VT asar ▶ VI asarse ■ **se rôtir** VPR : **se ~ au soleil** tostarse al sol
rôtisserie [RɔtisRi] NF (*restaurant*) restaurante-parrilla *m*; (*comptoir, magasin*) establecimiento de precocinados
rôtissoire [RɔtiswaR] NF asador *m*
rotonde [Rɔtɔ̃d] NF rotonda
rotondité [Rɔtɔ̃dite] NF redondez *f*
rotor [RɔtɔR] NM rotor *m*
rotule [Rɔtyl] NF rótula
roturier, -ière [RɔtyRje, jɛR] NM/F plebeyo(-a)
rouage [Rwaʒ] NM (*d'un mécanisme*) engranaje *m*; (*de montre*) maquinaria; (*fig*) mecanismo ■ **rouages** NMPL (*fig*) máquina *fsg*
roublard, e [RublaR, aRd] (*péj*) ADJ tunante, pícaro(-a)
roublardise [RublaRdiz] (*péj*) NF tunantería, picardía
rouble [Rubl] NM rublo
roucoulement [Rukulmɑ̃] NM arrullo
roucouler [Rukule] VI arrullarse; (*péj : chanteur*) gorgoritear

r

roue [Ru] NF rueda; **faire la ~** (*paon*) pavonearse; (*Gymnastique*) dar la vuelta pineta; **descendre en ~ libre** (*Auto*) bajar en punto muerto; **pousser à la ~** alentar; **grande ~** (*à la foire*) noria; **~ à aubes** rueda de álabes; **~ de secours** rueda de repuesto; **~ dentée** rueda dentada; **roues avant/arrière** ruedas delanteras/traseras

roué, e [Rwe] ADJ taimado(-a)

rouelle [Rwɛl] NF (*viande*) medallón *m*

Rouen [Rwɑ̃] N Ruán

rouennais, e [Rwanɛ, ɛz] ADJ ruanés(-esa) ▸ NM/F : **Rouennais, e** ruanés(-esa)

rouer [Rwe] VT : **~ qn de coups** moler a algn a palos

rouet [Rwɛ] NM rueda de afilar

rouge [Ruʒ] ADJ rojo(-a); **être sur la liste ~** (*Tél*) no constar en la guía; **~ de honte/colère** rojo(-a) de vergüenza/de cólera ▸ NMF (*Pol*) rojo(-a) ▸ NM (*couleur*) rojo; (*fard*) carmín *m*; **(vin) ~** (vino) tinto; **passer au ~** (*signal*) ponerse el disco rojo; (*automobiliste*) pasar en rojo; **porter au ~** (*métal*) poner al rojo; **~ (à lèvres)** barra de labios ▸ ADV : **se fâcher tout ~, voir ~** ponerse hecho una furia

rougeâtre [Ruʒɑtʀ] ADJ rojizo(-a)

rougeaud, e [Ruʒo, od] ADJ (*teint*) colorado(-a); (*personne*) coloradote(-a)

rouge-gorge [Ruʒgɔʀʒ] (*pl* **rouges-gorges**) NM petirrojo

rougeoiement [Ruʒwamɑ̃] NM fulgor *m* rojo

rougeole [Ruʒɔl] NF sarampión *m*

rougeoyant, e [Ruʒwajɑ̃, ɑ̃t] ADJ enrojecido(-a)

rougeoyer [Ruʒwaje] VI ponerse rojo

rouget [Ruʒɛ] NM salmonete *m*

rougeur [Ruʒœʀ] NF rojez *f*; (*honte*) rubor *m*; (*échauffement*) colores *mpl* ▪ **rougeurs** NFPL (*Méd*) enrojecimiento

rougir [Ruʒiʀ] VI enrojecer; (*fraise, tomate*) ponerse rojo; (*ciel*) arrebolarse

rouille [Ruj] NF moho; (*Culin*) *alioli con pimiento rojo que acompaña la sopa de pescado* ▸ ADJ INV (*couleur*) óxido *inv*

rouillé, e [Ruje] ADJ oxidado(-a); (*personne, mémoire*) embotado(-a)

rouiller [Ruje] VT oxidar; (*corps, esprit*) embotar ▸ VI oxidarse ▪ **se rouiller** VPR oxidarse; (*mentalement*) embotarse; (*physiquement*) debilitarse

roulade [Rulad] NF (*Gymnastique*) voltereta; (*Culin*) *carne mechada*; (*Mus*) gorgorito

roulage [Rulaʒ] NM acarreo

roulant, e [Rulɑ̃, ɑ̃t] ADJ rodante; (*surface, trottoir*) transportador(a); **matériel/personnel ~** (*Rail*) material/personal móvil

roulé, e [Rule] ADJ : **bien roulée** (*fam*) bien formada, de bandera ▸ NM (*Culin*) brazo de gitano

rouleau, x [Rulo] NM rollo; (*de pièces de monnaie*) cartucho; (*de machine, à peinture*) rodillo; (*à mise en plis*) rulo; (*Sport*) balanceo; (*vague*) rompiente *m*; **être au bout du ~** (*fam*) estar en las últimas; **~ à pâtisserie** rodillo; **~ compresseur** apisonadora; **~ de pellicule** rollo de película, carrete *m* de fotos

roulé-boulé [Rulebule] (*pl* **roulés-boulés**) NM voltereta

roulement [Rulmɑ̃] NM rodamiento; (*voiture etc*) circulación *f*; (*bruit : de véhicule*) ruido; (*: du tonnerre*) fragor *m*; (*d'ouvriers*) turno; (*de capitaux*) circulación; **par ~** por turno; **~ (à billes)** rodamiento (de bolas); **~ d'yeux** movimiento de ojos; **~ de tambour** redoble *m* de tambor

rouler [Rule] VT hacer rodar; (*Culin, tissu, papier*) enrollar; (*cigarette, aussi fam*) liar; **~ dans la farine** (*fam*) timar; **~ les épaules/hanches** contonearse; **~ les « r »** marcar las « r »; **~ sur l'or** ser riquísimo(-a); **~ sa bosse** (*fam*) ver mundo ▸ VI rodar; (*voiture, train*) circular, estar en marcha; (*automobiliste*) circular; (*bateau*) balancearse; (*tonnerre*) retumbar; **~ en bas de** (*dégringoler*) caer rodando por; **~ sur** (*suj : conversation*) tratar sobre ▪ **se rouler** VPR : **se ~ dans** (*boue*) revolcarse en; (*couverture*) envolverse en

roulette [Rulɛt] NF rueda; (*pâtissier*) carretilla; **la ~** la ruleta; **table/fauteuil à roulettes** mesa/silla de ruedas; **la ~ russe** la ruleta rusa

roulier [Rulje] NM (*Naut*) carretero

roulis [Ruli] NM balanceo

roulotte [Rulɔt] NF carro, carromato

roumain, e [Rumɛ̃, ɛn] ADJ rumano(-a) ▸ NM (*Ling*) rumano ▸ NM/F : **Roumain, e** rumano(-a)

Roumanie [Rumani] NF Rumania

round [Raund] NM (*aussi fig*) round *m*, asalto

roupiller [Rupije] (*fam*) VI echar una cabezada

rouquin, e [Rukɛ̃, in] (*fam*) NM/F pelirrojo(-a)

rouspéter [Ruspete] (*fam*) VI refunfuñar

rousse [Rus] ADJ *voir* **roux**

roussette [Rusɛt] NF (*poisson*) lija, pintarroja; (*chauve-souris*) zorro volador; (*grenouille*) rana común

rousseur [Rusœʀ] NF : **tache de ~** peca

roussi [Rusi] NM : **ça sent le ~** (*plat etc*) eso huele a quemado; (*fig*) eso huele a chamusquina

Roussillon [Rusijɔ̃] NM Rosellón *m*

roussir [Rusiʀ] VT (*herbe, linge*) quemar ▸ VI (*feuilles*) amarillear; (*Culin*) : **faire ~ la viande/les oignons** dorar la carne/las cebollas

routage [Rutaʒ] NM clasificación *f* y expedición *f*

routard, e [Rutaʀ, aʀd] NM/F viajero(-a)

route [Rut] NF carretera; (*itinéraire, parcours*) ruta; (*fig*) camino; **par (la) ~** por (la) carretera; **il y a trois heures de ~** hay tres horas de camino; **en ~** por el camino; **en ~ !** ¡en marcha!; **en cours de ~** en *ou* por el camino; **mettre en ~** poner en marcha; **se mettre en ~** ponerse en camino; **faire ~ vers** dirigirse hacia; **faire fausse ~** (*fig*) ir por mal camino; **~ nationale** ≈ carretera nacional

router [Rute] VT (*Postes*) clasificar y expedir

routeur [rutøR] NM (*Inform*) router *m*

routier, -ière [Rutje, jɛR] ADJ (*réseau, carte*) de carreteras; (*circulation*) de carretera ▶ NM (*camionneur*) camionero; (*cycliste*) corredor; (*scout*) guía *m*; (*restaurant*) restaurante *m* de carretera; **vieux ~** perro viejo

routière [Rutjɛr] NF *coche bueno para la carretera*

routine [Rutin] NF rutina; **visite/contrôle de ~** visita/control *m* rutinario(-a) *ou* de rutina

routinier, -ière [Rutinje, jɛR] ADJ (*aussi péj*) rutinario(-a)

rouvert, e [RuvɛR, ɛRt] PP *de* **rouvrir**

rouvrir [RuvRiR] VT (*porte, valise*) volver a abrir ▶ VI (*suj : école, piscine*) volver a abrirse ■ **se rouvrir** VPR (*porte, blessure*) volver a abrirse

roux, rousse [Ru, Rus] ADJ, NM/F pelirrojo(-a) ▶ NM (*Culin*) salsa rubia

royal, e, -aux [Rwajal, o] ADJ real; (*festin, cadeau*) regio(-a); (*indifférence*) soberano(-a); (*paix*) completo(-a)

royalement [Rwajalmɑ̃] ADV regiamente

royaliste [Rwajalist] ADJ, NMF monárquico(-a)

royaume [Rwajom] NM reino; (*fig*) dominios *mpl*; **le ~ des cieux** el reino de los cielos

Royaume-Uni [Rwajomyni] NM Reino Unido

royauté [Rwajote] NF (*dignité*) realeza; (*régime*) monarquía

RP [ɛRpe] SIGLE F (= *région parisienne*) región parisina ▶ SIGLE FPL (= *relations publiques*) RR.PP.

RSA [ɛRɛsa] SIGLE M (= *revenu de solidarité active*) *ayuda pública para las personas con pocos recursos*, ≈ RMI *f* (= *Renta Mínima de Inserción*) ▶ SIGLE F (= *République sud-africaine*) RSA *f* (= *República de Sudáfrica*)

R.S.V.P. [ɛRɛsvepe] ABR (= *répondez s'il vous plaît*) S.R.C.

rte ABR (= *route*) Ctra. (= *carretera*)

RTL [ɛRteɛl] SIGLE F = **Radio-Télévision Luxembourg**

RTT [ɛRtete] NF (= *réduction du temps de travail*) *reducción de las horas de trabajo*

La **RTT** es un sistema diseñado para garantizar que no se trabaje más de 35 horas a la semana. Si las empresas no pueden reducir el número de horas que trabajan sus empleados de las 39 horas que solía ser la norma, pueden, dentro de este sistema, o bien dar una compensación en días libres (*jours de RTT*) o pagar como horas extra las horas trabajadas de más.

RU [Ry] SIGLE M (= *restaurant universitaire*) comedor *m* universitario

ruade [Rɥad] NF coz *f*

ruban [Rybɑ̃] NM cinta; (*de velours, de soie*) lazo; (*pour ourlet, couture*) galón *m*; (*décoration*) condecoración *f*; **~ adhésif** cinta adhesiva

rubéole [Rybeɔl] NF rubeola

rubicond, e [Rybikɔ̃, ɔ̃d] ADJ rubicundo(-a)

rubis [Rybi] NM rubí *m*; **payer ~ sur l'ongle** pagar a toca teja

rubrique [RybRik] NF (*titre, catégorie*) rúbrica; (*Presse : article*) sección *f*

ruche [Ryʃ] NF colmena

rucher [Ryʃe] NM colmenar *m*

rude [Ryd] ADJ (*barbe, toile, voix*) áspero(-a); (*métier, épreuve, climat*) duro(-a); (*bourru*) rudo(-a); **un ~ paysan/montagnard** un rudo campesino/montañés; **un ~ appétit** un hambre de lobos; **être mis à ~ épreuve** ser sometido a severa prueba

rudement [Rydmɑ̃] ADV (*tomber, frapper, traiter*) duramente; **elle est ~ belle/riche** (*fam*) es súper guapa/rica, es guapísima/riquísima; **j'ai ~ faim** (*fam*) tengo un montón de hambre

rudesse [Rydɛs] NF aspereza; dureza; rudeza

rudimentaire [Rydimɑ̃tɛR] ADJ rudimentario(-a)

rudiments [Rydimɑ̃] NMPL rudimentos *mpl*

rudoyer [Rydwaje] VT tratar con aspereza

rue [Ry] NF calle *f*; **être à la ~** estar en la calle; **jeter qn à la ~** echar a algn a la calle

ruée [Rɥe] NF riada; **la ~ vers l'or** la fiebre del oro

ruelle [Rɥɛl] NF callejuela

ruer [Rɥe] VI cocear; **~ dans les brancards** plantar cara ■ **se ruer** VPR : **se ~ sur** (*provisions, adversaire*) arrojarse sobre; **se ~ vers/dans/hors de** precipitarse hacia/en/fuera de

rugby [Rygbi] NM rugby *m*; **~ à quinze** rugby (a quince); **~ à treize** rugby de trece

rugbyman [Rygbiman] NM jugador *m* de rugby

rugir [RyʒiR] VI rugir; (*personne*) bramar ▶ VT (*menaces, injures*) lanzar a voz en grito

rugissement [Ryʒismɑ̃] NM rugido; bramido

rugosité [Rygozite] NF rugosidad *f*; (*aspérité*) aspereza

rugueux, -euse [Rygø, øz] ADJ rugoso(-a)

ruine [Rɥin] NF ruina; **tomber en ~** caerse, venirse abajo; **être au bord de la ~** (*fig*) estar al borde de la ruina

ruiner [Rɥine] VT arruinar ■ **se ruiner** VPR arruinarse

ruineux, -euse [Rɥinø, øz] ADJ ruinoso(-a)

ruisseau, x [Rɥiso] NM (*cours d'eau*) arroyo; (*caniveau*) cuneta; **ruisseaux de larmes/sang** (*fig*) ríos *mpl* de lágrimas/sangre

ruisselant, e [Rɥis(ə)lɑ̃, ɑ̃t] ADJ chorreante, que chorrea; **un imperméable ~ de pluie** un impermeable que chorrea agua

ruisseler [Rɥis(ə)le] VI (*eau, pluie, larmes*) correr; (*mur, visage*) chorrear; **~ d'eau, ~ de pluie** chorrear agua; **~ de sueur** chorrear de sudor; **~ de**

r

lumière centellear luz; **son visage ruisselait de larmes** las lágrimas le corrían por las mejillas

ruissellement [ʀɥisɛlmɑ̃] NM chorreo; **~ de lumière** centelleo de luz

rumeur [ʀymœʀ] NF rumor *m*

ruminant [ʀyminɑ̃] NM (*Zool*) rumiante *m*

ruminer [ʀymine] VI, VT (*aussi fig*) rumiar

rumsteck [ʀɔmstɛk] NM = **romsteck**

rupestre [ʀypɛstʀ] ADJ rupestre

rupin, e [ʀypɛ̃, in] (*fam, péj*) ADJ (*personne*) ricachón(-ona) (*fam*); (*quartier, appartement*) pijo(-a) (*fam*) ▸ NM/F (*personne*) ricachón(-ona) (*fam*); **les rupins** los ricachones, la gente de pasta (*fam*)

rupture [ʀyptyʀ] NF rotura; (*des négociations, d'un couple*) ruptura; (*d'un contrat*) incumplimiento; **en ~ de ban** (*fig*) libre de obligaciones; **être en ~ de stock** estar agotado

rural, e, -aux [ʀyʀal, o] ADJ rural ▪ **ruraux** NMPL : **les ruraux** los campesinos

ruralité [ʀyʀalite] NF ruralismo

ruse [ʀyz] NF astucia; **une ~** un ardid; **par ~** con astucia

rusé, e [ʀyze] ADJ astuto(-a)

ruser [ʀyze] VI (*utiliser la ruse*) valerse de la astucia; **~ avec** (*personne, loi, autorité*) lidiar con

rush [ʀœʃ] NM (*précipitation, ruée*) avalancha; (*Sport*) esprint *m* final ▪ **rushes** NMPL (*Ciné*) primeras pruebas *fpl*

russe [ʀys] ADJ ruso(-a) ▸ NM (*Ling*) ruso ▸ NMF : **Russe** ruso(-a)

Russie [ʀysi] NF Rusia; **la ~ blanche/Soviétique** la Rusia blanca/Soviética

rustine [ʀystin] NF parche *m*

rustique [ʀystik] ADJ rústico(-a); (*plante*) resistente

rustre [ʀystʀ] NM paleto

rut [ʀyt] NM celo; **être en ~** estar en celo

rutabaga [ʀytabaga] NM nabo sueco

rutilant, e [ʀytilɑ̃, ɑ̃t] ADJ reluciente, rutilante

RV SIGLE M (= *rendez-vous*) cita

Rwanda [ʀwɑ̃da] NM Ruanda

rythme [ʀitm] NM ritmo; (*des saisons*) paso; **au ~ de 10 par jour** a razón de 10 al día

rythmé, e [ʀitme] ADJ rítmico(-a)

rythmer [ʀitme] VT dar ritmo a; (*souligner*) medir

rythmique [ʀitmik] ADJ rítmico(-a) ▸ NF rítmica

Ss

S¹, s [ɛs] NM INV (*lettre*) S, s *f*; **S comme Suzanne** S de Susana

S² ABR (= *sud*) S (= *sur*)

s/ ABR (= *sur*) sobre

s' [s] PRON *voir* **se**

SA [ɛsa] SIGLE F (= *société anonyme*) S.A. (= *Sociedad Anónima*); (= *Son Altesse*) S.A. (= *Su Alteza*)

sa [sa] *voir* **son¹**

sabbatique [sabatik] ADJ : **année ~** año sabático

sable [sɑbl] NM arena; **sables mouvants** arenas *fpl* movedizas

> ⚠ No debe traducirse por *sable*, que en francés corresponde a **sabre**.

sablé, e [sɑble] ADJ enarenado(-a); **pâte sablée** pastaflora ▸ NM galleta de pastaflora

sabler [sɑble] VT enarenar; **~ le champagne** (*fig*) celebrar algo con champán

sableux, -euse [sɑblø, øz] ADJ arenoso(-a)

sablier [sɑblije] NM reloj *m* de arena

sablière [sɑblijɛʀ] NF arenal *m*

sablonneux, -euse [sɑblɔnø, øz] ADJ arenoso(-a)

saborder [sabɔʀde] VT (*aussi fig*) hundir (voluntariamente) ■ **se saborder** VPR (*aussi fig*) hundirse (voluntariamente)

sabot [sabo] NM (*chaussure*) zueco; (*de cheval, bœuf*) casco; (*Tech*) zapata; **~ (de Denver)** cepo; **~ de frein** zapata de freno

sabotage [sabɔtaʒ] NM sabotaje *m*

saboter [sabɔte] VT sabotear

saboteur, -euse [sabɔtœʀ, øz] NM/F saboteador(a)

sabre [sɑbʀ] NM sable *m*; **le ~** (*fig*) el ejército

sabrer [sɑbʀe] VT (*ennemis*) dar sablazos; (*article etc*) suprimir, tachar

sac [sak] NM bolsa; (*aussi* : **sac à main**) bolso (de mano), cartera (AM); (*de grande taille, en toile*) saco; (*pillage*) saqueo; **mettre à ~** saquear; **l'affaire est dans le ~** (*fam*) es cosa hecha; **un ~ de nœuds** un lío, un fregado; **~ à dos** mochila; **~ à provisions** bolsa de la compra; **~ de couchage** saco de dormir; **~ de voyage** bolsa de viaje; **~ de plage** bolsa playera; **~ plastique** bolsa de plástico

> Ne confondez pas *bolso* et *bolsa*. *Bolsa* est le terme le plus courant pour désigner un sac ou sachet plus ou moins grand tandis que *bolso* désigne plus particulièrement un sac à main. *Saco* ne s'emploie que pour un sac de grandes dimensions, souvent en toile :
> **Je me suis fait voler mon sac à main.** Me robaron el bolso.
> **un sac de bonbons** una bolsa de caramelos
> **un sac de pommes de terre** un saco de patatas

saccade [sakad] NF tirón *m*; **par saccades** a tirones

saccadé, e [sakade] ADJ (*gestes, voix*) brusco(-a); (*voix*) entrecortado(-a)

saccage [sakaʒ] NM saqueo

saccager [sakaʒe] VT (*piller*) saquear; (*dévaster*) devastar

saccharine [sakaʀin] NF sacarina

saccharose [sakaʀoz] NM sacarosa

SACEM [sasɛm] SIGLE F = **Société des auteurs, compositeurs et éditeurs de musique**

sacerdoce [sasɛʀdɔs] NM sacerdocio

sacerdotal, e, -aux [sasɛʀdɔtal, o] ADJ sacerdotal

sachant [saʃɑ̃] VB *voir* **savoir**

sache *etc* [saʃ] VB *voir* **savoir**

sachet [saʃɛ] NM bolsita; (*de poudre, lavande*) saquito; **thé en sachets** té *m* en bolsitas

sacoche [sakɔʃ] NF bolso, talego; (*de bicyclette, motocyclette*) talego; (*du facteur*) cartera; (*d'outils*) bolsa

sacquer [sake] (*fam*) VT (*employé*) poner de patitas en la calle; (*Scol*) catear

sacraliser [sakʀalize] VT sacralizar

sacre [sakʀ] NM consagración *f*; (*d'un souverain*) coronación *f*

sacré, e [sakʀe] ADJ sagrado(-a); (*fam* : *satané*) maldito(-a); (*Anat*) sacro(-a); **il a une sacrée chance/un ~ culot** (*fam*) tiene una suerte/cara increíble

sacrement [sakʀəmɑ̃] NM sacramento; **administrer les derniers sacrements à qn** administrar los últimos sacramentos a algn

sacrer [sakʀe] VT (*souverain*) coronar; (*évêque*) consagrar ▸ VI (*jurer*) blasfemar

sacrifice [sakʀifis] NM sacrificio; **faire le ~ de** sacrificar

sacrificiel, le [sakʀifisjɛl] ADJ de sacrificio

sacrifier [sakʀifje] VT sacrificar; **~ à** (*mode, tradition*) seguir; **articles sacrifiés** artículos *mpl* a precio de saldo, gangas *fpl* ■ **se sacrifier** VPR sacrificarse

sacrilège [sakʀilɛʒ] NM sacrilegio ▶ NMF, ADJ sacrílego(-a)

sacristain [sakʀistɛ̃] NM sacristán *m*

sacristie [sakʀisti] NF sacristía

sacristine [sakʀistin] NF sacristana

sacro-saint, e [sakʀosɛ̃, sɛ̃t] (*pl* **sacro-saints, -es**) ADJ sacrosanto(-a)

sadique [sadik] ADJ, NMF sádico(-a)

sadisme [sadism] NM sadismo

sadomasochisme [sadomazɔʃism] NM sadomasoquismo

sadomasochiste [sadomazɔʃist] NMF sadomasoquista *mf*

safari [safaʀi] NM safari *m*; **faire un ~** hacer un safari

safari-photo [safaʀifɔto] (*pl* **safaris-photos**) NM safari-fotográfico *m*

safran [safʀɑ̃] NM azafrán *m*

saga [saga] NF saga

sagace [sagas] ADJ sagaz

sagacité [sagasite] NF sagacidad *f*

sagaie [sagɛ] NF azagaya

sage [saʒ] ADJ (*avisé, prudent*) sensato(-a); (*enfant*) bueno(-a); (*jeune fille, vie*) casto(-a) ▶ NMF sabio(-a); (*Pol*) consejero, sabio(-a), experto(-a) independiente; **comité des sages** comité *m* de sabios

sage-femme [saʒfam] (*pl* **sages-femmes**) NF comadrona

sagement [saʒmɑ̃] ADV (*raisonnablement*) razonablemente; (*tranquillement*) tranquilamente

sagesse [saʒɛs] NF (*bon sens, prudence*) sensatez *f*; (*philosophie du sage*) sabiduría; (*d'un enfant*) buena conducta

Sagittaire [saʒitɛʀ] NM (*Astrol*) Sagitario; **être ~** ser Sagitario

Sahara [saaʀa] NM Sáhara *m*

saharienne [saaʀjɛn] NF (*veste*) sahariana

saignant, e [sɛɲɑ̃, ɑ̃t] ADJ (*viande*) poco hecho(-a); (*blessure*) sangrante

saignée [seɲe] NF sangría; (*fig*) pérdida drástica

saignement [sɛɲmɑ̃] NM hemorragia; **~ de nez** hemorragia nasal

saigner [seɲe] VI sangrar; **~ du nez** sangrar por la nariz ▶ VT (*Méd, fig*) sangrar a; (*animal*) desangrar; **~ qn à blanc** (*fig*) esquilmar a algn

Saigon [saigɔ̃] N Saigón

saillant, e [sajɑ̃, ɑ̃t] ADJ (*pommettes, menton*) prominente; (*corniche etc*) saliente; (*fig*) destacado(-a)

saillie [saji] NF (*d'une construction*) voladizo; (*trait d'esprit*) ocurrencia; (*accouplement*) apareamiento; **faire ~** sobresalir; **en ~, formant ~** saliente

saillir [sajiʀ] VI sobresalir; **faire ~** (*muscles etc*) hacer sobresalir ▶ VT (*Élevage*) cubrir

sain, e [sɛ̃, sɛn] ADJ sano(-a); (*habitation*) salubre; (*affaire, entreprise*) saneado(-a); **~ et sauf** sano y salvo; **~ d'esprit** sano(-a) de espíritu

saindoux [sɛ̃du] NM manteca de cerdo

sainement [sɛnmɑ̃] ADV sanamente; (*raisonner*) juiciosamente

saint, e [sɛ̃, sɛ̃t] ADJ, NM/F santo(-a); **la Sainte Vierge** la Virgen Santísima ▶ NM (*statue*) santo

saint-bernard [sɛ̃bɛʀnaʀ] NM (perro) San Bernardo

Sainte-Hélène [sɛ̃telɛn] NF Santa Elena

Saint-Esprit [sɛ̃tɛspʀi] NM : **le ~** el Espíritu Santo

sainteté [sɛ̃tte] NF santidad *f*; **sa S~ le pape** su Santidad el Papa

Saint-Laurent [sɛ̃lɔʀɑ̃] NM : **le ~** el San Lorenzo

Saint-Marin [sɛ̃maʀɛ̃] N San Marino

Saint-Père [sɛ̃pɛʀ] (*pl* **Saints-Pères**) NM : **le ~** el Santo Padre

Saint-Pierre [sɛ̃pjɛʀ] N (*église*) San Pedro

Saint-Pierre-et-Miquelon [sɛ̃pjɛʀemiklɔ̃] N Saint-Pierre-et-Miquelon

Saint-Siège [sɛ̃sjɛʒ] NM INV : **le ~** la Santa Sede

Saint-Sylvestre [sɛ̃silvɛstʀ] NF INV : **la ~** el día de Nochevieja

sais *etc* [sɛ] VB *voir* **savoir**

saisie [sezi] NF (*Jur*) embargo; **opérateur/opératrice de ~** introductor/introductora de datos; **~ (de données)** (*Inform*) recogida de datos

saisine [sezin] NF (*Jur*) petición *f* de actuación

saisir [seziʀ] VT (*personne, chose : prendre*) agarrar; (*fig : occasion, prétexte*) aprovechar; (*comprendre*) comprender; (*entendre*) captar; (*suj : sensations, émotions*) sobrecoger; (*Inform*) procesar; (*Culin*) soasar; (*Jur : biens, personne*) embargar; (*: publication interdite*) secuestrar; **~ un tribunal d'une affaire** someter un caso a un tribunal; **elle fut saisie de douleur/crainte** le embargó el dolor/fue presa del pánico ■ **se saisir de** VPR (*personne*) apoderarse de

saisissant, e [sezisɑ̃, ɑ̃t] ADJ (*spectacle, contraste*) sobrecogedor(a); (*froid*) penetrante

saisissement [sezismɑ̃] NM : **muet/figé de ~** mudo/tieso de sobrecogimiento

saison [sɛzɔ̃] NF temporada, época; (*du calendrier*) estación *f*; **la ~** (*touristique*) la temporada; **la belle/mauvaise ~** la buena/mala temporada; **être de ~** ser de la temporada; **en/hors ~** en/fuera de temporada; **haute/basse/morte ~** temporada alta/media/baja; **la ~ des pluies/des amours** la época de las lluvias/

de los amores; **les quatre saisons** las cuatro estaciones

saisonnier, -ière [sɛzɔnje, jɛʀ] ADJ (*produits, culture*) estacional; (*travail*) estacional, de temporada ▶ NM/F (*travailleur*) temporero(-a), trabajador(a) estacional; (*vacancier*) turista *mf* estacional

sait [sɛ] VB *voir* **savoir**

salace [salas] ADJ salaz

salade [salad] NF ensalada; (*fam : confusion*) embrollo; **haricots en ~** judías *fpl* en ensalada; **~ composée** ensalada mixta; **~ de concombres/d'endives** ensalada de pepinos/de endibias; **~ de fruits** macedonia de frutas; **~ de laitue/de tomates** ensalada de lechuga/de tomate; **~ niçoise** *ensalada con aceitunas, anchoas, tomates*; **~ russe** ensaladilla rusa ■ **salades** NFPL (*fam*) : **raconter des salades** contar cuentos

saladier [saladje] NM ensaladera

salaire [salɛʀ] NM salario; (*journalier*) jornal *m*; (*fig*) recompensa; **un ~ de misère** un salario de miseria; **~ brut/net** salario bruto/neto; **~ de base** sueldo base; **~ minimum interprofessionnel de croissance** ≈ salario mínimo interprofesional

salaison [salɛzɔ̃] NF salazón *f* ■ **salaisons** NFPL (*produits*) salazones *fpl*

salamandre [salamɑ̃dʀ] NF salamandra

salami [salami] NM salami *m*

salant [salɑ̃] ADJ M : **marais ~** salina

salarial, e, -aux [salaʀjal, jo] ADJ salarial

salariat [salaʀja] NM asalariados *mpl*

salarié, e [salaʀje] ADJ, NM/F asalariado(-a)

salaud [salo] (*fam !*) NM cabrón *m* (*fam !*), hijo de la chingada (*Mex fam !*)

sale [sal] ADJ sucio(-a); (*avant le nom : fam*) malo(-a)

salé, e [sale] ADJ salado(-a); (*fig : histoire, plaisanterie*) picante; (*fam : note, facture*) desorbitado(-a); **bien ~** muy salado(-a) ▶ NM (*porc salé*) carne *f* de cerdo salada; **petit ~** saladillo

salement [salmɑ̃] ADV (*manger etc*) groseramente

saler [sale] VT (*plat*) echar sal; (*pour conserver*) salar

saleté [salte] NF suciedad *f*; (*action vile*) cochinada; (*chose sans valeur*) porquería; (*obscénité*) guarrada; **j'ai attrapé une ~** (*microbe etc*) se me ha pegado una enfermedad; **vivre dans la ~** vivir en la inmundicia

salière [saljɛʀ] NF salero

saligaud [saligo] (*fam !*) NM marrano

salin, e [salɛ̃, in] ADJ salino(-a)

saline [salin] NF salina

salinité [salinite] NF salinidad *f*

salir [saliʀ] VT manchar; (*fig*) mancillar ■ **se salir** VPR (*aussi fig*) ensuciarse

> ⚠ No debe traducirse por *salir*, que en francés corresponde a **sortir**.

salissant, e [salisɑ̃, ɑ̃t] ADJ sucio(-a); **le blanc, c'est ~** el blanco es un color sucio *ou* poco sufrido

salissure [salisyʀ] NF suciedad *f*; (*tache*) mancha

salive [saliv] NF saliva

saliver [salive] VI salivar

salle [sal] NF sala; (*pièce*) sala, habitación *f*; (*de restaurant*) salón *m*; **faire ~ comble** tener un llenazo; **~ à manger** comedor *m*; **~ commune** sala común; **~ d'armes** (*pour l'escrime*) sala de esgrima; **~ d'attente** sala de espera; **~ d'eau** aseo; **~ de bain(s)** cuarto de baño; **~ de bal** salón de baile; **~ de cinéma** sala de cine; **~ de classe** aula; **~ de concert** sala de conciertos; **~ de consultation** sala de consulta; **~ de douches** cuarto de duchas; **~ de jeux** sala de juegos; **~ d'embarquement** sala de embarque; **~ de projection** sala de proyección; **~ de séjour** cuarto de estar; **~ des machines** sala de máquinas; **~ de spectacle** sala de espectáculos; **~ des ventes** salón de ventas; **~ d'exposition** sala de exposiciones; **~ d'opération** sala de operaciones; **~ obscure** sala oscura

salmonellose [salmɔneloz] NF salmonelosis *f inv*

salon [salɔ̃] NM salón *m*, living *m* (*Am*); (*mondain, littéraire*) salón, tertulia; **~ de coiffure** salón de peluquería; **~ de discussion** (*Internet*) chat *m*; **~ de thé** salón de té

salopard [salɔpaʀ] (*fam !*) NM cabrón *m*, hijo de la chingada (*Mex fam !*)

salope [salɔp] (*fam !*) NF marrana

saloper [salɔpe] (*fam !*) VT (*bâcler*) chapucear; (*salir*) enguarrar

saloperie [salɔpʀi] (*fam !*) NF (*obscénité, publication obscène*) guarradas *fpl*; (*action vile*) marranada; (*chose sans valeur, de mauvaise qualité*) porquería

salopette [salɔpɛt] NF pantalón *m* de peto; (*de travail*) mono, overol *m* (*Am*)

salpêtre [salpɛtʀ] NM salitre *m*

salsifis [salsifi] NM salsifí *m*

saltimbanque [saltɛ̃bɑ̃k] NMF saltimbanqui *mf*

salubre [salybʀ] ADJ salubre

salubrité [salybʀite] NF salubridad *f*; **mesures de ~ publique** medidas *fpl* de salubridad pública

saluer [salɥe] VT saludar; (*fig : acclamer*) aclamar, saludar

salut [saly] NM (*Rel, sauvegarde*) salvación *f*; (*Mil, parole d'accueil*) saludo; **~ public** salud *f* pública ▶ EXCL (*fam : bonjour*) ¡hola!; (*: au revoir*) ¡hasta luego!, ¡chao!, ¡chau! (*surtout Am*); (*style relevé*) ¡salve!

salutaire [salytɛʀ] ADJ saludable

salutations [salytasjɔ̃] NFPL saludos *mpl*; **recevez mes ~ distinguées** *ou* **respectueuses** (*dans une lettre*) reciba mis cordiales *ou* respetuosos saludos

S

salutiste [salytist] NMF miembro del ejército de Salvación

Salvador [salvadɔʀ] NM El Salvador

salve [salv] NF salva; **~ d'applaudissements** salva de aplausos

Samarie [samaʀi] NF Samaria

samaritain [samaʀitɛ̃] NM : **le bon S~** el buen samaritano

samedi [samdi] NM sábado; *voir aussi* **lundi**

SAMU, Samu [samy] SIGLE M (= *service d'assistance médicale d'urgence*) ≈ servicio médico de urgencia

sanatorium [sanatɔʀjɔm] NM sanatorio (antituberculoso)

sanctifier [sɑ̃ktifje] VT santificar

sanction [sɑ̃ksjɔ̃] NF sanción *f*; **prendre des sanctions contre** tomar medidas sancionadoras contra

sanctionner [sɑ̃ksjɔne] VT sancionar

sanctuaire [sɑ̃ktɥɛʀ] NM santuario

sandale [sɑ̃dal] NF sandalia

sandalette [sɑ̃dalɛt] NF sandalia

sandow® [sɑ̃do] NM extensor *m*

sandwich [sɑ̃dwi(t)ʃ] NM bocadillo; (*de pain de mie*) sándwich *m*, emparedado (*surtout AM*); **être pris en ~ (entre)** estar aprisionado (entre)

sandwicherie [sɑ̃dwitʃʀi] NF sandwichería

sang [sɑ̃] NM sangre *f*; **être en ~** estar cubierto de sangre; **jusqu'au ~** hasta hacer(le) sangrar; **se faire du mauvais ~** preocuparse; **~ bleu** sangre azul

sang-froid [sɑ̃fʀwa] NM INV sangre *f* fría; **garder/perdre/reprendre son ~** conservar/perder/recobrar la sangre fría; **faire qch de ~** hacer algo a sangre fría

sanglant, e [sɑ̃glɑ̃, ɑ̃t] ADJ (*visage, arme*) ensangrentado(-a); (*combat, fig*) sangriento(-a)

sangle [sɑ̃gl] NF correa; **fauteuil/lit de ~(s)** sillón *m*/catre *m* de tijera ■ **sangles** NFPL (*pour lit etc*) cinchas *fpl*

sangler [sɑ̃gle] VT (*colis, parachutiste*) ceñir; (*animal*) cinchar; **sanglé dans son uniforme** embutido en su uniforme

sanglier [sɑ̃glije] NM jabalí *m*

sanglot [sɑ̃glo] NM sollozo

sangloter [sɑ̃glɔte] VI sollozar

sangsue [sɑ̃sy] NF sanguijuela

sanguin, e [sɑ̃gɛ̃, in] ADJ sanguíneo(-a)

sanguinaire [sɑ̃ginɛʀ] ADJ sanguinario(-a)

sanguine [sɑ̃gin] NF sanguina

sanguinolent, e [sɑ̃ginɔlɑ̃, ɑ̃t] ADJ sanguinolento(-a)

sanisette [sanizɛt] NF aseo público

sanitaire [sanitɛʀ] ADJ sanitario(-a); **installation/appareil ~** instalación *f*/aparato sanitario(-a) ■ **sanitaires** NMPL (*appareils*) sanitarios *mpl*

sans [sɑ̃] PRÉP sin; **~ qu'il s'en aperçoive** sin que se dé cuenta; **~ scrupules** sin escrúpulos; **~ manches** sin mangas

sans-abri [sɑ̃zabʀi] (*pl* **~(s)**) NMF persona sin hogar

sans-emploi [sɑ̃zɑ̃plwa] (*pl* **sans-emplois**) NMF desempleado(-a)

sans-façon [sɑ̃fasɔ̃] NM (*littér*) informalidad *f*

sans-gêne [sɑ̃ʒɛn] ADJ INV desenfadado(-a) ▶ NM INV desenfado

sans-logis [sɑ̃lɔʒi] NMF INV persona sin hogar

sans-papiers ADJ INV, NMF INV, **sans-papier** ADJ, NMF [sɑ̃papje] sin papeles *mf inv*

sans-souci [sɑ̃susi] ADJ INV despreocupado(-a)

sans-travail [sɑ̃tʀavaj] NMF INV desocupado(-a)

santal [sɑ̃tal] NM sándalo

santé [sɑ̃te] NF salud *f*; **avoir une ~ de fer** tener una salud de hierro; **avoir une ~ délicate** tener una salud delicada; **être en bonne ~** estar bien de salud; **boire à la ~ de qn** beber a la salud de algn; **« à la ~ de … »** « a la salud de … »; **« à votre/ta ~ ! »** « ¡a su/tu salud! »; **service de ~** servicio sanitario; **la ~ publique** la salud pública

Santiago [sɑ̃tjago], **Santiago du Chili** [sɑ̃tjagodyʃili] N Santiago (de Chile)

santon [sɑ̃tɔ̃] NM figurita del Belén

saoudien, ne [saudjɛ̃, jɛn] ADJ saudí, saudita ▶ NM/F : **Saoudien, ne** saudí *mf*, saudita *mf*

saoul, e [su, sul] ADJ = **soûl**

sape [sap] NF : **travail de ~** trabajo de zapa ■ **sapes** NFPL (*fam*) trapos *mpl*

saper [sape] VT socavar ■ **se saper** VPR (*fam*) vestirse

sapeur [sapœʀ] NM zapador *m*

sapeur-pompier [sapœʀpɔ̃pje] (*pl* **sapeurs-pompiers**) NMF bombero(-a)

saphir [safiʀ] NM zafiro; (*d'électrophone*) aguja

sapin [sapɛ̃] NM (*Bot*) abeto; (*bois*) pino; **~ de Noël** árbol *m* de Navidad

sapinière [sapinjɛʀ] NF abetal *m*

saquer [sake] (*fam*) VT (*renvoyer*) echar (a la calle); (*supporter*) tragar (*fam*), soportar

SAR [ɛsaɛʀ] SIGLE F (= *Son Altesse Royale*) S.A.R. (= *Su Alteza Real*)

sarabande [saʀabɑ̃d] NF zarabanda; (*fig*) algarabía

sarbacane [saʀbakan] NF cerbatana

sarcasme [saʀkasm] NM sarcasmo

sarcastique [saʀkastik] ADJ sarcástico(-a)

sarcastiquement [saʀkastikmɑ̃] ADV con sarcasmo

sarcelle [saʀsɛl] NF cerceta

sarclage [saʀklaʒ] NM escarda

sarcler [saʀkle] VT escardar

sarcloir [saʀklwaʀ] NM escardillo

sarcophage [saʀkɔfaʒ] NM sarcófago

Sardaigne [saʀdɛɲ] NF Cerdeña
sarde [saʀd] ADJ sardo(-a) ▸ NMF : **Sarde** sardo(-a)
sardine [saʀdin] NF sardina; **sardines à l'huile** sardinas en aceite
sardinerie [saʀdinʀi] NF conservería de sardinas
sardinier, -ière [saʀdinje, jɛʀ] ADJ sardinero(-a) ▸ NM (*bateau*) barco sardinero
sardonique [saʀdɔnik] ADJ : **rire ~** risa sardónica
sari [saʀi] NM sari *m*
SARL [ɛsaɛʀɛl] SIGLE F (= *société à responsabilité limitée*) ≈ SL (= *sociedad limitada*)
sarment [saʀmɑ̃] NM : **~ (de vigne)** sarmiento (de vid)
sarrasin [saʀazɛ̃] NM (*Bot*) alforfón *m*, trigo sarraceno; (*farine*) harina de alforfón, harina de trigo sarraceno
sarrau [saʀo] NM blusón *m*
sarriette [saʀjɛt] NF ajedrea
sas [sɑs] NM esclusa de aire; (*d'une écluse*) cámara
satané, e [satane] ADJ (*maudit*) maldito(-a)
satanique [satanik] ADJ satánico(-a)
sataniste [satanist] ADJ (*secte*) satánico(-a) ▸ NMF satanista *mf*
satelliser [satelize] VT (*fusée*) poner en órbita; (*fig : pays*) convertir en un estado satélite
satellite [satelit] NM satélite *msg*; **pays ~** país *msg* satélite *inv*; **retransmis par ~** retransmitido vía satélite; **~ (artificiel)** satélite (artificial)
satellite-espion [satelitɛspjɔ̃] (*pl* **satellites-espions**) NM satélite *m* espía *inv*
satellite-observatoire [satelitɔpsɛʀvatwaʀ] (*pl* **satellites-observatoires**) NM satélite *m* observatorio *inv*
satellite-relais [satelitʀəlɛ] (*pl* **satellites-relais**) NM satélite *m* repetidor
satiété [sasjete] : **à ~** *adv* hasta la saciedad
satin [satɛ̃] NM satén *m*
satiné, e [satine] ADJ satinado(-a)
satinette [satinɛt] NF rasete *m*
satire [satiʀ] NF sátira; **faire la ~ de** satirizar
satirique [satiʀik] ADJ satírico(-a)
satiriste [satiʀist] NMF escritor(a) satírico(-a)
satisfaction [satisfaksjɔ̃] NF satisfacción *f*; **à ma grande ~** para gran satisfacción mía; **donner ~ (à)** satisfacer; **ils ont obtenu ~** se ha accedido a sus demandas
satisfaire [satisfɛʀ] VT satisfacer; **~ à** cumplir con; (*conditions*) responder a ■ **se satisfaire** VPR : **se ~ de** contentarse con
satisfaisant, e [satisfəzɑ̃, ɑ̃t] ADJ satisfactorio(-a)
satisfait, e [satisfɛ, ɛt] PP *de* **satisfaire** ▸ ADJ (*personne, air*) satisfecho(-a); (*curiosité, désir*) complacido(-a); **~ de** satisfecho(-a) de
satisfasse *etc* [satisfas] VB *voir* **satisfaire**
satisferai *etc* [satisfʀe] VB *voir* **satisfaire**
saturation [satyʀasjɔ̃] NF saturación *f*; **arriver à ~** llegar a la saturación
saturer [satyʀe] VT saturar; **~ qn/qch de** saturar a algn/algo de; **être saturé de qch** (*publicité*) estar harto de algo; **je suis saturé de travail** estoy saturado de trabajo
saturnisme [satyʀnism] NM saturnismo
satyre [satiʀ] NM sátiro
sauce [sos] NF salsa; **en ~** en salsa; **~ à salade** salsa de ensalada; **~ aux câpres** salsa de alcaparras; **~ blanche** salsa blanca; **~ chasseur** salsa chasseur (*con chalotes, vino blanco, champiñones y hierbas*); **~ mayonnaise/piquante** salsa mayonesa/picante; **~ suprême/vinaigrette** salsa suprema/vinagreta; **~ tomate** salsa de tomate
saucer [sose] VT rebañar
saucière [sosjɛʀ] NF salsera
saucisse [sosis] NF salchicha
saucisson [sosisɔ̃] NM salchichón *m*; **~ à l'ail** salchichón al ajo; **~ sec** salchichón curado
saucissonner [sosisɔne] VI picar
sauf[1] [sof] PRÉP salvo; **~ que ...** salvo que ...; **~ si ...** salvo si ...; **~ avis contraire** salvo aviso contrario; **~ empêchement** salvo impedimento; **~ erreur/imprévu** salvo error/imprevisto
sauf[2]**, sauve** [sof, sov] ADJ (*personne*) ileso(-a); (*fig : honneur*) a salvo; **laisser la vie sauve à qn** perdonar la vida a algn
sauf-conduit [sofkɔ̃dɥi] (*pl* **sauf-conduits**) NM salvoconducto
sauge [soʒ] NF salvia
saugrenu, e [sogʀəny] ADJ (*accoutrement*) estrafalario(-a); (*idée, question*) ridículo(-a)
saule [sol] NM sauce *m*; **~ pleureur** sauce llorón
saumâtre [somɑtʀ] ADJ (*eau, goût*) salobre; **la trouver ~** (*désagréable*) no hacer ni pizca de gracia
saumon [somɔ̃] NM salmón *m*; **~ fumé** salmón ahumado ▸ ADJ INV (*couleur*) color salmón *inv*
saumoné, e [somɔne] ADJ : **truite saumonée** trucha asalmonada
saumure [somyʀ] NF salmuera
sauna [sona] NM sauna (*m en AM*)
saupoudrer [sopudʀe] VT : **~ qch de** (*de sel, sucre*) espolvorear algo de; (*fig*) salpicar algo de
saupoudreuse [sopudʀøz] NF *frasco que sirve para espolvorear*
saur [sɔʀ] ADJ M : **hareng ~** arenque *m* ahumado
saurai *etc* [sɔʀe] VB *voir* **savoir**
saut [so] NM salto; **faire un ~** dar un salto; **faire un ~ chez qn** dar un salto a casa de algn; **au ~ du lit** al levantarse; **~ en hauteur/longueur/à la perche** salto de altura/longitud/con pértiga; **~ à la corde** salto a la comba; **~ de page**

S

(*Inform*) avance *m* de página; **~ en parachute** salto en paracaídas; **~ périlleux** salto mortal

saute [sot] NF : **~ de vent/température** cambio de viento/temperatura; **avoir des sautes d'humeur** tener cambios bruscos de humor

sauté, e [sote] ADJ (*Culin*) salteado(-a) ▶ NM : **~ de veau** salteado de ternera

saute-mouton [sotmutɔ̃] NM : **jouer à ~** jugar a la pídola

sauter [sote] VI saltar; (*exploser*) estallar; (*se rompre*) romperse; (*se détacher*) soltarse; **faire ~** (*avec explosifs*) volar; (*Culin*) saltear; **~ à pieds joints/à cloche-pied** saltar con los pies juntos/a pata coja; **~ dans/sur/vers** (*se précipiter*) echarse en/sobre/hacia; **~ en parachute** saltar en paracaídas; **~ à la corde** saltar a la cuerda; **~ de joie/de colère** saltar de alegría/de rabia; **~ au cou de qn** echarse al cuello de algn; **~ d'un sujet à l'autre** pasar de un tema a otro; **~ aux yeux** saltar a la vista; **~ au plafond** (*fig*) subirse por las paredes ▶ VT (*obstacle*) franquear; (*fig : omettre*) saltarse

sauterelle [sotʀɛl] NF (*Zool*) saltamontes *m inv*

sauterie [sotʀi] NF guateque *m*

sauternes [sotɛʀn] NM *vino blanco afrutado que se elabora en la región francesa de Sauternes*

sauteur, -euse [sotœʀ, øz] NM/F saltador(a); **~ à la perche** saltador(a) de pértiga; **~ à skis** saltador(a) de esquíes

sauteuse [sotøz] NF cazuela para saltear

sautillement [sotijmɑ̃] NM saltito

sautiller [sotije] VI dar saltitos

sautoir [sotwaʀ] NM (*collier*) collar *m*; (*Sport*) saltadero; **porter en ~** llevar sobre el pecho; **~ (de perles)** collar (de perlas)

sauvage [sovaʒ] ADJ (*animal, peuplade*) salvaje; (*plante*) silvestre; (*lieu*) agreste; (*insociable*) huraño(-a); (*non officiel*) no autorizado(-a) ▶ NMF (*primitif*) salvaje *mf*; (*brute*) bárbaro(-a)

sauvagement [sovaʒmɑ̃] ADV brutalmente

sauvageon, ne [sovaʒɔ̃, ɔn] NM/F (*fig*) niño(-a) difícil

sauvagerie [sovaʒʀi] NF salvajismo

sauve [sov] ADJ F *voir* **sauf²**

sauvegarde [sovgaʀd] NF salvaguardia; **faire une ~** (*Inform*) hacer una copia de seguridad; **sous la ~ de** bajo el amparo de

sauvegarder [sovgaʀde] VT salvaguardar; (*Inform*) grabar

sauve-qui-peut [sovkipø] NM INV desbandada ▶ EXCL ¡sálvese quien pueda!

sauver [sove] VT salvar; **~ qn de** salvar a algn de; **~ la vie à qn** salvar la vida a algn; **~ les apparences** guardar las apariencias ■ **se sauver** VPR (*s'enfuir*) largarse; (*fam : partir*) irse

sauvetage [sov(ə)taʒ] NM salvamento; **ceinture** *ou* **brassière** *ou* **gilet de ~** cinturón *m ou* camisa *ou* chaleco salvavidas *inv*; **~ en montagne** rescate *m* de montaña

sauveteur, -euse [sov(ə)tœʀ, øz] NM/F socorrista *mf*

sauvette [sovɛt] : **à la ~** *adv* a hurtadillas ▶ ADJ : **vente à la ~** venta ambulante no autorizada

sauveur [sovœʀ] NM salvador *m*; **le S~** (*Rel*) el Salvador

SAV [ɛsave] SIGLE M (= *service après vente*) servicio post venta

savais *etc* [save] VB *voir* **savoir**

savamment [savamɑ̃] ADV sabiamente

savane [savan] NF sabana

savant, e [savɑ̃, ɑ̃t] ADJ (*érudit, instruit, habile*) sabio(-a); (*compliqué, difficile*) complejo(-a); **animal ~** animal amaestrado ▶ NM/F sabio(-a)

savate [savat] NF chancla; (*Sport*) boxeo francés

saveur [savœʀ] NF sabor *m*

Savoie [savwa] NF Saboya

savoir [savwaʀ] NM saber *m* ▶ VT saber; **~ nager/se montrer ferme** saber nadar/mostrarse firme; **~ que** saber que; **~ si/comment/combien …** saber si/cómo/cuánto …; **il faut ~ que …** es preciso saber que …; **il est petit : tu ne peux pas ~ …** no creerías lo pequeño que es …; **vous n'êtes pas sans ~ que …** usted no ignora que …; **je crois ~ que …** creo saber que …; **je n'en sais rien** yo no sé nada de eso; **à ~** a saber; **à ~ que …** a saber que …; **faire ~ qch à qn** hacer saber algo a algn; **ne rien vouloir ~** no querer saber nada; **pas que je sache** que yo sepa, no; **sans le ~** sin saberlo; **en ~ long** saber un rato largo ■ **se savoir** VPR (*chose : être connu*) saberse; **se ~ malade/incurable** saberse enfermo/incurable

savoir-faire [savwaʀfɛʀ] NM INV tacto

savoir-vivre [savwaʀvivʀ] NM INV : **manquer de/avoir du ~** carecer de/tener modales

savon [savɔ̃] NM jabón *m*; **un ~** (*morceau*) una pastilla de jabón; **passer un ~ à qn** (*fam*) echarle un rapapolvo a algn

savonner [savɔne] VT enjabonar ■ **se savonner** VPR enjabonarse; **se ~ les mains/pieds** enjabonarse las manos/los pies

savonnerie [savɔnʀi] NF jabonería

savonnette [savɔnɛt] NF jaboncillo

savonneux, -euse [savɔnø, øz] ADJ jabonoso(-a)

savons [savɔ̃] VB *voir* **savoir**

savourer [savuʀe] VT saborear

savoureux, -euse [savuʀø, øz] ADJ sabroso(-a)

savoyard, e [savwajaʀ, aʀd] ADJ saboyano(-a) ▶ NM/F : **Savoyard, e** saboyano(-a)

sax [saks] NM saxo

saxo [saksɔ], **saxophone** [saksɔfɔn] NM saxo(fón) *m*

saxophoniste [saksɔfɔnist] NMF saxofonista *mf*

saynète [sɛnɛt] NF sainete *m*

sbire [sbiʀ] (*péj*) NM esbirro

scabreux, -euse [skabʀø, øz] ADJ escabroso(-a)
scalp [skalp] NM cabellera
scalpel [skalpɛl] NM escalpelo
scalper [skalpe] VT (*Indiens*) cortar el cuero cabelludo; (*accidentellement*) escalpar
scampi [skɑ̃pi] NMPL *gambas preparadas a la italiana*
scandale [skɑ̃dal] NM escándalo; **faire du ~** (*tapage*) armar un escándalo; **faire ~** causar escándalo
scandaleusement [skɑ̃daløzmɑ̃] ADV escandalosamente
scandaleux, -euse [skɑ̃dalø, øz] ADJ escandaloso(-a)
scandaliser [skɑ̃dalize] VT escandalizar ■ **se scandaliser** VPR escandalizarse
scander [skɑ̃de] VT (*vers*) escandir; (*mots, syllabes*) silabear; (*slogans*) cantar
scandinave [skɑ̃dinav] ADJ escandinavo(-a) ▶ NMF : **Scandinave** escandinavo(-a)
Scandinavie [skɑ̃dinavi] NF Escandinavia
scanner[1] [skanɛʀ] NM escáner *m*
scanner[2] [skane] VT escanear
scanographie [skanɔgʀafi] NF escanograma
scansion [skɑ̃sjɔ̃] NF (*de vers*) escansión *f*
scaphandre [skafɑ̃dʀ] NM escafandra; **~ autonome** escafandra autónoma
scaphandrier [skafɑ̃dʀije] NM buzo
scarabée [skaʀabe] NM escarabajo
scarification [skaʀifikasjɔ̃] NF escarificación *f*
scarlatine [skaʀlatin] NF escarlatina
scarole [skaʀɔl] NF escarola
scatologique [skatɔlɔʒik] ADJ escatológico(-a)
sceau, x [so] NM sello; **sous le ~ du secret** bajo secreto
scélérat, e [seleʀa, at] NM/F canalla *mf* ▶ ADJ canallesco(-a)
sceller [sele] VT sellar; (*barreau, chaîne etc*) fijar
scellés [sele] NMPL (*Jur*) : **mettre les ~ sur** precintar
scénario [senaʀjo] NM (*Ciné*) guion *m*
scénariste [senaʀist] NMF (*Ciné*) guionista *mf*
scène [sɛn] NF escena; (*lieu, décors*) escena, escenario; (*dispute bruyante*) altercado; **la ~ politique/internationale** la escena política/internacional; **sur le devant de la ~** (*fig*) de plena actualidad; **entrer en ~** entrar en escena; **par ordre d'entrée en ~** por orden de aparición; **mettre en ~** (*Théâtre, fig*) poner en escena; (*Ciné*) dirigir; **porter à/adapter pour la ~** llevar al/adaptar para el teatro; **faire une ~ (à qn)** hacerle una escena (a algn); **~ de ménage** riña conyugal
scénique [senik] ADJ escénico(-a)
scénographie [senɔgʀafi] NF (*Théâtre*) escenografía
scepticisme [sɛptisism] NM escepticismo
sceptique [sɛptik] ADJ, NMF escéptico(-a)
sceptre [sɛptʀ] NM cetro
schéma [ʃema] NM esquema *m*
schématique [ʃematik] ADJ esquemático(-a)
schématiquement [ʃematikmɑ̃] ADV esquemáticamente
schématisation [ʃematizasjɔ̃] NF esquematización *f*
schématiser [ʃematize] VT (*objet, mouvement*) esquematizar; (*simplifier*) simplificar
schismatique [ʃismatik] ADJ cismático(-a)
schisme [ʃism] NM cisma *m*
schiste [ʃist] NM esquisto
schisteux, -euse [ʃistø, øz] ADJ (*roche*) esquistoso(-a); (*falaise*) pizarroso(-a)
schizophrène [skizɔfʀɛn] NMF esquizofrénico(-a)
schizophrénie [skizɔfʀeni] NF esquizofrenia
sciatique [sjatik] ADJ : **nerf ~** nervio ciático ▶ NF ciática
scie [si] NF sierra; (*fam, péj : rengaine*) cantinela; (*: personne*) pesadez *f*; **~ à bois** sierra para madera; **~ à découper** segueta; **~ à métaux** sierra para metales; **~ circulaire/sauteuse** sierra circular/de vaivén
sciemment [sjamɑ̃] ADV intencionadamente
science [sjɑ̃s] NF ciencia; (*savoir*) saber *m*; (*savoir-faire*) saber hacer *m*; **les sciences** (*Scol*) las ciencias; **sciences appliquées/expérimentales** ciencias aplicadas/experimentales; **sciences humaines/naturelles** ciencias humanas/naturales; **sciences occultes** ciencias ocultas; **sciences politiques/sociales** ciencias políticas/sociales
science-fiction [sjɑ̃sfiksjɔ̃] (*pl* **sciences-fictions**) NF ciencia ficción
scientifique [sjɑ̃tifik] ADJ, NMF científico(-a)
scientifiquement [sjɑ̃tifikmɑ̃] ADV científicamente
scientologie [sjɑ̃tɔlɔʒi] NF cienciología
scientologue [sjɑ̃tɔlɔg] NMF cienciólogo(-a)
scier [sje] VT serrar; (*partie en trop*) aserrar
scierie [siʀi] NF aserradero
scieur [sjœʀ] NM : **~ de long** *carpintero que sierra la madera a lo largo*
scinder [sɛ̃de] VT escindir ■ **se scinder** VPR escindirse
scintillant, e [sɛ̃tijɑ̃, ɑ̃t] ADJ centelleante
scintillement [sɛ̃tijmɑ̃] NM centelleo
scintiller [sɛ̃tije] VI centellear
scission [sisjɔ̃] NF escisión *f*
sciure [sjyʀ] NF : **~ (de bois)** serrín *m* (de madera)
sclérose [skleʀoz] NF esclerosis *f inv*; **~ artérielle** esclerosis arterial, arteriosclerosis *f inv*; **~ en plaques** esclerosis en placas

S

sclérosé, e [skleʀoze] ADJ (*Méd*) escleroso(-a); (*fig*) estancado(-a)

scléroser [skleʀoze] : **se scléroser** VPR (*Méd*) esclerosarse; (*fig*) estancarse

scolaire [skɔlɛʀ] ADJ escolar; **l'année ~** el curso escolar; (*à l'université*) el curso académico; **en âge ~** en edad escolar

scolarisation [skɔlaʀizasjɔ̃] NF escolarización *f*

scolariser [skɔlaʀize] VT escolarizar

scolarité [skɔlaʀite] NF escolaridad *f*; **frais de ~** gastos *mpl* de escolaridad; **la ~ obligatoire** la escolaridad obligatoria

scolastique [skɔlastik] (*péj*) ADJ escolástico(-a)

scoliose [skɔljoz] NF escoliosis *f inv*

scolopendre [skɔlɔpɑ̃dʀ] NF (*Zool*) escolopendra, ciempiés *m inv*; (*Bot*) escolopendra, lengua cerval

scoop [skup] NM (*Presse*) exclusiva

scooter [skutœʀ] NM escúter *m*

scorbut [skɔʀbyt] NM escorbuto

scorbutique [skɔʀbytik] ADJ escorbútico(-a)

score [skɔʀ] NM (*Sport*) tanteo; (*dans un test*) puntuación *f*; (*électoral etc*) resultado

scories [skɔʀi] NFPL escorias *fpl*

scorpion [skɔʀpjɔ̃] NM escorpión *m*; **le S~** (*Astrol*) escorpio; **être S~** ser escorpio

Scotch® [skɔtʃ] NM (*adhésif*) celo, cinta adhesiva

scotch [skɔtʃ] NM (*whisky*) whisky *m* escocés

scotché, e [skɔtʃe] ADJ (*fam : immobilisé*) pegado(-a); (: *stupéfait*) alucinado(-a); **il reste des heures ~ devant la télévision** se pasa horas pegado a la tele; **je suis resté ~** me quedé alucinado

scotcher [skɔtʃe] VT pegar con celo *ou* cinta adhesiva; (*fam : stupéfier*) dejar alucinado(-a)

scoubidou [skubidu] NM escubidú *m*, *tubito de plástico de colores que se trenza para elaborar adornos o complementos*

scoumoune [skumun] (*fam*) NF mala pata (*fam*); **avoir la ~** tener mala pata

scout, e [skut] ADJ de scout ▸ NM/F scout *mf*, explorador(a)

scoutisme [skutism] NM escutismo

scratcher [skʀatʃe] VT (*Sport*) descalificar

scribe [skʀib] NM escribiente *m*; (*péj*) chupatintas *m inv*

scribouillard [skʀibujaʀ] (*péj*) NM plumífero

script [skʀipt] NM (*écriture*) letra cursiva; (*Ciné*) guion *m*

scripte [skʀipt] NF anotadora, secretaria de rodaje

script-girl [skʀiptgœʀl] (*pl* **script-girls**) NF anotadora, secretaria de rodaje

scriptural, e, -aux [skʀiptyʀal, o] ADJ : **monnaie scripturale** dinero en banco *ou* en cuenta

scrofuleux, -euse [skʀɔfylø, øz] ADJ escrofuloso(-a)

scrotum [skʀɔtɔm] NM escroto

scrupule [skʀypyl] NM escrúpulo; **être sans scrupules** no tener escrúpulos

scrupuleusement [skʀypyløzmɑ̃] ADV escrupulosamente

scrupuleux, -euse [skʀypylø, øz] ADJ escrupuloso(-a)

scrutateur, -trice [skʀytatœʀ, tʀis] ADJ, NM/F escrutador(a)

scruter [skʀyte] VT (*objet, visage*) escrutar; (*horizon, alentours*) otear

scrutin [skʀytɛ̃] NM (*vote*) escrutinio; (*ensemble des opérations*) votación *f*; **ouverture/clôture d'un ~** apertura/cierre *m* de la votación; **~ à deux tours** votación a doble vuelta; **~ de liste** sistema *m* de lista cerrada; **~ majoritaire/proportionnel** sistema mayoritario/proporcional; **~ uninominal** elección *f* uninominal

sculpter [skylte] VT esculpir

sculpteur [skyltœʀ] NMF (*nf aussi* **sculpteure**) escultor(a)

sculptural, e, -aux [skyltyʀal, o] ADJ (*aussi fig*) escultural

sculpture [skyltyʀ] NF escultura; **~ sur bois** escultura en madera

sdb. ABR (= *salle de bain*) B (= *baño*)

SDF [ɛsdeɛf] SIGLE MF (= *sans domicile fixe*) sin techo *mf*; **les ~** los sin techo

SE ABR (= *Son Excellence*) S. Exc. (= *Su Excelencia*)

se, s' [sə] PRON se; **se voir comme on est** verse como uno es; **ils s'aiment** se quieren; **cela se répare facilement** eso se arregla fácilmente; **se casser la jambe/laver les mains** romperse una pierna/lavarse las manos

séance [seɑ̃s] NF sesión *f*; **ouvrir/lever la ~** abrir/levantar la sesión; **~ tenante : obéir/régler une affaire ~ tenante** obedecer/arreglar un asunto en el acto

séant, e [seɑ̃, ɑ̃t] ADJ sentado(-a) ▸ NM (*postérieur*) trasero

seau, x [so] NM cubo, balde *m* (*surtout* AM); **~ à glace** cubitera

sébum [sebɔm] NM sebo

sec, sèche [sɛk, sɛʃ] ADJ seco(-a); (*maigre, décharné*) enjuto(-a); (*style, graphisme*) árido(-a); (*départ, démarrage*) brusco(-a); **à pied ~** a pie enjuto; **une toux sèche** una tos seca; **avoir la gorge sèche** tener la garganta seca; **raisins secs** pasas *fpl* ▸ NM : **tenir au ~** mantener en sitio seco; **à ~** (*cours d'eau*) agotado(-a); (*à court d'idées*) vacío(-a); (*à court d'argent*) pelado(-a) ▸ ADV (*démarrer*) bruscamente; **je le prends** *ou* **bois ~** lo tomo *ou* bebo puro; **boire ~** (*beaucoup*) ser un gran bebedor

sécante [sekɑ̃t] NF secante *f*

sécateur [sekatœʀ] NM podadera

sécession [sesesjɔ̃] NF : **faire ~** separarse; **la guerre de S~** la guerra de secesión

sécessionniste [sesesjɔnist] ADJ secesionista

séchage [seʃaʒ] NM secado
sèche [sɛʃ] ADJ F *voir* **sec** ▸ NF (*fam*) pitillo
sèche-cheveux [sɛʃʃəvø] NM INV secador *m* de pelo
sèche-linge [sɛʃlɛ̃ʒ] (*pl* **~(s)**) NM secadora
sèche-main NM, **sèche-mains** NM INV [sɛʃmɛ̃] (*pl* **sèche-mains**) secador *m* de manos
sèchement [sɛʃmɑ̃] ADV (*frapper etc*) bruscamente; (*répliquer etc*) secamente
sécher [seʃe] VT secar; (*fam* : *Scol* : *classe*) pirarse ▸ VI secarse; (*fam* : *candidat*) estar pez ■ **se sécher** VPR secarse
sécheresse [sɛʃʀɛs] NF (*du climat, sol*) sequedad *f*; (*fig* : *du style*) aridez *f*; (*absence de pluie*) sequía
séchoir [seʃwaʀ] NM (*à linge*) tendedero; (*tabac, fruits*) secadero
second, e [s(ə)gɔ̃, ɔ̃d] ADJ segundo(-a); **doué de seconde vue** dotado de un sexto sentido; **trouver son ~ souffle** (*Sport, fig*) recobrar fuerzas; **être dans un état ~** estar enajenado(-a); **de seconde main** de segunda mano ▸ NM (*adjoint*) ayudante *m*; (*étage*) segundo; (*Naut*) segundo de a bordo
secondaire [s(ə)gɔ̃dɛʀ] ADJ secundario(-a); (*Scol*) medio(-a), secundario(-a)
seconde [s(ə)gɔ̃d] NF segundo; (*Scol*) *quinto año de educación secundaria en el sistema francés*; (*Auto*) segunda; **voyager en ~** (*Transport*) viajar en segunda
seconder [s(ə)gɔ̃de] VT (*assister*) ayudar; (*favoriser*) secundar
secouer [s(ə)kwe] VT sacudir; (*passagers*) zarandear; (*fam* : *faire se démener*) pinchar; **~ la poussière d'un tapis/manteau** sacudir el polvo de una alfombra/de un abrigo; **~ la tête** (*pour dire oui*) asentir con la cabeza; (*pour dire non*) negar con la cabeza ■ **se secouer** VPR (*chiens*) sacudirse; (*fam* : *se démener*) menearse, moverse
secourable [s(ə)kuʀabl] ADJ caritativo(-a)
secourir [s(ə)kuʀiʀ] VT socorrer; (*prodiguer des soins à*) auxiliar
secourisme [s(ə)kuʀism] NM socorrismo
secouriste [s(ə)kuʀist] NMF socorrista *mf*
secourons [səkuʀɔ̃] VB *voir* **secourir**
secours¹ [s(ə)kuʀ] VB *voir* **secourir**
secours² [s(ə)kuʀ] NM socorro; **au ~ !** ¡socorro!; **appeler au ~** pedir socorro; **appeler qn à son ~** pedir socorro a algn; **aller au ~ de qn** acudir en ayuda de algn; **porter ~ à qn** prestar socorro a algn; **sa mémoire/cet outil lui a été d'un grand ~** su memoria/esta herramienta le ha sido de gran ayuda; **le ~ en montagne** el servicio de rescate de montaña ▸ NMPL (*aide financière, matérielle*) ayuda *fsg*; (*soins à un malade, blessé*) auxilio *msg*; (*équipes de secours*) servicios *mpl* de socorro; **les premiers ~** los primeros auxilios
secouru, e [səkuʀy] PP *de* **secourir**
secousse [s(ə)kus] NF sacudida; (*électrique*) descarga; (*fig* : *psychologique*) conmoción *f*; **~ sismique/tellurique** sacudida sísmica/telúrica
secret, -ète [səkʀɛ, ɛt] ADJ secreto(-a); (*renfermé* : *personne*) reservado(-a) ▸ NM secreto; **le ~ de qch** (*raison cachée, recette*) el secreto de algo; **en ~** (*sans témoins*) en secreto; **au ~** (*prisonnier*) incomunicado(-a); **~ d'État/de fabrication** secreto de Estado/de fabricación; **~ professionnel** secreto profesional
secrétaire [s(ə)kʀetɛʀ] NMF secretario(-a); **~ d'ambassade** secretario(-a) de embajada; **~ d'État** secretario(-a) de Estado; **~ de direction** secretario(-a) de dirección; **~ de mairie** secretario(-a) municipal; **~ de rédaction** secretario(-a) de redacción; **~ général(e)** secretario(-a) general; **~ médical(e)** auxiliar *mf* médico(-a) ▸ NM (*meuble*) secreter *m*
secrétariat [s(ə)kʀetaʀja] NM (*profession*) secretariado; (*bureau, fonction*) secretaría; **~ d'État** secretaría de Estado; **~ général** secretaría general
secrète [səkʀɛt] NF : **la (police) ~** la (policía) secreta
secrètement [səkʀɛtmɑ̃] ADV en secreto
sécréter [sekʀete] VT segregar
sécrétion [sekʀesjɔ̃] NF secreción *f*
sectaire [sɛktɛʀ] ADJ sectario(-a)
sectarisme [sɛktaʀism] NM sectarismo; **le ~ religieux** el sectarismo religioso
secte [sɛkt] NF secta
secteur [sɛktœʀ] NM sector *m*; **branché sur le ~** conectado a la red; **fonctionne sur pile et ~** funciona con pilas y con electricidad; **le ~ privé/public** el sector privado/público; **le ~ primaire/secondaire/tertiaire** el sector primario/secundario/terciario
section [sɛksjɔ̃] NF sección *f*; (*d'une route, d'un parcours*) tramo; (*d'un chapitre, d'une œuvre*) parte *f*; **la ~ rythmique/des cuivres** la sección rítmica/los cobres; **tube de ~ 6,5 mm** tubo de 6,5 mm de sección
sectionner [sɛksjɔne] VT (*membre, tige*) seccionar ■ **se sectionner** VPR (*câble*) romperse
sectionneur [sɛksjɔnœʀ] NM seccionador *m*
sectoriel, le [sɛktɔʀjɛl] ADJ sectorial
sectorisation [sɛktɔʀizasjɔ̃] NF organización *f* por sectores
sectoriser [sɛktɔʀize] VT dividir en sectores
sécu [seky] (*fam*) NF (= *Sécurité sociale*) *voir* **sécurité**
séculaire [sekylɛʀ] ADJ secular
séculariser [sekylaʀize] VT secularizar
séculier, -ière [sekylje, jɛʀ] ADJ (*autorité, tribunal*) secular; (*clergé, prêtre*) seglar
sécurisant, e [sekyʀizɑ̃, ɑ̃t] ADJ tranquilizador(a)
sécuriser [sekyʀize] VT tranquilizar
sécurité [sekyʀite] NF seguridad *f*; **impression**

S

de ~ impresión *f* de seguridad; **être en ~** estar seguro(-a); **dispositif/système de ~** dispositivo/sistema *m* de seguridad; **mesures de ~** medidas *fpl* de seguridad; **la ~ de l'emploi** la garantía de trabajo; **la ~ internationale/nationale** la seguridad internacional/nacional; **la ~ routière** la seguridad vial; **la S~ sociale** la Seguridad Social

sédatif, -ive [sedatif, iv] ADJ sedativo(-a) ▶ NM sedante *m*

sédentaire [sedɑ̃tɛʀ] ADJ sedentario(-a)

sédentarisation [sedɑ̃taʀizasjɔ̃] NF sedentarización *f*

sédentariser [sedɑ̃taʀize] VT sedentarizar ■ **se sédentariser** VPR sedentarizarse

sédiment [sedimɑ̃] NM sedimento ■ **sédiments** NMPL (*alluvions*) sedimentos *mpl*

sédimentaire [sedimɑ̃tɛʀ] ADJ sedimentario(-a)

sédimentation [sedimɑ̃tasjɔ̃] NF sedimentación *f*

séditieux, -euse [sedisjø, jøz] ADJ sedicioso(-a)

sédition [sedisjɔ̃] NF sedición *f*

séducteur, -trice [sedyktœʀ, tʀis] ADJ, NM/F seductor(a)

séduction [sedyksjɔ̃] NF seducción *f*

séduire [sedɥiʀ] VT seducir

séduisant, e [sedɥizɑ̃, ɑ̃t] VB *voir* **séduire** ▶ ADJ seductor(a)

séduit, e [sedɥi, it] PP *de* **séduire**

séfarade [sefaʀad] ADJ sefardí, sefardita ▶ NMF : **Séfarade** sefardí *mf*, sefardita *mf*

segment [sɛgmɑ̃] NM segmento; **~ (de piston)** segmento (de pistón); **~ de frein** segmento de freno

segmenter [sɛgmɑ̃te] VT segmentar ■ **se segmenter** VPR segmentarse

ségrégation [segʀegasjɔ̃] NF segregación *f*; **~ raciale** segregación racial

ségrégationnisme [segʀegasjɔnism] NM segregacionismo

ségrégationniste [segʀegasjɔnist] ADJ segregacionista

seiche [sɛʃ] NF sepia

séide [seid] (*péj*) NM secuaz *m*

seigle [sɛgl] NM (*Bot*) centeno; (*farine*) harina de centeno

seigneur [sɛɲœʀ] NM señor *m*; **le S~** (*Rel*) el Señor

seigneurial, e, -aux [sɛɲœʀjal, jo] ADJ señorial

sein [sɛ̃] NM (*Anat*) seno; (*fig : poitrine*) pecho; **au ~ de** en el seno de; **donner le ~ à** dar el pecho a; **nourrir au ~** amamantar

Seine [sɛn] NF : **la ~** el Sena

séisme [seism] NM seísmo

séismique *etc* [seismik] ADJ *voir* **sismique** *etc*

seize [sɛz] ADJ INV, NM INV dieciséis *m inv*; *voir aussi* **cinq**

seizième [sɛzjɛm] ADJ, NMF decimosexto(-a) ▶ NM (*partitif*) dieciseisavo; *voir aussi* **cinquantième**

séjour [seʒuʀ] NM (*villégiature*) estancia; (*pièce*) cuarto de estar

séjourner [seʒuʀne] VI permanecer

sel [sɛl] NM sal *f*; **~ de cuisine/de table** sal de cocina/de mesa; **~ fin/gemme** sal fina/gema; **sels de bain** sales de baño

sélect, e [selɛkt] ADJ selecto(-a)

sélectif, -ive [selɛktif, iv] ADJ selectivo(-a)

sélection [selɛksjɔ̃] NF selección *f*; **faire/opérer une ~ parmi** hacer/realizar una selección entre; **épreuve de ~** (*Sport*) prueba de selección; **~ naturelle/professionnelle** selección natural/profesional

sélectionné, e [selɛksjɔne] ADJ seleccionado(-a)

sélectionner [selɛksjɔne] VT seleccionar

sélectionneur, -euse [selɛksjɔnœʀ, øz] NM/F seleccionador(a)

sélectivement [selɛktivmɑ̃] ADV selectivamente

sélectivité [selɛktivite] NF selectividad *f*

sélénologie [selenɔlɔʒi] NF selenología

self [sɛlf] (*fam*) NM self-service *m*, restaurante *m* autoservicio

selfie [sɛlfi] NM (*fam*) selfie *m ou f*, selfi *m ou f*

self-service [sɛlfsɛʀvis] (*pl* **self-services**) ADJ autoservicio ▶ NM self-service *m*, restaurante *m* autoservicio

selle [sɛl] NF (*de cheval*) silla de montar; (*de bicyclette*) sillín *m*; (*Culin*) paletilla; **aller à la ~** (*Méd*) hacer sus necesidades; **se mettre en ~** montar ■ **selles** NFPL (*Méd*) deposiciones *fpl*

seller [sele] VT ensillar

sellette [sɛlɛt] NF : **mettre qn/être sur la ~** agobiar a algn/estar agobiado(-a) con preguntas

sellier [selje] NM guarnicionero

selon [s(ə)lɔ̃] PRÉP según; **~ que** según que; **~ moi** a mi modo de ver

semailles [s(ə)mɑj] NFPL siembra *fsg*

semaine [s(ə)mɛn] NF semana; **en ~** durante la semana; **la ~ de 35 heures** la semana de 35 horas; **la ~ du blanc/du livre** la semana de la ropa blanca/del libro; **à la petite ~** (*vivre etc*) al día; **une organisation à la petite ~** una organización de miras cortas; **la ~ sainte** la Semana Santa

semainier [s(ə)menje] NM (*bracelet*) semanario; (*calendrier*) agenda semanal; (*meuble*) archivo de siete cajones

sémantique [semɑ̃tik] ADJ semántico(-a) ▶ NF semántica

sémaphore [semafɔʀ] NM semáforo

semblable [sɑ̃blabl] ADJ semejante; **~ à** parecido(-a) a; **de semblables mésaventures/ calomnies** (*de ce genre*) semejantes desgracias/ calumnias ▸ NM (*prochain*) semejante *m*

semblant [sɑ̃blɑ̃] NM : **un ~ d'intérêt/de vérité** una apariencia de interés/de verdad; **faire ~ (de faire qch)** fingir (hacer algo)

sembler [sɑ̃ble] VI parecer; **cela leur semblait cher/pratique** eso les parecía caro/práctico; **~ être** parecer ser; **comme/quand bon lui semble** como/cuando le parece bien ▸ VB IMPERS : **il semble inutile/bon de ...** parece inútil/bien ...; **il semble (bien) que/ne semble pas que** parece (bien) que/no parece que; **il me semble (bien) que** me parece (bien) que; **il me semble le connaître** me parece que lo conozco; **me semble-t-il, à ce qu'il me semble** me parece, en mi opinión

semelle [s(ə)mɛl] NF (*de chaussure*) suela; (: *intérieure*) plantilla; (*de bas, chaussette*) planta; (*d'un ski*) plancha; **battre la ~** golpear el suelo con los pies para calentarlos; **semelles compensées** suelas *fpl* de plataforma

semence [s(ə)mɑ̃s] NF (*graine*) semilla; (*clou*) tachuela

semer [s(ə)me] VT (*Agr*) sembrar; (*fig : éparpiller*) esparcir; (: *poursuivants*) despistar; **~ la confusion** sembrar la confusión; **~ la discorde/terreur parmi ...** sembrar la discordia/el terror entre ...; **semé de difficultés/d'erreurs** sembrado de dificultades/de errores

semestre [s(ə)mɛstʀ] NM semestre *m*

semestriel, le [s(ə)mɛstʀijɛl] ADJ semestral

semeur, -euse [s(ə)mœʀ, øz] NM/F sembrador(a)

semi... [səmi] PRÉF semi...

semi-automatique [səmiɔtɔmatik] ADJ semiautomático(-a)

semi-conducteur [səmikɔ̃dyktœʀ] (*pl* **semi-conducteurs**) NM semiconductor *m*

semi-conserve [səmikɔ̃sɛʀv(ə)] (*pl* **semi-conserves**) NF semiconserva

semi-fini, e [səmifini] (*pl* **semi-finis, -es**) ADJ semielaborado

semi-liberté [səmilibɛrte] (*pl* **semi-libertés**) NF (*Jur*) régimen *m* abierto

sémillant, e [semijɑ̃, ɑ̃t] ADJ vivaracho(-a)

séminaire [seminɛʀ] NM seminario; **~ en ligne** (*Inform*) seminario en línea, webinario

séminariste [seminaʀist] NM seminarista *m*

sémiologie [semjɔlɔʒi] NF semiología

semi-public, -ique [səmipyblik] (*pl* **semi-publics, -iques**) ADJ (*Jur*) semipúblico(-a)

semi-remorque [səmiʀəmɔʀk] (*pl* **semi-remorques**) NF (*remorque*) semirremolque *m* ▸ NM (*camion*) semirremolque *m*

semis [s(ə)mi] NM (*terrain*) sembrado; (*plants*) semillero

sémite [semit] ADJ semita

sémitique [semitik] ADJ semítico(-a)

semoir [səmwaʀ] NM sembradora

semonce [səmɔ̃s] NF (*Naut*) aviso; (*fig*) reprimenda; **coup de ~** disparo de advertencia

semoule [s(ə)mul] NF sémola; **~ de maïs/de riz** sémola de maíz/de arroz

sempiternel, le [sɑ̃pitɛʀnɛl] ADJ sempiterno(-a)

sénat [sena] NM : **le S~** el Senado; *ver nota*

> El **Sénat** es la cámara alta del parlamento francés, que se reúne en el Palais du Luxembourg de París. Cada tres años la mitad de sus miembros, los *sénateurs*, son elegidos por un periodo de nueve años por un colegio electoral formado por los *députés* y otros representantes electos. El **Sénat** posee una amplia gama de poderes, pero en caso de controversia, estos pueden ser revocados por la cámara baja, la *Assemblée nationale*.

sénateur, -trice [senatœʀ, tʀis] NM/F senador(a)

sénatorial, e, -aux [senatɔʀjal, jo] ADJ senatorial

Sénégal [senegal] NM Senegal *m*

sénégalais, e [senegalɛ, ɛz] ADJ senegalés(-esa) ▸ NM/F : **Sénégalais, e** senegalés(-esa)

sénescence [senesɑ̃s] NF senescencia

sénevé [sɛnve] NM (*Bot*) mostaza (negra); (*graine*) grano de mostaza

sénile [senil] ADJ (*voix, tremblement, démence*) senil; (*péj*) chocho(-a)

sénilité [senilite] NF senilidad *f*

senior, sénior [senjɔʀ] NMF persona mayor de 55 años; **le taux de chômage des seniors** la tasa de paro de los mayores de 55 años

sens[1] [sɑ̃] VB *voir* **sentir**

sens[2] [sɑ̃s] NM sentido; **avoir le ~ des affaires/de la mesure** tener el don de los negocios/de la medida; **en dépit du bon ~** sin sentido común; **tomber sous le ~** caer por su propio peso; **ça n'a pas de ~** eso no tiene sentido; **en ce ~ que** (*dans la mesure où*) en la medida en que; (*c'est-à-dire que*) en el sentido de que; **en un ~, dans un ~** en cierto sentido; **à mon ~** en mi opinión; **dans le ~ des aiguilles d'une montre** en el sentido de las agujas del reloj; **dans le ~ de la longueur/largeur** a lo largo/ancho; **dans le mauvais ~** en mal sentido; **bon ~** sensatez *f*; **reprendre ses ~** volver en sí; **un sixième ~** un sexto sentido; **~ commun** sentido común; **~ dessus dessous** desordenado(-a), patas arriba; **~ figuré** sentido figurado; **~ interdit** dirección *f* prohibida; **~ propre** sentido propio; **~ unique** dirección *f* única ▸ NMPL (*sensualité*) sentidos *mpl*

sensass [sɑ̃sas] (*fam*) ADJ genial

sensation [sɑ̃sasjɔ̃] NF sensación *f*; **faire ~** causar sensación; **à ~** (*péj*) sensacionalista

sensationnalisme [sɑ̃sasjɔnalism] NM sensacionalismo

S

sensationnel, le [sɑ̃sasjɔnɛl] ADJ sensacional
sensé, e [sɑ̃se] ADJ sensato(-a)
sensibilisation [sɑ̃sibilizasjɔ̃] NF sensibilización *f*
sensibiliser [sɑ̃sibilize] VT (*Photo*) sensibilizar; **~ qn (à)** sensibilizar a algn (para)
sensibilité [sɑ̃sibilite] NF sensibilidad *f*
sensible [sɑ̃sibl] ADJ sensible; (*différence, progrès*) apreciable; (*quartier*) marginal; **~ à** sensible a
sensiblement [sɑ̃sibləmɑ̃] ADV sensiblemente; **ils ont ~ le même poids** (*à peu près*) tienen casi el mismo peso
sensiblerie [sɑ̃sibləʀi] NF sensiblería
sensitif, -ive [sɑ̃sitif, iv] ADJ sensitivo(-a)
sensoriel, le [sɑ̃sɔʀjɛl] ADJ sensorial
sensorimoteur, -trice [sɑ̃sɔʀimɔtœʀ, tʀis] ADJ sensori(o)-motor(-motriz)
sensualité [sɑ̃sɥalite] NF sensualidad *f*
sensuel, le [sɑ̃sɥɛl] ADJ sensual
sent [sɑ̃] VB *voir* **sentir**
sente [sɑ̃t] NF senda
sentence [sɑ̃tɑ̃s] NF sentencia
sentencieusement [sɑ̃tɑ̃sjøzmɑ̃] ADV sentenciosamente
sentencieux, -euse [sɑ̃tɑ̃sjø, jøz] ADJ sentencioso(-a)
senteur [sɑ̃tœʀ] NF olor *m*
senti, e [sɑ̃ti] ADJ : **bien ~** elocuente
sentier [sɑ̃tje] NM sendero
sentiment [sɑ̃timɑ̃] NM sentimiento; (*avis, opinion*) opinión *f*; **avoir le ~ de/que** tener la impresión de/que; **faire du ~** (*péj*) apelar a la sensiblería ■ **sentiments** NMPL : **les sentiments** los sentimientos; **recevez mes sentiments respectueux/dévoués** (*dans une lettre*) reciba usted mis más sinceros respetos; **veuillez agréer l'expression de mes sentiments distingués** (*dans une lettre*) reciba usted mis más atentos saludos; **si vous me prenez par les sentiments** si usted apela a mis sentimientos
sentimental, e, -aux [sɑ̃timɑ̃tal, o] ADJ sentimental
sentimentalisme [sɑ̃timɑ̃talism] NM sentimentalismo
sentimentalité [sɑ̃timɑ̃talite] NF sentimentalismo
sentinelle [sɑ̃tinɛl] NF centinela; **en ~** de guardia
sentir [sɑ̃tiʀ] VT sentir; (*par l'odorat*) oler; (*au toucher*) sentir; (*goût*) notar; (*avoir une odeur de, aussi fig*) oler a; **ne pas pouvoir ~ qn** (*fam*) no poder tragar a algn (*fam*) ▶ VI oler; **~ bon/mauvais** oler bien/mal ■ **se sentir** VPR : **se ~ à l'aise/mal à l'aise** sentirse a gusto *ou* cómodo(-a)/incómodo(-a); **se ~ coupable de faire qch** sentirse culpable por haber hecho algo; **se ~ mal** encontrarse mal; **se ~ le courage/la force de faire qch** sentirse con ánimo/fuerza para hacer algo; **ne plus se ~ de joie** rebosar de alegría
seoir [swaʀ] : **~ à** *vt* sentar bien a; **comme il (leur) sied** como (les) conviene
Seoul [seul] N Seúl
séparation [sepaʀasjɔ̃] NF separación *f*; (*mur, cloison*) tabique *m*; **~ de biens/de corps** separación de bienes/de cuerpos; **~ des pouvoirs** separación de (los) poderes
séparatisme [sepaʀatism] NM separatismo
séparatiste [sepaʀatist] NMF, ADJ separatista *mf*
séparé, e [sepaʀe] ADJ separado(-a); **~ de** separado(-a) de
séparément [sepaʀemɑ̃] ADV separadamente
séparer [sepaʀe] VT separar; **~ qn de** (*ami, allié*) separar a algn de; **~ une pièce/un jardin en deux** dividir una habitación/un jardín en dos ■ **se séparer** VPR separarse; (*amis etc*) despedirse; (*route, tige*) bifurcarse; (*éléments, parties*) desmontarse; (*écorce*) desprenderse; **se ~ de** (*époux*) separarse de; (*employé, objet personnel*) deshacerse de
sépharade [sefaʀad] ADJ sefardí, sefardita ▶ NMF : **Sépharade** sefardí *mf*, sefardita *mf*
sépia [sepja] NF (*colorant*) sepia; (*dessin*) dibujo hecho con sepia
sept [sɛt] ADJ INV, NM INV siete *m inv*; *voir aussi* **cinq**
septante [sɛptɑ̃t] ADJ INV, NM INV (BELGIQUE, SUISSE) setenta *m inv*
septembre [sɛptɑ̃bʀ] NM se(p)tiembre *m*; *voir aussi* **juillet**
septennal, e, -aux [sɛptenal, o] ADJ septenal
septennat [sɛptena] NM septenio
septentrional, e, -aux [sɛptɑ̃tʀijɔnal, o] ADJ septentrional
septicémie [sɛptisemi] NF septicemia
septième [sɛtjɛm] ADJ, NMF sé(p)timo(-a); **être au ~ ciel** estar en el sé(p)timo cielo ▶ NM (*partitif*) sé(p)timo; *voir aussi* **cinquième**
septique [sɛptik] ADJ : **fosse ~** fosa séptica
septuagénaire [sɛptɥaʒenɛʀ] ADJ, NMF septuagenario(-a)
sépulcral, e, -aux [sepylkʀal, o] ADJ sepulcral
sépulcre [sepylkʀ] NM sepulcro
sépulture [sepyltyʀ] NF sepultura
séquelles [sekɛl] NFPL secuelas *fpl*
séquençage [sekɑ̃saʒ] NM (*de génomes*) secuenciación *f*; **le ~ du génome humain** la secuenciación del genoma humano
séquence [sekɑ̃s] NF secuencia
séquencer [sekɑ̃se] VT secuenciar
séquentiel, le [sekɑ̃sjɛl] ADJ secuencial; **traitement ~** (*Inform*) tratamiento secuencial
séquestration [sekɛstʀasjɔ̃] NF secuestro
séquestre [sekɛstʀ] NM (*Jur*) embargo; **mettre sous ~** embargar
séquestrer [sekɛstʀe] VT (*personne*) secuestrar; (*biens*) embargar

séquoia [sekɔja] NM secuoya
serai *etc* [səʀe] VB *voir* **être**
sérail [seʀaj] NM serrallo; **rentrer au ~** volver al redil
serbe [sɛʀb] ADJ serbio(-a) ▸ NM (*Ling*) serbio ▸ NMF : **Serbe** serbio(-a)
Serbie [sɛʀbi] NF Serbia
serbo-croate [sɛʀbokʀɔat] (*pl* **serbo-croates**) NM serbo-croata *m*
serein, e [səʀɛ̃, ɛn] ADJ sereno(-a); (*visage, regard, personne*) apacible
sereinement [səʀɛnmɑ̃] ADV serenamente
sérénade [seʀenad] NF serenata; (*fam*) jolgorio
sérénité [seʀenite] NF serenidad *f*
serez [səʀe] VB *voir* **être**
serf, serve [sɛʀ(f), sɛʀv] NM/F siervo(-a)
serfouette [sɛʀfwɛt] NF escardillo
serge [sɛʀʒ] NF sarga
sergent, e [sɛʀʒɑ̃, ɑ̃t] NM/F sargento *mf*
sergent-chef [sɛʀʒɑ̃ʃɛf] (*pl* **sergents-chefs**) NM sargento primero
sergent-major [sɛʀʒɑ̃maʒɔʀ] (*pl* **sergents-majors**) NM sargento mayor
sériciculture [seʀisikyltyʀ] NF sericultura
série [seʀi] NF serie *f*; (*de clés, outils*) juego; (*Sport*) fase *f*; **en/de/hors ~** en/de/fuera de serie; **soldes de fin de séries** saldos *mpl* de fin de serie; **~ noire** (*roman policier*) serie negra; (*suite de malheurs*) serie de desgracias; **~ (télévisée)** serie (televisiva)
sérier [seʀje] VT clasificar
sérieusement [seʀjøzmɑ̃] ADV con seriedad; **il parle ~** habla en serio; **~ ?** ¿en serio?
sérieux, -euse [seʀjø, jøz] ADJ serio(-a); (*client*) serio(-a), formal; (*moral, rangé*) formal; **tu es ~ ?** ¿lo dices en serio?; **c'est ~ ?** ¿en serio?; **ce n'est pas ~** eso no es serio; **une sérieuse différence/augmentation** una diferencia/un aumento considerable ▸ NM seriedad *f*; **garder son ~** mantener su seriedad; **manquer de ~** no tener fundamento; **prendre qch/qn au ~** tomarse algo/a algn en serio; **se prendre au ~** tomarse en serio ▸ ADV (*fam*) : **il s'est marié — sérieux ?** se ha casado — ¿en serio?
sérigraphie [seʀigʀafi] NF serigrafía
serin [s(ə)ʀɛ̃] NM canario
seriner [s(ə)ʀine] VT : **~ qch à qn** machacar algo a algn
seringue [s(ə)ʀɛ̃g] NF jeringa
serions [səʀjɔ̃] VB *voir* **être**
serment [sɛʀmɑ̃] NM juramento; **prêter ~** prestar juramento; **faire le ~ de** prestar juramento de; **témoigner sous ~** atestiguar bajo juramento
sermon [sɛʀmɔ̃] NM sermón *m*
sermonner [sɛʀmɔne] VT sermonear
sérologie [seʀɔlɔʒi] NF serología
séronégatif, -ive [seʀonegatif, iv] ADJ seronegativo(-a)
séropositif, -ive [seʀopozitif, iv] ADJ seropositivo(-a)
séropositivité [seʀopozitivite] NF seropositividad *f*; **une rumeur faisant état de la ~ du président** un rumor según el cual el presidente sería seropositivo
sérotonine [seʀɔtɔnin] NF serotonina
serpe [sɛʀp] NF podadera
serpent [sɛʀpɑ̃] NM serpiente *f*; **~ à lunettes/à sonnettes** serpiente de anteojos/de cascabel
serpenter [sɛʀpɑ̃te] VI serpentear
serpentin [sɛʀpɑ̃tɛ̃] NM (*tube*) serpentín *m*; (*ruban*) serpentina
serpillière [sɛʀpijɛʀ] NF bayeta
serpolet [sɛʀpɔlɛ] NM serpol *m*
serrage [seʀaʒ] NM ajuste *m*; **collier de ~** abrazadera
serre [sɛʀ] NF (*construction*) invernadero; **~ chaude/froide** invernadero templado/frío ▪ **serres** NFPL (*griffes*) garras *fpl*
serré, e [seʀe] ADJ apretado(-a); (*habits*) ajustado(-a); (*lutte, match*) reñido(-a); (*café*) fuerte; **avoir le cœur ~** tener el corazón en un puño; **avoir la gorge serrée** tener un nudo en la garganta ▸ ADV : **jouer ~** jugar sobre seguro; **écrire ~** escribir con letra apretada
serre-livres [sɛʀlivʀ] NM INV sujetalibros *m inv*
serrement [sɛʀmɑ̃] NM : **~ de main** apretón *m* de manos; **j'ai eu un ~ de cœur** se me encogió el corazón
serrer [seʀe] VT apretar; (*tenir : chose*) asir; (*: personne*) abrazar; (*rapprocher*) apretujar; (*frein, robinet*) apretar; (*automobiliste, cycliste*) arrimarse a; **~ la main à qn** estrechar la mano a algn; **~ qn dans ses bras/contre son cœur** estrechar a algn entre sus brazos/contra su pecho; **~ la gorge/le cœur à qn** oprimir la garganta/el pecho a algn; **~ les dents** apretar los dientes; **~ qn de près** seguir de cerca a algn; **~ le trottoir** pegarse a la acera; **~ sa droite/gauche** pegarse a su derecha/izquierda; **~ la vis à qn** (*fig*) apretar las clavijas a algn; **~ les rangs** cerrar filas ▸ VI : **~ à droite/gauche** pegarse a la derecha/a la izquierda ▪ **se serrer** VPR (*se rapprocher*) apretujarse; **se ~ contre qn** estrecharse contra algn; **se ~ les coudes** prestarse ayuda; **se ~ la ceinture** (*fig*) apretarse el cinturón
serre-tête [sɛʀtɛt] (*pl* **serre-têtes**) NM cinta (para la cabeza), diadema
serrure [seʀyʀ] NF cerradura, chapa (*Am*)
serrurerie [seʀyʀʀi] NF (*métier*) cerrajería; (*ferronnerie*) forja de hierro; **~ d'art** artesanía de hierro forjado
serrurier, -ière [seʀyʀje, jɛʀ] NM/F cerrajero(-a)
sers *etc* [sɛʀ] VB *voir* **servir**
sert *etc* [sɛʀ] VB *voir* **servir**

S

sertir [sɛʀtiʀ] VT (*pierre précieuse*) engastar; (*deux pièces métalliques*) encastrar

sérum [seʀɔm] NM suero; **~ antitétanique** suero antitetánico; **~ antivenimeux** suero antiofídico; **~ artificiel** suero artificial; **~ de vérité** suero de la verdad; **~ physiologique** suero fisiológico; **~ sanguin** suero sanguíneo

servage [sɛʀvaʒ] NM servidumbre *f*

servant [sɛʀvɑ̃] NM (*Rel*) hermano lego; (*Mil*) artillero (*encargado de un arma*)

servante [sɛʀvɑ̃t] NF sirvienta, mucama (CSUR), recamarera (MEX)

serve [sɛʀv] VB *voir* **servir** ▶ NF *voir* **serf**

serveur, -euse [sɛʀvœʀ, øz] NM/F (*de restaurant*) camarero(-a); (*Tennis*) *jugador que tiene el servicio*; (*Cartes*) mano *mf* ▶ NM (*Inform*) servidor *m*; **~ de données** (*Inform*) base *f* de datos ▶ ADJ (*Inform*) : **centre ~** banco de datos

servi, e [sɛʀvi] ADJ : **bien ~** (*au restaurant*) bien servido(-a); **vous êtes ~ ?** ¿está usted servido?

serviable [sɛʀvjabl] ADJ servicial

service [sɛʀvis] NM servicio; (*aide, faveur*) favor *m*; (*Rel*) oficio; (*Sport*) servicio, saque *m*; **~ compris/non compris** servicio incluido/no incluido; **faire le ~** servir; **être en ~ chez qn** (*domestique*) estar de servicio en casa de algn; **être au ~ de (qn)** estar al servicio de (algn); **pendant le ~** de servicio; **porte de ~** puerta de servicio; **premier/second ~** primer/segundo turno; **rendre ~ (à qn)** ayudar (a algn), echar una mano (a algn); (*suj : objet*) ser de utilidad (a algn); **il aime rendre ~** le gusta hacer favores; **rendre un ~ à qn** hacer un favor a algn; **reprendre du ~** volver al servicio activo; **heures de ~** horas de servicio; **être de ~** estar de servicio; **avoir 25 ans de ~** tener 25 años de servicio; **être/mettre en ~** estar/poner en servicio; **hors ~** fuera de servicio; **en ~ commandé** en comisión de servicio; **~ à café/à glaces** servicio de café/de helado; **~ après vente** servicio pos(t)-venta; **~ à thé** servicio de té; **~ d'ordre** servicio de orden; **~ funèbre** servicio funerario; **~ militaire/public** servicio militar/público; **services secrets/sociaux** servicios secretos/sociales ■ **services** NMPL (*travail, prestations*) servicios *mpl*; (*Écon*) sector *m* servicios

serviette [sɛʀvjɛt] NF (*de table*) servilleta; (*de toilette*) toalla; (*porte-documents*) cartera, portafolio(s) *m* (AM); **~ éponge** toalla de felpa; **~ hygiénique** compresa

servile [sɛʀvil] ADJ servil

servilement [sɛʀvilmɑ̃] ADV servilmente

servilité [sɛʀvilite] NF servilismo

servir [sɛʀviʀ] VT servir; (*client*) atender; (*rente, pension*) pagar; **~ à qn** (*suj : diplôme, livre*) servir a algn; **ça m'a servi pour faire ...** eso me ha servido para hacer ...; **~ à qch/faire qch** (*outil*) servir para algo/hacer algo; **qu'est-ce que je vous sers ?** ¿qué le sirvo?; **est-ce que je peux vous ~ quelque chose ?** ¿le sirvo a usted algo?; **vous êtes servi ?** ¿le atienden a usted?; **à quoi cela sert-il (de faire) ?** ¿de qué sirve (hacer)?; **cela ne sert à rien** eso no sirve para nada; **~ (à qn) de** hacer (a algn) de; **~ la messe** ayudar a misa; **~ une cause** servir a una causa; **~ les intérêts de qn** servir a los intereses de algn; **~ le dîner à 18 h** servir la cena a las 6 de la tarde ▶ VI servir; **ça peut ~** eso puede servir; **ça peut encore ~** todavía puede servir eso; **~ dans l'infanterie** servir en infantería; **~ à dîner/déjeuner à qn** servir de cenar/almorzar a algn ■ **se servir** VPR servirse; **se ~ chez qn** servirse en casa de algn; **se ~ de** (*plat*) servirse de; (*voiture, outil*) utilizar; (*relations, amis*) valerse de

serviteur [sɛʀvitœʀ] NM servidor *m*

servitude [sɛʀvityd] NF (*aussi Jur*) servidumbre *f*

servocommande [sɛʀvokɔmɑ̃d] NF servomando

servofrein [sɛʀvofʀɛ̃] NM servofreno

servomécanisme [sɛʀvomekanism] NM servomecanismo

ses [se] *voir* **son¹**

sésame [sezam] NM (*Bot*) sésamo; (*graine*) semilla de sésamo; (*moyen d'accès*) : **le ~ pour (faire) qch** la llave para (hacer) algo

session [sesjɔ̃] NF sesión *f*; (*d'examen*) convocatoria

set [sɛt] NM (*Tennis*) set *m*; **~ de table** juego de mantelería

seuil [sœj] NM umbral *m*; **recevoir qn sur le ~ (de sa maison)** recibir a algn en la puerta (de su casa); **au ~ de** (*fig*) en el umbral de; **~ de rentabilité** (*Comm*) punto de equilibrio

seul, e [sœl] ADJ (*sans compagnie*) solo(-a); (*avec nuance affective : isolé*) solitario(-a); (*objet, mot etc*) aislado(-a); **le ~ livre/homme** el único libro/hombre; **à lui (tout) ~** a él solo; **lui ~ peut ...** solo él puede ...; **d'un ~ coup** (*subitement*) de pronto; (*à la fois*) de una vez ▶ ADV : **vivre ~** vivir solo(-a); **parler tout ~** hablar solo; **faire qch (tout) ~** hacer algo (completamente) solo; **~ à ~** a solas; **~ ce livre** solo ese libro ▶ NM/F : **il en reste un(e) ~(e)** queda solo uno(-a); **j'en veux un(e) ~(e)** quiero solo uno(-a); **pas un(e) ~(e)** ni siquiera uno(-a)

seulement [sœlmɑ̃] ADV : **~ cinq, cinq ~** solamente cinco; **~ eux** (*exclusivement*) únicamente ellos; **~ hier/à 10 h** (*pas avant*) solo ayer/a las 10; **il consent, ~ il demande des garanties** (*toutefois*) consiente, pero pide garantías; **non ~ ... mais aussi** *ou* **encore** no solamente ... sino también *ou* además

sève [sɛv] NF savia

sévère [sevɛʀ] ADJ severo(-a); (*style, tenue*) austero(-a); (*pertes*) serio(-a), grave

sévèrement [sevɛʀmɑ̃] ADV severamente

sévérité [seveʀite] NF severidad *f*

sévices [sevis] NMPL malos tratos *mpl*

Séville [sevil] N Sevilla

sévir [seviʀ] VI (*punir*) castigar severamente; (*suj : fléau*) hacer estragos; **~ contre** (*abus, pratiques*) obrar con severidad contra
sevrage [səvʀaʒ] NM destete *m*; (*d'un toxicomane*) privación *f*
sevrer [səvʀe] VT destetar; **~ qn de qch** (*fig*) privar a algn de algo
sexagénaire [sɛksaʒenɛʀ] ADJ, NMF sexagenario(-a)
sexe [sɛks] NM sexo; **le ~ fort/faible** el sexo fuerte/débil
sexisme [sɛksism] NM sexismo
sexiste [sɛksist] NMF, ADJ sexista *mf*
sexologie [sɛksɔlɔʒi] NF sexología
sexologue [sɛksɔlɔg] NMF sexólogo(-a)
sextant [sɛkstɑ̃] NM sextante *m*
sexto [sɛksto] NM (*Tél*) mensaje *m* erótico
sexualité [sɛksɥalite] NF sexualidad *f*
sexué, e [sɛksɥe] ADJ sexuado(-a)
sexuel, le [sɛksɥɛl] ADJ sexual; **acte ~** acto sexual
sexuellement [sɛksɥɛlmɑ̃] ADV sexualmente
sexy [sɛksi] ADJ INV sexy ▸ ADV : **s'habiller ~** vestir sexy
seyait [sejɛ] VB *voir* **seoir**
seyant, e [sɛjɑ̃, ɑ̃t] VB *voir* **seoir** ▸ ADJ favorecedor(a)
Seychelles [seʃɛl] NFPL : **les (îles) ~** las (islas) Seychelles
SG [ɛsʒe] SIGLE M (= *secrétaire général*) SG (= *secretario general*)
shaker [ʃɛkœʀ] NM coctelera
shampooiner [ʃɑ̃pwine] VT lavar con champú
shampooineur, -euse [ʃɑ̃pwinœʀ, øz] NM/F (*personne*) aprendiz(a) de peluquería
shampooineuse [ʃɑ̃pwinøz] NF *máquina para limpiar moquetas con espuma*
shampooing [ʃɑ̃pwɛ̃] NM (*lavage*) lavado; (*produit*) champú *m*; **se faire un ~** hacerse un lavado con champú; **~ colorant/traitant** champú colorante/tratante
shiite [ʃiit] ADJ chií, chiita
shimmy [ʃimi] NM (*Auto*) *vibración de las ruedas de un automóvil*
shit [ʃit] NM (*fam*) chocolate *m* (*fam*), hachís *m*
shoot [ʃut] NM (*Football*) chut *m*
shooter [ʃute] VI (*Football*) chutar ■ **se shooter** VPR (*drogué*) pincharse
shopping [ʃɔpiŋ] NM : **faire du ~** ir de compras
short [ʃɔʀt] NM pantalón *m* corto, short *m*
SI [ɛsi] ABR (= *syndicat d'initiative*) oficina de turismo

si [si]

▸ ADV **1** (*oui*) sí; **Paul n'est pas venu ? — si !** ¿no ha venido Pablo? — ¡sí!; **mais si !** ¡que sí!
2 (*tellement*) : **si gentil/rapidement** tan amable/rápidamente; **si rapide qu'il soit** por muy rápido que sea
▸ CONJ si; **si tu veux** si quieres; **je me demande si ...** me pregunto si ...; **si seulement** si solo; **si ce n'est ...** (*sinon*) sino ...; **si ce n'est que ...** excepto que ...; **si tant est que ...** siempre y cuando ...; **(tant et) si bien que** tanto que; **s'il pouvait (seulement) venir !** ¡si (al menos) pudiera venir!; **s'il le fait, c'est que ...** si lo hace, es que ...; **s'il est aimable, eux par contre ...** él es amable, pero en cambio ellos ...; **si j'étais toi ...** yo que tú ...
▸ NM INV (*Mus*) si *m*

siamois, e [sjamwa, waz] ADJ siamés(-esa); **frères ~** hermanos *mpl* siameses
Sibérie [sibeʀi] NF Siberia
sibérien, ne [sibeʀjɛ̃, jɛn] ADJ siberiano(-a) ▸ NM/F : **Sibérien, ne** siberiano(-a)
sibyllin, e [sibilɛ̃, in] ADJ sibelino(-a)
SICAV [sikav] SIGLE F (= *société d'investissement à capital variable*) sicav *f* (= *sociedad de inversión de capital variable*)
siccatif, -ive [sikatif, iv] ADJ (*Peinture*) secante; (*Méd*) desecativo(-a)
Sicile [sisil] NF Sicilia
sicilien, ne [sisiljɛ̃, jɛn] ADJ siciliano(-a) ▸ NM/F : **Sicilien, ne** siciliano(-a)
sida, SIDA [sida] SIGLE M (= *syndrome d'immunodéficience acquise*) SIDA *m* (= *Síndrome de Inmunodeficiencia Adquirida*)
sidéral, e, -aux [sideʀal, o] ADJ sideral
sidérant, e [sideʀɑ̃, ɑ̃t] ADJ apabullante
sidéré, e [sideʀe] ADJ atónito(-a)
sidérurgie [sideʀyʀʒi] NF siderurgia
sidérurgique [sideʀyʀʒik] ADJ siderúrgico(-a)
sidérurgiste [sideʀyʀʒist] NMF especialista *mf* en siderurgia
siècle [sjɛkl] NM siglo *m*; **le ~ des lumières/de l'atome** el siglo de las luces/del átomo
sied [sje] VB *voir* **seoir**
siège [sjɛʒ] NM asiento; (*dans une assemblée*) puesto; (*de député*) escaño; (*tribunal, assemblée, organisation*) sede *f*; (*d'une douleur, maladie*) foco; (*Mil*) sitio; **lever le ~** levantar el sitio; **mettre le ~ devant une ville** sitiar una ciudad; **se présenter par le ~** (*nouveau-né*) nacer de nalgas; **~ arrière/avant** asiento trasero/delantero; **~ baquet** *asiento ajustable de los coches de carreras*; **~ social** sede *m* social
siéger [sjeʒe] VI (*député*) ocupar un escaño; (*assemblée, tribunal*) celebrar sesión; (*résider, se trouver*) residir
sien, ne [sjɛ̃, sjɛn] PRON : **le ~, la sienne** el suyo, la suya; **les siens, les siennes** los suyos, las suyas; **y mettre du ~** poner de su parte; **faire des siennes** (*fam*) hacer de las suyas; **les siens** (*sa famille*) los suyos
siérait *etc* [sjeʀɛ] VB *voir* **seoir**
Sierra Leone [sjeʀa leɔn(e)] NF Sierra Leona

S

sieste [sjɛst] NF siesta; **faire la ~** dormir la siesta

sieur [sjœʀ] NM : **le ~ Duval** el señor Duval; (*en plaisantant*) el tal Duval

sifflant, e [siflɑ̃, ɑ̃t] ADJ silbante, sibilante; **(consonne) sifflante** (consonante *f*) sibilante *f*

sifflement [sifləmɑ̃] NM silbido

siffler [sifle] VI silbar; (*train, avec un sifflet*) pitar ▶ VT silbar; (*orateur, faute, départ*) pitar; (*fam : verre, bouteille*) soplarse

sifflet [siflɛ] NM (*instrument*) silbato; (*sifflement*) silbido; **coup de ~** pitido ■ **sifflets** NMPL (*de mécontentement*) pitidos *mpl*

siffloter [siflɔte] VI, VT silbar ligeramente

sigle [sigl] NM sigla

signal, -aux [siɲal, o] NM señal *f*; **donner le ~ de** dar la señal de; **~ d'alarme/d'alerte** señal de alarma/de alerta; **~ de détresse** señal de socorro; **~ horaire/optique/sonore** señal horaria/óptica/sonora; **signaux (lumineux)** (*Auto*) semáforo *msg*; **signaux routiers** señales de circulación

signalement [siɲalmɑ̃] NM descripción *f*

signaler [siɲale] VT señalar; **~ qch à qn/(à qn) que** señalar algo a algn/(a algn) que; **~ qn à la police** advertir a la policía sobre algn ■ **se signaler (par)** VPR distinguirse (por); **se ~ à l'attention de qn** llamar la atención de algn

signalétique [siɲaletik] ADJ : **fiche ~** ficha de identificación

signalisation [siɲalizasjɔ̃] NF señalización *f*; **panneau de ~** señal de tráfico

signaliser [siɲalize] VT señalizar

signataire [siɲatɛʀ] NMF signatario(-a)

signature [siɲatyʀ] NF firma

signe [siɲ] NM signo; (*mouvement, geste*) seña; **ne pas donner ~ de vie** no dar señales de vida; **c'est bon/mauvais ~** es buena/mala señal; **c'est ~ que** es señal de que; **faire un ~ de la tête/la main** hacer una seña con la cabeza/la mano; **faire ~ à qn** (*fig*) hacer saber algo a algn; **faire ~ à qn d'entrer** hacer señas a algn para que entre; **en ~ de** en señal de; **signes extérieurs de richesse** signos externos de riqueza; **~ de la croix** señal de la cruz; **~ de ponctuation** signo de puntuación; **~ du zodiaque** signo del Zodíaco; **signes particuliers** señas individuales

signer [siɲe] VT firmar ■ **se signer** VPR santiguarse

signet [siɲɛ] NM registro

significatif, -ive [siɲifikatif, iv] ADJ significativo(-a)

signification [siɲifikasjɔ̃] NF significado

signifier [siɲifje] VT significar; **~ qch (à qn)** (*faire connaître*) comunicar algo (a algn); **~ qch à qn** (*Jur*) notificar algo a algn

silence [silɑ̃s] NM silencio; (*Mus*) pausa; **garder le ~ sur qch** guardar silencio sobre algo; **passer sous ~** silenciar; **réduire au ~** hacer callar; **« ~ ! »** « ¡silencio! »

silencieusement [silɑ̃sjøzmɑ̃] ADV silenciosamente

silencieux, -euse [silɑ̃sjø, jøz] ADJ silencioso(-a) ▶ NM silenciador *m*

silex [silɛks] NM sílex *m*

silhouette [silwɛt] NF silueta

silicate [silikat] NM silicato

silice [silis] NF sílice *f*

siliceux, -euse [silisø, øz] ADJ silíceo(-a)

silicium [silisjɔm] NM : **plaquette de ~** placa de silicio

silicone [silikon] NF silicona

silicose [silikoz] NF silicosis *f inv*

sillage [sijaʒ] NM estela; **dans le ~ de** (*fig*) tras los pasos de

sillon [sijɔ̃] NM surco

sillonner [sijɔne] VT (*suj : rides, crevasses*) formar surcos en; (*parcourir en tous sens*) surcar; (*suj : routes, voyageurs*) atravesar

silo [silo] NM silo; **~ lance-missile** silo lanzamisiles

silure [silyʀ] NM siluro

simagrées [simagʀe] NFPL melindres *mpl*

simiesque [simjɛsk] ADJ simiesco(-a)

similaire [similɛʀ] ADJ similar

similarité [similaʀite] NF similitud *f*

simili [simili] NM imitación *f* ▶ NF (*similigravure*) similigrabado

similicuir [similikɥiʀ] NM cuero artificial

similigravure [similigʀavyʀ] NF similigrabado

similitude [similityd] NF semejanza

simple [sɛ̃pl] ADJ (*aussi péj*) simple; (*peu complexe*) sencillo(-a), simple; (*repas, vie*) sencillo(-a); **une ~ objection/formalité** una mera objeción/formalidad; **un ~ employé/particulier** un simple empleado/una simple persona; **dans le plus ~ appareil** como Dios lo trajo al mundo; **réduit à sa plus ~ expression** reducido a su mínima expresión; **~ soldat** soldado raso ▶ NM (*Tennis*) : **~ messieurs/dames** individual *m* masculino/femenino; **cela varie du ~ au double** se duplica ▶ NMF : **~ d'esprit** simplón(-ona) ■ **simples** NFPL (*plantes médicinales*) simples *mpl*

simplement [sɛ̃pləmɑ̃] ADV (*seulement*) solamente; (*sans affectation*) de una forma sencilla

simplet, te [sɛ̃plɛ, ɛt] ADJ simplón(-ona)

simplicité [sɛ̃plisite] NF sencillez *f*; (*candeur*) candidez *f*; **en toute ~** con toda sencillez

simplification [sɛ̃plifikasjɔ̃] NF simplificación *f*

simplifier [sɛ̃plifje] VT simplificar

simplissime [sɛ̃plisim] ADJ sencillísimo(-a)

simpliste [sɛ̃plist] ADJ simplista

simulacre [simylakʀ] NM (*aussi péj*) simulacro

simulateur, -trice [simylatœʀ, tʀis] NM/F simulador(a) ▸ NM : **~ de vol** simulador *m* de vuelo

simulation [simylasjɔ̃] NF simulación *f*

simulé, e [simyle] ADJ fingido(-a)

simuler [simyle] VT fingir; (*suj : substance, revêtement*) simular, imitar; (*vente, contrat*) simular

simultané, e [simyltane] ADJ simultáneo(-a)

simultanéité [simyltaneite] NF simultaneidad *f*

simultanément [simyltanemɑ̃] ADV simultáneamente

sinapisme [sinapism] NM sinapismo

sincère [sɛ̃sɛʀ] ADJ sincero(-a); **mes sincères condoléances** mi más sentido pésame

sincèrement [sɛ̃sɛʀmɑ̃] ADV sinceramente; (*franchement*) francamente

sincérité [sɛ̃seʀite] NF sinceridad *f*; **en toute ~** con toda franqueza

sinécure [sinekyʀ] NF sinecura

sine die [sinedje] ADV sine die

sine qua non [sinekwanɔn] ADJ : **condition ~** condición *f* sine qua non

Singapour [sɛ̃gapuʀ] NM Singapur *m*

singe [sɛ̃ʒ] NM mono

singer [sɛ̃ʒe] VT imitar

singeries [sɛ̃ʒʀi] NFPL (*simagrées*) remilgos *mpl*; (*grimaces*) monerías *fpl*

singulariser [sɛ̃gylaʀize] VT singularizar ■ **se singulariser** VPR caracterizarse

singularité [sɛ̃gylaʀite] NF singularidad *f*

singulier, -ière [sɛ̃gylje, jɛʀ] ADJ singular ▸ NM (*Ling*) singular *m*

singulièrement [sɛ̃gyljɛʀmɑ̃] ADV (*bizarrement*) extrañamente; (*beaucoup, très*) extraordinariamente; (*notamment*) notablemente

sinistre [sinistʀ] ADJ siniestro(-a); **un ~ imbécile/crétin** (*intensif*) un imbécil/cretino redomado ▸ NM siniestro

sinistré, e [sinistʀe] ADJ siniestrado(-a) ▸ NM/F damnificado(-a)

sinistrose [sinistʀoz] NF pesimismo

sino... [sino] PRÉF : **sino-indien** chino-indio

sinon [sinɔ̃] CONJ (*autrement, sans quoi*) de lo contrario; (*sauf*) salvo; (*si ce n'est*) si no

> Ne confondez pas *sino* (**sinon**), qui exprime une opposition ou une restriction, avec *si no* (**si ... ne pas**), qui introduit une condition :
> **Ce n'est pas lui que je connais sinon sa sœur.** No lo conozco a él sino a su hermana.
> **Si tu n'as pas besoin d'aide, je m'en vais.** Si no necesitas ayuda, me voy.

sinueux, -euse [sinɥø, øz] ADJ sinuoso(-a); (*fig : raisonnement*) retorcido(-a)

sinuosité [sinɥozite] NF sinuosidad *f* ■ **sinuosités** NFPL (*de route, cours d'eau*) serpenteo *sg*; **les sinuosités de son raisonnement** la complejidad de su razonamiento

sinus [sinys] NM seno

sinusite [sinyzit] NF sinusitis *f inv*

sinusoïdal, e, -aux [sinyzɔidal, o] ADJ sinusoidal

sinusoïde [sinyzɔid] NF sinusoide *f*

sionisme [sjɔnism] NM sionismo

sioniste [sjɔnist] ADJ, NMF sionista *mf*

siphon [sifɔ̃] NM sifón *m*

siphonnage [sifɔnaʒ] NM sifonado; (*de fonds, ressources*) desvío

siphonner [sifɔne] VT trasvasar con sifón; (*réservoir*) vaciar con sifón; (*fonds, ressources*) desviar; (*voix*) pescar

sire [siʀ] NM (*titre*) : **S~** señor *m*; **un triste ~** un hombre vil

sirène [siʀɛn] NF sirena; **~ d'alarme** sirena de alarma

sirop [siʀo] NM (*de fruit etc*) concentrado; (*boisson*) sirope *m*; (*pharmaceutique*) jarabe *m*; **~ contre la toux** jarabe contra la tos; **~ de framboise/de menthe** concentrado de frambuesa/de menta; (*boisson*) sirope de frambuesa/de menta

siroter [siʀɔte] VT beber a sorbos

sirupeux, -euse [siʀypø, øz] ADJ (*liquide*) almibarado(-a); (*péj : musique*) empalagoso(-a)

sis, e [si, siz] ADJ : **~ rue de la Paix** sito(-a) en la calle de la Paz

sisal [sizal] NM sisal *m*

sismique [sismik] ADJ sísmico(-a)

sismographe [sismɔgʀaf] NM sismógrafo

sismologie [sismɔlɔʒi] NF sismología

sitar [sitaʀ] NM sitar *m*

site [sit] NM (*paysage, environnement*) paraje *m*; (*d'une ville etc*) emplazamiento; **~ (pittoresque)** paisaje *m* (pintoresco); **sites historiques/naturels/touristiques** parajes históricos/naturales/turísticos; **~ Web** sitio (Web)

sitôt [sito] ADV : **~ parti** nada más marcharse; **~ après** inmediatamente después; **pas de ~** no tan pronto; **~ que** tan pronto como

situation [sitɥasjɔ̃] NF situación *f*; (*emploi, place*) puesto; **être en ~ de faire qch** estar en situación de hacer algo; **~ de famille** estado civil

situé, e [sitɥe] ADJ situado(-a)

situer [sitɥe] VT situar; (*en pensée*) localizar ■ **se situer** VPR : **se ~ à** *ou* **dans/près de** situarse en/cerca de

six [sis] ADJ INV, NM INV seis *m inv*; *voir aussi* **cinq**

sixième [sizjɛm] ADJ, NMF sexto(-a) ▸ NM (*partitif*) sexto ▸ NF (*Scol*) *primer año de educación secundaria en el sistema francés*; *voir aussi* **cinquième**

skaï [skaj] NM skay *m*

skate [skɛt], **skateboard** [skɛtbɔʀd] NM (*sport*) skate(board) *m*; (*planche*) monopatín *m*

skateur, -euse [skɛtœʀ, øz] NM/F, **skater** [skɛtɛʀ] NMF skater *mf*

S

sketch [skɛtʃ] NM sketch *m*

ski [ski] NM esquí *m*; **une paire de skis, des skis** un par de esquís, esquís *mpl*; **faire du ~** esquiar; **aller faire du ~** ir a esquiar; **~ alpin** esquí alpino; **~ de fond/de piste/de randonnée** esquí de fondo/de pista/de travesía; **~ évolutif** método intensivo de esquí; **~ nautique** esquí náutico

skiable [skjabl] ADJ (*neige, piste, domaine*) esquiable

ski-bob [skibɔb] (*pl* **ski-bobs**) NM deslizador *m* sobre nieve

skier [skje] VI esquiar

skieur, -euse [skjœʀ, øz] NM/F esquiador(a)

skif, skiff [skif] NM esquife *m*

slalom [slalɔm] NM eslálom *m*; **faire du ~ entre** (*fig*) hacer eslálom entre; **~ géant/spécial** eslálom gigante/especial

slalomer [slalɔme] VI practicar el eslálom

slalomeur, -euse [slalɔmœʀ, øz] NM/F *esquiador que practica el eslálom*

slam [slam] NM poesía slam

slave [slav] ADJ eslavo(-a) ▶ NMF : **Slave** eslavo(-a)

slavisant, e [slavizɑ̃, ɑ̃t] NM/F especialista *mf* en estudios eslavos

slaviste [slavist] NMF = **slavisant**

slip [slip] NM (*d'homme*) calzoncillo, slip *m*, calzones *mpl* (*AM*); (*de femme*) braga, calzones; (*de bain : d'homme*) bañador *m*; (*: de femme*) braga (del bikini)

slogan [slɔgɑ̃] NM eslogan *m*

slovaque [slɔvak] ADJ eslovaco(-a) ▶ NM (*Ling*) eslovaco ▶ NMF : **Slovaque** eslovaco(-a)

Slovaquie [slɔvaki] NF Eslovaquia

slovène [slɔvɛn] ADJ esloveno(-a) ▶ NM (*Ling*) esloveno ▶ NMF : **Slovène** esloveno(-a)

Slovénie [slɔveni] NF Eslovenia

slow [slo] NM baile *m* lento

SM SIGLE F (= *Sa Majesté*) SM *f*

smash [sma(t)ʃ] NM (*Sport*) mate *m*, smash *m*

smasher [sma(t)ʃe] VI dar un mate

SMIC [smik] SIGLE M (= *salaire minimum interprofessionnel de croissance*) *salario mínimo interprofesional; ver nota*

> En Francia, se llama **SMIC** a la tarifa salarial mínima establecida por hora para trabajadores de más de dieciocho años. Se actualiza cada 1 de enero según un cálculo basado en el índice de precios de consumo (IPC) y también puede subir durante el año si dicho índice aumenta en, por lo menos, un 2%.

smicard, e [smikaʀ, aʀd] NM/F *trabajador que cobra el sueldo base*

smocks [smɔk] NMPL pliegues *mpl* fruncidos y bordados

smoking [smɔkiŋ] NM esmoquin *m*

SMS [ɛsɛmɛs] SIGLE M (= *Short Message Service*) SMS *m*

SMUR [smyʀ] SIGLE M = **service médical d'urgence et de réanimation**

snack [snak] NM bar *m*

SNC ABR (= *service non compris*) servicio no incluido

SNCB [ɛsɛnsebe] SIGLE F (= *Société nationale des chemins de fer belges*) *red nacional de ferrocarriles belgas*

SNCF [ɛsɛnseɛf] SIGLE F (= *Société nationale des chemins de fer français*) *red nacional de ferrocarriles franceses*

snob [snɔb] ADJ, NMF esnob *mf*

snober [snɔbe] VT : **~ qn** mirar a algn por encima del hombro

snobinard, e [snɔbinaʀ, aʀd] (*péj*) NM/F esnob *mf*

snobisme [snɔbism] NM esnobismo

snowboard [snobɔʀd] NM (*sport, planche*) snowboard *m*

snowboardeur, -euse [snobɔʀdœʀ, øz] NM/F, **snowboarder** [snobɔʀdœʀ]/NMF snowboarder *mf*

sobre [sɔbʀ] ADJ sobrio(-a); **~ de (gestes/compliments)** parco(-a) de (gestos/cumplidos)

sobrement [sɔbʀəmɑ̃] ADV (*boire*) moderadamente; (*s'habiller*) sobriamente

sobriété [sɔbʀijete] NF sobriedad *f*

sobriquet [sɔbʀikɛ] NM mote *m*

soc [sɔk] NM reja

sociabilité [sɔsjabilite] NF sociabilidad *f*

sociable [sɔsjabl] ADJ sociable

social, e, -aux [sɔsjal, jo] ADJ social

socialement [sɔsjalmɑ̃] ADV socialmente

socialisant, e [sɔsjalizɑ̃, ɑ̃t] ADJ socializante

socialisation [sɔsjalizasjɔ̃] NF socialización *f*

socialiser [sɔsjalize] VT socializar

socialisme [sɔsjalism] NM socialismo

socialiste [sɔsjalist] ADJ, NMF socialista *mf*

sociétaire [sɔsjetɛʀ] NMF socio(-a)

société [sɔsjete] NF sociedad *f*; (*d'abeilles, de fourmis*) comunidad *f*; **rechercher/se plaire dans la ~ de** (*compagnie*) buscar/estar a gusto en la compañía de; **~ anonyme/à responsabilité limitée** sociedad anónima/de responsabilidad limitada; **la ~ d'abondance** la sociedad de la abundancia; **~ de capitaux** sociedad de capitales; **la ~ de consommation** la sociedad de consumo; **~ de services** sociedad de servicios; **~ d'investissement à capital variable** sociedad inversora de capital variable; **~ par actions** sociedad por acciones; **~ savante** sociedad cultural

socio... [sɔsjɔ] PRÉF socio...

socioculturel, le [sɔsjokyltyʀɛl] ADJ sociocultural

socio-économique [sɔsjoekɔnɔmik] (*pl* **socio-économiques**) ADJ socioeconómico(-a)

socio-éducatif, -ive [sɔsjoedykatif, iv] (*pl* **socio-éducatifs, -ives**) ADJ (socio)educativo(-a)
sociolinguistique [sɔsjolɛ̃gɥistik] ADJ sociolingüístico(-a)
sociologie [sɔsjɔlɔʒi] NF sociología
sociologique [sɔsjɔlɔʒik] ADJ sociológico(-a)
sociologue [sɔsjɔlɔg] NMF sociólogo(-a)
socio-professionnel, le [sɔsjopʀɔfesjɔnɛl] (*pl* **socio-professionnels, -les**) ADJ socioprofesional
socle [sɔkl] NM (*de colonne, statue*) pedestal *m*; (*de lampe*) pie *m*
socquette [sɔkɛt] NF calcetín *m* corto
socratique [sɔkʀatik] ADJ socrático(-a)
soda [sɔda] NM soda
sodium [sɔdjɔm] NM sodio
sodomie [sɔdɔmi] NF sodomía
sodomiser [sɔdɔmize] VT sodomizar
sœur [sœʀ] NF hermana; (*religieuse*) hermana, sor *f*; **~ Elisabeth** (*Rel*) sor Elisabeth; **~ aînée/cadette/de lait** hermana mayor/menor/de leche
sofa [sɔfa] NM sofá *m*
Sofia [sɔfja] N Sofía
SOFRES [sɔfʀɛs] SIGLE F (= *Société française d'enquête par sondage*) *empresa de sondeos de opinión*
soi [swa] PRON sí mismo(-a); **cela va de ~** ni que decir tiene
soi-disant [swadizɑ̃] ADJ INV supuesto(-a) ▸ ADV supuestamente
soie [swa] NF seda; (*de porc, sanglier*) cerda; **~ sauvage** seda salvaje
soient [swa] VB *voir* **être**
soierie [swaʀi] NF sedería
soif [swaf] NF sed *f*; **~ du pouvoir** sed de poder; **avoir ~** tener sed; **donner ~ (à qn)** dar sed (a algn)
soignant, e [swaɲɑ̃, ɑ̃t] NM/F sanitario(-a) ▸ ADJ : **le personnel ~** el personal sanitario; *voir aussi* **aide-soignant**
soigné, e [swaɲe] ADJ (*personne*) cuidado(-a); (*travail*) esmerado(-a); (*fam : rhume, facture etc*) señor(a)
soigner [swaɲe] VT cuidar; (*maladie*) curar; (*clientèle, invités*) atender ■ **se soigner** VPR (*personne malade*) tratarse; (*maladie*) curarse; (*prendre soin de soi*) cuidarse; **soigne-toi bien !** ¡cuídate!
soigneur [swaɲœʀ] NM (*Sport*) entrenador(a)
soigneusement [swaɲøzmɑ̃] ADV cuidadosamente
soigneux, -euse [swaɲø, øz] ADJ cuidadoso(-a); **~ de** cuidadoso(-a) con
soi-même [swamɛm] PRON sí mismo(-a)
soin [swɛ̃] NM cuidado; **sans ~** *adj* descuidado(-a); *adv* descuidadamente; **avoir** *ou* **prendre ~ de qch/qn** cuidar de algo/algn; **laisser à qn le ~ de faire qch** dejar a algn al cargo de hacer algo ■ **soins** NMPL (*à un malade, aussi hygiène*) cuidados *mpl*; (*attentions, prévenance*) detalles *mpl*; **les premiers soins** primeros auxilios *mpl*; **aux bons soins de** a la atención *ou* al cuidado de; **être aux petits soins pour qn** tener mil detalles con algn; **confier qn aux soins de qn** confiar a algn a los cuidados de algn; **soins de la chevelure/de beauté/du corps** cuidados del cabello/de belleza/corporales; **soins palliatifs** cuidados paliativos
soir [swaʀ] NM tarde *f*, noche *f*; **il fait frais/il travaille le ~** hace fresco/trabaja por la tarde; **ce ~** esta tarde; **« à ce ~ ! »** « ¡hasta la tarde! »; **la veille au ~** la víspera por la noche; **sept heures du ~** las siete de la tarde; **dix heures du ~** las diez de la noche; **le repas du ~** la cena; **le journal du ~** el diario de la tarde; **hier ~** ayer por la noche; **demain ~** mañana por la noche ▸ ADV : **dimanche ~** el domingo por la tarde
soirée [swaʀe] NF (*moment de la journée*) tarde *f*; (*tard*) noche *f*; (*réception*) velada; **donner un film/une pièce en ~** dar una película/una obra de teatro en función de noche
soit [swa] VB *voir* **être** ▸ CONJ es decir; **~ ..., ~ ...** sea ... sea ...; **~ un triangle ABC** tenemos un triángulo ABC; **~ que ..., ~ que ...** *ou* **ou que ...** ya sea ... ya sea ... ▸ ADV (*assentiment*) sea, de acuerdo
soixantaine [swasɑ̃tɛn] NF (*nombre*) : **la ~** los sesenta; **avoir la ~** rondar los sesenta; **une ~ de ...** unos sesenta ...
soixante [swasɑ̃t] ADJ INV, NM INV sesenta *m inv*; *voir aussi* **cinq**
soixante-dix [swasɑ̃tdis] ADJ INV, NM INV setenta *m inv*; *voir aussi* **cinq**
soixante-dixième [swasɑ̃tdizjɛm] (*pl* **soixante-dixièmes**) ADJ, NMF septuagésimo(-a) ▸ NM (*partitif*) setentavo; *voir aussi* **cinquantième**
soixante-huitard, e [swasɑ̃tɥitaʀ, aʀd] (*pl* **soixante-huitards, -es**) ADJ del 68 (*relativo a los acontecimientos del 68 en Francia*) ▸ NM/F uno (una) del 68
soixantième [swasɑ̃tjɛm] ADJ, NMF sexagésimo(-a) ▸ NM (*partitif*) sesentavo; *voir aussi* **cinquantième**
soja [sɔʒa] NM soja; **germes de ~** brotes *mpl* de soja
sol [sɔl] NM suelo; (*revêtement*) suelo, piso ▸ NM INV (*Mus*) sol *m*
solaire [sɔlɛʀ] ADJ solar; (*huile, filtre*) bronceador(a); **cadran ~** reloj *m* de sol
solarium [sɔlaʀjɔm] NM solario
soldat, e [sɔlda, t] NM/F soldado *mf*; **~ de plomb** soldadito de plomo; **le S~ inconnu** el soldado desconocido
soldatesque [sɔldatɛsk] NF soldadesca
solde [sɔld] NF (*Mil*) sueldo; **à la ~ de qn** (*péj*) a sueldo de algn ▸ NM (*Comm*) saldo; **pour ~ de tout compte** como finiquito; **en ~** rebajado; **~ créditeur/débiteur** *ou* **à payer** saldo acreedor/deudor ■ **soldes** NMPL (*Comm*) rebajas *fpl*

S

solder [sɔlde] VT (*compte : en acquittant le solde*) saldar; (: *en l'arrêtant*) liquidar; (*marchandise*) rebajar; **article soldé (à) 10 euros** artículo rebajado a 10 euros ■ **se solder par** VPR resultar en

soldeur, -euse [sɔldœʀ, øz] NM/F (*Comm*) saldista *mf*

sole [sɔl] NF lenguado

soleil [sɔlɛj] NM sol *m*; (*feu d'artifice*) rueda; (*acrobatie*) vuelta de campana; **il y a du** *ou* **il fait ~** hace sol; **au ~** al sol; **en plein ~** a pleno sol; **le ~ couchant** la puesta del sol; **le ~ de minuit** el sol de medianoche; **le ~ levant** la salida del sol

solennel, le [sɔlanɛl] ADJ solemne

solennellement [sɔlanɛlmɑ̃] ADV solemnemente

solennité [sɔlanite] NF solemnidad *f* ■ **solennités** NFPL (*formalités*) solemnidades *fpl*

solénoïde [sɔlenɔid] NM solenoide *m*

solfège [sɔlfɛʒ] NM solfeo

solfier [sɔlfje] VT : **~ un morceau** solfear un fragmento

soli [sɔli] NMPL *de* **solo**

solidaire [sɔlidɛʀ] ADJ solidario(-a); (*choses, pièces mécaniques*) interdependiente; **être ~ de** (*compatriotes, collègues*) ser solidario(-a) con; (*mécanisme*) ser interdependiente de

solidairement [sɔlidɛʀmɑ̃] ADV de forma solidaria

solidariser [sɔlidaʀize] : **se solidariser avec** VPR solidarizarse con

solidarité [sɔlidaʀite] NF solidaridad *f*; **par ~ (avec)** (*cesser le travail*) por solidaridad (con); **contrat de ~** acuerdo de cooperación

solide [sɔlid] ADJ sólido(-a); (*personne, estomac*) fuerte; **un ~ coup de poing** (*fam*) un buen puñetazo; **une ~ engueulade** una buena bronca; **avoir les reins solides** (*fig*) tener el riñón bien cubierto; **~ au poste** (*fig*) inquebrantable en el trabajo ▸ NM (Phys, *Géom*) sólido

solidement [sɔlidmɑ̃] ADV (*d'une manière solide*) sólidamente; (*fermement*) firmemente; (*de façon massive*) masivamente

solidification [sɔlidifikasjɔ̃] NF solidificación *f*

solidifier [sɔlidifje] VT solidificar ■ **se solidifier** VPR solidificarse

solidité [sɔlidite] NF solidez *f*

soliloque [sɔlilɔk] NM soliloquio

soliste [sɔlist] NMF solista *mf*

solitaire [sɔlitɛʀ] ADJ solitario(-a); (*endroit, maison*) desierto(-a) ▸ NMF solitario(-a) ▸ NM (*diamant, jeu*) solitario

solitude [sɔlityd] NF soledad *f*

solive [sɔliv] NF viga

sollicitations [sɔlisitasjɔ̃] NFPL (*requêtes*) peticiones *fpl*, demandas *fpl*; (*attrait*) incitaciones *fpl*; (*Tech*) activación *f*

solliciter [sɔlisite] VT solicitar; (*moteur*) activar; (*suj : attractions etc*) tentar; (: *occupations*) absorber; **~ qn** tentar a algn; **~ qch de qn** solicitar algo de algn

sollicitude [sɔlisityd] NF solicitud *f*

solo [sɔlo] (*pl* **soli**) NM solo

sol-sol [sɔlsɔl] ADJ INV (*missile*) tierra-tierra *inv*

solstice [sɔlstis] NM solsticio; **~ d'été/d'hiver** solsticio de verano/de invierno

solubilisé, e [sɔlybilize] ADJ soluble

solubilité [sɔlybilite] NF solubilidad *f*

soluble [sɔlybl] ADJ soluble

soluté [sɔlyte] NM : **~ physiologique** solución *f* fisiológica

solution [sɔlysjɔ̃] NF solución *f*; (*d'une situation, crise*) desenlace *m*; **~ de continuité** solución de continuidad; **~ de facilité** solución fácil

solutionner [sɔlysjɔne] VT solucionar

solvabilité [sɔlvabilite] NF solvencia

solvable [sɔlvabl] ADJ solvente

solvant [sɔlvɑ̃] NM disolvente *m*

Somalie [sɔmali] NF Somalia

somalien, ne [sɔmaljɛ̃, jɛn] ADJ somalí ▸ NM/F : **Somalien, ne** somalí *mf*

somatique [sɔmatik] ADJ somático(-a)

somatiser [sɔmatize] VT somatizar

sombre [sɔ̃bʀ] ADJ oscuro(-a); (*fig*) taciturno(-a); (: *avenir*) sombrío(-a); **une ~ brute** un bestia

sombrer [sɔ̃bʀe] VI (*bateau*) zozobrar; **~ corps et biens** desaparecer personas y bienes; **~ dans la misère** caer en la miseria

sommaire [sɔmɛʀ] ADJ (*description, explication*) somero(-a); **exécution ~** ejecución *f* sumaria ▸ NM sumario; (*en fin ou début de chapitre*) resumen *m*; **faire le ~ de** hacer el resumen de

sommairement [sɔmɛʀmɑ̃] ADV someramente; (*jugé etc*) sumariamente

sommation [sɔmasjɔ̃] NF (*Jur*) intimación *f*; (*avant de faire feu*) advertencia

somme [sɔm] NF (*Math, d'argent*) suma; (*fig*) cantidad *f*; **faire la ~ de** hacer la suma de; **en ~** en resumidas cuentas; **~ toute** en resumen ▸ NM : **faire un ~** echar un sueño

sommeil [sɔmɛj] NM sueño; **avoir ~** tener sueño; **avoir le ~ léger** tener el sueño ligero; **en ~** (*fig*) en suspenso

sommeiller [sɔmeje] VI dormitar; (*fig*) estar en suspenso

sommelier, -ière [sɔməlje] NM/F camarero(-a) de vino

sommer [sɔme] VT : **~ qn de faire** intimar a algn a que haga

sommes [sɔm] VB *voir* **être**; **sommer**

sommet [sɔmɛ] NM cima; (*fig*) cúspide *f*; (*de la perfection, gloire, conférence*) cumbre *f*; (*Géom*) vértice *m*; **l'air pur des sommets** el aire puro de las montañas; **atteindre des sommets** (*prix,* *taux*) alcanzar su nivel más alto, alcanzar su máximo; (*bêtise, égoïsme*) alcanzar su máxima expresión

sommier [sɔmje] NM somier *m*; **~ à lattes/à ressorts** somier de láminas/de muelles; **~ métallique** somier de malla metálica

sommité [sɔ(m)mite] NF eminencia

somnambule [sɔmnɑ̃byl] NMF sonámbulo(-a)

somnambulisme [sɔmnɑ̃bylism] NM sonambulismo

somnifère [sɔmnifɛʀ] NM somnífero

somnolence [sɔmnɔlɑ̃s] NF somnolencia

somnolent, e [sɔmnɔlɑ̃, ɑ̃t] ADJ somnoliento(-a)

somnoler [sɔmnɔle] VI dormitar

somptuaire [sɔ̃ptɥɛʀ] ADJ : **lois/dépenses somptuaires** leyes sanitarias/gastos suntuarios

somptueusement [sɔ̃ptɥøzmɑ̃] ADV suntuosamente

somptueux, -euse [sɔ̃ptɥø, øz] ADJ suntuoso(-a)

somptuosité [sɔ̃ptɥozite] NF suntuosidad *f*

son¹, sa [sɔ̃, sa] (*pl* **ses**) ADJ POSS su

son² [sɔ̃] NM sonido; (*résidu de mouture*) salvado; (*sciure*) serrín *m*; **régler le ~** (*Radio, TV*) regular el volumen; **~ et lumière** luz y sonido

sonar [sɔnaʀ] NM sonar *m*

sonate [sɔnat] NF sonata

sondage [sɔ̃daʒ] NM sondeo; **~ (d'opinion)** sondeo (de opinión)

sonde [sɔ̃d] NF sonda; (*Tech*) barrena; **~ à avalanche** sonda para las avalanchas; **~ spatiale** sonda espacial

sonder [sɔ̃de] VT sondear; (*plaie, malade*) sondar; (*fig : conscience etc*) indagar (en); (*: personne*) tantear; **~ le terrain** (*fig*) tantear el terreno

songe [sɔ̃ʒ] NM sueño

songer [sɔ̃ʒe] : **~ à** *vt* (*rêver à*) soñar con; (*penser à*) pensar en; (*envisager*) considerar; **~ que** considerar que

songerie [sɔ̃ʒʀi] NF ensueño

songeur, -euse [sɔ̃ʒœʀ, øz] ADJ pensativo(-a); **ça me laisse ~** eso me deja pensativo(-a)

sonnaille [sɔnɑj] NF cencerro ■ **sonnailles** NFPL (*son*) campanilleo *msg*

sonnant, e [sɔnɑ̃, ɑ̃t] ADJ : **espèces sonnantes et trébuchantes** dinero contante y sonante; **à huit heures sonnantes** a las ocho en punto

sonné, e [sɔne] ADJ (*fam : fou*) sonado(-a); **il est midi ~** son las doce dadas; **il a quarante ans bien sonnés** (*fam*) tiene cuarenta años bien cumplidos

sonner [sɔne] VI (*cloche*) tañer; (*réveil, téléphone*) sonar; (*à la porte*) llamar; **~ bien/mal** sonar bien/mal; **~ creux** sonar a hueco; (*résonner*) retumbar; **~ faux** (*instrument*) desafinar; (*rire*) sonar a falso; **minuit vient de ~** acaban de dar la medianoche; **~ chez qn** llamar a casa de algn ▸ VT (*cloche*) tañer; (*domestique, portier, infirmière*) llamar a; (*messe, réveil, tocsin*) tocar a; (*fam : suj : choc, coup*) dejar sonado(-a); **~ du clairon** tocar la corneta; **~ les heures** dar las horas

sonnerie [sɔnʀi] NF timbre *m*; (*d'horloge*) campanadas *fpl*; (*de téléphone portable*) tono *m* de llamada; **~ d'alarme** alarma; **~ de clairon** toque *m* de corneta

sonnet [sɔnɛ] NM soneto

sonnette [sɔnɛt] NF (*clochette*) campanilla; (*de porte, électrique*) timbre *m*; **~ d'alarme** timbre de alarma; **~ de nuit** timbre nocturno

sono [sɔno] NF *voir* **sonorisation**

sonore [sɔnɔʀ] ADJ sonoro(-a); **effets sonores** efectos *mpl* sonoros

sonorisation [sɔnɔʀizasjɔ̃] NF sonorización *f*

sonoriser [sɔnɔʀize] VT sonorizar

sonorité [sɔnɔʀite] NF sonoridad *f* ■ **sonorités** NFPL timbre *msg*

sonothèque [sɔnɔtɛk] NF sonoteca

sont [sɔ̃] VB *voir* **être**

sophisme [sɔfism] NM sofisma *m*

sophiste [sɔfist] NMF sofista *mf*

sophistication [sɔfistikasjɔ̃] NF sofisticación *f*

sophistique [sɔfistik] ADJ sofístico(-a)

sophistiqué, e [sɔfistike] ADJ sofisticado(-a)

sophrologie [sɔfʀɔlɔʒi] NF sofrología

soporifique [sɔpɔʀifik] ADJ soporífico(-a)

soprano [sɔpʀano] NM (*voix*) soprano ▸ NMF soprano *mf*

sorbet [sɔʀbɛ] NM sorbete *m*

sorbetière [sɔʀbətjɛʀ] NF sorbetera

sorbier [sɔʀbje] NM serbal *m*

sorcellerie [sɔʀsɛlʀi] NF brujería

sorcier, -ière [sɔʀsje, jɛʀ] NM/F brujo(-a) ▸ ADJ : **ce n'est pas ~** (*fam*) no es nada del otro mundo

sordide [sɔʀdid] ADJ sórdido(-a); (*avarice, affaire*) mísero(-a)

sorgho [sɔʀgo] NM sorgo

sornettes [sɔʀnɛt] (*péj*) NFPL sandeces *fpl*

sort [sɔʀ] VB *voir* **sortir** ▸ NM (*fortune, destin*) suerte *f*; (*destinée*) destino; (*condition, situation*) fortuna *f*; **jeter un ~** hechizar; **un coup du ~** un golpe de suerte; **c'est une ironie du ~** es una ironía del destino; **le ~ en est jeté** la suerte está echada; **tirer au ~** sortear; **tirer qch au ~** sortear algo

sortable [sɔʀtabl] ADJ : **il n'est pas ~** es impresentable

sortant, e [sɔʀtɑ̃, ɑ̃t] VB *voir* **sortir** ▸ ADJ (*numéro*) ganador(a); (*député, président*) saliente

sorte [sɔʀt] VB *voir* **sortir** ▸ NF clase *f*, especie *f*; **une ~ de** una especie de; **de la ~** de este modo; **en quelque ~** en cierto modo; **de (telle) ~ que, en ~ que** de (tal) modo que; **faire en ~ que** procurar que

S

sortie [sɔʀti] NF salida; (*parole incongrue*) disparate *m*; **faire une ~** (*fig*) hacer una crítica; **à sa ~ …** a su salida …; **à la ~ de l'école/l'usine** a la salida del colegio/de la fábrica; **à la ~ de ce nouveau modèle** a la salida al mercado de ese nuevo modelo; **« ~ de camions »** « salida de camiones »; **~ de bain** albornoz *m*; **~ de secours** salida de emergencia; **~ papier** copia impresa ■ **sorties** NFPL (*comptabilité*) salidas *fpl*, gastos *mpl*; (*Inform*) salida, output *m*

sortilège [sɔʀtilɛʒ] NM sortilegio

sortir [sɔʀtiʀ] NM : **au ~ de l'hiver/de l'enfance** al final del invierno/de la infancia ▶ VI salir; (*bourgeon, plante*) brotar; (*eau, fumée*) desprenderse; **~ de** salir de; (*rails etc, aussi fig*) salirse de; (*famille, université*) proceder de; **~ de ses gonds** (*fig*) salirse de sus casillas; **~ du système** (*Inform*) finalizar la sesión; **~ de table** levantarse de la mesa ▶ VT llevar; (*mener dehors, promener : personne, chien*) sacar; (*produit etc*) salir al mercado; (*fam : expulser : personne*) echar; (*: débiter : boniments, incongruités*) echar; (*Inform : sur papier*) sacar; **~ qch (de)** sacar algo (de); **~ qn d'affaire/d'embarras** sacar a algn de un asunto/de un apuro ■ **se sortir** VPR : **se ~ de** (*affaire, situation*) salir de; **s'en ~** (*malade*) reponerse; (*d'une difficulté etc*) salir de apuros

SOS [ɛsoɛs] SIGLE M SOS *m*

sosie [sɔzi] NM doble *mf*

sot, sotte [so, sɔt] ADJ, NM/F necio(-a)

sottement [sɔtmɑ̃] ADV a lo tonto

sottise [sɔtiz] NF : **la ~** la necedad; **une ~** una tontería

sou [su] NM : **être près de ses sous** ser un(a) agarrado(-a); **être sans le ~** estar sin blanca; **économiser ~ à ~** ahorrar poco a poco; **n'avoir pas un ~ de bon sens** no tener ni una pizca de sentido común; **de quatre sous** de tres al cuarto

souahéli, e [swaeli] ADJ, NM = **swahili**

soubassement [subɑsmɑ̃] NM (*d'une construction*) cimientos *mpl*; (*colonne*) basamento; (*Géo*) plataforma

soubresaut [subʀəso] NM (*de peur etc*) sobresalto; (*d'un cheval*) corcovo; (*d'un véhicule*) barquinazo

soubrette [subʀɛt] NF (*Théâtre*) sirvienta

souche [suʃ] NF (*d'un arbre*) cepa; (*d'un registre, carnet*) matriz *f*; **dormir comme une ~** dormir como un tronco; **de vieille ~** de rancio abolengo; **carnet** *ou* **chéquier à ~(s)** talonario de cheques con resguardo

souci [susi] NM preocupación *f*, inquietud *f*; (*Bot*) caléndula; **se faire du ~** inquietarse; **avoir (le) ~ de** preocuparse por; **soucis financiers** problemas *mpl* financieros

soucier [susje] : **se soucier de** VPR preocuparse por

soucieux, -euse [susjø, jøz] ADJ preocupado(-a); **~ de son apparence/que le travail soit bien fait** preocupado por su apariencia/por que el trabajo esté bien hecho; **peu ~ de/que …** poco cuidadoso de/de que …

soucoupe [sukup] NF platillo; **~ volante** platillo volante

soudain, e [sudɛ̃, ɛn] ADJ repentino(-a) ▶ ADV de repente

soudainement [sudɛnmɑ̃] ADV repentinamente

soudaineté [sudɛnte] NF : **la ~ de qch** lo repentino de algo

Soudan [sudɑ̃] NM Sudán *m*

soudanais, e [sudanɛ, ɛz] ADJ sudanés(-esa) ▶ NM/F : **Soudanais, e** sudanés(-esa)

soude [sud] NF sosa; **~ caustique** sosa cáustica

soudé, e [sude] ADJ (*fig : pétales, organes*) unido(-a)

souder [sude] VT soldar ■ **se souder** VPR (*os*) soldarse

soudeur, -euse [sudœʀ, øz] NM/F soldador(a)

soudoyer [sudwaje] (*péj*) VT sobornar

soudure [sudyʀ] NF soldadura; (*alliage*) aleación *f*; **faire la ~** (*Comm*) hacer durar; (*fig*) empalmar

souffert, e [sufɛʀ, ɛʀt] PP *de* **souffrir**

soufflage [suflaʒ] NM (*du verre*) soplado

souffle [sufl] NM soplo; (*respiration*) respiración *f*; (*d'une explosion*) onda expansiva; (*d'un ventilateur*) aire *m*; **retenir son ~** contener la respiración; **avoir du/manquer de ~** tener/faltarle el resuello; **être à bout de ~** estar sin aliento; **avoir le ~ court** faltarle la respiración enseguida; **second ~** (*fig*) fuerzas recobradas; **~ au cœur** (*Méd*) soplo en el corazón

soufflé, e [sufle] ADJ (*Culin : blé, maïs*) inflado(-a); (*fam : ahuri*) alucinado(-a) ▶ NM (*Culin*) suflé *m*

souffler [sufle] VI soplar; (*haleter*) resoplar; **~ sur** soplar; **laisser ~** (*fig*) dejar respirar ▶ VT soplar; (*suj : explosion*) volar; **~ qch à qn** (*dire*) apuntar algo a algn; (*fam : voler*) birlar algo a algn; **~ son rôle à qn** apuntar su papel a algn; **ne pas ~ mot** no decir ni pío

soufflerie [sufləʀi] NF fuelles *mpl*

soufflet [suflɛ] NM fuelle *m*; (*gifle*) guantazo

souffleur, -euse [suflœʀ, øz] NM/F (*Théâtre*) apuntador(a); (*Tech : de verre*) soplador(a)

souffrance [sufʀɑ̃s] NF sufrimiento; **en ~** (*marchandise*) detenido(-a); (*affaire*) en suspenso

souffrant, e [sufʀɑ̃, ɑ̃t] ADJ (*personne*) indispuesto(-a); (*air*) doliente

souffre-douleur [sufʀədulœʀ] (*pl* **~(s)**) NM chivo expiatorio

souffreteux, -euse [sufʀətø, øz] ADJ delicado(-a)

souffrir [sufʀiʀ] VI sufrir; **~ de** padecer de; **~ des dents** padecer de los dientes; **faire ~ qn** (*suj : personne*) hacer sufrir a algn; (*: dents, blessure etc*) hacer padecer a algn ▶ VT (*faim, soif, torture*) padecer; (*supporter : gén négatif*) sufrir; (*exception, retard*) admitir; **ne pas pouvoir ~ qch/que …** no poder soportar algo/que …

soufisme [sufism] NM sufismo
soufre [sufʀ] NM azufre *m*
soufrer [sufʀe] VT (*vignes*) azufrar
souhait [swɛ] NM deseo; **riche** *etc* **à ~** rico *etc* a pedir a boca; **« à vos souhaits ! »** « ¡Jesús! »
souhaitable [swɛtabl] ADJ deseable
souhaiter [swete] VT desear; **~ le bonjour à qn** dar los buenos días a algn; **~ la bonne année à qn** desearle un feliz año nuevo a algn; **~ bon voyage** *ou* **bonne route à qn** desear buen viaje a algn; **il est à ~ que** es de desear que
souiller [suje] VT manchar; (*fig*) mancillar
souillure [sujyʀ] NF mancha
soûl, e [su, sul] ADJ (*aussi fig*) borracho(-a) ▸ NM : **boire/manger tout son ~** beber/comer hasta hartarse
soulagement [sulaʒmɑ̃] NM alivio
soulager [sulaʒe] VT aliviar; **~ qn de** (*fardeau*) aligerar a algn de; **~ qn de son portefeuille** (*hum*) afanar la cartera a algn
soûler [sule] VT emborrachar; (*suj : boisson, aussi fig*) embriagar ▪ **se soûler** VPR emborracharse; (*fig*) : **se ~ de** (*vitesse, musique*) emborracharse de
soûlerie [sulʀi] (*péj*) NF borrachera
soulèvement [sulɛvmɑ̃] NM (*insurrection*) sublevación *f*; (*Géo*) levantamiento
soulever [sul(ə)ve] VT levantar; (*peuple, province*) sublevar; (*l'opinion*) indignar; (*difficultés*) provocar; (*question, problème, débat*) plantear; **cela (me) soulève le cœur** eso me revuelve el estómago ▪ **se soulever** VPR levantarse; (*peuple, province*) sublevarse
soulier [sulje] NM zapato; **une paire de souliers, des souliers** un par de zapatos, unos zapatos; **~ bas** zapato plano; **souliers plats/à talons** zapatos *mpl* sin tacón/de tacón
souligner [suliɲe] VT subrayar; (*fig*) destacar; (*détail, l'importance de qch*) recalcar
soumettre [sumɛtʀ] VT someter ▪ **se soumettre** VPR : **se ~ (à)** someterse (a)
soumis, e [sumi, iz] PP *de* **soumettre** ▸ ADJ (*personne, air*) sumiso(-a); (*peuples*) sometido(-a); **revenus ~ à l'impôt** ganancias sujetas a impuesto
soumission [sumisjɔ̃] NF sumisión *f*; (*Comm*) licitación *f*
soumissionner [sumisjɔne] VT (*Comm*) licitar
soupape [supap] NF válvula; **~ de sûreté** (*aussi fig*) válvula de seguridad
soupçon [supsɔ̃] NM sospecha; **un ~ de** una pizca de; **avoir ~ de** tener sospecha de; **au dessus de tout ~** por encima de toda sospecha
soupçonner [supsɔne] VT sospechar; **~ que** sospechar que; **je le soupçonne d'être l'assassin** sospecho que es el asesino
soupçonneux, -euse [supsɔnø, øz] ADJ desconfiado(-a)
soupe [sup] NF sopa; **être ~ au lait** tener genio *ou* prontos; **~ à l'oignon/de poisson** sopa de cebolla/de pescado; **~ populaire** sopa de pobres
soupente [supɑ̃t] NF guardilla; (*placard*) armario empotrado
souper [supe] VI cenar; **avoir soupé de qch** (*fam*) estar hasta la coronilla de algo ▸ NM cena
soupeser [supəze] VT sopesar
soupière [supjɛʀ] NF sopera
soupir [supiʀ] NM suspiro; (*Mus*) silencio de negra; **~ d'aise/de soulagement** suspiro de gozo/de alivio; **rendre le dernier ~** exhalar el último suspiro
soupirail, -aux [supiʀaj, o] NM tragaluz *m*
soupirant [supiʀɑ̃] NM pretendiente *m*
soupirer [supiʀe] VI suspirar; **~ après qch** suspirar por algo
souple [supl] ADJ flexible; (*fig : caractère*) dócil; (*: démarche, taille*) desenvuelto(-a)
souplement [supl(ə)mɑ̃] ADV con flexibilidad
souplesse [suplɛs] NF flexibilidad *f*; (*du caractère*) docilidad *f*; (*de la démarche*) desenvoltura; **en ~, avec ~** con suavidad
souquer [suke] VI remar
sourate [suʀat] NF sura
source [suʀs] NF fuente *f*; (*point d'eau*) manantial *m*; (*fig : cause, point de départ*) origen *m*; (*: d'une information*) fuente *f*; **~ d'eau minérale** manantial *ou* fuente de agua mineral; **~ de chaleur/lumineuse** fuente de calor/de luz; **~ thermale** manantial *ou* fuente termal; **prendre sa ~ à/dans** (*cours d'eau*) tener su origen/nacer en; **tenir qch de bonne ~/de ~ sûre** saber algo de buena fuente/de buena tinta ▪ **sources** NFPL (*fig*) fuentes *fpl*
sourcier, -ière [suʀsje, jɛʀ] NM/F zahorí *mf*
sourcil [suʀsi] NM ceja
sourcilière [suʀsiljɛʀ] ADJ F *voir* **arcade**
sourciller [suʀsije] VI : **sans ~** sin pestañear
sourcilleux, -euse [suʀsijø, øz] ADJ (*hautain*) arrogante; (*pointilleux*) quisquilloso(-a)
sourd, e [suʀ, suʀd] ADJ sordo(-a); (*couleur*) mate; **être ~ à** hacerse el sordo(-a) ante; **faire la sourde oreille** hacer oídos sordos; **un bruit ~** un ruido sordo ▸ NM/F sordo(-a)
sourdait *etc* [suʀdɛ] VB *voir* **sourdre**
sourdement [suʀdəmɑ̃] ADV sordamente; (*secrètement*) secretamente
sourdine [suʀdin] NF (*Mus*) sordina; **en ~** por lo bajo; **mettre une ~ à** (*fig*) contener
sourd-muet, sourde-muette [suʀmyɛ, suʀdmyɛt] (*pl* **sourds-muets, sourdes-muettes**) ADJ, NM/F sordomudo(-a)
sourdre [suʀdʀ] VI (*eau*) manar; (*fig*) surgir
souriant, e [suʀjɑ̃, jɑ̃t] VB *voir* **sourire** ▸ ADJ sonriente
souricière [suʀisjɛʀ] NF (*aussi fig*) ratonera
sourie [suʀi] VB *voir* **sourire**
sourire [suʀiʀ] NM sonrisa; **garder le ~** mantener la sonrisa; **faire un ~ à qn** hacer una son-

S

risa a algn ▶ VI sonreír; **~ à qn** (*aussi fig*) sonreír a algn

souris [suʀi] VB *voir* **sourire** ▶ NF (*Zool, Inform*) ratón *m*

sournois, e [suʀnwa, waz] ADJ disimulado(-a), solapado(-a)

sournoisement [suʀnwazmɑ̃] ADV de manera disimulada, de manera solapada

sournoiserie [suʀnwazʀi] NF disimulo, maneras *fpl* solapadas

sous [su] PRÉP debajo de, bajo; **~ la pluie/le soleil** bajo la lluvia/el sol; **~ mes yeux** ante mis ojos; **~ terre** *adj* bajo tierra; *adv* debajo de la tierra; **~ vide** *adj* al vacío; *adv* en vacío; **~ les coups de** por los golpes de; **~ les critiques** ante las críticas; **~ le choc** bajo los efectos del choque; **~ l'influence/l'action de** bajo la influencia/la acción de; **~ les ordres/la protection de** bajo las órdenes/la protección de; **~ telle rubrique/lettre** en tal sección/letra; **être ~ antibiotiques** estar tomando antibióticos; **~ Louis XIV** bajo (el reinado de) Luis XIV; **~ cet angle** desde este ángulo; **~ ce rapport** bajo esta perspectiva; **~ peu** dentro de poco

sous... [su] PRÉF sub...

sous-alimentation [suzalimɑ̃tɑsjɔ̃] NF desnutrición *f*

sous-alimenté, e [suzalimɑ̃te] (*pl* **sous-alimentés, -es**) ADJ desnutrido(-a)

sous-bois [subwa] NM INV sotobosque *m*

sous-catégorie [sukategɔʀi] (*pl* **sous-catégories**) NF subcategoría

sous-chef [suʃɛf] (*pl* **sous-chefs**) NM subdirector(a); **~ de bureau** subdirector(a) de oficina

sous-comité [sukɔmite] (*pl* **sous-comités**) NM subcomité *m*

sous-commission [sukɔmisjɔ̃] (*pl* **sous-commissions**) NF subcomisión *f*

sous-continent [sukɔ̃tinɑ̃] (*pl* **sous-continents**) NM subcontinente *m*

sous-couche [sukuʃ] (*pl* **sous-couches**) NF (*de peinture*) primera mano *f*

souscripteur, -trice [suskʀiptœʀ, tʀis] NM/F suscriptor(a); (*d'une lettre de change*) firmante *mf*

souscription [suskʀipsjɔ̃] NF suscripción *f*; **ouvrage offert en ~** obra puesta a la venta por suscripción

souscrire [suskʀiʀ] : **~ à** *vt* (*une publication*) suscribir a; (*fig* : *approuver*) suscribir a

sous-cutané, e [sukytane] (*pl* **sous-cutanés, -es**) ADJ subcutáneo(-a)

sous-développé, e [sudevlɔpe] (*pl* **sous-développés, -es**) NM/F subdesarrollado(-a)

sous-développement [sudevlɔpmɑ̃] (*pl* **sous-développements**) NM subdesarrollo

sous-directeur, -trice [sudiʀɛktœʀ, tʀis] (*pl* **sous-directeurs, -trices**) NM/F subdirector(a)

sous-effectif [suzefɛktif] (*pl* **sous-effectifs**) NM falta de efectivos; **être en ~** estar sin los efectivos suficientes

sous-emploi [suzɑ̃plwa] (*pl* **sous-emplois**) NM subempleo

sous-employé, e [suzɑ̃plwaje] (*pl* **sous-employés, -es**) ADJ subempleado(-a)

sous-ensemble [suzɑ̃sɑ̃bl] (*pl* **sous-ensembles**) NM subconjunto

sous-entendre [suzɑ̃tɑ̃dʀ] VT sobrentender; **~ que** sobrentender que

sous-entendu, e [suzɑ̃tɑ̃dy] (*pl* **sous-entendus, -es**) ADJ (*idée, message*) implícito(-a); (*Ling*) elíptico(-a) ▶ NM insinuación *f*

sous-équipé, e [suzekipe] (*pl* **sous-équipés, -es**) ADJ (*région*) deficitario(-a) en equipamiento

sous-estimer [suzɛstime] VT subestimar

sous-exploiter [suzɛksplwate] VT desaprovechar

sous-exposer [suzɛkspoze] VT (*film, pellicule*) : **cette pellicule est sous-exposée** a este carrete le falta exposición

sous-fifre [sufifʀ] (*pl* **sous-fifres**) (*péj*) NM empleadillo

sous-gonflage [sugɔ̃flaʒ] (*pl* **sous-gonflages**) NM (*de pneu*) subinflado

sous-groupe [sugʀup] (*pl* **sous-groupes**) NM subgrupo

sous-homme [suzɔm] (*pl* **sous-hommes**) (*péj*) NM hombre *m* inferior

sous-investissement [suzɛ̃vɛstismɑ̃] (*pl* **sous-investissements**) NM subinversión *f*

sous-jacent, e [suʒasɑ̃, ɑ̃t] (*pl* **sous-jacents, -es**) ADJ (*couche, matériau*) subyacente; (*fig* : *idée*) latente; (: *difficulté*) de fondo

sous-lieutenant [suljøtnɑ̃] (*pl* **sous-lieutenants**) NM subteniente *m*

sous-locataire [sulɔkatɛʀ] (*pl* **sous-locataires**) NMF subarrendatario(-a)

sous-location [sulɔkasjɔ̃] (*pl* **sous-locations**) NF subarriendo; **en ~** en régimen de subarriendo

sous-louer [sulwe] VT subarrendar

sous-main [sumɛ̃] NM carpeta; **en ~** : **racheter des actions en ~** volver a comprar acciones bajo mano

sous-marin, e [sumaʀɛ̃, in] (*pl* **sous-marins, -es**) ADJ submarino(-a) ▶ NM submarino

sous-médicalisé, e [sumedikalize] (*pl* **sous-médicalisés, -es**) ADJ (*pays, région*) *que carece de los cuidados médicos adecuados*

sous-nappe [sunap] (*pl* **sous-nappes**) NF hule *m*

sous-œuvre [suzœvʀ(ə)] : **en ~** *adv* (*Constr*) de recalzo

sous-officier [suzɔfisje] (*pl* **sous-officiers**) NM suboficial *m*

sous-ordre [suzɔʀdʀ] (*pl* **sous-ordres**) NM subordinado; **créancier en ~** acreedor de otro

sous-payé, e [supeje] (*pl* **sous-payés, -es**) ADJ mal pagado(-a)

sous-préfecture [supʀefɛktyʀ] (*pl* **sous-préfectures**) NF subprefectura
sous-préfet [supʀefɛ] (*pl* **sous-préfets**) NM subprefecto
sous-production [supʀɔdyksjɔ̃] (*pl* **sous-productions**) NF subproducción *f*
sous-produit [supʀɔdɥi] (*pl* **sous-produits**) NM (*aussi fig*) subproducto
sous-programme [supʀɔgʀam] (*pl* **sous-programmes**) NM (*Inform*) subprograma *m*
sous-pull [supul] (*pl* **sous-pulls**) NM *camiseta de cuello alto*
sous-secrétaire [susəkʀetɛʀ] (*pl* **sous-secrétaires**) NM : **~ d'État** subsecretario de Estado
soussigné, e [susiɲe] ADJ : **je ~ ...** yo, el que suscribe ... ▸ NM/F : **le/les ~(s)** el (los) abajo firmante(s)
sous-sol [susɔl] (*pl* **sous-sols**) NM sótano; (*Géo*) subsuelo; **en ~** en el sótano
sous-tasse [sutas] (*pl* **sous-tasses**) NF platillo
sous-tendre [sutɑ̃dʀ] VT subtender; (*fig*) servir de base a
sous-titre [sutitʀ] (*pl* **sous-titres**) NM subtítulo
sous-titré, e [sutitʀe] (*pl* **sous-titrés, -es**) ADJ subtitulado(-a)
soustraction [sustʀaksjɔ̃] NF sustracción *f*
soustraire [sustʀɛʀ] VT (*dérober*) sustraer; (*Math*) restar; **~ qch (à qn)** sustraer algo (a algn); **~ qn à** alejar a algn de; **se ~ à** sustraerse a
sous-traitance [sutʀɛtɑ̃s] (*pl* **sous-traitances**) NF subcontrato
sous-traitant [sutʀɛtɑ̃] (*pl* **sous-traitants**) NM subcontratista *m*
sous-traiter [sutʀete] VT (*Comm : affaire*) ceder en subcontrato ▸ VI (*devenir sous-traitant*) trabajar como subcontratista; (*faire appel à un sous-traitant*) subcontratar
soustrayais [sustʀɛjɛ] VB *voir* **soustraire**
sous-verre [suvɛʀ] NM INV posavasos *m inv*
sous-vêtement [suvɛtmɑ̃] (*pl* **sous-vêtements**) NM prenda interior ▪ **sous-vêtements** NMPL ropa interior
sous-virer [suviʀe] VI (*Auto*) derrapar (*con las ruedas delanteras*)
soutane [sutan] NF sotana
soute [sut] NF (*aussi* : **soute à bagages**) bodega
soutenable [sut(ə)nabl] ADJ (*opinion, cause*) sustentable
soutenance [sut(ə)nɑ̃s] NF : **~ de thèse** (*Univ*) defensa de tesis
soutènement [sutɛnmɑ̃] NM : **mur de ~** muro de contención
souteneur [sut(ə)nœʀ] NM rufián *m*
soutenir [sut(ə)niʀ] VT sostener; (*réconforter, aider*) apoyar; (*assaut, choc*) resistir; (*thèse*) defender; **~ que** sostener que; **~ la comparaison avec** tener comparación con; **~ le regard de qn** sostener la mirada de algn ▪ **se soutenir** VPR (*s'aider mutuellement*) apoyarse; (*point de vue*) defenderse; (*dans l'eau, sur ses jambes*) mantenerse, sostenerse
soutenu, e [sut(ə)ny] PP *de* **soutenir** ▸ ADJ (*attention, efforts*) constante; (*style*) elevado(-a); (*couleur*) vivo(-a)
souterrain, e [suteʀɛ̃, ɛn] ADJ subterráneo(-a); (*fig*) oculto(-a) ▸ NM subterráneo
soutien [sutjɛ̃] NM apoyo; **apporter son ~ à** prestar su apoyo a; **~ de famille** *hijo varón exento del servicio militar por mantener a su familia*; **~ scolaire** apoyo escolar
soutiendrai *etc* [sutjɛ̃dʀe] VB *voir* **soutenir**
soutien-gorge [sutjɛ̃gɔʀʒ] (*pl* **soutiens-gorge**) NM sujetador *m*, corpiño (*AM*)
soutiens *etc* [sutjɛ̃] VB *voir* **soutenir**
soutif [sutif] (*fam*) NM (*soutien-gorge*) sujetador *m*
soutint *etc* [sutɛ̃] VB *voir* **soutenir**
soutirer [sutiʀe] VT : **~ qch à qn** sonsacar algo a algn
souvenance [suv(ə)nɑ̃s] NF : **avoir ~ de** recordar
souvenir [suv(ə)niʀ] NM recuerdo; (*réminiscence*) memoria; **garder le ~ de** conservar el recuerdo de; **en ~ de** como recuerdo de; **avec mes affectueux souvenirs, ...** con mis más afectuosos saludos, ...; **avec mes meilleurs souvenirs, ...** con mis mejores recuerdos, ... ▪ **se souvenir** VPR : **se ~ de** recordar, acordarse de; **se ~ que** recordar que, acordarse de que
souvent [suvɑ̃] ADV a menudo, con frecuencia, seguido (*AM*); **peu ~** pocas veces, con poca frecuencia; **le plus ~** la mayoría de las veces
souvenu, e [suvəny] PP *de* **souvenir**
souverain, e [suv(ə)ʀɛ̃, ɛn] ADJ (*aussi fig*) soberano(-a); **le ~ pontife** el sumo pontífice ▸ NM/F soberano(-a)
souverainement [suv(ə)ʀɛnmɑ̃] ADV (*aussi fig*) soberanamente
souveraineté [suv(ə)ʀɛnte] NF soberanía
souverainiste [suv(ə)ʀɛnist] NMF soberanista *mf*
souviendrai *etc* [suvjɛ̃dʀe] VB *voir* **souvenir**
souviens *etc* [suvjɛ̃] VB *voir* **souvenir**
souvint *etc* [suvɛ̃] VB *voir* **souvenir**
soviétique [sɔvjetik] ADJ soviético(-a) ▸ NMF : **Soviétique** soviético(-a)
soviétologue [sɔvjetɔlɔg] NMF sovietólogo(-a)
soyeux, -euse [swajø, øz] ADJ sedoso(-a)
soyez [swaje] VB *voir* **être**
soyons [swajɔ̃] VB *voir* **être**
SPA [ɛspea] SIGLE F (= *Société protectrice des animaux*) ≈ SPA (= *sociedad protectora de animales*)
spacieux, -euse [spasjø, jøz] ADJ espacioso(-a)
spaciosité [spasjɔzite] NF espaciosidad *f*

S

spaghettis [spageti] NMPL espaguetis *mpl*
spammer [spame] VT inundar (de spam), spamear ▸ VI spamear
sparadrap [sparadra] NM esparadrapo
spartiate [sparsjat] ADJ espartano(-a) ■ **spartiates** NFPL sandalias *fpl*
spasme [spasm] NM espasmo
spasmodique [spasmɔdik] ADJ espasmódico(-a)
spasmophilie [spasmɔfili] NF (*Méd*) espasmofilia
spatial, e, -aux [spasjal, jo] ADJ espacial
spationaute [spasjonot] NMF astronauta *mf*
spatule [spatyl] NF espátula; (*bout*) extremo
speaker, ine [spikœr, krin] NM/F locutor(a)
spécial, e, -aux [spesjal, jo] ADJ especial
spécialement [spesjalmɑ̃] ADV especialmente; **pas ~** no demasiado
spécialisation [spesjalizasjɔ̃] NF especialización *f*
spécialisé, e [spesjalize] ADJ especializado(-a); **ordinateur ~** ordenador *m* especializado
spécialiser [spesjalize]: **se spécialiser** VPR especializarse
spécialiste [spesjalist] NMF especialista *mf*
spécialité [spesjalite] NF especialidad *f*; **~ médicale/pharmaceutique** especialidad médica/farmacéutica
spécieux, -euse [spesjø, jøz] ADJ (*prétexte*) aparente; (*raisonnement*) vacío(-a)
spécification [spesifikasjɔ̃] NF especificación *f*
spécificité [spesifisite] NF especificidad *f*
spécifier [spesifje] VT especificar; **~ que** especificar que
spécifique [spesifik] ADJ específico(-a)
spécifiquement [spesifikmɑ̃] ADV (*typiquement*) típicamente; (*tout exprès*) expresamente
spécimen [spesimɛn] NM (*exemple représentatif*) espécimen *m*; (*revue etc*) ejemplar *m* gratuito ▸ ADJ modelo(-a)
spectacle [spɛktakl] NM espectáculo; **se donner en ~** (*péj*) dar un espectáculo; **pièce/revue à grand ~** obra/revista espectacular; **au ~ de ...** a la vista de ...
spectaculaire [spɛktakylɛr] ADJ espectacular
spectateur, -trice [spɛktatœr, tris] NM/F espectador(a)
spectre [spɛktr] NM espectro; **~ solaire** espectro solar
spéculateur, -trice [spekylatœr, tris] NM/F especulador(a)
spéculatif, -ive [spekylatif, iv] ADJ especulativo(-a)
spéculation [spekylasjɔ̃] NF especulación *f*
spéculer [spekyle] VI especular; **~ sur** (*Fin, Comm*) especular con; (*réfléchir*) especular sobre
speedé, e [spide] ADJ (*fam*: *personne, rythme*) acelerado(-a)
spéléologie [speleɔlɔʒi] NF espeleología
spéléologique [speleɔlɔʒik] ADJ espeleológico(-a)
spéléologue [speleɔlɔg] NMF espeleólogo(-a)
spéléonaute [speleonot] NMF espeleólogo(-a) náutico(-a)
spermatozoïde [spɛrmatɔzɔid] NM espermatozoide *m*
sperme [spɛrm] NM esperma *m*
spermicide [spɛrmisid] ADJ, NM espermicida *m*
sphère [sfɛr] NF esfera; **~ d'activité/d'influence** esfera de acción/de influencia
sphérique [sferik] ADJ esférico(-a)
sphincter [sfɛ̃ktɛr] NM esfínter *m*
sphinx [sfɛ̃ks] NM esfinge *f*
spiral, -aux [spiral, o] NM espiral *f*
spirale [spiral] NF espiral *f*; **en ~** en espiral
spire [spir] NF espira
spiritisme [spiritism] NM espiritismo
spiritualité [spiritɥalite] NF espiritualidad *f*
spirituel, le [spiritɥɛl] ADJ espiritual; (*fin, amusant*) ingenioso(-a); **musique spirituelle** música sacra; **concert ~** concierto de música sacra
spirituellement [spiritɥɛlmɑ̃] ADV espiritualmente; (*avec esprit*) ingeniosamente
spiritueux [spiritɥø] NM licor *m*
splendeur [splɑ̃dœr] NF maravilla
splendide [splɑ̃did] ADJ espléndido(-a); (*effort, réalisation*) extraordinario(-a)
spoliation [spɔljasjɔ̃] NF expoliación *f*
spolier [spɔlje] VT: **~ qn (de)** expoliar a algn (de)
spongieux, -euse [spɔ̃ʒjø, jøz] ADJ esponjoso(-a)
sponsor [spɔ̃sɔr] NM patrocinador *m*, sponsor *m*
sponsoriser [spɔ̃sɔrize] VT patrocinar
spontané, e [spɔ̃tane] ADJ espontáneo(-a)
spontanéité [spɔ̃taneite] NF espontaneidad *f*
spontanément [spɔ̃tanemɑ̃] ADV espontáneamente
sporadique [spɔradik] ADJ esporádico(-a)
sporadiquement [spɔradikmɑ̃] ADV esporádicamente
sport [spɔr] NM deporte *m*; **faire du ~** hacer deporte; **~ de combat** deporte de combate; **~ d'équipe** deporte de equipo; **~ d'hiver** deporte de invierno; **~ individuel** deporte individual ▸ ADJ INV (*vêtement, ensemble*) de sport; (*fair-play*) deportivo(-a)
sportif, -ive [spɔrtif, iv] ADJ deportivo(-a); **les résultats sportifs** los resultados deportivos ▸ NM/F deportista *mf*
sportivement [spɔrtivmɑ̃] ADV deportivamente

sportivité [spɔʀtivite] NF deportividad *f*
spot [spɔt] NM (*lampe*) foco; **~ (publicitaire)** anuncio *ou* spot *m* (publicitario)
spray [spʀɛ] NM spray *m*
sprint [spʀint] NM sprint *m*; **gagner au ~** ganar al sprint; **piquer un ~** echar a correr
sprinter¹ [spʀintœʀ] NMF, **sprinteur, -euse** [spʀintœʀ, øz] NM/F esprínter *mf*, velocista *mf*
sprinter² [spʀinte] VI esprintar
squale [skwal] NM escualo
square [skwaʀ] NM plazoleta
squash [skwaʃ] NM squash *m*
squat [skwat] NM *lugar ocupado ilegalmente*
squatter¹ [skwatœʀ] NMF, **squatteur, -euse** [skwatœʀ, øz] NM/F okupa *mf* (*fam*)
squatter² [skwate] VT okupar (*fam*), ocupar
squelette [skəlɛt] NM esqueleto
squelettique [skəletik] ADJ (*maigreur*) esquelético(-a); (*fig : exposé*) pobre; (*effectifs*) mermado(-a)
SRAS SIGLE M (= *syndrome respiratoire aigu sévère*) SARS *m*
Sri Lanka [sʀilɑ̃ka] NM Sri Lanka
sri-lankais, e [sʀilɑ̃kɛ, ɛz] (*pl* **~, -es**) ADJ cingalés(-esa) ▸ NM/F : **Sri-Lankais, e** cingalés(-esa)
ss ABR = **sous**
St ABR (= *saint*) S. (= *San*), Sto. (= *Santo*)
stabilisateur, -trice [stabilizatœʀ, tʀis] ADJ estabilizador(a) ▸ NM estabilizador *m*
stabiliser [stabilize] VT estabilizar
stabilité [stabilite] NF estabilidad *f*
stable [stabl] ADJ estable
stade [stad] NM estadio
stadier [stadje] NM vigilante de un estadio
stage [staʒ] NM (*d'études pratiques*) práctica; (*de perfectionnement*) cursillo; (*d'avocat stagiaire*) pasantía
stagiaire [staʒjɛʀ] NMF becario(-a), persona en periodo de práctica; (*de perfectionnement*) cursillista *mf* ▸ ADJ : **avocat ~** pasante *m*
stagnant, e [stagnɑ̃, ɑ̃t] ADJ estancado(-a)
stagnation [stagnasjɔ̃] NF (*fig*) estancamiento
stagner [stagne] VI estancarse
stalactite [stalaktit] NF estalactita
stalagmite [stalagmit] NF estalagmita
stalle [stal] NF caballeriza
stambouliote [stɑ̃buljɔt] ADJ estambulita
stand [stɑ̃d] NM (*d'exposition*) stand *m*; (*de foire*) puesto; **~ de ravitaillement** (*Auto, Cyclisme*) puesto de avituallamiento; **~ de tir** (*Mil, Sport*) galería de tiro; (*à la foire*) puesto de tiro al blanco
standard [stɑ̃daʀ] (*pl* **~(s)**) ADJ estándar ▸ NM estándar *m*; (*téléphonique*) central *f* telefónica, conmutador *m* (AM)
standardisation [stɑ̃daʀdizasjɔ̃] NF estandar(d)ización *f*
standardiser [stɑ̃daʀdize] VT estandar(d)izar
standardiste [stɑ̃daʀdist] NMF telefonista *mf*

standing [stɑ̃diŋ] NM nivel *m* de vida; **immeuble de grand ~** inmueble de lujo
star [staʀ] NF : **~ (de cinéma)** estrella (de cine)
starlette [staʀlɛt] NF actriz *f* principiante
starter [staʀtɛʀ] NM (*Auto*) estárter *m*; (*Sport*) juez *m* de salida; **mettre le ~** poner el estárter
start-up [staʀtəp] NF (*Comm*) startup *m*, empresa emergente
station [stasjɔ̃] NF estación *f*; (*de bus, métro*) parada; (*Radio, TV*) emisora; (*posture*) : **la ~ debout** la posición de pie; **~ balnéaire** *centro turístico en la costa*; **~ de graissage/de lavage** estación de engrase/de lavado; **~ de ski** estación de esquí; **~ de sports d'hiver** estación de esquí; **~ de taxis** parada de taxis; **~ thermale** balneario
stationnaire [stasjɔnɛʀ] ADJ estacionario(-a)
stationnement [stasjɔnmɑ̃] NM (*Auto*) aparcamiento; **zone de ~ interdit** zona de aparcamiento prohibido; **~ alterné** aparcamiento alterno
stationner [stasjɔne] VI aparcar
station-service [stasjɔ̃sɛʀvis] (*pl* **stations-service**) NF gasolinera, estación *f* de servicio
statique [statik] ADJ estático(-a)
statisticien, ne [statistisjɛ̃, jɛn] NM/F estadista *mf*
statistique [statistik] NF estadística ▸ ADJ estadístico(-a) ▪ **statistiques** NFPL estadísticas *fpl*
statistiquement [statistikmɑ̃] ADV estadísticamente
statuaire [statɥɛʀ] NF (*statues*) estatuaria ▸ ADJ estatuario(-a)
statue [staty] NF estatua
statuer [statɥe] VI : **~ sur** resolver
statuette [statɥɛt] NF estatuilla
statu quo [statykwo] NM : **maintenir le ~** mantener el statu quo
stature [statyʀ] NF estatura; (*fig*) notoriedad *f*; **de haute ~** de gran altura
statut [staty] NM estatuto ▪ **statuts** NMPL (*Jur, Admin*) estatutos *mpl*
statutaire [statytɛʀ] ADJ estatutario(-a)
statutairement [statytɛʀmɑ̃] ADV estatutariamente
Ste ABR (= *sainte*) S. (= *Santa*), Sta. (= *Santa*)
Sté ABR = **société**
steak [stɛk] NM bistec *m*, bife *m* (ARG)
stèle [stɛl] NF estela
stellaire [stelɛʀ] ADJ estelar
stencil [stɛnsil] NM cliché *m*
sténo [steno] NMF = **sténographe** ▸ NF = **sténographie**
sténodactylo [stenɔdaktilo] NMF taquimecanógrafo(-a)
sténodactylographie [stenɔdaktilɔgʀafi] NF taquimecanografía

S

sténographe [stenɔgʀaf] NMF taquígrafo(-a)
sténographie [stenɔgʀafi] NF taquigrafía *f*
sténographier [stenɔgʀafje] VT estenografiar
sténographique [stenɔgʀafik] ADJ estenográfico(-a)
sténotype [stenɔtip] NF estenotipo
sténotypie [stenɔtipi] NF estenotipia
sténotypiste [stenɔtipist] NMF estenotipista *mf*
stentor [stɑ̃tɔʀ] NM : **voix de ~** voz *f* estentórea
stéphanois, e [stefanwa, waz] ADJ de Saint-Etienne ▶ NM/F : **Stéphanois, e** nativo(-a) *ou* habitante *mf* de Saint-Etienne
steppe [stɛp] NF estepa
stère [stɛʀ] NM estéreo
stéréo [steʀeɔ] ADJ (*aussi* : **stéréophonique**) estéreo(fónico(-a)) ▶ NF (*aussi* : **stéréophonie**) estereo(fonía)
stéréophonie [steʀeɔfɔni] NF estereo(fonía); **émission en ~** emisión *f* en estéreo(fonía)
stéréophonique [steʀeɔfɔnik] ADJ estéreo(-fónico(-a))
stéréoscope [steʀeɔskɔp] NM estereoscopia
stéréoscopique [steʀeɔskɔpik] ADJ estereoscópico(-a)
stéréotype [steʀeɔtip] NM estereotipo
stéréotypé, e [steʀeɔtipe] ADJ estereotipado(-a); (*sourire*) forzado(-a)
stérile [steʀil] ADJ estéril; (*théorie, discussion*) irrelevante; (*effort*) frustrado(-a)
stérilement [steʀilmɑ̃] ADV en vano
stérilet [steʀilɛ] NM espiral *f*
stérilisateur [steʀilizatœʀ] NM esterilizador *m*
stérilisation [steʀilizasjɔ̃] NF esterilización *f*
stérilisé, e [steʀilize] ADJ : **lait ~** leche *f* esterilizada
stériliser [steʀilize] VT esterilizar
stérilité [steʀilite] NF esterilidad *f*; (*d'un romancier*) infecundidad *f*
sterne [stɛʀn] NF (*Zool*) golondrina de mar
sternum [stɛʀnɔm] NM esternón *m*
stéroïde [steʀɔid] NM esteroide *m*
stéthoscope [stetɔskɔp] NM estetoscopio
steward [stiwaʀt] NM auxiliar *m* de vuelo
stick [stik] NM : **~ de rouge à lèvres** barra de labios; **~ de fard à paupières** sombra de ojo; **~ déodorant** desodorante en barra
stigmates [stigmat] NMPL (*Rel, gén*) estigmas *mpl*
stigmatisation [stigmatizasjɔ̃] NF estigmatización *f*
stigmatiser [stigmatize] VT estigmatizar
stimulant, e [stimylɑ̃, ɑ̃t] ADJ estimulante ▶ NM (*Méd*) estimulante *m*; (*fig*) aliciente *m*, incentivo
stimulateur [stimylatœʀ] NM : **~ cardiaque** estimulador *m* cardíaco
stimulation [stimylasjɔ̃] NF estimulación *f*
stimuler [stimyle] VT (*aussi fig*) estimular
stimulus [stimylys] (*pl* **stimuli** *ou* **~**) NM estímulo
stipulation [stipylasjɔ̃] NF estipulación *f*
stipuler [stipyle] VT estipular; **~ que** estipular que
stock [stɔk] NM (*Comm*) existencias *fpl*, stock *m*; (*d'or*) reservas *fpl*; (*fig*) reserva; **en ~** en almacén
stockage [stɔkaʒ] NM almacenamiento
stocker [stɔke] VT almacenar
Stockholm [stɔkɔlm] N Estocolmo
stockiste [stɔkist] NM almacenista *m*
stoïcien, ne [stɔisjɛ̃, jɛn] ADJ, NM/F estoico(-a)
stoïcisme [stɔisism] NM estoicismo
stoïque [stɔik] ADJ estoico(-a)
stoïquement [stɔikmɑ̃] ADV estoicamente
stomacal, e, -aux [stɔmakal, o] ADJ estomacal
stomatologie [stɔmatɔlɔʒi] NF estomatología
stomatologue [stɔmatɔlɔg] NMF estomatólogo(-a)
stop [stɔp] NM (*Auto : panneau*) stop *m*; (: *feux arrière*) luz *f* de freno; (*dans un télégramme*) stop; (*auto-stop*) auto-stop *m* ▶ EXCL ¡alto!
stoppage [stɔpaʒ] NM zurcido
stopper [stɔpe] VT (*navire, machine*) detener; (*mouvement, attaque*) parar; (*Couture*) zurcir ▶ VI pararse
store [stɔʀ] NM (*en tissu*) cortinilla; (*en bois*) persiana; (*de magasin*) toldo
strabisme [stʀabism] NM estrabismo
strangulation [stʀɑ̃gylasjɔ̃] NF estrangulación *f*
strapontin [stʀapɔ̃tɛ̃] NM asiento plegable
Strasbourg [stʀazbuʀ] N Estrasburgo
strass [stʀas] NM estrás *msg*
stratagème [stʀataʒɛm] NM estratagema
strate [stʀat] NF estrato
stratège [stʀatɛʒ] NM estratega *m*
stratégie [stʀateʒi] NF estrategia
stratégique [stʀateʒik] ADJ estratégico(-a)
stratégiquement [stʀateʒikmɑ̃] ADV estratégicamente
stratification [stʀatifikasjɔ̃] NF estratificación *f*
stratifié, e [stʀatifje] ADJ estratificado(-a)
stratosphère [stʀatɔsfɛʀ] NF estratosfera
stratosphérique [stʀatɔsfeʀik] ADJ estratosférico(-a)
streptocoque [stʀɛptɔkɔk] NM estreptococo
stress [stʀɛs] NM estrés *msg*
stressant, e [stʀesɑ̃, ɑ̃t] ADJ estresante
stressé, e [stʀese] ADJ estresado(-a)
stresser [stʀese] VT estresar
stretching [stʀɛtʃiŋ] NM (*Sport*) stretching *m*
strict, e [stʀikt] ADJ estricto(-a); (*parents*) seve-

ro(-a); (*tenue*) de etiqueta; (*langage, ameublement, décor*) riguroso(-a); **c'est son droit le plus ~** es su justo derecho; **dans la plus stricte intimité** en la más estricta intimidad; **au sens ~ du mot** en sentido estricto del término; **le ~ nécessaire** *ou* **minimum** lo esencial

strictement [striktəmɑ̃] ADV estrictamente; (*uniquement*) únicamente; (*vêtu etc*) modosamente

strident, e [stridɑ̃, ɑ̃t] ADJ estridente

stridulations [stridylasjɔ̃] NFPL chirridos *mpl*

strie [stri] NF estría

strier [strije] VT estriar

string [striŋ] NM tanga *m*

strip-tease [striptiz] (*pl* **strip-teases**) NM strip-tease *m*

strip-teaseuse [striptizøz] (*pl* **strip-teaseuses**) NF mujer *f* que hace strip-tease

striures [strijyr] NFPL estrías *fpl*

strophe [strɔf] NF estrofa

structure [stryktyr] NF estructura; **~ d'accueil** estructura de acogida; **structures touristiques** infraestructura turística

structurel, le [stryktyrɛl] ADJ estructural

structurer [stryktyre] VT estructurar

strychnine [striknin] NF estricnina

stuc [styk] NM estuco

studette [stydɛt] NF pequeño estudio, pequeño apartamento

studieusement [stydjøzmɑ̃] ADV estudiosamente

studieux, -euse [stydjø, jøz] ADJ estudioso(-a); (*vacances, retraite*) de estudio

studio [stydjo] NM estudio; (*logement*) apartamento-estudio; (*de danse*) sala (de danza)

stupéfaction [stypefaksjɔ̃] NF estupefacción *f*

stupéfait, e [stypefɛ, ɛt] ADJ estupefacto(-a)

stupéfiant, e [stypefjɑ̃, jɑ̃t] ADJ, NM estupefaciente *m*

stupéfier [stypefje] VT dejar estupefacto(-a)

stupeur [stypœr] NF estupor *m*

stupide [stypid] ADJ estúpido(-a)

stupidement [stypidmɑ̃] ADV estúpidamente

stupidité [stypidite] NF estupidez *f*

stups [styp] (*fam*) NMPL (*stupéfiants*) : **brigade des ~** brigada de estupefacientes, brigada antivicio

style [stil] NM estilo; **meuble/robe de ~** mueble *m*/vestido de estilo; **en ~ télégraphique** en forma telegráfica; **~ administratif** estilo administrativo; **~ de vie** estilo de vida; **~ journalistique** estilo periodístico

stylé, e [stile] ADJ con clase

stylet [stilɛ] NM estilete *m*

stylisé, e [stilize] ADJ estilizado(-a)

stylisme [stilism] NM (*Mode, Indus*) diseño; **~ de mode** diseño de modas

styliste [stilist] NMF (*Mode, industriel*) diseñador(a); (*écrivain*) estilista *mf*

stylistique [stilistik] NF estilística ▸ADJ estilístico(-a)

stylo [stilo] NM : **~ à encre** *ou* **(à) plume** estilográfica; **~ (à) bille** bolígrafo, birome *f* (CSur)

stylo-feutre [stilɔføtr] (*pl* **stylos-feutres**) NM rotulador *m*

su, e [sy] PP *de* **savoir** ▸NM : **au su de** a sabiendas de

suaire [sɥɛr] NM sudario

suant, e [sɥɑ̃, sɥɑ̃t] ADJ sudoroso(-a)

suave [sɥav] ADJ suave

subalterne [sybaltɛrn] ADJ, NMF subalterno(-a)

subaquatique [sybakwatik] ADJ subacuático(-a)

subconscient [sypkɔ̃sjɑ̃] NM subconsciente *m*

subculture [sybkyltyr] NF subcultura

subdiviser [sybdivize] VT subdividir

subdivision [sybdivizjɔ̃] NF subdivisión *f*

subir [sybir] VT padecer; (*mauvais traitements, revers, modification*) sufrir; (*influence, charme*) experimentar; (*traitement, opération, examen*) pasar; (*personne*) soportar; (*dégâts*) padecer

> ⚠ No debe traducirse por *subir*, que en francés corresponde a **monter**.

subit, e [sybi, it] ADJ repentino(-a)

subitement [sybitmɑ̃] ADV repentinamente

subjectif, -ive [sybʒɛktif, iv] ADJ subjetivo(-a)

subjectivement [sybʒɛktivmɑ̃] ADV subjetivamente

subjectivité [sybʒɛktivite] NF subjetividad *f*

subjonctif [sybʒɔ̃ktif] NM subjuntivo

subjuguer [sybʒyge] VT encantar

sublime [syblim] ADJ sublime

sublimer [syblime] VT sublimar

subliminal, e, -aux [sybliminal, o] ADJ subliminal

submergé, e [sybmɛrʒe] ADJ sumergido(-a); **~ de** (*fig*) atiborrado(-a) de

submerger [sybmɛrʒe] VT sumergir; (*fig : de travail*) desbordar; (*: par la douleur*) ahogar

submersible [sybmɛrsibl] NM sumergible *m*

subodorer [sybɔdɔre] VT olerse

subordination [sybɔrdinasjɔ̃] NF subordinación *f*

subordonné, e [sybɔrdɔne] ADJ (*Ling*) subordinado(-a); **~ à** (*personne*) subordinado a; (*résultats*) supeditado(-a) a ▸NM/F (*Admin, Mil*) subordinado(-a)

subordonner [sybɔrdɔne] VT : **~ qn à** subordinar algn a; **~ qch à** supeditar algo a

subornation [sybɔrnasjɔ̃] NF soborno

suborner [sybɔrne] VT sobornar

subrepticement [sybrɛptismɑ̃] ADV con disimulo

subroger [sybrɔʒe] VT (*Jur*) subrogar

S

subside [sybzid] NM subsidio
subsidiaire [sybzidjɛʀ] ADJ : **question ~** pregunta adicional
subsistance [sybzistɑ̃s] NF subsistencia; **contribuer/pourvoir à la ~ de qn** contribuir/atender al sostenimiento de algn; **moyens de ~** medios de subsistencia
subsister [sybziste] VI (*monument, erreur*) perdurar; (*personne, famille*) subsistir; (*survivre*) sobrevivir
subsonique [sybsɔnik] ADJ subsónico(-a)
substance [sypstɑ̃s] NF su(b)stancia; (*fig*) esencia; **en ~** en esencia
substantiel, le [sypstɑ̃sjɛl] ADJ (*aliment, repas*) sustancioso(-a); (*fig*) sustancial
substantiellement [sypstɑ̃sjɛlmɑ̃] ADV sustancialmente
substantif [sypstɑ̃tif] NM sustantivo
substantiver [sypstɑ̃tive] VT sustantivar
substituer [sypstitɥe] VT : **~ qch/qn à** sustituir algo/a algn por; **se ~ à qn** reemplazar a algn
substitut [sypstity] NM (*Jur*) sustituto; (*succédané*) su(b)stitutivo
substitution [sypstitysjɔ̃] NF sustitución *f*
substrat [sypstʀa] NM sustrato, substrato
subterfuge [syptɛʀfyʒ] NM subterfugio
subtil, e [syptil] ADJ sutil
subtilement [syptilmɑ̃] ADV con sutileza
subtiliser [syptilize] VT : **~ qch (à qn)** birlar algo (a algn) (*fam*)
subtilité [syptilite] NF (*aussi péj*) sutileza
subtropical, e, -aux [sybtʀɔpikal, o] ADJ subtropical
suburbain, e [sybyʀbɛ̃, ɛn] ADJ suburbano(-a)
subvenir [sybvəniʀ] VT : **~ à** atender a
subvention [sybvɑ̃sjɔ̃] NF subvención *f*
subventionner [sybvɑ̃sjɔne] VT subvencionar
subversif, -ive [sybvɛʀsif, iv] ADJ subversivo(-a)
subversion [sybvɛʀsjɔ̃] NF subversión *f*
suc [syk] NM (*Bot, d'une viande*) jugo; (*d'un fruit*) zumo; **sucs gastriques** jugos *mpl* gástricos
succédané [syksedane] (*péj*) NM (*aussi fig*) sucedáneo
succéder [syksede] : **se succéder** VPR sucederse; **~ à** *vt* suceder a
succès [syksɛ] NM éxito; (*d'un produit, une mode*) auge *m*; **avec ~** con éxito; **sans ~** sin éxito; **avoir du ~** tener éxito; **à ~** de éxito; **~ de librairie** éxito de librería ▪ **succès** NMPL (*féminins etc*) conquistas *fpl*

⚠ No debe traducirse por *suceso*, que en francés corresponde a **événement**.

successeur, e [syksesœʀ] NM/F sucesor(a)
successif, -ive [syksesif, iv] ADJ sucesivo(-a)
succession [syksesjɔ̃] NF (*d'événements, d'incidents*) sucesión *f*, serie *f*; (*de formalités etc*) serie; (*patrimoine*) sucesión; **prendre la ~ de** suceder a
successivement [syksesivmɑ̃] ADV sucesivamente
succinct, e [syksɛ̃, ɛ̃t] ADJ breve
succinctement [syksɛ̃tmɑ̃] ADV brevemente
succion [sy(k)sjɔ̃] NF : **bruit de ~** ruido de succión
succomber [sykɔ̃be] VI sucumbir; **~ à** sucumbir a
succulent, e [sykylɑ̃, ɑ̃t] ADJ suculento(-a)
succursale [sykyʀsal] NF sucursal *f*; **magasin à succursales multiples** almacén *m* con múltiples sucursales
sucer [syse] VT chupar; **~ son pouce** chuparse el dedo
sucette [sysɛt] NF (*bonbon*) piruleta; (*de bébé*) chupete *m*
suçoter [sysɔte] VT chupetear
sucre [sykʀ] NM azúcar *m ou f*; (*morceau de sucre*) terrón *m* de azúcar; **~ cristallisé** azúcar en polvo; **~ d'orge** pirulí *m*; **~ de betterave/de canne** azúcar de remolacha/de caña; **~ en morceaux/en poudre** azúcar de cortadillo/en polvo; **~ glace** azúcar glasé
sucré, e [sykʀe] ADJ con azúcar; (*au goût*) azucarado(-a); (*péj : ton, voix*) meloso(-a)
sucrer [sykʀe] VT poner azúcar en *ou* a; (*fam*) quitar ▪ **se sucrer** VPR (*fam*) forrarse
sucrerie [sykʀəʀi] NF golosina; (*usine*) azucarera
sucrette [sykʀɛt] NF pastilla de sacarina
sucrier, -ière [sykʀije, ijɛʀ] ADJ azucarero(-a) ▸ NM azucarero
sud [syd] NM sur *m*; **au ~** al sur; **au ~ de** al sur de ▸ ADJ INV sur *inv*
sud-africain, e [sydafʀikɛ̃, ɛn] (*pl* **sud-africains, -es**) ADJ sudafricano(-a) ▸ NM/F : **Sud-Africain, e** sudafricano(-a)
sud-américain, e [sydameʀikɛ̃, ɛn] (*pl* **sud-américains, -es**) ADJ sudamericano(-a) ▸ NM/F : **Sud-Américain, e** sudamericano(-a)
sudation [sydasjɔ̃] NF sudación *f*
sud-coréen, ne [sydkɔʀeɛ̃, ɛn] (*pl* **sud-coréens, -nes**) ADJ surcoreano(-a) ▸ NM/F : **Sud-Coréen, ne** surcoreano(-a)
sud-est [sydɛst] NM INV sudeste *m inv* ▸ ADJ INV sudeste *inv*
sud-ouest [sydwɛst] NM INV sudoeste *m inv* ▸ ADJ INV sudoeste *inv*
sud-vietnamien, ne [sydvjɛtnamjɛ̃, ɛn] (*pl* **sud-vietnamiens, -nes**) ADJ survietnamita ▸ NM/F : **Sud-Vietnamien, ne** survietnamita *mf*
Suède [sɥɛd] NF Suecia
suédois, e [sɥedwa, waz] ADJ sueco(-a) ▸ NM (*Ling*) sueco ▸ NM/F : **Suédois, e** sueco(-a)
suer [sɥe] VI sudar; **~ à grosses gouttes** sudar la gota gorda ▸ VT (*fig*) exhalar

sueur [sɥœʀ] NF sudor *m*; **en ~** bañado(-a) en sudor; **donner des sueurs froides à qn/avoir des sueurs froides** dar a algn/tener sudores fríos

suffire [syfiʀ] VI bastar; (*intensif*) : **il suffit d'une négligence pour que ...** un descuido basta para que ...; **il suffit qu'on oublie pour que ...** basta olvidarse para que ...; **cela lui suffit** eso le basta; **cela suffit pour les irriter/qu'ils se fâchent** eso basta para irritarles/para que se enfaden; **« ça suffit ! »** « ¡basta ya! » ■ **se suffire** VPR ser autosuficiente

suffisamment [syfizamɑ̃] ADV suficientemente; **~ de** suficiente

suffisance [syfizɑ̃s] NF (*vanité*) suficiencia; **en ~** (*quantité*) suficiente

suffisant, e [syfizɑ̃, ɑ̃t] ADJ suficiente; (*air, ton*) de suficiencia

suffisons [syfizɔ̃] VB *voir* **suffire**

suffixe [syfiks] NM sufijo

suffocant, e [syfɔkɑ̃, ɑ̃t] ADJ (*étouffant*) sofocante; (*stupéfiant*) pasmoso(-a)

suffocation [syfɔkasjɔ̃] NF sofoco

suffoquer [syfɔke] VT sofocar; (*suj : émotion, colère, larmes*) ahogar; (*suj : nouvelle*) dejar sin respiración ▶ VI sofocarse; **~ de colère/d'indignation** ponerse rojo(-a) de cólera/de indignación

suffrage [syfʀaʒ] NM voto; **~ universel/direct/indirect** sufragio universal/directo/indirecto ■ **suffrages** NMPL (*du public etc*) votos *mpl*; **suffrages exprimés** votos efectivos

suggérer [sygʒeʀe] VT sugerir; **~ (à qn) que** insinuar (a algn) que; **~ que/de faire** sugerir que/hacer

suggestif, -ive [sygʒɛstif, iv] ADJ sugerente

suggestion [sygʒɛstjɔ̃] NF sugerencia; (*Psych*) sugestión *f*

suggestivité [sygʒɛstivite] NF sugestión *f*

suicidaire [sɥisidɛʀ] ADJ suicida

suicide [sɥisid] NM suicidio ▶ ADJ : **opération ~** operación *f* suicida

suicidé, e [sɥiside] NM/F suicida *mf*

suicider [sɥiside] : **se suicider** VPR suicidarse

suie [sɥi] NF hollín *m*

suif [sɥif] NM sebo

suintement [sɥɛ̃tmɑ̃] NM (*de liquide, sur un mur*) rezumamiento; (*de plaie*) supuración *f*

suinter [sɥɛ̃te] VI (*liquide, mur*) rezumar; (*plaie*) supurar

suis [sɥi] VB *voir* **être**; **suivre**

Suisse [sɥis] NF : **la ~** Suiza; **la ~ alémanique** *ou* **allemande** la Suiza alemana; **la ~ romande** Suiza francesa ▶ NMF (*personne*) suizo(-a)

suisse [sɥis] ADJ suizo(-a); **~ romand** suizo-francés; **~ allemand** suizo alemán ▶ NM (*bedeau*) pertiguero(-a)

Suissesse [sɥisɛs] NF suiza

suit [sɥi] VB *voir* **suivre**

suite [sɥit] NF (*continuation*) continuación *f*; (*de maisons, rues, succès*) sucesión *f*; (*Math, liaison logique*) serie *f*; (*conséquence, résultat*) resultado; (*Mus, appartement*) suite *f*; (*escorte*) séquito; **prendre la ~ de** (*directeur etc*) tomar el relevo de; **donner ~ à** dar curso a; **faire ~ à** ser continuación de; **(faisant) ~ à votre lettre du ...** en respuesta a su carta del ...; **sans ~** sin pies ni cabeza; **de ~** (*d'affilée*) seguido(-a); (*immédiatement*) enseguida; **par la ~** luego; **à la ~** *adj* seguido(-a); *adv* a continuación; **à la ~ de** (*derrière*) tras; (*en conséquence de*) como consecuencia de; **par ~ de** como consecuencia de; **avoir de la ~ dans les idées** tener perseverancia en las ideas; **attendre la ~ des événements** esperar el curso de los acontecimientos ■ **suites** NFPL (*d'une maladie, chute*) secuelas *fpl*

suivant, e [sɥivɑ̃, ɑ̃t] VB *voir* **suivre** ▶ ADJ siguiente ▶ PRÉP según; **~ que** según que ▶ NM : **« au ~ ! »** « ¡el siguiente! »

suive [sɥiv] VB *voir* **suivre**

suiveur, -euse [sɥivœʀ, øz] NM/F (*aussi réseaux sociaux*) seguidor(a)

suivi, e [sɥivi] PP *de* **suivre** ▶ ADJ seguido(-a); (*article*) de venta permanente; (*discours etc*) coherente; **très/peu ~** con mucho/poco éxito ▶ NM seguimiento

suivisme [sɥivism] NM seguidismo; **faire du ~** hacer seguidismo

suiviste [sɥivist] ADJ, NMF seguidista *mf*

suivre [sɥivʀ] VT seguir; (*mari, ami etc*) acompañar; (*suj : remords, pensées*) perseguir; (*imagination, fantaisie, goût*) dejarse guiar por; (*cours*) asistir a; (*comprendre : programme, leçon*) comprender; (*élève, malade, affaire*) llevar el seguimiento de; (*raisonnement*) seguir el hilo de; (*article*) proveerse de; **~ des yeux** seguir con la mirada; **~ son cours** seguir su curso ▶ VI (*écouter attentivement*) atender; (*assimiler le programme*) comprender; (*venir après*) seguirse; **faire ~** (*lettre*) reexpedir; **« à ~ »** « continuará » ■ **se suivre** VPR sucederse; (*raisonnement*) ser coherente

sujet, te [syʒɛ, ɛt] ADJ : **être ~ à** (*accidents, vertige etc*) ser propenso(-a) a ▶ NM/F (*d'un souverain etc*) súbdito(-a) ▶ NM tema *m*; (*d'une dispute etc*) motivo, causa; (*élève*) alumno; (*Ling*) sujeto; **un ~ de dispute/discorde/mécontentement** una causa de riña/discordia/descontento; **c'est à quel ~ ?** ¿qué se le ofrece?; **avoir ~ de se plaindre** tener motivo para quejarse; **un mauvais ~** (*péj*) una mala persona; **au ~ de** a propósito de; **~ à caution** cuestionable; **~ de conversation** tema de conversación; **~ d'examen** (*Scol*) tema de examen; **~ d'expérience** conejillo de Indias

sujétion [syʒesjɔ̃] NF sujeción *f*; (*fig*) obligación *f*

sulfater [sylfate] VT sulfatar

sulfureux, -euse [sylfyʀø, øz] ADJ sulfuro-

S

so(-a); (*fig* : *caractère*) perverso(-a); (: *roman etc*) atrevido(-a)
sulfurique [sylfyʀik] ADJ : **acide ~** ácido sulfúrico
sulfurisé, e [sylfyʀize] ADJ : **papier ~** papel *m* vegetal
sultan [syltɑ̃] NM sultán *m*
sultanat [syltana] NM sultanato
summum [sɔ(m)mɔm] NM : **le ~ de** el súmmum de
sunnite [synit] ADJ suní, sunita
super [sypɛʀ] (*pl* **~(s)**) (*fam*) ADJ súper *inv* ▸ NM súper *f*
super... [sypɛʀ] PRÉF super...
superbe [sypɛʀb] ADJ espléndido(-a); (*situation, performance*) magnífico(-a) ▸ NF soberbia
superbement [sypɛʀbəmɑ̃] ADV espléndidamente
supercarburant [sypɛʀkaʀbyʀɑ̃] NM supercarburante *m*
supercherie [sypɛʀʃəʀi] NF superchería; (*fraude*) estafa
supérette [sypeʀɛt] NF autoservicio
superfétatoire [sypɛʀfetatwaʀ] ADJ superfluo(-a)
superficialité [sypɛʀfisjalite] NF superficialidad *f*
superficie [sypɛʀfisi] NF superficie *f*; (*fig*) apariencia
superficiel, le [sypɛʀfisjɛl] ADJ superficial
superficiellement [sypɛʀfisjɛlmɑ̃] ADV superficialmente
superflu, e [sypɛʀfly] ADJ superfluo(-a) ▸ NM : **le ~** lo superfluo
superforme [sypɛʀfɔʀm] (*fam*) NF plena forma
super-grand [sypɛʀgʀɑ̃] (*pl* **super-grands**) NM superpotencia
super-huit [sypɛʀɥit] ADJ INV : **caméra/film ~** cámara/película de super-ocho
supérieur, e [sypeʀjœʀ] ADJ superior; (*air, sourire*) de superioridad; **à l'étage ~** en el piso de arriba; **~ en nombre** superior en número; **Mère supérieure** madre *f* superiora ▸ NM/F superior(a) ▸ NM (*Univ*) enseñanza superior
supérieurement [sypeʀjœʀmɑ̃] ADV : **~ intelligent** de una inteligencia superior
supériorité [sypeʀjɔʀite] NF superioridad *f*; **~ numérique** superioridad numérica
superlatif [sypɛʀlatif] NM (*Ling*) superlativo; (*gén pl* : *terme d'éloge etc*) superlativos *mpl*; **~ absolu/relatif** superlativo absoluto/relativo
supermarché [sypɛʀmaʀʃe] NM supermercado
supernova [sypɛʀnɔva] (*pl* **supernovæ**) NF supernova
superposable [sypɛʀpozabl] ADJ (*figures, lits*) superponible
superposer [sypɛʀpoze] VT superponer; **lits superposés** literas *fpl* ■ **se superposer** VPR (*images, souvenirs*) confundirse
superposition [sypɛʀpozisjɔ̃] NF superposición *f*; (*de souvenirs*) confusión *f*
superpréfet [sypɛʀpʀefɛ] NM *gobernador de una región francesa*
superproduction [sypɛʀpʀɔdyksjɔ̃] NF superproducción *f*
superpuissance [sypɛʀpɥisɑ̃s] NF superpotencia
supersonique [sypɛʀsɔnik] ADJ supersónico(-a)
superstitieux, -euse [sypɛʀstisjø, jøz] ADJ supersticioso(-a)
superstition [sypɛʀstisjɔ̃] NF superstición *f*
superstructure [sypɛʀstʀyktyʀ] NF superestructura
supertanker [sypɛʀtɑ̃kœʀ] NM superpetrolero
superviser [sypɛʀvize] VT supervisar
supervision [sypɛʀvizjɔ̃] NF supervisión *f*
supplanter [syplɑ̃te] VT (*personne*) suplantar; (*méthode, machine*) sustituir
suppléance [sypleɑ̃s] NF sustitución *f*
suppléant, e [sypleɑ̃, ɑ̃t] ADJ (*juge, fonctionnaire*) suplente; (*professeur*) sustituto(-a); **médecin ~** médico suplente ▸ NM/F sustituto(-a)
suppléer [syplee] VT suplir; (*remplacer, aussi Admin*) sustituir a; **~ à** suplir
supplément [syplemɑ̃] NM suplemento; **un ~ de frites** una porción extra de patatas fritas; **en ~** (*au menu etc*) no incluido; **~ d'information** suplemento de información
supplémentaire [syplemɑ̃tɛʀ] ADJ suplementario(-a); (*train etc*) adicional; **contrôles supplémentaires** refuerzo de controles
supplémentation [syplemɑ̃tasjɔ̃] NF (*nutritionnelle*) suplementación *f*
supplétif, -ive [sypletif, iv] ADJ (*Mil*) de refuerzo
suppliant, e [syplijɑ̃, ijɑ̃t] ADJ suplicante
supplication [syplikasjɔ̃] NF (*Rel*) súplica
supplice [syplis] NM suplicio; **être au ~** (*appréhension*) estar atormentado(-a); (*gêne, douleur*) no aguantar más
supplicier [syplisje] VT (*torturer*) torturar
supplier [syplije] VT suplicar
supplique [syplik] NF súplica
support [sypɔʀ] NM soporte *m*; **~ audio-visuel/publicitaire** soporte audio-visual/publicitario
supportable [sypɔʀtabl] ADJ soportable
supporter¹ [sypɔʀtœʀ] NMF, **supporteur, -trice** [sypɔʀtœʀ, tʀis] NM/F seguidor(a)
supporter² [sypɔʀte] VT soportar; (*choc*) resistir a; (*équipe*) apoyar
supposé, e [sypoze] ADJ supuesto(-a)
supposément [sypozemɑ̃] ADV supuestamente
supposer [sypoze] VT suponer; **~ que** suponer que; **en supposant** *ou* **à ~ que** suponiendo que

supposition [sypozisjɔ̃] NF suposición *f*
suppositoire [sypozitwaʀ] NM supositorio
suppôt [sypo] (*péj*) NM servidor *m*
suppression [sypʀesjɔ̃] NF supresión *f*
supprimer [sypʀime] VT suprimir; (*personne, témoin gênant*) quitar de en medio, suprimir; **~ qch à qn** quitarle algo a algn
suppuration [sypyʀasjɔ̃] NF supuración *f*
suppurer [sypyʀe] VI supurar
supputations [sypytasjɔ̃] NFPL pronósticos *mpl*
supputer [sypyte] VT (*dépense, revenu*) calcular; (*chances, probabilité*) pronosticar
supraconducteur, -trice [sypʀakɔ̃dyktœʀ, tʀis] ADJ superconductor(a) ▶ NM superconductor *m*
supranational, e, -aux [sypʀanasjɔnal, o] ADJ supranacional
suprématie [sypʀemasi] NF supremacía
suprême [sypʀɛm] ADJ (*pouvoir etc*) supremo(-a); (*bonheur, habileté*) sumo(-a); **un ~ espoir** (*ultime*) una última esperanza; **les honneurs suprêmes** los honores póstumos
suprêmement [sypʀɛmmɑ̃] ADV en grado supremo

sur[1] [syʀ]

PRÉP **1** en; (*par dessus, au-dessus*) encima de, sobre; **pose-le sur la table** ponlo en la mesa; **je n'ai pas d'argent sur moi** no llevo dinero encima; **avoir de l'influence/un effet sur …** tener influencia/un efecto sobre …; **avoir accident sur accident** tener accidente tras accidente; **sur ce** tras esto
2 (*direction*) hacia; **en allant sur Paris** yendo hacia París; **sur votre droite** a su derecha
3 (*à propos de*) acerca de, sobre; **un livre/une conférence sur Balzac** un libro/una conferencia sobre Balzac
4 (*proportion, mesures*) de entre, de cada; **un sur 10** uno de cada 10; (*Scol : note*) uno sobre 10; **sur 20, 2 sont venus** de 20, han venido 2; **4m sur 2** 4m por 2

sur[2], e [syʀ] ADJ agrio(-a)
sûr, e [syʀ] ADJ seguro(-a); (*renseignement, ami, voiture*) de confianza; (*goût, réflexe etc*) agudo(-a); **peu ~** (*ami etc*) no de mucha confianza; (*méthode*) no muy seguro(-a); (*réflexe etc*) no muy agudo(-a); **être ~ de qn** confiar en algn; **c'est ~ et certain** sin lugar a dudas; **~ de soi** seguro de sí mismo(-a); **le plus ~ est de …** lo más seguro es …
surabondance [syʀabɔ̃dɑ̃s] NF (*de produits, richesse*) sobreabundancia; (*de couleurs, détails*) exceso; **en ~** en abundancia
surabondant, e [syʀabɔ̃dɑ̃, ɑ̃t] ADJ sobreabundante
surabonder [syʀabɔ̃de] VI sobreabundar; **~ de** rebosar de
suractivité [syʀaktivite] NF sobreactividad *f*
suraigu, -uë [syʀegy] ADJ sobreagudo(-a)
surajouter [syʀaʒute] VT : **~ qch à** sobreañadir algo a ■ **se surajouter à** VPR sobreañadirse a
suralimentation [syʀalimɑ̃tasjɔ̃] NF sobrealimentación *f*
suralimenté, e [syʀalimɑ̃te] ADJ sobrealimentado(-a)
suranné, e [syʀane] ADJ anticuado(-a)
surarmement [syʀaʀməmɑ̃] NM armamentismo
surbaissé, e [syʀbese] ADJ rebajado(-a)
surbooké, e [syʀbuke] ADJ (*vol*) con overbooking; (*fam : personne*) : **être ~** tener la agenda a tope
surcapacité [syʀkapasite] NF supercapacidad *f*
surcharge [syʀʃaʀʒ] NF sobrecarga; (*correction, ajout*) tachón *m*; **prendre des passagers en ~** coger pasajeros en exceso; **~ de travail** exceso de trabajo
surchargé, e [syʀʃaʀʒe] ADJ (*décoration, style*) recargado(-a); (*voiture*) supercargado(-a); (*emploi du temps*) sobrecargado(-a); **~ de travail/soucis** sobrecargado de trabajo/de preocupaciones
surcharger [syʀʃaʀʒe] VT (*véhicule*) cargar en exceso; (*personne*) cargar; (*texte*) tachar; (*timbre-poste, fig*) sobrecargar; (*décoration*) recargar
surchauffe [syʀʃof] NF recalentamiento
surchauffé, e [syʀʃofe] ADJ (*local, wagon*) recalentado(-a); (*fig*) enardecido(-a)
surchauffer [syʀʃofe] VI (*moteur, machine, économie*) recalentarse ▶ VT (*local, wagon*) calentar demasiado
surchoix [syʀʃwa] ADJ INV seleccionado(-a)
surclasser [syʀklɑse] VT (*concurrent*) aventajar a; (*surpasser*) superar
surconsommation [syʀkɔ̃sɔmasjɔ̃] NF superconsumo
surcoté, e [syʀkɔte] ADJ supercotizado(-a)
surcouper [syʀkupe] VT contrafallar
surcoût [syʀku] NM sobrecoste *m*
surcroît [syʀkʀwa] NM : **un ~ de** un aumento de; **par** *ou* **de ~** por añadidura; **en ~** en añadidura
surdimensionné, e [syʀdimɑ̃sjɔne] ADJ sobredimensionado(-a); **un ego ~** un ego sobredimensionado
surdimutité [syʀdimytite] NF sordomudez *f*
surdi-mutité [syʀdimytite] (*pl* **surdi-mutités**) NF sordomudez *f*
surdité [syʀdite] NF sordera; **atteint de ~ totale** que padece de sordera total
surdose [syʀdoz] NF (*aussi fig*) sobredosis *f inv*
surdoué, e [syʀdwe] ADJ superdotado(-a)
sureau, x [syʀo] NM saúco
sureffectif [syʀefɛktif] NM exceso
surélever [syʀel(ə)ve] VT realzar

S

sûrement [syʀmɑ̃] ADV (*certainement*) seguramente; **~ pas** seguro que no
suremploi [syʀɑ̃plwa] NM sobreempleo
surenchère [syʀɑ̃ʃɛʀ] NF (*aux enchères*) sobrepuja; (*sur prix fixe*) encarecimiento; **~ de violence** subida de violencia
surenchérir [syʀɑ̃ʃeʀiʀ] VI (*Comm*) sobrepujar; (*fig*) : **~ sur qn** aventajar a algn
surendetté, e [syʀɑ̃dete] ADJ sobreendeudado(-a)
surendettement [syʀɑ̃dɛtmɑ̃] NM sobreendeudamiento
surent [syʀ] VB *voir* **savoir**
surentraîné, e [syʀɑ̃tʀene] ADJ : **l'athlète est ~** el atleta se ha entrenado demasiado
suréquipé, e [syʀekipe] ADJ sobreequipado(-a)
surestimer [syʀɛstime] VT sobreestimar
sûreté [syʀte] NF fiabilidad *f*; (*du goût etc*) agudeza; (*Jur*) garantía; **être/mettre en ~** (*personne*) estar/poner a salvo; (*objet*) estar/poner en lugar seguro; **pour plus de ~** para mayor seguridad; **attentat/crime contre la ~ de l'État** atentado/crimen contra la seguridad del Estado; **la S~ (nationale)** *brigada de investigación criminal francesa*
surévaluation [syʀevalɥasjɔ̃] NF (*de monnaie, recettes*) sobrevaloración *f*
surévaluer [syʀevalɥe] VT (*importance, capacité*) sobrestimar; (*monnaie, recettes*) sobrevalorar
surexcité, e [syʀɛksite] ADJ superexcitado(-a)
surexciter [syʀɛksite] VT (*personne*) excitar muchísimo; (*curiosité*) estimular enormemente
surexploitation [syʀɛksplwatasjɔ̃] NF sobreexplotación *f*
surexploiter [syʀɛksplwate] VT sobreexplotar
surexposer [syʀɛkspoze] VT sobreexponer
surf [sœʀf] NM surf *m*; **faire du ~** hacer surf
surface [syʀfas] NF superficie *f*; **faire ~** salir a la superficie; **en ~** (*nager, naviguer*) en la superficie; (*fig*) aparentemente; **la pièce fait 100 m² de ~** la habitación mide 100 m² de superficie; **~ de réparation** (*Sport*) área de castigo; **~ porteuse** *ou* **de sustentation** (*Aviat*) plano de sustentación
surfacturation [syʀfaktyʀasjɔ̃] NF sobrefacturación *f*
surfait, e [syʀfɛ, ɛt] ADJ sobreestimado(-a)
surfer [syʀfe] VI hacer surf; **~ sur Internet** navegar por Internet
surfeur, -euse [sœʀfœʀ, øz] NM/F surfista *mf*
surfiler [syʀfile] VT sobrehilar
surfin, e [syʀfɛ̃, in] ADJ superfino(-a)
surgélateur [syʀʒelatœʀ] NM congelador *m*
surgélation [syʀʒelasjɔ̃] NF congelación *f*
surgelé, e [syʀʒəle] ADJ congelado(-a)
surgeler [syʀʒəle] VT congelar
surgir [syʀʒiʀ] VI aparecer; (*de terre*) salir; (*fig*) surgir
surhomme [syʀɔm] NM superhombre *m*
surhumain, e [syʀymɛ̃, ɛn] ADJ sobrehumano(-a)
surimposer [syʀɛ̃poze] VT sobretasar
surimpression [syʀɛ̃pʀesjɔ̃] NF (*Photo*) sobreimpresión *f*; **en ~** en sobreimpresión; (*fig*) al mismo tiempo
surimprimer [syʀɛ̃pʀime] VT superponer
Surinam [syʀinam] NM Surinam *m*
surinfection [syʀɛ̃fɛksjɔ̃] NF reinfección *f*
surjet [syʀʒɛ] NM punto por cima
surjouer [syʀʒwe] VT, VI sobreactuar
sur-le-champ [syʀləʃɑ̃] ADV en el acto
surlendemain [syʀlɑ̃d(ə)mɛ̃] NM : **le ~** a los dos días; **le ~ de** dos días después de; **le ~ soir** a los dos días por la noche
surligner [syʀliɲe] VT marcar con rotulador fosforescente
surligneur [syʀliɲœʀ] NM rotulador *m* fluorescente
surmenage [syʀmənaʒ] NM (*Méd*) agotamiento; **le ~ intellectuel** el agotamiento intelectual
surmené, e [syʀməne] ADJ agotado(-a)
surmener [syʀməne] VT agotar ■ **se surmener** VPR agotarse
surmonter [syʀmɔ̃te] VT vencer; (*suj : coupole etc*) coronar
surmortalité [syʀmɔʀtalite] NF exceso de mortalidad
surmultiplié, e [syʀmyltiplije] ADJ : **vitesse surmultipliée** superdirecta ▸ NF : **en surmultipliée** en superdirecta
surnager [syʀnaʒe] VI (*aussi fig*) mantenerse a flote
surnaturel, le [syʀnatyʀɛl] ADJ sobrenatural ▸ NM : **le ~** lo sobrenatural
surnom [syʀnɔ̃] NM (*gén*) sobrenombre *m*, apodo
surnombre [syʀnɔ̃bʀ] NM : **être en ~** estar de más
surnommer [syʀnɔme] VT apodar
surnuméraire [syʀnymeʀɛʀ] ADJ supernumerario(-a)
suroît [syʀwa] NM (*vent*) suroeste *m*
surpasser [syʀpɑse] VT superar ■ **se surpasser** VPR superarse
surpayer [syʀpeje] VT (*personne*) pagar en exceso; (*article etc*) pagar demasiado caro
surpeuplé, e [syʀpœple] ADJ superpoblado(-a)
surpeuplement [syʀpœpləmɑ̃] NM superpoblación *f*
surpiquer [syʀpike] VT sobrecoser
surpiqûre [syʀpikyʀ] NF sobrecostura
surplace [syʀplas] NM : **faire du ~** (*rester en équi-*

libre) mantener el equilibrio; (*dans un embouteillage etc*) ir a paso de caracol

surplis [syʀpli] NM sobrepelliz *f*

surplomb [syʀplɔ̃] NM saliente *m*; **en ~** que sobresale

surplomber [syʀplɔ̃be] VI sobresalir ▸ VT destacar sobre

surplus [syʀply] NM (*Comm*) excedente *m*; **~ de bois/tissu** sobrante *m* de leña/de tela; **au ~** por lo demás; **~ américain** (*magasin*) tienda de excedentes americanos

surpoids [syʀpwa] NM sobrepeso; **être en ~** tener sobrepeso

surpopulation [syʀpɔpylasjɔ̃] NF superpoblación *f*

surprenant, e [syʀpʀənɑ̃, ɑ̃t] VB *voir* **surprendre** ▸ ADJ sorprendente

surprendre [syʀpʀɑ̃dʀ] VT sorprender; (*secret, conversation*) descubrir; (*voisins, amis etc*) sorprender con una visita; (*fig*) captar; **se ~ à faire qch** sorprenderse haciendo algo

surprime [syʀpʀim] NF prima extra

surpris, e [syʀpʀi, iz] PP *de* **surprendre** ▸ ADJ de sorpresa; **~ de/que** sorprendido(-a) por/de que

surprise [syʀpʀiz] NF sorpresa; **faire une ~ à qn** dar una sorpresa a algn; **voyage sans surprises** viaje sin sobresaltos; **avoir la ~ de** tener la sorpresa de; **par ~** por sorpresa

surprise-partie [syʀpʀizpaʀti] (*pl* **surprises-parties**) NF guateque *m*

surprit [syʀpʀi] VB *voir* **surprendre**

surproduction [syʀpʀɔdyksjɔ̃] NF superproducción *f*

surpuissant, e [syʀpɥisɑ̃, ɑ̃t] ADJ superpotente

surréaliste [syʀʀealist] ADJ surrealista

surrégime [syʀʀeʒim] NM (*de moteur*) embalamiento; **tourner en ~** ir embalado(-a), ir pasado(-a) de vueltas; (*fig*) ir pasado(-a) de vueltas

surréservation [syʀʀezɛʀvasjɔ̃] NF overbooking *m*

sursaut [syʀso] NM sobresalto; **en ~** de un sobresalto; **~ d'énergie** resuello de energía; **~ d'indignation** pronto de indignación

sursauter [syʀsote] VI sobresaltarse

surseoir [syʀswaʀ] : **~ à** *vt* (*Jur*) aplazar

sursis [syʀsi] NM (*Jur : d'une peine*) indulto; (*: à la condamnation à mort*) aplazamiento; (*Mil*) : **~ (d'appel** *ou* **d'incorporation)** prórroga (de llamada *ou* de incorporación a filas); (*fig*) periodo de espera; **condamné à cinq mois (de prison) avec ~** condenado a cinco meses (de prisión) con indulto; **on lui a accordé le ~** (*Mil*) se le concedió la prórroga; (*Jur*) se le indultó

sursitaire [syʀsitɛʀ] NM (*Mil*) *persona a quien se le concede una prórroga*

sursois *etc* [syʀswa] VB *voir* **surseoir**

sursoyais *etc* [syʀswaje] VB *voir* **surseoir**

surtaxe [syʀtaks] NF (*taxe additionnelle*) impuesto adicional; (*taxe excessive*) impuesto excesivo

surtaxé, e [syʀtakse] ADJ (*Tél : appel, numéro*) de tarificación adicional

surtaxer [syʀtakse] VT (*taxer en plus*) aplicar un impuesto adicional a; (*taxer excessivement*) gravar en exceso

surtension [syʀtɑ̃sjɔ̃] NF sobretensión *f*

surtout [syʀtu] ADV sobre todo; **il songe ~ à ses propres intérêts** piensa sobre todo en sus propios intereses; **il aime le sport, ~ le football** le gusta el deporte, sobre todo el fútbol; **~ pas d'histoires/ne dites rien !** ¡sobre todo nada de líos/no diga nada!; **~ pas !** ¡de ninguna manera!; **~ pas lui !** ¡él, de ninguna manera!; **~ que …** sobre todo porque …

survécu, e [syʀveky] PP *de* **survivre**

surveillance [syʀvɛjɑ̃s] NF vigilancia; **être sous la ~ de qn** estar bajo la vigilancia de algn; **sous ~ médicale** bajo control médico; **la ~ du territoire** ≈ servicio de inteligencia *ou* contraespionaje

surveillant, e [syʀvɛjɑ̃, ɑ̃t] NM/F (*Scol, de prison*) vigilante *mf*; (*de travaux*) capataz *mf*

surveiller [syʀveje] VT (*enfant etc*) cuidar de; (*Mil, gén*) vigilar; (*travaux, cuisson*) atender; **~ son langage/sa ligne** cuidar su vocabulario/la línea ■ **se surveiller** VPR controlarse

survenir [syʀvəniʀ] VI sobrevenir

survenu, e [syʀv(ə)ny] PP *de* **survenir**

survêt [syʀvɛt] (*fam*) NM chándal *m*

survêtement [syʀvɛtmɑ̃] NM chándal *m*

survie [syʀvi] NF supervivencia; **équipement de ~** equipo de supervivencia

surviens [syʀvjɛ̃] VB *voir* **survenir**

survint [syʀvɛ̃] VB *voir* **survenir**

survirer [syʀviʀe] VI derrapar (*por la parte trasera*)

survit [syʀvi] VB *voir* **survivre**

survitaminé, e [syʀvitamine] (*fam*) ADJ dinámico(-a)

survitrage [syʀvitʀaʒ] NM doble acristalamiento

survivance [syʀvivɑ̃s] NF supervivencia

survivant, e [syʀvivɑ̃, ɑ̃t] VB *voir* **survivre** ▸ NM/F superviviente *mf*; (*Jur*) heredero(-a)

survivre [syʀvivʀ] VI sobrevivir; **~ à** sobrevivir a; **la victime a peu de chances de ~** la víctima tiene pocas posibilidades de sobrevivir

survol [syʀvɔl] NM : **le ~** (*d'un lieu*) el vuelo sobre; (*d'un livre*) el leer por encima; (*d'une question*) el tratar por encima

survoler [syʀvɔle] VT (*lieu*) sobrevolar; (*livre, écrit*) leer por encima; (*question, problèmes*) tratar por encima

survolté, e [syʀvɔlte] ADJ (*fig : personne*) superexcitado(-a); (*: ambiance*) acalorado(-a)

sus [sy(s)] VB *voir* **savoir** ▸ ADV : **en ~ de** (*Jur, Admin*)

S

además de; **en ~** además; **~ à … ! : ~ au tyran !** ¡a por el tirano!

susceptibilité [sysɛptibilite] NF susceptibilidad *f*

susceptible [sysɛptibl] ADJ susceptible; **(être) ~ de** (ser) susceptible de; **~ d'amélioration** *ou* **d'être amélioré** susceptible de mejora *ou* de ser mejorado

susciter [sysite] VT (*ennuis etc*) : **~ (à qn)** originar (a algn); (*admiration etc*) suscitar

susdit, e [sysdi, dit] ADJ susodicho(-a)

susmentionné, e [sysmɑ̃sjɔne] ADJ susodicho(-a)

susnommé, e [sysnɔme] ADJ susodicho(-a)

suspect, e [syspɛ(kt), ɛkt] ADJ sospechoso(-a); (*vin etc*) de poca confianza; **être (peu) ~ de** ser (poco) sospechoso(-a) de ▸ NM/F sospechoso(-a)

suspecter [syspɛkte] VT sospechar; **~ qn d'être/d'avoir fait qch** sospechar que algn es/que algn ha hecho algo

suspendre [syspɑ̃dʀ] VT suspender; **~ qch (à)** colgar algo (de) ■ **se suspendre** VPR : **se ~ à** aferrarse a, colgarse de

suspendu, e [syspɑ̃dy] PP *de* **suspendre** ▸ ADJ (*accroché*) : **~ à** colgado(-a) de; (*perché*) : **~ au-dessus de** suspendido(-a) sobre; **voiture bien/mal suspendue** coche con buena/mala suspensión; **être ~ aux lèvres de qn** estar pendiente de los labios de algn

suspens [syspɑ̃] : **en ~** *adv* suspendido(-a); **tenir en ~** (*lecteurs, spectateurs*) mantener en suspense

suspense [syspɛns] NM suspense *m*

suspension [syspɑ̃sjɔ̃] NF suspensión *f*; (*lustre*) lámpara de techo; **en ~** en suspensión; **~ d'audience** suspensión de la vista

suspicieux, -euse [syspisjø, jøz] ADJ receloso(-a)

suspicion [syspisjɔ̃] NF sospecha

sustentation [systɑ̃tasjɔ̃] NF (*Aviat*) sustentación *f*; **base** *ou* **polygone de ~** base *f ou* polígono de sustentación

sustenter [systɑ̃te] : **se sustenter** VPR sustentarse

susurrer [sysyʀe] VT susurrar

sut [sy] VB *voir* **savoir**

suture [sytyʀ] NF : **point de ~** punto de sutura

suturer [sytyʀe] VT suturar

suzeraineté [syz(ə)ʀɛnte] NF soberanía feudal

svelte [svɛlt] ADJ esbelto(-a)

SVP [ɛsvepe] ABR (= *s'il vous plaît*) por favor

SVT [ɛsvete] (*Scol*) SIGLE FPL (= *Sciences de la vie et de la Terre*) ≈ Ciencias de la Naturaleza

swahili, e [swaili] ADJ swahili ▸ NM (*langue*) swahili *m*

Swaziland [swazilɑ̃d] NM Swazilandia

sweat [swit] (*fam*) NM sudadera

sweat-shirt [switʃœʀt] (*pl* **sweat-shirts**) NM sudadera

syllabaire [si(l)labɛʀ] NM cartilla

syllabe [si(l)lab] NF sílaba

sylphide [silfid] NF (*fig*) sílfide *f*

sylvestre [silvɛstʀ] ADJ : **pin ~** pino silvestre

sylvicole [silvikɔl] ADJ silvícola

sylviculteur, -trice [silvikyltœʀ, tʀis] NM silvicultor(a)

sylviculture [silvikyltyʀ] NF silvicultura

symbiose [sɛ̃bjoz] NF simbiosis *f inv*; **en ~ avec qch** en simbiosis con algo

symbole [sɛ̃bɔl] NM símbolo

symbolique [sɛ̃bɔlik] ADJ simbólico(-a) ▸ NF simbolismo

symboliquement [sɛ̃bɔlikmɑ̃] ADV simbólicamente

symboliser [sɛ̃bɔlize] VT simbolizar

symétrie [simetʀi] NF simetría; **axe/centre de ~** eje *m*/centro de simetría

symétrique [simetʀik] ADJ simétrico(-a)

symétriquement [simetʀikmɑ̃] ADV simétricamente

sympa [sɛ̃pa] (*fam*) ADJ *voir* **sympathique**

sympathie [sɛ̃pati] NF simpatía; (*condoléances*) pésame *m*; **accueillir avec ~** acoger con gusto; **avoir de la ~ pour qn** tener simpatía a algn; **témoignages de ~** muestras *fpl* de condolencia; **croyez à toute ma ~** mi más sentido pésame

sympathique [sɛ̃patik] ADJ (*personne*) simpático(-a); (*déjeuner etc*) agradable

> Si l'adjectif **sympathique** peut se traduire par *simpático*, l'expression « trouver quelqu'un sympathique » se traduit le plus souvent par *caerle bien a alguien*, le contraire étant *caerle mal a alguien* :
> **J'ai trouvé ton père très sympathique.** Tu padre me cayó muy bien.
> **Tout le monde le trouve antipathique.** No le cae bien a nadie.

sympathisant, e [sɛ̃patizɑ̃, ɑ̃t] NM/F simpatizante *mf*

sympathiser [sɛ̃patize] VI simpatizar; **~ avec qn** simpatizar con algn

symphonie [sɛ̃fɔni] NF sinfonía

symphonique [sɛ̃fɔnik] ADJ sinfónico(-a)

symposium [sɛ̃pozjɔm] NM simposio

symptomatique [sɛ̃ptɔmatik] ADJ sintomático(-a); **~ de** sintomático(-a) de

symptôme [sɛ̃ptom] NM síntoma *m*

synagogue [sinagɔg] NF sinagoga

synchrone [sɛ̃kʀon] ADJ sincrónico(-a)

synchronique [sɛ̃kʀɔnik] ADJ : **tableau ~** esquema *m* sincrónico

synchronisation [sɛ̃kʀɔnizasjɔ̃] NF sincronización *f*

synchronisé, e [sɛ̃kʀɔnize] ADJ sincronizado(-a)
synchroniser [sɛ̃kʀɔnize] VT sincronizar
syncope [sɛ̃kɔp] NF (*Méd*) síncope *m*; (*Mus*) síncopa; **elle est tombée en ~** le dio un síncope
syncopé, e [sɛ̃kɔpe] ADJ sincopado(-a)
syndic [sɛ̃dik] NM administrador *m*
syndical, e, -aux [sɛ̃dikal, o] ADJ sindical; **centrale syndicale** central *f* sindical
syndicalisme [sɛ̃dikalism] NM sindicalismo
syndicaliste [sɛ̃dikalist] NMF sindicalista *mf*
syndicat [sɛ̃dika] NM sindicato; **~ d'initiative** oficina de turismo; **~ de producteurs** unión *f* de productores; **~ de propriétaires** comunidad *f* de propietarios; **~ patronal** organización *f* patronal
syndiqué, e [sɛ̃dike] ADJ sindicado(-a); **non ~(e)** no sindicado(-a)
syndiquer [sɛ̃dike] : **se syndiquer** VPR sindicarse
syndrome [sɛ̃dʀom] NM síndrome *m*
synergie [sinɛʀʒi] NF sinergia
synode [sinɔd] NM sínodo
synonyme [sinɔnim] ADJ sinónimo(-a) ▶ NM sinónimo
synopsis [sinɔpsis] NM OU F sinopsis *f inv*
synoptique [sinɔptik] ADJ : **tableau ~** esquema *m* sinóptico
synovie [sinɔvi] NF : **épanchement de ~** derrame *m* sinovial
syntaxe [sɛ̃taks] NF sintaxis *fsg*
synthèse [sɛ̃tɛz] NF síntesis *f inv*; **faire la ~ de** hacer la síntesis de
synthétique [sɛ̃tetik] ADJ sintético(-a); (*méthode, esprit*) de síntesis
synthétiser [sɛ̃tetize] VT sintetizar
synthétiseur [sɛ̃tetizœʀ] NM (*Mus*) sintetizador *m*
syphilis [sifilis] NF sífilis *fsg*
syphilitique [sifilitik] ADJ, NMF sifilítico(-a)
Syrie [siʀi] NF Siria
syrien, ne [siʀjɛ̃, jɛn] ADJ sirio(-a) ▶ NM/F : **Syrien, ne** sirio(-a)
systématique [sistematik] ADJ (*classement, étude, opposition*) sistemático(-a); (*péj*) dogmático(-a)
systématiquement [sistematikmɑ̃] ADV de forma sistemática
systématisation [sistematizasjɔ̃] NF sistematización *f*
systématiser [sistematize] VT sistematizar
système [sistɛm] NM sistema *m*; **utiliser le ~ D** (*fam*) utilizar el ingenio; **~ décimal** sistema decimal; **~ d'exploitation** (*Inform*) sistema operativo; **~ expert** sistema experto; **~ métrique** sistema métrico; **~ nerveux/solaire** sistema nervioso/solar
systémique [sistemik] ADJ sistémico(-a)

S

Tt

T, t[1] [te] NM INV (*lettre*) T, t *f*; **T comme Thérèse** ≈ T de Teresa

t[2] ABR (= *tonne(s)*) Tm. (= *tonelada métrica*); (= *tome(s)*) t. (= *tomo(s)*)

t' [t] PRON *voir* **te**

ta [ta] *voir* **ton**[1]

tabac [taba] NM tabaco; **passer qn à ~** (*fam* : *battre*) dar una tunda a algn, zurrar a algn; **faire un ~** (*fam*) tener mucho éxito; **(débit** *ou* **bureau de) ~** estanco; **~ à priser** tabaco en polvo, rapé *m*; **~ blond/brun/gris** tabaco rubio/moreno/picado ▸ ADJ INV : **(couleur) ~** (color) tabaco *inv*

tabagie [tabaʒi] NF fumadero

tabagique [tabaʒik] ADJ tabáquico(-a)

tabagisme [tabaʒism] NM tabaquismo; **~ passif** tabaquismo pasivo

tabassage [tabasaʒ] (*fam*) NM paliza

tabasser [tabase] VT dar una paliza a

tabatière [tabatjɛʀ] NF tabaquera

tabernacle [tabɛʀnakl] NM tabernáculo

table [tabl] NF mesa; (*invités*) comensales *mpl*; (*liste*) lista; (*numérique*) tabla; **à ~ !** ¡a comer!; **se mettre à ~** sentarse a la mesa; (*fam*) cantar de plano; **mettre** *ou* **dresser/desservir la ~** poner/quitar la mesa; **faire ~ rase de** hacer tabla rasa con; **~ à repasser** tabla de planchar; **~ basse** mesa baja; **~ d'écoute** tablero de interceptaciones telefónicas; **~ d'harmonie** tabla de armonía; **~ d'hôte** menú *m ou* plato del día; **~ de cuisson** cocina (de electricidad *ou* de gas); **~ de lecture** (*Mus*) tabla de lectura; **~ de multiplication** tabla de multiplicar; **~ de nuit** *ou* **de chevet** mesita de noche; **~ de toilette** mueble *m* de lavabo; **~ des matières** índice *m*; **~ ronde** (*débat*) mesa redonda; **~ roulante** carro, carrito; **~ traçante** (*Inform*) mesa de trazado

tableau, x [tablo] NM cuadro; (*panneau*) tablero; (*schéma*) cuadro, gráfico; **~ blanc** pizarra blanca; **~ (blanc) interactif** pizarra (blanca) interactiva; **~ chronologique** cuadro cronológico; **~ d'affichage** tablón *m ou* tablero de anuncios; **~ de bord** (*Auto*) cuadro de instrumentos; (*Aviat*) cuadro de mandos; **~ de chasse** caza; **~ de contrôle** (*d'une machine*) cuadro de control; (*d'une installation*) cuadro *ou* panel *m* de control; **~ de maître** obra de maestro; **~ noir** encerado

tablée [table] NF (*personnes*) mesa

tabler [table] VI : **~ sur** contar con

tablette [tablɛt] NF (*planche*) anaquel *m*, tabla; (*Inform*) tableta, tablet *f*; **~ de chocolat** tableta de chocolate

tableur [tablœʀ] NM (*Inform*) hoja electrónica

tablier [tablije] NM delantal *m*; (*du cuisinier*) mandil *m*; (*de pont*) calzada; (*: en bois*) tableado; (*de cheminée*) tapadera

tabou, e [tabu] ADJ, NM tabú *m*

taboulé [tabule] NM taboulé *m*, *ensalada a base de cuscús, tomate, cebolla, perejil, menta, aceite de oliva y zumo de limón*

tabouret [tabuʀɛ] NM taburete *m*

tabulateur [tabylatœʀ] NM tabulador *m*

tac [tak] NM : **répondre qch du ~ au ~** saltar con algo

tache [taʃ] NF mancha; **faire ~ d'huile** extenderse como cosa buena; **~ de rousseur** *ou* **de son** peca; **~ de vin** (*sur la peau*) mancha

tâche [tɑʃ] NF tarea, labor *f*; (*rôle*) papel *m*; **travailler à la ~** trabajar a destajo

tacher [taʃe] VT manchar; (*réputation*) manchar, mancillar ▪ **se tacher** VPR (*fruits*) picarse

tâcher [tɑʃe] VI : **~ de faire** tratar de hacer, procurar hacer

tâcheron [tɑʃ(ə)ʀɔ̃] NM currante *m*

tacheté, e [taʃte] ADJ : **~ (de)** salpicado(-a) *ou* moteado(-a) (de)

tachisme [taʃism] NM (*Peinture*) tachismo

tachiste [taʃist] NM (*Peinture*) tachista *m*

tachycardie [takikaʀdi] NF taquicardia; **une crise de ~** una crisis de taquicardia; **faire de la ~** tener taquicardia

tachygraphe [takigʀaf] NM tacógrafo

tachymètre [takimɛtʀ] NM tacómetro

tacite [tasit] ADJ tácito(-a)

tacitement [tasitmɑ̃] ADV tácitamente

taciturne [tasityʀn] ADJ taciturno(-a)

tacle [takl] NM (*Football*) entrada en plancha

tacler [takle] VI (*Football*) entrar en plancha

tacot [tako] (*péj*) NM cacharro

tact [takt] NM tacto; **avoir du ~** tener tacto

tacticien, ne [taktisjɛ̃, jɛn] NM/F táctico(-a)

tactile [taktil] ADJ táctil; **écran ~** pantalla *f* táctil
tactique [taktik] ADJ táctico(-a) ▸ NF táctica
taffetas [tafta] NM tafetán *m*
Tage [taʒ] NM : **le ~** el Tajo
taguer [tage] VT hacer grafitis
tagueur, -euse [tagœʀ, øz] NM/F grafitero(-a)
Tahiti [taiti] NF Tahití *m*
tahitien, ne [taisjɛ̃, jɛn] ADJ tahitiano(-a) ▸ NM/F : **Tahitien, ne** tahitiano(-a)
taie [tɛ] NF : **~ (d'oreiller)** funda (de la almohada)
taïga [tajga] NF taiga
taillader [tajade] VT acuchillar; **se ~ le menton en se rasant** cortarse la barbilla al afeitarse
taille [taj] NF (*d'un diamant*) tallado; (*des arbres*) poda; (*du corps, d'un vêtement*) talle *m*, cintura; (*hauteur*) estatura; (*grandeur*) tamaño; (*Comm*) talla; (*envergure*) dimensión *f*, envergadura; **de ~ à faire** capaz de hacer; **de ~** importante; **quelle ~ faites-vous ?** ¿cuál es su talla?
taillé, e [taje] ADJ (*moustache*) recortado(-a); (*ongles*) cortado(-a); (*arbre*) podado(-a); **~ pour** hecho(-a) para, propio(-a) para; **~ en pointe** cortado(-a) en punta
taille-crayon [tajkʀɛjɔ̃] (*pl* **taille-crayons**) NM sacapuntas *m inv*
tailler [taje] VT (*pierre, diamant*) tallar; (*arbre, plante*) podar; (*vêtement*) cortar; (*crayon*) afilar; **~ dans la chair/le bois** hacer un corte en la carne/madera; **~ grand/petit** (*suj : vêtement*) estar cortado grande/pequeño ■ **se tailler** VPR (*ongles, barbe*) cortarse; (*victoire, réputation*) conseguir; (*fam : s'enfuir*) largarse, pirarse
tailleur, -euse [tajœʀ, øz] NM/F (*couturier*) sastre(-a); **~ de diamants** lapidario(-a) de diamantes, tallador(a) de diamantes; **~ de pierre** cantero, picapedrero ▸ NM (*vêtement pour femmes*) traje *m* de chaqueta; **en ~** a la turca
tailleur-pantalon [tajœʀpɑ̃talɔ̃] (*pl* **tailleurs-pantalons**) NM traje pantalón *m*
taillis [taji] NM bosque *m* bajo
tain [tɛ̃] NM azogue *m*; **glace sans ~** espejo sin azogue
taire [tɛʀ] VT ocultar ▸ VI : **faire ~ qn** (*aussi fig*) hacer callar a algn ■ **se taire** VPR (*s'arrêter de parler*) callarse; (*ne pas parler*) callar(se); (*fig : bruit, voix*) cesar; **tais-toi !** ¡cállate!; **taisez-vous !** ¡callaos!; (*vouvoiement*) ¡cállese!
taiseux, -euse [tɛzø, øz] (*fam*) ADJ callado(-a) ▸ NM/F persona callada
Taiwan [tajwan] NF Taiwán *m*
tajine [taʒin] NM (*Culin*) tajine *m*, *guiso típico de Marruecos a base de carne o pescado, verduras y especias*; (*récipient*) tajine, cazuela de barro
talc [talk] NM talco
talé, e [tale] ADJ machacado(-a)
talent [talɑ̃] NM talento; **avoir du ~** tener talento ■ **talents** NMPL (*personnes*) talentos *mpl*
talentueux, -euse [talɑ̃tɥø, øz] ADJ talentoso(-a)
talion [taljɔ̃] NM : **la loi du ~** la ley del talión
talisman [talismɑ̃] NM talismán *m*
talkie-walkie [tokiwoki] (*pl* **talkies-walkies**) NM walkie-talkie *m*
taloche [talɔʃ] NF (*fam : claque*) sopapo; (*Tech*) llana
talon [talɔ̃] NM (*Anat, de chaussette*) talón *m*; (*de chaussure*) tacón *m*; (*de jambon, pain*) extremo; (*de chèque, billet*) matriz *f*; **être sur les talons de qn** pisarle los talones a algn; **tourner/montrer les talons** volver la espalda; **talons plats/aiguilles** tacones bajos/de aguja
talonnade [talɔnad] NF (*Football*) taconazo
talonner [talɔne] VT seguir de cerca; (*concurrent*) pisar los talones a, seguir de cerca; (*cheval*) espolear; (*harceler*) acosar; (*Rugby*) talonar
talonnette [talɔnɛt] NF (*de chaussure*) plantilla; (*de pantalon*) talonera
talonneur [talɔnœʀ] NM (*Rugby*) taloneador *m*
talquer [talke] VT espolvorear con talco
talus [taly] NM (*Géo*) talud *m*; **~ de déblai** montón *m* de tierra (*procedente de una excavación*); **~ de remblai** terraplén *m*
tamarin [tamaʀɛ̃] NM tamarindo
tambour [tɑ̃buʀ] NM tambor *m*; (*porte*) cancel *m*; **sans ~ ni trompette** a la chita callando
tambourin [tɑ̃buʀɛ̃] NM tamboril *m*
tambouriner [tɑ̃buʀine] VI : **~ sur** *ou* **contre** repiquetear en *ou* contra
tambour-major [tɑ̃buʀmaʒɔʀ] (*pl* **tambours-majors**) NM tambor mayor *m*
tamis [tami] NM tamiz *m*, cedazo
Tamise [tamiz] NF : **la ~** el Támesis
tamisé, e [tamize] ADJ tamizado(-a)
tamiser [tamize] VT tamizar
tampon [tɑ̃pɔ̃] NM (*de coton, d'ouate, bouchon*) tapón *m*; (*pour nettoyer, essuyer*) muñequilla, bayeta; (*pour étendre*) muñequilla; (*amortisseur : Rail, fig*) tope *m*; (*Inform : aussi :* **mémoire tampon**) tampón *m*; (*cachet, timbre*) matasellos *m inv*; (*Chim*) disolución *f* reguladora, disolución tampón; **~ (hygiénique)** tampón (higiénico); **~ à récurer** estropajo metálico; **~ buvard** secante *m*; **~ encreur** tampón
tamponné, e [tɑ̃pɔne] ADJ : **solution tamponnée** disolución *f* tampón
tamponner [tɑ̃pɔne] VT (*essuyer*) taponar; (*heurter*) chocar; (*document, lettre*) sellar ■ **se tamponner** VPR (*voitures*) chocar
tamponneuse [tɑ̃pɔnøz] ADJ F : **autos tamponneuses** coches *mpl* de choque
tam-tam [tamtam] (*pl* **tam-tams**) NM tam-tam *m*
tancer [tɑ̃se] VT reprender

t

tanche [tɑ̃ʃ] NF tenca
tandem [tɑ̃dɛm] NM tándem *m*
tandis [tɑ̃di] : **~ que** *conj* mientras que
tangage [tɑ̃gaʒ] NM cabeceo
tangent, e [tɑ̃ʒɑ̃, ɑ̃t] ADJ (*fam : de justesse*) por los pelos; **~ à** (*Math*) tangente a
tangente [tɑ̃ʒɑ̃t] NF tangente *f*
Tanger [tɑ̃ʒe] N Tánger
tangible [tɑ̃ʒibl] ADJ tangible
tango [tɑ̃go] NM tango ▶ ADJ INV anaranjado(-a)
tanguer [tɑ̃ge] VI (*Naut*) cabecear, arfar
tanière [tanjɛʀ] NF guarida
tanin [tanɛ̃] NM tanino
tank [tɑ̃k] NM (*char*) tanque *m*; (*citerne*) tanque, cisterna
tanker [tɑ̃kœʀ] NM buque *m* petrolero
tankini [tɑ̃kini] NM tankini *m*
tannage [tanaʒ] NM curtido, curtimiento
tanné, e [tane] ADJ curtido(-a)
tanner [tane] VT curtir
tannerie [tanʀi] NF curtiduría, tenería
tanneur [tanœʀ] NM curtidor(a)
tant [tɑ̃] ADV tanto; **~ de** (*sg*) tanto(-a); (*pl*) tantos(-as); **~ que** (*tellement*) tanto que; (*comparatif*) hasta que, mientras que; **~ mieux** mejor; **~ mieux pour lui** mejor para él; **~ pis !** (*peu importe*) ¡qué más da!; (*qu'à cela ne tienne*) no tiene importancia; **~ pis pour lui** peor para él; **un ~ soit peu** (*un peu*) un poco; (*même un peu*) algo, por poco que; **s'il est un ~ soit peu subtil, il comprendra** si es algo sutil *ou* por poco sutil que sea, lo entenderá; **~ bien que mal** mal que bien
tante [tɑ̃t] NF tía
tantinet [tɑ̃tinɛ] : **un ~** *adv* un poquito
tantôt [tɑ̃to] ADV (*cet après-midi*) esta tarde, por la tarde; **~ ... ~** (*parfois*) unas veces ... otras veces
Tanzanie [tɑ̃zani] NF Tanzania
tanzanien, ne [tɑ̃ʒanjɛ̃, jɛn] ADJ tanzano(-a) ▶ NM/F : **Tanzanien, ne** tanzano(-a)
TAO [teao] SIGLE F (= *traduction assistée par ordinateur*) TAO *f* (= *traducción asistida por ordenador*)
taon [tɑ̃] NM tábano
tapage [tapaʒ] NM alboroto; (*fig*) escándalo; **~ nocturne** (*Jur*) escándalo nocturno
tapageur, -euse [tapaʒœʀ, øz] ADJ alborotador(a); (*toilette*) llamativo(a); (*publicité*) sensacionalista
tape [tap] NF cachete *m*; (*dans le dos*) palmada
tape-à-l'œil [tapalœj] ADJ INV vistoso(-a), llamativo(-a)
tapenade [tap(ə)nad] NF (*Culin*) paté *m* de aceitunas
taper [tape] VT (*personne*) pegar; (*Inform*) teclear; **~ qn de 10 euros** (*fam*) dar un sablazo de 10 euros a algn; **~ des mains/pieds** palmear/patalear ▶ VI (*soleil*) apretar; **~ sur qn** pegar a algn; (*fig*) poner como un trapo a algn; **~ sur qch** golpear en algo; **~ à** (*porte etc*) llamar a; **~ dans** (*fam : se servir*) echar mano de; **~ (à la machine)** escribir a máquina ■ **se taper** VPR (*fam : travail*) chuparse, cargarse; (*: boire, manger*) soplarse, zamparse
tapette [tapɛt] NF (*pour insectes*) matamoscas *m inv*; (*petite tape*) palmadita; (*à rideaux*) sacudidor *m*; (*fam : homosexuel*) marica *m* (*fam*); **~ à souris** ratonera
tapi, e [tapi] ADJ : **~ dans/derrière** (*blotti*) acurrucado(-a) en/detrás de; (*caché*) agazapado(-a) en/detrás de
tapinois [tapinwa] : **en ~** *adv* a escondidas
tapioca [tapjɔka] NM tapioca
tapir [tapiʀ] : **se tapir** VPR agazaparse
tapis [tapi] NM alfombra; (*de table*) tapete *m*; **être/mettre sur le ~** (*fig*) estar/poner sobre el tapete; **aller/envoyer au ~** (*Boxe*) estar/enviar a la lona; **~ de sol** tela impermeable (de tienda de campaña); **~ de souris** (*Inform*) alfombrilla; **~ roulant** cinta transportadora, pasillo rodante
tapis-brosse [tapibʀɔs] (*pl* **tapis-brosses**) NM felpudo
tapisser [tapise] VT (*avec du papier peint*) empapelar; **~ qch (de)** (*recouvrir*) revestir algo (con)
tapisserie [tapisʀi] NF tapiz *m*; (*travail*) tapizado; (*papier peint*) empapelado; **faire ~** (*fig*) quedarse cruzado(-a) de brazos
tapissier, -ière [tapisje, jɛʀ] NM/F : **~(-décorateur)** tapicero
tapoter [tapɔte] VT dar golpecitos en, golpetear
taquet [takɛ] NM (*cale*) cuña; (*cheville*) tope *m*
taquin, e [takɛ̃, in] ADJ guasón(-ona)
taquiner [takine] VT pinchar
taquinerie [takinʀi] NF broma, guasa
tarabiscoté, e [taʀabiskɔte] ADJ recargado(-a), barroco(-a)
tarabuster [taʀabyste] VT hostigar
tarama [taʀama] NM (*Culin*) *entremés a base de huevas de bacalao ahumado*
tarauder [taʀode] VT (*Tech*) aterrajar; (*suj : remords*) mortificar, atormentar
tard [taʀ] ADV tarde; **au plus ~** a más tardar; **plus ~** más tarde ▶ NM : **sur le ~** (*à une heure avancée*) tarde; (*vers la fin de la vie*) en la madurez
tarder [taʀde] VI tardar; **~ à faire** tardar en hacer; **il me tarde d'être** estoy impaciente por estar; **sans (plus) ~** sin (más) demora, sin (más) tardar
tardif, -ive [taʀdif, iv] ADJ tardío(-a)
tardivement [taʀdivmɑ̃] ADV tardíamente
tare [taʀ] NF tara
taré, e [taʀe] (*fam*) ADJ, NM/F tarado(-a)
targette [taʀʒɛt] NF pestillo, pasador *m*
targuer [taʀge] : **se targuer de** VPR jactarse de, hacer alarde de

tarif [taʀif] NM tarifa; (*liste*) tarifa, lista de precios; (*prix*) tarifa, precio; **voyager à plein ~/à ~ réduit** viajar con tarifa completa/con tarifa reducida; **~ douanier** arancel *m* aduanero

tarifaire [taʀifɛʀ] ADJ tarifario(-a); (*Douanes*) arancelario(-a)

tarifé, e [taʀife] ADJ : **~ 10 euros** con una tarifa de 10 euros

tarifer [taʀife] VT tarifar

tarification [taʀifikasjɔ̃] NF fijación *f* de tarifa, tarificación *f*

tarir [taʀiʀ] VI, VT secarse, agotarse ▪ **se tarir** VPR (*source*) secarse, agotarse; (*fig*) agotarse

tarmac [taʀmak] NM (*aire*) plataforma de estacionamiento de aeronaves; (*piste*) pista (de aterrizaje)

tarot [taʀo] NM, **tarots** [taʀo] NMPL tarot *m*

tartan [taʀtɑ̃] NM tartán *m*; **en ~** de tartán

tartare [taʀtaʀ] ADJ (*Culin*) tártaro(-a)

tarte [taʀt] NF tarta; **~ à la crème/aux pommes** tarta de crema/de manzana

tartelette [taʀtəlɛt] NF tartaleta

tartine [taʀtin] NF rebanada; **~ beurrée/de miel** rebanada con mantequilla/con miel

tartiner [taʀtine] VT untar; **fromage** *etc* **à ~** queso *etc* para untar

tartre [taʀtʀ] NM sarro

tas [tɑ] NM montón *m*; (*de bois, livres*) pila, montón; **un ~ de** (*beaucoup de*) un montón de; **en ~** amontonado(-a); **dans le ~** (*fig*) a ciegas, a bulto; **formé sur le ~** formado en la práctica

Tasmanie [tasmani] NF Tasmania

tasmanien, ne [tasmanjɛ̃, jɛn] ADJ tasmanio(-a) ▸ NM/F : **Tasmanien, ne** tasmanio(-a)

tasse [tɑs] NF taza; **boire la ~** (*en se baignant*) tragar agua; **~ à café/à thé** taza de café/de té

tassé, e [tɑse] ADJ : **bien ~** (*café etc*) bien cargado(-a)

tasseau [tɑso] (*pl* **tasseaux**) NM cuña, calzo

tassement [tɑsmɑ̃] NM (*Écon, Pol*) baja; (*de vertèbres*) hundimiento

tasser [tɑse] VT apisonar, pisar; **~ qch dans** amontonar algo en ▪ **se tasser** VPR (*sol, terrain*) hundirse; (*avec l'âge*) encorvarse; (*problème*) arreglarse

tata [tata] NF tita

tâter [tɑte] VT tantear; **~ le terrain** tantear el terreno; **~ de** (*prison etc*) probar ▪ **se tâter** VPR (*hésiter*) pensarlo

tatillon, ne [tatijɔ̃, ɔn] ADJ puntilloso(-a)

tâtonnement [tɑtɔnmɑ̃] NM : **par tâtonnements** a tientas

tâtonner [tɑtɔne] VI andar a tientas; (*fig*) tantear

tâtons [tɑtɔ̃] : **à ~** *adv* : **chercher/avancer à ~** buscar/avanzar a tientas

tatouage [tatwaʒ] NM tatuaje *m*

tatouer [tatwe] VT tatuar

taudis [todi] NM cuchitril *m*

taulard, e [tolaʀ, aʀd] (*fam*) NM/F recluso(-a), presidiario(-a)

taule [tol] (*fam*) NF chirona

taupe [top] NF topo

taupinière [topinjɛʀ] NF topinera

taureau, x [tɔʀo] NM (*Zool*) toro; **le T~** (*Astrol*) Tauro; **être T~** ser Tauro

taurillon [tɔʀijɔ̃] NM becerro

tauromachie [tɔʀɔmaʃi] NF tauromaquia

tautologie [totɔlɔʒi] NF tautología

tautologique [totɔlɔʒik] ADJ tautológico(-a)

taux [to] NM tasa; (*proportion : d'alcool*) porcentaje *m*; (*: de participation*) índice *m*; **~ d'escompte** porcentaje de descuento; **~ d'intérêt** tipo de interés; **~ de mortalité** índice *ou* tasa de mortalidad

tavelé, e [tav(ə)le] ADJ picado(-a)

taverne [tavɛʀn] NF taberna

taxable [taksabl] ADJ imponible

taxation [taksasjɔ̃] NF tasación *f*

taxe [taks] NF tasa, impuesto; (*douanière*) arancel *m*; **toutes taxes comprises** impuestos incluidos; **~ à** *ou* **sur la valeur ajoutée** impuesto sobre el valor añadido; **~ de séjour** *suplemento en las estaciones termales o centros turísticos*

taxer [takse] VT (*personne*) gravar con impuestos; (*produit*) tasar; **~ qn de** tachar *ou* calificar a algn de; (*accuser de*) acusar a algn de

taxi [taksi] NM taxi *m*

taxidermie [taksidɛʀmi] NF taxidermia

taxidermiste [taksidɛʀmist] NMF taxidermista *mf*

taximètre [taksimɛtʀ] NM taxímetro

taxiphone [taksifɔn] NM teléfono público de fichas

TB [tebe] ABR (= *très bien*) m.b. (= *muy bien*)

tbe ABR (= *très bon état*) en muy buen estado

Tchad [tʃad] NM Chad *m*

tchadien, ne [tʃadjɛ̃, jɛn] ADJ chadiano(-a) ▸ NM/F : **Tchadien, ne** nativo(-a) *ou* habitante *mf* del Chad

tchao [tʃao] (*fam*) EXCL ¡chao!

tchécoslovaque [tʃekɔslɔvak] (*Hist*) ADJ checoslovaco(-a) ▸ NMF : **Tchécoslovaque** checoslovaco(-a)

Tchécoslovaquie [tʃekɔslɔvaki] NF (*Hist*) : **la ~** Checoslovaquia

tchèque [tʃɛk] ADJ checo(-a); **la République ~** la República checa ▸ NM (*Ling*) checo ▸ NMF : **Tchèque** checo(-a)

tchétchène [tʃetʃɛn] ADJ checheno(-a) ▸ NM (*Ling*) checheno ▸ NMF : **Tchétchène** checheno(-a)

Tchétchénie [tʃetʃeni] NF : **la ~** Chechenia

TD [tede] SIGLE MPL (= *travaux dirigés*) prácticas *fpl*

t

TDF [tedeɛf] SIGLE F = **Télévision de France**
te [tə] PRON te
té [te] NM regla en forma de T
technicien, ne [tɛknisjɛ̃, jɛn] NM/F técnico *mf*
technicisation [tɛknisizasjɔ̃] NF tecnificación *f*
technicité [tɛknisite] NF tecnicismo
technico-commercial, e, -aux [tɛknikokɔmɛʀsjal, jo] ADJ técnico-comercial
technique [tɛknik] ADJ técnico(-a) ▸ NF técnica
techniquement [tɛknikmɑ̃] ADV técnicamente
techno [tɛkno] (*fam*) NF = **technologie**; (*Mus*) : **la (musique) ~** tecno *m*, música tecno
technocrate [tɛknɔkʀat] NMF tecnócrata *mf*
technocratie [tɛknɔkʀasi] NF tecnocracia
technocratique [tɛknɔkʀatik] ADJ tecnocrático(-a)
technologie [tɛknɔlɔʒi] NF tecnología
technologique [tɛknɔlɔʒik] ADJ tecnológico(-a)
technologue [tɛknɔlɔg] NMF tecnólogo(-a)
teck [tɛk] NM teca
teckel [tekɛl] NM perro pachón
tectonique [tɛktɔnik] NF (*Géologie*) tectónica ▸ ADJ tectónico(-a)
tee [ti] NM tee *m*
tee-shirt [tiʃœʀt] (*pl* **tee-shirts**) NM camiseta
Téhéran [teeʀɑ̃] N Teherán
teignais *etc* [teɲɛ] VB *voir* **teindre**
teigne [tɛɲ] VB *voir* **teindre** ▸ NF (*Zool*) polilla; (*Méd*) tiña
teigneux, -euse [tɛɲø, øz] (*péj*) ADJ (*méchant*) malvado(-a)
teindre [tɛ̃dʀ] VT teñir ■ **se teindre** VPR : **se ~ (les cheveux)** teñirse (el pelo)
teint, e [tɛ̃, tɛ̃t] PP *de* **teindre** ▸ ADJ teñido(-a) ▸ NM (*permanent*) tez *f*; (*momentané*) color *m*; **grand ~** *adj inv* (*tissu*) de color sólido; **bon ~** *adj inv* (*couleur*) sólido(-a); (*catholique, communiste etc*) convencido(-a)
teinte [tɛ̃t] NF (*nuance*) tono; (*couleur*) color *m*; **une ~ de** (*petite dose*) un ápice de
teinté, e [tɛ̃te] ADJ (*verres, lunettes*) ahumado(-a); (*bois*) teñido(-a); **~ acajou** teñido(-a) en caoba; **~ de** teñido(-a) de
teinter [tɛ̃te] VT teñir
teinture [tɛ̃tyʀ] NF (*opération*) tintura, tinte *m*; (*substance*) tinte; **~ d'iode/d'arnica** tintura de yodo/de árnica
teinturerie [tɛ̃tyʀʀi] NF tintorería
teinturier, -ière [tɛ̃tyʀje, jɛʀ] NM/F tintorero(-a)
tel, telle [tɛl] ADJ (*pareil*) tal, semejante; (*indéfini*) tal; **~ un/des ...** tal como.../como ...; **un ~/de tels ...** un tal/tales ...; **rien de ~** nada como; **~ quel** tal cual; **~ que** tal como
tél. ABR (= *téléphone*) tel., tfno. (= *teléfono*)
Tel Aviv [tɛlaviv] N Tel Aviv
télé [tele] NF tele *f*; **à la ~** en la tele
télé... [tele] PRÉF tele...
téléachat [teleaʃa] NM telecompra
télébenne [telebɛn] NF teleférico (monocable)
télécabine [telekabin] NF teleférico (monocable)
télécarte [telekaʀt] NF tarjeta de teléfono
téléchargeable [teleʃaʀʒabl] ADJ descargable
téléchargement [teleʃaʀʒəmɑ̃] NM (*action*) descarga; (*fichier*) archivo descargado; **la lutte contre le ~ illégal** la lucha contra las descargas ilegales
télécharger [teleʃaʀʒe] VT (*Inform*) descargar
télécom [telekɔm] ABR (= *télécommunication*) ≈ telecomunicacion *f*
télécommande [telekɔmɑ̃d] NF mando a distancia
télécommander [telekɔmɑ̃de] VT teledirigir
télécommunications [telekɔmynikasjɔ̃] NFPL telecomunicaciones *fpl*
téléconférence [telekɔ̃feʀɑ̃s] NF teleconferencia
télécopie [telekɔpi] NF telecopia
télécopieur [telekɔpjœʀ] NM máquina de fax
télédéclaration [teledeklaʀasjɔ̃] NF declaración telemática
télédétection [teledetɛksjɔ̃] NF teledetección *f*
télédiffuser [teledifyze] VT teledifundir
télédiffusion [teledifyzjɔ̃] NF teledifusión *f*
télédistribution [teledistʀibysjɔ̃] NF teledistribución *f*
télé-enseignement [teleɑ̃sɛɲmɑ̃] (*pl* **télé-enseignements**) NM enseñanza por televisión
téléférique [telefeʀik] NM = **téléphérique**
téléfilm [telefilm] NM telefilm *m*
télégénique [teleʒenik] ADJ telegénico(-a)
télégramme [telegʀam] NM telegrama *m*
télégraphe [telegʀaf] NM telégrafo
télégraphie [telegʀafi] NF telegrafía
télégraphier [telegʀafje] VT, VI telegrafiar
télégraphique [telegʀafik] ADJ (*aussi fig*) telegráfico(-a)
télégraphiste [telegʀafist] NMF telegrafista *mf*
téléguider [telegide] VT teledirigir
téléinformatique [teleɛ̃fɔʀmatik] NF teleinformática
téléjournal, -aux [teleʒuʀnal, o] NM telediario
télémarketing [telemaʀketiŋ] NM telemarketing *m*, telemárquetin *m*, telemercadotecnia
télématique [telematik] NF telemática ▸ ADJ telemático(-a)
téléobjectif [teleɔbʒɛktif] NM teleobjetivo

téléopérateur, -trice [teleɔpeʀatœʀ, tʀis] NM/F teleoperador

télépaiement [telepɛmɑ̃] NM telepago, pago telemático

télépathie [telepati] NF telepatía

télépéage [telepeaʒ] NM telepeaje *m*

téléphérique [telefeʀik] NM teleférico

téléphone [telefɔn] NM (*appareil*) teléfono; **avoir le ~** tener teléfono; **au ~** al teléfono; **~ arabe** *transmisión de noticias de persona a persona*; **~ avec appareil photo** teléfono con cámara; **~ fixe** teléfono fijo; **~ manuel** teléfono automático; **~ portable** móvil *m*, teléfono celular (*Am*); **~ rouge** teléfono rojo; **~ sans fil** teléfono inalámbrico

téléphoner [telefɔne] VT, VI llamar por teléfono; **~ à** llamar por teléfono a

téléphonie [telefɔni] NF telefonía; **~ fixe** telefonía fija; **~ mobile** telefonía móvil

téléphonique [telefɔnik] ADJ telefónico(-a); **cabine/appareil ~** cabina telefónica/aparato telefónico; **conversation/appel/liaison ~** conversación *f*/llamada/comunicación *f* telefónica; **les opérateurs téléphoniques** los operadores de telefonía

téléphoniste [telefɔnist] NMF telefonista *mf*

téléprompteur [telepʀɔ̃ptœʀ] NM teleprompter *m*

téléprospection [telepʀɔspɛksjɔ̃] NF televentas *f*

téléréalité [teleʀealite] NF telerrealidad *f*

télescopage [telɛskɔpaʒ] NM choque *m* frontal

télescope [telɛskɔp] NM telescopio

télescoper [telɛskɔpe] VT chocar de frente ■ **se télescoper** VPR chocarse de frente

télescopique [telɛskɔpik] ADJ telescópico(-a)

téléscripteur [teleskʀiptœʀ] NM teleimpresor *m*

télésiège [telesjɛʒ] NM telesilla

téléski [teleski] NM telesquí *m*; **~ à archets/à perche** telesquí de arcos/de trole

téléspectateur, -trice [telespɛktatœʀ, tʀis] NM/F telespectador(a)

télésurveillance [telesyʀvɛjɑ̃s] NF televigilancia

télétexte [teletekst] NM teletexto

téléthon [teletɔ̃] NM telemaratón *f*

télétraitement [teletʀɛtmɑ̃] NM teletratamiento

télétransmission [teletʀɑ̃smisjɔ̃] NF teletransmisión *f*

télétravail [teletʀavaj] NM teletrabajo

télétravailleur, -euse [teletʀavajœʀ, øz] NM/F teletrabajador(a)

télétype [teletip] NM teletipo

téléverser [televɛʀse] VT (*fichier, photo*) cargar, subir

télévisé [televize] ADJ (*programme, droits, journal*) televisivo(-a); (*débat*) televisado(-a)

téléviser [televize] VT televisar

téléviseur [televizœʀ] NM televisor *m*

télévision [televizjɔ̃] NF televisión *f*; **(poste de) ~** televisión; **avoir la ~** tener televisión; **à la ~** en la televisión; **~ en circuit fermé** televisión en circuito cerrado; **~ numérique** televisión digital; **~ par câble** televisión por cable

télévisuel, le [televizɥɛl] ADJ televisivo(-a)

télex [telɛks] NM télex *m*

télexer [telɛkse] VT enviar un télex a

télexiste [telɛksist] NMF encargado(-a) del télex

telle [tɛl] ADJ *voir* **tel**

tellement [tɛlmɑ̃] ADV tan; **~ grand/cher (que)** tan grande/caro (que); **~ de** (*sg*) tanto(-a); (*pl*) tantos(-as); **il était ~ fatigué qu'il s'est endormi** estaba tan cansado que se durmió; **il s'est endormi ~ il était fatigué** se durmió de lo cansado que estaba; **je n'ai pas ~ envie d'y aller** no tengo muchas *ou* tantas ganas de ir; **pas ~ fort/lentement** no tan fuerte/lento; **il ne mange pas ~** no come tanto

tellurique [telyʀik] ADJ telúrico; **secousse ~** temblor *m* telúrico

téloche [telɔʃ] (*fam*) NF tele *f*

téméraire [temeʀɛʀ] ADJ temerario(-a)

témérairement [temeʀɛʀmɑ̃] ADV de manera temeraria

témérité [temeʀite] NF temeridad *f*

témoignage [temwaɲaʒ] NM testimonio; (*d'affection etc*) muestra

témoigner [temwaɲe] VT (*intérêt, gratitude*) manifestar; **~ que** declarar que; (*démontrer*) demostrar que ▸ VI (*Jur*) testimoniar, atestiguar; **~ de** dar pruebas de

témoin [temwɛ̃] NMF testigo *mf*; **être ~ de** ser testigo de; **prendre à ~** tomar como *ou* por testigo; **~ à charge** testigo de cargo; **T~ de Jéhovah** testigo de Jehová; **~ de moralité** testigo de moralidad; **~ oculaire** testigo ocular; **~ de connexion** (*Internet*) cookie *f* ▸ ADJ testigo *inv*; (*appartement*) piloto *inv*; **appartement ~** piso piloto ▸ ADV : **~ le fait que ...** prueba de ello ...

tempe [tɑ̃p] NF sien *f*

tempérament [tɑ̃peʀamɑ̃] NM temperamento; (*santé*) constitución *f*; **à ~** (*vente*) a plazos; **avoir du ~** tener mucho temperamento

tempérance [tɑ̃peʀɑ̃s] NF templanza; **société de ~** sociedad *f* antialcohólica

tempérant, e [tɑ̃peʀɑ̃, ɑ̃t] ADJ temperante, moderado(-a)

température [tɑ̃peʀatyʀ] NF temperatura; **prendre la ~ de** tomar la temperatura de; (*fig*) tantear; **avoir** *ou* **faire de la ~** tener fiebre; **feuille/courbe de ~** gráfica/curva de temperatura

tempéré, e [tɑ̃peʀe] ADJ (*climat*) templado(-a)

t

tempérer [tɑ̃peʀe] VT moderar

tempête [tɑ̃pɛt] NF (*en mer*) temporal *m*; (*à terre*) tormenta; **vent de ~** viento de tormenta; (*fig*) gran tensión *f*; **~ d'injures/de mots** torrente *m* de injurias/de palabras; **~ de neige/de sable** tormenta de nieve/de arena

tempêter [tɑ̃pete] VI vociferar

temple [tɑ̃pl] NM templo

tempo [tɛmpo] NM tempo

temporaire [tɑ̃pɔʀɛʀ] ADJ temporal

temporairement [tɑ̃pɔʀɛʀmɑ̃] ADV temporalmente

temporel, le [tɑ̃pɔʀɛl] ADJ temporal

temporisateur, -trice [tɑ̃pɔʀizatœʀ, tʀis] ADJ contemporizador(a)

temporisation [tɑ̃pɔʀizasjɔ̃] NF contemporización *f*

temporiser [tɑ̃pɔʀize] VI contemporizar

temps [tɑ̃] NM tiempo; (*époque*) tiempo, época; **les ~ changent/sont durs** los tiempos cambian/son duros; **il fait beau/mauvais ~** hace buen/mal tiempo; **passer/employer son ~ à faire qch** pasar/emplear el tiempo en hacer algo; **avoir le ~/tout le ~/juste le ~** tener tiempo/mucho tiempo/el tiempo justo; **avoir du ~ de libre** tener tiempo libre; **avoir fait son ~** (*fig*) haber pasado a la historia; **en ~ de paix/de guerre** en tiempo de paz/de guerra; **en ~ utile** *ou* **voulu** a su debido tiempo; **de ~ en ~, de ~ à autre** de vez en cuando; **en même ~** al mismo tiempo; **à ~** a tiempo; **pendant ce ~** mientras tanto; **à plein/mi-~** (*travailler*) jornada completa/media jornada; **à ~ partiel** *adv, adj* a tiempo parcial; **dans le ~** hace tiempo, antaño; **de tout ~** de toda la vida; **du ~ que, au/du ~ où** en los tiempos en que, cuando; **~ chaud/froid** tiempo caluroso/frío; **~ d'accès** (*Inform*) tiempo de acceso; **~ d'arrêt** parada; **~ de pose** tiempo de exposición; **~ mort** (*Sport*) tiempo muerto; (*Comm*) tiempo de inactividad; **~ partagé/réel** tiempo compartido/ real

tenable [t(ə)nabl] ADJ soportable

tenace [tənas] ADJ tenaz; (*infection*) persistente

tenacement [tənasmɑ̃] ADV con tenacidad

ténacité [tenasite] NF tenacidad *f*

tenailler [tənɑje] VT atormentar

tenailles [tənɑj] NFPL tenazas *fpl*

tenais *etc* [t(ə)ne] VB *voir* **tenir**

tenancier, -ière [tənɑ̃sje] NM/F encargado(-a)

tenant, e [tənɑ̃, ɑ̃t] ADJ *voir* **séance** ▸ NM/F (*Sport*) : **~ du titre** poseedor(a) del título ▸ NM : **d'un seul ~** de una sola pieza; **les tenants et les aboutissants** los pormenores

tendance [tɑ̃dɑ̃s] NF tendencia; **~ à la hausse/baisse** tendencia a la alza/baja; **avoir ~ à** tener tendencia a ▸ ADJ INV trendy *inv*, tendencia *inv*; **c'est très ~** es muy tendencia

tendanciel, le [tɑ̃dɑ̃sjɛl] ADJ : **baisse tendancielle** baja tendencial

tendancieux, -euse [tɑ̃dɑ̃sjø, jøz] ADJ tendencioso(-a)

tendeur [tɑ̃dœʀ] NM tensor *m*

tendineux, -euse [tɑ̃dinø, øz] ADJ fibroso(-a)

tendinite [tɑ̃dinit] NF tendinitis *f inv*

tendon [tɑ̃dɔ̃] NM tendón *m*; **~ d'Achille** tendón de Aquiles

tendre [tɑ̃dʀ] ADJ (*à manger*) tierno(-a), blando(-a); (*matière*) blando(-a); (*affectueux*) cariñoso(-a); (*lettre, regard, émotion*) tierno(-a); (*couleur, bleu*) suave ▸ VT (*élastique, peau*) extender, estirar; (*muscle, arc*) tensar; (*piège*) tender; **~ qch à qn** alcanzar algo a algn; **~ l'oreille** aguzar el oído; **~ le bras/la main** alargar el brazo/extender la mano; **~ la perche à qn** (*fig*) echar un capote a algn; **~ à qch/à faire qch** tender a algo/a hacer algo ■ **se tendre** VPR tensarse

tendrement [tɑ̃dʀəmɑ̃] ADV tiernamente

tendresse [tɑ̃dʀɛs] NF ternura

tendu, e [tɑ̃dy] PP *de* **tendre** ▸ ADJ tenso(-a); (*tapissé*) : **~ de soie** tapizado(-a) en seda

ténèbres [tenɛbʀ] NFPL tinieblas *fpl*

ténébreux, -euse [tenebʀø, øz] ADJ tenebroso(-a)

Tenerife [teneʀif] NF Tenerife *m*

teneur [tənœʀ] NF proporción *f*; (*d'une lettre*) texto; **~ en cuivre** proporción de cobre

ténia [tenja] NM tenia

tenir [t(ə)niʀ] VT (*avec la main, un objet*) tener; (*qn : par la main, le cou etc*) agarrar, coger; (*garder, maintenir : position*) mantener; (*maintenir fixé*) sujetar; (*prononcer : propos, discours*) proferir; (*magasin, hôtel*) regentar; (*promesse*) cumplir; (*un rôle*) desempeñar; (*Mil : ville, région*) ocupar; (*fam : un rhume*) estar con; (*Auto : la route*) agarrarse a; **~ qch pour** considerar algo como; **~ qn pour** tener a algn por; **~ qch de qn** (*histoire*) saber algo por algn; **~ lieu de** servir de; **~ compte de** tener en cuenta; **~ le lit** guardar cama; **~ la solution/le coupable** tener la solución/el culpable; **~ une réunion/un débat** celebrar una reunión/un debate; **~ la caisse/les comptes** llevar la contabilidad/las cuentas; **~ de la place** ocupar espacio; **~ l'alcool** aguantar el alcohol; **~ le coup, ~ bon** aguantar; **~ au chaud/à l'abri** mantener caliente/protegido(-a); **~ chaud** (*suj : vêtement*) mantener abrigado; (*: café*) mantener caliente; **~ prêt** tener listo; **~ parole** cumplir su *etc* palabra; **~ en respect** mantener a distancia; **~ sa langue** mantener la boca cerrada; **il tient cela de son père** en eso ha salido a su padre ▸ VI (*être fixé*) aguantar; (*neige, gel*) cuajar; (*survivre*) aguantar; (*peinture, colle*) agarrar; (*capacité*) caber; **~ trois jours/deux mois** resistir *ou* aguantar tres días/dos meses; **~ bon** aguantar; **~ à** (*personne, chose*) tener cariño a; (*avoir pour cause*) deberse a; **~ à faire** tener interés en hacer; **~ de** (*parent*) salir; **ça ne tient qu'à lui** es cosa suya; **ça ne tient pas debout** no tiene ni pies ni cabeza; **qu'à cela ne tienne** por eso que no quede; **tiens/tenez, voilà le stylo !** ¡toma/

tome, aquí está la pluma!; **tiens, Pierre!** ¡anda, Pierre!; **tiens?** ¡anda!; **je n'y tiens pas** no me apetece; **nous ne tenons pas tous à cette table** no cabemos todos en esta mesa ■ **se tenir** VPR (*par la main*) cogerse, agarrarse; (*à qch*) agarrarse; (*conférence*) celebrarse; (*personne, monument*) estar; (*récit*) ser coherente; (*se comporter*) comportarse; **se ~ debout/droit** tenerse en pie/derecho; **bien/mal se ~** comportarse bien/mal; **s'en ~ à qch** atenerse a algo; **se ~ prêt/sur ses gardes** estar listo/en guardia; **se ~ tranquille** estarse quieto; **tiens-toi bien!** ¡agárrate!

tennis [tenis] NM tenis *msg*; (*aussi*: **court de tennis**) pista *ou* (*AM*) cancha (de tenis); **~ de table** tenis de mesa ▸ NMPL (*aussi*: **chaussures de tennis**) playeras *fpl*

tennisman [tenisman] NM tenista *m*

ténor [tenɔʀ] NM tenor *m*; (*de la politique etc*) figura

tension [tɑ̃sjɔ̃] NF tensión *f*; (*concentration, effort*) esfuerzo; **faire** *ou* **avoir de la ~** tener tensión; **~ nerveuse/raciale** tensión nerviosa/racial

tentaculaire [tɑ̃takylɛʀ] ADJ: **ville ~** ciudad *f* que se expande

tentacule [tɑ̃takyl] NM tentáculo

tentant, e [tɑ̃tɑ̃, ɑ̃t] ADJ tentador(a)

tentateur, -trice [tɑ̃tatœʀ, tʀis] ADJ tentador(a) ▸ NM (*Rel*) demonio

tentation [tɑ̃tasjɔ̃] NF tentación *f*

tentative [tɑ̃tativ] NF intento, tentativa; **~ d'évasion/de suicide** intento *ou* tentativa de fuga/de suicidio

tente [tɑ̃t] NF tienda; **~ à oxygène** tienda de oxígeno

tenter [tɑ̃te] VT tentar; (*attirer*: *suj*: *musique, objet*) encantar; **~ qch/de faire qch** intentar algo/hacer algo; **être tenté de penser/croire** estar tentado a pensar/creer; **~ sa chance** tentar la suerte

tenture [tɑ̃tyʀ] NF colgadura

tenu, e [t(ə)ny] PP *de* **tenir** ▸ ADJ: **maison bien tenue** casa bien cuidada; **les comptes de cette entreprise sont mal tenus** llevan mal las cuentas de esta empresa; **être ~ de faire/de ne pas faire/à qch** estar obligado(-a) a hacer/a no hacer/a algo

ténu, e [teny] ADJ tenue; (*fil, objet*) fino(-a)

tenue [teny] NF (*d'un magasin*) dirección *f*; (*d'une promesse*) cumplimiento; (*vêtements*) ropa; (: *pour une occasion*) traje *m*; (*allure*) apariencia; (*comportement*) modales *mpl*; **être en ~** ir vestido(-a) de uniforme; **se mettre en ~** poner(se) el uniforme; **en grande ~** con traje de gala; **en petite ~** en paños menores; **avoir de la ~** (*personne*) tener buenos modales; (*journal*) ser moralista; (*tissu*) no arrugarse fácilmente; **« ~ correcte exigée »** « se requiere vestimenta formal »; **~ de combat** uniforme *m* de combate; **~ de jardinier/pompier** traje de jardinero/bombero; **~ de route** (*Auto*) estabilidad *f*; **~ de soirée** traje de etiqueta; **~ de sport/de ville/de voyage** ropa de deporte/de calle/de viaje

TER [teəɛʀ] SIGLE M (= *train express régional*) tren directo (*con parada solo en las principales estaciones*)

ter [tɛʀ] ADJ: **16 ~** 16 C

tératogène [teʀatɔʒɛn] ADJ teratógeno(-a)

térébenthine [teʀebɑ̃tin] NF: **(essence de) ~** (esencia de) trementina

tergal® [tɛʀgal] NM tergal *m*

tergiversations [tɛʀʒivɛʀsasjɔ̃] NFPL dilaciones *fpl*

tergiverser [tɛʀʒivɛʀse] VI andarse con dilaciones

terme [tɛʀm] NM término; (*Fin*) vencimiento; **vente/achat à ~** (*Comm*) venta/compra a plazos; **au ~ de** al término de; **à court/moyen/long ~** *adj, adv* a corto/medio/largo plazo; **à ~** (*Méd*) a los nueve meses; **avant ~** (*Méd*) antes de tiempo; **moyen ~** término medio; **mettre un ~ à** poner término a; **toucher à son ~** estar acabándose ■ **termes** NMPL: **être en bons/mauvais termes avec qn** estar en buenos/malos términos con algn; **en d'autres termes** en otras palabras

terminaison [tɛʀminɛzɔ̃] NF (*Ling*) terminación *f*

terminal, e, -aux [tɛʀminal, o] ADJ terminal ▸ NM (*Inform*) terminal *m*; (*pétrolier, gare*) terminal *f*

terminale [tɛʀminal] NF (*Scol*) *séptimo año de educación secundaria en el sistema francés*

terminer [tɛʀmine] VT terminar, acabar ■ **se terminer** VPR terminar(se), acabar(se); **se ~ par/en** (*repas, chansons*) acabar *ou* terminar con; (*pointe, boule*) acabar *ou* terminar en

terminologie [tɛʀminɔlɔʒi] NF terminología

terminologique [tɛʀminɔlɔʒik] ADJ terminológico(-a)

terminologue [tɛʀminɔlɔg] NMF terminólogo(-a)

terminus [tɛʀminys] NM final *m* de línea; **« ~ ! »** « ¡última parada! »

termite [tɛʀmit] NM termita

termitière [tɛʀmitjɛʀ] NF termitero

ternaire [tɛʀnɛʀ] ADJ ternario(-a)

terne [tɛʀn] ADJ apagado(-a); (*personne, style*) insípido(-a)

ternir [tɛʀniʀ] VT (*couleur, peinture*) deslustrar; (*fig*: *honneur, réputation*) empañar ■ **se ternir** VPR deslustrarse

terrain [teʀɛ̃] NM terreno; (*à bâtir*) solar *m*, terreno; (*Sport, fig*: *domaine*) campo; **sur le ~** sobre el terreno; **gagner/perdre du ~** ganar/perder terreno; **~ d'atterrissage** pista de aterrizaje; **~ d'aviation** campo de aviación; **~ d'entente** vía de entendimiento; **~ de camping** camping *m*; **~ de football/de golf** *etc* campo de fútbol/de golf *etc*; **~ de jeu** patio de juego; **~ vague** solar *m*

t

terrarium [teʀaʀjɔm] NM terrario

terrasse [teʀas] NF terraza; (*sur le toit*) azotea; **culture en terrasses** cultivo en bancales

terrassement [teʀasmɑ̃] NM (*d'un terrain : activité*) movimiento de tierras; (*: terres creusées*) desmonte *m*

terrasser [teʀase] VT (*adversaire*) derribar; (*suj : maladie etc*) fulminar

terrassier [teʀasje] NM excavador *m*

terre [tɛʀ] NF tierra; (*population*) mundo; **travail de la ~** trabajo del campo; **en ~** de barro; **mettre en ~** enterrar; **à ~, par ~** (*mettre, être*) en el suelo *ou* piso (AM); (*jeter, tomber*) al suelo; **~ à ~** *adj inv* prosaico(-a); **la T~** la Tierra; **la T~ promise/Sainte** la Tierra prometida/Santa; **T~ Adélie/de Feu** Tierra de Adelaida/de Fuego; **~ cuite** terracota, arcilla cocida; **~ de bruyère** tierra de brezo; **~ ferme** tierra firme; **~ glaise** arcilla ■ **terres** NFPL (*propriété*) tierras *fpl*

terreau [teʀo] NM mantillo

Terre-Neuve [tɛʀnœv] NF : **(île de) ~** (isla de) Tierra Nueva

terre-neuve [tɛʀnœv] NM INV (*chien*) perro de Terranova

terre-plein [tɛʀplɛ̃] (*pl* **terre-pleins**) NM (*Constr*) terraplén *m*

terrer [teʀe] : **se terrer** VPR (*personne peu sociable*) encerrarse; (*criminel recherché*) esconderse

terrestre [teʀɛstʀ] ADJ terrestre; (*Rel*) terrenal; (*globe*) terráqueo(-a)

terreur [teʀœʀ] NF terror *m*

terreux, -euse [teʀø, øz] ADJ terroso(-a); (*bottes*) embarrado(-a); (*teint*) lívido(-a); (*couleur*) apagado(-a)

terrible [teʀibl] ADJ terrible; (*fam*) estupendo(-a), regio(-a)

terriblement [teʀibləmɑ̃] ADV terriblemente

terrien, ne [teʀjɛ̃, jɛn] ADJ campesino(-a); **propriétaire ~** terrateniente *mf* ▸ NM/F (*non martien etc*) terrícola *mf*; (*qui ne vit pas sur la côte*) hombre *m*/mujer *f* de tierra adentro

terrier [tɛʀje] NM madriguera; (*chien*) terrier *m*

terrifiant, e [teʀifjɑ̃, jɑ̃t] ADJ aterrador(a); (*extraordinaire*) increíble

terrifier [teʀifje] VT aterrorizar

terril [teʀi(l)] NM escombrera

terrine [teʀin] NF tarro; (*Culin*) *conserva de carnes en tarro*

territoire [teʀitwaʀ] NM territorio; **T~ des Afars et des Issas** Territorio de los Afars y de los Isas; **territoires d'outremer** territorios de ultramar

territorial, e, -aux [teʀitɔʀjal, jo] ADJ territorial; **eaux territoriales/armée territoriale** aguas *fpl* territoriales/ejército territorial

terroir [tɛʀwaʀ] NM (*Agr*) tierra; (*région*) región *f*; **accent/traditions du ~** acento regional/tradiciones *fpl* regionales

terroriser [teʀɔʀize] VT aterrorizar

terrorisme [teʀɔʀism] NM terrorismo

terroriste [teʀɔʀist] ADJ, NMF terrorista *mf*

tertiaire [tɛʀsjɛʀ] ADJ (*Écon, Géo*) terciario(-a) ▸ NM (*Écon*) sector *m* terciario

tertiarisation [tɛʀsjaʀizasjɔ̃] NF (*Écon*) terciarización *f*

tertiariser [tɛʀsjɛʀise] : **se tertiariser** VPR *terciarizarse*

tertio [tɛʀsjo] ADV en tercer lugar

tertre [tɛʀtʀ] NM cerro

tes [te] *voir* **ton¹**

tessiture [tesityʀ] NF (*Mus*) tesitura

tesson [tesɔ̃] NM : **~ de bouteille** casco de botella

test [tɛst] NM prueba, examen *m*; **~ de niveau** prueba de nivel

testament [tɛstamɑ̃] NM testamento; **faire son ~** hacer testamento

testamentaire [tɛstamɑ̃tɛʀ] ADJ testamentario(-a)

tester [tɛste] VT testar; (*personne, produit etc*) someter a prueba

testeur, -euse [tɛstœʀ, øz] NM/F (*personne*) comprobador(a), probador(a) ▸ NM (*instrument*) comprobador *m*

testicule [tɛstikyl] NM testículo

testostérone [tɛstosteʀɔn] NF testosterona

tétanie [tetani] NF tetania

tétaniser [tetanize] VT tetanizar ■ **se tétaniser** VPR tetanizarse

tétanos [tetanos] NM tétano, tétanos *msg*

têtard [tɛtaʀ] NM renacuajo

tête [tɛt] NF cabeza; (*visage*) cara; (*Football*) cabezazo; **de ~** *adj* (*wagon, voiture*) delantero(-a); (*concurrent*) en cabeza; *adv* (*calculer*) mentalmente; **par ~** por persona, por cabeza; **être à la ~ de qch** estar al frente de algo; **il fait une ~ de plus que moi** me lleva un palmo; **gagner d'une (courte) ~** ganar por (casi) una cabeza; **prendre la ~ de qch** tomar la dirección de algo; **perdre la ~** perder la cabeza; **ça ne va pas la ~ ?** (*fam*) ¿no estás bien de la cabeza?; **il s'est mis en ~ de le faire** se le ha metido en la cabeza hacerlo; **tenir ~ à qn** hacer frente a algn; **la ~ la première** de cabeza; **la ~ basse** cabizbajo(-a); **la ~ en bas** cabeza abajo; **avoir la ~ dure** (*fig*) ser duro(-a) de mollera; **faire une ~** (*Football*) dar un cabezazo; **faire la ~** estar de morros, poner mala cara; **en ~** (*Sport*) a la cabeza; (*arriver, partir*) primero(-a); **de la ~ aux pieds** de la cabeza a los pies; **~ brûlée** (*fig*) cabeza loca; **~ chercheuse/d'enregistrement/d'impression** cabeza buscadora/grabadora/impresora; **~ d'affiche** (*Théâtre etc*) cabecera del reparto; **~ de bétail** res *f*; **~ de lecture** cabeza de lectura; **~ de ligne** (*Transport*) central *f*; **~ de liste** (*Pol*) cabeza de lista; **~ de mort** calavera; **~ de pont** (*Mil, fig*) cabeza de puente; **~ de série** (*Tennis*) cabeza de serie; **~ de Turc** cabeza de turco; **~ de veau** (*Culin*) cabeza de ternero

tête-à-queue [tɛtakø] NM INV trompo; **faire un ~** hacer un trompo
tête-à-tête [tɛtatɛt] NM INV (*Pol*) cara a cara; (*amoureux*) conversación *f* a solas; (*service à petit-déjeuner*) tú y yo *m*; **en ~** a solas
tête-bêche [tɛtbɛʃ] ADV pies contra cabeza
tête-de-loup [tɛtd(ə)lu] (*pl* **têtes-de-loup**) NF escobón *m*
tête-de-nègre [tɛtd(ə)nɛɡʀ(ə)] ADJ INV castaño oscuro *inv*
tétée [tete] NF amamantamiento
téter [tete] VT mamar
tétine [tetin] NF (*de vache*) ubre *f*; (*de biberon*) tetina; (*sucette*) chupete *m*
téton [tetɔ̃] (*fam*) NM teta
tétralogie [tetʀalɔʒi] NF tetralogía
têtu, e [tety] ADJ terco(-a), testarudo(-a)
teuf [tøf] (*fam*) NF fiesta; **faire la ~** estar de fiesta
texte [tɛkst] NM texto; (*passage*) : **textes choisis** textos *mpl* escogidos; **apprendre son ~** (*Théâtre, Ciné*) aprender el papel; **un ~ de loi** un texto de ley
texter [tɛkste] VT (*envoyer un texto à*) escribir un SMS a; (*envoyer par texto*) enviar en un SMS ▸ VI enviar un SMS; **je t'ai texté mon adresse** te he enviado mi dirección en un SMS
textile [tɛkstil] ADJ textil ▸ NM tejido; (*industrie*) : **le ~** la industria textil
texto [tɛksto] NM mensaje *m* de texto, SMS *m*
textoter [tɛkstɔte] VT, VI = **texter**
textuel, le [tɛkstɥɛl] ADJ textual
textuellement [tɛkstɥɛlmɑ̃] ADV textualmente
texture [tɛkstyʀ] NF textura
texturé [tɛkstyʀe] ADJ (*surface, matériau*) texturizado(-a); (*vin*) con textura
TGV [teʒeve] SIGLE M (= *train à grande vitesse*) ≈ AVE (= *Alta Velocidad Española*)
thaï, e [taj] ADJ del sureste asiático ▸ NM (*Ling*) *grupo de idiomas del sureste asiático*
thaïlandais, e [tajlɑ̃dɛ, ɛz] ADJ tailandés(-esa) ▸ NM/F : **Thaïlandais, e** tailandés(-esa)
Thaïlande [tailɑ̃d] NF Tailandia
thalasso [talaso] NF = **thalassothérapie**
thalassothérapie [talasoteʀapi] NF talasoterapia
thé [te] NM té *m*; **prendre le ~** tomar el té; **faire le ~** hacer un té; **~ au citron/au lait** té con limón/con leche
théâtral, e, -aux [teɑtʀal, o] (*aussi péj*) ADJ teatral
théâtre [teɑtʀ] NM teatro; (*fig : lieu*) : **le ~ de** el escenario de; **faire du ~** hacer teatro; **~ filmé** teatro grabado
Thèbes [tɛb] N Tebas
théière [tejɛʀ] NF tetera
théine [tein] NF teína
théisme [teism] NM teísmo
thématique [tematik] ADJ temático(-a)
thème [tɛm] NM tema; (*traduction*) traducción *f* inversa; **~ astral** carta astral
théocratie [teɔkʀasi] NF teocracia
théocratique [teɔkʀatik] ADJ teocrático(-a)
théologie [teɔlɔʒi] NF teología
théologien [teɔlɔʒjɛ̃] NM teólogo
théologique [teɔlɔʒik] ADJ teológico(-a)
théorème [teɔʀɛm] NM teorema *m*
théoricien, ne [teɔʀisjɛ̃, jɛn] NM/F teórico(-a)
théorie [teɔʀi] NF teoría; **en ~** en teoría; **~ musicale** teoría de la música
théorique [teɔʀik] ADJ teórico(-a)
théoriquement [teɔʀikmɑ̃] ADV teóricamente; (*gén : en principe*) en teoría
théorisation [teɔʀizasjɔ̃] NF teorización *f*
théoriser [teɔʀize] VI teorizar
thérapeutique [teʀapøtik] ADJ terapéutico(-a) ▸ NF terapéutica
thérapie [teʀapi] NF terapia; **~ génique** terapia génica
thermal, e, -aux [tɛʀmal, o] ADJ termal; **station/cure thermale** estación *f*/cura termal
thermes [tɛʀm] NMPL termas *fpl*
thermique [tɛʀmik] ADJ térmico(-a); **ascendance ~** ascendencia térmica
thermodynamique [tɛʀmodinamik] ADJ termodinámico(-a)
thermoélectrique [tɛʀmoelɛktʀik] ADJ termoeléctrico(-a)
thermomètre [tɛʀmɔmɛtʀ] NM termómetro
thermonucléaire [tɛʀmonykleɛʀ] ADJ termonuclear
thermorégulateur, -trice [tɛʀmoʀegylatœʀ, tʀis] ADJ termorregulador(a)
thermos® [tɛʀmos] NM OU F : **(bouteille) ~** termo
thermostat [tɛʀmɔsta] NM termostato
thermostatique [tɛʀmɔstatik] ADJ termostático(-a)
thésard, e [tezaʀ, aʀd] NM/F doctorando(-a)
thésaurisation [tezɔʀizasjɔ̃] NF atesoramiento
thésauriser [tezɔʀize] VI atesorar
thèse [tɛz] NF tesis *f inv*; (*opinion*) teoría; **pièce/roman à ~** obra/novela de tesis
thibaude [tibod] NF muletón *m*
thon [tɔ̃] NM atún *m*
thonier [tɔnje] NM barco atunero
thoracique [tɔʀasik] ADJ *voir* **cage**; **capacité**
thorax [tɔʀaks] NM tórax *m inv*
thriller [sʀilœʀ] NM thriller *m*
thrombose [tʀɔ̃boz] NF trombosis *f inv*
thune [tyn] (*fam*) NF pasta (*fam*), guita (*fam*)
thym [tɛ̃] NM tomillo
thyroïde [tiʀɔid] NF tiroides *m inv*

t

thyroïdien, -ienne [tiʀɔidjɛ̃, jɛn] ADJ tiroideo(-a)

tiare [tjaʀ] NF tiara

Tibet [tibɛ] NM Tíbet *m*

tibétain, e [tibetɛ̃, ɛn] ADJ tibetano(-a) ▸ NM/F : **Tibétain, e** tibetano(-a)

tibia [tibja] NM tibia

TIC [tik] SIGLE FPL (= *technologies de l'information et de la communication*) TIC (= *Tecnologías de la Información y la Comunicación*)

tic [tik] NM (*nerveux*) tic *m*; (*de langage etc*) muletilla

ticket [tikɛ] NM billete *m*, boleto (AM); (*de cinéma, théâtre*) entrada; **~ de caisse** ticket *m ou* tique(t) *m* de compra; **~ de rationnement** cupón *m* de racionamiento; **~ modérateur** *porcentaje correspondiente al asegurado en los gastos de la Seguridad social*; **~ repas** vale *m* (para la comida)

tic-tac [tiktak] NM INV tictac *m*

tiède [tjɛd] ADJ tibio(-a), templado(-a); (*bière*) caliente; (*thé, café*) tibio(-a); (*air*) templado(-a); **recevoir un accueil ~** tener una acogida tibia ▸ ADV : **boire ~** beber cosas templadas

tièdement [tjɛdmɑ̃] ADV con tibieza

tiédeur [tjedœʀ] NF : **la ~ de l'eau** el agua templada; **la ~ de l'accueil** la tibieza de la acogida

tiédir [tjediʀ] VI templarse

tiédissement [tjedismɑ̃] NM (*de la température*) suavizamiento

tien, ne [tjɛ̃, tjɛn] ADJ tuyo(-a) ▸ PRON : **le ~, la tienne** el tuyo, la tuya; **les tiens, les tiennes** los tuyos, las tuyas; **les tiens** (*ta famille*) los tuyos

tienne [tjɛn] VB *voir* **tenir** ▸ PRON *voir* **tien**

tiens [tjɛ̃] VB, EXCL *voir* **tenir**

tierce [tjɛʀs] ADJ F *voir* **tiers** ▸ NF (*Mus*) tercera; (*Cartes*) escalera

tiercé [tjɛʀse] NM quiniela hípica

tiers, tierce [tjɛʀ, tjɛʀs] ADJ tercero(-a); **le ~ monde** el tercer mundo; **une tierce personne** una tercera persona ▸ NM (*Jur*) tercero; (*fraction*) tercio; **assurance au ~** seguro contra terceros; **~ payant** (*Méd, Pharmacie*) *sistema en que la compañía de seguros paga directamente por la asistencia médica del paciente*; **~ provisionnel** (*Admin*) *pago fraccionado del impuesto sobre la renta*

tiers-mondisme [tjɛʀmɔ̃dism] (*pl* **tiers-mondismes**) NM tercermundismo

tifs [tif] (*fam*) NMPL (*cheveux*) pelo *m*

TIG [teiʒe] SIGLE M (= *travail d'intérêt général*) *trabajo sustitutorio de pena de cárcel*

tige [tiʒ] NF (*de fleur, plante*) tallo

tignasse [tiɲas] (*péj*) NF greñas *fpl*

Tigre [tigʀ] NM Tigris *m*

tigre [tigʀ] NM tigre *m*

tigré, e [tigʀe] ADJ (*rayé*) atigrado(-a)

tigresse [tigʀɛs] NF tigresa

tilde [tild(e)] NM tilde *f*

tilleul [tijœl] NM (*arbre*) tilo; (*boisson*) tila

tilt [tilt] NM : **faire ~** (*fig : échouer*) irse al garete; **sa réponse a fait ~** (*inspirer*) su respuesta me iluminó la mente

timbale [tɛ̃bal] NF cubilete *m* ▪ **timbales** NFPL (*Mus*) timbales *mpl*

timbalier [tɛ̃balje] NM (*Mus*) timbalero

timbrage [tɛ̃bʀaʒ] NM : **dispensé de ~** exento de franqueo

timbre [tɛ̃bʀ] NM timbre *m*; (*aussi* : **timbre-poste**) sello, estampilla (AM); (*cachet*) sello; **~ dateur** fechador *m*; **~ fiscal** timbre fiscal; **~ tuberculinique** (*Méd*) *pegatina vendida en la lucha contra la tuberculosis*

timbré, e [tɛ̃bʀe] ADJ (*enveloppe*) timbrado(-a), sellado(-a); (*voix*) timbrado(-a); (*fam*) tocado(-a) de la cabeza; **papier ~** papel *m* timbrado

timbrer [tɛ̃bʀe] VT (*lettre, paquet*) sellar; (*document, acte*) timbrar

timide [timid] ADJ tímido(-a); **le soleil est ~** el sol no se atreve a salir

timidement [timidmɑ̃] ADV tímidamente

timidité [timidite] NF timidez *f*

timing [tajmiŋ] NM timing *m*

timonerie [timɔnʀi] NF timonera

timonier [timɔnje] NM timonel *m*

timoré, e [timɔʀe] ADJ timorato(-a)

tint *etc* [tɛ̃] VB *voir* **tenir**

tintamarre [tɛ̃tamaʀ] NM escandalera

tintement [tɛ̃tmɑ̃] NM (*de cloche*) tintín *m*; **~ d'oreilles** zumbido de oídos

tinter [tɛ̃te] VI tintinar

tipi [tipi] NM tipi *m*

Tipp-Ex® [tipɛks] NM INV Tipp-Ex® *m*

tique [tik] NF garrapata

tiquer [tike] VI inmutarse

TIR [tiʀ] SIGLE MPL (= *transports internationaux routiers*) TIR *m*, *transporte internacional por carretera*

tir [tiʀ] NM tiro; (*stand*) tiro al blanco; **~ à l'arc** tiro con arco; **~ au fusil** tiro con fusil; **~ au pigeon** tiro de pichón; **~ de barrage/de mitraillette/d'obus** fuego de barrera/disparo de ametralladora/tiro de obús

tirade [tiʀad] NF (*Théâtre*) parlamento; (*péj*) retahíla

tirage [tiʀaʒ] NM (*Photo*) revelado; (*Typo, Inform*) impresión *f*; (*d'un journal, de livre*) tirada; (: *édition*) edición *f*; (*d'un poêle etc*) tiro; (*de loterie*) sorteo; (*désaccord*) fricción *f*; **~ au sort** sorteo

tiraillement [tiʀɑjmɑ̃] NM (*d'estomac*) retortijón *m*; (*dans les jambes*) tirón *m* ▪ **tiraillements** NMPL (*doutes*) vacilaciones *fpl*; (*conflits*) tirantez *fsg*

tirailler [tiʀɑje] VT dar tirones a; (*corde, moustache, manche*) tirar; (*suj : honte etc*) agobiar

tirailleur [tiʀɑjœʀ] NM (*Mil*) tirador *m*

tirant [tiʀɑ̃] NM : **~ d'eau** calado

tire [tiʀ] NF : **voleur à la ~** ratero; **vol à la ~** tirón *m*

tiré, e [tiʀe] ADJ (*visage*) cansado(-a); **~ par les cheveux** difícil de creer ▸ NM (*Comm*) librado; **~ à part** separata

tire-au-flanc [tiʀoflɑ̃] (*péj*) NM INV vago(-a)

tire-botte [tiʀbɔt] (*pl* **tire-bottes**) NM sacabotas *m inv*

tire-bouchon [tiʀbuʃɔ̃] (*pl* **tire-bouchons**) NM sacacorchos *m inv*

tire-bouchonner [tiʀbuʃɔne] VT : **pantalons tire-bouchonnés** pantalones *mpl* con pliegues *ou* arrugas en la canilla

tire-d'aile [tiʀdɛl] : **à ~** *adv* a aletazos

tire-fesses [tiʀfɛs] NM INV telesquí *m*

tire-lait [tiʀlɛ] (*pl* **~(s)**) NM sacaleches *msg*

tire-larigot [tiʀlaʀigo] (*fam*) : **à ~** *adv* hasta reventar

tirelire [tiʀliʀ] NF hucha

tirer [tiʀe] VT (*sonnette etc*) tirar de, jalar (*AM*); (*remorque*) arrastrar, jalar (*AM*); (*trait*) trazar; (*porte*) cerrar; (*rideau, panneau*) correr; (*extraire : carte, numéro, conclusion*) sacar; (*Comm : chèque*) extender; (*loterie*) sortear; (*en faisant feu*) tirar, disparar; (: *animal*) disparar (a); (*journal, livre*) imprimir; (*Photo*) revelar; (*Football*) sacar, tirar; **~ qch de** sacar algo de; (*un son d'un instrument*) obtener algo de; **~ une substance d'une matière première** obtener una sustancia de una materia prima; **~ six mètres** (*Naut*) tener seis metros de calado; **~ la langue** sacar la lengua; **~ avantage/parti de** sacar provecho/partido de; **~ son nom/origine de** recibir su nombre/origen de; **~ qn de** (*embarras etc*) sacar a algn de; **~ les cartes** echar las cartas ▸ VI (*faire feu*) disparar; (*cheminée, Sport*) tirar; **~ sur** tirar de; (*faire feu sur*) disparar a; (*pipe*) fumar en; **~ à l'arc/à la carabine** tirar con arco/con carabina; **~ en longueur** no tener fin; **~ à sa fin** tocar a su fin ■ **se tirer** VPR (*fam*) largarse; **s'en ~** salir bien

tiret [tiʀɛ] NM guion *m*; **~ bas** guion *m* bajo

tireur, -euse [tiʀœʀ, øz] NM/F (*Mil*) tirador(a); (*Comm*) librador(a); **bon(ne) ~** buen(-a) tirador(a); **~ d'élite** tirador(a) de primera; **tireuse de cartes** echadora de cartas

tiroir [tiʀwaʀ] NM cajón *m*

tiroir-caisse [tiʀwaʀkɛs] (*pl* **tiroirs-caisses**) NM caja

tisane [tizan] NF tisana, infusión *f*

tison [tizɔ̃] NM tizón *m*

tisonner [tizɔne] VT atizar

tisonnier [tizɔnje] NM atizador *m*

tissage [tisaʒ] NM tejido

tisser [tise] VT tejer; (*réseau*) establecer

tisserand [tisʀɑ̃] NM tejedor *m*

tissu [tisy] NM tejido; (*fig*) sarta; **~ de mensonges** sarta de mentiras

tissu-éponge [tisyepɔ̃ʒ] (*pl* **tissus-éponges**) NM felpa

titan [titɑ̃] NM (*géant*) titán *m*; **travail de ~** labor titánica

titane [titan] NM titanio

titanesque [titanɛsk] ADJ titánico(-a)

titiller [titije] VT cosquillear

titrage [titʀaʒ] NM (*d'un film*) titulación *f*; (*d'un alcool*) graduación *f*

titraille [titʀaj] NF (*Typo*) titulares *mpl* secundarios

titre [titʀ] NM título; (*de journal, aussi télévisé*) titular *m*; (*Chim : d'alliage*) ley *f*; (: *de solution*) título; (: *d'alcool*) graduación *f*; **en ~** titular; **à juste ~** con toda razón; **à quel ~ ?** ¿a título de qué?; **à aucun ~** bajo ninguna razón; **au même ~ (que)** al igual (que); **au ~ de la coopération** *etc* en nombre de la cooperación *etc*; **à ~ d'exemple** como ejemplo; **à ~ d'exercice** como ejercicio; **à ~ exceptionnel** excepcionalmente; **à ~ amical** amistosamente; **à ~ d'information** a modo de información; **à ~ gracieux** gratis; **à ~ provisoire/d'essai** de forma provisional/a modo de ensayo; **à ~ privé/consultatif** a título privado/consultativo; **~ courant** titulillo; **~ de propriété** título de propiedad; **~ de transport** billete *m*

titré, e [titʀe] ADJ titulado(-a); (*personne*) con título

titrer [titʀe] VT (*Chim : alcool*) graduar; (: *solution*) titular; (*Presse*) titular; (*suj : vin*) : **~ 10°** tener una graduación de 10°

titubant, e [titybɑ̃, ɑ̃t] ADJ tambaleante

tituber [titybe] VI titubear

titulaire [tityləʀ] ADJ titular; **être ~ de** ser titular de ▸ NMF titular *mf*

titularisation [titylaʀizasjɔ̃] NF nombramiento (como titular)

titulariser [titylaʀize] VT hacer titular a

TMS [teɛmɛs] SIGLE MPL (= *troubles musculosquelettiques*) TME *mpl* (= *trastornos musculoesqueléticos*)

TNT [teɛnte] SIGLE M (= *trinitrotoluène*) TNT *m* (= *trinitrotolueno*) ▸ SIGLE F (= *télévision numérique terrestre*) TDT *f* (= *televisión digital terrestre*)

toast [tost] NM tostada; (*de bienvenue*) brindis *m inv*; **porter un ~ à qn** brindar por algn

toasteur [tostœʀ] NM tostador *m*

toboggan [tɔbɔgɑ̃] NM tobogán *m*; (*Auto*) paso a desnivel

TOC SIGLE MPL (= *troubles obsessionnels compulsifs*) TOC *msg* (= *trastorno obsesivo-compulsivo*)

toc [tɔk] NM : **en ~** de imitación

tocsin [tɔksɛ̃] NM rebato, toque *m* de alarma

toge [tɔʒ] NF toga

Togo [tɔgo] NM Togo

togolais, e [tɔgɔlɛ, ɛz] ADJ togolés(-esa) ▸ NM/F : **Togolais, e** togolés(-esa)

tohu-bohu [tɔybɔy] NM INV (*désordre*) revoltijo; (*tumulte*) barullo

toi [twa] PRON tú; **~, tu n'y vas pas** tú no vas; **c'est ~ ?** ¿eres tú?; **je veux aller avec ~** quiero ir

t

contigo; **pour/sans ~** para/sin ti; **des livres à ~** libros tuyos

toile [twal] NF tela; (*bâche*) lona; (*tableau*) tela, lienzo; **grosse ~** tela basta; **tisser sa ~** tejer su tela; **~ cirée** hule *m*; **~ d'araignée** telaraña; **~ de fond** telón *m* de fondo; **~ de jute** tela de saco; **~ de lin** lienzo; **~ de tente** lona; **~ émeri** tela de esmeril

toilettage [twaletaʒ] NM (*d'un animal*) aseo; (*d'un texte*) preparación *f* para la edición

toilette [twalɛt] NF aseo; (*s'habiller et se préparer*) arreglo; (*habillement*) vestimenta; **faire sa ~** asearse; **faire la ~ de** (*animal*) asear; (*texte*) preparar; **articles de ~** artículos *mpl* de aseo; **~ intime** aseo íntimo ■ **toilettes** NFPL servicios *mpl*; **les toilettes des dames/messieurs** los servicios de señoras/caballeros

toiletter [twalete] VT (*animal*) asear; (*texte*) retocar

toi-même [twamɛm] PRON tú mismo(-a)

toise [twaz] NF : **passer à la ~** tallar

toiser [twaze] VT tallar

toison [twazɔ̃] NF (*de mouton*) vellón *m*; (*cheveux*) melena

toit [twa] NM techo; (*de bâtiment*) tejado; **~ ouvrant** techo solar

toiture [twatyʀ] NF tejado, techumbre *f*

Tokyo [tɔkjo] N Tokio

tôlard, e [tolaʀ, aʀd] NM/F = **taulard**

tôle [tol] NF chapa; **~ d'acier** chapa de acero; **~ ondulée** chapa ondulada

Tolède [tɔlɛd] N Toledo

tolérable [tɔleʀabl] ADJ tolerable

tolérance [tɔleʀɑ̃s] NF tolerancia; (*hors taxe*) cantidad *f* autorizada

tolérant, e [tɔleʀɑ̃, ɑ̃t] ADJ tolerante

tolérer [tɔleʀe] VT tolerar; (*Admin : hors taxe*) autorizar

tôlerie [tolʀi] NF fabricación *f* de chapas; (*atelier*) chapistería; (*d'une voiture*) chapa

tollé [tɔ(l)le] NM : **un ~ (d'injures/de protestations)** una sarta (de insultos/de protestas)

TOM [tɔm] SIGLE M OU MPL (= *territoire(s) d'outremer*) territorio(s) *m(pl)* de ultramar

tomate [tɔmat] NF tomate *m*

tombal, e, -aux [tɔ̃bal, o] ADJ : **pierre tombale** lápida sepulcral

tombant, e [tɔ̃bɑ̃, ɑ̃t] ADJ : **manches tombantes** mangas *fpl* caídas; **épaules tombantes** hombros *mpl* caídos

tombe [tɔ̃b] NF tumba

tombeau, x [tɔ̃bo] NM tumba; **à ~ ouvert** a toda velocidad

tombée [tɔ̃be] NF : **à la ~ du jour** *ou* **de la nuit** al atardecer, al anochecer

tomber [tɔ̃be] VI caer; (*accidentellement*) caerse; (*prix, température*) bajar; **laisser ~** abandonar; **~ sur** encontrarse con; (*attaquer*) echarse sobre; (*critiquer*) echarse encima de; **~ de fatigue/de sommeil** caerse de cansancio/de sueño; **~ à l'eau** (*fig*) irse al garete; **~ juste** salir bien; **~ en panne** tener una avería; **~ en ruine** caerse en ruinas; **le 15 tombe un mardi** el 15 cae en martes; **~ bien/mal** (*vêtement*) quedar bien/mal; **ça tombe bien/mal** (*fig*) viene bien/mal; **il est bien/mal tombé** (*fig*) le ha ido bien/mal ▸ VT : **~ la veste** (*fam*) quitarse la chaqueta

tombereau, x [tɔ̃bʀo] NM volquete *m*

tombeur [tɔ̃bœʀ] (*péj*) NM seductor *m*

tombola [tɔ̃bɔla] NF tómbola

Tombouctou [tɔ̃buktu] N Tombuctú

tome [tɔm] NM tomo

tomette [tɔmɛt] NF = **tommette**

tommette [tɔmɛt] NF baldosín *m*

tomographie [tɔmɔgʀafi] NF tomografía

ton¹, ta [tɔ̃, ta] (*pl* **tes**) ADJ POSS tu

ton² [tɔ̃] NM tono; **élever** *ou* **hausser le ~** levantar la voz; **donner le ~** llevar la voz cantante; **si vous le prenez sur ce ~** si lo toma usted así; **de bon ~** de buen tono; **~ sur ~** en la misma gama de color

tonal, e [tɔnal] (*pl* **-als** *ou* **-aux**) ADJ (*Mus*) tonal

tonalité [tɔnalite] NF tonalidad *f*; (*au téléphone*) señal *f*

tondeuse [tɔ̃døz] NF (*à gazon*) cortadora de césped; (*de coiffeur*) maquinilla (de cortar el pelo); (*pour la tonte*) esquiladora

tondre [tɔ̃dʀ] VT (*pelouse*) cortar; (*mouton*) esquilar; (*cheveux*) rapar

tondu, e [tɔ̃dy] PP *de* **tondre** ▸ ADJ (*cheveux*) rapado(-a); (*mouton*) esquilado(-a)

tongs [tɔ̃g] NFPL chanclas *fpl*

tonicité [tɔnisite] NF tonicidad *f*

tonifiant, e [tɔnifjɑ̃, jɑ̃t] ADJ (*lotion*) tonificante; (*air*) vivificador(a)

tonifier [tɔnifje] VI (*air*) vivificar; (*eau*) tonificar ▸ VT (*organisme*) entonar; (*peau*) tonificar

tonique [tɔnik] ADJ (*lotion, accent*) tónico(-a); (*médicament, personne*) estimulante; (*froid*) tonificante; (*air*) vivificador(a) ▸ NM (*médicament*) estimulante *m*; (*lotion*) tónico; (*boisson*) tónica ▸ NF (*Mus*) tónica

tonitruant, e [tɔnitʀyɑ̃, ɑ̃t] ADJ estrepitoso(-a)

Tonkin [tɔ̃kɛ̃] NM Tonquín *m*, Tonkín *m*

tonkinois, e [tɔ̃kinwa, waz] ADJ tonquinés(-esa) ▸ NM/F : **Tonkinois, e** tonquinés(-esa)

tonnage [tɔnaʒ] NM tonelaje *m*

tonnant, e [tɔnɑ̃, ɑ̃t] ADJ estruendoso(-a)

tonne [tɔn] NF tonelada

tonneau, x [tɔno] NM tonel *m*; (*Naut*) : **jauger 2.000 tonneaux** tener una capacidad de 2.000 toneladas; **faire des tonneaux** (*voiture*) dar vueltas de campana; (*avion*) hacer rizos

tonnelet [tɔnlɛ] NM tonelete *m*

tonnelier [tɔnəlje] NM tonelero
tonnelle [tɔnɛl] NF glorieta
tonnellerie [tɔnɛlʀi] NF tonelería
tonner [tɔne] VI tronar; (*parler avec véhémence*) : **~ contre qn/qch** despotricar contra algn/algo; **il tonne** truena
tonnerre [tɔnɛʀ] NM trueno; **du ~** (*fam*) bárbaro(-a); **coup de ~** infortunio; **~ d'applaudissements** salva de aplausos
tonsure [tɔ̃syʀ] NF tonsura
tonte [tɔ̃t] NF esquila
tonton [tɔ̃tɔ̃] NM tito
tonus [tɔnys] NM : **avoir du ~** estar entonado(-a); **donner du ~** entonar
top [tɔp] NM : **au troisième ~** a la tercera señal; **le ~ 50** ≈ los 40 principales ▶ ADJ : **~ secret** top secret ▶ EXCL ¡ya!
topaze [tɔpɑz] NF topacio
toper [tɔpe] VI : **tope-/topez-là !** ¡chócala/chóquela!
topinambour [tɔpinɑ̃buʀ] NM pataca
topo [tɔpo] (*fam*) NM (*croquis*) plano; (*exposé*) resumen *m*
topographie [tɔpɔgʀafi] NF topografía
topographique [tɔpɔgʀafik] ADJ topográfico(-a)
topologie [tɔpɔlɔʒi] NF topología
toponyme [tɔpɔnim] NM topónimo
toponymie [tɔpɔnimi] NF toponimia
toquade [tɔkad] (*fam*) NF capricho
toque [tɔk] NF gorro; **~ de cuisinier** gorro de cocinero; **~ de jockey** gorra de jockey; **~ de juge** birrete *m* de juez
toqué, e [tɔke] (*fam*) ADJ tocado(-a)
torche [tɔʀʃ] NF antorcha
torcher [tɔʀʃe] (*fam*) VT limpiar ■ **se torcher** VPR : **se ~ le cul** (*fam !*) limpiarse el culo (*fam !*)
torchère [tɔʀʃɛʀ] NF hachón *m*
torchis [tɔʀʃi] NM adobe *m*
torchon [tɔʀʃɔ̃] NM trapo; (*à vaisselle*) paño de cocina
tordre [tɔʀdʀ] VT (*chiffon*) estrujar; (*barre*) torcer; (*visage*) retorcer ■ **se tordre** VPR torcerse; (*ver, serpent*) retorcerse; **se ~ le pied/bras** torcerse el pie/brazo; **se ~ de douleur/de rire** retorcerse de dolor/desternillarse de risa
tordu, e [tɔʀdy] PP *de* **tordre** ▶ ADJ (*partie du corps, bâton*) torcido(-a); (*esprit*) retorcido(-a) ▶ NM/F (*fam*) pirado(-a)
torero [tɔʀeʀo] NM torero
tornade [tɔʀnad] NF tornado
toron [tɔʀɔ̃] NM cable *m* trenzado
Toronto [tɔʀɔ̃to] N Toronto
torontois, e [tɔʀɔ̃twa, waz] ADJ de Toronto ▶ NM/F : **Torontois, e** nativo(-a) *ou* habitante *mf* de Toronto
torpeur [tɔʀpœʀ] NF entorpecimiento
torpillage [tɔʀpijaʒ] NM (*aussi fig*) torpedeo, torpedeamiento
torpille [tɔʀpij] NF torpedo
torpiller [tɔʀpije] VT (*aussi fig*) torpedear
torpilleur [tɔʀpijœʀ] NM torpedero
torréfacteur [tɔʀefaktœʀ] NM (*entreprise*) torrefactora
torréfaction [tɔʀefaksjɔ̃] NF torrefacción *f*
torréfier [tɔʀefje] VT torrefactar
torrent [tɔʀɑ̃] NM torrente *m*; (*fig*) : **un ~ de** un torrente de; **il pleut à torrents** llueve a mares
torrentiel, le [tɔʀɑ̃sjɛl] ADJ torrencial
torride [tɔʀid] ADJ tórrido(-a)
tors, e [tɔʀ, tɔʀs] ADJ torcido(-a)
torsade [tɔʀsad] NF trenzado; (*Archit*) espiral *f*
torsadé, e [tɔʀsade] ADJ trenzado(-a)
torsader [tɔʀsade] VT trenzar
torse [tɔʀs] NM torso; (*poitrine*) pecho; **~ nu** con el torso desnudo ▶ ADJ F *voir* **tors**
torsion [tɔʀsjɔ̃] NF torsión *f*
tort [tɔʀ] NM (*préjudice*) perjuicio; **avoir ~** estar equivocado(-a); **être dans son ~** tener la culpa; **donner ~ à qn** echar la culpa a algn; (*fig* : *suj* : *chose*) perjudicar a algn; **causer du ~ à** perjudicar a; **être en ~** tener la culpa; **à ~** sin razón; **à ~ ou à raison** con razón o sin ella; **à ~ et à travers** a tontas y a locas ■ **torts** NMPL (*Jur*) daños y perjuicios *mpl*
torticolis [tɔʀtikɔli] NM tortícolis *f inv*
tortiller [tɔʀtije] VT retorcer ■ **se tortiller** VPR retorcerse
tortionnaire [tɔʀsjɔnɛʀ] NMF torturador(a)
tortue [tɔʀty] NF tortuga
tortueux, -euse [tɔʀtɥø, øz] ADJ tortuoso(-a)
torture [tɔʀtyʀ] NF tortura
torturé, e [tɔʀtyʀe] ADJ atormentado(-a)
torturer [tɔʀtyʀe] VT torturar
torve [tɔʀv] ADJ : **regard ~** mirada torva
tôt [to] ADV (*au début d'une portion de temps*) temprano; (*au bout de peu de temps*) pronto; **~ ou tard** tarde o temprano; **si ~** tan pronto; **au plus ~** cuanto antes; **plus ~** antes; **il eut ~ fait de faire …** muy pronto hizo …
total, e, -aux [tɔtal, o] ADJ total ▶ NM total *m*; **au ~** en total; (*fig*) en resumidas cuentas; **faire le ~** hacer el total
totalement [tɔtalmɑ̃] ADV totalmente
totalisateur, -trice [tɔtalizatœʀ, tʀis] ADJ totalizador(a) ▶ NM (*Comm*) totalizador *m*
totaliser [tɔtalize] VT totalizar
totalitaire [tɔtalitɛʀ] ADJ totalitario(-a)
totalitarisme [tɔtalitaʀism] NM totalitarismo
totalité [tɔtalite] NF totalidad *f*; **revoir qch en ~** revisar algo en totalidad
totem [tɔtɛm] NM tótem *m*
touareg [twaʀɛg] ADJ INV tuareg *inv* ▶ NM INV (*langue*) tuareg *m* ▶ NMF : **Touareg** tuareg *mf*

t

toubib [tubib] (*fam*) NMF médico(-a)
toucan [tukɑ̃] NM tucán *m*
touchant, e [tuʃɑ̃, ɑ̃t] ADJ conmovedor(a)
touche [tuʃ] NF (*de piano, de machine à écrire*) tecla; (*de télécommande*) botón *m*; (*Peinture, fig*) toque *m*; (*Rugby*) línea lateral; (*Football : remise en jeu*) saque *m* de banda; (*: ligne*) línea de banda; (*Escrime*) tocado; **en ~** fuera de banda; **avoir une drôle de ~** (*fam*) tener una pinta extraña; **~ sensitive** *ou* **à effleurement** control *m* sensible al tacto; **~ de commande/de fonction/de retour** (*Inform*) tecla de mando/de función/de retorno
touche-à-tout [tuʃatu] (*péj*) NM INV (*gén : enfant*) : **quel ~ !** ¡tiene que tocarlo todo!; (*fig : chercheur*) hace de todo un poco
toucher [tuʃe] NM tacto; (*Mus*) modo de tocar; **au ~** al tacto ▶ VT tocar; (*mur, pays*) lindar con; (*atteindre*) alcanzar; (*émouvoir : suj : amour, fleurs*) conmover; (*: catastrophe, malheur, crise*) afectar; (*concerner*) atañer; (*prix, récompense*) recibir; (*salaire, chèque*) cobrar; (*problème, sujet*) abordar; **je vais lui en ~ un mot** le diré dos palabras sobre ello; **~ à qch** tocar algo; (*concerner*) atañer a algo; **~ au but** llegar a la meta; **~ à sa fin** *ou* **son terme** tocar a su fin ■ **se toucher** VPR tocarse
touffe [tuf] NF (*d'herbe*) mata; (*de poils*) mechón *m*
touffu, e [tufy] ADJ (*haie, forêt*) frondoso(-a); (*cheveux*) tupido(-a); (*style, texte*) denso(-a)
toujours [tuʒuʀ] ADV siempre; (*encore*) todavía; **~ plus** cada vez más; **pour ~** para siempre; **depuis ~** desde siempre; **~ est-il que** lo cierto es que; **essaie ~** prueba a intentarlo; **il vit ~ ici** todavía vive aquí, sigue viviendo aquí
Toulon [tulɔ̃] N Tolón
toulonnais, e [tulɔnɛ, ɛz] ADJ tolonés(-esa) ▶ NM/F : **Toulonnais, e** tolonés(-esa)
toulousain, e [tuluzɛ̃, ɛn] ADJ de Toulouse ▶ NM/F : **Toulousain, e** nativo(-a) *ou* habitante *mf* de Toulouse
Toulouse [tuluz] N Toulouse
toundra [tundʀa] NF tundra
toupet [tupɛ] NM tupé *m*; (*fam*) caradura
toupie [tupi] NF peonza
tour [tuʀ] NF torre *f*; (*appartements*) bloque *m* (de pisos); **~ de contrôle** torre de control; **~ de lancement** plataforma de lanzamiento ▶ NM (*promenade*) paseo, vuelta; (*excursion*) excursión *f*; (*Sport, Pol, de vis, de roue*) vuelta; (*d'être servi ou de jouer etc*) turno; (*de la conversation*) giro; (*ruse*) ardid *m*; (*de prestidigitation etc*) número; (*de cartes*) truco; (*de potier, à bois*) torno; **de trois mètres de ~** (*circonférence*) de tres metros de perímetro; **faire le ~ de** dar la vuelta a; (*questions, possibilités*) dar vueltas a; **faire un ~** dar una vuelta; **faire le ~ de l'Europe** dar la vuelta a Europa; **faire deux ou trois tours** dar dos o tres vueltas; **fermer à double ~** cerrar bajo siete llaves; **c'est mon/son ~** es mi/su turno; **c'est au ~ de Philippe** le toca a Philippe; **à ~ de rôle, ~ à ~** por turnos, en orden; **à ~ de bras** con todas las fuerzas; **~ d'horizon** (*fig*) panorama; **~ de chant** recital *m* de canto; **~ de force** hazaña; **~ de garde** recorrido de guardia; **~ de lit** cubrecama *m*; **~ de main** habilidad *f*; **en un ~ de main** en un santiamén, en un abrir y cerrar de ojos; **~ de passe-passe** juego de manos; **~ de poitrine/de tête** contorno de pecho/de cabeza; **~ de reins** lumbago; **~ de taille** contorno de cintura
tourangeau, -elle [tuʀɑ̃ʒo, ɛl] ADJ turonense ▶ NM/F : **Tourangeau, -elle** turonense *mf*
tourbe [tuʀb] NF turba
tourbeux, -euse [tuʀbø, øz] ADJ turboso(-a)
tourbière [tuʀbjɛʀ] NF turbera
tourbillon [tuʀbijɔ̃] NM (*d'eau, de poussière*) remolino; (*de vent, fig*) torbellino
tourbillonner [tuʀbijɔne] VI arremolinarse; (*objet, personne*) dar vueltas
tourelle [tuʀɛl] NF torrecilla; (*de véhicule*) torreta
tourisme [tuʀism] NM turismo; **office du ~** oficina de turismo; **avion de ~** avión *m* de turismo; **voiture de ~** turismo; **faire du ~** hacer turismo
touriste [tuʀist] NMF turista *mf*
touristique [tuʀistik] ADJ turístico(-a)
tourment [tuʀmɑ̃] NM tormento
tourmente [tuʀmɑ̃t] NF tormenta
tourmenté, e [tuʀmɑ̃te] ADJ atormentado(-a); (*mer, période*) tormentoso(-a); (*paysage*) escabroso(-a); (*tableau*) tempestuoso(-a)
tourmenter [tuʀmɑ̃te] : **se tourmenter** VPR atormentarse
tournage [tuʀnaʒ] NM rodaje *m*
tournant, e [tuʀnɑ̃, ɑ̃t] ADJ (*feu, scène*) giratorio(-a); (*escalier*) de caracol; (*mouvement*) envolvente ▶ NM (*de route*) curva; (*fig*) giro; *voir aussi* **grève**; **plaque**
tourné, e [tuʀne] ADJ (*lait, vin*) agrio(-a); (*Menuiserie : bois*) torneado(-a); **bien ~** (*personne*) bien formado(-a); (*compliment*) bien hecho(-a); **mal ~** (*lettre*) mal escrito(-a); **avoir l'esprit mal ~** ser un malpensado(-a)
tournebroche [tuʀnəbʀɔʃ] NM asador *m*
tourne-disque [tuʀnədisk] (*pl* **tourne-disques**) NM tocadiscos *m inv*
tournedos [tuʀnədo] NM (*Culin*) turnedó *m*
tournée [tuʀne] NF (*du facteur*) ronda; (*d'artiste, de politicien*) gira; **payer une ~** pagar una ronda; **faire la ~ de** hacer un recorrido por; **~ électorale/musicale** gira electoral/musical
tournemain [tuʀnəmɛ̃] : **en un ~** *adv* en un abrir y cerrar de ojos
tourner [tuʀne] VT girar, voltear (Am); (*sauce, mélange*) revolver; (*Naut : cap*) rodear; (*difficulté etc*) esquivar; (*scène, film*) rodar; (*: jouer dans*) actuar en; **~ en ridicule** ridiculizar; **~ le dos à** dar la espalda a; **~ la tête** girar la cabeza; **~ la tête à qn** volver loco(-a) a algn; **~ la page** (*fig*)

hacer borrón y cuenta nueva ▸ VI girar, voltear (AM); (*vent*) cambiar de dirección; (*moteur*) estar en marcha; (*compteur*) estar andando; (*lait etc*) agriarse; (*chance, vie*) cambiar; (*fonctionner : société etc*) marchar; **bien/mal ~** salir bien/mal; **~ autour de** dar vueltas alrededor de; (*soleil : suj : terre*) girar alrededor de; (*péj : personne : importuner*) andar rondando a; **~ autour du pot** (*fig*) andarse con rodeos; **~ à/en** volverse, convertirse en; **~ à la pluie/au rouge** volverse lluvioso/ponerse rojo; **~ court** desviarse; **~ de l'œil** (*fam*) desmayarse ▪ **se tourner** VPR volverse; **se ~ vers** volverse hacia; (*personne : pour demander : aide, conseil*) dirigirse a; (*profession*) inclinarse por; **se ~ les pouces** (*fig*) estar con los brazos cruzados

tournesol [tuʀnəsɔl] NM girasol *m*

tourneur [tuʀnœʀ] NM tornero

tournevis [tuʀnəvis] NM destornillador *m*

tourniquer [tuʀnike] VI andar de acá para allá

tourniquet [tuʀnikɛ] NM (*pour arroser*) aspersor *m*; (*portillon, Chirurgie*) torniquete *m*; (*présentoir*) soporte *m* giratorio

tournis [tuʀni] (*fam*) NM : **avoir le ~** marearse; **donner le ~** dar mareo(s)

tournoi [tuʀnwa] NM (*Hist*) torneo; **~ de bridge/tennis** torneo de bridge/tenis; **~ des six nations** (*Rugby*) torneo de las seis naciones

tournoyer [tuʀnwaje] VI (*oiseau*) revolotear; (*fumée*) arremolinarse

tournure [tuʀnyʀ] NF (*Ling*) giro; (*d'une pièce, d'un texte*) carácter *m*, aspecto; **prendre ~** tomar forma; **~ d'esprit** manera de enfocar las cosas

tour-opérateur [tuʀɔpeʀatœʀ] (*pl* **tour-opérateurs**) NM touroperador *m*

tourte [tuʀt] NF (*Culin*) : **~ à la viande** pastel *m* de carne

tourteau, x [tuʀto] NM (*Agr*) torta de orujo; (*Zool*) buey *m* (de mar)

tourtereau, x [tuʀtəʀo] NM tortolito; **des tourtereaux** (*fig : un couple d'amoureux*) una pareja de tortolitos

tourterelle [tuʀtəʀɛl] NF tórtola

tourtière [tuʀtjɛʀ] NF (*Culin*) tartera

tous [tu, tus] *voir* **tout**

Toussaint [tusɛ̃] NF : **la ~** el día de Todos los Santos; *ver nota*

> **La Toussaint**, el 1 de noviembre, es día festivo en Francia. Tradicionalmente, la gente visita las tumbas de sus parientes y amigos y deposita en ellas ramos de crisantemos.

tousser [tuse] VI toser

toussotement [tusɔtmɑ̃] NM carraspeo

toussoter [tusɔte] VI carraspear

tout, e [tu, tut]

(*mpl* **tous**, *fpl* **toutes**)

▸ ADJ 1 (*avec article*) todo(-a); **tout le lait/l'argent** toda la leche/todo el dinero; **toute la nuit** toda la noche; **tout le livre** todo el libro; **toutes les trois/deux semaines** cada tres/dos semanas; **tout le temps** *adv* todo el tiempo; **tout le monde** *pron* todo el mundo; **c'est tout le contraire** es todo lo contrario; **tout un pain/un livre** un pan/un libro entero; **c'est tout une affaire/une histoire** es todo un caso/una historia; **toutes les nuits** todas las noches; **toutes les fois que …** todas las veces que …; **tous les deux** los dos, ambos; **toutes les trois** las tres

2 (*sans article*) : **à tout âge/à toute heure** a cualquier edad/hora; **pour toute nourriture, il avait …** por todo alimento, tenía …; **à toute vitesse** a toda velocidad; **de tous côtés** *ou* **de toutes parts** de todos (los) lados *ou* de todas partes; **à tout hasard** por si acaso

▸ PRON todo(-a); **il a tout fait** lo hizo todo; **je les vois toutes** las veo a todas; **nous y sommes tous allés** fuimos todos; **en tout** en total; **tout ce qu'il sait** todo lo que sabe; **en tout et pour tout, …** en total …; **tout ou rien** todo o nada; **c'est tout** eso es todo, nada más; **tout ce qu'il y a de plus aimable** el (la) más amable del mundo

▸ NM todo; **du tout au tout** del todo; **le tout est de …** lo importante es …; **pas du tout** en absoluto

▸ ADV 1 (**toute** *avant adj f commençant par consonne ou h aspiré : très, complètement*) : **elle était tout émue** estaba muy emocionada; **elle était toute petite** era muy pequeñita; **tout à côté** al lado; **tout près** muy cerca; **le tout premier** el primero de todos; **tout seul** solo; **le livre tout entier** el libro entero; **tout en haut/bas** arriba/abajo del todo; **tout droit** todo recto; **tout ouvert** completamente abierto; **tout rouge** todo rojo; **parler tout bas** hablar muy bajo; **tout simplement** sencillamente; **fais-le tout doucement** hazlo despacito

2 : **tout en** mientras; **tout en travaillant il …** mientras trabaja, …

3 : **tout d'abord** en primer lugar; **tout à coup** de repente; **tout à fait** (*complètement : fini, prêt*) del todo; (*exactement : vrai, juste, identique*) perfectamente; **« tout à fait ! »** (*oui*) « ¡desde luego! »; **tout à l'heure** (*passé*) hace un rato; (*futur*) luego; **à tout à l'heure !** ¡hasta luego!; **tout de même** sin embargo; **tout de suite** enseguida; **tout terrain** *ou* **tous terrains** *adj inv* todo terreno *inv*

tout-à-l'égout [tutalegu] NM INV *sistema de evacuación directa a la cloaca*

toutefois [tutfwa] ADV sin embargo, no obstante

toutes [tut] *voir* **tout**

toutou [tutu] (*fam*) NM guauguau *m*, perrito

tout-petit [tup(ə)ti] (*pl* **tout-petits**) NM pequeño(-a), niño(-a)

tout-puissant, toute-puissante [tupɥisɑ̃,

t

tutpɥisɑ̃t] (*pl* **tout(es)-puissant(e)s**) ADJ todopoderoso(-a)

tout-terrain [tuterɛ̃] ADJ INV : **vélo ~** bicicleta de montaña; **véhicule ~** todoterreno

tout-venant [tuv(ə)nɑ̃] NM INV : **le ~** mercancía no seleccionada

toux [tu] NF tos *f inv*

toxémie [tɔksemi] NF toxemia

toxicité [tɔksisite] NF toxicidad *f*

toxico [tɔksiko] (*fam*) NMF drogata *mf* (*fam*), toxicómano(-a)

toxicologie [tɔksikɔlɔʒi] NF toxicología

toxicologique [tɔksikɔlɔʒik] ADJ toxicológico(-a)

toxicomane [tɔksikɔman] ADJ, NMF toxicómano(-a)

toxicomanie [tɔksikɔmani] NF toxicomanía

toxine [tɔksin] NF toxina

toxique [tɔksik] ADJ tóxico(-a)

toxoplasmose [tɔksoplasmoz] NF toxoplasmosis *f inv*

TP [tepe] SIGLE MPL (= *travaux pratiques*) prácticas *fpl*; (= *travaux publics*) ≈ OP (= *Obras Públicas*) ▶ ABR = **trésor public**

TPE [tepeə] SIGLE F (= *très petite entreprise*) microempresa

trac [tʀak] NM nerviosismo; **avoir le ~** estar nervioso(-a), estar como un flan

traçabilité [tʀasabilite] NF trazabilidad *f*

traçable [tʀasabl] ADJ trazable

traçant, e [tʀasɑ̃, ɑ̃t] ADJ : **obus ~** obús *m* trazador; **table traçante** (*Inform*) trazador *m* de gráficos

tracas [tʀaka] NM preocupación *f*

tracasser [tʀakase] VT (*suj : problème, idée*) preocupar ■ **se tracasser** VPR preocuparse

tracasseries [tʀakasʀi] NFPL molestias *fpl*

tracassier, -ière [tʀakasje, jɛʀ] ADJ molesto(-a)

trace [tʀas] NF huella; (*de pneu, de brûlure etc*) marca; (*d'encre, indice, quantité minime*) rastro; (*de blessure, de maladie*) secuela; (*d'une civilisation etc*) restos *mpl*; **avoir une ~ d'accent étranger** tener un ligero acento extranjero; **suivre qn à la ~** seguir la pista *ou* el rastro de algn; **traces de freinage/de pneus** marcas de frenada/de neumáticos; **traces de pas** huellas *fpl* de pasos

tracé [tʀase] NM trazado; (*d'une rivière*) recorrido; (*d'une côte*) línea

tracer [tʀase] VT trazar

traceur [tʀasœʀ] NM (*Inform*) plotter *m*

trachée [tʀaʃe], **trachée-artère** [tʀaʃeaʀtɛʀ] (*pl* **trachées-artères**) NF tráquea

trachéite [tʀakeit] NF traqueítis *f inv*

trachéotomie [tʀakeɔtɔmi] NF traqueotomía

tract [tʀakt] NM panfleto

tractations [tʀaktasjɔ̃] NFPL negociaciones *fpl*

tracter [tʀakte] VT arrastrar con tractor

tracteur [tʀaktœʀ] NM tractor *m*

traction [tʀaksjɔ̃] NF tracción *f*; **~ avant/arrière** tracción delantera/trasera; **~ électrique/mécanique** tracción eléctrica/mecánica

tractopelle [tʀaktɔpɛl] NF OU M excavadora

trader [tʀɛdœʀ] NM, **tradeur, -euse** [tʀɛdœʀ, øz] NM/F bróker *mf*

tradition [tʀadisjɔ̃] NF tradición *f*

traditionalisme [tʀadisjɔnalism] NM tradicionalismo

traditionaliste [tʀadisjɔnalist] ADJ tradicionalista

traditionnel, le [tʀadisjɔnɛl] ADJ tradicional

traditionnellement [tʀadisjɔnɛlmɑ̃] ADV tradicionalmente

traducteur, -trice [tʀadyktœʀ, tʀis] NM/F traductor(a); **~ interprète** traductor(a) intérprete

traduction [tʀadyksjɔ̃] NF traducción *f*; **~ simultanée** traducción simultánea

traduire [tʀadɥiʀ] VT traducir; **~ en/du français** traducir al/del francés; **~ qn en justice** hacer comparecer a algn ante la justicia ■ **se traduire** VPR : **se ~ par** traducirse por

traduis *etc* [tʀadɥi] VB *voir* **traduire**

traduisible [tʀadɥizibl] ADJ traducible

traduit, e [tʀadɥi, it] PP *de* **traduire**

trafic [tʀafik] NM tráfico; **~ d'armes** tráfico de armas; **~ de drogue** narcotráfico

trafiquant, e [tʀafikɑ̃, ɑ̃t] NM/F traficante *mf*

trafiquer [tʀafike] VT (*péj*) amañar ▶ VI traficar

tragédie [tʀaʒedi] NF tragedia

tragédien, ne [tʀaʒedjɛ̃, ɛn] NM/F actor (actriz) de tragedia

tragi-comique [tʀaʒikɔmik] (*pl* **tragi-comiques**) ADJ tragicómico(-a)

tragique [tʀaʒik] ADJ trágico(-a) ▶ NM : **prendre qch au ~** tomar algo por lo trágico

tragiquement [tʀaʒikmɑ̃] ADV trágicamente

trahir [tʀaiʀ] VT (*aussi fig*) traicionar; (*suj : objet*) : **~ qn** descubrir a algn; **~ un manque** revelar una ausencia ■ **se trahir** VPR traicionarse

trahison [tʀaizɔ̃] NF traición *f*

traie *etc* [tʀɛ] VB *voir* **traire**

train [tʀɛ̃] NM tren *m*; (*allure*) paso; (*ensemble*) serie *f*; **être en ~ de faire qch** estar haciendo algo; **mettre qch en ~** empezar a hacer algo; **mettre qn en ~** animar a algn; **se mettre en ~** ponerse manos a la obra; **aller bon ~** ir a buen paso; **~ à grande vitesse/spécial** tren de alta velocidad/especial; **~ arrière/avant** tren trasero/delantero; **~ autos-couchettes** tren coche-cama; **~ d'atterrissage** tren de aterrizaje; **~ de pneus** juego de neumáticos; **~ de vie**

tren de vida; **~ électrique** (*jouet*) tren eléctrico

traînailler [tʀɛnɑje] VI = **traînasser**

traînant, e [tʀɛnɑ̃, ɑ̃t] ADJ : **parler d'une voix traînante** arrastrar la voz

traînard, e [tʀɛnaʀ, aʀd] (*péj*) NM/F pesado(-a)

traînasser [tʀɛnase] VI (*être inoccupé*) vaguear; (*être lent*) ir lento(-a)

traîne [tʀɛn] NF cola; **être à la ~** ir rezagado(-a)

traîneau, x [tʀɛno] NM trineo

traînée [tʀene] NF reguero; (*dans le ciel etc*) estela; (*péj : femme*) perdida

traîner [tʀene] VT arrastrar; (*maladie*) : **il traîne un rhume depuis l'hiver** lleva arrastrando un resfriado desde el invierno; **~ qn au cinéma** (*emmener*) arrastrar a algn al cine; **~ les pieds** arrastrar los pies; **~ qch par terre** arrastrar algo por el suelo ▸ VI arrastrar; (*rester en arrière*) rezagarse; (*être en désordre*) estar tirado(-a); (*vagabonder*) callejear; (*durer*) alargarse; **~ par terre** (*balayer le sol*) arrastrar por el suelo; **~ en longueur** ir para largo ■ **se traîner** VPR arrastrarse; (*marcher avec difficulté*) andar con dificultad; (*durer*) alargarse; **se ~ par terre** (*enfant*) arrastrarse por el suelo

train-ferry [tʀɛ̃feʀi] (*pl* **trains-ferries**) NM tren-ferry *m*

training [tʀeniŋ] NM (*survêtement*) chandal *m*, chándal *m*

train-train [tʀɛ̃tʀɛ̃] NM INV rutina

traire [tʀɛʀ] VT ordeñar

trait, e [tʀɛ, ɛt] PP *de* **traire** ▸ NM trazo; (*caractéristique*) rasgo; (*flèche*) punta; **d'un ~** de un tirón; **boire à longs traits** beber a grandes tragos; **avoir ~ à** referirse a; **de ~** (*animal*) de tiro; **~ pour ~** punto por punto; **~ d'esprit** agudeza; **~ d'union** guion *m*; (*fig*) lazo; **~ de caractère** rasgo de carácter; **~ de génie** idea luminosa ■ **traits** NMPL (*du visage*) rasgos *mpl*

traitable [tʀɛtabl] ADJ (*personne*) tratable; (*sujet*) factible

traitant [tʀɛtɑ̃] ADJ M : **votre médecin ~** su médico de cabecera; **shampooing ~** champú *m* tratante; **crème traitante** crema tratante

traite [tʀɛt] NF (*Comm*) letra de cambio; (*Agr*) ordeño; (*trajet*) trecho; **d'une (seule) ~** de un (solo) tirón; **~ des blanches/noirs** trata de blancas/negros

traité [tʀete] NM tratado

traitement [tʀɛtmɑ̃] NM tratamiento; (*salaire*) sueldo; **suivre un ~** seguir un tratamiento; **mauvais traitements** malos tratos *mpl*; **~ de données/de l'information/par lots** (*Inform*) procesamiento de datos/de la información/por paquetes; **~ de texte** (*Inform*) procesamiento *ou* tratamiento de textos

traiter [tʀete] VT, VI tratar; **~ qn d'idiot** llamar idiota a algn; **~ de qch** tratar de algo; **bien/mal ~** tratar bien/mal

traiteur [tʀɛtœʀ] NM negocio de comidas por encargo *ou* de catering

traître, -esse [tʀɛtʀ, tʀɛtʀɛs] ADJ traicionero(-a) ▸ NM/F traidor(a); **prendre qn en ~** actuar a traición contra algn

traîtrise [tʀɛtʀiz] NF perfidia; (*acte*) traición *f*

trajectoire [tʀaʒɛktwaʀ] NF trayectoria, recorrido

trajet [tʀaʒɛ] NM trayecto; (*Anat, fig*) recorrido; (*d'un projectile*) trayectoria

tralala [tʀalala] (*fam*) NM pompa, aparato

tram [tʀam] NM = **tramway**

trame [tʀam] NF trama

tramer [tʀame] VT tramar

traminot [tʀamino] NM tranviario(-a)

tramontane [tʀamɔ̃tan] NF tramontana

trampoline [tʀɑ̃pɔlin] NM trampolín *m*

tramway [tʀamwɛ] NM tranvía *m*

tranchant, e [tʀɑ̃ʃɑ̃, ɑ̃t] ADJ (*lame*) afilado(-a); (*personne*) resuelto(-a); (*couleurs*) contrastado(-a); **à double ~** de doble filo ▸ NM (*d'un couteau*) filo; (*de la main*) borde *m*

tranche [tʀɑ̃ʃ] NF (*de pain*) rebanada; (*de jambon, fromage*) loncha; (*de saucisson*) rodaja; (*de gâteau*) porción *f*; (*d'un couteau, livre etc*) canto; (*de travaux*) etapa; (*de temps*) rato; (*Comm*) serie *f*; (*Admin : de revenues, d'impôts*) zona; **~ d'âge/de salaires** tramo de edad/de salarios; **~ (d'émission)** (*Loterie*) fase *f* (de emisión); **~ de vie** periodo de la vida cotidiana; **~ de silicium** capa de silicio

tranché, e [tʀɑ̃ʃe] ADJ (*couleurs*) contrastado(-a); (*opinions*) tajante

tranchée [tʀɑ̃ʃe] NF trinchera

trancher [tʀɑ̃ʃe] VT cortar (en lonchas/rodajas); (*question*) zanjar ▸ VI : **~ avec** *ou* **sur** contrastar con

tranchet [tʀɑ̃ʃɛ] NM chaira

tranchoir [tʀɑ̃ʃwaʀ] NM (*couteau*) cortante *m*

tranquille [tʀɑ̃kil] ADJ tranquilo(-a); (*mer*) sereno(-a); **se tenir ~** estarse quieto(-a); **avoir la conscience ~** tener la conciencia tranquila; **laisse-moi/laisse-ça ~ !** ¡déjame/deja eso en paz!

tranquillement [tʀɑ̃kilmɑ̃] ADV tranquilamente; (*sans inquiétude*) con tranquilidad

tranquillisant, e [tʀɑ̃kilizɑ̃, ɑ̃t] ADJ tranquilizador(a) ▸ NM (*Méd*) tranquilizante *m*

tranquilliser [tʀɑ̃kilize] VT tranquilizar ■ **se tranquilliser** VPR tranquilizarse

tranquillité [tʀɑ̃kilite] NF tranquilidad *f*; **en toute ~** con toda tranquilidad; **~ d'esprit** tranquilidad de espíritu

transaction [tʀɑ̃zaksjɔ̃] NF transacción *f*

transactionnel, le [tʀɑ̃zaksjɔnɛl] ADJ (*Jur*) negociado(-a); (*Inform, Psych*) transaccional

transafricain, e [tʀɑ̃zafʀikɛ̃, ɛn] ADJ transafricano(-a)

transalpin, e [tʀɑ̃zalpɛ̃, in] ADJ transalpino(-a)

transaméricain, e [tʀɑ̃zameʀikɛ̃, ɛn] ADJ transamericano(-a)

t

transat [tʀɑ̃zat] NM tumbona ▶ NF regata transatlántica
transatlantique [tʀɑ̃zatlɑ̃tik] ADJ transatlántico(-a) ▶ NM transatlántico
transbahuter [tʀɑ̃sbayte] (*fam*) VT trasladar, llevar
transbordement [tʀɑ̃sbɔʀdəmɑ̃] NM transbordo
transborder [tʀɑ̃sbɔʀde] VT transbordar
transbordeur [tʀɑ̃sbɔʀdœʀ] NM transbordador *m*
transcendant, e [tʀɑ̃sɑ̃dɑ̃, ɑ̃t] ADJ transcendente; (*Math*) no algebraico(-a)
transcodeur [tʀɑ̃skɔdœʀ] NM transcodificador *m*
transcontinental, e, -aux [tʀɑ̃skɔ̃tinɑ̃tal, o] ADJ transcontinental
transcription [tʀɑ̃skʀipsjɔ̃] NF transcripción *f*
transcrire [tʀɑ̃skʀiʀ] VT transcribir
transe [tʀɑ̃s] NF: **être/entrer en ~** estar/entrar en trance ■ **transes** NFPL ansiedad *fsg*
transept [tʀɑ̃sɛpt] NM (*Archit*) crucero
transférable [tʀɑ̃sfeʀabl] ADJ transferible
transfèrement [tʀɑ̃sfɛʀmɑ̃] NM traslado; **~ cellulaire** traslado en coche celular
transférer [tʀɑ̃sfeʀe] VT transferir; (*prisonnier, bureaux*) trasladar; (*titre*) transmitir
transfert [tʀɑ̃sfɛʀ] NM transferencia; (*d'un prisonnier, de bureaux*) traslado; (*d'un titre*) transmisión *f*; **~ de fonds** transferencia de fondos
transfiguration [tʀɑ̃sfigyʀasjɔ̃] NF transfiguración *f*
transfigurer [tʀɑ̃sfigyʀe] VT transfigurar
transfo [tʀɑ̃sfo] (*fam*) NM (= *transformateur*) transformador
transformable [tʀɑ̃sfɔʀmabl] ADJ transformable
transformateur [tʀɑ̃sfɔʀmatœʀ] NM transformador *m*
transformation [tʀɑ̃sfɔʀmasjɔ̃] NF transformación *f*; **industries de ~** industrias *fpl* de transformación ■ **transformations** NFPL (*travaux*) reformas *fpl*
transformer [tʀɑ̃sfɔʀme] VT transformar; (*maison, magasin, vêtement*) reformar; **~ en : ~ la houille en énergie** transformar la hulla en energía ■ **se transformer** VPR transformarse
transfrontalier, -ière [tʀɑ̃sfʀɔ̃talje, jɛʀ] ADJ transfronterizo(-a)
transfuge [tʀɑ̃sfyʒ] NM tránsfugo(-a)
transfuser [tʀɑ̃sfyze] VT hacer una transfusión a
transfusion [tʀɑ̃sfyzjɔ̃] NF : **~ sanguine** transfusión *f* sanguínea
transgénérationnel, le [tʀɑ̃sʒeneʀasjɔnɛl] ADJ transgeneracional
transgénique [tʀɑ̃sʒenik] ADJ transgénico(-a)
transgresser [tʀɑ̃sgʀese] VT transgredir
transgression [tʀɑ̃sgʀesjɔ̃] NF transgresión *f*
transhumance [tʀɑ̃zymɑ̃s] NF trashumancia
transhumanisme [tʀɑ̃symanism] NM transhumanismo
transhumer [tʀɑ̃zyme] VI trashumar
transi, e [tʀɑ̃zi] ADJ helado(-a)
transiger [tʀɑ̃ziʒe] VI transigir; **~ sur** *ou* **avec qch** transigir sobre *ou* con algo
transistor [tʀɑ̃zistɔʀ] NM transistor *m*
transistorisé, e [tʀɑ̃zistɔʀize] ADJ transistorizado(-a)
transit [tʀɑ̃zit] NM tránsito; **de/en ~** de/en tránsito
transitaire [tʀɑ̃zitɛʀ] NM (*Comm*) agente *m* de aduanas
transiter [tʀɑ̃zite] VT llevar en tránsito ▶ VI pasar por
transitif, -ive [tʀɑ̃zitif, iv] ADJ transitivo(-a)
transition [tʀɑ̃zisjɔ̃] NF transición *f*; **la ~ énergétique** la transición energética
transitoire [tʀɑ̃zitwaʀ] ADJ transitorio(-a); (*fugitif*) pasajero(-a)
translucide [tʀɑ̃slysid] ADJ translúcido(-a)
transmet [tʀɑ̃smɛ] VB *voir* **transmettre**
transmettais *etc* [tʀɑ̃smɛtɛ] VB *voir* **transmettre**
transmetteur [tʀɑ̃smɛtœʀ] NM transmisor *m*
transmettre [tʀɑ̃smɛtʀ] VT transmitir; (*secret*) revelar; (*recette*) pasar, dar
transmis, e [tʀɑ̃smi, iz] PP *de* **transmettre**
transmissible [tʀɑ̃smisibl] ADJ transmisible
transmission [tʀɑ̃smisjɔ̃] NF transmisión *f*; **~ de données** (*Inform*) transmisión de datos; **~ de pensée** transmisión del pensamiento ■ **transmissions** NFPL (*Mil*) (cuerpo de) transmisiones
transnational, e, -aux [tʀɑ̃snasjɔnal, o] ADJ transnacional
transocéanien, ne [tʀɑ̃zɔseanjɛ̃, jɛn] ADJ transoceánico(-a)
transocéanique [tʀɑ̃zɔseanik] ADJ transoceánico(-a)
transparaître [tʀɑ̃spaʀɛtʀ] VI transparentarse, traslucirse; (*sentiment*) dejarse traslucir
transparence [tʀɑ̃spaʀɑ̃s] NF transparencia; **par ~** al trasluz
transparent, e [tʀɑ̃spaʀɑ̃, ɑ̃t] ADJ transparente; (*intention*) evidente
transpercer [tʀɑ̃spɛʀse] VT (*suj : arme*) traspasar; (*fig*) penetrar; **~ un vêtement/mur** traspasar un vestido/muro
transpiration [tʀɑ̃spiʀasjɔ̃] NF transpiración *f*
transpirer [tʀɑ̃spiʀe] VI transpirar; (*information, nouvelle*) trascender
transplant [tʀɑ̃splɑ̃] NM trasplante *m*
transplantation [tʀɑ̃splɑ̃tasjɔ̃] NF trasplante *m*

transplanter [tʀɑ̃splɑ̃te] VT (*Bot, Méd*) trasplantar; (*personne*) desplazar

transport [tʀɑ̃spɔʀ] NM transporte *m*; **~ de colère/joie** arrebato de ira/alegría; **voiture/avion de ~** coche *m*/avión *m* de transporte; **~ aérien** transporte aéreo; **~ de marchandises/de voyageurs** transporte de mercancías/de viajeros; **transports en commun** transportes públicos; **transports routiers** transportes por carretera

transportable [tʀɑ̃spɔʀtabl] ADJ transportable; (*malade*) en condiciones de ser trasladado(-a)

transporter [tʀɑ̃spɔʀte] VT llevar; (*voyageurs, marchandises*) transportar; (*Tech : énergie, son*) conducir; **~ qn à l'hôpital** llevar a algn al hospital; **~ qn de bonheur/joie** colmar a algn de felicidad/alegría ■ **se transporter** VPR : **se ~ quelque part** trasladarse a algún sitio

transporteur [tʀɑ̃spɔʀtœʀ] NM transportista *m*

transposer [tʀɑ̃spoze] VT transponer; **~ (un morceau)** (*Mus*) transportar (un fragmento)

transposition [tʀɑ̃spozisjɔ̃] NF transposición *f*

transrhénan, e [tʀɑ̃sʀenɑ̃, an] ADJ transrenano(-a)

transsaharien, ne [tʀɑ̃(s)saaʀjɛ̃, jɛn] ADJ transahariano(-a)

transsexuel, le [tʀɑ̃(s)sɛksɥɛl] NM/F transexual *mf*

transsibérien, ne [tʀɑ̃(s)sibeʀjɛ̃, jɛn] ADJ transiberiano(-a)

transvaser [tʀɑ̃svɑze] VT transvasar

transversal, e, -aux [tʀɑ̃svɛʀsal, o] ADJ transversal; **axe ~** (*Auto*) eje *m* transversal

transversalement [tʀɑ̃svɛʀsalmɑ̃] ADV transversalmente

trapèze [tʀapɛz] NM trapecio

trapéziste [tʀapezist] NMF trapecista *mf*

trapézoïdal, e [tʀapezɔidal] ADJ trapezoidal

trappe [tʀap] NF (*de cave, grenier*) trampa, trampilla; **passer à la ~** caer en el olvido

trappeur [tʀapœʀ] NM trampero

trapu, e [tʀapy] ADJ bajo(-a) y fortachón(-ona)

traquenard [tʀaknaʀ] NM cepo

traquer [tʀake] VT acorralar; (*harceler*) acosar

traumatisant, e [tʀomatizɑ̃, ɑ̃t] ADJ traumatizante

traumatiser [tʀomatize] VT traumatizar

traumatisme [tʀomatism] NM traumatismo; **~ crânien** traumatismo craneal

traumatologie [tʀomatɔlɔʒi] NF traumatología

travail, -aux [tʀavaj, o] NM trabajo; (*Méd*) parto; **être/entrer en ~** (*Méd*) estar de parto/tener las primeras contracciones; **être sans ~** estar sin trabajo; **~ (au) noir** trabajo clandestino; **~ d'intérêt général** trabajo de servicio a la comunidad; **~ de forçat** (*fig*) trabajo de negros; **~ posté** trabajo a turnos ■ **travaux** NMPL (*de réparation, agricoles*) trabajos *mpl*; (*de construction, sur route*) obras *fpl*; **travaux des champs** faenas *fpl* del campo; **travaux dirigés** (*Scol*) ejercicios *mpl* dirigidos; **travaux forcés** trabajos forzados; **travaux manuels** (*Scol*) trabajos manuales; **travaux ménagers** tareas *fpl* domésticas; **travaux pratiques** prácticas *fpl*; **travaux publics** obras públicas

travaillé, e [tʀavaje] ADJ trabajado(-a)

travailler [tʀavaje] VI trabajar; (*bois*) alabearse; (*argent*) producir; **ton imagination travaille de trop** eso son cosas de tu imaginación ▸ VT trabajar; (*discipline*) estudiar; (*influencer*) ejercer influencia sobre; **cela le travaille** eso le preocupa; **~ la terre** trabajar la tierra; **~ son piano** ejercitarse en el piano; **~ à** trabajar en; (*contribuer à*) contribuir a; **~ à faire** esforzarse en hacer

> **Travailler** se traduit généralement par *trabajar*, mais dans le sens d'« étudier », on emploie normalement *estudiar* :
> **Il faut que tu travailles plus avant ton examen.** Tienes que estudiar más antes del examen.

travailleur, -euse [tʀavajœʀ, øz] ADJ, NM/F trabajador(a); **~ intellectuel** intelectual *m*; **~ manuel** *ou* **de force** obrero; **~ social(e)** trabajador(a) social; **travailleuse familiale** empleada del servicio doméstico

travailleuse [tʀavajøz] NF (*Couture*) mesita de costura; *voir aussi* **travailleur**

travailliste [tʀavajist] ADJ, NMF laborista *mf*

travée [tʀave] NF fila; (*Archit*) tramo

travelling [tʀavliŋ] NM traveling *m*; **~ optique** traveling óptico

travelo [tʀavlo] (*fam*) NM marica *m*

travers [tʀavɛʀ] NM (*défaut*) imperfección *f*; **en ~ (de)** atravesado(-a) (en); **à ~** a través; **au ~ (de)** a través (de); **de ~** *adj* de través; *adv* oblicuamente; (: *fig*) al revés; **regarder de ~** (*fig*) mirar de reojo

traverse [tʀavɛʀs] NF (*Rail*) traviesa; **chemin de ~** atajo

traversée [tʀavɛʀse] NF travesía

traverser [tʀavɛʀse] VT atravesar; (*rue*) cruzar; (*percer : suj : pluie, froid*) traspasar

traversin [tʀavɛʀsɛ̃] NM cabezal *m*

travesti [tʀavɛsti] NM (*artiste de cabaret*) travestido; (*homosexuel*) travesti *m*

travestir [tʀavɛstiʀ] VT (*vérité*) disfrazar ■ **se travestir** VPR disfrazarse; (*Psych, artiste*) travestirse

trayais *etc* [tʀɛjɛ] VB *voir* **traire**

trayeuse [tʀɛjøz] NF ordeñadora

trébucher [tʀebyʃe] VI : **~ (sur)** tropezar (con)

trèfle [tʀɛfl] NM trébol *m*; **~ à quatre feuilles** trébol de cuatro hojas

t

treillage [tʀɛjaʒ] NM enrejado
treille [tʀɛj] NF (*vigne*) parra; (*tonnelle*) emparrado
treillis [tʀeji] NM (*métallique*) enrejado; (*toile*) arpillera; (*Mil*) traje *m* de faena
treize [tʀɛz] ADJ INV, NM INV trece *m inv*; *voir aussi* **cinq**
treizième [tʀɛzjɛm] ADJ, NMF decimotercero(-a) ▸ NM (*partitif*) treceavo; *voir aussi* **cinquantième**

Le treizième mois es una paga extraordinaria de final de año que equivale aproximadamente a un mes de sueldo. Para muchos empleados es una parte normal de su salario anual.

tréma [tʀema] NM diéresis *f inv*
tremblant, e [tʀɑ̃blɑ̃, ɑ̃t] ADJ tembloroso(-a); (*apeuré*) temeroso(-a)
tremble [tʀɑ̃bl] NM (*Bot*) tiemblo, álamo temblón
tremblé, e [tʀɑ̃ble] ADJ tembloroso(-a)
tremblement [tʀɑ̃bləmɑ̃] NM temblor *m*; **~ de terre** temblor de tierra, terremoto
trembler [tʀɑ̃ble] VI temblar; **~ de** (*froid, fièvre*) tiritar de, temblar de; (*peur*) temblar de; **~ pour qn** temer por algn
tremblotant, e [tʀɑ̃blɔtɑ̃, ɑ̃t] ADJ tembloroso(-a)
trembloter [tʀɑ̃blɔte] VI temblequear
trémolo [tʀemɔlo] NM (*d'un instrument*) trémolo; (*de la voix*) temblor *m*
trémousser [tʀemuse]: **se trémousser** VPR menearse
trempage [tʀɑ̃paʒ] NM remojo
trempe [tʀɑ̃p] NF (*fig*): **de cette/sa ~** de este/su temple
trempé, e [tʀɑ̃pe] ADJ empapado(-a); **acier ~** acero templado
tremper [tʀɑ̃pe] VT empapar; (*pain, chemise*) mojar; **se faire ~** quedarse empapado(-a); **~ qch dans** remojar algo en, poner algo en remojo en ▸ VI estar en remojo; **~ dans** (*fig, péj*) estar metido(-a) *ou* implicado(-a) en; **faire ~, mettre à ~** poner en remojo ■ **se tremper** VPR zambullirse
trempette [tʀɑ̃pɛt] NF: **faire ~** darse un chapuzón
tremplin [tʀɑ̃plɛ̃] NM trampolín *m*
trentaine [tʀɑ̃tɛn] NF treintena; **avoir la ~** tener unos treinta años; **une ~ (de)** unos(-as) treinta
trente [tʀɑ̃t] ADJ INV, NM INV treinta *m inv*; *voir aussi* **cinq**; **voir ~-six chandelles** ver las estrellas; **être/se mettre sur son ~ et un** estar/ir vestido de punta en blanco
trentième [tʀɑ̃tjɛm] ADJ, NMF trigésimo(-a) ▸ NM (*partitif*) treintavo; *voir aussi* **cinquantième**
trépanation [tʀepanasjɔ̃] NF trepanación *f*
trépaner [tʀepane] VT trepanar
trépasser [tʀepɑse] VI fallecer
trépidant, e [tʀepidɑ̃, ɑ̃t] ADJ trepidante
trépidation [tʀepidasjɔ̃] NF (*d'une machine*) trepidación *f*; (*de la vie*) aceleración *f*
trépider [tʀepide] VI trepidar
trépied [tʀepje] NM trípode *m*
trépignement [tʀepiɲmɑ̃] NM pataleo
trépigner [tʀepiɲe] VI: **~ (d'enthousiasme/d'impatience)** patalear (de entusiasmo/de impaciencia)
très [tʀɛ] ADV muy; **~ beau/bien** muy bonito/bien; **~ critiqué/industrialisé** muy criticado/industrializado; **j'ai ~ envie de** tengo muchas ganas de; **j'ai ~ faim** tengo mucha hambre
trésor [tʀezɔʀ] NM tesoro; (*vertu précieuse*) joya; (*gén pl : richesses*) riquezas *fpl*; **T~ (public)** Tesoro (público)
trésorerie [tʀezɔʀʀi] NF tesorería; **difficultés de ~** problemas *mpl* de financieros; **~ générale** tesorería general
trésorier, -ière [tʀezɔʀje, jɛʀ] NM/F tesorero(-a)
trésorier-payeur [tʀezɔʀjepɛjœʀ] (*pl* **trésoriers-payeurs**) NM: **~ général** habilitado general
tressaillement [tʀesajmɑ̃] NM estremecimiento, sobresalto
tressaillir [tʀesajiʀ] VI (*de peur*) estremecerse; (*de joie, d'émotion*) vibrar; (*s'agiter*) temblar
tressauter [tʀesote] VI sobresaltar
tresse [tʀɛs] NF trenza
tresser [tʀese] VT trenzar
tréteau, x [tʀeto] NM caballete *m*; **les tréteaux** (*Théâtre*) las tablas
treuil [tʀœj] NM torno
trêve [tʀɛv] NF tregua; **~ de ...** basta de ...; **sans ~** sin tregua; **les États de la T~** los Estados de la Tregua
tri [tʀi] NM selección *f*; (*Inform*) clasificación *f*, ordenación *f*; **le ~** (*Postes : action*) la clasificación; (*: bureau*) la sala de batalla; **~ sélectif** (*des déchets*) recogida selectiva
triade [tʀijad] NF (*groupe, gang*) tríada
triage [tʀijaʒ] NM selección *f*; (*Rail*) enganche *m*; (*gare*) estación *f* de enganche
trial [tʀijal] NM (*Sport*) trial *m*
triangle [tʀijɑ̃gl] NM triángulo; **~ équilatéral/isocèle/rectangle** triángulo equilátero/isósceles/rectángulo
triangulaire [tʀijɑ̃gylɛʀ] ADJ triangular
triathlon [tʀi(j)atlɔ̃] NM triatlón *m*
tribal, e, -aux [tʀibal, o] ADJ tribal
tribord [tʀibɔʀ] NM: **à ~** a estribor
tribu [tʀiby] NF tribu *f*
tribulations [tʀibylasjɔ̃] NFPL tribulaciones *fpl*
tribunal, -aux [tʀibynal, o] NM tribunal *m*; **~ d'instance/de grande instance** juzgado de instancia/de primera instancia; **~ de com-**

merce tribunal de comercio; **~ de police/pour enfants** tribunal correccional/de menores
tribune [tʀibyn] NF tribuna; (*d'église, de tribunal*) púlpito; (*de stade*) tribuna, grada; **~ libre** (*Presse*) tribuna libre
tribut [tʀiby] NM tributo; **payer un lourd ~ à** pagar un tributo muy caro a
tributaire [tʀibytɛʀ] ADJ : **être ~ de** ser tributario(-a) de, ser deudor(a) de
tricentenaire [tʀisɑ̃t(ə)nɛʀ] NM tricentenario
triche [tʀiʃ] (*fam*) NF trampa; **c'est de la ~ !** ¡eso es trampa!
tricher [tʀiʃe] VI (*à un examen*) copiar; (*aux cartes, courses*) hacer trampas
tricherie [tʀiʃʀi] NF trampa
tricheur, -euse [tʀiʃœʀ, øz] NM/F tramposo(-a)
trichromie [tʀikʀɔmi] NF tricromía
tricolore [tʀikɔlɔʀ] ADJ tricolor; (*français : drapeau, équipe*) francés(-esa)
tricot [tʀiko] NM punto; (*ouvrage*) prenda de punto; **~ de corps** camiseta
tricoté, e [tʀikɔte] ADJ tricotado(-a), de punto
tricoter [tʀikɔte] VT tricotar, hacer punto; **machine/aiguille à ~** máquina/aguja de hacer punto *ou* de tricotar
trictrac [tʀiktʀak] NM chaquete *m*
tricycle [tʀisikl] NM triciclo
tridimensionnel, le [tʀidimɑ̃sjɔnɛl] ADJ tridimensional
triennal, e, -aux [tʀijenal, o] ADJ trienal
trier [tʀije] VT (*classer*) clasificar; (*choisir*) seleccionar; (*fruits, grains*) seleccionar, escoger
trieur, -euse [tʀijœʀ, tʀijøz] NM/F seleccionador(a) ▸ NM máquina cribadora *ou* clasificadora
triglycéride [tʀigliseʀid] NM triglicérido; **taux de triglycérides** tasa de triglicéridos
trigonométrie [tʀigɔnɔmetʀi] NF trigonometría
trigonométrique [tʀigɔnɔmetʀik] ADJ trigonométrico(-a)
trilingue [tʀilɛ̃g] ADJ trilingüe
trilogie [tʀilɔʒi] NF trilogía
trimaran [tʀimaʀɑ̃] NM trimarán *m*
trimbaler [tʀɛ̃bale] VT cargar con
trimer [tʀime] (*fam*) VI currar
trimestre [tʀimɛstʀ] NM trimestre *m*
trimestriel, le [tʀimɛstʀijɛl] ADJ trimestral
trimoteur [tʀimɔtœʀ] NM trimotor *m*
tringle [tʀɛ̃gl] NF barra
Trinité [tʀinite] NF Trinidad *f*
Trinité et Tobago [tʀiniteetɔbago] NF Trinidad y Tobago *f*
trinquer [tʀɛ̃ke] VI (*porter un toast*) brindar; (*fam*) pagar el pato; **~ à qch/la santé de qn** brindar por algo/a la salud de algn
trio [tʀijo] NM trío, terceto
triolet [tʀijɔlɛ] NM (*Mus*) tresillo
triolisme [tʀi(j)ɔlizm] NM ménage *m* à trois
triomphal, e, -aux [tʀijɔ̃fal, o] ADJ triunfal
triomphalement [tʀijɔ̃falmɑ̃] ADV triunfalmente
triomphalisme [tʀijɔ̃falism] NM triunfalismo
triomphaliste [tʀijɔ̃falist] ADJ triunfalista
triomphant, e [tʀijɔ̃fɑ̃, ɑ̃t] ADJ triunfante
triomphateur, -trice [tʀijɔ̃fatœʀ, tʀis] NM/F triunfador(a)
triomphe [tʀijɔ̃f] NM triunfo; **être reçu/porté en ~** ser recibido con aclamaciones/ser llevado a hombros
triompher [tʀijɔ̃fe] VI triunfar; (*jubiler*) no caber en sí de gozo; (*exceller*) sobresalir; **~ de qch/qn** triunfar sobre algo/algn
tripartite [tʀipaʀtit], **triparti, e** [tʀipaʀti] ADJ tripartito(-a)
triperie [tʀipʀi] NF tripería, casquería
tripes [tʀip] NFPL (*Culin*) callos *mpl*; (*fam*) tripas *fpl*
triphasé, e [tʀifɑze] ADJ trifásico(-a)
triplace [tʀiplas] ADJ triplaza *m*
triple [tʀipl] ADJ triple; **en ~ exemplaire** por triplicado ▸ NM : **le ~ (de)** el triple (de)
triplé [tʀiple] NM (*Sport*) triple éxito ■ **triplés** NMFPL (*bébés*) trillizos/as
triplement [tʀipləmɑ̃] ADV triplemente; (*à un degré triple*) tres veces más ▸ NM triplicación *f*
tripler [tʀiple] VI, VT triplicar
triplés, -ées [tʀiple] NMPL/NFPL (*bébés*) trillizos(-as)
triplex [tʀiplɛks] NM (*appartement*) tríplex *m*; (*verre*) tríplex® *m*
tripode [tʀipɔd] ADJ de tres pies ▸ NM (*Archéologie, Tech*) trípode *m*; (*dans le métro : portillon*) torno; (*fig*) triunvirato
Tripoli [tʀipɔli] N Trípoli
triporteur [tʀipɔʀtœʀ] NM motocarro
tripot [tʀipo] (*péj*) NM timba, garito
tripotage [tʀipɔtaʒ] (*péj*) NM chanchullo
tripotée [tʀipɔte] (*fam*) NF (*grand nombre*) mogollón *m* (*fam*)
tripoter [tʀipɔte] VT (*objet*) manosear; (*fam*) sobar ▸ VI (*fam*) revolver
tripous, tripoux [tʀipu] NMPL *estofado a base de callos y panceta típico de la región francesa de Auvernia*
triptyque [tʀiptik] NM (*peinture, sculpture, livre*) tríptico; (*trinité*) tríada
trique [tʀik] NF garrote *m*, palo
trisannuel, le [tʀizanɥɛl] ADJ trienal
trisomie [tʀizɔmi] NF trisomía
trisomique [tʀizɔmik] ADJ con síndrome de Down; **il est ~** tiene síndrome de Down ▸ NMF persona con síndrome de Down

t

triste [tʀist] ADJ triste; **un ~ personnage/une ~ affaire** (*péj*) un personaje mediocre/un asunto turbio; **c'est pas ~ !** (*fam*) ¡qué cachondeo!

tristement [tʀistəmɑ̃] ADV tristemente

tristesse [tʀistɛs] NF tristeza

trithérapie [tʀiteʀapi] NF triterapia

triton [tʀitɔ̃] NM tritón *m*

triturateur [tʀityʀatœʀ] NM (*entreprise*) empresa trituradora; (*machine*) trituradora

triturer [tʀityʀe] VT triturar

triumvirat [tʀijɔmviʀa] NM triunvirato

trivial, e, -aux [tʀivjal, jo] ADJ (*commun*) trivial; (*langage, plaisanteries*) ordinario(-a)

trivialité [tʀivjalite] NF trivialidad *f*; (*grossièreté*) ordinariez *f*

troc [tʀɔk] NM trueque *m*

troène [tʀɔɛn] NM alheña

troglodyte [tʀɔglɔdit] NMF troglodita *mf*

trognon [tʀɔɲɔ̃] NM (*de fruit*) corazón *m*; (*de légume*) troncho

trois [tʀwɑ] ADJ INV, NM INV tres *m inv*; *voir aussi* **cinq**

trois-huit [tʀwaɥit] NMPL : **faire les ~** trabajar por turnos

troisième [tʀwazjɛm] ADJ, NMF tercero(-a); **~ âge : le ~ âge** la tercera edad ▸ NF (*Auto*) tercera; (*Scol*) *cuarto año de educación secundaria en el sistema francés*; *voir aussi* **cinquième**

troisièmement [tʀwazjɛmmɑ̃] ADV en tercer lugar, tercero

trois-quarts [tʀwakaʀ] NMPL : **les ~ de** los tres cuartos de

troll [tʀɔl] NM (*Inform*) trol *mf*

troller [tʀɔle] VI (*Internet*) trolear

trolleur, -euse [tʀɔlœʀ, -øz] NM/F = **troll**

trolleybus [tʀɔlɛbys] NM trolebús *m*

trombe [tʀɔ̃b] NF tromba; **en ~** en tromba; **des trombes d'eau** trombas *fpl* de agua

trombine [tʀɔ̃bin] (*fam*) NF (*tête*) cara, jeta (*fam*)

trombinoscope [tʀɔ̃binɔskɔp] (*fam*) NM quién es quién *m*

trombone [tʀɔ̃bɔn] NM (*Mus*) trombón *m*; (*de bureau*) clip *m*; **~ à coulisse** trombón de varas

tromboniste [tʀɔ̃bɔnist] NMF trombón *mf*

trompe [tʀɔ̃p] NF trompa; **~ d'Eustache** trompa de Eustaquio; **trompes utérines** trompas *fpl* de Falopio

trompe-l'œil [tʀɔ̃plœj] NM INV : **en ~** con efecto

tromper [tʀɔ̃pe] VT engañar; (*espoir, attente*) frustrar; (*vigilance, poursuivants*) burlar; (*suj : distance, ressemblance*) confundir ▪ **se tromper** VPR equivocarse; **se ~ de voiture/jour** equivocarse de coche/día; **se ~ de 3 cm/20 euros** equivocarse en 3 cm/20 euros

tromperie [tʀɔ̃pʀi] NF engaño

trompette [tʀɔ̃pɛt] NF trompeta; **nez en ~** nariz *f* respingona

trompettiste [tʀɔ̃petist] NMF trompetista *mf*

trompeur, -euse [tʀɔ̃pœʀ, øz] ADJ engañoso(-a)

trompeusement [tʀɔ̃pøzmɑ̃] ADV engañosamente

tronc [tʀɔ̃] NM (*Bot, Anat*) tronco; (*d'église*) cepillo; **~ commun** (*Scol*) ciclo común; **~ de cône** cono truncado

tronche [tʀɔ̃ʃ] (*fam*) NF : **il a une sale ~/une ~ sympathique** tiene una pinta desagradable/simpática

tronçon [tʀɔ̃sɔ̃] NM tramo

tronçonner [tʀɔ̃sɔne] VT (*arbre*) cortar en trozos

tronçonneuse [tʀɔ̃sɔnøz] NF sierra eléctrica

trône [tʀon] NM trono; **monter sur le ~** subir al trono

trôner [tʀone] VI dominar

tronqué, e [tʀɔ̃ke] ADJ (*aussi Science*) truncado(-a)

tronquer [tʀɔ̃ke] VT truncar

trop [tʀo] ADV demasiado; (*devant adverbe*) demasiado, muy; **~ (souvent/longtemps)** demasiado (a menudo/tiempo); **~ de sucre/personnes** demasiado azúcar/demasiadas personas; **ils sont ~** son demasiados; **de ~, en ~ : des livres en ~** libros *mpl* de sobra; **du lait en ~** leche *f* de sobra; **trois euros de ~** tres euros de más

> **Trop** se traduit par *demasiado*. **Trop de** se traduit aussi par *demasiado*, mais dans ce cas il s'accorde en genre et en nombre avec le nom qui suit :
> **Tu travailles trop.** Trabajas demasiado.
> **J'ai mis trop de lait/d'oranges.** He echado demasiada leche/demasiadas naranjas.

trophée [tʀɔfe] NM trofeo

tropical, e, -aux [tʀɔpikal, o] ADJ tropical

tropique [tʀɔpik] NM trópico; **~ du Cancer/du Capricorne** trópico de Cáncer/de Capricornio ▪ **tropiques** NMPL (*régions*) trópicos *mpl*

trop-plein [tʀoplɛ̃] (*pl* **trop-pleins**) NM (*tuyau*) desagüe *m*; (*liquide*) (lo) sobrante *m*, exceso

troquer [tʀɔke] VT : **~ qch contre qch** trocar algo por algo; (*fig*) cambiar algo por algo

troquet [tʀɔkɛ] (*fam*) NM bareto

trot [tʀo] NM trote *m*; **aller au ~** ir al trote; **partir au ~** marchar corriendo

trotskiste, trotskyste [tʀɔtskist] ADJ, NMF trotskista *mf*

trotter [tʀɔte] VI trotar

trotteuse [tʀɔtøz] NF segundero

trottiner [tʀɔtine] VI corretear

trottinette [tʀɔtinɛt] NF patinete *m*

trottoir [tʀɔtwaʀ] NM acera, vereda (*AM*), andén *m* (*AM*); **faire le ~** (*péj*) hacer la calle; **~ roulant** cinta móvil

trou [tʀu] NM agujero; (*moment de libre*) hueco; **~ d'aération** boca de ventilación; **~ d'air** bache *m*; **~ de la serrure** ojo de la cerradura; **~ de mémoire** fallo de la memoria; **~ noir** (*Astron*) agujero negro

troubadour [tʀubaduʀ] NM (*Hist*) trovador *m*

troublant, e [tʀublɑ̃, ɑ̃t] ADJ (*ressemblance*) sorprendente; (*yeux, regard*) turbador(a); (*beauté*) perturbador(a)

trouble [tʀubl] ADJ turbio(-a); (*image, mémoire*) confuso(-a) ▶ADV : **voir ~** ver borroso ▶NM (*désarroi*) desconcierto; (*émoi sensuel*) trastorno; (*embarras*) confusión *f*; (*zizanie*) desavenencia ■ **troubles** NMPL (*Pol*) disturbios *mpl*; (*Méd*) trastornos *mpl*; **troubles de la personnalité/de la vision** trastornos de la personalidad/de la visión; **troubles obsessionnels compulsifs** trastorno *msg* obsesivo-compulsivo

trouble-fête [tʀubləfɛt] (*pl* **trouble-fêtes**) NMF aguafiestas *mf inv*

troubler [tʀuble] VT turbar; (*impressionner, inquiéter*) perturbar; (*d'émoi amoureux*) trastornar; (*liquide*) enturbiar; (*ordre*) alterar; (*tranquillité*) turbar, alterar; **~ l'ordre public** alterar el orden público ■ **se troubler** VPR turbarse

troué, e [tʀue] ADJ agujereado(-a)

trouée [tʀue] NF boquete *m*; (*Géo*) paso; (*Mil*) brecha

trouer [tʀue] VT agujerear; (*fig*) atravesar

troufion [tʀufjɔ̃] (*fam*) NM guripa *m* (*fam*)

trouillard, e [tʀujaʀ, aʀd] (*fam*) ADJ, NM/F cagueta *mf* (*fam*)

trouille [tʀuj] (*fam*) NF : **avoir la ~** tener mieditis

trouillomètre [tʀujɔmɛtʀ] (*fam*) NM : **avoir le ~ à zéro** tenerlos por corbata (*fam*), tener canguelo (*fam*)

troupe [tʀup] NF (*Mil*) tropa; (*d'écoliers*) grupo; **la ~** (*l'armée*) el ejército; (*les simples soldats*) la tropa; **~ (de théâtre)** compañía (de teatro); **troupes de choc** fuerzas *fpl* de choque

troupeau, x [tʀupo] NM (*de moutons*) rebaño; (*de vaches*) manada

trousse [tʀus] NF (*étui*) estuche *m*; (*d'écolier*) estuche *m*, plumier *m*; (*de docteur*) maletín *m*; **aux trousses de** pisándole los talones a; **~ à outils** bolsa de herramientas; **~ de toilette** neceser *m*; **~ de voyage** bolsa de viaje

trousseau, x [tʀuso] NM ajuar *m*; **~ de clés** manojo de llaves

trouvaille [tʀuvɑj] NF hallazgo; (*fig : idée, expression*) idea

trouvé, e [tʀuve] ADJ : **tout ~** hecho(-a) a medida

trouver [tʀuve] VT encontrar, hallar; **aller/venir ~ qn** ir/venir a ver a algn; **~ le loyer cher/le prix excessif** parecerle a algn el alquiler caro/el precio excesivo; **je trouve que** me parece que; **~ à boire/critiquer** encontrar algo de beber/algo que criticar; **~ asile/refuge** hallar asilo/refugio ■ **se trouver** VPR (*être*) encontrarse, hallarse; **se ~ loin/à 3 km** encontrarse lejos/a 3 km; **ils se trouvent être frères** resulta que son hermanos; **elles se trouvent avoir le même manteau** resulta que tienen el mismo abrigo; **il se trouve que** resulta que; **se ~ bien/mal** sentirse *ou* encontrarse bien/mal

truand, e [tʀyɑ̃, ɑ̃d] NM/F truhán(-ana), timador(a)

truander [tʀyɑ̃de] (*fam*) VT timar

trublion [tʀyblijɔ̃] NM perturbador *m*

truc [tʀyk] NM (*astuce*) maña, artificio; (*de cinéma, magie*) truco; (*fam : chose*) cosa, chisme *m*; **demande à ~** (*fam : personne*) pregunta a ese *ou* esa; **avoir le ~** coger el tranquillo *ou* truco; **c'est pas son (*ou* mon *etc*) ~** (*fam*) no es lo suyo (*ou* lo mío *etc*)

trucage [tʀykaʒ] NM = **truquage**

truchement [tʀyʃmɑ̃] NM : **par le ~ de qn** por mediación de algn

trucider [tʀyside] (*fam*) VT cargarse

truculence [tʀykylɑ̃s] NF truculencia

truculent, e [tʀykylɑ̃, ɑ̃t] ADJ truculento(-a)

truelle [tʀyɛl] NF llana

truffe [tʀyf] NF (*Bot*) trufa; (*d'un chien*) trufa, nariz *f*; (*fam : nez*) napias *fpl*

truffé, e [tʀyfe] ADJ : **~ de** (*citations, allusions, fautes*) repleto de, plagado de

truffer [tʀyfe] VT (*Culin*) trufar; **~ de** (*citations, allusions*) plagar de, llenar de

truie [tʀɥi] NF cerda, marrana

truisme [tʀyism] NM truismo

truite [tʀɥit] NF trucha

truquage [tʀykaʒ] NM trucaje *m*; (*d'élections*) amaño; (*Ciné*) efectos *mpl* especiales

truquer [tʀyke] VT trucar; (*élections*) amañar

trust [tʀœst] NM (*Comm*) trust *m*

truster [tʀœste] VT (*Comm*) monopolizar

tsar [dzaʀ] NM zar *m*

tsé-tsé NF INV, **tsétsé** NF [tsetse] : **mouche ~** mosca tsé-tsé

tsigane [tsigan] ADJ, NMF = **tzigane**

TSVP [teɛsvepe] ABR (= *tournez s'il vous plaît*) sigue

TTC [tetese] ABR (= *toutes taxes comprises*) todo incluido

tu[1] [ty] PRON tú ▶NM : **employer le tu** tratarse de tú

tu[2], **e** [ty] PP *de* **taire**

tuant, e [tɥɑ̃, tɥɑ̃t] ADJ (*épuisant*) agotador(a); (*énervant*) inaguantable, insoportable

tuba [tyba] NM tuba; (*Sport*) tubo de respiración

tubage [tybaʒ] NM (*Méd*) entubado

tube [tyb] NM tubo; (*chanson, disque*) éxito; **~ à essai** tubo de ensayo; **~ de peinture** tubo de pintura; **~ digestif** tubo digestivo

tuberculeux, -euse [tybɛʀkylø, øz] ADJ, NM/F tuberculoso(-a)

tuberculose [tybɛʀkyloz] NF tuberculosis *f*
tubulaire [tybylɛʀ] ADJ tubular
tubulure [tybylyʀ] NF tubo porta-ocular ■ **tubulures** NFPL (*tubes*) tuberías *fpl*; **tubulures d'échappement/d'admission** (*Auto*) tobera *fsg* de escape/de admisión
tué, e [tɥe] NM/F : **cinq tués** cinco muertos(-as)
tue-mouche [tymuʃ] ADJ : **papier ~(s)** papel *m ou* tira para matar moscas
tuer [tɥe] VT matar; (*vie, activité*) acabar con, destruir; (*commerce*) arruinar; (*inspiration, amour*) destruir ■ **se tuer** VPR (*se suicider*) suicidarse; (*dans un accident*) matarse; **se ~ au travail** (*fig*) matarse trabajando
tuerie [tyʀi] NF matanza; (*fam : délice*): **c'est une ~ ce gâteau au chocolat** este pastel de chocolate está de muerte
tue-tête [tytɛt] : **à ~** *adv* a voz en grito, a grito pelado
tueur, -euse [tɥœʀ, øz] NM/F asesino(-a); **~ à gages** asesino(-a) a sueldo
tuile [tɥil] NF teja; (*fam*) contratiempo, problema *m*
tulipe [tylip] NF tulipán *m*
tulle [tyl] NM tul *m*
tuméfié, e [tymefje] ADJ tumefacto(-a)
tumeur [tymœʀ] NF tumor *m*; **~ maligne** tumor maligno
tumulte [tymylt] NM tumulto
tumultueux, -euse [tymyltɥø, øz] ADJ tumultuoso(-a); (*passionné*) apasionado(-a)
tumulus [tymylys] NM túmulo
tuner [tynɛʀ] NM radio *f* (*en la cadena hi-fi*)
tungstène [tœ̃kstɛn] NM tungsteno, volframio
tunique [tynik] NF túnica
Tunis [tynis] N Túnez
Tunisie [tynizi] NF Túnez *m*
tunisien, ne [tynizjɛ̃, jɛn] ADJ tunecino(-a) ▶ NM/F : **Tunisien, ne** tunecino(-a)
tunisois, e [tynizwa, waz] ADJ tunecino(-a)
tunnel [tynɛl] NM túnel *m*
turban [tyʀbɑ̃] NM turbante *m*
turbin [tyʀbɛ̃] (*fam*) NM curre *m*, tajo
turbine [tyʀbin] NF turbina
turbo [tyʀbo] NM turbo; **un moteur ~** un motor turbo
turbopropulseur [tyʀbopʀɔpylsœʀ] NM turbopropulsor *m*
turboréacteur [tyʀboʀeaktœʀ] NM turborreactor *m*
turbot [tyʀbo] NM rodaballo
turbotrain [tyʀbotʀɛ̃] NM turbotren *m*
turbulences [tyʀbylɑ̃s] NFPL turbulencias *fpl*
turbulent, e [tyʀbylɑ̃, ɑ̃t] ADJ revoltoso(-a)
turc, turque [tyʀk] ADJ turco(-a) ▶ NM (*Ling*) turco ▶ NF : **à la turque** *adv* (*assis*) a la turca; *adj* (*W.-C.*) sin asiento ▶ NM/F : **Turc, Turque** turco(-a)
turf [tyʀf] NM deporte *m* hípico
turfiste [tyʀfist] NMF aficionado(-a) a las carreras de caballos
turista [tuʀista] (*fam*) NF *diarrea que sufren los extranjeros en los países tropicales*, venganza de Moctezuma
turpitude [tyʀpityd] NF infamia, bajeza
turque [tyʀk] ADJ F *voir* **turc**
Turquie [tyʀki] NF Turquía
turquoise [tyʀkwaz] ADJ INV turquesa *inv* ▶ NF turquesa
tut *etc* [ty] VB *voir* **taire**
tutélaire [tytelɛʀ] ADJ tutelar
tutelle [tytɛl] NF tutela; **être/mettre sous la ~ de** estar/poner bajo la tutela de
tuteur, -trice [tytœʀ, tʀis] NM/F (*Jur*) tutor(a) ▶ NM (*de plante*) tutor *m*, rodrigón *m*
tuto [tyto] NM (*fam : = tutoriel*) tutorial *m*
tutoiement [tytwamɑ̃] NM tuteo
tutoriel [tytɔʀjɛl] NM tutorial *m*
tutoyer [tytwaje] VT : **~ qn** tutear a algn
tutti quanti [tutikwɑ̃ti] NMPL : **et ~** y todos, y todo el mundo
tutu [tyty] NM tutú *m*
tuyau, x [tɥijo] NM tubo; (*fam : conseil*) consejo; **~ d'arrosage** manguera de riego; **~ d'échappement** tubo de escape; **~ d'incendie** manga de incendios
tuyauté, e [tɥijote] ADJ aconsejado(-a)
tuyauter [tɥijɔte] (*fam*) VT (*renseigner*) dar un soplo a
tuyauterie [tɥijɔtʀi] NF cañería, tubería
tuyère [tyjɛʀ] NF tobera
TV [teve] SIGLE F (= *télévision*) TV *f* (= *televisión*)
TVA [tevea] SIGLE F (= *taxe à la valeur ajoutée*) ≈ IVA (= *impuesto sobre el valor añadido*)
TVHD SIGLE F (= *télévision haute-définition*) televisión *f* de alta definición
tweed [twid] NM tweed *m*
tweet [twit] NM tuit *m*, tweet *m*
tweeter [twite] VI, VT tuitear, twittear
tweetos [twitos] NMF INV = **twittos**
tweetosphère [twitosfɛʀ] NF = **twittosphère**
twittos [twitos] NMF INV tuitero(-a)
twittosphère [twitosfɛʀ] NF tuitesfera
tympan [tɛ̃pɑ̃] NM tímpano
type [tip] NM tipo; (*fam : homme*) tío; **avoir le ~ nordique** tener el tipo nórdico; **le ~ standard** (*modèle*) el tipo *ou* modelo standard; **le ~ travailleur** (*représentant*) el típico trabajador ▶ ADJ tipo
typé, e [tipe] ADJ típico(-a)
typhique [tifik] NMF tífico(-a)
typhoïde [tifɔid] NF tifoidea

typhon [tifɔ̃] NM tifón *m*
typhus [tifys] NM tifus *m*
typique [tipik] ADJ típico(-a)
typiquement [tipikmɑ̃] ADV típicamente
typographe [tipɔgʀaf] NMF tipógrafo(-a)
typographie [tipɔgʀafi] NF tipografía
typographique [tipɔgʀafik] ADJ tipográfico(-a)
typologie [tipɔlɔʒi] NF tipología
typologique [tipɔlɔʒik] ADJ tipológico(-a)
tyran [tiʀɑ̃] NM tirano
tyrannie [tiʀani] NF tiranía
tyrannique [tiʀanik] ADJ tiránico(-a)
tyranniser [tiʀanize] VT tiranizar
tyrolien, ne [tiʀɔljɛ̃, jɛn] ADJ tirolés(-esa) ▶ NF (*câble*) tirolina
tzar [dzaʀ] NM = **tsar**
tzigane [dzigan] ADJ cíngaro(-a), zíngaro(-a) ▶ NMF : **Tzigane** cíngaro(-a), zíngaro(-a)

t

U u

U, u [y] NM INV (*lettre*) U, u *f*; **U comme Ursula** ≈ U de Ulises

ubériser [yberize] VT uberizar

ubiquité [ybikɥite] NF ubicuidad *f*

ubuesque [ybyɛsk] ADJ (*situation, projet, idée*) esperpéntico(-a), grotesco(-a); (*personne*) ubuesco(-a)

uchronie [ykrɔni] NF ucronía

UE [yə] SIGLE F (= *Union européenne*) UE *f* (= *Unión Europea*)

UEFA [yefa] SIGLE F (= *Union of European Football Associations*) UEFA *f* (= *Unión de Asociaciones de Fútbol Europeo*)

ufologie [yfɔlɔʒi] NF ufología

UFR [yɛfɛʀ] SIGLE F (= *unité de formation et de recherche*) *departamento universitario*

UHF [yaʃɛf] SIGLE F (= *ultra-haute fréquence*) UHF *f*

UHT [yaʃte] ABR (= *ultra-haute température*) UHT; **lait ~** leche UHT

Ukraine [ykʀɛn] NF Ucrania

ukrainien, ne [ykʀɛnjɛ̃, jɛn] ADJ ucraniano(-a), ucranio(-a) ▶ NM/F : **Ukrainien, ne** ucraniano(-a), ucranio(-a)

ukulélé [(j)ukulele] NM ukelele *m*

ulcération [ylseʀasjɔ̃] NF ulceración *f*

ulcère [ylsɛʀ] NM úlcera; **~ à l'estomac** úlcera de estómago

ulcéré, e [ylseʀe] ADJ resentido(-a)

ulcérer [ylseʀe] VT (*Méd*) ulcerar; (*fig*) herir en lo más hondo

ulcéreux, -euse [ylseʀø, øz] ADJ ulceroso(-a)

uléma [ylema] NM (*Rel*) ulema *m*

ULM [yɛlɛm] SIGLE M (= *ultra léger motorisé*) ultraligero

ulna [ylna] NM (*Anat*) ulna, cúbito

ultérieur, e [ylteʀjœʀ] ADJ ulterior, posterior; **reporté à une date ultérieure** aplazado hasta nuevo aviso

ultérieurement [ylteʀjœʀmɑ̃] ADV posteriormente

ultimatum [yltimatɔm] NM ultimátum *m*

ultime [yltim] ADJ último(-a)

ultra [yltʀa] NMF ultra *mf*

ultra... [yltʀa] PRÉF ultra...

ultra-court, e [yltʀakuʀ, t] (*pl* **ultra-courts, -es**) ADJ (*ondes etc*) ultracorto(-a); (*cheveux*) supercorto(-a)

ultra-moderne [yltʀamɔdɛʀn(ə)] (*pl* **ultra-modernes**) ADJ ultramoderno(-a)

ultra-rapide [yltʀaʀapid] (*pl* **ultra-rapides**) ADJ ultrarrápido(-a)

ultra-sensible [yltʀasɑ̃sibl] (*pl* **ultra-sensibles**) ADJ ultrasensible

ultra-sons [yltʀasɔ̃] NMPL ultrasonidos *mpl*

ultra-violet, te [yltʀavjɔlɛ, ɛt] (*pl* **ultra-violets, -tes**) ADJ ultravioleta *inv*

ululer [ylyle] VI ulular

un, une [œ̃, yn]

▶ ART INDÉF un(a); **un garçon/vieillard** un chico/viejo; **une fille** una niña

▶ PRON uno(-a); **l'un des meilleurs** uno de los mejores; **l'un ..., l'autre ...** uno ..., el otro ...; **les uns ..., les autres ...** (los) unos ..., (los) otros ...; **l'un et l'autre** uno y otro; **l'un ou l'autre** uno u otro; **pas un seul** ni uno; **un par un** uno a uno

▶ NUM uno(-a); **une pomme seulement** una manzana solamente

▶ NF : **la une** (*Presse*) la primera página; (*chaîne de télévision*) la primera (cadena)

unanime [ynanim] ADJ unánime; **ils sont unanimes à penser que ...** piensan de forma unánime que ...

unanimement [ynanimmɑ̃] ADV unánimemente

unanimité [ynanimite] NF unanimidad *f*; **à l'~** por unanimidad; **faire l'~** obtener la unanimidad

underground [œndœʀgʀawnd] ADJ (*mouvement, artiste*) underground *inv* ▶ NM (*milieu artistique*) underground *m inv*

UNEF [ynɛf] SIGLE F (= *Union nationale des étudiants de France*) *sindicato de estudiantes*

UNESCO, Unesco [ynɛsko] SIGLE F (= *Organisation des Nations unies pour l'éducation, la science et la culture*) UNESCO *f*, Unesco *f* (= *Organización de las Naciones Unidas para la Educación, la Ciencia y la Cultura*)

unetelle [yntɛl] NF *voir* **untel**

uni, e [yni] ADJ (*tissu*) uniforme; (*surface, couleur*) liso(-a); (*groupe, pays*) unido(-a) ▶ NM tejido liso

UNICEF, Unicef [ynisɛf] SIGLE M OU F (= *Fonds des Nations unies pour l'enfance*) UNICEF *m ou f*, Unicef *m ou f* (= *Fondo de las Naciones Unidas para la Infancia*)
unicellulaire [yniselylɛʀ] ADJ (*Biol*) unicelular
unidirectionnel, le [ynidiʀɛksjɔnɛl] ADJ unidireccional
unième [ynjɛm] NUM : **vingt/trente et ~** vigésimo/trigésimo primero(-a); **cent ~** ciento uno(-a); **mille et ~** mil y uno(-a)
unificateur, -trice [ynifikatœʀ, tʀis] ADJ unificador(a)
unification [ynifikasjɔ̃] NF unificación *f*
unifier [ynifje] VT unificar ■ **s'unifier** VPR unificarse
uniforme [ynifɔʀm] ADJ (*aussi fig*) uniforme ▶ NM uniforme *m*; **être sous l'~** (*Mil*) estar haciendo la mili
uniformément [ynifɔʀmemɑ̃] ADV de manera uniforme
uniformisation [ynifɔʀmizasjɔ̃] NF uniformización *f*
uniformiser [ynifɔʀmize] VT uniformizar, uniformar
uniformité [ynifɔʀmite] NF uniformidad *f*
unijambiste [yniʒɑ̃bist] NMF cojo(-a) (*por faltarle una pierna*)
unilatéral, e, -aux [ynilateʀal, o] ADJ unilateral; **stationnement ~** estacionamiento en fila única
unilatéralement [ynilateʀalmɑ̃] ADV unilateralmente
uninominal, e, -aux [yninɔminal, o] ADJ uninominal
union [ynjɔ̃] NF unión *f*; **l'U~ des républiques socialistes soviétiques** (*Hist*) la Unión de repúblicas socialistas soviéticas; **l'U~ soviétique** (*Hist*) la Unión soviética; **~ conjugale** unión conyugal; **~ de consommateurs** unión de consumidores; **~ douanière** unión aduanera; **~ libre** unión libre
unique [ynik] ADJ único(-a); **ménage à salaire ~** matrimonio con un solo sueldo; **route à voie ~** carretera de una sola dirección; **fils/fille ~** hijo único/hija única; **~ en France** único en Francia
uniquement [ynikmɑ̃] ADV únicamente
unir [yniʀ] VT unir; **~ qch à** unir algo a ■ **s'unir** VPR unirse; **s'~ à** *ou* **avec** unirse a *ou* con
unisexe [ynisɛks] ADJ unisex *inv*
unisson [ynisɔ̃] : **à l'~** *adv* al unísono
unitaire [ynitɛʀ] ADJ unitario(-a)
unité [ynite] NF unidad *f*; **~ centrale** (*Inform*) unidad central; **~ d'action** unidad de acción; **~ de valeur** (*Univ*) ≈ asignatura; **~ de vues** acuerdo de puntos de vista
univers [ynivɛʀ] NM (*aussi fig*) universo
universalisation [ynivɛʀsalizasjɔ̃] NF universalización *f*
universaliser [ynivɛʀsalize] VT universalizar
universaliste [ynivɛʀsalist] ADJ universalista
universalité [ynivɛʀsalite] NF universalidad *f*
universel, le [ynivɛʀsɛl] ADJ universal
universellement [ynivɛʀsɛlmɑ̃] ADV universalmente
universitaire [ynivɛʀsitɛʀ] ADJ, NMF universitario(-a)
université [ynivɛʀsite] NF universidad *f*
univoque [ynivɔk] ADJ unívoco(-a)
untel, unetelle [œ̃tɛl, yntɛl] NM/F uno(-a)
upériser [ypeʀize] VT : **lait upérisé** leche *f* uperizada
uppercut [ypɛʀkyt] NM uppercut *m*
uranium [yʀanjɔm] NM uranio
urbain, e [yʀbɛ̃, ɛn] ADJ urbano(-a)
urbanisation [yʀbanizasjɔ̃] NF urbanización *f*
urbaniser [yʀbanize] VT urbanizar
urbanisme [yʀbanism] NM urbanismo
urbaniste [yʀbanist] NMF urbanista *mf*
urbanité [yʀbanite] NF urbanidad *f*
urée [yʀe] NF urea
urémie [yʀemi] NF uremia
urgence [yʀʒɑ̃s] NF urgencia; **en cas d'~** en caso de urgencia; **service des urgences** servicio de urgencias ▶ ADV : **d'~** urgentemente
urgent, e [yʀʒɑ̃, ɑ̃t] ADJ urgente
urgentiste [yʀʒɑ̃tist] NMF médico(-a) de urgencias
urinaire [yʀinɛʀ] ADJ urinario(-a)
urinal, -aux [yʀinal, o] NM orinal *m*
urine [yʀin] NF orina
uriner [yʀine] VI orinar
urinoir [yʀinwaʀ] NM urinario
urique [yʀik] ADJ : **acide ~** ácido úrico
URL [yɛʀɛl] SIGLE F (*Inform* : = *Uniform Resource Locator*) URL *m*; **adresse ~** dirección *f* URL
urne [yʀn] NF urna; **aller aux urnes** ir a las urnas; **~ funéraire** urna funeraria
urologie [yʀɔlɔʒi] NF urología
urologue [yʀɔlɔg] NMF urólogo(-a)
URSS [yʀs] SIGLE F (*Hist* : = *Union des républiques socialistes soviétiques*) URSS *f* (= *Unión de Repúblicas Socialistas Soviéticas*)
URSSAF [yʀsaf] SIGLE F (= *Union pour le recouvrement de la sécurité sociale et des allocations familiales*) *organismo francés que se encarga de cobrar las cotizaciones a la Segurida Social*
urticaire [yʀtikɛʀ] NF urticaria
Uruguay [yʀygwɛ] NM Uruguay *m*
uruguayen, ne [yʀygwajɛ̃, ɛn] ADJ uruguayo(-a) ▶ NM/F : **Uruguayen, ne** uruguayo(-a)
US [yɛs], **USA** [yɛsa] SIGLE MPL (= *United States (of America)*) EE. UU. *mpl* (= *Estados Unidos*)
us [ys] NMPL : **us et coutumes** usos *mpl* y costumbres

usage [yzaʒ] NM (*aussi Ling*) uso; (*coutume, bonnes manières*) costumbre *f*; **l'~** (*la coutume*) la costumbre; **c'est l'~** es costumbre; **faire ~ de** (*pouvoir, droit*) hacer uso de; **avoir l'~ de** tener uso de; **à l'~** con el uso; **à l'~ de** para uso de; **en ~** en uso; **hors d'~** fuera de uso, en desuso; **à ~ interne/externe** (*Méd*) de uso interno/externo; **~ de faux** (*Jur*) uso de documentos falsos

usagé, e [yzaʒe] ADJ usado(-a)

usager, -ère [yzaʒe, ɛʀ] NM/F usuario(-a)

usant, e [yzɑ̃, ɑ̃t] ADJ (*travail*) agotador(a); (*personne, enfant*) pesado(-a), cargante

USB [yɛsbe] SIGLE M (*Inform* : = *Universal Serial Bus*) USB *m*; **clé ~** llave *f* USB, memoria USB; **port ~** puerto USB

usé, e [yze] ADJ usado(-a); (*santé, personne*) desgastado(-a); (*banal, rebattu*) manido(-a); **eaux usées** aguas *fpl* sucias

user [yze] VT usar; (*consommer*) gastar; (*fig* : *santé, personne*) desgastar ▸ VI : **~ de** (*moyen, droit, procédé*) servirse de ▪ **s'user** VPR (*outil, vêtement*) gastarse; (*fig* : *facultés, santé*) desgastarse; **il s'use à la tâche** *ou* **au travail** el trabajo le está consumiendo

usinage [yzinaʒ] NM (*de pièce, bois, métal*) mecanizado; (*fabrication*) fabricación *f*

usine [yzin] NF fábrica; **~ à gaz** planta de gas; (*fig*) rompecabezas *m inv*; **~ atomique/marémotrice** central *f* nuclear/maremotriz

usiner [yzine] VT (*pièce, bois, métal*) trabajar (a máquina); (*fabriquer*) fabricar

usité, e [yzite] ADJ empleado(-a); **peu ~** poco empleado(-a)

ustensile [ystɑ̃sil] NM utensilio; **~ de cuisine** utensilio de cocina

usuel, le [yzɥɛl] ADJ usual

usufruit [yzyfʀɥi] NM : **avoir l'~ de** tener el usufructo de

usufruitier, -ière [yzyfʀɥitje, jɛʀ] ADJ, NM/F usufructuario(-a)

usuraire [yzyʀɛʀ] ADJ usurario(-a)

usure [yzyʀ] NF desgaste *m*; (*de l'usurier*) usura; **avoir qn à l'~** acabar convenciendo a algn; **~ normale** desgaste normal

usurier, -ière [yzyʀje, jɛʀ] NM/F usurero(-a)

usurpateur, -trice [yzyʀpatœʀ, tʀis] NM/F usurpador(a)

usurpation [yzyʀpasjɔ̃] NF usurpación *f*

usurper [yzyʀpe] VT usurpar; **réputation usurpée** reputación *f* ilegítima

ut [yt] NM INV (*Mus*) do

utérin, e [yteʀɛ̃, in] ADJ uterino(-a)

utérus [yteʀys] NM útero

utile [ytil] ADJ útil; **~ à qn/qch** útil a algn/para algo; **si cela peut vous être ~, ...** si eso puede serle útil, ...

utilement [ytilmɑ̃] ADV de forma útil

utilisable [ytilizabl] ADJ utilizable

utilisateur, -trice [ytilizatœʀ, tʀis] NM/F usuario(-a)

utilisation [ytilizasjɔ̃] NF utilización *f*

utiliser [ytilize] VT (*aussi péj*) utilizar; (*Culin* : *restes*) aprovechar; (*consommer*) gastar

utilitaire [ytilitɛʀ] ADJ (*objet, véhicule*) utilitario(-a); (*préoccupations, but*) interesado(-a) ▸ NM (*Inform*) utilidad *f*

utilité [ytilite] NF utilidad *f*; **jouer les utilités** (*Théâtre*) actuar de figurante; **reconnu d'~ publique** (*Admin*) reconocido de utilidad pública; **ce n'est d'aucune/c'est d'une grande ~** no es de ninguna/es de gran utilidad

utopie [ytɔpi] NF utopía

utopique [ytɔpik] ADJ utópico(-a)

utopiste [ytɔpist] NMF utopista *mf*

UV [yve] SIGLE M (= *unité de valeur*) *voir* **unité** ▸ SIGLE MPL (= *ultra-violets*) UV *mpl* (= *rayos ultravioleta*)

uvule [yvyl] NF úvula

Vv

V¹, v [ve] NM INV V, v *f*; **V comme Victor** ≈ V de Valencia; **en V** en pico; **encolure/décolleté en V** cuello/escote *m* en pico

V² [ve] ABR (= *voir*) v. (= *ver, véase*); (= *vers*) v. (= *verso*); (= *volt*) v. (= *voltio*)

va [va] VB *voir* **aller**

vacance [vakɑ̃s] NF (*Admin*) vacante *f* ▪ **vacances** NFPL vacaciones *fpl*; **les grandes vacances** las vacaciones de verano; **prendre des/ses vacances (en juin)** coger las vacaciones (en junio); **aller en vacances** ir de vacaciones; **vacances de Noël/de Pâques** vacaciones de Navidad/de Semana Santa

vacancier, -ière [vakɑ̃sje, jɛʀ] NM/F veraneante *mf*

vacant, e [vakɑ̃, ɑ̃t] ADJ vacante; (*appartement*) desocupado(-a)

vacarme [vakaʀm] NM alboroto

vacataire [vakatɛʀ] NMF empleado(-a) temporal; (*enseignant*) profesor(a) sustituto(-a)

vaccin [vaksɛ̃] NM vacuna; **~ antidiphtérique/antivariolique** vacuna contra la difteria/contra la viruela

vaccination [vaksinasjɔ̃] NF vacunación *f*

vacciner [vaksine] VT vacunar; **~ qn contre** vacunar a algn contra; **être vacciné** (*fig : fam*) estar vacunado(-a)

vache [vaʃ] NF vaca; (*cuir*) piel *f*; **manger de la ~ enragée** (*fam*) pasar las de Caín; **période de vaches maigres** época de vacas flacas; **la ~ à lait de qn/qch** el pagano de algn/algo; **~ laitière** vaca lechera; **~ à eau** bolsa de agua; **~ à lait** (*fig*) pagano ▸ ADJ (*fam*) duro(-a)

vachement [vaʃmɑ̃] (*fam*) ADV super

vacher, -ère [vaʃe, ɛʀ] NM/F vaquero(-a)

vacherie [vaʃʀi] (*fam*) NF faena

vacherin [vaʃʀɛ̃] NM (*fromage*) *tipo de queso gruyère*; (*gâteau*) *pastel de nata y merengue*

vachette [vaʃɛt] NF vaqueta

vacillant, e [vasijɑ̃, ɑ̃t] ADJ vacilante

vacillement [vasijmɑ̃] NM vacilación *f*; (*affaiblissement*) vacilación *f*, debilitamiento

vaciller [vasije] VI vacilar; (*faiblir*) vacilar, debilitarse

vacuité [vakɥite] NF vacuidad *f*

vade-mecum [vademekɔm] NM INV vademécum *m*

vadrouille [vadʀuj] (*fam*) NF : **être/partir en ~** estar/ir de picos pardos

vadrouiller [vadʀuje] (*fam*) VI andar de picos pardos, callejear

VAE [veaə] SIGLE M (= *vélo à assistance électrique*) bicicleta eléctrica ▸ SIGLE F (= *validation des acquis de l'expérience*) *proceso mediante el cual una persona puede obtener un certificado profesional oficial en base a su experiencia profesional*, ≈ Acreditación de Competencias Profesionales (ESP)

va-et-vient [vaevjɛ̃] NM INV vaivén *m*; (*Élec*) conmutador *m*

vagabond, e [vagabɔ̃, ɔ̃d] ADJ vagabundo(-a); (*pensées*) errabundo(-a) ▸ NM/F vagabundo(-a); (*voyageur*) trotamundos *mf inv*

vagabondage [vagabɔ̃daʒ] NM vagabundeo; (*Jur*) vagancia

vagabonder [vagabɔ̃de] VI vagabundear; (*suj : pensées*) vagar

vagin [vaʒɛ̃] NM vagina

vaginal, e, -aux [vaʒinal, o] ADJ vaginal

vagir [vaʒiʀ] VI dar vagidos

vagissement [vaʒismɑ̃] NM vagido

vague [vag] NF ola; (*d'une chevelure etc*) onda; **~ d'assaut** (*Mil*) ola de ataques; **~ de chaleur** ola de calor; **~ de fond** mar de fondo; **~ de froid** ola de frío ▸ ADJ (*indications*) poco(-a) claro(-a); (*silhouette, souvenir*) vago(-a); (*angoisse*) indefinido(-a); **un ~ cousin** un primo cualquiera ▸ NM : **rester dans le ~** hablar con vaguedad; **être dans le ~** estar en el aire; **regarder dans le ~** mirar al vacío; **~ à l'âme** nostalgia

vaguelette [vaglɛt] NF ola pequeña

vaguement [vagmɑ̃] ADV vagamente, apenas

vaguer [vage] VI errar

vahiné [vaine] NF tahitiana

vaillamment [vajamɑ̃] ADV valerosamente

vaillance [vajɑ̃s] NF (*courage*) valentía; (*robustesse*) vigor *m*, solidez *f*

vaillant, e [vajɑ̃, ɑ̃t] ADJ (*courageux*) valeroso(-a), valiente; (*vigoureux*) saludable; **n'avoir plus** *ou* **pas un sou ~** no tener ni un cuarto

vaille [vaj] VB *voir* **valoir**

vain, e [vɛ̃, vɛn] ADJ vano(-a); **en ~** en vano

vaincre [vɛ̃kʀ] VT vencer, derrotar

vaincu, e [vɛ̃ky] PP *de* **vaincre** ▸ NM/F vencido(-a), derrotado(-a)

vainement [vɛnmɑ̃] ADV vanamente
vainquais *etc* [vɛ̃kɛ] VB *voir* **vaincre**
vainqueur [vɛ̃kœʀ] ADJ, NMF vencedor(a)
vais [vɛ] VB *voir* **aller**
vaisseau, x [vɛso] NM (*Anat*) vaso; (*Naut*) navío; **enseigne/capitaine de ~** alférez *mf*/capitán(-ana) de navío; **~ spatial** nave *f* espacial
vaisselier [vɛsəlje] NM aparador *m*
vaisselle [vɛsɛl] NF vajilla; (*lavage*) fregado; **faire la ~** fregar los platos
val [val] (*pl* **vaux** *ou* **vals**) NM valle *m*
valable [valabl] ADJ válido(-a); (*motif, solution*) admisible; (*interlocuteur, écrivain*) aceptable
valablement [valabləmɑ̃] ADV legítimamente; (*de façon satisfaisante*) satisfactoriamente
Valence [valɑ̃s] N (*en Espagne*) Valencia; (*en France*) Valence
valent *etc* [val] VB *voir* **valoir**
valériane [valeʀjan] NF (*Bot*) valeriana
valet [valɛ] NM criado; (*péj*) lacayo; (*cintre*) colgador *m* de ropa; (*Cartes*) sota; **~ de chambre** ayuda *m* de cámara; **~ de ferme** mozo de labranza; **~ de pied** lacayo
valeur [valœʀ] NF valor *m*; **mettre en ~** valorizar; (*fig*) destacar, poner de relieve; **avoir/prendre de la ~** tener/adquirir valor; **sans ~** sin valor; **~ absolue** valor absoluto; **~ d'échange** valor de cambio; **valeurs mobilières/nominales** valores mobiliarios/nominales
valeureux, -euse [valœʀø, øz] ADJ valeroso(-a)
validation [validasjɔ̃] NF validación *f*
valide [valid] ADJ (*personne*) sano(-a); (*passeport, billet*) válido(-a)
valider [valide] VT validar
validité [validite] NF validez *f*; **(durée de) ~** (período de) validez
valions [valjɔ̃] VB *voir* **valoir**
valise [valiz] NF maleta, valija (*Am*); **faire sa ~** hacer la maleta; **~ diplomatique** valija diplomática
vallée [vale] NF valle *m*
vallon [valɔ̃] NM pequeño valle *m*
vallonné, e [valɔne] ADJ ondulado(-a)
vallonnement [valɔnmɑ̃] NM ondulación *f*
valoir [valwaʀ] VI valer; **à ~ sur** a cuenta de; **vaille que vaille** mal que bien; **cela ne me dit rien qui vaille** eso me da mala espina; **~ mieux : il vaut mieux se taire/que je fasse comme ceci** más vale callarse/que lo haga así; **faire ~ que** insistir en que; **il faut faire ~ que tu as de l'expérience** tienes que conseguir que valoren tu experiencia ▸ VT (*prix, valeur*) valer; (*un effort, détour*) merecer; (*causer, procurer : suj : chose*) : **~ qch à qn** valer algo a algn; (*négatif*) costar algo a algn; **ce climat** *etc* **ne me vaut rien** este clima *etc* no me sienta nada bien; **~ la peine** merecer la pena; **ça ne vaut rien** eso no vale nada; **~ cher** costar mucho dinero; **que vaut ce candidat/cette méthode ?** ¿qué valor tiene ese candidato/ese método?; **faire ~** (*ses droits*) hacer valer; (*domaine, capitaux*) valorizar ▪ **se valoir** VPR ser equivalente; (*péj*) ser tal para cual; **se faire ~** alardear
valorisable [valɔʀizabl] ADJ (*Écon : matériau, déchet*) valorizable
valorisant, e [valɔʀizɑ̃, ɑ̃t] ADJ (*image, rôle*) valorizante; (*travail,*) revalorizante
valorisation [valɔʀizasjɔ̃] NF valorización *f*, revalorización *f*
valoriser [valɔʀize] VT valorizar, revalorizar
valse [vals] NF vals *m*; **la ~ des prix** el baile de precios
valser [valse] VI bailar el vals; (*fig : fam*) : **aller ~** ser proyectado(-a)
valu, e [valy] PP *de* **valoir**
valve [valv] NF (*Zool*) valva; (*Tech, Élec*) válvula
vamp [vɑ̃p] NF vampiresa
vampire [vɑ̃piʀ] NM vampiro
vampiriser [vɑ̃piʀize] VT vampirizar
vampirisme [vɑ̃piʀism] NM vampirismo
van [vɑ̃] NM camión *m* para caballos
vandale [vɑ̃dal] NMF vándalo(-a)
vandaliser [vɑ̃dalize] VT vandalizar
vandalisme [vɑ̃dalism] NM vandalismo
vanille [vanij] NF vainilla; **glace/crème à la ~** helado/crema de vainilla
vanillé, e [vanije] ADJ aromatizado(-a) con vainilla
vanilline [vanilin] NF vanilina
vanité [vanite] NF vanidad *f*; **tirer ~ de** vanagloriarse de
vaniteux, -euse [vanitø, øz] ADJ vanidoso(-a)
vanity-case [vanitikɛz] (*pl* **vanity-cases**) NM neceser *m* de belleza
vanne [van] NF compuerta; (*fam*) pulla; **lancer une ~ à qn** tirar pullas a algn
vanné [vane] ADJ (*fam : fatigué*) reventado(-a), hecho(-a) polvo (*fam*)
vanneau, x [vano] NM avefría
vanner [vane] VT (*Agr*) cribar
vannerie [vanʀi] NF cestería
vannier [vanje] NM cestero
vantail [vɑ̃taj] (*pl* **vantaux**) NM batiente *m*
vantard, e [vɑ̃taʀ, aʀd] ADJ jactancioso(-a)
vantardise [vɑ̃taʀdiz] NF jactancia
vanter [vɑ̃te] VT alabar; **~ les mérites de qch** ensalzar las virtudes de algo ▪ **se vanter** VPR jactarse; **se ~ de qch** jactarse *ou* presumir de algo; **se ~ d'avoir fait/de pouvoir faire** jactarse *ou* presumir de haber hecho/de poder hacer
Vanuatu [vanwatu] NM : **le ~** Vanuatu
va-nu-pieds [vanypje] (*péj*) NMF INV descamisado(-a)
vapeur [vapœʀ] NF vapor *m*; (*brouillard, buée*) vaho; **machine/locomotive à ~** máquina/

locomotora de vapor; **à toute ~** a toda máquina; **renverser la ~** (*Tech, fig*) cambiar de marcha; **cuit à la ~** (*Culin*) cocinado al vapor ■ **vapeurs** NFPL (*bouffées de chaleur*) : **j'ai des vapeurs** tengo sofocos; **les vapeurs du vin** (*émanation*) los vapores del vino

vapocuiseur [vapɔkyizœʀ] NM vaporera

vaporeux, -euse [vapɔʀø, øz] ADJ vaporoso(-a)

vaporisateur [vapɔʀizatœʀ] NM vaporizador *m*

vaporisation [vapɔʀizasjɔ̃] NF vaporización *f*

vaporiser [vapɔʀize] VT vaporizar

vapoter [vapɔte] VI fumar cigarrillos electrónicos

vaquer [vake] VI (*Admin*) estar vacante; **~ à ses occupations** dedicarse a sus ocupaciones

varappe [vaʀap] NF escalada

varappeur, -euse [vaʀapœʀ, øz] NM/F escalador(a)

varech [vaʀɛk] NM algas *fpl*

vareuse [vaʀøz] NF (*blouson*) marinera; (*d'uniforme*) guerrera

variabilité [vaʀjabilite] NF variabilidad *f*

variable [vaʀjabl] ADJ (*temps*) variable; (*Tech*) adaptable; (*résultats*) diverso(-a) ▶ NF (*Math*) variable *f*; **~ d'ajustement** variable de ajuste

variante [vaʀjɑ̃t] NF variante *f*

variation [vaʀjasjɔ̃] NF variación *f* ■ **variations** NFPL (*de température etc*) variaciones *fpl*, cambios *mpl*

varice [vaʀis] NF variz *f*

varicelle [vaʀisɛl] NF varicela

varié, e [vaʀje] ADJ variado(-a); (*goûts, résultats*) diverso(-a); **hors-d'œuvre variés** entremeses *mpl* variados

varier [vaʀje] VI variar, cambiar; (*différer*) variar; **~ sur** (*différer d'opinion*) discrepar en ▶ VT cambiar

variété [vaʀjete] NF variedad *f*; **une (grande) ~ de** una (gran) variedad de ■ **variétés** NFPL : **spectacle/émission de variétés** espectáculo/programa M de variedades

variole [vaʀjɔl] NF viruela

variqueux, -euse [vaʀikø, øz] ADJ varicoso(-a)

Varsovie [vaʀsɔvi] N Varsovia

vas [va] VB *voir* **aller**; **~-y !** ¡venga!; (*quelque part*) ¡ve!

vasculaire [vaskylɛʀ] ADJ vascular

vascularisé, e [vaskylaʀize] ADJ vascularizado(-a)

vase [vɑz] NM jarrón *m*, florero; **en ~ clos** aislado(-a); **vases communicants** vasos MPL comunicantes ▶ NF cieno

> ⚠ No debe traducirse por *vaso*, que en francés corresponde a **verre**.

vasectomie [vazɛktɔmi] NF vasectomía

vaseline [vaz(ə)lin] NF vaselina

vaseux, -euse [vɑzø, øz] ADJ cenagoso(-a); (*fam : confus, étourdi*) confuso(-a); (*: fatigué*) hecho(-a) polvo (*fam*)

vasistas [vazistɑs] NM tragaluz *m*

vasoconstricteur, -trice [vazokɔ̃stʀiktœʀ, tʀis] ADJ vasoconstrictor(a) ▶ NM vasoconstrictor *m*

vasodilatateur, -trice [vazodilatatœʀ, tʀis] ADJ vasodilatador(a) ▶ NM vasodilatador *m*

vasque [vask] NF pila; (*coupe*) centro de mesa

vassal, e, -aux [vasal, o] NM/F vasallo(-a)

vassaliser [vasalize] VT avasallar

vaste [vast] ADJ amplio(-a)

Vatican [vatikɑ̃] NM : **le ~** el Vaticano

vaticiner [vatisine] (*littér, péj*) VI adivinar

va-tout [vatu] NM INV : **jouer son ~** jugar(se) el todo por el todo

vaudeville [vod(ə)vil] NM vodevil *m*

vaudrai *etc* [vodʀe] VB *voir* **valoir**

vau-l'eau [volo] : **à ~** *adv* río abajo; **aller à ~** (*fig*) irse a pique

vaurien, ne [voʀjɛ̃, jɛn] NM/F bribón(-ona); (*malfaiteur*) tunante *m*

vaut [vo] VB *voir* **valoir**

vautour [votuʀ] NM buitre *m*

vautrer [votʀe] : **se vautrer** VPR revolcarse; **se ~ dans/sur** revolcarse en; (*vice*) hundirse en

vaux [vo] NMPL *de* **val** ▶ VB *voir* **valoir**

va-vite [vavit] : **à la ~** *adv* de prisa y corriendo

VDQS [vedekyɛs] ABR = **vin délimité de qualité supérieure**; *ver nota*

> **VDQS**, siglas de *vin délimité de qualité supérieure*, es la segunda categoría más alta de los vinos franceses después de *AOC*, e indica que se trata de un vino de gran calidad procedente de viñedos con denominación de origen. La tercera categoría es el *vin de pays*. Le sigue el *vin de table* o *vin ordinaire*, que es vino de mesa de origen indeterminado y, a menudo, mezclado.

vds ABR = **vends**

veau, x [vo] NM ternero; (*Culin*) ternera; (*peau*) becerro; **tuer le ~ gras** echar la casa por la ventana

vecteur [vɛktœʀ] NM vector *m*

vécu, e [veky] PP *de* **vivre** ▶ ADJ vivido(-a) ▶ NM vivencia

vedettariat [vədetaʀja] NM estrellato; (*attitude*) divismo

vedette [vədɛt] NF estrella; (*personnalité*) figura; (*canot*) lancha motora; **mettre qn en ~** (*Ciné etc*) poner a algn en primer plano; **avoir la ~** estar en primera plana

végane [vegan] ADJ, NMF vegano(-a)

végétal, e, -aux [veʒetal, o] ADJ, NM vegetal *m*

végétalien, ne [veʒetaljɛ̃, jɛn] ADJ, NM/F vegetariano(-a) estricto(-a), vegano(-a)

V

végétalisé, e [veʒetalize] ADJ (*toit, mur*) verde; **mur ~** muro verde, jardín *m* vertical
végétalisme [veʒetalism] NM vegetarianismo estricto
végétarien, ne [veʒetaʀjɛ̃, jɛn] ADJ, NM/F vegetariano(-a)
végétarisme [veʒetaʀism] NM vegetarianismo
végétatif, -ive [veʒetatif, iv] ADJ (*vie*) vegetativo(-a)
végétation [veʒetasjɔ̃] NF vegetación *f*; **~ arctique/tropicale** vegetación ártica/tropical
■ **végétations** NFPL (*Méd*) vegetaciones *fpl*; **opérer qn des végétations** operar a algn de vegetaciones
végéter [veʒete] VI (*plante, personne*) vegetar; (*affaire*) ir tirando
véhémence [veemɑ̃s] NF vehemencia; **avec ~** con vehemencia
véhément, e [veemɑ̃, ɑ̃t] ADJ vehemente
véhicule [veikyl] NM vehículo; **~ utilitaire** vehículo utilitario
véhiculer [veikyle] VT transportar en vehículo; (*fig*) transmitir
veille [vɛj] NF vigilancia; (*Psych*) vigilia; (*jour*) : **la ~ de** el día anterior a; **la ~ au soir** la noche anterior; **à la ~ de** en vísperas de; **l'état de ~** el estado de vigilia; **~ technologique/concurrentielle** vigilancia tecnológica/competitiva
veillée [veje] NF velada; **~ d'armes** vela de armas; **~ (mortuaire)** velatorio
veiller [veje] VI velar; (*être vigilant*) vigilar ▶ VT velar; **~ à** (*s'occuper de*) velar por; (*faire attention à*) procurar; (*prendre soin de*) cuidar de; **~ à faire/à ce que** ocuparse de hacer/de que; **~ sur** cuidar de
veilleur [vɛjœʀ] NM : **~ de nuit** vigilante *m* nocturno
veilleuse [vɛjøz] NF (*lampe*) lamparilla de noche; (*Auto, flamme*) piloto; **en ~** a media luz; (*affaire*) a la espera
veinard, e [vɛnaʀ, aʀd] (*fam*) NM/F suertudo(-a) (*fam*)
veine [vɛn] NF vena; (*du bois, marbre etc*) veta; **avoir de la ~** (*fam*) tener chiripa *ou* potra (*fam*)
veiné, e [vene] ADJ veteado(-a)
veineux, -euse [vɛnø, øz] ADJ venoso(-a)
Velcro® [vɛlkʀo] NM velcro®
vêler [vele] VI parir (*la vaca*)
vélin [velɛ̃] ADJ M : **(papier) ~** (papel *m*) vitela
véliplanchiste [velipl ɑ̃ʃist] NMF windsurfista *mf*
vélivole [velivɔl] NMF *aficionado(-a) a los vuelos sin motor*
velléitaire [veleitɛʀ] ADJ veleidoso(-a)
velléités [veleite] NFPL veleidades *fpl*
vélo [velo] NM bici *f*; **faire du ~** ir en bici
véloce [velɔs] ADJ veloz
vélocité [velɔsite] NF velocidad *f*
vélodrome [velodʀom] NM velódromo
vélomoteur [velɔmɔtœʀ] NM velomotor *m*
véloski [veloski] NM skibob *m*, esquibob *m*
velours [v(ə)luʀ] NM terciopelo; **~ côtelé** pana; **~ de coton/de laine** veludillo/fieltro; **~ de soie** terciopelo de seda
velouté, e [vəlute] ADJ (*peau*) aterciopelado(-a); (*lumière, couleurs*) suave; (*au goût*) cremoso(-a); (*: vin*) suave ▶ NM (*Culin*) : **~ d'asperges/de tomates** crema de espárragos/sopa de tomate
velouteux, -euse [vəlutø, øz] ADJ aterciopelado(-a)
velu, e [vəly] ADJ velloso(-a)
vélum [velɔm] NM entoldado
venais *etc* [vənɛ] VB *voir* **venir**
venaison [vənɛzɔ̃] NF caza
vénal, e, -aux [venal, o] ADJ venal
vénalité [venalite] NF venalidad *f*
venant [v(ə)nɑ̃] : **à tout ~** *adv* al primero que llegue
vendable [vɑ̃dabl] ADJ vendible
vendange [vɑ̃dɑ̃ʒ] NF vendimia; (*raisins récoltés*) cosecha (de uvas)
vendanger [vɑ̃dɑ̃ʒe] VI, VT vendimiar
vendangeur, -euse [vɑ̃dɑ̃ʒœʀ, øz] NM/F vendimiador(a)
vendéen, ne [vɑ̃deɛ̃, ɛn] ADJ de Vendée ▶ NM/F : **Vendéen, ne** nativo(-a) *ou* habitante *mf* de Vendée
vendetta [vɑ̃deta] NF vendetta
vendeur, -euse [vɑ̃dœʀ, øz] NM/F (*de magasin*) vendedor(a), dependiente(-a); (*Comm*) vendedor(a); **~ de journaux** vendedor *ou* voceador *m* (*AM*) de periódicos, canillita *m* (*CSUR*) ▶ NM (*Jur*) vendedor *m*
vendre [vɑ̃dʀ] VT vender; **~ qch à qn** vender algo a algn; **cela se vend à la douzaine** se vende por docenas; **cela se vend bien** esto se vende bien; **« à ~ »** « en venta »
vendredi [vɑ̃dʀədi] NM viernes *m inv*; **V~ saint** Viernes Santo; *voir aussi* **lundi**
vendu, e [vɑ̃dy] PP *de* **vendre** ▶ ADJ (*péj*) vendido(-a)
venelle [vənɛl] NF callejuela
vénéneux, -euse [venenø, øz] ADJ venenoso(-a)
vénérable [veneʀabl] ADJ venerable
vénération [veneʀasjɔ̃] NF veneración *f*
vénéréologie [veneʀeɔlɔʒi] NF venereología
vénérer [veneʀe] VT venerar
vénerie [vɛnʀi] NF montería
vénérien, ne [veneʀjɛ̃, jɛn] ADJ venéreo(-a); **maladies vénériennes** enfermedades FPL venéreas
vénérologie [veneʀeɔlɔʒi] NF venereología
Venezuela [venezɥela] NM Venezuela
vénézuélien, ne [venezɥeljɛ̃, jɛn] ADJ venezo-

lano(-a) ▸ NM/F : **Vénézuélien, ne** venezolano(-a)

vengeance [vɑ̃ʒɑ̃s] NF venganza

venger [vɑ̃ʒe] VT vengar ■ **se venger** VPR vengarse; **se ~ de/sur qch/qn** vengarse de/en algo/algn

vengeur, -eresse [vɑ̃ʒœʀ, ʒ(ə)ʀɛs] ADJ, NM/F vengador(a)

véniel, le [venjɛl] ADJ : **faute vénielle** culpa venial; **péché ~** (*Rel*) pecado venial

venimeux, -euse [vənimø, øz] ADJ venenoso(-a)

venin [vənɛ̃] NM veneno

venir [v(ə)niʀ] VI venir, llegar; **~ de** (*lieu*) venir de; (*cause*) proceder de; **~ de faire : je viens d'y aller/de le voir** acabo de ir/de verle; **s'il vient à pleuvoir** si llegara a llover; **en ~ à faire : j'en viens à croire que** llego a pensar que; **il en est venu à mendier** ha llegado a mendigar; **en ~ aux mains** llegar a las manos; **les années/générations à ~** los años/generaciones venideros(-as); **où veux-tu en ~ ?** ¿hasta dónde quieres llegar?; **je te vois ~** te veo venir; **il me vient une idée** se me ocurre una idea; **il me vient des soupçons** empiezo a sospechar; **laisser ~** esperar antes de actuar; **faire ~** llamar; **d'où vient que ... ?** ¿cómo es posible que ...?; **~ au monde** venir al mundo

Venise [vəniz] N Venecia

vénitien, ne [venisjɛ̃, jɛn] ADJ veneciano(-a) ▸ NM/F : **Vénitien, ne** veneciano(-a)

vent [vɑ̃] NM viento; **il y a du ~** hace viento; **c'est du ~** (*fig*) son palabras al aire; **au ~** a barlovento; **sous le ~** a sotavento; **avoir le ~ debout** *ou* **en face/arrière** *ou* **en poupe** tener viento en contra *ou* de cara/a favor *ou* en popa; **(être) dans le ~** (*fam*) (estar) a la moda; **prendre le ~** (*fig*) tantear el terreno; **avoir ~ de** enterarse de; **contre vents et marées** contra viento y marea

vente [vɑ̃t] NF venta; **mettre en ~** poner en venta; **~ aux enchères** subasta; **~ de charité** venta de beneficencia; **~ par correspondance** venta por correspondencia

venté, e [vɑ̃te] ADJ ventoso(-a)

venter [vɑ̃te] VB IMPERS ventear

venteux, -euse [vɑ̃tø, øz] ADJ ventoso(-a)

ventilateur [vɑ̃tilatœʀ] NM ventilador *m*

ventilation [vɑ̃tilasjɔ̃] NF ventilación *f*

ventiler [vɑ̃tile] VT ventilar; (*total*) repartir

ventouse [vɑ̃tuz] NF ventosa

ventral, e, -aux [vɑ̃tʀal, o] ADJ ventral

ventre [vɑ̃tʀ] NM vientre *m*; (*fig*) panza; **avoir/prendre du ~** tener/echar barriga; **j'ai mal au ~** me duele la barriga

ventricule [vɑ̃tʀikyl] NM ventrículo

ventriloque [vɑ̃tʀilɔk] ADJ, NMF ventrílocuo(-a)

ventripotent, e [vɑ̃tʀipɔtɑ̃, ɑ̃t] ADJ panzudo(-a)

ventru, e [vɑ̃tʀy] ADJ ventrudo(-a)

venu, e [v(ə)ny] PP *de* **venir** ▸ ADJ : **être mal ~ à** *ou* **de faire** ser poco oportuno hacer; **mal/bien ~** poco/muy oportuno(-a)

venue [vəny] NF venida, llegada

vêpres [vɛpʀ] NFPL vísperas *fpl*

ver [vɛʀ] NM gusano; (*intestinal*) lombriz *f*; (*du bois*) polilla; **~ à soie** gusano de seda; **~ blanc** larva de abejorro; **~ de terre** lombriz *f*; **~ luisant** luciérnaga; **~ solitaire** tenia; *voir aussi* **vers**

véracité [veʀasite] NF veracidad *f*

véranda [veʀɑ̃da] NF tenaza

verbal, e, -aux [vɛʀbal, o] ADJ verbal

verbalement [vɛʀbalmɑ̃] ADV (*dire*) oralmente; (*approuver*) verbalmente

verbalisation [vɛʀbalizasjɔ̃] NF (*Psych*) verbalización *f*; (*Police*) : **la loi prévoit la ~ des contrevenants** la ley prevé multas para los infractores

verbaliser [vɛʀbalize] VI (*Police*) poner una multa, multar ▸ VT (*Psych*) verbalizar; (*Police*) poner una multa a, multar

verbalisme [vɛʀbalism] (*péj*) NM verborrea

verbe [vɛʀb] NM verbo; **avoir le ~ sonore** (*voix*) hablar alto; **la magie du ~** la magia del verbo; **le V~** (*Rel*) el Verbo

verbeux, -euse [vɛʀbø, øz] ADJ verboso(-a)

verbiage [vɛʀbjaʒ] NM palabrería, verborrea

verbosité [vɛʀbozite] NF verbosidad *f*

verdâtre [vɛʀdɑtʀ] ADJ verdusco(-a)

verdeur [vɛʀdœʀ] NF verdor *m*; (*âpreté*) rudeza; (*de fruit, vin*) poca madurez *f*

verdict [vɛʀdik(t)] NM veredicto

verdir [vɛʀdiʀ] VI verdear, verdecer ▸ VT pintar de verde

verdoyant, e [vɛʀdwajɑ̃, ɑ̃t] ADJ que verdece

verdure [vɛʀdyʀ] NF (*arbres, feuillages*) verde *m*, verdor *m*; (*légumes verts*) verdura

véreux, -euse [veʀø, øz] ADJ agusanado(-a); (*malhonnête*) corrompido(-a)

verge [vɛʀʒ] NF (*Anat*) verga; (*baguette*) vara

verger [vɛʀʒe] NM huerto

vergetures [vɛʀgətyʀ] NFPL estrías *fpl* (*en la piel*)

verglacé, e [vɛʀglase] ADJ helado(-a)

verglas [vɛʀglɑ] NM hielo

vergogne [vɛʀgɔɲ] : **sans ~** *adv* sin vergüenza

véridique [veʀidik] ADJ verídico(-a)

vérifiable [veʀifjabl] ADJ comprobable

vérificateur, -trice [veʀifikatœʀ, tʀis] NM/F controlador(a); **~ des comptes** (*Fin*) interventor(a) de cuentas

vérification [veʀifikasjɔ̃] NF (*des comptes etc*) revisión *f*; (*d'une chose par une autre*) verificación *f*; **~ d'identité** (*Police*) identificación *f*

vérifier [veʀifje] VT (*mécanisme, comptes*) revisar; (*hypothèse*) comprobar; (*suj : chose : prouver*) corroborar; (*Inform*) verificar ■ **se vérifier** VPR verificarse

V

vérin [veʀɛ̃] NM gato
véritable [veʀitabl] ADJ verdadero(-a); *(ami, amour)* auténtico(-a); *(or, argent)* de ley; **un ~ désastre/miracle** un auténtico desastre/milagro
véritablement [veʀitabləmɑ̃] ADV verdaderamente
vérité [veʀite] NF verdad *f*; *(d'un fait, d'un portrait)* autenticidad *f*; *(sincérité)* sinceridad *f*; **à la** *ou* **en ~** en realidad
verjus [vɛʀʒy] NM *(Culin)* agraz *m*
verlan [vɛʀlɑ̃] NM argot *m* invertido; *ver nota*

El **verlan** es un tipo de argot que se hizo popular en los años cincuenta y que consiste en invertir el orden de las sílabas de las palabras; el término **verlan** mismo proviene de *l'envers* (*à l'envers* = al revés). Algunos ejemplos típicos son *féca* (*café*), *ripou* (*pourri*), *meuf* (*femme*), y *Beur* (*Arabe*). En la década de 1990 volvió a ponerse de moda a través del rap y el hip hop, ya que muchos cantantes procedían de los suburbios parisinos donde era frecuente el uso del **verlan**.

vermeil, le [vɛʀmɛj] ADJ bermejo(-a) ▶ NM corladura
vermicelles [vɛʀmisɛl] NMPL fideos *mpl*
vermicide [vɛʀmisid] NM vermicida *m*
vermifuge [vɛʀmifyʒ] NM vermicida *m* ▶ ADJ : **poudre ~** polvos *mpl* antiparasitarios
vermillon [vɛʀmijɔ̃] ADJ INV bermejo(-a)
vermine [vɛʀmin] NF parásitos *mpl*; *(fig)* chusma
vermoulu, e [vɛʀmuly] ADJ carcomido(-a)
vermout, vermouth [vɛʀmut] NM vermut *m*, vermú *m*
vernaculaire [vɛʀnakylɛʀ] ADJ *(langue)* vernáculo(-a); *(Biol : nom)* común
verni, e [vɛʀni] ADJ barnizado(-a); *(fam)* suertudo(-a) *(fam)*; **cuir ~** cuero charolado; **souliers vernis** zapatos *mpl* de charol
vernir [vɛʀniʀ] VT barnizar; *(poteries, ongles)* esmaltar
vernis [vɛʀni] NM barniz *m*; *(fig)* capa; **~ à ongles** esmalte *m* de uñas
vernissage [vɛʀnisaʒ] NM barnizado; *(d'une exposition)* inauguración *f*
vernisser [vɛʀnise] VT esmaltar
vérole [veʀɔl] NF *(aussi :* **petite vérole***)* viruela; *(fam : syphilis)* sífilis *fsg*
verrai *etc* [vɛʀe] VB *voir* **voir**
verre [vɛʀ] NM vidrio, cristal *m*; *(récipient, contenu)* vaso, copa; *(de lunettes)* cristal *m*; **boire** *ou* **prendre un ~** beber *ou* tomar una copa; **~ à dents** vaso de aseo; **~ à liqueur/à vin** copa de *ou* para licor/vino; **~ à pied** copa; **~ armé** cristal reforzado; **~ de lampe** cristal de lámpara; **~ de montre** cristal del reloj; **~ dépoli/trempé/feuilleté** cristal esmerilado/templado/laminado; **verres de contact** lentes *mpl* de contacto, lentillas *fpl*; **verres fumés** cristales *mpl* ahumados

Pour un **verre** à boire, le terme générique est *vaso*, mais pour un verre à pied (qu'il s'agisse du contenant ou du contenu), on emploie le terme de *copa*.

verrerie [vɛʀʀi] NF cristalería, vidriería; *(objets)* vidrios *mpl*
verrier [vɛʀje] NM *(ouvrier)* cristalero; *(artiste)* vidriero
verrière [vɛʀjɛʀ] NF cristalera
verrons *etc* [vɛʀɔ̃] VB *voir* **voir**
verroterie [vɛʀɔtʀi] NF abalorio
verrou [vɛʀu] NM cerrojo; **mettre le ~** poner el cerrojo; **mettre qn/être sous les verrous** *(fig)* meter a algn/estar entre rejas
verrouillage [vɛʀujaʒ] NM cierre *m*; **~ central** *(Auto)* cierre automático
verrouiller [vɛʀuje] VT *(porte)* cerrar con cerrojo; *(Mil : brèche)* bloquear
verrue [vɛʀy] NF verruga
vers [vɛʀ] NM verso ▶ PRÉP hacia; *(dans les environs de)* hacia, cerca de; *(temporel)* alrededor de, sobre ▶ NMPL *(poésie)* versos *mpl*
versant [vɛʀsɑ̃] NM ladera
versatile [vɛʀsatil] ADJ inconstante
versatilité [vɛʀsatilite] NF inconstancia
verse [vɛʀs] : **à ~** *adv* a cántaros; **il pleut à ~** llueve a cántaros
versé, e [vɛʀse] ADJ : **être ~ dans** estar versado(-a) en
Verseau [vɛʀso] NM *(Astrol)* Acuario; **être ~** ser Acuario
versement [vɛʀsəmɑ̃] NM pago; *(sur un compte)* ingreso; **en trois versements** en tres plazos
verser [vɛʀse] VT verter, derramar; *(dans une tasse etc)* echar; *(argent : à qn)* pagar; *(: sur un compte)* ingresar; *(soldat : affecter)* : **~ qn dans** destinar a algn a; **~ dans** *(fig)* versar sobre; **~ à un compte** ingresar *ou* abonar en una cuenta
verset [vɛʀsɛ] NM versículo; *(formule récitée ou chantée)* verso
verseur [vɛʀsœʀ] ADJ M *voir* **bec** ; **bouchon**
versification [vɛʀsifikasjɔ̃] NF versificación *f*
versifier [vɛʀsifje] VT, VI versificar
version [vɛʀsjɔ̃] NF *(Scol : traduction)* versión *f*; **film en ~ originale** película en versión original
verso [vɛʀso] NM dorso, reverso; **voir au ~** ver al dorso
vert, e [vɛʀ, vɛʀt] ADJ verde; *(écologique: croissance, économie)* verde; *(vin)* agraz; *(personne : vigoureux)* lozano(-a); *(langage, propos)* fuerte; **~ bouteille/d'eau/pomme** *adj inv* verde botella/agua/manzana *inv*; **en voir des vertes et des pas mûres** *(fam)* pasarlas negras; **en dire des vertes et des pas mûres** *(fam)* hablar a las

claras ▶ NM verde *m*; **se mettre au ~** irse a descansar al campo

vert-de-gris [vɛʀdəgʀi] NM INV verdín *m* ▶ ADJ INV verde *inv* grisáceo

vertébral, e, -aux [vɛʀtebʀal, o] ADJ vertebral; *voir aussi* **colonne**

vertèbre [vɛʀtɛbʀ] NF vértebra

vertébré, e [vɛʀtebʀe] ADJ vertebrado(-a) ■ **vertébrés** NMPL vertebrados *mpl*

vertement [vɛʀtəmɑ̃] ADV severamente

vertical, e, -aux [vɛʀtikal, o] ADJ vertical

verticale [vɛʀtikal] NF vertical *f*; **à la ~** en vertical

verticalement [vɛʀtikalmɑ̃] ADV verticalmente

verticalité [vɛʀtikalite] NF verticalidad *f*

vertige [vɛʀtiʒ] NM vértigo; *(étourdissement)* mareo; **ça me donne le ~** me da vértigo

vertigineux, -euse [vɛʀtiʒinø, øz] ADJ vertiginoso(-a)

vertu [vɛʀty] NF virtud *f*; **en ~ de** en virtud de

vertueusement [vɛʀtɥøzmɑ̃] ADV virtuosamente

vertueux, -euse [vɛʀtɥø, øz] ADJ virtuoso(-a); *(conduite)* meritorio(-a)

verve [vɛʀv] NF inspiración *f*; **être en ~** estar en vena

verveine [vɛʀvɛn] NF verbena

vésicule [vezikyl] NF vesícula; **~ biliaire** vesícula biliar

vespasienne [vɛspazjɛn] NF urinario público

vespéral, e, -aux [vɛspeʀal, o] ADJ vespertino(-a)

vessie [vesi] NF vejiga

veste [vɛst] NF chaqueta, americana, saco (AM); **retourner sa ~** *(fig : fam)* cambiar de chaqueta; **~ croisée/droite** chaqueta cruzada/recta *ou* sin cruzar

vestiaire [vɛstjɛʀ] NM *(au théâtre etc)* guardarropa; *(de stade etc)* vestuario; **(armoire) ~** taquilla

vestibule [vɛstibyl] NM vestíbulo

vestige [vɛstiʒ] NM vestigio ■ **vestiges** NMPL *(de ville, civilisation)* vestigios *mpl*

vestimentaire [vɛstimɑ̃tɛʀ] ADJ *(dépenses)* en vestimenta; *(détail)* de la vestimenta; *(élégance)* en el vestir

veston [vɛstɔ̃] NM americana

vêtais *etc* [vetɛ] VB *voir* **vêtir**

vêtement [vɛtmɑ̃] NM prenda (de ropa) ■ **vêtements** NMPL ropa *fsg*; **vêtements de sport** ropa de deporte

vétéran [veteʀɑ̃] NM veterano

vétérinaire [veteʀinɛʀ] ADJ, NMF veterinario(-a)

vétille [vetij] NF nimiedad *f*

vétilleux, -euse [vetijø, øz] ADJ puntilloso(-a)

vêtir [vetiʀ] VT vestir ■ **se vêtir** VPR vestirse

vêtit *etc* [veti] VB *voir* **vêtir**

vétiver [vetivɛʀ] NM vetiver *m*

veto [veto] NM veto; **droit de ~** derecho de veto; **mettre** *ou* **opposer un ~ à** poner el veto a

vêtu, e [vety] PP *de* **vêtir** ▶ ADJ : **~ de** vestido(-a) de; **chaudement ~** abrigado(-a)

vétuste [vetyst] ADJ vetusto(-a)

vétusté [vetyste] NF vetustez *f*

veuf, veuve [vœf, vœv] ADJ, NM/F viudo(-a)

veuille *etc* [vœj] VB *voir* **vouloir**

veuillez *etc* [vœje] VB *voir* **vouloir**

veule [vøl] ADJ abúlico(-a)

veulent [vœl] VB *voir* **vouloir**

veulerie [vølʀi] NF abulia

veut [vø] VB *voir* **vouloir**

veuvage [vœvaʒ] NM viudedad *f*

veuve [vœv] ADJ F, NF *voir* **veuf**

veux [vø] VB *voir* **vouloir**

vexant, e [vɛksɑ̃, ɑ̃t] ADJ *(blessant)* ofensivo(-a); *(contrariant)* molesto(-a)

vexations [vɛksasjɔ̃] NFPL *(insultes)* vejaciones *fpl*; *(brimades)* molestias *fpl*

vexatoire [vɛksatwaʀ] ADJ : **mesures vexatoires** medidas *fpl* vejatorias

vexé, e [vɛkse] ADJ *(offensé)* ofendido(-a); *(contrarié)* molesto(-a)

vexer [vɛkse] VT ofender ■ **se vexer** VPR ofenderse

VF [veɛf] SIGLE F (= *version française*) versión *f* francesa

VHF [veaʃɛf] SIGLE F (= *Very High Frequency*) VHF *f*

via [vja] PRÉP vía

viabiliser [vjabilize] VT acondicionar

viabilité [vjabilite] NF viabilidad *f*; *(d'une route)* calidad *f*

viable [vjabl] ADJ viable

viaduc [vjadyk] NM viaducto

viager, -ère [vjaʒe, ɛʀ] ADJ : **rente viagère** renta vitalicia ▶ NM : **mettre en ~** hacer un vitalicio

Viagra® [vjagʀa] NM Viagra®

viande [vjɑ̃d] NF carne *f*; **~ blanche/rouge** carne blanca/roja

viatique [vjatik] NM viático

vibrant, e [vibʀɑ̃, ɑ̃t] ADJ vibrante; *(émouvant)* estremecedor(a)

vibraphone [vibʀafɔn] NM vibráfono

vibraphoniste [vibʀafɔnist] NMF vibrafonista *mf*

vibration [vibʀasjɔ̃] NF vibración *f*

vibratoire [vibʀatwaʀ] ADJ vibratorio(-a)

vibrer [vibʀe] VI vibrar; **faire ~** hacer vibrar ▶ VT *(Tech)* someter a vibraciones

vibreur [vibʀœʀ] NM *(de téléphone portable)* vibrador *m* ▶ ADJ : **mode ~** modo vibrador

V

vibromasseur [vibʀomasœʀ] NM vibrador *m*
vicaire [vikɛʀ] NM vicario
vice [vis] NM vicio; **~ de fabrication/construction** defecto de fabricación/construcción; **~ caché** (*Comm*) vicio oculto; **~ de forme** (*Jur*) defecto de forma
vice... [vis] PRÉF vice...
vice-consul [viskɔ̃syl] (*pl* **vice-consuls**) NM vicecónsul *m*
vice-présidence [vispʀezidɑ̃s] (*pl* **vice-présidences**) NF vicepresidencia
vice-président, e [vispʀezidɑ̃, ɑ̃t] (*pl* **vice-présidents, -es**) NM/F vicepresidente(-a)
vice-roi [visʀwa] (*pl* **vice-rois**) NM virrey *m*
vice-versa [visevɛʀsa] ADV viceversa
vichy [viʃi] NM vichy *m*
vichyssois, e [viʃiswa, waz] ADJ de Vichy ▸ NM/F : **Vichyssois, e** nativo(-a) *ou* habitante *mf* de Vichy
vichyssoise [viʃiswaz] NF (*Culin*) vichyssoise *f*
vicié, e [visje] ADJ viciado(-a); (*goût*) estropeado(-a)
vicier [visje] VT (*Jur*) viciar
vicieux, -euse [visjø, jøz] ADJ vicioso(-a)
vicinal, e, -aux [visinal, o] ADJ vecinal; **chemin ~** camino vecinal
vicissitudes [visisityd] NFPL vicisitudes *fpl*
vicomte [vikɔ̃t] NM vizconde *m*
vicomtesse [vikɔ̃tɛs] NF vizcondesa
victime [viktim] NF víctima; **être (la) ~ de** ser (la) víctima de; **être ~ d'une attaque/d'un accident** ser víctima de un ataque/de un accidente
victimisation [viktimizasjɔ̃] NF victimización *f*
victimiser [viktimize] VT victimizar
victoire [viktwaʀ] NF victoria, triunfo
victorieusement [viktɔʀjøzmɑ̃] ADV victoriosamente
victorieux, -euse [viktɔʀjø, jøz] ADJ victorioso(-a)
victuailles [viktɥaj] NFPL vitualla
vidange [vidɑ̃ʒ] NF (*d'un fossé, réservoir*) vaciado; (*Auto*) cambio de aceite; (*de lavabo*) desagüe *m*; **faire la ~** (*Auto*) cambiar el aceite; **tuyau de ~** tubo de desagüe
vidanger [vidɑ̃ʒe] VT vaciar; **faire ~ la voiture** cambiar el aceite del coche
vidangeur [vidɑ̃ʒœʀ] NM pocero
vide [vid] ADJ vacío(-a); **~ de** desprovisto(-a) de ▸ NM vacío; (*futilité, néant*) nada; **sous ~** al vacío; **emballé sous ~** envasado al vacío; **à ~** (*sans occupants*) desocupado(-a); (*sans charge*) vacante; (*Tech*) en falso; **regarder dans le ~** mirar al vacío; **avoir peur du ~** tener miedo del vacío; **parler dans le ~** hablar en el aire; **faire le ~** hacer el vacío; **faire le ~ autour de qn** hacer el vacío a algn
vidé, e [vide] ADJ agotado(-a)
vidéaste [videast] NMF videasta *mf*
vidéo [video] NF vídeo, video (*Am*); **~ inverse** (*Inform*) vídeo *ou* video (*Am*) inverso ▸ ADJ INV vídeo, video (*Am*)
vidéocassette [videokasɛt] NF videocas(s)et(t)e *m*
vidéoclip [videoklip] NM videoclip *m*
vidéoclub [videoklœb] NM videoclub *m*
vidéoconférence [videokɔ̃feʀɑ̃s] NF videoconferencia
vidéodisque [videodisk] NM videodisco
vidéoprojecteur [videopʀɔʒɛktœʀ] NM videoproyector *m*
vidéoprojection [videopʀɔtɛksjɔ̃] NF videoproyección *m*
vide-ordures [vidɔʀdyʀ] NM INV vertedero de basuras
vidéosurveillance [videosyʀvɛjɑ̃s] NF videovigilancia
vidéotex® [videɔtɛks] NM videotex® *m*
vidéothèque [videɔtɛk] NF videoteca
vide-poche [vidpɔʃ] (*pl* **vide-poches**) NM *bandeja para poner lo que se lleva en los bolsillos*; (*Auto*) guantera
vide-pomme [vidpɔm] NM *utensilio para vaciar las manzanas*
vider [vide] VT vaciar; (*lieu*) desalojar; (*bouteille, verre*) beber; (*volaille, poisson*) limpiar; (*querelle*) liquidar; (*fatiguer*) agotar; (*fam*) echar; **~ les lieux** desalojar el local ■ **se vider** VPR vaciarse
videur [vidœʀ] NM matón *m*
vie [vi] NF vida; (*animation*) vitalidad *f*; **être en ~** estar vivo(-a); **sans ~** sin vida; **à ~** para toda la vida, vitalicio(-a); **élu/membre à ~** elegido/miembro vitalicio; **dans la ~ courante** en la vida real; **avoir la ~ dure** tener siete vidas; **mener la ~ dure à qn** hacerle la vida imposible a algn
vieil [vjɛj] ADJ M *voir* **vieux**; **~ or** *adj inv* oro viejo *inv*
vieillard [vjɛjaʀ] NM anciano; **les vieillards** los ancianos
vieille [vjɛj] ADJ F *voir* **vieux**; **~ fille** solterona
vieilleries [vjɛjʀi] NFPL antiguallas *fpl*
vieillesse [vjɛjɛs] NF vejez *f*; **la ~** (*vieillards*) los ancianos
vieilli, e [vjeji] ADJ (*marqué*) envejecido(-a); (*suranné*) anticuado(-a)
vieillir [vjejiʀ] VI envejecer; (*se flétrir*) avejentarse; (*institutions, doctrine*) anticuarse; (*vin*) hacerse añejo(-a); **il a beaucoup vieilli** ha envejecido mucho ▸ VT avejentar; (*attribuer un âge plus avancé*) envejecer ■ **se vieillir** VPR avejentarse
vieillissement [vjejismɑ̃] NM envejecimiento
vieillot, te [vjɛjo, ɔt] ADJ de aspecto viejo
vielle [vjɛl] NF (*Mus*) zanfonía
viendrai *etc* [vjɛ̃dʀe] VB *voir* **venir**
Vienne [vjɛn] N Viena

vienne *etc* [vjɛn] VB *voir* **venir**
viennois, e [vjenwa, waz] ADJ vienés(-esa) ▸ NM/F : **Viennois, e** vienés(-esa)
viennoiseries [vjɛnwazʀi] NFPL bollería *sg*
viens *etc* [vjɛ̃] VB *voir* **venir**
vierge [vjɛʀʒ] ADJ virgen; (*page*) en blanco; **~ de** sin ▸ NF virgen *f*; (*Astrol*) : **V~** Virgo; (*Rel*): **la V~** la Virgen; **être V~** ser Virgo
Viêt-Nam, Vietnam [vjɛtnam] NM Vietnam *m*; **~ du Nord/du Sud** Vietnam del Norte/del Sur
vietnamien, ne [vjɛtnamjɛ̃, jɛn] ADJ vietnamita ▸ NM (*Ling*) vietnamita *m* ▸ NM/F : **Vietnamien, ne** vietnamita *mf*
vieux, vieille [vjø, vjɛj] (*devant nm commençant par voyelle ou h muet* **vieil**) ADJ viejo(-a); (*ancien*) antiguo(-a); **se faire ~** hacerse viejo(-a); **~ garçon** solterón; **~ jeu** *adj inv* chapado(-a) a la antigua; **~ rose** *adj inv* rosa asalmonado *inv* ▸ NM : **le ~ et le neuf** lo antiguo y lo nuevo; **un ~ de la vieille** (*fam*) un viejo experimentado; **prendre un coup de ~** envejecer de repente ▸ NM/F viejo(-a), anciano(-a); **un petit ~** un viejecito; **mon ~/ma vieille** (*fam*) tío/tía (*fam*); **mon pauvre ~** pobrecito ▸ NMPL : **les ~** los viejos

> Pour parler d'une personne âgée, on préférera *anciano(-a)* ou *mayor* à *viejo(-a)*, qui est moins poli :
> **Ma voisine est une vieille dame.** Mi vecina es una mujer mayor.

vif, vive [vif, viv] ADJ vivo(-a); (*alerte*) espabilado(-a); (*emporté*) impulsivo(-a); (*air*) tonificante; (*vent, froid*) cortante; (*émotion*) fuerte; (*déception, intérêt*) profundo(-a); **brûlé ~** quemado vivo; **eau vive** agua viva; **source vive** manantial *m*; **de vive voix** de viva voz; **toucher** *ou* **piquer qn au ~** dar a algn en el punto débil; **tailler** *ou* **couper dans le ~** cortar por lo sano; **à ~** en carne viva; **avoir les nerfs à ~** tener los nervios de punta; **sur le ~** (*Art*) del natural; **entrer dans le ~ du sujet** entrar en el meollo de la cuestión
vif-argent [vifaʀʒɑ̃] NM azogue *m*
vigie [viʒi] NF (*Naut* : *surveillance*) vigilancia; (*personne*) vigía *m*; (*poste*) vigía
vigilance [viʒilɑ̃s] NF vigilancia
vigilant, e [viʒilɑ̃, ɑ̃t] ADJ vigilante
vigile [viʒil] NM (*veilleur de nuit*) vigilante *m*; (*police privée*) guarda *m* jurado
vigne [viɲ] NF (*plante*) vid *f*; (*plantation*) viña; **~ vierge** viña loca
vigneron, ne [viɲ(ə)ʀɔ̃, ɔn] NM/F viticultor(a)
vignette [viɲɛt] NF viñeta; (*Auto*) pegatina; (*sur médicament*) resguardo de precio
vignoble [viɲɔbl] NM viñedo; (*vignes d'une région*) viñedos *mpl*
vigoureusement [viguʀøzmɑ̃] ADV enérgicamente; (*exprimer*) con expresividad
vigoureux, -euse [viguʀø, øz] ADJ vigoroso(-a)
vigueur [vigœʀ] NF vigor *m*; (*Jur*) : **être/entrer en ~** estar/entrar en vigor; **en ~** vigente
VIH [veiaʃ] SIGLE M (= *virus de l'immunodéficience humaine*) VIH *m* (= *virus de la inmunodeficiencia humana*)
vil, e [vil] ADJ vil; **à ~ prix** a bajo precio
vilain, e [vilɛ̃, ɛn] ADJ (*laid*) feo(-a); (*affaire, blessure*) malo(-a); (*enfant*) malo(-a); **~ mot** palabrota ▸ NM (*paysan*) villano; **ça va faire du/tourner au ~** esto va a ponerse feo
vilainement [vilɛnmɑ̃] ADV feamente
vilebrequin [vilbʀəkɛ̃] NM berbiquí *m*; (*Auto*) cigüeñal *m*
vilenie [vil(ə)ni] NF villanía
vilipender [vilipɑ̃de] VT vilipendiar
villa [villa] NF villa, chalet *m*
village [vilaʒ] NM pueblo; (*aussi* : **petit village**) aldea; **~ de toile** campamento; **~ de vacances** ciudad *f* de vacaciones
villageois, e [vilaʒwa, waz] ADJ, NM/F lugareño(-a); (*d'un petit village*) aldeano(-a)
ville [vil] NF ciudad *f*, villa, municipio; **habiter en ~** vivir en la ciudad; **aller en ~** ir a la ciudad; **~ nouvelle** ciudad nueva
ville-champignon [vilʃɑ̃piɲɔ̃] (*pl* **villes-champignons**) NF ciudad *f* de generación espontánea
ville-dortoir [vildɔʀtwaʀ] (*pl* **villes-dortoirs**) NF ciudad *f* dormitorio
villégiateur [vi(l)leʒjatœʀ] NM veraneante *m*
villégiature [vi(l)leʒjatyʀ] NF veraneo; (*lieu*) lugar *m* de veraneo
vin [vɛ̃] NM vino; (*liqueur*) licor *m*; **il a le ~ gai/triste** la bebida le pone alegre/triste; **~ blanc/rosé/rouge** vino blanco/rosado/tinto; **~ d'honneur** vino de honor; **~ de messe** vino de misa; **~ de pays/de table** vino del país/de mesa; **~ nouveau/ordinaire** vino nuevo/corriente
vinaigre [vinɛgʀ] NM vinagre *m*; **tourner au ~** (*fig*) aguarse; **~ d'alcool/de vin** vinagre de alcohol/de vino
vinaigrette [vinɛgʀɛt] NF vinagreta
vinaigrier [vinɛgʀije] NM (*fabricant*) vinagrero; (*flacon*) vinagrera
vinasse [vinas] (*péj*) NF vino peleón
vindicatif, -ive [vɛ̃dikatif, iv] ADJ vindicativo(-a)
vindicte [vɛ̃dikt] NF : **désigner qn/s'exposer à la ~ publique** exponer a algn/exponerse a la venganza pública
vineux, -euse [vinø, øz] ADJ vinoso(-a)
vingt [vɛ̃] ADJ INV, NM INV veinte *m inv*; **~-quatre heures sur ~-quatre** las veinticuatro horas del día; *voir aussi* **cinq**
vingtaine [vɛ̃tɛn] NF : **une ~ (de)** unos veinte
vingtième [vɛ̃tjɛm] ADJ, NMF vigésimo(-a); **le**

~ siècle el siglo veinte ▶ NM *(partitif)* veinteavo; *voir aussi* **cinquantième**

vinicole [vinikɔl] ADJ vinícola

vinification [vinifikasjɔ̃] NF vinificación *f*

vinifier [vinifje] VT vinificar

vins *etc* [vɛ̃] VB *voir* **venir**

vinyle [vinil] NM vinilo

viol [vjɔl] NM violación *f*

violacé, e [vjɔlase] ADJ violáceo(-a)

violation [vjɔlasjɔ̃] NF violación *f*; **~ de sépulture** *(Jur)* violación de sepultura

violemment [vjɔlamɑ̃] ADV violentamente

violence [vjɔlɑ̃s] NF violencia; **la ~** la violencia; **faire ~ à qn** violentar a algn; **se faire ~** contenerse; **~ conjugale** violencia de pareja, violencia conyugal ■ **violences** NFPL *(actes)* agresiones *fpl*

violent, e [vjɔlɑ̃, ɑ̃t] ADJ violento(-a); *(besoin, désir)* imperante

violenter [vjɔlɑ̃te] VT violentar

violer [vjɔle] VT violar

violet, te [vjɔlɛ, ɛt] ADJ, NM violeta *m*

violette [vjɔlɛt] NF violeta

violeur [vjɔlœʀ] NM violador *m*

violine [vjɔlin] NF alcalí *m* de violeta

violon [vjɔlɔ̃] NM violín *m*; *(fam : prison)* chirona *(fam)*; **premier ~** *(Mus)* primer violín; **~ d'Ingres** pasatiempo favorito

violoncelle [vjɔlɔ̃sɛl] NM violoncelo, violonchelo

violoncelliste [vjɔlɔ̃selist] NMF violonchelista *mf*, violoncelista *mf*

violoniste [vjɔlɔnist] NMF violinista *mf*

VIP [veipe] SIGLE M (= *Very Important Person*) VIP *m*

vipère [vipɛʀ] NF víbora

virage [viʀaʒ] NM *(d'un véhicule)* giro; *(d'une route, piste)* curva; *(Chim, Photo)* virado; **prendre un ~** tomar una curva; **~ sans visibilité** *(Auto)* curva sin visibilidad; **~ sur l'aile** *(Aviat)* viraje *m* sobre el ala

virago [viʀago] *(péj)* NF marimacho

viral, e, -aux [viʀal, o] ADJ *(Méd)* vírico(-a); *(Internet)* viral

virée [viʀe] NF vuelta

virelangue [viʀlɑ̃g] NM trabalenguas *m inv*

virement [viʀmɑ̃] NM *(Comm)* transferencia; **~ bancaire/postal** giro bancario/postal

virent [viʀ] VB *voir* **voir**

virer [viʀe] VT *(Comm : somme)* hacer una transferencia de; *(fam)* echar; *(Photo)* virar ▶ VI virar; *(Méd : cuti-réaction)* volverse positivo(-a); **~ au bleu/rouge** pasar al azul/rojo; **~ de bord** *(Naut)* virar de bordo; **~ sur l'aile** *(Aviat)* virar sobre el ala

virevolte [viʀvɔlt] NF pirueta; *(changement complet)* giro; *(d'avis, d'opinion)* cambio

virevolter [viʀvɔlte] VI dar vueltas; *(aller en tous sens)* ir de aquí para allá

virginal, e, -aux [viʀʒinal, o] ADJ virginal

virginité [viʀʒinite] NF virginidad *f*

virgule [viʀgyl] NF coma; **quatre ~ deux** *(Math)* cuatro coma dos; **~ flottante** decimal *f* flotante

viril, e [viʀil] ADJ viril; *(énergique, courageux)* viril, varonil

viriliser [viʀilize] VT virilizar

virilité [viʀilite] NF virilidad *f*

virologie [viʀɔlɔʒi] NF virología

virologiste [viʀɔlɔʒist] NMF virologista *mf*

virtualité [viʀtɥalite] NF virtualidad *f*

virtuel, le [viʀtɥɛl] ADJ virtual

virtuellement [viʀtɥɛlmɑ̃] ADV virtualmente; *(presque)* prácticamente

virtuose [viʀtɥoz] ADJ, NMF virtuoso(-a)

virtuosité [viʀtɥozite] NF virtuosismo; **exercices de ~** *(Mus)* ejercicios *mpl* de virtuosismo

virulence [viʀylɑ̃s] NF virulencia

virulent, e [viʀylɑ̃, ɑ̃t] ADJ virulento(-a)

virus [viʀys] NM virus *m inv*

vis [vi] VB *voir* **voir** ; **vivre** ▶ NF [vis] tornillo; **~ à tête plate/ronde** tornillo de cabeza chata/redonda; **~ platinées** *(Auto)* platinos *mpl*; **~ sans fin** tornillo sin fin

visa [viza] NM visa, visado; **~ de censure** *(Ciné)* visado de censura

visage [vizaʒ] NM cara, rostro; *(fig : aspect)* cara; **à ~ découvert** a cara descubierta

visagiste [vizaʒist] NMF estilista *mf* facial

vis-à-vis [vizavi] ADV enfrente de, frente a; **~ de** frente a, enfrente de; *(à l'égard de)* con respecto a; *(en comparaison de)* en comparación con ▶ NM INV *(personne)* persona de enfrente; *(chose)* : **nous avons la poste pour ~** nuestra casa está enfrente de Correos; **en ~** frente a frente, cara a cara; **sans ~** *(immeuble)* protegido(-a) de las vistas

viscéral, e, -aux [viseʀal, o] ADJ visceral

viscéralement [viseʀalmɑ̃] ADV visceralmente

viscères [visɛʀ] NMPL vísceras *fpl*

viscose [viskoz] NF viscosa

viscosité [viskozite] NF viscosidad *f*

visée [vize] NF *(avec une arme)* puntería; *(arpentage)* mira ■ **visées** NFPL *(intentions)* objetivos *mpl*; **avoir des visées sur qch/qn** hacer proyectos sobre algo/algn

viser [vize] VI apuntar; **~ à qch/faire qch** pretender algo/hacer algo ▶ VT apuntar; *(carrière etc)* aspirar a; *(concerner)* atañer a; *(apposer un visa sur)* visar

viseur [vizœʀ] NM *(d'arme)* mira; *(Photo)* visor *m*

visibilité [vizibilite] NF visibilidad *f*; **bonne/mauvaise ~** buena/mala visibilidad; **sans ~** sin visibilidad

visible [vizibl] ADJ visible; *(évident)* evidente; *(disponible)* : **est-il ~ ?** ¿está para recibir?

visiblement [viziblәmɑ̃] ADV visiblemente
visière [vizjɛʀ] NF visera; **mettre sa main en ~** hacer visera con la mano
visioconférence [vizjokɔ̃feʀɑ̃s] NF videoconferencia
vision [vizjɔ̃] NF visión *f*; (*conception*) idea; **en première ~** (*Ciné*) en estreno
visionnage [vizjɔnaʒ] NM visionado
visionnaire [vizjɔnɛʀ] ADJ, NMF visionario(-a)
visionner [vizjɔne] VT visionar; (*Photo*) ver, visualizar
visionneuse [vizjɔnøz] NF visionador *m*
visite [vizit] NF visita; (*expertise, d'inspection*) inspección *f*; **la ~** (*Méd*) la consulta; (*Mil*) la revisión; **faire une ~ à qn** hacer una visita a algn; **rendre ~ à qn** visitar a algn; **être en ~ (chez qn)** estar de visita (en casa de algn); **heures de ~** horas *fpl* de visita; **le droit de ~** (*Jur*) el derecho de visita; **~ de douane** inspección de aduana; **~ domiciliaire** visita domiciliaria; **~ médicale** revisión médica
visiter [vizite] VT visitar
visiteur, -euse [vizitœʀ, øz] NM/F (*touriste*) visitante *mf*; (*chez qn*) : **avoir un ~** tener visita; **~ de prison** (*Admin*) *voluntario que visita presos*; **~ des douanes** inspector(a) de aduanas; **~ médical(e)** visitador(a) médico(-a)
vison [vizɔ̃] NM visón *m*
visqueux, -euse [viskø, øz] ADJ viscoso(-a); (*manières*) repulsivo(-a)
vissage [visaʒ] NM atornillado
visser [vise] VT atornillar; (*serrer : couvercle*) enroscar
visu [vizy] : **de ~** *adv* en persona
visualisation [vizɥalizasjɔ̃] NF (*aussi Inform*) visualización *f*; **écran de ~** pantalla de visualización
visualiser [vizɥalize] VT (*aussi Inform*) visualizar
visuel, le [vizɥɛl] ADJ visual ▶ NM (*Inform*) unidad *f* de despliegue visual
visuellement [vizɥɛlmɑ̃] ADV visualmente
vit [vi] VB *voir* **voir ; vivre**
vital, e, -aux [vital, o] ADJ vital
vitalité [vitalite] NF vitalidad *f*; (*d'une tradition*) vigencia
vitamine [vitamin] NF vitamina
vitaminé, e [vitamine] ADJ vitaminado(-a)
vitaminique [vitaminik] ADJ vitamínico(-a)
vite [vit] ADV rápidamente, de prisa; (*sans délai*) pronto; **faire ~** darse prisa; **ce sera ~ fini** pronto estará terminado; **viens ~ !** ¡corre!
vitesse [vitɛs] NF (*d'un véhicule, corps, fluide*) velocidad *f*; (*Auto*) : **les vitesses** las marchas; **prendre qn de ~** ganar a algn por la mano; **faire de la ~** ir a mucha velocidad; **prendre de la ~** coger velocidad; **à toute ~** a toda marcha; **en perte de ~** (*avion*) perdiendo velocidad; (*fig*) perdiendo fuerza; **changer de ~** (*Auto*) cambiar de marcha; **en première/deuxième ~** (*Auto*) en primera/en segunda; **~ acquise** velocidad adquirida; **~ de croisière** velocidad de crucero; **~ de pointe** máximo de velocidad; **~ du son** velocidad del sonido
viticole [vitikɔl] ADJ vitícola
viticulteur, -trice [vitikyltœʀ, tʀis] NM/F viticultor(a)
viticulture [vitikyltyʀ] NF viticultura
vitrage [vitʀaʒ] NM vidriera; (*rideau*) visillo; **double ~** doble acristalamiento; **des fenêtres (à) double ~** ventanas con doble acristalamiento
vitrail, -aux [vitʀaj, o] NM vidriera; (*technique*) fabricación *f* de vidrieras
vitre [vitʀ] NF vidrio, cristal *m*; (*d'une portière, voiture*) cristal
vitré, e [vitʀe] ADJ acristalado(-a); **porte vitrée** puerta vidriera *ou* acristalada
vitrer [vitʀe] VT poner cristales en
vitreux, -euse [vitʀø, øz] ADJ (*Anat*) vidrioso(-a); (*Géo*) vítreo(-a)
vitrier [vitʀije] NM vidriero
vitrification [vitʀifikasjɔ̃] NF vitrificación *f*; (*destruction*) destrucción *f*
vitrifier [vitʀifje] VT vitrificar; (*détruire*) destruir
vitrine [vitʀin] NF escaparate *m*, vidriera (*AM*); (*petite armoire*) vitrina; **mettre un produit en ~** poner un producto en el escaparate; **~ publicitaire** panel *m* publicitario
vitriol [vitʀijɔl] NM vitriolo; **critique au ~** crítica virulenta
vitupérations [vitypeʀasjɔ̃] NFPL vituperios *mpl*
vitupérer [vitypeʀe] VI vituperar; **~ contre qch/qn** despotricar contra algo/algn
vivable [vivabl] ADJ soportable
vivace [vivatʃe] ADJ (*Bot : plante*) vivaz; (*haine*) tenaz ▶ ADV (*Mus*) vivace
vivacité [vivasite] NF vivacidad *f*
vivant, e [vivɑ̃, ɑ̃t] VB *voir* **vivre** ▶ ADJ viviente; (*animé*) vivo(-a) ▶ NM : **du ~ de qn** en vida de algn; **les vivants et les morts** los vivos y los muertos
vivarium [vivaʀjɔm] NM vivero
vivats [viva] NMPL vivas *mpl*
vive [viv] ADJ F *voir* **vif** ▶ VB *voir* **vivre** ▶ EXCL : **~ le roi/la république !** ¡viva el rey/la república!; **~ les vacances !** ¡vivan las vacaciones!; **~ la liberté !** ¡viva la libertad!
vivement [vivmɑ̃] ADV vivamente ▶ EXCL : **~ qu'il s'en aille !** ¡que se vaya pronto!; **~ les vacances !** ¡que lleguen ya las vacaciones!
viveur [vivœʀ] (*péj*) NM vividor *m*
vivier [vivje] NM vivero; (*étang*) criadero
vivifiant, e [vivifjɑ̃, jɑ̃t] ADJ vivificante
vivifier [vivifje] VT vivificar; (*souvenirs, sentiments*) avivar

vivions [vivjɔ̃] VB *voir* **vivre**
vivipare [vivipaʀ] ADJ vivíparo(-a)
vivisection [vivisɛksjɔ̃] NF vivisección *f*
vivoter [vivɔte] VI ir tirando
vivre [vivʀ] VI vivir; (*souvenir*) subsistir; **la victime vit encore** la víctima sigue viva; **savoir ~** saber vivir; **se laisser ~** dejarse estar; **ne plus ~** no poder vivir; **apprendre à ~ à qn** meter a algn en cintura; **il a vécu** ha vivido mucho; **cette mode/ce régime a vécu** esta moda/este régimen ha muerto; **faire ~ qn** mantener a algn; **~ bien/mal** vivir bien/mal; **~ de** vivir de ▸ VT vivir; **il est facile/difficile à ~** tiene buen/mal carácter ■ **vivres** NMPL (*provisions*) víveres *mpl*
vivrier, -ière [vivʀije, jɛʀ] ADJ : **cultures vivrières** huertas *fpl*
vlan [vlɑ̃] EXCL ¡pum!
VO [veo] SIGLE F (= *version originale*) V.O. (= *versión original*)
vocable [vɔkabl] NM vocablo
vocabulaire [vɔkabylɛʀ] NM vocabulario
vocal, e, -aux [vɔkal, o] ADJ (*organes*) vocal; (*technique*) oral
vocalique [vɔkalik] ADJ vocálico(-a)
vocalise [vɔkaliz] NF vocalización *f*; **faire des vocalises** hacer ejercicios de vocalización
vocaliser [vɔkalize] VI vocalizar
vocaliste [vɔkalist] NMF vocalista *mf*
vocation [vɔkasjɔ̃] NF vocación *f*; **avoir la ~** tener vocación
vociférations [vɔsifeʀasjɔ̃] NFPL vociferaciones *fpl*
vociférer [vɔsifeʀe] VT, VI vociferar
vodka [vɔdka] NF vodka *m*
vœu, x [vø] NM deseo; (*à Dieu*) voto; **faire ~ de** hacer voto de; **avec nos meilleurs vœux** muchas felicidades; **vœux de bonheur/de bonne année** deseos *mpl* de felicidad/felicitaciones *fpl* de año nuevo
vogue [vɔg] NF moda; **en ~** en boga
voguer [vɔge] VI remar
voici [vwasi] PRÉP aquí está; **en ~ un** aquí hay *ou* está uno; **et ~ que …** y entonces …; **me ~** aquí estoy; **« ~ »** (*en offrant qch*) « aquí tiene »; **~ deux ans** hace dos años; **il est parti ~ trois ans** se fue hace tres años; **~ une semaine que je l'ai vue** hace una semana que la vi
voie[1] [vwa] VB *voir* **voir**
voie[2] [vwa] NF vía; (*Auto*) carril *m*; **par ~ buccale** *ou* **orale/rectale** por vía oral/rectal; **suivre la ~ hiérarchique** (*Admin*) seguir los medios oficiales; **ouvrir/montrer la ~** abrir/mostrar el camino; **être en bonne ~** estar en el buen camino; **mettre qn sur la ~** encaminar a algn; **être en ~ d'achèvement/de rénovation** estar en vías de acabar/de renovar; **route à deux/trois voies** carretera de dos/tres carriles; **par la ~ aérienne/maritime** por vía aérea/marítima; **par ~ ferrée** por vía férrea, por ferrocarril; **~ à sens unique** vía de dirección única; **~ d'eau** vía navegable; (*entrée d'eau*) vía de agua; **~ de fait** (*Jur*) vía de hecho; **~ de garage** (*aussi fig*) vía muerta; **~ express** vía urgente; **~ ferrée/navigable** vía férrea/navegable; **~ lactée** vía láctea; **~ prioritaire** (*Auto*) carril prioritario; **~ privée** camino privado; **~ publique** vía pública
voilà [vwala] PRÉP he ahí, ahí está; **les ~** ahí están; **en ~ un** ahí hay *ou* está uno; **~ deux ans** hace dos años; **~ deux ans que …** hace dos años que …; **et ~ !** ¡eso es todo!, ¡ya está!; **~ tout** eso es todo; **« ~ »** (*en offrant qch*) « aquí tiene »
voilage [vwalaʒ] NM (*rideau*) visillo; (*tissu*) *adorno transparente en un vestido*
voile [vwal] NM velo; (*qui dissimule une ouverture etc*) cortina; (*Photo*) veladura; **prendre le ~** (*Rel*) tomar el velo; **~ au poumon** *nm* (*Méd*) mancha en el pulmón; **~ du palais** *nm* (*Anat*) velo del paladar ▸ NF vela; **la ~** (*Sport*) la vela; **mettre à la ~** (*Naut*) hacerse a la vela
voiler [vwale] VT poner las velas a; (*fig*) velar, ocultar; (*Photo*) velar; (*fausser : roue*) alabear; (*: bois*) combar ■ **se voiler** VPR (*lune*) ocultarse; (*regard*) apagarse; (*ciel*) cubrirse; (*Tech*) combarse; **se ~ la face** (*fig*) ponerse una venda en los ojos
voilette [vwalɛt] NF velo
voilier [vwalje] NM velero
voilure [vwalyʀ] NF (*d'un voilier*) velamen *m*; (*d'un avion*) planos *mpl* sustentadores; (*d'un parachute*) tela de paracaídas
voir [vwaʀ] VI ver; (*comprendre*) : **je vois** comprendo; **~ loin/venir** ver lejos/venir; **regardez ~** mire; **montrez ~** déjeme ver; **dites ~** diga, explíquese; **voyons !** ¡vamos!; **c'est à ~ !** ¡habrá que verlo!; **c'est à vous de ~** usted verá; **c'est ce qu'on va ~** eso habrá que verlo ▸ VT ver; (*considérer*) considerar; (*constater*) : **~ que/comme** ver que/como; **faire ~ qch à qn** enseñar algo a algn; **vois comme il est beau !** ¡mira lo bonito que es!; **en faire ~ à qn** (*fam*) enseñar a algn lo que es bueno; **ne pas pouvoir ~ qn** no poder ver a algn; **avoir quelque chose à ~ avec** tener algo que ver con; **cela n'a rien à ~ avec lui** esto no tiene nada que ver con él; **~ à faire qch** (*veiller à*) asegurarse de hacer algo ■ **se voir** VPR : **se ~ critiquer** verse criticado(-a); **cela se voit** se nota
voire [vwaʀ] ADV incluso
voirie [vwaʀi] NF (*entretien des voies*) servicio de vías y obras; (*administration*) servicio de vías públicas; (*enlèvement des ordures*) servicio de recogida de basuras
vois *etc* [vwa] VB *voir* **voir**
voisin, e [vwazɛ̃, in] ADJ cercano(-a), próximo(-a); (*contigu*) vecino(-a), próximo(-a); (*ressemblant*) parecido(-a), vecino(-a) ▸ NM/F vecino(-a); (*de table etc*) compañero(-a); **nos voisins les Anglais** nuestros vecinos ingleses; **~ de**

palier vecino(-a) de enfrente
voisinage [vwazinaʒ] NM vecindad *f*, proximidad *f*; (*environs*) vecindad, cercanía; (*quartier, voisins*) vecindad; **relations de bon ~** relaciones *fpl* de buena vecindad
voisiner [vwazine] VI : **~ avec qn/qch** ser vecino(-a) de algn/algo, estar cerca de algn/algo
voit [vwa] VB *voir* **voir**
voiture [vwatyʀ] NF coche *m*, auto (*surtout* AM), carro (AM); **en ~ !** (*Rail*) ¡al tren!; **~ à bras** carro con varales; **~ d'enfant** cochecito de niño; **~ d'infirme** coche de inválido; **~ de sport** coche deportivo
voiture-lit [vwatyʀli] (*pl* **voitures-lits**) NF (*Rail*) coche-cama *m*
voiture-restaurant [vwatyʀʀɛstɔʀɑ̃] (*pl* **voitures-restaurants**) NF (*Rail*) vagón *m* restaurante
voix [vwɑ] NF voz *f*; (*Pol*) voto; **~ passive/active** (*Ling*) voz pasiva/activa; **la ~ de la conscience/raison** la voz de la conciencia/razón; **à haute ~** en voz alta; **à ~ basse** en voz baja; **faire la grosse ~** sacar el vozarrón; **avoir de la ~** tener voz; **rester sans ~** quedarse sin voz; **à deux/quatre ~** (*Mus*) a dos/cuatro voces; **avoir/ne pas avoir ~ au chapitre** tener/no tener voz ni voto; **mettre aux ~** poner a votación; **~ de basse/de ténor** voz de bajo/de tenor
vol [vɔl] NM vuelo; (*mode d'appropriation*) robo; (*larcin*) hurto; **un ~ de perdrix** una bandada de perdices; **à ~ d'oiseau** a vuelo de pájaro; **au ~** : **attraper qch au ~** coger algo al vuelo; **saisir une remarque au ~** coger una advertencia al vuelo; **prendre son ~** levantar el vuelo; **de haut ~** de altos vuelos; **en ~** en vuelo; **~ à l'étalage** hurto en las tiendas; **~ à la tire** tirón *m* (de bolsa); **~ à main armée** robo *ou* atraco a mano armada; **~ à voile** vuelo a vela; **~ avec effraction** robo con infracción; **~ de nuit** vuelo nocturno; **~ en palier** (*Aviat*) vuelo horizontal; **~ libre/sur aile delta** (*Sport*) vuelo libre/en ala delta; **~ plané** (*Aviat*) vuelo planeado; **~ qualifié/simple** (*Jur*) hurto agravado/simple
vol. ABR (= *volume*) vol. (= *volumen*)
volage [vɔlaʒ] ADJ voluble
volaille [vɔlɑj] NF (*oiseaux*) aves *fpl* de corral; (*viande, oiseau*) ave *f*
volailler [vɔlɑje] NM vendedor *m* de aves
volant, e [vɔlɑ̃, ɑ̃t] ADJ volante, volador(a); **le personnel ~, les volants** (*Aviat*) la tripulación ▸ NM volante *m*; (*feuillet détachable*) talón *m*; **~ de sécurité** margen *m* de seguridad
volatil, e [vɔlatil] ADJ volátil
volatile [vɔlatil] NM volátil *m*
volatiliser [vɔlatilize] : **se volatiliser** VPR (*Chim*) volatilizarse; (*fig*) esfumarse
volatilité [vɔlatilite] NF volatilidad *f*
vol-au-vent [vɔlovɑ̃] (*pl* **vol(s)-au-vent**) NM volován *m*
volcan [vɔlkɑ̃] NM volcán *m*
volcanique [vɔlkanik] ADJ volcánico(-a)
volcanologie [vɔlkanɔlɔʒi] NF vulcanología
volcanologue [vɔlkanɔlɔg] NMF vulcanólogo(-a)
volée [vɔle] NF (*d'oiseaux*) bandada; (*Tennis*) voleo; **rattraper qch à la ~** coger algo al vuelo; **lancer/semer à la ~** lanzar/sembrar al voleo; **à toute ~** (*sonner les cloches*) al vuelo; (*lancer un projectile*) al voleo; **de haute ~** (*de haut rang*) de alto rango; (*de grande envergure*) de altos vuelos; **~ (de coups)** paliza; **~ de flèches** lluvia de flechas; **~ d'obus** descarga de obuses
voler [vɔle] VI volar; (*voleur*) robar, hurtar; **~ en éclats** volar en mil pedazos; **~ de ses propres ailes** volar con sus propias alas, valerse por sí mismo(-a); **~ au vent** flotar al viento ▸ VT (*objet*) robar; (*idée*) apropiarse de; **~ qch à qn** robar algo a algn
volet [vɔlɛ] NM (*de fenêtre*) postigo; (*Aviat*) flap *m*; (*de feuillet*) hoja; (*d'un plan*) aspecto; **trié sur le ~** muy escogido(-a); **~ de freinage** (*Aviat*) tren *m* de frenado
voleter [vɔl(ə)te] VI revolotear
voleur, -euse [vɔlœʀ, øz] ADJ, NM/F ladrón(-ona)
volière [vɔljɛʀ] NF pajarera
volley-ball [vɔlɛbol] (*pl* **volley-balls**), **volley** [vɔlɛ] NM balonvolea *m*
volleyer [vɔleje] VT (*Tennis*) volear
volleyeur, -euse [vɔlɛjœʀ, øz] NM/F jugador(a) de balonvolea
volontaire [vɔlɔ̃tɛʀ] ADJ voluntario(-a); (*délibéré*) deliberado(-a); (*caractère*) decidido(-a); **(engagé) ~** (*Mil*) voluntario ▸ NMF voluntario(-a)
volontairement [vɔlɔ̃tɛʀmɑ̃] ADV voluntariamente
volontariat [vɔlɔ̃taʀja] NM voluntariado
volontarisme [vɔlɔ̃taʀism] NM voluntarismo
volontariste [vɔlɔ̃taʀist] ADJ voluntarista
volonté [vɔlɔ̃te] NF voluntad *f*; **se servir/boire à ~** servirse/beber a voluntad; **bonne/mauvaise ~** buena/mala voluntad; **les dernières volontés de qn** la última voluntad de algn
volontiers [vɔlɔ̃tje] ADV con gusto; (*habituellement*) habitualmente; **« ~ »** « con mucho gusto »
volt [vɔlt] NM voltio
voltage [vɔltaʒ] NM voltaje *m*
volte-face [vɔltəfas] (*pl* **~(s)**) NF media vuelta; (*fig*) cambio; **faire ~** dar media vuelta
voltige [vɔltiʒ] NF (*au cirque*) acrobacia (en el aire); (*Équitation*) acrobacia ecuestre; (*Aviat*) acrobacia aérea; **(numéro de haute) ~** número de acrobacia; (*fig*) ejercicio mental
voltiger [vɔltiʒe] VI revolotear
voltigeur, -euse [vɔltiʒœʀ, øz] NM/F acróbata *mf* ▸ NM (*Mil*) tirador *m*
voltmètre [vɔltmɛtʀ] NM voltímetro
volubile [vɔlybil] ADJ locuaz

volubilis [vɔlybilis] NM enredadera de campanillas
volubilité [vɔlybilite] NF locuacidad *f*
volume [vɔlym] NM volumen *m*
volumétrique [vɔlymetʀik] ADJ volumétrico(-a)
volumineux, -euse [vɔlyminø, øz] ADJ voluminoso(-a)
volumique [vɔlymik] ADJ (*Phys*) : **masse ~** densidad *f*
volupté [vɔlypte] NF voluptuosidad *f*
voluptueusement [vɔlyptɥøzmɑ̃] ADV voluptuosamente
voluptueux, -euse [vɔlyptɥø, øz] ADJ voluptuoso(-a)
volute [vɔlyt] NF (*Archit*) voluta; **~ de fumée** voluta
vomi [vɔmi] NM vómito
vomir [vɔmiʀ] VI vomitar ▸ VT vomitar; (*exécrer*) abominar
vomissement [vɔmismɑ̃] NM vómito; **être pris de vomissements** comenzar a devolver *ou* vomitar de pronto
vomissure [vɔmisyʀ] NF (*gén pl*) vómito
vomitif [vɔmitif] NM vomitivo
vont [vɔ̃] VB *voir* **aller**
vorace [vɔʀas] ADJ voraz
voracement [vɔʀasmɑ̃] ADV vorazmente
voracité [vɔʀasite] NF voracidad *f*
vos [vo] *voir* **votre**
Vosges [voʒ] NFPL : **les ~** los Vosgos
vosgien, ne [voʒjɛ̃, jɛn] ADJ de los Vosgos ▸ NM/F : **Vosgien, ne** nativo(-a) *ou* habitante *mf* de los Vosgos
VOST [veoɛste] SIGLE F (= *version originale sous-titrée*) VOS (= *versión original subtitulada*)
votant, e [vɔtɑ̃, ɑ̃t] NM/F votante *mf*
vote [vɔt] NM voto; (*suffrage*) voto, votación *f*; (*consultation*) votación; **~ secret** *ou* **à bulletins secrets** votación secreta; **~ à main levée** voto a mano alzada; **~ par correspondance/procuration** voto por correspondencia/poder
voter [vɔte] VI, VT votar
votif, -ive [vɔtif, iv] ADJ votivo(-a)
votre [vɔtʀ] (*pl* **vos**) ADJ POSS vuestro(-a), su
vôtre [votʀ] PRON POSS : **le/la ~** el (la) vuestro(-a); **les vôtres** los (las) vuestros(-as); (*forme de politesse*) los (las) suyos(-as); **à la ~ !** ¡salud!
voudrai *etc* [vudʀe] VB *voir* **vouloir**
voué, e [vwe] ADJ : **~ à l'échec/la faillite** condenado(-a) al fracaso/a la derrota; **taudis voués à la démolition** cuchitril condenado al derribo
vouer [vwe] VT : **~ qch à Dieu/un saint** consagrar algo a Dios/un santo; **~ sa vie/son temps à** consagrar la vida/el tiempo a; **~ une haine/amitié éternelle à qn** profesar odio/amistad eterna a algn ■ **se vouer** VPR : **se ~ à** dedicarse a

vouloir [vulwaʀ]

▸ VT **1** querer; **voulez-vous du thé ?** ¿quiere té?; **que me veut-il ?** ¿qué quiere de mí?; **sans le vouloir** sin querer; **je voudrais qch/faire** quería *ou* quisiera algo/hacer; **le hasard a voulu que ...** el azar quiso que ...; **la tradition veut que ...** la tradición es que ...; **vouloir faire/que qn fasse qch** querer hacer/que algn haga algo; **que veux-tu que je te dise ?** ¿qué quieres que te diga?
2 (*consentir*) : **tu veux venir ? — oui, je veux bien** (*bonne volonté*) ¿quieres venir? — sí, me parece bien; **allez, tu viens ? — oui, je veux bien** (*concession*) venga, ¿vienes? — ¡bueno!; **oui, si on veut** (*en quelque sorte*) sí, en cierto modo; **si vous voulez** si quiere; **veuillez attendre** tenga la amabilidad de esperar; **veuillez agréer ...** le saluda atentamente ...; **comme vous voudrez** como quiera
3 : **en vouloir à : en vouloir à qn** estar resentido con algn; **je lui en veux d'avoir fait ça** me sienta muy mal que haya hecho eso; **s'en vouloir d'avoir fait qch** estar arrepentido de haber hecho algo; **il en veut à mon argent** se interesa por mi dinero
4 : **vouloir de qch/qn** : **l'entreprise ne veut plus de lui** la empresa ya no le quiere; **elle ne veut pas de son aide** ella no quiere su ayuda
5 : **vouloir dire (que)** (*signifier*) querer decir (que)
▸ NM : **le bon vouloir de qn** la buena voluntad de algn
■ **se vouloir** VPR **1** : **s'en vouloir** arrepentirse; **s'en vouloir de qch** arrepentirse de algo
2 (*avec attribut*) pretender ser; **... qui se veut moderne** ... que pretende ser moderno

voulu, e [vuly] PP *de* **vouloir** ▸ ADJ (*requis*) requerido(-a); (*délibéré*) deliberado(-a)
vous [vu] PRON (*sujet : pl : courant*) vosotros(-as), ustedes (AM); (: *forme de politesse*) ustedes; (: *singulier*) usted; (*objet direct : pl*) os, les (AM); (: *forme de politesse*) les (las) *ou* los; (: *singulier*) le (la) *ou* lo; (*objet indirect : pl*) os, les (AM); (: *forme de politesse*) les; (: *singulier*) le; (*réfléchi, réciproque : direct, indirect*) os; (: *forme de politesse*) se; **je ~ le jure** os lo juro; (*politesse*) se lo juro; **je ~ prie de ...** os pido que ...; (*politesse : pluriel*) les pido que ...; (: *singulier*) le pido que ...; **~ pouvez ~ asseoir** podéis sentaros; (*politesse : pluriel*) pueden sentarse; (: *singulier*) puede usted sentarse; **à ~** vuestro(-a), vuestros(-as); (*formule de politesse*) suyo(-a), suyos(-as); **ce livre est à ~** ese libro es vuestro; (*politesse*) ese libro es suyo; **avec/sans ~** con/sin vosotros; (*politesse : pluriel*) con/sin ustedes; (: *singulier*) con/sin usted; **je vais chez ~** voy a vuestra casa; (*politesse*) voy a su casa ▸ NM : **employer le ~** emplear el usted
vous-même [vumɛm] PRON (*sujet*) usted mismo(-a); (*après prép*) sí mismo(-a); (*emphatique*) : **~, vous ...** usted, ... ■ **vous-mêmes** PRON PL (*sujet*) vosotros(-as) *ou* (AM) ustedes mismos(-as); (*forme de politesse*) ustedes mismos(-as);

(*après prép*) sí mismos(-as); (*emphatique*) : **vous-mêmes, vous ...** vosotros ..., ustedes ... (AM); (*forme de politesse*) ustedes, ...

voûte [vut] NF bóveda; **~ céleste** bóveda celeste; **~ du palais** velo del paladar; **~ plantaire** arco plantar

voûté, e [vute] ADJ abovedado(-a); (*personne*) encorvado(-a)

voûter [vute] VT (*Archit*) abovedar ■ **se voûter** VPR (*personne*) encorvarse

vouvoiement [vuvwamɑ̃] NM tratamiento de usted

vouvoyer [vuvwaje] VT : **~ qn** tratar de usted a algn

voyage [vwajaʒ] NM viaje *m*; **être/partir en ~** estar/ir *ou* salir de viaje; **faire un ~** hacer un viaje; **faire bon ~** hacer un buen viaje; **j'aime les voyages** me gustan los viajes; **les gens du ~** los saltimbanquis *mpl*; **~ d'affaires** viaje de negocios; **~ d'agrément** viaje de placer; **~ de noces** viaje de novios; **~ organisé** viaje organizado

voyager [vwajaʒe] VI viajar

voyageur, -euse [vwajaʒœʀ, øz] ADJ, NM/F viajero(-a); **un grand ~** un gran viajero; **~ (de commerce)** viajante *mf* (de comercio)

voyagiste [vwajaʒist] NMF touroperador(-a)

voyais *etc* [vwajɛ] VB *voir* **voir**

voyance [vwajɑ̃s] NF videncia

voyant, e [vwajɑ̃, ɑ̃t] ADJ llamativo(-a) ▶ NM/F vidente *mf* ▶ NM indicador *m* luminoso

voyelle [vwajɛl] NF vocal *f*

voyeur, -euse [vwajœʀ, øz] NM/F mirón(-ona); (*Psych*) voyerista *mf*, voyeur *mf*

voyeurisme [vwajœʀism] NM voyeurismo

voyeuriste [vwajœʀist] ADJ voyeurista

voyons [vwajɔ̃] VB *voir* **voir**

voyou [vwaju] ADJ, NM gamberro(-a)

voyoucratie [vwajukʀasi] NF cleptocracia

VPC [vepese] SIGLE F (= *vente par correspondance*) venta por correo

vrac [vʀak] : **en ~** *adj, adv* en desorden; (*Comm*) a granel

vrai, e [vʀɛ] ADJ verdadero(-a), cierto(-a); (*or, cheveux*) auténtico(-a); **son ~ nom** su auténtico nombre; **un ~ comédien/sportif** un auténtico comediante/deportista; **il est ~ que** cierto que ▶ NM : **le ~** lo verdadero, lo verídico; **à dire ~, à ~ dire** a decir verdad; **être dans le ~** estar en lo cierto

vraiment [vʀɛmɑ̃] ADV verdaderamente; **« ~ ? »** « ¿de verdad? », « ¿es cierto? »; **il est ~ rapide** es realmente rápido

vraisemblable [vʀɛsɑ̃blabl] ADJ (*plausible*) verosímil; (*probable*) probable

vraisemblablement [vʀɛsɑ̃blabləmɑ̃] ADV probablemente

vraisemblance [vʀɛsɑ̃blɑ̃s] NF verosimilitud *f*; (*probabilité*) probabilidad *f*; (*romanesque*) realismo; **selon toute ~** con toda seguridad

vraquier [vʀakje] NM (buque *m*) granelero

vrille [vʀij] NF (*de plante*) zarcillo; (*outil, hélice*) barrena; **descendre en ~, faire une ~** (*Aviat*) bajar en barrena, hacer la barrena

vrillé, e [vʀije] ADJ ensortijado(-a)

vriller [vʀije] VT barrenar

vrombir [vʀɔ̃biʀ] VI zumbar

vrombissant, e [vʀɔ̃bisɑ̃, ɑ̃t] ADJ que zumba

vrombissement [vʀɔ̃bismɑ̃] NM zumbido

VRP [veɛʀpe] SIGLE M (= *voyageur, représentant, placier*) representante

VTT [vetete] SIGLE M (= *vélo tout terrain*) *bicicleta todo terreno*

vu[1] [vy] PRÉP visto; **vu que** visto que

vu[2], e [vy] PP *de* **voir** ▶ ADJ : **bien/mal vu** bien/mal visto(-a) ▶ NM : **au vu et au su de tous** a cara descubierta; **ni vu ni connu** ni visto ni oído; **c'est tout vu** está claro

vue [vy] NF vista; (*spectacle*) visión *f*; **perdre la ~** perder la vista; **perdre de ~** perder de vista; (*principes, objectifs*) olvidar; **à la ~ de tous** a la vista de todos; **hors de ~** fuera de la vista; **à première ~** a primera vista; **connaître qn de ~** conocer a algn de vista; **à ~** (*Comm*) a vista; **tirer à ~** disparar sin dar la voz de alto; **à ~ d'œil** a ojos vistas; **avoir ~ sur** tener vistas a; **en ~** a la vista; (*Comm*) en vistas; **avoir qch en ~** tener algo en vistas; **arriver/être en ~ d'un endroit** llegar/estar a la vista de un lugar; **en ~ de faire qch** con intención de hacer algo; **~ d'ensemble** vista de conjunto; **~ de l'esprit** teoría pura ■ **vues** NFPL (*idées*) opiniones *fpl*; (*dessein*) proyectos *mpl*

vulcanisation [vylkanizasjɔ̃] NF vulcanización *f*

vulcaniser [vylkanize] VT vulcanizar

vulcanologie [vylkanɔlɔʒi] NF = **volcanologie**

vulcanologue [vylkanɔlɔg] NMF = **volcanologue**

vulgaire [vylgɛʀ] ADJ vulgar; **de vulgaires touristes/chaises de cuisine** simples turistas/sillas de cocina; **nom ~** (*Bot, Zool*) nombre *m* común

vulgairement [vylgɛʀmɑ̃] ADV vulgarmente; (*communément*) comúnmente, vulgarmente

vulgarisation [vylgaʀizasjɔ̃] NF : **ouvrage de ~** obra de divulgación

vulgariser [vylgaʀize] VT (*connaissances*) divulgar; (*rendre vulgaire*) vulgarizar

vulgarité [vylgaʀite] NF vulgaridad *f*

vulgate [vylgat] NF (*fig*) ortodoxia; (*Rel*) : **la V~** la Vulgata

vulnérabilité [vylneʀabilite] NF vulnerabilidad *f*

vulnérable [vylneʀabl] ADJ vulnerable; (*stratégiquement*) atacable

vulve [vylv] NF vulva

vumètre [vymɛtʀ] NM vúmetro

Vve ABR (= *veuve*) Vda. (= *viuda*)

Ww

W¹, w [dubləve] NM INV (*lettre*) W, w *f*; **W comme William** ≈ W de Washington
W² [dubləve] ABR (= *watt*) W (= *wat ou vatio*)
wagon [vagɔ̃] NM vagón *m*
wagon-citerne [vagɔ̃sitɛʀn] (*pl* **wagons-citernes**) NM vagón-cisterna *m*
wagon-lit [vagɔ̃li] (*pl* **wagons-lits**) NM coche-cama *m*
wagonnet [vagɔnɛ] NM vagoneta
wagon-poste [vagɔ̃pɔst] (*pl* **wagons-postes**) NM coche-correo *m*
wagon-restaurant [vagɔ̃ʀɛstɔʀɑ̃] (*pl* **wagons-restaurants**) NM coche-restaurante *m*
Wallis et Futuna [walisefutuna] NFPL : **(les îles) ~** (las islas de) Wallis y Futuna
wallon, ne [walɔ̃, ɔn] ADJ valón(-ona) ▸ NM (*Ling*) valón *m* ▸ NM/F : **Wallon, ne** valón(-ona)
Wallonie [walɔni] NF Valonia
water-polo [watɛʀpɔlo] (*pl* **water-polos**) NM water-polo *m*
waters [watɛʀ] NMPL servicios *mpl*
watt [wat] NM vatio
W.-C. [vese] NMPL W-C *mpl*
Web [wɛb] NM INV : **le ~** la Red, la Web
webcam [wɛbkam] NF webcam *f*
webdesign [wɛbdizajn] NM diseño web
webdesigner [wɛbdizajnœʀ] NMF diseñador(a) de webs
webmaster [wɛbmastɛʀ], **webmestre** [wɛbmɛstʀə] NMF webmaster *mf*, administrador(a) de web
webzine [wɛbzin] NM revista electrónica
week-end [wikɛnd] (*pl* **week-ends**) NM fin *m* de semana
western [wɛstɛʀn] NM película del oeste, western *m*
whisky [wiski] (*pl* **whiskies**) NM whisky *m*
white-spirit [wajtspiʀit] (*pl* **white-spirits**) NM aguarrás *msg*
widget [widʒɛt] NM (*Inform*) widget *m*
wifi [wifi] NM INV (= *wireless fidelity*) Wi-Fi *m*
wishbone [wiʃbon] NM (*Naut*) botavara (*de tabla de windsurf*)
wok [wɔk] NM wok *m*

Xx

X, x [iks] NM INV (*lettre*) X, x *f*; **plainte contre X** (*Jur*) *denuncia contra personas desconocidas*; **X comme Xavier** ≈ X de Xiquena

xénogreffe [gzenogʀɛf] NF heteroinjerto, xenoinjerto

xénophobe [gzenɔfɔb] NMF xenófobo(-a)

xénophobie [gzenɔfɔbi] NF xenofobia

xérès [gzeʀɛs] NM jerez *m*

xylographie [gzilɔgʀafi] NF xilografía

xylophone [gzilɔfɔn] NM xilófono

Yy

Y, y[1] [igʀɛk] NM INV (*lettre*) Y, y *f*; **Y comme Yvonne** ≈ Y de Yegua

y[2] [i] ADV allí; (*plus près*) ahí; (*ici*) aquí; **nous y sommes enfin** ya estamos aquí ▸ PRON (*la préposition espagnole dépend du verbe employé*) a/de/en él (ella); **à l'hôtel ? j'y reste trois semaines** ¿en el hotel? me voy a quedar tres semanas; **j'y pense** (*je n'ai pas oublié*) lo tengo en mente; (*décision à prendre*) me lo estoy pensando; **j'y suis !** ¡ya caigo!; **je n'y suis pour rien** no he tenido nada que ver (en esto); **s'y entendre (en qch)** entender de (algo); *voir aussi* **aller** ; **avoir**

yacht [ˈjɔt] NM yate *m*

yack [ˈjak] NM yak *m*

yaourt [ˈjauʀt] NM yogur *m*

yaourtière [ˈjauʀtjɛʀ] NF yogurtera

Yémen [ˈjemɛn] NM Yemen *m*

yéménite [ˈjemenit] ADJ yemení, yemenita ▸ NMF : **Yéménite** yemení *mf*, yemenita *mf*

yeux [jø] NMPL *de* **œil**

yoga [ˈjɔga] NM yoga *m*

yoghourt [ˈjɔguʀt] NM = **yaourt**

yogi [ˈjɔgi] NM yogui *mf*

yole [ˈjɔl] NF yola

yorkshire [ˈjɔʀkʃœʀ] NM (*chien*) yorkshire *m*

yougoslave [ˈjugɔslav] ADJ yugoslavo(-a) ▸ NMF : **Yougoslave** yugoslavo(-a)

Yougoslavie [ˈjugɔslavi] NF Yugoslavia

yourte [ˈjuʀt] NF yurta

youtubeur, -euse [jutybœʀ, -øz] NM/F youtuber *mf*

youyou [ˈjuju] NM bote *m*

yoyo, yo-yo [jojo] NM yoyó

yucca [ˈjuka] NM yuca

yuppie [ˈjupi] NMF yuppie *mf*

Zz

Z, z [zɛd] NM INV (*lettre*) Z, z *f*; **Z comme Zoé** ≈ Z de Zaragoza

ZAC [zak] SIGLE F (= *zone d'aménagement concerté*) *zona de desarrollo urbano*

ZAD [zad] NF (= *zone d'aménagement différé*) *en Francia, zona destinada a proyectos de ordenación del territorio en la que la Administración se reserva derecho de tanteo sobre los terrenos puestos a la venta*; (= *zone à défendre*) *en Francia, zona ocupada para evitar el desarrollo de un proyecto de ordenación de gran envergadura*

zadiste [zadist] NM/F *en Francia, militante de una ZAD (« Zone à défendre »)*

Zaïre [zaiʀ] NM Zaire *m*

zaïrois, e [zaiʀwa, waz] ADJ zaireño(-a) ▸ NM/F : **Zaïrois, e** zaireño(-a)

Zambèze [zɑ̃bɛz] NM Zambeze *m*

Zambie [zɑ̃bi] NF Zambia

zambien, ne [zɑ̃bjɛ̃, jɛn] ADJ zambiano(-a) ▸ NM/F : **Zambien, ne** zambiano(-a)

zapette [zapɛt] (*fam*) NF mando a distancia

zapper [zape] VI hacer zapping

zappette [zapɛt] (*fam*) NF = **zapette**

zapping [zapiŋ] NM : **faire du ~** hacer zapping, zapear

zèbre [zɛbʀ(ə)] NM cebra

zébré, e [zebʀe] ADJ rayado(-a)

zébrure [zebʀyʀ] NF (*gén pl*) raya

zélateur, -trice [zelatœʀ, tʀis] NM/F incondicional *mf*

zèle [zɛl] NM celo; **faire du ~** (*péj*) pasarse en el celo

zélé, e [zele] ADJ (*fonctionnaire*) diligente; (*défenseur*) celoso(-a)

zen [zɛn] NM (*Rel*) zen *m* ▸ ADJ (*Rel*) zen *inv*; (*calme : personne*) tranquilo(-a)

zénith [zenit] NM (*aussi fig*) cenit *m*

ZEP [zɛp] SIGLE F (= *zone d'éducation prioritaire*) *escuelas situadas en áreas marginales, caracterizadas por las dificultades de aprendizaje y por la abstención escolar.*

zéro [zeʀo] ADJ cero ▸ NM (*Scol*) cero; **au-dessus/au-dessous de ~** sobre/bajo cero; **réduire à ~** reducir a cero; **partir de ~** partir de cero; **trois (buts) à ~** tres (goles) a cero

zeste [zɛst] NM cáscara; (*fig*) : **un ~ de** una pizca de; **un ~ de citron** una cáscara de limón

zézaiement [zezɛmɑ̃] NM ceceo

zézayer [zezeje] VI cecear

ZI [ʒɛdi] SIGLE F (= *zone industrielle*) polígono industrial

zibeline [ziblin] NF (marta) cibelina

zigouiller [ziguje] (*fam*) VT cepillarse a, cargarse a

zigzag [zigzag] NM zigzag *m*

zigzaguer [zigzage] VI zigzaguear

Zimbabwe [zimbabwe] NM Zimbabwe *m*

zimbabwéen, ne [zimbabweɛ̃, ɛn] ADJ zimbabuo(-a) ▸ NM/F : **Zimbabwéen, ne** zimbabuo(-a)

zinc [zɛ̃g] NM cinc *m*; (*comptoir*) barra

zinguer [zɛ̃ge] VT (*toit*) cubrir de cinc; (*fer*) galvanizar

zingueur [zɛ̃gœʀ] NM : **(plombier) ~** (fontanero) cinquero

zinnia [zinja] NM zinnia

zip [zip] NM (*de vêtement*) cremallera ▸ ADJ (*Inform*) : **fichier ~** archivo zip

zippé, e [zipe] ADJ (*vêtement*) con cremallera; (*Inform*) comprimido(-a), zipeado(-a)

zipper [zipe] VT (*Inform*) comprimir, zipear

zircon [ziʀkɔ̃] NM circón *m*, zircón *m*

zizanie [zizani] NF : **mettre** *ou* **semer la ~** meter *ou* sembrar cizaña

zizi [zizi] (*fam*) NM pito

zodiacal, e, -aux [zɔdjakal, o] ADJ zodiacal

zodiaque [zɔdjak] NM zodíaco; **les signes du ~** los signos del zodíaco

zona [zona] NM zona

zonage [zonaʒ] NM (*Admin*) zonificación *f*, división *f* en zonas

zonard [zonaʀ] (*fam*) NM mangui *m*, matado

zone [zon] NF zona; **la ~** (*quartiers*) las barriadas marginales; **de seconde ~** (*fig*) de segunda; **~ blanche** zona blanca; **~ bleue** zona azul; **~ d'action** (*Mil*) radio de acción; **~ d'extension** *ou* **d'urbanisation** zona urbanizable; **~ franche** zona franca; **~ grise** (*fig*) zona gris; **~ industrielle** polígono industrial; **~ résidentielle** zona residencial; **zones monétaires** zonas *fpl* monetarias

zoner [zone] (*fam*) VI vaguear; **il y a des types qui zonent par ici** hay manguis por aquí

zoo [zo(o)] NM zoo
zoologie [zɔɔlɔʒi] NF zoología
zoologique [zɔɔlɔʒik] ADJ zoológico(-a)
zoologiste [zɔɔlɔʒist] NMF zoólogo(-a)
zoom [zum] NM (*Photo*) zoom *m*
zoomer [zume] VI : **~ sur qch** hacer zoom sobre algo
zootechnicien, ne [zooteknisjɛ̃, jɛn] NM/F zootécnico(-a)
zootechnique [zooteknik] ADJ zootécnico(-a)
zozoter [zɔzɔte] VI cecear
ZUP [zyp] SIGLE F (= *zone à urbaniser en priorité*) *zona de urbanización prioritaria*
Zurich [zyʀik] N Zurich
ZUS [zys] SIGLE F (= *zone urbaine sensible*) *zona urbana degradada en la que se concentran las políticas sociales*
zut [zyt] EXCL ¡mecachis!

L'espagnol en situation

Francés activo

L'espagnol en situation

L'espagnol en situation a pour objectif de vous aider à vous exprimer en espagnol dans un style simple et naturel.

Dans le mémo des **Tournures essentielles**, vous trouverez des centaines d'expressions espagnoles de base, qui vous permettront de construire vos propres phrases dans toutes sortes de contextes.

La partie **Correspondance** contient des modèles de lettres en tout genre, dont vous pourrez vous inspirer pour rédiger à votre tour vos lettres, que ce soit dans un contexte privé ou professionnel. Si vous êtes à la recherche d'un travail, vous y trouverez également des exemples de curriculum vitæ et de lettres de candidature. Pour vous permettre d'adapter ces modèles à vos besoins, nous vous donnons en outre une liste des formules de politesse employées en début et en fin de lettre.

La dernière partie **Téléphone et Internet** est consacrée à la communication par courrier électronique et par téléphone, et comprend une liste des expressions de base les plus couramment utilisées au téléphone.

L'espagnol en situation, complément indispensable de votre dictionnaire, vous permettra de vous exprimer avec aisance dans toutes les situations.

Table des matières

Goûts et préférences

Pour dire ce qu'on aime

A todos nos gusta que nos reconozcan un trabajo bien hecho.	Quiconque apprécie que ...
Me ha gustado mucho su regalo.	J'ai beaucoup aimé ...
A mí los turistas que vienen por aquí **me caen (muy) bien.**	... je les aime bien.
La verdad es que el chocolate **me vuelve loca.**	J'adore ...
Me encanta el mar y navegar a vela.	J'adore ...
Me fascina observar a la gente.	J'adore ...
Lo que más me gustó fue el postre.	Ce qui m'a plu le plus, c'était ...
La historia es **mi** asignatura **favorita.**	... ma ... préférée.
No hay nada como una buena ducha por las mañanas.	Il n'y a rien de tel que ...
Es la mejor película **que** he visto en mi vida.	C'est le meilleur ... que ...

Pour dire ce qu'on n'aime pas

No me gusta comer fuera de casa.	Je n'aime pas ...
No me gusta nada que me mientan.	Je n'aime pas du tout que ...
Me cuesta tener que criticarle en público.	Je trouve difficile de devoir ...
Mis nuevos vecinos **me caen muy mal** *ou* **no me caen nada bien.**	... ne me plaisent pas du tout.
Le tengo manía a ese chico.	... m'est très antipathique.
No soporto que me hagan esperar.	Je ne supporte pas que ...
No aguanto los programas de ese tipo.	Je ne supporte pas ...
Odio cualquier tipo de violencia.	Je déteste ...
Me horrorizan las corridas de toros.	... me font horreur.

Préférences

Prefiero la lectura **a** la televisión.	Je préfère ... à ...
Prefiero que llegues tarde **a que** no vengas.	Je préférerais que ... plutôt que ...
Es mejor *ou* **Es preferible** hablar en el idioma del cliente.	Il vaut mieux *ou* Il est préférable de ...

Indifférence

Me da igual *ou* **Me da lo mismo** vivir aquí **que** allí.	Cela m'est égal de ... ou ...
Me es (completamente) indiferente uno u otro.	..., cela m'est (complètement) égal.
¿Cierro con llave? – **Como quieras.**	... Comme tu veux.

Si no le veo hoy **no importa.**	Si ..., cela n'a pas d'importance.
No tiene importancia que se demoren unos minutos.	Cela n'a pas d'importance que ...
No me importa esperar.	Cela ne me dérange pas de ...

Comment demander à quelqu'un ce qu'il aime

¿**Te gusta** el yogur de fresa?	Est-ce que tu aimes ... ?
¿**Os gusta** jugar a las cartas?	Est-ce que vous aimez ... ?
¿**Cuál** de las tres camisas **te gusta más?**	Laquelle ... préfères-tu ?
¿**Te gustaría** viajar a otra época?	Aimerais-tu ... ?
De las dos posibilidades, **¿cuál prefiere?**	..., laquelle préférez-vous ?
¿**Prefieres** salir ahora **o** después de comer?	Préfères-tu ... ou ... ?

Opinion

Comment demander l'avis de quelqu'un

¿**Qué piensas de** su actitud?	Que penses-tu de ... ?
¿**Qué te parece** mi trabajo?	Que penses-tu de ... ?
¿Qué crees tú *ou* **A ti qué te parece?** ¿Vale la pena?	Qu'en penses-tu ? *ou* Qu'est-ce que tu en penses ? ...
¿**Crees que** le gustará el regalo?	Tu crois que ... ?
¿**Piensas que** se puede estudiar en estas condiciones?	Penses-tu que ... ?
¿**Qué opina de** la exportación de animales vivos?	Qu'est-ce que vous pensez de ... ?
¿**Qué opinión tiene del** aborto?	Quelle est votre opinion sur ... ?
En tu opinión, ¿quién tiene la culpa?	D'après toi *ou* À ton avis, ...
Me gustaría saber tu opinión.	J'aimerais connaître ton opinion.

Comment donner son avis

Creo que le va a encantar tu regalo.	Je crois que ...
Pienso que esa decisión ha sido un error.	Je pense que ...
Me parece que les has caído muy bien.	Il me semble que ...
En mi opinión, fue un error no decírselo.	D'après moi, ...
A mi juicio, están actuando mal.	À mon avis, ...
Imagino *ou* **Supongo que** los padres también opinarán.	J'imagine *ou* Je suppose que ...

Considero que eso es injusto.	Je considère que ...
Lo que es yo, no lo veo necesario.	Quant à moi ...
Estoy completamente seguro de que nos lo devolverán.	Je suis absolument sûr que ...
Estoy convencida de que no cuentan con fondos suficientes.	Je suis convaincue que ...
Si quieres que te diga la verdad, no me gusta nada.	À dire vrai, ...
Tengo la impresión de que algo marcha mal.	J'ai l'impression que ...

Comment ne pas émettre d'avis

No sabría decir.	Je ne pourrais pas dire.
Depende.	Cela dépend.
Depende de lo que entiendas por patriotismo.	Cela dépend de ce que tu entends par ...
Es difícil dar una opinión sin conocer las circunstancias.	Il est difficile de donner une opinion ...
No sé muy bien.	Je ne sais pas trop.
No estoy seguro.	Je ne suis pas sûr.

Approbation et accord

¡Buena idea! Yo también me voy a bañar.	Bonne idée ! ...
Has hecho bien en decírmelo.	Tu as bien fait de ...
Me parece bien lo que has hecho.	Je trouve que tu as bien fait.
Me parece muy bien que se lo digas.	Je pense que c'est très bien que ...
Me parece una idea estupenda.	Cela me semble une très bonne idée.
Tienes (toda la) razón.	Tu as (tout à fait) raison.
Yo también pienso lo mismo.	Moi aussi, je suis de cet avis.
Estoy de acuerdo con ella **en** lo que dice del machismo.	Je suis d'accord avec ... sur ...
Por supuesto que es injusto.	Bien sûr que ...
En eso tienes *ou* **Te doy toda la razón.**	Là tu as tout à fait raison.
Es cierto que es un tema delicado.	Il est certain que ...
Los dos **somos del mismo parecer** *ou* **de la misma opinión.**	Nous sommes ... du même avis.
Estamos conformes con el precio que piden.	Nous sommes d'accord avec ...

Estamos dispuestos a aceptar sus condiciones.	Nous sommes prêts à ...
¡No faltaría más!, por supuesto que lo haré.	Comment donc ! ...
No tengo ningún inconveniente en que vengan tus amigos.	Je ne vois aucun inconvénient à ce que ...

Désapprobation et désaccord

Me parece fatal que no le contesten.	Je trouve lamentable que ...
Lo que me parece mal es que le mientas.	Ce que je ne trouve pas bien c'est que ...
No deberías haber hablado así.	Tu n'aurais pas dû ...
Me ha decepcionado lo que ha dicho.	J'ai été déçu par ...
No estoy dispuesto a tolerar ese comportamiento.	Je ne suis pas disposé à ...
Es intolerable que no se haya llegado a un acuerdo.	Il est intolérable que ...
No estamos conformes con este aumento de sueldo.	Nous ne sommes pas d'accord avec ...
Yo no lo veo así.	Je ne suis pas de cet avis.
En eso te equivocas *ou* **estás equivocado.**	C'est là que tu te trompes.
No estoy de acuerdo contigo en ese punto.	Je ne suis pas d'accord avec toi sur ...
No estoy de acuerdo con lo que dices.	Je ne suis pas d'accord avec ...
Estamos en contra de toda clase de extremismos.	Nous sommes contre ...
¡De ninguna manera!	Jamais de la vie !
Me parece una idea descabellada el cambiar ahora de táctica.	Cela me semble une idée farfelue de ...
No me convence esa teoría.	Je ne suis pas convaincu par ...
Me temo que no me será posible aceptar tu oferta.	Je crains de ne pas pouvoir ...
¡Ni pensarlo! *ou* **¡Ni hablar!**	Pas question !

Réclamations

No estoy satisfecho con mi habitación.	Je ne suis pas satisfait de ...
Estoy muy decepcionado con el trato recibido.	Je suis très déçu de ...
Quería presentar una reclamación.	Je voudrais faire une réclamation.
Quiero hablar con el responsable, por favor.	Je voudrais parler au responsable, s'il vous plaît.

Hay un problema con el aire acondicionado.	Il y a un problème avec ...
Es absolutamente inaceptable.	C'est absolument inacceptable.
¿Pueden resolverlo inmediatamente?	Ce problème peut-il est résolu de suite ?

Excuses

Comment s'excuser

¡Perdón!	Pardon !
Perdona por lo que dije.	Pardon pour ...
Perdona, me había olvidado de ti.	Excuse-moi, ...
Perdone que no haya avisado antes.	Excusez-moi de ne pas avoir ...
Lo siento. A veces me cuesta reprimirme.	Je regrette *ou* Je m'excuse.
Lamento mucho lo de anoche.	Je regrette beaucoup ...
Lamentamos profundamente que haya ocurrido este incidente.	Nous regrettons sincèrement que ...
Disculpen si les he causado alguna molestia.	Excusez-moi si ...

En assumant la responsabilité de quelque chose

Es culpa mía. Me lo he buscado.	C'est (de) ma faute.
Reconozco que estaba equivocado.	Je reconnais que j'avais tort.
Debo reconocer *ou* **admitir** que nos hemos equivocado.	Je dois reconnaître *ou* admettre que ...
Me responsabilizo plenamente de lo ocurrido.	J'assume l'entière responsabilité de ...
Admitimos que existen defectos en la organización.	Nous admettons que ...
No tendría que haber dicho eso.	Je n'aurais pas dû ...

En niant toute responsabilité

No es culpa mía.	Ce n'est pas (de) ma faute.
De verdad que **no lo hice a propósito.**	... je ne l'ai pas fait exprès.
Ha sido sin querer.	Je ne l'ai pas fait exprès.
Lo dijeron **sin mala intención.**	... sans mauvaises intentions.
No era mi intención ofenderte: hablaba en broma.	Je ne voulais pas te blesser ...

En exprimant ses regrets

Lo siento, pero no consigo acordarme.	Je suis désolé, mais ...
Siento mucho no haber podido conseguir la información.	Je suis désolé de ne pas avoir pu ...
Siento comunicarle que no podré recibirle.	Je suis au regret de vous informer que ...
Desgraciadamente, nos es imposible aceptar su propuesta.	Malheureusement, il nous est impossible de ...

Explications

Causes

Tuvimos que marcharnos **porque** se puso a llover.	... parce que ...
Las plantas se han marchitado **por** exceso de riego.	... à cause de ...
No salía de casa **por miedo a que** la vieran.	... de peur que ...
En vista de que *ou* **Como** no llegaban, decidimos entrar.	Comme ...
El problema es grave, **ya que** el consumo anual es mayor que la producción.	... puisque ...
Se recomienda ir pronto, **puesto que** se forman colas enormes.	... car ...
Tuve que volver, **pues** estaba muy preocupada.	... car ...
Se cansa mucho, **a causa de** *ou* **debido a** su enfermedad.	... à cause de ...
Dimitió **por motivos de** salud.	... pour des raisons de ...
Dado que no quieres salir, nos quedaremos aquí.	Puisque ...
Estos problemas **se deben a** una mala gestión.	... sont dûs à ...

Conséquences

Por eso le tengo tanto aprecio.	C'est pour ça que ...
Los hoteles estaban llenos. **Por tanto**, tuvimos que cancelar el viaje.	C'est pourquoi ...
La película me aburrió **tanto que** me dormí.	... tellement que ...
No había comido, **así que** me preparé un bocadillo.	... alors ...
Salieron temprano, **de modo que** cuando él llegó se encontró la casa vacía.	... de sorte que ...
Como consecuencia de la crisis económica, el paro ha aumentado.	À la suite de ...

Comparaisons

Las calles son muy ruidosas **comparadas con** las de nuestro país.	... en comparaison avec ...
En comparación con ella, yo soy muy habladora.	Par rapport à ...
Estos dos cuadros **son iguales.**	... sont exactement pareils.
Su programa político es **igual que** el de la oposición.	... identique à ...
En nuestras carreteras se producen casi **tantos** accidentes **como** en las de Portugal.	... autant de ... que ...
El paisaje es **tan** bello **como** lo describió el poeta.	... aussi ... que ...
Es como una especie de salchicha.	C'est une sorte de ...
Ambos coches **valen exactamente lo mismo.**	... ont exactement le même prix.
Ha vuelto a suceder **lo mismo que** hace unos años.	... la même chose que ...
Los dos hermanos **se parecen mucho** físicamente.	... se ressemblent beaucoup ...
Tu hijo **se parece a** Mel Gibson.	... ressemble à ...
Las temperaturas aquí **son muy parecidas** *ou* **similares a** las de mi tierra.	... sont très semblables à ...
Este paisaje **me recuerda a** Andorra.	... me rappelle ...

Pour souligner une différence

A los jóvenes les gusta salir, **mientras que** los mayores prefieren quedarse en casa.	... alors que ...
En su tierra se le aprecia **(muchísimo) menos que** en el extranjero.	... (beaucoup) moins que ...
Es **más** inteligente **de lo que parece.**	... plus ... qu'il n'y paraît.
Este vino **es muy superior al** otro.	... bien meilleur que ...
Un coche nuevo contamina **bastante menos que** uno viejo.	... bien moins que ...
Esa canción ya **no** suena **tanto como** el año pasado.	... ne ... autant que ...
Este premio **no es tan** importante **como** el que consiguió hace unos años.	... n'est pas aussi ... que ...
No se parece en nada a su padre.	Il ne ressemble pas du tout à ...
Se diferencia *ou* **Se distingue del** mío **por** el color.	Il se distingue *ou* se différencie du ... par ...
La realidad **es muy diferente** *ou* **distinta de** lo que creíamos.	... est bien différente de ...
No tiene nada que ver.	Ça n'a rien à voir.
Son dos cosas completamente diferentes.	Ce sont deux choses complètement différentes.
Me encuentro **muchísimo mejor que** antes.	... beaucoup mieux que ...
Este hotel es **mucho peor que** el del año pasado.	... bien pire que ...

Demandes et propositions

Demandes

¿**Me traes** un vaso de agua?	Tu m'apportes ... ?
¿**Me dejas** tu chaqueta?	Tu me laisses ... ?
¿**Quieres** echarme una mano?	Tu veux bien ... ?
¿**Te importa** echar esta carta al correo?	Tu veux bien ... ?
¿Te puedo pedir un favor?	Je peux te demander un service ?
¿**Puedes hacerme el favor de** decírselo tú?	Tu peux me rendre service et ... ?
¿**Te importaría** cerrar un poco la ventana?	Cela te dérangerait de ... ?
Por favor, ven pronto.	S'il te plaît ...
¿Podrías decirme qué pone aquí, **por favor?**	Pourrais-tu ... s'il te plaît ?
Alcánzame las gafas, **si me haces el favor.**	Passe-moi ... s'il te plaît.
Haz el favor de no poner los pies en el asiento.	Fais-moi le plaisir de ne pas ...
Si no es demasiada molestia, ¿podrías encargarte tú de las bebidas?	Si ce n'est pas trop te demander, pourrais-tu ... ?
Vuelva a llamar en cinco minutos, **si es tan amable.**	... si vous le voulez bien.
Le agradecería que me ayudara a resolver el problema.	Je vous serais reconnaissant de m'aider ...
Agradeceríamos su colaboración a este respecto.	Votre collaboration serait la bienvenue ...
Tenga la amabilidad de presentarse en nuestras oficinas en horario laboral.	Veuillez ...

Propositions

¿Te ayudo?	Je t'aide ?
¿**Cierro** la ventana?	Je ferme ... ?
¿**Quieres** llevarte mi coche?	Tu veux ... ?
¿**Quieres que** vaya a recoger al niño al colegio?	Tu veux que ... ?
Déjame que te ayude.	Laisse-moi t'aider.
¿Puedo ayudarte en algo?	Je peux t'aider ?
Si quieres, te acompaño.	Si tu veux ...
Sería un placer acompañarle.	Ce serait un plaisir de ...

Conseils et suggestions

Comment demander conseil

¿Tú qué me aconsejas?	Que me conseilles-tu ?
¿Tú qué harías (si estuvieras) en mi lugar?	Qu'est-ce que tu ferais, toi, (si tu étais) à ma place ?
¿Te puedo pedir un consejo?	Je peux te demander (un) conseil ?
Quería pedirte un consejo.	Je voulais te demander (un) conseil.
¿Qué me aconsejarías que hiciera?	Que me conseillerais-tu de faire ?
¿Qué restaurante **me recomiendas?**	Quel ... me recommandes-tu ?
¿Tú qué dices?	Et toi, qu'en penses-tu ?
¿Cómo lo ves?	Qu'est-ce que tu en penses?
¿Qué hacemos ahora?	Et maintenant qu'est-ce qu'on fait ?
¿**Cuál me aconsejas**: el Ford o el Seat?	Laquelle me conseilles-tu ... ?

Comment donner un conseil

Yo que tú no haría nada por ahora.	Si j'étais toi, ...
Yo en su lugar no lo dudaría.	Moi, à sa place ...
Hay que tomarse las cosas con más calma.	Il faut ...
Deberías mostrarte más abierto en tu relación.	Tu devrais ...
¿**Por qué no** lo llamas por teléfono?	Pourquoi ne ... ?
¿**Y si** fueras a verlo y le pidieras perdón?	Et si ... ?
Yo te aconsejaría un cambio de aires.	Moi, je te conseillerais ...
Harías bien en visitar a un especialista.	Tu ferais bien de ...
Más vale no *ou* **Lo mejor sería no** decir nada por el momento.	Il vaut mieux *ou* Il vaudrait mieux ne ...
Yo te diría que consultaras a un abogado.	Moi, je te conseillerais de ...
No sería mala idea enviarlo todo en una caja.	Ce ne serait pas une mauvaise idée de ...
Lo que habría que hacer es empezar cuanto antes.	Ce qu'il faudrait faire, c'est ...
Lo mejor que pueden hacer es dirigirse a la oficina central.	Le mieux qu'ils aient à faire c'est de ...
Sería mejor que lo hicieras tú.	Il vaudrait mieux que ...
Te recomiendo que vayas a ver esa película.	Je te conseille d'aller ...
¿**No crees que sería mejor** hacerlo ahora?	Tu ne crois pas qu'il vaudrait mieux ... ?

Lo que podríamos hacer es hablar con él antes de que se marche a Italia.	Ce que nous pourrions faire c'est ...
Sería cuestión de hacer una prueba para ver si funciona.	Il faudrait ...
Si te parece bien, podemos enviártelo por correo.	Si cela te convient, ...
Propongo que busquemos ayuda profesional.	Je propose que ...
Quizá(s) habría que ser más firmes con ellos.	Peut-être faudrait-il ...
Sería preferible notificárselo en persona.	Il serait préférable de ...
Estaría bien encontrar una alternativa más sencilla.	Il faudrait ...
Convendría que lo consultara con un contable.	Il faudrait que ...
Os sugeriría que llamárais antes por teléfono.	Je vous conseillerais de téléphoner ...
Sería muy poco aconsejable enviar más tropas a la zona.	Il serait tout à fait déconseillé de ...

Encouragements

¡Bravo!	Bravo !
¡Vamos *ou* **Venga**, que tú puedes!	Vas-y *ou* Allez, ...
Está muy bien, sigue así.	C'est très bien, ...
Le felicito, ha sabido arreglárselas muy bien.	Je vous félicite, ...
¡Buen trabajo!	C'est du bon travail !

Mises en garde

Os advierto que son muy exigentes.	Je vous avertis que ...
Te lo advierto: no te va a gustar nada.	Je te préviens ...
No te fíes de lo que te digan.	Méfie-toi de ...
No os olvidéis de cerrar la puerta al salir.	N'oubliez pas de ...
Si no pides disculpas, **deberás atenerte a las consecuencias.**	Si tu ne ..., tu devras en assumer les conséquences.
Corremos el riesgo de perder toda credibilidad.	Nous courons le risque de ...
Sería una locura seguir en estas condiciones.	Ce serait de la folie de ...

Intentions et souhaits

Pour demander à quelqu'un ce qu'il compte faire

¿Qué piensas hacer?	Qu'est-ce que tu comptes faire ?
¿Qué vas a hacer con las plantas estas vacaciones?	Que vas-tu faire ... ?
¿Qué planes tienes para el futuro?	Quels sont tes projets ... ?

¿Qué intentas hacer? — Qu'est-ce que tu essaies de faire ?

¿**Vas a** *ou* **Piensas** invitarlos a la fiesta? — Tu vas *ou* Tu penses ... ?

Pour dire ce qu'on a l'intention de faire

Voy a tomar el tren de las siete. — Je vais ...

Tenemos previsto *ou* **Pensamos** casarnos el año que viene. — Nous avons prévu de ...

Tengo la intención de empezar una serie de conciertos para niños. — J'ai l'intention de ...

Me propongo recorrer el país en bicicleta. — Je me propose de ...

Tenía pensado irme a las ocho. — J'avais pensé ...

Estoy decidida a conseguir trabajo como sea. — Je suis décidée à ...

Estoy resuelta a no dejarlo hasta que acabe. — Je suis bien décidée à ne pas ...

Souhaits

Me gustaría saber lo que piensan. — J'aimerais ...

Me gustaría que fuera más sincero conmigo. — J'aimerais que ...

Me encantaría poder trabajar con un director como él. — Je serais ravie de ...

Ojalá no llueva mañana. — Pourvu que ...

Esperemos que todo salga bien. — Espérons que ...

Espero que no se haya ofendido. — J'espère que ...

Es de esperar que la propuesta sea aceptada. — Il faut espérer que ...

Quisiera dedicar una canción a mi hija Gemma. — Je voudrais ...

Desearía que se les prestara más atención a los ancianos. — Je souhaiterais que ...

Sueña con llegar a ser modelo. — Elle rêve de ...

No, no he estado en París. **¡Qué más quisiera yo!** — ... Je ne demanderais pas mieux !

Obligation

Mañana **tenemos que** levantarnos temprano. — ... nous devons ...

No me queda más remedio que *ou* **No tengo más remedio que** decírselo. — Je ne peux pas faire autrement que de ...

Debes pedirles disculpas. — Tu dois ...

Las circunstancias políticas **me obligaron a** salir de mi país. — ... m'ont obligé à ...

Estamos obligados a *ou* **Tenemos la obligación de** acatar las leyes. — Nous sommes obligés de *ou* Nous sommes dans l'obligation de ...

En verano **hay que** proteger la piel contra las radiaciones solares. — ... il faut ...

Para viajar a Irán **es preciso** tener visado. — ... il faut ...

Es obligatorio llevar el cinturón de seguridad. — ... est obligatoire.

Es imprescindible *ou* **indispensable** leer el documento antes de firmarlo. — Il est indispensable de ...

Se exige que los ciudadanos lleven encima el DNI. — On exige des ... que ...

Permission

Comment demander la permission de faire quelque chose

¿**Puedo** pasar? — Je peux ... ?

¿**Me dejas que** lo use yo antes? — Tu me laisses ... ?

¿**Se puede** aparcar aquí? — On peut ... ?

¿**Te importa si** subo la tele un poco? — Cela ne te dérange pas si ... ?

¿**Podría** hacerte unas preguntas? — Est-ce que je peux ... ?

¿**Te molesta que** abra la ventana? — Cela te gêne si ... ?

¿**Tendrían inconveniente en que** tomáramos unas fotografías? — Verriez-vous un inconvénient à ce que ... ?

Autorisation

¡**Naturalmente** *ou* **Claro** que puedes ir! — Évidemment *ou* Bien sûr ...

Puedes llevarte mi coche, si quieres. — Tu peux ...

Haz lo que quieras. — Fais ce que tu veux.

No tengo ningún inconveniente en que lo uses. — Je ne vois aucun inconvénient à ...

Le dejan acostarse a la hora que quiera. — Ils le laissent ...

Me dijo que **podía** venir cuando quisiera. — ... je pouvais ...

Nos dieron permiso para organizar una fiesta. — Ils nous ont donné la permission de ...

El alcohol es la única droga cuyo consumo público **está permitido.** — ... soit autorisée.

Interdiction

¿Dejarte el coche? **¡Ni pensarlo!** — Il n'en est pas question !

No puedo dejarte salir con este tiempo. — Je ne peux pas te laisser ...

Aquí **no se puede** fumar. — ... on ne peut pas ...

Prohibida la entrada. — Défense d'entrer.

Te prohíbo que hables así delante de mí.	Je t'interdis de ...
Está prohibido.	C'est interdit *ou* C'est défendu.
No los dejan salir a jugar.	Ils ne les laissent pas ...
Me han denegado la beca.	Je n'ai pas obtenu ...
No estoy autorizado para *ou* **a** hacer declaraciones.	Je ne suis pas autorisé à ...
El médico **me ha prohibido** fumar.	... m'a interdit de ...
Tengo totalmente prohibido el alcohol.	... m'est totalement interdit.

Certitude, probabilité et possibilité

Certitude

Seguro que no está en casa.	..., c'est sûr.
Está claro que no tienen intención de invitarnos.	Il est clair que ...
Estoy segura de que era él.	Je suis sûre que ...
Estaban convencidos de que ganarían el partido.	Ils étaient sûrs de gagner ...
Es obvio *ou* **Es evidente que** esta medida causará polémica.	Il est évident que ...
Por supuesto que no va a ser fácil.	Il va de soi que ...
La boda será, **casi con toda seguridad**, en septiembre.	... selon toute probabilité ...
Sin lugar a dudas *ou* **Sin duda alguna**, es la mejor.	... sans aucun doute ....
No cabe la menor duda de que viven en condiciones infrahumanas.	Il ne fait aucun doute que ...

Probabilité

En este barrio **es fácil que** te atraquen.	... il n'est pas rare de ...
Seguramente se ha retrasado por el camino.	... sûrement ...
Debe (de) haberse olvidado.	Il a dû ...
Lo más seguro *ou* **probable es que** suban los precios.	Le plus probable c'est que ...
Es muy posible *ou* **probable que** no te haya entendido.	Il est fort possible que ...
Probablemente se trate de una falsa alarma.	... probablement ...
No me sorprendería que abandonaran el proyecto.	Cela ne m'étonnerait pas que ...
Tenemos muchas posibilidades de ganar la Copa.	Nous avons de bonnes chances de ...

Possibilité

Igual tengo suerte y apruebo.	Si ça se trouve ...
A lo mejor hago escala en Tenerife de camino a Montevideo.	... peut-être ...
Quizá(s) tengamos que volver antes de lo previsto.	Peut-être que ...
Tal vez nuestras sospechas sean infundadas.	Peut-être que ...
Puede que nos suban el sueldo.	Il se peut que ...
Dicho comando **podría** ser el autor de los atentados.	... pourrait (bien) ...

Incertitude, improbabilité et impossibilité

Incertitude

No sé si es buena idea.	Je ne sais pas ...
No estoy seguro de que esa sea la mejor solución.	Je ne suis pas sûr que ...
No es seguro que el viaje de vuelta sea en tren.	Il n'est pas certain que ...
No está claro cuál es la causa del problema.	On ignore ...
No lo veo muy claro.	Je ne sais pas vraiment.
No tengo muy claro que sea la persona idónea.	Je ne suis pas persuadé que ...
Me pregunto si merece la pena trabajar tanto.	Je me demande ...
Dudo que nos hagan otra oferta similar.	Je doute que ...
Ya veremos si lo consigue o no.	On verra bien ...
No se sabe con certeza si es una enfermedad hereditaria.	On ne sait pas avec certitude si ...

Improbabilité

Es difícil que vuelvan a ganar.	Il y a peu de chances que ...
Dudo mucho que admita su culpa.	Je doute beaucoup que ...
Es bastante dudoso que se convoque un referéndum.	Il est peu probable que ...
No parece que vaya a hacer buen tiempo.	Il ne semble pas que ...
Me extrañaría *ou* **Me sorprendería (mucho) que** tuvieran mi talla.	Cela m'étonnerait (beaucoup) que ...
Es (muy) poco probable que queden todavía entradas.	Il est (très) peu probable que ...
Tiene muy pocas posibilidades de ganar la carrera.	Il a très peu de chances de ...

Impossibilité

A estas horas **no puede ser** el cartero.	... cela ne peut pas être ...
No es posible que se trate de la misma persona.	Ce n'est pas possible que ...

Es totalmente *ou* **completamente imposible** que lleguen antes que nosotros.	Il est totalement *ou* absolument impossible ...
No hay *ou* **No existe ninguna posibilidad de que** se mejore.	Il n'y a aucune chance que ...
Me es imposible recibirle hoy.	Il m'est impossible de ...

Salutations

¡Hola!	Salut ! *ou* Bonjour ! *ou* Bonsoir !
¿Cómo estás? *ou* **¿Qué tal (estás)?**	Ça va ? *ou* Comment vas-tu ?
¿Qué hay?	Alors, ça va ?
¿Cómo va eso? *ou* **¿Qué te cuentas?**	Quoi de neuf ?
¿Qué es de tu vida?	Qu'est-ce que tu deviens ?
¡Buenas!	Salut !
Buenos días. ¿Cómo está (usted)?	Bonjour. Comment allez-vous ?
Buenas tardes.	Bonjour *ou* Bonsoir.
Buenas noches.	Bonsoir *ou* Bonne nuit.

Réponses

Muy bien, ¿y tú *ou* **usted?**	Très bien, et toi *ou* vous ?
Estupendamente.	Très bien.
Regular.	Pas trop mal.
Vamos *ou* **Voy tirando.**	On fait aller.
No me va mal del todo.	Ça ne va pas trop mal.
No me quejo.	Je ne me plains pas.
(Muy) bien, gracias.	(Très) bien, merci.

Présentations

Te presento a Carlos.	Je te présente ...
Voy a presentarte a mi novia.	Je vais te présenter ...
Quiero que conozcas a mi marido.	Je voudrais que tu fasses la connaissance de ...

Une fois qu'on a été présenté

¡Encantado! *ou* **¡Mucho gusto!**	Enchanté !
Encantada de conocerle.	Enchantée *ou* Ravie de faire votre connaissance.
¡Hola!, ¿qué tal?	Bonjour ! Comment vas-tu ?

L'ESPAGNOL EN SITUATION

Pour prendre congé

¡Adiós!	Au revoir !
¡Buenas noches!	Bonne soirée *ou* nuit !
¡Hasta luego!	À plus tard !
¡Hasta pronto!	À bientôt !
¡Hasta mañana!	À demain !
¡Hasta la semana que viene!	À la semaine prochaine !
¡Hasta el jueves!	À jeudi !
¡Hasta la vista!	À la prochaine !

Vœux et félicitations

¡Feliz cumpleaños!	Joyeux anniversaire !
¡(Muchas) felicidades!	Bon anniversaire ! *ou* Joyeuses fêtes !
¡Feliz Navidad!	Joyeux Noël !
¡Felices Navidades *ou* Pascuas *ou* Fiestas!	Joyeux Noël *ou* Joyeuses fêtes !
¡Feliz Año (Nuevo)!	Bonne année !
¡Feliz aniversario de boda!	Bon anniversaire de mariage !
¡Enhorabuena! *ou* ¡Felicidades!	Félicitations !
¡Buen viaje!	Bon voyage !
¡Suerte! *ou* ¡Que te/os vaya bien!	Bonne chance !
¡Que tengas suerte!	Bonne chance !
¡Que (te) lo pases bien!	Amuse-toi bien !
¡Salud! *ou* ¡A tu salud!	Santé ! *ou* À ta santé !
¡Que descanses! *ou* ¡Que duermas bien!	Repose-toi bien ! *ou* Dors bien !
¡Bienvenidos!	Soyez les bienvenus !
¡Que te mejores!	Soigne-toi bien !
¡Cuídate!	Prends soin de toi !

Remerciements

Gracias.	Merci.
Gracias por su colaboración.	Merci pour …
Les agradezco que hayan sido tan pacientes.	Je vous remercie d'avoir été si patients.
Muchas gracias.	Merci beaucoup.
Mil gracias.	Mille fois merci.
No sé cómo agradecérselo.	Je ne sais pas comment vous remercier.
Le estamos muy agradecidos por haber alojado a nuestra hija.	Nous vous sommes très reconnaissants de …

L'ESPAGNOL EN SITUATION

Pour commencer et terminer vos e-mails et vos lettres

À un ami ou parent

Formule de début	Formule de fin
Queridos Sres. Montoya	Un cordial saludo *(assez soutenu)*
Estimada Marta	Afectuosamente
Queridos tíos	Un abrazo
Queridísima Carmen	Con mucho cariño *(familier)*

Pour commencer un e-mail/une lettre à un ami ou parent

Me alegró mucho recibir noticias tuyas.	Cela m'a fait très plaisir d'avoir de tes nouvelles.
Gracias por tu carta.	Merci pour ta lettre.
Perdona que no te haya escrito antes.	Je suis désolé de ne pas t'avoir écrit plus tôt.
Espero que estés bien.	J'espère que tu vas bien.

Pour terminer un e-mail/une lettre à un ami ou parent

Escríbeme pronto.	Écris-moi vite.
Recuerdos de mi parte a ...	Dis bonjour à ... de ma part.
Dele recuerdos de mi parte a ...	Transmettez mes amitiés à ...
Dale un beso de mi parte a ...	Embrasse ... pour moi.
... te manda recuerdos.	... me charge de transmettre ses amitiés.
Besos de parte de ...	... t'embrasse.

Dans la correspondance professionnelle

Formule de début	Formule de fin
Señores Muy señor mío	Reciba un respetuoso saludo de
Muy señores nuestros Estimada señora Sotocampo	Atentamente Le saluda atentamente
Estimado Enrique Estimada Mónica	Un cordial saludo *(moins soutenu)*

Pour commencer un e-mail/une lettre d'ordre professionnel

Le agradezco su carta/correo electrónico.	Je vous remercie de votre lettre/e-mail.
En respuesta a su carta de ...	En réponse à votre lettre du ...
Con referencia a ...	En référence à ...
Le escribo para ...	Je vous écris pour ...
Le ruego que ...	Je vous prie de ...
Adjunto le remito ...	Veuillez trouver ci-joint ...
Le agradecería que ...	Je vous serais reconnaissant de ...
Nos complace comunicarle que ...	Nous avons le plaisir de vous informer que ...
Lamentamos tener que comunicarles que ...	Nous sommes au regret de vous informer que ...

Pour terminer un e-mail/une lettre d'ordre professionnel

En espera de su respuesta ...	Dans l'attente de votre réponse ...
Agradezco de antemano su colaboración.	Je vous remercie à l'avance pour votre collaboration.
No dude en ponerse en contacto conmigo si necesita alguna información adicional.	N'hésitez pas à me contacter pour toute information complémentaire.
No dude en volver a ponerse en contacto conmigo si cree que le puedo ser de ayuda.	Si je peux vous aider en quoi que ce soit, n'hésitez pas à me recontacter.
Le pido disculpas otra vez por las molestias ocasionadas.	Veuillez m'excuser à nouveau pour le désagrément occasionné.

E-mail d'ordre professionnel

Nuevo mensaje

Archivo Edición Ver Herramientas **Correo** Ayuda Enviar

A:
CC:
Copia oculta:
Asunto:

Nuevo mensaje
Responder al autor
Responder a todos
Reenviar
Archivo adjunto

Estimado señor López:

Actualmente curso el cuarto año del grado en Administración y Dirección de Empresas de la Universidad de Barcelona y tengo un vivo interés en introducirme en la práctica profesional de estas materias. Es por eso que me permito escribirle para plantearle la posibilidad de realizar mis prácticas en su empresa.

Me consta que AMD es una de las empresas más prestigiosas en comercio internacional, un ámbito que me atrae especialmente dados mis conocimientos de idiomas (domino el inglés y el francés y estoy estudiando ruso) y mis preferencias personales. De ahí mi interés por ampliar mi formación en su empresa.

Creo que reúno los conocimientos y las habilidades necesarias para poder desarrollar una labor profesional que resulte provechosa para su empresa y estaría encantada de poder realizar una entrevista que le permitiese valorar mis aptitudes. Le adjunto mi currículum con toda la información sobre mi formación y mis colaboraciones profesionales.

Con la esperanza de recibir noticias suyas, se despide atentamente,

Carmen Robredo

E-mail à un ami ou parent

Nuevo mensaje

Archivo Edición Ver Herramientas **Correo** Ayuda Enviar

- Nuevo mensaje
- Responder al autor
- Responder a todos
- Reenviar
- Archivo adjunto

A:

CC:

Copia oculta:

Asunto:

Hola Juan

Te escribimos para decirte que este sábado celebramos los 30 años de Alberto en nuestra casa a partir de las 8 de la tarde. Es una fiesta sorpresa, de modo que si te lo encuentras no digas ni palabra. Seremos unas veinte personas y estaremos sin vecinos (que justo se marchan este fin de semana :-). Vamos, que la cosa promete. Hay que llevar algo de beber (de la comida nos encargamos nosotros).

¿Te apuntas? Espero que sí, que hace tiempo que no nos vemos.

Un abrazo,

Laura y Jacinto

Archivo	Fichier
Edición	Édition
Ver	Affichage
Herramientas	Outils
Correo	Courrier
Ayuda	Aide
Enviar	Envoyer
Nuevo mensaje	Nouveau message
Responder	Répondre
Responder a todos	Répondre à tous
Reenviar	Faire suivre, transférer
Archivo adjunto	Pièce jointe
A	À
CC	Cc
Copia oculta	Cci (copie carbone invisible)
Asunto	Objet
De	De
Fecha	Date

Lettre d'ordre professionnel

Alice Aubeuf
Les Glycines
12 chemin des Écoliers
87430 CERGY-LES-VOIS
France

Centro Superior de Idiomas Modernos
Universidad Complutense de Madrid
C/ Profesor Aranguren 27, 2a planta
Ciudad Universitaria
28040 MADRID

En cas d'envoi par e-mail, omettez les mentions initiales correspondant à l'expéditeur, au destinataire et à la date.

11 de junio de 2018

Muy señores míos:

Les escribo para pedir información sobre los cursos intensivos de idiomas que ofrecen este verano, en especial sobre el curso denominado «El español de los negocios». He estudiado cuatro años de español en la universidad y me gustaría profundizar mis conocimientos, sobre todo por lo que respecta a la terminología del mundo de los negocios, además de poder practicar el idioma.

He consultado su página web pero no he sabido encontrar los precios de los cursos, por lo que les pediría si me pueden facilitar un listado de los mismos. Además, me gustaría saber si aún quedan plazas libres para el curso «El español de los negocios» que empieza el 4 de agosto.

Por último me gustaría saber si ofrecen ustedes alguna posibilidad de alojamiento mientras se imparten los cursos. Si es así, ¿cuál es el precio por semana?

Agradezco de antemano su atención y quedo a la espera de su respuesta.

Les saluda atentamente,

Alice Aubeuf

On utilise ces formules lorsqu'on ne connaît pas le nom du destinataire.

Curriculum vitæ

Aujourd'hui, dans les CV en espagnol, il n'est plus nécessaire d'indiquer sa situation de famille.

Asunción Hernández Gil
Avenida de Cervantes 98, 3° B, 46020 Valencia
Fecha de nacimiento: 2 de agosto de 1989
Teléfono: 96 394 82 45
Móvil: 619 19 77 16
Correo electrónico: asunher@gmail.com

ESTUDIOS

2006–2011:	Licenciatura en Filología Francesa, Universidad de Valencia.
2010 (marzo-junio):	Universidad de Estrasburgo, intercambio Erasmus.
2005–2006:	Bachillerato, Instituto Salzillo, Murcia.

EXPERIENCIA PROFESIONAL

Desde mayo 2016:	Secretaria trilingüe, ELECTRÓNICA COSTA BLANCA, Valencia.
Abril 2013–marzo 2016:	Secretaria de Dirección, L&L TECHNOLOGIES, Nantes, Francia.
Enero 2012–febrero 2013:	Secretaria comercial, NM EXPORT IMPORT, Valencia.
Veranos 2010 y 2011:	Profesora de francés, Academia PROGRESA, Alcoy.

PRINCIPALES COMPETENCIAS PROFESIONALES

- Excelente manejo del tiempo y capacidad de organización.
- Habilidades comunicativas y de relación con el cliente.
- Capacidad de trabajar en equipo.

IDIOMAS

- Francés: Dominio total, tanto hablado como escrito.
- Inglés: Dominio total, tanto hablado como escrito; en posesión del Certificate of Proficiency in English.
- Italiano y portugués: Buen conocimiento, tanto hablado como escrito.

INFORMACIÓN COMPLEMENTARIA

Destreza en el manejo de recursos informáticos (Windows, Excel, PowerPoint, QuarkXPress, Wordpress).

En posesión del carnet de conducir Clase B y vehículo propio.

Voluntaria de la Cruz Roja.

Aficiones: Leer, natación, vela, viajes.

Lettre de candidature

Asunción Hernández
Avenida de Cervantes 98, 3° B
46020 Valencia

18 de abril de 2018

Director de Recursos Humanos
INFOCOMP Sistemas
Princesa 8, 6°
28609 Madrid

> Lorsqu'on ignore si le destinataire est un homme ou une femme, il convient d'utiliser la formule ci-contre. Toutefois, si l'on connaît le nom de la personne, on utilise la présentation suivante :
>
> **Sr. Antonio Blanco,**
> **Director de Recursos Humanos,**
> **INFOCOMP** *etc*
>
> Pour commencer votre lettre, la formule à employer est dans ce cas la suivante :
>
> **Apreciado Sr. Blanco**

Muy señor mío:

En referencia a su anuncio publicado en "El País" del 15 de abril, quisiera solicitar el puesto de Secretaria de Dirección. Como verá en la copia de mi currículum vítae adjunta, tengo una amplia y dilatada experiencia profesional especialmente centrada en dos ámbitos que son del interés de su empresa: las nuevas tecnologías y el comercio exterior. Domino el francés y el inglés a la perfección, gracias a mi formación, a los tres años que viví en Francia y a mi actividad laboral, y me defiendo con soltura en italiano y portugués. También estoy acostumbrada a trabajar en equipo y a colaborar en la resolución de problemas, organización del trabajo y toma de decisiones.

Conozco el prestigio de su empresa, de la que valoro su capacidad de innovación y su voluntad de liderazgo. Y ello es lo que me motiva a presentar mi candidatura para formar parte de su proyecto.

Quedo a su entera disposición para cualquier información adicional que requiera.

Atentamente,

Asunción Hernández

Comment indiquer l'adresse sur l'enveloppe

Au recto

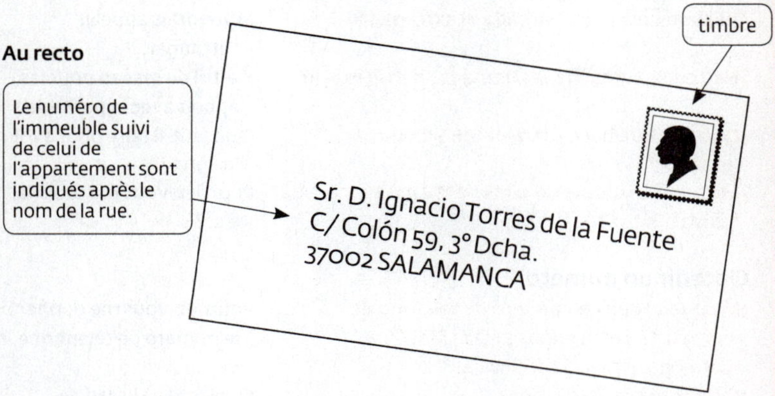

Au verso

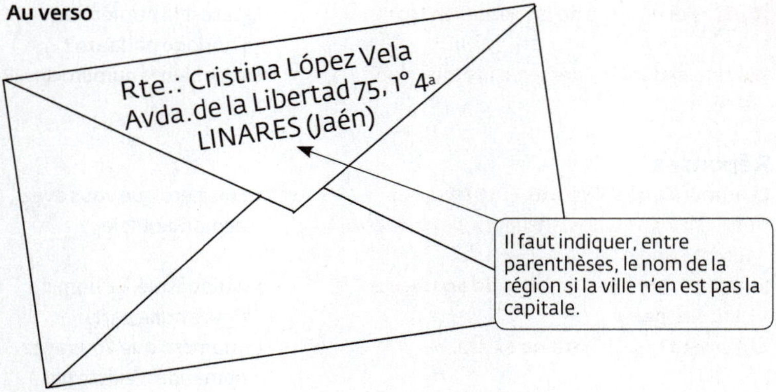

Abréviations couramment employées dans les adresses

Avda. = avenida
C/ = calle
Ctra. = carretera
Dcha. = derecha
Izq. = izquierda
Pº = paseo
Pza. = plaza
Rte. = remite
1°, 2° *etc.* **= primero, segundo** *etc*
3ª, 4ª *etc.* **= tercera, cuarta** *etc*

Téléphone et Internet

Les différents types de communication

Quisiera hacer una llamada al extranjero.	Je voudrais appeler l'étranger.
¿Hay cobertura para las llamadas con el móvil?	Y a-t-il du réseau pour les appels avec le portable ?
¿Qué hay que hacer para obtener línea al exterior?	Que faut-il faire pour avoir la ligne ?
¿Me podrían despertar a las siete y media mañana, por favor?	Pourriez-vous me réveiller à … ?

Obtenir un numéro

¿Me puede decir el número de teléfono de Europost? La dirección es Plaza Mayor, 34, Carmona, provincia de Sevilla.	Pourriez-vous me donner le numéro de téléphone de … ?
¿Cuál es el prefijo de León?	Quel est l'indicatif de … ?
¿Cuál es el número de la oficina de turismo?	Quel est le numéro de l'office du tourisme ?
¿Cuál es el número de Información Horaria?	Quel est le numéro de l'horloge parlante ?
¿Es este el número del servicio de atención al cliente?	Est-ce bien le numéro du … ?

Réponses

El número que solicita es el 93 250 24 72. (noventa y tres, dos cincuenta, veinticuatro, setenta y dos)	Le numéro que vous avez demandé est le …
Lo siento, pero ese nombre no aparece en ninguna parte.	Je suis désolé, ce nom ne figure nulle part.
El número que solicita no existe.	Le numéro que vous avez demandé n'existe pas.

Lorsque l'abonné répond

¿Me pone con la extensión 615 por favor?	Je voudrais le poste …
¿El Sr. Lambert?	Monsieur … ?
Quisiera hablar con Carlos Belmonte, por favor.	Je voudrais parler à …
¿Me podría poner con el Dr. Fernández, por favor?	Pourriez-vous me passer le … ?
¿Puede decirle que me llame cuando vuelva?	Pourriez-vous lui dire de me rappeler à son retour ?
Volveré a llamar dentro de media hora.	Je rappellerai dans …

Au standard

¿De parte de quién?	De la part de qui ?
No se retire *ou* **No cuelgue.**	Ne quittez pas.
Le pongo *(Esp)* *ou* **Le estoy conectando** *(Am)*.	Je vous le passe.
Lo siento pero no contestan.	Je suis désolé, ce poste ne répond pas.
El Dr. Palmero **está al teléfono** *ou* **comunicando** *(Esp)*. **¿Quiere esperar?**	... est en communication. Voulez-vous patienter ?
¿Quiere dejar algún recado?	Voulez-vous laisser un message ?
Tengo a la Sra. Rubio **por la línea** 3.	... sur la ligne ...
Tengo una llamada de Milán **para el** Sr. Urquijo.	Un appel de ... pour ...

Messages enregistrés

El número del abonado con el que desea comunicar ha cambiado. Tras el prefijo 96 **de** Valencia, **marque el** 3, seguido del número de teléfono anterior.	Le numéro de votre correspondant a changé. Vous devez désormais composer le ... après l'indicatif de ...
Bienvenido a Viajes Marcus. **Para reserva de billetes, por favor marque el 1.**	Bienvenue chez ... Pour une réservation, tapez 1.
Buenas tardes. Este es el servicio postventa de Cipresa, S.A. **Dentro de unos instantes atenderemos su llamada.**	Bonjour, vous êtes en communication avec ... Dans quelques instants, nous allons donner suite à votre appel.
Hola. Habla Antonio Peralta. **Déjeme su nombre y número de teléfono tras la señal y le devolveré la llamada lo antes posible. Gracias.**	Bonjour, ici ... Merci de laisser votre nom et votre numéro de téléphone après le signal sonore, je vous rappellerai dès que possible.

Pour répondre au téléphone

¡Diga! *ou* **¡Dígame!**	Allô !
Soy yo *ou* **El mismo.**	C'est moi *ou* Lui-même.
¿Quién habla?	Qui est à l'appareil ?

En cas de difficulté

Todavía está ocupado *ou* **comunicando** *(Esp)*.	C'est toujours occupé.
Se ha cortado.	Nous avons été coupés.
Debo haber marcado el número mal.	J'ai dû faire un mauvais numéro.

Se han cruzado las líneas.	Il y a quelqu'un d'autre sur la ligne.
Se oye muy mal. Cuelga y te volveré a llamar.	Je t'entends très mal.
No tengo cobertura.	Je n'ai pas de réseau.
No te oigo.	Je ne te capte plus.
Se me ha acabado el crédito.	Je n'ai plus de crédit.
No me llegan los mensajes en Whatsapp.	Je ne reçois pas les messages sur Whatsapp.
Me queda muy poca batería.	Il ne me reste presque plus *o* que très peu de batterie.

Téléphone portable

¿Dónde puedo cargar el móvil?	Où est-ce que je peux recharger mon portable ?
Necesito una batería nueva.	Il me faut une batterie neuve.
Quería comprar una tarjeta SIM con/sin contrato.	Je voudrais acheter une carte SIM avec/sans abonnement.

Internet

¿Tienen conexión wifi/a Internet?	Y a-t-il une connexion wi-fi / Internet ?
¿Cuál es la contraseña del wifi?	Quel est le mot de passe pour le wi-fi ?
He olvidado mi contraseña.	J'ai oublié mon mot de passe.
¿Sabe la dirección del sitio Web?	Connaissez-vous l'adresse du site Web ?
Quería descargarme el horario.	Je voudrais télécharger ...
¿Está usted en Twitter®/Facebook®?	Est-ce que vous êtes sur Twitter®/Facebook® ?

Réseaux sociaux

una cuenta	un compte
verificar su cuenta	vérifier son compte
un blog	un blog
hacer un comentario sobre	faire un commentaire sur
crear/abrir una cuenta	créer/ouvrir un compte
un hilo de discusión	un fil de discussion
un mensaje privado, un mensaje directo	un message privé (MP), un message direct
enviar un mensaje privado a alguien	envoyer un message privé *ou* un MP à qn
un(a) seguidor(a)	un suiveur, une suiveuse
seguir a	suivre
un foro	un forum
un(a) amigo(-a)	un(e) ami(e)
añadir a la lista de amigos(-as)	ajouter à sa liste d'ami(e)s
un hashtag	un mot-dièse, un hashtag
un canal de noticias	un news feed, un fil d'actualités *ou* de nouvelles
un perfil	un profil
una foto del perfil	une photo du profil
un canal RSS	un fil d'actualités *ou* de nouvelles RSS
una actualización del estado	une mise à jour du statut
etiquetar a alguien en una foto	taguer qn sur une photo
un trending topic	un sujet tendance
un tuit, un tuiteo	un tweet
tuitear (sobre)	tweeter (sur)
retuitear	retweeter
dejar de seguir a	arrêter de suivre
un muro	un mur
publicar algo en el muro de alguien	poster qch sur le mur de qn
escribir en el muro de alguien	écrire sur le mur de qn

Abréviations courantes dans les e-mails et SMS

a2	*adiós*
ad+	*además*
aptc	*apetece*
bn	*bien*
bss	*besos*
dnd	*donde, dónde*
k tl?	*¿qué tal?*
kdda	*quedada*
kdms?	*¿quedamos?*
LDT	*lejos del teclado*
LMPP	*lo más pronto posible*
MD	*mensaje directo*
MSLGR	*me saltan las lágrimas de risa*
mxo	*mucho*
npi	*ni puta idea*
pq	*porque*
q	*que, qué*
qndo	*cuando, cuándo*
salu2	*saludos*
stoi	*estoy*
tb/tmb	*también*
tqm/tkm	*te quiero mucho*
vns?	*¿vienes?*
wpa	*guapa*
xfa	*por fa(vor)*
xq	*porque*

Francés activo

El propósito del suplemento **Francés activo** es ayudarle a expresarse de forma sencilla pero correcta en un francés fluido y natural.

La sección Expresiones generativas recoge cientos de frases con la traducción de sus elementos clave y constituye un punto de referencia indispensable para expresarse en francés.

En la sección de Correspondencia se encontrarán ejemplos prácticos de correspondencia personal y comercial, solicitudes de empleo y currículum vítae, además de las fórmulas clásicas de encabezamiento y despedida; también se explica cómo poner la dirección en los sobres. Por último, se dan notas orientativas sobre cómo adaptar los ejemplos a las propias necesidades.

Asimismo, la sección de Teléfono e Internet, recoge las frases más frecuentes que se emplean en distintos tipos de llamadas telefónicas, así como el vocabulario utilizado en SMS y redes sociales.

Esperamos que la información de este suplemento sea útil y adecuada a sus necesidades y que, junto con el diccionario, ayude a mejorar sus conocimientos y a disfrutar del francés.

Índice

Gustos y preferencias

Para expresar gustos

J'aime les gâteaux.	Me gustan ...
J'aime que les choses soient à leur place.	Me gusta que ...
J'ai bien aimé le film.	Me gustó ...
J'adore sortir en boîte.	Me encanta ...
Ce que je préfère chez Laurent, c'est son enthousiasme.	Lo que más me gusta ...
Ce que j'aime par-dessus tout, c'est son sourire.	Lo que me gusta por encima de todo, es ...
La visite des vignobles **m'a beaucoup plu**.	Me gustó mucho ...
J'ai un faible pour le chocolat.	Tengo debilidad por ...
Rien ne vaut un bon café.	No hay nada como ...
Rien de tel qu'un bon bain chaud !	No hay nada como ...
Le couscous est **mon** plat **favori**.	... mi ... preferido *o* favorito.
La lecture est **une de mes** activités **préférées**.	... una de mis ... preferidas *o* favoritas.
Cela ne me déplaît pas de sortir seule.	No me importa ...

Para decir lo que a uno no le gusta

Je n'aime pas le poisson.	No me gusta ...
Je n'aime pas beaucoup parler en public.	No me gusta mucho ...
Je ne l'aime pas du tout.	No me gusta nada.
Cette idée **ne m'emballe pas**.	... no me entusiasma.
Je déteste la chimie.	Odio ...
J'ai horreur du sport.	Odio ...
Je ne supporte pas qu'on me mente.	No soporto que ...
Sa façon d'agir **ne me plaît pas du tout**.	No me gusta nada ...
Ce que je déteste le plus, c'est le repassage.	Lo que más odio es ...

Para decir lo que uno prefiere

Je préfère le rock **à** la musique classique.	Prefiero ... a ...
Je préférerais vivre à Paris.	Preferiría ...
J'aimerais mieux mourir **que de** lui demander un service.	Antes ... que ...

Para expresar indiferencia

Ça m'est égal.	Me da igual.
Je n'ai pas de préférence.	No tengo preferencias.
C'est comme vous voudrez.	Como quiera.
Cela n'a aucune importance.	No tiene ninguna importancia.
Peu importe.	No importa.

Para preguntarle a alguien lo que le gusta

Est-ce que vous aimez les frites ?	¿Le gustan ...?
Est-ce que vous aimez faire la cuisine ?	¿Le gusta ...?
Est-ce que cela vous plaît de vivre en ville ?	¿Le gusta ...?
Qu'est-ce que vous préférez : la mer ou la montagne ?	¿Qué prefiere ...?
Vous préférez lequel, le rouge ou le noir ?	¿Cuál prefiere ...?
Est-ce que vous préférez vivre à la campagne ou en ville ?	¿Prefiere ...?
Qu'est-ce que vous aimez le plus à la télévision ?	¿Qué es lo que más le gusta ...?

Opiniones

Para pedir la opinión de alguien

Qu'en pensez-vous ?	¿Qué cree usted?
Que pensez-vous de sa façon d'agir ?	¿Qué piensa de ...?
Je voudrais savoir ce que vous pensez de son travail.	Quisiera saber qué piensa de ...
J'aimerais connaître votre avis sur ce problème.	Me gustaría saber su opinión sobre ...
Est-ce que vous pourriez me donner votre opinion sur cette émission ?	¿Podría darme su opinión sobre ...?
Quelle est votre opinion sur la peine de mort ?	¿Qué opina sobre ...?
À votre avis, les hommes et les femmes sont-ils égaux ?	En su opinión ...
Selon vous, faut-il donner plus de liberté aux jeunes ?	Según usted ...

Para expresar la opinión propia

Vous avez raison.	Tiene razón.
Il a tort.	Se equivoca.
Il a eu tort de démissionner.	Hizo mal en ...
Je pense que ce sera possible.	Creo que ...
Je crois que c'est un peu prématuré.	Creo que ...
Je trouve que c'est normal.	Me parece que ...
Personnellement, je pense que c'est trop cher.	Personalmente, creo que ...
Il me semble que vous vous trompez.	Me parece que ...
J'ai l'impression que ses parents ne la comprennent pas.	Tengo la impresión de que ...
Je suis certain qu'il est tout à fait sincère.	Tengo la certeza de que ...
Je suis sûr que Marc va gagner.	Estoy seguro de que ...
Je suis persuadé qu'il y a d'autres solutions.	Estoy convencido de que ...
À mon avis, il n'a pas changé.	En mi opinión ...
D'après moi, il a fait une erreur.	Para mí ...
Selon moi, c'est impossible.	En mi opinión ...

Para responder sin expresar una opinión

Ça dépend.	Depende.
Tout dépend de ce que vous entendez par là.	Depende de lo que entienda por ...
Je ne peux pas me prononcer.	No puedo opinar.
Je n'ai pas d'opinion bien précise à ce sujet.	No tengo una opinión muy clara al respecto.
Je ne me suis jamais posé la question.	Nunca me lo he planteado.
Je ne sais pas trop.	No sé muy bien.
Je ne suis pas sûr.	No estoy seguro.

Aprobación y acuerdo

Je trouve que c'est une excellente idée.	Me parece (que es) una idea estupenda.
Quelle bonne idée !	¡Qué buena idea!
J'ai beaucoup apprécié son article.	Me gustó mucho ...
C'est une très bonne chose.	Está muy bien.
Je trouve que vous avez raison de vous méfier.	Creo que hace bien en ...
Vous avez bien fait de laisser vos bagages à la consigne.	Hizo bien en ...
Vous n'avez pas tort de critiquer le gouvernement.	Razón no le falta para ...

Je partage cette opinion.	Comparto esa opinión.
Je partage votre inquiétude.	Comparto su ...
Nous sommes favorables à la création d'emplois.	Estamos a favor de ...
Nous sommes en faveur d'une Europe unie.	Estamos a favor de ...
Il est exact que c'est un risque à prendre.	Es cierto que ...
Il est vrai que cette erreur aurait pu être évitée.	Es verdad que ...
Je suis d'accord avec vous.	Estoy de acuerdo con usted.
Je suis entièrement d'accord avec toi.	Estoy totalmente de acuerdo contigo.

Desaprobación y desacuerdo

Je trouve qu'il a eu tort d'emprunter autant d'argent.	Creo que ha hecho mal en ...
C'est dommage qu'il ait réagi ainsi.	Es una pena que ...
Il est regrettable qu'ils ne nous aient pas prévenus.	Es una lástima que ...
Cette idée **me déplaît profondément.**	... me disgusta sobremanera.
Je ne supporte pas le mensonge.	No soporto ...
Nous sommes contre la chasse.	Estamos en contra de ...
Je suis absolument contre.	Estoy totalmente en contra.
Je refuse cette solution.	Rechazo ...
Je suis opposé à toute forme de censure.	Me opongo a ...
Je ne partage pas ce point de vue.	No comparto ese punto de vista.
Je suis déçu par son attitude.	Me ha decepcionado ...
Je suis profondément déçu.	Estoy muy decepcionado.
Tu n'aurais pas dû lui parler sur ce ton.	No deberías haber ...
C'est inacceptable.	Es inaceptable.
De quel droit agit-il de la sorte ?	¿Con qué derecho ...?
Je ne suis pas d'accord.	No estoy de acuerdo.
Nous ne sommes pas d'accord avec eux.	No estamos de acuerdo con ...
Je ne suis absolument pas d'accord avec ce qu'il a dit.	No estoy para nada de acuerdo con ...
C'est faux de dire que cette erreur était inévitable.	No es cierto que ...
Vous vous trompez !	¡Se equivoca!

Quejas

Je ne suis pas satisfait de ma chambre.	No estoy satisfecho con ...
Je suis très déçu du service fourni par votre hôtel.	Estoy muy decepcionado con ...
Je voudrais faire une réclamation.	Quería presentar una reclamación.
Je voudrais parler au responsable, s'il vous plaît.	Quiero hablar con el responsable, por favor.
Il y a un problème avec la réservation.	Hay un problema con ...
C'est absolument inacceptable.	Es absolutamente inaceptable.
Pourriez-vous vous en occuper tout de suite ?	¿Pueden ocuparse de ello inmediatamente?

Disculpas

Para pedir perdón

Excusez-moi.	Lo siento.
Excusez-moi de vous déranger.	Perdone que le moleste.
Oh, pardon ! J'ai dû faire un faux numéro.	¡Perdone!
Je suis désolé de vous avoir réveillé.	Siento mucho ...
Je suis désolé pour tout ce qui s'est passé.	Lamento mucho ...
Je vous prie de m'excuser.	Le ruego que me disculpe.
Nous prions nos lecteurs **de bien vouloir excuser** cette omission.	Rogamos a ... disculpen ...

Para aceptar la responsabilidad de algo

C'est (de) ma faute : j'aurais dû partir plus tôt.	Es culpa mía: debería haber ...
Je n'aurais pas dû me moquer d'elle.	No debería haber ...
Nous avons eu tort de ne pas vérifier cette information.	Hicimos mal en no ...
J'assume seul l'entière responsabilité de cette erreur.	Me hago plenamente responsable de ...
Je reconnais que j'aurais dû faire un effort.	Reconozco que ...

Para rechazar toda responsabilidad

Ce n'est pas (de) ma faute.	No es culpa mía.
Ce n'est pas (de) ma faute si nous sommes en retard.	No es culpa mía si ...
Je ne l'ai pas fait exprès.	No lo hice a propósito.

Je ne pouvais pas faire autrement. — No podía hacer otra cosa.

J'avais pourtant cru comprendre que je pouvais me garer là. — Pero yo creí que ...

J'avais cru bien faire en le prévenant. — Pensé que hacía bien en ...

Para disculparse por no poder hacer algo

Je regrette, mais ce n'est pas possible. — Lo siento, pero ...

Je suis désolé, mais je ne peux pas vous aider. — Lo siento mucho, pero ...

Il nous est malheureusement impossible d'accéder à votre demande. — Lamentablemente, nos es imposible ...

Explicaciones

Para dar las razones de algo

Je n'ai rien acheté **parce que** je n'ai pas d'argent. — ... porque ...

Je suis arrivé en retard **à cause des** embouteillages. — ... por culpa de ...

Puisque tu insistes, je vais rester un jour de plus. — Ya que ...

Comme j'habitais près de la bibliothèque, j'y allais souvent. — Como ...

Je ne pourrai pas venir **car** je n'ai pas fini. — ... porque ...

Vu la situation actuelle, nous ne pouvons pas nous prononcer. — Dada ...

Étant donné la crise, il est difficile de trouver du travail. — Debido a ...

C'est une rupture d'essieu **qui a provoqué** le déraillement. — Fue ... lo que provocó ...

Le théâtre va fermer **faute de** moyens. — ... por falta de ...

Il a donné sa démission **pour des raisons de** santé. — ... por motivos de ...

Le projet a été abandonné **en raison de** problèmes juridiques. — ... a causa de ...

Le malaise des enseignants **est lié à** la difficulté de leur métier. — ... está relacionado con ...

Le problème vient de ce que les gens sont déçus par la politique. — El problema está en que ...

Le ralentissement des exportations **provient de** la chute de la demande européenne. — ... es consecuencia *o* resultado de ...

La haine **résulte de** l'incompréhension. — ... nace de ...

Consecuencias

Je dois partir ce soir. **Je ne pourrai donc pas** venir avec vous. — ... de modo que no podré ...

FRANCÉS ACTIVO

La distribution a été améliorée, **de telle sorte que** les lecteurs trouveront leur journal plus tôt.	... de manera que ...
Le cidre nouveau est très peu fermenté et **par conséquent** très peu alcoolisé.	... por consiguiente ...
Ce manque de concertation **a eu pour conséquence** une duplication inutile de nos efforts.	... ha tenido como resultado ...
Voilà pourquoi on s'en souvient.	Por eso ...

Comparaciones

On peut comparer la télévision **à** une drogue.	... se puede comparar ... a ...
Le Centre Pompidou **est souvent comparé à** un paquebot.	... se compara a menudo a ...
Le bruit **était comparable à** celui d'une moto dépourvue de silencieux.	... era comparable a ...
L'Afrique reste un continent sous-peuplé **comparé à** l'Asie.	... en comparación con ...
Les investissements publicitaires ont connu une légère progression **par rapport à** l'année dernière.	... en relación con ...
Par comparaison avec l'Islande, l'Irlande a un climat tropical.	En comparación con ...
Cette histoire **ressemble à** un conte de fées.	... es como *o* se parece a ...
Il adorait cette campagne qui **lui rappelait** l'Andalousie.	... le recordaba ...
Des taux de chômage effrayants, **rappelant ceux** des années 30.	... similares a ...
Il me fait penser à mon frère.	Me recuerda a ...
Le surf des neiges **est l'équivalent** sur neige **de** la planche à roulettes.	... es el equivalente de ...
Cette somme **correspond à** six mois de salaire.	... equivale a ...
C'est la même chose.	Es lo mismo.
Cela revient au même.	Viene a ser lo mismo.
Ce disque **n'est ni meilleur ni moins bon que** les autres.	... no es ni mejor ni peor que ...

Para destacar el contraste

Aucune catastrophe **ne peut être comparée à** celle de Tchernobyl.	No hay ... que se pueda comparar a ...
On ne peut pas comparer les usines modernes **à** celles où travaillaient nos grands-parents.	No se pueden comparar ... con ...
Les actions de ce groupe **n'ont rien de comparable avec** les agissements des terroristes.	... no tienen nada que ver con ...

Sa démarche le **différencie** de son frère.	... diferencia ...
L'histoire des États-Unis **ne ressemble en rien à** la nôtre.	... no se parece en nada a ...
Ça n'a rien à voir.	No tiene nada que ver.
Ce sont deux choses complètement différentes.	Son dos cosas completamente diferentes.
Il y a des événements bien plus tragiques que de perdre une finale de Coupe d'Europe.	Hay cosas mucho peores que ...
Le gruyère **est meilleur que** le comté.	... es mejor que ...
Son deuxième film **est moins** violent **que** le premier.	... es menos ... que ...
L'espérance de vie des femmes est de 81 ans, **tandis que** celle des hommes est de 72 ans.	... mientras que ...
Alors que la consommation de vin et de bière diminue, l'eau minérale est un marché en expansion.	Mientras que ...

Peticiones y propuestas

Peticiones

Je voudrais trois tartelettes.	Quería ...
Je voudrais connaître les horaires des trains pour Lille.	Quería ...
Pourriez-vous nous donner un coup de main ?	¿Podría ...?
Est-ce que vous pouvez annoncer la bonne nouvelle à Éliane ?	¿Puede ...?
Est-ce que vous pourriez venir me chercher ?	¿Podría ...?
Sois gentille, fais un saut chez le boulanger.	Hazme un favor ...
Auriez-vous l'amabilité de m'indiquer la sortie ?	¿Sería tan amable de ...?
Auriez-vous la gentillesse de nous donner la recette ?	¿Tendría la amabilidad de ...?
Auriez-vous l'obligeance de me garder ma place ?	¿Podría hacerme el favor de ...?
Puis-je vous demander de m'accorder un instant ?	¿Sería tan amable de ...?
Merci de bien vouloir patienter.	Tenga la amabilidad de ...
Est-ce que cela vous dérangerait d'ouvrir la fenêtre ?	¿Le importaría ...?
Je vous serais reconnaissant de me prévenir dès que possible.	Le agradecería que me avisara ...
Je vous serais reconnaissant de bien vouloir me communiquer votre décision d'ici vendredi.	Le agradecería que me comunicara ...

Propuestas

Je peux passer vous prendre, **si** vous voulez.	Puedo ... si ...
Je pourrais vous accompagner.	Podría ...
Ça te dit, une glace ?	¿Te apetece ...?
Ça vous dirait d'aller faire un tour ?	¿Le gustaría ...?
Que diriez-vous d'une balade en forêt ?	¿Le apetecería ...?
Est-ce que vous voulez que j'aille chercher votre voiture ?	¿Quiere que ...?
Est-ce que vous voulez dîner avec nous un soir ?	¿Quiere ...?

Consejos y sugerencias

Para pedir consejo o sugerencias

À ma place, que feriez-vous ?	¿Usted qué haría (si estuviera) en mi lugar?
Quel est votre avis sur la question ?	¿Qué opina al respecto?
Qu'est-ce que vous me conseillez, les Baléares ou les Canaries ?	¿Qué me aconseja ...?
Que me conseillez-vous de faire ?	¿Qué me aconseja que haga?
Parmi les excursions à faire, **laquelle nous conseilleriez-vous ?**	... ¿cuál nos aconsejaría?
Quelle stratégie **proposez-vous ?**	¿Qué ... propone *o* sugiere usted?
Que proposez-vous pour réduire la pollution ?	¿Qué propone usted para ...?
Qu'est-ce que vous proposez contre le chômage ?	¿Qué medidas propone usted contra ...?

Para aconsejar o sugerir algo

À votre place, je me méfierais.	Yo que usted ...
Si j'étais toi, je ne dirais rien.	Yo en tu lugar ...
Si je peux vous donner un conseil, achetez votre billet à l'avance.	Si me permite que le dé un consejo ...
Un conseil : lisez le mode d'emploi.	Un consejo ...
Un bon conseil : n'attendez pas le dernier moment pour faire votre réservation.	Un consejo ...
Vous devriez voir un spécialiste.	Debería ...
Vous feriez bien de consulter un avocat.	Haría bien en ...
Vous feriez mieux d'acheter une nouvelle voiture.	Más le valdría ...
Vous pourriez peut-être demander à quelqu'un de vous le traduire.	A lo mejor podría ...

Vous pourriez montrer un peu plus de compréhension. — Podría ...
Pourquoi ne pas lui téléphoner ? — ¿Por qué no ...?
Il faudrait peut-être essayer autre chose. — Quizá(s) habría que ...
Et si on allait au cinéma ? — ¿Y si ...?
Je vous propose le 3 mars à 10 h 30. — ¿Qué le parece ...?
Il vaudrait mieux lui offrir de l'argent qu'un bijou. — Mejor sería ...
Il serait préférable d'attendre le résultat. — Sería mejor ...

Para animar a alguien

Bravo ! — ¡Bravo!
Vas-y, tu vas y arriver ! — ¡Vamos *ou* Venga ...!
C'est très bien, continuez comme ça. — Está muy bien ...
Je vous félicite, vous vous êtes très bien débrouillé. — Le felicito ...
C'est du très bon travail. — Es un trabajo bien hecho.

Para hacer una advertencia

Je vous préviens, je ne me laisserai pas faire. — Se lo advierto ...
Je te préviens que ça ne sera pas facile. — Te advierto que ...
N'oubliez pas de conserver le double de votre déclaration d'impôts. — No se olvide (de) ...
Méfiez-vous des apparences. — No se fíe de ...
Surtout, n'y allez **jamais** le samedi. — Sobre todo, no ... nunca ...
Si tu ne viens pas, **tu risques de** le regretter. — ... puede que ...
Attention, ça pourrait vous attirer des ennuis. — Cuidado, eso podría ...

Intenciones y deseos

Para preguntar a alguien lo que piensa hacer

Qu'est-ce que vous allez faire ? — ¿Qué va a hacer?
Qu'est-ce que tu vas faire si tu rates ton examen ? — ¿Qué vas a hacer si ...?
Qu'allez-vous faire en rentrant? **Avez-vous des projets ?** — ¿Qué va a hacer ...? ¿Tiene algún proyecto?
Quels sont vos projets ? — ¿Qué planes tiene?
Est-ce que tu comptes passer tes vacances ici ? — ¿Tienes pensado ...?
Vous comptez rester longtemps ? — ¿Tiene pensado ...?
Que comptez-vous faire de votre collection ? — ¿Qué piensa hacer con ...?
Comment comptez-vous faire ? — ¿Cómo piensa hacerlo?
Tu as l'intention de passer des concours ? — ¿Tienes la intención de ...?
Songez-vous à refaire un film en Europe ? — ¿Tiene pensado ...?

FRANCÉS ACTIVO

Para expresar sus intenciones

Je comptais m'envoler pour Ajaccio le 8 juillet.	Tenía pensado ...
Elle prévoit de voyager pendant un an.	Tiene previsto ...
Il est prévu de construire un nouveau stade.	Está previsto ...
Ils envisagent d'avoir plusieurs enfants.	Piensan ...
Cette banque **a l'intention de** fermer un grand nombre de succursales.	... tiene intención de ...
Je songe à abandonner la politique.	Estoy pensando en ...
J'ai décidé de changer de carrière.	He decidido ...
Je suis décidée à arrêter de fumer.	Estoy decidida a ...
Je me suis décidée à y aller.	Me he decidido a ...
C'est décidé, nous partons à la campagne.	Está decidido ...
Il n'a jamais été dans nos intentions de lui cacher la vérité.	No ha sido jamás nuestra intención ...
Il n'est pas question pour moi de renoncer à ce projet.	No me he planteado ...

Para expresar lo que se desea hacer

Je veux faire du cinéma.	Quiero ...
Je voudrais savoir jouer aussi bien que lui.	Me gustaría ...
J'aimerais faire du deltaplane.	Me gustaría ...
J'aimerais que mes photos soient publiées dans la presse.	Me gustaría que ...
J'aurais aimé avoir un frère.	Me hubiera gustado ...
Lionel **voulait à tout prix** partir le soir même.	... quería ... a toda costa.
Nous souhaitons préserver notre indépendance.	Deseamos ...
J'espère avoir des enfants.	Espero ...
Nous espérons que les enfants regarderont cette émission avec leurs parents.	Esperamos que ...
Vous rêvez de faire le tour du monde ?	¿Sueña con ...?
Mon rêve serait d'avoir une grande maison.	Mi sueño sería ...

Obligación

Il faut que je me trouve un logement.	Necesito ...
Il faut absolument qu'on se revoie avant le 23 !	Es imprescindible que ...
Si vous allez en Pologne, **vous devez** venir nous voir.	... tiene que ...
Les auteurs du détournement **ont exigé que** l'avion reparte vers New York.	... exigieron que ...
Ça **me force à** faire de l'exercice.	... me obliga a ...

Une violente crise d'asthme **m'a obligé à** consulter un médecin.	... me obligó a ...
Je suis obligé de partir.	Tengo que ...
Il est obligé de travailler, **il n'a pas le choix.**	Tiene que ..., no tiene otro remedio.
On ne peut pas faire autrement que d'accepter.	No se puede hacer otra cosa que ...
L'école **est obligatoire** jusqu'à seize ans.	... es obligatoria ...
Il est indispensable de voyager pour comprendre les autres.	Es indispensable ...

Permiso

Para pedir permiso

Je peux téléphoner ?	¿Puedo ...?
Je peux vous demander quelque chose ?	¿Puedo ...?
Est-ce que je peux passer vous dire un petit bonjour tout à l'heure ?	¿Puedo ...?
Ça ne vous dérange pas si j'arrive en avance ?	¿Le importa si ...?
Ça ne vous dérange pas que je fume ?	¿Le molesta que ...?
Est-ce que ça vous dérange si j'ouvre la fenêtre ?	¿Le importa que ...?
Vous permettez, Madame, **que** je regarde ce qu'il y a dans votre sac ?	¿Me permite ... que ...?

Para dar permiso

Faites comme vous voulez.	Como quiera.
Allez-y !	¡Adelante!
Je n'y vois pas d'inconvénient.	No tengo inconveniente.
Vous avez le droit de porter plainte.	Tiene derecho a ...
Je vous en prie.	Como no.

Para denegar permiso

Je te défends de sortir !	Te prohibo ...
C'est défendu.	Está prohibido.
Il est interdit de fumer dans les toilettes.	Está prohibido ...
Le travail des enfants **est formellement interdit par** une convention de l'ONU.	... está terminantemente prohibido por ...
Défense d'entrer.	Prohibida la entrada.
Stationnement interdit.	Prohibido estacionar.
C'est interdit.	Está prohibido.
Elle interdit à ses enfants **d'ouvrir** la porte.	Prohíbe a ... que abran ...

Tu n'as pas le droit.	No tienes derecho.
On n'avait pas le droit de manger ni de boire pendant le service.	No se podía ...
Il n'en est pas question.	Ni hablar.

Certeza, probabilidad y posibilidad

Certeza

Il est certain qu'il y aura des problèmes.	Seguro que ...
Il ne fait aucun doute que ce produit connaîtra un réel succès.	No cabe la menor duda de que ...
Il est évident qu'il traverse une période difficile.	Es evidente que ...
C'est **de toute évidence** la seule chose à faire.	Evidentemente ...
Il est indéniable qu'il a eu tort d'agir ainsi.	Es innegable que ...
Je suis sûre que mon frère te plaira.	Estoy segura de que ...
Je suis sûr de gagner.	Estoy seguro de ...
Je suis certain que nous sommes sur la bonne voie.	Estoy seguro de que ...
J'ai la certitude qu'en travaillant avec lui, je ne m'ennuierai pas.	Tengo la certeza de que ...
Je suis persuadé qu'il y a d'autres solutions.	Estoy convencido de que ...

Probabilidad

Il est probable que le prix du pétrole va continuer d'augmenter.	Es probable que ...
Le taux d'inflation dépassera **très probablement** les 10 %.	Es muy probable que ...
Ils avaient **sans doute** raison.	Seguramente ...
80 % des problèmes de peau sont **sans doute** d'origine psychique.	... seguramente ...
Les travaux **devraient** débuter au mois d'avril.	... deberían ...
Il se pourrait bien qu'ils cherchent à tester nos réactions.	Es posible que ...
Il y a de fortes chances que la France gagne.	Hay muchas posibilidades de que ...
Il a dû oublier d'ouvrir les fenêtres.	Se debe de haber olvidado de ...

Posibilidad

C'est possible.	Es posible.
Il est possible que cela coûte plus cher.	Es posible que ...
Il n'est pas impossible qu'il soit parti à Paris.	Cabe la posibilidad de que ...
Il se pourrait que l'Amérique ait été découverte par des Chinois.	Es posible que *o* Puede que ...
Il se peut que ce virus soit particulièrement virulent.	Puede que ...
En quelques mois tout **peut** changer.	... puede ...
Les négociations **pourraient** aboutir très prochainement.	... podrían ...
Il a **peut-être** mal compris.	A lo mejor ...
Peut-être que je me trompe.	Quizá(s) ...

Incertidumbre, improbabilidad e imposibilidad

Incertidumbre

Je ne suis pas sûr que ce soit utile.	No estoy seguro de que ...
Je ne suis pas sûre d'y arriver.	No estoy segura de ...
Je ne suis pas certain d'avoir raison.	No estoy seguro de ...
Elle n'est pas convaincue que cela soit une bonne idée.	No está convencida de que ...
Il n'est pas certain qu'un vaccin puisse être mis au point.	No es seguro que ...
Je me demande si nous avons fait beaucoup de progrès dans ce domaine.	Me pregunto si ...
Est-ce raisonnable ? **J'en doute.**	... Lo dudo.
Il se mit à **douter de** la compétence de son médecin.	... dudar de ...
Je doute fort qu'il accepte de rester inactif.	Dudo mucho que ...
On ne sait pas exactement ce qui s'est passé.	No se sabe exactamente ...

Improbabilidad

Il **ne** changera **probablement pas** d'avis.	Probablemente no ...
Il est peu probable qu'il reste encore des places.	Es poco probable que ...
Ça m'étonnerait qu'ils aient ta pointure.	Me sorprendería que ...
Il serait étonnant que tout se passe conformément aux prévisions.	Sería de extrañar que ...
Nous ne risquons pas de nous ennuyer.	No creo que nos aburramos.
Elles ne risquent pas d'avoir le prix Nobel d'économie.	No creo que les den ...
Il y a peu de chances que le taux de croissance dépasse 1,5 %.	Hay pocas probabilidades de que ...

FRANCÉS ACTIVO

Imposibilidad

C'est impossible.	Es imposible.
Il n'est pas possible qu'il n'y ait rien à faire.	No es posible que ...
Il est impossible que ces renseignements soient faux.	Es imposible que ...
Il n'y a aucune chance qu'ils viennent à notre secours.	No hay ninguna posibilidad de que ...

Saludos

Bonjour !	¡Hola! *o* ¡Buenos días!
Bonsoir !	¡Buenas noches!
Salut !	¡Buenas!
Comment allez-vous ?	¿Cómo está?
Comment ça va ?	¿Qué hay? *o* ¿Qué tal?

Para responder

Très bien, merci, et vous ?	Muy bien, gracias, ¿y usted?
Ça va, et toi ?	Bien, ¿y tú?
Super bien !	¡Estupendamente!
On fait aller.	Vamos *o* Voy tirando.
Couci-couça.	Regular.
Pas mal, merci.	Bien, gracias.

Presentaciones

Je vous présente Charles.	Le presento a ...
Je vous présente mon amie.	Le presento a ...
Marc ; Laurent	Marc, te presento a Laurent. Laurent, Marc.
Je ne crois pas que vous vous connaissiez.	Creo que no os conocéis.

Para responder

Enchanté.	Encantado.
Enchantée *o* **Ravie de faire votre connaissance.**	Encantada de conocerle.
Salut, moi c'est Dominique.	Hola, soy ...

Para despedirse

Au revoir !	¡Adiós!
Bonne nuit !	¡Buenas noches!
Salut !	¡Adiós!
Ciao !	¡Hasta luego!
À bientôt !	¡Hasta pronto!

À demain !	¡Hasta mañana!
À la semaine prochaine !	¡Hasta la semana que viene!
À jeudi !	¡Hasta el jueves!

Deseos y felicitaciones

Bon *o* **Joyeux anniversaire !**	¡Feliz cumpleaños! *o* ¡Felicidades!
Joyeux Noël !	¡Feliz Navidad! *o* ¡Felices Pascuas!
Bonne année !	¡Feliz Año (Nuevo)!
Félicitations !	¡Enhorabuena!
Bon voyage !	¡Buen viaje!
Bonne chance !	¡Suerte!
Bienvenue !	¡Bienvenido!
Amusez-vous bien !	¡Que se lo pase bien!
Bon appétit !	¡Buen provecho! *o* ¡Que aproveche!
(À votre) santé !	¡Salud!
À la tienne/À la vôtre !	¡A tu salud/A su salud!
Tchin-tchin !	¡Chinchín!

Agradecimientos

Merci.	Gracias.
Merci de votre coopération.	Gracias por ...
Merci beaucoup.	Muchas gracias.
Je vous remercie d'avoir été si patients.	Les agradezco que hayan sido tan pacientes.
Je ne sais pas comment vous remercier.	No sé cómo agradecérselo.
Nous vous sommes très reconnaissants d'avoir hébergé notre fille.	Le estamos muy agradecidos por ...

FRANCÉS ACTIVO

Cómo comenzar y terminar un correo electrónico o una carta

En la correspondencia personal

Encabezamiento	Despedida
Cher Monsieur	**Je vous envoie mes salutations distinguées**
Chers Jean et Sylvie	**Bien amicalement**
Chère tante Laure	**Je t'embrasse bien**
Mon cher Laurent	**Grosses bises** *(informal)*
Salut Myriam	**À la prochaine** *(informal)*

Para comenzar un correo electrónico o una carta

Je te remercie de ta lettre/ton e-mail.	Muchas gracias por tu carta/ correo electrónico.
J'ai été très content d'avoir de tes nouvelles.	Me alegró mucho recibir noticias tuyas.
Je suis désolé de ne pas vous avoir répondu plus vite.	Siento mucho no haberle contestado antes.
J'espère que tu vas bien.	Espero que estés bien.

Para terminar un correo electrónico o una carta

Écris-moi vite.	Escríbeme pronto.
Dis bonjour à ... de ma part.	Recuerdos de mi parte a ...
Transmettez mes amitiés à ...	Dele recuerdos de mi parte a ...
Embrasse ... pour moi.	Dale un beso de mi parte a ...
... me charge de transmettre ses amitiés.	... te manda recuerdos.
... t'embrasse.	Besos de parte de ...

FRANCÉS ACTIVO

En la correspondencia formal

Encabezamiento	Despedida
Monsieur le Directeur	Je vous prie d'agréer, Monsieur le Directeur, l'assurance de ma considération distinguée
Messieurs Monsieur Madame	Je vous prie d'agréer, Messieurs (*o* Monsieur *o* Madame), mes salutations distinguées *o* Veuillez accepter, Messieurs (*o* Monsieur *o* Madame), mes salutations distinguées
Cher Monsieur/ Chère Madame	Croyez, cher Monsieur (*o* chère Madame), à l'expression de mes sentiments les meilleurs
Cher Thomas/ Chère Océane	Cordialement *(solo en correos electrónicos)*

Para comenzar un correo electrónico o una carta

Je vous remercie de votre lettre/e-mail.	Le agradezco su carta/correo electrónico.
En réponse à votre lettre du ...	En respuesta a su carta de ...
Suite à ...	Con referencia a ...
Je vous écris pour ...	Le escribo para ...
Je vous prie de ...	Le ruego que ...
Veuillez trouver ci-joint ...	Adjunto le remito ...
Je vous serais reconnaissant de ...	Le agradecería que ...
Nous avons le plaisir de vous informer que ...	Nos complace comunicarle que ...
Nous sommes au regret de vous informer que ...	Lamentamos tener que comunicarle que ...

Para terminar un correo electrónico o una carta

Dans l'attente de votre réponse ...	En espera de su respuesta ...
N'hésitez pas à me contacter pour toute information complémentaire.	No dude en ponerse en contacto conmigo si necesita alguna información adicional.
En vous remerciant à l'avance pour votre aide.	Agradezco de antemano su colaboración.
Si je peux vous aider en quoi que ce soit, n'hésitez pas à me recontacter.	No dude en volver a ponerse en contacto conmigo si cree que le puedo ser de ayuda.
Veuillez m'excuser à nouveau pour le désagrément occasionné.	Le pido disculpas otra vez por las molestias ocasionadas.

Solicitud de información por correo electrónico

Nouveau message

Fichier | Édition | Affichage | Outils | Composer | Aide | Envoyer

Composer: Nouveau message / Répondre / Répondre à tous / Faire suivre / Pièce jointe

À: centre.fleura@univ-bpclermont.fr

Cc:

Cci:

Objet: Cours et visites culturelles de la région Auvergne

Madame, Monsieur,

Je vous écris pour vous demander des renseignements sur la formule « Cours d'été et visites culturelles de la région Auvergne » destinée aux étudiants étrangers, car je ne trouve pas sur votre site web d'informations précises à ce sujet, en dehors des dates et des formalités d'inscription.

J'aurais surtout voulu savoir comment s'organise chaque journée et comment s'articulent l'aspect apprentissage du français et l'aspect culturel : y a-t-il par exemple des cours le matin et des visites l'après-midi, ou bien l'apprentissage se fait-il au cours des visites ?

Par ailleurs, pourriez-vous me communiquer les horaires ainsi que le programme détaillé des visites ?

Je vous remercie d'avance de votre réponse.

Cordialement,

Alejandro García

Correo electrónico personal

Nouveau message

Fichier | Édition | Affichage | Outils | **Composer** | Aide | Envoyer

À: hugo@europost.fr
Cc:
Cci:
Objet: Warmania

Nouveau message
Répondre
Répondre à tous
Faire suivre
Pièce jointe

Salut Hugo !

Tu connais le jeu Warmania ? Je l'ai trouvé sur Internet et il est super. Tu peux le télécharger directement, c'est gratuit.

La boîte qui l'a produit a un site très intéressant. L'adresse est http://www.gamebox.com. Connecte-toi et on en reparle. Amuse-toi bien !

Bonjour à tes parents et à ta sœur.
À bientôt.
Patrick

Fichier	Archivo
Édition	Edición
Affichage	Ver
Outils	Herramientas
Composer, écrire	Correo
Aide	Ayuda
Envoyer	Enviar
Nouveau message	Nuevo mensaje
Répondre	Responder
Répondre à tous	Responder a todos
Faire suivre	Reenviar
Pièce jointe	Archivo adjunto
À	A
Cc	CC
Cci (copie carbone invisible)	Copia oculta
Objet	Asunto
De	De
Date	Fecha

Solicitud de información por carta

Debe escribirse el lugar desde el que se envía la carta, así como la fecha. La fecha se introduce con el artículo **le**.

Laurent Messier
47, rue de la Préfecture
06300 NICE

Jeanne Horlier
Bibliothèque des Musées de Strasbourg
1, place Hans Jean Arp,
67076 Strasbourg Cedex

Para un correo electrónico, omitir el remitente, el destinatario y la fecha.

Nice, le 24 juin 2018

Madame,

Actuellement étudiant en deuxième année de DUT information-communication option métiers du livre et du patrimoine, je suis à la recherche d'un stage obligatoire de 2 mois dans le cadre de cette formation. Je serais particulièrement intéressé par un stage d'assistant bibliothécaire au sein d'une bibliothèque spécialisée dans les arts comme la vôtre.

Passionné de peinture, j'ai acquis, en plus de ma formation, une solide culture générale en histoire de l'art grâce aux cours du soir que j'ai suivis durant trois ans à l'École du Louvre.

J'ai également effectué l'année dernière, toujours dans le cadre du DUT, un stage d'un mois à la bibliothèque Arthur Rimbaud (75004 Paris), où j'ai beaucoup appris quant au fonctionnement des bibliothèques de prêt et aux tâches quotidiennes des agents qui y travaillent.

Dans l'espoir de pouvoir vous rencontrer prochainement pour vous convaincre de ma motivation, je vous prie d'agréer, Madame, mes salutations distinguées.

Laurent Messier

Laurent Messier

Para otras alternativas, ver pág. 51.

FRANCÉS ACTIVO

Curriculum vitae

CURRICULUM VITÆ

Marine LEGUEN
29, rue de Vannes
35000 RENNES

30 ans
nationalité française

Tél : 02 99 02 71 28 / 07 93 92 36 54

permis de conduire

e-mail : mleguen@gmail.fr

Assistante de direction

7 ans d'expérience dans l'export
Excellente capacité d'organisation, grande aisance relationnelle

EXPÉRIENCE PROFESSIONNELLE

mars 2013 à ce jour
Assistante du directeur à l'exportation, Agriventes, Rennes

- Participation à l'élaboration et suivi des budgets annuels clients
- Suivi des contrats, supervision des portefeuilles de commandes
- Interface commerciaux / administration des ventes / clients
- Marketing : organisation et participation aux événements professionnels, élaboration des outils marketing (notamment maquettes des insertions publicitaires)

2011–2013
Secrétaire de direction, France-Exportations, Cognac

- Suivi de la clientèle
- Coordination marketing, production, douanes, logistique
- Organisation de salons

Si se está en posesión de títulos españoles y se está solicitando un puesto de trabajo en un país de habla francesa, deben emplearse términos como "**équivalence baccalauréat**" (Bachillerato) o "**équivalence licence de lettres**" (Licenciatura en Filosofía y Letras).

DIPLÔMES

2011	Diplôme de secrétaire bilingue (anglais), délivré par l'École de commerce de Poitiers
2010	Licence de langues étrangères appliquées (anglais et russe), Université de Poitiers
2006	Baccalauréat (langues) – mention assez bien

LANGUES

anglais et russe (courant), allemand (bonnes connaissances)

INFORMATIQUE

Excellente maîtrise du Pack Office (tableaux croisés sous Excel, animations sous PowerPoint, publipostage sous Word, Outlook)

LOISIRS

Voyages (Russie, Europe du Sud, Royaume-Uni, États-Unis) ; voile

RÉFÉRENCES

Aunque no es imprescindible dar las referencias de los sitios en los que se ha trabajado, esta es una información que puede ser interesante añadir. Se pueden dar los datos de contacto o escribir: **Références fournies sur demande**.

Jean-Alain Reboul,
Directeur à l'exportation,
Agriventes,
192, route de Lorient,
PA Rennes Ouest,
35000 Rennes
02 99 54 12 13
jareboul@agriventes.fr

FRANCÉS ACTIVO

Solicitud de empleo

Esta es la forma adecuada de dirigirse a una empresa. Sin embargo, cuando se escribe al titular de un puesto determinado, debe emplearse el modelo siguiente:
Monsieur (o **Madame**) **le Directeur des ressources humaines, Société GERBAULT** *etc*.
Y la carta debe empezar así:
Monsieur le Directeur des ressources humaines,
Si se sabe el nombre de la persona, el encabezamiento debe ser:
Monsieur Alain Dupont
Directeur des ressources humaines Société GERBAULT *etc*.
Y la carta debe empezar así: **Monsieur,**

Para un correo electrónico, omitir el remitente, el destinatario y la fecha.

Marine LEGUEN
29, rue de Vannes
35000 RENNES

Service du Personnel
Société GERBAULT
85, bd de la Liberté
35000 RENNES

Rennes, le 12 juillet 2018

Madame, Monsieur,

Votre annonce parue dans *Le Monde* du 8 juillet concernant un poste d'assistante de direction dans votre service Import-Export m'a particulièrement intéressée.

Mon expérience de quatre ans en tant qu'assistante de direction dans le service d'exportation d'une petite entreprise m'a permis d'acquérir un sens des responsabilités ainsi qu'une grande capacité d'adaptation et d'organisation. Le poste que vous proposez m'intéresse tout particulièrement car j'aimerais beaucoup pouvoir utiliser dans le cadre de mon travail ma connaissance de la langue et de la culture russes, acquise lors de mes études et enrichie par de nombreux voyages.

Je me tiens à votre disposition pour vous apporter de plus amples renseignements sur ma formation et mon expérience.

Je vous prie, Madame, Monsieur, de bien vouloir agréer mes salutations distinguées.

Marine Leguen

Marine Leguen
PJ : CV

= "**pièce jointe**" (documento adjunto)

FRANCÉS ACTIVO

Cómo poner la dirección en un sobre

En la cara

El número del portal va antes que el nombre de la calle.
Entre el número y el nombre de la calle hay que poner una coma.

En el dorso

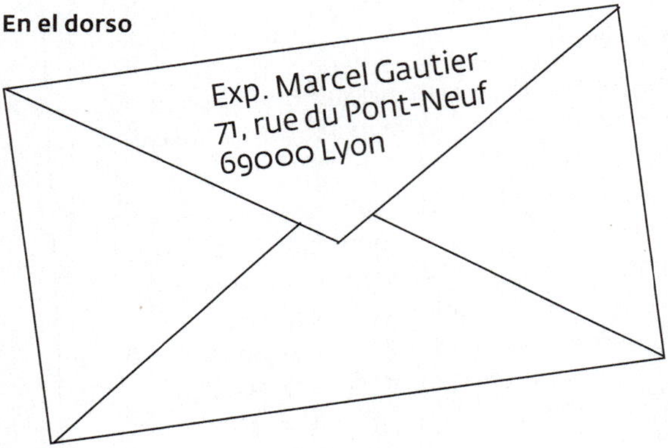

Abreviaturas empleadas frecuentemente en las direcciones

av. = avenue	bd = boulevard	Exp. = expéditeur	fg = faubourg
pas. = passage	pl. = place	rte = route	

Teléfono e Internet

Diferentes tipos de llamadas

Je voudrais appeler l'étranger. — Quisiera hacer una llamada al extranjero.

Y a-t-il du réseau pour les appels avec le portable ? — ¿Hay cobertura para las llamadas con el móvil?

Comment est-ce que je peux téléphoner à l'extérieur ? — ¿Qué hay que hacer para obtener línea al exterior?

Para pedir información

Quel est le numéro de l'office du tourisme ? — ¿Cuál es el número de la oficina de turismo?

Je voudrais le numéro de la société Europost, 20, rue de la Marelle, à Pierrefitte. — ¿Me podría dar el número de teléfono de ...?

Quel est l'indicatif de la Martinique ? — ¿Cuál es el prefijo de ...?

Quel est le numéro de l'horloge parlante ? — ¿Cuál es el número de Información Horaria?

Al recibir información

Le numéro que vous avez demandé est le 01 40 32 37 12. (zéro un quarante trente-deux trente-sept douze) — El número que solicita es el ...

Je regrette, mais ce nom ne figure nulle part. — Lo siento, pero ese nombre no aparece en ninguna parte.

Le numéro que vous avez demandé n'existe pas. — El número que solicita no existe.

Cuando contestan

Je voudrais parler à *o* **Pourrais-je parler à** M. Wolff, s'il vous plaît ? — Quisiera hablar con ...

Pourriez-vous me passer le docteur Breton, s'il vous plaît ? — ¿Me podría poner con ...?

Pourriez-vous me passer le poste 52 64, s'il vous plaît ? — ¿Me pone con la extensión ...?

Je rappellerai dans une demi-heure. — Volveré a llamar dentro de ...

Pourriez-vous lui demander de me rappeler à son retour ? — ¿Podría decirle que me llame cuando regrese?

FRANCÉS ACTIVO

Cuando responde la centralita

C'est de la part de qui ?	¿De parte de quién?
Je vous le passe.	Le pongo.
J'ai un appel de Tokyo **pour** Mme Lacan.	Tengo una llamada de ... para ...
J'ai Mlle Martin **en ligne.**	Tengo ... al teléfono.
Le docteur Robert **est en ligne, vous patientez ?**	... está al teléfono *o* está comunicando. ¿Quiere esperar?
Ne quittez pas.	No se retire.
Ça ne répond pas.	No contestan.
Voulez-vous laisser un message ?	¿Quiere dejar algún recado?

Mensajes grabados

Le numéro de votre correspondant n'existe pas.	El número marcado no existe.
Le numéro de votre correspondant a changé. Veuillez composer désormais le 09 42 21 70.	El número del abonado con el que desea comunicar ha cambiado. Marque el ...
Par suite de l'encombrement des lignes, votre appel ne peut aboutir. Veuillez rappeler ultérieurement.	Todas las líneas están ocupadas en este momento. Rogamos intente llamar más tarde.
Bonjour, vous êtes en communication avec le service des ventes. **Veuillez patienter, nous allons donner suite à votre appel dans quelques instants.**	Buenos días. Bienvenido a ... Por favor, espere. Dentro de unos instantes atenderemos su llamada.
Bonjour, vous êtes bien chez M. et Mme Martin. **Laissez un message après le bip sonore et nous vous rappellerons dès notre retour.** Merci.	Hola. Esta es la casa de ... Déjenos su mensaje tras la señal y le devolveremos la llamada.

Para contestar

Allô !	¡Diga! *o* ¡Dígame!
C'est moi *o* **lui-même** (*o* **elle-même**).	Soy yo *o* El mismo (*o* La misma).
Qui est à l'appareil ?	¿Quién habla?

En caso de dificultad

Je n'arrive pas à la joindre .	Está ocupado *o* Está comunicando.
Leur téléphone est en dérangement.	No les funciona el teléfono.
Nous avons été coupés.	Se ha cortado la comunicación.
J'ai dû faire un faux numéro.	Debo haber marcado el número mal.

FRANCÉS ACTIVO

Il y a quelqu'un d'autre sur la ligne.	Se han cruzado las líneas.
La ligne est très mauvaise.	Se oye muy mal.
Je n'ai pas de réseau.	No tengo cobertura.
Je ne te capte plus.	No te oigo.
Je n'ai plus de crédit.	Se me ha acabado el crédito.
Je ne reçois pas les messages sur Whatsapp.	No me llegan los mensajes en Whatsapp.

Con el teléfono móvil

Où est-ce que je peux recharger mon portable ?	¿Dónde puedo cargar el móvil?
Il ne me reste presque plus *o* **très peu de batterie.**	Me queda poca batería.
Je voudrais acheter une carte SIM avec/sans abonnement.	Quería comprar una tarjeta SIM con/sin contrato.

Internet

Y a-t-il une connexion wi-fi/Internet ?	¿Tienen conexión wi-fi/ a Internet?
Quel est le mot de passe pour le wi-fi ?	¿Cuál es la contraseña del wi-fi?
J'ai oublié mon mot de passe.	He olvidado mi contraseña.
Connaissez-vous l'adresse du site Web ?	¿Sabe la dirección del sitio Web?
Je voudrais télécharger les horaires.	Quería descargarme ...
Est-ce que vous êtes sur Twitter®/ Facebook® ?	¿Está usted en Twitter®/ Facebook®?

Expresiones usadas en las redes sociales

un(e) ami(e)	un(a) amigo(-a)
ajouter à sa liste d'ami(e)s	añadir a la lista de amigos(-as)
un blog	un blog
un compte	una cuenta
créer/ouvrir un compte	crear/abrir una cuenta
vérifier son compte	verificar su cuenta
un fil d'actualités *o* de nouvelles RSS	un canal RSS
un fil de discussion	un hilo de discusión
un forum	un foro
un mot-dièse, un hashtag	un hashtag
faire un commentaire sur	hacer un comentario sobre
un message privé (MP), un message direct	un mensaje privado, un mensaje directo
une mise à jour du statut	una actualización del estado
un mur	un muro
écrire sur le mur de qn	escribir en el muro de algn
un news feed, un fil d'actualités *o* de nouvelles	un canal de noticias
une photo du profil	una foto del perfil
poster qch sur le mur de qn	publicar algo en el muro de algn
un profil	un perfil
retweeter	retuitear
un suiveur, une suiveuse	un(a) seguidor(a)
un sujet tendance	un trending topic
suivre	seguir a
taguer qn sur une photo	etiquetar a alguien en una foto
un tweet	un tuit, un tuiteo
tweeter (sur)	tuitear (sobre)

Abreviaturas usadas en el correo electrónico y los SMS

@+, a+	*à plus tard*
2M1	*demain*
ajd, auj	*aujourd'hui*
AM	*après-midi*
ama	*à mon avis*
asap	*aussi vite que possible*
ASV	*âge, sexe, ville*
bcp	*beaucoup*
biz	*bisous, bises*
bjr	*bonjour*
bsr	*bonsoir*
c	*c'est, ces*
dsl	*désolé*
jsp	*je sais pas*
jtm	*je t'aime*
ki	*qui*
koi	*quoi*
lol, mdr	*mort de rire*
pk	*pourquoi*
slt	*salut*
stp	*s'il te plaît*
tkt	*t'inquiète*

Grammaire espagnole

Table des matières

1 La prononciation et l'accentuation

1.1 La prononciation des voyelles

La prononciation des voyelles reste la même qu'elles soient accompagnées d'une autre voyelle (dans les diphtongues) ou non, et les voyelles nasales n'existent pas.

	exemples	prononciation
[a]	casa	« **a** » ouvert comme dans « ch**a**t »
[e]	leve	« **é** » à mi-chemin entre le « **é** » fermé de « **été** » et le « **è** » ouvert de « p**ei**ne »
[i]	filo	« **i** » comme dans « f**i**l »
[o]	loco	« **o** » à mi-chemin entre le « **o** » fermé de « ch**o**se » et le « **o** » ouvert de « p**o**rte »
[u]	luna	« **ou** » de « tr**ou**ver » ; le « **u** » de « ch**u**t » n'existe pas en espagnol

1.2 La prononciation des diphtongues

On appelle diphtongue deux voyelles que l'on prononce d'une seule émission de voix.

[ai]	baile, hay	comparable au « **aille** » de « bat**aille** »
[au]	causa	comparable à « **aoû** » de « **aoû**tien »
[ei]	peine, rey	comparable au « **ey** » de « ass**ey**ez »
[eu]	deuda	comparable au « **éou** » de « S**éou**l »
[oi]	boina, voy	comparable au « **oï** » de « **oï**l »

1.3 La prononciation des semi-consonnes

[j]	hacia, **y**a tiene, **y**eso labio, **y**o	Le **i** après une consonne et devant une voyelle, et le **y** devant une voyelle se prononcent comme le « **y** » dans « **y**ak ».
[w]	agua, buen arduo, ruido	Le **u** après une consonne et devant une voyelle se prononce comme « **ou** » dans « **ou**est ». Exceptions : **gue**, **gui**.

1.4 La prononciation des consonnes

De nombreuses consonnes se prononcent exactement comme en français, mais il faut noter les différences suivantes :

[β]	la**b**io	Les lettres **b** et **v** se prononcent de la même façon mais ils sont généralement beaucoup plus atténués qu'en français lorsqu'ils sont placés entre deux voyelles – les lèvres se ferment à peine lorsque ce son est prononcé.
[ɣ]	ha**g**a	Le **g** se prononce de façon comparable au « **gu** » de « **gu**ide » mais de manière beaucoup plus atténuée.
[ɲ]	a**ñ**o	Se prononce à la manière du « **gn** » de « oi**gn**on ».
[x]	**j**ota	Se prononce en raclant la gorge.
[r]	pe**r**a	Il s'agit d'un « **r** » roulé que l'on prononce en faisant vibrer la langue entre le palais et l'arrière des dents.
[rr]	pe**rr**o, **r**ojo	Il s'agit du même « **r** » roulé décrit ci-dessus mais doublé.

lettre	prononciation	exemples
b	[b]	Au début d'un mot ou après une consonne, il se prononce comme le « **b** » français.
c	[k]	Devant **a**, **o**, **u** ou une consonne, il se prononce comme le « **c** » de « **c**ar ».
	[θ]	Devant **e**, **i**, il se prononce en plaçant la langue entre les dents et en soufflant.
ch	[tʃ]	Se prononce comme le « **tch** » dans « **Tch**équie ».
d	[d]	Se prononce comme le « **d** » de « **d**ent ».
	[ð], [(ð)]	En Espagne, la prononciation de la lettre **d** est fréquemment atténuée lorsqu'elle est en fin de mot ou dans la terminaison **-ado**. Dans certaines régions, elle se prononce à la manière d'un **z** espagnol et dans d'autres cas elle n'est pas prononcée du tout.

g	[x]	Se prononce à la manière du **j** espagnol (**jota**) devant **e** ou **i**.
	[g]	Quand il n'est pas devant **e** ou **i**, il se prononce comme le « **g** » de « **g**are ».
	[ɣ]	Le **g** se prononce de façon comparable au « **Gwe** » de « **Gwe**naëlle ».
gue	[ge/ɣe]	Le **u** est muet.
gui	[gi/ɣi]	Le **u** est muet.
güe	[gwe/ɣwe]	Le **u** se prononce comme le « **ou** » de « **ou**est ».
güi	[gwi/ɣwi]	Le **u** se prononce comme le « **ou** » de « **ou**est ».
h	[-]	Le **h** est toujours muet sauf dans certains mots d'origine étrangère où il se prononce alors comme le **j** espagnol.
j	[x]	Se prononce comme un « **r** » dur.
ll	[ʎ/j]	Se prononce théoriquement comme « **lli** » dans « mi**lli**on » en français , bien que dans de nombreuses régions d'Espagne et d'Amérique latine, il soit généralement prononcé comme le « **y** » de « **y**ak ».
	[ʃ/ʒ]	Dans certaines régions d'Argentine et d'Uruguay, on le prononce comme le « **ch** » de « **ch**ien » ou le « **j** » de « **j**e ».
ñ	[ɲ]	Se prononce comme le « **gn** » de « oi**gn**on ».
q	[k]	Se prononce comme le « **c** » de « **c**ar ».
s	[s]	Se prononce comme le « **s** » de « **s**ac ».
v	[b/v]	En Espagne, se prononce pratiquement comme le « **b** » de « **b**ac ». En Amérique latine, il se prononce comme le « **v** » de « **v**ie ».
w	[w]	Se prononce comme « **w** » en français.
	[b]	Dans les mots d'origine étrangère se prononce comme « **b** » (**wáter**).
x	[ks]	Entre deux voyelles et à la fin d'un mot, se prononce comme le « **x** » de « ta**x**i ».
	[s]	Dans les autres cas, il se prononce comme un « **s** ».

y	[j]	Se prononce comme le « **y** » de « **y**ak ».
	[ʒ]	Dans certaines régions d'Amérique latine, il se prononce comme le « **j** » de « **j**e ».
z	[θ]	Se prononce en mettant la langue entre les dents et en soufflant.
	[s]	En Amérique latine et en Andalousie, il se prononce comme le « **s** » de « **s**ac ».

1.5 L' accentuation normale tonique

Il existe des règles simples pour savoir quelle syllabe accentuer dans un mot espagnol. Lorsqu'on est en présence d'une exception, un accent écrit du bas vers le haut est nécessaire comme nous le verrons plus loin. Ces règles sont les suivantes :

- les mots qui se terminent par une voyelle, une combinaison de voyelles ou les consonnes **-s** ou **-n** sont accentués sur l'avant-dernière syllabe. La grande majorité des mots espagnols entrent dans cette catégorie.

  casa *(maison)* — **ca**sas *(maisons)*
  corre *(il court)* — **co**rren *(ils courent)*
  pa**la**bra *(mot)* — pa**la**bras *(mots)*
  crisis *(crise)* — **cri**sis *(crises)*

- les mots qui se terminent par une consonne autre que **-s** ou **-n** portent l'accent tonique sur la dernière syllabe.

  re**loj** *(montre)*
  ver**dad** *(vérité)*
  bati**dor** *(batteur)*

1.6 L'accent tonique dans les diphtongues

Pour les diphtongues, on utilise les règles suivantes pour déterminer quelle voyelle doit être accentuée :

- Dans les diphtongues combinant une voyelle dite « faible » (**i**, **u**) et une « forte » (**a**, **e** ou **o**) l'accent est placé sur la voyelle forte :

  baile *(danse)*
  boina *(béret)*
  peine *(peigne)*
  causa *(cause)*

- Dans les diphtongues formées à partir de deux voyelles « faibles », la seconde porte l'accent :

  fu**i** *(j'allai)*
  vi**u**do *(veuf)*

➢ Notez que deux voyelles « fortes » ne forment pas une diphtongue mais sont prononcées comme deux voyelles distinctes. Dans ce cas, l'accentuation suit les règles normales :

  me ma**re**o *(je ne me sens pas bien)*
  ca**er** *(tomber)*
  caos *(chaos)*
  co**rre**a *(laisse)*

1.7 L'accent écrit

Cet accent s'emploie pour indiquer que l'accentuation ne suit pas les règles normales.

autobús *(bus)* **revolución** *(révolution)*

Quand des pronoms compléments d'objet sont ajoutés à certaines formes verbales, un accent est nécessaire pour montrer que la syllabe accentuée de la forme verbale ne change pas. Ces formes verbales sont :

- le gérondif

comprando (*achetant*) — **comprándolo** (*l'achetant*)

- l'infinitif lorsqu'il est suivi par deux pronoms

vender (*vendre*) — **vendérselas** (*les lui/leur vendre*)

- les formes de l'impératif à l'exception de la deuxième personne du pluriel

compra (*achète*) — **cómpralo** (*achète-le*)
hagan (*faites*) — **háganlo** (*faites-le*)

Les formes du superlatif absolu sont toujours accentuées.

viejo (*vieux*) — **viejísimo** (*très vieux*)
caro (*cher*) — **carísimo** (*très cher*)

L'ajout du suffixe adverbial **-mente** n'affecte pas l'accentuation des adjectifs.

fácil (*facile*) — **fácilmente** (*facilement*)

L'accent est aussi employé pour distinguer à l'écrit les mots qui se prononcent de la même manière mais qui ont un sens ou une fonction différente, à savoir :

- les adjectifs possessifs et les pronoms personnels.

  Ese es mi coche.
  Voici ma voiture.
  A mí no me vio.
  Il ne m'a pas vu, moi.
  ¿Te gusta tu trabajo?
  Ton travail te plaît ?
  Tú, ¿qué opinas?
  Et toi, qu'est-ce que tu en penses ?

- les adjectifs démonstratifs et les pronoms démonstratifs dans certains cas où il y a une ambiguïté possible, comme nous le verrons un peu plus loin.

- les formes interrogatives et exclamatives des adverbes, pronoms et adjectifs.

El niño con quien viajé.
L'enfant avec lequel j'ai voyagé.
¿Con quién viajaste?
Avec qui as-tu voyagé ?
Donde quieras.
Où tu veux.
¿Dónde encontraste eso?
Où as-tu trouvé ça ?

➢ Notez que l'accent est employé dans les formes directes et indirectes des questions et des exclamations :

¿Cómo se abre?
Comment ça s'ouvre ?
No sé cómo se abre.
Je ne sais pas comment ça s'ouvre.

- le pronom **él** et l'article **el**.

El puerto queda cerca.
Le port est à côté.
Él no quiso hacerlo.
Lui a refusé de le faire.

- une petite catégorie de mots que l'on pourrait confondre.

de (*de*)	**dé** (*subj. prés. de* **dar**)
mas (*mais*)	**más** (*plus*)
si (*si*)	**sí** (*oui ; lui-même, etc.*)
te (*toi*)	**té** (*thé*)

Si no viene.
S'il ne vient pas.
Sí que lo sabe.
Oui, il le sait.

- Seul un petit groupe de mots portent l'accent sur l'antépénultième et ont toujours besoin d'un accent.

murci**é**lago (*chauve-souris*) **pá**jaro (*oiseau*)

1.8 Particularités de l'accentuation au pluriel et au féminin

- Certains noms changent d'accentuation en passant du singulier au pluriel.

carácter (*caractère*) caracteres (*caractères*)
régimen (*régime*) regímenes (*régimes*)

Pour les adjectifs et certains noms, on accentue à l'oral la même syllabe au singulier et au pluriel. Pour montrer cela, il faut :

- ajouter un accent écrit dans le cas des noms et des adjectifs qui se terminent par **-n**.

orden (*ordre*) **órdenes** (*ordres*)
examen (*examen*) **exámenes** (*examens*)
joven (*jeune*) **jóvenes** (*jeunes*)

- supprimer l'accent des noms ou des adjectifs portant un accent sur la dernière syllabe et qui se terminent par **-n** ou **-s**.

revolución (*révolution*) **revoluciones** (*révolutions*)
autobús (*bus*) **autobuses** (*bus*)
parlanchín (*bavard*) **parlanchines** (*bavards*)

La forme féminine des noms et des adjectifs masculins accentués ne porte pas d'accent.

marqués (*marquis*) **marquesa** (*marquise*)
francés (*français*) **francesa** (*française*)

2.1 Le genre des noms

En espagnol, il n'est pas toujours possible de prévoir le genre d'un nom et il faut donc l'apprendre. Les points suivants vous aideront à déterminer le genre d'un nom dans un certain nombre de cas.

- Les noms qui se rapportent à des êtres vivants, humains ou animaux, de sexe masculin sont généralement masculins :

un hombre ▲ un toro ▲ un enfermero

- Les noms qui se rapportent à des êtres vivants, humains ou animaux, de sexe féminin sont généralement féminins :

una niña ▲ una vaca ▲ una enfermera

2.2 Pour deviner le genre d'un nom, on peut parfois se baser sur sa terminaison.

- Pour les noms masculins :

-o	**un clavo ▲ un plátano**
	exceptions : *mano, foto, moto*
-l	**un tonel ▲ un hotel**
	exceptions : *cal, cárcel, catedral, col, miel, piel, sal*
-r	**un tractor ▲ el altar**
	exceptions : *coliflor, flor, labor, sor*
-y	**el rey ▲ un buey**
	exception : *ley*

- Pour les noms féminins :

-a	**una casa ▲ la cara**
	exceptions : *día, mapa, planeta, problema*

-ión	**una canción ▲ una procesión**
	exceptions : la plupart des noms ne se terminant pas en *-ción* ou *-sión*, par exemple : *avión, camión, gorrión*

-dad, -tad	**una ciudad ▲ la libertad**
-tud	**una multitud**
-ed	**una pared ▲ la sed**
-itis	**una faringitis ▲ la celulitis**
-iz	**una perdiz ▲ una matriz** exceptions : *lápiz, maíz, tapiz*
-umbre	**la podredumbre ▲ la muchedumbre**

2.3 Comme en français, l'espagnol peut parfois avoir recours à des mots complètement différents pour distinguer le masculin du féminin :

mi marido → mi mujer
un toro → una vaca

2.4 Dans d'autres cas, la distinction se fait au moyen de la terminaison.

- Pour les noms qui se terminent par **-o**, on remplace ce dernier par **-a** :

un amigo → una amiga
un gato → una gata

- Si la forme masculine se termine en **-a**, elle reste telle quelle :

un deportista → una deportista
un colega → una colega

- Si la dernière lettre de la forme au masculin singulier est une consonne, on ajoute **-a** pour former le féminin :

un león → una leona
un francés → una francesa

➢ Notez que dans ce cas, si la dernière syllabe a un accent, il disparaît au féminin.

2.5 Le **pluriel** peut se former de différentes manières.

- Pour les noms qui se terminent par une voyelle inaccentuée, on ajoute un **-s** à la forme du singulier :

la casa → las casas	**el libro → los libros**

- Pour les noms qui se terminent par une consonne ou une voyelle accentuée, on ajoute **-es** à la forme du singulier :

una pared → unas paredes

➢ Les mots suivants sont des exceptions :

café → cafés	**pie → pies**
mamá → mamás	**sofá → sofás**
papá → papás	**té → tés**

- Les noms qui se terminent par **-n** ou **-s** et dont la dernière syllabe porte un accent perdent cet accent au pluriel :

la canción → las canciones	**el autobús → los autobuses**

- Les noms qui se terminent en **-n** et qui ont l'accent tonique sur l'avant-dernière syllabe au singulier portent un accent sur cette syllabe au pluriel de manière à indiquer la place de l'accent tonique :

un examen → unos exámenes	**un crimen → unos crímenes**

- Lorsqu'il est en position finale au singulier, **-z** est remplacé par **-c** au pluriel :

la luz → las luces

- Les noms dont la dernière syllabe est inaccentuée et qui se terminent par **-s** restent inchangés au pluriel :

un paraguas → unos paraguas
el lunes → los lunes

2.6 Les déterminants

Devant un nom ou un adjectif (au début du groupe nominal, donc) on emploie souvent un **déterminant**. Il y en a de différents types : certains servent à désigner quelque chose de concret ou qui a déjà été nommé, d'autres renvoient à quelque chose de général, qu'on évoque pour la première fois. Beaucoup peuvent aussi s'employer comme **pronoms**.

articles définis :	**el/los ▲ la/las ▲ lo**
adjectifs et pronoms démonstratifs :	**este/estos ▲ ese/esos ▲ aquel/ aquellos esta/estas ▲ esa/esas ▲ aquella/aquellas**
pronoms neutres :	**esto ▲ eso ▲ aquello**
articles indéfinis :	**un/una ▲ unos/unas**
pronoms indéfinis :	**alguien ▲ algo ▲ nadie ▲ nada**
quantifieurs :	**poco(s)/poca(s) ▲ bastante(s) ▲ mucho(s)/mucha(s) ▲ demasiado(s)/ demasiada(s) ▲ harto(s)/harta(s)**
adjectifs possessifs :	**mi(s) ▲ tu(s) ▲ su(s) ▲ nuestro(s)/ nuestra(s) ▲ vuestro(s)/vuestra(s) ▲ su(s)**
pronoms possessifs :	**mío(s)/mía(s) ▲ tuyo(s)/tuya(s) suyo(s)/suya(s) ▲ nuestro(s)/nuestra(s) vuestro(s)/vuestra(s) ▲ suyo(s)/suya(s)**
pronoms interrogatifs :	**qué ▲ cuál(es) ▲ quién(es)**
numéraux :	**uno ▲ dos ▲ tres ▲ cuatro...**

2.7 L'article défini

	avec un nom masculin	avec un nom féminin	*en français*
singulier	**el**	**la**	*le, la, l'*
pluriel	**los**	**las**	*les*

- La forme de l'article défini est déterminée par le genre et le nombre du nom.

el tren ▲ la estación ▲ los actores ▲ las actrices

➢ Notez que si l'article vient directement avant un nom féminin singulier commençant par un **a-** ou **ha-** accentué, c'est la forme masculine **el** que l'on emploie au lieu de la forme féminine **la** :

el agua *(l'eau)*	**el hacha** *(la hache)*
la misma agua *(la même eau)*	**la mejor hacha** *(la meilleure hache)*

- L'article défini **el** se combine avec la préposition **a** pour donner **al**, et **de** pour donner **del** :

al cine *(au cinéma)*	**del autor** *(de l'auteur)*

2.8 L'emploi de l'article défini espagnol est souvent comparable à celui de l'article défini français. Il est ainsi employé :

- avec les noms abstraits :

El tiempo es oro.
Le temps c'est de l'argent.

- dans les généralisations :

No me gusta el café.
Je n'aime pas le café.
Los niños necesitan ser queridos.
Les enfants ont besoin d'être aimés.

- avec les parties du corps :

Vuelva la cabeza hacia la izquierda.
Tournez la tête vers la gauche.

- pour les titres, les rangs et les noms de profession suivis d'un nom propre, sauf **Don/Doña, San/Santo(a)** :

el rey Jorge III
le roi Georges III
el doctor Ochoa
le docteur Ochoa
Don Arturo Ruiz
M. Arturo Ruiz

Toutefois, plusieurs constructions ont un article en espagnol alors qu'elles n'en ont pas en français, notamment avec :

- certains noms de pays.

Trabajó en el Reino Unido durante tres años.
Il a travaillé au Royaume-Uni pendant trois ans.
Nos fuimos de viaje a la India.
Nous sommes partis en voyage en Inde.

- l'heure.

Son las tres.
Il est trois heures.

- les jours de la semaine, les années.

El lunes iré al médico.
Lundi, j'irai chez le médecin.
Me instalé en España en el 2003.
Je me suis installée en Espagne en 2003.

2.9 L'article **lo** ne s'emploie pas avec un nom mais :

- devant un adjectif ou un adverbe dans la construction **lo** + adjectif/adverbe + **que**.

No sabíamos lo pequeña que era la casa.
Nous ne savions pas à quel point la maison était petite.
Sé lo mucho que te gusta la música.
Je sais combien tu aimes la musique.

➢ Notez que l'adjectif s'accorde avec le nom auquel il se rapporte :

Ya sabes lo buenas que son estas manzanas.
Tu sais combien ces pommes sont bonnes.

- avec un adjectif ou un participe pour former un nom abstrait.

Lo bueno de eso es que…
Ce qu'il y a de bien dans cela c'est que…

Sentimos mucho lo ocurrido.
Nous sommes vraiment désolés de ce qui est arrivé.

- dans la tournure **lo de** qui permet, à la façon de « ce que, ce qui » en français, de ne pas nommer ce dont on parle.

Lo de ayer es mejor que lo olvides.
Il vaut mieux que tu oublies ce qui s'est passé hier.
Lo de tu hermano me preocupa.
Ce qui arrive à ton frère m'inquiète.

- dans des tournures figées dont les plus courantes sont les suivantes.

a lo mejor ▲ a lo lejos ▲ a lo largo de
por lo menos ▲ por lo tanto ▲ por lo visto

A lo mejor ha salido.
Peut-être qu'il est sorti.
A lo lejos se veían unas casas.
Au loin on voyait des maisons.
Hubo por lo menos cincuenta heridos.
Il y a eu au moins cinquante blessés.
No hemos recibido ninguna instrucción,
y por lo tanto no podemos...
Nous n'avons reçu aucune instruction,
c'est pourquoi nous ne pouvons pas...
Por lo visto, no viene.
Apparemment, il ne vient pas.

2.10 Pour l'**article indéfini**, on retrouve des formes semblables à celles du français. Attention au pluriel où l'on a une forme au masculin et au féminin :

	masculin	féminin	*en français*
singulier	**un**	**una**	*un, une*
pluriel	**unos**	**unas**	*des*

- On n'emploie pas l'article indéfini avec :

otro ▲ cierto ▲ semejante ▲ tal

otro libro
un autre livre
cierta calle
une certaine rue
semejante ruido
un tel bruit
tal mentira
un tel mensonge

- L'article indéfini ne s'emploie pas non plus devant des indénombrables :

Bebe agua, nunca vino.
Il boit de l'eau, jamais de vin.
Hoy comeremos pollo.
Aujourd'hui nous mangerons du poulet.

2.11 Les pronoms personnels sujet ont un usage limité en espagnol ; en général on les emploie pour créer un effet d'insistance ou pour clarifier quelque chose :

> singulier : **yo ▲ tú ▲ él/ella/usted (Ud.** ou **Vd.)**
> pluriel : **nosotros/nosotras ▲ vosotros/vosotras ▲ ellos/ellas ▲ ustedes (Uds.** ou **Vds.)**

Él está de acuerdo.
Lui, il est d'accord.
Yo, no iré.
Moi, je n'irai pas.

- « ce, c' » ne sont en général pas traduits en espagnol :

¿Qué es? — Es una sorpresa.
Qu'est-ce que c'est ? – C'est une surprise.

2.12 usted/ustedes

Il existe en espagnol l'équivalent du vouvoiement français, qui s'en distingue par le fait qu'il a deux formes : une pour le singulier, **usted**, et une pour le pluriel, **ustedes**.

➢ Notez bien que bien qu'il soit employé pour dire « vous », **usted** et **ustedes** sont suivis d'un verbe conjugué à la troisième personne, au singulier et au pluriel respectivement.

2.13 Traduire « on »

Le pronom français « on » n'a pas d'équivalent direct en espagnol et il existe plusieurs façons de le traduire.

- Pour énoncer une généralité, on emploie **se** suivi d'un verbe à la troisième personne du singulier ou du pluriel selon le complément qui suit :

  Se dice que Cervantes es un genio de la literatura.
  On dit que Cervantès est un génie de la littérature.

- Si « on » renvoie à un groupe de personnes plus défini, la troisième personne du pluriel est utilisée :

  Dicen que es el hombre más rico del pueblo.
  On dit que c'est l'homme le plus riche du village.

- On peut aussi utiliser la troisième personne du pluriel quand l'identité du sujet est inconnue :

  Le llaman por teléfono.
  On vous appelle au téléphone.

- Si celui ou celle qui parle s'inclut dans le groupe désigné par « on » en français, **uno** (ou **una** au féminin) est employé :

  Uno disfruta de un día de descanso.
  On profite d'une journée de repos.
  Uno se siente a gusto en una casa tan cómoda.
  On se sent bien dans une maison aussi confortable.

- Là où « on » en français peut être remplacé par « nous », l'espagnol emploie la première personne du pluriel :

  Ahora volvemos al hotel.
  Maintenant on rentre à l'hôtel.

2.14 Les pronoms personnels compléments d'objet direct

Les pronoms personnels compléments d'objet direct sont les suivants :

singulier : **me ▲ te ▲ lo/la**
pluriel : **nos ▲ os ▲ los/las**

Souvenez-vous que **lo(s)** et **la(s)** sont aussi employés en espagnol pour le vouvoiement d'une ou de plusieurs personnes :

A usted lo veo cansado.
Je vous trouve fatigué.

- Cependant, l'emploi de **le(s)** est également accepté, en particulier dans les formules de salutation :

Le saluda atentamente.
Veuillez agréer mes salutations distinguées.

- Sauf à l'impératif affirmatif, à l'infinitif ou au gérondif, le pronom complément d'objet direct vient toujours avant le verbe :

Te quiero.
Je t'aime.
Tu hija no nos conoce.
Ta fille ne nous connaît pas.

- Avec un impératif affirmatif, l'infinitif ou le gérondif, le pronom suit le verbe et s'y accole. Dans certains cas, un accent est ajouté pour indiquer où se place l'accent tonique :

Ayúdame.
Aide-moi.
Acompáñenos.
Venez avec nous.

- Quand un infinitif ou un gérondif dépend d'un verbe placé avant lui, le pronom peut être placé soit avant le verbe principal, soit après l'infinitif ou le gérondif :

Lo está viendo. ou **Está viéndolo.**
Elle est en train de le voir.
Nos vienen a ver. ou **Vienen a vernos.**
Ils viennent nous voir.

➢ Notez la manière dont ceci s'applique pour les verbes réfléchis :

No quería levantarse.
No se quería levantar.
Il ne voulait pas se lever.

2.15 Les pronoms personnels compléments d'objet indirect

singulier : **me ▲ te ▲ le**
pluriel : **nos ▲ os ▲ les**

Les pronoms ci-dessus remplacent la préposition **a** + nom :

Estoy escribiendo a Teresa.	→	**Le estoy escribiendo.**
J'écris à Teresa.	→	*Je lui écris.*
Da de comer al gato.	→	**Dale de comer.**
Donne à manger au chat.	→	*Donne-lui à manger.*

- Le pronom vient avant le verbe, sauf à l'impératif affirmatif, à l'infinitif ou au gérondif :

Sofía os ha escrito.
Sophie vous a écrit.
¿Os ha escrito Sofía?
Est-ce que Sophie vous a écrit ?
No les haga caso.
Ne faites pas attention à eux.

- Avec un impératif affirmatif, un infinitif ou un gérondif, le pronom suit le verbe et s'y accole. On ajoute un accent dans certains cas pour montrer où se place l'accent tonique :

Respóndame.
Répondez-moi.
Díganos la respuesta.
Donnez-nous la réponse.

- Là où un infinitif ou un gérondif dépend d'un verbe placé avant lui, le pronom peut être soit accolé après l'infinitif ou le gérondif, soit placé avant le premier verbe :

Estoy escribiéndole. ou **Le estoy escribiendo.**
Je suis en train de lui écrire.

2.16 L'ordre des pronoms

Quand deux pronoms se succèdent, le pronom indirect vient se placer avant le pronom direct :

Paloma os lo mandará mañana.
Paloma vous l'enverra demain.
¿Te los ha enseñado mi hermana?
Ma sœur te les a-t-elle montrés ?
No me lo digas.
Ne me le dis pas.
Todos estaban pidiéndotelo.
Ils te le demandaient tous.
No quiere prestárnosla.
Il ne veut pas nous la prêter.

➢ Notez que lorsque deux pronoms compléments d'objet de la troisième personne se suivent, le premier (pronom d'objet indirect) devient **se** :

Se lo di ayer.
Je le lui ai donné hier.

2.17 Concernant les **pronoms compléments d'objet**, il faut retenir les points suivants :

- **le/les** peuvent se rapporter aux deux genres tout comme **se**, qui en outre peut être singulier ou pluriel ; c'est pourquoi il est parfois nécessaire d'apporter une clarification. À cet effet, on ajoute **a él** (« à lui »), **a ella** (« à elle »), **a Vd.** (« à vous ») dans la phrase, en général après le verbe :

Le escriben mucho a ella.
Ils lui écrivent souvent.
Se lo van a mandar pronto a ellos.
Ils le leur enverront rapidement.

- Quand un nom qui a la fonction de complément d'objet précède le verbe, le pronom complément d'objet qui lui correspond doit être également employé :

A tu hermano lo conozco bien.
Je connais bien ton frère.
A María la vemos algunas veces.
Nous voyons Maria de temps en temps.

- On emploie souvent les pronoms compléments d'objet à la place des adjectifs possessifs quand on mentionne des parties du corps, des vêtements, pour rendre l'idée de « possession », ainsi qu'avec certaines constructions avec des verbes réfléchis.

La chaqueta le estaba ancha.
Sa veste était trop grande.
Me duele el tobillo.
J'ai mal à la cheville.
Se me ha perdido el bolígrafo.
J'ai perdu mon stylo.

- En espagnol, **le** et **les** sont souvent employés à la place de **lo** et **los** pour désigner des personnes. **La** est également fréquemment employé à la place de **le** quand on fait référence à une personne ou un animal de sexe féminin, même si certains hispanophones considèrent cet usage comme incorrect.

Le/Lo encontraron en el cine.
Ils l'ont rencontré au cinéma.
Les/Los oímos llegar.
Nous les avons entendus arriver.

2.18 Quand ils sont placés après une préposition, les pronoms ne changent généralement pas, sauf dans le cas de **mí** « moi », **ti** « toi », et du réfléchi **sí** (« lui-même, elle-même, eux-mêmes, elles-mêmes, vous-mêmes »).

¿Hablaron con vosotros?
Ils vous ont parlé ?

- **con** se combine avec **mí**, **ti**, **sí** pour former **conmigo**, **contigo**, **consigo** (« avec moi, avec toi, avec lui/elle » etc.)

Venid conmigo.
Venez avec moi.
Lo trajeron consigo.
Ils l'ont amené avec eux.

- Les prépositions suivantes sont toujours accompagnées d'un pronom sujet :

entre ▲ hasta ▲ incluso ▲ salvo ▲ menos ▲ según

entre tú y ella
entre toi et elle
Hasta yo puedo hacerlo.
Même moi je suis capable de le faire.
todos menos yo
tout le monde sauf moi
según tú
selon toi

- **mí**, **ti**, **sí** s'emploient pour créer un effet d'insistance, de contraste :

¿A ti no te escriben?
Ils ne t'écrivent pas à toi ?
Me lo manda a mí, no a ti.
C'est à moi qu'elle l'envoie, pas à toi.

- **ello** s'emploie après une préposition pour faire référence à une idée qui a été évoquée auparavant, mais on ne l'emploie jamais dans un sens concret :

Nunca pensaba en ello.
Il n'y pensait jamais.
Por todo ello me parece que...
Pour toutes ces raisons, il me semble que...

- **a él**, **de él** ne s'accolent jamais :

A él no lo conozco.
Je ne le connais pas.
No sé nada de él.
Je ne sais rien de lui.

2.19 algo, alguien, alguno/a/os/as

On utilise **algo**, **alguien**, **alguno** pour dire « quelque chose, quelqu'un, certains ». Après une négation, on emploie **nada**, **nadie**, **ninguno** :

Tengo algo para ti.
J'ai quelque chose pour toi.
¿Viste algo?
Tu as vu quelque chose ?
Alguien me lo ha dicho.
Quelqu'un me l'a dit.
¿Has visto a alguien?
Est-ce que tu as vu quelqu'un ?
Algunos de los niños ya sabían leer.
Certains des enfants savaient déjà lire.
No veo a nadie.
Je ne vois personne.
No tengo nada que hacer.
Je n'ai rien à faire.

2.20 Pour dire « chacun(e) » on emploie **cada uno/una** :

Le dio una manzana a cada uno.
Elle a donné une pomme à chacun.
¡Cada uno a su casa!
Chacun chez soi !

2.21 **cualquiera** s'emploie pour dire « n'importe (le)quel/(la)quelle » :

Cualquiera puede hacerlo.
N'importe qui peut faire ça.
Cualquiera de las explicaciones vale.
N'importe laquelle de ces explications est valable.

2.22 **los/las demás** signifie « les autres, le reste » :

Yo me fui, los demás se quedaron.
Je suis parti, les autres sont restés.

2.23 On emploie **mucho/a/os/as** pour dire « beaucoup (de) » et **poco/a/os/as** pour dire « peu (de) » :

Muchas casas no tenían jardín.
Beaucoup de maisons n'avaient pas de jardin.
Había muchos cuadros, pero vi pocos que me puedan gustar.
Il y avait beaucoup de tableaux mais j'en ai vu peu qui me plairaient.

2.24 **nada** signifie « rien » et **nadie** « personne » :

¿Qué tienes en la mano? — Nada.
Qu'est-ce que tu as dans la main ? – Rien.
¿A quién ves? — A nadie.
Qui vois-tu ? – Personne.

2.25 **ninguno/a** s'emploie pour dire « aucun(e) » :

¿Cuántas tienes? — Ninguna.
Tu en as combien ? – Aucune.

2.26 **tanto/a/os/as** est la traduction de « tant, tellement » :

¿Se oía mucho ruido? — No tanto.
Il y avait beaucoup de bruit ? – Pas tellement.

2.27 **todo/a/os/as** signifie « tout » :

Lo ha estropeado todo.
Il a tout gâché.
Todo va bien.
Tout va bien.

2.28 **uno... (el) otro, una... (la) otra, unos... (los) otros, unas... (las) otras** sont les équivalents de « l'un... l'autre », « les uns... les autres », etc. :

Unos cuestan 30 euros, los otros 40 euros.
Les uns coûtent 30 euros, les autres 40 euros.

2.29 **varios/as** s'emploient pour dire « plusieurs » :

Varios de ellos me gustaron mucho.
Plusieurs d'entre eux m'ont beaucoup plu.

2.30 Traduire « y » et « en »

Les pronoms français **y** et **en** n'ont pas de traductions directes en espagnol. Dans les cas où ils sont indispensables à la compréhension, on utilise la préposition adéquate (**en**, **de**, **con**...) suivie d'un pronom personnel, d'un pronom démonstratif ou d'un adverbe de lieu :

Je préfère ce dictionnaire car j'y suis habitué.
Prefiero este diccionario; estoy acostumbrado a él.
Ne vas pas à la boulangerie, j'en viens.
No vayas a la panadería, vengo de allí.

3 Les adjectifs

3.1 Comme en français, l'adjectif s'accorde en genre et en nombre avec le nom qu'il qualifie. Pour former le **féminin** d'un adjectif, il faut tenir compte des points suivants :

- Pour les adjectifs se terminant en **-o**, on remplace ce dernier par **-a** :

mi hermano pequeño	→	**mi hermana pequeña**
mon petit frère	→	*ma petite sœur*

- Certains adjectifs de nationalité forment leur féminin en ajoutant un **-a** :

el equipo barcelonés	→	**la vida barcelonesa**
l'équipe barcelonaise	→	*la vie barcelonaise*

- Cette règle s'applique également aux adjectifs qui se terminent en **-or** (à l'exception des comparatifs irréguliers), **-án**, **-ón**, **-ín** :

un niño encantador	→	**una niña encantadora**
un petit garçon charmant	→	*une petite fille charmante*
un hombre holgazán	→	**una mujer holgazana**
un homme oisif	→	*une femme oisive*
un gesto burlón	→	**una sonrisa burlona**
un geste moqueur	→	*un sourire moqueur*
un chico cantarín	→	**una chica cantarina**
un garçon qui aime chanter	→	*une fille qui aime chanter*

➢ Notez que l'accent sur la dernière syllabe disparaît au féminin.

- Les autres adjectifs ne changent pas :

un final feliz	→	**una infancia feliz**
une fin heureuse	→	*une enfance heureuse*
el vestido verde	→	**la blusa verde**
la robe verte	→	*le chemisier vert*

3.2 Au **pluriel**, les adjectifs subissent les transformations suivantes :

- Si en position finale on a une voyelle inaccentuée, on ajoute **-s** :

una casa vieja	→	**unas casas viejas**
une vieille maison	→	*de vieilles maisons*

- Si l'on a une voyelle accentuée ou une consonne, on ajoute **-es** :

un médico iraní	→	**unos médicos iraníes**
un médecin iranien	→	*des médecins iraniens*
un examen fácil	→	**unos exámenes fáciles**
un examen facile	→	*des examens faciles*

➢ Notez que pour les mots dont la dernière syllabe se termine par une voyelle accentuée et un **-s**, l'accent disparaît au pluriel :

un río francés	→	**unos ríos franceses**
une rivière française	→	*des rivières françaises*

- Quand la dernière lettre est un **-z**, elle devient **-c** au pluriel :

un día feliz	→	**unos días felices**
un jour heureux	→	*des jours heureux*

3.3 Certains adjectifs et d'autres catégories de mots qui sont utilisés comme des adjectifs ne changent jamais de forme au féminin ou au pluriel ; ils sont **invariables**. Parmi ceux-ci, les plus courants sont :

- les noms de choses qui expriment la couleur, y compris les adjectifs composés.

los vestidos naranja
les robes orange
las chaquetas azul marino
les vestes bleu marine

- les noms employés comme des adjectifs.

  mujeres soldado
  des femmes soldats

3.4 Les adjectifs suivants perdent leur **-o** final devant un nom masculin singulier :

bueno ▲ malo ▲ alguno ▲ ninguno ▲ uno ▲ primero ▲ tercero ▲ postrero

Ce phénomène typique de l'espagnol s'appelle l'**apocope** ; il désigne la perte de la dernière voyelle ou syllabe d'un mot.

- **alguno** et **ninguno** doivent comporter un accent indiquant la place de l'accent tonique :

  algún libro
  n'importe quel livre
  ningún alumno
  aucun élève

- **grande** (« gros, grand ») devient **gran** devant un nom singulier masculin ou féminin :

  un gran actor
  un grand acteur

- **Santo** (« saint ») devient **San**, sauf devant les noms de saints débutant par **Do-** ou **To-** :

  San Antonio
  Saint-Antoine
  Santo Tomás
  Saint-Thomas

- **ciento** (« cent ») devient **cien** devant un nom masculin ou féminin au pluriel :

  cien años
  cent ans

➢ attention à **mil** et **millón** :

cien mil, **cien millones**

- **cualquiera** perd son **-a** final devant un nom masculin ou féminin :

cualquier día
n'importe quel jour
a cualquier hora
à n'importe quelle heure

3.5 Pour apporter une information supplémentaire sur le nom, on peut employer des **propositions subordonnées** introduites par des **pronoms relatifs** :

Este es el regalo que me ha mandado mi amiga.
Ceci est le cadeau que m'a envoyé mon amie.

Pour parler des personnes, on emploiera :

- **que** si le relatif a le rôle de sujet (équivalent de « qui » en français).

Mi hermano, que tiene veinte años, es el más joven.
Mon frère, qui a vingt ans, est le plus jeune.

- s'il est complément d'objet direct, on emploiera **que** (équivalent de « que » en français), **a quien** ou **a quienes**.

Los amigos que más quiero son...
Les amis que j'aime le plus sont...
María, a quien Daniel admira tanto, es...
Marie, que Daniel admire tant, est...

- pour traduire « à qui », on emploie **a quien** ou **a quienes** au pluriel.

Mis abogados, a quienes he escrito hace poco, están...
Mes avocats, à qui j'ai écrit il y a peu, sont...

- « de qui, dont » se traduit par **del** (ou **de la/de los/de las**) **que**, **de quien**, **de quienes** quand il est complément d'un verbe ou d'un adjectif.

La chica de la que te hablé llega mañana.
La fille dont je t'ai parlé arrive demain.
Los niños de quienes se ocupa Vd....
Les enfants dont vous vous occupez...

- « dont » se traduit par **cuyo/a**, **cuyos/as** quand il relie deux noms, pour établir un rapport de possession par exemple.

Vendrá la mujer cuyo hijo está enfermo.
La femme dont le fils est malade viendra.

➢ Notez que l'article est omis et que **cuyo** s'accorde avec le nom qui suit, et non avec le possesseur de ce qu'il désigne.

Pour parler d'objets ou de choses, au singulier et au pluriel, on emploie :

- **que** si le pronom a le rôle de sujet, dans le sens de « qui ».

Hay una escalera que lleva a la buhardilla.
Il y a un escalier qui conduit à la mansarde.

- **que** est aussi employé pour reprendre un nom qui est complément d'objet direct comme « que » en français.

La casa que hemos comprado tiene...
La maison que nous avons achetée a...
Este es el regalo que me ha mandado mi amiga.
Voici le cadeau que m'a envoyé mon amie.

- **al** (ou **a la/a los/a las**) + **que** est l'équivalent de « auquel, à laquelle », etc.

El programa al que me refiero fue grabado en...
L'émission à laquelle je fais référence a été enregistrée le...

- « dont, duquel, de laquelle, desquelles », etc. se traduit par **del** (ou **de la/de los/de las**) + **que**.

Las injusticias de las que se quejan...
Les injustices dont ils se plaignent...

- **el cual**, **el que** s'emploient si la relative est séparée du nom auquel elle se rapporte, ou quand il y a un risque d'ambiguïté quant à son antécédent.

  El padre de Elena, el cual tiene mucho dinero, es...
  Le père d'Elena, lequel a beaucoup d'argent, est...

El cual est employé ici car **que** ou **quien** pourraient aussi bien se rapporter à Elena – comme si « qui » était employé dans la traduction française.

  Su hermana, a la cual/la que hacía mucho que no veía, estaba también allí.
  Sa sœur, que je n'avais pas vue depuis longtemps, était aussi là.

- **el cual** peut aussi s'employer quand le verbe de la relative est séparé du pronom relatif.

  Vieron a su tío, el cual, después de levantarse, salió.
  Ils virent leur oncle qui, après s'être levé, sortit.

- Le pronom « neutre » **lo**, habituellement employé pour faire référence à une idée, une déclaration ou un nom abstrait, se retrouve dans **lo que** et **lo cual**. Il peut aussi être employé comme sujet de la proposition relative.

  No sabe lo que hace.
  Il ne sait pas ce qu'il fait.
  Lo que dijiste fue una tontería.
  Ce que tu as dit était une ânerie.
  Todo estaba en silencio, lo que (ou **lo cual**) **me pareció muy raro.**
  Tout était silencieux, ce qui m'a semblé très bizarre.

- **que** et **quienes** sont généralement employés après les prépositions suivantes :

  a ▲ con ▲ de ▲ en

  las tiendas a (las) que íbamos
  les boutiques où nous allions
  la chica con quien (ou **la que**) **sale**
  la fille avec qui (ou laquelle) il sort

el libro de(l) que te hablé
le livre dont je t'ai parlé
el lío en (el) que te has metido
les ennuis dans lesquels tu t'es mis

Notez que **en que** peut se traduire par « où » :

- quand « où » désigne un endroit ; dans ce cas il peut aussi être remplacé par **en donde** ou **donde**.

el sitio en que (ou **en donde/donde**) **se escondía**
l'endroit où il se cachait

- quand « où » désigne un moment.

el año en que naciste
l'année où tu es né

El que ou **el cual** s'emploient après des prépositions, et s'accordent toujours.

el puente debajo del que/cual pasa el río
le pont sous lequel passe la rivière
las obras por las cuales/que es famosa
les pièces pour lesquelles elle est connue

3.6 **el que, la que, los que, las que** signifient « celui/celle/ceux/celles qui » :

Esa película es la que quiero ver.
Ce film est celui que je veux voir.
¿Te acuerdas de ese amigo? El que te presenté ayer.
Tu te souviens de cet ami ? Celui que je t'ai présenté hier.
Los que quieran entrar tendrán que pagar.
Ceux qui voudront entrer devront payer.

Utilisé dans un sens général, **quien(es)** peut remplacer **el que**, etc.

- **todos los que, todas las que** signifient « tous ceux qui, toutes celles qui » :

Todos los que salían iban de negro.
Tous ceux qui sortaient étaient habillés en noir.
¿Qué autobuses puedo tomar? — Todos los que pasen por aquí.
Quels bus est-ce que je peux prendre ? — Tous ceux qui passent par ici.

- **todo lo que** s'emploie pour dire « tout ce qui » :

Quiero saber todo lo que ha pasado.
Je veux savoir tout ce qui s'est passé.

- **el de**, **la de**, **los de**, **las de** peuvent signifier « celui de, celle de, ceux de… », etc. :

Trae la foto de tu novio y la de tu hermano.
Apporte la photo de ton fiancé et celle de ton frère.
Viajamos en mi coche y en el de María.
Nous avons voyagé dans ma voiture et celle de María.
Te doy estos libros y también los de mi hermana.
Je te donne ces livres et aussi ceux de ma sœur.

- ou encore « celui avec/celle avec/ceux avec… » :

Tu amigo, el de las gafas, me lo contó.
Ton ami, celui avec les lunettes, me l'a raconté.

3.7 Traduire « c'est… qui/c'est… que »

Pour traduire les tournures du type « C'est… qui… » on emploie le verbe **ser** suivi de **quien(es)** puis du verbe conjugué à la personne du sujet et au temps du verbe principal. **Quien(es)** peut se remplacer par **el/la/los/las que** :

Fue Juan quien rompió el vaso. ou **Fue Juan el que rompió el vaso.**
C'est Juan qui a cassé le verre.
Seré yo quien daré la respuesta. ou **Seré yo el que/la que daré la respuesta.**
C'est moi qui donnerai la réponse.

Pour les tournures du type « c'est… que… », on emploie également en espagnol le verbe **ser**, mais le pronom relatif employé ensuite dépend du complément qui est introduit : ainsi, « que » peut se traduire par **donde** (lieu), **cuando** (temps), **como** (manière) ou **por lo que** (cause) :

Allí es donde vive mi hermana.
C'est là qu'habite ma sœur.
Por eso fue por lo que se enfadó conmigo.
C'est pour ça qu'il s'est fâché avec moi.

3.8 Faire une comparaison

- **más... que...** et **menos... que...** s'emploient respectivement pour dire « plus... que... » et « moins... que... » :

  una razón más seria
  une raison plus sérieuse
  Es más alto que mi hermano.
  Il est plus grand que mon frère.
  una película menos conocida
  un film moins connu
  Luis es menos tímido que tú.
  Luis est moins timide que toi.

- Pour dire « aussi... que » on emploie **tanto** + nom + **como...** ou **tan** + adjectif ou adverbe + **como...** :

  Pablo tenía tanto miedo como yo.
  Pablo avait aussi peur que moi.
  No es tan grande como creía.
  Ce n'est pas aussi grand que je croyais.

- « tellement que » se traduit par la tournure **tan... que...** :

  El examen era tan difícil que nadie aprobó.
  L'examen était si difficile que personne ne l'a eu.

- **demasiado... para...** s'emploie pour dire « trop... pour... » et **bastante/suficiente... para...** traduit « assez... pour... » :

  No tengo suficiente dinero para comprarlo.
  Je n'ai pas assez d'argent pour l'acheter.

- Le « que » employé dans les comparaisons en français pour introduire une proposition se traduit en espagnol par **de lo que...** :

Está más cansada de lo que parece.
Elle est plus fatiguée qu'elle en a l'air.

3.9 Les superlatifs

- Ceux-ci se forment souvent à partir des tournures **el/la/los/las... más...** pour « le/la/les... le plus... » ou **el/la/los/las... menos...** pour « le/la/les... le moins... » :

el caballo más veloz
le cheval le plus rapide
la niña menos habladora
la fillette la moins bavarde

- Le superlatif absolu (« très, extrêmement » suivi d'un adjectif) peut s'exprimer au moyen de **muy** + adjectif :

Este libro es muy interesante.
Ce livre est très intéressant.

- On peut aussi le former en ajoutant **-ísimo/a/os/as** à l'adjectif s'il se termine par une consonne, ou à sa racine (l'adjectif sans sa voyelle finale) s'il se termine par une voyelle :

Tienen un coche rapidísimo.
Ils ont une voiture extrêmement rapide.

➢ Notez que pour conserver certains sons, il est parfois nécessaire de modifier la forme finale de l'adjectif quand on ajoute **-ísimo** :

un león muy feroz
un lion très féroce
un tigre ferocísimo
un tigre extrêmement féroce

3.10 Un certain nombre d'adjectifs ont des **comparatifs** et des **superlatifs irréguliers** :

bueno	**mejor (que)**	**el mejor**
malo	**peor (que)**	**el peor**
grande	**mayor** ou **más grande (que)**	**el más grande** ou **el mayor**
pequeño	**menor** ou **más pequeño (que)**	**el más pequeño**

Les comparatifs irréguliers de **grande** et **pequeño** sont principalement employés pour exprimer :

- l'âge, auquel cas ils se placent après le nom.

  la hija menor
  la fille cadette

- des ordres de grandeur abstraits et des degrés d'importance, auquel cas ils se placent avant le nom.

  las mayores dificultades
  les plus grandes difficultés

Les formes régulières sont employées surtout pour décrire la taille physique, concrète :

Este plato es más grande que aquél.
Cette assiette-ci est plus grande que celle-là.

➢ Notez que bien qu'ils aient la même forme au masculin et au féminin, ils s'accordent toujours en nombre avec le nom :

mis hermanos mayores
mes frères aînés

3.11 Les **adjectifs démonstratifs** sont les suivants :

- au singulier :

masculin : **este ▲ ese ▲ aquel** *(ce, cet)*
féminin : **esta ▲ esa ▲ aquella** *(cette)*

- au pluriel :

masculin : **estos ▲ esos ▲ aquellos** *(ces)*
féminin : **estas ▲ esas ▲ aquellas** *(ces)*

Les adjectifs démonstratifs précèdent généralement le nom et s'accordent toujours en genre et en nombre.

Les formes **este/a/os/as** sont employées pour parler d'une distance relativement réduite :

Este papel en el que escribes...
Ce papier sur lequel tu écris...

Les formes **ese/a/os/as** sont employées pour désigner une distance intermédiaire :

No me gustan esos cuadros.
Je n'aime pas ces tableaux.

Les formes **aquel/la/los/las** sont employées pour exprimer une distance éloignée dans l'espace ou dans le temps :

Aquella calle parece muy ancha.
La rue là-bas paraît vraiment large.
Aquellos años sí que fueron felices.
Ces années-là furent vraiment des années heureuses.

3.12 Pour poser des questions du type « quoi..., (le)quel... » et « combien... », on emploie les **adjectifs interrogatifs** suivants :

masculin : **¿qué? ▲ ¿cuánto(s)?**
féminin : **¿qué? ▲ ¿cuánta(s)?**

¿Qué libro te gustó más?
Quel livre as-tu préféré ?
¿Qué clase de hombre es?
Quel genre d'homme est-ce ?
¿Qué instrumentos toca Vd.?
De quels instruments jouez-vous ?

¿Qué ofertas ha recibido Vd.?
Quelles offres avez-vous reçues ?
¿Cuánto dinero te queda?
Combien d'argent est-ce qu'il te reste ?
¿Cuánta lluvia ha caído?
Quelle quantité de pluie est tombée ?
¿Cuántos vestidos quieres comprar?
Combien de vêtements veux-tu acheter ?
¿Cuántas personas van a venir?
Combien de personnes vont venir ?

➢ Ce sont aussi les formes employées dans les **questions indirectes** :

No sé a qué hora llegó.
Je ne sais pas à quelle heure elle est arrivée.
Dígame cuántas postales quiere.
Dites-moi combien de cartes postales vous voulez.

3.13 La **phrase exclamative** comporte deux points d'exclamation dont le premier, placé en début de phrase, est inversé : « ¡ ». Les mots exclamatifs s'écrivent avec un accent :

qué ▲ cuánto/a/os/as ▲ cómo

¡Qué pena!
Quel dommage !
¡Cuánto tiempo!
Ça fait vraiment longtemps !
¡Cuánta pobreza!
Que de pauvreté !
¡Qué bien se está aquí!
Qu'on est bien ici !

- Lorsque la phrase comporte un verbe, les éléments s'organisent dans l'ordre suivant :

Qué / **Cuánto/a/os/as** / **Cómo** } + adjectif ou adverbe + verbe + sujet

¡Qué bonito es este coche!
Que cette voiture est jolie !

- Si la phrase ne comporte pas de verbe, l'ordre des éléments est le suivant :

Qué
Cuánto/a/os/as } + nom + **más/tan** + adjectif
Cómo

¡Qué música más/tan suave!
Cette musique est si douce !

3.14 Pour dire à qui appartient quelque chose, on emploie des **adjectifs possessifs**. Ceux-ci s'accordent en genre et en nombre avec le nom et peuvent prendre deux formes.

3.15 La **forme faible** ou **atone** de l'adjectif possessif se place toujours avant le nom. Il s'agit des formes suivantes :

- avec un objet au singulier.

masculin :	**mi ▲ tu ▲ su ▲ nuestro ▲ vuestro ▲ su**
féminin :	**mi ▲ tu ▲ su ▲ nuestra ▲ vuestra ▲ su**

- avec un objet au pluriel.

masculin :	**mis ▲ tus ▲ sus ▲ nuestros ▲ vuestros ▲ sus**
féminin :	**mis ▲ tus ▲ sus ▲ nuestras ▲ vuestras ▲ sus**

Pilar no ha traído nuestros libros.
Pilar n'a pas apporté nos livres.
Antonio irá a vuestra casa.
Antonio ira chez vous.
¿Han vendido su coche tus vecinos?
Tes voisins ont-ils vendu leur voiture ?
Mi hermano y tu primo no se llevan bien.
Mon frère et ton cousin ne s'entendent pas bien.

- **su(s)** peut signifier « son », « sa », « ses », « votre » (**Vd.**, **Vds.**) ou « leur(s) », c'est pourquoi il est souvent nécessaire d'apporter une clarification. Pour ce faire, on emploie **de él**, **de ella**, **de Vds.** en changeant le possessif en article défini :

su casa	→	**la casa de él**
su abrigo	→	**el abrigo de ella**
sus amigos	→	**los amigos de Vd.**

3.16 La **forme accentuée** de l'adjectif possessif s'accorde également :

- avec un nom au singulier.

masculin : **mío ▲ tuyo ▲ suyo ▲ nuestro ▲ vuestro ▲ suyo**
féminin : **mía ▲ tuya ▲ suya ▲ nuestra ▲ vuestra ▲ suya**

- avec un nom au pluriel.

masculin : **míos ▲ tuyos ▲ suyos ▲ nuestros ▲ vuestros ▲ suyos**
féminin : **mías ▲ tuyas ▲ suyas ▲ nuestras ▲ vuestras ▲ suyas**

- La forme accentuée s'emploie pour traduire la tournure « un de tes », « un de mes ». Elle peut aussi signifier « à moi, à toi, à lui/elle », etc. :

Es un capricho suyo.
C'est un de ses caprices.
un amigo nuestro
un ami à nous

- Elle peut être également employée pour s'adresser à quelqu'un :

Muy señor mío: (dans une lettre)
Monsieur,
hija mía
ma fille
¡Dios mío!
Mon Dieu !
amor mío
mon amour

3.17 Les **adjectifs indéfinis** sont les suivants :

> **alguno(a)/s ▲ ambos(as) ▲ cada ▲ cierto(a)/s**
> **cualquiera/cualesquiera**
> **los (las) demás ▲ mismo(a)/s ▲ mucho(a)/s**
> **ninguno(a)/s ▲ otro(a)/s ▲ poco(a)/s ▲ tal/es**
> **tanto(a)/s ▲ todo(a)/s ▲ varios(as)**

- **alguno** perd le **-o** final devant un nom masculin singulier et prend un accent écrit qui indique où se trouve l'accent tonique :

  algún día
  un jour
  alguna razón
  quelque raison

- **ambos** est habituellement utilisé à l'écrit en espagnol, la tournure **los dos/las dos** étant préférée à l'oral :

  Me gustan ambos cuadros.
  J'aime les deux tableaux.
  ¿Conoces a las dos enfermeras?
  Tu connais les deux infirmières ?

- **ninguno** perd le **-o** final et prend un accent écrit devant un nom masculin. Il ne s'emploie que dans les contextes négatifs :

  No es ningún tonto.
  C'est loin d'être un idiot.
  ¿No hay animales de compañía en tu casa? — No, ninguno.
  Tu n'as pas d'animaux de compagnie chez toi ? – Non, aucun.

- **otro** n'est jamais précédé d'un article indéfini :

  ¿Me das otra manzana?
  Tu me donnes une autre pomme ?
  Prefiero estos otros zapatos.
  Je préfère ces autres chaussures.

- **tal** n'est jamais suivi d'un article indéfini :

  Nunca dije tal cosa.
  Je n'ai jamais dit une telle chose.

3.18 La place des adjectifs

En espagnol, les adjectifs suivent généralement le nom :

la página siguiente
la page suivante
la hora exacta
l'heure exacte

Pour les mettre en valeur ou renforcer leur sens, ils sont parfois placés avant le nom :

un dulce sueño
un doux rêve

Comme en français, les **adjectifs indéfinis** précèdent généralement le nom :

cada día
chaque jour
otra vez
une autre fois
poco dinero
peu d'argent

➢ Dans les contextes négatifs, **alguno** vient après le nom :

sin duda alguna
sans le moindre doute

3.19 Les **mots interrogatifs** espagnols sont :

¿qué? ▲ ¿cuál(es)? ▲ ¿quién(es)?

- **qué** se traduit généralement par « qu', que, quoi ». On le retrouve dans **por qué**, « pourquoi » :

  ¿Qué están haciendo?
  Qu'est-ce qu'ils sont en train de faire ?
  ¿Qué dices?
  Qu'est-ce que tu dis ?
  ¿Para qué lo quieres?
  Pourquoi le veux-tu ?
  ¿Por qué no llegaron Vds. antes?
  Pourquoi est-ce que vous n'êtes pas arrivés avant ?

- **cuál** implique le plus souvent un choix – il se traduit par « quel, lequel » :

  ¿Cuál de estos vestidos te gusta más?
  Laquelle de ces robes préfères-tu ?
  ¿Cuáles viste?
  Lesquels as-tu vus ?

➢ **cuál** peut aussi être employé en dehors de toute notion de choix :

  ¿Cuál es la capital de España?
  Quelle est la capitale de l'Espagne ?
  ¿Cuál es su fecha de nacimiento?
  Quelle est votre date de naissance ?

- Tandis que **qué** peut être pronom et adjectif, **cuál** ne peut être que pronom :

  ¿Qué libro es más interesante?
  Quel livre est le plus intéressant ?
  ¿Cuál (de estos libros) es más interesante?
  Lequel (de ces livres) est le plus intéressant ?

- **quién(es)** renvoie aux personnes. En tant que complément d'objet, il se combine avec les prépositions **a** et **de** dans **a quién(es)** et **de quién(es)** (« à qui, de qui ») :

  ¿Quién ganó la carrera?
  Qui a gagné la course ?

¿Con quiénes los viste?
Avec qui les as-tu vus ?
¿A quiénes ayudaste?
Qui as-tu aidé ?
¿A quién se lo diste?
À qui l'as-tu donné ?
¿De quién es este libro?
À qui est ce livre ?

- Ces formes se retrouvent aussi dans les interrogations indirectes :

Le pregunté para qué lo quería.
Je lui ai demandé pourquoi elle le voulait.
No me dijeron cuáles preferían.
Ils ne m'ont pas dit lesquels ils préféraient.
No sabía a quién acudir.
Je ne savais pas vers qui me tourner.

3.20 Pour dire à qui appartient quelque chose, on peut utiliser des **pronoms possessifs**. Ceux-ci correspondent aux **formes fortes de l'adjectif possessif** accompagnées de **l'article défini**. Le pronom s'accorde en genre et en nombre avec le nom qu'il remplace.

- Formes du singulier :

masculin : **el mío ▲ el tuyo ▲ el suyo ▲ el nuestro el vuestro ▲ el suyo**
féminin : **la mía ▲ la tuya ▲ la suya ▲ la nuestra la vuestra ▲ la suya**

- Formes du pluriel :

masculin : **los míos ▲ los tuyos ▲ los suyos ▲ los nuestros los vuestros ▲ los suyos**
féminin : **las mías ▲ las tuyas ▲ las suyas ▲ las nuestras las vuestras ▲ las suyas**

Pregunta a Cristina si este bolígrafo es el suyo.
Demande à Christine si ce stylo est le sien.

¿Qué equipo ha ganado, el suyo o el nuestro?
Quelle équipe a gagné, la leur ou la nôtre ?
Mi perro es más joven que el tuyo.
Mon chien est plus jeune que le tien.
Daniel pensó que esos libros eran los suyos.
Daniel a pensé que ces livres étaient les siens.
Si no tienes discos, te prestaré los míos.
Si tu n'as pas de disques, je te prêterai les miens.
Las habitaciones son menos amplias que las vuestras.
Les chambres sont moins grandes que les vôtres.

➢ Après les prépositions **a** et **de**, on contracte l'article **el** :

a + el mío → al mío
de + el mío → del mío

¿Por qué prefieres este sombrero al mío?
Pourquoi est-ce que tu préfères ce chapeau au mien ?
Mi libro está encima del tuyo.
Mon livre est au-dessus du tien.

3.21 Les **pronoms démonstratifs** qui traduisent « celui-ci, celle-ci, celui-là, celle-là », etc. ont les mêmes formes que les adjectifs démonstratifs. À la suite d'une réforme de l'orthographe passée il y a quelques années, il est désormais recommandé d'omettre l'accent écrit qui distinguait les pronoms démonstratifs masculins et féminins des adjectifs démonstratifs, sauf lorsque la phrase est ambiguë, auquel cas (assez rare), les pronoms peuvent porter l'accent. Les **formes neutres** **esto**, **eso**, **aquello** ne portent pas d'accent et se traduisent respectivement par « ceci », « cela », et « cela ».

- Formes du singulier :

masculin : **este/éste ▲ ese/ése ▲ aquel/aquél**
féminin : **esta/ésta ▲ esa/ésa ▲ aquella/aquélla**

- Formes du pluriel :

masculin : **estos/éstos ▲ esos/ésos ▲ aquellos/aquéllos**
féminin : **estas/éstas ▲ esas/ésas ▲ aquellas/aquéllas**

- Formes du neutre :

neutre : **esto ▲ eso ▲ aquello**

¿Qué abrigo te gusta más? — Este de aquí.
Quel manteau est-ce que tu préfères ? – Celui-ci.
Aquella casa era más grande que esta.
Cette maison-là était plus grande que celle-ci.
Estos libros y aquellos.
Ces livres-ci et ceux-là.
Quiero estas sandalias y esas.
Je veux ces sandales(-ci) et celles-là.

Le neutre fait toujours référence à une idée, un propos ou un objet, mais jamais à des noms spécifiques :

No puedo creer que esto me esté pasando a mí.
C'est incroyable que quelque chose comme ça m'arrive à moi.
Eso de madrugar es algo que no le gusta.
Se lever tôt est quelque chose qu'elle déteste.
Aquello sí que me gustó.
Ça, ça m'a vraiment plu.
Esto es una bicicleta.
Ceci est une bicyclette.

- **Aquel** et **este** peuvent aussi signifier « le premier » et « le second » quand on souhaite préciser de qui on parle après une énumération :

Hablaban Jaime y Andrés, este a voces y aquel casi en un susurro.
Jaime et Andrés parlaient, le second en criant, et le premier presque en murmurant.

4 Le verbe et le groupe verbal

4.1 L'espagnol a deux verbes pour « être », **ser** et **estar**. Ces deux verbes ne sont pas interchangeables et chacun s'emploie de façon bien précise.

4.2 **Ser** s'emploie :

- avec un adjectif pour décrire une qualité intrinsèque.

  Mi hermano es alto.
  Mon frère est grand.
  María es inteligente.
  María est intelligente.

- avec les professions et les nationalités.

  Javier es aviador.
  Javier est aviateur.
  Sus padres son italianos.
  Ses parents sont italiens.

- pour exprimer la possession.

  La casa es de Miguel.
  La maison appartient à Miguel.

- dans l'expression de l'origine, ou pour dire de quoi quelque chose est fait.

  Mi hermana es de Granada.
  Ma sœur est de Grenade.
  Las paredes son de ladrillo.
  Les murs sont en brique.

- avec un pronom ou un infinitif.

  Soy yo, Enrique.
  C'est moi, Enrique.
  Todo es proponérselo.
  Le tout est de s'y mettre.

- avec les heures et les jours de la semaine.

Son las tres y media.
Il est trois heures et demie.
Mañana es sábado.
Demain c'est samedi.

- pour former le passif, avec le participe passé qui s'accorde en genre et en nombre avec le nom.

Las puertas eran cerradas sigilosamente.
Les portes étaient fermées en silence.

4.3 **Estar** s'emploie :

- pour indiquer où quelque chose se trouve.

La comida está en la mesa.
Le repas est sur la table.

- avec un adjectif ou une locution adjectivale pour exprimer une qualité ou un état temporaire ou exceptionnel.

Su amigo está enfermo.
Son ami est malade.
El lavabo está ocupado.
Les toilettes sont occupées.
Hoy estoy de mal humor.
Je suis de mauvaise humeur aujourd'hui.
Las tiendas están cerradas.
Les magasins sont fermés.

- pour indiquer comment quelqu'un se trouve à un moment donné

¿Cómo están Vds.?
Comment allez-vous ?
Estamos todos bien.
Nous allons tous bien.

- avec le gérondif, pour former les temps progressifs.

  Estamos aprendiendo mucho.
  Nous apprenons beaucoup de choses.

- avant **de** + nom pour parler d'une situation professionnelle temporaire.

  Mi primo está de médico en un pueblo.
  Mon cousin travaille comme médecin dans un village (en ce moment).

4.4 Bien qu'ils ne soient pas interchangeables, on peut trouver aussi bien **ser** que **estar** avec certains adjectifs. Dans ces cas-là :

- **ser** exprime une qualité permanente ou intrinsèque.

  Su hermana es muy joven/vieja.
  Sa sœur est très jeune/vieille.
  Es un borracho.
  C'est un ivrogne.

- **estar** exprime un état ou une qualité temporaire.

  Está muy joven/vieja con ese vestido.
  Elle a l'air très jeune/vieille dans cette robe.
  Está borracho.
  Il est ivre.

4.5 **Les terminaisons** des verbes espagnols indiquent le nombre et la personne du sujet du verbe.

4.6 Pour certains verbes, les formes du radical et de la terminaison sont parfaitement prévisibles car elles obéissent à des règles précises. C'est pourquoi on appelle ces verbes des **verbes réguliers**, par opposition aux **verbes irréguliers**.

4.7 Il existe trois types de verbes qui se définissent par la forme que prend la terminaison de l'infinitif :

- les verbes du **premier groupe** sont ceux qui se terminent en **-ar**, comme **hablar**, « parler ».
- les verbes du **deuxième groupe** sont ceux qui se terminent en **-er**, comme **comer**, « manger ».
- les verbes du **troisième groupe** sont ceux qui se terminent en **-ir**, comme **vivir**, « vivre ».

4.8 Les temps des verbes espagnols peuvent être, comme ceux des verbes français, **simples** ou **composés**.

Pour conjuguer les trois groupes des verbes réguliers, on applique les mêmes principes :

- pour former le présent, l'imparfait, le prétérit et les subjonctifs présent et imparfait, on remplace la terminaison de l'infinitif (**-ar** pour le premier groupe, **-er** pour le second et **-ir** pour le troisième) par les terminaisons de ces temps.

infinitif :	**hablar**	→	**habl-** + terminaisons
infinitif :	**comer**	→	**com-** + terminaisons
infinitif :	**vivir**	→	**viv-** + terminaisons

- pour former le futur et le conditionnel, on conserve l'infinitif tel quel pour lui ajouter les terminaisons appropriées.

infinitif :	**hablar**	→	**hablar-** + terminaisons
infinitif :	**comer**	→	**comer-** + terminaisons
infinitif :	**vivir**	→	**vivir-** + terminaisons

4.9 Les terminaisons des trois groupes sont les suivantes. Notez que les pronoms personnels ne sont mentionnés ici que par souci de clarté puisqu'ils ne sont que rarement exprimés devant un verbe.

1er groupe - modèle des verbes en **-ar** :

	présent	imparfait	prétérit
(yo)	**-o**	**-aba**	**-é**
(tú)	**-as**	**-abas**	**-aste**
(él/ella/Vd.)	**-a**	**-aba**	**-ó**
(nosotros/as)	**-amos**	**-ábamos**	**-amos**
(vosotros/as)	**-áis**	**-abais**	**-asteis**
(ellos/as/Vds.)	**-an**	**-aban**	**-aron**

	subjonctif présent	subjonctif imparfait
(yo)	**-e**	**-ara** ou **-ase**
(tú)	**-es**	**-aras** ou **-ases**
(él/ella/Vd.)	**-e**	**-ara** ou **-ase**
(nosotros/as)	**-emos**	**-áramos** ou **-ásemos**
(vosotros/as)	**-éis**	**-arais** ou **-aseis**
(ellos/as/Vds.)	**-en**	**-aran** ou **-asen**

	futur	conditionnel
(yo)	**-é**	**-ía**
(tú)	**-ás**	**-ías**
(él/ella/Vd.)	**-á**	**-ía**
(nosotros/as)	**-emos**	**-íamos**
(vosotros/as)	**-éis**	**-íais**
(ellos/as/Vds.)	**-án**	**-ían**

2e groupe - modèle des verbes en **-er** :

	présent	imparfait	prétérit
(yo)	**-o**	**-ía**	**-í**
(tú)	**-es**	**-ías**	**-iste**
(él/ella/Vd.)	**-e**	**-ía**	**-ió**
(nosotros/as)	**-emos**	**-íamos**	**-imos**
(vosotros/as)	**-éis**	**-íais**	**-isteis**
(ellos/as/Vds.)	**-en**	**-ían**	**-ieron**

	subjonctif présent	subjonctif imparfait
(yo)	**-a**	**-iera** ou **-iese**
(tú)	**-as**	**-ieras** ou **-ieses**
(él/ella/Vd.)	**-a**	**-iera** ou **-iese**
(nosotros/as)	**-amos**	**-iéramos** ou **-iésemos**
(vosotros/as)	**-áis**	**-ierais** ou **-ieseis**
(ellos/as/Vds.)	**-an**	**-ieran** ou **-iesen**

	futur	conditionnel
(yo)	**-é**	**-ía**
(tú)	**-ás**	**-ías**
(él/ella/Vd.)	**-á**	**-ía**
(nosotros/as)	**-emos**	**-íamos**
(vosotros/as)	**-éis**	**-íais**
(ellos/as/Vds.)	**-án**	**-ían**

3e groupe - modèle des verbes en **-ir** :

	présent	imparfait	prétérit
(yo)	**-o**	**-ía**	**-í**
(tú)	**-es**	**-ías**	**-iste**
(él/ella/Vd.)	**-e**	**-ía**	**-ió**
(nosotros/as)	**-imos**	**-íamos**	**-imos**
(vosotros/as)	**-ís**	**-íais**	**-isteis**
(ellos/as/Vds.)	**-en**	**-ían**	**-ieron**

	subjonctif présent	subjonctif imparfait
(yo)	**-a**	**-iera** ou **-iese**
(tú)	**-as**	**-ieras** ou **-ieses**
(él/ella/Vd.)	**-a**	**-iera** ou **-iese**
(nosotros/as)	**-amos**	**-iéramos** ou **-iésemos**
(vosotros/as)	**-áis**	**-ierais** ou **-ieseis**
(ellos/as/Vds.)	**-an**	**-ieran** ou **-iesen**

	futur	conditionnel
(yo)	**-é**	**-ía**
(tú)	**-ás**	**-ías**
(él/ella/Vd.)	**-á**	**-ía**
(nosotros/as)	**-emos**	**-íamos**
(vosotros/as)	**-éis**	**-íais**
(ellos/as/Vds.)	**-án**	**-ían**

4.10 Les verbes irréguliers

En espagnol, un certain nombre de verbes ne suivent pas les modèles de conjugaison des trois principaux groupes verbaux : ce sont les verbes irréguliers. Certains verbes irréguliers sont des cas isolés et leur conjugaison doit être apprise par cœur. Parmi eux, on trouve des verbes courants comme **andar**, **caer**, **dar**, **decir**, **hacer**, **ir**, **oír**, **poder**, **poner**, **querer**, **saber**, **salir**, **tener**, **traer**, **venir**, **ver**.

Les autres verbes irréguliers peuvent se classer en différentes catégories, en fonction des transformations qu'ils subissent :

- Dans une première catégorie, celle des verbes dits à diphtongaison, la voyelle du radical est remplacée à certaines personnes de certains temps par deux voyelles :

Dans un cas, le **e** du radical devient **ie** :

pensar (penser) → **pienso** (je pense)

Dans l'autre, le **o** du radical devient **ue** :

mover (bouger) → **muevo** (je bouge)

- Dans une seconde catégorie, on trouve les verbes avec un radical en **e** qui devient **i** :

pedir (demander) → **pido** (je demande)

- Une troisième catégorie regroupe les verbes qui combinent diphtongaison et changement de voyelle :

Le **e** du radical va devenir **ie** ou **i** selon le temps et la personne :

sentir (sentir) → **siento** (je sens) *mais* **sintiendo** (en sentant)

Le **o** du radical va devenir **ue** ou **u** selon le temps et la personne :

dormir (dormir) → **duermo** (je dors) *mais* **durmiendo** (en dormant)

- Une quatrième catégorie comprend les verbes qui se terminent en -**acer**, **-ecer**, **-ocer** ou **-ucir**. Ces verbes nécessitent l'insertion d'un **z** avant le **c** :

nacer (naître) → **nazco** (je nais)

Les verbes en **-ducir** relèvent de cette catégorie mais dans leur cas, le **c** devient **j** au passé :

conducir (conduire) → **conduzco** (je conduis) *mais* **conduje** (je condusis)

➢ Attention, la conjugaison de **hacer** ne suit pas ce schéma.

- Enfin, on peut distinguer une cinquième catégorie regroupant les verbes qui se terminent en **-uir** et qui nécessitent l'insertion d'un **y** avant la terminaison quand la voyelle de celle-ci est **a**, **o** ou **e** :

construir (construire) → **construyo** (je construis)

4.11 Le **présent** permet :

- de parler du présent en général, de ce qui est habituel, de ce qui arrive régulièrement.

Lee.
Il lit.

- de parler du futur.

Mañana voy a Madrid.
Demain, je vais à Madrid.

- de parler d'une action qui est en cours au moment où l'on parle, avec la forme progressive (**estar** + participe présent).

Está leyendo.
Il est en train de lire.

4.12 Le **futur** a souvent le même emploi qu'en français. Le futur proche est également souvent exprimé avec la tournure **ir** + **a** + infinitif :

Lo haré mañana.
Je le ferai demain.

Te vas a caer si no tienes cuidado.
Tu vas tomber si tu ne fais pas attention.
Va a perder el tren.
Il va rater le train.

➢ Notez également que le futur peut servir à exprimer une hypothèse :

Serán las dos.
Il doit être deux heures.

- Pour dire que quelque chose sera fait ou se sera passé à un moment dans le futur, on peut utiliser le **futur antérieur** qui permet aussi de faire des hypothèses sur des événements récents :

Ya habrán llegado a casa.
Ils doivent être arrivés chez eux maintenant.

- De la même manière que le futur s'emploie pour formuler des hypothèses par rapport au présent, on a recours au **conditionnel** pour les hypothèses dans le passé :

Serían las dos.
Il devait être deux heures.
Tendría unos veinte años.
Elle devait avoir une vingtaine d'années.

4.13 L'usage de l'**imparfait** espagnol est très comparable à celui du français ; on l'emploie :

- pour évoquer une action ou un état dans le passé, sans idée de début ou de fin.

Todos mirábamos en silencio.
Nous regardions tous en silence.

- pour parler d'une habitude dans le passé :

En su juventud se levantaba de madrugada.
Dans sa jeunesse, il se levait à l'aube.

Hablábamos sin parar durante horas.
Nous discutions pendant des heures.

4.14 L'emploi du **passé simple** ou **prétérit** est beaucoup plus courant en espagnol qu'en français puisqu'il est également utilisé à l'oral pour évoquer un événement ou une action passés sans lien avec le présent :

Me desperté y salté de la cama.
Je me suis réveillé et j'ai sauté du lit.

4.15 Le **passé antérieur** s'emploie principalement à l'écrit, dans les subordonnées de temps, quand le verbe de la principale est au prétérit :

Apenas hubo acabado, se oyeron unos golpes en la puerta.
Elle eut à peine fini qu'on entendit frapper à la porte.

4.16 Le **subjonctif** s'emploie fréquemment en espagnol :

- après les verbes exprimant un souhait.

querer que ▲ desear que

Queremos que estés contenta.
Nous voulons que tu sois heureuse.
¿Desea Vd. que lo haga yo?
Voulez-vous que je le fasse ?

- avec les verbes qui expriment une émotion (regret, surprise, honte, plaisir) :

sentir que ▲ sorprender que ▲ alegrarse de que

Sentí mucho que no vinieran.
J'ai vraiment regretté qu'ils ne viennent pas.
Nos sorprendió que no les vieran Vds.
Cela nous a étonnés que vous ne les ayez pas vus.
Me alegro de que te gusten.
Cela me fait plaisir qu'ils te plaisent.

- avec les verbes exprimant un ordre, une interdiction, une autorisation :

mandar que ▲ ordenar que
permitir que ▲ dejar que
prohibir que ▲ impedir que

Ha mandado que vuelvan.
Il leur a ordonné de revenir.
Ordenó que fueran castigados.
Il a ordonné qu'ils soient punis.
No permitas que entren.
Ne les laisse pas entrer.
No me dejó que la llevara a casa.
Elle ne m'a pas laissé la ramener chez elle.
Te prohíbo que digas eso.
Je t'interdis de dire ça.
No les impido que vengan.
Je ne les empêche pas de venir.

➢ Notez qu'avec tous ces verbes, on peut aussi avoir l'infinitif si le complément d'objet du verbe principal est le sujet de la subordonnée :

Les ordenó que salieran. ou **Les ordenó salir.**
Elle leur a ordonné de sortir.

- avec les verbes exprimant le doute, l'incertitude, et les verbes d'opinion employés à la forme négative :

dudar que ▲ no creer que ▲ no pensar que

Dudo que lo sepan hacer.
Je doute qu'ils sachent le faire.
No creo que sean tan malos.
Je ne crois pas qu'ils soient si méchants.

- dans les constructions impersonnelles exprimant la nécessité, la possibilité, etc. :

hace falta que ▲ es necesario que ▲ es posible que
más vale que ▲ es una lástima que

¿Hace falta que vaya Jaime?
Est-ce qu'il faut que Jaime y aille ?
Es posible que tengan razón.
Il est possible qu'ils aient raison.
Más vale que se quede Vd. en su casa.
Il vaut mieux que vous restiez à la maison.
Es una lástima que haya perdido su perro.
C'est dommage qu'elle ait perdu son chien.

- dans les constructions impersonnelles qui énoncent un fait ou expriment une certitude, l'indicatif est employé quand le verbe impersonnel est affirmatif :

Es verdad que va a venir.
C'est vrai qu'il va venir.
No es verdad que vayan a hacerlo.
Ce n'est pas vrai qu'ils vont le faire.

- avec certaines conjonctions :

para que ▲ a fin de que ▲ como si ▲ sin que a condición de que ▲ con tal (de) que ▲ siempre que a menos que ▲ a no ser que ▲ antes (de) que ▲ no sea que ▲ mientras (que) ▲ siempre que ▲ (el) que

Átalas bien para que no se caigan.
Attache-les bien pour qu'elles ne tombent pas.
Hablaba como si no creyera en sus propias palabras.
Il parlait comme s'il ne croyait pas à ce qu'il disait lui-même.
Lo haré con tal de que me cuentes todo lo que pasó.
Je le ferai à condition que tu me racontes tout ce qui s'est passé.
Saldremos de paseo a menos que esté lloviendo.
Nous sortirons faire un tour à moins qu'il ne pleuve.
Avísale antes de que sea demasiado tarde.
Préviens-le avant qu'il ne soit trop tard.
Habla en voz baja, no sea que alguien nos oiga.
Parlez bas, qu'on ne nous entende pas.
Eso no pasará mientras yo sea el jefe aquí.
Cela n'arrivera pas tant que je serai le chef ici.

➢ Pour les conjonctions suivantes, si le sujet est le même pour les deux verbes, l'infinitif est employé et le **que** final est omis :

a fin de que ▲ sin que ▲ a condición de que
con tal (de) que ▲ antes (de) que

Salimos sin que nos vieran.
Nous sommes sortis sans qu'ils nous voient.
Me fui sin esperarla.
Je suis parti sans l'attendre.

- après les conjonctions exprimant un but :

de modo que ▲ de forma que ▲ de manera que

Vuélvanse de manera que les vea bien.
Tournez-vous de façon à ce que je vous voie bien.

➢ Quand ces conjonctions indiquent un résultat et non un but, le subjonctif n'est pas employé :

No quieren hacerlo, de manera que tendré que hacerlo yo.
Ils ne veulent pas le faire, ce qui fait que je devrai le faire moi-même.

- dans les propositions relatives dont l'antécédent est négatif, indéfini ou indéterminé :

No he encontrado a nadie que la conociera.
Je n'ai rencontré personne qui la connaisse.
No dijo nada que no supiéramos ya.
Elle n'a rien dit que nous ne sachions déjà.
Necesito a alguien que sepa conducir.
J'ai besoin de quelqu'un qui sache conduire.
Busco algo que me distraiga.
Je cherche quelque chose qui me distraie.
Busca una casa que tenga calefacción central.
Il cherche une maison qui ait le chauffage central.

- dans les phrases conditionnelles, dans la proposition comportant **si**, où le français emploie l'imparfait :

  Si fuéramos en coche llegaríamos a tiempo.
  Si nous y allions en voiture, nous arriverions à temps.

- dans certaines tournures figées généralement traduites par « quoi qu'..., quoi que..., quelque soit... » en français :

  Diga lo que diga...
  Quoi qu'il en dise...
  Sea lo que sea...
  Quoi qu'il en soit...

- dans les tournures suivantes par lesquelles on exprime une concession :

por + adjectif + subjonctif

Por cansado que esté, seguirá trabajando.
Quelle que soit sa fatigue, il continuera à travailler.

por + adverbe + subjonctif

Por lejos que viva, iremos a buscarle.
Quelle que soit la distance, nous irons le chercher.

por + **mucho** + subjonctif

Por mucho que lo intente, nunca lo conseguirá.
Quels que soient ses efforts, il n'y arrivera jamais.

4.17 Dans certains cas, on peut trouver soit l'indicatif, soit le subjonctif ; ce dernier est employé dans certaines constructions où l'on évoque des événements futurs ou hypothétiques, par opposition à l'indicatif qui s'emploie pour parler de faits ou de ce qui se vérifie :

Le aconsejé que escuchara música cuando estuviera nervioso.
Je lui ai conseillé d'écouter de la musique quand il se sent nerveux.
Me gusta nadar cuando hace calor.
J'aime nager quand il fait chaud.

- Parmi les constructions les plus courantes, on trouve :

cuando ▲ en cuanto ▲ tan pronto como
hasta que ▲ mientras ▲ siempre que ▲ aunque
después (de) que

Te devolveré el libro tan pronto como lo haya leído.
Je te rendrai le livre aussitôt que je l'aurai lu.
Quédate aquí hasta que volvamos.
Reste ici jusqu'à ce que nous revenions.
No hablen en voz alta mientras ellos estén aquí.
Ne parlez pas à voix haute tant qu'ils sont ici.
Vuelvan por aquí siempre que quieran.
Revenez ici quand vous le voudrez.
No le creeré aunque diga la verdad.
Je ne le croirai pas, même s'il dit la vérité.
Te lo diré después de que te hayas sentado.
Je te le dirai une fois que tu seras assis.

- ainsi que toutes les conjonctions et pronoms qui se terminent par **-quiera** (expressions françaises de type « où que... », « quel que... » etc.) :

La encontraré dondequiera que esté.
Je la retrouverai où qu'elle soit.

➢ Notez que si le sujet des deux verbes est le même dans les phrases comportant **después (de) que**, cette construction peut être remplacée par **después de** + infinitif :

Después de cenar nos fuimos al cine.
Après le repas, nous sommes allés au cinéma.

4.18 La concordance des temps

- Si le verbe de la proposition principale est au présent, au futur ou à l'impératif, le verbe de la subordonnée sera au subjonctif présent ou passé :

Quiero que lo hagas. (prés. + subj. prés.)
Je veux que tu le fasses.

Temo que no haya venido. (prés. + subj. passé)
Je crains qu'il ne soit pas venu.
Iremos por aquí para que no nos vean. (futur + subj. prés.)
Nous passerons par ici pour qu'ils ne nous voient pas.

- Si le verbe de la proposition principale est au conditionnel ou à un temps du passé, le verbe de la subordonnée sera au subjonctif imparfait ou au plus-que-parfait du subjonctif :

Me gustaría que llegaras temprano. (cond. + subj. imparf.)
J'aimerais que tu arrives tôt.
Les pedí que me esperaran. (prétérit + subj. imparf.)
Je leur ai demandé de m'attendre.
Sentiría mucho que hubiese muerto. (cond. + subj. plus-que-parf.)
Je serais vraiment triste s'il était mort.

4.19 On emploie **l'impératif** pour donner des ordres ou des instructions.

- Pour les ordres positifs :

- les formes pour **Vd.**, **Vds.**, **nosotros/as** sont les mêmes qu'au subjonctif présent
- la forme pour **tú** est celle de la troisième personne du singulier au présent de l'indicatif
- pour **vosotros/as**, le **-r** final de l'infinitif se transforme en **-d** :

cantar (*« chanter »*) → **cantad** (*« chantez »*)

	hablar	comer	vivir
(tú)	**habla**	**come**	**vive**
(Vd.)	**hable**	**coma**	**viva**
(nosotros/as)	**hablemos**	**comamos**	**vivamos**
(vosotros/as)	**hablad**	**comed**	**vivid**
(Vds.)	**hablen**	**coman**	**vivan**

- Dans les ordres négatifs, toutes les formes sont strictement identiques à celles du subjonctif présent.

- Attention aux formes de verbes irréguliers comme **poner** et **hacer** :

	poner	hacer
(tú)	**pon**	**haz**
(Vd.)	**ponga**	**haga**
(nosotros/as)	**pongamos**	**hagamos**
(vosotros/as)	**poned**	**haced**
(Vds.)	**pongan**	**hagan**

Avec l'impératif, le pronom complément se place :

- accolé à la fin du verbe dans les impératifs affirmatifs. Un accent écrit est ajouté pour indiquer la place de l'accent tonique.

Perdóneme.
Pardonnez-moi.
Esperémosla.
Attendons-la.

Explíquemelo.
Expliquez-le-moi.
Devuélvaselo.
Rendez-le-lui.

- avant le verbe dans les impératifs négatifs.

No me molestes.
Ne me dérange pas.
No les castiguemos.
Ne les punissons pas.

No se la devolvamos.
Ne la lui rendons pas.
No las contestéis.
Ne leur répondez pas.

4.20 Pour les **verbes réfléchis**, les formes pour **nosotros** et **vosotros** perdent respectivement le **-s** et le **-d** final avant le pronom.

Levantémonos.
Levons-nous.

Sentaos por favor.
Asseyez-vous s'il vous plaît.

4.21 Les **temps composés** espagnols se forment à partir du verbe auxiliaire **haber** et du participe passé du verbe :

- le passé composé = **haber** au présent + participe passé

  (yo) he hablado
  j'ai parlé

- le plus-que-parfait = **haber** à l'imparfait + participe passé

  (yo) había hablado
  j'avais parlé

- le futur antérieur = **haber** au futur + participe passé

  (yo) habré hablado
  j'aurai parlé

- le conditionnel passé = **haber** au conditionnel + participe passé

  (yo) habría hablado
  j'aurais parlé

- le passé antérieur = **haber** au prétérit + participe passé

  (yo) hube hablado
  j'eus parlé

- le subjonctif passé = **haber** au subjonctif présent + participe passé

  (que) (yo) haya hablado
  que j'aie parlé

- le plus-que-parfait du subjonctif = **haber** au subjonctif imparfait + participe passé

  (que) (yo) hubiera/hubiese hablado
  que j'eusse parlé

4.22 Savoir construire le participe passé est indispensable pour pouvoir former les temps composés. Pour les verbes réguliers :

- pour les verbes du premier groupe (**cantar**), on remplace **-ar** par **-ado** :

cantar (*« chanter »*)	→	**cantado**

- pour les verbes du deuxième groupe (**comer**), on remplace **-er** par **-ido** :

comer (*« manger »*)	→	**comido**

- pour les verbes du troisième groupe (**vivir**), on remplace **-ir** par **-ido** :

vivir (*« vivre »*)	→	**vivido**

4.23 À l'infinitif, les **verbes réfléchis** se terminent par le pronom réfléchi **se** qui s'ajoute à la forme du verbe, comme par exemple dans **levantarse** « se lever » ou **lavarse** « se laver ». Les pronoms réfléchis sont :

singulier : **me ▲ te ▲ se**
pluriel : **nos ▲ os ▲ se**

Nos queremos.
Nous nous aimons.
Se parecen.
Ils se ressemblent.

L'idée de réciprocité peut être renforcée par les expressions **el uno al otro/la una a la otra** (**los unos a los otros/las unas a las otras**) :

Se miraban el uno al otro.
Ils se regardaient (l'un l'autre).

- Les temps simples et composés des verbes réfléchis se conjuguent comme les autres verbes. La seule irrégularité apparaît aux deux premières personnes du pluriel de l'impératif affirmatif.

- Sauf pour l'infinitif, le gérondif et les impératifs affirmatifs, le pronom se place avant le verbe :

Me acuesto temprano.
Je me couche tôt.
¿Cómo se llama Vd.?
Comment vous appelez-vous ?
No se ha despertado.
Il ne s'est pas réveillé.
No te levantes.
Ne te lève pas.

- À l'infinitif, au gérondif et dans les phrases impératives affirmatives, le pronom suit le verbe et s'y accole :

Quiero irme.
Je veux m'en aller.
Estoy levantándome.
Je suis en train de me lever.
Siéntense.
Asseyez-vous.
Vámonos.
Allons-y.

Les verbes réfléchis peuvent également avoir un sens passif ou impersonnel :

Se perdió la batalla.
La bataille fut perdue.
No se veían las casas.
On ne voyait pas les maisons.
Se dice que...
On dit que...
No se permite...
Il n'est pas permis de ...

4.24 Le **passif** s'utilise quand on veut attirer l'attention sur ce qui (objet ou personne) subit une action plutôt que sur l'origine de celle-ci :

Juan cierra la tienda cada tarde a las siete.
Juan ferme la boutique à sept heures tous les soirs.
La tienda es cerrada por Juan cada tarde.
La boutique est fermée tous les soirs par Juan.

4.25 En espagnol, le passif se construit avec le verbe **ser** suivi du participe passé. Ce dernier s'accorde en genre et en nombre avec le sujet :

Pablo ha sido despedido.
Paul a été licencié.
Su madre era muy admirada.
Sa mère était très admirée.
El palacio será vendido.
Le palais sera vendu.
Las puertas habían sido cerradas.
Les portes avaient été fermées.

4.26 Lorsqu'on utilise la voix passive, il est fréquent de ne pas préciser l'agent de l'action, soit parce qu'on ne le connaît pas, soit parce qu'on ne veut pas le faire, soit parce que cette information n'a pas d'importance :

La ciudad fue conquistada tras un largo asedio.
La ville fut conquise au terme d'un long siège.
Ha sido declarado el estado de excepción.
L'état d'urgence a été déclaré.

Si toutefois on souhaite préciser l'agent, on le place après le verbe, précédé de la préposition **por** :

Las puertas habían sido cerradas por la Guardia Civil.
Les portes avaient été fermées par la Guardia Civil.
Su madre era muy admirada por sus alumnos.
Sa mère était très admirée par ses élèves.

4.27 Les **verbes impersonnels** s'emploient seulement à l'infinitif, au gérondif et à la troisième personne. Souvenez-vous qu'en espagnol, on n'utilise pas de pronom sujet avec ces tournures :

Llueve.
Il pleut.
Es fácil decir que...
Il est facile de dire que...

- Les verbes impersonnels les plus courants sont les suivants :

amanecer ▲ anochecer ▲ granizar
llover ▲ nevar ▲ tronar

Amanece/Está amaneciendo.
Le jour se lève/est en train de se lever.
Anochece/Está anocheciendo.
La nuit tombe/est en train de tomber.
Graniza/Está granizando.
Il grêle.
Llueve/Está lloviendo.
Il pleut.
Nieva/Está nevando.
Il neige.
Truena/Está tronando.
On entend le tonnerre.

4.28 **L'infinitif** peut s'employer :

- après une préposition :

Después de desayunar, salió de casa.
Après avoir pris son petit déjeuner, elle est sortie.
Me hizo daño sin saberlo.
Elle m'a fait mal sans s'en rendre compte.

- lorsqu'on veut former un nom verbal à partir d'un verbe. Ce dernier peut alors être précédé d'un article :

Su deporte preferido es montar a caballo.
Son sport préféré est l'équitation.
El viajar tanto me resulta cansado.
Voyager autant me fatigue.

4.29 L' usage impératif de l'infinitif

Dans un registre familier, l'infinitif est parfois employé à la place de l'impératif :

Niños, ¡a callar!
Taisez-vous les enfants !
Devolvérselo.
Rendez-le-lui.

4.30 Infinitif et expression de la **simultanéité** : **al** + infinitif

Pour évoquer deux actions simultanées, on peut employer la forme **al** suivie de l'infinitif :

Toma la izquierda al llegar.
Prends la gauche en arrivant.

Attention à ne pas confondre cette tournure avec l'expression de la manière, pour laquelle on a recours au gérondif :

Rompí mi reloj arreglando el coche.
J'ai cassé ma montre en réparant la voiture.

4.31 mandar + infinitif

Pour exprimer l'idée de faire faire quelque chose à quelqu'un, on emploie le verbe **mandar** suivi de l'infinitif :

Mandé arreglar mi coche.
J'ai fait réparer ma voiture.
Les mandó recoger los desperdicios que habían dejado.
Il leur a fait ramasser les déchets qu'ils avaient laissés.

4.32 basta con + infinitif

Basta con suivi de l'infinitif traduit la tournure « il suffit de » :

Basta con leerlo una vez.
Il suffit de le lire une fois.

Comme son équivalent en français, **bastar** est une structure impersonnelle qui varie en temps mais reste à la troisième personne du singulier :

Bastaba con enviar un mensaje.
Il suffisait d'envoyer un message.

4.33 Expression de l'habitude : soler + infinitif

Pour évoquer quelque chose qui est habituel, on emploie le verbe **soler** conjugué, suivi d'un verbe à l'infinitif :

Suelo ir al cine los miércoles.
Je vais au cinéma le mercredi.
Mi abuelo solía emplear esta fórmula.
Mon grand-père employait souvent cette formule.

4.34 Expression de la réitération : volver a + infinitif

Pour exprimer la réitération, là où en français on utilise souvent le préfixe « re- » avec le verbe (« revoir, refaire... »), l'espagnol a recours au verbe **volver** suivi de la préposition **a** et de l'infinitif du verbe correspondant à l'action ou à l'événement qui se répète :

Vuelve a hacer las mismas tonterías.
Il refait les mêmes bêtises.
Voy a volver a ver esta película.
Je vais revoir ce film.

Il est également possible d'exprimer l'idée de répétition en ajoutant simplement la tournure **otra vez** au début ou à la fin de la phrase :

Otra vez hace las mismas tonterías.
Voy a ver esta película otra vez.

4.35 Le **gérondif** se forme en remplaçant la terminaison de l'infinitif par **-ando** pour les verbes réguliers du premier groupe (verbes en **-ar**) et par **-iendo** pour les verbes réguliers du deuxième groupe (verbes en **-er**) et du troisième groupe (verbes en **-ir**).

Le gérondif s'emploie :

- après le verbe **estar** pour former les temps progressifs.

  Estoy escribiendo una carta.
  Je suis en train d'écrire une lettre.
  Estaban esperándonos.
  Ils nous attendaient.

- après les verbes **seguir**, **continuar** (« continuer ») et **ir** quand celui-ci exprime l'idée d'une progression.

  Sigue viniendo todos los días.
  Il continue à venir tous les jours.
  Los precios continuarán subiendo.
  Les prix continueront à augmenter.
  El ejército iba avanzando poco a poco.
  L'armée avançait peu à peu.

- dans les constructions de temps comme **llevar** (« il y a... que..., cela fait... que... »).

  Lleva dos años estudiando inglés.
  Cela fait deux ans qu'elle étudie l'anglais.

- souvent pour préciser la manière de faire quelque chose.

  Llegó corriendo.
  Il est arrivé en courant.

4.36 Expression de la durée : « cela fait... heures/jours/années... »

Pour exprimer la durée, par exemple lorsqu'on veut préciser le temps passé à faire quelque chose, on emploie les verbes **llevar** et **hacer** suivis d'un complément de temps dans les tournures suivantes :

llevar + complément de temps + gérondif
hace + complément de temps + **que** + indicatif

Lleva dos días estudiando este tema. ou **Hace dos días que estudia este tema.**
Cela fait deux jours qu'il révise cette matière.

On peut également employer l'expression **desde hace** pour introduire le complément de temps :

Estudia este tema desde hace dos días.

4.37 Expression de l'obligation

Pour dire que quelque chose doit être fait, doit arriver, doit être d'une certaine façon, on emploie les tournures **tener que**, **deber** ou **hay que** (qui est une forme impersonnelle) suivis de l'infinitif :

Tenemos que salir temprano mañana.
Nous devons sortir tôt demain.
Debo visitarles.
Je dois leur rendre visite.
Hay que entrar por ese lado.
Il faut entrer par ce côté.

L'obligation peut également s'exprimer à l'aide des tournures suivantes :

hace falta que ▲ es menester que ▲ es preciso que

Celles-ci ont deux formes :

- l'une, personnelle, suivie du verbe au subjonctif.

Hace falta que les vaya a visitar.
Je dois leur rendre visite.
Es menester que los alumnos lleven uniforme.
Les élèves doivent porter un uniforme.
Es preciso que entreguemos el ejercicio el jueves por la mañana.
Nous devons rendre le devoir jeudi matin.

- l'autre, impersonnelle, suivie du verbe à l'infinitif.

Es preciso entrar por la puerta de atrás.
Il faut entrer par la porte de derrière.
Era menester llevar uniforme.
Il fallait porter un uniforme.
Hace falta levantarse a las cinco cada mañana.
Il faut se lever à cinq heures tous les matins.

4.38 Expression de la probabilité

Pour parler de ce qui est possible, probable, on emploie le verbe **poder** :

Todavía puede cambiar de opinión.
Il peut encore changer d'avis.
Creo que puede llover esta tarde.
Je pense qu'il peut pleuvoir cet après-midi.

- On emploie souvent **deber de** :

Ha debido de mentir.
Elle a dû mentir.
Debe de estar por aquí cerca.
Ça doit être par ici.

- On peut aussi avoir recours au futur ou à un certain nombre de tournures comme celles qui suivent :

quizás ▲ quizá ▲ tal vez ▲ acaso

Quizás se haya perdido.
Elle s'est peut-être perdue.
Acaso no llueva.
Il ne pleuvra peut-être pas.
Tal vez te equivoques.
Peut-être que tu te trompes.

➢ Notez que ces tournures sont suivies du subjonctif lorsqu'elles précèdent le verbe ; si elles viennent après, celui-ci est à l'indicatif :

Va a venir, quizás, mañana.
Il va peut-être venir demain.

- L'expression de l'hypothèse peut aussi se faire au moyen de structures impersonnelles :

es posible que ▲ puede (ser) que

Es posible que esté enfermo.
Il est possible qu'il soit malade.
Puede que hayan girado a la izquierda.
Il se peut qu'ils aient tourné à gauche.
Puede (ser) que no lo sepa.
Il se peut qu'elle ne le sache pas.

4.39 Les **questions** peuvent prendre plusieurs formes :

On pose les questions **directes** :

- en inversant l'ordre des mots.

sujet + verbe → verbe + sujet

¿Vendrá tu madre?
Est-ce que ta mère viendra ?
¿Lo trajo Vd.?
Est-ce que vous l'avez amené ?
¿Es posible eso?
Est-ce que c'est possible ?

- en gardant l'ordre normal des mots mais avec une intonation montante.

El gato, ¿se bebió toda la leche?
Le chat a bu tout son lait ?
Andrés, ¿va a venir?
Andrés va venir ?

➢ Notez qu'aux temps composés le participe passé n'est jamais séparé de l'auxiliaire :

¿Lo ha terminado Vd.?
Vous l'avez terminé ?

Pour poser des questions **indirectes**, on emploie l'un des deux modèles suivants :

- mot interrogatif + sujet + verbe

Dime qué autobuses pasan por aquí.
Dis-moi quels autobus passent par ici.
No sé cuántas personas vendrán.
Je ne sais pas combien de personnes viendront.

- mot interrogatif + verbe + sujet

Me preguntó dónde trabajaba mi hermano.
Il m'a demandé où travaillait mon frère.

4.40 **¿verdad?, ¿no?** s'emploient pour demander confirmation, dans le sens de « non ? », « n'est-ce pas ? », « pas vrai ? » :

Hace calor, ¿verdad?
Il fait chaud, non ?

4.41 **sí** s'emploie pour dire « oui » ou « si » en réponse à une question négative ou positive :

¿Lo has hecho? — Sí.
Est-ce que tu l'as fait ? — Oui.
¿No lo has hecho? — Sí.
Tu ne l'as pas fait ? — Si.

4.42 On forme les **phrases négatives** en insérant **no** entre le sujet et le verbe (et tout pronom complément d'objet le précédant) :

El coche es suyo.	→	**El coche no es suyo.**
La voiture est à lui.		*La voiture n'est pas à lui.*
Yo me lo pondré.	→	**Yo no me lo pondré.**
Je le mettrai.		*Je ne le mettrai pas.*

➢ On notera que dans les expressions du type « pas elle », « pas maintenant » etc., **no** vient en général après le nom auquel il se rapporte :

¿Quién lo ha hecho? — Ella no.
Qui a fait ça ? — Pas elle.
Dame ese libro, el que está a tu lado no, el otro.
Donne-moi le livre là, pas celui qui est à côté de toi, l'autre.

4.43 Les formes de **doubles négations** les plus courantes sont les suivantes :

no… nada ▲ no… nadie ▲ no… más ▲ no… nunca
no… jamás ▲ no… más que ▲ no… ningún/ninguno(a)
no… tampoco ▲ no… ni… ni ▲ no… ni siquiera

No dicen nada.
Ils ne disent rien.
No te olvidaré nunca/jamás.
Je ne t'oublierai jamais.
No se me ha ocurrido ninguna idea.
Je n'ai eu aucune idée.
No les estaban esperando ni mi hijo ni mi hija.
Ni mon fils ni ma fille ne les attendaient.
No ha venido ni siquiera Juan.
Même Juan n'est pas venu.

4.44 **No** précède le verbe (et tout pronom complément) à tous les temps, et le deuxième élément suit le verbe. Ces négations sont parfois placées avant le verbe (à l'exception de **más** et **más que**) et **no** est supprimé :

Nadie ha venido hoy.
Personne n'est venu aujourd'hui.
Nunca me han gustado.
Je ne les ai jamais aimés.

5 Les constructions verbales idiomatiques

5.1 Dans de nombreuses constructions verbales, l'élément qui est sujet en français devient complément d'objet indirect en espagnol et le complément d'objet direct du verbe français devient sujet en espagnol :

J'aime cette maison. (sujet : « je » ; complément d'objet direct : « cette maison »)
Esa casa me gusta. (sujet : **esa casa** ; complément d'objet indirect : **me**)

5.2 Les verbes suivants adoptent la même construction :

gustar ▲ encantar ▲ faltar ▲ quedar ▲ doler

Me gustan más estas.
Je préfère celles-ci.
Nos encanta hacer deporte.
Nous adorons faire du sport.
Me duele la cabeza.
J'ai mal à la tête.

5.3 Acabar de + infinitif

Pour dire que quelque chose vient de se faire, on utilise **acabar de** suivi de l'infinitif :

Acaba de marcharse.
Il vient de partir.

Attention au sens de cette tournure dans une phrase négative :

No he acabado de entender su explicación.
Je n'ai pas tout à fait compris son explication.

6 Les adverbes

6.1

On forme généralement les adverbes en ajoutant **-mente** au féminin de l'adjectif. Les accents de l'adjectif ne sont pas affectés, l'accent tonique de **-mente** étant indépendant :

adjectif féminin		adverbe
lenta	→	**lentamente**
franca	→	**francamente**
feliz	→	**felizmente**
fácil	→	**fácilmente**

➢ Notez que **-mente** est omis :

- dans les premiers adverbes quand plusieurs adverbes reliés par une conjonction se succèdent ; le premier est alors remplacé par l'adjectif féminin correspondant :

  Lo hicieron lenta pero eficazmente.
  Ils l'ont fait lentement mais efficacement.

- dans **recientemente** quand celui-ci précède immédiatement un participe passé ; la dernière syllable porte alors un accent :

  El pan estaba recién hecho.
  Le pain venait juste d'être fait.

6.2

Les adverbes suivants sont irréguliers :

bueno	→	**bien**
malo	→	**mal**

6.3

Les adjectifs employés comme adverbes.

- Certains adjectifs comme ceux présentés ci-dessous sont employés comme adverbes :

alto ▲ bajo ▲ barato ▲ caro ▲ claro ▲ derecho ▲ fuerte ▲ rápido

hablar alto/bajo
parler fort/bas
costar barato/caro
être bon marché/coûter cher
Habla muy fuerte.
Il parle très fort.

- D'autres adjectifs employés comme des adverbes s'accordent avec le sujet, et peuvent être remplacés par l'adverbe se terminant par **-mente** ou une locution adverbiale :

Esperaban impacientes (ou **impacientemente/con impaciencia**).
Ils attendaient impatiemment.

6.4 La place des adverbes

Lorsqu'il accompagne un verbe, l'adverbe peut se placer immédiatement après ou avant celui-ci pour créer un effet d'emphase :

No conocemos aún al nuevo médico.
Nous n'avons toujours pas rencontré le nouveau médecin.
Aún estoy esperando.
J'attends toujours.
Han hablado muy bien.
Ils ont très bien parlé.
Siempre le regalaban flores.
Ils lui offraient toujours des fleurs.

➢ Notez que l'adverbe ne peut jamais se placer entre l'auxiliaire **haber** et le participe passé des temps composés.

Ya lo he hecho.
Je l'ai déjà fait.
No ha estado nunca en Italia.
Elle n'est jamais allée en Italie.

6.5 Les adverbes comparatifs et superlatifs

- Les comparatifs se forment avec les constructions suivantes :

más... (que) ▲ menos... (que)
tanto como ▲ tan... como
tan... que ▲ demasiado... para
(lo) bastante... para ▲ (lo) suficientemente... para
cada vez más/menos

más deprisa
plus vite
Mi hermana canta más fuerte que yo.
Ma sœur chante plus fort que moi.
Nos vemos menos frecuentemente que antes.
Nous nous voyons moins fréquemment qu'avant.
Daniel no lee tanto como Andrés.
Daniel ne lit pas autant qu'Andrés.
Hágalo tan rápido como le sea posible.
Faites-le aussi vite que possible.
Ganan tan poco como nosotros.
Ils gagnent aussi peu que nous.
Llegaron tan pronto que tuvieron que esperarnos.
Ils sont arrivés si tôt qu'ils ont dû nous attendre.
Es demasiado tarde para ir al cine.
Il est trop tard pour aller au cinéma.
Eres (lo) bastante grande para hacerlo solo.
Tu es assez grand pour le faire tout seul.
Me gusta el campo cada vez más.
J'aime de plus en plus la campagne.

- Pour les superlatifs, on place **más/menos** (« le plus/moins ») devant l'adverbe :

María es la que corre más rápido.
María est celle qui court le plus vite.
El que llegó menos tarde fue Miguel.
Miguel est celui qui est arrivé le moins tard.

- **lo** s'ajoute devant un superlatif qui est qualifié :

Lo hice lo más de prisa que pude.
Je l'ai fait aussi vite que j'ai pu.

6.6 Le **superlatif absolu** (« très », « extrêmement » + adverbe) se forme en plaçant **muy** devant l'adverbe. Il existe aussi une forme qui se construit avec le suffixe **-ísimo**.

muy lentamente	**tempranísimo**
très lentement	*extrêmement tôt*

6.7 On dénombre également un certain nombre d'adverbes dont les comparatifs/superlatifs sont irréguliers :

- « bien, mieux, (le) meilleur » :

bien → **mejor** → **(lo) mejor**

➢ Notez que **más bien** existe aussi dans le sens de « assez » :
Era un hombre más bien bajito.
C'était un homme plutôt petit.

- « mal, pire, (le) pire » :

mal → **peor** → **(lo) peor**

- « beaucoup, plus, (le) plus » :

mucho → **más** → **(lo) más**

- « peu, moins, (le) moins » :

poco → **menos** → **(lo) menos**

6.8 Parmi les adverbes les plus courants, on compte les suivants :

- **ahora** (« maintenant »)

La película empieza ahora.
Le film commence maintenant.

- **ayer** (« hier »)

  Pasó ayer.
  Elle est passée hier.

- **bastante** (« assez, plutôt »)

  Es bastante tarde.
  Il est assez tard.

- **bien** (« bien »)

  ¡Bien hecho!
  Bien joué !

- **cómo** (« comme »)

  ¡Cómo me ha gustado!
  Comme j'ai aimé ça !

- **demasiado** (« trop »)

  He comido demasiado.
  J'ai trop mangé.

  Es demasiado caro.
  C'est trop cher.

- **hoy** (« aujourd'hui »)

  El curso empieza hoy.
  Le cours commence aujourd'hui.

- **mañana** (« demain »)

  Nos marchamos mañana.
  Nous partons demain.

- **más** (« plus ») et **menos** (« moins »)

  Mi hermano trabaja más ahora.
  Mon frère travaille plus maintenant.

  Se debe beber menos.
  Il faut boire moins.

- **mucho** (« beaucoup ») et **poco** (« peu »)

¿Lees mucho?
Est-ce que tu lis beaucoup ?

Comen poco.
Ils mangent peu.

- **siempre** (« toujours »)

Siempre dicen lo mismo.
Ils disent toujours la même chose.

- **también** (« aussi »)

A mí también me gusta.
Moi aussi j'aime bien ça.

- **tan** (« aussi »)

Ana es tan alta como yo.
Ana est aussi grande que moi.

- **tanto** (« autant »)

Nos aburrimos tanto como vosotros.
Nous nous sommes autant ennuyés que vous.

- **todavía/aún** (« encore, toujours »)

Todavía/Aún tengo dos bolígrafos.
J'ai encore deux stylos.
Todavía/Aún no han llegado.
Ils ne sont pas encore arrivés.

- **ya** (« déjà »)

Ya lo he hecho.
Je l'ai déjà fait.

7 Les prépositions

Au sujet des prépositions espagnoles, il faut retenir notamment les points suivants :

- Lorsque le complément d'objet direct d'un verbe est une personne ou un animal domestique, il doit toujours être précédé de **a** :

  Querían mucho a sus hijos.
  Ils aimaient beaucoup leurs enfants.

➢ Cette règle ne s'applique pas au verbe **tener** :

  Tienen dos hijos.
  Ils ont deux enfants.

- La préposition **de** peut être employée pour décrire quelqu'un ou quelque chose :

  la mujer del sombrero verde
  la femme au chapeau vert

- La préposition française « à » se traduit parfois par **en** :

en el campo	*à la campagne*
en la cama	*au lit*
en París	*à Paris*
en la escuela	*à l'école*
en la planta baja	*au rez-de-chaussée*
en este momento	*à ce moment*

- **en** peut également être employé là où on utilise « sur » en français :

  un cuadro en la pared
  un tableau sur le mur

- **por**, qui se traduit souvent par « par » dans les expressions de mouvement, peut aussi exprimer l'idée d'approximation dans l'espace ou dans le temps :

  Tiene que estar por aquí.
  Il doit être par là.

por la tarde
dans l'après-midi

- **por** traduit également la notion de ce à quoi quelque chose est destiné :

libros por leer
des livres à lire
cuentas por pagar
des factures à payer

- **por** se combine avec un certain nombre d'autres prépositions, notamment pour indiquer où se situe une personne, une chose :

por encima	*(par-) dessus*
por debajo	*(par-) dessous, en bas*
por detrás	*par derrière*

- La préposition **para** s'emploie pour exprimer l'idée de but, de finalité. Elle est souvent traduite par « pour ». Elle peut être suivie d'un verbe à l'infinitif ou de **que** + subjonctif :

Te he dado este vestido para que lo lleves.
Je t'ai donné cette robe pour que tu la portes.

Hay que practicar para progresar.
Il faut s'entraîner pour progresser.

- **para** permet de préciser l'usage d'un certain nombre d'objets :

un cepillo para el pelo
une brosse à cheveux

- **para** peut introduire une destination (avant un nom de lieu), ou un destinataire (personne) :

El tren para Burdeos sale a las tres de la tarde.
Le train pour Bordeaux part à 15 heures.

Hay una carta para ti.
Il y a une lettre pour toi.

- **para** s'utilise pour indiquer une limite dans le temps, par exemple un délai, une échéance :

  Necesitamos este documento para el miércoles.
  Il nous faut ce document pour mercredi.

- **para** est l'équivalent de « pour » dans les expressions du type « bon/ mauvais pour... » :

  Se dice que los productos lácteos son buenos para la salud.
  On dit que les produits laitiers sont bons pour la santé.

- « par » ne se traduit jamais par **para**. Son équivalent est **por** quand il s'agit d'exprimer un lien de causalité :

  Dejó la puerta abierta por negligencia.
  Il a laissé la porte ouverte par négligence.

  ou d'introduire le complément d'agent dans une tournure passive :

  Esta película ha sido vista por millones de espectadores.
  Ce film a été vu par des millions de spectateurs.

  ou encore d'exprimer l'idée de moyen :

  por avión
  par avion

- **por** et **para** s'emploient tous les deux pour donner des indications de lieu. À la différence de **por**, qui permet de situer quelque chose approximativement ou d'indiquer un lieu de passage, **para** s'emploie pour indiquer une destination :

  Pasamos por el casco antiguo.
  Nous sommes passés par la vieille ville.

  Nos marchamos para Marruecos.
  Nous partons pour le Maroc.

- Les deux prépositions servent aussi à donner des indications temporelles. **Para** exprime l'idée d'échéance, de limite, tandis que **por** exprime la durée :

Tiene que enviar su respuesta para el 15.
Vous devez envoyer votre réponse pour le 15.

Estoy de vacaciones por una semana.
Je suis en vacances pour une semaine.

- « par » ne peut pas se traduire par **para**, mais « pour » peut se traduire par **para** ou **por**. Dans le premier cas, on précise le but, dans le second, la cause :

Lo llamé para conseguir información.
Je l'ai appelé pour obtenir des renseignements.

Fue premiada por sus talentos de cantante.
Elle a été récompensée pour ses talents de chanteuse.

- « pour » peut aussi se traduire par **por** quand il implique l'idée d'action, d'engagement en faveur de quelque chose ou de quelqu'un :

Anne luchó toda su vida por los derechos de la mujer.
Anne s'est battue toute sa vie pour les droits des femmes.

No votaré por ti. ¡Ni hablar!
Je ne voterai sûrement pas pour toi !

ou quand il s'agit de préciser ce qui suscite un intérêt, une préoccupation :

el interés de los jóvenes por el arte moderno
l'intérêt des jeunes pour l'art moderne

- Quand « pour » est synonyme de « en échange de, à la place de », on le traduit par **por** :

Lo compré por dos duros.
Je l'ai eu pour trois fois rien.

- Pour exprimer la fréquence, la proportion (« par semaine, par personne » etc.) ainsi que « pour cent », c'est **por** qu'on emploie en espagnol :

diez por ciento por año
dix pour cent par an

- **hacia** indique la direction :

  Van hacia ese edificio.
  Ils vont vers ce bâtiment.

et également l'approximation :

  hacia las tres
  vers trois heures

- comme **por**, il peut s'utiliser par ailleurs avec d'autres prépositions pour exprimer la notion de mouvement dans une certaine direction :

hacia arriba	*vers le haut*
hacia abajo	*vers le bas*
hacia adelante	*vers l'avant*

- **hasta** signifie le plus souvent « jusqu'à » mais dans certains cas, il peut se traduire par « même » :

  hasta la noche
  jusqu'à la nuit

  Hasta un tonto lo entendería.
  Même un imbécile comprendrait ça.

- **tras** s'utilise dans les sens de « derrière » et de « après » :

  Está tras el asiento.
  C'est derrière le siège.
  uno tras otro
  l'un après l'autre

8 Les changements orthographiques

8.1 Les consonnes **c**, **g** et **z** changent sous l'effet de terminaisons plurielles et de certains suffixes. Les changements ci-dessous concernent les verbes. Ils permettent au radical du verbe d'être toujours prononcé comme l'infinitif :

infinitif	changement		temps concernés
-car	**c + e**	→ **-que**	**subj. prés., prét.**
-cer, -cir	**c + a, o**	→ **-za, -zo**	**prés., subj. prés.**
-gar	**g + e, i**	→ **-gue**	**subj. prés., prét.**
-guar	**gu + e**	→ **-güe**	**subj. prés., prét.**
-ger, -gir	**g + a, o**	→ **-ja, -jo**	**prés., subj. prés.**
-guir	**g + a, o**	→ **-ga, -go**	**prés., subj. prés.**
-zar	**z + e**	→ **-ce**	**subj. prés., prét.**

8.2 Les noms et adjectifs pluriels

singulier		pluriel
voyelle + **z**	→	**-ces**
voz	→	**voces**
veloz	→	**veloces**
luz	→	**luces**
capaz	→	**capaces**

8.3 Les noms et adjectifs + suffixes

terminaison	suffixe	nouvelle terminaison	exemple
voyelle + **z** +	**-cito/a**	**-cecito/a**	**vocecita**
-go, -ga +	**-ito/a, -illo/a**	**-guito/a, -guillo/a**	**amiguito/a**
-co, -ca +	**-ito/a, -illo/a**	**-quito/a, -quillo/a**	**foquita**

8.4 Adjectifs superlatifs

terminaison	exemple	superlatif	exemple
-co/-ca	**rico/-a**	**-quísimo/a**	**riquísimo/-a**
-go/-ga	**largo/-a**	**-guísimo/a**	**larguísimo/-a**
voyelle + **z**	**feroz**	**-císimo/a**	**ferocísimo/-a**

8.5 La modification des conjonctions y et e, o et u

En espagnol, on emploie **y** pour traduire la conjonction « et » et **o** pour traduire « ou ». Cependant, ces conjonctions peuvent changer de forme selon leur environnement :

- **y** devient **e** devant tout mot commençant par « **i-** » ou « **hi-** » sauf lorsque « **hi-** » est suivi d'une voyelle :

  padre e hijo
  père et fils
  flores y hierba
  des fleurs et de l'herbe

- **y** demeure devant « **y-** » suivi d'une voyelle :

  tú y yo
  toi et moi

- De la même manière, on emploie **u** au lieu de **o** devant un mot commençant par « **o-** » ou « **ho-** » :

  Andrés u Óscar
  Andrés ou Óscar
  mujeres u hombres famosos
  des femmes ou des hommes célèbres

9 Les nombres

9.1 Les nombres cardinaux

cero	0	**setenta**	70
uno (un, una)	1	**ochenta**	80
dos	2	**noventa**	90
tres	3	**cien (ciento)**	100
cuatro	4	**ciento uno (una)**	101
cinco	5	**ciento dos**	102
seis	6	**ciento diez**	110
siete	7	**ciento cuarenta y dos**	142
ocho	8	**doscientos(as)**	200
nueve	9	**doscientos(as) uno (una)**	201
diez	10	**doscientos(as) dos**	202
once	11	**trescientos(as)**	300
doce	12	**cuatrocientos(as)**	400
trece	13	**quinientos(as)**	500
catorce	14	**seiscientos(as)**	600
quince	15	**setecientos(as)**	700
dieciséis	16	**ochocientos(as)**	800
diecisiete	17	**novecientos(as)**	900
dieciocho	18	**mil**	1 000
diecinueve	19	**mil uno (una)**	1 001
veinte	20	**mil dos**	1 002
veintiuno	21	**mil doscientos(as) veinte**	1 220
veintidós	22	**dos mil**	2 000
treinta	30	**cien mil**	100 000
treinta y uno	31	**doscientos(as) mil**	200 000
cuarenta	40	**un millón**	1 000 000
cincuenta	50	**dos millones**	2 000 000
sesenta	60	**un billón**	1 000 000 000 000

Fractions		Autres	
un medio ; medio(a)	½	**cero coma cinco**	0,5
un tercio	⅓	**uno coma tres**	1,3
dos tercios	⅔	**(el, un) diez por ciento**	10%
un cuarto	¼	**dos más/y dos**	2 + 2
tres cuartos	¾	**dos menos dos**	2 − 2
cinco y tres cuartos	5¾	**dos por dos**	2 × 2
		dos dividido por dos	2 ÷ 2

9.2 Les points à retenir au sujet des nombres cardinaux

- **uno** perd son **o** devant les noms masculins :

  un libro *(un livre)*
  treinta y un niños *(trente et un enfants)*

- 200, 300, 400, etc. ont des formes féminines :

  quinientas opciones *(cinq cents options)*

- **ciento** s'emploie quand le nombre qui suit s'ajoute ; lorsqu'il est multiplié ou devant un nom, on emploie **cien** :

  ciento cuatro *(104)* mais **cien mil** *(100 000)*, **cien euros** *(100 euros)*

- **mil** n'est employé au pluriel que dans le sens de « des milliers de » :

  miles de solicitantes *(des milliers de candidats)*

9.3 Les nombres ordinaux

primer(o)(a)	1°,1ª	**undécimo(a)**	11°,11ª
segundo(a)	2°,2ª	**duodécimo(a)**	12°,12ª
tercer(o)(a)	3°,3ª	**decimotercer(o)(a)**	13°,13ª
cuarto(a)	4°,4ª	**decimocuarto(a)**	14°,14ª
quinto(a)	5°,5ª	**decimoquinto(a)**	15°,15ª
sexto(a)	6°,6ª	**decimosexto(a)**	16°,16ª
séptimo(a)	7°,7ª	**decimoséptimo(a)**	17°,17ª
octavo(a)	8°,8ª	**decimoctavo(a)**	18°,18ª
noveno(a)	9°,9ª	**decimonoveno(a)**	19°,19ª
décimo(a)	10°,10ª	**vigésimo(a)**	20°,20ª

9.4 Les points à retenir au sujet des nombres ordinaux

- les ordinaux s'accordent en genre et en nombre avec le nom qu'ils accompagnent :

  la primera vez *(la première fois)*
  Felipe segundo *(Philippe II)*

- **primero** et **tercero** perdent leur **o** devant un nom masculin singulier :

  el primer premio *(le premier prix)*
  el tercer día *(le troisième jour)*

- à partir de **décimo**, les ordinaux sont rarement employés et sont remplacés par le cardinal :

  el siglo diecisiete *(le dix-septième siècle)*
  Alfonso doce *(Alphonse XII)*
  en el piso trece *(au treizième étage)*

  mais :

  vigésimo(a) *(vingtième*, sauf avec les titres royaux et les siècles)
  centésimo(a) *(centième)*
  milésimo(a) *(millième)*
  millonésimo(a) *(millionième)*

9.5 Les autres usages des nombres

- Nombres collectifs :

un par	*une paire*
una decena (de personas)	*une dizaine (de personnes)*
una docena (de niños)	*une douzaine (d'enfants)*
una quincena (de hombres)	*une quinzaine (d'hommes)*
una veintena (de coches)	*une vingtaine (de voitures)*
un centenar, una centena (de casas)	*une centaine (de maisons)*
cientos/centenares de personas	*des centaines de personnes*
un millar (de soldados)	*un millier (de soldats)*

- Mesures :

veinte metros cuadrados
vingt mètres carrés
veinte metros cúbicos
vingt mètres cubes
un puente de cuarenta metros de largo/longitud
un pont de quarante mètres de long

- Distance :

De aquí a Madrid hay 400 kilómetros.
D'ici à Madrid, il y a 400 kilomètres.
a siete kilómetros de aquí
à sept kilomètres d'ici

9.6 Les heures

¿Qué hora es?
Quelle heure est-il ?
Es... (une heure, minuit, midi)
Il est...
Son las... (aux autres heures)
Il est...
Es la una y cuarto.
Il est une heure et quart.
Son las diez menos cinco.
Il est dix heures moins cinq.

00.00	**medianoche ; las doce (de la noche)** *(minuit)*
00.10	**las doce y diez (de la noche)** *(minuit dix)*
00.15	**las doce y cuarto** *(minuit et quart)*
00.30	**las doce y media**
00.45	**la una menos cuarto**
01.00	**la una (de la madrugada)** *(une heure du matin)*
01.10	**la una y diez (de la madrugada)**
02.45	**las tres menos cuarto**
07.00	**las siete (de la mañana)**
07.50	**las ocho menos diez**
12.00	**mediodía ; las doce (de la mañana)** *(midi)*
13.00	**la una (de la tarde)** *(une heure de l'après-midi)*
19.00	**las siete (de la tarde)** *(sept heures du soir, dix-neuf heures)*
21.00	**las nueve (de la noche)**

➢ Notez que lorsqu'il s'agit d'un emploi du temps ou d'horaires, c'est l'horloge de 24 heures qui est employée :

las dieciséis cuarenta y cinco (16.45)

9.7 Le calendrier

- Les dates :

¿Qué día es hoy?
¿A qué día estamos?
Quel jour est-on aujourd'hui ?
Es (el)...
Estamos a...
On est le...
uno/primero de mayo
premier mai
dos de mayo
deux mai
lunes tres de octubre
lundi trois octobre
Vienen el siete de marzo.
Ils viennent le sept mars.

- Les années :

Nací en 1990.
Je suis né en 1990.
el veinte de enero de mil novecientos setenta
le vingt janvier mille neuf cent soixante-dix

ESPAÑOL – FRANCÉS

ESPAGNOL – FRANÇAIS

Aa

A, a[1] NF (*letra*) A, a *m inv* ; **A de Antonio** ≈ A comme Anatole

a[2]

(*a* + *el* = **al**) PREP **1** (*dirección*) à ; **fueron a Madrid/Grecia** ils sont allés à Madrid/en Grèce ; **caerse al río** tomber dans la rivière ; **subirse a la mesa** monter sur la table ; **bajarse a la calle** descendre dans la rue ; **llegó a la oficina** il est arrivé au bureau ; **me voy a casa** je rentre à la maison *o* chez moi ; **mira a la izquierda** regarde à gauche

2 (*distancia*): **está a 15 km de aquí** c'est à 15 km d'ici

3 (*posición*): **estar a la mesa** être à table ; **escríbelo al margen** écris-le dans la marge ; **al lado de** à côté de

4 (*tiempo*): **a las 10/a medianoche** à 10 heures/à minuit ; **a la mañana siguiente** le lendemain matin ; **a los pocos días** peu de jours après ; **estamos a nueve de julio** nous sommes le neuf juillet ; **a los 24 años** à (l'âge de) 24 ans ; **una vez a la semana** une fois par semaine

5 (*manera*): **a la inglesa** à l'anglaise ; **a caballo** à cheval ; **a cuadros** à carreaux ; **a oscuras** à tâtons ; **a la plancha** (*Culin*) grillé ; **a toda prisa** en toute hâte, à toute vitesse

6 (*medio, instrumento*): **a lápiz** au crayon ; **a mano** à la main ; **escrito a máquina** tapé à la machine ; **le echaron a patadas** ils l'ont mis dehors à coups de pied aux fesses

7 (*razón*): **a dos euros el kilo** à deux euros le kilo ; **a más de 50 km/h** à plus de 50 km/h ; **se vende lana a peso** laine vendue au poids

8 (*complemento directo: no se traduce*): **vi a Juan/a tu padre** j'ai vu Juan/ton père

9 (*dativo*): **se lo di a Pedro** je l'ai donné à Pedro

10 (*verbo + a + infin*): **empezó a trabajar** il a commencé à travailler ; (*: no se traduce*): **voy a verle** je vais le voir ; **vengo a decírtelo** je viens te le dire

11 (*percepción, sentimientos*): **huele a rosas** ça sent la rose ; **miedo a la verdad** peur *f* de la vérité

12 (*simultaneidad*): **al verle, le reconocí inmediatamente** quand je l'ai vu, je l'ai tout de suite reconnu

13 (*n+a+infin*): **el camino a recorrer** le chemin à parcourir ; **asuntos a tratar** thèmes *mpl* à traiter

14 (*imperativo*): **¡a callar!** taisez-vous ! ; **¡a comer!** à table !

15 (*frases adverbiales*): **a no ser que** sauf si ; **a lo mejor** peut-être

16 (*desafío*): **¡a que no!** je parie que non !

> No debe confundirse *a* con *à*. En el primer caso hace referencia tanto a la primera letra del abecedario (*le a*) como a la tercera persona del singular del presente de indicativo del verbo *avoir* (*Il a vingt ans*), mientras que en el segundo caso se trata de la preposición (*Je vais à la patinoire*).

A. ABR (*Meteorología: = anticiclón*) A, a (*= anticyclone*) ; (*= amperio(s)*) A (*= ampère(s)*)

ábaco NM boulier *m*

abad, esa NM/F abbé (abbesse)

abadía NF abbaye *f*

abajo

▸ ADV **1** (*posición*) en bas ; **allí abajo** là-bas ; **el piso de abajo** l'appartement du dessous ; **la parte de abajo** le bas ; **más abajo** plus bas ; (*en texto*) ci-dessous ; **desde abajo** d'en bas ; **abajo del todo** tout en bas ; **Pedro está abajo** Pedro est en bas ; **el abajo firmante** le soussigné ; **de seis euros para abajo** au-dessous *o* de moins de six euros

2 (*dirección*): **ir calle abajo** descendre la rue ; **río abajo** en aval

▸ PREP: **abajo de** (*Am*) sous ; **abajo de la mesa** sous la table

▸ EXCL: **¡abajo el gobierno!** à bas le gouvernement !

abajofirmante (*Am*) NMF soussigné(e)

abalance *etc* VB *ver* **abalanzarse**

abalanzarse VPR: **~ sobre** se jeter sur

abalear (*Am*) VT abattre

abalorios NMPL babioles *fpl*

abanderado NM (*de movimiento, causa*) porte-drapeau *m*

abanderar VT (*movimiento, causa*) être le porte-drapeau de

abandonado, -a ADJ abandonné(e)

abandonar VT abandonner ; (*salir de: tb Inform*) quitter ■ **abandonarse** VPR (*descuidarse*) se laisser aller ; **abandonarse a** (*desesperación, dolor*) s'abandonner à ; **abandonarse a la bebida** s'adonner à la boisson

abandono NM abandon *m* ; **por ~** (*Deporte*) par abandon

abanicar VT éventer

abanico NM éventail *m*

abanique *etc* VB *ver* **abanicar**

abaratamiento NM baisse *f* des prix

abaratar VT (*artículo*) baisser le prix de ; (*precio*) baisser ■ **abaratarse** VPR (*artículo*) coûter moins cher ; (*precio*) baisser

abarcar VT (*temas, período*) comprendre ; (*rodear con los brazos*) embrasser ; (*AM: acaparar*) accaparer ; **quien mucho abarca poco aprieta** qui trop embrasse mal étreint

abarque *etc* VB *ver* **abarcar**

abarrotado, -a ADJ : **~ (de)** plein(e) à craquer (de)

abarrotar VT remplir

abarrotería (*AM*) NF (*tienda*) épicerie *f*

abarrotero, -a (*AM*) NM/F (*tendero*) épicier(-ière)

abarrotes (*AM*) NMPL (*ultramarinos*) épicerie *fsg*

abastecedor, a ADJ : **país ~** pays *msg* fournisseur ▶ NM/F fournisseur(-euse)

abastecer VT : **~ (de)** fournir (en), approvisionner (en) ■ **abastecerse** VPR : **abastecerse (de)** s'approvisionner (en)

abastecimiento NM approvisionnement *m*

abastezca *etc* VB *ver* **abastecer**

abasto NM : **no dar ~** être débordé(e) ; **no dar ~ a algo** ne pas arriver à qch ; **no dar ~ a** *o* **para hacer** ne pas arriver à faire ■ **abastos** NMPL ravitaillement *msg*

abatible ADJ : **asiento ~** siège *m* rabattable

abatido, -a ADJ (*deprimido*) abattu(e)

abatimiento NM (*depresión*) abattement *m*

abatir VT abattre ; (*asiento*) rabattre ■ **abatirse** VPR se laisser abattre ; **abatirse sobre** (*águila, avión*) s'abattre sur

abdicación NF abdication *f*

abdicar VI : **~ (en algn)** abdiquer (en faveur de qn)

abdique *etc* VB *ver* **abdicar**

abdomen NM abdomen *m*

abdominal ADJ abdominal(e) ■ **abdominales** NMPL (*tb*: **ejercicios abdominales**) abdominaux *mpl*

abecé NM abc *m inv*

abecedario NM abécédaire *m*

abedul NM bouleau *m*

abeja NF abeille *f*

abejorro NM bourdon *m*

aberración NF aberration *f*, absurdité *f*

aberrante ADJ aberrant(e)

abertura NF ouverture *f* ; (*en camisa*) échancrure *f* ; (*en falda*) fente *f*

abertzale ADJ, NMF nationaliste *mf* basque

abeto NM sapin *m*

abiertamente ADV ouvertement

abierto, -a PP *de* **abrir** ▶ ADJ ouvert(e) ; **a campo ~** en rase campagne ; **emitir en ~** (*TV*) diffuser en clair

abigarrado, -a ADJ bigarré(e)

abigeo (*MÉX*) NM voleur *m* de bétail

abismal ADJ (*diferencia*) colossal(e)

abismar VT (*en dolor, desesperación*) plonger ■ **abismarse** VPR : **abismarse en** plonger dans ; (*lectura*) se plonger dans ; (*AM: asombrarse*) s'étonner de

abismo NM abîme *m* ; **de sus ideas a las mías hay un ~** entre ses idées et les miennes, il y a un abîme

abjurar VT abjurer ▶ VI : **~ de** abjurer

ablación NF (*de órgano*) ablation *f* ; **~ femenina** *o* **del clítoris** excision *f*

ablandar VT ramollir ; (*persona*) adoucir ; (*carne*) attendrir ■ **ablandarse** VPR se ramollir ; (*persona*) s'adoucir

abnegación NF abnégation *f*

abnegado, -a ADJ (*persona*) dévoué(e)

abobado, -a ADJ abruti(e)

abobamiento NM abrutissement *m*

abocado, -a ADJ : **verse ~ al desastre** courir au désastre

abochornado, -a ADJ honteux(-euse), gêné(e), confus(e)

abochornar VT faire rougir (de honte) ■ **abochornarse** VPR rougir (de honte)

abofetear VT gifler

abogacía NF barreau *m* ; **ejercer la ~** être inscrit(e) au barreau

abogado, -a NM/F avocat(e) ; **~ defensor(a)** avocat(e) de la défense ; **~ del diablo** avocat du diable ; **~ del Estado** ≈ procureur *m* général ; **~ de oficio** avocat(e) commis(e) d'office

abogar VI : **~ por** plaider pour

abogue *etc* VB *ver* **abogar**

abolengo NM lignage *m* ; **de ~** (*familia, persona*) de vieille souche

abolición NF abolition *f*

abolir VT abolir

abolladura NF bosse *f*

abollar VT (*metal*) bosseler ; (*coche*) cabosser ■ **abollarse** VPR (*metal*) se bosseler ; (*coche*) se cabosser

abombar VT (*deformar*) bomber, rendre convexe ■ **abombarse** VPR (*deformarse*) bomber, prendre une forme convexe

abominable ADJ abominable

abominación NF abomination *f*

abominar VT avoir en horreur, avoir en abomination ▶ VI : **~ de** maudire

abonado, -a ADJ (*deuda etc*) acquitté(e) ▶ NM/F abonné(e)

abonar VT (*importe*) régler ; (*terreno*) fertiliser ; **~ a algn a** abonner qn à ; **~ dinero en una cuenta** verser de l'argent sur un compte ■ **abonarse** VPR: **abonarse a** s'abonner à
abonero, -a (MÉX) NM/F marchand(e) ambulant(e)
abono NM (*fertilizante*) engrais *msg* ; (*suscripción*) abonnement *m*
abordable ADJ abordable
abordaje NM (*Náut*) abordage *m* ; **¡al ~!** à l'abordage !
abordar VT aborder
aborigen NMF aborigène *mf*
aborrecer VT détester
aborrecimiento NM aversion *f*
aborrezca *etc* VB *ver* **aborrecer**
abortar VI (*espontáneamente*) faire une fausse couche ; (*de manera provocada*) avorter ▶ VT (*huelga, golpe de estado*) faire avorter ; (*Inform*) abandonner
abortista ADJ (*clínica*) pratiquant l'avortement ; (*política*) favorable à l'avortement ▶ NMF (*partidario*) partisan(e) de l'avortement
aborto NM (*espontáneo*) fausse couche *f* ; (*provocado*) avortement *m*
abotargado, -a ADJ bouffi(e)
abotonar VT boutonner ■ **abotonarse** VPR se boutonner
abovedado, -a ADJ voûté(e)
abr. ABR = **abril**
abrace *etc* VB *ver* **abrazar**
abrasador, a ADJ (*sol*) brûlant(e)
abrasar VT brûler ▶ VI être très chaud(e) ■ **abrasarse** VPR: **abrasarse de calor** étouffer ; **abrasarse vivo** (*de calor*) brûler vif
abrasivo, -a ADJ abrasif(-ive) ▶ NM abrasif *m*
abrazadera NF collier *m*
abrazar VT serrer dans ses bras ; (*fig*) embrasser ■ **abrazarse** VPR s'étreindre
abrazo NM accolade *f* ; **dar un ~ a algn** serrer qn dans ses bras ; **« un ~ »** (*en carta*) « amitiés »
abrebotellas NM INV ouvre-bouteille *m*
abrecartas NM INV coupe-papier *m inv*
abrefácil NM ouverture *f* facile ▶ ADJ (*envase*) à ouverture facile
abrelatas NM INV ouvre-boîte *m*
abrevadero NM abreuvoir *m*
abrevar VI s'abreuver
abreviado, -a ADJ abrégé(e)
abreviar VT abréger ▶ VI abréger ; (*apresurarse*) s'empresser ; **bueno, para ~** bon, pour abréger
abreviatura NF abréviation *f*
abriboca (ARG) ADJ INV bouche bée
abridor NM (*de botellas*) ouvre-bouteille *m* ; (*de latas*) ouvre-boîte *m*
abrigar VT abriter ; (*suj: ropa*) couvrir ; (*fig: sospechas, dudas*) nourrir ▶ VI (*ropa*) tenir chaud ■ **abrigarse** VPR se couvrir
abrigo NM (*prenda*) manteau *m* ; (*lugar*) abri *m* ; **al ~ de** à l'abri de ; **~ de pieles** manteau de fourrure
abrigue *etc* VB *ver* **abrigar**
abril NM avril *m* ; *ver tb* **julio**
abrillantar VT faire reluire
abrir VT ouvrir ; **~ la mano** (*en examen, oposición*) être indulgent(e) ▶ VI ouvrir ▶ NM: **en un ~ y cerrar de ojos** en un clin d'œil ■ **abrirse** VPR s'ouvrir ; **abrirse a** (*puerta, ventana*) donner sur ; **abrirse paso** se frayer un chemin
abrochar VT (*con botones*) boutonner ; (*con hebilla*) boucler ■ **abrocharse** VPR (*zapatos*) se lacer ; (*abrigo*) se boutonner ; **abrocharse el cinturón** attacher sa ceinture
abrumador, a ADJ (*mayoría etc*) écrasant(e)
abrumar VT accabler
abrupto, -a ADJ abrupt(e)
ABS NM ABR (= *Antiblocking System*) ABS *m*
absceso NM abcès *msg*
absenta NF absinthe *f*
absentismo NM absentéisme *m*
ábside NM abside *f*
absolución NF (*Rel*) absolution *f* ; (*Jur*) non-lieu *m*
absolutamente ADV absolument
absolutista ADJ, NMF absolutiste *mf*
absoluto, -a ADJ absolu(e) ; **en ~** (*para nada*) en aucun cas ; (*en respuesta*) pas du tout
absolver VT (*Rel, Jur*) absoudre
absorbencia NF absorption *f*
absorbente ADJ absorbant(e)
absorber VT absorber ■ **absorberse** VPR: **absorberse en algo** s'absorber dans qch
absorción NF (*tb Com*) absorption *f*
absorto, -a PP *de* **absorber** ▶ ADJ: **~ en** absorbé(e) par *o* dans
abstemio, -a ADJ abstinent(e)
abstención NF abstention *f*
abstencionismo NM abstentionnisme *m*
abstencionista NMF abstentionniste *mf*
abstendré VB *ver* **abstenerse**
abstenerse VPR s'abstenir ; **~ de algo** se priver de qch ; **~ de hacer** s'abstenir de faire
abstenga *etc* VB *ver* **abstenerse**
abstinencia NF abstinence *f*
abstracción NF abstraction *f* ; **~ hecha de** abstraction faite de
abstracto, -a ADJ abstrait(e) ; **en ~** dans l'abstrait
abstraer VT (*problemas, cuestión*) isoler ■ **abstraerse** VPR: **abstraerse (de)** s'abstraire (de)
abstraído, -a ADJ absorbé(e)
abstraiga *etc*, **abstraje** *etc*, **abstrayendo** *etc* VB *ver* **abstraer**
abstuve *etc* VB *ver* **abstenerse**

absuelto PP *de* **absolver**
absurdo, -a ADJ absurde ▸ NM absurdité *f*; **lo ~ es que …** ce qui est absurde, c'est que …
abuchear VT huer
abucheo NM huées *fpl*
abuela NF grand-mère *f*; (*pey*) mémère *f*; **¡cuéntaselo a tu ~!** (*fam*) avec moi ça ne prend pas !; **no tener** *o* **necesitar ~** (*fam*) s'envoyer des fleurs
abuelo NM grand-père *m*; (*pey*) pépère *m* ■ **abuelos** NMPL grands-parents *mpl*; (*antepasados*) ancêtres *mpl*
abulense ADJ d'Avila ▸ NMF natif(-ive) *o* habitant(e) d'Avila
abulia NF aboulie *f*
abúlico, -a ADJ aboulique
abultado, -a ADJ (*labios, mejillas, vientre*) enflé(e); (*paquete*) volumineux(-euse); (*resultado, cantidad*) important(e)
abultar VT (*importancia, consecuencias*) exagérer ▸ VI prendre de la place
abundamiento NM: **a mayor ~** à plus forte raison
abundancia NF abondance *f*; **en ~** en abondance
abundante ADJ abondant(e)
abundantemente ADV abondamment
abundar VI abonder; **~ en** abonder en; **~ en una opinión** abonder dans un sens
aburguesado, -a ADJ embourgeoisé(e)
aburguesarse VPR s'embourgeoiser
aburrido, -a ADJ (*que aburre*) ennuyeux(-euse); **estar ~** s'ennuyer; **~ de** fatigué(e) de
aburrimiento NM ennui *m*
aburrir VT ennuyer ■ **aburrirse** VPR s'ennuyer; **aburrirse como una ostra** s'ennuyer comme un rat mort
abusado, -a (*MÉX*) ADJ (*astuto*) malin(-igne)
abusar VI: **~ de** abuser de
abusivo, -a ADJ abusif(-ive)
abuso NM abus *msg*; **~ de autoridad** abus d'autorité; **~ de confianza** abus de confiance; **abusos sexuales** abus sexuels
abusón, -ona (*fam*) ADJ, NM/F profiteur(-euse)
abyecto, -a ADJ abject(e)
a.C. ABR (= *antes de Cristo*) av. J.-C. (= *avant Jésus-Christ*)
a/c ABR (= *al cuidado de*) abs (= *aux bons soins de*); (= *a cuenta*) a/o (= *un acompte de*)
acá ADV (*esp AM: lugar*) ici; **pasearse de ~ para allá** faire les cent pas; **¡vente para ~!** approche un peu !; **de junio ~** depuis juin; **más ~** en deçà
acabado, -a ADJ (*mueble, obra*) achevé(e), fini(e); (*persona*) usé(e) ▸ NM finition *f*
acabar VT achever, finir; (*comida, bebida*) terminer, finir; (*retocar*) parachever ▸ VI finir; **~ en** se terminer en; **~ con** en finir avec; (*destruir*) liquider; **esto acabará conmigo** cela va mal finir; **~ de hacer** venir de faire; **no acaba de gustarme** cela ne me plaît pas vraiment; **¡acabáramos!** (*fam*) c'est pas trop tôt ! (*fam*); **~ mal** finir mal; **~ haciendo** *o* **por hacer** finir par faire ■ **acabarse** VPR finir, se terminer; (*gasolina, pan, agua*) être épuisé(e); **¡se acabó!** terminé !; (*¡basta!*) ça suffit !; **se me acabó el tabaco** je n'ai plus de cigarettes
acabose NM: **esto es el ~** c'est le bouquet
acacia NF acacia *m*
academia NF académie *f*; (*de enseñanza*) école *f* privée; **la Real A~** l'Académie royale d'Espagne; **~ de idiomas** école de langues; **~ militar** école militaire
académico, -a ADJ académique; (*universitario*) universitaire ▸ NM/F académicien(ne)
acaecer VI survenir
acaezca *etc* VB *ver* **acaecer**
acallar VT faire taire
acalorado, -a ADJ échauffé(e)
acalorarse VPR (*fig*) s'échauffer
acalórico ADJ acalorique
acampada NF: **ir de ~** partir camper
acampanado, -a ADJ (*pantalón*) à pattes d'éléphant; (*falda*) évasé(e)
acampar VI camper
acanalado, -a ADJ cannelé(e)
acantilado NM falaise *f*
acaparador, a NM/F accapareur(-euse)
acaparar VT (*alimentos, gasolina*) accumuler; (*atención*) accaparer
acápite (*AM*) NM (*párrafo*) paragraphe *m*
acaramelado, -a ADJ (*Culin*) caramélisé(e); (*voz, persona*) mielleux(-euse); **estar acaramelados** (*novios*) se dévorer des yeux l'un l'autre
acariciar VT caresser; (*esperanza*) nourrir
ácaro NM acarien *m*; **~ del polvo** acarien de maison
acarrear VT transporter; (*fig*) entraîner
acaso ADV peut-être; **por si ~** au cas où; **si ~** à la rigueur; **¿~?** (*AM fam*) alors … ?; **¿~ es mi culpa?** c'est ma faute, peut-être ?
acatamiento NM respect *m*
acatar VT respecter
acatarrado, -a ADJ enrhumé(e)
acatarrarse VPR s'enrhumer
acaudalado, -a ADJ nanti(e)
acaudillar VT (*motín, revolución*) diriger; (*tropas*) commander
acceder VI: **~ a** accéder à; (*Inform*) avoir accès à
accesible ADJ accessible; **~ a algn** (*comprensible*) accessible à qn
accésit (*pl* **accésits**) NM prix *msg* de consolation
acceso NM (*tb Med, Inform*) accès *msg*; **tener ~ a** avoir accès à; **de ~ múltiple** à accès multiples;

~ aleatorio/directo/secuencial (*Inform*) accès aléatoire/direct/séquentiel
accesorio, -a ADJ accessoire ▸ NM accessoire *m* ■ **accesorios** NMPL (*prendas de vestir, Auto*) accessoires *mpl* ; (*de cocina*) ustensiles *mpl*
accidentado, -a ADJ (*terreno*) accidenté(e) ; (*viaje, día*) mouvementé(e) ▸ NM/F accidenté(e)
accidental ADJ accidentel(le)
accidentalmente ADV accidentellement
accidentarse VPR avoir un accident
accidente NM accident *m* ; **por ~** accidentellement ; **tener** *o* **sufrir un ~** avoir un accident ; **~ laboral** *o* **de trabajo/de tráfico** accident du travail/de la circulation ■ **accidentes** NMPL (*tb*: **accidentes geográficos**) accidents *mpl* de terrain
acción NF (*tb Fin*) action *f* ; **~ liberada** action entièrement libérée ; **~ ordinaria/preferente** action ordinaire/de priorité
accionamiento NM actionnement *m*
accionar VT actionner ; (*Inform*) commander
accionariado NM actionnariat *m*, actionnaires *mpl*
accionarial ADJ: **paquete ~, participación ~** actionnariat *m*, participation *f*
accionista NMF actionnaire *mf*
acebo NM houx *msg*
acechanza NF = **asechanza**
acechar VT guetter
acecho NM: **estar al ~ (de)** être à l'affût (de)
acedía NF (*Med*) acidité *f*
aceitar VT huiler
aceite NM huile *f* ; **~ de colza/de girasol/de hígado de bacalao/de oliva/de ricino/de soja** huile de colza/de tournesol/de foie de morue/d'olive/de ricin/de soja
aceitera NF burette *f* (d'huile)
aceitoso, -a ADJ huileux(-euse)
aceituna NF olive *f* ; **~ rellena** olive farcie
aceitunado, -a ADJ (*color*) olive *inv* ; **de tez aceitunada** au teint olivâtre
aceleración NF accélération *f*
acelerado, -a ADJ (*rápido*) accéléré(e), rapide ; (*curso*) accéléré(e), intensif(-ive) ; (*persona*) speed (*fam*) ; **con el corazón ~** le cœur battant à vive allure *o* la chamade ; **con paso ~** d'un pas vif, à vive allure ; **está muy ~ últimamente** il est très speed dernièrement (*fam*)
acelerador NM accélérateur *m*
acelerar VT accélérer ; **~ el paso/la marcha** presser le pas/l'allure ▸ VI accélérer
acelga NF blette *f*
acendrado, -a ADJ: **de ~ carácter español** typiquement espagnol
acento NM accent *m* ; **~ cerrado** fort accent
acentuación NF accentuation *f*
acentuar VT accentuer ■ **acentuarse** VPR s'accentuer
acepción NF acception *f*
aceptable ADJ acceptable
aceptación NF acceptation *f* ; **tener gran ~** être très populaire
aceptar VT accepter ; **~ hacer algo** accepter de faire qch
acequia NF canal *m* d'irrigation
acera NF trottoir *m*
acerado, -a ADJ en *o* d'acier ; (*fig: duro*) d'acier ; (*: mordaz*) acéré(e)
acerbo, -a ADJ (*sabor*) acerbe ; (*dolor, sufrimiento*) amer(-ère)
acerca: **~ de** *prep* sur, à propos de ; **hablar ~ de algo** parler de qch
acercar VT approcher ■ **acercarse** VPR s'approcher ; **acercarse a** s'approcher de
acerico NM pelote *f* à épingles
acero NM acier *m* ; **~ inoxidable** acier inoxydable
acerque *etc* VB *ver* **acercar**
acérrimo, -a ADJ acharné(e)
acertado, -a ADJ (*respuesta, medida*) bon(ne) ; (*color, decoración*) heureux(-euse)
acertar VT (*blanco*) atteindre ; (*solución, adivinanza*) trouver ▸ VI réussir ; **~ a hacer algo** réussir à faire qch ; **~ con** (*camino, calle*) trouver
acertijo NM devinette *f*
acervo NM: **~ cultural** patrimoine *m* culturel ; **~ común** héritage *m* commun
acetona NF acétone *f*
achacar VT: **~ algo a** imputer qch à
achacoso, -a ADJ indisposé(e), souffrant(e)
achantar (*fam*) VT (*acobardar*) faire peur, flanquer la trouille (*fam*) ■ **achantarse** VPR se dégonfler
achaparrado, -a ADJ courtaud(e)
achaque VB *ver* **achacar** ▸ NM ennui *m* de santé
achatar VT: **achatarle la nariz a algn** casser la figure à qn
achicar VT rétrécir ; (*humillar*) abaisser ; (*Náut*) écoper ■ **achicarse** VPR rétrécir, se rétrécir ; (*fig*) s'humilier
achicharrante ADJ (*calor*) étouffant(e), accablant(e) ; (*sol*) brûlant(e)
achicharrar VT (*comida*) brûler ■ **achicharrarse** VPR (*comida*) brûler ; (*planta*) griller ; (*persona*) cuire
achicoria NF chicorée *f*
achinado, -a ADJ (*ojos*) bridé(e) ; (*AM Fisiol*) métis(se) ▸ NM/F (*AM*) métis(se)
achique *etc* VB *ver* **achicar**
acholado, -a (*AM*) ADJ (*Fisiol*) métis(se)
achucha NF, **achuchas** (*AM*) NFPL abats *mpl*
achuchar VT exciter ; **la vida está muy achuchada** la vie n'est pas rose tous les jours
achuchón NM empoignade *f*

achura NF, **achuras** (*Am*) NFPL abats *mpl*
aciago, -a ADJ funeste
acicalar VT (*casa*) décorer, orner ; (*armas*) fourbir ; (*persona*) pomponner ■ **acicalarse** VPR se pomponner
acicate NM stimulant *m*
acidez NF acidité *f*
ácido, -a ADJ acide ▸ NM (*tb fam: droga*) acide *m*
acierto VB *ver* **acertar** ▸ NM (*al adivinar*) bonne réponse *f* ; (*éxito, logro*) réussite *f*, idée *f* judicieuse ; (*habilidad*) adresse *f* ; **fue un ~ suyo** ce fut judicieux de sa part
aclamación NF acclamation *f* ; **por ~** par acclamation
aclamar VT (*aplaudir*) acclamer ; (*proclamar*) proclamer
aclaración NF éclaircissement *m*
aclarado NM (*Esp: de ropa*) rinçage *m*
aclarar VT éclaircir ; (*Esp: ropa*) rincer ▸ VI (*tiempo*) s'éclaircir ■ **aclararse** VPR (*persona*) s'expliquer ; (*asunto*) s'éclaircir ; **aclararse la garganta** s'éclaircir la voix *o* la gorge
aclaratorio, -a ADJ explicatif(-ive)
aclimatación NF acclimatation *f*
aclimatar VT acclimater ■ **aclimatarse** VPR s'acclimater ; **aclimatarse a algo** s'acclimater à qch, se faire à qch
acné NM acné *f*
ACNUR NM ABR (= *Alto Comisionado de las Naciones Unidas*) HCR *m* (= *Haut-Commissariat des Nations unies pour les réfugiés*)
acobardar VT intimider ■ **acobardarse** VPR se laisser intimider ; **acobardarse (ante)** reculer (devant)
acodarse VPR: **~ en** s'accouder à
acogedor, a ADJ accueillant(e)
acoger VT accueillir ■ **acogerse** VPR: **acogerse a** (*ley, norma etc*) se référer à
acogida NF accueil *m*
acogotar VT (*derribar*) assommer ; (*dominar*) dominer, vaincre, intimider
acoja *etc* VB *ver* **acoger**
acojonante (*Esp fam!*) ADJ super (*fam*)
acojonar (*fam!: esp Esp*) VT (*atemorizar*) foutre les jetons à (*fam*), ficher la trouille à (*fam*), faire flipper (*fam*) ■ **acojonarse** VPR flipper (*fam*), avoir les jetons, avoir la trouille (*fam*)
acolchar VT ouater
acólito NM (*Rel*) enfant *m* de chœur ; (*fig*) acolyte *m*
acometer VT (*empresa, tarea*) entreprendre ▸ VI: **~ (contra)** attaquer
acometida NF attaque *f* ; (*de gas, agua*) branchement *m*
acomodado, -a ADJ aisé(e)
acomodador, a NM/F placeur (ouvreuse)
acomodar VT (*paquetes, maletas*) disposer ; (*personas*) installer ■ **acomodarse** VPR s'installer ; **acomodarse a** s'accommoder à, s'adapter à ; **¡acomódese a su gusto!** mettez-vous à l'aise !
acomodaticio, -a ADJ (*pey*) débonnaire ; (*: manejable*) malléable
acomodo NM (*de paquetes, maletas*) disposition *f* ; (*de personas*) installation *f* ; (*alojamiento*) logement *m* ; (*Am pey: enchufe*) piston *f* ; (*Am: soborno*) pot-de-vin *m*
acompañamiento NM accompagnement *m*
acompañante, -a NM/F (*en juego, deporte*) partenaire *mf* ; (*guía en un viaje*) accompagnateur(-trice)
acompañar VT accompagner ; **¿quieres que te acompañe?** veux-tu que je t'accompagne ? ; **~ a algn a la puerta** raccompagner qn à la porte ; **le acompaño en el sentimiento** toutes mes condoléances
acompasado, -a ADJ régulier(-ière)
acomplejado, -a ADJ complexé(e)
acomplejar VT complexer ■ **acomplejarse** VPR faire des complexes
acondicionado, -a ADJ: **~ para** *o* **como** aménagé(e) pour *o* en ; **bien/mal ~** bien/mal équipé(e)
acondicionador NM: **~ de aire** climatiseur *m*
acondicionar VT: **~ (para)** aménager (pour)
acongojar VT angoisser
aconsejable ADJ conseillé(e) ; **es ~ hacer** il est conseillé de faire
aconsejar VT conseiller ; **~ a algn hacer** *o* **que haga/que no haga algo** conseiller à qn de faire/de ne pas faire qch ■ **aconsejarse** VPR: **aconsejarse con** *o* **de** prendre conseil auprès de
acontecer VI arriver
acontecimiento NM événement *m*, évènement *m*
acontezca *etc* VB *ver* **acontecer**
acopiar VT (*comida, leña*) faire des réserves de ; (*datos*) recueillir ; (*Com*) faire des stocks de
acopio NM: **hacer ~ de** faire provision de
acoplamiento NM (*Tec*) accouplement *m*
acoplar VT: **~ (a)** accoupler (à) ■ **acoplarse** VPR s'accoupler ; **acoplarse a** s'adapter à
acoquinar (*fam*) VT intimider ■ **acoquinarse** VPR se démonter (*fam*)
acorazado, -a ADJ blindé(e) ▸ NM cuirassé *m*
acordar VT décider ; (*precio, condiciones*) convenir de ; **~ hacer algo** (*resolver*) décider *o* convenir de faire qch ■ **acordarse** VPR: **acordarse de** se souvenir de
acorde ADJ (*Mús*) accordé(e) ; (*conforme*) du même avis ; **~ (con)** conforme (à) ▸ NM (*Mús*) accord *m*
acordeón NM accordéon *m*
acordeonista NMF accordéoniste *mf*
acordonado, -a ADJ encerclé(e)
acordonar VT encercler
acorralar VT acculer ; (*fig*) intimider
acortamiento NM raccourcissement *m*

acortar VT raccourcir ; (*cantidad*) réduire ▪ **acortarse** VPR raccourcir
acosador, a NM/F (*psicológico, sexual, escolar*) harceleur(-euse)
acosar VT (*perseguir*) traquer ; (*hostigar*) harceler ; **~ a algn a preguntas** harceler qn de questions
acoso NM harcèlement *m* ; **~ escolar** harcèlement à l'école ; **~ sexual** harcèlement sexuel
acostar VT (*en cama*) coucher ; (*en suelo*) allonger ; (*Náut*) accoster ▪ **acostarse** VPR (*para descansar*) s'allonger ; (*para dormir*) se coucher ; **acostarse con algn** coucher avec qn
acostumbrado, -a ADJ habituel(le) ; **~ a** habitué(e) à
acostumbrar VT: **~ a algn a hacer algo** habituer qn à faire qch ; **~ (a) hacer algo** avoir l'habitude de faire qch ▪ **acostumbrarse** VPR: **acostumbrarse a** prendre l'habitude de ; (*país, clima*) se faire à
acotación NF (*nota*) annotation *f* ; (*Geo*) cote *f* ; (*de límite*) délimitation *f* ; (*Teatro*) indication *f* scénique
acotar VT (*terreno*) délimiter ; (*escrito*) annoter
acotejar (AM) VT (*arreglar objetos*) arranger
ácrata ADJ, NMF anarchiste *mf*
acre ADJ âcre ; (*crítica, humor, tono*) mordant(e) ▸ NM acre *f*
acrecentar VT accroître ▪ **acrecentarse** VPR s'accroître
acreciente *etc* VB *ver* **acrecentar**
acreditación NF accréditation *f*
acreditado, -a ADJ (*Pol*) accrédité(e) ; (*médico, abogado*) de renom ; **una casa acreditada** (*Com*) une firme accréditée
acreditar VT accréditer ; (*Com*) créditer ; **~ como** reconnaître comme ; **~ para** accréditer pour ▪ **acreditarse** VPR: **acreditarse como** (*propietario*) établir sa qualité de ; (*buen médico*) se faire une réputation de
acreedor, a ADJ: **~ a** (*respeto*) digne de ▸ NM/F (*Com*) créancier(-ière) ; **~ común** créancier *m* ; **~ diferido** créancier à terme ; **~ con garantía** créancier gagiste
acribillar VT: **~ a balazos** cribler de balles ; **~ a preguntas** harceler de questions
acrílico, -a ADJ acrylique
acrimonia NF = **acritud**
acriollado, -a (CSUR) ADJ *adapté aux usages d'un pays d'Amérique latine*
acristalar VT vitrer
acritud NF acrimonie *f*
acrobacia NF acrobatie *f* ; **~ aérea** acrobatie aérienne
acróbata NMF acrobate *mf*
acrobático, -a ADJ acrobatique
acta NF (*de reunión*) procès-verbal *m* ; (*certificado*) certificat *m* ; **levantar ~** (*Jur*) dresser procès-verbal ; **~ notarial** acte *m* notarié
actitud NF attitude *f* ; **adoptar una ~ firme** adopter une attitude ferme
activar VT (*mecanismo*) actionner ; (*acelerar*) activer ; (*economía, comercio*) relancer
actividad NF activité *f*
activismo NM activisme *m*
activista NMF activiste *mf*
activo, -a ADJ actif(-ive) ; **estar en ~** (*en ejercicio*) être en activité ▸ NM (*Com*) actif *m* ; **el ~ y el pasivo** l'actif et le passif ; **~ circulante/fijo/inmaterial/invisible/realizable** actif circulant/immobilisé/incorporel/invisible/réalisable ; **activos bloqueados** *o* **congelados** actifs *mpl* gelés ; **~ tóxico** actif *m* toxique
acto NM (*tb Teatro*) acte *m* ; (*ceremonia*) cérémonie *f* ; **en el ~** sur-le-champ ; **~ seguido** immédiatement après ; **hacer ~ de presencia** faire acte de présence
actor NM acteur *m* ; (*Jur*) plaignant(e)
actora ADJ: **parte ~** (*Jur*) partie *f* demanderesse ; (*demandante*) plaignant(e)
actriz NF actrice *f*
actuación NF (*acción*) action *f* ; (*comportamiento*) comportement *m* ; (*Jur*) procédure *f* ; (*Teatro: representación*) représentation *f* ; (*: interpretación*) jeu *m*
actual ADJ actuel(le) ; **el seis del ~** le six courant
actualice *etc* VB *ver* **actualizar**
actualidad NF actualité *f* ; **la ~** l'actualité ; **en la ~** actuellement ; **ser de (gran) ~** être d'actualité
actualización NF actualisation *f*
actualizar VT actualiser, mettre à jour
actualmente ADV à l'heure actuelle, actuellement
actuar VI (*comportarse*) agir ; (*actor*) jouer ; (*Jur*) entamer une procédure ; **~ de** tenir le rôle de
actuario, -a NM/F (*Jur*) greffier *mf* ; (*Com*) actuaire *mf*
acuanauta NMF plongeur(-euse) sous-marin(e)
acuarela NF aquarelle *f*
acuario NM aquarium *m* ; **A~** (*Astrol*) Verseau *m* ; **ser A~** être Verseau
acuartelar VT (*retener en cuartel*) consigner ; (*alojar*) caserner
acuático, -a ADJ aquatique
acuchillar VT poignarder ; (*Tec*) raboter
acuciante ADJ pressant(e)
acuciar VT presser
acuclillarse VPR s'accroupir
acudir VI aller ; **~ a** (*amistades etc*) avoir recours à ; **~ en ayuda de** venir en aide à ; **~ a una cita** aller à un rendez-vous ; **~ a una llamada** répondre à un appel ; **no tener a quién ~** n'avoir personne à qui faire appel

acueducto NM aqueduc *m*
acuerdo VB *ver* **acordar** ▶ NM accord *m* ; (*decisión*) décision *f* ; **¡de ~!** d'accord ! ; **de ~ con** en accord avec ; (*acción, documento*) conformément à ; **estar de ~ (con)** être d'accord (avec) ; **de común ~** d'un commun accord ; **llegar a un ~** parvenir à un accord ; **tomar un ~** adopter une résolution ; **~ de pago respectivo** (*Seguros*) *convention entre compagnies d'assurances par laquelle chacune s'engage à dédommager son propre client* ; **~ general sobre aranceles aduaneros y comercio** (*Com*) accord général sur les tarifs douaniers et le commerce
acueste *etc* VB *ver* **acostar**
acúfeno NM acouphène *m*
acuicultura NF aquaculture *f*
acuífero, -a ADJ aquifère ▶ NM aquifère *m*
acumulación NF accumulation *f*
acumulador, a ADJ accumulateur(-trice) ▶ NM (*batería, radiador*) accumulateur *m*
acumular VT accumuler
acunar VT bercer
acuñar VT (*moneda*) frapper ; (*palabra, frase*) consacrer
acuoso, -a ADJ aqueux(-euse) ; (*fruta*) juteux(-euse)
acupuntor, a NM/F acuponcteur(-trice)
acupuntura NF acupuncture *f*
acurrucarse VPR se blottir
acurruque *etc* VB *ver* **acurrucarse**
acusación NF accusation *f*
acusado, -a ADJ (*Jur*) accusé(e) ; (*acento*) prononcé(e) ▶ NM/F (*Jur*) accusé(e)
acusador, a ADJ accusateur(-trice) ; **la parte acusadora** la partie plaignante *o* demanderesse ▶ NM/F accusateur(-trice) ; **~(a) público(-a)** procureur *mf* de la République
acusar VT (*tb fig*) accuser ; (*suj: aparato*) indiquer ; **~ recibo de** accuser réception de ■ **acusarse** VPR: **acusarse de algo** s'accuser de qch ; (*Rel*) confesser qch
acuse NM: **~ de recibo** accusé *m* de réception
acusica NMF mouchard(e)
acusón, -ona NM/F mouchard(e)
acústico, -a ADJ acoustique ▶ NF acoustique *f*
adalid NM chef *m* de file
adaptable ADJ adaptable
adaptación NF adaptation *f*
adaptador NM adaptateur *m*
adaptar VT: **~ (a)** adapter (à) ■ **adaptarse** VPR: **adaptarse (a)** s'adapter (à)
adecentar VT (*casa, habitación*) mettre un peu d'ordre dans ■ **adecentarse** VPR (*persona*) faire un brin de toilette
adecuación NF adéquation *f*
adecuado, -a ADJ adéquat(e) ; **el hombre ~ para el puesto** l'homme tout désigné pour le poste
adecuar VT: **~ a** adapter à
adefesio (*fam*) NM: **estar hecho(-a) un ~** être mal ficelé(e)
a. de J.C. ABR (= *antes de Jesucristo*) av. J.-C. (= *avant Jésus-Christ*)
adelantado, -a ADJ avancé(e) ; (*reloj*) en avance ; **pagar por ~** payer d'avance
adelantamiento NM (*Auto*) dépassement *m*
adelantar VT avancer ; (*Auto*) doubler, dépasser ; **así no adelantas nada** cela ne t'avance à rien ▶ VI avancer ■ **adelantarse** VPR (*moverse hacia delante*) s'avancer ; (*tomar la delantera*) prendre les devants ; (*anticiparse*) être en avance ; **adelantarse a algn** devancer qn
adelante ADV devant ; **en ~** désormais ; **de hoy en ~** à l'avenir ; **más ~** (*después*) plus tard ; (*más allá*) plus loin ▶ EXCL (*incitando a seguir*) en avant ! ; (*autorizando a entrar*) entrez !
adelanto NM progrès *msg* ; (*de dinero, hora*) avance *f* ; **los adelantos de la ciencia** les progrès *mpl* de la science
adelfa NF laurier-rose *m*
adelgace *etc* VB *ver* **adelgazar**
adelgazamiento NM amaigrissement *m*, amincissement *m*
adelgazante ADJ amaigrissant(e), amincissant(e) ▶ NM produit *m* amincissant
adelgazar VT (*persona*) faire maigrir ; (*kilos*) perdre ▶ VI maigrir
ademán NM geste *m* ; **en ~ de hacer** en faisant mine de faire ; **hacer ~ de hacer** faire mine de faire ■ **ademanes** NMPL gestes *mpl*
además ADV de plus ; **~ de** en plus de
adentrarse VPR: **~ en** pénétrer dans
adentro ADV dedans ; **mar ~** au large ; **tierra ~** à l'intérieur des terres ; **~ de** (*AM: dentro de*) dans ; **para sus adentros** dans son for intérieur
adepto, -a NM/F adepte *mf*
aderece *etc* VB *ver* **aderezar**
aderezar VT assaisonner
aderezo NM assaisonnement *m*
adeudar VT (*dinero*) devoir ; **~ una suma en una cuenta** débiter une somme sur un compte ■ **adeudarse** VPR (*persona*) s'endetter
adherencia NF (*de sustancia, neumático*) adhérence *f* ■ **adherencias** NFPL (*Med*) adhérences *fpl*
adherir VT: **~ algo a algo** faire adhérer une chose à une autre ■ **adherirse** VPR coller ; **adherirse a** (*propuesta*) adhérer à
adhesión NF adhésion *f*
adhesivo, -a ADJ adhésif(-ive) ▶ NM adhésif *m* ; (*pegatina*) autocollant *m*
adhiera *etc* VB *ver* **adherir**
adhiriendo *etc* VB *ver* **adherir**
adicción NF (*a drogas etc*) dépendance *f*
adición NF addition *f* ; (*cosa añadida*) ajout *m*
adicional ADJ supplémentaire

adicionar VT additionner
adictivo, -a ADJ addictif(-ive)
adicto, -a ADJ *(Med)* dépendant(e) ; *(a ideología)* acquis(e) ▸ NM/F *(Med)* drogué(e) ; *(partidario)* fanatique *mf*
adiestramiento NM *(de animal)* dressage *m* ; *(Mil, Deporte)* entraînement *m*
adiestrar VT *(animal)* dresser ; *(Mil, Deporte)* entraîner ■ **adiestrarse** VPR: **adiestrarse (en)** s'entraîner (à)
adinerado, -a ADJ fortuné(e)
adiós EXCL *(despedida)* au revoir ! ; *(al pasar)* salut ! ; *(¡ay!)* aïe !

La palabra **adiós** como fórmula de despedida se traduce generalmente por *Au revoir ! Adieu* se reserva únicamente para las despedidas que son definitivas.

aditivo NM additif *m*
adivinanza NF devinette *f*
adivinar VT *(pensamientos)* deviner ; *(el futuro)* lire
adivino, -a NM/F devin(eresse)
adj ABR = **adjunto**
adjetivo NM adjectif *m*
adjudicación NF adjudication *f*
adjudicar VT adjuger ■ **adjudicarse** VPR: **adjudicarse algo** s'adjuger qch
adjudique *etc* VB *ver* **adjudicar**
adjuntar VT joindre ; **~ un archivo a un correo** *(Inform)* joindre un fichier à un mail
adjunto, -a ADJ *(documento)* joint(e) ; *(médico, director etc)* adjoint(e) ▸ NM/F *(profesor)* assistant(e) ▸ ADV ci-joint
administración NF administration *f* ; **A~ pública** fonction *f* publique ; **A~ de Correos** Postes *fpl* et Télécommunications ; **A~ de Justicia** justice *f*
administrador, a NM/F administrateur(-trice), gérant(e)
administrar VT administrer, gérer ; *(medicamento, sacramento)* administrer
administrativo, -a ADJ administratif(-ive) ▸ NM/F *(de oficina)* employé(e) de bureau
admirable ADJ admirable
admiración NF *(estimación)* admiration *f* ; *(asombro)* étonnement *m* ; *(Ling)* exclamation *f* ; **no salgo de mi ~** je n'en reviens pas
admirador, a NM/F admirateur(-trice)
admirar VT *(estimar)* admirer ; *(asombrar)* étonner ; **no es de ~ que ...** rien d'étonnant à ce que ... ■ **admirarse** VPR: **admirarse de** s'étonner de ; **se admiró de que ...** il s'est étonné que ...
admisible ADJ acceptable
admisión NF admission *f* ; *(de razones etc)* acceptation *f*
admitir VT *(razonamiento etc)* admettre ; *(regalos)* accepter ; **esto no admite demora** cela ne peut pas attendre ; **la cuestión no admite dudas** cela ne fait aucun doute
admón. ABR = **administración**
admonición NF admonition *f*
ADN NM ABR (= *ácido desoxirribonucleico*) ADN *m* ; **prueba del ~** test *m* ADN ▸ NF ABR (BOL) (= *Acción Democrática Nacionalista*) Action *f* démocratique nationaliste
adobar VT *(Culin)* mariner
adobe NM torchis *msg*
adobo NM *(Culin: preparación)* marinage *m* ; *(: salsa)* marinade *f*
adocenado, -a *(fam)* ADJ médiocre
adoctrinar VT endoctriner
adolecer VI: **~ de** souffrir de
adolescencia NF adolescence *f*
adolescente ADJ, NMF adolescent(e)
adolezca *etc* VB *ver* **adolecer**
adonde *(esp AM)* ADV où
adónde ADV où
adondequiera ADV n'importe où
adopción NF adoption *f*
adoptado, -a ADJ adopté(e)
adoptar VT adopter
adoptivo, -a ADJ adoptif(-ive) ; *(lengua, país)* d'adoption
adoquín NM pavé *m*
adorable ADJ adorable
adoración NF adoration *f* ; **A~ de los Reyes** adoration *f* des Rois mages, Épiphanie *f* ; **una mirada llena de ~** un regard aimant
adorar VT adorer
adormecer VT endormir ■ **adormecerse** VPR somnoler ; *(miembro)* s'engourdir
adormezca *etc* VB *ver* **adormecer**
adormilarse VPR s'assoupir
adornar VT orner ; *(habitación, mesa)* décorer
adorno NM ornement *m*, décoration *f* ; **de ~** d'ornement, décoratif(-ive)
adosado, -a ADJ: **chalet ~** maison *f* jumelle
adosar VT: **~ (algo) a** adosser (qch) à
adquiera *etc* VB *ver* **adquirir**
adquirir VT acquérir
adquisición NF acquisition *f*
adrede ADV exprès, à dessein
adrenalina NF adrénaline *f*
Adriático NM: **el ~** l'Adriatique *m* ▸ ADJ: **el mar ~** la mer Adriatique
adscribir VT: **~ a** *(trabajo, puesto)* assigner à ; **le adscribieron al cuerpo diplomático** il a été attaché au corps diplomatique
adscrito, -a PP *de* **adscribir**
ADSL SIGLA M (= *asymmetric digital subscriber line*) ADSL *m*
aduana NF douane *f*

aduanero, -a ADJ, NM/F douanier(-ière)
aducir VT alléguer
adueñarse VPR: **~ de** s'approprier
adulación NF adulation *f*
adular VT aduler
adulterar VT (*alimentos, vino*) frelater
adulterio NM adultère *m*
adúltero, -a ADJ, NM/F adultère *mf*
adulto, -a ADJ, NM/F adulte *mf*
adusto, -a ADJ (*expresión, carácter*) sévère ; (*paisaje, región*) austère
aduzca *etc* VB *ver* **aducir**
advenedizo, -a NM/F parvenu(e)
advenimiento NM avènement *m* ; **~ al trono** avènement au trône
adverbio NM adverbe *m*
adversario, -a NM/F adversaire *mf*
adversidad NF adversité *f*
adverso, -a ADJ adverse
advertencia NF avertissement *m*
advertir VT (*observar*) observer ; **~ a algn de algo** avertir qn de qch ; **~ a algn que …** avertir qn que …
Adviento NM Avent *m*
advierta *etc* VB *ver* **advertir**
advirtiendo *etc* VB *ver* **advertir**
adyacente ADJ adjacent(e)
AEE SIGLA F (= *Agencia Espacial Europea*) ASE *f* (= *Agence spatiale européenne*)
aéreo, -a ADJ aérien(ne) ; **por vía aérea** par avion
aerobic NM INV aérobic *f*
aerodeslizador, aerodeslizante NM aéroglisseur *m*
aerodinámica NF aérodynamique *f*
aerodinámico, -a ADJ aérodynamique
aeródromo NM aérodrome *m*
aeroespacial ADJ aérospatial(e)
aerogenerador NM éolienne *f*
aerógrafo NM aérographe *m*
aerograma NM aérogramme *m*
aeroligero NM (avion *m*) ultra-léger *m*
aerolínea NF compagnie *f* aérienne
aeromodelismo NM aéromodélisme *m*
aeromodelo NM modèle *m* réduit
aeromozo, -a (AM) NM/F (*Aviat*) steward (hôtesse de l'air)
aeronáutica NF aéronautique *f*
aeronáutico, -a ADJ aéronautique
aeronave NF aéronef *m*
aeroplano NM aéroplane *m*
aeropuerto NM aéroport *m*
aerosol NM aérosol *m*, spray *m*
aerostato, aeróstato NM aérostat *m*
aerotransportado, -a ADJ aéroporté(e)
a/f ABR (= *a favor*) à l'attention de
afabilidad NF affabilité *f*
afable ADJ affable
afamado, -a ADJ renommé(e)
afán NM (*ahínco*) ardeur *f* ; (*deseo*) soif *f* ; **con ~** avec ardeur
afanar (*fam*) VT (*robar*) rafler ■ **afanarse** VPR (*atarearse*) s'affairer ; **afanarse por hacer** s'évertuer à faire
afanoso, -a ADJ (*búsqueda*) acharné(e) ; (*persona*) laborieux(-euse)
AFE SIGLA F = **Asociación de Futbolistas Españoles**
afear VT enlaidir
afección NF infection *f*
afectación NF affectation *f*
afectado, -a ADJ affecté(e) ■ **afectados** NMPL (*en epidemias*) victimes *fpl* ; (*en catástrofes*) sinistrés *mpl*
afectar VT affecter ; **por lo que afecta a esto** quant à cela
afectísimo, -a ADJ: **suyo ~** respectueusement vôtre
afectividad NF affectivité *f*
afectivo, -a ADJ (*problema*) affectif(-ive)
afecto, -a ADJ: **~ a** (*ideología*) acquis(e) à ; (*Jur*) soumis(e) à ▶ NM (*cariño*) affection *f* ; **tenerle ~ a algn** avoir de l'affection pour qn
afectuosamente ADV affectueusement
afectuoso, -a ADJ affectueux(-euse) ; **« un saludo ~ »** (*en carta*) « affectueusement »
afeitado NM (*de barba*) rasage *m* ; (*Taur*) épointage *m*
afeitar VT raser ; (*Taur*) épointer ■ **afeitarse** VPR se raser ; **afeitarse la barba/el bigote** se raser la barbe/la moustache
afeminado, -a ADJ efféminé(e)
aferrar VT saisir ■ **aferrarse** VPR: **aferrarse a** se cramponner à ; **aferrarse a una esperanza** se cramponner à un espoir
Afganistán NM Afghanistan *m*
afgano, -a ADJ afghan(e) ▶ NM/F Afghan(e)
afiance *etc* VB *ver* **afianzar**
afianzamiento NM consolidation *f* ; (*salud*) amélioration *f*
afianzar VT (*objeto, conocimientos*) consolider ; (*salud*) assurer ■ **afianzarse** VPR se cramponner ; (*establecerse*) s'établir ; **afianzarse en** (*idea, opinión*) se cramponner à
afiche (AM) NM (*cartel*) affiche *f*
afición NF goût *m*, penchant *m* ; **la ~** les supporters *mpl* ; **~ a** goût pour *o* de ; **por ~** par goût ; **músico de ~** musicien(ne) amateur
aficionado, -a ADJ, NM/F amateur(-trice) ; **ser ~ a algo** être amateur de qch
aficionar VT: **~ a algn a algo** donner à qn le goût de qch ■ **aficionarse** VPR: **aficionarse a algo** prendre goût à qch

afilado, -a ADJ (*cuchillo*) aiguisé(e) ; (*lápiz*) bien taillé(e)
afilador NM (*persona*) aiguiseur *m*
afilar VT (*cuchillo*) aiguiser ; (*lápiz*) tailler ■ **afilarse** VPR (*cara*) s'affiner
afiliación NF affiliation *f*
afiliado, -a ADJ, NM/F affilié(e)
afiliarse VPR: **~ (a)** s'affilier (à)
afín ADJ (*carácter*) semblable ; (*ideas, opiniones*) voisin(e)
afinador, a NM/F (*Mús: persona*) accordeur(-euse) ; **~(a) de pianos** accordeur(-euse) de piano ▸ NM (*Mús*) accordoir *m*
afinar VT (*Mús*) accorder ; (*puntería, Tec*) ajuster ; (*motor*) régler ▸ VI (*Mús: cantar*) chanter juste ; (*: tocar*) jouer juste
afincarse VPR s'établir
afinidad NF affinité *f* ; **por ~** par affinité
afirmación NF affirmation *f*
afirmar VT affirmer ; (*objeto*) consolider ; **~ haber hecho/que** affirmer avoir fait/que ▸ VI acquiescer ■ **afirmarse** VPR (*recuperar el equilibrio*) se rétablir ; **afirmarse en lo dicho** confirmer ce qui à été dit
afirmativo, -a ADJ affirmatif(-ive)
aflicción NF affliction *f*
afligir VT affliger ■ **afligirse** VPR s'affliger ; **afligirse (por *o* con *o* de)** s'affliger (de) ; **no te aflijas tanto** ne te laisse pas abattre
aflija *etc* VB *ver* **afligir**
aflojar VT desserrer ; (*cuerda*) détendre ▸ VI (*tormenta, viento*) se calmer ■ **aflojarse** VPR (*pieza*) avoir du jeu
aflorar VI affleurer
afluencia NF affluence *f* ; (*de sangre*) afflux *msg*
afluente ADJ, NM affluent *m*
afluir VI: **~ a** (*gente, sangre*) affluer à ; (*río*) se jeter dans
afluya *etc* VB *ver* **afluir**
afluyendo *etc* VB *ver* **afluir**
afmo., -a. ABR = **afectísimo**
afónico, -a ADJ: **estar ~** être aphone
aforado, -a ADJ (*provincia, territorio*) *bénéficiant de privilèges, d'un statut de droit régional* ▸ NM/F *personne qui jouit d'une immunité parlementaire et qui ne peut être jugée que par la Cour suprême, privilégié(e)*
aforar VT (*Tec*) jauger ; (*fig*) estimer, évaluer
aforismo NM aphorisme *m*
aforo NM (*Tec*) jaugeage *m* ; (*de teatro*) capacité *f* ; **el teatro tiene un ~ de 2.000 personas** ce théâtre a 2 000 places
afortunadamente ADV heureusement
afortunado, -a ADJ (*persona*) chanceux(-euse) ; (*coincidencia, hallazgo*) heureux(-euse)
afrancesado, -a ADJ (*Hist*) *partisan des Français (lors de la guerre d'Indépendance, et aux XVIIIe et XIXe siècles)*
afrenta NF affront *m*
África NF Afrique *f* ; **~ del Sur** Afrique du Sud
africano, -a ADJ africain(e) ▸ NM/F Africain(e)
afroamericano, -a ADJ afro-américain(e) ▸ NM/F Afro-américain(e)
afrodisíaco, -a, afrodisiaco, -a ADJ, NM aphrodisiaque *m*
afrontar VT affronter ; (*dos personas*) confronter
afrutado, -a ADJ fruité(e)
after ['after] (*pl* **afters** *o* **~**) NM, **afterhours** ['afterauars] NM INV after-hours *m*
aftershave [after'ʃeif] (*pl* **aftershaves**) NM after-shave *m inv*
afuera ADV (*esp Am*) dehors ■ **afueras** NFPL banlieue *fsg*
afuerano, -a, afuereño, -a, afuerino, -a (CHI) ADJ (*forastero*) étranger(-ère)
afuerita (*Méx fam*) ADV dehors
afusilar (*Méx*) VT (*fusilar*) fusiller
ag. ABR = **agosto**
agachar VT incliner ■ **agacharse** VPR s'incliner, se baisser
agalla NF (*Zool*) ouïe *f* ; **tener agallas** (*fam*) ne pas avoir froid aux yeux
ágape NM agapes *fpl*, banquet *m*
agarrada NF (*pelea*) bagarre *f* ; (*riña*) altercation *m*, dispute *f*, accrochage *m*
agarradera (*Am*) NF (*asa*) anse *f* ■ **agarraderas** NFPL: **tener (buenas) agarraderas** (*fam*) être pistonné(e) (*fam*)
agarradero NM = **agarradera**
agarrado, -a ADJ radin(e)
agarrar VT saisir ; (*esp Am: recoger*) prendre ; (*fam: enfermedad*) attraper ▸ VI (*planta*) prendre ; **agarró y se fue** (*Am*) sans faire ni une ni deux il a fichu le camp (*fam*) ■ **agarrarse** VPR (*comida*) coller ; (*dos personas*) s'accrocher ; **agarrarse (a)** s'accrocher (à) ; **agarrársela con algn** (*Am: tenerla tomada con algn*) avoir qn dans le nez
agarre NM (*Auto*) adhérence *f*, tenue *f* de route
agarrotar VT (*reo*) faire subir le supplice du garrot à ; (*fardo*) ficeler ; (*persona*) garrotter ■ **agarrotarse** VPR (*Med*) avoir des crampes ; (*motor*) se gripper
agasajar VT accueillir chaleureusement
ágata NF agate *f*
agauchado, -a (CSUR) ADJ qui ressemble à un gaucho
agave (*Am*) NM O NF agave *m*
agazapar VT saisir ■ **agazaparse** VPR (*persona, animal*) se tapir
agencia NF agence *f* ; **~ de créditos/inmobiliaria** établissement *m* de crédit/agence immobilière ; **~ matrimonial/de publicidad/de viajes** agence matrimoniale/de publicité/de voyages
agenciar VT procurer ■ **agenciarse** VPR se procurer ; **agenciárselas para hacer algo** se débrouiller pour faire qch

a

agenda NF agenda *m* ; (*orden del día*) ordre *m* du jour ; **~ electrónica** agenda *m* électronique

agente NM agent *m* ; **~ acreditado/de bolsa/de negocios/de seguros** agent accrédité/de change/d'affaires/d'assurances ; **~ femenino** auxiliaire *f* de police ; **~ (de policía)** agent (de police)

ágil ADJ agile

agilidad NF agilité *f*

agilizar VT activer

agitación NF agitation *f*

agitado, -a ADJ (*día, viaje, vida*) agité(e)

agitador, a NM/F (*Pol*) agitateur(-trice)

agitar VT agiter ; (*fig*) troubler, inquiéter ■ **agitarse** VPR s'agiter ; (*inquietarse*) se troubler, s'inquiéter

aglomeración NF : **~ de gente** rassemblement *m* ; **~ de tráfico** embouteillage *m*

aglomerado NM (*madera*) aggloméré *m* ; **~ asfáltico** aggloméré *m* d'asphalte

aglomerar VT (*datos, noticias*) accumuler ■ **aglomerarse** VPR (*multitud*) s'attrouper ; (*coches*) créer un embouteillage

aglutinar VT (*Med*) agglutiner ; (*unir*) agglutiner, regrouper, rassembler ■ **aglutinarse** VPR (*Med*) s'agglutiner ; (*unirse*) s'agglutiner, se regrouper, se rassembler

agnóstico, -a ADJ, NM/F agnostique *mf*

agobiado, -a ADJ (*persona*) accablé(e) ; **estamos agobiados de trabajo** nous sommes débordés de travail

agobiante ADJ accablant(e) ; (*calor, ambiente*) étouffant(e)

agobiar VT (*suj: trabajo*) accabler ; (*: calor*) accabler, étouffer ; **sentirse agobiado por** être accablé de *o* par ; **me agobias con tantas preguntas** tu m'embêtes avec toutes tes questions ■ **agobiarse** VPR stresser ; **no te agobies** me t'en fais pas

agobio NM accablement *m*

agolpamiento NM (*gente*) attroupement *m* ; (*tropas*) rassemblement *m*

agolparse VPR (*acontecimientos*) se précipiter ; (*problemas*) s'accumuler ; (*personas*) se presser, se bousculer

agonía NF agonie *f*

agonice *etc* VB *ver* **agonizar**

agonizante ADJ agonisant(e)

agonizar VI agoniser, être à l'agonie

agorafobia NF agoraphobie *f*

agorero, -a ADJ de mauvais augure ; **ave agorera** oiseau *m* de mauvais augure ▶ NM/F devin(eresse)

agostar VT dessécher ■ **agostarse** VPR se dessécher

agosto NM août *m* ; **hacer el** *o* **su ~** faire son beurre ; *ver tb* **julio**

agotado, -a ADJ épuisé(e) ; (*pila*) à plat

agotador, a ADJ épuisant(e)

agotamiento NM épuisement *m*

agotar VT épuiser ■ **agotarse** VPR s'épuiser ; (*libro*) être épuisé(e)

agraciado, -a ADJ qui a du charme ; **el número ~** (*en sorteo*) le numéro gagnant ▶ NM/F (*en sorteo, lotería*) gagnant(e)

agraciar VT (*premio*) remettre ; (*hacer más atractivo*) avantager, flatter

agradable ADJ agréable

agradar VI plaire ; **esto no me agrada** cela ne me plaît pas ; **le agrada estar en su compañía** votre compagnie lui est agréable

agradecer VT remercier ; **¡se agradece!** mille fois merci ! ; **le agradecería me enviara …** je vous serais reconnaissant de m'envoyer … ; **te agradezco que hayas venido** je te remercie d'être venu

agradecido, -a ADJ : **~ (por/a)** reconnaissant(e) (de/envers) ; **¡muy ~!** merci beaucoup !, merci bien !

agradecimiento NM remerciement *m*

agradezca *etc* VB *ver* **agradecer**

agrado NM agrément *m*, plaisir *m* ; (*amabilidad*) amabilité *f* ; **ser de tu** *etc* **~** être à ton *etc* goût

agrandar VT agrandir ; (*exagerar*) amplifier, grossir ■ **agrandarse** VPR s'agrandir

agrario, -a ADJ agraire

agravación NF, **agravamiento** NM aggravation *f*

agravante ADJ (*circunstancia*) aggravant(e) ▶ NM O NF : **con el** *o* **la ~ de que …** le problème étant que …

agravar VT aggraver ■ **agravarse** VPR s'aggraver

agraviar VT offenser ; (*perjudicar*) faire du tort à ■ **agraviarse** VPR s'offenser

agravio NM offense *f* ; (*Jur*) tort *m*

agredir VT agresser

agregado, -a NM agrégat *m* ▶ NM/F (*profesor*) maître *mf* de conférences (*à l'université*), professeur *mf* certifié(e) (*dans l'enseignement secondaire*) ; **~ comercial** attaché(e) commercial(e) ; **~ cultural** attaché(e) culturel(le) ; **~ diplomático(-a)** attaché(e) diplomatique ; **~ militar** attaché(e) militaire

agregador NM (*tb*: **agregador de noticias**) agrégateur *m*

agregar VT : **~ (a)** ajouter (à) ; (*unir*) associer (à) ■ **agregarse** VPR : **agregarse a** se joindre à

agregue *etc* VB *ver* **agregar**

agresión NF agression *f*

agresividad NF agressivité *f*

agresivo, -a ADJ agressif(-ive)

agresor, a ADJ : **país ~** pays *m* agresseur ▶ NM/F agresseur(-euse)

agreste ADJ champêtre

agriar VT aigrir ; (*leche*) faire tourner ■ **agriarse** VPR s'aigrir ; (*leche*) tourner

agrícola ADJ agricole
agricultor, a NM/F agriculteur(-trice)
agricultura NF agriculture *f*
agridulce ADJ aigre-doux(-douce)
agrietarse VPR se crevasser ; (*piel*) se gercer ; (*muro*) se lézarder
agrimensor, a NM/F arpenteur(-euse)
agringado, -a (AM) ADJ américanisé(e)
agrio, -a ADJ aigre ; (*carácter*) aigri(e), revêche ■ **agrios** NMPL agrumes *mpl*
agrocarburante, agrocombustible NM agrocarburant *m*
agronomía NF agronomie *f*
agrónomo, -a ADJ agronomique ▸ NM/F agronome *mf*
agropecuario, -a ADJ agricole et de pêche
agroturismo NM agritourisme *m*
agrupación NF groupement *m*, regroupement *m*
agrupamiento NM (*de personas, libros, datos*) regroupement *m*
agrupar VT (*personas*) grouper ; (*libros, datos*) regrouper ; (*Inform*) grouper, regrouper ■ **agruparse** VPR se regrouper
agua NF eau *f* ; (*lluvia*) pluie *f*, eau de pluie ; **hacer ~** (*embarcación*) faire eau ; **se me hace la boca ~** ça me met l'eau à la bouche ; **nunca digas, « de esta ~ no beberé »** il ne faut pas dire « Fontaine, je ne boirai pas de ton eau » ; **estar con el ~ al cuello** avoir la corde au cou ; **estar como pez en el ~** être comme un poisson dans l'eau ; **quedar algo en ~ de borrajas** s'en aller en eau de boudin ; **venir como ~ de mayo** tomber à pic, arriver comme mars en carême ; **~ bendita/caliente/corriente/destilada/dulce/oxigenada/potable/salada** eau bénite/chaude/courante/distillée/douce/oxygénée/potable/salée ; **~ de colonia** eau de Cologne ; **~ mineral (con/sin gas)** eau minérale (gazeuse/non gazeuse) ■ **aguas** NFPL (*de joya*) eau *fsg* ; (*mar*) eau *fsg*, eaux *fpl* ; **a dos aguas** (*tejado*) à deux pentes ; **aguas abajo** en aval ; **aguas arriba** en amont ; **romper aguas** (*Med*) perdre les eaux ; **tomar las aguas** prendre les eaux ; **aguas jurisdiccionales/residuales/termales** eaux territoriales/résiduaires/thermales ; **aguas mayores/menores** (*Med*) selles *fpl*/urine *fsg*
aguacate NM avocat *m* ; (*árbol*) avocatier *m*
aguacero NM averse *f*
aguado, -a ADJ (*leche, vino*) baptisé(e), coupé(e)
aguafiestas NMF INV trouble-fête *mf*, rabat-joie *mf*
aguafuerte NF eau-forte *f*
aguaitar (*esp* AM *fam*) VT (*mirar*) regarder
aguamiel (CAM, MÉX) NM (*bebida*) eau *f* sucrée
aguanieve NF neige *f* fondue
aguantable ADJ supportable
aguantar VT supporter, endurer ; (*risa, ganas*) réprimer ▸ VI (*ropa*) résister ; **no sé cómo aguanta** je ne sais pas comment il tient le coup ■ **aguantarse** VPR (*persona*) se dominer
aguante NM (*paciencia*) patience *f* ; (*resistencia*) résistance *f*
aguar VT (*leche, vino*) baptiser, couper ; **~ la fiesta a algn** gâcher son plaisir à qn
aguardar VT attendre ▸ VI: **~ (a que)** attendre (que)
aguardentoso, -a (*pey*) ADJ (*voz*) rauque
aguardiente NM eau-de-vie *f*
aguarrás NM essence *f* de térébenthine
aguce *etc* VB *ver* **aguzar**
agudeza NF (*oído, olfato*) finesse *f* ; (*vista*) acuité *f* ; (*de sonido*) aigu *m* ; (*fig: ingenio*) vivacité *f*, finesse ; (*ocurrencia*) mot *m* d'esprit
agudice *etc* VB *ver* **agudizar**
agudización NF (*de los sentidos, de la mente*) aiguisement *m*, perfectionnement *m* ; (*de crisis*) aggravation *f*, intensification *f*
agudizar VT (*sentidos, mente*) aiguiser ; (*crisis*) intensifier ■ **agudizarse** VPR (*sentidos, mente*) s'aiguiser ; (*crisis*) s'intensifier
agudo, -a ADJ (*afilado*) tranchant(e), coupant(e) ; (*vista*) perçant(e) ; (*oído, olfato*) fin(e) ; (*sonido, dolor*) aigu(ë) ; (*ingenioso*) subtil(e)
agüe *etc* VB *ver* **aguar**
agüero NM: **ser de buen/mal ~** être de bon/mauvais augure ; **pájaro de mal ~** oiseau *m* de mauvais augure
aguerrido, -a ADJ aguerri(e)
aguijar VT aiguillonner
aguijón NM (*de insecto*) dard *m* ; (*fig: estímulo*) aiguillon *m*
aguijonear VT aiguillonner ; (*persona*) aiguillonner, piquer
águila NF aigle *m* ; **ser un ~** (*fig*) être un as
aguileño, -a ADJ (*nariz*) aquilin(e) ; (*rostro*) allongé(e), long (longue)
aguinaldo NM étrennes *fpl*
agüita (CHI) NF (*Culin*) infusion *f*
aguja NF aiguille *f* ; (*para hacer punto*) aiguille à tricoter ; (*para hacer ganchillo*) crochet *m* ; (*Arq*) aiguille, flèche *f* ; (*Tec*) percuteur *m* ; **carne de ~** côtes *fpl* ; **buscar una ~ en un pajar** chercher une aiguille dans une botte de foin ; **~ de tejer** (AM) aiguille à tricoter ■ **agujas** NFPL (*Ferro*) aiguillage *m*
agujerear VT (*perforar: ropa, cristal, madera*) trouer
agujero NM trou *m*
agujetas NFPL courbatures *fpl*
aguzado, -a ADJ pointu(e)
aguzar VT (*herramientas*) aiguiser, affiler ; (*ingenio, entendimiento*) aiguillonner, stimuler ; **~ el oído/la vista** aiguiser l'ouïe/la vue
ah EXCL (*para expresar sorpresa*) ah !, oh !
aherrumbrarse VPR se rouiller
ahí ADV (*lugar*) là ; **de ~ que** donc, d'où il s'ensuit que ; **~ está el problema** tout le problème est

a

là ; **~ llega** le voilà ; **por ~** par là ; (*lugar indeterminado*) là-bas ; **¡hasta ~ podríamos llegar!** il ne manquerait plus que ça ! ; **¡~ va!** le voilà ! ; **~ donde le ve** tel que vous le voyez ; **¡~ es nada!** rien que ça ! ; **200 o por ~** environ 200

ahijado, -a NM/F filleul(e)

ahijar VT adopter

ahínco NM: **con ~** avec acharnement

ahíto, -a ADJ: **estar ~** (*indigesto*) être repu(e)

AHN SIGLA M (= *Archivo Histórico Nacional*) *archives nationales*

ahogado, -a ADJ (*en agua*) noyé(e) ; (*de trabajo*) débordé(e) ; (*grito*) étouffé(e) ; (*recinto*) renfermé(e) ▸ NM/F noyé(e)

ahogar VT étouffer ; (*en el agua*) noyer ; (*grito, sollozo*) contenir, étouffer ; (*fig: angustiar*) angoisser ■ **ahogarse** VPR (*en el agua*) se noyer ; (*por asfixia*) s'asphyxier

ahogo NM oppression *f*, étouffement *m* ; (*angustia*) angoisse *f*, oppression ; **ahogos económicos** difficultés *fpl* financières

ahogue *etc* VB *ver* **ahogar**

ahondar VT creuser ▸ VI: **~ en** (*problema*) approfondir, creuser

ahora ADV maintenant ; (*hace poco*) tout à l'heure ; **~ bien** *o* **que** cependant, remarquez (que) ; **~ mismo** à l'instant (même) ; **~ voy** j'arrive ; **¡hasta ~!** à tout de suite !, à tout à l'heure ; **por ~** pour le moment ; **de ~ en adelante** désormais, dorénavant

ahorcado, -a NM/F pendu(e)

ahorcar VT pendre ■ **ahorcarse** VPR se pendre

ahorita (*esp Am fam*) ADV tout de suite

ahoritita (*Am fam*) ADV tout de suite

ahorque *etc* VB *ver* **ahorcar**

ahorrador, a ADJ économe

ahorrar VT économiser, épargner ; **~ a algn algo** épargner qch à qn ; **no ~ esfuerzos/sacrificios** ne pas ménager ses efforts/être avare de sacrifices ■ **ahorrarse** VPR: **ahorrarse molestias** s'éviter des ennuis

ahorrativo, -a ADJ économe ; (*pey*) pingre

ahorro NM économie *f*, épargne *f* ■ **ahorros** NMPL économies *fpl*

ahuecar VT (*madera, tronco*) évider ; (*voz*) enfler ▸ VI: **¡ahueca!** (*fam*) fous le camp ! (*fam*) ■ **ahuecarse** VPR (*fig*) être bouffi(e) d'orgueil

ahueque *etc* VB *ver* **ahuecar**

ahumado, -a ADJ fumé(e)

ahumar VT fumer ; (*llenar de humo*) enfumer ■ **ahumarse** VPR (*habitación*) se remplir de fumée ; (*comida*) prendre un goût de fumé

ahuyentar VT (*ladrón, fiera*) mettre en fuite ; (*fig*) chasser

AI SIGLA F (= *Amnistía Internacional*) AI *f* (= *Amnesty International*)

aimara, aimará ADJ aymara ▸ NMF Aymara *mf*

aindiado, -a (*Am*) ADJ (*Fisiol*) de type indien

airado, -a ADJ furieux(-euse)

airar VT (*persona*) irriter, fâcher ■ **airarse** VPR (*irritarse*) s'irriter, se fâcher

aire NM (*tb Mús*) air *m* ; **al ~ libre** en plein air ; **dejar en el ~** laisser sans réponse ; **tener ~ de** avoir l'air de ; **estar en el ~** (*Radio*) être sur les ondes ; (*fig*) être en suspens ; **tener un ~ con** *o* **darse un ~ a** ressembler à ; **tomar el ~** prendre l'air ; **~ acondicionado** air conditionné, climatisation *f* ; **~ popular** (*Mús*) air populaire ■ **aires** NMPL: **darse aires** se donner des airs ; **cambiar de aires** changer d'air

airear VT aérer ; (*asunto, secreto*) éventer ■ **airearse** VPR prendre l'air

airoso, -a ADJ: **salir ~ de algo** bien s'en tirer

aislado, -a ADJ isolé(e)

aislamiento NM (*acción*) mise *f* à l'écart ; (*soledad*) isolement *m* ; (*Elec*) isolation *f* ; **~ térmico** isolation *f* thermique

aislante NM (*Elec*) isolant *m*

aislar VT isoler ■ **aislarse** VPR: **aislarse (de)** s'isoler (de)

AITA SIGLA F (= *Asociación Internacional del Transporte Aéreo*) IATA *f* (= *Association internationale de transport aérien*)

ajar VT ravager ■ **ajarse** VPR (*persona*) se faner ; (*prenda*) se défraîchir

ajardinado, -a ADJ aménagé(e) avec des jardins

ajedrecista NMF joueur(-euse) d'échecs

ajedrez NM échecs *mpl*

ajenjo NM absinthe *f*

ajeno, -a ADJ d'autrui ; **ser ~ a** (*impropio de*) contraire à ; **estar ~ a algo** être étranger(-ère) à qch ; **por razones ajenas a nuestra voluntad** pour des raisons indépendantes de notre volonté

ajete NM ail *m* tendre

ajetreado, -a ADJ (*día*) mouvementé(e)

ajetrearse VPR s'affairer

ajetreo NM agitation *f*

ají (*Am*) NM piment *m* rouge ; (*salsa*) sauce *f* au piment

ajiaco (*Am*) NM (*Culin*) ragoût *m*

ajillo NM: **al ~** *sauce à base d'huile d'olive, d'ail et de piment rouge*

ajo NM ail *m* ; **estar en el ~** (*fam*) être dans le coup (*fam*) ; **~ blanco** = **ajoblanco**

ajoblanco NM *soupe froide à base d'amandes, d'ail cru pilé, de mie de pain, d'huile, de sel et d'eau*

ajonjolí NM sésame *m*

ajorca NF bracelet *m*

ajuar NM (*de casa*) mobilier *m* ; (*de novia*) trousseau *m*

Ajuria Enea NF *siège du gouvernement autonome du Pays Basque espagnol*

ajustado, -a ADJ (*ropa*) moulant(e) ; (*precio*) raisonnable ; (*resultado*) serré(e) ; (*cálculo*) exact(e)

ajustar VT ajuster ; *(reloj, cuenta)* régler ; *(concertar)* convenir de ; *(Tec)* ajuster, régler ; *(Imprenta)* mettre en pages ; *(diferencias)* aplanir ; **~ algo a algo** ajuster qch à qch ; *(fig)* adapter qch à qch ; **~ cuentas con algn** *(fig)* régler ses comptes avec qn ▶ VI *(ventana, puerta)* cadrer ■ **ajustarse** VPR: **ajustarse a** se conformer à

ajuste NM *(de reloj)* réglage *m* ; *(Fin)* fixation *f* (des prix) ; *(acuerdo)* accord *m* ; **~ de cuentas** *(fig)* règlement *m* de comptes

ajusticiar VT exécuter

al (= *a* + *el*) *ver* **a**

ala NF aile *f* ; *(de sombrero)* bord *m* ; **cortar las alas a algn** mettre des bâtons dans les roues à qn ; **dar alas a algn** laisser qn faire ce qu'il veut ; **~ delta** deltaplane *m* ▶ NMF *(baloncestista)* ailier(-ière)

Alá N Allah

alabanza NF éloge *m*, louange *f*

alabar VT *(persona)* louer, faire l'éloge de ; *(obra etc)* louer, vanter

alabastro NM albâtre *m*

alacena NF garde-manger *m*

alacrán NM scorpion *m*

ALADI SIGLA F (= *Asociación Latinoamericana de Integración*) ALADI *f* (= *Association latino-américaine d'intégration*)

alado, -a ADJ ailé(e)

alambicado, -a ADJ alambiqué(e)

alambique NM alambic *m*

alambrada NF, **alambrado** NM grillage *m*

alambre NM fil *m* de fer ; **~ de púas** fil de fer barbelé

alambrista NMF équilibriste *mf*, funambule *mf*

alameda NF peupleraie *f* ; *(lugar de paseo)* promenade *f* *(bordée d'arbres)*

álamo NM peuplier *m* ; **~ temblón** tremble *m*

alano NM dogue *m*

alarde NM: **hacer ~ de** faire étalage de

alardear VI: **~ de** faire étalage de

alargadera NF *(Elec)* rallonge *f*

alargado, -a ADJ allongé(e)

alargador NM *(Elec)* rallonge *f*

alargar VT rallonger ; *(estancia, vacaciones)* prolonger ; *(brazo)* allonger, tendre ; *(paso)* presser ; **~ algo a algn** tendre qch à qn ■ **alargarse** VPR *(días)* rallonger ; *(discurso, reunión)* se prolonger ; **alargarse a** *o* **hasta** *(persona)* aller jusqu'à ; **alargarse en** *(explicación)* se perdre en

alargue *etc* VB *ver* **alargar**

alarido NM hurlement *m*

alarma NF *(señal de peligro)* alarme *f*, alerte *f* ; **voz de ~** ton *m* alarmé ; **dar/sonar la ~** donner/sonner l'alarme ; **~ de incendios** avertisseur *m* d'incendie

alarmante ADJ alarmant(e)

alarmar VT alarmer ■ **alarmarse** VPR s'alarmer

alauí, alauita ADJ alaouite

alavés, -esa ADJ d'Alava ▶ NM/F natif(-ive) *o* habitant(e) d'Alava

alazán NM alezan *m*

alba NF aube *f*

albacea NMF exécuteur(-trice) testamentaire

albaceteño, -a ADJ d'Albacete ▶ NM/F natif(-ive) *o* habitant(e) d'Albacete

albahaca NF basilic *m*

albanés, -esa ADJ albanais(e) ▶ NM/F Albanais(e) ▶ NM *(Ling)* albanais *m*

Albania NF Albanie *f*

albanokosovar ADJ albanais(e) du Kosovo ▶ NMF Albanais(e) du Kosovo

albañal NM égout *m*

albañil NM maçon *m*

albañilería NF *(oficio)* maçonnerie *f* ; **trabajo de ~** travail de maçonnerie

albarán NM bordereau *m*

albarda NF bât *m*

albaricoque NM abricot *m*

albatros NM INV albatros *m*

albedrío NM: **libre ~** libre arbitre *m*

alberca NF réservoir *m* d'eau ; *(Am)* piscine *f*

albergar VT héberger ; *(esperanza)* nourrir ■ **albergarse** VPR s'abriter ; *(alojarse)* se faire héberger, loger

albergue VB *ver* **albergar** ▶ NM abri *m* ; **~ juvenil** *o* **de juventud** auberge *f* de jeunesse

albino, -a ADJ, NM/F albinos *mf*

albis ADV: **quedarse in ~** n'y comprendre goutte

albóndigas NFPL boulettes *fpl* de viande

albor NM point *m* du jour ; **en los albores de** à l'aube de

alborada NF point *m* du jour ; *(diana)* diane *f* ; *(música)* aubade *f*

alborear VI: **alboreaba** le jour se levait

albornoz NM *(para el baño)* peignoir *m* ; *(de los árabes)* burnous *msg*

alboroce *etc* VB *ver* **alborozar**

alborotado, -a ADJ agité(e)

alborotador, a ADJ tapageur(-euse), chahuteur(-euse) ▶ NM/F *(agitador)* agitateur(-euse), fauteur(-euse) de troubles, trublion *m* ; *(alumno)* chahuteur(-euse)

alborotar VT agiter ; *(amotinar)* ameuter ▶ VI faire du tapage ■ **alborotarse** VPR s'agiter

alboroto NM tapage *m*

alborozar VT réjouir ■ **alborozarse** VPR se réjouir

alborozo NM réjouissance *f*

albricias NFPL: **¡~!** victoire !

álbum (*pl* **álbums** *o* **álbumes**) NM album *m* ; **~ de recortes** recueil *m* de coupures de journaux

albumen NM albumen *m*

ALCA NF ABR (= *Área de Libre Comercio de las Américas*) ZLEA *f* (= *Zone de libre-échange des Amériques*)

alcabala (*Am*) NF (*Policía: control*) barrage *m* de police

alcachofa NF artichaut *m*; **~ de ducha/de regadera** pomme *f* de douche/d'arrosoir

alcahueta NF entremetteuse *f*

alcahuete NM maquereau *m*; (*de teatro*) rideau *m* d'entracte

alcaide NM (*Hist: de castillo*) gouverneur *m*; (*de cárcel*) directeur *m* de prison

alcalde, -esa NM/F maire *mf*

alcaldía NF mairie *f*

álcali NM alcali *m*

alcaloide NM alcaloïde *m*

alcance VB *ver* **alcanzar** ▸ NM portée *f*; (*Com*) solde *m* débiteur; **al ~ de la mano** à portée de main; **estar a/fuera de mi** *etc* **~** être/ne pas être à ma *etc* portée; **de gran ~** (*Mil*) longue portée *inv*; (*fig*) de grande importance

alcancía NF tirelire *f*

alcanfor NM camphre *m*

alcantarilla NF (*subterránea*) égout *m*; (*en la calle*) caniveau *m*

alcantarillado NM égouts *mpl*

alcanzar VT atteindre; (*persona*) rattraper; (*autobús*) attraper; (*Am: entregar*) passer ▸ VI être suffisant(e); (*para todos*) suffire; **~ a hacer** arriver à faire

alcaparra NF câpre *f*

alcatraz NM pélican *m* (d'Amérique)

alcaucil (*CSur*) NM (*alcachofa*) artichaut *m*

alcayata NF (*clavo*) piton *m*

alcázar NM citadelle *f*; (*Náut*) dunette *f*

alce *etc* VB *ver* **alzar**

alcista ADJ (*Com, Econ*): **mercado/tendencia ~** marché *m*/tendance *f* à la hausse ▸ NMF haussier(-ière)

alcoba NF alcôve *f*

alcohol NM alcool *m*; **~ metílico** alcool à brûler; **no bebe ~** il ne boit pas d'alcool

alcoholemia NF: **test de la ~** test *m* d'alcoolémie

alcoholice *etc* VB *ver* **alcoholizarse**

alcohólico, -a ADJ alcoolique ▸ NM/F alcoolique *mf*; **alcohólicos anónimos** ligue *fsg* des alcooliques anonymes

alcoholímetro NM alcoomètre *m*

alcoholismo NM alcoolisme *m*

alcoholizarse VPR s'alcooliser

alcornoque NM chêne-liège *m*; (*fam*) andouille *f* (*fam*)

alcurnia NF noble lignée *f*

alcuzas (*Am*) NFPL huilier *msg*

aldaba NF heurtoir *m*

aldabón NM (*de puerta*) heurtoir *m*; (*asa*) poignée *f*

aldea NF hameau *m*

aldeano, -a ADJ, NM/F villageois(e)

aleación NF alliage *m*

aleatorio, -a ADJ aléatoire; **acceso ~** (*Inform*) accès *msg* aléatoire

aleccionador, a ADJ instructif(-ive)

aleccionar VT instruire; (*regañar*) faire la leçon à

aledaños NMPL alentours *mpl*

alegación NF allégation *f*

alegar VT alléguer; **~ que ...** alléguer que ... ▸ VI (*Am*) discuter

alegato NM plaidoyer *m*; (*Am*) discussion *f*

alegoría NF allégorie *f*

alegórico, -a ADJ allégorique

alegrar VT réjouir; (*casa*) égayer; (*fiesta*) animer; (*fuego*) attiser ■ **alegrarse** VPR (*fam*) se griser; **alegrarse de** se réjouir de

alegre ADJ gai(e), joyeux(-euse); (*fam: con vino*) éméché(e)

alegremente ADV (*felizmente*) gaiement, joyeusement; (*irresponsablemente*) allégrement; **se lo gastó todo ~** il a allégrement tout dépensé, il a tout dépensé sans réfléchir

alegría NF joie *f*, gaieté *f*; **~ vital** joie de vivre

alegrón NM explosion *f* de joie; **dar a algn un ~** causer une joie immense à qn

alegue *etc* VB *ver* **alegar**

alejado, -a ADJ (*distanciado*) éloigné(e); **en un pueblecito ~** dans un village retiré; **una lesión lo mantuvo ~ del fútbol** une blessure l'a éloigné du football; **ha pasado varios años alejada de los escenarios** elle a passé plusieurs années loin de la scène

alejamiento NM éloignement *m*

alejar VT éloigner; (*ideas*) repousser ■ **alejarse** VPR s'éloigner

alelado, -a ADJ hébété(e)

aleluya NM alléluia *m*; **¡~!** alléluia !

alemán, -ana ADJ allemand(e) ▸ NM/F Allemand(e) ▸ NM (*Ling*) allemand *m*

Alemania NF Allemagne *f*

alentador, a ADJ encourageant(e)

alentar VT encourager

alergia NF allergie *f*

alérgico, -a ADJ allergique; **ser ~ a** être allergique à ▸ NM/F allergique *mf*

alero NM auvent *m*; (*Deporte*) ailier *m*; (*Auto*) garde-boue *m inv*

alerón NM aileron *m*; (*fam: axila*) aisselle *f*

alerta ADJ INV vigilant(e) ▸ NF alerte *f* ▸ ADV: **estar** *o* **mantenerse ~** être sur ses gardes

alertar VT alerter, donner l'alerte; **~ a algn de algo** prévenir qn de qch

aleta NF (*pez*) nageoire *f*; (*foca*) aileron *m*; (*nariz*) aile *f*; (*Deporte*) palme *f*; (*Auto*) garde-boue *m inv*

aletargar VT endormir ■ **aletargarse** VPR s'assoupir

aletargue *etc* VB *ver* **aletargar**

aletear VI (*ave*) battre des ailes ; (*pez*) battre des nageoires ; (*individuo*) agiter les bras
alevín NM alevin *m*
alevosía NF: **con ~** traîtreusement
alfabético, -a ADJ alphabétique
alfabetización NF: **campaña de ~** campagne *f* d'alphabétisation
alfabeto NM alphabet *m*
alfajor NM (ESP) *friandise à base d'amandes, de noix et de miel* ; (CSUR: *dulce*) *biscuit fourré*
alfalfa NF luzerne *f*
alfaque NM banc *m* de sable
alfar NM atelier *m* de potier
alfarería NF poterie *f* ; (*tienda*) magasin *m* de poterie
alfarero, -a NM/F potier(-ière)
alféizar NM embrasure *f*
alférez NM (*Mil*) sergent *m*
alfil NM (*Ajedrez*) fou *m*
alfiler NM épingle *f* ; (*broche*) broche *f* ; **prendido con alfileres** précaire ; **~ de corbata** épingle de cravate ; **~ de gancho** (AM) (*imperdible grande*) (grande) épingle de nourrice
alfiletero NM porte-aiguilles *m inv*
alfombra NF tapis *msg*
alfombrar VT recouvrir d'un tapis
alfombrilla NF carpette *f* ; (*Inform*) tapis *m* de souris
alforja NF besace *f*
alforza NF pli *m*
alga NF algue *f*
algarabía (*fam*) NF brouhaha *m*
algarada NF tapage *m*, tumulte *m*
Algarbe NM: **el ~** l'Algarve *m*
algarroba NF caroube *f*
algarrobo NM caroubier *m*
algazara NF brouhaha *m*
álgebra NF algèbre *f*
álgido, -a ADJ crucial(e)
algo PRON quelque chose ; (*una cantidad pequeña*) un peu ; **~ así (como)** quelque chose comme ; **~ es ~** c'est toujours ça de pris ; **¿~ más?** c'est tout ? ; (*en tienda*) et avec ceci ? ; **por ~ será** il y a bien une raison ▸ADV un peu, assez ; **es ~ difícil** c'est un peu difficile
algodón NM coton *m* ; **~ de azúcar** barbe *f* à papa ; **~ hidrófilo** coton hydrophile
algodonero, -a ADJ cotonnier(-ière) ▸NM (*Bot*) cotonnier *m*
algoritmo NM algorithme *m*
alguacil NM (*de juzgado*) huissier *m* ; (*de ayuntamiento*) employé *m* municipal ; (*Taur*) officiel *m* à cheval
alguien PRON quelqu'un
algún ADJ *ver* **alguno**
alguno, -a (*antes de nmsg* **algún**) ADJ quelque, un (une) ; (*en frase negativa*) aucun(e) ; **algún día iré** j'irai un jour ; **algunos aparatos** certains *o* quelques appareils ; **algunas playas** certaines *o* quelques plages ; **algunas veces** quelquefois ; **algún que otro libro** quelques livres ; **no tiene talento ~** il n'a aucun talent ; **sin interés ~** sans aucun intérêt ▸PRON quelqu'un ; **~ de ellos** l'un d'eux ; **algunos piensan** certains pensent ; **~ que otro** quelque
alhaja NF joyau *m* ; (*persona*) perle *f* ; (*niño*) bijou *m*
alhelí NM giroflée *f*
aliado, -a ADJ, NM/F allié(e) ▸NM (CHI *Culin*) sandwich *m* mixte ; (*bebida*) mélange *m*
alianza NF alliance *f*
aliarse VPR: **~ (con/a)** s'allier (à)
alias ADV alias
alicaído, -a ADJ abattu(e)
alicantino, -a ADJ d'Alicante ▸NM/F natif(-ive) *o* habitant(e) d'Alicante
alicatado NM carrelage *m*
alicatar VT carreler
alicates NMPL pince *fsg* ; **~ de uñas** coupe-ongles *m inv*
aliciente NM stimulant *m* ; (*atractivo*) attrait *m*, charme *m*
alienación NF aliénation *f*
alienígena ADJ, NMF extraterrestre *mf*
aliento VB *ver* **alentar** ▸NM haleine *f* ; (*fig*) courage *m* ; **sin ~** hors d'haleine
aligerar VT alléger ; (*dolor*) soulager ; **~ el paso** presser le pas ■ **aligerarse** VPR: **aligerarse de** (*ropa*) enlever ; (*prejuicios*) se débarrasser de
alijo NM marchandise *f* de contrebande
alimaña NF animal *m* nuisible
alimentación NF alimentation *f* ; **tienda de ~** magasin *m* d'alimentation ; **~ continua** alimentation en continu
alimentador NM: **~ de papel** alimentation *f* de papier
alimentar VT nourrir, alimenter ▸VI être nourrissant(e) ■ **alimentarse** VPR: **alimentarse de** *o* **con** s'alimenter de
alimentario, -a ADJ alimentaire
alimenticio, -a ADJ (*sustancia*) alimentaire ; (*nutritivo*) nourrissant(e)
alimento NM aliment *m* ■ **alimentos** NMPL (*Jur*) aliments *mpl*
alimón ADV: **al ~** à deux
alineación NF alignement *m* ; (*Deporte*) formation *f*
alineado, -a ADJ (*Tip*): **(no) ~** (non) aligné(e) ; **~ a la izquierda/derecha** aligné(e) à gauche/droite
alinear VT aligner ; (*Deporte*) faire jouer ■ **alinearse** VPR s'aligner ; (*Deporte*) rentrer
aliñar VT assaisonner
aliño NM assaisonnement *m*

a

alisador NM (*de pelo*) lisseur *m*
alisar VT lisser ; (*madera*) polir
aliso NM aulne *m*, aune *m*
alistamiento NM (*Mil*) enrôlement *m*, recrutement *m*
alistar VT inscrire (*sur une liste*) ; (*Mil*) enrôler, recruter ■ **alistarse** VPR s'inscrire ; (*Mil*) s'enrôler ; (*Am*: *prepararse*) se préparer
aliviar VT (*carga*) alléger ; (*persona*) soulager
alivio NM soulagement *m*
aljibe NM citerne *f*
allá ADV là-bas ; (*por ahí*) par là ; **~ abajo/arriba** tout en bas/en haut ; **hacia ~** par là-bas ; **más ~** plus loin ; **más ~ de** au-delà de ; **~ por** vers ; **¡~ tú!** tant pis pour toi ! ; **el más ~** l'au-delà *m*
allanamiento NM: **~ de morada** violation *f* de domicile
allanar VT aplanir ; (*muro*) raser ; (*obstáculos*) surmonter ; (*entrar a la fuerza en*) forcer ; (*Jur*) rentrer par effraction ■ **allanarse** VPR: **allanarse a** se soumettre à
allegado, -a ADJ partisan(e) ▶ NM/F proche parent(e)
allende PREP: **~ los mares** au-delà des mers
allí ADV (*lugar*) là ; **~ mismo** là précisément ; **por ~** par là
alma NF (*tb Tec*) âme *f* ; (*de fiesta*) clou *m* ; (*de reunión*) objet *m* principal ; **se le cayó el ~ a los pies** il s'est effondré ; **entregar el ~** rendre l'âme ; **estar con el ~ en la boca** être à l'agonie ; **tener el ~ en un hilo** être mort(e) d'inquiétude ; **estar como ~ en pena** être comme une âme en peine ; **ir como ~ que lleva el diablo** courir comme un(e) dératé(e) ; **lo agradezco/lo siento en el ~** je vous remercie/je le regrette infiniment ; **no puedo con mi ~** je n'en peux plus (de fatigue) ; **con toda el ~** du fond du cœur
almacén NM (*tb Mil*) magasin *m* ; (*al por mayor*) magasin de gros ; (*Am*) épicerie *f* ; (*depósito*) entrepôt *m* ; **(grandes) almacenes** grands magasins *mpl*
almacenaje NM emmagasinage *m*, stockage *m* ; **~ secundario** (*Inform*) mémoire *f* auxiliaire
almacenamiento NM emmagasinage *m*, stockage *m* ; (*Inform*) mise *f* en mémoire ; **~ temporal en disco** traitement *m* différé
almacenar VT emmagasiner, stocker ; (*Inform*) mémoriser
almacenero, -a (*Am*) NM/F épicier(-ière)
almacenista NMF grossiste *mf*
alma máter NF (*impulsor*) âme *f*, moteur *m*
almanaque NM almanach *m*
almazara NF moulin *m* à huile
almeja NF palourde *f*, clovisse *f*
almenas NFPL créneaux *mpl*
almendra NF amande *f* ; **almendras garrapiñadas** pralines *fpl*
almendro NM amandier *m*
almeriense ADJ d'Almería ▶ NMF natif(-ive) *o* habitant(e) d'Almería
almiar NM meule *f*
almíbar NM sirop *m* ; **en ~** au sirop
almibarado, -a ADJ (*persona*) mielleux(-euse)
almidón NM amidon *m*
almidonado, -a ADJ amidonné(e), empesé(e)
almidonar VT (*tela, prenda*) amidonner, empeser
almirantazgo NM tribunal *m* de l'amirauté
almirante NM amiral *m*
almirez NM mortier *m*
almizcle NM musc *m*
almizclero NM chevrotain *m*
almohada NF oreiller *m* ; (*funda*) taie *f* d'oreiller ; **lo consultaré** *etc* **con la ~** la nuit porte conseil
almohadilla NF (*para sentarse*) coussinet *m* ; (*para planchar*) pattemouille *f* ; (*para sellar*) tampon *m* encreur ; (*en los arreos*) tapis *msg* de selle ; (*Am*) pelote *f* à épingles ; (*tecla*) touche *f* dièse
almohadillado, -a ADJ rembourré(e)
almohadón NM coussin *m* ; (*funda de almohada*) taie *f* d'oreiller
almorcé VB *ver* **almorzar**
almorcemos *etc* VB *ver* **almorzar**
almorranas NFPL hémorroïdes *fpl*
almorzar VT (*a mediodía*) manger au déjeuner ; (*a media mañana*) manger dans la matinée ; **~ una tortilla** déjeuner d'une omelette ▶ VI (*a mediodía*) déjeuner ; (*a media mañana*) manger (dans la matinée)
almuerce *etc* VB *ver* **almorzar**
almuerzo VB *ver* **almorzar** ▶ NM (*a mediodía*) déjeuner *m* ; (*a media mañana*) en-cas (*pris dans la matinée*)
aló (*Am*) EXCL (*Telec*) allô !
alocadamente ADV étourdiment
alocado, -a ADJ écervelé(e) ; (*acción*) irréfléchi(e)
alocución NF allocution *f*
áloe NM (*Bot*) aloès *m*
alojamiento NM logement *m* ; (*de visitante*) hébergement *m*
alojar VT loger ■ **alojarse** VPR se loger ; **alojarse en** (*suj*: *bala, proyectil*) se loger dans
alondra NF alouette *f*
alopecia NF alopécie *f*
alpaca NF maillechort *m* ; (*Zool*) alpaga *m*
alpargata NF espadrille *f*
Alpes NMPL: **los ~** les Alpes *fpl*
alpinismo NM alpinisme *m*
alpinista NMF alpiniste *mf*
alpino, -a ADJ alpin(e)
alpiste NM alpiste *m* ; (*Am fam*: *dinero*) fric *m*

Al Qaeda N Al-Qaida
alquería NF ferme *f*
alquilar VT louer ; **« se alquila casa »** « maison à louer »
alquiler NM location *f* ; (*precio*) loyer *m* ; **de ~** à louer ; **~ de coches** location de voitures
alquimia NF alchimie *f*
alquimista NM alchimiste *mf*
alquitrán NM goudron *m*
alrededor ADV autour ; **~ de** autour de ; (*aproximadamente*) environ ; **a su** *etc* **~** autour de lui *etc* ; **mirar a su** *etc* **~** regarder autour de soi *etc* ■ **alrededores** NMPL environs *mpl*
Alsacia NF Alsace *f*
alta NF: **dar a algn de ~** *o* **dar el ~ a algn** (*Med*) déclarer qn guéri ; (*en empleo*) autoriser qn à reprendre le travail (*après un arrêt de maladie*) ; **darse de ~** (*en club, asociación*) devenir membre, s'inscrire ; (*en la Seguridad Social*) s'immatriculer
altamente ADV extrêmement ; **es ~ venenoso** c'est extrêmement vénéneux ; **documentos ~ secretos** des documents hautement secrets
altanería NF arrogance *f* ; (*de aves*) haut vol *m*
altanero, -a ADJ hautain(e)
altar NM autel *m* ; **~ mayor** maître-autel *m*
altavoz NM haut-parleur *m*
alteración NF altération *f* ; (*alboroto*) altercation *f* ; (*agitación*) agitation *f* ; **~ del orden público** trouble *m* de l'ordre public
alterar VT modifier ; (*persona*) perturber ; (*alimentos, medicinas*) altérer ; **~ el orden público** troubler l'ordre public ■ **alterarse** VPR (*persona*) se troubler ; (*enfadarse*) se fâcher
altercado NM altercation *f*
alternador NM alternateur *m*
alternar VT: **~ algo con** *o* **y algo** alterner une chose et une autre ▸ VI fréquenter des gens ; **~ con** fréquenter ■ **alternarse** VPR se relayer
alternativa NF alternative *f* ; **no tener otra ~** ne pas avoir le choix ; **tomar la ~** (*Taur*) recevoir l'alternative
alternativo, -a ADJ alternatif(-ive) ; (*hojas, ángulo*) alterne
alterne NM: **club de ~** club à entraîneuses
alterno, -a ADJ (*Elec*) alternatif(-ive) ; (*Bot, Mat*) alterne ; **en días alternos** un jour sur deux
alteza NF altesse *f* ; **su A~ Real** Son Altesse Royale
altibajos NMPL (*del terreno*) inégalités *fpl* ; **(tener) ~** (*fig*) (avoir) des hauts et des bas
altillo NM butte *f* ; (*armario*) *placard aménagé sous le plafond* ; (*AM: buhardilla*) combles *mpl*
altiplanicie NF haut plateau *m*
altiplano NM = **altiplanicie**
altisonante ADJ ronflant(e)
altitud NF altitude *f* ; **a una ~ de** à une altitude de
altivez NF hauteur *f*, morgue *f*
altivo, -a ADJ hautain(e), altier(-ière)
alto, -a ADJ haut(e) ; (*persona*) grand(e) ; (*sonido*) aigu(ë) ; (*precio, ideal*) élevé(e) ; **a altas horas de la noche** à une heure avancée de la nuit ; **en alta mar** en haute mer ; **en voz alta** à voix haute ; **alta costura** haute couture ; **alta fidelidad/frecuencia** haute fidélité/fréquence ; **alta tensión** haute tension ; **por todo lo ~** en grande pompe ▸ NM haut *m* ; (*AM*) tas *msg* ; (*Mús*) alto *m* ; **la pared tiene dos metros de ~** le mur fait deux mètres de haut ; **en lo ~ de** en haut de, tout en haut de ; **hacer un ~** faire une halte ; **declarar/respetar el ~ el fuego** déclarer/observer le cessez-le-feu ; **dar el ~** crier « Halte-là ! » ; **pasar por ~** passer outre ▸ ADV haut ; (*río*) en crue ; **poner la radio más ~** mettre la radio plus fort ; **¡más ~, por favor!** plus fort, s'il vous plaît ! ▸ EXCL halte !
altoparlante (*AM*) NM haut-parleur *m*
altozanero (COL) NM (*mozo de cuerda*) porteur *m*
altramuces NMPL lupins *mpl*
altruismo NM altruisme *m*
altruista ADJ, NMF altruiste *mf*
altura NF hauteur *f* ; (*de persona*) taille *f* ; (*altitud*) altitude *f* ; **la pared tiene 1.80 de ~** le mur fait 1 mètre 80 de hauteur *o* de haut ; **ha sido un partido de gran ~** cela a été un grand match ; **estar a la ~ de las circunstancias** être à la hauteur des circonstances ■ **alturas** NFPL hauteurs *fpl* ; (*cielo*) cieux *mpl* ; **a estas alturas** à ce stade ; **a estas alturas del año** à cette époque de l'année
alubias NFPL haricots *mpl*
alucinación NF hallucination *f*
alucinante (*fam*) ADJ hallucinant(e)
alucinar VI avoir des hallucinations ▸ VT: **me alucina este guitarrista** je trouve ce guitariste incroyable
alucine NM: **de ~** extraordinaire
alucinógeno, -a ADJ, NM hallucinogène *m*
alud NM avalanche *f*
aludir VI: **~ a** faire allusion à ; **darse por aludido(-a)** se sentir visé(e)
alumbrado NM éclairage *m*
alumbramiento NM accouchement *m*
alumbrar VT éclairer ; (*Med*) accoucher de ▸ VI éclairer
aluminio NM aluminium *m*
alumnado NM (*Univ*) effectif *m* des étudiants, étudiants *mpl* ; (*Escol*) effectif scolaire, élèves *mpl*
alumno, -a NM/F élève *mf*
alunice *etc* VB *ver* **alunizar**
alunizaje NM (*en la luna*) alunissage *m* ; (*robo*) casse *m* à la voiture bélier, vol *m* à la voiture bélier
alunizar VI alunir ; **~ en (un lugar)** (*robar*) attaquer (un lieu) à la voiture bélier
alusión NF allusion *f* ; **hacer ~ a** faire allusion à
alusivo, -a ADJ allusif(-ive)

aluvión NM (*de agua*) inondation *f* ; (*de gente, noticias*) déluge *m* ; **~ de improperios** torrent *m* d'injures

alvéolo NM alvéole *m o f*

alverja (*Am*) NF pois *msg* de senteur

alza NF hausse *f* ; **estar en ~** (*precio*) être en hausse ; (*estimación*) être bien coté(e) ; **jugar al ~** jouer à la hausse ; **cotizarse en ~** être coté(e) à la hausse ; **~ telescópica** hausse télescopique ; **alzas fijas/graduables** hausses fixes/graduées

alzacristales NM lève-glace *m*

alzacuello NM, **alzacuellos** NM INV collet *m* (d'ecclésiastique)

alzada NF (*de caballos*) hauteur *f* au garrot ; **recurso de ~** (*Jur*) recours *msg* hiérarchique

alzado, -a ADJ relevé(e) ; (*Com: precio*) forfaitaire ; (*: quiebra*) frauduleux(-euse) ; **por un tanto ~** à forfait ▸ NM (*Arq*) élévation *f*

alzamiento NM (*rebelión*) soulèvement *m* ; (*de precios*) relèvement *m* ; (*de muro*) élévation *f* ; (*en subasta*) surenchère *f*

alzar VT (*tb castigo*) lever ; (*precio, muro, monumento*) élever ; (*cuello de abrigo*) relever ; (*poner derecho*) redresser ; (*Agr*) rentrer ; (*Tip*) assembler ; **~ la voz** élever la voix ■ **alzarse** VPR s'élever ; (*rebelarse*) se soulever ; (*Com*) faire banqueroute ; (*Jur*) interjeter appel ; **alzarse con la victoria** remporter la victoire ; **alzarse en armas** prendre les armes

a.m. (*Am*) ABR (= *ante meridiem*) du matin

ama NF maîtresse *f* (de maison), propriétaire *f* ; (*criada*) gouvernante *f* ; **~ de casa** ménagère *f* ; **~ de cría** *o* **leche** nourrice *f* ; **~ de llaves** gouvernante

amabilidad NF amabilité *f*

amable ADJ aimable ; **es usted muy ~** c'est très aimable à vous

amablemente ADV aimablement ; **muy ~ me ayudó** il m'a très gentiment aidé

amado, -a ADJ, NM/F aimé(e), bien-aimé(e)

amaestrado, -a ADJ dressé(e)

amaestrar VT dresser

amagar VI (*Deporte*) faire une feinte ; (*Mil*) feindre une attaque ; **~ (con) hacer** menacer de faire ; **amaga lluvia** la pluie menace ; **amaga pero no da** il aboie mais ne mord pas

amago NM menace *f* ; (*gesto*) ébauche *f*, commencement *m* ; (*Med*) symptôme *m* ; **hizo un ~ de levantarse** il commença à se lever

amague *etc* VB *ver* **amagar**

amainar VT (*Náut*) amener ▸ VI tomber

amalgama NF amalgame *m*

amalgamar VT amalgamer

amamantar VT allaiter, donner le sein à

amancebarse VPR vivre en concubinage

amanecer VI: **amanece** le jour se lève ; **el niño amaneció con fiebre** l'enfant s'est réveillé avec de la fièvre ; **amanecimos en Lugo** à l'aube nous sommes arrivés à Lugo ▸ NM lever *m* du jour

amanerado, -a ADJ maniéré(e) ; (*lenguaje*) affecté(e)

amanezca *etc* VB *ver* **amanecer**

amansar VT apprivoiser ; (*persona*) amadouer, calmer ■ **amansarse** VPR (*persona*) se calmer ; (*aguas, olas*) s'apaiser

amante ADJ: **~ de** amoureux(-euse) de ▸ NMF amant (maîtresse)

amanuense NM (*escribiente*) clerc *m* ; (*copista*) copiste *mf*

amañar VT (*pey: resultado*) fausser ■ **amañarse** VPR: **amañarse (para)** se débrouiller (pour) ; **amañárselas (para hacer)** se débrouiller (pour faire)

amaño NM (*habilidad*) habileté *f* ; (*truco*) artifice *m* ■ **amaños** NMPL (*Tec*) outils *mpl*

amapola NF coquelicot *m*

amar VT aimer

amaraje NM (*Aviat*) = **amerizaje**

amarar VI amerrir

amargado, -a ADJ amer(-ère), aigri(e)

amargamente ADV amèrement

amargar VT (*comida*) rendre amer(-ère) ; (*fig: estropear*) gâcher ; **~ la vida a algn** empoisonner la vie de qn ▸ VI (*naranja*) se gâter ■ **amargarse** VPR s'aigrir

amargo, -a ADJ amer(-ère)

amargor NM amertume *f*

amargue *etc* VB *ver* **amargar**

amargura NF (*tristeza*) chagrin *m* ; (*sabor*) amertume *f*

amarillento, -a ADJ jaunâtre ; (*tez*) jaune

amarillismo (*fam*) NM (*Prensa*) sensationnalisme *m*

amarillo, -a ADJ (*color*) jaune ; **la prensa amarilla** la presse à sensation ▸ NM jaune *m*

amarra NF amarre *f* ; **soltar amarras** larguer les amarres ■ **amarras** NFPL (*fam*) piston *msg* ; **tener buenas amarras** être pistonné(e) (*fam*)

amarrar VT (*Náut*) amarrer ; (*atar*) ficeler, ligoter

amarrete (*CSur fam*) ADJ (*tacaño*) avare

amartillar VT (*fusil*) armer

amasar VT (*masa*) pétrir ; (*yeso, mortero*) gâcher ; (*fig*) tramer ; **~ una fortuna** amasser une fortune

amasia (*Méx*) NF (*querida*) maîtresse *f*

amasijo NM (*fig*) ramassis *msg* ; (*Culin*) pétrissage *m*

amateur NMF amateur(-trice)

amatista NF améthyste *f*

amazacotado, -a ADJ lourd(e) ; (*arroz etc*) collant(e)

amazona NF amazone *f*, cavalière *f*

Amazonas NM: **el (Río) ~** l'Amazone *f*

Amazonia NF l'Amazonie *f*

amazónico, -a ADJ amazonien(ne)
ambages NMPL: **sin ~** sans ambages
ámbar NM ambre *m* (jaune)
Amberes N Anvers
ambición NF ambition *f*
ambicionar VT ambitionner ; **~ hacer** ambitionner de faire
ambicioso, -a ADJ ambitieux(-euse)
ambidextro, -a ADJ ambidextre
ambientación NF (*Cine, Teatro, TV*) cadre *m*
ambientador NM désodorisant *m*
ambiental ADJ (*de la atmósfera*) ambiant(e) ; (*medioambiental*) environnemental(e) ; **hay un 70% de humedad ~** il y a 70 % d'humidité ambiante ; **la luz ~ era insuficiente** la lumière ambiante était trop faible ; **contaminación ~** pollution *f* de l'environnement
ambientar VT (*escenario*) créer l'atmosphère requise pour ; (*novela, película*) situer (l'action de) ; (*fiesta*) mettre de l'ambiance dans ■ **ambientarse** VPR s'adapter
ambiente NM (*atmósfera, tb fig*) atmosphère *f* ; (*entorno*) milieu *m*
ambigüedad NF ambiguïté *f*
ambiguo, -a ADJ ambigu(ë)
ámbito NM domaine *m* ; (*fig*) cercle *m*
ambivalente ADJ ambivalent(e)
ambos, -as ADJ PL les deux ▶ PRON PL tous (toutes) les deux
ambulancia NF ambulance *f*
ambulante ADJ ambulant(e)
ambulatorio NM dispensaire *m*
ameba NF amibe *f*
amedrentar VT effrayer ■ **amedrentarse** VPR s'effrayer
amén EXCL amen ! ; **~ de** outre ; **en un decir ~** en un clin d'œil ; **decir ~ a todo** dire amen à tout
amenace *etc* VB *ver* **amenazar**
amenaza NF menace *f*
amenazador, a, amenazante ADJ menaçant(e)
amenazar VT menacer ; **~ con (hacer)** menacer de (faire) ; **~ de muerte** menacer de mort
amenidad NF aménité *f*
amenizar VT (*animar*) animer ; (*divertir*) égayer
ameno, -a ADJ agréable, amène
América NF Amérique *f* ; **~ Central/Latina** Amérique centrale/latine ; **~ del Norte/del Sur** Amérique du Nord/du Sud
americana NF veste *f*
americanismo NM (*Ling*) américanisme *m* (*d'Amérique latine*)
americano, -a ADJ américain(e) ▶ NM/F Américain(e)
americe *etc* VB *ver* **amerizar**
amerindio ADJ amérindien(ne)
ameritar (*esp* MÉX) VT (*merecer*) mériter
amerizaje NM amerrissage *m*
amerizar VI (*Aviat*) = **amarar**
ametralladora NF mitrailleuse *f*
amianto NM amiante *m*
amiba NF = **ameba**
amigable ADJ amical(e)
amígdala NF amygdale *f*
amigdalitis NF amygdalite *f*
amigo, -a ADJ ami(e) ; **hacerse amigos** devenir amis ; **ser muy amigos** être très amis ; **ser ~ de algo** être amateur(-trice) de qch ▶ NM/F (*gen*) ami(e) ; (*novio*) petit(e) ami(e) ; **añadir a la lista de amigos** (*en redes sociales*) ajouter à sa liste d'amis ; **~ corresponsal** correspondant(e) ; **~ íntimo(-a)** *o* **de confianza** ami(e) intime
amigote (*fam*) NM pote *m*
amiguismo NM copinage *m*
amilanar VT effrayer ■ **amilanarse** VPR s'effrayer
aminoácido NM acide *m* aminé
aminorar VT (*velocidad etc*) ralentir ▶ VI (*calor, odio*) diminuer
amistad NF amitié *f* ; **trabar ~ con** se lier d'amitié avec ■ **amistades** NFPL (*amigos*) amis *mpl* ; **romper las amistades** se brouiller
amistosamente ADV amicalement
amistoso, -a ADJ amical(e)
amnesia NF amnésie *f*
amniótico, -a ADJ amniotique ; **líquido ~** liquide amniotique
amnistía NF amnistie *f*
amnistiar VT amnistier
amo NM (*dueño*) maître *m* (de maison), propriétaire *m* ; (*jefe*) patron *m* ; **hacerse el ~ (de algo)** prendre la direction (de qch)
amodorrarse VPR s'assoupir
amolar VT (*fastidiar*) raser
amoldar VT: **~ a** adapter à ■ **amoldarse** VPR: **amoldarse a** (*suj: prenda, zapatos*) prendre la forme de ; (*: persona*) s'adapter à
amonestación NF admonestation *f* ■ **amonestaciones** NFPL (*Rel*) bans *mpl*
amonestar VT admonester ; (*Rel*) publier les bans de
amoniaco, amoníaco NM ammoniac *m*
amontonar VT entasser, amonceler ; (*riquezas etc*) accumuler, amasser ■ **amontonarse** VPR (*gente*) se masser ; (*hojas, nieve etc*) s'entasser ; (*trabajo*) s'accumuler
amor NM amour *m* ; **de mil amores** très volontiers ; **hacer el ~** faire l'amour ; (*cortejar*) faire la cour ; **tener amores con algn** avoir une liaison avec qn ; **hacer algo por ~ al arte** faire qch pour l'amour de l'art ; **¡por (el) ~ de Dios!** pour l'amour de Dieu ! ; **estar al ~ de la lumbre** être au coin du feu ; **~ a primera vista** coup *m*

de foudre ; **~ interesado/libre/platónico** amour intéressé/libre/platonique ; **~ propio** amour-propre *m*

amoral ADJ amoral(e)

amoratado, -a ADJ (*por frío*) violacé(e) ; (*por golpes*) couvert(e) de bleus ; **ojo ~** œil *m* au beurre noir

amordace *etc* VB *ver* **amordazar**

amordazar VT bâillonner ; (*fig*) faire taire

amorfo, -a ADJ amorphe

amoríos NMPL amourette *fsg*

amoroso, -a ADJ amoureux(-euse) ; (*carta*) d'amour

amortajar VT recouvrir d'un linceul

amortice *etc* VB *ver* **amortizar**

amortiguación NF = **amortiguamiento**

amortiguador NM (*dispositivo*) amortisseur *m* ■ **amortiguadores** NMPL (*Auto*) suspension *fsg*

amortiguamiento NM (*de ruido, golpe*) amortissement *m* ; (*de luz, color*) atténuation *f*

amortiguar VT (*ruido, golpe*) amortir ; (*luz, color*) atténuer

amortigüe *etc* VB *ver* **amortiguar**

amortización NF amortissement *m*

amortizar VT amortir

amoscarse VPR prendre la mouche

amosque *etc* VB *ver* **amoscarse**

amotinar VT ameuter ■ **amotinarse** VPR se mutiner

amparar VT secourir ; (*suj: ley*) protéger ■ **ampararse** VPR se mettre à l'abri ; **ampararse en** (*ley, costumbre*) se prévaloir de

amparo NM protection *f* ; **al ~ de** à la faveur de

amperímetro NM ampèremètre *m*

amperio NM ampère *m*

ampliable ADJ (*Inform*) extensible

ampliación NF agrandissement *m* ; (*de capital*) augmentation *f* ; (*de estudios*) approfondissement *m* ; (*cosa añadida*) extension *f*

ampliamente ADV (*cumplidamente*) abondamment, amplement ; (*extensamente*) largement, amplement

ampliar VT agrandir ; (*estudios*) approfondir ; (*sonido*) amplifier

amplificación NF amplification *f*

amplificador NM amplificateur *m*

amplificar VT amplifier

amplifique *etc* VB *ver* **amplificar**

amplio, -a ADJ (*habitación*) vaste ; (*ropa, consecuencias*) ample ; (*calle*) large

amplitud NF étendue *f* ; (*Fís*) amplitude *f* ; **de gran ~** de grande envergure ; **~ de miras** largeur *f* d'esprit

ampolla NF ampoule *f*

ampolleta (*Am*) NF (*bombilla*) ampoule *f*

ampuloso, -a ADJ ampoulé(e)

amputación NF amputation *f*

amputar VT amputer

amueblar VT meubler

amuermado, -a (*fam*) ADJ qui s'ennuie ; (*abatido*) abattu(e)

amuleto NM amulette *f*

amurallar VT fortifier

amurriarse VPR être triste

anabolizante NM anabolisant *m*

anacarado, -a ADJ nacré(e)

anacardo NM noix *f* de cajou

anaconda NF anaconda *m*

anacrónico, -a ADJ anachronique

anacronismo NM anachronisme *m*

ánade NM canard *m*

anagrama NM anagramme *f*

anales NMPL annales *fpl*

analfabetismo NM analphabétisme *m*

analfabeto, -a ADJ, NM/F analphabète *mf*

analgésico NM analgésique *m*

analice *etc* VB *ver* **analizar**

análisis NM INV analyse *f* ; **~ clínico** analyse médicale ; **~ de costos-beneficios** analyse coûts-avantages ; **~ de mercado** étude *f* de marché ; **~ de sangre** analyse de sang

analista NMF analyste *mf* ; **~ de sistemas** (*Inform*) analyste-programmeur(-euse)

analítico, -a ADJ analytique ; **cuadro ~** tableau *m* analytique

analizar VT analyser

analogía NF analogie *f* ; **por ~ con** par analogie avec

analógico, -a ADJ analogique

análogo, -a ADJ analogue ; **~ a** analogue à

ananá, ananás NM ananas *msg*

anaquel NM étagère *f*

anaranjado, -a ADJ orangé(e)

anarco, -a (*fam*) NM/F anar *mf* (*fam*)

anarquía NF anarchie *f*

anárquico, -a ADJ anarchique

anarquismo NM anarchisme *m*

anarquista NMF anarchiste *mf*

anatema NM anathème *m*

anatematizar VT anathématiser

anatomía NF anatomie *f*

anatómico, -a ADJ anatomique ; **asiento ~** siège *m* ergonomique

anca NF (*de animal*) croupe *f* ; (*fam: de persona*) fesse *f* ; **ancas de rana** (*Culin*) cuisses *fpl* de grenouille

ancestral ADJ ancestral(e)

ancestro NM (*esp Am: persona*) ancêtre *mf*

ancho, -a ADJ large ; **me está** *o* **queda ~ el vestido** je nage dans cette robe ; **ser ~ de miras** être large d'esprit ; **ir muy ~** prendre de grands airs ; **le viene muy ~ el cargo** il n'est pas à la hauteur pour ce poste ; **ponerse ~** prendre un air de supériorité ; **quedarse tan ~** ne pas se décontenancer ▶ NM largeur *f* ; (*Ferro*) écartement *m* ; **a lo ~** sur toute la largeur ; **estar a sus anchas** être à l'aise

anchoa NF anchois *msg*

anchura NF largeur *f*

anchuroso, -a ADJ vaste

ancianidad NF vieillesse *f*

anciano, -a ADJ vieux (vieille), âgé(e) ▶ NM/F personne *f* âgée

ancla NF ancre *f* ; **echar/levar anclas** jeter/lever l'ancre

ancladero NM mouillage *m*

anclaje NM ancrage *m* ▶ NMPL (*Tec*) fixations *fpl*

anclar VI mouiller l'ancre

andadas NFPL traces *fpl* ; **volver a las ~** refaire les mêmes erreurs

andaderas NFPL lisières *fpl* ; (*tacataca*) trotteur *msg*

andador, a ADJ: **es muy ~** c'est un(e) bon(ne) marcheur(-euse) ▶ NM (*para niños*) trotteur *m* ; (*para enfermos*) déambulateur *m*

andadura NF marche *f*

Andalucía NF Andalousie *f*

andaluz, a ADJ andalou(se) ▶ NM/F Andalou(se)

andamiaje NM échafaudage *m*

andamio NM échafaudage *m*

andanada NF (*Mil*) bordée *f* ; (*Taur*) gradins *mpl* couverts ; **soltarle a algn una ~** passer un savon à qn

andante ADJ: **caballero ~** chevalier *m* errant

andanzas NFPL aventures *fpl*, péripéties *fpl*

andar

▶ VT parcourir

▶ VI **1** (*persona, animal*) marcher ; (*coche*) rouler ; **andar a caballo/en bicicleta** aller à cheval/à vélo

2 (*funcionar: máquina, reloj*) marcher

3 (*estar*) être ; **¿qué tal andas?** comment vas-tu ? ; **andar mal de dinero/de tiempo** être à court d'argent/ne pas avoir le temps ; **andar haciendo algo** être en train de faire qch ; **anda (metido) en asuntos sucios** il est impliqué dans des affaires louches ; **siempre andan a gritos** ils sont tout le temps en train de crier ; **anda por los cuarenta** il a environ quarante ans ; **no sé por dónde anda** je ne sais pas où il est ; **anda tras un empleo** il cherche du travail

4 (*revolver*): **no andes ahí/en mi cajón** ne touche pas à ça/à mon tiroir

5 (*obrar*): **andar con cuidado** *o* **con pies de plomo** faire bien attention, regarder où l'on met les pieds

6 (*exclamaciones*): **¡anda!** (*sorpresa*) eh bien ! ; (*para animar*) allez ! ; **¡anda (ya)!** (*incredulidad*) allons donc !

■ **andarse** VPR **1**: **andarse con rodeos** *o* **por las ramas** tourner autour du pot

2: **no te andes en la herida** ne retourne pas le couteau dans la plaie

3: **andarse con historias** raconter des histoires

4: **todo se andará** chaque chose en son temps

■ **andares** NMPL démarche *f*

andariego, -a ADJ bon(ne) marcheur(-euse) ; (*vida*) vagabond(e)

andas NFPL brancard *msg* ; **llevar a algn en ~** (*fig*) porter qn aux nues

andén NM quai *m* ; (*AM*) trottoir *m*

Andes NMPL: **los ~** les Andes *fpl*

andinismo (*AM*) NM alpinisme *m* (*dans les Andes*)

andino, -a ADJ andin(e)

Andorra NF Andorre *f*

andorrano, -a ADJ andorran(e) ▶ NM/F Andorran(e)

andrajo NM loque *f*, haillon *m* ; (*prenda*) guenilles *fpl* ; (*persona*) loque *f*

andrajoso, -a ADJ déguenillé(e), loqueteux(-euse)

andurriales NMPL: **en** *o* **por esos ~** dans ce coin perdu

anduve *etc* VB *ver* **andar**

anduviera *etc* VB *ver* **andar**

anécdota NF anecdote *f*

anecdótico, -a ADJ anecdotique

anegar VT (*lugar*) inonder ; (*ahogar*) noyer ; (*fig*): **~ de** écraser de ■ **anegarse** VPR être inondé(e) ; **anegarse en llanto** fondre en larmes

anegue *etc* VB *ver* **anegar**

anejo, -a ADJ annexe ; **llevar ~** comprendre ▶ NM annexe *f*

anemia NF anémie *f*

anémico, -a ADJ anémique

anémona NF anémone *f*

anestesia NF anesthésie *f* ; **~ general/local** anesthésie générale/locale

anestesiar VT anesthésier

anestésico NM anesthésique *m*

anestesista NMF anesthésiste *mf*

anexar VT annexer ; **~ algo a algo** (*Pol*) annexer qch à qch

anexión NF annexion *f*

anexionamiento NM = **anexión**

anexionar VT (*Pol*) annexer ■ **anexionarse** VPR s'annexer

anexo, -a ADJ annexe ; **llevar ~** comprendre ▶ NM annexe *f*

anfetamina NF amphétamine *f*

anfibio, -a ADJ amphibie ▶ NM amphibien *m*

anfiteatro NM amphithéâtre *m*

anfitrión, -ona NM/F amphitryon(ne), hôte(sse) ; **el equipo ~** (*Deporte*) l'équipe qui reçoit

a

ángel NM ange *m* ; **tener ~** avoir du charme ; **~ de la guarda** ange gardien
Ángeles NMPL: **Los ~** Los Angeles
angelical ADJ angélique
angélico, -a ADJ = **angelical**
angina NF: **tener anginas** avoir une angine ; **~ de pecho** angine *f* de poitrine
anglicano, -a ADJ, NM/F anglican(e)
anglicismo NM anglicisme *m*
angloparlante, anglohablante ADJ, NMF anglophone *mf*
anglosajón, -ona ADJ anglo-saxon(ne) ▶ NM/F Anglo-Saxon(ne)
Angola NF Angola *m*
angoleño, -a ADJ angolais(e) ▶ NM/F Angolais(e)
angora NF angora *m*
angosto, -a ADJ étroit(e)
anguila NF anguille *f* ▪ **anguilas** NFPL (*Náut*) savates *fpl*
angular ADJ angulaire ▶ NM: **gran ~** grand-angle *m*
angulas NFPL civelles *fpl*
ángulo NM (*tb fig*) angle *m* ; (*rincón*) coin *m* ; **~ agudo/obtuso/recto** angle aigu/obtus/droit
anguloso, -a ADJ anguleux(-euse)
angustia NF angoisse *f*
angustiado, -a ADJ angoissé(e)
angustiar VT angoisser ▪ **angustiarse** VPR s'angoisser
angustioso, -a ADJ (*voz, mirada*) angoissé(e) ; (*problema, recuerdo, situación*) angoissant(e) ; **momentos de angustiosa soledad** moments d'une solitude angoissante ; **tres horas de angustiosa espera** trois heures d'attente insoutenable
anhelante ADJ avide
anhelar VT être avide de ; **~ hacer** mourir d'envie de faire
anhelo NM désir *m* ardent
anhídrido NM: **~ carbónico** dioxyde *m* de carbone
anidar VI nicher ; (*fig*) s'installer
anilla NF anneau *m* ▪ **anillas** NFPL (*gimnasia*) anneaux *mpl*
anillo NM bague *f* ; **venir como ~ al dedo** venir à point nommé ; **~ de boda** alliance *f* ; **~ de compromiso** bague de fiançailles
ánima NF âme *f* ; **las ánimas** l'angélus *msg*
animación NF animation *f*
animadamente ADV (*hablar*) d'un ton animé ; (*sonreír*) avec chaleur
animado, -a ADJ (*vivaz*) plein(e) de vie *o* d'entrain ; (*fiesta, conversación*) animé(e) ; (*alegre*) joyeux(-euse) ; **dibujos animados** dessins *mpl* animés
animador, a NM/F (TV, *Deporte*) animateur(-trice) ; (*persona alegre*) boute-en-train *m inv* ; **~ cultural** animateur(-trice) culturel(le)
animadversión NF animadversion *f*
animal ADJ animal(e) ▶ NM animal *m* ; **ser un ~** (*fig*) être une brute
animalada (*fam*) NF (*disparate*) ânerie *f* ; (*grosería*) grossièreté *f*
animalista ADJ, NMF animaliste *mf*
animar VT animer ; (*dar ánimo a*) encourager ; (*habitación, vestido*) égayer ; (*fuego*) ranimer ; **~ a algn a hacer/para que haga** encourager qn à faire ▪ **animarse** VPR s'égayer ; **animarse a hacer** se décider à faire
anime NM (*japonés*) anime *m inv*
anímico, -a ADJ émotionnel(le) ; **estado ~** état *m* émotionnel
ánimo NM courage *m* ; (*mente*) esprit *m* ; **cobrar ~** reprendre courage ; **apaciguar los ánimos** calmer les esprits ; **dar ~(s) a algn** encourager qn ; **tener ~(s) (para)** être d'humeur (à) ; **con/sin ~ de hacer** avec l'intention/sans intention de faire ▶ EXCL courage !
animosamente ADV (*alegremente*) allégrement ; (*valerosamente*) courageusement
animosidad NF (*aversión*) animosité *f* ; (*ánimo*) courage *m*
animoso, -a ADJ courageux(-euse)
aniñado, -a ADJ enfantin(e)
aniquilación NF, **aniquilamiento** NM annihilation *f*, anéantissement *m*
aniquilar VT anéantir ; (*salud*) ruiner
anís NM anis *msg* ; (*bebida*) liqueur *f* d'anis
anisakis NM INV anisakis *m inv*
aniversario NM anniversaire *m*
Ankara N Ankara
ano NM anus *msg*
anoche ADV hier soir, la nuit dernière ; **antes de ~** avant-hier soir
anochecer VI commencer à faire nuit ▶ NM crépuscule *m* ; **al ~** à la tombée de la nuit
anochezca *etc* VB *ver* **anochecer**
anodino, -a ADJ (*película, novela*) insipide ; (*persona*) insignifiant(e)
anomalía NF anomalie *f*
anómalo, -a ADJ anormal(e)
anona (*CAm, Méx*) NF (*Bot: chirimoya*) anone *f*
anonadado, -a ADJ abasourdi(e)
anonimato NM anonymat *m*
anónimo, -a ADJ anonyme ▶ NM lettre *f* anonyme
anorak (*pl* **anoraks**) NM anorak *m*
anorexia NF anorexie *f*
anoréxico, -a ADJ, NM/F anorexique *mf*
anormal ADJ anormal(e) ▶ NMF débile *mf* mental(e)
anormalmente ADV anormalement

anotación NF annotation *f*
anotador, a NM/F (*Lit*) annotateur(-euse) ; (*Deporte*) marqueur(-euse) ▶NM (*CSur*) bloc-notes *m*
anotar VT annoter
ANPE SIGLA F (= *Asociación Nacional del Profesorado Estatal de EGB*) *fédération des professeurs de l'enseignement primaire et du 1er cycle du secondaire*
anquilosado, -a ADJ ankylosé(e) ; (*ideas, costumbres*) dépassé(e)
anquilosamiento NM (*miembro*) ankylose *f* ; (*ideas*) vieillissement *m*
anquilosarse VPR s'ankyloser ; (*fig*) se scléroser
ansia NF (*ansiedad*) angoisse *f* ; **~ de** soif *f* de
ansiado, -a ADJ attendu(e), espéré(e), convoité(e) ; **el momento tan ~** le moment tant attendu
ansiar VT désirer ardemment ; **~ hacer** brûler de faire
ansiedad NF angoisse *f*
ansiógeno, -a ADJ anxiogène
ansiolítico, -a ADJ, NM anxiolytique *m*
ansioso, -a ADJ (*preocupado*) anxieux(-euse) ; **~ de** *o* **por (hacer)** impatient(e) de (faire)
antagónico, -a ADJ antagonique
antagonismo NM antagonisme *m*
antagonista NMF adversaire *mf*
antaño ADV jadis, autrefois
antártico, -a ADJ antarctique ▶NM: **el A~** l'Antarctique *m*
Antártida NF Antarctide *f*
ante PREP devant ; (*enemigo, peligro, en comparación con*) face à ; (*datos, cifras*) en présence de ; **~ todo** avant tout ▶NM daim *m*
anteanoche ADV avant-hier soir
anteayer ADV avant-hier
antebrazo NM avant-bras *m inv*
antecámara NF antichambre *f*
antecedente ADJ antérieur(e) ▶NM antécédent *m* ■ **antecedentes** NMPL antécédents *mpl* ; **no tener antecedentes** avoir un casier judiciaire vierge ; **estar en antecedentes** être au courant ; **poner a algn en antecedentes** mettre qn au courant ; **antecedentes penales** casier *msg* judiciaire
anteceder VT: **~ a** précéder
antecesor, a NM/F prédécesseur *mf*
antedicho, -a ADJ susdit(e)
antelación NF: **con ~** à l'avance
antemano: **de ~** *adv* d'avance
antena NF antenne *f* ; **~ parabólica** antenne parabolique
anteojeras NFPL œillères *fpl*
anteojo NM lunette *f* ■ **anteojos** NMPL (*esp AM*) lunettes *fpl*
antepasados NMPL ancêtres *mpl*
antepecho NM (*barandilla*) garde-fou *m*, parapet *m* ; (*alféizar*) rebord *m*
antepenúltimo, -a ADJ antépénultième, avant-avant dernier(-ière)
antepondré *etc* VB *ver* **anteponer**
anteponer VT: **~ una cosa a otra** faire passer une chose avant une autre
anteponga *etc* VB *ver* **anteponer**
anteproyecto NM avant-projet *m* ; **~ de ley** avant-projet de loi
antepuesto, -a PP *de* **anteponer**
antepuse *etc* VB *ver* **anteponer**
anterior ADJ précédent(e) ; **~ (a)** (*en orden*) qui précède ; (*en el tiempo*) antérieur(e) (à)
anterioridad NF: **con ~ a** préalablement à, avant
anteriormente ADV précédemment
antes ADV avant ; (*primero*) d'abord ; (*con prioridad*) avant tout ; (*hace tiempo*) autrefois ; **no quiso venir ~** il n'a pas voulu venir plus tôt ; **dos días ~** deux jours plus tôt ; **mucho ~** longtemps auparavant ; **poco ~** peu avant ; **lo ~ posible** dès que possible ; **cuanto ~ mejor** le plus tôt sera le mieux ; **~ de** avant ; **~ de nada** avant tout ; **~ que yo** avant moi ; **~ de ir al cine** avant d'aller au cinéma ; **~ (de) que** avant que ; **~ de que te vayas** avant que tu ne partes ▶ADJ: **la tarde ~** la veille au soir ▶CONJ: **~ muerto que esclavo** plutôt la mort que l'esclavage ; **tomo el avión ~ que el barco** je préfère l'avion au bateau ; **~ bien** plutôt
antesala NF antichambre *f* ; **estar en la ~ de** (*fig*) être au seuil de
antiabortista ADJ: **campaña ~** campagne *f* contre l'avortement ▶NMF opposant(e) à l'avortement
antiácido NM antiacide *m*
antiadherente ADJ antiadhésif(-ive)
antiaéreo, -a ADJ antiaérien(ne)
antialcohólico, -a ADJ: **centro ~** centre *m* antialcoolique
antibalas ADJ INV: **chaleco ~** gilet *m* pare-balles
antibiótico NM antibiotique *m*
anticaspa ADJ INV antipelliculaire
anticiclón NM anticyclone *m*
anticipación NF: **con 10 minutos de ~** avec 10 minutes d'avance ; **hacer algo con ~** faire qch à l'avance
anticipadamente ADV à l'avance, d'avance
anticipado, -a ADJ anticipé(e) ; **por ~** d'avance, par anticipation
anticipar VT anticiper ■ **anticiparse** VPR (*estación*) être en avance ; **anticiparse (a)** (*adelantarse*) devancer ; (*prever*) anticiper ; **anticiparse a su época** être en avance sur son temps
anticipo NM avance *f* ; **ser un ~ de** être un avant-goût de
anticlerical ADJ, NMF anticlérical(e)
anticlímax NM INV chute *f* de l'intensité dramatique

anticonceptivo, -a ADJ contraceptif(-ive); **métodos anticonceptivos** méthodes *fpl* contraceptives ▸ NM contraceptif *m*
anticongelante NM (*Auto*) antigel *m*
anticonstitucional ADJ anticonstitutionnel(le)
anticuado, -a ADJ (*ropa, estilo*) démodé(e); (*modelo, máquina*) dépassé(e); (*término*) vieilli(e)
anticuario NM antiquaire *mf*
anticucho (AND, CHI) NM (*Culin*) kebab *m*
anticuerpo NM anticorps *msg*
antidemocrático, -a ADJ antidémocratique
antideportivo, -a ADJ antisportif(-ive)
antidepresivo NM antidépresseur *m*
antideslizante ADJ antidérapant(e) ▸ NM pneu *m* antidérapant
antidisturbios ADJ INV antiémeute ▸ NMPL police *f* antiémeute, brigades *fpl* antiémeutes, CRS *mpl*
antidóping, antidopaje ADJ INV: **control ~** contrôle *m* antidopage
antídoto NM antidote *m*; (*fig*): **ser el ~ de** *o* **contra** être l'antidote contre
antidroga ADJ INV antidrogue *inv*; **brigada ~** brigade *f* des stupéfiants
antieconómico, -a ADJ antiéconomique
antiestético, -a ADJ inesthétique
antieuropeísta, antieuropeo, -a ADJ antieuropéen(ne)
antifaz NM masque *m*
antigás ADJ INV: **careta** *o* **máscara ~** masque *m* à gaz
antiglobalización NF antimondialisation *f*
antiglobalizador, a ADJ, NM/F altermondialiste *mf*
antigripal ADJ INV: **vacuna ~** vaccin *m* contre la grippe
antigualla NF (*pey: objeto*) antiquité *f* ■ **antiguallas** NFPL vieilleries *fpl*
antiguamente ADV autrefois, jadis
antigüedad NF antiquité *f*; (*en empleo*) ancienneté *f* ■ **antigüedades** NFPL antiquités *fpl*
antiguo, -a ADJ ancien(ne), vieux (vieille); **a la antigua** à l'ancienne ▸ NM: **los antiguos** les Anciens *mpl*
antihigiénico, -a ADJ antihygiénique
antihistamínico, -a ADJ antihistaminique ▸ NM antihistaminique *m*
antiinflacionista ADJ anti-inflationniste
antiinflamatorio, -a ADJ, NM anti-inflammatoire *m*
antillano, -a ADJ antillais(e) ▸ NM/F Antillais(e)
Antillas NFPL: **las ~** les Antilles *fpl*; **el mar de las ~** la mer des Antilles
antílope NM antilope *f*
antimonopolios ADJ INV: **ley ~** loi *f* antitrust
antinatural ADJ anormal(e); (*perverso*) contre nature; (*afectado*) forcé(e)
antiparras (*fam*) NFPL besicles *fpl*
antipatía NF antipathie *f*; (*a cosa*) répugnance *f*
antipático, -a ADJ antipathique; (*gesto etc*) déplaisant(e)
antipirético, -a ADJ antipyrétique
antípodas NFPL antipodes *fpl*
antiquísimo, -a ADJ très ancien(ne)
antirrábico, -a ADJ: **vacuna antirrábica** vaccin *m* antirabique
antirreflectante ADJ antireflet
antirreglamentario, -a ADJ non réglementaire; (*Pol*) anticonstitutionnel(le)
antirrobo ADJ INV antivol *inv*
antisemita ADJ, NMF antisémite *mf*
antisemitismo NM antisémitisme *m*
antiséptico, -a ADJ antiseptique ▸ NM antiseptique *m*
antisistema ADJ INV, NMF INV antisystème *mf inv*
antitabaco, -a ADJ INV antitabac *inv*; **campaña ~** campagne *f* antitabac
antiterrorista ADJ antiterroriste; **la lucha ~** la lutte antiterroriste; **Ley A~** (*Jur*) loi *f* antiterroriste
antítesis NF INV: **ser la ~ de** être l'antithèse *f* de
antiviral ADJ, NM (*Med*) antiviral(e)
antivírico, -a ADJ (*Med*) antiviral(e) ▸ NM (*Med*) antiviral *m*
antivirus NM INV (*Inform*) antivirus *msg*
antojadizo, -a ADJ capricieux(-euse)
antojarse VPR: **se me antoja comprarlo** j'ai envie de me l'acheter; **se me antoja que** j'imagine que
antojo NM caprice *m*, lubie *f*; (*Anat, de embarazada, lunar*) envie *f*; **hacer algo a su ~** faire qch à sa guise
antología NF anthologie *f*
antológico, -a ADJ (*destacado*) mémorable; (*Arte*): **exposición antológica** rétrospective *f*; **un gol ~** un but mémorable *o* extraordinaire
antonomasia NF: **por ~** par excellence
antorcha NF torche *f*
antracita NF anthracite *m*
antro NM (*fig*) antre *m*; **~ de perdición** (*fig*) lieu *m* de perdition
antropófago, -a ADJ, NM/F anthropophage *mf*
antropología NF anthropologie *f*
antropólogo, -a NM/F anthropologue *mf*
antropomorfo, -a ADJ anthropomorphe
anual ADJ annuel(le)
anualidad NF annuité *f*; **~ vitalicia** rente *f* viagère
anualmente ADV annuellement
anuario NM annuaire *m*

anudar VT nouer ■ **anudarse** VPR nouer ; **se me anudó la garganta** j'eus la gorge serrée

anulación NF annulation *f* ; (*ley*) abrogation *f* ; (*persona*) annihilation *f*

anular NM (*tb*: **dedo anular**) annulaire *m* ▶ VT annuler ; (*ley*) abroger ; (*persona*) annihiler ■ **anularse** VPR s'annuler

anunciación NF (*Rel*): **la A~** l'Annonciation *f*

anunciante NMF (*Com*) annonceur(-euse) (publicitaire) ▶ ADJ: **empresa ~** annonceur *m*

anunciar VT annoncer ; (*Com*) faire de la publicité pour

anuncio NM annonce *f* ; (*pronóstico*) signe *m* ; (*Com*) publicité *f* ; (*cartel*) panneau *m* publicitaire ; (*Teatro, Cine*) affiche *f* ; (*señal*) pancarte *f* ; **anuncios por palabras** petites annonces *fpl*

anverso NM (*moneda, medalla*) avers *msg* ; (*página*) recto *m*

anzuelo NM hameçon *m* ; (*fig*) appât *m* ; **caer en el ~** tomber dans le piège ; **tragarse el ~** mordre à l'hameçon

añadido NM addition *f*

añadidura NF ajout *m* ; (*vestido*) rallonge *f* ; **por ~** par *o* de surcroît

añadir VT ajouter ; (*prenda*) rallonger

añejo, -a ADJ (*vino*) vieux (vieille)

añicos NMPL morceaux *mpl* ; **hacer ~** (*cosa*) mettre en morceaux ; **hacerse ~** se briser en mille morceaux ; (*cristal*) voler en éclats

añil NM indigo *m*

año NM an *m* ; (*duración*) année *f* ; **el ~ que viene** l'année prochaine, l'an prochain ; **los años 80** les années 80 ; **¡Feliz A~ Nuevo!** Bonne et heureuse année ! ; **en el ~ de la nana** (*fam*) il y a des siècles (*fam*) ; **entrado en años** d'un certain âge ; **estar de buen ~** être en pleine forme ; **hace años** il y a longtemps ; **tener 15 años** avoir 15 ans ; **~ académico** *o* **escolar** année scolaire ; (*en la universidad*) année scolaire *o* universitaire ; **~ bisiesto/sabático** année bissextile/sabbatique ; **~ económico** *o* **fiscal** exercice *m* financier ; **~ entrante** année qui commence

La palabra **año** puede traducirse de dos maneras diferentes en francés: *an* y *année*. La primera hace referencia a la edad y a la unidad de tiempo, y suele ir precedida de un número cardinal:
Tiene cuarenta años. Il a quarante ans.
Acabaré la carrera dentro de tres años. Dans trois ans j'aurai fini mes études.
Como periodo de tiempo con valor durativo se traduce por *année*:
durante años pendant des années
en los años 20 dans les années 20

año-luz (*pl* **años-luz**) NM année-lumière *f*

añoranza NF nostalgie *f*

añorar VT avoir la nostalgie de

añoso, -a ADJ séculaire

aorta NF aorte *f*

APA NF ABR (= *Asociación de Padres de Alumnos*) ≈ association *f* de parents d'élèves

apabullante ADJ stupéfiant(e)

apabullar VT stupéfier

apacentar VT faire paître

apache ADJ apache ▶ NMF Apache *mf*

apacible ADJ paisible ; (*persona, día*) calme

apaciblemente ADV (*andar*) tranquillement ; (*fluir*) doucement

apaciente *etc* VB *ver* **apacentar**

apaciguar VT apaiser, calmer ■ **apaciguarse** VPR s'apaiser, se calmer

apacigüe *etc* VB *ver* **apaciguar**

apadrinar VT (*Rel*) être le parrain de ; (*fig*) parrainer

apagado, -a ADJ éteint(e) ; (*color*) terne ; (*sonido*) étouffé(e) ; (*tímido*) effacé(e) ; **estar ~** être éteint(e)

apagar VT éteindre ; (*sonido*) étouffer ; (*sed*) étancher ; **~ el sistema** (*Inform*) sortir du système ■ **apagarse** VPR s'éteindre

apagón NM panne *f* de courant *o* d'électricité

apague *etc* VB *ver* **apagar**

apaisado, -a ADJ (*cuaderno, fotografía*) en largeur

apalabrar VT (*persona*) engager ; (*piso*) convenir (verbalement) de

Apalaches NMPL: **(Montes) ~** (Monts *mpl*) Appalaches *fpl*

apalear VT rosser ; (*fruta*) gauler ; (*grano*) éventer

apañado, -a ADJ habile ; (*útil*) pratique ; (*arreglado*) tiré(e) à quatre épingles ; **estar ~** être fichu(e) ; **¡estaríamos apañados!** il ne manquerait plus que ça !

apañar (*fam*) VT (*arreglar*) rafistoler ; (*vestido*) raccommoder ; (*robar*) piquer ■ **apañarse** VPR: **apañarse (con)** se débrouiller (avec) ; **apañarse** *o* **apañárselas (para hacer)** se débrouiller (pour faire) ; **apañárselas por su cuenta** se débrouiller tout(e) seul(e)

apaño NM (*fam*) rafistolage *m* ; (*vestido*) raccommodage *m* ; (*chanchullo*) magouille *f* (*fam*) ; (*lío amoroso*) liaison *f* ; **esto no tiene ~** c'est fichu

apapachar (*Méx*) VT (*mimar*) dorloter, cajoler

aparador NM buffet *m* ; (*escaparate*) vitrine *f*

aparato NM appareil *m* ; (*Radio, TV*) poste *m* ; (*boato*) apparat *m* ; **~ circulatorio/digestivo/respiratorio** appareil circulatoire/digestif/respiratoire ; **~ de facsímil** télécopieur *m* ■ **aparatos** NMPL (*gimnasia*) agrès *mpl* ; **aparatos de mando** (*Aviat etc*) commandes *fpl*

aparatosamente ADV (*caer*) d'une manière spectaculaire

aparatoso, -a ADJ spectaculaire

aparcacoches NM gardien *m* de parking

aparcamiento NM (*lugar*) parking *m* ; (*maniobra*) stationnement *m*

aparcar VT garer ▸ VI se garer

apareamiento NM (*de animales*) accouplement *m*

aparear VT (*animales*) accoupler, apparier ; (*igualar*) appareiller ■ **aparearse** VPR s'accoupler, s'apparier

aparecer VI apparaître ; (*publicarse*) paraître ; (*ser encontrado*) être retrouvé(e) ; **apareció borracho** il est revenu soûl ■ **aparecerse** VPR apparaître

aparejado, -a ADJ: **llevar** *o* **traer ~** entraîner ; **ir ~ con** aller de pair avec

aparejador, a NM/F (*Arq*) *aide-architecte*

aparejar VT apprêter ; (*caballo*) harnacher ; (*Náut*) gréer

aparejo NM (*de pesca*) matériel *m* (de pêche) ; (*de caballería*) harnachement *m* ; (*Náut*) gréement *m* ; (*de poleas*) moufle *f* ■ **aparejos** NMPL matériel *msg*

aparentar VT (*simular*) feindre ; (*parecer*) faire, paraître ; **~ hacer** faire semblant de faire ; **~ tristeza** faire semblant d'être triste ▸ VI se faire remarquer

aparente ADJ apparent(e) ; (*fam: atractivo*) attrayant(e)

aparentemente ADV apparemment

aparezca *etc* VB *ver* **aparecer**

aparición NF apparition *f* ; (*de libro*) parution *f*

apariencia NF apparence *f* ; **en ~** en apparence ; **tener (la) ~ de** avoir l'apparence de ■ **apariencias** NFPL (*aspecto*) apparences *fpl* ; **guardar las apariencias** sauver les apparences

aparque *etc* VB *ver* **aparcar**

apartado, -a ADJ (*lugar*) éloigné(e) ; (*aislado: persona*) à l'écart ▸ NM paragraphe *m*, alinéa *m* ; **~ (de correos)** boîte *f* postale

apartamento NM appartement *m*

apartar VT écarter ; (*quitar*) retirer ; (*comida, dinero*) mettre de côté ; **~ a algn de** écarter qn de ; (*de estudios, vicio*) détourner qn de ▸ VI: **¡aparta!** ôte-toi de là ! ■ **apartarse** VPR s'écarter ; **apartarse de** s'éloigner de ; (*de creencia, partido*) prendre ses distances vis-à-vis de

aparte ADV (*en otro sitio*) de côté ; (*en sitio retirado*) à l'écart ; (*además*) en outre ; **dejar ~** laisser de côté ▸ PREP: **~ de** à part ; **~ de que** sans compter que, en plus du fait que ▸ NM aparté *m* ; (*tipográfico*) paragraphe *m* ; **« punto y ~ »** « point à la ligne » ▸ ADJ à part

apartheid NM apartheid *m*

aparthotel NM appart-hôtel *m*

apasionadamente ADV (*discutir*) avec véhémence ; (*amar*) passionnément

apasionado, -a ADJ passionné(e) ; **~ de/por** passionné(e) de/par

apasionamiento NM passion *f* ; **hacer algo con ~** faire qch avec passion

apasionante ADJ passionnant(e)

apasionar VT passionner ; **le apasiona el fútbol** c'est un passionné de football ■ **apasionarse** VPR se passionner ; **apasionarse por** se passionner pour ; (*persona*) être passionnément amoureux(-euse) de ; (*deporte, política*) être un(e) passionné(e) de

apatía NF apathie *f*

apático, -a ADJ apathique

apátrida ADJ apatride

Apdo. ABR (= *Apartado (de Correos)*) B.P. (= *boîte postale*)

apeadero NM (*Ferro*) halte *f* ; (*alojamiento*) pied-à-terre *m inv*

apear VT: **~ (de)** faire descendre (de) ; (*objeto*) descendre ■ **apearse** VPR descendre ; **no apearse del burro** (*fig*) ne pas en démordre

apechugar VI: **~ con algo** (*fam*) se coltiner qch (*fam*)

apechugue *etc* VB *ver* **apechugar**

apedrear VT lapider

apegarse VPR: **~ a** (*a persona*) s'attacher à ; (*a cargo*) prendre à cœur

apego NM: **~ a/por** (*persona*) attachement *m* à/pour ; (*cargo*) intérêt *m* pour ; (*objeto*) attachement à

apegue *etc* VB *ver* **apegarse**

apelación NF appel *m* ; **interponer/presentar ~** faire/interjeter appel

apelar VI: **~ (contra)** (*Jur*) faire appel (de) ; **~ a** faire appel à ; (*justicia*) avoir recours à

apelativo NM (*Ling*) nom *m* commun ; (*sobrenombre*) appellation *f* ; (*AM*) nom de famille

apellidarse VPR: **se apellida Pérez** il s'appelle Pérez

apellido NM nom *m* de famille ; *voir article*

Dans les pays de langue espagnole, on porte toujours deux **apellidos** qui correspondent au premier nom de famille de chacun des parents. Depuis 2011, les parents ont la possibilité de choisir l'ordre dans lequel apparaissent ces deux noms, alors qu'auparavant c'était toujours celui du père qui venait en premier. Les femmes mariées conservent leur(s) propre(s) nom(s) de famille. En Amérique latine, la coutume veut que, dans la correspondance, le second nom de famille soit réduit à une initiale (p. ex. Juan García L.).

apelmazado, -a ADJ (*masa*) compact(e) ; (*pelo*) emmêlé(e) ; (*escritura*) indigeste

apelmazarse VPR (*masa*) se tasser ; (*arroz*) coller ; (*prenda*) rétrécir

apelotonar VT entasser ■ **apelotonarse** VPR s'entasser

apenar VT peiner, faire de la peine à ; (*AM: avergonzar*) faire honte à ■ **apenarse** VPR avoir de la peine ; (*AM*) avoir honte

apenas ADV à peine, presque pas ; **~ si podía levantarse** c'est à peine s'il pouvait se

lever ▸ CONJ dès que
apéndice NM appendice *m*
apendicitis NF appendicite *f*
Apeninos NMPL: **los ~** les Apennins *mpl*
apercibimiento NM (*Jur*) sommation *f*
apercibir VT (*preparar*) disposer ; (*avisar*) avertir ; (*Jur*) mettre en garde ; (*Am*) apercevoir ■ **apercibirse** VPR: **apercibirse de** s'apercevoir de
apergaminado, -a ADJ parcheminé(e)
aperitivo NM apéritif *m*
aperos NMPL (*utensilios*) matériel *msg* ; (*Agr*) matériel agricole
apertura NF ouverture *f* ; (*de curso*) rentrée *f* (des classes) ; (*de parlamento*) rentrée parlementaire ; **~ de un juicio hipotecario** (*Com*) ouverture d'un jugement hypothécaire ; **~ centralizada** (*Auto*) verrouillage *m* centralisé (des portières)
aperturismo NM (*Pol*) politique *f* d'ouverture
aperturista ADJ (*Pol*) favorable à l'ouverture
apesadumbrado, -a ADJ affligé(e), attristé(e)
apesadumbrar VT attrister ■ **apesadumbrarse** VPR: **apesadumbrarse (con** *o* **por)** s'affliger (de)
apestar VT empester, puer ▸ VI: **~ (a)** empester ; **estar apestado de** grouiller de
apestoso, -a ADJ puant(e) ; (*asqueroso*) repoussant(e)
apetecer VT: **¿te apetece una tortilla?** as-tu envie d'une omelette ?
apetecible ADJ appétissant(e) ; (*olor*) agréable ; (*objeto*) séduisant(e)
apetezca *etc* VB *ver* **apetecer**
apetito NM (*tb fig*) appétit *m* ; **despertar** *o* **abrir el ~** réveiller *o* ouvrir l'appétit, mettre en appétit
apetitoso, -a ADJ alléchant(e) ; (*comida*) appétissant(e)
apiadarse VPR: **~ de** s'apitoyer sur
ápice NM (*fig*) summum *m* ; **ni un ~** pas le moins du monde ; **no ceder un ~** ne pas céder d'un pouce
apicultor, a NM/F apiculteur(-trice)
apicultura NF apiculture *f*
apilar VT empiler ■ **apilarse** VPR s'empiler
apiñado, -a ADJ entassé(e)
apiñar VT entasser ■ **apiñarse** VPR se presser
apio NM céleri *m*
apisonadora NF rouleau *m* compresseur
apisonar VT damer
aplacar VT apaiser ; (*sed*) étancher ; (*entusiasmo*) refroidir ■ **aplacarse** VPR s'apaiser ; (*entusiasmo*) se refroidir
aplace *etc* VB *ver* **aplazar**
aplanamiento NM (*fig*) effondrement *m*
aplanar VT aplanir ■ **aplanarse** VPR être abattu(e)
aplaque *etc* VB *ver* **aplacar**
aplastante ADJ écrasant(e)
aplastar VT écraser
aplatanarse (*fam*) VPR se ramollir
aplaudir VT, VI applaudir
aplauso NM applaudissement *m* ; (*fig*) éloge *m*
aplazamiento NM ajournement *m*
aplazar VT (*reunión*) ajourner
aplicable ADJ: **~ (a)** applicable (à)
aplicación NF application *f* ; (*para móvil, Internet*) application, appli *f* ■ **aplicaciones** NFPL applications *fpl* ; **aplicaciones de gestión** gestion *f*
aplicado, -a ADJ appliqué(e), studieux(-euse)
aplicador NM applicateur *m*
aplicar VT mettre en pratique ; (*ley, norma*) appliquer ; **~ (a)** appliquer (à) ; **~ el oído a una puerta** écouter à une porte ■ **aplicarse** VPR s'appliquer
aplique VB *ver* **aplicar** ▸ NM applique *f*
aplomo NM aplomb *m*
apnea NF (*durante el sueño*) apnée *f* ; (*en buceo*): **en ~** en apnée
apocado, -a ADJ timoré(e)
apocalipsis NM (*fig*) apocalypse *f*
apocamiento NM pusillanimité *f* ; (*depresión*) abattement *m*
apocarse VPR s'abaisser
apócope NM apocope *f*
apócrifo, -a ADJ apocryphe
apodar VT surnommer
apoderado, -a NM/F (*Jur, Com*) mandataire *mf*, fondé(e) de pouvoir
apoderar VT (*Jur*) déléguer des pouvoirs à, nommer comme fondé(e) de pouvoir ■ **apoderarse de** VPR s'emparer de
apodo NM surnom *m*
apogeo NM apogée *m*
apolillado, -a ADJ (*prenda*) mité(e) ; (*madera*) vermoulu(e) ; (*fig*) dépassé(e)
apolillarse VPR (*ropa*) être mangé(e) par les mites ; (*madera*) être vermoulu(e) ; (*fig*) se rouiller
apología NF apologie *f* ; **~ del terrorismo** apologie du terrorisme
apoltronarse VPR devenir paresseux(-euse)
apoplejía NF apoplexie *f*
apoque *etc* VB *ver* **apocarse**
apoquinar (*fam*) VT abouler (*fam*)
aporrear VT cogner sur
aportación NF apport *m*, contribution *f*
aportar VT (*datos*) fournir ; (*dinero*) apporter ▸ VI (*Náut*) aborder ■ **aportarse** VPR (*Am*) arriver
aporte NM (*aportación*) apport *m* ; **~ calórico** apport *m* calorique ; (*Am: a la seguridad social*) cotisation *f* ; **~ jubilatorio** cotisation de retraite
aposentar VT héberger, loger ■ **aposentarse** VPR s'installer

aposento NM appartement *m*
apósito NM pansement *m*
aposta ADV à dessein, exprès
apostar VT (*dinero*) parier ; (*tropas*) poster ▸VI parier ■ **apostarse** VPR se poster ; **¿qué te apuestas a que ...?** on parie combien que ... ?
apostatar VI: **~ (de)** apostasier
a posteriori ADV a posteriori
apostilla NF apostille *f*
apóstol NM apôtre *m*
apostólico, -a ADJ apostolique
apóstrofo NM apostrophe *f*
apostura NF prestance *f*
apoteósico, -a ADJ sensationnel(le)
apoteosis NF INV apothéose *f*
apoyar VT (*tb fig*) appuyer ; **~ algo en/contra** appuyer qch sur/contre ■ **apoyarse** VPR: **apoyarse en** (*tb fig*) s'appuyer *o* reposer sur
apoyo NM appui *m* ; (*fundamento*) fondement *m*
app (*pl* **apps**) NF (*para móvil, Internet*) appli *f*
apreciable ADJ appréciable
apreciablemente ADV de façon très appréciable
apreciación NF appréciation *f*
apreciado, -a ADJ apprécié(e) ; (*querido*) cher (chère) ; **« A~ Sr. ... »** « Cher Monsieur »
apreciar VT apprécier
aprecio NM estime *f* ; (*Com*) estimation *f* ; **tener ~ a/sentir ~ por** avoir/ressentir de l'estime pour
aprehender VT (*armas, drogas*) saisir ; (*persona*) appréhender
aprehensión NF (*armas, drogas*) saisie *f* ; (*persona*) appréhension *f*
apremiante ADJ pressant(e)
apremiar VT presser ; **~ a algn a hacer/para que haga** presser qn de faire ▸VI presser ; **apremiaba conseguirlo** il était urgent d'y parvenir
apremio NM urgence *f* ; **~ de pago** avertissement *m*
aprender VT apprendre ; **~ algo de memoria** *o* **de carretilla** apprendre qch par cœur ▸VI apprendre ; **~ a conducir** apprendre à conduire ; **para que aprendas** ça t'apprendra ■ **aprenderse** VPR: **aprenderse algo** apprendre qch

> El verbo **aprender** solo tiene el sentido de « adquirir un conocimiento », mientras que en francés el verbo *apprendre* también significa « enseñar » (en el sentido de comunicar un conocimiento):
> **Mi madre me enseñó a leer a los cuatro años.** Ma mère m'a appris à lire à quatre ans.

aprendiz, a NM/F apprenti(e)
aprendizaje NM apprentissage *m*
aprensión NF appréhension *f* ; **dar ~ (hacer)** avoir des scrupules (à faire) ■ **aprensiones** NFPL appréhensions *fpl*
aprensivo, -a ADJ méfiant(e)
apresamiento NM (*de animal*) prise *f*, capture *f* ; (*de delincuente*) arrestation *f*, capture *f*
apresar VT (*animal*) saisir ; (*delincuente*) arrêter, capturer
aprestar VT apprêter ; **~ el oído** prêter l'oreille ■ **aprestarse** VPR: **aprestarse a (hacer)** s'apprêter à (faire)
apresto NM apprêt *m*
apresuradamente ADV en toute hâte
apresurado, -a ADJ (*decisión*) hâtif(-ive) ; (*persona*) pressé(e)
apresuramiento NM hâte *f*
apresurar VT hâter, presser ■ **apresurarse** VPR se presser ; **apresurarse (a hacer)** se hâter (de faire) ; **me apresuré a sugerir que ...** je me suis empressé de suggérer que ...
apretado, -a ADJ serré(e) ; (*estrecho de espacio*) à l'étroit ; (*programa*) chargé(e) ; **íbamos muy apretados en el autobús** nous étions très serrés dans l'autobus ; **vivir ~** vivre à l'étroit
apretar VT serrer ; (*labios*) pincer ; (*gatillo, botón*) appuyer sur ; **~ el paso** presser le pas ; **~ la mano a algn** serrer la main à qn ; **la apretó contra su pecho** il la serra contre lui ▸VI (*calor etc*) redoubler ; (*zapatos, ropa*) serrer, être trop juste(s) ■ **apretarse** VPR se serrer ; **apretarse el cinturón** (*fig*) se serrer la ceinture
apretón NM: **~ de manos** poignée *f* de main ■ **apretones** NMPL cohue *fsg*
apretujar VT presser très fort ■ **apretujarse** VPR se serrer
aprieto VB *ver* **apretar** ▸NM gêne *f*, embarras *msg* ; **estar en un ~** être dans l'embarras ; **estar en aprietos** traverser des moments difficiles ; **ayudar a algn a salir de un ~** aider qn à s'en sortir
a priori ADV a priori
aprisa ADV vite
aprisionar VT (*poner en prisión*) emprisonner ; (*sujetar*) serrer
aprobación NF approbation *f* ; **dar su ~** donner son approbation
aprobado NM (*nota*) mention *f* passable
aprobar VT (*decisión*) approuver ; (*examen*) être reçu(e) à ; (*materia*) être reçu(e) en ; **~ algo por mayoría/por unanimidad** approuver qch à la majorité/à l'unanimité ▸VI (*en examen*) réussir, être reçu(e) ; **~ por los pelos** réussir de justesse

> ⚠ La expresión francesa *passer un examen* no quiere decir « aprobar un examen », sino simplemente realizarlo.

apropiación NF appropriation *f*
apropiadamente ADV convenablement
apropiado, -a ADJ approprié(e)
apropiarse VPR: **~ de** s'approprier, s'emparer de

aprovechable ADJ utilisable
aprovechado, -a ADJ (*estudiante*) appliqué(e) ; (*económico*) économe ; (*día, viaje*) bien employé(e) ▶ NM/F (*pey: persona*) profiteur(-euse)
aprovechamiento NM exploitation *f*, utilisation *f* ; (*académico*) progrès *mpl*
aprovechar VT profiter de ; (*tela, comida, ventaja*) tirer profit de ; **~ la ocasión para hacer** profiter de l'occasion pour faire ▶ VI progresser ; **¡que aproveche!** bon appétit ! ▪ **aprovecharse** VPR: **aprovecharse de** (*pey*) profiter de
aprovisionar VT approvisionner ▪ **aprovisionarse** VPR se ravitailler
aprox. ABR (= *aproximadamente*) env. (= *environ*)
aproximación NF rapprochement *m* ; (*de lotería*) lot *m* de consolation ; **con ~** par approximation
aproximadamente ADV approximativement, environ
aproximado, -a ADJ approximatif(-ive)
aproximar VT: **~ (a)** rapprocher (de) ▪ **aproximarse** VPR (s')approcher
apruebe *etc* VB *ver* **aprobar**
aptitud NF: **~ (para)** aptitude *f* (pour), dispositions *fpl* (pour) ; **tiene ~ para los negocios** il est doué pour les affaires
apto, -a ADJ: **~ (para)** apte (à), capable (de) ; (*apropiado*) qui convient (à) ; **~/no ~ para menores** (*Cine*) convient/interdit aux moins de 18 ans ▶ NM (*Escol*) mention *f* passable
apuesta NF pari *m*
apuesto, -a VB *ver* **apostar** ▶ ADJ élégant(e)
apuntador NM (*Teatro*) souffleur *m*
apuntalar VT étayer
apuntar VT (*con arma*) viser ; (*con dedo*) montrer *o* désigner du doigt ; (*datos*) noter ; (*Teatro*) souffler ; (*posibilidad*) émettre ; (*suj: persona: en examen*) noter ; **~ una cantidad en la cuenta de algn** mettre *o* verser une somme sur le compte de qn ▪ **apuntarse** VPR (*tanto, victoria*) remporter ; (*en lista, registro*) s'inscrire ; **apuntarse en un curso** s'inscrire à un cours ; **¡yo me apunto!** je suis partant !
apunte NM croquis *msg* ; (*Teatro: voz*) voix *fsg* du souffleur ; (*: texto*) texte *m* du souffleur ▪ **apuntes** NMPL (*Escol*) notes *fpl* ; **tomar apuntes** prendre des notes
apuñalar VT poignarder
apurado, -a ADJ (*necesitado*) dans la gêne ; (*situación*) difficile, délicat(e) ; (*AM: con prisa*) pressé(e) ; **estar en una situación apurada** traverser un moment difficile, être dans une situation critique ; **estar ~** (*avergonzado*) être embarrassé(e) ; (*en peligro*) être en mauvaise posture
apurar VT (*bebida, cigarrillo*) finir ; (*recursos*) épuiser ; (*persona: agobiar*) mettre à bout ; (*: causar vergüenza a*) mettre dans l'embarras ; (*: apresurar*) presser ▪ **apurarse** VPR s'inquiéter ; (*esp AM: darse prisa*) se dépêcher ; **no se apure** ne vous inquiétez pas
apuro NM (*aprieto, vergüenza*) gêne *f*, embarras *msg* ; (*penalidad*) affliction *f* ; (*AM: prisa*) hâte *f* ; **poner a algn en un ~** mettre qn dans l'embarras ; **estar en apuros** (*dificultades*) avoir des ennuis ; (*falta de dinero*) être dans la gêne
aquejado, -a ADJ: **~ de** (*Med*) atteint(e) de
aquejar VT (*suj: enfermedad*) frapper ; (*: contrariedad*) affliger ; **estar aquejado de** souffrir de
aquel, aquella (*mpl* **aquellos**, *fpl* **aquellas**) ADJ ce (cette) ; (*pl*) ces ▶ PRON celui-là (celle-là) ; (*pl*) ceux-là (celles-là)
aquél, aquélla (*mpl* **aquéllos**, *fpl* **aquéllas**) PRON celui-là (celle-là) ; (*pl*) ceux-là (celles-là)
aquello PRON cela ; **~ que hay allí** ce qu'il y a là-bas
aquí ADV ici ; (*entonces*) alors ; **~ abajo/arriba** en bas/là-haut ; **~ mismo** ici même ; **~ yace** ci-gît ; **de ~ en adelante** désormais ; **de ~ a poco** d'ici peu ; **de ~ a siete días** d'ici sept jours ; **de ~ que ...** de là que ... ; **hasta ~** jusqu'ici ; **por ~** par ici
aquietar VT apaiser
Aquisgrán N Aix-la-Chapelle
A.R. ABR = **Alteza Real**
ara NF autel *m* ▪ **aras** NFPL (*beneficio*): **en aras de** au nom de
árabe ADJ arabe ▶ NMF Arabe *mf* ▶ NM (*Ling*) arabe *m*
Arabia NF Arabie *f* ; **~ Saudí** *o* **Saudita** Arabie saoudite
arábigo, -a ADJ arabe ▶ NM (*lengua*) arabe *m*
arácnido NM arachnide *m*
arado NM charrue *f*
Aragón NM Aragon *m*
aragonés, -esa ADJ aragonais(e) ▶ NM/F Aragonais(e) ▶ NM (*Ling*) aragonais *msg*
arancel NM (*tb*: **arancel de aduanas**) tarif *m* douanier
arancelario, -a ADJ douanier(-ière) ; **barrera arancelaria** barrière *f* douanière ; **protección arancelaria** protection *f* tarifaire
arándano NM (*rojo*) airelle *f* ; (*azul*) myrtille *f* ; **~ encarnado** *o* **rojo** canneberge *f*
arandela NF rondelle *f* ; (*de vela*) bobèche *f* ; (*adorno de vestido*) ruche *f* ; (*AM: volante*) volant *m*
araña NF araignée *f* ; (*lámpara*) lustre *m*
arañar VT (*herir*) griffer ; (*raspar*) égratigner, érafler ▪ **arañarse** VPR s'égratigner
arañazo NM égratignure *f*
arar VT labourer
araucano, -a ADJ araucan(e) ▶ NM/F Araucan(e)
arbitraje NM arbitrage *m*
arbitrar VT arbitrer ; (*recursos*) obtenir ▶ VI arbitrer
arbitrariamente ADV arbitrairement
arbitrariedad NF arbitraire *m*

a

arbitrario, -a ADJ arbitraire
arbitrio NM volonté *f* ; (*Jur*) arbitrage *m* ; **quedar al ~ de algn** dépendre de la volonté de qn
árbitro, -a NM/F arbitre *mf*
árbol NM (*Bot, Tec*) arbre *m* ; (*Náut*) mât *m* ; **~ de Navidad** sapin *m* de Noël ; **~ frutal** arbre fruitier ; **~ genealógico** arbre généalogique
arbolado, -a ADJ boisé(e) ; (*camino*) bordé(e) d'arbres ▶ NM bois *msg*
arboladura NF mâture *f*
arbolar VT mâter
arboleda NF bois *msg*, bosquet *m*
arboricultura NF arboriculture *f*
arbusto NM arbuste *m*
arca NF coffre *m* ; **A~ de la Alianza** arche *f* d'alliance ; **A~ de Noé** Arche de Noé ■ **arcas** NFPL (*públicas*) caisses *fpl* de l'État, Trésor *msg* public
arcada NF (*de edificio*) arcade *f* ; (*de puente*) arche *f* ; (*de estómago*) nausée *f* ; **me dieron arcadas, me dio una ~** j'ai été pris de nausées
arcaico, -a ADJ archaïque
arcángel NM archange *m*
arce NM érable *m*
arcén NM (*de autopista*) accotement *m* ; (*de carretera*) bas-côté *m*
archiconocido, -a ADJ archiconnu(e)
archidiócesis NF INV archidiocèse *m*, archevêché *m*
archipiélago NM archipel *m*
archisabido, -a ADJ archiconnu(e)
archivador NM classeur *m*
archivar VT (*tb Inform*) archiver
archivo NM archives *fpl* ; (*Inform*) fichier *m* ; **nombre de ~** (*Inform*) nom *m* de fichier ; **~ adjunto** (*Inform*) fichier joint ; **~ maestro** (*Inform*) fichier maître ; **A~ Nacional** Archives nationales ; **archivos policíacos** archives de la police ; **~ de transacciones** (*Inform*) fichier mouvements
arcilla NF argile *f*
arcilloso, -a ADJ argileux(-euse)
arco NM arc *m* ; (*Mús*) archet *m* ; (*Am Deporte*) but *m* ; **~ detector de metales** portique *m* détecteur de métaux ; **~ iris** arc-en-ciel *m*
arcón NM grand coffre *m*
arder VI brûler ; **~ en deseos de hacer** mourir d'envie de faire ; **~ sin llama** se consumer ; **estar que arde** (*fam*) bouillir de rage ; **esto está que arde** (*fig*) ça sent le brûlé
ardid NM ruse *f*
ardiente ADJ ardent(e) ; **ser un ~ defensor/partidario de** être un ardent défenseur/partisan de
ardilla NF écureuil *m*
ardor NM ardeur *f* ; **con ~** (*fig*) avec ardeur ; **~ de estómago** brûlures *fpl* d'estomac
ardoroso, -a ADJ ardent(e)
arduo, -a ADJ ardu(e)
área NF (*zona*) surface *f* ; (*medida*) are *m* ; (*Deporte*) zone *f* ; **~ de servicios** (*Auto*) aire *f* de service
arena NF sable *m* ; (*de una lucha*) arène *f* ; (*Taur*) arènes *fpl* ; **arenas movedizas** sables *mpl* mouvants
arenal NM étendue *f* de sable ; (*arena movediza*) sables *mpl* mouvants
arenga NF harangue *f*
arengar VT haranguer
arengue *etc* VB *ver* **arengar**
arenillas NFPL (*Med*) calculs *mpl*
arenisca NF grès *msg*
arenoso, -a ADJ sablonneux(-euse)
arenque NM hareng *m*
arepa (AM) NF (*torta de maíz*) galette *f* de maïs
arete (AND, MÉX) NM boucle *f* d'oreille
argamasa NF mortier *m*
Argel N Alger
Argelia NF Algérie *f*
argelino, -a ADJ algérien(ne) ▶ NM/F Algérien(ne)
Argentina NF Argentine *f*
argentino, -a ADJ argentin(e) ▶ NM/F Argentin(e)
argolla NF anneau *m* ; (AM: *anillo de matrimonio*) alliance *f*
argot [ar'ɣot] (*pl* **argots**) NM argot *m*
argucia NF sophisme *m*
argüir VT arguer ; (*argumentar*) arguer (de) ; (*indicar*) sous-entendre ; **~ que** (*alegar*) arguer que ; (*deducir*) déduire que ▶ VI argumenter ; **~ a favor/en contra de** argumenter en faveur de/contre
argumentación NF argumentation *f*
argumental ADJ (*Lit*) narratif ; **línea ~** (*de obra*) trame *f* ; (*de teoría*) argumentation *f*, raisonnement *m*
argumentar VT argumenter ; (*deducir*) déduire ; **~ que** (*alegar*) avancer que ▶ VI discuter ; **~ a favor/en contra de** avancer des arguments en faveur de/contre
argumento NM argument *m* ; (*Cine, TV*) scénario *m*
arguyendo *etc* VB *ver* **argüir**
aria NF aria *f*
aridez NF aridité *f*
árido, -a ADJ aride
áridos NMPL (*Agr*) grains *mpl*
Aries NM (*Astrol*) Bélier *m* ; **ser ~** être Bélier
ariete NM (*Mil*) bélier *m* ; (*Deporte*) avant-centre *m*
ario, -a ADJ aryen(ne)
arisco, -a ADJ (*persona*) bourru(e), revêche ; (*animal*) farouche
arista NF (*Mat*) arête *f* ; (*dificultad*) difficulté *f*, obstacle *m*
aristocracia NF aristocratie *f*

a

aristócrata NMF aristocrate *mf*
aristocrático, -a ADJ aristocratique
aritmético, -a ADJ arithmétique ▸ NM/F arithméticien(ne) ▸ NF (*ciencia*) arithmétique *f*
arlequín NM (*personaje*) arlequin *m*
arma NF arme *f* ; **~ blanca** arme blanche ; **~ de doble filo** (*fig*) arme à double tranchant ; **~ de fuego** arme à feu ▪ **armas** NFPL (*Mil*) armes *fpl* ; **rendir las armas** rendre les armes ; **ser de armas tomar** ne pas être commode ; **armas cortas** armes légères ; **armas de destrucción masiva** armes de destruction massive
armada NF marine *f* de guerre ; (*flota*) flotte *f*
armadillo NM tatou *m*
armado, -a ADJ armé(e)
armador NM (*Náut: dueño*) armateur *m* ; (*Tec*) monteur *m*
armadura NF (*Mil*) armure *f* ; (*Tec, Fís*) armature *f* ; (*tejado*) charpente *f* ; (*de gafas*) monture *f* ; (*Zool*) ossature *f*
armamentista ADJ: **carrera ~** course *f* aux armements
armamentístico, -a ADJ de l'armement
armamento NM armement *m*
armar VT armer ; (*Mec, Tec*) monter ; (*ruido, escándalo*) faire ; **~ la gorda** (*fam*) faire du barouf (*fam*) ; **armarla** faire un esclandre ▪ **armarse** VPR: **armarse (con/de)** s'armer (de) ; **armarse de valor/paciencia** s'armer de courage/patience ; **armarse un lío** (*fam*) s'embrouiller
armario NM armoire *f* ; **salir del ~** sortir du placard, faire son coming out ; **~ de luna** armoire à glace ; **~ empotrado** placard *m*
armatoste (*fam*) NM *objet encombrant*
armazón NM O NF armature *f* ; (*Arq*) charpente *f* ; (*Auto*) châssis *msg*
Armenia NF (l') Arménie *f*
armenio, -a ADJ arménien(ne) ▸ NM/F Arménien(ne)
armería NF musée *m* de l'armée ; (*tienda*) armurerie *f*
armiño NM hermine *f* ; **de ~** d'hermine
armisticio NM armistice *m*
armonía NF harmonie *f*
armónica NF harmonica *m*
armonice *etc* VB *ver* **armonizar**
armónico, -a ADJ harmonique
armonioso, -a ADJ harmonieux(-euse)
armonizar VT harmoniser ▸ VI: **~ con** (*fig*) être en harmonie avec
ARN SIGLA M (= *ácido ribonucleico*) ARN *m* (= *acide ribonucléique*)
arnés NM harnais *msg* ▪ **arneses** NMPL (*para caballerías*) harnais *msg*
aro NM cercle *m*, anneau *m* ; (*juguete*) cerceau *m* ; (*Am: pendiente*) anneau ; **entrar** *o* **pasar por el ~** mettre les pouces
aroma NM arôme *m*, parfum *m*
aromaterapia NF aromathérapie *f*
aromático, -a ADJ aromatique
aromatizante NM aromatisant *m*
arpa NF harpe *f*
arpegio NM (*Mús*) arpège *m*
arpía NF (*fig*) harpie *f*, mégère *f*
arpillera NF serpillière *f*
arpista NMF harpiste *mf*
arpón NM harpon *m*
arq. ABR (= *arquitectura, arquitecto*) archit. (= *architecture, architecte*)
arquear VT arquer ▪ **arquearse** VPR fléchir
arqueo NM (*Arq etc*) courbure *f* ; (*Náut*) jauge *f* ; (*Com*) caisse *f*
arqueología NF archéologie *f*
arqueológico, -a ADJ archéologique
arqueólogo, -a NM/F archéologue *mf*
arquero NM archer *m* ; (*Am Deporte*) gardien *m* de but
arqueta NF coffret *m*
arquetipo NM archétype *m*
arquitecto, -a NM/F architecte *mf* ; **~ paisajista** *o* **de jardines** paysagiste *mf*
arquitectónico, -a ADJ architectonique
arquitectura NF architecture *f*
arrabal NM faubourg *m* ; (*barrio bajo*) bas quartiers *mpl* ▪ **arrabales** NMPL (*afueras*) faubourgs *mpl*
arrabalero, -a ADJ (*fig*) grossier(-ière)
arracimarse VPR s'agglutiner
arraigado, -a ADJ (*tb fig*) enraciné(e)
arraigar VI prendre racine ; (*ideas, costumbres*) s'enraciner, prendre racine ; (*persona*) s'installer, s'établir ▪ **arraigarse** VPR (*costumbre*) s'enraciner, prendre racine ; (*persona*) s'installer, s'établir
arraigo NM enracinement *m* ; (*persona*) établissement *m* ; **hombre de ~** homme *m* respecté et estimé
arraigue *etc* VB *ver* **arraigar**
arrancada NF démarrage *m* brusque
arrancar VT arracher ; (*árbol*) déraciner ; (*carteles, colgaduras*) retirer ; (*esparadrapo*) enlever ; (*suspiro*) pousser ; (*Auto, máquina*) mettre en marche ; (*Inform*) lancer ; **~ información a algn** soutirer un renseignement à qn ; **~ de raíz** déraciner ▸ VI (*Auto, máquina*) démarrer ; (*persona*) s'en aller ; **~ de** (*fig*) provenir de
arranque VB *ver* **arrancar** ▸ NM (*Auto*) démarrage *m* ; (*de enfermedad*) début *m* ; (*de tradición*) origine *f* ; (*fig: arrebato*) élan *m*
arras NFPL (*en boda*) *treize pièces de monnaie offertes symboliquement par l'époux à son épouse lors de la cérémonie du mariage* ; (*Jur*) arrhes *fpl*, acompte *m*
arrasar VT aplanir ; (*derribar*) détruire ▸ VI (*fam: fig*) faire un triomphe *o* tabac (*fam*)

arrastrado, -a ADJ misérable ; (*Am: servil*) servile ▶ NM/F (*fam: bribón*) coquin(-ine)

arrastrador NM (*en impresora*) entraînement *m* à picots

arrastrar VT traîner ; (*suj: agua, viento, tb fig*) entraîner ▶ VI traîner ; **llevar algo arrastrando** traîner qch depuis longtemps ■ **arrastrarse** VPR se traîner ; (*fig*) s'abaisser

arrastre NM remorquage *m* ; (*Pesca*) chalutage *m* ; **estar para el ~** (*fam*) être foutu(e) ; **~ de papel por fricción/por tracción** (*en impresora*) entraînement *m* par friction/par ergots

array NM (*Inform*) tableau *m*

arrayán NM myrte *m*

arre EXCL hue !

arrear VT exciter ; (*fam*) flanquer (*fam*) ▶ VI (*fam*) se grouiller (*fam*)

arrebañar VT (*plato*) nettoyer

arrebatado, -a ADJ emporté(e), impétueux(-euse) ; (*cara*) congestionné(e) ; (*color*) vif (vive)

arrebatar VT arracher ; (*fig*) transporter ■ **arrebatarse** VPR s'emporter

arrebato NM emportement *m* ; (*éxtasis*) transport *m* ; **~ de cólera/entusiasmo** élan *m* *o* mouvement *m* de colère/d'enthousiasme

arrebolar VT enflammer ■ **arrebolarse** VPR s'enflammer

arrebujar VT (*ropa*) chiffonner ; (*niño*) emmitoufler ■ **arrebujarse** VPR s'emmitoufler

arrechar (*Am*) VT (*excitar*) exciter ■ **arrecharse** VPR s'exciter

arrechucho (*fam*) NM (*Med*) indisposition *f*

arreciar VI décupler ; (*lluvia*) tomber dru

arrecife NM récif *m* ; (*tb:* **arrecife de coral**) récif de corail

arredrar VT effrayer ■ **arredrarse** VPR s'effrayer ; **arredrarse por** *o* **ante algo** s'effrayer de qch

arreglado, -a ADJ (*persona*) soigné(e) ; (*vestido*) impeccable ; (*habitación*) ordonné(e), en ordre ; (*conducta*) réglé(e) ; **¡estamos arreglados!** nous voilà bien avancés !

arreglar VT ranger, mettre en ordre ; (*persona*) préparer ; (*algo roto*) réparer, arranger ; (*problema*) régler ; (*entrevista*) fixer ■ **arreglarse** VPR s'arranger, se régler ; (*acicalarse*) se préparer ; **arreglarse (para hacer)** se préparer (à faire) ; **arreglárselas** (*fam*) se débrouiller, s'en sortir ; **arreglarse el pelo/las uñas** s'arranger les cheveux/se faire les ongles

arreglista NMF (*Mús*) arrangeur(-euse)

arreglo NM rangement *m*, ordre *m* ; (*acuerdo*) arrangement *m*, accord *m* ; (*Mús*) arrangement ; (*Inform*) tableau *m* ; (*de algo roto*) réparation *f* ; (*de persona*) toilette *f*, soin *m* ; **con ~ a** conformément à ; **llegar a un ~** parvenir à un accord ; **~ de cuentas** (*fig*) règlement *m* de comptes

arrellanarse VPR: **~ en** (*sillón*) se carrer *o* se prélasser dans

arremangar VT relever, retrousser ■ **arremangarse** VPR retrousser ses manches

arremangue *etc* VB *ver* **arremangar**

arremeter VI: **~ contra** se jeter à l'assaut de, fondre sur ; (*fig*) s'en prendre à, s'attaquer à

arremetida NF assaut *m*, attaque *f*

arremolinarse VPR (*gente*) s'entasser ; (*corriente*) tourbillonner

arrendado, -a ADJ loué(e)

arrendador, a NM/F loueur(-euse)

arrendajo NM geai *m*

arrendamiento NM location *f* ; (*contrato*) bail *m* ; (*precio*) loyer *m*

arrendar VT louer

arrendatario, -a NM/F locataire *mf*

arreos NMPL harnais *msg* ; (*fig*) attirail *m*

arrepentido, -a ADJ (*pesaroso*) repenti(e) ; (*Rel*) repentant(e) ; **estar ~ de algo** regretter qch ; **se mostró muy ~** il était vraiment désolé ; **un terrorista ~** un (terroriste) repenti ▶ NM/F (*Rel, terrorista*) repenti(e)

arrepentimiento NM repentir *m* ; **sentir/tener ~** éprouver du repentir

arrepentirse VPR: **~ (de)** se repentir (de), regretter ; **~ de haber hecho algo** regretter *o* se repentir d'avoir fait qch

arrepienta *etc*, **arrepintiendo** *etc* VB *ver* **arrepentirse**

arrestar VT arrêter ; (*Mil*) mettre aux arrêts

arresto NM arrestation *f* ; (*Mil*) arrêts *mpl* ; **~ domiciliario** assignation *f* à domicile ; **~ mayor** *détention d'une durée d'un à six mois* ; **~ menor** *détention d'une durée d'un à trente jours* ■ **arrestos** NMPL (*audacia*) audace *fsg*

arriar VT amener ; (*un cable*) mollir

arriate NM (*Bot*) plate-bande *f* ; (*camino*) passage *m*

arriba

▶ ADV **1** (*posición*) en haut ; **allí arriba** là-haut ; **el piso de arriba** l'appartement du dessus ; **la parte de arriba** le haut ; **la orden vino de arriba** (*fig*) l'ordre est venu d'en haut ; **más arriba** plus haut ; **desde arriba** d'en haut ; **arriba del todo** tout en haut ; **Juan está arriba** Juan est en haut ; **lo arriba mencionado** ce qui est mentionné ci-dessus ; **de treinta euros para arriba** au-dessus de trente euros ; **euro arriba, euro abajo** à quelques euros près

2 (*dirección*): **ir calle arriba** remonter la rue ; **río arriba** en amont

3: **mirar a algn de arriba abajo** regarder qn de haut en bas

▶ PREP: **arriba de** (*Am*) sur, au-dessus de ; **arriba de cien euros** plus de cent euros

▶ EXCL: **¡arriba!** (*¡levanta!*) debout ! ; (*ánimo*) courage ! ; **¡manos arriba!** haut les mains ! ; **¡arriba España!** vive l'Espagne !

arribar VI arriver
arribista NMF arriviste *mf*
arribo (*esp* AM) NM arrivée *f*
arriendo VB *ver* **arrendar** ▸ NM = **arrendamiento**
arriero NM muletier *m*
arriesgadamente ADV dangereusement
arriesgado, -a ADJ (*peligroso*) risqué(e), hasardeux(-euse) ; (*audaz: persona*) audacieux(-euse)
arriesgar VT risquer ; **~ el pellejo** risquer sa peau ■ **arriesgarse** VPR prendre des risques ; **arriesgarse a hacer algo** se risquer à faire qch
arriesgue *etc* VB *ver* **arriesgar**
arrimar VT (*acercar*): **~ a** approcher de ; (*dejar de lado*) abandonner, laisser tomber ; **~ el hombro** (*ayudar*) donner un coup de main ; (*trabajar*) travailler dur ■ **arrimarse** VPR: **arrimarse a** (*acercarse*) s'approcher de ; (*apoyarse*) s'appuyer sur ; (*fig*) se rapprocher de, se placer sous la protection de ; **arrímate a mí** approche-toi de moi ; **arrimarse al sol que más calienta** se ranger du côté du plus fort
arrinconado, -a ADJ (*objeto*) mis(e) dans un coin ; (*persona*) délaissé(e), mis(e) à l'écart
arrinconar VT (*algo viejo*) mettre dans un coin, mettre au rebut ; (*enemigo*) acculer ; (*fig: persona*) laisser tomber, délaisser
arriscado, -a ADJ (*Geo*) escarpé(e) ; (*fig*) hardi(e)
arroba NF arrobe *f*, arobe *f* (*mesure espagnole de poids et de capacité*) ; (*Internet*) arobase *f*, @ ; **tiene talento por arrobas** il a du talent à revendre
arrobamiento NM extase *f*, ravissement *m*
arrobar VT ravir, mettre en extase ■ **arrobarse** VPR tomber en extase ; (*místico*) être en extase
arrobo NM = **arrobamiento**
arrodillarse VPR s'agenouiller
arrogancia NF arrogance *f*
arrogante ADJ arrogant(e)
arrogantemente ADV avec arrogance
arrojadizo, -a ADJ: **arma arrojadiza** arme *f* de jet
arrojado, -a ADJ courageux(-euse), hardi(e)
arrojar VT (*piedras*) jeter ; (*pelota*) lancer ; (*basura*) jeter, déverser ; (*humo*) cracher ; (*persona*) chasser, mettre dehors ; (*Com*) totaliser ■ **arrojarse** VPR se jeter
arrojo NM hardiesse *f*
arrollador, a ADJ (*éxito*) retentissant(e) ; (*fuerza*) irrésistible ; (*mayoría*) écrasant(e)
arrollar VT (*suj: vehículo*) renverser ; (: *agua*) emporter, rouler ; (*Deporte*) écraser ▸ VI (*tener éxito electoral*) avoir une majorité écrasante
arropar VT couvrir ■ **arroparse** VPR se couvrir
arrostrar VT (*peligro*) affronter, braver ; (*consecuencias*) subir ■ **arrostrarse** VPR: **arrostrarse con algn** se mesurer à qn
arroyo NM ruisseau *m* ; (*de la calle*) caniveau *m* ; **recoger a algn del ~** tirer qn du ruisseau
arroz NM riz *m* ; **~ blanco** (*Culin*) riz blanc ; **~ con leche** riz au lait
arrozal NM rizière *f*
arruga NF ride *f* ; (*en ropa*) pli *m*
arrugado, -a ADJ (*piel*) ridé(e) ; (*ropa, papel*) froissé(e) ; (*ceño, frente*) froncé(e)
arrugar VT (*piel*) rider ; (*ropa, papel*) froisser ; (*ceño, frente*) froncer ■ **arrugarse** VPR se rider ; (*ropa*) se froisser ; (*persona*) se dégonfler (*fam*)
arrugue *etc* VB *ver* **arrugar**
arruinar VT ruiner ■ **arruinarse** VPR se ruiner
arrullar VT bercer ▸ VI roucouler
arrumaco NM (*caricia*) cajolerie *f* ; (*halago*) flatterie *f*
arrumbar VT (*objeto*) mettre au rebut ; (*individuo*) mettre en quarantaine
arrurruz NM (*Bot*) arrow-root *m*
arsenal NM (*Mil*) arsenal *m* ; (*Náut*) chantier *m* naval
arsénico NM arsenic *m*
arte NM (*gen m en sg y siempre f en pl*) art *m* ; (*maña*) don *m* ; **por amor al ~** pour l'amour de l'art ; **por ~ de magia** comme par enchantement ; **no tener ~ ni parte en algo** n'être pour rien dans qch, n'avoir rien à voir avec qch ; **~ abstracto** art abstrait ■ **artes** NFPL arts *mpl* ; **Bellas Artes** Beaux-Arts *mpl* ; **con malas artes** par des moyens peu orthodoxes ; **artes y oficios** arts et métiers ; **artes plásticas** arts plastiques
artefacto NM engin *m*, machine *f* ; (*Arqueología*) objet *m* (fabriqué) ; (*explosivo*) engin explosif
arteria NF artère *f*
arterial ADJ artériel(le)
arterioesclerosis, arteriosclerosis NF artériosclérose *f*
artesa NF pétrin *m*
artesanal ADJ artisanal(e), d'artisanat ; **industria ~** industrie *f* artisanale ; **productos artesanales** produits *mpl* artisanaux
artesanía NF artisanat *m* ; **de ~** artisanal(e)
artesano, -a NM/F artisan(e)
ártico, -a ADJ arctique ▸ NM: **el Á~** l'Arctique *m*
articulación NF articulation *f*
articulado, -a ADJ articulé(e)
articular VT articuler
articulista NMF chroniqueur(-euse), journaliste *mf*
artículo NM article *m* ; **~ de fondo** article de fond ■ **artículos** NMPL (*Com*) articles *mpl* ; **artículos de escritorio/tocador** articles de bureau/toilette ; **artículos de lujo/marca/primera necesidad** articles de luxe/marque/première nécessité
artífice NMF artisan(e) ; (*fig*) auteur(e)
artificial ADJ artificiel(le) ; (*fig*) artificiel(le), forcé(e)
artificialmente ADV artificiellement
artificio NM (*aparato*) appareil *m*, engin *m* ; (*arte*) art *m* ; (*truco*) artifice *m*

artificioso, -a ADJ (*no natural*) faux (fausse) ; (*ingenioso*) ingénieux(-euse)
artillería NF artillerie *f*
artillero NM artilleur *m*
artilugio NM engin *m* ; (*ardid*) subterfuge *m*
artimaña NF (*ardid*) stratagème *m* ; (*astucia*) astuce *f*, ruse *f*
artista NMF artiste *mf* ; **~ de cine** acteur(-trice) de cinéma ; **~ de teatro** comédien(ne)
artísticamente ADV artistement
artístico, -a ADJ artistique
artrítico, -a ADJ arthritique
artritis NF INV arthrite *f*
artrosis NF INV arthrose *f*
arveja (*AM: guisante*) NF pois *msg*
Arz. ABR = **arzobispo**
arzobispado NM archevêché *m*
arzobispo NM archevêque *m*
as NM as *m* ; **ser un as (de)** (*fig*) être un as (de) ; **as del fútbol** as du football
asa NF anse *f*
asado NM (*carne*) rôti *m* ; (*CSUR: barbacoa*) barbecue *m*
asador NM (*varilla*) broche *f* ; (*aparato*) rôtissoire *f* ; (*restaurante*) grill *m*
asaduras NFPL (*Culin*) abats *mpl*
asaetar VT : **~ a preguntas** assaillir de questions
asalariado, -a ADJ, NM/F salarié(e)
asalmonado, -a ADJ saumoné(e), rose saumon *inv*
asaltador, a, asaltante NM/F assaillant(e)
asaltar VT (*banco etc*) attaquer ; (*persona, fig*) assaillir ; (*Mil*) prendre d'assaut
asalto NM (*a banco*) hold-up *m inv* ; (*a persona*) agression *f* ; (*Mil*) assaut *m* ; (*Boxeo*) round *m* ; **tomar por ~** prendre d'assaut
asamblea NF (*corporación*) assemblée *f*, rassemblement *m* ; (*reunión*) assemblée
asar VT rôtir (*au four*), griller (*au feu de bois, au gril*) ; **~ al horno/a la parrilla** rôtir au four/sur le gril ; **~ a preguntas** harceler de questions ▪ **asarse** VPR (*fig*) cuire ; **me aso de calor** (*fig*) j'étouffe de chaleur ; **aquí se asa uno vivo** on cuit ici
asbesto NM asbeste *m*
ascendencia NF ascendance *f* ; **de ~ francesa** d'origine française ; **tener ~ sobre algn** avoir de l'ascendant sur qn
ascendente ADJ (*movimiento, tendencia*) ascendant(e) ▸ NM (*en el zodíaco*) ascendant *m*
ascender VI monter ; (*Deporte*) monter, passer ; (*en puesto de trabajo*) monter en grade ; **~ a** (*cantidad*) s'élever à ; **ascendió a general** il a accédé au grade de général, il est passé général ▸ VT faire monter
ascendiente NM ascendant *m* ▪ **ascendientes** NMPL ascendants *mpl*
ascensión NF ascension *f* ; **la A~** (*Rel*) l'Ascension
ascenso NM promotion *f*
ascensor NM ascenseur *m*
asceta NMF ascète *mf*
ascético, -a ADJ ascétique
ascienda *etc* VB *ver* **ascender**
asco NM : **¡qué ~!** c'est dégoûtant ! ; **el ajo me da ~** j'ai horreur de l'ail ; **hacer ascos a algo** faire la fine bouche devant qch ; **estar hecho un ~** être dans un sale état ; **poner a algn de ~** (*AM*) abreuver qn d'injures ; **ser un ~** (*clase, libro*) être nul(le) ; (*película*) être un navet ; **morirse de ~** s'ennuyer à mourir
ascua NF braise *f* ; **arrimar el ~ a su sardina** tirer la couverture à soi ; **estar en** *o* **sobre ascuas** être sur des charbons ardents
aseado, -a ADJ (*persona*) impeccable, bien mis(e) ; (*casa*) impeccable
asear VT (*casa*) arranger ; (*persona*) arranger, faire la toilette de ▪ **asearse** VPR (*persona*) s'arranger, faire sa toilette
asechanza NF traquenard *m*
asediar VT assiéger ; (*fig*) assaillir
asedio NM siège *m* ; (*Com*) forte demande *f*
asegurado, -a ADJ, NM/F assuré(e)
asegurador, a NM/F assureur *m* ▸ NF (*tb*: **compañía aseguradora**) compagnie *f* d'assurances
asegurar VT assurer ; (*cuerda, clavo*) fixer ; (*maleta*) bien fermer ; (*afirmar*) assurer ; (*garantizar*) garantir ; **se lo aseguro** je vous assure ▪ **asegurarse** VPR : **asegurarse (de)** s'assurer (de) ; **asegurarse (contra)** (*Com*) s'assurer (contre), prendre une assurance (contre)
asemejarse VPR : **~ a** ressembler à
asentado, -a ADJ sensé(e) ; **estar ~ en** être situé(e) dans *o* sur ; (*persona*) être établi(e) à
asentamiento NM (*acción: de personas, partículas*) établissement *m*, installation *f* ; (*lugar: de personas*) emplacement *m*, aménagement *m* ; (*: de animales*) colonie *f* ; **un ~ fenicio** une installation phénicienne
asentar VT (*sentar*) asseoir ; (*poner*) placer ; (*alisar*) aplatir ; (*golpe*) asséner ; (*instalar*) installer ; (*asegurar*) assurer ; (*Com*) inscrire ▪ **asentarse** VPR (*persona*) s'établir ; (*líquido, polvo*) se déposer
asentimiento NM assentiment *m*
asentir VI acquiescer ; **~ con la cabeza** acquiescer d'un signe de tête
aseo NM hygiène *f*, toilette *f* ; (*orden*) soin *m* ; **cuarto de ~** cabinet *m* de toilette ; **~ personal** hygiène personnelle ▪ **aseos** NMPL (*servicios*) toilettes *fpl*
aséptico, -a ADJ aseptique
asequible ADJ (*precio*) abordable ; (*meta*) accessible ; (*persona*) accessible, abordable ; **~ a** (*comprensible*) accessible à, à la portée de

aserradero NM scierie *f*
aserrar VT scier
asesinar VT assassiner
asesinato NM assassinat *m*
asesino NM assassin *m*
asesor, a NM/F conseiller(-ère), consultant(e) ; (*Com*) consultant(e) ; **~ administrativo(-a)** conseiller(-ère) en gestion ; **~ de imagen** conseiller(-ère) en communication
asesoramiento NM conseil *m*, assistance *f*
asesorar VT (*Jur, Com*) conseiller ■ **asesorarse** VPR: **asesorarse con** *o* **de** prendre conseil auprès de
asesoría NF (*cargo*) conseil *m* ; (*oficina*) cabinet *m* d'expert-conseil
asestar VT (*golpe*) asséner ; (*tiro*) envoyer
aseveración NF affirmation *f*, assertion *f*
aseverar VT assurer, affirmer
asfaltado, -a ADJ asphalté(e) ▶ NM asphalte *m*
asfaltar VT asphalter, bitumer
asfalto NM bitume *m*
asfixia NF asphyxie *f*
asfixiante ADJ (*gas*) asphyxiant(e) ; (*calor*) étouffant(e)
asfixiar VT (*suj: persona*) asphyxier ; (: *calor*) étouffer ■ **asfixiarse** VPR s'asphyxier, étouffer ; **asfixiarse de calor** étouffer de chaleur
asgo *etc* VB *ver* **asir**
así ADV (*de esta manera*) ainsi ; **~, ~** comme ci comme ça, couci-couça ; **~ de grande** grand(e) comme ça ; **~ llamado** soi-disant, prétendu ; **~ es la vida** c'est la vie ; **¡~ sea!** ainsi soit-il ! ; **y ~ sucesivamente** et ainsi de suite ; **¿no es ~?** n'est-ce pas (vrai) ? ; **seis euros o ~** à peu près six euros ; **~ como** (*del mismo modo*) ainsi que, de même que ; (*en cuanto*) dès que ▶ CONJ + *subjuntivo* même si ; **~ y todo** malgré tout ; **~ pues** ainsi donc ; **~ que** (*en cuanto*) dès que ; (*por consiguiente*) donc
Asia NF Asie *f*
asiático, -a ADJ asiatique ▶ NM/F Asiatique *mf*
asidero NM anse *f*
asiduidad NF assiduité *f*
asiduo, -a ADJ assidu(e) ▶ NM/F habitué(e)
asiento VB *ver* **asentar**; **asentir** ▶ NM siège *m* ; (*de silla etc*) assise *f* ; (*de cine, tren*) place *f* ; (*Com*) inscription *f* ; **tomar ~** prendre place ; **~ delantero/trasero** siège avant/arrière
asierre *etc* VB *ver* **aserrar**
asignación NF attribution *f* ; (*reparto*) assignation *f* ; (*paga*) traitement *m* ; (*Com*) allocation *f* ; **~ de presupuesto** crédit *m* budgétaire ; **~ (semanal)** salaire *m* (hebdomadaire) ; (*a un hijo*) argent *m* de poche
asignar VT assigner ; (*cantidad*) allouer, attribuer
asignatura NF matière *f*, discipline *f* ; **~ pendiente** épreuve *f* à repasser ; **es nuestra ~ pendiente** (*fig*) c'est quelque chose qui nous reste à faire
asilado, -a NM/F (*Pol*) réfugié(e) politique ; (*en asilo de ancianos*) pensionnaire *mf*
asilo NM asile *m* ; **derecho de ~** droit *m* d'asile ; **pedir/dar ~ a algn** demander/donner asile à qn ; **~ de ancianos** asile (de vieillards), hospice *m* ; **~ de pobres** hospice des pauvres ; **~ político** asile politique
asimétrico, -a ADJ asymétrique
asimilación NF assimilation *f*
asimilar VT assimiler ■ **asimilarse** VPR: **asimilarse a** s'assimiler à
asimismo ADV aussi
asintiendo *etc* VB *ver* **asentir**
asir VT saisir ■ **asirse** VPR: **asirse a** *o* **de** s'accrocher à
asistencia NF assistance *f* ; (*tb*: **asistencia médica**) soins *mpl* médicaux ; **~ social/técnica** assistance sociale/technique
asistencial ADJ d'aide, d'assistance
asistenta NF femme *f* de ménage
asistente NMF assistant(e) ; **los asistentes** les assistants *mpl* ; **~ social** employé(e) des services sociaux ; (*mujer*) assistante *f* sociale ▶ NM (*Mil*) ordonnance *f*
asistido, -a ADJ (*Auto: dirección*) assisté(e) ; **~ por ordenador** assisté(e) par ordinateur
asistir VT (*Med*) assister, soigner ; (*ayudar*) assister, secourir ; (*acompañar*) assister ▶ VI: **~ (a)** assister (à)
asma NF asthme *m*
asmático, -a ADJ, NM/F asthmatique *mf*
asno NM (*tb fig*) âne *m*
asociación NF association *f* ; **~ de ideas** association d'idées
asociado, -a ADJ, NM/F associé(e)
asociar VT associer ■ **asociarse** VPR: **asociarse (a)** s'associer (à)
asolar VT dévaster, ravager
asolear VT mettre au soleil ■ **asolearse** VPR prendre le soleil
asomar VT sortir, mettre dehors ; **~ la cabeza por la ventana** se mettre à la fenêtre ▶ VI (*sol*) poindre, se montrer ; (*barco*) apparaître ■ **asomarse** VPR: **asomarse a** *o* **por** se montrer à, se mettre à
asombrar VT (*causar asombro*) étonner ; (*causar admiración*) stupéfier ■ **asombrarse** VPR: **asombrarse (de)** (*sorprenderse*) s'étonner (de) ; (*asustarse*) s'effrayer (de)
asombro NM (*sorpresa*) étonnement *m*, stupéfaction *f* ; (*susto*) frayeur *f* ; **no salir de su ~** ne pas en revenir
asombroso, -a ADJ étonnant(e), stupéfiant(e)
asomo NM signe *m*, ombre *f* ; **ni por ~** pas le moins du monde, en aucune manière
asonancia NF assonance *f*

asorocharse (*Am*) VPR (*Med*) avoir le mal d'altitude *o* des montagnes

aspa NF croix *fsg* de Saint André ; (*de molino*) aile *f* ; **en ~** en forme de X

aspaviento NM gestes *mpl* outranciers ; **hacer aspavientos** faire des simagrées

aspecto NM aspect *m*, air *m* ; (*de salud*) mine *f* ; (*fig*) aspect ; **bajo este ~** vu(e) sous cet angle ; **tener buen/mal ~** (*persona*) avoir bonne/mauvaise mine ; **en todos los aspectos** sous tous les rapports

aspereza NF rugosité *f* ; (*de sabor*) âpreté *f* ; (*de terreno, carácter*) aspérité *f*

áspero, -a ADJ rugueux(-euse) ; (*sabor*) âpre

aspersión NF aspersion *f* ; **riego por ~** arrosage *m* par aspersion

aspersor NM arroseur *m*

aspiración NF aspiration *f* ■ **aspiraciones** NFPL (*ambiciones*) aspirations *fpl*

aspiradora NF, **aspirador** NM aspirateur *m*

aspirante NMF candidat(e)

aspirar VT aspirer ▶ VI : **~ a (hacer)** aspirer à (faire)

aspirina NF aspirine *f*

asquear VT écœurer ■ **asquearse** VPR : **asquearse de** être dégoûté(e) de

asquerosidad NF (*suciedad*) saleté *f* repoussante ; (*dicho*) grossièreté *f* ; (*truco*) tour *m* de cochon

asqueroso, -a ADJ, NM/F dégoûtant(e)

asta NF hampe *f* ; **a media ~** en berne ■ **astas** NFPL (*Zool*) bois *mpl*

astado, -a ADJ cornu(e) ▶ NM (*Taur*) taureau *m*

asterisco NM astérisque *m*

asteroide NM astéroïde *m*

astigmatismo NM astigmatisme *m*

astilla NF éclat *m* ; (*de leña*) écharde *f* ; (*de hueso*) esquille *f* ; **de tal palo tal ~** tel père, tel fils ■ **astillas** NFPL (*para fuego*) petit bois *m* ; **hacer astillas** briser

astillarse VPR voler en éclats, se briser

astillero NM chantier *m* naval

astral ADJ astral(e)

astringente ADJ astringent(e) ▶ NM astringent *m*

astro NM astre *m*

astrofísica NF astrophysique *f*

astrología NF astrologie *f*

astrólogo, -a NM/F astrologue *mf*

astronauta NMF astronaute *mf*

astronave NF astronef *m*

astronomía NF astronomie *f*

astronómico, -a ADJ astronomique ; (*conocimientos*) en astronomie

astrónomo, -a NM/F astronome *mf*

astroso, -a ADJ (*desaliñado*) déguenillé(e) ; (*vil*) vil(e)

astucia NF astuce *f*

asturiano, -a ADJ asturien(ne) ▶ NM/F Asturien(ne)

Asturias NFPL les Asturies *fpl* ; **Príncipe de ~** prince *m* des Asturies

astutamente ADV astucieusement

astuto, -a ADJ astucieux(-euse) ; (*taimado*) rusé(e)

asueto NM : **día/semana/tarde de ~** jour *m*/semaine *f*/après-midi *m inv o f inv* de congé

asumir VT assumer

asunceño, -a ADJ d'Asunción ▶ NM/F natif(-ive) *o* habitant(e) d'Asunción

Asunción NF (*Geografía*) Asunción ; (*Rel*) : **la ~** l'Assomption *f*

asunción NF prise *f*

asunto NM (*tema*) sujet *m* ; (*negocio*) affaire *f* ; (*argumento*) thème *m* ; **¡eso es ~ mío!** cela me regarde ! ; **asuntos a tratar** affaires à régler ; **ir al ~** en venir aux choses sérieuses ; **Asuntos Exteriores** Affaires *fpl* étrangères

asustadizo, -a ADJ peureux(-euse)

asustado, -a ADJ effrayé(e), apeuré(e)

asustar VT faire peur à ; (*ahuyentar*) mettre en fuite ■ **asustarse** VPR : **asustarse (de *o* por)** avoir peur (de)

A.T. ABR (= *Antiguo Testamento*) AT (= *Ancien Testament*)

atacante NMF attaquant(e)

atacar VT attaquer ; (*teoría*) s'attaquer à

atadura NF attache *f*, lien *m* ; (*impedimento*) entrave *f*, lien

atajar VT (*interrumpir*) couper court à, interrompre ; (*cortar el paso a*) barrer la route à ; (*enfermedad*) enrayer ; (*riada, sublevación*) endiguer ; (*incendio*) maîtriser ; (*discurso*) interrompre ; (*Deporte*) plaquer ▶ VI prendre un raccourci

atajo NM raccourci *m* ; (*Deporte*) plaquage *m* ; **son un ~ de cobardes/ladrones** c'est une bande de lâches/voleurs ; **soltar un ~ de mentiras** débiter un tissu de mensonges

atalaya NF tour *f* de guet ; (*fig*) point *m* d'observation

atañer VI : **~ a** (*persona*) concerner ; (*gobierno*) incomber à ; **en lo que atañe a eso** en ce qui concerne cela

ataque VB *ver* **atacar** ▶ NM (*Mil*) attaque *f*, raid *m* ; (*Med*) attaque ; **¡al ~!** à l'attaque ! ; **~ de ira/de nervios/de risa/de tos** accès *m* de colère/crise *f* de nerfs/fou rire *m*/quinte *f* de toux ; **~ cardíaco** crise cardiaque

atar VT attacher ; **~ la lengua a algn** (*fig*) réduire qn au silence ; **~ cabos** déduire par recoupements ; **~ corto a algn** tenir la bride haute à qn ■ **atarse** VPR (*zapatos*) attacher ; (*corbata*) nouer

atardecer VI : **atardece a las 8** la nuit tombe à 8 h ▶ NM tombée *f* du jour ; **al ~** à la tombée du jour

atardezca *etc* VB *ver* **atardecer**

a

atareado, -a ADJ occupé(e), affairé(e)
atascar VT boucher ■ **atascarse** VPR se boucher ; (*coche*) s'embourber ; (*motor*) se gripper ; (*fig: al hablar*) bafouiller ; (*: en problema*) s'enliser
atasco NM obstruction *f* ; (*Auto*) bouchon *m*
atasque *etc* VB *ver* **atascar**
ataúd NM cercueil *m*, bière *f*
ataviar VT parer ■ **ataviarse** VPR se parer
atavío NM toilette *f* ■ **atavíos** NMPL (*adornos*) toilette, atours *mpl*
atavismo NM atavisme *m*
ate (*MÉX*) NM (*dulce de membrillo*) gelée *f* de coings
ateísmo NM athéisme *m*
atemorice *etc* VB *ver* **atemorizar**
atemorizar VT faire peur à ■ **atemorizarse** VPR: **atemorizarse de** *o* **por** s'effrayer de
Atenas N Athènes
atenazar VT tenailler
atención NF attention *f* ; **en ~ a esto** eu égard à cela ; **llamar la ~ a algn** (*despertar curiosidad*) attirer l'attention de qn ; (*reprender*) rappeler qn à l'ordre ; **prestar ~** prêter attention ; **« a la ~ de ... »** (*en carta*) « à l'attention de ... » ▶ EXCL attention ! ■ **atenciones** NFPL (*amabilidad*) attentions *fpl*, égards *mpl*
atender VT (*consejos*) tenir compte de ; (*Tec*) entretenir ; (*enfermo*) s'occuper de, soigner ; (*niño*) s'occuper de ; (*cliente*) servir ; (*petición*) accéder à ▶ VI: **~ a** se soucier de ; (*detalles*) s'arrêter sur ; **~ al teléfono** répondre au téléphone ; **~ a la puerta** aller ouvrir la porte
atendré *etc* VB *ver* **atenerse**
atenerse VPR: **~ a** s'en tenir à ; **~ a las consecuencias** penser aux conséquences
atenga *etc* VB *ver* **atenerse**
ateniense ADJ athénien(ne) ▶ NMF Athénien(ne)
atentado NM attentat *m* ; (*delito*) atteinte *f*, attentat ; **~ contra la vida de algn** attentat à la vie de qn ; **~ contra el pudor** attentat à la pudeur ; **~ contra la salud pública** atteinte à la santé publique ; **~ golpista** coup *m* d'État ; **~ terrorista** attentat terroriste ; **~ suicida** attentat suicide
atentamente ADV attentivement ; **le saluda ~** (*en carta*) cordialement
atentar VI: **~ a** *o* **contra** (*seguridad*) attenter à ; (*moral, derechos*) porter atteinte à ; **~ contra** attenter à la vie de, commettre un attentat contre
atento, -a ADJ attentif(-ive) ; (*cortés*) attentionné(e) ; **~ a** attentif(-ive) à ; **su atenta (carta)** (*Com*) votre courrier
atenuante ADJ: **circunstancias atenuantes** (*Jur*) circonstances *fpl* atténuantes
atenuar VT atténuer ■ **atenuarse** VPR s'atténuer
ateo, -a ADJ, NM/F athée *mf*
aterciopelado, -a ADJ velouté(e)
aterido, -a ADJ: **~ de frío** transi(e)
aterrador, a ADJ épouvantable, effroyable
aterrar VT effrayer ; (*aterrorizar*) terrifier ■ **aterrarse** VPR: **aterrarse de** *o* **por** être terrifié(e) par
aterrice *etc* VB *ver* **aterrizar**
aterrizaje NM (*Aviat*) atterrissage *m* ; **~ forzoso** atterrissage forcé
aterrizar VI (*Aviat*) atterrir
aterrorice *etc* VB *ver* **aterrorizar**
aterrorizar VT terroriser ■ **aterrorizarse** VPR: **aterrorizarse (de** *o* **por)** être terrorisé(e) (par)
atesorar VT amasser ; (*fig*) accumuler
atestado, -a ADJ (*testarudo*) entêté(e) ; **~ de** plein(e) à craquer de ▶ NM (*Jur*) procès-verbal *m*
atestar VT envahir ; (*Jur*) attester
atestiguar VT (*Jur*) témoigner ; (*fig: dar prueba de*) témoigner de
atestigüe *etc* VB *ver* **atestiguar**
atiborrar VT envahir ■ **atiborrarse** VPR: **atiborrarse de** se gaver de
atice *etc* VB *ver* **atizar**
ático NM *appartement au dernier étage d'un immeuble*
atienda *etc* VB *ver* **atender**
atildar VT (*Tip*) accentuer ■ **atildarse** VPR se pomponner
atinado, -a ADJ approprié(e) ; (*sensato*) sensé(e)
atinar VI viser juste ; (*fig*) deviner juste ; **~ con** *o* **en** (*solución*) trouver ; **~ a hacer** réussir à faire
atípico, -a ADJ atypique
atiplado, -a ADJ (*voz*) aigu(ë)
atirantar VT tendre
atisbar VT épier ; (*vislumbrar*) percevoir
atisbo NM (*de recuperación, remordimiento*) signe *m* ; (*de esperanza, inteligencia*) lueur *f*
atizador NM (*para el fuego*) tisonnier *m*
atizar VT (*fuego, fig*) attiser ; (*horno etc*) alimenter ; (*Deporte*) battre à plate couture ; (*fam: golpe*) flanquer
atlántico, -a ADJ atlantique ; **el océano A~** l'océan *m* Atlantique ▶ NM: **el A~** l'Atlantique *m*
atlas NM atlas *m*
atleta NMF athlète *mf*
atlético, -a ADJ (*competición*) d'athlétisme ; (*persona*) athlétique
atletismo NM athlétisme *m*
atmósfera NF atmosphère *f*
atmosférico, -a ADJ atmosphérique
atol, atole (*CAM, MÉX*) NM (*Culin*) *boisson à base de farine de maïs*
atolladero NM (*fig*) impasse *f* ; **estar en un ~** être dans une impasse ; **sacar a algn de un ~** tirer qn d'embarras
atollarse VPR s'enliser, s'embourber ; (*fig*) s'embourber
atolón NM atoll *m*
atolondradamente ADV étourdiment

atolondrado, -a ADJ étourdi(e)
atolondramiento NM étourderie *f*
atolondrarse VPR perdre la tête ; (*por golpe*) être étourdi(e)
atómico, -a ADJ atomique
atomizador NM atomiseur *m*
átomo NM atome *m*
atónito, -a ADJ pantois(e)
atontado, -a ADJ étourdi(e) ; (*bobo*) stupide ▶NM/F abruti(e)
atontamiento NM abêtissement *m*
atontar VT abrutir ■ **atontarse** VPR s'abêtir
atorar VT obstruer ■ **atorarse** VPR s'étrangler
atormentar VT tourmenter, torturer ■ **atormentarse** VPR se tourmenter
atornillar VT visser
atorón (*MÉX*) NM (*Auto: atasco*) embouteillage *m*
atorrante, -a (*CSUR fam*) ADJ (*perezoso*) fainéant(e) ; (*vagabundo*) vagabond(e) ▶NM/F vagabond(e)
atosigar VT presser, harceler ■ **atosigarse** VPR être angoissé(e) *o* tourmenté(e)
atosigue *etc* VB *ver* **atosigar**
atrabiliario, -a ADJ atrabilaire
atracadero NM débarcadère *m*
atracador, a NM/F braqueur(-euse)
atracar VT (*Náut*) amarrer ; (*atacar*) attaquer ▶VI amarrer ■ **atracarse** VPR: **atracarse (de)** (*fam*) se bourrer (de)
atracción NF (*fuerza, centro de interés*) attraction *f* ; (*atractivo*) attirance *f* ; **sentir ~ por** éprouver de l'attirance pour ; **centro/punto de ~** centre *m*/point *m* d'attraction ■ **atracciones** NFPL (*diversiones*) attractions *fpl*
atraco NM agression *f* ; (*en banco*) hold-up *m inv* ; **~ a mano armada** attaque *f* à main armée
atracón NM: **darse** *o* **pegarse un ~ (de)** (*fam*) s'empiffrer (de) (*fam*), se bourrer (de)
atractivo, -a ADJ (*persona*) séduisant(e) ; (*cosa*) attrayant(e) ; (*precio*) attractif(-ive) ▶NM attrait *m* ; (*encanto*) charme *m*
atraer VT attirer ; **dejarse ~ por** se laisser attirer par ■ **atraerse** VPR s'attirer ; **atraerse a algn** conquérir qn
atragantarse VPR: **~ (con)** s'étrangler (avec) ; **se me ha atragantado el chico ese** je ne peux pas le voir, celui-là ; **se me ha atragantado el inglés** l'anglais et moi, ça fait deux
atraiga *etc* VB *ver* **atraer**
atraje *etc* VB *ver* **atraer**
atrancar VT (*puerta*) barricader ; (*desagüe*) boucher ■ **atrancarse** VPR (*desagüe*) se boucher ; (*mecanismo*) se gripper ; (*fig: al hablar*) bafouiller
atranque *etc* VB *ver* **atrancar**
atrapar VT attraper
atraque *etc* VB *ver* **atracar**
atrás ADV (*posición*) derrière, en arrière ; (*dirección*) derrière ; **~ de** (*AM: detrás de*) derrière ; **años/meses ~** des années/mois auparavant ; **días ~** cela fait des jours et des jours ; **asiento/parte de ~** siège *m*/partie *f* arrière ; **cuenta ~** compte *m* à rebours ; **marcha ~** marche *f* arrière ; **echarse para ~** reculer ; (*desdecirse*) faire marche arrière ; **ir hacia ~** (*movimiento*) aller en arrière ; (*dirección*) aller derrière ; **estar ~** être *o* se trouver derrière *o* en arrière ; **está más ~** c'est plus loin derrière ; **volverse ~** revenir en arrière, reculer ; (*desdecirse*) se dédire
atrasado, -a ADJ (*pago*) arriéré(e) ; (*país*) sous-développé(e) ; (*trabajo*) en retard ; (*costumbre*) du passé ; (*moda*) dépassé(e) ; **el reloj está** *o* **va ~** la pendule retarde ; **ir ~** (*Escol*) être en retard ; **poner fecha atrasada a** antidater
atrasar VI, VT retarder ■ **atrasarse** VPR (*persona*) être en retard ; (*tren*) avoir du retard ; (*reloj*) retarder
atraso NM retard *m* ■ **atrasos** NMPL (*Com*) arriérés *mpl*
atravesado, -a ADJ (*persona*) pervers(e) ; **~ (en)** en travers (de)
atravesar VT traverser ; (*poner al través*) barrer ■ **atravesarse** VPR se mettre en travers de ; **ese tipo se me ha atravesado** je ne peux pas voir ce type
atraviese *etc* VB *ver* **atravesar**
atrayendo *etc* VB *ver* **atraer**
atrayente ADJ attrayant(e)
atreverse VPR: **~ a (hacer)** oser (faire)
atrevido, -a ADJ (*audaz*) audacieux(-euse) ; (*descarado*) insolent(e) ; (*moda, escote*) osé(e) ▶NM/F audacieux(-euse) ; (*descarado*) insolent(e)
atrevimiento NM (*audacia*) audace *f* ; (*descaro*) insolence *f*
atribución NF attribution *f* ■ **atribuciones** NFPL (*Pol, Admin*) attributions *fpl*
atribuir VT attribuer ■ **atribuirse** VPR s'attribuer
atribular VT affliger ■ **atribularse** VPR être affligé(e)
atributo NM attribut *m*, apanage *m* ; (*emblema*) attributs *mpl*
atribuya *etc* VB *ver* **atribuir**
atribuyendo *etc* VB *ver* **atribuir**
atril NM pupitre *m*, lutrin *m* ; (*Mús*) pupitre
atrincherar VT (*Mil*) retrancher ■ **atrincherarse** VPR se retrancher ; **atrincherarse en** (*fig*) se retrancher dans *o* derrière
atrio NM (*Rel*) parvis *msg*
atrocidad NF atrocité *f* ■ **atrocidades** NFPL (*disparates*) énormités *fpl*
atrofiar VT atrophier ■ **atrofiarse** VPR s'atrophier
atronador, a ADJ (*ruido*) assourdissant(e) ; (*voz*) tonitruant(e)
atropelladamente ADV (*hablar*) avec précipitation ; (*decidir*) à la hâte

atropellado, -a ADJ précipité(e)
atropellar VT écraser ; (*derribar*) renverser ; (*empujar*) bousculer ; (*agraviar*) malmener ■ **atropellarse** VPR (*al hablar*) bafouiller ; (*al caminar*) se bousculer
atropello NM (*Auto*) accident *m* ; (*contra propiedad, derechos*) violation *f* ; (*empujón*) bousculade *f* ; (*agravio*) insulte *f* ; (*atrocidad*) atrocité *f*
atroz ADJ atroce ; (*frío*) terrible ; (*hambre*) de loup ; (*sueño*) irrésistible ; (*película, comida*) épouvantable
atrozmente ADV atrocement
ATS NMF ABR (ESP) (= *ayudante técnico sanitario*) infirmier(-ière)
atto., -a. ABR (= *atento, a*) dévoué(e)
attrezzo NM accessoires *mpl*
atuendo NM tenue *f*
atufar VT (*suj: olor*) incommoder ; (*molestar*) irriter ■ **atufarse** VPR (*fig*) se fâcher
atún NM thon *m*
atunero, -a ADJ (*industria, empresa*) du thon ; (*producción*) de thon ▶ NM/F (*pescador*) pêcheur(-euse) (de thon) ▶ NM (*barco*) thonier *m*
aturdido, -a ADJ (*por golpe, ruido, vino*) étourdi(e) ; (*por desgracia, noticia*) abasourdi(e)
aturdimiento NM étourdissement *m*
aturdir VT (*golpe, ruido, vino*) étourdir ; (*desgracia, noticia*) abasourdir ■ **aturdirse** VPR être étourdi(e) ; (*por órdenes contradictorias*) être décontenancé(e)
aturrullar VT décontenancer ■ **aturrullarse** VPR se décontenancer
atusar VT (*pelo: cortar*) couper ; (*: alisar*) arranger ■ **atusarse** VPR se pomponner
atuve *etc* VB *ver* **atenerse**
audacia NF audace *f*
audaz ADJ audacieux(-euse)
audazmente ADV audacieusement, avec audace
audible ADJ audible
audición NF audition *f* ; **~ radiofónica** audition radiophonique
audiencia NF audience *f* ; **~ pública** (*Pol*) audience publique
audífono NM audiophone *m*
audiodescripción NF audiodescription *f*
audioguía NF audioguide *m*
audiolibro NM livre *m* audio
audiovisual ADJ audiovisuel(le)
auditar VT auditer
auditivo, -a ADJ auditif(-ive)
auditor, a NM/F commissaire *mf* aux comptes ▶ NF (*empresa*) cabinet *m* d'audit
auditoría NF audit *m* ; (*empresa*) cabinet *m* d'audit
auditorio NM auditoire *m* ; (*sala*) auditorium *m*
auge NM apogée *m* ; (*Com, Econ*) essor *m* ; **estar en ~** être en plein essor
augurar VT (*suj: hecho*) laisser présager ; (*: persona*) prédire
augurio NM présage *m*
aula NF (*en colegio*) salle *f* de classe, classe *f* ; (*en universidad*) salle de cours ; **~ magna** amphithéâtre *m*
aullar VI hurler
aullido NM hurlement *m*
aumentar VT augmenter ; (*vigilancia*) redoubler de ; (*Foto*) agrandir ; (*con microscopio*) grossir ▶ VI augmenter
aumento NM augmentation *f* ; (*vigilancia*) redoublement *m* ; **en ~** (*precios*) en hausse
aun ADV même ; **~ así** même ainsi, quand même ; **~ cuando** même si
aún ADV (*todavía*) encore, toujours ; **~ no** pas encore, toujours pas ; **~ más** encore plus ; **¿no ha venido ~?** il n'est pas encore arrivé ?, il n'est toujours pas arrivé ?
aunar VT unir, allier ■ **aunarse** VPR s'unir, s'allier
aunque CONJ bien que, même si
aúpa ADJ : **de ~** (*fam: catarro*) carabiné(e) (*fam*) ; (*: chica*) bien roulé(e) (*fam*) ; (*: espectáculo*) sensass (*fam*)
aupar VT soulever ; (*fig*) porter aux nues
aura NF (*fig*) aura *f*
aureola NF auréole *f*
aurícula NF (*del corazón*) oreillette *f*
auricular NM (*Telec*) écouteur *m* ■ **auriculares** NMPL écouteurs *mpl*
aurora NF aurore *f* ; **~ boreal(is)** aurore boréale
auscultar VT ausculter
ausencia NF absence *f* ; **brillar por su ~** briller par son absence
ausentarse VPR : **~ (de)** s'absenter (de)
ausente ADJ absent(e) ▶ NMF (*Escol*) absent(e) ; (*Jur*) personne *f* portée disparue
ausentismo NM absentéisme *m*
auspiciar (AM) VT (*patrocinar*) patronner
auspicio NM : **buen/mal ~** bons/mauvais auspices *mpl* ■ **auspicios** NMPL : **bajo los auspicios de** sous les auspices de
austeramente ADV (*vivir*) austèrement ; (*mirar*) sévèrement
austericidio NM cure *f* d'austérité
austeridad NF (*de vida*) austérité *f* ; (*de mirada*) sévérité *f*
austero, -a ADJ austère ; (*lenguaje*) dépouillé(e)
austral ADJ austral(e) ▶ NM (AM *Hist: moneda*) austral *m*
Australia NF Australie *f*
australiano, -a ADJ australien(ne) ▶ NM/F Australien(ne)
Austria NF Autriche *f*
austriaco, -a, austríaco, -a ADJ autrichien(ne) ▶ NM/F Autrichien(ne)

auténticamente ADV authentiquement
autenticar VT = **autentificar**
autenticidad NF authenticité *f*
auténtico, -a ADJ authentique ; (*cuero*) véritable ; **es un ~ campeón** c'est un vrai champion
autentificar VT authentifier
autentique *etc* VB *ver* **autenticar**
autismo NM autisme *m*
autista ADJ, NMF autiste *mf*
auto NM (*esp CSur: coche*) voiture *f* ; (*Jur*) arrêté *m* ; **~ de comparecencia** assignation *f* ; **~ de ejecución** titre *m* exécutoire ; **~ sacramental** *drame religieux espagnol des XVI et XVII siècles, comparable aux mystères français du Moyen Âge* ■ **autos** NMPL (*Jur*) pièces *fpl* d'un dossier ; (: *acta*) procédure *f* judiciaire
autoabastecerse VPR (*ser autosuficiente*) être autosuffisant(e) ; **~ de** s'approvisionner en
autoadhesivo, -a ADJ autocollant(e)
autoalimentación NF (*Inform*): **~ de hojas** avancement *m* automatique du papier
autoayuda NF développement *m* personnel ; **grupo de ~** groupe *m* d'entraide
autobiografía NF autobiographie *f*
autobiográfico, -a ADJ autobiographique
autobronceador NM autobronzant *m*
autobús NM autobus *m* ; **~ de línea** car *m*
autocar NM autocar *m* ; **~ de línea** car *m*
autocaravana NF camping-car *m*
autocontrol NM maîtrise *f* de soi, self-control *m*
autócrata NMF autocrate *m*
autocráticamente ADV de manière autocratique
autocrático, -a ADJ autocratique
autocrítica NF autocritique *f*
autóctono, -a ADJ autochtone
autodefensa NF autodéfense *f*
autodeterminación NF autodétermination *f*
autodidacta ADJ, NMF autodidacte *mf*
autódromo NM autodrome *m*
autoedición NF publication *f* assistée par ordinateur, PAO *f*
autoempleo NM auto-emploi *m*, travail *m* indépendant
autoescuela NF auto-école *f*
autoestima NF estime *f* de soi
autoestop NM = **autostop**
autoestopista NMF = **autostopista**
autofinanciado, -a ADJ autofinancé(e)
autogestión NF autogestion *f*
autogobierno NM gouvernement *m* autonome
autógrafo NM autographe *m*
autoinmune ADJ auto-immun(e)
automación NF = **automatización**
autómata NM (*persona*) automate *m*
automáticamente ADV automatiquement
automatice *etc* VB *ver* **automatizar**
automático, -a ADJ automatique ; (*reacción*) machinal(e) ▶ NM bouton-pression *m*
automatización NF automatisation *f* ; **~ de fábricas** automation *f* industrielle ; **~ de oficinas** bureautique *f*
automatizar VT automatiser
automedicarse VPR prendre des médicaments sans prescription médicale, se traiter soi-même
automoción NF: **la industria de la ~** l'industrie *f* automobile
automotor, -triz ADJ automoteur(-trice) ▶ NM automotrice *f*
automóvil NM automobile *f*
automovilismo NM automobilisme *m*
automovilista NMF (*conductor*) automobiliste *mf*
automovilístico, -a ADJ (*industria*) automobile
autonomía NF autonomie *f* ; (*territorio*) région *f* autonome ; **Estatuto de A~** (ESP) statut *m* d'autonomie
autonómico, -a (ESP) ADJ (*elecciones*) des communautés autonomes ; (*política*) d'autonomie des régions ; **gobierno ~** gouvernement *m* régional autonome
autónomo, -a ADJ (*Pol, Inform*) autonome ; (*trabajador*) indépendant(e)
autopista NF autoroute *f* ; **~ de peaje** autoroute à péage
autopsia NF autopsie *f*
autor, a NM/F auteur(e) ; **los autores del atentado** les auteurs de l'attentat
autoría NF (*de libro etc*) paternité *f* ; (*de crimen*) responsabilité *f*
autorice *etc* VB *ver* **autorizar**
autoridad NF autorité *f* ; **la ~ política/judicial** les autorités politiques/judiciaires ; **ser una ~ en física/matemáticas** être une autorité en physique/mathématiques ; **tener ~ sobre algn** avoir autorité sur qn ; **~ local** autorité locale ■ **autoridades** NFPL (*Pol*) autorités *fpl*
autoritario, -a ADJ autoritaire
autoritarismo NM autoritarisme *m*
autorización NF autorisation *f*
autorizado, -a ADJ autorisé(e)
autorizar VT autoriser ; **~ a hacer** autoriser à faire
autorradio NF autoradio *m*, poste *m* autoradio
autorretrato NM autoportrait *m*
autoservicio NM (*tienda*) libre-service *m* ; (*restaurante*) self-service *m*
autostop NM auto-stop *m* ; **hacer ~** faire de l'auto-stop
autostopista NMF auto-stoppeur(-euse)
autosuficiencia NF autosuffisance *f* ; (*económica*) autarcie *f*

autosuficiente ADJ (*economía*) autarcique ; (*país*) économiquement indépendant(e) ; (*pey: persona*) suffisant(e)
autosugestión NF autosuggestion *f*
autovía NF route *f* à quatre voies
auxiliar VT secourir, venir en aide à ▶ ADJ auxiliaire ; (*profesor*) suppléant(e) ▶ NMF auxiliaire *mf*, assistant(e)
auxilio NM aide *f*, secours *msg* ; **primeros auxilios** premiers secours *mpl* ; **prestar ~ a algn** venir en aide à qn, porter secours à qn ; **~ en carretera** secours *mpl* d'urgence ▶ EXCL au secours !
Av. ABR (= *Avenida*) av. (= *avenue*)
a/v ABR (= *a la vista*) *ver* **vista**
aval NM aval *m* ; (*garantía*) garantie *f* ; **~ bancario** garantie bancaire
avalancha NF avalanche *f*
avalar VT (*Com*) avaliser ; (*fig*) garantir
avalista NM (*Com*) avaliseur *m*, avaliste *m*
avance VB *ver* **avanzar** ▶ NM (*de tropas*) avance *f*, progression *f* ; (*de la ciencia*) progrès *msg* ; (*pago*) avance ; (TV: *de noticias*) flash *m* (d'information) ; (*del tiempo*) prévisions *fpl* météorologiques ; (*Cine*) bande-annonce *f*
avanzadilla NF (*patrulla*) avant-garde *f*
avanzado, -a ADJ avancé(e), d'avant-garde ; **de edad avanzada** d'un âge avancé, âgé(e)
avanzar VT avancer ▶ VI avancer, progresser ; (*proyecto*) avancer ; (*alumno*) avancer, faire des progrès
avaricia NF avarice *f*
avariciosamente ADV avec avarice ; (*con avidez*) avidement
avaricioso, -a ADJ avaricieux(-euse)
avaro, -a ADJ, NM/F avare *mf*
avasallador, a ADJ (*triunfo, fuerza*) écrasant(e) ; (*persona*) dominateur(-trice)
avasallar VT asservir, faire ployer
avatar NM (*en Internet*) avatar *m* ■ **avatares** NMPL (*vicisitudes*) aléas *mpl*, tribulations *fpl*
Avda. ABR (= *Avenida*) av. (= *avenue*)
AVE SIGLA M (= *Alta Velocidad Española*) ≈ TGV *m* (= *train à grande vitesse*)
ave NF oiseau *m* ; **~ de rapiña** oiseau de proie ; **aves de corral** oiseaux *mpl* de basse-cour, volaille *f*
avecinarse VPR approcher
avejentar VT vieillir ■ **avejentarse** VPR vieillir
avellana NF noisette *f*
avellano NM noisetier *m*, coudrier *m*
avemaría NM Ave *m* (Maria)
avena NF avoine *f*
avendré *etc* VB *ver* **avenir**
avenga *etc* VB *ver* **avenir**
avenida NF avenue *f* ; (*de río*) crue *f*
avenido, -a ADJ: **bien/mal ~** uni(e)/désuni(e)
avenir VT mettre d'accord ■ **avenirse** VPR (*personas*) s'entendre ; **avenirse a hacer** consentir à faire ; **avenirse a razones** se rendre à la raison
aventado, -a (*Am*) ADJ (*osado*) osé(e)
aventajado, -a ADJ remarquable
aventajar VT: **~ a algn (en algo)** surpasser qn (en qch)
aventar VT (*echar al aire*) disperser ; (*exponer al aire*) exposer au vent ; (*grano*) vanner ; (*Am fam: echar*) jeter
aventón (*Méx*) NM: **dar un ~ a algn** déposer qn quelque part ; **pedir ~** faire du stop
aventura NF aventure *f*
aventurado, -a ADJ aventureux(-euse)
aventurar VT (*opinión*) hasarder ; (*capital*) aventurer ■ **aventurarse** VPR s'aventurer ; **aventurarse a hacer algo** s'aventurer à faire qch
aventurero, -a ADJ, NM/F aventurier(-ière)
avergoncé VB *ver* **avergonzar**
avergoncemos *etc* VB *ver* **avergonzar**
avergonzado, -a ADJ honteux(-euse), embarrassé(e)
avergonzar VT faire honte à ■ **avergonzarse** VPR: **avergonzarse de (hacer)** avoir honte de (faire)
avergüence *etc* VB *ver* **avergonzar**
avería NF panne *f*
averiado, -a ADJ en panne
averiar VT endommager, faire tomber en panne ■ **averiarse** VPR tomber en panne
averiguación NF enquête *f* ; (*descubrimiento*) découverte *f*
averiguar VT enquêter sur ; (*descubrir*) découvrir
averigüe *etc* VB *ver* **averiguar**
aversión NF aversion *f* ; **cobrar ~ a** prendre en aversion
avestruz NM autruche *f*
avezado, -a ADJ habitué(e), expérimenté(e) ; **los ya avezados en estos menesteres** ceux qui ont déjà de l'expérience dans ce genre d'affaires
aviación NF aviation *f*
aviado, -a (*fam*) ADJ: **¡estamos aviados!** on est servis ! (*fam*)
aviador, a NM/F aviateur(-trice)
aviar VT (*maleta, comida*) préparer ; (*habitación*) ranger
avícola ADJ avicole
avicultura NF aviculture *f*
avidez NF: **~ de** *o* **por** empressement *m* à ; (*pey*) avidité *f* de ; **con ~** avec avidité
ávido, -a ADJ: **~ de** *o* **por** avide de
aviente *etc* VB *ver* **aventar**
avieso, -a ADJ (*mirada*) torve ; (*espíritu, persona*) retors(e) ; (*intenciones*) louche

avinagrado, -a ADJ aigri(e), revêche ; (*voz*) aigre
avinagrarse VPR s'aigrir
avine *etc* VB *ver* **avenir**
Aviñón N Avignon
avío NM préparatifs *mpl* ■ **avíos** NMPL (*de pesca*) attirail *m* (de pêche) ; (*de limpieza*) ustensiles *mpl* (de ménage) ; (*de costura*) nécessaire *m* (à couture)
avión NM avion *m* ; (*ave*) martinet *m* ; **por ~** (*Correos*) par avion ; **~ de caza** avion de chasse, chasseur *m* ; **~ de combate/de hélice/de reacción** avion de combat/à hélice/à réaction
avioneta NF avion *m* léger
avisar VT prévenir ; (*ambulancia, fontanero, médico*) appeler ; **~ (de)** (*advertir*) avertir (de) ; (*informar*) avertir (de), faire part (de) ; **~ a algn con antelación** prévenir qn
aviso NM avis *msg* ; (*Com*) commande *f* ; **estar/poner sobre ~** être sur ses gardes/mettre en garde ; **hasta nuevo ~** jusqu'à nouvel ordre ; **sin previo ~** sans préavis ; **~ escrito** notification *f* par écrit
avispa NF guêpe *f*
avispado, -a ADJ éveillé(e)
avisparse VPR s'éveiller
avispero NM guêpier *m* ; **meterse en un ~** (*fig*) se fourrer dans un guêpier
avispón NM frelon *m*
avistar VT distinguer
avitaminosis NF INV avitaminose *f*
avituallamiento NM ravitaillement *m*
avituallar VT ravitailler
avivar VT aviver ; (*paso*) presser ■ **avivarse** VPR se raviver ; (*discusión*) s'animer
avizor ADJ: **estar ojo ~** ouvrir l'œil
avizorar VT guetter, épier
axila NF aisselle *f*
axioma NM axiome *m*
ay EXCL aïe ! ; (*aflicción*) hélas ! ; **¡ay de mí!** pauvre de moi !
aya NF (*institutriz*) gouvernante *f* ; (*niñera*) nurse *f*
ayatolá, ayatollah NM ayatollah *m*
ayer ADV hier ; **antes de ~** avant-hier ; **~ por la tarde** hier après-midi ▸ NM (*pasado*) passé *m*
ayllu (AND) NM (*caserío indio*) hameau *m* indien
aymara = **aimara**
ayo NM précepteur *m*
ayote (*MÉX: calabaza*) NM courge *f*
Ayto. ABR = **ayuntamiento**
ayuda NF aide *f* ▸ NM: **~ de cámara** valet *m* de chambre
ayudante, -a NM/F adjoint(e) ; (*Escol*) assistant(e) ; (*Mil*) adjudant(e)
ayudar VT aider ; **~ a algn a hacer algo** aider qn à faire qch
ayunar VI jeûner
ayunas NFPL: **estar en ~** être à jeun ; (*fig*) ne rien savoir
ayuno NM jeûne *m*
ayuntamiento NM (*concejo*) municipalité *f* ; (*edificio*) mairie *f*, hôtel *m* de ville ; (*cópula*) copulation *f*
azabache NM jais *msg*
azada NF houe *f*
azafata NF hôtesse *f* de l'air ; (*de congreso*) hôtesse d'accueil
azafate (AM) NM (*bandeja*) plateau *m*
azafrán NM safran *m*
azahar NM fleur *f* d'oranger
azalea NF azalée *f*
azar NM (*casualidad*) hasard *m* ; (*desgracia*) malheur *m* ; **al/por ~** au/par hasard ; **juegos de ~** jeux *mpl* de hasard
azararse VPR avoir honte
azaroso, -a ADJ mouvementé(e)
Azerbaiyán NM Azerbaïdjan *m*
azerbaiyano, -a ADJ, NM/F azerbaïdjanais(e) ▸ NM/F Azerbaïdjanais(e)
azogue NM vif-argent *m*
azor NM autour *m*
azoramiento NM trouble *m*
azorar VT faire honte ■ **azorarse** VPR se troubler
Azores NFPL: **las (Islas) ~** les Açores *fpl*
azotaina (*fam*) NF raclée *f* (*fam*)
azotar VT fouetter ; (*suj: lluvia*) fouetter, cingler ; (*fig*) sévir
azote NM coup *m* de fouet ; (*a niño*) fessée *f* ; (*fig*) fléau *m* ; (*látigo*) fouet *m*
azotea NF terrasse *f* ; **andar** *o* **estar mal de la ~** travailler du chapeau
azteca ADJ aztèque ▸ NMF Aztèque *mf*
azúcar NM O NF sucre *m* ; **~ glas** sucre glace
azucarado, -a ADJ sucré(e)
azucarero, -a ADJ (*industria*) sucrier(-ière) ; (*comercio*) du sucre ▸ NM sucrier *m*
azuce *etc* VB *ver* **azuzar**
azucena NF lis *m*, lys *m*
azufre NM soufre *m*
azul ADJ bleu(e) ▸ NM bleu *m* ; **~ celeste/marino** bleu ciel/marine
azulado, -a ADJ bleuté(e), azuré(e) ; (*ligeramente azul*) bleuâtre
azulejar VT carreler
azulejo NM carreau *m* (*au mur*)
azulgrana ADJ INV de l'équipe de football du Football Club de Barcelone ▸ NM: **los Azulgranas** *les joueurs de l'équipe de football du Football Club de Barcelone*
azuzar VT exciter

Bb

B¹, b [be] NF (*letra*) B, b *m inv* ; **B de Barcelona** ≈ B comme Berthe
B² ABR (= *bien*) B, b (= *bien*) ; (*Meteorología:* = *baja presión*) D, d (= *dépression*)
B.A. ABR = **Buenos Aires**
baba NF bave *f* ; **caérsele la ~ a algn** (*fig*) baver d'admiration
babear VI baver
babel NM O NF (*desorden*) cirque *m*
babero NM bavoir *m*
babi NM blouse *f*
Babia NF: **estar en ~** être dans la lune
bable NM (*Ling*) asturien *m*
babor NM: **a** *o* **por ~** à bâbord
babosa NF limace *f* ; *ver tb* **baboso**
babosada (*Am fam*) NF imbécillité *f*
baboso, -a (*Am fam*) ADJ, NM/F idiot(e), imbécile *mf*
babucha NF babouche *f*
babuino NM babouin *m*
baca NF (*Auto*) galerie *f*
bacaladilla NF merlan *m*
bacalao NM morue *f* ; **cortar el ~** (*fig*) mener la barque
bacanal NF orgie *f*
bachata NF (*ritmo*) bachata *f*
bache NM nid *m* de poule ; (*fig*) crise *f* passagère ; **~ de aire** trou *m* d'air
bachiller NM (*anticuado*) = **bachillerato**
bachillerato NM (*estudios*) *études secondaires réalisées entre 16 et 18 ans* ; (*título*) *diplôme obtenu à l'issue de ces études secondaires*
bacilo NM bacille *m*
bacinilla NF vase *m* de nuit
backstage [bakes'teiʒ] NM (*lugar*) coulisses *fpl* ; (*gente*) équipe *f* en coulisses
bacteria NF bactérie *f*
bacteriológico, -a ADJ bactériologique
báculo NM (*bastón*) bâton *m* ; (*de obispo*) crosse *f* ; (*fig*) soutien *m*
badajo NM battant *m* (*de cloche*)
badén NM (*en carretera*) cassis *msg* ; (*en acera*) bateau *m*
bádminton NM badminton *m*
bafle, baffle NM baffle *m*
bagaje NM (*de ejército*) barda *m* ; (*fig*) bagage *m* ; **~ cultural** bagage *m* culturel
bagatela NF bagatelle *f*
Bagdad N Bagdad
bah EXCL (*indicando desdén, incredulidad*) bah !
Bahamas NFPL: **las (Islas) ~** les (îles *fpl*) Bahamas *fpl*
bahía NF baie *f*
bailable ADJ: **música ~** musique *f* dansante ▶ NM (*anticuado*) ballet *m*
bailaor, a NM/F danseur(-euse) de flamenco
bailar VT danser ; (*peonza, trompo*) faire tourner ▶ VI danser ; (*peonza, trompo*) tourner ; **te bailan los pies en esos zapatos** tu nages dans ces souliers
bailarín, -ina NM/F danseur(-euse)
baile NM danse *f* ; (*fiesta*) bal *m* ; **~ de disfraces** bal masqué ; **~ de salón** danse de salon ; **~ flamenco** danse flamenco ; **~ regional** danse folklorique
baja NF baisse *f* ; (*Mil*) perte *f* ; **dar de ~ a algn** (*soldado*) réformer qn ; (*empleado*) congédier qn ; (*miembro de club*) exclure qn ; **darse de ~** (*de trabajo*) démissionner ; (*por enfermedad*) se faire porter malade ; (*de club*) quitter ; (*de suscripción*) se désinscrire ; **estar de ~** (*enfermo*) être en congé (de) maladie ; **jugar a la ~** (*Bolsa*) jouer à la baisse
bajada NF baisse *f* ; (*declive, camino*) pente *f* ; **~ de aguas** gouttière *f* ; **~ de bandera** (*en taxi*) prise *f* en charge
bajamar NF marée *f* basse
bajar VI descendre ; (*temperatura, precios, calidad*) baisser ; **~ de** (*de coche, autobús etc*) descendre de ; **los coches han bajado de precio** le prix des voitures a baissé ▶ VT baisser ; (*escalera, maletas*) descendre ; (*persiana*) abaisser ; (*Internet*) télécharger ; **bajarle los humos a algn** remettre qn à sa place ■ **bajarse** VPR descendre ; (*Internet*) télécharger ; **bajarse algo de Internet** télécharger qch sur Internet
bajeza NF bassesse *f*
bajío (*Am*) NM banc *m* de sable
bajista NMF (*Mús*) bassiste *mf* ▶ ADJ (*Bolsa*) baissier(-ière)
bajo, -a ADJ (*piso*) inférieur(e) ; (*empleo*) médiocre ;

(*persona, animal*) petit(e) ; (*ojos*) baissé(e) ; (*sonido*) faible ; **~ en** (*metal*) à faible teneur en ; **hablar en voz baja** parler à voix basse ; **de clase baja** (*pey*) de bas étage ▸ ADV bas ; **caer ~** (*fig*) tomber bas ▸ PREP sous ; **~ la lluvia** sous la pluie ; **~ su punto de vista** de son point de vue ▸ NM (*Mús*) basse *f* ; (*en edificio*) rez-de-chaussée *m inv* ■ **bajos** NMPL (*de falda, de pantalón*) bas *msg*

bajón NM chute *f* ; (*de salud*) dégradation *f* ; **dar** *o* **pegar un ~** (*fam: físicamente*) en prendre un coup ; (*anímicamente*) avoir un coup de cafard

bajura NF: **pesca de ~** pêche *f* côtière

bakalao (*fam*) NM techno *f*

bala NF (*proyectil*) balle *f* ; **como una ~** comme l'éclair

balacera (*AM*) NF échange *m* de coups de feu

balada NF ballade *f*

baladí ADJ insignifiant(e), sans importance

baladronada NF fanfaronnade *f*

balance NM (*Com*) bilan *m* ; (*: libro*) livre *m* de comptes ; **hacer ~ de** faire le point de ; **~ consolidado** bilan consolidé ; **~ de comprobación** balance *f* de vérification

balancear VT (*suj: viento, olas*) balancer ■ **balancearse** VPR se balancer

balanceo NM balancement *m*

balandrismo NM voile *f*

balandro NM cotre *m*

balanza NF balance *f* ; (*Astrol*): **B~** Balance ; **~ comercial** balance commerciale ; **~ de pagos** balance des paiements ; **~ de poder(es)** équilibre *m* des pouvoirs

balar VI bêler

balaustrada NF balustrade *f* ; (*en escalera*) rampe *f*

balazo NM (*disparo*) coup *m* de feu ; (*herida*) blessure *f* par balle

balboa NF (*moneda*) balboa *m*

balbucear VI, VT balbutier

balbuceo NM balbutiement *m*

balbucir VI, VT = **balbucear**

balbuzca *etc* VB *ver* **balbucir**

Balcanes NMPL: **los (Montes) ~** les Balkans *mpl* ; **la Península de los ~** la péninsule des Balkans

balcánico, -a ADJ balkanique

balcón NM balcon *m*

balda NF étagère *f* (*planche*)

baldado, -a ADJ: **estar ~** (*fig*) être éreinté(e)

baldar VT estropier ; (*perjudicar*) ébranler

balde NM (*esp AM*) seau *m* ; **de ~** gratis ; **en ~** en vain

baldío, -a ADJ en friche ; (*esfuerzo, ruego*) vain(e)

baldosa NF carreau *m*

baldosín NM (*de pared*) petit carreau *m* en faïence

balear ADJ des Baléares ▸ NMF natif(-ive) *o* habitant(e) des Baléares ▸ VT (*AM*) abattre

Baleares NFPL: **las (Islas) ~** les (îles *fpl*) Baléares *fpl*

balido NM bêlement *m*

balín NM petite balle *f* ■ **balines** NMPL (*perdigones*) plombs *mpl*

balística NF balistique *f*

balístico, -a ADJ balistique *f*

baliza NF (*Aviat, Náut*) balise *f*

ballena NF baleine *f*

ballenato NM baleineau *m*

ballenero, -a ADJ baleinier(-ière) ▸ NM (*pescador*) baleinier *m* ; (*barco*) baleinière *f*

ballesta NF (*Auto*) suspension *f*

ballet [ba'le] (*pl* **ballets**) NM ballet *m*

balneario, -a ADJ thermal(e) ; (*AM*) balnéaire ▸ NM station *f* thermale/balnéaire

balompié NM football *m*

balón NM ballon *m*

balonazo NM: **le dio un ~ en la cara** il lui a jeté le ballon à la figure

baloncestista NMF basketteur(-euse)

baloncesto NM basket-ball *m*

balonmano NM hand-ball *m*

balonvolea NM volley-ball *m*

balsa NF (*Náut*) radeau *m* ; (*charca*) mare *f* ; **estar como ~ de aceite** (*mar*) être d'huile ; **ser una ~ de aceite** (*fig*) être de tout repos

balsámico, -a ADJ balsamique

bálsamo NM baume *m*

balsón (*AM*) NM marécage *m*

báltico, -a ADJ baltique ; **el mar B~** la mer Baltique ▸ NM: **el B~** la Baltique *f*

baluarte NM (*de muralla*) rempart *m* ; (*fig*) bastion *m*

bambolearse VPR osciller ; (*silla*) branler ; (*persona*) tituber

bamboleo NM (*movimiento*) ballottement *m*

bambú NM bambou *m*

banal ADJ banal(e)

banalidad NF banalité *f* ■ **banalidades** banalités *fpl*, futilités *fpl* ; **intercambiar banalidades con algn** échanger des banalités avec qn

banana (*AM*) NF banane *f*

bananal (*AM*) NM bananeraie *f*

bananero, -a ADJ bananier(-ière) ; **república bananera** (*pey*) république *f* bananière

banano (*AM*) NM bananier *m*

banasta NF panier *m* d'osier

banca NF (*AM: asiento*) banc *m* ; (*Com*) banque *f*, secteur *m* bancaire ; **la gran ~** les grandes banques *fpl* ; **~ por Internet** banque en ligne

bancario, -a ADJ bancaire ; **giro ~** virement *m* bancaire

bancarrota NF faillite *f* ; (*fraudulenta*) banqueroute *f* ; **declararse en ~** déclarer faillite

banco NM banc *m* ; (*de carpintero*) établi *m* ; (*Com*) banque *f* ; **~ comercial** banque commerciale ; **~ de alimentos** banque alimentaire ; **~ de arena** banc de sable ; **~ de crédito** établissement *m* de crédit ; **~ de datos** (*Inform*) banque de données ; **~ de hielo** banquise *f* ; **~ de sangre** banque du sang ; **~ mercantil** banque d'affaires ; **B~ Mundial** Banque mondiale ; **~ por acciones** banque de dépôt

banda NF bande *f* ; (*honorífica*) écharpe *f* ; (*Mús*) fanfare *f* ; (*para el pelo*) ruban *m* ; (*bandada*) volée *f*, bande ; **cerrarse en ~** ne rien vouloir entendre ; **fuera de ~** (*Deporte*) en touche ; **~ ancha** (*Inform*) haut débit *m* ; **~ de sonido** bande sonore ; **~ sonora** (*Cine*) bande-son *m* ; **~ transportadora** tapis *m* roulant

bandada NF (*de pájaros*) volée *f* ; (*de peces*) banc *m*

bandazo NM: **dar bandazos** (*coche*) faire des embardées

bandeja NF plateau *m* ; **servir algo en ~** (*fig*) servir qch sur un plateau d'argent ; **~ de entrada/salida** (*Inform*) boîte *f* de réception/d'envoi

bandera NF (*tb Inform*) drapeau *m* ; **izar (la) ~** hisser les couleurs ; **arriar la ~** amener les couleurs ; **jurar ~** prêter serment au drapeau ; **~ blanca** drapeau blanc

banderilla NF (*Taur*) banderille *f* ; (*tapa*) apéritif *m*

banderillero NM (*Taur*) banderillero *m*

banderín NM (*para la pared*) fanion *m*

banderola NF banderole *f* ; (*Mil*) pennon *m*

bandido NM bandit *m*

bando NM arrêté *m* ; (*facción*) faction *f* ; **pasar al otro ~** passer à l'ennemi ■ **los bandos** NMPL (*Rel*) les bans *mpl*

bandolera NF (*bolso*) cartouchière *f* ; **llevar en ~** porter en bandoulière

bandolero NM brigand *m*

bandoneón (AM) NM bandonéon *m*

bandurria NF mandore *f*, mandole *f*

banjo ['banjo] NM banjo *m*

banner ['baner] NM (*Inform*) bandeau *m*

banquero NM banquier *m*

banqueta NF banquette *f* ; (AM) trottoir *m*

banquete NM banquet *m* ; **~ de bodas** repas *msg* de noces

banquillo NM (*Jur*) banc *m* des accusés ; (*Deporte*) gradin *m*, banquette *f*

bañadera (AM) NF baignoire *f*

bañado (AM) NM marais *msg*

bañador NM maillot *m* de bain

bañar VT baigner ; (*objeto*) tremper ; **~ en** *o* **de** (*de pintura*) enduire de ; (*chocolate*) enrober de ; **bañado en** baigné de ■ **bañarse** VPR se baigner ; (*en la bañera*) prendre un bain

bañera NF baignoire *f*

bañero NM surveillant(e) de baignade

bañista NMF baigneur(-euse)

baño NM bain *m* ; (*en río, mar, piscina*) baignade *f* ; (*cuarto*) salle *f* de bains ; (*servicios*) toilettes *fpl* ; (*bañera*) baignoire *f* ; (*capa*) couche *f* ; **tomar baños de sol** prendre des bains de soleil ; **~ (de) María** bain-marie *m* ; **~ de vapor** bain de vapeur ; **~ turco** bain turc

baptista NMF baptiste *mf*

baqueano, -a, baquiano, -a (AM) NM/F guide *mf*

baqueta NF (*Mús*) baguette *f*

bar NM bar *m* ; **ir de bares** faire la tournée des bars

barahúnda NF tapage *m*

baraja NF jeu *m* de cartes ; **~ española** *voir article*

> La **baraja española**, le jeu de cartes traditionnel espagnol, est différente du jeu de cartes français. Les quatre *palos* (couleurs) sont *oros* (pièces d'or), *copas* (coupes), *espadas* (épées) et *bastos* (gourdins). Chaque couleur se compose de neuf cartes numérotées de 1 à 9 (bien que, dans certains jeux, on n'en utilise que sept), et de trois figures : la *sota* (valet), le *caballo* (équivalent de la reine) et le *rey* (roi).

barajar VT battre ; (*fig*) envisager ; (*datos*) brasser

baranda, barandilla NF (*en escalera*) rampe *f* ; (*en balcón*) balustrade *f*

barata NF (*Méx: venta*) soldes *mpl* ; (CHI: *cucaracha*) cafard *m*

baratija NF babiole *f* ■ **baratijas** NFPL (*Com*) camelote *fsg*

baratillo NM (*de muebles, objetos*) brocante *f* ; (*de ropa*) friperie *f*

barato, -a ADJ bon marché *inv* ; **lo ~ sale caro** ce qui est bon marché revient cher ▶ ADV bon marché

baratura NF bas prix *msg*

baraúnda NF = **barahúnda**

barba NF barbe *f* ; (*mentón*) menton *m* ; **tener ~** avoir de la barbe ; **reírse en las barbas de algn** rire au nez de qn ; **salir algo a tres euros por ~** (*fam*) revenir à trois euros par tête de pipe ; **con ~ de tres días** avec une barbe de trois jours ; **subirse a las barbas de algn** prendre des libertés avec qn ; **se rio en mis propias barbas** il m'a ri au nez

barbacoa NF barbecue *m*

barbaridad NF atrocité *f* ; (*imprudencia, temeridad*) témérité *f* ; (*disparate*) énormité *f* ; **come una ~** (*fam*) il mange énormément ; **¡qué ~!** (*fam*) quelle horreur ! ; **cuesta una ~** (*fam*) cela coûte les yeux de la tête ; **decir barbaridades** dire des énormités

barbarie NF barbarie *f*

barbarismo NM (*en lenguaje*) barbarisme *m*

bárbaro, -a ADJ barbare ; (*osado*) audacieux(-euse) ; (*fam: estupendo*) génial(e) (*fam*) ; (*éxito*) monstre (*fam*) ; **es un tipo ~** (*fam*) c'est

un type génial (*fam*) ; **¡qué ~!** c'est formidable ! ▸ NM/F (*pey: salvaje*) barbare *mf* ▸ ADV: **lo pasamos ~** (*fam*) ça a été génial (*fam*)
barbecho NM (*terreno*) jachère *f*
barbería NF barbier *m*
barbero NM barbier *m*, coiffeur *m*
barbilampiño ADJ imberbe
barbilla NF menton *m*
barbitúrico NM barbiturique *m*
barbo NM barbeau *m* ; **~ de mar** rouget *m*
barbotar, barbotear VT, VI bredouiller
barbudo, -a ADJ barbu(e)
barbullar VI bredouiller
barca NF barque *f* ; **~ de pasaje** bac *m* ; **~ pesquera** barque de pêche
barcaza NF péniche *f* ; **~ de desembarco** péniche de débarquement
Barcelona N Barcelone
barcelonés, -esa ADJ barcelonais(e) ▸ NM/F Barcelonais(e), natif(-ive) *o* habitant(e) de Barcelone
barco NM bateau *m* ; **ir en ~** aller en bateau ; **~ de carga** cargo *m* ; **~ de guerra** navire *m* de guerre ; **~ de vela** bateau à voiles ; **~ mercante** navire marchand
baremo NM barème *m*
barítono NM baryton *m*
barman NM INV barman *m*
Barna (*fam*) ABR = **Barcelona**
barnice *etc* VB *ver* **barnizar**
barniz NM (*tb fig*) vernis *msg* ; **~ de uñas** vernis à ongles
barnizar VT vernir
barómetro NM baromètre *m*
barón NM baron *m*
baronesa NF baronne *f*
barquero, -a NM/F barreur(-euse)
barquilla NF petite barque *f*
barquillo NM (*dulce*) cornet *m*
barra NF (*tb Jur*) barre *f* ; (*de un bar, café*) comptoir *m* ; (*de pan*) pain *m* long, baguette *f* ; (*palanca*) levier *m* ; **no pararse en barras** ne reculer devant rien ; **~ americana** bar *m* américain ; **~ espaciadora** *o* **de espaciado** (*Inform*) barre d'espacement ; **~ de labios** rouge *m* à lèvres ; **~ libre** (*en bar*) boissons *fpl* à volonté ; **barras paralelas** barres *fpl* parallèles
barrabasada NF méchanceté *f*
barraca NF baraque *f* ; (*en feria*) stand *m* ; (*en Valencia*) *sorte de chaumière des rizières de la région de Valence*
barracón NM baraquement *m*
barragana NF bonne amie *f*
barranca NF ravin *m*
barranco NM précipice *m* ; (*rambla*) fossé *m*
barrena NF mèche *f* (*pour percer*) ; **entrar en ~** (*Aviat*) descendre en vrille
barrenar VT forer
barrendero, -a NM/F balayeur(-euse)
barreno NM trou *m* de mine
barreño NM bassine *f*, cuvette *f*
barrer VT balayer ; (*niebla, nubes*) dissiper ; (*fig*) balayer ▸ VI balayer ; (*fig*) tout rafler ; **~ para dentro** tirer la couverture à soi
barrera NF barrière *f* ; (*Mil*) barrage *m* ; (*obstáculo*) obstacle *m* ; **poner barreras a** faire obstacle à ; **~ arancelaria** (*Com*) barrière douanière ; **~ del sonido** mur *m* du son ; **~ generacional** conflit *m* des générations
barriada NF (*barrio*) quartier *m* ; (*AM: de chabolas*) bidonville *m*
barrica NF barrique *f*
barricada NF barricade *f*
barrida NF, **barrido** NM balayage *m* ; **dar un barrido rápido** passer un petit coup de balai
barriga NF ventre *m* ; **rascarse** *o* **tocarse la ~** (*fam*) se tourner les pouces ; **echar ~** prendre du ventre
barrigón, -ona, barrigudo, -a ADJ bedonnant(e)
barril NM baril *m* ; **cerveza de ~** bière *f* pression, pression *f*
barrilete (ARG) NM (*cometa*) cerf-volant *m*
barrio NM quartier *m* ; **irse al otro ~** (*fam*) passer l'arme à gauche (*fam*) ; **de ~** (*cine, tienda*) de quartier ; **~ chino** (*de chinos*) quartier chinois ; (*de prostitución*) quartier des prostituées ; **~ de chabolas** bidonville *m* ; **barrios bajos** bas quartiers *mpl*
barriobajero, -a (*pey*) ADJ faubourien(ne), des bas quartiers
barrizal NM bourbier *m*
barro NM boue *f* ; (*arcilla*) terre *f* (glaise)
barroco, -a ADJ (*tb fig*) baroque ▸ NM baroque *m*
barroquismo NM (*estilo barroco*) baroquisme *m* ; (*adorno excesivo*) excessivité *f*
barrote NM (*de ventana etc*) barreau *m*
barruntar VT (*conjeturar*) deviner ; (*presentir*) pressentir
barrunto NM indice *m* ; (*sospecha*) soupçon *m*
bartola: **a la ~** (*fam*) *adv*: **tirarse** *o* **tumbarse a la ~** flemmarder (*fam*)
bártulos NMPL affaires *fpl*
barullo NM tohu-bohu *m inv* ; (*desorden*) pagaille *f* ; **¡qué ~!** quelle pagaille ! ; **a ~** (*fam*) en pagaille
basa NF (*Arq*) base *f*
basalto NM basalte *m*
basamento NM soubassement *m*
basar VT: **~ algo en** (*fig*) fonder qch sur ▪ **basarse** VPR: **basarse en** se fonder sur
basca NF, **bascas** NFPL haut-le-cœur *m inv* ; (*fam: pandilla*) bande *f* ; **le dio una ~** il lui prit soudain une lubie
báscula NF bascule *f*, balance *f* ; (*de baño*)

pèse-personne *m* ; **~ biestable** (*Inform*) bascule

bascular VI (*péndulo*) osciller ; (*volquete*) s'incliner ; (*variar*) osciller, vaciller ; **~ entre una cosa y otra** osciller entre une chose et une autre

base NF base *f* ; **a ~ de** (*mediante*) grâce à ; **a ~ de bien** on ne peut mieux ; **carecer de ~** être dénué(e) de fondement ; **de ~** (*militante, asamblea*) de base ; **partir de la ~ de que ...** partir du principe que ... ; **~ aérea/espacial/militar/naval** base aérienne/spatiale/militaire/navale ; **~ de datos** (*Inform*) base de données ; **~ de operaciones** base d'opérations ; **~ imponible** (*Fin*) assiette *f* de l'impôt ■ **bases** NFPL (*de concurso, juego*) règlement *msg* ▶ ADJ (*color, salario*) de base

básico, -a ADJ (*elemento, norma, condición*) de base

Basilea N Bâle

basílica NF basilique *f*

basilisco NM iguane *m* ; **estar hecho un ~** être ivre de rage

basket, básquet NM basket *m*

bastante

▶ ADJ **1** (*suficiente*) assez de ; **bastante dinero** assez d'argent ; **bastantes libros** assez de livres
2 (*valor intensivo*): **bastante gente** pas mal de gens ; **hace bastante tiempo que ocurrió** cela fait assez longtemps que c'est arrivé
▶ ADV **1** (*suficiente*) assez ; **¿hay bastante?** il y en a assez ? ; **(lo) bastante inteligente (como) para hacer algo** assez intelligent(e) pour faire qch
2 (*valor intensivo*) assez ; **bastante rico** assez riche ; **voy a tardar bastante** je serai assez long

bastar VI suffire ; **~ para hacer** suffire pour faire ; **me basta con cinco** cinq me suffisent ; **me basta con ir** il me suffit d'y aller ; **¡basta!** ça suffit ! ; **basta (ya) de ...** arrêtez *etc* de ... ■ **bastarse** VPR: **bastarse (por sí mismo)** se suffire (à soi-même)

bastardilla NF (*Tip*) italique *m*

bastardo, -a ADJ, NM/F bâtard(e)

bastidor NM (*de costura*) métier *m* à broder ; (*de coche, Arte*) châssis *msg* ; **entre bastidores** dans les coulisses

bastión NM bastion *m*

basto, -a ADJ rustre ; (*tela*) grossier(-ière) ■ **bastos** NMPL (*Naipes*) *l'une des quatre couleurs du jeu de cartes espagnol*

bastón NM (*cayado*) canne *f* ; (*vara*) bâton *m* ; (*tb:* **bastón de esquí**) bâton *m* de ski ; **~ de mando** bâton de commandement

bastonazo NM coup *m* de bâton

bastoncillo NM (*de algodón*) coton-tige *m*

basura NF ordures *fpl* ; (*tb:* **cubo de la basura**) poubelle *f*

basurero, a NM/F (*persona*) éboueur(-euse) ▶ NM (*lugar*) décharge *f* ; (*cubo*) poubelle *f*

bata NF robe *f* de chambre ; (*Med, Tec, Escol*) blouse *f*

batacazo NM: **darse un ~** se casser la figure

batalla NF bataille *f* ; **de ~** de tous les jours ; **~ campal** bataille rangée ; **~ de gallos** (*en hip-hop*) combat *m* de coqs

batallar VI batailler ; **~ por algo/algn** se battre pour qch/qn

batallón NM bataillon *m* ; **un ~ de gente** une multitude de gens

batata (*AM*) NF (*Bot, Culin*) patate *f* douce

bate NM (*Deporte*) batte *f*

batea NF plateau *m*

bateador NM (*Deporte*) batteur *m*

batear (*Deporte*) VT frapper (la balle) avec une batte ▶ VI frapper

batería NF batterie *f* ; **aparcar/estacionar en ~** se garer/stationner en épi ; **~ de cocina** batterie de cuisine ▶ NMF (*persona*) batteur(-euse)

baterista NMF (*AM*) batteur(-euse)

batiburrillo NM fouillis *msg*

batida NF battue *f* ; (*AM: redada*) rafle *f*

batido, -a ADJ (*camino*) battu(e) ; (*mar*) agité(e) ▶ NM (*de chocolate, frutas*) milk-shake *m*

batidora NF mixeur *m* ; **~ eléctrica** batteur *m* électrique

batiente ADJ *ver* **puerta**

batín NM veste *f* d'intérieur

batir VT battre ; (*nata*) fouetter ; **~ palmas** battre des mains ▶ VI: **~ (contra)** battre (contre) ■ **batirse** VPR: **batirse en duelo** se battre en duel ; **batirse en retirada** battre en retraite

baturro, -a ADJ aragonais(e) ▶ NM/F paysan(ne) aragonais(e)

batuta NF (*Mús*) baguette *f* ; **llevar la ~** mener la danse

baudio NM (*Inform*) baud *m*

baúl NM malle *f*, coffre *m* ; (*AM Auto*) coffre *m*

bautice *etc* VB *ver* **bautizar**

bautismo NM (*Rel*) baptême *m* ; **~ de fuego** baptême du feu

bautizar VT baptiser

bautizo NM baptême *m*

bauxita NF bauxite *f*

bávaro, -a ADJ bavarois(e) ▶ NM/F Bavarois(e)

Baviera NF Bavière *f*

baya NF baie *f* ; *ver tb* **bayo**

bayeta NF (*para limpiar*) chiffon *m* à poussière ; (*AM: pañal*) lange *m*

bayo, -a ADJ isabelle *inv* ▶ NM papillon *m* du ver à soie

bayoneta NF baïonnette *f*

baza NF (*Naipes*) pli *m* ; (*fig*) atout *m* ; **meter ~** mettre son grain de sel

bazar NM (*comercio*) bazar *m*

bazo NM (*Anat*) rate *f*
bazofia NF: **es una ~** c'est infect ; **esa novela es una ~** ce roman est nul
BCE NM ABR (= *Banco Central Europeo*) BCE *f* (= *Banque centrale européenne*)
be¹ NF (*letra*) b *m inv*, lettre *f* b ; **be chica** (*Méx*) v *m inv* ; **be larga** (*Am*), **be grande** (*Méx*) b ; **be por be** (*fig*) en détail ; **tener las tres bes** (*hum: bueno, bonito y barato*) être bien et pas cher, être d'un bon rapport qualité/prix
be² NM (*balido*) bêlement *m*
beatificación NF béatification *f*
beatificar VT béatifier
beatífico, -a ADJ (*sonrisa, actitud*) béat(e)
beatitud NF béatitude *f*
beato, -a ADJ, NM/F (*pey*) bigot(e) ; (*Rel*) bienheureux(-euse)
beba (*CSur*) NF (*nena*) bébé *m* (*petite fille*)
bebe (*Am*) NM bébé *m*
bebé NM bébé *m*
bebedero NM abreuvoir *m*
bebedizo, -a ADJ buvable ▸ NM potion *f*
bebedor, a NM/F buveur(-euse)
bebé-probeta (*pl* **bebés-probeta**) NMF bébé-éprouvette *m*
beber VT, VI boire ; **~ por** (*brindar*) boire à ; **~ a sorbos** boire à petites gorgées ; **se lo bebió todo** il a tout bu ; **~ como un cosaco** boire comme un trou ; **no digas de esta agua no beberé** il ne faut jamais dire « Fontaine, je ne boirai pas de ton eau »
bebida NF boisson *f*
bebido, -a ADJ ivre
bebito, -a (*CSur*) NM/F petit bébé *m*
beca NF bourse *f*
becado, -a ADJ boursier(-ière)
becar VT accorder une bourse à
becario, -a NM/F boursier(-ière) ; (*en prácticas*) stagiaire *mf*
becerro, -a NM/F (*Zool*) veau *m*
bechamel NF = **besamel**
becuadro NM (*Mús*) bécarre *m*
bedel, a NM/F (*Escol, Univ*) appariteur(-trice)
beduino, -a ADJ bédouin(e) ▸ NM/F Bédouin(e)
beicon NM bacon *m*
beige ['beix], **beis** ADJ, NM beige *m*
béisbol NM base-ball *m*
beldad NF beauté *f*
Belén N Bethléem
belén NM crèche *f*
belga ADJ belge ▸ NMF Belge *mf*
Bélgica NF Belgique *f*
Belgrado N Belgrade
Belice NM (le) Bélize *m*
belicista ADJ, NMF belliciste *mf*
bélico, -a ADJ (*armamento, preparativos*) de guerre ; (*conflicto*) armé(e) ; (*actitud*) belliqueux(-euse)
belicoso, -a ADJ belliqueux(-euse)
beligerancia NF belligérance *f*
beligerante ADJ belligérant(e)
bellaco, -a ADJ, NM coquin(e)
belladona NF (*Bot*) belladone *f*
bellaquería NF friponnerie *f* ; (*de persona, hecho, dicho*) fourberie *f*
belleza NF beauté *f*
bello, -a ADJ beau (belle) ; **Bellas Artes** beaux-arts *mpl*

> En francés, el adjetivo *beau* se transforma en *bel* cuando precede a un sustantivo masculino que comienza por vocal o *h* muda. Por ejemplo: *un bel exemple*.

bellota NF gland *m*
bemol NM (*Mús*) bémol *m* ; **esto tiene bemoles** (*fam*) c'est pas de la tarte (*fam*)
benceno NM benzène *m*
bencina (*Chi*) NF (*gasolina*) essence *f*
bendecir VT bénir ; **~ la mesa** dire le bénédicité
bendición NF bénédiction *f* ; **ser una ~** être une bénédiction ; **dar** *o* **echar la ~** donner sa bénédiction
bendiga *etc*, **bendije** *etc* VB *ver* **bendecir**
bendito, -a PP *de* **bendecir** ▸ ADJ bénit(e) ; (*feliz*) bienheureux(-euse) ; **¡~ sea Dios!** Dieu soit loué ! ▸ NM/F brave homme/femme ; (*ingenuo*) benêt *m* ; **dormir como un ~** dormir à poings fermés
benedictino, -a ADJ, NM/F bénédictin(e)
benefactor, a NM/F bienfaiteur(-trice)
beneficencia NF (*tb*: **beneficencia pública**) assistance *f* publique
beneficiar VT profiter à ■ **beneficiarse** VPR: **beneficiarse (de** *o* **con)** bénéficier (de)
beneficiario, -a NM/F bénéficiaire *mf*
beneficio NM (*bien*) bienfait *m* ; (*ganancia*) bénéfice *m* ; **a/en ~ de** au bénéfice de ; **sacar ~ de** tirer profit de ; **en ~ propio** dans son *etc* propre intérêt ; **~ bruto/neto/por acción** bénéfice brut/net/(net) par action
beneficioso, -a ADJ salutaire ; (*Econ*) avantageux(-euse), profitable
benéfico, -a ADJ (*organización, festival*) de bienfaisance ; **sociedad benéfica** œuvre *f* de bienfaisance
benemérito, -a ADJ méritant(e) ▸ NF: **la Benemérita** (*Esp*) *la Garde Civile espagnole*
beneplácito NM accord *m* ; **dar el ~** donner son accord
benevolencia NF bienveillance *f*
benevolente, benévolo, -a ADJ bienveillant(e)
Bengala NF Bengale *m* ; **el Golfo de ~** le golfe du Bengale

bengala NF (*Mil*) fusée *f* éclairante ; (*luz*) feu *m* de Bengale
bengalí ADJ bengali ▸ NMF Bengali *mf* ▸ NM (*Ling*) bengali *nm*
benignidad NF affabilité *f*, douceur *f*
benigno, -a ADJ bienveillant(e) ; (*clima*) clément(e) ; (*resfriado, Med*) bénin (bénigne)
benjamín, -ina NM/F (*tb Deporte*) benjamin(e) ▸ NM (*botella*) quart *m*
beodo, -a ADJ ivre ▸ NM/F ivrogne *mf*
berberecho NM coque *f*
bereber, beréber, berebere ADJ berbère ▸ NMF Berbère *mf* ▸ NM berbère *m*
berenjena NF aubergine *f*
berenjenal NM champ *m* d'aubergines ; **meterse en un ~** (*fam*) se mettre dans de beaux draps
bergantín NM brigantin *m*
berilio NM béryllium *m*
Berlín N Berlin
berlina NF (*Auto*) berline *f*
berlinés, -esa ADJ berlinois(e) ▸ NM/F Berlinois(e)
bermejo, -a ADJ vermeil(le)
bermellón NM vermillon *m*
Bermudas NFPL: **las (Islas) ~** les (îles *fpl*) Bermudes *fpl*
bermudas NFPL O NMPL bermuda *msg*
Berna N Berne
berrear VI mugir ; (*niño*) brailler
berrido NM mugissement *m* ; (*niño*) braillement *m*
berrinche (*fam*) NM petite colère *f* ; (*disgusto*) contrariété *f* ; **llevarse un ~** se mettre en rogne
berro NM cresson *m*
berza NF chou *m* ; **~ lombarda** chou rouge
besamel NF béchamel *f*
besar VT embrasser ; (*fig: tocar*) effleurer ■ **besarse** VPR s'embrasser
beso NM baiser *m*, bise *f* ; **un ~, besos** (*en carta*) (grosses) bises *fpl*, bisous *mpl*
bestia NF bête *f* ; (*fig*) brute *f* ; **¡no seas ~!** ne sois pas si vache ! ; (*idiota*) ne sois pas si bête ! ; **a lo ~** comme une brute ; **mala ~** peau *f* de vache ; **~ de carga** bête de somme
bestial ADJ (*inhumano*) bestial(e) ; (*fam: calor*) terrible ; (*error*) aberrant(e)
bestialidad NF bestialité *f* ; (*fam*) énormité *f*
bestseller (*pl* **bestsellers**) NM best-seller *m*
besugo NM daurade *f* ; (*fam*) bourrique *f*
besuguera NF plat *m* à poisson
besuquear (*fam*) VT bécoter (*fam*) ■ **besuquearse** VPR se bécoter (*fam*)
beta ADJ INV (*Inform*) bêta *inv*
bético, -a ADJ andalou(se) ; (*Fútbol*) *du club de football du Séville connu comme le « Betis »*
betún NM cirage *m* ; (*Quím*) bitume *m* ; **quedar a la altura del ~** (*fam*) passer pour un(e) minable (*fam*)
bianual ADJ semestriel(le)
Bib. ABR = **biblioteca**
biberón NM biberon *m*
Biblia NF Bible *f*
bíblico, -a ADJ biblique
bibliobús NM bibliobus *m*
bibliografía NF bibliographie *f*
bibliográfico, -a ADJ bibliographique
biblioteca NF bibliothèque *f* ; **~ de consulta** bibliothèque de consultation
bibliotecario, -a NM/F bibliothécaire *mf*
biblioteconomía NF bibliothéconomie *f*
bicameral ADJ (*Pol*) bicaméral(e)
bicarbonato NM bicarbonate *m*
bicentenario, -a ADJ, NM bicentenaire *m*
bíceps NM INV biceps *msg*
bicho NM (*insecto*) bestiole *f* ; (*fam: animal*) bête *f* ; (*: persona*) peste *f* ; (*Taur*) taureau *m* ; **mal ~** (*fam*) chameau *m* (*fam*) ; **~ raro** (*fam*) drôle d'oiseau *m*
bici (*fam*) NF vélo *m*
bicicleta NF bicyclette *f*
bicoca (*fam*) NF bonne affaire *f*
bicolor ADJ bicolore
bidé NM bidet *m*
bidireccional ADJ (*Inform*) bidirectionnel(le)
bidón NM bidon *m*
Bielorrusia NF Biélorussie *f*
bielorruso, -a ADJ biélorusse ▸ NM/F Biélorusse *mf* ▸ NM (*Ling*) biélorusse *m*

bien

▸ NM bien *m* ; **te lo digo por tu bien** je te le dis pour ton bien ; **el bien y el mal** (*moral*) le bien et le mal ; **hacer el bien** faire le bien
■ **bienes** NMPL (*posesiones*) biens *mpl* ; **bienes de consumo** biens de consommation ; **bienes de equipo** biens d'équipement ; **bienes gananciales** biens communs ; **bienes inmuebles/muebles** biens immeubles/meubles ; **bienes raíces** biens-fonds *mpl*
▸ ADV **1** (*de manera satisfactoria, correcta*) bien ; **trabaja/come bien** il travaille/mange bien ; **huele bien** cela sent bon ; **sabe bien** cela a bon goût ; **contestó bien** il a bien répondu ; **lo pasamos muy bien** nous nous sommes bien amusés ; **hiciste bien en llamarme** tu as bien fait de m'appeler ; **el paseo te sentará bien** la promenade te fera du bien ; **no me siento bien** je ne me sens pas bien ; **viven bien** (*económicamente*) ils vivent bien
2 (*valor intensivo*) bien ; **un café bien caliente** un café bien chaud ; **¡es bien caro!** c'est bien cher ! ; **¡tienes bien de regalos!** tu en as des cadeaux !
3: **estar bien**: **estoy muy bien aquí** je suis

très bien ici ; **¿estás bien?** ça va (bien) ? ; **ese chico está muy bien** il est très beau, ce garçon ; **ese libro está muy bien** ce livre est très bien, c'est un très bon livre ; **está bien que vengan** c'est bien qu'ils viennent ; **¡eso no está bien!** ce n'est pas bien ! ; **se está bien aquí** on est bien ici ; **el traje me está bien** le costume me va bien ; **¡ya está bien!** là, ça va ! ; **¡pues sí que estamos bien!** nous voilà bien ! ; **¡está bien! lo haré** c'est bon ! je le ferai
4 (*de buena gana*): **yo bien que iría pero ...** moi, j'irais bien, mais ...
5 (*ya*): **bien se ve que ...** on voit bien que ... ; **¡bien podías habérmelo dicho!** tu aurais pu me le dire !
6: **no quiso o bien no pudo venir** il n'a pas voulu venir, ou plutôt il n'a pas pu
▸ EXCL: **¡bien!** (*aprobación*) bien ! ; **¡muy bien!** très bien ! ; **¡qué bien!** super !
▸ ADJ INV (*matiz despectivo*): **niño bien** fils *msg* de bonne famille ; **gente bien** gens *mpl* aisés
▸ CONJ 1: **bien ... bien**: **bien en coche bien en tren** soit en voiture soit en train
2: **ahora bien** mais, cependant
3 (*esp AM*): **no bien**: **no bien llegue te llamaré** dès que j'arrive, je t'appelle
4: **si bien** si ; *ver tb* **más**

bienal ADJ biennal(e) ; (*Bot*) bisannuel(le)
bienaventurado, -a ADJ bienheureux(-euse) ; (*cándido, bonachón*) bonasse
bienestar NM bien-être *m* ; (*económico*) confort *m* ; **el Estado de B~** l'État-providence *m*
bienhechor, a ADJ, NM/F bienfaiteur(-trice)
bienintencionado, -a ADJ bien intentionné(e)
bienio NM période *f* de deux ans
bienvenida NF bienvenue *f* ; **dar la ~ a algn** souhaiter la bienvenue à qn
bienvenido, -a ADJ: **~ (a)** bienvenu(e) (à) ▸ EXCL bienvenue ! ; **¡bienvenidos a nuestra ciudad!** bienvenue dans notre ville !
bies NM: **al ~** (*Costura*) en biais
bifásico, -a ADJ (*Elec*) biphasé(e)
bife (*AM*) NM bifteck *m*
bifocal ADJ (*gafas, lentes*) à double foyer
bifurcación NF bifurcation *f*
bifurcarse VPR bifurquer
bigamia NF bigamie *f*
bígamo, -a ADJ, NM/F bigame *mf*
bígaro NM (*Zool*) bigorneau *m*
bigote NM (*tb*: **bigotes**) moustache *f*
bigotudo, -a ADJ moustachu(e)
bigudí NM bigoudi *m*
bikini NM bikini *m* ; (*Culin*) *sandwich chaud au jambon et au fromage*
bilateral ADJ bilatéral(e)
bilbaíno, -a ADJ de Bilbao ▸ NM/F natif(-ive) *o* habitant(e) de Bilbao
biliar ADJ (*Med*) biliaire
bilingüe ADJ bilingue
bilingüismo NM bilinguisme *m*
bilis NF INV bile *f*
billar NM billard *m* ; **~ americano** billard américain
billete NM billet *m* ; (*en autobús, metro*) ticket *m* ; **sacar (un) ~** acheter un billet ; **un ~ de cinco euros** un billet de cinq euros ; **medio ~** billet demi-tarif ; **~ de ida** aller *m* simple ; **~ de ida y vuelta** aller-retour *m* ; **~ electrónico** billet électronique
billetera NF, **billetero** NM portefeuille *m*
billón NM billion *m*
bimensual ADJ bimensuel(le)
bimestral ADJ bimestriel(le)
bimestre NM bimestre *m*
bimotor ADJ, NM bimoteur *m*
binario, -a ADJ (*Inform*) binaire
bingo NM bingo *m*
binoculares NMPL jumelles *fpl* ; (*quevedos*) pince-nez *m inv*
binomio NM (*Mat*) binôme *m*
biocarburante, biocombustible NM biocarburant *m*
biodegradable ADJ biodégradable
biodiésel NM biodiesel *m*, biogazole *m*
biodiversidad NF biodiversité *f*
bioética NF bioéthique *f*
biografía NF biographie *f*
biográfico, -a ADJ biographique
biógrafo, -a NM/F biographe *mf*
biología NF biologie *f*
biológico, -a ADJ biologique ; (*cultivo, producto*) bio(logique) ; **guerra biológica** guerre *f* biologique
biólogo, -a NM/F biologiste *mf*
biomasa NF biomasse *f*
biombo NM paravent *m*
biopsia NF biopsie *f*
bioquímico, -a ADJ biochimique ▸ NM/F biochimiste *mf* ▸ NF (*ciencia*) biochimie *f*
biorritmo NM biorythme *m*
biosfera NF biosphère *f*
biotecnología NF biotechnologie *f*
bioterrorismo NM bioterrorisme *m*
bióxido NM bioxyde *m*
bipartidismo NM bipartisme *m*
bipartito, -a ADJ bipartite
bipolar ADJ bipolaire
biquini NM = **bikini**
birlar (*fam*) VT faucher (*fam*)
birlibirloque NM: **por arte de ~** comme par enchantement
Birmania NF Birmanie *f*
birmano, -a ADJ birman(e) ▸ NM/F Birman(e)

birome (*Arg*) NF, (*a veces*) NM stylo *m*
birrete NM (*Jur*, *Univ*) toque *f*
birria NF: **ser una ~** être nul(le) ; (*película*) être un navet
bis ADV bis ; **viven en el 27 ~** ils habitent au 27 bis ; **artículo 47 ~** article 47 bis
bisabuelo, -a NM/F arrière-grand-père (arrière-grand-mère) ■ **bisabuelos** NMPL arrière-grands-parents *mpl*
bisagra NF charnière *f*
bisbisar, bisbisear VT marmonner
bisbiseo NM marmonnement *m*
biscúter NM *petite voiture à moteur de scooter, sorte de « Vespa 400 »*
bisel NM biseau *m*
biselar VT biseauter
bisexual ADJ bisexuel(le)
bisiesto, -a ADJ *ver* **año**
bisnieto, -a NM/F arrière-petit-fils (arrière-petite-fille) ■ **bisnietos** NMPL arrière-petits-enfants *mpl*
bisonte NM (*Zool*) bison *m*
bisoñé NM faux toupet *m*
bisoño, -a ADJ novice ▶ NM (*Mil*) bleu *m*
bisté, bistec (*pl* **bistecs**) NM bifteck *m*
bisturí (*pl* **bisturíes**) NM bistouri *m*
bisutería NF bijoux *mpl* en toc *o* fantaisie *inv* ; **pendientes/collar de ~** boucles *fpl* d'oreilles/collier *m* en toc *o* fantaisie
bit NM (*Inform*) bit *m* ; **~ de parada/de paridad** bit d'arrêt/de parité
bitácora NF (*Náut*) habitacle *m* ; **cuaderno de ~** livre *m* de bord
Bizancio N Byzance
bizantino, -a ADJ byzantin(e) ; **discusión bizantina** discussion *f* byzantine
bizarría NF bravoure *f* ; (*generosidad*) largesse *f*
bizarro, -a ADJ brave ; (*generoso*) large
bizco, -a ADJ qui louche ; **dejar a algn ~** (*fam*) en boucher un coin à qn (*fam*) ▶ NM/F personne *f* qui louche
bizcocho NM biscuit *m*, génoise *f*
biznieto, -a NM/F = **bisnieto**
bizquear VI loucher
blanca NF (*Mús*) blanche *f* ; **estar sin ~** être fauché(e) (*fam*)
Blancanieves N Blanche-Neige
blanco, -a ADJ blanc (blanche) ▶ NM/F (*individuo*) Blanc (Blanche) ▶ NM blanc *m* ; (*Mil*) cible *f* ; **cheque en ~** chèque *m* en blanc ; **noche en ~** nuit *f* blanche ; **dejar algo en ~** laisser qch en blanc ; **dar en el ~** faire mouche ; **hacer ~ (en)** frapper (sur) ; **poner los ojos en ~** rouler des yeux ; **quedarse en ~** (*mentalmente*) avoir un trou ; **ser el ~ de las burlas** être l'objet des railleries ; **votar en ~** voter blanc ; **~ del ojo** blanc *m* de l'œil ; *ver tb* **blanca**
blancura NF blancheur *f*
blandengue (*fam*) ADJ faiblard(e) (*fam*)
blandir VT brandir
blando, -a ADJ mou (molle) ; (*padre, profesor*) indulgent(e) ; (*carne*) tendre ; **~ de corazón** au cœur tendre ▶ NM/F timoré(e)
blandura NF mollesse *f* ; (*de padre, profesor*) indulgence *f*
blanquear VT blanchir ▶ VI pâlir
blanquecino, -a ADJ blanchâtre ; (*luz*) blafard(e)
blanqueo NM blanchiment *m* ; **~ de dinero** blanchiment d'argent
blasfemar VI: **~ (contra)** blasphémer (contre)
blasfemia NF blasphème *m*
blasfemo, -a ADJ blasphématoire ▶ NM/F (*persona*) blasphémateur(-trice)
blasón NM blason *m* ; (*fig*) gloire *f*
blasonar VI: **~ de** se targuer de
bledo NM: **(no) me importa un ~** je m'en fiche (comme de l'an quarante) (*fam*)
blindado, -a ADJ blindé(e) ; **coche** (*Esp*) *o* **carro** (*Am*) **~** véhicule *m* blindé ▶ NM (*Mil*) blindé *m*
blindaje NM blindage *m*
blindar VT blinder
bloc (*pl* **blocs**) NM bloc-notes *msg* ; (*cuaderno*) bloc *m* ; **~ de dibujo** bloc à dessin
blog (*pl* **blogs**) NM blog *m*
blogging NM blogging *m*
blogosfera NF blogosphère *f*
bloguear VI bloguer
bloguero, a NM/F bloggeur(-euse)
blonda NF (*encaje*) blonde *f*
bloque NM (*tb Inform*) bloc *m* ; (*edificio*) immeuble *m* ; (*de noticias*) rubrique *f* ; **en ~** en bloc ; **~ de cilindros** bloc-cylindres *m*
bloquear VT bloquer ; (*Mil*) faire le blocus de ; **fondos bloqueados** fonds *mpl* bloqués
bloqueo NM blocage *m* ; (*Mil*) blocus *msg* ; **~ informativo** black-out *m inv* ; **~ mental** blocage
blue-jean [blu'jin] NM, **blue-jeans** [blu'jins] NMPL (*Am*) (blue-)jean *m*
blusa NF blouse *f* ; (*de mujer*) chemisier *m*
blusón NM (*camisa grande*) chemise *f* ample, chemisier *m* ; (: *de pintor*) blouse *f*, sarrau *m*
bluyín (*Am*) NM = **blue-jean**
B.º ABR = **banco**
boa NF boa *m*
boato NM faste *m*
bob NM (*Deporte*) bobsleigh *m*
bobada NF bêtise *f*, sottise *f* ; **decir bobadas** dire des bêtises
bobalicón, -ona (*fam*) ADJ bébête (*fam*)
bobería NF = **bobada**
bobina NF bobine *f*

b

bobo, -a ADJ (*tonto*) sot (sotte) ; (*cándido*) naïf (naïve) ▶ NM/F sot (sotte) ; **hacer el ~** faire l'idiot ▶ NM (*Teatro*) bouffon *m*

boca NF bouche *f* ; (*de animal carnívoro, horno*) gueule *f* ; (*de crustáceo*) pince *f* ; (*de vasija*) bec *m* ; (*de puerto, túnel, cueva*) entrée *f* ; (*Inform*) fente *f* ; **~ abajo** sur le ventre ; **~ arriba** sur le dos ; **hacerle a algn el ~ a ~** faire du bouche à bouche à qn ; **se me hace la ~ agua** j'en ai l'eau à la bouche ; **todo salió a pedir de ~** tout s'est parfaitement déroulé ; **en ~ de todos** sur toutes les lèvres ; **andar de ~ en ~** circuler de bouche en bouche ; **¡cállate la ~!** (*fam*) la ferme ! (*fam*) ; **meterse en la ~ del lobo** se jeter dans la gueule du loup ; **partirle la ~ a algn** (*fam*) casser la gueule à qn (*fam*) ; **quedarse con la ~ abierta** en rester bouche bée ; **no abrir la ~** ne pas piper mot ; **~ de dragón** (*Bot*) gueule-de-loup *f* ; **~ de incendios** bouche d'incendie ; **~ de metro** bouche de métro ; **~ de riego** prise *f* d'eau ; **~ del estómago** creux *msg* de l'estomac

bocacalle NF: **una ~ de la avenida** une rue qui donne sur l'avenue ; **la primera ~ a la derecha** la première à droite

bocadillo NM sandwich *m*

bocado NM bouchée *f* ; (*para caballo*) mors *msg* ; (*mordisco*) coup *m* de dent ; **no probar ~** ne rien manger ; **~ de Adán** pomme *f* d'Adam

bocajarro: **a ~** *adv* à brûle-pourpoint ; **decir algo a ~** dire qch de but en blanc

bocanada NF bouffée *f* ; (*de líquido*) gorgée *f* ; **a bocanadas** (*salir, llegar, entrar*) par à-coups

bocata (*fam*) NM casse-croûte *m*

bocatería NF sandwicherie *f*

bocazas (*fam*) NMF INV: **ser un ~** être une grande gueule (*fam*)

boceto NM esquisse *f* ; (*plano*) ébauche *f*

bocha NF boule *f* ▪ **bochas** NFPL boules *fpl*

bochinche (*fam*) NM boucan *m* (*fam*)

bochorno NM (*vergüenza*) honte *f* ; (*calor*): **hace ~** il fait lourd

bochornoso, -a ADJ (*día*) lourd(e) ; (*situación*) orageux(-euse)

bocina NF (*Mús*) corne *f* ; (*Auto*) klaxon *m* ; (*megáfono*) porte-voix *m inv* ; **tocar la ~** klaxonner

bocinazo NM coup *m* de klaxon

bocio NM (*Med*) goitre *m*

boda NF (*tb*: **bodas**) noce *f*, mariage *m* ; (*fiesta*) noce ; **bodas de oro** noces *fpl* d'or ; **bodas de plata** noces d'argent

bodega NF (*de vino*) cave *f* ; (*esp AM*) bistrot *m* ; (*granero*) grenier *m* ; (*establecimiento*) marchand *m* de vin ; (*de barco*) cale *f*

bodegón NM taverne *f* ; (*Arte*) nature *f* morte

bodrio NM: **el libro es un ~** ce livre ne vaut rien

body [boði] (*pl* **bodies**) NM body *m* ; **~ milk** lait *m* pour le corps

BOE SIGLA M (= *Boletín Oficial del Estado*) ≈ JO *m* (= *Journal officiel*)

> Le *Boletín Oficial del Estado*, ou **BOE**, est le journal officiel où sont consignées toutes les lois et résolutions adoptées par *las Cortes* (le Parlement espagnol). C'est un ouvrage très consulté, notamment parce que l'on y trouve les avis d'*oposiciones* (concours de la fonction publique).

bofe NM (*de res*: *tb*: **bofes**) mou *m* ; **echar los bofes** (*fam*) trimer (*fam*)

bofetada NF gifle *f* ; **dar de bofetadas a algn** taper sur qn

bofetón NM grande claque *f*, grosse gifle *f*

boga NF: **en ~** en vogue

bogar VI ramer

bogavante NM homard *m*

Bogotá N Bogota

bogotano, -a ADJ de Bogota ▶ NM/F natif(-ive) *o* habitant(e) de Bogota

bogue *etc* VB *ver* **bogar**

bohemio, -a ADJ, NM/F bohémien(ne)

boicot (*pl* **boicots**) NM boycott *m* ; **hacer el ~ a** boycotter

boicotear VT boycotter

boicoteo NM boycottage *m*

boina NF béret *m*

bol NM bol *m*

bola NF boule *f* ; (*canica*) bille *f* ; (*pelota*) balle *f* ; (*Naipes*) chelem *m* ; (*betún*) cirage *m* ; (*fam*) bobard *m* ; (*AM*: *rumor*) rumeur *f* ; **no dar pie con ~** faire tout de travers ; **~ de billar** boule de billard ; **~ de naftalina** boule de naphtaline ; **~ de nieve** boule de neige ; **~ del mundo** globe *m* terrestre ▪ **bolas** NFPL (*AM*) bolas *fpl* (*arme de jet utilisée par les gauchos*)

bolado (*AM*) NM *mélange d'œuf et de sucre*

bolchevique ADJ bolchevique ▶ NMF bolchevik *mf*

boleadoras (*AM*) NFPL bolas *fpl* (*arme de jet utilisée par les gauchos*)

bolera NF bowling *m*

bolero NM (*Mús*) boléro *m*

boleta (*AM*) NF (*billete*) laissez-passer *m inv* ; (*permiso*) bon *m* ; (*cédula para votar*) bulletin *m* de vote

boletería (*AM*) NF (*taquilla*) guichet *m*

boletín NM bulletin *m* ; **~ de noticias** (bulletin d')informations *fpl* ; **~ de pedido** bulletin de commande ; **~ de precios** tarifs *mpl* ; **~ de prensa** communiqué *m* de presse ; **~ escolar** (*ESP*) bulletin scolaire ; **~ informativo** (bulletin d')informations *fpl* ; **B~ Oficial del Estado** ≈ Journal officiel ; *ver tb* **B.O.E.**

boleto NM billet *m* ; **~ de apuestas** coupon *m* de pari ; **~ electrónico** billet électronique

boli (*fam*) NM stylo *m*

boliche NM cochonnet *m* ; (*juego*) jeu *m* de quilles ; (*lugar*) bowling *m* ; (*Am*: *tienda*) échoppe *f*

bólido NM bolide *m*

bolígrafo NM stylo-bille *m*, stylo *m* à bille

bolillo NM (*Costura*) fuseau *m*

bolívar NM bolivar *m*

Bolivia NF Bolivie *f*

boliviano, -a ADJ bolivien(ne) ▸ NM/F Bolivien(ne)

bollería NF viennoiserie *f*

bollo NM pain *m* au lait ; (*de bizcocho*) brioche *f* ; (*abolladura*) bosse *f* ; **no está el horno para bollos** ce n'est vraiment pas le moment ■ **bollos** NMPL (*Am*: *apuros*) ennuis *mpl* ; (*fam*) gnon *m*

bolo NM quille *f* ; **(juego de) bolos** (jeu *m* de) quilles *fpl* ▸ ADJ (*CAm*, *Cu*, *Méx*) ivre, soûl(e)

Bolonia N Bologne

bolsa NF sac *m*, poche *f* ; (*tela*) sacoche *f* ; (*Am*: *bolsillo*) poche ; (*Escol*) bourse *f* ; (*Anat*, *Minería*) poche ; **la B~** la Bourse ; **jugar a la B~** jouer à la Bourse ; **hacer bolsas** faire de faux plis ; **~ de agua caliente** bouillotte *f* ; **~ de aire** poche d'air ; **~ de deportes** sac de sport ; **~ de dormir** (*Am*) sac de couchage ; **~ de estudios** bourse d'études ; **~ de la compra** panier *m* de la ménagère ; **~ de papel/plástico** sac en papier/plastique ; **~ de trabajo** offres *fpl* d'emploi ; **~ de viaje** sac de voyage

bolsillo NM poche *f* ; (*cartera*) portemonnaie *m*, porte-monnaie *m* ; **de ~** de poche ; **meterse a algn en el ~** mettre qn dans sa poche ; **lo pagó de su ~** il l'a payé de sa poche

bolsista NMF (*Fin*) agent *m* de change

bolso NM sac *m* ; (*de mujer*) sac à main

boludo, -a (*CSur fam!*) NM/F con(ne) (*fam !*)

bomba NF (*Mil*) bombe *f* ; (*Tec*) pompe *f* ; **a prueba de ~** à l'épreuve des bombes ; **caer algo como una ~** faire l'effet d'une bombe ; **~ atómica** bombe atomique ; **~ de agua/de gasolina/de incendios** pompe à eau/à essence/à incendie ; **~ de efecto retardado/de neutrones** bombe à retardement/à neutrons ; **~ de humo** fumigène *m* ; **~ lacrimógena** bombe lacrymogène ▸ ADJ (*fam*): **noticia ~** nouvelle *f* sensationnelle, scoop *m* (*fam*) ▸ ADV (*fam*): **pasarlo ~** s'amuser comme un fou/des petits fous

bombacho, -a ADJ: **pantalón ~** pantalon *m* de golf ■ **bombachos** NMPL knickers *mpl*

bombardear VT bombarder ; **~ a preguntas** bombarder de questions

bombardeo NM bombardement *m*

bombardero NM bombardier *m*

bombazo NM (*explosión*) explosion *f* ; (*fam*: *notición*) scoop *m* (*fam*) ; (*fam*: *éxito*) grand succès *m* ; **esa película puede ser un ~** ce film pourrait faire un tabac (*fam*)

bombear VT (*agua*) pomper ; (*Mil*) bombarder ; (*Deporte*) lober ■ **bombearse** VPR (se) gondoler

bombeo NM (*de agua*) pompage *m* ; (*convexidad*: *de superficie, madera*) bombement *m* ; **estación de ~** station *f* de pompage

bombero NM pompier *m* ; **(cuerpo de) bomberos** (corps *msg* des sapeurs-)pompiers *mpl*

bombilla NF (*Esp Elec*) ampoule *f* ; (*Arg*) *tube en métal qui sert à boire le maté*

bombín NM pompe *f* à vélo

bombo NM (*Mús*) grosse caisse *f* ; (*Tec*) tambour *m* ; **hacer algo a ~ y platillo** faire qch en grande pompe ; **tengo la cabeza hecha un ~** j'ai la tête prête à éclater ; **dar ~ a** (*a persona*) ne pas tarir d'éloges sur ; (*asunto*) faire du tam-tam autour de

bombón NM (*Culin*) chocolat *m* ; **ser un ~** (*fam*) être (un) canon

bombona NF bouteille *f*, bonbonne *f*

bombonería NF bonbonnière *f*

bonachón, -ona ADJ bon enfant *inv* ▸ NM/F bonne pâte *f*

bonaerense ADJ de Buenos Aires ▸ NMF natif(-ive) *o* habitant(e) de Buenos Aires

bonancible ADJ (*tiempo*) calme

bonanza NF (*Náut*) bonace *f* ; (*fig*) prospérité *f* ; (*Minería*) riche filon *m*

bondad NF bonté *f* ; **tenga la ~ de** veuillez avoir l'amabilité de

bondadosamente ADV avec bonté

bondadoso, -a ADJ bon (bonne)

bongó NM (*Mús*) bongo *m*

boniato NM patate *f* douce

bonificación NF bonification *f*

bonito, -a ADJ joli(e) ; **un ~ sueldo/una bonita cantidad** un beau salaire/une coquette somme ▸ ADV (*Am fam*) gentiment ▸ NM (*atún*) thon *m*

bono NM bon *m* ; **~ del Tesoro** bon du Trésor ; **bonos del Estado** obligations *fpl* de l'État

bonobús NM (*Esp*) *carte de transport (en autobus urbain)*

bonoloto NM (*Esp*) *version espagnole du « Loto »*

bonometro NM (*Esp*) *carte de transport (en métro)*

bonsai NM bonsaï *m*

boom ['bum] NM boom *m*

boomerang [bume'ran] (*pl* **boomerangs**) NM boomerang *m*

boqueada NF: **dar la(s) última(s) ~(s)** rendre le dernier soupir

boquear VI agoniser ; (*fig*) tirer à sa fin

boquerón NM anchois *msg* (*frais*) ; (*agujero*) large brèche *f*

boquete NM brèche *f*

boquiabierto, -a ADJ: **quedarse ~** en rester bouche bée ; **nos dejó boquiabiertos** nous sommes restés bouche bée

boquilla NF (*de manguera*) prise *f* d'eau ; (*mechero*)

bec *m* ; (*calentador*) brûleur *m* ; (*para cigarro*) fume-cigarette *m* ; (*Mús*) bec *m* ; **de ~** en l'air
borbollar, borbollear VI bouillonner
borbollón NM bouillonnement *m* ; **hablar a borbollones** bafouiller ; **salir a borbollones** (*agua*) jaillir à gros bouillons
borbotar, borbotear VI bouillonner
borbotón NM: **salir a borbotones** jaillir à gros bouillons
borda NF (*Náut*) bord *m* ; **echar** *o* **tirar algo por la ~** jeter *o* lancer qch par-dessus bord
bordado, -a ADJ: **el cuadro le quedó** *o* **salió ~** il a réussi ce tableau à la perfection ▸ NM broderie *f*
bordar VT broder
borde NM bord *m* ; **al ~ de** (*fig*) au bord de ; **ser ~** (*Esp fam*) être désagréable
bordear VT longer
bordillo NM (*en acera*) bord *m* ; (*en carretera*) accotement *m*
bordo NM: **a ~ (de)** à bord (de)
Borgoña NF Bourgogne *f*
borgoña NM bourgogne *m*
borinqueño, -a ADJ portoricain(e) ▸ NM/F Portoricain(e)
borla NF gland *m* ; (*para polvos*) houppette *f*
borne NM (*Elec*) borne *f*
boro NM (*Quím*) bore *m*
borra NF moutons *mpl* (de poussière) ; (*sedimento*) dépôt *m* ; (*relleno*) bourre *f*
borrachera NF ivresse *f* ; (*juerga*) orgie *f*
borracho, -a ADJ (*persona*) soûl(e), saoul(e) ; (*: por costumbre*) ivrogne ; **bizcocho ~** baba *m* au rhum ▸ NM/F (*temporalmente*) soûlard(e) ; (*habitualmente*) ivrogne *mf*
borrador NM (*de escrito, carta*) brouillon *m* ; (*cuaderno*) cahier *m* de brouillon ; (*goma*) gomme *f* ; (*Com*) main *f* courante ; (*para pizarra*) chiffon *m* à effacer
borraja NF: **quedar(se) en agua de borrajas** s'en aller en eau de boudin
borrar VT gommer ; (*de lista*) barrer ; (*tachar*) raturer ; (*cinta, Inform*) effacer ; (*Pol etc*) éliminer ▪ **borrarse** VPR (*de club, asociación*) quitter ; (*recuerdo, imagen*) s'effacer
borrasca NF tempête *f*
borrascoso, -a ADJ orageux(-euse)
borrego, -a NM/F agneau (agnelle) ; (*fig*) mouton *m*
borricada NF ânerie *f*
borrico, -a NM/F âne (ânesse) ; (*fig*) bourrique *f*
borrón NM (*de tinta*) pâté *m* ; **hacer ~ y cuenta nueva** tourner la page
borroso, -a ADJ flou(e) ; (*escritura*) indécis(e)
boscoso, -a ADJ boisé(e)
Bósforo NM: **el (Estrecho del) ~** le (détroit du) Bosphore
Bosnia NF Bosnie *f*
bosnio, -a ADJ bosniaque ▸ NM/F Bosniaque *mf*
bosque NM bois *msg* ; (*más grande*) forêt *f*
bosquejar VT ébaucher
bosquejo NM ébauche *f*, esquisse *f*
bosta NF (*de los bovinos*) bouse *f* ; (*de los caballos*) crottin *m*
bostece *etc* VB *ver* **bostezar**
bostezar VI bâiller
bostezo NM bâillement *m*
bota NF botte *f* ; (*de vino*) gourde *f* ; **ponerse las botas** (*fam*) s'en mettre plein les poches (*fam*) ; (*comer mucho y bien*) s'en mettre plein la panse (*fam*) ; **botas de agua** *o* **goma** bottes *fpl* en caoutchouc ; **botas de esquí** chaussures *fpl* de ski ; **botas de montar** bottes d'équitation
botadura NF (*Náut*) lancement *m*
botana NF, **botanas** NFPL (*Am*: *tapa(s)*) amuse-gueule *m*
botánica NF botanique *f*
botánico, -a ADJ botanique ▸ NM/F botaniste *mf*
botar VT (*balón*) faire rebondir ; (*Náut*) lancer, mettre à la mer ; (*fam*) mettre à la porte ; (*esp Am fam*) jeter, balancer ▸ VI (*persona*) bondir ; (*balón*) rebondir
botarate NM imbécile *mf*
bote NM bond *m* ; (*tarro*) pot *m* ; (*lata*) boîte *f* de conserve ; (*en bar*) pourboire *m* ; (*embarcación*) canot *m* ; (*en juego*) cagnotte *f* ; **de ~ en ~** plein(e) à craquer ; **dar un ~** laisser un pourboire ; **dar botes** (*Auto etc*) cahoter ; **tener a algn en el ~** avoir qn dans sa poche ; **un ~ de tomate** des tomates en conserve ; **~ de la basura** (*Am*) poubelle *f* ; **~ salvavidas** canot de sauvetage
botella NF bouteille *f* ; **~ de oxígeno** bouteille d'oxygène ; **~ de vino** bouteille de vin
botellero NM casier *m* à bouteilles, porte-bouteilles *m*
botellín NM petite bouteille *f*
botellón (*Esp fam*) NM *rassemblement de jeunes s'adonnant à des beuveries collectives dans les lieux publics*
botica NF pharmacie *f*
boticario, -a NM/F pharmacien(ne)
botijo NM cruche *f*
botín NM (*calzado*) bottine *f* ; (*polaina*) guêtre *f* ; (*Mil, de atraco, robo*) butin *m*
botiquín NM armoire *f* à pharmacie ; (*portátil*) trousse *f* à pharmacie ; (*enfermería*) infirmerie *f*
botón NM bouton *m* ; **pulsar el ~** appuyer sur le bouton ; **~ de arranque** (*Auto*) démarreur *m* ; **~ de oro** (*Bot*) bouton *m* d'or
botones NM INV groom *m*
Botox® ['botoks] NM Botox® *m*
botulismo NM botulisme *m*
bóveda NF (*Arq*) voûte *f* ; **~ celeste** voûte céleste
bovino, -a ADJ *ver* **ganado**

box (*Am*) NM boxe *f*
boxeador, a NM/F boxeur(-euse)
boxear VI boxer
boxeo NM boxe *f*
boya NF (*Náut*) bouée *f* ; (*en red*) flotteur *m*
boyante ADJ (*Náut*) lège ; (*feliz*) débordant(e) de joie ; (*negocio*) prospère
bozal NM (*de perro*) muselière *f* ; (*de caballo*) licou *m*
bozo NM (*pelusa*) duvet *m*
bracear VI agiter les bras ; (*nadar*) nager la brasse
bracero, -a NM/F journalier(-ière)
braga NF, **bragas** NFPL culotte *f* ; (*cuerda*) corde *f* ; (*de bebé*) couche *f*
braguero NM (*Med*) bandage *m* herniaire
bragueta NF braguette *f*
braguetazo NM mariage *m* d'intérêt
braille ['braile] NM braille *m*
bramante NM ficelle *f*
bramar VI (*toro, viento, mar*) mugir ; (*venado*) bramer ; (*elefante*) barrir
bramido NM (*de toro, viento, mar*) mugissement *m* ; (*del venado*) bramement *m* ; (*del elefante*) barrissement *m* ; (*de persona*) hurlement *m*
brandy NM brandy *m*
branquia NF branchie *f*
brasa NF braise *f* ; **a la ~** (*carne, pescado*) cuit(e) sur la braise
brasero NM (*para los pies*) brasero *m* ; (*Am: chimenea*) cheminée *f*
brasier, brassiere (*Am*) NM soutien-gorge *m*
Brasil NM Brésil *m*
brasileño, -a ADJ brésilien(ne) ▶NM/F Brésilien(ne)
Brasilia N Brasilia
bravata NF bravade *f*
braveza NF férocité *f* ; (*valor*) bravoure *f* ; (*de viento, mar, lluvia*) violence *f*
bravío, -a ADJ féroce
bravo, -a ADJ (*soldado*) vaillant(e) ; (*animal: feroz*) féroce ; (*: salvaje*) sauvage ; (*toro*) de combat ; (*mar*) déchaîné(e) ; (*terreno*) accidenté(e) ; (*Am fam*) en colère ; **patatas bravas** (*Culin*) *pommes de terre frites accommodées avec une sauce relevée* ▶EXCL bravo !
bravucón, -ona ADJ vantard(e) ▶NM/F fanfaron(ne)
bravura NF (*de persona*) bravoure *f* ; (*de animal*) férocité *f*
braza NF: **nadar a (la) ~** nager la brasse
brazada NF brasse *f* ; (*de hierba, leña*) brassée *f*
brazalete NM bracelet *m* ; (*banda*) brassard *m*
brazo NM bras *msg* ; (*Zool*) patte *f* de devant, antérieur *m* ; (*Bot, Pol*) branche *f* ; **cogidos del ~** bras dessus, bras dessous ; **ir del ~** marcher bras dessus, bras dessous ; **cruzarse de brazos** rester les bras croisés ; **no dar su ~ a torcer** ne pas en démordre ; **luchar a ~ partido** combattre corps à corps ; **ser el ~ derecho de algn** (*fig*) être le bras droit de qn ; **tener/llevar en brazos a algn** tenir/prendre qn dans ses bras ; **huelga de brazos caídos** grève *f* sur le tas ; **~ de gitano** (*Culin*) roulé *m* ■ **brazos** NMPL journaliers *mpl*
brea NF brai *m*
brebaje NM breuvage *m*
brecha NF brèche *f* ; (*en la cabeza*) blessure *f* ; (*Mil*) percée *f* ; **hacer** *o* **abrir ~ en** percer sur
brécol NM brocoli *m*
brega NF (*pelea*) dispute *f* ; (*trabajo*) travail *m* de Romain
bregar VI se disputer ; (*con obstáculos*) se démener ; (*trabajar mucho*) se décarcasser
bregue *etc* VB *ver* **bregar**
breña NF broussailles *fpl*
Bretaña NF Bretagne *f*
brete NM (*cepo*) entraves *fpl* ; **estar en un ~** ne pas savoir comment se tirer d'affaire ; **le puso en un ~** il l'a coincé
breteles (*Am*) NMPL bretelles *fpl*
bretón, -ona ADJ breton(ne) ▶NM/F Breton(ne)
breva NF figue *f* (d'été) ; (*puro*) cigare *m* aplati ; **¡no caerá esa ~!** ce serait trop beau !
breve ADJ (*pausa, encuentro, discurso*) bref (brève) ; **en ~** d'ici peu ; (*en pocas palabras*) en bref ▶NF (*Mús*) brève *f*
brevedad NF brièveté *f* ; **a la mayor ~ posible** dans les meilleurs délais ; **con la mayor ~** au plus tôt
brevemente ADV brièvement
breviario NM (*Rel*) bréviaire *m*
brezal, brezo NM bruyère *f*
bribón, -ona NM/F fripouille *f* ; (*pillo*) coquin(e)
bricolaje NM bricolage *m*
brida NF (*tb Tec*) bride *f* ; **a toda ~** à bride abattue
bridge [britʃ] NM (*Naipes*) bridge *m*
brigada NF brigade *f* ; **B~ de Estupefacientes** brigade des stupéfiants ; **B~ de Investigación Criminal** police *f* judiciaire ▶NM (*Mil*) brigadier *m*
brigadier NM brigadier *m*
brigadista NMF: **~ internacional** brigadiste *mf*, membre *m* des Brigades internationales
brik (*pl* **briks**) NM brick *m*, carton *m*
brillante ADJ brillant(e) ▶NM (*joya*) brillant *m*
brillantemente ADV brillamment
brillantez NF (*de color*) éclat *m* ; (*de estudiante*) talent *m*
brillantina NF brillantine *f*
brillar VI briller ; **~ por su ausencia** briller par son absence
brillo NM éclat *m* ; **dar** *o* **sacar ~ a** faire reluire

brilloso, a (*Am*) ADJ resplendissant(e)
brincar VI (*persona, animal*) bondir ; **~ de** (*de alegría etc*) sauter de ; **está que brinca** il (elle) est fou (folle) de rage
brinco NM (*salto*) bond *m* ; **de un ~** en moins de deux ; **dar** *o* **pegar un ~** faire un bond ; **dar** *o* **pegar brincos de alegría** sauter de joie
brindar VI : **~ a** *o* **por** porter un toast à ▸ VT (*oportunidad, amistad*) offrir ; **lo cual brinda la ocasión de ...** ceci me permet de ... ■ **brindarse** VPR : **brindarse a hacer algo** s'offrir pour faire qch
brindis NM INV (*al beber, frase*) toast *m* ; (*Taur*) hommage *m*
brinque *etc* VB *ver* **brincar**
brío NM (*tb*: **bríos**) énergie *f*, brio *m* ; **con ~** avec brio
brioso, -a ADJ (*airoso*) fougueux(-euse) ; (*decidido*) énergique
brisa NF brise *f*
brisca NF *jeu de cartes qui se joue avec un jeu de cartes espagnol. Les joueurs ont trois cartes chacun. Une carte est retournée sur la pioche pour servir d'atout. Le gagnant est celui qui remporte le plus de points.*
británico, -a ADJ britannique ▸ NM/F Britannique *mf*
brizna NF brin *m* ; (*paja*) fétu *m* ; **no tener ni ~ de sentido común** ne pas avoir un grain de bon sens
broca NF (*Costura*) broche *f* ; (*Tec*) foret *m* ; (*clavo*) broquette *f*
brocado NM brocart *m*
brocal NM margelle *f*
brocha NF (*de pintar*) pinceau *m* ; (*de afeitar*) blaireau *m* ; **pintor de ~ gorda** (*de paredes*) peintre *m* en bâtiment ; (*fig*) barbouilleur *m*
brochazo NM coup *m* de pinceau
broche NM (*en vestido*) agrafe *f* ; (*joya*) broche *f*
brocheta NF brochette *f*
brócoli NM brocoli *m*
broma NF plaisanterie *f*, blague *f* ; **de** *o* **en ~** pour rire ; **gastar una ~ a algn** faire une blague à qn ; **ni en ~** en aucun cas ; **tomar algo a ~** ne pas prendre qch au sérieux ; **~ pesada** plaisanterie *f* de mauvais goût
bromear VI plaisanter
bromista ADJ, NMF farceur(-euse), blagueur(-euse)
bromuro NM bromure *m*
bronca NF dispute *f* ; (*regañina*) réprimande *f* ; **armar una ~** faire une scène ; **buscar ~** chercher querelle ; **echar una ~ a algn** passer un savon à qn
bronce NM bronze *m*
bronceado, -a ADJ bronzé(e) ▸ NM (*de piel*) bronzage *m*
bronceador, a ADJ bronzant(e) ▸ NM crème *f* bronzante
broncearse VPR se faire bronzer
bronco, -a ADJ (*modales*) bourru(e) ; (*voz*) rauque
bronquial ADJ bronchique
bronquio NM bronche *f*
bronquitis NF INV bronchite *f*
broqueta NF brochette *f*
brotar VI (*Bot*) pousser ; (*aguas, lágrimas*) jaillir ; (*Med*) se déclarer
brote NM (*Bot*) pousse *f* ; (*Med*) épidémie *f* ; (*de insurrección, huelga*) vague *f* ; **brotes de soja** germes *mpl* de soja
broza NF (*Bot*) broussaille *f* ; (*en discurso, escrito*) remplissage *m*
bruces : **de ~** *adv* sur le ventre, à plat ventre ; **acostarse de ~** se coucher sur le ventre ; **estar de ~** être sur le ventre, être à plat ventre ; **caer de ~** s'étaler de tout son long ; **darse de ~ con algn** tomber nez à nez avec qn
Brujas N Bruges
brujería NF sorcellerie *f*
brujo, -a NM/F sorcier(-ière) ▸ NF (*pey*) sorcière *f*
brújula NF boussole *f*
brujulear VI (*intrigar*) louvoyer
bruma NF brume *f*
brumoso, -a ADJ brumeux(-euse)
bruñendo *etc* VB *ver* **bruñir**
bruñido NM (*pulimento*) poli *m* ; (*brillo*) lustre *m*
bruñir VT polir
bruscamente ADV brusquement ; (*hablar, comportarse*) brutalement
brusco, -a ADJ brusque
Bruselas N Bruxelles
brusquedad NF brusquerie *f*
brutal ADJ brutal(e) ; (*fam: tremendo*) énorme ; (*: muy bueno*) génial(e) (*fam*)
brutalidad NF brutalité *f*
bruto, -a ADJ (*persona*) brutal(e) ; (*estúpido*) idiot(e) ; (*metal, piedra, peso*) brut(e) ; **a la bruta, a lo ~** à la va-vite ; **en ~** brut(e) ▸ NM brute *f*
Bs.As. ABR = **Buenos Aires**
bucal ADJ buccal(e) ; **por vía ~** par voie orale
bucanero NM boucanier *m*
Bucarest N Bucarest
buceador, a NM/F plongeur(-euse)
bucear VI plonger ; **~ en** (*documentos, pasado*) fouiller dans
buceo NM plongeon *m* ; (*de buzo*) plongée *f* ; **~ de altura** plongée en haute mer
buche NM jabot *m* ; (*fam*) ventre *m*
bucle NM boucle *f* ; (*de carretera*) tournant *m* ; (*Inform*) boucle, cycle *m*
bucodental ADJ bucco-dentaire
bucólico, -a ADJ bucolique
Buda NM Bouddha
budín NM pudding *m*

budismo NM bouddhisme *m*
budista ADJ, NMF bouddhiste *mf*
buen ADJ *ver* **bueno**
buenamente ADV tout bonnement ; (*de buena gana*) volontiers
buenaventura NF chance *f* ; (*adivinación*) bonne aventure *f* ; **decir** *o* **echar la ~ a algn** dire la bonne aventure à qn

bueno, -a

(*antes de nmsg* **buen**)
▶ ADJ **1** (*excelente etc*) bon(ne) ; **es un libro bueno** *o* **es un buen libro** c'est un bon livre ; **tiene buena voz** il/elle a une belle voix ; **hace bueno/buen tiempo** il fait beau/beau temps ; **ya está bueno** (*de salud*) il va bien maintenant ; **lo bueno fue que** le meilleur c'est que
2 (*bondadoso*) : **es buena persona** c'est quelqu'un de bien ; **el bueno de Paco** ce brave Paco ; **fue muy bueno conmigo** il a été très gentil avec moi
3 (*apropiado*) : **ser bueno para** être bien pour ; **es un buen momento (para)** c'est le moment (de) ; **creo que vamos por buen camino** je crois que nous sommes sur la bonne voie
4 (*grande*) : **un buen trozo** un bon bout ; **un buen número de** bon nombre de ; **le di un buen rapapolvo** je lui ai passé un savon
5 (*irón*) : **¡buen conductor estás hecho!** comme tu conduis bien ! ; **¡estaría bueno que ...!** il ne manquerait plus que ... ! ; **una pelea de las buenas** une sacrée bagarre
6 (*sabroso*) : **está bueno este bizcocho** ce gâteau est très bon
7 (*fam* : *atractivo*) : **Carmen está muy buena** Carmen est vachement mignonne
8 (*saludos*) : **¡buenos días!** bonjour ! ; **¡buenas tardes!** bonjour ! ; (*más tarde*) bonsoir ! ; **¡buenas noches!** bonsoir ! ; (*al acostarse*) bonne nuit ! ; **¡buenas!** salut !
9 (*otras locuciones*) : **un buen día** un beau jour ; **estar de buenas** être de bonne humeur ; **por las buenas o por las malas** de gré ou de force ; **de buenas a primeras** tout d'un coup ; **¡la ha liado buena!** il a mis une belle pagaille !
▶ EXCL : **¡bueno!** bon ! ; **bueno, ¿y qué?** bon, et alors ?

Buenos Aires N Buenos Aires
buey NM bœuf *m*
búfalo NM buffle *m*
bufanda NF écharpe *f*
bufar VI (*gato, toro*) souffler ; (*caballo*) s'ébrouer ; **~ de rabia** pester
bufet [bu'fet] (*pl* **bufets**) NM = **buffet**
bufete NM étude *f*, cabinet *m*
buffer NM (*Inform*) mémoire *f* tampon
buffet [bu'fe] (*pl* **buffets**) NM buffet *m* ; **~ libre** buffet
bufido NM (*de gato, toro*) souffle *m* ; (*de caballo*) ébrouement *m*
bufón NM bouffon(ne)
bufonada NF bouffonnerie *f* ; (*Teatro*) farce *f*
buganvilla NF bougainvillée *f*, bougainvillier *m*
buhardilla NF mansarde *f* ; (*ventana*) lucarne *f*
búho NM hibou *m* ; (*fig* : *persona*) ours *msg*
buhonero NM colporteur *m*
buitre NM vautour *m*
bujía NF (*vela, Elec, Auto*) bougie *f*
bula NF bulle *f*
bulbo NM (*Bot*) bulbe *m* ; **~ raquídeo** bulbe rachidien
buldog [bul'dog] (*pl* **buldogs**) NM bouledogue *m*
buldozer NM bulldozer *m*
bulerías NFPL *chant et danse flamencos qui s'accompagnent de frappements de mains et de cris de joie*
bulevar NM boulevard *m*
Bulgaria NF Bulgarie *f*
búlgaro, -a ADJ bulgare ▶ NM/F Bulgare *mf* ▶ NM (*Ling*) bulgare *m*
bulimia NF boulimie *f*
bulla NF raffut *m* (*fam*) ; (*follón*) pagaille *f* (*fam*) ; **armar** *o* **meter ~** faire du raffut
bullanguero, -a ADJ tapageur(-euse), turbulent(e) ▶ NM/F excité(e)
bulldozer [bul'doθer] NM = **buldozer**
bullendo *etc* VB *ver* **bullir**
bullicio NM brouhaha *m* ; (*movimiento*) bousculade *f*
bullicioso, -a ADJ bruyant(e)
bullir VI (*líquido*) bouillonner ; **~ (de)** (*gente, insectos*) grouiller (de) ; (*actividad*) déborder (de)
bulo NM faux bruit *m*
bulto NM paquet *m* ; (*en superficie, Med*) grosseur *f* ; (*silueta*) masse *f* ; **hacer ~** prendre de la place ; **escurrir el ~** se dérober ; **a ~** au jugé ; **de ~** (*error*) de taille ; (*argumento*) de poids
bumerán NM, (*Am*) **búmeran** NM INV boomerang *m*
búnker ['bunker] (*pl* **búnkers**) NM blockhaus *m*, bunker *m*
buñuelo NM beignet *m* ; (*fig*) travail *m* d'amateur
buque NM navire *m* ; **~ cisterna/escuela/insignia/mercante** bateau-citerne *m*/navire-école *m*/vaisseau *m* amiral/bateau *m* de commerce ; **~ de guerra** navire de guerre
burbuja NF bulle *f* ; **hacer burbujas** pétiller
burbujear VI pétiller
burdel NM bordel *m*
Burdeos N Bordeaux
burdeos ADJ INV bordeaux ▶ NM INV (*tb* : **vino de burdeos**) bordeaux *m*
burdo, -a ADJ grossier(-ière)

b

burgalés, -esa ADJ de Burgos ▶ NM/F natif(-ive) *o* habitant(e) de Burgos
burgués, -esa ADJ (*tb pey*) bourgeois(e) ; **pequeño(-a) ~** petit(e)-bourgeois(e) ; (*Pol, pey*) bourgeois(e) ▶ NM/F bourgeois(e)
burguesía NF bourgeoisie *f*
buril NM burin *m*
burka NM, (*a veces*) NF burka *m o f*, burqa *m o f*
burla NF moquerie *f* ; (*broma*) blague *f* ; **hacer ~ de algn/de algo** se moquer de qn/de qch ; **hacer ~ a algn** faire la nique à qn
burladero NM (*Taur*) palissade *f*
burlador NM séducteur *m*
burlar VT (*persona*) tromper ; (*vigilancia*) déjouer ; (*seducir*) séduire ■ **burlarse** VPR: **burlarse (de)** se moquer (de)
burlesco, -a ADJ burlesque
burlete NM bourrelet *m*
burlón, -ona ADJ moqueur(-euse)
burlonamente ADV d'un air moqueur
buró NM bureau *m*
burocracia NF (*tb pey*) bureaucratie *f*
burócrata NMF (*tb pey*) bureaucrate *mf*
burocrático, -a ADJ bureaucratique
burofax NM (ESP) *fax envoyé par « Correos » (La Poste) avec avis de réception*
buromática NF bureautique *f*
burrada (*fam*) NF: **decir/hacer/soltar burradas** dire/faire/lâcher des âneries ; **una ~** (*mucho*) une flopée (*fam*)
burro, -a NM/F âne (ânesse) ; (*fig: ignorante*) âne *m* ; (*: bruto*) abruti(e) ; **caerse del ~** reconnaître ses erreurs ; **hacer el ~** faire l'âne ; **no ver tres en un ~** être myope comme une taupe ; **~ de carga** (*fig*) bourreau *m* de travail ▶ ADJ crétin(e)
bursátil ADJ boursier(-ière)
bus NM bus *msg*
busca NF: **en ~ de** à la recherche de ▶ NM (*Telec*) bip(-bip) *m*
buscador, a NM/F: **~ (de)** chercheur(-euse) (de) ▶ NM (*Internet*) moteur *m* de recherche
buscapiés NM INV pétard *m*
buscapleitos NMF INV chicaneur(-euse)
buscar VT chercher ; (*beneficio, Inform*) rechercher ; **ven a buscarme a la oficina** viens me chercher au bureau ; **~ una aguja en un pajar** chercher une aiguille dans une botte de foin ; **buscarle tres pies al gato** chercher midi à quatorze heures ; **se busca secretaria** on demande une secrétaire ; **se la buscó** c'est bien fait pour lui ; **~ camorra** chercher noise ▶ VI chercher ; **« ~ y reemplazar »** (*Inform*) « recherche-remplacement »
buscavidas NMF INV (*cotilla*) fouineur(-euse) ; (*ambicioso*) débrouillard(e)
buscona NF racoleuse *f*
busque *etc* VB *ver* **buscar**
búsqueda NF recherche *f*
busto NM (*Anat, Arte*) buste *m*
butaca NF fauteuil *m* ; **~ de patio** fauteuil d'orchestre
butano NM butane *m* ; **bombona de ~** bouteille *f* de butane ; **color ~** orange
butifarra NF *saucisse catalane*
butrón (*fam*) NM *trou fait dans un mur, plafond ou au sol pour cambrioler un endroit*
buyín (AM) NM = **blue-jean**
buzo NM (*mono*) bleu *m* (de travail) ; (AM: *chándal*) survêtement *m* ▶ NMF (*persona*) plongeur(-euse)
buzón NM boîte *f* aux lettres ; **echar al ~** poster ; **~ de voz** messagerie *f* vocale
buzoneo NM distribution *f* de prospectus
byte [bait] NM (*Inform*) octet *m*

Cc

C, c [θe, se] NF (*letra*) C, c *m inv* ; **C de Carmen** ≈ C comme Célestin
C. ABR (= *centígrado*) C (= *Celsius*)
c. ABR (= *capítulo*) chap. (= *chapitre*)
C/ ABR = **calle**
c/ ABR = **calle**; (*Com*) = **cuenta**
ca EXCL pas question !
c.a. ABR = **corriente alterna**
cabal ADJ (*peso, precio*) juste ; (*definición*) exact(e) ; (*honrado*) bien
cábala NF cabale *f* ■ **cábalas** NFPL (*suposiciones*): **hacer cábalas** faire des suppositions
cabales NMPL: **no estar en sus ~** ne pas avoir toute sa tête
cabalgadura NF (*bestia de silla*) monture *f*; (*bestia de carga*) bête *f* de somme
cabalgar VT monter ▸ VI chevaucher
cabalgata NF défilé *m*; **la ~ de los Reyes Magos** le défilé des Rois mages
cabalgue *etc* VB *ver* **cabalgar**
cabalístico, -a ADJ cabalistique
caballa NF maquereau *m*
caballeresco, -a ADJ chevaleresque
caballería NF monture *f*; (*Mil*) cavalerie *f*; **~ andante** chevalerie *f* errante
caballeriza NF écurie *f*
caballero NM gentleman *m* ; (*de la orden de caballería*) chevalier *m* ; (*en trato directo*) monsieur *m* ; **de ~** d'homme, pour homme ; **« Caballeros »** « Messieurs » ; **~ andante** chevalier errant
caballerosidad NF galanterie *f*
caballeroso, -a ADJ (*cortés*) galant(e) ; (*noble*) chevaleresque
caballete NM (*de pintor*) chevalet *m* ; (*de pizarra*) support *m* ; (*de mesa*) tréteau *m* ; (*de tejado*) faîte *m*
caballito NM cheval *m* à bascule ; **~ del diablo** (*Zool*) demoiselle *f* ; **~ de mar** hippocampe *m* ■ **caballitos** NMPL chevaux *mpl* de bois ; **montar a los caballitos** faire un tour de manège
caballo NM cheval *m* ; (*Ajedrez, Naipes*) cavalier *m* ; **a ~** à cheval ; **a ~ entre** à cheval sur ; **es su ~ de batalla** c'est son cheval de bataille ; **~ blanco** bailleur *m* de fonds ; **~ de carreras** cheval de course ; **~ de vapor** cheval-vapeur *m*
cabaña NF cabane *f*
cabaré, cabaret [kaβa're] (*pl* **cabarets**) NM cabaret *m*
cabecear VT: **~ el balón** faire une tête ▸ VI (*caballo*) encenser ; (*dormitar*) piquer du nez
cabecera NF (*de mesa, tribunal*) bout *m* ; (*de cama*) tête *f* ; (*en libro*) frontispice *m* ; (*periódico*) manchette *f*, gros titre *m* ; (*de río*) source *f* ; **médico de ~** médecin *m* traitant
cabecero NM tête *f* de lit, chevet *m*
cabecilla NM chef *m* de file, meneur(-euse)
cabellera NF chevelure *f* ; (*de cometa*) queue *f*
cabello NM cheveu *m* ; **~ de ángel** *garniture sucrée à la citrouille*
cabelludo, -a ADJ: **cuero ~** cuir *m* chevelu
caber VI tenir, rentrer ; (*Mat*) faire ; **caben tres más** on peut encore en mettre trois ; **no cabe duda** cela ne fait pas de doute ; **dentro de lo que cabe** autant que possible ; **cabe la posibilidad de que** il est possible que ; **me cupo el honor de** il m'est revenu l'honneur de ; **no cabe en sí de alegría** il ne se tient plus de joie
cabestrillo NM: **en ~** en écharpe
cabeza NF tête *f* ; (*Pol*) chef *m* ; **caer de ~** tomber la tête la première ; **~ abajo/arriba** la tête en bas/en haut ; **a la ~ de** (*de pelotón*) en tête de ; (*de empresa*) à la tête de ; **tirarse de ~** plonger ; **tocamos a tres por ~** ça fait trois par tête ; **romperse la ~** se creuser la tête ; **sentar la ~** se ranger ; **se me va la ~** je perds la tête ; **~ atómica/nuclear** tête atomique/ogive *f* nucléaire ; **~ cuadrada** tête de mule ; **~ de ajo** tête d'ail ; **~ de chorlito** tête de linotte ; **~ de escritura** tête d'écriture ; **~ de familia** chef *m* de famille ; **~ de ganado** tête de bétail ; **~ de impresión/de lectura** tête d'impression/de lecture ; **~ de partido** chef-lieu *m* d'arrondissement ; **~ de turco** tête de turc ; **~ impresora** tête imprimante
cabezada NF coup *m* de tête ; **dar cabezadas** piquer du nez ; **echar una ~** faire un somme
cabezal NM tête *f* ; **~ impresor** tête d'impression
cabezazo NM coup *m* de tête ; (*Fútbol*) tête *f*
cabezón, -ona ADJ qui a une grosse tête ; (*vino*) capiteux(-euse) ; (*terco*) entêté(e)
cabezonería (*fam*) NF entêtement *m*
cabezota ADJ INV têtu(e)

cabezudo, -a ADJ qui a une grosse tête ; (*obstinado*) cabochard(e) ▶ NM: **gigantes y cabezudos** *personnages de défilés traditionnels (déguisés en géants et en personnages à l'énorme tête en papier mâché)*

cabida NF capacité *f* ; (*depósito*) contenance *f* ; **dar ~ a** admettre ; **tener ~ para** avoir une capacité de

cabildo NM (*de iglesia*) chapitre *m* ; (*Pol*) conseil *m* municipal

cabina NF cabine *f* ; **~ de mandos** cabine de pilotage ; **~ telefónica** cabine téléphonique

cabizbajo, -a ADJ la tête basse *inv*

cable NM câble *m* ; (*de electrodoméstico*) fil *m* ; **conectar con ~** connecter par câble

cableado NM câblage *m*

cabo NM bout *m* ; (*Mil*) caporal *m* ; (*de policía*) brigadier *m* ; (*Náut*) cordage *m* ; (*Geo*) cap *m* ; **al ~ de tres días** au bout de trois jours ; **al fin y al ~** en fin de compte ; **de ~ a rabo** (*contar, saber*) de bout en bout ; (*leer*) d'un bout à l'autre ; **llevar a ~** mener à bien ; **atar cabos** faire des rapprochements ; **no dejar cabos sueltos** ne rien laisser en suspens ; **las Islas de C~ Verde** les îles *fpl* du Cap-Vert ; **C~ de Buena Esperanza** cap de Bonne Espérance ; **C~ de Hornos** cap Horn

cabra NF chèvre *f* ; **estar como una ~** être timbré(e) ; **~ montés** bouquetin *m*

cabrales NM INV *fromage bleu des Asturies au goût et à l'odeur très forts*

cabré *etc* VB *ver* **caber**

cabreado, -a (*fam*) ADJ fâché(e), en rogne (*fam*)

cabrear (*fam*) VT énerver, mettre en rogne (*fam*) ▪ **cabrearse** VPR (*fam*) se mettre en rogne (*fam*)

cabreo (*fam*) NM rogne *f* ; **¡menudo ~ lleva!** il est furieux ! ; **coger un ~** se mettre en rogne (*fam*)

cabrero, -a NM/F chevrier(-ière)

cabrío, -a ADJ: **macho ~** bouc *m* ; *ver* **ganado**

cabriola NF cabriole *f* ; **hacer cabriolas** faire des cabrioles

cabritilla NF: **de ~** en chevreau

cabrito NM chevreau *m* ; (*fam!*) sale vache *f* (*fam !*)

cabrón (*fam!*) NM salaud *m* (*fam !*)

cabronada (*fam!*) NF vacherie *f* (*fam*)

cabuya (*Am*) NF (*cuerda*) corde *f*

caca (*fam*) NF caca *m* (*fam*) ▶ EXCL: **no toques, ¡~!** ne touche pas à ça, c'est caca !

cacahuete (*Esp*) NM cacahuète *f*, cacahouète *f*

cacao NM cacao *m* ; (*Bot*) cacaoyer *m* ; (*tb*: **manteca de cacao**) beurre *m* de cacao ; (*fam: follón*) boucan *m* (*fam*)

cacarear VT s'enorgueillir de ▶ VI caqueter

cacatúa NF cacatoès *msg* ; (*mujer*) pipelette *f*

cacereño, -a ADJ de Cáceres ▶ NM/F natif(-ive) *o* habitant(e) de Cáceres

cacería NF partie *f* de chasse

cacerola NF (*con mango*) casserole *f* ; (*con asas*) marmite *f*, fait-tout *m*

cacha NF (*de arma*) crosse *f* ; (*cuchillo*) manche *m* ▪ **cachas** NFPL (*fam*) fesses *fpl* ▶ ADJ INV: **estar cachas** (*fam*) être baraqué(e) (*fam*)

cachalote NM cachalot *m*

cacharrazo NM choc *m*

cacharro NM ustensile *m* ; (*fam: trasto*) machin *m* (*fam*), truc *m* (*fam*) ; (*de cerámica*) poterie *f* ; (*Am fam*) taule *f*

caché NM (*distinción, honorarios*) cachet *m* ▶ ADJ (*Inform*) cache

cachear VT fouiller

cachemir NM, **cachemira** NF cachemire *m* ; **de ~** en cachemire

cachete NM claque *f*

cachiporra NF massue *f*

cachivache NM truc *m* (*fam*), machin *m* (*fam*)

cacho NM morceau *m* ; (*Am*) corne *f*

cachondearse (*fam*) VPR: **~ de algn/algo** se ficher de qn/qch (*fam*)

cachondeo (*fam*) NM rigolade *f* ; **estar de ~** plaisanter, blaguer ; **tomarse algo a ~** prendre qch à la rigolade

cachondo, -a (*fam*) ADJ marrant(e) (*fam*), rigolo(te) (*fam*) ; **estar ~** être excité(e)

cachorro, -a NM/F chiot *m* ; (*de león*) lionceau *m* ; (*de lobo*) louveteau *m*

cachupín, -ina (*CAm, Méx pey*) NM/F (*colono español*) Espagnol(e) (*surnom donné aux Espagnols qui s'installent en Amérique latine*)

cacique NM (*Am*) cacique *m* ; (*Pol*) personnage *m* influent ; (*fig*) petit chef *m*

caciquil ADJ tyrannique

caciquismo NM caciquisme *m*

caco NM filou *m*

cacofonía NF cacophonie *f*

cacto NM, **cactus** NM INV cactus *m inv*

cada ADJ INV chaque ; (*antes de número*) tous les ; **~ día** tous les jours ; **~ dos días** tous les deux jours ; **~ cual/uno** chacun ; **~ vez más/menos** de plus en plus/de moins en moins ; **~ vez que** chaque fois que ; **uno de ~ diez** un sur dix ; **¿~ cuánto?** tous les combien ? ; **¡tienes ~ idea!** tu as de ces idées !

cadalso NM échafaud *m*

cadáver NM cadavre *m*

cadavérico, -a ADJ cadavérique, cadavéreux(-euse)

caddie, caddy ['kadi] NMF (*Golf*) caddie *m*, caddy *m*

cadena NF chaîne *f* ; **reacción en ~** réaction *f* en chaîne ; **trabajo en ~** travail *m* à la chaîne ; **tirar de la ~ del wáter** tirer la chasse d'eau ; **~ de caracteres** chaîne de caractères ; **~ de montaje** chaîne de montage ; **~ montañosa** chaîne de montagnes ; **~ perpetua** (réclusion *f* à) perpétuité *f* ▪ **cadenas** NFPL (*Auto*) chaînes *fpl*

cadencia NF cadence *f*
cadera NF hanche *f*
cadete NM cadet *m*
Cádiz N Cadix
cadmio NM cadmium *m*
caducar VI (*documento, tarjeta*) expirer ; (*alimento, medicamento*) être périmé(e)
caducidad NF: **fecha de ~** date *f* de péremption
caduco, -a ADJ dépassé(e) ; **de hoja caduca** à feuilles caduques
caduque *etc* VB *ver* **caducar**
caer VI tomber ; (*precios*) chuter ; (*sol*) se coucher ; **dejar ~** laisser tomber ; **dejarse ~** s'écrouler, se laisser tomber ; **dejarse ~ por** passer par/chez ; **estar al ~** être sur le point d'arriver ; **¡no caigo!** je ne vois pas ; **¡ya caigo!** j'y suis ! ; **me cae bien/mal** (*persona*) je le trouve sympathique/antipathique ; (*vestido*) ça me va bien/ça ne me va pas ; (*alimento*) ça me réussit/ça ne me réussit pas ; **~ en desgracia** tomber en disgrâce ; **~ en la cuenta** saisir, se rendre compte ; **~ en la trampa** tomber dans le panneau ; **~ enfermo** tomber malade ; **su cumpleaños cae en viernes** son anniversaire tombe un vendredi ; **mi casa cae por aquí/a la derecha** ma maison se trouve par ici/à droite ■ **caerse** VPR tomber ; **se me cayó el libro** j'ai fait tomber le livre

> El verbo *tomber* en francés no tiene un uso pronominal. Así:
> **Se ha caído por las escaleras.** Il est tombé dans les escaliers.

café NM café *m* ; **~ con leche** café crème, café au lait ; **~ solo** *o* **negro** café (noir)
cafeína NF caféine *f*
cafetal NM caféière *f*
cafetalero, -a (*AM*) ADJ (*industria*) du café ; (*zona*) producteur(-trice) de café ▶ NM/F planteur(-euse) de café
cafetera NF cafetière *f*
cafetería NF cafétéria *f*
cafetero, -a ADJ de café ; **ser muy ~** boire beaucoup de café, être grand amateur de café
cafiche (*CSur fam!*) NM maquereau *m* (*fam !*)
cafre NMF barbare *mf* ; **como cafres** comme des sauvages
cagada (*fam!*) NF (*excremento, cosa mal hecha*) merde *f* (*fam !*) ; (*error*) connerie *f* (*fam !*), bourde *f* (*fam !*) ; **esta calle está llena de cagadas de perro** cette rue est pleine de crottes de chien (*fam*)
cagado, -a (*fam!*) ADJ trouillard(e) (*fam !*) ; **está ~ de miedo** il est mort de trouille (*fam*) ; **no seas tan ~** arrête de faire ta poule mouillée
cagalera (*fam!*) NF chiasse *f* (*fam !*)
cagar (*fam!*) VI chier (*fam !*) ; **¡la hemos cagado!** on a fait une connerie ! ■ **cagarse** VPR se dégonfler (*fam*) ; **cagarse de miedo** être mort(e) de trouille (*fam*) ; **¡me cago en diez/la mar!** bon Dieu !
cague *etc* VB *ver* **cagar**
caída NF chute *f* ; (*declive*) pente *f* ; (*de tela*) tombée *f* ; **a la ~ del sol/de la tarde** à la tombée du jour/de la nuit ; **sufrir una ~** faire une chute ; **~ libre** chute libre
caído, -a ADJ tombant(e) ; **~ del cielo** tombé(e) du ciel ▶ NM/F: **los caídos** les morts *mpl*
caiga *etc* VB *ver* **caer**
caimán NM caïman *m*
caipiriña NF caïpiriha *f*
Cairo N: **El ~** Le Caire
caja NF boîte *f* ; (*más grande*) caisse *f* ; (*para reloj*) boîtier *m* ; (*Tip*) casse *f* ; **ingresar en ~** encaisser ; **~ de ahorros** caisse d'épargne ; **~ de cambios** boîte de vitesses ; **~ de caudales** coffre *m* fort ; **~ de fusibles** boîte à fusibles ; **~ de música** boîte à musique ; **~ de resonancia** caisse de résonance ; **~ fuerte** coffre fort ; **~ negra** (*Aviat*) boîte noire
cajero, -a NM/F caissier(-ière) ▶ NM: **~ automático** distributeur *m* automatique
cajetilla NF paquet *m*
cajón NM caisse *f* ; (*de mueble*) tiroir *m* ; **¡es de ~!** ça va de soi ! ; **~ de embalaje** caisse d'emballage
cal NF chaux *fsg* ; **cerrar algo a ~ y canto** fermer qch à double tour ; **~ viva** chaux vive
cal. ABR (= *caloría(s)*) cal. (= *calorie(s)*)
cala NF crique *f* ; (*de barco*) cale *f*
calabacín NM, (*AM*) **calabacita** NF courgette *f*
calabaza NF courge *f*, citrouille *f* ; **dar calabazas a** (*fam: en examen*) recaler ; (*: novio*) envoyer promener (*fam*)
calabozo NM cachot *m*
calada NF bouffée *f*
caladero NM lieu *m* de pêche, zone *f* de pêche
calado, -a ADJ ajouré(e) ; **estoy ~ (hasta los huesos)** je suis trempé (jusqu'aux os) ▶ NM broderie *f* ajourée ; (*de barco*) tirant *m* d'eau ; (*de las aguas*) profondeur *f*
calamar NM calmar *m*, calamar *m* ; **calamares a la romana** calmars *mpl* *o* calamars *mpl* à la romaine *o* frits
calambre NM crampe *f* ; **dar ~** envoyer une décharge
calamidad NF calamité *f* ; **es una ~** (*persona*) c'est un(e) bon(ne) à rien
calamina NF calamine *f*
calamitoso, -a ADJ calamiteux(-euse)
calaña NF: **de mala ~** peu recommandable
calar VT transpercer ; (*melón, sandía*) couper pour goûter ; (*ideas, palabras*) saisir, comprendre ; **le tengo calado** (*fam*) je le connais sur le bout des doigts ■ **calarse** VPR (*motor*) caler ; (*mojarse*) se tremper ; (*gafas*) chausser ; (*sombrero*) enfoncer

C

calavera NF tête *f* de mort ▸ NM (*pey*) noceur *m*
calcañal, calcañar NM talon *m*
calcar VT décalquer ; (*imitar*) calquer ; **es calcado a su abuelo** c'est tout le portrait de son grand-père
calcáreo, -a ADJ calcaire
calce *etc* VB *ver* **calzar**
calceta NF: **hacer ~** tricoter
calcetín NM chaussette *f*
calcificación NF calcification *f*
calcinar VT calciner
calcio NM calcium *m*
calco NM calque *m*
calcomanía NF décalcomanie *f*
calculador, a ADJ calculateur(-trice)
calculadora NF calculatrice *f*
calcular VT calculer ; (*gastos, pérdidas*) évaluer, calculer ; **calculo que ...** je pense que ...
cálculo NM (*tb Med*) calcul *m* ; **según mis cálculos** d'après mes calculs ; **obrar con mucho ~** agir avec beaucoup de prudence ; **~ de costo** calcul du prix ; **~ diferencial** calcul différentiel
Calcuta N Calcutta
caldear VT chauffer ; (*ánimos*) échauffer
caldera NF chaudière *f*
caldereta NF: **~ de pescado** soupe *f* de poisson
calderilla NF ferraille *f*, petite monnaie *f*
caldero NM chaudron *m*
caldo NM bouillon *m* ; (*vino*) cru *m* ; **poner a ~ a algn** (*fam*) passer un savon à qn (*fam*) ; **~ de cultivo** bouillon de culture
caldoso, -a ADJ qui a beaucoup de sauce *o* de jus
calé ADJ gitan(e)
calefacción NF chauffage *m* ; **~ central** chauffage central
calefactor, a ADJ de chauffage, chauffant(e) ▸ NM radiateur *m*
caleidoscopio NM kaléidoscope *m*
calendario NM calendrier *m*
caléndula NF souci *m*, calendula *m*
calentador NM: **~ (de agua)** chauffe-eau *m inv*
calentamiento NM échauffement *m* ; **~ global** réchauffement *m* climatique
calentar VT faire chauffer ; (*habitación*) chauffer ; (*motor*) faire tourner ; (*ánimos*) échauffer ; (*sexualmente*) exciter ; (*fam: pegar*) flanquer une calotte à (*fam*) ; (*AM: enfurecer*) échauffer ▸ VI chauffer ■ **calentarse** VPR se chauffer ; (*cuando se tiene frío*) se réchauffer ; (*motor*) chauffer ; (*discusión, ánimos*) s'échauffer
calentura NF fièvre *f* ; (*de boca*) bouton *m* de fièvre
calenturiento, -a ADJ: **imaginación/mente calenturienta** imagination *f*/esprit *m* fébrile
calesa NF calèche *f*
calibrar VT (*Tec*) calibrer ; (*consecuencias*) évaluer ; (*importancia*) jauger
calibre NM calibre *m* ; (*fig*) calibre, envergure *f*
calidad NF qualité *f* ; **de ~** de qualité ; **en ~ de** en qualité de ; **ser de primera ~** être de premier choix ; **~ de carta** *o* **de correspondencia** qualité courrier ; **~ texto** (*Inform*) qualité de texte
cálido, -a ADJ chaud(e) ; (*palabras, aplausos*) chaleureux(-euse)
calidoscopio NM = **caleidoscopio**
caliente VB *ver* **calentar** ▸ ADJ chaud(e) ; **estar/ponerse ~** (*fam*) être excité(e)/s'exciter ; **en ~** à chaud
califa NM calife *m*
califato NM califat *m*
calificación NF qualification *f* ; (*en examen*) note *f* ; **~ de sobresaliente** mention *f* très bien
calificar VT noter ; **~ como/de** traiter de
calificativo, -a ADJ qualificatif(-ive) ▸ NM qualificatif *m*
califique *etc* VB *ver* **calificar**
californiano, -a ADJ californien(ne) ▸ NM/F Californien(ne)
caligrafía NF calligraphie *f*
calima NF (*neblina*) brume *f* de chaleur ; (*calor*) chaleur *f* caniculaire
calimocho NM *boisson mélangeant vin rouge et Coca-Cola®*
calina NF = **calima**
calisita NF, **calisitas** NFPL (*CSur: tiovivo*) manège *m*
cáliz NM calice *m*
caliza NF pierre *f* à chaux
calizo, -a ADJ calcaire
callado, -a ADJ: **estar ~** être silencieux(-euse) ; **ser ~** être peu bavard(e)
callar VT taire ; (*persona, oposición*) faire taire ▸ VI se taire ; **¡calla!** silence ! ■ **callarse** VPR se taire ; **¡cállate!** tais-toi ! ; **¡cállate la boca!** (*fam*) la ferme ! (*fam*)
calle NF rue *f* ; (*Deporte*) couloir *m* ; **la ~** (*en conjunto*) la rue ; **salir** *o* **irse a la ~** sortir ; **poner a algn (de patitas) en la ~** mettre qn à la porte, flanquer qn dehors (*fam*) ; **ir ~ abajo/arriba** descendre/remonter la rue ; **~ de sentido único** rue à sens unique ; **~ mayor** grand-rue *f* ; **~ peatonal** rue piétonne
calleja NF = **callejuela**
callejear VI flâner dans les rues
callejero, -a ADJ ambulant(e) ; (*verbena*) en plein air ; (*riña*) de rue ; (*persona*) flâneur(-euse) ; (*perro*) errant(e) ▸ NM plan *m*
callejón NM ruelle *f*, passage *m* ; (*en plaza de toros*) couloir *m* ; **~ sin salida** impasse *f*, voie *f* sans issue ; (*fig*) impasse
callejuela NF ruelle *f*, venelle *f*
callista NMF pédicure *mf*

callo NM (*en pies*) cor *m*; (*en manos*) durillon *m* ▪ **callos** NMPL (*Culin*) tripes *fpl*
callosidad NF callosité *f*
calloso, -a ADJ calleux(-euse)
calma NF calme *m*; **hacer algo con ~** faire qch calmement; **perder la ~** perdre son calme; **¡~!, ¡con ~!** du calme !; **~ chicha** calme plat
calmante ADJ calmant(e) ▸ NM calmant *m*, tranquillisant *m*
calmar VT calmer ▸ VI (*tempestad, viento*) se calmer ▪ **calmarse** VPR se calmer
calmoso, -a ADJ calme
caló NM calo *m*, *parler des gitans*
calor NM chaleur *f*; **entrar en ~** se réchauffer; (*Deporte*) s'échauffer; **hace ~** il fait chaud; **tener ~** avoir chaud
caloría NF calorie *f*
calque *etc* VB *ver* **calcar**
calumnia NF calomnie *f*
calumniar VT calomnier
calurosamente ADV chaleureusement
caluroso, -a ADJ chaud(e); (*acogida, aplausos*) chaleureux(-euse)
calva NF (*en cabeza*) crâne *m* dégarni; (*en bosque*) clairière *f*; *ver tb* **calvo**
calvario NM calvaire *m*
calvicie NF calvitie *f*
calvinista ADJ, NMF calviniste *mf*
calvo, -a ADJ, NM/F chauve *mf*
calzada NF chaussée *f*
calzado, -a ADJ chaussé(e) ▸ NM chaussures *fpl*
calzador NM chausse-pied *m*
calzar VT chausser; (*Tec*) caler; **¿qué (número) calza?** quelle est votre pointure ? ▪ **calzarse** VPR: **calzarse los zapatos** se chausser
calzón NM (*tb*: **calzones**) caleçon *m*; (*Am*: *de hombre*) slip *m*; (: *de mujer*) culotte *f*
calzonazos NM INV chiffe *f* molle
calzoncillos NMPL slip *msg*
cama NF lit *m*; **estar en ~** être alité(e); **guardar ~** garder le lit; **hacer la ~** faire le lit; **hacer la ~ a algn** (*fig*) jouer un tour de cochon à qn; **~ en petaca** lit en portefeuille; **~ individual/de matrimonio** lit simple/double; **~ nido** lit gigogne
camada NF portée *f*, nichée *f*
camafeo NM camée *m*
camaleón NM caméléon *m*
camaleónico, -a ADJ caméléonesque, versatile
cámara NF chambre *f*; (*Cine, TV*) caméra *f*; (*fotográfica*) appareil *m* photo; **a ~ lenta** au ralenti; **música de ~** musique *f* de chambre; **~ alta/baja** Chambre haute/basse; **~ de aire** chambre à air; **~ de comercio** chambre de commerce; **~ de gas** chambre à gaz; **~ de vídeo** caméscope *m*; **~ frigorífica** chambre froide; **~ nupcial/oscura** chambre nuptiale/noire ▸ NMF (*Cine, TV*) caméraman *m*
camarada NMF camarade *mf*; (*de trabajo*) collègue *mf*
camaradería NF camaraderie *f*
camarera NF (*en hotel*) femme *f* de chambre; (*Am*) hôtesse *f* de l'air; *ver tb* **camarero**
camarero, -a NM/F (*en restaurante*) serveur(-euse); (*en bar*) garçon *m* de café (serveuse); **¡camarera, por favor!** mademoiselle, s'il vous plaît !
camarilla NF clique *f*; (*Pol*) groupe *m* de pression, lobby *m*
camarón NM crevette *f* grise
camarote NM cabine *f*
camastro NM grabat *m*
cambalache (CSur) NM magasin *m* d'objets *o* de vêtements d'occasion
cambiante ADJ variable; (*humor*) changeant(e)
cambiar VT changer; (*intercambiar*) échanger; **~ algo por algo** changer qch pour *o* contre qch ▸ VI changer; **~ de coche/de idea/de trabajo** changer de voiture/d'idée/de travail; **~ de marcha** changer de vitesse; **~ de sitio** changer de place ▪ **cambiarse** VPR (*de casa*) changer; (*de ropa*) se changer; **cambiarse de sitio** changer de place
cambiazo NM: **dar el ~ a algn** donner le change à qn; (*hum*) faire une entourloupette à qn
cambio NM changement *m*; (*de dinero, impresiones*) échange *m*; (*Com*: *tipo de cambio*) change *m*; (*dinero menudo*) monnaie *f*; **a ~ de** en échange de; **en ~** (*por otro lado*) en revanche, par contre; (*en lugar de eso*) à la place; **~ a término** change à terme; **~ climático** changement climatique; **~ de divisas** change de devises; **~ de domicilio** changement de domicile; **~ de la guardia** relève *f* de la garde; **~ de línea/de página** (*Inform*) changement de ligne/de page; **~ de marchas** *o* **de velocidades** changement de vitesses; **~ de vía** aiguillage *m*
cambista NMF courtier(-ière), cambiste *mf*
Camboya NF Cambodge *m*
camboyano, -a ADJ cambodgien(ne) ▸ NM/F Cambodgien(ne)
CAME SIGLA M (= *Consejo de Ayuda Mutua Económica*) Comecon *m*, CAEM *m* (= *Conseil d'assistance économique mutuelle*)
camelar (*fam*) VT baratiner (*fam*) ▪ **camelarse** VPR entortiller (*fam*), embobeliner (*fam*)
camelia NF camélia *m*
camello NM chameau *m*; (*fam*) dealer *m*
camelo (*fam*) NM entourloupette *f*; (*mentira*) baratin *m*
cameo NM caméo *m*
camerino NM loge *f*
Camerún NM Cameroun *m*
camilla NF civière *f*, brancard *m*; (*mesa*) guéridon *m*
camillero, -a NM/F brancardier(-ière)
caminante NMF marcheur(-euse)

caminar VI marcher ▸VT faire à pied
caminata *(fam)* NF trotte *f (fam)*
camino NM *(tb Inform)* chemin *m* ; **a medio ~** à mi-chemin ; **en el ~** en chemin, chemin faisant ; **~ de** vers ; **estar/ponerse en ~** être/se mettre en route ; **Caminos, Canales y Puertos** *(Univ)* Ponts *mpl* et Chaussées ; **ir por buen/mal ~** *(fig)* être sur la bonne/mauvaise voie ; **~ de cabras** ≈ sentier *m* muletier ; **C~ de Santiago** chemin de saint Jacques ; *voir article* ; **~ particular** voie *f* privée ; **~ vecinal** chemin vicinal

Le **Camino de Santiago** (chemin de saint Jacques) est un pèlerinage célèbre depuis le Moyen-Âge. Il a pour point de départ les Pyrénées et se termine à Saint-Jacques-de-Compostelle, au nord-ouest de l'Espagne, où serait enterré l'apôtre saint Jacques. De nos jours, ce pèlerinage continue d'attirer un grand nombre de croyants et de touristes.

camión NM camion *m*, poids *msg* lourd ; **estar como un ~** *(fam: mujer)* être bien roulée *(fam)* ; **~ cisterna** camion-citerne *m* ; **~ de la basura** camion des éboueurs ; **~ de mudanzas** camion de déménagement
camionero NM camionneur *m*, routier *m*
camioneta NF camionnette *f*
camisa NF *(tb Tec)* chemise *f* ; **~ de fuerza** camisole *f* de force
camisería NF chemiserie *f*
camiseta NF tee-shirt *m* ; *(ropa interior)* maillot *m* de corps ; *(de deportista)* maillot
camisón NM chemise *f* de nuit
camomila NF camomille *f*
camorra NF: **armar ~** faire un scandale ; **buscar ~** chercher querelle
camorrista NMF querelleur(-euse)
camote *(AM)* NM patate *f* douce
campal ADJ: **batalla ~** bataille *f* rangée
campamento NM colonie *f* de vacances ; *(Mil)* camp *m*
campana NF cloche *f* ; *(CSUR)* campagne *f* ; **~ de cristal** cloche de verre
campanada NF coup *m* de cloche ; **dar la ~** se faire remarquer
campanario NM clocher *m*
campanilla NF clochette *f* ; *(Bot)* campanule *f*
campante ADJ: **seguir/quedarse/estar tan ~** continuer/faire/se conduire comme si de rien n'était
campaña NF campagne *f* ; **hacer ~ (en pro de/contra)** faire campagne (en faveur de *o* pour/contre) ; **~ de venta** campagne commerciale ; **~ electoral/publicitaria** campagne électorale/publicitaire
campechano, -a ADJ sans façon ; **es muy ~** il est très simple
campeón, -ona NM/F champion(ne)
campeonato NM championnat *m* ; **de ~** *(fam)* du tonnerre *(fam)*, formidable
campera *(CSUR)* NF blouson *m*
campesinado NM paysannerie *f*, paysans *mpl*
campesino, -a ADJ champêtre ; *(gente)* de la campagne ▸NM/F paysan(ne)
campestre ADJ champêtre
camping ['kampin] *(pl* **campings***)* NM camping *m* ; **ir de** *o* **hacer ~** camper, faire du camping
campiña NF campagne *f*
campista NMF campeur(-euse)
campo NM campagne *f* ; *(Agr, Elec, Fís)* champ *m* ; *(Inform)* champ, zone *f* ; *(Mil, de fútbol, rugby)* terrain *m* ; *(ámbito)* domaine *m* ; **a ~ traviesa** *o* **través** à travers champs ; **dormir a ~ raso** dormir à la belle étoile ; **trabajo de ~** travaux *mpl* pratiques (sur le terrain) ; **~ de batalla** champ de bataille ; **~ de concentración** camp *m* de concentration ; **~ de deportes/de golf** terrain de sport/de golf ; **~ de minas** champ de mines ; **~ de trabajo** camp de travail ; **~ magnético** champ magnétique ; **~ petrolífero** champ pétrolifère, gisement *m* de pétrole ; **~ raso** rase campagne *f* ; **~ visual** champ visuel
camposanto NM cimetière *m*
campus NM INV campus *m inv*
camuflaje NM camouflage *m*
camuflar VT camoufler
can NM chien *m*
cana NF cheveu *m* blanc ; **tener canas** avoir des cheveux blancs ; **echar una ~ al aire** se payer une partie de plaisir ; *ver tb* **cano**
Canadá NM Canada *m*
canadiense ADJ canadien(ne) ▸NMF Canadien(ne)
canal NM canal *m* ; *(de televisión)* chaîne *f* ; *(de tejado)* chéneau *m*, gouttière *f* ; **abrir algo en ~** ouvrir qch de haut en bas ; **~ de distribución** réseau *m* de distribution ; **C~ de la Mancha** la Manche ; **C~ de Panamá** canal de Panama
canaleta *(CSUR)* NF *(Arq)* gouttière *f*
canalice *etc* VB *ver* **canalizar**
canalización NF canalisation *f* ; *(de inversiones, recursos etc)* canalisation *f*, orientation *f*
canalizar VT canaliser
canalla NMF canaille *f*
canallada NF canaillerie *f*
canalón NM tuyau *m* de descente ; *(del tejado)* chéneau *m* ▪ **canalones** NMPL *(Culin)* cannelloni *mpl*
canapé NM *(tb Culin)* canapé *m*
Canarias NFPL: **las (Islas) ~** les (îles *fpl*) Canaries *fpl*
canario, -a ADJ des (îles) Canaries ▸NM/F natif(-ive) *o* habitant(e) des (îles) Canaries ▸NM *(Zool)* canari *m*, serin *m* ; **amarillo ~** jaune canari *inv*, jaune serin *inv*
canasta NF corbeille *f* ; *(en baloncesto)* panier *m* ;

(*Naipes*) canasta *f* ; **hacer ~** réussir un panier

canastilla NF (*de novia*) trousseau *m* ; (*de bebé*) layette *f*

canasto NM corbeille *f*

cancela NF grille *f*, porte *f* en fer forgé

cancelación NF (*ver vt*) annulation *f* ; résiliation *f* ; suppression *f* ; acquittement *m*

cancelar VT (*visita, vuelo*) annuler ; (*contrato*) résilier ; (*permiso*) supprimer ; (*deuda*) s'acquitter de ; (*cuenta corriente*) fermer

cáncer NM cancer *m* ; **C~** (*Astrol*) Cancer ; **ser C~** être Cancer

cancerígeno, -a ADJ cancérigène

canceroso, -a ADJ cancéreux(-euse)

cancha NF terrain *m* ; (*de tenis*) court *m* ▸ EXCL (*CSur*) dégagez !, faites place !

canciller NM chancelier *m* ; (*Am*) ministre *m* des Affaires étrangères

cancillería NF (*en embajada*) chancellerie *f* ; (*Am: ministerio*) ministère *m* des Affaires étrangères

canción NF chanson *f* ; **~ de cuna** berceuse *f* ; **~ infantil** comptine *f* ; **~ popular** chanson populaire

cancionero NM chansonnier *m*

candado NM cadenas *msg*

candeal ADJ: **pan ~** pain *m* blanc ▸ NM (*CSur Culin*) lait *m* de poule

candela NF bougie *f*, chandelle *f*

candelabro NM candélabre *m*

candelero NM: **estar en ~** être en vedette

candente ADJ chauffé(e) au rouge ; (*tema, problema*) brûlant(e)

candidato, -a NM/F candidat(e) ; (*para puesto*) candidat(e), postulant(e)

candidatura NF candidature *f*

candidez NF candeur *f* ; (*falta de malicia*) innocence *f*

cándido, -a ADJ candide ; (*sin malicia*) innocent(e)

candil NM lampe *f* à huile

candilejas NFPL (*Teatro*) rampe *fsg*

candombe (*Am*) NM (*baile*) *danse d'origine africaine pratiquée en Amérique du Sud*

candor NM candeur *f*

canela NF cannelle *f* ; **~ en rama** cannelle en bâtons

canelo NM: **hacer el ~** faire l'imbécile, faire le pitre

canelones NMPL cannelloni *mpl*

canesú NM empiècement *m*

cangrejo NM crabe *m* ; (*de río*) écrevisse *f*

canguro NM kangourou *m* ; (*de niños*) baby-sitter *mf* ; **hacer de ~** garder des enfants, faire du baby-sitting

caníbal ADJ, NMF cannibale *mf*

canibalismo NM cannibalisme *m*

canica NF bille *f*

caniche NM caniche *m*

canícula NF canicule *f*

canijo, -a ADJ chétif(-ive)

canilla NF cannette *f* ; (*de pierna*) tibia *m* ; (*Am*) jambe *f* ; (*CSur*) robinet *m*

canillita (*And, CSur*) NM crieur *m* de journaux

canino, -a ADJ canin(e) ; **tener un hambre canina** avoir une faim de loup ▸ NM canine *f*

canje NM (*de rehenes, prisioneros*) échange *m* ; (*Com*) change *m*

canjear VT: **~ (por)** échanger (pour) ; (*Com*) changer (pour)

cannabis NM cannabis *m*

cano, -a ADJ (*pelo, cabeza*) blanc (blanche)

canoa NF canoë *m*

canódromo NM champ *m* de courses de lévriers

canon NM canon *m* ; (*Com*) taxe *f*, impôt *m*

canonice *etc* VB *ver* **canonizar**

canónico, -a ADJ: **derecho ~** droit *m* canon

canónigo NM chanoine *m* ■ **canónigos** NMPL mâche *fsg*

canonizar VT canoniser

canoso, -a ADJ grisonnant(e), aux cheveux blancs ; (*pelo*) grisonnant(e)

cansado, -a ADJ fatigué(e) ; (*viaje, trabajo*) fatigant(e) ; **estoy ~ de hacerlo** j'en ai assez de faire ça

cansador, a (*CSur*) NM/F ennuyeux(-euse)

cansancio NM fatigue *f* ; **hasta el ~** à satiété

cansar VT fatiguer ; (*aburrir*) ennuyer ; (*hartar*) lasser ■ **cansarse** VPR: **cansarse (de hacer)** se lasser (de faire)

cansino, -a ADJ (*pesado*) ennuyeux(-euse), lassant(e) ; (*lento*) fatigué(e), traînant(e) ; **andaba con paso ~** il marchait d'un pas lourd

Cantabria NF la Cantabrique *f*

cantábrico, -a ADJ de Cantabrique ; **mar C~** golfe *m* de Gascogne

cántabro, -a ADJ de la province de Santander ▸ NM/F natif(-ive) *o* habitant(e) de la province de Santander

cantaleta (*Am*) NF refrain *m*

cantamañanas (*fam*) NMF INV fantaisiste, baratineur(-euse) (*fam*)

cantante NMF chanteur(-euse)

cantaor, a NM/F chanteur(-euse) de flamenco

cantar VT chanter ; **cantarle a algn las cuarenta** dire à qn ses quatre vérités ▸ VI chanter ; (*fam: criminal*) se mettre à table ; (*fam: oler mal*) puer, cocoter (*fam*) ; **~ a dos voces** chanter en duo ; **~ de plano** passer aux aveux ; **en menos que canta un gallo** en un rien de temps ; **estaba cantado** c'était à prévoir ▸ NM chanson *f*

cántara NF bidon *m*

cántaro NM cruche *f*

C

cantata NF (*Mús*) cantate *f*

cantautor, a NM/F auteur-compositeur-interprète (auteure-compositrice-interprète)

cante NM: **~ jondo** chant *m* flamenco

cantera NF (*lugar*) carrière *f* ; (*fig: de profesionales, futbolistas*) pépinière *f*

cantero (CSur) NM (*macizo de flores*) massif *m* de fleurs ; (*macizo de legumbres*) planche *f* de légumes

cántico NM cantique *m*

cantidad NF quantité *f* ; **gran ~ de** une grande quantité de, bon nombre de ; **en ~** en quantité ; **~ alzada** forfait *m* ▶ ADV (*fam*) plein ; **el café me gusta ~** j'adore le café, je raffole du café

cantilena NF = **cantinela**

cantimplora NF gourde *f*

cantina NF cantine *f* ; (*de estación*) buffet *m* ; (*esp Am: taberna*) café *m*

cantinela NF cantilène *f*

canto NM chant *m* ; (*de mesa, moneda*) bord *m* ; (*de libro*) tranche *f* ; (*de cuchillo*) dos *msg* ; **faltó el ~ de un duro** il s'en est fallu d'un cheveu ; **de ~** de côté, sur le côté ; **~ rodado** galet *m*

cantón NM canton *m*

cantonés, -esa ADJ cantonais(e) ▶ NM/F Cantonais(e) ▶ NM (*Ling*) cantonais *m*

cantor, a ADJ: **ave cantora** oiseau *m* chanteur ▶ NM/F chantre *m*

canturrear VI chantonner

canutas NFPL: **pasarlas ~** en voir des vertes et des pas mûres, en voir de toutes les couleurs

canuto NM petit tube *m* ; (*fam: droga*) joint *m* (*fam*)

caña NF (*Bot*) tige *f* ; (*: especie*) roseau *m* ; (*de hueso*) os *msg* long ; (*vaso*) verre *m* ; (*de cerveza*) demi *m* ; (*Am*) alcool *m* de canne à sucre ; **dar** *o* **meter ~** (*fam: a un coche*) appuyer sur le champignon (*fam*) ; (*: a algn*) secouer (*fam*) ; **~ de azúcar/de pescar** canne *f* à sucre/à pêche

cañada NF vallon *m* ; (*de ganado*) chemin *m* de transhumance

cañamazo NM canevas *msg*

cáñamo NM chanvre *m*

cañaveral NM cannaie *f* ; (*Agr*) plantation *f* de canne à sucre

cañería NF tuyauterie *f*

cañizal NM = **cañaveral**

caño NM (*tubo*) tuyau *m* ; (*de fuente*) jet *m*

cañón NM canon *m* ; (*Geo*) canyon *m*

cañonazo NM coup *m* de canon

cañonera NF (*tb*: **lancha cañonera**) canonnière *f*

caoba NF acajou *m*

caos NM chaos *msg*

caótico, -a ADJ chaotique

cap. ABR (= *capítulo*) chap. (= *chapitre*)

CAP SIGLA M (= *Certificado de Aptitud Pedagógica*) *ancien certificat d'aptitude à l'enseignement*

capa NF (*prenda*) cape *f* ; (*Culin, Geo, de polvo*) couche *f* ; **defender a ~ y espada** défendre avec acharnement ; **~ de ozono** couche d'ozone ; **capas sociales** couches *fpl* sociales

capacho NM cabas *msg*

capacidad NF capacité *f* ; **este teatro tiene una ~ de mil espectadores** ce théâtre peut contenir mille spectateurs ; **tener ~ para los idiomas/las matemáticas** être doué(e) pour les langues/les mathématiques ; **tener ~ de adaptación/de trabajo** avoir une capacité d'adaptation/de travail ; **~ adquisitiva** pouvoir *m* d'achat

capacitación NF formation *f* ; **curso de ~** cours *msg* de formation

capacitado, -a ADJ qualifié(e) ; **~ para algo** (*Jur*) habilité(e) à faire qch

capacitar VT: **~ a algn para** (*formar*) former qn à

capar VT castrer

caparazón NM (*de ave*) carcasse *f* ; (*de tortuga*) carapace *f*

capataz NM contremaître *m*

capaz ADJ capable ; **ser ~ de (hacer)** être capable de (faire) ; **es ~ que venga mañana** (*Am*) il viendra probablement demain

capcioso, -a ADJ: **pregunta capciosa** question *f* captieuse

capea NF (*Taur*) course *f* de vachettes

capear VT (*dificultades*) esquiver ; **~ el temporal** résister à la tourmente

capella: **a ~** *adv* (*Mús*) a capella

capellán NM aumônier *m* ; (*sacerdote*) chapelain *m*

Caperucita Roja N le Petit Chaperon rouge

caperuza NF chaperon *m* ; (*de bolígrafo*) capuchon *m*

capi (*Am fam*) NF capitale *f*

capicúa ADJ INV palindrome ▶ NM nombre *m* palindrome

capilar ADJ, NM capillaire *m*

capilla NF chapelle *f* ; **~ ardiente** chapelle ardente

capirote NM: **tonto de ~** parfait idiot *m*

capital ADJ (*tb Jur*) capital(e) ▶ NM capital *m* ; **inversión de capitales** investissement *m* de capitaux ; **~ activo** capital circulant *o* d'exploitation ; **~ arriesgado** *o* **riesgo** capital-risque *m* ; **~ autorizado** *o* **social** capital social ; **~ emitido** capital émis ; **~ en acciones** capital en actions ; **~ improductivo/pagado** capital improductif/versé ; **~ invertido** *o* **utilizado** capital investi, mise *f* de fonds ▶ NF capitale *f*

capitalice *etc* VB *ver* **capitalizar**

capitalino, -a (*Am*) ADJ de la capitale ▶ NM/F natif(-ive) *o* habitant(e) de la capitale

capitalismo NM capitalisme *m*

capitalista ADJ, NMF capitaliste *mf*
capitalización NF capitalisation *f*
capitalizar VT capitaliser ; (*situación, triunfo*) tirer parti de
capitán NM capitaine *m* ; **~ general** ≈ général *m* de corps d'armée
capitana NF vaisseau *m* amiral
capitanear VT commander ; (*equipo*) être le capitaine de ; (*pandilla, expedición*) être à la tête de
capitanía NF: **~ general** (*edificio*) bureau *m* de l'état-major des armées ; (*cargo*) ≈ dignité *f* de général de corps d'armée
capitel NM chapiteau *m*
capitolio NM capitole *m*
capitulación NF capitulation *f* ; **capitulaciones matrimoniales** contrat *msg* de mariage
capitular VI capituler
capítulo NM chapitre *m*
capo NM (*jefe*) chef *m* ; (*persona influyente*) grosse légume *f* (*fam*) ; (*de la mafia*) parrain *m* ; (*esp* COL) baron *m* de la drogue
capó NM capot *m*
capón NM (*pollo*) chapon *m* ; (*golpe*) tape *f* sur la tête
caporal NM caporal *m*
capota NF (*de coche*) capote *f*
capote NM (*de militar*) capote *f* ; (*de torero*) cape *f* ; **echar un ~ a algn** prêter main forte à qn
capricho NM caprice *m* ; **darse un ~** se faire un petit plaisir
caprichoso, -a ADJ capricieux(-euse)
Capricornio NM (*Astrol*) Capricorne *m* ; **ser ~** être Capricorne
cápsula NF capsule *f* ; **~ de café** capsule de café ; **~ espacial** capsule spatiale
captación NF captation *f* ; **~ de capital** (*Econ*) levée *f* de capitaux ; **~ de clientes: es la encargada de la ~ de clientes** elle est responsable du démarchage ; **~ de datos** saisie *f* de données ; **~ de fondos** collecte *f* de fonds ; **~ de votos** captation de votes
captar VT capter ; (*indirecta, sentido*) saisir
captura NF capture *f* ; **~ de pantalla** (*Inform*) capture d'écran
capturar VT capturer
capucha NF, **capuchón** NM capuche *f* ; (*de bolígrafo*) capuchon *m*
capuchino, -a NM/F (*Rel*) capucin(e) ▸ NM (*café*) cappuccino *m* ; (AM *Zool*) capucin *m*
capullo, -a NM/F (*fam!*) con(ne) (*fam !*) ▸ NM (*Zool*) cocon *m* ; (*Bot*) bouton *m* ; **~ de rosa** bouton de rose
caqui ADJ INV kaki *inv* ▸ NM (*fruta*) kaki *m*
cara NF visage *m*, figure *f* ; (*expresión*) tête *f*, mine *f* ; (*de disco, papel*) face *f* ; (*fam: descaro*) culot *m*, toupet *m* ; **de ~** de face ; **(de) ~ a** (*en dirección a*) face à ; (*con vistas a*) en vue de ; **decir algo ~ a ~** dire qch en face ; **mirar ~ a ~** regarder bien en face ; **dar la ~** ne pas se dérober ; **echar algo en ~ a algn** reprocher qch à qn ; **¿~ o cruz?** pile ou face ? ; **poner/tener ~ de** prendre/avoir un air de ; **¡qué ~ más dura!** quel culot !, en voilà du toupet ! ; **tener buena/mala ~** avoir bonne/mauvaise mine ; (*herida*) avoir bon/mauvais aspect ; (*asunto*) avoir/ne pas avoir l'air bien ; (*guiso*) avoir/ne pas avoir l'air bon ; **tener mucha ~** avoir un culot monstre ; **de una ~** (*disquete*) d'une seule face
carabina NF carabine *f* ; (*persona*) chaperon *m*
carabinero NM douanier *m* ; (AM) agent *m* de police
Caracas N Caracas
caracol NM escargot *m* ; (*concha*) coquille *f* d'escargot ; (*rizo*) boucle *f* ; (*esp* AM) coquillage *m* ; **escalera de ~** escalier *m* en colimaçon
caracola NF coquillage *m*
caracolear VI caracoler
carácter (*pl* **caracteres**) NM caractère *m* ; **tener buen/mal ~** avoir bon/mauvais caractère ; **~ alfanumérico** caractère alphanumérique ; **caracteres de imprenta** caractères *mpl* d'imprimerie
caracterice *etc* VB *ver* **caracterizar**
característica NF caractéristique *f*
característico, -a ADJ caractéristique
caracterización NF caractérisation *f*
caracterizar VT caractériser ; (*Teatro*) bien interpréter ■ **caracterizarse** VPR (*Teatro*) se mettre en costume ; **caracterizarse por** se caractériser par
caradura NMF: **es un(a) ~** il (elle) est culotté(e) (*fam*)
carajillo NM *café arrosé de cognac ou de liqueur d'anis*
carajo (*fam!*) NM: **¡~!** merde ! (*fam !*) ; **¡qué ~!** et quoi encore !, mon œil ! (*fam*) ; **me importa un ~** je m'en fous pas mal ! (*fam !*) ; **¡vete al ~!** va te faire voir ! (*fam !*)
caramba EXCL dis donc !, mince alors !
carámbano NM glaçon *m*
carambola NF (*en billar*) carambolage *m* ; **por ~** par pur hasard
caramelo NM bonbon *m* ; (*azúcar fundido*) caramel *m*
carancho (CSUR) NM *sorte de vautour*
carantoñas NFPL: **hacer ~** faire des mamours
caraqueño, -a ADJ de Caracas ▸ NM/F natif(-ive) *o* habitant(e) de Caracas
carátula NF masque *m* ; (*de disco*) pochette *f* ; (*de libro*) couverture *f* ; **la ~** le théâtre
caravana NF caravane *f* ; (*de vehículos, gente*) file *f* ; (*Auto*) bouchon *m*
caray EXCL = **caramba**
carbohidrato NM hydrate *m* de carbone
carbón NM charbon *m* ; **papel ~** carbone *m* ; **al ~** au charbon ; **~ de leña** *o* **vegetal** charbon de bois

carbonatado, -a ADJ carbonaté(e)
carbonato NM carbonate *m*; **~ sódico** carbonate de soude
carboncillo NM fusain *m*
carbonería NF dépôt *m* de bois
carbonice *etc* VB *ver* **carbonizar**
carbónico, -a ADJ carbonique
carbonífero, -a ADJ carbonifère
carbonilla NF poussière *f* de charbon
carbonizar VT carboniser; **quedar carbonizado** être réduit en cendres
carbono NM carbone *m*
carburador NM carburateur *m*
carburante NM carburant *m*
carburar (*fam*) VI carburer (*fam*)
carca (*fam*) ADJ INV, NMF INV réac *mf* (*fam*)
carcaj NM carquois *msg*
carcajada NF éclat *m* de rire; **reír(se) a carcajadas** rire aux éclats
carcajearse VPR rire aux éclats
carcamal (*fam*) NM vieux *m* croulant (*fam*)
carcasa NF (*armazón*) carcasse *f*; (*Auto: de motor*) carter *m*, boîtier *m*; (*: de neumático*) carcasse *f*; (*de móvil*) coque *f*
cárcel NF prison *f*, maison *f* d'arrêt
carcelario, -a ADJ carcéral(e)
carcelero, -a NM/F gardien(ne) de prison
carcinoma NM carcinome *m*
carcoma NF termite *m*
carcomer VT manger, ronger; (*salud, confianza*) miner ■ **carcomerse** VPR: **carcomerse de** être rongé(e) par
cardar VT carder
cardenal NM cardinal *m*; (*Med*) bleu *m*
cardenalicio, -a ADJ de cardinal, cardinalice
cárdeno, -a ADJ pourpre
cardiaco, -a, cardíaco, -a ADJ cardiaque; **estar ~** (*fam*) être énervé(e)
cardinal ADJ cardinal(e); **puntos cardinales** points *mpl* cardinaux
cardiología NF cardiologie *f*
cardiólogo, -a NM/F cardiologue *mf*
cardiopatía NF cardiopathie *f*
cardiovascular ADJ cardiovasculaire
cardo NM (*comestible*) cardon *m*; (*espinoso*) chardon *m*; **ser un ~** (*fam*) être laid(e) comme un pou; (*arisco*) être grincheux(-euse)
carear VT (*tb Jur*) confronter
carecer VI: **~ de** manquer de
carencia NF manque *m*; (*Med*) carence *f*
carente ADJ: **~ de** dépourvu(e) de
careo NM confrontation *f*
carero, -a (*fam*) ADJ chérot (*fam*)
carestía NF (*Com*) cherté *f*; (*escasez*) pénurie *f*; **época de ~** période *f* de pénurie
careta NF masque *m*; **quitarle a algn la ~** démasquer qn; **~ antigás** masque à gaz
carey NM: **de ~** en écaille
carezca *etc* VB *ver* **carecer**
carga NF charge *f*; (*de barco, camión*) chargement *m*, cargaison *f*; (*de bolígrafo, pluma*) cartouche *f*, recharge *f*; (*Inform*) chargement; **de ~** (*animal*) de charge; **buque de ~** cargo *m*; **la ~ fiscal** la charge fiscale; **zona de ~ y descarga** zone *f* de livraisons; **~ aérea** fret *m* aérien; **~ afectiva** charge affective; **~ explosiva** charge explosive; **~ útil** charge utile
cargadero NM zone *f* de chargement
cargado, -a ADJ chargé(e); (*café, té*) serré(e), fort(e); (*ambiente*) raréfié(e), vicié(e); **~ de hombros/espalda** les épaules voûtées/le dos voûté
cargador, a NM/F chargeur(-euse); (*Náut*) docker *m* ▸ NM (*de arma*) chargeur *m*
cargamento NM chargement *m*, cargaison *f*
cargante (*fam*) ADJ agaçant(e)
cargar VT charger; (*impuesto*) imposer, taxer; (*Com*) débiter; (*móvil*) recharger; **te la vas a ~** (*fam*) cela va te coûter cher; **~ las tintas** forcer la note; **los indecisos me cargan** les gens indécis me portent sur les nerfs; **~ algo a** *o* **en la espalda** prendre qch sur son dos ▸ VI charger; **~ (contra)** charger (contre); **~ con** porter; (*responsabilidad*) assumer ■ **cargarse** VPR (*fam: estropear*) bousiller (*fam*); (*: matar*) liquider (*fam*); (*: ley, proyecto*) supprimer; (*: suspender*) recaler (*fam*), coller (*fam*); (*Elec*) se charger; (*cielo*) se couvrir; **cargarse de** (*de dinero*) se munir de; (*de paquetes*) se charger de; (*de obligaciones*) assumer
cargo NM (*Com etc*) débit *m*; (*puesto*) poste *m*; **una cantidad en ~ a algn** une somme portée au compte de qn; **estar a(l) ~ de** être à (la) charge de; **hacerse ~ de** (*de deudas, poder*) assumer; (*darse cuenta de*) se rendre compte de; **me da ~ de conciencia** cela me donne des remords; **alto ~** (*Com*) cadre *m* supérieur; (*Pol*) autorité *f* ■ **cargos** NMPL (*Jur*) accusations *fpl*
cargosear (CSur *fam*) VT casser les pieds à
cargoso, -a ADJ casse-pieds *inv*; **no seas ~** ne sois pas casse-pieds
cargue *etc* VB *ver* **cargar**
carguero NM cargo *m*; (*avión*) avion-cargo *m*
Caribe NM: **el ~** les Caraïbes *fpl*
caribeño, -a ADJ des Caraïbes
caricatura NF caricature *f*
caricaturizar VT caricaturer ■ **caricaturizarse** VPR se caricaturer
caricia NF caresse *f*
caridad NF charité *f*; **obras de ~** œuvres *fpl* de charité; **vivir de la ~** vivre de la charité
caries NF INV carie *f*
carilla NF (*Tip*) face *f*
cariño NM affection *f*; **sí, ~** oui, chéri(e); **sentir**

~ por/tener ~ a ressentir/avoir de l'affection pour ; **tomar ~ a algn** s'attacher à qn ; **hacer algo con ~** prendre plaisir à faire qch

cariñosamente ADV affectueusement

cariñoso, -a ADJ affectueux(-euse) ; **« saludos cariñosos »** « affectueusement »

carioca (AM) ADJ carioca, de Rio de Janeiro ▶ NMF carioca *mf*, natif(-ive) *o* habitant(e) de Rio de Janeiro

carisma NM charisme *m*

carismático, -a ADJ charismatique

caritativo, -a ADJ charitable ; (*organismo*) caritatif(-ive)

cariz NM (*de los acontecimientos*) tournure *f*

carlista ADJ, NMF (*Hist*) carliste *mf*

carmelita (*Rel*) ADJ carmélite ▶ NMF carme (carmélite)

carmesí ADJ cramoisi(e) ▶ NM cramoisi *m*

carmín NM carmin *m* ; **~ (de labios)** rouge *m* (à lèvres)

carnada NF amorce *f*, appât *m*

carnal ADJ charnel(le) ; **primo ~** cousin *m* germain

carnaval NM carnaval *m* ; *voir article*

Les réjouissances du **Carnaval** se déroulent pendant les trois jours qui précèdent le début du *Cuaresma* (carême). En déclin sous le régime franquiste, le carnaval connaît aujourd'hui un regain de popularité dans toute l'Espagne. Le carnaval de Cadix est réputé pour ses *coros* (chœurs), dont les chansons se caractérisent par l'humour et la satire sociale. Celui de Tenerife est particulièrement renommé pour ses défilés et déguisements souvent somptueux.

carnaza NF (*para animales*) appât *m* ; (*de escándalo, suceso*): **dar ~ a la gente** donner des détails croustillants aux gens

carne NF chair *f* ; (*Culin*) viande *f* ; **en ~ viva** à vif ; **en ~ y hueso** en chair et en os ; **~ de cañón** chair à canon ; **~ de cerdo/de cordero** viande de porc/d'agneau ; **~ de ternera/de vaca** viande de veau/de bœuf ; **~ de gallina** chair de poule ; **~ de membrillo** gelée *f* de coing ; **~ picada** viande hachée ■ **carnes** NFPL (*fam*) graisse *fsg*

carné NM = **carnet**

carnero NM mouton *m*

carnet [kar'ne] (*pl* **carnets**) NM: **~ de conducir** permis *msg* de conduire ; **~ de identidad** carte *f* d'identité ; **~ de socio** carte de membre

carnicería NF boucherie *f*

carnicero, -a ADJ carnassier(-ière) ; (*pájaro, ave*) de proie ▶ NM/F boucher(-ère)

cárnico, -a ADJ (*productos, industria*) de la viande

carnívoro, -a ADJ carnivore ▶ NM carnivore *m*

carnoso, -a ADJ charnu(e)

caro, -a ADJ cher (chère) ▶ ADV cher ; **te costará/lo pagarás ~** (*fig*) cela te coûtera/tu le paieras cher

carota (*fam*) NMF: **es un(a) ~** il (elle) est culotté(e)

carótida NF carotide *f*

carozo (AM) NM noyau *m*

carpa NF carpe *f* ; (*de circo*) chapiteau *m* ; (AM) tente *f*

carpeta NF dossier *m*, chemise *f* ; **~ (de anillas)** classeur *m*

carpetazo NM: **dar ~ a algo** mettre qch de côté

carpintería NF menuiserie *f*

carpintero NM menuisier *m* ; **pájaro ~** pic *m*

carraca NF crécelle *f* ; (*juguete*) hochet *m*

carraspear VI (*toser*) se racler *o* s'éclaircir la gorge

carraspera NF enrouement *m*

carrera NF course *f* ; (*Univ*) études *fpl* ; (*profesión*) carrière *f* ; **tienes una ~ en las medias** tes bas sont filés ; **aquí se recogen carreras a las medias** ici on reprise les bas ; **a la ~** à toute vitesse ; **darse** *o* **echar** *o* **pegar una ~** filer à toute allure *o* à toutes jambes ; **de carreras** de course ; **en una ~** d'une traite ; **~ de armamentos/de obstáculos** course aux armements/d'obstacles

carrerilla NF: **decir algo de ~** réciter qch comme un perroquet ; **tomar ~** prendre son élan

carreta NF charrette *f*

carrete NM pellicule *f* ; (*Tec*) bobine *f*

carretera NF route *f* ; **~ de circunvalación** boulevard *m* périphérique ; **~ nacional/secundaria** route nationale/secondaire

carretilla NF brouette *f*

carril NM (*de autopista*) file *f*, voie *f* ; (*Ferro*) rail *m* ; **~ bici** piste *f* cyclable

carrillo NM joue *f*

carrito NM chariot *m*, caddie® *m*

carro NM chariot *m* ; (*con dos ruedas*) charrette *f* ; (AM) voiture *f* ; **¡para el ~!** arrête là !, c'est bon, ça suffit ! ; **~ blindado/de combate** char *m* d'assaut/de combat

carrocería NF carrosserie *f*

carromato NM roulotte *f*

carroña NF charogne *f*

carroñero, -a ADJ: **animal ~** charognard *m*

carroza NF carrosse *m* ; (*en desfile*) char *m* ▶ NMF (*fam*) croulant(e), vieux schnock (vieille taupe)

carruaje NM voiture *f*

carrusel NM manège *m*

carta NF lettre *f* ; (*Naipes*) carte *f* ; (*Jur*) charte *f* ; **a la ~** (*menú, televisión*) à la carte ; **dar ~ blanca a algn** donner carte blanche à qn ; **echar una ~ (al correo)** mettre une lettre à la poste ; **echar las cartas a algn** tirer les cartes à qn ; **tomar cartas en el asunto** intervenir dans l'affaire ;

~ certificada lettre recommandée ; **~ de ajuste** (*TV*) mire *f* ; **~ de crédito documentaria** lettre de crédit ; **~ de crédito irrevocable** (*Com*) lettre de crédit irrévocable ; **~ de pedido** bon *m* de commande ; **~ de vinos** carte des vins ; **~ marítima** carte marine ; **~ urgente** lettre urgente ; **~ verde** carte verte

carta-bomba (*pl* **cartas-bomba**) NF lettre *f* piégée

cartabón NM équerre *f*

cartaginés, -esa ADJ carthaginois(e) ▶ NM/F Carthaginois(e)

Cartago N Carthage

cartearse VPR correspondre

cartel NM affiche *f* ; (*Com*) cartel *m*, trust *m* ; **en ~** à l'affiche

cártel NM (*Com*) = **cartel**

cartelera NF rubrique *f* ; (*en la calle*) panneau *m* d'affichage ; (*en París*) colonne *f* Morris ; **lleva mucho/poco tiempo en ~** il est à l'affiche depuis longtemps/peu

cárter NM (*Mec*) carter *m* ; **~ de cigüeñal** carter *m* de vilebrequin

cartera NF (*tb*: **cartera de bolsillo**) portefeuille *m* ; (*de cobrador*) serviette *f* ; (*de colegial*) cartable *m* ; (*Am*) sac à main *m* ; **ministro sin ~** (*Pol*) ministre *m* sans portefeuille ; **ocupa la ~ de Agricultura** il occupe le portefeuille de l'Agriculture ; **tener algo en ~** avoir qch de prévu ; **efectos en ~** (*Econ*) avoirs *mpl* fonciers ; **~ de mano** serviette, porte-document(s) *m* ; **~ de pedidos** carnet *m* de commandes ; *ver tb* **cartero**

carterista NMF pickpocket *m*, voleur(-euse) à la tire

cartero, -a NM/F facteur(-trice)

cartesiano, -a ADJ, NM/F cartésien(ne)

cartílago NM cartilage *m*

cartilla NF livret *m* scolaire ; **~ de ahorros** livret de caisse d'épargne ; **~ de racionamiento** carte *f* de rationnement

cartografía NF cartographie *f*

cartón NM carton *m* ; (*de tabaco*) cartouche *f* ; **de ~** en carton ; **~ piedra** papier *m* mâché

cartuchera NF cartouchière *f*

cartucho NM cartouche *f* ; (*cucurucho*) cornet *m* ; **~ de datos** (*Inform*) chargeur *m*

cartuja NF chartreuse *f*

cartulina NF bristol *m*

CASA (*Esp*) SIGLA F (*Aviat*) = **Construcciones Aeronáuticas S.A.**

casa NF maison *f* ; **sentirse como en su ~** se sentir comme chez soi ; **ir a ~** rentrer chez soi ; **salir de ~** sortir de chez soi ; **irse de ~** faire sa malle ; **él es como de la ~** c'est comme s'il était de la famille ; **llevar la ~** tenir sa maison ; **echar la ~ por la ventana** (*gastar*) jeter l'argent par les fenêtres ; (*recibir a lo grande*) mettre les petits plats dans les grands ; **~ consistorial** hôtel *m* de ville, mairie *f* ; **~ de campo** maison de campagne ; **~ de citas/de discos** maison de rendez-vous/de disques ; **~ de fieras** ménagerie *f* ; **~ de huéspedes** pension *f* de famille ; **~ de la moneda** hôtel des monnaies ; **~ de socorro** poste *m* de secours

casaca NF casaque *f*

casadero, -a ADJ en âge de se marier

casado, -a ADJ, NM/F marié(e)

casamiento NM mariage *m*

casar VT marier ▶ VI: **~ (con)** aller bien (avec) ■ **casarse** VPR: **casarse (con)** se marier (avec) ; **casarse por lo civil/por la Iglesia** se marier civilement/religieusement

cascabel NM grelot *m* ; (*Zool*) serpent *m* à sonnette

cascada NF cascade *f* ; **en ~** en cascade

cascado, -a ADJ mal en point, patraque ; (*voz*) cassé(e), éraillé(e)

cascajo NM gravats *mpl* ; (*de frutos secos*) coquille *f*

cascanueces NM INV casse-noisettes *msg*

cascar VT casser ; (*fam*: *golpear*) tabasser (*fam*) ▶ VI (*fam*) papoter (*fam*) ; (: *morir*) clamser (*fam*) ■ **cascarse** VPR se casser ; (*voz*) s'érailler

cáscara NF coquille *f* ; (*de fruta*) pelure *f* ; (*de patata*) épluchure *f* ; (*de limón, naranja*) écorce *f*

cascarón NM coquille *f* d'œuf

cascarrabias (*fam*) NMF INV grognon(ne)

casco NM casque *m* ; (*Náut*) coque *f* ; (*Zool*) sabot *m* ; (*pedazo roto*) tesson *m* ; **el ~ antiguo** la vieille ville ; **el ~ urbano** le centre-ville ■ **cascos** NMPL (*fam*: *auriculares*) écouteurs *mpl* ; (: *cabeza*) cervelle *fsg*

cascote NM gravats *mpl*

caserío NM hameau *m* ; (*casa*) ferme *f*

casero, -a ADJ (*cocina*) maison *inv* ; (*remedio*) de bonne femme ; (*trabajos*) domestique ; **« comida casera »** « cuisine maison » ; **pan ~** pain *m* de ménage ; **ser muy ~** être très casanier(-ière) ▶ NM/F propriétaire *mf* ; (*Com*) syndic *m*

caserón NM bâtisse *f*

caseta NF baraque *f* ; (*de perro*) niche *f* ; (*para bañista*) cabine *f* ; (*de feria*) stand *m*

casete [ka'sete] NM magnétophone *m* ▶ NF cassette *f*

casi ADV presque ; **~ nunca/nada** presque jamais/rien ; **~ te caes** tu as manqué (de) *o* tu as failli tomber

casilla NF casier *m* ; (*en ajedrez, crucigrama, impreso*) case *f* ; **sacar a algn de sus casillas** faire sortir qn de ses gonds ; **C~ de Correo(s)** (*Am*) boîte *f* postale

casillero NM casier *m* ; (*marcador*) tableau *m*, marqueur *m*

casino NM casino *m* ; (*asociación*) cercle *m*, club *m*

caso NM cas *msg* ; **en ~ de ...** en cas de ... ; **en ~ (de) que venga** au cas où il viendrait ; **el ~ es que** le fait est que ; **en el mejor/peor de los**

casos dans le meilleur/pire des cas ; **en ese ~** dans ce cas ; **en todo ~** en tout cas ; **en último ~** en dernier recours ; **¡eres un ~!** tu es un cas ! ; **(no) hacer ~ a** *o* **de algo/algn** (ne pas) faire cas de qch/qn ; **hacer ~ omiso de** faire fi de ; **hacer** *o* **venir al ~** venir à propos ; **yo en tu ~ ...** moi, à ta place ..., moi, si j'étais à ta place ...

caspa NF (*en pelo*) pellicules *fpl*

Caspio ADJ: **el mar ~** la mer Caspienne

casposo, -a ADJ (*con caspa*) qui a des pellicules ; (*fam: estilo, gusto*) ringard(e)

casque *etc* VB *ver* **cascar**

casquería NF (*tienda*) triperie *f* ; (*productos*) abats *mpl*

casquete NM (*gorra*) calotte *f* ; **~ de hielo** calotte glaciaire ; **~ polar** calotte polaire

casquillo NM (*Tec*) douille *f*

cassette NF, NM = **casete**

casta NF race *f* ; (*clase social*) caste *f* ; (*de persona*) lignée *f*

castaña NF châtaigne *f*, marron *m* ; (*fam*) (*tb:* **castañazo**) gnon *m* (*fam*), marron (*fam*) ; (*: Auto*) gnon (*fam*) ; (*: puñetazo*) châtaigne (*fam*), coup *m* de poing ; **~ pilonga** châtaigne sèche

castañetear VI: **le castañetean los dientes** il (elle) claque des dents

castaño, -a ADJ marron ; (*pelo*) châtain ▸NM châtaignier *m*, marronnier *m* ; **~ de Indias** marronnier des Indes

castañuelas NFPL castagnettes *fpl*

castellano, -a ADJ castillan(e) ▸NM/F (*persona*) Castillan(e) ▸NM (*Ling*) castillan *m*, espagnol *m* ; *voir article*

> Dans de nombreux pays hispanophones, le terme **castellano** sert à désigner la langue espagnole, bien qu'il soit recommandé de le réserver à la variété d'espagnol parlée en Castille. En Espagne, le terme de **castellano** fait référence à la langue commune de la nation, par rapport aux autres langues co-officielles que sont le catalan, le galicien et le basque (*euskera*) dans leurs régions respectives.

castellanohablante, castellanoparlante ADJ, NM/F hispanophone *mf*

castellonense ADJ de Castellón ▸NMF natif(-ive) *o* habitant(e) de Castellón

castidad NF chasteté *f*

castigar VT punir, châtier ; (*cuerpo, campos*) affecter ; (*Deporte*) pénaliser

castigo NM punition *f* ; (*Deporte*) pénalisation *f* ; (*fig*) enfer *m*

castigue *etc* VB *ver* **castigar**

Castilla NF Castille *f*

castillo NM château *m* ; **hacer castillos en el aire** bâtir des châteaux en Espagne ; **~ de popa** dunette *f*

casting ['kastin] NM (*Cine*) casting *m*

castizo, -a ADJ (*Ling*) pur(e) ; (*auténtico*) de pure souche

casto, -a ADJ chaste

castor NM castor *m*

castración NF castration *f*

castrar VT châtrer

castrense ADJ militaire

castro NM (*Hist*) camp *m* fortifié

casual ADJ fortuit(e)

casualidad NF hasard *m* ; **dar la ~ (de) que** se trouver que ; **se da la ~ que ...** il se trouve que ... ; **por ~** par hasard ; **¡qué ~!** quel hasard !

casualmente ADV par hasard

casulla NF chasuble *f*

cata NM O NF dégustation *f* ; **~ de vino** dégustation *f* de vin(s)

cataclismo NM cataclysme *m*

catacumbas NFPL catacombes *fpl*

catador NM dégustateur(-trice)

catadura NF air *m* ; (*fam*) touche *f* ; **un tío de mala ~** un type à la mine patibulaire

catalán, -ana ADJ catalan(e) ▸NM/F Catalan(e) ▸NM (*Ling*) catalan *m*

catalanismo NM (*tendencia*) catalanisme *m* ; (*Ling*) régionalisme *m* de la Catalogne

catalejo NM longue-vue *f*

catalizador NM catalyseur *m*

catalogar VT cataloguer ; **~ a algn de** étiqueter qn comme

catálogo NM catalogue *m*

catalogue *etc* VB *ver* **catalogar**

Cataluña NF Catalogne *f*

catamarán NM catamaran *m*

cataplasma NF cataplasme *m*

cataplum EXCL patatras !

catapulta NF catapulte *f*

catapultar VT catapulter ; **~ a la fama** rendre célèbre

catar VT goûter

catarata NF cataracte *f*

catarro NM rhume *m*

catarsis NF catharsis *fsg*

catastral ADJ cadastral(e) ; **valores catastrales** valeurs *mpl* cadastrales

catastro NM cadastre *m*

catástrofe NF catastrophe *f*

catastrófico, -a ADJ catastrophique

catastrofista ADJ catastrophiste ▸NMF alarmiste *mf*, pessimiste *mf*

catavinos NM INV (*persona*) dégustateur *m* de vin ; (*copa*) taste-vin *m inv*, tâte-vin *m inv*

catear (*fam*) VT recaler (*fam*), coller (*fam*)

catecismo NM catéchisme *m*

cátedra NF chaire *f* ; **sentar ~ sobre un argumento** argumenter comme un expert ; (*pey*) étaler sa science

catedral NF cathédrale *f*
catedralicio, -a ADJ de la cathédrale
catedrático, -a NM/F professeur(e)
categoría NF catégorie *f*; **de ~** de qualité ; **de segunda ~** de seconde catégorie ; **un empleo de baja ~** un emploi subalterne ; **no tiene ~** il (elle) n'a aucune classe
categórico, -a ADJ catégorique
catequesis NF catéchisme *m*
catering ['katerin] NM INV traiteur *m*; (*para escuela, empresa*) restauration *f* collective
catéter NM cathéter *m*
cateto, -a NM/F (*pey*) rustre *m*, péquenaud(e) (*fam*) ▸ NM (*Mat*) côté *m*
cátodo NM cathode *f*
catolicismo NM catholicisme *m*
católico, -a ADJ, NM/F catholique *mf*
catorce ADJ INV, NM INV quatorze *m inv* ; *ver tb* **seis**
catre NM grabat *m*
cátsup NM ketchup *m*
caucasiano, -a ADJ caucasien(ne) ▸ NM/F Caucasien(ne)
caucásico, -a ADJ caucasien(ne), caucasique ▸ NM/F Caucasien(ne)
Cáucaso NM Caucase *m*
cauce NM (*de río*) lit *m* ; (*fig*) voie *f*
caucho NM caoutchouc *m* ; (*AM*) pneu *m* ; **de ~** en caoutchouc
caución NF caution *f*
caucionar VT cautionner
caudal NM débit *m* ; (*fortuna*) fortune *f*, capital *m* ; (*abundancia*) abondance *f*
caudaloso, -a ADJ à fort débit
caudillaje NM commandement *m*
caudillo NM chef *m* ; **el C~** le Caudillo, *le général Franco*
causa NF cause *f* ; **a/por ~ de** à/pour cause de
causante NMF: **ser el** *o* **la ~ de** être la cause de
causar VT causer
cáustico, -a ADJ caustique
cautela NF précaution *f*, prudence *f*
cautelar ADJ préventif(-ive)
cautelosamente ADV prudemment
cauteloso, -a ADJ prudent(e)
cautivador, a, cautivante ADJ captivant(e), séduisant(e)
cautivar VT captiver
cautiverio NM, **cautividad** NF captivité *f*
cautivo, -a ADJ, NM/F captif(-ive)
cauto, -a ADJ prudent(e), avisé(e)
cava NM cava *m*, *équivalent catalan du champagne* ▸ NF cave *f*
cavar VT, VI creuser
caverna NF caverne *f*
cavernícola NMF troglodyte *mf*
cavernoso, -a ADJ caverneux(-euse)
caviar NM caviar *m*
cavidad NF cavité *f*
cavilación NF méditation *f*
cavilar VI: **~ (sobre)** méditer (sur)
cayado NM (*de pastor*) houlette *f*; (*de obispo*) houlette, crosse *f*
cayendo *etc* VB *ver* **caer**
cayo NM (*isleta rasa*) banc *m* de sable, banc de coraux, récif *m*
caza NF chasse *f*; **andar a la ~ de algo/algn** être à la recherche de qch/qn ; **dar ~ a** faire la chasse à ; **ir de ~** aller à la chasse ; **~ furtiva** braconnage *m* ; **~ mayor/menor** gros/menu gibier *m* ▸ NM (*Aviat*) chasseur *m*
cazabe (*AM*) NM (*Culin*) cassave *f*
cazabombardero NM chasseur *m* bombardier
cazador, a ADJ, NM/F chasseur(-euse) ; **~ furtivo** braconnier(-ière)
cazadora NF blouson *m*
cazalla NF eau-de-vie *f* de Cazalla
cazar VT (*buscar*) chasser ; (*perseguir*) pourchasser ; (*coger*) attraper ; (*indirecta, intención*) saisir ; (*marido*) dénicher ; **cazarlas al vuelo** ne rien laisser passer
cazarrecompensas NMF INV chasseur(-euse) de primes
cazasubmarinos NM INV chasseur *m* de sous-marins
cazatalentos NM INV chasseur *m* de têtes
cazo NM (*cacerola*) poêlon *m* ; (*cucharón*) louche *f*
cazón NM chien *m* de mer
cazuela NF (*vasija*) marmite *f*; (*guisado*) ragoût *m*
cazurro, -a ADJ têtu(e)
c/c. ABR (*Com:* = *cuenta corriente*) CC (= *compte courant*)
CC AA (*ESP*) ABR (= *Comunidades Autónomas*) *régions autonomes*
CCI SIGLA F (*Com:* = *Cámara de Comercio Internacional*) CCI *f* (= *Chambre de commerce internationale*)
CC OO ABR (= *Comisiones Obreras*) *syndicat espagnol*
CD SIGLA M (= *compact disc*) CD *m* (= *compact disc*) ; (*Pol:* = *Cuerpo Diplomático*) CD (= *corps diplomatique*)
c/d ABR (= *en casa de*) c/o, chez ; (= *con descuento*) avec remise
CDN SIGLA M (= *Centro Dramático Nacional*) *conservatoire d'art dramatique*
CD-ROM SIGLA M CD-ROM *m*
CE SIGLA M (= *Consejo de Europa*) CE *m* (= *Conseil de l'Europe*) ▸ SIGLA F (= *Comunidad Europea*) CE *f* (= *Communauté européenne*)
ce NF (*letra*) c *m inv* ; **por ce o por be** (*fig*) pour une raison x ou y
cebada NF orge *f*
cebar VT (*animal*) gaver, engraisser ; (*persona*)

gaver ; *(anzuelo)* amorcer ; *(Mil, Tec)* charger ; **estar cebado** être gros comme une barrique ■ **cebarse** VPR se gaver ; **cebarse en/con** s'acharner sur/à

cebiche (AM) NM *(Culin) marinade de poisson ou de fruits de mer*

cebo NM appât *m*, amorce *f* ; *(fig)* appât, leurre *m*

cebolla NF oignon *m*

cebolleta NF oignon *m* nouveau ; *(en vinagre)* petit oignon blanc

cebollino NM ciboulette *f*

cebra NF zèbre *m* ; **paso de ~** passage *m* pour piétons

CECA SIGLA F (= *Comunidad Europea del Carbón y del Acero*) CECA *f* (= *Communauté européenne du charbon et de l'acier*)

ceca NF: **andar** *o* **ir de la ~ a la Meca** aller par monts et par vaux

cecear VI zézayer

ceceo NM zézaiement *m*

cecina NF viande *f* séchée et salée

cedazo NM tamis *msg*

ceder VT céder ▸ VI céder ; *(disminuir)* diminuer ; *(fiebre)* tomber ; *(dolor)* s'apaiser ; **« ceda el paso »** « cédez le passage »

cederom NM CD-ROM *m*, cédérom *m*

cedro NM cèdre *m*

cedrón (CSUR) NM verveine *f* citronnelle

cédula NF certificat *m* ; **~ de identidad** (AM) carte *f* d'identité ; **~ en blanco** billet *m* en blanc ; **~ hipotecaria** cédule hypothécaire

CEE SIGLA F (= *Comunidad Económica Europea*) CEE *f* (= *Communauté économique européenne*)

cefalea NF céphalée *f*

cegador, a ADJ aveuglant(e)

cegar VT aveugler ; *(tubería, ventana)* boucher ■ **cegarse** VPR *(fig)* s'aveugler ; **cegarse de ira** se fâcher tout rouge

cegué *etc* VB *ver* **cegar**

ceguemos *etc* VB *ver* **cegar**

ceguera NF cécité *f*

CEI SIGLA F (= *Comunidad de Estados Independientes*) CEI *f* (= *Communauté des États indépendants*)

ceiba (AM) NF *(Bot)* kapokier *m*

Ceilán NM *(Hist)* Ceylan *m*

ceja NF sourcil *m* ; **cejas pobladas** sourcils *mpl* fournis ; **arquear las cejas** hausser les sourcils ; **fruncir las cejas** froncer les sourcils

cejar VI: **(no) ~ en su empeño/propósito** (ne pas) renoncer à son engagement/dessein

cejijunto, -a ADJ aux sourcils très rapprochés ; *(fig)* sourcilleux(-euse)

cejilla NF sillet *m*

celada NF embuscade *f* ; *(trampa)* embûche *f*

celador, a NM/F *(de hospital)* gardien(ne) ; *(de cárcel)* gardien(ne) de prison

celda NF cellule *f* ; *(de abejas)* cellule, alvéole *m o f*

celebérrimo, -a ADJ SUPERL *de* **célebre**

celebración NF célébration *f*

celebrar VT célébrer ; **celebro que sigas bien** je suis ravi que tu ailles bien ▸ VI *(Rel)* officier ■ **celebrarse** VPR se célébrer ; *(tener lugar)* se tenir

célebre ADJ célèbre

celebridad NF célébrité *f*

celeridad NF: **con ~** en toute hâte

celeste ADJ *(tb:* **azul celeste***)* bleu ciel *inv* ; *(cuerpo, bóveda)* céleste ▸ NM bleu *m* ciel

celestial ADJ céleste

celíaco, -a ADJ cœliaque, intolérant(e) au gluten ▸ NM/F cœliaque *mf*, personne *f* intolérante au gluten

celibato NM célibat *m*

célibe ADJ, NMF célibataire *mf*

celo[1] NM zèle *m* ; **estar en ~** être en chaleur ■ **celos** NMPL *(de niño, amante)* jalousie *fsg* ; **dar celos a algn** rendre qn jaloux(-ouse) ; **tener celos de algn** être jaloux(-ouse) de qn

celo[2]® NM *(para pegar)* scotch® *m*

celofán NM cellophane *f*

celosamente ADV jalousement ; *(cumplir)* avec zèle

celosía NF jalousie *f*

celoso, -a ADJ jaloux(-ouse) ; **~ en** *(el trabajo, cumplimiento)* zélé(e) dans

celta ADJ celte ▸ NMF Celte *mf*

célula NF cellule *f* ; **~ fotoeléctrica** cellule photoélectrique ; **~ madre** cellule souche

celular ADJ: **tejido ~** tissu *m* cellulaire ; **coche ~** fourgon *m* cellulaire

celulitis NF cellulite *f*

celuloide NM celluloïd *m* ; **llevar al ~** porter à l'écran

celulosa NF cellulose *f*

cementerio NM cimetière *m* ; **~ de coches** cimetière de voitures, casse *f*

cemento NM *(argamasa)* mortier *m* ; *(para construcción)* ciment *m* ; (AM: *cola*) colle *f* ; **~ armado** ciment armé

cena NF dîner *m*, souper *m*

cenagal NM bourbier *m*

cenagoso, -a ADJ boueux(-euse), bourbeux(-euse)

cenar VT: **~ algo** manger qch pour le dîner ▸ VI dîner, souper

cencerro NM sonnaille *f* ; **estar como un ~** travailler du chapeau

cenefa NF *(en tela)* liseré *m* ; *(en pared)* frise *f*

cenicero NM cendrier *m*

ceniciento, -a ADJ cendré(e)

cenit NM zénith *m* ; *(de carrera)* sommet *m*, faîte *m*

ceniza NF cendre *f* ■ **cenizas** NFPL *(de persona)* cendres *fpl*

C

cenizo, -a ADJ cendré(e) ▸NM: **ser un ~** (*fam*) porter la poisse (*fam*)
censar VT recenser
censo NM recensement *m* ; **~ electoral** recensement électoral
censor, a NM/F censeur(e) ; **~ de cuentas** commissaire *mf* aux comptes ; **~ jurado de cuentas** expert-comptable assermenté (experte-comptable assermentée)
censura NF censure *f*
censurable ADJ censurable
censurar VT censurer
centavo, -a ADJ centième ▸NM (*moneda*) centime *m* ; (*parte*) centième *m*
centella NF étincelle *f* ; (*rayo*) éclair *m* ; **como una ~** comme la foudre
centellear VI étinceler ; (*estrella*) scintiller
centelleo NM (*ver vi*) étincellement *m* ; scintillement *m*
centena NF centaine *f*
centenar NM centaine *f*
centenario, -a ADJ, NM centenaire *m*
centeno NM seigle *m*
centésimo, -a ADJ, NM/F centième *m*
centígrado ADJ centigrade
centigramo NM centigramme *m*
centilitro NM centilitre *m*
centímetro NM centimètre *m* ; **~ cuadrado/cúbico** centimètre carré/cube
céntimo NM centime *m* ; **~ de euro** centime d'euro
centinela NM sentinelle *f* ; **estar de ~** être de garde ; **hacer de ~** monter la garde
centollo NM araignée *f* de mer
centrado, -a ADJ centré(e) ; (*carácter*) équilibré(e) ; **está muy ~** il (elle) s'adapte bien
central ADJ central(e) ▸NF centrale *f* ; **~ eléctrica/nuclear** centrale électrique/nucléaire ; **~ sindical** centrale syndicale ; **~ térmica** centrale thermique
centralice *etc* VB *ver* **centralizar**
centralismo NM centralisme *m*
centralita NF standard *m*
centralizar VT centraliser
centrar VT centrer ; (*interés, atención*) attirer ; (*esfuerzo, trabajo*) concentrer ▸VI (*Deporte*) centrer ■ **centrarse** VPR (*tener como objeto*) être centré(e) sur ; (*concentrarse*) se concentrer
céntrico, -a ADJ central(e) ; **zona céntrica** zone *f* centrale, quartier *m* central
centrifugar VT essorer
centrífugo, -a ADJ centrifuge
centrifugue *etc* VB *ver* **centrifugar**
centrista ADJ centriste
centro NM centre *m* ; **ser del ~** (*Pol*) être au centre ; **ser el ~ de las miradas** être le point de mire ; **~ comercial** centre commercial ; **~ de beneficios** (*Com*) centre de profit ; **~ de computación** centre de calcul ; **~ (de determinación) de costes** centre (de détermination) des coûts ; **~ de gravedad** centre de gravité ; **~ de mesa** centre *m* de table ; **~ de salud** centre de santé ; **~ docente** établissement *m* d'enseignement ; **~ social** foyer *m* socio-éducatif ; **~ turístico** centre touristique
centroafricano, -a ADJ: **la República Centroafricana** la République centrafricaine
Centroamérica NF Amérique *f* centrale
centroamericano, -a ADJ d'Amérique centrale, centraméricain(e) ▸NM/F natif(-ive) *o* habitant(e) d'Amérique centrale, centraméricain(e)
centrocampista NMF milieu *m* de terrain
centroderecha NM centre *m* droit
centroeuropeo, -a ADJ d'Europe centrale
centroizquierda NM centre *m* gauche
centuria NF (*tiempo*) siècle *m* ; (*romana*) centurie *f*
ceñido, -a ADJ cintré(e)
ceñir VT serrer ■ **ceñirse** VPR (*vestido*) coller ; **ceñirse a algo/a hacer algo** s'en tenir à qch/à faire qch
ceño NM froncement *m* ; **fruncir el ~** froncer les sourcils
CEOE SIGLA F (= *Confederación Española de Organizaciones Empresariales*) ≈ CNPF *m* (= *Conseil national du patronat français*)
cepa NF (*de vid*) cep *m* ; (*de árbol*) souche *f* ; **de pura ~** de pure souche
CEPAL SIGLA F = **Comisión Económica para América Latina**
cepillar VT brosser ; (*madera*) raboter ■ **cepillarse** VPR (*fam*) liquider (*fam*) ; (: *acostarse con algn*) se faire (*fam*)
cepillo NM brosse *f* ; (*para madera*) rabot *m* ; (Rel) tronc *m* ; **~ de dientes** brosse à dents
cepo NM piège *m* ; (*Auto*) sabot *m* de Denver
ceporro, -a NM/F cruche *f*
CEPSA SIGLA F (*Com*: = *Compañía Española de Petróleos S.A.*) *société pétrolière espagnole*
cera NF cire *f* ; (*del oído*) cérumen *m* ; **~ de abejas** cire d'abeilles
cerámica NF céramique *f* ; **de ~** en céramique
ceramista NMF céramiste *mf*
cerbatana NF sarbacane *f*
cerca NF clôture *f*, enceinte *f* ▸ADV (*en el espacio*) près ; (*en el tiempo*) bientôt ; **de ~** de près ; **por aquí ~** tout près d'ici ; **~ de** (*cantidad*) près de, environ ; (*distancia*) près de
cercado NM clôture *f*
cercanía NF proximité *f* ■ **cercanías** NFPL (*de ciudad*) alentours *mpl* ; **tren de cercanías** train *m* de banlieue
cercano, -a ADJ proche ; (*pueblo etc*) voisin(e) ; **~ a** proche de ; **C~ Oriente** Proche-Orient *m*

cercar VT clôturer ; (*manifestantes*) encercler ; (*Mil*) assiéger
cercenar VT amputer ; (*rama*) tailler
cerciorar VT (*asegurar*) assurer ■ **cerciorarse** VPR s'assurer ; **cerciorarse de** s'assurer de
cerco NM cercle *m* ; (*de ventana, puerta*) cadre *m* ; (AM) clôture *f* ; (*Mil*) siège *m*
cerda NF (*pelo*) soie *f* ; *ver tb* **cerdo**
cerdada (*fam*) NF vacherie *f* (*fam*)
Cerdeña NF Sardaigne *f*
cerdo, -a NM/F cochon (truie) ; (*fam: persona sucia*) cochon(ne) ; (*: sin escrúpulos*) salaud (salope) ; **(carne de) ~** (viande *f* de) porc *m*
cereal NM céréale *f* ■ **cereales** NMPL (*Culin*) céréales *fpl*
cerebelo NM cervelet *m*
cerebral ADJ cérébral(e)
cerebro NM cerveau *m* ; **ser un ~** (*fig*) être un cerveau ; **es el ~ de la banda** c'est le cerveau de la bande
ceremonia NF cérémonie *f* ; **hablar sin ceremonias** parler sans cérémonies
ceremonial ADJ (*traje*) de cérémonie ; (*danza*) cérémoniel(le) ▸NM cérémonial *m*
ceremonioso, -a ADJ cérémonieux(-euse)
cereza NF cerise *f*
cerezo NM cerisier *m*
cerilla NF, (AM) **cerillo** NM allumette *f*
CERN NM (= *Organización Europea para la Investigación Nuclear*) CERN *m* (= *Organisation européenne pour la recherche nucléaire*)
cerner VT (*Culin*) tamiser ■ **cernerse** VPR: **cernerse sobre** (*suj: tempestad*) menacer ; (*: desgracia*) planer sur
cero NM zéro *m* ; **ocho grados bajo ~** moins huit degrés ; **15 a ~** 15 à zéro ; **a partir de ~** à zéro ; **ser un ~ a la izquierda** être un zéro
cerque *etc* VB *ver* **cercar**
cerrado, -a ADJ fermé(e) ; (*cielo*) couvert(e) ; (*curva*) en épingle à cheveux ; (*poco sociable*) renfermé(e) ; (*bruto*) borné(e) ; (*acento*) marqué(e), prononcé(e) ; (*noche*) obscur(e) ; (*barba*) dru(e), fourni(e) ; **a puerta cerrada** à huis clos
cerradura NF serrure *f*
cerrajería NF (*oficio*) serrurerie *f* ; (*tienda*) serrurerie, ferronnerie *f*
cerrajero, -a NM/F serrurier(-ière)
cerrar VT fermer ; (*paso, entrada*) barrer ; (*sobre*) cacheter, fermer ; (*debate*) clore, clôturer ; (*cuenta*) clore, fermer ; **~ la marcha** fermer la marche ; (*Inform*): **~ el sistema** fermer *o* boucler le système ; **~ un trato** conclure un marché ; **¡cierra la boca!** la ferme ! (*fam*) ▸VI fermer ; **~ con llave** fermer à clé ■ **cerrarse** VPR se fermer ; (*herida*) se refermer ; **cerrarse a algo** se refuser à qch, s'opposer à qch
cerrazón NF (*obstinación*) entêtement *m* ; (*incapacidad de comprender*) étroitesse *f* d'esprit
cerril ADJ rustre
cerro NM tertre *m* ; **irse por los cerros de Úbeda** divaguer, s'éloigner du sujet
cerrojo NM verrou *m* ; **echar** *o* **correr el ~** verrouiller
certamen NM concours *msg*
certeramente ADV adroitement
certero, -a ADJ adroit(e)
certeza, certidumbre NF certitude *f* ; **tener la ~ de que** avoir la certitude que
certificación NF attestation *f*
certificado, -a ADJ recommandé(e) ▸NM certificat *m* ; **~ médico** certificat médical
certificar VT certifier ; (*Correos*) envoyer en recommandé
certifique *etc* VB *ver* **certificar**
cerumen NM cérumen *m*
cervantino, -a ADJ (*estilo*) de Cervantès ; **estudios cervantinos** études *fpl* sur le style de Cervantès
cervatillo NM faon *m*
cervecería NF brasserie *f*
cervecero, -a ADJ de bière, brassicole ; **la industria cervecera** l'industrie *f* brassicole ▸NM/F brasseur(-euse)
cerveza NF bière *f*
cervical ADJ cervical(e)
cerviz NF nuque *f*
cesación NF cessation *f*
cesante ADJ en disponibilité ; (AM) au chômage
cesantear (CSUR) VT renvoyer
cesantía (AM) NF chômage *m*
cesar VI cesser ; (*empleado*) se démettre de ses fonctions ; **~ de hacer** arrêter de faire ; **sin ~** sans cesse ▸VT (*funcionario, ministro*) démettre de ses fonctions
cesárea NF césarienne *f*
cese NM fin *f* ; (*despido*) révocation *f*
C.E.S.I.D. (ESP) SIGLA M (= *Centro Superior de Investigación de la Defensa Nacional*) *organisme d'espionnage militaire*
cesio NM césium *m*, cæsium *m*
cesión NF: **~ de bienes** cession *f* de biens
césped NM gazon *m*, pelouse *f* ; (*Deporte*) gazon, terrain *m*
cesta NF panier *m* ; **~ de la compra** panier de la ménagère
cesto NM panier *m*, corbeille *f*
cetáceo NM cétacé *m*
cetrería NF fauconnerie *f*
cetrino, -a ADJ olivâtre
cetro NM sceptre *m*
Ceuta N Ceuta
ceutí ADJ de Ceuta ▸NMF natif(-ive) *o* habitant(e) de Ceuta

C.F. ABR (= *Club de Fútbol*) FC *m* (= *Football-Club*)
CFC SIGLA M (= *clorofluorocarbono*) CFC *m* (= *chlorofluorocarbone*)
cfr. ABR (= *confróntese*) cf. (= *confer*)
cg. ABR (= *centigramo(s)*) cg (= *centigramme(s)*)
CGT SIGLA F (COL, MÉX, NIC, ESP: = *Confederación General de Trabajadores*) *syndicat* ; (ARG: = *Confederación General del Trabajo*) *syndicat*
Ch, ch [tʃe] NF *ancienne lettre de l'alphabet espagnol*
chabacanería NF vulgarité *f* ; (*comentario grosero*): **una ~** une grossièreté
chabacano, -a ADJ vulgaire ▸ NM (MÉX) abricot *m*
chabola NF baraque *f* ■ **chabolas** NFPL (*zona*) bidonville *m*
chabolismo NM: **el problema del ~** le problème des bidonvilles
chacal NM chacal *m*
chacarero (AND, CSUR) NM petit exploitant *m* agricole
chacha (*fam*) NF bonne *f*
cháchara NF: **estar de ~** parler à bâtons rompus
chacinería NF charcuterie *f*
chacolí NM chacoli *m* (*vin basque légèrement acide*)
chacra (AND, CSUR) NF ferme *f*
chador NM tchador *m*
chafar VT (*pelo*) aplatir ; (*hierba*) coucher ; (*ropa*) chiffonner ; (*fig: planes*) bouleverser
chaflán NM chanfrein *m* ; (*en edificio*) biseau *m* ; **hacer ~** faire le coin
chal NM châle *m*
chalado, -a (*fam*) ADJ taré(e) (*fam*) ; **estar ~ por algn** en pincer pour qn (*fam*)
chalé NM villa *f* ; (*en la montaña*) chalet *m*
chaleco NM gilet *m* ; **~ antibala** gilet pare-balles ; **~ reflectante** gilet de sécurité réfléchissant ; **~ salvavidas** gilet de sauvetage
chalet [tʃa'le] (*pl* **chalets**) NM = **chalé**
chalupa NF deux-mâts *msg*
chamaco, -a (CAM, MÉX *fam*) NM/F gamin(e) (*fam*)
chamarra NF veste *f* ; (CAM, CARIB) poncho *m*
chamba (MÉX *fam*) NF boulot *m* (*fam*)
chamizo NM chaumière *f*
champa (CAM) NF tente *f*
champán, champaña NM champagne *m*
champiñón NM champignon *m*
champú (*pl* **champúes** *o* **champús**) NM shampooing *m*, shampoing *m*
chamuscar VT roussir
chamusque *etc* VB *ver* **chamuscar**
chamusquina NF: **oler a ~** paraître louche
chance (AM) NM O NF occasion *f*
chanchada (AM *fam*) NF sale tour *m*
chanchito, -a (CHI *fam*) NM/F, EXCL chéri(e)
chancho, -a (AM) NM/F porc *m*
chanchullo (*fam*) NM magouille *f* (*fam*)
chancla NF tong *f*, claquette *f*
chancleta NF tong *f*, claquette *f*
chándal NM survêtement *m*
changa (CSUR) NF petits travaux *mpl*
changador (CSUR) NM homme *m* à tout faire
changurro NM *plat populaire du Pays Basque espagnol à base d'araignée de mer*
chanquete NM nonnat *m*
chantaje NM chantage *m* ; **hacer ~ a algn** faire du chantage à qn
chantajear VT faire chanter
chantajista NMF maître chanteur(-euse)
chanza NF plaisanterie *f*
chao (*esp* AM *fam*) EXCL ciao (*fam*)
chapa NF (*de metal, insignia*) plaque *f* ; (*de madera*) planche *f* ; (*de botella*) capsule *f* ; (AM) serrure *f* ; **de tres chapas** (*madera*) en trois épaisseurs ; **~ (de matrícula)** (CSUR) plaque d'immatriculation
chapado, -a ADJ (*metal*) plaqué(e) ; (*muebles etc*) recouvert(e) ; **~ a la antigua** vieux jeu *inv*
chaparro, -a (*esp* AM) ADJ petit(e)
chaparrón NM averse *f*
chapata NF ciabatta *f*
chapero (*fam!*) NM prostitué *m*
chapista NMF (*Auto*) tôlier *m*, carrossier *m*
chapopote (MÉX) NM brai *m*
chapotear VI patauger
chapucero, -a (*pey*) ADJ (*trabajo*) bâclé(e) ▸ NM/F: **ser un ~** bâcler son travail
chapulín (MÉX) NM sauterelle *f*
chapurrar, chapurrear VT (*idioma*) baragouiner
chapuza (*fam*) NF bricole *f* ; (*pey*) travail *m* bâclé, bidouillage *m* (*fam*) ; (*trabajo extra*) petit boulot *m* (*fam*)
chapuzas (*fam*) ADJ INV: **es bastante ~** il fait du travail bâclé ▸ NMF INV: **ser un ~** bâcler son travail
chapuzón NM: **darse un ~** piquer une tête
chaqué NM queue *f* de pie
chaqueta NF veste *f* ; (*de lana*) gilet *m* ; **cambiar de ~** (*fig*) retourner sa veste
chaquetero, -a (*fam*) NM/F personne *f* qui retourne sa veste, opportuniste *mf*
chaquetón NM veste *f*
charanga NF (*Mús, Mil*) fanfare *f* ; (AM: *baile*) charanga *f*
charapa (PERÚ) NF tortue *f*
charca NF mare *f*
charco NM flaque *f*
charcutería NF charcuterie *f*
charla NF bavardage *m* ; (*conferencia*) conférence *f*
charlar VI bavarder
charlatán, -ana ADJ bavard(e) ▸ NM/F bavard(e) ; (*estafador*) charlatan *m*

charlatanería NF verbosité *f*; (*chismorreo, estafa*) charlatanerie *f*
charnego, -a NM/F (*pey*) *en Catalogne, personne originaire d'une autre région espagnole qui ne parle pas le catalan*
charol NM cuir *m* verni ; (AM) plateau *m* ; **de ~** verni(e)
charola (AM) NF plateau *m*
charqui (AM) NM salé *m*
charro, -a ADJ voyant(e) ; (MÉX) mexicain(e) ; (*costumbres*) fruste
charrúa (CSUR) ADJ uruguayen(ne)
chárter ['tʃarter] ADJ INV: **vuelo ~** vol *m* charter
chasca (AND, CSUR) NF tignasse *f*
chascarrillo NM histoire *f* drôle
chasco NM (*desengaño*) déception *f* ; (*broma*) tour *m* ; **me llevé un ~** ça a été une grosse déception
chasis NM INV châssis *msg*
chasquear VT faire claquer
chasquido NM claquement *m* ; (*de madera*) craquement *m*
chasquilla NF, **chasquillas** NFPL (AND, CSUR) frange *f*
chat NM (*en Internet*) chat *m*
chatarra NF ferraille *f*; **estar hecho** *o* **ser una ~** ne plus être qu'un vieux tas de ferraille
chatarrero, -a NM/F ferrailleur(-euse)
chatear VI (*en Internet*) chatter
chatero, -a NM/F utilisateur(-trice) de forum de discussion
chato, -a ADJ (*persona*) au nez épaté ; (*nariz*) épaté(e) ; (PERÚ, CHI: *bajito*) petit(e) ▸ NM/F mon vieux (ma vieille) ; **hola, ~** salut, mon vieux ▸ NM petit verre *m* (de vin) ; **beber unos chatos** (*fam*) prendre un pot (*fam*)
chau (*esp* AM *fam*) EXCL = **chao**
chaucha (AND, CSUR) NF (*Agr*) pomme *f* de terre nouvelle ■ **chauchas** NFPL (CSUR: *fam*) sous *mpl* ; (: *bagatela*) broutilles *fpl*
chaucito (AM *fam*) EXCL salut !
chaufa (AM) NF riz *m* frit
chauvinismo NM chauvinisme *m*
chauvinista ADJ, NMF chauvin(e)
chaval, a NM/F gars *msg* (fille *f*) ; **estás hecho un ~** tu ne fais pas ton âge
chavalo, -a (NIC *fam*) NM/F gosse *mf*
chaveta (CHI, PERÚ) NF couteau *m*
chavo (CAM, MÉX *fam*) NM type *m*
che (*fam*) EXCL (CSUR) dis donc !
checo, -a ADJ tchèque ▸ NM/F Tchèque *mf* ▸ NM (*Ling*) tchèque *m*
checoslovaco, -a, checoeslovaco, -a ADJ tchécoslovaque ▸ NM/F Tchécoslovaque *mf*
Checoslovaquia, Checoeslovaquia NF Tchécoslovaquie *f*
chef (*pl* **chefs**) NMF chef *mf* cuisinier(-ière)
chele (CAM) ADJ blond(e)
cheli (*fam*) NM *argot de Madrid*
chelín NM shilling *m*
chelo NM (*Mús: instrumento*) violoncelle *m* ▸ NMF (*Mús: músico*) violoncelliste *mf*
chepa NF bosse *f*
cheque NM chèque *m* ; **~ abierto/cruzado/en blanco** chèque non barré/à ordre/en blanc ; **~ al portador** chèque au porteur ; **~ de viaje** chèque de voyage ; **~ sin fondos** chèque sans provision
chequear VT (*esp* AM: *comprobar*) vérifier ; (*Med*) faire un bilan de santé
chequeo NM (*Med*) bilan *m* de santé ; (*Auto*) contrôle *m*
chequera (AM) NF chéquier *m*
chévere (VEN *fam*) ADJ super (*fam*)
chica NF fille *f* ; **¿qué tal, ~?** alors, comment tu vas ? ; *ver tb* **chico**
chicano, -a ADJ, NM/F chicano(-a)
chicha NF (AM) *boisson de maïs fermenté* ; (*fam: Culin*) viande *f* ; (*de persona*) chair *f*
chícharo (MÉX) NM (*guisante*) petit pois *msg*
chicharra NF = **cigarra**
chicharrones NMPL ≈ saindoux *msg* frit
chiches (CSUR *fam*) NMPL babioles *fpl*
chichón NM bosse *f* (à la tête)
chicle NM chewing-gum *m*
chico, -a ADJ (*esp* AM) petit(e) ▸ NM (*niño*) petit garçon *m* ; (*muchacho*) garçon
chicote (AM) NM fouet *m*
chifa (PERÚ, CHI) NF (*Culin*) chinois *msg*
chiflado, -a (*fam*) ADJ givré(e) (*fam*) ; **estar ~ por algn** être fou (folle) de qn ▸ NM/F taré(e) (*fam*)
chiflar VI siffler ; (*fam*): **le chiflan los helados** il raffole des glaces ; **nos chifla montar en moto** on adore faire de la moto
chigüín (CAM *fam*) NM gosse *m* (*fam*)
chihuahua NM chihuahua *m*
chií, chiita ADJ, NMF chiite *mf*
chilaba NF djellaba *f*
Chile NM Chili *m*
chile NM piment *m*
chileno, -a ADJ chilien(ne) ▸ NM/F Chilien(ne) ▸ NF (*Fútbol*) bicyclette *f*
chillar VI (*persona*) crier ; (*animal*) glapir
chillido NM (*de persona*) cri *m* (aigu) ; (*de animal*) glapissement *m*
chillón, -ona ADJ (*niño*) brailleur(-euse) ; (*voz, color*) criard(e)
chilpayate, -a (MÉX *fam*) NM/F gosse *mf* (*fam*)
chimbo, -a (*fam*) ADJ (COL, VEN: *malo*) nul(e) (*fam*)
chimenea NF cheminée *f* ; **~ de ventilación** bouche *f* d'aération
chimichurri NM (CSUR) *sauce à base de persil, d'ail, d'huile, de vinaigre et de plusieurs condiments (paprika, origan, cumin, etc.)*

C

chimpancé NM chimpanzé *m*
China NF Chine *f*
china NF caillou *m* ; (*porcelana*) porcelaine *f* ; **te tocó la ~** tu as gagné le gros lot (*irón*) ; *ver tb* **chino**
chinchar (*fam*) VT agacer ■ **chincharse** VPR: **¡chínchate!** ça t'apprendra !
chinche NMF punaise *f* ; **morirse como chinches** tomber comme des mouches
chincheta NF punaise *f*
chinchilla NF chinchilla *m*
chinchorro NM (*AM*) hamac *m* ; (*MÉX*) filet *m*
chinchulines (*CSUR*) NMPL tripes *fpl*
chingada (*CAM, MÉX fam!*) NF: **hijo de la ~** fils *msg* de pute (*fam !*)
chingado, -a (*CAM, MÉX fam!*) ADJ foutu(e) (*fam !*)
chingar (*MÉX*) VT (*fam!*) enculer (*fam !*) ■ **chingarse** VPR (*fracasar*) tomber à l'eau
chingo, -a ADJ (*CAM: vestido*) court(e) ; (*VEN fam: nariz*) camus(e) ▶ NM (*MÉX fam*): **un ~ de algo** des tonnes de (*fam*) ■ **chingos** (*CAM*) NMPL sous-vêtements *mpl*
chingón, -ona (*MÉX fam*) NM/F exploiteur(-euse)
chingue *etc* VB *ver* **chingar**
chinita NF (*AM*) domestique *f* ; (*CHI*) coccinelle *f*
chino, -a ADJ chinois(e) ▶ NM/F Chinois(e) ; (*AND, CSUR: indio*) Indien(ne) ; (*: criado*) domestique *mf* ; **trabajar como un ~** trimer (*fam*) ▶ NM (*Ling*) chinois *msg* ; (*MÉX*) boucle *f*
chip NM (*Inform*) puce *f*
chipirón NM petit calmar *m*
Chipre NF Chypre *f*
chipriota ADJ chypriote ▶ NMF Chypriote *mf*
chiqueo (*MÉX*) NM caresse *f*
chiquillada NF bêtise *f* ; (*AM*) marmaille *f* (*fam*)
chiquillería NF groupe *m* d'enfants
chiquillo, -a (*fam*) NM/F môme *mf* (*fam*)
chiquitín, -ina ADJ petit(e) ▶ NM/F bout *m* de chou
chiquito, -a ADJ petit(e) ▶ NM/F (*fam*) petit(e) ; **no andarse con chiquitas** ne pas y aller de main morte
chirigota NF: **tomarse algo a ~** prendre qch à la rigolade
chirimbolo (*fam*) NM truc *m* ; (*remate*) bric-à-brac *m inv* ■ **chirimbolos** NMPL (*bártulos*) attirail *msg* (*fam*)
chirimoya NF (*Bot*) anone *f*
chiringuito NM *bar en plein air*
chiripa (*fam*) NF: **por** *o* **de ~** sur un coup de pot
chirola (*AM*), **chirona** (*fam*) NF tôle *f*, taule *f* (*fam*) ; **estar/meter en ~** être/mettre en tôle *o* taule
chirriar VI (*goznes*) grincer ; (*pájaros*) piailler
chirrido NM grincement *m*
chis EXCL chut !
chisme NM ragot *m* ; (*fam*) truc *m* (*fam*)
chismorrear VI cancaner
chismorreo (*fam*) NM commérage *m*, cancan *m*
chismoso, -a ADJ cancanier(-ière) ▶ NM/F commère *f*
chispa NF étincelle *f* ; (*de lluvia*) petite goutte *f* ; **una ~** (*fam*) un tout petit peu ; **estar que echa chispas** être énervé(e) ; **no tiene ni ~ de gracia** il n'a pas le moindre sens de l'humour
chispazo NM étincelle *f*
chispeante ADJ étincelant(e) ; (*fig*) ingénieux(-euse)
chispear VI étinceler ; (*lloviznar*) pleuvioter
chisporrotear VI (*leña*) crépiter ; (*aceite*) grésiller
chisporroteo NM (*de leña*) crépitement *m* ; (*de aceite*) grésillement *m*
chistar VI: **lo hizo sin ~** il l'a fait sans broncher
chiste NM histoire *f* drôle ; **~ verde** histoire cochonne
chistera NF haut-de-forme *m*
chistoso, -a ADJ (*situación*) comique ; (*persona*) blagueur(-euse)
chistu NM = **txistu**
chiva (*PAN*) NF minibus *msg*
chivarse (*VEN fam*) VPR (*enojarse*) se fâcher
chivatazo (*fam*) NM mouchardage *m* (*fam*) ; **dar el/un ~** moucharder (*fam*)
chivato, -a ADJ, NM/F rapporteur(-euse)
chivo, -a NM/F chevreau(-vrette) ; **~ expiatorio** tête *f* de turc
chocante ADJ (*sorprendente*) choquant(e) ; (*gracioso*) drôle ; **es ~ que sea así** c'est choquant que ce soit comme ça
chocar VI (*coches etc*) se heurter ; (*Mil, fig*) s'affronter ; **~ con** rentrer dans ; (*fig*) s'accrocher avec ▶ VT (*sorprender*) choquer ; **~ las copas** trinquer ; **¡chócala!** (*fam*) tope là ! (*fam*)
chochear VI devenir gâteux(-euse)
chocho, -a ADJ gâteux(-euse) ; **estar ~ por algn/algo** être gaga devant qn/qch
choclo (*AND, CSUR*) NM maïs *msg*
chocolate ADJ (*AM*) chocolat *inv* ▶ NM chocolat *m* ; (*fam: hachís*) hasch *m* (*fam*)
chocolatería NF chocolaterie *f*
chocolatina NF barre *f* de chocolat
chófer, chofer NMF chauffeur *m*
chollo (*fam*) NM bon plan *m* (*fam*) ; (*artículo barato*) affaire *f*
cholo, -a (*AND*) ADJ eurasien(ne) ▶ NM/F Eurasien(ne)
chomba, chompa (*AM*) NF pull *m*
chompipe (*CAM*) NM dindon *m*
chongo (*MÉX*) NM chignon *m*
chop (*CSUR*) NM chope *f*
chopera NF peupleraie *f*

chopito NM petite seiche *f* panée
chopo NM peuplier *m*
chopp (CSUR) NM = **chop**
choque VB *ver* **chocar** ▸ NM choc *m* ; (*impacto*) impact *m* ; (*fig: disputa*) heurt *m*
chorizo NM chorizo *m* ; (*fam*) voyou *m*
chorra NF veine *f* ▸ NM: **hacer el ~** faire l'imbécile
chorrada (*fam*) NF connerie *f* (*fam*) ; **decir chorradas** dire des conneries
chorrear VT dégouliner de ▸ VI dégouliner ; (*gotear*) goutter ; **estar chorreando** être trempé(e)
chorreras NFPL ruche *f*
chorrito NM: **un ~ de** (*de vino*) un doigt de ; (*de agua*) une gorgée de
chorro NM (*de líquido*) jet *m* ; (*de luz, aceite*) filet *m* ; (*fig*) flot *m* ; **a chorros** à flots ; **llover a chorros** pleuvoir des cordes ; **salir a chorros** couler à flots ; **propulsión a ~** propulsion *f* par réaction
chota (*fam*) NF: **estar como una ~** être dingue (*fam*)
chotearse (*fam*) VPR: **~ de** se ficher de (*fam*)
choteo (*fam*) NM blague *f*
chotis NM INV *danse traditionnelle de Madrid* ; **ser más agarrado que un ~** (*fam*) (*fig*) être radin (*fam*)
choto NM chevreau *m*
chovinismo NM = **chauvinismo**
chovinista ADJ, NMF = **chauvinista**
choza NF hutte *f*
chubasco NM averse *f*
chubasquero NM ciré *m*
chúcaro, -a (AND, CSUR) ADJ indomptable
chuche (*fam*) NF bonbon *m*
chuchería NF babiole *f* ; (*para comer*) sucrerie *f*
chucho NM bâtard *m*
chufa NF orge *f* ; **horchata de chufas** ≈ sirop *m* d'orgeat
chufla (*fam*) NF blague *f* ; **a ~** pour plaisanter, à la légère ; **tomar algo a ~** prendre qch à la rigolade
chulería NF (*bravuconada*): **déjate de chulerías conmigo** ne fais pas ton malin *ou* ta maline avec moi (*fam*) ; (*fam: cosa bonita*): **esa moto es una ~** cette moto est superbe ; **me he comprado una ~ de camiseta** je me suis acheté un super beau tee-shirt (*fam*)
chuleta NF côtelette *f* ; (*Escol: fam*) antisèche *f* (*fam*)
chuletón NM côte *f* de bœuf
chulo, -a ADJ (*fam: bonito*) classe (*fam*) ; (*MÉX*) beau (belle) ; (*pey*) effronté(e) ; **ponerse ~ (con algn)** faire l'insolent(e) (avec qn) ▸ NM effronté *m* ; (*matón*) frimeur *m* ; (*madrileño*) *type des bas-fonds de Madrid* ; (*tb*: **chulo de putas**) maquereau *m* ; (AND) vautour *m*
chumbera NF figuier *m* de Barbarie
chumbo NM (*tb*: **higo chumbo**) figue *f* de Barbarie
chunga (*fam*) NF: **estar de ~** bien rigoler ; **tomarse algo a ~** prendre qch à la rigolade
chungo, -a (*fam*) ADJ nul(le) (*fam*) ; (*mala persona*) mauvais(e)
chupa (*fam*) NF (*chaqueta*) veste *f*, blouson *m* ; **poner a algn como ~ de dómine** (*fig*) passer un savon à qn (*fam*), mettre qn plus bas que terre
chupado, -a ADJ émacié(e) ; **está ~** (*fam*) c'est fastoche (*fam*)
chupar VT (*líquido*) aspirer ; (*caramelo*) sucer ; (*absorber*) absorber ■ **chuparse** VPR (*dedo*) sucer ; (*Med*) s'émacier ; **para chuparse los dedos** à s'en lécher les babines
chupatintas NM INV écrivaillon *m*
chupe (AM) NM ragoût *m*
chupete NM tétine *f*
chupetón NM coup *m* de langue
chupinazo NM (*Deporte*) shoot *m*
chupito (*fam*) NM petit verre *m* d'alcool ; **un ~ de whisky por favor** un baby, s'il vous plaît
chupón (CHI) NM sucette *f*
churrasco (CSUR) NM viande *f* grillée
churrería NF ≈ marchand *m* de beignets
churrete NM tache *f*
churretón NM grosse tache *f*
churrigueresco, -a ADJ (*Arq*) de Churriguera ; (*fig*) chargé(e)
churro NM ≈ beignet *m* ; *voir article* ; (*fam*) bricolage *m* ; (AND, CSUR *fam*) beau mec (belle fille) (*fam*)

> Les **churros**, ces longs beignets à base de farine et d'eau, sont très appréciés dans toute l'Espagne. On les déguste généralement au petit déjeuner ou au goûter, en buvant du chocolat chaud épais. À Madrid, il en existe une variété plus grosse appelée *porra*.

churruscar VT roussir
churrusque *etc* VB *ver* **churruscar**
churumbel (*fam*) NM mioche *m* (*fam*)
chusco, -a ADJ drôle
chusma (*pey*) NF racaille *f* (*fam*)
chutar VI (*Deporte*) shooter ; **esto va que chuta** (*fam*) ça marche comme sur des roulettes ; **con 1.000 euros vas que chutas** (*fam*) tu auras assez avec 1 000 euros
chuzo NM: **llueve a chuzos, llueven chuzos de punta** il tombe des hallebardes
C.I. SIGLA M (= *coeficiente intelectual*) QI *m* (= *quotient intellectuel*)
Cía ABR (= *compañía*) Cie (= *compagnie*)
cianuro NM (*Quím*) cyanure *m*
ciática NF sciatique *f*
ciberacoso NM cyberharcèlement *m*

ciberamigo, -a NM/NF copinaute *m/f*
ciberataque NM cyberattaque *f*
cibercafé NM cybercafé *m*
ciberdelito NM cybercriminalité *f*
ciberespacio NM cyberespace *m*
ciberespiar VT, VI cyberespionner
ciberespionaje NM cyberespionnage *m*
ciberfraude NM cyberfraude *f*
ciberintimidación NF cyberintimidation *f*
cibernauta NMF internaute *mf*
cibernética NF cybernétique *f*
cibernético, -a ADJ cybernétique
ciberseguridad NF cybersécurité *f*
cibersexo NM cybersexe *m*
ciberterrorismo NM cyberterrorisme *m*
cibertienda NF cyberboutique *f*, boutique *f* en ligne
cicatero, -a ADJ, NM/F avare *mf*, pingre *mf*
cicatrice *etc* VB *ver* **cicatrizar**
cicatriz NF cicatrice *f*
cicatrizar VT, VI cicatriser ■ **cicatrizarse** VPR cicatriser
cicerone NM cicérone *m*
cíclico, -a ADJ cyclique
ciclismo NM cyclisme *m*
ciclista ADJ, NMF cycliste *mf*; **vuelta ~** course *f* cycliste
ciclo NM cycle *m*
ciclomotor NM cyclomoteur *m*
ciclón NM cyclone *m*
cicloturismo NM cyclotourisme *m*
cicuta NF ciguë *f*
ciego, -a VB *ver* **cegar** ▸ ADJ aveugle ; (*Constr*) bouché(e) ; **quedarse ~** devenir aveugle ; **~ de ira** aveuglé(e) par la colère ; **a ciegas** à l'aveuglette ▸ NM/F aveugle *mf*
ciegue *etc* VB *ver* **cegar**
cielo NM ciel *m* ; **sí, ~** oui, mon ange ; **¡cielos!** mon Dieu !, juste ciel ! ; **vimos el ~ abierto** la solution nous est apparue ; **~ raso** (*Arq*) faux plafond *m* ; **~ de la boca** voûte *f* palatine
ciempiés NM INV mille-pattes *m inv*
cien ADJ INV, NM INV cent *m* ; **al ~ por ~** à cent pour cent

> El número **cien** en francés (*cent*) va seguido de una *s* cuando va multiplicado por un número y no va seguido de otra cifra. Por ejemplo: *deux cents*, pero *deux cent vingt*.

ciénaga NF marécage *m*
ciencia NF science *f* ; **saber algo a ~ cierta** être sûr(e) et certain(e) de qch ; **~ ficción** science-fiction *f* ; **ciencias empresariales** études *fpl* de commerce ; **ciencias exactas** sciences *fpl* exactes, mathématiques *fpl* ; **ciencias ocultas** sciences occultes
cieno NM vase *f*
científico, -a ADJ, NM/F scientifique *mf*
ciento ADJ, NM cent *m* ; **~ cuarenta** cent quarante ; **el diez por ~** dix pour cent
cierne VB *ver* **cerner** ▸ NM: **en ciernes** en herbe
cierre VB *ver* **cerrar** ▸ NM fermeture *f* ; (*pulsera*) fermoir *m* ; (*de emisión*) fin *f* ; **precio de ~** cours *msg* de clôture ; **~ del sistema** (*Inform*) clôture *f* du système ; **~ de cremallera** fermeture éclair® ; **~ relámpago** (*And*, *CSur*) fermeture éclair®
cierto, -a ADJ certain(e) ; **~ hombre/día** un certain homme/jour ; **ciertas personas** certaines personnes ; **sí, es ~** oui, c'est vrai ; **por ~** à propos ; **lo ~ es que ...** ce qui est sûr c'est que ... ; **estar en lo ~** avoir raison
ciervo NM cerf *m*
cierzo NM bise *f*
CIES SIGLA M = **Consejo Interamericano Económico y Social**
cifra NF chiffre *m* ; **en ~** codé(e) ; **~ de negocios/de venta** chiffre d'affaires/de ventes ; **~ de referencia** prix *msg* de base ; **~ global** chiffre global
cifrado, -a ADJ (*mensaje*) codé(e) ; (*código*) chiffré(e)
cifrar VT coder ; (*esperanzas, felicidad*) fonder ■ **cifrarse** VPR: **cifrarse en** s'élever à
cigala NF langoustine *f*
cigarra NF cigale *f*
cigarrera NF porte-cigares *m inv*
cigarrillo NM cigarette *f*
cigarro NM cigarette *f* ; (*puro*) cigare *m*
cigüeña NF cigogne *f*
cigüeñal NM vilebrequin *m*
cilantro NM (*Bot, Culin*) coriandre *f*
cilindrada NF cylindrée *f*
cilíndrico, -a ADJ cylindrique
cilindro NM cylindre *m*
cima NF sommet *m*, cime *f* ; (*de árbol*) cime ; (*apogeo*) sommet
cimarrón, -ona ADJ (*Am Bot, Zool*) sauvage ; (*Am: persona: vago*) paresseux(-euse), fainéant(e) ; **negro ~** (*Hist*) Noir *m* marron ▸ NM (*CSur*) maté *m* sans sucre, maté *m* pur
címbalo NM (*Mús*) cymbale *f*
cimbrearse VPR se déhancher ; (*ramas, tallos*) se balancer
cimentación NF cimentation *f* ; (*cimientos*) fondations *fpl*, fondements *mpl*
cimentar VT (*edificio*) jeter les fondations de ; (*consolidar*) cimenter ■ **cimentarse** VPR: **cimentarse en** se fonder sur
cimiento *etc* VB *ver* **cimentar**
cimientos NMPL fondations *fpl* ; (*fig*) fondements *mpl*
cinc NM zinc *m*
cincel NM ciseau *m*

cincelar VT ciseler
cincha NF sangle *f*
cinco ADJ INV, NM INV cinq *m inv*; *ver tb* **seis**
cincuenta ADJ INV, NM INV cinquante *m inv*; *ver tb* **sesenta**
cincuentena NF cinquantaine *f*; **una ~ de** une cinquantaine de
cincuentenario NM cinquantenaire *m*
cincuentón, -ona ADJ, NM/F quinquagénaire *mf*
cine NM cinéma *m*; **hacer ~** faire du cinéma; **~ de estreno** *cinéma qui projette des films en exclusivité*; **el ~ mudo** le cinéma muet
cineasta NMF cinéaste *mf*
cine-club NM ciné-club *m*
cinéfilo, -a NM/F cinéphile *mf*
cinegético, -a ADJ cynégétique
cinematografía NF cinématographie *f*
cinematográfico, -a ADJ cinématographique
cínico, -a ADJ, NM/F cynique *mf*; (*desvergonzado*) effronté(e)
cinismo NM (*ver adj*) cynisme *m*; effronterie *f*
cinta NF ruban *m*; (*Tec*) bande *f*; **~ adhesiva/aislante** ruban adhésif/isolant; **~ de carbón** ruban carbone; **~ de múltiples impactos** bande d'impacts multiple; **~ de vídeo** cassette *f* vidéo; **~ magnética** (*Inform*) bande magnétique; **~ métrica** mètre *m* à ruban; **~ transportadora** convoyeur *m*, stéréoduc *m*; **~ virgen** cassette vierge
cinto NM ceinture *f*
cintura NF taille *f*; **meter a algn en ~** faire entendre raison à qn
cinturón NM ceinture *f*; **~ de miseria** (*Méx*) bidonville *m*; **~ de seguridad** ceinture de sécurité; **~ industrial** zone *f* industrielle; **~ salvavidas** ceinture de sauvetage
ciña *etc* VB *ver* **ceñir**
ciñendo VB *ver* **ceñir**
cipote (*CAm fam*) NM gamin(e) (*fam*)
ciprés NM cyprès *m*
circense ADJ du cirque
circo NM cirque *m*
circuito NM circuit *m*; **televisión por ~ cerrado** télévision *f* en circuit fermé; **~ impreso** circuit imprimé; **~ lógico** (*Inform*) porte *f*, circuit logique
circulación NF circulation *f*; **« cerrado a la ~ rodada »** « fermé au trafic routier »; **poner algo en ~** mettre qch en circulation
circular ADJ, NF circulaire *f* ▸ VT (*orden*) faire circuler ▸ VI circuler; **¡circulen!** circulez !
circulatorio, -a ADJ (*Anat*) circulatoire; (*Auto*) de la circulation
círculo NM cercle *m*; **en ~** en cercle, en rond; **en círculos políticos** dans les cercles politiques; **~ vicioso** cercle vicieux
circuncidar VT circoncire
circuncisión NF circoncision *f*
circunciso, -a PP *de* **circuncidar**
circundante ADJ environnant(e)
circundar VT entourer
circunferencia NF circonférence *f*
circunloquios NMPL circonlocutions *fpl*
circunscribir VT (*actuación, discurso*) circonscrire ■ **circunscribirse** VPR se circonscrire; **circunscribirse a (hacer)** se limiter *o* s'en tenir à (faire)
circunscripción NF circonscription *f*
circunscrito PP *de* **circunscribir**
circunspección NF circonspection *f*
circunspecto, -a ADJ circonspect(e)
circunstancia NF circonstance *f*; **circunstancias agravantes/atenuantes** circonstances *fpl* aggravantes/atténuantes; **estar a la altura de las circunstancias** être à la hauteur des circonstances; **poner cara de circunstancias** faire une figure de circonstance
circunstancial ADJ circonstanciel(le)
circunstantes NMFPL assistants(-es)
circunvalación NF *ver* **carretera**
cirio NM cierge *m*
cirrosis NF cirrhose *f*
ciruela NF prune *f*; **~ claudia** reine-claude *f*; **~ pasa** pruneau *m*
ciruelo NM prunier *m*
cirugía NF chirurgie *f*; **~ estética/plástica** chirurgie esthétique/plastique
cirujano, -a NM/F chirurgien(ne)
cisco (*fam*) NM: **armar un ~** faire des histoires; **estar hecho ~** être crevé(e) (*fam*)
Cisjordania NF Cisjordanie *f*
cisma NM schisme *m*
cisne NM cygne *m*; **canto de ~** chant *m* du cygne
cisterciense ADJ cistercien(ne)
cisterna NF chasse *f* d'eau; (*depósito*) citerne *f*
cistitis NF cystite *f*
cita NF rendez-vous *m inv*; (*mención*) citation *f*; **acudir/faltar a una ~** se rendre à/manquer un rendez-vous
citación NF citation *f*
citadino, -a (*Am*) ADJ, NM/F citadin(e)
citar VT donner rendez-vous à; (*Jur, mencionar*) citer ■ **citarse** VPR: **citarse (con)** prendre rendez-vous (avec)
cítara NF cithare *f*
citología NF cytologie *f*
cítrico, -a ADJ citrique ■ **cítricos** NMPL agrumes *mpl*
CiU SIGLA M (Pol: = *Convergència i Unió*) *parti politique catalan*
ciudad NF ville *f*; **~ universitaria** cité *f* universitaire; **la C~ Condal** Barcelone; **C~ del Cabo** Le Cap; **~ dormitorio** cité-dortoir *f*; **~ perdida** (*Méx*) bidonville *m*; **~ satélite** ville satellite

ciudadanía NF citoyenneté *f*
ciudadano, -a ADJ, NM/F (*de la ciudad*) citadin(e) ; (*como súbdito*) citoyen(ne)
ciudadela NF (*Mil*) citadelle *f*
cívico, -a ADJ civique ; (*persona*) civil(e)
civil ADJ civil(e) ; **casarse por lo ~** se marier civilement ▸ NM civil *m*
civilice *etc* VB *ver* **civilizar**
civilización NF civilisation *f*
civilizado, -a ADJ civilisé(e)
civilizar VT civiliser
civismo NM civisme *m*
cizaña NF: **meter/sembrar ~** mettre/semer la zizanie
cl ABR (= *centilitro(s)*) cl (= *centilitre(s)*)
clamar VT clamer ; **~ venganza** crier vengeance ▸ VI crier
clamor NM clameur *f*
clamoroso, -a ADJ retentissant(e)
clan NM clan *m*
clandestinamente ADV clandestinement
clandestinidad NF clandestinité *f*
clandestino, -a ADJ clandestin(e)
claqué NM claquettes *fpl*
claqueta NF claquette *f*, clap *m*
clara NF (*de huevo*) blanc *m* ; (*cerveza*) panaché *m*
claraboya NF lucarne *f*
claramente ADV clairement
clarear VI (*el día*) se lever ; (*el cielo*) s'éclaircir
clarete NM rosé *m*
claridad NF clarté *f*
clarificación NF clarification *f*, éclaircissement *m*
clarificar VT éclaircir
clarifique *etc* VB *ver* **clarificar**
clarín NM clairon *m* ; (*AM: guisante*) pois *msg* de senteur
clarinete NM clarinette *f*
clarinetista NMF clarinettiste *mf*
clarividencia NF clairvoyance *f*
clarividente ADJ, NMF clairvoyant(e)
claro, -a ADJ clair(e) ; **estar ~** être clair(e) ; **lo tengo muy ~** pour moi c'est clair ; **no lo tengo muy ~** je ne sais pas vraiment ; **no sacamos nada en ~** nous n'avons rien tiré au clair ; **a las claras** clairement ▸ NM éclaircie *f* ; (*entre asientos*) place *f* libre ▸ ADV clairement ; **hablar ~** parler franchement ; **~ que sí/no** bien sûr que oui/non ▸ EXCL bien sûr !
claroscuro NM clair-obscur *m*
clase NF genre *m*, classe *f* ; (*lección*) cours *msg* ; **la ~ dirigente** la classe dirigeante ; **dar ~(s)** (*profesor*) faire cours, donner des cours ; (*alumno*) avoir cours ; **tener ~** avoir de la classe ; **de toda(s) ~(s)** de toute(s) sorte(s) ; **~ alta/media/obrera/social** classe dominante/moyenne/ouvrière/sociale ; **clases particulares** cours *mpl* particuliers
clasicismo NM classicisme *m*
clásico, -a ADJ classique
clasificable ADJ classable
clasificación NF classement *m* ; (*de cartas, líneas*) tri *m*
clasificador NM classeur *m*
clasificar VT classer ; (*cartas*) trier ; (*Inform*) classifier, trier ■ **clasificarse** VPR se qualifier
clasificatorio, -a ADJ (*fase, prueba*) de qualification, de classification ; **tabla clasificatoria** classement *m*
clasifique *etc* VB *ver* **clasificar**
clasismo NM discrimination *f* sociale
clasista ADJ élitiste
claudicar VI céder
claudique *etc* VB *ver* **claudicar**
claustro NM cloître *m* ; (*Univ, Escol*) conseil *m* ; (*: junta*) assemblée *f*, réunion *f*
claustrofobia NF claustrophobie *f*
claustrofóbico, -a ADJ claustrophobe
cláusula NF clause *f* ; **~ de exclusión** clause d'exclusion
clausura NF clôture *f* ; **de ~** (*Rel*) claustral ; (*: monja*) cloîtré(e)
clausurar VT clore ; (*local*) fermer
clavada NF (*salto*) plongeon *m* ; (*fam*): **¡menuda ~ me han pegado!** ça a été le coup de bambou ! (*fam*)
clavadista (*CAM, MÉX*) NMF sauteur(-euse)
clavado, -a PP *de* **clavar** ▸ ADJ: **ser ~ a algn** être tout le portrait de qn, être qn tout craché(e) ; **llegó a las cinco clavadas** il est arrivé à cinq heures sonnantes
clavar VT enfoncer ; (*clavo*) clouer ; (*alfiler*) épingler ; (*mirada*) fixer ; (*fam: cobrar caro*) faire payer au prix fort ■ **clavarse** VPR s'enfoncer
clave NF clé *f*, clef *f* ; **en ~** (*mensaje*) codé(e) ; **~ de acceso** mot *m* de passe ; **~ de búsqueda/de clarificación** clé de recherche/de classement ▸ ADJ INV clé
clavel NM œillet *m*
clavelina, clavellina NF œillet *m* de poète
clavetear VT clouter ; (*montura*) ferrer
clavicémbalo NM (*Mús*) clavecin *m*
clavicordio NM (*Mús*) clavicorde *m*
clavícula NF clavicule *f*
clavija NF cheville *f* ; (*Elec*) fiche *f*
clavo NM clou *m* ; (*Bot, Culin*) clou de girofle ; **dar en el ~** mettre dans le mille, faire mouche
claxon (*pl* **claxons**) NM klaxon *m* ; **tocar el ~** klaxonner
clemencia NF clémence *f*
clemente ADJ clément(e)
clementina NF clémentine *f*
cleptómano, -a NM/F cleptomane *mf*
clerical ADJ clérical(e)
clericalismo NM cléricalisme *m*

clérigo NM ecclésiastique *m*
clero NM clergé *m*
clic NM (*Inform*) clic *m* ; **hacer ~ en algo** cliquer sur qch
clicar VI (*Inform*) cliquer ; **~ dos veces** double-cliquer
cliché NM cliché *m*
cliente, -a NM/F client(e)
clientela NF clientèle *f*
clientelismo NM clientélisme *m*
clima NM climat *m*
climático, -a ADJ climatique
climatizado, -a ADJ climatisé(e)
climatizador NM climatiseur *m*
climatología NF (*ciencia*) climatologie *f* ; (*tiempo*) climat *m*
clímax ['klimaks] NM INV apogée *m*, point *m* culminant ; (*sexual*) orgasme *m*
clínica NF clinique *f*
clínico, -a ADJ clinique
clip [klip] (*pl* **clips**) NM trombone *m* ; (*de pelo*) barrette *f*
clítoris NM INV clitoris *m inv*
cloaca NF égout *m*
clon NM clone *m*
clonación NF, **clonaje** NM clonage *m*
clonar VT cloner
clónico, -a ADJ cloné(e) ▸ NM (*Inform*) clone *m*
clorhídrico, -a ADJ: **ácido ~** acide *m* chlorhydrique
cloro NM chlore *m*
clorofila NF chlorophylle *f*
cloroformo NM chloroforme *m*
cloruro NM chlorure *m* ; **~ sódico** chlorure de sodium
closet, clóset (*Am*) NM placard *m*
club (*pl* **clubs** *o* **clubes**) NM club *m*
cm ABR (= *centímetro(s)*) cm (= *centimètre(s)*)
C.M.A. SIGLA F (= *carga máxima autorizada*) PTCA *m* (= *poids total en charge autorisé*)
CNT SIGLA F (*Esp*: = *Confederación Nacional de Trabajo*) *syndicat de travailleurs* ; (*Am*: = *Confederación Nacional de Trabajadores*) *syndicat de travailleurs*
coacción NF contrainte *f*
coaccionar VT contraindre
coagular VT coaguler ▪ **coagularse** VPR coaguler
coágulo NM caillot *m*
coalición NF coalition *f*
coartada NF alibi *m*
coartar VT limiter
coatí (*Am*) NM coati *m*
coautor, a NM/F coauteur(e)
coaxial ADJ coaxial(e)
coba NF: **dar ~ a algn** passer de la pommade à qn
cobalto NM cobalt *m*
cobarde ADJ lâche ▸ NMF lâche *mf*, peureux(-euse)
cobardía NF lâcheté *f*
cobaya NM O NF cobaye *m*
cobertizo NM hangar *m*, remise *f* ; (*de animal*) abri *m*
cobertor NM (*manta*) couverture *f* ; (*colcha*) dessus *msg* de lit
cobertura NF couverture *f* ; **estar fuera de ~** être hors de portée ; **aquí no hay ~** (*Telec*) il n'y a pas de couverture ici, il n'y a pas de réseau ici ; **~ de dividendo** rapport *m* dividendes-résultat
cobija (*Am*) NF couverture *f*
cobijar VT héberger, loger ; **~ (de)** protéger (de) ▪ **cobijarse** VPR: **cobijarse (de)** se protéger (de)
cobijo NM abri *m* ; **dar ~ a algn** héberger qn
cobra NF cobra *m*
cobrador, a NM/F receveur(-euse)
cobrar VT (*cheque*) toucher, encaisser ; (*sueldo*) toucher ; (*precio*) faire payer ; (*deuda, alquiler, gas*) encaisser ; (*caza*) rapporter ; (*fama, importancia*) acquérir ; (*cariño*) prendre en ; (*fuerza, valor*) reprendre ; **a ~** à encaisser ; **cantidades por ~** sommes *fpl* dues ▸ VI toucher son salaire ; **¡vas a ~!** (*fam*) qu'est-ce que tu vas prendre ! (*fam*) ▪ **cobrarse** VPR: **cóbrese** payez-vous ; **cóbrese al entregar** paiement *m* à la livraison
cobre NM cuivre *m* ; **sin un ~** (*Am fam*) sans un sou ▪ **cobres** NMPL (*Mús*) cuivres *mpl*
cobrizo, -a ADJ cuivré(e)
cobro NM (*de cheque*) encaissement *m* ; (*pago*) paiement *m* ; **presentar al ~** encaisser ; *ver tb* **llamada**
coca NF coca *m* ; (*hoja*) feuille *f* de coca ; (*fam: cocaína*) coco *f* (*fam*), coke *f* (*fam*)
Coca-Cola® NF coca-cola® *m inv*
cocaína NF cocaïne *f*
cocainómano, -a NM/F cocaïnomane *mf*
cocción NF cuisson *f*
cóccix NM INV coccyx *m*
cocear VI ruer
cocer VT faire cuire, cuire ▸ VI cuire ; (*agua*) bouillir ▪ **cocerse** VPR cuire ; (*tramarse*) se préparer
cochambre NF crasse *f*
cochambroso, -a ADJ crasseux(-euse), crade (*fam*)
coche NM voiture *f* ; (*para niños*) poussette *f* ; **~ blindado** voiture blindée ; **~ bomba** voiture piégée ; **~ cama** wagon-lit *m* ; **~ celular** fourgon *m* cellulaire ; **~ comedor, ~ restaurante** wagon-restaurant *m*, voiture-restaurant *f* ; **~ de bomberos** voiture des pompiers ; **~ de carreras** voiture de course ; **~ de línea** autocar *m* ; **coches de choque** autos *fpl* tamponneuses ; **~ fúnebre** corbillard *m*

C

cochecito NM (*de bebé*) landau *m* ; (*de niño*) poussette *f*
cochera NF garage *m* ; (*de autobuses*) dépôt *m*
cochinada (*fam*) NF cochonnerie *f* (*fam*) ; (*jugarreta*) vacherie *f* (*fam*)
cochinilla NF cochenille *f*
cochinillo NM cochon *m* de lait
cochino, -a ADJ dégoûtant(e) ▸ NM/F cochon (truie) ; (*persona*) cochon(ne)
cocido, -a ADJ (*patatas*) bouilli(e) ; (*huevos*) dur(e) ▸ NM pot-au-feu *m inv*
cociente NM quotient *m*
cocina NF cuisine *f* ; (*aparato*) cuisinière *f* ; **~ casera** cuisine maison ; **~ eléctrica/de gas** cuisinière électrique/à gaz ; **~ francesa** cuisine française
cocinar VT, VI cuisiner
cocinero, -a NM/F cuisinier(-ière)
cocker ['koker] NM cocker *m*
coco NM noix *fsg* de coco ; (*fam*) citrouille *f* (*fam*) ; **el ~** le grand méchant loup
cocodrilo NM crocodile *m*
cocoliche (*CSur*) NM jargon *m*
cocotero NM cocotier *m*
cóctel ['koktel] NM cocktail *m* ; **~ molotov** cocktail Molotov
coctelera NF shaker *m*
cocuyo (*Am*) NM ver *m* luisant
cod. ABR = **código**
codazo NM: **dar un ~ a algn** donner un coup de coude à qn ; **abrirse paso a codazos** jouer des coudes
codearse VPR: **~ con** côtoyer
codeína NF codéine *f*
codera NF coude *m*
códice NM manuscrit *m* ancien
codicia NF convoitise *f*
codiciar VT convoiter
codicioso, -a ADJ avide ; (*expresión*) de convoitise
codificador NM codeur *m* ; **~ digital** convertisseur *m* analogique-numérique
codificar VT (*mensaje*) coder ; (*leyes*) codifier
código NM (*tb Jur*) code *m* ; **~ binario** code binaire ; **~ civil/postal** code civil/postal ; **~ de barras** code-barres *m inv* ; **~ de caracteres/de control** code à caractères/de contrôle ; **~ de (la) circulación** code de la route ; **~ malicioso** logiciel *m* malveillant ; **~ máquina/de operación** code machine *inv*/d'opération ; **~ militar/penal** code militaire/pénal
codillo NM (*Zool*) coude *m*, épaule *f* ; (*Culin*) épaule ; (*Tec*) coude
codo NM coude *m* ; **hablar por los codos** bavarder comme une pie ; **~ a ~** coude à coude
codorniz NF caille *f*
coeficiente NM coefficient *m* ; **~ intelectual** *o* **de inteligencia** quotient *m* intellectuel *o* mental
coerción NF coercition *f*
coercitivo, -a ADJ coercitif(-ive)
coetáneo, -a NM/F contemporain(e)
coexistencia NF coexistence *f*
coexistir VI: **~ (con)** coexister (avec)
cofia NF coiffe *f*
cofradía NF confrérie *f*
cofre NM coffre *m* ; (*de joyas*) coffret *m* ; (*Méx*) voiture *f*
cogedor NM pelle *f*
coger VT prendre ; (*objeto caído*) ramasser ; (*pelota*) attraper ; (*frutas*) cueillir ; (*sentido, indirecta*) comprendre, saisir ; (*tomar prestado*) emprunter ; (*Am fam!*) baiser (*fam !*) ; **~ a algn desprevenido** prendre qn au dépourvu ; **~ cariño a algn** prendre qn en affection ; **~ celos de algn** être jaloux(-ouse) de qn ; **~ manía a algn** prendre qn en grippe ; **iban cogidos de la mano** ils se tenaient par la main ■ **cogerse** VPR se prendre ; **cogerse a** s'accrocher à, s'agripper à
cogida NF coup *m* de corne
cogollo NM cœur *m*
cogorza (*fam*) NF cuite *f* (*fam*)
cogote NM nuque *f*
cohabitar VI cohabiter
cohecho NM subornation *f*
coherencia NF cohérence *f*
coherente ADJ cohérent(e) ; **ser ~ con** être cohérent(e) *o* en accord avec
cohesión NF cohésion *f*
cohete NM fusée *f*, pétard *m* ; (*tb*: **cohete espacial**) fusée
cohibido, -a ADJ: **estar/sentirse ~** être/se sentir gêné(e) ; (*tímido*) être/se sentir intimidé(e)
cohibir VT intimider ; (*reprimir*) réprimer ■ **cohibirse** VPR se retenir
COI SIGLA M (= *Comité Olímpico Internacional*) CIO *m* (= *Comité international olympique*)
coima (*CSur fam*) NF pot-de-vin *m*
coimero, -a (*CSur fam*) NM/F fonctionnaire *mf* corrompu(e)
coincidencia NF coïncidence *f*
coincidente ADJ coïncident(e) ; **ser ~ con algn/algo** coïncider avec qn/qch
coincidir VI (*en lugar*) se rencontrer ; **coincidimos en ideas** nous partageons les mêmes idées ; **~ con** coïncider avec
coito NM coït *m*
cojear VI boiter ; (*mueble*) être bancal(e)
cojera NF claudication *f*
cojín NM coussin *m*
cojinete NM palier *m*
cojo, -a VB *ver* **coger** ▸ ADJ boiteux(-euse) ; (*mueble*) bancal(e) ; **ir a la pata coja** aller à cloche-pied ▸ NM/F (*persona*) boiteux(-euse)

cojón (*fam!*) NM couille *f* (*fam !*) ; **¡cojones!** putain ! (*fam !*) ; **lo hizo por cojones** il a fallu qu'il le fasse
cojonudo, -a (*Esp fam!*) ADJ super (*fam*)
cojudo, -a (*Am fam!*) ADJ, NM/F connard(-asse) (*fam !*)
col NF chou *m* ; **coles de Bruselas** choux *mpl* de Bruxelles
col. ABR (= *columna*) col. (= *colonne*)
cola NF queue *f* ; (*para pegar*) colle *f* ; (*de vestido*) traîne *f* ; **estar/ponerse a la ~** être/se mettre à la queue ; **hacer ~** faire la queue ; **traer ~** avoir des suites
col.ª ABR (= *columna*) col. (= *colonne*)
colaboración NF collaboration *f*
colaboracionista ADJ collaborationniste
colaborador, a NM/F collaborateur(-trice)
colaborar VI: **~ con** collaborer avec
colación NF: **sacar** *o* **traer a ~** faire mention de
colada NF: **hacer la ~** faire la lessive
colado, -a (*fam*) ADJ: **estar ~ por algn** être dingue de qn (*fam*)
colador NM passoire *f*
colágeno NM collagène *m*
colapsar VT embouteiller
colapso NM collapsus *msg* ; (*de circulación*) embouteillage *m* ; (*en producción*) effondrement *m* ; **~ cardíaco** collapsus cardiovasculaire
colar VT filtrer ▶ VI (*mentira*) prendre, passer ■ **colarse** VPR (*en cola*) se glisser, se faufiler ; (*viento, lluvia*) s'engouffrer ; (*fam: equivocarse*) se gourer (*fam*) ; **colarse en** (*concierto, cine*) se faufiler dans
colateral ADJ collatéral(e)
colcha NF couvre-lit *m*
colchón NM matelas *m* ; **~ inflable/neumático** matelas gonflable/pneumatique
colchoneta NF tapis *msg* de sol
cole (*fam*) NM = **colegio**
colear VI remuer la queue ; (*asunto*) n'être pas encore réglé(e) *o* fini(e)
colección NF collection *f*
coleccionable ADJ que l'on peut collectionner ; (*obra*) publié(e) sous forme de fascicules ▶ NM (*obra*) ouvrage *m* publié par fascicules ; (*Prensa*) fascicule *m*
coleccionar VT collectionner
coleccionismo NM action *f* de collectionner, goût *m* pour la collection
coleccionista NMF collectionneur(-euse)
colecho NM co-dodo *m*
colecta NF collecte *f*
colectividad NF collectivité *f*
colectivizar VT collectiviser
colectivo, -a ADJ collectif(-ive) ▶ NM collectif *m* ; (*Am*) autobus *msg* ; (: *taxi*) taxi *m*
colector NM collecteur *m* ; (*sumidero*) collecteur, égout *m*
colega NMF collègue *mf* ; (*fam*) copain (copine)
colegiado, -a NM/F membre *m* d'une corporation
colegial, a ADJ, NM/F collégien(ne)
colegiarse VPR s'inscrire dans une corporation, s'affilier à un ordre
colegiatura NF, **colegiaturas** NFPL (*Méx*) frais *mpl* d'inscription
colegio NM (*de primaria*) école *f* ; (*de secundaria*) collège *m* ; *voir article* ; (*de abogados, médicos*) ordre *m* ; **ir al ~** aller à l'école *o* au collège ; **~ electoral** collège *m* électoral ; **~ mayor** résidence *f* universitaire

En Espagne, on désigne habituellement par le mot **colegio** soit une école primaire publique soit une école primaire et secondaire privée. Ceci s'explique notamment par le fait que dans l'enseignement privé, à la différence de l'enseignement public, les deux cycles sont offerts dans un même établissement.

colegir VT déduire
cólera NF colère *f* ; **montar en ~** se mettre en colère, s'emporter ▶ NM (*Med*) choléra *m*
colérico, -a ADJ colérique, coléreux(-euse)
colesterol NM cholestérol *m*
coleta NF queue *f*, couette *f* ; **cortarse la ~** abandonner l'arène
coletazo NM coup *m* de queue ; **los últimos coletazos** les derniers sursauts
coletilla NF addition *f*
colgado, -a PP *de* **colgar** ▶ ADJ (*cuadro, lámpara*) suspendu(e) ; (*ahorcado*) pendu(e) ; **dejar ~ a algn** (*fam*) laisser qn en plan (*fam*)
colgajo (*pey*) NM pendeloque *f*
colgante ADJ pendant(e), suspendu(e) ▶ NM pendentif *m* ; *ver tb* **puente**
colgar VT accrocher ; (*teléfono*) raccrocher ; (*ropa*) étendre ; (*ahorcar*) pendre ▶ VI raccrocher ; **~ de** pendre à, être suspendu(e) à ; **no cuelgue** ne raccrochez pas
colgué *etc* VB *ver* **colgar**
colguemos *etc* VB *ver* **colgar**
colibrí NM colibri *m*
cólico NM colique *f*
coliflor NF chou-fleur *m*
coligiendo *etc* VB *ver* **colegir**
colija *etc* VB *ver* **colegir**
colilla NF mégot *m*
colimba (*Arg fam*) NF (*servicio militar*) service *m*
colina NF colline *f*
colindante ADJ limitrophe, contigu(-güe)
colindar VI être contigu(-güe)
colirio NM collyre *m*
Coliseo NM Colisée *m*
colisión NF collision *f* ; (*de intereses, ideas*) conflit *m*

colisionar VI se heurter ; **~ con** *o* **contra** (*tren, autobús, coche*) entrer en collision avec ; (*persona, ideas*) se heurter avec
colitis NF diarrhée *f*
collado NM col *m*
collage [ko'laʒ] NM collage *m*
collar NM collier *m*
collarín NM minerve *f*
collera (*Am*) NF bouton *m* de manchette
collie ['koli] NM colley *m*
colmado, -a ADJ: **~ (de)** plein(e) à ras bord (de) ▸ NM épicerie *f*
colmar VT remplir à ras bord ; (*ansias, exigencias*) satisfaire ; **~ a algn de regalos/de atenciones** combler qn de cadeaux/d'attentions
colmena NF ruche *f*
colmillo NM canine *f* ; (*de elefante*) défense *f* ; (*de perro*) croc *m*
colmo NM: **ser el ~ de la locura/frescura/insolencia** être le comble de la folie/du toupet/de l'insolence ; **para ~ (de desgracias)** pour comble (de malheurs) ; **¡eso ya es el ~!** ça c'est le comble !
colocación NF (*de cosa*) pose *f* ; (*de persona*) placement *m* ; (*empleo*) emploi *m*, travail *m* ; (*disposición*) emplacement *m*
colocado, -a ADJ (*en trabajo*) placé(e) ; (*Esp fam: drogado*) défoncé(e) (*fam*) ; (*: borracho*) beurré(e) (*fam*), pinté(e) (*fam*)
colocar VT (*en un sitio: cosa*) mettre ; (*: persona*) placer ; (*en un empleo*) placer ▪ **colocarse** VPR se placer ; (*fam: drogarse*) se défoncer (*fam*) ; (*conseguir trabajo*): **colocarse (de)** trouver du travail (comme)
colofón NM: **como ~ de las conversaciones** en guise de conclusion aux conversations
Colombia NF Colombie *f*
colombiano, -a ADJ colombien(ne) ▸ NM/F Colombien(ne)
colon NM côlon *m*
Colón N: **Cristóbal ~** Christophe Colomb
colón NM (*moneda*) colon *m*
Colonia N Cologne
colonia NF colonie *f* ; (*tb*: **agua de colonia**) eau *f* de Cologne ; (*Méx*) quartier *m* ; **~ de verano** colonie de vacances ; **~ proletaria** (*Méx*) bidonville *m*
colonial ADJ (*época*) colonial(e) ; (*alimentos, productos*) (provenant) des colonies
colonialismo NM colonialisme *m*
colonialista ADJ, NMF colonialiste *mf*
colonice *etc* VB *ver* **colonizar**
colonización NF colonisation *f*
colonizador, a ADJ, NM/F colonisateur(-trice)
colonizar VT coloniser
colono NM colon *m*
coloque *etc* VB *ver* **colocar**
coloquial ADJ familier(-ière), parlé(e)
coloquio NM colloque *m*
color NM couleur *f* ; **de ~** de couleur ; **de ~ amarillo/azul/naranja** de couleur jaune/bleue/orange ; **de colores** (*lápices*) de couleur ; **en ~** en couleur ; **a todo ~** tout en couleur ; **le salieron los colores** il s'est mis à rougir ; **dar ~ a** donner du relief à
coloración NF coloration *f*
colorado, -a ADJ rouge ; (*Am: chiste*) grivois(e) ; **ponerse ~** rougir
colorante NM colorant *m*
colorar, colorear VT colorier
colorete NM fard *m*
colorido NM coloris *msg*
colosal ADJ colossal(e)
coloso NM colosse *m*
columbrar VT apercevoir
columna NF colonne *f* ; **~ blindada** colonne blindée ; **~ vertebral** colonne vertébrale
columnista NMF chroniqueur(-euse)
columpiar VT balancer ▪ **columpiarse** VPR se balancer
columpio NM balançoire *f*
colza NF colza *m*
coma NF virgule *f* ▸ NM (*Med*) coma *m*
comadre (*esp Am fam*) NF marraine *f* ; (*cotilla*) commère *f* ; (*vecina*) voisine *f* ▪ **comadres** NFPL commères *fpl*
comadrear (*esp Am fam*) VI faire des commérages
comadreja NF belette *f*
comadreo NM commérage *m*
comadrona NF sage-femme *f*
comandancia NF (*mando*) commandement *m* ; (*edificio*) commandement, commanderie *f*
comandante NM commandant *m*
comandar VT commander
comando NM commando *m* ; (*Inform*) commande *f* ; **~ de búsqueda** (*Inform*) commande recherche
comarca NF région *f*
comarcal ADJ départemental(e)
comba NF courbure *f*, corde *f* ; **saltar a la ~** sauter à la corde ; **no pierde ~** il n'en perd pas une
combar VT courber ▪ **combarse** VPR se courber
combate NM combat *m* ; **fuera de ~** hors de combat ; (*Boxeo*) knock-out *inv* ; (*fam*) groggy
combatiente NMF combattant(e)
combatir VT, VI combattre ; **~ por** combattre pour
combatividad NF combativité *f*
combativo, -a ADJ combatif(-ive)
combi (*fam*) NF (*Esp: frigorífico*) réfrigérateur-congélateur *m* ; (*Méx: bus*) minibus *m*
combinación NF combinaison *f*

combinado, -a ADJ: **plato ~** assiette *f* garnie ▶ NM cocktail *m*
combinar VT combiner ; (*esfuerzos*) unir
combustible ADJ, NM combustible *m*
combustión NF combustion *f*
COMECON SIGLA M = **CAME**
comedia NF comédie *f* ; **hacer ~** faire la comédie
comediante NMF comédien(ne)
comedido, -a ADJ modéré(e)
comedirse VPR se modérer
comedor NM salle *f* à manger ; (*de colegio*) réfectoire *m*, cantine *f*
comején (*AM*) NM termite *m*, fourmi *f* blanche
comencé *etc* VB *ver* **comenzar**
comensal NMF invité(e), convive *mf*
comentar VT commenter ; **comentó que ...** il a observé *o* remarqué que ...
comentario NM commentaire *m* ; **~ de texto** commentaire de texte ■ **comentarios** NMPL (*chismes*) commentaires *mpl* ; **dar lugar a comentarios** donner lieu à des commentaires, prêter à commentaires
comentarista NMF commentateur(-trice)
comenzar VT, VI commencer ; **~ a/por hacer** commencer à/par faire
comer VT manger ; (*Damas, Ajedrez*) souffler ; (*metal, madera*) manger, ronger ; **le come la envidia** l'envie le ronge ; **~ el coco a algn** (*fam*) bourrer le crâne à qn (*fam*) ▶ VI manger ; (*almorzar*) manger, déjeuner ; **dar de ~ a algn** donner à manger à qn ■ **comerse** VPR manger ; **está para comérsela** elle est belle à croquer ; **comerse el coco** (*fam*) se faire du mouron
comercial ADJ commercial(e)
comercializar VT commercialiser
comerciante, -a NM/F commerçant(e) ; **~ exclusivo** concessionnaire *mf*
comerciar VI: **~ en** faire le commerce de ; **~ con** avoir des relations commerciales avec ; (*pey*) faire commerce de
comercio NM commerce *m* ; **~ autorizado** commerce autorisé ; **~ de proximidad** commerce de proximité ; **~ equitativo** commerce équitable ; **~ electrónico** commerce électronique ; **~ exterior/interior** commerce extérieur/intérieur ; **~ justo** commerce équitable
comestible ADJ comestible ■ **comestibles** NMPL aliments *mpl* ; **tienda de comestibles** épicerie *f*, magasin *m* d'alimentation
cometa NM comète *f* ▶ NF cerf-volant *m*
cometer VT commettre
cometido NM tâche *f*, mission *f* ; (*deber*) devoir *m*
comezón NF démangeaison *f*
cómic ['komik] NM bande *f* dessinée
comicidad NF comique *m*
comicios NMPL comices *mpl*
cómico, -a ADJ comique ▶ NM/F (*de TV, cabaret*) comique *mf* ; (*de teatro*) comédien(ne)
comida NF nourriture *f* ; (*acción*) repas *msg* ; (*almuerzo*) déjeuner *m* ; (*esp AM*) dîner *m* ; **~ basura** malbouffe *f*
comidilla NF: **ser la ~ del barrio** être sur toutes les lèvres
comience *etc* VB *ver* **comenzar**
comienzo VB *ver* **comenzar** ▶ NM commencement *m* ; **dar ~ a un acto** commencer une cérémonie ; **~ del archivo** (*Inform*) tête *f* du fichier
comillas NFPL guillemets *mpl* ; **entre ~** entre guillemets
comilón, -ona (*fam*) ADJ glouton(ne) ▶ NM/F goinfre *m*
comilona (*fam*) NF gueuleton *m* (*fam*)
comino NM cumin *m* ; (*fam*): **(no) me importa un ~** je m'en balance (*fam*)
comisaría NF (*tb*: **comisaría de Policía**) commissariat *m*
comisario, -a NM/F commissaire *mf*
comisión NF commission *f* ; **~ mixta/permanente** commission paritaire/permanente ; **comisiones bancarias** commissions bancaires ; **Comisiones Obreras** (*ESP*) *syndicat ouvrier*
comisionado, -a NM/F (*delegado*) mandataire *mf* ; **alto ~** haut-commissaire *mf*
comisura NF: **~ de los labios** commissure *f* des lèvres
comité NM comité *m* ; **~ de empresa** comité d'entreprise
comitiva NF suite *f*, cortège *m*
como ADV comme ; (*aproximadamente*) environ ; **lo hace ~ yo** il le fait comme moi ; **~ quieras** comme tu voudras ; **así fue ~ ocurrió** c'est ainsi que ça s'est passé ; **tan grande ~** aussi grand que ; **sabe ~ a cebolla** ça a comme un goût d'oignon ; **eran ~ diez** ils devaient être 10 ; **¡tanto ~ eso ...!** pas tant que ça ! ; **llegó ~ a las cuatro** il est arrivé vers les 4 heures ; **~ ser** (*AM*: *tal como*) comme ▶ PREP (*en calidad de*) en tant que ; **~ testigo** en tant que témoin ▶ CONJ (*condición*) si ; (*causa*) comme ; **~ llueva no salimos** s'il pleut on reste à la maison ; **~ ella no llegaba me fui** comme elle n'arrivait pas, je suis parti ; **¡~ no quieras cinco euros!** à moins que tu ne veuilles cinq euros ! ; **es ~ para echarse a llorar** ça donne envie de pleurer ; **¡~ que lo voy a permitir!** et vous croyez que je vais permettre cela ? ; **~ si estuviese ciego** comme s'il était aveugle ; **~ si lo viera** comme si je le voyais ; **~ si nada** *o* **tal cosa** comme si de rien n'était ; **a ~ dé/diera lugar** (*CAM, MÉX*) à tout prix
cómo ADV comment ; **¿~ está Ud?** comment allez-vous ? ; **¿~ (ha dicho)?** comment ?, vous avez dit ? ; **¿~ son?** comment sont-ils ? ; **¿a ~ están?** combien coûtent-ils ? ▶ EXCL comment ! ; **¡~ corre!** comme il cavale ! ; **¡~ no!**

bien sûr ! ; (*esp AM*: *¡claro!*) pardi ! ▶ NM: **el ~ y el porqué** le pourquoi et le comment

cómoda NF commode *f*

cómodamente ADV commodément, à l'aise

comodidad NF confort *m* ; (*conveniencia*) avantage *m* ▪ **comodidades** NFPL aises *fpl*

comodín NM (*Naipes*) joker *m* ; (*Inform*) caractère *m* de remplacement

cómodo, -a ADJ confortable ; (*máquina, herramienta*) pratique ; **estar/ponerse/sentirse ~** être/se mettre/se sentir à l'aise

comodón, -ona ADJ pantouflard(e)

comoquiera CONJ: **~ que** étant donné que ; **~ que sea** quoi qu'il en soit

comp. ABR (= *compárese*) cf. (= *confer*)

compa (*CAm fam*) NMF copain (copine)

compact disc NM disque *m* compact, CD *m*

compacto, -a ADJ compact(e)

compadecer VT plaindre ▪ **compadecerse** VPR: **compadecerse de algn** plaindre qn

compadezca *etc* VB *ver* **compadecer**

compadre NM parrain *m* ; (*en oración directa*) (mon) vieux ; (*esp AM fam*) copain *m*

compadrear (*esp AM*) VI crâner

compadreo (*esp AM*) NM camaraderie *f*

compaginar VT: **~ algo con algo** concilier une chose avec une autre ▪ **compaginarse** VPR: **compaginarse con** être compatible avec

compañerismo NM amitié *f*, esprit *m* d'équipe

compañero, -a NM/F collègue *mf* ; (*en juego*) partenaire *mf* ; (*en estudios*) camarade *mf* ; (*novio*) compagnon (compagne) ; **~ de clase** camarade de classe ; **~ de equipo** coéquipier(-ière) ; **~ de trabajo** collègue de travail

compañía NF compagnie *f* ; **en ~ de** en compagnie de ; **malas compañías** mauvaises fréquentations *fpl* ; **hacer ~ a algn** tenir compagnie à qn ; **~ afiliada** filiale *f* ; **~ concesionaria/inversionista** compagnie concessionnaire/actionnaire ; **~ (no) cotizable** compagnie (non) cotée en Bourse ; **~ de seguros** compagnie d'assurances

comparable ADJ comparable

comparación NF comparaison *f* ; **en ~ con** par comparaison à *o* avec

comparar VT: **~ a/con** comparer à/avec

comparativo, -a ADJ comparatif(-ive)

comparecencia NF (*Jur*) comparution *f*

comparecer VI (*tb Jur*) comparaître

comparezca *etc* VB *ver* **comparecer**

comparsa NMF (*Teatro, Cine*) figurant(e) ▶ NF (*de carnaval etc*) mascarade *f*

compartimento, compartimiento NM compartiment *m* ; **~ estanco** compartiment étanche

compartir VT partager

compás NM (*Mús*) rythme *m* ; (*para dibujo*) compas *msg* ; **al ~** en rythme ; **llevar el ~** battre la mesure ; **~ de espera** (*fig*) attente *f*

compasión NF compassion *f* ; **sin ~** sans pitié

compasivamente ADV avec compassion

compasivo, -a ADJ compatissant(e)

compatibilidad NF compatibilité *f*

compatibilizar VT concilier, rendre compatible

compatible ADJ: **~ (con)** compatible (avec)

compatriota NMF compatriote *mf*

compeler VT forcer

compendiar VT résumer

compendio NM abrégé *m*

compenetración NF entente *f*

compenetrarse VPR (*personas*) s'entendre sur tout ; **estamos muy compenetrados** nous nous entendons à merveille

compensación NF compensation *f* ; (*indemnización*) dédommagement *m* ; **en ~** en compensation, à titre de dédommagement

compensar VT (*persona*) compenser ; (*contrarrestar: pérdidas*) compenser, contrebalancer ; (*: peso, balanza*) compenser, équilibrer ; (*indemnizar*) dédommager ▶ VI (*esfuerzos, trabajo*) valoir la peine

competencia NF compétition *f*, concurrence *f* ; (*Jur, habilidad*) compétence *f* ; **la ~** (*Com*) la concurrence ; **hacer la ~ a** faire concurrence à ; **ser de la ~ de algn** être de la compétence de qn ▪ **competencias** NFPL (*Pol*) compétences *fpl*

competente ADJ compétent(e)

competer VI: **~ a (algn)** être de la compétence de (qn)

competición NF compétition *f*

competidor, a NM/F concurrent(e), rival(e)

competir VI concourir ; **~ en** (*fig*) rivaliser en ; **~ por** rivaliser pour ; (*Deporte*) être en compétition pour, concourir pour

competitividad NF compétitivité *f*

competitivo, -a ADJ compétitif(-ive)

compilación NF compilation *f*

compilador NM compilateur(-trice)

compilar VT compiler

compinche (*fam*) NM acolyte *m*

compita *etc* VB *ver* **competir**

complacencia NF complaisance *f*

complacer VT faire plaisir à ▪ **complacerse** VPR: **complacerse en (hacer)** se complaire à (faire)

complaciente ADJ complaisant(e) ; **ser ~ con** *o* **para** montrer de la complaisance envers

complazca *etc* VB *ver* **complacer**

complejidad NF complexité *f*

complejo, -a ADJ complexe ▶ NM (*Psico*) complexe *m* ; **~ deportivo** cité *f* des sports ; **~ industrial** complexe industriel

complementar VT compléter ▪ **complementarse** VPR se compléter

complementario, -a ADJ complémentaire
complemento NM complément *m*
completamente ADV complètement
completar VT compléter
completo, -a ADJ complet(-ète) ; (*persona*) accompli(e), parfait(e) ; (*éxito, fracaso*) total(e) ; **al ~** au complet ; **por ~** complètement ▶NM salle *f* comble ; (CHI *Culin*) hot-dog *m*
complexión NF constitution *f*
complicación NF complication *f*
complicado, -a ADJ compliqué(e) ; **estar ~ en** être impliqué(e) dans
complicar VT compliquer ; **~ a algn en** impliquer qn dans ■ **complicarse** VPR se compliquer ; **complicarse la vida (con)** se compliquer la vie *o* l'existence (avec)
cómplice NMF complice *mf*
complicidad NF complicité *f*
complique *etc* VB *ver* **complicar**
complot (*pl* **complots**) NM complot *m*
compondré *etc* VB *ver* **componer**
componenda NF solution *f* de compromis ; (*pey*) combine *f* (*fam*)
componente ADJ composant(e) ▶NM composant *m*
componer VT (*tb Mús, Lit*) composer ; (*algo roto*) réparer ■ **componerse** VPR (MÉX) se remettre ; **componerse de** se composer de ; **componérselas para hacer algo** s'arranger pour faire qch
componga *etc* VB *ver* **componer**
comportamiento NM comportement *m*
comportar VT comporter ■ **comportarse** VPR se comporter
composición NF composition *f*
compositor, a NM/F (*Mús*) compositeur(-trice)
compostelano, -a ADJ de Saint-Jacques de Compostelle
compostura NF tenue *f*, maintien *m* ; **perder la ~** perdre contenance
compota NF (*Culin*) compote *f*
compra NF achat *m* ; **hacer/ir a la ~** faire/aller faire les courses ; **ir de compras** faire les magasins ; **~ a granel** (*Com*) achat en vrac ; **~ a plazos** achat à crédit ; **~ proteccionista** (*Com*) achat de soutien
comprador, a NM/F acheteur(-euse)
comprar VT acheter ■ **comprarse** VPR s'acheter
compraventa NF (*negocio*) commerce *m* ; **(contrato de) ~** contrat *m* d'achat et de vente
comprender VT comprendre ; **hacerse ~** se faire comprendre
comprensible ADJ compréhensible
comprensión NF compréhension *f*
comprensivo, -a ADJ compréhensif(-ive)
compresa NF (*Med*) compresse *f* ; (*tb*: **compresa higiénica**) serviette *f* hygiénique
compresión NF compression *f*
compresor NM compresseur *m*
comprimido, -a ADJ comprimé(e) ▶NM (*Med*) comprimé *m*, cachet *m*
comprimir VT comprimer ; (*Inform*) zipper
comprobación NF vérification *f*
comprobante NM (*Com*) reçu *m*, récépissé *m* ; (*Jur*) pièce *f* justificative *o* à l'appui
comprobar VT vérifier ; (*Inform*) vérifier, contrôler
comprometedor, a ADJ compromettant(e)
comprometer VT compromettre ; **~ a algn a hacer** mettre qn dans l'obligation de faire ■ **comprometerse** VPR se compromettre ; **comprometerse a hacer** s'engager à faire
comprometido, -a ADJ compromettant(e) ; (*escritor etc*) engagé(e)
compromiso NM (*acuerdo*) compromis *msg* ; (*obligación*) engagement *m* ; (*situación difícil*) embarras *msg* ; **libre de ~** (*Com*) sans engagement ; **poner a algn en un ~** mettre qn dans l'embarras
comprueba *etc* VB *ver* **comprobar**
compuerta NF (*en canal*) vanne *f* ; (*Inform*) porte *f*
compuesto, -a PP *de* **componer** ▶ADJ composé(e) ; **~ de** composé(e) de ▶NM composé *m*
compulsar VT faire certifier conforme ; **una fotocopia compulsada** une copie certifiée conforme
compulsivo, -a ADJ compulsif(-ive)
compungido, -a ADJ contrit(e)
compuse *etc* VB *ver* **componer**
computación NF informatique *f* ; **~ en la nube** informatique en nuage
computacional ADJ informatique
computador NM, **computadora** NF ordinateur *m* ; **~ central** ordinateur central ; **~ especializado** ordinateur spécialisé
computar VT calculer
cómputo NM calcul *m*
comulgar VI (*Rel*) communier ; **~ con** (*con ideas, valores*) partager
comulgue *etc* VB *ver* **comulgar**
común ADJ commun(e) ; **en ~** en commun ; **hacer/poner algo en ~** faire/mettre qch en commun ; **por lo ~** généralement ▶NM : **el ~ de las gentes** le commun des mortels
comuna NF commune *f*
comunal ADJ communal(e)
comunicación NF communication *f* ; **vía de ~** voie *f* de communication ■ **comunicaciones** NFPL (*transportes, Telec*) communications *fpl*
comunicado NM communiqué *m* ; **~ de prensa** communiqué de presse
comunicar VT communiquer ▶VI (*teléfono*) être occupé(e) ; **está comunicando** (*Telec*) c'est occupé ; **~ con** communiquer avec ■ **comunicarse** VPR communiquer
comunicativo, -a ADJ communicatif(-ive)

comunidad NF communauté *f* ; **en ~** en communauté ; **~ autónoma** (*Pol*) communauté autonome ; *voir article* ; **~ de vecinos** copropriétaires *mpl*, association *f* de copropriétaires ; **C~ (Económica) Europea** Communauté (économique) européenne

Suivant la Constitution espagnole de 1978, il y a en Espagne 17 régions et deux villes dotées d'une certaine liberté de gestion, notamment en matière d'infrastructures, de santé et d'éducation. Il s'agit des **comunidades autónomas** ou *autonomías*, qui ont chacune leur propre parlement. Certaines d'entre elles, telles que la Catalogne ou le Pays basque, ont une langue, une histoire et une culture propres et ont eu, ou ont, des aspirations nationalistes, voire indépendentistes. Les 17 régions sont les suivantes : Andalousie, Aragon, Asturies, Baléares, Canaries, Cantabrie, Castille-et-León, Castille-La Manche, Catalogne, Estrémadure, Galice, Madrid, Murcie, Navarre, Pays basque, La Rioja, Communauté valencienne, auxquelles s'ajoutent les villes de Ceuta et Melilla.

comunión NF communion *f* ; **primera ~** première communion

comunique *etc* VB *ver* **comunicar**

comunismo NM communisme *m*

comunista ADJ, NMF communiste *mf*

comunitario, -a ADJ communautaire

con

▸ PREP **1** (*medio, compañía, modo*) avec ; **comer con cuchara** manger avec une cuillère ; **café con leche** café *m* au lait ; **con habilidad** avec habileté ; **pasear con algn** se promener avec qn

2 (*actitud, situación*): **piensa con los ojos cerrados** il pense les yeux fermés ; **estoy con un catarro** j'ai un rhume

3 (*contenido*): **una libreta con direcciones** un carnet d'adresses ; **una maleta con ropa** une valise contenant des vêtements

4 (*a pesar de*): **con todo, merece nuestros respetos** malgré tout, il mérite notre respect

5 (*relación, trato*): **es muy bueno con los niños** il sait s'y prendre avec les enfants

6 (*+ infin*): **con llegar tan tarde se quedó sin comer** comme il est arrivé si tard, il n'a pas pu manger ; **con estudiar un poco apruebas** en étudiant un peu tu y arriveras

7 (*queja*): **¡con las ganas que tenía de hacerlo!** moi qui avais tellement envie de le faire !

▸ CONJ **1**: **con que**: **será suficiente con que le escribas** il suffit que tu lui écrives

2: **con tal (de) que** du moment que

conato NM tentative *f* ; (*de incendio*) début *m*

concatenación NF enchaînement *m*

concavidad NF concavité *f*

cóncavo, -a ADJ concave

concebir VT, VI concevoir ; **¡no lo concibo!** je n'arrive pas à le comprendre !

conceder VT accorder ; (*premio*) décerner

concejal, -a NM/F conseiller(-ère) municipal(e)

concejalía NF (*cargo*) poste *m* de conseiller municipal ; (*departamento*) bureau *m* de conseiller municipal

concejo NM (*ayuntamiento*) conseil *m* municipal

concentración NF concentration *f*

concentrado, -a ADJ concentré(e) ; (*gente*) rassemblé(e) ▸ NM concentré *m*

concentrar VT concentrer ; (*personas*) rassembler ■ **concentrarse** VPR se concentrer ; **concentrarse (en)** se concentrer (sur)

concéntrico, -a ADJ concentrique

concepción NF conception *f*

concepto NM (*idea*) concept *m* ; **en ~ de** (*Com*) à *o* au titre de ; **tener buen/mal ~ de algn** avoir bonne/mauvaise opinion de qn ; **bajo ningún ~** en aucun cas

conceptual ADJ conceptuel(le)

conceptuar VT estimer, juger

concerniente ADJ: **~ a** concernant, relatif(-ive) ; **en lo ~ a** en ce qui concerne

concernir VI concerner ; **en lo que concierne a** en ce qui concerne

concertado, -a ADJ (*centro, colegio, hospital*) privé(e) sous contrat

concertar VT (*precio*) se mettre d'accord sur ; (*entrevista*) fixer ; (*tratado, paz*) conclure ; (*esfuerzos*) associer ; (*Mús*) accorder ▸ VI (*Mús*) être en harmonie ; (*concordar*): **~ con** concorder avec

concertina NF concertina *m*

concertista NMF concertiste *mf*

concesión NF (*Com: adjudicación*) concession *f* ; **hacer concesiones** faire des concessions ; **sin concesiones** sans concession

concesionario, -a NM/F (*Com*) concessionnaire *mf*

concha NF (*de molusco*) coquille *f* ; (*de tortuga*) carapace *f* ; (*Am fam!*: *de mujer*) moule *f* (*fam !*)

conchabarse VPR conspirer, comploter

conchudo, -a (*CSur fam!*) NM/F connard (connasse) (*fam !*)

conciencia NF conscience *f* ; **libertad de ~** liberté *f* de conscience ; **hacer algo a ~** faire qch consciencieusement ; **tener/tomar ~ de** avoir/prendre conscience de ; **tener la ~ limpia** *o* **tranquila** avoir la conscience tranquille ; **tener plena ~ de** avoir pleine conscience de

concienciación NF sensibilisation *f*, prise *f* de conscience ; **una campaña de ~ ciudadana** une campagne de sensibilisation des citoyens

concienciar VT faire prendre conscience à ■ **concienciarse** VPR prendre conscience

concienzudo, -a ADJ consciencieux(-euse)
concierne *etc* VB *ver* **concernir**
concierto NM (*Mús: acto*) concert *m* ; (: *obra*) concerto *m* ; (*convenio*) accord *m*
conciliación NF conciliation *f*
conciliador, a ADJ, NM/F conciliateur(-trice)
conciliar VT concilier ; **~ el sueño** trouver le sommeil ; **~ trabajo y familia** concilier travail et vie de famille ▸ ADJ (*Rel*) conciliaire
concilio NM concile *m*
concisión NF concision *f*
conciso, -a ADJ concis(e)
conciudadano, -a NM/F concitoyen(ne)
conclave, cónclave NM conclave *m*
concluir VT conclure ▸ VI (se) terminer ; **todo ha concluido** c'est terminé ■ **concluirse** VPR prendre fin, se terminer
conclusión NF conclusion *f* ; **llegar a la ~ de que ...** en arriver à la conclusion que ...
concluya *etc* VB *ver* **concluir**
concluyente ADJ concluant(e)
concordancia NF concordance *f* ; (*Ling, Mús*) accord *m*
concordar VI : **~ (con)** concorder (avec)
concordato NM concordat *m*
concordia NF concorde *f*
concretamente ADV concrètement ; (*específicamente*) en particulier
concretar VT concrétiser ; (*fecha, día*) fixer ■ **concretarse** VPR : **concretarse a (hacer)** s'en tenir à (faire)
concreto, -a ADJ concret(-ète) ; (*determinado*) précis(e) ; **un día ~** un jour précis ; **en ~** en somme ; (*específicamente*) en particulier ; **no hay nada en ~** il n'y a rien de concret ▸ NM (AM: *hormigón*) béton *m*
concubina NF concubine *f*
concuerde *etc* VB *ver* **concordar**
concupiscencia NF concupiscence *f*
concurrencia NF assistance *f* ; (*de sucesos, factores*) concours *m*
concurrido, -a ADJ fréquenté(e)
concurrir VI (*sucesos*) coïncider ; (*factores*) concourir ; (*ríos*) confluer ; (*avenidas*) converger ; (*público*) assister
concursante NMF concurrent(e) ; (*para proyecto, trabajo*) candidat(e)
concursar VI concourir ; (*TV, Radio*) participer ; (*para proyecto*) être candidat(e)
concurso NM concours *m*
condado NM comté *m*
condal ADJ *ver* **ciudad**
conde NM comte *m*
condecoración NF décoration *f*
condecorar VT décorer
condena NF condamnation *f* ; **cumplir una ~** purger une peine
condenado, -a ADJ (*Jur*) condamné(e) ; (*fam*) maudit(e) (*fam*), satané(e) (*fam*) ▸ NM/F (*Jur*) condamné(e)
condenar VT condamner ; **~ (a)** condamner (à) ; **~ a algn a hacer** condamner qn à faire ■ **condenarse** VPR (*Jur*) se reconnaître coupable ; (*Rel*) se damner
condensación NF condensation *f*
condensador NM condensateur *m*
condensar VT condenser ■ **condensarse** VPR se condenser
condesa NF comtesse *f*
condescendencia NF condescendance *f*
condescender VI : **~ (a hacer)** condescendre (à faire)
condescendiente ADJ condescendant(e) ; **ser ~ con algn** se montrer condescendant envers qn
condescienda *etc* VB *ver* **condescender**
condición NF condition *f* ; (*estado*) état *m* ; (*modo de ser*) caractère *m* ; **a ~ de que ...** à condition que ... ■ **condiciones** NFPL (*requisitos, circunstancias*) conditions *fpl* ; (*cualidades*) capacités *fpl*, aptitudes *fpl* ; **no estar en condiciones de hacer** ne pas être en état de faire ; **las condiciones del contrato** les conditions du contrat ; **condiciones de trabajo/vida** conditions de travail/vie ; **condiciones de venta** conditions de vente
condicional ADJ conditionnel(le) ; *ver tb* **libertad**
condicionamiento NM conditionnement *m*
condicionar VT conditionner ; **estar condicionado a** dépendre de
condimentar VT assaisonner
condimento NM condiment *m*
condiscípulo, -a NM/F condisciple *mf*
condolencia NF condoléances *fpl*
condolerse VPR compatir
condominio NM (AM: *apartamento*) appartement *m* ; (*Com*) condominium *f*
condón NM capote *f*
condonación NF remise *f*
condonar VT remettre
cóndor NM condor *m*
conducción NF conduite *f*
conducente ADJ : **~ a** conduisant à
conducir VT conduire ; (*suj: camino, escalera, negocio*) conduire, mener ▸ VI conduire ; **esto no conduce a nada/ninguna parte** cela ne mène à rien/nulle part ■ **conducirse** VPR se conduire
conducta NF conduite *f*
conducto NM conduit *m* ; **por ~ oficial** par voie officielle
conductor, a ADJ (*Fís, Elec*) conducteur(-trice) ▸ NM conducteur *m* ▸ NM/F conducteur(-trice)
conduela *etc* VB *ver* **condolerse**
conduje *etc* VB *ver* **conducir**
conduzca *etc* VB *ver* **conducir**
conectado, -a ADJ connecté(e)

C

conectar VT relier ; (*tubos*) raccorder ; (*Telec*) brancher ; (*enchufar*) connecter, brancher ; (*Inform*) connecter ▶VI: **~ (con)** (*TV, Radio*) donner l'antenne (à) ; (*fam: personas*) être sur la même longueur d'onde que (*fam*) ■ **conectarse** VPR (*Inform*) se connecter

conectividad NF connectivité *f*

conector NM connecteur *m*

conejillo NM: **~ de Indias** cochon *m* d'Inde ; (*fig*) cobaye *m*

conejo, -a NM/F lapin(e)

conexión NF connexion *f* ■ **conexiones** NFPL (*amistades*) contacts *mpl*

confabulación NF complot *m*

confabular VI comploter ■ **confabularse** VPR: **confabularse (para hacer algo)** conspirer (pour faire qch)

confección NF confection *f* ; **ropa de ~** prêt-à-porter *m* ; **~ de caballero/señora** prêt-à-porter pour hommes/femmes

confeccionar VT confectionner

confederación NF confédération *f*

conferencia NF conférence *f* ; (*Telec*) communication *f* interurbaine ; **~ a cobro revertido** (*Telec*) appel *m* en PCV ; **~ de prensa** conférence de presse

conferenciante NMF conférencier(-ière)

conferir VT (*tb fig*) conférer

confesar VT confesser, avouer ; **he de ~ que** je dois avouer que ▶VI (*Rel*) confesser ; (*Jur*) avouer ■ **confesarse** VPR se confesser

confesión NF confession *f*, aveu *m* ; (*Rel*) confession

confesional ADJ confessionnel(le)

confesionario NM (*Rel*) confessionnal *m*

confeso, -a ADJ (*Jur*): **un reo ~** un prisonnier qui est passé aux aveux

confesor NM confesseur *m*

confeti NM confetti *m*

confiadamente ADV avec confiance

confiado, -a ADJ confiant(e) ; **está ~ en que aprobará** il est confiant de son succès

confianza NF confiance *f* ; (*familiaridad*) familiarité *f* ; **de ~** (*persona*) de confiance ; (*alimento*) de qualité ; **en ~** en (toute) confiance ; **margen de ~** marge *f* de confiance ; **tener ~ con algn** être intime avec qn ; **tomarse confianzas con algn** (*pey*) se permettre des familiarités avec qn ; **hablar con ~** parler en toute confiance

confiar VT confier ▶VI avoir confiance ; **~ en** avoir confiance en ; **~ en hacer/en que** compter faire/que ■ **confiarse** VPR être confiant(e)

confidencia NF confidence *f*

confidencial ADJ confidentiel(le) ; **« ~ »** (*en sobre*) « confidentiel »

confidencialidad NF confidentialité *f* ; **en la más estricta ~** dans la plus stricte confidentialité

confidencialmente ADV confidentiellement

confidente NMF (*amigo*) confident(e) ; (*policial*) informateur(-trice), indicateur(-trice)

confiera *etc* VB *ver* **conferir**

confiese *etc* VB *ver* **confesar**

configuración NF configuration *f* ; **la ~ del terreno** la configuration du terrain

configurar VT façonner ; (*Inform*) configurer

confín NM: **el ~ del mundo** le bout du monde ■ **confines** NMPL (*límites*): **en los confines de** aux confins de

confinación NF, **confinamiento** NM (*de exiliado*) exil *m* ; (*de detenido*) assignation *f* à résidence ; (*de enfermo*) confinement *m*

confinar VT (*exiliado*) exiler ; (*detenido*) assigner à résidence ; (*enfermo*) confiner

confiriendo *etc* VB *ver* **conferir**

confirmación NF confirmation *f*

confirmar VT confirmer ; **la excepción confirma la regla** l'exception confirme la règle ■ **confirmarse** VPR se confirmer ; (*Rel*) faire sa confirmation

confiscar VT confisquer

confisque *etc* VB *ver* **confiscar**

confitado, -a ADJ confit(e)

confite NM confiserie *f*

confitería NF (*tienda*) confiserie *f* ; (*CSur: café*) café *m*

confitura NF confiture *f*

conflagración NF conflagration *f*

conflictividad NF (*tensiones*) conflits *nmpl* ; (*cualidad*) caractère *m* conflictuel ; **~ laboral** conflits du travail ; **~ social** conflits sociaux, tension *f* sociale

conflictivo, -a ADJ conflictuel(le) ; (*época*) de conflits

conflicto NM conflit *m* ; (*fig: problema*) problème *m* ; **estar en un ~** être dans l'embarras ; **~ de intereses** conflit d'intérêts ; **~ laboral** conflit social *o* du travail

confluencia NF confluence *f*

confluir VI (*ríos*) confluer ; (*carreteras, personas*) se rejoindre

confluya *etc* VB *ver* **confluir**

conformar VT (*carácter, paisaje*) façonner ; (*persona*) contenter, satisfaire ; **~ algo a** *o* **con** adapter qch à ▶VI: **~ con** être conforme à ■ **conformarse** VPR: **conformarse con** se contenter de ; (*resignarse*) se résigner à ; **conformarse con hacer** se contenter de faire

conforme ADJ conforme ; (*de acuerdo*) d'accord ; (*satisfecho*) content(e), satisfait(e) ; **~ a** conformément à ; **~ con** content(e) *o* satisfait(e) de ▶CONJ (*tal como*) tel que, comme ; (*a medida que*) à mesure que ▶EXCL d'accord !

conformidad NF conformité *f* ; (*aprobación*) accord *m*, approbation *f* ; (*resignación*) résignation *f* ; **en ~ con** conformément à ; **dar su ~** donner son accord

conformismo NM conformisme *m*
conformista ADJ, NMF conformiste *mf*
confort [kon'for] (*pl* **conforts**) NM confort *m*
confortable ADJ confortable
confortablemente ADV confortablement
confortar VT réconforter
confraternidad NF confraternité *f*; **espíritu de ~** esprit *m* confraternel
confraternizar VI fraterniser
confrontación NF (*enfrentamiento*) confrontation *f*
confrontar VT confronter; (*situación, peligro*) affronter ■ **confrontarse** VPR s'affronter; **confrontarse con** affronter
confundido, -a ADJ (*desconcertado*) désorienté(e), déconcerté(e); (*equivocado*): **puede que esté ~, pero creo que te he visto antes** je peux me tromper, mais je crois t'avoir vu avant
confundir VT confondre; (*persona: embrollar*) embrouiller; (*: desconcertar*) confondre; **~ algo/a algn con** confondre qch/qn avec ■ **confundirse** VPR (*equivocarse*) se tromper; (*hacerse borroso*) se confondre; (*turbarse*) être confondu(e); (*mezclarse*) se confondre; **confundirse de** se tromper de
confusión NF confusion *f*
confuso, -a ADJ confus(e)
congelación NF congélation *f*; **~ de créditos** gel *m* des crédits
congelado, -a ADJ (*carne, pescado*) congelé(e) ■ **congelados** NMPL (*Culin*) surgelés *mpl*
congelador NM congélateur *m*
congelar VT congeler; (*Com, Fin*) geler ■ **congelarse** VPR se congeler; (*fam: persona*) se geler; (*sangre, grasa*) se figer
congénere NMF (*persona*) congénère *mf*
congeniar VI: **~ (con)** s'entendre (avec)
congénito, -a ADJ congénital(e)
congestión NF (*de tráfico*) encombrement *m*; (*Med*) congestion *f*
congestionado, -a ADJ congestionné(e); (*tráfico, carretera*) encombré(e)
congestionar VT congestionner ■ **congestionarse** VPR se congestionner
conglomerado NM (*Constr, Tec*) aggloméré *m*; (*de factores, intereses*) conglomérat *m*
Congo NM Congo *m*
congoja NF chagrin *m*
congoleño, -a ADJ congolais(e) ▶ NM/F Congolais(e)
congraciarse VPR: **~ con** s'attirer les bonnes grâces de
congratular VT féliciter ■ **congratularse** VPR: **congratularse de** *o* **por** se féliciter de
congregación NF congrégation *f*
congregar VT réunir, rassembler ■ **congregarse** VPR se réunir, se rassembler
congregue *etc* VB *ver* **congregar**
congresista NMF congressiste *mf*
congreso NM congrès *m*; **C~ de los Diputados** (ESP) (*Pol*) ≈ Assemblée *f* nationale
congrio NM congre *m*
congruente ADJ: **~ (con)** en accord (avec)
cónico, -a ADJ conique
conífera NF conifère *m*
conjetura NF conjecture *f*; **solo podemos hacer conjeturas** nous en sommes réduits aux conjectures
conjeturar VT conjecturer
conjugación NF conjugaison *f*
conjugar VT conjuguer
conjugue *etc* VB *ver* **conjugar**
conjunción NF (*Ling*) conjonction *f*; (*de esfuerzos, cualidades*) conjugaison *f*
conjuntamente ADV ensemble, conjointement
conjuntivitis NF conjonctivite *f*
conjunto, -a ADJ commun(e) ▶ NM ensemble *m*; (*de circunstancias*) concours *msg*; (*de música pop*) groupe *m*; **de ~** (*visión, estudio*) d'ensemble; **en ~** dans l'ensemble
conjura, conjuración NF conjuration *f*
conjurar VT, VI conjurer ■ **conjurarse** VPR se conjurer
conjuro NM conjuration *f*
conllevar VT supporter; (*riesgo, problema*) comporter
conmemoración NF commémoration *f*
conmemorar VT commémorer
conmemorativo, -a ADJ commémoratif(-ive)
conmigo PRON avec moi
conminar VT sommer; **~ a algn a hacer** sommer qn de faire
conmiseración NF commisération *f*
conmoción NF commotion *f*; (*en sociedad, costumbres*) bouleversement *m*; **~ cerebral** (*Med*) commotion cérébrale
conmovedor, a ADJ émouvant(e)
conmover VT émouvoir; (*suj: terremoto, estrépito*) ébranler ■ **conmoverse** VPR s'émouvoir
conmueva *etc* VB *ver* **conmover**
conmutación NF (*Inform*) commutation *f*; **~ de mensajes/por paquetes** commutation de messages/par paquets
conmutador NM (*AM Telec*) standard *m*
conmutar VT commuer
connivencia NF: **estar en ~ con** être de connivence avec
connotación NF connotation *f*
cono NM (*Mat*) cône *m*; **C~ Sur** (*Geo*) *Chili, Argentine, Uruguay*
conocedor, a ADJ, NM/F connaisseur(-euse)
conocer VT connaître; (*reconocer*) reconnaître; **dar a ~** faire connaître *o* savoir; **darse a ~** se faire connaître ■ **conocerse** VPR se connaître; **se conoce que ...** il semble *o* paraît que ...

C

conocido, -a ADJ connu(e) ▸ NM/F (*persona*) connaissance *f*
conocimiento NM connaissance *f* ; (*de la madurez*) raison *f* ; (*Náut*: *tb*: **conocimiento de embarque**) connaissement *m* ; **hablar con ~ de causa** parler en connaissance de cause ; **poner en ~ de algn** faire savoir à qn ; **tener ~ de** avoir connaissance de ; **perder/recobrar el ~** perdre/reprendre connaissance ; **~ (de embarque) aéreo** (*Com*) lettre *f* de transport aérien ■ **conocimientos** NMPL (*saber*) connaissances *fpl*
conozca *etc* VB *ver* **conocer**
conque CONJ ainsi donc, alors
conquense ADJ de Cuenca ▸ NMF natif(-ive) *o* habitant(e) de Cuenca
conquista NF conquête *f*
conquistador, a ADJ, NM/F conquérant(e) ▸ NM (*de América*) conquistador *m* ; (*seductor*) séducteur *m*
conquistar VT conquérir ; (*puesto*) obtenir ; (*simpatía, fama*) conquérir ; (*enamorar*) conquérir, faire la conquête de
consabido, -a ADJ bien connu(e) ; **las consabidas excusas** (*pey*) les excuses habituelles
consagración NF (*tb Rel*) consécration *f* ; (*a trabajo, actividad*) dévouement *m*
consagrado, -a ADJ (*Rel, escritor*) consacré(e)
consagrar VT (*tb Rel*) consacrer ; **~ como** (*acreditar*) sacrer ■ **consagrarse** VPR: **consagrarse a** se consacrer à ; **consagrarse como** se confirmer comme
consanguíneo, -a ADJ consanguin(e)
consciencia NF = **conciencia**
consciente ADJ conscient(e) ; **estar ~** être conscient(e) ; **ser ~ de** être conscient(e) de
conscientemente ADV consciemment
conscripto NM (ARG) recrue *f*
consecución NF obtention *f*
consecuencia NF conséquence *f* ; **a ~ de** par suite de ; **en ~** en conséquence
consecuente ADJ: **~ (con)** conséquent(e) (avec)
consecutivo, -a ADJ consécutif(-ive)
conseguido, -a ADJ réussi(e)
conseguir VT obtenir ; (*sus fines*) parvenir à ; **~ hacer** arriver à faire
consejería NF (*Pol*) *ministère dans une communauté autonome*
consejero, -a NM/F (*persona*) conseiller(-ère) ; (*Pol*) *ministre dans une communauté autonome*
consejo NM conseil *m* ; **dar un ~** donner un conseil ; **~ de administración** (*Com*) conseil d'administration ; **C~ de Europa** Conseil de l'Europe ; **~ de guerra/de ministros** conseil de guerre/des ministres
consenso NM consensus *m inv*
consensuar VT parvenir à un consensus, arriver à un accord, s'entendre
consentido, -a ADJ gâté(e)
consentimiento NM consentement *m* ; **dar su ~** donner son consentement
consentir VT consentir ; (*mimar*) gâter ; **~ a algn hacer algo/que algn haga algo** permettre à qn de faire qch/que qn fasse qch ▸ VI: **~ en hacer** consentir à faire
conserje NMF concierge *mf*
conserjería NF conciergerie *f*
conserva NF conserve *f* ; **en ~** en conserve ■ **conservas** NFPL conserves *fpl*
conservación NF (*de paisaje, naturaleza*) conservation *f* ; (*de especie*) protection *f*
conservacionismo NM écologisme *m*
conservacionista ADJ, NMF écologiste *mf*
conservador, a ADJ, NM/F conservateur(-trice)
conservadurismo NM (*Pol etc*) conservatisme *m*
conservante NM conservateur *m*
conservar VT (*gen*) conserver ; (*costumbre, figura*) garder ■ **conservarse** VPR: **conservarse bien** (*comida etc*) bien se conserver ; **conservarse joven** être bien conservé(e)
conservatorio NM (*Mús*) conservatoire *m* ; (AM) serre *f*
conservero, -a ADJ (*industria*) de la conserve
considerable ADJ (*importante*) important(e) ; (*grande*) considérable
consideración NF considération *f* ; **de ~** (*herida, daño*) grave ; **tomar en ~** prendre en considération ; **¡qué falta de ~!** quel manque de considération ! ; **de mi/nuestra (mayor) ~** (AM *Admin*) Madame, Monsieur
considerado, -a ADJ (*atento*) attentionné(e) ; (*respetado*) respecté(e) ; **estar bien/mal ~** être bien/mal vu(e)
considerar VT considérer
consienta *etc* VB *ver* **consentir**
consigna NF consigne *f*
consignación NF (*Com*) consignation *f* ; **~ de créditos** allocation *f* de crédits
consignar VT (*Com*) consigner ; (*créditos*) allouer
consignatario, -a NM/F (*Com*) consignataire *mf*
consigo VB *ver* **conseguir** ▸ PRON (*m*) avec lui ; (*f*) avec elle ; (*usted(es)*) avec vous ; **~ mismo** avec soi-même
consiguiendo *etc* VB *ver* **conseguir**
consiguiente ADJ: **el ~ susto/nerviosismo** la peur/nervosité qui en résulte ; **por ~** par conséquent
consintiendo *etc* VB *ver* **consentir**
consistencia NF consistance *f* ; (*de teoría*) solidité *f*
consistente ADJ consistant(e) ; (*material, pared, teoría*) solide ; **~ en** qui consiste en
consistir VI: **~ en algo/hacer algo** consister en qch/à faire qch

consistorio NM (*Pol*) conseil *m* municipal ; (: *edificio*) hôtel *m* de ville
consola NF console *f* ; **~ de juegos** console de jeux ; **~ de mando** (*Inform*) console ; **~ de visualización** console de visualisation
consolación NF *ver* **premio**
consolador, a ADJ consolateur(-trice) ▸ NM (*sexual*) godemiché *m*, vibromasseur *m*
consolar VT consoler ■ **consolarse** VPR: **consolarse (con)** se consoler (avec) ; **consolarse haciendo** se consoler en faisant
consolidación NF consolidation *f*
consolidar VT consolider
consomé NM (*Culin*) consommé *m*
consonancia NF harmonie *f* ; **en ~ con** en accord avec
consonante NF consonne *f* ▸ ADJ consonantique
consorcio NM (*Com*) consortium *m*
consorte NMF conjoint(e)
conspiración NF conspiration *f*
conspiracionista NM/NF conspirationniste *m/f*, complotiste *m/f*
conspirador, a NM/F conspirateur(-trice)
conspirar VI conspirer
constancia NF constance *f* ; (*testimonio*) témoignage *m* ; **dejar ~ de algo** faire état de qch
constante ADJ constant(e) ▸ NF (*Mat*, *fig*) constante *f*
constantemente ADV constamment
constar VI: **~ (en)** figurer (dans) ; **~ de** se composer de ; **hacer ~** manifester ; **me consta que ...** je suis conscient(e) que ... ; **(que) conste que lo hice por ti** n'oublie pas que c'est pour toi que je l'ai fait
constatación NF constatation *f*
constatar VT constater
constelación NF constellation *f*
consternación NF consternation *f*
consternar VT consterner
constipado, -a ADJ: **estar ~** être enrhumé(e) ▸ NM rhume *m*
constiparse VPR s'enrhumer
constitución NF constitution *f* ; (*de tribunal, equipo etc*) composition *f*
constitucional ADJ constitutionnel(le)
constitucionalidad NF constitutionnalité *f*
constituir VT constituer ■ **constituirse** VPR se constituer
constitutivo, -a ADJ constitutif(-ive)
constituya *etc* VB *ver* **constituir**
constituyente ADJ constituant(e) ; **cortes constituyentes** assemblée *fsg* constituante
constreñir VT (*limitar*) restreindre ; (*obligar*) contraindre
constriñendo *etc* VB *ver* **constreñir**
constriño *etc* VB *ver* **constreñir**
construcción NF construction *f*
constructivo, -a ADJ constructif(-ive)
constructor, a NM/F constructeur(-trice) ▸ NF entreprise *f* de construction
construir VT construire
construyendo *etc* VB *ver* **construir**
consuelo VB *ver* **consolar** ▸ NM consolation *f* ; **sin ~** inconsolable
consuetudinario, -a ADJ: **derecho ~** droit *m* coutumier
cónsul NMF consul(e)
consulado NM consulat *m*
consular ADJ consulaire ; **Sección C~** section *f* consulaire
consulta NF consultation *f* ; (*Med: consultorio*) cabinet *m* ; **horas de ~** heures *fpl* de consultation ; **obra de ~** ouvrage *m* de référence
consultar VT consulter ; **~ algo con algn** consulter qn au sujet de qch ; **~ un archivo** (*Inform*) consulter un fichier
consultor, a NM/F: **~ en dirección de empresas** consultant(e), expert(e)-conseil
consultora NF cabinet *m* de conseil
consultoría NF cabinet-conseil *m* ; **~ de dirección, ~ gerencial** conseil *m* en management
consultorio NM (*Med*) cabinet *m* ; (*en periódico etc*) courrier *m* du cœur
consumado, -a ADJ (*bribón*) fieffé(e) ; (*actor*) accompli(e) ; **hecho ~** fait *m* accompli
consumar VT consommer ; (*sentencia*) exécuter
consumición NF consommation *f* ; **~ mínima** prix *m* minimum de la consommation
consumido, -a ADJ décharné(e)
consumidor, a NM/F consommateur(-trice)
consumir VT consommer ■ **consumirse** VPR se consumer ; (*caldo*) réduire ; (*persona*) dépérir ; **consumirse (de celos/de envidia/de rabia)** se consumer (de jalousie/d'envie/de rage)
consumismo NM (*Com*) surconsommation *f*
consumista ADJ consumériste
consumo NM consommation *f* ; **bienes/sociedad de ~** biens *mpl*/société *f* de consommation
contabilice *etc* VB *ver* **contabilizar**
contabilidad NF comptabilité *f* ; **~ de costes** *o* **analítica** comptabilité analytique ; **~ de doble partida/por partida simple** comptabilité en partie double/en partie simple ; **~ de gestión** comptabilité de gestion
contabilizar VT comptabiliser
contable NMF comptable *mf* ; **~ de costos** analyste *mf* des coûts
contactar VI: **~ con algn** contacter qn
contacto NM contact *m* ; **estar/ponerse en ~ con algn** être/se mettre en contact avec qn ; **perder ~** (*amigos*) se perdre de vue
contado, -a ADJ: **en casos contados** dans de rares cas ▸ NM: **al ~** au comptant ; **pagar al ~** payer comptant

C

contador, a NM/F (*Am*: *contable*) comptable *mf* ▶ NM (*aparato*) compteur *m*

contaduría NF comptabilité *f*

contagiar VT (*enfermedad*) passer ; (*persona*) contaminer ; (*fig: entusiasmo*) transmettre ■ **contagiarse** VPR (*sentimiento*) se transmettre ; **contagiarse de la gripe** attraper la grippe

contagio NM contagion *f*

contagioso, -a ADJ (*tb fig*) contagieux(-euse)

contaminación NF (*de alimentos*) contamination *f* ; (*del agua, ambiente*) pollution *f*

contaminante ADJ polluant(e) ▶ NM polluant *m*

contaminar VT (*aire, agua*) polluer ; (*fig*) contaminer

contante ADJ: **dinero ~** argent *m* comptant ; **dinero ~ y sonante** espèces *fpl* sonnantes et trébuchantes

contar VT (*dinero etc*) compter ; (*historia etc*) conter, raconter ; **lo cuento entre mis amigos** il est de mes amis ; **¿qué (te) cuentas?** comment tu vas ? ▶ VI compter ; **~ con** (*persona*) compter sur ; (*disponer de: plazo etc*) disposer de ; (*: habitantes*) compter ; **sin ~** sans compter ■ **contarse** VPR (*calcularse*) se compter ; (*incluirse*) compter

contemplación NF contemplation *f* ■ **contemplaciones** NFPL (*miramientos*) égards *mpl* ; **no andarse con contemplaciones** ne pas y aller par quatre chemins

contemplar VT contempler ; (*considerar*) envisager ; (*mimar*) être aux petits soins pour

contemplativo, -a ADJ: **vida contemplativa** vie *f* contemplative

contemporáneo, -a ADJ, NM/F contemporain(e)

contemporizar VI: **~ con** transiger avec

contención NF (*moderación*) retenue *f* ; (*Jur*) action *f* ; **muro de ~** mur *m* de retenue

contencioso, -a ADJ (*Jur etc*) contentieux(-euse) ▶ NM (*Jur*) contentieux *msg*

contender VI (*luchar*) être en conflit ; (*competir*) rivaliser

contendiente ADJ (*persona, país*) rival(e) ; (*Deporte*) adverse ▶ NMF (*persona, país*) rival(e) ; (*Deporte*) adversaire *mf*

contendrá *etc* VB *ver* **contener**

contenedor NM conteneur *m*

contener VT contenir ; (*risa, caballo etc*) retenir ■ **contenerse** VPR se retenir

contenga *etc* VB *ver* **contener**

contenido, -a ADJ contenu(e) ▶ NM contenu *m*

contentar VT faire plaisir à ■ **contentarse** VPR: **contentarse (con)** se contenter (de) ; **contentarse con hacer** se contenter de faire

contento, -a ADJ: **~ (con/de)** content(e) (de)

conteo NM estimation *f*, calcul *m*

contertuliano, -a, contertulio, -a NM/F membre *ou* habitué(e) d'un cercle *ou* d'une réunion, intervenant(e)

contestación NF réponse *f* ; **~ a la demanda** (*Jur*) plaidoyer *m*

contestador NM (*tb*: **contestador automático**) répondeur *m*

contestar VT répondre ; (*Jur*) plaider ▶ VI répondre ; **~ a una pregunta/a un saludo** répondre à une question/à un salut

contestatario, -a ADJ contestataire

contexto NM contexte *m*

contextura NF (*de material*) texture *f* ; (*de persona*) teint *m*

contienda NF dispute *f*

contiene *etc* VB *ver* **contener**

contigo PRON avec toi

contigüidad NF contiguïté *f*

contiguo, -a ADJ: **~ (a)** contigu(ë) (à)

continencia NF continence *f*

continental ADJ continental(e)

continente NM continent *m*

contingencia NF (*posibilidad*) éventualité *f* ; (*riesgo*) risque *m*

contingente ADJ contingent(e) ; (*posible*) possible ▶ NM (*Mil, Com*) contingent *m*

continuación NF (*de trabajo, estancia, obras*) poursuite *f* ; (*de novela, película, calle*) suite *f* ; **a ~** juste après

continuamente ADV sans interruption ; (*incesantemente*) continuellement

continuar VT continuer, poursuivre ; (*reanudar*) reprendre ▶ VI (*permanecer*) rester ; (*mantenerse, prolongarse*) continuer ; (*telenovela etc*) reprendre ; **~ haciendo** continuer de *o* à faire ; **~ siendo** être toujours

continuidad NF continuité *f*

continuismo NM (*Pol*) immobilisme *m*

continuo, -a ADJ continu(e) ; (*llamadas, quejas*) continuel(le)

contonearse VPR (*hombre*) rouler des épaules ; (*mujer*) se dandiner

contorno NM (*silueta*) contours *mpl* ; (*en dibujo*) contour *m* ■ **contornos** NMPL (*alrededores*) environs *mpl*

contorsión NF contorsion *f*

contra PREP contre ; **en ~ (de)** contre ▶ ADJ (*Nic*) contra ▶ NMF contra *mf* ▶ NF: **la C~ (nicaragüense)** les Contras *mpl* ▶ NM *ver* **pro**

contraalmirante NM contre-amiral *m*

contraanálisis NM contre-analyse *f*, contre-test *m*

contraataque NM contre-attaque *f*

contrabajo NM contrebasse *f*

contrabandista NMF contrebandier(-ière)

contrabando NM contrebande *f* ; **de ~** de contrebande ; **llevar/pasar algo de ~** passer qch en contrebande ; **~ de armas** contrebande d'armes

contracción NF contraction *f*
contrachapado NM contre-plaqué *m*
contracorriente: **a ~** *adv* à contre-courant
contractual ADJ contractuel(le)
contractura NF contracture *f*
contracultura NF contre-culture *f*
contradecir VT contredire ■ **contradecirse** VPR se contredire ; **esto se contradice con ...** ceci est en contradiction avec ...
contradicción NF contradiction *f* ; **el espíritu de la ~** l'esprit *m* de contradiction ; **en ~ con** en contradiction avec
contradicho PP *de* **contradecir**
contradiciendo *etc* VB *ver* **contradecir**
contradictorio, -a ADJ contradictoire
contradiga *etc* VB *ver* **contradecir**
contradije *etc* VB *ver* **contradecir**
contradirá *etc* VB *ver* **contradecir**
contraer VT contracter ; **~ matrimonio con** épouser ■ **contraerse** VPR se contracter
contraespionaje NM contre-espionnage *m*
contrafuerte NM contrefort *m*
contragolpe NM contrecoup *m*
contrahecho, -a ADJ contrefait(e)
contraiga *etc* VB *ver* **contraer**
contraindicaciones NFPL (*Med*) contre-indications *fpl*
contraje *etc* VB *ver* **contraer**
contralor NM (*Am Admin*) contrôleur *m* des Finances
contralto NM contralto *m*
contraluz NM (*Foto*) contre-jour *m* ; **a ~** à contre-jour
contramaestre NM (*Náut*) sous-officier *m* ; (*Tec*) contremaître *m*
contraofensiva NF = **contraataque**
contraoferta NF contre-proposition *f*
contraorden NF contrordre *m*
contrapartida NF (*Com*) contrepartie *f* ; **como ~ (de)** en contrepartie (de)
contrapelo: **a ~** *adv* (*tb fig*) à rebrousse-poil
contrapesar VT contrebalancer
contrapeso NM (*tb fig*) contrepoids *msg* ; (*Com*) contrepartie *f*
contrapié: **a ~** *adv* (*en posición forzada*) à contre-pied ; (*inoportunamente*) au dépourvu
contrapondré *etc* VB *ver* **contraponer**
contraponer VT opposer ; **~ algo a** opposer qch à
contraponga *etc* VB *ver* **contraponer**
contraportada NF quatrième *m* de couverture
contraposición NF (*cotejo*) comparaison *f* ; (*oposición*) opposition *f* ; **en ~ a** en opposition avec
contraprestación NF contre-prestation *f*
contraproducente ADJ contre-productif(-ive)
contrapuesto PP *de* **contraponer**
contrapunto NM (*Mús*) canon *m*
contrapuse *etc* VB *ver* **contraponer**
contrariado, -a ADJ contrarié(e)
contrariar VT contrarier
contrariedad NF contretemps *msg* ; (*disgusto*) contrariété *f*
contrario, -a ADJ (*equipo etc*) adverse ; **~ (a)** opposé(e) (à) ; **ser ~ a** être opposé(e) à ; (*a intereses, opinión*) être contraire à ; **salvo indicación contraria** sauf indication contraire ; **al ~** au contraire ; **por el ~** tout au contraire ; **de lo ~** sinon ; **todo lo ~** tout au contraire ▸ NM/F adversaire *mf* ▸ NF: **llevar la contraria** contredire
Contrarreforma NF contre-réforme *f*
contrarreloj ADV contre la montre ▸ ADJ: **prueba ~** épreuve *f* contre la montre ▸ NF contre-la-montre *m inv*
contrarrestar VT (*neutralizar*) pallier ; (*hacer frente a*) contrecarrer
contrarrevolución NF contre-révolution *f*
contrasentido NM: **es un ~ que él ...** cela n'a pas de sens qu'il ...
contraseña NF mot *m* de passe
contrastar VI: **~ con** trancher avec ▸ VT (*comprobar*) vérifier
contraste NM contraste *m*
contrata NF (*Jur*) contrat *m*
contratación NF (*de empleado*) embauche *f*, recrutement *m* ; (*de servicio*) adjudication *f* de contrat, engagement *m*
contratar VT (*empleado*) engager, recruter ; (*servicio*) faire appel à
contratiempo NM contretemps *msg* ; **a ~** (*fig*) à contretemps
contratista NMF entrepreneur(-euse)
contrato NM contrat *m* ; **~ a precio fijo** forfait *m* ; **~ a término/de compraventa/de trabajo** contrat à terme/de vente/de travail
contravalor NM (*Com*) valeur *f* d'échange
contravención NF contravention *f*
contravendré *etc* VB *ver* **contravenir**
contravenga *etc* VB *ver* **contravenir**
contravenir VT contrevenir
contraventana NF volet *m*
contraviene *etc* VB *ver* **contravenir**
contraviniendo *etc* VB *ver* **contravenir**
contrayendo VB *ver* **contraer**
contrayente NMF époux(-ouse)
contribución NF contribution *f* ; **exento de contribuciones** exonéré d'impôts ; **~ territorial** impôt *m* foncier ; **~ urbana** impôts *mpl* locaux
contribuir VI: **~ (a)** contribuer (à) ; **~ con** participer à raison de
contribuyendo *etc* VB *ver* **contribuir**
contribuyente NMF contribuable *mf*

contrincante NM/F concurrent(e)
contrito, -a ADJ contrit(e)
control NM contrôle *m*; (*dominio: de nervios, impulsos*) maîtrise *f*; (*tb*: **control de policía**) contrôle; **llevar el ~** (*de situación*) maîtriser; (*en asunto*) diriger; **perder el ~** perdre le contrôle; **~ de calidad/de cambios/de costos/de existencias/de precios** (*Com*) contrôle de qualité/des changes/des coûts/des stocks/des prix; **~ de créditos** encadrement *m* du crédit; **~ de (la) natalidad** contrôle des naissances; **~ de pasaportes** contrôle des passeports; **~ por la voz** (*Inform, Tec*) commande *f* vocale
controlador, a NM/F: **~ aéreo(-a)** contrôleur(-euse) aérien(ne)
controlar VT contrôler; (*nervios, impulsos*) maîtriser ▪ **controlarse** VPR se maîtriser
controversia NF controverse *f*
controvertido, -a ADJ controversé(e)
contubernio NM conspiration *f*
contumaz ADJ entêté(e)
contundencia NF (*de golpe, ataque*) force *f*, violence *f*; (*de argumento etc*) poids *m*, force *f*; (*de prueba*) irréfragabilité *f*
contundente ADJ (*arma, objeto*) contondant(e); (*argumento etc*) convaincant(e); (*prueba*) accablant(e)
contusión NF contusion *f*
contuve *etc* VB *ver* **contener**
conuco NM (CARIB *Agr*) parcelle *f*
convalecencia NF convalescence *f*
convalecer VI être en convalescence; **~ de** se remettre de
convaleciente ADJ, NMF convalescent(e)
convalezca *etc* VB *ver* **convalecer**
convalidación NF validation *f*
convalidar VT valider
convencer VT convaincre; **~ a algn de (que haga) algo** convaincre qn de (faire) qch; **~ a algn para que haga** convaincre qn de faire; **esto no me convence (nada)** cela ne me convainc pas (du tout) ▪ **convencerse** VPR: **convencerse (de)** se persuader (de)
convencido, -a ADJ convaincu(e); **estar ~ de algo** être convaincu(e) de qch
convencimiento NM certitude *f*; **llegar al/tener el ~ de que ...** acquérir la conviction/être certain(e) que ...
convención NF convention *f*
convencional ADJ conventionnel(le); (*ceremonia*) formel(le)
convencionalismo NM conventionnalisme *m*
convendré *etc* VB *ver* **convenir**
convenga *etc* VB *ver* **convenir**
conveniencia NF (*oportunidad*) opportunité *f*; (*provecho*) intérêt *m*; (*utilidad*) avantage *m*; **ser de la ~ de algn** être à la convenance de qn ▪ **conveniencias** NFPL (*tb*: **conveniencias sociales**) convenances *fpl*
conveniente ADJ opportun(e); (*útil*) pratique; **(no) es ~ (hacer)** il (n')est (pas) bon (de faire)
convenio NM accord *m*; **~ colectivo/salarial** convention *f* collective/accord salarial
convenir VT convenir de; **«sueldo a ~»** « salaire négociable » ▸VI convenir; **~ (en) hacer** convenir de faire; **conviene recordar que ...** il convient de rappeler que ...; **no te conviene salir** tu ne devrais pas sortir
convento NM couvent *m*
convenza *etc* VB *ver* **convencer**
convergencia NF convergence *f*
convergente ADJ (*Mat, Fís*) convergent(e); (ESP *Pol*) *de la coalition catalane Convergència i Unió*
converger, convergir VI converger
converja *etc* VB *ver* **converger**
conversación NF conversation *f* ▪ **conversaciones** NFPL (*Pol*) pourparlers *mpl*
conversador, a ADJ: **es muy buen ~** il est d'une conversation agréable
conversar VI discuter
conversión NF transformation *f*; (*Rel*) conversion *f*
converso, -a NM/F converti(e)
convertible ADJ convertible
convertir VT transformer; **~ a** (*Rel*) convertir à; **~ (en)** (*Com*) changer (en) ▪ **convertirse** VPR (*Rel*): **convertirse (a)** se convertir (à)
convexo, -a ADJ convexe
convicción NF conviction *f* ▪ **convicciones** NFPL (*ideas*) convictions *fpl*
convicto, -a ADJ condamné(e)
convidado, -a NM/F convive *mf*
convidar VT: **~ (a)** convier (à); **~ a algn a hacer** inviter qn à faire
conviene *etc* VB *ver* **convenir**
convierta *etc* VB *ver* **convertir**
convincente ADJ convaincant(e)
conviniendo *etc* VB *ver* **convenir**
convirtiendo *etc* VB *ver* **convertir**
convite NM (*banquete*) banquet *m*; (*invitación*) invitation *f*
convivencia NF cohabitation *f*
conviviente NMF (CHI) concubin(e)
convivir VI cohabiter, vivre ensemble
convocar VT convoquer; **~ (a)** (*personas*) convoquer (à); (*huelga*) appeler à
convocatoria NF convocation *f*; (*huelga*) appel *m*
convoque *etc* VB *ver* **convocar**
convoy NM convoi *m*
convulsión NF (*Med*) convulsion *f*; (*fig: política, social*) bouleversement *m*
convulso, -a ADJ convulsé(e); (*fig*) agité(e)
conyugal ADJ conjugal(e); **vida ~** vie *f* conjugale
cónyuge NMF conjoint(e)

coña (*fam!*) NF: **tomar algo a ~** prendre qch à la rigolade (*fam*) ; **estar de ~** rigoler (*fam*)
coñac [koˈɲak] (*pl* **coñacs**) NM cognac *m*
coñazo (*fam!*) NM: **ser un ~** être chiant (*fam !*) ; **dar el ~** faire chier (*fam !*)
coño (*fam!*) NM con *m* (*fam!*) ▸ EXCL merde ! (*fam !*) ; **¡qué ~!** merde ! (*fam !*)
cookie NM (*Inform*) cookie *m*, témoin de connexion
cooperación NF coopération *f*
cooperante NMF coopérant(e)
cooperar VI coopérer
cooperativa NF coopérative *f* ; **~ agrícola** coopérative agricole
cooperativista NMF coopérateur(-trice)
cooperativo, -a ADJ de coopération
coordenada NF (*Mat*) coordonnée *f* ▪ **coordenadas** NFPL (*fig*) ligne *f* directrice
coordinación NF coordination *f*
coordinador, a NM/F coordinateur(-trice) ▸ NF bureau *m* de coordination
coordinar VT coordonner
copa NF (*recipiente, bebida*) verre *m* (à pied) ; (*de champán, Deporte*) coupe *f* ; (*de árbol*) cime *f* ; (*de sombrero*) calotte *f* ; **tomar una ~** prendre un verre *o* un pot (*fam*) ; **ir de copas** aller prendre un pot (*fam*) ; **sombrero de ~** haut-de-forme *m* ; **huevo a la ~** (CHI) œuf *m* à la coque ▪ **copas** NFPL (*Naipes*) *l'une des quatre couleurs du jeu de cartes espagnol*
copago NM (*sistema*) copaiement *m*; (*Med: cuota*) ticket *m* modérateur
copar VT (*puestos*) remporter
coparticipación NF (*Com*) coparticipation *f*
COPE SIGLA F (= *Cadena de Ondas Populares Españolas*) *station de radio*
Copenhague N Copenhague
copeo NM: **ir de ~** aller prendre un pot (*fam*)
copete NM: **de alto ~** d'une grande famille
copetín NM (CSUR) apéritif *m*
copia NF copie *f* ; (*llave*) double *m* ; **hacer una ~ de seguridad** (*Inform*) faire une sauvegarde ; **~ de respaldo** *o* **de seguridad** (*Inform*) sauvegarde *f* ; **~ de trabajo** (*Inform*) fichier *m* de travail ; **~ impresa** (*Inform*) tirage *m* papier ; **~ vaciada** (*Inform*) vidage *m*
copiadora NF photocopieuse *f* ; **~ al alcohol** duplicateur *m* à alcool
copiar VT copier ; (*Inform*) faire une copie de ; **~ al pie de la letra** copier mot pour mot ; **~ y pegar** faire un copier-coller
copiloto NMF copilote *mf*
copioso, -a ADJ abondant(e) ; (*comida*) copieux(-euse)
copipega NM copier-coller *m inv*
copipegar VT copier-coller
copita NF petit verre *m* ; (*Golf*) tee *m*
copla NF (*canción*) couplet *m* ; (*Lit*) strophe *f*
copo NM: **~ de nieve** flocon *m* de neige ; **copos de avena** flocons *mpl* d'avoine
coprocesador NM (*Inform*) traitement *m* auxiliaire
coproducción NF coproduction *f*
copropietario, -a NM/F copropriétaire *mf*
copropietarios NMPL (*Com*) copropriétaires *mpl*
copto, -a ADJ copte ▸ NM/F Copte *mf* ▸ NM (*Ling*) copte *m*
cópula NF (*Bio*) copulation *f* ; (*Ling*) copule *f*
copular VI copuler
COPYME SIGLA F (= *Confederación de la Pequeña y Mediana Empresa*) ≈ CGPME *f* (= *Confédération générale des petites et moyennes entreprises*)
copyright NM copyright *m*
coqueta NF (*mujer*) coquette *f* ; (*mueble*) coiffeuse *f* ; *ver tb* **coqueto**
coquetear VI flirter
coqueteo NM (*acto*) flirt *m* ; (*cualidad*) coquetterie *f*
coquetería NF coquetterie *f*
coqueto, -a ADJ coquet(te)
coraje NM courage *m* ; (*esp* AM) colère *f* ; **le da ~ hacer ...** ça l'énerve de faire ...
coral ADJ (*Mús*) choral(e) ▸ NF (*Mús*) chorale *f* ▸ NM (*Zool*) corail *m* ; **de ~** en corail
Corán NM: **el ~** le Coran
coraza NF cuirasse *f* ; (*Zool*) carapace *f*
corazón NM cœur *m* ; (*Bot*) noyau *m* ; **ser de buen ~** avoir bon cœur ; **del ~** (*prensa, revista*) people *inv*, pipole *inv* ; **de (todo) ~** de tout cœur ; **estar mal del ~** être malade du cœur ▪ **corazones** NMPL (*Naipes*) cœur *msg*
corazonada NF pressentiment *m*
corbata NF cravate *f*
corbatín NM nœud *m* papillon
corbeta NF corvette *f*
Córcega NF Corse *f*
corcel NM coursier *m*
corchea NF (*Mús*) croche *f*
corchete NM agrafe *f* ▪ **corchetes** NMPL (*Tip*) crochets *mpl*
corchetera NF (CHI) agrafeuse *f*
corcho NM liège *m* ; (*Pesca, tapón*) bouchon *m* ; **de ~** en liège
corcholata NF (MÉX: *tapón*) bouchon *m*
corcovado, -a ADJ, NM/F bossu(e)
cordel NM corde *f*
cordero NM agneau *m* ; **~ lechal** agneau de lait
cordial ADJ cordial(e) ▸ NM cordial *m*
cordialidad NF cordialité *f*
cordialmente ADV cordialement
cordillera NF cordillère *f*
Córdoba N Cordoue
córdoba NM cordoba *m* d'or (*monnaie du Nicaragua*)
cordobés, -esa ADJ de Cordoue ▸ NM/F natif(-ive) *o* habitant(e) de Cordoue

cordón NM (*cuerda*) ficelle *f* ; (*de zapatos*) lacet *m* ; (*Elec, policial*) cordon *m* ; (CSUR) bord *m* du trottoir ; **~ umbilical** cordon ombilical

cordura NF sagesse *f* ; (*Med*) santé *f* mentale ; **con ~** avec sagesse

Corea NF Corée *f* ; **~ del Norte/Sur** Corée du Nord/Sud

coreano, -a ADJ coréen(ne) ▶ NM/F Coréen(ne) ▶ NM (*Ling*) coréen *m*

corear VT entonner

coreografía NF chorégraphie *f*

coreógrafo, -a NM/F chorégraphe *mf*

corista NF choriste *mf*

cormorán NM cormoran *m*

cornada NF coup *m* de corne

cornamenta NF cornes *fpl*

córnea NF cornée *f*

corneja NF corneille *f*

córner ['korner] (*pl* **córners**) NM (*Deporte*) corner *m*

corneta NF (*Mús*) cornet *m* ; (*Mil*) clairon *m*

cornisa NF corniche *f*

Cornualles NM Cornouailles *fsg*

cornudo, -a ADJ à cornes ; (*marido*) cocu(e)

coro NM chœur *m* ; **a ~** (*responder etc*) en chœur

corolario NM corollaire *m*

corona NF couronne *f* ; (*de santo*) auréole *f* ; **la ~** (*Pol*) la Couronne ; **~ de laurel** couronne de laurier

coronación NF (*tb fig*) couronnement *m*

coronar VT (*tb fig*) couronner

coronel NM colonel *m*

coronilla NF sommet *m* du crâne ; **estar hasta la ~ (de)** en avoir jusque-là (de)

corotos (*fam*) NMPL (COL, VEN) machins *mpl* (*fam*)

corpachón NM: **tiene un ~ ...** qu'est-ce qu'il est baraqué ...

corpiño NM corsage *m* ; (AM) soutien-gorge *m*

corporación NF corporation *f*

corporal ADJ (*ejercicio*) physique ; (*castigo, higiene*) corporel(le)

corporativismo NM corporatisme *m*

corporativista ADJ corporatiste

corporativo, -a ADJ corporatif(-ive)

corpulencia NF corpulence *f* ; **cayó con toda su ~** il est tombé de tout son poids

corpulento, -a ADJ (*persona*) corpulent(e) ; (*árbol, tronco*) énorme

corpus NM INV corpus ; **~ lingüístico** corpus *m* linguistique

corral NM (*patio*) cour *f* ; (*de animales*) basse-cour *f* ; (*de niño*) parc *m*

correa NF courroie *f* ; (*cinturón*) ceinture *f* ; (*de perro*) laisse *f* ; **~ del ventilador** (*Auto*) courroie du ventilateur

correaje NM harnais *msg*

corrección NF correction *f* ; **~ (de pruebas)** (*Tip*) correction (d'épreuves) ; **~ en pantalla** correction sur écran

correccional NM pénitencier *m* ; **~ de menores** maison *f* de correction

correctamente ADV (*comportarse, contestar*) correctement

correctivo, -a ADJ correctif(-ive) ▶ NM (*castigo*) correction *f*

correcto, -a ADJ correct(e)

corrector, a NM/F: **~ de pruebas** (*Tip*) correcteur(-trice) d'épreuves ▶ NM: **~ ortográfico** correcteur *m* orthographique

corredera NF (*tb*: **puerta de corredera**) porte *f* coulissante

corredizo, -a ADJ *ver* **nudo**

corredor, a NM/F coureur(-euse) ; **~ de apuestas** bookmaker *m* ; **~ de bolsa/de fincas** agent *m* de change/immobilier ▶ NM (*pasillo*) corridor *m* ; (*balcón corrido*) galerie *f* ; (*Com*) courtier *m*

corregir VT corriger ■ **corregirse** VPR se corriger ; **se le ha corregido la miopía** on lui a corrigé sa myopie

correlación NF corrélation *f* ; **guardar ~ con** être proportionnel(le) à

correlativo, -a ADJ corrélatif(-ive)

correligionario, -a NM/F (*Rel, Pol*) coreligionnaire *mf*

correo NM courrier *m* ; (*servicio*) poste *f* ; **a vuelta de ~** par retour de courrier ; **echar al ~** mettre à la poste ; **~ aéreo** courrier par avion ; **~ basura** (*Inform*) spam *m* ; **~ certificado** courrier recommandé ; **~ electrónico** courrier électronique ■ **Correos** NMPL (*servicio, edificio*) la Poste

correoso, -a ADJ rassis (rassie)

correr VT (*mueble etc*) déplacer ; (*riesgo*) courir ; (*suerte*) risquer ; (*aventura*) vivre ; (*cortinas: cerrar*) fermer ; (*: abrir*) ouvrir ; (*cerrojo*) tourner ; **~ mundo** parcourir le monde ▶ VI (*persona, rumor*) courir ; (*coche*) aller vite ; (*agua*) couler ; (*viento*) souffler ; (*tiempo*) passer ; (*apresurarse*) se presser ; **a todo ~** à toute vitesse ; **echar a ~** se mettre à courir ; **~ con los gastos** payer ; **eso corre de mi cuenta** je m'en occupe ■ **correrse** VPR (*persona, terreno*) se déplacer ; (*colores*) couler ; (*fam: tener orgasmo*) jouir ; **nos corrimos una juerga** (*fam*) on s'est bien éclaté (*fam*)

correrías NFPL escapades *fpl*

correspondencia NF correspondance *f* ; **~ directa** (*Com*) correspondance directe

corresponder VI (*dinero, tarea*) revenir ; (*en amor*) aimer en retour ; **~ a** (*invitación*) répondre à ; (*a favor, cariño*) rendre ; (*convenir, ajustarse, pertenecer*) correspondre à ; **al gobierno le corresponde ...** le gouvernement a pour tâche de ... ; **« a quien corresponda »** « à qui de droit » ■ **corresponderse** VPR (*amarse*) bien s'entendre ; **corresponderse con** correspondre à

correspondiente ADJ (*respectivo*) correspondant(e) ; **~ (a)** (*adecuado*) qui correspond (à)
corresponsal NMF correspondant(e) ; (*Com*) agent *m*
corretaje NM courtage *m*
corretear VI courir de droite à gauche
correvedile, correveidile NMF (*acusica*) rapporteur(-euse) ; (*chismoso*) cancanier(-ière)
corrida NF corrida *f* ; (*carrera corta*) sprint *m* ; (CHI) file *f*
corrido, -a ADJ (*avergonzado*) contrit(e) ; **un kilo ~** un bon kilo ; **balcón ~** grand balcon *m* ; **de ~** couramment ▸ NM (MÉX) ballade *f*
corriente ADJ courant(e) ; (*suceso, costumbre*) habituel(le) ; (*común*) commun(e) ▸ NF courant *m* ; (*tb:* **corriente de aire**) courant d'air ; **las corrientes artísticas** les courants artistiques ; **seguir la ~ a algn** ne pas contrarier qn ; **~ alterna/continua** courant alternatif/continu ; **~ sanguínea** flux *msg* sanguin ▸ NM : **el 16 del ~** le 16 courant ; **estar al ~ de** être au courant de ; **poner/tener al ~** mettre/tenir au courant
corrientemente ADV en général
corrigiendo *etc* VB *ver* **corregir**
corrija *etc* VB *ver* **corregir**
corrillo NM petit groupe *m*
corrimiento NM : **~ de tierras** glissement *m* de terrain
corro NM cercle *m* ; **hacer ~ aparte** faire bande à part ; **jugar al ~** faire la ronde
corroborar VT corroborer
corroer VT corroder ; (*suj: envidia*) ronger ▪ **corroerse** VPR se désagréger
corromper VT pourrir ; (*aguas*) polluer ; (*fig: costumbres, moral*) corrompre ; (*: juez etc*) corrompre, soudoyer ▪ **corromperse** VPR pourrir ; (*costumbres*) se corrompre ; (*persona, justicia*) se laisser soudoyer
corrosión NF (*Quím*) corrosion *f*
corrosivo, -a ADJ corrosif(-ive)
corroyendo *etc* VB *ver* **corroer**
corrupción NF putréfaction *f* ; (*delito*) corruption *f*
corruptela NF (*corrupción*) corruption *f* ; (*abuso*) abus *m*
corrupto, -a ADJ corrompu(e)
corruptor, a ADJ, NM/F corrupteur(-trice)
corsario NM corsaire *m*
corsé NM corset *m*
corso, -a ADJ corse ▸ NM/F Corse *mf*
cortacésped NM tondeuse *f* (à gazon)
cortada NF (AM: *corte*) coupure *f* ; (*: atajo*) raccourci *m*
cortado, -a ADJ (*leche*) tourné(e) ; (*con cuchillo*) coupé(e) ; (*piel, labios*) craquelé(e) ; (*tímido*) coincé(e) ; **quedarse ~** rester sans voix ▸ NM café *m* avec un nuage de lait
cortadora NF trancheuse *f*
cortadura NF coupure *f* ▪ **cortaduras** NFPL (*restos*) chutes *fpl*
cortafuego, cortafuegos NM (*en el bosque*) pare-feu *m*, coupe-feu *m* ; (*Inform*) pare-feu *m*
cortante ADJ (*viento*) glacial(e) ; (*frío*) mordant(e) ; (*fig*) acerbe
cortapega NM couper-coller *m inv*
cortapegar VT couper-coller
cortapisa NF obstacle *m*, difficulté *f* ; **sin cortapisas** sans ambages
cortar VT couper ; (*discusión*) interrompre ; (*piel, labios*) fendre ; **~ el paso (a algn)** barrer le passage (à qn) ; **~ por lo sano** trancher dans le vif ; **~ de raíz** tuer dans l'œuf ▸ VI couper ; (*viento*) être glacial(e) ; (AM *Telec*) raccrocher ▪ **cortarse** VPR se couper ; (*turbarse*) se troubler ; (*Telec*) s'interrompre ; (*leche*) tourner ; **cortarse el pelo** se (faire) couper les cheveux ; **cortarse el dedo** se couper le doigt ; **se le cortan los labios** ses lèvres se gercent
cortasetos NM INV taille-haie *m*
cortaúñas NM INV coupe-ongles *m inv*
corte NM coupure *f* ; (*de pelo, vestido*) coupe *f* ; (*de tela*) pièce *f* ; (*de helado*) tranche *f* napolitaine ; **me da ~ pedírselo** cela m'embête de le lui demander ; **¡qué ~ le di!** je lui ai rabattu son caquet ! ; **~ de corriente/de luz** coupure de courant/d'électricité ; **~ de mangas** bras *m* d'honneur ; **~ y confección** confection *f* ▸ NF (*real*) cour *f* ; **las Cortes Generales** *le Parlement espagnol* ; *voir article* ; **hacer la ~ a algn** faire la cour à qn ; **C~ Internacional de Justicia** Cour internationale de justice

Le Parlement espagnol, ou **Cortes Generales**, se compose d'une chambre basse (*Congreso de los Diputados*) et d'une chambre haute (*Senado*). Les membres du *Congreso*, ou *diputados*, sont élus au suffrage universel et à la proportionnelle. Quant aux membres du *Senado*, ou *senadores*, certains d'entre eux sont élus au suffrage universel et d'autres sont nommés par les Parlements régionaux.

cortedad NF (*de tiempo*) manque *m* ; (*fig*) timidité *f* ; **no me gusta la ~ de esta falda** cette jupe est bien trop courte
cortejar VT courtiser
cortejo NM cortège *m* ; **~ fúnebre** cortège funèbre
cortés ADJ courtois(e), poli(e)
cortesano, -a ADJ de la cour ; **ceremonias cortesanas** cérémonies *fpl* de la cour ▸ NM (*Hist*) courtisan *m* ▸ NF courtisane *f*
cortesía NF courtoisie *f*, politesse *f* ; **de ~** (*visita, carta*) de courtoisie
córtex NM cortex *m*
corteza NF (*de árbol, limón*) écorce *f* ; (*de pan, queso*) croûte *f* ; (*de fruta*) peau *f* ; **~ terrestre** écorce *o* croûte terrestre

corticoide NM corticoïdes *mpl*

cortijo NM ferme *f*

cortina NF rideau *m* ; **~ de humo** rideau de fumée

cortisona NF cortisone *f*

corto, -a ADJ court(e) ; (*tímido*) timide, timoré(e) ; (*tonto*) bouché(e) ; **quedarse ~** (*al calcular*) voir trop juste ; (*al relatar*) être en deçà de la vérité ; (*ser insuficiente*) être insuffisant(e) ; **~ de luces** bête ; **~ de oído** dur(e) d'oreille ; **~ de vista** myope ▸ NM (*Cine*) court-métrage *m*

cortocircuito NM court-circuit *m*

cortometraje NM court-métrage *m*

Coruña NF: **La ~** la Corogne

coruñés, -esa ADJ de La Corogne ▸ NM/F natif(-ive) *o* habitant(e) de La Corogne

corva NF jarret *m*

corzo, -a NM/F chevreuil (chevrette)

cosa NF chose *f* ; (*asunto*) affaire *f* ; **es ~ de una hora** c'est l'affaire d'une heure ; **como si tal ~** comme si de rien n'était ; **eso es ~ mía** c'est mon affaire ; **llévate tus cosas** prends tes affaires ; **es poca ~** ce n'est pas grand-chose ; **¡qué ~ más rara!** comme c'est drôle ! ; **eso son cosas de la edad** c'est de son *o* leur âge ; **tal como están las cosas** vu l'état actuel des choses ; **lo que son las cosas** c'est drôle, la vie ; **las cosas como son** les choses étant ce qu'elles sont

cosaco, -a ADJ cosaque ▸ NM/F Cosaque *mf*

coscorrón NM coup *m* sur la tête ; **darse un ~** se cogner la tête

cosecha NF récolte *f* ; (*de vino*) cru *m*

cosechadora NF moissonneuse-batteuse *f*

cosechar VT récolter ▸ VI faire la récolte

coser VT coudre ; **~ algo a algo** coudre qch à qch

cosido NM couture *f*

cosmética NF cosmétique *f*

cosmético, -a ADJ, NM cosmétique *m*

cósmico, -a ADJ cosmique

cosmología NF cosmologie *f*

cosmonauta NMF cosmonaute *m*

cosmopolita ADJ cosmopolite

cosmos NM cosmos *m*

cosmovisión NF conception *f* du monde

coso NM arènes *fpl* ; (*VEN, CSUR fam: chisme*) machin *m* (*fam*)

cosquillas NFPL: **hacer ~** chatouiller ; **tener ~** être chatouilleux(-euse)

cosquilleo NM chatouillement *m*

costa NF (*Geo*) côte *f* ; **a ~** (*Com*) au coût ; **a ~ de** aux dépens de ; (*trabajo*) à force de ; (*grandes esfuerzos*) au prix de ; (*su vida*) au péril de ; **a toda ~** coûte que coûte, à tout prix ; **C~ Brava/del Sol** Costa Brava/del Sol ; **C~ Azul/Cantábrica/de Marfil** Côte d'Azur/cantabrique/d'Ivoire ■ **costas** NFPL (*Jur*) dépens *mpl*

costado NM côté *m* ; **de ~** (*dormir etc*) sur le côté ; **español por los cuatro costados** espagnol jusqu'au bout des ongles ; **rodeado por los cuatro costados** encerclé (de tous côtés)

costal NM sac *m*

costalada NF: **darse** *o* **pegarse una ~** faire une mauvaise chute

costanera (AM) NF chemin *m* côtier

costar VT, VI coûter ; **me cuesta hablarle** j'ai du mal à lui parler ; **¿cuánto cuesta?** combien ça coûte ? ; **te costará caro** (*fig*) cela va te coûter cher

Costa Rica NF Costa Rica *m*

costarricense, costarriqueño, -a ADJ costaricien(ne), du Costa Rica ▸ NM/F Costaricien(ne)

coste NM (*Com*): **~ promedio** prix *msg* moyen ; **a precio de ~** à prix coûtant ; **el ~ de la vida** le coût de la vie ; *ver tb* **costo; costes fijos** prix *mpl* fixes

costear VT payer ; (*Com*) financer ; (*Náut*) longer la côte de ■ **costearse** VPR rentrer dans ses frais, couvrir ses frais

costeño, -a (AM) ADJ (*persona*) de la côte ▸ NM/F natif(-ive) *o* habitant(e) de la côte

costero, -a ADJ côtier(-ière)

costilla NF (*Anat*) côte *f* ; (*Culin*) côtelette *f*

costillar NM (*Anat*) cage *f* thoracique ; (*Culin*) carré *m*

costo NM coût *m*, prix *msg* ; (*esp AM*) *ver* **coste; ~ directo/de expedición/de sustitución** coût direct/d'expédition/de remplacement ; **~ unitario** prix unitaire

costosamente ADV avec effort, difficilement

costoso, -a ADJ coûteux(-euse) ; (*difícil*) difficile

costra NF (*de suciedad*) couche *f* ; (*Med, de pan etc*) croûte *f*

costumbre NF coutume *f*, habitude *f* ; (*tradición*) coutume ; **como de ~** comme d'habitude

costumbrismo NM (*Lit*) *genre littéraire décrivant les us et coutumes locaux ; voir article*

> Le **costumbrismo** est un genre littéraire né au XIXe siècle en Espagne qui cherche à décrire fidèlement les traditions et les us et coutumes régionaux et sociaux, parfois en les contrastant avec les changements engendrés par le développement industriel. Parmi les principaux écrivains appartenant à ce courant artistique on peut citer : Fernán Caballero, Pedro Antonio de Alarcón, Juan Valera et José María de Pereda.

costumbrista ADJ (*Lit*) de mœurs, relatif(-ive) au roman de mœurs ▸ NMF *écrivain spécialiste du « costumbrismo »*

costura NF couture *f*

costurera NF couturière *f*

costurero NM boîte *f* à couture

cota NF (*Geo*) cote *f* ; (*fig*) niveau *m*, degré *m*

cotarro NM: **dirigir el ~** mener la danse

cotejar VT: **~ (con)** comparer (à *o* avec)
cotejo NM comparaison *f*
cotelé NM (CHI) velours *msg*
cotice *etc* VB *ver* **cotizar**
cotidianeidad NF quotidienneté *f*
cotidiano, -a ADJ quotidien(ne)
cotilla NMF commère *f*
cotillear VI faire des commérages
cotilleo NM commérages *mpl*
cotillón NM cotillon *m*, réveillon *m*
cotización NF (*Com*) cours *m* ; (*de club, del trabajador*) cotisation *f*
cotizado, -a ADJ bien coté(e)
cotizar VT (*Com*) coter ; (*pagar*) cotiser ▸ VI (*trabajador*) cotiser ■ **cotizarse** VPR (*fig*) être bien coté(e) ; **cotizarse a** (*Com*) être coté(e) à
coto NM (*tb*: **coto de caza**) réserve *f* ; (CHI) goitre *m* ; **poner ~ a** mettre fin à
cotorra NF (*loro*) perruche *f* ; (*fam: persona*) pie *f*
covacha NF caveau *m*
coxis NM INV coccyx *m*
coyote NM coyote *m* ; (MÉX *fam*) guide *m*
coyuntura NF articulation *f*, jointure *f* ; (*fig*) conjoncture *f* ; **esperar una ~ favorable** attendre une conjoncture favorable, attendre l'occasion favorable
coyuntural ADJ conjoncturel(le) ; **medidas coyunturales** mesures *fpl* conjoncturelles
coz NF ruade *f*
CP ABR (= *código postal*) code *m* postal ; (AM: = *casilla postal*) code postal
CPN (ESP) SIGLA M (= *Cuerpo de la Policía Nacional*) *gendarmerie nationale*
cps ABR (= *caracteres por segundo*) cps (= *caractères par seconde*)
crac NM krach *m*
crack (*fam*) NMF (*persona*) crack *mf*, champion(ne), as *m* ▸ NM (*droga*) crack *m*
cráneo NM crâne *m* ; **ir de ~** aller droit au désastre
craso, -a ADJ (*error etc*) crasse
cráter NM cratère *m*
creación NF création *f*
creador, a ADJ, NM/F créateur(-trice)
crear VT créer ■ **crearse** VPR se créer
creatividad NF créativité *f*
creativo, -a ADJ créatif(-ive)
crecepelo NM accélérateur *m* de pousse des cheveux
crecer VI grandir ; (*planta, pelo*) pousser ; (*ciudad*) s'agrandir ; (*río*) grossir ; (*riqueza, odio*) augmenter ; (*cólera*) monter ■ **crecerse** VPR s'enorgueillir
creces: **con ~** *adv* (*pagar*) au centuple
crecida NF crue *f*
crecido, -a ADJ: **estar ~** avoir grandi ; (*planta*) avoir poussé
creciente ADJ croissant(e) ; **cuarto ~** premier quartier *m*
crecimiento NM croissance *f* ; (*de planta*) pousse *f* ; (*de ciudad*) agrandissement *m*
credenciales NFPL lettres *fpl* de créance
credibilidad NF crédibilité *f*
crédito NM crédit *m* ; **a ~** à crédit ; **dar ~ a** accorder crédit à, croire ; **ser digno de ~** être digne de confiance ; **~ al consumo** crédit à la consommation ; **~ rotativo** *o* **renovable** crédit à renouvellement automatique
credo NM credo *m*
crédulo, -a ADJ crédule
creencia NF croyance *f*
creer VT croire ; **creo que no/sí** je crois que non/oui ; **¡ya lo creo!** je crois *o* pense bien ! ▸ VI croire ; **~ en** croire en ■ **creerse** VPR (*considerarse*) se croire ; (*aceptar*) croire ; **se cree alguien** il a une bonne opinion de lui ; **no se lo cree** il n'y croit pas
creíble ADJ crédible
creído, -a ADJ prétentieux(-euse)
crema ADJ INV (*color*) crème *inv* ▸ NF crème *f* ; (*para zapatos*) cirage *m* ; **la ~ de la sociedad** la crème de la société ; **~ de afeitar** crème à raser ; **~ de champiñones/de espárragos** velouté *m* de champignons/d'asperges ; **~ hidratante** crème hydratante ; **~ pastelera** crème pâtissière
cremación NF crémation *f*
cremallera NF fermeture *f* éclair®
crematístico, -a ADJ financier(-ière), monétaire
crematorio NM (*tb*: **horno crematorio**) four *m* crématoire
cremoso, -a ADJ crémeux(-euse)
crep, crêpe NF crêpe *f*
crepé NM crêpe *m*
crepería NF crêperie *f*
crepitar VI crépiter
crepuscular ADJ crépusculaire ; **luz ~** lumière *f* crépusculaire
crepúsculo NM crépuscule *m*
crescendo NM crescendo *m* ; **ir in ~** aller crescendo
crespo, -a ADJ crépu(e)
crespón NM crépon *m*, crêpe *m*
cresta NF crête *f*
Creta NF Crète *f*
cretino, -a ADJ crétin(e)
creyendo *etc* VB *ver* **creer**
creyente NMF croyant(e)
creyó *etc* VB *ver* **creer**
crezca *etc* VB *ver* **crecer**
cría VB *ver* **criar** ▸ NF (*de animales*) élevage *m* ; (*cachorro*) petit *m* ; *ver tb* **crío**
criada NF bonne *f* ; *ver tb* **criado**

criadero NM élevage *m*
criadillas NFPL (*de res*) testicules *mpl* ; (*setas*) truffes *fpl*
criado, -a NM/F domestique *mf*
criador, a NM/F éleveur(-euse)
crianza NF allaitement *m* ; (*formación*) éducation *f* ; (*de animales*) élevage *m* ; **vino de ~** grand cru *m*
criar VT allaiter, nourrir ; (*educar*) éduquer, élever ; (*parásitos*) produire ; (*animales*) élever ▶ VI avoir des petits ■ **criarse** VPR être élevé(e) ; (*formarse*) se former ; (*crecer*) grandir
criatura NF créature *f* ; (*niño*) gosse *mf* (*fam*)
criba NF (*tb fig*) crible *m*
cribar VT cribler *m*
crimen NM crime *m* ; **~ pasional** crime passionnel
criminal ADJ criminel(le) ; (*tiempo, viaje etc*) horrible ▶ NMF criminel(le)
criminalidad NF criminalité *f*
criminología NF criminologie *f*
crin NF (*tb*: **crines**) crinière *f*
crío, -a (*fam*) NM/F gamin(e) ; (*más pequeño*) bébé *m*
criollo, -a ADJ créole ; (*Am*) indigène ▶ NM/F Créole *mf* ; (*Am*) indigène *mf*
cripta NF crypte *f*
críptico, -a ADJ énigmatique
criptografía NF cryptographie *f*
críquet NM cricket *m*
crisálida NF chrysalide *f*
crisantemo NM chrysanthème *m*
crisis NF INV crise *f* ; **~ nerviosa** dépression *f* nerveuse
crisma NF: **romperle la ~ a algn** (*fam*) casser la figure à qn (*fam*)
crisol NM (*Tec*) creuset *m* ; (*fig*) fonte *f*
crispación NF crispation *f*
crispar VT crisper ; **ese ruido me crispa los nervios** ce bruit me porte sur les nerfs ■ **crisparse** VPR se crisper
cristal NM verre *m* ; (*Quím*) cristal *m* ; (*de ventana*) vitre *f* ; **de ~** en verre ; **~ ahumado** verre fumé ; **~ de roca** cristal de roche ■ **cristales** NMPL (*trozos rotos*) bouts *mpl* de verre
cristalera NF verrière *f*
cristalería NF verrerie *f* ; (*tienda*) atelier *m* de vitrier
cristalice *etc* VB *ver* **cristalizar**
cristalino, -a ADJ cristallin(e) ▶ NM cristallin *m*
cristalizar VI cristalliser ; (*fig*) se cristalliser ■ **cristalizarse** VPR se cristalliser
cristiandad NF chrétienté *f*
cristianismo NM christianisme *m*
cristiano, -a ADJ, NM/F chrétien(ne) ; **hablar en ~** parler espagnol ; (*fig*) parler clairement
Cristo NM le Christ ; (*crucifijo*) crucifix *m* ; **armar un ~** faire du chahut
Cristóbal N: **~ Colón** Christophe Colomb
criterio NM critère *m* ; (*opinión*) avis *m* ; (*discernimiento*) discernement *m*, jugement *m* ; **lo dejo a su ~** la décision vous appartient
crítica NF critique *f* ; **la ~** (*Teatro etc*) la critique ; *ver tb* **crítico**
criticable ADJ critiquable
criticar VT (*censurar*) critiquer ; (*novela, película*) faire la critique de ▶ VI critiquer
crítico, -a ADJ, NM/F critique *mf*
critique *etc* VB *ver* **criticar**
Croacia NF Croatie *f*
croar VI coasser
croata ADJ croate ▶ NMF Croate *mf*
croché NM crochet *m* ; **hacer ~** faire du crochet
croissan, croissant [krwa'san] NM (*Culin*) croissant *m*
crol NM crawl *m*
cromado NM chromage *m*
cromo NM chrome *m* ; (*para niños*) vignette *f*
cromosoma NM chromosome *m*
crónica NF chronique *f* ; **~ deportiva/de sociedad** rubrique sportive/mondaine
crónico, -a ADJ (*tb fig*) chronique
cronista NMF chroniqueur(-euse) ; **~ de radio** chroniqueur(-euse) de radio ; **~ deportivo** chroniqueur(-euse) sportif(-ive) ; **~ de sucesos** chroniqueur(-euse) spécialiste en faits-divers
crono NM (*cronómetro*) chronomètre *m* ; (*tiempo*) temps *m* ; **ganó con un ~ de 6,59** elle a gagné avec un temps de 6,59 ; **hacer** *o* **marcar un ~ de** faire un temps de ▶ NF (*cronoescalada*) contre-la-montre *m inv* en ascension
cronoescalada NF contre-la-montre *m inv* en ascension
cronología NF chronologie *f*
cronológico, -a ADJ: **orden ~** ordre *m* chronologique
cronometrar VT chronométrer
cronómetro NM chronomètre *m*
croqueta NF croquette *f*
croquis NM INV croquis *msg*
cross [kros] NM INV (*Atletismo*) cross *m*
cruasán NM (*Culin*) croissant *m*
cruce VB *ver* **cruzar** ▶ NM croisement *m* ; (*de miradas*) rencontre *f* ; (*de carreteras*) carrefour *m* ; (*Telec etc*) interférence *f* ; **luces de ~** feux *mpl* de croisement ; **~ de peatones** passage *m* clouté
crucero NM (*barco*) croiseur *m* ; (*viaje*) croisière *f*
crucial ADJ crucial(e)
crucificar VT (*tb fig*) crucifier
crucifijo NM crucifix *msg*
crucifique *etc* VB *ver* **crucificar**
crucifixión NF crucifixion *f*

crucigrama NM mots *mpl* croisés
crudeza NF (*de clima*) rigueur *f* ; (*de palabras etc*) dureté *f*
crudo, -a ADJ cru(e) ; (*invierno etc*) rigoureux(-euse) ▶NM pétrole *m* brut ; (PERÚ) serpillière *f*
cruel ADJ cruel(le)
crueldad NF cruauté *f*
cruelmente ADV cruellement
cruento, -a ADJ sanglant(e)
crujido NM craquement *m*
crujiente ADJ (*galleta*) croquant(e) ; (*pan*) croustillant(e)
crujir VI craquer ; (*dientes*) grincer ; (*nieve, arena*) crisser
crupier NM croupier *m*
crustáceo NM crustacé *m*
cruz NF croix *fsg* ; (*de moneda*) pile *f* ; **con los brazos en ~** les bras en croix ; **~ gamada** croix gammée ; **C~ Roja** Croix-Rouge *f*
cruza (AM) NF (*Bio*) croisement *m*
cruzada NF croisade *f* ; *ver tb* **cruzado**
cruzado, -a ADJ croisé(e) ; (*en calle, carretera*) en travers ▶NM croisé *m*
cruzar VT croiser ; (*calle, desierto*) traverser ; (*palabras*) échanger ; **cruzarle la cara a algn** (*fam*) flanquer une gifle à qn (*fam*) ■ **cruzarse** VPR se croiser ; **cruzarse con algn** croiser qn ; **cruzarse de brazos** (*tb fig*) se croiser les bras
CSIC [θe'sik] (ESP) SIGLA M (= *Consejo Superior de Investigaciones Científicas*) ≈ CNRS *m* (= *Centre national de la recherche scientifique*)
cta., c.ta ABR = **cuenta**
cta. cte. ABR (= *cuenta corriente*) compte *m* courant
cta. cto. ABR (= *carta de crédito*) *ver* **carta**
cte. ABR (= *corriente, de los corrientes*) courant
CTNE SIGLA F = **Compañía Telefónica Nacional de España**
ctra ABR (= *carretera*) Rte (= *route*)
c/u ABR (= *cada uno*) *ver* **cada**
cuaco NM (*AM pey*) canasson *m*
cuaderno NM cahier *m* ; **~ de bitácora** (*Náut*) livre *m* de bord
cuadra NF écurie *f* ; (*AM Arq*) pâté *m* de maisons
cuadrado, -a ADJ (*tb fam*) carré(e) ; **metro/kilómetro ~** mètre *m*/kilomètre *m* carré ▶NM (*Mat*) carré *m*
cuadragésimo, -a ADJ, NM/F quarantième *mf*
cuadrángulo NM quadrangle *m*
cuadrante NM quadrant *m*
cuadrar VT (*Mat*) élever au carré ; (PERÚ) garer ▶VI (*Tip*) justifier ; **~ (con)** (*informaciones*) correspondre (à) ; (*cuentas*) s'accorder (avec) ; **~ por la derecha/izquierda** (*Tip*) justifier à droite/gauche ■ **cuadrarse** VPR (*soldado*) se mettre au garde-à-vous
cuadrícula NF quadrillage *m*
cuadriculado, -a ADJ: **papel ~** papier *m* quadrillé
cuadrilátero NM (*Deporte*) ring *m* ; (*Mat*) quadrilatère *m*
cuadrilla NF (*de obreros etc*) équipe *f* ; (*de ladrones, amigos*) bande *f*
cuadro NM tableau *m* ; (*cuadrado*) carré *m* ; (*Deporte, Med*) équipe *f* ; (*Pol, Mil, tb de bicicleta*) cadre *m* ; **a/de cuadros** à carreaux ; **~ de mandos** tableau de bord
cuadrúpedo ADJ quadrupède
cuádruple ADJ quadruple
cuadruplicar VT, **cuadruplicarse** VPR quadrupler
cuádruplo, -a ADJ = **cuádruple**
cuajada NF lait *m* caillé ; *ver tb* **cuajado**
cuajado, -a ADJ: **~ de** (*fig*) plein(e) de
cuajar VT (*leche*) cailler ; (*sangre*) coaguler ; (*huevo*) faire durcir ; **~ algo de** remplir qch de ▶VI (*Culin, nieve*) prendre ; (*fig: planes*) aboutir ; (*: acuerdo*) marcher ; (*: idea*) se réaliser ■ **cuajarse** VPR (*leche*) se cailler
cuajo NM: **de ~** (*arrancar etc*) à la racine
cual ADV comme ; **tal ~** tel quel ▶PRON: **el/la ~** lequel (laquelle), qui ; **los/las cuales** lesquels (lesquelles), qui ; **lo ~** ce qui, ce que ; **con** *o* **por lo ~** c'est pourquoi ; **cada ~** chacun ; **allá cada ~** chacun ses goûts ; **son a ~ más gandul** ils sont tous plus fainéants les uns que les autres ; **del ~** duquel, dont
cuál PRON (*interrogativo*) lequel, laquelle ; (*pl*) lesquels, lesquelles ▶ADJ (*esp AM fam*): **¿cuáles primos?** quels cousins ?
cualesquier, a PL *de* **cualquier**
cualidad NF qualité *f*
cualificado, -a ADJ qualifié(e)
cualitativo, -a ADJ qualitatif(-ive)
cualquier, a (*pl* **cualesquiera**) ADJ (*indefinido*) n'importe quel(le) ; (*tras sustantivo*) quelconque ; **~ día de estos** un de ces jours ; **en ~ momento** à n'importe quel moment ; **en ~ parte** n'importe où ; **no es un hombre cualquiera** ce n'est pas n'importe qui ▶PRON: **cualquiera** quiconque, n'importe qui ; (*a la hora de escoger*) n'importe lequel (laquelle) ; **eso cualquiera lo sabe hacer** ça, n'importe qui peut le faire ; **cualquiera que sea** (*objeto*) quel(le) que ce soit ; (*persona*) qui que ce soit ▶NM: **es un cualquiera** c'est un pas-grand-chose
cuán ADV combien, comme
cuando ADV quand ; **~ más/menos** tout au plus/au moins ; **de ~ en ~** de temps en temps, de temps à autre ; **aun ~** même si, même quand ; **aun ~ no sea así** même si ce n'est pas le cas ▶CONJ quand, lorsque ; (*puesto que*) puisque, du moment que ; (*si*) si ; **ven ~ quieras** viens quand tu voudras ▶PREP: **yo, ~ niño ...** moi, quand j'étais petit ...
cuándo ADV quand ; **¿desde ~?, ¿de ~ acá?** depuis quand ?

cuantía NF montant *m*; (*valía*) qualité *f*, importance *f*; **de mayor/menor ~** important/sans importance

cuantificar VT (*tb Fís*) quantifier

cuantioso, -a ADJ considérable

cuantitativo, -a ADJ quantitatif(-ive)

cuanto, -a

▸ ADJ 1 (*todo*): **tiene todo cuanto desea** il a tout ce qu'il veut; **le daremos cuantos ejemplares necesite** nous vous donnerons autant d'exemplaires qu'il vous en faudra; **cuantos hombres la ven la admiran** tous les hommes qui la voient l'admirent

2: **unos cuantos**: **había unos cuantos periodistas** il y avait un certain nombre de journalistes

3 (+ *más*): **cuanto más vino bebas peor te sentirás** plus tu boiras de vin plus tu te sentiras mal; **cuanto más tiempo estemos mejor** plus on reste mieux c'est

▸ PRON 1: **tome cuanto/cuantos quiera** prenez-en autant que vous voulez

2: **unos cuantos** quelques-uns

▸ ADV: **en cuanto**: **en cuanto profesor es excelente** comme professeur, il est excellent; **en cuanto a mí** quant à moi; **cuanto antes** au plus tôt

▸ CONJ 1: **cuanto más lo pienso menos me gusta** plus j'y pense moins ça me plaît; *ver tb* **antes**

2: **en cuanto**: **en cuanto llegue/llegó** dès qu'il arrive *o* arrivera/arriva

cuánto, -a ADJ (*exclamativo*) que de, quel(le); (*interrogativo*) combien de; **¡cuánta gente!** que de gens!; **¿~ tiempo?** combien de temps? ▸ PRON, ADV combien; **¿~ cuesta?** combien ça coûte?; **¿a cuántos estamos?** le combien sommes-nous?; **¿~ hay de aquí a Bilbao?** combien y a-t-il d'ici à Bilbao?; **¡~ me alegro!** comme je suis content!; **Señor no sé cuántos** Monsieur Untel

En francés *combien* es siempre invariable. Así, por ejemplo:
Pregúntale cuánta gente habrá. Demande-lui combien de monde il y aura.
¿Cuántos alumnos han ido hoy a clase? Combien d'élèves sont allés aujourd'hui en cours?

cuáquero, -a ADJ, NM/F quaker(esse)

cuarenta ADJ INV, NM INV quarante *m inv*; *ver tb* **sesenta**

cuarentena NF quarantaine *f*

cuarentón, -ona ADJ, NM/F quadragénaire *mf*

cuaresma NF carême *m*

cuarta NF empan *m*; (*Mús*) quarte *f*; *ver tb* **cuarto**

cuartear VT dépecer ■ **cuartearse** VPR se lézarder; (*piel*) se crevasser; (*pintura*) s'écailler

cuartel NM caserne *f*; **no dar ~** ne pas faire de quartier; **~ general** quartier *m* général

cuartelazo NM putsch *m*, coup *m* d'État

cuartelillo NM (*de Guardia Civil*) poste *m*; **dar ~ a algn** (*fam*) accueillir qn

cuarteto NM quatuor *m*

cuartilla NF feuillet *m*

cuartillo NM chopine *f*

cuarto, -a ADJ quatrième ▸ NM (*Mat*) quart *m*; (*habitación*) pièce *f*; (*dormitorio*) chambre *f*; (*Zool*) quartier *m*; **no tener un ~** ne pas avoir un sou; **~ creciente/menguante** premier/dernier quartier; **~ de baño/de estar** salle *f* de bains/de séjour; **cuartos de final** (*Deporte*) quarts *mpl* de finale; **~ de hora** quart d'heure; **~ de huéspedes** chambre d'amis; **~ de kilo** demi-livre *f*; **~ delantero/trasero** avant-/arrière-train *m*; *ver tb* **sexto**

cuarzo NM quartz *m*

cuate, -a NM/F (*CAm, Méx*) jumeau(-elle); (*fam*) copain (copine)

cuaternario, -a ADJ (*Geol*) quaternaire ▸ NM: **el ~** le quaternaire

cuatrero NM (*Am*) voleur *m* de bétail

cuatrienio NM période *f* de quatre ans

cuatrillizos, -as NMPL/NFPL quadruplés(-ées)

cuatrimestral ADJ tous les quatre mois

cuatrimestre NM période *f* de quatre mois

cuatro ADJ INV, NM INV quatre *m inv*; *ver tb* **seis**

cuatrocientos, -as ADJ quatre cents; *ver tb* **seiscientos**

Cuba NF Cuba *f*

cuba NF cuve *f*, tonneau *m*; (*tina*) cuve; **estar como una ~** (*fam*) être rond(e)

cubalibre NM rhum *m* coca

cubano, -a ADJ cubain(e) ▸ NM/F Cubain(e)

cubata (*fam*) NM rhum *m* coca

cubero NM: **a ojo de buen ~** à vue de nez

cubertería NF ménagère *f*

cubeta NF cuvette *f*, bac *m*

cúbico, -a ADJ cubique

cubículo NM alcôve *f*

cubierta NF couverture *f*; (*neumático*) pneu *m*; (*Náut*) pont *m*

cubierto, -a PP *de* **cubrir** ▸ ADJ couvert(e); (*vacante*) pourvu(e); **~ de** couvert(e) de, recouvert(e) de ▸ NM couvert *m*; **a *o* bajo ~** à l'abri; **precio del ~** prix *msg* par personne

cubil NM tanière *f*, gîte *m*

cubilete NM gobelet *m*, cornet *m*

cubismo NM cubisme *m*

cubista ADJ, NMF cubiste *mf*

cubitera NF seau *m* à glace

cubito NM: **~ de hielo** glaçon *m*

cubo NM (*Mat, Mat*) cube *m*; (*recipiente*) seau *m*; (*Tec*) tambour *m*; **~ de la basura** poubelle *f*

cubrecama NM couvre-lit *m*, dessus *msg* de lit

cubrir VT couvrir ; (*esconder*) cacher ; (*polvo, nieve*) recouvrir, couvrir ; (*vacante*) pourvoir ; **~ de** couvrir de ; **lo cubrieron las aguas** les eaux l'ont englouti ; **el agua casi me cubría** je n'avais presque pas pied ■ **cubrirse** VPR se couvrir ; **cubrirse de** se couvrir de, se recouvrir de ; **cubrirse de gloria** se couvrir de gloire

cucaña NF (*palo, juego*) mât *m* de cocagne

cucaracha NF cafard *m*

cuchara NF cuiller *f*, cuillère *f* ; (*Tec*) benne *f* preneuse

cucharada NF cuillerée *f* ; **~ colmada/rasa** cuiller *f o* cuillère *f* pleine à ras bord/rase

cucharadita NF cuillerée *f* à café

cucharilla NF petite cuiller *f o* cuillère *f*

cucharón NM louche *f*

cuchichear VI chuchoter

cuchicheo NM chuchotement *m*

cuchilla NF lame *f*

cuchillada NF coup *m* de couteau ; (*herida*) estafilade *f*

cuchillo NM couteau *m*

cuchitril (*pey*) NM taudis *msg*, bouge *m*

cuclillas NFPL: **en ~** accroupi(e)

cuco, -a ADJ (*mono*) joli(e) ; (*astuto*) malin(-igne) ▸ NM coucou *m*

cucurucho NM cornet *m* ; **helado de ~** cornet de glace

cuece *etc* VB *ver* **cocer**

cuele *etc* VB *ver* **colar**

cuelgue *etc* VB *ver* **colgar**

cuello NM cou *m* ; (*de ropa*) col *m* ; (*de botella*) goulot *m* ; **~ a la caja/alto/de pico** col rond/roulé/en V ; **~ uterino** col de l'utérus

cuenca NF (*tb*: **cuenca del ojo**) orbite *f* ; (*Geo: valle*) vallée *f* ; (*: fluvial*) bassin *m*

cuenco NM bol *m*

cuenta VB *ver* **contar** ▸ NF compte *m* ; (*en restaurante*) addition *f* ; (*de collar*) grain *m* ; **a fin de cuentas** au bout du compte ; **en resumidas cuentas** en bref ; **ajustar las cuentas a algn** régler son compte à qn ; **caer en la ~** y être ; **llevar la ~ de algo** faire le compte de qch ; **eso corre de mi ~** c'est moi qui m'en charge *o* occupe ; (*yo pago*) c'est moi qui paie ; **dar ~ de** rendre compte de ; **darse ~ de algo** se rendre compte de qch ; **echar cuentas** faire les comptes ; **perder la ~ de** ne pas se rappeler ; **tener en ~** tenir compte de ; **por la ~ que me** *etc* **trae** j'ai *etc* intérêt ; **trabajar por su ~** travailler à son compte ; **abonar una cantidad en ~ a algn** créditer le compte de qn d'une somme ; **liquidar una ~** régler un compte ; **más de la ~** (*fam*) plus que de raison ; **~ a plazo (fijo)** compte de dépôt ; **~ atrás** compte à rebours ; **~ común** compte joint ; **~ corriente** compte courant ; **~ de ahorros** compte d'épargne ; **~ de asignación** compte d'affectation ; **~ de caja/de capital/de crédito** compte caisse/capital/client ; **~ de correo** (*Internet*) compte de messagerie ; **~ de gastos e ingresos** compte de dépenses et de recettes ; **~ por cobrar/por pagar** somme *f* à percevoir/à payer

cuentacuentos NMF INV conteur(-euse)

cuentagotas NM INV compte-gouttes *m inv* ; **a** *o* **con ~** (*fam : fig*) au compte-gouttes

cuentakilómetros NM INV compteur *m* kilométrique ; (*velocímetro*) compteur de vitesse

cuentarrevoluciones NM INV compte-tours *m*

cuentista NMF (*mentiroso*) baratineur(-euse) ; (*fantasioso*) fantaisiste *mf* ; (*Lit*) conteur(-euse)

cuento VB *ver* **contar** ▸ NM conte *m* ; (*patraña*) histoire *f* ; **es el ~ de nunca acabar** c'est une histoire à n'en plus finir ; **eso no viene a ~** ceci n'a rien à voir ; **tener mucho ~** être très comédien(ne) ; **vivir del ~** vivre de l'air du temps ; **~ chino** histoire à dormir debout ; (*fam*) bobard *m* (*fam*) ; **~ de hadas** conte de fées

cuerda NF corde *f* ; (*de reloj*) ressort *m* ; **dar ~ a un reloj** remonter une montre ; **~ floja** corde raide ; **cuerdas vocales** cordes vocales ; *ver tb* **cuerdo**

cuerdo, -a ADJ sensé(e) ; (*prudente*) sage, prudent(e)

cuerear (*AM*) VT écorcher, dépouiller

cuerno NM corne *f* ; (*Mús*) cor *m* ; **mandar a algn al ~** envoyer qn paître ; **¡y un ~!** mon œil ! ; **poner los cuernos a** (*fam*) faire porter des cornes à ; **~ de caza** corne de chasse

cuero NM cuir *m* ; (CARIB *fam!*) pute *f* (*fam !*) ; **en cueros** tout(e) nu(e) ; **~ cabelludo** cuir chevelu

cuerpo NM corps *msg* ; (*Mat*) solide *m* ; (*fig*) partie *f* principale ; **a ~** sans manteau ; **luchar ~ a ~** lutter corps à corps ; **tomar ~** (*plan etc*) prendre corps ; **~ de bomberos** régiment *m* de sapeurs-pompiers ; **~ diplomático** corps diplomatique

cuervo NM corbeau *m* ; (CSUR) vautour *m*

cuesta VB *ver* **costar** ▸ NF côte *f* ; **ir ~ arriba/abajo** monter/descendre ; **este trabajo se me hace muy ~ arriba** (*fig*) j'ai du mal à faire ce travail ; **a cuestas** sur le dos

cuestación NF collecte *f*

cuestión NF question *f* ; (*riña*) dispute *f*, querelle *f* ; **en ~ de** en matière de ; **eso es otra ~** ça c'est une autre histoire ; **es ~ de** il s'agit de

cuestionar VT contester, mettre en question

> ⚠ **Cuestionar** ne signifie pas *questionner*, qui se traduit par **interrogar** en espagnol.

cuestionario NM questionnaire *m*

cueva NF grotte *f*, caverne *f* ; **~ de ladrones** caverne de voleurs

cueza *etc* VB *ver* **cocer**

cuidado, -a ADJ soigné(e) ▸ NM précaution *f* ; (*preocupación*) souci *m* ; (*de los niños etc*) soin *m* ; **eso me trae sin ~** ça je m'en fiche ; **estar al ~ de** s'occuper de ; **tener ~** faire attention ; **cui-**

dados intensivos soins *mpl* intensifs ▶ EXCL attention ! ; **~ con el perro** attention au chien

cuidador, a NM/F (*de niños*) baby-sitter *mf*, nourrice *f* ; (*de enfermos*) assistant(e) de vie, soignant(e) ; (*de zoo, terreno*) gardien(ne) ; (*Boxeo*) soigneur(-euse)

cuidadosamente ADV soigneusement ; (*con precaución*) prudemment

cuidadoso, -a ADJ soigneux(-euse) ; (*prudente*) prudent(e)

cuidar VT soigner ; (*niños, enfermos, lugar*) s'occuper de ▶ VI : **~ de** prendre soin de ■ **cuidarse** VPR prendre soin de soi ; **cuidarse de hacer** prendre soin de faire ; **¡cuídate!** prends soin de toi !, fais attention à toi !

cuita NF souci *m* ; (*pena*) peine *f*

culantro NM coriandre *f*

culata NF crosse *f* ; **le salió el tiro por la ~** ça a été l'arroseur arrosé

culatazo NM recul *m*

culebra NF couleuvre *f*

culebrear VI serpenter

culebrón (*fam*) NM feuilleton *m*

culera NF fond *m* ; (*parche*) pièce *f*

culinario, -a ADJ culinaire

culmen NM (*punto culminante*) apogée *f* ; (*colmo*) : **el ~ de la ignorancia** le comble de l'ignorance ; (*persona*) l'ignorance incarnée ; **llegar a su ~** atteindre son apogée ▶ ADJ : **el momento ~ de su carrera** le zénith de sa carrière ; **el momento ~ de la campaña electoral** le moment culminant de la campagne électorale

culminación NF point *m* culminant

culminante ADJ culminant(e)

culminar VI culminer

culo NM (*fam*) fesses *fpl*, cul *m* (*fam !*) ; (*en botella : final*) fond *m* ; **¡vamos de ~!** (*fam*) nous voilà bien ! ; **¡vete a tomar por ~!** (*fam!*) va te faire enculer ! (*fam !*)

culote NM, **culottes** NMPL (*Deporte*) cuissard *m* ; (*prenda íntima*) culotte *f*

culpa NF faute *f* ; (*Jur*) culpabilité *f* ; **echar la ~ a algn** accuser qn ; **por ~ de** à cause de ; **tengo la ~** c'est de ma faute ■ **culpas** NFPL (*Rel*) fautes *fpl*

culpabilidad NF culpabilité *f*

culpabilizar VT = **culpar**

culpable ADJ, NMF coupable *mf* ; **ser ~ (de)** être coupable (de) ; **confesarse ~** plaider coupable ; **declarar ~ a algn** déclarer qn coupable

culpar VT accuser

cultivable ADJ cultivable

cultivadora NF cultivateur *m*

cultivar VT cultiver ; (*amistad*) entretenir

cultivo NM culture *f* ; (*cosecha*) récolte *f*

culto, -a ADJ cultivé(e) ; (*lenguaje*) choisi(e) ; (*palabra*) savant(e) ▶ NM culte *m* ; **rendir ~ a** (*Rel, fig*) vouer un culte à

cultura NF culture *f*

cultural ADJ culturel(le)

culturismo NM culturisme *m*

culturista NMF culturiste *mf*

culturizar VT transmettre sa culture à ■ **culturizarse** VPR se cultiver

cumbia NF (*música, baile*) cumbia *f*

cumbre NF (*tb fig*) sommet *m*

cumpleaños NM INV anniversaire *m* ; **¡feliz ~!** joyeux anniversaire !

cumplidamente ADV largement

cumplido, -a ADJ (*cortés*) poli(e) ; (*plazo*) échu(e) ; (*información*) complet(-ète) ; (*tamaño*) grand(e) ▶ NM compliment *m* ; **visita de ~** visite *f* de politesse ■ **cumplidos** NMPL (*amabilidades*) politesses *fpl*

cumplidor, a ADJ sérieux(-euse)

cumplimentar VT complimenter, adresser ses compliments à ; (*orden*) exécuter

cumplimiento NM accomplissement *m* ; (*de norma*) respect *m*

cumplir VT accomplir ; (*ley*) respecter ; (*promesa*) tenir ; (*años*) avoir ; **hoy cumple dieciocho años** aujourd'hui il a dix-huit ans ▶ VI (*pago*) arriver à échéance ; (*plazo*) expirer ; **~ con** (*deber*) faire ; (*promesa*) tenir ; **hacer algo por ~** faire qch pour la forme *o* par politesse ■ **cumplirse** VPR (*plazo*) expirer ; (*plan, pronósticos*) se réaliser, s'accomplir ; **hoy se cumplen dos años/tres meses de** ça fait aujourd'hui deux ans/trois mois que

cúmulo NM tas *msg* ; (*nube*) cumulus *msg*

cuna NF berceau *m* ; **canción de ~** berceuse *f*

cundir VI (*rumor, pánico*) se répandre, se propager ; (*trabajo*) avancer, progresser ; (*aceite, hilo*) durer

cuneta NF fossé *m*

cuña NF (*Tec*) coin *m* ; (*Med*) bassin *m* ; **tener cuñas** (*AM*) avoir du piston ; **~ publicitaria** message *m* publicitaire

cuñado, -a NM/F beau-frère (belle-sœur)

cuño NM (*para acuñar*) coin *m* ; (*sello*) empreinte *f*

cuota NF quota *m* ; (*parte proporcional*) quote-part *f* ; (*de club etc*) cotisation *f* ; **de ~** (*AM : carretera*) à péage

cupa *etc* VB *ver* **caber**

cupé NM coupé *m*

cupiera *etc* VB *ver* **caber**

cuplé NM *chanson légère et généralement grivoise très en vogue au début du XXe siècle*

cupo VB *ver* **caber** ▶ NM quote-part *f* ; (*Mil*) contingent *m* ; **~ de importación** (*Com*) contingent d'importation ; **~ de ventas** quota *m* de ventes

cupón NM billet *m* ; (*de resguardo*) bon *m* ; (*Com*) coupon *m*

cuponazo (*fam*) NM *prix extraordinaire de loterie organisée par la ONCE (Organización Nacional de Ciegos)*

cúpula NF coupole *f* ; (*Pol, Econ*) dirigeants *mpl*
cura NF guérison *f* ; (*tratamiento*) soin *m* ; **~ de desintoxicación** cure *f* de désintoxication ; **~ de urgencia** soins *mpl* d'urgence ▸ NM curé *m*
curación NF guérison *f* ; (*tratamiento*) traitement *m*
curado, -a ADJ (*Culin*) séché(e) ; (*pieles*) tanné(e) ; **estar ~ de espantos** en avoir vu d'autres
curandero, -a NM/F guérisseur(-euse)
curar VT (*enfermo, enfermedad, herida*) guérir ; (: *con apósitos*) panser ; (*Culin*) faire sécher ; (*cuero*) tanner ■ **curarse** VPR guérir
curativo, -a ADJ curatif(-ive)
curda (*fam*) NF: **agarrar una ~** prendre une cuite (*fam*) ; **estar ~** être bourré(e) (*fam*)
curia NF (*tb*: **curia romana**) curie *f*
curiosamente ADV curieusement ; (*sorprendentemente*) étrangement
curiosear VT fouiner dans ▸ VI fouiner
curiosidad NF curiosité *f* ; **sentir** *o* **tener ~ por** *o* **de (hacer)** être curieux(-euse) de (faire)
curioso, -a ADJ curieux(-euse) ; (*aseado*) propre, soigné(e) ; **¡qué ~!** comme c'est étrange ! ▸ NM/F (*pey*) curieux(-euse)
curita NF (*Am*) sparadrap *m*
currante (*fam*) NMF bosseur(-euse) (*fam*)
currar, currelar (*fam*) VI bosser, trimer
curricular ADJ (*Escol*) du *ou* des programme(s)
currículo NM (*currículum*) curriculum *m* (vitae) ; (*Escol*) programme *m*
currículum NM (*tb*: **currículum vítae**) curriculum *m* (vitae)
curro (*fam*) NM boulot *m* (*fam*)
curry NM (*especia, plato*) curry *m* ; **pollo al ~** poulet *m* au curry
cursar VT (*Escol*) suivre ; (*orden etc*) transmettre
cursi ADJ de mauvais goût ; (*afectado*) maniéré(e)
cursilada NF (*cosa*) objet *m* de mauvais goût
cursilería NF (*cosa*) objet *m* de mauvais goût ; (*del cursi*) manières *fpl*
cursillo NM cours *msg* ; (*de reciclaje etc*) stage *m* ; (*de conferencias*) cycle *m*
cursiva NF italique *m*
curso NM cours *msg* ; (*Escol, Univ*) année *f* ; **en ~** (*año, proceso*) en cours ; **dar ~ a** donner suite à ; **moneda de ~ legal** monnaie *f* à cours légal ; **en el ~ de** au cours de ; **~ acelerado/por correspondencia** cours accéléré/par correspondance
cursor NM (*Inform*) curseur *m* ; (*Tec*) curseur, coulisseau *m*
curtido, -a ADJ (*cara, cuero*) tanné(e) ; (*fig: persona*) expérimenté(e), chevronné(e)
curtir VT (*pieles*) tanner, corroyer ; (*suj: sol, viento*) tanner ; (*fig*) endurcir, aguerrir ■ **curtirse** VPR (*fig*) s'endurcir, s'aguerrir
curva NF virage *m*, tournant *m* ; (*Mat*) courbe *f* ; **~ de rentabilidad** (*Com*) courbe de rentabilité
curvatura NF courbure *f*
curvilíneo, -a ADJ curviligne
curvo, -a ADJ courbe
cuscús NM couscous *msg*
cúspide NF sommet *m* ; (*fig*) faîte *m*, comble *m*
custodia NF surveillance *f* ; (*de hijos*) garde *f* ; (*Jur*) détention *f* ; **estar bajo ~ policial** être en garde à vue
custodiar VT surveiller
custodio NM gardien *m*
cutáneo, -a ADJ cutané(e)
cúter NM cutter *m*
cutícula NF cuticule *f*
cutis NM INV peau *f*
cutre (*fam*) ADJ ringard(e) (*fam*)
cuyo, -a PRON (*complemento de sujeto*) dont le (dont la) ; (: *plural*) dont les ; (*complemento de objeto*) dont ; (*tras preposición*) de qui, duquel (de laquelle) ; (: *plural*) desquels (desquelles) ; **la señora en cuya casa me hospedé** la dame chez qui j'étais logé ; **el asunto cuyos detalles conoces** l'affaire dont tu connais les détails ; **por ~ motivo** c'est pourquoi ; **en ~ caso** auquel cas
C.V. ABR (= *curriculum vitae*) CV *m* (= *curriculum vitae*) ; (= *caballos de vapor*) CV (= *cheval-vapeur*)
C y F ABR (= *costo y flete*) port dû

Dd

D, d NF (*letra*) D, d *m inv*; **D de Dolores** ≈ D comme Désiré

D. ABR = **Don**; (*con apellido*) M (= *Monsieur*) ; (*solo con nombre*) Don *m*

D.ª. ABR = **Doña**; (*con apellido*) Mme (= *Madame*) ; (*solo con nombre*) Doña *f*

dación NF: **~ en pago** (*Jur*) dation *f* en paiement

dactilar ADJ: **huellas dactilares** empreintes *fpl* digitales

dadá ADJ, NM dada *m*

dadaísmo NM dadaïsme *m*

dadaísta ADJ, NMF dadaïste *mf*

dádiva NF (*donación*) don *m* ; (*regalo*) présent *m*

dadivoso, -a ADJ généreux(-euse)

dado, -a PP *de* **dar** ▸ ADJ: **en un momento ~** à un moment donné ; **ser ~ a hacer algo** être enclin(e) à faire qch ; **~ que** étant donné que ▸ NM (*para juego*) dé *m* ▪ **dados** NMPL (*juego*) dés *mpl*

daga NF dague *f*

daiquiri, daiquirí NM daïquiri *m*

dalia NF dahlia *m*

dálmata ADJ: **perro ~** dalmatien *m*

daltónico, -a ADJ, NM/F daltonien(ne)

daltonismo NM daltonisme *m*

dama NF dame *f* ; **~ de honor** (*de novia*) demoiselle *f* d'honneur ; (*de reina*) dame d'honneur ; (*en concurso*) dauphine *f* ; **primera ~** (*Teatro*) premier rôle *m* féminin ; (*Pol*) première dame ▪ **damas** NFPL (*juego*) dames *fpl*

damasco NM (*tela*) damas *msg* ; (*AM*) abricot *m*

damnificado, -a NM/F: **los damnificados** les victimes *fpl*

dance *etc* VB *ver* **danzar**

dandi, dandy NM dandy *m*

danés, -esa ADJ danois(e) ▸ NM/F Danois(e) ▸ NM (*Ling*) danois *m*

danta (*AM*) NF tapir *m*

dantesco, -a ADJ dantesque

Danubio NM Danube *m*

danza NF danse *f*

danzar VT danser ▸ VI danser ; (*fig: moverse*) s'agiter

danzarín, -ina NM/F danseur(-euse)

dañar VT (*mueble, cuadro, motor*) abîmer ; (*cosecha*) endommager ; (*salud, reputación*) nuire à ▪ **dañarse** VPR (*cosecha*) se gâter

dañino, -a ADJ (*sustancia*) nocif(-ive) ; (*animal*) nuisible

daño NM (*a mueble, máquina*) dommage *m* ; (*a cosecha, región*) dégât *m* ; (*a persona, animal*) mal *m* ; **daños y perjuicios** (*Jur*) dommages *mpl* et intérêts *mpl* ; **hacer ~ a algn** (*producir dolor*) faire mal à qn ; (*fig: ofender*) blesser qn ; **eso me hace ~** ça ne me réussit pas ; **hacerse ~** se faire mal

dar

▸ VT **1** donner ; **dar algo a algn** donner qch à qn ; **dar un golpe/una patada** donner un coup/un coup de pied ; **dar clase** faire la classe ; **dar la luz** allumer (la lumière) ; **dar las gracias** remercier ; **dar olor** répandre une odeur ; **dar de beber a algn** donner à boire à qn

2 (*causar: alegría*) faire ; (*: problemas*) causer ; (*: susto*) faire

3 (*+ n: perífrasis de verbo*): **me da pena/asco** cela me désole/dégoûte ; **da gusto escucharle** c'est bien agréable de l'écouter ; **me da no sé qué** (*reparo*) cela m'embête un peu

4 (*considerar*): **dar algo por descontado** considérer qch comme chose faite ; **lo doy por hecho/terminado** je considère que c'est fait/terminé

5 (*hora*): **el reloj dio las seis** la pendule sonna six heures ; *ver tb* **más**

6: **dar a** (*+ infinitivo*): **dar a conocer** faire connaître

▸ VI **1**: **dar a** (*ventana, habitación*) donner sur ; (*botón etc*) appuyer sur

2: **dar con**: **dimos con él dos horas más tarde** nous l'avons rencontré deux heures plus tard ; **al final di con la solución** finalement j'ai trouvé la solution

3: **dar en** (*blanco*) atteindre ; **dar en el suelo** tomber par terre ; **el sol me da en la cara** j'ai le soleil dans la figure

4: **dar de sí** (*ropa*) se détendre ; (*zapatos*) se faire

5: **dar para**: **el sueldo no da para más** ce salaire est très juste

6: **le dio por comprarse ...** il s'est mis en tête de s'acheter ...

7: **dar que** (*+ infinitivo*): **dar que pensar** donner à penser ; **el niño da mucho que hacer** cet enfant donne beaucoup de travail

8: **me da igual** *o* **lo mismo** ça m'est égal ; **¿qué más te da?** qu'est-ce que ça peut te faire ?
■ **darse** VPR **1** se donner ; **darse un baño** prendre un bain ; **darse un golpe** se cogner
2 (*ocurrir*): **se han dado muchos casos** il y a eu de nombreux cas
3: **darse a**: **darse a la bebida** s'adonner à la boisson
4: **darse por**: **darse por vencido** se déclarer vaincu ; **darse por satisfecho** s'estimer satisfait
5: **se me dan bien/mal las ciencias** je suis bon/mauvais en sciences
6: **dárselas de**: **se las da de experto** il joue les experts

dardo NM dard *m*
dársena NF darse *f*
datar VI: ~ **de** dater de
dátil NM datte *f*
dativo NM datif *m*
dato NM (*detalle*) fait *m* ; (*Mat*) donnée *f* ■ **datos** NMPL (*información, Inform*) données *fpl* ; **datos de entrada/de salida** données en entrée/en sortie ; **datos móviles** (*Telec*) données mobiles ; **datos personales** données personnelles
dcha. ABR (= *derecha*) dr. (= *droite*)
d. de J. C. ABR (= *después de Jesucristo*) ap. J.-C. (= *après Jésus-Christ*)

de

(*de* + *el* = **del**) PREP **1** (*gen complemento de n*) de, d' ; **la casa de Isabel/de mis padres/de los Hernandez** la maison d'Isabel/de mes parents/des Hernandez ; **una copa de vino** un verre de vin ; **clases de inglés** cours *mpl* d'anglais
2 (*posesión: con ser*): **es de ellos** c'est à eux
3 (*origen, distancia*) de ; **soy de Gijón** je suis de Gijón ; **salir del cine/de la casa** sortir du cinéma/de la maison ; **de lado** de côté ; **de atrás/delante** de derrière/devant
4 (*materia*) en ; **un abrigo de lana** un manteau en laine ; **de madera** en bois
5 (*uso*) à ; **una máquina de coser** une machine à coudre
6 (*traje, aspecto*): **ir vestido de gris** être habillé en gris, être vêtu de gris ; **la niña del vestido azul** la fille en robe bleue ; **la del pelo negro** celle qui a les cheveux noirs
7 (*profesión*): **trabaja de profesora** elle travaille comme professeur
8 (*hora, tiempo*): **a las ocho de la mañana** à huit heures du matin ; **de día/de noche** le jour/la nuit ; **de hoy en ocho días** aujourd'hui en huit ; **de niño era gordo** quand il était petit, il était gros
9 (*medida, distribución*): **cinco metros de largo/ancho** cinq mètres de long/large ; **de dos en dos** de deux en deux ; **uno de cada tres** un sur trois
10 (*comparaciones*): **más/menos de cien personas** plus/moins de cent personnes ; **el más caro de la tienda** le plus cher du magasin ; **menos/más de lo pensado** moins/plus qu'on ne pensait
11 (*adj* + *de* + *inf*): **es difícil de creer** c'est difficile à croire ; **eso es difícil de hacer** il est difficile de faire cela
12 (*causa, modo*): **no puedo dormir del calor que hace** je ne peux pas dormir à cause de la chaleur ; **de puro tonto se le olvidó coger dinero** il est si bête qu'il a oublié de prendre de l'argent ; **temblar de miedo/de frío** trembler de peur/de froid ; **de un trago** d'un coup ; **de un solo golpe** d'un seul coup
13 (*condicional* + *infin*): **de no ser así** sinon ; **de ser posible** si c'est possible ; **de no terminarlo hoy** si ce n'est pas fini aujourd'hui
14: **el pobre de Juan** le pauvre Juan ; **el tonto de Carlos** cet idiot de Carlos
15: **de no** (*Am: si no*) sinon ; **¡hazlo, de no ...!** fais-le sinon ... !

dé VB *ver* **dar**
deambular VI (*persona*) déambuler ; (*animal*) errer
debajo ADV dessous ; ~ **de** sous ; **por** ~ **de** en dessous de
debate NM débat *m*
debatir VT débattre (de) ▸ VI débattre ■ **debatirse** VPR (*forcejear*) se débattre
debe NM (*en cuenta*) débit *m* ; **el** ~ **y el haber** l'actif *m* et le passif
deber NM (*obligación*) devoir *m* ■ **deberes** NMPL (*Escol*) devoirs *mpl* ▸ VT devoir ; **¿qué/cuánto le debo?** qu'est ce que/combien est-ce que je vous dois ? ; **queda a** ~ **250 euros** il reste à payer 250 euros ▸ VI (*obligación*): **debo hacerlo** je dois le faire ; **debería dejar de fumar** il devrait arrêter de fumer ; **como debe ser** comme il se doit ; (*suposición*): **debe (de) ser canadiense** il doit être canadien ■ **deberse** VPR: **deberse a** être dû (due) à
debidamente ADV (*comportarse etc*) comme il faut ; (*rellenar: documento etc*) dûment
debido, -a ADJ (*cuidado, respeto*) dû (due) ; ~ **a** en raison de ; **a su** ~ **tiempo** en temps voulu ; **como es** ~ comme il se doit
débil ADJ faible
debilidad NF faiblesse *f* ; **tener** ~ **por algn/algo** avoir un faible pour qn/qch
debilitar VT (*persona, resistencia*) affaiblir ; (*cimientos*) ébranler ■ **debilitarse** VPR s'affaiblir
débito NM (*deuda*) débit *m*
debut [de'βu] NM (*artístico, profesional*) débuts *mpl*
debutante NMF débutant(e)
debutar VI (*en actuación*) débuter
década NF décennie *f*
decadencia NF (*de edificio*) délabrement *m* ; (*de persona*) déchéance *f* ; (*de sociedad*) décadence *f*
decadente ADJ décadent(e)

d

decaer VI (*espectáculo*) perdre de son attrait ; (*negocio*) dépérir ; (*civilización, imperio*) décliner ; (*costumbres*) tomber en désuétude ; (*éxito, afición, interés*) retomber ; (*salud*) décliner

decaído, -a ADJ: **estar ~** (*desanimado*) être abattu(e)

decaiga *etc* VB *ver* **decaer**

decaimiento NM abattement *m*

decálogo NM décalogue *m*

decanato NM (*cargo*) doyenneté *f* ; (*lugar*) doyenné *m*

decano, -a NM/F (*tb Univ*) doyen(ne)

decantar VT décanter ■ **decantarse** VPR: **decantarse por** se tourner vers

decapante NM (*de pintura*) décapant *m*

decapitar VT décapiter

decatlón NM décathlon *m*

decayendo *etc* VB *ver* **decaer**

decena NF dizaine *f*

decencia NF décence *f*

decenio NM décennie *f*

decente ADJ décent(e) ; (*honesto*) convenable

decepción NF déception *f*

decepcionado, -a ADJ déçu(e) ; **estar ~ con algo** être déçu(e) de *ou* par qch

decepcionante ADJ décevant(e)

decepcionar VT décevoir

dechado NM: **es un ~ de virtudes** il *o* elle est la vertu même

decibelio NM décibel *m*

decididamente ADV (*con decisión*) avec décision, résolument ; **entró ~ en la sala** il est entré dans la salle d'un pas décidé ; (*obviamente*) franchement, de toute évidence ; **un poema ~ romántico** un poème de toute évidence romantique ; (*sin duda*) certainement ; **~, vuelven a estar de moda los tacones** il ne fait aucun doute que les talons reviennent à la mode

decidido, -a ADJ décidé(e) ; **estoy ~ a hacerlo** je suis décidé(e) à le faire

decidir VT décider (de) ▶ VI décider ■ **decidirse** VPR: **decidirse (a hacer algo)** se décider (à faire qch) ; **¡decídete!** décide-toi ! ; **decidirse por** se décider pour

decilitro NM décilitre *m*

décima NF (*Mat*) dixième *m* ; **tener décimas** avoir un peu de fièvre

decimal ADJ décimal(e)

decímetro NM décimètre *m*

décimo, -a ADJ, NM dixième *m* ; *ver tb* **sexto**

decimoctavo, -a ADJ, NM/F dix-huitième *mf* ; *ver tb* **sexto**

decimocuarto, -a ADJ, NM/F quatorzième *mf* ; *ver tb* **sexto**

decimonónico, -a ADJ (*fig*) du dix-neuvième siècle

decimonoveno, -a ADJ, NM/F dix-neuvième *mf* ; *ver tb* **sexto**

decimoquinto, -a ADJ, NM/F quinzième *mf* ; *ver tb* **sexto**

decimoséptimo, -a ADJ, NM/F dix-septième *mf* ; *ver tb* **sexto**

decimosexto, -a ADJ, NM/F seizième *mf* ; *ver tb* **sexto**

decimotercero, -a ADJ, NM/F treizième *mf* ; *ver tb* **sexto**

decir VT dire ; (*fam: llamar*) appeler ; **¡no me digas!** (*sorpresa*) non ! ; **~ para sí** se dire ; **~ por ~** dire comme ça ; **querer ~** vouloir dire ; **es ~** c'est-à-dire ; **ni que ~ tiene que ...** il va sans dire que ... ; **como quien dice** *o* **como si dijéramos** comme qui dirait ; **que digamos** *o* **que se diga** vraiment ; **¡quién lo diría!** qui l'eût cru ! ; **por así decirlo** pour ainsi dire ; **el qué dirán** le qu'en dira-t-on ; **le dije que fuera más tarde** je lui ai dit d'y aller plus tard ; **dicho sea de paso** soit dit en passant ; **que ya es ~** ce n'est pas peu dire ; **por no ~** pour ne pas dire ▶ VI: **¡diga!, ¡dígame!** (*Telec*) allô ! ; **~ (de)** (*revelar*) en dire long (sur) ▶ NM: **es un ~** c'est une façon de parler ■ **decirse** VPR: **se dice que ...** on dit que ... ; **¿cómo se dice « cursi » en francés?** comment dit-on « cursi » en français ?

decisión NF décision *f* ; **tomar una ~** prendre une décision

decisivamente ADV de manière décisive

decisivo, -a ADJ décisif(-ive)

decisorio, -a ADJ exécutif(-ive)

declamar VT déclamer ▶ VI (*recitar*) réciter ; (*pey*) déclamer

declaración NF déclaration *f* ; (*Jur*) déposition *f* ; **falsa ~** (*Jur*) faux témoignage *m* ; **prestar ~** (*Jur*) faire une déposition ; **tomar ~ a algn** (*Jur*) prendre la déposition de qn ; **~ de derechos** (*Pol*) déclaration des droits ; **~ de la renta** déclaration de revenus ; **~ fiscal** déclaration d'impôts ; **~ jurada** déposition

declarar VT déclarer ; **~ culpable/inocente a algn** déclarer qn coupable/innocent ▶ VI (*para la prensa, en público*) faire une déclaration ; (*Jur*) faire une déposition ■ **declararse** VPR (*amante, guerra, incendio*) se déclarer ; **declararse culpable/inocente** se déclarer coupable/innocent(e)

declinación NF déclinaison *f*

declinar VT décliner ▶ VI (*poder*) décliner ; (*fiebre*) baisser

declive NM pente *f* ; (*fig*) déclin *m* ; **en ~** en pente ; (*fig: imperio, economía*) en déclin

decodificador NM décodeur *m*

decolaje (AND, CHI) NM décollage *m*

decolar (AND, CHI) VI décoller

decolorante NM décolorant *m*

decolorar VT décolorer

decomisar VT confisquer

decomiso NM confiscation *f*
decoración NF décoration *f* ; (*Teatro*) décor *m* ; **~ de escaparates/de interiores** décoration de vitrines/d'intérieur
decorado NM décor *m*
decorador, a NM/F décorateur(-trice)
decorar VT décorer
decorativo, -a ADJ décoratif(-ive)
decoro NM (*en comportamiento etc*) respect *m*
decoroso, -a ADJ correct(e) ; (*digno*) respectable
decrecer VI décroître, diminuer ; (*días*) raccourcir
decreciente ADJ décroissant(e)
decrecimiento NM décroissance *f*
decrépito, -a ADJ décrépit(e) ; (*sociedad*) en décrépitude
decretar VT décréter
decreto NM décret *m*
decreto-ley (*pl* **decretos-leyes**) NM décret-loi *m*
decrezca *etc* VB *ver* **decrecer**
decúbito NM (*Med*): **en ~ prono/supino** sur le ventre/dos
dedal NM (*para costura*) dé *m* ; (*fig: medida*) doigt *m*
dedicación NF (*a trabajo etc*) investissement *m* ; (*de persona*) dévouement *m* ; **con ~ exclusiva** *o* **plena** à plein temps
dedicar VT dédicacer ; (*tiempo, dinero, esfuerzo*) consacrer ■ **dedicarse** VPR: **dedicarse a** se consacrer à ; **¿a qué se dedica usted?** qu'est-ce que vous faites dans la vie ?
dedicatoria NF dédicace *f*
dedillo NM: **saber algo al ~** savoir qch sur le bout des doigts
dedique *etc* VB *ver* **dedicar**
dedo NM doigt *m* ; (*del pie*) orteil *m* ; **contar con los dedos** compter sur les doigts ; **chuparse los dedos** se régaler ; **a ~** (*entrar, nombrar*) avec du piston ; **hacer ~** (*fam*) faire du stop ; **poner el ~ en la llaga** toucher le point sensible ; **no tiene dos dedos de frente** il n'est pas très futé ; **estar a dos dedos de** être à deux doigts de ; **~ anular** annulaire *m* ; **~ corazón** majeur *m* ; **~ gordo** pouce *m* ; (*en pie*) gros orteil ; **~ índice** index *msg* ; **~ meñique** auriculaire *m* ; **~ del pie** orteil
deducción NF déduction *f*
deducir VT déduire
deduje *etc*, **dedujera** *etc*, **deduzca** *etc* VB *ver* **deducir**
defecar VI déféquer
defección NF défection *f*
defectivo, -a ADJ défectif(-ive)
defecto NM défaut *m* ; **por ~** (*Inform*) par défaut
defectuoso, -a ADJ défectueux(-euse)
defender VT défendre ■ **defenderse** VPR: **defenderse de algo** se défendre de qch ; **defenderse contra algo/algn** se défendre contre qch/qn ; **defenderse bien** (*en profesión etc*) bien se défendre ; **me defiendo en inglés** je ne me défends pas mal en anglais
defendible ADJ défendable
defensa NF (*tb Jur, Deporte*) défense *f* ; **en ~ propia** en légitime défense ▶ NMF (*Deporte*) défenseur *mf*, arrière *mf* ■ **defensas** NFPL (*Med*) défenses *fpl*
defensiva NF: **a la ~** sur la défensive
defensivo, -a ADJ (*movimiento, actitud*) de défense
defensor, a ADJ (*persona*) qui défend ▶ NM/F (*abogado*) avocat(e) de la défense ; (*protector*) défenseur(e) ; **~(a) del menor** défenseur(e) des enfants ; **~ del pueblo** (*Esp*) ≈ médiateur(-trice) de la République
deferencia NF déférence *f*
deferente ADJ déférent(e)
deferir VT déférer
deficiencia NF défaut *m* ; **~ mental** déficience *f* mentale
deficiente ADJ (*trabajo*) insuffisant(e) ; (*salud*) déficient(e) ; **~ en** insuffisant(e) en ▶ NMF: **ser un ~ mental/físico** être handicapé mental/physique ▶ NM (*Escol*) mauvaise note *f*
déficit (*pl* **déficits**) NM déficit *m* ; **~ presupuestario** déficit budgétaire
deficitario, -a ADJ déficitaire
defienda *etc* VB *ver* **defender**
defiera *etc* VB *ver* **deferir**
definición NF définition *f*
definido, -a ADJ net(te) ; (*Ling*) défini(e) ; **bien ~** (*posición, respuesta*) bien défini(e) ; **~ por el usuario** (*Inform*) définissable par l'utilisateur
definir VT définir
definitivamente ADV définitivement
definitivo, -a ADJ définitif(-ive) ; **en definitiva** en définitive
defiriendo *etc* VB *ver* **deferir**
deflación (*Econ*) NF déflation *f*
deflacionario, -a, deflacionista (*Econ*) ADJ de déflation, déflationniste
deflector NM déflecteur *m*
deforestación NF déforestation *f*
deformación NF déformation *f* ; **~ profesional** déformation professionnelle
deformar VT déformer ■ **deformarse** VPR se déformer
deforme ADJ difforme
deformidad NF difformité *f*
defraudar VT (*a personas*) tromper ; (*a Hacienda*) frauder
defunción NF décès *m* ; **« cerrado por ~ »** « fermé pour cause de décès »
degeneración NF dégradation *f*
degenerado, -a ADJ, NM/F dégénéré(e)
degenerar VI dégénérer ; **~ en** dégénérer en

d

degenerativo, -a ADJ dégénératif(-ive)
deglutir VT, VI déglutir
degolladero NM abattoir *m*
degollar VT égorger
degradación NF dégradation *f* ; **~ ambiental** dégradation de l'environnement ; (*moral*) déchéance *f*
degradante ADJ dégradant(e)
degradar VT (*tb Mil*) dégrader ; (*Inform: datos*) altérer ▪ **degradarse** VPR se dégrader
degüelle *etc* VB *ver* **degollar**
degustación NF dégustation *f*
degustar VT déguster
dehesa NF pâturage *m*
deidad NF (*dios*) déité *f* ; **~ pagana** divinité *f* païenne
dejadez NF laisser-aller *m inv*
dejado, -a ADJ négligent(e)
dejar VT laisser ; (*persona, empleo, pueblo*) quitter ; **~ a algn (hacer algo)** laisser qn (faire qch) ; **lo dejó su novia** sa fiancée l'a quitté ; **¡déjame en paz!** laisse-moi tranquille ! ; **~ a un lado** laisser de côté ; **~ caer** (*objeto*) laisser tomber ; (*fig: insinuar*) glisser ; **~ atrás a algn** dépasser qn ; **~ entrar/salir** laisser entrer/sortir ; **~ pasar** laisser passer ; **¡déjalo!** laisse tomber ! ; **te dejo en tu casa** je te laisse chez toi ; (*a un pasajero*) je te dépose chez toi ▶ VI: **~ de** arrêter de ; **~ de fumar** arrêter de fumer ; **no dejes de visitarles** continue à leur rendre visite ; **no dejes de comprar un billete** n'oublie pas d'acheter un billet ; **deja mucho que desear** cela laisse beaucoup à désirer ; **~ a algn sin algo** laisser qn sans qch, priver qn de qch ▪ **dejarse** VPR se laisser aller ; **dejarse persuadir** se laisser convaincre ; **dejarse llevar por algn/algo** se laisser entraîner par qn/qch ; **¡déjate de tonterías!** arrête de dire des bêtises !
deje, dejo NM accent *m* ; (*sabor*) arrière-goût *m*
del (= *de + el*) *ver* **de**
del. ABR (*Admin*) = **delegación**
delación NF délation *f*
delantal NM tablier *m*
delante ADV devant ; **la parte de ~** la partie avant ; **estando otros ~** devant d'autres personnes ; **~ de** devant ; **por ~** devant ; **~ mío/nuestro** (*esp CSur fam*) devant moi/nous
delantera NF (*de vestido*) devant *m* ; (*de coche*) avant *m* ; (*Teatro*) fauteuil *m* d'orchestre ; (*Deporte*) ligne *f* d'attaque ; **llevar la ~ (a algn)** mener (devant qn) ; **coger** *o* **tomar la ~ (a algn)** devancer (qn)
delantero, -a ADJ (*patas, asiento, balcón*) de devant ; (*vagón*) de tête ▶ NM/F (*Deporte*) avant *m* ; **~ centro** avant-centre *m*
delatar VT dénoncer ; (*sonrisa, gesto, ropa*) trahir ; **los delató a la policía** il les a dénoncés à la police
delator, a ADJ (*gesto, sonrisa*) révélateur(-trice) ▶ NM/F dénonciateur(-trice)
delco® NM delco® *m*
delectación NF délectation *f*
delegación NF délégation *f* ; (*MÉX: comisaría*) commissariat *m* ; (: *ayuntamiento*) mairie *f* ; **~ de poderes** (*Pol*) délégation de pouvoirs ; **D~ de Educación/de Hacienda/de Trabajo** ≈ ministère *m* de l'Éducation/des Finances/du Travail
delegado, -a NM/F délégué(e)
delegar VT: **~ algo en algn** déléguer qch à qn
delegue *etc* VB *ver* **delegar**
deleitar VT enchanter ▪ **deleitarse** VPR: **deleitarse con** *o* **en** prendre grand plaisir à
deleite NM ravissement *m*
deletrear VT épeler
deleznable ADJ (*calidad*) mauvais(e) ; (*argumento*) inconsistant(e)
delfín NM dauphin *m*
delgadez NF maigreur *f* ; (*fineza*) minceur *f*
delgado, -a ADJ maigre ; (*fino*) mince
deliberación NF délibération *f*
deliberado, -a ADJ délibéré(e)
deliberar VI: **~ (sobre)** délibérer (sur)
delicadamente ADV délicatement
delicadeza NF délicatesse *f* ; **tener la ~ de hacer** avoir la délicatesse de faire
delicado, -a ADJ délicat(e)
delicia NF délice *m*
delicioso, -a ADJ délicieux(-euse)
delictivo, -a ADJ délictueux(-euse)
delimitar VT délimiter
delincuencia NF délinquance *f* ; **~ juvenil** délinquance juvénile
delincuente NMF délinquant(e) ; **~ habitual** délinquant(e) récidiviste ; **~ juvenil** jeune délinquant(e)
delineante NMF dessinateur(-trice) industriel(le)
delinear VT (*proyecto*) délimiter ; (*plano*) tracer
delinquir VI commettre un délit
delirante ADJ délirant(e)
delirar VI délirer
delirio NM délire *m* ; **con ~** (*fam*) à la folie ; **sentir/tener ~ por algo/algn** aimer qch/qn à la folie ; **delirios de grandeza** folie *f* des grandeurs
delito NM délit *m* ; **en flagrante ~** en flagrant délit ; **~ de odio** crime *m* de haine
delta NM delta *m*
demacrado, -a ADJ émacié(e)
demagogia NF démagogie *f*
demagógico, -a ADJ démagogique
demagogo, -a NM/F démagogue *mf*
demanda NF (*tb Com, Jur*) demande *f* ; (*reivindi-*

(…ción) requête *f* ; **hay poca/mucha ~ de este producto** la demande pour ce produit est faible/forte ; **en ~ de** pour demander ; **entablar ~** *(Jur)* intenter une action en justice ; **presentar ~ de divorcio** demander le divorce ; **~ de mercado** *(Com)* demande du marché ; **~ de pago** avertissement *m* ; **~ final** *(Com)* dernier rappel *m* ; **~ indirecta** *(Com)* demande induite

demandado, -a NM/F *(Jur)* défendeur(-deresse)

demandante NMF *(Jur)* plaignant(-e)

demandar VT demander ; *(Jur)* poursuivre ; **~ a algn por calumnia/por daños y perjuicios** poursuivre qn en diffamation/pour dommages et intérêts

demarcación NF démarcation *f* ; *(zona)* zone *f* ; *(jurisdicción)* circonscription *f*

demás ADJ: **los ~ niños** les autres enfants *mpl* ▶ PRON: **los/las ~** les autres ; **lo ~** le reste ; **por lo ~** à part cela ; **por ~** en vain ; **y ~** et cetera

demasía NF: **en ~** en trop ; **comer/beber en ~** manger/boire trop

demasiado, -a ADJ: **~ vino** trop de vin ; **demasiados libros** trop de livres ; **hace ~ calor** il fait trop chaud ; **¡es ~!** c'est trop ! ▶ ADV trop ; **es ~ pesado para levantarlo** c'est trop lourd pour être soulevé ; **~ lo sé** je ne le sais que trop bien

> En francés *trop* es siempre invariable. Así, por ejemplo:
> **Hay demasiada gente.** Il y a trop de monde.
> **Habla demasiado.** Il parle trop.
> **Son demasiados alumnos.** Il y a trop d'élèves.

demencia NF démence *f* ; **~ senil** démence sénile

demencial ADJ démentiel(le)

demente ADJ, NMF dément(e)

demo *(fam)* NF *(Inform, Mús)* démo *f*

democracia NF démocratie *f*

demócrata ADJ, NMF démocrate *mf*

democratacristiano, -a ADJ, NM/F démocrate-chrétien(ne)

democráticamente ADV démocratiquement

democrático, -a ADJ démocratique

democratizar VT démocratiser

democristiano, -a ADJ, NM/F = **democratacristiano**

demográfico, -a ADJ démographique ; *(instituto)* de démographie ; **la explosión demográfica** l'explosion *f* démographique

demoledor, a ADJ *(argumento, crítica)* destructeur(-trice) ; *(ataque, fuerza)* dévastateur(-trice)

demoler VT démolir

demolición NF démolition *f*

demoniaco, -a, demoníaco, -a ADJ démoniaque

demonio NM *(tb fig)* démon *m* ; **¡demonios!** mince ! ; **¿cómo demonios?** comment diable ? ; **¿qué demonios será?** *(fam)* qu'est-ce que ça peut bien être ? ; **¿dónde ~ lo habré dejado?** où diable l'ai-je laissé ?

demora NF retard *m*

demorar VT retarder ▶ VI: **~ en** *(AM)* mettre du temps à ■ **demorarse** VPR s'attarder ; **demorarse al** *o* **en hacer algo** prendre du retard pour faire qch

demos VB *ver* **dar**

demoscópico, -a ADJ: **sondeo ~** sondage *m* d'opinion

demostración NF démonstration *f* ; *(de sinceridad)* manifestation *f*

demostrar VT *(sinceridad)* prouver ; *(afecto, fuerza)* montrer ; *(funcionamiento, aplicación)* démontrer

demostrativo, -a ADJ démonstratif(-ive)

demudado, -a ADJ: **tener el rostro ~** avoir le visage décomposé

demudar VT altérer ■ **demudarse** VPR *(expresión)* changer

demuela *etc* VB *ver* **demoler**

demuestre *etc* VB *ver* **demostrar**

den VB *ver* **dar**

denegación NF refus *msg*, dénégation *f*

denegar VT refuser ; *(demanda, recurso)* rejeter

denegué *etc* VB *ver* **denegar**

dengue NM dengue *f*

deniego *etc*, **deniegue** *etc* VB *ver* **denegar**

denigrante ADJ humiliant(e)

denigrar VT dénigrer ; *(humillar)* humilier

denodadamente ADV *(con esfuerzo)* avec acharnement ; *(con valentía)* courageusement, vaillamment ; **luchar ~** se battre avec courage

denodado, -a ADJ *(esforzado)* acharné(e) ; *(valiente)* courageux(-euse)

denominación NF dénomination *f* ; **~ de origen** appellation *f* d'origine ; *voir article*

> La **denominación de origen (protegida)** ou D.O.(P.) est l'équivalent espagnol de l'appellation d'origine contrôlée (AOC). Ce label est attribué à des produits agricoles (vins, fromages, charcuterie) dont il garantit la qualité et la conformité aux caractéristiques d'une région donnée.

denominador NM: **~ común** *(tb fig)* dénominateur *m* commun

denominar VT dénommer

denostar VT insulter

denotar VT dénoter

densidad NF densité *f* ; **~ de caracteres** *(Inform)* espacement *m* des caractères ; **~ de población** densité de population

denso, -a ADJ dense ; *(humo, niebla)* épais(se) ; *(novela, discurso)* complexe

dentado, -a ADJ denté(e)

dentadura NF denture *f* ; **~ postiza** dentier *m*

d

dental ADJ dentaire ; **hilo** *o* **seda ~** fil *m* dentaire
dentellada NF morsure *f* ; (*al partir, al pelear*) coup *m* de dent
dentera NF frisson *m* ; **me da ~** ça me fait frémir
dentición NF dentition *f*
dentífrico, -a ADJ: **crema** *o* **pasta dentífrica** pâte *f* dentifrice ▸ NM dentifrice *m*
dentista NMF dentiste *mf*
dentistería (COL, VEN) NF cabinet *m* de dentiste
dentística (CHI) NF odontologie *f*
dentro ADV dedans ; **allí ~** à l'intérieur ; **mirar por ~** regarder à l'intérieur ▸ PREP: **~ de** dans ; **~ de lo posible** dans la mesure du possible ; **~ de lo que cabe** relativement ; **~ de tres meses** dans trois mois ; **~ de poco** sous peu
denuedo NM (*liter: esfuerzo*) acharnement *m* ; (*valentía*) courage *m*
denuesto NM outrage *m*
denuncia NF plainte *f* ; **hacer** *o* **poner una ~** déposer une plainte
denunciante NMF plaignant(e)
denunciar VT (*en comisaría*) déposer une plainte contre ; (*en prensa etc*) dénoncer
deontología NF déontologie *f*
Dep. ABR (= *Departamento*) dépt (= *département*) ; = **depósito**
deparar VT (*oportunidad*) fournir ; (*suj: futuro, destino*) réserver ; **los placeres que nos deparó el viaje** les plaisirs *mpl* que ce voyage nous a procurés
departamental ADJ départemental(e)
departamento NM département *m* ; (AM) appartement *m* ; (*en mueble*) compartiment *m* ; **~ de envíos** (*Com*) service *m* des expéditions
departir VI s'entretenir
dependencia NF dépendance *f* ; (*Pol*) bureau *m* ; (*Com*) succursale *f* ■ **dependencias** NFPL dépendances *fpl*
depender VI: **~ de** dépendre de ; **todo depende** ça dépend ; **no depende de mí** cela ne dépend pas de moi ; **depende de lo que haga él** cela dépend de ce qu'il fait
dependienta NF vendeuse *f*
dependiente ADJ: **~ (de)** dépendant(e) (de) ▸ NM vendeur *m*
depilación NF épilation *f*
depilar VT épiler ■ **depilarse** VPR s'épiler
depilatorio, -a ADJ, NM dépilatoire *m*
deplorable ADJ déplorable
deplorar VT déplorer
depondré *etc* VB *ver* **deponer**
deponer VT (*rey, gobernante*) déposer ; (*actitud*) laisser libre cours à ; **~ las armas** déposer les armes
deponga *etc* VB *ver* **deponer**
deportación NF déportation *f*
deportar VT déporter
deporte NM sport *m* ; **hacer ~** faire du sport
deportista ADJ, NMF sportif(-ive) ; **ser muy ~** être très sportif(-ive) ; **ser poco ~** ne pas être très sportif(-ive)
deportivamente ADV sportivement ; **~ hablando** sportivement parlant ; **se tomó la derrota ~** il a accepté sportivement la défaite
deportividad NF sportivité *f*
deportivo, -a ADJ sportif(-ive) ; (*club, ropa*) de sport ▸ NM voiture *f* de sport
deposición NF destitution *f* ; **deposiciones caninas** déjections *fpl* canines
depositante NMF déposant(e)
depositar VT déposer ; **~ la confianza en algn** accorder sa confiance à qn ■ **depositarse** VPR se déposer
depositario, -a NM/F: **~ de** dépositaire *mf* de ; **~ judicial** administrateur(-trice) judiciaire
depósito NM dépôt *m* ; (*de agua, gasolina etc*) réservoir *m* ; **dejar dinero en ~** laisser de l'argent en dépôt ; **~ de cadáveres** morgue *f*
depravado, -a ADJ, NM/F dépravé(e)
depravar VT dépraver ■ **depravarse** VPR (*persona*) se dépraver
depre (*fam*) NF (*depresión*) déprime *f*, cafard *m* ; **tener la ~** avoir la déprime *ou* le cafard ▸ ADJ: **estar ~** avoir le cafard *ou* le blues
depreciación NF dépréciation *f*
depreciar VT déprécier ■ **depreciarse** VPR se déprécier
depredador, a ADJ prédateur(-trice) ▸ NM prédateur *m*
depredar VT dévaliser
depresión NF dépression *f* ; **~ nerviosa** dépression nerveuse
depresivo, -a ADJ (*clima, ambiente*) déprimant(e) ; (*persona, carácter*) dépressif(-ive)
deprimente ADJ déprimant(e)
deprimido, -a ADJ déprimé(e)
deprimir VT déprimer ■ **deprimirse** VPR déprimer
deprisa ADV vite ; **¡~!** vite ! ; **~ y corriendo** vite fait bien fait
depuesto PP *de* **deponer**
depuración NF (*tb Pol*) épuration *f* ; (*Inform*) décontamination *f*
depuradora NF station *f* d'épuration
depurar VT épurer ; (*Inform*) décontaminer
depuse *etc* VB *ver* **deponer**
der. ABR (= *derecho*) dr. (= *droit*)
derecha NF (*tb Pol*) droite *f* ; **a la ~** à droite ; **a derechas** (*hacer*) bien ; **de derechas** (*Pol*) de droite
derechazo NM (*Boxeo*) droit *m* ; (*Tenis*) coup *m* droit
derechista (*Pol*) ADJ de droite ▸ NMF ≈ conservateur(-trice)

derecho, -a ADJ droit(e) ; **a mano derecha** à droite ▸ ADV droit ▸ NM droit *m* ; (*lado*) côté *m* droit ; **Facultad de D~** Faculté *f* de Droit ; **estudiante de D~** étudiant(e) en Droit ; **tener ~ a algo** avoir droit à qch ; **tener ~ a hacer algo** avoir le droit de faire qch ; **estar en su ~** être dans son droit ; **¡no hay ~!** ce n'est pas juste ! ; **~ a la desconexión** droit à la déconnexion ; **~ a voto** droit de vote ; **~ de propiedad literaria** copyright *m* ; **~ de timbre** (*Com*) droit de timbre ; **~ mercantil/penal/de retención** droit commercial/pénal/de rétention ; **derechos civiles** droits civiques ; **derechos humanos** droits de l'homme ■ **derechos** NMPL (*tasas*) droits *mpl* ; **« reservados todos los derechos »** « tous droits réservés » ; **derechos de autor** droits d'auteur ; **derechos de patente** propriété *f* industrielle ; **derechos portuarios/de muelle** (*Com*) droit de mouillage/de bassin

deriva NF: **ir/estar a la ~** (*tb fig*) aller/être à la dérive

derivación NF embranchement *m* ; (*Ling*) dérivation *f*

derivado, -a ADJ dérivé(e) ▸ NM dérivé *m*

derivar VT (*conclusión*) arriver à ; (*conversación*) dévier ▸ VI dévier ■ **derivarse** VPR: **derivarse de** dériver de

dermatólogo, -a NM/F dermatologue *mf*

dérmico, -a ADJ dermique

derogación NF abrogation *f*

derogar VT abroger ; (*contrato*) annuler

derogue *etc* VB *ver* **derogar**

derramamiento NM: **~ de sangre** effusion *f* de sang

derramar VT (*verter*) verser ; (*esparcir*) renverser ; **~ lágrimas** verser *o* répandre des larmes ■ **derramarse** VPR se répandre

derrame NM écoulement *m* ; (*Med*) épanchement *m* ; **~ cerebral** hémorragie *f* cérébrale

derrapar VI déraper

derredor ADV: **en ~** autour

derrengado, -a ADJ: **estar ~** être éreinté(e) ; **dejar ~ a algn** éreinter qn

derretido, -a ADJ fondu(e) ; **estar ~ por algn** mourir d'amour pour qn

derretir VT fondre ■ **derretirse** VPR fondre ; (*fig*) mourir d'amour ; **derretirse de calor** être en nage

derribar VT faire tomber ; (*construcción*) abattre ; (*gobierno, político*) renverser

derribo NM démolition *f* ; **materiales de ~** gravats *mpl* ■ **derribos** NMPL (*escombros*) décombres *mpl*

derrita *etc* VB *ver* **derretir**

derrocamiento NM renversement *m*

derrocar VT (*gobierno*) renverser ; (*ministro*) destituer

derrochador, a ADJ, NM/F dépensier(-ière)

derrochar VT dilapider ; (*energía, salud*) déborder de

derroche NM gaspillage *m* ; (*de salud, alegría*) débordement *m*

derroque *etc* VB *ver* **derrocar**

derrota NF déroute *f* ; (*Deporte, Pol*) défaite *f* ; **sufrir una grave ~** subir une défaite cuisante

derrotar VT vaincre ; (*enemigo*) mettre en déroute ; (*Deporte, Pol*) battre

derrotero NM cap *m* ; **tomar otros derroteros** prendre une autre voie

derrotista ADJ, NMF défaitiste *mf*

derruir VT démolir

derrumbamiento NM démolition *f* ; (*desplome*) écroulement *m* ; **~ de tierra** éboulement *m*

derrumbar VT démolir ■ **derrumbarse** VPR s'écrouler ; (*esperanzas, persona*) s'effondrer

derrumbe NM = **derrumbamiento**

derruyendo *etc* VB *ver* **derruir**

des VB *ver* **dar**

desabastecido, -a ADJ: **estar ~ de algo** être dépourvu(e) de qch

desaborido, -a ADJ insignifiant(e)

desabotonar VT déboutonner ■ **desabotonarse** VPR se déboutonner

desabrido, -a ADJ (*comida*) insipide ; (*persona*) brusque ; (*tiempo*) incertain(e)

desabrigado, -a ADJ peu couvert(e) ; (*lugar*) ouvert(e) aux quatre vents

desabrigar VT découvrir ■ **desabrigarse** VPR se découvrir ; **me desabrigué en la cama** je me suis retrouvé sans couvertures

desabrigue *etc* VB *ver* **desabrigar**

desabrochar VT (*con botones*) déboutonner ; (*con broches*) dégrafer ; (*cinturón*) détacher ■ **desabrocharse** VPR (*botones*) se déboutonner ; (*broches*) se dégrafer ; **desabrocharse el cinturón** détacher sa ceinture

desacatar VT passer outre

desacato NM manque *m* de respect ; (*Jur*) outrage *m* ; **~ a la autoridad** outrage à agent de la force publique

desacertado, -a ADJ erroné(e) ; (*inoportuno*) malvenu(e)

desacierto NM erreur *f*

desaconsejado, -a ADJ: **estar ~** être déconseillé(e)

desaconsejar VT: **~ algo a algn** déconseiller qch à qn

desacoplar VT (*Elec, Tec*) découpler

desacorde ADJ désaccordé(e) ; (*opiniones*) divergent(e) ; **estar ~ con algo** être en désaccord avec qch

desacostumbrado, -a ADJ (*insólito*) inhabituel(le), peu commun(e) ; (*deshabituado*): **estamos desacostumbrados al frío** nous ne sommes plus habitués au froid

desacostumbrarse VPR perdre l'habitude

desacreditar VT discréditer

d

desactivar VT désamorcer
desacuerdo NM désaccord *m* ; (*disconformidad*) contradiction *f* ; **en ~** en désaccord
desafiante ADJ (*actitud*) de défi ; (*persona*) avec un air de défi
desafiar VT défier ; **~ a algn a hacer** mettre qn au défi de faire
desafilado, -a ADJ émoussé(e)
desafinado, -a ADJ: **estar ~** être désaccordé(e)
desafinar VI (*cantar*) détonner, chanter faux ; (*tocar*) jouer faux ■ **desafinarse** VPR se désaccorder
desafío NM défi *m*
desaforadamente ADV: **gritar ~** s'égosiller
desaforado, -a ADJ (*grito*) terrible ; (*ambición*) démesuré(e)
desafortunadamente ADV malheureusement
desafortunado, -a ADJ malheureux(-euse) ; (*inoportuno*) inopportun(e)
desafuero NM violation *f*
desagradable ADJ désagréable ; **ser ~ con algn** être désagréable avec qn ; **es ~ tener que hacerlo** il est désagréable d'avoir à le faire
desagradar VI indisposer ; **me desagrada hacerlo** je n'aime pas le faire
desagradecido, -a ADJ ingrat(e)
desagrado NM mécontentement *m* ; **con ~** de mauvaise grâce
desagraviar VT (*ofensa*) pardonner ; (*prejuicio*) dédommager
desagravio NM réparation *f* ; **en (señal de) ~** en (guise de) réparation
desaguadero NM tuyau *m* d'écoulement
desaguar VT (*pantano, líquido*) drainer ▸ VI s'écouler
desagüe NM écoulement *m* ; (*de lavadora*) vidange *f* ; **tubo de ~** tuyau *m* d'écoulement
desaguisado NM offense *f*
desahogadamente ADV dans l'aisance
desahogado, -a ADJ aisé(e) ; (*espacioso*) spacieux(-euse)
desahogar VT laisser libre cours à ■ **desahogarse** VPR se soulager ; **se desahogó conmigo** il s'est défoulé sur moi
desahogo NM soulagement *m* ; (*comodidad*) commodité *f* ; **vivir con ~** vivre dans l'aisance
desahogue *etc* VB *ver* **desahogar**
desahuciado, -a ADJ (*enfermo*) condamné(e) ; (*inquilino*) expulsé(e)
desahuciar VT (*enfermo*) condamner ; (*inquilino*) expulser
desahucio NM expulsion *f*
desairado, -a ADJ (*pretendiente*) éconduit(e) ; (*sin éxito*) infructueux(-euse) ; **quedar ~** être humilié(e)
desairar VT dédaigner
desaire NM mépris *m* ; **hacer un ~ a algn** faire un affront à qn ; **¿me va usted a hacer ese ~?** vous n'allez pas me faire cet affront ?
desajustar VT désajuster ; (*planes*) déranger ■ **desajustarse** VPR se désajuster
desajuste NM (*de situación*) dérèglement *m* ; (*de piezas*) desserrage *m* ; (*desacuerdo*) divergence *f* ; **~ económico/de horarios** décalage *m* économique/horaire
desalar VT dessaler
desalentador, a ADJ décourageant(e)
desalentar VT décourager ■ **desalentarse** VPR se décourager
desaliento VB *ver* **desalentar** ▸ NM découragement *m*
desaliñado, -a ADJ (*descuidado*) négligé(e) ; (*persona*) négligent(e)
desaliño NM négligence *f*
desalmado, -a ADJ sans-cœur
desalojar VT (*salir de*) quitter ; (*expulsar*) déloger ; (*líquido, aire*) déplacer ; **la policía desalojó el local** la police a évacué les locaux
desalojo NM évacuation *f*
desalquilar VT quitter ■ **desalquilarse** VPR se vider (de ses occupants)
desamarrar VT: **~ un buque** larguer les amarres
desamor NM froideur *f*
desamparado, -a ADJ (*persona*) désemparé(e) ; (*lugar: expuesto*) exposé(e) ; (*: desierto*) abandonné(e)
desamparar VT abandonner
desamparo NM délaissement *m*
desamueblado, -a ADJ démeublé(e)
desandar VT: **~ lo andado** *o* **el camino** revenir sur ses pas
desanduve *etc*, **desanduviera** *etc* VB *ver* **desandar**
desangelado, -a ADJ tristounet(te)
desangrar VT saigner ■ **desangrarse** VPR se vider de son sang
desanimado, -a ADJ démoralisé(e) ; (*espectáculo, fiesta*) sans aucune ambiance
desanimar VT décourager ■ **desanimarse** VPR se décourager
desánimo NM manque *m* d'entrain ; (*desaliento*) découragement *m*
desanudar VT défaire ; (*fig*) débrouiller
desapacible ADJ (*clima, tiempo*) maussade ; (*carácter*) désagréable
desaparecer VI disparaître ; **~ de escena** (*fig*) disparaître de la circulation ▸ VT (*AM Pol*) faire disparaître
desaparecido, -a ADJ disparu(e) ▸ NM/F (*Pol*) disparu(e) ■ **desaparecidos** NMPL disparus *mpl*
desaparezca *etc* VB *ver* **desaparecer**
desaparición NF disparition *f*
desapasionado, -a ADJ impartial(e)

desapego NM indifférence *f* ; (*a dinero*) désintéressement *m*
desapercibido, -a ADJ: **pasar ~** passer inaperçu(e) ; **me cogió ~** il m'a pris au dépourvu
desaplicado, -a ADJ inattentif(-ive)
desaprensión NF manque *m* de scrupules
desaprensivo, -a ADJ sans scrupules ▸ NM/F personne *f* sans scrupules
desaprobación NF désapprobation *f*
desaprobar VT désapprouver
desaprovechado, -a ADJ gâché(e)
desaprovechar VT (*tiempo*) perdre, gaspiller ; (*oportunidad*) rater ; (*comida, tela*) gaspiller ; (*talento*) gâcher
desapruebe *etc* VB *ver* **desaprobar**
desarmador (*MÉX*) NM tournevis *msg*
desarmar VT désarmer ; (*mueble, máquina*) démonter ■ **desarmarse** VPR (*romperse*) se casser ; (*ser desarmable*) se démonter
desarme NM désarmement *m* ; **~ nuclear** désarmement nucléaire
desarraigado, -a ADJ déraciné(e)
desarraigar VT (*tb fig*) déraciner ■ **desarraigarse** VPR se déraciner
desarraigo NM déracinement *m*
desarraigue *etc* VB *ver* **desarraigar**
desarrapado, -a ADJ *ver* **desharrapado**
desarreglado, -a ADJ (*habitación, atuendo*) en désordre ; (*hábitos, vida*) désordonné(e)
desarreglar VT (*peinado, habitación*) mettre en désordre ; (*planes, horario*) déranger
desarreglo NM désordre *m* ; (*en horarios*) irrégularité *f* ■ **desarreglos** NMPL (*Med*) troubles *mpl*
desarrollado, -a ADJ développé(e)
desarrollar VT développer ; (*planta, semilla*) faire pousser ; (*plan etc*) mettre au point ■ **desarrollarse** VPR se développer ; (*hechos, reunión*) se dérouler ; **la acción se desarrolla en Roma** l'action se déroule à Rome
desarrollo NM développement *m* ; (*de acontecimientos*) déroulement *m* ; **país en vías de ~** pays *msg* en voie de développement ; **la industria está en pleno ~** l'industrie est en plein essor ; **~ sostenible** développement durable
desarropar VT découvrir ■ **desarroparse** VPR se découvrir
desarrugar VT défroisser ; (*frente, entrecejo*) déplisser
desarrugue *etc* VB *ver* **desarrugar**
desarticulado, -a ADJ (*bomba*) désamorcé(e) ; (*máquina*) désarticulé(e) ; (*comando, organización*) démantelé(e)
desarticular VT (*huesos*) désarticuler ; (*mecanismo*) démonter ; (*grupo terrorista*) démanteler
desaseado, -a ADJ malpropre ; (*desaliñado*) négligent(e)
desaseo NM (*personal*) malpropreté *f* ; (*en vivienda*) laisser-aller *m*
desasga *etc* VB *ver* **desasir**
desasir VT (*soltar*) lâcher ■ **desasirse** VPR: **desasirse (de)** se défaire (de)
desasistir VT négliger
desasosegar VT inquiéter ■ **desasosegarse** VPR s'inquiéter
desasosegué *etc*, **desasoseguemos** *etc* VB *ver* **desasosegar**
desasosiego VB *ver* **desasosegar** ▸ NM inquiétude *f* ; (*Pol*) agitation *f*
desasosiegue *etc* VB *ver* **desasosegar**
desastrado, -a ADJ (*desaliñado*) négligé(e) ; (*descuidado*) négligent(e)
desastre NM désastre *m* ; (*fam: persona*) catastrophe *f* ; **¡qué ~!** quel désastre ! ; **la función fue un ~** le spectacle a été un désastre ; **ir hecho un ~** être négligé
desastrosamente ADV de manière désastreuse
desastroso, -a ADJ désastreux(-euse) ; **ser ~ para (hacer)** être nul(le) quand il s'agit de (faire)
desatado, -a ADJ déchaîné(e)
desatar VT (*nudo*) défaire ; (*cordones, cuerda*) dénouer ; (*perro, prisionero*) détacher ; (*protesta, odio*) déchaîner ■ **desatarse** VPR se défaire ; (*perro, prisionero*) se détacher ; (*tormenta*) se déchaîner ; **desatarse en injurias** se répandre en injures ; **se le desató la lengua** ça lui a délié la langue
desatascador NM débouchoir *m*
desatascar VT (*cañería*) déboucher ; (*carro, ruedas*) libérer ■ **desatascarse** VPR (*cañería*) se déboucher ; (*tráfico*) se fluidifier
desatasque *etc* VB *ver* **desatascar**
desatención NF inattention *f* ; **tener la ~ de hacer** avoir l'indélicatesse de faire
desatender VT (*consejos, súplicas*) ignorer ; (*trabajo, hijo*) négliger
desatento, -a ADJ impoli(e) ; **estar ~** être distrait(e)
desatienda *etc* VB *ver* **desatender**
desatinado, -a ADJ insensé(e)
desatinar VI déraisonner
desatino NM folie *f* ; (*falta de juicio*) manque *m* de jugement ; **decir desatinos** raconter des bêtises
desatornillar VT (*tornillo*) dévisser ; (*estructura*) démonter ■ **desatornillarse** VPR (*ver vt*) se dévisser ; se démonter
desatrancar VT (*puerta*) débloquer ; (*cañería*) déboucher
desatranque *etc* VB *ver* **desatrancar**
desautorice *etc* VB *ver* **desautorizar**
desautorización NF (*de manifestación, medida*) interdiction *f*
desautorizado, -a ADJ (*persona*) non autorisé(e) ; (*huelga, medida*) interdit(e)

d

desautorizar VT (*oficial*) désavouer ; (*informe, declaraciones*) désapprouver ; (*huelga, manifestación*) interdire

desavendré *etc* VB *ver* **desavenir**

desavenencia NF désaccord *m* ; (*discordia*) conflit *m*

desavenga *etc* VB *ver* **desavenir**

desavenido, -a ADJ désuni(e) ; **ellos están desavenidos** ils ne s'entendent pas

desavenir VT brouiller ■ **desavenirse** VPR se brouiller ; **desavenirse con algn** se brouiller avec qn

desaventajado, -a ADJ défavorisé(e)

desaviene *etc*, **desaviniendo** *etc* VB *ver* **desavenir**

desayunar VT: **~ algo** prendre qch au petit déjeuner ▶ VI prendre le petit déjeuner ; **~ con café** prendre du café au petit déjeuner ■ **desayunarse** VPR prendre le petit déjeuner

desayuno NM petit déjeuner *m*

desazón NF malaise *m* ; (*fig*) contrariété *f*

desazonar VT inquiéter ■ **desazonarse** se faire du souci

desbancar VT (*campeón, director*) détrôner ; (*en cariño, estima*) supplanter

desbandada NF débandade *f* ; **a la** *o* **en ~** (*salir etc*) à la débandade ; **~ general** panique *f* générale

desbandarse VPR se débander

desbanque *etc* VB *ver* **desbancar**

desbarajuste NM pagaille *f* ; **¡qué ~!** quelle pagaille !

desbaratar VT déranger ; (*plan*) bouleverser ■ **desbaratarse** VPR (*máquina*) se dérégler ; (*peinado*) se défaire

desbarrar VI divaguer

desbastar VT (*Tec*) dégrossir ; (*persona*) éduquer

desbloquear VT (*camino, carretera*) dégager ; (*tráfico*) rétablir ; (*mecanismo, negociación, cuenta*) débloquer

desbloqueo NM (*de camino, carretera*) dégagement *m* ; (*de mecanismo, negociación, cuenta*) déblocage *m*

desbocado, -a ADJ (*caballo*) emballé(e) ; (*cuello*) détendu(e) ; (*herramienta*) émoussé(e) ; (*fig*) galopant(e)

desbocarse VPR s'emballer

desbordamiento NM (*Inform, de río*) débordement *m*

desbordante ADJ (*fig*) débordant(e) ; **estar ~ de** être débordant(e) de ; (*local*) être plein(e) à craquer de

desbordar VT déborder de ; (*fig: paciencia, tolerancia*) pousser à bout ; (*: previsiones, expectativas*) dépasser ; **estar desbordado de trabajo** être débordé de travail ▶ VI déborder ■ **desbordarse** VPR: **desbordarse (de)** déborder (de) ; **desbordarse de alegría** déborder de joie

desbravar VT dresser

descabalado, -a ADJ dépareillé(e)

descabalgar VI: **~ (de)** descendre (de)

descabalgue *etc* VB *ver* **descabalgar**

descabellado, -a ADJ insensé(e)

descabellar VT (*Taur*) estoquer

descabezado, -a ADJ décapité(e) ; (*insensato*) écervelé(e)

descabezar VT: **~ un sueño** faire un petit somme ■ **descabezarse** VPR (*fam*) s'arracher les cheveux

descafeinado, -a ADJ décaféiné(e) ; (*fam: obra, proyecto*) qui manque de corps ▶ NM décaféiné *m*

descalabrar VT blesser à la tête ; (*perjudicar*) porter atteinte à ■ **descalabrarse** VPR se faire une blessure à la tête

descalabro NM revers *msg* ; (*daño*) coup *m*

descalce *etc* VB *ver* **descalzar**

descalificación NF (*Deporte*) disqualification *f* ; (*descrédito*) discrédit *m*

descalificar VT (*Deporte*) disqualifier ; (*desacreditar*) discréditer

descalifique *etc* VB *ver* **descalificar**

descalzar VT déchausser ; (*zapato*) ôter ■ **descalzarse** VPR se déchausser

descalzo, -a ADJ (*persona*) pieds nus *inv* ; (*fig*) sans un sou ; **estar/ir (con los pies) ~(s)** être/aller pieds nus

descambiar VT (*Com*) échanger

descaminado, -a ADJ: **estar** *o* **ir ~** se leurrer ; **en eso no anda usted muy ~** sur ce point vous n'avez pas tout à fait tort

descamisado, -a ADJ torse nu

descamisarse (CHI) VPR enlever sa chemise

descampado NM terrain *m* vague ; **comer al ~** pique-niquer

descansado, -a ADJ reposant(e) ; (*oficio, actividad*) facile ; **estar/sentirse ~** être/se sentir reposé(e)

descansar VT reposer ▶ VI (*reposar*) se reposer ; (*cadáver, restos*) reposer ; **~ sobre** *o* **en** (*mueble, muro*) reposer contre *o* sur ; **¡que descanse!** reposez-vous bien ! ; **¡descansen!** (*Mil*) repos ! ; **descanse en paz** qu'il repose en paix

descansillo NM palier *m*

descanso NM repos *msg* ; (*en el trabajo*) pause *f* ; (*alivio*) soulagement *m* ; (*Teatro, Cine*) entracte *m* ; (*Deporte*) mi-temps *fsg* ; **día de ~** jour *m* de congé ; **tomarse unos días de ~** prendre quelques jours de congé ; **~ por enfermedad/maternidad** congé *m* (de) maladie/de maternité

descapitalización NF (*Fin*) décapitalisation *f* ; (*fig*) appauvrissement *m*

descapitalizado, -a ADJ au capital réduit

descapitalizar VT (*Fin*) décapitaliser ; (*fig*) appauvrir

descapotable NM (*tb*: **coche descapotable**) décapotable *f*
descaradamente ADV effrontément
descarado, -a ADJ éhonté(e) ; (*insolente*) effronté(e)
descarga NF déchargement *m* ; (*Mil, Elec*) décharge *f* ; (*Inform*) téléchargement *m*
descargable ADJ téléchargeable
descargador NM docker *m*
descargar VT décharger ; (*Inform*) télécharger ; (*golpe*) envoyer ; (*nube, tormenta*) déverser ; (*cólera*) faire passer ; (*de una obligación*) libérer ; (*de culpa*) déclarer innocent ; **~ algo de Internet** télécharger qch sur Internet ▸VI décharger ; (*tormenta*) éclater ; (*nube*) crever ; **~ en** (*río*) se jeter dans ▪ **descargarse** VPR se décharger ; **descargarse de** (*penas*) se soulager de ; (*responsabilidades*) se décharger de
descargo NM (*de obligación*) décharge *f* ; (*Com*) crédit *m* ; (*de conciencia*) soulagement *m* ; (*Jur*) décharge *f* ; **~ de una acusación** réfutation *f* d'une accusation
descargue *etc* VB *ver* **descargar**
descarnado, -a ADJ (*mejillas*) creux(-euse) ; (*brazos*) décharné(e) ; (*reportaje, estilo*) cru(e)
descaro NM effronterie *f* ; (*insolencia*) insolence *f* ; **¡qué ~!** quel toupet !
descarriar VT (*fig*) dévergonder ▪ **descarriarse** VPR se dévergonder
descarrilamiento NM déraillement *m*
descarrilar VI dérailler
descartar VT rejeter ▪ **descartarse** VPR (*Naipes*) se défausser
descarte NM (*rechazo*) rejet *m*, élimination *f* ; (*Naipes*) écart *m*, défausse *f*
descascarillado, -a ADJ écaillé(e)
descastado, -a ADJ ingrat(e)
descatalogado, -a ADJ (*libro*) qui n'est plus édité(e), hors catalogue ; (*disco, producto*) qui n'est plus au catalogue
descendencia NF (*estirpe*) lignée *f* ; (*hijos*) descendance *f* ; **morir sin dejar ~** mourir sans laisser d'enfants
descendente ADJ descendant(e)
descender VT descendre ▸VI descendre ; (*temperatura, nivel*) baisser ; (*agua, lava*) couler ; **~ de** descendre de ; **~ de categoría** se déclasser
descendiente NMF descendant(e)
descenso NM descente *f* ; (*de temperatura, fiebre*) baisse *f* ; (*Deporte*) déclassement *m* ; (*en un trabajo*) rétrogradation *f*
descentrado, -a ADJ décentré(e) ; (*rueda*) désaxé(e) ; (*persona*) mal intégré(e) ; **todavía está algo ~** il est encore un peu désorienté
descentralice *etc* VB *ver* **descentralizar**
descentralizar VT décentraliser
descerebrado, -a ADJ décérébré(e)
descerrajar VT enfoncer
descienda *etc* VB *ver* **descender**
descifrable ADJ lisible ; (*mensaje*) intelligible
descifrar VT déchiffrer ; (*motivo, actitud*) comprendre ; (*problema*) éclaircir ; (*misterio*) élucider
desclasificar VT (*Deporte*) déclasser
desclavar VT déclouer
descocado, -a ADJ (*atrevido*) osé(e) ; (*desvergonzado*) culotté(e)
descoco NM (*en el vestir*) audace *f* ; (*en actos, costumbres*) culot *m*, effronterie *f*
descodificador NM décodeur *m*
descojonarse (*fam!*) VPR (*reír*) se fendre la gueule (*fam !*) ; (*estropearse*) se déglinguer
descolgar VT décrocher ; (*con cuerdas*) descendre à l'aide de cordes ; **dejó el teléfono descolgado** il n'a pas raccroché ▪ **descolgarse** VPR se laisser glisser ; (*lámpara, cortina*) se décrocher ; **descolgarse por** descendre de ; **descolgarse de** (*esp Deporte*) se détacher de
descolgué *etc*, **descolguemos** *etc* VB *ver* **descolgar**
descollar VI (*sobresalir*) dominer ; (*fig: persona*) se démarquer ; **ese alumno descuella entre los demás** cet élève surpasse tous les autres
descolocar VT enlever
descolonizar VT décoloniser
descolorido, -a ADJ (*tela, cuadro*) décoloré(e) ; (*persona*) pâle
descompasado, -a ADJ hors du commun
descompensar VT déséquilibrer
descompondré *etc* VB *ver* **descomponer**
descomponer VT décomposer ; (*desordenar*) déranger ; (*estropear*) casser ; (*facciones*) altérer ; (*estómago*) détraquer ; (*persona: molestar*) troubler ; (*: irritar*) rendre malade ▪ **descomponerse** VPR se décomposer ; (*estómago*) se détraquer ; (*encolerizarse*) se mettre en colère ; (*MÉX*) tomber en panne
descomponga *etc* VB *ver* **descomponer**
descomposición NF décomposition *f* ; **~ de vientre** diarrhée *f*
descompostura NF laisser-aller *m* ; (*MÉX*) panne *f*
descompresión NF (*tb Inform*) décompression *f*
descomprimir VT décomprimer, décompresser ; (*Inform*) décompresser, dézipper
descompuesto, -a PP *de* **descomponer** ▸ADJ (*alimento*) pourri(e) ; (*vino*) frelaté(e) ; (*MÉX: máquina*) en panne ; (*persona, rostro*) décomposé(e) ; (*con diarrea*) dérangé(e)
descompuse *etc* VB *ver* **descomponer**
descomulgar VT excommunier
descomunal ADJ énorme
desconcentrar VT déconcentrer ▪ **desconcentrarse** VPR se déconcentrer
desconcertado, -a ADJ déconcerté(e)
desconcertante ADJ déconcertant(e)

desconcertar VT déconcerter ■ **desconcertarse** VPR être déconcerté(e)
desconchado, -a ADJ (*pintura*) écaillé(e) ; (*loza*) ébréché(e)
desconchar VT (*pintura*) écailler ; (*loza*) ébrécher ■ **desconcharse** VPR s'écailler
desconchón NM: **hay un ~ en la pared** la peinture du mur s'est écaillée
desconcierto VB *ver* **desconcertar** ▶ NM désarroi *m* ; (*confusión*) confusion *f* ; **sembrar el ~** semer le désordre
desconectado, -a ADJ (*desenchufado*) déconnecté(e), débranché(e) ; (*apagado*) éteint(e) ; (*Inform*) non connecté(e) ; **estar ~ de** (*fig*) être déconnecté(e) de
desconectar VT (*desenchufar*) déconnecter, débrancher ; (*apagar*) éteindre ▶ VI (*perder atención*) déconnecter
desconexión NF déconnexion *f* ; (*fig*) décalage *m* ; **hay una ~ total entre las dos cosas** il y a un décalage total entre les deux choses
desconfiado, -a ADJ méfiant(e)
desconfianza NF méfiance *f*
desconfiar VI: **~ de algn/algo** se méfier de qn/qch ; **~ de que algn/algo haga algo** (*dudar*) craindre que qn/qch (ne) fasse qch ; **« desconfíe de las imitaciones »** (*Com*) « méfiez-vous des imitations »
descongelar VT décongeler ; (*Pol, Com*) dégeler ■ **descongelarse** VPR se décongeler ; se dégeler
descongestión NF décongestion *f*
descongestionar VT décongestionner
desconocer VT (*dato*) ignorer ; (*persona*) ne pas connaître
desconocido, -a ADJ inconnu(e) ; **está ~** (*persona*) il est méconnaissable ; (*lugar*) c'est transformé ; **el soldado ~** le soldat inconnu ▶ NM/F inconnu(e)
desconocimiento NM ignorance *f*
desconozca *etc* VB *ver* **desconocer**
desconsideración NF manque *m* de considération
desconsiderado, -a ADJ irrespectueux(-euse)
desconsolado, -a ADJ inconsolable
desconsolar VT affliger ■ **desconsolarse** VPR s'affliger
desconsuelo VB *ver* **desconsolar** ▶ NM affliction *f*, chagrin *m*
descontado, -a ADJ: **por ~** bien sûr ; **dar por ~ (que)** être sûr(e) (que)
descontaminar VT dépolluer
descontar VT (*deducir*) déduire ; (*rebajar*) faire une remise de
descontento, -a ADJ mécontent(e) ▶ NM mécontentement *m*
descontrol (*fam*) NM pagaille *f*
descontrolado, -a ADJ incontrôlé(e)
descontrolarse VPR perdre le contrôle de soi
desconvocar VT annuler
descoordinación NF manque *m* de coordination
descorazonador, a ADJ décourageant(e)
descorazonar VT décourager ■ **descorazonarse** VPR perdre courage
descorchador NM tire-bouchon *m*
descorchar VT déboucher
descorrer VT (*cortina, cerrojo*) tirer
descortés ADJ discourtois(e) ; (*grosero*) grossier(-ière)
descortesía NF manque *m* de courtoisie ; **una ~** un manque de courtoisie
descoser VT découdre ■ **descoserse** VPR se découdre
descosido, -a ADJ décousu(e) ▶ NM (*en prenda*) couture *f* défaite ; **como un ~** (*beber*) comme un trou ; (*comer*) comme quatre ; (*trabajar*) comme un forcené
descoyuntar VT disloquer ; **estar descoyuntado** (*fig*) être sur les genoux ■ **descoyuntarse** VPR se disloquer ; **descoyuntarse de risa** (*fam*) se tordre de rire
descrédito NM discrédit *m* ; **caer en ~** se discréditer ; **ir en ~ de** discréditer
descreído, -a ADJ incrédule
descremado, -a ADJ écrémé(e)
descremar VT écrémer
describir VT décrire
descripción NF description *f*
descriptivo, -a ADJ descriptif(-ive)
descrito, -a PP *de* **describir**
descuajar VT (*disolver*) liquéfier ; (*planta*) déraciner
descuajaringar VT (*aparato*) déglinguer ; (*tarta*) abîmer ; (*paquete*) arracher ■ **descuajaringarse** VPR (*tb*: **descuajaringarse de risa**) se tordre de rire
descuajeringar VT = **descuajaringar**
descuartizar VT (*Culin*: *cerdo*) équarrir ; (*: pollo*) dépecer ; (*cuerpo, persona*) écorcher
descubierto, -a PP *de* **descubrir** ▶ ADJ découvert(e) ; (*coche*) décapoté(e) ; (*campo*) nu(e) ▶ NM (*Com*: *en el presupuesto*) déficit *m* ; (*: bancario*) découvert *m* ; **al ~** en plein air ; **poner al ~** révéler ; **quedar al ~** être découvert(e) ; **estar en ~** (*Com*) être à découvert
descubridor, a NM/F découvreur(-euse)
descubrimiento NM découverte *f* ; (*de secreto*) divulgation *f* ; (*de estatua*) inauguration *f*
descubrir VT découvrir ; (*placa, estatua*) inaugurer ; (*poner al descubierto*) révéler ; (*delatar*) dénoncer ■ **descubrirse** VPR se découvrir ; **descubrirse ante** tirer son chapeau à
descuelga *etc*, **descuelgue** *etc* VB *ver* **descolgar**
descuelle *etc* VB *ver* **descollar**
descuento VB *ver* **descontar** ▶ NM remise *f* ; **hacer un ~ del 3%** faire une remise de 3% ; **con ~**

avec remise ; **~ por pago al contado/par volumen de compras** (*Com*) remise pour paiement comptant/sur la quantité

descuerar (Chi *fam*) vt (*reñir*) tuer

descuidado, -a adj négligé(e) ; (*desordenado*) négligent(e) ; (*desprevenido*) pris(e) au dépourvu ; (*jardín, casa*) pas entretenu(e) ; **pillar a algn ~** prendre qn au dépourvu

descuidar vt négliger ▸ vi ne plus y penser ; **¡descuida!** n'y pense plus ! ■ **descuidarse** vpr (*despistarse*) ne pas faire attention ; (*abandonarse*) se négliger

descuido nm négligence *f* ; **al menor ~** à la moindre négligence ; **con ~** sans faire attention ; **en un ~** dans un moment d'inattention ; **por ~** par inadvertance

desde

▸ prep **1** (*lugar, posición*) depuis ; **desde Burgos hasta mi casa hay 30 km** de Burgos à chez moi il y a 30 km ; **hablaba desde el balcón** il parlait depuis le balcon
2 (*tiempo*) depuis ; **desde ahora** à partir de maintenant ; **desde entonces** depuis ce temps-là ; **desde niño** depuis qu'il est tout petit ; **desde 3 años atrás** depuis 3 ans ; **nos conocemos desde 1995/desde hace 20 años** nous nous connaissons depuis 1995/depuis 20 ans *o* cela fait 20 ans que nous nous connaissons ; **no le veo desde 1992/desde hace cinco años** je ne le vois plus depuis 1992/depuis cinq ans *o* cela fait cinq ans que je ne le vois plus ; **¿desde cuándo vives aquí?** depuis quand est-ce que tu habites ici ?
3 (*gama*): **desde los más lujosos hasta los más económicos** des plus luxueux aux plus avantageux
4: **desde luego (que no/sí)** bien sûr (que non/oui) ; **desde luego, no hay quien te entienda!** qu'est-ce que tu peux être compliqué !
▸ conj: **desde que**: **desde que recuerdo** aussi loin que je m'en souvienne ; **desde que llegó no ha salido** depuis qu'il est rentré il n'est pas sorti

desdecir vi: **~ de** ne pas être à la hauteur de ; (*no corresponder*) ne pas aller avec ■ **desdecirse** vpr: **desdecirse de** se dédire de

desdén nm dédain *m*

desdentado, -a adj édenté(e)

desdeñable adj négligeable

desdeñar vt dédaigner

desdeñoso, -a adj dédaigneux(-euse)

desdibujar vt effacer ■ **desdibujarse** vpr s'effacer

desdicha nf malheur *m*

desdichado, -a adj (*sin suerte*) infortuné(e) ; (*infeliz*) malheureux(-euse) ▸ nm/f malheureux(-euse)

desdicho, -a pp *de* **desdecir**

desdiciendo *etc* vb *ver* **desdecir**

desdiga *etc*, **desdije** *etc* vb *ver* **desdecir**

desdoblamiento nm: **~ de personalidad** dédoublement *m* de la personnalité

desdoblar vt (*extender*) déplier ; (*convertir en dos*) dédoubler

desdramatizar vt dédramatiser

deseable adj (*situación*) enviable ; (*cuerpo*) désirable

desear vt désirer ; **¿qué desea?** (*en tienda*) que désirez-vous ? ; **te deseo mucha suerte** je te souhaite bonne chance ; **dejar mucho que ~** laisser beaucoup à désirer ; **estoy deseando que esto termine** je souhaite que ça se termine

desecar vt assécher ■ **desecarse** vpr se dessécher

desechable adj jetable

desechar vt jeter ; (*oferta*) rejeter

desecho nm déchet *m* ; **de ~** (*materiales*) de rebut ; (*ropa*) à jeter ■ **desechos** nmpl ordures *fpl*

desembalar vt déballer

desembarace *etc* vb *ver* **desembarazar**

desembarazado, -a adj (*libre*) dégagé(e) ; (*desenvuelto*) désinvolte

desembarazar vt débarrasser ■ **desembarazarse** vpr: **desembarazarse de** se débarrasser de

desembarazo nm (*soltura*) désinvolture *f* ; (Am: *parto*) accouchement *m*

desembarcadero nm débarcadère *m*

desembarcar vt, vi débarquer

desembarco nm débarquement *m*

desembargar vt (*Jur*) lever l'embargo sur

desembargue vb *ver* **desembargar**

desembarque vb *ver* **desembarcar** ▸ nm *ver* **desembarco**

desembocadura nf (*de río*) embouchure *f* ; (*de calle*) bout *m*

desembocar vi: **~ en** (*río*) se jeter dans ; (*fig*) déboucher sur

desemboce *etc* vb *ver* **desembozar**

desembolsar vt débourser

desembolso nm (*gasto*) dépense *f*, frais *mpl* ; (*pago*) déboursement *m*

desemboque *etc* vb *ver* **desembocar**

desembozar vt (*rostro*) découvrir

desembragar vt, vi débrayer

desembrague *etc* vb *ver* **desembragar**

desembrollar vt éclaircir

desembuchar vt (*fam: secretos*) confesser ; (*suj: aves*) dégorger ▸ vi (*fam: confesar*) avouer, se mettre à table ; **¡desembucha!** avoue !

desemejante adj dissemblable ; **~ de** différent(e) de

desemejanza nf dissemblance *f*

desempacar vt (*mercancías*) déballer ; (Am) défaire

d

desempañar VT (*cristal*) nettoyer
desempaque *etc* VB *ver* **desempacar**
desempaquetar VT déballer
desempatar VI: **volvieron a jugar para ~** ils ont joué à nouveau pour se départager
desempate NM (*Fútbol*) avantage *m* ; (*Tenis*) tie-break *m* ; **partido de ~** belle *f* ; **gol de ~** but *m* de la victoire
desempeñar VT (*cargo, función*) occuper ; (*papel*) jouer ; (*deber*) accomplir ; (*lo empeñado*) dégager ; **~ un papel** (*fig*) jouer un rôle ■ **desempeñarse** VPR (*de deudas*) s'acquitter
desempeño NM (*de cargo*) accomplissement *m* ; (*de lo empeñado*) dégagement *m*
desempleado, -a ADJ au chômage ▸ NM/F chômeur(-euse)
desempleo NM chômage *m*
desempolvar VT dépoussiérer ; (*recuerdos*) rassembler ; (*volver a usar*) ressortir
desencadenante ADJ: **los factores desencadenantes del accidente** les éléments déclencheurs de l'accident ▸ NM élément *m* déclencheur, point *m* de départ
desencadenar VT (*preso, perro*) désenchaîner ; (*ira, conflicto*) déchaîner ; (*guerra*) déclencher ■ **desencadenarse** VPR (*tormenta*) se déchaîner ; (*guerra*) se déclencher
desencajado, -a ADJ décomposé(e)
desencajar VT (*mandíbula*) décrocher ; (*hueso, pieza*) déboîter ■ **desencajarse** VPR se déboîter
desencantar VT désenchanter
desencanto NM désenchantement *m*
desencarcelar VT libérer
desenchufar VT débrancher
desencolarse VPR se décoller
desencuadernarse VPR se décoller
desencuentro NM (*falta de encuentro*) rendez-vous *m* manqué ; (*falta de acuerdo*) désaccord *m*, divergence *f*
desenfadado, -a ADJ décontracté(e)
desenfado NM décontraction *f*
desenfocado, -a ADJ (*Foto*) flou(e)
desenfocar VT (*Foto*) rendre flou(e)
desenfrenado, -a ADJ (*pasión*) sans bornes ; (*lenguaje, conducta*) débridé(e) ; (*multitud*) déchaîné(e)
desenfrenarse VPR (*persona*) perdre toute retenue ; (*pasiones, tempestad*) se déchaîner
desenfreno NM (*libertinaje*) libertinage *m* ; (*falta de control*) excès *m*
desenfundar VT (*pistola*) dégainer
desenganchar VT décrocher ; (*caballerías*) dételer ; (*Tec*) déclencher ■ **desengancharse** VPR (*fam: de drogas*) décrocher
desengañar VT désillusionner ; (*abrir los ojos a*) détromper ■ **desengañarse** VPR: **desengañarse (de)** ne plus se faire d'illusions (sur) ; **¡desengáñate!** détrompe-toi !
desengaño NM désillusion *f* ; **llevarse un ~ (con algn)** être déçu(e) (par qn) ; **sufrir un ~ amoroso** avoir une déception amoureuse
desengrasar VT dégraisser
desenlace VB *ver* **desenlazar** ▸ NM dénouement *m*
desenlazar VT dénouer ■ **desenlazarse** VPR se dénouer
desenmarañar VT (*fig*) débrouiller
desenmascarar VT (*fig*) démasquer
desenredar VT démêler
desenrollar VT dérouler ■ **desenrollarse** VPR se dérouler
desenroscar VT dévisser ■ **desenroscarse** VPR se dévisser
desenrosque *etc* VB *ver* **desenroscar**
desensillar VT desseller
desentenderse VPR: **~ de** se désintéresser de ; **me desentiendo del asunto** je me désintéresse de l'affaire
desentendido, -a ADJ: **hacerse el ~** faire la sourde oreille
desenterrar VT déterrer
desentierre *etc* VB *ver* **desenterrar**
desentonar VI détonner
desentorpecer VT dégourdir
desentorpezca *etc* VB *ver* **desentorpecer**
desentramparse VPR s'acquitter
desentrañar VT (*misterio*) percer ; (*sentido*) éclaircir
desentrenado, -a ADJ rouillé(e)
desentumecer VT (*pierna*) dégourdir ; (*Deporte*) échauffer ■ **desentumecerse** VPR se dégourdir
desentumezca *etc* VB *ver* **desentumecer**
desenvainar VT (*espada*) dégainer
desenvoltura NF désinvolture *f*
desenvolver VT défaire ■ **desenvolverse** VPR se dérouler ; **desenvolverse bien/mal** bien/mal se débrouiller ; **desenvolverse en la vida** se débrouiller dans la vie
desenvolvimiento NM déroulement *m*
desenvuelto, -a PP *de* **desenvolver** ▸ ADJ désinvolte
desenvuelva *etc* VB *ver* **desenvolver**
deseo NM désir *m* ; **~ de algo/de hacer** vœu *m* de qch/désir de faire ; **arder en deseos de hacer algo** désirer ardemment faire qch
deseoso, -a ADJ: **estar ~ de algo/de hacer** avoir soif de qch/être désireux(-euse) de faire
deseque *etc* VB *ver* **desecar**
desequilibrado, -a ADJ, NM/F déséquilibré(e)
desequilibrar VT déséquilibrer ■ **desequilibrarse** VPR (*mentalmente*) se déséquilibrer
desequilibrio NM déséquilibre *m* ; **~ mental** déséquilibre mental
deserción NF (*de soldado, político*) désertion *f* ; (*abandono*) abandon *m*

desertar VI (*soldado, político*) déserter ; (*abandonar*) abandonner ; **~ de** (*sus deberes*) manquer à ; (*una organización*) déserter
desértico, -a ADJ désertique
desertor, a NM/F déserteur *m*
desesperación NF désespoir *m* ; (*irritación*) exaspération *f* ; **es una ~ tener que …** c'est malheureux de devoir …
desesperada NF: **hacer algo a la ~** faire qch en désespoir de cause
desesperadamente ADV désespérément
desesperado, -a ADJ (*sin esperanza*) désespéré(e) ▶ NM: **como un ~** comme un fou
desesperance *etc* VB *ver* **desesperanzar**
desesperante ADJ désespérant(e)
desesperanzar VT désespérer ■ **desesperanzarse** VPR se désespérer
desesperar VT désespérer ; (*exasperar*) exaspérer ▶ VI: **~ (de)** désespérer (de) ; **~ de hacer** désespérer de faire ■ **desesperarse** VPR perdre espoir ; (*impacientarse*) s'impatienter
desespero (*AM*) NM désespoir *m*
desestabilice *etc* VB *ver* **desestabilizar**
desestabilizar VT déstabiliser
desestimar VT (*menospreciar*) mépriser ; (*rechazar*) rejeter
desestructurado, -a ADJ (*familia*) déstructuré(e)
desfachatez NF aplomb *m* ; **¡qué ~!** quel culot ! ; **tener la ~ de hacer** avoir l'aplomb de faire
desfalco NM détournement *m* de fonds
desfallecer VI défaillir ; **~ de agotamiento** défaillir de fatigue ; **~ de hambre/sed** mourir de faim/soif
desfallecido, -a ADJ défaillant(e)
desfallecimiento NM (*desmayo*) évanouissement *m* ; (*debilidad*) défaillance *f*
desfallezca *etc* VB *ver* **desfallecer**
desfasado, -a ADJ déphasé(e) ; (*costumbres*) vieux jeu *inv*
desfasar VT déphaser
desfase NM (*en mecanismo*) déphasage *m* ; (*entre ideas, circunstancias*) décalage *m* ; **~ horario** décalage horaire
desfavorable ADJ défavorable
desfavorecer VT (*perjudicar*) défavoriser ; (*sentar mal*) aller mal à
desfavorecido, -a ADJ (*perjudicado*) défavorisé(e) ; (*afeado*): **siempre salgo ~ en las fotos** je ne suis jamais à mon avantage sur les photos
desfavorezca *etc* VB *ver* **desfavorecer**
desfigurar VT défigurer
desfiladero NM (*Geo*) défilé *m*
desfilar VI défiler ; **desfilaron ante el general** ils ont défilé devant le général
desfile NM défilé *m* ; **~ de modelos** défilé de mode
desflorar VT (*mujer*) déflorer ; (*estropear*) défigurer
desfogar VT (*fig*) décharger ■ **desfogarse** VPR se défouler
desfogue *etc* VB *ver* **desfogar**
desfondado, -a ADJ sans fond
desgajar VT arracher ; (*naranja*) cueillir ■ **desgajarse** VPR (*rama*) s'arracher
desgana NF (*falta de apetito*) manque *m* d'appétit ; (*falta de entusiasmo*) manque d'entrain ; **hacer algo a *o* con ~** faire qch à contrecœur
desganado, -a ADJ: **estar ~** (*sin apetito*) ne pas avoir d'appétit ; (*sin entusiasmo*) manquer d'entrain
desgañitarse VPR s'époumoner
desgarbado, -a ADJ dégingandé(e)
desgarrador, a ADJ déchirant(e)
desgarrar VT (*tb fig*) déchirer ■ **desgarrarse** VPR se déchirer
desgarro NM (*en tela, papel*) accroc *m* ; (*Med*: *tb*: **desgarro muscular**) déchirure *f* musculaire
desgarrón NM déchirure *f*
desgastar VT user ■ **desgastarse** VPR s'user
desgaste NM usure *f* ; **~ físico** usure *f* physique
desglosar VT (*gastos*) ventiler ; (*tema, escrito*) décomposer
desglose NM (*de gastos*) détail *m*, ventilation *f*
desgobierno NM désordre *m* politique
desgracia NF malheur *m* ; **por ~** malheureusement ; **no hubo que lamentar desgracias personales** il n'y a pas eu de victimes à déplorer ; **caer en ~** tomber en disgrâce ; **tener la ~ de** avoir le malheur de
desgraciadamente ADV malheureusement
desgraciado, -a ADJ malheureux(-euse) ; (*miserable*) infortuné(e) ; (*AM fam*) infâme ▶ NM/F (*miserable*) infortuné(e) ; (*infeliz*) malheureux(-euse) ; **¡~!** (*insulto*) minable ! ; **es un pobre ~** c'est un pauvre malheureux
desgraciar VT (*estropear*) abîmer
desgranar VT égrener ; (*frases, insultos*) cracher
desgravación NF (*Com*): **~ fiscal** dégrèvement *m* fiscal
desgravar VT dégrever ▶ VI (*Fin*) détaxer ; **acciones/operaciones que desgravan** actions *fpl*/opérations *fpl* qui donnent droit à un dégrèvement
desgreñado, -a ADJ dépeigné(e)
desguace NM destruction *f* ; (*lugar*) casse *f*
desguazar VT (*coche, barco*) mettre à la casse
deshabitado, -a ADJ (*edificio*) inhabité(e) ; (*zona*) désert(e)
deshabitar VT (*casa*) quitter ; (*región*) déserter
deshabituarse VPR se déshabituer
deshacer VT défaire ; (*proyectos*) ruiner ; (*Tec*) démonter ; (*familia, grupo*) désunir ; (*enemigo*) détruire ; (*disolver*) dissoudre ; (*derretir*) fondre ; (*contrato*) annuler ; (*intriga*) dénouer ■ **deshacerse** VPR se défaire ; (*planes*) s'écrouler ; (*familia, grupo*) se désunir ; (*disolverse*) se dissoudre ;

(*derretirse*) fondre ; **deshacerse de** se défaire de ; (*Com: existencias*) liquider ; **deshacerse en cumplidos/atenciones/lágrimas** se répandre en compliments/être plein d'attentions/fondre en larmes ; **deshacerse por algo** se démener pour qch

deshaga *etc* VB *ver* **deshacer**

desharé *etc* VB *ver* **deshacer**

desharrapado, -a ADJ en haillons

deshecho, -a PP *de* **deshacer** ▸ ADJ défait(e) ; (*roto*) cassé(e) ; (*helado, pastel*) fondu(e) ; **estoy ~** (*cansado*) je suis mort(e) de fatigue ; (*deprimido*) je suis abattu(e)

deshelar VT dégeler ▪ **deshelarse** VPR se dégeler

desheredado, -a ADJ, NM/F déshérité(e)

desheredar VT déshériter

deshice *etc* VB *ver* **deshacer**

deshidratación NF déshydratation *f*

deshidratar VT déshydrater ▪ **deshidratarse** VPR se déshydrater

deshielo VB *ver* **deshelar** ▸ NM dégel *m*

deshilachado, -a ADJ effiloché(e)

deshilachar VT effilocher ▪ **deshilacharse** VPR s'effilocher

deshilar VT effiler

deshilvanado, -a ADJ (*discurso*) décousu(e)

deshinchar VT (*neumático*) dégonfler ; (*herida*) désenfler ▪ **deshincharse** VPR se dégonfler ; se désenfler

deshipotecar VT déshypothéquer

deshojar VT effeuiller ▪ **deshojarse** VPR (*flor*) s'effeuiller ; (*árbol*) perdre ses feuilles

deshollinar VT ramoner

deshonesto, -a ADJ malhonnête

deshonor NM, **deshonra** NF déshonneur *m*

deshonrar VT déshonorer

deshonroso, -a ADJ déshonorant(e)

deshora: **a ~(s)** *adv* (*llegar*) au mauvais moment ; (*hablar*) quand il ne faut pas ; (*acostarse, comer*) à des heures impossibles

deshuesar VT (*carne*) désosser ; (*fruta*) dénoyauter

deshumanizar VT déshumaniser

desidia NF laisser-aller *m*

desierto, -a ADJ désert(e) ; **declarar ~ un premio** ne pas décerner un prix (*à cause du niveau insuffisant des candidats*) ▸ NM désert *m*

designación NF désignation *f*

designar VT désigner ; **~ (para)** (*nombrar*) désigner (à)

designio NM dessein *m* ; **designios divinos** volonté *f* divine

desigual ADJ inégal(e) ; (*tamaño, escritura*) irrégulier(-ière)

desigualdad NF inégalité *f* ; (*de escritura*) irrégularité *f*

desilusión NF désillusion *f* ; (*decepción*) déception *f*

desilusionado, -a ADJ désabusé(e) ; (*decepcionado*) déçu(e)

desilusionar VT désillusionner ; (*decepcionar*) décevoir ▪ **desilusionarse** VPR perdre ses illusions ; (*decepcionarse*) être déçu(e)

desinencia NF (*Ling*) désinence *f*

desinfección NF désinfection *f*

desinfectante ADJ désinfectant(e) ▸ NM désinfectant *m*

desinfectar VT désinfecter

desinflacionista ADJ désinflationniste

desinflar VT dégonfler ▪ **desinflarse** VPR se dégonfler

desinformación NF (*información engañosa*) désinformation *f* ; (*ignorancia*) ignorance *f*, manque *m* d'information

desinhibido, -a ADJ désinhibé(e)

desinstalar VT (*Inform*) désinstaller

desintegración NF désintégration *f*

desintegrar VT (*grupo, familia*) diviser ; (*átomo, roca*) désintégrer ▪ **desintegrarse** VPR se désintégrer

desinterés NM (*altruismo*) désintéressement *m* ; **~ por** (*familia, actividad*) manque *m* d'intérêt pour

desinteresado, -a ADJ désintéressé(e)

desinteresarse VPR: **~ (de)** se désintéresser (de)

desintoxicación NF désintoxication *f* ; **cura de ~** cure *f* de désintoxication

desintoxicar VT désintoxiquer ▪ **desintoxicarse** VPR se désintoxiquer

desintoxique *etc* VB *ver* **desintoxicar**

desistir VI renoncer ; **~ de (hacer)** renoncer à (faire)

deslavazado, -a ADJ (*lacio*) raide ; (*incoherente*) décousu(e)

desleal ADJ déloyal(e)

deslealtad NF déloyauté *f*

desleído, -a ADJ (*ideas*) délayé(e)

desleír VT diluer

deslenguado, -a ADJ (*grosero*) fort(e) en gueule

deslía *etc* VB *ver* **desleír**

desliar VT délier ; (*paquete*) dénouer ▪ **desliarse** VPR se dénouer

deslice *etc* VB *ver* **deslizar**

desliendo *etc* VB *ver* **desleír**

desligar VT (*separar*) séparer ; (*desatar*) délier ▪ **desligarse** VPR se détacher

desligue *etc* VB *ver* **desligar**

deslindar VT (*tb fig*) délimiter

desliz NM (*fig*) impair *m* ; **cometer un ~** commettre un impair

deslizante ADJ glissant(e)

deslizar VT glisser ; (*Inform*): **~ hacia abajo/arriba** faire défiler vers le bas/le haut ▪ **deslizarse** VPR glisser ; (*aguas mansas, lágrimas*) couler ; (*horas*) passer ; (*con disimulo: entrar, salir*) se glisser

deslomar VT casser les reins à ▪ **deslomarse** VPR (*fam*) être sur les genoux
deslucido, -a ADJ terne
deslucir VT (*color, metal*) ternir ▪ **deslucirse** VPR se ternir
deslumbrador, a, deslumbrante ADJ éblouissant(e)
deslumbrar VT éblouir
deslustrar VT ternir
desluzca *etc* VB *ver* **deslucir**
desmadrarse (*fam*) VPR déraper, dérailler
desmadre (*fam*) NM bazar *m*
desmán NM abus *msg*
desmandarse VPR (*descontrolarse*) se rebeller
desmano: **a ~** *adv*, **me coge** *o* **pilla a ~** ça me fait faire un détour
desmantelar VT démanteler ; (*casa, fábrica*) vider ; (*Náut*) démâter
desmaquillador NM démaquillant *m*
desmaquillar VT démaquiller ▪ **desmaquillarse** VPR se démaquiller
desmarcarse VPR se démarquer
desmayado, -a ADJ (*sin sentido*) sans connaissance ; (*fig: sin energía*) découragé(e) ; (*color*) passé(e)
desmayar VI (*perder ánimo*) faiblir ▪ **desmayarse** VPR perdre connaissance
desmayo NM (*Med*) évanouissement *m* ; (*desaliento*) découragement *m* ; **sufrir un ~** perdre connaissance ; **sin ~** sans relâche
desmedido, -a ADJ démesuré(e)
desmedirse VPR perdre toute retenue
desmejorado, -a ADJ: **está muy desmejorada** (*Med*) elle est très affaiblie
desmejorar VI (*Med*) s'affaiblir
desmelenarse VPR s'emballer
desmembración NF démembrement *m*
desmembrar VT démembrer ▪ **desmembrarse** VPR (*imperio*) se morceler
desmemoriado, -a ADJ distrait(e)
desmentido NM démenti *m*
desmentir VT démentir ▪ **desmentirse** VPR se dédire
desmenuce *etc* VB *ver* **desmenuzar**
desmenuzar VT (*pan*) émietter ; (*roca*) effriter ; (*carne*) couper en petits morceaux ; (*asunto, teoría*) examiner en détail ▪ **desmenuzarse** VPR (*pan*) s'émietter ; (*roca*) s'effriter
desmerecer VI (*marca*) baisser ; (*belleza*) se flétrir ; **~ de** (*cosa*) ne pas être à la hauteur de ; (*persona*) ne pas être digne de
desmerezca *etc* VB *ver* **desmerecer**
desmesuradamente ADV démesurément
desmesurado, -a ADJ (*ambición, egoísmo*) démesuré(e) ; (*habitación, gafas*) énorme
desmiembre *etc* VB *ver* **desmembrar**
desmienta *etc* VB *ver* **desmentir**
desmigajar VT émietter ▪ **desmigajarse** VPR s'émietter
desmilitarice *etc* VB *ver* **desmilitarizar**
desmilitarizar VT démilitariser
desmintiendo *etc* VB *ver* **desmentir**
desmitificar VT démythifier
desmochar VT (*árbol*) étêter ; (*cuernos*) écorner
desmontable ADJ (*que se quita*) démontable ; (*que se puede plegar*) pliable
desmontar VT démonter ; (*escopeta*) désarmer ; (*tierra*) aplatir ; (*quitar los árboles a*) déboiser ▸ VI (*de caballería*) mettre pied à terre
desmonte NM (*de tierra*) tas *msg* ; (*terreno*) terrain *m* nivelé
desmoralice *etc* VB *ver* **desmoralizar**
desmoralizador, a ADJ démoralisant(e)
desmoralizar VT démoraliser ; **estar desmoralizado** être démoralisé ▪ **desmoralizarse** VPR se démoraliser
desmoronamiento NM écroulement *m*
desmoronar VT démolir ▪ **desmoronarse** VPR s'écrouler ; (*convicción, ilusión*) s'effondrer
desmotivado, -a ADJ démotivé(e)
desmovilice *etc* VB *ver* **desmovilizar**
desmovilizar VT (*Mil*) démobiliser
desnacionalización NF dénationalisation *f*
desnacionalizar VT dénationaliser
desnatado, -a ADJ écrémé(e)
desnatar VT écrémer ; **leche sin ~** lait entier
desnaturalice *etc* VB *ver* **desnaturalizar**
desnaturalizado, -a ADJ (*persona*) indigne ; (*alcohol*) dénaturé(e)
desnaturalizar VT dénaturer ; (*Med: nervio*) dévitaliser
desnivel NM (*de terreno*) dénivellation *f* ; (*económico, cultural*) différence *f* ; (*de fuerzas*) déséquilibre *m*
desnivelar VT (*terreno*) déniveler ; (*balanza, fig*) déséquilibrer ▪ **desnivelarse** VPR (*superficie*) devenir inégal(e) ; (*mesa*) branler
desnucar VT briser la nuque, rompre le cou ▪ **desnucarse** VPR se briser la nuque, se rompre le cou
desnuclearizado, -a ADJ: **región desnuclearizada** zone *f* dénucléarisée
desnudar VT dénuder ▪ **desnudarse** VPR se dénuder ; **desnudarse (de)** (*despojarse*) se dépouiller (de)
desnudez NF nudité *f*
desnudo, -a ADJ nu(e) ; (*árbol*) dépouillé(e) ; (*paisaje*) dénudé(e) ; **~ de** dénué(e) de ; **ir medio ~** se balader à moitié nu(e) ▸ NM (*Arte*) nu *m* ; **poner al ~** mettre à nu
desnutrición NF malnutrition *f*
desnutrido, -a ADJ sous-alimenté(e)
desobedecer VT, VI désobéir
desobedezca *etc* VB *ver* **desobedecer**

desobediencia NF désobéissance *f* ; **~ civil** désobéissance civile
desobediente ADJ désobéissant(e)
desocupación (*esp* AM) NF chômage *m*
desocupado, -a ADJ (*persona: ocioso*) désœuvré(e) ; (*: desempleado*) sans emploi ; (*casa*) inoccupé(e) ; (*asiento, servicios*) libre
desocupar VT (*vivienda*) libérer ; (*local*) vider ▪ **desocuparse** VPR se libérer
desodorante NM déodorant *m*
desoiga *etc* VB *ver* **desoír**
desoír VT passer outre
desolación NF désolation *f*
desolado, -a ADJ (*lugar*) désolé(e) ; (*persona*) affligé(e)
desolador, a ADJ (*imagen, noticia*) désolant(e)
desolar VT (*región*) dévaster ; (*afligir*) affliger
desollar VT (*quitar la piel a*) écorcher ; **~ vivo a** (*criticar*) écorcher vif
desorbitado, -a ADJ (*deseos*) démesuré(e) ; (*precio*) exorbitant(e) ; **con los ojos desorbitados** les yeux exorbités
desorbitar VT (*exagerar*) exagérer ▪ **desorbitarse** VPR (*asunto*) prendre des proportions démesurées ; (*ojos*) s'exorbiter
desorden NM désordre *m* ; (*en escrito*) confusion *f* ; (*en horarios*) irrégularité *f* ; **ir en ~** (*gente*) marcher dans le plus grand désordre ; **estar en ~** (*cabellos, habitación*) être en désordre ▪ **desórdenes** NMPL (*Pol*) troubles *mpl* ; (*excesos*) excès *mpl*
desordenado, -a ADJ (*habitación, objetos*) en désordre ; (*persona*) désordonné(e)
desordenar VT (*papeles, objetos*) mettre en désordre ; (*cuarto, cajón*) mettre sens dessus dessous
desorganice *etc* VB *ver* **desorganizar**
desorganización NF désorganisation *f*
desorganizado, -a ADJ (*persona*) mal organisé(e) ; (*oficina*) désordonné(e)
desorganizar VT désorganiser
desorientado, -a ADJ (*extraviado*) égaré(e) ; (*confundido*) confus(e)
desorientar VT désorienter ; (*al electorado*) confondre ▪ **desorientarse** VPR s'égarer
desovar VI pondre
desoyendo *etc* VB *ver* **desoír**
despabilado, -a ADJ (*despierto*) réveillé(e) ; (*fig*) éveillé(e)
despabilar VT réveiller ; (*fig*) secouer ▶ VI se réveiller ; (*fig*) s'éveiller ▪ **despabilarse** VPR se réveiller ; **¡despabílate!** (*date prisa*) réveille-toi !
despachar VT (*negocio*) expédier ; (*trabajo*) terminer ; (*correspondencia*) s'occuper de ; (*fam: comida*) se taper ; (*: bebida*) descendre ; (*mensaje, carta*) envoyer ; (*en tienda: cliente*) servir ; (*entradas*) distribuer ; (*empleado*) se débarrasser de ; (*visitas*) décliner ; (*matar*) descendre ; (ARG: *maletas*) enregistrer ▶ VI (*en tienda*) servir ; **está despachando con el jefe** il discute avec le chef ▪ **despacharse** VPR se dépêcher ; **despacharse de algo** se débarrasser de qch ; **despacharse a su gusto con algn** soulager sa conscience auprès de qn
despacho NM bureau *m* ; (*envío*) envoi *m* ; (*Com: venta*) envoi *m* ; (*comunicación oficial*) dépêche *f* ; (*: a distancia*) ordre *m* ; **mesa de ~** bureau ; **muebles de ~** mobilier *m* de bureau ; **~ de billetes** *o* **boletos** (AM) bureau de tabac ; **~ de localidades** guichet *m*
despachurrar VT (*aplastar*) éplucher
despacio ADV lentement ; (*cuidadosamente: AM: en voz baja*) doucement ; **¡~!** doucement ! ; **ya hablaremos más ~** on se parlera plus longuement
despacito (*fam*) ADV (*lentamente*) tout doucement ; (*suavemente*) doucement
despampanante (*fam*) ADJ (*chica*) superbe, extraordinaire
desparejado, -a, desparejo, -a ADJ dépareillé(e)
desparpajo NM (*desenvoltura*) aisance *f* ; (*pey*) insolence *f*
desparramar VT répandre
despatarrarse VPR écarter les jambes ; (*al caerse*) se retrouver les quatre fers en l'air
despavorido, -a ADJ terrorisé(e)
despechado, -a ADJ dépité(e)
despecho NM dépit *m* ; **a ~ de** en dépit de ; **por ~** par dépit
despectivo, -a ADJ (*tono, modo*) méprisant(e) ; (*Ling*) péjoratif(-ive)
despedace *etc* VB *ver* **despedazar**
despedazar VT mettre en pièces ▪ **despedazarse** VPR tomber en morceaux
despedida NF (*adiós*) congé *m* ; (*antes de viaje*) adieux *mpl* ; (*en carta*) formule *f* de politesse ; **regalo/cena de ~** cadeau *m*/dîner *m* d'adieu ; **hacer una ~ a algn** fêter le départ de qn ; **hacer su ~ de soltero/soltera** enterrer sa vie de garçon/jeune fille
despedir VT (*decir adiós a*) dire au revoir à ; (*empleado*) renvoyer ; (*arrojar*) lancer, jeter ; (*olor, calor*) dégager ; **ir a ~ a algn** aller prendre congé de qn ; **salir despedido** être lancé ▪ **despedirse** VPR quitter son emploi ; **despedirse de algn** dire au revoir à qn ; **se despidieron** ils se sont dit au revoir
despegado, -a ADJ (*separado*) décollé(e) ; (*poco afectuoso*) distant(e)
despegar VT, VI décoller ; **sin ~ los labios** sans piper mot ▪ **despegarse** VPR se décoller
despego NM = **desapego**
despegue VB *ver* **despegar** ▶ NM décollage *m*
despeinado, -a ADJ dépeigné(e)
despeinar VT dépeigner ▪ **despeinarse** VPR se dépeigner

despejado, -a ADJ dégagé(e) ; (*persona*) bien réveillé(e)
despejar VT dégager ; (*desalojar*) vider ; (*misterio*) éclaircir ; (*Mat: incógnita*) isoler ; (*mente*) rafraîchir ; (*Deporte*) dégager ▸ VI s'éclaircir ; **¡despejen!** évacuez les lieux ! ■ **despejarse** VPR s'éclaircir ; (*persona*) émerger ; **salir a despejarse** sortir pour se changer les idées
despeje NM (*Deporte*) dégagement *m*
despellejar VT (*animal*) écorcher ; (*fig*) ne pas ménager
despelotarse (*fam*) VPR se mettre à poil ; (*de risa*) se poiler
despelote (*fam*) NM (*lío*) bazar *m*
despenalización NF dépénalisation *f*
despenalizar VT dépénaliser
despensa NF garde-manger *m*
despeñadero NM précipice *m*
despeñar VT précipiter ■ **despeñarse** VPR basculer
desperdiciar VT gaspiller ; (*oportunidad*) manquer
desperdicio NM gaspillage *m* ; (*residuo*) déchet *m* ; **el libro no tiene ~** le livre est excellent du début à la fin ■ **desperdicios** NMPL (*basura*) ordures *fpl* ; (*residuos*) déchets *mpl* ; (*de comida*) restes *mpl*
desperdigar VT disperser ; **andar desperdigados** être dispersés ■ **desperdigarse** VPR se disperser ; (*semillas etc*) s'éparpiller
desperdigue *etc* VB *ver* **desperdigar**
desperece *etc* VB *ver* **desperezarse**
desperezarse VPR s'étirer
desperfecto NM (*deterioro*) dommage *m* ; (*defecto*) imperfection *f*
despersonalizado, -a ADJ impersonnel(le)
despertador NM réveil *m*
despertar VT réveiller ; (*sospechas, admiración*) éveiller ; (*apetito*) aiguiser ▸ VI se réveiller ▸ NM (*de persona*) réveil *m* ; (*día, era*) aube *f* ■ **despertarse** VPR se réveiller
despiadado, -a ADJ impitoyable
despido VB *ver* **despedir** ▸ NM (*de trabajador*) licenciement *m* ; **~ improcedente** licenciement abusif ; **~ injustificado** renvoi *m* injustifié ; **~ libre** faculté *f* de licencier arbitrairement ; **~ voluntario** départ *m* volontaire
despierto, -a VB *ver* **despertar** ▸ ADJ réveillé(e) ; (*fig*) éveillé(e)
despiezar VT (*res*) dépecer ; (*máquina, motor*) démonter, désassembler
despilfarrador, a NM/F gaspilleur(-euse)
despilfarrar VT gaspiller
despilfarro NM gaspillage *m*
despintar VT enlever la peinture de ▸ VI: **A no despinta de B** A n'est pas mieux que B ■ **despintarse** VPR déteindre
despiojar VT épouiller
despiole (ARG *fam*) NM (*jaleo*) bordel *m*
despistado, -a ADJ (*distraído*) distrait(e) ; (*desorientado*) dérouté(e) ▸ NM/F distrait(e)
despistar VT (*perseguidor*) semer ; (*desorientar*) dérouter ■ **despistarse** VPR (*distraerse*) être distrait(e)
despiste NM distraction *f* ; (*confusión*) confusion *f* ; **tiene un terrible ~** il est terriblement distrait
desplace *etc* VB *ver* **desplazar**
desplante NM: **hacer un ~ a algn** être grossier(-ière) avec qn
desplazado, -a ADJ déplacé(e) ; **sentirse un poco ~** ne pas se sentir à sa place ; **quedar ~** être déplacé(e)
desplazamiento NM déplacement *m* ; (*Inform*) défilement *m* ; **~ hacia arriba/abajo** (*Inform*) déplacement vers le haut/bas ; **gastos de ~** frais *mpl* de déplacement
desplazar VT déplacer ; (*tropas*) transférer ; (*fig*) supplanter ; (*Inform*) faire défiler ■ **desplazarse** VPR se déplacer
desplegable ADJ (*Inform*): **menú ~** menu *m* déroulant ▸ NM (*folleto*) dépliant *m*
desplegar VT déployer ; (*tela, papel*) déplier ■ **desplegarse** VPR (*Mil*) se déployer
desplegué *etc*, **despleguemos** *etc* VB *ver* **desplegar**
despliegue VB *ver* **desplegar** ▸ NM déploiement *m*
desplomarse VPR s'écrouler, s'effondrer ; (*fig*) s'effondrer ; **se ha desplomado el techo** le toit s'est effondré
desplome NM (*de edificio, sistema*) effondrement *m*, écroulement *m* ; (*fig*) chute *f*, effondrement *m*
desplumar VT (*ave*) déplumer ; (*fam*) plumer
despoblación NF dépeuplement *m* ; **~ del campo, ~ rural** exode *m* rural
despoblado, -a ADJ (*sin habitantes*) vide ; (*con pocos habitantes*) dépeuplé(e) ▸ NM lieu *m* dépeuplé
despoblarse VPR se dépeupler
despojar VT dépouiller ; **~ de** (*persona: de sus bienes*) dépouiller de ; (*: de título, derechos*) retirer ; (*: de su cargo*) relever ■ **despojarse** VPR: **despojarse de** (*ropa*) enlever ; (*posesiones*) se dépouiller de
despojo NM (*usurpación*) spoliation *f* ; (*botín*) butin *m* ■ **despojos** NMPL (*Culin*) abats *mpl* ; (*cadáver*) dépouille *fsg* ; (*de banquete*) reliefs *mpl*
despolitizar VT dépolitiser
desportillarse VPR s'ébrécher
desposado, -a ADJ tout juste marié(e) ▸ NM/F jeune marié(e)
desposar VT (*suj: sacerdote*) marier ■ **desposarse** VPR se marier
desposeer VT: **~ (de)** déposséder (de) ; **~ a algn de su autoridad** priver qn de son autorité
desposeído, -a NM/F dépossédé(e) ■ **desposeídos** NMPL (*necesitados*) nécessiteux *mpl*

desposeyendo *etc* VB *ver* **desposeer**
desposorios NMPL (*esponsales*) épousailles *fpl* ; (*boda*) noce *fsg*
déspota NMF despote *m*
despótico, -a ADJ despote
despotismo NM despotisme *m*
despotricar VI: **~ (contra)** pester (contre)
despotrique *etc* VB *ver* **despotricar**
despreciable ADJ (*persona, acto*) méprisable ; (*objeto, cantidad*) négligeable
despreciar VT mépriser ; (*oferta, regalo*) dédaigner
despreciativo, -a ADJ dépréciatif(-ive) ; (*mirada*) dédaigneux(-euse)
desprecio NM dédain *m* ; **un ~** un affront ; **le hicieron el ~ de no acudir** ils lui ont fait l'affront de ne pas venir
desprender VT détacher ; (*olor, calor*) dégager ; (*chispas*) jeter ; **~ (de)** (*separar*) détacher (de) ▪ **desprenderse** VPR se détacher ; (*olor, perfume*) se dégager ; **desprenderse de algo** se défaire de qch ; **de ahí se desprende que** il en découle que
desprendido, -a ADJ (*persona*) généreux(-euse)
desprendimiento NM générosité *f* ; **~ de retina** décollement *m* de la rétine ; **~ de tierras** éboulement *m* de terrain
despreocupación NF (*falta de preocupación*) insouciance *f*, détachement *m* ; (*falta de cuidado*) laisser-aller *m inv*, négligence *f*
despreocupado, -a ADJ: **estar ~** (*sin preocupación*) ne pas s'inquiéter ; **ser ~** être insouciant(e)
despreocuparse VPR: **~ (de)** (*dejar de inquietarse*) ne plus s'occuper (de) ; (*desentenderse*) se désintéresser (de)
desprestigiar VT discréditer ▪ **desprestigiarse** VPR se discréditer
desprestigio NM discrédit *m*
desprevenido, -a ADJ dépourvu(e) ; **coger** (ESP) *o* **agarrar** (AM) **a algn ~** prendre qn au dépourvu
desprolijo, -a (ARG *fam*) ADJ nul(le)
desproporción NF disproportion *f*
desproporcionado, -a ADJ disproportionné(e)
despropósito NM (*salida de tono*) propos *msg* outrancier ; (*disparate*) remarque *f* inopportune
desprotección NF vulnérabilité *f*
desprovisto, -a ADJ: **~ de** dépourvu(e) de ; **estar ~ de** être dépourvu(e) de
después ADV après ; (*desde entonces*) dès lors ; (*entonces*) alors ; **poco ~** peu après ; **un año ~** un an après ; **~ se debatió el tema** puis on a discuté de l'affaire ; **~ de** après ; **~ de comer** après manger ; **~ de verlo** après l'avoir vu ; **~ de corregir el texto** après avoir corrigé le texte ; **~ de esa fecha** (*pasado*) après cette date ; (*futuro*) passée cette date ; **~ de todo** après tout ; **mi nombre está ~ del tuyo** mon nom vient après le tien ; **~ (de) que** après que ; **~ (de) que lo escribí** après que je l'eus écrit ▸ ADJ: **murió el año ~** il es mort l'année d'après
despuntar VT (*lápiz*) tailler ▸ VI (*plantas*) pointer ; (*flores, alba, día*) poindre ; (*persona: sobresalir*) briller
desquiciar VT (*puerta*) sortir de ses gonds ; (*planes*) bouleverser ; (*persona*) rendre fou (folle) ; **el pobre está desquiciado** le pauvre est ébranlé
desquitarse VPR: **~ (de)** (*resarcirse*) être récompensé(e) (de) ; (*vengarse*) se venger (de) ; **~ de una pérdida** compenser une perte
desquite NM: **tomarse el ~ (de)** prendre sa revanche (sur)
desradicalizar VT déradicaliser
Dest. ABR = **destinatario**
destacado, -a ADJ (*persona*) célèbre ; (*hechos, noticias*) marquant(e) ; **ocupar un lugar ~** (*fig*) occuper le devant de la scène
destacamento NM (*Mil*) détachement *m*
destacar VT (*Arte*) mettre en relief ; (*fig*) souligner ; (*Mil*) détacher ; **quiero ~ que ...** je voudrais souligner que ... ▸ VI (*sobresalir: montaña, figura*) ressortir ; (*: obra, persona*) se démarquer ; **~ en/por algo** briller en/par qch ▪ **destacarse** VPR se démarquer ; **destacarse de** *o* **entre los demás** se démarquer des autres
destajo NM: **trabajar a ~** (*por pieza*) travailler à la pièce ; (*mucho*) travailler d'arrache-pied
destapamiento (MÉX) NM (*Pol*) *annonce des candidats aux élections du PRI (parti politique mexicain)*
destapar VT découvrir ; (*botella*) déboucher ; (*cacerola*) ôter le couvercle de ▪ **destaparse** VPR (*botella*) se déboucher ; (*en la cama*) se découvrir
destape NM (*Teatro, Cine*) nu *m*
destaque *etc* VB *ver* **destacar**
destartalado, -a ADJ (*casa*) délabré(e) ; (*coche*) démantibulé(e)
destellar VI (*diamante, estrella*) scintiller ; (*metal*) étinceler
destello NM (*de diamante, metal*) scintillement *m* ; (*de estrella*) scintillation *f* ; (*de faro*) lueur *f* ; **un ~ de lucidez/genio** un éclair de lucidité/génie
destemplado, -a ADJ (*Mús*) désaccordé(e) ; (*voz*) discordant(e) ; (*Meteorología*) mauvais(e) ; **estar/sentirse ~** (*Med*) ne pas se sentir bien
destemplar VT (*Mús*) désaccorder ▪ **destemplarse** VPR (*Mús*) se désaccorder ; (*persona: alterarse*) perdre toute mesure ; (*Med*) être indisposé(e)
desteñir VT, VI déteindre ; **esta tela no destiñe** ce tissu ne déteint pas ▪ **desteñirse** VPR déteindre
desternillarse VPR: **~ de risa** se tordre de rire
desterrado, -a ADJ (*exiliado: persona*) interdit(e) de séjour ; (*abandonado: costumbre*) banni(e) ▸ NM/F exilé(e)

desterrar VT exiler ; (*pensamiento, tristeza*) chasser ; (*sospechas*) bannir
destetar VT sevrer
destiempo: **a ~** *adv* mal à propos
destierro VB *ver* **desterrar** ▶ NM (*expulsión*) interdiction *f* de séjour ; (*exilio*) exil *m* ; **vivir en el ~** vivre en exil
destilación NF distillation *f*
destilar VT, VI distiller
destilería NF distillerie *f*
destinar VT (*funcionario, militar*) affecter ; (*habitación, tarea*) assigner ; **~ a** *o* **para** (*fondos*) destiner à ; **es un libro destinado a los niños** c'est un livre pour enfants ; **una carta que viene destinada a usted** une lettre qui vous est adressée
destinatario, -a NM/F destinataire *mf*
destino NM (*suerte*) destin *m* ; (*de viajero*) destination *f* ; (*función*) fonction *f* ; (*de funcionario, militar*) poste *m* ; **con ~ a** à destination de ; **salir con ~ a** partir pour
destiña *etc* VB *ver* **desteñir**
destiñendo *etc* VB *ver* **desteñir**
destitución NF destitution *f*
destituir VT: **~ (de)** destituer (de)
destituyendo *etc* VB *ver* **destituir**
destornillador NM tournevis *msg*
destornillar VT = **desatornillar**
destreza NF dextérité *f* ; (*maña*) adresse *f*
destripar VT (*animal*) étriper ; (*radio, coche*) démantibuler ; (*reventar*) crever
destroce *etc* VB *ver* **destrozar**
destronar VT détrôner
destroncar VT (*árbol*) abattre ; (*proyectos*) ruiner
destronque *etc* VB *ver* **destroncar**
destrozar VT (*romper*) casser ; (*planes, campaña, persona*) anéantir ; (*nervios*) mettre à vif ; **está destrozado por la noticia** il est anéanti par la nouvelle
destrozo NM destruction *f* ▪ **destrozos** NMPL (*daños*) dégâts *mpl*
destrucción NF destruction *f*
destructivo, -a ADJ destructeur(-trice)
destructor, a ADJ = **destructivo** ▶ NM (*Náut*) torpilleur *m*
destruir VT détruire ; (*persona: moralmente*) briser ; (*negocio, comarca*) ruiner ; (*político, competidor, ilusiones*) anéantir ; (*argumento*) démolir
destruyendo *etc* VB *ver* **destruir**
desubicar (CSUR) VT désorienter
desuelle *etc* VB *ver* **desollar**
desueve *etc* VB *ver* **desovar**
desunión NF (*separación*) séparation *f* ; (*entre personas*) désaccord *m*
desunir VT (*familia, países*) désunir ; (*piezas*) séparer ▪ **desunirse** VPR se désunir
desusado, -a ADJ inusité(e)
desuso NM non-utilisation *f* ; **caer en ~** tomber en désuétude ; **estar en ~** être inusité(e) ; **una expresión (caída) en ~** une expression tombée en désuétude
desvaído, -a ADJ (*color*) fané(e) ; (*contorno*) effacé(e) ; (*carácter*) terne
desvalido, -a ADJ déshérité(e) ; **niños desvalidos** enfants *mpl* déshérités
desvalijar VT dévaliser ; (*coche*) cambrioler
desvalorice *etc* VB *ver* **desvalorizar**
desvalorizar VT (*Econ*) dévaluer
desván NM grenier *m*
desvanecer VT (*disipar*) dissiper ; (*borrar*) effacer ▪ **desvanecerse** VPR (*Med*) s'évanouir ; (*fig*) se dissiper ; (*borrarse*) s'effacer
desvanecido, -a ADJ (*Med*) évanoui(e) ; **caer ~** tomber évanoui(e)
desvanecimiento NM (*de contornos, colores*) effacement *m* ; (*de dudas*) dissipation *f* ; (*Med*) évanouissement *m*
desvanezca *etc* VB *ver* **desvanecer**
desvariar VI délirer
desvarío NM délire *m* ▪ **desvaríos** NMPL (*disparates*) absurdités *fpl*
desvelar VT (*suj: café, preocupación*) tenir éveillé(e) ▪ **desvelarse** VPR rester éveillé(e) ; **desvelarse por algo** se démener pour qch ; **desvelarse por los demás** se donner du mal pour autrui
desvelo NM éveil *m* ▪ **desvelos** NMPL (*preocupación*) soucis *mpl*
desvencijado, -a ADJ (*silla*) branlant(e) ; (*máquina*) détraqué(e)
desvencijar VT casser ; (*máquina*) détraquer ▪ **desvencijarse** VPR se casser ; (*máquina*) se détraquer
desventaja NF inconvénient *m* ; **estar en** *o* **llevar ~** être désavantagé(e)
desventajoso, -a ADJ désavantageux(-euse)
desventura NF malheur *m*
desventurado, -a ADJ malheureux(-euse)
desvergonzado, -a ADJ, NM/F dévergondé(e) ; (*descarado*) effronté(e)
desvergüenza NF dévergondage *m* ; (*descaro*) toupet *m* ; **¡qué ~!** quel toupet ! ; **tener la ~ de hacer** avoir le toupet de faire
desvestir VT déshabiller ▪ **desvestirse** VPR se déshabiller
desviación NF (*de río*) détournement *m* ; (*Auto*) déviation *f* ; (*de la conducta*) écart *m* ; **~ de la columna** (*Med*) scoliose *f*
desviar VT dévier ; (*de objetivo*) écarter ; (*río, mirada*) détourner ▪ **desviarse** VPR (*apartarse del camino*) s'égarer ; (*rumbo*) faire un détour ; (*Auto*) faire une embardée ; **desviarse de un tema** s'éloigner du sujet
desvincular VT (*de una obligación*) délier ; (*de una organización*) détacher ▪ **desvincularse** VPR (*de partido, familia*) se détacher

desvío VB *ver* **desviar** ▸ NM (*Auto*) déviation *f*
desvirgar VT dépuceler
desvirtuar VT (*actuación, labor*) nuire à ; (*argumento*) démolir ; (*sentido*) affaiblir ■ **desvirtuarse** VPR perdre sa signification première
desvistiendo *etc* VB *ver* **desvestir**
desvitalizar VT (*Med*) dévitaliser
desvivirse VPR: **~ por algo/algn** se mettre en quatre pour qch/qn ; **~ por hacer** se tuer à faire
detall NM: **al ~** (*Com*) au détail ; *ver tb* **detalle**
detalladamente ADV de façon détaillée
detallado, -a ADJ détaillé(e)
detallar VT détailler
detalle NM détail *m* ; (*delicadeza*) attention *f* ; **narrar con (todo) ~** raconter en détail ; **no pierde ~** il n'en perd pas une miette ; **tener un ~ con algn** avoir une attention pour qn ; **¡qué ~!** comme c'est gentil ! ; **al ~** (*Com*) au détail ; **comercio al ~** commerce *m* de détail ; **vender al ~** vendre au détail ; **~ de cuenta** détail d'un compte
detallista ADJ méticuleux(-euse) ▸ NMF (*Com*) détaillant(e)
detectar VT (*investigador*) détecter
detective NMF détective *mf* ; **~ privado(-a)** détective privé(e)
detector NM (*Náut*) détecteur *m* ; (*Tec*) détecteur radio ; **~ de humo** détecteur de fumée ; **~ de mentiras/de metales/de minas** détecteur de mensonges/à métaux/de mines
detención NF arrêt *m* ; (*retraso*) lenteur *f* ; (*Jur*) arrestation *f* ; (*detenimiento*) soin *m*
detendré *etc* VB *ver* **detener**
detener VT arrêter ; (*retrasar*) retarder ■ **detenerse** VPR s'arrêter ; (*demorarse*) s'attarder ; **¡deténgase!** arrêtez-vous ! ; **detenerse a hacer algo** s'attarder à faire qch
detenga *etc* VB *ver* **detener**
detenidamente ADV minutieusement
detenido, -a ADJ arrêté(e) ; (*minucioso*) minutieux(-euse) ; (*preso*) détenu(e) ▸ NM/F détenu(e)
detenimiento NM: **con ~** avec soin
detentar VT détenir ; (*sin derecho*) s'approprier
detergente NM détergent *m* ; (*para la ropa*) lessive *f*
deteriorado, -a ADJ détérioré(e)
deteriorar VT détériorer ■ **deteriorarse** VPR se détériorer
deterioro NM détérioration *f*
determinación NF détermination *f* ; (*decisión*) décision *f*
determinado, -a ADJ déterminé(e) ; **a una hora determinada** à une heure précise ; **no hay ningún tema ~** aucun sujet n'a été déterminé
determinante ADJ déterminant(e) ▸ NM déterminant *m*
determinar VT déterminer ; **aquello determinó la caída del gobierno** cela a déterminé la chute du gouvernement ; **el reglamento determina que ...** le règlement prévoit que ... ■ **determinarse** VPR: **determinarse a hacer** se déterminer à faire
detestable ADJ (*persona, sabor*) détestable ; (*acto*) odieux(-euse) ; (*obra*) très mauvais(e)
detestar VT détester
detonación NF détonation *f*
detonador NM détonateur *m*
detonante NM (*fig*) détonateur *m*
detonar VI détoner
detractor, a NM/F détracteur(-trice)
detrás ADV derrière ; (*en sucesión*) après ; **por ~** par derrière ; **~ mío/nuestro** (*esp CSur*) derrière moi/nous ; **~ de** derrière ; **ir ~ de algn/algo** être derrière qn/qch ; **hacer algo por ~ de algn** faire qch dans le dos de qn
detrasito (*Am fam*) ADV derrière
detrimento NM: **en ~ de** au détriment de
detritus NM détritus *msg*
detuve *etc* VB *ver* **detener**
deuda NF dette *f* ; **estar en ~ con algn** (*fig*) avoir une dette envers qn ; **contraer deudas** contracter des dettes ; **~ a largo plazo** dette à long terme ; **~ exterior/pública** dette extérieure/publique
deudor, a NM/F débiteur(-trice) ; **~ hipotecario** débiteur hypothécaire ; **~ moroso** mauvais payeur *m*
devaluación NF dévaluation *f*
devaluar VT dévaluer
devanar VT rembobiner ■ **devanarse** VPR: **devanarse los sesos** se ronger les sangs
devaneo NM flirt *m*
devastar VT dévaster
devendré *etc*, **devenga** *etc* VB *ver* **devenir**
devengar VT (*retribuciones*) toucher ; (*intereses*) rapporter
devengue *etc* VB *ver* **devengar**
devenir VI: **~ en** se transformer en ▸ NM évolution *f*
deviene *etc*, **deviniendo** *etc* VB *ver* **devenir**
devoción NF dévotion *f* ; **sentir ~ por algn/algo** avoir de la dévotion pour qn/une passion pour qch
devocionario NM missel *m*
devolución NF restitution *f* ; (*de carta*) retour *m* ; (*de dinero*) remboursement *m* ; **no se admiten devoluciones** (*Com*) ni repris ni échangé
devolver VT rendre ; (*a su sitio*) remettre ; (*producto, carta*) retourner ; (*factura*) protester ; (*fam: vomitar*) rendre ; **~ la pelota a algn** (*fig*) renvoyer la balle à qn ▸ VI (*fam*) rendre ■ **devolverse** VPR (*Am*) revenir
devorar VT dévorer ; (*fig: fortuna*) manger ; **~ a algn con los ojos** dévorer qn des yeux ; **el fuego lo devoró todo** tout a été dévoré par les

flammes ; **le devoran los celos** il est habité par la jalousie

devoto, -a ADJ (*Rel*) dévot(e) ; (*amigo*) dévoué(e) ; **~ de** (*Rel*) dévot(e) à ; (*muy aficionado a*) adepte de ; **su ~ servidor** votre dévoué serviteur ▸ NM/F dévot(e) ; (*adepto*) adepte *mf*

devuelto PP *de* **devolver**

devuelva *etc* VB *ver* **devolver**

D.F. (*MÉX*) SIGLA M (= *Distrito Federal*) Mexico (*ville*)

dg ABR (= *decigramo(s)*) dg (= *décigramme(s)*)

D.G. ABR = **Dirección General**

DGT SIGLA F (= *Dirección General de Tráfico*) *branche ministérielle chargée du contrôle de la circulation routière* ; (= *Dirección General de Turismo*) *branche ministérielle chargée du tourisme*

di VB *ver* **dar; decir**

día NM (*lo que no es noche*) jour *m* ; (*24 horas*) journée *f* ; **¿qué ~ es?** quel jour sommes-nous ? ; **estar/poner al ~** (*cuentas*) être/mettre à jour ; (*persona*) être/mettre au courant ; **el ~ de mañana** demain ; **el ~ menos pensado te haremos una visita** quand tu t'y attendras le moins, nous te rendrons visite ; **hoy (en) ~** aujourd'hui ; **al ~ siguiente** le jour suivant ; **tener un mal ~** passer une mauvaise journée ; **~ a ~** jour après jour ; **¡cualquier ~ se mata!** il va finir par se tuer ! ; **todos los días** tous les jours ; **un ~ de estos** un de ces jours ; **un ~ sí y otro no** tous les deux jours ; **vivir al ~** vivre au jour le jour ; **es de ~** il fait jour ; **del ~** (*estilos*) au goût du jour ; (*pan*) frais (fraîche) ; (*menú*) du jour ; **de un ~ para otro** d'un jour à l'autre ; **en pleno ~** en plein jour ; **en su ~** en son temps ; **¡hasta otro ~!** à un autre jour ! ; **¡buenos días!** bonjour ! ; **~ domingo/lunes** *etc* (*AM*) dimanche/lundi *etc* ; **~ de los (santos) inocentes** (*28 diciembre*) jour des Saints Innocents, ≈ le premier avril ; **~ de precepto** jour du Seigneur ; **D~ de Reyes** Épiphanie *f* ; **~ festivo** *o* (*AM*) **feriado** *o* **de fiesta** jour férié ; **~ hábil/inhábil** jour ouvrable/chômé ; **~ laborable** jour de travail *o* ouvrable ; **~ lectivo/libre** jour de classe/de congé

> La palabra **día** suele traducirse en francés por *jour*:
> **¿A qué día estamos?** Quel jour sommes-nous ?
> **Nos vamos unos días de vacaciones.** On part quelques jours en vacances.
> No obstante, cuando tiene un valor de duración se traduce por *journée*:
> **Me he pasado todo el día estudiando.** J'ai passé toute la journée à étudier.

diabetes NF INV diabète *m*

diabético, -a NM/F diabétique *mf*

diablo NM diable *m* ; **¿cómo/qué diablos ...?** comment/que diable ... ? ; **pobre ~** pauvre diable ; **hace un frío de mil diablos** *o* **de todos los diablos** il fait un froid de tous les diables ; **mandar algo/a algn al ~** envoyer qch/qn au diable ; **¡al ~ con ...!** au diable ... !

diablura NF diablerie *f*

diabólico, -a ADJ diabolique

diácono NM diacre *m*

Diada NF *fête nationale de la Catalogne (11 septembre)*

> Chaque 11 septembre, la **Diada**, fête nationale de la Catalogne, commémore la chute de Barcelone aux mains de Philippe V de Bourbon à la fin de la guerre de Succession d'Espagne, en 1714. Avant cet évènement, la Catalogne jouissait d'une grande autonomie ainsi que d'un gouvernement, la *Generalitat*, qu'elle perdit alors, mais qui a été rétabli en 1977. Pour la **Diada**, les rues et balcons arborent le drapeau catalan avec ses quatre rayures rouges sur un fond jaune.

diadema NF serre-tête *m* ; (*joya*) diadème *m*

diáfano, -a ADJ limpide ; (*intención*) clair(e)

diafragma NM diaphragme *m*

diagnosis NF INV diagnose *f*

diagnosticar VT diagnostiquer

diagnóstico NM diagnostic *m*

diagonal ADJ diagonal(e) ▸ NF diagonale *f* ; **en ~** en diagonale

diagrama NM diagramme *m* ; **~ de barras** diagramme en bâtons ; **~ de flujo** (*Inform*) organigramme *m*

dial NM (*de radio*) bande *f* de fréquence

dialectal ADJ dialectal(e)

dialéctica NF dialectique *f*

dialéctico, -a ADJ dialectique

dialecto NM dialecte *m*

diálisis NF INV dialyse *f*

dialogante ADJ ouvert(e) au dialogue, de dialogue

dialogar VI dialoguer ; **~ con** (*Pol*) s'entretenir avec

diálogo NM dialogue *m*

dialogue *etc* VB *ver* **dialogar**

diamante NM diamant *m* ; **~ (en) bruto** diamant brut ; (*fig*) perle *f* rare ■ **diamantes** NMPL (*Naipes*) carreau *msg*

diametralmente ADV: **~ opuesto a** diamétralement opposé à

diámetro NM diamètre *m* ; **3 m de ~** 3 m de diamètre

diana NF (*Mil*) réveil *m* ; (*de blanco*) mouche *f* ; **hacer ~** faire mouche

diantre (*fam*) NM: **¡~!** diantre !

diapasón NM diapason *m* ; (*de violín, guitarra*) touche *f*

diapositiva NF (*Foto*) diapositive *f*

diariamente ADV quotidiennement, tous les jours

diario, -a ADJ quotidien(ne) ▸ NM quotidien *m*,

journal *m* ; (*para memorias*) journal ; (*Com*) livre *m* journal ; **a ~** tous les jours ; **de** *o* **para ~** de tous les jours ; **~ de navegación** (*Náut*) journal de bord ; **~ de sesiones** *compte rendu d'une session du Parlement* ; **~ hablado** (*Radio*) journal parlé

diarrea NF diarrhée *f*

diatriba NF diatribe *f*

dibujante NMF dessinateur(-trice) ; (*Tec*) dessinateur(-trice) industriel(le) ; **~ de publicidad** dessinateur(-trice) publicitaire

dibujar VT, VI dessiner ■ **dibujarse** VPR (*emoción*) se peindre ; **dibujarse en el horizonte/a lo lejos** se dessiner à l'horizon/au loin

dibujo NM dessin *m* ; **dibujos animados** dessins *mpl* animés ; **~ artístico** dessin d'art ; **~ lineal/técnico** dessin industriel

dic. ABR = **diciembre**

dicción NF (*pronunciación*) diction *f*

diccionario NM dictionnaire *m* ; **~ enciclopédico** dictionnaire encyclopédique

dicha NF (*felicidad*) bonheur *m* ; (*suerte*) chance *f* ; **tener la ~ de** avoir la joie de

dicharachero, -a ADJ jovial(e)

dicho, -a PP *de* **decir**; **mejor ~** plutôt ; **propiamente ~** proprement dit ; **~ y hecho** aussitôt dit, aussitôt fait ; **~ sea de paso** soit dit en passant ▸ ADJ: **en dichos países** dans ces pays ▸ NM proverbe *m*

dichoso, -a ADJ heureux(-euse) ; **¡aquel ~ coche!** (*fam*) cette sacrée voiture !

diciembre NM décembre *m* ; *ver tb* **julio**

diciendo *etc* VB *ver* **decir**

dicotomía NF dichotomie *f*

dictado NM dictée *f* ; **escribir al ~** écrire sous la dictée ; **los dictados de la conciencia** ce que dicte la conscience

dictador NM dictateur *m*

dictadura NF dictature *f*

dictáfono® NM Dictaphone® *m*

dictamen NM expertise *f* ; **~ contable** rapport *m* comptable ; **~ facultativo** (*Med*) diagnostic *m*

dictaminar VT analyser ▸ VI: **~ (sobre)** donner son avis (sur)

dictar VT dicter ; (*decreto*) publier ; (*ley*) promulguer ; (*Am: clase*) faire ; (*: conferencia*) donner

dictatorial ADJ dictatorial(e)

didáctico, -a ADJ didactique ▸ NF didactique *f*

diecinueve ADJ INV, NM INV dix-neuf *m inv* ; **el siglo ~** le dix-neuvième siècle ; *ver tb* **seis**

dieciochesco, -a ADJ du dix-huitième siècle

dieciocho ADJ INV, NM INV dix-huit *m inv* ; *ver tb* **seis**

dieciséis ADJ INV, NM INV seize *m inv* ; *ver tb* **seis**

diecisiete ADJ INV, NM INV dix-sept *m inv* ; *ver tb* **seis**

diente NM dent *f* ; **enseñar los dientes** (*fig*) montrer les dents ; **hablar entre dientes** parler entre ses dents ; **hincarle el ~ a** (*comida*) mordre à belles dents dans ; (*fig: asunto*) s'attaquer à ; **~ de ajo** gousse *f* d'ail ; **~ de leche** dent de lait ; **~ de león** pissenlit *m* ; **dientes postizos** fausses dents

diera *etc* VB *ver* **dar**

diéresis NF diérèse *f*

dieron VB *ver* **dar**

diesel ADJ: **motor ~** (moteur *m*) diesel *m*

diestra NF main *f* droite ; **a mi** *etc* **~** à ma *etc* droite

diestro, -a ADJ droit(e) ; (*persona*) droitier(-ière) ; (*hábil*) adroit(e) ; **a ~ y siniestro** au hasard ▸ NM (*Taur*) matador *m*

dieta NF régime *m* ; **la ~ mediterránea** la cuisine méditerranéenne ; **estar a ~** être au régime ■ **dietas** NFPL (*de viaje, hotel*) frais *mpl*

dietario NM livre *m* de comptes

dietética NF diététique *f*

dietético, -a ADJ diététique ▸ NM/F diététicien(ne)

dietista (*Am*) NMF diététicien(ne)

diez ADJ INV, NM INV dix *m inv* ; *ver tb* **seis**

diezmar VT décimer

diezmo NM dîme *f*

difamación NF diffamation *f*

difamar VT diffamer

difamatorio, -a ADJ diffamatoire

diferencia NF différence *f* ; **a ~ de** à la différence de ; **hacer ~ entre** faire la différence entre ; **~ salarial** écarts *mpl* de salaire ■ **diferencias** NFPL (*desacuerdos*) différend *msg*

diferencial NM (*Auto*) différentiel *m*

diferenciar VT: **~ (de)** distinguer (de) ; (*hacer diferente*) différencier (de) ▸ VI: **~ entre A y B** distinguer A de B ■ **diferenciarse** VPR: **diferenciarse (de)** se distinguer (de) ; **¿en qué se diferencian?** en quoi sont-ils différents ?

diferente ADJ différent(e) ▸ ADV différemment

diferido NM: **en ~** (*TV*) en différé

diferir VT, VI différer

difícil ADJ difficile ; **es un hombre ~ (de tratar)** c'est quelqu'un de difficile ; **ser ~ de hacer/entender/explicar** être difficile à faire/comprendre/expliquer

difícilmente ADV difficilement

dificultad NF difficulté *f* ■ **dificultades** NFPL (*problemas*) difficultés *fpl* ; **poner dificultades (a algn)** faire des difficultés (à qn)

dificultar VT (*explicación, labor*) rendre difficile ; (*visibilidad*) brouiller

dificultosamente ADV avec difficulté

dificultoso, -a ADJ ardu(e) ; (*avance*) laborieux(-euse) ; (*relaciones*) tumultueux(-euse)

difiera *etc*, **difiriendo** *etc* VB *ver* **diferir**

difteria NF diphtérie *f*

difuminar VT (*Arte*) ombrer

difundir VT (*calor, noticia*) diffuser ; (*doctrina, rumores*) répandre ■ **difundirse** VPR se diffuser ; (*doctrina*) se répandre

difunto, -a ADJ, NM/F défunt(e)
difusión NF diffusion *f* ; (*de teoría*) généralisation *f* ; **un programa de gran ~** une émission à grande diffusion
difuso, -a ADJ diffus(e) ; (*explicación*) vague
diga *etc* VB *ver* **decir**
digerir VT digérer
digestión NF digestion *f* ; **corte de ~** crampe *f* d'estomac
digestivo, -a ADJ digestif(-ive) ▶ NM digestif *m*
digiera *etc*, **digiriendo** *etc* VB *ver* **digerir**
digital ADJ digital(e) ; (*Tec*) numérique
digitalizador NM (*Inform*) numériseur *m*
digitalizar VT (*Inform*) numériser
dígito NM (*Mat, Inform*) chiffre *m*
dignarse VPR : **~ (a) hacer** daigner faire
dignatario, -a NM/F dignitaire *m*
dignidad NF dignité *f* ; **hacer algo con ~** faire qch avec dignité
dignificar VT rendre plus digne
dignifique *etc* VB *ver* **dignificar**
digno, -a ADJ (*sueldo, nivel de vida*) décent(e) ; (*comportamiento, actitud*) digne ; **~ de** digne de ; **es ~ de mención** ça mérite d'être mentionné ; **es ~ de verse** ça mérite d'être vu ; **poco ~** peu digne
digresión NF digression *f*
dije VB *ver* **decir** ▶ ADJ (CHI *fam*) sympa
dijera *etc* VB *ver* **decir**
dilación NF retard *m* ; **sin ~** sans tarder
dilapidar VT dilapider
dilatación NF dilatation *f*
dilatado, -a ADJ dilaté(e) ; (*período*) prolongé(e)
dilatar VT dilater ; (*prolongar, aplazar*) différer ■ **dilatarse** VPR se dilater
dilema NM dilemme *m*
diligencia NF diligence *f* ; (*trámite*) acte *m* de procédure ■ **diligencias** NFPL (*Jur*) formalités *fpl* ; **diligencias judiciales/previas** enquête *fsg* judiciaire/préliminaire
diligente ADJ diligent(e) ; **poco ~** pas très sérieux(-euse)
dilucidar VT élucider
diluir VT diluer
diluviar VI : **está diluviando** il tombe une pluie diluvienne
diluvio NM déluge *m* ; **un ~ de cartas** (*fig*) un déluge de lettres
diluyendo *etc* VB *ver* **diluir**
dimanar VI : **~ de** émaner de
dimensión NF dimension *f* ; (*de catástrofe*) proportions *fpl* ■ **dimensiones** NFPL (*tamaño*) dimensions *fpl* ; **tomar las dimensiones de** prendre les dimensions de
dimes NMPL : **andar en ~ y diretes con algn** se chamailler avec qn
diminutivo NM (*Ling*) diminutif *m*
diminuto, -a ADJ tout(e) petit(e)
dimisión NF démission *f*
dimitir VI : **~ (de)** démissionner (de)
dimos VB *ver* **dar**
Dinamarca NF Danemark *m*
dinamarqués, -esa ADJ = **danés**
dinámica NF dynamique *f* ; **la ~ del negocio** (*fig*) la dynamique du commerce
dinámico, -a ADJ dynamique
dinamismo NM dynamisme *m*
dinamita NF dynamite *f*
dinamitar VT dynamiter
dinamizar VT dynamiser
dinamo, dínamo NF, (AM) NM dynamo *f*
dinastía NF dynastie *f*
dineral NM fortune *f*
dinero NM argent *m* ; **es hombre de ~** c'est un homme riche ; **andar mal de ~** être sans le sou ; **~ caro** (*Com*) argent cher ; **~ contante (y sonante)** espèces *fpl* ; **~ efectivo** *o* **en metálico** liquide *m* ; **~ suelto** (petite) monnaie *f*
dinosaurio NM dinosaure *m*
dintel NM linteau *m*
diñar (*fam*) VT : **diñarla** clamser
dio VB *ver* **dar**
diócesis NF INV diocèse *m*
Dios NM Dieu *m* ; **~ mediante** si Dieu le veut ; **¡gracias a ~!** grâce à Dieu ! ; **a la buena de ~** au petit bonheur la chance ; **armar** *o* **armarse la de ~ (es Cristo)** (*fam*) foutre la pagaille ; **como ~ manda** comme il faut ; **¡~ mío!** mon Dieu ! ; **¡por ~!** grand Dieu ! ; **estar dejado de la mano de ~** être abandonné de Dieu ; **¡sabe ~!** Dieu seul le sait ! ; **¡que sea lo que ~ quiera!** advienne que pourra ! ; **si ~ quiere** si Dieu le veut ; **~ te lo pague** Dieu te le rendra ; **ni ~** (*fam*) pas un chat ; **¡válgame ~!** que Dieu me protège ! ; **¡vaya por ~!** grand Dieu !
dios NM dieu *m*
diosa NF déesse *f*
Diosito (*Am fam*) NM Dieu *m*
dióxido NM dioxyde *m* ; **~ de carbono** dioxyde de carbone
Dip. ABR = **diputación**
diploma NM diplôme *m*
diplomacia NF diplomatie *f*
diplomado, -a ADJ, NM/F diplômé(e)
diplomático, -a ADJ diplomatique ▶ NM/F diplomate *mf*
diplomatura NF licence *f*
diptongo NM diphtongue *f*
diputación NF ≈ conseil *m* général
diputado, -a NM/F député(e)
dique NM digue *f* ; **~ de contención** barrage *m*
Dir. ABR (= *dirección*) adr. (= *adresse*)
diré *etc* VB *ver* **decir**

dirección NF direction *f* ; (*fig: tendencia*) tendance *f* ; (*señas*) adresse *f* ; (*Cine, Teatro*) mise *f* en scène ; **ir/salir con ~ a** aller/sortir en direction de ; **cambio de ~** déviation *f* ; **~ absoluta/relativa** (*Inform*) adresse absolue/relative ; **~ administrativa** administration *f* ; **~ asistida** (*Auto*) direction assistée ; **~ de correo electrónico** adresse électronique ; **~ de Internet** (*Inform*) adresse web ; **D~ General de Turismo** ≈ ministère *m* du Tourisme ; **~ prohibida/única** sens *m* interdit/unique

direccionales (*MÉX*) NMPL (*Auto*) clignotant *msg*

direccionamiento NM (*Inform*) adressage *m*

directa NF (*Auto*) quatrième *f*, cinquième *f*

directamente ADV directement ; **pregúntaselo ~ a él** demande-le lui directement

directiva NF comité *m* directeur

directivo NM (*Com*) cadre *m* dirigeant

directo, -a ADJ direct(e) ; (*traducción*) exact(e) ; **transmitir en ~** (*TV*) diffuser en direct

director, a ADJ directeur(-trice) ▸ NM/F directeur(-trice) ; (*Cine, TV*) metteur(-euse) en scène ; (*de orquesta*) chef *m* ; **~ adjunto(-a)** directeur(-trice) adjoint(e) ; **~ comercial** directeur(-trice) commercial(e) ; **~ de sucursal** directeur(-trice) de succursale ; **~ ejecutivo(-a)** administrateur(-trice) ; **~ general** *o* **gerente** directeur(-trice) général(e)

directorio NM (*Inform*) répertoire *m* ; (*Com*) programme *m*

directrices NFPL lignes *fpl* directrices

dirigente ADJ, NMF dirigeant(e)

dirigible ADJ, NM dirigeable *m*

dirigir VT diriger ; (*carta, pregunta*) adresser ; (*obra de teatro, film*) mettre en scène ; (*sublevación*) prendre la tête de ; (*esfuerzos*) concentrer ; **~ a** *o* **hacia** diriger vers ; **no ~ la palabra a algn** ne pas adresser la parole à qn ▪ **dirigirse** VPR: **dirigirse a** s'adresser à ; **dirigirse a algn solicitando algo** s'adresser à qn pour solliciter qch ; **« diríjase a ... »** « s'adresser à ... »

dirigismo NM dirigisme *m*

dirija *etc* VB *ver* **dirigir**

dirimir VT (*contrato, matrimonio*) annuler ; (*disputa*) trancher

discapacidad NF handicap *m*

discapacitado, -a ADJ, NM/F handicapé(e) ; **~ psíquico(-a)** handicapé(e) mental(e)

discar (*AND, CSUR*) VT (*Telec*) composer

discernimiento NM discernement *m*

discernir VT discerner ▸ VI: **~ entre ... y ...** discerner ... de ...

discierna *etc* VB *ver* **discernir**

disciplina NF discipline *f*

disciplinado, -a ADJ discipliné(e)

disciplinar VT discipliner ▪ **disciplinarse** VPR se discipliner

discípulo, -a NM/F disciple *mf*

Discman® ['diskman] NM Discman® *m*

disco NM disque *m* ; (*Auto*) feu *m* ; **~ compacto** disque compact ; **~ de arranque** disquette *f* d'initialisation ; **~ de densidad doble/sencilla** disquette double densité/densité simple ; **~ de una cara/dos caras** disquette simple face/double face ; **~ de freno** disque (de frein) ; **~ de larga duración** 33 tours *m inv* ; **~ de reserva** disquette de sauvegarde ; **~ de sistema** disque système ; **~ duro** disque dur ; **~ flexible** disquette *m* ; **~ maestro** disque d'exploitation ; **~ sencillo** 45 tours *m inv* ; **~ virtual** zone *f* disque en mémoire

discografía NF enregistrement *m*

discográfico, -a ADJ (*casa*) de disques ; (*industria, éxito*) du disque ; **sello ~** étiquette *f* ▸ NF maison *f* de disques

díscolo, -a ADJ rebelle

disconforme ADJ pas d'accord ; **estar ~ (con)** être en désaccord (avec)

discontinuo, -a ADJ discontinu(e)

discordancia NF (*de sonidos, colores*) discordance *f* ; (*de opiniones*) divergence *f*

discordante ADJ (*sonido*) discordant(e) ; (*opiniones*) divergent(e)

discordia NF discorde *f*

discoteca NF discothèque *f*

discreción NF discrétion *f* ; **añadir azúcar a ~** (*Culin*) rajouter du sucre à volonté ; **comer/beber a ~** manger/boire à volonté

discrecional ADJ (*uso, poder*) discrétionnaire ; (*servicio*) spécial(e)

discrepancia NF différence *f* ; (*desacuerdo*) divergence *f*

discrepante ADJ contradictoire ; **hubo varias voces discrepantes** quelques protestations se sont élevées

discrepar VI diverger

discretamente ADV discrètement

discreto, -a ADJ discret(-ète) ; (*mediano*) décent(e)

discriminación NF discrimination *f*

discriminar VT discriminer ; (*personas*) faire de la discrimination contre

discriminatorio, -a ADJ discriminatoire

disculpa NF excuse *f* ; **pedir disculpas a/por** demander pardon à/pour

disculpar VT pardonner ▪ **disculparse** VPR: **disculparse (de/por)** s'excuser (de/pour)

discurrir VT échafauder ▸ VI réfléchir ; (*el tiempo*) s'écouler ; **~ (por)** (*gente, río*) passer (par)

discurso NM discours *msg* ; **pronunciar un ~** prononcer un discours ; **~ de clausura** discours de clôture

discusión NF discussion *f* ; **tener una ~** avoir une discussion

discutible ADJ discutable ; **eso es bastante/muy ~** c'est assez/très discutable

discutido, -a ADJ rebattu(e)
discutir VT discuter de ▸ VI discuter ; (*disputar*): **~ (con)** se disputer (avec) ; **~ de política** discuter politique ; **¡no discutas!** ne discute pas !
disecar VT (*animal*) empailler ; (*planta*) sécher
disección NF (*Med*) dissection *f*
diseminar VT disséminer ; (*fig*) répandre
disensión NF dissension *f*
disentir VI: **~ (de)** être en désaccord (sur)
diseñador, a NM/F designer *mf*
diseñar VT créer
diseño NM (*Tec*) conception *f* ; (*boceto*) ébauche *f* ; (*Costura*) dessin *m* ; **de ~ italiano** de création italienne ; **traje/objetos de ~** costume *m*/objets *mpl* de créateur ; **~ asistido por ordenador** conception assistée par ordinateur ; **~ de modas** dessin de mode ; **~ gráfico** graphisme *m o* conception graphique ; **~ industrial** design *m* industriel
diseque *etc* VB *ver* **disecar**
disertar VI: **~ (sobre)** discourir *o* disserter (sur)
disfrace *etc* VB *ver* **disfrazar**
disfraz NM déguisement *m* ; (*fig*) prétexte *m* ; **bajo el ~ de** sous prétexte de
disfrazado, -a ADJ déguisé(e) ; **ir ~ de** être déguisé(e) en
disfrazar VT déguiser ■ **disfrazarse** VPR se déguiser ; **disfrazarse de** se déguiser en
disfrutar VT jouir de ▸ VI prendre beaucoup de plaisir ; **~ de buena salud** jouir d'une bonne santé ; **~ de la vida** profiter de la vie ; **¡que disfrutes!** profites-en !
disfrute NM jouissance *f*
disfunción NF dysfonctionnement *m*
disgregar VT (*manifestantes*) disperser ; (*familia, imperio*) diviser ■ **disgregarse** VPR (*muchedumbre*) se disperser ; (*imperio, país*) se diviser
disgregue *etc* VB *ver* **disgregar**
disgustado, -a ADJ (*enojado*) fâché(e) ; (*apesadumbrado*) contrarié(e) ; (*decepcionado*) déçu(e)
disgustar VT déplaire à ; (*enojar*) fâcher ; (*apesadumbrar*) contrarier ■ **disgustarse** VPR (*enojarse*) se fâcher ; (*apesadumbrarse*) être contrarié(e)
disgusto NM (*enojo*) mécontentement *m* ; (*pesadumbre*) contrariété *f* ; (*decepción*) déception *f* ; (*desgracia*) malheur *m* ; **hacer algo a ~** faire qch à contre-cœur ; **sentirse/estar a ~** se sentir/être mal à l'aise ; **matar a algn a disgustos** mener la vie dure à qn

> ⚠ **Disgusto** ne signifie pas *dégoût*, qui se traduit par **asco** en espagnol.

disidencia NF dissidence *f*
disidente ADJ, NMF dissident(e)
disienta *etc* VB *ver* **disentir**
disimulado, -a ADJ dissimulé(e) ; **hacerse el ~** faire l'innocent
disimular VT dissimuler ▸ VI faire comme si de rien n'était
disimulo NM dissimulation *f* ; **con ~** avec dissimulation
disipado, -a ADJ dissipé(e)
disipar VT dissiper ; (*fortuna*) dilapider ■ **disiparse** VPR se dissiper
diskette NM (*Inform*) disquette *f*
dislate NM absurdité *f*
dislexia NF dyslexie *f*
disléxico, -a ADJ, NM/F dyslexique *mf*
dislocar VT (*articulación*) déboîter ; (*hechos*) déformer ■ **dislocarse** VPR se déboîter
disloque VB *ver* **dislocar** ▸ NM: **es el ~** (*fam*) c'est le comble
disminución NF diminution *f* ; **ir en ~** aller en diminuant
disminuido, -a NM/F: **~ mental/físico(-a)** handicapé(e) mental(e)/physique
disminuir VT diminuer ; (*velocidad*) réduire ▸ VI (*días, población, número*) diminuer ; (*precios, temperatura, memoria*) baisser
disminuyendo *etc* VB *ver* **disminuir**
disociar VT dissocier ■ **disociarse** VPR: **disociarse (de)** se dissocier (de)
disoluble ADJ soluble
disolución NF dissolution *f* ; (*de costumbres*) renonciation *f*
disoluto, -a ADJ dissolu(e)
disolvente NM dissolvant *m*
disolver VT dissoudre ; (*manifestación*) disperser ; (*contrato*) dénoncer ■ **disolverse** VPR se dissoudre ; (*manifestantes*) se disperser
disonancia NF dissonance *f*
dispar ADJ (*distinto*) distinct(e) ; (*irregular*) inégal(e)
disparadero NM: **poner a algn en el ~** pousser qn à bout
disparado, -a ADJ: **entrar/salir/ir ~** entrer/sortir/aller en coup de vent
disparador NM (*de arma*) gâchette *f* ; (*Foto, Tec*) déclencheur *m*
disparar VT, VI tirer ■ **dispararse** VPR (*precios*) monter en flèche ; (*persona: al hablar o actuar*) s'emporter ; **se disparó el arma** le coup de feu est parti tout seul
disparatado, -a ADJ (*precios*) astronomique ; (*idea*) absurde
disparate NM bêtise *f* ; (*error*) absurdité *f* ; **decir disparates** dire des bêtises ; **¡qué ~!** n'importe quoi !
disparidad NF disparité *f*
disparo NM tir *m* ■ **disparos** NMPL (*tiroteo*) coups *mpl* de feu
dispendio NM dépense *f* inutile
dispensa NF (*esp Rel*) dispense *f*
dispensar VT dispenser ; (*bienvenida*) souhaiter ; **¡usted dispense!** je vous prie de m'excuser ! ;

d

~ a algn de hacer algo dispenser qn de faire qch
dispensario NM dispensaire *m*
dispersar VT éparpiller ; (*manifestación, fig*) disperser ; (*Mil: enemigo*) mettre en déroute ■ **dispersarse** VPR se disperser ; (*luz*) se répandre
disperso, -a ADJ dispersé(e)
displicencia NF indifférence *f* ; **con ~** avec indifférence
displicente ADJ indifférent(e)
dispondré *etc* VB *ver* **disponer**
disponer VT disposer ; (*mandar*) ordonner ; **la ley dispone que ...** la loi stipule que ... ▶ VI: **~ de** disposer de ; **no puede ~ de esos bienes** il ne peut disposer librement de ces biens ; **puede ~ de mí** je suis à votre disposition ■ **disponerse** VPR: **disponerse a** *o* **para hacer** se disposer à faire
disponga *etc* VB *ver* **disponer**
disponibilidad NF disponibilité *f* ■ **disponibilidades** NFPL (*Com*) disponibilités *fpl*
disponible ADJ disponible ; **(no) estar ~** (ne pas) être disponible
disposición NF disposition *f* ; **última ~** dernières volontés *fpl* ; **~ para** (*aptitud*) dispositions *fpl* pour ; **a (la) ~ de** à (la) disposition de ; **a su ~** à votre disposition ; **no estar en ~ de hacer** ne pas être en état de faire ; **~ de ánimo** disposition
dispositivo NM dispositif *m* ; **~ de alimentación** silo *m* ; **~ de almacenaje** (*Inform*) unité *f* de stockage ; **~ de seguridad** dispositif de sécurité ; **~ intrauterino** stérilet *m* ; **~ periférico** (*Inform*) périphérique *m* ; **~ policial** dispositif policier
dispuesto, -a PP *de* **disponer** ▶ ADJ (*preparado*) prêt(e) ; (*capaz*) capable ; **estar ~/poco ~ a hacer** être disposé(e)/peu disposé(e) à faire
dispuse *etc* VB *ver* **disponer**
disputa NF dispute *f* ; **sin ~** sans aucun doute
disputado, -a ADJ (*partido, elecciones*) disputé(e)
disputar VT (*Deporte, premio, derecho*) disputer ▶ VI se disputer ; **~ por** se disputer ■ **disputarse** VPR se disputer
disquete NM (*Inform*) = **diskette**
disquetera NF (*Inform*) lecteur *m* de disquette
disquisiciones NFPL discussions *fpl*
Dist. ABR = **distrito**
distancia NF distance *f* ; (*en el tiempo*) écart *m* ; (*entre opiniones*) différence *f* ; **a ~** à distance ; (*enseñanza, formación*) à distance, distanciel(le) ; **a gran** *o* **a larga ~** à grande distance ; **¿a qué ~ está?** c'est à quelle distance ? ; **a 20 m de ~** à 20 m de distance ; **guardar las distancias** garder ses distances ; **~ de seguridad** (*Auto*) distance de sécurité ; **~ focal** distance focale
distanciado, -a ADJ éloigné(e)
distanciamiento NM (*entre personas*) éloignement *m* ; (*entre opiniones*) divergence *f*
distanciar VT distancer ; (*amigos, hermanos*) éloigner ■ **distanciarse** VPR (*enemistarse*) se distancier ; **distanciarse (de)** (*alejarse*) s'éloigner (de)
distante ADJ distant(e)
distar VI: **dista 5 kms de aquí** c'est à 5 km d'ici ; **no dista mucho de aquí** ce n'est pas très loin d'ici ; **dista mucho de la verdad** c'est loin d'être vrai
diste, disteis VB *ver* **dar**
distender VT détendre
distendido, -a ADJ détendu(e)
distensión NF détente *f*
distinción NF distinction *f* ; **a ~ de** à la différence de ; **sin ~ de** sans distinction de ; **no hacer distinciones** ne pas faire de distinction
distinga *etc* VB *ver* **distinguir**
distingo NM (*distinción*) distinguo *m*, distinction *f* ; (*reparo*) réserve *f*
distinguido, -a ADJ distingué(e)
distinguir VT distinguer ; **~ X de Y** distinguer X de Y ▶ VI: **~ (entre)** distinguer (entre) ■ **distinguirse** VPR se distinguer ; **a lo lejos no se distingue** de loin cela ne se voit pas
distintivo, -a ADJ distinctif(-ive) ▶ NM (*insignia*) insigne *m* ; (*fig*) point *m* fort
distinto, -a ADJ: **~ (a** *o* **de)** distinct(e) (de), différent(e) (de) ■ **distintos** (*varios*) plusieurs
distorsión NF (*Anat, de la verdad*) entorse *f* ; (*Radio etc*) distorsion *f*
distorsionar VT déformer ▶ VI se distordre
distracción NF distraction *f*
distraer VT distraire ; (*fondos*) détourner ; **~ a algn de su pensamiento** tirer qn de ses pensées ▶ VI distraire ■ **distraerse** VPR (*entretenerse*) se distraire ; (*perder la concentración*) être distrait(e)
distraído, -a ADJ distrait(e) ; (*entretenido*) amusant(e) ; **con aire ~** d'un air distrait ; **me miró distraída** elle m'a regardé distraitement ▶ NM: **hacerse el ~** faire la sourde oreille
distraiga *etc*, **distraje** *etc*, **distrajera** *etc*, **distrayendo** *etc* VB *ver* **distraer**
distribución NF (*de beneficios*) répartition *f* ; (*a domicilio*) distribution *f* ; (*Com*) livraison *f* ; (*Arq*) conception *f* ; **~ de premios** distribution des prix
distribuidor, a NM/F (*persona*) distributeur(-trice) ; **su ~ habitual** votre concessionnaire habituel ▶ NF (*Com*) concessionnaire *m* ; (*Cine*) distributeur *m*
distribuir VT (*riqueza, beneficio*) répartir ; (*cartas, trabajo*) distribuer ; (*Arq*) concevoir
distribuyendo *etc* VB *ver* **distribuir**
distrito NM district *m* ; **~ electoral** circonscription *f* électorale ; **~ judicial** district ; **~ postal** secteur *m* postal ; **~ universitario** ≈ académie *f*
disturbio NM troubles *mpl* ; **disturbios callejeros** émeutes *fpl* de rue ; **~ de orden público** trouble *m* de l'ordre public

disuadir VT: **~ (de)** dissuader (de) ; **~ a algn de hacer** dissuader qn de faire
disuasión NF dissuasion *f* ; **poder/capacidad de ~** pouvoir *m*/capacité *f* de dissuasion
disuasivo, -a ADJ dissuasif(-ive) ; **arma disuasiva** arme *f* dissuasive
disuasorio, -a ADJ = **disuasivo**
disuelto PP *de* **disolver**
disuelva *etc* VB *ver* **disolver**
disyuntiva NF alternative *f*
DIU SIGLA M (= *dispositivo intrauterino*) stérilet *m*
diurético, -a ADJ, NM diurétique *m*
diurno, -a ADJ de jour ; (*Zool*) diurne
diva NF diva *f*
divagar VI divaguer
divague *etc* VB *ver* **divagar**
diván NM divan *m*
divergencia NF divergence *f*
divergir VI diverger ; (*personas*): **~ en** ne pas être d'accord sur
diverja *etc* VB *ver* **divergir**
diversidad NF diversité *f*
diversificación NF diversification *f*
diversificar VT diversifier ■ **diversificarse** VPR se diversifier
diversifique *etc* VB *ver* **diversificar**
diversión NF distraction *f*
diverso, -a ADJ (*variado*) varié(e) ; (*diferente*) distinct(e) ; **diversos libros** plusieurs livres *mpl* ; **diversos colores** couleurs *fpl* variées ▶ NMPL: **diversos** (*Com*) articles *mpl* divers
divertido, -a ADJ amusant(e) ; (*fiesta*) réussi(e) ; (*película, libro*) divertissant(e)
divertir VT amuser ■ **divertirse** VPR s'amuser
dividendo NM (*Com*) dividende *m* ; **dividendos** dividendes *mpl* ; **~ definitivo** superdividende *m* ; **dividendos por acción** taux *mpl* de rendement d'une action
dividir VT partager ; (*separar*) séparer ; (*partido, opinión pública*) diviser ; (*Mat*): **~ por** *o* **entre** diviser par ▶ VI (*Mat*) diviser ■ **dividirse** VPR se diviser
divierta *etc* VB *ver* **divertir**
divinamente ADV (*Rel, fig*) divinement ; **lo pasamos ~** (*fig*) nous avons passé un merveilleux moment
divinidad NF divinité *f* ; **la D~** la Divinité
divino, -a ADJ (*Rel, fig*) divin(e)
divirtiendo *etc* VB *ver* **divertir**
divisa NF devise *f* ■ **divisas** NFPL (*Com*) devises *fpl* ; **control/mercado de divisas** contrôle *m*/marché *m* des changes
divisar VT apercevoir

> ⚠ **Divisar** ne signifie pas *diviser*, qui se traduit par **dividir** en espagnol.

división NF division *f* ; (*de herencia*) partage *m*
divisorio, -a ADJ (*línea*) de démarcation ; **línea divisoria de las aguas** ligne *f* de partage des eaux
divo NM chanteur *m* d'opéra
divorciado, -a ADJ, NM/F divorcé(e)
divorciar VT prononcer le divorce de ■ **divorciarse** VPR: **divorciarse (de)** divorcer (de)
divorcio NM divorce *m*
divulgación NF divulgation *f* ; (*popularización*) vulgarisation *f* ; **programa/revista de ~ científica** émission *f*/revue *f* scientifique
divulgar VT divulguer ; (*popularizar*) vulgariser
divulgativo, -a, divulgatorio, -a ADJ de vulgarisation, vulgarisateur(-trice)
divulgue *etc* VB *ver* **divulgar**
dizque (*AM fam*) ADV que l'on dit
dm ABR (= *decímetro(s)*) dm (= *décimètre(s)*)
DNI (ESP) SIGLA M (= *Documento Nacional de Identidad*) *ver* **documento**; *voir article*

> Le *Documento Nacional de Identidad*, appelé également **DNI** ou *carnet de identidad*, est la carte d'identité nationale espagnole, une carte à puce comportant notamment la photographie et la signature du titulaire. Comme en France, il faut toujours en être muni et le présenter à la police en cas de contrôle.

Dña. ABR (= *Doña*) Mme (= *Madame*)
do NM (*Mús*) do *m*
D.O. SIGLA F (= *denominación de origen*) ≈ AOC *f* (= *appellation d'origine contrôlée*) ; *ver* **denominación**
dóberman NM doberman *m*
dobladillo NM ourlet *m*
doblaje NM (*Cine*) doublage *m*
doblar VT plier ; (*cantidad, Cine*) doubler ; **~ la esquina** tourner au coin de la rue ; **doblarle en edad a algn** avoir deux fois l'âge de qn ▶ VI (*campana*) sonner le glas ; **~ a la derecha/izquierda** tourner à droite/gauche ■ **doblarse** VPR se plier

> ⚠ De nombreux sens de **doblar** ne correspondent pas au verbe *doubler*.

doble ADJ double ; **a ~ página** à double page ; **con ~ sentido** à double sens ; **~ cara/densidad** (*Inform*) double face *f*/densité *f* ; **~ espacio** double interligne *m* ▶ NM: **el ~** le double ; **su sueldo es el ~ del mío** il gagne deux fois plus que moi ; **trabaja el ~ que tú** il travaille deux fois plus que toi ; **~ o nada** quitte ou double ▶ NMF (*Teatro, Cine*) double *m* ; **es tu ~** c'est ton sosie ■ **dobles** NMPL (*Deporte*): **partido de dobles** double *msg*
doblegar VT faire plier ■ **doblegarse** VPR (*ceder*) se plier
doblegue *etc* VB *ver* **doblegar**
doblemente ADV doublement ; (*bonito*) deux fois plus

doblete NM: **hacer ~** (*TV*, *Teatro*) jouer deux rôles ; **hacer (el) ~** (*Deporte*) faire un doublé

doblez NM (*pliegue*) pli *m* ▸ NF (*falsedad*) fausseté *f*

doc. ABR = **docena**; (= *documento*) doc. (= *document*)

doce ADJ INV, NM INV douze *m inv*; **las ~** (*del mediodía*) midi ; (*de la noche*) minuit ; *ver tb* **seis**

docena NF douzaine *f*; **por docenas** (*fig*) par douzaines

docencia NF enseignement *m*

docente ADJ: **centro ~** centre *m* d'enseignement ; **cuerpo/personal ~** corps *msg*/personnel *m* enseignant

dócil ADJ docile

dócilmente ADV docilement

docto, -a ADJ: **~ en** versé(e) en

doctor, a NM/F (*médico*) médecin *m* ; (*Univ*) docteur(e) ; **~ en filosofía** docteur(e) en philosophie

doctorado NM doctorat *m*

En Espagne, les études de doctorat sont divisées en deux cycles : un premier cycle d'études qui peut commencer au niveau master et doit comprendre un minimum de 60 crédits ; et un second cycle centré sur la recherche, qui s'achève avec la soutenance de thèse. Théoriquement, le doctorat doit se réaliser dans un délai maximum de trois ans à temps plein, bien qu'il existe la possibilité de le faire en cinq ans à temps partiel.

doctoral ADJ (*tesis, conferencia*) doctoral(e) ; (*tono*) docte, sentencieux(-euse)

doctorarse VPR passer son doctorat

doctrina NF doctrine *f*

documentación NF documentation *f* ; (*de persona, vehículo*) papiers *mpl*

documentado, -a ADJ documenté(e)

documental ADJ, NM documentaire *m*

documentar VT documenter ▪ **documentarse** VPR se documenter

documento NM document *m* ; (*certificado*) justificatif *m* ; (*fig: testimonio*) témoignage *m* ; **~ justificativo** justificatif ; **D~ Nacional de Identidad** carte *f* d'identité ; *ver tb* **« DNI »** ▪ **documentos** NMPL (*de identidad*) papiers *mpl*

dogma NM dogme *m* ; **el ~ católico/marxista** le dogme catholique/la doctrine marxiste

dogmático, -a ADJ dogmatique

dogo NM dogue *m*

dólar NM dollar *m*

dolencia NF maladie *f*

doler VI faire mal ; (*fig*) peiner ; **me duele el brazo** mon bras me fait mal ; **esta inyección no duele** cette piqûre ne fait pas mal ; **no me duele el dinero** ce n'est pas l'argent qui compte ; **¡ahí le duele!** (*fig*) c'est donc ça ! ▪ **dolerse** VPR se plaindre ; (*de las desgracias ajenas*) compatir

dolido, -a ADJ contrarié(e)

doliente ADJ affligé(e)

dolor NM douleur *f* ; **~ agudo/sordo** douleur aiguë/sourde ; **~ de cabeza** mal *m* de tête ; **~ de estómago** maux *mpl* d'estomac ; **~ de muelas** mal *o* rage *f* de dents ; **~ de oídos** mal d'oreilles

dolorido, -a ADJ endolori(e) ; (*fig*) affligé(e) ; **la parte dolorida** la partie endolorie

doloroso, -a ADJ douloureux(-euse)

domador, a NM/F dompteur(-euse)

domar VT dompter

domesticado, -a ADJ domestique

domesticar VT domestiquer

doméstico, -a ADJ, NM/F domestique *mf* ; **economía doméstica** économie *f* domestique

domestique *etc* VB *ver* **domesticar**

domiciliación NF: **~ de pagos** virement *m* automatique

domiciliar VT domicilier ▪ **domiciliarse** VPR élire domicile

domiciliario, -a ADJ: **arresto ~** arrestation *f* à domicile

domicilio NM domicile *m* ; **servicio a ~** service *m* à domicile ; **sin ~ fijo** sans domicile fixe ; **~ particular** domicile particulier ; **~ social** (*Com*) siège *m* social

dominante ADJ dominant(e) ; (*persona*) dominateur(-trice)

dominar VT dominer ; (*adversario, caballo, idioma*) maîtriser ; (*epidemia*) enrayer ; **tener dominado a algn** tenir qn à sa merci ▸ VI dominer ▪ **dominarse** VPR se dominer

domingo NM dimanche *m* ; **D~ de Ramos/de Resurrección** dimanche des Rameaux/de Pâques ; *ver tb* **sábado**

dominguero, -a (*pey*) NM/F conducteur(-trice) du dimanche

dominical ADJ (*descanso*) dominical(e) ; (*programación*) du dimanche ▸ NM journal *m* du dimanche

dominicano, -a ADJ dominicain(e) ▸ NM/F Dominicain(e)

dominio NM domination *f* ; (*territorio*) domaine *m* ; (*de las pasiones, de idioma*) maîtrise *f* ; **ser del ~ público** relever du domaine public ▪ **dominios** NMPL (*tierras*) domaine *msg*

dominó NM domino *m* ; (*juego*) dominos *mpl*

dom.º ABR = **domingo**

domótica NF domotique *f*

don NM (*talento*) don *m* ; (*tratamiento: con apellido*) Monsieur *m* ; (*: solo con nombre*) ≈ Monsieur ; **D~ Juan Gómez** Monsieur Juan Gómez ; *voir article* ; **tener ~ de gentes** savoir s'y prendre avec les gens ; **un ~ de la naturaleza** un don de la nature ; **tener ~ de mando** être un(e) meneur(-euse) d'hommes ; **tener un ~ para el dibujo/la música** être doué(e) pour le dessin/la musique

Le titre **don/doña**, souvent abrégé en *D./Dña.* s'utilise en signe de respect lorsqu'on s'adresse à une personne plus âgée que soi ou à un supérieur hiérarchique. Il se place devant le prénom, par exemple *Don Diego, Doña Inés*. Cet usage, de plus en plus rare en Espagne, est maintenant surtout réservé à la correspondance et aux documents officiels. Dans ce cas, le titre précède les prénoms et noms de famille : *Sr. D. Pedro Rodríguez Hernández, Sra. Dña. Inés Rodríguez Hernández.*

donación NF don *m*

donaire NM charme *m*

donante NMF: **~ de sangre** donneur(-euse) de sang

donar VT faire un don de ; (*sangre*) donner

donativo NM don *m*

doncella NF (*criada*) bonne *f*

donde ADV où ; **por ~** par où ; **a/en ~** où ; **~ sea** où que ce soit ▶ PREP: **el coche está allí ~ el farol** la voiture est là-bas, près du réverbère ; **se fue ~ sus tíos** il est allé chez ses oncles ; **está ~ el médico** il est chez le médecin

dónde ADV où ; **¿a ~ vas?** où vas-tu ? ; **¿de ~ vienes?** d'où viens-tu ? ; **¿en ~?** où ? ; **¿por ~?** par où ? ; **¿hasta ~?** jusqu'où ?

dondequiera ADV n'importe où ▶ CONJ: **~ que** où que

donjuán NM don Juan *m*

donostiarra ADJ de Saint Sébastien ▶ NMF natif(-ive) *o* habitant(e) de Saint Sébastien

donus, donut® NM beignet *m*

doña NF (*tratamiento: con apellido*) Madame *f* ; (*: solo con nombre*) ≈ Madame ; *ver tb* **don**

dopaje (*Deporte*) NM dopage *m*

dopar (*Deporte*) VT doper ■ **doparse** VPR se doper

doping ['dopin] NM dopage *m*

doquier ADV: **por ~** partout

dorada NF daurade *f*

dorado, -a ADJ doré(e) ▶ NM dorure *f*

dorar VT dorer ; **~ la píldora** dorer la pilule

dormilón NM marmotte *f*

dormilona (*Ven*) NF chemise *f* de nuit

dormir VT endormir ; **~ la siesta** faire la sieste ; **dormirla** *o* **~ la mona** (*fam*) cuver son vin ▶ VI dormir ; **~ como un lirón** *o* **un tronco** dormir comme un loir *o* une souche ; **~ a pierna suelta** avoir un sommeil de plomb ; **~ con algn** (*eufemismo*) coucher avec qn ; **quedarse dormido** (*dormirse*) s'endormir ; (*no despertarse*) ne pas se réveiller ; **estar medio dormido** être à moitié endormi ■ **dormirse** VPR s'endormir ; **se me ha dormido el brazo/la pierna** j'ai des fourmis dans le bras/la jambe ; **dormirse en los laureles** s'endormir sur ses lauriers

dormitar VI somnoler

dormitorio NM chambre *f* ; (*en una residencia*) dortoir *m*

dorsal ADJ dorsal(e) ▶ NM (*Deporte*) dossard *m*

dorso NM dos *m* ; **escribir algo al ~** écrire qch au dos ; **« véase al ~ »** « voir au dos »

dos ADJ INV, NM INV deux *inv* ; **los ~** les deux *mpl* ; **cada ~ por tres** tout le temps ; **de ~ en ~** deux par deux ; **~ piezas** deux-pièces *m inv* ; **estar a ~** (*Tenis*) faire un double ; *ver tb* **seis**

doscientos, -as ADJ deux cents ; *ver tb* **seiscientos**

dosel NM dais *m*

dosificar VT doser

dosifique *etc* VB *ver* **dosificar**

dosis NF INV dose *f*

dossier [do'sjer] NM dossier *m*

dotación NF apport *m* ; (*personal*) personnel *m* ; (*Náut*) équipage *m*

dotado, -a ADJ doué(e) ; **~ de** doté(e) de

dotar VT équiper ; **~ de** *o* **con** (*proveer: de inteligencia, simpatía*) douer de ; (*: de dinero*) allouer ; (*: de personal, maquinaria*) doter de

dote NF dot *f* ■ **dotes** NFPL (*aptitudes*) dons *mpl*

doy VB *ver* **dar**

Dpto. ABR (= *Departamento*) dépt (= *département*)

Dr., Dra. ABR (= *Doctor(a)*) Dr (= *Docteur*)

draga NF, **dragado** NM drague *f*

dragaminas NM INV dragueur *m* de mines

dragar VT draguer

dragón NM dragon *m*

drague *etc* VB *ver* **dragar**

drama NM drame *m*

dramático, -a ADJ dramatique ; **obra dramática** œuvre *f* dramatique

dramatismo NM caractère *m* dramatique

dramatizar VT, VI dramatiser

dramaturgo, -a NM/F dramaturge *mf*

dramón NM mélodrame *m* ; **¡qué ~!** quel drame !

drástico, -a ADJ drastique

drenaje NM drainage *m*

drenar VT drainer

driblar VT, VI dribler

droga NF drogue *f* ; **~ dura/blanda** drogue dure/douce ; **el problema de la ~** le problème de la drogue

drogadicción NF toxicomanie *f*

drogadicto, -a NM/F toxicomane *mf*

drogar VT droguer ; (*Deporte*) doper ■ **drogarse** VPR se droguer

drogodependencia NF toxicomanie *f*

drogue *etc* VB *ver* **drogar**

droguería NF droguerie *f*

dromedario NM dromadaire *m*

dron NM drone *m*

DSE SIGLA F (= *Dirección de la Seguridad del Estado*) *branche ministérielle chargée de la sécurité publique*

Dto. ABR = **descuento**

Dtor., Dtora. ABR (= *Director(a)*) *ver* **director**
dual ADJ duel(e)
dualidad NF dualité *f*
dubitativo, -a ADJ sceptique
Dublín N Dublin
dublinés, -esa ADJ dublinois(e) ▸ NM/F Dublinois(e)
ducado NM (*territorio*) duché *m* ; (*moneda*) ducat *m*
ducha NF douche *f* ; **darse una ~** prendre une douche
ducharse VPR se doucher
ducho, -a ADJ : **~ en** fort(e) en
dúctil ADJ ductile
duda NF doute *m* ; **sin ~** sans aucun doute ; **¡sin ~!** bien sûr ! ; **no cabe ~** cela ne fait aucun doute ; **no le quepa ~** cela va de soi ; **poner algo en ~** mettre qch en doute ; **para salir de dudas** pour en avoir le cœur net ; **¿alguna ~?** des questions ? ; **tengo mis dudas** je n'en suis pas si sûr(e)
dudar VT, VI douter ; **~ (de)** douter (de) ; **dudó entre ...** il a hésité entre ... ; **dudó si comprarlo o no** il a hésité à l'acheter ; **dudo que sea cierto** je crains que ce ne soit pas vrai
dudoso, -a ADJ douteux(-euse)
D.U.E. SIGLA MF (ESP : = *Diplomado Universitario de Enfermería*) infirmier(-ière)
duelo VB *ver* **doler** ▸ NM duel *m* ; (*ceremonia*) deuil *m* ; **batirse en ~** se battre en duel
duende NM lutin *m* ; **tiene ~** (*en flamenco*) elle a de la classe
dueño, -a NM/F (*propietario*) propriétaire *mf* ; (*empresario*) patron(ne) ; **ser ~ de sí mismo** être maître de soi ; **eres (muy) ~ de hacer como te parezca** tu es libre de faire comme bon te semblera ; **hacerse ~ de una situación** se rendre maître de la situation
duerma *etc* VB *ver* **dormir**
duermevela (*fam*) NF nuit *f* agitée
Duero NM Douro *m*, Duero *m*
dulce ADJ doux (douce) ; (*azucarado*) sucré(e) ▸ NM sucrerie *f* ; (*pastel*) douceur *f* ; **~ de almíbar** fruits *mpl* au sirop
dulcemente ADV doucement
dulcificar VT (*fig*) apaiser
dulcifique *etc* VB *ver* **dulcificar**
dulzaina NF dulzaina *f*, dolçaina *f* (*haut-bois du Moyen-Âge*)
dulzón, -ona ADJ écœurant(e) ; (*fig*) à l'eau de rose *inv*
dulzor NM, **dulzura** NF douceur *f*
duna NF dune *f*
dúo NM duo *m* ; **a ~** en duo ; **hacer algo a ~** faire qch en duo
duodécimo, -a ADJ, NM/F douzième *mf* ; *ver tb* **sexto**
duodeno NM duodénum *m*
dúplex *pl inv* NM (*piso, Telec*) duplex *m* ; (*Inform*) bidirectionnel *m*
duplicado NM (*de llave etc*) double *m* ; (*documento*) duplicata *m* ; **por ~** en double
duplicar VT (*llave, documento*) faire un double de ; (*cantidad*) doubler ■ **duplicarse** VPR se multiplier par deux
duplicidad NF (*falsedad*) duplicité *f* ; (*duplicación*) dualité *f*
duplique *etc* VB *ver* **duplicar**
duque NM duc *m*
duquesa NF duchesse *f*
duración NF durée *f* ; (*de máquina*) durée de vie ; **de larga ~** (*enfermedad*) de longue durée ; (*pila, disco*) longue durée ; **de corta ~** de courte durée
duradero, -a ADJ (*material*) résistant(e) ; (*fe, paz*) durable
duramente ADV durement
durante ADV pendant ; **~ toda la noche** pendant toute la nuit ; **habló ~ una hora** il a parlé pendant une heure
durar VI durer ; (*persona : en cargo*) rester
durazno (AM) NM pêche *f* ; (*árbol*) pêcher *m*
durex® (AM) NM scotch® *m*
dureza NF dureté *f* ; (*de clima*) rigueur *f* ; (*callosidad*) callosité *f*
durmiendo *etc* VB *ver* **dormir**
duro, -a ADJ dur(e) ; **un tipo ~** un dur ; **el sector ~ del partido** la faction dure du parti ; **ser ~ con algn** être dur(e) avec qn ; **~ de mollera** (*torpe*) dur(e) à la détente ; **~ de oído** dur(e) d'oreille ; **es ~ de pelar** c'est un dur à cuire ; **a duras penas** à grand-peine ; **estar ~** être dur(e) ▸ ADV dur ; **trabajar ~** travailler dur ▸ NM (*Hist*) *pièce de cinq pesetas* ; **estar sin un ~** être sans le sou
DVD NM ABR (= *disco de vídeo digital*) DVD *m* (= *digital versatile disc*)

Ee

E¹, e¹ [e] NF (*letra*) E, e *m inv* ; **E de Enrique** ≈ E comme Eugène
E² ABR (= *este*) E (= *est*)
e² [e] CONJ (*delante de* **i-** *e* **hi-**, *pero no* **hie-**) et
e/ ABR (*Com*) = **envío**
EA ABR = **Ejército del Aire**
EAU SIGLA MPL (= *Emiratos Árabes Unidos*) EAU *mpl* (= *Émirats arabes unis*)
ebanista NMF ébéniste *mf*
ebanistería NF ébénisterie *f* ; (*taller*) atelier *m* d'ébénisterie
ébano NM ébène *m*
ebrio, -a ADJ ivre
Ebro NM Èbre *m*
ebullición NF ébullition *f* ; **punto de ~** point *m* d'ébullition
eccema NM eczéma *m*
echar VT (*lanzar*) jeter ; (*verter*) verser ; (*gasolina, carta, freno*) mettre ; (*sal, especias*) ajouter ; (*comida*) servir ; (*dientes*) faire ; (*expulsar*) mettre dehors ; (*empleado*) renvoyer ; (*despedir: humo*) rejeter ; (*: agua*) cracher ; (*reprimenda*) faire ; (*cerrojo*) fermer ; (*película*) passer ; **~ una carrera/una siesta** faire la course/une sieste ; **~ un trago** avaler une gorgée ; **~ la culpa a** accuser ; **~ cuentas** faire ses comptes ; **~ chispas** (*fig*) être furieux(-euse) ; **~ mano a** mettre la main sur ; **~ abajo** (*gobierno*) renverser ; (*edificio*) abattre ; **~ por tierra** ruiner ; **~ la buenaventura a algn** dire la bonne aventure à qn ; (*echar las cartas a algn*) tirer les cartes à qn ; **~ algo a cara o cruz** jouer qch à pile ou face ; **~ algo a suertes** tirer qch au sort ; **~ de menos** regretter ; **la echo de menos** elle me manque ▸ VI: **~ a andar/volar/correr** se mettre à marcher/voler/courir ■ **echarse** VPR s'allonger ; **echarse atrás** se pencher en arrière ; (*fig*) se raviser ; **echarse a llorar/reír/temblar** se mettre à pleurer/rire/trembler ; **echarse a perder** (*alimento*) se gâter ; (*persona*) dégénérer ; **echarse novia/novio** avoir un(e) petit(e) ami(e)
echarpe NM écharpe *f*
eclecticismo NM éclectisme *m*
ecléctico, -a ADJ éclectique
eclesiástico, -a ADJ ecclésiastique ▸ NM ecclésiastique *m*
eclipsar VT éclipser
eclipse NM éclipse *f*
eclosión NF éclosion *f* ; **hacer ~** faire éclore
eco NM écho *m* ; **encontrar un ~ en** trouver un écho dans ; **hacerse ~ de una opinión** se faire l'écho d'une opinion ; **tener ~** faire écho
ecoetiqueta NF écolabel *m*
ecografía NF échographie *f*
ecología NF écologie *f*
ecológico, -a ADJ écologique
ecologista ADJ, NMF écologiste *mf*
economato NM économat *m*
economía NF économie *f* ; (*de empresa*) situation *f* économique ; **hacer economías** faire des économies ; **~ colaborativa** économie collaborative ; **~ de mercado** économie de marché ; **~ dirigida/doméstica/mixta/sumergida** économie dirigée/nationale/mixte/souterraine ; **economías de escala** economies d'echelle
economice *etc* VB *ver* **economizar**
económico, -a ADJ économique ; (*persona*) économe
economista NMF économiste *mf*
economizar VT, VI économiser
ecorresponsable ADJ écoresponsable
ecosistema NM écosystème *m*
ecotasa NF écotaxe *f*
ecoturismo NM écotourisme *m*
ecu NM écu *m*
ecuación NF équation *f*
ecuador NM équateur *m* ; **(el) E~** (l')Équateur
ecualizador NM égaliseur *m*
ecuánime ADJ (*carácter*) juste ; (*juicio*) impartial(e)
ecuanimidad NF impartialité *f*
ecuatoguineano, -a ADJ équato-guinéen(-enne) ▸ NM/F Équato-Guinéen(-enne)
ecuatorial ADJ équatorial(e)
ecuatoriano, -a ADJ équatorien(ne) ▸ NM/F Équatorien(ne)
ecuestre ADJ équestre
ecuménico, -a ADJ œcuménique
eczema NM = **eccema**
ed. ABR (= *edición*) éd. (= *édition*)
edad NF âge *m* ; **¿qué ~ tienes?** quel âge as-tu ? ;

tiene ocho años de ~ il a huit ans ; **de corta ~** en culottes courtes ; **ser de mediana ~** être d'âge mûr ; **ser de ~ avanzada** être âgé(e) ; **ser mayor/menor de ~** être majeur(e)/mineur(e) ; **(no) estar en ~ de hacer algo** (ne pas) être en âge de faire qch ; **la E~ Media** le Moyen Âge ; **tercera ~** troisième âge ; **la ~ del pavo** l'âge ingrat ; **E~ de Hierro/Piedra** âge du fer/de la pierre

edema NM œdème *m*

Edén NM Eden *m*

edición NF édition *f* ; **« al cerrar la ~ »** (*Tip*) « nouvelles de dernière heure » ; **última ~** dernière édition

edicto NM décret *m*

edificable ADJ: **terreno ~** terrain *m* constructible

edificante ADJ édifiant(e)

edificar VT édifier

edificio NM bâtiment *m* ; (*de viviendas*) immeuble *m* ; **~ público** bâtiment public

edifique *etc* VB *ver* **edificar**

edil NMF (ESP: *concejal*) conseiller(-ère) municipal(e)

Edimburgo N Edimbourg

editar VT éditer ; (*preparar textos*) mettre en page

editor, a NM/F éditeur(-trice) ; (*redactor*) rédacteur(-trice) ▶ ADJ: **casa editora** maison *f* d'édition

editorial ADJ éditorial(e) ▶ NM éditorial *m* ▶ NF (*tb*: **casa editorial**) maison *f* d'édition

editorialista NMF éditorialiste *mf*

edredón NM édredon *m*

educación NF éducation *f* ; **ser de buena/mala ~** être bien/mal élevé(e) ; **sin ~** sans aucune éducation ; **¡qué falta de ~!** quel manque d'éducation ! ; **~ infantil** éducation maternelle ; **~ para la ciudadanía** éducation à la citoyenneté

educado, -a ADJ poli(e) ; **mal ~** mal élevé(e)

educador, a NM/F éducateur(-trice)

educar VT éduquer

educativo, -a ADJ éducatif(-ive)

edulcorante NM édulcorant *m*

eduque *etc* VB *ver* **educar**

EE. UU. SIGLA MPL (= *Estados Unidos*) EU *mpl* (= *États-Unis*), US(A) *mpl* (= *United States (of America)*)

efectista ADJ spectaculaire

efectivamente ADV effectivement

efectivo, -a ADJ effectif(-ive) ; **hacer ~ un cheque** encaisser un chèque ▶ NM: **en ~** (*Com*) en espèces ■ **efectivos** NMPL (*de policía, ejército*) effectifs *mpl*

efecto NM (*tb Deporte*) effet *m* ; **hacer** *o* **surtir ~** (*medida*) avoir de l'effet ; (*medicamento*) faire de l'effet ; **a tal** *o* **al ~** à cet effet ; **en ~** en effet ; **tener ~** avoir lieu ■ **efectos** NMPL (*tb*: **efectos personales**) effets *mpl* ; (*Com*) actif *m* ; (*Econ*) valeurs *fpl* ; **a efectos de** à des fins de ; **efectos a cobrar** effets à recevoir ; **efectos especiales** effets spéciaux ; **efectos secundarios** (*Med*) effets secondaires ; (*Com*) retombées *fpl* ; **efectos sonoros** effets de son

efectuar VT effectuer ■ **efectuarse** VPR avoir lieu

efeméride NF date *f* anniversaire ; **efemérides** (*en periódico*) éphéméride *fsg*

efervescente ADJ gazeux(-euse)

eficacia NF efficacité *f*

eficaz ADJ efficace

eficiencia NF efficacité *f*

eficiente ADJ efficace

efigie NF effigie *f*

efímero, -a ADJ éphémère

EFTA SIGLA F (= *Asociación Europea de Libre Comercio*) AELE *f* (= *Association européenne de libre échange*)

efusión NF effusion *f* ; **con ~** avec effusion

efusivo, -a ADJ expansif(-ive) ; **mis más efusivas gracias** mes plus vifs remerciements

Egeo NM: **el (mar) ~** la mer Égée

egipcio, -a ADJ égyptien(ne) ▶ NM/F Égyptien(ne)

Egipto NM Égypte *f*

ego NM ego *m inv*

egocéntrico, -a ADJ égocentrique

egoísmo NM égoïsme *m*

egoísta ADJ, NMF égoïste *mf*

ególatra ADJ égocentrique

egregio, -a ADJ illustre

egresado, -a (AM) NM/F diplômé(e)

egresar (AM) VI obtenir son diplôme

egreso NM (*AM Univ*) diplôme *m*

eh EXCL eh !

Eire NM Eire *f*

ej. ABR (= *ejemplo*) ex. (= *exemple*)

eje NM axe *m*

ejecución NF exécution *f* ; (*Jur*) saisie *f* ; **poner en ~** (*plan*) mettre à exécution

ejecutar VT exécuter ; (*Jur*) saisir

ejecutiva NF comité *m* exécutif ; *ver tb* **ejecutivo**

ejecutivo, -a ADJ exécutif(-ive) ; **el poder ~** le pouvoir exécutif ▶ NM/F cadre *m* dirigeant ; **el ~** l'exécutif

ejecutor NM exécuteur *m* testamentaire

ejecutoria NF (*Jur*) sentence *f* exécutoire

ejemplar ADJ exemplaire ▶ NM (*Zool etc*) spécimen *m* ; (*de libro, periódico*) exemplaire *m* ; **~ de regalo** exemplaire gratuit

ejemplificar VT illustrer

ejemplifique *etc* VB *ver* **ejemplificar**

ejemplo NM exemple *m* ; **por ~** par exemple ; **dar ~** donner l'exemple

ejercer VT exercer ▸ VI: **~ de** exercer le métier de

ejercicio NM exercice *m*; **hacer ~** faire de l'exercice; **~ acrobático** (*Aviat*) exercice acrobatique; **~ comercial** exercice; **ejercicios espirituales** retraite *fsg*

ejercitar VT exercer ■ **ejercitarse** VPR: **ejercitarse en** s'exercer en

ejército NM armée *f*; **entrar en el ~** entrer dans l'armée; **~ de ocupación** troupes *fpl* d'occupation; **E~ de Tierra/del Aire** armée de terre/de l'air

ejerza *etc* VB *ver* **ejercer**

ejidatario, -a (*esp* MÉX) NM/F *propriétaire de terres exploitées en commun*

ejido (*esp* MÉX) NM *terres exploitées en commun*

ejote (AM) NM haricot *m* vert

el, la

(*pl* **los, las**) ART DEF **1** le, la, les; **el libro/la mesa/los estudiantes/las flores** le livre/la table/les étudiants/les fleurs; **el amor/la juventud** l'amour/la jeunesse; **me gusta el fútbol** j'aime le football; **está en la cama** il est au lit

2: **romperse el brazo** se casser le bras; **levantó la mano** il leva la main; **se puso el sombrero** il mit son chapeau

3 (*en descripción*): **tener la boca grande/los ojos azules** avoir une grande bouche/les yeux bleus

4 (*con días*): **me iré el viernes** je partirai vendredi; **los domingos suelo ir a nadar** le dimanche je vais nager

5 (*en exclamación*): **¡el susto que me diste!** tu m'as fait une de ces peurs!

6: **el de** (*pertenencia*): **mi libro y el de usted** mon livre et le vôtre; **las de Pepe son mejores** celles de Pepe sont mieux

7: **no la(s) blanca(s) sino la(s) gris(es)** pas la(les) blanche(s), la(les) grise(s)

8: **el/la/los/las que** (*sujeto*) celui/celle/ceux/celles qui; (*objeto*) celui/celle/ceux/celles que; **el/la que quiera que se vaya** celui/celle qui le veut s'en aille; **el que sea** n'importe qui; **llévese el que más le guste** emportez celui que vous préférez; **el que compré ayer** celui que j'ai acheté hier; **la que está debajo** celle qui est dessous

9: **el/la/los/las que** (*con preposición*) lequel/laquelle/lesquels/lesquelles; **la persona con la que hablé** la personne avec laquelle j'ai parlé

10: **el que sea tan vago me molesta** ça me gêne qu'il soit si paresseux

él PRON PERS (*sujeto*) il; (*tras preposición*) lui; **es él** c'est lui; **es de/para él** c'est à/pour lui; **dáselo a él** donne-le-lui

elaboración NF élaboration *f*; **~ de presupuestos** élaboration du budget

elaborar VT élaborer; (*madera etc*) travailler

elasticidad NF élasticité *f*

elástico, -a ADJ, NM élastique *m*

ELE SIGLA M (= *español como lengua extranjera*) ELE *m* (= *espagnol langue étrangère*)

elección NF élection *f*; (*selección*) choix *m*; (*alternativa*) alternative *f* ■ **elecciones** NFPL élections *fpl*; **elecciones generales** élections

eleccionario, -a ADJ (AM) électoral(e)

electo, -a ADJ: **el presidente ~** le président élu

elector, a NM/F électeur(-trice)

electorado NM électorat *m*

electoral ADJ électoral(e)

electoralista ADJ électoraliste

electrice *etc* VB *ver* **electrizar**

electricidad NF électricité *f*

electricista NMF électricien(ne)

eléctrico, -a ADJ électrique

electrificar VT électrifier

electrizante ADJ (*fig*) électrisant(e)

electrizar VT électrifier; (*fig*) électriser

electro... PREF électro...

electrocardiograma NM électrocardiogramme *m*

electrochoque NM électrochoc *m*

electrocutar VT électrocuter ■ **electrocutarse** VPR s'électrocuter

electrodo NM électrode *f*

electrodoméstico NM électroménager *m*

electroencefalograma NM électro-encéphalogramme *m*

electroimán NM électro-aimant *m*

electrólisis NF électrolyse *f*

electromagnético, -a ADJ électromagnétique

electrón NM électron *m*

electrónica NF électronique *f*

electrónico, -a ADJ électronique; **proceso ~ de datos** (*Inform*) traitement *m* électronique des données

electroshock NM = **electrochoque**

electrotecnia NF électrotechnique *f*

electrotécnico, -a NM/F électrotechnicien(ne)

elefante NM éléphant *m*

elegancia NF élégance *f*

elegante ADJ (*de buen gusto*) élégant(e); (*fino*) raffiné(e); **estar** *o* **ir ~** être élégant(e)

elegía NF élégie *f*

elegir VT choisir; (*por votación*) élire

elemental ADJ élémentaire

elemento NM élément *m*; (AM *fam*) type *m*; **estar en su ~** être dans son élément; **elementos de juicio** éléments de jugement; **¡menudo ~!** c'est un bon à rien! ■ **elementos** NMPL (*de una ciencia*) rudiments *mpl*; (*de la naturaleza*) éléments *mpl*

elenco NM (*Teatro*) distribution *f*; (AM *Deporte*) équipe *f*

elepé NM 33 tours *m inv*
elevación NF élévation *f*
elevado, -a ADJ (*precio, fig*) élevé(e) ; (*montículo, torre*) haut(e)
elevador (*Am*) NM ascenseur *m*
elevadorista (*Am*) NMF liftier(-ière)
elevalunas NM INV lève-vitre *m* ; **~ eléctrico** lève-vitre électrique
elevar VT élever ; (*producción*) augmenter ■ **elevarse** VPR s'élever ; **elevarse a** s'élever à
eligiendo *etc* VB *ver* **elegir**
elija *etc* VB *ver* **elegir**
eliminación NF élimination *f* ; **por ~** par élimination
eliminar VT éliminer
eliminatoria NF épreuve *f* éliminatoire ; (*Deporte*) éliminatoires *fpl*
elipse NF ellipse *f*
elipsis NF INV ellipse *f*
élite ['elite] NF élite *f*
elitismo NM élitisme *m*
elitista ADJ élitiste
elixir NM élixir *m*
ella PRON PERS elle ; **es ~** c'est elle ; **es de/para ~** c'est à/pour elle ; **dáselo a ~** donne-le-lui
ellas PRON PERS *ver* **ellos**
ello PRON cela ; **es por ~ que ...** c'est pour cela que ...
ellos, -as PRON PERS (*sujeto*) ils (elles) ; (*tras verbo, preposición*) eux (elles) ; **es de/para ~** c'est à/pour eux (elles)
elocuencia NF éloquence *f*
elocuente ADJ éloquent(e)
elogiar VT louer
elogio NM éloge *m* ; **hacer elogios a** *o* **de** faire l'éloge de ; **deshacerse en elogios** ne pas tarir d'éloges
elogioso, -a ADJ élogieux(-euse) ; **en términos elogiosos** en termes élogieux
elote (*Am*) NM épi *m* de maïs
El Salvador NM Le Salvador *m*
elucubración NF élucubration *f*
eludir VT (*deber*) se dérober à ; (*responsabilidad*) rejeter ; (*justicia*) se soustraire à ; (*respuesta*) éluder
E.M. ABR (*Mil: = Estado Mayor*) EM *m* (*= État-Major*)
Em.ª ABR (*= Eminencia*) Mgr (*= Monseigneur*)
email ['imeil] NM e-mail *m* ; **enviar algo por ~** envoyer qch par e-mail ; **mandar un ~ a algn** envoyer un e-mail à qn
emanación NF émanation *f*
emanar VI: **~ de** émaner de ; (*situación*) découler de
emancipar VT affranchir ■ **emanciparse** VPR s'émanciper ; (*siervo*) s'affranchir
embadurnar VT: **~ (de)** badigeonner (de) ■ **embadurnarse** VPR: **embadurnarse (de)** se badigeonner (de)
embajada NF ambassade *f* ; (*mensaje*) dépêche *f*
embajador, a NM/F ambassadeur(-drice)
embaladura (*Am*) NF, **embalaje** NM emballage *m*
embalar VT emballer ■ **embalarse** VPR s'emballer
embaldosar VT carreler
embalsamar VT embaumer
embalsar VT déborder
embalse NM retenue *f* (d'eau) ; (*construcción*) barrage *m*
embarace *etc* VB *ver* **embarazar**
embarazada ADJ F enceinte ▸ NF femme *f* enceinte

> ⚠ **Embarazada** ne signifie pas *embarrassée*, qui se traduit par **incómoda** en espagnol.

embarazar VT embarrasser ; (*mujer*) mettre enceinte
embarazo NM (*de mujer*) grossesse *f* ; (*estorbo, vergüenza*) embarras *m*
embarazoso, -a ADJ embarrassant(e)
embarcación NF embarcation *f* ; **~ de arrastre** chalutier *m*
embarcadero NM embarcadère *m*
embarcar VT embarquer ; **~ a algn en una empresa** (*fig*) embarquer qn dans une affaire ; **~ en** (*tren, avión*) monter dans ■ **embarcarse** VPR s'embarquer ; **embarcarse en** (*tren, avión*) monter dans
embarco NM *ver* **embarque**
embargar VT (*Jur*) saisir ; **me embargaba la emoción** l'émotion m'envahissait
embargo NM (*Jur*) saisie *f* ; (*Com, Pol*) embargo *m* ; **sin ~** cependant
embargue *etc* VB *ver* **embargar**
embarque VB *ver* **embarcar** ▸ NM embarquement *m* ; **tarjeta/sala de ~** carte *f*/salle *f* d'embarquement
embarrancar VI (*Náut*) échouer ; (*fig*) caler
embarranque *etc* VB *ver* **embarrancar**
embarrar VT couvrir de boue ■ **embarrarse** VPR se couvrir de boue
embarullar VT embrouiller
embate NM rugissement *m*
embaucador, a NM/F enjôleur(-euse)
embaucar VT duper
embauque *etc* VB *ver* **embaucar**
embeber VT boire ▸ VI (*tela*) rétrécir ■ **embeberse** VPR: **embeberse en** (*en libro, etc*) se plonger dans
embebido, -a ADJ: **~ en** plongé(e) dans
embelesado, -a ADJ captivé(e)
embelesar VT captiver ■ **embelesarse** VPR: **embelesarse (con)** être captivé(e) (par)
embellecedor NM (*Auto*) enjoliveur *m*
embellecer VT embellir ■ **embellecerse** VPR embellir

embellezca *etc* VB *ver* **embellecer**
embestida NF charge *f*
embestir VT charger ▸ VI charger ; (*olas*) rugir
embistiendo *etc* VB *ver* **embestir**
emblema NM emblème *m*
emblemático, -a ADJ emblématique
embobado, -a ADJ ébahi(e)
embobar VT fasciner ▪ **embobarse** VPR: **embobarse con** *o* **de** *o* **en** être fasciné(e) par
embocadura NF embouchure *f*
embolado (*fam*) NM (*mentira*) bobard *m* ; (*lío*) pétrin *m*
embolador (COL) NM cireur *m* (de chaussures)
embolar (COL) VT (*zapatos*) cirer
embolia NF embolie *f* ; **~ cerebral** embolie cérébrale
émbolo NM piston *m*
embolsar VT empocher ▪ **embolsarse** VPR empocher
emboquillado, -a ADJ filtre
emborrachar VT soûler ▪ **emborracharse** VPR se soûler
emboscada NF embuscade *f*
embotado, -a ADJ émoussé(e)
embotar VT (*sentidos*) émousser ; (*facultades*) diminuer
embotellado, -a ADJ en bouteille ; (*tráfico*) embouteillé(e)
embotellamiento NM embouteillage *m*
embotellar VT mettre en bouteille ; (*tráfico*) embouteiller ▪ **embotellarse** VPR être embouteillé(e)
embozo NM rabat *m*
embragar VI embrayer
embrague VB *ver* **embragar** ▸ NM embrayage *m*
embravecer VT (*toro*) exciter ▪ **embravecerse** VPR devenir furieux(-euse) ; (*mar*) se déchaîner
embravecido, -a ADJ furieux(-euse) ; (*mar*) déchaîné(e)
embriagador, a ADJ capiteux(-euse)
embriagar VT soûler ; (*fig*) griser ▪ **embriagarse** VPR se soûler
embriague *etc* VB *ver* **embriagar**
embriaguez NF ivresse *f*
embriología NF embryologie *f*
embrión NM embryon *m* ; **en ~** (*proyecto*) à l'état embryonnaire
embrionario, -a ADJ embryonnaire
embrollar VT embrouiller ▪ **embrollarse** VPR s'embrouiller
embrollo NM enchevêtrement *m* ; **meterse en un ~** se mettre dans de beaux draps
embromado, -a (AM *fam*) ADJ difficile
embromar (AM *fam*) VT embêter
embrujado, -a ADJ ensorcelé(e)
embrujar VT ensorceler
embrujo NM ensorcellement *m*
embrutecer VT abrutir ▪ **embrutecerse** VPR s'abrutir
embrutezca *etc* VB *ver* **embrutecer**
embudo NM entonnoir *m*
embuste NM mensonge *m*
embustero, -a ADJ, NM/F menteur(-euse)
embute (MÉX) NM pot-de-vin *m*
embutido NM (*Culin*) charcuterie *f* ; (*Tec*) emboutissage *m*
embutir VT (*chorizo etc*) préparer ; **~ (en)** (*encajar*) fourrer (dans) ; (*introducir*) enfoncer (dans)
emergencia NF urgence *f* ; (*surgimiento*) émergence *f*
emergente ADJ émergent(e)
emerger VI émerger
emérito, -a ADJ émérite
emerja *etc* VB *ver* **emerger**
emigración NF (*de personas*) émigration *f* ; (*de pájaros*) migration *f* ; **la ~** (*emigrantes*) l'émigration
emigrado, -a NM/F émigré(e)
emigrante ADJ qui émigre ▸ NMF émigrant(e)
emigrar VI (*personas*) émigrer ; (*pájaros*) migrer
eminencia NF: **ser una ~ (en algo)** être une sommité (de qch) ; (*en títulos*): **Su/Vuestra E~** (*Rel*) Son/Votre Éminence *f*
eminente ADJ éminent(e)
emir NM émir *m*
emirato NM émirat *m*
emisario NM émissaire *m*
emisión NF émission *f* ; **~ de acciones/de valores** (*Com*) émission d'actions/de titres ; **~ gratuita de acciones** (*Com*) émission prioritaire
emisor, a ADJ émetteur(-trice) ▸ NM émetteur *m* ▸ NF station *f* de radio
emitir VT émettre ; (*voto*) exprimer ; **~ una señal sonora** émettre un signal sonore
emoción NF émotion *f*
emocionado, -a ADJ ému(e)
emocional ADJ émotif(-ive), émotionnel(le)
emocionante ADJ émouvant(e), excitant(e)
emocionar VT émouvoir ▪ **emocionarse** VPR s'émouvoir
emoticón, emoticono NM émoticône *f*, smiley *m*
emotivo, -a ADJ (*escena*) émouvant(e) ; (*persona*) émotif(-ive)
empacadora NF (*Agr*) ramasseuse-presse *f*, presse *f* ; (MÉX) usine *f* de conditionnement
empacar VT empaqueter ; (*en caja*) mettre dans des caisses
empachar VT donner une indigestion à ▪ **empacharse** VPR avoir une indigestion
empacho NM indigestion *f* ; (*fig*) scrupule *m*
empadronamiento NM recensement *m*

e

empadronarse VPR se faire recenser
empalagar VT, VI (*suj: dulce*) écœurer ; (*fig: suj: persona*) être écœurant(e) ; (*: música*) rendre malade
empalagoso, -a ADJ (*alimento*) écœurant(e) ; (*fig: persona*) mielleux(-euse) ; (*: estilo*) à l'eau de rose
empalague *etc* VB *ver* **empalagar**
empalizada NF palissade *f*
empalmar VT (*cable*) raccorder ; (*carretera*) rejoindre ; (*sesión*) enchaîner ▸ VI (*dos caminos*) se rejoindre ; **~ con** (*tren*) assurer la correspondance avec
empalme NM (*Tec*) raccordement *m* ; (*de carreteras*) croisement *m* ; (*de trenes*) correspondance *f*
empanada NF *sorte de chausson salé fourré à la tomate, à la viande ou au poisson etc*
empanadilla NF (*salada*) friand *m* ; (*dulce*) chausson *m*
empanar VT (*con pan rallado*) paner ; (*en masa*) *faire la pâte (d'un chausson)*
empantanarse VPR être inondé(e) ; (*fig*) être dans une impasse
empañar VT embuer ▪ **empañarse** VPR s'embuer
empapar VT tremper ; (*suj: toalla, esponja etc*) absorber ▪ **empaparse** VPR: **empaparse (de)** (*persona*) être trempé(e) (par) ; (*esponja, comida*) absorber
empapelar VT tapisser
empaque *etc* VB *ver* **empacar**
empaquetar VT empaqueter
emparedado (*esp* AM) NM sandwich *m*
emparejar VT mettre ensemble
emparentado, -a ADJ: **estar ~ con** avoir un lien de parenté avec
empastar VT plomber
empaste NM plombage *m*
empatar VI faire match nul ; **empataron a 1** il y a eu 1 partout ; **estar empatados** (*dos equipos*) être à égalité ▸ VT (VEN) assembler
empate NM match *m* nul ; **un ~ a cero** zéro partout
empatía NF empathie *f*
empecé *etc*, **empecemos** *etc* VB *ver* **empezar**
empecinado, -a ADJ obstiné(e)
empecinarse VPR: **~ en** s'obstiner à
empedernido, -a ADJ invétéré(e)
empedrado, -a ADJ pavé(e) ▸ NM (*pavimento*) pavement *m*
empedrar VT paver
empeine NM (*de pie*) cou-de-pied *m* ; (*de zapato*) empeigne *f*
empellón NM coup *m* ; **dar empellones a algn** rouer qn de coups ; **abrirse paso a empellones** se frayer un chemin à coups de coude
empeñado, -a ADJ (*persona*) endetté(e) ; (*objeto*) mis(e) en gage ; **~ en** (*obstinado*) déterminé(e) à
empeñar VT mettre en gage ▪ **empeñarse** VPR s'endetter ; **empeñarse en hacer** s'obstiner à faire
empeño NM acharnement *m* ; (*cosa prendada*) gage *m* ; **casa de empeños** établissement *m* de prêts sur gages, mont-de-piété *m* ; **con ~** avec acharnement ; **poner ~ en hacer algo** mettre de l'acharnement à faire qch ; **tener ~ en hacer algo** être déterminé(e) à faire qch
empeoramiento NM dégradation *f*
empeorar VT, VI empirer
empequeñecer VT rapetisser ; (*fig*) banaliser
empequeñezca *etc* VB *ver* **empequeñecer**
emperador NM empereur *m*
emperatriz NF impératrice *f*
emperifollarse VPR se pomponner
emperrarse VPR s'obstiner ; **~ en algo** s'obstiner dans qch
empezar VT commencer ▸ VI commencer ; **empezó a llover** il a commencé à pleuvoir ; **bueno, para ~** voyons, pour commencer ; **~ a hacer** commencer à faire ; **~ por (hacer)** commencer par (faire)
empiece *etc* VB *ver* **empezar**
empiedre *etc* VB *ver* **empedrar**
empiezo *etc* VB *ver* **empezar**
empinado, -a ADJ en pente
empinar VT dresser ; **~ el codo** (*fam*) lever le coude ▪ **empinarse** VPR (*persona*) se mettre sur la pointe des pieds ; (*animal*) se mettre sur ses pattes de derrière ; (*camino*) grimper
empingorotado, -a (*fam*) ADJ tiré(e) à quatre épingles
empírico, -a ADJ empirique
emplace *etc* VB *ver* **emplazar**
emplazamiento NM emplacement *m* ; (*Jur*) citation *f*
emplazar VT installer ; (*Jur*) citer à comparaître ; (*citar*) citer
empleado, -a ADJ employé(e) ; **le está bien ~** c'est bien fait pour lui ▸ NM/F employé(e) ; **empleada del hogar** employée de maison ; **~ público** fonctionnaire *mf*
empleador, a NM/F employeur(-euse)
emplear VT employer ; **~ mal el tiempo** mal gérer son temps ▪ **emplearse** VPR: **emplearse de** *o* **como** trouver un emploi de, se faire embaucher comme
empleo NM emploi *m* ; **modo de ~** mode *m* d'emploi
emplomar (CSUR) VT (*diente*) plomber
empobrecer VT appauvrir ▪ **empobrecerse** VPR s'appauvrir
empobrecimiento NM appauvrissement *m*
empobrezca *etc* VB *ver* **empobrecer**
empoderar VT donner les moyens d'agir à
empollar VT, VI (*Zool*) couver ; (*Escol: fam*) bûcher
empollón, -ona (*fam*) NM/F (*Escol*) bûcheur(-euse)

empolvar VT poudrer ■ **empolvarse** VPR (*cara*) se poudrer ; (*superficie*) s'empoussiérer
emponzoñar VT (*esp fig*) détériorer
emporio NM centre *m* commercial ; (AM) grand magasin *m*
empotrado, -a ADJ *ver* **armario**
empotrar VT encastrer
emprendedor, a ADJ entreprenant(e) ▶ NM/NF entrepreneur(-euse)
emprender VT entreprendre ; **emprenderla con algn** (*fam*) s'en prendre à qn ; **emprenderla a bofetadas/golpes (con algn)** commencer à gifler/taper (qn)
empresa NF entreprise *f* ; **la libre ~** la libre entreprise ; **~ emergente** start-up *f* ; **~ filial/matriz** filiale *f*/société *f* mère
empresarial ADJ de l'entreprise ; **sector ~** secteur *m* des entreprises ■ **empresariales** NFPL études *fpl* de gestion des entreprises, études de commerce
empresario, -a NM/F (*Com*) chef *m* d'entreprise ; (*Teatro, Mús*) imprésario *m* ; **~ de pompas fúnebres** entrepreneur(-euse) de pompes funèbres
empréstito NM emprunt *m* ; (*Com*) capital *m* d'emprunt
empujar VT pousser ; **~ a algn a hacer** pousser qn à faire
empuje NM poussée *f* ; (*fig*) énergie *f*
empujón NM coup *m* ; **abrirse paso a empujones** se frayer un chemin à coups de coude
empuñadura NF (*de espada*) poignée *f* ; (*de herramienta*) manche *m*
empuñar VT empoigner ; **~ las armas** (*fig*) prendre les armes
emulación NF émulation *f*
emular VT imiter
emulsión NF (*Foto*) émulsion *f*

en

PREP **1** (*posición: dentro de*) dans ; (*: sobre*) sur ; **en la mesa** sur la table ; **está en el cajón** c'est dans le tiroir ; **en el periódico** dans le journal ; **en el suelo** par terre ; **en Argentina/Francia/España** en Argentine/France/Espagne ; **en La Paz/París/Londres** à La Paz/Paris/Londres ; **en casa** à la maison ; **en la oficina/el colegio** au bureau/à l'école ; **en el quinto piso** au cinquième étage
2 (*dirección*) dans ; **entró en el aula** il est entré dans la salle de classe ; **la pelota cayó en el tejado** le ballon est tombé sur le toit
3 (*tiempo*) en ; **en 1605/invierno** en 1605/hiver ; **en el mes de enero** au mois de janvier ; **caer en martes** tomber un mardi ; **en aquella ocasión/época** à cette occasion-là/époque-là ; **en ese momento** à ce moment ; **en tres semanas** dans trois semaines ; **en la mañana** (AM) le matin
4 (*manera*) : **en avión/autobús** en avion/autobus ; **viajar en tren/en bici/en moto** voyager en train/à vélo/à moto ; **escrito en inglés** écrit en anglais ; **en broma** pour rire ; **en un susurro** dans un murmure
5 (*forma*) : **en espiral** en spirale ; **en punta** pointu(e)
6 (*tema, ocupación*) : **experto en la materia** expert en la matière ; **trabaja en la construcción** il travaille dans le bâtiment
7 (*precio*) pour ; **lo vendió en 20 dólares** il l'a vendu pour 20 dollars
8 (*diferencia*) de ; **reducir/aumentar en una tercera parte/en un 20 por ciento** diminuer/augmenter d'un tiers/de 20 pour cent
9 (*después de vb que indica gastar etc*) en ; **se le va la mitad del sueldo en comida** il dépense la moitié de son salaire en nourriture
10 (*adj + en + infin*) : **lento en reaccionar** lent à réagir
11 : **¡en marcha!** en route !

Por norma general, los medios de transporte en francés van precedidos de la preposición *en*. Ahora bien, se usa la preposición *à* cuando la persona va a horcajadas (*à cheval, à moto*) y en la expresión *à pied*.

enaguas (AM) NFPL jupon *m*
enajenación NF aliénation *f* ; (*tb*: **enajenación mental**) aliénation (mentale)
enajenamiento NM = **enajenación**
enajenar VT aliéner ; (*fig*) rendre fou (folle)
enaltecer VT (*engrandecer*) exalter ; (*alabar*) louer
enamoradizo, -a ADJ qui tombe facilement amoureux(-euse)
enamorado, -a ADJ, NM/F amoureux(-euse) ; **estar ~ (de)** être amoureux(-euse) (de) ; **ser un(a) ~(-a) de** (*fig*) être un(e) passionné(e) de
enamoramiento NM *fait de tomber amoureux*
enamorar VT rendre amoureux(-euse) ■ **enamorarse** VPR : **enamorarse (de)** tomber amoureux(-euse) (de)
enano, -a ADJ nain(e) ; (*fam: muy pequeño*) minuscule ▶ NM/F nain(e)
enarbolar VT brandir
enardecer VT (*incitar*) inciter ; (*entusiasmar*) enflammer ■ **enardecerse** VPR (*excitarse*) s'enhardir ; (*exaltarse*) s'enflammer
enardezca *etc* VB *ver* **enardecer**
encabece *etc* VB *ver* **encabezar**
encabezado NM (*MÉX Prensa, Tip: encabezamiento*) manchette *f* ; (*: titular*) titre *m*
encabezamiento NM en-tête *m* ; (*de periódico*) titre *m* ; **~ normal** (*Tip etc*) titre courant
encabezar VT (*movimiento*) être à la tête de ; (*lista*) être en tête de ; (*carta, libro*) commencer
encabritarse VPR se cabrer
encadenar VT enchaîner ; (*bicicleta*) attacher ■ **encadenarse** VPR s'enchaîner ; (*fig*) s'assujettir

e

encajar VT encastrer, emboîter ; (*fam: golpe*) envoyer ; (: *broma, mala noticia*) encaisser ▶ VI s'encastrer, s'emboîter ; **~ con** (*fig*) cadrer avec ■ **encajarse** VPR (*mecanismo*) se coincer ; (*un sombrero*) mettre

encaje NM encastrement *m* ; (*tejido*) dentelle *f*

encajonar VT caser ■ **encajonarse** VPR (*río*) se rétrécir

encalar VT blanchir à la chaux

encallar VI (*Náut*) échouer

encallecerse VPR (*manos*) devenir calleux(-euse)

encaminado, -a ADJ: **medidas encaminadas a ...** mesures tendant à ... ; **estar** *o* **ir bien ~** prendre la bonne voie

encaminar VT: **~ (a)** orienter (vers) ■ **encaminarse** VPR: **encaminarse a** *o* **hacia** se diriger vers

encamotarse (*Am*) VPR (*enamorarse*): **~ (de** *o* **con algn)** tomber amoureux(-euse) (de qn)

encandilar VT (*fig*) aveugler

encanecer VI avoir des cheveux blancs ■ **encanecerse** VPR (*pelo*) devenir grisonnant

encanezca *etc* VB *ver* **encanecer**

encantado, -a ADJ enchanté(e) ; **¡~!** enchanté(e) ! ; **estar ~ con algn** être très content(e) de qn ; **estar ~ con algo** être ravi(e) de qch

encantador, a ADJ charmant(e) ▶ NM/F charmeur(-euse) ; **~ de serpientes** charmeur(-euse) de serpents

encantamiento NM enchantement *m*

encantar VT enchanter ; **me encantan los animales** j'adore les animaux ; **le encanta esquiar** il adore skier

encanto NM (*atractivo*) charme *m* ; (*magia*) enchantement *m* ; (*expresión de ternura*) ravissement *m* ; **como por ~** comme par enchantement

encañonar VT diriger le canon sur

encapotado, -a ADJ (*cielo*) couvert(e)

encapricharse VPR: **~ con algo** s'emballer pour qch ; **~ con algn** s'amouracher de qn

encapuchado, -a ADJ masqué(e) ▶ NM/F homme masqué (femme masquée)

encaramar VT hisser ■ **encaramarse** VPR: **encaramarse (a)** se hisser (sur)

encarar VT affronter ■ **encararse** VPR: **encararse con** (*persona*) avoir une prise de bec avec

encarcelación NF, **encarcelamiento** NM emprisonnement *m*, incarcération *f*

encarcelar VT emprisonner

encarecer VT augmenter le prix de ; (*importancia*) souligner ; **le encareció que hiciera** il a insisté pour qu'il fasse ▶ VI augmenter ■ **encarecerse** VPR augmenter

encarecidamente ADV instamment

encarecimiento NM augmentation *f*

encarezca *etc* VB *ver* **encarecer**

encargado, -a ADJ chargé(e) ▶ NM/F (*responsable*) responsable *mf* ; **~ de negocios** responsable commercial(e)

encargar VT charger ; (*Com*) commander ; **~ a algn que haga algo** charger qn de faire qch ■ **encargarse** VPR: **encargarse de** se charger de

encargo NM commission *f* ; (*Com*) commande *f* ; **hecho de ~** fait sur mesure

encargue *etc* VB *ver* **encargar**

encariñarse VPR: **~ con** se prendre d'affection pour

encarnación NF incarnation *f*

encarnado, -a ADJ écarlate ; **ponerse ~** devenir écarlate

encarnar VT incarner ■ **encarnarse** VPR s'incarner

encarnizado, -a ADJ (*lucha*) sanglant(e)

encarrilar VT mettre sur rails ; (*fig*) remettre sur les rails

encasillar VT (*Teatro*) attribuer une place à ; (*pey*) caser

encasquetar VT (*sombrero*) mettre ; (*fig*) imposer ■ **encasquetarse** VPR se mettre

encasquillar VT (*Am: caballo*) ferrer ■ **encasquillarse** VPR (*bala, revólver*) s'enrayer

encauce *etc* VB *ver* **encauzar**

encausar VT mettre en accusation

encauzar VT diriger ; (*fig*) orienter

encefalitis NF encéphalite *f*

encefalograma NM encéphalogramme *m*

encendedor (*esp Am*) NM briquet *m*

encender VT allumer ; (*entusiasmo, cólera*) déclencher ■ **encenderse** VPR s'allumer ; (*de cólera*) s'enflammer

encendido, -a ADJ allumé(e) ; (*mejillas*) en feu ; (*mirada*) enflammé(e) ▶ NM allumage *m*

encerado, -a ADJ (*suelo*) ciré(e) ▶ NM (*Escol*) tableau *m*

encerar VT (*suelo*) cirer

encerrar VT (*persona, animal*) enfermer ; (*fig*) renfermer ■ **encerrarse** VPR s'enfermer ; (*fig*) se réfugier

encerrona NF piège *m*

encestar VI faire un panier

encharcar VT détremper ■ **encharcarse** VPR être inondé(e)

encharque *etc* VB *ver* **encharcar**

enchastrar (*CSur*) VT salir

enchilada (*Méx*) NF enchilada *f*, *crêpe de maïs fourrée à la viande et au piment*

enchilarse (*Méx fam*) VPR fulminer

enchinar (*Méx*) VT friser

enchufado, -a (*fam*) NM/F pistonné(e)

enchufar VT (*Elec*) brancher ; (*Tec*) assembler ; (*fam: persona*) pistonner

enchufe NM (*Elec*) prise *f* ; (: *clavija*) prise *f* mâle ; (: *toma*) prise femelle ; (*Tec*) jointure *f* ;

(*fam: recomendación*) piston *m* ; (*: puesto*) poste *obtenu par piston* ; **tiene un ~ en el ministerio** il est pistonné par quelqu'un au ministère

encía NF gencive *f*

encíclica NF encyclique *f*

enciclopedia NF encyclopédie *f*

enciclopédico, -a ADJ encyclopédique

encienda *etc* VB *ver* **encender**

encierro VB *ver* **encerrar** ▸ NM retraite *f* ; (*Taur*) *lâchage des taureaux dans les rues avant une corrida* ; **el ~ en la fábrica** (*Pol*) l'occupation *f* de l'usine

encima ADV (*en la parte de arriba*) en haut ; (*además*) en plus ; **~ de** (*sobre*) sur ; (*además de*) en plus de ; **por ~ de** plus haut que ; (*fig*) plus haut placé(e) que ; **por ~ de todo** par-dessus tout ; **leer/mirar algo por ~** lire/regarder qch rapidement ; **¿llevas dinero ~?** as-tu de l'argent sur toi ? ; **se me vino ~** il est venu me voir à l'improviste ; **~ mío/nuestro** *etc* (*esp CSur fam*) au-dessus de moi/nous *etc*

encimera NF plan *m* de travail

encina NF chêne *m* vert

encinar NM chênaie *f*

encinta ADJ F enceinte

enclaustrar VT cloîtrer ▪ **enclaustrarse** VPR se cloîtrer

enclavado, -a ADJ: **~ en** situé(e) dans

enclave NM enclave *f*

enclenque ADJ malingre

encofrado NM (*Tec*) coffrage *m*

encoger VT (*ropa*) rétrécir ; (*piernas*) plier ; (*músculos*) contracter ; (*fig*) intimider ▸ VI rétrécir ▪ **encogerse** VPR rétrécir ; (*fig*) être intimidé(e) ; **encogerse de hombros** hausser les épaules

encoja *etc* VB *ver* **encoger**

encolar VT coller

encolerice *etc* VB *ver* **encolerizar**

encolerizar VT mettre en colère ▪ **encolerizarse** VPR se mettre en colère

encomendar VT confier ▪ **encomendarse** VPR: **encomendarse a** s'en remettre à

encomiable ADJ louable, digne d'éloges

encomiar VT faire l'éloge de

encomienda VB *ver* **encomendar** ▸ NF (*AM*) colis *m* ; **~ postal** colis postal

encomio NM éloge *m*

enconado, -a ADJ (*discusión*) enflammé(e), houleux(-euse) ; (*enfrentamiento*) acharné(e)

encono NM animosité *f*

encontradizo, -a ADJ: **hacerse el ~** feindre de rencontrer qn par hasard

encontrado, -a ADJ opposé(e)

encontrar VT trouver ; **~ a algn bien/cambiado** trouver qn bien/changé ▪ **encontrarse** VPR (*reunirse*) se retrouver ; (*estar*) se trouver ; (*sentirse*) se sentir ; (*entrar en conflicto*) s'opposer ; **encontrarse con algn/algo** tomber sur qn/qch ; **encontrarse bien (de salud)** aller bien

encontronazo NM rencontre *f* explosive ; (*fig*) altercation *f*

encorbatado, -a ADJ cravaté(e)

encorvado, -a ADJ courbé(e)

encorvar VT courber ▪ **encorvarse** VPR se plier

encrespado, -a ADJ (*pelo*) moutonné(e) ; (*mar*) moutonneux(-euse)

encrespar VT faire moutonner ; (*cabello*) friser ▪ **encresparse** VPR moutonner ; (*cabello*) friser

encrucijada NF croisement *m* ; **encontrarse** *o* **estar en una ~** (*fig*) ne plus savoir sur quel pied danser

encuadernación NF reliure *f* ; (*taller*) atelier *m* de relieur

encuadernar VT relier

encuadrar VT encadrer ; (*Foto*) cadrer

encuadre NM (*Foto*) cadrage *m*

encubierto PP *de* **encubrir**

encubrimiento NM (*Jur*) complicité *f*

encubrir VT cacher ; (*Jur*) couvrir

encuentro VB *ver* **encontrar** ▸ NM rencontre *f* ; (*Mil*) choc *m* ; (*discusión*) discussion *f* ; **ir/salir al ~ de algn** aller/sortir à la rencontre de qn

encuerado, -a (*AM fam*) ADJ à poil

encuesta NF sondage *m* ; (*investigación*) enquête *f* ; **~ de opinión** sondage d'opinion ; **~ judicial** enquête judiciaire

encuestado, -a ADJ interrogé(e), sondé(e) ▸ NM/F: **el 69 por 100 de los encuestados** 69 % des personnes interrogées

encuestar VT interroger

encumbrar VT élever ▪ **encumbrarse** VPR s'élever

encurtidos NMPL *petits légumes macérés dans du vinaigre*

ende ADV: **por ~** (*formal*) en conséquence (*formal*), par conséquent

endeble ADJ faible

endémico, -a ADJ endémique

endemoniado, -a ADJ démoniaque ; (*fig: travieso*) infernal(e) ; (*: tiempo*) abominable ; (*sabor*) infect(e)

endenantes (*AM fam*) ADV avant

enderece *etc* VB *ver* **enderezar**

enderezar VT (*tb fig*) redresser ; (*enmendar*) corriger ▪ **enderezarse** VPR se redresser

endeudamiento NM endettement *m*

endeudarse VPR s'endetter

endiablado, -a ADJ (*hum: genio, carácter*) espiègle ; (*: problema*) diabolique ; (*: tiempo*) abominable

endibia NF endive *f*

endilgar (*fam*) VT: **~ algo a algn** fourguer qch à qn ; **~ un sermón a algn** balancer un sermon à qn

endilgue *etc* VB *ver* **endilgar**

e

endiñar (*fam*) VT refiler
endiosado, -a ADJ prétentieux(-euse)
endocrino, -a ADJ endocrinien(-enne)
endogamia NF endogamie *f*
endomingarse VPR s'endimancher
endomingue *etc* VB *ver* **endomingarse**
endorfina NF endorphine *f*
endosar VT endosser ; **~ algo a algn** (*fam*) refiler qch à qn
endrina NF prunelle *f*
endulce *etc* VB *ver* **endulzar**
endulzar VT (*café*) sucrer ; (*salsa, fig*) adoucir ■ **endulzarse** VPR (*ver vt*) sucrer ; adoucir, s'adoucir
endurecer VT (*material, ley*) durcir ; (*persona*) endurcir ■ **endurecerse** VPR (*material, ley*) se durcir ; (*persona*) s'endurcir
endurecimiento NM (*de material. ley*) durcissement *m* ; (*de persona*) endurcissement *m*
endurezca *etc* VB *ver* **endurecer**
ene. ABR = **enero**
enebro NM genévrier *m*
eneldo NM aneth *m*
enema NM lavement *m*
enemigo, -a ADJ, NM/F ennemi(e) ; **ser ~ de** être l'ennemi(e) de
enemistad NF inimitié *f*
enemistar VT brouiller ■ **enemistarse** VPR: **enemistarse (con)** se fâcher (avec)
energético, -a ADJ énergétique
energía NF énergie *f*; **~ atómica/nuclear/solar** énergie atomique/nucléaire/solaire
enérgico, -a ADJ énergique
energúmeno, -a NM/F énergumène *mf*; **ponerse como un ~ con algo** se mettre dans une colère noire pour qch
enero NM janvier *m* ; *ver tb* **julio**
enervar VT énerver
enésimo, -a ADJ énième ; **por enésima vez** (*fig*) pour la énième fois
enfadado, -a ADJ en colère, fâché(e)
enfadar VT fâcher ■ **enfadarse** VPR se fâcher
enfado NM colère *f*
énfasis NM INV emphase *f*; **con ~** avec emphase ; **poner ~ en** mettre l'accent sur
enfático, -a ADJ emphatique
enfatizar VT souligner
enfermar VT rendre malade ; **su actitud me enferma** (*fam*) son attitude me rend malade ▶ VI tomber malade ; **~ del corazón** souffrir d'une maladie de cœur ■ **enfermarse** VPR (*esp Am*) tomber malade
enfermedad NF maladie *f*
enfermería NF infirmerie *f*
enfermero, -a NM/F infirmier(-ière) ; **~ jefe** infirmier(-ière) en chef
enfermizo, -a ADJ maladif(-ive)
enfermo, -a ADJ malade ; **caer** *o* **ponerse ~** tomber malade ; **¡me pone ~!** (*fam*) il/ça me rend malade ! ▶ NM/F malade *mf* ; (*en hospital*) patient(e) ; **~ del corazón/hígado** malade du cœur/foie
enfervorizar VT enthousiasmer
enfilar VI: **~ hacia** *o* **por** se diriger vers
enfisema NM emphysème *m*
enflaquecer VT amaigrir ▶ VI maigrir ; (*fuerzas, ánimo*) faiblir
enflaquezca *etc* VB *ver* **enflaquecer**
enfocar VT (*luz, foco*) diriger ; (*persona, objeto*) diriger le projecteur sur ; (*Foto*) faire la mise au point sur ; (*fig: problema*) envisager
enfoque VB *ver* **enfocar** ▶ NM (*Foto*) mise *f* au point ; (*fig*) point *m* de vue
enfrascado, -a ADJ: **estar ~ en algo** être absorbé(e) dans qch
enfrascarse VPR: **~ en la lectura** s'absorber dans sa lecture
enfrasque *etc* VB *ver* **enfrascarse**
enfrentamiento NM affrontement *m*
enfrentar VT (*peligro*) affronter ; (*contendientes*) confronter ■ **enfrentarse** VPR s'affronter ; (*dos equipos*) se rencontrer ; **enfrentarse a** *o* **con** (*problema*) se trouver face à ; (*enemigo*) faire face à
enfrente ADV en face ; **~ de** devant ; **la casa de ~** la maison d'en face ; **~ mío/nuestro** *etc* (*esp CSur fam*) devant moi/nous *etc*
enfriamiento NM refroidissement *m*
enfriar VT (*algo caliente, amistad*) refroidir ; (*habitación*) rafraîchir ■ **enfriarse** VPR se refroidir ; (*habitación*) se rafraîchir ; (*Med*) prendre froid
enfundar VT rengainer
enfurecer VT rendre furieux(-euse) ■ **enfurecerse** VPR devenir furieux(-euse) ; (*mar*) se déchaîner
enfurezca *etc* VB *ver* **enfurecer**
engalanar VT (*persona*) pomponner ; (*ciudad, calle*) décorer ■ **engalanarse** VPR se pomponner
enganchar VT (*vagones*) accrocher ; (*caballos*) atteler ; (*teléfono, electricidad*) mettre ; (*fam: persona*) mettre le grappin sur ; (*pez*) ferrer ; (*Taur*) encorner ■ **engancharse** VPR (*Mil*) s'engager ; **engancharse (en)** (*ropa*) s'accrocher (à) ; **engancharse (a)** (*fam: drogas*) devenir accro (à) ; **se le enganchó la falda en el clavo** elle a accroché sa jupe au clou
enganche NM (*Tec*) crochet *m* ; (*Ferro*) accrochage *m* ; (*Mil*) recrutement *m* ; (*Méx Com*) dépôt *m*
enganchón NM accroc *m*
engañar VT tromper ; (*estafar*) escroquer ; **~ el hambre** tromper la faim ▶ VI tromper ; **las apariencias engañan** les apparences sont trompeuses ■ **engañarse** VPR se tromper
engañifa (*fam*) NF arnaque *f*, marché *m* de dupe

engaño NM (*mentira*) mensonge *m* ; (*estafa*) escroquerie *f* ; **estar en** *o* **padecer un ~** être trompé(e) ; **inducir** *o* **llevar a ~** prêter à confusion

engañoso, -a ADJ trompeur(-euse)

engarce VB *ver* **engarzar** ▸ NM sertissure *f*

engarzar VT (*joya*) sertir ; (*cuentas*) enfiler ; (*fig*) associer

engaste NM = **engarce**

engatusar (*fam*) VT enjôler

engendrar VT (*tb fig*) engendrer

engendro (*pey*) NM monstre *m* ; (*novela, cuadro etc*) monstruosité *f*

englobar VT englober

engolado, -a ADJ affecté(e)

engomar VT engommer

engordar VT grossir ; (*animales*) engraisser ▸ VI grossir ; **los dulces engordan** les sucreries, ça fait grossir ; **~ un kilo** prendre un kilo

engorde NM (*de animales*) engraissement *m*

engorro (*fam*) NM ennui *m*

engorroso, -a ADJ empoisonnant(e)

engranaje NM engrenage *m*

engrandecer VT (*hacer más grande*) agrandir ; (*ennoblecer*) ennoblir

engrandezca *etc* VB *ver* **engrandecer**

engrasar VT graisser

engrase NM graissage *m*

engreído, -a ADJ suffisant(e)

engreimiento NM orgueil *m*, suffisance *f*

engreírse VPR s'enorgueillir

engrosar VT (*manuscrito*) grossir ; (*muro*) épaissir ; (*capital, filas*) augmenter ▸ VI grossir

engrudo NM colle *f*

engruese *etc* VB *ver* **engrosar**

engullir VT engloutir

enharinar VT recouvrir de farine

enhebrar VT enfiler

enhiesto, -a ADJ droit(e)

enhorabuena NF: **dar la ~ a algn** féliciter qn ; **¡~!** félicitations !

enigma NM énigme *f*

enigmático, -a ADJ énigmatique

enjabonar VT savonner ▪ **enjabonarse** VPR se savonner ; **enjabonarse la barba/las manos** se savonner la barbe/les mains

enjambre NM essaim *m* ; (*fig*) meute *f*

enjaular VT mettre en cage ; (*fam: persona*) mettre en taule

enjoyado, -a ADJ couvert(e) de bijoux

enjuagar VT rincer ▪ **enjuagarse** VPR se rincer

enjuague VB *ver* **enjuagar** ▸ NM rinçage *m* ; (*fig*) magouille *f*

enjugar VT essuyer, sécher ; (*lágrimas*) sécher ▪ **enjugarse** VPR: **enjugarse el sudor** s'éponger ; **enjugarse las lágrimas** sécher ses larmes

enjugue *etc* VB *ver* **enjugar**

enjuiciamiento (*Jur*) NM procédure *f* ; **~ civil/criminal** procédure civile/pénale

enjuiciar VT (*Jur: persona*) juger ; (*causa*) instruire ; (*opinar*) juger

enjundia NF (*de novela, asunto*) cœur *m*

enjuto, -a ADJ décharné(e)

enlace VB *ver* **enlazar** ▸ NM (*relación*) lien *m* ; (*tb:* **enlace matrimonial**) union *f* ; (*de trenes*) liaison *f* ; **~ de datos** enchaînement *m* des faits ; **~ policial** contact *m* ; **~ sindical** délégué(e) syndical(e) ; **~ telefónico** liaison téléphonique

enlatado, -a ADJ (*comida*) en conserve ; (*fam, pey: música*) (enregistré(e)) en conserve

enlazar VT attacher ; (*conceptos, organizaciones*) faire le lien entre ; (*Am*) prendre au lasso ▸ VI: **~ con** faire le lien avec

enlodar VT tacher de boue ; (*fama*) entacher

enloquecer VT rendre fou (folle) ; **me enloquece el chocolate** (*fig*) je raffole du chocolat ▸ VI devenir fou (folle) ; **~ de** (*fig*) devenir fou (folle) de

enloquezca *etc* VB *ver* **enloquecer**

enlosado NM pavé *m*

enlosar VT paver

enlucir VT plâtrer

enlutado, -a ADJ en deuil

enmarañar VT emmêler ; (*fig*) embrouiller ▪ **enmarañarse** VPR s'embrouiller

enmarcar VT encadrer ; (*fig*) constituer le cadre de

enmarque *etc* VB *ver* **enmarcar**

enmascarado, -a ADJ masqué(e) ▸ NM/F homme masqué (femme masquée)

enmascarar VT masquer ▪ **enmascararse** VPR se mettre un masque

enmendar VT (*escrito*) modifier ; (*constitución, ley*) amender ; (*comportamiento*) améliorer ▪ **enmendarse** VPR (*persona*) s'amender

enmicar (*Méx*) VT (*Tec*) plastifier

enmienda VB *ver* **enmendar** ▸ NF amendement *m* ; (*de carácter*) amélioration *f* ; **no tener ~** être incorrigible

enmohecerse VPR (*metal*) s'oxyder ; (*muro, plantas, alimentos*) moisir

enmohezca *etc* VB *ver* **enmohecerse**

enmudecer VI rester muet(te) ; (*perder el habla*) devenir muet(te)

enmudezca *etc* VB *ver* **enmudecer**

ennegrecer VT noircir ▪ **ennegrecerse** VPR noircir

ennegrezca *etc* VB *ver* **ennegrecer**

ennoblecer VT anoblir

ennoblezca *etc* VB *ver* **ennoblecer**

en.º ABR = **enero**

enojadizo, -a ADJ soupe-au-lait *inv*

enojado, -a (*esp Am fam*) ADJ furax *adj inv*

e

enojar VT mettre en colère ; (*disgustar*) contrarier ■ **enojarse** VPR (*ver vt*) se mettre en colère ; être contrarié(e)
enojo NM colère *f* ; (*disgusto*) contrariété *f*
enojoso, -a ADJ ennuyeux(-euse)
enólogo, -a NM/F œnologue *mf*
enorgullecer VT enorgueillir ■ **enorgullecerse** VPR s'enorgueillir
enorgullezca *etc* VB *ver* **enorgullecer**
enorme ADJ énorme
enormemente ADV énormément
enormidad NF énormité *f*
enquistarse VPR (*Med*) s'enkyster
enrabiar VT faire enrager ■ **enrabiarse** VPR enrager
enraice *etc* VB *ver* **enraizar**
enraizar VI (*Bot*) prendre racine ; (*fig*) s'enraciner ■ **enraizarse** VPR s'enraciner
enrarecido, -a ADJ raréfié(e)
enredadera NF plante *f* grimpante
enredar VT emmêler ; (*fig: asunto*) embrouiller ; **~ a algn en** (*fig: implicar*) mêler qn à ▸ VI (*molestar*) faire des bêtises ; (*trastear*) tripoter ■ **enredarse** VPR s'emmêler ; (*fig*) s'embrouiller ; **enredarse en** se prendre dans ; (*fig*) se mêler à ; **enredarse con algn** (*fam*) s'amouracher de qn
enredo NM nœud *m* ; (*fig: lío*) pétrin *m* ; (*: amorío*) amourette *f*
enrejado NM grille *f* ; (*en jardín*) treillis *m*
enrevesado, -a ADJ embrouillé(e), confus(e)
enriquecer VT enrichir ▸ VI s'enrichir ■ **enriquecerse** VPR s'enrichir
enriquezca *etc* VB *ver* **enriquecer**
enrojecer VT, VI rougir ■ **enrojecerse** VPR rougir
enrojezca *etc* VB *ver* **enrojecer**
enrolar VT enrôler ■ **enrolarse** VPR s'enrôler
enrollable ADJ enroulable ; **cinturón ~** ceinture *f* à enrouleur
enrollado, -a ADJ enroulé(e) ; (ESP *fam: simpático: persona, música*) sympa (*fam*), cool (*fam*) ; **estar ~ con algn** (ESP *fam*) sortir avec quelque'un ; **estar ~ con** *o* **en algo** (ESP *fam: estar enfrascado*) être en plein dans quelque chose ; **llevaba el periódico ~ bajo el brazo** il portait le journal enroulé sous le bras
enrollar VT enrouler ■ **enrollarse** VPR (*fam: al hablar*) s'éterniser ; **enrollarse con algn** (ESP *fam*) sortir avec qn ; **enrollarse bien/mal** (ESP *fam*) être sympa/peu causant(e)
enroque NM (*Ajedrez*) roque *m*
enroscar VT (*tornillo, tuerca*) visser ; (*cable, cuerda*) lover ■ **enroscarse** VPR (*serpiente*) se lover ; (*planta*) vriller
enrosque *etc* VB *ver* **enroscar**
ensaimada NF *pâtisserie en spirale, spécialité des îles Baléares*
ensalada NF salade *f* ; **~ mixta/rusa** salade mixte/russe
ensaladera NF saladier *m*
ensaladilla NF (*tb*: **ensaladilla rusa**) salade *f* russe
ensalce *etc* VB *ver* **ensalzar**
ensalmo NM: **como por ~** comme par enchantement
ensalzar VT encenser
ensamblador NM (*Inform*) assembleur *m*
ensambladura NF (*Tec: acoplamiento*) assemblage *m* ; (*: pieza*) joint *m*
ensamblaje NM assemblage *m* ; (*Tec*) joint *m*
ensamblar VT assembler
ensanchamiento NM élargissement *m*
ensanchar VT élargir ■ **ensancharse** VPR s'élargir ; (*fig: persona*) se rengorger
ensanche NM élargissement *m* ; (*zona*) terrain *m* à lotir
ensangrentado, -a ADJ ensanglanté(e)
ensangrentar VT ensanglanter
ensangriente *etc* VB *ver* **ensangrentar**
ensañamiento NM acharnement *m*
ensañarse VPR: **~ con** s'acharner sur *o* contre
ensartar VT enfiler ; **~ (con)** (*atravesar*) transpercer (de)
ensayar VT essayer ; (*Teatro, Mús*) répéter ▸ VI répéter
ensayista NMF essayiste *mf*
ensayo NM essai *m* ; (*Teatro, Mús*) répétition *f* ; (*Escol*) dissertation *f* ; **pedido de ~** (*Com*) commande *f* d'essai ; **~ general** répétition générale
enseguida ADV tout de suite
ensenada NF crique *f*
enseña NF enseigne *f*
enseñanza NF enseignement *m* ; **~ primaria/secundaria/superior** enseignement primaire/secondaire/supérieur
enseñar VT enseigner ; (*mostrar*) montrer ; (*señalar*) signaler ; **~ a algn a hacer** apprendre à qn à faire
enseres NMPL effets *mpl* ; (*útiles*) outils *mpl*
ENSIDESA (ESP) SIGLA F (*Com*) = **Empresa Nacional Siderúrgica, S.A.**
ensillar VT seller
ensimismarse VPR s'absorber ; (AM) se vanter ; **~ en** s'absorber dans
ensombrecer VT assombrir ■ **ensombrecerse** VPR (*fig: rostro*) s'assombrir
ensoñación NF illusion *f*
ensopar (AM) VT absorber
ensordecedor, a ADJ assourdissant(e)
ensordecer VT assourdir ▸ VI devenir sourd(e)
ensordezca *etc* VB *ver* **ensordecer**
ensortijado, -a ADJ (*pelo*) bouclé(e)
ensuciar VT salir ■ **ensuciarse** VPR se salir
ensueño NM rêve *m* ; (*fantasía*) illusion *f* ; **de ~** de rêve

entablado NM (*suelo*) plancher *m* ; (*armazón*) échafaudage *m*

entablar VT (*suelo, hueco*) planchéier ; (*Ajedrez, Damas*) disposer ; (*conversación, lucha*) engager ; (*pleito, negociaciones*) entamer

entablillar VT mettre une attelle à

entallado, -a ADJ déchiré(e)

entallar VT (*traje*) ajuster

entarimado NM plancher *m*

ente NM organisme *m* ; (*ser*) être *m* ; (*fam*) phénomène *m* ; **~ público** (Esp) télévision *f* espagnole

entelequia NF (*Filos*) entéléchie *f* ; (*plan irrealizable*) chimère *f*

entender VT comprendre ; **~ algo de** avoir quelques notions de ; **¿qué entiendes por ...?** qu'entends-tu par ... ? ; **dar a ~ que ...** donner à entendre que ... ▸VI comprendre ; **~ de** s'y entendre en ; **¿entiendes?** tu comprends ? ▸NM: **a mi ~** d'après moi ▪ **entenderse** VPR (*a sí mismo*) se comprendre ; (*dos personas*) s'entendre ; **entenderse bien/mal (con algn)** s'entendre bien/mal (avec qn) ; **yo ya me entiendo** (*fam*) je me comprends

entendido, -a ADJ (*experto*) compétent(e) ; (*informado*) informé(e) ▸NM/F expert(e) ▸EXCL (c'est) entendu !

entendimiento NM entente *f* ; (*inteligencia*) entendement *m*

entente NF entente *f*

enterado, -a ADJ informé(e) ; **estar ~ de** être au courant de ; **no darse por ~** jouer les ignorants

enteramente ADV entièrement

enterarse VPR: **~ (de)** apprendre ; **no se entera de nada** (*fam: no se da cuenta*) il ne se rend compte de rien ; (*: no entiende*) il ne comprend rien ; **para que te enteres ...** (*fam*) je te ferais remarquer ...

entereza NF droiture *f* ; (*fortaleza*) courage *m* ; (*integridad*) intégrité *f* ; (*firmeza*) fermeté *f*

enterito (Arg) NM bleu *m* de travail

enternecedor, a ADJ attendrissant(e)

enternecer VT attendrir ▪ **enternecerse** VPR s'attendrir

enternezca *etc* VB *ver* **enternecer**

entero, -a ADJ (*íntegro: fig*) entier(-ière) ; (*no roto*) intact(e) ; **por ~** entièrement ▸NM (*Mat*) entier *m* ; (*Com*) point *m* ; (Am) versement *m* ; (Arg) bleu *m* de travail ; **las acciones han subido dos enteros** les actions ont augmenté de deux points

enterrador NM fossoyeur *m*

enterramiento NM enterrement *m*

enterrar VT enterrer

entibiar VT tiédir ▪ **entibiarse** VPR tiédir

entidad NF (*empresa*) entreprise *f* ; (*organismo, Filos*) entité *f* ; (*sociedad*) société *f* ; **de menor/poca ~** de moindre importance/de peu d'importance

entienda *etc* VB *ver* **entender**

entierro VB *ver* **enterrar** ▸NM enterrement *m*

entlo. ABR = **entresuelo**; (*dans un bâtiment*) mezzanine *f*

entoldado NM pavillon *m*

entomología NF entomologie *f*

entomólogo, -a NM/F entomologiste *mf*

entonación NF intonation *f*

entonar VT entonner ; (*colores*) harmoniser ; (*Med*) fortifier ▸VI (*al cantar*) donner le ton ; **~ con** (*colores*) se marier bien avec ▪ **entonarse** VPR (*Med*) se fortifier

entonces ADV alors ; **desde ~** depuis ; **en aquel ~** en ce temps-là ; **(pues) ~** (et) alors ; **¡(pues) ~!** et alors !

entontecer VT abrutir ▪ **entontecerse** VPR s'abrutir

entornar VT (*puerta, ventana*) entrebâiller ; (*los ojos*) garder mi-clos

entorno NM environnement *m* ; **~ de redes** (*Inform*) environnement de réseaux

entorpecer VT (*tb fig*) gêner ; (*mente, persona*) abrutir

entorpezca *etc* VB *ver* **entorpecer**

entrada NF entrée *f* ; (*para espectáculo*) billet *m* ; (*de año, libro*) début *m* ; (*ingreso, Com*) recette *f* ; **de ~** d'entrée de jeu ; **« ~ gratis »** « entrée gratuite » ; **dar ~ a algn** admettre qn ; **~ de aire** (*Tec*) entrée d'air ▪ **entradas** NFPL (*Com*) recettes *fpl* ; **entradas brutas** recettes brutes ; **entradas y salidas** (*Com*) recettes et dépenses ; **tener entradas** avoir le front dégarni

> ⚠ **Entrada** ne se traduit pas toujours par *entrée*.

entrado, -a ADJ: **~ en años** d'un âge avancé ; **(una vez) ~ el verano** l'été venu

entramado NM (*Arq: estructura*) lattis *m*, lattage *m* ; (*: de puente*) treillis *m* ; (*red*) réseau *m*

entramparse VPR s'endetter

entrante ADJ prochain(e) ▸NM encaissement *m* ; (*Culin*) entrée *f*

entrañable ADJ (*amigo*) cher(-ère) ; (*trato*) cordial(e)

entrañar VT renfermer

entrañas NFPL entrailles *fpl* ; **sin ~** (*fig*) sans merci

entrar VT rentrer ; (*Inform*) entrer ▸VI entrer ; (*caber: anillo, zapato*) aller ; (*: tornillo, personas*) rentrer ; (*año, temporada*) commencer ; (*en profesión etc*) entrer ; (*en categoría, planes*) rentrer ; **le entraron ganas de reír** il eut envie de rire ; **me entró sueño/frío** j'ai eu sommeil/froid ; **~ en acción** entrer en action ; (*entrar en funcionamiento*) commencer à fonctionner ; **no me entra** je ne saisis pas ; **~ a** (Am) entrer dans

entre PREP (*dos cosas*) entre ; (*más de dos cosas*) parmi ; **se abrieron paso ~ la multitud** ils se frayèrent un passage à travers la foule ;

~ otras cosas entre autres ; **lo haremos ~ todos** nous le ferons tous ensemble ; **~ más estudia, más aprende** (*esp* AM *fam*) plus il étudie, plus il apprend

entreabierto PP *de* **entreabrir**

entreabrir VT entrouvrir

entreacto NM entracte *m*

entrecano, -a ADJ poivre et sel ; **ser ~** avoir les cheveux grisonnants

entrecejo NM: **fruncir el ~** froncer les sourcils

entrecerrar (*esp* AM) VT entrebâiller ■ **entrecerrarse** VPR s'entrebâiller

entrecomillado, -a ADJ entre guillemets

entrecomillar VT mettre entre guillemets

entrecortado, -a ADJ entrecoupé(e)

entrecot NM entrecôte *f*

entrecruce *etc* VB *ver* **entrecruzarse**

entrecruzarse VPR (*caminos*) se croiser ; (*hilos*) s'entrecroiser

entredicho NM (*Jur*) interdiction *f* ; **poner/estar en ~** mettre/être mis en doute

entrega NF (*de mercancías*) livraison *f* ; (*de premios*) remise *f* ; (*de novela, serial*) épisode *m* ; (*dedicación*) ardeur *f* ; **« ~ a domicilio »** « livraison à domicile » ; **novela por entregas** roman-feuilleton *m*

entregar VT livrer ; (*dar*) remettre ; **a ~** (*Com*) à livrer ■ **entregarse** VPR se livrer ; **entregarse a** (*al trabajo*) se consacrer à ; (*al vicio*) se livrer à

entregue *etc* VB *ver* **entregar**

entreguerras: **el período de ~** l'entre-deux-guerres

entrelace *etc* VB *ver* **entrelazar**

entrelazar VT entrelacer

entremedias ADV (*en medio*) au milieu ; (*mientras tanto*) entre-temps

entremeses NMPL hors d'œuvre *m inv*

entremeter VT insérer ■ **entremeterse** VPR = **entrometerse**

entremetido, -a ADJ = **entrometido**

entremezclar VT mélanger ■ **entremezclarse** VPR se mélanger

entrenador, a NM/F entraîneur(-euse)

entrenamiento NM entraînement *m*

entrenar VT entraîner ▶ VI (*Deporte*) s'entraîner ■ **entrenarse** VPR s'entraîner

entrepierna NF entrejambe *msg*

entresacar VT (*árboles*) déboiser ; (*pelo*) désépaissir ; (*frases, páginas*) sélectionner

entresaque *etc* VB *ver* **entresacar**

entresijos NMPL méandres *mpl*

entresuelo NM entresol *m*

entretanto ADV entre-temps

entretecho (CHI, COL) NM grenier *m*

entretejer VT entrelacer

entretela NF renfort *m*

entretención (AM) NF distraction *f*

entretendré *etc* VB *ver* **entretener**

entretener VT amuser ; (*retrasar*) retenir ; (*distraer*) distraire ; (*fig*) entretenir ; **no le entretengo más** je ne vous retiendrai pas plus longtemps ■ **entretenerse** VPR s'amuser ; (*retrasarse*) s'attarder ; (*distraerse*) se distraire

⚠ **Entretener** ne se traduit généralement pas par *entretenir*.

entretenga *etc* VB *ver* **entretener**

entretenido, -a ADJ amusant(e) ; (*tarea*) prenant(e)

entretenimiento NM distraction *f*

entretiempo NM: **de ~** (*ropa*) demi-saison

entretiene *etc*, **entretuve** *etc* VB *ver* **entretener**

entreveía *etc* VB *ver* **entrever**

entrever VT entrevoir

entreverarse (CSUR) VPR: **~ en algo** se mêler à qch

entrevero (CSUR) NM enchevêtrement *m*

entrevista NF (*para periódico, TV*) interview *f* ; (*de trabajo*) entretien *m*

entrevistado, -a NM/F personne *f* interviewée ; (*para un sondeo*) personne *f* interrogée

entrevistador, a NM/F intervieweur(-euse), interviewer *m*

entrevistar VT (*para periódico, TV*) interviewer ; (*para un trabajo*) faire passer un entretien à ■ **entrevistarse** VPR: **entrevistarse (con)** avoir un entretien (avec)

entrevisto PP *de* **entrever**

entristecer VT attrister ■ **entristecerse** VPR s'attrister

entristezca *etc* VB *ver* **entristecer**

entrometerse VPR: **~ (en)** se mêler de

entrometido, -a ADJ, NM/F indiscret(-ète)

entroncar VI: **~ (con)** coïncider (avec)

entronque *etc* VB *ver* **entroncar**

entumecer VT engourdir ■ **entumecerse** VPR s'engourdir

entumecido, -a ADJ engourdi(e)

entumezca *etc* VB *ver* **entumecer**

enturbiar VT (*agua*) troubler ; (*alegría*) gâter ■ **enturbiarse** VPR se troubler

entusiasmado, -a ADJ enthousiasmé(e) ; **el público recibió ~ a los campeones** le public a reçu avec enthousiasme les champions

entusiasmar VT enthousiasmer ■ **entusiasmarse** VPR: **entusiasmarse (con *o* por)** s'enthousiasmer (pour)

entusiasmo NM: **~ (por)** enthousiasme *m* (pour) ; **con ~** avec enthousiasme

entusiasta ADJ, NMF enthousiaste *mf* ; **~ de** passionné(e) de

enumeración NF énumération *f*

enumerar VT énumérer

enunciación NF énonciation *f*

enunciado NM énoncé *m*
enunciar VT énoncer
envainar VT rengainer
envalentonar (*pey*) VT stimuler ■ **envalentonarse** VPR s'enhardir
envanecer VT enorgueillir ■ **envanecerse** VPR: **envanecerse de hacer/de haber hecho** se vanter de faire/d'avoir fait
envanezca *etc* VB *ver* **envanecer**
envasado NM conditionnement *m*
envasar VT conditionner ; **envasado al vacío** conditionné sous vide
envase NM (*recipiente, envoltorio*) emballage *m* ; (*acción*) conditionnement *m*
envejecer VT, VI vieillir
envejecido, -a ADJ vieilli(e)
envejecimiento NM vieillissement *m*
envejezca *etc* VB *ver* **envejecer**
envenenamiento NM empoisonnement *m*
envenenar VT empoisonner ; (*fig: relaciones*) envenimer
envergadura NF envergure *f* ; **de gran ~** de grande envergure
envés NM envers *m*
enviado, -a NM/F (*Pol*) envoyé(e) ; **~ especial** envoyé(e) spécial(e)
enviar VT envoyer ; **~ a algn a hacer** envoyer qn faire ; **~ un SMS a algn** envoyer un SMS à qn
enviciar VT corrompre ■ **enviciarse** VPR: **enviciarse (con)** devenir accro (à)
envidia NF envie *f* ; (*celos*) jalousie *f* ; **tiene ~ de nuestro coche** il est jaloux de notre voiture
envidiable ADJ enviable
envidiar VT envier ; (*tener celos de*) jalouser
envidioso, -a ADJ envieux(-euse)
envilecer VT avilir ■ **envilecerse** VPR s'avilir
envío NM envoi *m* ; (*en barco*) expédition *f* ; **gastos de ~** frais *mpl* d'envoi ; **~ contra reembolso** envoi contre remboursement
envite NM (*Naipes*) mise *f*
enviudar VI devenir veuf (veuve)
envoltorio NM emballage *m*
envoltura NF enveloppe *f*
envolver VT envelopper ; (*enemigo*) encercler ; **~ a algn en** (*implicar*) impliquer qn dans ■ **envolverse** VPR: **envolverse en** s'envelopper dans
envuelto *etc*, **envuelva** *etc* VB *ver* **envolver**
enyesar VT plâtrer
enzarzarse VPR: **~ en** se mêler à
enzima NF enzyme *m o f*
eólico, -a ADJ éolien(-enne) ; **energía eólica** énergie *f* éolienne
epa (*AM fam*) EXCL (*¡oiga!*) écoute !
épale (*AM fam*) EXCL (*¡oiga!*) écoute donc !
epatar VT épater
E.P.D. ABR (= *en paz descanse*) qu'il (elle) repose en paix
épica NF poésie *f* épique
epicentro NM épicentre *m*
épico, -a ADJ épique
epicúreo, -a ADJ, NM/F épicurien(-enne)
epidemia NF épidémie *f*
epidémico, -a ADJ épidémique
epidérmico, -a ADJ épidermique
epidermis NF INV épiderme *m*
epidural (*Med*) ADJ péridural(e), épidural(e) ▸ NF péridurale *f*, épidurale *f*
Epifanía NF (*Rel*) Épiphanie *f*
epifanía NF (*manifestación*) épiphanie *f*
epígrafe NM épigraphe *f*
epilepsia NF épilepsie *f*
epiléptico, -a NM/F épileptique *mf*
epílogo NM épilogue *m*
episcopado NM épiscopat *m*
episcopal ADJ épiscopal(e) ; **sede ~** siège *m* épiscopal
episódico, -a ADJ épisodique
episodio NM épisode *m*
epistemología NF épistémologie *f*
epístola NF lettre *f*
epitafio NM épitaphe *f*
epíteto NM épithète *f*
epítome NM abrégé *m*
época NF époque *f* ; **de ~** d'époque ; **hacer ~** faire époque
epopeya NF épopée *f* ; **ser una ~** (*fam*) être épique
equidad NF équité *f*
equidistante ADJ équidistant(e)
equilibrado, -a ADJ équilibré(e)
equilibrar VT équilibrer
equilibrio NM équilibre *m* ; **mantener/perder el ~** garder/perdre l'équilibre
equilibrista NMF équilibriste *mf*
equino, -a ADJ (*ganadería*) de chevaux ; (*raza*) équin(e)
equinoccio NM équinoxe *m*
equipaje NM bagages *mpl* ; **hacer el ~** faire ses bagages ; **~ de mano** bagages à main
equipal (*MÉX*) NM (*silla: de mimbre*) chaise *f* ; (*: de cuero*) fauteuil *m*
equipamiento NM équipement *m*
equipar VT: **~ (con** *o* **de)** équiper (de)
equiparable ADJ comparable
equiparación NF égalité *f*, égalisation *f*
equiparar VT: **~ algo a** *o* **con** mettre qch sur un pied d'égalité avec, aligner qch sur ; **~ a algn a** *o* **con** mettre qn sur un pied d'égalité avec ■ **equipararse** VPR: **equipararse con** s'apparenter à
equipo NM (*grupo, Deporte*) équipe *f* ; (*instrumentos*)

e

matériel *m*, équipement *m* ; **trabajo en ~** travail *m* d'équipe ; **~ de alta fidelidad** chaîne *f* haute fidélité ; **~ de música** chaîne *f* stéréo ; **~ de rescate** équipe de sauvetage

equis NF (*letra*) X, x *m inv* ; (*fam: cantidad indeterminada*) x *m*

equitación NF équitation *f*

equitativo, -a ADJ équitable

equivaldré *etc* VB *ver* **equivaler**

equivalencia NF équivalence *f*

equivalente ADJ équivalent(e) ▶NM équivalent *m*

equivaler VI: **~ a (hacer)** équivaloir à (faire)

equivalga *etc* VB *ver* **equivaler**

equivocación NF erreur *f*

equivocado, -a ADJ (*decisión, camino*) mauvais(e) ; **estás (muy) ~** tu te trompes (sur toute la ligne)

equivocarse VPR se tromper ; **~ de camino/número** se tromper de chemin/numéro

equívoco, -a ADJ équivoque ▶NM (*ambigüedad*) ambiguïté *f* ; (*malentendido*) quiproquo *m*

equivoque *etc* VB *ver* **equivocarse**

era VB *ver* **ser** ▶NF ère *f* ; (*Agr*) aire *f*

erais VB *ver* **ser**

éramos VB *ver* **ser**

eran VB *ver* **ser**

erario NM Trésor *m*

eras VB *ver* **ser**

ERE NM ABR (= *Expediente de Regulación de Empleo*) *procédure de licenciement économique*

erección NF érection *f*

erecto, -a ADJ dressé(e) ; (*pene*) en érection

eres VB *ver* **ser**

ergonomía NF ergonomie *f*

ergonómico, -a ADJ ergonomique

erguir VT (*alzar*) lever ; (*poner derecho*) redresser ■ **erguirse** VPR se redresser

erial ADJ en friche ▶NM terrain *m* en friche

erice *etc* VB *ver* **erizarse**

erigir VT ériger ■ **erigirse** VPR: **erigirse en** s'ériger en

erija *etc* VB *ver* **erigir**

erizado, -a ADJ hérissé(e)

erizarse VPR se hérisser

erizo NM hérisson *m* ; (*tb*: **erizo de mar**) oursin *m*

ermita NF ermitage *m*

ermitaño, -a NM/F ermite *mf*

erosión NF érosion *f*

erosionar VT éroder

erótico, -a ADJ érotique

erotismo NM érotisme *m*

erradicación NF éradication *f*

erradicar VT éradiquer

erradique *etc* VB *ver* **erradicar**

errado, -a ADJ dans l'erreur

errante ADJ errant(e)

errar VI errer ; (*equivocarse*) se tromper ▶VT: **~ el camino** s'égarer ; **~ el tiro** manquer son coup

errata NF errata *m inv*

errático, -a ADJ erratique

erre NF (*letra*) r *m inv* ; **~ que ~** coûte que coûte

erróneo, -a ADJ erroné(e)

error NM erreur *f* ; **estar en un ~** être dans l'erreur ; **~ de escritura/de lectura** (*Inform*) erreur d'écriture/de lecture ; **~ de imprenta** faute *f* d'impression ; **~ judicial** erreur judiciaire

ertzaina [er'tʃaina] NMF membre *m* de la police autonome basque

Ertzaintza [er'tʃaintʃa] NF *police autonome basque*

eructar VI roter

eructo NM rot *m*

erudición NF érudition *f*

erudito, -a ADJ, NM/F érudit(e) ; **los eruditos en esta materia** les experts en la matière

erupción NF éruption *f* ; (*de violencia*) explosion *f*

es VB *ver* **ser**

E/S ABR (*Inform: = entrada/salida*) E/S (= *entrée/sortie*)

ESA SIGLA F (= *Agencia Espacial Europea*) ASE *f* (= *Agence spatiale européenne*)

esa ADJ, PRON *ver* **ese²**

ésa PRON *ver* **ése**

esas ADJ, PRON *ver* **ese²**

ésas PRON *ver* **ése**

esbelto, -a ADJ svelte

esbirro NM sbire *m*

esbozar VT ébaucher

esbozo NM ébauche *f*

escabeche NM escabèche *f* ; **en ~** à l'escabèche

escabechina NF (*en batalla*) massacre *m* ; **fue una ~** (*Escol*) ça a été l'hécatombe

escabroso, -a ADJ (*accidentado*) accidenté(e) ; (*fig: complicado*) épineux(-euse) ; (*: atrevido*) scabreux(-euse)

escabullirse VPR s'esquiver ; (*de entre los dedos*) filer

escacharrar (*fam*) VT détraquer ■ **escacharrarse** VPR se détraquer

escafandra NF (*tb*: **escafandra autónoma**) scaphandre *m* (autonome) ; **~ espacial** scaphandre spatial

escala NF échelle *f* ; (*tb*: **escala de cuerda**) échelle de corde ; (*Aviat, Náut*) escale *f* ; **a gran/pequeña ~** à grande/petite échelle ; **una investigación a ~ nacional** une enquête à l'échelon national ; **reproducir a ~** reproduire à l'échelle ; **hacer ~ en** faire escale à ; **~ móvil** échelle mobile ; **~ salarial** échelle des salaires

escalada NF escalade *f*

escalador, a NM/F (*Deporte: en alpinismo*) alpiniste *mf* ; (*: en ciclismo*) grimpeur(-euse)

escalafón NM (*en empresa*) échelle *f* des salaires ; (*en organismo público*) échelons *mpl* de solde ; **subir en el ~** monter en grade

escalar VT escalader ; (*fig*) monter ▶VI faire de l'escalade ; (*fig*) monter en grade

escaldar VT ébouillanter ; **salir escaldado** (*fig*) se faire échauder ■ **escaldarse** VPR s'ébouillanter

escalera NF escalier *m* ; (*tb*: **escalera de mano**) échelle *f* ; (*Naipes*) suite *f* ; **~ de caracol/de incendios** escalier en colimaçon/de secours ; **~ de tijera** escabeau *m* ; **~ mecánica** escalier roulant

escalerilla NF passerelle *f*

escalfar VT pocher

escalinata NF perron *m*

escalofriante ADJ terrifiant(e)

escalofrío NM frisson *m* ■ **escalofríos** NMPL: **dar** *o* **producir escalofríos a algn** (*fig*) donner des frissons à qn

escalón NM marche *f* ; (*de escalera de mano, fig*) échelon *m*

escalonar VT échelonner ; (*tierra*) terrasser

escalope NM escalope *f*

escalopín NM *petite escalope panée servie avec une sauce*

escalpelo NM scalpel *m*

escama NF écaille *f* ; (*de jabón*) paillette *f*

escamado, -a ADJ (*piel*) desquamé(e) ; (*receloso*) soupçonneux(-euse)

escamar VT (*pez*) écailler ; (*producir recelo*) rendre soupçonneux(-euse)

escamotear VT (*sueldo*) subtiliser ; (*verdad*) escamoter

escampar VB IMPERS cesser de pleuvoir

escanciar VT verser à boire

escandalice *etc* VB *ver* **escandalizar**

escandalizar VT scandaliser ■ **escandalizarse** VPR se scandaliser

escándalo NM scandale *m* ; **armar un ~** faire un scandale ; **¡es un ~!** c'est un scandale !

escandaloso, -a ADJ scandaleux(-euse) ; (*niño*) très bruyant(e)

Escandinavia NF Scandinavie *f*

escandinavo, -a ADJ scandinave ▶NM/F Scandinave *mf*

escanear VT scanner

escaneo NM scannage *m*

escáner NM (*aparato*) scanner *m* ; (*imagen*) (examen *m* au) scanner

escaño NM siège *m*

escapada NF escapade *f* ; (*Deporte*) échappée *f* ; **en una ~** le temps d'une escapade

escapar VI: **~ (de)** (*de encierro*) s'échapper (de) ; (*de peligro*) échapper à ; (*Deporte*) faire une échappée ; **dejar ~ una oportunidad** laisser échapper une occasion ■ **escaparse** VPR: **escaparse (de)** s'échapper (de) ; (*agua, gas*) fuir (de) ; **se le escapó el secreto** il a vendu la mèche ; **se le escapó la risa** un rire lui a échappé ; **no se le escapa un detalle** pas un détail ne lui échappe

escaparate NM vitrine *f*

escaparatista NMF étalagiste *mf*

escapatoria NF: **no tener ~** (*fig*) n'avoir aucune échappatoire

escape NM (*de agua, gas*) fuite *f* ; (*tb*: **tubo de escape**) pot *m* d'échappement ; **salir a ~** sortir à toute vitesse ; **tecla de ~** touche *f* d'échappement

escapismo NM évasion *f*

escaquearse (*fam*) VPR se tirer d'affaire, faire faux bond

escarabajo NM scarabée *m*

escaramuza NF escarmouche *f*

escarbar VT gratter ▶VI fouiller ; **~ en** (*en asunto*) démêler ■ **escarbarse** VPR: **escarbarse los dientes** se curer les dents

escarceo NM, **escarceos** NMPL (*tentativa*) incursion *f* ; **en mis escarceos con la política** lorsque j'ai fait mes premières armes en politique ; **escarceos amorosos** aventures *fpl* amoureuses

escarcha NF givre *m*

escarchado, -a ADJ couvert(e) de givre

escardar VT désherber

escarlata ADJ écarlate

escarlatina NF scarlatine *f*

escarmentar VT punir ▶VI comprendre la leçon ; **¡para que escarmientes!** ça t'apprendra !

escarmiento VB *ver* **escarmentar** ▶NM punition *f* ; (*aviso*) leçon *f*

escarnio NM raillerie *f* ; (*insulto*) quolibet *m*

escarola NF frisée *f*

escarpado, -a ADJ escarpé(e)

escarpia NF clou *m* à crochet

escasamente ADV chichement ; (*apenas*) à peine

escasear VI manquer

escasez NF (*falta*) pénurie *f* ; (*pobreza*) misère *f* ; **vivir con ~** vivre pauvrement

escaso, -a ADJ faible ; (*posibilidades*) compté(e) ; (*recursos*) insuffisant(e) ; (*público*) peu nombreux(-euse) ; **estar ~ de algo** être à court de qch ; **duró una hora escasa** cela a duré une heure à peine

escatimar VT (*sueldo, tela*) lésiner sur ; (*elogios, esfuerzos*) ménager ; **no ~ esfuerzos (para)** ne pas ménager ses efforts (pour)

escatológico, -a ADJ scatologique

escayola NF plâtre *m*

escayolar VT plâtrer

escena NF scène *f* ; **poner en ~** mettre en scène ; **hacer una ~** (*fam*) faire une scène

escenario NM scène *f* ; **el ~ del crimen** les lieux *mpl* du crime

escénico, -a ADJ scénique
escenificar VT mettre en scène
escenografía NF scénographie *f*
escenógrafo, -a NM/F scénographe *mf*, metteur(-euse) en scène
escepticismo NM scepticisme *m*
escéptico, -a ADJ, NM/F sceptique *mf*
escindir VT scinder ■ **escindirse** VPR se scinder ; **escindirse en** se scinder en
escisión NF (*Bio*) excision *f* ; (*de partido*) scission *f* ; **~ nuclear** fission *f* nucléaire
esclarecer VT éclaircir
esclarecimiento NM éclaircissement *m*
esclarezca *etc* VB *ver* **esclarecer**
esclavice *etc* VB *ver* **esclavizar**
esclavitud NF esclavage *m*
esclavizar VT asservir
esclavo, -a ADJ, NM/F esclave *mf*
esclerosis NF sclérose *f* ; **~ múltiple** sclérose multiple
esclusa NF écluse *f*
escoba NF balai *m* ; **pasar la ~** passer le balai
escobazo NM coup *m* de balai ; **echar a algn a escobazos** chasser qn à coups de balai
escobilla NF (*del wáter*) balayette *f* ; (*esp AM*) brosse *f*
escocer VI brûler ; **me escuece mucho la herida** la blessure me brûle ■ **escocerse** VPR s'irriter
escocés, -esa ADJ écossais(e) ; **falda escocesa** kilt *m* ; **tela escocesa** tissu *m* écossais ▶ NM/F Écossais(e)
Escocia NF Écosse *f*
escoger VT choisir
escogido, -a ADJ choisi(e)
escoja *etc* VB *ver* **escoger**
escolar ADJ scolaire ▶ NMF écolier(-ière)
escolaridad NF: **libro de ~** livret *m* scolaire
escolarización NF: **~ obligatoria** scolarité *f* obligatoire
escolarizar VT scolariser ; **niños sin ~** enfants *mpl* non scolarisés
escollo NM (*tb fig*) écueil *m*
escolta NF escorte *f*
escoltar VT escorter
escombrera NF (*vertedero*) dépotoir *m* ; (*Minería*) terril *m*
escombros NMPL décombres *mpl*
esconder VT cacher ■ **esconderse** VPR se cacher
escondidas NFPL (*AM*) cache-cache *m inv* ; **a ~** en cachette ; **hacer algo a ~ de algn** faire qch en cachette de qn
escondite NM cachette *f* ; (*juego*) cache-cache *m inv*
escondrijo NM cachette *f*
escopeta NF fusil *m* ; **~ de aire comprimido** fusil à air comprimé
escoplo NM ciseau *m* à bois
escorar VI donner de la bande
escorbuto NM scorbut *m*
escoria NF (*mineral*) scorie *f* ; (*fig*) lie *f*
Escorpio NM (*Astrol*) Scorpion *m* ; **ser ~** être Scorpion
escorpión NM scorpion *m*
escorzo NM: **en ~** (*Arte*) en perspective
escotado, -a ADJ décolleté(e) ; **ir muy ~** porter des vêtements très décolletés
escotar VT (*Costura*) décolleter ▶ VI payer son écot
escote NM décolleté *m* ; **pagar a ~** payer son écot
escotilla NF (*Náut*) écoutille *f*
escotillón NM trappe *f*
escozor NM brûlure *f*
escrache NM *manifestation citoyenne devant le domicile ou le lieu de travail d'un personnage public*
escribano, -a NM/F greffier(-ière)
escribible ADJ (CD/DVD) gravable
escribir VT, VI écrire ; **~ a máquina** taper à la machine ■ **escribirse** VPR s'écrire ; **¿cómo se escribe?** comment ça s'écrit ?
escrito, -a PP *de* **escribir** ▶ ADJ écrit(e) ; **por ~** par écrit ▶ NM (*documento*) écrit *m* ; (*manifiesto*) manifeste *m*
escritor, a NM/F écrivain(e)
escritorio NM (*mueble, oficina*) bureau *m*
escritura NF écriture *f* ; (*Jur*) acte *m* ; **Sagrada(s) E~(s)** les (Saintes) Écritures, l'Écriture (Sainte), les Écritures *fpl* (Saintes) ; **~ de propiedad** titre *m* de propriété
escriturar VT (*Jur*) passer un acte *ou* un contrat par-devant notaire ; **hemos escriturado la propiedad a mi nombre** nous avons mis la propriété à mon nom
escroto NM scrotum *m*
escrúpulo NM: **me da ~ (hacer)** j'ai des scrupules (à faire) ■ **escrúpulos** NMPL (*dudas*) scrupules *mpl*
escrupuloso, -a ADJ scrupuleux(-euse) ; (*aprensivo*) délicat(e)
escrutar VT scruter ; (*votos*) dépouiller
escrutinio NM examen *m* attentif ; (*de votos*) scrutin *m*
escuadra NF équerre *f* ; (*Mil*) escouade *f* ; (*Náut*) escadre *f*
escuadrilla NF escadrille *f*
escuadrón NM escadron *m*
escuálido, -a ADJ efflanqué(e)
escucha NF: **estar a la ~ (de)** être à l'écoute (de) ; **escuchas telefónicas** écoutes *fpl* téléphoniques ▶ NMF (*Telec, Radio*) *personne chargée des écoutes radio et téléphoniques*
escuchar VT écouter ; (*esp AM: oír*) entendre ▶ VI écouter ■ **escucharse** VPR (*AM Telec*): **escucharse muy mal** entendre très mal

escudarse VPR: **~ en** se réfugier derrière
escudería NF écurie *f*
escudero NM écuyer *m*
escudilla NF écuelle *f*
escudo NM bouclier *m* ; (*insignia*) écusson *m* ; (*moneda*) écu *m* ; **~ de armas** armes *fpl*
escudriñar VT scruter
escuece *etc* VB *ver* **escocer**
escuela NF école *f* ; **~ de arquitectura/Bellas Artes/idiomas** école d'architecture/des Beaux Arts/de langues ; **~ normal** école normale
escueto, -a ADJ (*estilo*) dépouillé(e) ; (*explicación*) concis(e)
escueza *etc* VB *ver* **escocer**
escuincle (*MÉX fam*) NM gosse *m*
esculcar (*MÉX*) VT examiner
esculpir VT sculpter
escultor, a NM/F sculpteur(-trice)
escultórico, -a ADJ sculptural(e)
escultura NF sculpture *f*
escultural ADJ sculptural(e)
escupidera NF crachoir *m* ; (*orinal*) pot *m* de chambre
escupir VT, VI cracher ; **~ (a la cara) a algn** (*fig*) cracher sur qn
escupitajo NM crachat *m*
escurreplatos NM INV égouttoir *m*
escurridizo, -a ADJ glissant(e) ; (*fig: persona*) fuyant(e)
escurridor NM passoire *f*
escurrir VT (*ropa*) essorer ; (*verduras*) égoutter ; (*platos*) laisser s'égoutter ; (*líquidos*) verser la dernière goutte de ; **~ el bulto** (*fig*) se dérober ▸ VI (*ropa, botella*) goutter ; (*líquidos*) couler ■ **escurrirse** VPR (*líquido*) s'écouler ; (*ropa, platos*) s'égoutter ; (*resbalarse*) glisser ; (*escaparse*) s'esquiver
ese[1] NF (*letra*) S, s *m inv* ; **hacer eses** (*en carretera*) faire des zigzags ; (*borracho*) avancer en zigzags
ese[2]**, esa, esos, esas** ADJ (*demostrativo: sg*) ce (cette) ; (*: pl*) ces ▸ PRON (*sg*) celui-là (celle-là) ; (*pl*) ceux-là (celles-là) ; **~ ... este ...** celui-là ... celui-ci ... ; **¡no me vengas con esas!** tu ne vas pas revenir là-dessus
ése, ésa, ésos, ésas PRON (*sg*) celui-là (celle-là) ; (*pl*) ceux-là (celles-là)
esencia NF essence *f* ; (*de doctrina*) essentiel *m* ; **en ~** par essence
esencial ADJ essentiel(le) ; **lo ~** l'essentiel *m*
esencialmente ADV essentiellement
esfera NF sphère *f* ; (*de reloj*) cadran *m* ; **~ impresora** boule *f* d'impression ; **~ profesional/social** sphère professionnelle/sociale ; **~ terrestre** globe *m* terrestre
esférico, -a ADJ sphérique
esfinge NF sphinx *m*
esfínter NM sphincter *m*
esforcé VB *ver* **esforzarse**
esforcemos *etc* VB *ver* **esforzarse**
esforzarse VPR s'efforcer ; **~ por hacer** s'efforcer de faire
esfuerce *etc* VB *ver* **esforzarse**
esfuerzo VB *ver* **esforzarse** ▸ NM effort *m* ; **hacer un ~ (para hacer)** faire un effort (pour faire) ; **con/sin ~** avec/sans effort
esfumarse VPR (*persona*) s'évanouir dans la nature ; (*esperanzas*) partir en fumée
esgrima NF escrime *f*
esgrimir VT (*arma*) manier ; (*argumento*) déployer
esguince NM entorse *f*
eslabón NM maillon *m* ; **el ~ perdido** (*Bio, fig*) le chaînon manquant
eslabonar VT enchaîner
eslálom NM slalom *m*
eslavo, -a ADJ slave ▸ NM/F Slave *mf* ▸ NM (*Ling*) langue *f* slave
eslip NM slip *m*
eslogan (*pl* **eslogans**) NM = **slogan**
eslora NF (*Náut*) longueur *f*
eslovaco, -a ADJ slovaque ▸ NM/F Slovaque *mf* ▸ NM (*Ling*) slovaque *m*
Eslovaquia NF Slovaquie *f*
Eslovenia NF Slovénie *f*
esloveno, -a ADJ slovène ▸ NM/F Slovène *mf* ▸ NM (*Ling*) slovène *m*
esmaltar VT émailler
esmalte NM émail *m* ; **~ de uñas** vernis *m* à ongles
esmerado, -a ADJ soigné(e)
esmeralda NF émeraude *f* ▸ ADJ émeraude *inv*
esmerarse VPR: **~ (en)** faire de son mieux (pour)
esmerilado, -a ADJ: **cristal ~** verre *m* poli à l'émeri
esmero NM soin *m* ; **con ~** avec soin
esmirriado, -a ADJ chétif(-ive)
esmoquin NM smoking *m*
esnifar (*fam*) VT (*cola, cocaína*) sniffer
esnob [es'nob] ADJ INV, NMF snob *mf*
esnobismo NM snobisme *m*
ESO NF ABR (ESP) (= *Educación Secundaria obligatoria*) *enseignement secondaire obligatoire*

En Espagne, la **ESO**, ou *Educación Secundaria Obligatoria*, s'adresse aux jeunes de 12 à 16 ans. Elle est gratuite et obligatoire et prévoit des matières à la fois intellectuelles et professionnelles. S'ils réussissent, les élèves reçoivent le diplôme intitulé *Título de Graduado en Educación Secundaria* à l'âge de 16 ans, ce qui correspond à la fin de la scolarité obligatoire. S'ils souhaitent poursuivre leurs études, ils peuvent choisir la voie qui les conduira à l'Université avec le *Bachillerato* ou la voie professionnelle avec la *Formación Profesional Específica*.

eso PRON ce, cela ; **~ de su coche** cette histoire avec sa voiture ; **~ de ir al cine** cette histoire d'aller au cinéma ; **a ~ de las cinco** vers cinq heures ; **en ~** sur ce ; **por ~** c'est pour ça ; **~ es** c'est cela ; **~ mismo** cela-même ; **nada de ~** rien de tout ça ; **no es ~** ce n'est pas cela ; **¡~ sí que es vida!** ça, c'est la vie ! ; **por ~ te lo dije** c'est pour cela que je te l'ai dit ; **¡y ~ que llovía!** pourtant il pleuvait !

esófago NM œsophage *m*

esos ADJ, PRON *ver* **ese²**

ésos PRON *ver* **ése**

esotérico, -a ADJ ésotérique

esoterismo NM ésotérisme *m*

esp. ABR = **especialmente**

espabilado, -a ADJ éveillé(e)

espabilar VT = **despabilar**

espachurrar VT écraser ■ **espachurrarse** VPR être écrasé(e)

espaciado NM (*Inform*) espacement *m*

espacial ADJ spatial(e)

espaciar VT espacer

espacio NM espace *m* ; (*Mús*) interligne *m* ; **el ~** l'espace ; **ocupar mucho ~** prendre beaucoup de place ; **a dos espacios, a doble ~** (*Tip*) à double interligne ; **en el ~ de una hora/de 3 días** en l'espace d'une heure/de 3 jours ; **por ~ de** durant ; **~ aéreo/exterior** espace aérien/extérieur

espacioso, -a ADJ spacieux(-euse)

espada NF épée *f* ; **estar entre la ~ y la pared** être entre le marteau et l'enclume ▶ NM (*Taur*) matador *m* ■ **espadas** NFPL (*Naipes*) *l'une des quatre couleurs du jeu de cartes espagnol*

espadachín NM spadassin *m*

espaguetis NMPL spaghettis *mpl*

espalda NF dos *msg* ; (*Natación*) dos crawlé ; **a espaldas de algn** dans le dos de qn ; **a (las) espaldas de** (*de edificio*) derrière ; **dar la ~ a algn** tourner le dos à qn ; **estar de espaldas** être de dos ; **por la ~** (*atacar*) par derrière ; (*disparar*) dans le dos ; **ser cargado de espaldas** être voûté ; **tenderse de espaldas** s'allonger sur le dos ; **volver la ~ a algn** tourner le dos à qn

espaldarazo NM coup *m* d'épaule

espalderas NFPL espalier *m*

espaldilla NF (*Anat*) omoplate *f* ; (*Culin*) épaule *f*

espantada NF fuite *f*, dérobade *f* ; **dar la ~** (*fam*) se débiner (*fam*)

espantadizo, -a ADJ craintif(-ive)

espantajo NM, **espantapájaros** NM INV épouvantail *m*

espantar VT (*persona*) effrayer ; (*animal*) faire fuir ; (*fig*) chasser ■ **espantarse** VPR s'effrayer ; (*ahuyentar*) déguerpir ; (*fig*) se dissiper

espanto NM frayeur *f* ; (*terror*) panique *f* ; **de ~** (*frío*) de canard ; (*ruido*) assourdissant(e) ; **¡qué ~!** quelle horreur !

espantoso, -a ADJ effrayant(e) ; (*fam: desmesurado*) terrible ; (*: feísimo*) horrible

España NF Espagne *f*

español, a ADJ espagnol(e) ▶ NM/F Espagnol(e) ▶ NM (*Ling*) espagnol *m*

españolice *etc* VB *ver* **españolizar**

españolista ADJ, NMF espagnoliste *mf*

españolizar VT hispaniser

esparadrapo NM sparadrap *m*

esparcimiento NM éparpillement *m* ; (*fig*) divertissement *m*

esparcir VT (*objetos*) éparpiller ; (*semillas*) semer ; (*líquido, noticia*) répandre ■ **esparcirse** VPR s'éparpiller ; (*noticia*) se répandre ; (*divertirse*) se divertir

espárrago NM asperge *f* ; **¡vete a freír espárragos!** (*fam*) va te faire cuire un œuf ! ; **~ triguero** asperge sauvage

espartano, -a ADJ spartiate

esparto NM alfa *m*

esparza *etc* VB *ver* **esparcir**

espasmo NM spasme *m*

espasmódico, -a ADJ spasmodique

espátula NF spatule *f*

especia NF épice *f*

especiado, -a ADJ épicé(e)

especial ADJ spécial(e) ; **en ~** spécialement

especialidad NF spécialité *f* ; (*Escol*) spécialisation *f*

especialista NMF spécialiste *mf* ; (*Cine*) cascadeur(-euse)

especializado, -a ADJ spécialisé(e)

especializarse VPR se spécialiser ; **~ en Derecho Internacional** se spécialiser en droit international

especialmente ADV spécialement

especie NF espèce *f* ; **una ~ de** une espèce de ; **pagar en ~** payer en espèces

específicamente ADV spécifiquement

especificar VT spécifier

específico, -a ADJ spécifique

especifique *etc* VB *ver* **especificar**

espécimen (*pl* **especímenes**) NM spécimen *m* ; (*muestra*) échantillon *m*

espectacular ADJ spectaculaire

espectacularidad NF aspect *m* spectaculaire ; **de gran ~** tout à fait spectaculaire

espectáculo NM spectacle *m* ; **dar un ~** se donner en spectacle

espectador, a NM/F spectateur(-trice) ; (*de incidente*) badaud(e)

espectro NM spectre *m* ; (*fig: gama*) gamme *f*

especulación NF spéculation *f* ; **~ bursátil** spéculation boursière

especulador, a NM/F spéculateur(-trice)

especular VI (*meditar*): **~ sobre** spéculer sur ; **~ (en)** (*Com*) spéculer (en)

especulativo, -a ADJ théorique ; (*persona*) spéculatif(-ive)
espejismo NM mirage *m*
espejo NM miroir *m* ; **mirarse al ~** se regarder dans la glace ; **~ retrovisor** rétroviseur *m*
espeleología NF spéléologie *f*
espeleólogo, -a NM/F spéléologue *mf*
espeluznante ADJ à faire dresser les cheveux sur la tête
espera NF attente *f* ; (*Jur*) délai *m* de grâce ; **a la** *o* **en ~ de** dans l'attente de ; **en ~ de su contestación/carta** dans l'attente de votre réponse/lettre
esperance *etc* VB *ver* **esperanzar**
esperanto NM espéranto *m*
esperanza NF espoir *m* ; **hay pocas esperanzas de que venga** il y a peu de chances qu'il vienne ; **dar esperanzas a algn** donner de l'espoir à qn ; **~ de vida** espérance *f* de vie
esperanzado, -a ADJ plein(e) d'espoir
esperanzador, a ADJ qui redonne de l'espoir
esperanzar VT donner de l'espoir à
esperar VT attendre ; (*desear, confiar*) espérer ; **~ un bebé** attendre un enfant ; **espero que venga** j'espère qu'il va venir ; **es de ~ que** il faut espérer que ▸ VI attendre ; **hacer ~ a algn** faire attendre qn ; **ir a ~ a algn** aller attendre qn ▪ **esperarse** VPR: **como podía esperarse** comme on pouvait s'y attendre
esperma NM sperme *m* ▸ NF (CARIB, COL) bougie *f*
espermatozoide NM spermatozoïde *m*
espermicida ADJ, NM spermicide *m*
esperpéntico, -a ADJ grotesque
esperpento NM (*persona*) épouvantail *m* ; (*cosa*) horreur *f*
espesar VT épaissir ▪ **espesarse** VPR s'épaissir
espeso, -a ADJ épais(se)
espesor NM épaisseur *f* ; (*densidad*) densité *f*
espesura NF fourrés *mpl*
espetar VT lancer à la figure
espía NMF espion(ne)
espiar VT espionner ▸ VI: **~ para** être un(e) espion(ne) à la solde de
espiga NF épi *m*
espigado, -a ADJ (*Bot*) mûr(e) ; (*fig*) grandi(e) trop vite
espigón NM (*Bot*) piquant *m* ; (*Náut*) digue *f*
espina NF (*Bot*) épine *f* ; (*de pez*) arête *f* ; **me da mala ~** ça ne me dit rien qui vaille ; **~ dorsal** épine dorsale
espinaca NF (*Bot*) épinard *m* ▪ **espinacas** NFPL (*Culin*) épinards *mpl*
espinar NM fourré *m*
espinazo NM épine *f* dorsale
espinilla NF (*Anat*) tibia *m* ; (*Med*) point *m* noir
espino NM aubépine *f*
espinoso, -a ADJ épineux(euse)
espionaje NM espionnage *m*
espiral ADJ en spirale ▸ NF spirale *f* ; (*anticonceptivo*) stérilet *m* ; **la ~ inflacionista** la spirale inflationniste ; **en ~** en spirale
espirar VT, VI expirer
espiritismo NM spiritisme *m*
espiritista ADJ, NMF spirite *mf*
espíritu NM esprit *m* ; **~ de cuerpo/de equipo** esprit de corps/d'équipe ; **~ de lucha** esprit combatif ; **E~ Santo** Saint-Esprit *m*
espiritual ADJ spirituel(le)
espiritualidad NF spiritualité *f*
espita NF robinet *m*
esplendidez NF (*generosidad*) générosité *f* ; (*magnificencia*) splendeur *f*
espléndido, -a ADJ (*magnífico*) splendide ; (*generoso*) généreux(-euse)
esplendor NM splendeur *f* ; (*apogeo*) apogée *m*
espliego NM lavande *f*
espolear VT éperonner ; (*fig: persona*) tanner
espoleta NF goupille *f*
espolón NM (*de ave*) ergot *m* ; (*malecón*) jetée *f*
espolvorear VT saupoudrer
esponja NF éponge *f* ; **beber como** *o* **ser una ~** boire comme un trou ; **~ de baño** éponge de toilette
esponjarse VPR s'imbiber ; (*fig: envanecerse*) se rengorger
esponjoso, -a ADJ spongieux(-euse) ; (*bizcocho*) moelleux(-euse)
esponsales NMPL fiançailles *fpl*
espontáneamente ADV spontanément
espontaneidad NF spontanéité *f*
espontáneo, -a ADJ spontané(e) ▸ NM/F (*esp Taur*) *spectateur qui s'élance dans l'arène pour participer à la corrida*
espora NF spore *f*
esporádico, -a ADJ sporadique
esposar VT passer les menottes à
esposo, -a NM/F époux(-ouse) ▪ **esposas** NFPL (*para detenidos*) menottes *fpl*
espray [es'prai] NM aérosol *m*, spray *m*
esprint [es'prin(t)] (*pl* **esprints**) NM sprint *m*
espuela NF éperon *m*
espuerta NF panier *m* ; **a espuertas** à la pelle
espuma NF mousse *f* ; (*sobre olas*) écume *f* ; **echar ~ por la boca** (*perro*) baver ; (*fig: persona*) écumer de rage ; **~ de afeitar** mousse à raser
espumadera NF écumoire *f*
espumar VT (*quitar espuma a*) écumer ▸ VI (*cerveza, jabón*) mousser
espumarajo NM bave *f* ; **echar espumarajos (de rabia)** écumer (de rage)
espumillón NM guirlande *f*
espumoso, -a ADJ moussant(e)

e

espúreo, -a, espurio, -a ADJ fallacieux(-euse), faux (fausse)
esputo NM expectoration *f*
esqueje NM (*Bot*) greffe *f*
esquela NF: **~ mortuoria** avis *msg* de décès
esquelético, -a (*fam*) ADJ décharné(e)
esqueleto NM squelette *m*
esquema NM schéma *m* ; (*guion*) plan *m* ; **en ~** schématiquement
esquemáticamente ADV schématiquement
esquemático, -a ADJ schématique
esquí (*pl* **esquís**) NM ski *m* ; **~ acuático** ski nautique
esquiador, a NM/F skieur(-euse)
esquiar VI skier
esquila NF cloche *f*
esquilar VT tondre
esquilmar VT (*tierra*) épuiser ; (*fam: persona*) saigné(e) à blanc
esquimal ADJ esquimau(de) ▶ NMF Esquimau(de)
esquina NF coin *m* ; **doblar la ~** tourner au coin de la rue ; **hacer ~ con** faire le coin avec
esquinazo NM: **dar ~ a algn** planter là qn
esquirla NF fragment *m*
esquirol NM briseur *m* de grève
esquivar VT esquiver
esquivo, -a ADJ (*huraño*) farouche ; (*desdeñoso*) dédaigneux(-euse)
esquizofrenia NF schizophrénie *f*
esquizofrénico, -a ADJ, NM/F schizophrène *mf*
esta ADJ, PRON *ver* **este**[2]
está VB *ver* **estar**
ésta PRON *ver* **éste**
estabilice *etc* VB *ver* **estabilizar**
estabilidad NF stabilité *f*
estabilización NF stabilisation *f*
estabilizar VT stabiliser ▪ **estabilizarse** VPR se stabiliser
estable ADJ stable
establecer VT établir ▪ **establecerse** VPR s'établir ; **establecerse de** *o* **como médico** s'établir comme médecin
establecimiento NM établissement *m*
establezca *etc* VB *ver* **establecer**
establishment [es'tablismen] (*pl* **establishments**) NM establishment *m*
establo NM étable *f* ; (*granero*) grange *f*
estaca NF (*palo*) piquet *m* ; (*con punta*) pieu *m*
estacada NF palissade *f* ; **dejar a algn en la ~** mettre qn dans de beaux draps
estación NF gare *f* ; (*de metro*) station *f* ; (*del año*) saison *f* ; (*Rel*) station ; **~ de autobuses/de ferrocarril** gare routière/de chemin de fer ; **~ de esquí** station de sports d'hiver ; **~ de metro** station de métro ; **~ de radio** station de radio ; **~ de servicio** station-service *f* ; **~ de trabajo** station de travail ; **~ de visualización** visuel *m* ; **~ meteorológica** station météorologique
estacional ADJ saisonnier(-ière)
estacionamiento NM stationnement *m*
estacionar VT (*Auto*) garer ▪ **estacionarse** VPR (*Auto*) se garer ; (*Med*) se stabiliser
estacionario, -a ADJ (*estado*) stationnaire ; (*mercado*) calme
estada (*AM*) NF séjour *m*
estadía (*AM*) NF = **estada**
estadio NM stade *m*
estadista NMF (*Pol*) homme (femme) d'État ; (*Estadística*) statisticien(ne)
estadística NF statistique *f*
estadístico, -a ADJ statistique
estado NM état *m* ; (*en redes sociales*) statut *m* ; **el E~** l'État ; **estar en ~ (de buena esperanza)** attendre un heureux événement ; **~ civil** état civil ; **~ de ánimo** humeur *f* ; **~ de cuenta(s)** relevé *m* de compte ; **~ de emergencia** *o* **excepción** état d'urgence ; **~ de pérdidas y ganancias** compte *m* de profits et pertes ; **~ de sitio** état de siège ; **~ financiero** bilan *m* financier ; **~ mayor** (*Mil*) état-major *m* ; **Estados Unidos** États-Unis *mpl*
estadounidense ADJ américain(e) ▶ NMF Américain(e)
estafa NF escroquerie *f*
estafador, a NM/F arnaqueur(-euse), escroc *m*
estafar VT escroquer ; **les estafaron ocho millones** ils les ont escroqués de huit millions
estafeta NF bureau *m* de poste
estáis VB *ver* **estar**
estalactita NF stalactite *f*
estalagmita NF stalagmite *f*
estallar VI (*bomba*) exploser ; (*volcán*) entrer en éruption ; (*vidrio*) voler en éclats ; (*bolsa, fig*) éclater ; **~ (de)** (*de ira*) exploser de ; (*de curiosidad*) être pris(e) de ; **~ en llanto** fondre en larmes
estallido NM explosion *f* ; (*fig: de guerra*) déclenchement *m*
estambre NM fibres *fpl* ; (*Bot*) étamine *f*
Estambul N Istanbul
estamento NM classe *f*
estampa NF estampe *f* ; (*porte*) allure *f* ; **ser la viva ~ de** être l'image même de
estampado, -a ADJ imprimé(e) ▶ NM (*dibujo*) imprimé *m*
estampar VT imprimer ; (*metal*) estamper ; (*fam: beso*) plaquer ; (*: bofetada*) envoyer ; **~ algo contra la pared** (*fam*) écraser qch contre le mur
estampida (*esp AM*) NF débandade *f*
estampido NM détonation *f*
estampilla NF estampille *f* ; (*AM: Correos*) timbre *m*

están VB *ver* **estar**
estancado, -a ADJ stagnant(e)
estancamiento NM ralentissement *m*
estancar VT retenir ; (*asunto, negociación*) bloquer ■ **estancarse** VPR stagner ; (*fig: progreso*) piétiner ; (*persona*): **estancarse en** s'enliser dans
estancia NF séjour *m* ; (*sala*) salle *f* ; (AM) ferme *f* d'élevage
estanciera (ARG) NF (*Auto*) fourgonnette *f*
estanciero (AM) NM (*Agr*) éleveur *m*
estanco, -a ADJ: **compartimento ~** compartiment *m* étanche ▶ NM bureau *m* de tabac ; *voir article*

L'**estanco** est l'équivalent espagnol du bureau de tabac : on y achète des cigarettes, du tabac et des timbres.

estándar ADJ standard ▶ NM standard *m*
estandarice *etc* VB *ver* **estandarizar**
estandarizar VT standardiser ■ **estandarizarse** VPR se standardiser
estandarte NM étendard *m*
estanflación NF (*Econ*) stagflation *f*
estanque VB *ver* **estancar** ▶ NM bassin *m* ; (CHI) réservoir *m*
estanquero, -a NM/F buraliste *mf*
estante NM (*de mueble*) rayonnage *m* ; (*adosado*) étagère *f* ; (AM: *soporte*) étai *m*
estantería NF étagère *f*
estaño NM étain *m*

estar

VI **1** (*posición*) être ; **está en la Plaza Mayor** il est sur la Plaza Mayor ; **¿está Juan?** (est-ce que) Juan est là ? ; **estamos a 30 km de Junín** nous sommes à 30 km de Junín
2 (+ *adj o adv: estado*) être ; **estar enfermo** être malade ; **estar lejos** être loin ; **está roto** c'est cassé ; **está muy elegante** il est très élégant ; **¿cómo estás?** comment vas-tu ? ; *ver tb* **bien**
3 (+ *gerundio*) être en train de ; **estoy leyendo** je suis en train de lire
4 (*uso pasivo*): **está condenado a muerte** il est condamné à mort ; **está envasado en ...** c'est emballé dans ...
5 (*tiempo*): **estamos en octubre/2015** nous sommes en octobre/2015
6 (*estar listo*): **¿está la comida?** le repas est prêt ? ; **¿estará para mañana?** ce sera prêt pour demain ? ; **ya está** ça y est ; **en seguida está** tout de suite
7 (*sentar*) aller ; **el traje le está bien** le costume lui va bien
8: **estar a** (*con fechas*): **¿a cuántos estamos?** nous sommes le combien ? ; **estamos a cinco de mayo** nous sommes le cinq mai ; (*con precios*): **las manzanas están a 1,50 euros** les pommes sont à 1,50 euros ; (*con grados*): **estamos a 25°** il fait 25° ; **está a régimen** il est au régime
9: **estar con**: **está con gripe** il a la grippe ; **estoy con él** (*apoyar*) je suis (d'accord) avec lui
10: **estar de** (*ocupación*): **estar de vacaciones/viaje** être en vacances/voyage ; (*trabajo*): **está de camarero** il travaille comme garçon de café ; (*actitud*): **está de mal humor** il est de mauvaise humeur
11: **estar en** (*consistir*) résider dans
12: **estar para** (*a punto de*): **está para salir** il est prêt à sortir ; (*disponible*): **no estoy para nadie** je n'y suis pour personne ; (*con humor de*): **no estoy para bromas** je ne suis pas d'humeur à plaisanter
13: **estar por** (*a favor de*) être pour ; **estoy por dejarlo** je suis tenté de laisser tomber ; (*sin hacer*): **está por limpiar** ça reste à nettoyer
14: **estar que**: **¡está que trina!** il en est fumasse ! ; **estoy que me caigo de sueño** c'est que je tombe de sommeil
15: **estar sin**: **estar sin dinero** ne pas avoir d'argent ; **la casa está sin terminar** la maison n'est pas finie
16 (*locuciones*): **¡ya estuvo!** (AM *fam*) ça suffit ! ; **¿estamos?** (*¿de acuerdo?*) d'accord ? ; **¡ya está bien!** bon, ça va !
■ **estarse** VPR: **se estuvo en la cama toda la tarde** il est resté au lit tout l'après-midi ; **¡estate quieto!** reste tranquille !

estárter NM starter *m*
estas ADJ, PRON *ver* **este**[2]
estás VB, PRON *ver* **estar**
éstas PRON *ver* **éste**
estatal ADJ (*política*) gouvernemental(e) ; (*enseñanza*) public(-ique)
estática NF (*tb*: **electricidad estática**) statique *f*
estático, -a ADJ statique
estatua NF statue *f*
estatuilla NF statuette *f*
estatura NF taille *f*, stature *f*
estatus *pl inv* NM statut *m* social
estatutario, -a ADJ (*medida*) relatif(-ive) au statut ; (*reforma*) de statut
estatuto NM statut *m* ; **estatutos sociales** (*Com*) statuts
este[1] ADJ est ; (*viento*) d'est ▶ NM est *m* ; **los países del E~** les pays *mpl* de l'Est

¡Atención! El punto cardinal en francés tiene la misma grafía que la tercera persona del singular del verbo *être* (*est*). Sin embargo, la pronunciación de una y otra palabra es diferente: en el primer caso se pronuncia [ɛst] y en el segundo [ɛ].

este[2]**, esta, estos, estas** ADJ (*demostrativo: sg*) ce (cette) ; (*: pl*) ces ▶ PRON (*sg*) celui-ci (celle-ci) ;

e

(*pl*) ceux-ci (celles-ci) ; **ese ... ~ ...** celui-ci ... celui-là ...

En francés, el adjetivo demostrativo *ce* se transforma en *cet* cuando precede a un sustantivo masculino que comienza por vocal o *h* muda. Por ejemplo: *cet homme*.

esté VB *ver* **estar**
éste, ésta, éstos, éstas PRON (*sg*) celui-ci (celle-ci) ; (*pl*) ceux-ci (celles-ci)
estela NF sillage *m*
estelar ADJ (*Astron*) stellaire ; (*actuación*) de star ; (*reparto*) prestigieux(-euse)
estén VB *ver* **estar**
estenografía NF sténographie *f*
estentóreo, -a ADJ (*sonido*) assourdissant(e) ; (*voz*) de stentor
estepa NF steppe *f*
estera NF natte *f*
estercolero NM tas *msg* de fumier ; (*fig*) porcherie *f*
estéreo ADJ INV, NM stéréo *f* ; **en ~** en stéréo
estereofónico, -a ADJ stéréophonique
estereotipado, -a ADJ stéréotypé(e)
estereotipo (*pey*) NM stéréotype *m*
estéril ADJ stérile
esterilice *etc* VB *ver* **esterilizar**
esterilidad NF stérilité *f*
esterilización NF stérilisation *f*
esterilizar VT stériliser
esterilla NF natte *f*
esterlina ADJ : **libra ~** livre *f* sterling
esternón NM sternum *m*
estero (*Am*) NM lac *m*
esteroide NM stéroïde *m* ; **~ anabólico** *o* **anabolizante** stéroïde anabolisant
estertor NM stertor *m*
estés VB *ver* **estar**
estética NF esthétique *f*
esteticien [esteti'θjen] NF esthéticienne *f*
esteticista NMF esthéticien(ne)
estético, -a ADJ esthétique
estetoscopio NM stéthoscope *m*
estibador NM docker *m*
estibar VT (*Náut*) débarder
estiércol NM fumier *m*
estigma NM (*esp Rel*) stigmates *mpl* ; (*fig*) stigmate *m*
estigmatice *etc* VB *ver* **estigmatizar**
estigmatizar VT stigmatiser
estilarse VPR être en vogue
estilete NM stylet *m*
estilice *etc* VB *ver* **estilizar**
estilista NMF (*escritor, peluquero*) styliste *mf*
estilístico, -a ADJ stylistique
estilizar VT styliser
estilo NM style *m* ; (*Natación*) nage *f* ; **al ~ de** à la mode de ; **por el ~** de ce genre ; **tener ~** avoir du style ; **~ de vida** style de vie
estilográfica NF stylo-plume *m*
estima NF estime *f* ; **le tiene en mucha ~** il a beaucoup d'estime pour lui
estimable ADJ (*persona*) estimable ; (*cantidad*) considérable
estimación NF (*valoración*) estimation *f* ; (*estima*) estime *f*
estimado, -a ADJ estimé(e) ; **« E~ Señor »** « cher monsieur »
estimar VT estimer ; **~ algo en** (*valorar*) estimer qch à
estimulante ADJ stimulant(e) ▸ NM stimulant *m*
estimular VT stimuler
estímulo NM stimulation *f*
estío NM été *m*
estipendio NM rémunération *f*
estipulación NF stipulation *f*
estipular VT stipuler
estirado, -a ADJ tendu(e) ; (*engreído*) hautain(e), prétentieux(-euse)
estiramiento NM (*de los músculos*) étirement *m* ; (*de la piel*) lifting *m*
estirar VT étirer ; (*brazo, pierna*) tendre ; (*fig: dinero*) faire durer ; **~ la pata** (*fam*) partir les pieds devant ; **~ las piernas** (*fig*) se dégourdir les jambes ▸ VI tirer ■ **estirarse** VPR s'étirer
estirón NM étirement *m* ; **dar** *o* **pegar un ~** beaucoup grandir
estirpe NF souche *f*
estival ADJ estival(e)
esto PRON cela, ça, c' ; **~ de la boda** cette affaire de la noce ; **~ es, ...** c'est-à-dire, ... ; **en ~** sur ce ; **por ~** c'est pour ça
estocada NF (*Taur*) estocade *f*
Estocolmo N Stockholm
estofa NF : **de baja ~** de condition modeste
estofado, -a ADJ cuit(e) à l'étouffée ▸ NM ragoût *m*
estofar VT cuire à l'étouffée
estoico, -a ADJ stoïque
estola NF étole *f*
estomacal ADJ d'estomac ; **trastorno ~** troubles *mpl* gastriques
estómago NM estomac *m* ; **tener ~** (*fig*) avoir de l'estomac ; **revolverle el ~ a algn** (*fam*) soulever le cœur de qn
Estonia NF Estonie *f*
estonio, -a ADJ estonien(-ienne) ▸ NM/F Estonien(-ienne) ▸ NM (*Ling*) estonien *m*
estopa NF (*del cáñamo*) étoupe *f*, filasse *f* ; (*tejido*) toile *f* de jute
estoque NM (*Taur*) estoc *m*
estor NM store *m*

estorbar VT, VI gêner
estorbo NM gêne *f*
estornino NM étourneau *m*
estornudar VI éternuer
estornudo NM éternuement *m*
estos ADJ, PRON *ver* **este²**
éstos PRON *ver* **éste**
estoy VB *ver* **estar**
estrábico, -a ADJ strabique
estrabismo NM strabisme *m*
estrado NM estrade *f* ▪ **estrados** NMPL (*Jur*) salles *fpl* d'audience
estrafalario, -a ADJ extravagant(e)
estrago NM: **hacer** *o* **causar estragos en** faire des ravages parmi
estragón NM estragon *m*
estrambótico, -a ADJ extravagant(e)
estrangulación NF, **estrangulamiento** NM strangulation *f*
estrangulador, a NM/F (*persona*) étrangleur(-euse) ▸ NM (*Mec*) étrangleur *m*; (*Auto*) starter *m*
estrangular VT étrangler; (*Med*) obstruer
estraperlo NM contrebande *f*
Estrasburgo N Strasbourg
estratagema NF stratagème *m*
estratega NMF stratège *mf*
estrategia NF stratégie *f*
estratégico, -a ADJ stratégique
estratificar VT stratifier
estratifique *etc* VB *ver* **estratificar**
estrato NM strate *f*; **~ social** couche *f* sociale
estratosfera NF stratosphère *f*
estratosférico, -a ADJ stratosphérique
estrechamente ADV (*íntimamente*) étroitement; (*pobremente*) à l'étroit
estrechamiento NM (*Auto*) rétrécissement *m*
estrechar VT rétrécir; (*persona*) serrer; (*lazos de amistad*) resserrer; **~ la mano** serrer la main ▪ **estrecharse** VPR se rétrécir; (*dos personas*) se rapprocher; (*fam: en asiento*) se serrer
estrechez NF étroitesse *f* ▪ **estrecheces** NFPL (*apuros*) difficultés *fpl* financières
estrecho, -a ADJ étroit(e); (*amistad*) intime; **~ de miras** borné(e); **estar/ir muy estrechos** être très serrés ▸ NM détroit *m*; **E~ de Gibraltar** détroit de Gibraltar
estrella NF étoile *f*; (*Cine etc*) star *f*; **tener (buena)/mala ~** être né(e) sous une bonne/mauvaise étoile; **ver las estrellas** (*fam*) voir trente-six chandelles; **~ de mar** étoile de mer; **~ fugaz** étoile filante; **E~ Polar** étoile polaire
estrellado, -a ADJ en forme d'étoile; (*cielo*) étoilé(e); (*huevos*) sur le plat
estrellar VT briser en mille morceaux; (*huevos*) faire cuire sur le plat ▪ **estrellarse** VPR se briser en mille morceaux; (*coche*) s'écraser; (*fracasar*) échouer; **se estrellaron en la carretera** ils sont morts dans un accident de voiture
estrellato NM sommet *m*
estrellón (*MÉX*) NM (*Auto*) choc *m*
estremecedor, a ADJ bouleversant(e), troublant(e)
estremecer VT bouleverser; (*suj: miedo, frío*) faire frissonner ▪ **estremecerse** VPR frissonner; (*edificio*) trembler; **estremecerse de** frissonner de
estremecimiento NM frisson *m*
estremezca *etc* VB *ver* **estremecer**
estrenar VT (*vestido*) étrenner; (*película, obra de teatro*) donner la première de; **~ casa** pendre la crémaillère ▪ **estrenarse** VPR: **estrenarse como** (*persona*) faire ses débuts de
estreno NM inauguration *f*; (*Cine, Teatro*) première *f*
estreñido, -a ADJ constipé(e)
estreñimiento NM constipation *f*
estreñir VT constiper
estrépito NM fracas *msg*
estrepitosamente ADV (*con ruido*) bruyamment, avec fracas; (*fracasar*) lamentablement
estrepitoso, -a ADJ (*ruidoso*) retentissant(e), fracassant(e); (*fracaso, derrota*) fracassant(e), cuisant(e); **aplausos estrepitosos** un tonnerre d'applaudissements
estrés NM stress *m*
estresado, -a ADJ (*persona*) stressé(e); (*vida, trabajo*) stressant(e)
estresante ADJ stressant(e)
estresar VT stresser
estría NF (*en tronco*) strie *f*; (*columna*) striure *f* ▪ **estrías** NFPL (*en la piel*) vergetures *fpl*
estribación NF (*Geo*) contrefort *m*
estribar VI: **~ en** résider en; **la dificultad estriba en el texto** la difficulté se situe dans le texte
estribillo NM refrain *m*
estribo NM (*de jinete*) étrier *m*; (*de tren*) marchepied *m*; (*de oído*) osselet *m*; (*de puente, cordillera*) contrefort *m*; **perder los estribos** (*fig*) monter sur ses grands chevaux
estribor NM (*Náut*) tribord *m*
estricnina NF strychnine *f*
estrictamente ADV strictement
estricto, -a ADJ strict(e)
estridente ADJ (*color*) criard(e); (*voz*) strident(e)
estrofa NF strophe *f*
estrógeno NM œstrogène *m*
estroncio NM strontium *m*; **~ 90** strontium *m* 90
estropajo NM tampon *m* à récurer
estropajoso, -a ADJ (*carne*) dur(e) comme de la semelle; (*lengua*) râpeux(-euse)

e

estropeado, -a ADJ en panne
estropear VT (*material*) abîmer ; (*máquina, coche*) casser ; (*planes*) gâcher ; (*cosecha*) gâter ; (*persona*) abîmer ■ **estropearse** VPR tomber en panne ; (*envejecer*) vieillir
estropicio (*fam*) NM: **hacer un ~** faire un beau désordre
estructura NF structure *f*
estructural ADJ structurel(le)
estructurar VT structurer
estruendo NM vacarme *m*
estruendoso, -a ADJ assourdissant(e)
estrujar VT (*limón*) presser ; (*bayeta*) tordre ; (*papel*) froisser ; (*persona*) serrer ■ **estrujarse** VPR (*personas*) se serrer ; **estrujarse la cabeza** *o* **los sesos** se creuser la cervelle
estrujón NM serrement *m*
estuario NM estuaire *m*
estuche NM trousse *f*
estuco NM stuc *m*
estudiado, -a ADJ (*respuesta, sonrisa*) étudié(e) ; **una persona de gestos muy estudiados** une personne aux gestes maniérés
estudiante NMF étudiant(e)
estudiantil ADJ estudiantin(e)
estudiar VT étudier ; (*carrera*) faire des études de ▸ VI étudier ; **~ para abogado** faire des études pour devenir avocat
estudio NM étude *f* ; (*proyecto*) projet *m* ; (*piso*) studio *m* ; (*de artista*) studio *m* ; (*Radio, TV etc: local*) studio *m* ; **~ de desplazamientos y tiempos/de motivación** étude des cadences/enquête *f* sur la motivation ; **~ del trabajo/de viabilidad** étude du travail/de faisabilité ■ **estudios** NMPL études *fpl* ; **cursar** *o* **hacer estudios de** faire des études de
estudioso, -a ADJ studieux(-euse) ▸ NM/F: **~ de** spécialiste *mf* de
estufa NF chaufferette *f*
estupefaciente ADJ stupéfiant(e) ▸ NM stupéfiant *m*
estupefacto, -a ADJ: **quedarse ~** être stupéfait(e) ; **me dejó ~** il m'a laissé stupéfait ; **me miró ~** il m'a regardé avec stupéfaction
estupendamente (*fam*) ADV: **estoy** *o* **me encuentro ~** je suis en pleine forme ; **llevarse ~** s'entendre à merveille ; **le salió ~** il l'a fait haut la main
estupendo, -a ADJ formidable ; **¡~!** super !
estupidez NF stupidité *f*
estúpido, -a ADJ stupide
estupor NM stupeur *f*
estupro NM détournement *m* de mineure
esturión NM esturgeon *m*
estuve *etc* VB *ver* **estar**
estuviera *etc* VB *ver* **estar**
esvástica NF croix *f* gammée
ET ABR = **Ejército de Tierra**
ETA SIGLA F (*Pol: = Euskadi Ta Askatasuna*) ETA *f*
etapa NF étape *f* ; **por etapas** par étapes ; **quemar etapas** brûler les étapes
etarra ADJ de l'ETA ▸ NMF membre *m* de l'ETA
etc. ABR (= *etcétera*) etc. (= *et cetera*)
etcétera ADV et cetera
etéreo, -a ADJ éthéré(e)
eternamente ADV éternellement
eternice *etc* VB *ver* **eternizarse**
eternidad NF éternité *f* ; **una ~** (*fam*) une éternité
eternizarse VPR: **~ en hacer algo** mettre une éternité à faire qch
eterno, -a ADJ éternel(le) ; (*fam: larguísimo*) à n'en plus finir
ética NF éthique *f* ; **~ profesional** éthique professionnelle
ético, -a ADJ éthique
etílico, -a ADJ éthylique
etimología NF étymologie *f*
etíope ADJ éthiopien(-ienne) ▸ NMF Éthiopien(-ienne) ▸ NM (*Ling*) éthiopien *m*
Etiopía NF Éthiopie *f*
etiqueta NF (*tb Inform*) étiquette *f* ; **traje de ~** tenue *f* de soirée
etiquetación NF, **etiquetado** NM, **etiquetaje** NM étiquetage *m*
etiquetar VT étiqueter ; **~ a algn de algo** étiqueter quelqu'un comme quelque chose
etnia NF ethnie *f*
étnico, -a ADJ ethnique
etrusco, -a ADJ étrusque ▸ NM/F Étrusque *mf* ▸ NM (*Ling*) étrusque *m*
ETS SIGLA F (= *Enfermedad de Transmisión Sexual*) MST *f* (= *maladie sexuellement transmissible*) ; (= *Escuela Técnica Superior*) lycée *m* technique
ETT SIGLA F (= *Empresa de Trabajo Temporal*) agence *f* d'intérim
EUA (*AM*) SIGLA MPL (= *Estados Unidos de América*) USA *mpl* (= *United States of America*)
eucalipto NM eucalyptus *m*
eucaristía NF Eucharistie *f*
eufemismo NM euphémisme *m*
euforia NF euphorie *f*
eufórico, -a ADJ euphorique
eunuco NM eunuque *m*
EURATOM SIGLA F (= *Comunidad Europea de la Energía Atómica*) Euratom *f*
Euribor NM ABR Euribor *m*
euro NM euro *m*
Eurocámara NF parlement *m* européen
Eurocheque NM Eurochèque *m*
eurodiputado, -a NM/F député(e) européen(ne)
eurófobo, -a ADJ, NM/NF europhobe *m*/*f*
Europa NF Europe *f*

europarlamentario, -a NM/F parlementaire *mf* européen(-enne)
europeice *etc* VB *ver* **europeizar**
europeísta ADJ pro-européen(ne)
europeizar VT européaniser ■ **europeizarse** VPR s'européaniser
europeo, -a ADJ européen(ne) ▶ NM/F Européen(ne)
Eurotúnel® NM tunnel *m* sous la Manche
Eurovisión NF Eurovision *f*
eurozona NF zone *f* euro
Euskadi NM Pays *m* basque
euskera, eusquera NM basque *m*
eutanasia NF euthanasie *f*
evacuación NF évacuation *f*
evacuar VT évacuer
evadir VT éviter ; (*dinero*) faire sortir illégalement du pays ; **~ impuestos** frauder le fisc ■ **evadirse** VPR s'évader
evaluación NF appréciation *f*
evaluar VT (*valorar*) évaluer ; (*calificar*) noter
evangélico, -a ADJ évangélique
evangelio NM Évangile *m*
evangelista NMF évangéliste *m*
evangelizar VT évangéliser
evaporación NF évaporation *f*
evaporar VT faire évaporer ■ **evaporarse** VPR s'évaporer ; (*fam: persona*) se volatiliser
evasión NF évasion *f* ; **de ~** (*novela, película*) d'évasion ; **~ de capitales** évasion de capitaux ; **~ fiscal** *o* **de impuestos** évasion fiscale
evasiva NF réponse *f* évasive ; **contestar con evasivas** faire des réponses évasives
evasivamente ADV évasivement
evasivo, -a ADJ évasif(-ive)
evento NM événement *m*
eventual ADJ (*circunstancias*) éventuel(le) ; (*trabajo*) temporaire
eventualidad NF éventualité *f*
Everest NM: **el (Monte) ~** le Mont Everest, l'Everest *m*
evidencia NF évidence *f* ; **poner en ~** (*a algn*) tourner en ridicule ; (*algo*) mettre en évidence ; **ponerse en ~** se faire remarquer
evidenciar VT rendre évident(e) ■ **evidenciarse** VPR être manifeste
evidente ADJ évident(e)
evidentemente ADV évidemment
evitable ADJ évitable
evitar VT éviter ; (*molestia*) épargner ; (*tentación*) résister à ; **~ hacer** éviter de faire ; **si puedo evitarlo** si je peux faire autrement
evocación NF évocation *f*
evocador, a ADJ évocateur(-trice)
evocar VT évoquer
evolución NF évolution *f* ■ **evoluciones** NFPL (*giros*) évolutions *fpl*
evolucionar VI évoluer
evolutivo, -a ADJ évolutif(-ive)
evoque *etc* VB *ver* **evocar**
ex PREP ex ; **el ex ministro** l'ex-ministre
exabrupto NM réplique *f* cinglante
exacción NF (*de impuestos*) perception *f*
exacerbar VT exacerber ; (*persona*) exaspérer
exactamente ADV exactement
exactitud NF exactitude *f* ; (*fidelidad*) fidélité *f*
exacto, -a ADJ exact(e) ; **¡~!** exactement ! ; **eso no es del todo ~** ce n'est pas tout à fait exact ; **para ser ~** pour être exact
exageración NF exagération *f*
exageradamente ADV exagérément
exagerado, -a ADJ exagéré(e) ; (*persona, gesto*) outrancier(-ière)
exagerar VT, VI exagérer
exaltación NF exaltation *f*
exaltado, -a ADJ, NM/F exalté(e)
exaltar VT exalter ■ **exaltarse** VPR s'exalter
examen NM examen *m* ; **~ de conciencia** examen de conscience ; **~ de conducir** examen du permis de conduire ; **~ de ingreso** examen d'entrée ; **~ eliminatorio** épreuve *f* éliminatoire ; **~ final** examen final
examinador, a NM/F examinateur(-trice)
examinar VT examiner ; (*Escol*) faire passer un examen à ■ **examinarse** VPR: **examinarse (de)** passer un examen (de)
exánime ADJ inanimé(e)
exasperación NF exaspération *f*
exasperar VT exaspérer ■ **exasperarse** VPR s'irriter
Exc.ª ABR = **Excelencia**
excarcelación NF élargissement *m* (*d'un détenu*)
excarcelar VT élargir (*un détenu*)
ex cátedra ADV: **hablar ~** parler ex cathedra
excavación NF excavation *f*
excavadora NF (*Tec*) pelleteuse *f*
excavar VT, VI excaver
excedencia NF: **estar en ~** (*trabajador*) être en congé sans solde ; (*funcionario*) être en disponibilité ; **pedir** *o* **solicitar la ~** demander d'être mis(e) en disponibilité
excedente ADJ (*producto, dinero*) excédentaire ; (*funcionario*) en disponibilité ▶ NM excédent *m* ; **~ de cupo** (*Hist*) exempté *m* du service militaire
exceder VT dépasser ■ **excederse** VPR dépasser ; **excederse en gastos** faire trop de dépenses ; **excederse en sus funciones** outrepasser ses pouvoirs
excelencia NF excellence *f* ; **E~** (*tratamiento*) Excellence ; **por ~** par excellence
excelente ADJ excellent(e)
excelso, -a ADJ insigne
excentricidad NF excentricité *f*

e

excéntrico, -a ADJ, NM/F excentrique *mf*
excepción NF exception *f*; **ser/hacer una ~** être/faire une exception ; **a** *o* **con ~ de** à l'exception de ; **sin ~** sans exception ; **de ~** d'exception
excepcional ADJ exceptionnel(le)
excepcionalmente ADV exceptionnellement
excepto ADV excepté
exceptuar VT excepter
excesivo, -a ADJ excessif(-ive)
exceso NM excès *msg* ; (*Com*) excédent *m* ; **con** *o* **en ~** à l'excès ; **~ de equipaje/peso** excédent de bagages/poids ; **~ de velocidad** excès de vitesse ■ **excesos** NMPL (*desórdenes*) excès *mpl*
excitación NF excitation *f*
excitante ADJ excitant(e)
excitar VT exciter ; **me excita los nervios** il me porte sur les nerfs ■ **excitarse** VPR s'exciter
exclamación NF exclamation *f*
exclamar VT, VI s'exclamer
excluir VT (*descartar*) exclure ; (*no incluir*): **~ (de)** exclure (de)
exclusión NF exclusion *f*; **con ~ de** à l'exclusion de
exclusiva NF exclusivité *f*; **modelo en ~** modèle *m* exclusif
exclusivamente ADV exclusivement
exclusive ADV non compris
exclusividad NF exclusivité *f*
exclusivo, -a ADJ exclusif(-ive) ; **trabajar con dedicación exclusiva por** travailler exclusivement pour ; **derecho ~** droit *m* exclusif
excluyendo *etc* VB *ver* **excluir**
Excma. ABR (= *Excelentísima*) *titre de courtoisie*
Excmo. ABR (= *Excelentísimo*) *titre de courtoisie*
excombatiente NM ancien combattant *m*
excomulgar VT excommunier
excomulgue *etc* VB *ver* **excomulgar**
excomunión NF excommunion *f*
excoriar VT mettre à vif
excrementos NMPL excréments *mpl*
exculpar VT: **~ a algn de algo** disculper qn de qch ; (*Jur*) acquitter qn de qch
excursión NF (*por el campo*) randonnée *f*; (*viaje*) excursion *f*; **ir de ~** faire une excursion
excursionista NMF (*por campo*) randonneur(-euse) ; (*en excursión de un día*) excursionniste *mf*
excusa NF excuse *f*; **presentar sus excusas** présenter ses excuses
excusado, -a ADJ excusé(e) ; **~ es decir** inutile de dire
excusar VT excuser ; **~ (de hacer)** (*eximir*) exempter (de faire) ■ **excusarse** VPR s'excuser
execrable ADJ exécrable
exención NF exemption *f*
exento, -a PP *de* **eximir** ▶ ADJ: **~ de** exempté(e) de ; (*libre*) libre de
exequias NFPL obsèques *fpl*
exfoliante ADJ exfoliant(e) ▶ NM exfoliant *m*
exhalación NF exhalation *f*; **pasar como una ~** passer aussi vite que l'éclair
exhalar VT exhaler
exhaustivo, -a ADJ exhaustif(-ive)
exhausto, -a ADJ épuisé(e)
exhibición NF exhibition *f*; (*de película*) projection *f*
exhibicionismo NM exhibitionnisme *m*
exhibicionista ADJ, NMF exhibitionniste *mf*
exhibir VT exhiber ; (*película*) projeter ■ **exhibirse** VPR s'exhiber
exhortación NF exhortation *f*
exhortar VT: **~ a** exhorter à
exhumación NF exhumation *f*
exhumar VT exhumer
exigencia NF exigence *f*; **exigencias del trabajo/de la situación** exigences du travail/de la situation
exigente ADJ exigeant(e) ; **ser ~ con algn** être exigeant(e) avec qn
exigir VT (*reclamar, necesitar*) exiger ▶ VI être exigeant(e)
exiguo, -a ADJ exigu(-uë)
exija *etc* VB *ver* **exigir**
exiliado, -a ADJ, NM/F exilé(e)
exiliar VT exiler ■ **exiliarse** VPR s'exiler
exilio NM exil *m*
eximir VT: **~ a algn (de)** exempter qn (de)
existencia NF existence *f*; **amargar la ~ a algn** (*fam*) empoisonner la vie de qn ; **en ~** (*Com*) en stock ; **~ de mercancías** (*Com*) stock de marchandises ■ **existencias** NFPL (*artículos*) stock *m*
existencial ADJ existentiel(le)
existencialista ADJ, NMF existentialiste *mf*
existente ADJ existant(e) ; **el único documento ~ de la época** l'unique document qui reste de cette période
existir VI exister ; (*vivir*) vivre
éxito NM succès *m*; **tener ~** avoir du succès ; **~ editorial** best-seller *m*
exitoso, -a (*esp Am*) ADJ qui a du succès
éxodo NM exode *m*; **el ~ rural/veraniego** l'exode rural/estival
exonerar VT: **~ de** (*de cargo*) destituer de ; (*de obligación*) dispenser de
exoplaneta NM exoplanète *f*
exorbitante ADJ exorbitant(e)
exorcice *etc* VB *ver* **exorcizar**
exorcismo NM exorcisme *m*
exorcista ADJ: **prácticas exorcistas** pratiques *fpl* exorcistes ▶ NMF exorciste *mf*
exorcizar VT exorciser

exótico, -a ADJ exotique
expandir (*Fís*) VT dilater ; (*noticia*) répandre ; (*Com*) se développer ■ **expandirse** VPR (*cuerpo, gas*) se dilater ; (*ciudad*) s'étendre ; (*rumor, costumbre*) se répandre
expansión NF expansion *f* ; (*diversión*) distraction *f* ; **economía en ~** économie *f* en expansion ; **~ económica** expansion économique
expansionarse VPR (*gas*) se dilater ; (*recrearse*) s'amuser ; (*desahogarse*) s'épancher
expansionista ADJ expansionniste
expansivo, -a ADJ (*onda*) de propagation ; (*carácter*) expansif(-ive)
expatriado, -a NM/F expatrié(e)
expatriarse VPR s'expatrier
expectación NF attente *f* ; (*curiosidad*) curiosité *f*
expectante ADJ expectant(e) (*formal*), qui reste *ou* est dans l'expectative
expectativa NF expectative *f* ; (*perspectiva*) perspective *f* ; **estar a la ~** être dans l'expectative
expedición NF expédition *f* ; **gastos de ~** frais *mpl* d'expédition
expedientar VT établir le dossier de
expediente NM (*Jur: procedimiento*) procédure *f* ; (*: papeles*) dossier *m* ; (*Escol: tb:* **expediente académico**) dossier *m* scolaire ; **abrir/formar ~ a algn** engager une procédure contre qn ; **cubrir el ~** (*fam*) pratiquer la politique du moindre effort
expedir VT (*carta, mercancías*) expédier ; (*documento*) délivrer ; (*cheque*) établir
expeditivo, -a ADJ expéditif(-ive)
expedito, -a ADJ (*camino*) libre
expeler VT rejeter
expendedor, a NM/F vendeur(-euse) ; (*Teatro*) ouvreur(-euse) ▸ NM (*tb:* **expendedor automático**) guichet *m* automatique ; **~ de cigarrillos** distributeur *m* de cigarettes
expendeduría NF bureau *m* de tabac
expendio (*Am*) NM boutique *f*
expensas NFPL (*Jur*) frais *mpl* ; **a ~ de** aux frais de
experiencia NF expérience *f*
experimentación NF expérimentation *f*
experimentado, -a ADJ expérimenté(e)
experimental ADJ expérimental(e)
experimentalmente ADV de manière expérimentale
experimentar VT (*en laboratorio*) expérimenter ; (*probar*) tester ; (*deterioro, aumento*) connaître ; (*sensación*) ressentir
experimento NM expérience *f*
experto, -a ADJ, NM/F expert(e)
expiar VT expier
expiatorio, -a ADJ expiatoire
expida *etc* VB *ver* **expedir**
expirar VI expirer
explanada NF esplanade *f*
explayarse VPR s'étendre ; (*fam: divertirse*) se changer les idées ; (*desahogarse*) se soulager ; **~ con algn** se confier à qn
explicación NF explication *f*
explicar VT expliquer ■ **explicarse** VPR s'expliquer ; **explicarse algo** s'expliquer qch ; **no me lo explico** je ne me l'explique pas
explicativo, -a, explicatorio, -a ADJ explicatif(-ive)
explícito, -a ADJ explicite
explique *etc* VB *ver* **explicar**
exploración NF exploration *f*
explorador, a NM/F explorateur(-trice) ; (*Mil*) éclaireur(-euse) ▸ NM (*Med*) explorateur *m* ; (*radar*) détecteur *m* de radar
explorar VT explorer ; **~ el terreno** (*fig*) tâter le terrain
exploratorio, -a ADJ explorateur(-trice)
explosión NF explosion *f* ; **~ atómica/nuclear** explosion atomique/nucléaire
explosionar VT faire éclater ▸ VI exploser
explosivo, -a ADJ explosif(-ive) ▸ NM explosif *m*
explotación NF exploitation *f* ; **~ agrícola/minera/petrolífera** exploitation agricole/minière/pétrolifère
explotador, a ADJ qui exploite ▸ NM/F exploiteur(-euse)
explotar VT exploiter ▸ VI exploser
expolio NM spoliation *f* ; **armar un ~** (*fig*) faire du boucan *ou* foin (*fam*)
expondré *etc* VB *ver* **exponer**
exponente NM : **~ de** indicateur *m* de
exponer VT exposer ■ **exponerse** VPR : **exponerse a (hacer) algo** s'exposer à (faire) qch
exponga *etc* VB *ver* **exponer**
exportación NF exportation *f*
exportador, a ADJ, NM/F exportateur(-trice)
exportar VT exporter
exposición NF exposition *f* ; **E~ Universal** Exposition universelle
exprés ADJ INV (*café*) express ▸ NM express *msg*
expresamente ADV (*decir*) expressément ; (*ir*) exprès
expresar VT exprimer ■ **expresarse** VPR s'exprimer
expresión NF expression *f* ; **~ corporal** expression corporelle
expresionismo NM expressionnisme *m*
expresionista ADJ, NMF expressionniste *mf*
expresividad NF expressivité *f*
expresivo, -a ADJ expressif(-ive)
expreso, -a ADJ (*explícito*) exprès(-esse) ; (*claro*) explicite ; (*tren*) express ▸ NM (*Ferro*) express *msg*
exprimidor NM presse-agrumes *m inv*
exprimir VT presser ; (*fig: explotar*) sucer jusqu'à

e

la moelle ▪ **exprimirse** VPR: **exprimirse el cerebro** *o* **los sesos** se creuser la cervelle

ex profeso ADV ex professo

expropiación NF expropriation *f*; **orden de ~** ordonnance *f* d'expropriation

expropiar VT exproprier

expuesto, -a PP *de* **exponer** ▸ ADJ exposé(e); **estar ~ a** être exposé(e) à; **según lo ~ arriba** d'après ce qui a été dit plus haut

expulsar VT expulser; (*humo*) cracher

expulsión NF expulsion *f*; (*de humo*) émission *f*

expurgar VT censurer

expuse *etc* VB *ver* **exponer**

exquisitez NF (*cualidad*) exquisité *f*; (*comida*) délice *m*; (*pey*) affectation *f*

exquisito, -a ADJ exquis(e); (*pey*) affecté(e)

Ext. ABR = **extensión**

extasiarse VPR s'extasier

éxtasis NM extase *f*

extender VT étendre; (*mantequilla, pintura*) étaler; (*certificado, documento*) délivrer; (*cheque, recibo*) établir ▪ **extenderse** VPR s'étendre; (*en el tiempo*) se prolonger; (*costumbre, rumor*) se répandre

extendido, -a ADJ étendu(e); (*costumbre, creencia*) répandu(e)

extensión NF étendue *f*; (*Telec*) poste *m*; (*Com: de plazo*) prolongation *f*; **en toda la ~ de la palabra** dans tous les sens du terme; **por ~** par extension

extensivo, -a ADJ extensive; **hacer ~ a** s'appliquer à, s'étendre à; **la crítica se hizo extensiva a toda la ciudad** la critique s'est appliquée à toute la ville

extenso, -a ADJ étendu(e)

extenuado, -a ADJ exténué(e)

extenuar VT exténuer

exterior ADJ extérieur(e); **Asuntos Exteriores** Affaires *fpl* étrangères ▸ NM extérieur *m*; (*aspecto*) aspect *m*; (*países extranjeros*) étranger *m*; **al ~** à l'extérieur; **en el ~** en extérieur ▪ **exteriores** NMPL (*Cine*) extérieurs *mpl*

exteriorice *etc* VB *ver* **exteriorizar**

exteriorizar VT extérioriser

exteriormente ADV extérieurement

exterminar VT exterminer

exterminio NM extermination *f*

externalizar VT externaliser, sous-traiter

externamente ADV extérieurement

externo, -a ADJ externe; **de uso ~** (*Med*) à usage externe ▸ NM/F externe *mf*

extienda *etc* VB *ver* **extender**

extinción NF extinction *f*

extinga *etc* VB *ver* **extinguir**

extinguido, -a ADJ (*animal*) disparu(e); (*volcán*) éteint(e)

extinguir VT (*fuego*) éteindre; (*especie, raza*) provoquer l'extinction de ▪ **extinguirse** VPR s'éteindre

extinto, -a ADJ disparu(e)

extintor NM (*tb*: **extintor de incendios**) extincteur *m*

extirpación NF extirpation *f*

extirpar VT (*mal*) éradiquer; (*Med*) extirper

extorsión NF extorsion *f*

extorsionar VT extorquer

extra ADJ INV (*tiempo, paga*) supplémentaire; (*chocolate, calidad*) extra *inv* ▸ NMF (*Cine*) figurant(e) ▸ NM (*bono*) bonus *m inv*; (*de menú, cuenta*) supplément *m*; (*periódico*) édition *f* spéciale

extra... PREF extra...

extracción NF extraction *f*; (*en lotería*) tirage *m*

extracto NM résumé *m*; (*de café, hierbas*) extrait *m*

extractor NM: **~ de humos** bouche *f* d'aération

extradición NF extradition *f*

extraditar VT extrader

extraer VT extraire

extraescolar ADJ: **actividad ~** activité *f* extrascolaire

extrafino, -a ADJ extrafin(e); **azúcar ~** sucre *m* semoule

extraiga *etc* VB *ver* **extraer**

extraje *etc* VB *ver* **extraer**

extrajera *etc* VB *ver* **extraer**

extrajudicial ADJ extrajudiciaire

extralimitarse VPR: **~ (en)** dépasser les limites (de)

extranjería NF: **ley de ~** statut *m* d'étranger

extranjerismo NM barbarisme *m*

extranjero, -a ADJ, NM/F étranger(-ère) ▸ NM étranger *m*; **en el ~** à l'étranger

extranjis (*fam*): **de ~** *adv* sans tambour ni trompette

extrañamiento NM bannissement *m*

extrañar VT étonner; (*AM*: *echar de menos*) regretter; (*algo nuevo*) ne pas reconnaître; **me extraña** ça m'étonne; **te extraño mucho** tu me manques beaucoup ▪ **extrañarse** VPR: **extrañarse (de)** s'étonner (de)

extrañeza NF (*rareza*) singularité *f*; (*asombro*) étonnement *m*

extraño, -a ADJ étranger(-ère); (*raro*) bizarre; **... lo que por ~ que parezca** ... ce qui, aussi bizarre que cela puisse paraître ▸ NM/F étranger(-ère)

extraoficial ADJ officieux(-euse)

extraordinariamente ADV extraordinairement

extraordinario, -a ADJ extraordinaire; (*edición*) spécial(e); **horas extraordinarias** heures *fpl* supplémentaires ▸ NM (*de periódico*) numéro *m* spécial

extrapolar VT extrapoler
extrarradio NM banlieue *f*
extrasensorial ADJ: **percepción ~** perception *f* extrasensorielle
extraterrestre NMF extraterrestre *mf*
extrauterino, -a ADJ extra-utérin(e)
extravagancia NF extravagance *f*
extravagante ADJ extravagant(e)
extraviado, -a ADJ égaré(e)
extraviar VT (*objeto*) égarer ■ **extraviarse** VPR s'égarer
extravío NM objet *m* perdu ; (*fig*) égarement *m*
extrayendo VB *ver* **extraer**
extremadamente ADV extrêmement
extremado, -a ADJ extrême
Extremadura NF Estrémadure *f*
extremar VT pousser à l'extrême ■ **extremarse** VPR: **extremarse en** se surpasser dans
extremaunción NF extrême-onction *f*
extremeño, -a ADJ d'Estrémadure ▶ NM/F natif(-ive) *o* habitant(e) d'Estrémadure
extremidad NF extrémité *f* ■ **extremidades** NFPL (*Anat*) extrémités *fpl*
extremismo NM extrémisme *m*
extremista ADJ, NMF extrémiste *mf*
extremo, -a ADJ extrême ; **la extrema derecha/izquierda** (*Pol*) l'extrême droite *f*/gauche *f* ▶ NM (*punta*) extrémité *f* ; (*fig*) extrême *m* ; **en último ~** en dernière extrémité ; **pasar de un ~ a otro** (*fig*) passer d'un extrême à l'autre ; **con** *o* **por ~** extrêmement ; **~ derecho/izquierdo** (*Deporte*) aile *f* droite/gauche ; **E~ Oriente** Extrême-Orient *m*
extrínseco, -a ADJ extrinsèque
extrovertido, -a ADJ, NM/F extraverti(e)
exuberancia NF exubérance *f*
exuberante ADJ exubérant(e)
exudar VT, VI exsuder
exultante ADJ débordant(e) de joie ; **~ de felicidad** rayonnant(e) de bonheur
exultar VI: **~ de alegría** exulter
exvoto NM (*Rel*) ex-voto *m*
eyaculación NF éjaculation *f*
eyacular VI éjaculer

e

Ff

F, f ['efe] NF (*letra*) F, f *m inv*; **F de Francia** ≈ F comme François

fa NM fa *m*

fabada NF *potage mijoté avec des haricots et du chorizo*

fábrica NF usine *f*; (*fabricación*) fabrique *f*; **de ~** (*Arq*) en brique; **marca/precio de ~** marque *f*/ prix *m* de fabrique; **~ de cerveza** brasserie *f*; **~ de textil** manufacture *f* textile; **F~ de Moneda y Timbre** ≈ Hôtel *m* de la Monnaie

fabricación NF fabrication *f*; **de ~ casera** fait(e) maison; **de ~ nacional** de fabrication nationale; **~ en serie** fabrication en série

fabricante NMF fabricant(e)

fabricar VT fabriquer; (*fig: cuento*) monter; **~ en serie** fabriquer en série

fabril ADJ: **industria ~** industrie *f* de transformation

fabrique *etc* VB *ver* **fabricar**

fábula NF fable *f*; (*chisme, mentira*) histoire *f*

fabulosamente ADV fabuleusement

fabuloso, -a ADJ fabuleux(-euse)

facción NF (*Pol*) faction *f* ■ **facciones** NFPL (*del rostro*) traits *mpl*

faceta NF facette *f*

facha (*fam*) ADJ, NMF (*pey*) facho *mf* ▶ NF (*aspecto*) aspect *m*; **estar hecho una ~** ressembler à un épouvantail; **¡qué ~ tienes!** tu es grotesque!

fachada NF façade *f*

facial ADJ (*rasgos, expresión*) du visage; (*crema*) pour le visage

fácil ADJ facile; **es ~ que venga** il est probable qu'il vienne; **~ de hacer** facile à faire; **~ de usar** (*Inform*) convivial(e)

facilidad NF facilité *f*; **tener ~ para las matemáticas** avoir des facilités en mathématiques; **~ de palabra** facilité pour s'exprimer ■ **facilidades** NFPL (*condiciones favorables*) facilités *fpl*; **« facilidades de pago »** (*Com*) « facilités de paiement »

facilitar VT faciliter; (*proporcionar*) fournir; **le agradecería me facilitara ...** je vous serais reconnaissant de bien vouloir me fournir ...

fácilmente ADV facilement

facón (CSUR) NM couteau *m*

facsímil NM fac-similé *m*

factible ADJ faisable

fáctico, -a ADJ: **los poderes fácticos** le pouvoir de fait

factor NM (*tb Mat*) facteur *m*; (*Com*) agent *m*; (*Ferro*) préposé *m* au fret; **~ sorpresa** facteur surprise

factoría NF (*fábrica*) fabrique *f*; (*agencia*) succursale *f*

factura NF facture *f*; **presentar ~ a** présenter sa facture à

facturación NF (*Com*) facturation *f*; (*: ventas*) chiffre *m* d'affaires; **~ de equipajes** enregistrement *m* des bagages

facturar VT (*Com*) facturer; (*equipaje*) enregistrer

facultad NF faculté *f*; **tener/no tener ~ para hacer algo** avoir/ne pas avoir la faculté de faire qch; **facultades mentales** facultés mentales

facultativo, -a ADJ facultatif(-ive); (*funcionario, cuerpo*) de faculté; **prescripción facultativa** ordonnance *f* ▶ NM/F médecin *m*

FAD (ESP) SIGLA M = **Fondo de Ayuda y Desarrollo**

faena NF tâche *f*; (CHI) équipe *f* d'ouvriers; **faenas domésticas** tâches domestiques; **hacerle una ~ a algn** (*fam*) jouer un mauvais tour à qn

faenar VI pêcher

fagot NM trompe *f*

faisán NM faisan *m*

faja NF (*para la cintura*) ceinture *f*; (*de mujer*) gaine *f*; (*de tierra, libro etc*) bande *f*

fajo NM liasse *f*

falacia NF fausseté *f*

falange NF phalange *f*; **la F~** (*Pol*) la phalange espagnole

falangista ADJ, NMF (*Pol*) phalangiste *mf*

falaz ADJ fallacieux(-euse)

falda NF jupe *f*; (*Geo*) versant *m*; (*de mesa, camilla*) couverture *f*; (*regazo*) genoux *mpl*; **~ escocesa** kilt *m*; **~ pantalón** jupe-culotte *f* ■ **faldas** NFPL (*fam: mujeres*) bonnes femmes *fpl*

fálico, -a ADJ phallique

falla NF (*Geo*) faille *f*; (*defecto*) défaillance *f*; *ver tb* **fallas**

fallar VT (*Jur*) prononcer ; (*blanco*) manquer ▸ VI échouer ; (*cuerda, rama*) céder ; (*motor*) tomber en panne ; (*frenos*) lâcher ; **~ a algn** décevoir qn ; **le falló la memoria** il a eu un trou de mémoire ; **le fallaron las piernas** les jambes lui ont manqué ; **sin ~** sans faute ; **~ en favor/en contra** (*Jur*) se prononcer en faveur/contre

fallas NFPL *voir article*

> Les **Fallas** ou fêtes de la Saint-Joseph, en l'honneur du saint patron de la ville, ont lieu chaque année à Valence (Espagne), la semaine du 19 mars. Le terme **fallas** désigne les grandes figures en papier mâché et en bois, à l'effigie d'hommes politiques et de personnalités connues, qui sont réalisées pendant l'année par les différentes équipes en compétition. Ces figures sont ensuite examinées par un jury et brûlées dans des feux de joie. Seule la meilleure échappe aux flammes.

fallecer VI décéder

fallecido, -a ADJ décédé(e) ▸ NM/F défunt(e)

fallecimiento NM décès *m*

fallezca *etc* VB *ver* **fallecer**

fallido, -a ADJ avorté(e)

fallo NM (*Jur*) jugement *m* ; (*defecto, Inform*) défaut *m* ; (*error*) erreur *f* ; (*de motor*) défaillance *f* ; (*Deporte*) faute *f* ; **~ cardíaco** crise *f* cardiaque

fallutería (CSUR) NF hypocrisie *f*

falluto, -a (CSUR) ADJ hypocrite

falo NM phallus *m*

falsear VT (*hechos*) altérer ; (*cifras*) maquiller ▸ VI (*Mús*) se désaccorder

falsedad NF fausseté *f* ; (*mentira*) mensonge *m*

falsete NM (*Mús*) fausset *m*

falsificación NF falsification *f* ; (*objeto*) contrefaçon *f*

falsificador, a NM/F falsificateur(-trice)

falsificar VT falsifier

falsifique *etc* VB *ver* **falsificar**

falso, -a ADJ faux (fausse) ; (*puerta*) dérobé(e) ; **declarar en ~** faire une fausse déclaration ; **dar un paso en ~** (*tb fig*) faire un faux pas

falta NF (*carencia*) manque *m* ; (*defecto, en comportamiento*) défaut *m* ; (*ausencia*) absence *f* ; (*en examen, ejercicio, Deporte*) faute *f* ; (*Jur*) erreur *f* ; **echar en ~**: **echa en ~ a su familia** sa famille lui manque ; **echo en ~ mis gafas** j'aurais bien besoin de mes lunettes ; **hace ~ hacerlo** il faut le faire ; **no hace ~ que vengas** il n'est pas nécessaire que tu viennes ; **me hace ~ un lápiz** j'ai besoin d'un crayon ; **sin ~** sans faute ; **a/por ~ de** faute de ; **~ de asistencia** non-assistance *f* ; **~ de educación** manque d'éducation ; **~ de ortografía** faute d'orthographe ; **~ de respeto** manque de respect

faltar VI manquer ; (*escasear*) se faire rare ; **le falta algo** il lui manque quelque chose ; **¿falta algo?** il manque quelque chose ? ; **¿falta mucho?** c'est encore loin ? ; **faltan dos horas para llegar** il reste encore deux heures avant que l'on arrive ; **falta poco para que termine** c'est presque fini ; **~ al respeto a algn** manquer de respect à qn ; **~ a una cita/a clase** manquer un rendez-vous/la classe ; **~ al trabajo** ne pas aller au travail ; **faltó a su palabra/promesa** il a manqué à sa parole/promesse ; **~ por hacer** rester à faire ; **~ a la verdad** faire une entorse à la vérité ; **¡no faltaba** *o* **faltaría más!** (*naturalmente*) mais bien sûr ! ; (*¡ni hablar!*) il ne manquerait plus que ça ! ; **¡lo que faltaba!** c'est le bouquet !

falto, -a ADJ: **está ~ de** il (elle) manque de

fama NF (*celebridad*) célébrité *f* ; (*reputación*) réputation *f* ; **tener ~ de** avoir la réputation de ; **tener mala ~** avoir mauvaise réputation

famélico, -a ADJ famélique

familia NF famille *f* ; **de buena ~** de bonne famille ; **estamos (como) en ~** on est en famille ; **~ numerosa** famille nombreuse ; **~ política** belle famille

familiar ADJ familial(e) ; (*conocido, informal*) familier(-ière) ▸ NM parent(e)

familiarice *etc* VB *ver* **familiarizarse**

familiaridad NF familiarité *f* ■ **familiaridades** NFPL (*pey*) familiarités *fpl*

familiarizarse VPR: **~ con** se familiariser avec

famoso, -a ADJ célèbre ▸ NM/F célébrité *f*

fan (*pl* **fans**) NMF fan *mf*

fanático, -a ADJ, NM/F fanatique *mf* ; **ser un ~ de** être un fanatique de

fanatismo NM fanatisme *m*

fandango NM (*Mús*) fandango *m* ; (*fam: jaleo*) chahut *m*, fatras *m* ; **se armó un ~** il y a eu un sacré boucan (*fam*)

fané (ARG) ADJ crevé(e)

fanfarria NF fanfare *f*

fanfarrón, -ona ADJ, NM/F fanfaron(ne)

fanfarronear VI fanfaronner

fango NM boue *f* ; (*fig*) fange *f*

fangoso, -a ADJ boueux(-euse) ; (*consistencia*) visqueux(-euse)

fantasear VI rêver

fantasía NF fantaisie *f* ; **joyas de ~** bijoux *mpl* fantaisie ■ **fantasías** NFPL (*ilusiones*) illusions *fpl*

fantasma NM fantôme *m* ; (*pey: presuntuoso*) frimeur(-euse) ; **compañía ~** société *f* fantôme

fantasmal ADJ fantomatique

fantástico, -a ADJ fantastique

fantoche (*fam*) NM épouvantail *m* ; **ser un ~** (*fig: político etc*) être un fantoche

fanzine NM fanzine *m*

FAO SIGLA F (= *Organización de las Naciones Unidas para la Agricultura y la Alimentación*) FAO *f* (= *Organisation des Nations unies pour l'alimentation et l'agriculture*)

faquir NM fakir *m*
farándula NF théâtre *m*
faraón NM pharaon *m*
faraónico, -a ADJ (*tb fig*) pharaonique
FARC (COL) NFPL ABR (= *Fuerzas Armadas Revolucionarias de Colombia*) FARC *fpl* ▶ NF (*Fuerza Alternativa Revolucionaria del Común*) FARC *f*
fardar (*fam*) VI se pavaner ; **~ de** se vanter de
fardo NM balluchon *m*
fardón, -ona (*fam*) ADJ (*persona*) m'as-tu-vu *inv* ; (*objeto*) classe *inv*
farfullar VT balbutier
faringe NF pharynx *m*
faringitis NF pharyngite *f*
farmacéutico, -a ADJ pharmaceutique ▶ NM/F pharmacien(ne)
farmacia NF pharmacie *f* ; **~ de guardia** pharmacie de garde
fármaco NM médicament *m*
faro NM (*Náut, Auto*) phare *m* ; (*señal*) feu *m* ; **faros antiniebla** phares *mpl* antibrouillard ; **faros delanteros/traseros** feux *mpl* avant/arrière
farol NM lanterne *f* ; (*Ferro*) feu *m* ; (*poste*) réverbère *m* ; **echarse** *o* **tirarse un ~** (*fam*) frimer
farola NF réverbère *m*
farolero, -a (*pey*) ADJ crâneur(-euse)
farolillo NM lampion *m*
farra (*esp* ARG) NF foire *f*
farragoso, -a ADJ confus(e), décousu(e)
farruco, -a (*fam*) ADJ: **estar** *o* **ponerse ~** jouer les fiers-à-bras
farsa NF farce *f* ; **¡es una ~!** (*fig*) quelle farce !
farsante NMF comédien(ne)
FASA (ESP) SIGLA F (*Auto*) = **Fábrica de Automóviles S.A.**
fascículo NM fascicule *m*
fascinación NF fascination *f*
fascinante ADJ fascinant(e)
fascinar VT fasciner
fascismo NM fascisme *m*
fascista ADJ, NMF fasciste *mf*
fase NF phase *f*
fashion ['fæʃən] (*fam*) ADJ à la mode
fastidiar VT (*molestar*) ennuyer ; (*estropear*) gâcher ; **¡no te fastidia!** tu imagines ! ▶ VI: **¡no fastidies!** tu n'y penses pas ! ; **ando fastidiado del estómago** j'ai l'estomac détraqué ■ **fastidiarse** VPR prendre sur soi
fastidio NM ennui *m* ; **¡qué ~!** c'est trop bête !
fastidioso, -a ADJ ennuyeux(-euse)
fastuosamente ADV somptueusement
fastuoso, -a ADJ fastueux(-euse)
fatal ADJ fatal(e) ; (*fam: malo*) nul(le) ▶ ADV très mal ; **lo pasó ~** ça a été très dur pour lui
fatalidad NF fatalité *f*
fatalismo NM fatalisme *m*
fatídico, -a ADJ fatidique
fatiga NF fatigue *f* ■ **fatigas** NFPL (*penalidades*) tracas *mpl*
fatigar VT fatiguer ; (*molestar*) ennuyer ■ **fatigarse** VPR se fatiguer
fatigosamente ADV péniblement
fatigoso, -a ADJ (*tarea*) pénible ; (*respiración*) difficile
fatigue *etc* VB *ver* **fatigar**
fatuo, -a ADJ fat
fauces NFPL mandibules *fpl*
fauna NF faune *f*
Fausto NM Faust
fausto NM faste *m*
favor NM (*servicio*) service *m* ; (*apoyo*) faveur *f* ; **haga el ~ de ...** faites-moi le plaisir de ... ; **por ~** s'il te/vous plaît ; **a ~** pour ; **a ~ de** en faveur de ; (*Com*) à l'ordre de ; **en ~ de** en faveur de ; **gozar del ~ de algn** jouir de l'estime de qn
favorable ADJ favorable ; **ser ~ a algo** être favorable à qch
favorablemente ADV favorablement
favorecedor, a ADJ seyant(e)
favorecer VT favoriser ; (*suj: vestido, peinado*) avantager
favorezca *etc* VB *ver* **favorecer**
favoritismo NM favoritisme *m*
favorito, -a ADJ, NM/F favori(te)
fax NM fax *m*
fayuca (MÉX *fam*) NF contrebande *f*
fayuquero, -a (MÉX *fam*) ADJ, NM/F contrebandier(-ière)
faz NF visage *m* ; **la ~ de la tierra** la face de la terre
FBI SIGLA M FBI *m*
F.C. ABR = **ferrocarril**; (= *Fútbol Club*) FC *m* (= *Football Club*)
f.c. ABR = **ferrocarril**
fe NF foi *f* ; **de buena/mala fe** de bonne/mauvaise foi ; **dar fe de** faire foi de ; **tener fe en algo/algn** avoir foi en qch/qn ; **fe de bautismo/de vida** certificat *m* de baptême/de vie ; **fe de erratas** errata *m*
fealdad NF laideur *f*
feb. ABR = **febrero**
feb.º ABR = **febrero**
febrero NM février *m* ; *ver tb* **julio**
febril ADJ fiévreux(-euse) ; (*fig*) fébrile
fecal ADJ fécal(e)
fecha NF date *f* ; **en ~ próxima** prochainement ; **hasta la ~** jusqu'à aujourd'hui ; **por estas fechas** aux alentours de cette date ; **~ de caducidad** (*de alimentos*) date limite de consommation ; (*de contrato*) terme *m* ; **~ de vencimiento** (*Com*) date d'échéance ; **~ de nacimiento** date de naissance ; **~ límite** *o* **tope** date limite

fechar VT dater
fechoría NF méfait *m*
fécula NF fécule *f*
fecundación NF fécondation *f*; **~ artificial/in vitro** fécondation artificielle/in vitro
fecundar VT féconder
fecundidad NF fécondité *f*
fecundo, -a ADJ (*mujer, fig*) fécond(e); (*tierra*) fertile
FED SIGLA M (= *Fondo Europeo de Desarollo*) FER *m* (= *Fonds européen de développement*)
FEDER SIGLA M (= *Fondo Europeo de Desarollo Regional*) FEDER *m* (= *Fonds européen de développement régional*)
federación NF fédération *f*
federal ADJ fédéral(e)
federalismo NM fédéralisme *m*
federarse VPR se fédérer
FEF SIGLA F = **Federación Española de Fútbol**
fehaciente ADJ probant(e)
felación NF fellation *f*
felicidad NF bonheur *m*; (*dicha*) félicité *f*; **felicidades** (*en general*) tous mes *etc* vœux; (*enhorabuena*) félicitations; (*en cumpleaños*) joyeux anniversaire
felicitación NF (*enhorabuena*) vœux *mpl*; (*tarjeta*) carte *f* de vœux; **~ navideña** *o* **de Navidad** carte de Noël
felicitar VT: **~ (por)** féliciter (pour); **me felicitó por mi cumpleaños** il me souhaita un bon anniversaire; **~ las Pascuas** souhaiter un joyeux Noël; **¡te felicito!** je te félicite!
feligrés, -esa NM/F fidèle *mf*
felino, -a ADJ félin(e)
feliz ADJ heureux(-euse); **¡~ cumpleaños!** bon anniversaire!; **¡felices Pascuas!** *o* **Navidades!** joyeux Noël!
felizmente ADV favorablement
felonía NF félonie *f*
felpa NF velours *msg*
felpudo NM paillasson *m*
femenino, -a ADJ féminin(e); (*Zool, Bio*) femelle ▸ NM (*Ling*) féminin *m*
feminicidio NM féminicide *m*
feminismo NM féminisme *m*
feminista ADJ, NMF féministe *mf*
femoral ADJ fémoral(e) ▸ NF fémorale
fémur NM fémur *m*
fenicio, -a ADJ phénicien(-enne) ▸ NM/F Phénicien(-enne) ▸ NM (*Ling*) phénicien *m*
fenomenal (*fam*) ADJ (*enorme*) phénoménal(e); (*estupendo*) sensationnel(le) ▸ ADV vachement bien ▸ EXCL super!
fenómeno NM phénomène *m* ▸ ADV (*fam*): **lo pasamos ~** on s'est vachement bien amusés ▸ EXCL (*fam*) super!
feo, -a ADJ laid(e); **esto se está poniendo ~** ça va mal tourner; **más ~ que Picio** laid(e) comme un pou ▸ NM: **hacer un ~ a algn** faire un sale coup à qn
féretro NM cercueil *m*
feria NF foire *f*; (*AM*: *mercado de pueblo*) marché *m*; (*MÉX*: *cambio*) monnaie *f*; **~ comercial/de muestras** marché *m*/salon *m* ■ **ferias** NFPL (*fiestas*) fêtes *fpl*
feriado, -a (*AM*) ADJ férié(e) ▸ NM jour *m* férié
ferial ADJ: **recinto ~** champ *m* de foire
fermentación NF fermentation *f*
fermentar VI fermenter
fermento NM ferment *m*
ferocidad NF férocité *f*
feroz ADJ féroce; (*fam*: *hambre*) de loup; (*ganas*) dingue
férreo, -a ADJ ferreux(-euse); (*fig*) de fer; **vía férrea** voie *f* ferrée
ferretería NF quincaillerie *f*
ferrocarril NM chemin *m* de fer; **~ de vía estrecha/única** chemin de fer à voie étroite/unique
ferroviario, -a ADJ ferroviaire ▸ NM/F employé(e) des chemins de fer
ferry ['feri] (*pl* **ferries**) NM ferry *m*
fértil ADJ (*tierra, fig*) fertile; (*persona*) fécond(e)
fertilice *etc* VB *ver* **fertilizar**
fertilidad NF (*de tierra*) fertilité *f*; (*de persona*) fécondité *f*
fertilizante NM engrais *msg*
fertilizar VT fertiliser
ferviente ADJ fervent(e)
fervor NM ferveur *f*
fervoroso, -a ADJ = **ferviente**
festejar VT fêter
festejo NM fête *f* ■ **festejos** NMPL (*fiestas*) festivités *fpl*
festín NM festin *m*
festival NM festival *m*
festividad NF festivités *fpl*
festivo, -a ADJ festif(-ive); (*alegre*) joyeux(-euse); **día ~** jour *m* férié
fetal ADJ: **posición ~** position *f* fœtale
fetiche NM talisman *m*
fetichismo NM fétichisme *m*
fetichista ADJ, NMF fétichiste *mf*
fétido, -a ADJ fétide
feto NM fœtus *msg*
feudal ADJ féodal(e)
feudalismo NM féodalisme *m*
feudo NM (*Hist*) fief *m*; (*Deporte*) fief *m*, terrain *m*; **resultaron ganadores en su ~** ils ont gagné dans leur fief
FEVE SIGLA F = **Ferrocarriles Españoles de Vía Estrecha**
FF.AA. ABR (*Mil*: = *Fuerzas Armadas*) *ver* **fuerza**

f

FF.CC. ABR (= *Ferrocarriles*) *chemins de fer*
fiabilidad NF fiabilité *f*
fiable ADJ fiable
fiaca (ARG *fam*) NF flemme *f*
fiado NM: **comprar (al) ~** acheter à crédit
fiador, a NM/F garant(e) ; **salir ~ por algn** se porter garant(e) de qn
fiambre ADJ (*Culin*) froid(e) ▸ NM (*Culin*) charcuterie *f* ; (*fam*) macchabée *m*
fiambrera NF panier-repas *msg*
fianza NF caution *f* ; **libertad bajo ~** (*Jur*) liberté *f* sous caution
fiar VT vendre à crédit ; (*salir garante de*) se porter garant(e) de ▸ VI vendre à crédit ; **es de ~** on peut se fier à lui ■ **fiarse** VPR: **fiarse de algn/algo** avoir confiance en qn/qch
fiasco NM fiasco *m*
fibra NF fibre *f* ; (*fig*) punch *m* ; **~ de vidrio** fibre de verre ; **~ óptica** (*Inform*) fibre optique
fibrosis NF INV fibrose *f*
ficción NF fiction *f* ; **literatura/obra de ~** littérature *f*/œuvre *f* de fiction
ficha NF fiche *f* ; (*en juegos, casino*) jeton *m* ; **~ policial** fiche de police ; **~ técnica** (*Cine*) fiche technique
fichaje NM (*Deporte*) recrue *f* ; (: *suma de dinero*) investissement *m* ; **ser un buen ~** être une bonne recrue
fichar VT ficher ; (*Deporte*) recruter ; (*fig*) classer ; **estar fichado** être fiché ▸ VI (*deportista*) se faire recruter ; (*trabajador*) pointer
fichero NM fichier *m* ; **nombre de ~** (*Inform*) nom *m* de fichier ; **~ activo/archivado/indexado** (*Inform*) fichier actif/archivé/indexé ; **~ de reserva** (*Inform*) fichier de sauvegarde
ficticio, -a ADJ (*imaginario*) fictif(-ive) ; (*falso*) simulé(e)
ficus *pl inv* NM ficus *msg*
fidedigno, -a ADJ authentique
fideicomisario NM (*Jur*) fidéicommissaire *m*
fideicomiso NM (*Jur*) fidéicommis *m*
fidelidad NF fidélité *f* ; **alta ~** haute fidélité
fidelísimo, -a ADJ SUPERL *de* **fiel**
fidelizar VT (*Com*) fidéliser
fideos NMPL vermicelles *mpl*
fiduciario, -a NM/F fiduciaire *m*
fiebre NF fièvre *f* ; **tener ~** avoir de la fièvre ; **~ amarilla** fièvre jaune ; **~ del heno** rhume *m* des foins ; **~ palúdica** paludisme *m*
fiel ADJ fidèle ▸ NMF: **los fieles** (*Rel*) les fidèles *mpl* ▸ NM aiguille *f*
fielmente ADV fidèlement
fieltro NM feutre *m*
fiera NF bête *f* féroce ; **ponerse hecho una ~** monter sur ses grands chevaux ; **ser un(a) ~ en** *o* **para algo** être un crack en qch
fiereza NF férocité *f*
fiero, -a ADJ féroce
fierro (AM) NM fer *m*
fiesta NF fête *f* ; (*vacaciones*: *tb*: **fiestas**) fêtes *fpl* ; *voir article* ; **hoy/mañana es ~** aujourd'hui/demain c'est férié ; **estar de ~** faire la fête ; **~ de guardar** (*Rel*) fête d'obligation ; **~ nacional** fête nationale

> En Espagne, il y a un nombre fixe de **fiestas** ou *días festivos* (jours fériés) par an, avec des variations d'une région ou ville à l'autre. En plus des jours fériés nationaux, chaque région ou ville a en effet ses propres **fiestas** locales, par exemple en l'honneur du saint patron de la ville ou du village, ou d'autres fêtes comme le Carnaval. Les festivités, qui peuvent s'étendre sur plusieurs jours, se déroulent dans la rue et marquent toujours un moment fort de l'année.

FIFA SIGLA F (= *Federación Internacional de Fútbol Asociación*) FIFA *f* (= *Fédération internationale de football association*)
fifí (MÉX) NM petit monsieur *m*
figura NF figure *f* ; (*forma, imagen*) silhouette *f* ; (*de porcelana, cristal*) figurine *f* ; **~ retórica** figure de rhétorique
figuración NF (*Cine*) figuration *f* ■ **figuraciones** NFPL (*imaginación*): **eso son figuraciones tuyas** tu te fais des idées
figurado, -a ADJ figuré(e)
figurante NMF (*Teatro*) figurant(e)
figurar VT, VI figurer ■ **figurarse** VPR se figurer ; **¡figúrate!** figure-toi ! ; **ya me lo figuraba** je l'avais bien dit
figurativo, -a ADJ figuratif(-ive)
fijación NF fixation *f*
fijador NM fixateur *m*
fijamente ADV (*sujetarse*) solidement ; (*mirar*) fixement
fijar VT fixer ; (*sellos*) coller ; (*cartel*) afficher ; (*residencia*) établir ; **~ algo a** attacher qch à ■ **fijarse** VPR: **fijarse (en)** observer ; **¡fíjate!** tu te rends compte !
fijeza NF: **con ~** (*mirar*) fixement ; (*saber*) avec assurance
fijo, -a ADJ fixe ; (*sujeto*): **~ (a)** fixé(e) (à) ; **de ~** assurément ▸ ADV: **mirar ~** regarder fixement ▸ NM (*teléfono*) fixe *m*
fila NF file *f* ; (*Deporte, Teatro*) rang *m* ; (*fig*: *facción*) faction *f* ; **ponerse en ~** se mettre en file ; **en primera ~** au premier rang ; **~ india** file indienne ■ **filas** NFPL (*Mil*) service *m* militaire ; **alistarse** *o* **incorporarse a filas** être incorporé dans l'armée
filamento NM filament *m*
filantropía NF philanthropie *f*
filantrópico, -a ADJ philanthropique
filántropo, -a NM/F philanthrope *mf*

filarmónica NF philharmonique *f*
filatelia NF philatélie *f*
filatélico, -a ADJ philatélique ▸ NM/F philatéliste *mf*
filete NM filet *m*
filiación NF filiation *f* ; (*Pol*) affiliation *f* ; (*datos personales*) fiche *f* d'état civil
filial ADJ filial(e) ▸ NF filiale *f*
filigrana NF filigrane *f*
Filipinas NFPL: **las (Islas) ~** les (îles) Philippines *fpl*
filipino, -a ADJ philippin(e) ▸ NM/F Philippin(e)
film (*pl* **films**) NM film *m*
filmación NF tournage *m*
filmar VT filmer
filme NM = **film**
fílmico, -a ADJ filmique ; **su carrera fílmica** sa carrière filmique
filmografía NF filmographie *f*
filmoteca NF (*cine*) cinémathèque *f* ; (*archivo*) filmothèque *f*
filo NM fil *m* ; **sacar ~ a** aiguiser ; **al ~ de la medianoche** à minuit sonnant ; **arma de doble ~** (*fig*) arme *f* à double tranchant
filología NF philologie *f* ; **~ francesa/inglesa/alemana** (*Univ*) philologie française/anglaise/germanique
filólogo, -a NM/F philologue *mf*
filón NM filon *m*
filoso, -a (*AM*) ADJ aiguisé(e)
filosofía NF philosophie *f* ; **tomarse algo con mucha ~** prendre qch avec philosophie
filosófico, -a ADJ philosophique ; (*actitud*) philosophe
filósofo, -a NM/F philosophe *mf*
filtración NF (*de luz*) filtration *f* ; (*de agua*) infiltration *f* ; (*fig: de fondos*) détournement *m* ; (*: de datos*) filtrage *m*
filtrar VT filtrer ▸ VI s'infiltrer ■ **filtrarse** VPR (*líquido*) s'infiltrer ; (*luz, noticia*) filtrer ; (*fig: dinero*) s'envoler
filtro NM filtre *m* ; (*papel*) buvard *m* ; **~ de aceite** (*Auto*) filtre à huile
filudo, -a (*AM*) ADJ effilé(e)
fin NM fin *f* ; **a ~ de cuentas** en fin de compte ; **al ~** à la fin ; **al ~ y al cabo** finalement ; **a ~ de** afin de ; **a ~ de que** afin que ; **a fines de** à la fin de ; **por/en ~** enfin ; **dar** *o* **poner ~ a algo** mettre fin à qch ; **con el ~ de** dans le but de ; **sin ~** sans fin ; **llegar a ~ de mes** (*fig*) boucler ses fins de mois ; **~ de año** Saint-Sylvestre *f* ; **~ de archivo** (*Inform*) fin de fichier ; **~ de registro** (*Inform*) fin de sauvegarde ; **~ de semana** week-end *m*
final ADJ final(e) ▸ NM (*de partido, tarde, novela*) fin *f* ; (*de calle*) bout *m* ; **al ~** à la fin ; **a finales de mayo** fin mai ▸ NF (*Deporte*) finale *f*
finalice *etc* VB *ver* **finalizar**
finalidad NF finalité *f*
finalista NMF finaliste *mf*
finalización NF fin *f*, terme *m*
finalizar VT terminer ; **~ la sesión** (*Inform*) clore la session ▸ VI toucher à sa fin
finalmente ADV finalement
financiación NF financement *m* ; **~ colectiva** *o* **en masa** financement participatif
financiar VT financer
financiera NF groupe *m* financier ; *ver tb* **financiero**
financiero, -a ADJ, NM/F financier(-ière)
financista (*AM*) NMF financier *m*
finanzas NFPL affaires *fpl*
finca NF propriété *f* ; (*edificio*) immeuble *m*
finde (*fam*) NM week-end *m*
fingir VT feindre ▸ VI mentir ■ **fingirse** VPR: **fingirse dormido** faire semblant de dormir ; **fingirse un sabio** se donner des airs de savant
finiquitar VT (*Econ: cuenta*) solder
finiquito NM solde *m*
finito, -a ADJ fini(e)
finja *etc* VB *ver* **fingir**
finlandés, -esa ADJ finlandais(e) ▸ NM/F Finlandais(e) ▸ NM (*Ling*) finnois *m*
Finlandia NF Finlande *f*
fino, -a ADJ fin(e) ; (*tipo*) mince ; (*de buenas maneras*) délicat(e) ▸ NM (*jerez*) xérès *m*
finolis (*fam*) ADJ INV délicat(e), snob
finura NF finesse *f* ; (*en modales*) délicatesse *f*
fiordo NM fjord *m*
firma NF signature *f* ; (*Com*) firme *f*
firmamento NM firmament *m*
firmante ADJ, NMF signataire *mf* ; **los abajo firmantes** les soussignés
firmar VT, VI signer ; **~ un contrato** signer un contrat ; **firmado y sellado** signé et scellé
firme ADJ solide ; (*fig*) ferme ; **oferta en ~** (*Com*) offre *f* ferme ; **de ~** avec acharnement ; **mantenerse ~** (*fig*) tenir ferme ; **¡firmes!** (*Mil*) garde-à-vous ! ▸ NM chaussée *f*
firmemente ADV fermement
firmeza NF fermeté *f* ; (*solidez*) solidité *f* ; (*perseverancia*) persévérance *f*
fiscal ADJ fiscal(e) ▸ NM (*Jur*) avocat *m* général
fiscalía NF (*cargo*) ministère *m* public ; (*oficina*) cabinet *m* du Procureur
fiscalice *etc* VB *ver* **fiscalizar**
fiscalidad NF fiscalité *f*
fiscalizar VT fiscaliser ; (*pey*) juger
fisco NM fisc *m* ; **declarar algo al ~** déclarer qch au fisc
fisgar VT fouiner dans ▸ VI fouiner
fisgón, -ona ADJ fouineur(-euse)
fisgonear VT fureter dans ▸ VI fureter

f

fisgue *etc* VB *ver* **fisgar**
física NF physique *f*; *ver tb* **físico**
físicamente ADV physiquement
físico, -a ADJ physique ▸ NM physique *m* ▸ NM/F physicien(ne)
fisiología NF physiologie *f*
fisiológico, -a ADJ physiologique
fisión NF fission *f*; **~ nuclear** fission *f* nucléaire
fisioterapeuta NMF physiothérapeute *mf*
fisioterapia NF physiothérapie *f*
fisioterapista (ARG) NMF = **fisioterapeuta**
fisonomía NF physionomie *f*
fisonomista NMF: **ser buen ~** être physionomiste
fístula NF fistule *f*
fisura NF fissure *f*; (*de hueso*) fracture *f*
flác(c)ido, -a ADJ flasque
flacidez, flaccidez NF: **tengo flac(c)idez en los músculos** mes muscles sont flasques
flácido, -a, fláccido, -a ADJ flasque
flaco, -a ADJ (*delgado*) maigre; (*débil*) faible; **punto ~** point *m* faible
flagrante ADJ flagrant(e); **en ~ delito** en flagrant délit
flamante (*fam*) ADJ (*vistoso*) voyant(e); (*nuevo*) flambant neuf (neuve)
flamear VT (*Culin*) flamber
flamenco, -a ADJ (*de Flandes*) flamand(e); (*baile, música*) flamenco; **ponerse ~** frimer ▸ NM/F Flamand(e); **los flamencos** les Flamands ▸ NM flamenco *m*; (*Ling*) flamand *m*; (*Zool*) flamant *m*
flan NM flan *m*; **~ de arroz/verduras** boule *f* de riz/légumes
flanco NM flanc *m*
Flandes NM Flandre *f*
flanquear VT flanquer; (*Mil: atacar*) déborder
flaquear VI flancher
flaqueza NF faiblesse *f*
flaquísimo, -a ADJ SUPERL *de* **flaco**
flash [flas] (*pl* **flashes**) NM (*Foto*) flash *m*
flato NM ballonnement *m*
flatulencia NF flatulence *f*
flauta NF flûte *f*; **¡la gran ~!** (AM: *fam*) flûte!; **de la gran ~** (*bárbaro*) du tonnerre; **hijo de la gran ~** (*fam!*) fils *m* de pute (*fam!*); **~ dulce** flûte à bec; **~ travesera** flûte traversière ▸ NMF flûtiste *mf*
flautista NMF flûtiste *mf*
flebitis NF phlébite *f*
flecha NF flèche *f*
flechazo NM (*enamoramiento*) coup *m* de foudre; (*disparo*) tir *m* de flèche
fleco NM frange *f*
flema NM flegme *m*
flemático, -a ADJ flegmatique
flemón NM (*Med*) abcès *m*
flequillo NM frange *f*
fletar VT (*barco, avión*) affréter; (*autocar, camión*) fréter; (*mercancías*) transporter
flete NM fret *m*; **~ debido/sobre compras** (*Com*) port *m* dû/payé
flexibilidad NF souplesse *f*; (*adaptabilidad*) flexibilité *f*
flexibilizar VT assouplir; (*horario, programa, empleo*) flexibiliser
flexible ADJ souple; (*horario*) flexible
flexión NF flexion *f*
flexionar VT fléchir
flexo NM lampe *f* de bureau
flipar (*fam*) VT (*gustar*): **esto me flipa** ça me botte (*fam*), ça me branche (*fam*); (*asombrar*): **me flipó lo que pasó** je n'en reviens pas (de ce qui s'est passé), ce qui s'est passé m'a scié(e) (à la base) (*fam*) ▸ VI (*asombrarse*) halluciner (*fam*); (*pasarlo bien*) s'éclater (*fam*); (*drogarse*) triper (*fam*); **yo flipaba al ver tanta cosa** j'hallucinais de voir tant de choses; **yo flipo con esa canción** cette chanson me fait triper ■ **fliparse** VPR: **fliparse por algo** adorer quelque chose; (*drogarse*) se défoncer (*fam*)
flipper ['fliper] (AM) NM flipper *m*
flirtear VI flirter
FLN SIGLA M (VEN, PERÚ *Pol*: = *Frente de Liberación Nacional*) *parti politique*; (*en Argelia*) FLN *m* (= *Front de libération nationale*)
flojear VI flancher
flojera NF défaillance *f*; (*esp AM: pereza*) paresse *f*; **me da ~ (hacer)** j'ai la flemme de (faire)
flojo, -a ADJ (*cuerda, nudo*) lâche; (*persona, Com: sin fuerzas*) faible; (*perezoso: esp AM*) paresseux(-euse); (*viento, vino, trabajo*) léger(-ère); (*estudiante*) faible; (*conferencia*) ennuyeux(-euse); **está ~ en matemáticas** il est faible en mathématiques
floppy ['flopi] NM (*Inform*) disquette *f*
flor NF fleur *f*; **en ~** en fleur; **la ~ y nata de la sociedad** (*fig*) la crème de la société; **en la ~ de la vida** dans la fleur de l'âge; **a ~ de piel** (*fig*) à fleur de peau; **es ~ de amigo** (AND, CSUR) c'est un super ami
flora NF flore *f*
floral ADJ floral(e)
florcita (AM *fam*) NF fleurette *f*
florecer VI fleurir; (*prosperar*) être florissant(e)
floreciente ADJ fleurissant(e)
florecimiento NM floraison *f*, fleuraison *f*; (*prosperidad*) épanouissement *m*, croissance *f*
Florencia N Florence
florentino, -a ADJ florentin(e) ▸ NM/F Florentin(e)
florero NM vase *m*
florezca *etc* VB *ver* **florecer**
florido, -a ADJ fleuri(e)

florín NM florin *m*
florista NMF fleuriste *mf*
floristería NF magasin *m* de fleurs, fleuriste *mf*
flota NF flotte *f*
flotación NF: **línea de ~** ligne *f* de flottaison
flotador NM flotteur *m* ; (*para nadar*) bouée *f*
flotante ADJ flottant(e) ; **coma ~** (*Inform*) virgule *f* flottante
flotar VI flotter
flote NM: **a ~** à flot ; **salir a ~** (*fig*) s'en tirer
flotilla NF flottille *f*
FLS (NIC) SIGLA M (*Pol*) = **Frente de Liberación Sandinista**
fluctuación NF fluctuation *f*
fluctuante ADJ fluctuant(e)
fluctuar VI fluctuer
fluidez NF fluidité *f* ; **con ~** avec fluidité
fluido, -a ADJ, NM fluide *m*
fluir VI couler ; (*fig: ideas*) venir
flujo NM flux *m* ; (*Med*) écoulement *m* ; **~ y reflujo** flux et reflux ; **~ de efectivo** (*Com*) marge *f* brute d'autofinancement
flúor NM fluor *m*
fluorescente ADJ fluorescent(e) ▸ NM (*tb*: **tubo fluorescente**) néon *m*
fluoruro NM fluorure *f*
fluvial ADJ fluvial(e) ; **vía ~** voie *f* fluviale
fluyendo *etc* VB *ver* **fluir**
FM SIGLA F (= *Frecuencia Modulada*) FM *f* (= *fréquence modulée*), MF *f* (= *modulation de fréquence*)
FMI SIGLA M (= *Fondo Monetario Internacional*) FMI *m* (= *Fonds monétaire international*)
f.º ABR (= *folio*) f. (= *feuillet*)
fobia NF phobie *f*
foca NF phoque *m* ; (*fam: persona gorda*) baleine *f*
foco NM foyer *m* ; (AM: *bombilla*) ampoule *f* ; (: *farola*) réverbère *m* ; **~ de infección** (*Med*) foyer d'infection
fofo, -a ADJ (*esponjoso*) mou (molle) ; (*carnes*) flasque
fogata NF feu *m* de bois
fogón NM (*de cocina*) feu *m*
fogonazo NM (*de flash*) éclair *m* ; (*de arma*) étincelle *f*
fogoso, -a ADJ fougueux(-euse)
fogueo NM: **de ~** à blanc ; **bala** *o* **cartucho de ~** balle *f* *ou* cartouche *f* à blanc ; **disparo** *o* **tiro de ~** tir *m* à blanc ; **pistola de ~** pistolet *m* chargé à blanc
foja (AM) NF feuille *f* ; **~ de servicios** (*Admin*) fiche *f*
fol. ABR (= *folio*) f. (= *feuillet*)
folder, fólder (AM) NM (*carpeta*) chemise *f*
folio NM feuille *f* de papier ; (*Imprenta*) folio *m* ; **de tamaño ~** en feuillet
folklore NM folklore *m*
folklórico, -a ADJ folklorique
follaje NM feuillage *m*
follar (*fam!*) VT, VI baiser (*fam !*)
folletín NM feuilleton *m* ; (*fig*) mélodrame *m*
folletinesco, -a ADJ: **una película folletinesca** un film qui tourne au mélodrame
folleto NM (*de propaganda*) prospectus *msg* ; (*informativo*) dépliant *m* ; (*con instrucciones*) livret *m*
follón (*fam*) NM bordel *m* ; **armar un ~** faire du bordel ; **se armó un ~** ça a été la panique
fomentar VT promouvoir ; (*odio, envidia*) fomenter
fomento NM promotion *f* ; (*Admin*): **(Ministerio de) F~** ministère *m* du Développement
fonda NF auberge *f*
fondear VT (*Náut: sondear*) sonder ; (CHI: *ahogar*) jeter à la mer ▸ VI jeter l'ancre
fondillo (AM *fam*) NM fond *m* de pantalon
fondista NMF (*Deporte*) coureur(-euse) de fond
fondo NM fond *m* ; (*profundidad*) profondeur *f* ; (AM: *prenda*) combinaison *f* ; **a/de ~** à/de fond ; **a ~ perdido** à fonds perdu ; **al ~ de la calle/del pasillo** au bout de la rue/au fond du couloir ; **en el ~** au fond ; **tener buen ~** avoir un bon fond ; **los bajos fondos** les bas-fonds *mpl* ; **~ común** fonds *msg* commun ; **~ de amortización** (*Com*) fonds *mpl* d'amortissement ; **~ del mar** fond de la mer ; **F~ Monetario Internacional** Fonds *msg* monétaire international ■ **fondos** NMPL (*Com, de museo, biblioteca*) fonds *msg*
fonética NF phonétique *f*
fono (AM) NM téléphone *m*
fonógrafo NM phonographe *m*
fonología NF phonologie *f*
fonoteca NF phonothèque *f*
fontanería NF plomberie *f*
fontanero, -a NM/F plombier(-ière)
footing ['futin] NM footing *m* ; **hacer ~** faire du footing
F.O.P. (ESP) SIGLA FPL (= *Fuerzas del Orden Público*) *forces de police*
forajido NM fugitif *m*
foral ADJ local(e)
foráneo, -a ADJ étranger(-ère)
forastero, -a NM/F étranger(-ère)
forcé VB *ver* **forzar**
forcejear VI lutter
forcejeo NM lutte *f*
forcemos *etc* VB *ver* **forzar**
fórceps *pl inv* NM forceps *msg*
forense NMF (*tb*: **médico forense**) médecin *m* légiste
forestal ADJ forestier(-ière)
forjar VT forger ; (*imperio, fortuna*) bâtir ; **hierro forjado** fer *m* forgé ■ **forjarse** VPR (*porvenir*) s'assurer ; (*ilusiones*) se faire

forma NF forme *f* ; (*manera*) façon *f*, manière *f* ; **en (plena) ~** en (pleine) forme ; **en baja ~** pas en bonne forme ; **en ~ de** en forme de ; **de ~ que ...** de sorte que ... ; **de todas formas** de toute façon ; **~ de pago** (*Com*) mode de paiement ▪ **formas** NFPL (*del cuerpo*) formes *fpl* ; **guardar las formas** se tenir convenablement

formación NF formation *f* ; **~ a cargo de la empresa** formation continue ; **~ profesional** formation professionnelle

En Espagne, il existe deux niveaux de **formación profesional** : le *ciclo formativo de grado medio*, auquel peuvent accéder les titulaires d'un diplôme de la ESO ou toute personne de plus de 17 ans ayant réussi l'examen d'entrée ; et le *ciclo formativo de grado superior*, auquel peuvent accéder les titulaires d'un *bachillerato* ou toute personne de plus de 19 ans (ou de plus de 18 ans si elle est titulaire d'un *grado medio* dans la même spécialité). Le premier débouche sur un diplôme de *técnico*, et le second sur un diplôme de *técnico superior* qui permet d'entrer à l'université.

formal ADJ (*defecto*) de forme ; (*requisito, promesa*) formel(le) ; (*persona: de fiar*) sérieux(-euse)

formalice *etc* VB *ver* **formalizar**

formalidad NF sérieux *m* ; (*trámite*) formalité *f*

formalizar VT officialiser ▪ **formalizarse** VPR se ranger

formalmente ADV formellement

formar VT former ; (*hacer*) faire ; **~ parte de** faire partie de ▸ VI (*Mil*) se mettre en formation ; (*Deporte*) se placer ▪ **formarse** VPR se former ; (*jaleo, lío*) se produire

formatear VT (*Inform*) formater

formateo NM (*Inform*) formatage *m*

formativo, -a ADJ formateur(-trice)

formato NM format *m* ; **sin ~** (*disco, texto*) non formaté(e) ; **~ de registro** format d'enregistrement

formica® NF Formica® *m*

formidable ADJ formidable

formol NM formol *m*

fórmula NF formule *f* ; (*fig: método*) solution *f* ; **hacer algo por (pura) ~** faire qch pour la forme ; **~ de cortesía** formule de politesse ; **~ uno** (*Auto*) formule 1

formulación NF formulation *f*

formular VT formuler ; (*idea*) émettre

formulario NM formulaire *m* ; **rellenar un ~** remplir un formulaire ; **~ de pedido** (*Com*) bon *m* de commande ; **~ de solicitud** (*Com*) formulaire de demande

formulismo NM formalisme *m*

fornicar VI forniquer

fornido, -a ADJ corpulent(e)

fornique *etc* VB *ver* **fornicar**

foro NM forum *m* ; (*Jur*) barreau *m*

forofo, -a NM/F fan *mf*

forrado, -a ADJ (*ropa*) doublé(e) ; (*fam: de dinero*) plein(e) aux as

forraje NM fourrage *m*

forrar VT (*abrigo*) doubler ; (*libro, sofá*) recouvrir ; (*puerta*) blinder ▪ **forrarse** VPR (*fam*) amasser une petite fortune

forro NM (*de abrigo*) doublure *f* ; (*de libro*) couverture *f* ; (*de sofá*) housse *f* ; **~ polar** laine *f* polaire

fortalecer VT fortifier ▪ **fortalecerse** VPR se fortifier

fortalecimiento NM consolidation *f*, renforcement *m*

fortaleza NF (*Mil*) forteresse *f* ; (*fuerza*) force *f*

fortalezca *etc* VB *ver* **fortalecer**

fortificación NF fortification *f*

fortificar VT fortifier

fortifique *etc* VB *ver* **fortificar**

fortín NM fortin *m*

fortísimo, -a ADJ SUPERL *de* **fuerte**

fortuito, -a ADJ fortuit(e)

fortuna NF fortune *f* ; **por ~** par hasard ; **probar ~** tenter sa chance

forúnculo NM furoncle *m*

forzado, -a ADJ forcé(e) ; **trabajos forzados** travaux *mpl* forcés

forzar VT forcer ; (*proceso*) accélérer ; (*violar*) violer ; **~ a algn a hacer algo** forcer qn à faire qch

forzosamente ADV forcément

forzoso, -a ADJ forcé(e)

forzudo, -a ADJ (*persona*) d'une force peu commune

fosa NF fosse *f* ; **fosas nasales** fosses *fpl* nasales

fosfato NM phosphate *m*

fosforescente ADJ phosphorescent(e) ; (*ojos*) brillant(e)

fósforo NM phosphore *m* ; (*Am: cerilla*) allumette *f*

fósil ADJ, NM fossile *m*

foso NM (*hoyo, Auto*) fosse *f* ; (*Teatro*) fosse d'orchestre ; (*de castillo*) douves *fpl*

foto NF photo *f* ; **sacar** *o* **hacer una ~** faire *o* prendre une photo ; **~ de carné** photo d'identité

fotocopia NF photocopie *f*

fotocopiadora NF photocopieuse *f*

fotocopiar VT photocopier

fotogénico, -a ADJ photogénique

fotografía NF photographie *f*

fotografiar VT photographier

fotográfico, -a ADJ photographique

fotógrafo, -a NM/F photographe *mf*

fotograma NM (*Cine*) photogramme *m*

fotomatón NM photomaton *m*

fotómetro NM photomètre *m*

fotonovela NF roman-photo *m*
fotosíntesis NF INV photosynthèse *f*
fotuto (*Cu*) NM klaxon *m*
foulard [fu'lar] NM foulard *m*
FP SIGLA F (*Esp*: = *Formación Profesional*) *ver* **formación**
FPLP SIGLA M (*Pol*: = *Frente Popular para la Liberación de Palestina*) FPLP *m* (= *Front populaire de libération de la Palestine*)
fra. ABR = **factura**
frac (*pl* **fracs** *o* **fraques**) NM frac *m*
fracasado, -a ADJ (*persona*) infortuné(e) ; (*tentativa*) manqué(e) ▸ NM/F raté(e)
fracasar VI échouer
fracaso NM échec *m* ; (*desastre*) catastrophe *f* ; (*revés*) revers *msg*
fracción NF fraction *f* ; (*Pol*) scission *f*
fraccionadora (*Méx*) NF (*Com*) promoteur *m* immobilier
fraccionamiento (*Am*) NM lotissement *m*
fraccionar VT fractionner ; **~ los pagos** fractionner *ou* échelonner les paiements
fracking ['frakin] NM fracturation *f* hydraulique
fractura NF fracture *f* ; (*grieta*) cassure *f*
fracturación NF: **~ hidráulica** fracturation *f* hydraulique
fracturarse VPR (*Med*) se fracturer
fragancia NF parfum *m*
fragante ADJ parfumé(e)
fraganti: **in ~** *adv*, **pillar a algn in ~** prendre qn en flagrant délit
fragata NF frégate *f*
frágil ADJ fragile ; **« ~ »** (*Com*) « fragile »
fragilidad NF fragilité *f*
fragmentación NF fragmentation *f*
fragmentar VT fragmenter ■ **fragmentarse** VPR se fragmenter, se morceler ; **se fragmenta en miles de partículas** il se fragmente *ou* se morcele en milliers de particules
fragmento NM fragment *m* ; (*Mús*) morceau *m* choisi
fragor NM clameur *f*
fragua NF forge *f*
fraguar VT forger ▸ VI prendre
fragüe *etc* VB *ver* **fraguar**
fraile NM moine *m*
frambuesa NF framboise *f*
francamente ADV franchement
francés, -esa ADJ français(e) ▸ NM/F Français(e) ▸ NM (*Ling*) français *m*
Francia NF France *f*
franciscano, -a ADJ, NM franciscain(e)
francmasón, -ona NM/F franc-maçon(ne)
franco, -a ADJ franc (franche) ; (*Com*: *exento*: *entrada, puerto*) franco ; **~ de derechos** (*Com*) hors taxe ; **~ a bordo** (*Com*) franco à bord ; **~ al costado del buque** (*Com*) franco long du bord ; **~ en fábrica** (*Com*) départ usine ; **~ puesto sobre vagón** (*Com*) franco wagon ; **de ~** (*CSur*) en permission ▸ NM (*Hist*: *moneda*) franc *m*
francófono, -a ADJ, NM/F francophone *mf*
francotirador, a NM/F franc-tireur(-euse)
franela NF flanelle *f*
franja NF (*en vestido, bandera*) frange *f* ; (*de tierra*) bande *f* ; (*de luz*) rai *m*
franquear VT (*paso, entrada*) débarrasser ; (*carta etc*) affranchir ; (*obstáculo*) franchir ■ **franquearse** VPR: **franquearse con algn** parler à cœur ouvert avec qn
franqueo NM affranchissement *m*
franqueza NF franchise *f* ; **con ~** avec franchise
franquicia NF franchise *f* ; **~ aduanera** franchise douanière
franquismo NM franquisme *m* ; *voir article*

> Le régime politique qui fut celui du général Franco de la fin de la guerre civile espagnole, en 1939, jusqu'à sa mort en 1975, est connu sous le nom de **franquismo**. Franco était un dictateur autoritaire aux idées de droite , qui voulait imposer les valeurs catholiques traditionnelles et faire de l'Espagne un pays économiquement autosuffisant. Dans les années 60, après des années d'isolement, l'Espagne commença à s'ouvrir au reste du monde et connut un essor économique et une opposition politique intérieure. La mort de Franco marqua le début de la démocratie, l'Espagne devenant une monarchie constitutionnelle.

franquista ADJ, NMF franquiste *mf*
frasco NM flacon *m*
frase NF phrase *f* ; (*locución*) expression *f* ; **~ hecha** expression *f* figée ; (*despectivo*) cliché *m*
fraternal ADJ fraternel(le)
fraternidad NF fraternité *f*
fraternizar VI: **~ (con)** fraterniser (avec)
fraterno, -a ADJ fraternel(le)
fratricida ADJ, NMF fratricide *mf*
fraude NM fraude *f*
fraudulentamente ADV frauduleusement
fraudulento, -a ADJ frauduleux(-euse)
fray NM frère *m* ; **F~ Juan** frère *m* Jean
frazada (*Am*) NF couvre-lit *m*
frecuencia NF fréquence *f* ; **con ~** fréquemment ; **~ de red/del reloj** (*Inform*) fréquence d'alimentation/d'horloge
frecuentar VT fréquenter
frecuente ADJ fréquent(e) ; (*habitual*) habituel(le)
frecuentemente ADV fréquemment
fregadero NM évier *m*

fregado, -a (*fam*) ADJ (*AM*: *molesto*) embêtant(e) ▶ NM dispute *f*
fregar VT laver ; (*AM fam*) emmerder
fregón, -ona (*AM fam*) ADJ énervant(e)
fregona NF balai *m* à franges ; (*pey*: *sirvienta*) boniche *f*
fregué *etc*, **freguemos** *etc* VB *ver* **fregar**
freidora NF friteuse *f*
freír VT frire ; **~ a algn a preguntas** assommer qn de questions ■ **freírse** VPR frire
fréjol NM = **frijol**
frenada (*CHI*) NF coup *m* de frein
frenar VT, VI freiner ; **~ en seco** freiner brusquement
frenazo NM coup *m* de frein
frenesí NM frénésie *f*
frenético, -a ADJ frénétique ; (*persona*) hors de soi ; **ponerse ~** devenir fou (folle) de rage
freno NM frein *m* ; (*de cabalgadura*) mors *m* ; **poner ~ a algo** (*fig*) réfréner qch ; **~ de mano** frein à main
frente NF (*Anat*) front *m* ; **~ a ~** face à face ▶ NM (*Mil*, *Meteorología*) front *m* ; (*Arq*, *de objeto*) devant *m* ; **hacer ~ común con algn** faire cause commune avec qn ; **hacer ~ a** faire face à ; **ir/ponerse al ~ de** être/se mettre à la tête de ; **~ a** en face de ; (*en comparación con*) par rapport à ; **chocar de ~** se heurter de front ; **~ de batalla** front de bataille ; **~ único** front commun ▶ ADV: **~ mío/nuestro** *etc* (*esp CSUR fam*) en face de moi/nous *etc*
fresa NF (*ESP*, *CAM*, *CARIB*, *MÉX*) fraise *f* ; (*de dentista*) roulette *f*
fresco, -a ADJ frais (fraîche) ; (*ropa*) léger(-ère) ; (*descarado*) insolent(e) ; (*descansado*) frais (fraîche) et dispos(e) ; **estar/quedarse tan ~** demeurer imperturbable ; **¡qué ~!** quel culot ! ▶ NM (*aire*) fraîcheur *f* ; (*Arte*) fresque *f* ; (*AM*) boisson *f* fraîche ▶ NM/F (*fam*: *descarado*) insolent(e) ; (: *desvergonzado*) effronté(e) ; **al ~** au frais ; **hace ~** il fait frais ; **tomar el ~** prendre le frais
frescor NM fraîcheur *f*
frescura NF fraîcheur *f* ; (*descaro*) culot *m*
fresno NM frêne *m*
fresón NM fraise *f*
freudiano, -a ADJ, NM/F freudien(-enne)
frialdad NF froideur *f*
fríamente ADV froidement ; **la propuesta fue acogida ~** la proposition a été reçue froidement ; **mirado ~, tiene razón** si on le considère froidement, il a raison
fricción NF friction *f*
friega VB *ver* **fregar** ▶ NF (*Med*) friction *f*
friegue *etc* VB *ver* **fregar**
friendo *etc* VB *ver* **freír**
frigano, -a ADJ, NM/F déchétarien(-ienne)
frigider (*CSUR*) NM frigidaire® *m*
frigidez NF frigidité *f*
frígido, -a ADJ frigide
frigorífico, -a ADJ frigorifique ; **camión ~** camion *m* frigorifique ▶ NM réfrigérateur *m*
frijol (*AM*) NM haricot *m* sec ; (*verde*) haricot vert
friki (*fam*) NMF farfelu(e), personne *f* bizarre
frio VB *ver* **freír**
frío, -a ADJ froid(e) ; (*fig*: *poco entusiasta*) pas très chaud(e) ; (*relaciones*) tendu(e) ; **quedarse ~** commencer à avoir froid ▶ NM froid *m* ; **coger ~** prendre froid ; **tener ~** avoir froid ; **hace ~** il fait froid ; **¡qué ~!** il fait un de ces froids !
friolento, -a (*AM*) ADJ = **friolero**
friolera NF bagatelle *f* ; **gastó la ~ de 1.000 euros** il a dépensé la bagatelle de 1 000 euros
friolero, -a ADJ frileux(-euse)
friqui (*fam*) NMF = **friki**
friso NM frise *f*
fritanga NF (*AM*) *aliments frits* ; (*pey*) graillon *m*
fritanguería (*AM*) NF *échoppe où l'on vend des aliments frits*
frito, -a PP *de* **freír** ▶ ADJ (*Culin*) frit(e) ; **me tiene** *o* **trae ~ ese hombre** (*fam*) ce type est barbant ; **quedarse ~** (*fam*) s'endormir ■ **fritos** NMPL (*Culin*) friture *fsg*
fritura NF friture *f*
frivolidad NF frivolité *f*
frívolo, -a ADJ frivole
frondoso, -a ADJ touffu(e)
frontal ADJ frontal(e)
frontera NF frontière *f* ; **sin fronteras** sans limite
fronterizo, -a ADJ (*pueblo*, *paso*) frontalier(-ière) ; (*países*) limitrophe
frontón NM (*cancha*) fronton *m* ; (*juego*) pelote *f* basque
frotar VT, VI frotter ■ **frotarse** VPR: **frotarse las manos** se frotter les mains
frotis NM: **~ cervical** frottis *m* vaginal
fructífero, -a ADJ fructueux(-euse)
fructosa NF fructose *f*
frugal ADJ frugal(e)
frugalidad NF frugalité *f*
frunce, fruncido NM fronce *f*
fruncir VT froncer ; (*labios*) plisser
frunza *etc* VB *ver* **fruncir**
frustración NF frustration *f*
frustrado, -a ADJ frustré(e) ; (*intento*) avorté(e)
frustrante ADJ frustrant(e)
frustrar VT frustrer ■ **frustrarse** VPR (*plan etc*) échouer
fruta NF fruit *m* ; **~ del tiempo** fruit de saison ; **~ escarchada** fruit confit
frutal ADJ fruitier(-ière) ▶ NM arbre *m* fruitier
frutería NF boutique *f* de fruits et légumes

frutero, -a ADJ fruitier(-ière) ▸NM/F marchand(e) de fruits et légumes ▸NM compotier *m*
frutilla (AND, CSUR) NF fraise *f*
fruto NM fruit *m* ; **dar** *o* **producir ~** porter ses fruits ; **frutos secos** fruits *mpl* secs
FSLN (NIC) SIGLA M (*Pol*) = **Frente Sandinista de Liberación Nacional**
fucha, fuchi (*MÉX fam*) EXCL ouf !
fucsia NF (*planta*) fuchsia *m* ▸ADJ INV, NM INV (*color*) fuchsia *m*
fue VB *ver* **ser**; **ir**
fuego NM feu *m* ; **prender ~ a** mettre le feu à ; **a ~ lento** à petit feu ; **¡alto el ~!** cessez le feu ! ; **estar entre dos fuegos** être pris(e) entre deux feux ; **¿tienes ~?** tu as du feu ? ; **~ amigo** tirs *mpl* de son propre camp ; **fuegos artificiales** *o* **de artificio** feux *mpl* d'artifice
fueguito (*AM fam*) NM feu *m*
fuelle NM soufflet *m*
fuel-oil [fuel'oil] NM fioul *m*
fuente NF fontaine *f* ; (*plato*) plat *m* ; (*fig*) source *f* ; **de buena ~** de source sûre ; **de fuentes fidedignas** de sources bien informées ; **~ de alimentación** (*Inform*) source d'alimentation ; **~ de soda** (*AM*) buvette *f*
fuera VB *ver* **ser**; **ir** ▸ADV dehors ; (*de viaje*) en voyage ; **por ~** au dehors ; **¡~!** dehors ! ; **los de ~** les étrangers *mpl* ; **~ de** hors de ; (*fig*) sauf ; **~ de alcance** hors de portée ; **~ de combate** hors de combat ; (*Boxeo*) K.O. ; (*Fútbol*) hors jeu ; **~ de la ley** hors-la-loi ; **estar ~ de lugar** ne pas être à sa place ; **~ de serie/servicio/temporada** hors série/service/saison ; **~ de sí** hors de soi ; **~ de (toda) duda/sospecha** au-dessus de tout soupçon
fuera-borda NM INV hors-bord *m*
fuerce *etc* VB *ver* **forzar**
fuereño, -a (*AM*) ADJ, NM/F étranger(-ère)
fuero NM droit *m* local ; (*jurisdicción*) droit ; (*fig*): **en mi** *etc* **~ interno** en mon *etc* for intérieur
fuerte ADJ fort(e) ; (*resistente*) solide ; (*chocante*) choquant(e) ▸ADV (*sujetar*) solidement ; (*golpear*) violemment ; (*llover*) à verse ; (*gritar*) fort ▸NM (*Mil*) fort *m* ; (*fig*): **el canto no es mi ~** le chant, ce n'est pas mon fort
fuertemente ADV (*sujetar*) solidement ; (*golpear*) violemment ; (*llover*) à verse
fuerza VB *ver* **forzar** ▸NF force *f* ; (*Mil*: *tb*: **fuerzas**) forces *fpl* ; **a ~ de** à force de ; **cobrar fuerzas** prendre des forces ; **empujar/tirar con ~/con todas sus fuerzas** pousser/tirer avec force/de toutes ses forces ; **tener ~** avoir de la force ; **tener fuerzas para hacer** avoir la force de faire ; **a** *o* **por la ~** de force ; **con ~ legal** (*Com*) à force de loi ; **por ~** forcément ; **fuerzas aéreas/armadas** forces aériennes/armées ; **~ bruta** force brute ; **~ de arrastre** (*Tec*) effort *m* de traction ; **fuerzas de Orden Público** forces de l'ordre ; **~ de voluntad** volonté *f* ; **~ mayor** force majeure ; **~ vital** énergie *f* vitale
fuete (*AM*) NM fouet *m*
fuga NF fugue *f* ; (*de gas, agua*) fuite *f* ; **~ de capitales** (*Econ*) fuite des capitaux ; **~ de cerebros** (*fig*) fuite des cerveaux
fugacidad NF fugacité *f*
fugarse VPR s'enfuir
fugaz ADJ fugace
fugitivo, -a ADJ en fuite ▸NM/F fugitif(-ive)
fugue *etc* VB *ver* **fugarse**
fui *etc* VB *ver* **ser**; **ir**
fulana (*fam*) NF (*pey*) prostituée ; *ver tb* **fulano**
fulano, -a NM/F un(e) tel(le)
fular NM = **foulard**
fulgor NM scintillement *m*
fulgurante ADJ fulgurant(e)
full [ful] (*CSUR fam*) NM: **a ~** d'arrache-pied ; **trabajan a ~** ils travaillent d'arrache-pied
fulminante ADJ fulminant(e) ; (*Med, fig*) foudroyant(e) ; (*fam: éxito*) fulgurant(e)
fulminar VT: **caer fulminado por un rayo** être foudroyé ; **~ a algn con la mirada** foudroyer qn du regard
fumada (*AM*) NF succion *f*
fumador, a NM/F fumeur(-euse) ; **no ~** non-fumeur(-euse)
fumar VT, VI fumer ; **~ en pipa** fumer la pipe
▪ **fumarse** VPR fumer ; (*fam: herencia*) flamber ; (*: clases*) sécher
fumigación NF fumigation *f*
fumigar VT soumettre à des fumigations, fumiger
funambulista NMF, **funámbulo, -a** NM/F funambule *mf*
función NF fonction *f* ; (*Teatro etc*) représentation *f* ; **entrar en funciones** entrer en fonction ; **~ de tarde/de noche** matinée *f*/soirée *f* ; **en ~ de** en fonction de ; **presidente/director en funciones** président/directeur par intérim
funcional ADJ fonctionnel(le)
funcionamiento NM fonctionnement *m* ; **en ~** (*Com*) en fonctionnement ; **entrar/poner en ~** commencer à/faire fonctionner
funcionar VI fonctionner ; **« no funciona »** « en panne »
funcionariado NM fonctionnaires *mpl*
funcionario, -a NM/F fonctionnaire *mf*
funda NF étui *m* ; (*de nórdico, sofá*) housse *f* ; (*de almohada*) taie *f* ; (*de disco*) pochette *f*
fundación NF fondation *f*
fundado, -a ADJ (*justificado*) fondé(e)
fundador, a NM/F fondateur(-trice)
fundamental ADJ fondamental(e)
fundamentalismo NM fondamentalisme *m*
fundamentalista ADJ, NMF fondamentaliste *mf*
fundamentalmente ADV fondamentalement
fundamentar VT (*fig*): **~ (en)** fonder (sur)

fundamento NM fondement *m* ; **eso carece de ~** ça ne tient pas debout ▪ **fundamentos** NMPL (*de ciencia, arte*) fondements *mpl*

fundar VT fonder ; (*fig: basar*): **~ en** fonder sur ▪ **fundarse** VPR: **fundarse en** se fonder sur

fundición NF (*fábrica*) fonderie *f* ; (*de metal, Tip*) fonte *f*

fundillo (AM) NM (*fam: de pantalón*) fond *m* ; (*fam!*) cul *m* (*fam !*)

fundir VT fondre ; (*Com, fig*) fusionner ; (*fam: presupuesto, saldo*) exploser ▪ **fundirse** VPR (*Elec, nieve, mantequilla*) fondre ; (*colores etc*) se fondre ; (*fig*) fusionner

fundo (AND, CHI) NM ferme *f*

fúnebre ADJ funèbre ; (*fig*) sombre

funeral NM funérailles *fpl*

funeraria NF pompes *fpl* funèbres

funerario, -a ADJ funéraire

funesto, -a ADJ funeste

fungir (AM) VI: **~ de** faire office de ; **va a ~ de padrino** il sera le parrain

funicular NM funiculaire *m*

furgón NM (*camión*) fourgon *m* ; (*Ferro*) wagon *m*

furgoneta NF fourgonnette *f*

furia NF furie *f* ; **hecho una ~** comme une furie

furibundo, -a ADJ furibond(e)

furiosamente ADV furieusement

furioso, -a ADJ furieux(-euse) ; (*violento*) violent(e)

furor NM fureur *f* ; **hacer ~** faire fureur

furtivamente ADV furtivement

furtivo, -a ADJ furtif(-ive) ▶ NM/F (*cazador*) braconnier(-ière)

furúnculo NM = **forúnculo**

fuselaje NM fuselage *m*

fusible NM fusible *m*

fusil NM fusil *m*

fusilamiento NM exécution *f*

fusilar VT fusiller

fusión NF fusion *f*

fusionamiento NM (*Com*) fusionnement *m*

fusionar VT fusionner ▪ **fusionarse** VPR (*Com*) fusionner

fusta NF cravache *f*

fustán (AM) NM combinaison *f*

fustigar VT cravacher ; (*persona*) fustiger

fútbol NM football *m* ; **~ sala** football en salle

futbolero, -a ADJ footeux(-euse), fana de foot

futbolín NM baby-foot *m*

futbolista NMF footballeur(-euse)

futbolístico, -a ADJ de football

fútil ADJ futile

futileza (CHI), **futilidad** NF futilité *f*

futón NM futon *m*

futurista ADJ, NMF futuriste *mf*

futuro, -a ADJ futur(e) ; **futura madre** future maman *f* ▶ NM avenir *m*, futur *m* ; (*Ling*) futur ▪ **futuros** NMPL (*Com*) opérations *fpl* à terme

Gg

G, g [xe] NF (*letra*) G, g *m inv* ; **G de Gerona** ≈ G comme Gaston
gabacho, -a (*pey*) ADJ français(e) ▸ NM/F Français(e)
gabán NM caban *m*
gabardina NF imperméable *m* ; (*tela*) gabardine *f*
gabinete NM cabinet *m* ; (*de abogados*) étude *f* ; **~ de consulta/de lectura** salle *f* de consultation/de lecture
gacela NF gazelle *f*
gaceta NF gazette *f*
gacetilla NF (*en periódico*) petites annonces *fpl*
gachas NFPL bouillie *f*
gacho, -a ADJ bas (basse)
gachupín, -ina (*CAm*, *Méx pey*) NM/F Espagnol(e)
gaditano, -a ADJ de Cadix ▸ NM/F natif(-ive) *o* habitant(e) de Cadix
gaélico, -a ADJ gaélique ▸ NM/F Celte *mf* ▸ NM (*Ling*) gaélique *m*
gafapasta (*fam*) NMF hipster *m* (*affectionnant les lunettes à grosses montures*)
gafar (*fam*) VT porter la poisse à
gafas NFPL lunettes *fpl* ; **~ de sol** lunettes de soleil
gafe ADJ : **ser ~** porter la poisse
gag (*pl* **gags**) NM gag *m*
gaita NF cornemuse *f* ; (*fam*) galère *f*
gaitero, -a NM/F joueur(-euse) de cornemuse
gajes NMPL : **~ del oficio** aléas *mpl* du métier
gajo NM (*de naranja*) quartier *m* ; (*racimo*) grappe *f*
GAL NMPL ABR (= *Grupos Antiterroristas de Liberación*) GAL *m*
gala NF gala *m* ; **de ~** de gala ; **vestir de ~** mettre sa tenue de gala ; (*Mil*) être en grand uniforme ; **hacer ~ de** se targuer de ; **tener algo a ~** mettre un point d'honneur à faire qch ■ **galas** NFPL (*atuendo*) atours *mpl* ; **con sus mejores galas** de ses plus beaux atours
galaico, -a ADJ galicien(ne)
galán NM don Juan *m* ; (*Teatro*) jeune premier *m*
galante ADJ galant(e)
galantear VT courtiser
galanteo NM cour *f*
galantería NF galanterie *f*
galápago NM tortue *f* (d'eau douce)
galardón NM récompense *f*
galardonar VT récompenser
galaxia NF galaxie *f*
galbana NF flemme *f*
galeón NM galion *m*
galeote NM galérien *m*
galera NF (*nave*) galère *f* ; (*Tip*) galée *f* ■ **galeras** NFPL (*castigo*) galères *fpl*
galería NF galerie *f* ; (*para cortina*) tringle *f* ; **hacer algo para la ~** faire qch pour la galerie ; **~ comercial** galerie commerciale ; **~ secreta** passage *m* secret
galerista NMF galeriste *mf*
Gales NM : **(el País de) ~** le pays de Galles
galés, -esa ADJ gallois(e) ▸ NM/F Gallois(e) ▸ NM (*Ling*) gallois *msg*
galgo, -a NM/F lévrier (levrette)
Galia NF Gaule *f*
Galicia NF Galice *f*
galicismo NM (*Ling*) gallicisme *m*
Galilea NF Galilée *f*
galimatías NM INV galimatias *msg*
gallardía NF (*en aspecto*) grâce *f* ; (*al actuar*) vaillance *f*
gallardo, -a ADJ (*en aspecto*) gracieux(-euse) ; (*al actuar*) vaillant(e)
gallego, -a ADJ galicien(ne) ; (*Am pey*) espagnol(e) ▸ NM/F Galicien(ne) ; (*Am pey*) Espagnol(e) ▸ NM (*Ling*) galicien *m*
gallera NF *enceinte dans laquelle se déroulent des combats de coqs*
galleta NF biscuit *m* ; (*fam: bofetada*) baffe *f*

> ⚠ **Galleta** ne signifie pas *galette*, qui a différentes traductions en espagnol.

gallina NF poule *f* ; **carne de ~** chair *f* de poule ; **~ ciega** colin-maillard *m* ; **~ clueca** poule pondeuse ▸ NMF (*fam*) poule mouillée
gallinazo (*Am*) NM vautour *m*
gallinero NM poulailler *m* ; (*donde se vocea*) volière *f*
gallito (*pey*) NM jeune coq *m*
gallo NM coq *m* ; (*pescado*) limande *f* ; (*Mús*)

couac *m*; **en menos que canta un ~** en un clin d'œil; **otro ~ nos cantara** ça serait tout autre chose

galo, -a ADJ gaulois(e); *(francés)* français(e) ▸ NM/F Gaulois(e)

galón NM galon *m*

galopante ADJ galopant(e)

galopar VI galoper

galope NM galop *m*; **a ~** *(carrera)* de galop; *(fig)* au galop; **a ~ tendido** au triple galop

galpón *(CSur)* NM entrepôt *m*

galvanice *etc* VB *ver* **galvanizar**

galvanizar VT galvaniser; *(ambiente, conferencia)* animer

gama NF gamme *f*; *(Zool)* femelle *f* du daim

gamba NF crevette *f*

gamberrada NF acte *m* de vandalisme

gamberrismo NM vandalisme *m*

gamberro, -a NM/F voyou *m*

gambeta NF *(de caballo)* courbette *f*; *(en danza)* entrechat *m*

gamo NM daim *m*

gamonal *(And, CAm, CSur)* NM chef *m* du village

gamuza NF chamois *msg*; *(bayeta)* peau *f* de chamois

gana NF *(deseo)* envie *f*; *(apetito)* appétit *m*; **de buena/mala ~** volontiers/à contrecœur; **me dan ganas de hacer** ça me donne envie de faire; **tener ganas de (hacer)** avoir envie de (faire); **me quedé con las ganas de ir** j'y serais bien allé; **no me da la (real) ~** je n'en ai pas envie; **son ganas de molestar** c'est vraiment pour le plaisir d'embêter le monde; **hacer algo con/sin ganas** faire qch volontiers/à contrecœur

ganadería NF bétail *m*; *(cría)* élevage *m*; *(comercio)* commerce *m* du bétail

ganadero, -a ADJ *(industria)* de l'élevage; *(zona)* d'élevage ▸ NM éleveur *m*

ganado NM bétail *m*; **~ bovino** *o* **vacuno** bovins *mpl*; **~ caballar/cabrío** chevaux *mpl*/chèvres *fpl*; **~ lanar/porcino** moutons *mpl*/porcs *mpl*

ganador, a ADJ, NM/F gagnant(e)

ganancia NF gain *m*; **sacar ~ de** tirer profit de; **~ bruta/líquida** bénéfice *m* brut/net ■ **ganancias** NFPL *(ingresos)* revenus *mpl*; *(beneficios)* gains *mpl*; **pérdidas y ganancias** profits *mpl* et pertes; **ganancias de capital** plus-values *fpl* (de capital)

ganancial ADJ: **bienes gananciales** biens *mpl* communs

ganapán NM *(obrero casual)* gagne-petit *m*; *(individuo tosco)* rustre *m*

ganar VT gagner; *(fama, experiencia)* acquérir; *(premio)* remporter; *(peso)* prendre; *(apoyo)* s'assurer; **~ tiempo** gagner du temps; **le gana en simpatía** il est plus sympathique; **se lo ha ganado** il l'a bien mérité; **~ a algn para una causa** rallier qn à une cause ▸ VI *(Deporte)* gagner; *(mejorar)* améliorer; **salir ganando** sortir gagnant(e) ■ **ganarse** VPR: **ganarse la vida** gagner sa vie

ganchillo NM crochet *m*; **hacer ~** faire du crochet; **aguja de ~** crochet

gancho NM crochet *m*; *(fam: atractivo)* charme *m*; **usar algo/a algn como ~** utiliser qch/qn comme appât

gandul, a ADJ, NM/F feignant(e)

ganga NF affaire *f*

Ganges NM: **el (Río) ~** le Gange

ganglio NM ganglion *m*

gangrena NF gangrène *f*

gángster ['ganster] *(pl* **gángsters***)* NM gangster *m*

gansada *(fam)* NF ânerie *f*

ganso, -a NM/F jars (oie); *(fam)* pitre *m*; **hacer el ~** faire l'imbécile ▸ ADJ *(fam)* bouffon(ne); **no seas ~** fais pas ton bouffon

Gante N Gand

ganzúa NF crochet *m*

gañán NM journalier *m*

garabatear VT griffonner ▸ VI avoir une écriture de chat

garabato NM gribouillage *m* ■ **garabatos** NMPL *(escritura)* pattes *fpl* de mouche

garaje NM garage *m*; **plaza de ~** place *f* de parking

garante ADJ, NMF garant(e)

garantía NF garantie *f*; **de máxima ~** garanti(e) à cent pour cent

garantice *etc* VB *ver* **garantizar**

garantizar VT garantir; **te garantizo que no vendrá** je te garantis qu'il ne viendra pas

garbanzo NM pois *msg* chiche; **~ negro** *(fig)* brebis *fsg* galeuse

garbeo NM: **darse un ~** faire un tour

garbo NM allure *f*; *(gracia)* grâce *f*; **andar con ~** avoir une démarche élégante

garboso, -a ADJ: **es ~** il a de l'allure

gardenia NF gardénia *f*

garete NM: **irse al ~** *(fig)* aller à la dérive

garfio NM *(Tec)* crochet *m*; *(Alpinismo)* piton *m*

gargajo NM crachat *m*

garganta NF gorge *f*; **se me hizo un nudo en la ~** j'ai eu la gorge nouée

gargantilla NF ras-de-cou *m*

gárgara NF gargarisme *m*; **hacer gárgaras** faire des gargarismes; **¡vete a hacer gárgaras!** *(fam)* va te faire voir!

gárgola NF gargouille *f*

garita NF guérite *f*

garito NM tripot *m*; *(fam: bar)* bistrot *m*

garnacha NF *(uva)* grenache *m*

garra NF griffe *f*; *(de ave)* serre *f*; **caer en las garras de algn** tomber entre les griffes de qn

garrafa NF carafe *f*
garrafal ADJ (*error*) monumental(e)
garrafón NM dame-jeanne *f*
garrapata NF tique *f*
garrapiñado, -a ADJ: **almendras garrapiñadas** pralines *fpl*
garrotazo NM (*de palo*) coup *m* de gourdin ; (*de porra*) coup de massue
garrote NM (*palo*) gourdin *m* ; (*porra*) massue *f* ; (*ejecución*) garrot *m*
garúa (*AM*) NF bruine *f*
garza NF héron *m*
garzón, -ona (*CSUR*) NM/F garçon (serveuse)
gas NM gaz *m* ; **a todo ~** plein gaz ; **gases lacrimógenos** gaz *mpl* lacrymogènes ; **~ natural** gaz *m* naturel ■ **gases** NMPL (*Med*) gaz *mpl*
gasa NF gaze *f* ; (*de pañal*) couche *f*
gaseosa NF limonade *f*
gaseoso, -a ADJ gazeux(-euse)
gásfiter (*CHI*) NM = **gasfitero**
gasfitería (*AND, CSUR*) NF plomberie *f*
gasfitero (*CHI*) NM plombier *m*
gasoducto NM gazoduc *m*
gasoil, gasóleo NM gasoil *m*
gasolina NF essence *f*
gasolinera NF station-service *f*
gastado, -a ADJ (*ropa*) usé(e) ; (*mechero*) fini(e) ; (*bolígrafo*) qui n'a plus d'encre ; (*fig: político*) dépassé(e)
gastar VT dépenser ; (*malgastar*) gaspiller ; (*desgastar*) user ; (*usar*) porter ; (*fig: persona*) user ; **~ bromas** faire des blagues ; **¿qué número gastas?** quelle est ta pointure ? ■ **gastarse** VPR s'user
gasto NM dépense *f* ; **~ corriente/fijo** (*Com*) dépenses courantes/frais *mpl* fixes ■ **gastos** NMPL (*desembolsos*) dépenses *fpl* ; (*costes*) frais *mpl* ; **cubrir gastos** couvrir les frais ; **meterse en gastos** se mettre en frais ; **gastos de desplazamiento** frais de déplacement ; **gastos de distribución/representación** (*Com*) frais de distribution/représentation ; **gastos de mantenimiento** frais de maintenance ; **gastos de tramitación** (*Com*) frais de dossier ; **gastos generales** frais généraux ; **gastos vencidos** (*Com*) frais à payer
gástrico, -a ADJ gastrique
gastritis NF gastrite *f*
gastroenteritis NF INV gastro-entérite *f*
gastronomía NF gastronomie *f*
gastronómico, -a ADJ gastronomique
gata NF *ver* **gato**
gatear VI marcher à quatre pattes
gatillero (*MÉX*) NM pistolet *m*
gatillo NM gâchette *f*
gato, -a NM/F chat(te) ; **dar a algn ~ por liebre** (*fig*) rouler qn ; **andar a gatas** marcher à quatre pattes ; **aquí hay ~ encerrado** il y a anguille sous roche ; **~ de Angora** chat(te) angora ; **~ montés/siamés** chat sauvage/siamois ▶ NM (*Tec*) cric *m*
GATT SIGLA M (= *Acuerdo General sobre Aranceles Aduaneros y Comercio*) GATT *m* (= *General Agreement on Tariffs and Trade*)
gatuno, -a ADJ de félin
gauchada (*CSUR fam*) NF service *m*
gaucho, -a ADJ gaucho ▶ NM/F gaucho *m*
gaveta NF tiroir *m*
gavilán NM épervier *m*
gavilla NF fagot *m*
gaviota NF mouette *f*
gay ADJ, NM homo *m*
gazapo NM jeune lapin *m* ; (*error*) lapsus *m*
gazmoñería NF pruderie *f*
gazmoño, -a ADJ prude
gaznate NM gorge *f*, kiki *m* (*fam*)
gazpacho NM gaspacho *m* (*soupe froide espagnole*)
géiser NM geyser *m*
gel NM (*de ducha*) gel *m*
gelatina NF gélatine *f*
gelatinoso, -a ADJ gélatineux(-euse)
gélido, -a ADJ glacé(e), gelé(e)
gema NF gemme *f*
gemelo, -a ADJ, NM/F jumeau(-elle) ■ **gemelos** NMPL (*de camisa*) boutons *mpl* de manchette ; (*anteojos*) jumelles *fpl* ; **gemelos de campo/de teatro** jumelles de campagne/de spectacle
gemido NM gémissement *m*
Géminis NM (*Astrol*) Gémeaux *mpl* ; **ser ~** être Gémeaux
gemir VI gémir
gen NM gène *m*
gen. ABR (*Ling*) = **género**
gendarme (*esp AM*) NM gendarme *m*
gendarmería NF (*esp AM*) gendarmerie *f*
genealogía NF généalogie *f*
genealógico, -a ADJ: **árbol ~** arbre *m* généalogique
generación NF génération *f* ; **tercera/cuarta** *etc* **~** (*Inform*) troisième/quatrième *etc* génération
generacional ADJ générationnel(le)
generador NM générateur *m* ; **~ de programas** (*Inform*) générateur de programmes
general ADJ général(e) ; **en** *o* **por lo ~** en général ▶ NM général *m* ; **~ de brigada/de división** général de brigade/de division
generalice *etc* VB *ver* **generalizar**
generalidad NF (*casi totalidad*) quasi totalité *f* ■ **generalidades** NFPL généralités *fpl*
generalista ADJ généraliste ; **médico ~** médecin *m* généraliste ▶ NMF médecin *mf* généraliste

g

Generalitat NF *gouvernement catalan*
generalización NF généralisation *f*; (*al hablar*) généralité *f*
generalizado, -a ADJ généralisé(e); **existe la creencia generalizada de que …** il existe la croyance répandue selon laquelle …
generalizar VT, VI généraliser ■ **generalizarse** VPR se généraliser
generalmente ADV généralement
generar VT (*energía*) générer; (*interés*) susciter
genérico, -a ADJ générique
género NM genre *m*; (*Com*) article *m*; **~ chico** (*zarzuela*) *comédie musicale espagnole*; **~ humano** genre humain; **~ literario** genre littéraire ■ **géneros** NMPL (*productos*) articles *mpl*; **géneros de punto** tricots *mpl*
generosamente ADV généreusement
generosidad NF générosité *f*
generoso, -a ADJ généreux(-euse)
génesis NF genèse *f*
genética NF génétique *f*
genético, -a ADJ génétique
genial ADJ (*artista, obra*) de génie; (*fam: idea*) génial(e); (*: persona*) spirituel(le)
genialidad NF (*singularidad*) génie *m*; (*acto, idea*) coup *m* de génie
genio NM tempérament *m*; (*mal carácter*) mauvais caractère *m*; (*persona, en cuentos*) génie *m*; **tener mal ~** avoir mauvais caractère; **tener un ~ vivo** être un peu vif (vive), être soupe *inv* au lait
genital ADJ génital(e) ▶ NM: **genitales** organes *mpl* génitaux
genocidio NM génocide *m*
genoma NM génome *m*
genómica NF génomique *f*
Génova N Gênes
genovés, -esa ADJ génois(e) ▶ NM/F Génois(e)
gente NF gens *mpl*; (*fam: familia*) petite famille *f*; (*AM fam*): **una ~ como usted** quelqu'un comme vous; **es buena ~** (*fam*) c'est quelqu'un de bien; **~ baja/bien** petites gens *fpl*/gens aisés; **~ de la calle** gens comme vous et moi; **~ gorda** (*fig*) les grosses légumes *fpl*; **~ menuda** les petits *mpl*

> En español la palabra **gente**, aunque haga referencia a muchas personas, va siempre seguida de un verbo en singular y es femenina, mientras que en francés, *les gens* es masculino plural:
> **Fue muy poca gente.** Très peu de gens y sont allés.

gentil ADJ gentil(le); (*porte*) gracieux(-euse); (*Rel*) païen(ne)
gentileza NF: **tener la ~ de hacer** avoir la gentillesse de faire; **por ~ de** offert(e) par
gentilicio NM *nom des habitants d'une ville, d'une province ou d'un pays*
gentío NM foule *f*; **¡qué ~!** que de monde!
gentuza (*pey*) NF (*mala gente*) racaille *f*; (*chusma*) masse *f*
genuflexión NF génuflexion *f*
genuino, -a ADJ authentique
GEO (*ESP*) SIGLA MPL (= *Grupos Especiales de Operaciones*) ≈ GIGN *m* (= *Groupe d'intervention de la gendarmerie nationale*)
geografía NF géographie *f*
geográfico, -a ADJ géographique; (*accidente*) de terrain
geógrafo, -a NM/F géographe *mf*
geolocalización NF géolocalisation *f*
geolocalizar VT géolocaliser
geología NF géologie *f*
geológico, -a ADJ géologique
geólogo, -a NM/F géologue *mf*
geometría NF géométrie *f*
geométrico, -a ADJ géométrique
geopolítico, -a ADJ géopolitique
geranio NM géranium *m*
gerencia NF direction *f*; (*cargo*) gérance *f*
gerente NMF (*supervisor*) gérant(e); (*jefe*) directeur(-trice)
geriatra NMF gériatre *mf*
geriatría NF gériatrie *f*
geriátrico, -a ADJ de gérontologie
germánico, -a ADJ germanique
germano, -a ADJ germain(e) ▶ NM/F Germain(e)
germen NM germe *m*
germicida NM germicide *m*
germinar VI germer
gerundense ADJ de Gérone ▶ NMF natif(-ive) *o* habitant(e) de Gérone
gerundio NM (*Ling*) gérondif *m*
gesta NF exploit *m*
gestación NF gestation *f*; **~ subrogada** GPA *f* (= *gestation pour autrui*)
gestante ADJ enceinte ▶ NF femme *f* enceinte
gestarse VPR germer
gesticulación NF gesticulation *f*; (*mueca*) grimace *f*
gesticular VI gesticuler; (*hacer muecas*) faire des grimaces
gestión NF gestion *f*; (*trámite*) démarche *f*; **hacer las gestiones preliminares** faire les démarches préliminaires; **~ de cartera/de riesgos** (*Com*) gestion de portefeuille/des risques; **~ de personal** gestion du personnel; **~ financiera** (*Com*) gestion financière; **~ interna** (*Inform*) gestion des disques
gestionar VT s'occuper de
gesto NM geste *m*; (*mueca*) grimace *f*; **hacer gestos** faire des gestes; **hacer gestos a algn** faire de grands gestes à qn
gestor, a ADJ de (la) gestion ▶ NM/F gérant(e)

gestoría NF cabinet *m* d'affaires
gestual ADJ gestuel(le) ; **lenguaje ~** langage *m* gestuel
giba NF bosse *f*
Gibraltar NM Gibraltar *m*
gibraltareño, -a ADJ de Gibraltar ▸ NM/F natif(-ive) *o* habitant(e) de Gibraltar
giga NM (*Inform*) giga *m*
gigante ADJ, NMF géant(e)
gigantesco, -a ADJ gigantesque
gijonés, -esa ADJ de Gijón ▸ NM/F natif(-ive) *o* habitant(e) de Gijón
gil, a (*CSur fam*) NM/F crétin(e)
gilipollas (*fam!*) ADJ INV, NMF INV con(ne) (*fam !*)
gilipollez (*fam!*) NF connerie *f* (*fam !*)
gima *etc* VB *ver* **gemir**
gimnasia NF gymnastique *f* ; **hacer ~** faire de la gymnastique
gimnasio NM gymnase *m*
gimnasta NMF gymnaste *mf*
gimnástico, -a ADJ de gymnastique
gimotear VI pleurnicher
gincana NF gymkhana *m*
Ginebra N Genève
ginebra NF gin *m*
ginecología NF gynécologie *f*
ginecológico, -a ADJ gynécologique
ginecólogo, -a NM/F gynécologue *mf*
ginseng [jin'sen] NM ginseng *m*
gintonic NM gin-tonic *m*
gira NF excursion *f* ; (*de grupo*) tournée *f*
girar VT (*hacer girar*) faire tourner ; (*dar la vuelta*) tourner ; (*giro postal, letra de cambio*) virer ▸ VI tourner ; **~ (a/hacia)** (*torcer*) virer (à) ; **~ en torno a** (*conversación*) tourner autour de ; **~ alrededor de algo** tourner autour de qch ; **~ en descubierto** être à découvert
girasol NM tournesol *m*
giratorio, -a ADJ tournant(e), pivotant(e)
giro NM tour *m* ; (*Com*) virement *m* ; (*tb*: **giro postal**) mandat *m* (postal) ; **dar un ~** tourner ; **dar un ~ de 180 grados** (*fig*) faire un virage à 180 degrés ; **~ a la vista** (*Com*) virement à vue ; **~ bancario** virement bancaire
gis (*Méx*) NM craie *f*
gitano, -a ADJ gitan(e) ▸ NM/F Gitan(e)
glaciación NF glaciation *f*
glacial ADJ (*zona*) glaciaire ; (*frío, fig*) glacial(e)
glaciar NM glacier *m*
gladiador NM gladiateur *m*
gladiolo NM glaïeul *m*
glamour [gla'mur] NM glamour *m*
glándula NF glande *f*
glicerina NF glycérine *f*
global ADJ global(e)
globalización NF mondialisation *f*
globalizado, -a ADJ (*mercado, economía*) mondialisé(e)
globalmente ADV globalement
globo NM globe *m* ; (*para volar, juguete*) ballon *m* ; **~ ocular** globe oculaire ; **~ terráqueo** *o* **terrestre** globe terrestre
glóbulo NM: **~ blanco/rojo** globule *m* blanc/rouge
gloria NF gloire *f* ; (*Rel*) paradis *m* ; **estar en la ~** être aux anges ; **es una ~** (*fam*) quel délice ; **saber a ~** être délicieux(-euse)
glorieta NF (*de jardín*) tonnelle *f* ; (*Auto, plaza*) rond-point *m*
glorificar VT glorifier
glorifique *etc* VB *ver* **glorificar**
glorioso, -a ADJ glorieux(-euse)
glosa NF glose *f*
glosar VT gloser
glosario NM glossaire *m*
glotón, -ona ADJ, NM/F glouton(ne)
glotonería NF gloutonnerie *f*
glucosa NF glucose *m*
glutamato NM glutamate *m*
gluten NM gluten *m*
glúteos NMPL fesses *fpl*
G.N. (*Nic, Pan*) ABR (= *Guardia Nacional*) police
gnomo ['nomo] NM gnome *m*
gob. ABR (= *gobierno*) gvt. (= *gouvernement*)
gobernabilidad NF gouvernabilité *f*, gouvernance *f* ; **llegar a un pacto de ~** parvenir à un pacte de gouvernabilité *o* à un accord de gouvernance
gobernación NF gouvernement *m*
gobernador, a NM/F gouverneur(-euse) ; **G~ civil** *représentant du gouvernement au niveau local* ; **G~ militar** gouverneur militaire
gobernanta NF gouvernante *f* ; *ver tb* **gobernante**
gobernante ADJ gouvernant(e) ▸ NM gouvernant *m*
gobernanza NF gouvernance *f*
gobernar VT gouverner ; (*nave*) piloter ; (*fam*) dominer ▸ VI gouverner ; (*Náut*) piloter
gobierno VB *ver* **gobernar** ▸ NM gouvernement *m* ; (*Náut*) pilotage *m* ; **G~ Vasco/de Aragón** gouvernement basque/d'Aragon ; **G~ Civil** *institution représentant le gouvernement au niveau local*
goce VB *ver* **gozar** ▸ NM jouissance *f*
godo, -a NM/F Goth *m* ; (*Am pey*) Espagnol(e)
gofre NM gaufre *f*
gol NM but *m* ; **meter un ~** marquer un but ; **~ fantasma** but fantôme
goleada NF carton *m*, raclée *f* (*fam*) ; **les ganaron por ~** ils les ont battus à plates coutures, ils leur ont donné une bonne raclée (*fam*)
goleador, a ADJ: **el equipo más ~** l'équipe qui a

g

marqué le plus de buts ▸ NM/F buteur(-euse) ; **el máximo ~ de la liga** le meilleur buteur de la saison

golear VT marquer

goleta NF goélette *f*

golf NM golf *m*

golfa (*fam*) NF pute *f* (*fam !*) ; *ver tb* **golfo¹**

golfista NMF golfeur(-euse)

golfo¹, -a NM/F voyou *m* ; (*hum: pillo*) fripon(ne)

golfo² NM golfe *m*

gollete NM goulot *m*

golondrina NF hirondelle *f*

golosina NF friandise *f* ; (*caramelo*) bonbon *m*

goloso, -a ADJ gourmand(e) ; (*empleo*) alléchant(e)

golpe NM coup *m* ; **no dar ~** ne pas en ficher une rame ; **dar el ~** faire sensation ; **darse un ~** se cogner ; **de un ~** en un clin d'œil ; **de ~ y porrazo** tout d'un coup ; **cerrar una puerta de ~** claquer la porte ; **~ bajo** coup bas ; **~ de fortuna/de maestro** coup du destin/de maître ; **~ de gracia** coup de grâce ; **~ de tos** quinte *f* de toux

golpear VT frapper, heurter ▸ VI cogner ; (*lluvia*) tomber dru ; (*puerta*) battre ■ **golpearse** VPR se cogner

golpetear VT donner de petits coups sur ; (*dedos, lluvia*) tambouriner sur ▸ VI tambouriner

golpeteo NM (*gen*) petit coup *m* ; (*con dedos, de lluvia*) tambourinement *m*

golpista ADJ (*tentativa*) de coup d'État ▸ NMF auteur(e) d'un coup d'État

golpiza (AM) NF volée *f* de coups

goma NF gomme *f* ; (*gomita, Costura*) élastique *m* ; **~ de mascar** chewing-gum *m* ; **~ de pegar** colle *f* ; **~ dos** (*explosivo*) plastic *m*

goma-espuma NF caoutchouc *m* mousse

gomero (AND) NM *ouvrier qui récolte le caoutchouc*

gomina NF gomina *f*

gominola NF bonbon *m* gélifié *o* acidulé, confiserie *f* gélifiée

gomita NF élastique *m*

gónada NF gonade *f*

góndola NF gondole *f* ; (AND, CHI) bus *msg*

gong (*pl* **gongs**) NM gong *m*

gonorrea NF blennorragie *f*

googlear [guɣle'ar] VT googler

gordinflón, -ona ADJ empâté(e) ▸ NM/F gros homme (grosse femme)

gordito, -a (CHI *fam*) NM/F: **¡~!** chéri(e) !

gordo, -a ADJ gros(se) ; (*libro, tela*) épais(se) ; (*fam: problema*) gros(se) ; (*accidente*) grave ; **ese tipo me cae ~** ce type ne me revient pas ; **¡~!** (CHI *fam*) chéri(e) ! ▸ NM/F gros(se) ▸ NM (*tb:* **premio gordo**) gros lot *m* ; *voir article* ; (*de la carne*) gras *msg*

> **El Gordo** désigne le gros lot attribué au tirage de la loterie nationale espagnole (*Lotería Nacional*), en particulier à Noël. Le tirage au sort exceptionnel (*Sorteo Extraordinario de Navidad*) du 22 décembre atteint une valeur de plusieurs millions d'euros. Chaque numéro joué comprend dix parts, appelées *décimos*. Souvent les gens achètent un numéro entier et partagent les *décimos* avec leurs amis, famille ou collègues. Les gagnants se répartissent donc le gain.

gordura NF excès *m* de poids ; (*grasa*) graisse *f*

gorgojo NM larve *f*

gorgorito NM couac *m*

gorila NM gorille *m* ; (CSUR *fam: jefe militar*) chef *m*

gorjear VI triller

gorjeo NM trille *f*

gorra NF casquette *f* ; (*de niño*) bonnet *m* ; **de ~** (*sin pagar*) à l'œil ; **~ de montar** bombe *f* ; **~ de paño** béret *m* de laine ; **~ de visera** casquette à visière

gorrión NM moineau *m*

gorro NM bonnet *m* ; **estoy hasta el ~** j'en ai par-dessus la tête ; **~ de baño** bonnet de bain ; **~ de punto** bonnet tricoté

gorrón, -ona NM/F parasite *mf*

gorronear (*fam*) VI être un parasite

gospel NM gospel *m*

gota NF goutte *f* ; **una ~, unas gotas** (*un poco*) une goutte ; **caer unas** *o* **cuatro gotas** tomber deux ou trois gouttes ; **~ a ~** (*adv: caer*) goutte à goutte ; (*nm inv: Med*) goutte-à-goutte *m inv* ; **ni ~** rien ; **la ~ que colma el vaso** la goutte d'eau qui fait déborder le vase ; **como dos gotas de agua** comme deux gouttes d'eau ■ **gotas** NFPL (*de medicamento*) gouttes *fpl*

gotear VI goutter ; (*lloviznar*) pleuvioter

goteo NM (*de líquido, grifo*) égouttement *m*, écoulement *m* ; (*Med*) goutte-à-goutte *m* ; **un constante ~ de dimisiones** un flot constant de démissions ; **riego por ~** arrosage *m* au goutte-à-goutte

gotera NF gouttière *f* ; (*mancha*) tache *f* d'humidité

gótico, -a ADJ gothique

gourmet [gur'me(t)] (*pl* **gourmets** [gur'me(t)s]) NMF gourmet *m*

gozada (*fam*) NF: **¡es una ~!** c'est le pied ! (*fam*) ; **es una ~ escuchar música con este aparato** c'est un véritable plaisir d'écouter de la musique avec cet appareil

gozar VI jouir ; **~ de** jouir de ; **~ con algo** jouir de qch ; **~ haciendo algo** éprouver un immense plaisir à faire qch

gozne NM gond *m*

gozo NM (*alegría*) plaisir *m* ; (*placer*) jouissance *f* ; **¡mi ~ en un pozo!** adieu veau, vache, cochon, couvée !

gozoso, -a ADJ joyeux(-euse)

g.p. NM ABR (= *giro postal*) *ver* **giro**
GPS NM ABR (= *Global Positioning System*) GPS *m*
gr ABR (= *gramo(s)*) g (= *gramme(s)*)
grabación NF enregistrement *m*
grabado, -a ADJ (*Mús*) enregistré(e) ▶ NM gravure *f*; **~ al agua fuerte** gravure à l'eau-forte ; **~ en cobre/madera** gravure sur cuivre/bois
grabador, a NM/F graveur(-euse)
grabadora NF magnétophone *m* ; **~ de CD/DVD** graveur *m* de CD/DVD ; *ver tb* **grabador**
grabar VT (*en piedra, Arte*) graver ; (*discos, en video, Inform*) enregistrer ; **lo tengo grabado en la memoria** ça reste gravé dans ma mémoire
gracejo NM humour *m*
gracia NF grâce *f* ; (*chiste*) plaisanterie *f* ; (*: irón*) plaisanterie lourde ; (*humor*) humour *m* ; **¡(muchas) gracias!** merci (beaucoup) ! ; **gracias a** grâce à ; **¡gracias a Dios!** grâce à Dieu ! ; **caerle en ~ a algn** être dans les bonnes grâces de qn ; **tener ~** (*chiste etc*) être drôle ; (*irón*) être très drôle ; **¡qué ~!** (*gracioso*) comme c'est drôle ! ; (*irónico*) très drôle ! ; **no me hace ~ (hacer)** ça ne m'amuse pas (de faire) ; **dar las gracias a algn por algo** remercier qn de *o* pour qch
grácil ADJ (*movimientos*) délicat(e) ; (*figura*) gracile
gracioso, -a ADJ drôle ; **su graciosa Majestad** sa gracieuse Majesté ; **¡qué ~!** (*irón*) très drôle ! ; **es ~ que ...** c'est curieux que ... ▶ NM/F (*Teatro*) bouffon(ne)
grada NF marche *f* ■ **gradas** NFPL (*de estadio*) gradins *mpl*
gradación NF dégradé *m*
gradería NF, **graderío** NM gradins *mpl* ; **~ cubierta** stade *m* couvert
grado NM degré *m* ; (*Escol*) classe *f* ; (*Mil*) grade *m* ; (*Univ*) titre *m* ; *voir article* ; **de buen ~** de bon gré ; **quemaduras de primer/segundo ~** brûlures *fpl* au premier/second degré ; **en sumo ~** au plus haut degré ; **~ centígrado/Fahrenheit** degré centigrade/Fahrenheit

> Le **grado** correspond au diplôme de premier cycle universitaire qui a remplacé les anciens diplômes de *Diplomado* et *Licenciado*. D'une durée de quatre ans, il comprend des cours de formation basique, des matières obligatoires, des matières à option, des stages, un mémoire de fin d'études et des activités culturelles.

graduación NF (*medición en grados*) gradation *f* ; (*escala*) échelle *f* ; (*del alcohol*) degré *m* ; (*Univ*) remise *f* du diplôme ; (*Mil*) grade *m* ; **de alta ~** de haut rang
graduado, -a ADJ gradué(e) ▶ NM/F (*Univ*) diplômé(e) ▶ NM: **~ escolar** ≈ certificat *m* d'études ; **~ social** ≈ B.T.S. *m* d'assistance sociale
gradual ADJ progressif(-ive)
gradualmente ADV graduellement
graduar VT graduer ; (*volumen*) mesurer ; (*Mil*): **~ a algn de** conférer à qn le grade de ■ **graduarse** VPR (*Univ*) être diplômé(e) ; (*Mil*): **graduarse (de)** obtenir son grade (de) ; **graduarse la vista** se faire vérifier la vue
grafía NF graphie *f*
gráfica NF courbe *f* ; **~ de temperatura** (*Med*) courbe de température
gráficamente ADV graphiquement
gráfico, -a ADJ graphique ; (*revista*) d'art ; (*expresivo*) vivant(e) ▶ NM graphique *m* ; **~ de barras** graphique à barres ; **~ de sectores** *o* **de tarta** camembert *m* ■ **gráficos** NMPL (*tb Inform*) graphiques *mpl* ; **gráficos empresariales** graphiques de l'entreprise
grafitero, -a NM/F graffeur(-euse)
grafiti NM graffiti *m*
grafito NM graphite *m*
grafología NF graphologie *f*
gragea NF (*Med*) pilule *f* ; (*caramelo*) dragée *f*
grajo NM freux *m*
Gral. ABR (*Mil: = General*) g[al] (= *Général*)
grama (CSUR) NF herbe *f*
gramática NF grammaire *f* ; *ver tb* **gramático**
gramatical ADJ grammatical(e)
gramático, -a NM/F grammairien(ne)
gramilla (CSUR) NF = **grama**
gramínea NF graminée *f*
gramo NM gramme *m*
grampa (CSUR) NF agrafe *f*
gran ADJ *ver* **grande**
grana ADJ, NF écarlate *f* ; **ponerse como la ~** devenir rouge comme une pivoine
granada NF grenade *f* ; **~ de mano** grenade à main
granadilla (AM) NF fruit *m* de la passion
granadina NF grenadine *f* ; *ver tb* **granadino**
granadino, -a ADJ de Grenade ▶ NM/F natif(-ive) *o* habitant(e) de Grenade
granar VI germer
granate ADJ grenat *adj inv* ▶ NM grenat *m*
Gran Bretaña NF Grande-Bretagne *f*
Gran Canaria NF la Grande Canarie
grancanario, -a ADJ de la Grande Canarie ▶ NM/F natif(-ive) *o* habitant(e) de la Grande Canarie
grande ADJ grand(e) ; (ARG *fam: gracioso*) rigolo(te) ; **una gran mujer** une grande femme ; **los zapatos le están** *o* **quedan grandes** ces chaussures sont trop grandes pour lui ; **¿cómo es de ~?** c'est grand comment ? ; **a lo ~** en grande pompe ; **pasarlo en ~** prendre son pied ▶ NM grand *m*

> En español, el adjetivo **grande** hace referencia al tamaño, mientras que en francés el adjetivo *grand* también puede hacer alusión a la altura:
> **Es alto y delgado.** Il est grand et mince.

grandeza NF grandeur *f*
grandilocuencia NF grandiloquence *f*
grandilocuente ADJ grandiloquent(e)
grandioso, -a ADJ grandiose
grandullón, -ona ADJ, NM/F grande perche *f*
granel NM: **a ~** (*Com*) en vrac
granero NM grenier *m*
granice *etc* VB *ver* **granizar**
granítico, -a ADJ granitique, graniteux(-euse)
granito NM granit *m*; **poner/aportar su ~ de arena** apporter sa modeste contribution; *ver tb* **grano**
granizada NF averse *f* de grêle
granizado NM granité *m*; **~ de café** granité de café *o* au café
granizar VI grêler
granizo NM grêle *f*
granja NF ferme *f*; **~ avícola** ferme avicole
granjear VT (*amistad, simpatía*) gagner ■ **granjearse** VPR gagner
granjero, -a NM/F fermier(-ière)
grano NM grain *m*; (*Med*) bouton *m*; **ir al ~** aller droit au but
granuja NM (*bribón*) fripouille *f*; (*golfillo*) filou *m*
granulado, -a ADJ granulé(e) ▶ NM (*en farmacia*) granulé *m*
granular ADJ granulaire
grapa NF agrafe *f*; (*CSur: aguardiente barato*) tord-boyau(x) *m*
grapadora NF agrafeuse *f*
grapar VT agrafer
GRAPO (*Esp*) SIGLA M (*Pol: = Grupos de Resistencia Antifascista Primero de Octubre*) *groupe terroriste de gauche*
grasa NF graisse *f*; (*sebo*) gras *m*; **~ de ballena/de pescado** graisse de baleine/de poisson ■ **grasas** NFPL (*de persona*) graisse
grasiento, -a ADJ gras(se); (*sucio*) graisseux(-euse)
graso, -a ADJ gras(se)
grasoso, -a (*Am*) ADJ graisseux(-euse)
gratamente ADV agréablement; **~ impresionado** agréablement impressionné
gratificación NF gratification *f*
gratificante ADJ gratifiant(e)
gratificar VT (*recompensar*) gratifier; **« se gratificará »** « récompense »
gratifique *etc* VB *ver* **gratificar**
gratinar VT gratiner
gratis ADJ INV, ADV gratis *inv*
gratitud NF gratitude *f*
grato, -a ADJ agréable; **ser ~ de hacer** être heureux(-euse) de faire; **nos es ~ informarle que ...** nous sommes heureux de vous informer que ...; **persona non-grata** persona *f* non grata
gratuidad NF gratuité *f*; **la ~ de la enseñanza** la gratuité de l'éducation; **no comparto la ~ de sus afirmaciones** je ne suis pas d'accord avec les affirmations gratuites qu'il assène
gratuito, -a ADJ gratuit(e)
grava NF gravier *m*
gravamen NM (*carga*) poids *msg*; (*impuesto*) servitude *f*, hypothèque *f*; **libre de ~** (*Econ*) non grevé(e) d'hypothèque
gravar VT (*Jur: propiedad*) grever; **~ (con impuesto)** (*producto*) imposer
grave ADJ grave; **estar ~** être dans un état grave; **herida ~** blessure *f* grave
gravedad NF gravité *f*
gravemente ADV gravement; **estar ~ enfermo** être gravement malade
gravidez NF grossesse *f*
gravilla NF gravillon *m*
gravitación NF gravitation *f*
gravitar VI graviter; **~ sobre algn** peser sur qn
gravoso, -a ADJ (*pesado*) pesant(e); (*costoso*) coûteux(-euse)
graznar VI (*cuervo*) croasser; (*pato*) cancaner
graznido NM (*de cuervo*) croassement *m*; (*de ganso*) cancanement *m*; (*pey*) voix *fsg* discordante
Grecia NF Grèce *f*
gregario, -a ADJ grégaire; **instinto ~** instinct *m* grégaire
gregoriano, -a ADJ grégorien(-enne); **canto ~** chant *m* grégorien
gremial ADJ corporatif(-ive), de la corporation
gremio NM corporation *f*
greña NF (*tb:* **greñas**) tignasse *f*; **andar a la ~** se disputer
greñudo, -a ADJ chevelu(e)
gres NM grès *m*
gresca NF altercation *f*
Grial NM: **Santo ~** Saint Graal *m*
griego, -a ADJ grec(que) ▶ NM/F Grec(que) ▶ NM (*Ling*) grec *m*
grieta NF (*en pared, madera*) fissure *f*; (*en terreno, Med*) crevasse *f*
grifa (*fam*) NF came *f*
grifero, -a (*Perú*) NM/F employé(e)
grifo NM robinet *m*; (*And*) station-service *f*
grill NM (*aparato, local*) grill *m*; **asar al ~** griller
grillado, -a (*fam*) ADJ givré(e)
grilletes NMPL fers *mpl*
grillo NM grillon *m* ■ **grillos** NMPL (*de preso*) fers *mpl*
grima NF dégoût *m*; **me da ~** ça me dégoûte
gringada (*Am fam*) NF vacherie *f*; (*grupo de gringos*) groupe *m* d'étrangers
gringo, -a (*Am pey*) ADJ (*extranjero*) étranger(-ère); (*norteamericano, idioma*) ricain(e) ▶ NM/F (*extranjero*) étranger(-ère); (*norteamericano*) Ricain(e)

gripa (*Am*) NF = **gripe**
gripal ADJ grippal(e)
gripe NF grippe *f* ; **~ aviar** grippe aviaire ; **~ porcina** grippe porcine
griposo, -a ADJ grippé(e) ; **estar ~** être grippé(e)
gris ADJ gris(e) ; (*vida*) triste ; (*personaje*) terne ; (*estudiante*) médiocre ▸ NM gris *msg* ; **~ marengo/perla** gris anthracite/perle
grisáceo, -a ADJ grisâtre
grisalla (*Méx*) NF ferraille *f*
grisoso, -a (*Am*) ADJ = **grisáceo**
gritar VT, VI crier ; **¡no (me) grites!** ne crie pas (après moi) !
griterío NM brouhaha *m*
grito NM cri *m* ; **a ~ pelado** en hurlant ; **a gritos** en criant ; **dar gritos** pousser des cris ; **poner el ~ en el cielo** pousser des hauts cris ; **es el último ~** (*de moda*) c'est le dernier cri
groenlandés, -esa ADJ groenlandais(e) ▸ NM/F Groenlandais(e)
Groenlandia NF Groenland *m*
grogui (*fam*) ADJ groggy *inv* ; **quedarse ~** (*dormido*) s'endormir
grosella NF groseille *f* ; **~ negra** cassis *msg*
grosería NF grossièreté *f*
grosero, -a ADJ grossier(-ière)
grosor NM grosseur *f*
grosso modo ADV grosso modo
grotesco, -a ADJ grotesque
grúa NF grue *f* ; (*para vehículos averiados*) dépanneuse *f* ; (*para vehículos mal aparcados*) fourrière *f* ; **~ corrediza** *o* **móvil** pont *m* roulant ; **~ de pescante** grue à flèche ; **~ de torre** grue de chantier ; **~ puente** grue à chevalet
grueso, -a ADJ épais(se) ; (*persona*) corpulent(e) ; (*mar*) fort(e) ▸ NM grosseur *f* ; **el ~ de** le gros de
grulla NF grue *f*
grumete NM (*Náut*) mousse *m*
grumo NM grumeau *m*
gruñido NM grognement *m*
gruñir VI grogner
gruñón, -ona ADJ, NM/F grognon *mf*
grupa NF (*Zool*) croupe *f*
grupo NM groupe *m* ; **~ de apoyo** groupe de parole ; **~ de presión** groupe de pression ; **~ sanguíneo** groupe sanguin
grupúsculo NM (*Pol*) groupuscule *m*
gruta NF grotte *f*
Gta. ABR (*Auto*) = **glorieta**
gua- *ver* **hua-**
guaca (*Am*) NF tombe *f* indienne
guacal NM (*CAm, Méx*) calebasse *f* ; (*Am*) caisse *f*
guacamayo (*Am*) NM perroquet *m*
guacamole (*Am*) NM guacamole *m*
guachada (*Arg fam*) NF vacherie *f*
guachafita (*Carib, Col*) NF vacarme *m*
guachimán (*Am*) NM gardien *m*
guachinango (*Carib, Méx*) NM daurade *f*
guacho, -a (*And, CSur*) NM/F orphelin(e) ; (*hijo natural*) fils (fille) naturel(le)
guadalajareño, -a ADJ de Guadalajara ▸ NM/F natif(-ive) *o* habitant(e) de Guadalajara
guadaña NF faux *f*
guadañar VT tailler à la serpe
guagua NF (*Carib, Canarias*) autobus *msg* ; (*And, CSur*) bébé *m*
guajiro, -a (*Carib, Col*) ADJ, NM/F paysan(ne)
guajolote (*Méx*) NM dindon *m*
guambra (*Ecu*) NMF (*niño indio*) enfant *mf* indien(ne) ; (*niño mestizo*) enfant métis(se)
guampa (*And, CSur*) NF corne *f*
guampudo, -a (*And, CSur*) ADJ à cornes
guanábana (*Am*) NF fruit *m* du corossol
guanábano (*Am*) NM corossol *m*
guanaco (*Am*) NM guanaco *m*
guanche ADJ guanche ▸ NMF Guanche *mf* (*premiers habitants des îles Canaries*) ▸ NM (*Ling*) guanche *m*
guano NM engrais *msg*
guantada NF claque *f*
guantazo NM = **guantada**
guante NM gant *m* ; **se ajusta como un ~** il te/lui *etc* va comme un gant ; **más suave que un ~** doux (douce) comme un agneau ; **arrojar el ~ a algn** jeter le gant à qn ; **echar el ~ a algn** prendre qn au collet ; **con ~ blanco** (*fig*) en prenant des gants ; **guantes de goma** gants de caoutchouc
guantera NF (*Auto*) boîte *f* à gants
guaperas (*fam*) ADJ INV beau et prétentieux ▸ NM INV beau gosse *m* (*fam*)
guapo, -a ADJ beau (belle) ; **estar ~** être beau (belle) ; **¡ven, ~!** (*a niños*) viens, mon mignon ! ▸ NM (*And fam*) beau gosse *m* ; **¿quién será el ~ que se atreva?** alors, qui est chiche d'y aller ?
guaraca (*And, CSur*) NF fronde *f*
guarache (*Méx*) NM sandale *f*
guarangada (*CSur*) NF grossièreté *f*
guaraní ADJ guarani ▸ NMF Guarani *mf* ▸ NM (*Ling, moneda*) guarani *m*
guarapo (*Am*) NM *sucre de canne fermenté*
guarda NMF gardien(ne) ; **~ forestal** garde *mf* forestier(-ière) ; **~ jurado** vigile *m* ▸ NF garde *f*
guardabarrera NMF (*Ferro*) garde *mf* barrière
guardabarros NM INV garde-boue *m inv*
guardabosques NMF INV garde *mf* forestier(-ière)
guardacoches NMF INV gardien(ne) de parking
guardacostas NM INV garde-côte *mf*

g

guardador, a ADJ: **ser (muy) ~** être (très) protecteur(-trice)

guardaespaldas NMF INV garde *mf* du corps

guardagujas, guardaagujas NMF INV (*Ferro*) aiguilleur(-euse)

guardameta NMF gardien(ne) de but

guardamuebles NM INV garde-meuble *m*

guardapolvo NM housse *f* ; (*prenda de vestir*) blouse *f*

guardar VT garder ; (*poner: en su sitio*) mettre ; (*: en sitio seguro*) ranger ; (*ley*) observer ; **~ cama/silencio** garder le lit/le silence ; **~ el sitio** (*en cola*) garder la place ; **~ las apariencias** sauver les apparences ■ **guardarse** VPR garder ; (*ocultar*) garder (pour soi) ; **guardarse de** se garder de ; **guardarse de hacer** (*abstenerse*) se garder de faire ; **se la tengo guardada** il me le paiera

guardarropa NM (*armario*) armoire *f* ; (*en establecimiento público*) vestiaire *m* ; (*ropas*) garde-robe *f*

guardavía NMF (*Ferro*) garde-voie *f*

guardería NF crèche *f*

guardia NF garde *f* ; **estar de ~** être de garde ; **montar ~** monter la garde ; **estar/ponerse en ~** être/se mettre en garde ; **la G~ Civil** *la Garde Civile espagnole* ; *voir article* ; **G~ Nacional** (*Nic, Pan*) ≈ gendarmerie *f* nationale ▸ NMF (*de tráfico, municipal etc*) agent *m* ; (*policía*) policier(-ière) ; **un ~ civil** ≈ un gendarme ; **~ de tráfico** agent de la circulation ; **~ municipal** *o* **urbana** agent de police

> La **Guardia Civil** reste présente dans toute l'Espagne mais dans les *comunidades* où la police régionale assure la sécurité des citoyens, l'ordre public et la circulation routière, la **Guardia Civil** a réduit ses effectifs et se consacre à la surveillance intérieure des ports et des aéroports, des côtes et des frontières, au contrôle d'armes et d'explosifs et à la lutte contre la contrebande et la fraude fiscale.

guardián, -ana NM/F gardien(ne)

guarecer VT héberger ■ **guarecerse** VPR: **guarecerse (de)** s'abriter (de)

guarezca *etc* VB *ver* **guarecer**

guarida NF abri *m* ; (*fig: de delincuentes*) repaire *m*

guarismo NM chiffre *m*

guarnecer VT garnir ; (*Tec*) revêtir ; (*Mil*) doter d'une garnison

guarnezca *etc* VB *ver* **guarnecer**

guarnición NF (*de vestimenta*) ornement *m* ; (*de piedra preciosa*) chaton *m* ; (*Culin*) garniture *f* ; (*arneses*) harnachement *m* ; (*Mil*) garnison *f*

guarrada (*fam*) NF saleté *f* ; (*mala jugada*) saloperie *f*

guarrería (*fam*) NF = **guarrada**

guarro, -a ADJ (*fam*) dégueulasse ▸ NM/F cochon (truie) ; (*fam: persona*) cochon(ne)

guarura (*Méx fam*) NM gorille *m*

guasa NF blague *f* ; **con** *o* **de ~** pour rire ; *ver tb* **guaso**

guasca (*And, CSur*) NF fouet *m*

guaso, -a ADJ, NM/F = **huaso**

guasón, -ona ADJ, NM/F blagueur(-euse)

guata (*Chi fam*) NF bidon *m*

guateado, -a ADJ ouaté(e)

Guatemala NF Guatemala *m*

guatemalteco, -a ADJ guatémaltèque ▸ NM/F Guatémaltèque *mf*

guateque NM fête *f*

guatero (*Chi*) NM bouillotte *f*

guatitas (*Chi*) NFPL (*Culin*) tripes *fpl*

guatón, -ona (*Chi fam*) ADJ bedonnant(e)

guau EXCL: **¡~, ~!** ouah, ouah !

guay EXCL génial !

guayaba NF goyave *f*

guayabera (*Am*) NF (*camisa bordada*) blouse *f* brodée ; (*chaquetilla bordada*) boléro *m* brodé

guayabo (*Am*) NM goyavier *m*

Guayana NF Guyane *f*

guayanés, -esa ADJ guyanais(e) ▸ NM/F Guyanais(e)

guayín (*Méx*) NM fourgonnette *f*

guayuco (*Col, Ven*) NM pagne *m*

gubernamental ADJ gouvernemental(e)

gubernativo, -a ADJ du gouvernement

guedeja NF chevelure *f*

guepardo NM guépard *m*

güero, -a (*esp Méx*) ADJ, NM/F roux (rousse)

guerra NF guerre *f* ; **Primera/Segunda G~ Mundial** Première/Deuxième Guerre mondiale ; **estar en ~** être en guerre ; **dar ~** donner du fil à retordre ; **~ atómica/bacteriológica/nuclear/psicológica** guerre atomique/bactériologique/nucléaire/psychologique ; **~ civil/fría** guerre civile/froide ; **~ de guerrillas** guérilla *f*, guerre de partisans ; **~ de precios** (*Com*) guerre des prix ; **~ a muerte** guerre à mort

guerrear VI guerroyer

guerrera NF (*chaqueta*) veste *f* ; (*de militar*) veste d'uniforme ; *ver tb* **guerrero**

guerrero, -a ADJ de guerre ; (*carácter*) guerrier(-ière) ▸ NM/F guerrier(-ière)

guerrilla NF guérilla *f*

guerrillero, -a NM/F guérilléro *m*

gueto NM ghetto *m*

guía VB *ver* **guiar** ▸ NMF (*persona*) guide *mf* ; **~ turístico(-a)** (*persona*) guide *mf* ▸ NF (*libro*) guide *m* ; (*Bot*) branche *f* mère ; (*Inform*) message *m* ; **~ de ferrocarriles** horaire *m* des trains ; **~ telefónica** annuaire *m* ; **~ turística** (*libro*) guide *m* touristique

guiar VT guider ; (*Auto*) diriger ■ **guiarse** VPR: **guiarse por** suivre

guijarro NM caillou *m*

guillotina NF guillotine *f*; (*para papel*) coupe-papier *m inv*
guillotinar VT guillotiner; (*papel*) couper
guinda NF griotte *f*
guindar (*fam*) VT faucher
guindilla NF piment *m*
guindo[1] NM guignier *m*, griottier *m*; **caer del ~** (*fam: fig*) piger (*fam*), saisir
guindo[2] NM (*CAm*) ravin *m*
Guinea NF Guinée *f*
guineano, -a ADJ guinéen(ne) ▸ NM/F Guinéen(ne)
guineo (*And, CAm, Perú*) NM banane *f*
guiñapo NM (*harapo*) haillon *m*; (*persona*) chiffe *f* molle; **estar hecho un ~** être lessivé(e)
guiñar VT cligner de
guiño NM clin *m* d'œil; **hacer un ~ a algn** faire un clin d'œil à qn
guiñol NM (*Teatro*) guignol *m*
guion NM (*Ling*) tiret *m*; (*esquema*) plan *m*; (*Cine*) scénario *m*; **~ bajo** tiret bas
guionista NMF scénariste *mf*
güipil NM = **huipil**
guipuzcoano, -a ADJ de Guipuzcoa ▸ NM/F natif(-ive) *o* habitant(e) de Guipuzcoa
guiri (*fam*) NMF étranger(-ère)
guirigay NM (*griterío*) vacarme *m*; (*alboroto*) bagarre *f*
guirlache NM nougat *m* dur
guirnalda NF guirlande *f*
guisa NF: **a ~ de** en guise de; **de esta ~** de cette façon
guisado NM ragoût *m*
guisante NM petit pois *msg*
guisar VT faire cuire; (*fig*) tramer ▸ VI cuisiner
guiso NM ragoût *m*
guita (*fam*) NF blé *m*
guitarra NF guitare *f*
guitarrista NMF guitariste *mf*
gula NF gloutonnerie *f*
gurí (*CSur fam*) (*pl* **gurises**) NMF (*chiquillo*) gosse *mf*
gurisa (*CSur fam*) NF gosse *f*
gurmet (*pl* **gurmets**) NMF gourmet *m*
gurú (*pl* **gurús**) NM (*fig*) gourou *m*
gusanillo (*fam*) NM (*hambre*): **cómete una manzana para matar el ~** mange une pomme pour ne plus avoir de petit creux; (*interés*): **le entró el ~ de la gimnasia** il a attrapé le virus de la gymnastique; **el ~ de la conciencia** la voix de la conscience, le ver rongeur
gusano NM ver *m*; (*de mariposa, pey*) larve *f*; (*ser despreciable*) larve; (*Cu pey*) *réfugié cubain*; **~ de seda** ver à soie
gustar VT goûter ▸ VI plaire; **~ de hacer** prendre plaisir à faire; **me gustan las uvas** j'aime le raisin; **le gusta nadar** il aime nager; **me gusta ese chico/esa chica** j'aime bien ce garçon/cette fille; **¿usted gusta?** vous en prendrez bien ?; **como usted guste** comme il vous plaira

> Aunque la traducción literal de **gustar** en francés es *plaire*, en francés se emplea mucho más el verbo *aimer*:
> **Me gusta mucho el cine.** J'aime beaucoup le cinéma.
> Cuando este verbo se utiliza en el sentido de « sentir atracción por alguien » sí se emplea el verbo *plaire* pero también la construcción *aimer bien*:
> **Me gusta esa chica.** Cette fille me plaît./J'aime bien cette fille.

gustazo NM: **darse el ~ de hacer algo** avoir le plaisir de faire qch
gusto NM goût *m*; (*agrado, placer*) plaisir *m*; (*afición*) intérêt *m*; **a su** *etc* **~** à votre *etc* aise; **hacer algo con ~** faire qch avec plaisir; **dar ~ a algn** faire plaisir à qn; **que da ~** bien agréable; **tiene un ~ amargo** ça a un goût amer; **tener buen/mal ~** avoir bon/mauvais goût; **sobre gustos no hay nada escrito** chacun ses goûts; **de buen/mal ~** de bon/mauvais goût; **darse el ~ de hacer algo** se faire le plaisir de faire qch; **estar/sentirse a ~** être/se sentir à l'aise; **¡mucho** *o* **tanto ~ (en conocerle)!** enchanté(e) *o* ravi(e) de faire votre connaissance !; **el ~ es mío** tout le plaisir est pour moi; **coger** *o* **tomar ~ a algo** prendre goût à qch
gustosamente ADV avec plaisir; **accedí ~ a su petición** j'ai répondu à leur demande avec plaisir
gustoso, -a ADJ savoureux(-euse); **aceptar ~** accepter avec joie
gutural ADJ guttural(e)
Guyana NF Guyane *f*

g

Hh

H¹, h ['atʃe] NF (*letra*) H, h *m inv*; **H de Historia** ≈ H comme Henri

H² ABR (= *hombre*) m (= *masculin*)

H. ABR (*Quím*: = *Hidrógeno*) H (= *hydrogène*); (*Com*) = **haber**

h. ABR (= *hora(s)*) h (= *heure(s)*); (= *habitante(s)*) hab. (= *habitant(s)*)

ha¹ ABR (= *hectárea(s)*) ha (= *hectare(s)*)

ha² VB *ver* **haber**

hab. ABR (= *habitantes*) hab. (= *habitants*)

haba NF fève *f*; **en todas partes cuecen habas** ça peut arriver à tout le monde

Habana N: **La ~** la Havane

habanera NF (*Mús*) *danse de la Havane*; *ver tb* **habanero**

habanero, -a ADJ havanais(e) ▶ NM/F Havanais(e)

habano NM havane *m*

habeas corpus NM (*Jur*) habeas corpus *m inv*

habéis VB *ver* **haber**

haber

▶ VB AUX **1** (*tiempos compuestos*) avoir; (*con verbos pronominales y de movimiento*) être; **he/había comido** j'ai/j'avais mangé; **antes/después de haberlo visto** avant/après l'avoir vu; **si lo hubiera sabido, habría ido** si j'avais su, j'y serais allé; **se ha sentado** il s'est assis; **ella había salido** elle était sortie; **¡haberlo dicho antes!** il fallait le dire plus tôt!

2: **haber de** (+ *infinitivo*): **he de hacerlo** je dois le faire; **ha de llegar mañana** il doit arriver demain; **no ha de tardar** (*Am*) il arrivera bientôt; **has de estar loco** (*Am*) tu dois être tombé sur la tête

▶ VB IMPERS **1** (*existencia*) avoir; **hay un hermano/dos hermanos** il y a un frère/deux frères; **¿cuánto hay de aquí a Sucre?** il y a combien d'ici à Sucre?; **habrá unos 4° (de temperatura)** il doit faire 4°; **no hay cintas blancas, pero sí las hay rojas** il n'y a pas de rubans blancs, mais il y en a des rouges; **¡no hay quien le entienda!** il est incompréhensible!; **no hay nada como un buen filete** il n'y a rien de tel qu'un bon filet

2 (*tener lugar*): **hubo mucha sequía/una guerra** il y a eu une grande sécheresse/une guerre; **¿hay partido mañana?** il y a un match demain?

3: **¡no hay de** *o* (*Am*) **por qué!** il n'y a pas de quoi!

4: **¿qué hay?** (*¿qué pasa?*) qu'est-ce qu'il y a?; (*¿qué tal?*) ça va?; **¡qué hubo!, ¡qué húbole!** (*esp Méx, Chi fam*) salut!

5: **haber que** (+ *infinitivo*): **hay que apuntarlo para acordarse** il faut le noter pour s'en souvenir; **habrá que decírselo** il faudra le lui dire

6: **¡hay que ver!** il faut voir!

7: **he aquí las pruebas** voici les preuves

8: **¡habráse visto!** (*fam*) eh bien dis *o* dites donc!; **¡hubiera visto ...!** (*Méx*: *si hubiera visto*) si vous aviez vu ...!

■ **haberse** VPR: **voy a habérmelas con él** je vais m'expliquer avec lui

▶ NM (*Com*) crédit *m*; **¿cuánto tengo en el haber?** j'ai combien sur mon compte?; **tiene varias novelas en su haber** il a plusieurs romans à son actif

■ **haberes** NMPL avoirs *mpl*

habichuela NF haricot *m*

hábil ADJ habile; **día ~** jour *m* ouvrable

habilidad NF habileté *f*; **tener ~ manual** être habile de ses mains ■ **habilidades** NFPL (*aptitudes*) aptitudes *fpl*

habilidoso, -a ADJ habile

habilitación NF habilitation *f*

habilitado NM trésorier-payeur *m*

habilitar VT (*autorizar, Jur*) habiliter; (*financiar*) financer; **~ (para)** (*casa, local*) aménager (pour); **~ a algn para hacer** habiliter qn à faire

hábilmente ADV habilement

habitable ADJ habitable

habitación NF pièce *f*; (*dormitorio*) chambre *f*; **~ doble** *o* **de matrimonio** chambre double; **~ sencilla** *o* **individual** chambre simple

⚠ **Habitación** ne correspond généralement pas à *habitation*, qui se traduit par **vivienda** en espagnol.

habitáculo NM (*para vivir*) habitation *f*; (*en vehículo*) habitacle *m*

habitante NMF habitant(e)

habitar VT, VI habiter

hábitat ['aβitat] (*pl* **hábitats**) NM habitat *m*

hábito NM (*costumbre*) habitude *f*; (*traje*) habit

m ; **tener el ~ de hacer algo** avoir l'habitude de faire qch

habitual ADJ habituel(le)

habituar VT: **~ a algn a (hacer)** habituer qn à (faire) ■ **habituarse** VPR: **habituarse a (hacer)** s'habituer à (faire)

habla NF (*capacidad de hablar*) parole *f* ; (*forma de hablar*) langage *m* ; (*dialecto*) parler *m* ; **perder el ~** perdre l'usage de la parole ; **de ~ francesa/española** de langue française/espagnole ; **estar/ponerse al ~** être en train de parler/se mettre à parler ; **estar al ~** (*Telec*) être à l'appareil ; **¡González al ~!** (*Telec*) González à l'appareil !

hablado, -a ADJ: **mal ~** vulgaire

hablador, a ADJ, NM/F bavard(e)

habladuría NF commérage *m* ■ **habladurías** NFPL (*chismes*) commérages *mpl*

hablante NMF (*Ling*) locuteur(-trice) ; **los hablantes de catalán** les personnes parlant catalan

hablar VT parler ; **hablarlo (con algn)** en parler (avec qn) ▶ VI parler ; **~ con** parler avec ; **~ de** parler de ; **~ mal/bien de algn** dire du mal/du bien de qn ; **~ de tú/de usted** tutoyer/vouvoyer ; **~ alto/claro** parler fort/clairement ; **~ por los codos** bavarder comme une pie ; **~ entre dientes** marmonner ; **¡ni ~!** pas question ! ; **¡ya puede ~!** (*Telec*) à vous ! ; **dar que ~** faire jaser ■ **hablarse** VPR se parler ; **no se hablan** ils ne se parlent plus ; **no me hablo con mi hermana** je ne parle plus à ma sœur ; **« se habla francés »** « on parle français »

habré *etc* VB *ver* **haber**

hacedor, a NM/F créateur(-trice)

hacendado, -a ADJ propriétaire ▶ NM propriétaire *m* terrien

hacendoso, -a ADJ travailleur(-euse)

hacer

▶ VT **1** (*producir, ejecutar*) faire ; **hacer una película/un ruido** faire un film/un bruit ; **hacer la compra** faire les courses ; **hacer la comida** faire à manger ; **hacer la cama** faire le lit

2 (*obrar*) faire ; **¿qué haces?** qu'est-ce que tu fais ? ; **eso no se hace** ça ne se fait pas ; **¡así se hace!** c'est comme ça que l'on fait ! ; **¡bien hecho!** bravo ! ; **¿cómo has hecho para llegar tan rápido?** comment as-tu fait pour arriver si vite ? ; **no hace más que criticar** il ne fait que critiquer ; **¡eso está hecho!** tout de suite ! ; **hacer el papel del malo** (*Teatro*) avoir le rôle du méchant ; **hacer el tonto** faire l'idiot *o* le pitre ; **hacer el ridículo** se ridiculiser

3 (*dedicarse a*) faire ; **hacer teatro** faire du théâtre ; **hacer español/económicas** faire de l'espagnol/de l'économie ; **hacer yoga/gimnasia/deporte** faire du yoga/de la gym/du sport

4 (*causar*): **hacer ilusión** faire plaisir ; **hacer gracia** faire rire

5 (*conseguir*): **hacer amigos** se faire des amis ; **hacer una fortuna** faire fortune

6 (*dar aspecto de*): **ese peinado te hace más joven** cette coiffure te rajeunit

7 (*cálculo*): **esto hace 100** et voilà 100

8 (*como sustituto de vb*) faire ; **él bebió y yo hice lo mismo** il a bu et j'ai fait la même chose

9 (*+ infinitivo, + que*): **les hice venir** je les ai fait venir ; **hacer trabajar a los demás** faire travailler les autres ; **aquello me hizo comprender** cela m'a fait comprendre ; **hacer reparar algo** faire réparer qch ; **esto nos hará ganar tiempo** ça nous fera gagner du temps ; **harás que no quiera venir** tu vas lui ôter l'envie de venir

10 (*+ adj*) rendre ; **hacer feliz a algn** rendre qn heureux

▶ VI **1**: **hiciste bien en decírmelo** tu as bien fait de me le dire

2 (*convenir*): **si os hace** si ça vous dit ; **¿hace?** ça vous dit ?

3: **no le hace** (*Am*: *no importa*) ça ne fait rien

4: **haz como que no lo sabes** fais comme si tu ne savais rien

5: **hacer de** (*objeto*) servir de ; **la tabla hace de mesa** la planche sert de table ; (*persona*): **hacer de madre** jouer le rôle de mère ; (*pey*) jouer les mères poules ; (*Teatro*): **hacer de Otelo** jouer Othello

▶ VB IMPERS **1**: **hace calor/frío** il fait chaud/froid ; *ver tb* **bueno; sol; tiempo**

2 (*tiempo*): **hace tres años** il y a trois ans ; **hace un mes que voy/no voy** cela fait un mois que j'y vais/je n'y vais plus ; **desde hace mucho** depuis longtemps ; **no lo veo desde hace mucho** cela fait longtemps que je ne l'ai pas vu

■ **hacerse** VPR **1** (*volverse*) se faire ; **hacerse viejo** se faire vieux ; **se hicieron amigos** ils sont devenus amis

2 (*resultar*): **se me hizo muy duro el viaje** j'ai trouvé le voyage très pénible

3 (*acostumbrarse*): **hacerse a** se faire à ; **hacerse a una idea** se faire à une idée

4 (*obtener*): **hacerse de** *o* **con algo** obtenir qch

5 (*fingir*): **hacerse el sordo** *o* **el sueco** faire la sourde oreille

6: **hacerse idea de algo** se faire une idée de qch ; **hacerse ilusiones** se faire des illusions

7: **se me hace que** (*Am*: *me parece que*) il me semble que

hacha NF hache *f* ; (*antorcha*) mèche *f* ; **ser un ~** (*fig*) être un as

hachazo NM coup *m* de hache

hache NF (*letra*) h *m inv* ; **llámale ~** (*fig*) appelez-le comme vous voudrez

hachís NM haschich *m*

hacia PREP vers ; (*actitud*) envers ; **~ adelante/atrás/dentro/fuera** en avant/en arrière/dedans/dehors ; **~ abajo/arriba** en bas/haut ; **mira ~ acá** regarde par ici ; **~ mediodía/fina-**

h

les de mayo vers midi/la fin mai

hacienda NF (*propiedad*) propriété *f* ; (*finca*) ferme *f* ; (*Am*) hacienda *f* ; **(Ministerio de) H~** ministère *m* des Finances ; **~ pública** Trésor *m* public

hacinamiento NM attroupement *m*

hacinar VT (*cosas*) empiler ; (*personas*) entasser ■ **hacinarse** VPR (*en una vivienda*) s'entasser

hada NF fée *f* ; **~ madrina** bonne fée

hado NM destin *m*

haga *etc* VB *ver* **hacer**

Haití NM Haïti *m*

haitiano, -a ADJ haïtien(ne) ▸NM/F Haïtien(ne)

hala EXCL (*para dar prisa*) allez ! ; (*para dar ánimo*) allons ! ; (*tras exageración*) eh oh !

halagador, a ADJ (*adulador, agradable*) flatteur(-euse) ▸NM/F (*persona*) flatteur(-euse), flagorneur(-euse)

halagar VT flatter

halago NM flatterie *f*

halague *etc* VB *ver* **halagar**

halagüeño, -a ADJ prometteur(-euse) ; (*lisonjero*) flatteur(-euse)

halcón NM faucon *m*

hale EXCL allez !

hálito NM haleine *f*

halitosis NF mauvaise haleine *f*

hall [xol] (*pl* **halls**) NM (*de hotel*) hall *m* ; (*de cine, teatro*) entrée *f*

hallar VT trouver ■ **hallarse** VPR se trouver ; **se halla fuera** il est dehors

hallazgo NM trouvaille *f*

halo NM halo *m*

halógeno ADJ: **faro ~** phare *m* halogène

halterofilia NF haltérophilie *f*

hamaca NF hamac *m* ; (*asiento*) chaise *f* longue

hambre NF faim *f* ; **~ de** (*fig*) faim de ; **tener ~** avoir faim ; **pasar ~** souffrir de la faim

hambriento, -a ADJ, NM/F affamé(e) ; **~ de** (*fig*) affamé(e) de

hambruna NF faim *f*

Hamburgo N Hambourg

hamburguesa NF hamburger *m*

hamburguesería NF sandwicherie *f*

hampa NF pègre *f*

hampón NM voyou *m*

hámster ['xamster] (*pl* **hámsters**) NM hamster *m*

han VB *ver* **haber**

handicap ['xandikap] (*pl* **handicaps**) NM handicap *m*

hangar NM (*Aviat*) hangar *m*

haragán, -ana ADJ, NM/F fainéant(e)

haraganear VI fainéanter

harakiri NM hara-kiri *m* ; **hacerse el ~** (se) faire hara-kiri

harapiento, -a ADJ en haillons

harapos NMPL haillons *mpl*

hardware ['xardwer] NM (*Inform*) matériel *m*, hardware *m*

haré *etc* VB *ver* **hacer**

harén NM harem *m*

harina NF farine *f* ; **eso es ~ de otro costal** c'est une autre paire de manches ; **~ de maíz/de trigo** farine de maïs/de blé

harinoso, -a ADJ farineux(-euse)

hartar VT (*de comida*) gaver ; (*saturar*) saturer ; (*fastidiar*) fatiguer ; **¡me estás hartando!** tu m'ennuies ! ■ **hartarse** VPR (*cansarse*) se lasser ; (*de comida*): **hartarse (de)** se gaver (de) ; **hartarse de leer/reír** se lasser de lire/rire

hartazgo NM: **darse un ~ (de)** avoir son content (de)

harto, -a ADJ: **~ (de)** rassasié(e) (de) ; (*cansado*) fatigué(e) (de) ; **estar ~ de hacer/algn** en avoir marre de faire/qn ; **¡estoy ~ de decírtelo!** je te l'ai assez dit ! ; **¡me tienes ~!** tu me fatigues ! ▸ADV (*bastante*) assez ; (*muy*) bien assez

hartura NF excès *msg*

has VB *ver* **haber**

hashtag ['xastag] NM (*Inform*) mot-dièse *m*

hasta ADV même, voire ▸PREP jusqu'à ; **¡~ ahora!** à tout de suite ! ; **¡~ luego!** au revoir !, salut ! ; (*Arg*) **¡~ siempre!** salut ! ; **~ la fecha/ahora** jusqu'à aujourd'hui/maintenant ; **~ mañana/el sábado** à demain/samedi ; **~ nueva orden** jusqu'à nouvel ordre ; **¿~ cuándo/dónde ...?** jusqu'à quand/jusqu'où ... ? ; **¿~ qué punto?** à quel point ? ; **~ tal punto que ...** à tel point que ... ; **viene ~ las cuatro** (*no ... hasta*: *CAm*, *Col*, *Méx*) il ne vient pas avant quatre heures ; **~ ayer empezó** (*Am*) cela n'a commencé qu'hier ▸CONJ: **~ que** jusqu'à ce que

hastiar VT fatiguer ■ **hastiarse** VPR: **hastiarse de (hacer)** se lasser de (faire)

hastío NM ennui *m*

hatajo NM: **un ~ de gamberros/de idiotas** un tas de voyous/d'idiots

hatillo NM affaires *fpl*

hato NM paquet *m* ; (*rebaño*) troupeau *m* ; (*Carib*, *Col*) ranch *m*

Hawai NM (*tb*: **las Islas Hawai**) Hawaï *f*

hawaiano, -a ADJ hawaïen(ne) ▸NM/F Hawaïen(ne) ; **hawaianas** (*esp Am*) tongs *fpl*

hay VB *ver* **haber**

Haya N: **La ~** La Haye

haya VB *ver* **haber** ▸NF hêtre *m*

hayal, hayedo NM hêtraie *f*

haz VB *ver* **hacer** ▸NM botte *f* ; (*de luz*) faisceau *m* ▸NF (*de tela*) endroit *m*

hazaña NF exploit *m*

hazmerreír NM INV: **ser/convertirse en el ~ de** être/devenir la risée de

HB ABR (= *Herri Batasuna*) *parti politique basque*

he VB *ver* **haber** ▸ ADV: **he aquí** voici ; **he aquí por qué ...** voici pourquoi ...

heavy ['xeβi] (*pl* **heavies** *o* **heavys**) ADJ (*música, grupo*) de hard ; (*fam: duro*) hard (*fam*) ; (*: fuerte*) fort(e) (*fam*) ; **ha sido una experiencia muy ~** ça a été hard ; **es muy ~ que encima se queje** je trouve ça dingue qu'en plus il se plaigne ▸ NMF hard-rockeur(-euse) ▸ NM (*música*) hard-rock *m*

hebilla NF boucle *f*

hebra NF fil *m* ; (*de carne*) nerf *m* ; (*de tabaco*) brin *m* ; **pegar la ~** tailler une bavette

hebreo, -a ADJ hébreu (*solo m*), hébraïque ▸ NM/F Hébreu *m* ▸ NM (*Ling*) hébreu *m*

hecatombe NF hécatombe *f*

hechice *etc* VB *ver* **hechizar**

hechicería NF sorcellerie *f*

hechicero, -a NM/F ensorceleur(-euse)

hechizar VT ensorceler

hechizo NM sortilège *m* ; (*encantamiento*) enchantement *m* ; (*fig*) fascination *f*

hecho, -a PP *de* **hacer** ▸ ADJ fait(e) ; (*hombre, mujer*) mûr(e) ; (*vino*) arrivé(e) à maturation ; (*ropa*) de prêt-à-porter ; **muy/poco ~** (*Culin*) très/peu cuit(e) ; **~ a la medida** fait(e) sur mesure ; **estar ~ a algo** s'être fait(e) à qch ; **estaba ~ una fiera/un mar de lágrimas** il était dans une colère noire/en larmes ; **bien/mal ~** bien/mal fait(e) ▸ NM fait *m* ; (*factor*) facteur *m* ; **el ~ es que ...** le fait est que ... ; **el ~ de que ...** le fait que ... ; **de ~** de fait ▸ EXCL c'est fait ! ; **¡bien ~!** bravo !, bien joué !

hechura NF (*confección*) confection *f* ; (*corte, forma*) coupe *f* ; (*Tec*) fabrication *f*

hectárea NF hectare *m*

hectolitro NM hectolitre *m*

heder VI puer

hediondez NF puanteur *f*

hediondo, -a ADJ puant(e) ; (*fig*) dégoûtant(e)

hedonismo NM hédonisme *m*

hedor NM puanteur *f*

hegemonía NF hégémonie *f*

helada NF gelée *f* ; **caer una ~** geler

heladería NF marchand *m* de glaces

heladero, -a NM/F glacier *m*, marchand(e) de glaces ▸ NF (*CSur*) réfrigérateur *m*

helado, -a ADJ gelé(e) ; (*muy frío*) glacé(e) ; (*fig*) de glace ; **¡estoy ~ (de frío)!** je suis congelé ! ; **dejar ~ a algn** épater qn ; **quedarse ~** être abasourdi(e) ▸ NM glace *f*

helador, a ADJ (*viento etc*) glacial(e)

helar VT geler ; (*dejar atónito*) abasourdir ▸ VI geler ; **ha helado esta noche** il a gelé cette nuit ■ **helarse** VPR geler ; **helarse de frío** mourir de froid

helecho NM fougère *f*

helénico, -a ADJ hellénique

hélice NF hélice *f*

helicóptero NM hélicoptère *m*

helio NM hélium *m*

helipuerto NM héliport *m*

helmántico, -a ADJ de Salamanque

Helsinki N Helsinki

helvético, -a ADJ helvétique ▸ NM/F Helvète *mf*

hematoma NM hématome *m*

hembra NF femelle *f* ; (*mujer*) femme *f* ; **un elefante ~** un éléphant femelle

hemeroteca NF bibliothèque *f* de périodiques

hemiciclo NM (*Pol*) hémicycle *m*

hemiplejía NF hémiplégie *f*

hemipléjico, -a ADJ hémiplégique

hemisferio NM hémisphère *m*

hemofilia NF hémophilie *f*

hemofílico, -a ADJ, NM/F hémophile *mf*

hemoglobina NF hémoglobine *f*

hemorragia NF hémorragie *f* ; **~ nasal** saignement *m* de nez

hemorroides NFPL hémorroïdes *fpl*

hemos VB *ver* **haber**

henar NM champ *m*

henchir VT (*pulmones*) gonfler ; **henchido de orgullo** bouffi d'orgueil

Hendaya N Hendaye

hender VT fendre

hendidura NF fente *f* ; (*Geo*) faille *f*

henequén NM agave *m*

heno NM foin *m*

hepático, -a ADJ hépatique

hepatitis NF hépatite *f*

heráldica NF héraldique *f*

herbario, -a NM/F botaniste *mf* ▸ NM herbier *m*

herbicida NM herbicide *m*

herbívoro, -a ADJ herbivore

herbolario, -a NM/F herboriste *mf* ▸ NM (*tienda*) herboristerie *f*

herboristería NF herboristerie *f*

hercio NM hertz *m*

heredad NF domaine *m*

heredar VT hériter

heredero, -a NM/F héritier(-ière) ; **príncipe ~** prince *m* héritier ; **~ del trono** héritier(-ière) du trône

hereditario, -a ADJ héréditaire

hereje NMF hérétique *mf*

herejía NF hérésie *f*

herencia NF héritage *m* ; (*Bio*) hérédité *f*

herético, -a ADJ hérétique

herida NF blessure *f* ; *ver tb* **herido**

herido, -a ADJ, NM/F blessé(e) ; **resultar ~** être blessé(e) ; **sentirse ~** (*fig*) se sentir blessé(e)

herir VT blesser ; (*vista, oídos*) irriter ■ **herirse** VPR se blesser

h

hermana NF sœur *f* ; **~ gemela** sœur jumelle ; **~ política** belle-sœur *f*
hermanar VT (*conceptos*) associer ; (*personas*) unir ; (*ciudades*) jumeler
hermanastro, -a NM/F demi-frère (demi-sœur)
hermandad NF congrégation *f* ; (*fraternidad*) fraternité *f*
hermano, -a ADJ (*ciudad*) jumeau (jumelle) ▸ NM frère *m* ; **él y ella son hermanos** ils sont frère et sœur ; **~ gemelo** frère jumeau ; **~ político** beau-frère *m*
herméticamente ADV: **~ cerrado** hermétiquement fermé
hermético, -a ADJ hermétique
hermetismo NM hermétisme *m*
hermoso, -a ADJ beau (belle) ; (*espacioso*) spacieux(-euse)
hermosura NF beauté *f* ; **ese niño es una ~** c'est un bébé magnifique
hernia NF hernie *f* ; **~ discal** hernie discale
herniarse VPR se faire une hernie ; (*fam*) se fatiguer
héroe NM héros *msg*
heroicidad NF héroïsme *m* ; (*acto*) acte *m* d'héroïsme
heroico, -a ADJ héroïque
heroína NF (*mujer, droga*) héroïne *f*
heroinómano, -a NM/F héroïnomane *mf*
heroísmo NM héroïsme *m*
herpes NMFPL herpès *msg* ; **~ labial** herpès labial
herradura NF fer *m* à cheval
herraje NM ferronnerie *f*
herramienta NF outil *m*
herrar VT (*caballería*) ferrer ; (*ganado*) marquer
herrería NF forge *f*
herrero NM forgeron *m*
herrete NM ferret *m*
herrumbre NF rouille *f*
herrumbroso, -a ADJ rouillé(e)
hervidero NM (*fig: de personas*) foule *f* ; (*: de animales*) troupeau *m* ; (*: de pasiones*) déchaînement *m*
hervir VT (faire) bouillir ▸ VI bouillir ; (*fig*): **~ de** bouillir de ; **~ en deseos de** brûler d'envie de
hervor NM: **dar un ~ a** blanchir
hetero, -a (*fam*) ADJ, NMF = **heterosexual**
heterodoxia NF hétérodoxie *f*
heterodoxo, -a ADJ, NM/F hétérodoxe *mf*
heterogéneo, -a ADJ hétérogène
heterosexual ADJ, NMF hétérosexuel(le)
hexagonal ADJ hexagonal(e)
hexágono NM hexagone *m*
hez NF (*tb*: **heces**) fèces *fpl* ; **la ~ de la sociedad** le rebut de la société
hiato NM (*Ling*) hiatus *msg*
hibernación NF hibernation *f*
híbrido, -a ADJ hybride
hice *etc* VB *ver* **hacer**
hidalgo NM hidalgo *m*
hidratación NF hydratation *f*
hidratante ADJ hydratant(e)
hidratar VT hydrater
hidrato NM: **hidratos de carbono** hydrates *mpl* de carbone
hidráulica NF hydraulique *f*
hidráulico, -a ADJ hydraulique
hidro... PREF hydro...
hidroavión NM hydravion *m*
hidrocarburo NM hydrocarbure *m*
hidroeléctrica NF centrale *f* hydroélectrique
hidroeléctrico, -a ADJ hydroélectrique
hidrófilo, -a ADJ: **algodón ~** coton *m* hydrophile
hidrofobia NF hydrophobie *f*
hidrógeno NM hydrogène *m*
hidromasaje NM hydromassage *m*
hidroterapia NF hydrothérapie *f*
hidróxido NM: **~ de carbono** hydroxyde *m* de carbone
hieda *etc* VB *ver* **heder**
hiedra NF lierre *m*
hiel NF fiel *m*
hielera (CHI, MÉX) NF glacière *f*
hielo VB *ver* **helar** ▸ NM glace *f* ; (*fig*) froideur *f* ; **romper el ~** (*fig*) rompre la glace ■ **hielos** NMPL (*escarcha*) gelées *fpl*
hiena NF hyène *f*
hiera *etc* VB *ver* **herir**
hierático, -a ADJ (*formal*) hiératique
hierba NF herbe *f* ; **mala ~** mauvaise herbe ; (*fig*) mauvaise graine *f*
hierbabuena NF menthe *f*
hierro NM fer *m* ; (*trozo, pieza*) bout *m* de fer ; **de ~** en fer ; (*fig: persona*) fort(e) comme un bœuf ; (*: voluntad, salud*) de fer ; **~ colado/forjado/fundido** fer coulé/forgé/fondu
hierva *etc* VB *ver* **hervir**
hígado NM foie *m* ; **echar los hígados** en baver
highball ['xaibol] (AM) NM whisky *m* soda
higiene NF hygiène *f*
higiénico, -a ADJ hygiénique
higo NM figue *f* ; **de higos a brevas** tous les 36 du mois ; **estar hecho un ~** (*fam*) être tout chiffonné(e) ; **~ chumbo** figue de Barbarie ; **~ seco** figue sèche
higuera NF figuier *m*
hija NF fille *f* ; (*uso vocativo*) ma fille ; **~ política** belle-fille *f*
hijastro, -a NM/F beau-fils (belle-fille) ; **hijastros** beaux-enfants *mpl*

hijo NM (*varón*) fils *msg*; (*uso vocativo*) fiston *m*, mon garçon; **cada ~ de vecino** tout un chacun; **~ adoptivo** fils adoptif; **~ de mamá/papá** fils à maman/papa; **~ de puta** (*fam!*) fils de pute (*fam!*); **~ ilegítimo** fils illégitime; **~ político** gendre *m*; **~ pródigo** fils prodigue ■ **hijos** NMPL (*hijos e hijas*) enfants *mpl*; **sin hijos** sans enfants
híjole (*Méx fam*) EXCL putain!
hilacha NF fil *m*
hilandero, -a NM/F fileur(-euse)
hilar VT filer; **~ delgado** *o* **fino** (*fig*) jouer finement
hilarante ADJ hilarant(e); **gas ~** gaz *m* hilarant
hilaridad NF hilarité *f*
hilera NF rangée *f*
hilo NM fil *m*; (*de metal*) filon *m*; (*de agua, luz, voz*) filet *m*; **colgar de un ~** (*fig*) ne tenir qu'à un fil; **perder/seguir el ~** (*de relato, pensamientos*) perdre/suivre le fil; **traje de ~** costume *m* de toile
hilván NM (*Costura*) ourlet *m*
hilvanar VT (*Costura*) ourler; (*bosquejar*) esquisser; (*precipitadamente*) ébaucher
Himalaya NM: **el ~, los Montes ~** l'Himalaya *m*
himen NM hymen *m*
himno NM hymne *m*; **~ nacional** hymne national
hincapié NM: **hacer ~ en** mettre l'accent sur
hincar VT planter; **hincarle el diente a** (*comida*) mordre à belles dents dans; (*fig: asunto*) s'attaquer à ■ **hincarse** VPR s'enfoncer; **hincarse de rodillas** s'agenouiller
hincha NMF (*fam: Deporte*) fan *mf* ▸ NF: **tenerle ~ a algn** avoir une dent contre qn
hinchable ADJ gonflable ▸ NM (*castillo*) château *m* gonflable
hinchada (*fam*) NF (*Deporte*) fans *mpl*
hinchado, -a ADJ gonflé(e); (*Med*) enflammé(e); (*inflado*) enflé(e); (*estilo*) ronflant(e)
hinchar VT gonfler; (*fig*) exagérer ■ **hincharse** VPR (*Med*) s'enflammer; (*fig: engreírse*) se rengorger; **hincharse de (hacer)** en avoir marre de (faire)
hinchazón NF inflammation *f*
hindú ADJ hindou(e) ▸ NMF Hindou(e)
hinduismo NM hindouisme *m*
hinojo NM fenouil *m*; **de hinojos** sur les genoux
hinque *etc* VB *ver* **hincar**
hipar VI avoir le hoquet
híper NM INV (*tb*: **hipermercado**) hypermarché *m*
hiper... PREF hyper...
hiperactivo, -a ADJ hyperactif(-ive)
hipérbole NF hyperbole *f*
hiperenlace NM (*Inform*) hyperlien *m*
hipermercado NM hypermarché *m*
hipersensible ADJ hypersensible
hipertensión NF hypertension *f*
hipertenso, -a ADJ hypertendu(e)
hipertexto NM hypertexte *m*
hipertrofia NF hypertrophie *f*
hipervínculo NM hyperlien *m*
hípica NF équitation *f*; (*local*) hippodrome *m*
hípico, -a ADJ (*concurso*) hippique; (*carrera*) de chevaux; **club ~** club *m* d'équitation
hipido NM plainte *f*
hipnosis NF hypnose *f*
hipnotice *etc* VB *ver* **hipnotizar**
hipnótico, -a ADJ, NM hypnotique *m*
hipnotismo NM hypnotisme *m*
hipnotizar VT hypnotiser
hipo NM hoquet *m*; **me ha entrado ~** j'ai le hoquet; **tener ~** avoir le hoquet; **quitar el ~ a algn** (*fig*) couper le sifflet à qn
hipo... PREF hypo...
hipoalergénico, -a ADJ hypoallergénique
hipocondría NF hypocondrie *f*
hipocondríaco, -a ADJ, NM/F hypocondriaque *mf*
hipocresía NF hypocrisie *f*
hipócrita ADJ, NMF hypocrite *mf*
hipodérmico, -a ADJ: **aguja hipodérmica** seringue *f* hypodermique
hipódromo NM hippodrome *m*
hipopótamo NM hippopotame *m*
hipoteca NF hypothèque *f*; **pagar la ~** rembourser l'hypothèque
hipotecar VT hypothéquer
hipotecario, -a ADJ hypothécaire
hipotensión NF hypotension *f*
hipotenso, -a ADJ hypotendu(e)
hipotenusa NF hypoténuse *f*
hipotermia NF hypothermie *f*
hipótesis NF INV hypothèse *f*
hipotético, -a ADJ hypothétique
hippie ['xipi], **hippy** ['xipi] (*pl* **hippies**) ADJ, NMF hippie *mf*
hiriendo *etc* VB *ver* **herir**
hiriente ADJ blessant(e)
hirsuto, -a ADJ hirsute
hirviendo *etc* VB *ver* **hervir**
hisopo NM buis *msg*
hispalense (*liter*) ADJ sévillan(e) ▸ NMF Sévillan(e)
hispánico, -a ADJ hispanique
hispanidad NF peuples *mpl* hispaniques
hispanista NMF (*Univ etc*) hispanisant(e)
hispano, -a ADJ espagnol(e); (*en EEUU*) hispano-américain(e) ▸ NM/F Espagnol(e); (*en EEUU*) Hispano-Américain(e)

h

Hispanoamérica NF Amérique *f* hispanique

hispanoamericano, -a ADJ hispano-américain(e) ▶ NM/F Hispano-Américain(e)

hispanoárabe ADJ hispano-arabe

hispanohablante, hispanoparlante ADJ hispanophone

histerectomía NF hystérectomie *f*

histeria NF hystérie *f* ; **~ colectiva** hystérie collective

histérico, -a ADJ hystérique

histerismo NM hystérie *f*

historia NF histoire *f* ; **¡la ~ de siempre!, ¡la misma ~!** c'est toujours la même histoire ! ; **déjate de historias** ne me raconte pas d'histoires ; **pasar a la ~** passer à la postérité ; **~ antigua/contemporánea** histoire ancienne/contemporaine ; **~ natural** histoire naturelle

historiado, -a ADJ tarabiscoté(e)

historiador, a NM/F historien(ne)

historial NM (*profesional*) curriculum vitae *m inv* ; (*Med*) antécédents *mpl*

históricamente ADV historiquement

histórico, -a ADJ historique ; (*estudios*) d'histoire

historieta NF bande *f* dessinée

histriónico, -a ADJ histrionique, cabotin(e)

histrionismo NM histrion *m*

hito NM (*fig*) fait *m* historique ; **mirar a algn de ~ en ~** regarder fixement qn

hizo VB *ver* **hacer**

Hna., Hnas. ABR = **hermana(s)**

Hno., Hnos. ABR (= *Hermano(s)*) Fre(s) (= *frère(s)*)

hobby ['xoβi] (*pl* **hobbys**) NM hobby *m*

hocico NM museau *m* ; **estar de hocicos** faire la tête ; **torcer el ~** faire la moue ; **meter el ~ en algo** mettre son nez dans qch

hockey ['xokei] NM hockey *m* ; **~ sobre hielo/patines** hockey sur glace/patins

hogar NM foyer *m* ; **labores del ~** tâches *fpl* domestiques ; **crear/formar un ~** créer/fonder une famille

hogareño, -a ADJ (*ambiente*) familial(e) ; (*escena*) de famille ; (*persona*) casanier(-ière)

hogaza NF miche *f*

hoguera NF feu *m* de bois ; (*para herejes*) bûcher *m*

hoja NF feuille *f* ; (*de flor*) pétale *m* ; (*de cuchillo*) lame *f* ; (*de puerta, ventana*) battant *m* ; **de ~ caduca/perenne** à feuilles caduques/persistantes ; **~ de afeitar** lame de rasoir ; **~ electrónica** *o* **de cálculo** feuille de calcul (électronique) ; **~ de pedido** bon *m* de commande ; **~ de ruta** (*de viaje, proceso*) feuille *f* de route ; **~ de servicios** états *mpl* de service ; **~ de trabajo** (*Inform*) feuille de programmation ; **~ informativa** circulaire *f*

hojalata NF fer *m* blanc

hojaldre NM pâte *f* feuilletée

hojarasca NF feuilles *fpl* mortes ; (*en discurso, escrito*) verbiage *m*

hojear VT feuilleter

hola EXCL salut !

> *Salut*, como forma de saludo, puede significar tanto « Hola » (*Salut ! Ça va ?*) como « Adiós » (*Je m'en vais, salut !*).

Holanda NF Hollande *f*

holandés, -esa ADJ hollandais(e) ▶ NM/F Hollandais(e) ▶ NM (*Ling*) hollandais *msg*

holding ['xoldin] (*pl* **holdings** ['xoldin]) NM O NF holding *m o f*

holgado, -a ADJ (*prenda*) ample ; (*situación*) aisé(e) ; **iban muy holgados en el coche** ils étaient au large dans la voiture

holgar VI: **huelga decir que** inutile de dire que

holgazán, -ana ADJ, NM/F paresseux(-euse)

holgazanear VI paresser

holgura NF ampleur *f* ; (*Tec*) jeu *m* ; **vivir con ~** vivre dans l'aisance ; **cabemos con ~** on a largement la place

hollar VT fouler

hollejo NM (*Bot*) peau *f*

hollín NM suie *f*

holocausto NM holocauste *m*

holografía NF holographie *f*

holograma NM hologramme *m*

hombre NM homme *m* ; (*raza humana*): **el ~** l'homme ; **hacerse ~** devenir un homme ; **buen ~** brave homme ; **pobre ~** pauvre homme ; **de ~ a ~** d'homme à homme ; **ser muy ~** être un homme, un vrai ; **~ anuncio** homme-sandwich *m* ; **~ de bien** homme de bien ; **~ de confianza** homme de confiance ; **~ de estado** homme d'État ; **~ de la calle** homme de la rue ; **~ de letras** homme de lettres ; **~ de mundo** homme du monde ; **~ de negocios** homme d'affaires ; **~ de palabra** homme de parole ; **~-rana** homme-grenouille *m* ▶ EXCL dis donc ! ; **¡sí, ~!** mais si !

hombrera NF épaulette *f*

hombría NF virilité *f*

hombro NM épaule *f* ; **al ~** sur l'épaule ; **arrimar el ~** se mettre au travail ; **encogerse de hombros** hausser les épaules ; **llevar/traer a hombros** porter sur les épaules ; **mirar a algn por encima del ~** regarder qn de haut

hombruno, -a ADJ hommasse

homenaje NM hommage *m* ; **un partido (de) ~** un match d'adieu

homenajear VT rendre hommage

homeopatía NF homéopathie *f*

homicida ADJ (*arma*) du crime ; (*carácter*) meurtrier(-ière) ▶ NMF meurtrier(-ière)

homicidio NM homicide *m*

homilía NF sermon *m*

homo... PREF homo...

homofobia NF homophobie *f*
homogéneo, -a ADJ homogène
homologación NF homologation *f*
homologar VT homologuer
homólogo, -a NM/F: **su** *etc* **~** son *etc* homologue
homónimo, -a ADJ, NM homonyme *m*
homoparental ADJ homoparental(e)
homosexual ADJ, NMF homosexuel(le)
homosexualidad NF, **homosexualismo** NM homosexualité *f*
honda NF fronde *f*
hondamente ADV profondément
hondo, -a ADJ profond(e) ; **en lo ~ de** au fin fond de
hondonada NF creux *msg*
hondura NF profondeur *f*
Honduras NF Honduras *m*
hondureño, -a ADJ du Honduras, hondurien(ne) ▶ NM/F natif(-ive) *o* habitant(e) du Honduras, Hondurien(ne)
honestamente ADV honnêtement
honestidad NF honnêteté *f*
honesto, -a ADJ honnête ; (*decente*) vertueux(-euse)
hongo NM champignon *m* ; (*sombrero*) chapeau *m* melon ■ **hongos** NMPL (*Med*) champignons *mpl*, mycose *f* ; **hongos del pie** mycose au pied
honor NM honneur *m* ; **en ~ a la verdad ...** la vérité est que ... ; **hacer ~ a algo/algn** faire honneur à qch/qn ; **en ~ de algn** en l'honneur de qn ; **es un ~ para mí ...** c'est un honneur pour moi ... ; **rendir los honores a algn** rendre les honneurs à qn ; **hacer los honores** (*suj: anfitrión*) faire les honneurs de la maison ; **~ profesional** honneur professionnel
honorable ADJ honorable
honorario, -a ADJ honoraire ■ **honorarios** NMPL honoraires *mpl*
honorífico, -a ADJ honorifique
honra NF honneur *m* ; (*renombre*) prestige *m* ; **tener algo a mucha ~** s'enorgueillir de qch ; **honras fúnebres** honneurs funèbres
honradamente ADV honnêtement
honradez NF honnêteté *f* ; (*de mujer*) vertu *f*
honrado, -a ADJ honnête ; (*mujer*) vertueux(-euse)
honrar VT honorer ; **nos honró con su presencia/amistad** il nous a honorés de sa présence/son amitié ■ **honrarse** VPR: **honrarse con algo/de hacer algo** s'enorgueillir de qch/de faire qch
honroso, -a ADJ honorable
hora NF heure *f* ; **¿qué ~ es?** quelle heure est-il ? ; **¿tienes ~?** tu as l'heure ? ; **¿a qué ~?** à quelle heure ? ; **media ~** une demi-heure ; **a la ~ de comer/del recreo** à l'heure du repas/de la récréation ; **a primera/última ~** à la première heure/au dernier moment ; **a primera/última ~ de** en début/fin de ; **~ tras ~** heure après heure ; **« última ~ »** « dernière heure » ; **¡es la ~!** c'est l'heure ! ; **noticias de última ~** nouvelles *fpl* de dernière heure ; **a altas horas (de la noche)** à des heures tardives ; **a estas horas** à l'heure qu'il est ; **a la ~ en punto** à l'heure pile ; **entre horas** (*comer*) entre les repas ; **por horas** à l'heure ; **¡a buena(s) ~(s) me lo dices!** c'est maintenant que tu me le dis ! ; **a todas horas** à toute heure ; **en mala ~** par malchance ; **me han dado ~ para mañana** j'ai rendez-vous demain ; **dar la ~** donner l'heure ; **pasarse las horas muertas haciendo algo** passer son temps à faire qch ; **pedir ~** prendre rendez-vous ; **poner el reloj en ~** mettre sa montre à l'heure ; **no ver la ~ de** avoir hâte de ; **¡ya era ~!** il était temps ! ; **horas de oficina/de trabajo/de visita** heures de bureau/de travail/de visite ; **horas extra** heures sup ; **horas extraordinarias** heures supplémentaires ; **~ punta** *o* (*MÉX*) **pico** heure de pointe
horadar VT forer
horario, -a ADJ, NM horaire *m* ; **~ comercial** heures *fpl* d'ouverture
horca NF potence *f* ; (*Agr*) fourche *f*
horcajadas: **a ~** *adv* à califourchon
horchata NF *sirop à base d'un tubercule, de sucre et d'eau*
horda NF horde *f*
horizontal ADJ horizontal(e)
horizontalmente ADV horizontalement
horizonte NM horizon *m*
horma NF forme *f* ; **de ~ estrecha/ancha** (*zapatos*) large/étroit(e)
hormiga NF fourmi *f*
hormigón NM béton *m* ; **~ armado** béton armé
hormigonera NF bétonnière *f*, bétonneuse *f*
hormigueo NM fourmis *fpl* ; (*fig*) agitation *f*
hormiguero NM fourmilière *f*
hormiguita NF: **ser una ~** (*fig*) être une vraie fourmi
hormona NF hormone *f*
hormonal ADJ hormonal(e)
hornada NF fournée *f*
hornear VT enfourner, mettre au four
hornillo NM réchaud *m* ; **~ de gas** réchaud à gaz
horno NM four *m* ; **alto(s) ~(s)** haut(s)-fourneau(x) *m(pl)* ; **al ~** (*Culin*) au four ; **no estar el ~ para bollos** ne pas être d'humeur à plaisanter ; **¡este lugar es un ~!** c'est pire que dans un four ! ; **~ crematorio** four crématoire ; **~ microondas** four à micro-ondes
horóscopo NM horoscope *m*
horquilla NF épingle *f* à cheveux ; (*Agr*) fourche *f*
horrendo, -a ADJ affreux(-euse)
horrible ADJ horrible

h

horriblemente ADV horriblement
horripilante ADJ horripilant(e)
horripilar VT horripiler
horror NM horreur *f* ; **¡qué ~!** quelle horreur ! ; **me da ~** cela me fait horreur ; **tener ~ a (hacer)** avoir horreur de (faire) ▪ **horrores** NMPL (*atrocidades*) horreurs *fpl* ▶ ADV (*fam*): **me gusta horrores** j'en raffole
horrorice *etc* VB *ver* **horrorizar**
horrorizar VT horrifier ; **estar horrorizado** être horrifié ▪ **horrorizarse** VPR: **se horrorizó de pensarlo** il a été horrifié à cette idée
horroroso, -a ADJ affreux(-euse) ; (*hambre, sueño*) terrible
hortaliza NF légume *m*
hortelano, -a NM/F maraîcher(-ère)
hortensia NF hortensia *m*
hortera (*fam*) ADJ, NMF ringard(e)
horterada (*fam*) NF horreur *f*
horticultor, a NM/F horticulteur(-trice)
horticultura NF horticulture *f*
hortofrutícola ADJ (*productos*) maraîcher(-ère)
hosco, -a ADJ (*persona*) antipathique ; (*lugar*) exécrable
hospedaje NM logement *m* ; (*dinero*) loyer *m*
hospedar VT loger ▪ **hospedarse** VPR se loger
hospedería NF auberge *f*
hospicio NM (*para niños*) orphelinat *m*
hospital NM hôpital *m* ; **~ clínico** clinique *f*
hospitalario, -a ADJ hospitalier(-ière)
hospitalice *etc* VB *ver* **hospitalizar**
hospitalidad NF hospitalité *f*
hospitalización NF hospitalisation *f*
hospitalizar VT hospitaliser ; **estar hospitalizado** être hospitalisé
hosquedad NF antipathie *f*
hostal NM pension *f*
hostelería NF hôtellerie *f*
hostería (CSUR) NF hôtel *m*
hostia NF (*Rel*) hostie *f* ; (*fam!*) beigne *f* (*fam !*) ; **a toda ~** (*fam!*) à toute berzingue (*fam !*) ; **está (de) la ~** (*fam!*) il est vachement mignon ; **está de mala ~** (*fam!*: *mal humor*) il est de mauvais poil (*fam !*) ; **tiene mala ~** (*fam!*: *mala intención*) c'est un salaud (*fam !*) ▶ EXCL: **¡~(s)!** (*fam!*) putain ! (*fam !*) ; **¡es la ~!** (*fam!*: *como crítica*) c'est nul ! ; (: *apreciativo*) c'est d'enfer !
hostigar VT (*Mil, fig*) harceler ; (*caballería*) cravacher
hostigue *etc* VB *ver* **hostigar**
hostil ADJ hostile
hostilidad NF hostilité *f* ▪ **hostilidades** NFPL: **iniciar/romper las hostilidades** engager/cesser les hostilités
hostilmente ADV hostilement
hotel NM hôtel *m* ; *voir article*

Il existe en Espagne différents types d'hébergement dont le prix varie en fonction des services offerts aux voyageurs. Ce sont, par ordre décroissant de prix : l'**hotel** (du 5 étoiles au 1 étoile), l'*hostal* et la *pensión*. L'État gère également un réseau d'hôtels de luxe, appelés *paradores*, généralement situés dans des lieux à caractère historique ou installés dans des monuments historiques.

hotelero, -a ADJ, NM/F hôtelier(-ière)
hoy ADV aujourd'hui ; **~ mismo** aujourd'hui même ; **~ (en) día,** (AM) **el día de ~** aujourd'hui ; **~ por ~** aujourd'hui ; **por ~** pour aujourd'hui ; **de ~ en ocho días** aujourd'hui en huit ; **de ~ en adelante** dorénavant
hoya NF fosse *f* ; (*Geo*) vallée *f*
hoyo NM fosse *f* ; (*Golf*) trou *m*
hoyuelo NM fossette *f*
hoz NF faux *fsg* ; (*Geo*) gorge *f*
hua- *ver* **gua-**
huaca NF = **guaca**
huacal NM = **guacal**
huachafería (PERÚ *fam*) NF snobisme *m*
huachafo, -a (PERÚ *fam*) ADJ snob
huasipungo (AND) NM (*Agr*) bout *m* de terrain
huaso, -a (AND, CSUR) ADJ, NM/F paysan(ne)
huayco (PERÚ) NM glissement *m* de terrain
huayno (PERÚ) NM *chant et danse traditionnels du Pérou*
hube *etc* VB *ver* **haber**
hucha NF tirelire *f*
hueco, -a ADJ creux(euse) ; (*persona, estilo*) vain(e) ▶ NM creux *msg* ; (*espacio*) place *f* ; **hacerle (un) ~ a algn** faire une place à qn ; **tener un ~** avoir un moment de libre ; **~ de la escalera/del ascensor** cage *f* d'escalier/d'ascenseur ; **~ de la mano** creux de la main
huela *etc* VB *ver* **oler**
huelga VB *ver* **holgar** ▶ NF grève *f* ; **declararse/estar en ~** se mettre/être en grève ; **~ de brazos caídos** grève sur le tas ; **~ de celo** grève du zèle ; **~ de hambre** grève de la faim ; **~ general** grève générale
huelgue *etc* VB *ver* **holgar**
huelguista NMF gréviste *mf*
huella NF trace *f* ; **sin dejar ~** sans laisser de traces ; **perder las huellas** perdre la trace ; **seguir las huellas de algn** (*fig*) marcher sur les traces de qn ; **~ dactilar** empreinte *f* digitale ; **~ de carbono** empreinte carbone ; **~ digital** empreinte digitale
huemul (CSUR) NM cerf *m*
huérfano, -a ADJ: **~ (de)** orphelin(e) (de) ; **quedar(se) ~** devenir orphelin(e) ▶ NM/F orphelin(e)
huerta NF verger *m* ; (*en Murcia, Valencia*) huerta *f*
huerto NM (*de verduras*) jardin *m* potager ; (*de árboles frutales*) verger *m*
huesillos (CHI) NMPL pêches *fpl*
hueso NM os *msg* ; (*de fruta*) noyau *m* ; (MÉX *fam*)

sinécure *f* ; **estar en los huesos** être sur les genoux ; **estar calado** *o* **mojado hasta los huesos** être trempé jusqu'aux os ; **ser un ~** (*profesor*) être un tyran ; **un ~ duro de roer** (*persona*) un(e) dur(e) à cuire ; **de color ~** blanc cassé

huesoso, -a (*esp* AM) ADJ osseux(-euse)

huésped, a NM/F hôte *mf* ; (*en hotel*) client(e)

huesudo, -a ADJ osseux(-euse)

huevada (AND, CSUR *fam!*) NF (*estupidez*) connerie *f* (*fam !*)

huevas NFPL œufs *mpl* de poisson ; (CHI *fam!*) couilles *fpl* (*fam !*)

huevera NF (*para servir*) coquetier *m* ; (*para transportar*) boîte *f* à œufs

huevo NM œuf *m* ; (*fam!*) couille *f* (*fam !*) ; **me costó un ~** (*fam!*: *caro*) ça m'a coûté la peau des fesses (*fam !*) ; (: *difícil*) ça a été coton ; **tener huevos** (*fam!*) avoir des couilles (*fam !*) ; **~ duro/escalfado/frito** œuf dur/poché/au plat ; **~ estrellado** œuf au plat ; **huevos revueltos** œufs brouillés ; **~ pasado por agua** *o* (AM) **tibio** *o* (AND, CSUR) **a la copa** œuf à la coque

huida NF fuite *f* ; **~ de capitales** (*Com*) fuite des capitaux

huidizo, -a ADJ (*tímido*) farouche ; (*mirada, frente*) fuyant(e) ; (*tiempo*) passager(-ère)

huincha (AND, CSUR) NF serre-tête *m*

huipil (CAM, MÉX) NM *blouse indienne*

huir VT, VI fuir ; **~ de** fuir

huiro (AND, CSUR) NM algue *f*

huitlacoche (CAM, MÉX) NF *champignon noir très apprécié*

huizache (CAM, MÉX) NM acacia *m*

hule NM toile *f* cirée

hulla NF houille *f*

humanamente ADV humainement

humanice *etc* VB *ver* **humanizar**

humanidad NF humanité *f* ■ **humanidades** NFPL (*Univ, Escol*) lettres *fpl*

humanismo NM humanisme *m*

humanista ADJ, NMF humaniste *mf*

humanitario, -a ADJ humanitaire

humanizar VT humaniser ■ **humanizarse** VPR s'humaniser

humano, -a ADJ humain(e) ; **ser ~** être humain ▸ NM humain *m*

humareda NF nuage *m* de fumée

humeante ADJ fumant(e)

humear VI fumer

humedad NF humidité *f* ; **a prueba de ~** résiste à l'humidité

humedecer VT humidifier ■ **humedecerse** VPR s'humidifier

humedezca *etc* VB *ver* **humedecer**

húmedo, -a ADJ humide

húmero NM humérus *msg*

humidificador NM humidificateur *m*

humildad NF humilité *f*

humilde ADJ humble

humildemente ADV humblement

humillación NF humiliation *f*

humillante ADJ humiliant(e)

humillar VT humilier ; **sentirse humillado** se sentir humilié ■ **humillarse** VPR: **humillarse (ante)** s'humilier (devant)

humita (AND, CSUR) NF (*Culin*) *plat à base de maïs et de piment, enveloppé dans une feuille de maïs*

humo NM fumée *f* ; **echar ~** fumer ; **hacerse ~** (AND, CSUR *fam*) s'évanouir dans la nature ■ **humos** NMPL (*fig: altivez*) air *m* hautain ; **bajar los humos a algn** rabattre son caquet à qn

humor NM humeur *f* ; **de buen/mal ~** de bonne/mauvaise humeur ; **(no) estar de ~ para (hacer) algo** (ne pas) être d'humeur à (faire) qch

humorismo NM humour *m*

humorista NMF humoriste *mf*

humorístico, -a ADJ humoristique

humus NM INV humus *m*

hundido, -a ADJ (*ojos*) creux (creuse) ; (*persona*) abattu(e)

hundimiento NM (*de barco*) naufrage *m* ; (*de edificio*) écroulement *m* ; (*de tierra*) éboulement *m* ; (*del terreno*) creux *msg*

hundir VT (*barco, negocio*) couler ; (*edificio*) raser ; (*pavimento*) enfoncer ; (*fig: persona*) abattre ■ **hundirse** VPR (*barco, negocio*) couler ; (*edificio*) s'écrouler ; (*terreno, cama*) s'affaisser ; (*economía, precios*) s'effondrer ; **hundirse en la miseria** sombrer dans la misère

húngaro, -a ADJ hongrois(e) ▸ NM/F Hongrois(e) ▸ NM (*Ling*) hongrois *m*

Hungría NF Hongrie *f*

huracán NM ouragan *m* ; **pasar/entrar como un ~** passer/entrer en trombe

huracanado, -a ADJ (*viento*) violent(e)

huraño, -a ADJ désagréable ; (*poco sociable*) peu sociable

hurgar VT remuer ▸ VI: **~ (en)** fouiner (dans) ; **~ en la herida** (*fig*) remuer le couteau dans la plaie ■ **hurgarse** VPR: **hurgarse (las narices)** se curer (le nez)

hurgue *etc* VB *ver* **hurgar**

hurón NM furet *m*

hurra EXCL hourra !

hurtadillas: **a ~** *adv* à la dérobée

hurtar VT dérober ■ **hurtarse** VPR: **hurtarse a** se dérober

hurto NM vol *m*

husmear VT humer ▸ VI fouiner ; **~ en** (*fam*) se mêler de

huso NM fuseau *m* ; **~ horario** fuseau horaire

hutu ADJ hutu ▸ NMF Hutu *mf*

huy EXCL (*dolor, sorpresa*) aïe ! ; (*asombro*) eh bien ! ; (*reparo*) oh mon Dieu !

huyendo *etc* VB *ver* **huir**

Hz ABR (= *hertzio*) Hz (= Hertz)

I i

I, i [i] NF (*letra*) I, i *m inv* ; **I de Inés** ≈ I comme Irma

IA ABR (= *inteligencia artificial*) IA (= *intelligence artificielle*)

iba *etc* VB *ver* **ir**

Iberia NF Ibérie *f*

ibérico, -a ADJ ibérique ; **la Península ibérica** la péninsule Ibérique

Iberoamérica NF Amérique *f* latine

iberoamericano, -a ADJ latino-américain(e) ▸ NM/F Latino-américain(e)

íbice NM bouquetin *m*

ibicenco, -a ADJ d'Ibiza ▸ NM/F natif(-ive) *o* habitant(e) d'Ibiza

Ibiza NF Ibiza *f*

ice *etc* VB *ver* **izar**

iceberg (*pl* **icebergs**) NM iceberg *m*

ICONA (*Esp*) SIGLA M = **Instituto Nacional para la Conservación de la Naturaleza**

icono NM (*tb Inform*) icône *f*

iconoclasta ADJ, NMF (*tb fig*) iconoclaste *mf*

ictericia NF jaunisse *f*

I+D SIGLA F (= *Investigación y Desarrollo*) R-D *f* (= *Recherche-Développement*)

íd. ABR (= *ídem*) id. (= *idem*)

ida NF aller *m* ; **~ y vuelta** aller (et) retour ; **idas y venidas** allées *fpl* et venues

IDE SIGLA F (= *Iniciativa de Defensa Estratégica*) IDS *f* (= *Initiative de défense stratégique*)

idea NF idée *f* ; (*propósito*) intention *f* ; **a mala ~** dans l'intention de nuire ; **no tengo la menor ~** je n'en ai pas la moindre idée ; **hacerse a la ~ (de que)** se faire à l'idée (que) ; **cambiar de ~** changer d'idée ; **¡ni ~!** aucune idée ! ; **tener ~ de hacer algo** avoir l'intention de faire qch ; **tener mala ~** être malintentionné(e) ; **~ genial** idée géniale ■ **ideas** NFPL (*manera de pensar*) idées *fpl*

ideal ADJ idéal(e) ▸ NM idéal *m*

idealice *etc* VB *ver* **idealizar**

idealismo NM idéalisme *m*

idealista ADJ, NMF idéaliste *mf*

idealizar VT idéaliser

idear VT concevoir

ideario NM idéologie *f*, ensemble *m* des idées principales ; **el ~ de la organización** l'idéologie de l'organisation

ídem PRON idem

idéntico, -a ADJ : **~ (a)** identique (à)

identidad NF identité *f* ; **~ corporativa** image *f* de l'entreprise

identificación NF identification *f*

identificar VT identifier ■ **identificarse** VPR : **identificarse (con)** s'identifier (à)

identifique *etc* VB *ver* **identificar**

ideología NF idéologie *f*

ideológico, -a ADJ idéologique

idílico, -a ADJ idyllique

idilio NM idylle *f*

idioma NM langue *f*

idiomático, -a ADJ idiomatique

idiosincrasia NF idiosyncrasie *f*

idiota ADJ, NMF idiot(e)

idiotez NF idiotie *f*

ido, -a (*fam*) ADJ (*despistado*) distrait(e) ; **estar ~** être dans la lune ; (*chiflado*) toqué(e), fou (folle) ; **estar ~ (de la cabeza)** être fou (folle), avoir perdu la raison ; (*CAm, Méx*) : **estar ~** être ivre

idolatrar VT idolâtrer

ídolo NM (*tb fig*) idole *f*

idoneidad NF aptitude *f*

idóneo, -a ADJ idéal(e) ; **~ para (hacer)** idéal(e) pour (faire)

IES NM ABR (*Esp*) (= *Instituto de Enseñanza Secundaria*) ≈ lycée *m*

iglesia NF église *f* ; **la I~ católica** l'Église catholique ; **~ parroquial** église paroissiale

iglú NM igloo *m*

IGME SIGLA M (= *Instituto Geográfico y Minero*) ≈ BRGM *m* (= *Bureau de recherches géologiques et minières*)

IGN (*Esp*) SIGLA M (= *Instituto Geográfico Nacional*) ≈ IGN *m* (= *Institut géographique national*)

ignición NF ignition *f*

ignominia NF ignominie *f*

ignominioso, -a ADJ ignominieux(-euse)

ignorado, -a ADJ ignoré(e)

ignorancia NF ignorance *f*

ignorante ADJ, NMF ignorant(e)

ignorar VT ignorer ; **ignoramos su paradero** nous ignorons où il se trouve

ignoto, -a ADJ inconnu(e)

igual

▶ ADJ **1** (*idéntico*) pareil(le) ; **Pedro es igual que tú** Pedro est comme toi ; **X es igual a Y** (*Mat*) X est égal à Y ; **son iguales** ils sont pareils ; **van iguales** (*en carrera, competición*) ils sont à égalité ; **él, igual que tú, está convencido de que ...** comme toi, il est convaincu que ... ; **¡es igual!** (*no importa*) ça ne fait rien ! ; **me da igual** ça m'est égal
2 (*liso: terreno, superficie*) égal(e)
3 (*constante: velocidad, ritmo*) égal(e)
4: **al igual que** comme
▶ NMF (*persona*) égal(e) ; **no tener igual** ne pas avoir d'égal ; **sin igual** sans égal ; **de igual a igual** d'égal à égal
▶ ADV **1** (*de la misma manera*) de la même façon, pareil (*fam*) ; **visten igual** ils s'habillent de la même façon
2 (*fam: a lo mejor*) peut-être que ; **igual no lo saben todavía** peut-être qu'ils ne le savent pas encore
3 (*esp CSur fam: a pesar de todo*) quand même ; **era inocente pero me expulsaron igual** j'étais innocent mais ils m'ont renvoyé quand même

igualada NF égalisation *f*
igualar VT égaliser ■ **igualarse** VPR (*diferencias*) s'aplanir ; **igualarse (con)** (*compararse*) se comparer (avec)
igualdad NF (*tb Mat*) égalité *f* ; **en ~ de condiciones** dans les mêmes conditions
igualitario, -a ADJ égalitaire
igualmente ADV également ; (*en comparación*) aussi ; **¡felices vacaciones! — ~** bonnes vacances ! — à toi aussi
iguana NF iguane *m*
ikastola NF *école primaire du Pays basque où l'enseignement est donné en langue basque*
ikurriña NF *drapeau basque*
ilegal ADJ illégal(e)
ilegalidad NF illégalité *f* ; **trabajar en la ~** travailler illégalement
ilegalmente ADV illégalement
ilegible ADJ illisible
ilegitimidad NF illégitimité *f*
ilegítimo, -a ADJ illégitime
ileso, -a ADJ: **resultar** *o* **salir ~ (de)** sortir indemne (de), sortir sain(e) et sauf (sauve) (de)
ilícito, -a ADJ illicite
ilimitado, -a ADJ illimité(e)
Ilma. ABR (= *Ilustrísima*) illustrissime
Ilmo. ABR (= *Ilustrísimo*) illustrissime
ilocalizable ADJ introuvable
ilógico, -a ADJ illogique
iluminación NF illumination *f*, éclairage *m* ; (*de local, habitación*) éclairage
iluminar VT illuminer, éclairer ; (*adornar con luces*) illuminer ; (*colorear: ilustración*) enluminer ; (*fig: inspirar*) éclairer ■ **iluminarse** VPR: **se le iluminó la cara** son visage s'est illuminé
ilusión NF illusion *f* ; (*alegría*) joie *f* ; (*esperanza*) espoir *m* ; (*emoción*) émotion *f* ; **hacerle ~ a algn** faire plaisir à qn ; **hacerse ilusiones** se faire des illusions ; **no te hagas ilusiones** ne te fais pas d'illusions ; **tener ~ por (hacer)** se réjouir de (faire)
ilusionado, -a ADJ: **estar ~ (con)** se réjouir (de)
ilusionar VT réjouir ■ **ilusionarse** VPR: **ilusionarse (con)** se réjouir (de)
ilusionista NMF illusionniste *mf*
iluso, -a ADJ naïf(-ïve) ▶ NM/F rêveur(-euse)
ilusorio, -a ADJ illusoire
ilustración NF illustration *f* ; (*cultura*) instruction *f*, culture *f* ; **servir como** *o* **de ~** servir d'exemple ; **la I~** le Siècle des lumières
ilustrado, -a ADJ illustré(e) ; (*persona*) cultivé(e), instruit(e)
ilustrar VT illustrer ; (*instruir*) instruire, cultiver ■ **ilustrarse** VPR s'instruire, se cultiver
ilustrativo, -a ADJ: **~ (de)** révélateur(-trice) (de)
ilustre ADJ illustre, célèbre
imagen NF image *f* ; **ser la viva ~ de** être le portrait tout craché de ; **a su ~** à son image
imaginable ADJ imaginable ; **más allá de lo ~** au-delà de tout ce qu'on puisse imaginer ; **no es ~ que ...** il est inimaginable que..., il est impensable que...
imaginación NF imagination *f* ; **no se me pasó por la ~ que ...** je n'aurais jamais imaginé que ... ■ **imaginaciones** NFPL (*suposiciones*) idées *fpl*
imaginar VT imaginer ; (*idear*) imaginer, concevoir ; **~ que ...** (*suponer*) imaginer que ... ■ **imaginarse** VPR s'imaginer ; **¡imagínate!** tu te rends compte ! ; **imagínese que ...** figurez-vous que ... ; **me imagino que sí** j'imagine que oui
imaginario, -a ADJ imaginaire
imaginativa NF imagination *f*
imaginativo, -a ADJ imaginatif(-ive)
imam NM imam *m*
imán NM aimant *m*
imanar, imantar VT aimanter
imbatible ADJ imbattable
imbécil ADJ, NMF imbécile *mf*
imbecilidad NF imbécillité *f*
imberbe ADJ imberbe
imborrable ADJ ineffaçable, indélébile ; (*recuerdo*) indélébile
imbuir VT: **~ (de)** imbiber (de)
imbuyendo *etc* VB *ver* **imbuir**
imitación NF imitation *f* ; (*parodia*) imitation, pastiche *m* ; (*Com*) contrefaçon *f* ; **a ~ de** sur le

i

modèle de ; **de ~** en imitation ; **desconfíe de las imitaciones** (*Com*) méfiez-vous des contrefaçons
imitador, a NM/F (*Teatro*) imitateur(-trice)
imitar VT imiter
impaciencia NF impatience *f*
impacientar VT (*inquietar*) tracasser ; (*enfadar*) impatienter ▪ **impacientarse** VPR s'impatienter ; (*inquietarse*) se tracasser
impaciente ADJ impatient(e) ; **estar ~** se tracasser ; (*deseoso*) être impatient(e) ; **estar ~ (por hacer)** être impatient(e) (de faire), avoir hâte (de faire)
impacientemente ADV avec impatience
impactar VT (*impresionar*) choquer, déconcerter ▸ VI (*bala*) venir se loger ; (*chocar*): **~ en** *o* **contra** aller *ou* venir percuter ; (*afectar*): **~ en** impacter, avoir un impact sur
impacto NM impact *m* ; (*esp AM fig*) impression *f* ; **~ ecológico** empreinte *f* écologique
impagable ADJ *qui ne peut être payé*, non recouvrable ; (*fig*) inestimable
impagado, -a ADJ impayé(e)
impago NM non-paiement *m* ▪ **impagos** NMPL impayés *mpl*
impalpable ADJ impalpable
impar ADJ impair(e) ▸ NM impair *m*
imparable ADJ imparable
imparcial ADJ impartial(e)
imparcialidad NF impartialité *f*
imparcialmente ADV impartialement
impartir VT (*clases*) donner ; (*orden*) intimer
impasible ADJ impassible
impasiblemente ADV impassiblement
impasse NM O NF (*estancamiento*) impasse *f*
impávido, -a ADJ impavide
impecable ADJ impeccable
impecablemente ADV impeccablement
impedido, -a ADJ: **estar ~** être handicapé(e) ▸ NM/F: **ser un ~ físico** être handicapé moteur
impedimento NM empêchement *m*
impedir VT (*imposibilitar*) empêcher ; **~ a algn hacer** *o* **que haga algo** empêcher qn de faire qch ; **~ el tráfico** bloquer la circulation
impeler VT (*tb fig*) pousser
impenetrabilidad NF impénétrabilité *f*
impenetrable ADJ impénétrable
impenitente ADJ impénitent(e)
impensable ADJ impensable
impepinable (*fam*) ADJ: **es ~** c'est clair *o* sûr
imperante ADJ répandu(e)
imperar VI régner ; (*fig*) dominer, prévaloir
imperativo, -a ADJ impératif(-ive) ▸ NM (*Ling*) impératif *m* ▪ **imperativos** NMPL (*exigencias*) impératifs *mpl*
imperceptible ADJ imperceptible
imperceptiblemente ADV imperceptiblement
imperdible NM épingle *f* à nourrice
imperdonable ADJ impardonnable
imperecedero, -a ADJ impérissable
imperfección NF (*en prenda, joya, vasija*) défaut *m* ; (*de persona*) imperfection *f*
imperfectamente ADV imparfaitement
imperfecto, -a ADJ défectueux(-euse) ; (*tarea, Ling*) imparfait(e) ▸ NM (*Ling*) imparfait *m*
imperial ADJ impérial(e)
imperialismo NM impérialisme *m*
imperialista ADJ, NMF impérialiste *mf*
impericia NF (*torpeza*) incapacité *f* ; (*inexperiencia*) inexpérience *f*
imperio NM empire *m* ; **el ~ de la ley/justicia** le règne de la loi/justice ; **vale un ~** (*fig*) cela vaut son pesant d'or
imperiosamente ADV impérieusement
imperioso, -a ADJ impérieux(-euse)
impermeabilizar VT imperméabiliser ; (*fig: frontera*) sceller
impermeable ADJ, NM imperméable *m*
impersonal ADJ impersonnel(le)
impertérrito, -a ADJ: **quedarse/seguir ~** rester/demeurer imperturbable
impertinencia NF impertinence *f*
impertinente ADJ impertinent(e)
imperturbable ADJ imperturbable
imperturbablemente ADV imperturbablement
impétigo NM impétigo *m*
ímpetu NM (*violencia*) violence *f* ; (*energía*) énergie *f* ; (*impetuosidad*) fougue *f*
impetuosamente ADV impétueusement, avec fougue
impetuosidad NF impétuosité *f*, fougue *f* ; (*violencia*) violence *f*
impetuoso, -a ADJ impétueux(-euse) ; (*paso, ritmo*) soutenu(e)
impida *etc* VB *ver* **impedir**
impío, -a ADJ impie
implacable ADJ implacable
implacablemente ADV implacablement
implantación NF implantation *f* ; (*introducción*) introduction *f*
implantar VT implanter ▪ **implantarse** VPR s'implanter
implante NM implant *m*
implementar VT mettre en œuvre, mettre en place
implicación NF implication *f*
implicar VT impliquer ; **~ a algn en algo** impliquer qn dans qch ; **eso no implica que …** cela n'implique pas que …
implícito, -a ADJ (*tácito*) tacite ; (*sobreentendido*) implicite ; **llevar ~** comporter implicitement
implique *etc* VB *ver* **implicar**
implorante ADJ implorant(e)

implorar VT implorer
imponderable ADJ, NM impondérable *m*
impondré *etc* VB *ver* **imponer**
imponente ADJ imposant(e) ; (*fam*) sensationnel(le) ▶ NMF (*Com*) déposant(e)
imponer VT imposer ; (*respeto*) inspirer ; (*Com*) placer, déposer ▶ VI en imposer ■ **imponerse** VPR (*moda, costumbre*) s'imposer ; (*razón, equipo*) l'emporter ; **imponerse a** s'imposer face à ; **imponerse (hacer)** s'imposer (de faire) ; **imponerse un deber** s'imposer un devoir
imponga *etc* VB *ver* **imponer**
imponible ADJ (*Com*) imposable ; **no ~** non imposable
impopular ADJ impopulaire
importación NF importation *f*
importador, a NM/F importateur(-trice)
importancia NF importance *f* ; **no dar ~ a** ne pas attacher d'importance à ; **darse ~** se donner de l'importance ; **sin ~** sans importance ; **no tiene ~** ce n'est pas important
importante ADJ important(e) ; **lo ~ es hacer .../que haga ...** l'important c'est de faire .../qu'il fasse ...
importar VT importer ; (*ascender a: cantidad*) se monter à, coûter ▶ VI importer ; **me importa un bledo** *o* **rábano** (*fam*) je m'en fiche pas mal ; **¿le importa que fume?** ça vous ennuie si je fume ? ; **¿te importa prestármelo?** ça ne te dérange pas de me le prêter ? ; **¿y a ti qué te importa?** qu'est-ce que ça peut (bien) te faire ? ; **¿qué importa?** qu'est-ce que ça peut faire ? ; **no importa** ce n'est pas grave, ça ne fait rien ; **no le importa** ça ne le regarde pas ; **« no importa precio »** « prix indifférent »
importe NM (*coste*) coût *m* ; (*total*) montant *m*
importunar VT importuner
importuno, -a ADJ importun(e)
imposibilidad NF impossibilité *f*
imposibilitado, -a ADJ: **verse ~ para hacer algo** se voir dans l'impossibilité de faire qch ; **estar/quedar ~** être/rester paralysé(e)
imposibilitar VT rendre impossible ; (*impedir*) empêcher
imposible ADJ, NM impossible *m* ; **es ~** c'est impossible ; **es ~ de predecir** c'est impossible à prévoir ; **hacer lo ~ por** faire l'impossible pour
imposición NF (*de moda*) introduction *f* ; (*sanción, condena*) application *f* ; (*mandato*) ordre *m* ; (*Com: impuesto*) imposition *f* ; (*: depósito*) dépôt *m* ; **efectuar una ~** faire un dépôt
impositivo, -a ADJ (*Econ*) fiscal(e), des impôts ; **sistema ~** système *m* d'imposition *ou* fiscal
impostor, a NM/F imposteur *m*
impostura NF imposture *f*
impotencia NF impuissance *f*
impotente ADJ impuissant(e) ▶ NM impuissant *m*
impracticable ADJ (*camino*) impraticable
imprecación NF imprécation *f*
imprecar VI proférer des imprécations
imprecisión NF imprécision *f*
impreciso, -a ADJ imprécis(e)
impredecible ADJ imprévisible
impredictible ADJ imprévisible
impregnar VT imprégner ■ **impregnarse** VPR s'imprégner
impremeditadamente ADV sans réfléchir
impremeditado, -a ADJ irréfléchi(e)
imprenta NF imprimerie *f* ; (*aparato*) presse *f* ; **letra de ~** caractère *m* d'imprimerie
impreque *etc* VB *ver* **imprecar**
imprescindible ADJ indispensable ; **es ~ hacer/que haga ...** il est indispensable de faire/qu'il fasse ...
impresentable ADJ (*persona: poco serio*) qui n'est pas présentable ; (*: mal educado*) insortable, mal élevé(e) ; (*mal hecho*) qui n'est pas présentable
impresión NF impression *f* ; (*marca*) empreinte *f* ; **tengo** *o* **me da la ~ de que no va a venir** j'ai (bien) l'impression qu'il ne viendra pas ; **cambio de impresiones** échange *m* de vues ; **~ digital** empreinte digitale
impresionable ADJ impressionnable
impresionado, -a ADJ impressionné(e)
impresionante ADJ impressionnant(e) ; (*conmovedor*) bouleversant(e)
impresionar VT impressionner ; (*conmover*) bouleverser, toucher ■ **impresionarse** VPR être impressionné(e) ; **se impresiona con facilidad** il ne faut pas grand-chose pour l'impressionner
impresionismo NM impressionnisme *m*
impresionista ADJ, NMF (*Arte*) impressionniste *mf*
impreso, -a PP *de* **imprimir** ▶ ADJ imprimé(e) ▶ NM (*solicitud*) imprimé *m*, formulaire *m* ; **~ de solicitud** formulaire de demande ■ **impresos** NMPL (*material impreso*) imprimés *mpl*
impresora NF (*Inform*) imprimante *f* ; **~ de chorro de tinta** imprimante à jet d'encre ; **~ de línea** imprimante ligne par ligne ; **~ de margarita** imprimante à marguerite ; **~ de matriz (de agujas)** imprimante matricielle ; **~ de rueda** imprimante à marguerite ; **~ (por) láser** imprimante laser
imprevisible ADJ imprévisible
imprevisión NF imprévoyance *f*
imprevisto, -a ADJ imprévu(e) ▶ NM imprévu *m*
imprimir VT imprimer
improbabilidad NF improbabilité *f*
improbable ADJ improbable
improcedente ADJ inopportun(e) ; (*Jur*) irrégulier(-ière) ; **despido ~** licenciement *m* abusif

i

improductivo, -a ADJ improductif(-ive)
impronunciable ADJ imprononçable
improperio NM insulte *f*, injure *f*
impropiedad NF impropriété *f*
impropio, -a ADJ impropre ; **~ de** *o* **para** peu approprié(e) à
improvisación NF improvisation *f*
improvisadamente ADV à l'improviste
improvisado, -a ADJ improvisé(e)
improvisar VT, VI improviser
improviso ADV: **de ~** à l'improviste
imprudencia NF imprudence *f* ; (*indiscreción*) indiscrétion *f* ; **~ temeraria** (*Jur*) imprudence
imprudente ADJ imprudent(e) ; (*indiscreto*) indiscret(-ète)
imprudentemente ADV imprudemment
Impte. ABR = **importe**
impúdico, -a ADJ impudique
impudor NM impudeur *f*
impuesto, -a PP *de* **imponer** ▸ ADJ: **estar ~ en** s'y connaître en ▸ NM impôt *m* ; (*derecho*) droit *m*, taxe *f* ; **anterior al ~** avant impôt ; **libre de impuestos** exonéré(e) d'impôt ; **sujeto a ~** soumis à l'impôt ; **~ de lujo** taxe de luxe ; **~ de plusvalía** impôt sur les plus-values ; **~ de transferencia de capital** droit de mutation ; **~ de venta** taxe à l'achat ; **~ directo/indirecto** impôt direct/indirect ; **~ sobre el valor añadido** *o* (*Am*) **agregado** taxe sur la valeur ajoutée ; **~ sobre la propiedad** impôt foncier ; **~ sobre la renta (de las personas físicas)** impôt sur le revenu (des personnes physiques) ; **~ sobre la riqueza** impôt sur la fortune
impugnar VT contester ; (*refutar*) réfuter
impulsar VT pousser ; (*economía*) stimuler ; **él me impulsó a hacerlo** *o* **a que lo hiciera** il m'a poussé à le faire
impulsivo, -a ADJ impulsif(-ive)
impulso NM impulsion *f* ; (*fuerza*) élan *m* ; **a impulsos del miedo** poussé(e) par la peur ; **dar ~ a** donner une impulsion à
impune ADJ impuni(e)
impunemente ADV impunément
impunidad NF impunité *f*
impuntual ADJ qui n'est pas ponctuel(elle)
impureza NF impureté *f* ■ **impurezas** NFPL (*de agua, aire*) impuretés *fpl*
impuro, -a ADJ impur(e)
impuse *etc* VB *ver* **imponer**
imputación NF imputation *f*
imputar VT imputer
IMSERSO SIGLA M (= *Instituto de Mayores y Servicios Sociales*) *branche du ministère des Affaires sociales qui s'occupe des personnes âgées*
inabarcable ADJ trop vaste, démesuré(e)
inabordable ADJ inabordable
inacabable ADJ interminable
inacabado, -a ADJ inachevé(e)
inaccesible ADJ inaccessible ; (*fig: precio*) inabordable
inacción NF inaction *f*
inaceptable ADJ inacceptable
inactividad NF inactivité *f* ; (*Com*) inutilisation *f*
inactivo, -a ADJ inactif(-ive) ; (*período*) d'inaction ; (*Com*) inutilisé(e) ; **la población inactiva** les inactifs
inadaptación NF inadaptation *f*
inadaptado, -a ADJ, NM/F inadapté(e)
inadecuado, -a ADJ inadéquat(e)
inadmisible ADJ inadmissible
inadvertido, -a ADJ: **pasar ~** passer inaperçu(e)
inagotable ADJ inépuisable, intarissable
inaguantable ADJ insupportable
inalámbrico, -a ADJ sans fil
in albis ADV: **quedarse ~** (*no saber*) être dans le noir *ou* dans le brouillard, ne rien comprendre ; (*fracasar*) en être pour ses frais
inalcanzable ADJ inaccessible
inalienable ADJ inaliénable
inalterable ADJ inaltérable ; (*persona*) imperturbable
inamovible ADJ inamovible
inanición NF inanition *f*
inanimado, -a ADJ inanimé(e)
inapelable ADJ (*Jur*) sans appel
inapetente ADJ: **estar ~** manquer d'appétit
inaplazable ADJ qui ne peut être reporté(e)
inaplicable ADJ inapplicable
inapreciable ADJ (*poco importante*) insignifiant(e) ; (*de gran valor*) inestimable ; (*invisible: objeto*) invisible
inarrugable ADJ infroissable
inasequible ADJ inabordable
inaudible ADJ inaudible
inaudito, -a ADJ inouï(e)
inauguración NF inauguration *f*
inaugural ADJ (*ceremonia, competición, discurso*) inaugural(e), d'inauguration ; (*concierto, sesión*) d'ouverture, introductif(-ive)
inaugurar VT inaugurer
INBA (*Méx*) SIGLA M = **Instituto Nacional de Bellas Artes**
INC (*Esp*) SIGLA M (= *Instituto Nacional de Consumo*) INC *m* (= *Institut national de la consommation*)
inca ADJ inca *inv* ▸ NMF Inca *mf*
INCAE SIGLA M = **Instituto Centroamericano de Administración de Empresas**
incaico, -a ADJ inca *inv*
incalculable ADJ incalculable
incalificable ADJ inqualifiable
incanato (*And, Chi*) NM (*Hist*) période *f* inca

incandescente ADJ incandescent(e)
incansable ADJ infatigable
incansablemente ADV inlassablement
incapacidad NF incapacité *f*; **~ para hacer** incapacité à faire ; **~ física** incapacité physique ; **~ laboral** incapacité de travail ; **~ mental** incapacité mentale
incapacitar VT: **~ (para)** (*inhabilitar*) rendre inapte (à) ; (*descalificar*) déclarer inapte (à)
incapaz ADJ incapable ; **~ de hacer algo** incapable de faire qch
incautación NF saisie *f*
incautarse VPR: **~ de** s'emparer de
incauto, -a ADJ (*imprudente*) imprudent(e) ; (*crédulo*) crédule
incendiar VT incendier ▪ **incendiarse** VPR prendre feu, brûler
incendiario, -a ADJ, NM/F incendiaire *mf*
incendio NM incendie *m*
incentivar VT encourager ; **baja incentivada** départ *m* volontaire
incentivo NM incitation *f*
incertidumbre NF incertitude *f*
incesante ADJ incessant(e)
incesantemente ADV sans cesse
incesto NM inceste *m*
incidencia NF (*repercusión*) incidence *f* ; (*suceso*) incident *m*
incidente NM incident *m*
incidir VI: **~ en** affecter ; **~ en un error** tomber dans l'erreur
incienso NM encens *msg*
incierto, -a ADJ incertain(e)
incineración NF incinération *f*
incinerador NM, **incineradora** NF incinérateur *m*
incinerar VT incinérer
incipiente ADJ naissant(e)
incisión NF incision *f*
incisivo, -a ADJ (*instrumento*) tranchant(e) ; (*fig*) incisif(-ive) ▸ NM incisive *f*
inciso NM (*en texto*) incise *f* ; (*al hablar*) parenthèse *f*
incitar VT inciter ; **~ a algn a hacer** inciter qn à faire, pousser qn à faire
incívico, -a ADJ incivique
inclemencia NF sévérité *f* ▪ **inclemencias** NFPL (*del tiempo*) rigueurs *fpl*
inclemente ADJ sévère ; (*invierno*) rigoureux(-euse)
inclinación NF inclinaison *f* ; (*fig*) inclination *f*, penchant *m* ; **tener ~ por algn/algo** avoir un penchant pour qn/qch
inclinado, -a ADJ incliné(e)
inclinar VT incliner ; (*cabeza, cuerpo*) incliner, pencher ▪ **inclinarse** VPR pencher ; (*persona*) se pencher ; **inclinarse ante** s'incliner devant ; **me inclino a pensar que ...** je suis enclin à penser que ...
incluir VT (*abarcar*) comprendre ; (*meter*) inclure ; **todo incluido** (*Com*) tout compris
inclusión NF inclusion *f* ; **con ~ de ...** inclus ..., y compris ...
inclusive ADV (*incluido*) inclus ; (*incluso*) même
incluso, -a ADV, PREP même
incluyendo *etc* VB *ver* **incluir**
incoar VT (*Jur*) engager, intenter
incobrable ADJ (*cheque*) non encaissable
incógnita NF (*Mat*) inconnue *f* ; (*fig*) énigme *f*
incógnito: **de ~** *adv* incognito
incoherencia NF incohérence *f*
incoherente ADJ incohérent(e)
incoloro, -a ADJ incolore
incólume ADJ indemne
incombustible ADJ incombustible
incomible ADJ immangeable
incomodar VT incommoder ▪ **incomodarse** VPR se fâcher
incomodidad NF ennui *m* ; (*de vivienda, asiento*) manque *m* de confort
incómodo, -a ADJ (*vivienda*) inconfortable ; (*asiento*) peu confortable ; (*molesto*) incommodant(e) ; **sentirse ~** se sentir mal à l'aise
incomparable ADJ incomparable
incomparablemente ADV incomparablement
incomparecencia NF non-comparution *f*
incompatibilidad NF incompatibilité *f*
incompatible ADJ: **~ (con)** incompatible (avec)
incompetencia NF incompétence *f*
incompetente ADJ incompétent(e)
incompleto, -a ADJ incomplet(-ète)
incomprendido, -a ADJ incompris(e)
incomprensible ADJ incompréhensible
incomprensiblemente ADV de façon incompréhensible
incomprensión NF incompréhension *f*
incomunicación NF (*Jur*) isolement *m* cellulaire
incomunicado, -a ADJ (*aislado: persona*) isolé(e) ; (*: pueblo*) coupé(e) de tout ; (*preso*) mis(e) au régime cellulaire
incomunicar VT (*persona, preso*) isoler ; (*pueblo*) couper de tout
incomunique *etc* VB *ver* **incomunicar**
inconcebible ADJ inconcevable
inconcluso, -a ADJ inachevé(e)
incondicional ADJ inconditionnel(le)
incondicionalmente ADV inconditionnellement
inconexo, -a ADJ décousu(e)
inconfeso, -a ADJ inavoué(e)
inconformista ADJ non-conformiste
inconfundible ADJ caractéristique

incongruencia NF (*falta de coherencia*) incohérence *f*; (*dicho incoherente*): **el paciente decía incongruencias** le patient se contredisait; **¡deja de decir incongruencias!** arrête de dire n'importe quoi !
incongruente ADJ incongru(e); **~ (con)** (*actitud*) en désaccord (avec)
inconmensurable ADJ incommensurable
inconmovible ADJ inébranlable
inconsciencia NF inconscience *f*
inconsciente ADJ inconscient(e); **~ de** inconscient(e) de
inconscientemente ADV inconsciemment
inconsecuencia NF (*incoherencia*) incohérence *f*; (*contradicción*) inconséquence *f*
inconsecuente ADJ: **~ (con)** inconséquent(e) (avec)
inconsiderado, -a ADJ inconsidéré(e)
inconsistencia NF inconsistance *f*
inconsistente ADJ inconsistant(e)
inconstancia NF inconstance *f*
inconstante ADJ inconstant(e)
inconstitucional ADJ inconstitutionnel(le)
incontable ADJ innombrable, incalculable
incontenible ADJ irrépressible
incontestable ADJ incontestable
incontinencia NF incontinence *f*
incontrolable ADJ incontrôlable
incontrolado, -a ADJ incontrôlé(e)
incontrovertible ADJ indiscutable
inconveniencia NF inconvenance *f*
inconveniente ADJ déplacé(e) ▶ NM inconvénient *m*; **el ~ es que ...** l'inconvénient, c'est que ...; **no hay ~ en** *o* **para hacer eso** il n'y a pas d'inconvénient à faire cela; **no tengo ~** je n'y vois pas d'inconvénient
incordiar (*fam*) VT casser les pieds (*fam !*)
incordio (*fam*) NM emmerdement *m* (*fam !*)
incorporación NF incorporation *f*
incorporado, -a ADJ (*Tec*) incorporé(e)
incorporar VT incorporer; (*enderezar*) redresser ■ **incorporarse** VPR se redresser; **incorporarse a** (*puesto*) intégrer; (*grupo, manifestación*) se joindre à
incorrección NF incorrection *f*
incorrectamente ADV incorrectement
incorrecto, -a ADJ incorrect(e)
incorregible ADJ incorrigible
incorruptible ADJ incorruptible
incorrupto, -a ADJ (*cuerpo*) intact(e); (*político*) intègre
incredulidad NF incrédulité *f*
incrédulo, -a ADJ incrédule
increíble ADJ incroyable
incrementar VT augmenter ■ **incrementarse** VPR augmenter
incremento NM augmentation *f*
increpar VT admonester
in crescendo ADV: **ir ~** aller crescendo
incriminar VT (*Jur*) incriminer
incruento, -a ADJ sans effusion de sang
incrustación NF (*Arte*) incrustation *f*
incrustado, -a ADJ incrusté(e)
incrustar VT incruster ■ **incrustarse** VPR: **incrustarse (en)** s'incruster (dans)
incubadora NF incubateur *m*
incubar VT couver
incuestionable ADJ indiscutable
inculcar VT inculquer
inculpar VT inculper
inculque *etc* VB *ver* **inculcar**
inculto, -a ADJ inculte ▶ NM/F ignorant(e)
incultura NF (*ignorancia*) inculture *f*, ignorance *f*
incumbencia NF: **no es de mi ~** ce n'est pas de mon ressort
incumbir VI: **~ a** incomber à; **no me incumbe a mí** ce n'est pas de mon ressort
incumplimiento NM (*de ley, regla, contrato*) non-respect *m*; (*de promesa*) manquement *m*; **por ~** par défaut
incumplir VT (*ley, regla*) ne pas respecter, manquer à; (*promesa*) faillir à, manquer à; (*contrato*) ne pas respecter
incurable ADJ incurable
incurrir VI: **~ en** (*error*) commettre; (*crimen*) en arriver à; (*enfado*) s'attirer
incursión NF incursion *f*
indagación NF recherche *f*
indagar VT rechercher; (*policía*) enquêter sur
indague *etc* VB *ver* **indagar**
indebido, -a ADJ (*adelantamiento*) indu(e); (*dicho*) déplacé(e)
indecencia NF indécence *f*
indecente ADJ indécent(e); (*indigno*) peu convenable; (*ruin: comportamiento*) incorrect(e)
indecible ADJ indicible; **sufrir lo ~** souffrir atrocement
indecisión NF indécision *f*
indeciso, -a ADJ indécis(e)
indecoroso, -a ADJ indécent(e)
indefectible ADJ inévitable
indefectiblemente ADV inévitablement
indefenso, -a ADJ sans défense
indefinible ADJ indéfinissable
indefinidamente ADV indéfiniment
indefinido, -a ADJ (*indeterminado*) indéfini(e); (*ilimitado*) indéterminé(e)
indeleble ADJ indélébile
indelicadeza NF indélicatesse *f*
indemne ADJ: **salir ~ de** sortir indemne de
indemnice *etc* VB *ver* **indemnizar**

indemnización NF (*compensación*) indemnisation *f*; (*suma*) indemnité *f*; **doble ~** double indemnité; **~ de cese** *o* **de despido** prime *f* de licenciement

indemnizar VT indemniser

independencia NF indépendance *f*; **con ~ de** indépendamment de

independentista ADJ, NMF indépendantiste *mf*

independice *etc* VB *ver* **independizar**

independiente ADJ indépendant(e); (*Inform*) autonome

independientemente ADV (*funcionar*) de façon autonome; (*actuar*) de manière indépendante; **~ de lo que ...** indépendamment de ce qui ...

independizar VT accorder l'indépendance à ■ **independizarse** VPR devenir indépendant(e)

indescifrable ADJ (*Mil: código*) indéchiffrable; (*fig: misterio*) énigmatique

indescriptible ADJ indescriptible

indeseable ADJ, NMF indésirable *mf*

indesmallable ADJ indémaillable

indestructible ADJ indestructible

indeterminado, -a ADJ indéterminé(e)

India NF: **la ~** l'Inde *f*

indiada (*AM*) NF Indiens *mpl*

indiano, -a ADJ *d'un émigrant espagnol qui revient riche d'Amérique* ▶ NM/F *émigrant espagnol qui revient riche d'Amérique*

indicación NF indication *f*; (*señal: de persona*) signe *m* ■ **indicaciones** NFPL (*instrucciones*) indications *fpl*

indicado, -a ADJ indiqué(e)

indicador NM indicateur *m*; (*Auto*) panneau *m* de signalisation; **~ de encendido** (*Inform*) voyant *m* « sous tension »

indicar VT indiquer

indicativo, -a ADJ: **~ (de)** révélateur(-trice) (de) ▶ NM (*Radio, Ling*) indicatif *m*

índice NM index *m*; **~ de materias** table *f* des matières; **~ de natalidad** taux *msg* de natalité; **~ de precios al por menor** (*Com*) indice *m* des prix de détail; **~ del coste de (la) vida** indice du coût de la vie

indicio NM indice *m*; (*Inform*) repère *m*

indiferencia NF indifférence *f*

indiferente ADJ: **~ (a)** indifférent(e) (à); **es ~ que viva en Madrid o Valencia** peu importe qu'il habite à Madrid ou à Valence; **me es ~ hacerlo hoy o mañana** cela m'est égal de le faire aujourd'hui ou demain; **a Alfonso le era ~ Carmen** Carmen laissait Alfonso indifférent

indiferentemente ADV indifféremment

indígena ADJ, NMF indigène *mf*

indigencia NF indigence *f*

indigenista (*AM*) ADJ (*Pol*) *partisan(e) de la cause indienne*; (*estudios*) des civilisations indiennes ▶ NMF (*estudiante*) *personne qui étudie les civilisations indiennes*; (*Pol etc*) *défenseur de la cause indienne*

indigente ADJ, NMF indigent(e)

indigestar VT (*suj: comida*) donner une indigestion à ■ **indigestarse** VPR (*persona*) avoir une indigestion; (*comida*) donner une indigestion; **se me ha indigestado ese tipo/la física** (*fam*) je ne supporte plus ce type/la physique

indigestión NF indigestion *f*

indigesto, -a ADJ indigeste; (*persona*) insupportable

indignación NF indignation *f*

indignado, -a ADJ indigné(e) ▶ NMF: **los indignados** les indignés

indignante ADJ scandaleux(-euse)

indignar VT indigner ■ **indignarse** VPR: **indignarse (por)** s'indigner (de)

indignidad NF indignité *f*

indigno, -a ADJ: **~ (de)** indigne (de)

indio, -a ADJ indien(ne) ▶ NM/F Indien(ne); **hacer el ~** faire l'imbécile; **subírsele** *o* **asomarle el ~** (*CSUR fam*) s'exciter

indique *etc* VB *ver* **indicar**

indirecta NF allusion *f*; **soltar una ~** faire une allusion

indirectamente ADV indirectement

indirecto, -a ADJ indirect(e)

indisciplina NF indiscipline *f*

indisciplinado, -a ADJ indiscipliné(e)

indiscreción NF indiscrétion *f*; **si no es ~** si ce n'est pas indiscret

indiscreto, -a ADJ indiscret(-ète)

indiscriminadamente ADV sans discrimination

indiscriminado, -a ADJ (*golpes*) distribué(e) au hasard; **de un modo ~** sans discrimination

indiscutible ADJ indiscutable

indiscutiblemente ADV indiscutablement

indisoluble ADJ indissoluble

indisolublemente ADV indissolublement

indispensable ADJ indispensable

indispondré *etc* VB *ver* **indisponer**

indisponer VT indisposer ■ **indisponerse** VPR (*Med*) se sentir indisposé(e); **indisponerse con** *o* **contra algn** se brouiller avec qn

indisponga *etc* VB *ver* **indisponer**

indisposición NF indisposition *f*

indispuesto, -a PP *de* **indisponer** ▶ ADJ indisposé(e); **estar/sentirse ~** être/se sentir indisposé(e)

indispuse *etc* VB *ver* **indisponer**

indistintamente ADV indistinctement

indistinto, -a ADJ indistinct(e); **es ~ que hables tú o ella** peu importe que ce soit toi ou elle qui parle

individual ADJ individuel(le); (*cama*) à une place ▶ NM (*Deporte*) simple *m*

i

individualidad NF individualité *f*
individualismo NM individualisme *m*
individualista ADJ individualiste
individualmente ADV individuellement
individuo NM individu *m*
Indochina NF Indochine *f*
indocumentado, -a ADJ sans papiers ; (*ignorante*) ignorant(e)
indoeuropeo, -a ADJ indo-européen(ne) ▶ NM/F Indo-européen(ne)
índole NF (*naturaleza*) nature *f*; (*clase*) caractère *m*
indolencia NF indolence *f*
indoloro, -a ADJ indolore
indomable ADJ indomptable
indómito, -a ADJ = **indomable**
Indonesia NF Indonésie *f*
indonesio, -a ADJ indonésien(ne) ▶ NM/F Indonésien(ne)
inducción NF induction *f*; **por ~** par induction
inducir VT induire ; **~ a algn a hacer** inciter qn à faire ; **~ a algn a error** induire qn en erreur
indudable ADJ indubitable ; **es ~ que ...** il n'y a aucun doute que ...
indudablemente ADV indubitablement
indulgencia NF indulgence *f*; **proceder sin ~ contra** se montrer implacable envers
indulgente ADJ indulgent(e)
indultar VT gracier ; **~ (de)** (*Jur*) dispenser (de)
indulto NM grâce *f*
indumentaria NF tenue *f*
industria NF industrie *f*; (*habilidad*) adresse *f*; **~ agropecuaria** industrie agropastorale ; **~ pesada** industrie lourde ; **~ petrolífera** industrie du pétrole
industrial ADJ industriel(le) ▶ NM industriel *m*
industrialización NF industrialisation *f*
industrializar VT industrialiser ■ **industrializarse** VPR s'industrialiser
INE (*Esp*) SIGLA M (= *Instituto Nacional de Estadística*) ≈ INSEE *m* (= *Institut national de la statistique et des études économiques*)
inédito, -a ADJ inédit(e)
INEF NM ABR (= *Instituto Nacional de Educación Física*) ≈ Collège *m* d'éducation physique et sportive
inefable ADJ ineffable
ineficacia NF inefficacité *f*
ineficaz ADJ (*medida, medicamento*) inefficace ; (*persona*) peu efficace
ineficazmente ADV inefficacement
ineficiencia NF inefficacité *f*
ineficiente ADJ inefficace
ineludible ADJ incontournable
INEM (*Esp*) SIGLA M (= *Instituto Nacional de Empleo*) ≈ ANPE *f* (= *Agence nationale pour l'emploi*)
INEN (*Méx*) SIGLA M = **Instituto Nacional de Energía Nuclear**
inenarrable ADJ indescriptible
ineptitud NF ineptie *f*
inepto, -a ADJ inepte ▶ NM/F incapable *mf*
inequívoco, -a ADJ clair(e)
inercia NF inertie *f*; **por ~** (*fig*) par habitude
inerme ADJ (*sin armas*) désarmé(e) ; (*indefenso*) sans défense
inerte ADJ inerte
inescrutable ADJ insondable
inesperadamente ADV de manière inattendue
inesperado, -a ADJ inattendu(e)
inestabilidad NF instabilité *f*
inestable ADJ instable
inestimable ADJ inestimable ; **de valor ~** d'une valeur inestimable
inevitable ADJ inévitable
inevitablemente ADV inévitablement
inexactitud NF inexactitude *f*
inexacto, -a ADJ inexact(e)
inexcusable ADJ (*imperdonable*) inexcusable ; (*ineludible*) inévitable, incontournable
inexistente ADJ inexistant(e)
inexorable ADJ inexorable
inexorablemente ADV inexorablement
inexperiencia NF inexpérience *f*
inexperto, -a ADJ inexpérimenté(e)
inexplicable ADJ inexplicable
inexpresable ADJ inexprimable
inexpresivo, -a ADJ inexpressif(-ive)
inexpugnable ADJ (*Mil*) inexpugnable ; (*fig*) inébranlable
in extremis ADV (*en el último momento, como último recurso*) in extremis ; (*moribundo*): **estar ~** être à l'article de la mort
infalible ADJ infaillible
infaliblemente ADV infailliblement
infame ADJ infâme
infamia NF infamie *f*
infancia NF enfance *f*; **jardín de ~** jardin *m* d'enfants
infanta NF infante *f*
infante NM infant *m*
infantería NF infanterie *f*; **~ de marina** infanterie de marine
infanticidio NM infanticide *m*
infantil ADJ (*programa, juego*) pour les enfants ; (*enfermedad, población*) infantile ; (*pey*) puéril(e)
infarto NM (*tb*: **infarto de miocardio**) infarctus *msg* ; **~ cerebral** accident *m* vasculaire cérébral, attaque *f*
infatigable ADJ infatigable
infausto, -a ADJ funeste, malheureux(-euse)
infección NF infection *f*

infeccioso, -a ADJ (*Med*) infectieux(-euse) ; (*fig*) contagieux(-euse)
infectar VT infecter ■ **infectarse** VPR s'infecter
infecundidad NF infécondité *f*
infecundo, -a ADJ infécond(e)
infelicidad NF malheur *m*, tristesse *f* ; **sentir ~** se sentir malheureux(-euse)
infeliz ADJ, NMF malheureux(-euse)
inferior ADJ, NMF inférieur(e) ; **~ (a)** inférieur(e) (à) ; **un número ~ a nueve** un chiffre inférieur à neuf ; **una cantidad ~** une quantité moindre
inferioridad NF infériorité *f* ; **complejo de ~** complexe *m* d'infériorité ; **estar en ~ de condiciones** être désavantagé(e)
inferir VT déduire, inférer ; (*herida*) infliger
infernal ADJ infernal(e)
infértil ADJ infertile
infestar VT infester
infidelidad NF infidélité *f* ; **~ conyugal** infidélité conjugale ■ **infidelidades** NFPL (*adulterios*) infidélités *fpl*
infiel ADJ, NMF infidèle *mf*
infiera *etc* VB *ver* **inferir**
infiernillo NM réchaud *m*
infierno NM (*Rel*) enfer *m* ; **ser un ~** (*fig*) être un enfer ; **¡vete al ~!** va-t'en au diable ! ; **está en el quinto ~** c'est au diable (vauvert)
infiltrar VT infiltrer ■ **infiltrarse** VPR s'infiltrer
ínfimo, -a ADJ infime
infinidad NF: **una ~ de** une infinité de ; **una ~ de veces** un nombre incalculable de fois
infinitamente ADV infiniment
infinitivo NM infinitif *m*
infinito, -a ADJ infini(e) ▶ ADV infiniment ▶ NM (*tb Mat*) infini *m* ; **hasta lo ~** jusqu'à l'infini
infiriendo *etc* VB *ver* **inferir**
inflable ADJ gonflable
inflación NF (*Econ*) inflation *f*
inflacionario, -a ADJ inflationniste
inflacionismo NM tendance *f* inflationniste
inflacionista ADJ inflationniste
inflamable ADJ inflammable
inflamación NF inflammation *f*
inflamar VT enflammer ■ **inflamarse** VPR s'enflammer ; (*hincharse*) s'enfler
inflar VT gonfler ; (*fig*) exagérer ■ **inflarse** VPR gonfler ; **inflarse de** (*chocolate etc*) se goinfrer de
inflexibilidad NF inflexibilité *f*
inflexible ADJ (*material*) rigide ; (*persona*) inflexible
inflexiblemente ADV inflexiblement
inflexión NF inflexion *f*
infligir VT infliger
inflija *etc* VB *ver* **infligir**
influencia NF influence *f*
influenciador, a NM/F influenceur *m*
influenciar VT influencer
influir VT influencer ▶ VI agir ; **~ en** *o* **sobre** influer sur, influencer
influjo NM influence *f* ; **~ de capitales** afflux *msg* de capitaux
influyendo *etc* VB *ver* **influir**
influyente ADJ influent(e)
información NF (*sobre un asunto, Inform*) information *f* ; (*noticias, informe*) informations *fpl* ; (*Jur*) enquête *f* ; **I~** (*oficina, Telec*) Renseignements *mpl* ; (*mostrador*) Information ; **abrir una ~** (*Jur*) ouvrir une enquête ; **~ deportiva** nouvelles *fpl* sportives
informador, a NM/F informateur(-trice)
informal ADJ (*persona*) peu sérieux(-euse) ; (*desenfadado: estilo*) décontracté(e) ; (*: reunión*) informel(le)
informalidad NF (*de persona*) manque *m* de sérieux ; (*desenfado*) légèreté *f*, décontraction *f*
informalmente ADV de manière informelle
informante NMF informateur(-trice)
informar VT informer ; (*dar forma a*) donner forme à ; **(les) informó que ...** il (les) a informé(s) que ... ▶ VI (*dar cuenta de*): **~ de/sobre** informer de/sur ; **~ (contra)** (*Jur*) plaider (contre) ■ **informarse** VPR: **informarse (de)** s'informer (de)
informática NF informatique *f* ; **~ de gestión** informatique de gestion
informatice *etc* VB *ver* **informatizar**
informático, -a ADJ informatique
informativo, -a ADJ (*programa, artículo*) d'information ▶ NM (*Radio, TV*) journal *m*
informatización NF informatisation *f*
informatizar VT informatiser
informe ADJ informe ▶ NM rapport *m* ; (*Jur*) plaidoyer *m* ; **~ anual** rapport annuel ■ **informes** NMPL (*referencias*) références *fpl*
infortunio NM infortune *f*
infracción NF infraction *f*
infractor, a NM/F contrevenant *mf*
infraestructura NF infrastructure *f*
in fraganti ADV: **pillar a algn ~** prendre qn sur le fait
infrahumano, -a ADJ misérable
infranqueable ADJ infranchissable
infrarrojo, -a ADJ infrarouge
infrautilizado, -a ADJ (*servicios, músculos*) sous-utilisé(e) ; (*recursos*) sous-exploité(e)
infravalorar VT sous-estimer
infravivienda NF logement *m* insalubre
infrecuente ADJ peu fréquent(e)
infringir VT transgresser
infrinja *etc* VB *ver* **infringir**
infructuosamente ADV infructueusement

infructuoso, -a ADJ infructueux(-euse)
ínfulas NFPL présomption *f*, vanité *f*; **darse ~** avoir de grands airs, s'y croire; **tener (muchas) ~ de algo** se prendre pour quelque chose; **un joven con ~ de escritor** un jeune qui se prend pour un écrivain
infundado, -a ADJ infondé(e)
infundio NM diffamation *f*
infundir VT: **~ ánimo** *o* **valor** insuffler du courage; **~ respeto** inspirer le respect; **~ miedo** inspirer de la crainte
infusión NF infusion *f*; **~ de manzanilla** infusion de camomille
Ing., ing. (*Méx*) ABR (= *Ingeniero*) *titre de courtoisie*
ingeniar VT inventer ■ **ingeniarse** VPR: **ingeniarse** *o* **ingeniárselas para hacer** se débrouiller pour faire
ingeniería NF ingénierie *f*; **~ de sistemas** (*Inform*) développement *m* de systèmes
ingeniero, -a NM/F ingénieur *mf*; (*esp Méx: título de cortesía: tb:* **Ingeniero**) Monsieur (Madame); **~ agrónomo(-a)** ingénieur agronome; **~ de caminos** ingénieur des Ponts et Chaussées; **~ de montes** ingénieur des Eaux et Forêts; **~ de sonido** ingénieur du son; **~ naval** ingénieur en construction navale
ingenio NM ingéniosité *f*; (*Tec*) engin *m*; **aguzar el ~** faire travailler sa matière grise; **~ azucarero** raffinerie *f* de sucre
ingeniosamente ADV ingénieusement
ingenioso, -a ADJ (*hábil*) ingénieux(-euse); (*divertido*) spirituel(le)
ingente ADJ (*cantidad*) considérable
ingenuamente ADV candidement
ingenuidad NF ingénuité *f*
ingenuo, -a ADJ ingénu(e)
ingerir VT ingérer
ingesta NF (*acción*) ingestion *f*; (*dieta*) alimentation *f*; **la ~ de alcohol** l'ingestion d'alcool; **la ~ diaria de hierro** la prise quotidienne de fer
ingestión NF (*d'aliments, boissons*) ingestion *f*; **la ~ de fruta** la consommation de fruits; **la ~ de vitamina C parece ser beneficiosa** la prise de vitamine C semble bénéfique
ingiera *etc*, **ingiriendo** *etc* VB *ver* **ingerir**
Inglaterra NF Angleterre *f*
ingle NF aine *f*
inglés, -esa ADJ anglais(e) ▸ NM/F Anglais(e) ▸ NM (*Ling*) anglais *msg*
ingratitud NF ingratitude *f*
ingrato, -a ADJ ingrat(e)
ingravidez NF apesanteur *f*
ingrediente NM ingrédient *m* ■ **ingredientes** NMPL (*Am*) tapas *fpl*
ingresar VT (*dinero*) déposer; (*enfermo*) faire entrer ▸ VI: **~ (en)** (*en facultad, escuela*) être admis(e) (à); (*en club etc*) s'inscrire (à); (*en ejército*) entrer (dans); (*en hospital*) entrer (à); **~ a** (*esp Am*) rentrer dans
ingreso NM admission *f*; (*en ejército*) entrée *f* ■ **ingresos** NMPL (*dinero*) revenus *mpl*; (: *Com*) recettes *fpl*; **ingresos accesorios** avantages *mpl* en nature; **ingresos brutos** revenus bruts; **ingresos devengados** revenus salariaux; **ingresos exentos de impuestos** revenus non imposables; **ingresos personales disponibles** revenus disponibles
íngrimo, -a (*esp Am*) ADJ seul(e); **~ y solo** tout seul
inhábil ADJ (*día*) non ouvrable
inhabilitación NF déclaration *f* d'incapacité
inhabilitar VT: **~ a algn para** déclarer qn inapte à
inhabitable ADJ inhabitable
inhalación NF inhalation *f* ■ **inhalaciones** (*Med*) inhalations *mpl*
inhalador NM inhalateur *m*
inhalar VT inhaler
inherente ADJ: **~ a** inhérent(e) à
inhibición NF inhibition *f*
inhibidor, a ADJ inhibiteur(-trice) ▸ NM inhibiteur *m*; **~ del apetito** inhibiteur *m* de l'appétit, coupe-faim *m*; **~ del crecimiento** inhibiteur *m* de la croissance
inhibir VT inhiber ■ **inhibirse** VPR: **inhibirse (de hacer)** s'abstenir (de faire)
inhospitalario, -a ADJ (*persona*) peu accueillant(e); (*lugar*) inhospitalier(-ière)
inhóspito, -a ADJ inhospitalier(-ière)
inhumación NF inhumation *f*
inhumano, -a ADJ inhumain(e)
iniciación NF (*comienzo*) commencement *m*; (*en doctrina, rito*) initiation *f*
inicial ADJ initial(e) ▸ NF initiale *f*
inicialice *etc* VB *ver* **inicializar**
inicializar VT (*Inform*) initialiser
inicialmente ADV initialement
iniciar VT commencer; **~ (en)** (*persona*) initier (à); **~ a algn en un secreto** mettre qn dans le secret; **~ la sesión** (*Inform*) ouvrir la session
iniciativa NF initiative *f*; **la ~ privada** l'initiative privée; **por ~ propia** de sa *etc* propre initiative; **tomar la ~** prendre l'initiative
inicio NM début *m*
inicuo, -a ADJ vil(e)
inigualable ADJ inégalable
inimitable ADJ inimitable
ininteligible ADJ inintelligible
ininterrumpidamente ADV sans interruption
ininterrumpido, -a ADJ ininterrompu(e)
injerencia NF ingérence *f*
injertar VT greffer
injerto NM greffe *f*; (*producto*) greffon *m*; **~ de piel** greffe de la peau
injuria NF injure *f*

injuriar VT injurier
injurioso, -a ADJ injurieux(-euse)
injustamente ADV injustement
injusticia NF injustice *f* ; **con ~** injustement
injustificado, -a ADJ injustifié(e)
injusto, -a ADJ injuste
inmaculado, -a ADJ immaculé(e)
inmadurez NF immaturité *f*
inmaduro, -a ADJ immature ; (*fruta*) vert(e)
inmaterial ADJ immatériel(le)
inmediaciones NFPL abords *mpl*
inmediatamente ADV immédiatement
inmediatez NF imminence *f*
inmediato, -a ADJ immédiat(e) ; (*contiguo*) contigu(ë) ; **~ a** contigu(ë) à ; **de ~** (*esp AM*) tout de suite
inmejorable ADJ excellent(e)
inmemorable ADJ = **inmemorial**
inmemorial ADJ immémorial(e)
inmensamente ADV (*muy*) immensément ; (*mucho*) infiniment
inmensidad NF immensité *f*
inmenso, -a ADJ immense
inmerecido, -a ADJ (*críticas*) injustifié(e) ; (*premio*) immérité(e)
inmersión NF immersion *f*
inmerso, -a ADJ: **~ en** immergé(e) dans
inmigración NF immigration *f*
inmigrante ADJ, NMF immigrant(e)
inminencia NF imminence *f*
inminente ADJ imminent(e)
inmiscuirse VPR: **~ (en)** s'immiscer (dans)
inmiscuyendo *etc* VB *ver* **inmiscuirse**
inmobiliaria NF (*tb*: **agencia inmobiliaria**) agence *f* immobilière
inmobiliario, -a ADJ immobilier(-ière)
inmolar VT immoler
inmoral ADJ immoral(e)
inmoralidad NF immoralité *f*
inmortal ADJ immortel(le)
inmortalice *etc* VB *ver* **inmortalizar**
inmortalidad NF immortalité *f*
inmortalizar VT immortaliser
inmotivado, -a ADJ non fondé(e)
inmóvil ADJ immobile
inmovilidad NF immobilité *f*
inmovilismo NM immobilisme *m*
inmovilizar VT immobiliser ; (*brazo, pierna*) paralyser ■ **inmovilizarse** VPR: **se le ha inmovilizado la pierna** il a eu la jambe paralysée
inmueble ADJ: **bienes inmuebles** biens *mpl* immeubles ▸ NM immeuble *m*
inmundicia NF immondice *f*
inmundo, -a ADJ (*lugar*) immonde ; (*lenguaje*) vulgaire
inmune ADJ: **~ (a)** immunisé(e) (contre)
inmunidad NF immunité *f* ; **~ diplomática/parlamentaria** immunité diplomatique/parlementaire
inmunitario, -a ADJ immunitaire ; **respuesta inmunitaria** réponse *f* immunitaire ; **sistema ~** système *m* immunitaire
inmunización NF immunisation *f*
inmunizar VT immuniser
inmunodeficiencia NF immunodéficience *f*
inmunológico, -a ADJ (*Med*) immunologique
inmutable ADJ immuable ; **permanecer ~** (*persona*) demeurer inébranlable
inmutarse VPR se troubler ; **siguió sin ~** il poursuivit sans se troubler le moins du monde
innato, -a ADJ inné(e)
innecesariamente ADV pas nécessairement
innecesario, -a ADJ pas nécessaire
innegable ADJ indéniable ; **es ~ que ...** il est indéniable que ...
innoble ADJ ignoble
innovación NF innovation *f*
innovador, a ADJ, NM/F innovateur(-trice)
innovar VI innover
innumerable ADJ incalculable
inocencia NF innocence *f*
inocentada NF (*broma*) ≈ poisson *m* d'avril ; **gastar una ~ a algn** ≈ faire un poisson d'avril à qn
inocente ADJ, NMF innocent(e) ; **Día de los (Santos) Inocentes** jour *m* des (saints) Innocents ; *voir article*

> Le 28 décembre, **Día de los Santos Inocentes**, l'Église commémore le massacre des enfants de Judée ordonné par Hérode. Cette journée est l'occasion pour les Espagnols de se jouer des tours appelés *inocentadas*, un peu comme lors du premier avril en France.

inocentemente ADV innocemment
inocuidad NF innocuité *f*
inoculación NF inoculation *f*
inocular VT inoculer
inocuo, -a ADJ inoffensif(-ive)
inodoro, -a ADJ inodore ▸ NM WC *mpl*
inofensivo, -a ADJ inoffensif(-ive)
inolvidable ADJ inoubliable
inoperancia NF inefficacité *f*
inoperante ADJ inopérant(e), inefficace
inopia NF: **estar en la ~** (*fig*) être dans la lune
inopinadamente ADV inopinément
inopinado, -a ADJ inopiné(e)
inoportuno, -a ADJ inopportun(e)
inoxidable ADJ inoxydable ; **acero ~** acier *m* inoxydable

i

inquebrantable ADJ (*fe*) inébranlable ; (*promesa*) solennel(le)
inquiera *etc* VB *ver* **inquirir**
inquietante ADJ inquiétant(e)
inquietar VT inquiéter ▪ **inquietarse** VPR s'inquiéter
inquieto, -a ADJ inquiet(-ète) ; (*niño*) turbulent(e) ; **estar ~ por** être inquiet(-ète) de
inquietud NF inquiétude *f* ; (*agitación*) agitation *f*
inquilinato NM loyer *m*
inquilino, -a NM/F locataire *mf*
inquina NF aversion *f* ; (*rencor*) rancœur *f* ; **tener ~ a algn** éprouver de l'aversion pour qn
inquiriendo *etc* VB *ver* **inquirir**
inquirir VT s'enquérir de
Inquisición NF (*Hist*): **la (Santa) ~** la Sainte Inquisition
inquisidor, a ADJ inquisiteur(-trice)
inquisitorial ADJ inquisitorial(e), de l'Inquisition
inri NM: **para más ~** (*fam*) pour couronner le tout
insaciable ADJ insatiable
insaciablemente ADV insatiablement
insalubre ADJ insalubre
INSALUD (ESP) SIGLA M (= *Instituto Nacional de la Salud*) *branche de la Sécurité sociale ne s'occupant que de l'assistance médicale*
insano, -a ADJ malsain(e)
insatisfacción NF insatisfaction *f*
insatisfactorio, -a ADJ insatisfaisant(e)
insatisfecho, -a ADJ insatisfait(e) ; (*no saciado*) inassouvi(e)
inscribir VT inscrire ▪ **inscribirse** VPR (*Escol etc*) s'inscrire
inscripción NF inscription *f*
inscrito PP *de* **inscribir**
insecticida NM insecticide *m*
insecto NM insecte *m*
inseguridad NF insécurité *f* ; (*inestabilidad*) instabilité *f* ; (*de carácter*) manque *m* de confiance ; (*indecisión*) indécision *f* ; **~ ciudadana** insécurité urbaine
inseguro, -a ADJ incertain(e) ; (*persona*) pas sûr(e) de soi *etc* ; (*lugar*) peu sûr(e) ; (*terreno*) instable ; (*escalera*) branlant(e) ; **sentirse ~** ne pas se sentir en sécurité
inseminación NF: **~ artificial** insémination *f* artificielle
insensatez NF (*de persona, decisión*) manque *m* de bon sens ; (*tontería*) absurdité *f*
insensato, -a ADJ insensé(e)
insensibilice *etc* VB *ver* **insensibilizar**
insensibilidad NF insensibilité *f*
insensibilizar VT insensibiliser ▪ **insensibilizarse** VPR: **insensibilizarse a** (*a sufrimiento*) demeurer insensible à
insensible ADJ insensible
insensiblemente ADV insensiblement
inseparable ADJ inséparable
inserción NF insertion *f*
insertar VT insérer ▪ **insertarse** VPR: **insertarse en** s'insérer dans
inservible ADJ inutilisable
insidia NF fourberie *f*
insidioso, -a ADJ insidieux(-euse) ; (*persona*) fourbe
insigne ADJ insigne
insignia NF (*emblema*) insigne *m* ; (*estandarte*) enseigne *f* ; **buque ~** vaisseau *m* amiral
insignificante ADJ insignifiant(e)
insinuación NF insinuation *f*
insinuar VT insinuer ▪ **insinuarse** VPR: **él se me insinuó** il m'a fait des avances
insípido, -a ADJ insipide
insistencia NF insistance *f* ; **con ~** avec insistance
insistente ADJ insistant(e)
insistentemente ADV avec insistance
insistir VI: **~ (en)** insister (sur)
in situ ADV sur place, in situ
insobornable ADJ incorruptible
insociable ADJ insociable
insolación NF insolation *f*
insolencia NF insolence *f*
insolentarse VPR: **~ con algn** se montrer insolent(e) envers qn
insolente ADJ insolent(e)
insolentemente ADV avec insolence
insolidario, -a ADJ non solidaire
insólito, -a ADJ insolite
insoluble ADJ (*problema*) insoluble ; **~ (en)** (*sustancia*) insoluble (dans)
insolvencia NF (*Com*) insolvabilité *f*
insolvente ADJ insolvable
insomne ADJ insomniaque
insomnio NM insomnie *f*
insondable ADJ insondable
insonorización NF insonorisation *f*
insonorizar VT insonoriser
insoportable ADJ insupportable
insoslayable ADJ incontournable
insospechado, -a ADJ insoupçonné(e)
insostenible ADJ insoutenable
inspección NF inspection *f*
inspeccionar VT inspecter ; (*Inform*) contrôler
inspector, a NM/F inspecteur(-trice)
inspectorado NM inspectorat *m*
inspiración NF inspiration *f* ; **de ~ clásica/romántica** d'inspiration classique/romantique
inspirador, a ADJ inspirateur(-trice)

inspirar VT, VI inspirer ■ **inspirarse** VPR: **inspirarse en** s'inspirer de

instalación NF installation *f*; **~ eléctrica** installation électrique ■ **instalaciones** NFPL (*de centro deportivo, hotel*) installations *fpl*

instalador NM (*Inform*) installeur *m*

instalar VT installer ■ **instalarse** VPR s'installer

instancia NF instance *f*; **a instancias de** à la requête de ; **en última ~** en dernier ressort

instantánea NF instantané *m*

instantáneamente ADV instantanément

instantáneo, -a ADJ instantané(e) ; **café ~** café *m* instantané

instante NM instant *m* ; **a cada ~** à tout instant ; **al ~** à l'instant ; **en un ~** en un instant

instar VT: **~ a algn a hacer** *o* **para que haga** prier instamment qn de faire

instauración NF instauration *f*

instaurar VT instaurer

insti (*fam*) NM (*instituto*) bahut *m*

instigador, a NM/F instigateur(-trice) ; **~ de un delito** (*Jur*) instigateur d'un délit

instigar VT: **~ a algn a (hacer)** inciter qn à (faire)

instigue *etc* VB *ver* **instigar**

instintivamente ADV instinctivement

instintivo, -a ADJ instinctif(-ive)

instinto NM instinct *m* ; **por ~** d'instinct ; **~ de conservación** instinct de conservation ; **~ maternal/sexual** instinct maternel/sexuel

institución NF institution *f*; **~ benéfica** société *f* de bienfaisance ■ **instituciones** NFPL (*de un país*) institutions *fpl*

institucional ADJ institutionnel(le)

instituir VT instituer

instituto NM (*Escol*) lycée *m* ; (*de investigación, cultural etc*) institut *m* ; **I~ de Bachillerato** (ESP) lycée

institutriz NF préceptrice *f*

instituyendo *etc* VB *ver* **instituir**

instrucción NF (*tb Inform*) instruction *f*; (*Deporte*) entraînement *m* ; **~ del sumario** (*Jur*) instruction ■ **instrucciones** NFPL (*explicaciones, órdenes*) instructions *fpl* ; **instrucciones de funcionamiento** (*Inform*) guide *msg* de l'utilisateur ; **instrucciones de uso** mode *msg* d'emploi

instructivo, -a ADJ instructif(-ive)

instructor, a ADJ (*Mil*) instructeur(-trice) ; (*Jur*) instructeur(-trice), d'instruction ▶ NM/F (*Deporte*) moniteur(-trice) ; (*Mil*) instructeur(-trice) ; (*Jur*) instructeur(-trice)

instruido, -a ADJ instruit(e)

instruir VT (*tb Jur*) instruire

instrumental ADJ (*Mús*) instrumental(e) ; (*Jur*): **prueba ~** preuve *f* documentaire ▶ NM instruments *mpl* ; **el ~ quirúrgico/de laboratorio** les instruments chirurgicaux/de laboratoire

instrumentista NMF (*Mús: músico*) instrumentiste *mf* ; (*: fabricante*) confectionneur(-euse) d'instruments, constructeur(-trice) d'instruments ; (*Med*) instrumentiste *mf* ; (*Mec*) instrumentiste *mf*, technicien(-ienne) instrumentiste ; **~ de cuerda** instrumentiste à cordes

instrumento NM instrument *m* ; (*Com*) effet *m* ; **~ de cuerda/de percusión/de viento** instrument à cordes/à percussion/à vent

instruyendo *etc* VB *ver* **instruir**

insubordinación NF insubordination *f*

insubordinarse VPR: **~ (contra)** se rebeller (contre)

insuficiencia NF insuffisance *f*; **~ cardíaca/renal** insuffisance cardiaque/rénale

insuficiente ADJ insuffisant(e) ▶ NM (*Escol*) *note inférieure a la moyenne*

insuflar VT (*tb Med*) insuffler ; **~ aire a algo** insuffler de l'air dans quelque chose

insufrible ADJ = **insoportable**

insular ADJ insulaire

insulina NF insuline *f*

insulso, -a ADJ (*comida, persona*) fade, insipide ; (*novela, película*) insipide, ennuyeux(-euse)

insultante ADJ insultant(e)

insultar VT insulter

insulto NM insulte *f*

insumisión NF (ESP *Pol*) *refus de faire le service militaire et d'être objecteur de conscience*

insumiso, -a ADJ insoumis(e) ▶ NM (ESP *Mil*) *personne qui refuse de faire le service militaire et d'être objecteur de conscience*

insumos NMPL (*esp* MÉX *Econ*) recettes *fpl*

insuperable ADJ (*excelente*) incomparable ; (*invencible*) insurmontable

insurgente ADJ, NMF insurgé(e)

insurrección NF insurrection *f*

insustancial ADJ creux(-euse), sans intérêt

insustituible ADJ irremplaçable

intachable ADJ irréprochable

intacto, -a ADJ intact(e)

intangible ADJ intangible

integración NF intégration *f*; **la ~ de España en la UE** l'intégration de l'Espagne dans l'UE ; **~ racial** intégration raciale

integrado, -a ADJ (*Inform*): **circuito ~** circuit *m* intégré

integral ADJ intégral(e) ; (*idiota*) parfait(e) ; **pan ~** pain *m* complet

integramente ADV intégralement

integrante ADJ intégrant(e) ▶ NMF (*de equipo*) membre *mf* ; (*de conjunto*) composant(e)

integrar VT composer ; (*Mat*) intégrer ■ **integrarse** VPR s'intégrer

integridad NF intégrité *f*; **en su ~** dans son intégralité

i

integrismo NM intégrisme *m*
integrista ADJ, NMF intégriste *mf*
íntegro, -a ADJ intègre ; (*texto*) intégral(e)
intelecto NM intellect *m*
intelectual ADJ, NMF intellectuel(le)
intelectualidad NF intelligentsia *f*
inteligencia NF intelligence *f* ; **~ artificial** intelligence artificielle
inteligente ADJ intelligent(e)
inteligible ADJ intelligible
intemperancia NF intempérance *f*
intemperie NF intempérie *f* ; **a la ~** sans abri
intempestivamente ADV intempestivement
intempestivo, -a ADJ intempestif(-ive)
intención NF intention *f* ; **con segundas intenciones** avec des arrière-pensées ; **con ~** à dessein, intentionnellement ; **buena/mala ~** bonne/mauvaise intention ; **de buena/mala ~** bien/mal intentionné(e)
intencionadamente ADV intentionnellement
intencionado, -a ADJ intentionnel(le) ; **bien/mal ~** bien/mal intentionné(e)
intendencia NF (*Mil*) intendance *f* ; (*tb*: **cuerpo de intendencia**) Intendance
intendente NM (CSur: *alcalde*) gouverneur *m*, maire *m* ; (Chi) gouverneur (*d'une province*) ; (Méx) concierge *m*
intensamente ADV intensément
intensidad NF intensité *f* ; **llover con ~** pleuvoir dru
intensificación NF intensification *f*
intensificar VT intensifier ■ **intensificarse** VPR s'intensifier
intensifique *etc* VB *ver* **intensificar**
intensivamente ADV intensivement
intensivo, -a ADJ intensif(-ive) ; **curso ~** cours *m* intensif
intenso, -a ADJ intense
intentar VT : **~ (hacer)** essayer *o* tenter de (faire)
intento NM essai *m*, tentative *f* ; (*propósito*) intention *f* ; **al primer/segundo ~** à la première/seconde tentative
intentona NF tentative *f* ; **~ golpista** (*Pol*) tentative de coup d'État
interacción NF interaction *f*
interaccionar VI interagir
interactividad NF interactivité *f*
interactivo, -a ADJ (*Inform*) interactif(-ive)
interanual ADJ interannuel(le) ; **promedio ~** moyenne *f* interannuelle ; **variación ~** variation *f* interannuelle
intercalación NF intercalation *f*
intercalar VT intercaler
intercambiable ADJ interchangeable
intercambiar VT échanger
intercambio NM échange *m*
interceder VI : **~ (por)** intercéder (en faveur de)
interceptar VT intercepter ; (*tráfico*) entraver
interceptor NM (*Tec*) intercepteur *m*
intercesión NF intercession *f*
intercontinental ADJ intercontinental(e)
interdicto NM (*Jur*) interdit *m*
interdisciplinario, -a ADJ interdisciplinaire
interés NM intérêt *m* ; **con un ~ de nueve por ciento** à neuf pour cent d'intérêt ; **tipo de ~** (*Com*) taux *msg* d'intérêt ; **dar a ~** prêter à *o* avec intérêt ; **devengar ~** rapporter un intérêt ; **tener ~ en** *o* **por** avoir intérêt à ; **~ propio** intérêt personnel ■ **intereses** NMPL (*dividendos, aspiraciones*) intérêts *mpl* ; (*patrimonio*) biens *mpl* ; **intereses acumulados** intérêts cumulés ; **intereses creados** coalition *f* d'intérêts ; **intereses por cobrar/por pagar** intérêts à percevoir/à verser
interesadamente ADV (*por propio interés*) de façon intéressée
interesado, -a ADJ, NM/F intéressé(e) ; **~ en/por** intéressé(e) par
interesante ADJ intéressant(e) ; **hacerse el/la ~** faire l'intéressant(e)
interesar VT intéresser ; (*Med*) affecter ▶ VI être intéressant(e) ; **no me interesan los toros** les courses de taureaux ne m'intéressent pas ■ **interesarse** VPR : **interesarse en** *o* **por** s'intéresser à
interestatal ADJ interétatique
interface, interfaz NM (*Inform*) interface *f* ; **~ hombre/máquina/por menús** interface homme/machine/par menus
interfase NM = **interface**
interfaz NM = **interface**
interferencia NF (*Radio, TV, Telec*) interférence *f* ; **~ (en)** (*injerencia*) ingérence *f* (dans)
interferir VT (*Telec*) brouiller ▶ VI (*persona*) : **~ (en)** s'immiscer (dans)
interfiera *etc*, **interfiriendo** *etc* VB *ver* **interferir**
interfono NM interphone *m*
ínterin ADV : **en el ~** dans l'intervalle
interinidad NF (*estado, empleo*) intérim *m* ; **situación de ~** situation *f* intérimaire *ou* temporaire
interino, -a ADJ intérimaire ▶ NM/F intérimaire *mf* ; (*Med*) remplaçant(e)
interior ADJ intérieur(e) ; **habitación ~** chambre *f* sur cour ; **ropa ~** sous-vêtements *mpl* ; **vida ~** vie *f* intérieure ▶ NM intérieur *m* ; (*Deporte*) inter *m* ; (Col, Ven: *tb*: **interiores**) caleçon *m* ; **Ministerio del I~** ministère *m* de l'Intérieur ; **dije para mí ~** je me suis dit en mon for intérieur
interiorismo NM architecture *f* d'intérieur
interiorista NMF architecte *mf* d'intérieur
interiorizar VT (*Psico*) intérioriser

interjección NF interjection *f*
interlínea NF (*Inform*) interligne *m*
interlocutor, a NM/F interlocuteur(-trice) ; **mi ~** mon interlocuteur
interludio NM (*Mús*) interlude *m*
intermediario, -a ADJ, NM/F intermédiaire *mf*
intermedio, -a ADJ intermédiaire ▶ NM (*Teatro, Cine*) entracte *m*
interminable ADJ interminable
intermitente ADJ intermittent(e) ▶ NM (*Auto*) clignotant *m*
intermitentemente ADV par intermittence
internacional ADJ international(e)
internacionalizar VT devenir international(e) ■ **internacionalizarse** VPR se mondialiser, s'internationaliser
internado NM internat *m*
internamiento NM internement *m*
internar VT interner ■ **internarse** VPR (*penetrar*): **internarse en** pénétrer dans
internauta NMF internaute *mf*
Internet NM Internet *m* ; **navegar por ~** naviguer sur (l')Internet
internista NMF médecin *m* généraliste
interno, -a ADJ interne ; (*Pol etc*) intérieur(e) ; **medicina interna** médecine *f* générale ▶ NM/F (*alumno*) interne *mf* ; (*médico*) généraliste *mf*
interpelación NF interpellation *f*
interpelar VT (*tb Pol*) interpeller
INTERPOL SIGLA F INTERPOL *m*
interpondré *etc* VB *ver* **interponer**
interponer VT interposer ; (*Jur: apelación*) interjeter ; **~ recurso (contra)** interjeter appel (contre) ; **~ (entre)** interposer (entre) ■ **interponerse** VPR s'interposer
interponga *etc* VB *ver* **interponer**
interposición NF interposition *f*
interpretación NF interprétation *f*
interpretar VT interpréter ; **~ mal** mal interpréter
intérprete NMF interprète *mf*
interpuesto *etc*, **interpuse** *etc* VB *ver* **interponer**
interrelación NF relation *f*
interrogación NF interrogation *f* ; (*tb:* **signo de interrogación**) point *m* d'interrogation
interrogante ADJ interrogateur(-trice) ▶ NM question *f*
interrogar VT interroger
interrogativo, -a ADJ (*Ling*) interrogatif(-ive)
interrogatorio NM interrogatoire *m*
interrogue *etc* VB *ver* **interrogar**
interrumpir VT interrompre
interrupción NF interruption *f*
interruptor NM (*Elec*) interrupteur *m*
intersección NF intersection *f*
intersticio NM interstice *m*
interurbano, -a ADJ interurbain(e) ; **llamada/conferencia interurbana** appel *m* interurbain/communication *f* interurbaine
intervalo NM intervalle *m* ; **a intervalos** à intervalles
intervención NF intervention *f* ; (*Telec*) écoute *f* téléphonique ; **la política de no ~** la politique de non-intervention ; **~ quirúrgica** intervention chirurgicale
intervencionista ADJ: **no ~** (*Com*) non-interventionniste
intervendré *etc*, **intervenga** *etc* VB *ver* **intervenir**
intervenir VT (*Med*) pratiquer une intervention sur ; (*suj: policía*) saisir ; (*teléfono*) placer sous écoute téléphonique ; (*cuenta bancaria*) bloquer ▶ VI intervenir
interventor, a NM/F (*en elecciones*) scrutateur(-trice) ; (*Com*) audit *m*
interviniendo *etc* VB *ver* **intervenir**
interviú NF interview *f*
intestinal ADJ intestinal(e)
intestino NM intestin *m* ; **~ delgado/grueso** intestin grêle/gros intestin
intimamente ADV intimement
intimar VT: **~ a algn a que ...** intimer à qn de ... ▶ VI se lier d'amitié
intimidación NF intimidation *f*
intimidad NF intimité *f* ; (*amistad*) amitié *f* ; **en la ~** dans l'intimité
intimidar VT intimider
íntimo, -a ADJ intime
intolerable ADJ intolérable
intolerancia NF intolérance *f*
intolerante ADJ: **~ (con** *o* **para)** intolérant(e) (envers)
intoxicación NF (*Med, Pol*) intoxication *f* ; **~ alimenticia** intoxication alimentaire
intoxicar VT (*Med*) intoxiquer ; (*Pol*) intoxiquer, faire de l'intox ■ **intoxicarse** VPR (*Med*) s'intoxiquer
intraducible ADJ intraduisible
Intranet NF Intranet *m*
intranquilice *etc* VB *ver* **intranquilizar**
intranquilidad NF inquiétude *f*
intranquilizar VT inquiéter ■ **intranquilizarse** VPR s'inquiéter
intranquilo, -a ADJ inquiet(-ète)
intransferible ADJ intransmissible
intransigencia NF intransigeance *f*
intransigente ADJ intransigeant(e)
intransitable ADJ impraticable
intransitivo, -a ADJ intransitif(-ive)
intrascendente ADJ sans importance
intratable ADJ (*problema*) difficile ; (*dificultad*) inabordable ; (*individuo*) intraitable

i

intravenoso, -a ADJ intraveineux(-euse)
intrepidez NF intrépidité *f*
intrépido, -a ADJ intrépide
intriga NF intrigue *f*
intrigante ADJ, NMF intrigant(e)
intrigar VT, VI intriguer
intrigue *etc* VB *ver* **intrigar**
intrincado, -a ADJ (*camino*) embrouillé(e); (*bosque*) impénétrable; (*problema, asunto*) inextricable
intríngulis (*fam*) NM INV (*dificultad*) difficulté *f*; (*complicación*) imbroglio *m*; (*secreto*) dessous *m*; **ahí está el ~** c'est là que réside toute la difficulté; **tiene su ~** ce n'est pas si facile
intrínseco, -a ADJ intrinsèque
introducción NF introduction *f*
introducir VT introduire ■ **introducirse** VPR s'introduire
introduje *etc*, **introduzca** *etc* VB *ver* **introducir**
intromisión NF intromission *f*
introspectivo, -a ADJ introspectif(-ive)
introvertido, -a ADJ, NM/F introverti(e)
intruso, -a NM/F intrus(e)
intuición NF intuition *f*; **por ~** par intuition; **tener una gran ~** avoir beaucoup d'intuition
intuir VT pressentir
intuitivamente ADV intuitivement
intuitivo, -a ADJ intuitif(-ive)
intuyendo *etc* VB *ver* **intuir**
inundación NF inondation *f*
inundar VT inonder ■ **inundarse** VPR s'inonder
inusitadamente ADV de façon inusitée
inusitado, -a ADJ (*espectáculo*) insolite; (*hora, calor*) inhabituel(le)
inusual ADJ inhabituel(le)
inútil ADJ (*herramienta*) inutilisable; (*esfuerzo*) inutile; (*persona: minusválido*) handicapé(e); (*: pey*) bon(ne) à rien, inepte; **declarar ~ a algn** (*Mil*) réformer qn
inutilice *etc* VB *ver* **inutilizar**
inutilidad NF inutilité *f*; (*ineptitud*) ineptie *f*
inutilizar VT rendre inutilisable
inútilmente ADV inutilement
invadir VT envahir
invalidar VT invalider
invalidez NF invalidité *f*
inválido, -a ADJ, NM/F invalide *mf*
invariable ADJ invariable
invariablemente ADV invariablement
invasión NF invasion *f*
invasor, a ADJ envahissant(e) ▶ NM/F envahisseur(-euse)
invencible ADJ invincible
invención NF invention *f*
inventar VT inventer
inventariar VT inventorier, faire l'inventaire de
inventario NM inventaire *m*; **hacer ~ de** faire l'inventaire de
inventiva NF inventivité *f*
invento NM invention *f*
inventor, a NM/F inventeur(-trice)
invernadero NM serre *f*
invernal ADJ hivernal(e)
invernar VI hiverner
inverosímil ADJ invraisemblable
inversión NF (*Com*) investissement *m*; **~ de capitales** investissement de capitaux; **inversiones extranjeras** investissements étrangers
inversionista NMF = **inversor**
inverso, -a ADJ inverse; **en orden ~** dans l'ordre inverse; **a la inversa** à l'inverse; **traducción inversa** thème *m*
inversor, a NM/F (*Com*) investisseur(-euse)
invertebrado, -a ADJ invertébré(e) ▶ NM invertébré *m*
invertido, -a ADJ inversé(e); (*al revés*) à l'inverse; (*homosexual*) inverti(e) ▶ NM/F inverti(e)
invertir VT (*Com*) investir; (*orden*) inverser; (*intercambiar*) intervertir; (*tiempo*) consacrer
investidura NF investiture *f*
investigación NF recherche *f*; **~ de los medios de publicidad** recherche sur les supports publicitaires; **~ de mercado** étude *f* de marché; **~ y desarrollo** recherche et développement
investigador, a NM/F (*tb*: **investigador privado**) détective *mf* privé(e); (*Univ*) chercheur(-euse)
investigar VT (*indagar*) chercher; (*estudiar*) faire des recherches sur
investigue *etc* VB *ver* **investigar**
investir VT: **~ (con/de)** investir (de)
inveterado, -a ADJ invétéré(e)
inviable ADJ (*imposible*) non viable, irréalisable, infaisable; (*reclamación*) non valide
invidente ADJ aveugle ▶ NMF aveugle *mf*, non-voyant(e)
invierno NM hiver *m*
invierta *etc* VB *ver* **invertir**
inviolabilidad NF inviolabilité *f*; **~ del domicilio** inviolabilité du domicile; **~ parlamentaria** inviolabilité *o* immunité *f* parlementaire
inviolable ADJ inviolable
invirtiendo *etc* VB *ver* **invertir**
invisible ADJ invisible; **exportaciones/importaciones invisibles** exportations *fpl*/importations *fpl* invisibles
invitación NF invitation *f*
invitado, -a NM/F invité(e)
invitar VT inviter; **~ a algn a hacer algo** inviter

qn à faire qch ; **~ a algo** inviter à qch ; **te invito a un café** je te paie un café ; **invito yo** c'est moi qui invite *o* paie

in vitro ADJ, ADV in vitro ; **fecundación** *o* **fertilización ~** fécondation *f* in vitro

invocar VT (*tb Inform*) invoquer

involución NF (*Pol*) involution *f*

involucrar VT: **~ a algn en** impliquer qn dans ■ **involucrarse** VPR: **involucrarse en** s'impliquer dans

involuntariamente ADV involontairement

involuntario, -a ADJ involontaire

invoque *etc* VB *ver* **invocar**

invulnerable ADJ invulnérable

inyección NF piqûre *f*, injection *f* ; **poner una ~ a algn** faire une piqûre à qn ; **ponerse una ~** se faire une piqûre ; **~ intramuscular** injection intramusculaire ; **~ intravenosa** injection intraveineuse, intraveineuse *f*

inyectado ADJ: **ojos inyectados en sangre** yeux *mpl* injectés de sang

inyectar VT (*Med*) injecter ; **~ (en)** (*introducir*) injecter (dans)

ión NM (*Fís*) ion *m*

IPC (*Esp*) SIGLA M (= *Índice de Precios al Consumo*) IPC *m* (= *indice des prix à la consommation*)

IPM SIGLA M (= *índice de precios al por menor*) *ver* **índice**

iPod® (*pl* **iPods**) NM iPod® *m*

ir

▶ VI **1** aller ; **ir andando** marcher ; **fui en tren** j'y suis allé en train ; **voy a la calle** je sors ; **¡(ahora) voy!** j'y vais ! ; **ir desde X a Y** (*extenderse*) aller de X à Y ; **ir de pesca/de vacaciones** aller à la pêche/en vacances

2: **ir (a) por**: **ir (a) por el médico** aller chercher le docteur

3 (*progresar*) aller ; **el trabajo va muy bien** le travail marche très bien ; **¿cómo te va?** tu t'y fais ? ; **¿cómo te va en el trabajo?** comment ça va au travail ? ; **me va muy bien** ça va très bien ; **le fue fatal** ça ne s'est pas bien passé du tout

4 (*funcionar*): **el coche no va muy bien** la voiture ne marche pas très bien

5 (*sentar*): **me va estupendamente** (*ropa, color*) cela me va à merveille ; (*medicamento*) c'est exactement ce qu'il me fallait

6 (*aspecto*): **ir con zapatos negros** porter des chaussures noires ; **iba muy bien vestido** il était très bien habillé

7 (*combinar*): **ir con algo** aller avec qch

8 (*excl*): **¡qué va!** (*no*) mais non ! ; **¿qué tal? — ¡vaya!** ça va ? — à peu près ! ; **vamos, no llores** allons, ne pleure pas ; **vamos a ver** voyons voir ; **¡vaya coche!** (*admiración*) en voilà une super voiture ! ; (*desprecio*) quelle voiture minable ! ; **¡que le vaya bien!** (*esp AM*: *despedida*) salut ! ; **¡vete a saber!** allez savoir !

9: **ir a mejor/peor** aller mieux/mal ; **ir de mal en peor** aller de mal en pis ; **va para largo** ça va prendre du temps ; **en esta casa cada uno va a lo suyo** dans cette maison c'est chacun pour soi ; **¡a eso voy!** j'y viens ! ; **eso no va por ti** ça ne s'applique pas à toi ; **ni me va ni me viene** ça ne me regarde pas

10: **no vaya a ser**: **tienes que correr, no vaya a ser que pierdas el tren** il faut que tu te dépêches, sinon tu vas rater ton train

▶ VB AUX **1**: **ir a**: **voy/iba a hacerlo hoy** je vais/j'allais le faire aujourd'hui

2 (+ *gerundio*): **iba anocheciendo** il commençait à faire nuit ; **todo se me iba aclarando** tout devenait clair pour moi

3 (+ *pp* = *pasivo*): **van vendidos 300 ejemplares** 300 exemplaires ont déjà été vendus

■ **irse** VPR **1**: **¿por dónde se va al parque?** comment va-t-on au parc ?

2: **irse (de)** (*marcharse*) s'en aller (de) ; **ya se habrán ido** ils doivent être déjà partis ; **¡vete!** vas-y ! ; (*con enfado*) va-t'en ! ; **¡vámonos!** allons-y !, on y va ! ; **¡nos fuimos!** (*AM*: *vámonos*) on y va !

IRA SIGLA M (= *Irish Republican Army*) IRA *f* (= *Armée républicaine irlandaise*)

ira NF colère *f*

iracundo, -a ADJ coléreux(-euse)

Irak NM = **Iraq**

Irán NM Iran *m*

iraní ADJ iranien(ne) ▶ NMF Iranien(ne)

Iraq NM Irak *m*

iraquí ADJ irakien(ne), iraquien(ne) ▶ NMF Irakien(ne), Iraquien(ne)

irascible ADJ irascible

irguiendo *etc* VB *ver* **erguir**

iris NM INV (*Anat*) iris *msg* ; (*arco iris*) arc-en-ciel *m*

Irlanda NF Irlande *f* ; **~ del Norte** Irlande du Nord

irlandés, -esa ADJ irlandais(e) ▶ NM/F Irlandais(e) ▶ NM (*Ling*) irlandais *msg*

IRM SIGLA F (= *imagen por resonancia magnética*) IRM *f* (= *imagerie par résonance magnétique*)

ironía NF ironie *f*

irónicamente ADV ironiquement

irónico, -a ADJ ironique

ironizar VT tourner en dérision ▶ VI ironiser ; **~ sobre algo** ironiser sur quelque chose

IRPF (*Esp*) SIGLA M (= *Impuesto sobre la Renta de las Personas Físicas*) ≈ IRPP *m* (= *impôt sur le revenu des personnes physiques*)

irracional ADJ irrationnel(le)

irradiar VT (*emanar*) irradier, rayonner ; (*Med*) irradier

irrazonable ADJ déraisonnable

irreal ADJ irréel(le)

irrealizable ADJ irréalisable

irrebatible ADJ irréfutable

i

irreconciliable ADJ irréconciliable
irreconocible ADJ méconnaissable
irrecuperable ADJ irrécupérable
irreembolsable ADJ (*Com*) irrécupérable
irreemplazable ADJ irremplaçable
irreflexión NF irréflexion *f*
irreflexivo, -a ADJ irréfléchi(e)
irrefutable ADJ irréfutable
irregular ADJ irrégulier(-ière)
irregularidad NF irrégularité *f*
irrelevante ADJ banal(e), sans importance
irremediable ADJ irrémédiable
irremediablemente ADV irrémédiablement
irrenunciable ADJ (*derecho*) inaliénable ; (*deber*) incontournable, inéluctable ; **una condición ~** une condition à laquelle on ne peut renoncer
irreparable ADJ irréparable
irrepetible ADJ unique
irreprochable ADJ irréprochable
irresistible ADJ irrésistible
irresoluble ADJ insoluble
irresoluto, -a ADJ irrésolu(e)
irrespetuoso, -a ADJ irrespectueux(-euse)
irrespirable ADJ irrespirable
irresponsable ADJ irresponsable
irresponsablemente ADV d'une manière irresponsable
irreverencia NF irrévérence *f*
irreverente ADJ irrévérencieux(-euse)
irreversible ADJ irréversible
irrevocable ADJ irrévocable
irrigar VT irriguer
irrigue *etc* VB *ver* **irrigar**
irrisorio, -a ADJ dérisoire
irritable ADJ irritable
irritación NF irritation *f*
irritar VT irriter ▪ **irritarse** VPR s'irriter
irrompible ADJ incassable
irrumpir VI: **~ en** faire irruption dans
irrupción NF irruption *f*
ISBN SIGLA M (= *Número Internacional Uniforme para los libros*) ISBN *m* (= *International Standard Book Number*)
isla NF île *f* ; **las Islas Filipinas/Malvinas/Canarias** les îles Philippines/Malouines/Canaries
Islam NM Islam *m*
islámico, -a ADJ islamique
islamismo NM islamisme *m*
islamista ADJ, NMF islamiste *mf*
islamofobia NF islamophobie *f*
islandés, -esa ADJ islandais(e) ▸ NM/F Islandais(e) ▸ NM (*Ling*) islandais *msg*
Islandia NF Islande *f*
isleño, -a ADJ, NM/F insulaire *mf*
isleta NF (*Auto*) refuge *m*
islote NM îlot *m*
isótopo NM isotope *m*
Israel NM Israël *m*
israelí ADJ israélien(ne) ▸ NMF Israélien(ne)
israelita ADJ, NMF israélite *mf*
istmo NM isthme *m* ; **el I~ de Panamá** l'isthme de Panama
Italia NF Italie *f*
italiano, -a ADJ italien(ne) ▸ NM/F Italien(ne) ▸ NM (*Ling*) italien *m*
itálica NF: **en ~** en italique
itinerancia NF (*de teléfono móvil*) itinérance *f*
itinerante ADJ itinérant(e)
itinerario NM itinéraire *m*
ITV NF ABR (= *Inspección Técnica de Vehículos*) ≈ contrôle *m* technique
IVA (ESP) SIGLA M (*Com*: = *Impuesto sobre el Valor Añadido*) TVA *f* (= *taxe à la valeur ajoutée*)
IVP SIGLA M = **Instituto Venezolano de Petroquímica**
izada (AM) NF levée *f*
izar VT hisser
izda. ABR (= *izquierda*) g (= *gauche*)
izdo. ABR (= *izquierdo*) g (= *gauche*)
izq. ABR (= *izquierdo*) g (= *gauche*)
izq.ª ABR (= *izquierda*) g (= *gauche*)
izq.º ABR (= *izquierdo*) g (= *gauche*)
izquierda NF gauche *f* ; (*lado izquierdo*) côté *m* gauche ; **a la ~** à gauche ; **a la ~ del edificio** à gauche de l'immeuble ; **el camino de la ~** le chemin de gauche ; **es un cero a la ~** (*fam*) c'est un bon à rien ; **conducción por la ~** conduite *f* à gauche ; **ser de izquierdas** être de gauche
izquierdista ADJ (*Pol*) de gauche ▸ NMF gauchiste *mf*
izquierdo, -a ADJ gauche
izquierdoso, -a (*fam*) ADJ, NM/F gauchiste *mf*, gaucho *mf* (*fam*)

Jj

J¹, j ['xota] NF (*letra*) J, j *m inv* ; **J de José** ≈ J comme Joseph

J² ABR (= *julio(s)*) J (= *Joule(s)*)

jabalí NM sanglier *m*

jabalina NF javelot *m*

jabato NM marcassin *m* ; (*fig*) lion *m*

jabón NM savon *m* ; **dar ~ a algn** passer de la pommade à qn ; **~ de afeitar** savon à barbe ; **~ de baño** savon liquide ; **~ de tocador** savon de toilette ; **~ en polvo** savon en poudre

jabonar VT savonner ■ **jabonarse** VPR se savonner

jabonera NF boîte *f* à savon

jabonoso, -a ADJ savonneux(-euse)

jaca NF bidet *m* ; (*yegua*) petite jument *f*

jacal (*Méx*) NF cabane *f*

jacarandá NM jacaranda *m*

jacinto NM jacinthe *f*

jactancia NF vantardise *f*, jactance *f*

jactancioso, -a ADJ vantard(e)

jactarse VPR: **~ (de)** se vanter (de)

jacuzzi® [ja'kuzi] NM jacuzzi® *m*

jade NM jade *m*

jadeante ADJ haletant(e)

jadear VI haleter

jadeo NM halètement *m*

jaguar NM jaguar *m*

jaiba (*Am*) NF écrevisse *f*

jaibol (*esp Méx*) NM whisky *m* soda

jalapeño NM (*Méx*) *variété de piment*

jalar VT (*Am*) tirer ; (*fam*) bouffer

jalea NF gelée *f*

jalear VT (*bailaor, cantaor*) encourager (*de la voix ou en frappant des mains*) ; (*perros*) exciter (*par des cris*)

jaleo (*fam*) NM (*ruido*) tapage *m* ; (*lío*) pagaille *f* ; **armar ~** (*liar*) mettre la pagaille ; (*hacer ruido*) faire du chahut *o* tapage ; **me armé un ~ con las fechas** je me suis embrouillé dans les dates ; **¡qué ~!** quelle pagaille !

jalón NM (*Am*: *estirón*) coup *m* ; (*estaca, fig*) jalon *m*

jalonar VT jalonner

jam [jam], **jam session** [jam 'sesion] NF (*de música*) jam-session *f*, jam *f* (*fam*)

Jamaica NF Jamaïque *f*

jamaicano, -a ADJ jamaïquain(e) ▶ NM/F Jamaïquain(e)

jamás ADV jamais ; **¿se vio ~ tal cosa?** a-t-on jamais vu cela ?

jamón NM jambon *m* ; **¡y un ~!** (*fam*) mon œil ! ; **~ de York** jambon cuit ; **~ serrano** (jambon) serrano *m*

Japón NM Japon *m*

japonés, -esa ADJ japonais(e) ▶ NM/F Japonais(e) ▶ NM (*Ling*) japonais *msg*

jaque NM (*Ajedrez*) échec *m* ; **dar ~** mettre en échec ; **tener en ~ a algn** tracasser qn ; **~ mate** échec et mat

jaqueca NF migraine *f*

jara NF ciste *m*

jarabe NM sirop *m* ; **~ para la tos** sirop contre la toux

jarana NF fête *f* ; **andar/ir de ~** faire la fête ; **armar ~** faire du tapage

jarcia NF (*Náut*) cordage *m*

jardín NM jardin *m* ; **~ de (la) infancia** *o* (*Am*) **de infantes** jardin d'enfants ; **~ botánico** jardin botanique ; **~ vertical** mur *m* végétalisé

jardinera NF jardinière *f* ; (*CSur*) voiture *f* de marchand ambulant ; *ver tb* **jardinero**

jardinería NF jardinage *m*

jardinero, -a NM/F jardinier(-ière)

jarra NF jarre *f* ; (*de agua*) carafe *f* ; (*de leche*) cruchon *m* ; (*de cerveza*) chope *f* ; **de** *o* **en jarras** les poings sur les hanches

jarro NM broc *m* ; **ser un ~ de agua fría** faire l'effet d'une douche froide

jarrón NM vase *m*

jaspeado, -a ADJ jaspé(e)

Jauja, jauja NF pays *m* de cocagne

jaula NF cage *f* ; (*embalaje*) cageot *m*

jauría NF meute *f*

jazmín NM jasmin *m*

jazz [jas] NM jazz *m*

jazzístico, -a ADJ de jazz

J.C. ABR (= *Jesucristo*) J.C. *m* (= *Jésus-Christ*)

jeans [jins] NMPL jean *msg*

jeep® [jip] (*pl* **jeeps**) NM jeep® *f*

jefa NF *ver* **jefe**

jefatura NF (*liderato*) commandement *m* ; (*sede*)

direction *f*; **J~ de la aviación civil** Direction de l'aviation civile; **~ de policía** préfecture *f* de police

jefazo (*fam*) NM grand chef *m*

jefe, -a NM/F chef *m*; **ser el ~** (*fig*) être le chef; **comandante en ~** commandant(e) en chef; **~ ejecutivo(-a)** (*Com*) directeur(-trice) des ventes; **~ de estación** chef de gare; **~ de estado** chef d'État; **~ de estado mayor** chef d'état major; **~ de estudios** surveillant(e) général(e); **~ de gobierno** chef de gouvernement; **~ de negociado** chef de service; **~ de oficina/de producción** (*Com*) chef de bureau/de production; **~ de redacción** rédacteur(-trice) en chef

Jehová N Jéhovah

jején (*Am*) NM petit moustique *m*

jemer ADJ khmer(-ère) ▸ NMF Khmer(-ère)

JEN [xen] (*Esp*) SIGLA F = **Junta de la Energía Nuclear**

jengibre NM gingembre *m*

jeque NM cheik *m*

jerarquía NF hiérarchie *f*; (*persona*) supérieur(e)

jerárquicamente ADV hiérarchiquement

jerárquico, -a ADJ hiérarchique

jerez NM xérès *msg*, jerez *msg*; **J~ de la Frontera** Jerez

jerezano, -a ADJ de Jerez ▸ NM/F natif(-ive) *o* habitant(e) de Jerez

jerga NF jargon *m*; **~ informática** jargon informatique

jergón NM paillasse *f*

jeringa NF seringue *f*; (*esp Am fam*) ennui *m*; **~ de engrase** graisseur *m*

jeringuilla NF seringue *f*

jeroglífico NM hiéroglyphe *m*; (*pasatiempo*) rébus *m*

jersey (*pl* **jerseys** *o* **jerséis**) NM pull-over *m*, pull *m*

Jerusalén N Jérusalem

Jesucristo N Jésus-Christ

jesuita ADJ, NM jésuite *m*

Jesús N Jésus; **¡~!** mon Dieu!; (*al estornudar*) à tes *o* vos souhaits!

jet [jet] (*pl* **jets**) NM (*Aviat*) jet *m* ▸ NF jet-set *m o f*, jet set *m o f*

jeta NF museau *m*; (*fam: cara*) culot *m*, toupet *m*; **¡que ~ tienes!** (*fam*) que tu es culotté(e)!

jíbaro, -a (*Am*) ADJ relatif(-ive) à la tribu des Jivaros ▸ NM/F Jivaro *m*

jibia NF seiche *f*

jícama (*Am*) NF (*Bot*) tubercule *m*

jícara (*Am*) NF calebasse *f*

jienense ADJ de Jaén ▸ NMF natif(-ive) *o* habitant(e) de Jaén

jilguero NM chardonneret *m*

jinete NM cavalier *m*; **ser buen/mal ~** être un bon/mauvais cavalier

jiote (*Méx*) NM éruption *f* cutanée

jipijapa (*Am*) NM panama *m*

jirafa NF girafe *f*

jirón NM lambeau *m*; (*Perú: calle*) rue *f*

jitomate (*CAm, Méx*) NM tomate *f*

JJ OO ABR (= *Juegos Olímpicos*) J.O. *mpl* (= *Jeux olympiques*)

jo (*fam*) EXCL (*para expresar sorpresa*) la vache!; (*para expresar disgusto*) mince!; **¡jo, jo!** (*al reír*) ha ha!

jocosidad NF drôlerie *f*; (*chiste*) blague *f*

jocoso, -a ADJ cocasse

joder (*fam!*) VT baiser (*fam!*); (*fig*) emmerder (*fam!*); **las moscas te joden todo el tiempo** les mouches t'enquiquinent sans arrêt ▸ EXCL: **¡~!** merde! (*fam!*), putain! (*fam!*) ■ **joderse** VPR (*plan, fiesta*) s'en aller en eau de boudin; (*persona*) se faire chier (*fam!*); **se jodió todo** tout est foutu

jodido, -a (*fam!*) ADJ (*difícil*) coton *inv*, duraille (*fam!*); (*Am: pesado*) chiant(e) (*fam!*); **estoy ~** je suis foutu(e)

jofaina NF cuvette *f*

jojoba NF jujube *m*

jojoto (*Ven*) NM maïs *m* tendre

jolgorio NM fête *f*

jolín, jolines (*fam*) EXCL (*para expresar sorpresa*) la vache!; (*para expresar disgusto*) mince!

jonrón (*esp Am: en béisbol*) NM home-run *m*, tour *m* complet

Jordania NF Jordanie *f*

jordano, -a ADJ jordanien(ne) ▸ NM/F Jordanien(ne)

jornada NF journée *f*; **~ de ocho horas** journée de huit heures; **(trabajar a) ~ intensiva/partida** (faire la) journée continue/discontinue

jornal NM journée *f*

jornalero, -a NM/F journalier(-ière)

joroba NF bosse *f*

jorobado, -a ADJ, NM/F bossu(e)

jorobar (*fam*) VT enquiquiner; **esto me joroba** ça m'emmerde (*fam!*) ■ **jorobarse** VPR se débrouiller; **¡que se jorobe!** tant pis pour lui!; **¡hay que jorobarse!** quelle poisse!

jorongo (*Méx*) NM poncho *m*

jota NF (*letra*) j *m inv*; (*danza*) jota *f*; **no entiendo ni ~** je n'y pige rien; **no sabe ni ~** il n'en sait rien; **no veo ni ~** je n'y vois rien

joven ADJ jeune ▸ NM jeune homme *m*; (*Méx: señor*) monsieur *m*; **¡oiga, ~!** eh, jeune homme! ▸ NF jeune fille *f*

jovencito, -a NM/F jeune homme (jeune fille)

jovial ADJ jovial(e)

jovialidad NF jovialité *f*

jovialmente ADV jovialement

joya NF bijou *m*; (*persona*) perle *f*; **joyas de fantasía** bijoux *mpl* fantaisie

joyería NF bijouterie *f*

joyero, -a NM/F bijoutier(-ière) ▸ NM (*caja*) coffret *m* à bijoux

juanete NM (*del pie*) oignon *m*

jubilación NF retraite *f*

jubilado, -a ADJ, NM/F retraité(e)

jubilar VT mettre à la retraite ; (*fam: algo viejo*) mettre au rancart ■ **jubilarse** VPR prendre sa retraite

júbilo NM joie *f*

jubilosamente ADV joyeusement

jubiloso, -a ADJ (*comentario*) joyeux(-euse) ; (*día*) radieux(-euse)

judaísmo NM judaïsme *m*

judería NF (*barrio*) quartier *m* juif, juiverie *f*

judía NF haricot *m* ; **~ verde** haricot vert ; **~ blanca** flageolet *m* ; *ver tb* **judío**

judicatura NF (*cargo*) judicature *f* ; (*cuerpo*) magistrature *f*

judicial ADJ judiciaire

judicialmente ADV judiciairement

judío, -a ADJ, NM/F juif(-ive)

judo NM judo *m*

juego VB *ver* **jugar** ▸ NM jeu *m* ; (*vajilla*) service *m* ; (*herramientas*) assortiment *m* ; **estar en ~** être en jeu ; **fuera de ~** hors jeu ; **hacer ~ con** aller avec, faire pendant à ; **hacerle el ~ a algn** faire le jeu de qn ; **por ~** par jeu, pour jouer ; **~ de azar** jeu de hasard ; **~ de café** service à café ; **~ de caracteres** (*Inform*) jeu de caractères ; **~ de cartas** *o* **de naipes** jeu de cartes ; **~ de palabras** jeu de mots ; **~ de programas** (*Inform*) jeu de programmes ; **~ limpio** jeu franc, fair-play *m* ; **~ sucio** jeu déloyal ; **juegos malabares** jongleries *fpl* ; **Juegos Olímpicos** Jeux olympiques ; **Juegos Paralímpicos** Jeux paralympiques

juegue *etc* VB *ver* **jugar**

juerga NF fête *f* ; **ir de ~** faire la fête ; **tomar a ~ algo** ne pas prendre qch au sérieux

juerguista NMF noceur(-euse)

jueves NM INV jeudi *m* ; **la fiesta no fue nada del otro ~** la fête n'était pas géniale ; *ver tb* **sábado**

juez NMF (*nf tb* **jueza**) juge *mf* ; **~ de instrucción** juge d'instruction ; **~ de línea** juge de touche ; **~ de paz** juge de paix ; **~ de salida** starter *m*

jugada NF (*en juego*) coup *m* ; (*fig*) mauvais tour *m*

jugador, a NM/F joueur(-euse)

jugar VT jouer ; **¡me la han jugado!** (*fam*) on m'a eu !, on m'a refait ! ▸ VI jouer ; **~ a** jouer à ; **~ sucio** ne pas jouer franc jeu ; **¿quién juega?** à qui le tour ? ■ **jugarse** VPR (*partido*) se jouer ; (*lotería*) être tiré(e) ; (*vida, puesto, futuro*) jouer ; **jugarse algo a cara o cruz** jouer qch à pile ou face ; **jugarse el todo por el todo** jouer le tout pour le tout

jugarreta NF mauvais tour *m* ; **hacer una ~ a algn** jouer un mauvais tour à qn

juglar NM jongleur *m*

jugo NM jus *msg* ; (*fig: de artículo etc*) suc *m* ; **sacarle ~ a algo** (*fig*) profiter au maximum de qch ; **~ de naranja/de piña** (*AM*) jus d'orange/d'ananas

jugoso, -a ADJ juteux(-euse) ; (*fig*) savoureux(-euse)

jugué *etc*, **juguemos** *etc* VB *ver* **jugar**

juguete NM jouet *m*

juguetear VI jouer

juguetería NF magasin *m* de jouets

juguetón, -ona ADJ joueur(-euse)

juicio NM jugement *m* ; (*sensatez*) esprit *m* ; (*opinión*) avis *msg* ; (*Jur*) procès *msg* ; **a mi** *etc* **~** à mon *etc* avis ; **estar fuera de ~** avoir perdu l'esprit ; **estar en su (sano) ~** avoir tous ses esprits ; **perder el ~** perdre la tête ; **poner algo en tela de ~** remettre qch en question ; **J~ Final** Jugement dernier

juicioso, -a ADJ sage

JUJEM [xu'xem] (*ESP*) SIGLA F (*Mil*) = **Junta de Jefes del Estado Mayor**

jul. ABR = **julio**

juliana NF (*Culin*) julienne *f* ; **cortar en ~** couper en julienne

julio NM juillet *m* ; **el uno de ~** le premier juillet ; **el dos/once de ~** le deux/onze juillet ; **a primeros/finales de ~** début/fin juillet

jumbo NM jumbo *m*

jun. ABR = **junio**

junco NM jonc *m* ; (*Náut*) jonque *f*

jungla NF jungle *f*

junio NM juin *m* ; *ver tb* **julio**

júnior ['dʒunjor], **junior** ['dʒunjor] ADJ INV junior ▸ NMF (*pl* **juniors** *o* **júniors**) junior *mf*

junta NF comité *m* ; (*organismo*) assemblée *f*, conseil *m* ; (*Tec: punto de unión*) joint *m* ; (*: arandela*) joint, rondelle *f* ; **~ constitutiva** (*Com*) comité constitutif ; **~ de culata** (*Auto*) joint de culasse ; **~ directiva** équipe *f* de direction ; **~ general extraordinaria** assemblée générale extraordinaire ; **~ militar** junte *f* militaire

juntar VT (*grupo, dinero*) rassembler ; (*rodillas, pies*) joindre ■ **juntarse** VPR (*ríos, carreteras*) se rejoindre ; (*personas*) se rassembler ; (*: citarse*) se voir ; (*: acercarse*) se rapprocher ; (*: vivir juntos*) vivre ensemble ; **juntarse a** *o* **con algn** rejoindre qn

junto, -a ADJ ensemble ; **todo ~** tout ensemble ; **juntos** ensemble ; (*próximos*) rapprochés ; (*en contacto*) joints ▸ ADV: **~ a** (*cerca de*) à côté de ; (*además de*) avec ; **~ con** ci-joint

juntura NF jointure *f*

Júpiter NM Jupiter *m*

jura NF serment *m* ; **~ de bandera** *serment de fidélité à la patrie*

jurado NM jury *m* ; (*individuo: Jur*) juré *m* ; (*: de concurso*) membre *m* du jury

J

juramentar VT faire prêter serment à ■ **juramentarse** VPR prêter serment

juramento NM serment *m*; (*maldición*) juron *m*; **bajo ~** sous serment; **prestar ~** prêter serment; **tomar ~ a** faire prêter serment à

jurar VT, VI jurer; **~ en falso** faire un faux serment; **jurársela(s) a algn** garder à qn un chien de sa chienne

jurel NM chinchard *m*

jurídico, -a ADJ juridique

jurisdicción NF juridiction *f*

jurisdiccional ADJ juridictionnel(le); **aguas jurisdiccionales** eaux *fpl* territoriales

jurisprudencia NF jurisprudence *f*

jurista NMF juriste *mf*

justa NF (*Hist*) joute *f*

justamente ADV justement

justicia NF justice *f*; **en ~** en toute justice; **hacer ~** rendre justice; **ser de ~** être juste; **su físico hacía ~ a su imagen** son physique correspondait à l'image qu'on se faisait de lui

justicialismo (*Arg*) NM (*Hist, Pol*) justicialisme *m*

justiciero, -a ADJ justicier(-ière)

justificable ADJ justifiable

justificación NF justification *f*; **~ automática** (*Inform*) justification automatique

justificado, -a ADJ justifié(e); **(no) ~** (*Tip*) (non) justifié(e)

justificante NM justificatif *m*

justificar VT justifier ■ **justificarse** VPR se justifier

justifique *etc* VB *ver* **justificar**

justo, -a ADJ juste; (*exacto*) exact(e); (*preciso*) précis(e); **llegaste muy ~** tu es arrivé juste à temps; **venir muy ~** (*dinero, comida*) être (tout) juste suffisant(e); **me viene** *o* **está muy justa esta falda** cette jupe est un peu juste pour moi ▶ ADV juste; **~ a tiempo** juste à temps; **es ~ lo que iba a decir** c'est justement ce que j'allais dire; **¡~!** juste!; **vivir muy ~** parvenir tout juste à joindre les deux bouts

juvenil ADJ juvénile; (*equipo*) junior; (*moda, club*) de jeunes; (*paro*) des jeunes; (*aspecto*) jeune

juventud NF jeunesse *f*; (*jóvenes*) jeunes *mpl*

juzgado NM tribunal *m*; **~ de instrucción/de primera instancia** tribunal de police/de première instance

juzgar VT juger; (*opinar*) penser; **a ~ por …** à en juger par …; **~ mal** se méprendre (sur); **júzguelo usted mismo** jugez-en vous-même; **la juzgo muy capaz de hacerlo** j'estime qu'elle est parfaitement capable de le faire; **lo juzgo mi deber** j'estime que c'est mon devoir

juzgue *etc* VB *ver* **juzgar**

Kk

K¹, k [ka] NF (*letra*) K, k *m inv* ; **K de Kilo** ≈ K comme Kléber

K² ABR (= 1.000) K (= 1 000) ; (*Inform*: = 1 024) K (= *kilo-octet*) ; = **quilate**

kafkiano, -a ADJ kafkaïen(ne)

kaki NM = **caqui**

kale borroka [ˌkalebo'rroka] NF *actes de violence urbaine organisés par des indépendantistes basques radicaux*

kamikaze NMF kamikaze *mf*

karaoke NM karaoké *m*

karate, kárate NM karaté *m*

karateka, karateca NMF karatéka *mf*

karma NM karma *m*

karting ['kartin], **kárting** ['kartin] NM karting *m*

kayac, kayak NM kayak *m*

kazajo, -a ADJ kazakh(e) ▸NM/F Kazakh(e) ▸NM (*Ling*) kazakh *m*

k/c. ABR (= *kilociclos*) kHz (= *kilohertz*)

Kenia NF Kenya *m*

keniano, -a ADJ kényan(e) ▸NM/F Kényan(e)

keniata ADJ kenyan(ne) ▸NMF Kenyan(ne)

kepi, kepí (*pl* **kepis**) (*esp* AM) NM képi *m*

kerosene NM kérosène *m*

Kg, kg ABR (= *kilogramo(s)*) kg, K (= *kilogramme(s)*)

KGB SIGLA M KGB *m*

kiko NM *grain de maïs grillé et salé*

kilate NM = **quilate**

kilo NM kilo *m* ; (*fam*: *Hist*) million *m* de pesetas

kilobyte ['kiloβait] NM (*Inform*) kilo-octet *m*

kilocaloría NF kilocalorie *f*

kilogramo NM kilogramme *m*

kilohercio, kilohertzio NM kilohertz *m*

kilolitro NM kilolitre *m*

kilometraje NM kilométrage *m*

kilométrico, -a ADJ kilométrique ; (*fam*) interminable ▸NM (*Ferro*) carte *f* de train

kilómetro NM kilomètre *m* ; **~ cuadrado** kilomètre carré

kilooctetо NM (*Inform*) kilo-octet *m*

kilovatio NM kilowatt *m* ; **~ hora** kilowatt-heure *m*

kiosco NM = **quiosco**

kit NM (*pl* **kits**) kit *m*

kitsch [kitʃ] ADJ INV, NM kitsch *m inv*, kitch *m inv*

kiwi NM (*ave, fruta*) kiwi *m*

klínex NM INV Kleenex *m*®, mouchoir *m* en papier

km ABR (= *kilómetro(s)*) km (= *kilomètre(s)*)

km/h ABR (= *kilómetros por hora*) km/h (= *kilomètres/heure*)

K.O. ABR: **dejar a algn ~** mettre qn K.O.

kosovar ADJ kosovar(e) ▸NMF Kosovar(e)

Kosovo NM Kosovo *m*

k.p.h. ABR (= *kilómetros por hora*) km/h (= *kilomètres/heure*)

k.p.l. ABR = **kilómetros por litro**; **10 k.p.l.** ≈ 10 litres aux 100

kuchen (CHI) NM tarte *f*

Kurdistán NM Kurdistan *m*

kurdo, -a ADJ kurde ▸NM/F Kurde *mf*

Kuwait NM Koweit *m*

kuwaití ADJ koweitien(ne) ▸NMF Koweitien(ne)

kv ABR (= *kilovatio(s)*) kW (= *kilowatt*)

kv/h ABR (= *kilovatios-hora*) kWh (= *kilowattheure*)

Ll

L, l[1] ['ele] NF (*letra*) L, l *m inv* ; **L de Lorenzo** ≈ L comme Louis

l[2] ABR (= *litro(s)*) l (= *litre(s)*) ; (*Jur*) = **ley**

L/ ABR (*Com*) = **letra**

la ART DEF la, l' ; **está en la cárcel** il est en prison ▸ PRON (*a ella*) la, l' ; (*usted*) vous ; (*cosa*) la, l' ; **la del sombrero rojo** celle qui porte un chapeau rouge ▸ NM (*Mús*) la *m inv*

> No debe confundirse *la* con *là*. En el primer caso hace referencia tanto al artículo femenino (*la maison*) como al pronombre personal (*Je la connais bien*), mientras que en el segundo caso se trata del adverbio « allí » (*C'est là que j'étudie*).

laberinto NM labyrinthe *m*

labia NF (*locuacidad*) volubilité *f* ; (*pey*) bagout *m* ; **tener mucha ~** avoir du bagout

labial ADJ (*Ling*) labial(e) ; **crema ~** baume *m* pour les lèvres

labio NM lèvre *f* ; (*de vasija etc*) bord *m* ; **~ inferior/superior** lèvre inférieure/supérieure

labor NF travail *m*, labeur *m* ; (*Agr*) labour *m* ; (*obra*) travail ; (*Costura, de punto*) ouvrage *m* ; **~ de equipo** travail d'équipe ; **~ de ganchillo** ouvrage au crochet ; **labores domésticas** *o* **del hogar** tâches *fpl* domestiques

laborable ADJ (*Agr*) labourable ; **día ~** jour *m* ouvrable

laboral ADJ du travail

laboralista ADJ: **abogado ~** avocat *m* du travail

laborar VI œuvrer

laboratorio NM laboratoire *m*

laboriosidad NF (*dedicación*) travail *m*, ardeur *f* au travail ; (*dificultad*) difficulté *f*

laborioso, -a ADJ (*persona*) travailleur(-euse) ; (*negociaciones, trabajo*) laborieux(-euse)

laborismo (*Pol*) NM travaillisme *m*

laborista (*Pol*) ADJ: **Partido L~** parti *m* travailliste ▸ NMF travailliste *mf*

labrado, -a ADJ (*campo*) labouré(e) ; (*madera*) travaillé(e) ; (*metal, cristal*) ciselé(e) ▸ NM (*de madera etc*) travail *m*

Labrador NM Labrador *m*

labrador, a NM/F cultivateur(-trice)

labranza NF labour *m*

labrar VT (*tierra*) labourer ; (*madera, cuero*) travailler ; (*metal, cristal*) ciseler ; (*porvenir, ruina*) courir à

labriego, -a NM/F paysan(ne)

laburar (*CSur fam*) VI trimer

laburo (*fam*) NM (*CSur*) boulot *m* (*fam*)

laca NF laque *f* ; **~ de uñas** vernis *msg* à ongles

lacayo NM laquais *msg*

lacerante ADJ (*dolor*) aigu(ë) ; (*palabras, comentarios*) blessant(e), cinglant(e), mordant(e)

lacerar VT lacérer

lacio, -a ADJ raide

lacón NM (*Culin*) épaule *f* de porc

lacónico, -a ADJ laconique

lacra NF cicatrice *f* ; (*fig*) fléau *m* ; **~ social** fléau de la société

lacrar VT cacheter

lacre NM cire *f* (à cacheter)

lacrimógeno, -a ADJ (*fig*) gnangnan *adj* ; **gas ~** gaz *m* lacrymogène

lacrimoso, -a ADJ (*ojos*) larmoyant(e) ; (*escena*) déchirant(e)

lactancia NF allaitement *m*

lactante ADJ: **mujer ~** femme allaitante ▸ NMF nourrisson *m*

lácteo, -a ADJ: **productos lácteos** produits *mpl* laitiers

lactosa NF lactose *m*

ladear VT pencher ■ **ladearse** VPR se pencher ; (*Aviat*) virer sur l'aile

ladera NF versant *m*

ladilla NF morpion *m*

ladino, -a ADJ (*astuto*) malin(igne) ; (*indio*) qui parle espagnol ; (*mestizo*) métis(se) ▸ NM/F (*indio*) Indien parlant espagnol ; (*mestizo*) métis(se)

lado NM côté *m* ; (*de cuerpo, Mil*) flanc *m* ; **~ izquierdo/derecho** côté gauche/droit ; **al ~ (de)** à côté (de) ; **dejar de ~** *o* **a un ~** laisser de côté ; **estar/ponerse del ~ de algn** être/se mettre du côté de qn ; **hacerse a un ~** se mettre sur le côté ; **poner de ~** mettre sur le côté ; **me da de ~** je m'en fiche ; **por un ~ ..., por otro ~ ...** d'un côté ..., d'un autre côté ... ; **por todos lados** de tous les côtés

ladrar VI aboyer

ladrido NM aboiement *m*

ladrillo NM brique *f* ; **el ~** (*fam: negocio*) l'immobilier *m* ; **este libro es un ~** (*fig*) ce livre est un pavé

ladrón, -ona NM/F voleur(-euse) ▶ NM (*Elec*) prise *f* multiple

lagar NM pressoir *m*

lagarta (*fam!*) NF (*mujer taimada*) salope *f* (*fam !*) ; (*mujer licenciosa*) putain *f* (*fam !*)

lagartija NF lézard *m*

lagarto NM lézard *m* ; (*AM: caimán*) caïman *m*

lago NM lac *m*

Lagos N Lagos

lágrima NF larme *f* ; **lágrimas de cocodrilo** larmes de crocodile

lagrimal NM coin *m* interne de l'œil

lagrimear VI pleurer

laguna NF lagune *f* ; (*en escrito, conocimientos*) lacune *f*

laico, -a ADJ, NM/F laïque *mf*

laja NF galet *m*

lama[1] NF (*cieno*) vase *f* ; (*AM: moho*) moisissure *f* ; (*MÉX: musgo*) mousse *f*

lama[2] NM (*Rel*) lama *m*

lamber (*AM fam*) VT lécher

lambiscón, -ona (*AM fam*) ADJ, NM/F lèche-botte *mf*

lameculos (*fam, pey*) NMF INV lèche-cul *mf*

lamentable ADJ (*desastroso*) déplorable ; (*lastimoso*) lamentable

lamentablemente ADV lamentablement

lamentación NF lamentation *f* ; **ahora no sirven lamentaciones** rien ne sert de pleurer

lamentar VT (*desgracia, pérdida*) déplorer ; **lamento tener que decirle ...** je regrette d'avoir à vous dire ... ; **lamento que no haya venido** je regrette qu'il ne soit pas venu ; **lo lamento mucho** je regrette beaucoup ▪ **lamentarse** VPR: **lamentarse (de)** se lamenter (sur)

lamento NM plainte *f*

lamer VT lécher

lámina NF (*de metal, papel*) feuille *f* ; (*ilustración, de madera*) planche *f*

laminar VT laminer

lámpara NF lampe *f* ; (*mancha*) tache *f* de graisse ; **~ de alcohol/de gas** lampe à alcool/à gaz ; **~ de pie** lampe de chevet

lamparilla NF chandelle *f*

lamparón NM tache *f*

lampiño, -a ADJ imberbe

lana NF laine *f* ; (*AM fam: dinero*) fric *m* ; **de ~** en laine

lanar ADJ lainier(-ière) ; **ganado ~** bêtes *fpl* à laine

lance VB *ver* **lanzar** ▶ NM (*Deporte, Taur*) passe *f* ; (*suceso*) épisode *m*

lanceta (*AM*) NF dard *m*

lancha NF canot *m* ; **~ de socorro** canot de sauvetage ; **~ motora** canot à moteur ; **~ neumática** canot pneumatique ; **~ torpedera** vedette lance-torpilles

lanero, -a ADJ lainier(-ière)

langosta NF (*insecto*) sauterelle *f* ; (*crustáceo*) langouste *f*

langostino NM langoustine *f*

lánguidamente ADV languissamment

languidecer VI languir

languidez NF langueur *f*

languidezca *etc* VB *ver* **languidecer**

lánguido, -a ADJ languissant(e)

lanilla NF (*pelillo*) peluche *f* ; (*tela*) chiffon *m* de flanelle

lanolina NF lanoline *f*

lanudo, -a ADJ laineux(-euse)

lanza NF lance *f*

lanzacohetes NM INV lance-fusées *m inv*

lanzadera NF navette *f*

lanzado, -a ADJ: **ser ~** être impétueux(-euse) ; **ir ~** voler

lanzador, a NM/F (*Deporte*) lanceur(-euse) ; **~(a) de bala** (*AM*) lanceur(-euse) de poids ; **~(a) de cuchillos** lanceur(-euse) de couteaux ; **~(a) de jabalina** lanceur(-euse) de javelot ; **~(a) de martillo** lanceur(-euse) de marteau ; **~(a) de peso** lanceur(-euse) de poids ; **es un experto ~ de faltas** (*Fútbol*) c'est un excellent tireur de coups francs ▶ NM (*de cohetes, misiles*) lanceur *m*

lanzagranadas NM INV lance-grenades *m inv*

lanzallamas NM INV lance-flammes *m inv*

lanzamiento NM lancer *m* ; (*de cohete, Com*) lancement *m* ; **~ de pesos** lancer du poids

lanzar VT lancer ▪ **lanzarse** VPR: **lanzarse a** (*al agua*) se jeter à ; (*al vacío, al mar*) se jeter dans ; (*fig*) se lancer à ; **lanzarse contra algn/algo** se lancer contre qn/qch

Lanzarote NM Lanzarote *f*

lanzatorpedos NM INV lance-torpilles *m inv*

lapa NF bernicle *f*, bernique *f* ; **pegarse como** *o* **ser una ~** (*fam*) être pot de colle

laparoscopia NF laparoscopie *f*

La Paz N La Paz

lapicera (*CSUR*) NF stylo *m*

lapicero NM crayon *m* ; (*AM: bolígrafo*) stylo *m*

lápida NF pierre *f* tombale ; **~ conmemorativa** plaque *f* commémorative

lapidar VT lapider

lapidario, -a ADJ, NM lapidaire *m*

lápiz NM crayon *m* (à papier) ; **a ~** au crayon ; **~ de color** crayon de couleur ; **~ de labios/de ojos** rouge *m* à lèvres/crayon pour les yeux ; **~ óptico** *o* **luminoso** crayon optique

lapón, -ona ADJ lapon(e) ▶ NM/F Lapon(e) ▶ NM (*Ling*) lapon *m*

Laponia NF Laponie *f*

l

lapso NM (*tb*: **lapso de tiempo**) laps *msg* de temps ; (*error*) lapsus *msg*

lapsus NM INV lapsus *msg*

largamente ADV longuement

largar VT (*Náut: cable*) larguer ; (*fam: dinero, bofetada*) allonger ; (*: discurso*) infliger ; (AM) lancer ▶ VI (*fam: hablar*) causer ■ **largarse** VPR (*fam*) se casser ; **largarse a** (AM) se mettre à

largavistas (CSUR) NM INV (*Tec*) jumelles *fpl*

largo, -a ADJ long (longue) ; (*persona: alta*) grand(e) ; (*: generosa*) large ; **dos horas largas** deux bonnes heures ; **a ~ plazo** à long terme ; **hacerse muy ~** traîner en longueur ; **a lo ~** (*posición*) en long ; **a lo ~ de** (*espacio*) le long de ; (*tiempo*) pendant ; **~ y tendido** (*hablar*) en long et en large ▶ NM longueur *f* ; (*Mús*) largo *m* ; **tiene nueve metros de ~** il fait neuf mètres de long ▶ NF: **a la larga** à la fin ; **me dio largas con la promesa de que ...** il s'est débarrassé de moi en promettant que ... ▶ EXCL: **¡~ (de aquí)!** (*fam*) fiche(z) le camp (d'ici) !

> ⚠ **Largo** ne signifie pas *large*, qui se traduit par **ancho** en espagnol.

largometraje NM long métrage *m*

largue *etc* VB *ver* **largar**

larguero NM (*Arq*) poutre *f* maîtresse ; (*de puerta*) chambranle *m* ; (*en cama, Deporte*) barre *f* transversale

largueza NF largesse *f*

larguirucho, -a ADJ dégingandé(e)

larguísimo, -a ADJ SUPERL très long (longue)

largura NF longueur *f*

laringe NF larynx *msg*

laringitis NF laryngite *f*

larva NF larve *f*

las ART DEF, PRON les ; **~ que cantan** celles qui chantent

lasaña NF (*Culin*) lasagnes *fpl*

lasca NF (*de piedra*) éclat *m* ; (*de jamón*) tranche *f*

lascivia NF lascivité *f*

lascivo, -a ADJ lascif(-ive)

láser NM laser *m* ; **rayo ~** rayon *m* laser

lástima NF pitié *f* ; **dar ~** faire pitié ; **es una ~ que** c'est dommage que ; **¡qué ~!** quel dommage ! ; **estar hecho una ~** faire pitié à voir

lastimar VT (*herir*) blesser ; (*ofender*) peiner ■ **lastimarse** VPR se blesser

lastimero, -a ADJ navrant(e)

lastimoso, -a ADJ déplorable

lastre NM (*Tec, Náut*) leste *m* ; (*fig*) poids *msg* mort

lata NF (*metal*) fer *m* blanc ; (*envase*) boîte *f* de conserve ; (*fam*) plaie *f* ; **en ~** en conserve ; **dar la ~** enquiquiner ; **¡qué ~!** quelle plaie !

latente ADJ latent(e)

lateral ADJ latéral(e) ▶ NM (*de iglesia, camino*) côté *m* ; (*Deporte*) aile *f*

látex NM latex *m*

latido NM (*del corazón*) battement *m*

latifundio NM latifundio *m*, latifundium *m*

latifundista NMF propriétaire *mf* d'un latifundio

latigazo NM coup *m* de fouet ; (*fig: dolor*) douleur *f* vive

látigo NM fouet *m*

latiguillo NM phrase *f* stéréotypée

latín NM (*Ling*) latin *m* ; **saber (mucho) ~** (*fam*) ne pas être né(e) de la dernière pluie

latinajo (*pey*) NM mot *m* en latin ; **echar latinajos** parler en latin de cuisine

latino, -a ADJ latin(e)

Latinoamérica NF Amérique *f* latine

latinoamericano, -a ADJ latino-américain(e) ▶ NM/F Latino-américain(e)

latir VI battre

latitud NF latitude *f* ■ **latitudes** NFPL (*región*) latitudes *fpl*

lato, -a ADJ: **en sentido ~** au sens large

latón NM laiton *m*

latoso, -a ADJ enquiquinant(e)

latrocinio NM vol *m*

LAU (ESP) SIGLA F (*Jur: = Ley de Arrendamientos Urbanos*) *réglementation des loyers urbains*

laucha (CSUR) NF souris *f*

laúd NM (*Mús*) luth *m*

laudable ADJ louable

laudo NM (*Jur*) arbitrage *m*

laureado, -a ADJ lauréat(e)

laurel NM laurier *m* ; **dormirse en los laureles** s'endormir sur ses lauriers

Lausana N Lausanne

lava NF lave *f*

lavable ADJ lavable

lavabo NM lavabo *m* ; (*servicio*) toilettes *fpl*

lavacoches NM INV laveur(-euse) de voitures

lavadero NM lavoir *m*

lavado NM nettoyage *m* ; (*de cuerpo*) toilette *f* ; **~ de cerebro** lavage *m* de cerveau ; **~ de estómago** lavage d'estomac

lavadora NF machine *f* à laver

lavafrutas NM INV rince-doigts *m inv*

lavanda NF lavande *f*

lavandería NF blanchisserie *f* ; **~ automática** laverie *f* automatique

lavaplatos NM INV lave-vaisselle *m inv*

lavar VT laver ; **~ y marcar** (*pelo*) faire un shampo(o)ing et une mise en plis ; **~ en seco** nettoyer à sec ■ **lavarse** VPR se laver ; **lavarse las manos** se laver les mains ; (*fig*) s'en laver les mains

lavaseco (CHI) NM teinturier *m*

lavativa NF (*Med*) lavement *m*

lavatorio (CSUR) NM lavabo *m*

lavavajillas NM INV = **lavaplatos**

laxante NM laxatif *m*
laxitud NF laxisme *m*
lazada NF nœud *m*
lazarillo NM guide *mf* d'aveugle ; **perro ~** chien *m* d'aveugle
lazo NM nœud *m* ; (*para animales*) lasso *m* ; (*trampa*) piège *m* ; (*vínculo*) lien *m* ; **~ corredizo** nœud coulant ; **lazos de amistad/de parentesco** liens *mpl* d'amitié/de parenté
lb, lbs ABR (= *libra(s)*) lb (= *livre(s)*)
L/C ABR (= *Letra de Crédito*) L/C (= *lettre de crédit*)
Lda. ABR (= *Licenciada*) *ver* **licenciado**
Ldo. ABR = **licenciado**
le PRON (*directo*) le ; (: *usted*) vous ; (*indirecto*) lui ; (: *usted*) vous
leal ADJ loyal(e)
lealtad NF loyauté *f*
leasing ['lizin] NM leasing *m*, crédit-bail *m*
lebrel NM lévrier *m*
lección NF leçon *f* ; **dar lecciones de** donner des leçons de ; **dar una ~ a algn** (*fig*) donner une bonne leçon à qn ; **~ práctica** leçon de choses
lechal ADJ (*cordero*) de lait
leche NF lait *m* ; **dar una ~ a algn** (*fam*) filer un gnon à qn ; **darse una ~** (*fam*) se filer un gnon ; **¡~!** (*fam*) putain ! (*fam !*) ; **estar de mala ~** (*fam*) être de mauvais poil ; **~ condensada/descremada** *o* **desnatada** lait condensé/écrémé ; **~ en polvo** lait en poudre
lechera NF (*recipiente*) pot *m* à lait ; *ver tb* **lechero**
lechería NF laiterie *f*
lechero, -a ADJ, NM/F laitier(-ière)
lecho NM lit *m*, couche *f* ; **~ de muerte** lit de mort ; **~ de río** lit de la rivière
lechón NM cochon *m* de lait
lechosa (VEN) NF papaye *f*
lechoso, -a ADJ laiteux(-euse)
lechuga NF laitue *f*
lechuza NF chouette *f*
lectivo, -a ADJ (*día, horas*) de cours
lector, a NM/F lecteur(-trice) ▸NM (*Inform*) lecteur *m* ; **~ de discos compactos** lecteur *m* de CD ; **~ electrónico** liseuse *f* ; **~ óptico de caracteres** (*Inform*) lecteur optique de caractères ▸NF: **lectora de fichas** (*Inform*) lecteur de cartes
lectorado NM (*Univ*) lectorat *m*
lectura NF lecture *f*
leer VT lire ; **~ algo en los ojos/la cara de algn** lire qch dans les yeux/sur le visage de qn ; **~ entre líneas** lire entre les lignes
legación NF légation *f*
legado NM (*Jur, fig*) legs *msg* ; (*enviado*) légat *m*
legajo NM dossier *m*
legal ADJ légal(e) ; (*fam: persona*) réglo *adj inv*
legalice *etc* VB *ver* **legalizar**
legalidad NF légalité *f* ; (*normas*) législation *f*
legalización NF légalisation *f*
legalizar VT légaliser
legalmente ADV légalement
legaña NF chassie *f*
legar VT (*Jur, fig*) léguer
legatario, -a NM/F (*Jur*) légataire *mf*
legendario, -a ADJ légendaire
legible ADJ lisible ; **~ por máquina** (*Inform*) exploitable par une machine
legión NF (*Mil, fig*) légion *f* ; **L~ Extranjera** Légion étrangère
legionario NM légionnaire *m*
legionella NF (*bacteria*) légionelle *f* ; (*enfermedad*) légionellose *f*
legislación NF législation *f* ; **~ antimonopolio** lois *fpl* anti-trust
legislador, a NM/F législateur(-trice)
legislar VI légiférer
legislativo, -a ADJ législatif(-ive) ; **(elecciones) legislativas** (élections *fpl*) législatives *fpl*
legislatura NF législature *f*
legitimar VT légitimer
legítimo, -a ADJ (*genuino*) véritable ; (*legal*) légitime ; **en legítima defensa** en légitime défense
lego, -a ADJ (*Rel*) séculaire ; (*ignorante*) profane ▸NM/F profane *mf*
legua NF lieue *f* ; **se ve** *o* **se nota a la ~** ça se voit comme le nez au milieu de la figure
legue *etc* VB *ver* **legar**
legumbre NF légume *m* sec

> ⚠ **Legumbre** ne désigne pas un *légume* en général, qui se traduit par **verdura** en espagnol.

lehendakari NMF = **lendakari**
leído, -a ADJ instruit(e)
lejanía NF éloignement *m*
lejano, -a ADJ éloigné(e) ; **L~ Oriente** Extrême-Orient *m*
lejía NF eau *f* de Javel
lejísimos ADV très loin
lejos ADV loin ; **a lo ~** au loin ; **de** *o* **desde ~** de loin ; **está muy ~** c'est très loin ; **¿está ~?** c'est loin ? ; **ir demasiado ~** (*fig*) aller trop loin ; **sin ir más ~** sans aller plus loin ; **llegar ~** (*fig*) aller loin ; **~ de** loin de
lelo, -a ADJ bébête ▸NM/F sot(te)
lema NM devise *f* ; (*Pol*) slogan *m*
lempira (HONDURAS) NM *monnaie du Honduras*
lencería NF linge *m* ; (*ropa interior*) lingerie *f*
lendakari NMF *président(e) du gouvernement basque*
lengua NF langue *f* ; *voir article* ; **dar a la ~** causer ; **irse de la ~** avoir la langue bien pendue ; **morderse la ~** (*fig*) se mordre la

l

langue ; **lenguas clásicas** langues mortes ; **~ de tierra** (*Geo*) langue de terre ; **~ materna** langue maternelle

En vertu de la Constitution espagnole, les **lenguas cooficiales** ou **oficiales** jouissent du même statut que le castillan dans les régions où subsiste une langue propre. C'est le cas du galicien en Galice, du basque (*euskera*) au Pays basque et du catalan en Catalogne, dans la Communauté valencienne et aux Baléares. Les gouvernements régionaux encouragent activement l'utilisation de ces langues à travers les médias et le système scolaire. Des trois régions qui possèdent leur propre langue, c'est en Catalogne que la **lengua cooficial** est la plus parlée.

lenguado NM sole *f*

lenguaje NM langage *m* ; **en ~ llano** simplement ; **~ comercial** langage commercial ; **~ de programación** (*Inform*) langage de programmation ; **~ ensamblador** *o* **de bajo nivel** (*Inform*) assembleur *m* ; **~ máquina** (*Inform*) langage machine ; **~ periodístico** langage journalistique

lengüeta NF (*de zapatos, Mús*) languette *f*

Leningrado N (*Hist*) Léningrad

leninista ADJ, NMF léniniste *mf*

lentamente ADV lentement

lente NF lentille *f* ; (*lupa*) loupe *f* ■ **lentes** NMPL (*gafas*) lunettes *fpl* ; **lentes de contacto** lentilles de contact

lenteja NF lentille *f*

lentejuela NF paillette *f*

lentilla NF lentille *f*

lentitud NF lenteur *f* ; **con ~** avec lenteur

lento, -a ADJ lent(e)

leña NF (*para el fuego*) bois *msg* ; **dar** *o* **repartir ~ a** distribuer des coups à ; **echar ~ al fuego** (*fig*) mettre de l'huile sur le feu

leñador, a NM/F bûcheron(ne)

leño NM tronc *m* ; (*fig*) crétin *m*

Leo NM (*Astrol*) Lion *m* ; **ser ~** être Lion

león NM lion *m* ; **~ marino** otarie *f*

leonera NF (*jaula*) cage *f* aux lions ; **esta habitación está hecha una ~** cette chambre est dans une pagaille épouvantable

leonés, -esa ADJ léonais(e) ▶ NM/F Léonais(e)

leonino, -a ADJ léonin(e)

leopardo NM léopard *m*

leotardos NMPL collants *mpl*

lépero, -a (CAM, MÉX) ADJ grossier(-ière) ▶ NM/F malotru(e)

leporino, -a ADJ: **labio ~** bec-de-lièvre *m*

lepra NF lèpre *f*

leprosario (MÉX) NF = **leprosería**

leprosería NF léproserie *f*

leproso, -a NM/F lépreux(-euse)

lerdo, -a ADJ lent(e)

leridano, -a ADJ de Lérida ▶ NM/F natif(-ive) *o* habitant(e) de Lérida

les PRON (*directo*) les ; (*: ustedes*) vous ; (*indirecto*) leur ; (*: ustedes*) vous

lesbiana NF lesbienne *f*

lésbico, -a ADJ lesbien(ne)

leseras (CSUR) NFPL idioties *fpl*

lesión NF lésion *f*

lesionado, -a ADJ blessé(e)

lesionar VT blesser ■ **lesionarse** VPR se blesser

lesivo, -a ADJ préjudiciable

letal ADJ létal(e)

letanía NF (*Rel*) litanie *f* ; (*retahíla*) chapelet *m*

letárgico, -a ADJ léthargique

letargo NM léthargie *f*

Letonia NF Lettonie *f*

letra NF lettre *f* ; (*escritura*) écriture *f* ; (*Com*) traite *f* ; (*Mús: de canción*) paroles *fpl* ; **escribir cuatro letras a algn** écrire un petit mot à qn ; **~ bancaria** traite bancaire ; **~ bastardilla/negrita** (*Tip*) italique *m*/caractères *mpl* gras ; **~ de cambio** (*Com*) lettre de change ; **~ de imprenta** *o* **de molde** caractère *m* d'imprimerie ; **~ de patente** (*Com*) brevet *m* d'invention ; **~ inicial** initiale *f* ; **~ mayúscula/minúscula** lettre majuscule/minuscule ■ **Letras** NFPL (*Univ, Escol*) lettres *fpl*

letrado, -a ADJ instruit(e) ▶ NM/F avocat(e)

letrero NM panneau *m* ; (*anuncio*) écriteau *m*

letrina NF latrines *fpl*

leucemia NF leucémie *f*

leucocito NM leucocyte *m*

leva NF (*Náut*) appareillage *m* ; (*Mil*) levée *f* ; (*Tec*) levier *m*

levadizo, -a ADJ: **puente ~** pont *m* basculant ; (*Hist*) pont-levis *m*

levadura NF levure *f* ; **~ de cerveza** levure de bière ; **~ en polvo** (*Culin*) levure en poudre

levantada (PERÚ) NF levée *f*

levantamiento NM soulèvement *m* ; (*de castigo, orden*) levée *f* ; **~ de pesos** haltérophilie *f*

levantar VT lever ; (*velo, telón*) relever ; (*paquete, niño*) soulever ; (*voz*) élever ; (*mesa*) débarrasser ; (*polvo*) soulever ; (*construir*) élever ; **~ el ánimo** remonter le moral ; **no levanto cabeza** tout va de travers ■ **levantarse** VPR se lever ; (*desprenderse*) s'enlever ; (*sesión*) être levé(e)

Levante NM *région de Valence et de Murcie*

levante NM (*este*) levant *m* ; (*viento*) vent *m* d'Est

levantino, -a ADJ du Levant

levantisco, -a ADJ levantin(e)

levar VT: **~ anclas** lever l'ancre

leve ADJ léger(-ère)

levedad NF légèreté *f* ; (*de herida*) caractère *m* bénin

levemente ADV légèrement

levita NF redingote *f*
levitación NF lévitation *f*
levitar VI léviter
léxico, -a ADJ lexical(e) ▶ NM lexique *m*
ley NF loi *f* ; (*de sociedad*) règlement *m* ; **de ~** (*oro, plata*) véritable ; **vivir fuera de la ~** vivre en marge des lois ; **según la ~** d'après la loi ; **aplicar la ~ del embudo** faire deux poids, deux mesures ; **~ de la gravedad** loi de la pesanteur
leyenda NF légende *f*
leyendo *etc* VB *ver* **leer**
LGBT, LGTB SIGLA ADJ (= *lesbianas, gays, transexuales y bisexuales*) LGBT (= *lesbiennes, gays, bi et trans*)
liana NF liane *f*
liar VT (*atar*) lier ; (*enredar*) embrouiller ; (*cigarrillo*) rouler ; (*envolver*) enrouler ; **~ a algn en algo** (*fam*) embarquer qn dans qch ; **¡la que has liado!** tu te rends compte de ce que tu as fait ? ■ **liarse** VPR (*fam*) s'embrouiller ; **liarse a palos** se taper dessus ; **liarse a hacer algo** se mettre à faire qch ; **liarse haciendo algo** se plonger dans qch ; **liarse con algn** (*fam*) avoir une liaison avec qn
lib. ABR = **libro**
libanés, -esa ADJ libanais(e) ▶ NM/F Libanais(e)
Líbano NM: **el ~** le Liban
libar VT butiner
libelo NM libelle *m*
libélula NF libellule *f*
liberación NF libération *f*
liberado, -a ADJ libéré(e) ; (*Com*) à jour
liberal ADJ, NMF (*Pol, Econ*) libéral(e) ; **profesiones liberales** professions *fpl* libérales
liberalidad NF libéralité *f*
liberalismo NM (*Pol, Econ*) libéralisme *m*
liberalizar VT libéraliser
liberar VT libérer ■ **liberarse** VPR se libérer
líbero NM (*Deporte*) libéro *m*
libertad NF liberté *f* ; **estar en ~** être en liberté ; **poner a algn en ~** remettre qn en liberté ; **~ bajo fianza/bajo palabra** liberté sous caution/sur parole ; **~ condicional** liberté conditionnelle ; **~ de comercio** libre-échange *m* ; **~ de culto/de expresión/de prensa** liberté du culte/d'expression/de presse ; **~ provisional** liberté provisoire ■ **libertades** NFPL (*pey*) libertés *fpl*
Libertador (*Am*) NM (*Hist*): **El ~** le Libérateur (*Simón Bolívar*)
libertador, a NM/F libérateur(-trice)
libertar VT (*preso*) délivrer
libertario, -a ADJ, NM/F libertaire *mf*
libertinaje NM libertinage *m*
libertino, -a ADJ, NM/F libertin(e)
Libia NF Libya *f*
libidinoso, -a ADJ libidineux(-euse)
libido NF libido *f*
libio, -a ADJ libyen(ne) ▶ NM/F Libyen(ne)
libra NF livre *f* ; **L~** (*Astrol*) Balance *f* ; **ser L~** être Balance ; **~ esterlina** livre sterling
librador, a NM/F (*Com*) tireur *m*
libramiento NM (*Com*) ordre *m* de paiement
libranza NF (*Com*) ordre *m* de paiement ; (*letra de cambio*) tirage *m*
librar VT (*de castigo, obligación*) dispenser ; (*de peligro*) sauver ; (*batalla*) livrer ; (*cheque*) virer ; (*Jur*) exempter ▶ VI avoir un jour de congé ; **libro los domingos** je ne travaille pas le dimanche ■ **librarse** VPR: **librarse de algn/algo** échapper à qn/qch ; **de buena nos hemos librado** nous l'avons échappé belle
libre ADJ libre ; **~ a bordo** (*Com*) franco à bord ; **~ de impuestos** exonéré(e) d'impôts ; **~ de preocupaciones** libre de toute préoccupation ; **tiro ~** coup *m* franc ; **los 100 metros libres** le 100 mètres nage libre ; **al aire ~** à l'air libre ; **entrada ~** entrée *f* libre ; **día ~** jour *m* de congé ; **¿estás ~?** tu es libre ?
librea NF livrée *f*
librecambio NM (*Econ*) libre-échange *m*
librecambista ADJ, NM (*Econ*) libre-échangiste *m*
libremente ADV librement
librería NF librairie *f* ; (*estante*) bibliothèque *f* ; **~ de ocasión** librairie de livres d'occasion
librero, -a NM/F libraire *mf* ▶ NM (*Méx*) librairie *f*
libreta NF cahier *m* ; **~ de ahorros** livret *m* de caisse d'épargne
libreto NM (*Mús*) livret *m*
libro NM livre *m* ; **~ azul/blanco** (*Pol*) livre bleu/blanc ; **~ de actas** minutes *fpl* ; **~ de bolsillo** livre de poche ; **~ de caja/de caja auxiliar** (*Com*) livre de caisse/de petite caisse ; **~ de cocina** livre de cuisine ; **~ de consulta** ouvrage *m* de référence ; **~ de cuentas** livre de comptes ; **~ de cuentos** livre de contes ; **~ de entradas y salidas** (*Com*) main *f* courante ; **~ de familia** (*Jur*) livret *m* de famille ; **~ de honor** livre d'or ; **~ de reclamaciones** registre *m* des réclamations ; **~ de texto** manuel *m* ; **~ electrónico** livre électronique ; **~ mayor** (*Com*) grand livre
Lic. ABR = **licenciado, -a**
licencia NF (*Admin, Jur*) licence *f*, autorisation *f* ; **~ de apertura** licence ; **~ de armas/de caza** permis *msg* de port d'arme/de chasse ; **~ de exportación** (*Com*) licence d'exportation ; **~ de obras** permis de construire ; **~ fiscal** patente *f* ; **~ poética** licence poétique
licenciado, -a ADJ (*soldado*) libéré(e) ; (*Univ*) titulaire d'une maîtrise ▶ NM/F titulaire *mf* d'une maîtrise ; *voir article* ; **L~** (*abogado*) Maître ; **L~ en Filosofía y Letras** titulaire d'une maîtrise de lettres

Avant l'année 2010, au terme de cinq années d'études universitaires en moyenne, les étudiants espagnols se voyaient décerner le titre de **licenciado**. Si les études ne duraient que trois ans, on recevait le titre de *diplomado*.

licenciar VT (*soldado*) libérer ▪ **licenciarse** VPR terminer son service militaire ; (*Univ*) passer sa maîtrise ; **licenciarse en letras** obtenir une maîtrise de lettres

licenciatura NF maîtrise *f*

licencioso, -a ADJ licencieux(-euse)

liceo (*esp Am*) NM lycée *m*

licitación NF vente *f* aux enchères ; (*oferta*) enchère *f*

licitador NM, **licitante** NM enchérisseur *m*

licitar VT faire une enchère sur ▸ VI faire monter les enchères

lícito, -a ADJ (*legal*) licite ; (*justo*) juste ; (*permisible*) permis(e)

licor NM liqueur *f*

licorera NF (*botella*) bouteille *f* à liqueurs ; (*empresa*) distillerie *f*

licra® NF lycra® *m*

licuadora NF mixeur *m*

licuar VT passer au mixeur

lid NF lutte *f* ▪ **lides** NFPL matière *f*

líder NMF leader *mf*

liderar VT (*organización*) être à la tête de ; (*clasificación*) dominer

liderato NM = **liderazgo**

liderazgo NM leadership *m*

lidia NF (*Taur*) combat *m* ; (: *una lidia*) corrida *f* ; **toros de ~** taureaux *mpl* de combat

lidiar VT combattre ▸ VI: **~ con** (*dificultades, enemigos*) batailler avec

liebre NF lièvre *m* ; (Chi: *microbús*) minibus *msg* ; **dar gato por ~** rouler

Liechtenstein NM Liechtenstein *m*

Lieja N Liège

lienzo NM toile *f* ; (*Arq*) mur *m*

lifting NM lifting *m*

liga NF (*de medias*) porte-jarretelles *m inv* ; (*Deporte*) compétition *f* ; (*Pol*) ligue *f*

ligadura NF ligature *f* ; **~ de trompas** (*Med*) ligature des trompes

ligamento NM ligament *m*

ligar VT lier ; (*Med*) ligaturer ▸ VI (*fam: persona*) draguer ; (: *dos personas*) se faire du gringue ; **~ con** (*fam*) draguer ; **estar muy ligado a algn/algo** être très attaché à qn/qch ▪ **ligarse** VPR (*fig*) se lier ; **ligarse a algn** (*fam*) draguer qn

ligeramente ADV légèrement

ligereza NF légèreté *f*

ligero, -a ADJ léger(-ère) ; **a la ligera** à la légère ▸ ADV (*andar*) d'un pas léger ; (*moverse*) avec légèreté

light ['lait] ADJ INV (*cigarrillo, bebida*) light *inv* ; (*comida*) allégé(e)

ligón, -ona (*fam*) NM/F dragueur(-euse)

ligue VB *ver* **ligar** ▸ NM (*fam*): **ir de ~** draguer

liguero NM porte-jarretelles *m inv*

liguilla NF (*Deporte: torneo*) mini-championnat *m* ; (: *para ascender*) match *m* de groupe

lija NF (*pez*) roussette *f* ; (*tb*: **papel de lija**) papier *m* de verre

lijar VT poncer

lila ADJ INV lilas *adj inv* ▸ NF (*Bot*) lilas *msg* ▸ NM (*color*) lilas *msg* ; (*fam: tonto*) crétin *m*

Lima N Lima

lima NF (*herramienta, Bot*) lime *f* ; **comer como una ~** manger comme quatre ; **~ de uñas** lime à ongles

limar VT limer ; **~ asperezas** (*fig*) arrondir les angles

limbo NM: **estar en el ~** (*fig*) être dans la lune

limeño, -a ADJ de Lima ▸ NM/F natif(-ive) *o* habitant(e) de Lima

limitación NF limitation *f* ; **~ de velocidad** limitation de vitesse ▪ **limitaciones** NFPL (*carencias*) limites *fpl*

limitado, -a ADJ limité(e) ; **sociedad limitada** société *f* à responsabilité limitée

limitar VT limiter ; (*terreno, tiempo*) délimiter ▸ VI: **~ con** (*Geo*) faire frontière avec ▪ **limitarse** VPR: **limitarse a (hacer)** se limiter à (faire)

límite NM limite *f* ; **no tener límites** être sans limite ; **~ de crédito** découvert *m* autorisé ; **~ de página** fin *f* de page ; **~ de velocidad** limitation *f* de vitesse ▸ ADJ INV limite ; **fecha ~** date *f* limite ; **situación ~** situation *f* limite ▪ **límites** NMPL (*de finca, país*) limites *fpl*

limítrofe ADJ limitrophe

limón NM citron *m* ▸ ADJ: **amarillo ~** jaune citron *inv*

limonada NF citronnade *f*

limonero NM citronnier *m*

limosna NF aumône *f* ; **pedir ~** demander l'aumône, mendier ; **vivir de la ~** vivre de la mendicité

limpia (CAm, Méx) NF propreté *f*

limpiabotas NMF INV cireur(-euse) (de chaussures)

limpiacristales NM INV produit *m* pour les vitres

limpiador, a ADJ nettoyant(e) ▸ NM/F nettoyeur(-euse) ▸ NM (*producto*) nettoyant *m*

limpiamente ADV (*hábilmente*) habilement, avec habilité ; (*honestamente*) honnêtement ; **nos ganaron ~** on a été battus à la régulière

limpiaparabrisas NM INV essuie-glace *m*

limpiar VT nettoyer ; (*fam: robar*) ratiboiser ; **~ en seco** nettoyer à sec ▪ **limpiarse** VPR: **limpiarse la cara/los pies** se laver la figure/les pieds

limpieza NF propreté *f* ; (*acto, Policía*) nettoyage *m* ; (*habilidad*) adresse *f* ; **operación de ~** (*Mil*) opération *f* de nettoyage ; **~ en seco** nettoyage à sec ; **~ étnica** purification *f* ethnique

limpio, -a ADJ propre ; (*conducta, negocio*) net(te) ; (*cielo, pared*) dégagé(e) ; (*aire*) pur(e) ; (*agua*) clair(e) ; (*conciencia*) tranquille ; **~ de** libre de ; **gana 2 000 € limpios** il gagne 2 000 € net ; **a grito/puñetazo ~** avec force cris/coups de poing ▸ ADV: **jugar ~** (*fig*) jouer franc jeu ; **pasar a ~** mettre au propre ; **sacar algo en ~** tirer qch au clair

limusina NF limousine *f*

linaje NM lignée *f*

linaza NF lin *m* ; **aceite de ~** huile *f* de lin

lince NM lynx *msg* ; **ser un ~** (*observador*) ne pas avoir les yeux dans sa poche ; (*astuto*) être un as

linchamiento NM lynchage *m*

linchar VT lyncher

lindante ADJ: **~ con algo** adjacent(e) à qch ; (*fig*) qui frise qch

lindar VI: **~ con** border ; (*fig*) friser

linde NM O NF (*de bosque, terreno*) limite *f*

lindero NM = **linde**

lindo, -a ADJ joli(e) ; **de lo ~** (*fam: muy*) vachement ; **disfrutar/divertirse de lo ~** vachement bien s'amuser ▸ ADV (*AM*) bien ; **canta muy ~** (*AM*) il chante très bien

lindura (*esp AM*) NF beauté *f*

línea NF ligne *f* ; **en ~** (*Inform*) en ligne ; **de primera ~** de premier rang ; **en líneas generales** globalement ; **guardar la ~** garder la ligne ; **fuera de ~** (*Inform*) déconnecté(e) ; **~ aérea** ligne aérienne ; **~ de fuego** (*Mil*) ligne de tir ; **~ de meta** (*Deporte*) ligne de touche ; (: *de carrera*) ligne d'arrivée ; **~ discontinua** (*Auto*) ligne discontinue ; **~ dura** (*Pol*) ligne dure ; **líneas enemigas** (*Mil*) lignes ennemies ; **~ recta** ligne droite

lineal ADJ linéaire

linfático, -a ADJ lymphatique

lingotazo (*fam*) NM coup *m* (*fam: à boire*)

lingote NM lingot *m*

lingüista NMF linguiste *mf*

lingüística NF linguistique *f*

lingüístico, -a ADJ linguistique

linier (*pl* **liniers**) NMF (*Deporte*) juge *mf* de touche

linimento NM liniment *m*

lino NM lin *m*

linóleo NM linoléum *m*

linterna NF lampe *f* de poche

linyera (*CSUR*) NM vagabond *m*

lío NM paquet *m* ; (*desorden*) fatras *msg* ; (*fam: follón*) bordel *m* ; (: *relación amorosa*) aventure *f* ; **armar un ~** foutre le bordel ; **hacerse un ~** s'emmêler les pédales ; **meterse en un ~** se fourrer dans un drôle de pétrin ; **tener un ~ con algn** avoir une aventure avec qn

liofilizado, -a ADJ lyophilisé(e)

liposucción NF liposuccion *f*

lipotimia NF lipothymie *f*

liquen NM lichen *m*

liquidación NF (*de empresa*) dépôt *m* de bilan ; (*de salario*) prime *f* ; (*de existencias, cuenta, deuda*) liquidation *f*

liquidar VT liquider

liquidez NF (*Econ*) liquidités *fpl*

líquido, -a ADJ liquide ; (*ganancia*) net(te) ▸ NM liquide *m* ; (*Com: ganancia*) bénéfice *m* net ; **~ de frenos** liquide de frein

lira NF (*Mús*) lyre *f* ; (*Hist: moneda*) lire *f*

lírica NF poésie *f* lyrique

lírico, -a ADJ lyrique

lirio NM iris *msg*

lirismo NM lyrisme *m*

lirón NM loir *m* ; **dormir como un ~** dormir comme un loir

Lisboa N Lisbonne

lisboeta ADJ de Lisbonne ▸ NMF natif(-ive) *o* habitant(e) de Lisbonne

lisiado, -a ADJ, NM/F estropié(e)

lisiar VT estropier ■ **lisiarse** VPR se blesser

liso, -a ADJ (*superficie*) lisse ; (*cabello*) raide ; (*tela, color*) uni(e) ; (*AND, CSUR: grosero*) grossier(-ière) ; **lisa y llanamente** purement et simplement

lisonja NF flatterie *f*

lisonjear VT flatter

lisonjero, -a ADJ, NM/F (*persona*) flatteur(-euse)

lista NF liste *f* ; (*franja*) rayure *f* ; **pasar ~** faire l'appel ; **tela a listas** tissu *m* rayé ; **~ de correos** poste *f* restante ; **~ de direcciones** fichier *m* d'adresses ; **~ de espera** liste d'attente ; **~ de platos** carte *f* ; **~ de precios** tarifs *mpl* ; **~ electoral** liste électorale

listado, -a ADJ à rayures ▸ NM (*Com, Inform*) listing *m*, listage *m* ; **~ paginado** (*Inform*) listing *o* listage paginé

listar VT (*Inform*) lister

listillo, -a NM/F petit malin (petite maligne)

listín NM: **~ telefónico** listing *m* téléphonique

listo, -a ADJ intelligent(e) ; (*preparado*) prêt(e) ; **~ para empezar** prêt(e) à commencer ; **¿estás ~?** tu es prêt(e) ? ; **pasarse de ~** se tromper lourdement

listón NM baguette *f* (en bois)

lisura (*AND, CSUR*) NF grossièreté *f*

litera NF (*en barco, tren*) couchette *f* ; (*en dormitorio*) lit *m* superposé

literal ADJ littéral(e)

literalmente ADV littéralement

literario, -a ADJ littéraire

literato, -a NM/F écrivain(e)

literatura NF littérature *f*

litigante ADJ, NMF (*Jur*) plaignant(e)

litigar VI (*Jur*) plaider ; (*fig*) être en conflit

litigio NM (*Jur, fig*) litige *m* ; **en ~ con** en litige avec

l

litigue *etc* VB *ver* **litigar**
litio NM lithium *m*
litografía NF lithographie *f*
litoral ADJ littoral(e) ▶ NM littoral *m*
litro NM litre *m*
litrona (*fam*) NF bouteille *f* de bière d'un litre
Lituania NF Lituanie *f*
lituano, -a ADJ lituanien(ne) ▶ NM/F Lituanien(ne) ▶ NM (*Ling*) lituanien *m*
liturgia NF liturgie *f*
litúrgico, -a ADJ liturgique
liviano, -a ADJ (*esp AM: de poco peso*) léger(-ère) ; (*sin importancia*) trivial(e)
lívido, -a ADJ livide
living ['liβin] (*esp AM*) (*pl* **livings**) NM living *m*
liza NF (*Hist*) lice *f* ; (*fig*) combat *m* ; **en ~** en lice
Ll, ll ['eʎe] NF *ancienne lettre de l'alphabet espagnol*
llaga NF plaie *f*
llagar VT entailler, blesser ■ **llagarse** VPR s'entailler, se blesser
llague *etc* VB *ver* **llagar**
llama NF flamme *f* ; (*Zool*) lama *m* ; **en llamas** en flammes
llamada NF (*telefónica*) appel *m* ; (*a la puerta*) coup *m* ; (*: timbre*) coup de sonnette ; (*en un escrito*) renvoi *m* ; **~ a cobro revertido** appel en PCV ; **~ al orden** *o* **de atención** rappel *m* à l'ordre ; **~ interurbana** appel interurbain
llamado (*AM*), **llamamiento** NM appel *m*
llamar VT appeler ; (*convocar*) convoquer ; **~ a algn por teléfono** appeler qn, téléphoner qn ; **~ la atención** attirer l'attention ; **~ al orden** rappeler à l'ordre ; **me han llamado payaso/cobarde** ils m'ont traité de clown/lâche ▶ VI (*a la puerta*) frapper ; (*al timbre*) sonner ; **¿quién llama?** (*Telec*) qui est à l'appareil ? ■ **llamarse** VPR s'appeler ; **¿cómo te llamas?** comment t'appelles-tu ?
llamarada NF flambée *f* ; (*rubor*) rougeur *f* passagère
llamativo, -a ADJ voyant(e) ; (*color*) criard(e)
llamear VI flamber
llanamente ADV simplement ; *ver tb* **liso**
llaneza NF simplicité *f*
llano, -a ADJ (*superficie*) plat(e) ; (*persona, estilo*) simple ▶ NM plaine *f* ; **Los Llanos** (*VEN*) les Plaines
llanta NF jante *f* ; (*AM: cámara*) chambre *f* à air
llanto NM pleurs *mpl*, larmes *fpl*
llanura NF plaine *f*
llave NF clé *f*, clef *f* ; (*de gas, agua*) robinet *m* ; (*Tec*) clé ; (*de la luz*) interrupteur *m* ; (*Tip*) crochet *m* ; **cerrar con ~** *o* **echar la ~** fermer à clé ; **~ de contacto** (*Auto*) clé de contact ; **~ de judo** prise *f* de judo ; **~ de memoria** clé USB ; **~ de paso** robinet d'arrêt ; **~ inglesa** clé anglaise ; **~ maestra** passe-partout *m inv*
llavero NM porte-clés *msg*
llegada NF arrivée *f*
llegar VI arriver ; (*ruido*) parvenir ; (*bastar*) suffire ; **no llegues tarde** ne rentre pas trop tard ; **esta cuerda no llega** cette corde n'est pas assez longue ; **~ a las manos** en venir aux mains ; **~ a las manos de algn** tomber entre les mains de qn ; **~ a saber** finir par savoir ; **~ a (ser) famoso/jefe** devenir célèbre/le patron ; **llegó a pegarme** il est allé jusqu'à me frapper ■ **llegarse** VPR: **llegarse a** aller à
llegue *etc* VB *ver* **llegar**
llenar VT remplir ; (*superficie*) couvrir ; (*tiempo*) faire passer ; (*satisfacer*) combler ▶ VI rassasier ■ **llenarse** VPR: **llenarse (de)** se remplir (de) ; (*al comer*) se rassasier (de)
lleno, -a ADJ plein(e), rempli(e) ; (*persona: de comida*) rassasié(e) ; **~ de polvo/de gente/de errores** plein(e) de poussière/de gens/d'erreurs ; **dar de ~ contra algo** heurter qch de plein fouet ▶ NM (*Teatro*) salle *f* comble
llevadero, -a ADJ supportable
llevar VT porter ; (*en coche*) emmener ; (*transportar*) transporter ; (*ruta*) suivre ; (*dinero*) avoir sur soi ; (*coche, moto*) conduire ; (*soportar*) supporter ; (*negocio*) diriger ; (*ritmo, compás*) mener ; (*Mat*) retenir ; **nos llevó a cenar fuera** il nous a emmenés dîner ; **me llevó una hora hacerlo** j'ai mis une heure à le faire ; **llevamos dos días aquí** nous sommes ici depuis deux jours ; **llevo un año estudiando** cela fait un an que j'étudie ; **él me lleva dos años** il a deux ans de plus que moi ; **~ hecho/vendido/estudiado** avoir fait/vendu/étudié ; **~ algo adelante** (*fig*) faire avancer qch ; **~ la contraria/la corriente a algn** contredire/suivre qn ; **~ los libros** (*Com*) tenir les registres ; **~ ventaja** avoir l'avantage ; **~ una vida tranquila** mener une vie paisible ; **~ de paseo** emmener faire un tour ; **dejarse ~ por algo/algn** se laisser emporter par qch/se laisser faire par qn ▶ VI: **~ a** (*suj: camino*) mener à ■ **llevarse** VPR (*estar de moda*) se porter beaucoup ; **llevarse el dinero/coche** prendre l'argent/la voiture ; **llevarse algo/a algn por delante** (*atropellar*) percuter qch/qn ; **llevarse un susto/disgusto/sorpresa** être effrayé(e)/mécontent(e)/surpris(e) ; **llevarse bien/mal (con algn)** bien/ne pas s'entendre (avec qn)
llorar VT, VI pleurer ; **~ a moco tendido** (*fam*) pleurer toutes les larmes de son corps ; **~ de risa** pleurer de rire
lloriquear VI pleurnicher
lloro NM pleurs *mpl*
llorón, -ona ADJ, NM/F pleurnichard(e)
lloroso, -a ADJ (*ojos*) gonflé(e) par les larmes ; (*persona*) qui a pleuré
llover VI pleuvoir ; **~ a cántaros** *o* **a cubos** *o* **a mares** pleuvoir à seaux *o* des cordes ; **como llovido del cielo** tombé(e) du ciel ; **llueve sobre mojado** les catastrophes se succèdent
llovizna NF bruine *f*

lloviznar VI pleuvioter
llueve *etc* VB *ver* **llover**
lluvia NF pluie *f*; **día de ~** jour *m* pluvieux *o* de pluie ; **~ radioactiva** pluie radioactive
lluvioso, -a ADJ pluvieux(-euse)

lo

▶ ART DEF **1**: **lo bueno/caro** ce qui est bon/cher ; **lo mejor/peor** le mieux/pire ; **lo gracioso fue que ...** ce qui est drôle, c'est que ... ; **lo mío** ce qui est à moi ; **olvidaste lo esencial** tu as oublié l'essentiel ; **¡no sabes lo aburrido que es!** tu ne peux pas savoir comme c'est ennuyeux ! ; **con lo poco que gana** avec le peu d'argent qu'il gagne
2: **lo + de** (*pron dem*): **¿sabes lo del presidente?** tu es au courant pour le président ? ; **olvida lo de ayer** oublie ce qui s'est passé hier ; **(a) lo de** (CSUR: *a casa de*) chez ; (: + *infin*): **¿a quién se le ocurrió lo de esperar aquí?** qui a eu l'idée d'attendre ici ?
3: **lo que** (*pron rel*): **lo que yo pienso** ce que je pense ; **lo que más me gusta** ce que j'aime le plus ; **lo que pasa es que ...** ce qu'il y a, c'est que ... ; **más de lo que crees** plus que tu ne crois ; **en lo que se refiere a** pour ce qui est de ; **lo que quieras** ce que tu veux *o* voudras ; **lo que sea** quoi que ce soit ; **(a) lo que** (AM: *en cuanto*) dès que
4: **lo cual**: **lo cual es lógico** ce qui est logique
▶ PRON PERS **1** (*a él*) le, l' ; **lo han despedido** ils l'ont renvoyé ; **no lo conozco** je ne le connais pas
2 (*a usted*) vous ; **lo escucho, señor** je vous écoute, monsieur
3 (*cosa, animal*) le, l' ; **te lo doy** je te le donne ; **no lo veo** je ne le vois pas
4 (*concepto*) le, l' ; **no lo sabía** je ne le savais pas ; **voy a pensarlo** je vais y réfléchir ; **es fácil, pero no lo parece** c'est facile, mais ça n'en a pas l'air

loa NF louange *f*
loable ADJ louable
loar VT louer
lobato NM louveteau *m*
lobezno NM = **lobato**
lobo NM loup *m* ; **~ de mar** (*fig*) loup de mer ; **~ marino** otarie *f*
lóbrego, -a ADJ lugubre
lóbulo NM lobe *m*
local ADJ local(e) ▶ NM local *m* ; (*bar*) bar *m*
localice *etc* VB *ver* **localizar**
localidad NF localité *f* ; (*Teatro*) place *f*
localizable ADJ localisable ; (*por teléfono*) joignable
localización NF (*tb Inform*) localisation *f* ; (*de llamada*) identification *f*
localizador NM bipeur *m*, pageur *m* ; (*de vuelo*) code *m* de réservation
localizar VT localiser ; (*por teléfono*) joindre
■ **localizarse** VPR (*dolor*) être localisé(e)
locamente ADV: **~ enamorado** follement amoureux
loción NF lotion *f* ; **~ capilar** lotion capillaire
loco, -a ADJ, NM/F fou (folle) ; **~ de atar** *o* **remate, ~ rematado** fou (folle) à lier ; **a lo ~** à la va-vite ; **ando ~ con el examen** l'examen me rend malade ; **estar ~ de alegría** être fou (folle) de joie ; **estar ~ con algo/por algn** être fou (folle) de qch/de qn ; **como un ~** comme un fou ; **me vuelve ~** (*me gusta mucho*) j'en suis fou (folle) ; (*me marea*) il me rend fou (folle)

> En francés, el adjetivo *fou* se transforma en *fol* cuando precede a un sustantivo masculino que comienza por vocal o *h* muda. Por ejemplo: *un fol espoir*.

locomoción NF locomotion *f*
locomotor, a, -triz ADJ (*vehículo, aparato*) locomotif(-ive) ; (*Anat: sistema, aparato*) locomoteur(-trice)
locomotora NF locomotive *f*
locuacidad NF loquacité *f*, volubilité *f*
locuaz ADJ loquace
locución NF (*Ling*) locution *f*
locumba, locumbeta (PERÚ *fam*) ADJ, NMF taré(e)
locura NF folie *f* ; **con ~** à la folie
locutor, a NM/F (*Radio, TV*) speaker(ine)
locutorio NM *local équipé de cabines téléphoniques et d'accès à Internet*
lodazal NM bourbier *m*
lodo NM boue *f*
logaritmo NM logarithme *m*
logia NF loge *f*
lógica NF logique *f*
lógicamente ADV logiquement
lógico, -a ADJ logique ; **es ~ que ...** il est logique que ...
logística NF logistique *f*
logístico, -a ADJ de logistique
logo NM logo *m*
logopeda NMF orthophoniste *mf*
logopedia NF orthophonie *f*
logotipo NM logo *m*
logrado, -a ADJ réussi(e)
lograr VT réussir ; (*victoria*) remporter ; **~ hacer algo** réussir à faire qch ; **~ que algn venga** réussir à faire venir qn
logro NM réussite *f*
logroñés, -esa ADJ de Logroño ▶ NM/F natif(-ive) *o* habitant(e) de Logroño
Loira NM Loire *f*
lola (CHI *fam*) NF nana *f*
lolo (CHI *fam*) NM mec *m*
loma NF colline *f*

l

lombarda NF chou *m* rouge
Lombardía NF Lombardie *f*
lombriz NF (*Zool*) ver *m* de terre ; (*Med*) ver
lomo NM (*de animal*) dos *msg*, échine *f* ; (*Culin: de cerdo*) épaule *f* ; (*: de vaca*) entrecôte *f* ; (*de libro*) dos ; **a lomos de** (*caballo*) à dos de ; **~ de burro** (ARG) (*fam*) ralentisseur *m*
lona NF toile *f* ; (*para cubrir*) bâche *f* ; (*en boxeo*) tapis *m*
loncha NF tranche *f*
lonche (AM) NM petit-déjeuner *m*
lonchería (AM) NF cafétéria *f*
londinense ADJ londonien(ne) ▶ NMF Londonien(ne)
Londres N Londres
loneta NF toile *f*
longaniza NF *saucisse sèche*
longevidad NF longévité *f*
longevo, -a ADJ qui vit longtemps ; **las mujeres son más longevas que los hombres** les femmes vivent plus longtemps que les hommes
longitud NF longueur *f* ; (*Geo*) longitude *f* ; **tener tres metros de ~** faire trois mètres de long ; **salto de ~** (*Deporte*) saut *m* en longueur ; **~ de onda** (*Fís*) longueur d'onde
longitudinal ADJ longitudinal(e)
longo, -a (ECU) NM/F jeune indien(ne)
lonja NF (*edificio*) halle *f* ; (*de jamón, embutido*) tranche *f* ; **~ de pescado** halle *f* aux poissons
lontananza NF: **en ~** au loin
loor NM: **en ~ de** en hommage à
loquería (CHI *fam*) NF asile *m* de fous
loquero NM (*persona*) gardien *m* d'un asile de fous ; (ARG: *bullicio*) pagaille *f*
lord [lor] (*pl* **lores**) NM lord *m*
Lorena NF Lorraine *f*
loro NM perroquet *m*
los ART DEF les ▶ PRON les ; (*ustedes*) vous ; **mis libros y ~ de usted** mes livres et les vôtres ; **~ de Ana son verdes** ceux d'Ana sont verts
losa NF dalle *f* ; **~ sepulcral** pierre *f* tombale
loseta NF (*de cerámica, barro*) carreau *m*, tomette *f* ; (*de moqueta*) dalle *f* de moquette
lote NM (*de libros, Com, Inform*) lot *m* ; (*de comida*) portion *f*
lotería NF loterie *f* ; **le tocó la ~** il a gagné au Loto ; **~ nacional** loterie nationale ; *voir article* ; **~ primitiva** (ESP) ≈ Loto *m*

D'importantes sommes d'argent sont dépensées en Espagne pour l'achat de billets de loterie. Il existe de nombreuses loteries, les plus prisées étant la **Lotería Nacional** et la *Primitiva* (toutes deux gérées par l'État), ainsi que *el cupón de la* ONCE (proposé par la fondation ONCE au profit des personnes aveugles et malvoyantes).

lotero, -a NM/F vendeur(-euse) de billets de loterie
loto NM (*Bot*) lotus *msg* ▶ NF (*lotería*) ≈ Loto *m*
Lovaina N Louvain
loza NF (*material*) faïence *f* ; (*vajilla*) vaisselle *f*
lozanía NF vigueur *f*
lozano, -a ADJ vigoureux(-euse)
LSD SIGLA M (= *Dietilamida del Acido Lisérgico*) LSD *m* (= *acide lysergique diéthilamide*)
lubina NF bar *m*
lubricante ADJ lubrifiant(e) ▶ NM lubrifiant *m*
lubricar VT lubrifier
lubrificar VT = **lubricar**
lubrifique *etc* VB *ver* **lubrificar**
lubrique *etc* VB *ver* **lubricar**
lucense ADJ de Lugo ▶ NMF natif(-ive) *o* habitant(e) de Lugo
Lucerna N Lucerne
lucero NM (*Astron*) étoile *f* ; (*de ojos*) éclat *m* ; **~ del alba/de la tarde** étoile du matin/du soir
luces NFPL *de* **luz**
lucha NF lutte *f* ; **~ contra/por** lutte contre/pour ; **~ de clases** lutte des classes ; **~ libre** lutte libre
luchador, a ADJ combatif(-ive) ▶ NM/F (*tb Deporte*) lutteur(-euse)
luchar VI lutter ; **~ contra/por** lutter contre/pour
lucidez NF lucidité *f*
lucido, -a ADJ (*representación, cortejo*) réussi(e) ; (*intervención, actuación, fiesta*) brillant(e)
lúcido, -a ADJ lucide ; **estar ~** être lucide
luciérnaga NF ver *m* luisant
lucimiento NM éclat *m*
lucio NM brochet *m*
lucir VT (*vestido*) porter ; (*coche*) exhiber ; (*conocimientos*) étaler ; (*habilidades*) exhiber ▶ VI briller ; (AM: *parecer*) sembler ; **no me luce lo que trabajo** mon travail n'est pas productif ; **la casa luce limpia** (AM) la maison a l'air très propre ■ **lucirse** VPR (*presumir*) se montrer ; **¡te has lucido!** (*irón*) bien joué !
lucrarse VPR faire des bénéfices ; (*pey*) s'enrichir ; **~ con** tirer profit de
lucrativo, -a ADJ lucratif(-ive) ; **no lucrativa** à but non lucratif
lucro (*pey*) NM lucre *m* ; **el afán** *o* **ánimo de ~** l'appât *m* du gain ; **organización sin ánimo de ~** organisation *f* à but non lucratif
luctuoso, -a ADJ tragique
lucubración NF élucubration *f*
lúdico, -a ADJ ludique
ludópata ADJ, NMF joueur(-euse) pathologique
ludopatía NF addiction *f* au jeu, jeu *m* compulsif
ludoteca NF ludothèque *f*

luego ADV (*después*) après ; (*más tarde*) puis ; (AM *fam: en seguida*) tout de suite ; **desde ~** évidemment ; **¡hasta ~!** à plus tard !, salut ! ; **¿y ~?** et maintenant ? ; **~ ~** (*esp* MÉX) dare-dare ▸ CONJ (*consecuencia*) donc ; **~ lo sabía** donc, il le savait

lugar NM lieu *m*, endroit *m* ; (*en lista*) place *f* ; **en ~ de** au lieu de ; **en primer ~** en premier lieu ; **dar ~ a** donner lieu à ; **hacer ~** faire de la place ; **fuera de ~** (*comentario, comportamiento*) déplacé(e) ; **tener ~** avoir lieu ; **yo en su ~** moi, à sa place ; **sin ~ a dudas** sans aucun doute ; **~ común** lieu commun

lugareño, -a NM/F villageois(e)

lugarteniente NM remplaçant *m*

lúgubre ADJ lugubre

lujo NM luxe *m* ; **de ~** de luxe ; **permitirse el ~ de hacer** se donner le luxe de faire ; **con todo ~ de detalles** avec force détails

lujoso, -a ADJ luxueux(-euse)

lujuria NF luxure *f*

lumbago NM lumbago *m*

lumbar ADJ lombaire

lumbre NF feu *m* (de bois) ; **a la ~** près du feu

lumbrera NF (*genio*) lumière *f*

luminosidad NF luminosité *f*

luminoso, -a ADJ lumineux(-euse)

lumpen ADJ INV des laissés-pour-compte ; **el Madrid ~** le Madrid des laissés-pour-compte ▸ NM INV (*Pol*) sous-prolétariat *m*

luna NF lune *f* ; (*vidrio*) glace *f* ; **media ~** (*astro, emblema*) croissant *m* ; (*figura*) demi-lune *f* ; **estar en la ~** être dans la lune ; **pedir la ~** demander la lune ; **~ creciente/menguante** lune croissante/décroissante ; **~ de miel** lune de miel ; **~ llena/nueva** pleine/nouvelle lune

lunar ADJ lunaire ▸ NM grain *m* de beauté ; (*diseño*) pois *msg* ; **tela de lunares** tissu *m* à pois

lunático, -a NM/F fou (folle)

lunes NM INV lundi *m* ; *ver tb* **sábado**

luneta NF (*de gafas*) verre *m* ; (*Auto*: *tb*: **luneta trasera**) lunette *f* arrière

lunfardo (ARG) NM *argot de la pègre de Buenos Aires*

lupa NF loupe *f*

lusitano, -a ADJ lusitanien(ne) ▸ NM/F Lusitanien(ne)

luso, -a ADJ portugais(e) ▸ NM/F Portugais(e)

lustrabotas (AND, CSUR) NM INV cireur *m* (de chaussures)

lustrador (AM) NM cireur *m* (de chaussures)

lustrar VT lustrer ; (AM: *zapatos*) cirer

lustre NM lustre *m* ; (*fig*) éclat *m* ; **dar ~ a algo** faire briller qch

lustro NM lustre *m*

lustroso, -a ADJ brillant(e)

luterano, -a ADJ luthérien(ne)

Lutero N Luther

luto NM deuil *m* ; **ir** *o* **vestirse de ~** porter le deuil ; **~ oficial** deuil national

luxación NF (*Med*) luxation *f* ; **~ de tobillo** luxation de la cheville

Luxemburgo NM Luxembourg *m*

luxemburgués, -esa ADJ luxembourgeois(e) ▸ NM/F Luxembourgeois(e)

luz (*pl* **luces**) NF lumière *f* ; **dar a ~ un niño** mettre un enfant au monde ; **apagar la ~** éteindre la lumière ; **dar la ~** donner de la lumière ; **encender la ~**, (*esp* AM) **prender la ~** allumer la lumière ; **les cortaron la ~** ils leur ont coupé l'électricité ; **a la ~ de** (*tb fig*) à la lumière de ; **a todas luces** de toute évidence ; **a media ~** dans la pénombre ; **se hizo la ~ sobre ...** la lumière se fit sur ... ; **sacar a la ~** tirer au clair ; **el Siglo de las Luces** le Siècle des Lumières ; **tener pocas luces** ne pas être une lumière ; **~ de cruce** feu *m* de croisement ; **~ de la luna** clair *m* de lune ; **~ eléctrica** lumière électrique ; **~ intermitente** lumière intermittente ; (*Auto*) clignotant *m* ; **~ roja/verde** (*Auto*) feu *m* rouge/vert ; **~ solar** *o* **del sol** lumière du jour ; **~ trasera/de freno** feu *m* arrière/de stop

luzca *etc* VB *ver* **lucir**

lycra ['likra]® NF lycra® *m*

l

Mm

M, m¹ ['eme] NF (*letra*) M, m *m inv*; **M de Madrid** ≈ M comme Marcel; **el 15-M** *le mouvement des indignés*

m² ABR (= *metro(s)*) m (= *mètre(s)*); (= *minuto(s)*) min. (= *minute(s)*); (= *masculino*) m (= *masculin*)

M. ABR (= *mujer*) F (= *féminin*); (= *Metro*) M (= *métro*)

M.ª ABR = **María**

macabro, -a ADJ macabre

macaco NM macaque *m*

macana (AM) NF (*porra*) massue *f*; (*esp* AND, CSUR: *mentira*) mensonge *m*; (: *tontería*) bêtise *f*

macanear (AND, CSUR *fam*) VI faire des bêtises; (*decir tonterías*) dire des bêtises; (*mentir*) mentir

macanudo, -a (*esp* AM *fam*) ADJ génial(e)

macarra (*fam*) NM maquereau *m* ▸ NMF zonard(e)

macarrones NMPL (*Culin*) macaronis *mpl*

Macedonia NF Macédoine *f*

macedonia NF: **~ de frutas** macédoine *f* de fruits

macerar VT macérer

maceta NF pot *m* de fleurs

macetero NM support *m* de pot de fleurs

machacar VT (*ajos*) piler; (*asignatura*) rabâcher; (*enemigo*) écraser ▸ VI insister

machacón, -ona ADJ (*persona*) insistant(e); (*música*) répétitif(-ive)

machamartillo: **a ~** *adv* de toutes ses forces

machaque *etc* VB *ver* **machacar**

machete NM machette *f*

machismo NM machisme *m*

machista ADJ, NMF machiste *mf*

macho ADJ (*Bot, Zool*) mâle; (*fam*) macho ▸ NM mâle *m*; (*fig*) macho *m*; (*fam: apelativo*) mec *m*; (*Tec*) cheville *f*; (*Elec*) prise *f* mâle; (*Costura*) crochet *m*

machote (MÉX) NM (*borrador*) brouillon *m*; (*patrón*) modèle *m*

macilento, -a ADJ (*rostro*) émacié(e); (*luz*) pâle

macizo, -a ADJ massif(-ive); **¡qué chica más maciza!** (*fam*) quelle belle plante! ▸ NM (*Geo, de flores*) massif *m*

macramé NM macramé *m*

macro NM (*Inform*) macro-ordinateur *m*

macró (CSUR) NM (*alcahuete*) maquereau *m*

macrobiótico, -a ADJ macrobiotique

macro-comando NM (*Inform*) macro-commande *f*

macrodatos NMPL mégadonnées *fpl*

macroeconomía NF macro-économie *f*

macroeconómico, -a ADJ macroéconomique

mácula NF tache *f*

macuto NM (*Mil*) musette *f*

Madagascar NM Madagascar *m*

madama (AM), **madame** NF (*fam*) maquerelle *f*, mère *f* maquerelle

madeja NF (*de lana*) écheveau *m*

madera NF bois *msg*; **una ~** un morceau de bois; **~ contrachapada** *o* **laminada** contreplaqué *m*; **de ~** en bois; **tiene buena ~** il a de bonnes dispositions; **tiene ~ de profesor** il a l'étoffe d'un professeur

maderaje, maderamen NM bois *msg* de construction

maderero NM marchand *m* de bois de construction

madero NM madrier *m*

madrastra NF belle-mère *f*

madraza¹ (*fam*) NF (*madre*) maman *f* gâteau

madraza² NF (*colegio*) école *f* coranique, médersa *f*

madre ADJ (*lengua*) mère ▸ NF mère *f*; (*de vino etc*) lie *f*; **¡~ mía!** mon Dieu!; **¡tu ~!** (*fam!*) va te faire foutre! (*fam!*); **salirse de ~** (*río*) sortir de son lit; (*persona*) dépasser les bornes; **~ adoptiva/de alquiler/soltera** mère adoptive/porteuse/célibataire; **~ patria** mère patrie; **~ política** belle-mère *f*

madreperla NF nacre *f*

madreselva NF chèvrefeuille *m*

Madrid N Madrid

madridista ADJ *du Real Madrid* ▸ NMF (*hincha*) supporter *m* du Real Madrid

madriguera NF terrier *m*

madrileño, -a ADJ madrilène ▸ NM/F Madrilène *mf*

madrina NF marraine *f*; **~ de boda** témoin *m*

madroño NM (*Bot*) arbouse *f*

madrugada NF aube *f*; **de ~** de bon matin; **a las cuatro de la ~** à quatre heures du matin

madrugador, a ADJ matinal(e) ▸ NM O NF lève-tôt *mf*

madrugar VI se lever tôt ; (*anticiparse*) s'avancer
madrugón NM: **darse** *o* **pegarse un ~** se lever très tôt
madrugue *etc* VB *ver* **madrugar**
maduración NF (*de fruta*) mûrissement *m*, maturation *f* ; (*de idea*) maturation *f*
madurar VT, VI mûrir
madurez NF maturité *f*
maduro, -a ADJ mûr(e) ; (*hombre, mujer*) d'âge mûr ; **poco ~** immature
MAE (ESP) SIGLA M (*Pol*) = **Ministerio de Asuntos Exteriores**
maestra NF *ver* **maestro**
maestría NF maestria *f* ; (*Escol: grado*) maîtrise *f*
maestro, -a ADJ maître(sse) ▸ NM/F (*de escuela*) maître(sse) (d'école), instituteur(-trice), professeur(e) des écoles ; (*en la vida*) maître *m* ▸ NM maître *m* ; (*Mús*) maestro *m* ; **~ albañil** maître maçon *m* ; **~ de obras** maître d'ouvrage
mafia NF mafia *f* ; **la M~** (*italiana*) la Mafia
mafioso, -a ADJ maffieux(-euse) ▸ NM mafioso *m*
magacín NM (*TV, Prensa*) magazine *m*
Magallanes NM: **Estrecho de ~** détroit *m* de Magellan
magazine NM (*TV, Prensa*) magazine *m*
magdalena NF madeleine *f*
magenta ADJ INV, NM magenta *m*
magia NF magie *f* ; **~ negra** magie noire
mágico, -a ADJ magique
magisterio NM (*enseñanza*) études *fpl* d'instituteur(-trice) ; (*profesión*) métier *m* d'instituteur(-trice) ; (*maestros*) corps *msg* des instituteurs
magistrado NM (*Jur*) magistrat *m* ; **primer M~** (AM) président *m*
magistral ADJ magistral(e)
magistratura NF magistrature *f* ; **M~ del Trabajo** (ESP) ≈ Conseil *m* des prud'hommes
magma NM magma *m*
magnánimo, -a ADJ magnanime
magnate NM magnat *m* ; **~ de la prensa** magnat de la presse
magnavoz (MÉX) NM porte-voix *m inv*
magnesio NM magnésium *m*
magnetice *etc* VB *ver* **magnetizar**
magnético, -a ADJ magnétique
magnetismo NM magnétisme *m*
magnetizar VT (*tb fig*) magnétiser
magnetofón NM magnétophone *m*
magnetofónico, -a ADJ: **cinta magnetofónica** bande *f* magnétique
magnetófono NM = **magnetofón**
magnicidio NM assassinat *m* (d'une personne haut placée)
magnífico, -a ADJ magnifique ; (*carácter*) exceptionnel(le) ; (*tratamiento: rector*) titre honorifique du recteur ; **¡~!** magnifique !
magnitud NF (*física*) grandeur *f* ; (*de problema etc*) ampleur *f*
magno, -a ADJ (*liter*) majeur(e) ; **Alejandro M~** Alexandre le Grand
magnolia NF magnolia *m*
mago, -a NM/F magicien(ne) ; **los Reyes Magos** les Rois *mpl* mages
magrear (*fam*) VT peloter
magrebí ADJ maghrébin(e) ▸ NMF Maghrébin(e)
magro, -a ADJ, NM maigre *m*
maguey NM (*Bot*) agave *m*
magulladura NF contusion *f*
magullar VT contusionner ; (*lastimar*) abîmer ▪ **magullarse** VPR se faire une *o* des contusion(s)
Mahoma N Mahomet
mahometano, -a ADJ mahométan(e) ▸ NM/F Mahométan(e)
mahonesa NF = **mayonesa**
maicena® NF maïzena *f*
mail [meil] (*pl* **mails** [meils]) (*fam*) NM mail *m*
mailing ['mailin] (*pl* **mailings** ['mailin]) NM mailing *m*, publipostage *m* ; **hacer un ~** faire un mailing *o* publipostage
maillot [ma'jot] NM (*de ciclista*) maillot *m* ; (*de gimnasta*) justaucorps *m*
maître ['metre] NM maître *m* d'hôtel
maíz NM maïs *msg*
maizal NM (*Agr*) champ *m* de maïs
majadería NF bêtise *f* ; **hacer/decir majaderías** faire/dire des bêtises
majadero, -a ADJ imbécile
majar VT (*machacar*) piler
majareta, majara (*fam*) ADJ givré(e)
majestad NF majesté *f* ; **Su M~** Sa Majesté ; **(Vuestra) M~** (Votre) Majesté
majestuoso, -a ADJ majestueux(-euse)
majo, -a ADJ (ESP) sympa ; (*bonito*) beau (belle) ; (*apelativo, cariñoso*) mignon(ne) ; (*: elegante*) classe *inv*
mal ADV mal ; (*oler, saber*) mauvais ; **me entendió ~** il m'a mal compris ; **haces ~ en callarte** tu as tort de te taire ; **si ~ no recuerdo** si mes souvenirs sont exacts ; **hablar ~ de algn** dire du mal de qn ; **ir de ~ en peor** aller de mal en pis ; **¡menos ~!** heureusement ! ; **menos ~ que** heureusement que ; **~ que bien** tant bien que mal ▸ ADJ = **malo** ▸ NM: **el ~** le mal ; (*desgracia*) le malheur ; **~ de ojo** mauvais œil *m* ▸ CONJ: **~ que le pese** qu'il le veuille ou non
malabar ADJ: **juegos malabares** tours *mpl* de jonglerie
malabarismo NM jonglerie *f* ; **hacer malabarismos** (*fig*) jongler
malabarista NMF jongleur(-euse)
malacate NM cabestan *m* ; (CAM, MÉX: *huso*) fuseau *m*
malaconsejado, -a ADJ mal conseillé(e)

m

malacostumbrado, -a ADJ: **estar ~** avoir pris des mauvaises habitudes
malacostumbrar VT: **~ a algn** (*gen*) donner de mauvaises habitudes à qn ; (*consentir*) gâter qn
malagueño, -a ADJ de Malaga ▸ NM/F natif(-ive) *o* habitant(e) de Malaga
malamente (*fam*) ADV (*mal*) mal ; **el asunto acabó ~** ça s'est mal terminé ; (*difícilmente*) difficilement ; **~ podrán vencer** ils ont peu de chances de gagner
malaria NF malaria *f*
Malasia NF Malaisie *f*
malasio, -a ADJ malaisien(ne) ▸ NM/F Malaisien(ne)
malavenido, -a ADJ mécontent(e)
Malawi NM Malawi *m*
malayo, -a ADJ malais(e) ▸ NM/F Malais(e) ▸ NM (*Ling*) malais *msg*
malcarado, -a ADJ mal luné(e)
malcomer VI manger mal
malcriado, -a ADJ mal élevé(e)
malcriar VT mal élever
maldad NF méchanceté *f*
maldecir VT, VI maudire ; **~ de** maudire
maldiciendo *etc* VB *ver* **maldecir**
maldición NF malédiction *f* ; **¡~!** malédiction !
maldiga *etc*, **maldije** *etc* VB *ver* **maldecir**
maldito, -a ADJ maudit(e) ; **¡~ sea ...!** (*fam*) maudit(e) soit ... ! ; **¡malditas las ganas que tengo de verle!** (*fam*) comme si j'avais envie de le voir !
maleable ADJ (*metal, carácter*) malléable ; (*plástico, cuero*) souple
maleante NMF malfaiteur *m*, criminel(le)
malecón NM digue *f* ; (*para atracar*) môle *m*
maledicencia NF médisance *f*
maleducado, -a ADJ mal élevé(e)
maleficio NM maléfice *m*
maléfico, -a ADJ maléfique
malentendido NM malentendu *m*
malestar NM malaise *m*
maleta NF valise *f* ; **hacer la ~** faire sa valise *o* ses valises
maletera (AM) NF, **maletero** NM (*Auto*) coffre *m*
maletín NM (*de uso profesional*) serviette *f* ; (*de viaje*) mallette *f*
malevolencia NF malveillance *f*
malévolo, -a ADJ malveillant(e)
maleza NF (*hierbas malas*) mauvaises herbes *fpl* ; (*arbustos*) fourré *m*
malformación NF malformation *f*
malgastar VT gaspiller ; (*oportunidades*) laisser passer ; (*salud*) abîmer
malhablado, -a ADJ grossier(-ière)
malhaya (*esp* AM *fam*) EXCL bon sang ! ; **¡~ sea(n) ...!** maudit(s)(maudite(s)) ... !
malhechor, a NM/F malfaiteur *m*
malherido, -a ADJ gravement blessé(e)
malhumorado, -a ADJ de mauvaise humeur
malicia NF méchanceté *f* ; (*de niño*) malice *f*
malicioso, -a ADJ malicieux(-euse) ; (*con mala intención*) méchant(e) ; (*de malpensado*) mauvais(e)
malignidad NF (*Med*) malignité *f* ; (*de persona*) méchanceté *f*
maligno, -a ADJ (*Med*) malin (maligne) ; (*ser*) méchant(e)
malintencionado, -a ADJ mal intentionné(e)
malinterpretar VT mal interpréter ; **no me malinterpretes** ne l'interprète pas mal
malla NF maille *f* ; (*esp* AM) maillot *m* de bain ; (*tb*: **mallas**) collants *mpl*
Mallorca NF Majorque *f*
mallorquín, -ina ADJ majorquin(e) ▸ NM (*Ling*) langue *f* de Majorque ▸ NM/F Majorquin(e)
malnacido, -a (*fam*) NM/F ordure *f* (*fam*)
malnutrición NF malnutrition *f*
malnutrido, -a ADJ mal nourri(e)
malo, -a (*antes de nmsg* **mal**) ADJ mauvais(e) ; (*niño*) méchant(e) ; **estar ~** (*persona*) être malade ; (*comida*) être mauvais(e) ; **ser ~ de** (*entender, hacer*) être difficile à ; **ser ~ haciendo/en algo** ne pas savoir faire qch/être mauvais(e) en qch ; **lo ~ es que ...** le problème, c'est que ... ; **estar de malas** être fâché(e) ; **por las malas** de force ▸ NM/F (*en cuentos, cine*) méchant(e)
malograr VT (*juventud, carrera*) gâcher ; (*plan*) faire tomber à l'eau ; **el malogrado actor** l'acteur mort prématurément ▪ **malograrse** VPR (*plan*) tomber à l'eau ; (*cosecha*) être gâché(e) ; (*carrera profesional*) se briser ; (PERÚ *fam*) s'abîmer
maloliente ADJ malodorant(e)
malparado, -a ADJ: **salir ~** s'en tirer mal
malpensado, -a ADJ malveillant(e)
malquerencia NF antipathie *f*
malquistar VT: **~ a dos personas** brouiller deux personnes ▪ **malquistarse** VPR se brouiller
malsano, -a ADJ malsain(e)
malsonante ADJ malsonnant(e)
Malta NF Malte *f*
malta NF malt *m*
maltés, -esa ADJ maltais(e) ▸ NM/F Maltais(e)
maltraer VT: **llevar a ~** mener la vie dure
maltratado, -a ADJ (*persona*) victime de mauvais traitements
maltratador, a NM/F auteur(e) de mauvais traitements
maltratar VT maltraiter ; **niños maltratados** enfants *mpl* maltraités
maltrato NM mauvais traitements *mpl*, maltraitance *f* ; **~ infantil** maltraitance des enfants ; **~ psicológico** violence *f* psychologique
maltrecho, -a ADJ en piteux état
malucho, -a ADJ (*pey*) affreux(-euse) ; (*algo enfermo*) chose *inv*

malva ADJ mauve ▶ NF (*Bot*) mauve *f*; **como una ~** doux (douce) comme un agneau ; **~ loca** rose *f* trémière ▶ NM (*color*) mauve *m*
malvado, -a ADJ méchant(e)
malvavisco NM marshmallow *m*
malvender VT vendre à bas prix
malversación NF: **~ de fondos** détournement *m* de fonds
malversar VT détourner
Malvinas NFPL: **las (Islas) ~** les (îles) Malouines *fpl*
malvivir VI vivoter
mama NF (*Zool*) mamelle *f*; (*de mujer*) sein *m*
mamá NF (*fam*) maman *f*; (*CAm, Carib, Méx: cortesía*) mère *f*; **~ grande** (*Col*) grand-maman *f*
mamacita (*Am fam*) NF maman *f*
mamada NF (*chupada*) tétée *f*; (*fam!: felación*) pipe *f* (*fam!*) ; (*Am fam: borrachera*) cuite *f* (*fam*) ; (*Méx fam: tontería*) bêtise *f*, ânerie *f*
mamadera (*Am*) NF biberon *m*
mamado, -a (*fam*) ADJ (*borracho*) bourré(e) (*fam*) ; (*fácil*) super facile (*fam*)
mamar VT (*pecho*) téter ; (*ideas*) se nourrir de ▶ VI téter ; **dar de ~** allaiter
mamarracho NM (*persona despreciable*) bouffon *m*; (*por su apariencia física*) qui est drôlement fagoté(e)
mambo NM (*Mús*) mambo *m*
mameluco (*CSur*) NM (*prenda*) salopette *f*; (*de niños*) grenouillère *f*
mamey (*Am*) NM (*fruta*) fruit *m* du mammea ; (*árbol*) mammea *m*
mamífero, -a ADJ, NM mammifère *m*
mamografía NF mammographie *f*
mamotreto NM (*libro*) pavé *m* ; (*objeto*) horreur *f*
mampara NF (*entre habitaciones*) cloison *f*; (*biombo*) écran *m* ; (*de ducha*) pare-douche *m*
mamporro (*fam*) NM: **dar un ~ a** envoyer un coup à ; **darse/pegarse un ~** (*al caer*) se cogner
mampostería NF maçonnerie *f*
mamut NM mammouth *m*
maná NM manne *f*
manada NF (*de leones, lobos*) horde *f*; (*de búfalos, elefantes*) troupeau *m*; **llegaron en ~** (*fam*) ils sont arrivés en bande
manager, mánager ['manaʒer] (*pl* **managers** *o* **mánagers**) NMF manager *mf*
Managua N Managua
managua, managüense ADJ de Managua ▶ NMF natif(e) *o* habitant(e) de Managua
manantial NM source *f*
manar VT laisser couler ▶ VI jaillir
manatí NM lamantin *m*
manaza (*fam*) NF paluche *f* ▶ ADJ INV, NMF INV: **manazas** brise-fer *m inv*
mancebo NM jeune homme *m*
mancha NF tache *f*; **la M~** la Manche
manchado, -a ADJ taché(e) ; (*piel de animal*) tacheté(e)
manchar VT, VI tacher ■ **mancharse** VPR se tacher
manchego, -a ADJ de la Manche ▶ NM/F natif(-ive) *o* habitant(e) de la Manche
mancilla NF tache *f*
mancillar VT souiller
manco, -a ADJ manchot(e) ; (*incompleto*) incomplet(-ète) ; **no ser ~** (*fig*) être dégourdi(e)
mancomunado, -a ADJ (*Jur: obligación, responsabilidad*) solidaire
mancomunar VT mettre en commun ; (*Jur*) rendre solidaires
mancomunidad NF (*de bienes*) copropriété *f*; (*de personas, Jur*) association *f*; (*de municipios*) syndicat *m*
mancuernas (*CAm, Méx*) NFPL boutons *mpl* de manchette
mandado NM commission *f*; **ser un ~** être (un) commis
mandamás (*pey*) NMF INV gros bonnet *m* ; **ser un ~** être autoritaire
mandamiento NM (*Rel*) commandement *m* ; **~ judicial** mandat *m* d'arrêt
mandar VT ordonner ; (*Mil*) commander ; (*enviar*) envoyer ; **¿manda usted algo más?** désirez-vous autre chose ? ; **se lo mandaremos por correo** nous vous l'enverrons par courrier ; **~ a algn a hacer algo** ordonner à qn de faire qch ; **~ hacer un traje** se faire faire un costume ; **~ a algn a paseo** *o* **a la porra** envoyer qn au diable ▶ VI commander ; (*en un país*) diriger ; **¿mande?** je vous demande pardon ? ■ **mandarse** VPR: **mandarse mudar** (*Am fam*) se casser
mandarín NM (*Hist, Ling: tb pey*) mandarin *m*
mandarina NF mandarine *f*
mandatario, -a NM/F (*Jur*) mandataire *mf*; **(primer) ~** (*esp Am Pol*) président *m*
mandato NM (*orden*) ordre *m* ; (*Pol*) mandat *m* ; (*Inform*) commande *f*; **~ judicial** mandat d'arrêt
mandíbula NF mandibule *f*
mandil NM tablier *m*
mandinga (*Am*) NM diable *m*
mandioca NF manioc *m*
mando NM (*Mil*) commandement *m* ; (*de organización, país*) direction *f*; (*Tec*) commande *f*; **los (altos) mandos** les chefs *mpl* ; **el alto ~** le haut commandement ; **al ~ de** sous la responsabilité de ; **tomar el ~** prendre le commandement ; **~ a distancia** télécommande *f*
mandolina NF mandoline *f*
mandón, -ona (*pey*) ADJ autoritaire
mandril NM (*Zool*) mandrill *m* ; (*Tec*) mandrin *m*
manecilla NF (*de reloj*) aiguille *f*
manejable ADJ maniable ; (*persona*) facile
manejar VT manier ; (*máquina*) manipuler ; (*caballo*) mener ; (*pey: a personas*) manœuvrer ; (*casa, negocio*) mener ; (*dinero, números*) brasser ;

m

(*idioma*) maîtriser ; (*Am Auto*) conduire ▶ VI (*Am Auto*) conduire ; **« ~ con cuidado »** « manipuler avec précaution » ■ **manejarse** VPR se débrouiller

manejo NM maniement *m* ; (*de máquinas*) fonctionnement *m* ; (*Am: de negocio*) conduite *f* ; (*soltura*) maîtrise *f* ■ **manejos** NMPL (*pey*) manœuvres *fpl*

manera NF manière *f*, façon *f* ; **a mi ~** à ma façon ; **a mi ~ de ver** d'après moi ; **de ~ que** de sorte que ; **de cualquier ~** de toute manière ; (*pey*) n'importe comment ; **de mala ~** (*fam*) brutalement ; **¡de ninguna ~!** en aucun cas ! ; **de otra ~** autrement ; **de todas maneras** de toute manière ; **en gran ~** largement ; **sobre ~** énormément ; **no hay ~ de persuadirle** il n'y a pas moyen de le persuader ; **~ de pensar/de ser** façon de penser/d'être ■ **maneras** NFPL (*modales*) manières *fpl*

manga NF manche *f* ; (*Geo*) tuyau *m* ; **de ~ corta/larga** à manches courtes/longues ; **en mangas de camisa** en bras de chemise ; **andar ~ por hombro** être débraillé(e) ; **tener ~ ancha** être très ouvert(e) ; **~ de pastelero** douille *f* (de pâtissier) ; **~ de riego** tuyau d'irrigation ; **~ de viento** manche à air

manganeso NM manganèse *m*

mangante (*fam*) ADJ, NMF voyou *m*

mangar (*fam*) VT piquer

manglar NM mangrove *f*

mangle NM palétuvier *m*

mango NM manche *m* ; (*Bot*) mangue *f* ; **~ de escoba** manche à balai

mangonear (*fam*) VT (*controlar*) commander ▶ VI (*entrometerse*) se mêler de tout

mangoneo (*fam*) NM (*entrometimiento*) ingérence *f* ; (*control*) emprise *f*, autorité *f*

mangue *etc* VB *ver* **mangar**

manguera NF tuyau *m* d'arrosage ; **~ de incendios** lance *f* d'incendie

maní (*pl* **maníes**) (*Am*) NM cacahuète *f* ; (*planta*) arachide *f*

manía NF manie *f* ; **tiene sus manías** il a ses petites manies ; **tener ~ a algn/algo** avoir une dent contre qn/ne pas aimer qch

maníaco, -a ADJ, NM/F maniaque *mf*

maniaco-depresivo, -a ADJ, NM/F maniaco-dépressif(-ive)

maniatar VT ligoter

maniático, -a ADJ, NM/F maniaque *mf*

manicomio NM asile *m* (de fous)

manicura NF manucure *f*

manido, -a ADJ rebattu(e)

manierismo NM maniérisme *m*

manifestación NF manifestation *f* ; (*declaración*) déclaration *f*

manifestante NMF manifestant(e)

manifestar VT manifester ; (*declarar*) déclarer ■ **manifestarse** VPR (*Pol*) manifester ; (*interés, dolor*) se manifester

manifiesto, -a PP *de* **manifestar** ▶ ADJ manifeste ; **poner (algo) de ~** mettre (qch) en évidence ▶ NM (*Arte, Pol*) manifeste *m*

manigua (*CAm, Carib, Méx*) NF broussailles *fpl*

manija NF manche *m*

Manila N Manila

manilla NF (*de reloj*) aiguille *f* (de montre) ; (*Am*) levier *m* ■ **manillas** NFPL: **manillas (de hierro)** fers *mpl*

manillar NM guidon *m*

maniobra NF manœuvre *f* ■ **maniobras** NFPL (*Mil, pey*) manœuvres *fpl*

maniobrar VI manœuvrer ; (*Mil*) faire des manœuvres

manipulación NF manipulation *f*

manipulador, a ADJ manipulateur(-trice) ▶ NM/F (*de mercancías*) manutentionnaire *mf* ; (*pey*) manipulateur(-trice) ▶ NM (*Elec, Telec*) manipulateur *m*

manipular VT manipuler ; (*mercancías*) manutentionner

maniqueísmo NM manichéisme *m*

maniqueo, -a ADJ, NM/F manichéen(ne)

maniquí NMF mannequin *mf* ▶ NM (*de escaparate*) mannequin *m*

manirroto, -a ADJ, NM/F dépensier(-ière)

manita NF menotte *f* ; **manitas de plata** doigts *mpl* de fée ; **hacer manitas** se caresser les mains

manitas ADJ INV adroit(e) ▶ NMF INV: **ser un(a) ~** être très adroit(e)

manito (*Am*) NM (*en conversación*) copain *m*

manivela NF manivelle *f*

manjar NM mets *msg*

mano[1] NF main *f* ; (*Zool*) patte *f* ; (*Culin*) pied *m* ; (*de pintura*) couche *f* ; **a ~** à la main ; **estar/tener algo a ~** être/avoir qch à portée de la main ; **a ~ derecha/izquierda** à droite/gauche ; **hecho a ~** fait à la main ; **a manos llenas** à pleines mains ; **de primera ~** de première main ; **de segunda ~** d'occasion ; **robo a ~ armada** vol *m* à main armée ; **Pedro es mi ~ derecha** Pedro est mon bras droit ; **darse la(s) ~(s)** se donner la main ; **echar una ~** donner un coup de main ; **hacer algo ~ a ~** faire qch en tête à tête ; **echar ~ de algo** (*para usarlo*) recourir à qch ; **estrechar la ~ a algn** serrer la main à qn ; **dar algo en ~** donner qch en mains propres ; **ir de la ~** échapper ; **tener buena/mala ~ para algo** être doué(e)/peu doué(e) pour qch ; **meter ~** (*fam*) peloter ; **traer** *o* **llevar algo entre manos** avoir qch entre les mains ; **estar en manos de algn** être entre les mains de qn ; **estar en buenas manos** être en de bonnes mains ; **se le fue la ~** il n'y est pas allé de main morte ; (*con ingredientes*) il a eu la main un peu lourde ; **haré lo que esté en mi ~** je ferai mon possible ; **¡manos a la obra!** au travail ! ; **pillar/coger/sorprender a algn con las manos en la masa** prendre qn la main dans le sac ; **~ de obra** main-d'œuvre *f* ; **~ dura** sévérité *f* ; **manos libres** *adj* (*teléfono, dispositivo*)

mains-libres *inv* ; *nm* kit *m* mains-libres
mano² (*fam*) NM (*Méx*) copain *m*
manojo NM (*de hierbas*) botte *f* ; (*de llaves*) trousseau *m* ; **ser un ~ de nervios** être un paquet de nerfs
manómetro NM manomètre *m*
manopla NF moufle *f* ; **~ de cocina** manique *f*
manoseado, -a ADJ (*tema*) rebattu(e) ; (*papel*) tripoté(e)
manosear VT tripoter ; (*tema, asunto*) rebattre
manotazo NM gifle *f*
manotear VI gesticuler
mansalva: **a ~** *adv* sans risque
mansedumbre NF (*de persona*) douceur *f* ; (*de animal*) docilité *f*
mansión NF demeure *f*
manso, -a ADJ (*persona*) doux (douce) ; (*animal*) docile ; (*aguas*) tranquille ; (*Chi fam*) énorme
manta NF couverture *f* ; (*Am*) poncho *m* ; **una ~ de azotes/palos** une volée de coups de fouet/de bâton ; **a ~** (*llover*) des cordes ; (*reírse*) aux larmes
manteca NF (*de cerdo*) saindoux *m* ; (*de cacao*, *Am*: *mantequilla*) beurre *m* ; (*de leche*) crème *f*
mantecado NM (*pasta*) *sorte de gâteau au saindoux* ; (*helado*) glace *f*
mantecoso, -a ADJ crémeux(-euse)
mantel NM nappe *f*
mantelería NF linge *m* de table
mantendré *etc* VB *ver* **mantener**
mantener VT maintenir ; (*familia*) subvenir aux besoins de ; (*Tec*) assurer la maintenance (de) ; (*actividad*) conserver ; (*edificio*) soutenir ; **~ la línea** garder la ligne ; **~ el equilibrio** garder l'équilibre ; **~ algo encendido/caliente** laisser qch allumé(e)/garder qch au chaud ; **~ a algn informado** tenir qn au courant ; **~ a algn con vida** maintenir qn en vie ▪ **mantenerse** VPR (*edificio*) être soutenu(e) ; (*no ceder*) se maintenir ; **mantenerse a distancia** garder ses distances ; **mantenerse de/con** vivre de ; **mantenerse en forma** garder la forme ; **mantenerse en pie** rester debout ; **mantenerse firme** rester ferme
mantenga *etc* VB *ver* **mantener**
mantenimiento NM (*Tec*) maintenance *f* ; (*de orden, relaciones*) maintien *m* ; (*sustento*) subsistance *f* ; **ejercicios de ~** exercices *mpl* de gymnastique
mantequería NF crémerie *f*
mantequilla NF beurre *m*
mantilla NF mantille *f* ; (*de bebé*) lange *m* ; **estar en mantillas** (*persona*) être naïf(-ïve) ; (*proyecto*) être à l'état d'embryon
mantillo NM humus *m*
mantis NF INV (*tb*: **mantis religiosa**) mante *f* (religieuse)
manto NM cape *f*
mantón NM châle *m* ; **~ de manila** châle en soie brodée
mantra NM mantra *m*
mantuve *etc* VB *ver* **mantener**
manual ADJ manuel(le) ▸ NM manuel *m*
manualidades NFPL travaux *mpl* manuels
manubrio (*Am*) NM (*Auto*) volant *m*
manufactura NF manufacture *f*
manufacturado, -a ADJ manufacturé(e)
manufacturar VT manufacturer, fabriquer
manuscrito, -a ADJ manuscrit(e) ▸ NM manuscrit *m*
manutención NF (*de persona*) entretien *m* ; (*de alimentos, dinero*) conservation *f*
manzana NF pomme *f* ; (*de edificios*) pâté *m* de maisons ; **~ de la discordia** (*fig*) pomme de discorde
manzanilla NF camomille *f* ; (*vino*) manzanilla *m*
manzano NM pommier *m*
maña NF adresse *f* ; **con ~** avec adresse ; **darse (buena) ~ para hacer algo** être doué(e) pour faire qch ▪ **mañas** NFPL (*artimañas*) ruses *fpl*
mañana ADV demain ; **~ por la ~** demain matin ; **pasado ~** après-demain ; **¡hasta ~!** à demain ! ▸ NM: **(el) ~** (le) lendemain ▸ NF matin *m* ; **de** *o* **por la ~** le matin ; **a las tres de la ~** à trois heures du matin ; **a media ~** tard dans la matinée

> El sustantivo **mañana** suele traducirse en francés por *matin*:
> **Esta mañana ha llovido.** Ce matin il a plu.
> No obstante, cuando tiene un valor de duración suele traducirse por *matinée*:
> **He trabajado toda la mañana.** J'ai travaillé toute la matinée.

m

mañanero, -a ADJ matinal(e)
mañanitas (*Méx*) NFPL chanson *f* d'anniversaire
maño, -a ADJ d'Aragon ▸ NM/F natif(-ive) *o* habitant(e) d'Aragon
mañoso, -a ADJ adroit(e)
mapa NM carte *f*
mapache NM raton *m* laveur
mapamundi NM mappemonde *f*
mapucha, mapuche ADJ mapuche ▸ NMF Mapuche *mf*
maqueta NF maquette *f*
maquetación NF mise *f* en pages, maquettage *m*
maquetar VT maquetter, mettre en pages
maquiavélico, -a (*pey*) ADJ machiavélique
maquiladora (*Méx*) NF usine *f*
maquillador, a NM/F (*Teatro etc*) maquilleur(-euse)
maquillaje NM maquillage *m*
maquillar VT maquiller ▪ **maquillarse** VPR se maquiller
máquina NF machine *f* ; (*de tren*) locomotive *f* ; (*CAm, Cu*) voiture *f* ; **a toda ~** à toute allure ;

escrito a ~ tapé à la machine ; **~ de coser/de escribir/de vapor** machine à coudre/à écrire/à vapeur ; **~ fotográfica** appareil *m* photographique ; **~ herramienta** machine-outil *f* ; **~ tragaperras** machine à sous

maquinación NF machination *f*

maquinal ADJ machinal(e)

maquinar VT, VI comploter

maquinaria NF machinerie *f*

maquinilla NF (*tb*: **maquinilla de afeitar**) rasoir *m* ; **~ eléctrica** rasoir électrique

maquinista NMF mécanicien(ne)

maquinización NF mécanisation *f*

maquis NM INV (*movimiento*) maquis *m* ; (*persona*) maquisard *m*

mar NM O NF mer *f* ; **~ de fondo** lame *f* de fond ; (*fig*) malaise *m* ; **~ gruesa** mer forte ; **~ adentro** au large ; **en alta ~** en haute mer ; **por ~** par mer ; **hacerse a la ~** partir en mer ; **a mares** (*llover*) à verse ; (*llorar*) comme une madeleine ; **estar hecho un ~ de lágrimas** pleurer comme une fontaine ; **es la ~ de guapa** elle est très belle ; **la ~ de bien** très bien ; **el M~ Negro/Báltico** la mer Noire/Baltique ; **el M~ Muerto/Rojo** la mer Morte/Rouge ; **el M~ del Norte** la Mer du Nord

mar. ABR = **marzo**

mara NF (*pandilla*) mara *f* (*gang d'Amérique Centrale*)

maraca NF (*Mús*) maraca *f*

maracuyá NM fruit *m* de la passion

marajá NM maharadja *m*

maraña NF enchevêtrement *m*

marasmo NM marasme *m*

maratón NM marathon *m*

maratoniano, -a ADJ (*Deporte*) marathonien(ne) ; (*fig*): **una jornada maratoniana** une journée-marathon ▶ NM/F marathonien(ne)

maravilla NF merveille *f* ; (*Bot*) souci *m* ; **¡qué ~!** quelle merveille ! ; **hacer maravillas** faire des merveilles ; **a las mil maravillas** à merveille

maravillar VT émerveiller ▪ **maravillarse** VPR: **maravillarse (de)** s'émerveiller (de)

maravilloso, -a ADJ merveilleux(-euse) ; **¡es ~!** c'est merveilleux !

marbellí ADJ de Marbella ▶ NMF natif(-ive) *o* habitant(e) de Marbella

marca NF marque *f* ; (*acto*) marquage *m* ; (*Deporte*) record *m* ; **de ~** (*Com*) de marque ; **~ blanca** marque blanche *o* de distributeur ; **~ de fábrica** marque de fabrique ; **~ propia/registrada** marque propre/déposée

marcado, -a ADJ marqué(e)

marcador NM (*Deporte*: *tablero*) tableau *m* d'affichage ; (: *resultado*) score *m*

marcaje NM (*Deporte*) marquage *m*

marcapasos NM INV stimulateur *m* cardiaque

marcar VT (*tb Deporte*) marquer ; (*número de teléfono*) composer ; (*Com*) étiqueter ; **mi reloj marca las dos** à ma montre il est deux heures ; **~ el compás** (*Mús*) battre la mesure ; **~ el paso** marquer le pas ▶ VI (*Deporte*) marquer ; (*Telec*) composer le numéro ; (*en peluquería*) faire une mise en plis ; **lavar y ~** faire un shampo(o)ing et une mise en plis

marcha NF marche *f* ; (*Auto*) vitesse *f* ; (*dirección*) tournure *f* ; (*fam*: *animación*) animation *f* ; **dar ~ atrás** (*Auto, fig*) faire marche arrière ; **estar en ~** être en marche ; (*negocio*) marcher ; **hacer algo sobre la ~** faire qch au fur et à mesure ; **poner en ~** faire démarrer ; **ponerse en ~** se mettre en marche ; **a marchas forzadas** (*fig*) en quatrième vitesse ; **¡en ~!** (*Mil*) en avant, marche ! ; (*fig*) allons-y ! ; **una persona/una ciudad/un bar con (mucha) ~** une personne (très) dynamique/une ville/un bar (très) animé(e)

marchamo NM (*en producto*) label *m* ; (*de aduana*) estampille *f* ; (*fig*) marque *f*

marchante, -a NM/F marchand(e) de tableaux

marchar VI marcher ; (*ir*) partir ; **todo marcha bien** tout va bien ▪ **marcharse** VPR s'en aller

marchitar VT faner ▪ **marchitarse** VPR se faner

marchito, -a ADJ fané(e)

marchoso, -a (*fam*) ADJ animé(e)

marcial ADJ martial(e)

marciano, -a NM/F martien(ne)

marco NM cadre *m* ; (*Hist*: *moneda*) mark *m*

marea NF marée *f* ; (*movimiento de protesta*): **la ~ blanca** la marée blanche, *mouvement de protestation des travailleurs espagnols de la santé contre la réforme du système* ; **una ~ de gente** une marée humaine ; **~ negra** marée noire ; **~ alta/baja** marée haute/basse

mareado, -a ADJ: **estar ~** (*con náuseas*) avoir mal au cœur ; (*aturdido*) être abruti(e) ; *ver tb* **mareo**

marear VT (*Med*) donner mal au cœur à ; (*fam*) assommer ▪ **marearse** VPR avoir mal au cœur ; (*en barco*) avoir le mal de mer ; (*desmayarse*) s'évanouir ; (*estar aturdido*) être abruti(e) ; (*emborracharse*) se soûler ; *ver tb* **mareo**

marejada NF mer *f* agitée

marejadilla NF mer *f* belle à peu agitée

maremágnum NM (*fig*) foisonnement *m*

maremoto NM raz-de-marée *m inv*

mareo NM mal *m* au cœur ; (*en barco*) mal de mer ; (*en avión*) mal de l'air ; (*en coche*) mal des transports ; (*desmayo*) évanouissement *m* ; (*aturdimiento*) étourdissement *m* ; (*fam*: *lata*) ennui *m*

marfil NM ivoire *m*

margarina NF margarine *f*

margarita NF marguerite *f*

margen NM O NF (*de río, camino*) bord *m* ; (*de página*) marge *f* ▶ NM marge *f* ; **al ~ de lo que digas** quoi que tu dises ; **dar ~ para** donner l'occasion de ; **dejar a algn al ~** tenir qn à l'écart ; **mantenerse al ~** rester en marge ; **~ de beneficio** *o* **de ganancia** marge bénéficiaire ; **~ de confianza** marge de confiance

marginación NF marginalisation *f*; **la ~ social** l'exclusion *f* sociale
marginado, -a ADJ, NM/F marginal(e)
marginal ADJ marginal(e)
marginar VT marginaliser
maría (*fam*) NF (*Esp*: *marihuana*) herbe *f* (*fam*); (*hum, pey*: *ama de casa*) femme *f* au foyer; (*Escol*) *matière jugée peu importante ou facile*; (*Méx*) *femme indienne des campagnes venue travailler à Mexico*; **las tres marías** (*Hist*) *instruction religieuse, instruction civique, éducation physique*
mariachi (*Méx*) NM (*Mús*) mariachi *m*
marica (*fam!*) NM (*homosexual*) pédé *m* (*fam!*); (*cobarde*) poule *f* mouillée
Maricastaña NF: **en los días** *o* **en tiempos de ~** du temps où la reine Berthe filait
maricón (*fam!*) NM (*homosexual*) pédé *m* (*fam!*); (*insulto*) connard *m* (*fam!*)
marido NM mari *m*
marihuana NF marijuana *f*
marimacho (*fam*) NF garçon *m* manqué
marimba NF marimba *m*
marimorena NF bagarre *f*; **armar una ~** provoquer une bagarre
marina NF (*Mil*) marine *f*; **~ mercante** marine marchande
marinero, -a ADJ marin(e) ▶ NM/F marin *m*
marino, -a ADJ marin(e) ▶ NM marin *m*
marioneta NF marionnette *f*
mariposa NF papillon *m*; (*Tec*) veilleuse *f*; (*en natación*) brasse *f* papillon
mariposear VI papillonner
mariquita NF coccinelle *f* ▶ NM (*fam!*) pédé *m* (*fam!*)
mariscada NF plateau *m* de fruits de mer
mariscal NM (*Mil*) maréchal *m*; **~ de campo** (*anticuado*) maréchal *m* de camp
marisco NM fruits *mpl* de mer
marisma NF marais *msg*
marisquería NF *bar où l'on consomme des fruits de mer*
marítimo, -a ADJ maritime
marketing NM marketing *m*
marmita NF marmite *f*
mármol NM marbre *m*
marmóreo, -a ADJ de marbre
marmota NF marmotte *f*
maroma NF cordage *m*
marque *etc* VB *ver* **marcar**
marqués, -esa NM/F marquis(e)
marquesina NF (*de parada*) abri *m*; (*de estación*) toit *m*; (*de puerta*) marquise *f*
marquetería NF marqueterie *f*
márquetin NM = **marketing**
marranada NF (*fam*) saleté *f*; (*acción*) bassesse *f*
marrano, -a ADJ (*fam*) sale ▶ NM/F cochon (truie); (*persona sucia*: *fam*) cochon(ne)
marras: **de ~** *adv*, **el tipo de ~** le type en question; **el asunto de ~** la même ritournelle
marrón ADJ marron
marroquí ADJ marocain(e) ▶ NMF Marocain(e) ▶ NM (*cuero*) maroquin *m*
marroquinería NF maroquinerie *f*
Marruecos NM Maroc *m*
marsupial ADJ marsupial(e) ▶ NM marsupial *m*
marta NF martre *f*
Marte NM Mars *fsg*
martes NM INV mardi *m*; **~ de carnaval** Mardi gras; **~ y trece** *voir article*; *ver tb* **sábado**

> En Espagne la superstition veut que le **martes 13** soit un jour qui porte malheur, un peu comme notre vendredi 13. En Amérique latine, c'est souvent le vendredi 13 qui a cette réputation.

martillar VT marteler
martillazo NM coup *m* de marteau
martillear VT marteler
martilleo NM martèlement *m*
martillo NM marteau *m*; **~ neumático** marteau-piqueur *m*
Martinica NF Martinique *f*
mártir NMF martyr(e)
martirice *etc* VB *ver* **martirizar**
martirio NM martyre *m*
martirizar VT martyriser
marxismo NM marxisme *m*
marxista ADJ, NMF marxiste *mf*
marzo NM mars *msg*; *ver tb* **julio**
mas CONJ mais

más

▶ ADV **1** (*compar*) plus; **más grande/inteligente** plus grand/intelligent; **trabaja más (que yo)** il travaille plus (que moi); **más de mil** plus de mille; **más de lo que yo creía** plus que je ne pensais
2 (+ *sustantivo*) plus de; **más libros** plus de livres; **más tiempo** plus longtemps
3 (*tras sustantivo*) en plus, de plus; **tres personas más (que ayer)** trois personnes de plus (qu'hier)
4 (*superl*): **el más ...** le plus ...; **el más inteligente (de)** le plus intelligent (de); **el coche más grande** la voiture la plus grande; **el que más corre** le plus rapide; **puedo hacerlo como el que más** je peux le faire comme personne
5 (*adicional*): **deme una más** donnez m'en encore une; **un poco más** encore un peu; **¿qué más?** quoi d'autre?, quoi encore?; **¿quién más?** qui d'autre?; **¿quieres más?** en veux-tu plus *o* davantage?
6 (*negativo*): **no tengo más dinero** je n'ai plus d'argent; **no viene más por aquí** il ne vient plus par ici; **no sé más** je n'en sais pas plus *o*

davantage ; **nunca más** plus jamais ; **no hace más que hablar** il ne fait que parler ; **no lo sabe nadie más que él** il n'y a que lui qui le sache
7 (*+ adj: valor intensivo*): **¡qué perro más sucio!** comme ce chien est sale ! ; **¡es más tonto!** qu'est-ce qu'il est bête !
8 (*locuciones*): **más o menos** plus ou moins ; **ni más ni menos** ni plus ni moins ; **los más** la plupart ; **es más, acabamos pegándonos** on a même fini par se battre ; **más aún** d'autant plus ; **más bien** plutôt ; **¡más te vale!** ça vaut mieux pour toi ! ; **más vale tarde que nunca** mieux vaut tard que jamais ; **a más tardar** au plus tard ; **a más y mejor** à qui mieux mieux ; **¡qué más da!** qu'est-ce que cela peut faire ! ; *ver tb* **cada**
9: **de más: veo que aquí estoy de más** je vois que je suis de trop ici ; **tenemos uno de más** nous en avons un de trop
10 (*Am*): **no más** seulement ; **así no más** comme ça ; **ayer no más** pas plus tard qu'hier
11: **por más: por más que lo intento** j'ai beau essayer ; **por más que quisiera** j'ai beau vouloir
12 (*Mat*): **dos más dos son cuatro** deux plus deux font quatre
▸ NM (*Mat: signo*) signe *m* plus ; **este trabajo tiene sus más y sus menos** ce travail a de bons et de mauvais côtés

La palabra *plus* se pronuncia [ply] delante de consonante (*Lui, il est plus gentil qu'elle*), [plyz] delante de vocal (*Il y a de plus en plus de chômeurs*) y [plys] en posición final (*J'en veux plus*).

masa NF masse *f* ; (*Culin*) pâte *f* ; (*CSur*) gâteau *m* ; **en ~** en masse ■ **las masas** NMPL (*Pol*) les masses *fpl*

masacrar VT massacrer

masacre NF massacre *m*

masaje NM massage *m*

masajear VT masser

masajista NMF masseur(-euse)

mascar VT, VI mâcher ; **hay que dárselo todo mascado** (*fig*) il faut toujours lui mâcher le travail

máscara NF (*tb Inform*) masque *m* ; **~ antigás/de oxígeno** masque à gaz/à oxygène ▸ NMF personne *f* masquée

mascarada NF bal *m* masqué ; (*pey*) mascarade *f*

mascarilla NF (*Med, en cosmética*) masque *m*

mascarón NM mascaron *m* ; **~ de proa** figure *f* de proue

mascota NF mascotte *f*

masculinidad NF masculinité *f*

masculino, -a ADJ masculin(e) ▸ NM (*Ling*) masculin *m*

mascullar VT bredouiller

masía NF (*Aragón, Cataluña*) mas *m*, ferme *f*

masificación NF massification *f*

masilla NF mastic *m*

masivamente ADV massivement ; **la huelga fue apoyada ~** la grève a reçu un soutien massif

masivo, -a ADJ massif(-ive)

masón, -ona NM/F franc-maçon(ne)

masonería NF franc-maçonnerie *f*

masónico, -a ADJ maçonnique

masoquismo NM masochisme *m*

masoquista ADJ, NMF masochiste *mf*

masque *etc* VB *ver* **mascar**

mastectomía NF mastectomie *f*

máster NM (*Univ*) master *m*

Le **máster** correspond au diplôme de second cycle universitaire. En Espagne, les études de **máster** durent une ou deux années et associent formation universitaire, professionnelle et formation à la recherche.

masticar VT, VI mastiquer

mástil NM mât *m* ; (*de guitarra*) manche *m*

mastín NM mâtin *m*

mastique *etc* VB *ver* **masticar**

mastodonte NM mastodonte *m*

mastodóntico, -a ADJ gigantesque

masturbación NF masturbation *f*

masturbarse VPR se masturber

mata NF (*esp Am*) arbuste *m* ; (*de perejil*) bouquet *m* ; **~ de pelo** touffe *f* de cheveux ■ **matas** NFPL (*matorral*) fourrés *mpl*

matadero NM abattoir *m*

matador, a ADJ laid(e) à faire peur ▸ NM (*Taur*) matador *m*

matamoscas NM INV chasse-mouche *m*

matanza NF (*de gente*) massacre *m* ; (*de cerdo: acción*) abattage *m* du cochon ; (*: época*) *saison de l'abattage du cochon* ; (*: carne*) *viande du cochon abattu*

matar VT tuer ; (*hambre, sed*) apaiser ; **~ a algn a disgustos** (*fig*) faire mourir qn de chagrin ; **matarlas callando** agir en douce ▸ VI tuer ■ **matarse** VPR se tuer ; **matarse trabajando** *o* **a trabajar** se tuer au travail ; **matarse por hacer algo** se tuer à faire qch

matarife (*pey*) NM tueur *m*

matarratas NM INV (*veneno*) mort-aux-rats *f inv* ; (*fam: alcohol*) tord-boyaux *m*

matasanos (*pey*) NM INV ennui *m* de santé

matasellos NM INV cachet *m* de la poste

mate ADJ mat(e) ▸ NM (*en ajedrez*) mat *m* ; (*And, CSur: hierba, infusión*) maté *m* ; (*: vasija*) récipient *m* pour le maté ; **~ de coca/de menta** thé à la coca/à la menthe

matemáticas NFPL mathématiques *fpl*, maths *fpl*

matemático, -a ADJ mathématique ; **¡es ~!** c'est mathématique ! ▸ NM/F mathématicien(ne)

materia NF matière *f*; **en ~ de** en matière de; **entrar en ~** entrer en matière; **~ prima** matière première

material ADJ matériel(le); **no tener tiempo ~ para algo** ne pas avoir le temps matériel de faire qch ▶ NM matière *f*, matériau *m*; (*dotación*) matériel *m*; (*cuero*) cuir *m* (tanné); **~ de construcción** matériau de construction; **materiales de derribo** décombres *mpl*

materialismo NM matérialisme *m*

materialista ADJ matérialiste

materializar VT matérialiser ■ **materializarse** VPR se matérialiser

materialmente ADV: **es ~ imposible** c'est matériellement impossible

maternal ADJ maternel(le)

maternidad NF maternité *f*

materno, -a ADJ maternel(le)

matice *etc* VB *ver* **matizar**

matinal ADJ matinal(e)

matiz NM nuance *f*; **un (cierto) ~ irónico** une (légère) nuance d'ironie

matizar VT, VI nuancer; (*aclarar*) préciser

matón NM dur *m*

matorral NM buisson *m*

matraca NF matraque *f*; (*fam: lata*) plaie *f*

matraz NM (*Quím*) ballon *m*

matriarcado NM matriarcat *m*

matriarcal ADJ matriarcal(e)

matrícula NF (*en centro educativo*) inscription *f*; (*placa de vehículo*) plaque *f* d'immatriculation; **~ de honor** ≈ mention *f* très bien

matriculación NF (*de vehículo*) immatriculation *f*; (*de alumno*) inscription *f*

matricular VT (*coche*) immatriculer; (*alumno*) inscrire ■ **matricularse** VPR s'inscrire

matrimonial ADJ (*contrato*) de mariage; (*vida*) conjugal(e)

matrimonio NM (*pareja*) couple *m*; (*boda*) mariage *m*; **contraer ~ (con)** se marier (avec); **~ civil/clandestino** mariage civil/clandestin

matriz NF (*Anat*) utérus *msg*; (*Tec, Mat*) matrice *f*; **casa ~** (*Com*) maison *f* mère

matrona NF matrone *f*

matutino, -a ADJ (*periódico*) du matin; (*actividades*) matinal(e)

maullar VI miauler

maullido NM miaulement *m*

Mauricio NM (île *f*) Maurice *f*

Mauritania NF Mauritanie *f*

mausoleo NM mausolée *m*

max. ABR (= *máximo*) max. (= *maximum*)

maxilar ADJ, NM maxillaire *m*

máxima NF maxime *f*

máxime ADV particulièrement

maximizar VT maximiser

máximo, -a ADJ maximal(e), maximum; (*longitud, altitud*) maximal(e); (*galardón*) supérieur(e); **~ líder** *o* **jefe, líder ~** (*esp* AM) président *m*; **lo ~** le maximum ▶ NM maximum *m*; **como ~** au plus; **al ~** au maximum

maxisingle NM maxi 45 tours *msg*

maya ADJ maya ▶ NMF Maya *mf*

mayo NM mai *m*; *ver tb* **julio**

mayonesa NF mayonnaise *f*

mayor ADJ (*adulto*) grand(e); (*de edad avanzada*) âgé(e); (*comparativo y superlativo: de tamaño*) plus grand(e); (*: de edad*) plus âgé(e); (*calle, plaza*) grand(e); (*Mús*) majeur(e); (*principal*) principal(e); **las personas mayores** (*adultos*) les adultes *mpl*; (*ancianos*) les personnes âgées *fpl*; **cuando seas ~** quand tu seras grand(e); **~ de edad** majeur(e); **las mayores dificultades** les plus grandes difficultés; **al por ~** en gros ▶ NM (AM *Mil*) major *m* ■ **los mayores** NMPL les grandes personnes *fpl*

mayoral NM (*Agr*) contremaître *m*; (*pastor*) berger *m*

mayordomo NM majordome *m*

mayoreo (AM) NM vente *f* en gros

mayoría NF majorité *f*; **en la ~ de los casos** dans la majorité des cas; **en su ~** en majorité; **~ absoluta/relativa** majorité absolue/relative; **~ de edad** majorité

mayorista NMF grossiste *mf*

mayoritario, -a ADJ majoritaire

mayormente ADV (*principalmente*) principalement; (*particularmente*) particulièrement; **no me interesa ~** ça ne m'intéresse pas particulièrement

mayúscula NF (*tb*: **letra mayúscula**) majuscule *f*

mayúsculo, -a ADJ (*susto*) terrible; (*error*) énorme

maza NF (*Tec*) masse *f*; (*arma*) massue *f*

mazacote NM matière *f* dure; (*Culin*) pâte *f* dure; (*libro gordo*) pavé *m*

mazamorra (AM) NF *sucrerie à base de miel*

mazapán NM pâte *f* d'amandes; (*dulce*) massepain *m*

mazazo NM coup *m* de massue; **fue un ~ para él** cela a été un véritable coup de massue pour lui; **la noticia cayó como un ~** la nouvelle a fait l'effet d'une bombe

mazmorra NF cachot *m*

mazo NM maillet *m*; (*de mortero*) pilon *m*; (*de naipes*) paquet *m*; (*de billetes*) liasse *f*

mazorca NF épi *m* de maïs

MB ABR (= *megabyte*) MO (= *méga-octet*)

MCCA SIGLA M = **Mercado Común Centroamericano**

m.c.d. ABR (= *mínimo común denominador*) p.p.d.c. *m* (= *plus petit dénominateur commun*)

m.c.m. ABR (= *mínimo común múltiplo*) p.p.c.m. *m* (= *plus petit commun multiple*)

me PRON me; (*en imperativo*) moi; **me lo compró** il me l'a acheté; **¡dámelo!** donne-le-moi!

meada (*fam*) NF (*orina*) pisse *f* (*fam*) ; (*mancha*) tache *f* de pisse ; **echar una ~** pisser un coup (*fam*)
meandro NM méandre *m*
mear (*fam*) VT, VI pisser (*fam*) ■ **mearse** VPR pisser (*fam*) ; **mearse de risa** pisser de rire
Meca NF: **La ~** La Mecque
meca NF: **la ~ del cine** la Mecque du cinéma
mecánica NF mécanique *f* ; *ver tb* **mecánico**
mecanice *etc* VB *ver* **mecanizar**
mecánico, -a ADJ mécanique ▶ NM/F mécanicien(ne)
mecanismo NM mécanisme *m*
mecanizar VT mécaniser
mecanografía NF dactylographie *f*
mecanografiado, -a ADJ dactylographié(e)
mecanografiar VT dactylographier
mecanógrafo, -a NM/F dactylo(graphe) *mf*
mecapalero (*CAm, Méx*) NM porteur *m*
mecate (*Am*) NM corde *f*
mecedor (*Am*) NM, **mecedora** NF fauteuil *m* à bascule
mecenas NM INV mécène *m*
mecenazgo NM mécénat *m*
mecer VT bercer ■ **mecerse** VPR se balancer
mecha NF mèche *f* ; **a toda ~** à toute allure ■ **mechas** NFPL (*en el pelo*) mèches *fpl*
mechero NM briquet *m*
mechón NM (*de pelo*) mèche *f* ; (*de lana*) brins *mpl*
medalla NF médaille *f*
medallero NM palmarès *m*
medallista NMF (*Deporte*) médaillé(e) ; **~ olímpico** médaillé olympique
medallón NM (*joya, bajorrelieve*) médaillon *m* ; (*Culin: de carne*) médaillon *m* ; (*: de pescado*) darne *f*
media NF moyenne *f* ; (*prenda de vestir*) bas *msg* ; (*Am*) chaussette *f* ; **a medias** à moitié ; **pagar a medias** partager les frais ; **entre medias** au milieu ■ **medias** NFPL (*un par*) collant *msg*
mediación NF médiation *f* ; **por ~ de** par l'intermédiaire de
mediado, -a ADJ (*botella*) à moitié plein(e) ; (*trabajo*) à moitié fait(e) ; **a mediados de** au milieu de
mediador, a NM/F médiateur(-trice)
mediagua (*Chi*) NF cabane *f*
medialuna (*esp CSur*) NF (*Culin*) croissant *m*
mediana NF (*en autopista*) séparation *f*
medianamente ADV moyennement ; **está ~ bien** c'est moyennement bien
mediano, -a ADJ moyen(ne) ; **de tamaño ~** de taille moyenne ; **el ~** celui du milieu
medianoche NF minuit *m*
mediante ADV grâce à
mediar VI servir d'intermédiaire ; (*tiempo*) s'écouler ; (*distancia*) séparer ; (*problema: interponerse*) s'interposer ; **media el hecho de que ...** il y a le fait que ... ; **~ por algn** intercéder en faveur de qn ; **entre ambos media un abismo** un abîme les sépare
medias NFPL *ver* **media**
mediático, -a ADJ médiatique
mediatizar VT médiatiser
medicación NF (*acción*) prise *f* de médicaments ; (*medicamentos*) médicaments *mpl*
medicamento NM médicament *m*
medicar VT (*administrar*) administrer des médicaments à ; (*prescribir*) prescrire des médicaments à ; **estar medicado** être sous traitement ; **estaba muy medicado** il prenait beaucoup de médicaments ; **jabón medicado** savon *m* traitant ■ **medicarse** VPR prendre des médicaments
medicina NF (*ciencia*) médecine *f* ; (*medicamento*) médicament *m* ; **estudiante de ~** étudiant(e) en médecine ; **~ general** médecine générale
medicinal ADJ médicinal(e)
medición NF mesure *f*
médico, -a ADJ médical(e) ▶ NM/F médecin *mf* ; **~ de cabecera** médecin de famille ; **~ forense** médecin légiste ; **~ residente** médecin hospitalier
medida NF mesure *f* ; (*de camisa etc*) taille *f* ; **a ~ que ...** à mesure que ... ; **a ~ de mi** *etc* **capacidad/necesidad** dans la mesure de mes *etc* possibilités/besoins ; **con ~** avec mesure ; **en cierta ~** dans une certaine mesure ; **en gran ~** en grande partie ; **en la ~ de lo posible** dans la mesure du possible ; **sin ~** sans aucune mesure ; **un traje a la ~** un costume sur mesure ; **~ de cuello** encolure *f* ■ **medidas** NFPL (*de persona*) mesures *fpl* ; **tomar medidas** prendre des mesures
medidor, a ADJ qui mesure ▶ NM/F (*persona*) mesureur *m* ▶ NM (*esp Am: aparato*) compteur *m*
medieval ADJ médiéval(e)
medievo NM Moyen Âge *m*, Moyen-Âge *m*
medio, -a ADJ moyen(ne) ; **~ litro** un demi-litre ; **media hora/docena/manzana** une demi-heure/douzaine/pomme ; **a ~ camino** à mi-chemin ; **a media luz** dans la pénombre ; **las tres y media** trois heures et demie ▶ ADV à moitié ; **~ dormido/enojado** à moitié endormi/fâché ; **a ~ terminar** à moitié fait ▶ NM milieu *m* ; (*método*) moyen *m* ; **en ~** au milieu ; **(de) por ~** au milieu ; **por ~ de** au moyen de ; **en los medios financieros** dans les milieux financiers ; **~ ambiente** environnement *m* ; **M~ Oriente** Moyen-Orient *m* ■ **medios** NMPL (*métodos, recursos*) moyens *mpl* ; (*tb*: **medios de comunicación**) médias *mpl* ; **medios sociales** médias sociaux ; **medios de transporte** moyens de transport
medioambiental ADJ (*política*) environnemental(e) ; (*efectos*) sur l'environnement
mediocampista NMF milieu *m* de terrain
mediocre ADJ médiocre
mediocridad (*pey*) NF médiocrité *f*

mediodía NM midi *m* ; **a ~** à midi
mediopensionista NMF demi-pensionnaire *mf*
medir VT mesurer ; **~ las palabras/acciones** (*fig*) mesurer ses paroles/actes ; **~ mal sus fuerzas** trop présumer de ses forces ▸VI mesurer ; **¿cuánto mides? — mido 1.50 m** tu mesures combien ? — je mesure 1 m 50 ■ **medirse** VPR se mesurer ; **medirse con algn** se mesurer à qn
meditabundo, -a ADJ méditatif(-ive)
meditación NF méditation *f*
meditar VT méditer ▸VI: **~ (sobre)** méditer (sur)
mediterráneo, -a ADJ méditerranéen(ne) ▸NM: **el (mar) M~** la (mer) Méditerranée
médium (*pl* **médiums**) NMF médium *mf*
medrar VI réussir
médula NF moelle *f* ; **hasta la ~** (*fig*) jusqu'au bout des ongles ; **~ espinal** moelle épinière
medular ADJ (*Anat*) médullaire ; **trasplante ~** greffe *f* de moelle (osseuse) ; (*fig: fundamental*) central(e)
medusa NF méduse *f*
mega M (*Inform*) méga *m*
megabyte ['meɣaβait] NM (*Inform*) méga-octet *m*
megafonía NF sono *f* ; (*técnica*) sonorisation *f*
megáfono NM haut-parleur *m*
megalomanía NF mégalomanie *f*
megalómano, -a NM/F mégalomane *mf*
megaocteto NM (*Inform*) méga-octet *m*
megapíxel (*pl* **megapixels** *o* **megapíxeles**) NM mégapixel *m*
mejicano, -a (*Esp*) ADJ mexicain(e) ▸NM/F Mexicain(e)
Méjico (*Esp*) NM Mexique *m*
mejilla NF joue *f*
mejillón NM moule *f*
mejor ADJ meilleur(e) ; **será ~ que vayas** il vaut mieux que tu t'en ailles ; **es el ~ de todos** c'est le meilleur de tous ; **lo ~** le mieux ; **en lo ~ de la vida** dans la fleur de l'âge ▸ADV mieux ; **a lo ~** peut-être ; **~ dicho** plutôt ; **¡(tanto) ~!** tant mieux ! ; **~ vámonos** (*esp Am fam*) allons-y ; **tú, ~ te callas** (*esp Am fam*) toi, tu ferais mieux de te taire

> En francés, **mejor** tiene dos traducciones: *mieux* (comparativo de *bien*), que funciona como adverbio (*Il chante mieux que moi*) y *meilleur* (comparativo de *bon*), que funciona como adjetivo (*Cette voiture est meilleure que celle-là*).

mejora NF amélioration *f*
mejorana NF marjolaine *f*
mejorar VT améliorer ; **mejorando lo presente** *formule de politesse pour complimenter quelqu'un en présence d'autres personnes* ▸VI s'améliorer ; (*enfermo*) aller mieux ■ **mejorarse** VPR s'améliorer ; (*paciente*) aller mieux ; **¡que se mejore!** je vous souhaite un prompt rétablissement !
mejoría NF amélioration *f*
mejunje (*pey*) NM (*bebida*) breuvage *m* infâme ; (*cosmética*) crèmes *fpl*
melancolía NF mélancolie *f*
melancólico, -a ADJ mélancolique
melanina NF mélanine *f*
melanoma NM mélanome *m*
melaza NF mélasse *f*
melena NF (*de persona*) longue chevelure *f* ; (*de león*) crinière *f* ■ **melenas** NFPL (*pey*) tignasse *fsg*
melenudo, -a (*fam*) ADJ chevelu(e) ▸NM (*pey*) hippie *m*
melillense ADJ de Melilla ▸NMF natif(-ive) *o* habitant(e) de Melilla
melindre NM (*rosquilla*) beignet *m* glacé ; (*soletilla*) boudoir *m* ■ **melindres** (*afectación*) manières *f*, chichis *m* (*fam*) ; **déjate de melindres y cómetelo** arrête de faire des chichis et mange-le
mella NF ébréchure *f* ; **hacer ~** (*fig*) ébranler
mellado, -a ADJ (*cuchillo, plato*) ébréché(e) ; (*persona, dentadura*) édenté(e)
mellizo, -a ADJ, NM/F jumeau(-elle) ■ **mellizos** NMPL (*Am*) jumelles *fpl* ; (*de ropa*) boutons *mpl* de manchette
melocotón (*Esp*) NM pêche *f*
melodía NF mélodie *f*
melódico, -a ADJ mélodique
melodrama NM mélodrame *m*
melodramático, -a ADJ mélodramatique
melómano, -a NM/F mélomane *mf*
melón NM melon *m*
melopea (*fam*) NF cuite *f*
meloso, -a (*pey*) ADJ mielleux(-euse)
membrana NF membrane *f*
membresía (*Méx*) NF adhérents *mpl*
membrete NM en-tête *m*
membrillo NM (*fruto*) coing *m* ; (*árbol*) cognassier *m* ; (*tb:* **carne de membrillo**) pâte *f* de coings
meme (*fam*) NM mème *m* (Internet)
memez NF bêtise *f*
memo, -a ADJ bête ▸NM/F imbécile *mf*
memorable ADJ mémorable
memorándum NM (*libro*) mémo *m* ; (*comunicación*) mémorandum *m*
memoria NF mémoire *f* ; (*informe*) rapport *m* ; **a la ~ de** à la mémoire de ; **en ~ de** en mémoire de ; **tener buena/mala ~** avoir une bonne/mauvaise mémoire ; **aprender/saber/recitar algo de ~** apprendre/savoir/réciter qch par cœur ; **ahora que me viene a la ~** ça me revient ; **~ auxiliar/fija/fija programable** (*Inform*) mémoire auxiliaire/morte/morte programmable ; **~ de acceso aleatorio** (*Inform*) mémoire vive ; **~ del teclado** (*Inform*) mémoire du clavier ; **~ anual** rapport annuel ■ **memorias** NFPL (*de autor*) mémoires *mpl*
memorice *etc* VB *ver* **memorizar**
memorizar VT mémoriser

m

mena NF minerai *m*

menaje NM (*de cocina*) ustensiles *mpl* de cuisine ; (*del hogar*) articles *mpl* pour la maison

mención NF mention *f*; **digno de ~** digne de mention ; **hacer ~ de** faire mention de ; **~ especial del jurado** mention spéciale du jury

mencionar VT mentionner ; **sin ~ …** sans parler de …

mendaz ADJ mensonger(-ère)

mendicidad NF mendicité *f*

mendigar VT, VI mendier

mendigo, -a NM/F mendiant(e)

mendigue *etc* VB *ver* **mendigar**

mendrugo NM quignon *m*

menear VT remuer ; (*cadera*) balancer ■ **menearse** VPR remuer ; (*al andar*) se déhancher ; (*fam*) se manier

menester NM: **es ~ hacer algo** il faut faire qch ■ **menesteres** NMPL activités *fpl*

menestra NF: **~ de verduras** macédoine *f* de légumes (*parfois avec des morceaux de viande*)

mengano, -a NM/F un tel (une telle)

mengua NF diminution *f*; **en ~ de** aux dépens de

menguante ADJ décroissant(e)

menguar VT diminuer ▸ VI décroître ; (*días, número*) diminuer ; (*marea*) descendre

mengüe *etc* VB *ver* **menguar**

menhir NM menhir *m*

meningitis NF INV méningite *f*

menisco NM ménisque *m*

menopausia NF ménopause *f*

menor ADJ (*comparativo y superlativo: más pequeño*) plus petit(e) ; (*: más joven*) plus jeune ; (*número: superl*) moindre ; (*Mús*) mineur(e) ; **Juanito es ~ que Pepe** Juanito est plus jeune que Pepe ; **ella es la ~ de todas** c'est la plus jeune de toutes ; **la hija ~** la fille cadette ; **~ de edad** mineur(e) ; **no tengo la ~ idea** je n'en ai pas la moindre idée ; **al por ~** au détail ▸ NMF mineur(e)

Menorca NF Minorque *f*

menorquín, -ina ADJ minorquin(e) ▸ NM/F Minorquin(e)

menos

▸ ADV **1** (*compar*) moins ; **me gusta menos (que el otro)** je l'aime moins (que l'autre) ; **menos de 50** moins de 50 ; **menos de lo que pensaba** moins que ce que je pensais ; **hay siete de menos** il y en a sept de moins

2 (*+ sustantivo*) moins de ; **menos gente** moins de gens ; **menos coches** moins de voitures

3 (*tras sustantivo*) de moins ; **tres libros menos (que ayer)** trois livres de moins (qu'hier)

4 (*superl*): **es la menos lista (de su clase)** c'est la moins intelligente (de sa classe) ; **el libro menos vendido** le livre le moins vendu ; **de todas ellas es la que menos me agrada** c'est celle qui me plaît le moins parmi elles ; **es el que menos culpa tiene** c'est celui qui est le moins coupable ; **lo menos que …** le minimum que …

5 (*locuciones*): **no quiero verle y menos visitarle** je ne veux pas le voir, encore moins lui rendre visite ; **menos aún cuando …** d'autant moins que … ; **¡menos mal (que …)!** heureusement (que …) ! ; **al** *o* **por lo menos** (tout) au moins ; **si al menos …** si seulement … ; **qué menos que entres y tomes un café** tu peux bien entrer prendre un café ; **¡eso es lo de menos!** ça, c'est le moins important !

6 (*Mat*): **cinco menos dos** cinq moins deux

▸ PREP (*excepto*) sauf ; **todos menos él** tous sauf lui

▸ CONJ: **a menos que**: **a menos que venga mañana** à moins qu'il ne vienne demain

▸ NM (*Mat: signo*) signe *m* moins

menoscabo NM: **ir en ~ de** porter atteinte à ; **sin ~ de** sans porter atteinte à

menospreciar VT sous-estimer ; (*despreciar*) mépriser

menosprecio NM mépris *msg*

mensaje NM message *m* ; (*Telec*) minimessage *m*, SMS *m* ; **enviar un ~ a algn** (*por móvil*) envoyer un minimessage *o* SMS à qn ; **~ de error** (*Inform*) message d'erreur ; **~ de texto** SMS, texto® *m*

mensajería NF (*servicio, empresa*) messagerie *f* ; **~ electrónica** messagerie électronique

mensajero, -a NM/F messager(-ère) ; (*de cartas, paquetes*) coursier(-ière)

menstruación NF menstruation *f*

menstrual ADJ menstruel(elle) ; **dolores menstruales** douleurs *fpl* menstruelles

menstruar VI avoir ses règles

mensual ADJ mensuel(le) ; **50 euros mensuales** 50 euros par mois

mensualidad NF mensualité *f*

mensualmente ADV mensuellement

menta NF menthe *f*

mentada NF: **hacerle a algn una ~** (*AM fam*) cracher sur qn

mentado, -a ADJ (*mencionado*) en question ; (*famoso*) célèbre

mental ADJ mental(e)

mentalidad NF mentalité *f*

mentalización NF préparation *f* mentale

mentalizar VT faire prendre conscience à ■ **mentalizarse** VPR: **mentalizarse (de/de que)** se faire à l'idée (de/que)

mentalmente ADV mentalement

mentar VT mentionner ; **mentarle la madre a algn** (*fam*) mettre qn plus bas que terre

mente NF esprit *m* ; **tener en ~ algo/~ hacer algo** avoir qch en tête/dans l'idée de faire qch ; **tener la ~ en blanco** avoir la tête vide

mentecato, -a ADJ, NM/F idiot(e)

mentir VI mentir ; **¡miento!** que dis-je !
mentira NF mensonge *m* ; **eso es ~** ce n'est pas vrai ; **una ~ como una casa** (*fam*) un mensonge gros comme une maison ; **parece ~ que ...** on ne dirait vraiment pas que ... ; (*como reproche*) c'est incroyable que ... ; **de ~** (*pistola*) pour rire ; (*historia*) pour rigoler ; **~ piadosa** pieux mensonge
mentirijillas (*fam*) NFPL: **de ~** pour rire ; **lloraba de ~** il faisait sembler de pleurer ; **jugar de ~** jouer pour de faux
mentiroso, -a ADJ, NM/F menteur(-euse)
mentís NM INV: **dar un ~ a** apporter un démenti à
mentolado, -a ADJ mentholé(e)
mentón NM menton *m*
mentor, a NM/F mentor *m*
menú NM (*tb Inform*) menu *m* ; **guiado por ~** (*Inform*) contrôlé(e) par menu
menudear VT multiplier ▸ VI se multiplier
menudencia NF bricole *f*
menudeo (*AM*) NM vente *f* au détail
menudillos NMPL (*Culin*) abats *mpl*
menudo, -a ADJ (*muy pequeño*) menu(e) ; (*sin importancia*) insignifiant(e) ; **¡~ negocio!** drôle d'affaire ! ; **¡~ chaparrón/lío!** quelle engueulade/histoire ! ; **¡~ sitio/actor!** (*pey*) drôle d'endroit/d'acteur ! ; **a ~** souvent
meñique NM (*tb*: **dedo meñique**) auriculaire *m*
meollo NM: **el ~ del asunto** le fond du problème
mequetrefe (*pey*) NM fantoche *m*, fâcheux *m*
mercadeo NM commercialisation *f*
mercader NM marchand *m*
mercadería NF marchandise *f*
mercadillo NM petit marché *m*, marché *m* aux puces
mercado NM marché *m* ; **~ de valores** marché des valeurs ; **~ exterior/interior** marché extérieur/intérieur ; **~ laboral** marché du travail ; **~ negro** marché noir
mercadotecnia NF marketing ; **estudios de ~** études *fpl* de marketing
mercancía NF marchandise *f* ; **mercancías en depósito** marchandises en stock
mercancías NM INV (*tb*: **tren de mercancías**) train *m* de marchandises
mercantil ADJ commercial(e)
merced NF: **(estar) a ~ de** (être) à la merci de
mercenario, -a ADJ, NM mercenaire *mf*
mercería NF mercerie *f* ; **artículos/sección de ~** mercerie
Mercosur SIGLA M (= *Mercado Común del Sur*) *Argentina, Brasil, Paraguay, Uruguay*
Mercurio NM Mercure *m*
mercurio NM mercure *m*
merecedor, a ADJ: **~ (de)** digne (de)
merecer VT mériter ; **merece la pena** ça vaut la peine
merecidamente ADV à juste titre ; **ganó ~** il a remporté une victoire bien méritée
merecido, -a ADJ mérité(e) ; **recibir su ~** avoir ce qu'on *etc* mérite
merecimiento NM (*mérito*) mérite *m* ; **perdimos con todo ~** nous méritions de perdre ; **otra persona de mayor ~** une personne plus méritoire
merendar VT prendre pour son goûter ▸ VI prendre son goûter
merendero NM aire *f* de pique-nique
merengue NM meringue *f*
merezca *etc* VB *ver* **merecer**
meridianamente ADV clairement ; **eso queda ~ claro** c'est parfaitement *ou* absolument clair
meridiano, -a ADJ: **la explicación es de una claridad meridiana** l'explication est on ne peut plus claire ▸ NM méridien *m*
meridional ADJ méridional(e)
merienda VB *ver* **merendar** ▸ NF goûter *m* ; **~ de negros** foire *f* d'empoigne
mérito NM mérite *m* ; **hacer méritos** faire ses preuves ; (*pey*) faire du zèle ; **restar ~ a** diminuer les mérites de
meritorio, -a ADJ méritoire
merluza NF colin *m* ; **coger una ~** (*fam*) prendre une cuite
merma NF diminution *f*
mermar VT, VI diminuer
mermelada NF confiture *f*
mero, -a ADJ simple ; (*CAm, Méx fam: verdadero*) vrai(e) ; (*: principal*) principal(e) ; (*: exacto*) précis(e) ▸ NM (*Zool*) mérou *m* ; **el ~ ~** (*Méx fam*) le grand manitou ▸ ADV (*CAm, Méx fam*) précisément ; **allí ~** là-bas précisément
merodear VI: **~ por (un lugar)** rôder dans (un endroit)
mersa (*Arg*) ADJ grossier(-ière) ▸ NMF grossier personnage *m*
mes NM mois *msg* ; **el ~ corriente** ce mois-ci ; **llegar a fin de ~** joindre les deux bouts
mesa NF table *f* ; **poner/quitar la ~** mettre/débarrasser la table ; **~ de billar** table de billard ; **~ electoral** bureau *m* de vote ; **~ redonda** table ronde
mesarse VPR: **~ los cabellos** s'arracher les cheveux
mescalina NF mescaline *f*
mesero, -a (*esp Méx*) NM/F garçon (serveuse)
meseta NF plateau *m*
Mesías NM INV Messie *m*
mesilla NF (*tb*: **mesilla de noche**) table *f* de nuit
mesón NM restaurant *m*
mesonero, -a NM/F (*arcaico*) aubergiste *mf* ; (*Chi, Ven*) garçon *m*
mestizaje NM métissage *m*
mestizo, -a ADJ, NM/F métis(se)
mesura NF (*moderación*) mesure *f* ; (*en trato con gente*) réserve *f*

mesurado, -a ADJ (*moderado*) modéré(e), mesuré(e) ; **estilo ~** un style contenu
meta NF (*tb Fútbol*) but *m*
metabólico, -a ADJ métabolique
metabolismo NM métabolisme *m*
metacrilato NM méthacrylate *m*
metadona NF méthadone *f*
metafísica NF métaphysique *f*
metafísico, -a ADJ métaphysicien(-ienne)
metáfora NF métaphore *f*
metafórico, -a ADJ métaphorique
metal NM métal *m* ; (*Mús*) cuivres *mpl*
metálico, -a ADJ métallique ▸ NM: **en ~** en espèces
metalizado, -a ADJ métallisé(e)
metalurgia NF métallurgie *f*
metalúrgico, -a ADJ métallurgique
metamorfosear VT: **~ (en)** métamorphoser (en)
metamorfosis NF INV métamorphose *f*
metano NM méthane *m*
metástasis NF INV métastase *f*
metate (*MÉX*) NM pierre *f* meulière
metedura NF: **~ de pata** (*fam*) gaffe *f*
meteórico, -a ADJ météorique
meteorito NM météorite *m o f*
meteoro NM météore *m* ; **como un ~** comme un éclair
meteorología NF météorologie *f*
meteorológico, -a ADJ météorologique
meteorólogo, -a NM/F météorologue *mf* ; (*Radio, TV*) monsieur (madame) météo
meter VT mettre ; (*involucrar*) mêler ; (*Costura*) raccourcir ; (*miedo*) faire ; (*paliza*) flanquer ; (*marchas: Auto*) mettre, passer ; **~ algo en** *o* **a** mettre qch dans ; **~ ruido** faire du bruit ; **~ una mentira** glisser un mensonge ; **~ prisa a algn** bousculer qn ■ **meterse** VPR: **meterse en** (*un lugar*) entrer dans ; (*negocios, política*) se lancer dans ; (*entrometerse*) se mêler de ; **meterse a hacer algo** se mettre à faire qch ; **meterse a escritor** se lancer dans la littérature ; **meterse con algn** s'en prendre à qn ; (*en broma*) taquiner qn ; **meterse en todo/donde no le llaman** se mêler de tout/de ce qui ne le regarde pas
meticuloso, -a ADJ méticuleux(-euse)
metido, -a ADJ: **estar muy ~ en un asunto** être engagé(e) à fond dans une affaire ; **~ en años** d'un certain âge, âgé(e) ; **~ en carnes** bien en chair
metódico, -a ADJ méthodique
metodista ADJ méthodiste
método NM méthode *f* ; **con ~** avec méthode
metodología NF méthodologie *f*
metomentodo NMF INV fouineur(-euse)
metraje NM (*Cine*) métrage *m*
metralla NF mitraille *f*
metralleta NF mitraillette *f*
métrica NF (*Lit*) métrique *f*
métrico, -a ADJ métrique ; **cinta métrica** mètre-ruban *m*
metro NM mètre *m* ; (*tren: tb:* **metropolitano**) métro *m* ; **~ cuadrado/cúbico** mètre carré/cube
metrópoli NF métropole *f*
metropolitano, -a ADJ métropolitain(e) ; **el área metropolitana de Madrid** l'agglomération *f* de Madrid
metrosexual ADJ, NM métrosexuel *m*
mexicano, -a ADJ mexicain(e) ▸ NM/F Mexicain(e)
México NM Mexique *m* ; **Ciudad de ~** Mexico
meza *etc* VB *ver* **mecer**
mezanine NM = **mezzanine**
mezcal (*MÉX*) NM mescal *m*
mezcla NF mélange *m*
mezclar VT mélanger ; (*cosas, ideas dispares*) mêler ; **~ a algn en** (*pey*) mêler qn à ■ **mezclarse** VPR se mélanger ; **mezclarse en algo** (*pey*) se mêler de qch ; **mezclarse con algn** (*pey*) fréquenter qn
mezcolanza NF mélange *m*
mezquindad NF mesquinerie *f*
mezquino, -a ADJ mesquin(e)
mezquita NF mosquée *f*
mezzanine [metsa'nin] (*espAM*) NM mezzanine *f*
mezzosoprano ['metso-so'prano] NF mezzo-soprano *f*
mg ABR (= *miligramo(s)*) mg (= *milligramme(s)*)
M.G. ABR (= *materia grasa*) mat.gr.
mi ADJ mon (ma) ; **mi hijo** mon fils ; **mis hijos** mes enfants ▸ NM (*Mús*) mi *m*

> ¡Atención! En francés el adjetivo posesivo concuerda en género y número con la cosa poseída (*mon père, ma mère, mes parents*), mientras que en español solo concuerda en número (**mi padre, mi madre, mis padres**).

mí PRON moi ; **¿y a mí qué?** qu'est-ce que ça peut bien me faire, à moi ? ; **para mí que ...** à mon avis ... ; **por mí no hay problema** pour ma part il n'y a pas de problème ; **por mí mismo** par moi-même
miaja NF miette *f* ; **ni una ~** que dalle
miau NM miaou *m*
mica NF (*Minería*) mica *m*
michelín NM bourrelet *m* ; (*fam*) poignée *f* d'amour
mico NM (*Zool*) singe *m* ; (*fam: a niño*) petit cochon *m* ; **volverse ~ haciendo algo** se démener pour faire qch
micrero, -a NM/F (*CHI*) chauffeur(e) de minibus ; (*ARG*) chauffeur(e) d'autocar
micro NM micro *m* ; (*AM: microordenador*) micro-ordinateur *m* ; (*: microbús*) minibus *msg* ; (*ARG*) autocar *m* ▸ NF (*a veces nm: CHI*) minibus *msg*
microbio NM microbe *m*

microbiología NF microbiologie *f*
microbús NM minibus *msg*
microchip NM puce *f*
microclima NM microclimat *m*
microcomputador NM, **microcomputadora** NF micro-ordinateur *m*
microcosmos NM INV microcosme *m*
microficha NF microfiche *f*
microfilm NM microfilm *m*
micrófono NM microphone *m*
microinformática NF micro-informatique *f*
micromecenazgo NM micro-mécénat *m*, micromécénat *m*
micrómetro NM micromètre *m*
microondas NM INV (*tb*: **horno microondas**) (four *m* à) micro-ondes *msg*
microordenador NM micro-ordinateur *m*
microorganismo NM micro-organisme *m*
micropastilla NF (*Inform*) puce *f*, pastille *f*
microplaquita NF: **~ de silicio** puce *f* électronique
microprocesador NM microprocesseur *m*
microprograma NM (*Inform*) microprogramme *m*
microscópico, -a ADJ microscopique
microscopio NM microscope *m*
midiendo *etc* VB *ver* **medir**
miedo NM peur *f* ; **meter ~ a** faire peur à ; **tener ~** avoir peur ; **tener ~ de que** avoir peur que ; **de ~** (*fam*) terrible ; **ese chica está de ~** cette fille est sublime ; **pasarlo de ~** s'en donner à cœur joie ; **me da ~** cela me fait peur ; **me da ~ pensarlo/perderlo** je tremble à cette idée/à l'idée de le perdre ; **hace un frío de ~** (*fam*) il fait un froid de loup
miedoso, -a ADJ peureux(-euse)
miel NF miel *m*
miembro NM membre *m* ; **~ viril** membre viril
mientes VB *ver* **mentar**; **mentir** ▸ NFPL: **no parar ~ en** ne pas s'arrêter sur
mientras CONJ pendant que ; **~ viva/pueda** tant que je vivrai/pourrai ; **~ que** tandis que ; **~ más tiene, más quiere** (*esp Am*) plus on en a, plus on en veut ▸ ADV en attendant ; **~ tanto** entre-temps
miérc. ABR = **miércoles**
miércoles NM INV mercredi *m* ; **~ de ceniza** mercredi des Cendres ; *ver tb* **sábado**
mierda (*fam!*) NF merde *f* (*fam !*) ; **ser una ~** (*pey*) être de la merde ; **¡vete a la ~!** va te faire voir ! ; **¡~!** merde ! ; **de ~** de merde, merdique
mies NF moisson *f* ▪ **mieses** NFPL (*campos*) moissons *fpl*
miga NF mie *f* ; (*una miga*) miette *f* ; **hacer buenas migas** (*fam*) faire bon ménage ; **estar hecho migas** (*fam*) être lessivé ; **esto tiene ~** c'est compliqué
migaja NF miette *f* ▪ **migajas** NFPL (*pey: sobras*) restes *mpl*
migra (*Am fam*) NF police *f* de l'immigration
migración NF migration *f*
migraña NF migraine *f*
migratorio, -a ADJ (*ave*) migrateur(-trice) ; (*movimientos*) migratoire
mijo NM millet *m*
mil ADJ, NM mille *m* ; **dos ~ libras** deux mille livres ; **miles de veces** des milliers de fois
milagro NM miracle *m* ; **de ~** par miracle ; **hacer milagros** faire des miracles
milagroso, -a ADJ miraculeux(-euse)
Milán N Milan
milanesa NF (*esp Am Culin*) escalope *f* viennoise
milano NM milan *m*
milenario, -a ADJ, NM millénaire *m*
milenio NM millénaire *m*
milésimo, -a ADJ, NM/F millième *mf*
mileurista ADJ d'environ mille euros ; **un sueldo ~** un salaire d'environ mille euros ▸ NMF *personne qui gagne (autour de) mille euros*
milhojas NM INV (*pastel*) millefeuille *m*
mili (*fam*) NF: **la ~** le service (militaire) ; **hacer la ~** faire son service
milicia NF milice *f*
miliciano, -a NM/F milicien(-enne)
milico (*And, CSur pey*) NM (*policía*) flic *m* ; (*soldado*) troufion *m*
miligramo NM milligramme *m*
mililitro NM millilitre *m*
milímetro NM millimètre *m*
militancia NF (*en partido*) militantisme *m* ; (*conjunto de militantes*) militants *mpl* ; (*afiliación*): **¿cuál es su ~ política?** quelle est votre appartenance politique ? ; **~ de base** militants *mpl* de base, base *f*
militante ADJ, NMF militant(e)
militar ADJ, NMF militaire *mf* ; **los militares** les militaires *mpl*, l'armée *f* ▸ VI: **~ en** (*Pol*) militer dans
militarismo NM militarisme *m*
militarista ADJ, NMF militariste
militarizar VT militariser ; (*policía*) réquisitionner
mill. ABR (= *millón(millones)*) M (= *million(s)*)
milla NF mille *m* ; **~ marina** mille marin
millar NM millier *m* ; **a millares** par milliers
millón NM million *m*
millonada NF: **una ~** un tas
millonario, -a ADJ, NM/F millionnaire *mf*
millonésimo, -a ADJ, NM/F millionième *mf*
milonga (*Arg*) NF *danse populaire*
milpa (*CAm, Méx*) NF champ *m* de maïs ; (*planta*) maïs *msg*
milpero, -a (*CAm, Méx*) ADJ agricole ▸ NM/F cultivateur(-trice) de maïs
mimado, -a ADJ gâté(e)

m

mimar VT (*ser cariñoso con: persona*) faire des câlins ; (*cuidar: cosa*) prendre soin de ; (*malcriar: niño*) gâter

mimbre NM O NF osier *m* ; **de ~** en osier

mimeógrafo NM machine *f* à polycopier

mimetismo NM mimétisme *m*

mimetizar VT (*imitar*) imiter ■ **mimetizarse** VPR (*Zool*) agir par mimétisme

mímica NF mimique *f*

mimo NM (*gesto cariñoso*) câlin *m* ; (*cuidado*) soin *m* ; (*en trato con niños: pey*) gâterie *f* ; (*Teatro*) mime *m* ; **un trabajo hecho con ~** un travail fait avec amour

mimoso, -a ADJ (*cariñoso*) affectueux(-euse) ; **¡no te pongas tan ~!** ne sois pas aussi collant !

mina NF mine *f* ; **ese negocio es una ~** c'est une affaire en or ; **ese actor es una ~** cet acteur vaut de l'or

minar VT miner

minarete NM minaret *m*

mineral ADJ minéral(e) ▸ NM minéral *m*

mineralogía NF minéralogie *f*

minería NF (*técnica*) travail *m* de la mine ; (*sector minero*) mine *f*, mineurs *mpl*

minero, -a ADJ minier(-ière) ▸ NM/F mineur *m*

miniatura NF miniature *f* ; **en ~** en miniature

minibar NM minibar *m*

minicadena NF minichaîne *f*

minicomputador NM mini-ordinateur *m*

minidisco NM (*Inform*) disquette *f*

minifalda NF mini-jupe *f*

minifundio NM petite propriété *f*

minigolf NM minigolf *m*

mínima NF (*tb*: **temperatura mínima**) température *f* minimale

minimalista ADJ, NMF minimaliste *mf*

minimizar VT minimiser

mínimo, -a ADJ (*temperatura, salario*) minimal(e) ; (*detalle, esfuerzo*) minime ; **lo ~ que puede hacer** le moins qu'il puisse faire ; **en lo más ~** le moins du monde ▸ NM minimum *m* ; **como ~** au minimum

minino, -a (*fam*) NM/F minet(te)

miniserie NF minisérie *f*

ministerial ADJ ministériel(le)

ministerio NM ministère *m* ; **M~ de Asuntos Exteriores/de Comercio e Industria** ministère des Affaires étrangères/du Commerce et de l'Industrie ; **M~ del Interior/de Hacienda** ministère de l'Intérieur/des Finances

ministro, -a NM/F ministre *mf* ; **M~ de Hacienda/del Interior** ministre des Finances/de l'Intérieur

minoría NF minorité *f*

minorista NM détaillant *m*

minoritario, -a ADJ minoritaire

mintiendo *etc* VB *ver* **mentir**

minucia NF bricole *f*

minuciosidad NF minutie *f*

minucioso, -a ADJ minutieux(-euse)

minúscula NF minuscule *f* ; **con ~(s)** (*Tip*) en minuscule(s)

minúsculo, -a ADJ minuscule

minusvalía NF (*Med, Com*) handicap *m*

minusválido, -a ADJ, NM/F handicapé(e)

minusvalorar VT sous-estimer ■ **minusvalorarse** VPR ne pas avoir une haute opinion de soi-même

minuta NF (*de comida*) menu *m* ; (*de abogado etc*) note *f* d'honoraires

minutero NM aiguille *f* des minutes

minuto NM minute *f*

Miño NM : **el (río) ~** le Minho

mío, -a ADJ à moi ; **un amigo ~** un de mes amis, un ami à moi ▸ PRON : **el ~/ la mía** le mien/ la mienne ; **lo ~** ce qui m'appartient ; **los míos** les miens

miope ADJ myope

miopía NF myopie *f*

MIR (*Esp Med*) = **Médico Interno y Residente** ▸ SIGLA M (*oposición*) concours *msg* de l'internat ▸ SIGLA MF (*médico*) interne *mf*

mira NF (*de arma*) viseur *m* ; **con la ~ de (hacer)** dans le but de (faire) ; **con miras a (hacer)** en vue de (faire) ; **de amplias/estrechas miras** large/étroit(e) d'esprit

mirada NF regard *m* ; (*momentánea*) coup *m* d'œil ; **echar una ~ a** jeter un coup d'œil à ; **levantar/bajar la ~** lever/baisser les yeux ; **resistir la ~ de algn** soutenir le regard de qn ; **~ de soslayo** regard de travers ; **~ fija** regard fixe ; **~ perdida** regard dans le vague

mirado, -a ADJ réservé(e) ; **estar bien/mal ~** être bien/mal vu(e)

mirador NM mirador *m*

miramiento NM égards *mpl* ; **tratar sin ~(s) a algn** traiter qn sans égards

mirar VT regarder ; (*considerar*) penser à ; **~ algo/a algn de reojo** regarder qch/qn du coin de l'œil ; **~ algo por encima** survoler qch ; **~ algo/a algn por encima del hombro** regarder qch/qn de haut ; **~ algo/a algn fijamente** regarder fixement qch/qn ; **~ bien/mal a algn** apprécier/ne pas apprécier qn ; **mirándolo bien, ...** réflexion faite, ... ; **mira a ver si está ahí** regarde s'il y est ▸ VI regarder ; (*suj: ventana etc*) donner sur ; **~ (hacia/por)** regarder (vers/par) ; **~ (en/por)** veiller (à) ; **~ por algn/algo** veiller sur qn/qch ; **~ por la ventana** regarder par la fenêtre ■ **mirarse** VPR se regarder ; **mirarse al espejo** se regarder dans le miroir ; **mirarse a los ojos** se regarder dans les yeux

mirilla NF judas *msg*

mirlo NM merle *m*

mirón, -ona (*fam*) ADJ curieux(-euse) ▸ NM/F (*espectador*) spectateur(-trice) ; (*curioso*) badaud(e) ; (*voyer*) voyeur(-euse) ; **estar de ~** regarder sans rien faire ; **ir de ~** aller en spectateur(-trice)

misa NF messe *f* ; **lo que él dice va a ~** ce qu'il dit est parole d'évangile ; **~ de difuntos/del gallo** messe des morts/de minuit

misal NM missel *m*

misántropo NM misanthrope *m*

miscelánea NF mélanges *mpl*

miserable ADJ, NMF misérable *mf* ; (*tacaño*) avare *mf*

miseria NF misère *f* ; (*tacañería*) mesquinerie *f* ; **una ~** (*muy poco*) une misère ; **hundir(se) en la ~** être au trente-sixième dessous

misericordia NF miséricorde *f*

misericordioso, -a ADJ miséricordieux(-euse) ; **obras misericordiosas** bonnes œuvres *fpl*

mísero, -a ADJ misérable ; (*tacaño*) avare, pingre

misia, misiá (*esp CSur fam*) NF (*tratamiento*) madame *f*

misil NM missile *m*

misión NF mission *f* ■ **misiones** NFPL (*Rel*) missions *fpl*

misionero, -a NM/F missionnaire *mf*

misiva NF missive *f*

mismamente (*fam*) ADV précisément

mismísimo, -a ADJ SUPERL en personne

mismo, -a ADJ même ; (*con pron personal*): **mí ~** *etc* moi-même *etc* ; **el ~ libro/apellido** le même livre/nom de famille ; **el ~ color** la même couleur ; **yo ~ lo vi** je l'ai vu de mes propres yeux ; **lo hizo por sí ~** il l'a fait de lui-même ; **en ese ~ momento** à ce moment-là ; **vino el ~ Ministro** le ministre en personne est venu ; **lo ~ que** de même que ; **por lo ~** du coup ; **quiero lo ~** je veux la même chose ; **es/da lo ~** peu importe ; **lo ~ viene** rien ne dit qu'il ne viendra pas, il peut très bien venir ; **quedamos en las mismas** nous en sommes au même point ; **volver a las mismas** en revenir où on en était ▶ ADV: **aquí/hoy ~** (*dando énfasis*) ici/aujourd'hui même ; (*por ejemplo*) par exemple ici/aujourd'hui ; **ayer ~** pas plus tard qu'hier ; **ahora ~** à l'instant ▶ CONJ: **~ que** (*Méx: esp en prensa*) qui ; **detuvieron al ladrón, ~ que fue trasladado a la cárcel** ils ont arrêté le voleur qui a été conduit en prison

misoginia NF misogynie *f*

misógino NM misogyne *m*

miss [mis] NF miss *f*

misterio NM mystère *m* ; **hacer algo con (mucho) ~** faire qch en (grand) secret

misterioso, -a ADJ mystérieux(-euse)

mística NF (*Rel*) mystique *f* ; (*Lit*) littérature *f* mystique ; *ver tb* **místico**

misticismo NM mysticisme *m*

místico, -a ADJ, NM/F mystique *m*

mitad NF moitié *f* ; (*centro*) milieu *m* ; **~ y ~** moitié moitié ; **a ~ de precio** à moitié prix ; **en** *o* **a ~ del camino** à mi-chemin ; **cortar por la ~** partager en deux

mítico, -a ADJ mythique

mitificar VT mythifier

mitigar VT atténuer

mitigue *etc* VB *ver* **mitigar**

mitin NM (*esp Pol*) meeting *m*

mito NM mythe *m*

mitología NF mythologie *f*

mitológico, -a ADJ mythologique

mitote (*Méx fam*) NM grabuge *m*

mitra NF (*tb Rel: gorro*) mitre *f* ; (*Rel: obispado*) épiscopat *m* ; (*: arzobispado*) archevêché *m*

mixto, -a ADJ mixte ; (*ensalada*) composé(e)

ml ABR (= *mililitro(s)*) ml (= *millilitre(s)*)

mm ABR (= *milímetro(s)*) mm (= *millimètre(s)*)

M.N. (*Am*) SIGLA F = **moneda nacional**

m/n ABR (*Econ*) = **moneda nacional**

M.º ABR = **Ministerio**

m/o ABR (*Com*: = *mi orden*) notre réf.

moai (*pl* **moais**) (*Chi*) NM (*estatua primitiva*) moai *m inv* (*statue de l'île de Pâques*)

mobbing NM harcèlement *m* (moral), mobbing *m*

mobiliario NM mobilier *m*

mocasín NM mocassin *m*

mocedad NF jeunesse *f*

mochila NF sac *m* à dos

mochilero, -a NM/F routard(e)

mochuelo NM: **sacudirse el ~** (*fam*) décliner toute responsabilité

moción NF motion *f* ; **~ de censura** motion de censure

moco NM crotte *f* de nez ; **no es ~ de pavo** ce n'est pas rien ■ **mocos** NMPL morve *fsg* ; **limpiarse los mocos** se moucher

mocoso, -a (*fam, pey*) NM/F morveux(-euse)

moda NF mode *f* ; **estar de ~** être à la mode ; **pasado de ~** démodé(e) ; **ir a la ~** suivre la mode ; **a la última ~** à la dernière mode

modales NMPL manières *fpl* ; **buenos ~** bonnes manières

modalidad NF modalité *f*

modelar VT modeler

modélico, -a ADJ modèle, exemplaire

modelo ADJ INV modèle ▶ NMF modèle *m* ; (*en moda, publicitario*) mannequin *mf* ▶ NM (*a imitar*) modèle *m*

módem NM modem *m*

moderación NF modération *f*

moderado, -a ADJ modéré(e)

moderador, a NM/F modérateur(-trice)

moderar VT modérer ■ **moderarse** VPR: **moderarse (en)** se modérer (dans)

modernice *etc* VB *ver* **modernizar**

modernidad NF modernité *f*

modernismo NM modernisme *m*

modernista ADJ, NMF moderniste

m

modernización NF modernisation *f*
modernizar VT moderniser ■ **modernizarse** VPR se moderniser
moderno, -a ADJ moderne
modestia NF modestie *f*
modesto, -a ADJ modeste
módico, -a ADJ modique
modificación NF modification *f*
modificar VT modifier
modifique *etc* VB *ver* **modificar**
modismo NM (*Ling*) idiotisme *m*
modisto, -a NM/F couturier(-ière)
modo NM (*manera*) manière *f* ; (*Inform, Mús, Ling*) mode *f* ; **a ~ de** en guise de ; **de cualquier ~** de n'importe quelle manière ; **de este ~** de cette façon ; **de ~ que** de sorte que ; **de ningún ~** en aucune façon ; **de todos modos** de toute manière ; **de un ~ u otro** d'une façon ou de l'autre ; **en cierto ~** d'une certaine manière ; **« ~ de empleo »** « mode d'emploi » ■ **modos** NMPL (*modales*): **buenos/malos modos** bonnes/mauvaises manières
modorra NF léthargie *f*
modoso, -a ADJ sage
modular VT moduler
módulo NM module *m*
mofa NF: **hacer ~ de algn** se moquer de qn
mofarse VPR: **~ de** se moquer de
mofeta NF (*Zool*) moufette *f*
moflete NM bajoue *f*
mogollón (*fam*) NM: **(un) ~ de cosas/gente** (une) flopée de choses/gens ▸ ADV vachement
mohín NM grimace *f*
mohíno, -a ADJ fâché(e)
moho NM (*en pan etc*) moisi *m* ; (*en metal*) rouille *f*
mohoso, -a ADJ (*pan*) moisi(e) ; (*metal*) rouillé(e)
mojado, -a ADJ mouillé(e)
mojama NF salaison *f* de thon ; **está más seco que una ~** (*fig*) il est ridé comme une vieille pomme
mojar VT mouiller ; **~ el pan en el café/en salsa** tremper son pain dans le café/dans la sauce ■ **mojarse** VPR se mouiller
mojigato, -a ADJ (*que se escandaliza fácilmente*) bigot(e) ; (*muy recatado*) prude, bégueule
mojo NM (*esp Méx*) sauce *f* à l'ail ; **~ picón** *sauce très relevée typique des îles Canaries, à base de piment*
mojón NM borne *f* ; **~ kilométrico** borne kilométrique
moka NF moka *m*
mol. ABR = **molécula**
molar NM molaire *f* ▸ VT (*fam*) botter ; **lo que más me mola es ...** ce qui me botte le plus, c'est ... ▸ VI (*fam*): **esa cazadora/ir en moto mola (mucho)** ce blouson/la moto, ça me botte bien
molcajete (*esp Méx*) NM mortier *m*
molde NM moule *m* ; (*Tip*) forme *f* ; **romper moldes** rompre les schémas traditionnels
moldeado NM mise *f* en plis
moldear VT mouler ; (*carácter*) modeler
mole NF masse *f* ▸ NM (*Méx*) (sorte *f* de viande en) sauce *f*
molécula NF molécule *f*
molecular ADJ moléculaire
moler VT moudre ; (*cansar*) crever ; **~ a algn a palos** rouer qn de coups
molestar VT (*suj: olor, ruido*) gêner ; (*: visitas, niño*) déranger ; (*: comentario, actitud*) vexer ; **siento molestarle** je regrette de vous déranger ▸ VI (*visitas, niño*) déranger ; **¿le molesta el humo?** la fumée vous dérange ? ; **me molesta tener que hacerlo** cela m'ennuie de devoir faire cela ■ **molestarse** VPR se déranger ; (*ofenderse*) se vexer ; **molestarse (en)** prendre la peine (de)
molestia NF gêne *f* ; **tener molestias en** avoir mal à ; **tomarse la ~ de** prendre la peine de ; **no es ninguna ~** cela ne me dérange pas du tout, je vous en prie ; **« perdonen las molestias »** « veuillez nous excuser pour le désagrément »
molesto, -a ADJ gênant(e), désagréable ; **estar ~** (*Med*) se sentir mal ; (*enfadado*) être fâché(e) ; **estar ~ con algn** ne pas être à l'aise avec qn
molido, -a ADJ: **estar ~** être crevé(e) (*fam*)
molinero, -a NM/F meunier(-ière)
molinillo NM: **~ de café** moulin *m* à café
molino NM moulin *m*
molleja NF (*de ave*) gésier *m* ■ **mollejas** (*de res, cordero*) ris *mpl*
mollera (*fam*) NF (*seso*) cervelle *f* ; **ser duro de ~** (*torpe*) être complètement bouché ; (*testarudo*) avoir la tête dure
molusco NM mollusque *m*
momentáneamente ADV momentanément
momentáneo, -a ADJ momentané(e)
momento NM moment *m* ; **es el/no es el ~ de (hacer)** c'est/ce n'est pas le moment de (faire) ; **en estos momentos** en ce moment ; **un buen/mal ~** un bon/mauvais moment ; **al ~** sur-le-champ ; **a cada ~** à tout moment ; **en un ~** en un instant ; **de ~** pour le moment ; **del ~ (actual)** du moment ; **por el ~** pour le moment ; **de un ~ a otro** d'un moment à l'autre ; **por momentos** par moments
momia NF momie *f* ; *ver tb* **momio**
momio, -a (*Chi fam*) ADJ, NM/F réac *mf*
mona NF (*fam*) cuite *f* ; (*Ven*) mijaurée *f* ; **dormir la ~** cuver (son vin) ; *ver tb* **mono**
monacal ADJ monacal(e) ; **un silencio ~** un silence absolu
Mónaco NM Monaco *m*
monada NF bijou *m* ; **¡qué ~!** quel bijou !
monaguillo NM enfant *m* de chœur
monarca NM monarque *m* ; **los monarcas** le roi et la reine

monarquía NF monarchie *f*
monárquico, -a ADJ monarchique ▶NM/F monarchiste *mf*
monasterio NM monastère *m*
Moncloa NF *voir article*

> Le palais de **la Moncloa** à Madrid est la résidence officielle du chef du gouvernement espagnol. Par extension, l'expression **la Moncloa** désigne souvent le chef du gouvernement et ses collaborateurs.

monda NF (*de fruta*) peau *f* ; **¡es la ~!** (*fam: inaudito*) faut le voir pour le croire ! ; (: *dicho con enfado*) c'est le comble ! ; (: *muy gracioso*) c'est à se tordre de rire
mondadientes NM INV cure-dent *m*
mondar VT éplucher ■ **mondarse** VPR: **mondarse de risa** (*fam*) se tordre de rire
moneda NF (*unidad monetaria*) monnaie *f* ; (*pieza*) pièce *f* (de monnaie) ; **una ~ de 2 euros** une pièce de 2 euros ; **es ~ corriente** c'est monnaie courante ; **~ de curso legal** monnaie au cours légal ; **~ extranjera** monnaie étrangère
monedero NM portemonnaie *m*
monegasco, -a ADJ monégasque ▶NM/F Monégasque *mf*
monería NF = **monada**
monetario, -a ADJ monétaire
monetarista ADJ, NMF monétariste *mf*
mongol, a ADJ mongol(e) ▶NM/F Mongol(e) ▶NM (*Ling*) mongol *m*
Mongolia NF Mongolie *f*
mongólico, -a NM/F mongolien(ne)
monigote NM (*dibujo*) dessin *m* ; (*de papel*) bonhomme *m* ; (*persona: pey*) pantin *m*
monitor, a NM/F moniteur(-trice) ▶NM (*TV, Inform*) moniteur *m* ; **~ en color** écran *m* couleur
monja NF religieuse *f*
monje NM moine *m*
mono, -a ADJ mignon(ne) ; (*Col*) blond(e) ▶NM/F singe (guenon) ▶NM (*prenda: entera*) bleu *m* de travail ; (: *con peto*) salopette *f*
monocorde ADJ (*Mús, fig*) monocorde
monóculo NM monocle *m*
monogamia NF monogamie *f*
monografía NF monographie *f*
monográfico, -a ADJ monographique ; **estudio ~** monographie *f* ; **número ~** (*de revista*) numéro *m* spécial ; **programa ~** programme *m* monographique, émission *f* spéciale ▶NM monographie *f*, édition *f* spéciale
monograma NM monogramme *m*
monolingüe ADJ monolingue
monolito NM monolithe *m*
monólogo NM monologue *m*
monoparental ADJ monoparental(e)
monopatín NM planche *f* à roulettes
monoplaza NM monoplace *m o f*
monopolice *etc* VB *ver* **monopolizar**
monopolio NM monopole *m* ; **~ estatal** monopole d'État
monopolizar VT monopoliser
monosílabo, -a ADJ monosyllabique ▶NM monosyllabe *m* ; **constestar con monosílabos** répondre par monosyllabes
monoteísmo NM monothéisme *m*
monotonía NF monotonie *f*
monótono, -a ADJ monotone
mono-usuario, -a ADJ (*Inform*) mono-utilisateur(-trice)
monovolumen NM monospace *m*
monóxido NM monoxyde *m* ; **~ de carbono** monoxyde de carbone
Mons. ABR (*Rel:* = *Monseñor*) Mgr (= *Monseigneur*)
monseñor NM monseigneur *m*
monserga NF: **¡no me vengas con** *o* **déjate de monsergas!** ne me raconte pas d'histoires !
monstruo NM monstre *m* ; **~ de la música** monstre sacré de la musique
monstruoso, -a ADJ monstrueux(-euse)
monta NF: **de poca ~** sans importance
montacargas NM INV monte-charge *m*
montado, -a ADJ (*guardia, policía*) monté(e) ; (*caballo*) sellé(e) ; (*Esp Culin: nata*) fouetté(e) ; (: *clara*) battu(e) en neige ; (*persona*): **iba ~ a caballo** il était à cheval ; (*Esp fam*): **estar ~ (en el dólar)** (*fig*) être plein aux as (*fam*) ▶NM (*Esp Culin*) canapé *m*
montador NM monteur *m*
montaje NM montage *m* ; (*pey: historia falsa*) coup *m* monté
montante NM montant *m*
montaña NF montagne *f* ; (*Am*) forêt *f* ; (*de ropa, problemas*) tas *msg* ; **~ rusa** montagne russe
montañero, -a NM/F alpiniste *mf*
montañés, -esa ADJ de la région de Santander ▶NM/F natif(-ive) *o* habitant(e) de la région de Santander
montañismo NM alpinisme *m*
montañoso, -a ADJ montagneux(-euse)
montar VT monter ; **~ un número** *o* **numerito** faire son numéro ▶VI monter ; **~ a caballo** monter à cheval ; **botas de ~** bottes *fpl* d'équitation ; **ir montado en autobús/bicicleta** être en autobus/bicyclette ; **~ en cólera** se mettre en colère ■ **montarse** VPR (*en vehículo*) monter
montaraz ADJ sauvage
monte NM mont *m* ; (*área sin cultivar*) bois *msg* ; **~ alto** futaie *f* ; **~ bajo** maquis *msg* ; **~ de piedad** mont-de-piété *m*
Montenegro NM Monténégro *m*
montera NF (*de torero*) toque *f*
montería NF chasse *f* à courre
Montevideo N Montevideo

montículo NM monticule *m*
monto NM montant *m*
montón NM tas *msg* ; (*de gente, dinero*) flopée *f* ; **a montones** en masse ; **del ~** quelconque
montonero, -a (*CSur*) ADJ (de) guérilléro ▸ NM/F guérilléro *m*
montura NF monture *f* ; (*silla de montar*) selle *f* ; (*arreos*) harnais *msg*
monumental ADJ monumental(e)
monumento NM monument *m*
monzón NM mousson *f*
moña (*fam*) NF cuite *f*
moño NM chignon *m* ; **estar hasta el ~** (*fam*) en avoir ras-le-bol *o* par-dessus la tête
moquear VI couler
moqueta NF moquette *f*
moquillo NM rhume *m* des foins
mor: **por ~ de** *prep* à cause de, eu égard à ; **por ~ de la amistad que nos une** eu égard à l'amitié qui nous unit
mora NF (*Bot*) mûre *f* ; **en ~** (*Com*) en retard
morada NF demeure *f*
morado, -a ADJ violet(te) ; **ponerse ~ (a algo)** se gaver (de qch) ; **pasarlas moradas** en voir de toutes les couleurs ▸ NM violet *m*
moral ADJ moral(e) ▸ NF morale *f* ; (*ánimo*) moral *m* ; **tener baja la ~** ne pas avoir le moral ▸ NM (*Bot*) mûrier *m*
moraleja NF morale *f*
moralice *etc* VB *ver* **moralizar**
moralidad NF moralité *f*
moralista ADJ, NMF moraliste *mf*
moralizar VI moraliser
morar VI demeurer
moratón (*fam*) NM bleu *m*
moratoria NF moratoire *m* ; **~ nuclear** moratoire nucléaire
morbo (*fam*) NM, **morbosidad** NF curiosité *f* morbide
morboso, -a ADJ morbide
morcilla NF (*Culin*) ≈ boudin *m* noir ; **¡que le den ~!** (*fam*) qu'il aille se faire voir !
mordaz ADJ (*crítica*) acerbe
mordaza NF bâillon *m*
mordedura NF morsure *f*
morder VT, VI mordre ; **está que muerde** il n'est pas à prendre avec des pincettes ■ **morderse** VPR se mordre ; **morderse las uñas** se ronger les ongles ; **morderse la lengua** se mordre la langue
mordida (*Am fam*) NF dessous *msg* de table
mordisco NM (petite) morsure *f*
mordisquear VT mordiller
moreno, -a ADJ brun(e) ; (*de piel*) mat(e) ; (*negro*) noir(e) ; **estar ~** être bronzé(e) ; **ponerse ~** bronzer ▸ NM/F brun(e) ; (*negro*) noir(e)
morfina NF morphine *f*
morfinómano, -a ADJ, NM/F morphinomane *mf*
morfología NF morphologie *f*
morgue (*Am*) NF morgue *f*
moribundo, -a ADJ, NM/F moribond(e)
morir VI mourir ; (*olas, día*) se mourir ; (*camino, río*) finir ; **~ de frío/hambre** mourir de froid/faim ; **fue muerto a tiros/en un accidente** il a été tué par balles/dans un accident ■ **morirse** VPR mourir ; **¡me muero de hambre!** je meurs de faim ! ; **morirse de envidia/de ganas/de vergüenza** crever de jalousie/mourir d'envie/de honte ; **se muere por ella** il est fou d'elle ; **se muere por comprar una moto** il meurt d'envie de s'acheter une moto
morisco, -a ADJ, NMF morisque *mf* (*musulman d'Espagne converti de force au catholicisme aux XV*^e^ *et XVI*^e^ *siècles*)
mormón, -ona NM/F mormon(e)
moro, -a ADJ maure (mauresque) ▸ NM/F Maure (Mauresque) ; **¡hay moros en la costa!** attention, danger !
morocho, -a ADJ (*And, CSur*) brun(e) ■ **morochos** NMPL (*Ven*) jumeaux *mpl*
morosidad NF (*Com*) retard *m* (de paiement) ; (*lentitud*) lenteur *f*
moroso, -a ADJ retardataire ▸ NM/F (*Com*) mauvais(e) payeur(-euse)
morral NM musette *f*
morralla NF (*pey*) fretin *m* ; (*Méx*) ferraille *f*
morriña NF mal *m* du pays, nostalgie *f*
morro NM museau *m* ; (*Auto, Aviat*) devant *m* ; **beber a ~** boire au goulot ; **estar de morros (con algn)** faire la gueule (à qn) ; **tener mucho ~** (*fam*) avoir du toupet
morrocotudo, -a ADJ carabiné(e)
morsa NF (*Zool*) morse *m*
morse NM morse *m*
mortadela NF mortadelle *f*
mortaja NF linceul *m* ; (*Tec*) mortaise *f* ; (*Am*) papier *m* à cigarettes
mortal ADJ, NMF mortel(le)
mortalidad NF mortalité *f*
mortandad NF carnage *m*
mortecino, -a ADJ (*luz*) mourant(e) ; (*color*) terne
mortero NM mortier *m*
mortífero, -a ADJ meurtrier(-ière)
mortificar VT mortifier ■ **mortificarse** VPR se mortifier
mortifique *etc* VB *ver* **mortificar**
mortuorio, -a ADJ mortuaire
mosaico NM mosaïque *f*
mosca NF mouche *f* ; **por si las moscas** au cas où ; **estar ~** être sur le qui-vive ; **tener la ~ en** *o* **detrás de la oreja** avoir la puce à l'oreille
moscardón, moscón NM (*Zool*) frelon *m* ; (*pey*) crampon *m*
moscatel ADJ, NM muscat *m*

moscovita ADJ moscovite ▸ NMF Moscovite *mf*
Moscú N Moscou
mosqueado, -a (*fam*) ADJ (*enfadado*) en rogne (*fam*), fâché(e) ; (*receloso*): **ya andaba yo ~** j'avais déjà des doutes
mosquear (*fam*) VT (*hacer enfadar*) mettre en rogne ; (*hacer sospechar*) trouver bizarre ■ **mosquearse** VPR (*enfadarse*) se mettre en rogne
mosqueo (*fam*) NM: **coger** *o* **pillar un ~** (*enfadarse*) se mettre en rogne (*fam*) ; **pilló un ~ impresionante porque no lo invitaron** il a très mal pris de ne pas être invité
mosquetero NM (*Hist, Mil*) mousquetaire *m*
mosquita NF: **~ muerta** sainte nitouche *f*
mosquitero NM moustiquaire *f*
mosquito NM moustique *m* ; **~ tigre** moustique tigre
mostaza NF moutarde *f*
mosto NM moût *m*
mostrador NM comptoir *m*
mostrar VT montrer ; (*el camino*) montrer, indiquer ; (*explicar*) expliquer ; **~ en pantalla** (*Inform*) visualiser ■ **mostrarse** VPR: **mostrarse amable** se montrer aimable
mota NF poussière *f* ; (*en tela: dibujo*) nœud *m*
mote NM surnom *m* ; (AND, CHI) maïs *msg* cuit
motel NM motel *m*
motero, -a ADJ de motard(s) ▸ NM/F motard(e)
motín NM mutinerie *f* ; (*del pueblo*) émeute *f*
motivación NF motivation *f*
motivar VT motiver ; **(no) estar/sentirse motivado (para hacer)** (ne pas) être motivé(e) (pour faire)
motivo NM motif *m* ; **con ~ de** en raison de ; **sin ~** sans raison ; **no tener motivos (para hacer/estar)** ne pas avoir de raison (de faire/d'être)
moto, motocicleta NF moto *f*
motociclismo NM motocyclisme *m*
motociclista NMF motocycliste *mf*
motocrós NM motocross *m*
motoneta (AM) NF scooter *m*
motor, a ADJ moteur(-trice) ▸ NM moteur *m* ; **~ a** *o* **de reacción/de explosión** moteur à réaction/à explosion
motora NF canot *m* (à moteur)
motorismo NM motocyclisme *m*
motorista NMF motard(e) ; (*esp* AM) chauffeur(e)
motorizado, -a ADJ motorisé(e)
motosierra NF tronçonneuse *f*
motoso, -a (AM) ADJ (*pelo*) crépu(e)
motriz ADJ motrice
mousse [mu:s] NF, (*a veces*) NM (*Culin*) mousse *f* ; (*de pelo*) mousse (coiffante) ; **~ de chocolate** mousse au chocolat
movedizo, -a ADJ: **arenas movedizas** sables *mpl* mouvants
mover VT bouger ; (*asunto*) activer ; **~ la cabeza** (*para negar*) hocher la tête de droite à gauche ; (*para asentir*) hocher la tête de haut en bas ; **~ a algn a hacer** (*inducir*) pousser qn à faire ; **~ a compasión/risa** faire pitié/rire ■ **moverse** VPR se déplacer ; (*tierra*) glisser ; (*con impaciencia*) gigoter ; (*para conseguir algo*) se remuer ; **¡muévete!** magne-toi !, grouille-toi !
movible ADJ mobile
movida NF (*fam: acontecimiento*) ramdam *m*, bamboula *f* ; (*: asunto*) affaire *f* ; **¡qué ~!** (*fam*) quel tapage ! ; **la ~ madrileña** la « movida » *o* « nuit » madrilène
movido, -a ADJ (*Foto*) flou(e) ; (*persona*) actif(-ive) ; (*día*) agité(e)
móvil ADJ mobile ; (*pieza de máquina*) roulant(e) ▸ NM (*de crimen*) mobile *m* ; (*teléfono*) (téléphone *m*) portable *m* ; **~ con cámara** téléphone *m* avec appareil photo, photophone *m*
movilice *etc* VB *ver* **movilizar**
movilidad NF mobilité *f*
movilización NF (*tb Mil*) mobilisation *f* ; (*Pol: manifestación*): **hubo una gran ~ ciudadana tras el atentado** à la suite de l'attentat, les citoyens se sont mobilisés en masse
movilizar VT (*tb Mil*) mobiliser
movimiento NM mouvement *m* ; **el M~** (*Pol*) le Mouvement, *soulèvement du Général Franco en 1936 en Espagne* ; **poner/estar en ~** mettre/être en mouvement ; **~ de bloques** (*Inform*) transfert *m* de blocs ; **~ de capital** mouvement de capitaux ; **~ de divisas** mouvement de devises ; **~ de mercancías** (*Com*) mouvement des marchandises ; **~ obrero/político/sindical** mouvement ouvrier/politique/syndical ; **~ sísmico** mouvement sismique
moviola NF moviola *f*
moza NF jeune fille *f* ; **una buena ~** une belle femme, un beau brin de fille
Mozambique NM Mozambique *m*
mozambiqueño, -a ADJ mozambicain(e) ▸ NM/F Mozambicain(e)
mozárabe ADJ, NMF mozarabe *mf* ▸ NM (*Ling*) mozarabe *m*
mozo NM jeune homme *m* ; (*en hotel*) groom *m* ; (*camarero*) garçon *m* ; (*Mil*) conscrit *m* ; **un buen ~** un beau garçon ; **~ de estación** porteur *m*
MP3 NM ABR MP3 *m* ; **reproductor (de) ~** lecteur *m* MP3
MP4 NM ABR MP4 *m* ; **reproductor (de) ~** lecteur *m* MP4
mucamo, -a (AM) NM/F domestique *mf*
muchacha NF fille *f* ; (*criada*) domestique *f*
muchachada (AM) NF marmaille *f*
muchacho NM garçon *m*
muchedumbre NF foule *f*
muchísimo, -a ADJ (*superl de mucho*) énormément de ▸ ADV énormément

m

mucho, -a

▶ ADJ **1** (*cantidad, número*) beaucoup de ; **mucha gente** beaucoup de monde ; **mucho dinero** beaucoup d'argent ; **hace mucho calor** il fait très chaud ; **muchas amigas** beaucoup d'amies
2 (*sg: fam: grande*): **esta es mucha casa para él** cette maison est bien trop grande pour lui
3 (*sg: demasiados*): **hay mucho gamberro aquí** il y a beaucoup de voyous par ici
▶ PRON: **tengo mucho que hacer** j'ai beaucoup (de choses) à faire ; **muchos dicen que …** beaucoup de gens disent que … ; *ver tb* **tener**
▶ ADV **1**: **te quiero mucho** je t'aime beaucoup ; **lo siento mucho** je suis vraiment désolé(e) ; **mucho más/menos** beaucoup plus/moins ; **mucho antes/mejor** bien avant/meilleur(e) ; **come mucho** il mange beaucoup ; **viene mucho** il vient souvent ; **¿te vas a quedar mucho?** tu vas rester longtemps ?
2 (*respuesta*) très ; **¿estás cansado? — ¡mucho!** tu es fatigué ? — très !
3 (*locuciones*): **leo como mucho un libro al mes** je lis au maximum un livre par mois ; **el mejor con mucho** de loin le meilleur ; **ese ni con mucho llega a sargento** il ne réussira même pas à être sergent ; **¡ni mucho menos!** loin de là ! ; **él no es ni mucho menos trabajador** il est loin d'être travailleur ; **¡mucho la quieres tú!** (*irón*) tu parles que tu l'aimes bien !
4: **por mucho que**: **por mucho que le quieras** tu as beau l'aimer

En francés *beaucoup* es siempre invariable. Así, por ejemplo:
Tiene mucha paciencia. Il a beaucoup de patience.
¿Cuántos discos tienes? – Tengo muchos. Combien de disques as-tu ? – J'en ai beaucoup.
Las expresiones **tener mucha hambre/sed/sueño** y **tener mucho frío/calor** no se traducen en francés con el adverbio *beaucoup de*, sino con *très* (*avoir très faim/soif/sommeil, avoir très froid/chaud*).

mucosa NF muqueuse *f*

muda NF (*de ropa*) vêtements *mpl* de rechange ; (*Zool, de voz*) mue *f*

mudanza NF déménagement *m* ; **estar de ~** déménager ; **camión/casa de mudanzas** camion *m*/entreprise *f* de déménagement

mudar VT changer ; (*Zool*) muer ; **la voz le está mudando** il est en train de muer ▶ VI: **~ de** (*opinión, color*) changer de ■ **mudarse** VPR: **mudarse (de ropa)** se changer ; **mudarse (de casa)** déménager

mudéjar ADJ, NMF mudéjar *mf*

mudo, -a ADJ muet(te) ; (*callado*) silencieux(-euse) ; **quedarse ~ de asombro** rester bouche bée

mueble NM meuble *m*

mueble-bar NM bar *m*

mueca NF grimace *f* ; **hacer muecas a** faire des grimaces à

muela VB *ver* **moler** ▶ NF (*diente de atrás*) molaire *f* ; (*de molino*) meule *f* ; (*de afilar*) meule, affiloir *m* ; **~ del juicio** dent *f* de sagesse

muelle ADJ (*vida*) facile ▶ NM ressort *m* ; (*Náut*) quai *m*

muera *etc* VB *ver* **morir**

muerda *etc* VB *ver* **morder**

muérdago NM gui *m*

muermo (*fam*) NM (*aburrimiento*) poisse *f* ; (*desgana*) mélancolie *f* ; **¡qué ~!** quelle poisse !

muerte NF mort *f* ; **dar ~ a** donner la mort à ; **de mala ~** (*fam*) minable ; **es la ~** (*fam*) c'est la galère ! ; **este pastel está de ~** (*fam*) c'est une tuerie ce gâteau

muerto, -a PP *de* **morir** ▶ ADJ mort(e) ; (*color*) terne ; (*manos*) détendu(e) ; **estar ~ de cansancio/frío/hambre/sed** être mort(e) de fatigue/froid/faim/soif ▶ NM/F mort(e) ; **cargar con el ~** (*fam*) assumer le fardeau ; **echar el ~ a algn** mettre tout sur le dos de qn ; **hacer el ~** (*nadando*) faire la planche

muesca NF encoche *f*

muestra VB *ver* **mostrar** ▶ NF (*Com, Costura*) échantillon *m* ; (*de sangre*) prélèvement *m* ; (*en estadística*) échantillonnage *m* ; (*señal*) preuve *f* ; (*exposición*) foire *f* ; (*demostración explicativa*) démonstration *f* ; **dar muestras de** donner des signes de ; **~ al azar** (*Com*) échantillon prélevé au hasard

muestrario NM (*Com*) échantillonnage *m*

muestreo NM (*estadístico*) échantillonnage *m*

mueva *etc* VB *ver* **mover**

mugido NM mugissement *m*, beuglement *m*

mugir VI mugir

mugre NF (*suciedad*) crasse *f* ; (*: grasienta*) cambouis *msg*

mugriento, -a ADJ crasseux(-euse)

muja *etc* VB *ver* **mugir**

mujer NF femme *f*

mujeriego ADJ, NM coureur *m* (de jupons)

mula NF mule *f*

mulato, -a ADJ, NM/F mulâtre(sse)

muleta NF (*para andar*) béquille *f* ; (*Taur*) muleta *f*

muletilla NF tic *m*

mullido, -a ADJ moelleux(-euse)

mulo NM mulet *m* ; **trabaja como un ~** (*fig*) travailler comme une bête

multa NF amende *f* ; (*Auto*) amende, contravention *f* ; **me han puesto una ~** ils m'ont mis une amende

multar VT condamner à une amende

multiacceso ADJ (*Inform*) à accès multiple

multicine NM cinéma *m* multisalle

multicolor ADJ multicolore
multicopista NM duplicateur *m*
multicultural ADJ multiculturel(le)
multidisciplinar ADJ multidisciplinaire, pluridisciplinaire
multilateral ADJ multilatéral(e)
multimedia ADJ INV, NM O NF multimédia *m*
multimillonario, -a ADJ, NM/F multimillionnaire *mf*
multinacional ADJ multinational(e) ▶ NF multinationale *f*
múltiple ADJ multiple ; **de tarea ~** (*Inform*) multitâche ; **de usuario ~** (*Inform*) à utilisateurs multiples
multiplicación NF multiplication *f*
multiplicar VT multiplier ■ **multiplicarse** VPR se multiplier ; (*afanarse*) se démener, se mettre en quatre
multiplique *etc* VB *ver* **multiplicar**
múltiplo ADJ, NM multiple *m*
multipropiedad NF multipropriété *f*
multirracial ADJ multiracial(e)
multitarea ADJ INV multitâche *inv*, multiprogrammé(e) ▶ NF fonctionnement *m* multitâche, multiprogrammation *f*
multitud NF foule *f* ; **~ de** multitude de
multitudinario, -a ADJ populeux(-euse)
multiuso, multiusos ADJ INV polyvalent(e)
mundanal ADJ: **lejos del ~ ruido** loin des rumeurs de ce monde
mundano, -a ADJ mondain(e)
mundial ADJ mondial(e) ▶ NM (*Fútbol*) coupe *f* du monde
mundialización NF globalisation *f*
mundialmente ADV: **conocido/aceptado ~** connu/accepté dans le monde entier ; **~ famoso** mondialement célèbre
mundillo NM monde *m*
mundo NM monde *m* ; **el otro ~** l'autre monde ; **el ~ del espectáculo** le monde du spectacle ; **todo el ~** tout le monde ; **tiene ~** il sait comment se comporter en société ; **un hombre de ~** un homme du monde ; **hacer de algo un ~** faire tout un monde de qch ; **el ~ es un pañuelo** le monde est petit ; **por nada del ~** pour rien au monde ; **no es nada del otro ~** ce n'est pas la mer à boire ; **se le cayó el ~ (encima)** il est accablé par ce coup du sort ; **el Tercer M~** le Tiers-Monde *m*
Munich N Munich
munición NF munition *f*
municipal ADJ municipal(e) ▶ NMF (*tb*: **policía municipal**) agent *m* de police
municipio NM municipalité *f*
muñeca NF (*Anat*) poignet *m* ; (*juguete, mujer*) poupée *f* ; (AND, CSUR *fam*) prise *f* de courant
muñeco NM (*juguete*) baigneur *m* ; (*dibujo*) dessin *m* ; (*marioneta, fig*) marionette *f* ; **~ de nieve** bonhomme *m* de neige
muñequera NF poignet *m* de force
muñón NM moignon *m*
mural ADJ mural(e) ▶ NM peinture *f* murale
muralla NF muraille *f*
murciano, -a ADJ natif(-ive) *o* habitant(e) de Murcie
murciélago NM chauve-souris *fsg*
murga NF galère *f* ; **dar la ~** casser les pieds
murmullo NM murmure *m*
murmuración NF médisance *f*
murmurar VT, VI murmurer ; **~ (de)** (*criticar*) dire du mal (de)
muro NM mur *m* ; **~ de contención** mur de soutènement ; **~ vegetal** mur végétalisé
mus NM *jeu de cartes*
musa NF muse *f*
musaraña NF: **pensar en** *o* **mirar las musarañas** bayer aux corneilles
muscular ADJ musculaire
musculatura NF musculature *f*, muscles *mpl*
músculo NM muscle *m*
musculoso, -a ADJ musclé(e)
museo NM musée *m* ; **~ de arte** *o* **de pintura** musée d'art ; **~ de cera** musée de cire
musgo NM mousse *f*
música NF musique *f* ; **irse con la ~ a otra parte** plier bagage ; *ver tb* **músico**
musical ADJ musical(e) ▶ NM comédie *f* musicale
músico, -a NM/F musicien(ne)
musitar VT, VI marmotter
muslo NM cuisse *f*
mustio, -a ADJ (*planta*) flétri(e) ; (*persona*) triste
musulmán, -ana ADJ, NM/F musulman(e)
mutación NF mutation *f*
mutante ADJ, NMF mutant(e)
mutilación NF mutilation *f*
mutilado, -a NM/F mutilé(e)
mutilar VT mutiler
mutis NM INV (*Teatro*) sortie *f* de scène ; **hacer ~** sortir de scène ; (*fig*) se taire
mutismo NM mutisme *m*
mutua NF = **mutualidad**
mutual (AND, CSUR) NF mutualité *f*
mutualidad NF mutualité *f* ; **~ de seguros** mutuelle *f* d'assurances
mutuamente ADV mutuellement
mutuo, -a ADJ mutuel(le)
muy ADV très ; (*demasiado*) trop ; **M~ Señor mío/Señora mía** cher Monsieur/chère Madame ; **~ bien** très bien ; **~ de noche** tard dans la nuit ; **eso es ~ de él** c'est bien de lui ; **eso es ~ español** c'est très espagnol ; **por ~ tarde que sea** aussi tard soit-il

Nn

N¹, n ['ene] NF (*letra*) N, n *m inv* ; **N de Navarra** ≈ N comme Nicolas

N² ABR (= *norte*) N (= *nord*)

N. SIGLA F (= *carretera nacional*) RN *f* (= *route nationale*)

n/ ABR = **nuestro**

nabo NM navet *m*

nácar NM nacre *f*

nacer VI naître ; (*vegetal, barba, vello*) pousser ; (*río*) prendre sa source ; (*columna, calle*) commencer ; **~ de** naître de ; **ha nacido para poeta** c'est un poète né ; **no ha nacido para trabajar** le travail et lui, ça fait deux

nacido, -a ADJ : **~ en** né(e) en

naciente ADJ naissant(e) ; **el sol ~** le soleil levant

nacimiento NM naissance *f* ; (*de Navidad*) crèche *f* ; (*de río*) source *f* ; **ciego de ~** aveugle de naissance

nación NF nation *f* ; **Naciones Unidas** Nations unies

nacional ADJ national(e)

nacionalice *etc* VB *ver* **nacionalizar**

nacionalidad NF nationalité *f* ; (*Esp Pol : nación*) communauté *f* autonome

nacionalismo NM nationalisme *m*

nacionalista ADJ, NMF nationaliste *mf*

nacionalización NF (*de persona*) naturalisation *f* ; (*de servicio, industria*) nationalisation *f*

nacionalizar VT (*persona*) naturaliser ; (*servicio, industria*) nationaliser ■ **nacionalizarse** VPR (*persona*) se faire naturaliser

nada PRON rien ; **no decir ~** ne rien dire ; **de ~** de rien ; **¡~ de eso!** pas question ! ; **antes de ~** avant tout ; **como si ~** comme si de rien n'était ; **no ha sido ~** ce n'est pas bien grave ; **~ menos que** ni plus ni moins que ; **~ de ~** rien de rien ; **para ~** (*inútilmente*) pour rien ; (*claro que no*) pas du tout ; **por ~** pour rien ; **por ~ del mundo** pour rien au monde ▸ADV rien ▸NF : **la ~** le néant

nadador, a NM/F nageur(-euse)

nadar VI nager ; **~ en la abundancia** nager dans l'opulence ; **~ contra corriente** nager à contre-courant

nadie PRON personne ; **~ habló** personne n'a parlé ; **no había ~** il n'y avait personne ; **no soy ~ para ...** ce n'est pas moi qui peux ... ; **es un don ~** c'est un moins que rien

nadita PRON, ADV (*esp AM fam*) = **nada**

nado ADV : **a ~** à la nage

nafta (*CSUR*) NF (*gasolina*) essence *f*

naftalina NF : **bolas de ~** boules *fpl* de naphtaline

nahuatl ADJ, NM nahuatl *m*

naif (*pl* **naifs** *o* **~**) ADJ (*arte*) naïf(-ve) ▸NM art *m* naïf

naipe NM carte *f*

nal. ABR = **nacional**

nalgas NFPL fesses *fpl*

Namibia NF Namibie *f*

nana NF berceuse *f* ; (*CAM, MÉX fam*) nourrice *f*

nanopartícula NF nanoparticule *f*

napias (*fam*) NFPL pif *msg*

napoleón (*CHI*) NM pince *f*

Nápoles N Naples

napolitano, -a ADJ napolitain(e) ▸NM/F Napolitain(e)

naranja ADJ INV orange ▸NM (*color*) orange *m* ▸NF (*fruta*) orange *f* ; **media ~** (*fam*) moitié *f*

naranjada NF orangeade *f*

naranjo NM oranger *m*

narcisista ADJ narcissique

narciso NM narcisse *m*

narco (*fam*) NMF (*narcotraficante*) narco *m* (*fam*) ▸NM = **narcotráfico**

narcotice *etc* VB *ver* **narcotizar**

narcótico, -a ADJ, NM narcotique *m*

narcotizar VT administrer des narcotiques à

narcotraficante NMF narcotrafiquant(e)

narcotráfico NM trafic *m* de stupéfiants

nardo NM nard *m*

narices NFPL *ver* **nariz**

narigón, -ona, narigudo, -a ADJ : **un tipo ~** un type au grand nez

nariz NF nez *m* ; **~ chata/respingona** nez épaté/en trompette ■ **narices** NFPL narines *fpl* ; **¡narices!** (*fam*) flûte alors ! ; **me dio con la puerta en las narices** il m'a fermé la porte au nez ; **darse de narices contra algo/con algn** se trouver nez à nez avec qch/qn ; **¡se me están hinchando las narices!** la moutarde me monte au nez ! ; **delante de las narices de algn** sous le nez de qn ; **estar hasta las narices (de algo/algn)** (*fam*) en avoir ras le bol (de qch/qn) ; **meter las narices en algo** (*fam*) mettre son nez dans qch ; **hacer algo por narices** (*fam*) faire qch coûte que coûte

narizotas NM INV: **¡es un ~!** il a un grand pif !

narración NF narration *f*

narrador, a NM/F narrateur(-trice)

narrar VT raconter, narrer

narrativa NF roman *m*

narrativo, -a ADJ narratif(-ive)

NASA SIGLA F (= *National Aeronautics and Space Administration*) NASA *f*

nasal ADJ nasal(e)

N.ª S.ʳᵃ ABR (= *Nuestra Señora*) ND (= *Notre-Dame*)

nata NF crème *f* ; (*en leche cocida*) peau *f* ; **~ montada** crème fouettée

natación NF natation *f*

natal ADJ natal(e)

natalidad NF natalité *f* ; **control de ~** contrôle *m* des naissances ; **índice** *o* **tasa de ~** taux *msg* de natalité

natillas NFPL crème *fsg* renversée

natividad NF nativité *f*

nativo, -a ADJ (*costumbres*) local(e), du pays ; (*lengua*) maternel(le) ; (*país*) natal(e) ▸ NM/F natif(-ive) ; **~ digital** (*Inform*) natif(-ive) numérique

nato, -a ADJ né(e) ; **un actor/pintor/músico ~** un acteur/peintre/musicien né

natural ADJ naturel(le) ; (*luz*) du jour ; (*flor, fruta*) vrai(e) ; (*café*) non traité(e) ; **~ de** natif(-ive) de ; **ser ~ en algn** être naturel(le) chez qn ; **es ~ que** il est naturel que ▸ NM naturel *m* ; **al ~** au naturel

naturaleza NF nature *f* ; **por ~** par nature ; **~ humana** nature humaine ; **~ muerta** nature morte

naturalice *etc* VB *ver* **naturalizarse**

naturalidad NF naturel *m* ; **con ~** avec naturel

naturalista NMF naturaliste *mf*

naturalizarse VPR se faire naturaliser

naturalmente ADV naturellement ; **¡~!** naturellement !

naturista ADJ, NMF naturiste *mf*

naufragar VI faire naufrage ; (*negocio*) faire faillite ; (*proyecto*) tomber à l'eau

naufragio NM naufrage *m*

náufrago, -a NM/F naufragé(e)

naufrague *etc* VB *ver* **naufragar**

nauseabundo, -a ADJ nauséabond(e)

náuseas NFPL nausées *fpl* ; **sentir ~** avoir des nausées ; **me da ~** ça me donne la nausée

náutica NF navigation *f*

náutico, -a ADJ nautique

navaja NF couteau *m* (de poche) ; **~ (de afeitar)** rasoir *m* à main

navajazo NM (*herida*) blessure *f* au couteau ; (*golpe*) coup *m* de couteau

naval ADJ naval(e)

Navarra NF Navarre *f*

navarro, -a ADJ navarrais(e) ▸ NM/F Navarrais(e)

nave NF (*barco*) navire *m* ; (*Arq*) nef *f* ; (*almacén*) entrepôt *m* ; **quemar las naves** brûler ses vaisseaux ; **~ espacial** vaisseau *m* spatial ; **~ industrial** hangar *m*

navegable ADJ navigable

navegación NF navigation *f* ; (*viaje*) voyage *m* en mer ; **~ aérea/costera/fluvial** navigation aérienne/côtière/fluviale

navegador NM (*Inform*) navigateur *m*, logiciel *m* de navigation

navegante NMF navigateur(-trice)

navegar VI naviguer ; **~ por Internet** surfer sur Internet, surfer le Net

navegue *etc* VB *ver* **navegar**

navidad NF (*tb*: **navidades**) fêtes *fpl* de Noël ; (*tb*: **día de navidad**) Noël *m* ; **por navidades** à Noël ; **¡felices navidades!** joyeux Noël !

navideño, -a ADJ de Noël

naviero, -a ADJ naval(e) ▸ NM armateur *m*

navío NM navire *m*

nazareno, -a ADJ (*Hist*) nazaréen(e) ▸ NM/F (*Hist*) Nazaréen(e) ; (*Rel*) *pénitent dans les processions de Pâques*

nazca *etc* VB *ver* **nacer**

nazi ADJ, NMF nazi(e)

nazismo NM nazisme *m*

N.B. ABR (= *nota bene*) NB (= *nota bene*)

n/cta ABR (*Com*: = *nuestra cuenta*) *notre compte*

N. de la R. ABR (= *nota de la redacción*) NDLR (= *note de la rédaction*)

N. de la T./del T. ABR (= *nota de la traductora/del traductor*) NDT (= *note du traducteur*)

NE ABR (= *nor(d)este*) N.-E. (= *nord-est*)

neblina NF brume *f*

nebulosa NF nébuleuse *f*

nebuloso, -a ADJ (*con nubes*) nuageux(-euse) ; (*con niebla*) brumeux(-euse) ; (*idea*) nébuleux(-euse) ; (*vista*) brouillé(e)

necedad NF idiotie *f*

necesariamente ADV nécessairement

necesario, -a ADJ: **~ (para)** nécessaire (pour) ; **(no) es ~ que** il (n')est (pas) nécessaire que ; **si es ~ ...** si nécessaire ...

neceser NM trousse *f* de toilette

necesidad NF (*carencia, miseria*) besoin *m* ; (*cosa necesaria*) nécessité *f* ; **de primera ~** de première nécessité ; **en caso de ~** en cas de besoin ; **no hay ~ de/de que** il n'est pas nécessaire de/que ▪ **necesidades** NFPL (*penurias*) privations *fpl* ; **hacer sus necesidades** faire ses besoins

necesitado, -a ADJ nécessiteux(-euse) ; **estar ~ de** avoir grand besoin de

necesitar VT: **~ (hacer)** avoir besoin de (faire) ; **¿qué se necesita?** que faut-il ? ; **« se necesita camarero »** « on demande un serveur » ▸ VI:

n

~ **de** avoir besoin de
necio, -a ADJ, NM/F idiot(e)
nécora NF étrille *f*
necrología NF nécrologie *f*
necrológico, -a ADJ: **nota necrológica** avis *msg* de décès
necrópolis NF INV nécropole *f*
néctar NM nectar *m*
nectarina NF nectarine *f*
neerlandés, -esa ADJ néerlandais(e) ▸ NM/F Néerlandais(e) ▸ NM (*Ling*) néerlandais *msg*
nefasto, -a ADJ néfaste
nefrítico, -a ADJ: **cólico ~** colique *f* néphrétique
negación NF négation *f*
negado, -a ADJ: **~ para** pas doué(e) pour
negar VT (*hechos*) nier ; (*permiso, acceso*) refuser ; **~ el saludo a algn** ignorer qn ; **~ que** nier que ▸ VI: **~ con la cabeza** faire non de la tête ■ **negarse** VPR: **negarse a hacer algo** se refuser à faire qch ; **¡me niego!** c'est non !
negativa NF négative *f* ; (*rechazo*) refus *msg*
negativamente ADV négativement
negativo, -a ADJ négatif(-ive) ▸ NM (*Foto*) négatif *m*
negligencia NF négligence *f*
negligente ADJ négligent(e)
negociable ADJ négociable
negociación NF négociation *f*
negociado NM bureau *m*
negociador, a ADJ de négociation ; **comisión negociadora** commission *f* de négociation ▸ NM/F négociateur(-trice)
negociante NMF (*Com*) négociant(e) ; (*pey*) trafiquant(e)
negociar VT négocier ▸ VI: **~ en** *o* **con** (*Com*) faire le commerce de *o* du commerce avec
negocio NM affaire *f* ; (*tienda*) commerce *m* ; **los negocios** les affaires *fpl* ; **hacer ~** faire des affaires ; **hacer (un) buen/mal ~** faire une bonne/mauvaise affaire ; **¡eso es un ~!** ça rapporte ! ; **~ sucio** affaire *f* louche ; **¡mal ~!** (*fam*) ça ne dit rien de bon !
negra NF (*Mús*) noire *f* ; **la ~** la poisse ; **tener la ~** avoir la poisse ; *ver tb* **negro**
negrita NF (*Tip*) caractère *m* gras ; **en ~** en gras
negro, -a ADJ noir(e) ; (*futuro*) sombre ; (*tabaco*) brun(e) ; **¡estoy ~!** je suis furax ! ; **¡me pone ~!** ça *o* il me porte sur les nerfs ! ; **verse ~ para hacer algo** avoir beaucoup de mal à faire qch ▸ NM (*color*) noir *m* ▸ NM/F (*persona*) Noir(e) ; (*AM fam*) chéri(e) ; **trabajar como un ~** travailler comme un forçat
negrura NF noirceur *f*
negué *etc* VB *ver* **negar**
nene, -a NM/F petit(e)
nenúfar NM nénuphar *m*
neoclásico, -a ADJ néo-classique
neolítico, -a ADJ néolithique
neologismo NM néologisme *m*
neón NM: **luz** *o* **lámpara de ~** néon *m*
neonazi ADJ, NMF néonazi(e)
neopreno® NM néoprène® *m*
neoyorquino, -a ADJ new-yorkais(e) ▸ NM/F New-Yorkais(e)
neozelandés, -esa ADJ néo-zélandais(e) ▸ NM/F Néo-Zélandais(e)
Nepal NM Népal *m*
nepalés, -esa, nepalí ADJ népalais(e) ▸ NM/F Népalais(e) ▸ NM (*Ling*) népalais *m*
nepotismo NM népotisme *m*
Neptuno NM Neptune
nervio NM nerf *m* ; (*Bot, Arq*) nervure *f* ; **ser puro ~** être un paquet de nerfs ; **alterarle** *o* **crisparle los nervios a algn** taper sur les nerfs de qn ; **estar de los nervios** (*fam*) être sur les nerfs ; (: *Med*) être malade des nerfs ; **tener los nervios destrozados** avoir les nerfs en pelote ; **me pone los nervios de punta** ça *o* il me porte sur les nerfs
nerviosismo NM état *m* d'agitation, nervosité *f*
nervioso, -a ADJ nerveux(-euse) ; **¡me pone ~!** ça m'énerve !
nervudo, -a ADJ (*mano*) nerveux(-euse)
netamente ADV nettement, clairement ; **una construcción ~ española** une construction clairement espagnole
netiqueta NF netiquette *f*
neto, -a ADJ net (nette)
neumático, -a ADJ (*cámara*) à air ; (*martillo*) pneumatique ▸ NM pneu *m* ; **~ de recambio** roue *f* de secours
neumonía NF pneumonie *f* ; **~ asiática** SARS *m*, pneumonie atypique
neura (*fam*) NMF névrosé(e) ▸ NF obsession *f*
neuralgia NF névralgie *f*
neurálgico, -a ADJ névralgique
neurastenia NF neurasthénie *f*
neurasténico, -a ADJ neurasthénique
neurología NF neurologie *f*
neurológico, -a ADJ neurologique
neurólogo, -a NM/F neurologue *mf*
neurona NF neurone *m*
neurosis NF INV névrose *f*
neurótico, -a ADJ névrotique ▸ NM/F (*tb fam*) névrosé(e)
neutral ADJ neutre
neutralice *etc* VB *ver* **neutralizar**
neutralidad NF neutralité *f*
neutralizar VT neutraliser
neutro, -a ADJ (*tb Ling*) neutre
neutrón NM neutron *m*
nevada NF chute *f* de neige
nevado, -a ADJ enneigé(e)
nevar VI neiger
nevera (*ESP*) NF réfrigérateur *m*

nevisca NF petite chute *f* de neige
nexo NM lien *m*
n/f ABR (*Com: = nuestro favor*) *notre crédit*
ni CONJ ni ; (*tb*: **ni siquiera**) même pas ; **ni aunque** même si ; **ni blanco ni negro** ni blanc ni noir ; **ni (el) uno ni (el) otro** ni l'un ni l'autre ; **¡ni que fuese un dios!** comme si c'était un dieu ! ; **¡ni hablar!** pas question !
nica (*Am pey*) ADJ nicaraguayen(ne) ▸ NMF Nicaraguayen(ne)
Nicaragua NF Nicaragua *m*
nicaragüense ADJ nicaraguayen(ne) ▸ NMF Nicaraguayen(ne)
nicho NM niche *f*
nicotina NF nicotine *f*
nido NM nid *m* ; **~ de amor** nid d'amour ; **~ de ladrones** repaire *m* de voleurs ; **~ de víboras** nid de vipères
niebla NF brouillard *m* ; **hay ~** il y a du brouillard
niego *etc*, **niegue** *etc* VB *ver* **negar**
nieto, -a NM/F petit-fils (petite-fille) ■ **los nietos** NMPL les petits-enfants *mpl*
nieve VB *ver* **nevar** ▸ NF neige *f* ; (*Am: helado*) glace *f* ; **copo de ~** flocon *m* de neige
NIF SIGLA M (= *Número de Identificación Fiscal*) *numéro d'identification personnel nécessaire pour effectuer des opérations bancaires et commerciales*
Nigeria NF Nigéria *m*
nigeriano, -a ADJ nigérien(ne) ▸ NM/F Nigérien(ne)
nigromancia NF nécromancie *f*
nigua (*Carib, CAm*) NF puce *f*
nihilista ADJ, NMF nihiliste *mf*
Nilo NM: **el (Río) ~** le Nil
nimbo NM (*aureola*) nimbe *m* ; (*nube*) nimbus *msg*
nimiedad NF bagatelle *f* ; (*de problema, detalle*) petitesse *f*
nimio, -a ADJ insignifiant(e), sans importance
ninfa NF nymphe *f*
ninfómana NF nymphomane *f*
ningún ADJ *ver* **ninguno**
ninguno, -a (*antes de nmsg* **ningún**) ADJ aucun(e) ; **no es ninguna belleza** c'est loin d'être une beauté ; **de ninguna manera** en aucune manière ; **en ningún sitio** nulle part ; **no voy a ninguna parte** je ne vais nulle part ▸ PRON personne ; **~ de ellos** aucun d'entre eux
nini (*fam*) ADJ qui n'étudie ni ne travaille ; **la generación ~** la génération ni-ni ▸ NM/NF ni-ni *m/f*
niña NF (petite) fille *f* ; (*del ojo*) pupille *f* ; **es la ~ de sus ojos** (*fig*) il tient à lui/elle comme à la prunelle de ses yeux ; *ver tb* **niño**
niñera NF nourrice *f*
niñería (*pey*) NF enfantillage *m*
niñez NF enfance *f*
niño, -a ADJ jeune ; (*pey*) puéril(e) ▸ NM enfant *m* ; (*chico*) (petit) garçon *m* ; (*bebé*) petit enfant *m* ; **ser el ~ mimado de algn** être le chouchou de qn ; **de ~** quand j'étais *etc* petit ; **~ bien** *o* **de papá** (*pey*) fils *msg* à papa ; **~ de pecho** nourrisson *m* ; **~ prodigio** enfant prodige ■ **los niños** NMPL les enfants
nipón, -ona ADJ nippon(e), nippon(ne) ▸ NM/F Nippon(e), Nippon(ne)
níquel NM nickel *m*
niquelar VT nickeler
nirvana NM nirvana *m*
níscalo NM lactaire *m* délicieux
níspero NM (*árbol*) néflier *m* ; (*fruto*) nèfle *f*
nitidez NF (*de imagen*) netteté *f* ; (*de atmósfera*) pureté *f* ; **ver algo con ~** voir qch très nettement
nítido, -a ADJ (*imagen*) net(te) ; (*cielo*) dégagé(e) ; (*atmósfera*) pur(e) ; (*gestión, conducta*) clair(e)
nitrato NM nitrate *m* ; **~ de Chile** salpêtre *m* du Chili
nítrico, -a ADJ nitrique
nitrógeno NM azote *m*
nitroglicerina NF nitroglycérine *f*
nivel NM niveau *m* ; **al mismo ~** au même niveau ; **de alto ~** de haut niveau ; **a 900m sobre el ~ del mar** à 900 m au-dessus du niveau de la mer ; **~ de aire** (*Tec*) niveau à bulle (d'air) ; **~ del aceite** niveau d'huile ; **~ de vida** niveau de vie
nivelado, -a ADJ nivelé(e) ; (*balanza*) équilibré(e)
nivelar VT niveler ; (*ingresos, categorías*) égaliser ; (*balanza de pagos*) équilibrer
nixtamal (*CAm, Méx*) NM maïs *msg* bouilli
Niza N Nice
n/l. ABR (*Com: = nuestra letra*) *notre lettre*
NNE ABR (= *nornordeste*) N.-N.-E. (= *nord-nord-est*)
NNO ABR (= *nornoroeste*) N.-N.-O. (= *nord-nord-ouest*)
NO ABR (= *noroeste*) N.-O. (= *nord-ouest*)

no

▸ ADV **1**: **¡no!** (*en respuesta*) non ! ; **ahora no** pas maintenant ; **no mucho** pas tellement, pas beaucoup ; **¡cómo no!** bien sûr ! ; **¡que no!** non !
2 (*con verbo*) ne ... pas ; **no viene** il ne vient pas ; **no es el mío** ce n'est pas le mien ; **creo que no** je crois que non ; **decir que no** dire non ; **no quiero nada** je ne veux rien ; **no es que no quiera** ce n'est pas que je ne veuille pas ; **no dormir** ne pas dormir ; **« No Fumar »** « Défense de fumer »
3 (*no + sustantivo*): **pacto de no agresión** pacte *m* de non-agression ; **los países no alineados** les pays non-alignés ; **la no intervención** la non-intervention ; **el no va más** le nec plus ultra
4 (*en comparación*): **mejor ir ahora que no luego** mieux vaut partir maintenant
5: **no sea que haga frío** au cas où il ferait froid
6: **no bien hubo terminado se marchó** à peine eut-il terminé qu'il s'en alla
7: **¡a que no lo sabes!** je parie que tu ne le sais pas !
▸ NM: **un no rotundo** un non catégorique

N.º, nº ABR (= *número*) nº (= *numéro*)
n/o ABR (*Com*: = *nuestra orden*) *notre ordre*
nobel NMF (*persona*) nobel *mf* ▸ NM: **(Premio) N~** prix *m* Nobel, Nobel *m*
noble ADJ, NMF noble *mf*
nobleza NF noblesse *f*; **la ~** la noblesse
noche NF nuit *f*; (*la tarde*) soir *m*; **de ~, por la ~** le soir; (*de madrugada*) la nuit; **se hace de ~** la nuit tombe; **es de ~** il fait nuit; **ayer por la ~** hier soir; **esta ~** ce soir; (*de madrugada*) cette nuit; **de la ~ a la mañana** du jour au lendemain; **hacer ~ en un sitio** passer la nuit quelque part; **¡buenas noches!** (*saludo*) bonsoir!; (*despedida*) bonsoir!, bonne nuit!; **~ cerrada** nuit noire; **~ de bodas** nuit de noces

La expresión **¡Buenas noches!** suele traducirse en francés por *Bonsoir! Bonne nuit* se reserva únicamente para la hora de acostarse.

Nochebuena NF nuit *f* de Noël; *voir article*

Dans les pays de langue espagnole, comme en France, on fête Noël la nuit du 24 décembre; c'est **Nochebuena**. Les familles se réunissent autour d'un grand repas et les plus pieux assistent à la messe de minuit. Bien que la tradition veuille que les cadeaux soient apportés par les Rois mages le 6 janvier, il est de plus en plus fréquent de s'offrir aussi des cadeaux le jour de Noël.

nochero NM (CSUR) veilleur *m* de nuit; (COL) table *f* de nuit
Nochevieja NF nuit *f* de la Saint-Sylvestre; *voir article*

En Espagne, *las campanadas*, les douze coups de l'horloge de la *Puerta del Sol* à Madrid, qui sont retransmis en direct pour marquer le début de chaque nouvelle année, représentent le temps fort du réveillon de la Saint-Sylvestre, **Nochevieja**. Lorsque minuit sonne, la tradition connue sous le nom de *las uvas de la suerte* ou *las doce uvas*, veut que l'on mange douze grains de raisin, un pour chaque coup.

noción NF notion *f* ▪ **nociones** NFPL (*rudimentos*) notions *fpl*
nocivo, -a ADJ nocif(-ive)
noctámbulo, -a ADJ, NM/F noctambule *mf*
nocturno, -a ADJ nocturne; (*club*) de nuit; (*clases*) du soir ▸ NM (*Mús*) nocturne *m*
nodo NM nœud *m*
nodriza NF nourrice *f*; **buque/nave ~** bateau *m*/navire *m* de ravitaillement
nódulo NM nodule *m*
Noé N Noé
nogal NM noyer *m*
nómada ADJ, NMF nomade *mf*
nomás (AM) ADV seulement; (*tan solo*) juste; **así ~** (*fam*) comme ça; **ayer ~** pas plus tard qu'hier; **~ se fue se acordó** à peine était-il parti qu'il s'en est souvenu
nombramiento NM nomination *f*
nombrar VT nommer; **~ a algn gobernador** nommer qn gouverneur; **~ a algn heredero** faire de qn son héritier
nombre NM nom *m*; (*tb*: **nombre completo**) nom (et prénoms); **abogado de ~** avocat *m* de renom; **~ y apellidos** nom et prénoms; **(estar/poner algo) a ~ de** (être/mettre qch) au nom de; **en ~ de** au nom de; **sin ~** sans nom; **su conducta no tiene ~** sa conduite dépasse les bornes; **~ común** nom commun; **~ de fichero** (*Inform*) nom de fichier; **~ de pila** prénom *m*; **~ de soltera** nom de jeune fille; **~ de usuario** (*Inform*) nom d'utilisateur; **~ propio** nom propre
nomenclatura NF nomenclature *f*; (*Pol*) nomenklatura *f*
nomeolvides NM INV myosotis *msg*
nómina NF (*de personal*) liste *f* du personnel; (*hoja de sueldo*) feuille *f* de paie; (*sueldo*) salaire *m*; **estar en ~** faire partie du personnel
nominación NF (*para cargo, premio*) nomination *f*
nominal ADJ nominal(e)
nominar VT (*para cargo*) nommer; (*para premio*) nominer
nominativo, -a ADJ (*Ling*) nominatif(-ive); **un cheque ~ a X** un chèque à l'ordre de X
nomofóbico, -a ADJ, NM/NF nomophobe *m/f*
non ADJ impair(e) ▸ NM nombre *m* impair; **¿pares o nones?** (*juego*) pair ou impair?; **de ~** (*sin pareja*) dépareillé(e); (*persona*) tout(e) seul(e)
nonagésimo, -a ADJ, NM/F quatre-vingt-dixième *mf*
nono, -a ADJ neuvième
nopal NM nopal *m*
norcoreano, -a ADJ nord-coréen(ne) ▸ NM/F Nord-Coréen(ne)
nordeste ADJ nord-est ▸ NM nord-est *m*; (*viento*) nordet *m*
nórdico, -a ADJ (*zona*) nord *inv*; (*escandinavo*) nordique ▸ NM/F Nordique *mf*
noreste ADJ, NM = **nordeste**
noria NF (*Agr*) noria *f*; (*de feria*) grande roue *f*
norirlandés, -esa ADJ nord-irlandais(e) ▸ NM/F Nord-Irlandais(e), natif(-ive) *o* habitant(e) de l'Irlande du Nord
norma NF norme *f*; **por ~ general** en règle générale; **las normas establecidas** les normes établies
normal ADJ normal(e); **¡es ~ que ...!** c'est normal que ...!; **Escuela N~** ≈ École *f* normale; **gasolina ~** essence *f* ordinaire
normalice *etc* VB *ver* **normalizar**
normalidad NF normalité *f*; **restablecer la ~** rétablir l'ordre
normalista ADJ, NMF normalien(ne)

normalización NF normalisation *f*
normalizar VT normaliser ; (*gastos*) régulariser ▪ **normalizarse** VPR se normaliser
normalmente ADV normalement
Normandía NF Normandie *f*
normando, -a ADJ normand(e) ▸ NM/F Normand(e)
normativa NF réglementation *f*
normativo, -a ADJ: **es ~ en todos los coches nuevos** c'est obligatoire pour toutes les voitures neuves
noroeste ADJ nord-ouest ▸ NM nord-ouest *m* ; (*viento*) noroît *m*
norte ADJ nord *inv* ▸ NM nord *m* ; (*tb*: **viento (del) norte**) vent *m* du nord ; (*fig*) objectif *m* ; **país/gentes del ~** pays *msg*/peuples *mpl* du Nord ; **al ~ de** au nord de
norteafricano, -a ADJ nord-africain(e) ▸ NM/F Nord-africain(e)
Norteamérica NF Amérique *f* du Nord
norteamericano, -a ADJ américain(e), nord-américain(e) ▸ NM/F Américain(e), Nord-Américain(e)
norteño, -a ADJ du nord ▸ NM/F natif(-ive) *o* habitant(e) du nord
nortino, -a (AND, CSUR) ADJ, NM/F = **norteño**
Noruega NF Norvège *f*
noruego, -a ADJ norvégien(ne) ▸ NM/F Norvégien(ne) ▸ NM (*Ling*) norvégien *m*
nos PRON nous ; **~ levantamos a las 7** nous nous levons à 7 heures
nosocomio (*esp* AM) NM hôpital *m*
nosotros, -as PRON PERS nous ; **~ (mismos)** nous(-mêmes)
nostalgia NF nostalgie *f*
nostálgico, -a ADJ nostalgique
nota NF note *f* ; **dar la ~** (*fam*) se faire remarquer ; **de mala ~** mal famé(e) ; **tomar (buena) ~ de algo** prendre (bonne) note de qch ; **tomar notas** prendre des notes ; **la ~ dominante** la note dominante ; **~ a pie de página** note de bas de page ▪ **notas** NFPL (*apuntes*) notes *fpl* ; (*calificación*) résultats *mpl* ; **notas de sociedad** chronique *fsg* mondaine
notable ADJ notable ; (*persona*) remarquable ▸ NM (*Escol*) *mention située entre bien et très bien* ▪ **notables** NMPL notables *mpl*
notablemente ADV considérablement, notablement
notar VT (*darse cuenta de*) remarquer ; (*percibir*) noter ; (*frío, calor*) sentir ; **te noto cambiado** je te trouve changé ; **hacerse ~** se faire remarquer ▪ **notarse** VPR (*efectos, cambio*) se faire sentir ; (*mancha*) se voir ; **se nota que ...** on voit que ... ; **me noto cansado** je me sens fatigué
notaría NF (*profesión*) notariat *m* ; (*despacho*) étude *f*
notarial ADJ notarial(e) ; **acta ~** acte *m* notarié
notario, -a NM/F notaire *mf*
noticia NF nouvelle *f* ; (TV, *Radio*) information *f* ; **las noticias** (TV) les informations ; **según nuestras noticias** d'après nos informations ; **tener noticias de algn** avoir des nouvelles de qn ; **~(s) de última hora** nouvelle(s) de dernière minute
noticiario NM actualités *fpl*
noticiero NM journal *m*
noticioso, -a ADJ (*esp* AM: *reportaje, agencia*) de presse ; (: *fuente etc*) bien informé(e) ▸ NM (AM TV, *Radio*) bulletin *m* d'information
notificación NF notification *f*
notificar VT notifier
notifique *etc* VB *ver* **notificar**
notoriedad NF notoriété *f*
notorio, -a ADJ notoire
nov. ABR = **noviembre**
novatada NF bizutage *m*, brimade *f* ; **pagar la ~** faire les frais de son inexpérience
novato, -a ADJ, NM/F nouveau(-velle)
novecientos, -as ADJ neuf cents ; *ver tb* **seiscientos**
novedad NF nouveauté *f* ; (*noticia*) nouvelle *f* ; **sin ~** rien de neuf ▪ **novedades** NFPL (*noticia*) nouvelles *fpl* ; (*Com*) nouveautés *fpl*
novedoso, -a ADJ novateur(-trice)
novel ADJ débutant(e)
novela NF roman *m* ; **~ policíaca** roman policier
novelero, -a (*pey*) ADJ: **ser muy ~** (*aficionado a novelas*) être un grand lecteur de romans ; (*aficionado a novedades*) aimer la nouveauté
novelesco, -a ADJ romanesque
novelista NMF romancier(-ière)
novelística NF: **la ~** le genre romanesque
noveno, -a ADJ, NM/F neuvième *mf* ; *ver tb* **sexto**
noventa ADJ INV, NM INV quatre-vingt-dix *m inv* ; *ver tb* **sesenta**
novia NF *ver* **novio**
noviar (CSUR) VI: **~ con** (*cortejar*) fréquenter
noviazgo NM fiançailles *fpl*
novicio, -a ADJ (*Rel*) novice ; (*novato*) novice, nouveau(-velle) ▸ NM/F (*Rel*) novice *mf*
noviembre NM novembre *m* ; *ver tb* **julio**
novilla NF génisse *f*
novillada NF *course de jeunes taureaux*
novillero NM *torero combattant de jeunes taureaux*
novillo NM jeune taureau *m* ; **hacer novillos** (*fam*) faire l'école buissonnière
novio, -a NM/F petit(e) ami(e) ; (*prometido*) fiancé(e) ; (*en boda*) marié(e) ; **los novios** les fiancés *mpl* ; (*en boda*) les mariés *mpl*
novísimo, -a ADJ SUPERL *de* **nuevo**
N. S. ABR (= *Nuestro Señor*) N.S. (= *Notre Seigneur*)
ns/nc ABR (= *no sabe(n)/no contesta(n)*) sans opinion, NSP (= *ne sais pas*)
ntra. ABR (= *nuestra*) *ver* **nuestro, -a**
Ntra. Sra. ABR (= *Nuestra Señora*) ND (= *Notre-Dame*)

n

ntro. ABR = **nuestro**

Ntro. Sr. ABR (= *Nuestro Señor*) NS (= *Notre Seigneur*)

nubarrón NM gros nuage *m*

nube NF nuage *m* ; (*de mosquitos*) nuée *f* ; (*Med: ocular*) taie *f* ; (*Inform*): **la ~** le nuage ; **una ~ de polvo** un nuage de poussière ; **los precios están por las nubes** c'est hors de prix ; **estar en las nubes** être dans les nuages ; **vivir en las nubes** ne pas avoir les pieds sur terre ; **poner algo/a algn por las nubes** porter qch/qn aux nues ; **guardar algo en la ~** (*Inform*) stocker qch sur *ou* dans le nuage

nublado, -a ADJ nuageux(-euse) ; (*día*) gris(e) ▸ NM nuages *mpl* lourds

nublar VT (*cielo*) assombrir ; (*vista*) voiler ; (*alegría*) gâcher ; (*entendimiento*) obscurcir ■ **nublarse** VPR se couvrir ; (*vista*) se voiler

nubosidad NF nébulosité *f* ; **había mucha ~** il y avait beaucoup de nuages

nuboso, -a ADJ nuageux(-euse)

nuca NF nuque *f*

nuclear ADJ nucléaire

nuclearizado, -a ADJ: **países nuclearizados** puissances *fpl* nucléaires

núcleo NM noyau *m* ; **~ de población** agglomération *f* ; **núcleos de resistencia** noyaux *mpl* de résistance ; **~ urbano** centre *m* urbain

nudillo NM jointure *f*

nudista ADJ, NMF nudiste *mf*

nudo NM nœud *m* ; **se le hizo un ~ en la garganta** il avait la gorge nouée ; **~ corredizo** nœud coulant ; **~ de carreteras** nœud routier ; **~ de comunicaciones** nœud de communications

nudoso, -a ADJ noueux(-euse)

nueces NFPL *de* **nuez**

nuera NF belle-fille *f*

nuestro, -a ADJ notre ; **~ padre** notre père ; **un amigo ~** un de nos amis, un ami à nous ; **ese libro es ~** ce livre est à nous ▸ PRON: **el ~/la nuestra** le nôtre/la nôtre ; **es el ~** c'est le nôtre ; **los nuestros** les nôtres ; (*Deporte*) notre équipe

nueva NF nouvelle *f* ; **hacerse de nuevas** feindre l'étonnement ; *ver tb* **nuevo**

Nueva Delhi N New Delhi

nuevamente ADV à nouveau

Nueva Orleáns N La Nouvelle-Orléans

Nueva York N New York

Nueva Zelanda, Nueva Zelandia (*Am*) NF Nouvelle-Zélande *f*

nueve ADJ INV, NM INV neuf *m inv* ; *ver tb* **seis**

nuevo, -a ADJ nouveau(-velle) ; (*no usado*) neuf (neuve) ; **ese abrigo está ~** ce manteau est neuf ; **soy ~ aquí** je suis nouveau ici ; **de ~** de nouveau ; **¿qué hay de ~?** (*fam*) quoi de neuf ? ▸ NM/F nouveau(-velle)

> En francés, el adjetivo *nouveau* se transforma en *nouvel* cuando precede a un sustantivo masculino que comienza por vocal o *h* muda. Por ejemplo: *le nouvel an*.

Nuevo Méjico NM Nouveau-Mexique *m*

nuez NF noix *fsg* ; **~ (de Adán)** pomme *f* d'Adam ; **~ moscada** noix muscade

nulidad NF nullité *f* ; **es una ~** (*pey*) il (elle) est nul(le)

nulo, -a ADJ nul(le) ; **soy ~ para la música** je suis nul(le) en musique

núm. ABR (= *número*) nº (= *numéro*)

numeración NF (*de calle, páginas*) numérotation *f* ; (*sistema*) chiffres *mpl* ; **~ arábiga/romana** chiffres arabes/romains ; **~ de línea** (*Inform*) numérotation des lignes

numerador NM numérateur *m*

numeral ADJ (*Ling*) numéral(e) ▸ NM numéral *m*

numerar VT numéroter ■ **numerarse** VPR se numéroter

numerario, -a ADJ titulaire ; **profesor no ~** professeur *m* non titulaire

numérico, -a ADJ numérique

número NM nombre *m* ; (*cifra*) chiffre *m* ; (*de zapato*) pointure *f* ; (*Teatro, de publicación, de lotería*) numéro *m* ; **sin ~** sans nombre ; **en números redondos** en chiffres ronds ; **hacer** *o* **montar un ~** (*fam*) faire un numéro ; **hacer números** faire les comptes ; **ser el ~ uno** être le numéro un ; **estar en números rojos** être à découvert ; **~ atrasado** vieux numéro ; **~ binario** (*Inform*) nombre binaire ; **~ de matrícula/de teléfono** numéro d'immatriculation/de téléphone ; **~ de serie** numéro de série ; **~ decimal/impar/par** nombre décimal/impair/pair ; **~ personal de identificación** (*Inform etc*) numéro personnel d'identification ; **~ romano** chiffre romain

numeroso, -a ADJ nombreux(-euse) ; *ver tb* **familia**

numerus NM: **~ clausus** (*Univ*) numerus clausus *m*

numismática NF numismatique *f*

nunca ADV jamais ; **~ me escribes** tu ne m'écris jamais ; **no estudia ~** il n'étudie jamais ; **¿~ lo has pensado?** tu n'y as jamais pensé ? ; **~ más** jamais plus

nuncio NM nonce *m* ; **~ apostólico** nonce apostolique

nupcial ADJ (*banquete*) de noces ; (*marcha*) nuptial(e)

nupcias NFPL: **en segundas ~** en secondes noces

nutria NF loutre *f*

nutrición NF nutrition *f*

nutricionista NMF nutritionniste *mf*

nutrido, -a ADJ nourri(e) ; (*grupo, representación*) nombreux(-euse) ; **bien/mal ~** bien/mal nourri(e) ; **~ de** truffé(e) de

nutriente NM nutriment *m*

nutrir VT nourrir ■ **nutrirse** VPR: **nutrirse de** se nourrir de

nutritivo, -a ADJ nutritif(-ive)

nylon [ni'lon] NM nylon *m*

Ñ ñ

Ñ, ñ ['eɲe] NF (*letra*) Ñ, ñ

> Cette lettre n'existe pas en français ; elle a le son du n mouillé français.

ñame NM (*Bot*) igname *f*
ñandú (*pl* **ñandúes**) NM (*Zool*) nandou *m*
ñandutí (*CSur*) NM (*encaje*) dentelle *f*
ñapa NF = **yapa**
ñato, -a (*CSur*) ADJ (*de nariz chata*) camus(e)
ñoñería NF (*de persona sosa*) fadeur *f* ; (*de persona melindrosa*) pudibonderie *f* ; (*una ñoñería*) niaiserie *f*
ñoñez NF = **ñoñería**
ñoño, -a ADJ (*soso*) fadasse (*fam*) ; (*melindroso*) pudibond(e)
ñoquis NMPL (*Culin*) gnocchis *mpl*
ñudo (*CSur fam*): **al ~** *adv* en vain

Oo

O¹, o¹ [o] NF (*letra*) O, o *m inv*; **O de Oviedo** ≈ O comme Oscar

O² ABR (= *oeste*) O (= *ouest*)

o² [o] CONJ ou; **o … o …** soit … soit …; **o sea** c'est-à-dire

o/ ABR (= *orden*) commande *f*

OACI SIGLA F (= *Organización de la Aviación Civil Internacional*) OACI *f* (= *Organisation de l'aviation civile internationale*)

oasis NM INV oasis *msg o fsg*

obcecación NF (*mental*) aveuglement *m*

obcecado, -a ADJ: **estar ~** être aveugle

obcecarse VPR être aveuglé(e); **~ en hacer** s'obstiner à faire

obceque *etc* VB *ver* **obcecarse**

obedecer VT obéir à ▶ VI obéir; **~ a** (*Med, fig*) obéir à; **~ al hecho de** provenir du fait que

obedezca *etc* VB *ver* **obedecer**

obediencia NF obéissance *f*

obediente ADJ obéissant(e)

obelisco NM obélisque *m*

obertura NF (*Mús*) ouverture *f*

obesidad NF obésité *f*

obeso, -a ADJ obèse

óbice NM: **no es ~ para que …** cela n'empêche pas que …

obispado NM évêché *m*

obispo NM évêque *m*

óbito NM décès *msg*

objeción NF objection *f*; **hacer una ~, poner objeciones** faire une objection, soulever des objections; **~ de conciencia** objection de conscience

objetar VT: **~ que** objecter que; **¿algo que ~?** des objections? ▶ VI être objecteur de conscience

objetivamente ADV objectivement

objetividad NF objectivité *f*

objetivo, -a ADJ objectif(-ive) ▶ NM objectif *m*

objeto NM objet *m*; (*finalidad*) objet, but *m*; **ser ~ de algo** être l'objet de qch; **con ~ de** dans le but de

objetor NM (*tb*: **objetor de conciencia**) objecteur *m* de conscience

oblea NF (*de harina*) pain *m* azyme

oblicuo, -a ADJ oblique

obligación NF (*tb Com*) obligation *f*; **cumplir con mi** *etc* **~** remplir mon *etc* devoir ■ **obligaciones** NFPL obligations *fpl*

obligado, -a ADJ obligé(e); **estar/sentirse/verse ~ a hacer** être/se sentir/se voir obligé de faire

obligar VT obliger ■ **obligarse** VPR: **obligarse a hacer** s'obliger à faire

obligatorio, -a ADJ obligatoire

obligue *etc* VB *ver* **obligar**

oboe NM hautbois *msg* ▶ NMF (*músico*) hautboïste *mf*

Ob.po ABR (= *obispo*) év. (= *évêque*)

obra NF (*creación, acto*) œuvre *f*; (*libro*) ouvrage *m*; (*tb*: **obra dramática** *o* **de teatro**) pièce *f*; **ser ~ de algn** être l'œuvre de qn; **por ~ de** à cause de; **obras benéficas/de caridad** œuvres *fpl* de bienfaisance/de charité; **obras completas** œuvres complètes; **~ de arte** œuvre d'art; **~ de consulta** ouvrage de référence; **~ maestra** chef-d'œuvre *m* ■ **obras** NFPL (*reparaciones*) travaux *mpl*; **estar de** *o* **en obras** être en travaux; **obras públicas** travaux publics

obrar VT: **~ milagros** (*fig*) faire des miracles ▶ VI agir; **la carta obra en su poder** la lettre est en votre possession

obr. cit. ABR (= *obra citada*) op. cit. (= *ouvrage cité*)

obrero, -a ADJ ouvrier(-ière); **clase obrera** classe *f* ouvrière ▶ NM/F ouvrier(-ière); (*del campo*) ouvrier(-ière) (agricole)

obscenidad NF obscénité *f*

obsceno, -a ADJ obscène

obscu… = **oscu…**

obsequiar VT: **~ a algn con algo** faire cadeau de qch à qn; (*con una atención*) offrir qch à qn

obsequio NM (*regalo*) présent *m*; (*cortesía*) attention *f*

obsequioso, -a ADJ attentionné(e)

observación NF observation *f*; **capacidad de ~** esprit *m* d'observation

observador, a ADJ, NM/F observateur(-trice)

observancia NF observance *f*

observar VT observer

observatorio NM observatoire *m*; **~ meteorológico** observatoire

obsesión NF obsession *f*
obsesionar VT obséder ■ **obsesionarse** VPR être obsédé(e)
obsesivo, -a ADJ obsessionnel(le)
obseso, -a NM/F obsédé(e)
obsolescencia NF: **~ incorporada** (*Com*) obsolescence *f* programmée
obsoleto, -a ADJ (*máquina*) obsolète ; (*ideas*) désuet(-ète)
obstaculice *etc* VB *ver* **obstaculizar**
obstaculizar VT (*entrada*) barrer ; (*obra*) entraver ; (*convenio, relaciones*) faire obstacle à
obstáculo NM obstacle *m*
obstante ADV: **no ~** cependant
obstetra NMF obstétricien(ne)
obstetricia NF obstétrique *f*
obstinado, -a ADJ obstiné(e)
obstinarse VPR s'obstiner ; **~ en** s'obstiner à
obstrucción NF obstruction *f*
obstruir VT obstruer ; (*plan, labor, proceso*) faire obstacle à
obstruyendo *etc* VB *ver* **obstruir**
obtención NF obtention *f*
obtendré *etc* VB *ver* **obtener**
obtener VT obtenir
obtenga *etc* VB *ver* **obtener**
obturación NF obturation *f* ; (*Foto*): **velocidad de ~** vitesse *f* d'obturation
obturador NM obturateur *m*
obtuso, -a ADJ obtus(e)
obtuve *etc* VB *ver* **obtener**
obús NM obus *msg*
obviamente ADV évidemment ; **~, no le dijimos nada** on ne lui a évidemment rien dit
obviar VT contourner
obvio, -a ADJ évident(e)
oca NF oie *f* ; (*tb*: **juego de la oca**) jeu *m* de l'oie
ocasión NF occasion *f* ; **¡~!** (*Com*) offre spéciale ; **de ~** (*artículo*) d'occasion ; **con ~ de** à l'occasion de ; **dar ~ de** donner l'occasion de ; **en (algunas) ocasiones** parfois ; **aprovechar la ~** profiter de l'occasion
ocasional ADJ fortuit(e)
ocasionar VT occasionner
ocaso NM (*puesta de sol*) coucher *m* du soleil ; (*decadencia*) déclin *m*
occidental ADJ occidental(e) ▶ NMF Occidental(e)
occidente NM occident *m* ; **el O~** l'Occident *m*
occiso, -a NM/F: **el ~** la victime
OCDE SIGLA F (= *Organización para la Cooperación y el Desarrollo Económico*) OCDE *f* (= *Organisation de coopération et de développement économique*)
Oceanía NF Océanie *f*
oceánico, -a ADJ (*de océano*) océanique ; (*de Oceanía*) océanien(ne)
océano NM océan *m* ; **el ~ Atlántico** l'océan *m* Atlantique
ocelote NM ocelot *m*
ochenta ADJ INV, NM INV quatre-vingts *m inv* ; *ver tb* **sesenta**
ocho ADJ INV, NM INV huit *m inv* ; **~ días** huit jours *mpl* ; *ver tb* **seis**
ochocientos, -as ADJ huit cents ; *ver tb* **seiscientos**
OCI (*Ven, Perú*) SIGLA F (= *Oficina Central de Información*) *services secrets*
ocio NM (*tiempo*) loisir *m* ; (*pey*) oisiveté *f* ; **guía del ~** guide *m* art et spectacles
ociosidad (*pey*) NF oisiveté *f*
ocioso, -a ADJ: **estar ~** être oisif(-ive) ; **ser ~** être oiseux(-euse)
ocote (*CAm, Méx*) NM pin *m*
ocre ADJ, NM (*color, pintura*) ocre *m*
oct. ABR = **octubre**
octanaje NM: **de alto ~** à indice d'octane élevé
octano NM octane *m*
octava NF (*Mús*) octave *m*
octavilla NM (*esp Pol*) tract *m*
octavo, -a ADJ, NM/F huitième *mf* ; *ver tb* **sexto**
octeto NM (*Inform*) octet *m*
octogenario, -a ADJ, NM/F octogénaire *mf*
octogésimo, -a ADJ, NM/F quatre-vingtième *mf*
octubre NM octobre *m* ; *ver tb* **julio**
OCU SIGLA F (= *Organización de Consumidores y Usuarios*) *association pour la défense des consommateurs*
ocular ADJ (*inspección*) des yeux ; **testigo ~** témoin *m* oculaire
oculista NMF oculiste *mf*
ocultar VT cacher ■ **ocultarse** VPR: **ocultarse (tras/de)** se cacher (derrière/de)
oculto, -a ADJ (*puerta, persona*) dissimulé(e) ; (*razón*) caché(e), secret(-ète)
ocupa (*fam*) NMF squatteur(-euse)
ocupación NF occupation *f*
ocupacional ADJ occupationnel(le) ; **formación ~** formation *f* professionnelle ; **salud ~** santé *f* au travail ; **terapia ~** thérapie *f* occupationnelle, ergothérapie *f*
ocupado, -a ADJ occupé(e) ; **¿está ocupada la silla?** la place est prise ?
ocupante ADJ, NMF occupant(e)
ocupar VT occuper ■ **ocuparse** VPR: **ocuparse de** s'occuper de ; **ocuparse de lo suyo** s'occuper de ses affaires
ocurrencia NF (*idea*) idée *f* ; (: *graciosa*) trait *m* d'esprit ; **¡qué ~!** (*pey*) quelle drôle d'idée !
ocurrente ADJ amusant(e)
ocurrir VI (*suceso*) se produire, se passer ; **¿qué ocurre?** qu'est-ce qui se passe ? ; **¿qué te ocurre?** qu'est-ce que tu as ? ; **lo que ocurre es que ...** ce qui se passe, c'est que ... ■ **ocurrirse**

O

VPR: **se me ha ocurrido que ...** il m'est venu à l'esprit que ... ; **¡ni se te ocurra!** pas question ! ; **¡qué cosas se te ocurren!** tu as de ces idées ! ; **¿se te ocurre algo?** tu as une idée ?

oda NF ode *f*

ODECA SIGLA F (= *Organización de los Estados Centroamericanos*) ODECA *f* (= *Organisation des États d'Amérique centrale*)

odiar VT (*a algn*) haïr ; (*comida, trabajo*) détester

odio NM haine *f* ; **tener ~ a algn** détester qn, haïr qn

odioso, -a ADJ (*persona*) odieux(-euse) ; (*tiempo*) exécrable ; (*trabajo, tema*) insupportable

odisea NF (*fig*) épopée *f*

odontología NF odontologie *f*

odontólogo, -a NM/F odontologiste *mf*

odre NM outre *f*

OEA SIGLA F (= *Organización de Estados Americanos*) OEA *f* (= *Organisation des États américains*)

OECE SIGLA F (= *Organización Europea de Cooperación Económica*) OECE *f* (= *Organisation européenne de coopération économique*)

OELA SIGLA F = **Organización de Estados Latinoamericanos**

oeste NM ouest *m* ; **película del ~** western *m* ; *ver tb* **norte**

ofender VT offenser ; **~ la vista** blesser la vue ; **~ los oídos** écorcher les oreilles ; **sentirse ofendido** se froisser ■ **ofenderse** VPR s'offenser

ofensa NF offense *f* ; (*Jur*) outrage *m*

ofensiva NF offensive *f*

ofensivo, -a ADJ (*palabra etc*) offensant(e) ; (*Mil*) offensif(-ive)

oferta NF offre *f* ; (*Com: de bajo precio*) promotion *f* ; **la ~ y la demanda** l'offre et la demande ; **artículos de** *o* **en ~** articles *mpl* en promotion ; **ofertas de trabajo** offres *fpl* d'emploi ; **~ monetaria** offre monétaire ; **~ pública de compra** (*Com*) offre publique d'achat

offset ['ofset] NM: **sistema/prensa ~** système *m*/presse *f* offset

oficial ADJ officiel(le) ▸NMF (*Mil*) officier(-ière) ; (*en un trabajo*) ouvrier(-ière) qualifié(e)

oficialista (*AM*) ADJ officiel(le) ; **el candidato ~** le candidat officiel

oficialmente ADV officiellement

oficiar VT: **~ la misa** officier ▸VI (*Rel*) officier ; **~ de** faire office de

oficina NF bureau *m* ; **~ de empleo** agence *f* pour l'emploi ; **~ de información** bureau d'information ; **~ de objetos perdidos** bureau des objets trouvés ; **~ de turismo** office *m* du tourisme

oficinista NMF employé(e) de bureau

oficio NM travail *m* ; (*Rel*) office *m* ; (*función*) fonction *f* ; (*comunicado*) communiqué *m* ; **ser del ~** être du métier ; **sin ~ ni beneficio** sans profession ; **buenos oficios (de algn)** bons offices (de qn) ; **~ de difuntos** office des morts

oficioso, -a ADJ officieux(-euse)

ofimática NF bureautique *f*

ofrecer VT offrir ; (*fiesta*) donner ; **~ la posibilidad de** donner la possibilité de ■ **ofrecerse** VPR: **ofrecerse a** *o* **para hacer algo** s'offrir pour faire qch ; **¿qué se le ofrece?, ¿se le ofrece algo?** puis-je vous aider ? ; **ofrecerse de** s'offrir comme

ofrecimiento NM offre *f*

ofrenda NF offrande *f*

ofrendar VT faire l'offrande de

ofrezca *etc* VB *ver* **ofrecer**

oftalmología NF ophtalmologie *f*

oftalmólogo, -a NM/F ophtalmologue *mf*

ofuscación NF aveuglement *m*

ofuscamiento NM aveuglement *m*

ofuscar VT aveugler ; **estar ofuscado por** *o* **con algo** être aveuglé par qch ■ **ofuscarse** VPR se troubler

ofusque *etc* VB *ver* **ofuscar**

ogro NM ogre *m* ; (*pey*) monstre *m*

OIC SIGLA F (*Com*: = *Organización Internacional del Comercio*) ITO *f* (= *organisation du commerce international*) ; = **Organización Interamericana del Café**

oída NF: **de oídas** par ouï-dire

oído NM (*Anat*) oreille *f* ; (*sentido*) ouïe *f* ; **al ~** à l'oreille ; **de ~** d'oreille ; **tener ~** avoir de l'oreille ; **tener buen ~** avoir une bonne oreille ; **ser todo oídos** être tout ouïe ; **ser duro de ~** être dur d'oreille ; **no doy crédito a mis oídos** je n'en crois pas mes oreilles ; **hacer oídos sordos a** faire la sourde oreille à ; **~ interno** oreille interne

OIEA SIGLA M (= *Organismo Internacional de Energía Atómica*) AIEA *f* (= *Agence internationale de l'énergie atomique*)

oiga *etc* VB *ver* **oír**

OIR SIGLA F (= *Organización Internacional de Radiodifusión*) OIR *f* (= *Organisation internationale de radiodiffusion*)

oír VT entendre ; (*atender a*) écouter ; **~ misa** entendre la messe ; **¡lo que hay que ~!** ce qu'il ne faut pas entendre ! ; **~ hablar de algn/algo** entendre parler de qn/qch ; **como quien oye llover** (*fig*) autant parler à un mur ▸VI entendre ; **¡oye!, ¡oiga!** écoute !, écoutez ! ; **¿oiga?** (*Telec*) allô ?

OIT SIGLA F (= *Organización Internacional del Trabajo*) OIT *f* (= *Organisation internationale du travail*)

ojal NM boutonnière *f*

ojalá EXCL si seulement !, espérons ! ▸CONJ (*tb*: **ojalá que**) si seulement, espérons que ; **~ (que) venga hoy** espérons qu'il viendra aujourd'hui ; **¡~ pudiera!** si seulement il pouvait !

ojeada NF coup *m* d'œil ; **echar una ~ a** jeter un coup d'œil à

ojera NF cerne *m* ; **tener ojeras** avoir les yeux cernés

ojeriza NF: **tener ~ a** avoir une dent contre

ojeroso, -a ADJ (*ojos*) cerné(e)

ojete NM œillet *m*

ojo NM œil *m* ; (*de puente*) arche *f* ; (*de cerradura*) trou *m* ; (*de aguja*) chas *msg* ; **a ~ (de buen cubero)** à vue de nez ; **a ojos vistas** à vue d'œil ; **¡dichosos los ojos (que te ven)!** quelle bonne surprise ! ; **en un abrir y cerrar de ojos** en un clin d'œil ; **ir/andar con ~** faire attention ; **mirar** *o* **ver con buenos/malos ojos** voir d'un bon/mauvais œil ; **no pegar ~** ne pas fermer l'œil ; **~ por ~** œil pour œil ; **ser el ~ derecho de algn** (*fig*) être le chouchou de qn ; **tener echado el ~ a algo/algn** avoir l'œil sur qch/qn ; **tener ~ clínico** avoir l'œil infaillible ; **tener ~ para** avoir l'œil pour ; **ten mucho ~ con ese** fais bien attention avec ce type-là ; **ojos saltones** yeux *mpl* globuleux ; **~ de buey** œil-de-bœuf *m* ; **~ de halcón** (*Tenis*) Hawk-Eye *m* ▸ EXCL attention !

ojota (AND, CSUR) NF sandale *f*

okupa (*fam*) NMF squatteur(-euse)

OL ABR (= *onda larga*) GO (= *grandes ondes*)

ola NF vague *f* ; **~ de calor/frío** vague de chaleur/froid ; **la nueva ~** la nouvelle vague

OLADE SIGLA F = **Organización Latinoamericana de Energía**

olé EXCL olé !

oleada NF (*tb fig*) vague *f*

oleaje NM vagues *fpl*

óleo NM: **un ~** une peinture à l'huile ; **al ~** à l'huile

oleoducto NM oléoduc *m*

oler VT (*tb sospechar*) sentir ; (*curiosear*) mettre le nez (dans) ▸ VI (*despedir olor*) sentir ; **huele a tabaco** ça sent le tabac ; **huele a corrupción** ça sent la corruption ; **huele mal** ça sent mauvais ; (*fig*) ça sent le brûlé ; **huele que apesta** ça pue

olfatear VT renifler ; (*con el hocico*) flairer ; (*sospechar*) flairer ; (*curiosear*) mettre le nez dans

olfato NM odorat *m* ; **tener (buen) ~ para algo** avoir du flair pour qch

oligarquía NF oligarchie *f*

oligofrénico, -a ADJ oligophrène

olimpiada NF olympiade *f* ■ **olimpiadas** NFPL Jeux *mpl* olympiques

olímpicamente ADV souverainement

olímpico, -a ADJ (*deporte*) olympique ; (*gesto*) magnifique

olisquear VT (*suj: perro*) renifler ; (*curiosear*) farfouiller

oliva NF olive *f* ; **aceite de ~** huile *f* d'olive

olivar NM oliveraie *f*

olivo NM olivier *m*

olla NF marmite *f* ; (*comida*) ragoût *m* ; **~ a presión** cocotte-minute *f*

olmo NM orme *m*

olor NM odeur *f* ; **mal ~** mauvaise odeur ; **~ a** odeur de

oloroso, -a ADJ odorant(e)

olote (CAM, MÉX) NM (*Agr*) épi *m*

OLP SIGLA F (= *Organización para la Liberación de Palestina*) OLP *f* (= *Organisation de libération de la Palestine*)

olvidadizo, -a ADJ tête-en-l'air *inv*

olvidar VT oublier ; **~ hacer algo** oublier de faire qch ■ **olvidarse** VPR: **olvidarse (de)** oublier (de) ; **se me olvidó (hacerlo)** j'ai oublié (de le faire) ; **¡se me olvidaba!** j'allais oublier !

olvido NM oubli *m* ; **por ~** par inadvertance ; **echar algo en el ~** oublier qch ; **caer en el ~** tomber dans l'oubli

OM ABR (= *Orden Ministerial*) *ordre ministériel*; (= *onda media*) OM *fpl* (= *ondes moyennes*)

ombligo NM nombril *m*

ombú (ARG) NM *arbre de la pampa*

OMC NF ABR (= *Organización Mundial del Comercio*) OMC *f* (= *Organisation mondiale du Commerce*)

OMG SIGLA M (= *organismo modificado genéticamente*) OGM *m* (= *organisme génétiquement modifié*)

OMI SIGLA F (= *Organización Marítima Internacional*) OMI *f* (= *Organisation maritime internationale*)

omisión NF omission *f*

omiso, -a ADJ: **hacer caso ~ de** ne faire aucun cas de

omitir VT omettre

ómnibus (AM) NM INV autobus *msg*

omnipotente ADJ omnipotent(e)

omnipresente ADJ omniprésent(e)

omnívoro, -a ADJ omnivore

omoplato NM omoplate *f*

OMS SIGLA F (= *Organización Mundial de la Salud*) OMS *f* (= *Organisation mondiale de la santé*)

ONCE SIGLA F (= *Organización Nacional de Ciegos Españoles*) *entreprise et organisme d'aide aux aveugles*

once ADJ INV, NM INV onze *m inv* ▸ NF (AM: *refrigerio, merienda*): **la ~, las onces** le goûter, le thé ; *ver tb* **seis**

onceavo, -a ADJ, NM onzième *m*

oncología NF oncologie *f*

oncólogo, -a NM/F cancérologue *mf*, oncologue *mf*

onda NF (*Fís*) onde *f* ; (*del pelo*) ondulation *f* ; **ondas acústicas/hertzianas** ondes acoustiques/hertziennes ; **~ corta/larga/media** onde courte/grande/moyenne ; **la ~ expansiva** l'onde de choc ; **~ sonora** onde sonore

ondear VI onduler

ondulación NF ondulation *f*

ondulado, -a ADJ ondulé(e)

ondulante ADJ ondulant(e)

ondular VT, VI onduler ■ **ondularse** VPR onduler

oneroso, -a ADJ onéreux(-euse)

O

ONG SIGLA F (= *organización no gubernamental*) ONG *f* (= *organisation non gouvernementale*)

onírico, -a ADJ onirique

on-line [on'lain] (*Inform*) ADV, ADJ en ligne

onomástica NF onomastique *f*

onomatopeya NF onomatopée *f*

ONU SIGLA F (= *Organización de las Naciones Unidas*) ONU *f* (= *Organisation des Nations unies*)

onubense ADJ de Huelva ▸ NMF natif(-ive) *o* habitant(e) de Huelva

ONUDI SIGLA F (= *Organización de las Naciones Unidas para el Desarrollo Industrial*) ONUDI *f* (= *Organisation des Nations unies pour le développement industriel*)

onza NF once *f*

OPA SIGLA F (= *Oferta Pública de Adquisición*) OPA *f* (= *offre publique d'achat*)

opa (*CSur*) ADJ, NMF idiot(e)

opacidad NF: **~ informativa** opacité *f* de l'information

opaco, -a ADJ opaque

ópalo NM opale *f*

opción NF (*elección*) choix *m* ; (*una opción*) option *f* ; (*derecho*): **~ a** choix entre ; **no hay otra ~** il n'y a pas d'autre solution

opcional ADJ optionnel(le), facultatif(-ive)

OPEP SIGLA F (= *Organización de Países Exportadores de Petróleo*) OPEP *f* (= *Organisation des pays exportateurs de pétrole*)

ópera NF opéra *m* ; **~ bufa/cómica** opéra bouffe/comique

operación NF opération *f* ; **~ a plazo** (*Com*) transaction *f* à terme ; **operaciones accesorias** (*Inform*) gestion *f* des disques ; **operaciones a término** (*Com*) marché *m* à terme

operador, a NM/F (*Med*) chirurgien(ne) ; (*Telec*) opérateur(-trice) ; (*Cine: en proyección*) projectionniste *mf* ; (*: en rodaje*) opérateur(-trice) de prise de vues ▸ NMPL: **operadores** (*Inform*) opérateurs *mpl*

operante ADJ opérant(e)

operar VT opérer ; **~ a algn de algo** opérer qn de qch ▸ VI opérer ; (*Com*) faire des transactions ; (*Mat*) faire une opération ■ **operarse** VPR (*cambio*) s'opérer ; **se han operado grandes cambios** il s'est opéré de grands changements ; **operarse (de)** être opéré(e) (de)

operario, -a NM/F (*esp Am*) ouvrier(-ière)

operativo, -a ADJ opérationnel(le) ▸ NM (*esp Am: militar, policial*) opération *f*

opereta NF opérette *f*

operístico, -a ADJ d'opéra, opératique

opinar VT penser ▸ VI: **~ (de** *o* **sobre)** donner son avis (sur) ; **~ bien/mal de** penser du bien/mal de

opinión NF opinion *f*, avis *msg* ; **cambiar de ~** changer d'avis ; **tener mala/buena ~ de algo/algn** avoir mauvaise/bonne opinion de qch/qn ; **la ~ pública** l'opinion publique

opio NM opium *m*

opíparo, -a ADJ copieux(-euse)

opondré *etc* VB *ver* **oponer**

oponente NMF opposant(e) ; (*Deporte, Pol*) adversaire *mf*

oponer VT opposer ; **~ A a B** opposer A à B ■ **oponerse** VPR: **oponerse (a)** s'opposer (à) ; **¡me opongo!** je m'y oppose !

oponga *etc* VB *ver* **oponer**

Oporto N Porto

oporto NM (*vino*) porto *m*

oportunidad NF (*ocasión*) occasion *f* ; (*posibilidad*) opportunité *f* ; **dar a algn otra ~** redonner une chance à qn ■ **oportunidades** NFPL (*Com*) promotions *fpl* ; (*en trabajo, educación*) possibilités *fpl*

oportunismo NM opportunisme *m*

oportunista NMF opportuniste *mf*

oportuno, -a ADJ opportun(e) ; (*persona*) judicieux(-euse) ; **en el momento ~** au moment opportun ; **¡qué ~!** (*irón*) c'est bien le moment !

oposición NF opposition *f* ; **la ~** (*Pol*) l'opposition ■ **oposiciones** NFPL (*Esp*) concours *msg* ; **hacer oposiciones (a), presentarse a unas oposiciones (a)** se présenter au concours (de) ; *voir article*

> Les **oposiciones** sont les examens qui, chaque année, permettent d'accéder, au niveau national ou régional, aux postes de la fonction publique, de l'enseignement, du système judiciaire, etc. Ces postes étant permanents, le nombre de candidats (*opositores*) et le niveau des épreuves sont très élevés. Il n'est pas rare de repasser les épreuves plusieurs années de suite.

opositar VI: **~ (a)** se présenter au concours (de)

opositor, a NM/F candidat(e)

opresión NF oppression *f*

opresivo, -a ADJ (*régimen*) oppressif(-ive) ; (*medidas*) de répression

opresor, a NM/F oppresseur *m*

oprimido, -a ADJ opprimé(e) ▸ NMPL: **los oprimidos** les opprimés *mpl*

oprimir VT (*botón*) presser ; (*suj: cinturón, ropa*) serrer ; (*fig: corazón*) oppresser ; (*obrero, campesino*) opprimer

oprobio NM opprobre *m*

optar VI: **~ por** opter pour ; **~ a** aspirer à

optativo, -a ADJ (*asignatura*) facultatif(-ive)

óptica NF (*tienda*) opticien *m* ; (*Fís, Tec*) optique *f* ; *ver tb* **óptico**

óptico, -a ADJ optique ▸ NM/F opticien(ne)

optimismo NM optimisme *m*

optimista ADJ, NMF optimiste *mf*

óptimo, -a ADJ optimal(e)

opuesto, -a PP *de* **oponer** ▸ ADJ opposé(e)

opulencia NF opulence *f*
opulento, -a ADJ opulent(e)
opuse *etc* VB *ver* **oponer**
oquedad NF cavité *f*
ORA NF ABR (= *Operación de Regulación de Aparcamientos) système de stationnement payant, dans certaines régions d'Espagne*
ora CONJ: **~ aquí, ~ allá** de-ci, de-là
oración NF (*Rel*) prière *f* ; (*Ling*) énoncé *m*
oráculo NM oracle *m*
orador, a NM/F orateur(-trice)
oral ADJ oral(e) ; **por vía ~** par voie orale
órale (*Méx fam*) EXCL (*¡venga!*) allez ! ; (*¡oiga!*) écoutez !
orangután NM orang-outang *m*
orar VI prier
oratoria NF éloquence *f*
orbe NM: **en todo el ~** dans le monde entier
órbita NF orbite *f* ; (*ámbito*) champ *m*
orca NF orque *f*
órdago NM: **de ~** (*fam*) sacré(e) (*fam*) ; **un yate/una borrachera de ~** un yacht impressionnant/une sacrée cuite
orden NM ordre *m* ; **por ~** par ordre ; **por ~ alfabético/de aparición** par ordre alphabétique/d'apparition ; **estar/poner en ~** être/mettre en ordre ; **del ~ de** de l'ordre de ; **de primer ~** de premier ordre ; **~ del día** ordre du jour ; **~ público** ordre public ▸ NF (*mandato, Rel*) ordre *m* ; **estar a la ~ del día** être à l'ordre du jour ; **¡a sus órdenes!** à vos ordres ! ; **dar la ~ de hacer algo** donner l'ordre de faire qch ; **~ bancaria** virement *m* bancaire ; **~ de comparencia** assignation *f* à comparaître ; **~ de compra** (*Com*) ordre d'achat
ordenación NF (*manera de ordenar*) rangement *m* ; (*Rel*) ordination *f* ; (*Inform: de líneas, por registros*) tri *m* ; **cambiar el tipo de ~** changer le mode de tri
ordenado, -a ADJ ordonné(e)
ordenador NM (*Inform*) ordinateur *m* ; **~ central** ordinateur central ; **~ de sobremesa** ordinateur de bureau ; **~ personal** ordinateur personnel ; **~ portátil** ordinateur portable
ordenamiento NM (*código*) mise *f* en ordre
ordenanza NF (*militar, municipal*) ordonnance *f* ▸ NM (*en oficinas*) employé *m* de bureau ; (*Mil*) ordonnance *f*
ordenar VT (*mandar*) ordonner ; (*papeles, juguetes*) ranger ; (*habitación, ideas*) mettre de l'ordre dans ; (*Rel*) ordonner ■ **ordenarse** VPR (*Rel*) être ordonné(e)
ordeñadora NF trayeuse *f* électrique
ordeñar VT traire
ordinal ADJ ordinal(e) ▸ NM ordinal *m*
ordinariez NF grossièreté *f*
ordinario, -a ADJ ordinaire ; (*pey*) grossier(-ière) ; **de ~** d'ordinaire
orear VT aérer ■ **orearse** VPR s'aérer
orégano NM origan *m*
oreja NF oreille *f* ; **sonrisa de ~ a ~** sourire *m* jusqu'aux oreilles ; **ver las orejas al lobo** percevoir le danger
orejera NF oreillette *f*
orejón (AND) NM (*Hist*) *officier inca*
orensano, -a ADJ d'Orense ▸ NM/F natif(-ive) *o* habitant(e) d'Orense
orfanato NM orphelinat *m*
orfanatorio (*Méx*) NM orphelinat *m*
orfandad NF *fait d'être orphelin*
orfebre NM orfèvre *m*
orfebrería NF orfèvrerie *f*
orfelinato NM orphelinat *m*
orfeón NM (*Mús*) chorale *f*
organice *etc* VB *ver* **organizar**
orgánico, -a ADJ (*tb ley*) organique ; (*todo*) organisé(e) ; (*agricultura, verduras*) bio
organigrama NM organigramme *m*
organillo NM orgue *m* de Barbarie
organismo NM organisme *m* ; **~ internacional** organisation *f* internationale
organista NMF organiste *mf*
organización NF organisation *f* ; **buena/mala ~** bonne/mauvaise organisation ; **O~ de las Naciones Unidas** Organisation des Nations unies ; **O~ del Tratado del Atlántico Norte** Organisation du traité de l'Atlantique Nord
organizado, -a ADJ organisé(e)
organizador, a ADJ, NM/F organisateur(-trice)
organizar VT organiser ■ **organizarse** VPR s'organiser ; (*escándalo*) se produire
órgano NM organe *m* ; (*Mús*) orgue *m*
orgasmo NM orgasme *m*
orgía NF orgie *f*
orgullo NM orgueil *m*
orgulloso, -a ADJ orgueilleux(-euse)
orientación NF orientation *f* ; **~ profesional/universitaria** orientation professionnelle/des études ; **tener sentido de la ~** avoir le sens de l'orientation
oriental ADJ oriental(e) ▸ NMF Oriental(e)
orientar VT orienter ; (*esfuerzos*) diriger ■ **orientarse** VPR s'orienter ; **orientarse (en/sobre)** s'orienter (vers/d'après)
orientativo, -a ADJ indicatif(-ive)
oriente NM orient *m* ; **el O~** l'Orient *m* ; **O~ Medio/Próximo** Moyen-/Proche-Orient *m* ; **Lejano O~** Extrême-Orient *m*
orificio NM orifice *m*
origen NM origine *f* ; **de ~ español** d'origine espagnole ; **de ~ humilde** d'origine modeste ; **dar ~ a** donner lieu à ; **país/lugar de ~** pays *msg*/lieu *m* d'origine ; **idioma de ~** langue *f* maternelle

O

original ADJ original(e) ; (*relativo al origen*) originel(le) ; **el pecado ~** le péché originel ▶NM original *m*

originalidad NF originalité *f*

originar VT causer, provoquer ■ **originarse** VPR: **originarse (en)** trouver son origine (dans)

originario, -a ADJ originaire ; (*motivo, razón*) premier(-ière) ; **~ de** originaire de ; **país ~** pays *msg* d'origine

orilla NF bord *m* ; **a orillas del mar/río** au bord de la mer/rivière

orillar VT (*camino, río*) border ; (*Costura*) ourler ; (*dificultad*) contourner

orín NM rouille *f*

orina NF urine *f*

orinal NM pot *m* (de chambre)

orinar VI uriner ■ **orinarse** VPR faire pipi

orines NMPL urines *fpl*

oriundo, -a ADJ: **~ de** originaire de

orla NF (*adorno*) bord *m* ; (*Escol*) photo *f* de classe

ornamental ADJ ornemental(e)

ornamento NM ornement *m*

ornitología NF ornithologie *f*

ornitólogo, -a NM/F ornithologue *mf*

oro NM or *m* ; **~ de ley** or au titre ; **de ~** en or ; **ofrecer/prometer el ~ y el moro** promettre monts et merveilles ; **no es ~ todo lo que reluce** tout ce qui brille n'est pas or ; **hacerse de ~** faire fortune ; *ver tb* **oros**

orografía NF orographie *f*

orondo, -a ADJ (*satisfecho*) fat(e) ; (*gordo*) rond(e)

oropel NM oripeau *m*

oros NMPL (*Naipes*) *l'une des quatre couleurs du jeu de cartes espagnol*

orquesta NF orchestre *m* ; **~ de cámara/de jazz** orchestre de chambre/de jazz

orquestación NF (*tb fig*) orchestration *f*

orquestal ADJ orchestral(e)

orquestar VT (*tb fig*) orchestrer

orquídea NF orchidée *f*

ortiga NF ortie *f*

ortodoncia NF orthodontie *f*

ortodoxia NF orthodoxie *f*

ortodoxo, -a ADJ orthodoxe

ortografía NF orthographe *f*

ortopedia NF orthopédie *f*

ortopédico, -a ADJ orthopédique

oruga NF chenille *f*

orujo NM marc *m* de raisin

orzuelo NM orgelet *m*

os PRON vous ; **vosotros os laváis** vous vous lavez ; **¡callaros!** (*fam*) taisez-vous !

osa NF ourse *f* ; **O~ Mayor/Menor** Grande/Petite Ourse

osadía NF (*audacia*) audace *f* ; (*descaro*) témérité *f*

osado, -a ADJ (*audaz*) audacieux(-euse) ; (*descarado*) téméraire

osamenta NF ossements *mpl*

osar VI oser

oscense ADJ de Huesca ▶NMF natif(-ive) *o* habitant(e) de Huesca

oscilación NF oscillation *f* ; (*de precios*) fluctuation *f*, variation *f*

oscilar VI osciller ; (*titubear*) vaciller

oscurantismo NM obscurantisme *m*

oscurecer VT obscurcir ▶VI commencer à faire nuit ■ **oscurecerse** VPR s'obscurcir

oscurezca *etc* VB *ver* **oscurecer**

oscuridad NF obscurité *f* ; **en la ~** dans le noir

oscuro, -a ADJ obscur(e) ; (*color etc*) foncé(e) ; (*día, cielo*) sombre ; (*futuro*) sombre ; **a oscuras** dans l'obscurité

óseo, -a ADJ osseux(-euse)

Oslo N Oslo

osmosis, ósmosis NF INV osmose *f*

oso NM ours *msg* ; **~ blanco/pardo** ours blanc/brun ; **hacer el ~** faire le clown ; **~ de peluche** ours en peluche ; **~ hormiguero** tamanoir *m*

ostensible ADJ ostensible ; **hacer algo ~** manifester qch ostensiblement

ostentación NF ostentation *f* ; **hacer ~ de algo** (*pey*) faire étalage de qch

ostentar VT arborer ; (*cargo, título, récord*) posséder

ostentoso, -a ADJ ostentatoire

osteópata NMF ostéopathe *mf*

osteoporosis NF INV ostéoporose *f*

ostionería (*MÉX*) NF marchand *m* d'huîtres

ostra NF huître *f* ▶EXCL: **¡ostras!** (*fam*) mince !

ostracismo NM ostracisme *m*

OTAN SIGLA F (= *Organización del Tratado del Atlántico Norte*) OTAN *f* (= *Organisation du traité de l'Atlantique Nord*)

otate (*MÉX*) NM jonc *m*

otear VT scruter

otero NM butte *f*

otitis NF INV otite *f*

otomano, -a (*Hist*) ADJ ottoman(e) ▶NM/F Ottoman(e)

otoñal ADJ automnal(e) ; (*amor*) mûr(e)

otoño NM automne *m*

otorgar VT octroyer, concéder ; (*perdón*) accorder ; (*poderes*) attribuer ; (*premio*) décerner

otorgue *etc* VB *ver* **otorgar**

otorrinolaringólogo, -a, otorrino, -a NM/F oto-rhino(-laryngologiste) *mf*

otro, -a

▶ADJ **1** (*distinto: sg*) un(e) autre ; (*: pl*) d'autres ; **otra persona** une autre personne ; **con otros amigos** avec d'autres amis
2 (*adicional*): **tráigame otro café (más), por favor** apportez-moi un autre café, s'il vous plaît ; **otros 10 días más** encore 10 jours ;

otros tres trois autres ; **otra vez** encore une fois
3 (*un nuevo*): **es otro Mozart** c'est un nouveau Mozart ; **¡otra!** (*en concierto*) une autre !, bis ! ; **¡a otra cosa!** passons à autre chose !
4: **otro tanto**: **comer otro tanto** manger autant ; **recibió una decena de telegramas y otras tantas llamadas** il a reçu une dizaine de télégrammes et autant de coups de téléphone
▶ PRON 1: **el otro/la otra** l'autre ; **otros/otras** d'autres ; **los otros/las otras** les autres ; **no cojas esa gabardina, que es de otro** ne prends pas cet imperméable, il est à quelqu'un d'autre ; **que lo haga otro** que quelqu'un d'autre le fasse
2 (*recíproco*): **se odian (la) una a (la) otra** elles se détestent l'une l'autre ; **unos y otros** les uns et les autres

otrora (*liter*) ADV autrefois, jadis ; **el ~ señor del país** l'ancien chef du pays

OUA SIGLA F (= *Organización para la Unidad Africana*) OUA *f* (= *Organisation de l'unité africaine*)

outlet (*pl* **outlets**) NM (*tienda*) magasin *m* de déstockage

ovación NF ovation *f*

ovacionar VT ovationner, faire une ovation à

oval ADJ oval(e)

ovalado, -a ADJ ovale

óvalo NM ovale *m*

ovario NM ovaire *m*

oveja NF brebis *fsg* ; **~ negra** (*de familia*) brebis galeuse

overol (*Am*) NM salopette *f*

ovetense ADJ d'Oviedo ▶ NMF natif(-ive) *o* habitant(e) d'Oviedo

ovillo NM pelote *f* ; **hacerse un ~** se pelotonner

ovino, -a ADJ ovin(e) ; **ganado ~** ovins *mpl* ▶ NM (*animal*) ovin *m* ; **carne de ~** viande *f* ovine

OVNI SIGLA M (= *objeto volante (o volador) no identificado*) OVNI *m* (= *objet volant non identifié*)

ovulación NF ovulation *f*

óvulo NM ovule *m*

oxidación NF oxydation *f*, rouille *f*

oxidar VT oxyder, rouiller ■ **oxidarse** VPR s'oxyder, se rouiller ; (*Tec*) s'oxyder

óxido NM oxyde *m* ; (*sobre metal*) rouille *f*

oxigenado, -a ADJ (*agua*) oxygéné(e) ; (*pelo*) blond(e) oxygéné(e)

oxigenar VT oxygéner ■ **oxigenarse** VPR s'oxygéner

oxígeno NM oxygène *m*

oyendo *etc* VB *ver* **oír**

oyente NMF auditeur(-trice)

ozono NM ozone *m* ; **agujero/capa de ~** trou *m*/couche *f* d'ozone

O

P p

P[1], p [pe] NF *(letra)* P, p *m inv* ; **P de París** ≈ P comme Pierre

P[2] ABR *(Rel: = Padre)* P *(= Père)* ; *(= Papa)* pape ; *(= pregunta)* Q. *(= question)*

p. ABR *(Tip: = página)* p. *(= page)* ; *(Costura)* = **punto**

p.a. ABR = **por autorización**; = **por ausencia**

pabellón NM pavillon *m* ; **~ de conveniencia** *(Com)* pavillon de complaisance ; **~ de la oreja** pavillon de l'oreille

pábulo NM: **dar ~ a** donner prise à, alimenter

PAC SIGLA F *(= Política Agraria Común)* PAC *f (= Politique agricole commune)*

pacense ADJ de Badajoz ▸ NMF natif(-ive) *o* habitant(e) de Badajoz

paceño, -a ADJ de La Paz ▸ NM/F natif(-ive) *o* habitant(e) de La Paz

pacer VI paître

pachá NM: **vivir como un ~** vivre comme un pacha

Pachamama *(And, CSur)* NF Pachamama *f*

pachanga NF *(CAm, Méx)* pachanga *f* ; *(fam: en fútbol, baloncesto)* petit match *m* entre amis

pachanguero, -a *(pey)* ADJ tapageur(-euse)

pacharán NM liqueur *f* de prunelle

pachorra NF *(lentitud)* torpeur *f* ; *(tranquilidad)* nonchalance *f*

pachucho, -a ADJ *(fruta)* trop mûr(e) ; *(fam: persona)* patraque

pachuco, -a NM/F *(Méx pey)* chicano *m*

paciencia NF patience *f* ; **¡~!** patience ! ; **armarse de ~** s'armer de patience ; **perder la ~** perdre patience

paciente ADJ, NMF patient(e)

pacientemente ADV patiemment

pacificación NF pacification *f*

pacíficamente ADV pacifiquement, de manière pacifique

pacificar VT pacifier

pacífico, -a ADJ pacifique ▸ NM: **el (océano) P~** le *(o* l'océan) Pacifique

pacifique *etc* VB *ver* **pacificar**

pacifismo NM pacifisme *m*

pacifista NMF pacifiste *mf*

pack NM *(de yogures, latas)* pack *m* ; *(de vacaciones)* forfait *m*

paco *(And, Chi pey)* NM flic *m (fam)*

pacotilla NF: **de ~** de pacotille

pactar VT convenir de ▸ VI pactiser

pacto NM pacte *m*

padecer VT *(dolor, enfermedad)* souffrir de ; *(injusticia, consecuencias)* subir ; *(sequía)* connaître ▸ VI: **~ de** souffrir de

padecimiento NM souffrance *f*

pádel NM padel *m*

padezca *etc* VB *ver* **padecer**

padrastro NM beau-père *m* ; *(en las uñas)* envie *f*

padrazo NM papa *m* gâteau

padre NM père *m* ; **García ~** García père ; **¡tu ~!** *(fam!)* mon œil ! ; **~ adoptivo** père adoptif ; **~ de familia** père de famille ; **~ espiritual** père spirituel ; **P~ Nuestro** Notre Père ; **~ político** beau-père *m* ▸ ADJ *(fam)*: **una juerga ~** une bringue à tout casser ; **un susto ~** une peur bleue ■ **padres** NMPL *(padre y madre)* parents *mpl*

padrino NM parrain *m* ; **~ de boda** témoin *m* de mariage ■ **padrinos** NMPL *le parrain et la marraine*

padrón NM recensement *m*

padrote *(CAm, Méx fam)* NM entremetteur *m*

paella NF paella *f*

paellera NF *(Culin)* poêle *f* à paella

pág. ABR *(= página)* p. *(= page)*

paga NF paie *f*, paye *f* ; **~ extra(ordinaria)** treizième mois *m*

pagadero, -a ADJ payable ; **~ a la entrega/a plazos** payable à la livraison/à crédit

pagano, -a ADJ, NM/F païen(ne)

pagar VT, VI payer ; **¡me las pagarás!** tu me le paieras ! ; **~ al contado** payer comptant ; **~ algo caro** *(fig)* payer cher qch

pagaré NM billet *m* à ordre

página NF page *f* ; **~ de inicio** page d'accueil ; **~ web** page Web

paginación NF pagination *f*

paginar VT paginer

pago NM paiement *m* ; **~(s)** *(esp And, CSur)* région *fsg* ; **en ~ de** en paiement de ; **~ a cuenta** acompte *m* ; **~ a la entrega/anticipado/en especie** paiement à la livraison/anticipé/en espèces ; **~ inicial** versement *m* initial

págs. ABR *(= páginas)* pp. *(= pages)*

pague *etc* VB *ver* **pagar**

paila (*AM*) NF poêle *f*
país NM pays *msg* ; **los Países Bajos** les Pays Bas ; **el P~ Vasco** le Pays basque
paisaje NM paysage *m*
paisajista NMF paysagiste *mf*
paisano, -a NM/F compatriote *mf* ; (*esp CSur*) paysan(ne) ; **vestir de ~** être en civil ▶ ADJ (*esp CSur*) paysan(ne)
paja NF paille *f* ; (*fig*) remplissage *m*
pajar NM grenier *m* à foin
pajarita NF nœud *m* papillon
pájaro NM oiseau *m* ; (*fam*) oiseau, loustic *m* ; **tener la cabeza llena de pájaros** avoir la tête ailleurs *o* en l'air ; **~ carpintero** pic *m*
pajita NF paille *f*
pajizo, -a ADJ jaune paille
Pakistán NM Pakistan *m*
pakistaní ADJ pakistanais(e) ▶ NMF Pakistanais(e)
pala NF pelle *f* ; (*de ping-pong, frontón*) raquette *f* ; (*de hélice, remo*) pale *f* ; **~ mecánica** pelle mécanique
palabra NF mot *m* ; (*promesa, facultad, en asamblea*) parole *f* ; **faltar a su ~** manquer à sa parole ; **dejar a algn con la ~ en la boca** ne pas laisser qn terminer sa phrase ; **pedir/tener/tomar la ~** demander/avoir/prendre la parole ; **no encuentro palabras para expresar ...** je ne trouve pas les mots pour exprimer ... ; **~ de honor** parole d'honneur
palabrería NF palabres *fpl*
palabrota NF gros mot *m*
palacete NM ≈ hôtel *m* particulier
palacio NM palais *msg* ; **~ de justicia** palais de justice
palada NF pelletée *f* ; (*de remo*) coup *m* de rame
paladar NM (*tb fig*) palais *msg*
paladear VT savourer
paladín NM (*Hist*) paladin *m* ; (*de la libertad, justicia*) champion(e), défenseur *mf*
palanca NF levier *m* ; (*fig*) piston *m* ; **~ de cambio/de mando** levier de changement de vitesse/de commande
palangana NF bassine *f*
palco NM (*Teatro*) loge *f* ; **~ de autoridades/de honor** tribune *f* officielle/d'honneur
palé NM palette *f*
palenque (*CSur*) NM poteau *m*
palentino, -a ADJ de Palencia ▶ NM/F natif(-ive) *o* habitant(e) de Palencia
paleolítico, -a ADJ paléolithique
paleontología NF paléontologie *f*
Palestina NF Palestine *f*
palestino, -a ADJ palestinien(ne) ▶ NM/F Palestinien(ne)
palestra NF: **salir** *o* **saltar a la ~** descendre dans l'arène
paleta NF (*de albañil*) truelle *f* ; (*Arte*) palette *f* ; (*de hélice*) pale *f* ; (*AM*) esquimau *m* ; *ver tb* **paleto**
paletilla NF omoplate *f* ; (*Culin*) épaule *f*
paleto, -a (*fam*) ADJ, NM/F plouc *mf* (*fam*)
paliar VT pallier
paliativo NM palliatif *m*
palidecer VI pâlir
palidez NF pâleur *f*
palidezca *etc* VB *ver* **palidecer**
pálido, -a ADJ pâle
palillo NM cure-dents *msg* ; (*Mús*) baguette *f* ; **estar hecho un ~** être maigre comme un clou ■ **palillos** NMPL (*para comer: tb:* **palillos chinos**) baguettes *fpl*
palio NM dais *msg*
palique (*fam*) NM: **estar de ~** papoter
paliza NF raclée *f* ; **dar la ~ a algn** (*fam*) assommer qn ; **dar una ~ a algn** flanquer une raclée à qn ; **darse una ~ haciendo algo** s'esquinter à faire qch
palma NF (*de mano*) paume *f* ; (*árbol*) palmier *m* ; **batir** *o* **dar palmas** battre des mains ; **llevarse la ~** remporter la palme, l'emporter
palmada NF tape *f* ■ **palmadas** NFPL (*aplauso*) applaudissements *mpl* ; (*en música*) battements *mpl* de mains
Palma de Mallorca N Palma de Majorque
palmar (*fam*) VI (*tb:* **palmarla**) clamser
palmarés NM palmarès *msg*
Palmas NFPL: **Las ~** Las Palmas
palmatoria NF bougeoir *m*
palmear VI applaudir ; (*en flamenco*) battre des mains
palmera NF palmier *m*
palmero, -a ADJ de Santa Cruz de la Palma ▶ NM/F natif(-ive) *o* habitant(e) de Santa Cruz de la Palma
palmito NM (*cogollo*) cœur *m* de palmier ; (*fam: figura*) formes *fpl* sveltes
palmo NM empan *m* ; (*fig*) pied *m* ; **~ a ~** (*recorrer*) d'un bout à l'autre ; (*registrar*) de fond en comble ; **dejar a algn con un ~ de narices** laisser qn le bec dans l'eau
palmotear VI battre des mains
palo NM (*de madera*) bâton *m* ; (*poste*) piquet *m* ; (*mango*) manche *m* ; (*golpe*) coup *m* ; (*de golf*) club *m* ; (*Náut*) mât *m* ; (*Naipes*) couleur *f* ; **vermut a ~ seco** vermouth *m* sec ; **dar (de) palos a algn** rouer qn de coups ; **¡qué ~!** (*fam*) quelle tuile ! ; **~ selfie** perche *f* à selfie
paloma NF pigeon *m* ; (*blanca*) colombe *f* ; **la ~ de la paz** la colombe de la paix ; **~ mensajera** pigeon voyageur
palomar NM pigeonnier *m*
palomilla NF (*tuerca*) papillon *m* ; (*soporte*) console *f*
palomino NM (*ave*) pigeonneau *m* ; (*fam: en ropa interior*) tache *f* de caca (*fam*)

P

palomitas NFPL (*tb*: **palomitas de maíz**) pop-corn *msg*
palomo NM pigeon *m*
paloselfi NM perche *f* à selfie
palote NM bâton *m*
palpable ADJ palpable
palpar VT palper ; (*al andar a ciegas*) tâter ; **se palpaba la tensión** la tension était palpable
palpitación NF palpitation *f*
palpitante ADJ palpitant(e) ; (*fig*) brûlant(e)
palpitar VI palpiter
pálpito NM pressentiment *m* ; **tener un ~** avoir un pressentiment
palta (AND, CSUR) NF avocat *m*
palúdico, -a ADJ: **fiebres palúdicas** fièvres *fpl* paludéennes
paludismo NM paludisme *m*
palurdo, -a (*pey*) ADJ, NM/F péquenaud(e)
pamela NF capeline *f*
pampa NF pampa *f*
pampeano, -a (AM) ADJ de la pampa ▸NM/F natif(-ive) *o* habitant(e) de la pampa
pampero (CSUR) NM pampéro *m*, vent *m* froid du sud
pamplinas NFPL bêtises *fpl* ; **déjate de ~** trêve de plaisanteries
pamplonés, -esa, pamplonica ADJ de Pampelune ▸NM/F natif(-ive) *o* habitant(e) de Pampelune
pan NM pain *m* ; **un ~** un pain ; **barra de ~** baguette *f* ; **eso es ~ comido** c'est du gâteau, c'est du tout cuit ; **llamar al ~ ~ y al vino vino** appeler un chat un chat ; **ganarse el ~** gagner son pain ; **~ de molde** pain de mie ; **~ integral** pain complet ; **~ rallado** chapelure *f*
pana NF velours *msg* côtelé ; (CHI: *avería*) panne *f*
panacea NF panacée *f*
panadería NF boulangerie *f*
panadero, -a NM/F boulanger(-ère)
panal NM rayon *m*
Panamá NM Panama *m*
panameño, -a ADJ panaméen(ne) ▸NM/F Panaméen(ne)
panamericano, -a ADJ panaméricain(e) ▸NF: **la Panamericana** la route panaméricaine
pancarta NF pancarte *f*
panceta NF lard *m* (de poitrine), poitrine *f* de porc
pancho, -a ADJ: **estar** *o* **quedarse tan ~** ne pas broncher
pancito (AM) NM petit pain *m*
páncreas NM pancréas *msg*
panda NM (*Zool*) panda *m* ▸NF (*pandilla*) bande *f*
pandemia NF pandémie *f*
pandereta NF tambourin *m*
pandilla NF bande *f*
pandillero, -a NM/F (*esp* AM) membre *m* d'une bande
pando, -a ADJ (*pared*) bombé(e) ; (*plato*) creux(-euse)
panecillo NM petit pain *m*
panel NM panneau *m* ; **~ acústico** isolant *m* acoustique ; **~ de control/de mandos** tableau *m* de contrôle/de commande ; **~ de invitados** (*Radio, TV*) plateau *m* d'invités ; **~ solar** panneau solaire
panera NF corbeille *f* à pain
panfletario, -a (*pey*) ADJ pamphlétaire
panfleto NM pamphlet *m*
pánico NM panique *f*
panificadora NF boulangerie *f*
panocha, panoja NF épi *m*
panorama NM panorama *m*
panorámico, -a ADJ panoramique ▸NF vue *f* panoramique
panqué (CAM, CARIB), **panqueque** (AM) NM crêpe *f*
pantaletas (AM) NFPL culotte *fsg*
pantalla NF écran *m* ; (*de lámpara*) abat-jour *m* ; **servir de ~ a** servir de couverture à ; **~ de ayuda** aide *f* (en ligne) ; **~ de cristal líquido** écran à cristaux liquides ; **~ plana** écran plat ; **~ táctil** écran tactile
pantallazo NM (*Inform*) capture *f* d'écran
pantalón NM, **pantalones** NMPL pantalon *msg* ; **pantalones vaqueros** blue-jean *msg*
pantano NM (*ciénaga*) marécage *m* ; (*embalse*) barrage *m* ; (*fig*: *atolladero*) bourbier *m*
pantanoso, -a ADJ marécageux(-euse) ; (*fig*: *difícil*) épineux(-euse)
panteón NM: **~ familiar** caveau *m* de famille
pantera NF panthère *f*
pantis NMPL collant *msg*
pantomima NF pantomime *f*
pantorrilla NF mollet *m*
pantufla NF pantoufle *f*
pantys NMPL collant *msg*
panza NF ventre *m* ; (*de rumiante*) panse *f*
panzada NF (*atracón*) ventrée *f* ; (*golpe*: *en agua*) plat *m*
panzón, -ona, panzudo, -a ADJ ventru(e)
pañal NM couche *f* ; **estar todavía en pañales** (*proyecto*) en être à ses débuts ; (*persona*) être novice
paño NM (*tela*) étoffe *f* ; (*trapo*) chiffon *m* ; **en paños menores** en petite tenue ; **paños calientes** (*fig*) palliatifs *mpl*, baume *msg* ; **~ de cocina** torchon *m* ; **~ de lágrimas** (*fig*) réconfort *m*
pañoleta NF mantille *f*
pañuelo NM (*para la nariz*) mouchoir *m* ; (*para la cabeza*) foulard *m* ; **~ de papel** mouchoir en papier

Papa NM Pape *m*
papa (*AM*) NF pomme *f* de terre
papá (*fam*) NM papa *m* ; **hijo de ~** fils *msg* à papa ; **P~ Noel** père *m* Noël ■ **papás** NMPL (*padre y madre*) parents *mpl*
papachar (*MÉX fam*) VT gâter
papada NF double menton *m*
papado NM papauté *f*, pontificat *m*
papagayo NM perroquet *m*
papal ADJ papal(e)
papalote (*CAM*, *MÉX*) NM cerf-volant *m*
papamóvil NM papamobile *f*
papanatas (*fam*) NM INV gobe-mouche *m*
paparazzo [papa'ratso] (*pl* **paparazzi**) NM paparazzi *m*
paparrucha NF (*tontería*) bêtise *f* ; (*rumor falso*) bobard *m*
papaya NF papaye *f*
papel NM papier *m* ; (*Teatro*, *fig*) rôle *m* ; **~ carbón** papier carbone ; **~ continuo** papier en continu ; **~ de aluminio** papier aluminium ; **~ de calco/de lija** papier calque/de verre ; **~ de carta(s)/de fumar** papier à lettres/à cigarettes ; **~ de envolver** papier d'emballage ; **~ timbrado** *o* **del Estado** papier timbré ; **~ de estaño** *o* **plata** papier aluminium ; **~ higiénico** *o* (*MÉX*) **sanitario** papier hygiénique ; **~ secante** papier buvard ; **~ madera** (*CSUR*) carton *m* ; **~ moneda** papier-monnaie *m* ; **~ térmico** papier thermique ■ **papeles** NMPL (*documentos*) papiers *mpl* ; **sin papeles** *adj inv*, *nmf inv* sans-papiers *mf inv*, sans-papier *mf*
papeleo NM paperasserie *f*
papelera NF corbeille *f* à papiers ; (*en la calle*) poubelle *f* ; (*industria*) papeterie *f* ; **~ de reciclaje** (*Inform*) corbeille *f*
papelería NF papeterie *f*
papeleta NF (*de rifa*) billet *m* ; (*Pol*) bulletin *m* ; (*Escol: calificación*) relevé *m* de notes ; **¡vaya ~!** quelle histoire !, quelle affaire !
paperas NFPL oreillons *mpl*
papi (*fam*) NM papa *m* (*fam*)
papiamento NM langue *f* créole de Curaçao
papilla NF bouillie *f* ; **dejar hecho** *o* **hacer ~** réduire *o* mettre en bouillie
papiloma NM papillome *m*
papiro NM papyrus *m*
paquete NM paquet *m* ; (*esp AM fam*) ennui *m* ; (*Inform*) progiciel *m* ; **~ de aplicaciones** lot *m* de logiciels ; **~ de gestión integrado** progiciel de gestion ; **~ fiscal** paquet fiscal ; **~ integrado** progiciel ; **paquetes postales** colis *mpl* postaux ; **~-bomba** colis *msg* piégé
paquistaní = **pakistaní**
par ADJ pair(e) ▸ NM (*de guantes*, *calcetines*) paire *f* ; (*de veces*, *días*) deux ; (*pocos*) deux ou trois ; (*título*) pair *m* ; (*Golf*) par *m* ; **a pares** par paires ; **abrir de ~ en ~** ouvrir tout grand ; **pares o nones** pairs ou impairs ; **sin ~** unique ▸ NF (*Econ*) pair *m* ; **a la ~** à la fois ; **sobre/bajo la ~** (*Econ*) au dessus/au dessous du pair
para PREP pour ; **decir ~ sí** se dire ; **~ ti** pour toi ; **¿~ qué?** pourquoi faire ? ; **¿~ qué lo quieres?** que veux-tu en faire ? ; **~ que te sientes** pour que tu t'assoies ; **~ entonces** à ce moment-là ; **estará listo ~ mañana** ça sera prêt demain ; **ir ~ casa** rentrer chez soi ; **~ ser tan mayor, está ágil** il est agile pour son âge ; **¿quién es usted ~ gritar así?** vous vous prenez pour qui pour crier comme ça ? ; **tengo bastante ~ vivir** j'ai de quoi vivre ; **~ el caso que me haces** vu l'intérêt que tu me portes ; **~ eso no vengas** si c'est pour ça, ne viens pas ; **~ colmo** pour comble
parabellum NF parabellum *m*
parabién NM félicitations *fpl*
parábola NF parabole *f*
parabólica NF (*tb:* **antena parabólica**) antenne *f* parabolique
parabrisas NM INV pare-brise *m*
paracaídas NM INV parachute *m*
paracaidista NMF parachutiste *mf* ; (*MÉX fam*) squatteur(-euse)
parachoques NM INV pare-choc(s) *m*
parada NF arrêt *m* ; **~ de autobús/de taxis** arrêt d'autobus/station *f* de taxis ; **~ discrecional** arrêt facultatif ; **~ en seco** arrêt net ; **~ militar** parade *f* ; *ver tb* **parado**
paradero NM endroit *m* ; (*AND*, *CSUR*) halte *f* ; **en ~ desconocido** parti(e) sans laisser d'adresse
paradigma NM paradigme *m*
paradigmático, -a ADJ paradigmatique
paradisiaco, -a, paradisíaco, -a ADJ paradisiaque
parado, -a ADJ arrêté(e) ; (*tímido*) timide ; (*sin empleo*) au chômage ; (*confuso*) confondu(e) ; (*AM*) debout ; **salir bien ~** bien s'en tirer ▸ NM/F chômeur(-euse)
paradoja NF paradoxe *m*
paradójicamente ADV paradoxalement
paradójico, -a ADJ paradoxal(e)
parador NM (*tb:* **parador de turismo**) parador *m* (*hôtel de première catégorie géré par l'État*) ; *voir article*

Le réseau des **paradores** a été mis en place par le gouvernement dans les années 1950, au début de l'essor du tourisme en Espagne. Il s'agit d'hôtels de première catégorie, dans des sites uniques ou des lieux à caractère historique, souvent établis dans d'anciens châteaux et monastères. Il en existe actuellement un peu moins d'une centaine, tous classés trois-étoiles ou plus, offrant des prestations de qualité ainsi qu'un large éventail de spécialités locales.

P

parafernalia NF tralala *m* (*fam*)
parafina NF paraffine *f*
parafrasear VT paraphraser
paráfrasis NF INV paraphrase *f*
paraguas NM INV parapluie *m*
Paraguay NM Paraguay *m*
paraguayo, -a ADJ paraguayen(ne) ▶NM/F Paraguayen(ne)
paraíso NM paradis *msg*; **~ fiscal** paradis fiscal
paraje NM endroit *m*
paralelamente ADV parallèlement
paralelismo NM parallélisme *m*
paralelo, -a ADJ, NM parallèle *m*; **en ~** en parallèle
paralice *etc* VB *ver* **paralizar**
paralímpico, -a ADJ paralympique ▶NM/F athlète *mf* paralympique
parálisis NF INV paralysie *f*; **~ cerebral/infantil/progresiva** paralysie cérébrale/infantile/progressive
paralítico, -a ADJ, NM/F paralytique *mf*
paralización NF paralysie *f*; **la ~ fue total** tout a été entièrement paralysé
paralizar VT paralyser; **estar/quedarse paralizado de miedo** être paralysé par la peur ■ **paralizarse** VPR être paralysé(e)
parámetro NM paramètre *m* ■ **parámetros** NMPL (*Inform*) paramètres *mpl*
paramilitar ADJ paramilitaire
páramo NM plateau *m* nu
parangón NM: **sin ~** sans égal(e)
paraninfo NM grand amphithéâtre *m*
paranoia NF paranoïa *f*; (*fig*) obsession *f*
paranoico, -a ADJ paranoïaque ▶NM/F paranoïaque *mf*; (*fig*) maniaque *mf*, obsédé(e)
paranormal ADJ paranormal(e)
parapente NM (*deporte, aparato*) parapente *m*
parapetarse VPR: **~ tras** se retrancher derrière
parapeto NM (*Mil*) parapet *m*; (*Arq: pared*) parapet *m*; (*: baranda*) rambarde *f*
parapléjico, -a ADJ, NM/F paraplégique *mf*
parapsicología NF parapsychologie *f*
parar VT arrêter ▶VI s'arrêter; **sin ~** sans arrêt; **no ~** ne pas arrêter; **no ~ de hacer algo** ne pas arrêter de faire qch; **ha parado de llover** il ne pleut plus; **fue a ~ a la comisaría** il a atterri au commissariat; **no sé en qué va a ~ todo esto** je ne sais pas comment tout cela va finir; **¡dónde va a ~!** ce n'est pas comparable! ■ **pararse** VPR s'arrêter; (*AM*) se lever; **pararse a hacer algo** s'arrêter pour faire qch
pararrayos NM INV paratonnerre *m*
parasicología NF para-psychologie *f*
parásito, -a ADJ, NM parasite *m*; **un ~ de la sociedad** un parasite de la société
parcela NF parcelle *f*
parche NM (*de rueda*) rustine *f*; (*de ropa*) pièce *f*; (*fig: de problema*) pis-aller *m inv*; **solo estamos poniendo parches** (*fig*) nous ne faisons que du rafistolage
parchís NM *sorte de jeu de puce*
parcial ADJ (*pago, eclipse*) partiel(le); (*juicio*) partial(e)
parcialidad NF partialité *f*
parcialmente ADV (*en parte*) partiellement; (*con parcialidad*) partialement
parco, -a ADJ sobre; **~ en palabras** modéré(e) dans ses propos
pardillo, -a ADJ, NM/F péquenaud(e) (*fam*); (*inocente*) naïf (naïve) ▶NM (*Zool*) bouvreuil *m*
pardo, -a ADJ brun grisâtre *inv*
pareado NM vers *msg* à rime plate
parecer NM opinion *f*; (*aspecto*) allure *f* ▶VI sembler; (*asemejarse a*) ressembler à; **parecerse a** ressembler à; **parece mentira** cela paraît incroyable; **al ~** à ce qu'il paraît; **parece que va a llover** on dirait qu'il va pleuvoir; **¿que te pareció la película?** comment as-tu trouvé le film?; **me parece bien** ça me va; **me parece que** il me semble que; **me parece bien/importante que ...** je trouve que c'est bien/qu'il est important que ... ■ **parecerse** VPR se ressembler
parecido, -a ADJ semblable; **~ a algo** semblable à qch; **un hombre bien ~** un bel homme ▶NM ressemblance *f*
pared NF mur *m*; (*de montaña*) paroi *f*; **subirse por las paredes** (*fam*) monter sur ses grands chevaux; **~ medianera/divisoria** mur mitoyen/de refend
paredón NM: **llevar a algn al ~** conduire qn au poteau (d'exécution)
pareja NF paire *f*; (*hombre y mujer*) couple *m*; (*persona*) partenaire *mf*; **una ~ de guardias** deux gendarmes; **la ~** (*de un par*) l'autre
parejo, -a ADJ pareil(le)
parentela NF parenté *f*
parentesco NM parenté *f*
paréntesis NM INV parenthèse *f*; **entre ~** entre parenthèses
parezca *etc* VB *ver* **parecer**
paria NMF paria *m*
parida (*fam*) NF connerie *f*
paridad NF parité *f*
parienta NF: **la ~** (*fam*) ma/sa/*etc* femme
pariente, -a NM/F parent(e)
parietal ADJ pariétal(e) ▶NM os *m* pariétal
paripé NM: **hacer el ~** jouer la comédie
parir VT (*hijo*) accoucher de; (*animal*) mettre bas ▶VI (*mujer*) accoucher; (*animal*) mettre bas; (*yegua*) mettre bas, pouliner; (*vaca*) mettre bas, vêler
París N Paris
parisiense, parisino, -a ADJ parisien(ne)

▸ NM/F Parisien(ne)
paritario, -a ADJ paritaire
parking ['parkin] (*pl* **parkings**) NM parking *m*
párkinson, Parkinson NM parkinson *m*, maladie *f* de Parkinson
parlamentar VI parlementer
parlamentario, -a ADJ, NM/F parlementaire *mf*
parlamento NM parlement *m* ; (*discurso*) discours *msg* ; **P~ Europeo** Parlement européen
parlanchín, -ina ADJ, NM/F bavard(e)
parlante (*Am*) NM haut-parleur *m*
parlar VI bavarder
parloteo NM papotage *m*
parmesano, -a ADJ: **queso ~** parmesan *m* ▸ NM parmesan *m*
paro NM (*huelga*) arrêt *m* ; (*desempleo, subsidio*) chômage *m* ; **estar en ~** être au chômage ; **~ del sistema** (*Inform*) arrêt du système ; **~ cardíaco** arrêt cardiaque
parodia NF parodie *f*
parodiar VT parodier
parón NM interruption *f*, arrêt *m* ; **tras un ~ por la lluvia, continuó el partido** après une interruption en raison de la pluie, le match a repris ; **ayer hubo parones en una de las líneas del metro** hier le trafic sur l'une des lignes de métro a été interrompu plusieurs fois
parpadear VI cligner des yeux ; (*luz*) clignoter
parpadeo NM clignotement *m*
párpado NM paupière *f*
parque ['parke] NM parc *m* ; **~ de atracciones** parc d'attractions ; **~ de bomberos** caserne *f* de pompiers ; **~ móvil** parc automobile ; **~ nacional/zoológico** parc national/zoologique ; **~ temático** parc à thème
parqué, parquet [par'ke] NM parquet *m*
parquímetro NM parcmètre *m*, parcomètre *m*
parra NF treille *f*
parrafada NF: **echar una ~** faire un brin de conversation
párrafo NM paragraphe *m*
parranda (*fam*) NF: **ir(se) de ~** aller faire la bringue
parricida NMF parricide *mf*
parricidio NM parricide *m*
parrilla NF grill *m* ; (*Am*) porte-bagages *m inv* ; **carne a la ~** viande *f* grillée
parrillada NF assortiment *m* de grillades
párroco NM curé *m*
parroquia NF paroisse *f* ; (*Com*) clientèle *f*
parroquial ADJ paroissial(e)
parroquiano, -a NM/F paroissien(ne) ; (*Com*) client(e)
parsimonia NF parcimonie *f* ; **con ~** avec parcimonie
parte NM rapport *m* ; **dar ~ a algn** communiquer à qn ; **~ de guerra** communiqué *m* de guerre ; **~ meteorológico** bulletin *m* météorologique ▸ NF partie *f* ; (*lado*) côté *m* ; (*lugar, de reparto*) part *f* ; **en alguna ~ de Europa** quelque part en Europe ; **por todas partes** partout ; **en cualquier ~** partout, n'importe où ; **en (gran) ~** en (grande) partie ; **la mayor ~ de los españoles** la plupart des Espagnols ; **de algún tiempo a esta ~** depuis quelque temps ; **de ~ de algn** de la part de qn ; **¿de ~ de quién?** (*Telec*) de la part de qui ? ; **por ~ de** de la part de ; **yo por mi ~** en ce qui me concerne, quant à moi ; **por una ~ ... por otra ~** d'une part ... d'autre part ; **formar ~ de** faire partie de ; **ponerse de ~ de algn** prendre fait et cause pour qn ; **tomar ~ (en)** prendre part (à)
partero (*Méx*) NM médecin-accoucheur *m*
parterre NM parterre *m*
partición NF partage *m*
participación NF participation *f* ; (*de lotería*) billet *m* ; **~ en los beneficios** participation aux bénéfices ; **~ minoritaria** participation minoritaire
participante NMF participant(e)
participar VT communiquer ; **le participo que ...** je vous informe que ... ▸ VI: **~ (en)** participer (à) ; **~ de algo** partager qch ; **~ en una empresa** (*Com*) investir dans une entreprise
partícipe NMF: **hacer ~ a algn de algo** faire part à qn de qch
participio NM participe *m* ; **~ de pasado/presente** participe passé/présent
partícula NF particule *f* ; **partículas finas** particules fines
particular ADJ particulier(-ière) ; **clases particulares** cours *mpl* particuliers ; **en ~** en particulier ▸ NM (*punto, asunto*) sujet *m*, chapitre *m* ; (*individuo*) particulier *m* ; **no dijo mucho sobre el ~** il n'en a pas dit long sur ce sujet
particularice *etc* VB *ver* **particularizar**
particularidad NF particularité *f*
particularizar VT particulariser ; (*especificar*) spécifier
particularmente ADV particulièrement
partida NF départ *m* ; (*Com: de mercancía*) lot *m* ; (*: de cuenta, factura*) entrée *f* ; (*: de presupuesto*) chapitre *m* ; (*juego*) partie *f* ; (*grupo, bando*) bande *f* ; **mala ~** mauvais tour *m* ; **echar una ~** faire une partie ; **~ de caza** partie de chasse ; **~ de defunción/de matrimonio** extrait *m* d'acte de décès/de mariage ; **~ de nacimiento** extrait de naissance
partidario, -a ADJ: **ser ~ de** être partisan(e) de ▸ NM/F (*seguidor*) partisan *m*
partidismo NM esprit *m* de parti
partidista ADJ partisan(e) ▸ NMF partisan *m*
partido NM parti *m* ; (*Deporte*) match *m* ; **sacar ~ de** tirer parti de ; **tomar ~** prendre parti ; **~ amistoso** match amical ; **~ de baloncesto** match de basket ; **~ de fútbol** match de foot-

P

ball ; **~ de tenis** match de tennis ; **~ judicial** arrondissement *m*

partir VT (*dividir*) partager ; (*romper*) casser ; (*rebanada, trozo*) couper ▶ VI partir ; **a ~ de** à partir de, à compter de ; **~ de** partir de ■ **partirse** VPR se casser ; **partirse de risa** se tordre de rire

partitura NF partition *f*

parto NM (*de una mujer*) accouchement *m* ; (*de un animal*) mise *f* bas ; (*fig*) enfantement *m* ; **estar de ~** être en couches

parturienta NF (*antes del parto*) femme *f* qui accouche ; (*después del parto*) accouchée *f*

parvulario NM école *f* maternelle

párvulo, -a NM/F petit enfant *m*

pasa NF raisin *m* sec ; **~ de corinto** raisin de Corinthe

pasable ADJ passable

pasada NF passage *m* ; (*con trapo, escoba*) coup *m* ; **de ~** (*leer, decir*) au passage ; **mala ~** mauvais tour *m*

pasadizo NM passage *m*

pasado, -a ADJ passé(e) ; (*muy hecho*) trop cuit(e) ; (*anticuado*) dépassé(e), démodé(e) ; **~ mañana** après-demain ; **el mes ~** le mois dernier ; **pasados dos días** deux jours plus tard ; **lo ~, ~** tout ça, c'est du passé ; **~ de moda** démodé(e) ; **~ por agua** (*huevo*) à la coque ▶ NM passé *m*

pasador NM verrou *m* ; (*de pelo*) barrette *f* ; (*de corbata*) épingle *f* ; (AM) lacet *m*

pasaje NM passage *m* ; (*de barco, avión*) billet *m* ; (*los pasajeros*) passagers *mpl* ; **~ electrónico** billet électronique

pasajero, -a ADJ, NM/F passager(-ère)

pasamanos NM INV rampe *f*

pasamontañas NM INV passe-montagne *m*

pasapalos (MÉX, VEN) NMPL amuse-gueules *mpl*

pasaporte NM passeport *m*

pasar VT passer ; (*barrera, meta*) franchir ; (*frío, calor, hambre*) avoir ; (: *con énfasis*) souffrir de ; (*rebasar*) dépasser ; **~ por alto** faire fi de, passer sous silence ; **pasarlo bien** s'amuser ▶ VI passer ; (*ocurrir*) se passer ; (*entrar*) entrer ; **hacer ~ a algn** faire entrer qn ; **~ a (hacer)** en venir à (faire) ; **~ de** dépasser de ; **~ de largo** ne pas s'en faire ; **~ de (hacer) algo** (*fam*) se ficher de (faire) qch ; **~ de todo** (*fam*) se ficher de tout ; **¡pase!** entrez ! ; **~ por un sitio/una calle** passer par un endroit/une rue ; **~ por una crisis** traverser une crise ; **~ sin algo** se passer de qch ; **¿qué pasa?** que se passe-t-il ? ; **¿qué te pasa?** que t'arrive-t-il ? ; **¡cómo pasa el tiempo!** comme le temps passe vite ! ; **pase lo que pase** quoi qu'il en soit ; **se hace ~ por médico** il se fait passer pour un médecin ■ **pasarse** VPR se passer ; (*flores*) se faner ; (*comida*) se gâter ; (*excederse*) exagérer ; **pasarse al enemigo** passer à l'ennemi ; **pasarse de moda** passer de mode ; **pasarse de la raya** dépasser les bornes ; **me lo pasé bien/mal** cela s'est bien/mal passé ; **¡no te pases!** n'exagère pas ! ; **pásate por casa/la oficina** passe chez moi/par mon bureau ; **se me pasó** j'ai complètement oublié ; **se me pasó el turno** j'ai laissé passer mon tour ; **no se le pasa nada** rien ne lui échappe ; **ya se te pasará** ça te passera

pasarela NF passerelle *f* ; (*de modas*) podium *m*

pasatiempo NM passe-temps *msg* ■ **pasatiempos** NMPL (*en revista*) jeux *mpl*

Pascua, pascua NF (*tb*: **Pascua de Resurrección**) Pâques *fpl* ; **hacer la ~ a algn** (*fam*) mettre qn dans le pétrin ■ **Pascuas** NFPL Noël *msg* ; **¡felices Pascuas!** joyeux Noël ! ; **de Pascuas a Ramos** tous les trente-six du mois

pase NM passe *m* ; (*Com*) passavant *m* ; (*Cine*) projection *f* ; **~ de modelos** défilé *m* de mannequins

paseante NMF promeneur(-euse)

pasear VT, VI promener ■ **pasearse** VPR se promener

paseo NM promenade *f* ; (*distancia corta*) pas *msg* ; **dar un ~** faire une promenade ; **mandar a algn a ~** envoyer qn promener ; **¡vete a ~!** va te faire voir ! ; **~ marítimo** front *m* de mer

pasillo NM couloir *m* ; **~ aéreo** couloir aérien

pasión NF passion *f*

pasional ADJ : **crimen ~** crime *m* passionnel

pasividad NF passivité *f*

pasivo, -a ADJ passif(-ive) ▶ NM (*Com*) passif *m* ; **~ circulante** passif exigible

pasma (*fam*) NM flic *m* ▶ NF : **la ~** les flics

pasmado, -a ADJ ébahi(e)

pasmar VT ébahir ■ **pasmarse** VPR être ébahi(e), ne pas en revenir

pasmo NM stupéfaction *f*

pasmoso, -a ADJ stupéfiant(e)

paso, -a ADJ (*ciruela*) sec (sèche) ▶ NM passage *m* ; (*pisada, de baile*) pas *msg* ; (*modo de andar*) pas, allure *f* ; (*de montaña*) col *m* ; (*Telec*) unité *f* ; **~ a ~** pas à pas ; **a cada ~** à tout bout de champ ; **a un ~** *o* **dos pasos** à deux pas ; **a ese ~** à cette allure ; **a ~ lento** à pas comptés ; **a ~ ligero** d'un pas léger ; **abrirse ~** se frayer un chemin ; **dar un ~ en falso** faire un faux pas, trébucher ; (*fig*) faire un faux pas, commettre une faute ; **de ~, ...** au passage, ... ; **estar de ~** être de passage ; **salir al ~** passer à la contre-offensive ; **salir al ~ de** répliquer à ; **salir del ~** se tirer d'affaire ; **un ~ atrás** un pas en arrière ; **un mal ~** (*fig*) une mauvaise passe ; **ceda el ~** cédez le passage, priorité ; **prohibido el ~** passage interdit ; **~ a nivel** passage à niveau ; **~ de peatones/de cebra** passage pour piétons/clouté ; **~ elevado** saut-de-mouton *m* ; **~ subterráneo** passage souterrain ■ **pasos** NMPL (*gestiones*) démarches *fpl* ; (*huellas*) pas *mpl*

pasodoble NM paso *m inv* doble

pasota (*fam*) ADJ, NMF je-m'en-foutiste *mf*

pasotismo NM (*Esp*) je-m'en-foutisme *m* (*fam*)
pasta NF pâte *f* ; (*macarrones, fideos etc*) pâtes *fpl* ; (*tb*: **pasta de té**) biscuit *m* sec ; (*fam: dinero*) fric *m* ; (*encuadernación*) reliure *f* ; **~ dentífrica** *o* **de dientes** dentifrice *m* ; **~ de papel** pâte à papier
pastar VI paître
pastel NM gâteau *m* ; (*de carne*) tourte *f* ; (*Arte*) pastel *m* ; **se descubrió el ~** on a découvert le pot aux roses
pastelería NF pâtisserie *f*
pastelero, -a ADJ (*Culin*): **crema pastelera** crème *m* pâtissière ; **rodillo ~** rouleau *m* à pâtisserie ; **no tengo ni pastelera idea** (*fam, euf*) (*fig*) je n'en ai pas la moindre idée ▶NM/F pâtissier(-ière)
pasteurizado, -a ADJ pasteurisé(e)
pastiche NM pastiche *m*
pastilla NF (*de jabón*) savonnette *f* ; (*de chocolate*) carré *m* ; (*Med*) comprimé *m*, cachet *m*
pastillero, -a NM/F (*fam*) accro *mf* aux petites pilules ▶NM boîte *f* à pilules
pastizal NM pâturage *m*
pasto NM pâture *f* ; (*lugar*) pâturage *m* ; **fue ~ de las llamas** il a été la proie des flammes
pastón (*fam*) NM: **cuesta un ~** ça coûte une blinde
pastor, a NM/F berger(-ère) ; **perro ~** chien *m* (de) berger ▶NM (*Rel*) pasteur *m* ; (*perro*): **~ alemán** berger *m* allemand
pastoral ADJ pastoral(e) ▶NF (*Lit, Rel*) pastorale *f*
pastoso, -a ADJ pâteux(-euse)
pat. ABR = **patente**
pata NF patte *f* ; (*pie*) pied *m* ; **patas arriba** (*caer*) les quatre fers en l'air ; (*revuelto*) sens dessus dessous ; **a cuatro patas** à quatre pattes ; **a la ~ coja** à cloche-pied ; **meter la ~** mettre les pieds dans le plat ; **tener mala ~** ne pas avoir de bol ; **~ de cabra** (*Tec*) pince *f* à levier ; **~ de gallo** pied-de-poule *m*
patada NF coup *m* de pied ; **dar una ~ a algn/a algo** donner un coup de pied à qn/à qch ; **a patadas** (*fam: en abundancia*) à foison ; **echar a algn a patadas** éjecter qn à coup de pieds ; **tratar a algn a patadas** traiter qn comme un chien
patagón, -ona ADJ de la Patagonie ▶NM/F habitant(e) *o* natif(-ive) de la Patagonie
Patagonia NF Patagonie *f*
patalear VI trépigner
pataleo NM trépignement *m*
patán (*pey*) NM plouc *m*
patata NF pomme *f* de terre ; **patatas fritas** frites *fpl* ; (*de bolsa*) chips *fpl* ; **no entender/no saber ni ~** (*fam*) comprendre/savoir que dalle
paté NM pâté *m*
patear VT piétiner ; (*fig: humillar*) houspiller ; (*fam: ciudad, museo*) parcourir de long en large *o* en tous sens ▶VI trépigner
patentar VT breveter
patente ADJ manifeste ; **hacer ~** manifester ▶NF brevet *m* ; (*CSur*) immatriculation *f*
patera (*Esp*) NF *bateau utilisé notamment par les immigrés clandestins venus d'Afrique*
paternal ADJ paternel(le)
paternalista ADJ paternaliste
paternidad NF paternité *f*
paterno, -a ADJ paternel(le)
patético, -a ADJ pathétique
patetismo NM pathétisme *m*
patíbulo NM échafaud *m*
patilla NF (*de gafas*) branche *f* ■ **patillas** NFPL (*de la barba*) favoris *mpl*, pattes *fpl*
patín NM patin *m* ; (*de mar*) pédalo *m* ; **~ de hielo/de ruedas** patin à glace/à roulettes
pátina NF patine *f*
patinador, a NM/F patineur(-euse)
patinaje NM patinage *m* ; **~ artístico** patinage artistique ; **~ sobre hielo/sobre ruedas** patinage (sur glace)/à roulettes
patinar VI patiner ; (*fam: equivocarse*) se gourer
patinazo NM (*Auto*) dérapage *m* ; **dar un ~** (*fam*) faire une gaffe
patinete NM patinette *f*, trottinette *f*
patio NM cour *f* ; **~ de butacas** (*Cine, Teatro*) orchestre *m* ; **~ de recreo** cour de récréation
pato NM canard *m* ; **pagar el ~** (*fam*) payer les pots cassés
patógeno, -a ADJ pathogène ▶NM agent *m* pathogène
patología NF pathologie *f*
patológico, -a ADJ pathologique
patoso, -a ADJ empoté(e)
patraña NF mensonge *m*
patria NF patrie *f* ; **~ chica** terroir *m*
patriarca NM patriarche *m*
patriarcal ADJ patriarcal(e)
patrimonial ADJ patrimonial(e)
patrimonio NM patrimoine *m*
patrio, -a ADJ natal(e) ; **el suelo ~** le sol natal ; **amor ~** attachement *m* à mon/son/*etc* pays, patriotisme *m*
patriota NMF patriote *mf*
patriotero, -a (*pey*) ADJ chauvin(e)
patriótico, -a ADJ patriotique
patriotismo NM patriotisme *m*
patrocinador, -a NM/F sponsor *m*
patrocinar VT (*sufragar*) sponsoriser, parrainer ; (*apoyar*) appuyer, parrainer
patrocinio NM parrainage *m*
patrón, -ona NM/F patron(ne) ; (*de pensión*) hôte (hôtesse) ; (*de barco*) patron *m* ▶NM patron *m* ; **~ oro** étalon-or *m*
patronal ADJ patronal(e) ; **cierre ~** lock-out *m* ▶NF patronat *m*

P

patronato NM patronage *m*
patrono, -a NM/F (*Com, Econ, Rel*) patron(ne) ; (*mecenas*) parrain(e) ; (*protector*) protecteur(-trice), défenseur *mf*
patrulla NF patrouille *f*
patrullar VI patrouiller
patrullera NF patrouilleur *m* (*navire*)
paulatino, -a ADJ lent(e)
paupérrimo, -a ADJ très pauvre
pausa NF pause *f* ; **con ~** posément, tranquillement
pausadamente ADV posément, tranquillement
pausado, -a ADJ posé(e)
pauta NF modèle *m*
pava (*CSur*) NF bouilloire *f* à maté
pavada NF, **pavadas** NFPL (*And, CSur fam*) bêtise(s) *f(pl)*
pavimentar VT revêtir
pavimento NM revêtement *m*
pavo NM dindon *m* ; **¡no seas ~!** ne fais pas le mariolle ! ; **estar en la edad del ~** être à l'âge bête ; **~ real** paon *m*
pavonearse VPR se pavaner
pavor NM frayeur *f*
pavoroso, -a ADJ effrayant(e)
payasada (*pey*) NF pitrerie *f* ; **hacer payasadas** faire des pitreries
payaso, -a NM/F clown *m*
payés, -esa NM/F (*Cataluña, Baleares*) paysan(ne)
payo, -a NM/F gadjo (gadji)
paz NF paix *f* ; (*tranquilidad*) calme *m* ; **dejar algo/a algn en ~** laisser qch/qn en paix ; **hacer las paces** faire la paix ; **que en ~ descanse** qu'il repose en paix
pazca *etc* VB *ver* **pacer**
pazo NM (*Galicia*) ≈ manoir *m*
PC SIGLA M (= *personal computer*) PC *m*
PCE SIGLA M = **Partido Comunista de España**
P.D. ABR (= *posdata*) P.S. (= *post-scriptum*)
PDA SIGLA M (= *personal digital assistant*) PDA *m*
PDF NM ABR (*Inform*) PDF *m* ; **un archivo en ~** un fichier au format PDF
pdo. ABR (= *pasado*) dernier(-ière)
pe NF (*letra*) p *m inv* ; **de pe a pa** (*fam*) (*fig*) du début jusqu'à la fin, de A à Z
peaje NM péage *m* ; **autopista de ~** autoroute *f* à péage
peana NF (*pedestal*) socle *m*, piédestal *m* ; (*Golf*) tee *m*
peatón NM piéton *m*
peatonal ADJ piéton(ne) ; **calle ~** rue *f* piétonne
peca NF tache *f* de rousseur
pecado NM péché *m* ; **~ mortal/venial** péché mortel/véniel
pecador, a ADJ: **alma pecadora** âme *f* de pécheur ▸ NM/F pécheur(-eresse)
pecaminoso, -a ADJ coupable, inavouable
pecar VI pécher ; **~ de generoso** pécher par excès de générosité
pecera NF aquarium *m*
pechera NF (*Costura: de camisa*) plastron *m* ; (*: de vestido*) devant *m* ; (*Anat: fam, hum*) poitrail *m*
pecho NM poitrine *f* ; (*fig*) cœur *m* ; **dar el ~ a** donner le sein à ; **tomar algo a ~** prendre qch à cœur ; **la alegría no le cabía en el ~** il ne se sentait plus de joie
pechuga NF (*de ave*) blanc *m*
pecoso, -a ADJ criblé(e) de taches de rousseur
pectoral ADJ pectoral(e) ▪ **pectorales** NMPL pectoraux *mpl*
peculiar ADJ caractéristique ; (*particular*) particulier(-ière)
peculiaridad NF particularité *f*
pedagogía NF pédagogie *f*
pedagógico, -a ADJ pédagogique
pedagogo, -a NM/F pédagogue *mf*
pedal NM pédale *f* ; **~ de embrague/de freno** pédale d'embrayage/de frein
pedalear VI pédaler
pedante ADJ, NMF pédant(e)
pedantería NF pédanterie *f*
pedazo NM morceau *m* ; **hacer algo pedazos** mettre qch en morceaux ; **hacer pedazos a algn** mettre qn en bouillie ; **caerse a pedazos** tomber en ruine ; **ser un ~ de pan** (*fig*) avoir un cœur d'or
pederasta NMF pédophile *mf*
pederastia NF pédophilie *f*
pedernal NM silex *m*
pedestal NM piédestal *m* ; **tener/poner a algn en un ~** mettre qn sur un piédestal
pedestre ADJ: **carrera ~** course *f* à pied
pediatra NMF pédiatre *mf*
pediatría NF pédiatrie *f*
pedicura NF pédicure *f*
pedicuro, -a NM/F pédicure *mf*
pedido NM commande *f* ; **pedidos en cartera** commandes *fpl* en souffrance
pedigrí [peði'ɣri] NM pedigree *m*
pedir VT demander ; (*Com*) commander ; **~ disculpas** demander des excuses ; **~ limosna** demander l'aumône ; **~ la mano de** demander la main de ; **~ prestado** emprunter ; **me pidió que cerrara la puerta** il m'a demandé de fermer la porte ; **¿cuánto piden por el coche?** combien demande-t-on pour cette voiture ? ▸ VI mendier
pedo (*fam!*) ADJ INV: **estar ~** être rond(e) ▸ NM (*ventosidad*) pet *m* ; (*borrachera*) cuite *f*
pedofilia NF pédophilie *f*
pedrada NF: **me tiraron una ~ en la cabeza**

quelqu'un m'a jeté un caillou à la tête

pedrea NF grêle *f* ; **la ~** *(de lotería) le plus petit lot*

pedregoso, -a ADJ rocailleux(-euse)

pedrisco NM grêle *f*

Pedro N: **como ~ por su casa** comme dans un moulin

pega NF *(obstáculo)* problème *m* ; *(fam: pregunta)* colle *f* ; **de ~** à la gomme, de pacotille ; **nadie me** *etc* **puso pegas** personne n'a trouvé à redire

pegadizo, -a ADJ *(canción)* entraînant(e)

pegajoso, -a ADJ collant(e)

pegamento NM colle *f*

pegar VT coller ; *(enfermedad, costumbre)* passer ; *(golpear)* frapper ; *(Costura)* coudre ; **~ un grito** pousser un cri ; **~ un salto** faire un saut ; **~ un susto a algn** faire peur à qn ; **~ fuego** mettre le feu ; **~ la mesa a la pared** mettre la table contre le mur ▸ VI *(adherirse)* coller ; *(armonizar)* aller bien ; *(el sol)* taper ; **~ en** toucher ; **ese sombrero no pega con el abrigo** ce chapeau ne va pas avec ce manteau ; **me pega que ...** j'ai comme l'impression que ... ■ **pegarse** VPR se coller ; *(enfermedad)* s'attraper ; *(costumbre)* se prendre ; *(dos personas)* se frapper ; **pegarse un tiro** se tirer une balle dans la tête ; **pegarse un golpe** se donner un coup ; **pegarse a algn** se coller à qn ; **pegársela a algn** *(fam)* tromper qn ; **se me ha pegado la costumbre/el acento** j'ai pris l'habitude/l'accent

pegatina NF autocollant *m*

pego NM: **dar el ~** en imposer

pegote *(fam)* NM emplâtre *m* ; **tirarse un ~** *(fam)* s'envoyer des fleurs

pegue *etc* VB *ver* **pegar**

peinado NM coiffure *f*

peinar VT peigner, coiffer ; *(rastrear)* passer au peigne fin ■ **peinarse** VPR se peigner, se coiffer

peine NM peigne *m*

peineta NF grand peigne *m*

p.ej. ABR (= *por ejemplo*) p. ex. (= *par exemple*)

Pekín N Pékin

pela *(Esp fam)* NF peseta *f* ; *ver tb* **pelas**

pelado, -a ADJ pelé(e) ; *(cabeza)* tondu(e) ; *(sueldo)* simple, seul(e) ; *(fam)* fauché(e)

pelaje NM pelage *m* ; *(fig)* dégaine *f*

pelambre NM poil *m*

pelar VT *(fruta)* peler ; *(patatas, marisco)* éplucher ; *(habas)* écosser ; *(nueces)* écaler ; *(cortar el pelo)* couper ; *(ave)* plumer ▸ VI: **hace un frío que pela** il fait un froid de canard ■ **pelarse** VPR *(la piel)* peler ; *(cortarse el pelo)* se faire couper les cheveux ; **corre que se las pela** *(fam)* il court à toutes jambes

pelas *(Esp fam)* NFPL fric *m*

peldaño NM marche *f* ; *(de escalera de mano)* échelon *m*

pelea NF *(lucha)* bagarre *f* ; *(discusión)* dispute *f*

peleado, -a ADJ: **estar ~ (con algn)** être brouillé(e) (avec qn)

pelear VI se battre ; *(discutir)* se disputer ■ **pelearse** VPR se battre ; *(discutir)* se disputer ; *(enemistarse)* se brouiller

pelele NM *(pey)* pantin *m* ; *(insulto)* guignol *m* ; *(prenda de niño)* barboteuse *f*

peleón ADJ *(persona)* bagarreur(-euse) ; *(fam: de mala calidad)*: **vino ~** gros rouge *m*

peletería NF pelleterie *f*

peli *(fam)* NF film *m*

peliagudo, -a ADJ épineux(-euse)

pelícano NM pélican *m*

película NF film *m* ; *(capa fina, Foto)* pellicule *f* ; **de ~** *(fam)* sensass ; **~ de dibujos (animados)** dessin *m* animé ; **~ del oeste** western *m* ; **~ muda** film muet

peligrar VI être en danger ; *(trabajo, acuerdo)* être menacé(e)

peligro NM danger *m* ; **« ~ de muerte »** « danger de mort » ; **correr ~ de** courir le risque de ; **fuera de ~** hors de danger ; **poner algo/a algn en ~** mettre qch/qn en danger

peligrosidad NF dangerosité *f*

peligroso, -a ADJ dangereux(-euse)

pelirrojo, -a ADJ, NM/F roux (rousse), rouquin(e)

pellejo NM peau *f* ; **salvar el ~** sauver sa peau

pellizcar VT pincer ; *(comida)* grignoter ■ **pellizcarse** VPR se pincer

pellizco NM pincement *m* ; *(pizca)* pincée *f*

pellizque *etc* VB *ver* **pellizcar**

pelma, pelmazo, -a *(fam)* NM/F casse-pieds *mfsg*

pelo NM *(en conjunto)* cheveux *mpl* ; *(un pelo)* cheveu *m* ; *(: en el cuerpo)* poil *m* ; *(de sierra)* lame *f* ; **a ~** *(sin abrigo)* peu couvert(e) ; *(sin ayuda)* tout(e) seul(e) ; **venir al ~** tomber à pic ; **por los pelos** de justesse ; **faltó un ~ para que ...** il s'en est fallu d'un poil que ... ; **se me pusieron los pelos de punta** mes cheveux se sont dressés sur ma tête ; **con pelos y señales** en long et en large ; **no tener pelos en la lengua** ne pas mâcher ses mots ; **tomar el ~ a algn** se payer la tête de qn ; **¡y yo con estos pelos!** *(fam)* et moi qui ne suis même pas prêt(e) !

pelón, -ona ADJ chauve

pelota NF *(grande)* ballon *m* ; *(pequeña)* balle *f* ; *(tb:* **pelota vasca***)* pelote *f* basque ; *(fam: cabeza)* bouille *f* ; **en pelotas** *(fam)* à poil ; **devolver la ~ a algn** *(fig)* renvoyer la balle à qn ; **hacer la ~ (a algn)** *(fam)* lécher les bottes (à qn) ▸ NMF *(fam)* lèche-botte *mf (fam)*

pelotazo NM *(con una pelota)* coup *m* de ballon ; *(Esp fam: trago)* coup *m (fam)* ; **pegarse un ~** boire un coup ; *(Esp fam: enrichissement)*: **la cultura del ~** la culture de l'argent facile

pelotera *(fam)* NF prise *f* de bec

pelotero, -a NM/F *(Am: de béisbol)* joueur(-euse) de baseball ; *(fam: adulador)* lèche-botte *mf (fam)*

P

pelotón NM peloton *m* ; **~ de ejecución** peloton d'exécution
pelotudo, -a (CSur *fam, pej*) ADJ, NM/F demeuré(e)
peluca NF perruque *f*
peluche NM: **muñeco de ~** peluche *f*
peludo, -a ADJ (*cabeza*) chevelu(e) ; (*persona, perro*) poilu(e)
peluquería NF salon *m* de coiffure
peluquero, -a NM/F coiffeur(-euse)
peluquín NM postiche *m*
pelusa NF (*Bot*) duvet *m* ; (*de tela*) peluche *f* ; (*de polvo*) mouton *m* ; (*celos*) jalousie *f*
pelvis NF INV bassin *m*
PEMEX SIGLA M = **Petróleos Mejicanos**
PEN SIGLA M (Esp) = **Plan Energético Nacional**; (Arg) = **Poder Ejecutivo Nacional**
pena NF peine *f* ; (Am) honte *f* ; **merecer/valer la ~** valoir la peine ; **sin ~ ni gloria** sans se faire remarquer, en passant inaperçu(e) ; **bajo** *o* **so ~ de** sous peine de ; **me da ~** cela me fait de la peine ; **es una ~** c'est vraiment dommage ; **¡qué ~!** quel dommage ! ; **~ capital** peine capitale ; **~ de muerte** peine de mort ■ **penas** NFPL pénalités *fpl* ; **a duras penas** à grand-peine
penacho NM (*de ave*) huppe *f*, aigrette *f* ; (*de casco, sombrero*) panache *m*
penal ADJ pénal ; **antecedentes penales** casier *msg* judiciaire
penalidades NFPL souffrances *fpl*
penalización NF (*sanción*) pénalisation *f*, pénalité *f* ; (*Jur*) pénalisation *f*
penalizar VT pénaliser
penalti, penalty NM penalty *m*
penar VT peiner ; (*castigar*) condamner ▶ VI peiner
pendejada (Am *fam!*) NF (*tontería*) connerie *f* (*fam!*)
pendejo, -a (Am *fam!*) NM/F abruti(e)
pendenciero, -a ADJ, NM/F querelleur(-euse)
pender VI pendre ; (*Jur*) être en suspense ; **~ de** pendre à
pendiente ADJ (*asunto*) en suspens ; (*asignatura*) à repasser ; (*terreno*) en pente ; **~ de confirmación** en instance de confirmation ; **estar ~ de algo/algn** (*vigilar*) attendre qch/qn ; **estar ~ de los labios/de las palabras de algn** être pendu(e) aux lèvres de qn/boire les paroles de qn ▶ NM boucle *f* d'oreille ▶ NF pente *f*
pendón NM bannière *f*
péndulo NM pendule *m*
pene NM pénis *msg*
penetración NF pénétration *f*
penetrante ADJ pénétrant(e)
penetrar VT, VI pénétrer
penicilina NF pénicilline *f*
península NF péninsule *f* ; **P~ Ibérica** péninsule Ibérique
peninsular ADJ péninsulaire
penique NM penny *m*
penitencia NF pénitence *f* ; **en ~** en pénitence
penitenciaría NF pénitencier *m*
penitenciario, -a ADJ pénitentiaire
penitente NMF (*Rel*) pénitent(e)
penoso, -a ADJ pénible
pensado, -a ADJ: **bien ~, ...** tout bien considéré, ... ; **ser mal ~** avoir l'esprit mal tourné ; **en el momento menos ~** au moment où l'on s'y attend le moins ; **tener algo ~** avoir son idée là-dessus
pensador, -a NM/F penseur(-euse)
pensamiento NM pensée *f* ; **no le pasó por el ~** cela ne lui a pas traversé l'esprit
pensar VT, VI penser ; **~ (hacer)** penser (faire) ; **~ en** penser à ; **he pensado que** j'ai pensé que ; **¡ni pensarlo!** (il n'en est) pas question ! ; **pensándolo bien** tout bien réfléchi ; **~ mal de algn** avoir une mauvaise opinion de qn ; **tras pensárselo mucho** après y avoir bien réfléchi
pensativo, -a ADJ pensif(-ive)
pensión NF pension *f* ; **media ~** (*en hotel*) demi-pension *f* ; **~ completa** pension complète ; **~ de jubilación** pension de retraite
pensionista NMF (*jubilado*) retraité(e) ; (*Escol*) pensionnaire *mf*
pentágono NM pentagone *m* ; **el P~** le Pentagone
pentagrama NM portée *f*
Pentecostés NM Pentecôte *f*
penúltimo, -a ADJ, NM/F avant-dernier(-ière)
penumbra NF pénombre *f*
penuria NF pénurie *f*
peña NF rocher *m* ; (*grupo*) amicale *f* ; (*Deporte*) club *m*
peñasco NM rocher *m*
peñón NM piton *m* ; **el P~** Gibraltar *m*
peón NM manœuvre *m*, ouvrier *m* ; (*esp* Am) ouvrier agricole ; (*Ajedrez*) pion *m* ; **~ de albañil** aide-maçon *m*
peonza NF toupie *f*
peor ADJ (*compar*) moins bon, pire ; (*superl*) pire ; **A es ~ que B** A est pire que B, A est moins bien que B ; **Z es el ~ de todos** Z est le pire de tous ; **y lo que es ~** et le pire c'est que ▶ ADV (*compar*) moins bien, pire ; (*superl*) moins bien ; **de mal en ~** de mal en pis ; **¡~ para ti!** tant pis pour toi !
pepenar (CAm, Méx) VI fouiller
pepinillo NM cornichon *m*
pepino NM concombre *m* ; **(no) me importa un ~** je m'en fiche complètement
pepita NF pépin *m* ; (*de mineral*) pépite *f*
pepito NM (*Culin*) (*sorte de*) *friand à la viande*
peque *etc* VB *ver* **pecar**
pequeñez NF petitesse *f*
pequeño, -a ADJ, NM/F petit(e) ; **~ burgués** petit bourgeois *m*

pequinés, -esa ADJ pékinois(e) ▸NM/F Pékinois(e) ▸NM (*perro*) pékinois *m*
pera NF poire *f*; **eso es pedir peras al olmo** c'est demander l'impossible ▸ADJ INV (*fam*) snob, ≈ BCBG *inv*; **niño ~** petit snob *m*
peral NM poirier *m*
perca NF perche *f* (*poisson*)
percal NM (*tejido*) percale *f*; **conocer el ~** (*fam*) (*fig*) connaître la musique (*fam*)
percance NM contretemps *msg*
per cápita ADV par tête
percatarse VPR: **~ de** se rendre compte de
percebe NM anatife *m*; (*fam: persona*) gourde *f*
percepción NF perception *f*
perceptible ADJ perceptible; (*Com*) percevable
percha NF cintre *m*; (*en la pared*) portemanteau *m*; (*de ave*) perchoir *m*
perchero NM portemanteau *m*
percibir VT percevoir
percusión NF percussion *f*
percusionista NMF percussionniste *mf*
percusor, percutor NM percuteur *m*
perdedor, a ADJ, NM/F perdant(e)
perder VT perdre; (*tren*) rater; **~ el conocimiento** perdre connaissance; **~ el juicio/la calma** perdre la tête/son calme; **tener algo/no tener nada que ~** avoir qch/ne rien avoir à perdre; **he perdido la costumbre** j'ai perdu l'habitude ▸VI perdre; **echar a ~** (*comida*) gâcher, gâter; (*oportunidad*) laisser passer ■ **perderse** VPR se perdre; **perderse en detalles** se perdre dans des détails; **¡no te lo pierdas!** ne rate pas ça !
perdición NF perdition *f*
pérdida NF perte *f*; (*Com*) perte, manque *m* à gagner; **una ~ de tiempo** une perte de temps; **¡no tiene ~!** vous ne pouvez pas vous tromper !; **~ contable** (*Com*) perte comptable ■ **pérdidas** NFPL (*Com*) pertes *fpl*
perdidamente ADV: **~ enamorado** éperdument amoureux
perdido, -a ADJ perdu(e); **estar ~ por** être épris(e) de; **es un caso ~** c'est un cas désespéré; **tonto ~** (*fam*) bête comme ses pieds
perdigón NM chevrotine *f*
perdiguero, -a ADJ: **perro ~** chien *m* de chasse ▸NM chien *m* de chasse
perdiz NF perdrix *f*
perdón NM pardon *m*; **¡~!** pardon !; **con ~** avec votre *etc* permission
perdonar VT pardonner; (*la vida*) épargner; (*eximir*) dispenser, exempter ▸VI pardonner; **¡perdone (usted)!** pardon !; **perdone, pero me parece que ...** excusez-moi, mais il me semble que ...
perdurable ADJ durable; (*eterno*) éternel(le)
perdurar VI perdurer; (*continuar*) durer
perecedero, -a ADJ périssable
perecer VI périr
peregrinación NF pèlerinage *m*
peregrinar VI aller en pèlerinage
peregrino, -a ADJ (*idea*) curieux(-euse), bizarre ▸NM/F pèlerin(e)
perejil NM persil *m*
perenne ADJ permanent(e); **hoja ~** feuille *f* persistante
perentorio, -a ADJ péremptoire; (*final*) ultime
pereza NF paresse *f*; **me da ~ hacerlo** cela ne me dit rien de le faire
perezca *etc* VB *ver* **perecer**
perezoso, -a ADJ paresseux(-euse)
perfección NF perfection *f*; **a la ~** à la perfection
perfeccionamiento NM perfectionnement *m*
perfeccionar VT perfectionner
perfeccionista NMF perfectionniste *mf*
perfectamente ADV parfaitement; **¡~!** parfaitement !, certainement !
perfecto, -a ADJ parfait(e)
perfidia NF perfidie *f*
pérfido, -a ADJ perfide
perfil NM profil *m*; **de ~** de profil; **~ del cliente** profil du client ■ **perfiles** NMPL (*de figura*) contours *mpl*
perfilado, -a ADJ bien détaché(e), bien découpé(e)
perfilar VT profiler ■ **perfilarse** VPR se profiler; **el proyecto se va perfilando** peu à peu ce projet prend corps
perforación NF perforation *f*
perforadora NF chignole *f*; **~ de fichas** perforatrice *f* de fiches *o* de bureau
perforar VT perforer
perfumar VT parfumer ■ **perfumarse** VPR se parfumer
perfume NM parfum *m*
perfumería NF parfumerie *f*
pergamino NM parchemin *m*
pericia NF adresse *f*
pericial ADJ réalisé(e) par un expert; **tasación ~** évaluation *f* d'expert; **testigo ~** témoin *m* expert
perico (COL) NM café *m* au lait
periferia NF périphérie *f*
periférico, -a ADJ périphérique ▸NM (*Inform*) périphérique *m*; (*AM Auto*) (boulevard *m*) périphérique *m*
perífrasis NF périphrase *f*
perilla NF bouc *m*; **de ~** à point nommé
perímetro NM périmètre *m*
periódicamente ADV périodiquement
periodicidad NF périodicité *f*
periódico, -a ADJ périodique ▸NM journal *m*; **~ dominical** journal du dimanche

P

periodismo NM journalisme *m*
periodista NMF journaliste *mf*
periodístico, -a ADJ journalistique ; **artículos periodísticos** articles *mpl* de journaux
periodo, período NM période *f* ; (*menstruación*) règles *fpl* ; **~ contable** (*Com*) période comptable
peripecia NF péripétie *f*
periplo NM (*tb hum*) périple *m*
peripuesto, -a ADJ attifé(e)
periquito NM perruche *f*
peritaje NM (*informe*) rapport *m* d'expertise ; (*trabajo*) expertise *f*
perito, -a NM/F expert(e) ; (*técnico*) technicien(ne) ; **~ agrónomo** agronome *mf* ; **~ industrial** ingénieur(e) industriel(le)
perjudicar VT nuire à, porter préjudice à
perjudicial ADJ préjudiciable
perjudique *etc* VB *ver* **perjudicar**
perjuicio NM préjudice *m* ; **en/sin ~ de** au/sans préjudice de
perjurar VI parjurer
perjurio NM parjure *m*
perla NF perle *f* ; **me viene de perlas** ça tombe à pic
permanecer VI séjourner, rester ; (*seguir*) rester
permanencia NF durée *f* ; (*estancia*) séjour *m*
permanente ADJ permanent(e) ▶ NF permanente *f* ; **hacerse una ~** se faire faire une permanente
permanentemente ADV en permanence
permanezca *etc* VB *ver* **permanecer**
permeable ADJ perméable
permisible ADJ acceptable
permisividad NF permissivité *f*
permisivo, -a ADJ permissif(-ive)
permiso NM permission *f* ; (*licencia*) licence *f*, permis *msg* ; **con ~** avec votre permission ; **estar de ~** être en permission ; **~ de conducir** permis de conduire ; **~ de exportación/de importación** licence d'exportation/d'importation ; **~ de residencia** permis de séjour
permitir VT permettre ; **¿me permite?** vous permettez ? ■ **permitirse** VPR: **permitirse algo** se permettre qch ; **no me puedo ~ ese lujo** je ne peux pas m'offrir ce luxe
permuta NF permutation *f*
permutar VT permuter ; **~ destinos con algn** échanger sa destinée avec celle de qn
pernera NF jambe *f* de pantalon
pernicioso, -a ADJ pernicieux(-euse)
perno NM boulon *m*
pernoctar VI passer la nuit
pero CONJ mais ; **~ ¿qué haces?** mais qu'est-ce que tu fais ? ; **¡~ si yo no he sido!** ce n'est pas moi ! ; **¡~ bueno!** mais (enfin) bon ! ▶ NM objection *f*
perogrullada NF lapalissade *f*
perol NM, **perola** NF marmite *f*
peroné NM péroné *m*
peronismo NM péronisme *m*
peronista ADJ, NMF péroniste *mf*
perorata NF laïus *msg*
perpendicular ADJ perpendiculaire
perpetrar VT perpétrer
perpetuar VT perpétuer
perpetuidad NF: **a ~** à perpétuité
perpetuo, -a ADJ perpétuel(le) ; **cadena perpetua** réclusion *f* à perpétuité ; **nieves perpetuas** neiges *fpl* éternelles
Perpiñán N Perpignan
perplejidad NF perplexité *f*
perplejo, -a ADJ perplexe
perra NF chienne *f* ; (*fam: dinero*) thune *f* ; (: *manía*) manie *f* ; (: *rabieta*) colère *f* ; **estoy sin una ~** je n'ai plus un rond
perrera NF chenil *m*
perrería NF tour *m* de cochon
perrito NM: **~ caliente** hot-dog *m*
perro, -a ADJ: **¡qué vida más perra!** chienne de vie ! ▶ NM chien *m* ; **ser ~ viejo** être un vieux renard ; **de perros** (*tiempo*) de chien ; (*noche*) épouvantable ; **~ callejero/guardián/guía** chien errant/de garde/d'aveugle
perroflauta (*fam*) NMF jeune punk *mf* sdf
persa ADJ persan(e) ▶ NMF Persan(e) ▶ NM (*Ling*) persan *m*
persecución NF poursuite *f* ; (*Rel, Pol*) persécution *f*
perseguir VT poursuivre ; (*atosigar, Rel, Pol*) persécuter
perseverancia NF persévérance *f*
perseverante ADJ persévérant(e)
perseverar VI persévérer ; **~ en** persévérer dans
persiana NF persienne *f*
pérsico, -a ADJ: **el Golfo P~** le Golfe Persique
persiga *etc* VB *ver* **perseguir**
persignarse VPR se signer
persiguiendo *etc* VB *ver* **perseguir**
persistencia NF persistance *f*
persistente ADJ persistant(e)
persistir VI: **~ (en)** persister (dans)
persona NF personne *f* ; **por ~** par personne ; **es buena ~** c'est quelqu'un de bien ; **~ jurídica** personne morale ; **~ mayor** adulte *mf*
personaje NM personnage *m*
personal ADJ personnel(le) ; (*aseo*) intime ▶ NM personnel *m* ; (*fam*) gens *mpl*
personalice *etc* VB *ver* **personalizar**
personalidad NF personnalité *f*
personalizar VT personnaliser ▶ VI donner des noms
personalmente ADV personnellement ; **~,**

prefiero esta personnellement, je préfère celle-ci
personarse VPR: **~ (en)** se présenter (à)
personero (*esp* AM) NM officiel *m*
personificar VT personnifier
personifique *etc* VB *ver* **personificar**
perspectiva NF perspective *f*; **tener algo en ~** avoir qch en perspective ■ **perspectivas** NFPL (*de futuro*) perspectives *fpl*
perspicacia NF perspicacité *f*
perspicaz ADJ perspicace
persuadir VT persuader ■ **persuadirse** VPR se persuader
persuasión NF persuasion *f*
persuasivo, -a ADJ persuasif(-ive)
pertenecer VI: **~ a** appartenir à
perteneciente ADJ: **ser ~ a** appartenir à
pertenencia NF possession *f*; (*a organización, club*) appartenance *f* ■ **pertenencias** NFPL (*posesiones*) biens *mpl*
pertenezca *etc* VB *ver* **pertenecer**
pértiga NF perche *f*; **salto de ~** saut *m* à la perche
pertinaz ADJ tenace
pertinente ADJ pertinent(e); (*momento etc*) approprié(e); **~ a** relatif(-ive) à
pertrechar VT fournir ■ **pertrecharse** VPR: **pertrecharse de** *o* **con algo** se fournir en qch
perturbación NF perturbation *f*; **~ del orden público** trouble *m* de l'ordre public
perturbado, -a ADJ perturbé(e) ▶ NM/F malade *mf* mental(e)
perturbar VT perturber, troubler; (*Med*) troubler
Perú NM Pérou *m*
peruano, -a ADJ péruvien(ne) ▶ NM/F Péruvien(ne)
perversión NF perversion *f*
perverso, -a ADJ pervers(e)
pervertido, -a ADJ, NM/F pervers(e)
pervertir VT pervertir ■ **pervertirse** VPR se pervertir
pervierta *etc*, **pervirtiendo** *etc* VB *ver* **pervertir**
pervivencia NF survivance *f*
pervivir VI survivre
pesa NF poids *msg*; (*Deporte*) haltère *m*; **hacer pesas** faire des haltères
pesadamente ADV pesamment
pesadez NF lourdeur *f*; (*lentitud*) lenteur *f*; (*fastidio*) ennui *m*; **es una ~ tener que ...** quel ennui que d'avoir à ...; **~ de estómago** lourdeurs *fpl* d'estomac; **tener ~ en los párpados** avoir les paupières lourdes
pesadilla NF cauchemar *m*
pesado, -a ADJ lourd(e); (*lento*) lent(e); (*difícil, duro*) pénible; (*aburrido*) ennuyeux(-euse); **tener el estómago ~** avoir l'estomac lourd; **¡no seas ~!** ne commence pas ! ▶ NM/F enquiquineur(-euse)
pesadumbre NF chagrin *m*
pésame NM condoléances *fpl*; **dar el ~** présenter ses condoléances
pesar VT peser ▶ VI peser; (*fig: opinión*) compter; (*arrepentirse de*) regretter; **peso 50 kg** je pèse 50 kg; **pese a** malgré, en dépit de; **pese a que** en dépit du fait que; **(no) me pesa haberlo hecho** je (ne) regrette (pas) de l'avoir fait; **lo haré mal que me pese** je le ferai coûte que coûte ▶ NM (*remordimiento*) remords *msg*; (*pena*) chagrin *m*; **a ~ de** en dépit de; **a ~ de que** bien que
pesca NF pêche *f*; **ir de ~** aller à la pêche; **~ de altura/de bajura** pêche hauturière/côtière
pescadería NF poissonnerie *f*
pescadero, -a NM/F poissonnier(-ière)
pescadilla NF merlan *m*
pescado NM poisson *m*
pescador, a NM/F pêcheur(-euse)
pescar VT pêcher; (*fam*) choper; (*novio*) se dénicher; (*delincuente*) cueillir; **¡te pesqué!** (*fam*) je t'ai vu ! ▶ VI pêcher
pescuezo NM cou *m*
pesebre NM mangeoire *f*
pesero (MÉX) NM taxi *m* collectif
peseta NF (*Hist*) peseta *f*
pesetero, -a ADJ grippe-sou
pesimismo NM pessimisme *m*
pesimista ADJ, NMF pessimiste *mf*
pésimo, -a ADJ lamentable
peso NM poids *msg*; (*balanza*) balance *f*; (AM: *moneda*) peso *m*; **de poco ~** léger(-ère); **levantamiento de pesos** haltérophilie *f*; **vender a ~** vendre au poids; **argumento de ~** argument *m* de poids; **eso cae por su propio ~** cela tombe sous le sens; **~ bruto** poids brut; **~ específico** masse *f* spécifique; **~ neto** poids net; **~ pesado/pluma** (*Boxeo*) poids lourd/plume
pespunte NM point *m* arrière
pesque *etc* VB *ver* **pescar**
pesquero, -a ADJ (*industria*) de la pêche; (*barco*) de pêche
pesquisa NF recherche *f*
pestaña NF cil *m*; (*borde*) bord *m*; (*Inform*) onglet *m*
pestañear VI cligner des yeux; **sin ~** sans sourciller
peste NF peste *f*; (*fig*) plaie *f*; (*mal olor*) puanteur *f*; **echar pestes** pester; **~ negra** peste noire
pesticida NM pesticide *m*
pestilencia NF pestilence *f*
pestilente ADJ pestilentiel(le)
pestillo NM verrou *m*; (*picaporte*) pêne *m*
petaca NF (*para cigarros*) porte-cigarettes *m inv*; (*para tabaco*) tabatière *f*; (*para beber*) flasque *f*; (AM) valise *f*

P

petado, -a (*fam*) ADJ: **estar ~ de gente** être bourré(e) de monde ; **ir ~ de trabajo** avoir un boulot monstre

pétalo NM pétale *m*

petanca NF pétanque *f*

petar (*fam*) VT : **petarlo** (*arrasar*) faire un tabac

petardo NM pétard *m* ; **¡que ~ de película!** (*fam*) quelle barbe ce film !

petate NM (*Mil*) sac *m*

petición NF demande *f* ; (*Jur*) requête *f* ; **a ~ de** à la demande de ; **firmar una ~** signer une pétition

petirrojo NM rouge-gorge *m*

petiso, -a, petizo, -a (*AM*) ADJ (*bajito*) petit(e) ▸ NM/F petit cheval *m*

peto NM plastron *m* ; (*tb*: **pantalones de peto**) salopette *f* ; (*Taur*) caparaçon *m*

pétreo, -a ADJ de la pierre ; (*expresión*) de glace

petrificar VT pétrifier

petrifique *etc* VB *ver* **petrificar**

petrodólar NM pétrodollar *m*

petróleo NM pétrole *m*

petrolero, -a ADJ pétrolier(-ière) ▸ NM pétrolier *m*

petrolífero, -a ADJ pétrolifère ; **compañía petrolífera** compagnie *f* pétrolière

petroquímica NF pétrochimie *f* ; (*empresa*) compagnie *f* pétrochimique ; (*fábrica*) usine *f* pétrochimique

petroquímico, -a ADJ pétrochimique

PETROVEN SIGLA M = **Petróleos de Venezuela**

petulancia NF arrogance *f*

petulante ADJ arrogant(e)

petunia NF pétunia *m*

peyorativo, -a ADJ péjoratif(-ive)

peyote NM (*AM*) peyotl *m*

pez NM poisson *m* ; **estar como el ~ en el agua** être comme un poisson dans l'eau ; **~ de colores** poisson rouge ; **~ espada** poisson-épée *m* ; **~ gordo** (*fig*) grosse légume *f* ▸ ADJ: **estar ~ en algo** être nul(le) en qch ▸ NF poix *fsg*

pezón NM mamelon *m*

pezuña NF (*de animal*) sabot *m*

piadoso, -a ADJ pieux(-euse)

Piamonte NM Piémont *m*

pianista NMF pianiste *mf*

piano NM piano *m* ; **~ de cola** piano à queue

piar VI piailler

piara NF troupeau *m* de cochons

PIB SIGLA M (= *Producto Interior Bruto*) PIB *m* (= *produit intérieur brut*)

pibe, -a (*AM*) NM/F gosse *mf*

pica NF pique *f* ; **poner una ~ en Flandes** faire un exploit

picada (*CSUR*) NF amuse-gueule *m*

picadero NM manège *m*

picadillo NM hachis *msg*

picado, -a ADJ haché(e) ; (*hielo*) pilé(e) ; (*vino*) piqué(e) ; (*tela, ropa*) mangé(e) ; (*mar*) agité(e) ; (*diente*) gâté(e) ; (*tabaco*) découpé(e) ; (*enfadado*) piqué(e) ; **~ de viruelas** ravagé(e) par la petite vérole ▸ NM: **en ~** en piqué

picador NM (*Taur*) picador *m* ; (*minero*) piqueur *m*

picadora NF hachoir *m* électrique

picadura NF piqûre *f* ; (*de serpiente*) morsure *f* ; (*tabaco picado*) tabac *m* gris

picana (*AM*) NF (*Agr*) aiguillon *m* (électrique) ; (*para tortura*) aiguillon électrique

picante ADJ épicé(e) ; (*comentario, chiste*) grivois(e)

picantería (*AND, CSUR*) NF ≈ bistro(t) *m*

picaporte NM poignée *f*

picar VT piquer ; (*ave*) picoter ; (*anzuelo*) mordre (à) ; (*Culin*) hacher ; (*billete, papel*) poinçonner ; (*comer*) grignoter ; **me pica la curiosidad** ça pique ma curiosité ▸ VI piquer ; (*el sol*) brûler ; (*pez*) mordre ; **me pica el brazo** j'ai le bras qui me gratte ; **¡picaste!** je t'ai eu ! ■ **picarse** VPR (*vino*) se piquer ; (*mar*) s'agiter ; (*muela*) se gâter ; (*ofenderse*) prendre la mouche ; (*fam: con droga*) se shooter ; **picarse con algn** se fâcher avec qn

picardía NF sournoiserie *f* ; (*astucia*) astuce *f* ; (*travesura*) espièglerie *f*

picardías NM INV nuisette *f*

picaresca NF (*Lit*) genre *m* picaresque ; (*astucia*) fourberie *f*, ruse *f*

picaresco, -a ADJ espiègle ; (*Lit*) picaresque

pícaro, -a ADJ malin (maligne) ; (*travieso*) espiègle ; (*malintencionado*) voyou ▸ NM/F malin (maligne) ; (*malintencionado*) filou *m* ; (*Lit*) picaro *m*

picazón NF piqûre *f* ; (*comezón*) picotement *m*

picha (*fam!*) NF bite *f* (*fam !*), queue *f* (*fam !*)

pichón, -ona NM/F pigeonneau *m* ; (*apelativo*) mon (ma) chéri(e)

picnic NM pique-nique *m*

pico NM bec *m* ; (*de mesa, ventana*) coin *m* ; (*Geo, herramienta*) pic *m* ; (*fam: labia*) tchatche *f* ; (*: de drogas*) shoot *m* ; **no abrir el ~** ne pas ouvrir le bec ; **son las 3 y ~** il est 3 heures et quelques ; **peso 50 kilos y ~** je pèse 50 kg et quelques ; **me costó un ~** ça m'a coûté une jolie somme

picor NM (*comezón*) picotement *m* ; (*ardor*) piqûre *f*

picoso, -a (*MÉX*) ADJ piquant(e)

picota NF pilori *m* ; (*cereza*) bigarreau *m* ; **poner a algn en la ~** (*fig*) mettre qn au supplice

picotada NF, **picotazo** NM (*de pájaro*) coup *m* de bec ; (*de insecto*) piqûre *f*

picotear VT, VI (*ave*) picorer ; (*fam*) grignoter

pictórico, -a ADJ pictural(e) ; (*paisaje, motivo*) pittoresque ; **tiene dotes pictóricas** il a des dons pour la peinture

picudo, -a ADJ au long bec ; (*zapato, tejado*) pointu(e)

pidiendo *etc* VB *ver* **pedir**

pie NM pied *m* ; (*de página*) bas *msg* ; **ir a ~** aller à pied ; **a pies juntillas** sur parole ; **al ~ de** au pied de ; **estar de ~** être debout ; **de a ~** moyen(ne) ; **ponerse de ~** se mettre debout ; **al ~ de la letra** au pied de la lettre ; **con pies de plomo** avec précaution ; **con buen/mal ~** bien/mal ; **de pies a cabeza** des pieds à la tête ; **en ~ de guerra** sur le pied de guerre ; **en ~ de igualdad** sur un pied d'égalité ; **sin pies ni cabeza** sans queue ni tête ; **dar ~ a** donner prise à ; **no dar ~ con bola** faire tout de travers ; **hacer ~** (*en el agua*) avoir pied ; **saber de qué ~ cojea algn** connaître les points faibles de qn ; **seguir en ~** (*oferta, propuesta*) tenir toujours

piedad NF pitié *f* ; **tener ~ de algn** avoir pitié de qn

piedra NF pierre *f* ; (*Med*) calcul *m* ; (*Meteorología*) grêle *f* ; **quedarse de ~** ne pas en revenir ; **dejar de ~ a algn** scier qn ; **~ angular** pierre angulaire ; **~ de afilar** pierre à aiguiser ; **~ preciosa** pierre précieuse

piel NF peau *f* ; (*de animal, abrigo*) fourrure *f* ; **abrigo de ~** manteau *m* de fourrure ▸ NMF: **~ roja** Peau-Rouge *mf*

pienso VB *ver* **pensar** ▸ NM (*Agr*) farines *fpl*

piercing ['pirsiŋ] (*pl* **piercings**) NM piercing *m*

pierda *etc* VB *ver* **perder**

pierna NF jambe *f* ; (*de cordero*) gigot *m*

pieza NF pièce *f* ; **quedarse de una ~** rester sans voix ; **un dos/tres piezas** (*traje*) un costume deux pièces/trois pièces ; **~ de recambio** *o* **de repuesto** pièce de rechange

pifia NF (*fam: error*) gaffe *f* (*fam*) ; (*Billar*) fausse queue *f* ; (AND, CSUR: *broma*) blague *f* ; (AND, CSUR: *rechifla*) huée *f*

pigmento NM pigment *m*

pigmeo, -a ADJ pygmée ▸ NM/F Pygmée *mf*

pijada (*fam*) NF bêtise *f*

pijama NM pyjama *m*

pijo, -a (*fam*) ADJ huppé(e)

pijoprogre (*fam, pey*) ADJ, NMF bobo *mf*

pijotada NF bêtise *f*

pila NF pile *f* ; (*fregadero*) évier *m* ; (*lavabo*) lavabo *m* ; (*fuente*) fontaine *f* ; **nombre de ~** prénom *m* ; **tengo una ~ de cosas que hacer** (*fam*) j'ai un tas de choses à faire ; **~ bautismal** fonts *mpl* baptismaux

pilar NM pilier *m*

Pilates NM Pilates *m*, méthode *f* Pilates

píldora NF pilule *f* ; **la ~ (anticonceptiva)** la pilule (contraceptive) ; **tragarse la ~** (*creerse*) avaler la pilule

pileta (*esp* CSUR) NF évier *m* ; (*piscina*) piscine *f*

pillaje NM pillage *m*

pillar VT coincer ; (*fam: coger, sorprender*) pincer ; (*: conseguir*) se dégotter ; (*: atropellar*) faucher ; (*: alcanzar*) attraper ; (*: entender indirecta*) piger ; **le pillé en casa/comiendo** je l'ai trouvé chez lui/en train de manger ; **me pilla cerca/lejos** c'est près/loin de chez moi ; **~ una borrachera** (*fam*) prendre une cuite ; **~ un resfriado** (*fam*) choper un rhume

pillo, -a ADJ, NM/F (*astuto*) malin (maligne) ; (*travieso*) coquin(e)

pilón NM pilier *m* ; (*abrevadero*) abreuvoir *m* ; (*de fuente*) bassin *m*

pilotar VT piloter

piloto NMF pilote *m* ▸ NM (ARG) imperméable *m* ; **~ automático** pilote automatique ▸ ADJ INV: **programa/piso ~** programme *m*/appartement *m* pilote

piltrafa NF déchet *m*

pimentón NM piment *m* doux

pimienta NF poivre *m*

pimiento NM poivron *m*

pimpante ADJ charmant(e) ; **se quedó tan ~** il n'a pas bronché

PIN SIGLA M (= *Producto Interior Neto*) produit *m* intérieur net

pin (*pl* **pins**) NM (*chapa*) pin's *m inv*

pinacoteca NF pinacothèque *f*

pináculo NM pinacle *m* ; (*de fama, éxito*) faîte *m*

pinar NM pinède *f*

pincel NM pinceau *m*

pincelada NF coup *m* de pinceau ; **última ~** touche *f* finale

pinchadiscos NMF INV disc-jockey *m*

pinchar VT piquer ; (*neumático*) crever ; (*teléfono*) mettre sur (table d')écoute ▸ VI (*Auto*) crever ; **tener un neumático pinchado** avoir un pneu crevé ; **ni pincha ni corta en esto** (*fam*) il n'a rien à voir là-dedans ; (*no tiene influencia*) il n'a pas son mot à dire ▪ **pincharse** VPR se piquer ; (*neumático*) crever

pinchazo NM piqûre *f* ; (*de dolor*) élancement *m* ; (*de llanta*) crevaison *f* ; **~ telefónico** écoute *f* téléphonique

pinche NM aide-cuisinier *m* ; (MÉX *fam*) bandit *m*

pinchito NM amuse-gueule *m*

pincho NM pointe *f* ; (*de planta*) épine *f* ; (*Culin*) amuse-gueule *m* ; (*fam: para Internet*) dongle *m* ; (*de memoria*) clé *f* USB ; **~ de tortilla** *petite ration d'omelette* ; **~ moruno** *brochette de viande épicée*

ping-pong® ['pimpon] NM ping-pong *m*

pingüe ADJ (*beneficios*) rondelet(te)

pingüino NM pingouin *m*

pinitos NMPL: **hacer mis** *etc* **primeros ~** faire mes *etc* premiers pas

pino NM pin *m* ; **en el quinto ~** dans un coin perdu

pinta NF (*mota*) tache *f* ; (*aspecto*) allure *f* ; **tener buena ~** (*persona*) avoir bonne mine ; (*plato*) avoir l'air bon ; **tener ~ de** avoir l'air

P

pintada NF graffiti *m*
pintado, -a ADJ peint(e) ; *(ojos, boca)* maquillé(e) ; *(uñas)* fait(e) ; **me viene** *o* **me sienta que ni ~** cela me va comme un gant
pintalabios NM INV rouge *m* à lèvres
pintar VT peindre ; *(colorear)* colorier ; *(fig)* dépeindre ; **no ~ nada** *(fam: no tener que hacer)* n'avoir rien à faire ici/là ; *(: no tener influencia)* ne pas avoir son mot à dire ; **¿qué pinta aquí esto?** qu'est-ce que ça vient faire ici ? ▸ VI peindre ; *(colorear)* colorier ; *(fam)* compter ▪ **pintarse** VPR se maquiller ; *(uñas)* se faire ; **pintárselas solo para hacer algo** être passé maître dans l'art de faire qch
pintor, a NM/F peintre *mf* ; **~ de brocha gorda** peintre en bâtiment
pintoresco, -a ADJ pittoresque
pintura NF peinture *f* ; **~ a la acuarela** aquarelle *f* ; **~ al óleo** peinture à l'huile ; **~ rupestre** peinture rupestre
pinza NF pince *f* ; *(para colgar ropa)* pince à linge ▪ **pinzas** NFPL pinces *fpl* ; *(para depilar)* pince à épiler
piña NF *(fruto del pino)* pomme *f* de pin ; *(fruta)* ananas *msg* ; *(fig: conjunto)* bande *f*
piñón NM pignon *m*
pío, -a ADJ pieux(-euse) ▸ NM: **no decir ni ~** ne pas piper mot
piojo NM pou *m*
piojoso, -a ADJ pouilleux(-euse)
piola *(ARG fam)* ADJ débrouillard(e)
piolet [pjo'le] *(pl* **piolets***)* NM piolet *m*
pionero, -a ADJ, NM/F pionnier(-ière)
pipa NF pipe *f* ; *(Bot)* pépin *m* ; **pasarlo ~** *(fam)* bien s'amuser ▪ **pipas** NFPL *(de girasol)* graines *fpl* (de tournesol)
pipeta NF pipette *f*
pipí *(fam)* NM: **hacer ~** faire pipi
pipiolo, -a NM/F gamin(e) ; *(novato)* bleu *m*, novice *mf*
pique VB *ver* **picar** ▸ NM brouille *f* ; *(rivalidad)* compétition *f* ; **irse a ~** couler à pic ; *(familia, negocio)* aller à la dérive ; **tener un ~ con algn** être brouillé(e) avec qn
piqueta NF *(Constr)* pic *m* ; *(de tienda de campaña)* piquet *m*
piquete NM piquet *m* de grève
pira NF bûcher *m*
pirado, -a *(fam)* ADJ givré(e)
piragua NF pirogue *f* ; *(Deporte)* canoë *m*
piragüismo NM canoë-kayak *m*
piragüista NMF canoéiste *mf*
piramidal ADJ pyramidal(e)
pirámide NF pyramide *f*
piraña NF piranha *m*
pirarse VPR *(tb:* **pirárselas***)* se tirer ; **~ las clases** faire l'école buissonnière
pirata ADJ: **edición/disco ~** édition *f*/disque *m* pirate ▸ NMF pirate *m* ; **~ informático** pirate informatique
piratear VT *(Inform)* pirater
piratería NF *(Inform)* piratage *m*
pirenaico, -a ADJ pyrénéen(ne)
Pirineo NM, **Pirineos** NMPL Pyrénées *fpl*
pirita NF pyrite *f*
pirómano, -a NM/F pyromane *mf*
piropear VT faire des compliments à
piropo NM compliment *m* ; **echar piropos a algn** faire des compliments à qn
pirotecnia NF pyrotechnie *f*
pirotécnico, -a ADJ pyrotechnique
pirrado, -a ADJ: **~ por** fou (folle) de
pirrarse VPR: **~ (por)** raffoler (de)
pirueta NF pirouette *f*
pirulí NM sucette *f*
pis *(fam)* NM pipi *m*, pisse *f* ; **hacer ~** pisser
pisada NF trace *f* de pas
pisapapeles NM INV presse-papiers *m inv*
pisar VT fouler, marcher sur ; *(apretar con el pie, fig)* écraser ; *(idea, puesto)* piquer ; **me has pisado** tu m'as marché dessus ; **no ~ un sitio** *(fig)* ne pas mettre les pieds quelque part ▸ VI marcher ; **~ fuerte** *(fig)* s'imposer
piscicultura NF pisciculture *f*
piscifactoría NF établissement *m* piscicole
piscina NF piscine *f* ; **~ de bolas** piscine à balles
Piscis NM *(Astrol)* Poissons *mpl* ; **ser ~** être Poissons
pisco *(AND, CHI)* NM aguardiente *f*
piscolabis NM INV collation *f*
piso NM *(planta)* étage *m* ; *(apartamento)* appartement *m* ; *(suelo)* sol *m* ; **primer ~** premier étage ; *(AM: de edificio)* rez-de-chaussée *m inv*
pisotear VT piétiner ; *(fig)* humilier
pisotón NM piétinement *m*
pista NF piste *f* ; **estar sobre la ~ de algn** être sur la piste de qn ; **~ de aterrizaje** piste d'atterrissage ; **~ de auditoría** *(Com)* piste de vérification ; **~ de baile** piste de danse ; **~ de carreras** champ *m* de courses ; **~ de hielo** patinoire *f* ; **~ de tenis** court *m* de tennis
pistacho NM pistache *f*
pisto NM ≈ ratatouille *f* ; **darse ~** *(fam)* se faire mousser
pistola NF pistolet *m*
pistolera NF gaine *f* ; *ver tb* **pistolero**
pistolero, -a NM/F gangster *m*
pistoletazo NM *(disparo)* coup *m* de pistolet ; *(: Deporte: tb:* **pistoletazo de salida***)* signal *m* de départ
pistón NM piston *m*
pita NF agave *m*
pitar VT siffler ; *(Auto)* klaxonner ▸ VI siffler ; *(Auto)* klaxonner ; *(fam)* gazer ; *(AM)* fumer ; **salir pitando** partir en quatrième vitesse

pitido NM coup *m* de sifflet ; (*sonido fino*) sifflement *m*
pitillera NF porte-cigarettes *m*
pitillo NM cigarette *f* ; (COL: *pajita*) paille *f*
pito NM sifflement *m* ; (*silbato*) sifflet *m* ; (*de coche*) klaxon *m* ; (*fam*: *cigarrillo*) clope *f* ; (*fam!*: *pene*) bite *f* (*fam !*) ; **me importa un ~** (*fam*) je m'en fous
pitón NM python *m*
pitonisa NF pythonisse *f*
pitorrearse VPR: **~ de** se moquer de
pitorreo NM moquerie *f* ; **estar de ~** blaguer
pituco, -a (AND, CSUR *fam*) ADJ, NM/F richard(e)
pívot NMF (*Deporte*) pivot *m*
pivote NM pivot *m*
píxel NM (*Inform*) pixel *m*
pixelar VT (*Inform*) pixéliser
piyama (AM) NM O NF pyjama *m*
pizarra NF ardoise *f* ; (*encerado*) tableau *m* (noir); **~ blanca** tableau blanc ; **~ (blanca) interactiva** tableau (blanc) interactif
pizca NF pincée *f* ; (*de pan*) miette *f* ; (*fig*) petit morceau *m* ; **ni ~** rien
pizza NF pizza *f*
pizzería [pitse'ria] NF pizzeria *f*
placa NF plaque *f* ; (*Inform*) panneau *m* ; **~ conmemorativa** plaque commémorative ; **~ de matrícula** plaque d'immatriculation ; **~ dental** plaque dentaire ; **~ madre** (*Inform*) carte-mère *f*
placaje NM (*Deporte*) plaquage *m*
placard (CSUR) NM placard *m*
placebo NM placebo *m* ; **efecto ~** effet *m* placebo
placenta NF placenta *m*
placentero, -a ADJ agréable
placer NM plaisir *m* ; **a ~** à loisir
placidez NF placidité *f*
plácido, -a ADJ (*personne*) placide ; (*día, vida*) paisible
pladur® NM placoplatre® *m*
plafón NM (*lámpara*) plafonnier *m* ; (AM) ciel *m* dégagé
plaga NF fléau *m* ; (*fig*) horde *f*
plagar VT infester ; **plagado de moscas/turistas** infesté de mouches/touristes
plagiar VT plagier ; (AM) kidnapper
plagiario, -a (AM) NM/F kidnappeur(-euse)
plagio NM plagiat *m* ; (AM) kidnapping *m*
plague *etc* VB *ver* **plagar**
plan NM plan *m*, projet *m* ; (*idea*) idée *f* ; **¡menudo ~!** tu parles d'une idée ! ; **tener ~** (*fam*) voir qn ; **en ~ de cachondeo** (*fam*) pour rigoler ; **en ~ económico** (*fam*) pour pas cher ; **vamos en ~ de turismo** on y va en touristes ; **si te pones en ese ~ ...** si tu le vois comme ça ... ; **~ cotizable de jubilación** ≈ plan d'épargne-retraite ; **~ de estudios** programme *m* ; **~ de incentivos** (*Com*) système *m* de primes
plana NF page *f* ; **a toda ~** pleine page ; **la primera ~** la une ; **~ mayor** (*Mil*) état-major *m*
plancha NF (*para planchar*) fer *m* (à repasser) ; (*ropa*) repassage *m* ; (*de metal, madera, Tip*) planche *f* ; (*Culin*) grill *m* ; **pescado a la ~** poisson *m* grillé ; **~ de pelo** lisseur *m*, fer *m* à lisser
planchado, -a ADJ repassé(e) ▸ NM repassage *m*
planchar VT, VI repasser
plancton NM plancton *m*
planeador NM planeur *m*
planear VT planifier ▸ VI planer
planeta NM planète *f*
planetario, -a ADJ planétaire ▸ NM planétarium *m*
planicie NF plaine *f*
planificación NF planification *f* ; **diagrama de ~** (*Com*) planning *m* ; **~ corporativa** (*Com*) planning de l'entreprise ; **~ familiar** planning familial
planificar VT planifier
planilla (AM) NF formulaire *m*
plano, -a ADJ plat(e) ▸ NM plan *m* ; **primer ~** (*Cine*) premier plan ; **en primer/segundo ~** au premier/second plan ; **caer de ~** tomber de tout son long ; **rechazar algo de ~** rejeter entièrement qch ; **me da el sol de ~** le soleil m'arrive en plein dessus (*fam*)
planta NF plante *f* ; (*Tec*) usine *f* ; (*piso*) étage *m* ; **tener buena ~** avoir de l'allure ; **~ baja** rez-de-chaussée *m inv*
plantación NF plantation *f*
plantado, -a ADJ: **dejar ~ a algn** (*no aparecer*) poser un lapin à qn ; (*marcharse*) planter là qn ; (*abandonar a*) laisser tomber qn ; **quedarse ~** rester planté(e) là
plantar VT planter ; (*novio, trabajo*) laisser tomber ; **~ a algn en la calle** mettre qn à la rue ■ **plantarse** VPR se planter ; **plantarse (en)** arriver (à)
plante NM (*protesta*) action *f* revendicative ; (*plantón*) lapin *m* ; **dar un ~ a alguien** poser un lapin à qn
planteamiento NM (*punto de vista*) approche *f* ; (*de pregunta, problema*) énoncé *m* ; (*Lit, Teatro*) exposition *f* ; (*Arq*: *tb*: **planteamiento urbanístico**) projet *m* urbanistique ; **un ~ nuevo de la cuestión** une nouvelle approche de la question, une nouvelle manière d'aborder la question ; **yo me había hecho otro ~ de este fin de semana** j'envisageais autre chose pour ce week-end
plantear VT exposer ; (*pregunta, problema*) poser ; (*proponer*) proposer ; **se lo plantearé** je le lui expliquerai ■ **plantearse** VPR envisager
plantel NM groupe *m*
plantilla NF (*de zapato*) semelle *f* ; (*personal*) personnel *m* ; **estar en ~** faire partie du personnel

plantío NM plantation *f*
plantón (*fam*) NM: **dar (un) ~ a algn** poser un lapin à qn ; **estar de ~** poireauter
plañidero, -a ADJ geignard(e)
plaqueta NF plaquette *f*
plasma NM plasma *m*
plasmar VT (*dar forma*) modeler ; (*representar*) reproduire ■ **plasmarse** VPR: **plasmarse en** se concrétiser
plasta ADJ INV (*fam*) enquiquinant(e) ▸ NMF (*fam*) enquiquineur(-euse) ▸ NF (*pasta*) purée *f*
plástica NF plastique *f*
plástico, -a ADJ plastique ; **artes plásticas** arts *mpl* plastiques ▸ NM plastique *m*
plastificar VT plastifier
plastifique *etc* VB *ver* **plastificar**
plastilina® NF pâte *f* à modeler
plata NF (*metal*) argent *m* ; (*fam: dinero*) fric *m* ; (*cosas de plata*) argenterie *f* ; **hablar en ~** aller droit au but
plataforma NF plate-forme *f* ; (*tribuna*) estrade *f* ; (*de zapatos*) semelle *f* (compensée) ; **~ de lanzamiento** rampe *f* de lancement ; **~ digital** plate-forme numérique ; **~ petrolera/de perforación** plate-forme pétrolière/de forage ; **~ reivindicativa** plate-forme de revendications
plátano NM banane *f* ; (*árbol*) bananier *m*
platea NF orchestre *m*
plateado, -a ADJ argenté(e) ; (*Tec*) plaqué(e) argent
platense (*fam*) = **rioplatense**
plática NF (*CAm, Méx*) discussion *f* ; (*: informal*) conversation *f* ; (*Rel*) sermon *m*
platicar (*CAm, Méx*) VI discuter ; (*de manera informal*) bavarder
platillo NM soucoupe *f* ; (*de balanza*) plateau *m* ; (*de limosnas*) timbale *f* ; **~ volante** soucoupe volante ■ **platillos** NMPL (*Mús*) cymbales *fpl*
platino NM platine *m* ■ **platinos** NMPL (*Auto*) vis *fpl* platinées
platique *etc* VB *ver* **platicar**
plato NM assiette *f* ; (*guiso*) plat *m* ; (*de tocadiscos*) platine *f* ; **pagar los platos rotos** (*fam*) payer les pots cassés ; **primer/segundo ~** entrée *f*/plat principal ; **~ combinado** plat garni ; **~ hondo/llano** *o* (*Am*) **pando** assiette creuse/plate
plató NM plateau *m*
platónico, -a ADJ: **amor ~** amour *m* platonique
platudo, -a (*Am fam*) ADJ friqué(e)
plausible ADJ (*argumento, motivo*) admissible ; (*comportamiento, gesto, esfuerzo*) louable, digne d'éloge
playa NF plage *f* ; **~ de estacionamiento** (*Am*) place *f* de stationnement
playera NF (*Am*) tee-shirt *m* ■ **playeras** NFPL chaussures *fpl* en toile
playero, -a ADJ de plage
playo, -a (*Am*) ADJ plat(e)
plaza NF place *f* ; (*mercado*) place du marché, marché *m* ; **~ de abastos** marché ; **~ de toros** arène *f* ; **~ mayor** place de la mairie
plazca *etc* VB *ver* **placer**
plazo NM délai *m* ; (*pago parcial*) terme *m* ; **a corto/largo ~** à court/long terme ; **comprar a plazos** acheter à crédit ; **nos dan un ~ de 8 días** ils nous donnent un délai de 8 jours
plazoleta, plazuela NF petite place *f*
pleamar NF pleine mer *f*
plebe (*pey*) NF plèbe *f*
plebeyo, -a ADJ plébéien(ne)
plebiscito NM plébiscite *m*
plegable ADJ pliable
plegar VT plier ■ **plegarse** VPR se plier
plegaria NF prière *f*
plegué *etc* VB *ver* **plegar**
pleitear VI plaider
pleito NM procès *msg* ; (*fig*) conflit *m* ; **entablar ~** entamer un procès ; **poner (un) ~ a** poursuivre
plenamente ADV totalement, entièrement ; **dedicarse ~ a algo** se consacrer entièrement à qch ; **vivir la vida ~** vivre la vie pleinement
plenario, -a ADJ plénier(-ière)
plenilunio NM pleine lune *f*
plenitud NF plénitude *f* ; **en la ~ de la vida** dans la fleur de l'âge
pleno, -a ADJ plein(e) ; **en ~ día/verano** en plein jour/été ; **en plena cara** en pleine figure ▸ NM (*del ayuntamiento*) assemblée *f* plénière ; (*del congreso*) séance *f* plénière ; **en ~** (*reunirse*) au complet ; (*elegir*) à l'unanimité
pletina NF (*Mús*) platine *f*
pletórico, -a ADJ: **estar ~** (*en forma*) être en pleine forme ; **~ de** (*fuerza, energía, entusiasmo*) débordant(e) de, plein(e) de ; **el equipo está ~ de moral** le moral de l'équipe est au plus haut
plexiglás® NM plexiglas® *msg*
pliego VB *ver* **plegar** ▸ NM (*hoja*) feuille *f* (de papier) ; (*carta*) pli *m* ; **~ de cargos** charges *fpl* produites contre l'accusé ; **~ de condiciones** cahier *m* des charges ; **~ de descargo** témoignages *mpl* à la décharge de l'accusé
pliegue VB *ver* **plegar** ▸ NM pli *m*
plisado, -a ADJ plissé(e)
plomero (*Am*) NM plombier *m*
plomizo, -a ADJ de plomb
plomo NM plomb *m* ; **caer a ~** tomber de tout son long ; **ser un ~** (*fam*) être un(e) casse-pied ; (*libro*) être rasoir ; **(gasolina) sin ~** (essence *f*) sans plomb ■ **plomos** NMPL (*Elec*) plombs *mpl*
pluma NF plume *f* ; **de plumas** en plumes ; **~ (estilográfica)** (*Am*), **~ fuente** stylo *m* plume
plumaje NM plumage *m*
plumazo NM: **de un ~** d'un trait de plume

plúmbeo, -a ADJ (*de plomo*) de plomb ; (*pesado*) pesant(e), assommant(e)
plumero NM plumeau *m* ; **se te ve el ~** je te vois venir avec tes gros sabots
plumier NM plumier *m*
plumilla NF plume *f*
plumón NM (*AM*) stylo-feutre *m* ; (*para saco de dormir*) duvet *m* ; (*anorak*) doudoune *f*
plural ADJ pluriel(le) ▸ NM pluriel *m*
pluralidad NF pluralité *f*
pluralismo NM pluralisme *m*
pluralista ADJ, NMF pluraliste *mf*
pluriempleado, -a ADJ qui cumule plusieurs emplois ; **estar ~** cumuler plusieurs emplois ▸ NM/F: **ser un ~** cumuler plusieurs emplois
pluriempleo NM cumul *m* d'emplois
plus NM prime *f*
plusmarca NF record *m* ; **batir una ~** battre une record
plusmarquista NMF recordman(-woman)
plusvalía NF (*Com*) plus-value *f*
plutocracia NF ploutocratie *f*
Plutón NM Pluton *m*
plutonio NM plutonium *m*
pluvial ADJ pluvial(e)
PM SIGLA F (= *Policía Militar*) PM *f* (= *police militaire*)
p.m. ABR (*esp AM*: = *post meridiem*) après-midi ; (= *por minuto*) /min (= *par minute*)
PMA SIGLA M (= *Programa Mundial de Alimentos*) WFP *m* (= *World Food Program*)
P.M.A. SIGLA M (= *peso máximo autorizado*) PTMA *m* (= *poids total maximum autorisé*)
pmo. ABR (= *próximo*) *prochain*
PN SIGLA F (*Mil*) = **Policía Naval**
PNB SIGLA M (*Com*: = *Producto Nacional Bruto*) PNB *m* (= *produit national brut*)
PNN SIGLA M (*Com*: = *Producto Nacional Neto*) PNN *m* (= *produit national net*)
PNUD SIGLA M (= *Programa de las Naciones Unidas para el Desarrollo*) PNUD (*m*) (= *Programme des Nations unies pour le développement*)
PNV SIGLA M (*Pol*: = *Partido Nacionalista Vasco*) *parti politique basque*
P.º ABR = **paseo**
p.o. ABR (= *por orden*) p.o. (= *par ordre*)
población NF population *f* ; (*pueblo, ciudad*) agglomération *f* ; (*CHI*) bidonville *m* ; **~ activa/pasiva** population active/non active ; **~ callampa** (*CSUR*) bidonville
poblado, -a ADJ peuplé(e) ; (*barba, cejas*) fourni(e) ; **~ de** peuplé(e) de ; **densamente ~** densément peuplé(e) ▸ NM village *m*
poblador, -a NM/F habitant(e), colonisateur(-trice)
poblar VT peupler ■ **poblarse** VPR (*árbol*) reverdir ; **poblarse de** se peupler de
pobre ADJ, NMF pauvre *mf* ; **~ en proteínas** pauvre en protéines ; **los pobres** les pauvres *mpl* ; **¡~ hombre!** pauvre homme ! ; **¡el ~!** le pauvre ! ; **~ diablo** (*fig*) pauvre diable *m*
pobreza NF pauvreté *f* ; **~ energética** pauvreté énergétique
pochar, pochear VT (*Culin*) faire revenir à petit feu *o* à feu doux
pochismo (*MÉX fam*) NM anglicisme *m*
pocho, -a ADJ (*fruta*) gâté(e) ; (*persona*) mal en point *inv* ; (*MÉX*) américanisé(e) ▸ NM/F (*MÉX*) immigrant(e) américanisé(e)
pocilga NF porcherie *f*
pocillo (*AM*) NM tasse *f*
pócima, poción NF potion *f*

poco, -a

▸ ADJ **1** (*sg*) peu de ; **poco tiempo** peu de temps ; **de poco interés** peu intéressant ; **poca cosa** peu de chose
2 (*pl*) peu de ; **pocas personas lo saben** peu de gens le savent ; **unos pocos libros** quelques livres
▸ ADV (*comer, trabajar*) peu ; **poco amable/inteligente** peu aimable/intelligent ; **es poco** c'est peu ; **cuesta poco** cela ne coûte pas cher ; **poco más o menos** à peu près ; **a poco que se interese ...** pour peu qu'il montre de l'intérêt ...
▸ PRON **1**: **unos/as pocos/as** quelques-uns/unes
2 (*casi*): **por poco me caigo** j'ai failli tomber
3 (*locuciones de tiempo*): **a poco de haberse casado** peu après s'être marié ; **poco después** peu après ; **dentro de poco** sous peu, bientôt ; **hace poco** il n'y a pas longtemps
4: **poco a poco** peu à peu
▸ NM: **un poco** un peu ; **un poco triste** un peu triste ; **un poco de dinero** un peu d'argent

En francés *peu* es siempre invariable. Así, por ejemplo:
Tiene poca importancia. Cela a peu d'importance.
¿Cuántos discos tienes? – Tengo pocos. Combien de disques as-tu ? – J'en ai peu.

poda NF élagage *m*
podadora (*MÉX*) NF tondeuse *f*
podar VT tailler
podcast (*pl* **podcasts**) NM podcast *m*
podcastear VT podcaster
podenco NM épagneul *m*

poder

▸ VB AUX (*capacidad, posibilidad, permiso*) pouvoir ; **no puedo hacerlo** je ne peux pas le faire ; **puede llegar mañana** il peut arriver demain ; **pudiste haberte hecho daño** tu aurais pu te faire mal ; **no se puede fumar en el hospital** on n'a pas le droit de fumer

P

dans l'hôpital ; **podías habérmelo dicho** tu aurais pu me le dire
▸ VI **1** pouvoir ; **tanto como puedas** autant que tu peux ; **¿se puede?** on peut entrer ? ; **¡no puedo más!** je n'en peux plus ! ; **¡quién pudiera!** si seulement ! ; **no pude menos que dejarlo** je n'ai pas pu m'empêcher de le laisser ; **a** *o* **hasta más no poder** jusqu'à n'en plus pouvoir ; **¡es tonto a más no poder!** il est on ne peut plus idiot !
2: **¿puedes con eso?** tu peux y arriver ? ; **no puedo con este crío** je n'arrive pas à venir à bout de cet enfant
3: **A le puede a B** (*fam*) A est plus fort que B
▸ VB IMPERS: **¡puede (ser)!** cela se peut ! ; **¡no puede ser!** ce n'est pas possible ! ; **puede que llueva** il se peut qu'il pleuve
▸ NM pouvoir *m* ; **ocupar el poder** détenir le pouvoir ; **detentar el poder** s'emparer du pouvoir ; **estar en el poder** être au pouvoir ; **en mi/tu** *etc* **poder** (*posesión*) en ma/ta *etc* possession ; **en poder de** entre les mains de ; **por poderes** (*Jur*) par procuration ; **poder adquisitivo** pouvoir d'achat ; **poder ejecutivo/legislativo/judicial** (*Pol*) pouvoir exécutif/législatif/judiciaire

poderío NM pouvoir *m*
poderosamente ADV puissamment ; (*atraer*) fortement
poderoso, -a ADJ puissant(e)
podio, pódium (*pl* **pódiums**) NM podium *m*
podólogo, -a NM/F podologue *mf*
podré *etc* VB *ver* **poder**
podredumbre NF (*física*) putréfaction *f* ; (*moral*) corruption *f*
podrido, -a ADJ pourri(e) ; (*fig*) corrompu(e)
podrir VT = **pudrir**
poema NM poème *m*
poesía NF poésie *f*
poeta NMF poète *m*
poético, -a ADJ poétique
poetisa NF poétesse *f*
póker NM poker *m*
polaco, -a ADJ polonais(e) ▸ NM/F Polonais(e) ▸ NM (*Ling*) polonais *msg*
polar ADJ polaire
polarice *etc* VB *ver* **polarizar**
polaridad NF polarité *f*
polarizar VT polariser ■ **polarizarse** VPR se polariser
polea NF poulie *f*
polémica NF polémique *f*
polemice *etc* VB *ver* **polemizar**
polémico, -a ADJ polémique
polemizar VI polémiquer
polen NM pollen *m*
poleo NM pouliot *m*
polera (CHI) NF T-shirt *m*
poli (*fam*) NM flic *m* ▸ NF: **la ~** les flics *mpl*
policía NMF policier(-ière), agent *m* (de police) ▸ NF (*cuerpo*) police *f* ; *voir article* ; **~ secreta** services *mpl* secrets

La **policía** se divise en deux branches en Espagne, toutes deux armées : la *policía nacional*, chargée de la sécurité nationale et du maintien de l'ordre en général, et la *policía municipal* (ou *policía local*, ou bien encore *guardia urbana*), qui s'occupe de la circulation et du maintien de l'ordre au niveau municipal. La Catalogne et le Pays basque ont leurs propres forces de police : les *Mossos d'Esquadra* dans la première et l'*Ertzaintza* dans le second.

policíaco, -a, policial ADJ policier(-ière)
polideportivo NM complexe *m* omnisports
poliéster NM polyester *m*
polietileno NM polyéthylène *m*
polifacético, -a ADJ aux multiples facettes
polifonía NF polyphonie *f*
poligamia NF polygamie *f*
polígamo, -a ADJ, NM/F polygame *mf*
políglota ADJ, NMF polyglotte *mf*
polígono NM polygone *m* ; **~ industrial** zone *f* industrielle ; **~ residencial** quartier *m* résidentiel
polilla NF mite *f*
Polinesia NF Polynésie *f*
polinesio, -a ADJ polynésien(ne) ▸ NM/F Polynésien(ne)
polio NF polio *f*
poliomielitis NF INV poliomyélite *f*
pólipo NM polype *m*
Polisario NM ABR (*tb*: **El Frente Polisario**) (= *Frente Popular de Liberación del Sáhara y Río de Oro*) Front *m* Polisario
politécnico, -a ADJ: **universidad politécnica** ≈ Institut *m* universitaire de technologie, ≈ IUT *m*
politeísmo NM polythéisme *m*
política NF politique *f* ; **~ agraria** politique agricole ; **~ de ingresos y precios** politique des revenus et des prix ; **~ económica** politique économique ; **~ exterior** politique extérieure ; *ver tb* **político**
políticamente ADV politiquement ; **~ correcto** politiquement correct
político, -a ADJ politique ; **padre/hermano ~** beau-père *m*/beau-frère *m* ; **madre política** belle-mère *f* ▸ NM/F homme *m* (femme *f*) politique
poliuretano NM polyuréthane *m*
polivalente ADJ (*tb Quím, Med*) polyvalent(e)
póliza NF police *f* ; (*sello*) timbre *m* fiscal ; **~ de seguro(s)** police d'assurance
polizón NM passager(-ère) clandestin(e)

polla NF (*fam!*: *pene*) bite *f* (*fam !*) ; (CSUR: *apuesta*) pari *m* ; **¡una ~!** (*fam!*) va te faire foutre ! (*fam !*) ; **¡qué duquesa ni que pollas (en vinagre)!** (*fam!*) duchesse mon cul ! (*fam !*) ; **~ de agua** (*ave*) poule *f* d'eau

pollera (AM) NF jupe *f*

pollería NF marchand *m* de volailles

pollo NM poulet *m* ; (*joven*) jeune homme *m* ; (MÉX *fam*) immigré *m* clandestin ; **~ asado** poulet rôti

polluelo NM petit oiseau *m*, oisillon *m*

polo NM pôle *m* ; (*helado*) glace *f* ; (*Deporte, suéter*) polo *m* ; **es el ~ opuesto de su hermano** c'est tout le contraire de son frère ; **P~ Norte/Sur** pôle Nord/Sud

pololo, -a (AND, CSUR) NM/F copain (copine)

Polonia NF Pologne *f*

poltrona (*esp* AM) NF fauteuil *m*

polución NF pollution *f*

polvareda NF nuage *m* de poussière

polvera NF poudrier *m*

polvo NM poussière *f* ; (*fam!*) baise *f* (*fam !*) ; **en ~** en poudre ; **estar hecho ~** (*fam*) être fichu ; (: *persona*) être crevé ; (: *deprimido*) avoir le moral à zéro ; **dejar hecho ~ a algn** (*fam*) crever qn ; (*suj*: *noticia*) ficher qn par terre ■ **polvos** NMPL (*en cosmética etc*) poudre *fsg* ; **polvos de talco** talc *m*

pólvora NF poudre *f* ; (*fuegos artificiales*) feux *mpl* d'artifice ; **propagarse como la ~** se répandre comme une traînée de poudre

polvoriento, -a ADJ poussiéreux(-euse)

polvorín NM (*Mil, fig*) poudrière *f*

polvorón NM *petit gâteau très friable, typique de la période de Noël*

polvorosa (*fam*) NF: **poner pies en ~** mettre les voiles *o* les bouts

polvoso, -a (AM) ADJ poussiéreux(-euse)

pomada NF pommade *f*

pomelo NM pamplemousse *m*

pómez NF: **piedra ~** pierre *f* ponce

pomo NM poignée *f*

pompa NF bulle *f* ; (*ostentación*) pompe *f* ; **pompas fúnebres** pompes *fpl* funèbres

pomposo, -a (*pey*) ADJ prétentieux(-euse) ; (*lenguaje, estilo*) pompeux(-euse)

pómulo NM pommette *f*

pon VB *ver* **poner**

ponchada (CSUR) NF *quantité d'objets pouvant tenir dans un poncho*

ponche NM punch *m*

poncho NM poncho *m*

ponderar VT soupeser ; (*elogiar*) faire l'éloge de

pondré *etc* VB *ver* **poner**

ponencia NF exposé *m*

ponente NMF conférencier(-ière)

poner

▶ VT **1** (*colocar*) mettre, poser ; (*ropa, mesa*) mettre ; (*Telec*): **póngame con el Sr. López** passez-moi M. López ; **poner algo a hervir/a secar** mettre qch à bouillir/à sécher ; **poner a algn a la cabeza de una empresa** placer qn à la tête d'une entreprise
2 (*fig*: *emoción, énfasis*) mettre ; (*condiciones*) poser ; **poner interés** porter de l'intérêt ; **poner en claro/duda** mettre au clair/en doute ; **poner al corriente** mettre au courant
3 (*imponer*: *tarea*) donner ; (*multa*) condamner à, donner
4 (*obra de teatro, película*) passer ; **¿qué ponen en el Excelsior?** qu'est-ce qui passe à l'Excelsior ?
5 (*tienda*) monter ; (*casa*) arranger ; (*instalar*: *gas etc*) (faire) mettre
6 (*radio, TV*) mettre ; **ponlo más alto** mets-le plus fort
7 (*mandar*: *telegrama*) envoyer
8 (*suponer*): **pongamos que ...** mettons que ...
9 (*contribuir*): **el gobierno ha puesto un millón** le gouvernement a mis un million
10 (+ *adj*) rendre ; **me estás poniendo nerviosa** tu commences à m'énerver
11 (*dar nombre*): **al hijo le pusieron Diego** ils ont appelé leur fils Diego
12 (*decir por escrito*) dire ; **¿qué pone el periódico?** que dit le journal ?
13 (*huevos*) pondre
▶ VI (*gallina*) pondre
■ **ponerse** VPR **1** (*colocarse*) se mettre ; **se puso a mi lado** il s'est mis à côté de moi ; **ponte en esa silla** mets-toi sur cette chaise
2 (*vestido, cosméticos*) mettre ; **¿por qué no te pones el vestido nuevo?** pourquoi ne mets-tu pas ta nouvelle robe ?
3 (*sol*) se coucher
4 (+ *adj*) devenir ; **ponerse bueno** aller mieux ; **ponerse malo** tomber malade ; **ponerse rojo** devenir tout rouge ; **se puso muy serio** il a pris un air très sérieux ; **¡no te pongas así!** ne te mets pas dans cet état !
5: **ponerse a** se mettre à ; **se puso a llorar** il s'est mis à pleurer ; **tienes que ponerte a estudiar** il faut que tu te mettes à étudier
6: **ponerse a bien con algn** se réconcilier avec qn ; **ponerse a mal con algn** se mettre mal avec qn
7 (AM: *parecer*): **se me pone que ...** j'ai l'impression que ...

ponga *etc* VB *ver* **poner**

pongo, -a (AND) NM/F domestique *mf* indien(ne)

poni NM poney *m*

ponible ADJ mettable

poniente NM couchant *m*

p.º n.º ABR (= *peso neto*) *ver* **peso**

pontevedrés, -esa ADJ de Pontevedra ▶ NM/F natif(-ive) *o* habitant(e) de Pontevedra

P

pontificado NM pontificat *m*
pontificar (*pey*) VI pontifier
pontífice NM pontife *m* ; **el Sumo P~** le souverain pontife
pontificio, -a ADJ pontifical(e)
ponzoña NF poison *m*
ponzoñoso, -a ADJ empoisonné(e)
pop ADJ INV: **música ~** musique *f* pop ▸ NM pop *f*
popa NF poupe *f* ; **a ~** en poupe ; **de ~ a proa** d'un bout à l'autre
pope NM (*Rel*) pope *m* ; (*fam: líder*) gourou *m*
populachero, -a ADJ (*político*) démagogue ; (*política*) démagogique ; (*espectáculo*) populaire
popular ADJ populaire
popularice *etc* VB *ver* **popularizar**
popularidad NF popularité *f*
popularizar VT populariser ■ **popularizarse** VPR se populariser
populista ADJ, NMF populiste *mf*
póquer NM poker *m*
poquísimo, -a ADJ (*superl de poco*) très peu (de)
poquito NM: **un ~ (de)** un petit peu (de) ; **a poquitos** petit à petit ▸ ADV peu

por

PREP 1 (*objetivo, en favor de*) pour ; **luchar por la patria** combattre pour la patrie ; **hazlo por mí** fais-le pour moi
2 (*+ infin*) pour ; **por no llegar tarde** pour ne pas arriver tard ; **por citar unos ejemplos** pour citer quelques exemples
3 (*causa, agente*) par ; **por escasez de fondos** par manque de fonds ; **le castigaron por desobedecer** il a été puni pour avoir désobéi ; **por eso** c'est pourquoi ; **escrito por él** écrit par lui
4 (*tiempo*): **por la mañana/Navidad** le matin/vers Noël
5 (*duración*): **se queda por una semana** il reste une semaine ; **se fue por 3 días** il est parti pour 3 jours
6 (*lugar*): **pasar por Madrid** passer par Madrid ; **ir a Guayaquil por Quito** aller à Guayaquil via Quito ; **caminar por la calle/por las Ramblas** déambuler dans la rue/sur les Rambles ; **por fuera/dentro** à l'extérieur/à l'intérieur ; **anda por la izquierda** marche à gauche ; **vive por aquí** il habite par ici ; **pasear por el jardín** se promener dans le jardin
7 (*cambio, precio*): **te doy uno nuevo por el que tienes** je t'en donne un neuf contre le tien ; **lo vendo por 40 euros** je le vends (pour) 40 euros
8 (*valor distributivo*): **20 euros por hora/cabeza** 20 euros de l'heure/par tête ; **100 km por hora** 100 km à l'heure ; **veinte por ciento** vingt pour cent ; **tres horas por semana** trois heures par semaine ; **por centenares** par centaines
9 (*modo, medio*) par ; **por avión/correo** par avion/la poste ; **por orden** par ordre ; **caso por caso** cas par cas ; **por tamaños** par ordre de taille
10 (*multiplicación*): **25 por 4 son 100** 4 fois 25 font 100
11: **ir/venir por algo/algn** aller/venir chercher qch/qn ; **estar/quedar por hacer** être/rester à faire
12 (*evidencia*): **por lo que dicen** d'après ce qu'on dit
13: **por bonito que sea** cela a beau être très joli ; **por más que lo intento** j'ai beau essayer
14: **por si (acaso)** au cas où ; **lo hice por si acaso** je l'ai fait au cas où ; **por si acaso venía/viniera** au cas où il serait venu/viendrait ; **por si fuera poco** si ça n'était pas assez
15: **¿por qué?** pourquoi ? ; **¿por qué no?** pourquoi pas ?

Obsérvese que la preposición **por** seguida de una expresión de tiempo no se traduce en francés:
Saldremos por la tarde. Nous partirons le soir.
Nos vemos el sábado por la mañana. On se voit samedi matin.

porcelana NF porcelaine *f*
porcentaje NM pourcentage *m* ; **~ de actividad** (*Inform*) taux *msg* d'activité
porcentual ADJ de pourcentage
porche NM arcade *f* ; (*de casa*) porche *m*
porcino, -a ADJ porcin(e) ; **ganado ~** porcins *mpl* ▸ NM (*animal*) porc *m* ; **carne de ~** viande *f* de porc
porción NF portion *f*
pordiosero, -a NM/F mendiant(e)
porfiado, -a ADJ insistant(e) ; (*terco*) entêté(e)
porfiar VI insister (lourdement) ; (*disputar*) discuter
pormenor NM détail *m*
pormenorice *etc* VB *ver* **pormenorizar**
pormenorizar VI détailler
porno ADJ INV porno *inv*
pornografía NF pornographie *f*
pornográfico, -a ADJ pornographique
poro NM pore *m*
porongo (AND, CSUR) NM gourde *f* à maté
poroso, -a ADJ poreux(-euse)
poroto (AND, CSUR) NM haricot *m*
porque CONJ parce que ; **~ sí** parce que
porqué NM pourquoi *m*
porquería NF cochonnerie *f*, saleté *f* ; (*algo sin valor*) cochonnerie ; (*jugarreta*) tour *m* de cochon ; **de ~** (*AM fam*) à la noix ■ **porquerías** NFPL (*comida*) cochonneries *fpl* ; **hacer porquerías** faire des cochonneries

porra NF matraque *f* ; (*juego de apuestas*) pari *m* collectif (*entre amis ou collègues*) ; **¡porras!** flûte ! ; **¡vete a la ~!** (*fam*) va te faire voir !
porrazo NM coup *m* ; **darse un ~ con** *o* **contra algo** se cogner contre qch
porro (*fam*) NM joint *m*
porrón NM *récipient à bec pour boire le vin à la régalade*
portaaviones NM INV porte-avions *m inv*
portabusto NM, **portabustos** NM INV (*Méx*) soutien-gorge *m*
portada NF couverture *f*
portador, -a NM/F porteur(-euse) ; (*Com*) porteur *m* ; **cheque al ~** chèque *m* au porteur
portaequipajes NM INV (*maletero*) coffre *m* ; (*baca*) porte-bagages *m inv*
portaesquíes, portaesquís NM INV porte-skis *m inv*
portafolio, portafolios NM (*Am*) attaché-case *m* ; **~(s) de inversiones** portefeuille *m* d'investissements
portal NM (*entrada*) vestibule *m* ; (*puerta*) porte *f* ; (*Inform*) portail *m* ; **~ de Belén** crèche *f*
portamaletas NM INV = **portaequipajes**
portaminas NM INV portemine *m*, stylomine *m*
portaobjeto NM, **portaobjetos** NM INV porte-objet *m*
portapapeles NM INV (*Inform*) presse-papiers *m*
portar VT (*llevar*) porter ▪ **portarse** VPR (*comportarse*) se conduire, se comporter ; (*fam: comportarse bien*) bien se conduire ; **portarse bien** bien se conduire ; (*niño*) être sage ; **portarse mal** ne pas bien se conduire ; (*niño*) ne pas être sage ; **se portó muy bien conmigo** il a été très correct *o* gentil avec moi ; **se ha portado como un cerdo** il s'est comporté comme un salaud (*fam*)
portátil ADJ portatif(-ive) ; (*ordenador*) portable
portaviones NM INV = **portaaviones**
portavoz NMF porte-parole *mf inv*
portazo NM : **dar un ~** claquer la porte
porte NM (*Com*) port *m* ; (*aspecto*) allure *f* ; **~ debido/pagado** (*Com*) port dû/payé
portento NM prodige *m*
portentoso, -a ADJ prodigieux(-euse)
porteño, -a ADJ de Buenos Aires ▸ NM/F natif(-ive) *o* habitant(e) de Buenos Aires
portería NF loge *f* (de concierge) ; (*Deporte*) but *m*
portero, -a NM/F concierge *mf* ; (*de club*) portier *m* ; (*Deporte*) gardien(ne) de but ▸ NM : **~ automático** interphone *m*
portezuela NF (*de vehículo*) portière *f*
pórtico NM portique *m*
portón NM grande porte *f*
portorriqueño, -a ADJ portoricain(e) ▸ NM/F Portoricain(e)
portuario, -a ADJ portuaire ; **trabajador ~** docker *m*
Portugal NM Portugal *m*
portugués, -esa ADJ portugais(e) ▸ NM/F Portugais(e) ▸ NM (*Ling*) portugais *msg*
porvenir NM avenir *m*
pos : **en ~ de** *prep* après ; (*fig*) en quête de
posada NF auberge *f* ; **dar ~ a** héberger
posaderas NFPL fesses *fpl*
posar VT, VI poser ▪ **posarse** VPR se poser ; (*polvo*) se déposer
posavasos NM INV sous-verre *m*
posdata NF post-scriptum *m inv*
pose NF pose *f*
poseedor, a NM/F possesseur(e) ; (*de récord, título*) détenteur(-trice)
poseer VT posséder ; (*conocimientos, belleza*) avoir ; (*récord, título*) détenir
poseído, -a ADJ : **estar ~ de ira/odio** suffoquer de rage/haine ▸ NM/F possédé(e) ; **como un ~** comme un possédé
posesión NF possession *f* ; **estar en ~ de** être en possession de, détenir ; **tomar ~ (de)** prendre possession (de)
posesionarse VPR : **~ de** prendre possession de
posesivo, -a ADJ possessif(-ive)
poseyendo *etc* VB *ver* **poseer**
posgrado NM = **postgrado**
posgraduado, -a ADJ, NM/F = **postgraduado**
posguerra NF = **postguerra**
posibilidad NF possibilité *f*
posibilitar VT permettre
posible ADJ possible ; **de ser ~** si possible ; **en** *o* **dentro de lo ~** dans la mesure du possible ; **es ~ que** il est possible que ; **hacer todo lo ~** faire tout son *etc* possible ; **lo antes ~** le plus tôt possible ; **lo menos/más ~** le moins/plus possible ; **estudiar lo más ~** étudier le plus possible ; **lo más pronto ~** le plus vite possible ; **ser/no ser ~ (hacer)** être/ne pas être possible (de faire)
posiblemente ADV probablement ; **—¿crees que vendrá? — ~** est-ce que tu penses qu'elle va venir ? — probablement *o* c'est possible ; **~ tengamos que mudarnos** on va peut-être devoir déménager, il est possible qu'on doive déménager
posición NF position *f*
posicionamiento NM prise *f* de position
positivamente ADV positivement
positivo, -a ADJ positif(-ive) ; **el test dio ~** les résultats du test sont positifs ▸ NM (*Foto*) cliché *m*
posmoderno, -a ADJ, NM/F postmoderne *mf*
poso NM (*de café*) marc *m* ; (*de vino*) lie *f*
posología NF posologie *f*
posoperatorio, -a ADJ post-opératoire ▸ NM période *f* post-opératoire

P

posparto, -a ADJ postnatal(e) ▶ NM post-partum *m inv*
posponer VT faire passer après ; (*aplazar*) ajourner, reporter
posponga *etc*, **pospuesto** *etc*, **pospuse** VB *ver* **posponer**
post (*pl* **posts**) NM (*en sitio web*) billet *m*, post *m*
posta NF: **a ~** exprès
postal ADJ postal(e) ▶ NF carte *f* postale
poste NM poteau *m* ; (*Deporte*) pilier *m*
postear VT (*en blog, redes sociales*) poster, publier
póster NM poster *m*
postergar VT reléguer ; (*esp* AM: *aplazar*) reporter
postergue *etc* VB *ver* **postergar**
posteridad NF postérité *f*
posterior ADJ de derrière ; (*parte*) postérieur(e) ; (*en el tiempo*) ultérieur(e) ; **ser ~ a** être ultérieur(e) à
posteriori: **a ~** *adv* a posteriori
posterioridad NF: **con ~** par la suite
posteriormente ADV ultérieurement
postgrado NM troisième cycle *m*
postgraduado, -a ADJ de troisième cycle ▶ NM/F étudiant(e) de troisième cycle ▶ NM (*estudios*) troisième cycle *m*
postguerra NF après-guerre *m* ; **en la ~** après-guerre
postigo NM volet *m* ; (*de puerta*) battant *m*
postín (*fam*) NM: **de ~** huppé(e) ; **darse ~** se donner de grands airs
postizo, -a ADJ faux (fausse), postiche ▶ NM postiche *m*
postoperatorio, -a ADJ, NM = **posoperatorio**
postor, a NM/F offrant *m* ; **al mejor ~** au plus offrant
postración NF prosternation *f* ; (*abatimiento*) prostration *f*
postrarse VPR se prosterner
postre NM dessert *m* ; **para ~** (*fig*) pour couronner le tout ▶ NF: **a la ~** finalement
postrero, -a ADJ dernier(-ière) ; (*momentos, obra*) ultime
postrimerías NFPL (*de siglo*) fin *f*
postulado NM postulat *m*
postular VT (*defender: teoría*) prôner ; (AM: *proponer: candidato*) nommer ▶ VI (*en colecta*) quêter, faire la quête ; (AM: *para un trabajo*) postuler ■ **postularse** VPR (AM *Pol*) se présenter
póstumo, -a ADJ posthume
postura NF position *f*, posture *f* ; (*ante hecho, idea*) position
postureo (*fam*) NM mise *f* en avant de soi
post-venta ADJ INV après-vente *inv*
potable ADJ potable
potaje NM potage *m*
potasio NM potassium *m*
pote NM pot *m*
potencia NF puissance *f* ; **en ~** en puissance
potenciación NF, **potenciamiento** NM (*impulso*) promotion *f* ; (*desarrollo*) développement *m*
potencial ADJ potentiel(le) ▶ NM potentiel *m* ; **~ eléctrico** potentiel électrique
potencialmente ADV potentiellement
potenciar VT renforcer ; (*ifavorecer*) favoriser ; (*impulsar*) promouvoir ; (*desarrollar*) développer
potente ADJ puissant(e)
potestad NF autorité *f* ; **patria ~** autorité parentale
potito NM (ESP) petit pot *m* (*de nourriture pour bébé*)
poto (*fam*) NM (AND, CSUR: *culo*) derrière *m*, cul *m* (*fam*) ; (*vasija*) *petit pot, utilisé en particulier pour le maté*
potra NF pouliche *f* ; **tener ~** (*fam*) avoir du bol
potrero (AM) NM herbage *m*
potro NM poulain *m* ; (*Deporte*) cheval *m* d'arçons
poyo NM banc *m* de pierre (*construit contre un mur*)
poza NF *endroit le plus profond*
pozo NM puits *msg* ; (*de río*) *endroit le plus profond* ; **ser un ~ de sabiduría** être un puits de science
PP SIGLA M (= *Partido Popular*) *parti de droite*
pp. ABR (= *páginas*) pp. (= *pages*)
P.P. ABR = **porte pagado**
p.p. ABR (= *por poderes*) p.p. (= *par procuration*)
p.p.m. ABR (= *palabras por minuto*) mots/min (= *mots par minute*)
práctica NF pratique *f* ; **en la ~** dans la pratique ; **llevar a la** *o* **poner en ~** mettre en pratique ■ **prácticas** NFPL (*Escol*) travaux *mpl* pratiques ; (*en empresa*) stage *m* ; (*Mil*) entraînement *m*
practicable ADJ praticable
prácticamente ADV pratiquement
practicante ADJ (*Rel*) pratiquant(e) ▶ NMF (*Med*) infirmier(-ière)
practicar VT, VI pratiquer
práctico, -a ADJ pratique
practique *etc* VB *ver* **practicar**
pradera NF prairie *f*
prado NM pré *m* ; (AM) gazon *m*
Praga N Prague
pragmático, -a ADJ pragmatique
pragmatismo NM pragmatisme *m*
preacuerdo NM accord *m* de principe
preámbulo NM préambule *m* ; **sin preámbulos** sans préambule
preaviso NM préavis *msg*
precalentamiento NM (*Deporte*) échauffement *m*
precalentar VT (*horno*) préchauffer
precaliente *etc* VB *ver* **precalentar**

precampaña NF (*tb*: **precampaña electoral**) précampagne *f* électorale
precandidato (*esp MÉX*) NM candidat *m* potentiel
precariedad NF (*de empleo, salud, situación*) précarité *f* ; (*de recursos, medios*) manque *m*
precario, -a ADJ (*empleo, salud, situación*) précaire ; (*recursos, medios*): **con medios precarios** avec peu de moyens
precaución NF précaution *f*
precaverse VPR: **~ de** *o* **contra algo** se prémunir contre qch
precavido, -a ADJ prévoyant(e)
precedencia NF priorité *f*
precedente ADJ précédent(e) ▸ NM précédent *m* ; **sin ~(s)** sans précédent ; **establecer** *o* **sentar un ~** créer un précédent
preceder VT précéder
preceptivo, -a ADJ obligatoire
precepto NM précepte *m*
preceptor, a NM/F précepteur(-trice)
preciado, -a ADJ précieux(-euse)
preciarse VPR se vanter ; **~ de** se vanter de
precintar VT sceller
precinto NM (*Com*: *tb*: **precinto de garantía**) cachet *m*
precio NM prix *msg* ; **a cualquier ~** (*fig*) à tout prix ; **no tener ~** (*fig*) ne pas avoir de prix ; **« no importa ~ »** « prix indifférent » ; **a ~ de saldo** en réclame ; **~ al contado** prix au comptant ; **~ al detalle** prix de détail ; **~ al detallista** prix de gros ; **~ al por menor** prix de détail ; **~ de compra/de coste/de entrega inmediata** prix d'achat/de revient/de livraison immédiate ; **~ de ocasión** prix avantageux ; **~ de oferta** prix promotionnel ; **~ de salida** prix initial, mise *f* à prix ; **~ de venta al público** prix de vente conseillé ; **~ por unidad** prix à l'unité, prix unitaire ; **~ tope** prix plafond ; **~ unitario** prix à l'unité
preciosidad NF (*valor*) beauté *f* ; (*cosa bonita*) merveille *f* ; **es una ~** c'est une merveille
precioso, -a ADJ (*hermoso*) très joli(e) ; (*de mucho valor*) précieux(-euse)
precipicio NM (*tb fig*) précipice *m*
precipitación NF précipitation *f*
precipitadamente ADV précipitamment
precipitado, -a ADJ précipité(e) ▸ NM (*Quím*) précipité *m*
precipitar VT précipiter ■ **precipitarse** VPR se précipiter
precisado, -a ADJ: **verse ~ a hacer algo** se voir obligé(e) de faire qch
precisamente ADV précisément ; **~ por eso** pour cette raison précisément ; **~ fue él quien lo dijo** c'est précisément lui qui l'a dit ; **no es ~ bueno** il n'est pas vraiment bon
precisar VT (*necesitar*) avoir besoin de ; (*determinar, especificar*) préciser
precisión NF précision *f* ; **de ~** de précision
preciso, -a ADJ précis(e) ; (*necesario*) nécessaire ; **en ese ~ momento** à ce moment précis ; **es ~ que lo hagas** il faut que tu le fasses
precocidad NF précocité *f*
precocinado, -a ADJ pré-cuit(e) ; **platos precocinados** plats *mpl* cuisinés
precolombino, -a ADJ précolombien(ne)
preconcebido, -a ADJ préconçu(e)
preconice *etc* VB *ver* **preconizar**
preconizar VT préconiser
precoz ADJ précoce
precuela NF prequel *m*, préquelle *f*
precursor, a NM/F précurseur *mf*
predecesor, a NM/F prédécesseur(e)
predecir VT prédire
predestinado, -a ADJ prédestiné(e)
predeterminar VT prédéterminer
predicado NM (*Ling*) prédicat *m*
predicador, a NM/F prédicateur(-trice)
predicar VT, VI prêcher
predicción NF prédiction *f* ; **~ del tiempo** prévisions *fpl* météorologiques
predicho VB *ver* **predecir**
predictivo, a ADJ prédictif(-ive)
prediga *etc*, **predije** *etc* VB *ver* **predecir**
predilección NF prédilection *f* ; **tener ~ por algo** avoir une prédilection pour qch
predilecto, -a ADJ préféré(e)
predique *etc* VB *ver* **predicar**
predispondré *etc* VB *ver* **predisponer**
predisponer VT prédisposer
predisponga *etc* VB *ver* **predisponer**
predisposición NF prédisposition *f*
predispuesto *etc*, **predispuse** VB *ver* **predisponer**
predominante ADJ prédominant(e)
predominar VI prédominer
predominio NM prédominance *f*
preelectoral ADJ préélectoral(e) ; **sondeo ~** sondage *m* avant les élections
preeminencia NF primauté *f*
preescolar ADJ préscolaire
preestablecido, -a ADJ préétabli(e)
preestreno NM avant-première *f*
prefabricado, -a ADJ préfabriqué(e)
prefacio NM préface *f*
prefectura NF préfecture *f*
preferencia NF (*predilección*) préférence *f* ; (*Auto*) priorité *f* ; **de ~** de préférence ; **localidad de ~** place *f* de choix
preferente ADJ (*trato*) préférentiel(le) ; (*lugar*) de choix ; (*Fin*: *acción*) préférentiel(le) ; **clase ~** (*Aviat*) classe *f* affaires

preferible ADJ préférable
preferido, -a ADJ, NM/F préféré(e)
preferir VT préférer ; **~ hacer/que** préférer faire/que
prefiera *etc* VB *ver* **preferir**
prefijar VT (*fecha, condiciones*) fixer d'avance
prefijo NM (*Telec*) indicatif *m* ; (*Ling*) préfixe *m*
prefiriendo *etc* VB *ver* **preferir**
pregón NM (*en fiestas*) discours *msg* inaugural ; (*de mercancías*) cri *m* ; (*aviso público*) annonce *f*
pregonar VT crier sur tous les toits ; (*edicto*) annoncer
pregunta NF question *f* ; **hacer una ~** poser une question ; **~ capciosa** question piège ; **preguntas frecuentes** (*Inform*) foire *f* aux questions
preguntar VT demander ▶ VI demander ; **~ por algn** demander qn ; **~ por la salud de algn** s'enquérir de la santé de qn ■ **preguntarse** VPR se demander
preguntón, -ona (*fam*) ADJ questionneur(-euse)
prehistoria NF préhistoire *f*
prehistórico, -a ADJ préhistorique
preinscripción NF préinscription *f*
preinstalado, -a ADJ (*software*) préinstallé(e)
prejubilación NF préretraite *f*
prejubilar VT mettre en préretraite
prejuicio NM préjugé *m* ; **tener prejuicios** avoir des préjugés
prejuzgar VT préjuger
prejuzgue *etc* VB *ver* **prejuzgar**
prelado NM prélat *m*
prelavado NM prélavage *m*
preliminar ADJ, NM préliminaire *m*
preludio NM prélude *m*
premamá ADJ: **vestido ~** robe *f* de grossesse
prematrimonial ADJ: **relaciones prematrimoniales** relations *fpl* avant le mariage
prematuro, -a ADJ prématuré(e)
premeditación NF préméditation *f*
premeditado, -a ADJ prémédité(e)
premeditar VT préméditer
premiar VT récompenser ; (*en un concurso*) décerner un prix à
premio NM récompense *f* ; (*de concurso etc*) prix *msg* ; (*Com*) prime *f* ; **~ de consolación** prix de consolation ; **~ gordo** gros lot *m*
premisa NF prémisse *f*
premonición NF prémonition *f*
premura NF (*prisa*) hâte *f*
prenatal ADJ prénatal(e)
prenda NF (*ropa*) vêtement *m* ; (*garantía*) gage *m* ; (*fam: apelativo*) mon chou ; **dejar algo en ~** laisser qch en gage ; **no soltar ~** (*fig*) ne pas dire un mot ■ **prendas** NFPL (*juego*) gages *mpl*
prendado, -a ADJ: **~ de algo/algn** épris(e) de qch/qn
prendedor NM broche *f*
prender VT (*sujetar*) attacher ; (*delincuente*) arrêter ; (*esp AM: encender*) allumer ; **~ fuego a algo** mettre le feu à qch ▶ VI (*idea, miedo*) s'enraciner ; (*planta, fuego*) prendre ■ **prenderse** VPR prendre feu ; (*esp AM: encenderse*) s'allumer
prendido, -a (*AM*) ADJ (*luz etc*) allumé(e)
prensa NF presse *f* ; **tener mala ~** avoir mauvaise presse ; **agencia/conferencia de ~** agence *f*/conférence *f* de presse
prensar VT (*papel, uva*) presser
preñado, -a ADJ (*mujer*) enceinte ; **~ de** chargé(e) de
preocupación NF souci *m*
preocupado, -a ADJ préoccupé(e)
preocupante ADJ préoccupant(e), inquiétant(e)
preocupar VT préoccuper ■ **preocuparse** VPR (*inquietarse*) se soucier ; **preocuparse de algo** (*hacerse cargo*) s'occuper de qch ; **preocuparse por algo** se soucier de qch ; **¡no te preocupes!** ne t'en fais pas !
preolímpico, -a ADJ préolympique ▶ NM (*competición*) épreuve *f* préolympique
prepago NM prépaiement *m* ; **tarjeta de ~** carte *f* prépayée
preparación NF préparation *f*
preparado, -a ADJ (*dispuesto*) prêt(e) ; (*plato*) préparé(e) ; (*estudiante, candidato*) bien préparé(e) ; **¡preparados, listos, ya!** à vos marques ... prêts ? ... partez ! ▶ NM (*Med*) préparation *f*
preparador, a NM/F (*instructor: de deportista*) entraîneur(-euse) ; (*: de opositor*) formateur(-trice)
preparar VT préparer ■ **prepararse** VPR se préparer ; **prepararse para hacer algo** se préparer à faire qch
preparativos NMPL préparatifs *mpl*
preparatoria (*AM*) NF terminale *f*
preponderancia NF prépondérance *f* ; **tener ~ sobre** avoir la prépondérance sur
preponderante ADJ prépondérant(e)
preposición NF (*Ling*) préposition *f*
prepotencia NF domination *f* ; (*arrogancia*) arrogance *f*
prepotente ADJ dominateur(-trice) ; (*arrogante*) arrogant(e)
prerrogativa NF prérogative *f*
presa NF (*de animal*) proie *f* ; (*de agua*) barrage *m* ; **hacer ~ en** avoir prise sur ; **ser ~ de** (*fig: remordimientos*) être en proie à ; (*llamas*) être la proie de
presagiar VT présager
presagio NM présage *m*
presbítero NM prêtre *m*
prescindible ADJ superflu(e) ; **todo lo que sea ~** tout ce dont on peut se passer

prescindir VI: **~ de** (*privarse de*) se passer de ; (*descartar*) faire abstraction de ; **no podemos ~ de él** nous ne pouvons pas nous passer de lui

prescribir VT prescrire

prescripción NF prescription *f* ; **~ facultativa** prescription médicale

prescrito PP *de* **prescribir**

preseleccionar VT présélectionner

presencia NF présence *f* ; **en ~ de** en présence de ; **tener buena ~** avoir une bonne présentation ; **~ de ánimo** présence d'esprit

presencial ADJ (*Univ: formación*) présentiel(le), en présentiel ; **testigo ~** témoin *m* oculaire

presenciar VT (*accidente, discusión*) être témoin de ; (*ceremonia etc*) assister à

presentación NF présentation *f* ; (*Jur: de pruebas, documentos*) production *f*

presentador, a NM/F présentateur(-trice)

presentar VT présenter ; (*Jur: pruebas, documentos*) produire ; **~ al cobro** (*Com*) présenter au recouvrement ■ **presentarse** VPR se présenter ; **presentarse a la policía** se présenter à la police

presente ADJ présent(e) ; **hacer ~** faire savoir ; **tener ~** se souvenir de ; **¡~!** présent ! ▶ NM présent *m* ▶ NF: **la ~** (*carta*) la présente ▶ NMF: **los/las presentes** les personnes *fpl* présentes

presentimiento NM pressentiment *m*

presentir VT pressentir ; **~ que** pressentir que

preservación NF préservation *f*

preservar VT préserver

preservativo NM préservatif *m*

presidencia NF présidence *f* ; **ocupar la ~** assumer la présidence

presidenciable ADJ, NMF présidentiable *mf*

presidencial ADJ présidentiel(le) ; **las (elecciones) presidenciales** l'élection *f* présidentielle *o* la présidentielle *f*, les élections *fpl* présidentielles o les présidentielles *fpl*

presidente NMF président(e)

presidiario, -a NM/F détenu(e)

presidio NM prison *f*

presidir VT (*reunión*) présider ; (*suj: sentimiento*) régner sur

presienta *etc*, **presintiendo** *etc* VB *ver* **presentir**

presión NF (*tb fig*) pression *f* ; **a ~** à la pression ; **cerrar a ~** fermer avec des pressions ; **grupo de ~** (*Pol*) groupe *m* de pression ; **~ arterial** tension *f* artérielle ; **~ atmosférica** pression atmosphérique ; **~ sanguínea** tension artérielle

presionar VT (*coaccionar*) faire pression sur ; (*botón*) appuyer sur ▶ VI: **~ para** *o* **por** faire pression pour

preso, -a ADJ: **~ de terror/pánico** pris(e) de terreur/panique ; **tomar** *o* **llevar ~ a algn** faire prisonnier qn ▶ NM/F (*en la cárcel*) prisonnier(-ière)

prestación NF (*Admin*) prestation *f* ; **~ por maternidad** allocation *f* de maternité ; **~ por paternidad** allocation de congé parental ■ **prestaciones** NFPL (*Tec, Auto*) performances *fpl*

prestado, -a ADJ emprunté(e) ; **dar algo ~** prêter qch ; **pedir ~** emprunter

prestamista NMF prêteur(-euse)

préstamo NM prêt *m* ; **~ con garantía** prêt sur gages ; **~ hipotecario** prêt hypothécaire

prestancia NF prestance *f*

prestar VT prêter ; (*servicio*) rendre ■ **prestarse** VPR: **prestarse a hacer** se proposer pour faire ; **prestarse a malentendidos** prêter à confusion

prestatario, -a NM/F emprunteur(-euse)

presteza NF promptitude *f*

prestidigitador, a NM/F prestidigitateur(-trice)

prestigio NM prestige *m*

prestigioso, -a ADJ prestigieux(-euse)

presto, -a ADJ (*rápido*) preste ; (*dispuesto*) prêt(e)

presumido, -a ADJ, NM/F prétentieux(-euse) ; (*preocupado de su aspecto*) coquet(te)

presumir VT présumer ; **según cabe ~** selon toute vraisemblance, à ce que l'on suppose ▶ VI se vanter ; (*tener aires*) prendre de grands airs ; **~ de listo** se croire intelligent

presunción NF présomption *f*

presuntamente ADV soi-disant, en principe

presunto, -a ADJ présumé(e) ; (*heredero*) présomptif(-ive)

presuntuoso, -a ADJ présomptueux(-euse)

presupondré *etc* VB *ver* **presuponer**

presuponer VT présupposer

presuponga *etc* VB *ver* **presuponer**

presupuestar VT (*coste, obra*) établir un devis de

presupuestario, -a ADJ budgétaire

presupuesto PP *de* **presuponer** ▶ NM (*Fin*) budget *m* ; (*de costo, obra*) devis *msg* ; **asignación de ~** (*Com*) dotation *f* budgétaire

presupuse *etc* VB *ver* **presuponer**

presuroso, -a ADJ pressé(e)

pretemporada NF (*Deporte*) avant-saison *f*

pretencioso, -a ADJ prétentieux(-euse)

pretender VT (*intentar, aspirar a*) chercher à ; (*afirmar*) prétendre ; **solo pretendía ayudarla** je cherchais juste à l'aider ; **¿qué pretendes hacer?** qu'as-tu l'intention de faire ? ; **¿pretendes que te crea?** tu penses vraiment que je vais te croire ?

> ⚠ De nombreux sens de **pretender** ne correspondent pas au verbe *prétendre*.

pretendiente, -a NM/F prétendant(e)

pretensión NF prétention *f* ■ **pretensiones** NFPL prétentions *fpl* ; **tener muchas/pocas pretensiones** avoir des prétentions élevées/de faibles prétentions

P

pretérito, -a ADJ (*Ling, fig*) passé(e)
pretextar VT prétexter
pretexto NM (*excusa*) prétexte *m* ; **so** *o* **con el ~ de** sous prétexte de
pretil NM (*valla*) garde-fou *m* ; (*baranda*) balustrade *f*
prevalecer VI prévaloir
prevaleciente ADJ prédominant(e)
prevalezca *etc* VB *ver* **prevalecer**
prevaricación NF (*Jur*) *délit d'un fonctionnaire qui prend sciemment une décision contraire à l'ordre juridique en vigueur*
prevención NF prévention *f*
prevendré *etc*, **prevenga** *etc* VB *ver* **prevenir**
prevenido, -a ADJ: **(estar) ~** (*preparado*) (être) prévenu(e) ; **(ser) ~** (*cuidadoso*) (être) prévoyant(e) ; **hombre ~ vale por dos** un homme averti en vaut deux
prevenir VT prévenir ; (*preparar*) préparer ; **~ a algn (en) contra (de)/a favor de** prévenir qn contre/en faveur de ■ **prevenirse** VPR se préparer ; **prevenirse contra** se prémunir contre
preventivo, -a ADJ préventif(-ive)
prever VT prévoir
previamente ADV préalablement
previniendo *etc* VB *ver* **prevenir**
previo, -a ADJ (*anterior*) préalable ; **~ pago de los derechos** moyennant l'acquittement préalable des droits
previsible ADJ prévisible
previsión NF prévision *f* ; **en ~ de** en prévision de ; **~ del tiempo** prévision météorologique ; **~ de ventas** prévision des ventes
previsor, a ADJ prévoyant(e)
previsto, -a PP *de* **prever**; **según lo ~** comme prévu
PRI (MÉX) SIGLA M (= *Partido Revolucionario Institucional*) *parti politique*
prieto, -a ADJ (*apretado*) serré(e) ; (*esp* MÉX: *moreno*) basané(e)
prima NF prime *f* ; **~ única** prime unique ; *ver tb* **primo**
primacía NF primauté *f*
primado NM (*Rel*) primat *m*
primar VI primer ; **~ sobre** primer sur
primario, -a ADJ primaire ▶ NF (*Escol*) primaire *m* ■ **primarias** NFPL (*Pol*) primaires *fpl*
primate NM (*Zool*) primate *m*
primavera NF printemps *m*
primaveral ADJ printanier(-ière)
primer ADJ *ver* **primero**
primera NF première *f* ; **a la ~** du premier coup ; **de ~** (*fam*) de premier ordre
primerizo, -a ADJ (*novato*) débutant(e), novice ; **ser ~** être novice, ne pas avoir d'expérience ; (*precoz*) premier(-ière) ▶ NM/F (*novato*) débutant(e), novice ▶ NF (*Med*) primipare *f*, femme *f* qui accouche pour la première fois
primero, -a (*antes de nmsg* **primer**) ADJ premier(-ière) ; **primer ministro** Premier ministre *m* ▶ ADV (*en primer lugar*) d'abord ; (*más bien*) plutôt ▶ NMF: **ser/llegar el ~** être/arriver le premier ▶ NM: **a primeros (de mes)** en début de mois
primicia NF primeur *f*
primigenio, -a ADJ primitif(-ive)
primitiva NF (*tb*: **lotería primitiva**) loto *m*
primitivo, -a ADJ primitif(-ive)
primo, -a ADJ (*Mat*) premier(-ière) ; **materias primas** matières *fpl* premières ▶ NM/F cousin(e) ; (*fam*) idiot(e) ; **hacer el ~** faire l'idiot ; **~ hermano** cousin *m* germain
primogénito, -a ADJ aîné(e)
primor NM (*cuidado*) délicatesse *f* ; (*cosa*) merveille *f*
primordial ADJ primordial(e)
primoroso, -a ADJ délicat(e)
princesa NF princesse *f*
principado NM principauté *f*
principal ADJ principal(e) ; (*piso*) premier(-ière) ▶ NM principal *m* ; (*piso*) premier étage *m*
príncipe NM prince *m* ; **~ de Gales** (*tela*) prince de Galles ; **~ heredero** prince héritier
principiante ADJ, NMF débutant(e)
principio NM (*comienzo*) début *m* ; (*origen*) commencement *m* ; (*fundamento, moral, tb Quím*) principe *m* ; **a principios de** au début de ; **al ~** au début ; **en ~** en principe ; **~ de precaución** principe de précaution
pringado, -a (*fam*) NM/NF boloss *m/f* (*fam*)
pringar VT (*Culin*: *pan*) tremper ; (*ensuciar*) salir ; **~ a algn en un asunto** (*fam*) mêler qn à une affaire ■ **pringarse** VPR se salir
pringoso, -a ADJ (*grasiento*) graisseux(-euse) ; (*pegajoso*) poisseux(-euse)
pringue VB *ver* **pringar** ▶ NM (*grasa*) graisse *f* ; (*suciedad*) crasse *f*
prior, a NM/F prieur(e)
prioridad NF priorité *f*
prioritario, -a ADJ prioritaire
priorizar VT donner la priorité à ▶ VI déterminer ce qui est prioritaire
prisa NF hâte *f* ; (*rapidez*) rapidité *f* ; **correr ~** être urgent(e) ; **darse ~** se dépêcher ; **tener ~** être pressé(e)
prisión NF prison *f*
prisionero, -a NM/F prisonnier(-ière)
prisma NM (*Fís*: *Óptica*) prisme *m* ; (*punto de vista*) point *m* de vue, angle *m* ; **bajo** *o* **desde el ~ de** sous l'angle de
prismáticos NMPL jumelles *fpl*
privacidad NF vie *f* privée
privación NF privation *f* ■ **privaciones** NFPL (*necesidades*) privations *fpl*
privado, -a ADJ privé(e) ; **en ~** en privé ; **« ~ y confidencial »** « personnel »

privar VT (*despojar*) priver ; **~ a algn de hacer** empêcher qn de faire ▸ VI: **me privan las motos** (*fam*) la moto c'est mon dada ■ **privarse** VPR: **privarse de** (*abstenerse*) se priver de
privativo, -a ADJ: **~ de** propre à
privatización NF privatisation *f*
privatizar VT privatiser
privilegiado, -a ADJ, NM/F privilégié(e)
privilegiar VT privilégier
privilegio NM privilège *m*
pro NM profit *m* ; **en ~ de** en faveur de ; **los pros y los contras** le pour et le contre ; **ciudadano de ~** honorable citoyen *m* ; **hombre de ~** homme *m* de bien ▸ PREP: **asociación ~ ciegos** association *f* au profit des aveugles ▸ PREF: **prosoviético** pro-soviétique ; **proamericano** pro-américain
proa NF (*Náut*) proue *f*
probabilidad NF probabilité *f* ■ **probabilidades** NFPL (*perspectivas*) chances *fpl*
probable ADJ probable ; **es ~ que** (+ *subjuntivo*) il est probable que + *subjonctif* ; **es ~ que no venga** il est probable qu'il ne viendra pas
probablemente ADV probablement
probador NM cabine *f* d'essayage
probar VT essayer ; (*demostrar*) prouver ; (*comida*) goûter ▸ VI essayer ■ **probarse** VPR: **probarse un traje** essayer un costume
probeta NF éprouvette *f* ; **bebé-~** bébé-éprouvette *m*
problema NM problème *m* ; **el ~ del paro** le problème du chômage
problemático, -a ADJ problématique ▸ NF problématique *f*, problèmes *mpl*, questions *fpl*
procaz ADJ insolent(e)
procedencia NF provenance *f*
procedente ADJ: **~ de** en provenance de ; (*Jur*) recevable
proceder VI (*actuar*) procéder ; (*ser correcto*) convenir ; **~ a** procéder à ; **~ de** provenir de ; **no procede obrar así** il n'y a pas lieu d'agir ainsi ▸ NM (*comportamiento*) procédé *m*
procedimiento NM (*Jur, Admin*) procédure *f* ; (*proceso*) processus *msg* ; (*método*) procédé *m*
prócer (*esp Am*) NM (*Pol*) personnage *m* illustre
procesado, -a NM/F (*Jur*) accusé(e)
procesador NM: **~ de textos** (*Inform*) machine *f* de traitement de texte
procesal ADJ (*Jur*) de procédure
procesamiento NM (*Inform*) traitement *m* ; **~ de datos/textos** traitement de données/texte ; **~ por lotes** traitement par lots
procesar VT (*Jur*) accuser ; (*Inform*) traiter
procesión NF procession *f* ; **la ~ va por dentro** il *etc* souffre en silence
proceso NM (*desarrollo, procedimiento*) processus *msg* ; (*Jur*) procès *msg* ; (*lapso*) cours *msg* ; (*Inform*): **~ (automático) de datos** traitement *m* (automatique) de données ; **~ de textos** traitement de texte(s) ; **~ no prioritario** traitement non prioritaire ; **~ por pasadas** traitement séquentiel ; **~ en tiempo real** traitement en temps réel
proclama NF proclamation *f*
proclamación NF proclamation *f*
proclamar VT proclamer
proclive ADJ: **~ (a)** enclin(e) (à)
procreación NF procréation *f*
procrear VT, VI procréer
procurador, a NM/F (*Jur*) avoué *m* ; (*Pol*) député(e)
procurar VT (*intentar*) essayer de ; (*proporcionar*) procurer ■ **procurarse** VPR se procurer
prodigar VT prodiguer ■ **prodigarse** VPR: **prodigarse en** être prodigue de
prodigio NM prodige *m* ; **niño ~** enfant *m* prodige
prodigioso, -a ADJ prodigieux(-euse)
pródigo, -a ADJ prodigue ; **hijo ~** fils *m* prodigue
producción NF production *f* ; **~ en serie** production en série
producir VT produire ; (*impresión, heridas, tristeza*) causer ■ **producirse** VPR se produire
productividad NF productivité *f*
productivo, -a ADJ productif(-ive)
producto NM produit *m* ; **~ alimenticio** produit alimentaire ; **~ interior bruto** produit intérieur brut ; **productos lácteos** produits laitiers ; **~ nacional bruto** produit national brut
productor, a ADJ, NM/F producteur(-trice) ▸ NF (*empresa: Com*) producteur *m* ; (*: Cine, TV*) société *f* de production ; (*: Mús*) maison *f* de production (de disques)
produje *etc*, **produzca** *etc* VB *ver* **producir**
proeza NF prouesse *f*
profanación NF profanation *f*
profanar VT profaner
profano, -a ADJ, NM/F profane *mf* ; **soy ~ en la materia** je suis profane en la matière
profe (*fam*) NMF prof *mf* (*fam*)
profecía NF prophétie *f*
proferir VT proférer
profesar VT professer
profesión NF profession *f* ; **abogado de ~, de ~ abogado** avocat *m* de profession
profesional ADJ, NMF professionnel(le)
profesionalidad NF professionnalisme *m* (*qualité*)
profesionalismo NM professionnalisme *m* (*caractère*)
profesionista (*Méx*) NMF professionnel(le)
profesor, a NM/F professeur *mf* ; **~ adjunto** professeur assistant
profesorado NM professorat *m*

P

profeta NM prophète *m*
profetice *etc* VB *ver* **profetizar**
profético, -a ADJ prophétique
profetizar VT, VI prophétiser
profiera *etc* VB *ver* **proferir**
profilaxis NF INV (*Med*) prophylaxie *f*
profiriendo *etc* VB *ver* **proferir**
prófugo, -a NM/F fugitif(-ive) ▸ NM (*Mil*) insoumis *msg*
profundamente ADV profondément
profundice *etc* VB *ver* **profundizar**
profundidad NF profondeur *f* ; **tener una ~ de 30 cm** avoir une profondeur de 30 cm ■ **profundidades** NFPL (*de océano etc*) profondeurs *fpl*
profundizar VI: **~ en** (*fig*) approfondir
profundo, -a ADJ profond(e) ; **poco ~** peu profond(e)
profusión NF profusion *f*
progenie NF descendance *f*
progenitor NM ancêtre *m* ■ **progenitores** NMPL (*padres*) parents *mpl*
programa NM programme *m* ; **~ de estudios** programme ; **~ verificador de ortografía** (*Inform*) vérificateur *m* d'orthographe
programación NF programmation *f* ; **~ estructurada** programmation structurée
programa-concurso (*pl* **programas-concurso**) NM programme *m* de jeux
programador, a NM/F programmeur(-euse) ; **~ de aplicaciones** programmeur(-euse) d'applications ▸ NM programmateur *m*
programar VT programmer
progre (*fam*) ADJ progressiste
progresar VI progresser
progresión NF: **~ geométrica/aritmética** progression *f* géométrique/arithmétique
progresista ADJ, NMF progressiste *mf*
progresivo, -a ADJ progressif(-ive)
progreso NM (*avance*) progrès *msg* ; **el ~** le progrès ; **hacer progresos** faire des progrès
prohibición NF interdiction *f* ; (*Admin, Jur*) prohibition *f* ; **levantar la ~ de** lever l'interdiction de
prohibir VT interdire ; (*Admin, Jur*) prohiber ; **« prohibido fumar »** « défense de fumer » ; **« prohibida la entrada »** « entrée interdite » ; **dirección prohibida** (*Auto*) sens *m* interdit
prohibitivo, -a ADJ prohibitif(-ive)
prójimo NM prochain *m*
prole NF progéniture *f*
proletariado NM prolétariat *m*
proletario, -a ADJ, NM/F prolétaire *mf*
proliferación NF prolifération *f* ; **~ de armas nucleares** prolifération des armes nucléaires
proliferar VI proliférer
prolífico, -a ADJ prolifique
prolijo, -a ADJ prolixe ; (*esp* AM: *pulcro*) propre
prólogo NM prologue *m*
prolongación NF prolongation *f*
prolongado, -a ADJ (*largo*) prolongé(e) ; (*alargado*) allongé(e)
prolongar VT prolonger ■ **prolongarse** VPR se prolonger
prolongue *etc* VB *ver* **prolongar**
prom. ABR = **promedio**
promediar VT (*Mat*) faire la moyenne de ; (*tener un promedio de*) atteindre la moyenne de ; **la producción promedia 100 barriles diarios** la production est de 100 barils par jour en moyenne
promedio NM moyenne *f*
promesa NF promesse *f* ; **faltar a una ~** ne pas tenir une promesse ▸ ADJ: **jóvenes promesas** jeunes espoirs *mpl*
prometedor, a ADJ prometteur(-euse)
prometer VT: **~ hacer algo** promettre de faire qch ▸ VI promettre ■ **prometerse** VPR (*dos personas*) se fiancer
prometido, -a ADJ promis(e) ▸ NM/F fiancé(e)
prominente ADJ proéminent(e) ; (*artista*) en vue ; (*político*) important(e)
promiscuidad NF promiscuité *f*
promiscuo, -a (*pey*) ADJ (*persona*) de mœurs légères
promoción NF promotion *f* ; **~ por correspondencia directa** (*Com*) publipostage *m* ; **~ de ventas** promotion des ventes
promocional ADJ promotionnel(le)
promocionar VT promouvoir ■ **promocionarse** VPR se promouvoir ; (*profesionalmente*) monter en grade
promontorio NM promontoire *m*
promotor, a NM/F promoteur(-trice)
promover VT promouvoir ; (*escándalo, juicio*) provoquer
promueva *etc* VB *ver* **promover**
promulgar VT promulguer
promulgue *etc* VB *ver* **promulgar**
pronombre NM pronom *m*
pronosticar VT pronostiquer
pronóstico NM pronostic *m* ; **de ~ leve** au pronostic dénué de toute gravité ; **de ~ reservado** au pronostic réservé ; **~ del tiempo** prévisions *fpl* météorologiques
pronostique *etc* VB *ver* **pronosticar**
prontitud NF promptitude *f*
pronto, -a ADJ (*rápido*) rapide ; (*preparado*) prêt(e) ▸ ADV rapidement ; (*dentro de poco*) bientôt ; (*temprano*) tôt ; **al ~** au début ; **de ~** tout à coup ; **¡hasta ~!** à bientôt ! ; **lo más ~ posible** le plus tôt possible ; **por lo ~** pour l'instant ; **tan ~ como** dès que ▸ NM (*impulso*) élan *m* ; (*: de ira*) accès *msg*
prontuario NM (*libro*) précis *m*, abrégé *m*, compendium *m* ; (ARG *Jur*) casier *m* judiciaire

pronunciación NF (*Ling*) prononciation *f* ; (*Jur*) prononcé *m*
pronunciado, -a ADJ prononcé(e)
pronunciamiento NM pronunciamiento *m*
pronunciar VT prononcer ■ **pronunciarse** VPR (*Mil*) se soulever ; (*declararse*) se prononcer ; **pronunciarse sobre** se prononcer sur
propagación NF propagation *f*
propaganda NF (*Pol*) propagande *f* ; (*Com*) publicité *f* ; **hacer ~ de** (*Com*) faire de la propagande pour
propagandístico, -a ADJ (*Pol*) de propagande ; (*Com*) publicitaire
propagar VT propager ■ **propagarse** VPR se propager
propague *etc* VB *ver* **propagar**
propalar VT (*noticia, secreto*) divulguer
propano NM propane *m*
propasarse VPR (*excederse*) dépasser les limites ; (*sexualmente*) prendre des libertés
propensión NF propension *f*
propenso, -a ADJ : **~ a** enclin(e) à ; (*enfermedad*) sujet(te) à ; **ser ~ a hacer algo** être enclin(e) à faire qch
propiamente ADV proprement ; **~ dicho** proprement dit
propiciar VT favoriser
propicio, -a ADJ propice
propiedad NF propriété *f* ; **ceder algo a algn en ~** céder la propriété de qch à qn ; **ser ~ de** être propriété de ; **con ~** (*hablar*) correctement ; **~ intelectual** propriété intellectuelle ; **~ particular** propriété privée ; **~ pública** (*Com*) propriété publique
propietario, -a NM/F propriétaire *mf*
propina NF pourboire *m* ; **dar algo de ~** donner qch en pourboire
propinar VT administrer
propio, -a ADJ propre ; (*mismo*) en personne ; **el ~ ministro** le ministre en personne ; **¿tienes casa propia?** as-tu une maison à toi ? ; **eso es muy ~ de él** c'est bien de lui ; **nombre ~** nom *m* propre
propondré *etc* VB *ver* **proponer**
proponer VT proposer ■ **proponerse** VPR : **proponerse hacer** se proposer de faire
proponga *etc* VB *ver* **proponer**
proporción NF proportion *f* ; **en ~ con** en proportion avec ■ **proporciones** NFPL (*dimensiones, tb fig*) proportions *fpl*
proporcionado, -a ADJ proportionné(e) ; **bien ~** bien proportionné(e)
proporcional ADJ proportionnel(le) ; **~ a** proportionnel à
proporcionar VT offrir ; (*Com*) fournir ; **esto le proporciona una renta anual de …** cela lui rapporte un revenu annuel de …
proposición NF proposition *f* ; **proposiciones deshonestas** propositions malhonnêtes
propósito NM intention *f* ; **a ~** (*adrede*) exprès ; (*por cierto*) à propos ; **hacer algo a ~** faire qch exprès ; **a ~ de** à propos de
propuesta NF proposition *f*
propuesto, -a PP *de* **proponer**
propugnar VT défendre
propulsar VT (*vehículo*) propulser ; (*fig*) stimuler
propulsión NF propulsion *f* ; **~ a chorro** *o* **por reacción** propulsion par réaction
propulsor, a ADJ (*motor*) à réaction ; (*fig: medida*) de stimulation ; (*: persona*) initiateur(-trice) ▸ NM (*Tec: combustible*) combustible *m* de propulsion ; (*: motor*) propulseur *m* ▸ NM/F (*persona*) initiateur(-trice)
propuse *etc* VB *ver* **proponer**
prorrata NF prorata *m* ; **a ~** au prorata
prorratear VT répartir au prorata
prórroga NF (*de plazo*) prorogation *f* ; (*Deporte*) prolongations *fpl* ; (*Mil*) sursis *msg*
prorrogable ADJ susceptible d'être prorogé(e)
prorrogar VT (*plazo*) proroger ; (*decisión*) différer
prorrogue *etc* VB *ver* **prorrogar**
prorrumpir VI : **~ en lágrimas/carcajadas** éclater en sanglots/de rire ; **el público prorrumpió en aplausos** les applaudissements ont fusé dans le public
prosa NF (*Lit*) prose *f*
prosaico ADJ prosaïque
proscenio NM avant-scène *f* ; (*Hist*) proscenium *m*
proscribir VT proscrire
proscripción NF proscription *f*
proscrito, -a PP *de* **proscribir** ▸ ADJ, NM/F proscrit(e)
prosecución NF poursuite *f*
proseguir VT poursuivre ▸ VI continuer ; (*discusiones etc*) se poursuivre ; **~ con algo** poursuivre qch
prosélito NM prosélyte *m*
prosiga *etc*, **prosiguiendo** *etc* VB *ver* **proseguir**
prosista NMF prosateur(-trice)
prospección NF prospection *f*
prospecto NM (*Med*) notice *f* ; (*publicidad*) prospectus *msg*
prosperar VI prospérer
prosperidad NF prospérité *f*
próspero, -a ADJ prospère ; **¡~ año nuevo!** bonne année !
próstata NF prostate *f*
prostíbulo NM bordel *m*
prostitución NF prostitution *f*
prostituir VT prostituer ■ **prostituirse** VPR se prostituer
prostituta NF prostituée *f*
prostituyendo *etc* VB *ver* **prostituir**
protagonice *etc* VB *ver* **protagonizar**

P

protagonismo NM (*papel*) rôle *m* central ; (*liderazgo*) rôle *m* prépondérant ; (*importancia*) importance *f* ; **conceder el ~ al pueblo** placer le peuple au premier plan ; **afán de ~** besoin *m* d'être au centre de l'attention ; **tuvo poco ~** il n'a pas eu un rôle très marquant ; **el tema adquiere gran ~ en este texto** le thème prend beaucoup d'importance dans ce texte ; **le gusta hacer las cosas sin protagonismos** elle n'aime pas être se mettre en avant

protagonista NMF protagoniste *mf*

protagonizar VT (*película, suceso*) être le (la) protagoniste de

protección NF protection *f*

proteccionismo NM (*Com*) protectionnisme *m*

protector, a ADJ (*barrera, gafas*) de protection ; (*crema, tono*) protecteur(-trice) ▸ NM/F protecteur(-trice)

protectorado NM protectorat *m*

proteger VT protéger ; **~ contra grabación** *o* **contra escritura** (*Inform*) protéger contre l'écriture ▪ **protegerse** VPR: **protegerse (de)** se protéger (de)

protege-slip (*pl* **protege-slips**) NM protège-slip *m*

protegido, -a NM/F protégé(e)

proteína NF protéine *f*

proteja *etc* VB *ver* **proteger**

protésico, -a ADJ prothétique, de prothèse ▸ NM/F prothésiste *mf*

prótesis NF (*Med*) prothèse *f*

protesta NF protestation *f*

protestante ADJ, NMF protestant(e)

protestantismo NM protestantisme *m*

protestar VT (*cheque*) protester ▸ VI protester ; **¡protesto!** objection !

protocolario, -a ADJ (*ceremonial: acto, honores*) protocolaire ; (*formal*) cérémonieux(-euse)

protocolo NM protocole *m* ; **sin protocolos** sans protocole

protón NM proton *m*

prototipo NM prototype *m*

protuberancia NF protubérance *f*

prov. ABR = **provincia**

provecho NM profit *m* ; **¡buen ~!** bon appétit ! ; **en ~ de** au profit de ; **sacar ~ de** tirer profit de

provechoso, -a ADJ profitable

proveedor, a NM/F fournisseur(-euse)

proveer VT (*suministrar*) fournir ; (*preparar*) préparer ▸ VI: **~ a** pourvoir à ▪ **proveerse** VPR: **proveerse de** se pourvoir de

provendré *etc*, **provenga** *etc* VB *ver* **provenir**

proveniente ADJ: **~ de** en provenance de ; **gente ~ de diferentes países** des gens originaires de différents pays

provenir VI provenir

Provenza NF Provence *f*

provenzal ADJ provençal(e) ▸ NMF Provençal(e) ▸ NM (*Ling*) provençal *m*

proverbial ADJ proverbial(e)

proverbio NM proverbe *m*

proveyendo *etc* VB *ver* **proveer**

providencia NF providence *f* ▪ **providencias** NFPL (*disposiciones*) mesures *fpl*

providencial ADJ providentiel(le)

provincia NF province *f* ; (*Admin*) ≈ département *m* ; **un pueblo de provincias** un village de province ; *voir article*

> L'Espagne se compose de 50 divisions administratives, ou **provincias**, qui couvrent la péninsule ainsi que les îles, et de deux villes autonomes en Afrique du Nord, Ceuta et Melilla. Chacune possède une capitale (*capital de provincia*), qui porte en général le même nom que la province. Les **provincias** sont regroupées en *comunidades autónomas* selon des critères géographiques, historiques et culturels.

provincial[1] ADJ provincial(e)

provincial[2]**, a** NM/F (*Rel*) provincial(e)

provinciano, -a (*pey*) ADJ provincial(e)

proviniendo *etc* VB *ver* **provenir**

provisión NF (*abastecimiento*) approvisionnement *m* ; (*precaución*) mesure *f* ▪ **provisiones** NFPL (*víveres*) provisions *fpl*

provisional ADJ provisoire

provisionalmente ADV provisoirement

provisorio, -a (*AM*) ADJ provisoire

provisto, -a ADJ pourvu(e)

provocación NF provocation *f*

provocador, a ADJ, NM/F provocateur(-trice)

provocar VT provoquer ; (*AM*): **¿te provoca un café?** ça te dit, un café ?

provocativo, -a ADJ provocant(e)

provoque *etc* VB *ver* **provocar**

proxeneta NMF proxénète *mf*

próximamente ADV prochainement

proximidad NF proximité *f* ▪ **proximidades** NFPL (*cercanías*) environs *mpl*

próximo, -a ADJ (*cercano*) proche ; (*parada, año*) prochain(e) ; **en fecha próxima** sous peu

> El adjetivo **próximo** se traduce siempre en francés por *proche*:
> **Oriente Próximo** Proche Orient
> **una casa próxima al centro** une maison proche du centre
> Salvo cuando tiene el sentido de « siguiente », en cuyo caso se traduce por *prochain*:
> **la próxima semana** la semaine prochaine
> **Próxima parada: Rennes.** Prochain arrêt: Rennes.
> **Su próximo objetivo es recorrer Europa a pie.** Son prochain objectif est de traverser l'Europe à pied.

proyección NF projection *f*
proyectar VT projeter ■ **proyectarse** VPR se projeter
proyectil NM projectile *m* ; **~ teledirigido** projectile télécommandé
proyecto NM projet *m* ; **tener algo en ~** avoir qch en projet ; **~ de ley** projet de loi
proyector NM projecteur *m*
prudencia NF prudence *f*
prudencial ADJ (*prudente: cantidad, distancia*) raisonnable ; **tras un intervalo ~** après un laps de temps raisonnable
prudente ADJ prudent(e)
prueba VB *ver* **probar** ▸ NF (*gen*) épreuve *f* ; (*testimonio*) témoignage *m* ; (*Jur*) preuve *f* ; (*de ropa*) essayage *m* ; **a ~** à l'épreuve ; (*Com*) à l'essai ; **a ~ de** à l'épreuve de ; **a ~ de agua/fuego** étanche/à l'épreuve du feu ; **en ~ de** en témoignage de ; **período/fase de ~** période *f*/phase *f* d'essai ; **poner/someter a ~** mettre/soumettre à l'épreuve ; **¿tiene usted ~ de ello?** en avez-vous la preuve ? ; **~ de capacitación** (*Com*) preuve d'aptitudes ; **~ de fuego** (*fig*) épreuve du feu
prurito NM démangeaison *f* ; (*fig*) obsession *f*
psico... PREF psycho...
psicoanálisis NM psychanalyse *f*
psicoanalista NMF psychanalyste *mf*
psicodélico, -a ADJ psychédélique
psicología NF psychologie *f*
psicológico, -a ADJ psychologique
psicólogo, -a NM/F psychologue *mf*
psicomotricidad NF psychomotricité *f*
psicópata NMF psychopathe *mf*
psicosis NF INV psychose *f*
psicosomático, -a ADJ psychosomatique
psicoterapeuta NMF psychothérapeute *mf*
psicoterapia NF psychothérapie *f*
psiquiatra NMF psychiatre *mf*
psiquiatría NF psychiatrie *f*
psiquiátrico, -a ADJ psychiatrique
psíquico, -a ADJ psychique
PSOE [pe'soe] SIGLA M = **Partido Socialista Obrero Español**
psoriasis NF INV psoriasis *m*
Pta. ABR (*Geo: = Punta*) pte (*= pointe*)
pta., ptas. ABR (*Hist*) = **peseta(s)**
Pte. ABR (*= Presidente*) Pdt *m*
ptmo. ABR (*Com*) = **préstamo**
pts. ABR (*Hist*) = **pesetas**
púa NF (*de planta*) piquant *m* ; (*de peine*) dent *f* ; (*para guitarra*) médiator *m* ; **alambre de púas** fil *m* de fer barbelé
pub [puβ, paβ, paf] NM pub *m*
púber ADJ pubère
pubertad NF puberté *f*
pubis NM INV pubis *m*
publicación NF publication *f*
públicamente ADV publiquement
publicar VT publier
publicidad NF publicité *f* ; **dar ~ a** rendre public(-ique) ; **~ en el punto de venta** publicité sur le point de vente
publicista NMF publicitaire *mf*
publicitario, -a ADJ publicitaire
público, -a ADJ public(-ique) ; **hacer ~** (*difundir*) rendre public(-ique) ▸ NM public *m* ; **en ~** en public ; **el gran ~** le grand public ; **~ objetivo** (*Com*) public ciblé
publique *etc* VB *ver* **publicar**
publirreportaje NM publireportage *m*
pucha (*And, CSur fam*) EXCL: **¡~(s)!** mince !
pucherazo NM (*fraude*) truquage *m* ; **dar ~** truquer une élection
puchero NM (*Culin: olla*) marmite *f* ; (*: guiso*) pot-au-feu *m* ; **hacer pucheros** bouder
pucho (CSUR) NM mégot *m*
púdico, -a ADJ pudique
pudiendo *etc* VB *ver* **poder**
pudiente ADJ (*rico*) riche ; (*poderoso*) puissant(e)
pudín NM pudding *m*
pudor NM pudeur *f*
pudoroso, -a ADJ pudique
pudrir VT pourrir ■ **pudrirse** VPR pourrir
pueblerino, -a ADJ villageois(e) ; (*pey*) de clocher ▸ NM/F villageois(e) ; (*pey*) péquenaud(e)
pueblito (*esp Am fam*) NM petit village *m*
pueblo VB *ver* **poblar** ▸ NM peuple *m* ; (*población pequeña*) village *m* ; **~ joven** (PERÚ) quartier *m* de bidonvilles
pueda *etc* VB *ver* **poder**
puente NM (*gen*) pont *m* ; (*de gafas*) arcade *f* ; (*de dientes*) bridge *m* ; (*Náut: tb:* **puente de mando**) passerelle *f* ; **curso ~** (*Escol*) cours *msg* d'adaptation ; **hacer ~** (*fam*) faire le pont ; **~ aéreo/colgante** pont aérien/suspendu ; **~ levadizo** pont-levis *m*
puenting ['pwentin] NM saut *m* à l'élastique (*généralement depuis un pont*)
puerco, -a ADJ cochon(ne) ▸ NM/F (*Zool*) porc (truie) ; (*fam*) porc (cochonne) ; **~ espín** porc-épic *m*
puericultura NF puériculture *f*
pueril ADJ puéril(e)
puerro NM poireau *m*
puerta NF porte *f* ; (*de coche*) portière *f* ; (*de jardín*) portail *m*, porte *f* ; (*portería: Deporte*) but *m* ; (*Inform*) port *m* ; **a ~ cerrada** à huis clos ; **~ batiente/blindada/corredera** porte battante/blindée/coulissante ; **~ de servicio** porte de service ; **~ (de transmisión) en paralelo/en serie** (*Inform*) port parallèle/série ; **~ giratoria** tourniquet *m*, porte à tambour ; **~ principal/trasera** porte d'entrée/de derrière

P

puerto NM (*tb Inform*) port *m* ; (*de montaña*) col *m* ; **llegar a ~** (*fig*) arriver à bon port ; **~ franco** port franc ; **~ USB** port USB

Puerto Rico NM Porto Rico *m*

puertorriqueño, -a ADJ portoricain(e) ▶ NM/F Portoricain(e)

pues CONJ (*en tal caso*) donc ; (*puesto que*) car ; **~ ... no sé** eh bien ... je ne sais pas ; **¡~ claro!** bien sûr ! ; **¡~ sí!** eh bien, oui !

puesta NF: **~ a cero** (*Inform*) réinitialisation *f* ; **~ al día/a punto** mise *f* à jour/au point ; **~ del sol** coucher *m* du soleil ; **~ en escena** mise en scène ; **~ en marcha** mise en marche

puesto, -a PP *de* **poner** ▶ ADJ: **ir bien/muy ~** être bien habillé(e)/tiré(e) à quatre épingles ▶ NM (*tb Mil*) poste *m* ; (*: en clasificación*) place *f* ; (*tb:* **puesto de trabajo**) poste ; (*Com: en mercado*) étal *m* ; (*: de flores, periódicos*) kiosque *m* ; **~ de mando/policía/socorro** poste de commandement/police/secours ▶ CONJ: **~ que** puisque

púgil NMF (*Boxeo*) boxeur(-euse)

pugna NF lutte *f*

pugnar VI: **~ por** lutter pour

puja NF (*esfuerzo*) effort *m* ; (*en una subasta*) enchère *f*

pujante ADJ puissant(e), vigoureux(-euse)

pujanza NF puissance *f*, vigueur *f*

pujar VI (*en subasta*) enchérir ; (*fig*) lutter

pulcritud NF (*limpieza, soin*) soin *m*

pulcro, -a ADJ (*limpio*) impeccable ; (*cuidadoso*) soigné(e)

pulga NF puce *f* ; **tener malas pulgas** avoir mauvais caractère

pulgada NF (*medida*) pouce *m*

pulgar NM pouce *m*

pulgón NM puceron *m*

pulir VT polir ; (*fig*) peaufiner

pulla NF (*broma*) pique *f*

pulmón NM poumon *m* ; **a pleno ~** à pleins poumons ; **~ artificial/de acero** poumon artificiel/d'acier

pulmonar ADJ pulmonaire

pulmonía NF pneumonie *f*

pulóver NM pull-over *m*

pulpa NF pulpe *f*

pulpería (*Am*) NF épicerie *f*

púlpito NM (*Rel*) chaire *f*

pulpo NM poulpe *m*

pulque (*CAm, Méx*) NM pulque *m*

pulquería (*CAm, Méx*) NF débit *m* de pulque

pulsación NF pulsation *f* ; **pulsaciones por minuto** (*del teclado*) caractères *mpl* par minute

pulsador NM poussoir *m*

pulsar VT (*tecla, botón*) appuyer sur ▶ VI (*latir*) battre

pulsera NF bracelet *m* ; **reloj de ~** bracelet-montre *m*

pulso NM (*Med*) pouls *msg* ; (*Col: pulsera*) bracelet *m* ; (*: reloj de pulsera*) bracelet-montre *m* ; **a ~** (*tb fig*) à la force du poignet ; **con ~ firme** de propos délibéré ; **echar un ~** faire un bras de fer

pulular VI pulluler

pulverice *etc* VB *ver* **pulverizar**

pulverizador NM pulvérisateur *m*

pulverizar VT pulvériser

puma NM puma *m*

puna (*And, CSur*) NF (*Med*) puna *f*

punce *etc* VB *ver* **punzar**

punción NF (*Med*) ponction *f*

pundonor NM point *m* d'honneur

punitivo, -a ADJ punitif(-ive)

punki ['punki] ADJ, NMF punk *mf*

punta NF pointe *f* ; (*de lengua, dedo*) bout *m* ; (*fig: toque*) brin *m* ; **horas ~** heures *fpl* de pointe ; **tecnología ~** technologie *f* de pointe ; **de ~** debout ; **de ~ a ~** d'un bout à l'autre ; **ir de ~ en blanco** être tiré(e) à quatre épingles ; **sacar ~ a** (*lápiz*) tailler ; **sacarle ~ a todo** chercher la petite bête ; **tener algo en la ~ de la lengua** avoir qch sur le bout de la langue ; **se me pusieron los pelos de ~** j'en ai eu les cheveux qui se sont dressés sur la tête ; **~ del iceberg** (*fig*) partie *f* visible de l'iceberg

puntada NF (*Costura*) point *m*

puntaje NM (*Am*) résultat *m*

puntal NM étai *m*

puntapié NM coup *m* de pied ; **echar a algn a puntapiés** chasser qn à coups de pied aux fesses

punteado NM (*Mús*) pincement *m*

puntear VT (*dibujar*) marquer avec des points ; (*Mús*) pincer

puntera NF (*de zapato*) bout *m*

puntería NF (*de arma*) visée *f* ; (*destreza*) précision *f*

puntero, -a ADJ (*industria*) de pointe ; (*país*) à la pointe ▶ NM (*vara*) baguette *f*

puntiagudo, -a ADJ pointu(e)

puntilla NF (*Costura*) picot *m* ; **(andar) de puntillas** (marcher) sur la pointe des pieds

puntillismo NM pointillisme *m*

puntilloso, -a ADJ (*en trabajo*) pointilleux(-euse) ; (*susceptible*) tatillon(ne)

punto NM point *m* ; **a ~** (*listo*) au point ; **estar a ~ de** être sur le point de ; **llegar a ~** arriver à point ; **al ~** immédiatement ; **dos puntos** (*Tip*) deux-points *mpl* ; **de ~** tricoté(e) ; **en ~** (*horas*) pile ; **estar en su ~** (*Culin*) être cuit(e) à point ; **hasta cierto ~** jusqu'à un certain point ; **hasta tal ~ que** à tel point que ; **hacer ~** tricoter ; **poner un motor a ~** mettre un moteur au point ; **puntos a tratar** points à traiter ; **~ acápite** (*Am*) point, à la ligne ; **~ culminante** point culminant ; **~ de apoyo** point d'appui ; **~ débil** point faible ; **~ de congelación** point de congélation ; **~ de equilibrio** (*Com*) seuil *m* de rentabilité ; **~ de fusión** point de fusion ; **~ de partida** point de départ ; **~ de pedido** (*Com*) seuil *m* de réapprovisionnement ; **~ de referencia** (*Com*) point de référence ; **~ de salida** (*Inform*) point de départ ; **~ de venta** (*Com*) point de vente ; **~ de vista** point de vue ; **~ final** point final ; **~ muerto** (*Auto*) point mort ; **~ negro** point noir ; **puntos suspensivos** points de suspension ; **~ y coma** point-virgule *m*

puntocom NF INV, ADJ INV point com *f*

puntuable ADJ qui compte ; **una prueba ~ para el campeonato del mundo** une épreuve qui compte pour le championnat du monde

puntuación NF (*signos*) ponctuation *f* ; (*puntos*) notes *fpl*

puntual ADJ ponctuel(le)

puntualice *etc* VB *ver* **puntualizar**

puntualidad NF ponctualité *f*

puntualizar VT préciser

puntualmente ADV ponctuellement

puntuar VT (*Ling*, *Tip*) ponctuer ; (*examen*) noter ▶ VI (*Deporte*) marquer des points

punzada NF (*puntura*) piqûre *f* ; (*dolor*) élancement *m*

punzante ADJ (*dolor*) lancinant(e) ; (*herramienta*) pointu(e) ; (*comentario*) mordant(e)

punzar VT (*pinchar*) piquer ▶ VI (*doler*) élancer

punzón NM pointeau *m*

puñado NM poignée *f* ; **a puñados** à foison

puñal NM poignard *m*

puñalada NF coup *m* de poignard ; **una ~ trapera** (*fig*) un coup de Jarnac

puñeta (*fam!*) NF: **¡~!, ¡qué ~(s)!** merde ! (*fam !*) ; **mandar a algn a hacer puñetas** envoyer paître qn

puñetazo NM coup *m* de poing

puñetero, -a (*fam!*) ADJ fichu(e) (*fam*), foutu(e) (*fam !*)

puño NM (*Anat*) poing *m* ; (*de ropa*) poignet *m* ; (*de herramienta*) manche *m* ; **como un ~** (*verdad*) flagrant(e) ; **de su ~ y letra** de sa main ; **tener el corazón en un ~** avoir le cœur gros

pupa NF (*Med*: *fam*: *ampolla*) croûte *f* ; (: *en los labios*) bouton *m* de fièvre ; (*fam*: *en lenguaje infantil*) bobo *m* ; **hacer ~ a algn** faire bobo à qn ; **hacerse ~** se faire bobo ■ **pupas** NMF INV (*fam*): **ser un pupas** avoir la poisse (*fam*)

pupila NF (*Anat*) pupille *f*

pupilo, -a NM/F (*en pensión*) pensionnaire *mf* ; (*en un orfelinato*) pupille *mf* ; (*discípulo*) disciple *mf*

pupitre NM pupitre *m*

puré NM (*Culin*) purée *f* ; **estar hecho ~** (*fig*) être mort ; **~ de patatas/de verduras** purée de pommes de terre/de légumes

pureza NF pureté *f*

purga NF purge *f*

purgante ADJ purgatif(-ive) ▶ NM purgatif *m*

purgar VT purger ■ **purgarse** VPR se purger

purgatorio NM purgatoire *m*

purgue *etc* VB *ver* **purgar**

purificación NF purification *f*

purificar VT purifier

purifique *etc* VB *ver* **purificar**

purista NMF puriste *mf*

puritanismo NM puritanisme *m*

puritano, -a ADJ, NM/F puritain(e)

puro, -a ADJ pur(e) ; (*esp* MÉX) même ; **por pura casualidad/curiosidad** par pur hasard/pure curiosité ▶ NM (*tabaco*) cigare *m* ▶ ADV (*esp* MÉX) uniquement ; **de ~ cansado** à force de fatigue

púrpura NF pourpre *f*

purpúreo, -a ADJ pourpré(e)

purpurina NF (*pintura*: *gen*) peinture *f* à la poudre de bronze ; (: *para decoración, maquillaje*) paillettes *fpl* ; (*oropel*) clinquant *m*

pus NM pus *msg*

puse *etc* VB *ver* **poner**

pusilánime ADJ timoré(e), pusillanime

pústula NF pustule *f*

puta (*fam!*) NF putain *f*, pute *f* (*fam !*) ; *ver tb* **puto**

putada (*fam!*) NF vacherie *f* ; **¡qué ~!** quelle vacherie !

puteada (CSUR *fam!*) NF insulte *f*

putear (*fam!*) VT emmerder (*fam !*)

puto, -a (*fam!*) ADJ foutu(e) (*fam*) ; **no me hizo ni ~ caso** elle m'a royalement ignoré (*fam*) ; **no tengo ni un ~ duro** je n'ai pas un rond (*fam*) ; **¡ni puta idea!** pas la moindre idée ! ; **de puta madre** (*fig*: *bueno*) génial(e) (*fam*), super *inv* (*fam*) ; (*uso adverbial*) vachement bien, super bien ▶ NM (*prostituto*) prostitué *m* ; *ver tb* **puta**

putrefacción NF putréfaction *f*

putrefacto, -a ADJ putréfié(e), pourri(e)

pútrido, -a ADJ putride

puzzle ['puθle] NM puzzle *m*

PVC SIGLA M (= *polyvinyl-chloride*) PVC *m*

PVP (ESP) SIGLA M (= *precio de venta al público*) *ver* **precio**

PYME, pyme SIGLA F (= *Pequeña y Mediana Empresa*) PME *f* (= *petite et moyenne entreprise*)

Pza ABR = **plaza**

P

Qq

Q, q [ku] NF (*letra*) Q, q *m inv* ; **Q de Querido** ≈ Q comme Quintal

QED ABR (= *lo que se había de demostrar*) CQFD (= *ce qu'il fallait démontrer*)

q.e.g.e. ABR (= *que en gloria esté*) qu'il (elle) repose en paix

q.e.p.d. ABR (= *que en paz descanse*) qu'il (elle) repose en paix

q.e.s.m. ABR (= *que estrecha su mano*) votre ami

QH ABR (= *quiniela hípica*) ≈ tiercé *m*

qm ABR (= *quintal(es) métrico(s)*) q (= *quintal(aux)*)

quad NM quad *m*

quark (*Fís*) (*pl* **quarks**) NM quark *m*

que

▸ PRON REL **1** (*sujeto*) qui ; **el hombre que vino ayer** l'homme qui est venu hier
2 (*objeto*) que ; **el sombrero que te compraste** le chapeau que tu t'es acheté ; **la chica que invité** la fille que j'ai invitée
3 (*circunstancial, con prep*) : **el día que yo llegué** le jour où je suis arrivé ; **el piano con que toca** le piano sur lequel il joue ; **el libro del que te hablé** le livre dont je t'ai parlé ; **la cama en que dormí** le lit dans lequel j'ai dormi ; *ver tb* **el**
▸ CONJ **1** (*con oración subordinada*) que ; **dijo que vendría** il a dit qu'il viendrait ; **espero que lo encuentres** j'espère que tu le retrouveras ; *ver tb* **el**
2 (*con verbo de mandato*) : **dile que me llame** dis-lui de m'appeler
3 (*en oración independiente*) : **¡que entre!** qu'il (elle) entre ! ; **¡que se mejore tu padre!** j'espère que ton père va se rétablir ! ; **que lo haga él** qu'il le fasse, lui ; **que yo sepa** que je sache
4 (*enfático*) : **¿me quieres? — ¡que sí!** tu m'aimes ? — mais oui !
5 (*repetición*) : **¿cómo has dicho? — ¿que si ...?** qu'est-ce que tu disais ? — que si ... ?
6 (*consecutivo*) que ; **es tan grande que no lo puedo levantar** c'est si gros que je ne peux pas le soulever
7 (*en comparaciones*) que ; **es más alto que tú** il est plus grand que toi ; **ese libro es igual que el otro** ce livre est pareil que l'autre ; *ver tb* **más; menos; mismo**
8 (*valor disyuntivo*) : **que venga o que no venga** qu'il vienne ou non
9 (*porque*) : **no puedo, que tengo que quedarme en casa** je ne peux pas, je dois rester à la maison
10 (*valor condicional*) : **que no puedes, no lo haces** si tu ne peux pas, ne le fais pas
11 (*valor final*) : **sal a que te vea** sors pour que je te voie
12 : **todo el día toca que toca** il joue toute la sainte journée ; **y él dale que dale** (*hablando*) et lui qui n'arrêtait pas
13 : **yo que tú ...** si j'étais toi ...

qué ADJ quel(le) ; **¿~ edad tienes?** quel âge as-tu ? ; **¿a ~ velocidad?** à quelle vitesse ? ; **¡~ asco!** comme c'est dégoûtant ! ; **¡~ día más espléndido!** quelle journée splendide ! ▸ PRON que, quoi ; **¿~?** quoi ? ; **¿~ quieres?** qu'est-ce que tu veux ? ; **¿de ~ me hablas?** de quoi me parles-tu ? ; **¿~ tal?** (comment) ça va ? ; **¿~ hay de nuevo?** quoi de neuf ? ; **¿~ más?** autre chose ? ; **no sé ~ quiere hacer** je ne sais pas ce qu'il veut faire ; **¡y ~!** et alors ! ▸ ADV comme, que ; **¡~ divertido!** comme c'est drôle !

quebrada NF vallée *f* encaissée ; *ver tb* **quebrado**

quebradero NM : **~ de cabeza** casse-tête *m*

quebradizo, -a ADJ cassant(e) ; (*persona, salud*) fragile

quebrado, -a ADJ (*roto*) cassé(e) ; (*línea, masa*) brisé(e) ; (*terreno*) accidenté(e) ▸ NM/F (*Com*) failli(e) ; **~ rehabilitado** failli réhabilité ▸ NM (*Mat*) fraction *f*

quebrantahuesos NM INV gypaète *m*

quebrantamiento NM (*de ley, norma*) infraction *f* ; (*de salud*) affaiblissement *m*

quebrantar VT (*moral*) saper ; (*ley, secreto, promesa*) violer ; (*salud*) affaiblir ■ **quebrantarse** VPR (*persona, fuerzas*) s'affaiblir

quebranto NM (*en salud*) affaiblissement *m* ; (*en fortuna*) perte *f* ; (*fig: pena*) affliction *f*

quebrar VT casser ▸ VI faire faillite ■ **quebrarse** VPR se casser ; (*línea, cordillera*) se briser ; (*Med: herniarse*) se faire une hernie ; **se le quebró la voz** sa voix s'est brisée

quechua ADJ quechua ▸ NMF membre *m* d'une tribu quechua

queda NF : **toque de ~** couvre-feu *m*

quedar VI rester ; (*encontrarse*) se donner rendez-vous ; **~ en** convenir de ; **~ en nada** ne pas aboutir ; **~ por hacer** rester à faire ; **no te queda bien ese vestido** cette robe ne te va pas bien ; **quedamos allí** on se retrouve là ; **quedamos a las seis** (*en pasado*) on a dit six heures ; (*en presente*) on se voit à six heures ; **eso queda muy lejos** c'est très loin ; **nos quedan 12 kms para llegar al pueblo** il nous reste encore 12 km avant d'arriver au village ; **quedan dos horas** il reste deux heures ; **eso queda por/hacia allí** c'est par là ; **ahí quedó la cosa** la chose en est restée là ; **no queda otra** il n'y a pas le choix ■ **quedarse** VPR rester ; **quedarse ciego/mudo** devenir aveugle/muet ; **quedarse (con) algo** garder qch ; **quedarse con algn** (*fam*) taquiner qn ; **quedarse sin** ne plus avoir de

El verbo *rester* en francés no tiene un uso pronominal. Así:
Se ha quedado en casa. Il est resté à la maison.

quedo, -a ADJ (*voz*) bas (basse) ; (*pasos*) feutré(e) ▶ ADV (*hablar*) doucement ; (*andar*) à pas feutrés

quehacer NM tâche *f* ; **quehaceres (domésticos)** tâches *fpl* (domestiques)

queimada NF *boisson à base d'eau-de-vie qu'on fait flamber, typique de Galice*

queja NF plainte *f*

quejarse VPR se plaindre ; **~ de que ...** se plaindre que ...

quejica ADJ, NMF pleurnichard(e)

quejido NM gémissement *m*, plainte *f*

quejoso, -a ADJ mécontent(e)

quejumbroso, -a ADJ geignard(e)

quema NF incendie *m*

quemado, -a ADJ brûlé(e) ; **estar ~** (*fam: harto*) en avoir marre (*fam*) ; (*: político, actor*) être fini(e) ▶ NM: **oler a ~** sentir le brûlé

quemador NM brûleur *m* ; **~ de gas** brûleur *m* (au gaz), feu *m*

quemadura NF brûlure *f* ; (*de sol*) coup *m* de soleil

quemar VT brûler ; (*fig: malgastar*) flamber ; (*: deteriorar: imagen, persona*) user ; (*fastidiar*) agacer ▶ VI brûler ■ **quemarse** VPR (*consumirse*) brûler ; (*del sol*) attraper un coup *o* des coups de soleil

quemarropa: **a ~** *adv* (*disparar*) à bout portant ; (*preguntar*) à brûle-pourpoint

quemazón NF brûlure *f* ; (*picor*) démangeaison *f*

quena (*Am*) NF flûte *f* indienne

quepí, quepís NM *ver* **kepi**

quepo *etc* VB *ver* **caber**

queque (*And, CSur*) NM gâteau *m*

querella NF (*Jur*) plainte *f* ; (*disputa*) querelle *f*

querellarse VPR porter plainte

querencia NF attachement *m*

querer

VT **1** (*desear*) vouloir ; **quiero más dinero** je veux plus d'argent ; **quisiera** *o* **querría un té** je voudrais un thé ; **sin querer** sans faire exprès ; **quiera o no quiera** qu'il le veuille ou non ; **¡no quiero!** je ne veux pas ! ; **como usted quiera** comme vous voudrez ; **como quien no quiere la cosa** mine de rien ; **¡qué más quisiera yo!** si seulement je pouvais !
2 (*+ vb dependiente*): **quiero ayudar/que vayas** je veux aider/que tu t'en ailles ; **¿qué quieres decir?** que veux-tu dire ?
3 (*para pedir algo*): **¿quiere abrir la ventana?** vous voulez bien ouvrir la fenêtre ?
4 (*amar*) aimer ; (*amigo, perro*) aimer bien ; **quiere mucho a sus hijos** elle aime beaucoup ses enfants ; **te quiero bien** je ne veux que ton bien ; **¡por lo que más quieras!** je t'en prie !
5 (*requerir*): **esta planta quiere más luz** cette plante a besoin de plus de lumière
6 (*impersonal*): **quiere llover** il va pleuvoir
7: **como quiera que ...** (*dado que*) puisque ..., comme ...

querido, -a ADJ (*mujer, hijo*) chéri(e) ; (*tierra, amigo, en carta*) cher (chère) ; **nuestra querida patria** notre chère patrie ▶ NM/F amant(e) ; **¡sí, ~!** oui, chéri !

querosén (*Am*), **querosene** (*Am*), **queroseno** NM kérosène *m*

querré *etc* VB *ver* **querer**

quesadilla (*CAm, Méx*) NF *crêpe de maïs fourrée*

quesera NF ≈ plateau *m* à fromage

quesería NF fromagerie *f*

quesero, -a ADJ: **la industria quesera** l'industrie *f* fromagère

quesito NM ≈ vache *f* qui rit®

queso NM fromage *m* ; **dársela con ~ a algn** (*fam*) mener qn en bateau ; **~ cremoso** fromage crémeux ; **~ rallado** fromage râpé

quetzal NM quetzal *m*

quiche NM quiche *f*

quicio NM gond *m* ; **estar fuera de ~** être sens dessus dessous ; **sacar a algn de ~** mettre qn hors de soi

quid NM quid *m* ; **dar en el ~** mettre en plein dans le mille

quiebra NF effondrement *m* ; (*Com*) faillite *f*

quiebro VB *ver* **quebrar** ▶ NM (*del cuerpo*) déhanchement *m* ; (*del torero*) écart *m*

quien PRON (*relativo: sujeto*) qui ; (*: complemento*) qui, que ; **la persona a ~ quiero** la personne que j'aime ; **~ dice eso es tonto** (*indefinido*) celui qui dit cela est un idiot ; **hay ~ piensa que** il y a des gens qui pensent que ; **no hay ~ lo haga** personne n'en est capable ; **~ más, ~ menos tiene sus problemas** tout le monde a des problèmes

quién PRON (*interrogativo*) qui ; **¿~ es?** qui est-ce ? ;

q

(*Telec*) qui est à l'appareil ? ; **¡~ pudiera!** si seulement je pouvais !

quienquiera (*pl* **quienesquiera**) PRON quiconque

quiera *etc* VB *ver* **querer**

quieto, -a ADJ (*manos, cuerpo*) immobile ; (*carácter*) tranquille ; **¡estate ~!** reste tranquille !

quietud NF (*inmovilidad*) immobilité *f* ; (*tranquilidad*) tranquillité *f*, quiétude *f*

quijada NF mâchoire *f*

quijote NM: **ser un ~** être un Don Quichotte ; **Don Q~** Don Quichotte

quijotesco, -a ADJ digne de Don Quichotte, chimérique

quil., qts. ABR (= *quilates*) *ver* **quilate**

quilate NM carat *m*

quilla NF quille *f*

quilo... = **kilo...**

quilombo (*CSur fam*) NM bordel *m* (*fam*)

quimera NF chimère *f*

quimérico, -a ADJ chimérique

química NF chimie *f*

químico, -a ADJ chimique ▸ NM/F chimiste *mf*

quimioterapia NF chimiothérapie *f*

quina NF quinine *f*

quincallería NF quincaillerie *f*

quince ADJ INV, NM INV quinze *m inv* ; **~ días** quinze jours ; *ver tb* **seis**

quinceañero, -a ADJ adolescent(e) ▸ NM/F garçon (fille) de quinze ans, adolescent(e)

quincena NF quinzaine *f*

quincenal ADJ (*pago, reunión*) bimensuel(le)

quincenalmente ADV tous les quinze jours

quincuagésimo, -a ADJ, NM/F cinquantième *mf*

quiniela NF (*juego*) ≈ Loto *msg* sportif ; (*impreso*) grille *f o* bulletin *m* de Loto sportif ; **~ hípica** ≈ tiercé *m*

quinientos, -as ADJ cinq cents ; *ver tb* **seiscientos**

quinina NF quinine *f*

quinqué NM lampe *f* à huile *o* à pétrole

quinquenal ADJ quinquennal(e)

quinquenio NM quinquennat *m*

quinqui (*pey, fam*) NM voyou *m*

quinta NF maison *f* de campagne ; (*Mil*) classe *f* ; **la ~ del 56** la classe de 1956

quintaesencia NF quintessence *f*

quintal NM: **~ métrico** (*100 kg*) quintal *m*

quinteto NM quintette *m*

quinto, -a ADJ cinquième ▸ NM (*Mil*) recrue *f* ; (*ordinal*) cinquième *m* ; *ver tb* **sexto**

quintral (*CSur*) NM gui *m*

quíntuplo, -a ADJ quintuple

quiosco NM kiosque *m*

quirófano NM salle *f* d'opération

quiromancia NF chiromancie *f*

quiromasaje NM massage *m* (*avec les mains*)

quirúrgico, -a ADJ chirurgical

quise *etc* VB *ver* **querer**

quisque (*fam*) PRON: **cada** *o* **todo ~** tous

quisquilla NF (*Zool*) crevette *f* grise

quisquilloso, -a ADJ (*susceptible*) chatouilleux(-euse) ; (*meticuloso*) pointilleux(-euse)

quiste NM kyste *m*

quitaesmalte NM dissolvant *m*

quitamanchas NM INV détachant *m*

quitanieves NM INV chasse-neige *m inv*

quitar VT enlever ; (*ropa*) enlever, ôter ; (*dolor*) éliminer ; (*vida*) donner la mort à ; **quítalo de ahí** enlève ça de là ; **me quita mucho tiempo** cela me prend beaucoup de temps ; **~ la televisión/radio** éteindre la télévision/radio ; **~ la mesa** débarrasser la table ; **el café me quita el sueño** le café m'empêche de dormir ; **~ de en medio a algn** se débarrasser de qn ▸ VI: **¡quita de ahí!** hors d'ici ! ; **eso no quita para que venga** cela ne l'empêche pas de venir ; **de quita y pon** amovible ■ **quitarse** VPR (*desaparecer*) partir ; (*ropa*) ôter ; **quitarse algo de encima** se débarrasser de qch ; **quitarse de** arrêter de ; **quitarse del tabaco** *o* **de fumar** arrêter de fumer ; **se quitó el sombrero** il ôta son chapeau ; **quitarse la vida** se donner la mort

quitasol NM parasol *m*

quite NM (*esgrima*) parade *f* ; (*Taur*) *action de détourner l'attention du taureau* ; **estar al ~** être prêt(e) à aider qn

quiteño, -a ADJ de Quito ▸ NM/F natif(-ive) *o* habitant(e) de Quito

Quito N Quito

quizá, quizás ADV peut-être

quórum ['kworum] (*pl* **quórums**) NM quorum *m*

Rr

R, r ['erre] NF (*letra*) R, r *m inv* ; **R de Ramón** ≈ R comme Raoul

R. ABR (*Rel*) = **reverendo**; **real**; (= *remite, remitente*) exp. (= *expéditeur*) ; (= *río*) fl. (= *fleuve*)

rabadilla NF (*de ave*) croupion *m* ; (*de conejo*) râble *m* ; (*del hombre*) coccyx *msg*

rábano NM radis *msg* ; **me importa un ~** je m'en moque comme de l'an quarante

rabia NF rage *f* ; **¡qué ~!** c'est trop bête ! ; **me da ~** ça m'énerve ; **tener ~ a algn** avoir une dent contre qn ; **me da ~ marcharme** je dois partir, c'est trop bête !

rabiar VI (*Med*) avoir la rage ; **~ por hacer algo** mourir d'envie de faire qch

rabieta NF crise *f* (de colère)

rabillo NM (*del ojo*) coin *m* ; (*Bot*) queue *f* ; **mirar con el ~ del ojo** regarder du coin de l'œil

rabino NM rabbin *m*

rabioso, a ADJ (*perro*) enragé(e) ; (*dolor, ganas*) fou (folle) ; **estar ~** (*fig*) être furieux(-euse), avoir la rage

rabo NM queue *f*

racanear (*fam*) VI (*ser vago*) flemmarder (*fam*) ; (*ser tacaño*) être radin(e) (*fam*)

rácano (*fam*) ADJ, NMF radin(e) (*fam*)

RACE SIGLA M (= *Real Automóvil Club de España*) ≈ ACF *m* (= *Automobile Club de France*)

racha NF (*de viento*) rafale *f* ; (*serie*) suite *f* ; **buena/mala ~** bonne/mauvaise passe *f* ; **~ de mala suerte** série *f* de malchances

racial ADJ racial(e)

racimo NM grappe *f*

raciocinio NM raisonnement *m*

ración NF ration *f* ; (*en bar*) portion *f*

racional ADJ rationnel(le) ; **animal ~** être *m* doué de raison

racionalice *etc* VB *ver* **racionalizar**

racionalismo NM rationalisme *m*

racionalista ADJ, NMF rationaliste *mf*

racionalizar VT rationaliser

racionalmente ADV rationnellement

racionamiento NM rationnement *m*

racionar VT rationner

racismo NM racisme *m*

racista ADJ, NMF raciste *mf*

radar, rádar NM radar *m*

radiación NF (*solar, atómica*) rayonnement *m* ; (*Telec*) radiation *f*

radiactividad NF = **radioactividad**

radiactivo, -a ADJ = **radioactivo**

radiado, -a ADJ radiodiffusé(e)

radiador NM radiateur *m*

radial (*AM*) ADJ radiophonique

radiante ADJ radieux(-euse)

radiar VT (*programa*) radiodiffuser ; (*ondas, luz*) irradier ; (*Med*) traiter par radiothérapie

radical ADJ radical(e) ▸ NM (*Ling, Mat*) radical *m*

radicalismo NM radicalisme *m*

radicalización NF radicalisation *f*

radicalizar VT radicaliser ■ **radicalizarse** VPR se radicaliser

radicar VI: **~ en** (*consistir*) résider en ; (*estar situado*) se trouver ■ **radicarse** VPR s'établir

radio NF (*aparato*) radio *f* ; **por ~** à la radio ▸ NM (*Geom*) rayon *m* ; (*Quím*) radium *m*; **~ de acción** rayon d'action

radioactividad NF radioactivité *f*

radioactivo, -a ADJ radioactif(-ive)

radioaficionado, -a NM/F radioamateur *m*

radiocasete NM radiocassette *f*

radiodespertador NM radio-réveil *m*

radiodifusión NF radiodiffusion *f*

radioemisora NF station *f* (de radio)

radiofónico, -a ADJ radiophonique

radiografía NF radiographie *f*

radiólogo, -a NM/F radiologue *mf*

radionovela NF feuilleton *m* (radiodiffusé)

radiotaxi NM radio-taxi *m*

radioteléfono NM radiotéléphone *m*

radioterapia NF radiothérapie *f*

radiotransmisor NM poste *m* émetteur

radioyente NMF auditeur(-trice)

radique *etc* VB *ver* **radicar**

radón NM (*Quím*) radon *m*

RAE SIGLA F (= *Real Academia Española*) ≈ Académie *f* française

raer VT (*superficie*) racler ; (*ropa*) élimer, râper

ráfaga NF rafale *f* ; (*de luz*) jet *m*

rafia NF raphia *m*

rafting ['raftin] NM rafting *m*
raíces NFPL *de* **raíz**
raid [raid] NM (*Mil*) raid *m*
raído, -a ADJ (*ropa*) élimé(e), râpé(e)
raigambre NF racines *fpl*
rail, raíl NM rail *m*
raíz NF racine *f* ; **~ cuadrada** racine carrée ; **a ~ de** (*como consecuencia de*) à la suite de ; (*después de*) après ; **echar raíces** (*fig*) prendre racine
raja NF (*de melón, limón*) tranche *f* ; (*en tela, plástico*) coupure *f* ; (*en muro, madera*) fissure *f*
rajá NM rajah *m*, radja *m*
rajar VT (*tela*) déchirer ; (*madera*) fendre ; (*fam: herir*) mettre un coup de couteau à ▸ VI (*fam*) jacasser ■ **rajarse** VPR se fendre ; (*fam*) se dégonfler
rajatabla: **a ~** *adv* à la lettre
ralea (*pey*) NF: **de baja ~** de bas étage ; **tener mala ~** être mauvais coucheur
ralentí (*Auto, Cine*) NM ralenti *m* ; **al ~** (*tb fig*) au ralenti
ralentizar VT, VI ralentir ■ **ralentizarse** VPR se ralentir
rallador NM râpe *f*
rallar VT râper
rally ['rrali] (*pl* **rallys**) NM (*Auto*) rallye *m*
ralo, -a ADJ clairsemé(e)
RAM SIGLA F (= *random access memory*) RAM *f* (= *mémoire vive*)
rama NF branche *f* ; **andarse** *o* **irse por las ramas** (*fig, fam*) tourner autour du pot
ramadán NM ramadan *m*
ramaje NM ramage *m*
ramal NM (*de cuerda*) brin *m* ; (*Ferro*) embranchement *m* ; (*Auto*) bretelle *f*
ramalazo (*fam*) NM: **tener un ~ de loco** avoir un grain
rambla NF promenade *f*, avenue *f*
ramera (*fam!*) NF catin *f* (*fam !*)
ramificación NF ramification *f*
ramificarse VPR se ramifier
ramifique *etc* VB *ver* **ramificarse**
ramillete NM bouquet *m*
ramo NM bouquet *m* ; (*de industria*) branche *f*
rampa NF rampe *f* ; **~ de acceso** rampe d'accès ; **~ de lanzamiento** rampe de lancement
ramplón, -ona ADJ vulgaire
rana NF grenouille *f* ; **salir ~** (*fam*) décevoir ; **cuando las ranas críen pelo** quand les poules auront des dents
ranchera NF (*MÉX*) *chanson populaire du Mexique* ; (*Auto*) break *m*
ranchero NM (*AM*) fermier *m* ; (*MÉX*) paysan *m*
ranchitos (*VEN*) NMPL bidonvilles *mpl*
rancho NM (*comida*) popote *f* ; (*AM*) ranch *m* ; (*: pequeño*) petite ferme *f* ; (*choza*) cabane *f* ■ **ranchos** NMPL (*VEN: barrio de chabolas*) bidonvilles *mpl*
rancio, -a ADJ rance ; (*vino, fig*) vieux (vieille)
rango NM rang *m*
ránking ['raŋkin] (*pl* **ránkings** ['raŋkin]) NM (*clasificación*) classement *m*
ranura NF rainure *f* ; (*de teléfono*) fente *f* ; **~ de expansión** (*Inform*) emplacement *m*
rap NM (*Mús*) rap *m*
rapacidad NF rapacité *f*
rapado, -a ADJ (*pelo*) rasé(e) ▸ NM/F (*persona*) skinhead *mf*, skin *mf* ▸ NM (*corte de pelo*): **tiene un buen ~** il s'est rasé les cheveux vraiment très courts
rapapolvo NM: **echar un ~ a algn** sonner les cloches à qn
rapar VT raser
rapaz ADJ (*ave*) de proie ▸ NF (*tb fig*) rapace *m* ▸ NM gamin *m*
rapaza NF gamine *f*
rape NM (*pez*) lotte *f* ; **al ~** ras *inv*
rapé NM tabac *m* à priser
rapel NM (*Deporte*) rappel *m*
rapero, -a ADJ rap ▸ NM/F rappeur(-euse)
rápidamente ADV rapidement
rapidez NF rapidité *f*
rápido, -a ADJ rapide ▸ ADV rapidement ▸ NM (*Ferro*) rapide *m* ■ **rápidos** NMPL (*de río*) rapides *mpl*
rapiña NM rapine *f* ; **ave de ~** oiseau *m* de proie
raptar VT enlever
rapto NM rapt *m*, enlèvement *m* ; (*impulso*) accès *msg* ; (*éxtasis*) transport *m*, ravissement *m*
raptor, a NM/F ravisseur(-euse), kidnappeur(-euse)
raqueta NF raquette *f*
raquítico, -a ADJ rachitique
raquitismo NM rachitisme *m*
raramente ADV rarement
rareza NF rareté *f* ; (*fig*) excentricité *f*
raro, -a ADJ rare ; (*extraño*) curieux(-euse), bizarre ; **¡qué ~!** c'est curieux !, c'est bizarre ! ; **¡qué cosa más rara!** comme c'est bizarre !

> ⚠ **Raro** a plus souvent le sens de *bizarre* que de *rare*.

ras NM: **a ~ de tierra/del suelo** à ras de terre/au ras du sol
rasante ADJ (*vuelo*) en rase-mottes ▸ NM pente *f*, inclinaison *f* ; **cambio de ~** (*Auto*) haut *m* d'une côte
rasar VT raser
rascacielos NM INV gratte-ciel *m inv*
rascar VT gratter ; (*raspar*) racler ■ **rascarse** VPR se gratter
rasero NM radoire *f* ; **doble ~** deux poids, deux mesures ; **medir con el mismo ~** (*fig*) mettre sur le même pied, mettre sur un pied d'égalité
rasgado, -a ADJ: **ojos rasgados** yeux *mpl* bridés
rasgar VT déchirer

rasgo NM trait *m* ▪ **rasgos** NMPL (*de rostro*) traits *mpl* ; **a grandes rasgos** à grands traits

rasgue *etc* VB *ver* **rasgar**

rasguear VT (*Mús*) gratter

rasguñar VT égratigner ▪ **rasguñarse** VPR s'égratigner

rasguño NM égratignure *f*

raso, -a ADJ ras(e) ; **cielo ~** ciel *m* dégagé ▸ NM satin *m* ; **al ~** à la belle étoile

raspa NF (*de pez: espina*) arête *f* ; (*: espinazo*) arête *f* dorsale

raspado NM (*Med*) curetage *m*

raspador NM grattoir *m*

raspadura NF (*de pintura*) grattage *m* ; (*marca*) rayure *f* ▪ **raspaduras** NFPL (*restos*) restes *mpl*

raspar VT gratter ; (*arañar*) rayer ; (*limar*) râper ▸ VI être rugueux(-euse) ; (*vino*) être râpeux(-euse)

rasque *etc* VB *ver* **rascar**

rasta ADJ, NMF rasta *mf*

rastacuero, -a (*Am fam*) ADJ, NM/F rastaquouère *m*

rastra NF: **a rastras** en traînant ; (*fig*) à contrecœur

rastreador, a ADJ: **perro ~** (*de cazador*) chien *m* d'arrêt ; (*de policía*) limier *m* ▸ NM (*de huellas, pistas*) pisteur *m* ; **~ de minas** dragueur *m* de mines

rastrear VT (*pista*) suivre ; (*minas*) draguer

rastreo NM ratissage *m*

rastrero, -a ADJ (*tb fig*) rampant(e)

rastrillo NM râteau *m* ; (*Méx*) rasoir *m*

rastro NM trace *f* ; (*Agr*) râteau *m* ; (*mercado*) marché *m* aux puces ; **el R~** *le marché aux puces de Madrid* ; **perder el ~** perdre la trace ; **desaparecer sin dejar ~** disparaître sans laisser de traces ; **¡ni ~!** pas la moindre trace !

rastrojo NM chaume *m*

rasuradora (*Méx*) NF rasoir *m*

rasurarse (*Am*) VPR se raser

rata NF rat *m*

ratear VT voler

ratero, -a NM/F voleur(-euse) ; (*Am: de casas*) cambrioleur(-euse)

raticida NM raticide *m*

ratificación NF ratification *f*

ratificar VT ratifier ▪ **ratificarse** VPR: **ratificarse en algo** réaffirmer qch

ratifique *etc* VB *ver* **ratificar**

ratio NM O NF ratio *m*

rato NM moment *m* ; **a ratos** par moments ; **de a ratos** (*Arg*) de temps en temps ; **al poco ~** peu après ; **ratos libres** *o* **de ocio** moments de loisir ; **¡hasta otro ~!** à la prochaine ! ; **hay para ~** il y en a pour un bon moment ; **pasar el ~** passer le temps ; **pasar un buen/mal ~** passer un bon/mauvais moment

ratón NM (*tb Inform*) souris *fsg*

ratonera NF souricière *f*

raudal NM torrent *m* ; **a raudales** à flots ; **entrar a raudales** entrer à flots

raudo, -a ADJ rapide

raya NF raie *f* ; (*en tela*) rayure *f* ; (*Tip*) tiret *m* ; (*de droga*) ligne *f* ; **a rayas** à rayures ; **pasarse de la ~** dépasser les bornes ; **tener a ~** tenir en respect

rayado, -a ADJ rayé(e)

rayar VT rayer ▸ VI: **~ en** *o* **con** confiner à ; (*parecerse a*) friser ; **raya en la cincuentena** il frise la cinquantaine ; **al ~ el alba** au point du jour

rayo NM rayon *m* ; (*en una tormenta*) foudre *f* ; **ser un ~** (*fig*) être très vif (vive) ; **como un ~** comme un éclair ; **la noticia cayó como un ~** la nouvelle a fait l'effet d'une bombe ; **pasar como un ~** passer comme un éclair ; **~ de luna** rayon de lune ; **~ solar** *o* **de sol** rayon de soleil ; **rayos infrarrojos** rayons *mpl* infrarouges ; **rayos X** rayons X

rayón NM rayonne *f*

rayuela (*Arg*) NF marelle *f*

raza NF race *f* ; **de pura ~** (*animal*) de race ; **~ humana** race humaine

razón NF (*tb Mat*) raison *f* ; **a ~ de 10 cada día** à raison de 10 par jour ; **« ~: aquí »** « s'adresser ici » ; **en ~ de** en raison de ; **en ~ directa con** en relation directe avec ; **perder la ~** perdre la raison ; **entrar en ~** entendre raison ; **dar la ~ a algn** donner raison à qn ; **dar ~ de** renseigner sur ; **¡y con ~!** et pour cause ! ; **tener/no tener ~** avoir raison/tort ; **~ directa/inversa** raison directe/indirecte ; **~ de ser** raison d'être

razonable ADJ raisonnable

razonado, -a ADJ (*Com: cuenta etc*) détaillé(e)

razonamiento NM raisonnement *m*

razonar VT raisonner ; (*Com: cuenta*) détailler ▸ VI raisonner

RDA SIGLA F (*Hist: = República Democrática Alemana*) RDA *f* (*= République démocratique allemande*)

Rdo. ABR = **reverendo**

re NM (*Mús*) ré *m inv*

re... (*esp Am*) PREF très

reabierto PP *ver* **reabrir**

reabrir VT rouvrir ▪ **reabrirse** VPR se rouvrir

reacción NF réaction *f* ; **avión a ~** avion *m* à réaction ; **~ en cadena** réaction en chaîne

reaccionar VI réagir

reaccionario, -a ADJ, NM/F réactionnaire *mf*

reacio, -a ADJ réticent(e) ; **ser/estar ~ a hacer algo** être/se montrer réticent(e) à faire qch

reacondicionar VT (*local*) restructurer

reactivar VT (*economía, negociaciones*) relancer ▪ **reactivarse** VPR reprendre

reactor NM réacteur *m* ; (*avión*) avion *m* à réaction ; **~ nuclear** réacteur nucléaire

readaptación NF: **~ profesional** réadaptation *f* professionnelle

r

readmitir VT réadmettre

reafirmar VT réaffirmer ▪ **reafirmarse** VPR: **reafirmarse en** *(posición)* rester sur

reagrupar VT regrouper

reajustar VT *(tb Inform)* réajuster

reajuste NM réajustement *m*; **~ de plantilla** compression *f* de personnel; **~ ministerial** remaniement *m* ministériel; **~ salarial** réajustement des salaires

real ADJ *(verdadero)* réel(le); *(del rey, fig)* royal(e); **R~ Academia Española** *voir article*

La **Real Academia Española**, ou **RAE**, a été créée en 1713 et approuvée par le roi Philippe V en 1714 sous la devise *Limpia, fija y da esplendor* (*Elle purifie, fixe et donne de la splendeur*) dans le but de préserver la pureté de la langue espagnole. Les 46 membres de cette institution, nommés à vie, comptent parmi les plus grands écrivains et linguistes d'Espagne. Le premier dictionnaire, le *Diccionario de Autoridades* en six volumes, a été publié entre 1726 et 1739. Depuis la version condensée en un volume parue en 1780, plus d'une vingtaine de nouvelles éditions ont été publiées.

realce VB *ver* **realzar** ▸ NM relief *m*; **poner de ~** mettre en relief; **dar ~ a algo** *(fig)* mettre qch en relief

real-decreto *(pl* **reales-decretos***)* NM arrêté *m* royal

realeza NF royauté *f*

realice *etc* VB *ver* **realizar**

realidad NF réalité *f*; **en ~** en réalité; **~ aumentada** réalité augmentée

realismo NM réalisme *m*

realista ADJ, NMF réaliste *mf*; *(Pol)* royaliste *mf*

reality show [re'alitiʃow] *(pl* **reality shows***)* NM reality show *m*

realizable ADJ réalisable

realización NF réalisation *f*; **~ de plusvalías** réalisation de plus-values

realizador, -a NM/F *(TV, Cine)* réalisateur(-trice)

realizar VT réaliser ▪ **realizarse** VPR se réaliser

realmente ADV réellement; *(con adjetivo)* vraiment; **es ~ apasionante** c'est vraiment passionnant

realojar VT reloger

realquilar VT *(subarrendar)* sous-louer; *(alquilar de nuevo)* relouer

realzar VT *(Tec)* surélever; *(belleza)* mettre en valeur; *(importancia)* augmenter

reanimación NF réanimation *f*

reanimar VT ranimer ▪ **reanimarse** VPR se ranimer

reanudación NF *(de relación, historia, viaje)* reprise *f*

reanudar VT *(relación)* renouer; *(historia, viaje)* reprendre

reaparecer VI réapparaître, reparaître; *(artista)* faire un come-back

reaparición NF réapparition *f*; come-back *m*

reapertura NF réouverture *f*

rearme NM réarmement *m*

reavivar VT ranimer

rebaja NF solde *m*; **« rebajas »** « soldes »

rebajar VT rabaisser; *(reducir: artículo)* solder ▪ **rebajarse** VPR: **rebajarse a hacer algo** s'abaisser à faire qch

rebanada NF tranche *f*

rebanar VT *(pan)* couper en tranches; *(dedo)* sectionner

rebañar VT racler

rebaño NM troupeau *m*

rebasar VT dépasser; *(Auto)* doubler

rebatir VT réfuter

rebato NM: **llamar** *o* **tocar a ~** sonner le glas *o* tocsin

rebeca NF cardigan *m*

rebeco NM chamois *m*, isard *m*

rebelarse VPR se rebeller

rebelde ADJ rebelle ▸ NMF *(Pol)* rebelle *mf*; *(Jur)* accusé(e) défaillant(e)

rebeldía NF rébellion *f*; *(Jur)* contumace *f*; **en ~** par contumace

rebelión NF rébellion *f*

rebenque *(Am)* NM fouet *m*

reblandecer VT ramollir

reblandezca *etc* VB *ver* **reblandecer**

rebobinar VT rembobiner

reboce *etc* VB *ver* **rebozar**

rebosante ADJ: **~ de** *(fig)* débordant(e) de

rebosar VT, VI déborder; **~ de salud** respirer la santé

rebotar VI rebondir

rebote NM rebondissement *m*; **de ~** *(fig)* par ricochet

rebozado, -a ADJ pané(e)

rebozar VT paner

rebozo NM *(mantilla)* mantille *f*; *(disfraz)* masque *m*; *(Am)* châle *m*

rebrote NM *(de conflicto)* reprise *f*, résurgence *f*; *(de enfermedad)* recrudescence *f*

rebuscado, -a ADJ recherché(e)

rebuscar VT rechercher ▸ VI: **~ (en** *o* **por)** chercher (dans), fouiller (dans)

rebuznar VI braire

recabar VT obtenir; **~ fondos** obtenir des fonds

recadero NM garçon *m* de courses

recado NM course *f*; *(mensaje)* message *m*; *(Am: montura)* selle *f*; **dejar/tomar un ~** *(Telec)* laisser/prendre un message ▪ **recados** NMPL *(compras)* courses *fpl*, commissions *fpl*; **fui a hacer unos recados** je suis allé faire des courses

recaer VI rechuter; **~ en** *(responsabilidad)* retomber sur ; (*premio*) échoir à ; (*criminal*) retomber dans

recaída NF (*Med*) rechute *f*

recaiga *etc* VB *ver* **recaer**

recalcar VT (*fig*) souligner

recalcitrante ADJ récalcitrant(e)

recalentamiento NM: **~ global** réchauffement *m* global

recalentar VT réchauffer ; (*demasiado*) surchauffer ▪ **recalentarse** VPR se réchauffer

recaliente *etc* VB *ver* **recalentar**

recalque *etc* VB *ver* **recalcar**

recámara NF (*habitación*) dressing-room *m* ; (*de arma*) magasin *m* ; (*AM*) chambre *f*

recamarera (*MÉX*) NF domestique *f*

recambio NM (*de pieza*) pièce *f* détachée *o* de rechange ; (*de pluma*) recharge *f* ; **piezas de ~** pièces *fpl* détachées

recapacitar VI réfléchir

recapitular VT récapituler

recargable ADJ rechargeable

recargado, -a ADJ surchargé(e)

recargar VT recharger ; (*pago*) alourdir

recargo NM majoration *f* de prix

recargue *etc* VB *ver* **recargar**

recatado, -a ADJ réservé(e)

recato NM réserve *f*

recauchutado, -a ADJ rechapé(e)

recaudación NF recette *f* ; (*acción*) perception *f*

recaudador, a NM/F (*tb*: **recaudador de impuestos**) percepteur(-trice)

recaudar VT percevoir

recaudo NM: **estar a buen ~** être en lieu sûr ; **poner algo a buen ~** mettre qch en lieu sûr

recayendo *etc* VB *ver* **recaer**

rece *etc* VB *ver* **rezar**

recelar VT: **~ que** (*sospechar*) soupçonner que ; (*temer*) craindre que ▶ VI se méfier ▪ **recelarse** VPR se méfier

recelo NM (*desconfianza*) méfiance *f* ; (*temor*) crainte *f*

receloso, -a ADJ (*suspicaz*) méfiant(e) ; (*temeroso*) craintif(-ive)

recepción NF réception *f*

recepcionista NMF réceptionniste *mf*

receptáculo NM réceptacle *m*

receptivo, -a ADJ réceptif(-ive)

receptor, a NM/F réceptionnaire *mf* ▶ NM (*Telec, radio*) récepteur *m* ; **descolgar el ~** décrocher le récepteur

recesión NF récession *f*

receso NM (*descanso*) pause *f* ; (*AM*: *parlamentario*) intersession *f*, vacances *fpl* parlementaires

receta NF (*Culin*) recette *f* ; (*Med*) ordonnance *f*

recetar VT prescrire

recetario NM livre *m* de recettes

rechace *etc* VB *ver* **rechazar**

rechazar VT (*ataque, oferta*) repousser ; (*idea, acusación*) rejeter

rechazo NM rejet *m* ; (*sentimiento*) refoulement *m* ; **de ~** par ricochet

rechifla NF huées *fpl* ; (*fig*) risée *f*

rechinar VI grincer

rechistar VI: **sin ~** sans broncher

rechoncho, -a (*fam*) ADJ boulot(te)

rechupete: **de ~** *adj* à s'en lécher les babines *o* doigts

recibí NM reçu *m*

recibidor NM entrée *f*

recibimiento NM accueil *m*

recibir VT, VI recevoir ▪ **recibirse** VPR (*AM Escol*): **recibirse de** obtenir le diplôme de

recibo NM reçu *m* ; **acusar ~ de** accuser réception de

reciclable ADJ recyclable

reciclado, -a ADJ recyclé(e) ▶ NM recyclage *m*

reciclaje NM recyclage *m*

reciclar VT recycler

recién ADV récemment ; (*AM*: *solo*) seulement ; **~ casado** jeune marié ; **el ~ llegado/nacido** le nouveau venu/-né ; **~ a las seis me enteré** (*AM*) je ne l'ai appris qu'à six heures

reciente ADJ récent(e) ; (*pan, herida*) frais (fraîche)

recientemente ADV récemment

recinto NM enceinte *f* ; **~ ferial** parc *m* des expositions

recio, -a ADJ résistant(e) ; (*voz*) fort(e) ▶ ADV fort, dur

recipiente NM (*objeto*) récipient *m* ; (*persona*) récipiendaire *mf*

reciprocidad NF réciprocité *f*

recíproco, -a ADJ réciproque

recital NM récital *m*

recitar VT réciter

reclamación NF réclamation *f* ; **~ salarial** revendication *f* salariale

reclamar VT, VI réclamer ; **~ a algn en justicia** assigner qn en justice

reclamo NM (*en caza*) appeau *m* ; (*incentivo*) appât *m* ; (*AND, CSUR*: *queja*) plainte *f* ; **~ publicitario** réclame *f*

reclinable ADJ inclinable ; **asiento ~** siège *m* inclinable

reclinar VT incliner ▪ **reclinarse** VPR s'incliner

recluir VT enfermer ▪ **recluirse** VPR vivre en reclus ; **recluirse en su casa** s'enfermer *o* se cloître chez soi

reclusión NF réclusion *f* ; (*voluntario*) retraite *f* ; **~ perpetua** réclusion à perpétuité

recluso, -a ADJ reclus(e) ; **población reclusa** population *f* pénitentiaire ▶ NM/F reclus(e)

recluta NMF recrue *f* ▶ NF recrutement *m*

reclutamiento NM recrutement *m*

r

reclutar VT recruter
recluyendo *etc* VB *ver* **recluir**
recobrar VT (*fuerzas*) récupérer ; (*salud*) recouvrer ; (*ciudad, conocimiento*) reprendre ; **~ el sentido** reprendre connaissance ■ **recobrarse** VPR: **recobrarse (de)** se remettre (de)
recocer VT trop cuire
recochineo NM mise *f* en boîte
recodo NM coude *m*
recogedor NM pelle *f*
recogepelotas NMF INV ramasseur(-euse) de balles
recoger VT (*firmas, dinero*) recueillir ; (*fruta*) cueillir ; (*del suelo*) ramasser ; (*ordenar*) ranger ; (*juntar*) rassembler ; (*pasar a buscar*) prendre ; (*dar asilo*) recueillir ; (*plegar*) plier ; (*faldas, mangas*) retrousser ; (*polvo*) prendre ; **me recogieron en la estación** ils sont venus me chercher à la gare ■ **recogerse** VPR se retirer ; (*pelo*) s'attacher
recogida NF (*Agr*) cueillette *f* ; (*de basura*) ramassage *m* ; (*de cartas*) levée *f* ; **horas de ~** heures *fpl* de levée ; **~ de datos** (*Inform*) saisie *f* de données ; **~ de equipajes** livraison *f* des bagages
recogido, -a ADJ (*lugar*) retiré(e) ; (*pequeño*) petit(e)
recogimiento NM recueillement *m*
recoja *etc* VB *ver* **recoger**
recolección NF (*Agr*) récolte *f* ; (*de datos, dinero*) collecte *f*
recolectar VT (*Agr*) récolter ; (*datos, dinero*) collecter
recolector, a ADJ collecteur(-trice) ; **camión ~ (de basura)** camion *m* poubelle ▶ NM/F (*Agr*) cueilleur(-euse)
recomencé *etc*, **recomencemos** *etc* VB *ver* **recomenzar**
recomendable ADJ recommandable ; **poco ~** peu recommandable
recomendación NF recommandation *f* ; **carta de ~** lettre *f* de recommandation
recomendar VT recommander
recomenzar VT, VI recommencer
recomience *etc* VB *ver* **recomenzar**
recomiende *etc* VB *ver* **recomendar**
recomienzo *etc* VB *ver* **recomenzar**
recompensa NF récompense *f* ; **como** *o* **en ~ por** en récompense de
recompensar VT récompenser
recompondré *etc* VB *ver* **recomponer**
recomponer VT réparer
recomponga *etc*, **recompuesto** *etc*, **recompuse** *etc* VB *ver* **recomponer**
reconciliación NF réconciliation *f*
reconciliar VT réconcilier ■ **reconciliarse** VPR se réconcilier
recóndito, -a ADJ (*lugar*) retiré(e) ; **en lo más ~ de ...** au plus profond de ...
reconfortante ADJ réconfortant(e)
reconfortar VT réconforter
reconocer VT reconnaître ; **~ los hechos** reconnaître les faits ■ **reconocerse** VPR: **reconocerse culpable** reconnaître sa culpabilité
reconocible ADJ reconnaissable
reconocido, -a ADJ reconnu(e)
reconocimiento NM reconnaissance *f* ; **~ de (la) voz** (*Inform*) reconnaissance vocale ; **~ óptico de caracteres** (*Inform*) reconnaissance optique de caractères
reconozca *etc* VB *ver* **reconocer**
reconquista NF reconquête *f*
reconquistar VT (*Mil, fig*) reconquérir
reconsiderar VT reconsidérer
reconstituyente NM reconstituant *m*
reconstrucción NF reconstruction *f* ; (*de suceso*) reconstitution *f*
reconstruir VT reconstruire ; (*suceso*) reconstituer
reconstruyendo *etc* VB *ver* **reconstruir**
reconversión NF reconversion *f*
reconvertir VT reconvertir
recopilación NF (*resumen*) résumé *m* ; (*colección*) recueil *m*, compilation *f*
recopilar VT compiler
récord ['rekorð] (*pl* **récords**) ADJ INV record ; **cifras ~** chiffres *mpl* records ▶ NM record *m* ; **batir el ~** battre le record
recordar VT se rappeler ; (*traer a la memoria*) rappeler ; **~ algo a algn** rappeler qch à qn ; **recuérdale que me debe 5 dólares** rappelle-lui qu'il me doit 5 dollars ; **creo ~** je crois me rappeler ; **me recuerda a su madre** elle me rappelle sa mère ▶ VI (*acordarse de*) se rappeler ; **que yo recuerde** pour autant que je me souvienne ; **si mal no recuerdo** si je me souviens bien
recordatorio NM *carte souvenir distribuée à l'occasion des premières communions, des enterrements etc*
recorrer VT parcourir ; (*registrar*) fouiller
recorrido NM parcours *msg* ; **tren de largo ~** train *m* grandes lignes
recortado, -a ADJ découpé(e) ; (*barba*) taillé(e)
recortar VT découper ; (*pelo*) rafraîchir ; (*presupuesto, gasto*) réduire ■ **recortarse** VPR (*marcarse*) se détacher
recorte NM (*de telas, chapas: acto*) coupe *f* ; (*: fragmento*) découpure *f* ; (*de prensa*) coupure *f* ; (*de presupuestos, gastos*) compression *f* ; **~ salarial** réduction *f* de salaire
recostado, -a ADJ penché(e) ; **estar ~** être allongé(e)
recostar VT appuyer ■ **recostarse** VPR s'appuyer
recoveco NM (*de camino, río*) détour *m* ; (*en casa*) coin *m*
recreación NF récréation *f*
recrear VT recréer ■ **recrearse** VPR: **recrearse con/en** prendre plaisir à

recreativo, -a ADJ récréatif(-ive) ; **sala recreativa** salle *f* de jeux
recreo NM récréation *f*
recriminar VT reprocher ▶ VI récriminer
recrudecer VI redoubler d'intensité ■ **recrudecerse** VPR redoubler d'intensité
recrudecimiento NM recrudescence *f*
recrudezca *etc* VB *ver* **recrudecer**
recta NF ligne *f* droite ; **~ final** dernière ligne droite
rectangular ADJ rectangulaire
rectángulo, -a ADJ, NM rectangle *m*
rectificable ADJ rectifiable ; **fácilmente ~** facile à rectifier *o* corriger
rectificación NF rectification *f*
rectificar VT rectifier ▶ VI se corriger
rectifique *etc* VB *ver* **rectificar**
rectitud NF rectitude *f*
recto, -a ADJ droit(e) ; **en el sentido ~ de la palabra** au sens strict du terme ▶ NM (*Anat*) rectum *m*
rector, a ADJ, NM/F recteur(-trice)
rectorado NM rectorat *m*
recua NF troupeau *m*, troupe *f* ; **una ~ de chiquillos** une ribambelle de gamins
recuadro NM case *f* ; (*Tip*) encadré *m*
recubrir VT: **~ (con)** recouvrir (de)
recuento NM décompte *m* ; **hacer el ~ de** faire le décompte de
recuerdo VB *ver* **recordar** ▶ NM souvenir *m* ; **« R~ de Mallorca »** « Souvenir de Majorque » ■ **recuerdos** NMPL (*saludos*) amitiés *fpl* ; **¡recuerdos a tu madre!** amitiés à ta mère !
recueste *etc* VB *ver* **recostar**
recular VI reculer
recuperable ADJ récupérable
recuperación NF récupération *f* ; (*de enfermo*) rétablissement *m* ; (*Escol*) rattrapage *m* ; **~ de datos** (*Inform*) extraction *f* de données
recuperar VT récupérer ; (*Inform: archivo*) extraire, aller chercher ; **~ fuerzas** reprendre des forces ■ **recuperarse** VPR récupérer
recurrente ADJ récurrent(e) ▶ NMF (*Jur*) appelant(e)
recurrir VI (*Jur*) faire appel ; **~ a algo/a algn** recourir à qch/à qn
recurso NM recours *msg* ; **como último ~** en dernier recours ; **recursos económicos/naturales** ressources *fpl* économiques/naturelles
recusación NF (*Jur*) récusation *f*
recusar VT (*Jur*) récuser
red NF (*tejido, trampa*) filet *m* ; (*organización*) réseau *m* ; **la R~** (*Internet*) le Net ; **estar conectado con la ~** être connecté au réseau ; **~ local** (*Inform*) réseau local ; **~ social** réseau social
redacción NF rédaction *f*
redactar VT rédiger
redactor, a NM/F rédacteur(-trice) ; **~ jefe** rédacteur(-trice) en chef
redada NF (*tb*: **redada policial**) descente *f*
redecilla NF filet *m*
redefinir VT redéfinir
redención NF rédemption *f*
redentor, a ADJ rédempteur(-trice)
redescubierto PP *ver* **redescubrir**
redescubrir VT redécouvrir
redicho, -a ADJ maniéré(e)
redil NM enclos *m*
redimir VT racheter
redistribución NF (*Com*) redistribution *f*
rédito NM (*Econ*) intérêt *m*
redoblar VT redoubler ▶ VI battre le tambour
redoble NM (*Mús*) roulement *m*
redomado, -a ADJ (*astuto*) rusé(e) ; **sinvergüenza ~** fieffée canaille *f*
redonda NF (*Mús*) ronde *f* ; **a la ~** à la ronde ; **en varios kilómetros a la ~** à plusieurs kilomètres à la ronde
redondear VT (*negocio, velada*) conclure ; (*cifra, objeto*) arrondir
redondel NM cercle *m* ; (*Taur*) arène *f*
redondo, -a ADJ rond(e) ; (*completo*) parfait(e) ; **en números redondos** en chiffres ronds ▶ NM: **~ de carne** (*Culin*) romsteck *m* ; **rehusar en ~** refuser en bloc
reducción NF réduction *f*
reduccionista ADJ réductionniste
reducido, -a ADJ réduit(e) ; **quedar ~ a** en être réduit(e) à
reducir VT réduire ; **el terremoto redujo la ciudad a escombros** le tremblement de terre a réduit la ville à l'état de ruines ; **~ las millas a kilómetros** convertir les milles en kilomètres ■ **reducirse** VPR se réduire ; **reducirse a** (*fig*) se réduire à
reducto NM réduit *m*
reduje *etc* VB *ver* **reducir**
redundancia NF redondance *f*
redundante ADJ redondant(e)
redundar VI: **~ en beneficio de algn** tourner à l'avantage de qn
reduzca *etc* VB *ver* **reducir**
reedición NF réédition *f*
reeditar VT rééditer
reeducación NF rééducation *f*
reelección NF réélection *f*
reembolsable ADJ remboursable
reembolsar VT rembourser
reembolso NM remboursement *m* ; **enviar algo contra ~** envoyer qch contre remboursement ; **contra ~ del flete** port dû
reemplace *etc* VB *ver* **reemplazar**
reemplazar VT (*tb Inform*) remplacer

r

reemplazo NM remplacement *m* ; **de ~** (*Mil*) du contingent

reencarnación NF réincarnation *f*

reencarnar VT réincarner ▪ **reencarnarse** VPR se réincarner ; **reencarnarse en algn/algo** se réincarner en qn/qch

reencontrarse VPR se retrouver

reencuentro NM retrouvailles *fpl*

reengancharse VPR (*Mil*) rempiler

reenviar VT (*a diferente dirección*) faire suivre ; (*al remitente*) renvoyer

reescribible ADJ réinscriptible

reescribir VT récrire

reestreno NM : **película de ~** reprise *f*

reestructuración NF restructuration *f*

reestructurar VT restructurer

reexpedir VT réexpédier

reexportación NF réexportation *f*

reexportar VT réexporter

Ref.ª ABR (= *referencia*) réf. (= *référence*)

refacción NF (*Am Tec*) réfection *f* ▪ **refacciones** NFPL (*reparaciones*) travaux *mpl* de réfection ; (*Méx* : *piezas de repuesto*) pièces *fpl* détachées

referencia NF référence *f* ; **con ~ a** en ce qui concerne ; **hacer ~ a** faire référence à ; **~ comercial** (*Com*) référence commerciale ▪ **referencias** NFPL (*de trabajo*) références *fpl*

referéndum (*pl* **referéndums**) NM référendum *m*

referente ADJ : **~ a** relatif(-ive) à

referir VT rapporter ; **~ al lector a un apéndice** renvoyer le lecteur à un appendice ; **~ a** (*Com*) convertir en ▪ **referirse** VPR : **referirse a** se référer à ; **por lo que se refiere a eso** en ce qui concerne cela

refiera *etc* VB *ver* **referir**

refilón : **de ~** *adv* en passant ; **mirar a algn de ~** jeter un regard oblique à qn

refinado, -a ADJ raffiné(e)

refinamiento NM raffinement *m* ; **~ por pasos** (*Inform*) approximations *fpl* successives

refinar VT (*petróleo, azúcar*) raffiner ; (*modales*) affiner

refinería NF raffinerie *f*

refiriendo *etc* VB *ver* **referir**

reflectante ADJ réfléchissant(e)

reflector NM réflecteur *m* ; (*Aviat, Mil*) projecteur *m*

reflejar VT refléter ▪ **reflejarse** VPR se refléter

reflejo, -a ADJ réflexe ▸ NM reflet *m* ; (*Anat*) réflexe *m* ▪ **reflejos** NMPL (*en el pelo*) reflets *mpl* ; **pelo castaño con reflejos rubios** cheveux châtains à reflets blonds

réflex (*Foto*) ADJ INV reflex ▸ NF INV reflex *m*

reflexión NF réflexion *f*

reflexionar VI réfléchir ; **~ sobre** réfléchir sur ; **¡reflexione!** réfléchissez !

reflexivo, -a ADJ (*carácter*) réflexif(-ive) ; (*Ling*) réfléchi(e)

reflexología NF réflexologie *f*

reflotar VT (*barco*) remettre à flot ; (*empresa, negocio*) remettre à flot, redresser

refluir VI refluer

reflujo NM reflux *m*

refluyendo *etc* VB *ver* **refluir**

reforcé *etc*, **reforcemos** *etc* VB *ver* **reforzar**

reforestación NF reforestation *f*, reboisement *m*

reforma NF réforme *f* ; **~ agraria/económica/educativa** réforme agraire/économique/de l'enseignement ▪ **reformas** NFPL (*obras*) rénovation *f*, travaux *mpl*

reformar VT réformer ; (*texto*) refondre ; (*Arq*) rénover ▪ **reformarse** VPR se réformer

reformatorio NM (*tb* : **reformatorio de menores**) maison *f* de redressement *o* correction

reformista ADJ réformiste

reforzamiento NM renforcement *m*

reforzar VT renforcer

refracción NF réfraction *f*

refractario, -a ADJ réfractaire ; **ser ~ a** être réfractaire à

refrán NM proverbe *m*

refranero NM recueil *m* de proverbes

refregar VT frotter

refrenar VT (*deseos*) refréner ; (*caballo*) brider

refrendar VT ratifier

refrescante ADJ rafraîchissant(e)

refrescar VT rafraîchir ▸ VI se rafraîchir ▪ **refrescarse** VPR se rafraîchir

refresco NM rafraîchissement *m* ; **de ~** (*jugador, tropas*) de renfort

refresque *etc* VB *ver* **refrescar**

refriega VB *ver* **refregar** ▸ NF bagarre *f*

refriegue *etc* VB *ver* **refregar**

refrigeración NF réfrigération *f* ; **sistema de ~** système *m* de réfrigération

refrigerado, -a ADJ réfrigéré(e)

refrigerador (*esp Am*) NM, **refrigeradora** (*Am*) NF réfrigérateur *m*

refrigerar VT réfrigérer

refrigerio NM (*comida*) collation *f* ; (*bebida*) rafraîchissement *m*

refrito NM (*Culin*) : **preparar un ~ de cebolla** faire revenir des oignons

refucilo (*And, CSur*) NM éclair *m*

refuerce VB *ver* **reforzar**

refuerzo VB *ver* **reforzar** ▸ NM renfort *m* ▪ **refuerzos** NMPL (*Mil*) renforts *mpl*

refugiado, -a NM/F réfugié(e)

refugiarse VPR se réfugier

refugio NM refuge *m* ; **~ de montaña** refuge ; **~ atómico/subterráneo** abri *m* antiatomique/souterrain

refulgencia NF éclat *m*
refulgir VI resplendir
refulja *etc* VB *ver* **refulgir**
refundir VT refondre
refunfuñar VI ronchonner
refunfuñón, -ona (*fam*) ADJ grognon(ne) ▸ NM/F ronchonneur(-euse)
refusilo (AND, CSUR) NM = **refucilo**
refutación NF réfutation *f*
refutar VT réfuter
regadera NF arrosoir *m* ; (*MÉX: ducha*) douche *f* ; **estar como una ~** (*fam*) travailler du chapeau (*fam*)
regadío NM irrigation *f* ; **tierras de ~** terres *fpl* irriguées
regalado, -a ADJ (*gratis*) offert(e) ; (*vida*) de château ; **lo tuvo ~** on le lui a apporté sur un plateau ; **a precios regalados** à un prix dérisoire
regalar VT offrir ; (*mimar*) cajoler ■ **regalarse** VPR: **regalarse (con)** se régaler (de)

⚠ **Regalar** ne signifie pas *régaler*, qui se traduit par **obsequiar con** en espagnol.

regalía NF privilège *m* ; (*por derechos*) redevance *f*
regaliz NM réglisse *m o f*
regalo NM cadeau *m* ; (*gusto*) régal *m* ; (*comodidad*) aisance *f*
regañadientes: **a ~** *adv* en rechignant
regañar VT gronder ▸ VI se fâcher ; (*dos personas*) se disputer
regañina NF: **echar una ~ a algn** tirer les oreilles à qn
regañón, -ona ADJ ronchon(ne)
regar VT arroser ; (*fig*) semer
regata NF régate *f*
regate NM feinte *f*
regatear VT marchander ; **no ~ esfuerzos** ne pas ménager ses efforts ▸ VI (*Com*) marchander ; (*Deporte*) feinter
regateo NM (*Com*) marchandage *m*
regazo NM giron *m*
regencia NF régence *f*
regeneración NF régénération *f*
regenerar VT régénérer
regentar VT (*empresa, negocio*) diriger ; (*bar*) tenir ; (*puesto*) être à la tête de
regente, -a ADJ (*príncipe*) régent(e) ▸ NM/F (*Com*) gérant(e) ; (*Pol*) régent(e) ; (*MÉX: alcalde*) maire *m*
reggaetón NM (*Mús*) = **reguetón**
regidor, a ADJ (*Pol*) dirigeant(e) ▸ NM/F (*de TV, teatro*) régisseur(-euse)
régimen (*pl* **regímenes**) NM régime *m* ; **estar/ponerse a ~** être/se mettre au régime
regimiento NM régiment *m*
regio, -a ADJ royal(e) ; (*AM fam*) formidable
regiomontano, -a (*MÉX*) ADJ de Monterey ▸ NM/F natif(-ive) *o* habitant(e) de Monterey
región NF région *f*
regional ADJ régional(e)
regir VT (*Econ, Jur, Ling*) régir ▸ VI (*ley*) être en vigueur ; **mi abuela ya no rige** ma grand-mère perd la tête
registrado, -a (*MÉX*) ADJ (*Correos*) recommandé(e)
registrador, a NM/F conservateur(-trice) des hypothèques
registrar VT fouiller ; (*anotar*) inscrire ■ **registrarse** VPR (*inscribirse*) s'inscrire ; (*ocurrir*) avoir lieu
registro NM registre *m* ; (*inspección*) fouille *f* ; (*de datos*) enregistrement *m* ; (*oficina*) bureau *m* d'enregistrement ; **~ civil** état *m* civil ; **~ de la propiedad** bureau des hypothèques ; **~ electoral** registre électoral
regla NF règle *f* ; **en ~** en règle ; **por ~ general** en règle générale ; **las reglas del juego** les règles du jeu
reglamentación NF réglementation *f*
reglamentar VT réglementer
reglamentariamente ADV réglementairement
reglamentario, -a ADJ réglementaire ; **en la forma reglamentaria** en bonne et due forme
reglamento NM règlement *m* ; **~ del tráfico** code *m* de la route
reglar VT régler
regocijarse VPR: **~ de** *o* **por** se réjouir de
regocijo NM réjouissance *f*
regodearse VPR: **~ con** *o* **en algo** se délecter de qch ; (*pey*) se réjouir de qch
regodeo NM délectation *f*
regordete (*fam*) ADJ rondelet(te)
regresar VI revenir ; (*a casa*) rentrer ▸ VT (*MÉX: devolver*) rendre ■ **regresarse** VPR (*AM*) retourner
regresión NF (*tb Psico*) régression *f* ; **~ demográfica** recul *m o* déclin *m* démographique
regresivo, -a ADJ régressif(-ive)
regreso NM retour *m* ; **estar de ~** être de retour
regué *etc*, **reguemos** *etc* VB *ver* **regar**
reguero NM traînée *f* ; **como un ~ de pólvora** comme une traînée de poudre
reguetón NM (*Mús*) reggaetón *m*, reggaeton *m*
regulable ADJ réglable
regulación NF (*control*) régulation *f* ; (*Tec*) réglage *m* ; **~ de empleo** régulation de l'emploi ; **~ del tráfico** régulation du trafic
regulador, a ADJ régulateur(-trice) ▸ NM régulateur *m* ; **~ cardíaco** stimulateur *m* cardiaque
regular ADJ régulier(-ière) ; (*mediano*) moyen(ne) ; (*fam: no bueno*) médiocre ; **línea ~** (*Aviat*) ligne *f* régulière ; **por lo ~** en général ▸ ADV comme ci, comme ça ▸ VT régler ; (*normas, salarios*) contrôler

r

regularice *etc* VB *ver* **regularizar**
regularidad NF régularité *f* ; **con ~** régulièrement
regularizar VT régulariser
regularmente ADV régulièrement
regusto NM arrière-goût *m*
rehabilitación NF (*de enfermo*) rééducation *f* ; (*Arq, de memoria*) réhabilitation *f*
rehabilitar VT (*enfermo*) rééduquer ; (*Arq, memoria*) réhabiliter
rehacer VT refaire ; **va a ~ su vida** il va refaire sa vie ■ **rehacerse** VPR se rétablir
rehaga *etc*, **reharé** *etc* VB *ver* **rehacer**
rehaz VB *ver* **rehacer**
rehecho, -a PP *de* **rehacer**
rehén NMF otage *mf*
rehice *etc*, **rehizo** *etc* VB *ver* **rehacer**
rehogar VT (*Culin*) faire revenir
rehuir VT fuir
rehusar VT, VI refuser
rehuyendo *etc* VB *ver* **rehuir**
reimpresión NF réimpression *f*
reina NF reine *f* ; **~ de (la) belleza/de las fiestas** reine de beauté/de la fête ; **prueba ~** épreuve *f* phare
reinado NM règne *m*
reinante ADJ régnant(e)
reinar VI régner
reincidente ADJ, NMF récidiviste *mf*
reincidir VI (*Jur*) récidiver ; **~ (en)** (*recaer*) retomber (dans)
reincorporación NF réincorporation *f*
reincorporarse VPR: **~ a** (*equipo*) réintégrer ; (*trabajo*) reprendre ; (*Mil*) être réincorporé(e) dans
reineta ADJ F: **manzana ~** pomme *f* reinette ▶ NF reinette *f*
reingresar VI: **~ en** retourner à
reiniciar VT (*Inform*) redémarrer
reino NM royaume *m* ; **~ animal/vegetal** règne *m* animal/végétal ; **el R~ Unido** le Royaume-Uni
reinserción NF: **~ social** réinsertion *f* sociale
reintegración NF réintégration *f*
reintegrar VT réintégrer ■ **reintegrarse** VPR: **reintegrarse a** réintégrer
reintegro NM remboursement *m* ; (*en banco*) retrait *m*
reinventar VT réinventer
reinversión NM réinvestissement *m*
reír VI rire ; **~ entre dientes** rire sous cape ■ **reírse** VPR rire ; **reírse de** rire de
reiteración NF réitération *f*, répétition *f* ; **llamada de ~** (*Com*) appel *m* de suivi
reiteradamente ADV à plusieurs reprises
reiterado, -a ADJ réitéré(e)
reiterar VT réitérer ■ **reiterarse** VPR: **reiterarse en algo** réaffirmer qch
reiterativo, -a ADJ réitératif(-ive)
reivindicación NF revendication *f*
reivindicar VT revendiquer
reivindicativo, -a, reivindicatorio, -a ADJ revendicatif(-ive)
reivindique *etc* VB *ver* **reivindicar**
reja NF grille *f*
rejego, -a (*MÉX fam*) ADJ rebelle
rejilla NF grillage *m* ; (*en muebles*) cannage *m* ; (*en hornillo, de ventilación*) grille *f* ; (*para equipaje*) filet *m*
rejoneador NM (*Taur*) *sorte de picador*
rejuvenecer VT, VI rajeunir
rejuvenezca *etc* VB *ver* **rejuvenecer**
relación NF relation *f* ; (*lista*) liste *f* ; (*narración*) récit *m* ; **con ~ a, en ~ con** par rapport à ; **estar en** *o* **tener buenas relaciones con** être en bons termes avec ; **~ calidad-precio** rapport *m* qualité-prix ; **~ costo-efectivo** *o* **costo rendimiento** (*Com*) rapport coût-efficacité ; **relaciones carnales/sexuales** relations charnelles/sexuelles ; **relaciones comerciales** relations commerciales ; **relaciones humanas/laborales** relations humaines/industrielles ; **relaciones públicas** relations publiques ■ **relaciones** NFPL (*enchufes*) relations *fpl*
relacionar VT relier ■ **relacionarse** VPR: **relacionarse con** fréquenter
relajación NF relaxation *f*
relajado, -a ADJ relâché(e) ; (*costumbres, moral*) dissolu(e) ; (*ambiente, persona*) détendu(e)
relajante ADJ reposant(e) ; (*Med*) laxatif(-ive)
relajar VT (*mente, cuerpo*) décontracter ; (*disciplina, moral*) relâcher ■ **relajarse** VPR (*distraerse*) se détendre ; (*corromperse*) se relâcher
relajo NM (*esp CAM, MÉX: alboroto*) tumulte *m* ; (CARIB, *CAM, MÉX: libertinaje*) débauche *f*
relamerse VPR se pourlécher
relamido, -a (*pey*) ADJ (*pulcro*) bichonné(e) ; (*afectado*) collet monté *inv*
relámpago ADJ INV: **visita/huelga ~** visite *f*/grève *f* éclair ▶ NM éclair *m* ; **como un ~** comme un éclair
relampaguear VI étinceler
relanzar VT relancer
relatar VT relater
relatividad NF relativité *f*
relativizar VT relativiser
relativo, -a ADJ relatif(-ive) ; **en lo ~ a** en ce qui concerne
relato NM récit *m*
relax [re'laks] NM relax *m*
releer VT relire
relegar VT reléguer ; **~ algo al olvido** jeter qch aux oubliettes
relegue *etc* VB *ver* **relegar**
relevante ADJ important(e)

relevar VT relever ; **~ a algn de su cargo** relever qn de ses fonctions ■ **relevarse** VPR se relayer
relevo NM relève *f* ; **carrera de relevos** course *f* de relais ; **coger** *o* **tomar el ~** prendre le relais
relieve NM relief *m* ; **bajo ~** bas-relief *m* ; **un personaje de ~** un personnage important ; **dar ~ a** mettre en valeur ; **poner de ~** mettre en relief
religión NF religion *f*
religiosamente ADV religieusement
religiosidad NF (*devoción*) religiosité *f* ; (*puntualidad, exactitud*) scrupule *m*, exactitude *f*
religioso, -a ADJ, NM/F religieux(-euse)
relinchar VI hennir
relincho NM hennissement *m*
reliquia NF relique *f* ; **reliquias del pasado** vestiges *mpl* du passé
rellano NM (*Arq*) palier *m*
rellenar VT remplir ; (*Culin*) farcir ; (*Costura*) rembourrer
relleno, -a ADJ plein(e) ; (*Culin*) farci(e) ▶ NM (*Culin*) farce *f* ; (*de cojín*) rembourrage *m* ; (*fig*) remplissage *m*
reloj [re'lo(x)] NM horloge *f* ; (*de pulsera*) montre *f* ; **como un ~** comme du papier à musique ; **contra ~** contre la montre ; **~ de pie** horloge de parquet ; **~ (de pulsera)** montre ; **~ de sol** cadran *m* solaire ; **~ despertador** réveille-matin *m inv* ; **~ digital** montre à affichage numérique
relojería NF horlogerie *f* ; **aparato de ~** mécanisme *m* d'horlogerie ; **bomba de ~** bombe *f* à retardement
relojero, -a NM/F horloger(-ère)
reluciente ADJ reluisant(e)
relucir VI reluire ; (*fig*) briller ; **sacar algo a ~** mettre qch sur le tapis
relumbrante ADJ reluisant(e)
relumbrar VI reluire
relumbrón NM faux brillant *m*, tape-à-l'œil *m* (*fam*) ; **vestirse de ~** porter des oripeaux ; **joyas de ~** des bijoux clinquants
reluzca *etc* VB *ver* **relucir**
remachar VT river ; (*fig*) insister sur
remache NM rivet *m*
remanente NM (*resto*) reste *m* ; (*Com*) surplus *msg* ; (*de producto*) excédent *m*
remangarse VPR retrousser ses manches
remanso NM (*de río*) bras *msg* mort
remar VI ramer
remarcar VT (*señalar*) remarquer ; (*esp* AM: *subrayar*) souligner ; (COL, CSUR: *precio*) augmenter
rematadamente ADV complètement, terriblement ; **~ mal** terriblement mal ; **es ~ tonto** il est complètement idiot
rematado, -a ADJ: **loco ~** fou à lier
rematador, a NM/F (*Deporte*) buteur(-euse) ; (AND, CSUR) commissaire-priseur(-euse)
rematar VT achever ; (*trabajo*) parfaire ; (*Com*) liquider ; (*Costura*) arrêter ▶ VI (*en fútbol*) tirer ; **~ de cabeza** faire une tête
remate NM fin *f* ; (*extremo*) couronnement *m* ; (*Deporte*) tir *m* ; (*Arq*) sommet *m* ; (*Com*) liquidation *f* ; **de ~** (*tonto*) complètement ; **para ~** pour couronner le tout
remecer VT secouer
remediable ADJ remédiable
remediar VT remédier à ; (*evitar*) éviter ; **sin poder remediarlo** sans pouvoir y remédier
remedio NM remède *m* ; (*Jur*) recours *msg* ; **poner ~ a** remédier à ; **no tener más ~** ne pas avoir le choix ; **¡qué ~!** c'est comme ça !, on n'y peut rien ! ; **como último ~** en dernier ressort ; **sin ~** (*inevitablemente*) irrémédiablement
remedo NM imitation *f* ; (*pey*) contrefaçon *f*
rememorar VT remémorer
remendar VT raccommoder ; (*con parche*) rapiécer
remera (ARG) NF tee-shirt *m*
remero, -a NM/F rameur(-euse) ▶ NM (*máquina*) rameur *m*
remesa NF (*tb Com*) envoi *m*
remezón (AND, CSUR) NM secousse *f*
remiendo VB *ver* **remendar** ▶ NM raccommodage *m* ; (*con parche*) rapiéçage *m* ; (*fig*) arrangement *m*
remilgado, -a ADJ (*melindroso*) minaudier(-ière) ; (*afectado*) maniéré(e)
remilgo NM (*melindre*) minauderie *f* ; (*afectación*) manière *f*
reminiscencia NF réminiscence *f*
remirar VT revoir
remisión NF (*envío*) remise *f* ; (MÉX *Com*) envoi *m* ; (*Rel*) rémission *f* ; **sin ~** sans rémission
remiso, -a ADJ réticent(e)
remite NM expéditeur *m*
remitente NMF expéditeur(-trice)
remitir VT envoyer ▶ VI (*tempestad*) se calmer ; (*fiebre*) baisser ■ **remitirse** VPR: **remitirse a** s'en remettre à
remo NM rame *f* ; **cruzar un río a ~** traverser un fleuve à la rame
remoce *etc* VB *ver* **remozar**
remodelación NF (*Pol*) remaniement *m*
remojar VT laisser tremper ; (*fam: celebrar*) arroser
remojo NM: **dejar la ropa en ~** laisser tremper le linge
remojón NM: **darse un ~** (*por lluvia*) prendre une douche ; (*en mar, río*) prendre un bain
remolacha NF betterave *f*
remolcador NM remorqueur *m*
remolcar VT remorquer
remolino NM remous *msg* ; (*de pelo*) épi *m*
remolón, -ona ADJ feignant(e) ▶ NM/F tire-au-flanc *m inv*, feignant(e)
remolonear VI traînasser, lambiner

r

remolque VB *ver* **remolcar** ▸ NM remorque *f* ; (*cuerda*) câble *m* de remorquage ; **llevar a ~** prendre en remorque

remontar VT remonter ; (*obstáculo*) surmonter ; **~ el vuelo** monter en flèche ■ **remontarse** VPR s'élever ; **remontarse a** (*Com*) s'élever à ; (*en tiempo*) remonter à

rémora NF (*pez*) rémora *m* ; (*obstáculo*) obstacle *m*

remorder VT causer du remords à ; **me remuerde la conciencia** j'ai des remords

remordimiento NM remords *msg*

remotamente ADV : **ni ~** de loin

remoto, -a ADJ éloigné(e)

remover VT remuer

remozar VT (*Arq*) rafraîchir

remuerda *etc* VB *ver* **remorder**

remueva *etc* VB *ver* **remover**

remuneración NF rémunération *f*

remunerado, -a ADJ : **trabajo bien/mal ~** travail *m* bien/mal rémunéré

remunerar VT rémunérer

renacentista ADJ de la Renaissance, Renaissance *inv*

renacer VI renaître

renacimiento NM renaissance *f* ; **el R~** la Renaissance

renacuajo NM têtard *m*

renal ADJ rénal(e)

Renania NF Rhénanie *f*

renazca *etc* VB *ver* **renacer**

rencilla NF querelle *f*

rencor NM (*resentimiento*) rancœur *f* ; **guardar ~ a** garder rancune à

rencoroso, -a ADJ rancunier(-ière)

rendición NF reddition *f*

rendido, -a ADJ épuisé(e) ; **~ a sus encantos/a su belleza** fasciné(e) par son charme/sa beauté ; **su ~ admirador** votre fervent admirateur

rendija NF fente *f*

rendimiento NM rendement *m* ; **sacar ~ a algo** tirer parti de qch ; **alto/bajo ~** haut/bas rendement ; **~ de capital** (*Com*) rémunération *f* du capital ; **~ de trabajo** revenu *m* du travail

rendir VT rapporter ; (*agotar*) épuiser ; (*entregar*) livrer ; **~ homenaje/culto a** rendre hommage/un culte à ; **~ cuentas a algn** rendre des comptes à qn ▸ VI (*Com*) rapporter ; **el negocio no rinde** les affaires ne rapportent rien ■ **rendirse** VPR (*cansarse*) s'épuiser

renegado, -a ADJ, NM/F (*Rel*) renégat(e)

renegar VI renier ; (*quejarse*) grommeler ; (*con imprecaciones*) blasphémer

renegociación NF renégociation *f*

renegociar VT renégocier

renegué *etc*, **reneguemos** *etc* VB *ver* **renegar**

RENFE, Renfe SIGLA F (*Ferro: = Red Nacional de los Ferrocarriles Españoles*) *société nationale des chemins de fer espagnols*

renglón NM ligne *f* ; (*Com*) chapitre *m* ; **a ~ seguido** aussitôt après

rengo, -a (*esp* AM) ADJ boiteux(-euse)

renguera (AM) NF claudication *f*

reniego *etc*, **reniegue** *etc* VB *ver* **renegar**

reno NM renne *m*

renombrado, -a ADJ renommé(e)

renombrar VT (*Inform: archivo*) rebaptiser

renombre NM renom *m* ; **de ~** de renom

renovable ADJ renouvelable

renovación NF (*de contrato, sistema*) renouvellement *m* ; (*Arq*) rénovation *f*

renovador, a ADJ, NM/F (*tb Pol*) rénovateur(-trice) ▸ NM : **~ de muebles** restaurateur de meubles

renovar VT renouveler ; (*Arq*) rénover

renquear VI boiter ; (*fam*) tirer au flanc

renta NF revenu *m* ; (*esp* AM: *alquiler*) loyer *m* ; **política de rentas** politique *f* salariale ; **vivir de las rentas** vivre de ses rentes ; **~ disponible** revenu (individuel) disponible ; **~ gravable** *o* **imponible** revenu imposable ; **~ nacional (bruta)** revenu national (brut) ; **~ no salarial** rente *f* ; **~ sobre el terreno** (*Com*) revenu foncier ; **~ vitalicia** rente viagère

rentabilidad NF rentabilité *f*

rentabilizar VT rentabiliser

rentable ADJ rentable ; **no ~** non rentable

rentar VT rapporter ; (AM: *alquilar*) louer

rentista NMF rentier(-ière)

renuencia NF réticence *f*

renueve *etc* VB *ver* **renovar**

renuncia NF renonciation *f* ; (*dimisión*) émission *f*

renunciar VI renoncer ; **~ a hacer algo** renoncer à faire qch

reñido, -a ADJ (*batalla, debate, votación*) serré(e) ; **estar ~ con algn** être brouillé(e) avec qn ; **estar ~ con algo** (*conceptos etc*) être incompatible avec qch ; **está ~ con su familia** il est brouillé avec sa famille

reñir VT gronder ▸ VI (*pareja, amigos*) se disputer ; (*físicamente*) se battre

reo NMF (*Jur*) accusé(e) ; **~ de muerto** condamné à mort

reojo : **de ~** *adv* (*mirar*) du coin de l'œil

reorganice *etc* VB *ver* **reorganizar**

reorganización NF réorganisation *f*

reorganizar VT réorganiser

reorientación NF réorientation *f*

reorientar VT réorienter, donner une nouvelle orientation à

Rep. ABR = **República**

repanchigarse (*fam*), **repantigarse** (*fam*) VPR se vautrer (*fam*) ; **estar repanchigado en un sillón** être vautré dans un fauteuil

reparación NF réparation *f* ; **« reparaciones en el acto »** (*calzado*) « talon minute »

reparador, a ADJ (*sueño*) réparateur(-trice) ; (*comida*) reconstituant(e) ▸ NM/F (*persona*) réparateur(-trice), dépanneur(-euse)

reparar VT réparer ▸ VI: **~ en** (*darse cuenta de*) s'apercevoir de ; (*poner atención en*) remarquer ; **sin ~ en los gastos** sans regarder à la dépense

reparo NM (*duda*) doute *m* ; (*inconveniente*) problème *m* ; (*escrúpulo*) scrupule *m* ; **poner reparos** formuler des objections ; **poner reparos a algo** contester qch ; **no tuvo ~ en hacerlo** il n'a eu aucun scrupule à le faire

repartición NF répartition *f* ; (CSUR *Admin*) département *m*

repartidor, a NM/F livreur(-euse)

repartir VT distribuer ; (*Com*) livrer ; (*riquezas*) répartir

reparto NM (*de dinero, poder*) répartition *f* ; (*Com*) livraison *f* ; (*Cine, Correos*) distribution *f* ; (AM: *urbanización*) lotissement *m* ; **« ~ a domicilio »** « livraison à domicile »

repasador (CSUR) NM (*trapo de secar*) torchon *m*

repasar VT réviser

repaso NM révision *f* ; **curso de ~** cours *m* de rattrapage ; **~ general** révision générale

repatriación NF rapatriement *m*

repatriar VT rapatrier ■ **repatriarse** VPR être rapatrié(e)

repecho NM côte *f*, raidillon *m*

repelente ADJ repoussant(e) ; (*resabido*) odieux(-euse)

repeler VT (*Elec, enemigo*) repousser ; (*insecto*) éloigner ; (*suj: idea, contacto*) répugner

repelús (*fam*) NM: **me da ~** (*miedo*) ça me donne la chair de poule (*fam*) ; (*repugnancia*) ça me répugne

repensar VT reconsidérer

repente NM accès *msg* ; **de ~** soudain ; **~ de ira** accès de colère

repentice *etc* VB *ver* **repentizar**

repentinamente ADV subitement

repentino, -a ADJ (*súbito*) subit(e) ; (*inesperado*) inopiné(e)

repentizar VI, VT (*Mús*) déchiffrer

repercusión NF répercussion *f* ; **de amplia ~** d'une grande portée

repercutir VI se répercuter ; **~ en** (*fig*) se répercuter sur

repertorio NM répertoire *m*

repesca (*fam*) NF (*Escol*) repêchage *m*

repetición NF répétition *f* ; **escopeta/fusil de ~** fusil *m* de chasse/fusil à répétition

repetidamente ADV à plusieurs reprises

repetido, -a ADJ (*frase*) répandu(e) ; **repetidas veces** à plusieurs reprises ; **lo tengo ~** je l'ai en double

repetidor, a NM/F (*Escol*) répétiteur(-trice) ▸ NM (*de radio, TV*) relais *msg*

repetir VT répéter ; (*Escol*) redoubler ; (*plato, Teatro*) reprendre ▸ VI (*Escol*) redoubler ; (*sabor*) revenir ; (*en comida*) en reprendre ■ **repetirse** VPR se répéter

repetitivo, -a ADJ répétitif(-ive)

repicar VI (*campanas*) sonner, carillonner

repiense *etc* VB *ver* **repensar**

repintarse VPR se maquiller exagérément

repipi NMF bêcheur(-euse)

repique VB *ver* **repicar** ▸ NM (*de campanas*) carillonnement *m*

repiqueteo NM (*de campanas*) carillonnement *m*

repisa NF étagère *f* ; (*Arq*) console *f* ; (*de chimenea*) dessus *msg* ; (*de ventana*) rebord *m*

repitiendo *etc* VB *ver* **repetir**

replanteamiento NM reconsidération *f*, réexamen *m*

replantear VT reconsidérer

replegarse VPR se replier

replegué *etc*, **repleguemos** *etc* VB *ver* **replegarse**

repleto, -a ADJ plein(e) ; **~ de** plein(e) de ; **estoy ~** je suis repu(e)

réplica NF réplique *f* ; **derecho de ~** droit *m* de réponse

replicar VT, VI répliquer ; **¡no repliques!** et pas de discussion !

repliego *etc* VB *ver* **replegarse**

repliegue VB *ver* **replegarse** ▸ NM (*Mil*) repli *m*

replique *etc* VB *ver* **replicar**

repoblación NF repeuplement *m* ; **~ forestal** reboisement *m*

repoblar VT repeupler ; (*bosque*) reboiser

repollo NM chou *m*

repondré *etc* VB *ver* **reponer**

reponer VT (*volver a poner*) réinstaller ; (*reemplazar*) remplacer ; (*Teatro*) reprendre ; **~ que** répondre que ■ **reponerse** VPR se remettre

reponga *etc* VB *ver* **reponer**

reportaje NM reportage *m* ; **~ gráfico** reportage photographique

reportar VT rapporter ; **el asunto no le reportó más que disgustos** cette histoire ne lui a rapporté que des ennuis ■ **reportarse** VPR (*refrenarse*) se calmer

reporte (MÉX) NM reportage *m*

reportero, -a NM/F reporter *m* ; **~ gráfico** reporter photographe

reposabrazos NM INV accoudoir *m*

reposacabezas NM INV appui-tête *m*

reposado, -a ADJ reposé(e) ; (*tranquilo*) calme

reposar VI reposer

reposera (CSUR) NF chaise longue *f*, transat *m*

reposición NF (*de dinero*) réinvestissement *m* ; (*maquinaria*) remplacement *m* ; (*Cine, Teatro*) reprise *f*

reposo NM repos *msg* ; **en ~** en repos

repostar VT se ravitailler en ▸ VI se ravitailler ; (*Auto*) se ravitailler en carburant

r

repostería NF pâtisserie *f*
repostero, -a NM/F pâtissier(-ière) ▸ NM (AND, CHI) garde-manger *m*
reprender VT (*persona*) réprimander ; (*comportamiento*) blâmer
reprensión NF réprimande *f*
represa NF barrage *m*
represalia NF représailles *fpl* ; **tomar represalias** exercer des représailles
representación NF représentation *f* ; **en ~ de** en représentation de ; **por ~** par représentation ; **~ visual** (*Inform*) représentation visuelle
representante NMF (*Pol, Com*) représentant(e) ; (*de artista*) agent *m* ; **~ diplomático(-a)** (*Pol*) représentant(e) diplomatique
representar VT représenter ; (*significar*) signifier ; **tal acto representaría la guerra** une telle action entraînerait la guerre ▪ **representarse** VPR se représenter
representativo, -a ADJ représentatif(-ive) ; **cargo ~** fonction *f* représentative
represión NF répression *f*
represivo, -a, represor, a ADJ répressif(-ive)
reprimenda NF réprimande *f*
reprimir VT réprimer ▪ **reprimirse** VPR: **reprimirse de hacer algo** se retenir de faire qch
reprise, reprís [re'pris] NM, (*a veces*) NF (*Auto*) reprise *f*
reprobable ADJ répréhensible, condamnable, blâmable
reprobación NF réprobation *f*
reprobar VT réprouver ; (*AM Escol*) ajourner
réprobo, -a NM/F réprouvé(e)
reprochar VT reprocher
reproche NM reproche *m*
reproducción NF reproduction *f*
reproducir VT reproduire ▪ **reproducirse** VPR se reproduire
reproductor, a ADJ reproducteur(-trice) ▸ NM lecteur *m* ; **~ (de) MP3/MP4** lecteur MP3/MP4
reproduje *etc*, **reproduzca** *etc* VB *ver* **reproducir**
repruebe *etc* VB *ver* **reprobar**
reptar VI ramper
reptil NM reptile *m*
república NF république *f* ; **R~ Árabe Unida** République arabe unie ; **R~ Democrática/Federal Alemana** République démocratique/fédérale d'Allemagne ; **R~ Dominicana** République dominicaine
republicano, -a ADJ, NM/F républicain(e)
repudiar VT répudier
repudio NM répudiation *f*
repueble *etc* VB *ver* **repoblar**
repuesto PP *de* **reponer** ▸ NM (*pieza de recambio*) pièce *f* de rechange ; (*abastecimiento*) ravitaillement *m* ; **rueda de ~** roue *f* de secours ; **llevamos otro de ~** nous en avons un de rechange
repugnancia NF répugnance *f*
repugnante ADJ répugnant(e)
repugnar VT, VI répugner ▪ **repugnarse** VPR s'opposer
repujado, -a ADJ gaufré(e)
repulsa NF réprobation *f*
repulsión NF répulsion *f*
repulsivo, -a ADJ répulsif(-ive)
repuntar VI (*manifestarse*) faire son apparition ; (*subir*) reprendre, se redresser ; (*marea*) commencer à monter *ou* à descendre
repunte NM (*subida*) hausse *f*, reprise *f* ; **ha habido un ~ económico** il y a eu une reprise économique ; (*de mar*) début de la marée montante *ou* descendante
repuse *etc* VB *ver* **reponer**
reputación NF réputation *f*
reputar VT réputer
requemado, -a ADJ brûlé(e) ; (*bronceado*) hâlé(e)
requemar VT brûler ; (*secar*) dessécher, calciner ; (*Culin*) laisser griller *o* attacher
requerimiento NM requête *f* ; (*Jur*) mise *f* en demeure
requerir VT requérir ; **~ a algn para que haga algo** (*ordenar*) exiger de qn qu'il fasse qch
requesón NM fromage *m* blanc
requete... PREF très
requiebro NM propos *msg* galant
réquiem (*pl* **réquiems**) NM requiem *m*
requiera *etc*, **requiriendo** *etc* VB *ver* **requerir**
requisa NF (*Mil, confiscación*) réquisition *f* ; (*inspección*) inspection *f*
requisar VT réquisitionner
requisito NM condition *f* requise ; **~ previo** condition préalable ; **tener los requisitos para un cargo** remplir les conditions requises pour un poste
res NF bête *f*
resabido, -a ADJ pédant(e)
resabio NM (*maña*) manie *f* ; (*sabor*) arrière-goût *m*
resaca NF (*en el mar*) ressac *m* ; (*de alcohol*) gueule *f* de bois (*fam*)
resacoso, -a (*fam*) ADJ: **estar ~** avoir la gueule de bois (*fam*)
resaltar VT souligner ▸ VI se détacher
resarcir VT (*reparar*) dédommager ; (*pagar*) indemniser ; **~ a algn de algo** dédommager qn de qch ▪ **resarcirse** VPR se rattraper
resarza *etc* VB *ver* **resarcir**
resbalada (*AM*) NF glissade *f*
resbaladizo, -a ADJ glissant(e)
resbalar VI glisser ; (*gotas*) couler ; **le resbalaban las lágrimas por las mejillas** les larmes coulaient sur ses joues ; **me resbala lo que piense de mí** je me moque bien de ce qu'il peut penser de moi ▪ **resbalarse** VPR glisser
resbalón NM glissade *f* ; (*fig*) faux-pas *msg*
rescatar VT sauver ; (*pagando rescate*) payer la rançon de ; (*objeto*) récupérer

rescate NM sauvetage *m* ; (*dinero*) rançon *f* ; (*de objeto*) récupération *f* ; **pagar un ~** payer une rançon
rescindir VT résilier
rescisión NF résiliation *f*
rescoldo NM braises *fpl*
resecar VT dessécher ; (*Med*) disséquer ▪ **resecarse** VPR se dessécher
reseco, -a ADJ desséché(e)
resentido, -a ADJ: **estar ~ con algn** en vouloir à qn ▶ NM/F: **ser un ~** être aigri(e)
resentimiento NM ressentiment *m*
resentirse VPR: **~ de** *o* **con** se ressentir de ; **su salud se resiente** sa santé s'en ressent
reseña NF (*descripción*) description *f* ; (*informe, Lit*) compte *m* rendu
reseñar VT décrire ; (*Lit*) faire le compte rendu de
reseque *etc* VB *ver* **resecar**
reserva NF réserve *f* ; (*de entradas*) réservation *f* ; **a ~ de que ...** (*Am*) sous réserve que ... ; **con ~** (*con cautela*) sous toutes réserves ; (*con condiciones*) sous réserve ; **de ~** en réserve ; **tener algo de ~** avoir qch en réserve ; **gran ~** (*vino*) grand cru *m* ; **~ de caja** fond *m* de caisse ; **~ de indios** réserve indienne ; **reservas del Estado** réserves de l'État ; **~ en efectivo** réserve en argent liquide ; **reservas en oro** réserves d'or
reservado, -a ADJ réservé(e) ▶ NM cabinet *m* particulier ; (*Ferro*) compartiment *m* réservé
reservar VT réserver ; (*Teatro*) réserver, louer ▪ **reservarse** VPR se réserver
reservista NMF réserviste *mf*
resfriado NM rhume *m*
resfriarse VPR s'enrhumer
resfrío (*esp Am*) NM rhume *m*
resguardar VT protéger ▪ **resguardarse** VPR: **resguardarse de** se protéger de
resguardo NM abri *m* ; (*justificante, recibo*) reçu *m*
residencia NF résidence *f* ; **~ de ancianos** maison *f* de retraite
residencial ADJ résidentiel(le) ▶ NF (*esp Am: urbanización*) lotissement *m* ; (*And, Chi*) hôtel *m* modeste
residente ADJ, NMF résident(e)
residir VI résider ; **~ en** (*habitar en: cuidad*) résider à ; (*: país*) résider en *o* à ; (*consistir en*) résider dans
residual ADJ résiduel(le) ; **aguas residuales** eaux *fpl* usées
residuo NM (*sobrante*) résidu *m* ; (*desperdicios*) résidus *mpl* ; **residuos radiactivos** déchets *mpl* radioactifs
resienta *etc* VB *ver* **resentirse**
resignación NF résignation *f*
resignarse VPR: **~ a** se résigner à
resina NF résine *f*
resintiendo *etc* VB *ver* **resentirse**
resistencia NF résistance *f* ; **no ofrece ~** il n'offre pas de résistance ; **la R~** (*Mil*) la Résistance ; **~ pasiva** résistance passive
resistente ADJ résistant(e) ; **~ al calor** résistant(e) à la chaleur
resistir VT résister à ; (*peso, calor, persona*) supporter ; **no puedo ~ este frío** je ne peux pas supporter ce froid ▶ VI résister ▪ **resistirse** VPR résister ; **resistirse a** (*decir, salir*) refuser de ; (*cambio, ataque*) résister à ; **me resisto a creerlo** je me refuse à le croire ; **se le resiste la química** la chimie lui donne du mal ; **el detenido se resistió** le détenu a refusé d'obtempérer
resol NM réverbération *f* du soleil
resollar VI souffler
resolución NF résolution *f* ; (*arrojo*) détermination *f* ; **con ~** avec vigueur, avec fermeté ; **tomar una ~** prendre une résolution ; **~ judicial** décision *f* de justice
resoluto, -a ADJ résolu(e)
resolver VT résoudre ▪ **resolverse** VPR se résoudre
resonancia NF résonance *f* ; (*fig*) retentissement *m*
resonar VI résonner
resoplar VI haleter
resoplido NM halètement *m*
resorte NM (*Tec, fig*) ressort *m*
respaldar VT appuyer ; (*Inform*) sauvegarder ▪ **respaldarse** VPR (*en asiento*) s'adosser ; **respaldarse en** (*fig*) s'appuyer sur
respaldo NM (*de sillón*) dossier *m* ; (*fig*) appui *m*
respectivamente ADV respectivement
respectivo, -a ADJ respectif(-ive) ; **en lo ~ a** en ce qui concerne
respecto NM: **al ~** à ce sujet ; **con ~ a** en ce qui concerne ; **~ de** par rapport à
respetable ADJ respectable ▶ NM public *m*
respetar VT respecter
respeto NM respect *m* ; **por ~ a** par respect pour *o* envers ; **faltar al ~ a algn** manquer de respect à qn ▪ **respetos** NMPL respects *mpl* ; **presentar sus respetos a algn** présenter ses respects à qn
respetuoso, -a ADJ respectueux(-euse)
respingo NM: **dar** *o* **pegar un ~** sursauter
respiración NF respiration *f* ; **~ artificial** respiration artificielle ; **~ asistida** respiration assistée ; **~ boca a boca** bouche-à-bouche *m*
respiradero NM arrivée *f* d'air
respirador NM (*tb*: **respirador artificial**) respirateur *m*
respirar VT, VI respirer ; **no dejar ~ a algn** ne pas laisser qn tranquille ; **estuvo escuchándole sin ~** il l'a écouté sans broncher *o* dire un mot ; **por fin pude ~** (*de alivio*) j'ai enfin pu respirer
respiratorio, -a ADJ respiratoire
respiro NM répit *m* ; (*Com*) délai *m*
resplandecer VI resplendir ; (*belleza*) briller ; **~ de** rayonner de
resplandeciente ADJ resplendissant(e)

r

resplandezca *etc* VB *ver* **resplandecer**
resplandor NM éclat *m*
responder VT répondre ▸VI répondre ; **~ a** (*situación*) répondre à ; (*guardar relación*) avoir trait à ; **~ a una pregunta** répondre à une question ; **~ a una descripción** répondre à un signalement ; **~ de** *o* **por** répondre de *o* pour
respondón, -ona ADJ insolent(e) ; **¡no seas ~!** ne réponds pas !
responsabilice *etc* VB *ver* **responsabilizar**
responsabilidad NF responsabilité *f* ; **bajo mi ~** sous ma responsabilité ; **~ ilimitada** (*Com*) responsabilité illimitée
responsabilizar VT responsabiliser, rendre responsable ▪ **responsabilizarse** VPR: **responsabilizarse de** (*atentado*) revendiquer ; (*crisis, accidente*) assumer la responsabilité de
responsable ADJ, NMF responsable *mf* ; **la persona ~** la personne responsable ; **hacerse ~ de algo** assumer la responsabilité de qch
responsablemente ADV de manière responsable
responso NM prière *f* pour les défunts
respuesta NF réponse *f*
resquebrajar VT fendiller, fissurer ▪ **resquebrajarse** VPR se fendiller
resquemor NM remords *msg*
resquicio NM fente *f* ; (*fig*) possibilité *f*
resta NF soustraction *f*
restablecer VT rétablir ▪ **restablecerse** VPR se rétablir
restablecimiento NM rétablissement *m*
restablezca *etc* VB *ver* **restablecer**
restallar VI claquer
restante ADJ restant(e) ; **lo ~** le reste, ce qui reste ; **los restantes** les autres ; (*cosas*) le reste
restar VT (*Mat*) soustraire ; (*fig*) ôter ▸VI rester

> ⚠ **Restar** ne signifie généralement pas *rester*, qui se traduit par **quedar** ou **faltar** en espagnol.

restauración NF restauration *f*
restaurador, a NM/F restaurateur(-trice)
restaurante [restau'rante] NM restaurant *m*
restaurar VT restaurer
restitución NF restitution *f*
restituir VT restituer
restituyendo *etc* VB *ver* **restituir**
resto NM reste *m* ; **echar el ~** jouer le tout pour le tout ▪ **restos** NMPL (*Culin, de civilización etc*) restes *mpl* ; **restos mortales** dépouille *fsg* (mortelle)
restregar VT frotter
restregué *etc*, **restreguemos** *etc* VB *ver* **restregar**
restricción NF restriction *f* ; **sin ~ de** sans restriction de
restrictivo, -a ADJ restrictif(-ive)
restriego *etc*, **restriegue** *etc* VB *ver* **restregar**
restringir VT restreindre
restrinja *etc* VB *ver* **restringir**
restructuración NF restructuration *f*
restructurar VT restructurer
resucitar VT, VI ressusciter
resuello VB *ver* **resollar** ▸NM (*aliento*) souffle *m*
resuelto, -a PP *de* **resolver** ▸ADJ résolu(e) ; **estar ~ a hacer algo** être résolu(e) à faire qch
resuelva *etc* VB *ver* **resolver**
resuene *etc* VB *ver* **resonar**
resulta NF: **de resultas** (*entonces*) du coup ; **de resultas de** (*a consecuencia de*) à la suite de
resultado NM résultat *m* ; **dar ~** réussir ▪ **resultados** NMPL (*Inform*) résultats *mpl*
resultante ADJ résultant(e)
resultar VI (*ser*) être ; (*llegar a ser*) finir par être ; (*salir bien*) réussir ; (*ser consecuencia*) résulter ; **~ a** (*Com*) revenir à ; **~ de** résulter de ; **resulta que ...** il se trouve que ... ; **el conductor resultó muerto** le chauffeur est mort ; **no resultó** cela n'a pas réussi ; **me resulta difícil hacerlo** il m'est difficile de le faire
resultón, -ona (*fam*) ADJ classe *inv*
resumen NM résumé *m* ; **en ~** en résumé ; **hacer un ~** faire un résumé
resumir VT résumer ; **en resumidas cuentas** en résumé, en bref ▪ **resumirse** VPR se résumer
resurgimiento NM résurgence *f*
resurgir VI ressurgir
resurrección NF résurrection *f*
retablo NM retable *m*
retador, a ADJ provocateur(-trice) ▸NM/F (AM *Deporte*) challenger *m*, challengeur(-euse)
retaguardia NF arrière-garde *f*
retahíla NF chapelet *m*
retal NM coupon *m*
retama NF genêt *m*
retar VT défier
retardar VT (*demorar*) retarder ; (*hacer más lento*) ralentir
retardo NM retard *m*
retazo NM coupon *m* ; **a retazos** (*contar*) par fragments
rete... (*esp* AM) PREF très
retén NM renfort *m*, réserve *f* ; (*esp* AM: *control*) contrôle *m* de police, barrage *m* de police
retención NF retenue *f* ; (*Med*) rétention *f* ; (*de prisionero*) détention *f*, garde *f* à vue ; **~ de llamadas** (*Telec*) mémoire *f* ; **~ de tráfico** embouteillage *m* ; **~ fiscal** prélèvement *m* fiscal
retendré *etc* VB *ver* **retener**
retener VT retenir ; (*suj: policía*) garder à vue
retenga *etc* VB *ver* **retener**
reticencia NF réticence *f*
reticente ADJ réticent(e)
retiene *etc* VB *ver* **retener**

retina NF rétine *f*
retintín NM tintement *m* ; **decir algo con ~** dire qch d'un ton moqueur
retirada NF (*Mil*) retraite *f* ; (*de dinero*) retrait *m* ; (*de embajador*) rappel *m* ; **batirse en ~** battre en retraite
retirado, -a ADJ (*lugar*) retiré(e) ; (*vida*) calme ; (*jubilado*) retraité(e) ▶ NM/F retraité(e)
retirar VT retirer ; (*jubilar*) mettre à la retraite ; **~ la acusación** retirer la plainte ■ **retirarse** VPR se retirer ; (*jubilarse*) prendre sa retraite
retiro NM retraite *f*
reto NM défi *m*
retocar VT retoucher
retoce *etc* VB *ver* **retozar**
retomar VT reprendre
retoño NM rejeton *m*
retoque VB *ver* **retocar** ▶ NM retouche *f*
retorcer VT (*tela*) essorer ; (*brazo*) tordre ; (*argumento*) déformer ■ **retorcerse** VPR se tortiller ; (*persona*) se tordre ; **retorcerse de dolor** se tordre de douleur
retorcido, -a ADJ (*tronco*) tordu(e) ; (*columna*) tors(e) ; (*personalidad, mente*) retors(e)
retorcimiento NM (*fig*) byzantinisme *m*
retórica NF rhétorique *f*
retórico, -a ADJ rhétorique
retornable ADJ consigné(e)
retornar VT (*cartas*) renvoyer ; (*dinero*) rendre ▶ VI: **~ (a)** retourner (à)
retorno NM retour *m* ; **~ del carro** (*Tip*) retour du chariot ; **~ del carro automático** (*Tip*) retour automatique du chariot
retortero NM: **andar al ~** ne pas savoir où donner de la tête ; **andar al ~ por algn** être éperdu(e) d'amour pour qn ; **llevar a algn al ~** faire tourner qn en bourrique ; (*enamorar*) mener qn par le bout du nez
retortijón NM (*tb*: **retortijón de tripas**) crampe *f* (d'estomac)
retorzamos *etc* VB *ver* **retorcer**
retozar VI folâtrer
retozón, -ona ADJ folâtre
retracción NF rétraction *f*
retractarse VPR se rétracter
retráctil ADJ rétractile
retraer VT (*antena*) rentrer ; (*órgano*) rétracter ■ **retraerse** VPR: **retraerse (de)** se retirer (de)
retraído, -a ADJ renfermé(e)
retraiga *etc* VB *ver* **retraer**
retraimiento NM (*aislamiento*) retraite *f* ; (*timidez*) réserve *f*
retraje *etc*, **retrajera** *etc* VB *ver* **retraer**
retransmisión NF retransmission *f*
retransmitir VT retransmettre
retrasado, -a ADJ en retard ; (*Med*: *tb*: **retrasado mental**) attardé(e) ; **estar ~** (*reloj*) retarder ; (*persona, país*) être en retard
retrasar VT, VI retarder ■ **retrasarse** VPR (*persona, tren*) être en retard ; (*reloj*) retarder ; (*quedarse atrás*) s'attarder ; (*producción*) prendre du retard
retraso NM retard *m* ; **llegar con ~** arriver en retard ; **llegar con 25 minutos de ~** arriver avec 25 minutes de retard ; **llevamos un ~ de 6 semanas** nous sommes en retard de 6 semaines ; **~ mental** déficience *f* mentale ■ **retrasos** NMPL (*Com*) arriérés *mpl*
retratar VT (*Arte*) faire le portrait de ; (*Foto*) photographier ; (*fig*) décrire ■ **retratarse** VPR se faire faire son portrait ; (*fig*) se révéler
retratista NMF portraitiste *mf*
retrato NM portrait *m* ; **ser el vivo ~ de** être tout le portrait de ; **~ robot** portrait-robot *m*
retrayendo *etc* VB *ver* **retraer**
retreta NF (*Mil*) retraite *f*
retrete NM toilettes *fpl*
retribución NF rétribution *f*
retribuir VT rétribuer
retribuyendo *etc* VB *ver* **retribuir**
retro (*fam*) ADJ INV (*moda*) rétro
retro... PREF rétro...
retroactivo, -a ADJ rétroactif(-ive) ; **con efecto ~** avec effet rétroactif
retroalimentación NF (*Inform*) retour *m* de l'information
retroceder VI reculer ; **la policía hizo ~ a la multitud** la police a fait reculer la foule
retroceso NM recul *m*
retrógrado, -a ADJ rétrograde
retroiluminación NF rétroéclairage *m*
retroiluminado,-a ADJ (*teclado*) rétroéclairé(e)
retropropulsión NF rétropropulsion *f*
retrospectiva NF rétrospective *f* ; **en ~** rétrospectivement, avec du recul
retrospectivo, -a ADJ rétrospectif(-ive) ; **mirada retrospectiva** regard *m* rétrospectif
retrovisor NM rétroviseur *m*
retuerce *etc*, **retuerza** *etc* VB *ver* **retorcer**
retuit (*pl* **retuits**) NM (*en Twitter*) retweet *m*
retuitear VT retwitter
retumbante ADJ retentissant(e)
retumbar VI retentir
retuve *etc* VB *ver* **retener**
reuma, reúma NM rhumatisme *m*
reumático, -a ADJ (*enfermo*) rhumatisant(e) ; (*enfermedad*) rhumatismal(e)
reumatismo NM rhumatisme *m*
reunificación NF réunification *f*
reunificar VT réunifier
reunifique *etc* VB *ver* **reunificar**
reunión NF réunion *f* ; **~ de ventas** (*Com*) meeting *m* commercial ; **~ en la cumbre** réunion au sommet ; **~ extraordinaria** réunion extraordinaire

r

reunir VT réunir ; (*recoger*) rassembler, réunir ; **reunió a sus amigos para discutirlo** il a réuni ses amis pour en débattre ■ **reunirse** VPR se réunir

revalidar VT (*título*) confirmer

revaloración NF = **revalorización**

revalorización NF revalorisation *f*

revaluar VT réévaluer

revancha NF revanche *f*

revelación NF révélation *f*

revelado NM (*Foto*) développement *m*

revelador, a ADJ révélateur(-trice)

revelar VT révéler ; (*Foto*) développer

revendedor, a NM/F revendeur(-euse)

revendré *etc*, **revenga** *etc* VB *ver* **revenirse**

revenirse VPR s'abîmer

reventa NF revente *f*

reventar VT (*globo*) faire éclater ; (*presa*) forcer ; (*fam: molestar*) agacer ; **me revienta tener que ponérmelo** ça m'agace de devoir le mettre ▶ VI éclater ; **~ de** (*alegría*) sauter de ; (*ganas*) mourir de ; **~ por** brûler de ; **estar a ~** (*lleno*) être plein(e) à craquer ■ **reventarse** VPR éclater ; **reventarse trabajando** (*fam*) se ruiner la santé au travail

reventón NM crevaison *f*

reverberación NF réverbération *f*

reverberar VI se réverbérer

reverbero NM = **reverberación**

reverdecer VT, VI reverdir

reverencia NF révérence *f*

reverenciar VT révérer

reverendo, -a ADJ révérend(e)

reverente ADJ révérencieux(-euse)

reversa NF (*AM*) marche *f* arrière

reversible ADJ réversible

reverso NM revers *msg*

revertido, -a ADJ: **llamar a cobro ~** téléphoner en PCV

revertir VI revenir ; **~ en beneficio/en perjuicio de** tourner à l'avantage/au désavantage de

revés NM envers *msg* ; (*fig, Tenis*) revers *msg* ; **al ~** à l'envers ; **y al ~** et inversement ; **volver algo al** *o* **del ~** retourner qch ; **los reveses de la fortuna** les revers de fortune

revestimiento NM revêtement *m* ; **~ antiadherente** revêtement antiadhérent

revestir VT (*cubrir*) recouvrir ; (*tener*) revêtir ; **el acto revestía gran solemnidad** la cérémonie revêtait une grande solennité ■ **revestirse** VPR (*Rel*) se revêtir ; **revestirse con** *o* **de** s'armer de

reviene *etc* VB *ver* **revenirse**

reviente *etc* VB *ver* **reventar**

revierta *etc* VB *ver* **revertir**

reviniendo *etc* VB *ver* **revenirse**

revirtiendo *etc* VB *ver* **revertir**

revisar VT réviser

revisión NF révision *f* ; **~ de cuentas** contrôle des comptes ; **~ salarial** révision des salaires

revisor, a NM/F contrôleur(-euse) ; **~ de cuentas** contrôleur(-euse) des comptes

revista VB *ver* **revestir** ▶ NF revue *f*, magazine *m* ; **pasar ~ a** passer en revue ; **~ de libros** chronique *f* littéraire ; **~ literaria** revue littéraire ; **revistas del corazón** presse *f* du cœur

revistero NM porte-revue(s) *m*

revitalizar VT revitaliser

revivir VT, VI revivre

revocación NF révocation *f*

revocar VT révoquer

revolcar VT renverser ■ **revolcarse** VPR se vautrer

revolcón NM culbute *f*

revolotear VI voltiger

revoloteo NM voltigement *m*

revolqué *etc*, **revolquemos** *etc* VB *ver* **revolcar**

revoltijo NM fouillis *m*

revoltoso, -a ADJ turbulent(e)

revolución NF révolution *f* ; (*Tec*) tour *m*

revolucionar VT révolutionner

revolucionario, -a ADJ, NM/F révolutionnaire *mf*

revolver VT remuer ; (*casa*) mettre sens dessus dessous ; (*mezclar*) remuer, agiter ; (*Pol*) soulever ; **han revuelto toda la casa** ils ont mis la maison sens dessus dessous ; **la injusticia me revuelve las tripas** l'injustice me révolte ▶ VI: **~ en** fouiller dans ■ **revolverse** VPR (*en cama*) s'agiter ; (*de dolor*) s'agiter, se tordre ; (*Meteorología*) se gâter ; **revolverse contra** se retourner contre

revólver NM revolver *m*

revoque *etc* VB *ver* **revocar**

revuelco *etc* VB *ver* **revolcar**

revuelo NM vol *m* ; (*fig*) trouble *m* ; **armar** *o* **levantar un gran ~** jeter le trouble

revuelque *etc* VB *ver* **revolcar**

revuelta NF révolte *f* ; (*pelea*) bagarre *f*

revuelto, -a PP *de* **revolver** ▶ ADJ (*desordenado*) sens dessus dessous ; (*mar*) agité(e) ; (*pueblo*) agité(e) ; (*tiempo*) orageux(-euse) ; (*estómago*) barbouillé(e) ; **todo estaba ~** tout était sens dessus dessous

revuelva *etc* VB *ver* **revolver**

revulsivo NM: **servir de ~** faire réagir

rey NM roi *m* ; **los Reyes** le Roi et la Reine, les Souverains ; **el deporte ~** le sport roi ; **Reyes Magos** Rois mages ; *voir article*

> Selon la tradition espagnole, pendant la nuit qui précède l'Épiphanie, **los Reyes Magos** apportent aux enfants des cadeaux qu'ils ouvrent le 6 au matin. Le soir du 5 janvier, les Rois mages arrivent dans la ville par mer ou par terre et participent à une procession connue sous le nom de *cabalgata*, à la plus grande joie des enfants.

reyerta NF rixe *f*
rezagado, -a ADJ: **quedar ~** être en retard ; (*fig*) être à la traîne
rezagar VT retarder ■ **rezagarse** VPR traîner
rezague *etc* VB *ver* **rezagar**
rezar VI prier ; **~ con** (*fam*) aller avec
rezo NM prière *f*
rezongar VI ronchonner
rezongue *etc* VB *ver* **rezongar**
rezumar VT laisser filtrer ▸ VI suinter ■ **rezumarse** VPR filtrer
ría NF ria *f*
riachuelo NM ruisseau *m*
riada NF crue *f*, inondation *f*
ribeiro NM *vin blanc ou rouge léger de la région galicienne de Ribeiro*
ribera NF rive *f*, berge *f* ; (*área*) rivage *m*, littoral *m*
ribereño, -a ADJ, NM/F riverain(e)
ribete NM (*de vestido*) liseré *m* ■ **ribetes** NMPL (*atisbos*) côtés *mpl* ; **muestra ribetes de filósofo** il a un côté philosophe
ricamente ADV (*lujosamente*) richement ; **~ adornado** richement décoré ; (*a gusto*) très bien ; **he dormido tan ~** j'ai tellement bien dormi
rice *etc* VB *ver* **rizar**
ricino NM: **aceite de ~** huile *f* de ricin
rico, -a ADJ riche ; (*comida*) délicieux(-euse) ; (*niño*) adorable ; **~ en** riche en ▸ NM/F riche *mf* ; **nuevo ~** nouveau riche
rictus NM INV rictus *msg* ; **~ de amargura** grimace *f* d'amertume
ricura NF amour *m* ; **¡qué ~ de vestido/de niño!** quel amour de robe/d'enfant !
ridiculez NF ridicule *m* ; (*nimiedad*) insignifiance *f*
ridiculice *etc* VB *ver* **ridiculizar**
ridiculizar VT ridiculiser
ridículo, -a ADJ ridicule ; **hacer el ~** se couvrir de ridicule ; **poner a algn en ~** tourner qn en ridicule ; **ponerse en ~** s'exposer au ridicule
riego VB *ver* **regar** ▸ NM arrosage *m* ; **~ sanguíneo** irrigation *f*
riegue *etc* VB *ver* **regar**
riel NM (*Ferro*) rail *m* ; (*de cortina*) tringle *f*
rienda NF rêne *f* ; **dar ~ suelta a** donner libre cours à ; **llevar las riendas** (*fig*) tenir les rênes
riendo VB *ver* **reír**
riesgo NM risque *m* ; **seguro a** *o* **contra todo ~** assurance *f* tous risques ; **~ para la salud** risque pour la santé ; **correr el ~ de** courir le risque de
riesgoso, -a ADJ (*Am*) dangereux, périlleux(-euse)
Rif NM Rif *m*
rifa NF tombola *f*
rifar VT tirer au sort ■ **rifarse** VPR se disputer
rifeño, -a ADJ du Rif ▸ NM/F natif(-ive) *o* habitant(e) du Rif
rifirrafe (*fam*), **rifirirafe** (*fam*) NM accrochage *m*, altercation *f*
rifle NM rifle *m*, carabine *f*
rigidez NF rigidité *f*
rígido, -a ADJ rigide ; (*cara*) sévère
rigiendo *etc* VB *ver* **regir**
rigor NM rigueur *f* ; **el ~ del invierno** la rigueur de l'hiver ; **con todo el ~ científico** avec la plus grande rigueur scientifique ; **de ~** de rigueur ; **después de los saludos de ~** après les salutations de rigueur
rigurosamente ADV rigoureusement
riguroso, -a ADJ rigoureux(-euse) ; **de rigurosa actualidad** d'une actualité brûlante
rija *etc* VB *ver* **regir**
rima NF rime *f* ; **~ asonante/consonante** rime pauvre/riche ■ **rimas** NFPL (*composición*) rimes *fpl*
rimar VI: **~ (con)** rimer (avec)
rimbombante ADJ (*fig*) ronflant(e)
rímel NM rimmel *m*
rimero NM tas *msg*
rímmel NM = **rímel**
Rin NM Rhin *m*
rincón NM coin *m* ; **buscar por los rincones** chercher dans tous les coins
rinconera NF (*armario*) encoignure *f* ; (*mesita*) table *f* d'angle
rindiendo *etc* VB *ver* **rendir**
ring [riŋ] NM (*Boxeo*) ring *m*
rinitis NF INV rhinite *f* ; **~ alérgica** rhinite allergique
rinoceronte NM rhinocéros *msg*
riña NF (*disputa*) dispute *f* ; (*pelea*) bagarre *f*
riñendo *etc* VB *ver* **reñir**
riñón NM (*Anat*) rein *m* ; (*Culin*) rognon *m* ; **me costó un ~** (*fam*) cela m'a coûté les yeux de la tête ; **tener dolor de riñones** avoir mal aux reins ; **tener riñones** (*fig*) avoir du cran
riñonera NF banane *f*
rio VB *ver* **reír**
río VB *ver* **reír** ▸ NM (*que desemboca en otro río*) rivière *f* ; (*que desemboca en el mar*) fleuve *m* ; (*fig*) flot *m* ; **~ abajo/arriba** en aval/amont ; **cuando el ~ suena, agua lleva** il n'y a pas de fumée sans feu ; **a ~ revuelto, ganancia de pescadores** à quelque chose malheur est bon

> Para traducir la palabra **río** en francés se emplea la palabra *rivière* cuando el río desemboca en otro río y *fleuve* cuando lo hace en el mar. Cabe destacar también que mientras que en español todos los ríos son masculinos, en francés pueden ser masculinos o femeninos, si bien el artículo empleado no tiene nada que ver con el género de la palabra *rivière* ni *fleuve* (*la Seine*, *le Rhône*).

Río de Janeiro N Rio de Janeiro
Río de la Plata N Rio de la Plata
Rioja NF: **La ~** La Rioja

rioja NM rioja *m* (*vin de La Rioja*)
riojano, -a ADJ de La Rioja ▶ NM/F natif(-ive) *o* habitant(e) de La Rioja
rioplatense ADJ du Rio de la Plata ▶ NMF natif(-ive) *o* habitant(e) du Rio de la Plata
ripio NM (*Lit*) cheville *f*
riqueza NF richesse *f*
risa NF rire *m* ; **¡qué ~!** que c'est drôle ! ; **caerse/morirse de ~** se tordre/mourir de rire ; **tomar algo a ~** (*a la ligera*) prendre qch à la rigolade ; (*con buen humor*) prendre qch avec bonne humeur ; **el libro es una ~** (*es divertido*) ce livre est à se tordre de rire ; (*no vale nada*) ce livre ne vaut rien ; **tener la ~ fácil** rire facilement ; **~ de conejo** rire jaune
risco NM rocher *m* escarpé
risible ADJ risible
risotada NF éclat *m* de rire
ristra NF chapelet *m* ; **~ de ajos** chapelet d'ails
ristre NM: **en ~** bien en main
risueño, -a ADJ (*alegre*) rieur(-euse) ; (*fig*) souriant(e)
rítmico, -a ADJ rythmique
ritmo NM rythme *m* ; **a ~ lento** au ralenti ; **trabajar a ~ lento** travailler au ralenti ; **~ de vida** rythme de vie
rito NM rite *m*
ritual ADJ rituel(le) ▶ NM rituel *m*
rival ADJ, NMF rival(e)
rivalice *etc* VB *ver* **rivalizar**
rivalidad NF rivalité *f*
rivalizar VI rivaliser
rizado, -a ADJ (*pelo*) frisé(e) ; (*mar*) moutonneux(-euse) ▶ NM frisure *f*
rizar VT friser ▪ **rizarse** VPR (*el pelo*) se friser ; (*agua, mar*) moutonner
rizo NM boucle *f*
Rma. ABR = **Reverendísima**
Rmo. ABR = **Reverendísimo**
RNE ABR = **Radio Nacional de España**
R. O. ABR (= *Real Orden*) ordre de Sa Majesté
robar VT voler ; (*Naipes*) piocher ; (*atención*) dérober
roble NM chêne *m*
robledal, robledo NM chênaie *f*
robo NM vol *m* ; **¡esto es un ~!** c'est du vol ! ; **~ a mano armada** vol à main armée
robot [ro'βot] (*pl* **robots**) ADJ, NM robot *m* ; **~ de cocina** robot de cuisine
robótica NF robotique *f*
robustecer VT fortifier
robustezca *etc* VB *ver* **robustecer**
robusto, -a ADJ robuste
roca NF roche *f* ; **la R~** Gibraltar *m*
rocambolesco, -a ADJ rocambolesque
roce VB *ver* **rozar** ▶ NM frottement *m* ; (*caricia*) frôlement *m* ; (*Tec*) friction *f* ; (*señal*) éraflure *f* ; (*en la piel*) égratignure *f* ; (*trato*) fréquentation *f* ; **tener un ~ con** s'accrocher avec, avoir une prise de bec avec (*fam*)
rociar VT asperger
rocín NM rosse *f*
rocío NM rosée *f*
rock ADJ, NM (*Mús*) rock *m*
rockero, -a ADJ rock ▶ NM/F rocker *mf*
rococó ADJ INV, NM rococo *m*
rocódromo NM mur *m* d'escalade
rocoso, -a ADJ rocailleux(-euse)
rocote, rocoto (AM) NM poivron *m* rouge
rodaballo NM turbot *m*
rodado, -a ADJ: **tráfico ~** circulation *f* routière ; **canto ~** galet *m* ; **venir ~** se présenter on ne peut mieux
rodaja NF tranche *f*
rodaje NM (*Cine*) tournage *m* ; **en ~** (*Auto*) en rodage
rodamiento NM chape *f*
Ródano NM Rhône *m*
rodante ADJ roulant(e) ; **material ~** matériel *m* roulant
rodapié NM plinthe *f*
rodar VT (*vehículo*) roder ; (*bola*) faire rouler ; (*película*) tourner ▶ VI rouler ; (*Cine*) tourner ; (*persona*) circuler
Rodas NF Rhodes *fsg*
rodear VT entourer ; (*dar un rodeo*) contourner ; **rodeado de misterio** entouré de mystère ▪ **rodearse** VPR: **rodearse de amigos** s'entourer d'amis
rodeo NM détour *m* ; (AM *Deporte*) rodéo *m* ; **dar un ~** faire un détour ; **dejarse de rodeos** arrêter de tourner autour du pot ; **hablar sin rodeos** parler sans détours
rodilla NF genou *m* ; **de rodillas** à genoux
rodillazo NM coup *m* de genou ; (*recibido*) coup au genou
rodillera NF (*protección*) genouillère *f* ; (*remiendo*) pièce *f* au genou ; (*abombamiento*) genou *m* feutré d'un pantalon
rodillo NM rouleau *m* ; (*en máquina de escribir, impresora*) chariot *m*
rodio NM rhodium *fsg*
roedor, a ADJ rongeur(-euse) ▶ NM rongeur *m*
roer VT ronger
rogar VT, VI prier ; **se ruega no fumar** prière de ne pas fumer ; **me rogó que me quedara** il m'a prié de rester ; **no se hace de ~** il ne se fait pas prier
rogué *etc*, **roguemos** *etc* VB *ver* **rogar**
roído, -a ADJ rongé(e)
rojizo, -a ADJ rougeâtre
rojo, -a ADJ rouge ; **ponerse ~** rougir ▶ NM rouge *m* ; **al ~ (vivo)** (*metal*) rouge ; (*fig*) chauffé(e) à blanc ▶ NM/F (*Pol*) rouge *mf*

rol NM rôle *m*

rollizo, -a ADJ rondelet(te)

rollo NM rouleau *m* ; (*fam: película*) navet *m* ; (*: libro*) livre *m* barbant ; (*: discurso*) laïus *msg* ; **¡qué ~!** quelle barbe ! (*fam*) ; **la conferencia fue un ~** cette conférence était barbante

ROM SIGLA F (= *memoria de solo lectura*) ROM *f* (= *mémoire morte*)

Roma N Rome

romance NM (*Ling*) roman *m* ; (*Lit*) romance *f* ; (*relación*) idylle *f*

romancero NM recueil *m* de « romances »

romaní ADJ rom ▸ NMF Rom *mf* ▸ NM (*Ling*) romani *m*

románico ADJ roman(e) ▸ NM roman *m*

romano, -a ADJ romain(e) ▸ NM/F Romain(e)

romanticismo NM romantisme *m*

romántico, -a ADJ romantique

rombo NM losange *m*

romería NF (*Rel*) fête *f* patronale ; (*excursión*) pèlerinage *m* ; *voir article*

> À l'origine un pèlerinage vers un lieu saint ou une église, en l'honneur de la Sainte Vierge ou du saint local, la **romería** donne lieu de nos jours à une fête populaire où se mêlent religion et folklore. Les participants, parfois venus de loin, apportent à boire et à manger. Celle du Rocío, dans la province de Huelva, attire des centaines de milliers de personnes, certaines en habit traditionnel andalou, venues à pied, à cheval ou dans des charrettes décorées.

romero, -a NM/F pèlerin *m* ▸ NM (*Bot*) romarin *m*

romo, -a ADJ émoussé(e)

rompecabezas NM INV casse-tête *m*

rompehielos NM INV brise-glace *m inv*

rompeolas NM INV brise-lames *m inv*

romper VT casser ; (*papel, tela*) déchirer ; (*contrato*) rompre ; **~ filas** (*Mil*) rompre les rangs ▸ VI (*olas*) se briser ; (*diente*) casser ; **~ el día** commencer à faire jour ; **~ a** se mettre à ; **~ a llorar** éclater en sanglots ; **~ con algn** rompre avec qn ■ **romperse** VPR se casser

rompimiento NM rupture *f*

ron NM rhum *m*

roncar VI ronfler

roncha NF éruption *f* cutanée

ronco, -a ADJ rauque

ronda NF (*de bebidas*) tournée *f* ; (*de negociaciones*) série *f* ; (*patrulla*) ronde *f* ; (*de naipes*) main *f*, partie *f* ; (*Deporte*) tour *m* ; **ir de ~** faire sa tournée ; **hacer la ~** (*Mil*) faire sa ronde ; **~ electoral** tournée électorale

rondar VT (*vigilar*) surveiller ; (*cortejar*) faire du plat à ; (*importunar*) tourner autour de ; **la cifra ronda el millón** le chiffre frise le million ▸ VI faire une ronde ; (*fig*) rôder

rondeño, -a ADJ de Ronda ▸ NM/F natif(-ive) *o* habitant(e) de Ronda

rondín (AND) NM harmonica *m*

ronque *etc* VB *ver* **roncar**

ronquera NF enrouement *m*

ronquido NM ronflement *m*

ronronear VI ronronner

ronroneo NM ronronnement *m*

roña NF (*Veterinaria*) gale *f* ; (*mugre*) crasse *f* ; (*óxido*) rouille *f*

roñica NMF radin(e)

roñoso, -a ADJ (*mugriento*) crasseux(-euse) ; (*tacaño*) radin(e)

ropa NF vêtements *mpl* ; **~ blanca/de casa** linge *m* blanc/de maison ; **~ de cama** literie *f* ; **~ interior** *o* **íntima** sous-vêtements *mpl* ; **~ sucia** linge sale ; **~ usada** vêtements usagés

ropaje NM vêtements *mpl*

ropero NM (*de ropa de cama*) armoire *f* (à linge) ; (*guardarropa*) garde-robe *f*

roque NM (*Ajedrez*) tour *f* ; **estar ~** (*fam*) en écraser (*fam*)

roquero, -a ADJ, NM/F = **rockero**

rosa ADJ INV rose ; (*prensa*) people *inv*, pipole *inv* ▸ NF (*Bot*) rose *f* ; **estar como una ~** être frais (fraîche) comme une rose ; **verlo todo color de ~** voir la vie en rose ; **~ de los vientos** rose des vents ▸ NM (*color*) rose *m*

rosáceo, -a ADJ rose

rosado, -a ADJ rose ; (*vino*) rosé ▸ NM rosé *m*

rosal NM rosier *m*

rosaleda NF roseraie *f*

rosario NM chapelet *m* ; (*oraciones*) rosaire *m* ; **rezar el ~** dire son chapelet

rosbif NM rosbif *m*

rosca NF rond *m* ; (*pan*) couronne *f* ; **hacer la ~ a algn** (*fam*) faire du plat à qn ; **pasarse de ~** (*fig*) dépasser les bornes

roscón NM (*tb*: **roscón de Reyes**) *sorte de galette des Rois en couronne et recouverte de fruits confits*

Rosellón NM Roussillon *m*

rosetón NM (*Arq*) rosace *f*

rosquete (AND *fam!*) NM pédale *f*, pédé *m* (*fam !*)

rosquilla NF *beignet à pâte dure en forme d'anneau* ; **venderse como rosquillas** se vendre comme des petits pains

rostro NM visage *m* ; **tener mucho ~** (*fam*) avoir un sacré culot *o* toupet (*fam*)

rotación NF rotation *f* ; **~ de cultivos** rotation des cultures

rotar VI (*girar*) tourner ; (*turnarse*) alterner ■ **rotarse** VPR (*turnarse*) se relayer

rotativo NM journal *m*

rotatorio, -a ADJ rotatif(-ive)

roto, -a PP *de* **romper** ▸ ADJ cassé(e) ; (*tela, papel*) déchiré(e) ; (*vida*) brisé(e) ; (CHI: *de clase obrera*) ouvrier(-ière) ▸ NM/F (CHI) ouvrier(-ière) ▸ NM (*en vestido*) accroc *m*

r

rotonda NF rond-point *m*
rótula NF rotule *f*
rotulador NM feutre *m*
rotular VT (*carta, documento*) légender
rótulo NM (*título*) enseigne *f* ; (*letrero*) écriteau *m*
rotundamente ADV catégoriquement
rotundo, -a ADJ catégorique
rotura NF rupture *f* ; (*Med*) fracture *f*
roturar VT défricher
roulote NF roulotte *f*, caravane *f*
rozadura NF (*huella*) éraflure *f* ; (*herida*) écorchure *f*
rozar VT frôler ; (*raspar*) érafler ; (*Med*) écorcher ; (*tocar ligeramente: tb fig*) effleurer ; **su actitud roza el fanatismo** son attitude frise le fanatisme ■ **rozarse** VPR se frôler ; **rozarse (con)** (*tratar*) se frotter (à)
Rte. ABR (= *remite, remitente*) exp. (= *expéditeur*)
RTVE SIGLA F = **Radiotelevisión Española**
Ruán N Rouen
ruana (AND, CARIB) NF poncho *m*
Ruanda NF le Rwanda
rubeola, rubéola NF rubéole *f*
rubí NM rubis *msg*
rubio, -a ADJ, NM/F blond(e) ; **tabaco ~** tabac *m* blond
rublo NM rouble *m*
rubor NM (*sonrojo*) rougeur *f* ; (*vergüenza*) honte *f*
ruborice *etc* VB *ver* **ruborizarse**
ruborizarse VPR rougir
ruboroso, -a ADJ rougissant(e)
rúbrica NF (*de firma*) paraphe *m*, parafe *m* ; (*final*) couronnement *m* ; (*título*) rubrique *f* ; **bajo la ~ de** dans la rubrique de
rubricar VT (*firmar*) parapher *o* parafer ; (*concluir*) couronner
rubrique *etc* VB *ver* **rubricar**
rubro (AM) NM (*título*) rubrique *f* ; (*sector*) secteur *m*
rudeza NF rudesse *f*
rudimentario, -a ADJ rudimentaire
rudimentos NMPL rudiments *mpl*
rudo, -a ADJ (*material*) rude ; (*modales, persona*) grossier(-ière)
rueda NF roue *f* ; (*corro*) ronde *f* ; **ir sobre ruedas** aller comme sur des roulettes ; **~ de prensa** conférence *f* de presse ; **~ de recambio** *o* **de repuesto** roue de secours ; **~ delantera/trasera** roue avant/arrière ; **~ dentada** roue dentée ; **~ impresora** (*Inform*) marguerite *f*
ruedo VB *ver* **rodar** ▸ NM (*contorno*) bord *m* ; (*de vestido*) ourlet *m* ; (*Taur*) arène *f* ; (*corro*) ronde *f*
ruego VB *ver* **rogar** ▸ NM prière *f* ; **a ruegos de** à la demande de ; **« ruegos y preguntas »** « questions et réponses »
ruegue *etc* VB *ver* **rogar**
rufián NM ruffian *m*
rugby ['ruɣβi] NM rugby *m*
rugido NM rugissement *m*
rugir VI rugir ; (*estómago*) gargouiller
rugosidad NF rugosité *f*
rugoso, -a ADJ rugueux(-euse)
ruido NM bruit *m* ; (*alboroto*) bruit, grabuge *m* ; **~ de fondo** bruit de fond ; **hacer** *o* **meter ~** faire du bruit
ruidoso, -a ADJ bruyant(e) ; (*fig*) tapageur(-euse)
ruin ADJ (*vil*) vil(e) ; (*tacaño*) pingre
ruina NF ruine *f* ; **estar hecho una ~** être en piteux état ; **aquello le llevó a la ~** cela a entraîné sa ruine ■ **ruinas** NFPL ruines *fpl*
ruindad NF mesquinerie *f* ; (*acto*) bassesse *f*
ruinoso, -a ADJ (*tb Com*) ruineux(-euse)
ruiseñor NM rossignol *m*
ruja *etc* VB *ver* **rugir**
ruleta NF roulette *f*
ruletero (CAM, MÉX) NM chauffeur *m* de taxi
rulo NM rouleau *m*
rulot, rulote NF roulotte *f*, caravane *f*
ruma (AND, CSUR) NF tas *msg*
Rumanía NF Roumanie *f*
rumano, -a ADJ roumain(e) ▸ NM/F Roumain(e) ▸ NM (*Ling*) roumain *m*
rumba NF rumba *f*
rumbero, -a ADJ amateur(-trice) de rumba ; (CARIB: *juerguista*) viveur, fêtard(e)
rumbo NM (*ruta*) cap *m* ; (*ángulo de dirección*) rumb *m*, rhumb *m* ; (*fig*) direction *f* ; **con ~ a** en direction de ; **poner ~ a** mettre le cap sur ; **sin ~ fijo** au hasard
rumboso, -a (*fam*) ADJ généreux(-euse)
rumiante NM ruminant *m*
rumiar VT, VI ruminer
rumor NM (*ruido sordo*) rumeur *f* ; (*chisme*) bruit *m*
rumorearse VPR: **se rumorea que** le bruit court que
rumoroso, -a ADJ (*arroyo*) gazouillant(e)
runa (AND, CSUR) NM indien *m*
runrún NM rumeur *f* ; (*de una máquina*) ronronnement *m* ; (*fig*) rengaine *f*
rupestre ADJ: **pintura ~** peinture *f* rupestre
rupia NF roupie *f*
ruptura NF rupture *f* ; **~ con** rupture avec
rural ADJ rural(e)
Rusia NF Russie *f*
ruso, -a ADJ russe ▸ NM/F Russe *mf* ▸ NM (*Ling*) russe *m*
rústica NF: **libro en ~** livre *m* broché
rústico, -a ADJ (*del campo*) rustique ; (*ordinario*) rustre
ruta NF route *f*
rutilante ADJ rutilant(e)
rutina NF routine *f* ; **~ diaria** routine quotidienne ; **por ~** par routine
rutinario, -a ADJ routinier(-ière)

Ss

S¹, s¹ ['ese] NF (*letra*) S, s *m inv* ; **S de Sábado** ≈ S comme Suzanne

S² ABR (= *sur*) S (= *sud*)

S. ABR (= *san*) St (Ste) (= *Saint, Sainte*)

s. ABR = **siglo; siguiente**

s/ ABR (*Com*) = **su**

S.ª ABR = **Sierra**

S.A. ABR (*Com:* = *Sociedad Anónima*) SA *f* (= *société anonyme*) ; (= *Su Alteza*) SA (= *Son Altesse*)

sáb. ABR = **sábado**

sábado NM samedi *m* ; **del ~ en ocho días** samedi en huit ; **un ~ sí y otro no, cada dos sábados** un samedi sur deux

sabana NF savane *f*

sábana NF drap *m* ; **se le han pegado las sábanas** (*fig*) il a eu une panne d'oreiller

sabandija NF (*Zool*) bestiole *f* ; (*fig*) fripouille *f*

sabañón NM engelure *f*

sabático, -a ADJ sabbatique

sabedor, a ADJ: **ser ~ de algo** être informé(e) *ou* au courant de qch

sabelotodo NMF INV monsieur (mademoiselle) je-sais-tout

saber

▸ VT savoir ; **a saber** à savoir ; **no lo supe hasta ayer** je ne l'ai appris qu'hier ; **¿sabes conducir/nadar?** sais-tu conduire/nager ? ; **¿sabes francés?** sais-tu parler français ? ; **no sé nada de coches** je n'y connais rien en voitures ; **no sé nada de él** je ne sais rien de lui ; **un no sé qué** un je ne sais quoi ; **saber de memoria** savoir *o* connaître par cœur ; **lo sé** je (le) sais ; **hacer saber** faire savoir ; **¡cualquiera sabe!** allez savoir ! ; **que yo sepa** que je sache ; **¡si lo sabré yo!** je le sais mieux que personne ! ; **¡vete a saber!** va savoir ! ; **¡yo que sé!** je n'en sais rien, moi ! ; **¿sabes?** tu vois ?

▸ VI: **saber a** avoir le goût de ; **sabe a fresa** ça a un goût de fraise ; **saber bien/mal** (*comida, bebida*) avoir bon/mauvais goût ; **le sabe mal que otro saque a bailar a su mujer** ça ne lui plaît pas que d'autres invitent sa femme à danser

■ **saberse** VPR: **se sabe que ...** on sait que ... ; **no se sabe todavía** on ne sait toujours pas

sabido, -a ADJ: **como es (bien) ~** comme chacun sait

sabiduría NF savoir *m* ; (*buen juicio*) sagesse *f* ; **~ popular** sagesse populaire

sabiendas: a ~ *adv* en connaissance de cause ; **a ~ de que ...** en sachant que ...

sabihondo, -a ADJ, NM/F pédant(e)

sabio, -a ADJ savant(e) ; (*prudente*) sage ▸ NM/F savant(e)

sablazo NM: **dar un ~ a algn** (*fam*) plumer qn comme un pigeon (*fam*)

sable NM sabre *m*

sabor NM goût *m*, saveur *f* ; (*fig*) saveur ; **con ~ a** au goût de ; **sin ~** sans aucun goût

saborear VT savourer

sabotaje NM sabotage *m*

saboteador, a NM/F saboteur(-euse)

sabotear VT saboter

Saboya NF Savoie *f*

sabré *etc* VB *ver* **saber**

sabroso, -a ADJ savoureux(-euse) ; (*salado*) salé(e)

sabueso NM (*tb fig*) limier *m*

saca NF grand sac *m* ; **~ de correo(s)** sac postal

sacacorchos NM INV tire-bouchon *m*

sacapuntas NM INV taille-crayon *m*

sacar VT sortir ; (*muela*) arracher ; (*dinero, entradas*) retirer ; (*beneficios*) tirer ; (*premio*) remporter ; (*datos*) extraire ; (*conclusión*) arriver à ; (*esp Am: ropa*) enlever ; (*Costura*) rallonger ; **~ adelante** (*hijos*) élever ; (*negocio*) faire marcher ; **~ a algn a bailar** inviter qn à danser ; **~ algo a relucir** placer qch (dans une conversation) ; **~ a algn de sí** mettre qn hors de soi ; **~ algo en limpio** *o* **en claro** tirer qch au clair ; **~ algo/a algn en televisión/en el periódico** parler de qch/faire passer qn à la télévision/dans le journal ; **~ brillo a algo** faire briller qch ; **~ una foto** prendre une *o* en photo ; **~ la lengua** tirer la langue ; **~ buenas/malas notas** avoir de bonnes/mauvaises notes ▸ VI (*Tenis*) servir ; (*Fútbol*) lancer

sacarina NF saccharine *f*

sacerdocio NM sacerdoce *m*

sacerdotal ADJ sacerdotal(e)

sacerdote NM prêtre *m*

sacerdotisa NF prêtresse *f*

saciar VT assouvir ▪ **saciarse** VPR se rassasier

saciedad NF: **hasta la ~** (*comer*) à satiété ; (*repetir*) 36 fois la même chose

saco NM sac *m* ; (*AM*: *chaqueta*) veste *f* ; **~ de dormir** sac de couchage

sacramental ADJ sacramentel(elle)

sacramento NM sacrement *m*

sacrificar VT sacrifier ; (*reses*) abattre ; (*animal doméstico*) endormir ▪ **sacrificarse** VPR: **sacrificarse por** se sacrifier pour

sacrificio NM sacrifice *m*

sacrifique *etc* VB *ver* **sacrificar**

sacrilegio NM sacrilège *m*

sacrílego, -a ADJ sacrilège

sacristán NM sacristain *m*

sacristía NF sacristie *f*

sacro, -a ADJ sacré(e)

sacrosanto, -a ADJ sacro-saint(e)

sacudida NF secousse *f* ; **~ eléctrica** décharge *f* électrique

sacudir VT secouer ; (*ala*) battre de ; (*fam*: *persona*) taper (*fam*) ▪ **sacudirse** VPR: **sacudirse el polvo** s'épousseter ; **sacudirse los mosquitos** chasser les moustiques

sádico, -a ADJ, NM/F sadique *mf*

sadismo NM sadisme *m*

sadomasoquista ADJ, NMF sadomasochiste *mf*

saeta NF flèche *f* ; (*Mús*) *chant religieux de la semaine sainte*

safari NM safari *m*

saga NF saga *f*

sagacidad NF sagacité *f*

sagaz ADJ sagace

Sagitario NM (*Astrol*) Sagittaire *m* ; **ser ~** être Sagittaire

sagrado, -a ADJ sacré(e)

Sáhara ['saxara] NM: **el ~** le Sahara

saharaui [saxa'rawi] ADJ saharien(ne) ▸ NMF Saharien(ne)

sainete NM (*Teatro*) saynète *f*

sajón, -ona ADJ saxon(e) ▸ NM/F Saxon(e)

Sajonia NF Saxe *f*

sal VB *ver* **salir** ▸ NF sel *m* ; (*encanto*) grâce *f* ; **sales de baño** sels de bain ; **~ de cocina** sel de cuisine ; **~ gorda** gros sel

sala NF salle *f* ; (*cuarto de estar*) (salle de) séjour *m* ; (*Jur*) tribunal *m* ; **~ de conciertos** salle de concert ; **~ de conferencias** salle de conférences ; **~ de embarque** salle d'embarquement ; **~ de espera** salle d'attente ; **~ de estar** salle de séjour ; **~ de fiestas** salle des fêtes ; **~ de juntas** (*Com*) salle de réunion ; **~ de operaciones** (*Med*) salle d'opération

salado, -a ADJ salé(e) ; (*fig*) drôle, amusant(e) ; (*AND*: *desgraciado*) malheureux(-euse) ; **agua salada** eau *f* salée

salamandra NF salamandre *f*

salame (*CSUR*) NM salami *m*

salar VT saler

salarial ADJ (*aumento*) de salaire ; (*revisión*) salarial(e)

salario NM salaire *m* ; **~ mínimo interprofesional** ≈ salaire *m* minimum interprofessionnel de croissance

salchicha NF saucisse *f*

salchichón NM saucisson *m*

saldar VT solder ; (*deuda, diferencias*) régler

saldo NM solde *m* ; (*de deuda*) règlement *m* ; (*de móvil*) crédit *m* ; **a precio de ~** en solde ; **~ acreedor/deudor** *o* **pasivo** solde créditeur/débiteur ; **~ anterior** solde reporté ; **~ final** balance *f* après clôture

saldré *etc* VB *ver* **salir**

salero NM (*Culin*) salière *f* ; (*ingenio*) esprit *m* ; (*encanto*) charme *m*

salga *etc* VB *ver* **salir**

salida NF sortie *f* ; (*de tren, Aviat, Deporte*) départ *m* ; (*del sol*) lever *m* ; (*fig*) issue *f* ; (: *de estudios*) débouché *m* ; (*fam*: *ocurrencia*) mot *m* d'esprit ; **calle sin ~** voie *f* sans issue ; **a la ~ del teatro** à la sortie du théâtre ; **dar la ~** (*Deporte*) donner le départ ; **línea de ~** (*Deporte*) ligne *f* de touche ; **no hay ~** il n'y a pas d'issue ; **no tenemos otra ~** nous n'avons pas d'autre issue ; **~ de emergencia/de incendios** sortie de secours ; **~ de tono** propos *msg* déplacé ; **~ impresa** (*Inform*) tirage *m* papier

salido, -a (*fam*) ADJ chaud(e) (*fam*)

saliente ADJ saillant(e) ; (*cesante*) sortant(e) ▸ NM saillie *f*

salina NF marais *msg* salant ▪ **salinas** NFPL (*fábrica*) salines *fpl*

salir

VI **1** (*ir afuera*) sortir ; (*tren, avión*) partir ; **salir de** sortir de ; **Juan ha salido** Juan est sorti ; **salió de la cocina** il est sorti de la cuisine ; **salir de viaje** partir en voyage ; **salir corriendo** partir en courant ; **salir bien de algo** (*fig*) bien se sortir de qch

2 (*aparecer*: *sol*) se lever ; (: *flor, pelo, dientes*) pousser ; (: *disco, libro*) sortir ; **anoche salió el reportaje en la tele** le reportage est passé hier soir à la télé ; **su foto salió en todos los periódicos** sa photo est parue dans tous les journaux

3 (*resultar*): **salir bien/mal** réussir/rater ; **el niño nos ha salido muy estudioso** notre fils se révèle très studieux ; **la comida te ha salido exquisita** ton repas est très réussi ; **salir elegido/premiado** être choisi/récompensé ; **ha salido a su madre** il tient de sa mère ; **¡no me sale!** je n'y arrive pas ! ; **sale muy caro** ça revient très cher ; **salís a 15 €** **cada uno** vous en avez pour 15 € chacun ; **la cena nos salió por 50 euros** le dîner nous a

coûté 50 euros ; **no salen las cuentas** ça ne tombe pas juste
4 (*mancha*) partir ; (*tapón*) s'enlever
5 (*en el juego*) avoir la main ; (*Deporte*) commencer ; (*Teatro*) entrer en scène
6: **salir a** (*desembocar*) déboucher sur
7: **salir de** (*proceder*) venir de
8: **salir con algn** (*amigos, novios*) sortir avec qn
9: **le salió un trabajo** il a trouvé du travail
10: **salir adelante** s'en sortir ; **no sé como haré para salir adelante** je ne sais pas comment je vais m'en sortir
■ **salirse** VPR 1 (*líquido, animal*) sortir
2: **salirse de** (*carretera, asociación*) quitter ; **salirse del tema** s'écarter du sujet
3: **salirse con la suya** n'en faire qu'à sa tête

salitre NM salpêtre *m*
saliva NF salive *f*
salivadera (AM) NF crachoir *m*
salmantino, -a ADJ de Salamanque ▸ NM/F natif(-ive) *o* habitant(e) de Salamanque
salmo NM psaume *m*
salmón NM saumon *m*
salmonela NF salmonelle *f*
salmonelosis NF INV salmonellose *f*
salmonete NM rouget *m*
salmuera NF saumure *f*
salón NM salon *m* ; (CHI *Ferro*) salle *f* d'attente ; **~ de actos** *o* **de sesiones** salle de réunion ; **~ de baile** salle de danse ; **~ de belleza** institut *m* de beauté ; **~ de té** salon de thé
salpicadera (MÉX) NF garde-boue *m inv*
salpicadero NM (*Auto*) tableau *m* de bord
salpicadura NF éclaboussure *f*
salpicar VT éclabousser ; (*esparcir*) parsemer
salpicón NM (*Culin*) *viande ou poisson en vinaigrette*
salpique *etc* VB *ver* **salpicar**
salsa NF (*Culin*) sauce *f* ; (*fig*) piquant *m* ; (*Mús*) salsa *f* ; **está en su ~** (*fam*) il est dans son élément
salsera NF saucière *f*
saltador, a NM/F (*Atletismo*) sauteur(-euse) ; (*Natación*) plongeur(-euse)
saltamontes NM INV sauterelle *f*
saltar VT sauter ▸ VI sauter ; (*al agua*) plonger ; (*quebrarse: cristal*) se briser ; (*explotar: persona*) exploser ; **~ a la comba** sauter à la corde ; **~ a la vista** sauter aux yeux ; **~ con** (*fam: decir*) sortir ; **~ de una cosa a otra** sauter du coq à l'âne ■ **saltarse** VPR sauter ; **saltarse un semáforo** brûler un feu ; **saltarse todas las reglas** enfreindre toutes les règles ; **se le saltaban las lágrimas** il en avait les larmes aux yeux
saltarín, -ina ADJ (*que salta*) sautillant(e) ; (*inquieto*) qui ne tient pas en place
salteado, -a ADJ (*Culin*) sauté(e) ; (*sin orden*) dans le désordre
salteador NM (*tb*: **salteador de caminos**) bandit *m* (de grand chemin)
saltear VT attaquer ; (*números, páginas*) sauter ; (*Culin*) faire sauter
saltimbanqui NMF saltimbanque *mf*
salto NM saut *m* ; (*al agua*) plongeon *m* ; **a saltos** en sautant ; **vivir a ~ de mata** vivre au jour le jour ; **~ de agua** chute *f* d'eau ; **~ de altura/de longitud** saut en hauteur/en longueur ; **~ de cama** saut-de-lit *m* ; **~ de línea (automático)** (*Inform*) retour *m* à la ligne (automatique) ; **~ de página** saut de page ; **~ mortal** saut périlleux
saltón, -ona ADJ (*ojos*) globuleux(-euse) ; (*dientes*) en avant
salubre ADJ salubre
salubridad NF salubrité *f*
salud NF santé *f* ; **estar bien/mal de ~** être en bonne/mauvaise santé ; **¡(a su) ~!** (à votre) santé ! ; **beber a la ~ de** boire à la santé de
saludable ADJ sain(e)
saludar VT (*tb Mil*) saluer ; **ir a ~ a algn** aller dire bonjour à qn ; **salude de mi parte a X** saluez X de ma part ; **le saluda atentamente** (*en carta*) salutations distinguées
saludo NM salut *m* ; **un ~ afectuoso/cordial** (*en carta*) affectueusement/cordialement ■ **saludos** NMPL (*en carta*) salutations *fpl*
salva NF (*Mil*) salve *f* ; **una ~ de aplausos** une salve d'applaudissements
salvación NF (*tb Rel*) salut *m* ; **¡fue mi ~!** c'est ce qui m'a sauvé !
salvado NM (*Agr*) son *m*
salvador NM sauveur *m* ; **el S~** (*Rel*) le Sauveur ; **El S~** (*Geo*) El Salvador *m* ; **San S~** San Salvador
salvadoreño, -a ADJ salvadorien(ne) ▸ NM/F Salvadorien(ne)
salvaeslip (*pl* **salvaeslips**) NM protège-slip *m*
salvaguarda, salvaguardia NF sauvegarde *f*
salvaguardar VT sauvegarder
salvajada NF horreur *f*
salvaje ADJ, NMF sauvage *mf*
salvajismo NM sauvagerie *f*
salvamento NM sauvetage *m*
salvapantallas NM INV écran *m* de veille
salvar VT sauver ; (*un barco*) procéder au sauvetage de ; (*obstáculo, distancias*) franchir ; (*exceptuar*) excepter ; (*Inform: archivo*) sauvegarder ; **~ algo/a algn de** sauver qch/qn de ■ **salvarse** VPR: **salvarse (de)** se sauver (de) ; **¡sálvese quien pueda!** sauve qui peut !
salva-slip (*pl* **salva-slips**) NM protège-slip *m*
salvavidas ADJ INV: **bote/chaleco/cinturón ~** canot *m*/gilet *m*/bouée *f* de sauvetage
salvedad NF exception *f* ; **con la ~ de que ...** mis à part le fait que ...
salvia NF sauge *f*
salvo, -a ADJ: **a ~** en lieu sûr ▸ ADV sauf ; **~ que** sauf que ▸ PREP sauf ; **~ error u omisión** sauf erreur ou omission

S

salvoconducto NM sauf-conduit *m*
samaritano, -a NM/F samaritain(e) ; **el buen ~** le bon Samaritain
samba NF samba *f*
sambenito NM (*Hist*) san-benito *m* ; (*deshonra*): **le colgaron el ~ de cobarde** il a la réputation d'être lâche, on l'a traité de lâche ; **echar el ~ a otro** discréditer quelqu'un d'autre ; **quedó con el ~ toda la vida** il a eu cette réputation toute sa vie
san NM saint *m* ; **~ Juan** Saint Jean
sanar VT, VI guérir
sanatorio NM sanatorium *m*
sanción NF sanction *f* ; (*aprobación*) approbation *f*
sancionar VT sanctionner ; (*aprobar*) approuver
sancocho (*AM*) NM pot-au-feu *m inv*
sandalia NF sandale *f*
sándalo NM santal *m*, bois *msg* de santal
sandez NF bêtise *f* ; **decir sandeces** dire des bêtises
sandía NF pastèque *f*
sandinista ADJ, NMF (*Pol*) sandiniste *mf*
sándwich ['sandwitʃ] (*pl* **sándwichs** *o* **sándwiches**) NM sandwich *m*
saneamiento NM assainissement *m*
sanear VT assainir
Sanfermines NMPL *festival de saint Fermín* ; *voir article*

> Les **Sanfermines** de Pampelune sont un festival d'une semaine rendu célèbre par Hemingway. À partir du 7 juillet, fête patronale de *San Fermín*, les habitants de la ville, vêtus de blanc et arborant un foulard rouge, mais aussi de plus en plus de touristes, principalement des jeunes, se rassemblent dans les rues pour chanter, boire et danser. Tôt le matin, on lâche des taureaux dans les rues étroites qui conduisent à l'arène. Selon une coutume répandue dans de nombreux villages espagnols, des jeunes gens font acte de courage en s'élançant devant les taureaux, au péril de leur vie.

sangrante ADJ sanglant(e) ; (*fig*) terrible
sangrar VT saigner ; (*Inform, Tip*) commencer en retrait ▸ VI saigner
sangre NF sang *m* ; **a ~ fría** de sang-froid ; **de ~ fría** (*Zool*) à sang froid ; **pura ~** pur-sang *m* ; **~ azul** sang bleu ; **~ fría** sang-froid *m*
sangría NF (*Med*) saignée *f* ; (*Culin*) sangria *f* ; (*Inform, Tip*) retrait *m* ; (*fig: gasto*) frais *msg*
sangriento, -a ADJ sanglant(e)
sanguijuela NF sangsue *f*
sanguinario, -a ADJ sanguinaire
sanguíneo, -a ADJ sanguin(e)
sanguinolento, -a ADJ sanguinolent(e) ; (*manchado*) taché(e) de sang ; (*ojos*) injecté(e) (de sang)
sanidad NF (*Admin*) santé *f* ; (*de ciudad, clima*) salubrité *f* ; **~ pública** santé publique
San Isidro N saint Isidore ; *voir article*

> **San Isidro**, saint patron de Madrid, donne son nom à des festivités d'une semaine qui ont lieu aux alentours du 15 mai. Foire au XVIIIe siècle, la fête de **San Isidro** consiste de nos jours en diverses manifestations, telles que bals, musique, spectacles, courses de taureaux et une célèbre *romería*.

sanitario, -a ADJ sanitaire ▸ NM: **sanitarios** sanitaires *mpl* ▸ NM/F professionnel(le) de la santé
sanjacobo N *cordon bleu*
San José N: **~ (de Costa Rica)** San José
San Juan N Saint-Jean

> Le **Día de San Juan**, le 24 juin, est un mélange de tradition chrétienne et de fêtes antiques célébrant l'arrivée du solstice d'été. Dans de nombreuses régions, notamment près de la mer, il est courant d'allumer de grands feux de joie le 23 juin et de brûler une effigie sur un bûcher fait, en général, de vieux meubles et autres objets en bois. Ces *hogueras de San Juan*, qui sont souvent accompagnées de feux d'artifice et de musique, attirent beaucoup de monde pour danser ou simplement profiter de cette nuit d'été jusqu'à ce que le feu s'éteigne au petit matin.

San Marino NM: **(La República de) ~** (la République de) Saint Marin *m*
sano, -a ADJ sain(e) ; (*sin daños*) intact(e) ; **~ y salvo** sain et sauf
San Salvador N San Salvador
sansalvadoreño, -a ADJ de San Salvador ▸ NM/F natif(-ive) *o* habitant(e) de San Salvador
sánscrito, -a ADJ, NM sanskrit *m*
santanderino, -a ADJ de Santander ▸ NM/F natif(-ive) *o* habitant(e) de Santander
Santiago N: **~ (de Chile)** Santiago (du Chili) ; **~ (de Compostela)** Saint-Jacques-de-Compostelle
santiaguino, -a ADJ de Santiago (du Chili) ▸ NM/F natif(-ive) *o* habitant(e) de Santiago (du Chili)
santiamén NM: **en un ~** en un clin d'œil
santidad NF sainteté *f*
santificar VT sanctifier
santifique *etc* VB *ver* **santificar**
santiguarse VPR se signer
santigüe *etc* VB *ver* **santiguarse**
santo, -a ADJ saint(e) ; **hacer su santa voluntad** faire ses quatre volontés ; **todo el ~ día** toute la sainte journée ▸ NM/F (*Rel*) Saint(e) ; (*fig*) saint(e) ▸ NM fête *f* ; **¿a ~ de qué ...?** en quel honneur ... ? ; **se le fue el ~ al cielo** il a oublié ce

qu'il allait dire ; **~ y seña** mot *m* de passe
Santo Domingo N (*capital*) Saint-Domingue ; (*isla*) Hispaniola
santoral NM calendrier *m* mentionnant le nom des saints
santuario NM sanctuaire *m*
saña NF (*crueldad*) sauvagerie *f* ; (*furor*) fureur *f*
sapo NM crapaud *m*
saque VB *ver* **sacar** ▸ NM (*Tenis*) service *m* ; (*Fútbol*) remise *f* en jeu ; **~ de esquina** corner *m* ; **~ inicial** coup *m* d'envoi
saquear VT piller
saqueo NM pillage *m*
S.A.R. ABR (= *Su Alteza Real*) SAR (= *Son Altesse Royale*)
sarampión NM rougeole *f*
sarao NM (*fiesta*) fête *f*, soirée *f* ; (*fam: lío*) esclandre *m*, histoire *f*
sarape (*Am*) NM poncho *m*
sarcasmo NM sarcasme *m*
sarcástico, -a ADJ sarcastique
sarcófago NM sarcophage *m*
sarcoma NM sarcome *m*
sardana NF sardane *f*
sardina NF sardine *f*
sardo, -a ADJ sarde ▸ NM/F Sarde *mf*
sardónico, -a ADJ sardonique
sargazo NM sargasse *f*
sargento NM (*Mil*) sergent ; (*fig*) personne *f* autoritaire
sari NM sari *m*
sarmiento NM sarment *m*
sarna NF (*Med, Zool*) gale *f*
sarpullido NM (*Med*) éruption *f*
sarro NM tartre *m*
sarta NF: **una ~ de mentiras** un chapelet de mensonges
sartén NF, (*Am*) NM (*Culin*) poêle *f* (à frire) ; **tener la ~ por el mango** tenir les rênes
sastre NM tailleur *m*
sastrería NF (*arte*) fabrication *f* de tailleurs ; (*tienda*) tailleur *m*
Satán, Satanás NM Satan *m*
satánico, -a ADJ satanique
satélite NM satellite *m* ; **vía ~** (*Telec*) par satellite
satén NM satin *m*
satinado, -a ADJ (*papel*) satiné(e) ▸ NM satiné *m*
sátira NF satire *f*
satírico, -a ADJ satirique
sátiro NM satyre *m*
satisfacción NF satisfaction *f* ; (*para desagravio*) satisfaction, réparation *f*
satisfacer VT satisfaire ; (*deuda*) acquitter ■ **satisfacerse** VPR se satisfaire ; (*vengarse*) se venger
satisfactorio, -a ADJ satisfaisant(e)
satisfaga *etc*, **satisfaré** *etc* VB *ver* **satisfacer**
satisfecho, -a PP *de* **satisfacer** ▸ ADJ satisfait(e)
satisfice *etc* VB *ver* **satisfacer**
saturación NF saturation *f*
saturar VT saturer ■ **saturarse** VPR être saturé(e)
Saturno NM Saturne *m*
sauce NM saule *m* ; **~ llorón** saule pleureur
saúco NM sureau *m*
saudí, saudita ADJ saoudien(ne) ▸ NMF Saoudien(ne)
sauna NF, (*CSur*) NM sauna *m*
savia NF sève *f*
saxo (*fam*) NM saxo *m* ; (*persona*) saxophoniste *mf*
saxofón NM saxophone *m*
saxofonista NMF saxophoniste *mf*
sazón NF (*de fruta*) maturité *f* ; (*Culin*) goût *m* ; **a la ~** alors, à cette époque ; **en ~** (*fruta*) mûr(e)
sazonado, -a ADJ (*fruta*) mûr(e) ; (*Culin*) relevé(e)
sazonar VT mûrir ; (*Culin*) assaisonner ▸ VI être mûr(e)
s/c ABR (*Com*) (= *su casa*) *votre société* ; (= *su cuenta*) *votre compte*
schop ['tʃop] (*CSur*) NM *ver* **chop**
schopería [tʃope'ria] (*CSur*) NF brasserie *f*
Scotch NM scotch *m*
Sdo. ABR (*Com*) = **saldo**
SE ABR (= *sudeste*) S.-E. (= *sud-est*)

se

PRON **1** (*reflexivo*) se, s' ; (*de usted/ustedes*) vous ; **se divierte** il s'amuse ; **lavarse** se laver ; **¡siéntese!** asseyez-vous !
2 (*con complemento directo*: *sg*) lui ; (: *pl*) leur ; (: *usted, ustedes*) vous ; **se lo dije** (*a él*) je le lui ai dit ; (*a ellos*) je le leur ai dit ; (*a usted(es)*) je vous l'ai dit ; **se compró un sombrero** il s'est acheté un chapeau ; **se rompió la pierna** il s'est cassé la jambe ; **cortarse el pelo** se faire couper les cheveux
3 (*uso recíproco*) se ; (: *ustedes*) vous ; **se miraron (el uno al otro)** ils se sont regardés (l'un l'autre) ; **cuando (ustedes) se conocieron** quand vous vous êtes connus
4 (*en oraciones pasivas*): **se han vendido muchos libros** beaucoup de livres ont été vendus ; **se compró hace tres años** ça a été acheté il y a trois ans
5 (*impersonal*): **se dice que …** on dit que … ; **allí se come muy bien** on y mange très bien ; **se habla inglés** on parle anglais ; **se ruega no fumar** prière de ne pas fumer

sé VB *ver* **saber**; **ser**
sea *etc* VB *ver* **ser**

S

SEAT SIGLA F = **Sociedad Española de Automóviles de Turismo**
sebo NM sébum *m*
Sec. ABR = **secretario**
secado NM séchage *m* ; **~ a mano** brushing *m*
secador NM (*tb*: **secador de pelo**) sèche-cheveux *m inv*
secadora NF sèche-linge *m inv* ; **~ centrífuga** essoreuse *f*
secam SIGLA M SECAM *m* (= *procédé séquentiel à mémoire*)
secano NM (*Agr*: *tb*: **tierra de secano**) terrain *m* non irrigué ; **cultivo de ~** dry farming *m*
secante NM (*tb*: **papel secante**) buvard *m*
secar VT sécher ; (*río, tierra, plantas*) assécher ▪ **secarse** VPR sécher ; (*persona*) se sécher ; **secarse las manos** s'essuyer les mains
sección NF section *f* ; **~ deportiva** (*en periódico*) pages *fpl* sportives
seccionar VT (*dividir, cortar*) sectionner
secesión NF sécession *f*
seco, -a ADJ sec (sèche) ; **habrá pan a secas** il n'y aura que du pain ; **Juan, a secas** Juan tout court ; **parar/frenar en ~** s'arrêter/freiner brusquement
secreción NF sécrétion *f*
secretaría NF secrétariat *m*
secretariado NM secrétariat *m*
secretario, -a NM/F secrétaire *mf* ; **~ adjunto(-a)** (*Com*) secrétaire adjoint(e)
secretismo NM secret *m*, manque *m* de transparence
secreto, -a ADJ secret(-ète) ▸ NM secret *m* ; **en ~** en secret ; **~ profesional** secret professionnel
secta NF secte *f*
sectario, -a ADJ sectaire
sectarismo NM sectarisme *m*
sector NM secteur *m* ; **~ privado/público** secteur privé/public ; **~ terciario** secteur tertiaire
sectorial ADJ sectoriel(le)
secuaz (*pey*) NMF acolyte *mf*, partisan(e)
secuela NF séquelle *f*
secuencia NF séquence *f*
secuestrador, a NM/F (*de persona*) kidnappeur(-euse), ravisseur(-euse) ; (*tb*: **secuestrador(a) aéreo/a**) pirate *mf* de l'air
secuestrar VT séquestrer ; (*avión*) détourner ; (*publicación*) retirer de la circulation ; (*bienes*: *Jur*) séquestrer, mettre sous séquestre
secuestro NM (*de persona*) enlèvement *m* ; (*de avión*) détournement *m*
secular ADJ séculaire
secundar VT seconder
secundario, -a ADJ secondaire ; (*Inform*) d'arrière-plan ▸ NF (*Escol*) secondaire *m*
sed NF soif *f* ; **tener ~** avoir soif
seda NF soie *f* ; **como una ~** (*sin problema*) comme sur des roulettes ; (*dócil*) doux (douce) comme un agneau
sedal NM ligne *f*
sedante NM sédatif *m*
sedar VT donner un sédatif à, mettre sous calmants
sede NF siège *m* ; **Santa S~** Saint-Siège *m*
sedentario, -a ADJ sédentaire
sedición NF sédition *f*
sediento, -a ADJ assoiffé(e) ; **~ de gloria/poder** assoiffé(e) de gloire/pouvoir
sedimentación NF sédimentation *f*
sedimentar VT faire se déposer ▪ **sedimentarse** VPR se déposer
sedimento NM sédiment *m*
sedoso, -a ADJ soyeux(-euse)
seducción NF séduction *f*
seducir VT séduire
seductor, a ADJ séducteur(-trice) ; (*personalidad, idea*) séduisant(e) ▸ NM/F séducteur(-trice)
seduje *etc*, **seduzca** *etc* VB *ver* **seducir**
sefardí, sefardita ADJ, NMF séfarade *mf*
segador, a NM/F faucheur(-euse) ▸ NF (*Tec*) moissonneuse *f*
segar VT (*mies*) moissonner ; (*hierba*) faucher ; (*vidas*) briser ; (*esperanzas*) réduire à néant
seglar ADJ séculier(-ière)
segmentar VT segmenter ▪ **segmentarse** VPR se segmenter
segmento NM segment *m*
segoviano, -a ADJ de Ségovie ▸ NM/F natif(-ive) *o* habitant(e) de Ségovie
segregación NF ségrégation *f* ; **~ racial** ségrégation raciale
segregar VT ségréguer ; (*líquido*) sécréter
segregue *etc* VB *ver* **segregar**
segué *etc*, **seguemos** *etc* VB *ver* **segar**
seguida NF: **en ~** tout de suite ; **en ~ termino** j'ai presque fini
seguidamente ADV (*sin parar*) à la suite ; (*a continuación*) ensuite
seguidilla NF (*Mús*) séguédille *f* (*danse et musique modérément rapide à trois temps*) ; (*Lit*) séguédille *f* (*strophe de quatre à sept vers utilisée dans les chansons populaires*)
seguido, -a ADJ continu(e) ; (*consecutivo*) de suite, consécutif(-ive) ; (*ininterrumpido*) de suite, d'affilée ; (*línea*) droit(e) ; **cinco días seguidos** cinq jours de suite ▸ ADV (*derecho*) tout droit ; (*después*) à la suite ; (*AM*: *a menudo*) souvent
seguidor, a NM/F adepte *mf* ; (*Deporte*) supporter *mf*
seguimiento NM suivi *m*
seguir VT suivre ▸ VI (*venir después*) suivre ; (*continuar*) poursuivre ; **sigo sin comprender** je ne

comprends toujours pas ; **sigue lloviendo** il continue de pleuvoir ; **sigue** (*en carta*) T.S.V.P. ; (*en libro, TV*) suite ; **¡siga!** (*AM*) allez-y ! ■ **seguirse** VPR: **seguirse (de)** s'ensuivre (de), découler

según PREP (*de acuerdo con*) d'après ; (*depende (de)*) selon ; (*a medida que*) à mesure que ; (*como*) comme ; **~ parece ...** il semblerait que ... ; **~ esté el tiempo** selon le temps qu'il fera ; **~ me consta** autant que je sache ; **está ~ lo dejaste** c'est resté tel que tu l'avais laissé ▶ ADV ça dépend

segundero NM trotteuse *f*

segundo, -a ADJ deuxième, second(e) ; (*en discurso*) deuxièmement ; **segunda clase** (*Ferro*) seconde classe *f* ; **de segunda mano** d'occasion ▶ NM (*tiempo*) seconde *f* ; (*piso*) deuxième *m*, second *m* ▶ NF (*marcha, clase*) seconde *f* ; **con segundas (intenciones)** avec une arrière-pensée ▶ NM/F deuxième *mf*, second(e) ; **~ (de a bordo)** (*Náut*) second (à bord)

seguramente ADV sûrement ; **¿lo va a comprar? — ~** va-t-il l'acheter ? — sûrement

seguridad NF sécurité *f* ; (*certeza*) certitude *f* ; (*confianza*) confiance *f* ; **cerradura/cinturón de ~** serrure *f*/ceinture *f* de sécurité ; **~ ciudadana** sécurité en ville ; **~ en sí mismo** confiance en soi ; **~ social** sécurité sociale

seguro, -a ADJ sûr(e) ; **~ de sí mismo** sûr(e) de soi ; **lo más ~ es que ...** sans doute que ... ▶ ADV sûrement ▶ NM sécurité *f* ; (*de cerradura*) sûreté *f* ; (*de arma*) cran *m* de sûreté ; (*Com*) assurance *f* ; (*CAM, MÉX*) épingle *f* à nourrice ; **~ a todo riesgo/contra terceros** assurance tous risques/au tiers ; **~ contra accidentes/contra incendios** assurance contre les accidents/contre l'incendie ; **S~ de Enfermedad** assurance maladie ; **~ de vida** assurance vie ; **~ dotal con beneficios** assurance à capital différé avec bénéfice ; **~ marítimo** assurance maritime ; **~ mixto** assurance à capital différé ; **~ temporal** assurance à terme

seis ADJ INV, NM INV six *m inv* ; **~ mil** six mille ; **el ~ de abril** le six avril ; **hoy es ~** nous sommes le six aujourd'hui ; **son las ~** il est six heures ; **tiene ~ años** il a six ans ; **unos ~** environ six

seiscientos, -as ADJ six cents ; **~ veinticinco** six cent vingt-cinq

seísmo NM séisme *m*

SELA SIGLA M (= *Sistema Económico Latinoamericano*) SELA *m* (= *Système économique latino-américain*)

selección NF sélection *f* ; **~ nacional** (*Deporte*) équipe *f* nationale ; **~ natural** sélection naturelle

seleccionador, a NM/F (*Deporte*) sélectionneur(-euse)

seleccionar VT sélectionner

selectividad NF (*Univ*) *examen d'entrée à l'université* ; *voir article*

En Espagne, à la fin de leurs études secondaires, les élèves souhaitant aller à l'université doivent passer les épreuves de la **selectividad**, dont la deuxième session se tient en septembre. À partir de la moyenne de la note obtenue à cet examen et de celle obtenue au cours des deux dernières années d'études secondaires, l'élève peut choisir une filière universitaire en fonction du nombre de places offertes et de la note minimale requise par chaque université. Certaines universités organisent en outre un examen d'entrée.

selectivo, -a ADJ sélectif(-ive)

selecto, -a ADJ sélect(e)

selector NM (*Tec*) sélecteur *m*

selfi, selfie NM *o* NF selfie *m*

sellado, -a ADJ (*documento oficial*) scellé(e) ; (*pasaporte*) tamponné(e)

sellar VT sceller ; (*pasaporte*) tamponner

sello NM (*de correos*) timbre *m* ; (*para estampar*) tampon *m* ; (*precinto*) sceau *m* ; (*tb*: **sello distintivo**) cachet *m* ; **~ discográfico** maison *f* de disques ; **~ fiscal** timbre fiscal

selva NF (*bosque*) forêt *f* ; (*jungla*) jungle *f* ; **la S~ Negra** la Forêt Noire

selvático, -a ADJ forestier(-ière) ; (*vegetación*) sauvage

S.Em. ABR (= *Su Eminencia*) SE (= *Son Éminence*)

semáforo NM (*Auto*) feu *m* rouge *o* de circulation ; (*Ferro*) sémaphore *m*

semana NF semaine *f* ; **entre ~** en semaine ; **~ inglesa** semaine de 35 heures ; **~ laboral** semaine de travail ; **S~ Santa** semaine sainte ; *voir article*

Les célébrations de la **Semana Santa** en Espagne sont souvent grandioses. *Viernes Santo* (le Vendredi saint), *Sábado Santo* (le Samedi saint) et *Domingo de Resurrección* (le dimanche de Pâques) sont des fêtes légales auxquelles s'ajoutent d'autres jours fériés dans chaque région. Dans tout le pays, les membres des *cofradías* (confréries), parfois vêtus de cagoules, avancent en processions dans les rues, précédant leurs *pasos*, des chars richement décorés sur lesquels se dressent des statues religieuses. Les processions de la semaine sainte à Séville sont particulièrement renommées.

semanal ADJ hebdomadaire

semanario NM = **semanal**

semántica NF sémantique *f*

semántico, -a ADJ sémantique

semblante NM (traits *mpl* du) visage *m* ; (*fig*) allure *f*

semblanza NF essai *m* autobiographique

sembrado NM terre *f* cultivée, champ *m* ensemencé

sembrar VT semer

semejante ADJ, NM semblable *m*; **son muy semejantes** ils se ressemblent beaucoup; **nunca hizo cosa ~** il n'a jamais fait semblable chose
semejanza NF ressemblance *f*; **a ~ de** pareil(le) à
semejar VT ressembler à ■ **semejarse** VPR se ressembler
semen NM sperme *m*
semental NM (*Zool*) géniteur *m*
sementera NF semailles *fpl*; (*tierra*) semis *msg*
semestral ADJ semestriel(le)
semestre NM semestre *m*
semi... PREF semi...
semicircular ADJ semi-circulaire
semicírculo NM demi-cercle *m*
semiconductor NM semi-conducteur *m*
semiconsciente ADJ à demi conscient(e)
semidesnatado, -a ADJ demi-écrémé(e)
semifinal NF demi-finale *f*
semifinalista NMF demi-finaliste *mf*
semiinconsciente ADJ à demi inconscient(e)
semilla NF graine *f*, semence *f*
semillero NM (*Agr*) semis *msg*; (*fig*) source *f*
seminario NM (*Rel, Escol*) séminaire *m*
seminarista NM séminariste *m*
semiótica NF sémiotique *f*
semiseco, -a ADJ demi-sec(-sèche)
semita ADJ sémite ▶ NMF Sémite *m*
sémola NF semoule *f*
sempiterno, -a ADJ éternel(le)
Sena NM: **el ~** la Seine
senado NM sénat *m*
senador, a NM/F sénateur(-trice)
sencillamente ADV simplement; **es ~ imposible** c'est tout simplement impossible
sencillez NF simplicité *f*
sencillo, -a ADJ simple ▶ NM (*AM*) chaudière *f*
senda NF sentier *m*
senderismo NM randonnée *f*
senderista NMF (*Deporte*) randonneur(-euse); (*PERÚ Pol*) membre *mf ou* partisan(e) du Sentier Lumineux
sendero NM sentier *m*; **S~ Luminoso** (*PERÚ Pol*) Sentier lumineux
sendos, -as ADJ PL: **recibieron ~ golpes** ils ont tous deux reçu des coups
Senegal NM (*tb*: **El Senegal**) le Sénégal
senegalés, -esa ADJ sénégalais(e) ▶ NM/F Sénégalais(e)
senil ADJ sénile
sénior ADJ (*Deporte*) senior; (*con experiencia*) supérieur(e) ▶ NMF (*pl* **séniors** *o* **séniores**) (*Deporte*) senior *m*
seno NM sein *m*; (*Mat*) sinus *m*; **~ materno** sein maternel
sensación NF sensation *f*; **causar** *o* **hacer ~** faire sensation
sensacional ADJ sensationnel(le)
sensacionalismo NM sensationnalisme *m*
sensacionalista ADJ sensationnaliste, à sensation; **la prensa ~** la presse sensationnaliste
sensatez NF bon sens *msg*
sensato, -a ADJ sensé(e)
sensibilidad NF sensibilité *f*
sensibilizar VT sensibiliser
sensible ADJ sensible
sensiblemente ADV sensiblement
sensiblero, -a (*pey*) ADJ sentimental(e), qui tombe dans la sensiblerie
sensitivo, -a ADJ sensible
sensor NM détecteur *m*; **~ de fin de papel** fin *f* de papier
sensorial ADJ sensoriel(le)
sensual ADJ sensuel(le)
sensualidad NF sensualité *f*
sentada NF (*protesta*) sit-in *m inv*; **de una ~** d'une traite
sentado, -a ADJ: **estar ~** être assis(e); **dar por ~** considérer comme acquis; **dejar ~ que ...** établir que ...
sentar VT asseoir; (*noticia, hecho, palabras*) établir ▶ VI (*vestido, color*) aller; **~ bien** (*ropa*) aller bien; (*comida*) faire du bien; (*vacaciones*) réussir; **me ha sentado mal** (*comida*) je ne l'ai pas digéré; (*comentario*) cela m'a blessé ■ **sentarse** VPR s'asseoir; (*el tiempo*) se stabiliser; (*sedimentos*) se déposer; **¡siéntese!** asseyez-vous !
sentencia NF sentence *f*; (*Inform*) instruction *f*; **~ de muerte** sentence de mort
sentenciar VT (*Jur*) condamner
sentido, -a ADJ (*pérdida*) regretté(e); (*carácter*) sensible; **mi más ~ pésame** mes plus sincères condoléances ▶ NM sens *msg*; **en el buen ~ de la palabra** au bon sens du terme; **con ~ doble** à double sens; **sin ~** qui ne veut rien dire; **tener ~** avoir du sens; **¿qué ~ tiene que ...?** à quoi cela sert-il de ...?; **~ común** bon sens; **~ del humor** sens de l'humour; **~ único** (*Auto*) sens unique
sentimental ADJ sentimental(e); **vida ~** vie *f* sentimentale
sentimentalismo NM sentimentalisme *m*
sentimiento NM sentiment *m*
sentir NM opinion *f* ▶ VT sentir; (*lamentar*) regretter; (*esp AM*) entendre; (*música, arte*) avoir un don pour; **lo siento (mucho)** je suis désolé(e); **siento molestarle** je suis désolé de vous déranger ▶ VI sentir ■ **sentirse** VPR se sentir; **sentirse bien/mal** se sentir bien/mal; **sentirse como en su casa** se sentir chez soi
seña NF signe *m*; (*Mil*) mot *m* de passe ■ **señas** NFPL (*dirección*) adresse *f*; **(y) por más señas** (et) en plus de cela; **dar señas de** donner des signes de; **señas personales** (*rasgos distintivos*)

signes *mpl* particuliers
señal NF signal *m* ; (*síntoma*) signe *m* ; (*marca, Inform*) marque *f* ; (*Com*) arrhes *fpl* ; **en ~ de** en signe de ; **dar señales de** donner des signes de ; **~ de auxilio/de peligro** signal de détresse/d'alarme ; **~ de llamada** sonnerie *f* ; **señales de tráfico** panneaux *mpl* de signalisation ; **~ para marcar** tonalité *f*
señalado, -a ADJ (*persona*) distingué(e) ; (*fecha*) important(e)
señalar VT signaler ; (*poner marcas*) marquer ; (*con el dedo*) montrer du doigt ; (*hora*) donner ; (*fijar*) fixer
señalice *etc* VB *ver* **señalizar**
señalización NF signalisation *f*
señalizar VT (*Auto*) indiquer ; (*Ferro*) signaliser
señor, a ADJ (*fam*) classe ▶ NM monsieur *m* ; (*hombre*) homme *m* ; (*trato*) monsieur ; **los señores González** M et Mme González ; **S~ Don Jacinto Benavente** (*en sobre*) Monsieur Jacinto Benavente ; **S~ Director ...** (*de periódico*) Monsieur le directeur ... ; **~ juez/Presidente** Monsieur le juge/le président ; **Muy ~ mío** cher Monsieur ; **Muy señores nuestros** Messieurs ; **Nuestro S~** (*Rel*) Notre Seigneur
señora NF madame *f* ; (*dama*) dame *f* ; (*mujer*) femme *f* ; **¿está la ~?** madame est-elle chez elle ? ; **la ~ de Pérez** Madame Pérez ; **Nuestra S~** (*Rel*) Notre-Dame *f*
señoría NF: **su S~** Votre Seigneurie *f* ; (*para un juez*) Votre Honneur *m* ; **sus Señorías** (*Pol*) (mes) chers collègues
señorial ADJ seigneurial(e) ; (*casa*) cossu(e) ; (*actitud, aire*) de grand seigneur
señorío NM seigneurie *f*
señorita NF (*tratamiento*) mademoiselle *f* ; (*mujer joven*) demoiselle *f*, jeune fille *f* ; (*maestra*) maîtresse *f*
señorito NM (*tratamiento*) jeune monsieur *m* ; (*pey*) fils *msg* à papa
señuelo NM leurre *m*
sep. ABR = **septiembre**
sepa *etc* VB *ver* **saber**
separación NF séparation *f* ; (*división*) partage *m* ; (*distancia*) distance *f* ; **~ de bienes** séparation des biens
separado, -a ADJ séparé(e) ; (*Tec*) détaché(e) ; **por ~** séparément
separador NM (*Inform*) borne *f*
separadora NF (*Inform*): **~ de hojas** séparateur *m*
separar VT séparer ; (*Tec: pieza*) détacher ; (*persona: de un cargo*) relever ; (*dividir*) diviser ■ **separarse** VPR se séparer ; (*partes*) se détacher ; **separarse de** (*persona: de un lugar*) s'éloigner de ; (*: de asociación*) quitter
separata NF (*Prensa*) tiré *m* à part
separatismo NM séparatisme *m*
separatista ADJ, NMF séparatiste *mf*
separo (MÉX) NM cellule *f*
sepelio NM enterrement *m*
sepia NF (*Culin*) seiche *f* ▶ NM (*tb*: **color sepia**) sépia *f*
sept. ABR = **septiembre**
septentrional ADJ septentrional(e)
septicemia NF septicémie *f*
septiembre NM septembre *m* ; *ver tb* **julio**
séptimo, -a ADJ, NM/F septième *mf* ; *ver tb* **sexto**
septuagésimo, -a ADJ, NM/F soixante-dizième *mf*
sepulcral ADJ funéraire ; (*fig*) sépulcral(e)
sepulcro NM sépulcre *m*
sepultar VT inhumer ; (*suj: escombros*) ensevelir
sepultura NF (*entierro*) inhumation *f* ; (*tumba*) sépulture *f* ; **dar ~ a** donner une sépulture à ; **recibir ~** recevoir une sépulture
sepulturero, -a NM/F fossoyeur *m*
seque *etc* VB *ver* **secar**
sequedad NF sécheresse *f*
sequía NF sécheresse *f*
séquito NM (*de rey*) cour *f* ; (*Pol*) partisans *mpl*
SER SIGLA F (*Radio: = Sociedad Española de Radiodifusión*) *société privée de radiodiffusion*

ser

▶ VI **1** (*descripción, identidad*) être ; **es médico/muy alto** il est docteur/très grand ; **soy Pepe** (*Telec*) c'est Pepe (à l'appareil)
2 (*suceder*): **¿qué ha sido eso?** qu'est-ce que c'était ? ; **la fiesta es en casa** la fête a lieu chez nous
3: **ser de** (*posesión*): **es de Joaquín** c'est à Joaquín ; (*origen*): **ella es de Cuzco** elle est de Cuzco ; (*sustancia*): **es de piedra** c'est en pierre ; **¿qué va a ser de nosotros?** qu'allons-nous devenir ? ; **es de risa/pena** c'est ridicule/lamentable
4 (*horas, fechas, números*): **es la una** il est une heure ; **son las seis y media** il est six heures et demie ; **es el 1 de junio** c'est le 1er juin ; **somos/son seis** nous sommes/ils sont six ; **2 y 2 son 4** 2 et 2 font 4
5 (*valer*): **¿cuánto es?** c'est combien ?
6: **ser para**: **es para pintar** c'est pour peindre ; **no es para tanto** ce n'est pas si grave
7 (*en oraciones pasivas*): **ya ha sido descubierto** ça a déjà été découvert ; **fue construido** ça a été construit
8: **ser de** (+ *vb*): **es de esperar que ...** il faut s'attendre à ce que ...
9: **es que**: **es que no puedo** c'est que je ne peux pas ; **¿cómo es que no lo sabes?** comment se fait-il que tu ne le saches pas ?
10 (*locuciones: con subjuntivo*): **o sea** c'est-à-dire ; **sea él, sea su hermana** soit lui, soit sa sœur ; **tengo que irme, no sea que mis hijos estén esperándome** il faut que j'y aille, au cas où mes enfants m'attendraient

S

11 (*con infinitivo*): **a no ser ...** si ce n'est ... ; **a no ser que salga mañana** à moins qu'il ne sorte demain ; **de no ser así** si ce n'était pas le cas **12**: **« érase una vez ... »** « il était une fois ... » ▶ NM (*ente*) être *m* ; **ser humano/vivo** être humain/vivant ; **en lo más íntimo de su ser** au plus profond de son être

Serbia NF Serbie *f*
serbio, -a ADJ serbe ▶ NM/F Serbe *mf*
serbocroata ADJ serbo-croate ▶ NMF Serbo-Croate *mf* ▶ NM (*Ling*) serbo-croate *m*
serenarse VPR s'apaiser ; (*tiempo*) se calmer
serenata NF (*Mús*) sérénade *f* ; (*fam: molestia*) boucan *m* (*fam*) ; **deja de dar la ~** arrête de me/nous casser les pieds (*fam*)
serenidad NF sérénité *f*
sereno, -a ADJ serein(e) ; (*tiempo*) calme ▶ NM veilleur *m* de nuit
serial NM feuilleton *m*
serie NF série *f* ; (TV: *por capítulos*) feuilleton *m* ; **fuera de ~** (*Com*) hors série ; (*fig*) hors pair ; **fabricación en ~** fabrication *f* en série ; **interfaz/impresora en ~** (*Inform*) interface *f*/imprimante *f* série
seriedad NF sérieux *msg* ; (*de crisis*) gravité *f*
serigrafía NF sérigraphie *f*
serio, -a ADJ sérieux(-euse) ; **en ~** sérieusement
sermón NM sermon *m*
sermonear (*pey*) VT faire un sermon à ▶ VI prêcher
seropositivo, -a ADJ séropositif(-ive)
serotonina NF sérotonine *f*
serpentear VI serpenter
serpentina NF serpentin *m*
serpiente NF serpent *m* ; **~ de cascabel** serpent à sonnettes ; **~ pitón** python *m*
serranía NF zone *f* montagneuse
serrano, -a ADJ montagnard(e) ; **jamón ~** (jambon *m*) serrano *m* ▶ NM/F montagnard(e)
serrar VT scier
serrín NM sciure *f* (de bois)
serrucho NM scie *f* (égoïne)
Servia NF Serbie *f*
servicial ADJ serviable
servicio NM service *m* ; **estar de ~** être de service ; **~ a domicilio** service de livraison à domicile ; **~ aduanero** *o* **aduana** services de douane ; **~ incluido** service compris ; **~ militar** service militaire ; **~ público** (*Com*) service public ; **~ secreto** service secret ■ **servicios** NMPL (*wáter*) toilettes *fpl* ; (*Econ: sector*) services *mpl*
servidor, a NM/F serviteur (servante) ; **su seguro ~** votre très humble serviteur ; **un ~** à votre service
servidumbre NF servitude *f* ; (*criados*) domestiques *mpl*
servil (*pey*) ADJ servile
servilismo NM servilité *f*
servilleta NF serviette *f*
servilletero NM rond *m* de serviette
servir VT servir ; **~ vino a algn** servir du vin à qn ; **¿en qué puedo servirle?** en quoi puis-je vous être utile ? ▶ VI servir ; **~ (para)** servir (à) ; **no sirve para nada** ça ne sert à rien ; **~ de guía** servir de guide ■ **servirse** VPR se servir ; **servirse de algo** se servir de qch ; **sírvase pasar** veuillez entrer
sésamo NM (*planta*) sésame *m* ; **¡ábrete ~!** sésame ouvre-toi !
sesear VT *prononcer, devant un e ou un i, le c et le z comme un s (caractéristique propre aux Andalous et aux habitants d'Amérique latine)*
sesenta ADJ INV, NM INV soixante *m inv* ; **~ mil** soixante mille ; **tiene ~ años** il a soixante ans ; **unos ~** environ soixante
sesentón, -ona ADJ, NM/F sexagénaire *mf*
seseo NM *prononciation, devant un e ou un i, du c et du z comme un s (caractéristique propre aux Andalous et aux habitants d'Amérique latine)*
sesgado, -a ADJ (*Costura*) coupé(e) en biais
sesgo NM tournure *f* ; **al ~** (*Costura*) en biais
sesión NF séance *f* ; (*Teatro*) représentation *f* ; **abrir/levantar la ~** ouvrir/lever la séance ; **~ de tarde/de noche** (*Cine*) ≈ séance de 14h/de 20h
seso NM cerveau *m* ; (*fig*) jugeote *f* ; **devanarse los sesos** se creuser la cervelle ■ **sesos** NMPL (*Culin*) cervelle *f*
sesudo, -a ADJ intelligent(e)
set NM (*Tenis*) set *m*
set. ABR = **setiembre**
seta NF champignon *m* ; **~ venenosa** champignon vénéneux
setecientos, -as ADJ sept cents ; *ver tb* **seiscientos**
setenta ADJ INV, NM INV soixante-dix *m inv* ; *ver tb* **sesenta**
setiembre NM = **septiembre**
seto NM haie *f*
seudo... PREF pseudo...
seudónimo NM pseudonyme *m*
Seúl N Seoul
s.e.u.o. ABR (= *salvo error u omisión*) SEO (= *sauf erreur ou omission*)
severidad NF sévérité *f*
severo, -a ADJ sévère
Sevilla N Séville
sevillanas NFPL (*melodía*) *musique f populaire de Séville* ; (*baile*) *danse f populaire de Séville*
sevillano, -a ADJ sévillan(e) ▶ NM/F Sévillan(e)
sexagenario, -a ADJ, NM/F sexagénaire *mf*
sexagésimo, -a ADJ, NM/F soixantième *mf*
S.Exc. ABR (= *Su Excelencia*) SE (= *Son Excellence*)

sexenio (*esp Méx*) NM (*Pol*) mandat *m* de 6 ans
sexismo NM sexisme *m*
sexista ADJ, NMF sexiste *mf*
sexo NM sexe *m* ; **el ~ femenino/masculino** le sexe féminin/masculin
sexólogo, -a NM/F sexologue *mf*
sex shop [sek'ʃop] (*pl* **sex shops**) NF sex-shop *m*
sexteto NM sextuor *m*
sexto, -a ADJ, NM/F sixième *mf* ; **Juan S~** Jean Six ; **un ~ de la población** un sixième de la population
sexual ADJ sexuel(le) ; **vida ~** vie *f* sexuelle
sexualidad NF sexualité *f*
sexy ADJ sexy ▸NM (*atractivo*) sex-appeal *m*
s.f. ABR (= *sin fecha*) n.d. (= *non daté*)
s/f ABR (*Com*: = *su favor*) *votre crédit*
SGAE NF ABR (= *Sociedad General de Autores de España*) *société privée espagnole qui se consacre à la défense et à la gestion des droits d'auteur de ses membres*, ≈ SACEM *f*
sgte., sgtes. ABR = **siguiente(s)**
share [ʃear] NM (TV) audimat *m*
shiatsu ['sjatsu] NM shiatsu *m*
si CONJ si ; **si ... o si ...** si ... ou si ... ; **me pregunto si ...** je me demande si ... ; **si no** sinon ; **¡si fuera verdad!** si seulement ça pouvait être vrai ! ; **¡(pero) si no lo sabía!** (mais) je ne le savais même pas ! ; **por si (acaso)** au cas où ; **¿y si llueve?** et s'il pleut ? ▸NM (*Mús*) si *m inv*
sí ADV oui ; (*tras frase negativa*) si ; **¡¿sí?!** (*asombro*) ah bon ? ; **« nos vas a llevar al cine, ¿a que sí? »** « tu nous emmènes bien au ciné, hein ? » ; **él no quiere pero yo sí** il ne veut pas mais moi oui ; **ella sí vendrá** elle, elle viendra ; **claro que sí** bien sûr que oui/si ; **creo que sí** je crois que oui/si ; **porque sí** (*porque lo digo yo*) parce que ; **¡sí que lo es!** bien sûr que si ! ; **¡eso sí que no!** alors là, non ! ▸NM (*consentimiento*) oui *m* ▸PRON (*uso impersonal*) soi ; (*sg*: *m*) lui ; (: *f*) elle ; (: *de cosa*) lui (elle) ; (: *de usted, ustedes*) vous ; (*pl*: *m*) eux ; (: *f*) elles ; **por sí solo/solos** à lui seul/eux seuls ; **volver en sí** revenir à soi ; **sí mismo/misma** lui-/elle-même ; **se ríe de sí misma** elle rit d'elle-même ; **hablaban entre sí** ils parlaient entre eux ; **de por sí** en soi
siamés, -esa ADJ, NM/F siamois(e)
sibarita ADJ raffiné(e) ▸NMF épicurien(ne)
Siberia NF Sibérie *f*
siberiano, -a ADJ sibérien(ne) ▸NM/F Sibérien(ne)
sicario NM tueur *m* à gages
sicav (*pl* **sicavs**) SIGLA F (= *sociedad de inversión de capital variable*) SICAV *f inv* (= *société d'investissement à capital variable*)
Sicilia NF Sicile *f*
siciliano, -a ADJ sicilien(ne) ▸NM/F Sicilien(ne)
sico... PREF = **psico...**
SIDA, sida SIGLA M (= *síndrome de inmuno-deficiencia adquirida*) SIDA *m*, sida *m* (= *syndrome immuno-déficitaire acquis*)
sidecar NM side-car *m*
sideral ADJ sidéral(e) ; (*fam*: *cantidad*) astronomique
siderurgia NF sidérurgie *f*
siderúrgico, -a ADJ sidérurgique
sidra NF cidre *m*
siega VB *ver* **segar** ▸NF (*Agr*) moisson *f*
siegue *etc* VB *ver* **segar**
siembra VB *ver* **sembrar** ▸NF (*Agr*) semailles *fpl*
siempre ADV toujours ; **es lo de ~** c'est tout le temps la même chose ; **como ~** comme toujours ; **para ~** pour toujours ; **~ me voy mañana** (*Am*) de toute façon, je pars demain ▸CONJ : **~ que ...** (*cada vez que*) chaque fois que ... ; (*a condición de que*) seulement si ...
sien NF tempe *f*
siento VB *ver* **sentar; sentir**
sierra VB *ver* **serrar** ▸NF (*Tec*) scie *f* ; (*Geo*) chaîne *f* de montagnes ; **la ~** (*zona*) la montagne
Sierra Leona NF la Sierra Leone
siervo, -a NM/F serf (serve)
siesta NF sieste *f* ; **dormir la** *o* **echarse una ~** faire une sieste
siete ADJ INV, NM INV sept *m inv* ▸NM (*en tela*) accroc *m* ▸NF (*Am fam*): **¡la gran ~!** punaise ! (*fam*) ; **se armó un follón de la gran ~** ça a fait un raffut de tous les diables (*fam*) ; **hijo de la gran ~** (*fam!*) fils *msg* de pute (*fam !*) ; *ver tb* **seis**
sietemesino, -a ADJ (*niño*) prématuré(e) de sept mois ▸NM/F bébé *m* prématuré de sept mois
sífilis NF INV syphilis *fsg*
sifón NM siphon *m* ; **whisky con ~** whisky-soda *m*
siga *etc* VB *ver* **seguir**
sigilo NM silence *m* ; (*secreto*) secret *m*
sigiloso, -a ADJ (*silencioso*) discret(-ète) ; (*secreto*) secret(-ète), furtif(ive)
sigla NF sigle *m*
siglo NM siècle *m* ; **hace siglos que no la veo** ça fait des lustres que je ne l'ai pas vue ; **S~ de las Luces** Siècle des lumières ; **S~ de Oro** siècle d'or
significación NF signification *f*
significado NM sens *m*, signification *f*
significar VT signifier
significativo, -a ADJ significatif(-ive)
signifique *etc* VB *ver* **significar**
signo NM signe *m* ; **~ de admiración** point *m* d'exclamation ; **~ de interrogación** point d'interrogation ; **~ de más/de menos** signe plus/moins ; **signos de puntuación** signes de ponctuation ; **~ igual** signe égal
siguiendo *etc* VB *ver* **seguir**

S

siguiente ADJ suivant(e) ; **¡el ~!** au suivant !
sij (*pl* **sijs**) ADJ, NMF sikh(e)
sílaba NF syllabe *f*
silbar VT, VI siffler
silbato NM sifflet *m*
silbido, silbo NM sifflement *m* ; (*abucheo*) sifflet *m*
silenciador NM silencieux *msg*
silenciar VT (AM: *persona*) faire taire ; (*ruidos, escándalo*) étouffer
silencio NM silence *m* ; **en el más absoluto ~** dans un silence absolu ; **guardar ~** garder le silence
silencioso, -a ADJ silencieux(-euse)
sílice NF silice *f*
silicio NM silicium *m*
silicona NF silicone *f*
silla NF chaise *f* ; (*tb*: **silla de montar**) selle *f* ; **~ de ruedas** chaise roulante ; **~ eléctrica** chaise électrique
sillería NF sièges *mpl* ; (*Rel*) stalles *fpl*
sillín NM selle *f*
sillón NM fauteuil *m*
silo NM (*Agr, Mil*) silo *m*
silueta NF silhouette *f*
silvestre ADJ (*Bot*) sauvage ; (*fig*) rustique
sima NF abîme *m*
simbiosis NF INV symbiose *f*
simbolice *etc* VB *ver* **simbolizar**
simbólico, -a ADJ symbolique
simbolismo NM symbolisme *m*
simbolizar VT symboliser
símbolo NM symbole *m* ; **~ gráfico** (*Inform*) symbole graphique
simbología NF symbolique *f*
simetría NF symétrie *f*
simétrico, -a ADJ symétrique
simiente NF graine *f*
símil NM (*Lit*) similitude *f* ; (*comparación*) comparaison *f*
similar ADJ similaire
similitud NF similitude *f*
simio NM singe *m*
simpatía NF sympathie *f* ; **tener ~ a** avoir de la sympathie pour
simpatice *etc* VB *ver* **simpatizar**
simpático, -a ADJ (*persona*) sympathique ; (*animal*) gentil(le) ; **caer ~ a algn** être sympathique à qn
simpatiquísimo, -a ADJ SUPERL *de* **simpático**
simpatizante NMF sympathisant(e)
simpatizar VI: **~ con** sympathiser avec
simple ADJ simple ▸ NMF (*pey*) simplet(te)
simplemente ADV simplement ; **~ pretendía ayudarte** je voulais simplement t'aider
simpleza NF simplicité *f* d'esprit ; (*tontería*) bêtise *f*
simplicidad NF simplicité *f*
simplificación NF simplification *f*
simplificar VT simplifier
simplifique *etc* VB *ver* **simplificar**
simplista ADJ simpliste
simplón, -ona ADJ simplet(te) ▸ NM/F nigaud(e)
simposio NM symposium *m*
simulación NF simulation *f* ; **~ por ordenador** simulation par ordinateur
simulacro NM simulacre *m*
simulador NM: **~ de vuelo** simulateur *m* de vol
simular VT simuler
simultanear VT: **~ dos cosas** faire deux choses en même temps
simultáneo, -a ADJ simultané(e)
sin PREP sans ; **~ hogar** sans domicile ; **~ decir nada** sans rien dire ; **~ verlo yo** sans que je le voie ; **platos ~ lavar** assiettes *fpl* pas lavées ; **la ropa está ~ lavar** le linge n'est pas lavé ; **quedarse ~ algo** ne plus avoir de qch ; **~ que lo sepa él** sans qu'il le sache ; **~ embargo** cependant ; **no ~ antes** non sans ▸ CONJ: **~ que** (+ *subjuntivo*) sans que + *subjonctif*
sinagoga NF synagogue *f*
Sinaí NM: **El ~** le Sinaï ; **el Monte ~** le Mont Sinaï
sinceridad NF sincérité *f*
sincero, -a ADJ sincère
síncope NM syncope *f*
sincronice *etc* VB *ver* **sincronizar**
sincrónico, -a ADJ synchrone ; (*Ling*) synchronique
sincronizar VT synchroniser
sindical ADJ syndical(e) ; **central ~** confédération *f*
sindicalista ADJ, NMF syndicaliste *mf*
sindicar VT syndiquer ■ **sindicarse** VPR se syndiquer
sindicato NM syndicat *m*
sindique *etc* VB *ver* **sindicar**
síndrome NM syndrome *m* ; **~ de abstinencia** syndrome de sevrage ; **~ de la clase turista** syndrome de la classe économique
sine qua non ADJ: **condición ~** condition *f* sine qua non
sinergia NF synergie *f*
sinfín NM: **un ~ de** une infinité de
sinfonía NF symphonie *f*
sinfónico, -a ADJ symphonique
Singapur NM Singapour *f*
singladura NF (*camino*) voie *f* ; (*Náut: recorrido*) cinglage ; (*: día*) distance *f* parcourue par un bateau en 24 heures
single ['sinɣel] NM (*disco*) single *m*

singular ADJ singulier(-ière) ▸ NM (*Ling*) singulier *m* ; **en ~** au singulier
singularice *etc* VB *ver* **singularizar**
singularidad NF singularité *f*
singularizar VT singulariser ■ **singularizarse** VPR se singulariser
siniestralidad NF taux *m* d'accidents
siniestro, -a ADJ sinistre ; (*izquierdo*) gauche ▸ NM sinistre *m* ; (*en carretera*) accident *m*
sinnúmero NM = **sinfín**
sino NM destin *m* ▸ CONJ sinon ; **no son 8 ~ 9** il n'y en a pas 8 mais 9 ; **no solo es lista ~ guapa** non seulement elle est intelligente mais en plus elle est belle
sinónimo, -a ADJ, NM synonyme *m*
sinopsis NF synopsis *m o f*
sinrazón NF injustice *f*
sinsabor NM désagrément *m*
sintagma NM syntagme *m*
sintaxis NF syntaxe *f*
síntesis NF INV synthèse *f*
sintetice *etc* VB *ver* **sintetizar**
sintético, -a ADJ (*material*) synthétique ; (*producto*) de synthèse
sintetizador NM synthétiseur *m*
sintetizar VT synthétiser
sintiendo *etc* VB *ver* **sentir**
síntoma NM symptôme *m*
sintomático, -a ADJ symptomatique
sintonía NF (*Radio*) réglage *m* ; (*melodía*) indicatif *m*, jingle *m* ; **estar en ~ con algn/algo** être sur la même longueur d'onde que qn/être en phase avec qch
sintonice *etc* VB *ver* **sintonizar**
sintonizador NM (*Radio*) tuner *m*, syntoniseur *m*
sintonizar VT (*Radio*) régler ▸ VI: **~ con** régler sur ; (*fig*) coïncider avec
sinuoso, -a ADJ sinueux(-euse)
sinusitis NF INV sinusite *f*
sinvergüenza ADJ, NMF canaille *f* ; (*descarado*) effronté(e)
sionismo NM sionisme *m*
siqui... PREF = **psiqui...**
siquiera CONJ même si ▸ ADV au moins ; **ni ~** pas même ; **~ bebe algo** bois au moins quelque chose
sirena NF sirène *f*
Siria NF Syrie *f*
sirimiri NM bruine *f*
sirio, -a ADJ syrien(ne) ▸ NM/F Syrien(ne)
sirviendo *etc* VB *ver* **servir**
sirviente, -a NM/F domestique *mf*
sisa NF (*Costura*) emmanchure *f* ; (*robo*) vol *m* à l'étalage
sisal NM sisal *m*
sisar VT voler
sisear VI dire « chut »
sísmico, -a ADJ sismique
sismo NM (*esp Am*) = **seísmo**
sismógrafo NM sismographe *m*
sistema NM système *m* ; **el ~** (*Pol*) le système ; **por ~** systématiquement ; **~ binario** (*Inform*) système binaire ; **~ de alerta inmediata** système d'alarme ; **~ de facturación** (*Com*) système de facturation ; **~ de fondo fijo** (*Com*) *système de gestion de la petite caisse par avance de fonds* ; **~ de lógica compartida** (*Inform*) système de logique commune ; **~ educativo** système éducatif ; *voir article* ; **~ experto** (*Inform*) système expert ; **~ impositivo** *o* **tributario** système d'imposition ; **~ métrico** système métrique ; **~ nervioso** système nerveux ; **~ operativo** (*Inform*) système d'exploitation ; **~ solar** système solaire

Le système scolaire espagnol (**sistema educativo**) s'articule autour de deux cycles obligatoires : le cycle primaire (*Educación Primaria*) pour les 6–12 ans, suivi du cycle secondaire (*Educación Secundaria Obligatoria* ou ESO) pour les 12–16 ans. Les lycéens peuvent ensuite, s'ils le souhaitent, suivre les deux années du *Bachillerato* ou bien une formation professionnelle.

sistemático, -a ADJ systématique
sistémico, -a ADJ systémique
sitiar VT assiéger
sitio NM endroit *m* ; (*espacio*) place *f* ; (*Mil*) siège *m* ; **en cualquier ~** n'importe où ; **¿hay ~?** il y a de la place ? ; **hay ~ de sobra** il y a largement la place ; **guardar el ~ a algn** garder la place à qn ; **~ web** site *m* Web
sito, -a (*formal*) ADJ: **~ en** situé(e) à *o* en, sis(e) à *o* en
situ: **in ~** *adv* in situ
situación NF situation *f*
situado, -a ADJ situé(e) ; **estar bien ~** (*socioeconómicamente*) avoir une bonne situation
situar VT situer ; (*socioeconómicamente*) placer ■ **situarse** VPR se situer ; (*socioeconómicamente*) avoir une bonne situation
siútico, -a (*Chi fam*) ADJ snob
S.L. ABR (*Com*: = *Sociedad Limitada*) SARL *f* (= *société à responsabilité limitée*)
slip [es'lip] (*pl* **slips**) NM slip *m*
slogan [es'loɣan] NM = **eslogan**
slot [es'lot] (*pl* **slots**) NM: **~ de expansión** (*Inform*) logement *m* d'extension
S.M. ABR (= *Su Majestad*) SM (= *Sa Majesté*) ; (*Rel*: = *Sociedad Marianista*) SM (= *marianistes*)
smartphone [es'martfon] NM smartphone *m*
SME SIGLA M (= *Sistema Monetario Europeo*) SME *m* (= *Système monétaire européen*)
smiley [es'maili] NM émoticône *f*, smiley *m*

S

SMIV NM ABR (= *Sistema Móvil de Identificación de Vehículos*) *système d'identification de véhicules utilisé par la police espagnole*
smoking [(e)'smokin] (*pl* **smokings**) NM smoking *m*
SMS NM ABR (= *Short Message Service*) SMS *m*, texto® *m*
s/n ABR = **sin número**
snob [es'nob] NM = **esnob**
SO ABR (= *suroeste*) S.-O. (= *sud-ouest*)
so EXCL (*a animal*) ho ! ; **¡so burro!** espèce d'idiot ! ▶ PREP sous
s/o ABR (= *su orden*) votre commande
sobaco NM aisselle *f*
sobado, -a ADJ (*ropa*) élimé(e) ; (*libro*) vieux (vieille)
sobar VT tripoter ▶ VI (*fam*) pioncer (*fam*)
soberanía NF souveraineté *f*
soberano, -a ADJ souverain(e) ; (*paliza*) magistral(e) ▶ NM/F souverain(e) ■ **los soberanos** NMPL (*rey y reina*) le couple royal
soberbia NF superbe *f*, orgueil *m*
soberbio, -a ADJ (*persona*) orgueilleux(-euse) ; (*palacio, ejemplar*) superbe
sobornar VT acheter, soudoyer
soborno NM (*un soborno*) pot-de-vin *m* ; (*el soborno*) corruption *f*
sobra NF excès *msg* ; **de ~** en trop ; **lo sé de ~** je ne le sais que trop bien ; **tengo de ~** j'en ai plus qu'assez ■ **sobras** NFPL (*restos*) restes *mpl*
sobradamente ADV (*caber*) amplement ; (*saber*) parfaitement bien
sobrado, -a ADJ largement suffisant(e) ; **sobradas veces** à plusieurs reprises ; **estar ~ de dinero/tiempo** disposer de beaucoup d'argent/de temps
sobrante ADJ restant(e) ▶ NM restant *m*
sobrar VI (*quedar*) rester ; (*estar de más*) être de trop ; **sobra una silla** il y a une chaise de trop ; **me sobran tres entradas** j'ai trois entrées en trop
sobrasada NF *sorte de chorizo*
sobre PREP sur ; (*por encima de*) au-dessus de ; (*aproximadamente*) environ ; **3 ~ 100** 3 sur cent ; **se lanzó ~ él** il s'est jeté sur lui ; **~ todo** surtout ▶ NM enveloppe *f*
sobreabundancia NF surabondance *f*
sobrecama NF dessus *msg* de lit
sobrecapitalice *etc* VB *ver* **sobrecapitalizar**
sobrecapitalizar VT surcapitaliser
sobrecarga NF surcharge *f* ; (*Elec*) surtension *f*
sobrecargar VT (*camión*) surcharger ; (*Com*) surtaxer
sobrecargo NMF (*Aviat*) commissaire *mf* de bord ; (*Náut*) subrécargue *m*
sobrecargue *etc* VB *ver* **sobrecargar**
sobrecogedor, a ADJ saisissant(e)
sobrecoger VT (*sobresaltar*) faire sursauter ; (*asustar*) faire peur (à) ■ **sobrecogerse** VPR sursauter ; (*quedar impresionado*): **sobrecogerse (de)** être saisi(e) (par)
sobrecoja *etc* VB *ver* **sobrecoger**
sobredosis NF INV overdose *f*
sobreentender VT sous-entendre ■ **sobreentenderse** VPR: **se sobreentiende (que)** il est sous-entendu (que)
sobreescribir VT (*Inform*) écraser
sobreestimar VT = **sobrestimar**
sobregiro NM (*Com*) découvert *m*
sobrehumano, -a ADJ surhumain(e)
sobreimpresión NF (*Foto*) surimpression *f*
sobrellevar VT supporter
sobremanera ADV tout spécialement
sobremesa NF: **de ~** (*ordenador*) de bureau ; (*programación*) de l'après-midi ; **en la ~** après manger
sobrenatural ADJ surnaturel(le)
sobrenombre NM surnom *m*
sobrentender VT = **sobreentender**
sobrepasar VT dépasser
sobrepeso NM (*de persona*) surpoids *m* ; (*de paquete, equipaje*) surcharge *f*, excédent *m*
sobrepondré *etc* VB *ver* **sobreponer**
sobreponer VT superposer ; (*anteponer*) faire passer avant ■ **sobreponerse** VPR: **sobreponerse a algo** surmonter qch
sobreponga *etc* VB *ver* **sobreponer**
sobreprima NF (*Com*) majoration *f*
sobreproducción NF surproduction *f*
sobrepuesto *etc*, **sobrepuse** *etc* VB *ver* **sobreponer**
sobresaldré *etc*, **sobresalga** *etc* VB *ver* **sobresalir**
sobresaliente ADJ excellent(e) ▶ NM (*Escol*) ≈ mention *f* « très bien »
sobresalir VI (*punta*) saillir ; (*cabeza*) dépasser ; (*fig*) se distinguer
sobresaltar VT faire sursauter ■ **sobresaltarse** VPR sursauter
sobresalto NM sursaut *m*
sobreseer VT: **~ una causa** (*Jur*) classer une affaire
sobreseimiento NM (*Jur*) non-lieu *m*
sobrestadía NF (*Com*) surestarie *f*
sobrestimar VT surestimer
sobresueldo NM prime *f*, surpaye *f*
sobretasa NF (*Com*) surtaxe *f*
sobretensión NF (*Elec*) surtension *f*
sobretiempo (*AM*) NM heures *fpl* supplémentaires
sobretiro (*MÉX*) NM (*Escol*) nota bene *m inv*
sobretodo NM pardessus *msg*
sobrevalorar VT (*dinero, moneda*) surévaluer ;

(*persona*) surestimer
sobrevendré *etc*, **sobrevenga** *etc* VB *ver* **sobrevenir**
sobrevenir VI survenir
sobreviene *etc*, **sobrevine** *etc* VB *ver* **sobrevenir**
sobreviviente ADJ, NMF survivant(e)
sobrevivir VI survivre ; **~ a algn** survivre à qn
sobrevolar VT survoler
sobrevuele *etc* VB *ver* **sobrevolar**
sobriedad NF sobriété *f*
sobrino, -a NM/F neveu (nièce)
sobrio, -a ADJ sobre
socarrón, -ona ADJ narquois(e)
socavar VT saper
socavón NM (*en calle*) trou *m* ; (*excavado: en monte*) galerie *f*
sociable ADJ sociable
social ADJ social(e)
socialdemocracia NF social-démocratie *f*
socialdemócrata ADJ, NMF social-démocrate *mf*
socialice *etc* VB *ver* **socializar**
socialismo NM socialisme *m*
socialista ADJ, NMF socialiste *mf*
socializar VT (*Econ*) nationaliser
sociedad NF société *f* ; **en ~** en société ; **~ anónima** (*Com*) société anonyme ; **~ comanditaria** (*Com*) société en commandite ; **~ conjunta** (*Com*) société en participation ; **~ de cartera** (*Com*) société d'investissements ; **~ de consumo** société de consommation ; **~ inmobiliaria** société immobilière ; **~ (de responsabilidad) limitada** (*Com*) société à responsabilité limitée
socio, -a NM/F membre *m* ; (*Com*) associé(e) ; **~ activo** membre actif ; **~ capitalista** *o* **comanditario** commanditaire *m*
socioeconómico, -a ADJ socioéconomique
sociología NF sociologie *f*
sociológico, -a ADJ sociologique
sociólogo, -a NM/F sociologue *mf*
socorrer VT secourir
socorrido, -a ADJ pratique
socorrismo NF secourisme *m*
socorrista NMF secouriste *mf*
socorro NM secours *msg* ; (*Mil*) secours *mpl* ; **¡~!** au secours ! ; **puesto de ~** poste *m* de secours
soda NF soda *m*
sódico, -a ADJ de soude
sodio NM sodium *m*
soez ADJ grossier(-ière)
sofá NM canapé *m*
sofá-cama (*pl* **sofás-cama**) NM canapé-lit *m*
Sofía N (*Geo*) Sofia
sofisticación NF sophistication *f*
sofisticado, -a ADJ sophistiqué(e)
sofocante ADJ (*calor*) suffocant(e)
sofocar VT suffoquer, étouffer ; (*incendio, rebelión*) étouffer ■ **sofocarse** VPR étouffer ; (*fig*) s'énerver
sofoco NM suffocation *f* ; (*vergüenza*) embarras *msg* ; **sofocos** (*Med*) bouffées *fpl* de chaleur
sofocón NM : **llevarse** *o* **pasar un ~** avoir un choc
sofreír VT faire rissoler
sofría *etc*, **sofriendo** *etc* VB *ver* **sofreír**
sofrito VB *ver* **sofreír** ▸ NM *sorte de sauce tomate aux oignons*
software ['sofwer] NM (*Inform*) logiciel *m*
soga NF cordage *m*
sois VB *ver* **ser**
soja NF soja *m*
sojuzgar VT soumettre, faire ployer
sojuzgue *etc* VB *ver* **sojuzgar**
sol NM soleil *m* ; (*Mús*) sol *m inv* ; (*moneda*) sol *m* ; **hace ~** il fait soleil ; **tomar el ~** prendre le soleil ; **~ naciente/poniente** soleil levant/couchant
solace *etc* VB *ver* **solazarse**
solamente ADV seulement
solapa NF (*de chaqueta*) revers *msg* ; (*de libro*) rabat *m*
solapado, -a ADJ dissimulé(e)
solar ADJ solaire ▸ NM terrain *m* vague
solario, solárium NM solarium *m*
solaz NM distraction *f*
solazarse VPR se distraire
soldada NF solde *f*
soldadera (*MÉX*) NF (*Hist*) vivandière *f*
soldado NM soldat *m* ; **~ raso** simple soldat
soldador, a NM/F soudeur(-euse) ▸ NM fer *m* à souder
soldadura NF (*acción*) soudure *f*, soudage *m* ; (*juntura*) soudure *f* ; **~ autógena** soudure autogène ; **~ blanda/fuerte** soudure tendre/forte, brasure *f* tendre/forte
soldar VT souder ■ **soldarse** VPR (*huesos*) se souder
soleado, -a ADJ ensoleillé(e)
soledad NF solitude *f*
solemne ADJ solennel(le) ; (*tontería*) magistral(e)
solemnidad NF solennité *f*
soler VI : **~ hacer algo** avoir l'habitude de faire qch ; **suele salir a las ocho** d'ordinaire, il sort à 8 heures ; **solíamos ir todos los años** nous y allions tous les ans
solera NF tradition *f* ; **vino de ~** grand cru *m*
solfeo NM (*Mús*) solfège *m*
solicitante NMF demandeur(-euse), solliciteur(-euse) ; (*de puesto*) candidat(e)
solicitar VT solliciter
solícito, -a ADJ plein(e) d'attentions
solicitud NF demande *f*

S

solidaridad NF solidarité *f*; **por ~ con** par solidarité avec
solidario, -a ADJ solidaire; **hacerse ~ de** être solidaire de
solidarizarse VPR: **~ con algn** se solidariser avec qn
solidez NF solidité *f*
solidificar VT solidifier ▪ **solidificarse** VPR se solidifier
sólido, -a ADJ solide; *(color)* grand teint *inv* ▶ NM solide *m*
soliloquio NM soliloque *m*
solista NMF soliste *mf*
solitaria NF ver *m* solitaire; *ver tb* **solitario**
solitario, -a ADJ, NM/F solitaire *mf* ▶ NM *(Naipes)* réussite *f*; **hacer algo en ~** faire qch en solitaire
soliviantar VT soulever; *(exasperar)* exaspérer
solloce *etc* VB *ver* **sollozar**
sollozar VI sangloter
sollozo NM sanglot *m*
solo, -a ADJ *(único)* seul(e) (et unique); *(sin compañía)* seul(e); *(café)* noir(e); *(whisky etc)* sec (sèche); **hay una sola dificultad** il y a une seule difficulté; **a solas** tout(e) seul(e); *(dos personas)* seul(e) à seul(e) ▶ ADV seulement; **no ~ ... sino** non seulement ... mais encore; **tan ~** simplement; **~ que ...** seulement, ...; **~ lo sabe él** il n'y a que lui qui le sache ▶ NM *(Mús)* solo *m*
sólo ADV seulement; *ver tb* **solo**
solomillo NM aloyau *m*
solsticio NM solstice *m*
soltar VT lâcher; *(preso)* relâcher; *(pelo)* détacher; *(nudo)* défaire; *(amarras)* larguer; *(estornudo, carcajada)* laisser échapper; *(taco)* lancer; *(bofetada)* flanquer; **¡suéltame!** lâche-moi! ▪ **soltarse** VPR se détacher; *(adquirir destreza)* se débrouiller; *(relajarse)* se relâcher
soltero, -a ADJ, NM/F célibataire *mf*
solterón, -ona NM/F vieux garçon (vieille fille)
soltura NF *(al hablar, escribir)* aisance *f*; *(agilidad)* adresse *f*
soluble ADJ soluble; **~ en agua** soluble dans l'eau
solución NF solution *f*; **sin ~ de continuidad** sans solution de continuité
solucionar VT résoudre
solvencia NF *(Com)* solvabilité *f*; *(profesional)* responsabilité *f*
solventar VT *(deudas)* régler; *(conflicto)* résoudre
solvente ADJ *(Com)* solvable; *(fuentes)* sûr(e); *(profesional)* fiable
somalí ADJ somalien(-enne) ▶ NMF Somalien(-enne)
Somalia NF Somalie *f*
sombra NF ombre *f*; **sin ~ de duda** sans l'ombre d'un doute; **tener buena/mala ~** *(suerte)* avoir de la/pas de chance; *(carácter)* être agréable/désagréable; **sombras chinescas** ombres chinoises; **~ de ojos** ombre à paupières ▪ **sombras** NFPL *(oscuridad)* ombre
sombrero NM chapeau *m*; **~ de copa** *o* **de pelo** *(AM)* haut-de-forme *m*; **~ hongo** chapeau melon
sombrilla NF ombrelle *f*; *(de playa)* parasol *m*
sombrío, -a ADJ sombre
somero, -a ADJ sommaire
someter VT soumettre; **~ algo/a algn a** soumettre qch/qn à ▪ **someterse** VPR se soumettre; **someterse a** *(mayoría, opinión)* se soumettre à; *(tratamiento)* subir
sometimiento NM soumission *f*
somier [so'mjer] *(pl* **somiers***)* NM sommier *m*
somnífero NM somnifère *m*
somnolencia NF somnolence *f*
somnoliento, -a ADJ somnolent(e)
somos VB *ver* **ser**
son VB *ver* **ser** ▶ NM son *m*; **al ~ de** au son de; **en ~ de paz** en signe de paix
sonado, -a ADJ *(comentado)* rebattu(e)
sonajero NM hochet *m*
sonambulismo NM somnambulisme *m*
sonámbulo, -a ADJ, NM/F somnambule *mf*
sonar VI sonner; *(música, voz)* retentir; *(Ling)* être prononcé(e); *(resultar conocido)* dire quelque chose; *(máquina)* faire du bruit; **suena a hueco/falso** ça sonne creux/faux; **es un nombre que suena** c'est un nom qui sonne bien; **me suena ese nombre/esa cara** ce nom/ce visage me dit quelque chose ▪ **sonarse** VPR: **sonarse (la nariz)** se moucher
sónar NM sonar *m*
sonata NF sonate *f*
sonda NF sonde *f*
sondear VT sonder; *(Med)* examiner à la sonde
sondeo NM sondage *m*; *(Med)* examen *m* à la sonde; **~ de la opinión pública** sondage de l'opinion publique
sónico, -a ADJ *(velocidad, límite)* sonique
sonido NM son *m*
sonorizar VT sonoriser
sonoro, -a ADJ sonore; **banda sonora** bande *f* sonore, bande-son *f*
sonotone NM sonotone *m*
sonreír VI sourire; **~ a algn** sourire à qn ▪ **sonreírse** VPR sourire
sonría *etc*, **sonriendo** *etc* VB *ver* **sonreír**
sonriente ADJ souriant(e)
sonrisa NF sourire *m*
sonrojar VT faire rougir ▪ **sonrojarse** VPR rougir
sonrojo NM honte *f*

sonrosado, -a ADJ rose
sonsacar VT soutirer
sonsaque *etc* VB *ver* **sonsacar**
sonso, -a ADJ, NM/F = **zonzo**
sonsonete NM (*ruido*) bruit *m* insistant ; (*voz monótona*) ton *m* monotone ; (*tono irónico*) ton narquois
soñador, a NM/F rêveur(-euse)
soñar VT, VI rêver ; **~ con algn/algo** rêver de qn/qch ; **~ despierto** rêver tout éveillé
soñoliento, -a ADJ somnolent(e)
sopa NF soupe *f* ; **hasta en la ~** (*fam*) partout
sopera NF soupière *f*
sopero, -a ADJ (*plato, cuchara*) à soupe ▸ NM assiette *f* à soupe
sopesar VT peser
sopetón: **de ~** *adv* tout à coup ; (*decir*) de but en blanc
soplar VT souffler ; (*fam: delatar*) vendre ▸ VI souffler ; (*fam: delatar*) moucharder (*fam*) ; (*: beber*) descendre
soplete NM (*Tec*) lampe *f* à souder ; **~ soldador** chalumeau *m*
soplido NM souffle *m*
soplo NM souffle *m* ; (*fam*) mouchardage *m* (*fam*) ; **la semana pasó en un ~** (*fam*) la semaine a passé à toute vitesse
soplón, -ona (*fam*) NM/F (*chismoso*) rapporteur(-euse) ; (*de policía*) mouchard(e) (*fam*)
soponcio (*fam*) NM évanouissement *m*
sopor NM somnolence *f*
soporífero, -a ADJ soporifique
soportable ADJ supportable
soportal NM porche *m* ■ **soportales** NMPL (*alrededor de plaza*) arcades *fpl*
soportar VT supporter
soporte NM support *m* ; (*fig*) soutien *m* ; **~ de entrada/de salida** support d'entrée/de sortie
soprano NMF soprano *mf*
soquetes (*Am*) NMPL socquettes *fpl*
sor NF: **S~ María** Sœur *f* Marie
sorber VT (*sopa*) boire en aspirant ; (*refresco*) siroter ; (*absorber*) absorber
sorbete NM sorbet *m*
sorbo NM gorgée *f* ; **beber a sorbos** boire à petites gorgées
sordera NF surdité *f*
sórdido, -a ADJ sordide
sordina NF (*Mús*) sourdine *f* ; **con ~** (*fig*) en sourdine, secret(-ète)
sordo, -a ADJ, NM/F sourd(e) ; **quedarse ~** devenir sourd(e)
sordomudo, -a ADJ, NM/F sourd-muet (sourde-muette)
soriano, -a ADJ de Soria ▸ NM/F natif(-ive) *o* habitant(e) de Soria
sorna NF ton *m* sarcastique
soroche (*Am*) NM mal *m* des montagnes
sorprendente ADJ surprenant(e)
sorprender VT surprendre ; **lo sorprendieron robando** ils l'ont surpris en train de voler ■ **sorprenderse** VPR: **sorprenderse (de)** être surpris(e) (de)
sorprendido, -a ADJ surpris(e)
sorpresa NF surprise *f* ; **por ~** par surprise
sorpresivo, -a (*Am*) ADJ surprenant(e)
sortear VT tirer (au sort) ; (*Mil*) affecter ; (*dificultad*) déjouer
sorteo NM tirage *m* (au sort)
sortija NF bague *f* ; (*rizo*) boucle *f*
sortilegio NM (*hechicería*) sorcellerie *f* ; (*hechizo*) sortilège *m*
SOS SIGLA M SOS *m*
sosa NF soude *f*
sosegado, -a ADJ paisible
sosegar VT apaiser ■ **sosegarse** VPR s'apaiser
sosegué VB *ver* **sosegar**
soseguemos VB *ver* **sosegar**
sosiego VB *ver* **sosegar** ▸ NM calme *m*
sosiegue *etc* VB *ver* **sosegar**
soslayar VT contourner
soslayo: **de ~** *adv* (*mirar*) du coin de l'œil ; (*pasar*) sans s'arrêter
soso, -a ADJ insipide
sospecha NF soupçon *m*
sospechar VT: **~ (que)** soupçonner (que) ▸ VI: **~ de algn** soupçonner qn
sospechoso, -a ADJ, NM/F suspect(e)
sostén NM soutien *m* ; (*sujetador*) soutien-gorge *m*
sostendré *etc* VB *ver* **sostener**
sostener VT soutenir ; (*alimentar*) faire vivre ■ **sostenerse** VPR (*en pie*) se tenir ; (*económicamente*) survivre ; (*seguir*) se maintenir
sostenga *etc* VB *ver* **sostener**
sostenibilidad NF (*Ecología*) durabilité *f*, pérennité *f*
sostenible ADJ (*situación, opinión*) soutenable ; (*Ecología*) durable ; **su postura resulta difícilmente ~** sa position est difficilement défendable
sostenido, -a ADJ soutenu(e) ; (*Mús*) dièse ▸ NM (*Mús*) dièse *m*
sostuve *etc* VB *ver* **sostener**
sota NF (*Naipes*) ≈ valet *m*
sotana NF soutane *f*
sótano NM sous-sol *m*
sotavento NM (*Náut*) côté *m* sous le vent
soterrado, -a ADJ (*miedo, rencor*) sourd(e) ; (*influencia*) caché(e)
soul ADJ INV, NM (*Mús*) soul *m*
soviético, -a ADJ soviétique ▸ NM/F Soviétique *mf*

S

soy VB *ver* **ser**
soya (*Am*) NF soja *m*
SPA NM ABR (= *salut per aquam*) Spa *m*
speed [es'pið] (*fam*) NM speed *m* (*amphétamine*)
spooling NM (*Inform*) traitement *m* différé en entrée/sortie
sport [es'por(t)]: **de ~** *adj* de sport
spot [es'pot] (*pl* **spots**) NM spot *m*
sprint [es'prin] (*pl* **sprints** [es'prin]) NM sprint *m*
squash [es'kwas] NM squash *m*
Sr. ABR (= *Señor*) M (= *Monsieur*)
Sra. ABR (= *Señora*) Mme (= *Madame*)
S.R.C. ABR (= *se ruega contestación*) RSVP (= *répondez s'il vous plaît*)
Sres. ABR (= *Señores*) MM (= *Messieurs*)
Sri Lanka NM Sri Lanka *m*
Srta. ABR (= *Señorita*) Mlle (= *Mademoiselle*)
ss. ABR = **siguientes**
S.S. ABR (*Rel*: = *Su Santidad*) SS (= *Sa Sainteté*); (= *Seguridad Social*) SS (= *sécurité sociale*)
SSE ABR (= *sursudeste*) S.-S.-E. (= *sud-sud-est*)
SS MM ABR (= *Sus Majestades*) LL.MM. (= *Leurs Majestés*)
SSO ABR (= *sursudoeste*) S.-S.-O. (= *sud-sud-ouest*)
Sta. ABR (= *Santa*) Ste (= *Sainte*)
stand [es'tan] NM (*Com*) stand *m*
stárter [es'tarter] NM (*Auto*) starter *m*
status ['status, es'tatus] NM INV statut *m*
Sto. ABR (= *Santo*) St (= *Saint*)
stock [es'tok] (*pl* **stocks** [es'tok]) NM stock *m*
stop [es'top] NM (*Auto*) stop *m*
su ADJ (*de él, ella, una cosa*) son (sa); (*de ellos, ellas*) leur; (*de usted, ustedes*) votre; **sus** (*de él, ella, una cosa*) ses; (*de ellos, ellas*) leurs; (*de usted, ustedes*) vos

> ¡Atención! En francés el adjetivo posesivo concuerda en género y número con la cosa poseída (*son père, sa mère, ses parents*), mientras que en español solo concuerda en número (**su padre**, **su madre**, **sus padres**). Por otro lado, el adjetivo posesivo **su** en español puede hacer referencia a un poseedor (**su padre [de él]** *son père*) o a varios poseedores (**su padre [de ellos]** *leur père*).

suave ADJ doux (douce)
suavemente ADV doucement
suavice *etc* VB *ver* **suavizar**
suavidad NF douceur *f*
suavizante NM (*de ropa*) adoucissant *m*; (*de pelo*) baume *m*
suavizar VT adoucir; (*pendiente*) rendre plus doux (douce) ■ **suavizarse** VPR s'adoucir
subalimentado, -a ADJ sous-alimenté(e)
subalterno, -a ADJ, NM/F subalterne *mf*
subarrendar VT sous-louer
subarriendo NM sous-location *f*
subasta NF vente *f* aux enchères; (*de obras, servicios*) appel *m* d'offres; **poner en** *o* **sacar a pública ~** mettre aux enchères; **~ a la baja** enchères *fpl* au rabais
subastador, a NM/F commissaire-priseur(-euse)
subastar VT vendre aux enchères
subcampeón, -ona NM/F second(e)
subconjunto NM (*Mat*) sous-ensemble *m*
subconsciente ADJ subconscient(e) ▶ NM subconscient *m*
subcontrata NF contrat *m* de sous-traitance
subcontratar VT sous-traiter
subcontrato NM sous-traitance *f*
subdesarrollado, -a ADJ sous-développé(e)
subdesarrollo NM sous-développement *m*
subdirector, a NM/F sous-directeur(-trice)
subdirectorio NM (*Inform*) sous-répertoire *m*
súbdito, -a NM/F sujet(te)
subdividir VT subdiviser
subempleo NM sous-emploi *m*
subestimar VT sous-estimer
subexponer VT (*Foto*) sous-exposer
subfusil NM pistolet-mitrailleur *m*
subida NF montée *f*
subido, -a ADJ (*color*) soutenu(e); (*precio*) élevé(e)
subíndice NM (*Inform, Tip*) indice *m*
subir VT (*mueble, niño*) soulever; (*cabeza*) lever; (*volumen*) augmenter; (*calle*) remonter; (*montaña, escalera*) monter, gravir; (*precio*) augmenter; (*producto*) augmenter le prix de; (*empleado*) faire monter en grade ▶ VI monter; (*precio, temperatura, calidad*) augmenter; (*en el empleo*) monter en grade ■ **subirse** VPR: **subirse a** monter dans; **subirse los pantalones/la falda** remonter son pantalon/sa jupe
súbito, -a ADJ subit(e), soudain(e)
subjetividad NF subjectivité *f*
subjetivo, -a ADJ subjectif(-ive)
subjuntivo NM subjonctif *m*
sublevación NF soulèvement *m*
sublevar VT soulever; (*indignar*) répugner à ■ **sublevarse** VPR se soulever
sublimar VT encenser; (*deseos*) sublimer
sublime ADJ sublime
subliminal ADJ subliminal(e)
submarinismo NM plongée *f* sous-marine
submarinista NMF plongeur(-euse) sous-marin(e)
submarino, -a ADJ sous-marin(e) ▶ NM sous-marin *m*
subnormal ADJ anormal(e) ▶ NMF handicapé(e) mental(e); (*fam: insulto*) débile *mf* mental(e)
suboficial NM sous-officier *m*

subordinado, -a ADJ, NM/F subordonné(e)
subordinar VT: **~ algo a algo** subordonner qch à qch ■ **subordinarse** VPR: **subordinarse a** être subordonné(e) à
subproducto NM sous-produit *m*
subrayar VT souligner
subrepticio, -a ADJ furtif(-ive)
subrogar VT (*Jur*) subroger
subrutina NF (*Inform*) sous-programme *m*
subsahariano, -a ADJ subsaharien(ne) ▶ NMF Subsaharien(ne)
subsanar VT (*error, falta*) réparer ; (*problema*) résoudre
subscribir VT = **suscribir**
subscrito PP *de* **subscribir**
subsecretario, -a NM/F sous-secrétaire *mf*
subsidiario, -a ADJ subsidiaire
subsidio NM (*de enfermedad, paro etc*) allocation *f*
subsiguiente ADJ (*que viene después*) suivant(e), subséquent(e) ; (*que se deriva*): **las consecuencias subsiguientes** les conséquences qui en découlent
subsistencia NF subsistance *f*
subsistir VI subsister
subst... PREF = **sust...**
subsuelo NM sous-sol *m*
subte (CSUR) NM ABR = **subterráneo**
subterfugio NM subterfuge *m*
subterráneo, -a ADJ souterrain(e) ▶ NM souterrain *m* ; (CSUR: *metro*) métro *m*
subtítulo NM sous-titre *m*
suburbano, -a ADJ de banlieue ▶ NM train *m* de banlieue
suburbio NM banlieue *f*
subvención NF subvention *f* ; **~ estatal** subvention de l'État ; **~ para la inversión** prime *f* à l'investissement
subvencionar VT subventionner
subversión NF subversion *f*
subversivo, -a ADJ subversif(-ive)
subyacente ADJ sous-jacent(e)
subyugar VT opprimer ; (*fig*) subjuguer
subyugue *etc* VB *ver* **subyugar**
succión NF succion *f*
succionar VT (*sorber*) sucer ; (*Tec*) absorber
sucedáneo NM ersatz *m*, succédané *m*
suceder VI se passer ; **~ a** succéder à ; **lo que sucede es que ...** ce que se passe, c'est que ... ; **~ al rey** succéder au roi
sucesión NF succession *f*
sucesivamente ADV: **y así ~** et ainsi de suite
sucesivo, -a ADJ successif(-ive) ; **en lo ~** à l'avenir
suceso NM événement *m* ; **sección de sucesos** (*Prensa*) faits *mpl* divers
sucesor, a NM/F successeur(e)
sucesorio, -a ADJ successoral(e), de succession ; (*impuesto*) de succesion ; **tercero en la línea sucesoria** troisième dans l'ordre de succession
suciedad NF saleté *f*
sucinto, -a ADJ succinct(e)
sucio, -a ADJ sale ; (*que se ensucia*) salissant(e) ; (*lengua*) blanc (blanche) ; (*negocio*) malhonnête ; (*guerra*) déshonorant(e) ; **juego ~** tricherie *f* ; **en ~** au brouillon
sucre (ECU) NM *unité monétaire de l'Équateur*
suculento, -a ADJ succulent(e)
sucumbir VI succomber ; **~ a la tentación** succomber à la tentation
sucursal NF succursale *f*
sudaca (*fam, pey*) ADJ, NMF latino *mf*
sudadera NF sweat-shirt *m*
Sudáfrica NF Afrique *f* du Sud
sudafricano, -a ADJ sud-africain(e) ▶ NM/F Sud-Africain(e)
Sudamérica NF Amérique *f* du Sud
sudamericano, -a ADJ sud-américain(e) ▶ NM/F Sud-Américain(e)
Sudán NM Soudan ; **~ del Sur** Soudan du Sud
sudanés, -esa ADJ soudanais(e) ▶ NM/F Soudanais(e)
sudar VT (*ropa*) tremper (de sueur) ; (*Bot*) exsuder ▶ VI suer, transpirer
sudeste ADJ sud-est *inv* ▶ NM sud-est *m* ; (*viento*) vent *m* de sud-est
sudoeste ADJ sud-ouest *inv* ▶ NM sud-ouest *m* ; (*viento*) vent *m* de sud-ouest
sudoku NM sudoku *m*
sudor NM sueur *f*, transpiration *f*
sudoroso, -a ADJ en sueur
Suecia NF Suède *f*
sueco, -a ADJ suédois(e) ▶ NM/F Suédois(e) ; **hacerse el ~** faire la sourde oreille ▶ NM (*Ling*) suédois *msg*
suegro, -a NM/F beau-père (belle-mère) ; **los suegros** les beaux-parents *mpl*
suela NF semelle *f*
sueldo VB *ver* **soldar** ▶ NM salaire *m*
suelo VB *ver* **soler** ▶ NM sol *m* ; **caerse al ~** tomber par terre ; **estar por los suelos** (*precios*) s'être effondré(e)
suelto, -a VB *ver* **soltar** ▶ ADJ (*hojas*) volant(e) ; (*pelo, pieza*) détaché(e) ; (*preso*) libéré(e) ; (*por separado: ejemplar*) séparé(e) ; (*arroz*) qui ne colle pas ; (*ropa*) ample ; (*con diarrea*) qui a la colique ; **dinero ~** (petite) monnaie ; **está muy ~ en inglés** il parle anglais couramment ▶ NM monnaie *f*
suene *etc* VB *ver* **sonar**
sueño VB *ver* **soñar** ▶ NM sommeil *m* ; (*lo soñado, fig*) rêve *m* ; **descabezar** *o* **echarse un ~** faire un somme ; **tener ~** avoir sommeil ; **~ pesado** sommeil lourd ; **~ profundo** profond sommeil

S

suero NM (*Med*) sérum *m* ; (*de leche*) petit-lait *m*
suerte NF (*fortuna*) chance *f* ; (*azar*) hasard *m* ; (*destino*) destin *m* ; (*condición*) condition *f* ; (*género*) sorte *f* ; **lo echaron a suertes** ils ont tiré au sort ; **tener ~** avoir de la chance ; **tener mala ~** ne pas avoir de chance ; **de ~ que** de sorte que ; **por ~** par chance
suertudo, -a ADJ veinard(e)
suéter (*pl* **suéters**) NM pull *m*
suficiencia NF aptitude *f* ; (*pey*) suffisance *f*
suficiente ADJ suffisant(e) ▶ NM (*Escol*) mention *f* « passable »
suficientemente ADV suffisamment
sufijo NM suffixe *m*
sufragar VT (*gastos*) supporter ; (*proyecto*) financer
sufragio NM suffrage *m*
sufrague *etc* VB *ver* **sufragar**
sufrido, -a ADJ (*persona*) résigné(e) ; (*tela, color*) peu salissant(e)
sufrimiento NM souffrance *f*
sufrir VT souffrir de ; (*malos tratos, cambios*) subir ; (*soportar*) supporter ▶ VI souffrir ; **~ del corazón/estómago** être malade du cœur/souffrir de l'estomac ; **hacer ~ a algn** faire souffrir qn
sugerencia NF suggestion *f*
sugerente ADJ suggestif(-ive)
sugerir VT suggérer
sugestión NF suggestion *f*
sugestionar VT influencer ■ **sugestionarse** VPR se faire des idées
sugestivo, -a ADJ suggestif(-ive) ; (*idea*) séduisant(e)
sugiera *etc*, **sugiriendo** *etc* VB *ver* **sugerir**
suicida ADJ suicidaire ▶ NMF (*que se mata*) suicidé(e) ; (*que arriesga su vida*) suicidaire *mf*
suicidarse VPR se suicider
suicidio NM suicide *m*
sui géneris ADJ INV sui generis, particulier(-ière)
suite [swit] NF (*en hotel, Mús*) suite *f*
Suiza NF Suisse *f*
suizo, -a ADJ suisse ▶ NM/F Suisse *mf* ▶ NM (*Culin*) pain *m* au lait
sujeción NF assujettissement *m*
sujetador NM soutien-gorge *m*
sujetapapeles NM INV trombone *m*
sujetar VT attacher ; (*someter*) avoir de l'autorité sur ■ **sujetarse** VPR s'attacher ; (*someterse*) se soumettre
sujeto, -a ADJ attaché(e) ; **~ a cambios** susceptible d'être modifié(e) ▶ NM sujet(te)
sulfato NM sulfate *m*
sulfurar VT énerver ■ **sulfurarse** VPR s'énerver
sulfuro NM sulfure *m*
sultán, -ana NM/F sultan(e)
suma NF somme *f* ; (*operación*) addition *f* ; **en ~** en somme
sumador NM additionneur *m* (électronique)
sumamente ADV: **~ agradecido/necesario** extrêmement reconnaissant/absolument nécessaire
sumar VT additionner ▶ VI faire une addition ; **suma y sigue** (*Com*) à reporter ■ **sumarse** VPR: **sumarse (a)** (*agregarse*) s'ajouter (à) ; (*adherirse*) se joindre (à), s'additionner (à)
sumarial ADJ procédural(e), de l'instruction
sumario, -a ADJ sommaire ▶ NM (*Jur*) instruction *f*
sumarísimo, -a ADJ (*juicio*) abrégé(e)
sumergible ADJ (*reloj*) étanche ▶ NM submersible *m*
sumergido, -a ADJ (*economía*) souterrain(e)
sumergir VT submerger ■ **sumergirse** VPR plonger
sumerja *etc* VB *ver* **sumergir**
sumidero NM égout *m* ; (*Tec*) puisard *m*
suministrador, a NM/F fournisseur(-euse)
suministrar VT fournir
suministro NM approvisionnement *m* ■ **suministros** NMPL (*provisiones*) provisions *fpl*
sumir VT submerger ; (*fig*) plonger ■ **sumirse** VPR: **sumirse en** se plonger dans
sumisión NF soumission *f*
sumiso, -a ADJ soumis(e)
súmmum NM INV summum *m*
sumo, -a ADJ (*cuidado*) extrême ; (*grado*) supérieur(e) ; **a lo ~** tout au plus
suní, sunita ADJ, NMF sunnite *mf*
suntuoso, -a ADJ somptueux(-euse)
supe *etc* VB *ver* **saber**
supeditar VT: **~ algo a algo** faire passer qch avant qch ■ **supeditarse** VPR: **supeditarse a** se plier à
súper (*fam*) ADJ INV super ; **~ oferta** offre *f* exceptionnelle ▶ ADV super ; **~ caro** hyper cher ▶ NM supermarché *m* ▶ NF (*gasolina*) super *m*
super... PREF super... ; (*fam*) hyper, super
superable ADJ surmontable ; (*récord*) qui peut être battu(e)
superación NF surpassement *m*
superar VT surpasser ; (*crisis, prueba*) surmonter ; (*récord*) battre ■ **superarse** VPR se surpasser
superávit (*pl* **superávits**) NM (*Econ*) excédent *m*
superchería NF (*falsa creencia*) mensonge *m* ; (*engaño*) supercherie *f*
superdotado, -a ADJ surdoué(e)
superficial ADJ superficiel(le)
superficie NF surface *f* ; (*área*) superficie *f*
superfluo, -a ADJ superflu(e)
superhéroe NM super-héros *m*
superíndice NM (*Inform, Tip*) exposant *m*

superintendente NMF directeur(-trice)
superior ADJ, NMF supérieur(e)
superioridad NF supériorité *f*
superlativo, -a ADJ (*Ling*) superlatif(-ive) ▶ NM superlatif *m*
supermercado NM supermarché *m*
superpoblación NF surpopulation *f*
superponer VT superposer ; (*anteponer*) faire passer avant
superposición NF superposition *f*
superpotencia NF superpuissance *f*
superproducción NF surproduction *f*
supersónico, -a ADJ supersonique
superstición NF superstition *f*
supersticioso, -a ADJ superstitieux(-euse)
superventas NMPL grosses ventes *fpl*
supervisar VT superviser
supervisión NF supervision *f*
supervisor, a NM/F surveillant(e)
supervivencia NF survie *f*
superviviente ADJ, NMF survivant(e)
suplantar VT supplanter
suplementario, -a ADJ supplémentaire
suplemento NM supplément *m*
suplencia NF remplacement *m* ; (*actor*) doublage *m*
suplente ADJ remplaçant(e) ▶ NMF remplaçant(e) ; (*actor*) doublure *f*
supletorio, -a ADJ supplémentaire ▶ NM (*tb*: **teléfono supletorio**) second poste *m*
súplica NF supplication *f* ; (*Rel*) supplique *f* ; (*Jur*) requête *f*
suplicar VT supplier ; (*Jur*) faire appel de
suplicio NM supplice *m*
suplique *etc* VB *ver* **suplicar**
suplir VT suppléer ; (*objeto*) remplacer
supo *etc* VB *ver* **saber**
supondré *etc* VB *ver* **suponer**
suponer VT supposer ; **era de ~ que ...** il fallait s'attendre à ce que ... ; **supone mucho para mí** cela représente beaucoup pour moi
suponga *etc* VB *ver* **suponer**
suposición NF supposition *f*
supositorio NM suppositoire *m*
supremacía NF suprématie *f*
supremo, -a ADJ suprême
supresión NF suppression *f*
suprimir VT supprimer
supuestamente ADV à ce qu'on suppose
supuesto, -a PP *de* **suponer** ▶ ADJ supposé(e) ; **dar por ~ algo** penser que qch est évident ; **¡por ~!** évidemment ! ▶ NM supposition *f*
supurar VI suppurer
supuse *etc* VB *ver* **suponer**
sur ADJ sud ▶ NM Sud *m* ; (*viento*) vent *m* du Sud
Suráfrica NF = **Sudáfrica**
surafricano, -a ADJ, NM/F = **sudafricano**
Suramérica NF = **Sudamérica**
suramericano, -a ADJ, NM/F = **sudamericano**
surcar VT sillonner
surco NM sillon *m* ; (*en agua, piel*) ride *f*
surcoreano, -a ADJ sud-coréen(ne) ▶ NM/F Sud-Coréen(ne)
sureño, -a ADJ du Sud ▶ NM/F natif(-ive) *o* habitant(e) du Sud
sureste = **sudeste**
surf NM surf *m*
surfear VT: **~ el Internet** surfer sur Internet
surfista NMF surfeur(-euse)
surgir VI surgir
surja *etc* VB *ver* **surgir**
suroeste = **sudoeste**
surque *etc* VB *ver* **surcar**
surrealismo NM surréalisme *m*
surrealista ADJ, NMF surréaliste *mf*
surtido, -a ADJ (*galletas*) assorti(e) ; (*persona, tienda*) fourni(e) ▶ NM assortiment *m*
surtidor NM jet *m* d'eau ; **~ de gasolina** pompe *f* à essence
surtir VT fournir ; (*efecto*) produire ■ **surtirse** VPR: **surtirse de** se fournir en
susceptibilidad NF susceptibilité *f* ; **no quiero herir susceptibilidades** je ne veux vexer personne
susceptible ADJ susceptible ; **~ de** susceptible de
suscitar VT susciter
suscribir VT (*firmar*) souscrire ; (*respaldar*) approuver ; (*Com: acciones, póliza*) souscrire à ; **~ a algn a una revista** abonner qn à une revue ■ **suscribirse** VPR: **suscribirse (a)** souscrire (à) ; (*a periódico etc*) s'abonner (à)
suscripción NF (*a periódico etc*) abonnement *m* ; (*Com: de acciones, póliza*) souscription *f*
suscriptor, a NM/F (*a periódico etc*) abonné(e) ; (*Com: de acciones, póliza*) souscripteur *m*
suscrito, -a PP *de* **suscribir** ▶ ADJ: **estar ~ a** être abonné(e) à
susodicho, -a ADJ susdit(e), susmentionné(e)
suspender VT suspendre ; (*Escol*) recaler ; **~ a algn de empleo y sueldo** relever qn de ses fonctions ▶ VI (*Escol*) échouer, être recalé(e)
suspense NM suspense *m* ; **novela/película de ~** thriller *m*
suspensión NF suspension *f* ; (*de empleo, garantías*) suppression *f* ; **~ de pagos** suspension de paiements
suspensivo, -a ADJ: **puntos suspensivos** points *mpl* de suspension
suspenso, -a ADJ (*en el aire*) suspendu(e) ; (*desconcertado*) interloqué(e) ; (*alumno*) recalé(e) ▶ NM (*Escol*) échec *m* ; **tengo dos suspensos** je n'ai pas eu la moyenne dans deux matières ; **quedar** *o* **estar en ~** rester en suspens

S

suspensores (And, CSur) nmpl bretelles *fpl*
suspicacia nf suspicion *f*
suspicaz adj suspicieux(-euse)
suspirar vi soupirer ; **~ por algo/algn** avoir très envie de qch/se languir de qn
suspiro nm soupir *m*
sustancia nf substance *f* ; **sin ~** sans substance ; **~ gris** matière *f* grise
sustancial adj important(e)
sustancioso, -a adj substantiel(le)
sustantivo, -a adj (*Ling*) substantif(-ive) ▸ nm substantif *m*
sustentación nf (*manutención*) sustentation *f*, entretien *m* ; (*apoyo físico*) support *m*, soutien *m*
sustentar vt (*familia*) faire vivre, subvenir aux besoins de ; (*bóveda*) soutenir ; (*idea, moral*) soutenir ; (*esperanzas*) nourrir ■ **sustentarse** vpr se nourrir
sustento nm (*alimento*) subsistance *f* ; (*apoyo*) soutien *m*
sustitución nf substitution *f* ; (*Escol*) remplacement *m*
sustituir vt substituer ; (*temporalmente*) remplacer ; **~ A por B** substituer B à A, remplacer A par B
sustitutivo, -a adj substitutif(-ive)
sustituto, -a nm/f remplaçant(e)
sustituyendo *etc* vb *ver* **sustituir**
susto nm peur *f* ; **dar un ~ a algn** faire peur à qn ; **darse** *o* **pegarse un ~** avoir peur
sustracción nf (*robo*) subtilisation *f*, vol *m* ; (*Mat*) soustraction *f*
sustraer vt (*robar*) subtiliser ; (*Mat*) soustraire ■ **sustraerse** vpr: **sustraerse a** se soustraire à
sustraiga *etc*, **sustraje** *etc*, **sustrajera** *etc* vb *ver* **sustraer**
sustrato nm substrat *m*
sustrayendo *etc* vb *ver* **sustraer**
susurrar vi chuchoter
susurro nm chuchotement *m*
sutil adj subtil(e) ; (*gasa, hilo*) fin(e) ; (*brisa*) léger(-ère)
sutileza nf subtilité *f* ■ **sutilezas** nfpl (*pey*) subtilités *fpl*
sutura nf suture *f*
suturar vt suturer
suyo, -a adj (*de él, ella*) son (sa) ; (*: de ellos, ellas*) leur ; (*: de usted, ustedes*) votre ; (*después de un nombre: de él, ella*) à lui (à elle) ; (*: de ellos, ellas*) à eux (à elles) ; (*: de usted, ustedes*) à vous ; **eso es muy ~** c'est bien de lui ▸ pron: **el ~/la suya** (*de él, ella*) le sien (la sienne) ; (*de ellos, ellas*) le (la) leur ; (*de usted, ustedes*) le (la) vôtre ; **los suyos** les siens *etc* ; **~ afectísimo** (*en carta*) bien affectueusement ; **de ~** en soi ; **hacer de las suyas** faire des siennes ; **lo ~ sería de ...** le mieux serait de ... ; **cada uno va a lo ~** chacun s'occupe de ses affaires ; **salirse con la suya** avoir ce qu'on veut

Tt

T, t [te] NF (*letra*) T, t *m inv* ; **T de Tarragona** ≈ T comme Thérèse

T. ABR (*Com*) = **tarifa; tasa**

t. ABR (= *tomo(s)*) t (= *tome(s)*)

TA ABR = **traducción automática**

Tabacalera NF ≈ SEITA *f*

tabaco NM tabac *m* ; **~ de pipa** tabac pour la pipe ; **~ negro/rubio** tabac brun/blond

tábano NM taon *m*

tabaquera NF (*caja*) tabatière *f* ; (*empresa*) cigarettier *m*

tabaquismo NM tabagisme *m* ; **~ pasivo** tabagisme passif

tabarra (*fam*) NF casse-pied *m* (*fam*) ; (*trabajo*) plaie *f* (*fam*) ; **dar la ~** enquiquiner (*fam*)

taberna NF taverne *f*

tabernero, -a NM/F tavernier(-ière)

tabique NM cloison *f* ; **~ nasal** (*Med*) cloison nasale

tabla NF (*de madera*) planche *f* ; (*lista, catálogo*) table *f*, tableau *m* ; (*Mat*) table ; (*de falda*) pli *m* ; (*Arte*) panneau *m* ; **~ de planchar** planche à repasser ■ **tablas** NFPL (*Teatro*) planches *fpl* ; **tener tablas** (*actor*) être un(e) comédien(ne) accompli(e) ; **quedar en** *o* **hacer tablas** faire match nul

tablado NM plancher *m*, estrade *f* ; (*Teatro*) scène *f*

tablao NM (*tb*: **tablao flamenco**) *bar où l'on donne des représentations de flamenco*

tablero NM planche *f* ; (*pizarra*) tableau *m* ; (*de ajedrez, damas*) damier *m* ; **~ de anuncios** panneau *m* d'affichage ; **~ de mandos** (*Auto, Aviat*) tableau de bord

tablet NF (*Inform*) tablette *f*

tableta NF (*Med*) comprimé *m* ; (*de chocolate*) tablette *f* ; (*Inform*) tablette *f*

tablilla NF planchette *f* ; (*Med*) éclisse *f*

tablón NM (*de suelo*) planche *f* ; **~ de anuncios** panneau *m* d'affichage

tabú NM tabou *m*

tabulación NF (*Inform*) tabulation *f*

tabulador NM (*Inform, Tip*) tabulateur *m*

tabuladora NF: **~ eléctrica** machine *f* comptable

tabular VT (*Tip*) fixer les marges de ; (*valores, datos*) disposer en tableau

taburete NM tabouret *m*

TAC NF/NM ABR (= *tomografía axial computerizada*) scanographie *f*, tomodensitométrie *f*

tacañería NF avarice *f*, radinerie *f*

tacaño, -a ADJ radin(e)

tacataca NM trotteur *m*

tacha NF défaut *m* ; (*Tec*) clou *m* (à grosse tête), broquette *f* ; **poner ~ a** trouver à redire à ; **sin ~** sans défaut

tachar VT rayer ; (*corregir*) raturer ; **le tachan de irresponsable** ils l'accusent d'être irresponsable

tacho (AM) NM seau *m*

tachón NM rature *f* ; (*Tec*) clou *m* de tapissier

tachuela NF punaise *f*

tácitamente ADV tacitement

tácito, -a ADJ tacite ; (*Ling*) implicite

taciturno, -a ADJ taciturne, morose

taco NM (*tarugo*) cheville *f* ; (*libro de entradas*) carnet *m* ; (*manojo de billetes*) liasse *f* ; (*de bota de fútbol*) crampon *m* ; (AM: *tacón*) talon *m* ; (*tb*: **taco de billar**) queue *f* ; (*de jamón, queso*) cube *m* ; (*fam*: *lío*) pagaille *f* ; (*: palabrota*) gros mot *m* ; (CAM, MÉX) *crêpe de maïs fourrée* ; (CHI *fam*) bouchon *m* ; **armarse** *o* **hacerse un ~** s'embrouiller

tacógrafo NM tachygraphe *m*

tacón NM talon *m* ; **de ~ alto** à talons hauts

taconear VI: **se la oía ~** on entendait le martellement de ses talons

taconeo NM bruit *m* des talons sur le sol

táctica NF tactique *f*

táctico, -a ADJ tactique

táctil ADJ tactile

tacto NM toucher *m* ; (*fig*) tact *m*

TAE NM ABR (= *tasa anual equivalente*) TPA *m*

taekwondo, tae-kwon-do NM taekwondo *m*

tafetán NM taffetas *msg*

tafilete NM maroquin *m*

tagalo, -a ADJ Tagal(e) ▶ NM/F tagal(e) ▶ NM (*Ling*) tagal *m*

tahona NF (*panadería*) boulangerie *f* ; (*molino*) moulin *m*

tahúr NM (*jugador*) joueur *m* ; (*pey*) tricheur *m*

tai-chi NM tai-chi *m*

tailandés, -esa ADJ thaïlandais(e) ▶ NM/F

Thaïlandais(e) ▸ NM (*Ling*) thaïlandais *msg*
Tailandia NF Thaïlande *f*
taimado, -a ADJ rusé(e)
taita (*AND, CSUR fam*) NM papa *m*
Taiwán NM Taiwan *f*
tajada NF tranche *f*; (*fam: borrachera*) cuite *f* (*fam*) ; **sacar ~** tirer profit
tajante ADJ catégorique ; (*persona*) abrupt(e)
tajantemente ADJ catégoriquement
tajar VT trancher
Tajo NM Tage *m*
tajo NM (*corte*) coupure *f*; (*filo*) tranchant *m* ; (*Geo*) gorge *f*; (*fam: trabajo*) boulot *m* (*fam*) ; (*bloque de madera*) billot *m*
tal ADJ tel (telle) ; (*semejante*) un(e) tel (telle), pareil(le) ; **~ día a ~ hora** tel jour à telle heure ; **jamás vi ~ desvergüenza** je n'ai jamais vu une telle effronterie *o* une effronterie pareille ; **tales cosas** de telles choses ; **el ~ cura** le curé en question ; **un ~ García** un certain García ; **tales como** tels (telles) que ▸ PRON (*persona*) un(e) tel (telle) ; (*cosa*) une telle chose ; **son ~ para cual** les deux font la paire ; **hablábamos de que si ~ que si cual** nous parlions de choses et d'autres ; **fuimos al cine y ~** nous avons été au ciné et tout ça ▸ ADV: **~ como** (*igual*) tel (telle) que ; **~ como lo dejé** tel que je l'ai laissé ; **~ cual** (*como es*) tel (telle) quel (quelle) ; **~ el padre, cual el hijo** tel père, tel fils ; **~ vez** peut-être ; **¿qué ~?** ça va ? ; **¿qué ~ has comido?** tu as bien mangé ? ; **con ~ de llamar la atención** du moment qu'il *etc* attire l'attention ▸ CONJ: **con ~ (de) que** pourvu que, du moment que
tala NF taille *f*
taladradora NF perceuse *f*; (*de papel*) perforeuse *f* ; **~ neumática** marteau-piqueur *m*
taladrar VT percer
taladro NM perceuse *f*; (*hoyo*) trou *m* (fait à la perceuse) ; **~ neumático** perceuse *f* pneumatique
talante NM humeur *f* ; (*voluntad*) attitude *f*
talar VT abattre
talco NM (*tb*: **polvos de talco**) talc *m*
talega NF sac *m*
talego NM sac *m* ; (*fam*) taule *f* (*fam*) ; (Hist: *fam*) mille pesetas ; **medio ~** (*fam*) cinq cents pesetas
talento NM talent *m* ; (*capacidad, don*) don *m*
talentoso, -a ADJ talentueux(-euse)
Talgo SIGLA M (Ferro: = *tren articulado ligero Goicoechea-Oriol*) *train rapide*
talibán, -ana (*a veces invariable*) ADJ taliban(e) ▸ NM/F (*persona*) taliban(e) ; **los talibanes** les taliban(s)
talidomida NM thalidomide *f*
talismán NM talisman *m*
talla NF taille *f* ; (*fig*) envergure *f* ; (*figura*) sculpture *f* ; **dar la ~** (*Mil*) avoir la taille requise ; (*fig*) être à la hauteur
tallado, -a ADJ taillé(e), sculpté(e) ▸ NM sculpture *f*
tallar VT tailler, sculpter ; (*grabar*) graver ; (*medir*) toiser
tallarines NMPL tagliatelles *fpl*
talle NM taille *f*; (*figura*) silhouette *f*; **de ~ esbelto** svelte
taller NM atelier *m*
tallo NM (*de planta*) tige *f*; (*de hierba*) brin *m* ; (*brote*) pousse *f*
talmente ADV exactement
Talmud NM Talmud *m*
talón NM talon *m* ; (*Com*) chèque *m* ; (*Tec*) bord *m* ; **pisar a algn los talones** être sur les talons de qn ; **~ de Aquiles** talon d'Achille
talonario NM carnet *m* ; (*de cheques*) carnet de chèques
talud NM talus *m*
tamal NM (*AM Culin*) tamale *m* (*pâte de maïs sucrée ou salée enveloppée dans une feuille de bananier*)
tamaño, -a ADJ pareil(le) ▸ NM taille *f*; **de ~ natural** grandeur *f* nature ; **de ~ grande/pequeño** de grande/petite taille
tamarindo NM tamarinier *m*
tambaleante ADJ chancelant(e) ; (*mueble*) branlant(e) ; (*vehículo*) bringuebalant(e)
tambalearse VPR chanceler ; (*mueble*) branler ; (*vehículo*) bringuebaler
también ADV aussi ; (*además*) de plus ; **estoy cansado — yo ~** je suis fatigué — moi aussi
tambor NM tambour *m*; (*Anat*) tympan *m* ; **~ del freno/de lavadora** tambour de frein/de machine à laver
tamboril NM tambourin *m*
tamborilear VI tambouriner
tamborilero, -a NM/F tambour *m*
Támesis NM Tamise *f*
tamice *etc* VB *ver* **tamizar**
tamiz NM tamis *msg*
tamizar VT tamiser
tampoco ADV non plus ; **yo ~ lo compré** je ne l'ai pas acheté non plus
tampón NM tampon *m*
tan ADV si ; **~ ... como** aussi ... que ; **~ siquiera** seulement ; **es pesada, de ~ amable que es** elle est si aimable qu'elle finit par être ennuyeuse ; **¡qué cosa ~ rara!** comme c'est bizarre ! ; **no es una idea ~ buena** ce n'est pas une si bonne idée
tanatorio NM funérarium *m*
tanda NF série *f* ; (*de personas*) groupe *m* ; (*turno*) tour *m* ; **~ de penaltis/de inyecciones** série de penalties/de piqûres ; **~ de golpes** volée *f* de coups
tándem NM tandem *m*
tanga NM string *m*
tangente NF tangente *f*; **salirse por la ~** prendre la tangente

Tánger N Tanger
tangerino, -a ADJ de Tanger ▸ NM/F natif(-ive) *o* habitant(e) de Tanger
tangible ADJ tangible
tango NM tango *m*
tanguero, -a ADJ de tango, relatif(-ive) au tango ▸ NM/F passionné(e) de tango
tanino NM tanin *m*
tankini NM tankini *m*
tano, -a (CSUR *pey, fam*) ADJ, NM/F rital(e)
tanque NM (*Mil*) char *m* d'assaut ; (*depósito: Auto*) citerne *f* ; (*: Náut*) tanker *m* ; (*: de agua*) réservoir *m*
tanqueta NF blindé *m* léger
tantear VT jauger ; (*probar*) essayer ▸ VI (*Deporte*) compter les points
tanteo NM (*cálculo*) calcul *m* approximatif ; (*prueba*) essai *m* ; (*Deporte*) score *m* ; (*sondeo*) sondage *m* ; **al ~** à vue d'oeil
tantito (*MÉX fam*) ADJ, ADV un peu
tanto, -a ADJ (*cantidad*) tant de, tellement de ; (*en comparaciones*) autant de ; **tiene tantos amigos** il a tellement *o* tant d'amis ; **~ dinero como tú** autant d'argent que toi ; **~ gusto** (*al ser presentado*) enchanté(e) ▸ ADV tant, autant ; (*tiempo*) si longtemps ; **~ que** tellement que ; **~ como él** autant que lui ; **~ como eso no** pas tant que ça ; **~ es así que ...** à tel point que ... ; **~ más cuanto que ...** d'autant plus que ... ; **~ mejor/peor** tant mieux/pis ; **~ quejarse para nada** tant de plaintes pour rien ; **~ tú como yo** toi autant que moi ; **me he vuelto ronco de** *o* **con ~ hablar** je me suis enroué à force de parler ; **viene ~** il vient si souvent ; **ni ~ así** (*fam*) pas une miette ; **en ~ que** pendant que ▸ NM (*suma*) quantité *f* ; (*proporción*) tant *m* ; (*punto*) point *m* ; (*gol*) but *m* ; **estar al ~** être au courant ; **estar al ~ de los acontecimientos** être au courant des événements ; **un ~ perezoso** un rien paresseux ; **~ alzado** forfait *m* ; **~ por ciento** tant pour cent ▸ PRON: **cada uno paga ~** chacun paie tant ; **no quiero ~** je n'en veux pas autant ; **gasta ~ que ...** il dépense tellement que ... ; **ni ~ ni tan clavo** n'exagérons rien ; **¡no es para ~!** ce n'est pas si grave ! ; **¡y ~!** et comment ! ; **entre ~** entre-temps ; **por ~, por lo ~** donc, par conséquent ; **uno de tantos** un parmi d'autres ; **he visto ~** j'en ai tellement vu ; **a tantos de agosto** tel jour *o* telle date en août ; **cuarenta y tantos** quarante et quelques ; **se quedó en el bar hasta las tantas** il est resté dans le bar jusqu'à pas d'une heure ▸ SUF: **veintitantos** vingt et quelques
Tanzania NF la Tanzanie
tañer VT (*Mús*) jouer ; (*campana*) sonner
T/año ABR (= *toneladas por año*) *tonnes par an*
TAO SIGLA F (= *traducción asistida por ordenador*) TAO *f* (= *traduction assistée par ordinateur*)
taoísta ADJ, NMF taoïste *mf*
tapa NF couvercle *m* ; (*de libro*) couverture *f* ; (*comida*) amuse-gueule *m*, tapa *f* ; (*de zapato*) semelle *f* ; **~ de los sesos** boîte *f* crânienne
tapabarro (AND, CSUR) NM garde-boue *m inv*
tapacubos NM INV enjoliveur *m*
tapadera NF couvercle *m* ; (*fig*) couverture *f*
tapadillo NM: **de ~** en douce
tapado NM (AM) manteau *m* ; (MÉX *Pol*) *candidat officiel du PRI, parti politique mexicain*
tapar VT couvrir ; (*hueco, ventana*) fermer, boucher ; (*ocultar*) dissimuler ; (*vista*) boucher ; (AM: *dientes*) plomber ■ **taparse** VPR se couvrir
taparrabo NM, **taparrabos** NM INV pagne *m*, cache-sexe *m*
tapatío, -a (MÉX) ADJ de Guadalajara ▸ NM/F natif(-ive) *o* habitant(e) de Guadalajara
tapeo NM (*esp* ESP): **ir de ~** aller manger des tapas ; **bar de ~** bar *m* à tapas
tapete NM tapis *msg* ; **poner sobre el ~** mettre sur le tapis
tapia NF mur *m* (de clôture) ; **estar (sordo) como una ~** être sourd comme un pot
tapiar VT murer
tapice *etc* VB *ver* **tapizar**
tapicería NF tapisserie *f* ; (*para muebles*) tissu *m* d'ameublement ; (*para coches*) garniture *f*
tapicero, -a NM/F tapissier(-ière)
tapioca NF tapioca *m*
tapir NM tapir *m*
tapiz NM tapisserie *f*
tapizar VT (*pared*) tapisser ; (*suelo*) recouvrir ; (*muebles*) recouvrir
tapón NM bouchon *m* ; (*Tec*) bonde *f* ; (*Med: de cera*) bouchon de cire ; **~ de rosca** *o* **de tuerca** bouchon à vis
taponar VT boucher
taponazo NM bruit *m* sec
tapujo NM (*disimulo*) dissimulation *f*, détour *m* ; (*engaño*) tromperie *f* ; **sin tapujos** sans détours
taquería (MÉX) NF *échoppe où l'on vend des « tacos »*
taquicardia NF tachycardie *f*
taquigrafía NF sténographie *f*
taquígrafo, -a NM/F sténo *mf*
taquilla NF guichet *m* ; (*suma recogida*) recette *f* ; (*armario*) casier *m*
taquillero, -a ADJ: **función taquillera** spectacle *m* qui fait recette ▸ NM/F guichetier(-ière)
taquimecanografía NF sténodactylo(graphie) *f*
tara NF tare *f*
tarado, -a ADJ (*producto*) défectueux(-euse) ; (*idiota*) retardé(e) ; (*loco*) taré(e) ▸ NM/F taré(e)
tarambana ADJ irresponsable
tarántula NF tarentule *f*
tararear VT fredonner
tardanza NF (*demora*) retard *m* ; (*lentitud*) lenteur *f*
tardar VI (*tomar tiempo*) mettre longtemps,

t

tarder ; (*llegar tarde*) être en retard ; **¿tarda mucho el tren?** le train arrive bientôt ? ; **a más ~** au plus tard ; **~ en hacer algo** mettre longtemps *o* tarder à faire qch ; **no tardes en venir** ne t'attarde pas

tarde ADV tard ; **~ o temprano** tôt ou tard ; **de ~ en ~** de temps en temps ; **más ~** plus tard ▶ NF (*de día*) après-midi *m inv o f inv* ; (*de noche*) soir *m* ; **¡buenas tardes!** (*de día*) bonjour ! ; (*de noche*) bonsoir ! ; **a** *o* **por la ~** (*de día*) l'après-midi ; (*de noche*) le soir

tardío, -a ADJ tardif(-ive)

tardo, -a ADJ lent(e)

tardón, -ona (*fam*) ADJ lambin(e) (*fam*) ▶ NM/F traînard(e)

tarea NF travail *m*, tâche *f* ■ **tareas** NFPL (*Escol*) devoirs *mpl* ; **tareas domésticas** tâches *fpl* ménagères

tarifa NF tarif *m* ; **~ básica** tarif de base ; **~ completa** plein tarif ; **~ doble** tarif double

tarima NF plate-forme *f* ; (*movible*) estrade *f*

tarjeta NF carte *f* ; (*Deporte*) carton *m* ; **~ bancaria** carte bancaire ; **~ comercial/de visita** carte de visite ; **~ de circuitos** circuit *m* imprimé ; **~ de crédito/de débito** carte de crédit/Carte Bleue® ; **~ de embarque/de transporte** carte d'embarquement/de transport ; **~ de identificación fiscal** *carte d'immatriculation fiscale* ; **~ de teléfono** carte téléphonique ; **~ gráfica/de multifunción** (*Inform*) carte graphique/multifonction ; **~ postal/de Navidad** carte postale/de Noël ; **~ prepago** carte prépayée ; **~ sanitaria** carte d'assuré social ; **~ SIM** carte SIM ; **~ verde** (*Méx*) permis *m* de travail

tarot NM tarot *m*

tarraconense ADJ de Tarragone ▶ NMF natif(-ive) *o* habitant(e) de Tarragone

tarrina NF barquette *f*

tarro NM pot *m*

tarta NF (*pastel*) gâteau *m* ; (*torta*) tarte *f*

> ⚠ **Tarta** désigne aussi bien une *tarte* qu'un *gâteau*.

tartajear VI bégayer

tartamudear VI bégayer

tartamudez NF bégaiement *m*

tartamudo, -a ADJ, NM/F bègue MF

tartán NM tartan *m*

tartárico, -a ADJ : **ácido ~** acide *m* tartrique

tártaro, -a ADJ tartare ▶ NM/F Tartare *mf* ▶ NM (*Quím*) tartre *m*

tartera NF gamelle *f*

tarugo NM morceau *m* (de bois) ; (*fam*) balourd *m*

tarumba ADJ : **volver a algn ~** rendre qn dingue

tasa NF (*valoración*) évaluation *f* ; (*impuesto*) taxe *f* ; (*índice*) taux *msg* ; (*medida*) mesure *f*, règle *f* ; **sin ~** sans mesure ; **tasas académicas** droits *mpl* d'inscription ; **~ básica** (*Com*) taux de base ; **~ de cambio/de interés** taux de change/d'intérêt ; **~ de crecimiento/de natalidad/de rendimiento** taux de croissance/de natalité/de rendement ; **tasas universitarias** droits *mpl* d'inscription à l'université

tasación NF taxation *f* ; (*valoración*) évaluation *f*

tasador, a NM/F *expert qui évalue le prix d'un bien*

tasar VT (*fijar el precio*) taxer ; (*valorar*) évaluer ; (*limitar*) limiter, rationner ; **~ en** évaluer à

tasca (*fam*) NF bistro(t) *m*

tata NM (*Am fam*) = **taita** ▶ NF nounou *f* (*fam*) ; (*fam: hermana*) grande sœur *f*

tatarabuelo, -a NM/F trisaïeul(e) ■ **tatarabuelos** NMPL trisaïeuls *mpl*

tatuaje NM tatouage *m*

tatuar VT tatouer

taurino, -a ADJ taurin(e)

Tauro NM (*Astrol*) Taureau *m* ; **ser ~** être Taureau

tauromaquia NF tauromachie *f*

tautología NF tautologie *f*

taxativamente ADV particulièrement

taxativo, -a ADJ strict(e)

taxi NM taxi *m*

taxidermia NF taxidermie *f*

taximetrero (ARG) NM chauffeur *m* de taxi

taxímetro NM taximètre *m*

taxista NMF chauffeur(e) de taxi

Tayikistán NM Tadjikistan *m*

taza NF tasse *f* ; (*fam: de retrete*) cuvette *f* ; **~ de/para café** tasse de/à café

tazón NM bol *m*

TC SIGLA M (= *Tribunal Constitucional*) *juridiction suprême*

TDAH SIGLA M (= *Trastorno por Déficit de Atención con Hiperactividad*) TDAH *m* (= *trouble du déficit de l'attention avec hyperactivité*)

TDT NF ABR (= *televisión digital terrestre*) TNT *f* (= *télévision numérique terrestre*)

te PRON te ; (*delante de vocal*) t' ; (*con imperativo*) toi ; **¿te duele mucho el brazo?** ton bras te fait très mal ?, tu as très mal au bras ? ; **te equivocas** tu te trompes ; **¡cálmate!** calme-toi !

té NM thé *m*

tea NF torche *f*

teatral ADJ théâtral(e)

teatrero, -a (*fam*) ADJ (*aficionado*) : **ser muy ~** être amateur de théâtre ; (*fig: exagerado*) théâtral(e) ▶ NM/F (*aficionado*) amateur(-trice) de théâtre ; (*profesional*) professionnel(le) du théâtre

teatro NM théâtre *m* ; **hacer ~** (*fig*) jouer la comédie ; **~ de aficionados/variedades** théâtre d'amateurs/de variétés ; **~ de la ópera** opéra *m*

tebeo NM bande *f* dessinée, BD *f*

teca NM teck *m*

techado NM toit *m*
techo NM (*tb fig*) plafond *m* ; (*tejado*) toit *m* ; **bajo ~** à l'abri ; **tocar ~** plafonner, atteindre un plafond
techumbre NF toiture *f*
tecla NF (*Inform, Mús, Tip*) touche *f* ; **tocar muchas teclas** toucher à de nombreux sujets ; **~ de anulación/de borrar** touche d'annulation/d'effacement ; **~ de control/de edición** touche de contrôle/de correction ; **~ de control direccional del cursor** touche de déplacement du curseur ; **~ de retorno/de tabulación** touche de retour chariot/de tabulation ; **~ programable** touche programmable
teclado NM clavier *m* ; **~ inalámbrico** clavier sans fil ; **~ numérico** (*Inform*) clavier numérique
teclear VT (*teclado*) taper ▸ VI (*Mús: fam*) pianoter ; (*Inform, Tip*) taper
tecleo NM (*Mús*) pianotage *m* ; (*fam*) pianotage, tapotement *m*
teclista NMF (*Mús*) claviériste *mf* ; (*Inform*) claviste *mf*
técnica NF technique *f* ; *ver tb* **técnico**
técnicamente ADV techniquement
tecnicismo NM technicité *f* ; (*Ling*) terme *m* technique
técnico, -a ADJ technique ▸ NM/F technicien(ne)
tecnicolor NM technicolor *m*
tecnócrata NMF technocrate *mf*
tecnología NF technologie *f* ; **~ de la información/punta** technologie de l'information/de pointe
tecnológico, -a ADJ technologique
tecolote (*CAm, Méx*) NM hibou *m*
tedio NM ennui *m*
tedioso, -a ADJ ennuyeux(-euse)
tee NM tee *m*
Teherán N Téhéran
teja NF tuile *f*
tejado NM toit *m*
tejano, -a ADJ texan(e) ▸ NM/F Texan(e) ■ **tejanos** NMPL (*vaqueros*) jeans *mpl*
Tejas NM Texas *msg*
tejemaneje NM (*actividad*) agitation *f* ; (*intriga*) manigances *fpl*
tejer VT tisser ; (*Am*) tricoter ; (*fig*) ourdir ▸ VI: **~ y destejer** faire et défaire
tejido NM tissu *m*
tejo NM if *m* ; **tirar los tejos a algn** (*fam*) faire des avances à qn
tejón NM blaireau *m*
tel. ABR (= *teléfono*) tél. (= *téléphone*)
tela NF tissu *m* ; (*cuadro, lienzo*) toile *f* ; (*en líquido*) peau *f* ; **¡hay ~ para rato!** (*fam*) on en a pour un moment ! ; **poner en ~ de juicio** mettre en doute ; **~ de araña** toile d'araignée ; **~ metálica** grillage *m*
telar NM (*máquina*) métier *m* à tisser ; (*de teatro*) cintre *m* ■ **telares** NMPL (*fábrica*) usine *f* textile
telaraña NF toile *f* d'araignée
tele (*fam*) NF télé *f* (*fam*)
tele... PREF télé...
teleadicto, -a (*fam*) NM/F accro *mf* de la télé
telebasura (*fam*) NF télé-poubelle *f* (*fam*)
telecabina NF télécabine *f*
teleco (*fam*) NMF (*ingeniero*) ingénieur *mf* télécoms ▸ NF (*empresa*) entreprise *f* de télécoms
telecomedia NF sitcom *m*
telecomunicación NF télécommunication *f*
telecontrol NM télécommande *f*
telecopia NF télécopie *f*
telecopiadora NF: **~ facsímil** télécopieur *m*
telediario NM journal *m* télévisé
teledifusión NF télédiffusion *f*
teledirigido, -a ADJ téléguidé(e)
teléf. ABR (= *teléfono*) tél. (= *téléphone*)
telefacsímil NM télécopie *f*
telefax NM télécopie *f*
teleférico NM téléphérique *m*
telefilm, telefilme NM téléfilm *m*
telefonazo (*fam*) NM coup *m* de fil ; **te daré un ~** je te passerai un coup de fil
telefonear VT téléphoner à ▸ VI téléphoner
telefonía NF téléphonie *f* ; **~ móvil** *ou* **celular** téléphonie mobile *ou* cellulaire ; **~ fija** téléphonie fixe ; **red de ~ móvil** réseau *m* de téléphonie mobile ; **servicios de ~ móvil** services *mpl* de téléphonie mobile
Telefónica NF ≈ France Télécom
telefónicamente ADV par téléphone
telefónico, -a ADJ téléphonique
telefonillo NM interphone *m*
telefonista NMF standardiste *mf*
teléfono NM téléphone *m* ; **está hablando por ~** il est au téléphone ; **~ inalámbrico/rojo** téléphone sans fil/rouge ; **~ móvil** (téléphone) portable *m*
telefoto NF téléphotographie *f*
telegrafía NF télégraphie *f*
telégrafo NM télégraphe *m*
telegrama NM télégramme *m*
teleimpresor NM téléimprimeur *m*
telemando NM télécommande *f*
telemarketing, telemárketing NM télémarketing *m*
telemática NF télématique *f*
telémetro NM télémètre *m*
telenovela NF feuilleton *m* télévisé
teleobjetivo NM téléobjectif *m*
teleoperador, a NM/F téléopérateur(-trice)
telepatía NF télépathie *f*
telepático, -a ADJ télépathique

telepredicador, a NMF télévangéliste *mf*
teleproceso NM télétraitement *m*
teleprograma NM programme *m* de télévision
telerrealidad NF téléréalité *f*
telescópico, -a ADJ télescopique
telescopio NM télescope *m*
teleserie NF série *f* télévisée
telesilla NM télésiège *m*
telespectador, a NM/F téléspectateur(-trice)
telesquí NM téléski *m*
teletex, teletexto NM télétexte *m*
teletienda NF télé-achat *m*
teletipo NM téléimprimeur *m*
teletrabajador, a NM/F télétravailleur(-euse)
teletrabajo NM télétravail *m*
televenta NF télévente *f*
televidente NMF téléspectateur(-trice)
televisar VT téléviser
televisión NF télévision *f*; **~ por cable/por** *o* **vía satélite** télévision par câble/par satellite ; **~ digital** télévision numérique ; **~ privada/pública** télévision privée/publique
televisivo, -a ADJ télévisuel(le)
televisor NM téléviseur *m*; **~ portátil** téléviseur portable
télex NM télex *m* ; **máquina ~** télex ; **enviar por ~** télexer
telón NM rideau *m* ; **~ de acero** (*Pol*) rideau de fer ; **~ de boca/de seguridad** rideau de scène/de fer ; **~ de fondo** toile *f* de fond
telonero, -a NM/F (*Mús, Teatro*) *artiste qui passe en première partie*
tema NM thème *m*, sujet *m*; (*Mús*) thème ; (*obsesión*) marotte *f*; **temas de actualidad** sujets *mpl* d'actualité
temario NM programme *m*
temática NF thématique *f*
temático, -a ADJ thématique
tembladera (*Am*) NF bourbier *m*
temblar VI trembler
tembleque NM (*hum*) tremblement *m*
temblón, -ona ADJ tremblant(e)
temblor NM tremblement *m* ; **~ de tierra** tremblement de terre
tembloroso, -a ADJ tremblant(e)
temer VT craindre, avoir peur de ; **temo que Juan llegue tarde** je crains que Juan n'arrive tard ▸ VI avoir peur ; **~ por** avoir peur pour
temerario, -a ADJ téméraire
temeridad NF témérité *f*; (*una temeridad*) acte *m* téméraire
temeroso, -a ADJ craintif(-ive), peureux(-euse) ; (*que inspira temor*) redoutable
temible ADJ redoutable
temor NM crainte *f*, peur *f*
témpano NM (*tb*: **témpano de hielo**) plaque *f* de glace
témpera (*Arte*) NF détrempe *f*
temperamental ADJ d'humeur changeante
temperamento NM tempérament *m* ; **tener ~** avoir du tempérament
temperatura NF température *f*
tempestad NF tempête *f*
tempestuoso, -a ADJ orageux(-euse)
templado, -a ADJ tempéré(e) ; (*en el comer, beber*) modéré(e) ; (*líquido, comida*) tiède ; (*nervios*) solide, bien trempé(e)
templanza NF tempérance *f*; (*en el beber*) modération *f* ; (*del clima*) douceur *f*
templar VT tempérer, modérer ; (*agua, brisa*) tiédir ; (*solución*) diluer ; (*Mús*) accorder ; (*acero*) tremper ▪ **templarse** VPR se modérer ; (*agua, aire*) se réchauffer
templario NM templier *m*
temple NM (*humor*) humeur *f*; (*serenidad*) sang-froid *m* ; (*Tec*) trempe *f* ; (*Mús*) accord *m* ; (*pintura*) détrempe *f*
templo NM temple *m* ; (*iglesia*) église *f* ; **~ metodista** église méthodiste
tempo NM tempo *m*
temporada NF période *f*; (*estación, social, Deporte*) saison *f* ; **en plena ~** en pleine saison ; **de ~** (*trabajo*) saisonnier(-ière) ; (*fruta*) de saison
temporal ADJ temporaire ; (*Rel*) temporel(le) ▸ NM tempête *f*
temporalmente ADV temporairement
temporizador, a ADJ: **mecanismo ~** mécanisme *m* de minuterie ▸ NM minuteur *m*
tempranero, -a ADJ (*Bot*) précoce ; (*persona*) matinal(e)
temprano, -a ADJ précoce ▸ ADV tôt ; (*demasiado pronto*) trop tôt ; **levantarse ~** se lever de bonne heure
ten VB *ver* **tener**
tenacidad NF ténacité *f*
tenacillas NFPL pincettes *fpl* ; (*para rizar*) fer *m* à friser
tenaz ADJ tenace
tenaza NF, **tenazas** NFPL pince(s) *f(pl)*
tendedero NM étendoir *m*, séchoir *m* à linge ; (*cuerda*) corde *f* à linge
tendencia NF tendance *f*; **~ imperante** tendance dominante ; **tener ~ a** avoir tendance à ; **~ del mercado** tendance du marché
tendencioso, -a ADJ tendancieux(-euse)
tender VT étendre ; (*vía férrea, cable*) poser ; (*cuerda, trampa*) tendre ; **~ la mano** tendre la main ; **~ la cama** (*Am*) faire le lit ; **~ la mesa** (*Am*) mettre la table ▸ VI: **~ a** tendre à ▪ **tenderse** VPR s'étendre, s'allonger
ténder NM tender *m*
tenderete NM (*puesto*) étalage *m*

tendero, -a NM/F commerçant(e)

tendido, -a ADJ étendu(e), allongé(e) ; (*colgado*) accroché(e), pendu(e) ; **a galope ~** au triple galop ▶ NM (*Taur*) gradins *mpl* ; **~ eléctrico** ligne *f* électrique

tendinitis NF INV tendinite *f*

tendón NM tendon *m*

tendré *etc* VB *ver* **tener**

tenebroso, -a ADJ sombre

tenedor, a NM/F détenteur(-trice) ; **~ de acciones** actionnaire *mf* ; **~ de libros** comptable *mf* ; **~ de póliza** assuré(e), détenteur(-trice) d'une police d'assurance ▶ NM fourchette *f* ; **restaurante de cinco tenedores** restaurant *m* cinq étoiles

teneduría NF comptabilité *f*

tenencia NF (*de propiedad*) possession *f* ; **~ ilícita de armas/drogas** détention *f* illégale d'armes/de drogue

tener

VT **1** avoir ; (*sostener*) tenir ; **¿tienes un boli?** tu as un stylo ? ; **¿dónde tienes el libro?** où as-tu mis le livre ? ; **va a tener un niño** elle va avoir un enfant ; **tiene los ojos azules** il a les yeux bleus ; **¡ten!, ¡aquí tienes!** tiens !, voilà ! ; **¡tenga!, ¡aquí tiene!** tenez !, voilà !
2 (*edad*) avoir ; (*medidas*) faire ; **tiene 7 años** il a 7 ans ; **tiene 15 cm de largo** cela fait 15 cm de long ; *ver tb* **calor**; **hambre** *etc*
3 (*sentimiento, dolor*) avoir ; **tener admiración/cariño** avoir de l'admiration/l'affection ; **tener miedo** avoir peur ; **¿qué tienes, estás enfermo?** qu'est-ce que tu as, tu es malade ?
4 (*considerar*): **lo tengo por brillante** je le considère comme quelqu'un de brillant ; **tener en mucho/poco a algn** avoir beaucoup/peu d'estime pour qn ; **ten por seguro** sois-en sûr
5: **tener que**: **tengo/tenemos que acabar este trabajo hoy** il faut que je finisse/nous finissions ce travail aujourd'hui
6 (*+ participio*): **tengo terminada ya la mitad del trabajo** j'ai déjà fait la moitié du travail
7 (*+ adj o + gerundio*): **nos tiene muy contentos/hartos** nous sommes très satisfaits de lui/nous en avons assez de lui ; **me ha tenido tres horas esperando** il m'a fait attendre pendant trois heures
8: **las tiene todas consigo** il a tout pour lui
■ **tenerse** VPR **1**: **tenerse en pie** se tenir debout
2: **tenerse por** se croire ; **se tiene por muy listo** il se croit très intelligent

tenga *etc* VB *ver* **tener**

tenia NF ténia *m*

tenida (CSUR) NF tenue *f*

teniente NMF lieutenant *m* ; **~ alcalde** adjoint(e) au maire ; **~ coronel** lieutenant colonel

tenis NM tennis *msg* ; **~ de mesa** tennis de table, ping-pong *m*

tenista NMF joueur(-euse) de tennis

tenor NM (*sentido*) teneur *f* ; (*Mús*) ténor *m* ; **a ~ de** d'après

tenorio (*fam*) NM don Juan *m*

tensar VT tendre ; (*arco*) bander

tensión NF tension *f* ; **de alta ~** (*Elec*) haute tension ; **en ~** tendu(e) ; **tener la ~ alta** avoir de la tension ; **~ arterial** tension artérielle ; **~ nerviosa** tension nerveuse

tenso, -a ADJ tendu(e)

tentación NF tentation *f*

tentáculo NM tentacule *m*

tentado, -a ADJ: **estuve ~ de decírselo** j'étais tenté de le lui dire

tentador, a ADJ tentant(e) ; (*gesto*) tentateur(-trice) ▶ NM/F tentateur(-trice)

tentar VT tenter ; (*palpar, Med*) tâter

tentativa NF tentative *f* ; **~ de asesinato** tentative d'assassinat

tentempié (*fam*) NM en-cas *m inv*

tenue ADJ (*hilo*) mince ; (*luz*) faible ; (*sonido, vínculo*) ténu(e) ; (*neblina*) léger(-ère)

tenuemente ADV légèrement ; (*alumbrar*) faiblement

teñir VT teindre ; (*fig*) teinter ■ **teñirse** VPR se teindre ; **teñirse el pelo** se (faire) teindre les cheveux

teocali, teocalli (MÉX) NM téocalli *m*

teología NF théologie *f*

teológico, -a ADJ théologique

teólogo, -a NM/F théologien(ne)

teorema NM théorème *m*

teoría NF théorie *f* ; **en ~** théoriquement, en principe

teóricamente ADV théoriquement

teorice *etc* VB *ver* **teorizar**

teórico, -a ADJ théorique ▶ NM/F théoricien(ne)

teorizar VI théoriser

tequila NF tequila *f*

terapeuta NMF thérapeute *mf*

terapéutica NF thérapeutique *f*

terapéutico, -a ADJ thérapeutique

terapia NF thérapie *f* ; **~ génica** thérapie génique ; **~ ocupacional** ergothérapie *f*

tercer ADJ *ver* **tercero**

tercera NF (*Auto*) troisième *f* ; **a la ~ va la vencida** la troisième fois sera la bonne

tercermundista ADJ tiers-mondiste

tercero, -a (*antes de nmsg* **tercer**) ADJ troisième ▶ NM (*mediador*) tiers *msg*, tierce personne *f* ; (*Jur*) tiers

terceto NM (*Mús*) trio *m*

terciado, -a ADJ (*botella*) entamé(e) ; (*toro*) de taille moyenne ; (*arma*) en bandoulière

t

terciar VT (*bolsa etc*) mettre en bandoulière ▸ VI intervenir ■ **terciarse** VPR se présenter ; **si se tercia** à l'occasion
terciario, -a ADJ tertiaire
tercio NM tiers *msg*
terciopelo NM velours *msg*
terco, -a ADJ têtu(e)
tergal® NM tergal® *m*
tergiversación NF déformation *f*
tergiversar VT déformer
termal ADJ thermal(e)
termas NFPL thermes *mpl*
térmico, -a ADJ thermique
terminación NF extrémité *f* ; (*finalización*) achèvement *m*
terminal ADJ terminal(e) ; (*enfermo*) en phase terminale ▸ NM (*Elec*) borne *f* ; (*Inform*) terminal *m* ; **~ de pantalla** écran *m* de visualisation ▸ NF (*Aviat*) aérogare *f*, terminal *m* ; (*Ferro*) terminus *msg*
terminante ADJ catégorique ; (*decisión*) final(e)
terminantemente ADV formellement
terminar VT finir, terminer ▸ VI finir ; **~ por hacer algo** finir par faire qch ; **~ en** finir en ■ **terminarse** VPR finir ; **se ha terminado la leche** il n'y a plus de lait
término NM terme *m*, fin *f* ; (*parada*) terminus *msg* ; (*límite: de espacio*) bout *m* ; (*palabra*) terme *m* ; **en último ~** en dernier recours ; **~ medio** juste milieu *m* ■ **términos** NMPL (*tb Com*) termes *mpl* ; **en otros términos** en d'autres termes ; **estar en buenos/malos términos (con algn)** être en bons/mauvais termes (avec qn) ; **en términos de** en termes de ; **en términos claros** en clair ; **según los términos del contrato** selon les termes du contrat
terminología NF terminologie *f*
termita NF termite *m*
termo® NM thermos® *m* o *f*
termodinámica NF thermodynamique
termodinámico, -a ADJ thermodynamique
termoimpresora NF imprimante *f* thermique
termómetro NM thermomètre *m*
termonuclear ADJ thermonucléaire
termostato NM thermostat *m*
terna NF (*trío*): **una ~ de ...** trois ... ; **una ~ de candidatos** trois candidatures
ternera NF (*cría, carne*) veau *m*
ternero, -a NM/F veau (génisse)
terneza NF tendresse *f*
ternilla NF cartilage *m*
terno NM (*esp Am*) costume *m* trois-pièces *inv* ; (*conjunto*) trio *m*
ternura NF tendresse *f*
terquedad NF entêtement *m*
terracota NF terre *f* cuite
terrado NM terrasse *f*
terral (*Am*) NM nuage *m* de poussière
Terranova NF Terre-Neuve *f*
terraplén NM terre-plein *m*
terráqueo, -a ADJ: **globo ~** globe *m* terrestre
terrario NM terrarium *m*
terrateniente NMF propriétaire *mf* terrien(ne)
terraza NF terrasse *f*
terrazo NM granito *m*
terremoto NM tremblement *m* de terre
terrenal ADJ terrestre
terreno, -a ADJ terrestre ▸ NM terrain *m* ; **sobre el ~** sur le terrain ; **ceder/perder ~** céder du/perdre du terrain ; **preparar el ~** préparer le terrain ; **~ de juego** terrain de jeu
terrestre ADJ terrestre ; (*ruta*) par terre
terrible ADJ terrible
terrícola NMF terrien(ne)
territorial ADJ territorial(e)
territorio NM territoire *m* ; **~ bajo mandato** territoire sous mandat
terrón NM (*de azúcar*) morceau *m* ; (*de tierra*) motte *f* ■ **terrones** NMPL (*Agr*) terres *fpl*
terror NM terreur *f*
terrorífico, -a ADJ terrifiant(e)
terrorismo NM terrorisme *m*
terrorista ADJ, NMF terroriste *mf* ; **~ suicida** kamikaze *mf*
terroso, -a ADJ terreux(-euse)
terruño NM terrain *m* ; (*fig*) pays *m* natal ; **apego al ~** attachement *m* au pays natal
terso, -a ADJ lisse
tersura NF douceur *f*
tertulia NF cercle *m* ; (*sala*) arrière-salle *f* ; **~ literaria** cercle littéraire
tertuliano, -a NM/F (*Radio, TV*) intervenant(e), participant(e)
tesina NF mémoire *m*
tesis NF INV thèse *f*
tesitura NF situation *f*
tesón NM ténacité *f*, persévérance *f*
tesorería NF trésorerie *f*
tesorero, -a NM/F trésorier(-ière)
tesoro NM trésor *m* ; **¡mi ~!** (*fam*) mon trésor ! ; **T~ público** Trésor public
test [tes] NM test *m*
testaferro NM prête-nom *m*
testamentaría NF succession *f*
testamentario, -a ADJ testamentaire ▸ NM/F (*Jur*) exécuteur(-trice) testamentaire
testamento NM testament *m* ; **Nuevo/Antiguo T~** Nouveau/Ancien Testament
testar VI tester, faire son testament
testarada (*fam*) NF: **darse una ~** se cogner la tête
testarazo NM = **testarada**
testarudez NF entêtement *m*

testarudo, -a ADJ entêté(e)
testículo NM testicule *m*
testificar VT, VI témoigner
testifique *etc* VB *ver* **testificar**
testigo NMF témoin *m* ; **poner a algn por ~** citer qn comme témoin ; **~ de cargo/de descargo** témoin à charge/à décharge ; **~ ocular** témoin oculaire
testimonial ADJ symbolique ; (*Jur*) testimonial(e)
testimoniar VT témoigner de
testimonio NM témoignage *m* ; **como** *o* **en ~ de** en témoignage de ; **falso ~** faux témoignage
testosterona NF testostérone *f*
testuz NF (*de caballo*) chanfrein *m* ; (*de toro*) cou *m*
teta (*fam*) NF téton *m* (*fam*), nichon *m* (*fam*) ; **niño de ~** nourrisson *m*
tétanos NMSG tétanos *msg*
tetera NF théière *f*
tetilla NF tétine *f*
tetina NF tétine *f*
tetrabrik®, tetra brik® NM INV Tétrabrik®, brique *f*
tetrapléjico, -a ADJ, NM/F tétraplégique
tétrico, -a ADJ lugubre
textear (ESP AM) VT envoyer un SMS à
textil ADJ textile ■ **textiles** NMPL textiles *mpl*
texto NM texte *m*
textual ADJ textuel(le) ; **son sus palabras textuales** c'est ce qu'il a dit textuellement
textualmente ADV textuellement
textura NF texture *f*
tez NF (*cutis*) peau *f* ; (*color*) teint *m*
tfno. ABR (= *teléfono*) tél. (= *téléphone*)
TFT NM ABR (= *thin film transistor*) TFT *m*
ti PRON toi
tía NF tante *f* ; (*fam*) nana *f* (*fam*) ; (: *vieja*) mère *f* (*fam*)
tianguis (MÉX) NM marché *m*
tiara NF tiare *f*
Tibet NM Tibet *m*
tibetano, -a ADJ tibétain(e) ▶ NM/F Tibétain(e) ▶ NM (*Ling*) tibétain *m*
tibia NF tibia *m*
tibiamente ADV tièdement
tibieza NF tiédeur *f*
tibio, -a ADJ tiède
tiburón NM requin *m*
TIC SIGLA FPL (= *tecnologías de la información y la comunicación*) TIC *fpl* (= *technologies de l'information et de la communication*)
tic NM tic *m*
tico, -a (AM *fam*) ADJ costaricien(ne) ▶ NM/F Costaricien(ne)
tictac NM tic-tac *m inv*
tiemble *etc* VB *ver* **temblar**
tiempo NM temps *msg* ; **a ~** à temps ; **a un** *o* **al mismo ~** en même temps ; **a su ~** en temps utile ; **al poco ~** peu après ; **andando el ~** avec le temps ; **cada cierto ~** de temps à autre ; **con ~** à l'avance ; **con el ~** à la longue ; **de ~ en ~** de temps en temps ; **de todos los tiempos** de tous les temps ; **de un ~ a esta parte** depuis quelque temps ; **en mis tiempos** de mon temps ; **en los buenos tiempos** au bon vieux temps ; **ganar ~** gagner du temps ; **hace buen/mal ~** il fait beau/mauvais temps ; **matar el ~** tuer le temps ; **hace ~** il y a quelque temps ; **hacer ~** passer le temps ; **perder el ~** perdre du temps ; **tener ~** avoir le temps ; **¿qué ~ tiene?** quel âge a-t-il ? ; **motor de dos tiempos** moteur *m* deux temps ; **a ~ parcial** à temps partiel ; **en ~ real** (*Inform*) en temps réel ; **~ compartido/de ejecución/máquina** (*Inform*) temps partagé/d'exécution/machine ; **~ de paro** (*Com*) temps mort ; **~ inactivo** (*Com*) durée *f* d'immobilisation ; **~ libre** temps libre ; **~ muerto** (*Deporte, fig*) temps mort ; **~ preferencial** (*Com*) heures *fpl* de grande écoute
tienda VB *ver* **tender** ▶ NF magasin *m*, boutique *f* ; (*Náut*) taud *m* ; **~ de campaña** tente *f*
tiene *etc* VB *ver* **tener**
tienta NF (*Med*) sonde *f* ; **andar a tientas** avancer à tâtons
tiento VB *ver* **tentar** ▶ NM tact *m* ; (*precaución*) prudence *f* ; **con ~** avec prudence
tierno, -a ADJ tendre ; (*reciente*) jeune
tierra NF terre *f* ; (*país*) pays *msg* ; **~ adentro** à l'intérieur des terres ; **echar/tirar por ~** réduire à néant ; **echar ~ a un asunto** tirer le rideau sur un sujet ; **no es de estas tierras** il n'est pas d'ici ; **~ firme** terre ferme ; **~ natal** pays natal ; **la T~ Santa** la Terre sainte
tierral (AM) NM = **terral**
tieso, -a ADJ (*rígido*) raide ; (*erguido*) droit(e) ; (*serio*) froid(e) ; (*fam: orgulloso*) fier (fière) ; **dejar ~ a algn** (*fam: matar*) refroidir qn (*fam*) ; (: *sorprender*) laisser qn pantois(e)
tiesto NM pot *m* de fleurs
tifoidea NF typhoïde *f*
tifón NM typhon *m*
tifus NM typhus *msg* ; **~ icteroides** fièvre *f* jaune
tigre NM tigre *m* ; (AM) jaguar *m*
tigresa NF (*animal*) tigresse *f* ; (*mujer fatal*) vamp *f*
TIJ SIGLA M (= *Tribunal Internacional de Justicia*) CIJ *f* (= *Cour internationale de justice*)
tijera NF, **tijeras** NFPL ciseaux *mpl* ; (*para plantas*) sécateur *m* ; **de ~** pliant(e) ; **unas tijeras** une paire de ciseaux
tijeretazo NM (*con tijera*) coup *m* de ciseaux ; (*recorte*) coupes *fpl*
tijeretear VT découper
tila NF tilleul *m*
tildar VT: **~ de** traiter de
tilde NF accent *m* ; (*de la ñ*) tilde *m*

t

tiliches (*CAm, Méx*) NMPL bibelots *mpl*, bazar *msg*
tilín NM drelin *m* ; **hacer ~ a algn** (*fam*) plaire à qn
tilo NM tilleul *m*
timador, a NM/F escroc *m*
timar VT (*dinero*) escroquer ; (*persona, fig*) rouler, escroquer
timbal NM (*Mús*) timbale *f*
timbrar VT timbrer
timbrazo NM coup *m* de sonnette ; **dar un ~** donner un coup de sonnette
timbre NM (*Mús, sello*) timbre *m* ; (*de estampar*) cachet *m* ; (*de puerta*) sonnette *f* ; (*tono*) sonnerie *f*
timidez NF timidité *f*
tímido, -a ADJ timide
timo NM (*estafa*) escroquerie *f* ; (*engaño*) arnaque *f* ; **dar un ~ a algn** escroquer qn
timón NM (*Náut*) gouvernail *m* ; (*Am Auto*) volant *m* ; **coger el ~** prendre les rênes
timonel NMF (*Náut*) timonier(-ière)
timorato, -a ADJ timoré(e) ; (*mojigato*) pudibond(e)
tímpano NM (*Anat*) tympan *m* ; (*Mús*) tympanon *m*
tina NF cuve *f* ; (*esp Am*) baignoire *f*
tinaja NF jarre *f*
tinerfeño, -a ADJ de Tenerife ▸ NM/F natif(-ive) *o* habitant(e) de Tenerife
tinglado NM (*cobertizo*) hangar *m* ; (*fig*) combine *f* ; **armar un ~** faire des histoires
tinieblas NFPL ténèbres *fpl* ; **estar en ~** (*fig*) être dans le brouillard
tino NM adresse *f* ; (*juicio*) doigté *m* ; (*moderación*) retenue *f* ; **sin ~** maladroitement ; (*sin moderación*) sans retenue
tinta NF encre *f* ; (*Tec*) teinture *f* ; (*Arte*) couleur *f* ; **sudar ~** trimer, suer sang et eau ; **saber algo de buena ~** savoir qch de source sûre ; **~ china** encre de chine ■ **tintas** NFPL (*matices*) tons *mpl* ; **medias tintas** demi-mesures *fpl* ; **(re)cargar las tintas** en rajouter
tinte NM teinture *f* ; (*tintorería*) teinturerie *f* ; (*matiz*) teinte *f* ; (*apariencia*) allure *f*
tintero NM encrier *m* ; **se le quedó en el ~** il a complètement oublié
tintinear VI (*cascabel*) tintinnabuler ; (*campana*) tinter
tinto, -a ADJ (*teñido*) teint(e) ; (*vino*) rouge ▸ NM rouge *m* ; (*Col*) café *m* noir
tintorera NF requin *m*
tintorería NF teinturerie *f*
tintorro (*fam*) NM picrate *m* (*fam*)
tintura NF teinture *f* ; **~ de iodo** teinture d'iode
tiña VB *ver* **teñir** ▸ NF teigne *f*
tío NM oncle *m* ; (*fam: viejo*) père *m* (*fam*) ; (*: individuo*) type *m* (*fam*), mec *m* (*fam*)
tiovivo NM manège *m*
típicamente ADV typiquement
típico, -a ADJ typique ; (*traje*) traditionnel(le)
tiple NMF soprano *m*
tipo NM type *m* ; (*Anat*) physique *m* ; (*Tip*) caractère *m* ; **jugarse el ~** risquer sa peau ; **~ a término** (*Com*) cotation *f* à terme ; **~ bancario/de cambio/de descuento/de interés** taux *msg* bancaire/de change/d'escompte/d'intérêt ; **~ base** (*Com*) taux de base ; **~ de interés vigente** (*Com*) taux d'intérêt en vigueur ; **~ de letra** police *f* de caractères
tipografía NF typographie *f* ; (*lugar*) imprimerie *f*
tipográfico, -a ADJ typographique
tipógrafo, -a NM/F typographe *mf*
tipología NF typologie *f*
tique NM ticket *m* ; (*en tienda*) ticket *m* de caisse
tiquismiquis NMF INV chipoteur(-euse) ▸ NMPL (*enfados*) chamailleries *fpl* ; (*escrúpulos*) broutilles *fpl*
TIR SIGLA MPL (= *Transportes internacionales por carretera*) TIR *mpl* (= *Transports internationaux routiers*)
tira NF (*cinta*) bande *f* ; **tiene la ~ de cosas** (*fam*) il a vachement de trucs (*fam*) ; **hace la ~ de tiempo** il y a vachement longtemps (*fam*) ; **~ cómica** bande dessinée ; **~ de cuero** lanière *f* ▸ NM: **~ y afloja** bras *m* de fer
tirabuzón NM (*rizo*) boucle *f* ; (*sacacorchos*) tire-bouchon *m*
tirachinas NM INV lance-pierre *m*
tirada NF lancer *m*, jet *m* ; (*distancia*) trotte *f* ; (*serie*) tirade *f* ; (*Tip*) tirage *m* ; **de una ~** d'une traite
tiradero NM, **tiraderos** NMPL (*Am*) décharge *fsg*
tirado, -a (*fam*) ADJ (*fácil*) fastoche (*fam*) ; (*barato*) donné (*fam*) ; **está ~** c'est fastoche ; (*de precio*) c'est donné
tirador, a NM/F tireur(-euse) ; **~ certero** tireur d'élite ▸ NM (*mango*) poignée *f* ; (*Elec*) cordon *m* ■ **tiradores** NMPL (*CSur*) bretelles *fpl*
tiranía NF tyrannie *f*
tiránico, -a ADJ tyrannique
tiranizar VT tyranniser
tirano, -a NM/F tyran *m*
tirante ADJ tendu(e) ▸ NM (*de vestido*) bretelle *f* ; (*Arq*) traverse *f* ; (*Tec*) étai *m* ■ **tirantes** NMPL (*de pantalones*) bretelles *fpl*
tirantez NF tension *f*
tirar VT jeter, lancer ; (*volcar*) renverser ; (*derribar*) abattre, démolir ; (*cohete, bomba*) lancer ; (*desechar*) jeter ; (*dinero*) gaspiller ; (*imprimir, disparar*) tirer ; (*golpe*) décocher ; **~ abajo** descendre ▸ VI tirer ; (*fig*) attirer ; (*interesar*) plaire ; (*fam: andar*) aller ; (*tender*) tendre ; **~ a la derecha** tourner à droite ; **tira a su padre** il tient de son père ; **~ de algo** tirer qch ; **~ a algn de la lengua** tirer la langue à qn ; **ir tirando** aller comme ci comme ça ; **a todo ~** tout au plus

■ **tirarse** VPR se jeter ; (*abalanzarse*) se lancer ; (*tumbarse*) s'allonger ; **se tiró toda la mañana hablando** il a passé toute la matinée à parler ; **tirarse a algn** (*fam!: sexualmente*) se faire qn (*fam*), se taper qn (*fam*)

tirita NF pansement *m* (adhésif)

tiritar VI grelotter

tiritona NF grelottement *m*

tiro NM tir *m* ; (*herida*) balle *f* ; (*alcance*) portée *f* ; (*de escalera*) marche *f* ; (*de chimenea*) tirage *m* ; (*de pantalón*) entrejambes *msg* ; **caballo de ~** cheval *m* de trait ; **andar de tiros largos** être tiré(e) à quatre épingles ; **al ~** (CHI) tout de suite ; **me sentó como un ~** (*fam*) je ne l'ai pas digéré ; **a ~ de piedra** à un jet de pierre ; **se pegó un ~** il s'est tiré une balle dans la tête ; **le salió el ~ por la culata** ça s'est retourné contre lui ; **de a ~** (AM *fam*) complètement ; **~ al arco/al blanco** tir à l'arc/à blanc ; **~ de gracia** coup *m* de grâce ; **~ libre** coup franc

tiroides NM INV glande *f* thyroïde

Tirol NM: **El ~** le Tyrol

tirolés, -esa ADJ tyrolien(ne) ▸ NM/F Tyrolien(ne)

tirolina NF tyrolienne *f*

tirón NM coup *m* ; (*muscular*) crampe *f* ; (*fam: de bolso*) vol *m* à la tire ; **de un ~** d'une traite ; **dar un ~ a** arracher

tirotear VT tirer sur ■ **tirotearse** VPR se tirer dessus

tiroteo NM (*disparos*) fusillade *f* ; (*escaramuza*) échange *m* de coups de feu

tirria (*fam*) NF: **tener ~ a algn** ne pas pouvoir sentir qn

tisana NF tisane *f*

tísico, -a ADJ, NM/F phtisique *mf*

tisis NF phtisie *f*

tít. ABR = **título**

titán NM titan *m* ; **una tarea de titanes** un travail de titans

titánico, -a ADJ titanesque

titanio NM titane *m*

títere NM marionnette *f* ; **no dejar ~ con cabeza** tout mettre sens dessus dessous ; **gobierno ~** gouvernement *m* fantoche

titilar VI (*luz, estrella*) scintiller ; (*párpado*) clignoter

titiritero, -a NM/F marionnettiste *mf* ; (*acróbata*) acrobate *mf*

titubeante ADJ (*indeciso*) hésitant(e) ; (*inestable*) vacillant(e)

titubear VI (*dudar*) hésiter ; (*moverse*) tituber

titubeo NM hésitation *f*

titulación NF (*Univ*) titre *m*, diplôme *m* ; **« se necesita ~ universitaria »** « le candidat devra être titulaire d'un diplôme universitaire »

titulado, -a PP *de* **titular** ▸ NM/F diplômé(e)

titular ADJ titulaire ▸ NMF titulaire *mf* ▸ NM (*Prensa*) gros titre *m* ▸ VT intituler ■ **titularse** VPR s'intituler ; (*Univ*) obtenir son diplôme

titularidad NF (*propiedad*) propriété *f* ; **una empresa de ~ pública** une entreprise publique ; (*de un cargo*) titre *m*, mandat *m* ; (*Deporte*): **alcanzar la ~** devenir titulaire

título NM titre *m* ; (*Com*) valeur *f* ; (*Escol*) diplôme *m* ; **a ~ de** à titre de ; (*en calidad de*) en qualité de ; **a ~ de curiosidad** par curiosité ; **títulos convertibles de interés fijo** titres *mpl* de créances convertibles ; **~ de propiedad** titre de propriété

tiza NF craie *f* ; **una ~** une craie

tiznado, -a (CAM, MÉX *fam!*) ADJ, NM/F con (conne) (*fam !*)

tiznar VT salir, noircir

tizne NM suie *f*

tizo, tizón NM tison *m*

tlapalería (MÉX) NF quincaillier *m*

Tm. ABR (= *tonelada(s) métrica(s)*) t (= *tonne(s)*)

TME SIGLA MPL (= *trastornos musculoesqueléticos*) TMS *mpl* (= *troubles musculo-squelettiques*)

TNT SIGLA M (= *trinitrotolueno*) TNT *m* (= *trinitrotoluène*)

toalla NF serviette *f* ; **arrojar** *o* **tirar la ~** jeter l'éponge

toallero NM porte-serviette(s) *m*

toallita NF (*tb*: **toallita húmeda**) lingette *f*

tobillera NF chevillère *f*

tobillo NM cheville *f*

tobogán NM (*rampa*) toboggan *m* ; (*trineo*) luge *f*

toca NF coiffure *f* ; (*de monja*) coiffe *f*

tocadiscos NM INV tourne-disque *m*

tocado, -a ADJ (*fruta*) abîmé(e) ; **estar ~ de la cabeza** (*fam*) être toqué(e) (*fam*) ▸ NM coiffure *f*

tocador NM (*mueble*) coiffeuse *f* ; (*cuarto*) cabinet *m* de toilette ; (: *público*) toilettes *fpl* pour dames

tocamientos NMPL attouchements *mpl* ; (*euf*) masturbation *f*

tocante: **~ a** *prep* touchant à ; **en lo ~ a** pour ce qui concerne

tocar VT toucher ; (*Mús*) jouer de ; (*campana*) (faire) sonner ; (*tambor*) battre ; (*topar con*) heurter ; (*referirse a*) aborder ; (*fam: modificar*) toucher à ; **~ el timbre** sonner ; **ahora nos toca postre** c'est le moment de manger le dessert ; **por lo que a mí me toca** en ce qui me concerne ▸ VI (*a la puerta*) frapper ; (*ser de turno*) être le tour de ; (*atañer*) concerner ; **le toca a él hacerlo** c'est à lui de le faire ; **le ha tocado la lotería** il a gagné à la loterie ; **~ de cerca** toucher de près ; **~ en** (*Náut*) faire escale à ; **esto toca en la locura** cela frise la folie ■ **tocarse** VPR se toucher ; (*cubrirse la cabeza*) se coiffer

tocateja (*fam*): **a ~** *adv* rubis sur l'ongle

tocayo, -a NM/F homonyme *mf*

tocho (*fam*) NM pavé *m* (*fam*)

t

tocino NM lard *m* ; **~ de cielo** *pâtisserie à base de jaune d'œuf et de sirop*

tocólogo, -a NM/F obstétricien(ne)

tocón NM (*de árbol*) souche *f* ; (*pey: persona*) peloteur *m* (*fam*)

todavía ADV encore ; (*en frases afirmativas o con énfasis*) toujours ; **~ más** encore plus ; **~ no** pas encore ; **~ en 1970** encore en 1970 ; **no ha llegado ~** il n'est pas encore arrivé ; **está lloviendo ~** il pleut toujours

toditito, -a, todito, -a (*esp Am fam*) ADJ tout(e)

todo, -a

▸ ADJ **1** (*sg*) tout(e) ; **toda la noche** toute la nuit ; **todo el libro** tout le livre ; **toda una botella** toute une bouteille ; **todo lo contrario** tout le contraire ; **está toda sucia** elle est toute sale ; **a toda prisa** à toute vitesse ; **a todo esto** (*mientras tanto*) pendant ce temps-là ; (*a propósito*) à propos ; **soy todo oídos** je suis tout ouïe ; **es todo un hombre** c'est un vrai homme
2 (*pl*) tous (toutes) ; **todos vosotros** vous tous ; **todos los libros** tous les livres ; **todas las noches** toutes les nuits ; **todos los que quieran salir** tous ceux qui veulent sortir
3 (*negativo*): **en todo el día** de (toute) la journée ; **no he dormido en toda la noche** je n'ai pas dormi de la nuit
▸ PRON **1** tout ; **todos/-as** tous (toutes) ; **lo sabemos todo** nous savons tout ; **todo o nada** tout ou rien ; **vino a buscarme con coche y todo** il est venu me chercher, et en voiture avec ça ; **todos querían ir** ils voulaient tous y aller ; **nos marchamos todos** nous partons tous ; **arriba del todo** tout en haut ; **no me agrada del todo** ça ne me satisfait pas entièrement
2: **con todo**: **con todo, él me sigue gustando** malgré tout, il me plaît toujours
▸ ADV tout ; **vaya todo seguido** allez tout droit
▸ NM: **como un todo** comme un tout

todopoderoso, -a ADJ tout(e)-puissant(e)

todoterreno NM INV véhicule *m* tout-terrain

toga NF toge *f*, robe *f*

Tokio N Tokyo

toldo NM (*en ventana, escaparate*) store *m*

tole (*fam*) NM tollé *m*

toledano, -a ADJ de Tolède ▸ NM/F natif(-ive) *o* habitant(e) de Tolède

tolerable ADJ tolérable

tolerancia NF tolérance *f*

tolerante ADJ tolérant(e)

tolerar VT tolérer

toletole (*CSur*) NM tollé *m*

toma NF prise *f* ; **~ de conciencia** prise de conscience ; **~ de posesión** prise de possession ; **~ de tierra** (*Aviat*) atterrissage *m* ; (*Elec*) prise de terre

tomadura NF: **~ de pelo** plaisanterie *f*

tomar VT prendre ; **~ la temperatura** prendre la température ; **~ cariño a algn** se prendre d'affection pour qn ; **~ el sol** prendre le soleil ; **~ (buena) nota de algo** prendre (bonne) note de qch ; **no tomó bien la broma** il a mal pris la plaisanterie ; **~ asiento** prendre place ; **~ a bien/a mal** prendre bien/mal ; **~ en serio** prendre au sérieux ; **~ el pelo a algn** faire marcher qn ; **tomarla con algn** s'en prendre à qn ; **~ por escrito** prendre par écrit ; **tome la calle de la derecha** prenez la rue de droite ; **¿qué tomas?** qu'est-ce que tu prends ? ; **¿por quién me tomas?** pour qui tu me prends ? ; **toma y daca** un prêté pour un rendu ▸ VI prendre ; (*Am*) boire ; **¡toma!** tiens ! ; **¡vete a ~ por culo!** (*fam!*) va te faire enculer ! (*fam !*) ▪ **tomarse** VPR prendre ; **tomarse por** se prendre pour

tomate NM tomate *f*

tomatera NF plant *m* de tomate

tomavistas NM INV caméra *f*

tómbola NF tombola *f*

tomillo NM thym *m*

tomo NM tome *m* ; **de ~ y lomo** de taille

ton ABR (= *tonelada*) t (= *tonne*)

tonada NF air *m*

tonadilla NF *chanson populaire légère et joyeuse*

tonalidad NF tonalité *f*

tonel NM tonneau *m*

tonelada NF tonne *f* ; **~ métrica** tonne

tonelaje NM tonnage *m*

tongo NM (*Deporte*): **hubo ~** c'était truqué

tónica NF (*bebida*) tonic *m* ; (*tendencia*) tendance *f*

tónico, -a ADJ tonique ▸ NM (*Med*) remontant *m*

tonificador, a, tonificante ADJ tonifiant(e)

tonificar VT tonifier

tonifique *etc* VB *ver* **tonificar**

tonillo (*pey*) NM ton *m* monocorde

tono NM ton *m* ; **fuera de ~** hors de propos ; **darse ~** se donner de grands airs ; **estar a ~** être en harmonie ; **~ de llamada** sonnerie *f* (de téléphone portable) ; **~ de marcar** (*Telec*) tonalité *f*

tonsura NF tonsure *f*

tontear VI (*fam*) faire l'imbécile ; (*coquetear*) flirter

tontería NF sottise *f*, bêtise *f*

tonto, -a ADJ bête, idiot(e) ; **estar ~ con algo** être entiché(e) de qch ; **a tontas y a locas** à tort et à travers ▸ NM/F idiot(e), sot (sotte) ; (*payaso*) idiot(e) ; **hacer el ~** faire l'idiot ; **hacerse el ~** faire l'ignorant

topacio NM topaze *m*

topadora (*CSur, Méx*) NF bulldozer *m*

topar VI: **~ con** tomber sur ; **~ contra** *o* **en** buter contre ▪ **toparse** VPR: **toparse con** tomber sur

tope ADJ INV limite ; **fecha ~** date *f* limite ; **precio/sueldo ~** prix *m*/salaire *m* maximum ▶ NM limite *f* ; (*obstáculo*) difficulté *f* ; (*de puerta*) butoir *m* ; (*Ferro*) tampon *m* ; (*de mecanismo*) butée *f* ; (*Méx Auto*) ralentisseur *m* ; **a ~** (*fam: aprovechar, acelerar*) à fond ; (*: música*) à plein volume ; **a** *o* **hasta los topes** plein(e) à ras bord ; **~ de tabulación** tabulateur *m*

tópico, -a ADJ rebattu(e) ; (*Med*) externe ; **de uso ~** à usage externe ▶ NM (*pey*) cliché *m*

top-less, topless NM (*desnudo femenino*) seins-nus *m inv* ; (*club*) topless club *m* ; **ir en** *o* **hacer ~** faire du seins nus

top-model (*pl* **top-models**) NMF top model *m*

topo NM taupe *f*

topografía NF topographie *f*

topógrafo, -a NM/F topographe *mf* ; (*agrimensor*) arpenteur *mf*

topónimo NM toponyme *m*

toque VB *ver* **tocar** ▶ NM (*de mano, pincel*) coup *m* ; (*Mús*) sonnerie *f* ; (*matiz*) touche *f* ; (*retoque*) retouche *f* ; **dar un ~ a** passer un coup de fil à ; (*advertir*) donner un avertissement à ; **dar el último ~ a** mettre la dernière touche à ; **~ de diana** sonnerie de clairon ; **~ de queda** couvre-feu *m*

toquetear VT tripoter ; (*fam!*) peloter (*fam*)

toquilla NF châle *m*

tora NF thora *f*

torácico, -a ADJ thoracique

tórax NM thorax *msg*

torbellino NM tourbillon *m* ; (*fig*) tornade *f*

torcedura NF torsion *f* ; (*Med*) entorse *f*

torcer VT tordre ; (*inclinar*) pencher ; (*persona*) corrompre ; (*sentido*) déformer ; **~ la esquina** tourner au coin de la rue ; **~ el gesto** se renfrogner ▶ VI (*cambiar de dirección*) tourner ; **el coche torció a la derecha** l'auto a viré à droite ■ **torcerse** VPR se tordre ; (*inclinarse*) pencher ; (*desviarse*) dévier ; (*fracasar*) mal tourner ; **torcerse un pie** se tordre le pied ; **se han torcido las cosas** les choses se sont gâtées

torcido, -a ADJ tordu(e) ; (*cuadro*) penché(e) ; (*intención, persona*) louche

tordo, -a ADJ (*caballo*) pommelé(e) ▶ NM grive *f*

torear VT (*toro*) combattre ; (*evitar*) esquiver ▶ VI toréer

toreo NM tauromachie *f*

torero, -a NM/F torero (torera)

toril NM toril *m*

tormenta NF (*tb fig*) orage ; **una ~ en un vaso de agua** une tempête dans un verre d'eau

tormento NM torture *f* ; (*fig*) tourment *m*

tormentoso, -a ADJ orageux(-euse)

torna NF: **se han vuelto las tornas** le vent a tourné

tornadizo, -a ADJ lunatique

tornado NM tornade *f*

tornar VT (*devolver*) rendre ; (*transformar*) rendre ▶ VI retourner ; **~ a hacer** recommencer à faire ■ **tornarse** VPR (*ponerse*) devenir ; (*volver*) revenir

tornasol NM tournesol *m* ; **papel de ~** papier *m* de tournesol

tornasolado, -a ADJ (*tela*) chatoyant(e) ; (*mar, superficie*) irisé(e)

torneado, -a ADJ tourné(e) ; (*con curvas: figura*) aux formes arrondies

tornear VT tourner

torneo NM tournoi *m*

tornillo NM vis *fsg* ; **apretar los tornillos a algn** serrer la vis à qn ; **le falta un ~** (*fam*) il lui manque une case (*fam*)

torniquete NM tourniquet *m*

torno NM (*Tec: grúa*) treuil *m* ; (*: de carpintero, alfarero*) tour *m* ; **en ~ a** autour de ; **~ de banco** étau *m*

toro NM taureau *m* ; (*fam*) malabar *m* (*fam*) ■ **los toros** NMPL (*fiesta*) la corrida

toronja (*esp Am*) NF pamplemousse *m*

torpe ADJ maladroit(e) ; (*necio*) abruti(e) ; (*lento*) lent(e)

torpedear VT torpiller

torpedero NM torpilleur *m*

torpedo NM torpille *f*

torpemente ADV maladroitement ; (*lentamente*) lentement

torpeza NF maladresse *f* ; (*lentitud*) lenteur *f*

torre NF tour *f* ; (*Mil, Náut*) tourelle *f* ; **~ de conducción eléctrica** pylône *m* électrique ; **~ de control** tour de contrôle ; **~ de marfil** tour d'ivoire ; **~ de perforación** foreuse *f*

torrefacto, -a ADJ: **café ~** café *m* torréfié

torrencial ADJ torrentiel(le)

torrente NM torrent *m*

torreta NF (*Aviat, Mil, Náut*) tourelle *f* ; **~ de observación** *o* **de vigilancia** tourelle d'observation *o* de contrôle ; (*Elec*) pylône *m*

tórrido, -a ADJ torride

torrija NF pain *m* perdu

torsión NF torsion *f*

torso NM torse *m*

torta NF tarte *f* ; (*Méx*) omelette *f* ; (*fam*) baffe *f* (*fam*) ; **ni ~** rien du tout, goutte

tortazo (*fam*) NM (*bofetada*) baffe *f* (*fam*) ; (*de coche*) choc *m*

tortícolis NF O NM INV torticolis *msg*

tortilla NF omelette *f* ; (*Am*) crêpe *f* de maïs ; **ha cambiado** *o* **vuelto la ~** le vent a tourné ; **~ española/francesa** tortilla *f*/omelette

tortillera (*fam!*) NF lesbienne *f*

tortita NF crêpe *f*

tórtola NF tourterelle *f*

tortuga NF tortue *f* ; **~ marina** tortue de mer

tortuoso, -a ADJ tortueux(-euse)

tortura NF torture *f*

t

torturar VT torturer ■ **torturarse** VPR se torturer
torvo, -a ADJ (*mirada*) torve ; (*gesto*) menaçant(e)
torzamos *etc* VB *ver* **torcer**
tos NF toux *fsg* ; **~ ferina** coqueluche *f*
Toscana NF: **La ~** la Toscane
tosco, -a ADJ (*material*) brut(e) ; (*labor, utensilio*) grossier(-ière) ; (*persona*) rustre, grossier(-ière)
toser VI tousser ; **no hay quien le tosa** personne ne lui arrive à la cheville
tosquedad NF (*de material, labor, utensilio*) rusticité *f* ; (*de persona*) grossièreté *f*
tostada NF tranche *f* de pain grillé, toast *m*
tostado, -a ADJ grillé(e) ; (*por el sol*) bronzé(e)
tostador NM, **tostadora** NF grille-pain *m inv*
tostar VT (*pan*) faire griller ; (*café*) torréfier ; (*al sol*) dorer ■ **tostarse** VPR (*al sol*) se dorer
tostón (*fam*) NM: **ser un ~** (*algn*) être un(e) enquiquineur(-euse) (*fam*) ; (*algo*) être rasoir (*fam*)
total ADJ total(e) ▶ ADV bref ; **~ que ...** bref, ... ▶ NM total *m* ; **en ~** au total ; **~ debe/haber** (*Com*) débit *m*/actif *m* total
totalidad NF totalité *f*
totalitario, -a ADJ totalitaire
totalitarismo NM totalitarisme *m*
totalizar VT totaliser
totalmente ADV entièrement ; (*antes de adjetivo*) complètement
tótem NM totem *m*
totopo, totoposte (*CAm, Méx*) NM crêpe *f* de maïs frite
totora (*And*) NF (*Bot*) jonc *m*
tournee NF = **turné**
touroperador NM tour-opérateur *m*
toxicidad NF toxicité *f*
tóxico, -a ADJ toxique ▶ NM produit *m* toxique
toxicomanía NF toxicomanie *f*
toxicómano, -a NM/F toxicomane *mf*
toxina NF toxine *f*
tozudez NF entêtement *m*
tozudo, -a ADJ têtu(e)
traba NF entrave *f* ; (*de rueda*) rayon *m* ; **poner trabas a** mettre des bâtons dans les roues à
trabajador, a ADJ, NM/F travailleur(-euse) ; **~ autónomo** *o* **por cuenta propia** travailleur indépendant, free-lance *mf*
trabajar VT travailler ; (*mercancía*) faire ; (*intentar conseguir*) s'occuper de ▶ VI travailler ; **¡a ~!** au travail ! ; **~ de** travailler comme
trabajo NM travail *m* ; **tomarse el ~ de** se donner la peine de ; **~ por turnos/a destajo** travail par roulement/à la pièce ; **costar ~** demander du travail ; **~ a tiempo parcial** travail à temps partiel ; **~ de campo** travaux *mpl* des champs ; **~ en proceso** (*Com*) travaux en cours ; **trabajos forzados** travaux forcés
trabajosamente ADV avec difficulté
trabajoso, -a ADJ laborieux(-euse)
trabalenguas NM INV *mot ou phrase difficile à prononcer*
trabar VT joindre ; (*puerta*) coincer ; (*animal, proceso*) entraver ; (*agarrar*) saisir ; (*salsa*) lier ; (*amistad, conversación*) nouer ■ **trabarse** VPR bafouiller ; **se le traba la lengua** il bafouille
trabazón NF (*Tec*) jointure *f* ; (*fig*) cohérence *f*
trabilla NF (*para sujetar el cinturón*) passant *m* de ceinture ; (*para sujetar el pantalón*) sous-pied *m*
trabucar VT (*desordenar*) déranger ; (*palabras*) interchanger, confondre
trabuco NM escopette *f*
trabuque *etc* VB *ver* **trabucar**
tracción NF traction *f* ; **~ delantera/trasera** traction avant/arrière
trace *etc* VB *ver* **trazar**
tractor NM tracteur *m*
tradición NF tradition *f*
tradicional ADJ traditionnel(le)
tradicionalismo NM traditionalisme *m*
tradicionalista ADJ, NMF traditionaliste *mf*
tradicionalmente ADV traditionnellement
traducción NF traduction *f* ; **~ asistida por ordenador** traduction assistée par ordinateur, TAO *f* ; **~ directa** traduction directe ; (*Escol*) version *f*
traducible ADJ traduisible
traducir VT traduire ; (*interpretar*) interpréter ■ **traducirse** VPR: **traducirse en** (*fig*) se traduire par
traductor, a NM/F traducteur(-trice)
traduzca *etc* VB *ver* **traducir**
traer VT apporter ; (*llevar: ropa*) porter ; (*incluir*) impliquer ; (*ocasionar*) apporter, causer ; **~ a algn frito** *o* **de cabeza** (*fam*) casser les pieds à qn (*fam*) ; **~ consigo** impliquer ■ **traerse** VPR: **traerse algo** tramer qch ; **traerse algo entre manos** manigancer *o* fabriquer qch ; **es un problema que se las trae** c'est un problème épineux
traficante NMF trafiquant(e)
traficar VI: **~ con** faire du trafic de
tráfico NM (*Auto*) circulation *f* ; (*Com*) commerce *m* ; (*: pey*) trafic *m* ; **~ de drogas** trafic de drogue ; **~ de influencias** trafic d'influence
trafique *etc* VB *ver* **traficar**
tragaderas (*fam*) NFPL: **tener buenas ~** (*ser crédulo*) prendre tout pour argent comptant ; (*tener aguante*) avoir une patience d'ange
tragaluz NM vasistas *msg*
tragaperras NF INV machine *f* à sous
tragar VT avaler ; (*devorar*) dévorer ; (*suj: mar, tierra*) engloutir ; **no le puedo ~** je ne peux pas le sentir ■ **tragarse** VPR avaler ; (*devorar*) dévorer ; (*desprecio, insulto*) ravaler (*fam*) ; (*discurso, rollo*) se farcir (*fam*)

tragedia NF tragédie *f*
trágico, -a ADJ tragique
tragicomedia NF tragi-comédie *f*
trago NM gorgée *f*; (*fam: bebida*) verre *m*; (*desgracia*) moment *m* difficile; **de un ~** d'un trait; **~ amargo** coup *m* dur
trague *etc* VB *ver* **tragar**
traición NF trahison *f*; **alta ~** haute trahison; **a ~** en traître
traicionar VT trahir
traicionero, -a ADJ, NM/F traître(sse)
traidor, a ADJ, NM/F traître(sse)
traiga *etc* VB *ver* **traer**
trailer (*pl* **trailers**) NM (*Cine*) bande-annonce *f*; (*camión*) semi-remorque *m*
traje VB *ver* **traer** ▸ NM (*de hombre, de época*) costume *m*; **~ hecho a la medida** costume sur mesure; **~ de baño** maillot *m* de bain; **~ de buzo** combinaison *f* de plongée; **~ de calle** tenue *f* de ville; **~ de chaqueta** tailleur *m*; **~ de etiqueta** tenue *f* de soirée; **~ de luces** habit *m* de lumière; **~ de noche** robe *f* du soir; **~ de novia** robe de mariée; **~ típico** costume traditionnel
trajeado, -a (*fam*) ADJ fringué(e) (*fam*)
traje-pantalón NM tailleur *m* pantalon
trajera *etc* VB *ver* **traer**
trajín NM agitation *f*; (*fam*) va-et-vient *m inv*
trajinar VT transporter ▸ VI s'affairer
trama NF (*de tejido*) trame *f*; (*de obra*) intrigue *f*; (*intriga*) machination *f*
tramar VT tramer, ourdir ▪ **tramarse** VPR: **algo se está tramando** il se trame qch
tramitación NF démarches *fpl*, procédures *fpl*; **~ de divorcio** procédures de divorce; **~ de visado** procédures de délivrance de visa; **~ de subvención** procédure *f* d'attribution de subvention
tramitar VT (*suj: departamento, comisaría*) s'occuper de; (*: individuo*) faire des démarches pour obtenir
trámite NM démarche *f* ▪ **trámites** NMPL (*burocracia*) formalités *fpl*; (*Jur*) mesures *fpl*
tramo NM (*de tierra*) bande *f*; (*de escalera*) volée *f*; (*de vía*) tronçon *m*
tramontana NF tramontane *f*
tramoya NF (*Teatro*) machinerie *f*; (*fig*) machination *f*
tramoyista NMF machiniste *m*; (*fig*) conspirateur(-trice)
trampa NF piège *m*; (*en el suelo*) trappe *f*; (*en juego*) tricherie *f*; (*fam: deuda*) dette *f*; **caer en la ~** tomber dans le piège; **hacer trampas** tricher
trampear VI être criblé(e) de dettes
trampilla NF trappe *f*
trampolín NM tremplin *m*
tramposo, -a ADJ, NM/F tricheur(-euse)
tranca NF (*palo*) trique *f*; (*de puerta, ventana*) barre *f*; (*fam: borrachera*) cuite *f* (*fam*); **a trancas y barrancas** avec maintes difficultés
trancar VT barrer
trancazo NM coup *m* de trique; (*fam*) crève *f* (*fam*)
trance NM (*crítico*) moment *m* critique; (*difícil*) moment difficile; (*estado hipnótico*) transe *f*; **estar en ~ de muerte** être à l'article de la mort
tranco NM grande enjambée *f*
tranque *etc* VB *ver* **trancar**
tranquilamente ADV tranquillement
tranquilice *etc* VB *ver* **tranquilizar**
tranquilidad NF tranquillité *f*
tranquilizador, a ADJ (*música, ambiente*) apaisant(e); (*hecho, palabras*) rassurant(e)
tranquilizante NM tranquillisant *m*
tranquilizar VT tranquilliser
tranquillo (*fam*) NM truc *m*, astuce *f*; **coger** *o* **pillar el ~ a algo** trouver le truc à qch, se faire à qch
tranquilo, -a ADJ calme; (*apacible*) tranquille
Trans. ABR = **transferencia**
trans... PREF trans...; *ver tb* **tras...**
transacción NF transaction *f*
transar (*Am*) VI = **transigir**
transatlántico, -a ADJ, NM = **trasatlántico**
transbordador NM transbordeur *m*, bac *m*
transbordar VT transborder ▸ VI changer de train
transbordo NM changement *m*; **hacer ~** changer
transcender VI = **trascender**
transcribir VT (*copiar*) transcrire; (*de alfabeto distinto*) translittérer
transcripción NF (*copia*) transcription *f*; (*de alfabeto distinto*) translittération *f*
transcurrir VI (*tiempo*) passer; (*hecho, reunión*) se dérouler
transcurso NM (*de tiempo*) cours *msg*; (*de hecho*) déroulement *m*; **en el ~ de 8 días** en l'espace de 8 jours
transeúnte ADJ de passage ▸ NMF passant(e)
transexual NMF transsexuel(le)
transferencia NF transfert *m*; (*Com*) virement *m*; **~ bancaria** virement bancaire; **~ de crédito** virement; **~ electrónica de fondos** système *m* de virements informatisé
transferir VT transférer; (*dinero*) virer
transfiera *etc* VB *ver* **transferir**
transfiguración NF transfiguration *f*
transfiriendo *etc* VB *ver* **transferir**
transformación NF transformation *f*
transformador NM transformateur *m*
transformar VT transformer; **~ en** transformer en
transformista NMF (*Teatro*) transformiste *mf*; (*sexual*) travesti(e)

t

tránsfuga NMF transfuge *m*
transfusión NF (*tb*: **transfusión de sangre**) transfusion *f* (sanguine)
transgénico, -a ADJ transgénique
transgredir VT transgresser
transgresión NF transgression *f*
transgresor, a NM/F transgresseur(euse)
transhumanismo NM transhumanisme *m*
transiberiano, -a ADJ transsibérien(ne) ▶ NM (*Ferro*) Transsibérien(ne)
transición NF transition *f* ; **gobierno de ~** gouvernement *m* de transition ; **período de ~** période *f* de transition ; **~ democrática** transition démocratique
transido, -a ADJ : **~ de angustia** fou (folle) d'inquiétude ; **~ de dolor** paralysé(e) par la douleur
transigente ADJ (*que cede*) conciliant(e), transigent(e) ; (*tolerante*) tolérant(e)
transigir VI transiger
transija *etc* VB *ver* **transigir**
Transilvania NF Transylvanie *f*
transistor NM transistor *m*
transitable ADJ praticable
transitar VI : **~ (por)** circuler (sur)
transitivo, -a ADJ transitif(-ive)
tránsito NM passage *m* ; (*de viajeros, mercancías*) transit *m* ; **horas de máximo ~** heures *fpl* de pointe ; **« se prohíbe el ~ »** « circulation interdite »
transitorio, -a ADJ transitoire
transmisión NF transmission *f* ; (*Radio, TV*) diffusion *f* ; **correa/eje de ~** courroie *f*/axe *m* de transmission ; **~ de datos (en paralelo/en serie)** (*Inform*) transmission de données (en parallèle/en série) ; **~ en circuito** duplex *m* ; **~ en directo** diffusion en direct ; **~ exterior** émission tournée en extérieur
transmitir VT transmettre ; (*aburrimiento, esperanza*) communiquer ; (*Radio, TV*) diffuser
transmutar VT transmuer
transoceánico, -a ADJ transocéanique
transparencia NF transparence *f* ; (*foto*) transparent *m*
transparentar VT laisser paraître ▶ VI être transparent(e) ■ **transparentarse** VPR être transparent(e)
transparente ADJ transparent(e)
transpirar VI (*sudar*) transpirer ; (*exudar*) exsuder
transportador NM : **~ de correa** tapis *msg* roulant
transportar VT transporter
transporte NM transport *m* ; **~ en contenedores** transport par conteneurs ; **~ público** transport public
transportista NMF (*Com*) transporteur *m*
transversal ADJ transversal(e) ▶ NF (*tb*: **calle transversal**) rue *f* transversale
transversalmente ADV transversalement
tranvía NM tramway *m*
trapecio NM trapèze *m*
trapecista NMF trapéziste *mf*
trapero, -a NM/F chiffonnier(-ière)
trapiche NM moulin *m*
trapicheo (*fam*) NM trafic *m*, magouille *f* (*fam*) ▶ NMPL manigances *fpl*
trapío (*fam*) NM (*garbo*) allure *f*, chien *m* ; **tener buen ~** avoir de l'allure *ou* du charme ; (*de toro*) prestance *f*
trapisonda NF (*jaleo*) bagarre *f*, échauffourée *f* ; (*engaño*) combine *f*
trapo NM chiffon *m* ; (*de cocina*) torchon *m* ; **a todo ~** à toute vitesse ; **poner a algn como un ~** (*fam*) descendre qn en flammes (*fam*) ; **sacar los trapos sucios a relucir** se dire ses quatre vérités ■ **trapos** NMPL (*fam: de mujer*) chiffons *mpl* (*fam*)
tráquea NF trachée *f*
traqueotomía NF trachéotomie *f*
traqueteo NM cahot *m*
tras PREP (*detrás*) derrière ; (*después*) après ; **~ de** en plus de ; **día ~ día** jour après jour ; **uno ~ otro** l'un après l'autre
tras... PREF trans... ; *ver tb* **trans...**
trasatlántico, -a ADJ, NM transatlantique *m*
trascendencia NF importance *f* ; (*Filos*) transcendance *f*
trascendental, trascendente ADJ capital(e)
trascender VI (*noticias*) filtrer ; (*olor*) embaumer ; (*acontecimientos*) avoir des répercussions ; **~ de** dépasser ; **~ a** (*sugerir*) évoquer ; (*oler a*) sentir ; **en su novela todo trasciende a romanticismo** dans son roman tout évoque le romantisme
trascienda *etc* VB *ver* **trascender**
trasegar VT déplacer ; (*vino*) transvaser
trasegué *etc* VB *ver* **trasegar**
trasero, -a ADJ arrière ▶ NM (*Anat*) postérieur *m*
trasfondo NM fond *m*
trasgo NM lutin *m*, diable *m*
trashumancia, trashumación NF transhumance *f*
trashumante ADJ transhumant(e)
trasiego VB *ver* **trasegar** ▶ NM (*cambio de sitio*) changement *m* ; (*jaleo*) chambardement *m*
trasiegue *etc* VB *ver* **trasegar**
traslación NF déplacement *m* ; **el movimiento de ~** (*Astron*) la translation
trasladar VT déplacer ; (*prisionero*) transférer ; (*empleado*) muter ; (*fecha*) reporter ■ **trasladarse** VPR (*mudarse*) déménager ; (*desplazarse*) se déplacer ; **trasladarse a otro puesto** changer d'emploi
traslado NM déplacement *m* ; (*mudanza*) démé-

nagement *m* ; (*de empleado, prisionero*) transfert *m* ; (*copia, Jur*) notification *f* ; **~ de bloque** (*Inform*) déplacement de bloc

traslúcido, -a ADJ translucide

traslucir VT laisser entrevoir ■ **traslucirse** VPR (*cristal*) être translucide ; (*figura, color*) se voir au travers ; (*fig*) apparaître, se révéler

trasluz NM lumière *f* tamisée ; **al ~** à la lumière

trasluzca *etc* VB *ver* **traslucir**

trasmano: **a ~** *adv* (*fuera de alcance*) hors de portée ; (*apartado*) éloigné(e), isolé(e)

trasnochado, -a ADJ dépassé(e)

trasnochador, a ADJ, NM/F noctambule *mf*, couche-tard *mf*

trasnochar VI se coucher tard ; (*no dormir*) passer une nuit blanche

traspapelar VT égarer

traspasar VT transpercer ; (*propiedad, derechos*) céder ; (*empleado, jugador*) transférer ; (*límites*) dépasser ; (*ley*) transgresser ; **« traspaso negocio »** « bail à céder »

traspaso NM (*de negocio, jugador*) cession *f*, vente *f* ; (*precio*) reprise *f*

traspié NM faux pas *msg* ; (*fig*) faux pas, gaffe *f*

trasplantar VT transplanter ; (*Med*) greffer

trasplante NM transplantation *f* ; (*Med*) greffe *f*

trasponer VT (*orden*) changer ; (*cambiar de sitio*) déplacer, transporter ; (*rebasar*) franchir ■ **trasponerse** VPR changer de place ; (*sol*) disparaître

traspuesto, -a PP *de* **trasponer** ▶ ADJ: **quedarse ~** (*quedarse dormido*) s'assoupir

trasquilar VT (*oveja*) tondre ; (*fam: pelo*) mal couper

trasquilón (*fam*) NM échelle *f*

trastabillar (*esp AM*) VI trébucher

trastada (*fam*) NF mauvais tour *m*

trastazo (*fam*) NM coup *m*

traste NM (*Mús*) touchette *f* ; **dar al ~ con algo** ficher qch en l'air ; **irse al ~** capoter

trastero NM débarras *msg*

trastienda NF arrière-boutique *f* ; **obtener algo por la ~** obtenir qch en sous-main

trasto NM vieillerie *f* ; (*pey: cosa*) saleté *f* ; (*: persona*) bon(ne) à rien ■ **trastos** NMPL (*fam*) attirail *msg* (*fam*) ; **tirarse los trastos a la cabeza** se battre comme des chiffonniers

trastocar VT déranger

trastornado, -a ADJ (*loco*) détraqué(e) ; (*agitado*) turbulent(e)

trastornar VT déranger ; (*persona*) troubler ; (*: enamorar*) envoûter ; (*: enloquecer*) rendre fou (folle) ■ **trastornarse** VPR (*plan*) échouer ; (*persona*) devenir fou (folle)

trastorno NM dérangement *m* ; (*confusión*) désordre *m* ; (*Pol, Med*) trouble *m* ; **~ estomacal** trouble gastrique ; **~ mental** trouble mental

trastrocar VT inverser, intervertir

trasunto NM copie *f*

trasvase NM détournement *m*

trata NF (*tb*: **trata de esclavos**) traite *f* des noirs ; **~ de blancas** traite des blanches

tratable ADJ agréable

tratado NM traité *m*

tratamiento NM traitement *m* ; (*título*) titre *m* ; (*de problema*) manière *f* de traiter ; **~ de datos/de gráficos/de textos** (*Inform*) traitement des données/des graphiques/de texte ; **~ de márgenes** positionnement *m* des marges ; **~ por lotes** (*Inform*) traitement par lots

tratante NMF négociant(e)

tratar VT traiter ; (*tener contacto*) fréquenter ; **~ a algn de tú/usted** tutoyer/vouvoyer qn ; **~ a algn de tonto** traiter qn d'idiot ▶ VI: **~ de** (*hablar sobre*) traiter de ; (*intentar*) essayer de ; **~ con** traiter avec ; **~ en** (*Com*) être négociant en ■ **tratarse** VPR: **tratarse de** s'agir de ; **se trata de la nueva piscina** c'est à propos de la nouvelle piscine ; **¿de qué se trata?** de quoi s'agit-il ?

tratativas (CSUR) NFPL formalités *fpl*

trato NM traitement *m* ; (*relaciones*) rapport *m* ; (*manera de ser*) manières *fpl* ; (*Com, Jur*) marché *m* ; (*pacto*) traité *m* ; (*título*) titre *m* ; **de ~ agradable** agréable, charmant(e) ; **de fácil ~** d'abord facile ; **~ equitativo** traitement égal ; **¡~ hecho!** marché conclu ! ; **hacer un ~** faire un marché ; **malos tratos** mauvais traitements

trauma NM trauma *m*

traumático, -a ADJ traumatique

traumatismo NM traumatisme *m*

traumatizar VT traumatiser

traumatología NF traumatologie *f*

traumatólogo, -a NM/F traumatologue *mf*, traumatologiste *mf*

travelling ['traβelin] (*pl* **~(s)** ['traβelin]), **travelín** NM (*aparato, movimiento*) travelling *m*

través NM: **al ~** en travers ; **a ~ de** à travers, au travers de ; (*radio, teléfono*) par ; (*organismo*) par l'intermédiaire de ; **de ~** (*transversalmente*) de travers ; (*de lado*) en *o* de biais

travesaño NM (*Arq*) traverse *f* ; (*Deporte*) barre *f* transversale

travesero, -a ADJ (*madero, viga*) en travers ; (*flauta*) traversière ▶ NM traverse *f*, entretoise *f*

travesía NF (*calle*) passage *m* ; (*Náut*) traversée *f*

travesti NMF travesti(e)

travesura NF espièglerie *f*

traviesa NF (*Ferro*) traverse *f*

travieso, -a ADJ (*niño*) espiègle, polisson(ne) ; (*adulto*) espiègle ; (*pícaro*) malin(-igne) ; (*ingenioso*) astucieux(-euse) ; **a campo traviesa** à travers champs

trayecto NM trajet *m* ; **final del ~** terminus *msg*

t

trayectoria NF trajectoire *f* ; **la ~ actual del partido** la ligne actuelle du parti
trayendo *etc* VB *ver* **traer**
traza NF (*Arq*) tracé *m*, plan *m* ; (*aspecto*) allure *f* ; (*habilidad*) facilité *f* ; (*Inform*) trace *f* ; **llevar trazas de algo** avoir l'air de qch ; **por las trazas** apparemment
trazado NM (*Arq*) tracé *m* ; (*fig*) grandes lignes *fpl*
trazador NM (*Inform*) traceur *m* ; **~ gráfico** table *f* traçante
trazar VT tracer ; (*plan*) tirer
trazo NM (*línea*) trait *m* ; (*bosquejo*) ébauche *f* ■ **trazos** NMPL (*de cara*) traits *mpl*
TRB SIGLA FPL (= *toneladas de registro bruto*) tonnage *m* brut
trébol NM trèfle *m* ■ **tréboles** NMPL (*Naipes*) trèfle
trece ADJ INV, NM INV treize *m inv* ; **seguir en sus ~** ne pas vouloir en démordre ; *ver tb* **seis**
trecho NM (*distancia*) distance *f* ; (*de tiempo*) moment *m* ; **de ~ en ~** de temps en temps ; **a trechos** çà et là
tregua NF trêve *f* ; **sin ~** sans répit
treinta ADJ INV, NM INV trente *m inv* ; *ver tb* **sesenta**
treintañero, -a ADJ, NM/F trentenaire *mf*
treintena NF trentaine *f*
tremebundo, -a ADJ terrible
tremendamente ADV terriblement
tremendo, -a ADJ (*terrible*) impressionnant(e) ; (*imponente*) terrible, impressionnant(e) ; (*fam*) terrible ; **tomarse las cosas a la tremenda** prendre les choses au tragique
trementina NF térébenthine *f*
trémulo, -a ADJ tremblant(e) ; (*luz*) vacillant(e)
tren NM train *m* ; **a todo ~** à grands frais ; **estar como un ~** (*fam*) être canon (*fam*) ; **~ de aterrizaje** train d'atterrissage ; **~ directo/expreso/suplementario** train direct/(train) express *m*/train à supplément ; **~ (de) mercancías/de pasajeros** train de marchandises/de voyageurs ; **~ de vida** train de vie
trenca NF duffle-coat *m*
trence *etc* VB *ver* **trenzar**
trenza NF tresse *f*, natte *f*
trenzar VT tresser ▶ VI (*en baile*) faire des entrechats ■ **trenzarse** VPR (*Am fam*): **trenzarse en una pelea** se mêler à une querelle
trepa (*fam*) NMF arriviste *mf*
trepador, a ADJ (*planta*) grimpant(e) ▶ NM/F arriviste *mf* ▶ NF (*planta*) plante *f* grimpante
trepar VI grimper
trepidante ADJ trépidant(e) ; (*ruido*) accablant(e)
trepidar VI trépider
tres ADJ INV, NM INV trois *m inv* ; *ver tb* **seis**
trescientos, -as ADJ trois cents ; *ver tb* **seiscientos**
tresillo NM salon *m* (*comprenant un canapé et deux fauteuils*) ; (*Mús*) triolet *m*
treta NF machination *f*
tri... PREF tri...
tríada NF triade *f*
trial NM trial *m*
triangular ADJ triangulaire
triángulo NM triangle *m*
triates (*Méx*) NMPL triplés *mpl*
triatleta NMF triathlète *mf*
triatlón NM triathlon *m*
tribal ADJ tribal(e)
tribu NF tribu *f*
tribulación NF tourment *m*
tribuna NF tribune *f* ; **~ de prensa** tribune de la presse
tribunal NM (*Jur*) tribunal *m* ; (*Escol, fig*) jury *m* ; **T~ Constitucional** *Cour constitutionnelle* ; **T~ de Cuentas** ≈ Cour *f* des comptes ; **T~ de Justicia de las Comunidades Europeas** Cour de justice européenne ; **T~ Supremo** Cour suprême ; **T~ Tutelar de Menores** Tribunal pour enfants
tributación NF (*impuestos*) impôts *mpl* ; **~ directa** imposition *f* directe ; (*sistema*) fiscalité *f*
tributar VT payer ; (*cariño, admiración*) témoigner ▶ VI payer des impôts
tributario, -a ADJ (*Econ*) fiscal(e) ; (*río*) tributaire ; **sistema ~** système *m* fiscal
tributo NM impôt *m* ; (*precio*) tribut *m*
tríceps NM INV triceps *m*
triciclo NM tricycle *m*
tricornio NM tricorne *m*
tricota (*Am*) NF tricot *m*
tricotar VT, VI tricoter
tricotosa NF machine *f* à tricoter, tricoteuse *f*
tridimensional ADJ tridimensionnel(le)
trienal ADJ triennal(e)
trienio NM triennat *m*
trifulca (*fam*) NF bagarre *f*
trigal NM champ *m* de blé
trigésimo, -a ADJ, NM/F trentième *mf*
trigo NM blé *m* ; **no es ~ limpio** (*persona*) il n'est pas net ; (*asunto*) c'est louche
trigonometría NF trigonométrie *f*
trigueño, -a ADJ (*pelo*) châtain clair *inv* ; (*piel*) basané(e)
trilateral ADJ trilatéral(e)
trillado, -a ADJ (*Agr*) battu(e) ; (*fig*) rebattu(e)
trilladora NF batteuse *f*
trillar VT battre
trillizos, -as NMPL/NFPL triplés(-ées)
trillón NM trillion *m*
trilogía NF trilogie *f*
trimestral ADJ trimestriel(le)
trimestre NM trimestre *m*
trimotor NM trimoteur *m*

trinar VI (*ave*) gazouiller ; **está que trina** (*fam*) il est furieux
trincar VT arrimer ; (*Náut*) amarrer ; (*fam: detener*) ramasser ; (*: beber*) écluser
trinchante NM (*cuchillo*) couteau *m* à découper ; (*tenedor*) fourchette *f* à découper
trinchar VT découper
trinchera NF (*Mil*) tranchée *f* ; (*para vía*) percée *f* ; (*impermeable*) trench-coat *m*
trineo NM traîneau *m* ; (*pequeño*) luge *f*
Trinidad NF (*Geografía*) Trinité *f* ; (*Rel*): **la (Santísima) ~** la (sainte) Trinité ; **~ y Tobago** Trinité-et-Tobago
trino NM gazouillis *m*
trinque *etc* VB *ver* **trincar**
trinquete NM (*Tec*) cliquet *m* ; (*Náut*) trinquette *f*
trío NM trio *m*
tripa NF (*Anat*) tripa *f* ; (*fam*) bide *m* (*fam*) ; (*: embarazo*) ventre *m* ; **echar/tener ~** prendre/avoir du ventre ; **hacer de tripas corazón** prendre son courage à deux mains ; **me duele la ~** j'ai mal au ventre ▪ **tripas** NFPL (*Anat*) intestins *mpl* ; (*Culin, fig*) tripes *fpl*
tripartito, -a ADJ tripartite
tripi (*fam*) NM speed *m* (*LSD*)
triple ADJ, NM triple *m*
triplicado, -a ADJ: **por ~** en trois exemplaires
triplicar VT tripler
triplo NM = **triple**
trípode NM trépied *m*
Trípoli N Tripoli
tríptico NM triptyque *m*
tripulación NF équipage *m*
tripulante NMF membre *m* de l'équipage
tripular VT former l'équipage de ; **nave espacial tripulada** vaisseau *m* spatial habité
triquiñuela NF subterfuge *m*
triquitraque NM vacarme *m*
tris NM: **estar en un ~ de hacer algo** être sur le point de faire qch
triste ADJ triste ; (*paisaje*) morne ; (*color, flores*) flétri(e) ; **no queda ni un ~ pañuelo** il ne reste même pas un mouchoir
tristemente ADV tristement
tristeza NF tristesse *f*
tristón, -ona ADJ triste, tristounet(te)
tritón NM triton *m*
triturador NM: **~ de basura** broyeur *m* à ordures
trituradora NF déchiqueteuse *f*
triturar VT triturer, broyer ; (*mascar*) mâcher ; (*documentos*) déchiqueter ; (*persona: golpear*) pulvériser ; (*: humillar*) anéantir
triunfador, a ADJ victorieux(-euse) ▸ NM/F vainqueur *m*
triunfal ADJ triomphal(e)
triunfalismo NM triomphalisme *m*
triunfalista ADJ, NMF triomphaliste *mf*
triunfalmente ADV triomphalement
triunfante ADJ triomphant(e)
triunfar VI triompher, gagner ; **~ en la vida** réussir dans la vie
triunfo NM triomphe *m* ; (*Naipes*) atout *m*
trivial ADJ trivial(e), banal(e)
trivialice *etc* VB *ver* **trivializar**
trivialidad NF trivialité *f*, banalité *f* ; **decir trivialidades** dire des banalités
trivializar VT minimiser, banaliser
triza NF morceau *m*, lambeau *m* ; **hacer algo trizas** réduire qch en miettes ; **hacer trizas a algn** (*golpear*) démolir qn ; (*humillar*) écraser qn
trocar VT (*Com*) troquer ; (*papel, posición*) changer ; (*palabras*) échanger ; **~ (en)** changer (en) ▪ **trocarse** VPR se changer ; **trocarse (en)** se changer (en)
trocear VT couper en morceaux
trocha (*AM*) NF sentier *m*
troche: **a ~ y moche** *adv* à tort et à travers
trofeo NM trophée *m* ; (*botín*) butin *m* ; **~ de caza** trophée de chasse
troglodita NMF (*cavernícola*) troglodyte *f* ; (*bruto*) sauvage *mf*, ours *m* mal léché (*fam*)
trol NM (*duende, tb Internet*) troll *m*
trola (*fam*) NF mensonge *m*
trolear VT (*Internet*) troller
tromba NF trombe *f* ; **~ de agua** trombe d'eau
trombo NM thrombus *m*
trombón NM trombone *m*
trombonista NMF tromboniste *mf*
trombosis NF INV thrombose *f* ; **~ cerebral** thrombose cérébrale
trompa NF (*Mús*) cor *m* ; (*de elefante, insecto, fam*) trompe *f* ; **estar ~** (*fam*) être pompette (*fam*) ; **cogerse una ~** (*fam*) prendre une cuite (*fam*) ; **~ de Falopio** trompe de Fallope ▸ NM (*Mús*) joueur(-euse) de cor
trompazo NM, **trompada** NF coup *m* ; (*puñetazo*) coup de poing ; **darse un ~** se donner un coup
trompeta NF trompette *f* ; (*clarín*) clairon *m* ▸ NMF trompettiste *mf*
trompetilla NF cornet *m* acoustique
trompetista NMF trompettiste *mf*
trompicón: **a trompicones** *adv* par à-coups
trompo NM toupie *f*
trona NF chaise *f* haute
tronado, -a ADJ toqué(e), dingue
tronar VT (*CAM, MÉX fam*) tuer ▸ VI (*Meteorología*) tonner
troncal ADJ: **línea ~** ligne *f* principale ; **asignatura ~** matière *f* du tronc commun
tronchar VT (*árbol*) casser ; (*vida, esperanza*) briser, détruire ▪ **troncharse** VPR se fendre, tomber ; **troncharse de risa** se tordre de rire

t

troncho NM tige *f*

tronco NM tronc *m* ; (*de familia*) lignée *f* ; **dormir** *o* **estar como un ~** dormir comme une souche

tronera NF (*Mil*) meurtrière *f* ; (*Arq*) hublot *m* ; (*de mesa de billar*) poche *f*

trono NM trône *m*

tropa NF troupe *f* ; (*gentío*) foule *f*

tropecé *etc* VB *ver* **tropezar**

tropecientos (*fam*) ADJ PL: **me ha llamado tropecientas veces** il m'a appelé je ne sais pas combien de fois (*fam*)

tropel NM (*desorden*) cohue *f* ; (*montón*) amoncellement *m* ; **en ~** en se bousculant

tropelía NM sauvagerie *f*

tropezar VI trébucher ; **~ con** (*fig*) tomber sur ▪ **tropezarse** VPR se rencontrer

tropezón NM faux pas *msg* ; **dar un ~** trébucher ▪ **tropezones** NMPL (*Culin*) morceaux *mpl* de viande

tropical ADJ tropical(e)

trópico NM tropique *m*

tropiece *etc* VB *ver* **tropezar**

tropiezo VB *ver* **tropezar** ▸ NM (*error*) erreur *f*, bévue *f* ; (*revés*) revers *msg* ; (*obstáculo*) difficulté *f* ; (*desliz*) erreur

troqué *etc*, **troquemos** *etc* VB *ver* **trocar**

trotamundos (*fam*) NMF INV globe-trotter *mf*

trotar VI trotter ; (*fam: viajar*) voyager

trote NM trot *m* ; (*fam*) activité *f* ; **hacer algo al ~** faire qch à toute vitesse ; **de mucho ~** solide, résistant(e) ; **ya no está para esos trotes** ce n'est plus pour lui

trovador NM troubadour *m*

Troya NF Troie ; **aquí fue ~** ça a été la catastrophe

troyano, -a ADJ troyen(-enne) ▸ NM/F Troyen(-enne) ▸ NM (*Inform*) cheval *m* de Troie

trozo NM morceau *m* ; **a trozos** par endroits

trucar VT truquer, trafiquer ; (*motor*) gonfler

trucha NF truite *f*

truco NM truc *m* ; (*Cine*) trucage *m* ; **ya le he cogido el ~** j'ai pigé le truc ; **~ publicitario** astuce *f* promotionnelle

truculento, -a ADJ truculent(e)

trueco *etc* VB *ver* **trocar**

trueno VB *ver* **tronar** ▸ NM tonnerre *m* ; (*estampido*) coup *m* de tonnerre

trueque VB *ver* **trocar** ▸ NM échange *m* ; (*Com*) troc *m*

trufa NF truffe *f*

truhán, -ana NM/F truand(e)

truncado, -a ADJ tronqué(e) ; (*esperanzas*) altéré(e) ; (*vida*) abrégé(e)

truncar VT tronquer ; (*vida*) abréger ; (*desarrollo*) retarder ; (*esperanzas*) briser

trunque *etc* VB *ver* **truncar**

trusa NF, **trusas** NFPL (AND, MÉX) caleçons *mpl*, culottes *fpl*

tsunami (*pl* **tsunamis** *o* **~**) NM tsunami *m*

Tte. ABR (= *Teniente*) Lt (= *Lieutenant*)

tu ADJ ton (ta) ; **tus hijos** tes enfants

> ¡Atención! En francés el adjetivo posesivo concuerda en género y número con la cosa poseída (*ton père, ta mère, tes parents*), mientras que en español solo concuerda en número (**tu padre, tu madre, tus padres**).

tú PRON PERS (*sujeto*) tu ; (*tras preposición*) toi ; **eres tú** c'est toi ; **como tú** comme toi

tuareg (*pl* **~** *o* **tuaregs**) ADJ touareg ▸ NMF Touareg *mf*

tubérculo NM tubercule *m*

tuberculosis NF tuberculose *f*

tuberculoso, -a ADJ, NM/F tuberculeux(-euse)

tubería NF tuyau *m* ; (*sistema*) tuyauterie *f* ; (*oleoducto etc*) conduite *f*

tubo NM tube *m* ; (*de desagüe*) tuyau *m* ; **~ de ensayo** éprouvette *f*, tube à essai ; **~ de escape** pot *m* d'échappement ; **~ digestivo** tube digestif

tucán NM toucan *m*

tuerca NF écrou *m*

tuerce *etc* VB *ver* **torcer**

tuerto, -a ADJ, NM/F borgne *mf*

tuerza *etc* VB *ver* **torcer**

tueste *etc* VB *ver* **tostar**

tuétano NM moelle *f* ; **hasta los tuétanos** jusqu'à la moelle

tufo (*pey*) NM relent *m*

tugurio NM taudis *msg*

tuit NM (*en Twitter*) tweet *m*

tuitear VI tweeter ▸ VT envoyer un tweet à

tuitero, -a NM/F twittos *mf*

tuitesfera NF twittosphère *f*

tul NM tulle *m*

tulipán NM tulipe *f*

tullido, -a ADJ estropié(e)

tumba NF tombe *f* ; **ser (como) una ~** être muet(te) comme une tombe

tumbar VT (*extender en el suelo*) allonger ; (*derribar*) renverser ; (*fam: suj: olor*) empester ; (*: en examen*) recaler, coller ; (*: en competición*) battre ▸ VI tomber par terre ▪ **tumbarse** VPR s'allonger ; (*extenderse*) s'étendre

tumbo NM chute *f* ; (*de vehículo*) cahot *m* ; **ir dando tumbos** avancer par à-coups

tumbona NF chaise *f* longue

tumefacto, -a ADJ (*Med*) tuméfié(e)

tumor NM tumeur *f*

túmulo NM (*sepultura*) tombeau *m* ; (*Arqueología*) tumulus *m*

tumulto NM tumulte *m* ; (*Pol*) émeute *f*, troubles *mpl*

tumultuoso, -a ADJ tumultueux(-euse)

tuna NF petit orchestre *m* d'étudiants ; *ver tb* **tuno**
tunante ADJ, NMF coquin(e) ; **¡~!** vilain(e) !
tunda NF raclée *f*
tundir VT tondre
tunear *(fam)* VT *(vehículo)* customiser
tunecino, -a ADJ tunisien(ne) ▶ NM/F Tunisien(ne)
túnel NM tunnel *m*
Túnez N *(país)* Tunisie *f* ; *(ciudad)* Tunis
tungsteno NM tungstène *m*
túnica NF tunique *f*
Tunicia NF Tunisie *f*
tuno, -a NM/F membre *m* d'un orchestre d'étudiants
tuntún: **al (buen) ~** *adv* au petit bonheur, au hasard
tupamaro, -a (CSUR) ADJ *(Pol) relatif aux Tupamaros* ▶ NM/F Tupamaro *m (guérilleros sévissant dans les centres urbains en Uruguay)*
tupé NM toupet *m*
tupí ADJ tupi *inv* ▶ NMF Tupi *mf inv*
tupido, -a ADJ épais(se)
tupí-guaraní ADJ, NMF *ver* **tupí**
turba NF *(muchedumbre)* foule *f* ; *(combustible)* tourbe *f*
turbación NF *(preocupación)* inquiétude *f* ; *(sonrojo)* gêne *f*
turbado, -a ADJ *(silencio, sueño)* troublé(e) ; *(preocupado)* inquiet(-ète) ; *(sonrojado)* gêné(e)
turbante NM turban *m*
turbar VT *(paz, sueño)* troubler ; *(preocupar)* inquiéter, troubler ; *(azorar)* gêner ■ **turbarse** VPR être gêné(e)
turbina NF turbine *f*
turbio, -a ADJ trouble ; *(fig)* louche
turbión NF averse *f*
turbo ADJ, NM turbo *m*
turbodiesel ADJ INV, NM turbodiesel *m*
turbogenerador NM turbogénérateur *m*
turbohélice NM turbopropulseur *m*
turbulencia NF agitation *f* ; *(fig)* trouble *m*, agitation
turbulento, -a ADJ agité(e) ; *(fig)* agité(e), turbulent(e)
turco, -a ADJ turc (turque) ▶ NM/F Turc (Turque) ; *(AND, CSUR pey) terme péjoratif qui désigne tout immigré du Moyen-Orient* ▶ NM *(Ling)* turc *m*
turgente ADJ arrondi(e), galbé(e)
Turín N Turin
turismo NM tourisme *m* ; *(coche)* voiture *f* (particulière) ; **hacer ~** faire du tourisme ; **casas de ~ rural** gîtes *mpl* ruraux ; **~ rural** tourisme rural
turista NMF touriste *mf*
turístico, -a ADJ touristique
túrmix® NM O NF INV mixeur *m*
turnar VI alterner ■ **turnarse** VPR se relayer
turné NF tournée *f*
turno NM tour *m* ; **es su ~** c'est à son tour ; **por turnos** par roulement ; **~ de día/de noche** équipe *f* de jour/de nuit
turolense ADJ de Teruel ▶ NMF natif(-ive) *o* habitant(e) de Teruel
turquesa ADJ, NF turquoise *f*
Turquía NF Turquie *f*
turrón NM touron *m (sorte de nougat)* ; *voir article*

> Le **turrón** est une sorte de nougat, d'origine orientale, fait avec du miel, des blancs d'œufs et des amandes. On le consomme pendant la période de Noël. Le **turrón** traditionnel peut être dur et contenir des amandes entières (Alicante), ou tendre, à base d'amandes pilées (Jijona). Il existe désormais toute une variété de **turrones**: à la noix de coco, aux fruits confits, au chocolat, etc.

turulato, -a ADJ étourdi(e)
tute NM *jeu de cartes* ; **darse un ~** *(fam)* mettre un coup
tutear VT tutoyer ■ **tutearse** VPR se tutoyer
tutela NF tutelle *f* ; **estar bajo la ~ de** *(fig)* être sous la tutelle de
tutelar ADJ tutélaire ▶ VT avoir la tutelle de
tuteo NM tutoiement *m* ; **se ha extendido mucho el ~** on se tutoie de plus en plus
tutiplén: **a ~** *adv* en abondance, à profusion
tutor, a NM/F *(tb Jur)* tuteur(-trice) ; *(Escol)* professeur(e) principal(e) ; **~ de curso** directeur(-trice) d'études
tutoría NF *(Escol)* heure *f* de permanence (du professeur responsable) ; *(Jur)* tutelle *f*
tutorial NM tutoriel *m*, didacticiel *m*
tutú NM tutu *m*
tuve *etc* VB *ver* **tener**
tuyo, -a ADJ ton (ta) ; **es ~** c'est à toi ▶ PRON: **el ~/la tuya** le tien/la tienne ; **los tuyos** *(fam)* les tiens
TV SIGLA F = **televisión**
TVE SIGLA F = **Televisión Española**
tweet NM *(en Twitter)* tweet *m*
txistu NM flûte *f* basque

t

U u

U, u[1] [u] NF (*letra*) U, u *m inv*; **U de Ulises** ≈ U comme Ursule

u[2] [u] CONJ ou

u. ABR (= *unidad*) U, u (= *unité*)

uberizar VT ubériser

ubérrimo, -a ADJ très fertile

ubicación NF situation *f*

ubicado, -a (*esp Am*) ADJ situé(e)

ubicar (*esp Am*) VT situer; (*encontrar*) trouver ■ **ubicarse** VPR se trouver

ubicuidad NF ubiquité *f*; **el don de la ~** le don de l'ubiquité

ubique *etc* VB *ver* **ubicar**

ubre NF mamelle *f*

UCI SIGLA F (= *Unidad de Cuidados Intensivos*) unité *f* de soins intensifs

Ucrania NF Ukraine *f*

ucraniano, -a ADJ ukrainien(ne) ▶ NM/F Ukrainien(ne)

ucronía NF uchronie *f*

Ud (*pl* **Uds**) ABR (= *usted(es)*) vous

UE SIGLA F (= *Unión Europea*) UE *f* (= *Union européenne*)

UEFA SIGLA F (= *Unión de Asociaciones de Fútbol Europeo*) UEFA *f* (= *Union of European Football Associations*)

UEM NF ABR (= *Unión Económica y Monetaria*) UEM *f* (= *Union économique et monétaire*)

UEO SIGLA F (= *Unión Europea Occidental*) UEO *f* (= *Union de l'Europe occidentale*)

UER SIGLA F (= *Unión Europea de Radiodifusión*) UER *f* (= *Union européenne de radiodiffusion*)

uf EXCL ouf!

ufanarse VPR: **~ de** se targuer de

ufano, -a ADJ (*arrogante*) suffisant(e); (*satisfecho*) satisfait(e)

Uganda NF l'Ouganda *m*

ugandés, -esa ADJ ougandais(e) ▶ NM/F Ougandais(e)

UGT SIGLA F (= *Unión General de Trabajadores*) *syndicat ouvrier*

UIT SIGLA F (= *Unión Internacional de Telecomunicaciones*) UIT *f* (= *Union internationale des télécommunications*)

ujier NM (*Jur*) huissier *m*; (*portero*) portier *m*

úlcera NF ulcère *m*

ulcerar VT ulcérer ■ **ulcerarse** VPR s'irriter

ulterior ADJ ultérieur(e)

últimamente ADV dernièrement

ultimar VT finaliser; (*preparativos*) mettre la dernière main à; (*Am*: *asesinar*) abattre

ultimátum (*pl* **ultimátums**) NM ultimatum *m*

último, -a ADJ dernier(-ière); **este ~** ce dernier; **por ~** enfin ▶ NMF: **el ~** le dernier; **a últimos de mes** en fin de mois ▶ NF: **a la última** (*en moda*) à la dernière mode; (*en conocimientos*) au goût du jour; **en las últimas** (*enfermo*) à l'article de la mort; (*sin dinero, provisiones*) à sec ▶ ADV: **ahora ~** (*Chi*) récemment

ultra ADJ, NMF (*Pol*) ultra *mf*

ultracongelar VT surgeler

ultraderecha NF extrême droite *f*

ultraderechista ADJ d'extrême droite ▶ NMF extrémiste *mf* de droite

ultrajar VT outrager

ultraje NM outrage *m*

ultraligero NM ULM *m* (= *ultra-léger motorisé*)

ultramar NM: **de ~** d'outre-mer; **los países de ~** les pays d'outre-mer

ultramarinos NMPL (*tb*: **tienda de ultramarinos**) épicerie *f*

ultranza: **a ~** *adv* à outrance

ultrasónico, -a ADJ hypersonique

ultratumba NF outre-tombe *f*

ultravioleta ADJ INV ultraviolet(te)

ulular VI hurler; (*búho*) ululer

umbilical ADJ: **cordón ~** cordon *m* ombilical

umbral NM seuil *m*; **~ de rentabilidad** seuil de rentabilité

umbrío, -a ADJ ombragé(e)

un, una

ART INDEF **1** (*sg*) un(e); **una naranja** une orange; **un arma blanca** une arme blanche
2 (*pl*) des; **hay unos regalos para ti** il y a des cadeaux pour toi; **hay unas cervezas en la nevera** il y a des bières dans le frigo
3 (*enfático*): **¡hace un frío!** il fait un de ces froids!; **¡tiene una casa!** il a une de ces maisons!; *ver tb* **uno**

UNAM SIGLA F (= *Universidad Nacional Autónoma de México*) *université de la ville de Mexico*

unánime ADJ unanime
unanimidad NF unanimité *f* ; **por ~** à l'unanimité
unción NF onction *f*
uncir VT atteler
undécimo, -a ADJ, NM/F onzième *mf*
UNED (ESP) SIGLA F (= *Universidad Nacional de Educación a Distancia*) ≈ CNED *m* (= *Centre national d'enseignement à distance*)
UNESCO, Unesco SIGLA F (= *Organización de las Naciones Unidas para la Educación, la Ciencia y la Cultura*) UNESCO *f*, Unesco *f* (= *Organisation des Nations unies pour l'éducation, la science et la culture*)
ungir VT oindre
ungüento NM onguent *m*
únicamente ADV uniquement
UNICEF, Unicef SIGLA M (= *Fondo de las Naciones Unidas para la Infancia*) UNICEF *m o f*, Unicef *m o f* (= *Fonds des Nations unies pour l'enfance*)
único, -a ADJ unique
unicornio NM licorne *f*
unidad NF unité *f* ; **~ central (de proceso)/de control** unité centrale (de traitement)/de commande ; **~ de cuidados intensivos** unité de soins intensifs ; **~ de disco** lecteur *m* de disque ; **~ de entrada/de salida** unité périphérique d'entrée/de sortie ; **~ de información** donnée *f* ; **~ de presentación visual** *o* **de visualización** écran *m* de visualisation ; **~ monetaria** unité monétaire ; **~ móvil** (TV) unité mobile ; **~ periférica** unité périphérique
unido, -a ADJ uni(e)
unifamiliar ADJ: **vivienda ~** *logement où vit une seule famille*
unificar VT unifier
unifique *etc* VB *ver* **unificar**
uniformado, -a ADJ en uniforme
uniformar VT uniformiser ; (*personal*) faire porter l'uniforme à
uniforme ADJ uniforme ; (*color*) uni(e) ▸ NM uniforme *m*
uniformidad NF uniformité *f*
unilateral ADJ unilatéral(e)
unión NF union *f* ; (*Tec*) jointure *f* ; **en ~ de** ainsi que ; **la U~ Soviética** l'Union soviétique ; **punto de ~** (*Tec*) jointure ; **~ aduanera** union douanière ; **U~ Europea** Union *f* européenne ; **U~ General de Trabajadores** (ESP) *syndicat ouvrier* ; **~ monetaria** union monétaire
unir VT (*piezas*) assembler ; (*cuerdas*) nouer ; (*tierras, habitaciones*) relier ; (*esfuerzos, familia*) unir ; (*empresas*) fusionner ; **les une una fuerte amistad** ils éprouvent beaucoup d'amitié l'un pour l'autre ■ **unirse** VPR (*personas*) s'unir ; (*empresas*) fusionner ; **unirse a** se joindre à ; **unirse en matrimonio** s'unir par les liens du mariage
unisex ADJ INV unisexe *inv*
unísono NM: **al ~** à l'unisson

unitario, -a ADJ unitaire
universal ADJ universel(le)
universalizar VT universaliser ■ **universalizarse** VPR s'universaliser
universidad NF université *f* ; **~ a distancia** enseignement *m* à distance ; **~ laboral** ≈ Institut *m* universitaire de technologie
universitario, -a ADJ universitaire ▸ NM/F (*estudiante*) étudiant(e) ; (*titulado*) professeur *mf* d'université
universo NM univers *msg*
unja *etc* VB *ver* **ungir**

uno, -a

▸ ADJ un(e) ; **es todo uno** ça ne fait qu'un ; **unos pocos** quelques-uns ; **unos cien** une centaine ; **el día uno** le premier
▸ PRON **1** un(e) ; **quiero uno solo** je n'en veux qu'un ; **uno de ellos** l'un d'eux ; **uno mismo** soi-même ; **de uno en uno** un à un
2 (*alguien*) quelqu'un ; **conozco a uno que se te parece** je connais quelqu'un qui te ressemble ; **unos querían quedarse** quelques-uns voulaient rester
3: **(los) unos ... (los) otros ...** certains *o* les uns ... les autres *o* d'autres ; **se miraron el uno al otro** il se sont regardés l'un l'autre ; **se pegan unos a otros** ils se battent entre eux
4 (*impersonal*): **uno se lo imagina** on se l'imagine
5 (*enfático*): **¡se montó una ...!** il y a eu une de ces pagailles !
▸ NF (*hora*): **es la una** il est une heure
▸ NM (*número*) un *m* ; **el uno de abril** le premier avril

untar VT (*con aceite, pomada*) enduire ; (*en salsa, café*) tremper ; (*manchar*) tacher ; (*fig, fam*) graisser la patte à (*fam*) ; **~ el pan con mantequilla** étaler du beurre sur son pain ■ **untarse** VPR (*mancharse*) se tacher ; (*fig, fam: forrarse*) s'en mettre plein les poches (*fam*)
unza *etc* VB *ver* **uncir**
uña NF (*Anat*) ongle *m* ; (*de felino*) griffe *f* ; (*de caballo*) sabot *m* ; (*arrancaclavos*) arrache-clou *m* ; **ser ~ y carne** être comme les deux doigts de la main ; **enseñar** *o* **mostrar** *o* **sacar las uñas** montrer *o* sortir ses griffes
UPC SIGLA F (= *unidad de proceso central*) CPU *f* (= *unité centrale*)
uperizado, -a ADJ U.H.T.
Urales NMPL (*tb*: **Montes Urales**) Oural *msg*
uralita® NF fibrociment® *m*
uranio NM uranium *m*
Urano NM Uranus *f*
urbanidad NF courtoisie *f*
urbanismo NM urbanisme *m*
urbanista NMF urbaniste *mf*
urbanístico, -a ADJ urbanistique

urbanita (*hum*) ADJ, NMF citadin(e)
urbanización NF lotissement *m*
urbanizar VT urbaniser
urbano, -a ADJ urbain(e)
urbe NF grande ville *f*
urdimbre NF (*de tejido*) chaîne *f*
urdir VT ourdir
urea NF urée *f*
uretra NF urètre *f*
urgencia NF urgence *f*; **con ~** d'urgence ; **en caso de ~** en cas d'urgence ; **servicios de ~** services *mpl* d'urgence ■ **urgencias** NFPL (*Med*) urgences *fpl*
urgente ADJ urgent(e)
urgentemente ADV urgemment, d'urgence
urgir VI être urgent(e) ; **me urge** j'en ai besoin rapidement ; **me urge terminarlo** il faut que je termine le plus vite possible
urinario, -a ADJ urinaire ▸ NM urinoir *m*
urja *etc* VB *ver* **urgir**
urna NF (*tb Pol*) urne *f*; (*de cristal*) vitrine *f*; **acudir a las urnas** (*votantes*) aller aux urnes
urogallo NM coq *m* de bruyère
urología NF urologie *f*
urólogo, -a NM/F urologue *mf*
urraca NF pie *f*
URSS [urs] SIGLA F (*Hist*: = *Unión de Repúblicas Socialistas Soviéticas*) URSS *f* (= *Union des Républiques Socialistes Soviétiques*)
urticaria NF urticaire *f*
Uruguay NM Uruguay *m*
uruguayo, -a ADJ uruguayen(ne) ▸ NM/F Uruguayen(ne)
usado, -a ADJ usagé(e) ; (*ropa etc*) usé(e), usagé(e)
usanza NF: **a ~ (de)** à la manière (de)
usar VT utiliser ; (*ropa*) porter ; (*derecho etc*) user de ▸ VI: **~ de** user de ■ **usarse** VPR s'utiliser
usina (*esp CSur*) NF: **~ eléctrica** centrale *f* électrique
USO (ESP) SIGLA F (= *Unión Sindical Obrera*) *syndicat*
uso NM usage *m*; (*aplicación: de objeto, herramienta*) utilisation *f*; **al ~ de la época** dans le style de l'époque ; **de ~ externo** (*Med*) à usage externe ; **(estar) en ~** (être) en usage ; **hacer ~ de la palabra** faire usage de la parole ; **~ y desgaste** usure *f*
usted PRON PERS (*singular: formal*) vous ; **ustedes** (*formal*) vous *pl* ; (AM: *formal y fam*) vous ; **tratar** *o* **llamar de ~ a algn** vouvoyer qn
usual ADJ habituel(le)
usuario, -a NM/F usager(-ère) ; (*Inform*) utilisateur(-trice) ; **~ final** (*Com*) utilisateur(-trice) final(e)
usufructo NM usufruit *m*
usura (*pey*) NF usure *f*
usurero, -a NM/F usurier(-ière)
usurpar VT usurper
utensilio NM instrument *m* ; (*de cocina*) ustensile *m*
uterino, -a ADJ utérin(e)
útero NM utérus *msg*
útil ADJ utile ; **día ~** jour *m* ouvrable ■ **útiles** NMPL outils *mpl*
utilice *etc* VB *ver* **utilizar**
utilidad NF utilité *f*; (*provecho*) avantage *m* ; (*Com*) bénéfice *m* ; **utilidades líquidas** bénéfice *msg* net
utilitario NM (*Inform*) utilitaire *m* ; (*Auto*) voiture *f* de tourisme
utilización NF utilisation *f*
utilizar VT utiliser
utopía NF utopie *f*
utópico, -a ADJ utopique
UV SIGLA MPL (= *rayos ultravioleta*) UV *mpl* (= *ultraviolets*)
UVA NMPL ABR UVA *m*
uva NF raisin *m* ; **estar de mala ~** être de mauvais poil ; **tener mala ~** avoir un sale caractère ; **~ pasa** raisin sec ; **las uvas de la suerte** *voir article*

En Espagne la tradition de **las uvas de la suerte** joue un rôle important à la Saint-Sylvestre (*Nochevieja*) : à minuit, tout le monde, qu'on se trouve chez soi, dans un restaurant ou sur la *plaza mayor*, mange un grain de raisin à chaque coup de l'horloge de la Puerta del Sol, à Madrid. Cette tradition de *comer las uvas* est censée porter bonheur pour toute l'année suivante.

UVB NMPL ABR UVB *m*
uve NF (*letra*) v *m inv* ; **en forma de ~** en V ; **~ doble** double v *m*
UVI SIGLA F (= *Unidad de Vigilancia Intensiva*) unité *f* de soins intensifs

Vv

V, v ['uβe] NF (*letra*) V, v *m inv*; **V de Valencia** ≈ V comme Victor
V. ABR (= *usted*) vous ; (= *Visto*) vu
v. ABR (*Elec*: = *voltio*) V (= *volt*) ; (= *ver, véase*) v. (= *voir*) ; (*Lit*: = *verso*) v° (= *verso*)
va VB *ver* **ir**
vaca NF vache *f* ; (*carne*) bœuf *m* ; **vacas flacas/gordas** (*fig*) vaches *fpl* maigres/grasses
vacacional ADJ de(s) vacances ; **período ~** (période *f* de) vacances *fpl*, période *f* de congé
vacaciones NFPL vacances *fpl* ; **estar/irse** *o* **marcharse de ~** être/partir en vacances
vacante ADJ vacant(e) ▸ NF poste *m* vacant
vaciado NM (*Arte*) moulage *m*
vaciar VT vider ; (*dejar hueco*) évider ; (*Arte*) mouler ■ **vaciarse** VPR se vider ; (*fig, fam*) se défouler
vacilación NF hésitation *f*
vacilante ADJ vacillant(e) ; (*dudoso*) hésitant(e)
vacilar VT (*fam*) faire marcher ▸ VI hésiter ; (*mueble, lámpara*) chanceler ; (*luz, persona*) vaciller ; (*fam*: *bromear*) plaisanter
vacilón (*CAm, Méx fam*) NM noce *f*
vacío, -a ADJ vide ; (*puesto*) libre ; **(volver) de ~** (*sin carga*) (revenir) à vide ; (*sin resultados*) (revenir) les mains vides ▸ NM vide *m* ; **envasado al ~** emballé sous vide ; **hacer el ~ a algn** faire le vide autour de qn
vacuna NF vaccin *m*
vacunar VT vacciner ■ **vacunarse** VPR se faire vacciner
vacuno, -a ADJ bovin(e)
vacuo, -a ADJ vide
vadear VT passer à gué ; (*problema*) surmonter
vado NM gué *m* ; **« ~ permanente »** (*Auto*) ≈ « sortie *f* de véhicules »
vagabundear VI vagabonder
vagabundo, -a ADJ vagabond(e) ; (*perro*) errant(e) ▸ NM/F vagabond(e)
vagamente ADV vaguement
vagancia NF fainéantise *f*
vagar VI errer, vagabonder
vagido NM vagissement *m*
vagina NF vagin *m*
vaginal ADJ vaginal(e)
vago, -a ADJ vague ; (*perezoso*) fainéant(e) ▸ NM/F fainéant(e)
vagón NM wagon *m* ; **~ cama/restaurante** wagon-lit *m*/wagon-restaurant *m*
vagoneta NF wagonnet *m*
vaguada NF fond *m* (de la vallée)
vague *etc* VB *ver* **vagar**
vaguear VI fainéanter
vaguedad NF vague *m*, manque *m* de précision ■ **vaguedades** NFPL: **decir vaguedades** rester dans le vague
vaguería NF, **vaguitis** (*fam*) NF INV (ESP) flemme *f*
vahído NM vertige *m*
vaho NM vapeur *f* ; (*aliento*) buée *f* ■ **vahos** NMPL (*Med*) inhalations *fpl*
vaina NF (*de espada*) fourreau *m* ; (*de guisantes, judías*) cosse *f* ; (AM *fam*) embêtement *m*
vainilla NF vanille *f*
vainita (AM) NF haricot *m* vert
vais VB *ver* **ir**
vaivén NM va-et-vient *m inv* ■ **vaivenes** NMPL (*fig*: *de la vida*) vicissitudes *fpl*
vajilla NF vaisselle *f* ; **una ~** un service ; **~ de porcelana** service *m* en porcelaine
val *etc*, **valdré** *etc* VB *ver* **valer**
vale NM bon *m* ; (*recibo*) reçu *m* ; (*pagaré*) billet *m* à ordre ; (VEN *fam*) copain (copine) ; **~ de regalo** chèque-cadeau *m*
valedero, -a ADJ valable
valenciana (MÉX) NF revers *msg* ; *ver tb* **valenciano**
valenciano, -a ADJ valencien(ne) ▸ NM/F Valencien(ne) ▸ NM (*Ling*) valencien *m*
valentía NF courage *m*, bravoure *f* ; (*proeza*) acte *m* de bravoure
valentísimo, -a ADJ (*superl de valiente*) valeureux(-euse)
valentón, -ona (*pey*) ADJ fanfaron(ne)
valer VT valoir ; **~ la pena** valoir la peine ▸ VI servir ; (*ser válido*) être valable ; (*estar permitido*) être permis(e) ; (*tener mérito*) avoir du mérite ; **~ (para)** servir (à) ; **¿vale?** d'accord ?, ça va ? ; **¡vale!** d'accord ! ; (*¡basta!*) ça suffit ! ; **más vale (hacer/que)** mieux vaut (faire/que) ; **¡eso no vale!** ce n'est pas permis ! ; **no vale nada** ça ne

vaut rien ; **no vale para nada** ça ne sert à rien ; (*persona*) il (elle) n'est bon(ne) à rien ; **me vale madre** *o* **sombrilla** (*MÉX fam*) je m'en fous pas mal (*fam*) ▸ NM valeur *f* ▪ **valerse** VPR: **valerse de** (*hacer valer*) faire valoir ; (*servirse de*) se servir de ; **(poder) valerse por sí mismo** (pouvoir) se débrouiller tout seul

valeriana NF valériane *f*

valeroso, -a ADJ valeureux(-euse)

valga *etc* VB *ver* **valer**

valía NF valeur *f* ; **de gran ~** de grande valeur

validar VT valider ; (*Pol: tratado*) ratifier

validez NF validité *f* ; **dar ~ a algo** valider qch

valido NM (*Hist*) favori *m*

válido, -a ADJ valable ; (*Deporte*) valide

valiente ADJ (*soldado*) brave, courageux(-euse) ; (*niño, decisión*) courageux(-euse) ; (*pey*) fanfaron(ne) ; (*con ironía*) vaillant(e) ▸ NMF brave *mf*

valija NF (*CSUR*) valise *f* ; (*Correos*) sacoche *f* ; **~ diplomática** valise diplomatique

valioso, -a ADJ de valeur

valla NF clôture *f* ; (*Deporte*) haie *f* ; **~ publicitaria** panneau *m* publicitaire

vallar VT clôturer

valle NM vallée *f* ; **~ de lágrimas** vallée de larmes

vallenato NM (*Mús*) vallenato *m*, *musique typique de la côte caraïbe colombienne*

vallisoletano, -a ADJ de Valladolid ▸ NM/F natif(-ive) *o* habitant(e) de Valladolid

valor NM valeur *f* ; (*valentía*) courage *m* ; (*descaro*) aplomb *m* ; **objetos de ~** objets *mpl* de valeur ; **sin ~** sans valeur ; **dar/quitar ~ a** donner/ôter de la valeur à ; **~ a la par** valeur au pair ; **~ adquisitivo** pouvoir *m* d'achat ; **~ añadido** valeur ajoutée ; **~ comercial** valeur marchande ; **~ contable** valeur comptable ; **~ de compra** pouvoir d'achat ; **~ de escasez** valeur attachée à la rareté ; **~ de mercado** valeur marchande ; **~ de rescate** valeur de rachat ; **~ desglosado** valeur de liquidation ; **~ de sustitución** valeur de remplacement ; **~ intrínseco/neto/nominal** valeur intrinsèque/nette/nominale ; **~ según balance** valeur comptable ▪ **valores** NMPL (*Econ, Com*) valeurs *fpl*, titres *mpl* ; (*morales*) valeurs ; **escala de valores** échelle *f* de valeurs ; **valores habidos** *o* **en cartera** valeurs détenues en portefeuille

valoración NF évaluation *f*

valorar VT évaluer, estimer

valorización NF (*valoración*) évaluation *f*, estimation *f* ; (*aumento de valor*) valorisation *f*, mise *f* en valeur

valorizar VT (*valorar*) évaluer, estimer ; (*aumentar el valor de*) valoriser, mettre en valeur

vals NM valse *f*

valuar VT évaluer, estimer

válvula NF valve *f*

vamos VB *ver* **ir**

vampiresa NF vamp *f*

vampiro NM vampire *m*

van VB *ver* **ir**

vanagloriarse VPR: **~ (de)** se vanter (de)

vandálico, -a ADJ vandalique, de vandalisme

vandalismo NM vandalisme *m*

vándalo, -a NM/F (*pey*) vandale *mf* ; (*Hist*) Vandale *mf*

vanguardia NF avant-garde *f* ; **de ~** (*Arte*) d'avant-garde ; **estar en** *o* **ir a la ~ de** être à l'avant-garde de

vanguardista ADJ avant-gardiste

vanidad NF vanité *f*

vanidoso, -a ADJ vaniteux(-euse)

vano, -a ADJ vain(e) ; (*frívolo*) futile ; **en ~** en vain ▸ NM (*Arq*) embrasure *f*

vapor NM vapeur *f* ; (*tb*: **barco de vapor**) (bateau *m* à) vapeur *m* ; **al ~** (*Culin*) à la vapeur ; **máquina de ~** machine *f* à vapeur ; **~ de agua** vapeur d'eau

vaporice *etc* VB *ver* **vaporizar**

vaporizador NM vaporisateur *m*

vaporizar VT vaporiser

vaporoso, -a ADJ vaporeux(-euse)

vapulear VT fustiger ; (*reprender*) houspiller

vaquero NM (*Cine*) cow-boy *m* ; (*Agr*) vacher *m* ▪ **vaqueros** NMPL (*pantalones*) jeans *mpl*

vaquilla NF (*AM*) génisse *f* ▪ **vaquillas** NFPL (*Taur*) corrida *f* de jeunes taureaux

vara NF perche *f* ; (*de mando*) bâton *m*

varado, -a ADJ (*Náut*) échoué(e) ; **estar ~** (*fig*) être enlisé(e)

varapalo NM (*disgusto*) revers *m*, coup *m* dur ; (*crítica*) critique *f*

varar VT, VI échouer

variable ADJ, NF variable *f*

variación NF changement *m* ; (*Mús*) variation *f* ; **sin ~** inchangé(e)

variado, -a ADJ varié(e)

variante NF variante *f* ; (*Auto*) déviation *f*

variar VT (*cambiar*) changer ; (*poner variedad*) varier ▸ VI varier ; **~ de** changer de ; **~ de opinión** changer d'avis ; **para ~** pour changer

varicela NF varicelle *f*

varices NFPL varices *fpl*

variedad NF variété *f* ▪ **variedades** NFPL (*espectáculo*) variétés *fpl*

varilla NF baguette *f* ; (*de paraguas, abanico*) baleine *f*

vario, -a ADJ divers(e) ; **varios** plusieurs ; **« varios »** (*en partida, presupuesto*) « divers »

variopinto, -a ADJ bigarré(e)

varita NF: **~ mágica** baguette *f* magique

variz NF varice *f* ▪ **varices** NFPL (*enfermedad*) varices *fpl*

varón NM homme *m* ; **hijo ~** fils *m*, garçon *m*

varonil ADJ viril(e)

Varsovia N Varsovie
vas VB *ver* **ir**
vasallo, -a NM, NF vassal(e)
vasco, -a ADJ basque ; **País V~** Pays *m* basque ▸ NM/F Basque *mf* ▸ NM (*Ling*) basque *m*
vascofrancés, -esa ADJ du Pays basque français ; **País V~** Pays basque français ▸ NM/F Basque *mf* français(e)
vascohablante ADJ, NMF bascophone *mf*
Vascongadas NFPL: **las ~** les provinces *fpl* basques
vascuence NM (*Ling*) basque *m*
vasectomía NF vasectomie *f*
vaselina NF vaseline *f*
vasija NF pot *m*
vaso NM verre *m* ; (*jarrón*) vase *m* ; (*Anat*) vaisseau *m* ; **vasos comunicantes** vases *mpl* communicants ; **~ de vino** verre de vin ; (*para vino*) verre à vin
vástago NM (*Bot*) rejeton *m* ; (*Tec*) tige *f* ; (*de familia*) descendant *m*
vasto, -a ADJ vaste
váter NM W.-C. *mpl*
Vaticano NM Vatican *m* ; **la Ciudad del ~** la Cité du Vatican
vaticano, -a ADJ du Vatican, vaticane
vaticinar VT prédire
vaticinio NM prédiction *f*
vatio NM watt *m*
vaya VB *ver* **ir** ▸ EXCL (*fastidio*) mince !, zut ! ; (*sorpresa*) eh bien !, tiens ! ; **¿qué tal? — ¡~!** ça va ? — on fait aller ! ; **¡~ tontería!** en voilà une bêtise ! ; **¡~ mansión!** quelle maison !
Vd (*pl* **Vds**) ABR (= *usted(es)*) vous
Vda. ABR (= *viuda*) Vve (= *veuve*)
ve VB *ver* **ir**; **ver**
vea *etc* VB *ver* **ver**
vecinal ADJ vicinal(e) ; (*problemas*) de voisinage
vecindad NF voisinage *m*
vecindario NM voisinage *m*, quartier *m*
vecino, -a ADJ voisin(e) ▸ NM/F voisin(e) ; (*residente: de pueblo*) habitant(e) ; **asociación de vecinos** association *f* de quartier ; **somos vecinos** nous sommes voisins
vector NM vecteur *m*
veda NF (*de pesca, caza*) défense *f*, interdiction *f* ; (*temporada*) fermeture *f*
vedado NM réserve *f*
vedar VT interdire, défendre ; (*caza, pesca*) interdire
vedette [be'ðet] NF vedette *f*
vega NF plaine *f* fertile
vegano, -a ADJ, NM/F végan(e)
vegetación NF végétation *f* ■ **vegetaciones** NFPL (*Med*) végétations *fpl*
vegetal ADJ végétal(e) ▸ NM végétal *m*
vegetar (*pey*) VI végéter
vegetariano, -a ADJ végétarien(ne)
vegetativo, -a ADJ végétatif(-ive) ; **sistema nervioso ~** système *m* nerveux végétatif ; **vida vegetativa** vie *f* végétative
vehemencia NF impétuosité *f* ; (*apasionamiento*) véhémence *f*
vehemente ADJ impétueux(-euse) ; (*apasionado*) véhément(e)
vehículo NM véhicule *m* ; **~ espacial** vaisseau *m* spatial
veinte ADJ INV, NM INV vingt *m inv* ; **el siglo ~** le vingtième siècle ; *ver tb* **seis**

> El número **veinte** en francés (*vingt*) va seguido de una *s* cuando va multiplicado por un número y no va seguido de otra cifra. Por ejemplo: *quatre-vingts*, pero *quatre-vingt-trois*.

veinteañero, -a, veintiañero, -a ADJ d'une vingtaine d'années ▸ NM/F personne d'une vingtaine d'années
veintena NF vingtaine *f*
vejación NF brimade *f*, vexation *f*
vejar VT brimer
vejatorio, -a ADJ humiliant(e)
vejestorio (*pey*) NM croulant *m*
vejez NF vieillesse *f*
vejiga NF vessie *f*
vela NF bougie *f* ; (*Náut*) voile *f* ; **a toda ~** (*Náut*) toutes voiles dehors ; **barco de ~** bateau *m* à voile ; **estar a dos velas** (*fam*) être fauché(e) (*fam*) ; **en ~** éveillé(e) ; (*velando*) à veiller ; **pasar la noche en ~** passer une nuit blanche
velada NF veillée *f* ; (*encuentro social*) soirée *f*
velado, -a ADJ voilé(e)
velador NM (*mesa*) guéridon *m* ; (*Am*) table *f* de nuit ; (*CSur*) lampe *f* de chevet ; (*candela*) chandelle *f* ; (*vigilante*) veilleur *m*
veladora (*Méx*) NF bougie *f*
velar VT veiller ; (*Foto, cubrir*) voiler ▸ VI veiller ; **~ por** veiller à ■ **velarse** VPR (*Foto*) se voiler
velatorio NM veillée *f* (funèbre)
veleidad NF inconstance *f* ; (*capricho*) velléité *f*
velero NM (*Náut*) voilier *m*
veleta NMF (*pey*) girouette *f* ▸ NF (*para el viento*) girouette
veliz (*Méx*) NM valise *f*
vello NM duvet *m*
vellón NM toison *f*
velloso, -a ADJ duveteux(-euse)
velludo, -a ADJ poilu(e)
velo NM voile *m* ; **~ del paladar** (*Anat*) voile du palais
velocidad NF vitesse *f* ; (*rapidez*) rapidité *f* ; **de alta ~** à grande vitesse ; **cobrar ~** prendre de la vitesse ; **meter la segunda ~** passer en seconde ; **~ de obturación** (*Foto*) vitesse d'ob-

V

turation ; **~ máxima de impresión** (*Inform*) vitesse maximum d'impression
velocímetro NM compteur *m* de vitesse
velocista NMF sprinter, sprinteur(-euse)
velódromo NM vélodrome *m*
velorio NM veillée *f* funèbre
veloz ADJ rapide
ven VB *ver* **venir**
vena NF veine *f* ; **la ~ poética** la fibre poétique ; **le ha dado la ~ por (hacer)** l'envie lui a pris de (faire) ; **tener ~ de actor/torero** être un acteur/torero né
venado NM grand gibier *m* ; (*Culin*) venaison *f*
vencedor, a ADJ victorieux(-euse) ▶ NM/F vainqueur *m*
vencejo NM martinet *m*
vencer VT vaincre ; (*obstáculos*) surmonter ; (*por mucho peso*) briser ; **le venció el sueño/el cansancio** il a succombé au sommeil/à la fatigue ▶ VI vaincre ; (*pago*) arriver à échéance ; (*plazo*) expirer
vencido, -a ADJ vaincu(e) ; (*Com: letra*) arrivé(e) à échéance ; **darse por ~** s'avouer vaincu(e) ; **pagar por** *o* **al mes ~** payer à la fin du mois ▶ ADV: **pagar ~** payer après échéance
vencimiento NM échéance *f* ; **a su ~** à l'échéance
venda NF bandage *m*
vendaje NM bandage *m*
vendar VT bander
vendaval NM vent *m* violent
vendedor, a NM/F vendeur(-euse) ; **~ ambulante** marchand(e) ambulant(e)
vender VT vendre ; **~ al contado/al por mayor/ al por menor/a plazos** vendre au comptant/ en gros/au détail/à crédit ; **~ al descubierto** vendre à découvert ■ **venderse** VPR se vendre ; **« se vende »** « à vendre » ; **« se vende coche »** « voiture à vendre »
vendimia NF vendange *f*
vendimiador, a NM/F vendangeur(-euse)
vendimiar VI faire la vendange
vendré *etc* VB *ver* **venir**
Venecia N Venise
veneciano, -a ADJ vénitien(ne) ▶ NM/F Vénitien(ne)
veneno NM poison *m*
venenoso, -a ADJ (*seta*) vénéneux(-euse) ; (*producto*) toxique
venerable ADJ vénérable
veneración NF vénération *f*
venerar VT vénérer
venéreo, -a ADJ vénérien(ne)
venezolano, -a ADJ vénézuélien(ne) ▶ NM/F Vénézuélien(ne)
Venezuela NF Venezuela *m*
venga *etc* VB *ver* **venir**
vengador, a ADJ, NM/F vengeur(-geresse)
venganza NF vengeance *f*
vengar VT venger ■ **vengarse** VPR se venger
vengativo, -a ADJ vindicatif(-ive)
vengue *etc* VB *ver* **vengar**
venia NF permission *f* ; **con su ~** avec votre permission
venial ADJ véniel(le)
venida NF venue *f*
venidero, -a ADJ futur(e), à venir ; **en lo ~** à l'avenir
venir VI venir ; (*en periódico, texto*) être ; (*llegar, ocurrir*) arriver ; **~ a menos** (*persona*) déchoir ; (*empresa*) être en perte de vitesse ; **~ de** venir de ; **~ bien/mal** convenir/ne pas convenir ; **el año que viene** l'année prochaine ; **y él venga a beber** et lui, vas-y que je te bois ; **¡ven acá!** viens ici ! ; **¡venga!** (*fam*) allez ! ; **¿a qué viene eso?** (*fam*) qu'est-ce que ça veut dire ? ; **¡venga ya!** (*fam*) à d'autres ! ; **¡no me vengas con historias!** (*fam*) ne me raconte pas d'histoires ! ■ **venirse** VPR: **venirse abajo** s'écrouler ; (*persona*) s'effondrer
venta NF vente *f* ; (*posada*) auberge *f* ; **estar a la/en ~** être en vente ; **~ a domicilio** vente à domicile ; **~ al contado** vente au comptant ; **~ al detalle** vente au détail ; **~ a plazos** vente à crédit ; **~ al por mayor** vente en gros ; **~ al por menor** vente au détail ; **ventas a término** ventes *fpl* à terme ; **ventas brutas** ventes brutes ; **~ de liquidación** vente de liquidation ; **~ por correo** vente par correspondance ; **~ y arrendamiento al vendedor** cession-bail *f*
ventaja NF avantage *m* ; **llevar ~ a** (*en carrera*) mener devant
ventajoso, -a ADJ avantageux(-euse)
ventana NF fenêtre *f* ; **~ de guillotina** fenêtre à guillotine ; **~ de la nariz** narine *f*
ventanal NM baie *f* vitrée, grande *f* fenêtre
ventanilla NF guichet *m* ; (*de coche*) vitre *f*
ventilación NF ventilation *f*, aération *f* ; **sin ~** sans aération
ventilador NM ventilateur *m*
ventilar VT ventiler, aérer ; (*ropa*) aérer ; (*fig*) divulguer ; (*: resolver*) éclaircir ■ **ventilarse** VPR s'aérer
ventisca NF, **ventisquero** NM bourrasque *f* de neige
ventolada (*Am*) NF bourrasque *f*
ventolera NF bourrasque *f*, rafale *f* ; **le dio la ~ de comprarlo** (*fam*) il s'est mis en tête de l'acheter
ventosa NF ventouse *f*
ventosear VI avoir des gaz ; (*una vez*) lâcher un vent
ventosidad NF (*Anat*) gaz *m inv*
ventoso, -a ADJ venteux(-euse)
ventrículo NM ventricule *m*
ventrílocuo, -a ADJ, NM/F ventriloque *mf*

ventura NF félicité *f* ; (*suerte, destino*) fortune *f* ; **a la (buena) ~** à l'aventure

venturoso, -a ADJ heureux(-euse)

Venus NM Vénus *f*

venza *etc* VB *ver* **vencer**

veo-veo NM (*juego*) jeu *m* de devinette

ver VT voir ; (*televisión, partido*) regarder ; (*Jur*) entendre ; (*esp* AM: *mirar*) regarder ; **dejarse ~** se montrer ; **no poder ~ a algn** (*odiar*) ne pas pouvoir voir qn ; **a ~** voyons voir ; **¿a ~?** fais voir ? ; **a ~ si ...** je me demande si ... ; **a ~, dime** allez, dis-moi ; **voy a ~ que hay** je vais voir ce qu'il y a ; **por lo que veo** à ce que je vois ; **te veo muy contento** tu as l'air très content ; **tiene que ~ con** ça a à voir avec ; **no tener que ~ con** n'avoir rien à voir avec ; **ya verás (cómo)** tu verras (que) ; **¡habráse visto!** tu te rends compte ! ; **¡vieran qué casa!** (*MÉX fam*) vous verriez la maison ! ; **¡hubieran visto qué casa!** (*MÉX fam*) si vous aviez vu la maison ! ▶ VI voir ; **(que) no veas** tu ne peux pas t'imaginer ; **¡hay que ~!** il faut voir ! ; **a mi modo de ~** à mon avis ▶ NM allure *f* ■ **verse** VPR se voir ; (*hallarse*) se trouver ; (*AM fam*) avoir l'air ; **¡nos vemos!** à bientôt ! ; **(ya) se ve que ...** on voit bien que ... ; **te ves divina** (*AM*) tu es divine

vera NF: **a la ~ de** (*del camino*) au bord de ; (*de algn*) auprès de

veracidad NF véracité *f*

veraneante NMF estivant(e)

veranear VI passer l'été

veraneo NM: **ir de ~** partir l'été en vacances ; **lugar de ~** lieu *m* de vacances

veraniego, -a ADJ estival(e)

verano NM été *m*

veras NFPL: **de ~** vraiment ; **esto va de ~** c'est sérieux

veraz ADJ véridique

verbal ADJ verbal(e)

verbena NF *fête nocturne en plein air* ; (*Bot*) verveine *f*

verbigracia ADV par exemple

verbo NM verbe *m*

verborrea (*pey*) NF verbiage *m*

verdad NF vérité *f* ; **¿~?** n'est-ce pas ? ; **de ~** vraiment ; **de ~ que no fui yo** je jure que ce n'est pas moi ; **a decir ~, no quiero** à vrai dire, je ne veux pas ; **¡es ~!** c'est vrai ! ; **la pura ~** la pure vérité ; **la ~ es que ...** en fait ...

verdaderamente ADV vraiment

verdadero, -a ADJ véridique ; (*antes del nombre*) vrai(e), véritable ; **¿~ o falso?** vrai ou faux ?

verde ADJ (*tb Pol*) vert(e) ; (*plan*) pas encore mûr(e) ; (*chiste*) cochon(ne) (*fam*) ; **viejo ~** vieux cochon *m* (*fam*) ; **poner ~ a algn** (*fam*) descendre qn en flammes (*fam*) ▶ NM vert *m* ; (*hierba*) verdure *f*

verdear, verdecer VI verdir

verdezca *etc* VB *ver* **verdear**

verdor NM (*color*) couleur *f* verte, vert *m* ; (*lozanía*) luxuriance *f*

verdoso, -a ADJ verdâtre

verdugo NM bourreau *m* ; (*gorro*) cagoule *f*

verdulera (*pey*) NF marchande *f* de poisson ; *ver tb* **verdulero**

verdulero, -a NM/F marchand(e) de légumes

verdura NF, **verduras** NFPL légumes *mpl*

> ⚠ **Verdura** ne signifie pas *verdure*, qui se traduit par **vegetación** en espagnol.

vereda NF sentier *m* ; (*AM*) trottoir *m* ; **meter a algn en ~** remettre qn dans le droit chemin

veredicto NM verdict *m*

verga NF (*pene*: *Zool*) verge *f* ; (: *fam!*: *de hombre*) bite (*fam !*) ; (*Náut*) vergue *f*

vergel NM verger *m*

vergonzante ADJ honteux(-euse)

vergonzoso, -a ADJ (*persona*) timide ; (*acto, comportamiento*) honteux(-euse)

vergüenza NF honte *f* ; **no tener ~** ne pas avoir honte ; **me da ~ decírselo** j'ai honte de le lui dire ; **¡qué ~!** quelle honte ! ; **¡es una ~!** c'est une honte !

vericueto NM sentier *m* escarpé ; (*de ley, burocracia*) méandre *m*

verídico, -a ADJ véridique

verificación NF vérification *f* ; (*de testamento*) homologation *f*

verificar VT vérifier ; (*testamento*) homologuer ; (*llevar a cabo*) effectuer ■ **verificarse** VPR avoir lieu ; (*profecía*) se vérifier

verifique *etc* VB *ver* **verificar**

verja NF grille *f*

vermut [ber'mu] (*pl* **vermuts**) NM vermouth *m* ; (*esp* AND, CSUR *Cine*) matinée *f*

vernáculo, -a ADJ vernaculaire

verosímil ADJ vraisemblable

verosimilitud NF vraisemblance *f*

verruga NF (*Med*) verrue *f* ; (*Bot*) excroissance *f*

versado, -a ADJ: **~ en** versé(e) dans

Versalles N Versailles

versar VI: **~ sobre** traiter de

versátil ADJ (*polivalente*) polyvalent(e) ; (*inconstante*) versatile

versatilidad NF (*polivalencia*) polyvalence *f* ; (*inconstancia*) versatilité *f*

versículo NM (*Rel*) verset *m*

versificar VT, VI versifier

versión NF version *f* ; **nueva ~** nouvelle version ; **en ~ original** en version originale

verso NM vers *msg* ; **~ blanco/libre** vers blanc/libre

vértebra NF vertèbre *f*

vertebrado, -a ADJ vertébré(e) ▶ NM vertébré *m*

vertebral ADJ vertébral(e) ; **columna ~** colonne *f* vertébrale

vertedero NM (*de basura*) décharge *f*, dépotoir *m*

verter VT verser ; (*derramar*) répandre ; (*basura*) jeter ▶ VI : **~ a** (*río*) se jeter dans ■ **verterse** VPR se répandre

vertical ADJ vertical(e) ; (*postura, piano*) droit(e) ▶ NF verticale *f*

vértice NM sommet *m*

vertido NM (*acción*) déversement *m*, rejet *m* ; **el ~ de residuos nucleares** le déversement de déchets nucléaires ■ **vertidos** (*residuos*) déchets *mpl* ; **vertidos tóxicos** déchets toxiques

vertiente NF versant *m* ; (*aspecto*) aspect *m*

vertiginoso, -a ADJ vertigineux(-euse)

vértigo NM vertige *m* ; (*fig*) précipitation *f* ; **me da ~** ça me donne le vertige ; **de ~** (*fam: velocidad*) grand V *inv* ; (*: suma*) fou (folle)

vesícula NF vésicule *f* ; **~ biliar** vésicule biliaire

vespa® NF Vespa® *f*

vespertino, -a ADJ (*prensa, luz*) du soir

vespino® NMF mobylette *f*

vestíbulo NM vestibule *m*

vestido, -a ADJ habillé(e) ; **(ir/estar) ~ de** (être) habillé(e) en ; (*disfrazado*) (être) déguisé(e) en ▶ NM habit *m*, vêtement *m* ; (*de mujer*) robe *f*

vestigio NM vestige *m*

vestimenta NF habits *mpl*

vestir VT habiller ; (*llevar puesto*) porter ▶ VI s'habiller ; (*ser elegante*) habiller ; **ropa de ~** vêtements *mpl* habillés ■ **vestirse** VPR s'habiller ; **vestirse de** s'habiller en ; **vestirse de princesa/marinero** se déguiser en princesse/marin

vestuario NM garde-robe *f* ; (*Teatro, Cine*) costumes *mpl* ; (*local: Teatro*) loge *f* ■ **vestuarios** NMPL (*Deporte*) vestiaires *mpl*

Vesubio NM Vésuve *m*

veta NF (*de mineral*) veine *f*, filon *m* ; (*en piedra, madera*) veine

vetar VT mettre son veto à

veteranía NF (longue) expérience *f*, ancienneté *f*

veterano, -a ADJ ancien(ne) ▶ NM/F vétéran *m*

veterinaria NF médecine *f* vétérinaire

veterinario, -a NM/F vétérinaire *mf*

veto NM veto *m*

vetusto, -a ADJ vétuste

vez NF fois *fsg* ; (*turno*) tour *m* ; **a la ~** en même temps ; **a la ~ que** en même temps que ; **a su ~** à son tour ; **cada ~ más/menos** de plus en plus/de moins en moins ; **hay cada ~ más/menos gente** il y a de plus en plus/de moins en moins de monde ; **una ~** une fois ; **de una ~** en une seule fois ; **de una ~ para siempre** une bonne fois pour toutes ; **en ~ de** au lieu de ; **a veces/algunas veces** parfois ; **otra ~** encore (une fois) ; **una y otra ~** à maintes reprises ; **pocas veces** peu, pas souvent ; **de ~ en cuando** de temps en temps ; **7 veces 9** 7 fois 9 ; **hacer las veces de** tenir lieu de, faire office de ; **tal ~** peut-être ; **¿lo has visto alguna ~?** l'as-tu déjà vu ? ; **¿cuántas veces?** combien de fois ? ; **érase una ~** il était une fois

v. g., v.gr. ABR (= *verbigracia*) i.e. (= *id est*)

VHF SIGLA F (= *Very High Frequency*) VHF *f*

vía NF voie *f* ; **dar ~ libre a** ouvrir la voie à ; **por ~ aérea** par avion ; **por ~ oral** (*Med*) par voie orale ; **por ~ judicial** par voie judiciaire ; **por ~ oficial** par la voie officielle ; **por ~ de** par le canal de ; **en vías de** en voie de ; **un país en vías de desarrollo** un pays en voie de développement ; **transmisión ~ satélite** transmission *f* par satellite ; **Madrid-Berlín ~ París** Madrid-Berlin via Paris ; **vías aéreas** voies *fpl* aériennes ; **~ de comunicación** voie de communication ; **V~ Láctea** Voie lactée ; **~ pública** voie publique ; **~ única** (*Auto*) voie à sens unique

viabilidad NF viabilité *f*

viable ADJ viable

viaducto NM viaduc *m*

viajante NM (*Com*) représentant *m*, voyageur *m* de commerce

viajar VI voyager

viaje NM voyage *m* ; (*carga*) cargaison *f* ; **agencia de viajes** agence *f* de voyage ; **bolsa/manta de ~** sac *m*/couverture *f* de voyage ; **¡buen ~!** bon voyage ! ; **estar de ~** être en voyage ; **ir de ~** partir en voyage ; **~ de ida y vuelta** voyage aller-retour ; **~ de negocios** voyage d'affaires ; **~ de novios** voyage de noces

viajero, -a ADJ, NM/F voyageur(-euse)

vial ADJ (*Auto: seguridad*) routier(-ière) ; (*Auto: marca*) au sol

vianda NF victuaille *f*

viandante NMF piéton(-onne)

viaraza (*Am*) NF accès *msg* ; (*ocurrencia*) idée *f*

víbora NF vipère *f*

vibración NF vibration *f* ; **hay buenas vibraciones** (*fig*) le courant passe bien

vibrador NM vibrateur *m*

vibrante ADJ vibrant(e) ; (*fig: público*) transporté(e)

vibrar VI vibrer

vicaría NF (*Rel*) vicariat *m* ; **pasar por la ~** convoler en justes noces

vicario NM vicaire *m*

vicealmirante NMF vice-amiral(e)

vicecónsul NM vice-consul *m*

vicegerente NMF sous-directeur(-trice)

vicepresidente NMF vice-président(e)

viceversa ADV: **y ~** et vice versa

viciado, -a ADJ (*corrompido*) malsain(e) ; (*postura*) gauchi(e) ; (*aire, atmósfera*) vicié(e)

viciar VT (*persona, costumbres*) pervertir ; (*Jur, aire*) vicier ; (*objeto, postura*) déformer ; (*mecanismo, dicción*) fausser ■ **viciarse** VPR (*aire*) devenir vicié(e) ; (*deformarse*) se déformer ; **viciarse con** (*persona*) devenir mordu(e) de

vicio NM vice *m* ; (*mala costumbre*) mauvaise habitude *f*, défaut *m* ; (*mimo*) faiblesse *f* ; (*deformación*) déformation *f* ; **de** *o* **por ~** par habitude ; **~ de dicción** défaut de prononciation

vicioso, -a ADJ, NM/F vicieux(-euse) ; **círculo ~** cercle *m* vicieux

vicisitud NF vicissitude *f*

víctima NF victime *f* ; **ser ~ de** être victime de

victimario (*Am*) NM assassin *m*

victimismo NM victimisme *m*

victoria NF victoire *f*

victorioso, -a ADJ victorieux(-euse) ; **salir ~ de** sortir victorieux(-euse) de

vicuña NF vigogne *f*

vid NF vigne *f*

vida NF vie *f* ; (*de aparato, edificio*) durée *f* de vie ; **¡~!, ¡~ mía!** mon amour ! ; **calidad de ~** qualité *f* de la vie ; **de por ~** à vie ; **en la/mi** *etc* **~** (*nunca*) de la/ma *etc* vie ; **estar con ~** être en vie ; **hacer ~ social** sortir beaucoup ; **ganarse la ~** gagner sa vie ; **de ~ o muerte** de vie ou de mort ; **¡esto es ~!** ça, c'est la belle vie ! ; **le va la ~ en esto** sa vie en dépend ; **~ de perros** vie de chien ; **~ eterna/privada** vie éternelle/privée

vidente NMF voyant(e)

vídeo, (*Am*) **video** NM vidéo *f* ; (*aparato*) magnétoscope *m* ; **cinta de ~** cassette *f* vidéo, bande *f* vidéo ; **grabar en ~** enregistrer en vidéo ; **~ compuesto/inverso** (*Inform*) vidéo composite/inverse ; **~ musical** vidéo musicale

videoblog (*pl* **videoblogs**) NM blog *m* vidéo, vlog *m*

videocámara NF caméra *f* vidéo

videocasete, videocassette NM vidéocassette *f*

videoclip NM vidéoclip *m*, clip *m* vidéo

videoclub NM club *m* vidéo

videoconferencia NF visioconférence *f*

videoconsola NF console *f* de jeux

videodatos NMPL (*Com*) données *fpl* vidéo

videojuego NM jeu *m* vidéo

videojugador, -a NM/F joueur(-euse) de jeux vidéos

videollamada NF appel *m* vidéo

videoproyector NM vidéoprojecteur *m*

videotex, videotexto NM vidéotex *m*

videovigilancia NF vidéosurveillance *f*

vidriera NF baie *f* vitrée ; (*Am: de tienda*) vitrine *f* ; (*puerta*) porte *f* vitrée ; *ver tb* **vidriero**

vidriero, -a NM/F vitrier *m*

vidrio NM (*material*) verre *m* ; (*trozo*) bout *m* de verre ; (*de ventana, puerta*) vitre *f* ; (*Am*) fenêtre *f* ; **pagar los vidrios rotos** payer les pots cassés ; **~ cilindrado** verre très épais ; **~ inastillable** verre Sécurit®

vidrioso, -a ADJ vitreux(-euse)

vieira NF coquille *f* Saint-Jacques

viejito, -a (*Am*) NM/F (*amigo*) (mon (ma)) vieux (vieille)

viejo, -a ADJ vieux (vieille) ; (*tiempos*) ancien(ne) ; **hacerse** *o* **ponerse ~** se faire vieux (vieille) ▸ NM/F vieux (vieille) ; **mi ~/vieja** (*esp CSur fam: padre/madre*) mon vieux/ma vieille ; (*: marido/mujer*) le vieux/la vieille ; (*: mi vida*) mon amour ; **mis viejos** (*esp CSur fam: padres*) mes vieux

> En francés, el adjetivo *vieux* se transforma en *vieil* cuando precede a un sustantivo masculino que comienza por vocal o *h* muda. Por ejemplo: *un vieil homme*.

Viena N Vienne

viene *etc* VB *ver* **venir**

vienés, -esa ADJ viennois(e) ▸ NM/F Viennois(e)

viento NM vent *m* ; (*cuerda*) corde *f* de tente ; **contra ~ y marea** contre vents et marées ; **ir ~ en popa** marcher comme sur des roulettes ; **~ de cola/de costado** vent arrière/de travers

vientre NM ventre *m* ; **hacer de ~** aller à la selle

vier. ABR = **viernes**

viernes NM INV vendredi *m* ; **V~ Santo** vendredi saint ; *ver tb* **sábado**

vierta *etc* VB *ver* **verter**

Vietnam NM Vietnam *m*

vietnamita ADJ vietnamien(ne) ▸ NMF Vietnamien(ne)

viga NF poutre *f*

vigencia NF (*de ley, contrato*) validité *f* ; (*de costumbres*) actualité *f* ; **estar/entrar en ~** être/entrer en vigueur

vigente ADJ (*ley etc*) en vigueur ; (*costumbre*) actuel(le)

vigésimo, -a ADJ, NM/F vingtième *mf*

vigía NMF guetteur(-euse) ▸ NF mirador *m*

vigilancia NF surveillance *f*

vigilante ADJ vigilant(e) ▸ NM gardien *m* ; **~ jurado** vigile *m* ; **~ nocturno** gardien(-enne) de nuit

vigilar VT surveiller ▸ VI être de garde ; **~ por** (*salud*) veiller à ; (*algn*) veiller sur

vigilia NF veille *f* ; (*Rel*) vigile *f*, veille *f*

vigor NM vigueur *f* ; **en ~** en vigueur ; **entrar en ~** entrer en vigueur

vigoroso, -a ADJ vigoureux(-euse)

vigueta NF poutrelle *f*

VIH SIGLA M (= *virus de la inmunodeficiencia humana*) VIH *m* (= *virus de l'immunodéficience humaine*)

vikingo, -a ADJ viking ▸ NM/F Viking *mf*

vil ADJ vil(e)

vileza NF vilenie *f*

vilipendiar VT vilipender

villa NF villa *f* ; (*población*) ville *f* ; **la V~ (de**

Madrid) la Ville (de Madrid) ; **~ miseria** (CSur) bidonville *m*
villancico NM chant *m* de Noël
villano NM malfrat *m*
villorrio (*pey*) NM trou *m*
vilo: **en ~** *adv* (*sostener, levantar*) en l'air ; **estar en ~** (*fig*) être sur des charbons ardents
vinagre NM vinaigre *m*
vinagrera NF vinaigrier *m* ■ **vinagreras** NFPL (*en la mesa*) huilier(-vinaigrier) *m*
vinagreta NF vinaigrette *f*
vinatero, -a ADJ viticole ▶ NM/F viticulteur(-trice)
vinculación NF (*a partido, idea*) lien *m* ; (*de grupos, hechos*) rapprochement *m*
vincular VT rapprocher ; (*por contrato, obligación*) lier ■ **vincularse** VPR: **vincularse (a)** se rapprocher (de)
vínculo NM lien *m*
vindicar VT défendre ; (*vengar*) venger
vindique *etc* VB *ver* **vindicar**
vinícola ADJ vinicole
vinicultura NF viticulture *f*
vinilo NM vinyle *m*
vino VB *ver* **venir** ▶ NM vin *m* ; **~ añejo** vin vieux ; **~ blanco/rosado/tinto** vin blanc/rosé/rouge ; **~ de crianza** grand cru *m* ; **~ de mesa** vin de table ; **~ peleón** (*fam*) pinard *m* (*fam*)
viña NF vigne *f*
viñedo NM vignoble *m*
viñeta NF vignette *f*
viola NF viole *f*
violáceo, -a ADJ violacé(e)
violación NF (*de una persona*) viol *m* ; (*de derecho, ley*) violation *f* ; **~ de contrato** (*Com*) rupture *f* de contrat
violador, a NM/F violeur(-euse)
violar VT violer
violencia NF violence *f* ; **~ de género** violence de genre ; **~ doméstica** violence domestique, violence conjugale
violentar VT forcer ; (*persona*) violenter ■ **violentarse** VPR se faire violence
violento, -a ADJ violent(e) ; (*embarazoso*) embarrassant(e) ; (*incómodo*) mal à l'aise *inv* ; **me es muy ~** cela me gêne beaucoup
violeta ADJ violet(te) ▶ NF (*Bot*) violette *f* ▶ NM (*color*) violet *m*
violín NM violon *m*
violinista NMF violoniste *mf*
violón NM contrebasse *f*
violoncelista, violonchelista NMF violoncelliste *mf*
violoncelo, violonchelo NM violoncelle *m*
VIP SIGLA M (= *Very Important Person*) VIP *m*
viperino, -a ADJ: **lengua viperina** langue *f* de vipère
virador NM (*para fotocopiadora*) toner *m*
viraje NM virage *m* ; (*de ideas, procedimientos*) revirement *m*
viral ADJ (*esp Internet*) viral(e)
virar VT (*Foto*) faire virer ▶ VI virer
virgen ADJ vierge ▶ NM/F puceau (pucelle) ▶ NF vierge *f* ; **la (Santísima) V~** la (Sainte) Vierge
virginidad NF virginité *f*
Virgo NM (*Astrol*) la Vierge ; **ser ~** être Vierge
vírico, -a ADJ viral(e) ; **enfermedad vírica** maladie *f* virale
viril ADJ viril(e) ; **miembro ~** membre *m* viril
virilidad NF virilité *f*
virrey NM vice-roi *m*
virtual ADJ virtuel(le) ; (*candidato, presidente*) potentiel(le)
virtud NF vertu *f* ; **en ~ de** en vertu de
virtuosismo NM virtuosité *f*
virtuoso, -a ADJ vertueux(-euse) ▶ NM/F (*Mús*) virtuose *mf*
viruela NF variole *f* ■ **viruelas** NFPL (*pústulas*) boutons *mpl* de variole
virulencia NF virulence *f*
virulento, -a ADJ virulent(e)
virus NM INV virus *msg*
viruta NF copeau *m*
vis NF: **~ cómica** génie *m* comique ▶ ADV: **~ a ~** vis-à-vis
visa (*Am*) NF, **visado** NM visa *m* ; **~ de permanencia** permis *m* de séjour
visar VT viser
víscera NF viscère *m* ■ **vísceras** NFPL viscères *mpl*
visceral ADJ viscéral(e)
viscosa NF viscose *f*
viscosidad NF viscosité *f*
viscoso, -a ADJ visqueux(-euse)
visera NF visière *f* ; (*gorra*) casquette *f* à visière
visibilidad NF visibilité *f*
visible ADJ visible ; **estar ~** être visible ; **exportaciones/importaciones visibles** (*Com*) exportations *fpl*/importations *fpl* visibles
visigodo, -a ADJ wisigoth(e) ▶ NM/F Wisigoth(e)
visillo NM voilage *m*
visión NF vision *f* ; **ver visiones** avoir des visions ; **~ de conjunto** vue *f* d'ensemble ; **~ global** vue globale
visionario, -a ADJ, NM/F visionnaire *mf*
visita NF visite *f* ; **horas/tarjeta de ~** heures *fpl*/carte *f* de visite ; **hacer una ~** rendre *o* faire une visite ; **ir de ~** aller rendre visite ; **~ de cortesía** visite de courtoisie ; **~ de cumplido** visite de politesse
visitante ADJ, NMF visiteur(-euse)
visitar VT (*familia etc*) rendre visite à ; (*ciudad, museo*) visiter ; (*inspeccionar*) faire la visite de

vislumbrar VT apercevoir, distinguer ; (*solución*) entrevoir
vislumbre NF aperçu *m* ; (*de luz, fuego*) lueur *f*
viso NM (*de metal*) éclat *m* ; (*de tela*) lustre *m* ; (*aspecto*) luisant *m* ; **tiene visos de ser cierto** cela a l'air d'être vrai
visón NM vison *m* ; **abrigo de ~** manteau *m* de vison
visor NM (*Foto, de arma*) viseur *m*
víspera NF veille *f* ; **la ~** *o* **en vísperas de** (à) la veille de
vista NF vue *f* ; (*Jur*) audience *f* ; **a primera** *o* **simple ~** à première vue, au premier abord ; **a ~ de pájaro** à vol d'oiseau ; **fijar** *o* **clavar la ~ en algo** fixer qch ; **hacer la ~ gorda** fermer les yeux ; **tener ~ (para algo)** avoir du flair (pour qch) ; **volver la ~** détourner les yeux ; **hacer algo a la ~ de todos** faire qch au vu et au su de tous ; **está** *o* **salta a la ~ que** il saute aux yeux que ; **a la ~** (*Com*) à vue ; **conocer a algn de ~** connaître qn de vue ; **perder algo/a algn de ~** perdre qch/qn de vue ; **en ~ de ...** vu ... ; **en ~ de que** vu que ; **¡hasta la ~!** à bientôt ! ; **con vistas a** (*al mar*) avec vue sur ; (*al futuro, a mejorar*) dans le but de ; **~ cansada** presbytie *f* ; **~ de lince** yeux *mpl* de lynx
vistazo NM coup *m* d'œil ; **dar** *o* **echar un ~ a** jeter un coup d'œil à
visto, -a VB *ver* **vestir** ▶ PP *de* **ver** ▶ ADJ : **estar muy ~** ne pas être très original(e) ; **está ~ que** il est clair que ; **está bien/mal ~** c'est bien/mal vu ; **estaba ~** c'était à prévoir ; **~ que** vu que ; **por lo ~** apparemment ▶ NM : **~ bueno** accord *m* ; **dar el ~ bueno a** donner son accord pour
vistoso, -a ADJ voyant(e)
visual ADJ visuel(le)
visualice *etc* VB *ver* **visualizar**
visualización NF visualisation *f* ; (*Inform*) affichage *m* ; **pantalla de ~** écran *m* d'affichage
visualizador NM écran *m* de visualisation
visualizar VT visualiser ; (*Inform*) afficher
vital ADJ vital(e) ; (*persona*) plein(e) de vitalité
vitalicio, -a ADJ viager(-ère) ; (*cargo*) à vie
vitalidad NF vitalité *f*
vitalista ADJ vitaliste
vitamina NF vitamine *f*
vitaminado, -a ADJ vitaminé(e)
vitamínico, -a ADJ : **complejo ~** complexe *m* vitaminé
viticultor, a NM/F viticulteur(-trice)
viticultura NF viticulture *f*
vitola NF (*de cigarro*) bague *f*
vitorear VT acclamer
vítores NMPL clameurs *fpl*
vitoriano, -a ADJ de Vitoria ▶ NM/F natif(-ive) *o* habitant(e) de Vitoria
vitrina NF vitrine *f*
vitrocerámica NF (*tb*: **placa de vitrocerámica**) table *f* vitrocéramique
vitrocerámico, -a ADJ : **placa vitrocerámica** plaque *f* vitrocéramique
vituperar VT vitupérer
vituperio NM vitupération *f*
viudedad NF (*estado*) veuvage *m* ; (*pensión*) allocation *f* de veuvage
viudez NF veuvage *m*
viudo, -a ADJ, NM/F veuf (veuve)
viva EXCL hourra ! ; **¡~ el rey!** vive le roi ! ▶ NM vivat *m*
vivac (*pl* **vivacs**) NM bivouac *m*
vivacidad NF vivacité *f*
vivamente ADV vivement ; (*describir*) de façon vivante
vivaracho, -a ADJ vif (vive)
vivaz ADJ vivace ; (*ingenio*) vif (vive)
vivencia NF vécu *m*
víveres NMPL vivres *mpl*
vivero NM (*de plantas*) pépinière *f* ; (*criadero*) vivier *m* ; (*fig: de discordia*) source *f* ; (*: delincuentes*) nid *m*
viveza NF vivacité *f*
vívido, -a ADJ vif (vive)
vividor, a (*pey*) NM/F parasite *mf* ; (*aprovechado*) noceur(-euse)
vivienda NF logement *m* ; **~ de protección oficial** HLM *m* ; **viviendas sociales** logements sociaux
viviente ADJ vivant(e)
vivificar VT vivifier
vivifique *etc* VB *ver* **vivificar**
vivir VT, VI vivre ; **~ de** vivre de ; **~ bien/mal** vivre bien/mal ; **saber ~** savoir vivre
vivo, -a ADJ vif (vive) ; (*ser, recuerdo, planta*) vivant(e) ; **al rojo ~** à blanc ; **en ~** (*TV, Mús*) en direct
vizcacha NF (*Zool*) *sorte de lièvre à longue queue d'Amérique Latine*
vizcaíno, -a ADJ de Biscaye ▶ NM/F natif(-ive) *o* habitant(e) de Biscaye
Vizcaya NF Biscaye *f* ; **el Golfo de ~** le golfe de Gascogne
vizconde NM vicomte *m*
V.M. ABR = **Vuestra Majestad**
VO ABR (= *versión original*) VO *f* (= *version originale*)
vocablo NM mot *m*
vocabulario NM vocabulaire *m*
vocación NF vocation *f*
vocacional (*Méx*) NF (*Escol*) collège *m* technique
vocal ADJ vocal(e) ▶ NMF membre *m* ▶ NF (*Ling*) voyelle *f*
vocalice *etc* VB *ver* **vocalizar**
vocalista NMF chanteur(-euse)
vocalizar VT prononcer ▶ VI articuler
voceador (*Am*) NM : **~ de periódicos** crieur *m* de journaux

V

vocear VT (*mercancía*) vendre à la criée ; (*escándalo, noticia*) crier sur les toits ▸ VI crier
vocerío NM clameur *f*
vocero, -a (*Am*) NM/F porte-parole *m inv*
voces PL *de* **voz**
vociferar VI vociférer
vocinglero, -a ADJ déchaîné(e)
vodevil NM vaudeville *m*
vodka NM vodka *f*
vodú (*Am*) NM vaudou *m*
vol. ABR (= *volumen*) vol. (= *volume*)
volado, -a (*fam*) ADJ: **estar ~** être cinglé(e) (*fam*)
volador, a ADJ volant(e)
voladura NF explosion *f* ; (*Minería*) minage *m*
volandas: **en ~** *adv* en volant ; (*en un momento*) en un clin d'œil
volantazo NM (*Auto*) coup *m* de volant
volante ADJ volant(e) ▸ NM volant *m* ; (*Med: de aviso*) convocation *f* ; **ir al ~** être au volant
volar VT faire exploser ▸ VI voler ; (*tiempo*) passer ; (*noticias*) aller bon train ; (*fam: desaparecer*) filer ; **voy volando** j'y cours ■ **volarse** VPR s'envoler
volátil ADJ (*Econ, Quím*) volatil(e) ; (*carácter, situación*) versatile, instable
volatilidad NF (*Econ, Quím*) volatilité *f* ; (*de carácter, situación*) versatilité *f*, instabilité *f*
volcán NM volcan *m* ; **el país es un ~** (*fig*) le pays est une poudrière
volcánico, -a ADJ volcanique
volcar VT (*recipiente*) vider ; (*contenido*) verser ; (*vehículo*) renverser ; (*barco*) faire chavirer ▸ VI (*vehículo*) capoter ; (*barco*) chavirer ■ **volcarse** VPR (*recipiente*) se renverser ; (*vehículo*) capoter ; (*barco*) chavirer ; (*esforzarse*): **volcarse para hacer algo/con algn** se donner beaucoup de mal pour faire qch/avec qn
volea NF volée *f*
voleibol NM volley-ball *m*
voleiplaya NM beach-volley *m*
voleo NM volée *f* ; **a(l) ~** au petit bonheur, au hasard ; **de un ~** en un tourne-main
Volga NM Volga *f*
volición NF volonté *f*
volqué *etc*, **volquemos** *etc* VB *ver* **volcar**
volquete NM camion *m* à benne
voltaje NM voltage *m*
voltear VT faire tourner ; (*persona: en el aire*) faire sauter en l'air ; (*Am*) tourner ; (: *volcar*) verser ▸ VI: **~ a hacer algo** (*Am*) recommencer (à faire) qch ■ **voltearse** VPR (*Am*) se retourner
voltereta NF (*rodada*) galipette *f* ; (*en el aire*) saut *m* périlleux ; **~ lateral** roue *f*
voltio NM volt *m*
voluble ADJ volubile
volumen NM volume *m* ; (*Com*) volume, chiffre *m* ; **bajar el ~** baisser le son ; **poner la radio a todo ~** mettre la radio à fond ; **~ de capital** capital *m* ; **~ de negocios/de ventas** chiffre d'affaires/des ventes
voluminoso, -a ADJ volumineux(-euse)
voluntad NF volonté *f* ; **a ~** à volonté ; **buena ~** bonne volonté ; **dar la ~** laisser un pourboire ; **tener mucha/poca ~** être quelqu'un de très volontaire/manquer de volonté ; **por causas ajenas a nuestra ~** pour des raisons indépendantes de notre volonté
voluntariado NM (*trabajo*) bénévolat *m* ; (*trabajadores*) bénévoles *mpl*
voluntariamente ADV volontairement, de mon/ton/*etc* plein gré
voluntario, -a ADJ volontaire ▸ NM/F volontaire *mf*, bénévole *mf* ; **ofrecerse (como) ~** se porter volontaire
voluntarioso, -a ADJ volontaire
voluptuoso, -a ADJ voluptueux(-euse)
volver VT tourner ; (*boca abajo, de dentro fuera*) retourner ; (*de atrás adelante*) ramener ; (*transformar en: persona*) rendre ; (*manga*) retrousser ; **~ la espalda** tourner le dos ; **~ la vista atrás** regarder en arrière ; **~ loco a algn** rendre qn fou ▸ VI (*regresar*) revenir ; (*ir de nuevo*) retourner ; **~ a hacer algo** recommencer (à faire) qch ; **~ de** revenir de ; **~ en sí** revenir à soi ■ **volverse** VPR (*girar*) se retourner ; (*convertirse en*) devenir ; **volverse loco/insociable** devenir fou/asocial ; **volverse atrás** revenir en arrière ; **su mentira se volvió contra él** *o* **en contra de él** son mensonge s'est retourné contre lui
vomitar VT vomir ; (*sangre*) cracher ▸ VI vomir
vomitivo, -a ADJ (*Med*) vomitif(-ive), émétique ; (*fig*) écœurant(e) ▸ NM (*Med*) émétique *m*
vómito NM vomissement *m* ; (*lo vomitado*) vomi *m*
voracidad NF voracité *f*
vorágine NF tourbillon *m*
voraz ADJ vorace ; (*hambre*) dévorant(e)
vórtice NM tourbillon *m*
vos (*Am*) PRON PERS (*sujeto*) tu ; (*tras preposición*) toi ; **es de/para ~** c'est à/pour toi

> En Argentine, en Uruguay, au Paraguay et dans la plupart des pays d'Amérique centrale, le pronom personnel de la deuxième personne du singulier *tú* est remplacé par **vos**, qui à l'origine était la forme de vouvoiement employée jusqu'au XVIe siècle. **Vos** s'emploie avec un verbe conjugué à la deuxième personne du singulier (*¿Vos lo sabías?*) et avec le complément d'objet direct *te* (*Vos te lo mereces*). Dans le reste des pays hispanophones, c'est le tutoiement (*tuteo*) qui est utilisé, comme en Espagne.

VOSE ABR = **versión original con subtítulos en español** VO *f* sous-titrée en espagnol

voseo (*Am*) NM vouvoiement *m*

Vosgos NMPL Vosges *fpl*

vosotros, -as PRON PERS vous *pl* ; **entre ~** parmi vous

votación NF vote *m* ; **por ~** par vote ; **someter algo a ~** soumettre qch au vote ; **~ secreta/a mano alzada** vote à bulletin secret/à main levée

votante NMF votant(e), électeur(-trice)

votar VT, VI voter

voto NM vote *m* ; (*Rel*) vœu *m* ; **hacer votos por** former des vœux pour ; **dar su ~** voter ; **~ a favor** vote pour ; **~ de censura/de confianza** motion *f* de censure/vote de confiance ; **~ en contra** vote contre

voy VB *ver* **ir**

voz NF voix *fsg* ; (*grito*) cri *m* ; (*rumor*) bruit *m* ; (*Ling: palabra*) mot *m* ; **dar voces** pousser des cris ; **llamar a algn/hablar a voces** appeler qn/parler en criant ; **la ~ de la conciencia** la voix de la conscience ; **a media ~** à mi-voix ; **a ~ en cuello** *o* **en grito** à grands cris ; **de viva ~** de vive voix ; **en ~ alta/baja** à voix haute/basse ; **llevar la ~ cantante** mener la danse ; **tener la ~ tomada** être enroué(e) ; **tener ~ y voto** avoir voix au chapitre ; **~ de mando** ton *m* de commandement ; **~ en off** voix off

vozarrón NM voix *fsg* de stentor

vra. ABR (= *vuestra*) *ver* **vuestro**

vro. ABR = **vuestro**

Vto. ABR (*Com*) = **vencimiento**

vudú NM vaudou *m*

vuelco VB *ver* **volcar** ▶ NM culbute *f*, chute *f* ; (*de coche*) tonneau *m* ; **me dio un ~ el corazón** ça m'a fait un coup au cœur

vuelo VB *ver* **volar** ▶ NM vol *m* ; (*de falda, vestido*) ampleur *f* ; **de altos vuelos** de haut vol ; **alzar el ~** prendre son vol ; **cazar** *o* **coger al ~** attraper au vol ; **cazarlas** *o* **cogerlas al ~** (*fig*) ne pas en laisser passer une ; **falda de (mucho) ~** jupe *f* ample ; **~ chárter** vol charter ; **~ en picado** descente *f* en piqué ; **~ espacial** vol spatial ; **~ libre** vol libre ; **~ regular** vol régulier ; **~ sin motor** vol sans moteur

vuelque *etc* VB *ver* **volcar**

vuelta NF tour *m* ; (*regreso*) retour *m* ; (*en carreras, circuito*) virage *m* ; (*de camino*) détour *m* ; (*de río*) méandre *m* ; (*de papel*) verso *m* ; (*de pantalón, tela, fig*) revers *msg* ; (*en labor de punto*) rangée *f* ; (*situación*) renversement *m* ; (*dinero*) monnaie *f* ; **~ a empezar** retour à la case départ ; **a la ~** (*Esp*) au retour ; **a la ~ (de la esquina)** au coin (de la rue) ; **a ~ de correo** par retour du courrier ; **dar(se) la ~** (*coche*) faire demi-tour ; (*persona*) se retourner ; **dar la ~ a algo** retourner qch ; (*de atrás adelante*) ramener qch ; **dar la ~ al mundo** faire le tour du monde ; **dar vueltas** tourner ; **dar vueltas a algo** (*comida*) remuer qch ; (*manivela*) tourner qch ; **dar vueltas a una idea** tourner et retourner une idée dans sa tête ; **dar una ~** faire un tour ; **dar una ~ a algo** (*llave, tuerca*) donner un tour de qch ; **dar media ~** (*persona*) faire demi-tour ; **estar de ~** être de retour ; **poner a algn de ~ y media** (*fam*) traiter qn de tous les noms ; **no tiene ~ de hoja** il n'y a pas d'autre solution ; **~ ciclista** tour (cycliste) ; **~ de campana** tonneau *m*

vueltecita NF petit tour *m*

vueltita (*Am fam*) NF petit tour *m*

vuelto PP *de* **volver** ▶ NM (*Am*) monnaie *f*

vuelva *etc* VB *ver* **volver**

vuestro, -a ADJ votre ; **un amigo ~** un de vos amis, un ami à vous ; **una idea vuestra** une de vos idées ▶ PRON: **el ~/la vuestra** le/la vôtre ; **los vuestros/las vuestras** les vôtres ; **lo ~** ce qui est à vous ; **¿son vuestros?** c'est à vous ?

vulgar ADJ (*pey*) vulgaire ; (*no refinado*) grossier(-ière) ; (*gustos, uso*) commun(e)

vulgarice *etc* VB *ver* **vulgarizar**

vulgaridad NF vulgarité *f* ; (*de gustos, rasgos*) banalité *f* ; (*grosería*) grossièreté *f* ■ **vulgaridades** NFPL (*trivialidades*) banalités *fpl*

vulgarismo NM expression *f* populaire

vulgarizar VT vulgariser

vulgarmente ADV vulgairement, communément

vulgo NM: **el ~** (*pey*) le commun des mortels

vulnerable ADJ vulnérable ; (*punto, zona*) sensible ; **ser ~ a** être vulnérable à

vulneración NF (*de ley, acuerdo, intimidad*) violation *f* ; (*de derechos, reputación*) atteinte *f*

vulnerar VT (*ley, acuerdo, intimidad*) violer ; (*derechos, reputación*) porter atteinte à

vulva NF vulve *f*

Ww

W¹, w ['uβe 'doble] NF *(letra)* W, w *m inv* ; **W de Washington** ≈ W comme William

W² ABR (= *vatio(s)*) w (= *watt*)

walkie-talkie NM talkie-walkie *m*

walkman® NM walkman® *m*, baladeur *m*

wasap ['wasap] *(pl* wasaps) *(fam)* NM WhatsApp *m*; **mándame un ~** envoie-moi un WhatsApp

wasapear *(fam)* VT, VI whatsapper

wáter ['bater] NM waters *mpl*, W.-C. *mpl*

waterpolo NM water-polo *m*

waterpolista NMF joueur(-euse) de water-polo

web NF *(red)* Web *m* ; *(página)* page *f* Web

webcam NF webcam *f*

webinario NM webinaire *m*

webmaster ['webmaster] [web'master] NMF webmaster *mf*, administrateur(-trice) de site

western NM western *m*

whiskería NF bar *m* à whisky

whisky NM whisky *m*

widget *(pl* **widgets**) NM *(Inform)* widget *m*

Wi-Fi, wifi NM wi-fi *m*

windsurf ['winsurf] NM windsurf *m*, planche *f* à voile

windsurfista [winsur'fista] NMF véliplanchiste *mf*, planchiste *mf*

wólfram ['bolfram], **wolframio** [bol'framjo] NM wolfram *m*, tungstène *m*

Xx

X, x ['ekis] NF (*letra*) X, x *m inv* ; **X de Xiquena** ≈ X comme Xavier
xenofobia NF xénophobie *f*
xenófobo, -a ADJ xénophobe
xenón NM xénon *m*
xerografía NF xérographie *f*
xilófono NM xylophone *m*
xunta NF (*Pol*) junte *f*

Yy

Y, y¹ [i] NF (*letra*) Y, y *m inv*; **Y de Yegua** ≈ Y comme Yvonne

y² [i] CONJ et; **y bueno/claro** (*esp* ARG: *muletilla enfática*) bon/évidemment; **¿y tu hermana?** et ta sœur ?; **¡¿y qué?!** et alors !; **¿y si ...?** et si ... ?; **¡y yo!** moi aussi !; **estuvo llora y llora** (AM) il (elle) n'a pas arrêté de pleurer

ya ADV déjà; (*con presente: ahora*) maintenant; (*: en seguida*) tout de suite; (*con futuro: pronto*) bientôt; **ya no vamos** nous ne partons plus; **ya lo sé** je sais; **¡ya era hora!** il était temps !; **ya ves** tu vois bien; **ya veremos** on verra bien; **ya, ya** (*irón*) mais oui; **que ya, ya** mais oui, c'est ça; **ya mismo** (*esp* CSUR) tout de suite; **desde ya** (CSUR) tout de suite; (*: claro*) évidemment; **ya vale (de hacer), ya está bien** ça suffit; **¡ya está!** ça y est !; **¡ya voy!** j'arrive !, j'y vais ! ▸ EXCL OK !; (*entiendo*) oui !; (*por supuesto*) évidemment !; (*por fin*) enfin ! ▸ CONJ déjà; **ya que** puisque; **ya que no está ...** puisqu'il n'est pas là ...

yacaré (CSUR) NM alligator *m*

yacer VI gésir; **aquí yace** ci-gît

yacimiento NM gisement *m*; **~ petrolífero** gisement de pétrole

yak [jak] (*pl* **yaks**) NM yak *m*, yack *m*

Yakarta N Djakarta

yanqui ADJ yankee ▸ NMF Yankee *mf*

yapa (AND, CSUR *fam*) NF petit plus *msg*

yarda NF yard *m*

yate NM yacht *m*

yayo, -a (*fam*) NM/F papi(mamie) (*fam*)

yazca *etc* VB *ver* **yacer**

yedra NF lierre *m*

yegua NF jument *f*

yema NF (*del huevo*) jaune *m*; (*Bot*) bourgeon *m*; (*Culin*) *pâtisserie à base de jaune d'œuf mélangé avec du sucre*; **~ del dedo** bout *m* du doigt

Yemen NM Yémen *m*

yemení ADJ yéménite ▸ NMF Yéménite *mf*

yen NM yen *m*

yendo VB *ver* **ir**

yerba NF = **hierba**

yerbatero, -a (AM) ADJ de maté ▸ NM/F (*curandero*) guérisseur(-euse)

yerbera (CSUR) NF récipient *m* à maté

yerga *etc*, **yergue** *etc* VB *ver* **erguir**

yermo, -a ADJ (*no cultivado*) inculte; (*despoblado*) désert(e) ▸ NM terre *f* inculte

yerno NM gendre *m*

yerre *etc* VB *ver* **errar**

yerto, -a ADJ figé(e)

yesca NF amadou *m*

yeso NM (*Geo*) gypse *m*; (*Arq*) plâtre *m*

ye-yé (*anticuado, fam*) ADJ yé-yé; **música ~** musique *f* yé-yé

yídish, yíddish ['jidiʃ] NM yiddish *m*

yihad [ji'ad] NF djihad *m*

yihadismo NM djihadisme *m*

yihadista ADJ, NMF djihadiste *mf*

yincana NM gymkhana *m*

yo PRON PERS (*sujeto*) je; (*tras preposición*) moi; **soy yo** c'est moi; **yo que tú/usted** moi, à ta/votre place

yodo NM iode *m*

yoga NM yoga *m*

yogur, yogurt NM yaourt *m*, yogourt *m*; **~(t) descremado** *o* **desnatado** yaourt écrémé

yogurtera NF yaourtière *f*

yonqui (*fam*) NMF junkie *mf* (*fam*)

yoyó (*pl* **yoyós**), **yo-yo** (*pl* **yo-yos**) NM yoyo *m*

yuca NF yucca *m*

yudo NM judo *m*

yugo NM joug *m*

Yugoslavia NF (*Hist*) Yougoslavie *f*

yugoslavo, -a ADJ (*Hist*) yougoslave ▸ NM/F Yougoslave *mf*

yugular ADJ, NF jugulaire *f*

yungas (AND) NFPL *vallées tropicales des Andes*

yunque NM enclume *f*

yunta NF attelage *m* ■ **yuntas** NFPL (VEN: *de camisa*) boutons *mpl* de manchette

yute NM jute *m*

yuxtaponer VT juxtaposer

yuxtaponga *etc* VB *ver* **yuxtaponer**

yuxtaposición NF juxtaposition *f*

yuxtapuesto *etc* PP, **yuxtapuse** VB *ver* **yuxtaponer**

yuyo (AND, CSUR) NM herbe *f*

Zz

Z, z ['θeta, (*esp* AM) 'seta] NF (*letra*) Z, z *m inv* ; **Z de Zaragoza** ≈ Z comme Zoë
zacate (CAM, MÉX) NM paille *f*
zafacón (CARIB) NM corbeille *f* à papiers
zafarse VPR: **~ de** se libérer de
zafio, -a ADJ rustre
zafiro NM saphir *m*
zaga NF: **a la ~** à la traîne ; **ella no le va a la ~** (*fig*) elle n'a rien à lui envier
zagal, a NM/F (*muchacho*) garçon (fille) ; (*pastor*) pâtre (bergère)
zaguán NM vestibule *m*
zaguero, -a NM/F (*Fútbol, Rugby*) arrière *mf*
zaherir VT mortifier
zahiera *etc*, **zahiriendo** *etc* VB *ver* **zaherir**
zahorí NMF devin (devineresse)
zaino, -a ADJ (*color de caballo*) bai(e) ; (*toro*) noir(e) ; (*pérfido*) perfide
zalamería NF flatterie *f*
zalamero, -a ADJ flatteur(-euse)
zamarra NF veste *f* en peau
zamba NF samba *f* ; *ver tb* **zambo**
Zambeze NM Zambèze *m*
Zambia NF la Zambie
zambo, -a ADJ torse ▸ NM/F (AM) métis(se) (*de race noire et indienne*)
zambullida NF plongeon *m*
zambullirse VPR plonger ; (*fig: en trabajo*) se plonger
zamorano, -a ADJ de Zamora ▸ NM/F natif(-ive) *o* habitant(e) de Zamora
zampar (*fam*) VT avaler ▪ **zamparse** VPR: **zamparse algo** s'enfiler qch (*fam*)
zamuro (VEN) NM vautour *m*
zanahoria NF carotte *f*
zancada NF enjambée *f* ; **dar zancadas** faire de grandes enjambées
zancadilla NF croche-pied *m* ; **echar** *o* **poner la ~ a algn** faire un croche-pied à qn ; (*fig*) mettre des bâtons dans les roues à qn
zanco NM échasse *f*
zancudo, -a ADJ: **ave ~** échassier *m* ▸ NM (AM) moustique *m*
zángano, -a NM/F feignant(e) ▸ NM (*Zool*) faux bourdon *m*
zanja NF fossé *m*
zanjar VT trancher
zapador NM (*Mil*) sapeur *m*
zapallo (AND, CSUR) NM calebasse *f*
zapapico NM pic *m* (à deux têtes)
zapata NF patin *m*
zapateado NM zapatéado *m*
zapatear VI taper des pieds ; (*bailar*) danser le zapatéado
zapatería NF (*tienda*) magasin *m* de chaussures ; (*oficio*) cordonnerie *f*
zapatero, -a NM/F cordonnier(-ière) ; (*vendedor*) marchand(e) de chaussures
zapatilla NF (*para casa, ballet*) chausson *m* ; (*para la calle*) chaussure *f* légère ; (*Tec*) joint *m* ; **~ de deporte** chaussure de sport, tennis *f*
zapatista ADJ, NMF *zapatiste mf*
zapato NM chaussure *f* ; **~ de tacón** chaussure à talon
zapear VI zapper
zapote (CAM, MÉX) NM (*arbre*) sapotier *m* ; (*fruta*) sapote *f*
zapping ['θapin] NM zapping *m* ; **hacer ~** zapper
zar NM tsar *m*
zarabanda NF sarabande *f*
Zaragoza N Saragosse
zaragozano, -a ADJ de Saragosse ▸ NM/F natif(-ive) *o* habitant(e) de Saragosse
zarandajas (*fam*) NFPL balivernes *fpl*
zarandear VT secouer
zarigüeya NF opossum *m*
zarpa NF griffe *f* ; **echar la ~ a** (*fam*) se jeter sur
zarpar VI lever l'ancre
zarpazo NM coup *m* de griffe
zarza NF ronce *f*
zarzal NM fourré *m*
zarzamora NF (*fruto*) mûre *f* ; (*planta*) ronce *f*
zarzuela NF zarzuela *f*
zas EXCL vlan !
zasca (*esp fam*) NM (*comentario*) claque *f*, baffe *f* (*fam*); **se llevó un ~** il a été calmé
zen ADJ INV, NM zen *m*
zenzontle (CAM, MÉX) NM moqueur *m*
zeta NF z *m* ▸ NM (*Auto*: *tb*: **coche zeta**) voiture *f* de police

zigzag NM zigzag *m* ; **en ~** en zigzag
zigzaguear VI zigzaguer
Zimbabue, Zimbabwe NM le Zimbabwe
zinc NM zinc *m*
zíper (*Méx*) NM fermeture *f* éclair
zócalo NM soubassement *m*, plinthe *f*
zoco NM souk *m*
zodíaco NM zodiaque *m* ; **signo del ~** signe *m* du zodiaque
zombi NMF zombie *m*
zona NF zone *f* ; **~ blanca** (*Telec*) zone blanche ; **~ de desarrollo** *o* **de fomento** zone de développement ; **~ del dólar** (*Com*) zone dollar ; **~ fronteriza/peatonal** zone frontalière/piétonne ; **~ verde** espace *m* vert
zonzo, -a (*Am fam*) ADJ bête, idiot(e) ▸ NM/F idiot(e)
zoo NM zoo *m*
zoología NF zoologie *f*
zoológico, -a ADJ zoologique ▸ NM (*tb*: **parque zoológico**) zoo *m*
zoólogo, -a NM/F zoologue *m*
zoom [θum] NM zoom *m*
zopenco, -a (*fam*) ADJ, NM/F crétin(e)
zopilote (*Am*) NM vautour *m*
zoquete (*fam*) ADJ, NMF abruti(e)
zorra (*fam, pey*) NF pute *f* (*fam !*) ; *ver tb* **zorro**
zorro, -a ADJ rusé(e) ▸ NM/F renard(e) ▸ NM (*hombre astuto*) renard *m*
zote (*fam*) ADJ, NMF abruti(e)
zozobra NF angoisse *f*
zozobrar VI (*barco*) couler ; (*fig: plan*) échouer
zueco NM sabot *m*
zulo NM (*de armas*) cache *f*
zulú ADJ zoulou ▸ NMF Zoulou *mf*
zumba NF (*Mús*) zumba *f*
zumbar VI (*abeja*) bourdonner ; (*motor*) vrombir ; **me zumban los oídos** j'ai les oreilles qui bourdonnent ; **salir zumbando** (*fam*) filer ▸ VT (*fam: pegar*) flanquer une gifle à ■ **zumbarse** VPR: **zumbarse de** se moquer de
zumbido NM (*de abejas*) bourdonnement *m* ; (*de motor*) vrombissement *m* ; **~ de oídos** bourdonnement d'oreilles
zumo NM jus *msg* ; **~ de naranja** jus d'orange
zurcir VT (*Costura*) raccommoder ; **¡que les zurzan!** (*fam*) qu'ils aillent au diable !
zurdo, -a ADJ (*persona*) gaucher(-ère) ; (*mano*) gauche
zurra (*fam*) NF raclée *f* (*fam*)
zurrar VT (*fam: pegar*) tabasser (*fam*) ; (*piel*) tanner
zurriagazo NM (*latigazo*) coup *m* de fouet ; (*desgracia*) coup de malchance
zurrón NM gibecière *f*
zurza *etc* VB *ver* **zurcir**
zutano, -a NM/F un(e) tel(le)